OC
POCKET

Diccionario

Inglés • Español
Español • Inglés

OCÉANO POCKET

Diccionario

Inglés • Español
Español • Inglés

OCEANO

Es una obra de

GRUPO OCEANO

D. R. © EDITORIAL OCÉANO DE MÉXICO, S.A. de C.V.
Eugenio Sue 59, Colonia Chapultepec Polanco
Miguel Hidalgo, Código Postal 11560, México, D.F.
Tel.: 5282 0082 – Fax: 5282 1944

D. R. © EDITORIAL OCÉANO DE COLOMBIA S.A.
Av. CR. 45 N° 108A - 50 PISO 4 OFICINA 404
Tel.: 405 0044

IMPRESO EN COLOMBIA

ISBN: 978-968-6321-26-5
ISBN: 978-958-32-0219-3

2017 - 1

Prólogo

El estudio del inglés se ha convertido en una de las asignaturas básicas de los escolares y jóvenes estudiantes en la mayoría de los centros docentes del mundo hispánico, al igual que en vehículo de comunicación imprescindible para la promoción humana y social en todas las áreas del conocimiento y de la vida económica y profesional. Por otra parte, el incremento del turismo, de los viajes de negocios al extranjero y, en general, de los contactos humanos y comerciales entre ciudadanos de países de distinta órbita cultural ha impulsado a muchas personas de habla hispana a adentrarse en el estudio de la lengua inglesa, que en el mundo contemporáneo ha asumido la condición de vehículo de comunicación universal. Es a todas estas personas a quienes se dirige este diccionario, como un utilísimo medio, rápido y manejable, para avanzar en el dominio de la lengua inglesa, consolidando su vocabulario y solventando sus dudas en ortografía.

Al elaborar el diccionario se ha fijado como objetivo incorporar el número máximo de voces posible, voces de uso común, de la lengua literaria y culta, y de la lengua coloquial, incluyendo términos corrientes del lenguaje familiar.

A fin de facilitar la consulta, se han numerado las distintas acepciones de una misma palabra pertenecientes a campos semánticos diferentes, haciendo especial hincapié en aquellas materias de mayor importancia y presencia en la actualidad (medicina, ecología, economía, computación, etc.). Se ha prestado particular atención a especificar de una forma clara la categoría gramatical (adjetivo, sustantivo, verbo, etc.) a la que pertenece cada voz; y, en las voces que pueden cumplir distinta función gramatical, se han separado con números las acepciones correspondientes a cada una de estas funciones.

Así pues, el diccionario que el lector tiene en sus manos es una obra que une a su facilidad de uso y riqueza de contenido una decidida vocación pedagógica, y por ello estamos seguros de que constituirá para el usuario una imprescindible herramienta de trabajo, además de un inseparable compañero de viaje en su aprendizaje del inglés.

Los Editores

Guía de consulta

English-Spanish

first [fɜːst] *ord* **1** primero. ● *adv* **2** primero, en primer lugar. ● *n c* **3** primero (persona). **4** acontecimiento sin precedentes. ♦ **(a) ~ (in)** SCH (un) sobresaliente (en); **~ aid** primeros auxilios; **~ name** nombre de pila; **~ night** estreno (de una película, obra de teatro). ■ **at ~** al principio, en un principio; **~ off** en primer lugar; **~ and foremost** ante todo; **~ and last** desde todos los puntos de vista; **from the ~** desde el principio; **not to know the ~ thing about** no entender lo más mínimo de.

1. **Voz de entrada**
2. **Categoría gramatical**
3. **Transcripción fonética**
4. **Número de acepción**
5. **Símbolo que introduce formas compuestas y phrasal verbs**
6. **Formas compuestas**
7. **Símbolo que introduce locuciones o frases**
8. **Traducciones o equivalencias**
9. **Locuciones o frases**
10. **Símbolo que sustituye a la voz de entrada**

bridge [brɪdʒ] *n c* **1** puente (gen). **2** ANAT caballete (de la nariz). **3** MAR puente (de un barco). ● *n u* **4** bridge (juego de naipes). ● *tr* **5** (fig) salvar (distancias); llenar (un vacío).

1. **Delimitaciones semánticas**
2. **Marcas de materia**

analyze *tr* → analyse.

may [meɪ] (*pt* **might**) *modal* **1** poder: *he may come soon* = *puede que venga pronto*. **2** (fml) poder, tener permiso para: *may I ask you a question?* = *¿puedo hacerte una pregunta?* **~ + subj 3** ¡ojalá!, ¡Dios quiera!: *may you live long!* = *¡Dios quiera que viva usted muchos años!*

1. **Remisiones**
2. **Formas irregulares**
3. **Marcas de nivel de uso de la lengua**
4. **Construcción gramatical**
5. **Ejemplos de uso**

Treason se refiere a un acto de traición hacia el propio país. Se usa ***treachery*** para hablar de traición hacia una persona.

1. **Cuñas**

Guía de consulta

Español-Inglés

1. Voz de entrada
2. Categoría gramatical
3. Número de acepción
4. Traducciones o equivalencias
5. Acepción de América Latina
6. Ejemplos de uso
7. Símbolo que introduce locuciones o frases
8. Locuciones o frases

sentido *m* **1** sense (facultad). **2** meaning, sense (significado). **3** consciousness (conciencia). **4** direction (dirección): *en sentido contrario = in the opposite direction.* **5** *Amér.* ear (oído) ◆ ~ **común** common sense; ~ **del humor** sense of humour. ■ **con los cinco sentidos** for all one is worth; **de ~ único** one-way (calle).

1. Marcas de materia
2. Cambio de categoría gramatical

costa *f* **1** GEOG coast. **2** FIN cost. ● **costas** *f pl* **3** DER costs. ■ **a ~ de** at the expense of; **a toda ~** at all costs.

1. Inglés británico
2. Inglés americano
3. Símbolo que introduce formas compuestas
4. Formas compuestas
5. Símbolo que sustituye a la voz de entrada

paño *m* **1** cloth (trapo). **2** woollen cloth (GB); woolen cloth (EE UU, tela). **3** stretch (de pared). ◆ ~ **de cocina** dishcloth, tea towel; **paños menores** underwear.

1. Variantes gráficas
2. Delimitaciones semánticas

arrendamiento o **arrendación** *m* **1** renting (de piso); leasing (de tierras). **2** rental, rent (precio). ◆ ~ **financiero** leasing.

1. Remisiones

acusete *m Amér.* → acusica.

1. Cuñas

Lo no se traduce cuando se usa como complemento directo de los verbos «decir», «saber» y «ser»: *lo sé = I know*; *díselo = tell her.*

Símbolos fonéticos

Consonantes

símbolo	sonido que representa	ejemplo	
[b]	como la *b* en *mambo* (aspirada)	be	[bɪ]
[k]	como la *c* en *caso* (aspirada)	cold	[kəʊld]
[d]	como la *d* en *conde* (aspirada)	deed	[di:d]
[f]	como la *f* en el español	fee	[fi:]
[g]	como la *g* en *goma* (aspirada)	game	[geɪm]
[h]	como la *j* en *jerga*, pero mucho más grave	heed	[hi:d]
[l]	como la *l* en el español	leaf	[lif]
[m]	como la *m* en el español	me	[mi:]
[n]	como la *n* en *nota*	need	[ni:d]
[p]	como la *p* en *pan* (aspirada)	pea	[pi:]
[r]	(la *r* norteamericana es un sonido semivocal que se articula elevando la lengua hacia la bóveda palatina) (la *r* británica, prevocálica o intervocálica, es un sonido fricativo parecido a la *r* en *perro*)	around	[ə'raʊnd]
[s]	como la *s* en el español	see	[si:]
[t]	como la *t* en *tos* (aspirada)	tea	[ti:]
[v]	*v* fuerte y definida	veal	[vi:l]
[w]	como la *hu* en *huevo*	wine	[waɪn]
[z]	como la *s* en *mismo*, pero más sonora y vibrada	zeal	[zi:l]
[ð]	como la *d* en nada	then	[ðen]
[θ]	como la *c* en *dice* y la *z* en *zapato* en la pronunciación del sur de España	theme	[θi:m]
[ʒ]	como la *ll* en *llegar* y la *y* en *ayer* en la pronunciación argentina	measure	['meʒər]
[dʒ]	como el sonido anterior, pero mucho más fuerte y con un vestigio de *ch*	jeep	[dʒi:p]
[ʃ]	sonido parecido al que hacemos al callar a alguien, como la *ch* en la palabra francesa *chez*	sheet	[ʃi:t]
[tʃ]	como la *ch* en *lucha*	chest	[tʃest]
[j]	como la *y* en *yo* y la *i* en *ionosfera*	yield	[ji:ld]

Símbolos fonéticos

Vocales y diptongos

símbolo	sonido que representa	ejemplo	
[ŋ]	como la *n* en *vengo*	sing	[sɪŋ]
[iː]	sonido largo como la *i* en *misma*	beet	[biːt]
[ɪ]	sonido breve, abierto como la *i* en *afirmar*	bit	[bɪt]
[eɪ]	como *ei* en *seis*	bait	[beɪt]
[e]	sonido breve, bastante abierto, como la *e* en *perro*	bet	[bet]
[æ]	sonido intermedio entre la *a* en *caso* y la *e* en *perro*	bat	[bæt]
[ʌ]	sonido intermedio entre la *o* y la *e*, parecido al de la *o* en la palabra francesa *homme*	but	[bʌt]
[ə]	sonido intermedio entre la *e* y la *o*, parecido al de la *e* en el artículo definido francés *le*	ago	[əˈgəʊ]
[ɜː]	sonido parecido a *eu* en la palabra francesa *leur* (se omite la *r* en el inglés británico)	bird	[bɜːd]
[ər]	versión corta del sonido norteamericano [ɜr] en sílabas átonas	pepper	[ˈpepər]
[uː]	sonido de la *u* en *sumo*, prolongado	boot	[buːt]
[ʊ]	sonido de la *u* en *burro*, acortado	book	[bʊk]
[əʊ]	sonido de la *o* en *bola* seguido de la *u* en *burro*	boat	[bəʊt]
[ɔː]	sonido de la *o* en *por*, prolongado	bought	[bɔːt]
[ɑː]	sonido de la *a* en *bajo*, prolongado	balm	[bɑːm]
[aɪ]	como *ai* en *baile*	bite	[baɪt]
[aʊ]	como *au* en *causa*	bout	[baʊt]
[ɔɪ]	como *oi* en *roi*	boil	[bɔɪl]
[ɪə]	como *ia* en *tía*	beer	[bɪər]
[eə]	como *ea* en *fea*	bare	[beər]
[ʊə]	como *uo* en *búho*	boor	[bʊər]
[eɪə]	como *eie* en *reyes*	payer	[peɪər]
[aɪə]	como *aie* en *aire*	buyer	[baɪər]
[ɔɪə]	como *oie* en *oye*	employer	[ɪmˈplɔɪər]
[aʊə]	como *aue* en *fraude*	bowel	[baʊəl]

Abreviaturas

adj	adjetivo
adv	adverbio
AER	aeronáutica
AGR	agricultura
Amér.	América Latina
Amér. Centr.	América Central
Amér. Merid.	América Meridional
ANAT	anatomía
Ant.	Antillas
arc/arch	arcaísmo
Arg.	Argentina
argot/sl	argot
ARQ/ARCH	arquitectura
art	artículo
ART/ARTS	bellas artes
ASTR	astronomía
AUT	automovilismo
aux	verbo auxiliar
BIOL	biología
BIOQ/BIOCHEM	bioquímica
Bol.	Bolivia
BOLSA/ST EX	bolsa
BOT	botánica
C. Rica	Costa Rica
card	numeral cardinal
CINE/CIN	cinematografía
Col.	Colombia
coloq	coloquial
COM	comercio
comp	comparativo
conj	conjunción
contr	contracción
demos/dem	demostrativo
DEP/SP	deportes
DER/JUR	derecho

desp/pej	despectivo
ECOL	ecología
ECON	economía
Ecuad.	Ecuador
EDUC/SCH	educación
EE UU	inglés de EEUU
El Salv.	Salvador
ELEC	electricidad
ELECTR	electrónica
esp.	especialmente
euf/euph	eufemismo
f	sustantivo femenino
fam/infml	familiar
fig	figurado
FIL/PHIL	filosofía
FILOL/PHILOL	filología
FIN	finanzas
FÍS/PHYS	física
FON/PHON	fonética
form/fml	formal
FOT/PHOT	fotografía
fr/sent	frase
GAST	gastronomía
GB	inglés británico
gen	general
GEOG	geografía
GEOL	geología
GEOM	geometría
ger	gerundio
GRAM	gramática
Guat.	Guatemala
HIST	historia
Hond.	Honduras
hum	humorístico
impers	verbo impersonal

Abreviaturas

indef	indefinido
INF/COMPUT	computación
interj	interjección
interr	interrogativo
intr	verbo intransitivo
irón/iron	irónico
irreg	irregular
lit	literario
LIT	literatura
m	sustantivo masculino
m o *f*	sustantivo masculino o femenino
m y *f*	sustantivo masculino y femenino
MAR	marina
MAT/MATH	matemáticas
MEC	mecánica
MED	medicina
Méx.	México
MIL	militar
MIN	minería
MÚS/MUS	música
n c	sustantivo contable
n c & u	sustantivo contable e incontable
n pl	sustantivo plural
n sing	sustantivo singular
n u	sustantivo incontable
NÁUT/NAUT	náutica
Nic.	Nicaragua
num	numeral
ÓPT/OPT	óptica
ord	numeral ordinal
P. Rico	Puerto Rico
Pan.	Panamá
Par.	Paraguay
pers	personal
pl	plural
POL	política
poses/poss	posesivo
pp	participio pasado
pref	prefijo
prep	preposición
pres p	participio presente
pron	pronombre/ pronominal
PSIC/PSYCOL	psicología
pt	pasado
QUÍM/CHEM	química
R. de la Plata	Río de la Plata
R. Dom.	República Dominicana
RAD	radio
rel	relativo
REL	religión
RET/RHET	retórica
SOCIOL	sociología
suf/suff	sufijo
super	superlativo
TAUROM	tauromaquia
TEAT/THEAT	teatro
TEC/TECH	tecnología
TELECOM	telecomunicaciones
tr	verbo transitivo
TV	televisión
Ur.	Uruguay
Venez.	Venezuela
modal	verbo modal
vulg	vulgar
ZOOL	zoología

Verbos irregulares

Difieren de los regulares únicamente en las formas que adoptan para el pasado simple y el participio pasado. La siguiente es una lista de las tres formas distintas que presentan cada uno de los verbos irregulares en inglés; parte de la forma infinitiva, sigue con el pasado simple y termina con el participio pasado.

infinitivo	pasado simple	participio pasado
arise	arose	arisen
awake	awoke/awaked	awoken/awaked
be	was	been
bear	bore	borne/born
beat	beat	beaten
become	became	become
befall	befell	befallen
beget	begot	begotten
begin	began	begun
behold	beheld	beheld
bend	bent	bent
bereave	bereaved	bereaved/bereft
beseech	besought	besought
bet	bet/betted	bet/betted
bid (ordenar)	bade	bidden
bid (ofrecer)	bid	bid
bind	bound	bound
bite	bit	bitten
bleed	bled	bled
blow	blew	blown
break	broke	broken
breed	bred	bred
bring	brought	brought
broadcast	broadcast	broadcast
browbeat	browbeaten	browbeaten
build	built	built
burn	burned/burnt	burned/burnt
burst	burst	burst
bust	bust/busted	bust/busted
buy	bought	bought
cast	cast	cast

infinitivo	pasado simple	participio pasado
catch	caught	caught
chide	chid/chided	chidden/chid/chided
choose	chose	chosen
cleave	clove/cleft	cloven/cleft
cling	clung	clung
come	came	come
cost	cost	cost
creep	crept	crept
cut	cut	cut
deal	dealt	dealt
dig	dug	dug
dive	dived/(EE UU) dove	dived
do	did	done
draw	drew	drawn
dream	dreamed/dreamt	dreamed/dreamt
drink	drank	drunk
drive	drove	driven
dwell	dwelt/dwelled	dwelt/dewelled
eat	ate	eaten
fall	fell	fallen
feed	fed	fed
feel	felt	felt
fight	fought	fought
find	found	found
fit	fitted/(EE UU) fit	fitted/(EE UU) fit
flee	fled	fled
fling	flung	flung
floodlight	floodlighted/floodlit	floodlighted/floddlit
fly	flew	flown
forbear	forbore	forborne
forbid	forbade, forbad	forbidden
forget	forgot	forgotten
forgive	forgave	forgiven
forsake	forsook	forsaken
freeze	froze	frozen
gainsay	gainsaid	gainsaid
get	got	got/(EE UU) gotten
gird	girded/girt	girded/girt
give	gave	given
go	went	gone

infinitivo	pasado simple	participio pasado
grind	ground	ground
grow	grew	grown
hang	hanged/hung	hanged/hung
have	had	had
hear	heard	heard
hew	hewed	hewed/hewn
hide	hid	hidden
hit	hit	hit
hold	held	held
hurt	hurt	hurt
inlay	inlaid	inlaid
keep	kept	kept
kneel	knelt	knelt
knit	knit	knit
know	knew	known
lay	laid	laid
lead	led	led
lean	leaned/leant	leaned/leant
leap	leaped/leapt	leaped/leapt
learn	learned/learnt	learned/learnt
leave	left	left
lend	lent	lent
let	let	let
lie	lay	lain
light	lighted/lit	lighted/lit
lose	lost	lost
make	made	made
mean	meant	meant
meet	met	met
mow	mowed	mowed/mown
pay	paid	paid
plead	pleased/(EE UU) pled	pleased/(EE UU) pled
prove	proved	proved/proven
put	put	put
quit	quitted/quit	quitted/quit
read	read	read
rend	rent	rent
rid	rid, ridded	rid, ridded
ride	rode	riden
ring	rang	rung

infinitivo	pasado simple	participio pasado
rise	rose	risen
run	ran	run
saw	sawed	sawed/sawn
say	said	said
see	saw	seen
seek	sought	sought
sell	sold	sold
send	sent	sent
set	set	set
sew	sewed	sewed/sewn
shake	shook	shaken
shear	sheared/shore	sheared/shorn
shed	shed	shed
shine	shone	shone
shit	shit/shat	shit/shat
shoe	shoed/shod	shoed/shod
shoot	shot	shot
show	showed	showed/shown
shrink	shrank	shrunk
shut	shut	shut
sing	sang	sung
sink	sank	sunk
sit	sat	sat
slay	slew	slain
sleep	slept	slept
slide	slid	slid
sling	slung	slung
slink	slunk	slunk
slit	slit	slit
smell	smelled/smelt	smelled/smelt
smite	smote	smitten
sow	sowed	sowed/sown
speak	spoke	spoken
speed	speeded/sped	speeded/sped
spell	spelled/spelt	spelled/spelt
spend	spent	spent
spill	spilled/spilt	spilled/spilt
spin	spun	spun
spit	spat	spat
split	split	split

infinitivo	pasado simple	participio pasado
spoil	spoiled/spoilt	spoiled/spoilt
spread	spread	spread
spring	sprang	sprung
stand	stood	stood
steal	stole	stolen
stick	stuck	stuck
sting	stung	stung
stink	stank/stunk	stunk
strew	strewed	strewed/strewn
stride	strode	stridden
strike	struck	struck
string	strung	strung
strive	strove	striven
swear	swore	sworn
sweep	swept	swept
swell	swelled	swelled/swollen
swim	swam	swum
swing	swung	swung
take	took	taken
teach	taught	taught
tear	tore	torn
tell	told	told
think	thought	thought
thrive	thrived/throve	thrived/thriven
throw	threw	thrown
thrust	thrust	thrust
tread	trod	trodden/trod
understand	understood	understood
undertake	undertook	undertaken
wake	waked/woke	waked/woken
wear	wore	worn
weave	wove	woven
wed	wedded	wedded/wed
weep	wept	wept
wet	wetted/wet	wetted/wet
win	won	won
wind	wound	wound
wring	wrung	wrung
write	wrote	written

English-Spanish

Aa

a, A [eɪ] *n c* **1** a, A (letra). **2** SCH sobresaliente (nota académica máxima). • *n c & u* **3** MUS la (sexta nota en la escala de Do).
a [eɪ] *art* **1** un, una: *a car = un coche*. **2** un, una (gen): *a bird can fly = los pájaros vuelan*. **3** por, al, a la (indicando frecuencia o distribución): *he works five days a week = trabaja cinco días a la semana, 20 km an hour = 20 km por hora*. **4** *omitted in Spanish* (con profesiones): *he is a doctor = es médico*.
aback [ə'bæk] *adv* → take.
abandon [ə'bændən] *tr* **1** abandonar, dejar. • *n u* **2** abandono, desenfreno.
abashed [ə'bæʃt] *adj* avergonzado.
abate [ə'beɪt] *intr* (fml) disminuir; amainar (storm).
abattoir ['æbətwar] *n c* matadero.
abbess ['æbɪs] *n c* abadesa.
abbey ['æbɪ] *n c* abadía.
abbot ['æbət] *n c* abad.
abbreviate [ə'briːvɪeɪt] *tr* abreviar.
abbreviation [əˌbriːvɪ'eɪʃn] *n c* abreviatura.
abdicate ['æbdɪkeɪt] *intr* **1** abdicar (del trono). • *tr* **2** eludir, rehuir (responsabilidades).
abdomen ['æbdəmen] *n c* ANAT abdomen.
abduct [æb'dʌkt] *tr* secuestrar, raptar.
aberrant [ə'berənt] *adj* aberrante.
abeyance [ə'beɪəns] *n u* JUR suspensión; receso (Amér.).
abhor [əb'hɔːr] *tr* aborrecer.
abide [ə'baɪd] *tr* soportar, tolerar.
ability [ə'bɪlɪtɪ] *n c & u* **1** capacidad, facultad. **2** talento, aptitudes (capacidad innata).
abject ['æbdʒekt] *adj* abyecto.
ablaze [ə'bleɪz] *adj* en llamas.
able ['eɪbl] *adj* **1** capaz (de hacer algo). **2** competente (profesionalmente). **to be ~ to 3** poder, ser capaz de.
ably ['eɪblɪ] *adv* competentemente.
abnormal [æb'nɔːml] *adj* anormal.
aboard [ə'bɔːd] *prep* **1** a bordo de. • *adv* **2** a bordo.
abolition [ˌæbə'lɪʃn] *n u* abolición.
abominable [ə'bɒmɪnəbl] *adj* abominable.
Aborigine [ˌæbə'rɪdʒɪnɪ] *n c* aborigen (de Australia).
abort [ə'bɔːt] *tr & intr* **1** MED, COMPUT abortar. **2** (fig) frustrar(se), malograr(se) (un plan, un proyecto).
abortion [ə'bɔːʃn] *n c* aborto.
abortive [ə'bɔːtɪv] *adj* frustrado, malogrado.
abound [ə'baʊnd] *intr* **1** abundar. **to ~ with/in 2** estar lleno de, abundar en.
about [ə'baʊt] *prep* **1** acerca de, sobre. **2** por (lugar). • *adv* **3** aproximadamente, alrededor de (cantidad, hora): *it's about 10 o'clock = son más o menos las diez*. **4** por ahí (lugar): *is there any water about = ¿hay agua por aquí?* **to be ~ + inf 5** estar a punto de.
about-turn or **about-face** [əˌbaʊt'ɜːn o əˌbaʊt'feɪs] *n c* **1** MIL media vuelta. **2** (fig) giro de 180º.
above [ə'bʌv] *prep* **1** sobre, encima de (posición): *above sea level = sobre el nivel del mar*. **2** por encima de (con cifras): *10% above the usual price = 10% por encima del precio normal*. • *adv* **3** arriba, encima (de): *the flat above = el piso de arriba*. ■ **~ all** sobre todo.
above-board [əˌbʌv'bɔːd] *adj* legítimo, legal.
abrasive [ə'breɪsɪv] *adj* **1** hosco, desconsiderado (persona). **2** abrasivo (sustancia, líquido).
abreast [ə'brest] *adv* juntos, hombro con hombro.
abridged [ə'brɪdʒt] *adj* resumido, abreviado.
abroad [ə'brɔːd] *adv* al extranjero, en el extranjero.
abrupt [ə'brʌpt] *adj* **1** brusco, repentino (cambio). **2** (pej) áspero, desabrido (comportamiento).

abscess ['æbsɪs] *n c* MED absceso.
abscond [əb'skɒnd] *intr* fugarse, huir.
abseil ['æbseɪl] *intr* SP bajar haciendo rápel.
absence ['æbsəns] *n c & u* ausencia (de una persona); falta (de una cosa).
absent ['æbsənt] *adj* **1** ausente (de clase, del trabajo). **2** distraído (sin prestar atención).
absentee [ˌæbsən'tiː] *n c* ausente.
absent-minded [ˌæbsənt'maɪndɪd] *adj* distraído, despistado.
absolute ['æbsəluːt] *adj* **1** absoluto (poder, autoridad, verdad). **2** completo, total (para dar énfasis).
absolutely ['æbsəluːtlɪ] *adv* **1** absolutamente. • *interj* **2** desde luego, claro que sí. ■ **~ not** claro que no.
absolve [əb'zɒlv] *tr* **to ~ from** absolver de.
absorb [əb'zɔːb] *tr* **1** absorber (líquido, calor, energía). **2** amortiguar (un golpe).
absorbent [əb'zɔːbənt] *adj* absorbente.
abstain [əb'steɪn] *intr* **to ~ (from)** abstenerse (de).
abstemious [əb'stiːmɪəs] *adj* mesurado, frugal.
abstention [əb'stenʃn] *n c & u* POL abstención.
abstract ['æbstrækt] *adj* **1** abstracto. • *n c* **2** extracto, resumen.
absurd [əb'sɜːd] *adj* absurdo.
abundant [ə'bʌndənt] *adj* abundante.
abundantly [ə'bʌndəntlɪ] *adv* **1** abundantemente (en grandes cantidades). **2** rotundamente, claramente (para añadir énfasis).
abuse [ə'bjuːs] *n u* **1** improperios, insultos. **2** maltrato, abuso.
abuse [ə'bjuːz] *tr* **1** abusar de (posición, poder). **2** insultar.
abusive [ə'bjuːsɪv] *adj* insultante, ofensivo.
abysmal [ə'bɪzməl] *adj* fatal, pésimo.
abyss [ə'bɪs] *n c* sima, abismo.
academic [ˌækə'demɪk] *adj* **1** académico. **2** teórico (argumento). • *n c* **3** profesor universitario.
academy [ə'kædəmɪ] *n c* academia.
accede [æk'siːd] *intr* **to ~ (to)** (fml) acceder (a).
accelerate [æk'seləreɪt] *intr* acelerar.
acceleration [əkˌselə'reɪʃn] *n c & u* aceleración.
accelerator [ək'seləreɪtər] *n c* acelerador.
accent [æksənt] *n c* acento.
accept [ək'sept] *tr* aceptar, admitir.
acceptable [ək'septəbl] *adj* aceptable.
acceptance [ək'septəns] *n u* **1** aceptación. **2** admisión (en un grupo, institución, trabajo).
access ['ækses] *n u* acceso.
accessible [æk'sesəbl] *adj* **1** accesible (físicamente). **2** asequible (persona, información).
accessory [æk'sesərɪ] *n c* **1** accesorio. **2** JUR cómplice. • **accesories** *n pl* **3** complementos.
accident ['æksɪdənt] *n c* accidente.
accidental [ˌæksɪ'dentl] *adj* accidental, fortuito.
accidentally [ˌæksɪ'dentəlɪ] *adv* por casualidad.
accident-prone ['æksɪdəntprəʊn] *adj* propenso a sufrir accidentes.
acclaim [ə'kleɪm] *n u* **1** aclamación. • *tr* **2** aclamar.
acclimatize or **acclimatise** [ə'klaɪmətaɪz] (*EE UU* **acclimate**) *intr & pron* **to ~ to** aclimatarse (a), adaptarse (a).
accommodate [ə'kɒmədeɪt] *tr* **1** alojar, hospedar (en una casa, fonda). **2** albergar (en el interior de algo). **3** complacer (un deseo, capricho).
accommodating [əˌkɒmədeɪtɪŋ] *adj* complaciente, servicial.
accommodation [əkɒmə'deɪʃn] *n u* alojamiento.
accompany [ə'kʌmpənɪ] *tr* acompañar.
accomplice [ə'kʌmplɪs] *n c* cómplice.
accomplish [ə'kʌmplɪʃ] *tr* conseguir.
accomplished [ə'kʌmplɪʃt] *adj* experto, consumado.
accomplishment [ə'kʌmplɪʃmənt] *n c* **1** logro. • *n u* **2** conclusión, realización.
accord [ə'kɔːd] *tr* **1** conceder, otorgar. • *n u* **2** acuerdo. ■ **of one's own ~** por propia iniciativa.
accordance [ə'kɔːdəns] *n u* **in ~ with** de acuerdo con, según.
accordingly [ə'kɔːdɪŋlɪ] *adv* **1** en consecuencia. **2** adecuadamente (como corresponde).
according to [ə'kɔːdɪŋ tuː] *prep* según, de acuerdo con, con arreglo a.
accordion [ə'kɔːdɪən] *n c* MUS acordeón.

accost [əˈkɒst] *tr* abordar, dirigirse a (molestando).
account [əˈkaʊnt] *n c* **1** relato, narración (oral); informe (por escrito). **2** FIN cuenta. • **to ~ for** *tr* **3** explicar, justificar. • **accounts** *n pl* **4** cuentas, contabilidad. ■ **by all accounts** a decir de todos, según todos; **on ~** a cuenta (pago aplazado); **on ~ of** a causa de; **to take into ~/to take ~ of** tener en cuenta.
accountable [əˈkaʊntəbl] *adj* **~ (for)** responsable (de).
accountancy [əˈkaʊntənsɪ] *n u* contabilidad.
accountant [əˈkaʊntənt] *n c* contable.
accrue [əˈkruː] *tr & intr* acumular(se) (intereses).
accumulate [əˈkjuːmjʊleɪt] *tr & intr* acumular(se), amontonar(se).
accuracy [ˈækjʊrəsɪ] *n u* precisión, exactitud.
accurate [ˈækjʊrɪt] *adj* preciso, correcto.
accurately [ˈækjʊrɪtlɪ] *adv* con precisión.
accusation [ˌækjuːˈzeɪʃn] *n c* acusación, denuncia.
accuse [əˈkjuːz] *tr* acusar.
accused [əˈkjuːzd] *n sing* JUR acusado.
accustomed [əˈkʌstəmd] *adj* **~ (to)** acostumbrado (a).
ace [eɪs] *n c* **1** as (en los juegos de cartas). **2** SP ace (en el tenis).
ache [eɪk] *n c* **1** dolor. • *intr* **2** doler. ◆ **to ~ (for)** (fig) ansiar.
achieve [əˈtʃiːv] *tr* **1** lograr, conseguir. • *intr* **2** tener éxito.
achievement [əˈtʃiːvmənt] *n c & u* logro (éxito); realización (de un sueño).
Achilles tendon [əˌkɪliːzˈtendən] *n c* tendón de Aquiles.
acid [ˈæsɪd] *adj* **1** CHEM ácido. **2** agrio (sabor). **3** mordaz, burlón (humor). • *n c & u* **4** CHEM ácido. ◆ **~ rain** lluvia ácida.
acknowledge [əkˈnɒlɪdʒ] *tr* **1** reconocer, admitir (los hechos, la verdad). **2** saludar. **3** agradecer (un detalle). **4** acusar recibo de.
acknowledgement [əkˈnɒlɪdʒmənt] *n c & u* **1** reconocimiento, admisión (de la verdad). **2** agradecimiento. **3** acuse de recibo (de una carta). • **acknowledgements** *n pl* **4** agradecimientos.
acne [ˈæknɪ] *n u* MED acné.
acorn [ˈeɪkɔːn] *n c* bellota.
acoustic [əˈkuːstɪk] *adj* acústico.
acoustics [əˈkuːstɪks] *n pl* acústica.
acquaint [əˈkweɪnt] *tr* **to ~ sb with 1** (fml) informar a alguien de, dar detalles a alguien de. • **to ~ with** *pron* **2** familiarizarse con, informarse de. ■ **to be acquainted with** conocer a.
acquaintance [əˈkweɪntəns] *n c* conocido. ■ **to make sb's ~** conocer a alguien.
acquire [əˈkwaɪər] *tr* adquirir, obtener.
acquisitive [əˈkwɪzɪtɪv] *adj* (pej) codicioso, acaparador.
acquit [əˈkwɪt] *tr* **1** JUR absolver. • *pron* **2** (fml) comportarse (en una situación comprometida).
acquittal [əˈkwɪtl] *n c & u* JUR absolución.
acre [eɪkər] *n c* acre.
acrobat [ˈækrəbæt] *n c* acróbata; maromero (Amér.).
acronym [ˈækrənɪm] *n c* sigla.
across [əˈkrɒs] *prep* **1** a través de, por, de un lado a otro de. **2** al otro lado de. • *adv* **3** de ancho: *it's 34 cms across = mide 34 cm de ancho.* **4** horizontalmente (en un crucigrama). ■ **~ from** en frente de.
acrylic [əˈkrɪlɪk] *adj* acrílico.
act [ækt] *n c* **1** acto, acción. **2** POL ley. **3** THEAT acto (en una obra de teatro o espectáculo); número (en el circo). • *tr* **4** CIN, THEAT representar, hacer el papel de. • *intr* **5** actuar, hacer algo (con un propósito). **6** funcionar, servir (una medicina). **7** comportarse. **to ~ like/as 8** actuar de, servir de (en un trabajo). **to ~ for/on behalf of 9** JUR representar a (un cliente).
acting [ˈæktɪŋ] *adj* **1** en funciones, interino. • *n u* **2** actuación.
action [ˈækʃn] *n c & u* **1** acción. **2** funcionamiento (de una máquina). **3** JUR demanda. ◆ **~ replay** TV repetición. ■ **in ~** en funcionamiento; **out of ~** inutilizado.
activate [ˈæktɪveɪt] *tr* activar, poner en marcha.
active [ˈæktɪv] *adj* activo, enérgico (persona); vivo, fuerte (interés).
activity [ækˈtɪvɪtɪ] *n u* actividad.
actor [ˈæktər] *n c* actor.

actress [ˈæktrɪs] *n c* actriz.
actual [ˈæktʃʊəl] *adj* real, verdadero.
actually [ˈæktʃʊəlɪ] *adv* **1** realmente, en realidad, además, (añadiendo énfasis). **2** de hecho (para contrastar información. **3** a propósito (para añadir información). **4** en realidad (corrigiendo información errónea).
acumen [ˈækjʊmen] *n u* buen olfato (para los negocios).
acupuncture [ˈækjʊpʌŋktʃər] *n u* acupuntura.
acute [əˈkjuːt] *adj* **1** agudo (dolor, sentimiento). **2** perspicaz (persona). **3** penetrante, fuerte (olor). **4** agudo (ángulo).
ad [æd] *n c* (infml) anuncio.
Adam [ˈædəm] *n sing* Adán. ♦ **~'s apple** ANAT nuez de Adán.
adamant [ˈædəmənt] *adj* inflexible, obstinado.
adapt [əˈdæpt] *tr* **1** adaptar. • **to ~ (to)** *intr* **2** amoldarse (a), adaptarse (a).
adaptable [əˈdæptəbl] *adj* flexible (persona).
adaptor [əˈdæptər] *n c* ELEC ladrón.
add [æd] *tr* **1** añadir, agregar. **2** MATH sumar. • **to ~ to** *intr* **3** sumarse a. ♦ **to ~ on** añadir; **to ~ up** ascender a (una suma); tener sentido (una hipótesis); **to ~ up to** resultar en, querer decir.
adder [ˈædər] *n c* ZOOL víbora.
addict [ˈædɪkt] *n c* adicto.
addicted [əˈdɪktɪd] *adj* **~ to** adicto a.
addiction [əˈdɪkʃn] *n u* **~ (to)** adicción (a).
addictive [əˈdɪktɪv] *adj* adictivo.
addition [əˈdɪʃn] *n c* **1** adición, suplemento. **2** MATH suma. ■ **in ~ to** además de.
additional [əˈdɪʃənl] *adj* adicional.
additive [ˈædɪtɪv] *n c* aditivo.
address [əˈdres] *n c* **1** dirección, señas (en una carta). **2** discurso, conferencia. • *tr* **3** dirigir(se) a (una audiencia). **4** abordar (una tarea, un problema). **to ~ sb as 5** llamar: *you must address him as sir = debes llamarle señor.*
address-book [əˈdresbʊk] *n c* agenda de direcciones.
adept [ˈædept] *adj* **~ (at/in)** experto (en).
adequate [ˈædɪkwɪt] *adj* suficiente, adecuado.
adhere [ədˈhɪər] *intr* **to ~ to 1** pegarse a, adherirse a. **to ~ to 2** acatar, respetar (una ley); suscribir, apoyar (una opinión).
adhesive [ədˈhiːsɪv] *adj* **1** adhesivo. • *n u* **2** pegamento, adhesivo. ♦ **~ tape** cinta adhesiva.
adjacent [əˈdʒeɪsnt] *adj* adyacente, contiguo.
adjective [ˈædʒɪktɪv] *adj* GRAM adjetivo.
adjoining [əˈdʒɔɪnɪŋ] *adj* contiguo, adyacente.
adjourn [əˈdʒɜːn] *tr* **1** aplazar (una reunión). **2** JUR levantar (la sesión).
adjudicate [əˈdʒuːdɪkeɪt] *tr* JUR fallar, decidir.
adjust [əˈdʒʌst] *tr* **1** ajustar, regular (máquinas). • **to ~ (to)** *intr* **2** adaptarse (a) (una situación, trabajo).
adjustable [əˈdʒʌstəbl] *adj* regulable.
adjustment [əˈdʒʌstmənt] *n c* **1** ajuste (de un aparato). **2** adaptación (a una situación).
ad-lib [ˌædˈlɪb] *adj* **1** improvisado. • *tr & intr* **2** improvisar. • *adv* **3** improvisadamente.
administer [ədˈmɪnɪstər] *tr* administrar (un negocio).
administration [ədˌmɪnɪˈstreɪʃn] *n u* administración (de empresa).
admirable [ˈædmərəbl] *adj* admirable.
admiral [ˈædmərəl] *n c* MIL almirante.
admiration [ˌædməˈreɪʃn] *n u* admiración.
admire [ədˈmaɪər] *tr* admirar.
admirer [ədˈmaɪərər] *n c* admirador.
admission [ədˈmɪʃn] *n c & u* **1** admisión (en una sociedad, escuela). **2** reconocimiento (de un error). • *n u* **3** entrada (precio). ♦ **~ fee** precio de entrada (en un lugar público); matrícula (escuela, universidad).
admit [ədˈmɪt] *tr* **1** admitir (permiso de entrada). **to ~ sb (to/into) 2** ingresar (en un hospital). **3** reconocer, admitir (una verdad). • **to ~ of** *intr* **4** permitir, admitir (una interpretación).
admittance [ədˈmɪtns] *n u* admisión, entrada.
admittedly [ədˈmɪtɪdlɪ] *adv* la verdad es que.
admonish [ədˈmɒnɪʃ] *tr* (fml) amonestar, reprender; felpear (Amér.).
ado [əˈduː] *adv* **without further/more ~** inmediatamente.

adolescence [ˌædəˈlesns] *n u* adolescencia.
adolescent [ˌædəˈlesnt] *adj* **1** adolescente. **2** (pej) inmaduro. • *n c* **3** adolescente.
adopt [əˈdɒpt] *tr* adoptar (bebé, nacionalidad).
adoption [əˈdɒpʃn] *n c & u* adopción.
adore [əˈdɔːr] *tr* adorar.
adorn [əˈdɔːn] *tr* (lit, fml) adornar.
adrenalin [əˈdrenəlɪn] *n u* adrenalina.
adrift [əˈdrɪft] *adj* MAR a la deriva. ■ **to be/go ~** ser un fracaso/ir mal (un plan).
adult [ˈædʌlt] *adj* **1** adulto, maduro. **2** para adultos (película). • *n c* **3** adulto.
adulterate [əˈdʌltəreɪt] *tr* adulterar.
adultery [əˈdʌltərɪ] *n c & u* adulterio.
advance [ədˈvɑːns] *n c & u* **1** avance (movimiento). **2** adelanto, progreso (científico). • *n c* **3** anticipo, adelanto (de dinero). • **advances** *n pl* **4** acercamiento (para mejorar las relaciones); insinuaciones (para iniciar una relación amorosa). • *adj* **5** por adelantado, previo. • *intr* **6** avanzar, adelantarse (movimiento). **7** avanzar, mejorar (ciencia, economía). • *tr* **8** anticipar, adelantar (dinero).
advanced [ədˈvɑːnst] *adj* **1** adelantado, avanzado (conocimientos, progreso). **2** moderno, progresista (ideas, libros).
advantage [ədˈvɑːntɪdʒ] *n c* ventaja; gabela (Amér.). ■ **to take ~ of** aprovecharse de.
adventure [ədˈventʃər] *n c & u* aventura. ◆ **~ playground** parque infantil.
adverb [ˈædvɜːb] *n c* GRAM adverbio.
adverse [ˈædvɜːs] *adj* adverso.
adversity [ədˈvɜːsɪtɪ] *n c & u* adversidad.
advert [ˈædvɜːt] *n c* (infml) anuncio.
advertise [ˈædvətaɪz] *tr* anunciar.
advertisement [ədˈvɜːtɪsmənt] *n c* anuncio.
advertiser [ˈædvətaɪzər] *n c* anunciante.
advertising [ˈædvətaɪzɪŋ] *n u* publicidad.
advice [ədˈvaɪs] *n u* consejos. ◆ **a piece of ~** un consejo.
advicable [ədˈvaɪzəbl] *adj* aconsejable.
advise [ədˈvaɪz] *tr* **1** aconsejar, asesorar (en asuntos financieros). **2** (fml) informar, avisar.
advisedly [ədˈvaɪzɪdlɪ] *adv* deliberadamente.
adviser [ədˈvaɪzər] *n c* asesor, consejero.
advocate [ˈædvəkeɪt] *tr* recomendar, abogar por.
advocate [ˈædvəkət] *n c* JUR abogado, defensor.
aerial [ˈeərɪəl] *adj* **1** aéreo. • *n c* **2** RAD antena.
aerobics [eəˈrəubɪks] *n u* SP aerobic.
aerodynamic [ˌeərəudaɪˈnæmɪk] *adj* aerodinámico.
aeroplane [ˈeərəpleɪn] *n c* avión.
aerosol [ˈeərəsɒl] *n c* aerosol.
aesthetic [iːsˈθetɪk] (*EE UU* **esthetic**) *adj* estético.
afar [əˈfɑː] *adv* (arch, lit) lejos. ■ **from ~** desde lejos.
affable [ˈæfəbl] *adj* afable.
affair [əˈfeər] *n c* **1** asunto, negocio. **2** acontecimiento. **3** aventura amorosa. **4** (infml) cosa, objeto.
affect [əˈfekt] *tr* **1** afectar, influir (sobre algo o alguien). **2** emocionar, conmover. **3** (fml) fingir, aparentar.
affected [əˈfektɪd] *adj* (pej) afectado, artificial.
affection [əˈfekʃn] *n u* afecto, cariño.
affectionate [əˈfekʃənɪt] *adj* afectuoso.
affirm [əˈfɜːm] *tr* (fml) afirmar.
affix [æˈfɪks] *tr* **to ~ (to)** (fml) pegar (a), fijar (a).
afflict [əˈflɪkt] *tr* afligir.
affluent [ˈæfluənt] *adj* opulento, rico.
afford [əˈfɔːd] *tr* permitirse el lujo de (comprar o hacer algo): *she can't afford a new house = no puede comprar una casa nueva.*
afforestation [æˌfɒrɪˈsteɪʃn] *n u* AGR repoblación forestal.
affront [əˈfrʌnt] *n c* afrenta, agravio.
Afghan [ˈæfgæn] *adj & n c* afgano.
Afghanistan [æfˈgænɪstɑːn] *n sing* Afganistán.
afield [əˈfiːld] *adv* **far ~** lejos.
afloat [əˈfləut] *adj & adv* a flote.
afoot [əˈfut] *adj* en preparación.
afraid [əˈfreɪd] *adj* asustado. ■ **to be ~ of** tener miedo de; **I'm ~ (to say)** me temo, desgraciadamente.
afresh [əˈfreʃ] *adv* de nuevo.
Africa [ˈæfrɪkə] *n sing* África.
African [ˈæfrɪkən] *adj & n c* africano.

aft [ɑːft] *adv* en/a popa.
after [ɑːftər] *prep* **1** después de, tras. • *adv* **2** después, más tarde. • *conj* **3** después (de) que. • **afters** *n pl* **4** (infml) postre. ■ **~ all** después de todo.
aftercare ['ɑːftəkeər] *n u* convalecencia.
after-effect ['ɑːftərfekt] *n c* consecuencia, secuela.
afterlife ['ɑːftəlaɪf] *n u* vida de ultratumba.
aftermath ['ɑːftəmæːθ] *n u* secuelas, consecuencias.
afternoon [ˌɑːftə'nuːn] *n c* & *u* tarde. ■ **good ~!** ¡buenas tardes!; **in the ~** por la tarde.
aftershave ['ɑːftəʃeɪv] *n u* loción para después del afeitado.
aftertaste ['ɑːftəteɪst] *n sing* regusto.
afterward ['ɑːftəwəd] (*GB* **afterwards**) *adv* después.
again [ə'gen] *adv* **1** otra vez, de nuevo. **2** sin embargo, no obstante (matizando). ■ **~ and ~/time and ~** una y otra vez; **as many ~** otros tantos; **as much ~** otro tanto; **then/there ~** no obstante.
against [ə'genst] *prep* **1** contra. • *adv* **2** en contra. ■ **as ~** en contraste, comparado con.
age [eɪdʒ] *n c* & *u* **1** edad (de persona, animal o cosa). • *n c* **2** época, era, edad (período histórico). • *n u* **3** vejez. • *intr* **4** envejecer (cosas o personas). • **ages** *n pl* **5** muchísimo tiempo, siglos. ■ **of ~** JUR mayor de edad; **to come of ~** hacerse mayor de edad; **under ~** menor (de edad).
aged [eɪdʒt] *adj* **1** de edad (especificando los años): *John Peters, aged 50 = John Peters, de 50 años de edad.* **2** anciano.
agency ['eɪdʒənsɪ] *n c* agencia. ■ **through/by the ~ of** por medio de.
agenda [ə'dʒendə] *n c* orden del día, programa.
agent ['eɪdʒənt] *n c* **1** representante, delegado (de una empresa); agente (de un actor). **2** espía, agente secreto. **3** agente (sustancia).
aggravate ['ægrəveɪt] *tr* **1** agravar (una enfermedad, situación). **2** exasperar, irritar.
aggregate ['ægrɪgɪt] *adj* **1** total, global. • *n c* **2** total, conjunto.
aggressive [ə'gresɪv] *adj* agresivo.
aggressor [ə'gresər] *n c* agresor.
aggrieved [ə'griːvd] *adj* ofendido.
aghast [ə'gɑːst] *adj* **~ (at)** horrorizado (por/ante).
agile ['ædʒaɪl y EE UU 'ædʒl] *adj* ágil.
agility [ə'dʒɪlɪtɪ] *n u* agilidad.
agitate ['ædʒɪteɪt] *tr* **1** agitar (con fuerza). **2** inquietar (el ánimo). **to ~ for/against 3** hacer campaña a favor/en contra.
agnostic [æg'nɒstɪk] *adj* & *n c* agnóstico.
ago [ə'gəʊ] *adv* (después de expresiones de tiempo) hace.
agog [ə'gɒg] *adj* **~ (with)** ansioso (de), anhelante (por).
agony ['ægənɪ] *n c* & *u* **1** angustia (mental). **2** dolor intenso, agonía. ◆ **~ column** consultorio sentimental (en la prensa).
agree [ə'griː] *intr* **to ~ with 1** estar de acuerdo con (la opinión de otro). **to ~ on 2** ponerse de acuerdo sobre. **to ~ to 3** consentir en, acceder a (hacer algo). **4** concordar (cosas, palabras); sentar bien (alimentos). • *tr* **5** acordar.
agreeable [ə'griːəbl] *adj* **1** agradable. **~ to 2** (fml) de acuerdo en, conforme a.
agreement [ə'griːmənt] *n c* **1** acuerdo (verbal o por escrito). • *n u* **2** consentimiento (a un plan o propuesta).
agricultural [ˌægrɪ'kʌltʃərəl] *adj* agrícola, agrario.
agriculture ['ægrɪkʌltʃər] *n u* agricultura.
aground [ə'graʊnd] *adv* encallado.
ahead [ə'hed] *adj* **1** adelantado (en una competición). • *adv* **2** hacia delante (dirección, orientación). **~ (of) 3** delante (de) (posición). **4** en el futuro: *to look ahead = mirar al futuro.*
aid [eɪd] *n u* **1** ayuda, auxilio. • *n c* **2** complemento (objeto). • *tr* **3** ayudar, auxiliar. ■ **in ~ of** a beneficio de.
aide [eɪd] *n c* consejero (en el Gobierno).
AIDS [eɪdz] (*abbrev* **Acquired Inmune Deficiency Syndrome**) *n u* sida.
ailing ['eɪlɪŋ] *adj* **1** achacoso (persona). **2** (fig) que va mal (economía, empresa).
ailment ['eɪlmənt] *n c* achaque, dolencia.
aim [eɪm] *n c* **1** objetivo, propósito. • *n u* **2** puntería (con armas). • **to ~ at** *tr* **3** apuntar a (arma). **to ~ at 4** dirigir a (pa-

labras, golpes, planes). • **to ~ at/for** *intr* **5** aspirar a, pretender.
aimless ['eɪmlɪs] *adj* sin objetivos.
air [eər] *n u* **1** aire. **2** (fig) aspecto, apariencia. • *n c* **3** MUS melodía. • *adj* **4** aéreo. • *intr* & *tr* **5** ventilar(se) (habitación, ropa). • *tr* **6** divulgar (ideas). ◆ **~ base** base aérea. ■ **by ~** en avión; **into thin ~** sin dejar rastro; **on the ~** RAD emitiendo, en el aire.
airbag ['eəbæg] *n c* AUT airbag.
airborne ['eəbɔ:n] *adj* **1** MIL aerotransportado. **2** volando, en el aire (un avión).
air-conditioned ['eəkəndɪʃnd] *adj* con aire aconcicionado.
air-conditioner ['eəkəndɪʃənər] *n c* aparato de aire acondicionado.
aircraft ['eəkrɑ:ft] *n c* aeronave. ◆ **~ carrier** portaaviones.
airfield ['eəfi:ld] *n c* aeródromo.
air force ['eəfɔ:s] *n c* fuerzas aéreas.
airgun ['eəgʌn] *n c* pistola de aire comprimido.
air-hostess ['eəhəʊstɪs] *n c* azafata; aeromoza (Amér., de avión).
airlift ['eəlɪft] *n c* **1** MIL puente aéreo (en guerra o situación de emergencia). • *tr* **2** aerotransportar.
airline ['eəlaɪn] *n c* compañía aérea.
airliner ['eəlaɪnər] *n c* avión de pasajeros.
airmail ['eəmeɪ] *n u* corrreo aéreo.
airplane ['eəpleɪn] *n c EE UU* avión.
airport ['eəpɔ:t] *n c* aeropuerto.
air-raid ['eəreɪd] *n c* MIL ataque aéreo.
airsick ['eəsɪk] *adj* mareado, con mal de altura (en un avión).
airspace ['eəspeɪs] *n u* espacio aéreo (de un país).
airstrip ['eəstrɪp] *n c* pista de aterrizaje.
air terminal ['eatɜ:iminl] *n c* terminal aérea.
airtight ['eətaɪt] *adj* **1** hermético. **2** (fig) perfecto, sin fisuras.
air-traffic controller ['eətræfɪkkən'-trəʊlər] *n c* controlador aéreo.
airy ['eərɪ] *adj* **1** bien ventilado (lugar). **2** frívolo (comportamiento).
aisle [aɪl] *n c* **1** ARCH nave. **2** pasillo.
ajar [ə'dʒɑːr] *adj* entreabierto, entornado (puerta).
akin [ə'kɪn] *adj* **~ to** semejante a.
alacrity [ə'lækrɪtɪ] *n u* presteza.
alarm [ə'lɑ:m] *n u* **1** alarma (estado de ansiedad); sobresalto (emoción). • *n c* **2** alarma (en una casa, edificio). • *tr* **3** alarmar, asustar.
alarm-clock [ə'lɑ:mklɒk] *n c* despertador.
alarming [ə'lɑ:mɪŋ] *adj* alarmante.
Albania [æl'bɪenɪə] *n sing* Albania.
Albanian [æl'beɪnɪən] *adj* & *n c* albanés.
albeit [ˌɔl'bi:ɪt] *conj* (fml) si bien, aunque.
album ['ælbəm] *n c* álbum.
alcohol ['ælkəhɒl] *n u* **1** alcohol. • *n c* **2** (fig) bebida alcohólica.
alcoholic [ˌælkə'hɒlɪk] *adj* & *n c* alcohólico.
alderman ['ɔ:ldəmən] (*pl* **aldermen**) *n c* POL concejal.
ale [eɪl] *n u tipo de cerveza amarga.*
alert [ə'lɜ:t] *adj* **1** prevenido, alerta. **~ to** **2** despierto ante, consciente de (los peligros, los obstáculos). • **to ~ to** *tr* **3** avisar de (un peligro o amenaza).
A-level ['eɪlevl] *n c examen al final de la enseñanza secundaria en Gran Bretaña.*
alfresco [æl'freskəʊ] *adj* & *adv* al aire libre.
algebra ['ældʒɪbrə] *n u* MATH álgebra.
Algeria [æl'dʒɪərɪə] *n sing* Argelia.
Algerian [æl'dʒɪərɪən] *adj* & *n c* argelino.
alias ['eɪlɪæs] *n c* **1** alias, pseudónimo. • *adv* **2** alias.
alibi ['ælɪbaɪ] *n c* coartada.
alien ['eɪlɪən] *adj* & *n c* **1** extranjero. **2** extraterrestre. • *adj* **3** extraño, ajeno (a un asunto o situación).
alienate ['eɪlɪəneɪt] *tr* ganarse la antipatía de.
alight [ə'laɪt] *adj* **1** ardiendo. • *intr* **2** posarse (un pájaro). **to ~ from** **3** bajarse de (un tren o autobús).
align [ə'laɪn] *tr* **1** alinear (objeto). **to ~ with /against** *pron* **2** aliarse con /contra (países).
alike [ə'laɪk] *adj* **1** igual, parecido. • *adv* **2** igualmente. ■ **to look ~** parecerse.
alimony ['ælɪmənɪ] *n u* JUR pensión alimenticia.
alive [ə'laɪv] *adj* **1** vivo (no muerto). **2** activo (persona dinámica). ■ **to come ~** cobrar vida (una historia, descripción); animarse (una fiesta).

alkaline [ˈælkəlaɪn] *adj* CHEM alcalino.
all [ɔ:l] *indef adj* **1** todo, toda, todos, todas. • *adv* **2** completamente, todo: *he was all smiles = era todo sonrisas.* **3** por todo, por toda (precede a una preposición): *he travelled all over Europe = viajó por toda Europa.* **4** empate a (marcador): *forty all = empate a cuarenta.* • *pron* **5** todo, toda, todos, todas: *we've eaten all of it = nos lo hemos comido todo.* **6** todo lo que: *all I know is his name = todo lo que sé es su nombre.* **~ of 7** todos, todas: *stand up all of you ! = ¡levantaos todos vosotros!* ■ **~ but** todo menos: *all but Mary = todos menos Mary*; casi: *he all but died = casi se muere*; **~ in ~** con todo; **at ~** en absoluto; **in ~** en total (cifras); **not at ~** en absoluto (como respuesta); de nada, no hay de qué (respuesta a una expresión de agradecimiento); **that's ~** eso es todo.
allay [əˈleɪ] *tr* calmar (rabia, temor).
allegation [ˌæleˈgeɪʃn] *n c* alegato.
allege [əˈledʒ] *tr* alegar.
alleged [əˈledʒd] *adj* supuesto, presunto.
allegiance [əˈli:dʒəns] *n u* lealtad.
allergic [əˈlɜ:dʒɪk] *adj* **~ to** alérgico a.
allergy [ˈælədʒɪ] *n c & u* alergia.
alleviate [əˈli:vɪeɪt] *tr* aliviar.
alley [ˈælɪ] *n c* callejón.
alleyway [ˈælɪweɪ] *n c* callejón.
alliance [əˈlaɪəns] *n c* alianza.
allied [ˈælaɪd] *adj* **1** aliado (países). **2** relacionado (materia, campo).
alligator [ˈælɪgeɪtər] *n c* caimán.
allocate [ˈæləkeɪt] *tr* asignar (tiempo, alojamiento); destinar (dinero).
allot [əˈlɒt] *tr* **to ~ to** asignar a.
allotment [əˈlɒtmənt] *n u* **1** asignación. **2** porción.
all-out [ˈɔ:laʊt] *adj* **1** completo (sin escatimar nada). **2** masivo (en acciones violentas).
allow [əˈlaʊ] *tr* **1** permitir. **2** reconocer (la evidencia). **3** destinar. ♦ **to ~ for** tener en cuenta; calcular (tiempo).
allowance [əˈlaʊəns] *n c* **1** subvención, subsidio (cantidad de dinero). **2** paga (de los padres a los hijos). **3** FIN desgravación. ■ **to make ~ for sb** ser indulgente con alguien; **to make ~ for sth** tener en cuenta algo (las circunstancias, la edad).
alloy [ˈælɔɪ] *n c* aleación.
all-purpose [ˌɔ:lˈpɜ:pəs] *adj* multiuso.
all right [ɔ:lˈraɪt] *adj* **1** bien. **2** aceptable. • *adv* **3** bien, satisfactoriamente. **4** vale, de acuerdo (en respuestas).
allude [əˈlu:d] *intr* **to ~ to** (fml) aludir a.
allure or **allurement** [əˈlʊə o əˈlʊəmənt] *n c* fascinación, encanto.
alluring [əˈlʊərɪŋ] *adj* fascinante, atractivo.
allusion [əˈlu:ʒn] *n c* alusión.
ally [əˈlaɪ]
almighty [ɔ:lˈmaɪtɪ] *adj* **1** todopoderoso (persona, institución). **2** enorme (como intensificador).
almond [ˈɑ:mənd] *n c* **1** almendro (árbol). **2** almendra (fruto).
almost [ˈɔ:lməʊst] *adv* casi, por poco.
alms [ɑ:mz] *n pl* limosna.
aloe [ˈæləʊ] *n u* BOT áloe.
aloft [əˈlɒft] *adv* en alto, en lo alto.
alone [əˈləʊn] *adj* **1** solo (sin compañía). **2** único (sólo uno). • *adv* **3** sólo, solamente: *you alone = tú solamente.*
along [əˈlɒŋ] *prep* **1** a lo largo de, por. • *adv* **2** hacia delante (sin especificar destino). ■ **all ~** todo el tiempo, durante todo el tiempo; **~ with** junto con.

> Se usa con verbos de movimiento en tiempos continuos y con sustantivos de objetos de forma alargada y estrecha, como carretera, pasillo, etc.: *we saw you driving along the road = te vimos conduciendo por la carretera.* Muchas veces no se traduce: *she was walking along = iba andando.*

alongside [əˈlɒŋsaɪd] *prep & adv* **1** al lado de, junto a. **2** junto con (simultáneamente).
aloof [əˈlu:f] *adj* reservado (persona). ■ **to stand/keep ~ from** mantenerse al margen de.
aloud [əˈlaʊd] *adv* en voz alta.
alphabet [ˈælfəbet] *n c* alfabeto.
alphabetical [ˌælfəˈbetɪkl] *adj* alfabético.
already [ɔ:lˈredɪ] *adv* ya.
alright [ɔ:lˈraɪt] *adj & adv* → all right.
also [ˈɔ:lsəʊ] *adv* también, además.
altar [ˈɔ:ltər] *n c* altar.
alter [ˈɔ:ltər] *tr & intr* alterar(se).
alteration [ˌɔ:ltəˈreɪʃn] *n c & u* alteración, modificación.

alternate [ˈɔːltəneɪt] *tr & intr* alternar(se).
alternate [ɔːlˈtɜːnət] *adj* alterno, alternativo.
alternating [ˈɔːltəneɪtɪŋ] *adj* alternante. ◆ **~ current** corriente alterna.
alternative [ɔːlˈtɜːnətɪv] *adj* **1** alternativo. ● *n c* **2** alternativa.
alternator [ˈɔːltəneɪtər] *n c* ELEC alternador.
although [ɔːlˈθəʊ] *conj* aunque, si bien.
altitude [ˈæltɪtjuːd] *n c & u* altitud.
altogether [ˌɔːltəˈgeðər] *adv* **1** completamente (añadiendo énfasis). **2** en conjunto (sin excluir nada). **3** en general.
aluminium [ˌæljʊˈmɪnɪəm y EE UU əˈljuːmɪnəm] (*EE UU* **aluminum**) *n u* aluminio.
always [ˈɔːlweɪz] *adv* siempre. ■ **as ~** como siempre.
am [æm, [əm]] *intr* (1ª persona del sing del presente) → be.
a. m. [ˌeɪˈem] (*abbrev* **ante meridiem**) *adv desde las 12 de la noche hasta las 12 del mediodía.*
amalgamate [əˈmælgəmeɪt] *intr* amalgamarse.
amass [əˈmæs] *tr* amasar, acumular.
amateur [ˈæmətər] *adj & n c* aficionado; amateur (en deportes).
amateurish [ˈæmətərɪʃ] *adj* (pej) chapucero, de aficionado.
amaze [əˈmeɪz] *tr* asombrar.
amazed [əˈmeɪzd] *adj* asombrado.
amazement [əˈmeɪzmənt] *n u* asombro.
amazing [əˈmeɪzɪŋ] *adj* asombroso.
ambassador [æmˈbæsədər] *n c* embajador.
amber [ˈæmbər] *adj* **1** ambarino (color). ● *n u* **2** ámbar (sustancia y color).
ambient [ˈæmbɪənt] *adj* ambiente, ambiental.
ambiguous [ˌæmˈbɪgjʊəs] *adj* ambiguo.
ambition [æmˈbɪʃn] *n u* ambición.
ambitious [æmˈbiʃəs] *adj* ambicioso; agalludo (Amér.).
amble [ˈæmbl] *intr* **1** deambular. **2** amblar (caballo).
ambulance [ˈæmbjʊləns] *n c* ambulancia.
ambush [ˈæmbʊʃ] *n c* **1** emboscada. ● *tr* **2** MIL tender una emboscada.
amenable [əˈmiːnəbl] *adj* **~ to** dispuesto a.
amend [əˈmend] *tr* enmendar. ■ **to make ~ (for)** compensar (por).
amendment [əˈmendmənt] *n c* **1** JUR enmienda. **2** modificación (de un texto).
amenities [əˈmiːnɪtɪz] *n pl* facilidades.
America [əˈmerɪkə] *n c* América. ◆ **Central ~** América Central; **Latin ~** América Latina; **North ~** América del Norte; **South ~** América del Sur.
American [əˈmerɪkən] *adj & n c* americano. ◆ **~ football** fútbol americano.
amiable [ˈeɪmɪəbl] *adj* cordial.
amicable [ˈæmɪkəbl] *adj* amistoso.
amid or **amidst** [əˈmɪd o əˈmɪdst] *prep* entre, en medio de.
amiss [əˈmɪs] *adj* mal, errado. ■ **to take sth ~** tomar algo a mal.
ammonia [əˈməʊnɪə] *n u* CHEM amoníaco.
ammunition [ˌæmjʊˈnɪʃn] *n u* MIL munición.
amnesia [æmˈniːzɪə] *n u* MED amnesia.
amnesty [ˈæmnɪstɪ] *n c* amnistía.
amok [əˈmɒk] *adv* **to run ~** volverse frenético.
among or **amongst** [əˈmʌŋ o əˈmʌŋst] *prep* entre (más de dos unidades).

> ***Among*** se usa con un grupo de cosas o personas que no se consideran de forma separada: *the pen was among the papers = el bolígrafo estaba entre los papeles*. Con dos o más personas, objetos, etc., se emplea ***between***: *a bike between two cars = una moto entre dos coches.*

amoral [ˌeɪˈmɒrəl] *adj* amoral.
amount [əˈmaʊnt] *n c* **1** cantidad. ● **to ~ to** *intr* **2** ascender a (total). **to ~ to 3** equivaler, venir a ser (ideas, sentimientos, palabras).
ampère [ˈæmpeər] *n c* ELEC amperio.
amphetamine [æmˈfetəmiːn] *n c* anfetamina.
amphibian [æmˈfɪbɪən] *n c* ZOOL anfibio.
amphitheatre [ˈæmfɪθɪətər] (*EE UU* **amphitheater**) *n c* GEOL, THEAT anfiteatro.
ample [ˈæmpl] *adj* **1** amplio (espacio). **2** suficiente (cantidad de algo).
amplifier [ˈæmplɪfaɪər] *n c* amplificador.

amplify ['æmplıfaı] *tr* **1** amplificar (sonido). **2** ampliar (idea, texto).
amputate ['æmpjuteıt] *tr* MED amputar.
amulet ['æmjulıt] *n c* amuleto.
amuse [ə'mju:z] *tr* **1** divertir (provocando risa). **2** entretener.
amused [ə'mju:zd] *adj* divertido. ■ **to be ~ at/by** divertirse con/por; **to keep oneself ~** entretenerse, pasar el tiempo.
amusement [ə'mju:zmənt] *n c* diversión (pasatiempos, juegos). ◆ **~ arcade** sala de juegos; **~ park** parque de atracciones.
amusing [ə'mju:zıŋ] *adj* **1** divertido, entretenido. **2** gracioso (provocando una sonrisa).
an [æn, [ən]] *art* → a.
anaemia [ə'ni:mıə] (*EE UU* **anemia**) *n u* MED anemia.
anaemic [ə'ni:mık] (*EE UU* **anemic**) *adj* anémico.
anaesthesia [ˌænıs'θi:zıə] (*EE UU* **anesthesia**) *n u* MED anestesia.
anaesthetic [ˌænıs'θetık] (*EE UU* **anesthetic**) *adj* & *n c* MED anestésico.
analgesic [ˌænæl'dʒi:sık] *adj* & *n c* MED analgésico.
analog *adj* & *n c* → analogue.
analogous [ə'næləgəs] *adj* **~ to** análogo a.
analogue ['ænəlɒg] (*EE UU* **analog**) *adj* **1** analógico (reloj, ordenador). ● *n c* **2** copia.
analogy [ə'nælədʒı] *n c* analogía.
analyse ['ænəlaız] (*EE UU* **analyze**) *tr* **1** analizar. **2** MED psicoanalizar.
analysis [ə'næləsıs, *pl* ə'næləsi:z] (*pl* **analyses**) *n c* **1** análisis. ● *n u* **2** MED psicoanálisis.
analyst ['ænəlıst] *n c* **1** analista. **2** MED psicoanalista.
analytic or **analytical** [ˌænə'lıtık o ˌænə'lıtıkl] *adj* analítico.
analyze *tr* → analyse.
anarchist ['ænəkıst] *n c* anarquista.
anarchy ['ænəkı] *n u* anarquía.
anathema [ə'næθımə] *n u* **~ to** (fig) detestable (persona o cosa).
anatomy [ə'nætəmı] *n u* MED anatomía.
ancestor ['ænsestər] *n c* **1** antepasado. ● **ancestors** *n pl* **2** antepasados.
anchor ['æŋkər] *n c* **1** MAR ancla. **2** (fig) soporte, sostén. ● *tr* **3** anclar (barcos). **4** (fig) sujetar (un objeto). **5** TV presentar. ■ **to drop/cast ~** MAR echar el ancla; **to weigh/up ~** MAR levar anclas.
anchovy ['æntʃəvı] (*pl* **anchovy** o **anchovies**) *n c* ZOOL anchoa.
ancient ['eınʃənt] *adj* **1** antiguo. **2** clásico (monumento). ◆ **the ancients** los clásicos.
ancillary [æn'sılərı] *adj* auxiliar.
and [ænd, [ənd, ən]] *conj* **1** y; e (precediendo a «i» e «hi»). **2** cada vez (comparativos): *better and better = cada vez mejor*. **3** *no se traduce* (con números): *three thousand and forty = tres mil cuarenta*. **4** (infml) *se usa detrás de los verbos come, try y go en vez de la preposición to*: *come and see us = ven a vernos, go and buy the newspaper = vete a comprar el periódico, try and see it my way = intenta verlo a mi manera*. ■ **~ so forth** y así sucesivamente.
Andorra [æn'dɔ:rə] *n sing* Andorra.
Andorran [æn'dɔ:rən] *adj* & *n c* andorrano.
anecdote ['ænıkdəut] *n c* anécdota.
anemia *n u* → anaemia.
anemic *adj* → anaemic.
anesthesia *n u* → anaesthesia.
anesthesiologist [ˌænəsθi:zı'ɒlədʒıst] *n c EE UU* anestesista.
anesthetic *n c* → anaesthetic.
anew [ə'nju:] *adv* (lit) nuevamente, otra vez.
angel ['eındʒl] *n c* **1** REL ángel. **2** (fig) ángel, cielo (persona).
anger ['æŋgər] *n u* **1** cólera, ira. ● *tr* **2** encolerizar, enfurecer.
angina [æn'dʒaınə] *n u* MED angina. ◆ **~ (pectoris)** MED angina de pecho.
angle ['æŋgl] *n c* **1** GEOM ángulo. **2** esquina. **3** (fig) ángulo, punto de vista. ● *intr* **4** pescar con caña. ■ **at ~** en ángulo.
angler ['æŋglər] *n c* pescador de caña.
angling ['æŋglıŋ] *n u* pesca con caña.
Angola [æŋ'gəulə] *n sing* Angola.
Angolan [æŋ'gəulən] *adj* & *n c* angoleño.
angry ['æŋgrı] *adj* **1** enfadado (persona). **2** inflamado, con mal aspecto (herida).
anguish ['æŋgwıʃ] *n u* angustia.
angular ['æŋgjulər] *adj* **1** angular (forma). **2** anguloso (facciones, rasgos).
animal ['ænımərl] *adj* & *n c* animal.
animate ['ænımət] *adj* animado.

animated ['ænɪmeɪtɪd] *adj* animado, entusiasmado. ◆ ~ **cartoons** dibujos animados; cartones (Amér.).
anise ['ænɪs] *n u* BOT anís (planta).
aniseed ['ænɪsi:d] *n u* anís (semilla).
anisette [ænɪ'zet] *n u* anís (licor).
ankle ['æŋkl] *n c* tobillo. ■ **to be ankle-deep** llegar hasta los tobillos (agua).
annex [ə'neks] (*EE UU* **annexe**) *n c* **1** edificio anexo. ● *tr* **2** anexionar.
annihilate [ə'naɪəleɪt] *tr* aniquilar.
anniversary [ˌænɪ'vɜ:sərɪ] *n c* aniversario.
announce [ə'nauns] *tr* anunciar.
announcement [ə'naunsmənt] *n c* declaración.
announcer [ə'naunsər] *n c* RAD, TV presentador, locutor.
annoy [ə'nɔɪ] *tr* molestar, fastidiar; embromar, fregar (Amér.).
annoyance [ə'nɔɪəns] *n c & u* molestia, fastidio; grilla, gurrumina (Amér.).
annoying [ə'nɔɪɪŋ] *adj* fastidioso.
annual ['ænjuəl] *adj* anual. ● *n c* anuario (libro). ◆ ~ **general meeting** junta general de accionistas.
annul [ə'nʌl] *tr* JUR anular, invalidar.
anomaly [ə'nɒməlɪ] *n c* (fml) anomalía.
anonymous [ə'nɒnɪməs] *adj* anónimo.
anorak ['ænəræk] *n c* anorak.
anorexia [ˌænə'reksɪə] *n u* MED anorexia.
anorexic [ˌænə'reksɪk] *adj* MED anoréxico.
another [ə'nʌðər] *indef adj* **1** otro, otra. **2** otro, otra, otros, otras (con números): *I need another three hundred pounds = necesito otras trescientas libras.* ● *indef pron* **3** otro, otra. ■ **one** ~ el uno al otro (recíproco); **one... after** ~ un... detrás de otro, una... detrás de otra.
answer ['ɑ:nsər] *n c* **1** respuesta, contestación. ● *tr* **2** contestar, responder (preguntas, acusaciones, ataques). **3** abrir (la puerta); contestar, descolgar (el teléfono). **to** ~ **to 4** responder a, cuadrar con (una descripción). ◆ **to** ~ **back** replicar, responder mal; **to** ~ **for** responder por (asumiendo una responsabilidad); pagar. ■ **in** ~ **(to)** en contestación (a), en respuesta (a).
answerable ['ɑ:nsərəbl] *adj* ~ **for** responsable de. ■ **to be** ~ **to sth/sb** tener que responder ante algo/alguien.
answering ['ɑ:nsərɪŋ] *adj* ~ **machine** contestador automático.
ant [ænt] *n c* ZOOL hormiga.
antagonize or **antagonise** [æn'tægənaɪz] *tr* enemistarse con, provocar a.
antarctic [æn'tɑ:ktɪk] *adj* antártico. ◆ **the Antartic** GEOG el Antártico.
ant-eater ['ænti:tər] *n c* ZOOL oso hormiguero.
antecedent [ˌæntɪ'si:dnt] *n c* antecedente.
antelope ['æntɪləup] *n c* ZOOL antílope.
antenatal [ˌæntɪ'neɪtl] *adj* prenatal.
antenna [æn'tenə, *pl irreg* æn'teni:] (*pl* **antennae** o **antennas**) *n c* **1** ANAT, ZOOL antena. **2** *EE UU* antena (de televisión).
anthem ['ænθəm] *n c* MUS, REL himno.
anthology [æn'θɒlədʒɪ] *n c* antología.
anthropology [ˌænθrə'pɒlədʒɪ] *n u* antropología.
anti- ['æntɪ] *pref* anti: *anti-capitalist = anticapitalista.*
antibiotic [ˌæntɪbaɪ'ɒtɪk] *adj & n c* antibiótico.
antibody ['æntɪbɒdɪ] *n c* BIOL anticuerpo.
anticipate ['æn'tɪsɪpeɪt] *tr* **1** prever. **2** esperar con ilusión. **3** adelantarse a (un rival, competidor).
anticipation [ænˌtɪsɪ'peɪʃn] *n u* expectación.
anticlimax [ˌæntɪ'klaɪmæks] *n c & u* **1** desilusión, decepción. **2** LIT anticlímax.
anticlockwise [ˌæntɪ'klɒkwaɪz] *adj & adv GB* en sentido contrario a la agujas del reloj.
antics ['æntiks] *n pl* payasadas.
anticyclone [ˌæntɪ'saɪkləun] *n c* anticiclón.
antidote ['æntɪdəut] *n c* ~ **(to)** antídoto (contra), remedio (contra).
antifreeze ['æntɪfri:z] *n u* anticongelante.
antigen ['æntɪdʒən] *n c* antígeno.
antiperspirant [ˌæntɪ'pɜ:spərənt] *n c & u* antitranspirante.
antiquarian [ˌæntɪ'kweərɪən] *n c* anticuario.
antiquated ['æntɪkweɪtɪd] *adj* anticuado.
antique [æn'ti:k] *adj* **1** antiguo (objeto). ● *n c* **2** antigüedad (objeto). ◆ ~ **shop** tienda de antigüedades.

antiquity [æn'tɪkwɪtɪ] *n c & u* antigüedad.
antiseptic [ˌæntɪ'septɪk] *adj* antiséptico.
anti-social [ˌæntɪ'səʊʃl] *adj* **1** antisocial (comportamiento, costumbre). **2** insociable (persona).
antitheft [antɪ'θeft] *adj* antirrobo.
antithesis [æn'tɪθɪsɪs, *pl* æn'tɪθɪsiːz] (*pl* **antitheses**) *n c & u* antítesis.
antler ['æntlər] *n u* **1** asta. • **antlers** *n pl* **2** cornamenta.
anus ['eɪnəs] *n c* ANAT ano.
anvil ['ænvɪl] *n c* yunque.
anxiety [æŋ'zaɪətɪ] *n u* **1** ansiedad (estado de tensión). **2** ansia, anhelo (deseo intenso).
anxious ['æŋkʃəs] *adj* ~ **about 1** preocupado por, inquieto por. ~ **+ inf 2** ansioso por, deseoso de (intensamente).
any ['enɪ] *indef adj* **1** (en frases negativas) ningún, ninguna, ningunos, ningunas, nada de: *there aren't any sweets left = no queda ningún caramelo.* **2** (en preguntas) algún, alguna, algunos, algunas, algo de: *have you seen any films recently? = ¿has visto alguna película últimamente?* **3** cualquier (número indefinido): *any child knows that = cualquier niño sabe eso.* • *indef pron* **4** (en preguntas) alguno, alguna: *those sweets were delicious. Are there any left? = los caramelos estaban deliciosos. ¿Queda alguno?* **5** (en frases negativas) ninguno, ninguna, nada, nadie: *there was a lot of money but now there isn't any = había mucho dinero pero ahora no queda nada.* ~ **of 6** alguno de, alguna de, alguien de, cualquiera de (número indefinido): *any of these bags will do = cualquiera de estas bolsas servirá.* • *adv* **7** *en preguntas, frases negativas y con adjetivos comparativos sirve para enfatizar*: *Do you want any more cheese? = ¿No quieres más queso?* **8** *EE UU* (infml) en absoluto: *I didn't like that any = eso no me gustó en absoluto.*
anybody ['enɪbɒdɪ] *indef pron* → anyone.
anyhow ['enɪhaʊ] *adv* **1** → anyway. **2** (infml) de cualquier modo, de cualquier manera.
anyone ['enɪwʌn] *indef pron* **1** (en frases neativas) nadie: *there isn't anyone in the shop = no hay nadie en la tienda.* **2** (en preguntas) alguien: *is there anyone there? = ¿hay alguien ahí?* **3** cualquiera: *anyone would have reacted in the same way = cualquiera hubiera reaccionado igual.*
anyplace ['enɪpleɪs] *adv EE UU* en cualquier sitio, en cualquier lado.
anything ['enɪθɪŋ] *indef pron* **1** (en frases negativas) nada, ninguna cosa: *there isn't anything in the cupboard = no hay nada en el armario.* **2** (en preguntas) algo: *is there anything left? = ¿queda algo?* **3** cualquier cosa (objeto, acción): *buy anything you like = compra lo que te guste.* **4** cualquier (cantidad, número): *the house costs anything between 5 and 8 million = la casa cuesta entre 5 y 8 millones.* ■ ~ **but** todo menos: *he's anything but nice = es todo menos agradable*; **like** ~ (infml) a más no poder.
anyway ['enɪweɪ] *adv* **1** en todo caso, de todas formas. **2** en cualquier caso (para cambiar tema de conversación).
anywhere ['enɪweər] *adv* **1** (en frases negativas) en ningún sitio. **2** (en preguntas) en algún sitio. **3** (para enfatizar) en todo, en toda (para dar énfasis): *that's the biggest building anywhere in the region = es el edificio más grande de toda la región.* ~ **from/between 4** entre (cantidad, tiempo, gradación): *he could be anywhere from 20 to 30 years old = estará entre los 20 y los 30 años.* • *indef pron* **5** cualquier sitio: *we can go anywhere you like = podemos ir donde quieras.*
aorta [eɪ'ɔːtə] *n c* ANAT aorta.
apart [ə'pɑːt] *adv* **1** aparte, separado (en tiempo, posición, lugar). **2** aparte, a un lado (para ir al grano). **3** desmontado (en piezas). ■ ~ **from** aparte de, al margen de.
apartheid [ə'pɑːheɪt y EE UU ə'pɑːteɪt] *n u* POL apartheid.
apartment [ə'pɒːtmənt] *n c EE UU* apartamento, piso; departamento (Amér.). ◆ ~ **house** *EE UU* bloque de pisos.
apathy ['æpəθɪ] *n u* apatía.
ape [eɪp] *n c* **1** ZOOL mono. • *tr* **2** imitar, copiar.
aperitif [əˌperə'tɪf] *n c* aperitivo (bebida).
aperture ['æpətʃər] *n c* abertura.
apiece [ə'piːs] *adv* cada uno, cada una.
apocalypse [ə'pɒkəlɪps] *n u* apocalipsis.

Apologies / Disculpas

Sorry!	¡Perdón!/Lo siento
Sorry to trouble you	Perdona que te moleste
I'm sorry, I didn't see you	Perdona, no te había visto
I'm really sorry but she's already gone	Lo siento mucho pero ya se ha ido
I do apologize for waking you up	Siento de verdad haberlo despertado
We regret that we had asked for it	Lamentamos haberlo pedido
Please forgive me for using this language	Discúlpeme por usar este lenguaje
Para disculparse con más formalidad	
I beg your pardon, I did it wrong	Perdóneme, me he equivocado
Pardon me for asking	Perdone que le pregunte
Pardon my English	Disculpe mi inglés
Para responder a una disculpa	
Don't worry, it's not your fault	No te preocupes, no es culpa tuya
Don't worry about it	No pasa nada
It doesn't matter, I will call her later	No importa, la llamaré más tarde
It's no trouble, I will do it	No es ninguna molestia, yo lo haré

apologize or **apologise** [ə'pɒlədʒaɪz] *intr* **to ~ for** disculparse por, pedir perdón por.
apology [ə'pɒlədʒɪ] (*pl* **apologies**) *n c & u* disculpa, excusa.
apostrophe [ə'pɒstrəfɪ] *n c* GRAM apóstrofe.
appal [ə'pɔːl] (*EE UU* **appall**) *tr* horrorizar.
appalling [ə'pɔːlɪŋ] *adj* horroroso.
apparatus [ˌæpə'reɪtəs] (*pl* **apparatus** o **apparatuses**) *n c* aparato.
apparent [ə'pærənt] *adj* evidente.
apparently [ə'pærəntlɪ] *adv* **1** por lo visto, al parecer. **2** en apariencia (opuesto a real).
appeal [ə'piːl] *n c* **1** petición. **~ for 2** llamamiento, súplica (a las altas instancias). **3** JUR apelación. • *n u* **4** atractivo (que emana del carácter). • *intr* **5** atraer, agradar. **to ~ to 6** apelar a, recurrir a (una autoridad, sentido de la justicia). **to ~ for 7** suplicar. **to ~ for/against 8** JUR apelar a favor de/en contra de. ■ **without ~** inapelable.
appealing [ə'piːlɪŋ] *adj* **1** atrayente. **2** conmovedor (gesto, mirada).
appear [ə'pɪər] *intr* **1** aparecer (a la vista de alguien). **2** parecer (impresión, sensación). **~ in/on 3** salir en, aparecer en (en un libro, película). **4** JUR comparecer.
appearance [ə'pɪərəns] *n c* **1** aparición. • *n u* **2** aspecto (físico).
appease [ə'piːz] *tr* apaciguar, aplacar.
append [ə'pend] *tr* (fml) poner como anexo, añadir.
appendices [ə'pendɪsiːz] *n pl* → appendix.
appendicitis [əˌpendɪ'saɪtɪs] *n u* MED apendicitis.
appendix [ə'pendɪks] (*pl* **appendices**) *n c* **1** MED apéndice. **2** apéndice, anexo (de un libro).
appetiser *n c* → appetizer.
appetite ['æpɪtaɪt] *n c & u* apetito.
appetizer ['æpɪtaɪzər] *n c* aperitivo; antojitos (Amér.).
appetizing ['æpɪtaɪzɪŋ] *adj* apetitoso, apetecible.
applaud [ə'plɔːd] *tr & intr* aplaudir.
applause [ə'plɔːz] *n u* aplauso.
apple ['æpl] *n c & u* manzana.
appliance [ə'plaɪəns] *n c* **1** aparato, dispositivo. **2** coche de bomberos. ◆ **electrical ~** electrodoméstico.
applicable ['æplɪkəbl] *adj* **~ to** aplicable a.
applicant ['æplɪkənt] *n c* **~ for** solicitante de (un trabajo).
application [ˌæplɪ'keɪʃn] *n c* **1** solicitud (de empleo). • *n u* **2** aplicación, dedicación (tiempo, energía). ◆ **~ program** COMPUT aplicación.
apply [ə'plaɪ] *tr* **1** aplicar. **2** echar (el freno). • *intr* **3** ser relevante (asunto, tema).

• **to ~ to** *pron* **4** dedicarse a, concentrar los esfuerzos en (tarea, trabajo). ◆ **to ~ for** solicitar (empleo).
appoint [ə'pɔɪnt] *tr* **1** nombrar, designar (a una persona). **2** fijar, señalar (una fecha o lugar).
appointment [ə'pɔɪntmənt] *n c* **1** puesto, cargo; persona designada. **2** cita (para una reunión). • *n c & u* **3** nombramiento, designación (para cargo o puesto). ■ **by ~** mediante cita previa.
apportion [ə'pɔ:ʃn] *tr* distribuir, repartir.
appraisal [ə'preɪzl] *n c & u* valoración.
appreciable [ə'pri:ʃəbl] *adj* considerable (cantidad).
appreciate [ə'pri:ʃɪeɪt] *tr* **1** apreciar (valía, rendimiento). **2** entender (problema, situación). **3** agradecer. • *intr* **4** revalorizarse (acciones, inversión).
appreciation [əˌpri:ʃɪ'eɪʃn] *n u* **1** aprecio (a satisfacción de uno). **2** agradecimiento (gratitud). **3** comprensión (de problema, situación). • *n c & u* **4** revalorización (acciones, joyas).
appreciative [ə'pri:ʃətɪv] *adj* **1** agradecido. **2** atento (audiencia).
apprehensive [ˌæprɪ'hensɪv] *adj* aprensivo.
apprentice [ə'prentɪs] *n c* aprendiz.
apprenticeship [ə'prentɪʃɪp] *n c & u* aprendizaje.
approach [ə'prəʊtʃ] *n c* **1** aproximación, acercamiento (movimiento). **~ to 2** vía de acceso a. **3** enfoque (de un problema, trabajo). • *tr* **4** aproximarse a, acercarse a (movimiento). **5** abordar a, entablar conversación con (una persona). **6** enfocar (situación o problema). • *intr* **7** acercarse, aproximarse.
approachable [ə'prəʊtʃəbl] *adj* accesible.
appropriate [ə'prəʊprɪət] *adj* apropiado, adecuado.
appropriate [ə'prəʊprɪeɪt] *tr* asignar, destinar (fondos).
approval [ə'pru:vl] *n u* **1** aprobación. **2** admiración, favor (opinión). ■ **on ~** a prueba, provisionalmente.
approve [ə'pru:v] *tr* **to ~ of 1** aprobar, dar la aprobación a (visto bueno). **2** ratificar, sancionar (ley).
approximate [ə'prɒksɪmət] *adj* aproximado.
approximate [ə'prɑksɪmeɪt] *tr & intr* **to ~ to** aproximar(se) a.
apricot ['eɪprɪkɒt] *n c* **1** BOT albaricoquero (árbol). **2** BOT albaricoque (fruta).
April ['eɪprəl] *n u* abril. ■ **~ Fool's Day** (el primero de abril) día de los Inocentes.

> El 1 de abril es el **día de los Inocentes** en la cultura anglosajona. Se denomina ***April Fool*** a la persona que acaba de recibir una inocentada.

apron ['eɪprən] *n c* delantal.
apt [æpt] *adj* **1** apropiado (comportamiento, palabras). **~ + inf 2** propenso a (carácter). **~ at 3** habilidoso en (talento).
aptitude ['æptɪtju:d] *n c* aptitud.
aquarium [ə'kweərɪəm, *pl irreg* ə'kweərɪə] (*pl* **aquaria** o **aquariums**) *n c* pecera, acuario.
Aquarius [ə'kweərɪəs] *n sing* **1** ASTR Acuario. • *n c* **2** Acuario, acuario (persona).
aquatic [ə'kwætɪk] *adj* acuático.
aqueduct ['ækwɪdʌkt] *n c* acueducto.
Arab ['ærəb] *adj & n c* árabe.
Arabic ['ærəbɪk] *adj* **1** árabe, arábigo. • *n u* **2** árabe (idioma). ◆ **~ numerals/figures** números arábigos.
arbiter ['ɑ:bɪtər] *n c* JUR árbitro.
arbitrary ['ɑ:bɪtrərɪ] *adj* arbitrario.
arbitration [ˌɑ:bɪ'treɪʃn] *n u* arbitraje.
arcade [ɑ:'keɪd] *n c* **1** soportales. **2** galería (tiendas).
arch [ɑ:tʃ] *n c* **1** ARCH arco. **2** ANAT empeine. • *adj* **3** malicioso, travieso. • *tr & intr* **4** arquear(se), curvar(se). ■ **fallen arches** pies planos.
archaeology [ˌɑ:kɪ'ɒlədʒɪ] *n u* arqueología.
archaic [ɑ:'keɪɪk] *adj* arcaico.
archaism ['ɑ:keɪɪzəm] *n c & u* arcaísmo.
archbishop [ˌɑ:tʃ'bɪʃəp] *n c* REL arzobispo.
archeology *n u* → archaeology.
archer ['ɑ:tʃər] *n c* arquero.
archery ['ɑ:tʃərɪ] *n u* SP tiro con arco.
archipelago [ˌɑ:kɪ'pelɪgəʊ] *n c* GEOL archipiélago.
architect ['ɑ:kɪtekt] *n c* arquitecto.
architecture ['ɑ:kɪtektʃər] *n u* arquitectura.
archive ['ɑ:kaɪv] *n c* archivo.

archway ['ɑːtʃweɪ] *n c* pasaje abovedado.
arctic ['ɑːktɪk] *adj* polar. ♦ **the Artic** el Ártico.
ardent ['ɑːdənt] *adj* apasionado.
arduous ['ɑːdjʊəs] *adj* arduo.
are [ɑr, [ə]] *intr* & *tr* (2ª persona del sing y 1ª, 2ª, 3ª personas del pl del presente) → be.
area ['eərɪə] *n c* **1** área. ♦ ~ **code** *EE UU* prefijo telefónico.
arena [ə'riːnə] *n c* estadio, pabellón (deportes); pista (circo); plaza de toros.
aren't [ɑːnt, [ənt]] *contr* (contr *are* + *not)* → be.
Argentina [ˌɑːdʒən'tiːnə] *n sing* Argentina.
Argentinian [ˌɑːdʒən'tɪnɪən] *adj* & *n c* argentino.
argot ['ɑːgəʊ] *n c* argot, jerga.
arguably ['ɑːgjʊəblɪ] *adv* posiblemente.
argue ['ɑːgjuː] *tr* **1** sostener, afirmar (opiniones). **2** discutir, debatir (debate).
argument ['ɑːgjʊmənt] *n u* **1** discusión, pelea. **2** discusión; alegato (Amér., debate). ● ~ **for/against** *n c* **3** argumento a favor de/en contra de.
arid ['ærid] *adj* árido.
Aries ['eariːz] *n sing* **1** ASTR Aries. ● *n c* **2** Aries, aries (persona).
arise [ə'raɪz, *pp* ə'rɪzn] (*pt* **arose**, *pp* **arisen**) *intr* **1** surgir, presentarse (situación, problema). **to ~ from/out of 2** ser resultado de, surgir como resultado de.
aristocrat ['ærɪstəkræt y EE UU ə'rɪstəkræt] *n c* aristócrata.
arithmetic [ə'rɪθmətɪk] *n u* aritmética ♦ **mental ~** cálculo mental.
arm [ɑːm] *n c* **1** ANAT brazo (de persona, silla, aparato). **2** manga (vestido). ● **arms** *n pl* **3** armas. ● *tr* **4** armar, dar un arma a. ■ **~ in ~** tomados del brazo.
armadillo [ˌɑːmə'dɪləʊ] *n c* ZOOL armadillo.
armament ['ɑːməmənt] *n u* **1** MIL potencia ofensiva. ● **armaments** *n pl* **2** MIL armamento.
armchair ['ɑːmtʃeər] *n c* sillón, butaca.
armed [ɑːmd] *adj* **1** armado. **~ with 2** (fig) dotado de, provisto de.
Armenia [ɑː'miːnjə] *n sing* Armenia.
Armenian [ɑː'miːnjən] *adj* & *n c* armenio.
armhole ['ɑːmhəʊl] *n c* sisa, sobaquera.
armistice ['ɑːmɪstɪs] *n c* & *u* armisticio.
armour ['ɑːmər] (*EE UU* **armor**) *n u* **1** armadura (de guerreros medievales). **2** blindaje, coraza (de vehículo). **3** MIL vehículos blindados.
armoured ['ɑːməd] (*EE UU* **armored**) *adj* MIL blindado.
armoury ['ɑːmərɪ] (*EE UU* **armory**) *n c* MIL arsenal.
armpit ['ɑːmpɪt] *n c* ANAT axila, sobaco.
armrest ['ɑːmrest] *n c* brazo (de silla, sofá).
army ['ɑːmɪ] *n c* MIL ejército. ♦ ~ **record** MIL hoja de servicios.
aroma [ə'rəʊmə] *n c* aroma.
arose [ə'rəʊz] *pt* → arise.
around [ə'raʊnd] *adv* → round.
arouse [ə'raʊz] *tr* **1** despertar (interés, atención). **2** excitar (sexualmente).
arrange [ə'reɪndʒ] *tr* **1** ordenar, colocar (objetos); arreglar (pelo). **2** organizar (plan). **3** MUS arreglar.
arrangement [ə'reɪndʒmənt] *n c* **1** disposición, colocación (de objetos). **2** acuerdo. **3** (normalmente *pl*) organización, preparación. **4** MUS arreglo. ■ **to make arrangements** hacer los preparativos.
array [ə'reɪ] *n c* conjunto de, serie de (personas, cosas).
arrears [ə'rɪəz] *n pl* deudas, atrasos; dita (Amér.).
arrest [ə'rest] *n c* & *u* **1** arresto, detención. ● *tr* **2** arrestar, detener (criminal). **3** cautivar, atraer (atención). **4** atajar, detener (un problema). ■ **under ~** bajo arresto.
arrival [ə'raɪvl] *n u* llegada.
arrive [ə'raɪv] *intr* **1** llegar. **to ~ at 2** llegar a (lugar, conclusión).

> Se usa ***arrive at*** para lugares concretos, como un aeropuerto, un hotel, etc.: *what time will you arrive at the railway station? = ¿A qué hora llegarás a la estación?* Se usa ***arrive in*** seguido de un país o población: *he arrived in London two years ago = llegó a Londres hace dos años.*

arrogant ['ærəgənt] *adj* arrogante.
arrow ['ærəʊ] *n c* flecha.
arse [ɑːs] *n c* **1** (vulg) culo.

arsenic [ˈɑːsnɪk] *n u* CHEM arsénico.
arson [ˈɑːsn] *n u* JUR incendio premeditado.
art [ɑːt] *n u* **1** arte. **2** SCH dibujo, pintura. • **arts** *n pl* **3** SCH letras, humanidades. ♦ **arts and crafts** trabajos manuales.
artefact [ˈɑːtɪfækt] *n c* artefacto.
artery [ˈɑːtərɪ] *n c* arteria.
arthritis [ɑːˈθraɪtɪs] *n u* MED artritis.
artichoke [ˈɑːtɪtʃəʊk] *n c* BOT alcachofa.
article [ˈɑːtɪkl] *n c* artículo.
articulate [ɑːˈtɪkjʊlət] *adj* articulado.
articulate [ɑːˈtɪkjʊleɪt] *tr* articular (ideas).
articulated [ɑːˈtɪkjʊleɪtɪd] *adj* articulado (vehículo).
artifact *n c* → artefact.
artificial [ɑːtɪˈfɪʃl] *adj* artificial. ♦ ~ **insemination** inseminación artificial; ~ **intelligence** inteligencia artificial.
artillery [ɑːˈtɪlərɪ] *n u* MIL artillería.
artist [ˈɑːtɪst] *n c* artista.
artiste [ɑːˈtiːst] *n c* artista.
artless [ˈɑːtlɪs] *adj* ingenuo.
as [æz, [əz]] *conj* **1** como, porque, ya que (causa): *as I'm tired, I'll go to bed = como estoy cansado, me voy a la cama.* **2** cuando, mientras (simultáneo): *he was shot as he was walking out of the house = le dispararon mientras salía de la casa.* **3** como, igual que (manera): *do as I do = haz como yo.* **adj** + ~ **4** aunque: *tired as she was, she put the child to bed = aunque estaba cansada, puso al niño a dormir.* • ~... ~ *adv* **5** (en comparaciones) tan… como. • *prep* **6** como, de (trabajo). ■ ~ **for/to** en cuanto a, en lo que concierne a; ~ **from/of** a partir de, desde (tiempo); ~ **if/though** como si; ~ **well** también; ~ **yet** hasta ahora, aún.

> En las comparaciones, ***as*** se emplea antes de una frase con sujeto y verbo: *he is a good painter, as his father is = es un buen pintor como su padre.* En cambio, se usa ***like*** antes de un nombre o un pronombre: *they have a house like mine = tienen una casa como la mía.*

ascend [əˈsend] *tr* ascender.
ascendant [əˈsendənt] *adj* (lit) predominante. ■ **in the** ~ en auge.
ascent [əˈsent] *n c* **1** ascenso, ascensión. **2** cuesta, pendiente; gradiente (Amér., pendiente).
ascertain [ˌæsəˈteɪn] *tr* (fml) averiguar.
ascribe [əˈskraɪb] *tr* atribuir, imputar.
aseptic [ˌeɪˈseptɪk] *adj* MED aséptico.
ash [æʃ] *n u* **1** ceniza (materia quemada). • *n c* **2** BOT fresno. ♦ ~ **Wednesday** REL Miércoles de Ceniza.
ashamed [əˈʃeɪmd] *adj* avergonzado. ■ **to be** ~ **(+ inf)** tener vergüenza de.
ashore [əˈʃɔː] *adj* MAR a tierra, a la costa. ■ **to go** ~ ir a tierra, desembarcar.
ashtray [ˈæʃtreɪ] *n c* cenicero.
Asia [ˈeɪʃə] *n sing* GEOG Asia.
Asian [ˈeɪʃn y EE UU ˈeɪʒn] *adj & n c* asiático.
Asiatic [ˌeɪʃɪˈætɪk y EE UU ˌeɪʒɪˈætɪk] *adj* asiático.
aside [əˈsaɪd] *adv* **1** a un lado: *move aside = échate a un lado.* **2** aparte, excluyendo (tema): *her drinking problem aside, she is a great actress = dejando a un lado su problema con la bebida, es una actriz estupenda.* • *n c* **3** THEAT aparte. ■ ~ **from** *EE UU* aparte de, fuera de.
ask [ɑːsk] *tr* **1** preguntar. **to** ~ **sb + inf/for sth 2** pedir: *I asked him to come = le pedí que viniera, she asked him for information = le pidió información.* • *intr* **3** formular una pregunta, preguntar. ♦ **to** ~ **after/for** preguntar por (alguien); pedir (algo).
askew [əˈskjuː] *adj* torcido.
asleep [əˈsliːp] *adj* dormido. ■ **to fall** ~ quedarse dormido.
asparagus [əˈspærəgəs] *n u* espárragos.
aspect [ˈæspekt] *n c* **1** aspecto, faceta (de un problema, asunto). **2** apariencia. **3** orientación (de una casa).
aspersion [əˈspɜːʃn] *n c* (fml) calumnia. ■ **to cast aspersions on** (fml) calumniar.
asphalt [ˈæsfælt] *n u* asfalto.
asphyxiate [æsˈfɪksɪeɪt] *tr & intr* asfixiar(se).
aspiration [ˌæspəˈreɪʃn] *n c & u* aspiración.
aspire [əˈspaɪər] *intr* **to** ~ **to** aspirar a.
aspirin [ˈæsprɪn] *n c & u* aspirina.
ass [æs] *n c* **1** asno (animal). **2** (infml) tonto; boludo, cojudo (Amér.). **3** *EE UU* (infml) culo.

assassin [ə'sæsɪn] *n c* asesino.
assassinate [ə'sæsɪneɪt] *tr* asesinar.
assassination [əˌsæsɪ'neɪʃn] *n c & u* asesinato.
assault [ə'sɔːlt] *n c* **1** MIL asalto, ataque. • *n c & u* **2** agresión (a una persona). • *tr* **3** agredir.
assemble [ə'sembl] *tr* **1** montar (un dispositivo). **2** reunir. • *intr* **3** reunirse; acumularse (Amér., con un propósito).
assembly [ə'semblɪ] *n c* **1** asamblea, reunión. **2** POL parlamento. • *n c & u* **3** MEC montaje.
assembly-line [ə'semblɪlaɪn] *n c* cadena de montaje.
assent [ə'sent] *n u* **1** asentimiento. • **to ~ to** *intr* **2** asentir a.
assert [ə'sɜːt] *tr* **1** declarar. **2** sostener (autoridad). • *pron* **3** imponerse.
assertive [ə'sɜːtɪv] *adj* enérgico.
assess [ə'ses] *tr* valorar, juzgar.
assessment [ə'sesmənt] *n c & u* **1** valoración, juicio (de una situación). **2** cálculo (de cantidades).
asset ['æset] *n c* **1** ventaja; gabela (Amér.). • **assets** *n pl* **2** bienes.
assign [ə'saɪn] *tr* **1** asignar (tarea, misión, papel). **2** repartir, dar (con lugares). **3** destinar (cargo).
assignment [ə'saɪnmənt] *n c* **1** misión. **2** SCH trabajo. • *n u* **3** nombramiento, destino.
assimilate [ə'sɪməleɪt] *tr* asimilar.
assist [ə'sɪst] *tr* **1** ayudar. • **to ~ in/with** *intr* **2** ayudar en/con.
assistance [ə'sɪstəns] *n u* ayuda, asistencia. ▪ **to be of ~** ayudar.
assistant [ə'sɪstənt] *n c* **1** ayudante. **2** dependiente, vendedor (en una tienda). • *adj* **3** ayudante, sub-: *assistant manager = subdirector*. ♦ **~ lecturer** profesor adjunto.
associate [ə'səʊʃɪət] *adj* **1** asociado. • *n c* **2** socio.
associate [ə'səʊʃɪeɪt] *tr* **to ~ with** **1** asociar con. • **to ~ with** *intr & pron* **2** asociarse con, relacionarse con.
association [əˌsəʊsɪ'eɪʃn] *n c* **1** asociación (grupo, de ideas). • *n u* **2** asociación, relación (entre personas o cosas).
assorted [ə'sɔːtɪd] *adj* surtido, variado.
assortment [ə'sɔːtmənt] *n c* surtido.
assume [ə'sjuːm] *tr* **1** asumir, suponer. **2** asumir (autoridad). **3** adoptar (actitud, nombre). ♦ **assumed name** seudónimo.
assuming [ə'sjuːmɪŋ] *conj* **~ that** suponiendo que.
assumption [ə'sʌmpʃn] *n c* **1** suposición. • *n u* **2** asunción (de poder, responsabilidad).
assurance [ə'ʃʊərəns] *n c & u* **1** promesa, garantía. • *n u* **2** seguridad, confianza. **3** seguro (actividad empresarial).
assure [ə'ʃʊər] *tr* **1** asegurar. • **to ~ of** *pron* **2** asegurarse. ▪ **to be assured of** estar seguro de.
asterisk ['æstərɪsk] *n c* asterisco.
astern [ə'stɜːn] *adv* NAUT de popa.
asthma ['æsmə] *n u* asma.
astigmatism [æ'stɪgmətɪzəm] *n u* astigmatismo.
astonish [ə'stɒnɪʃ] *tr* asombrar.
astonishment [ə'stɒnɪʃmənt] *n u* asombro.
astound [ə'staʊnd] *tr* → astonish.
astray [ə'streɪ] *adv* por mal camino. ▪ **to go ~** extraviarse (objeto); **to lead sb ~** despistar a alguien; (fig) llevar a alguien por el mal camino.
astride [ə'straɪd] *prep* a horcajadas sobre.
astrology [ə'strɒlədʒɪ] *n u* astrología.
astronaut ['æstrənɔːt] *n c* astronauta.
astronomy [ə'strɒnəmɪ] *n u* astronomía.
astute [ə'stjuːt] *adj* astuto.
asylum [ə'saɪləm] *n c* **1** manicomio (hospital). • *n u* **2** asilo, protección.
at [æt, [ət]] *prep* **1** a, en (lugar, posición): *at work/home = en el trabajo/casa, at the end of the street = al final de la calle*. **2** hacia (dirección): *he looked at my sister = miró a mi hermana*. **3** a, en (tiempo): *at nine o'clock = a las nueve en punto, at breakfast = a la hora del desayuno, at night = por la noche*. **4** a (edad): *he died at 75 = murió a los 75 años*. **5** a (precio, velocidad): *our book is priced at 10 dollars = nuestro libro vale 10 dólares, the car was going at 100 miles per hour = el coche iba a 100 millas por hora*. **6** en (estado, condición): *he is at work in the garden = está trabajando en el jardín*. **7** *se usa después de muchos adjetivos*: *to be good at sth = ser bueno en algo, delighted at the result = encantado con el resultado*.

ate [et y EE UU eɪt] *pt* → eat.
atheist [ˈeɪθɪɪst] *n c* ateo.
athlete [ˈæθliːt] *n c* atleta. ◆ **~'s foot** pie de atleta (enfermedad).
athletic [æθˈletɪk] *adj* atlético.
athletics [æθˈletɪk] *n u* atletismo.
Atlantic [ətˈlæntɪk] *adj* atlántico. ◆ **the Atlantic (Ocean)** el (océano) Atlántico.
atlas [ˈætləs] *n c* atlas.
atmosphere [ˈætməsfɪər] *n c* **1** atmósfera (aire). ● *n u* **2** ambiente (lugar, personas).
atmospheric [ˌætməsˈferɪk] *adj* atmosférico.
atom [ˈætəm] *n c* **1** PHYS átomo. **2** (fig) pizca; mirria (Amér.). ◆ **~ bomb** bomba atómica.
atomic [əˈtɒmɪk] *adj* PHYS atómico.
atomizer or **atomiser** [ˈætəmaɪzər] *n c* aerosol, atomizador.
atrocious [əˈtrəʊʃəs] *adj* atroz.
atrocity [əˈtrɒsɪtɪ] *n c & u* atrocidad.
attach [əˈtætʃ] *tr* **to ~ to 1** pegar a, unir a (como anexo). **2** conceder (importancia). ● **to ~ to** *intr* **3** (fml) corresponder a.
attaché [əˈtæʃeɪ] *n c* POL agregado. ◆ **~ case** maletín.
attached [əˈtætʃt] *adj* **1** adjunto (documento). **~ to 2** apegado a (lleno de afecto).
attachment [əˈtætʃmənt] *n c* **1** accesorio (de una máquina). ● **~ to** *n c & u* **2** apego por (persona); adhesión a (organización).
attack [əˈtæk] *n c* **~ on 1** ataque a (agresión); crítica a. **2** ataque (enfermedad). ● *tr* **3** atacar. **4** abordar (problema).
attacker [əˈtækər] *n c* atacante.
attain [əˈteɪn] *tr* **1** lograr. **2** alcanzar (una meta).
attainment [əˈteɪnmənt] *n u* (lit) logro.
attempt [əˈtempt] *n c* **1** intento. ● *tr* **2** intentar. ◆ **an ~ on sb's life** un atentado contra la vida de alguien.
attend [əˈtend] *tr* **1** asistir a (conferencia, curso). **2** (fml) atender a (cuidar de, vigilar); acompañar (a alguien). ● **to ~ to** *intr* **3** ocuparse de (un problema). **to ~ to 4** (fml) atender (en una tienda); prestar atención a (alguien).
attendance [əˈtendəns] *n c & u* asistencia.
attendant [əˈtendənt] *n c* **1** encargado (en un trabajo); acomodador (cine, teatro); guía (museo); vigilante (aparcamiento). **2** acompañante (de alguien).
attention [əˈtenʃn] *n u* **1** atención (gen). **2** atención, cuidado. ● **attentions** *n pl* **3** atenciones (dispensadas a alguien). ■ **to pay ~ (to)** prestar atención (a).
attentive [əˈtentɪv] *adj* atento.
attic [ˈætɪk] *n c* ático, desván.
attitude [ˈætɪtjuːd] *n c* **1** actitud (forma de pensar o comportamiento). **2** postura (corporal).
attorney [əˈtɜːnɪ] *n c EE UU* abogado. ◆ **~ General** fiscal general (EE UU); asesor legal del gobierno (GB).
attraction [əˈtrækʃn] *n c & u* atracción. ◆ **attractions** encantos (de una persona o lugar).
attractive [əˈtræktɪv] *adj* **1** atrayente, interesante (idea, plan). **2** atractivo (persona).
attribute [ˈætrɪbjuːt] *n c* atributo.
attribute [əˈtrɪbjuːt] *tr* atribuir, imputar.
attrition [əˈtrɪʃn] *n u* (fml) desgaste.
aubergine [ˈəʊbəʒiːn] *n c GB* berenjena.
auburn [ˈɔːbən] *adj* castaño rojizo.
auction [ˈɔːkʃn] *n c* **1** subasta; remate (Amér.). ● *tr* **2** subastar; rematar (Amér.). ◆ **to ~ off** subastar.
auctioneer [ˌɔːkʃəˈnɪər] *n c* subastador.
audacious [ɔːˈdeɪʃəs] *adj* audaz.
audience [ˈɔːdɪəns] *n c* **1** público. **2** audiencia (en una reunión).
audiovisual [ˌɔːdɪəʊˈvɪʒʊəl] *adj* audiovisual.
audit [ˌɔːdɪt] *n c* **1** auditoría. ● *tr* **2** hacer una auditoría.
audition [ɔːˈdɪʃn] *n c* **1** audición.
auditor [ˈɔːdɪtər] *n c* auditor.
auditorium [ˌɔːdɪˈtɔːrɪəm, *pl irreg* ˌɔːdɪˈtɔːrɪə] (*pl* **auditoriums** o **auditoria**) *n c* auditorio.
augment [ɔːgˈment] *tr* (fml) aumentar.
August [ˈɔːgəst] *n c* agosto.
aunt [ɑːnt] *n c* tía.
auntie or **aunty** [ˈɑːntɪ] *n c* (infml) tita.
au pair [ˌəʊˈpeə] *n c* au pair.
aural [ˈɔːrəl] *adj* auditivo.
auspices [ˈɔːspɪsɪz] *n pl* **under the ~ of** bajo los auspicios de.
auspicious [ɔːˈspɪʃəs] *adj* (lit) prometedor.
austere [ɒˈstɪər] *adj* austero.
austerity [ɒˈsterɪtɪ] *n u* austeridad.

Australia [ɒ'streɪlɪə] *n sing* Australia.
Australian [ɒ'streɪlɪən] *adj & n c* australiano.
Austria ['ɒstrɪə] *n sing* Austria.
Austrian ['ɒstrɪən] *adj & n c* austríaco.
authentic [ɔː'θentɪk] *adj* auténtico.
author ['ɔːθər] *n c* autor.
authorise *tr* → authorize.
authoritarian [ɔːˌθɒrɪ'teərɪən] *adj & n c* autoritario.
authoritative [ɔː'θɒrətətɪv] *adj* **1** autoritario. **2** experto (persona); de autoridad (libro).
authority [ɔː'θɒrɪtɪ] *n u* **1** autoridad (gen). **2** autorización. ◆ **the authorities** las autoridades (de un país).
authorize ['ɔːθəraɪz] *tr* autorizar, permitir.
autistic [ɔː'tɪstɪk] *adj* autista.
auto ['ɔːtəʊ] (*pl* **autos**) *n c EE UU* (infml) coche, auto.
autobiography [ˌɔːtəbaɪ'ɒgrəfɪ] *n c & u* autobiografía.
autocrat ['ɔːtəkrt] *n c* **1** POL autócrata. **2** (fig) déspota.
autograph ['ɔːtəgrɑːf] *n c* **1** autógrafo. ● *tr* **2** dedicar (libro, fotografía).
automate ['ɔːtəmeɪt] *tr* automatizar.
automatic [ˌɔːtə'mætɪk] *adj* **1** automático. ● *n c* **2** pistola automática. **3** coche automático. **4** lavadora automática. ◆ ~ **pilot** AER piloto automático.
automation [ˌɔːtə'meɪʃn] *n u* automatización.
automobile ['ɔːtəməbiːl] *n c EE UU* coche, automóvil; carro (Amér.).
autonomous [ɔː'tɒnəməs] *adj* autónomo.
autonomy [ɔː'tɒnəmɪ] *n u* autonomía.
autopsy ['ɔːtɒpsɪ] *n c* autopsia.
autumn ['ɔːtəm] *n c & u* otoño.
auxiliary [ɔːg'zɪlɪərɪ] *adj* **1** auxiliar. ● *n c* **2** ayudante (en hospital, ejército). **3** GRAM auxiliar (verbo).
avail [ə'veɪl] *n u* **to no ~/to little ~ 1** en vano. ● **to ~ of** *pron* **2** aprovechar(se) de.
available [ə'veɪləbl] *adj* **1** disponible (cosas). **2** libre, disponible (persona, espacio).
avalanche ['ævəlɑːnʃ] *n c* avalancha, alud.
avant-garde [ˌævɒŋ'gɑːd] *adj* vanguardista, progresista.
avaricious [ˌævə'rɪʃəs] *adj* avaricioso.
avenge [ə'vendʒ] *tr* vengar.
avenue ['ævənjuː] *n c* **1** avenida (camino, calle). **2** (fig) medio, vía.
average ['ævərɪdʒ] *adj* **1** medio, de término medio. **2** regular, normal. ● *n c* **3** promedio, media. ● *tr* **4** producir por término medio. ◆ **to ~ out** calcular el término medio. ■ **on (an) ~** por término medio.
aversion [ə'vɜːʃn] *n c* aversión.
avert [ə'vɜːt] *tr* **1** impedir. **2** apartar (la mirada).
avocado [ˌævə'kɑːdəʊ] *n c & u* aguacate. ◆ **~ pear** aguacate.
avoid [ə'vɔɪd] *tr* **1** evitar (algo o a alguien). **to ~ + ger 2** evitar, abstenerse de (hacer algo).
avoidance [ə'vɔɪdəns] *n u* exclusión.
await [ə'weɪt] *tr* (fml) esperar.
awake [ə'weɪk] (*pt irreg* **awoke**, *pp irreg* **awoken**) *tr & intr* **1** (fml) despertar(se). ● *adj* **2** despierto (no durmiendo). **~ to 3** alerta ante (un peligro).

> El verbo ***awake*** se utiliza sobre todo en estilo formal. Lo normal es usar ***wake (up)***: *he woke me up at six a. m. = me despertó a las seis de la mañana.* ***Awake*** también se emplea en sentido figurado: *I awoke an unexpected interest for my project = desperté un interés inesperado por mi proyecto.*

award [ə'wɔːd] *n c* **1** premio. **2** beca, ayuda (dinero). **3** JUR indemnización. ● *tr* **4** conceder, otorgar.
aware [ə'weər] *adj* **~ of** consciente de, enterado de (con información); concienciado de (la situación). ■ **to be ~ of/to become ~ of** darse cuenta de.
awareness [ə'weənɪs] *n u* conciencia.
awash [ə'wɒʃ] *adj* inundado.
away [ə'weɪ] *adv* **1** fuera (ausente de su casa, trabajo): *John is away = John ha salido.* **~ (from) 2** a… (de distancia): *the village is 5 miles away = el pueblo está a 5 millas de distancia.* **3** *indica alejamiento*: *to drive away = alejarse en coche, to look away = apartar la vista.* **4** *indica una acción en el futuro*: *the meeting is only a month away = sólo falta un mes para la reunión.* **5** *indica un lugar*

seguro: *put it away = guárdalo en un sitio seguro*. **6** *indica desaparición, cambio, desgaste o disminución*: *the sound of the music died away = el sonido de la música se apagó gradualmente*. **7** *indica continuidad*: *se was smiling away = no cesaba de sonreír*. ● *adj* **8** SP fuera (no en casa): *an ~ match = un partido fuera de casa*.

awe [ɔː] *n u* temor.

awesome [ˈɔːsəm] *adj* impresionante.

awful [ˈɔːfl] *adj* **1** fatal, horrible (peor que mal). **2** mal, enfermo. ■ **an ~ lot** muchísimos.

awhile [əˈwaɪl] *adv* un rato.

awkward [ˈɔːkwəd] *adj* **1** complicado (difícil de usar); poco manejable (diseño poco práctico). **2** embarazoso, inconveniente (situación); incómodo, nervioso (persona). **3** torpe. **4** difícil (persona problemática). ◆ **the ~ age** la edad del pavo.

awning [ˈɔːnɪŋ] *n c* toldo.

awoke [əˈwəʊk] *pt* → awake.

awoken [əˈwəʊkn] *pp* → awake.

awry [əˈraɪ] *adj* torcido. ■ **to go ~** salir mal, fracasar (proyecto).

axe [æks] (*EE UU* **ax**) *n c* **1** hacha. ● *tr* **2** recortar (costes).

axis [ˈæksɪs, *pl* ˈæxsɪːz] (*pl* **axes**) *n c* **1** GEOM eje. **2** MATH coordenada.

axle [ˈæksl] *n c* MEC eje, árbol.

aye [aɪ] *adv* **1** MIL sí. ● *n c* **2** POL sí, voto a favor.

azalea [əˈzeɪlɪə] *n c* BOT azalea.

Azerbaijan [ˌæzəbaɪˈdʒɑːn] *n sing* Azerbaiján.

Azerbaijani [ˌæzəbaɪˈdʒɑːnɪ] *adj* & *n c* azerbaijaní.

Bb

b, B [biː] *n c* **1** b, B (letra). **2** SCH notable (nota académica). ● *n c* & *u* **3** MUS si.

babble [ˈbæbl] *n c* **1** balbuceo. ● *intr* **2** balbucear.

baboon [bəˈbuːn] *n c* ZOOL mandril.

baby [ˈbeɪbɪ] *n c* **1** bebé, recién nacido (lactante). **2** cría (animal). **3** (infml) querido (cariño). ◆ **~ buggy** cochecito de niño; **~ carriage** *EE UU* cochecito de niño.

babysit [ˈbeɪbɪsɪt] *intr* cuidar niños.

babysitter [ˈbeɪbɪsɪtər] *n c* canguro.

bachelor [ˈbætʃələr] *n c* soltero. ◆ **Bachelor of Arts** licenciado en Letras; **Bachelor of Science** licenciado en Ciencias.

back [bæk] *adj* **1** posterior (posición). **2** secundario, apartado (carretera, calle). ● *n c* **3** ANAT espalda (persona); lomo (animal). **4** parte de atrás (objeto, lugar); respaldo (silla); dorso (cheque); reverso (moneda). **5** SP defensa. ● *adv* **6** hacia atrás, detrás (dirección, posición): *he looked back = miró hacia atrás*. **7** de regreso, de vuelta (al punto de partida): *he came back from London = volvió de Londres*. ● *tr* **8** dar marcha atrás (empujar hacia atrás). **9** hacer retroceder. **10** apoyar (reforzar). **11** apostar (juego). **12** revestir (forrar). ● *intr* **13** ir marcha atrás, retroceder (desplazarse hacia atrás). ◆ **to ~ off** retirarse (abandonar); **to ~ up** confirmar (historia); apoyar (finanzas); retroceder (en coche o a pie); hacer un copia de seguridad (informática). ■ **~ and forth** de atrás a delante.

backache [ˈbækeɪk] *n c* dolor de espalda.

backbone [ˈbækbəʊn] *n c* ANAT columna vertebral.

backdoor [ˈbækdɔːr] *adj* (pej) clandestino.

backfire [ˈbækfaɪər] *intr* **1** petardear (motor). **2** (fig) salir el tiro por la culata (plan).

backgammon [ˌbækˈgæmən y ˈbækgæmən] *n u* bakgammon.

background [ˈbækgraʊnd] *adj* **1** de fondo (música, ruido). ● *n c* **2** historial, antecedentes (de la vida de una persona). ● *n sing* **3** marco (de una situación).

backhand [ˈbækhænd] *n c* SP revés.

backing [ˈbækɪŋ] *n u* **1** apoyo (moral o económico). **2** MUS acompañamiento. • *n c & u* **3** revestimiento, forro (cubierta).
backlash [ˈbæklæʃ] *n sing* reacción violenta.
backlog [ˈbæklɒg] *n c* acumulación, amontonamiento.
backpack [ˈbækpæk] *n c EE UU* mochila, macuto.
backseat [ˌbækˈsiːt] *n c* asiento trasero, asiento de atrás.
backside [ˈbæksaɪd] *n c* (infml) trasero, culo.
backstage [ˈbæksteɪdʒ] *adv* **1** (fig) entre bastidores (en secreto). • *n u* **2** camerinos.
backstreet [ˈbækstriːt] *n c* callejuela.
backstroke [ˈbækstrəʊk] *n u* SP espalda.
backup [ˈbækʌp] *n u* **1** apoyo (refuerzo). **2** sustituto (reserva). **3** COMPUT copia de seguridad, backup.
backward [ˈbækwəd] *adj* **1** hacia atrás (movimiento). **2** (pej) atrasado (país, persona). • *adv* **3** *EE UU* → backwards.
backwards [ˈbækwədz] (*EE UU* **backward**) *adv* **1** hacia atrás (movimiento, tiempo). **2** al revés (contrario). ■ **~ and forwards** de aquí para allá.
backwater [ˈbækwɔːtər] *n c* lugar apartado.
backyard [ˌbækˈjɑːd] *n c* **1** *GB* patio trasero. **2** *EE UU* jardín posterior.
bacon [ˈbeɪkən] *n u* bacón, tocino.
bacteria [bækˈtɪərɪə] *n pl* BIOL bacterias.
bad [bæd] *adj* **1** malo (gen): *bad weather = mal tiempo.* **2** grave (accidente, error). **3** fuerte (catarro, dolor). **4** podrido (comida). ■ **to feel ~ about** sentirse culpable por; **to go ~** pudrirse (comida); **not ~** regular.
bade [beɪd] *pt* → bid.
badge [bædʒ] *n c* **1** insignia, placa (objeto). **2** distintivo, señal (símbolo).
badger [ˈbædʒər] *n c* **1** ZOOL tejón. • *tr* **2** acosar, importunar; acatarrar (Amér.).
badly [ˈbædlɪ] *adv* mal (error); gravemente (herido). ■ **~ off** sin blanca, sin un duro.
badmannered [bædˈmænəd] *adj* grosero, mal educado.
badminton [ˈbædmɪntən] *n u* SP bádminton.
bad-tempered [bædˈtempəd] *adj* de mal genio (permanente); de mal humor (pasajero).
baffle [ˈbæfl] *tr* desconcertar, confundir.
bag [bæg] *n c* **1** bolsa (papel, plástico); bolso (de señora, de mano). • **bags** *n pl* **2** ojeras (bajo los ojos). • *tr* **3** *GB* (infml) reservar (algo muy solicitado).
baggage [ˈbægɪdʒ] *n u* equipaje.
baggy [ˈbægɪ] *adj* holgado.
bagpipes [ˈbægpaɪps] *n pl* MUS gaita.
baguette [bəˈget] *n c* baguette.
bail [beɪl] *n c* JUR fianza. ♦ **to ~ out** JUR pagar la fianza de; sacar de apuros (económicos); saltar en paracaídas (de una avión en peligro). ■ **on ~** JUR bajo fianza.
bailiff [ˈbeɪlɪf] *n c GB* JUR alguacil.
bait [beɪt] *n u* **1** cebo, carnada. • *tr* **2** cebar. **3** (fig) hacer rabiar.
bake [beɪk] *tr* **1** cocer (al horno). • *intr* **2** cocerse (cocinar).
baked [beɪkt] *adj* cocido al horno. ♦ **~ beans** *judías cocidas en salsa de tomate.*
baker [ˈbeɪkər] *n c* panadero. ♦ **~'s (shop)** panadería.
bakery [ˈbeɪkərɪ] *n c* panadería.
balaclava [ˌbləˈklɑːvə] *n c* pasamontañas. ♦ **~ helmet** pasamontañas.
balance [ˈbæləns] *n c* **1** balanza (báscula). **2** FIN saldo. • *n u* **3** equilibrio (igualdad de fuerzas). • *tr* **4** sopesar (comparar dos cosas). **5** FIN cuadrar (presupuesto). • *intr* **6** mantener el equilibrio (en una cuerda o similar). **7** FIN cuadrar.
balcony [ˈbælkənɪ] *n c* balcón (pequeño); terraza (más grande).
bald [bɔːld] *adj* calvo (persona).
bale [beɪl] *n c* **1** bala, fardo. • *tr* **2** embalar, hacer fardos. ♦ **to ~ out** NAUT achicar.
baleful [ˈbeɪlfʊl] *adj* pernicioso.
balk [bɔːk] *intr* **to ~ (at)** resistirse (a).
ball [bɔːl] *n c* **1** pelota, balón (de fútbol, tenis, golf); pelota, bola (cualquier objeto con esa forma). **2** baile de gala. • **balls** *n pl* **3** (vulg) pelotas (testículos). ♦ **~ boy/girl** SP recogepelotas; **~ game** *EE UU* SP partido de béisbol; **~ park** *EE UU* SP campo de béisbol. ■ **on the ~** al tanto de (estar alerta).
ballad [ˈbæləd] *n c* MUS balada.

ballast ['bæləst] *n u* lastre.
ball-bearing [ˌbɔːl'beərɪŋ] *n c* MEC cojinete de bolas, rodamiento.
ballerina [ˌbælə'riːnə] *n c* bailarina.
ballet ['bæleɪ] *n u* ballet. ♦ **~ dancer** bailarín.
balloon [bə'luːn] *n c* **1** globo (para niños); globo aerostático. **2** bocadillo (en cómics).
ballot ['bælət] *n c* **1** votación (secreta). • *tr* **2** *solicitar opinión mediante votación.* ♦ **~ (paper)** papeleta de voto.
ballot-box ['bælətbɒks] *n c* urna electoral.
ballpoint ['bɔːlpɔɪnt] *n c* bolígrafo; esferógrafo, birome, lapicero (Amér.).
ballroom ['bɔːlruːm y bɔːlrʊm] *n c* salón de baile. ♦ **~ dancing** baile de salón.
balm [bɑːm] *n c & u* bálsamo.
balmy ['bɑːmɪ] *adj* apacible.
bamboo [bæm'buː] *n c & u* BOT bambú.
bamboozle [bæm'buːzl] *tr* **to ~ (into)** (infml) embaucar, engañar (para).
ban [bæn] *n c* **~ (on) 1** prohibición (de). • **to~ sb from** *tr* **2** prohibir a alguien (excluir): *he was banned from driving = le prohibieron conducir.*
banal [bə'nɑːl y EE UU 'beɪnl] *adj* banal.
banana [bə'nɑːnə y EE UU bə'nænə] *n c & u* BOT plátano; banana, banano, cambur (Amér.).
band [bænd] *n c* **1** banda (grupo de personas). **2** franja, tira (de un tejido, papel). **3** MUS banda, grupo, orquesta. **4** RAD banda (de frecuencias).
bandage ['bændɪdʒ] *n c* **1** MED venda, vendaje. • *tr* **2** vendar.
Band-Aid® ['bændeɪd] *n c* tirita.
bandit ['bændɪt] *n c* bandido, bandolero.
bandstand ['bændstænd] *n c* quiosco de música.
bandy ['bændɪ] *adj* patizambo.
bandy-legged ['bændɪlegd] *adj* patizambo.
bang [bæŋ] *n c* **1** golpe. **2** detonación (ruido). • *adv* **3** (infml) justo, exactamente (posición). • *tr* **4** golpear (de forma deliberada); atracar, fajar (Amér., golpear deliberadamente); golpearse, chocar (de forma involuntaria). **5** dar un portazo.
banger ['bæŋər] *n c* **1** *GB* (infml) salchicha (comida). **2** *GB* (infml) tartana (coche viejo). **3** *GB* (infml) petardo (fuegos artificiales).
bangle ['bængl] *n c* pulsera.
banish ['bænɪʃ] *tr* desterrar.
banister ['bænɪstər] *n c* ARCH pasamanos.
bank [bæŋk] *n c* **1** banco (gen). **2** orilla (río, lago). **3** talud (pendiente). **4** banco (masa de nubes, nieve). **5** banca (en el juego). • **to ~ with** *intr* **6** FIN tener una cuenta bancaria con. **7** ladearse (avión). ♦ **~ account** FIN cuenta bancaria; **~ holiday** *día festivo en que están cerrados los bancos y los comercios*; **~ statement** FIN extracto bancario; **to ~ on** contar con.

> En Gran Bretaña, la expresión ***Bank Holiday*** indica los días festivos oficiales en los que los bancos y los comercios no abren al público. La mayoría de las veces caen en lunes.

bank-balance ['bæŋkbləns] *n c* FIN saldo bancario.
banker ['bæŋkər] *n c* FIN banquero. ♦ **~'s card** FIN tarjeta bancaria; **~'s order** FIN domiciliación bancaria.
banking ['bæŋkɪŋ] *n u* FIN banca.
banknote ['bæŋknəʊt] *n c* FIN billete de banco.
bank-rate ['bæŋkreɪt] *n sing* FIN tipo de interés bancario.
bankrupt ['bæŋkrʌpt] *adj* **1** FIN quebrado, en quiebra. • *tr* **2** llevar a la quiebra. ▪ **to go ~** declararse en quiebra.
bankruptcy ['bæŋkrəpsɪ] *n c & u* bancarrota, quiebra.
banner ['bænər] *n c* pancarta.
bannister *n c* → banister.
banquet ['bæŋkwɪt] *n c* banquete.
banter ['bæntər] *n u* broma, burla; farra, pifia (Amér.).
baptise *tr* → baptize.
baptism ['bæptɪzəm] *n c & u* REL bautismo.
baptize [bæp'taɪz] *tr* REL bautizar.
bar [bɑːr] *n c* **1** bar (local donde se sirven bebidas). **2** barra, mostrador (en una tienda, banco, oficina de correos). **3** ba-

rra (pieza estrecha y metálica). **a ~ of 4** lingote (metal); pastilla (jabón); tableta (chocolate). **5** prohibición. **6** MUS compás. • *tr* **7** atrancar (puertas). **to ~ sb from 8** impedir hacer algo a alguien. • *prep* **9** salvo, menos. ♦ **~ code** código de barras. ■ **~ none** sin excepción; **to ~ sb's way/path** impedir o cortar el paso a alguien; **to be behind bars** estar entre rejas (en prisión).
barbaric [bɑːˈbærɪk] *adj* salvaje, brutal.
barbecue [ˈbɑːbɪkjuː] *n c* barbacoa.
barbed [bɑːbd] *n c* **~ wire** alambre de espino.
barber [ˈbɑːbər] *n c* barbero, peluquero. ♦ **~'s (shop)** barbería.
barbiturate [bɑːˈbɪtjʊrɪt] *n c* MED barbitúrico.
bare [beər] *adj* **1** desnudo (brazo, árbol, campo); descalzo (pie); descubierta (cabeza). **2** mero, simple (con cantidades).
bareback [ˈbeəbæk] *adj & adv* a pelo.
barefaced [ˈbeəfeɪst] *adj* (pej) descarado.
barefoot or **barefooted** [ˈbeəfʊt o ˈbeəfʊtɪd] *adj & adv* descalzo.
barely [ˈbeəlɪ] *adv* apenas.
bargain [ˈbɑːgɪn] *n c* **1** trato, pacto (acuerdo). **2** ganga; ancheta, pichincha (Amér., muy barato). • *intr* **3** negociar (hacer un trato). **4** regatear (discutir precios). **to ~ for 5** prever, anticipar (suponer). ■ **into the ~** además, por añadidura.
barge [bɑːdʒ] *n c* **1** barcaza. • **to ~ into** *intr* **2** chocar (gente); irrumpir (lugar); interrumpir (conversación). ♦ **to ~ in** (infml) entrometerse.
baritone [ˈbærɪtəʊn] *n c* MUS barítono.
bark [bɑːk] *n c* **1** ladrido (perro). • *n u* **2** BOT corteza de árbol. • *intr* **3** ladrar.
barley [ˈbɑːlɪ] *n u* BOT cebada.
barmaid [ˈbɑːmeɪd] *n c* camarera.
barman [ˈbɑːmən] (*pl* **barmen**) *n c* camarero, barman.
barn [bɑːn] *n c* granero.
barnacle [ˈbɑːnəkl] *n c* ZOOL percebe.
barnyard [ˈbɑːnjɑːd] *n c* corral.
barometer [bəˈrɒmɪtər] *n c* barómetro.
baron [ˈbærən] *n c* barón.
baroness [ˈbærənɪs y ˌbærəˈnes] *n c* baronesa.
barrack [ˈbærək] *tr & intr* abuchear.
barracks [ˈbærəks] *n pl* MIL cuartel.
barrage [ˈbærɑːʒ] *n c* **1** MIL andanada, descarga. **2** presa, dique (de un río). **3** (fig) aluvión (de preguntas).
barrel [ˈbærəl] *n c* **1** barril (para líquidos). **2** cañón (de un arma de fuego).
barren [ˈbærən] *adj* estéril, improductivo.
barricade [ˌbærɪˈkeɪd] *n c* **1** barricada. • *tr* **2** bloquear.
barrier [ˈbærɪər] *n c* barrera.
barring [ˈbɑːrɪŋ] *prep* salvo, excepto.
barrister [ˈbærɪstər] *n c GB* JUR abogado (de tribunales superiores).
barrow [ˈbærəʊ] *n c* carretilla.
bartender [ˈbɑːtendər] *n c EE UU* camarero.
barter [ˈbɑːtər] *n c* **1** trueque. • *intr* **2** hacer trueques.
base [beɪs] *adj* **1** vil, bajo. • *n c* **2** base (en gen). • **to ~ sth on** *tr* **3** basar, fundamentar. • *pron* **4** establecerse.
baseball [ˈbeɪsbɔːl] *n u* SP béisbol.
basement [ˈbeɪsmənt] *n c* sótano.
bases [ˈbeɪsiːz] *n pl* → basis.
bash [bæʃ] *tr* **1** golpear, atizar; atracar, fajar (Amér.). **2** golpearse (chocar). ■ **to have a ~ at sth** intentar algo.
bashful [ˈbæʃfl] *adj* tímido, vergonzoso (persona).
basic [ˈbeɪsɪk] *adj* **1** básico, fundamental. • **basics** *n pl* **2** fundamentos.
basil [ˈbæzl] *n u* BOT albahaca.
basin [ˈbeɪsn] *n c* **1** palangana (recipiente para lavarse). **2** lavabo, lavatorio (Amér.). **3** GEOG cuenca (de un río, lago o mar).
basis [ˈbeɪsɪs] (*pl* **bases**) *n c* fundamento, base (principio básico). ■ **on the ~ of** de acuerdo con.
basket [ˈbɑːskɪt y EE UU ˈbæskɪt] *n c* cesto, canasta.
basketball [ˈbɑːskɪtbɔːl y EE UU ˈbæskɪtbɔːl] *n u* SP baloncesto.
bass [bæs] (*pl* **bass** o **basses**) *n c* ZOOL lubina, róbalo (pez marino); perca (pez de agua dulce).
bass [beɪs] *adj* **1** bajo, grave. • *n c* **2** MUS bajo (cantante). **3** bajo (instrumento).
bassoon [bəˈsuːn] *n c* MUS fagot.
bastard [ˈbɑːstəd y EE UU ˈbæstəd] *n c* **1** bastardo, ilegítimo (niño). **2** (pej) hijo de puta, cabrón (insulto).
bastion [ˈbæstɪən] *n c* ARCH baluarte.

bat [bæt] *n c* **1** ZOOL murciélago. **2** SP bate.
batch [bætʃ] *n c* montón, serie.
bated [ˈbeɪtɪd] *adj* **with ~ breath** con la respiración contenida.
bath [bɑːθ y EE UU bæθ] *n c* **1** baño (la acción en sí). **2** bañera, bañadera (Amér.) (pila para bañarse). • **baths** *n pl* **3** *GB* piscina cubierta. • *tr* **4** bañar. ■ **to take/to have a ~** darse un baño.

> En inglés británico, el verbo ***bath*** se refiere a un baño en una bañera mientras que, en inglés americano, con este mismo significado se utiliza ***bathe***. ***Bathe*** también significa nadar en grandes extensiones de agua y limpiar alguna herida.

bathe [beɪð] *intr* **1** bañarse (en un río, lago o mar). • *tr* **2** lavar (una herida).
bathing-cap [ˈbeɪðɪŋkæp] *n c* gorro de baño.
bathing-costume or **bathing-suit** [ˈbeɪðɪŋkɒstjuːm o ˈbeɪðɪŋsuːt] *n c GB* bañador de mujer; malla de mujer (Amér.).
bathing-trunks [ˈbeɪðɪŋtrʌŋks] *n pl GB* bañador de hombre; malla de hombre (Amér.).
bathrobe [ˈbɑːθrəʊb] *n c* **1** albornoz (de baño). **2** *EE UU* bata (de estar por casa).
bathroom [ˈbɑːθruːm] *n c* **1** *GB* cuarto de baño. **2** *EE UU* servicios (excusado).
bathtub [ˈbɑːθtʌb] *n c* bañera, bañadera (Amér.).
baton [ˈbætən] *n c* **1** porra; macana (Amér., de un policía). **2** MUS batuta (del director). **3** SP testigo.
batsman [ˈbætsmən] *n c* SP bateador.
battalion [bəˈtælɪən] *n c* MIL batallón.
batten [ˈbætn] *n c* tabla, listón.
batter [ˈbætər] *n u* **1** GAST *pasta para rebozar*. • *tr* **2** maltratar (niños, mujeres). **3** golpear; atracar, fajar (Amér.). **4** batir, golpear (la lluvia o las olas). ♦ **to ~ down** derribar.
battered [ˈbætəd] *adj* **1** abollado (vehículo). **2** maltratado (niños o mujeres).
battery [ˈbætərɪ] *n c* **1** batería (de coche); pila (de linterna). **2** MIL batería.
battle [ˈbætl] *n c & u* **1** batalla (en la guerra). **2** lucha (pelea). • *intr* **3** batallar.
battlefield [ˈbætlfiːld] *n c* campo de batalla.
battlements [ˈbætlmənts] *n pl* almenas.
battleship [ˈbætlʃɪp] *n c* barco de guerra.
bauble [ˈbɔːbl] *n c* (pej) baratija, tiliche (Amér.).
baulk *intr* → balk.
bawdy [ˈbɔːdɪ] *adj* obsceno.
bawl [bɔːl] *tr & intr* berrear.
bay [beɪ] *n c* **1** GEOG bahía, ensenada. **2** zona (para almacenamiento de mercancías). • *intr* **3** aullar. ■ **to keep/hold at ~** mantener a raya.
bay-tree [ˈbeɪtriː] *n c* BOT laurel.
bazaar [bəˈzɑːr] *n c* **1** bazar (mercado). **2** tómbola (venta con fines caritativos).
B. C. [ˌbiːˈsiː] (*abbrev* **before Christ**) *adv* a. C.
be [bɪ] (*pt* **was/were**, *pp* **been**) *intr* **1** ser (condición, estado permanente): *I'm John Smith = soy John Smith*. **2** estar (en un lugar): *she's in the bedroom = está en el dormitorio*. **to ~ + adj/adv 3** ser (condición, estado permanente): *she is tall = ella es alta*; estar (condición, estado temporal): *she is very happy = ella está muy contenta*. **to ~ + profession 4** ser, trabajar de (profesión). **to ~ + age 5** tener: *he is 30 (years old) = tiene 30 años*. **to ~ of 6** ser de, estar hecho de (material): *the ring is of gold = el anillo es de oro*. **7** valer, costar (dinero): *the meal was 20 pounds = la comida costó 20 libras*. • *impers* **8** hacer (tiempo atmosférico): *it's cold = hace frío*. **9** ser (hora): *it's 8 o'clock = son las 8 en punto*. **there is/are 10** haber: *there is no wine = no hay vino*. • **to ~ pres p** *aux* **11** estar (auxiliar de las formas verbales continuas): *he was crossing the street when he saw her = estaba cruzando la calle cuando la vió*. **to ~ + pp 12** ser (forma pasiva): *she was deceived = ella fue engañada*. **to ~ + inf 13** tener que (expresión de deber, intención, posibilidad, destino): *he is to see the doctor = tiene que ir al médico, marrying her was to be his biggest mistake = casarse con ella sería su mayor equivocación*.
beacon [ˈbiːkən] *n c* **1** baliza (señal). **2** faro (torre). **3** almenara (fuego de aviso).
bead [biːd] *n c* **1** cuenta (de vidrio, madera). **2** gota (de sudor).
beak [biːk] *n c* pico (de pájaro).

beaker [ˈbiːkər] *n c* vaso grande (de plástico); jarra (de vidrio).
beam [biːm] *n c* **1** rayo (de sol, luz). **2** ARCH viga. • **to ~ (at)** *intr* **3** sonreír ampliamente (de felicidad, satisfacción).
bean [biːn] *n c* **1** (normalmente *pl*) judía, frijol, habichuela, alubia. **2** grano (de café o similar).
beansprout or **beanshoot** [ˈbiːnspraʊt o ˈbiːnʃuːt] *n c* GAST (normalmente *pl*) brote tierno de soja.
bear [beər] (*pt* **bore**, *pp* **borne**) *tr* **1** llevar (transportar, acarrear). **2** aguantar (soportar un peso físico). **3** dar, producir (frutos). **4** soportar (una responsabilidad). **5** (lit) albergar (sentimientos). • *n c* **6** oso. ♦ **~ cub** osezno; **to ~ down (on)** echarse encima amenazadoramente (sobre); **to ~ out** confirmar; **to ~ with** soportar pacientemente.
beard [bɪəd] *n c* barba; chiva (Amér.).
bearer [ˈbeərər] *n c* portador (de un cheque); titular (de un pasaporte); poseedor (de un título).
bearing [ˈbeərɪŋ] *n sing* **1** porte, aspecto (maneras). • *n c* **2** posición, situación (orientación geográfica). **3** MEC cojinete. • **~ (on)** *n u* **4** relación con (conexión con). ■ **to loose one's bearings** (fig) perder el norte, desorientarse.
beast [biːst] *n c* (lit) bestia.
beat [biːt] (*pt* **beat**, *pp* **beaten**) *tr* **1** golpear (un objeto); pegar, dar una paliza; atracar, fajar (Amér., golpear a alguien). **2** batir (huevos, una pieza metálica, un récord, en el juego). **3** ganar, vencer (derrotar). • *intr* **4** batir (golpear el viento o la lluvia sobre algo). **5** latir (corazón). • *n c* **6** latido (de corazón). **7** aleteo (movimiento de alas). **8** ronda (de policía). • *n sing* **9** MUS ritmo. ♦ **to ~ down** caer a cántaros (lluvia); hacer bajar (precio); **to ~ up** dar una paliza.
beaten [ˈbiːtn] *pp* **1** → beat. • *adj* **2** trillado (huella, rastro).
beating [ˈbiːtɪŋ] *n c* **1** paliza, zurra; cueriza, golpiza (Amér., paliza). • *n sing* **2** derrota (ser vencido).
beautiful [ˈbjuːtɪfl] *adj* **1** hermoso, bello (gen). **2** maravilloso (experiencia). **3** espléndido (tiempo atmosférico).
beautifully [ˈbjuːtɪfəlɪ] *adv* **1** hermosamente, bellamente (que causa amor o admiración). **2** magníficamente, excelentemente (de forma muy satisfactoria).
beauty [ˈbjuːtɪ] *n u* belleza, hermosura (cualidad). ♦ **~ contest** concurso de belleza; **~ parlour/salon** salón de belleza; **~ queen** miss; **~ spot** lunar (rostro); *paraje de gran belleza natural* (lugar).
beaver [ˈbiːvər] *n c* ZOOL castor.
became [bɪˈkeɪm] *pt* → become.
because [bɪˈkɒz] *conj* porque. ■ **~ of** a causa de, por; **just ~** (infml) sólo por, únicamente por.
beckon [ˈbekən] *tr* **to ~ sb + (inf/prep) 1** hacer señas a, llamar por señas. • **to ~ (to)** *intr* **2** hacer señas (a), llamar por señas (a).
become [bɪˈkʌm] (*pt* **became**, *pp* **become**) *intr* llegar a ser, convertirse en.
becoming [bɪˈkʌmɪŋ] *adj* **1** atractivo, favorecedor (ropa, estilo de peinado). **2** (fml) decoroso, adecuado (comportamiento, lenguaje).
bed [bed] *n c* **1** cama, lecho (elemento del mobiliario). **2** firme (de una carretera). **3** GEOL lecho, cauce. ♦ **~ and breakfast** cama y desayuno; **to ~ down** meter en la cama (a niños). ■ **in ~** acostado; **to go to ~** irse a la cama, acostarse; **to make the ~** hacer la cama.

> El término ***Bed & Breakfast*** se refiere a casas particulares que ofrecen alojamiento y desayuno a precios inferiores a los de un hotel. Normalmente se anuncia con el símbolo *B&B* colocado en la ventana de la casa.

bedclothes [ˈbedkləʊðz] *n pl* ropa de cama.
bedlam [ˈbedləm] *n u* follón, escándalo.
bed-linen [ˈbedlɪnɪn] *n u* ropa de cama.
bedridden [ˈbedrɪdn] *adj* postrado en cama.
bedroom [ˈbedrʊm] *n c* dormitorio.
bedside [ˈbedsaɪd] *n u* **~ table** mesilla de noche.
bedspread [ˈbedspred] *n c* colcha, sobrecama.
bedtime [ˈbedtaɪm] *n u* hora de acostarse.
bee [biː] *n c* ZOOL abeja.
beech [biːtʃ] *n c & u* BOT haya.

beef [biːf] *n u* carne de vacuno. ◆ **to ~ up** reforzar, mejorar.
beefburger [ˈbiːfbɜːgər] *n c* hamburguesa.
beefsteak [ˈbiːfsteɪk] *n c* → steak.
beehive [ˈbiːhaɪv] *n c* colmena.
beeline [ˈbiːlaɪn] *n c* **to make a ~ for** ir pitando para, irse derecho a.
been [biːn] *pp* → be.
beer [bɪər] *n c & u* cerveza.
beer-mat [ˈbɪəmæt] *n c* posavasos.
beet [biːt] *n u* remolacha.
beetle [ˈbiːtl] *n c* ZOOL escarabajo.
beetroot [ˈbiːtruːt] *n c & u* remolacha.
before [bɪˈfɔːr] *prep* **1** antes de (en el tiempo, en una secuencia ordenada): *before lunch = antes de comer*. **2** delante de, frente a (posición física): *we kneel before the throne = nos arrodillamos frente al trono*. **3** ante (en presencia de): *he was brought before the headmaster = lo llevaron ante el director*. **~ + pron 4** ante, por delante de: *we've got the whole day before us = tenemos todo el día por delante*. ● *conj* **5** antes de (que), antes que. ● **noun + ~** *adj* **6** anterior: *the night before = la noche anterior*. ● *adv* **7** anteriormente.
beforehand [bɪˈfɔːhænd] *adv* de antemano.
befriend [bɪˈfrend] *tr* hacerse amigo de.
beg [beg] (*pt* y *pp* **begged**, *ger* **begging**) *tr* **to ~ sb + inf 1** rogar, suplicar (pedir por). ● **to ~ (for)** *intr* **2** pedir, mendigar (comida, cobijo). **to ~ (for) 3** implorar, suplicar (pedir por).
began [bɪˈgæn] *pt* → begin.
beggar [ˈbegər] *n c* mendigo, indigente.
begin [bɪˈgɪn] (*pt* **began**, *pp* **begun**) *tr & intr* empezar, comenzar. ■ **to ~ with** en principio, inicialmente.

> En general, ***begin*** y ***start*** tienen el mismo significado, aunque ***start*** es más informal. Sin embargo, para hablar del inicio de un viaje y en relación a aparatos, coches, etc., sólo se usa *start*: *how do you start the dishwasher? = ¿cómo se pone el lavavajillas?*

beginner [bɪˈgɪnər] *n c* principiante.
beginning [bɪˈgɪnɪŋ] *n c* comienzo.
begrudge [bɪˈgrʌdʒ] *tr* **1** tener envidia de. **2** dar de mala gana.
begun [bɪˈgʌn] *pp* → begin.
behalf [bɪˈhɑːf y EE UU bɪˈhæf] *n u* **on ~ of sb/on sb's ~** en nombre de alguien.
behave [bɪˈheɪv] *intr* **1** comportarse (conducirse). **2** portarse bien (conducirse de manera correcta).
behaviour [bɪˈheɪvjər] (*EE UU* **behavior**) *n u* comportamiento, conducta.
behead [bɪˈhed] *tr* decapitar.
beheld [bɪˈheld] *pt & pp* → behold.
behind [bɪˈhaɪnd] *prep* **1** detrás de (en el espacio): *I'm sitting behind her = estoy sentado detrás de ella*. **2** retrasado con respecto a (por detrás de, en cuanto a conocimientos): *he is behind the rest of the class in mathematics = va retrasado con respecto al resto de la clase en matemáticas*. ● *adv* **3** detrás (en el espacio). **4** atrasado (reloj). ● *n c* **5** (infml, euph) trasero, pompis.
behold [bɪˈhəʊld] (*pt* y *pp* **beheld**) *tr* (lit) contemplar, mirar.
beige [beɪʒ] *adj & n u* beige.
being [ˈbiːɪŋ] *ger* **1** → be. ● *n c* **2** ser: *a human being = un ser humano*. ■ **in ~** en existencia, existente; **to bring into ~** engendrar; **to come into ~** nacer.
belch [beltʃ] *n c* **1** eructo. ● *intr* **2** eructar.
beleaguered [bɪˈliːgəd] *adj* **1** MIL sitiado. **2** (fig) molestado, importunado (por personas); acosado (por problemas).
belfry [ˈbelfrɪ] *n c* campanario.
Belgian [ˈbeldʒən] *adj & n c* belga.
Belgium [ˈbeldʒəm] *n sing* Bélgica.
belie [bɪˈlaɪ] (*ger* **belying**) *tr* desmentir (una teoría); defraudar (esperanzas, ilusiones).
belief [bɪˈliːf] *n c & u* **~ (in) 1** creencia (en) (gen). **2** convicción, opinión.
believe [bɪˈliːv] *tr* creer.
believer [bɪˈliːvər] *n c* **1** REL creyente. **2** (fig) partidario (de una teoría, persona).
belittle [bɪˈlɪtl] *tr* menospreciar.
bell [bel] *n c* **1** campana (de una iglesia). **2** timbre (de la puerta, de la bicicleta). **3** cencerro (de un animal); cascabel (en un collar).
belligerent [bɪˈlɪdʒərənt] *adj* beligerante, hostil.
bellow [ˈbeləʊ] *n c* **1** rugido, bramido. ● *intr* **2** rugir, bramar.
bellows [ˈbeləʊz] *n pl* MUS fuelle.

belly [ˈbelɪ] *n c GB* (infml) tripa, barriga.

bellyache [ˈbelɪeɪk] *n c & u* **1** (infml) dolor de tripa. • *intr* **2** (infml) quejarse.

belly-button [ˈbelɪbʌtn] *n c* (infml) ombligo.

belong [bɪˈlɒŋ y EE UU bɪˈlɔːŋ] *intr* **to ~ to 1** pertenecer a (ser el propietario). **to ~ to 2** ser de (ser miembro de). **to ~ to 3** corresponder a (ser parte de). **4** encajar (ir en el sitio que corresponde).

belongings [bɪˈlɒŋɪŋz y EE UU bɪˈlɔːŋɪŋz] *n pl* pertenencias.

Belorussia [ˌbeləʊˈrʌʃə] *n sing* Bielorrusia.

Belorussian [ˌbeləʊˈrʌʃən] *adj & n c* bielorruso.

beloved [bɪˈlʌvd] *adj* **1** amado, querido. • *n c* **2** amado, persona amada.

below [bɪˈləʊ] *prep* **1** debajo de, por debajo de (en una posición o nivel inferior). • *adv* **2** debajo, abajo (en una posición o nivel inferior). **3** más adelante (en un texto).

belt [belt] *n c* **1** cinturón (alrededor de la cintura). **2** (fig) franja (zona, región). **3** MEC correa. • *tr* **4** poner cinturón (abrochar). **5** (infml) golpear; atracar, fajar (Amér.). • *intr* **6** (infml) ir a toda velocidad (moverse rápido).

bemused [bɪˈmjuːzd] *adj* estupefacto.

ben [ben] *n c scot* pico (de una montaña).

bench [bentʃ] *n c* **1** banco (asiento, mesa de trabajo). **2** estrado (de un tribunal). • **benchs** *n pl* **3** *GB* POL escaños.

bend [bend] (*pt* **bent**, *pp* **bent**) *tr* **1** doblar (un objeto, la rodilla); inclinar (una parte del cuerpo). • *intr* **2** doblarse (un objeto); inclinarse (una parte del cuerpo). **3** torcerse, curvarse (cambiar de dirección). • *n c* **4** curva (de la carretera); codo (de tubería). ■ **to ~ over backwards** hacer todo lo posible.

beneath [bɪˈniːθ] *prep* **1** (fml) bajo, debajo de. **2** (fml) indigno de (no merecedor de). • *adv* **3** debajo, abajo.

benefactor [ˈbenɪfæktər] *n c* benefactor.

beneficial [ˌbenɪˈfɪsl] *adj* **~ (to)** beneficioso (para).

beneficiary [ˌbenɪˈfɪserɪ y EE UU ˌbenɪˈfɪʃɪerɪ] *n c* **1** beneficiado (de un proceso, actividad). **2** JUR beneficiario.

benefit [ˈbenɪfɪt] (*pt* y *pp* **benefitted**, *ger* **benefitting**) *tr* **1** *EE UU* beneficiar. **to ~ from/by 2** beneficiarse de/por. • *n c* **3** beneficio, provecho; gabela (Amér., ganancia). **4** subsidio (dinero). ■ **for the ~ of** en atención a.

benevolent [bɪˈnevələnt] *adj* **1** benévolo (persona). **2** caritativo, benéfico (organización).

benign [bɪˈnaɪn] *adj* benigno.

bent [bent] *pt & pp* **1** → bend. • *adj* **2** inclinado, doblado (una persona, un objeto). **3** torcido, curvado (un objeto metálico). **~ on/upon 4** resuelto a, empeñado en (decidido firmemente). **5** (infml) comprado, corrupto (deshonesto).

bequeath [bɪˈkwiːð] *tr* (fml) legar, dejar en herencia.

bequest [bɪˈkwest] *n c* (fml) legado, herencia.

berate [bɪˈreɪt] *tr* (fml) censurar, reprender; felpear (Amér.).

bereaved [bɪˈriːvd] *adj* (fml) desconsolado.

beret [ˈbereɪ y EE UU bəˈreɪ] *n c* boina.

berry [ˈberɪ] *n c* BOT baya.

berserk [bəˈsɜːk] *adj* loco.

berth [bɜːθ] *n c* **1** litera, cama (de tren, barco). **2** MAR atracadero. • *tr & intr* **3** MAR atracar.

beseech [bɪˈsiːtʃ] (*pt* y *pp* **beseeched** o **besought**) *tr* (lit) suplicar.

beset [bɪˈset] (*pt* y *pp* **beset**) *tr* **to ~ sb (with/by)** (fml) acosar a alguien (con).

beside [bɪˈsaɪd] *prep* **1** junto a (al lado de). **2** en comparación con. ■ **to be ~ oneself** estar fuera de sí.

besides [bɪˈsaɪdz] *prep* **1** además de (aparte de). **2** (después de frase negativa) excepto, aparte de (a excepción de). • *adv* **3** además.

besiege [bɪˈsiːdʒ] *tr* asediar, sitiar.

besotted [bɪˈsɒtɪd] *adj* entontecido.

besought [bɪˈsɔːt] *pt & pp* → beseech.

best [best] *super* **1** → good, well. • *adj* **2** mejor: *that's the best film = esa es la mejor película.* • *adv* **3** mejor: *this method works best = este método funciona mejor.* **4** (con verbos que indiquen gustar, sentar, complacer) más: *which subject do you like best? = ¿qué asignatura te gusta más?* • *n sing* **5** lo mejor. ◆ **~ man** padrino ■ **all the ~** que vaya todo bien (como despedida); un saludo (en carta); **at ~** en el mejor de los casos; **for the ~**

con la mejor intención; **had ~** (infml) sería mejor que.

bestow [bɪˈstəʊ] *tr* **to ~ sth (on sb)** otorgar algo (a alguien).

bestseller [ˌbestˈselər] *n c* gran éxito editorial, best-séller.

bet [bet] (*pt* **bet** o **betted**, *pp* **bet** o **betted**) *tr* **to ~ sth (on) 1** apostar algo (a). • **~ (on)** *n c* **2** apuesta (a); polla (a) (Amér.). ■ **I ~** (infml) ya lo creo, claro que sí; **you ~** por supuesto, faltaría más.

betray [bɪˈtreɪ] *tr* **1** traicionar (gen). **2** revelar (un secreto). **3** delatar (descubrir algo que se desea ocultar).

betrayal [bɪˈtreɪəl] *n c & u* traición.

better [ˈbetər] *comp* **1** → good, well. • *adj* **2** mejor. • *adv* **3** mejor. • *n u* **4** mejor. • *tr* **5** mejorar. ■ **all the ~/so much the ~** tanto mejor; **had ~** será mejor, lo mejor es que; **to get ~** mejorar; **to get the ~ of** vencer.

better [ˈbetər] *n c* apostante.

betting [ˈbetɪŋ] *n u* apuestas.

betting-shop [ˈbetɪŋʃɒp] *n c* despacho de apuestas.

between [bɪˈtwiːn] *prep* **1** entre. • **(in) ~** *adv* **2** en medio.

beverage [ˈbevərɪdʒ] *n c* (fml) bebida.

beware [bɪˈweər] *intr* **to ~ (of)** tener cuidado (con): *beware of the dog = cuidado, perro peligroso.*

bewilder [bɪˈwildər] *tr* desconcertar.

bewitching [bɪˈwɪtʃɪŋ] *adj* fascinante.

beyond [bɪˈjɒnd] *prep* **1** más allá de (posición, tiempo): *beyond the mountains = más allá de las montañas.* **2** fuera de (no comprendido o incluido en): *that is beyond her duty = eso no entra dentro de sus obligaciones.* • *adv* **3** más allá, más lejos.

bi- [baɪ] *pref* bi-.

bias [ˈbaɪəs] *n c & u* **1** prejuicio. **2** tendencia (predisposición).

biased or **biassed** [ˈbaɪəst] *adj* parcial.

bib [bɪb] *n c* babero.

bible [ˈbaɪbl] *n c* biblia. ♦ **the Bible** la Biblia.

bibliography [ˌbɪblɪˈɒgrəfɪ] *n c & u* bibliografía.

bicarbonate of soda [ˌbaɪˈkɑːbənɪtəvsəʊdə] *n u* CHEM bicarbonato sódico.

biceps [ˈbaɪseps] (*pl* **biceps**) *n c* ANAT bíceps.

bicker [ˈbɪkər] *intr* reñir.

bicycle [ˈbaɪsɪkl] *n c* bicicleta.

bid [bɪd, *pp irreg* ˈbɪdn] (*pt* **bid** o **bade**, *pp* **bid** o **bidden**) *tr & intr* **to ~ (for) 1** licitar (por) (un contrato); pujar (for) (un objeto). • **~ for** *n c* **2** licitación (por) (un contrato); puja (por) (un objeto). **3** tentativa (intento).

bidder [ˈbɪdər] *n c* postor.

bidding [ˈbɪdɪŋ] *n sing* puja (en subasta).

bide [baɪd] *tr* **to ~ one's time** aguardar el momento oportuno.

bifocals [ˌbaɪˈfəʊkls] *n pl* lentes bifocales.

big [bɪg] *adj* **1** grande (gen). **2** mayor (hermano, hermana): *he is my big sister = es mi hermana mayor.* ♦ **~ dipper** *GB* montaña rusa; **~ fish** (infml) pez gordo; **~ game** caza mayor; **~ hand** minutero; **~ head** (infml, pej) sabelotodo; **~ shot** (infml) pez gordo; **~ toe** dedo gordo (del pie); **~ top** carpa; **~ wheel** noria.

big-headed [ˈbɪghedɪd] *adj* (infml, pej) sabelotodo.

bigot [ˈbɪgət] *n c* (pej) fanático.

bigoted [ˈbɪgətɪd] *adj* (pej) intolerante.

bigotry [ˈbɪgətrɪ] *n u* (pej) intolerancia.

bike [baɪk] *n c* **1** (infml) bici (bicicleta). **2** (infml) moto (motocicleta).

bikeway [ˈbaikweɪ] *n c EE UU* carril-bici.

bikini [bɪˈkiːnɪ] *n c* bikini.

bile [baɪl] *n u* **1** MED bilis. **2** (fig) mal genio.

bilingual [ˌbaɪˈlɪŋgwəl] *adj & n c* bilingüe.

bill [bɪl] *n c* **1** factura (de teléfono, gas, electricidad); cuenta (en el restaurante). **2** cartel; afiche (Amér., anuncio). **3** pico (de pájaro). **4** *EE UU* billete (dinero). **5** JUR proyecto de ley. • *n sing* **6** programa (espectáculo). ♦ **~ of exchange** FIN letra de cambio. ■ **"post no bills"** «prohibido fijar carteles».

billboard [ˈbɪlbɔːd] *n c* cartelera, valla publicitaria.

billet [ˈbɪlɪt] *n c* MIL acantonamiento.

billfold [ˈbɪlfəuld] *n c EE UU* billetera.

billiards [ˈbɪlɪədz] *n u* billar.

billion [ˈbɪlɪən] *card* **1** *GB* (dated) billón (un millón de millones). **2** *EE UU* millardo, mil millones.

bin [bɪn] *n c* **1** cubo (de basura). **2** recipiente, caja (para pan, harina).

binary [ˈbaɪnərɪ] *adj* MATH binario.
bind [baɪnd] (*pt* **bound**, *pp* **bound**) *tr* **1** atar (liar). **2** (fig) unir (personas). **3** encuadernar (libro). **4** comprometer, obligar (imponer unas condiciones).
binder [ˈbaɪndər] *n c* **1** archivador (carpeta). **2** encuadernador (persona).
binding [ˈbaɪndɪŋ] *adj* **1** obligatorio. • *n c & u* **2** encuadernación.
binge [bɪndʒ] *n c* **to go on a ~** irse de juerga.
bingo [ˈbɪŋgəʊ] *n u* bingo.
binoculars [bɪˈnɒkjʊləz] *n pl* prismáticos, gemelos.
bio- [baɪəʊ] *pref* bio-.
biochemistry [ˌbaɪəʊˈkemɪstrɪ] *n u* bioquímica.
biodegradable [ˌbaɪəʊdɪˈgreɪdəbl] *adj* biodegradable.
biodiversity [ˌbaɪəʊdaɪˈvɜːsɪtɪ] *n u* biodiversidad.
biography [baɪˈɒgrəfɪ] *n c & u* biografía.
biological [ˌbaɪəˈlɒdʒɪkl] *adj* biológico.
biology [baɪˈɒlədʒɪ] *n u* biología.
biopsy [ˈbaɪɒpsɪ] *n c* MED biopsia.
birch [bɜːtʃ] *n c & u* BOT abedul.
bird [bɜːd] *n c* **1** pájaro (pequeño); ave (grande). **2** (infml) moza (mujer joven). **3** (infml) tipo, fulano (persona).
birdie [ˈbɜːdɪ] *n c* **1** pajarito (pájaro pequeño). **2** SP birdie (en el golf).
birdseed [ˈbɜːdsiːd] *n u* alpiste.
bird-watcher [ˈbɜːdwɒtʃər] *n c* observador de pájaros.
biro® [ˈbaɪərəʊ] *n c* bolígrafo; esferógrafo, birome, lapicero (Amér.).
birth [bɜːθ] *n u* **1** nacimiento (gen). • *n c* **2** MED parto. ♦ **~ certificate** partida de nacimiento; **~ control** control de natalidad. ■ **by ~** de nacimiento; **to give ~ (to)** dar a luz (a) (un recién nacido); dar origen a (causar).
birthday [ˈbɜːθdeɪ] *n c* cumpleaños.
birthmark [ˈbɜːθmɑːk] *n c* antojo, marca de nacimiento.
birthplace [ˈbɜːθpleɪs] *n c* lugar de nacimiento.
birth-rate [ˈbɜːθreɪt] *n c* índice de natalidad.
biscuit [ˈbɪskɪt] *n c* **1** *GB* galleta. **2** *EE UU* bollo.
bisect [baɪˈsekt] *tr* dividir en dos.
bishop [ˈbɪʃəp] *n c* **1** REL obispo. **2** alfil (pieza de ajedrez).
bison [ˈbaɪsn] (*pl* **bison**) *n c* ZOOL bisonte.
bistro [ˈbiːstrəʊ] *n c* restaurante pequeño.
bit [bɪt] *pt* **1** → bite. • *n c* **2** (infml) trocito (pequeña pieza). **3** freno (de un caballo). **4** COMPUT bit. ■ **a ~** (infml) un poco (una pequeña cantidad de algo); bastante (en tono irónico); **~ by ~** poquito a poquito; **for a ~** durante un ratito; **not a ~** en absoluto; **to bits** en trocitos (romperse); la mar de (muy, en grado sumo).
bitch [bɪtʃ] *n c* **1** perra (animal). **2** (vulg, pej) bruja (mujer desagradable).
bitchy [ˈbɪtʃɪ] *adj* malicioso.
bite [baɪt] (*pt* **bit**, *pp* **bitten**) *tr* **1** morder (persona, animal). **2** picar (insecto). • *n c* **3** mordisco (gen). **4** mordedura (león, perro); picadura (insecto, serpiente). • *n sing* **5** (infml) bocado (de comida).
biting [ˈbaɪtɪŋ] *adj* **1** cortante (viento). **2** sarcástico (persona).
bitten [ˈbɪtn] *pp* → bite.
bitter [ˈbɪtər] *adj* **1** amargo (sabor). **2** amargado (persona). **3** encarnizado (lucha). **4** cortante (viento, frío). **5** doloroso (experiencia). • *n u* **6** cerveza amarga. • **bitters** *n pl* **7** bíter (bebida). ♦ **~ lemon** refresco de limón.
bitterness [ˈbɪtənɪs] *n u* **1** resentimiento (sentimiento). **2** amargor (sabor). **3** dureza (de clima).
bizarre [bɪˈzɑːr] *adj* extraño.
blab [blæb] (*pt* y *pp* **blabbed**, *ger* **blabbing**) *intr* **to ~ (about)** (infml) chismorrear (de).
black [blæk] *adj* **1** negro (gen). **2** solo (café, té). • *n c* **3** negro. • *tr* **4** boicotear (no tratar con). ♦ **~ box** AER caja negra; **~ hole** ASTR agujero negro; **~ ice** hielo (de carretera); **~ market** mercado negro; **~ pepper** pimienta negra; **~ pudding** morcilla; **~ sheep** (fig) oveja negra (persona); **to ~ out** desmayarse. ■ **~ and blue** amoratado; **~ and white** en blanco y negro (televisión); **~ tie** de etiqueta; **in ~ and white** por escrito; en términos absolutos.
blackberry [ˈblækbrɪ y ˈblækberɪ] *n c* zarzamora, mora.
blackbird [ˈblækbɜːd] *n c* ZOOL mirlo.

blackboard [ˈblækbɔːd] (*EE UU* **chalkboard**) *n c* pizarra.
blackcurrant [ˌblækˈkʌrənt] *n c* grosella negra.
blacken [ˈblækən] *tr* **1** ennegrecer. **2** (infml) desacreditar.
blackhead [ˈblækhed] *n c* espinilla.
blackleg [ˈblækleg] *n c GB* (pej) esquirol.
blackmail [ˈblækmeɪl] *n u* **1** chantaje. • *tr* **2** chantajear.
blackout [ˈblækaʊt] *n c* **1** apagón (corte de electricidad). **2** censura (noticias). **3** desmayo (pérdida de la consciencia).
blacksmith [ˈblæksmɪθ] *n c* herrero.
bladder [ˈblædər] *n c* ANAT vejiga.
blade [bleɪd] *n c* **1** cuchilla (parte cortante). **2** pala (de remo); aspa (de molino, hélice). **3** brizna (de hierba).
blame [bleɪm] *n u* **1** culpa. • **to ~ sb (for)** *tr* **2** culpar a alguien (de). ■ **to be to ~ for** tener la culpa de.
bland [blænd] *adj* soso.
blank [blæŋk] *adj* **1** en blanco (papel); liso (pared); sin expresión (rostro). • *n c* **2** espacio en blanco (en papel). ◆ **~ cheque** cheque en blanco.
blanket [ˈblæŋkɪt] *n c* manta.
blare [bleər] *n u* estruendo.
blasé [ˈblɑːzeɪ y EE UU blɑːˈzeɪ] *adj* indiferente.
blasphemy [ˈblæsfəmɪ] *n u* blasfemia.
blast [blɑːst y EE UU blæst] *n c* **1** explosión (estallido). **2** ráfaga (de viento). • *tr* **3** volar (una pared, roca); perforar (un túnel). ■ **(at) full ~** atronadoramente (con mucho estruendo); a toda máquina (con la máxima potencia); **~!** ¡maldita sea!
blasted [ˈblɑːstɪd] *adj* (infml) maldito.
blast-off [ˈblɑːstɒf] *n u* despegue (de un cohete espacial).
blatant [ˈbleɪtnt] *adj* evidente.
blaze [bleɪz] *n c* **1** estallido (de luz, color). **2** incendio (fuego). • *intr* **3** arder (gen). **to ~ (with) 4** (infml) resplandecer, arder (de) (color, emoción).
blazer [ˈbleɪzər] *n c* chaqueta deportiva, saco (Amér.).
bleach [bliːtʃ] *n u* **1** lejía. • *tr* & *intr* **2** blanquear (ropa); teñir de rubio (cabello).
bleak [bliːk] *adj* **1** desolado (un lugar, persona). **2** sombrío (situación). **3** desapacible (tiempo atmosférico).
bleary-eyed [ˌblɪərɪˈaɪd] *adj* con los ojos enrojecidos.
bleat [bliːt] *n c* **1** balido. • *intr* **2** balar (oveja). • *tr* & *intr* **3** (infml) gemir (persona).
bleed [bliːd] (*pt* y *pp* **bled**) *intr* **1** sangrar (echar sangre). • *tr* **2** purgar (radiador).
bleeper [ˈbliːpər] *n c* buscapersonas.
blemish [ˈblemɪʃ] *n c* defecto.
blend [blend] *n c* **1** mezcla, combinación. • *tr* **2** mezclar (sustancias). **3** combinar (colores, estilos).
blender [ˈblendər] *n c* licuadora.
bless [bles] (*pt* y *pp* **blessed** o **blest**) *tr* REL bendecir. ■ **~ you** ¡Jesús! (después del estornudo).
blessing [ˈblesɪŋ] *n c* **1** REL bendición. **2** (fig) aprobación (visto bueno).
blest [blest] *pt* & *pp* → bless.
blew [bluː] *pt* → blow.
blight [blaɪt] *tr* arruinar.
blind [blaɪnd] *adj* **1** ciego (gen). **2** cegada (ventana). • *n c* **3** persiana (de una ventana). • *tr* **4** dejar ciego (provocar una ceguera permenente); cegar (provocar una ceguera temporal). ◆ **~ alley** callejón sin salida; **~ date** cita a ciegas; **~ spot** ANAT ángulo muerto (en la conducción); punto débil (de una persona).
blinders [ˈblaɪndəz] *n pl* → blinkers.
blindfold [ˈblaɪndfəʊld] *n c* **1** venda (para los ojos). • *tr* **2** vendar (los ojos). • *adv* **3** con los ojos vendados.
blindness [ˈblaɪndnɪs] *n u* ceguera.
blink [blɪŋk] *intr* **1** parpadear (ojos). • *n c* **2** destello (de luz).
blinkers [ˈblɪŋkəz] (*EE UU* **blinders**) *n pl GB* anteojeras.
bliss [blɪs] *n u* felicidad.
blissful [ˈblɪsfl] *adj* feliz.
blister [ˈblɪstər] *n c* **1** ampolla (en la piel). • *tr* & *intr* **2** salir/levantar ampollas (en la piel).
blitz [blɪts] *n c* MIL ataque aéreo por sorpresa.
blizzard [ˈblɪzəd] *n c* tempestad de nieve.
bloated [ˈbləʊtɪd] *adj* hinchado.
blob [blɒb] *n c* gota (de líquido); mancha (de color).
bloc [blɒk] *n c* POL bloque.
block [blɒk] *n c* **1** bloque (de pisos); manzana; cuadra (Amér., de edificios). **2** témpano (de hielo). **3** taco (de made-

ra). **4** tapón (obstrucción, obstáculo). • *tr* **5** obstruir, bloquear (obstaculizar). **6** bloquear (un acuerdo). ◆ ~ **capitals/letters** letras mayúsculas; **to ~ out** obstaculizar (una publicación); impedir el paso (de luz).

blockade [blɒˈkeɪd] *n c* **1** bloqueo. • *tr* **2** bloquear.

blockage [ˈblɒkɪdʒ] *n c & u* obstrucción.

blockbuster [ˈblɒkbʌstər] *n c* (infml) exitazo (libro, película).

bloke [bləʊk] *n c GB* (infml) tipo, tío.

blond [blɒnd] *adj & n c* rubio.

> ***Blond*** se usa para referirse a un rubio tipo nórdico (rubio platino) o a un rubio teñido. ***Blonde*** se utiliza sólo con referencia a una mujer rubia: *a tall, blonde Englishwoman* = una inglesa rubia y alta. Cuando el rubio es claro y natural se emplea *fair*.

blonde [blɒnd] *adj & n c* rubia.

blood [blʌd] *n u* sangre. ◆ ~ **group** grupo sanguíneo; ~ **test** análisis de sangre.

bloodbath [ˈblʌdbɑːθ] *n c* masacre.

blood-donor [ˈblʌddəʊnər] *n c* donante de sangre.

bloodhound [ˈblʌdhaʊnd] *n c* sabueso.

blood-poisoning [ˈblʌdpɔɪznɪŋ] *n u* septicemia.

bloodshed [ˈblʌdʃed] *n u* derramamiento de sangre.

bloodshot [ˈblʌdʃɒt] *adj* enrojecido (ojos).

bloodstream [ˈblʌdstriːm] *n sing* flujo sanguíneo.

bloodthirsty [ˈblʌdθɜːstɪ] *adj* sanguinario.

bloody [ˈblʌdɪ] *adj* **1** cruel (guerra, pelea). **2** sanguinolento (lleno de sangre). • *adj & adv* **3** *GB* (vulg) jodido.

bloody-minded [ˌblʌdɪˈmaɪndɪd] *adj* (pej) perverso.

bloom [bluːm] *n c* **1** BOT flor. • *intr* **2** florecer. ◆ **in (full) ~** en flor.

blooming [ˈbluːmɪŋ] *adj GB* (infml, euph) maldito.

blossom [ˈblɒsəm] *n c & u* **1** floración. • *intr* **2** florecer. ◆ **in (full) ~** en flor.

blot [blɒt] (*pt* y *pp* **blotted**, *ger* **blotting**) *tr* **1** secar (tinta). • *n c* **2** mancha. ◆ **to ~ out** ocultar (impedir que sea visto); suprimir (pensamientos, recuerdos).

blotch [blɒtʃ] *n c* mancha (en la piel).

blotched or **blotchy** [blɒtʃt] *adj* manchado (piel).

blotting-paper [ˈblɒtɪŋpeɪpər] *n u* papel secante.

blouse [blaʊz y EE UU blaʊs] *n c* blusa.

blow [bləʊ] (*pt* **blew**, *pp* **blown**) *intr* **1** soplar (el viento, con la boca). **2** volar, flotar (en el viento). **3** sonar (silbido). **4** explotar (neumático). **5** ELEC saltar (fusible). • *tr* **6** soplar, traer (viento); soplar (con la boca). **7** hacer (burbujas, agujeros). **8** sonarse (nariz). **9** tocar (instrumento). **10** (infml) revelar (secreto). **11** ELEC hacer saltar (fusible). • *n c* **12** golpe (gen). ◆ **to ~ out** apagar(se) (vela); terminarse (una tormenta); **to ~ over** terminarse (problema); amainar (la tormenta); **to ~ up** destrozar totalmente (explosión); inflar (globo); ampliar (fotografía).

blow-dry [ˈbləʊdraɪ] *n u* **1** secado a mano (cabello). • *tr* **2** secar (cabello).

blowlamp [ˈbləʊlæmp] (*EE UU* **blowtorch**) *n c* soplete.

blown [bləʊn] *pp* → blow.

blow-out [ˈbləʊaʊt] *n c* pinzacho (neumático).

blowtorch [ˈbləʊtɔːtʃ] *n c* → blowlamp.

blubber [ˈblʌbər] *intr* llorar a lágrima viva.

bludgeon [ˈblʌdʒən] *tr* aporrear.

blue [bluː] *adj* **1** azul (color). **2** verde (obsceno). ~ **(with) 3** helado (de) (frío). **4** *EE UU* (infml) triste (melancólico). • *n u* **5** azul (color). • **blues** *n pl* **6** MUS blues. **blues 7** depresión (tristeza). ■ **out of the ~** inesperadamente.

bluebell [ˈbluːbel] *n c* BOT campanilla.

blueberry [ˈbluːbrɪ y EE UU ˈbluːberɪ] *n c* arándano.

blue-collar [ˌbluːˈkɒlər] *adj* manual (trabajo). ◆ ~ **worker** obrero.

blueprint [ˈbluːprɪnt] *n c* diseño (proyecto); borrador (de una idea).

bluff [blʌf] *adj* **1** brusco (maneras, comportamiento). • *n u* **2** farol (mentira). • *tr & intr* **3** engañar.

blunder [ˈblʌndər] *n c* **1** gazapo. • *intr* **2** meter la pata.

blunt [blʌnt] *adj* **1** desafilado, romo (objeto). **2** franco, directo (persona).

blur [blɜ:r] (*pt* y *pp* **blurred**, *ger* **blurring**) *tr* & *intr* **1** empañar(se) (visión). **2** (fig) oscurecer(se) (el pensamiento). • *n c* **3** borrón.
blurt [blɜ:t] *tr* **to ~ out** dejar escapar (información); confesar (hacer público).
blush [blʌʃ] *intr* sonrojarse.
blusher [ˈblʌʃər] *n c* & *u* colorete.
blustery [ˈblʌstərɪ] *adj* borrascoso.
boa [ˈbəʊə] *n c* boa.
boar [bɔ:r] (*pl* **boar** o **boars**) *n c* **1** ZOOL verraco (cerdo doméstico). **2** ZOOL jabalí (cerdo salvaje).
board [bɔ:d] *n c* **1** tablero, tabla (de madera). **2** tarima (del suelo). **3** tablón (de anuncios). **4** consejo de dirección (de una empresa). • *n u* **5** comida, pensión (manutención). • *tr* **6** subirse a, embarcarse en (tren, avión). ♦ **~ and lodging** comida y habitación. ■ **above ~** legítimo; **on ~** a bordo (tren, avión).
boarder [ˈbɔ:dər] *n c* **1** huésped (en una pensión). **2** alumno interno (escuela).
board-game [ˈbɔ:dgeɪm] *n c* juego de tablero.
boarding-house [ˈbɔ:dɪŋhaʊs] *n c* pensión.
boarding-school [ˈbɔ:dɪŋsku:l] *n c* internado.
boardroom [ˈbɔ:dru:m] *n c* sala de juntas.
boast [bəʊst] *tr* **1** presumir de tener. • **to ~ (that/of/about)** *intr* **2** alardear (de), jactarse (de); compadrear (de) (Amér.).
boastful [ˈbəʊstfəl] *adj* (pej) jactancioso.
boat [bəʊt] *n c* bote, barca (pequeña embarcación); barco.
boatswain [ˈbəʊsn] *n c* MAR contramaestre.
bob [bɒb] (*pt* y *pp* **bobbed**, *ger* **bobbing**) *intr* **1** balancearse. • *n c* **2** corte de pelo a lo chico (la mujer).
bobbin [ˈbɒbɪn] *n c* bobina, carrete.
bobby [ˈbɒbɪ] *n c GB* (infml) poli. ♦ **~ pin** *EE UU* horquilla.
bobsleigh or **bobsled** [ˈbɒbsleɪ o ˈbɒbsled] *n c* trineo, bobsleigh.
bodily [ˈbɒdɪlɪ] *adj* **1** corporal. • *adv* **2** físicamente.
body [ˈbɒdɪ] *n c* **1** cuerpo (gen). **2** cadáver. **3** colectivo (grupo). **4** casco (de un barco); carrocería (de un coche).
body-building [ˈbɒdɪbɪldɪŋ] *n u* SP culturismo.
bodyguard [ˈbɒdɪgɑ:d] *n c* guardaespaldas.
body-stocking [ˈbɒdɪstɒkɪŋ] *n c* malla.
bodywork [ˈbɒdɪwɜ:k] *n u* MEC carrocería.
bog [bɒg] *n c* **1** pantano (ciénaga). **2** *GB* (sl) retrete (excusado).
bogey [ˈbəʊgɪ] *n c* SP *bogey* (en golf).
boggle [ˈbɒgl] *intr* **to ~ (at)** intimidarse (ante una dificultad); vacilar (dudar).
bogus [ˈbəʊgəs] *adj* fraudulento.
boil [bɔɪl] *n c* **1** MED furúnculo. • *tr* & *intr* **2** hervir (un líquido). **3** cocer (alimentos). ♦ **to ~ down to** (infml) resumirse en; **to ~ over** rebosar (líquido); descontrolarse (situación). ■ **to bring sth to the ~** hervir algo; **to come to the ~** romper a hervir.
boiler [ˈbɔɪlər] *n c* caldera.
boiler-suit [ˈbɔɪləsu:t] *n c GB* mono de trabajo.
boiling [ˈbɔɪlɪŋ] *adj* hirviendo.
boisterous [ˈbɔɪstərəs] *adj* bullicioso.
bold [bəʊld] *adj* **1** atrevido (osado). **2** fuerte (color). **3** negrita (en tipografía). **4** marcado (trazo).
Bolivia [bəˈlɪvɪə] *n sing* Bolivia.
Bolivian [bəˈlɪvɪən] *adj* & *n c* boliviano.
bollocks [ˈbɒləks] *n pl GB* (vulg) cojones.
bolster [ˈbəʊlstər] *tr* reforzar. ♦ **to ~ up** apoyar con decisión.
bolt [bəʊlt] *n c* **1** tornillo (gen). **2** cerrojo (de una puerta, ventana). • *tr* **3** atornillar (asegurar con tornillo). **4** echar el cerrojo (cerrar). **5** tragar (comida). • *intr* **6** marcharse rápidamente (persona).
bomb [bɒm] *n c* **1** bomba. • *tr* **2** bombardear.
bombard [bɒmˈbɑ:d] *tr* bombardear.
bombastic [bɒmˈbæstɪk] *adj* grandilocuente.
bomber [ˈbɒmər] *n c* bombardero.
bombing [ˈbɒmɪŋ] *n c* & *u* bombardeo.
bombshell [ˈbɒmʃel] *n c* (infml) bombazo (sorpresa).
bond [bɒnd] *n c* **1** lazo, unión (vínculo). **2** COM bono. • *tr* & *intr* **3** pegar(se), unir(se).
bondage [ˈbɒndɪdʒ] *n u* (fml) esclavitud.

bone [bəʊn] *n c* **1** hueso (gen). **2** espina (de un pez). • *tr* **3** deshuesar (la carne); quitar las espinas (al pescado). ♦ **~ idle** (pej) vago.
bonfire [ˈbɒnfaɪər] *n c* hoguera. ♦ **~ night** *GB* noche de las hogueras (5 de noviembre).

> La noche del 5 de noviembre se celebra en Gran Bretaña la ***Bonfire Night***. Las calles se llenan de hogueras y fuegos artificiales para recordar aquel 5 de noviembre de 1605 en que se intentó incendiar el Parlamento. En las hogueras se queman muñecos de trapo que representan a Guy Fawkes, líder de la revuelta.

bonnet [ˈbɒnɪt] *n c GB* capó (de coche).
bonus [ˈbəʊnəs] *n c* **1** prima, gratificación. **2** (fig) ventaja inesperada.
bony [ˈbəʊnɪ] *adj* **1** huesudo, flaco (persona). **2** lleno de huesos (carne); lleno de espinas (pescado).
boo [bu:] *n c* **1** abucheo. • *tr & intr* **2** abuchear. • *interj* **3** ¡bú!
boob [bu:b] *n c GB* metedura de pata.
booby-trap [ˈbu:bɪtræp] *n c* trampa-bomba (dispositivo explosivo).
book [bʊk] *n c* **1** libro (gen). **2** cajetilla (de cerillas); taco (de billetes); talonario; chequera (Amér., de cheques). • *n sing* **3** MUS libreto. • **books** *n pl* **4** COM libros de contabilidad. • *tr* **5** *GB* reservar (hotel, espectáculo). **6** (infml) multar (policía); sacar tarjeta a (jugador). ♦ **~ club** círculo de lectura; **to ~ in/into** reservar (hotel). ■ **(fully) booked (up)** completo (hotel, cine); tener otros compromisos (persona).
bookcase [ˈbʊkkeɪs] *n c* librería (mueble).
booking [ˈbʊkɪŋ] *n c* reserva (hotel, teatro). ♦ **~ office** taquilla; bolatería (Amér.).
bookkeeping [ˈbʊkki:pɪŋ] *n u* contabilidad.
booklet [ˈbʊklɪt] *n c* folleto.
bookmaker [ˈbʊkmeɪkər] *n c* corredor de apuestas.
bookmark [ˈbʊkmɑ:k] *n c* señal de libro.
bookseller [ˈbʊkselər] *n c* librero.
bookshelf [ˈbʊkʃelf, *pl* ˈbʊkʃelvz] (*pl* **bookshelves**) *n c* librería.
bookshop [ˈbʊkʃɒp y EE UU ˈbʊkstɔ] (*EE UU* **bookstore**) *n c* librería.
boom [bu:m] *n c* **1** (normalmente *sing*) boom, auge (prosperidad, aumento inesperado). **2** estampido, trueno (sonido). **3** jirafa (brazo de micrófono). **4** brazo (de grúa). • *intr* **5** prosperar muchísimo (desarrollarse). **6** retumbar (sonido).
boon [bu:n] *n c* bendición, ayuda.
boost [bu:st] *n c* **1** aumento (beneficios); elevación (moral, ánimo). **2** estímulo (ánimo, apoyo). • *tr* **3** aumentar (beneficios); elevar (moral, ánimo). **4** apoyar (animar, elevar la moral).
boot [bu:t] *n c* **1** bota (calzado); botín (calzado). **2** *GB* portaequipajes (de un coche). • *tr* **3** (infml) dar una patada a. ♦ **to ~ up** COMPUT cargar.
booth [bu:ð y bu:θ] *n c* **1** cabina (de votación, teléfono). **2** puesto (en una feria).
booty [ˈbu:tɪ] *n u* botín.
booze [bu:z] *n u* **1** licor. • *intr* **2** beber (alcohol).
bop [bɒp] (*pt* y *pp* **bopped**, *ger* **bopping**) *intr* **1** (infml) menear el esqueleto (bailar). • *n c* **2** (infml) baile (movimiento rítmico).
border [ˈbɔ:dər] *n c* **1** frontera (de un país). **2** borde (filo de un objeto). • *tr* **3** bordear. • **to ~ on** *intr* **4** limitar con (un país). **to ~ on 5** (fig) rayar en.
bore [bɔ:] *pt* **1** → bear. • *n c* **2** pelmazo, pesado (persona). **3** calibre (armas). • **a ~** *n sing* **4** una pesadez. • *tr* **5** aburrir, enfadar (Amér., ser pesado). • *tr & intr* **6** taladrar (agujerear).
bored [bɔ:d] *adj* aburrido.
boredom [ˈbɔ:dəm] *n u* aburrimiento.
boring [ˈbɔ:rɪŋ] *adj* aburrido.
born [bɔ:n] *adj* nato, nacido. ■ **to be ~** nacer.
borne [bɔ:n] *pp* → bear.
borough [ˈbʌrə y EE UU ˈbʌrəʊ] *n c GB* municipio, distrito.
borrow [ˈbɒrəʊ] *tr* tomar prestado.

> En español, para traducir ***borrow*** normalmente se cambia la estructura y se usan los verbos **prestar** o **dejar**: *can I borrow your pen? = ¿me prestas tu bolígrafo?; I borrowed it from my sister = me lo dejó mi hermana.*

Bosnia-Herzegovina [ˈbɒznɪəˌhɜːtsəgəˈviːnə] *n sing* Bosnia-Herzegovina.
Bosnian [ˈbɒznɪən] *adj & n c* bosnio.
bosom [ˈbʊzəm] *n c* (fml, lit) pecho (de mujer).
boss [bɒs] *n c* **1** jefe. • *tr* **to ~ (about/around)** **2** (pej) mangonear.
bosun or **bo'sun** [ˈbəusn] *n c* → boatswain.
botanist [ˈbɒtənɪst] *n c* botánico.
botany [ˈbɒtənɪ] *n u* botánica.
botch [bɒtʃ] *n c* **1** chapuza. • *tr* **2** hacer chapuceramente. ♦ **to ~ up** chapucear al máximo.
both [bəuθ] *adj* **1** ambos, los dos. • **~ (of)** *pron* **2** ambos, los dos.
bother [ˈbɒðər] *n u* **1** molestia; grilla, gurrumina (Amér., dificultad, obstáculo). **2** (infml) problemas (dificultades). • **to ~ (+ inf/ger)** *intr* **3** tomarse la molestia de. **to ~ about** **4** preocuparse por (inquietarse); hacer caso de (prestar atención). • *tr* **5** molestar; embromar, fregar (Amér.). **6** preocupar (inquietar). ■ **I can't be bothered (to do sth)** no me apetece (hacer algo); **it's no ~** no es ninguna molestia.
bothered [ˈbɒðəd] *adj* molesto.
bottle [ˈbɒtl] *n c* **1** botella (gen); frasco (de perfume). **2** biberón; chupón, mamadera (Amér., para bebés). • *n u* **3** *GB* (infml) decisión, nervio (coraje, agallas). • *tr* **4** embotellar. ♦ **to ~ up** reprimir (emoción).
bottleneck [ˈbɒtlnek] *n c* **1** embotellamiento, atasco (en carretera). **2** (fig) obstáculo, dificultad.
bottle-opener [ˈbɒtləupənər] *n c* abrebotellas.
bottom [ˈbɒtəm] *adj* **1** inferior, más abajo (en la parte más baja). **2** último (en una escala). • *n c* **3** parte inferior, parte de abajo (parte más baja). **4** fondo (del mar, de un bolso); culo (de botella). **5** pie (de página, de una montaña). **6** final (parte más alejada). **7** (infml) culo, trasero (nalgas).
bough [bau] *n c* rama (de árbol).
bought [bɔːt] *pt & pp* → buy.
bounce [bauns] *n c* **1** bote, rebote (balón). • *intr & tr* **2** botar, rebotar (balón). **3** FIN rechazar(se) (cheque).
bouncer [ˈbaunsər] *n c* (infml) gorila (portero).
bound [baund] *pt & pp* **1** → bind. • *adj* **2** obligado (sujeto a). **~ for** **3** con dirección a (encaminado hacia). • *n c* **4** salto, brinco. • *intr* **5** saltar, brincar. ■ **to be ~ to** seguro que.
boundary [ˈbaundrɪ] *n c* frontera.
bouquet [buˈkeɪ] *n c* ramo (de flores).
bourbon [ˈbɜːbən] *n c & u* bourbon.
bourgeois [ˈbɔːʒwɑː y EE UU ˌbuərˈʒwɑː] (*pl* **bourgeois**) *n c* burgués.
bout [baut] *n c* **1** ataque (enfermedad); ataque, arrebato (de actividad). **2** SP combate (de boxeo).
bow [bəu] *n c* **1** lazo (nudo). **2** arco (de violín, arma).
bow [bau] *n c* **1** reverencia (saludo). **2** NAUT proa. • *intr* **3** hacer una reverencia (inclinar la cabeza). **4** (fig) doblegarse, ceder (ante una situación). • *tr* **5** inclinar (la cabeza, como saludo respetuoso).
bowel [ˈbauəl] *adj* **1** intestinal. • **bowels** *n pl* **2** intestinos, tripas.
bowl [bəul] *n c* **1** tazón, bol (recipiente). **2** taza (de retrete). • *intr & tr* **3** SP lanzar, tirar la bola (en el cricket, en los bolos). • **bowls** *n pl* **4** SP bolos.
bow-legged [ˌbəuˈlegɪd] *adj* patizambo.
bowler [ˈbəulər] *n c* **1** sombrero hongo (bombín). **2** SP lanzador (en el cricket, en los bolos).
bowling [ˈbəulɪŋ] *n c* SP bolos. ♦ **~ alley** bolera.
bow-tie [ˌbəuˈtaɪ] *n c* pajarita.
box [bɒks] *n c* **1** caja (gen). **2** casilla (en un impreso). **3** palco (en el teatro). • **the ~** *n sing* **4** la caja tonta. • *intr & tr* **5** SP boxear.
boxer [ˈbɒksər] *n c* **1** SP boxeador. **2** ZOOL bóxer (raza de perro).
boxing [ˈbɒksɪŋ] *n u* SP boxeo. ♦ **Boxing Day** 26 de Diciembre.

> El día después de Navidad es ***Boxing Day***, fiesta nacional en Gran Bretaña. El nombre proviene de una antigua costumbre en que se daba un pequeño aguinaldo o un regalo en una caja a los comerciantes, carteros, etc.

boxing-glove [ˈbɒksɪŋglʌv] *n c* guante de boxeo.
box-office [ˈbɒksofis] *n c* taquilla; boletería (Amér., en el cine, teatro).

boxroom ['bɒksru:m] *n c* trastero.
boy [bɔɪ] *n c* chico (muchacho), muchacho (young man). ■ **~!** vaya, mecachis.
boycott ['bɔɪkɒt] *n c* **1** boicot. ● *tr* **2** boicotear.
boyfriend ['bɔɪfrend] *n c* novio.
bra [brɑ:] *n c* sostén.
brace [breɪs] *n c* **1** MED aparato de ortodoncia (para los dientes). ● **braces** *n pl* **2** *GB* tirantes; suspensores (Amér.). ● *tr* **3** fortalecer (parte del cuerpo). ● *pron* **4** prepararse (para enfrentarse a algo).
bracelet ['breɪslɪt] *n c* brazalete.
bracing ['breɪsɪŋ] *adj* fortificante.
bracken ['brækən] *n u* BOT helecho.
bracket ['brækɪt] *n c* **1** soporte, escuadra (para estantes). **2** paréntesis (signo gráfico). **3** categoría, grupo. ● *tr* **4** poner entre paréntesis.
brag [bræg] (*pt* y *pp* **bragged**, *ger* **bragging**) *intr* **to ~ (about/of)** jactarse (de), pavonearse; compadrear (de) (Amér.).
braid [breɪd] *n u* **1** cinta, galón (adorno). ● *n c* **2** trenza (del pelo).
brain [breɪn] *n c* **1** cerebro.
brainchild ['breɪntʃaɪld] *n sing* idea original, invención.
brainwashing ['breɪnwɒʃɪŋ] *n u* lavado de cerebro.
brainwave ['breɪnweɪv] *n c* idea genial.
brainy ['breɪnɪ] *adj* (infml) despierto, listo, inteligente.
brake [breɪk] *n c* **1** freno. ● *intr* & *tr* **2** frenar. ◆ **~ light** AUT luz de freno.
bramble ['bræmbl] *n c* BOT zarza.
bran [bræn] *n u* salvado.
branch [brɑ:ntʃ y EE UU bræntʃ] *n c* **1** rama (gen). **2** bifurcación, brazo (de un río, carretera). **3** sucursal, agencia (de un banco, compañía); rama, especialidad (estudios). ● *intr* **4** bifurcarse.
brand [brænd] *n c* **1** marca (registrada). **2** hierro (ganado). **3** tipo (manera, modo). ● *tr* **4** poner una marca (en el ganado). ◆ **~ name** nombre de marca.
brandish ['brændɪʃ] *tr* blandir, esgrimir (armas).
brand-new [ˌbrænd'nju:] *adj* nuevo.
brandy ['brændɪ] *n c* & *u* coñac, brandy.
brash [bræʃ] *adj* insolente.
brass [brɑ:s y EE UU bræs] *n u* latón. ◆ **~ band** MUS orquesta de metal.
brasserie ['bræsərɪ] *n c* cervecería; restaurante.
brassiere ['bræsɪər y EE UU brə'zɪər] *n c* sostén, sujetador; brasier (Amér.).
brat [bræt] *n c* (infml, pej) mocoso.
bravado [brə'vɑ:dəʊ] *n u* bravata.
brave [breɪv] *adj* valiente.
bravery ['breɪvərɪ] *n u* valentía, coraje.
bravo [ˌbrɑ:'vəʊ] *interj* ¡bravo!
brawl [brɔ:l] *n c* **1** reyerta, pelea
brawn [brɔ:n] *n u* **1** fuerza muscular. **2** GAST carne en gelatina.
bray [breɪ] *n c intr* rebuznar.
brazen ['breɪzn] *adj* **1** descarado, desvergonzado. ● **to ~ out** *tr* **2** afrontar descaradamente (una situación difícil).
brazier ['breɪzɪər] *n c* brasero.
Brazil [brə'zɪl] *n sing* Brasil.
Brazilian [brə'zɪlɪən] *adj* & *n c* brasileño.
breach [bri:tʃ] *n c* & *u* **1** violación, incumplimento (de un acuerdo). ● *n c* **2** ruptura (de una relación). **3** brecha (abertura). ● *tr* **4** violar, incumplir (una ley). **5** abrir una brecha (en la pared). ◆ **~ of confidence** abuso de confianza; **~ of contract** incumplimiento de contrato; **~ of the peace** alteración del orden público.
bread [bred] *n u* **1** pan (alimento). **2** (infml) dinero, pasta; plata (Amér., dinero).
bread-bin ['bredbɪn] *n c* panera.
breadcrumb ['bredkrʌm] *n c* **1** (normalmente *pl*) miga, migaja. ● **breadcrumbs** *n pl* **2** GAST pan rallado.
breadth [bretθ] *n u* **1** anchura. **2** (fig) envergadura, extensión.
break [breɪk] (*pt* **broke**, *pp* **broken**) *tr* **1** romper (gen); romper, fracturar (hueso). **2** romper, no cumplir (promesa); infringir (ley). **3** batir (récord). **4** interrumpir (conversación, contacto). **5** comunicar (noticias). ● *intr* **6** romperse, partirse (gen); averiarse (aparato). **7** comenzar, estallar (tormenta); comenzar, amanecer (nuevo día). **8** cambiar (el tiempo atmosférico, la voz). **9** romper (olas). **10** darse a conocer, anunciarse (noticias). ● *n c* **11** MED rotura, fractura. **12** ruptura (de una relación, en el saque del tenis). **13** descanso (repo-

so). **14** claro (en las nubes). **15** (infml) oportunidad (ocasión ventajosa). • *n u* **16** recreo (en la escuela). ♦ **to ~ away (from)** separarse de; **to ~ down** tirar abajo, derribar (una puerta); averiarse, estropearse (un aparato); fracasar, fallar (no tener éxito); descomponerse (una sustancia); derrumbarse (mentalmente); echarse a llorar; analizar (una teoría); **to ~ in** forzar una entrada (un ladrón); amoldar (persona); domar (caballo, calzado); **to ~ in (on)** interrumpir (conversación); **to ~ into** forzar una entrada (un ladrón); iniciar (actividad); echarse a (correr); **to ~ off** interrumpir súbitamente (actividad); separar(se), desprender(se) (una pieza); romper (un compromiso, acuerdo); **to ~ out** escapar, huir (fugarse); estallar (la guerra); **to ~ up** romperse en trocitos (una piedra); romper (con los amigos); separarse, disgregarse (en elementos más pequeños); acabar el curso (en la escuela).

breakage [ˈbreɪkɪdʒ] *n u* rotura (objeto).

breakdown [ˈbreɪkdaʊn] *n c* **1** fracaso (projecto). **2** avería (coche). **3** depresión (mental).

breakfast [ˈbrekfəst] *n c* & *u* desayuno. ■ **to have ~** desayunar.

break-in [ˈbreɪkɪn] *n c* entrada forzada (en una casa, edificio).

breakthrough [ˈbreɪkθruː] *n c* avance.

break-up [ˈbreɪkʌp] *n c* ruptura.

breast [brest] *n c* **1** pecho, seno (de mujer). **2** pecho (parte del cuerpo humano). **3** GAST pechuga.

breast-feed [ˈbrestfiːd] (*pt* y *pp* **breast-fed**) *tr* & *intr* amamantar, dar el pecho.

breaststroke [ˈbreststrəʊk] *n u* SP braza.

breath [breθ] *n c* & *u* aliento, respiración. ■ **out of ~** sin aliento.

breathalyze or **breathalyse** [ˈbreθəlaɪz] *tr GB* hacer la prueba de alcoholemia.

breathe [briːð] *intr* & *tr* **1** respirar. • *tr* **2** emanar, despedir (humo). ♦ **to ~ in** aspirar; **to ~ out** exhalar, espirar.

breather [ˈbriːðər] *n c* (infml) descanso, respiro.

breathing [ˈbriːðɪŋ] *n u* respiración.

breathless [ˈbreθlɪs] *adj* **1** jadeante, sofocado. **2** (fig) estupefacto (en emociones intensas).

breathtaking [ˈbreθteɪkɪŋ] *adj* imponente, impresionante.

bred [bred] *pt* & *pp* → breed.

breed [briːd] (*pt* y *pp* **bred**) *tr* **1** criar (ganado); injertar (plantas); criar, educar (niños). • *intr* **2** reproducirse, procrear (animales). • *n c* **3** casta, raza (de un animal). **4** (fig) raza, clase (de persona).

breeding [ˈbriːdɪŋ] *n u* **1** cría (de animales). **2** buena educación (maneras).

breeze [briːz] *n c* brisa.

brevity [ˈbrevɪtɪ] *n u* brevedad.

brew [bruː] *n c* **1** infusión (té); cerveza. • *tr* **2** hacer (té, café). **3** elaborar (cerveza). • *intr* **4** reposar (té, café). **5** (fig) cocerse (un problema).

brewer [ˈbruːər] *n c* fabricante de cerveza.

brewery [ˈbrʊərɪ] *n c* fábrica de cerveza.

bribe [braɪb] *n c* **1** soborno. • *tr* **2** sobornar.

bribery [ˈbraɪbərɪ] *n u* soborno.

bric-a-brac [ˈbrɪkəbræk] *n u* baratijas; tiliches (Amér.).

brick [brɪk] *n c* ladrillo.

bricklayer [ˈbrɪkleɪər] *n c* albañil.

bridal [ˈbraɪdl] *adj* nupcial.

bride [braɪd] *n c* novia (en una boda).

bridegroom [ˈbraɪdgrʊm y ˈbraɪdgruːm] *n c* novio (en una boda).

bridesmaid [ˈbraɪdzmeɪd] *n c* dama de honor (de la novia).

bridge [brɪdʒ] *n c* **1** puente (gen). **2** ANAT caballete (de la nariz). **3** MAR puente (de un barco). • *n u* **4** bridge (juego de naipes). • *tr* **5** (fig) salvar (distancias); llenar (un vacío).

bridle [ˈbraɪdl] *n c* brida.

brief [briːf] *adj* **1** breve, corto (de poca duración o extensión); corto (ropa). • *n c* **2** (fml) instrucciones. **3** JUR expediente. • *tr* **4** informar (poner al corriente). • **briefs** *n pl* **5** *EE UU* calzoncillos (prenda interior masculina); bragas (prenda interior femenina). ■ **in ~** en resumen.

briefcase [ˈbriːfkeɪs] *n c* portafolio, maletín.

briefing [ˈbriːfɪŋ] *n c* & *u* **1** reunión informativa. • *n c* **2** instrucción.

brigade [brɪˈgeɪd] *n c* MIL brigada.

brigadier [ˌbrɪgəˈdɪər] *n c GB* MIL general de brigada.

bright [braɪt] *adj* **1** brillante (luz); resplandeciente (sol). **2** fuerte, vivo (color). **3** brillante, inteligente (persona, idea). **4**

alegre, animado (lleno de vida). **5** claro, despejado (día).

brighten [ˈbraɪtn] *tr* alegrar (un lugar); mejorar, animar (una situación). ◆ **to ~ up** animarse (persona); mejorar, alegrar (una situación); mejorar, despejarse (tiempo atmosférico).

brilliance or **brilliancy** [ˈbrɪljəns o ˈbrɪljənsɪ] *n c* **1** ingenio, inteligencia (brillantez mental). **2** brillo (de color, luz).

brilliant [ˈbrɪljənt] *adj* **1** brillante (persona, idea, futuro, color); luminoso (día); radiante (sonrisa). ● *interj* **2** magnífico, estupendo; macanudo (Amér.).

Brillo pad® [ˈbrɪləʊˌpæd] *n c* estropajo.

brim [brɪm] *n c* **1** borde (de un recipiente). **2** ala (de sombrero). ● **to ~ (over) with** *intr* **3** rebosar (de).

brine [braɪn] *n u* salmuera.

bring [brɪŋ] (*pt* y *pp* **brought**) *tr* traer. ◆ **to ~ about** causar, ocasionar (acarrear); **to ~ back** evocar (recordar); devolver (retornar algo a su lugar de origen); **to ~ down** derribar (físicamente); derrocar (gobierno); **to ~ forward** adelantar (en una fecha); **to ~ in** introducir (ley); producir, rendir (dinero); recoger (cosecha); **to ~ off** conseguir, lograr (llevar a término algo difícil); **to ~ on** causar, ocasionar; **to ~ out** sacar (nuevo producto); mostrar, sacar a relucir (cualidades, vicios); **to ~ round** hacer volver en sí; **to ~ up** educar, formar (persona); vomitar (arrojar); sacar, traer a colación (un tema).

brisk [brɪsk] *adj* **1** vigoroso, enérgico (persona). **2** rápido (veloz). **3** abundante (negocio, trato comercial).

bristle [ˈbrɪsl] *n c* **1** cerda (de animal). **2** (fig) pelo fuerte. ● *intr* **3** erizarse (cabello). **to ~ (at) 4** encolerizarse (por).

Britain [ˈbrɪtn] *n sing* Gran Bretaña.

British [ˈbrɪtɪʃ] *adj* británico. ◆ **the ~ Isles** las islas Británicas.

brittle [ˈbrɪtl] *adj* quebradizo, frágil.

broach [brəʊtʃ] *tr* abordar, sacar (tema).

broad [brɔːd] *adj* **1** ancho, amplio (en gen). **2** marcado (acento). **3** evidente, obvio (claro). **4** general (amplio, término o expresión). ◆ **~ bean** *GB* AGR haba.

broadcast [ˈbrɔːdkɑːst y EE UU ˈbrɔːdkæst] (*pt* y *pp* **broadcast** o **broadcasted**) *tr* **1** RAD, TV emitir. ● *n c* **2** RAD, TV emisión, transmisión.

broaden [ˈbrɔːdn] *intr* & *tr* ensanchar(se), ampliar(se).

broadly [ˈbrɔːdlɪ] *adv* **1** en general, en sentido amplio (a grandes rasgos). **2** abiertamente (sonrisa).

broadminded [ˌbrɔːdˈmaɪnded] *adj* liberal, tolerante.

broadsheet [ˈbrɔːdʃiːt] *n c GB periódico de gran formato.*

broccoli [ˈbrɒkəlɪ] *n u* GAST brécol.

brochure [ˈbrəʊʃər y brəʊˈʃʊər] *n c* folleto.

broil [brɔɪl] *tr EE UU* GAST asar a la parrilla.

broke [brəʊk] *pt* **1** → break. ● *adj* **2** (infml) sin un céntimo, sin blanca.

broken [brəʊkən] *pp* **1** → break. ● *adj* **2** roto (gen); fracturado (hueso). **3** averiado, estropeado (aparato). **4** chapurreado (idioma). **5** interrumpido (proceso).

broker [ˈbrəʊkər] *n c* FIN agente de bolsa.

brolly [ˈbrɒlɪ] *n c GB* (infml) paraguas.

bronchitis [brɒŋˈkaɪtɪs] *n u* MED bronquitis.

bronze [brɒnz] *n c* & *u* bronce.

brooch [brəʊtʃ] *n c* broche.

brood [bruːd] *n c* **1** nidada (de pájaros); prole (de niños). ● **to ~ (about)** *intr* **2** cavilar (acerca de), dar vueltas (a).

brook [brʊk] *n c* arroyo.

broom [bruːm] *n c* escoba.

broomstick [ˈbruːmstɪk] *n c* palo de la escoba.

broth [brɒθ y EE UU brɔːθ] *n u* GAST caldo, sopa.

brothel [ˈbrɒθl] *n c* burdel.

brother [ˈbrʌðər] *n c* hermano.

brother-in-law [ˈbrʌðərɪnlɔː] *n c* cuñado.

brought [brɔːt] *pt* & *pp* → bring.

brow [braʊ] *n sing* **1** frente (parte superior de la cara). ● *n c* **2** ceja. **3** cresta, cumbre (de una elevación del terreno).

brown [braʊn] *adj* **1** marrón (color); castaño (cabello); moreno (piel); cobrizo (raza). **2** integral (pan, arroz). ● *n u* **3** marrón (color). ● *tr* & *intr* **4** GAST tostar(se), dorar(se). ◆ **~ bear** ZOOL oso pardo; **~ sugar** azúcar moreno.

browse [braʊz] *intr* **1** hojear (un libro). **2** curiosear (echar una mirada alrededor).

browser [ˈbraʊzə] *n c* COMPUT navegador.
bruise [bru:z] *n c* **1** cardenal, moratón (en personas); magulladura (de la fruta). • *tr* & *intr* **2** magullar(se) (persona). **3** poner(se) pocha (fruta). • *tr* **4** (normalmente *pasiva*) herir (sentimientos).
brunch [brʌntʃ] *n c* & *u EE UU* (infml) desayuno tardío.
brunette [bru:ˈnet] *n c* morena (mujer).
brunt [brʌnt] *n c* lo peor. ■ **to bear/take the ~ of** llevar el peso de, aguantar lo peor de.
brush [brʌʃ] *n c* **1** cepillo (gen); brocha (para pintar); pincel (de artista). **2** roce (escaramuza, pequeña disputa). • *tr* **3** cepillar (zapatos). **4** apartar (con la mano). • *tr* & *intr* **5** rozar(se) con (tocar). ◆ **to ~ aside** apartar del pensamiento, no hacer caso (rechazar); **to ~ off** hacer caso omiso de; **to ~ up (on)** ponerse al día (estudios).
brushwood [ˈbrʌʃwʊd] *n u* leña.
brusque [bru:sk y EE UU brʌsk] *adj* brusco, áspero.
Brussels sprout [ˈbrʌslzpraʊt] *n c* col de bruselas.
brutal [ˈbru:tl] *adj* brutal, salvaje.
brute [bru:t] *adj* **1** bruta (fuerza). **2** tosco, grosero (actitud). • *n c* **3** bruto, bestia (persona, animal).
bubble [ˈbʌbl] *n c* **1** burbuja (de aire); pompa (de jabón). • *intr* **2** burbujear, hacer burbujas. ◆ **~ bath** baño espumoso (acción); gel de baño (producto).
bubblegum [ˈbʌblgʌm] *n u* chicle.
bubblejet printer [ˈʌblˌdʒetˈprɪntər] *n c* COMPUT impresora de inyección.
buck [bʌk] *n c* **1** (infml) dólar (moneda). **2** ZOOL macho (de ciervo, conejo, liebre). ◆ **to ~ up** darse prisa (apresurarse); animar(se) (subir la moral). ■ **to ~ one's ideas up** comportarse de forma más positiva; **to pass the ~** pasar el muerto.
bucket [ˈbʌkɪt] *n c* cubo, balde.
buckle [ˈbʌkl] *n c* **1** hebilla. • *tr* **2** abrochar. • *tr* & *intr* **3** abombar(se), curvar(se).
bud [bʌd] *n c* **1** brote, yema (retoño); capullo (de flor). • *tr* **2** echar brotes.
budding [ˈbʌdɪŋ] *adj* prometedor, en ciernes (persona).
buddy [ˈbʌdɪ] *n c EE UU* (infml) colega, compañero.
budge [bʌdʒ] *intr* **1** moverse (físicamente). **2** (fig) ceder (en una opinión).
budgerigar [ˈbʌdʒərɪgɑ:r] *n c* → budgie.
budget [ˈbʌdʒɪt] *adj* **1** económico. • *n c* **2** presupuesto. • *tr* & *intr* **3** presupuestar (dinero). ◆ **to ~ for** contar con.
budgie [ˈbʌdʒɪ] *n c* periquito.
buffalo [ˈbʌfələʊ] (*pl* **buffalo** o **buffaloes**) *n c* ZOOL búfalo.
buffer [ˈbʌfər] *n c* **1** tope (de tren). **2** (fig) protección. **3** COMPUT memoria intermedia, buffer.
buffet [ˈbʊfeɪ y EE UU bəˈfeɪ] *n c* **1** cafetería, cantina (en una estación de tren o autobús). **2** buffet (comida).
buffet [ˈbʌfɪt] *tr* golpear; atracar, fajar (Amér.).
bug [bʌg] (*pt* y *pp* **bugged**, *ger* **bugging**) *tr* **1** poner micrófonos ocultos en. **2** (infml) sacar de quicio (fastidiar). • *n c* **3** bicho, insecto. **4** micrófono oculto. **5** (infml) virus, microbio (germen). **6** COMPUT error.
buggy [ˈbʌgɪ] *n c* cochecito (para bebés).
bugle [ˈbju:gl] *n c* MUS corneta.
build [bɪld] (*pt* y *pp* **built**) *tr* **1** construir, edificar. **2** (fig) erigir, levantar (crear). • *n sing* **3** figura, tipo (de persona). ◆ **to ~ on/upon** basar en, fundamentar en (política); explotar, aprovechar al máximo (éxito); **to ~ up** urbanizar (una zona); fortalecer (persona); aumentar (tráfico).
builder [ˈbɪldər] *n c* constructor.
building [ˈbɪldɪŋ] *n c* **1** edificio. • *n u* **2** construcción (la acción en sí). ◆ **~ site** solar; **~ society** *GB* banco hipotecario.
built [bɪlt] *pt* & *pp* → build.
built-in [ˌbɪltˈɪn] *adj* **1** empotrado (armario). **2** incorporado (integrado).
built-up [ˌbɪltˈʌp] *adj* edificado, urbanizado.
bulb [bʌlb] *n c* **1** BOT bulbo. **2** ELEC bombilla.
Bulgaria [bʌlˈgeərɪə] *n sing* Bulgaria.
Bulgarian [bʌlˈgeərɪən] *adj* & *n c* **1** búlgaro. • *n u* **2** búlgaro (idioma).
bulge [bʌldʒ] *n c* **1** protuberancia, bulto. • *intr* **2** hincharse, abultarse. **to ~ (with) 3** (infml) estar lleno (de).
bulk [bʌlk] *n c* **1** masa, mole (objeto grande). • *n sing* **2** mayor parte, grueso

(la mayoría). ■ **in ~** a granel, al por mayor; **to ~ buy** comprar al por mayor.
bulky ['bʌlkɪ] *adj* voluminoso, pesado.
bull [bʊl] *n c* **1** ZOOL toro. **2** macho (del elefante, ballena). **3** FIN alcista.
bulldog ['bʊldɒg] *n c* bul(l)dog (raza de perro).
bulldozer ['bʊldəuzər] *n c* MEC máquina excavadora, bulldozer.
bullet ['bʊlɪt] *n c* bala.
bulletin ['bʊlətɪn] *n c* **1** parte, comunicado (oficial). **2** RAD boletín (informativo). **3** revista, boletín (publicación periódica).
bullet-proof ['bʊlɪtpru:f] *adj* antibalas.
bullfight ['bʊlfaɪt] *n c* corrida de toros.
bullfighter ['bʊlfaɪtər] *n c* torero.
bullfighting ['bʊlfaɪtɪŋ] *n u* toreo.
bullock ['bʊlək] *n c* buey.
bullring ['bʊlrɪŋ] *n c* plaza de toros.
bull's-eye ['bʊlzaɪ] *n c* diana.
bully ['bʊlɪ] *n c* **1** (pej) matón, chulo; cafiche (Amér.). • *tr* **2** chulear (aprovecharse de).
bum [bʌm] *n c* **1** (infml) vagabundo (correcaminos). **2** *GB* (infml) culo. ◆ **~ bag** riñonera.
bumble-bee ['bʌmblbi:] *n c* ZOOL abejorro.
bump [bʌmp] *n c* **1** choque (impacto). **2** golpe (ruido). **3** bache (en la carretera). **4** chichón; cototo (Amér., en la cabeza). • **to ~ (into)** *intr* **5** chocar (con/contra) (colisionar). ◆ **to ~ into** encontrarse con (por casualidad).
bumper ['bʌmpər] *adj* **1** abundante. • *n c* **2** parachoques (vehículo). **3** *EE UU* amortiguador (tren).
bumptious ['bʌmpʃəs] *adj* (pej) presuntuoso.
bumpy ['bʌmpɪ] *adj* **1** lleno de baches (carretera). **2** accidentado (viaje).
bun [bʌn] *n c* **1** GAST bollo. **2** moño (estilo de peinado).
bunch [bʌntʃ] *n c* **1** puñado (de cosas); racimo (de fruta); ramo (de flores); manojo (de llaves). **2** (infml) grupo (de gente). • *tr* & *intr* **3** agrupar(se).
bundle ['bʌndl] *n c* **1** fajo, bulto, fardo (paquete). • *tr* **2** meter de cualquier manera. ◆ **to ~ up** abrigarse (gente); envolver (cosas).
bung [bʌŋ] *n c* **1** tapón. • *tr* **2** *GB* (infml) tirar.
bungalow ['bʌŋgələu] *n c* bungaló.
bungle ['bʌŋgl] *tr* & *intr* chapuzear.
bunion ['bʌnjən] *n c* juanete.
bunk [bʌŋk] *n c* litera, camastro.
bunker ['bʌŋkər] *n c* **1** MIL búnker. **2** SP bunker (en el golf).
bunny ['bʌnɪ] *n c* conejito.
bunting ['bʌntɪŋ] *n u* banderitas (decoración).
buoy [bɔɪ] *n c* **1** MAR boya. • **to ~ up** *tr* **2** animar.
buoyant ['bɔɪənt] *adj* (fig) animado (persona).
burden ['bɜ:dn] *n c* (fml) carga.
bureau ['bjʊərəu y EE UU bjʊ'rəu] (*pl* **bureaux** o **bureaus**) *n c* **1** *GB* escritorio (mueble para escribir). **2** *EE UU* cómoda (mueble para guardar ropa). **3** *EE UU* POL organismo estatal. **4** *EE UU* sucursal (de una empresa).
bureaucracy [bjʊə'rɒkrəsɪ] *n u* burocracia.
bureaux ['bjʊərəuz] *n pl* → bureau.
burger ['bɜ:gər] *n c* (infml) hamburguesa.
burglar ['bɜ:glər] *n c* ladrón de casas, caco.
burglar-alarm ['bɜ:gləəlɑ:m] *n c* alarma antirrobo.
burglary ['bɜ:glərɪ] *n c* & *u* robo de una casa.
burgle ['bɜ:gl] *tr GB* robar una casa; chingar (Amér.).
burial ['berɪəl] *n c* entierro.
burly ['bɜ:lɪ] *adj* corpulento.
Burma ['bɜ:mə] *n sing* Birmania.
burn [bɜ:n] (*pt* y *pp* **burned** o **burnt**) *tr* **1** quemar (gen). **2** consumir (combustible). • *pron* **3** quemarse. • *intr* **4** arder (gen). **to ~ with 5** arder de, consumirse por (emociones). • *n c* **6** quemadura. ◆ **to ~ down** arrasar (el fuego).
burner ['bɜ:nər] *n c* quemador.
burnt [bɜ:nt] *pt* & *pp* → burn.
burp [bɜ:p] *n c intr* eructar.
burrow ['bʌrəu] *n c* **1** madriguera. • *intr* **2** excavar (agujero). **3** rebuscar (buscar).
bursary ['bɜ:sərɪ] *n c* beca.
burst [bɜ:st] (*pt* y *pp* **burst**) *tr* **1** explotar, hacer estallar (objeto). • *intr* **2** estallar, reventarse (objeto). **to ~ + prep 3** irrumpir (aparecer súbitamente): *the police burst into the room = la policía irrumpió*

en la habitación. • *n c* **4** reventón (de neumático, cañería). ◆ **a ~ (of)** arrebato de (emoción, actividad); **to ~ into** romper en (llanto, risa); **to ~ out** estallar de (llanto, risa).

bursting [ˈbɜːstɪŋ] *adj* rebosante.

bury [ˈberɪ] *tr* enterrar.

bus [bʌs] (*pl* **buses**, *EE UU pl* **buses** o **busses**) *n c* autobús; colectivo (Amér.). ◆ **~ conductor** cobrador; **~ lane** carril bus. ■ **by ~** en autobús.

bush [bʊʃ] *n c* arbusto. ■ **to beat about the ~** andarse por las ramas.

business [ˈbɪznɪs] *n u* **1** negocio, negocios (gen). **2** actividad profesional (ocupación). **3** asuntos (temas). • *n c* **4** empresa (compañía, firma comercial). ◆ **~ class** clase preferente; **~ studies** empresariales. ■ **mind your own ~** (infml) métete en tus cosas; **it's none of your ~** no es asunto tuyo.

businesslike [ˈbɪznɪslaɪk] *adj* metódico, eficiente.

businessman [ˈbɪznɪsmæn] (*pl* **businessmen**) *n c* hombre de negocios.

businesswoman [ˈbɪznɪswʊmn] (*pl* **businesswomen**) *n c* mujer de negocios.

busker [ˈbʌskər] *n c GB* cantante callejero.

bus-shelter [ˈbʌsʃeltər] *n c* marquesina.

bus-stop [ˈbʌsstɒp] *n c* parada de autobús.

bust [bʌst] (*pt* y *pp* **bust** o **busted**) *tr* **1** (infml) romper (destrozar). • *adj* **2** roto. • *n c* **3** ARTS busto. **4** busto, pecho (de mujer). ■ **to go ~** (infml) irse a la ruina.

bustle [ˈbʌsl] *n u* **1** bullicio. • *intr* **2** moverse apresuradamente.

busy [ˈbɪzɪ] *adj* **1** atareado (persona). **2** activo, ocupado (la vida, un mes). **3** concurrido (lugar). **4** comunicando (teléfono). • *pron* **5** ocuparse.

busybody [ˈbɪzɪbɒdɪ] *n c* (infml) entrometido, chismoso.

but [bʌt, [bət]] *conj* **1** pero, sin embargo: *he was tired but happy* = estaba cansado pero contento. **2** (después de negación) sino: *she is not angry but disappointed* = no está enfadada sino desilusionada. • *prep* **3** menos, excepto: *he can't drink anything but water* = no puede beber nada excepto agua. • **buts** *n pl* **4** peros.

butcher [ˈbʊtʃər] *n c* **1** carnicero. **2** (fig) asesino. • *tr* **3** matar (animales). ◆ **~'s (shop)** carnicería.

butler [ˈbʌtlər] *n c* mayordomo.

butt [bʌt] *n c* **1** culata (de un arma). **2** colilla (de cigarrillo). **3** barrica (para líquidos). • *tr* & *intr* **4** embestir. ◆ **to ~ in** (pej) interrumpir groseramente.

butter [ˈbʌtər] *n u* **1** mantequilla. • *tr* **2** untar con mantequilla. ◆ **~ dish** mantequera.

butterfly [ˈbʌtəflaɪ] *n c* SP, ZOOL mariposa.

buttocks [ˈbʌtəks] *n pl* ANAT nalgas.

button [ˈbʌtn] *n c* **1** botón (de ropa). **2** *EE UU* chapa (insignia). • *tr* **3** abotonar. ◆ **to ~ up** abrochar completamente.

buy [baɪ] (*pt* y *pp* **bought**) *tr* **1** comprar (gen). **2** invitar (a una copa). • *n c* **3** compra, adquisición.

buyer [ˈbaɪər] *n c* **1** comprador. **2** COM jefe de compras.

buy-out [ˈbaɪaʊt] *n c* COM adquisición de una empresa.

buzz [bʌz] *n c* **1** zumbido (insecto, maquinaria). • *intr* **2** zumbar (insectos, maquinaria, oído). **to ~ (with) 3** (fig) bullir (de) (estar lleno de). ■ **to give sb a ~** (infml) dar un telefonazo a alguien (llamar por teléfono).

buzzer [ˈbʌzər] *n c* ELEC timbre.

buzzword [ˈbʌzwɜːd] *n c* palabra de moda.

by [baɪ] *prep* **1** junto, al lado de: *the policeman was standing by the door = el policía estaba de pie junto a la puerta.* **2** a través de, por (ventana, puerta): *he came in by the back door = entró por la puerta de atrás.* **3** en (medio de transporte): *by car = en coche.* **4** por (causa, agente): *a book written by Cervantes = un libro escrito por Cervantes.* **5** de (método, manera): *he took her by the hand = le tomó de la mano.* **6** por delante de: *he rushed by us = pasó rápidamente por delante de nosotros.* **7** según (de acuerdo con): *you are my wife by law = eres mi esposa según la ley.* **8** para, más o menos (no más tarde de): *breakfast will be ready by eight = el desayuno estará preparado para las ocho.* **9** con, por (refiriéndose a algo dicho): *what do you mean by "OK"? = ¿qué quieres decir con OK?* **10** a (cambio gradual): *little by* *little = poco a poco.* **11** MATH por (multiplicación). **12** MATH entre (división). • *adv* **13** *expresa que algo o alguien pasa por delante: the cars sped by = los coches pasaron por delante a toda velocidad.* ■ **all ~ oneself/~ oneself** solo, a solas.

bye or **bye-bye** [baɪ o ˌbaɪ'baɪ] *interj* (infml) adiós.

bye-law *n c* → by-law.

by-election ['baɪɪlekʃn] *n c* POL elección local.

bygone ['baɪgɒn] *adj* pasado. ■ **let bygones be bygones** lo pasado pasado está.

by-law ['baɪlɔː] *n c* ley local, ordenanza municipal.

bypass ['baɪpɑːs y EE UU 'baɪpæs] *n c* **1** carretera de circunvalación. **2** MED bypass.

by-product ['baɪprɒdʌkt] *n c* **1** subproducto. **2** (fig) efecto secundario (consecuencia).

bystander ['baɪstændər] *n c* espectador.

byte [baɪt] *n c* COMPUT byte, unidad de memoria.

byword ['baɪwɜːd] *n c* **1** decir (expresión). ~ **for 2** símbolo de (ejemplo).

Cc

c, C [siː] *n c* **1** c, C (letra). **2** SCH aprobado (calificación académica). • *n c & u* **3** MUS do.

cab [kæb] *n c* **1** taxi. **2** cabina (de camión o tren).

cabaret ['kæbəreɪ y EE UU ˌkæbə'reɪ] *n c & u* cabaret.

cabbage ['kæbɪdʒ] *n c & u* BOT repollo, berza, col.

cabin ['kæbɪn] *n c* **1** MAR camarote (de un barco). **2** AER cabina (de un avión). **3** cabaña. ♦ ~ **class** MAR segunda clase (en un barco).

cabinet ['kæbɪnɪt] *n c* armario pequeño. ♦ **the Cabinet** POL el Consejo de Ministros.

cable ['keɪbl] *n c* **1** cable (gen). **2** telegrama, cablegrama (mensajes). • *tr* **3** telegrafiar (un mensaje). ♦ ~ **car** teleférico; ~ **railway** funicular; ~ **television** televisión por cable.

cacao or **cacao-bean** [kə'kɑːeʊ, kə'keɪəʊ o kə'keɪəʊbiːn] *n c* semilla de cacao.

cache [kæʃ] *n c* alijo (de armas o drogas). ♦ ~ **memory** COMPUT memoria de acceso rápido, memoria caché.

cackle ['kækl] *intr* cacarear.

cactus ['kæktəs, *pl irreg* 'kæktaɪ] (*pl* **cactuses** o **cacti**) *n c* BOT cacto.

cadet [kə'det] *n c* MIL cadete.

cadge [kædʒ] *tr* **to ~ sth off/from** *GB* (pej) sacar de gorra algo a.

Caesarean (section) [sɪ'zeərɪən] *n c* MED cesárea.

café ['kæfeɪ y EE UU kæ'feɪ] *n c* café.

cafeteria [ˌkæfɪ'tɪərɪə] *n c* autoservicio (restaurante); cafetería (en una fábrica o universidad).

caffeine ['kæfiːn] *n u* cafeína.

cage [keɪdʒ] *n c* jaula.

cagey ['keɪdʒɪ] *adj* (infml) cauteloso.

cagoule [kə'guːl] *n c* chubasquero.

caiman *n c* → cayman.

cajole [kə'dʒəʊl] *tr* **to ~ sb into/out of** engatusar a alguien para que.

cake [keɪk] *n c & u* **1** pastel, tarta (dulces). **2** croqueta (salada). **3** barra, pastilla (de jabón).

calcification [ˌkælsɪfɪ'keɪʃn] *n u* calcificación.

calcium ['kælsɪəm] *n u* CHEM calcio.

calculate ['kælkjʊleɪt] *tr & intr* calcular.

calculation [ˌkælkjʊ'leɪʃn] *n c & u* cálculo.

calculator ['kælkjʊleɪtər] *n c* calculadora.

calendar ['kælɪndər] *n c* **1** calendario. **2** (fig) agenda (para días señalados). ♦ ~ **year** año civil.

calf [kɑːf y EE UU kæf] (*pl* **calves**) *n c* **1** ZOOL becerro, ternero (animal). **2** ZOOL cría (de elefante, jirafa). **3** ANAT pantorrilla, muslo. • *n u* **4** piel de ternero.

calibre [ˈkælɪbər] (*EE UU* **caliber**) *n c* calibre.

call [kɔːl] *n c* **1** llamada (gen). **2** reclamo (pájaro). **3** visita. **4** requerimiento (orden). ● **~ for** *n sing* **5** llamamiento para, petición de. **~ for 6** necesidad de. ● *tr* **7** llamar (gen). **8** convocar (reunión). ● *intr* **9** llamar (gen). **to ~ (on/at) 10** visitar. **to ~ at 11** parar en (tren, autobús). ◆ **to ~ back** volver a llamar (por teléfono); hacer volver (persona); **to ~ for** pasar a recoger (algo o a alguien); exigir: *this situation calls for imagination = esta situación necesita imaginación*; **to ~ in** hacer venir; **to ~ in (at)** pasarse (por); **to ~ off** cancelar (una reunión); llamar (a un perro); **to ~ on/upon** visitar; pedir; **to ~ out** gritar; movilizar (policía, tropas); **to ~ up** dar un telefonazo; evocar; llamar al servicio militar. ■ **on ~** de guardia; **to ~ sb names** insultar a alguien.

call-box [ˈkɔːlbɒks] (*pl* **call-boxes**) *n c* cabina telefónica.

caller [ˈkɔːlər] *n c* **1** visitante. **2** persona que llama por teléfono.

calling [ˈkɔːlɪŋ] *n sing* vocación.

callous [ˈkæləs] *adj* **1** encallecido (piel). **2** (fig) insensible (persona).

calm [kɑːm y EE UU kɑːlm] *adj* **1** sereno (gen). **2** en calma (el mar). ● *tr* **3** calmar. ◆ **to ~ down** recobrar la calma.

Calor gas® [ˈkæləgæs] *n u* gas butano.

calorie [ˈkælərɪ] *n c* caloría.

calves [kɑːvz] *n pl* → calf.

camcorder [ˈkæmkɔːdər] *n c* videocámara.

came [keɪm] *pt* → come.

camel [ˈkæml] *n c* ZOOL camello.

camellia [kəˈmiːlɪə] *n c* BOT camelia.

cameo [ˈkæmɪəʊ] *n c* **1** camafeo (piedra). **2** CIN, THEAT (fig) *papel secundario brillante*.

camera [ˈkæmərə] *n c* cámara (aparato). ■ **in ~** JUR a puerta cerrada.

cameraman [ˈkæmərəmən] (*pl* **cameramen**) *n c* CIN, TV cámara (persona).

camomile [ˈkæməmaɪl] *n u* BOT manzanilla.

camouflage [ˈkæməflɑːʒ] *n u* **1** camuflaje. ● *tr* **2** MIL camuflar.

camp [kæmp] *n c* **1** campamento (gen). **2** campo (de prisioneros o refugiados). **3** (fig) facción (grupo). ● *intr* **4** acampar. ◆ **to ~ out** dormir en tienda de campaña.

campaign [kæmˈpeɪn] *n c* **1** campaña. ● *intr* **2** hacer una campaña.

camp-bed [ˌkæmpˈbed] *n c* cama de campaña.

camper [ˈkæmpə] *n c* **1** campista (persona). **2** rulot (vehículo).

campsite or **campground** [ˈkæmpsaɪt o ˈkæmpgraʊnd] *n c* campin.

> El término inglés ***camping*** se usa para la actividad de acampar: *are they going to go camping? = ¿se van a ir de acampada?* Cuando se habla del lugar se emplea ***campsite*** o ***camping site*** en inglés británico y ***campground*** en inglés americano.

campus [ˈkæmpəs] *n c* campus.

can [kæn, [kən, kn]] (*pt irreg* **could**) *intr* **1** poder (gen): *we can't go to the cinema today = hoy no podemos ir al cine.* **2** saber (indicando conocimiento): *I can play the piano very well = sé tocar muy bien el piano.* **3** *se usa para expresar sorpresa o incredulidad*: *but he can't be fifty, he must be much older = pero no es posible que tenga cincuenta años, debe ser mucho más viejo.*

can [kæn] (*pt* y *pp* **canned**, *ger* **canning**) *tr* **1** enlatar. ● *n c* **2** lata.

Canada [ˈkænədə] *n sing* Canadá.

Canadian [kəˈneɪdɪən] *adj* & *n c* canadiense.

canal [kəˈnæl] *n c* **1** canal (gen). **2** ANAT conducto.

canapé [ˈkænəpeɪ y EE UU ˌkænəˈpeɪ] *n c* GAST canapé.

canary [kəˈneərɪ] *n c* ZOOL canario.

cancel [ˈkænsl] (*GB, pt* y *pp* **cancelled**, *ger* **cancelling**, *EE UU, pt* y *pp* **canceled**, *ger* **canceling**) *tr* **1** cancelar (reunión). **2** matasellar (cartas). ◆ **to ~ out** neutralizarse.

cancellation [ˌkænsəˈleɪʃn] *n c* & *u* cancelación.

cancer [ˈkænsər] *n c* & *u* MED cáncer.

Cancer [ˈkænsər] *n sing* **1** ASTR Cáncer. ● *n c* **2** Cáncer, cáncer (persona).

candidate [ˈkændɪdət y EE UU ˈkændɪdeɪt] *n c* candidato.

candle ['kændl] *n c* vela.
candlestick ['kændlstɪk] *n c* candelero.
candour ['kændər] (*EE UU* **candor**) *n u* franqueza, sinceridad.
candy ['kændɪ] *n c & u EE UU* caramelo, dulce. ◆ **~ floss** *GB* algodón (dulce).
cane [keɪn] *n u* **1** BOT caña. **2** mimbre (material). ● *n c* **3** bastón (para andar).
canine ['keɪnaɪn] *adj* **1** canino. ● *n c* **2** colmillo.
canister ['kænɪstər] *n c* bote.
cannabis ['kænəbɪs] *n u* cáñamo, canabis (planta); hachís (droga).
cannibal ['kænɪbl] *n c* caníbal.
cannon ['kænən] (*pl* **cannon** o **cannons**) *n c* HIST cañón.
cannot ['kænɒt] *contr* (contr de *can* + *not*) → can.
canny ['kænɪ] *adj* astuto.
canoe [kə'nu:] *n c* **1** canoa.
canoeing [kə'nu:ɪŋ] *n u* SP piragüismo.
canon ['kænən] *n c* **1** (fml) principio (regla general). **2** REL canónigo.
canopy ['kænəpɪ] (*pl* **canopies**) *n c* **1** dosel. **2** (fig) techo.
can't [kɑ:nt] *contr* (contr de *can* + *not*) → can.
cantankerous [kæn'tæŋkərəs] *adj* irritable.
canteen [kæn'ti:n] *n c* **1** cafetería (de una fábrica, escuela). **2** *GB* juego (de cubertería).
cantilever ['kæntɪli:vər] *n c* ARCH viga voladiza, ménsula.
canvas ['kænvəs] (*pl* **canvases**) *n u* **1** lona. ● *n c & u* **2** ARTS lienzo, cuadro.
canvass ['kænvəs] *tr* **1** POL hacer campaña. **2** sondear (opiniones).
canyon ['kænjən] *n c* GEOG cañón.
cap [kæp] (*pt* y *pp* **capped**, *ger* **capping**) *tr* **to ~ sth (with) 1** coronar, rematar. ● *n c* **2** gorra. **3** tapa; capuchón (de un bolígrafo). **4** (infml) diafragma (anticonceptivo). **5** GEOG casquete.
capability [ˌkeɪpə'bɪlɪtɪ] *n c & u* capacidad.
capable ['keɪpəbl] *adj* **~ of 1** capaz de. **2** capaz (competente).
capacity [kə'pæsɪtɪ] *n u* capacidad. ■ **in sb's ~ as** en calidad de.
cape [keɪp] *n c* **1** capa (de vestir). **2** GEOG cabo.
caper ['keɪpər] *n c* **1** BOT alcaparra.
capital ['kæpɪtl] *adj* **1** capital (sentencia). **2** mayúscula (letra). ● *n c* **3** capital (ciudad). **4** mayúscula (letra). **5** ARCH capitel. **6** ECON capital. ◆ **~ gains** FIN plusvalía; **~ goods** ECON bienes de equipo. ■ **to make ~ out of/of** sacar gran partido de.
capitalism ['kæpɪtəlɪzəm] *n u* capitalismo.
capitalist ['kæpɪtəlɪst] *adj & n c* capitalista.
capitulate [kə'pɪtʃuleɪt] *intr* **to ~ (to)** capitular (ante).
cappuccino [kæɪpʊ'tʃi:nəʊ] (*pl* **cappuccinos**) *n c* capuchino (café).
Capricorn ['kæprɪkɔ:n] *n sing* **1** ASTR Capricornio. ● *n c* **2** Capricornio, capricornio (persona).
capsize [kæp'saɪz y EE UU 'kæpsaɪz] *tr & intr* MAR zozobrar.
capsule ['kæpsju:l y EE UU 'kæpsl] *n c* cápsula.
captain ['kæptɪn] *n c* **1** capitán.
caption ['kæpʃn] *n c* **1** titular (de un artículo). **2** pie, leyenda (de foto).
captivate ['kæptɪveɪt] *tr* cautivar.
captive ['kæptɪv] *adj & n c* cautivo. ◆ **~ audience** espectadores fascinados.
captivity [kæp'tɪvɪtɪ] *n u* cautiverio.
captor ['kæptər] *n c* secuestrador.
capture ['kæptʃər] *n u* **1** captura. ● *tr* **2** capturar (un prisionero). **3** conseguir. **4** captar (la esencia de algo).
car [kɑ:r] (*EE UU* **automobile**) *n c* **1** coche, automóvil; carro (Amér., vehículo). **2** vagón (de tren).

> En Gran Bretaña, los coches se clasifican en tres categorías: ***hatchback***, ***saloon car*** y ***estate car***. El ***hatchback*** es un coche pequeño y económico, similar a un **utilitario**. El ***saloon car*** es un coche más grande; es el denominado **turismo**. Y el ***estate car*** es el equivalente a un **coche familiar**.

carafe [kə'ræf] *n c* garrafa.
caramel ['kærəmel] *n u* GAST caramelo.
carat ['kærət] *n c* quilate.
caravan ['kærəvæn] *n c GB* rulot, caravana (vehículo).
caravanning ['kærəvænɪŋ] *n u* viaje en rulot.

carbohydrate [ˌkɑ:bəʊ'haɪdreɪt] *n c & u* CHEM hidrato de carbono.

carbon ['kɑ:bən] *n u* CHEM carbono. ◆ **~ (copy)** copia en papel carbón; réplica exacta; **~ (paper)** CHEM papel carbón.

carburettor [ˌkɑ:bə'retər] (*EE UU* **carburetor**) *n c* MEC carburador.

carcass ['kɑ:kəs] *n c* **1** res muerta.

card [kɑ:d] *n u* **1** cartulina (más gruesa que el papel). ● *n c* **2** tarjeta (con nombre, dirección). **3** carnet; cédula (Amér., de identidad). **4** postal (correos). ● **cards** *n pl* **5** cartas (juego). ■ **on the cards** (infml) probablemente.

cardboard ['kɑ:dbɔ:d] *adj* **1** (fig) falso. ● *n u* **2** cartón.

cardiac ['kɑ:dɪæk] *adj* MED cardíaco.

cardigan ['kɑ:dɪgən] *n c* chaqueta de punto.

cardinal ['kɑ:dɪnl] *adj* **1** (fml) fundamental. ● *n c* **2** REL cardenal.

care [keər] *n u* **1** cuidado (gen). ● *n c & u* **2** preocupación. ● **to ~ (about)** *intr* **3** preocupar(se). **to ~ (for/about) 4** tener cariño. **to ~ for/+ inf 5** querer, apetecer. ◆ **to ~ for** cuidar. ■ **I/you/etc. couldn't ~ less** (infml) me/te importa un pito; **take ~/take ~ of yourself** (infml) cuídate; **to take ~ of oneself** cuidar uno de sí mismo; **to take ~ (+ inf)** empeñarse en; **who cares?** (infml) ¿a quién le importa?

career [kə'rɪər] *adj* **1** profesional. ● *n c* **2** carrera profesional. ● *intr* **3** ir a gran velocidad.

> ***Career*** hace referencia a la **carrera profesional**. Para referirse a una **carrera universitaria** se usa ***degree***.

carefree ['keəfri:] *adj* sin preocupaciones, sin problemas.

careful ['keəfl] *adj* **1** cuidadoso (con cautela). **2** meticuloso (en el trabajo). ■ **~!/be ~!** ¡cuidado!, ¡ten cuidado!

carefully ['keəfəlɪ] *adv* **1** cuidadosamente (precaución). **2** meticulosamente (esmero).

careless ['keəlɪs] *adj* descuidado; escachalandrado (Amér.).

caress [kə'res] *n c* **1** caricia. ● *tr* **2** acariciar.

caretaker ['keəteɪkər] *adj* **1** interino. ● *n c* **2** portero, conserje.

cargo ['kɑ:gəʊ] (*pl* **cargoes** o **cargos**) *n c & u* carga. ◆ **~ boat** buque de carga.

carnage ['kɑ:nɪdʒ] *n u* matanza.

carnal ['kɑ:nl] *adj* (fml, lit) carnal.

carnation [kɑ:'neɪʃn] *n c* BOT clavel.

carnival ['kɑ:nɪvl] *n c* carnaval.

carnivorous [kɑ:'nɪvərəa] *adj* ZOOL carnívoro.

carol ['kærəl] *n c* MUS villancico.

carotid [kə'rɒtɪd] *adj & n c* ANAT carótida.

carousel [ˌkærʊ'sel] (*EE UU* **carrousel**) *n c* **1** cinta transportadora de equipajes (en un aeropuerto). **2** *EE UU* tiovivo.

carp [kɑ:p] *n c* **1** ZOOL carpa. ● **to ~ (at/about)** *intr* **2** quejarse.

car-park ['kɑ:pɑ:k] *n c* parking.

carpenter ['kɑ:pəntər] *n c* carpintero.

carpentry ['kɑ:pəntrɪ] *n u* carpintería.

carpet ['kɑ:pɪt] *n c* **1** alfombra, moqueta. ● *tr* **2** alfombrar, enmoquetar. ◆ **~ slipper** zapatilla.

carriage ['kærɪdʒ] *n c* **1** carruaje (con caballos). **2** *GB* vagón (de tren). **3** MEC carro (de una máquina de escribir). ● *n u* **4** transporte (de mercancías). ◆ **~ forward** porte debido; **~ free** porte pagado.

carriageway ['kærɪdʒweɪ] *n c GB* calzada.

carrier ['kærɪər] *n c* **1** transportista (persona, empresa). **2** MIL portaaviones. **3** MED portador (de gérmenes). ◆ **~ bag** *GB* bolsa (de la compra).

carrot ['kærət] *n c & u* zanahoria.

carrousel *n c* → carousel.

carry ['kærɪ] (*pt* y *pp* **carried**) *tr* **1** llevar (gen). **2** soportar el peso de. **3** conllevar (un castigo). **4** (normalmente *pasiva*) aprobar (un acuerdo). **5** publicar (un artículo). **6** MED transmitir (enfermedades). ◆ **to ~ off** ganar; salir airoso en (una situación); **to ~ on** continuar; mantener (conversación); dirigir (un negocio); **to ~ out** llevar a cabo, cumplir; **to ~ sb through** salir adelante; **to ~ sth through** sacar a flote, llevar a buen término. ■ **to be/get carried away** perder el control.

carry-all ['kærɪɔ:l] *n c EE UU* bolsa grande.

carrycot ['kærɪkɒt] *n c GB* capazo (para bebés).

carsick ['kɑ:sɪk] *adj* mareado.

cart [kɑːt] *n c* **1** carro (tirado por animales). **2** carretilla (de mano).

carton [ˈkɑːtən] *n c* caja de cartón; envase (para líquidos).

cartoon [kɑːˈtuːn] *n c* **1** viñeta, tira cómica (en periódicos). **2** CIN dibujos animados; cartones (Amér.).

cartridge [ˈkɑːtrɪdʒ] *n c* **1** cartucho (de pistola). **2** recambio (de bolígrafo). **3** PHOT carrete.

cartwheel [ˈkɑːtwiːl] *n c* voltereta.

carve [kɑːv] *tr* tallar, cincelar. ♦ **to ~ out** (infml) labrarse (un futuro, carrera).

carving [ˈkɑːvɪŋ] *n c* talla (de madera); escultura (de piedra).

case [keɪs] *n c* **1** caso (gen). **2** caja; estuche, funda (para joyas, gafas, plumas). **3** maleta. ♦ **~ history** historial, antecedentes. ■ **in any ~** en cualquier caso; **in ~** por si; **in ~ of** en caso de; **in that ~** en ese caso.

casebook [ˈkeɪsbʊk] *n c* registro.

casement (window) [ˈkeɪsmənt] *n c* ventana de bisagras.

cash [kæʃ] *n u* **1** dinero efectivo, metálico. ● *tr* **2** hacer efectivo (cheque). ♦ **~ card** tarjeta de débito; **~ dispenser** cajero automático; **~ flow** FIN flujo de efectivo; **~ on delivery** COM pago contra reembolso. ■ **~ down** al contado; **in ~** en efectivo.

cash-and-carry [ˌkæʃənˈkærɪ] *n c* tienda de venta con pago al contado.

cashbook [ˈkæʃbʊk] *n c* COM libro de caja.

cash-box [ˈkæʃbɒks] (*pl* **cash-boxes**) *n c* caja (del dinero).

cash-desk [ˈkæʃdesk] *n c* caja.

cashier [kæˈʃɪər] *n c* cajero (persona).

cashmere [ˌkæʃˈmɪər] *n u* cachemir, cachemira (tejido).

cashpoint [ˈkæʃpɔɪnt] *n c* cajero automático.

casing [ˈkeɪsɪŋ] *n c* envoltura, revestimiento.

casino [kəˈsiːnəʊ] *n c* casino.

cask [kɑːsk y EE UU kæsk] *n c* tonel, barril.

casket [ˈkɑːskɪt y EE UU ˈkæskɪt] *n c* **1** cofrecito, joyero. **2** *EE UU* ataúd.

casserole [ˈkæsərəʊl] *n c* **1** cazuela (para cocinar). ● *n c & u* **2** GAST guiso.

cassette [kəˈset] *n c* casete, cinta. ♦ **~ player/recorder** magnetófono/radiocasete.

cast [kɑːst y EE UU kæst] (*pt* y *pp* **cast**) *tr* **1** echar, lanzar; botar (Amér., echar). **2** emitir (un voto). **3** moldear (metal). **to ~ sth (on/upon) 4** (fig) arrojar (dudas). **5** BIOL mudar (la piel). **to ~ sb (as) 6** CIN, THEAT dar un papel (cine). ● *n c* **7** molde; pieza (objeto). **8** CIN, THEAT reparto (cine). **9** MED escayola. ♦ **to ~ about/around (for)** (fml) intentar dar (con); **to ~ off** soltar amarras (de un barco); descartar.

castanet [ˌkæstəˈnet] *n c* castanuela.

castaway [ˈkɑːstəweɪ y EE UU ˈkæstəweɪ] *n c* náufrago.

caste [kɑːst] *n c & u* casta.

caster *n c* → castor.

casting [ˈkɑːstɪŋ y EE UU ˈkæstɪŋ] *n c* **1** fundición, pieza de fundición (objeto). **2** CIN, THEAT elección del reparto, casting.

cast iron [ˌkɑːstˈaɪən y EE UU ˌkæstˈaɪərn] *n u* hierro fundido.

castle [ˈkɑːsl y EE UU ˈkæsl] *n c* **1** castillo, fortaleza. **2** torre (ajedrez).

castor [ˈkɑːstər y EE UU ˈkæstər] *n c* ruedecilla. ♦ **~ oil** aceite de ricino; **~ sugar** azúcar extrafino.

castrate [kæsˈtreɪt y EE UU ˈkæstreɪt] *tr* castrar.

casual [ˈkæʒʊəl] *adj* **1** casual, fortuito (un encuentro). **2** descuidado. **3** eventual, ocasional (trabajo, trabajador). **4** informal (ropa).

casually [ˈkæʒʊəlɪ] *adv* **1** casualmente. **2** despreocupadamente (comportamiento). **3** informalmente (forma de vestir).

casualty [ˈkæʒʊəltɪ] *n c* **1** víctima (en accidente); baja (en la guerra). ● *n u* **2** urgencias.

cat [kæt] *n c* **1** gato. **2** ZOOL felino (león).

catalogue [ˈkætəlɒg] (*EE UU* **catalog**) *n c* **1** catálogo. **~ of 2** (fig) serie de. ● *tr* **3** catalogar.

catalyst [ˈkætəlɪst] *n c* catalizador.

catamaran [ˌkætəməˈræn] *n c* MAR catamarán.

catapult [ˈkætəpʌlt] *n c* **1** *GB* tirachinas (juguete). **2** HIST catapulta. ● *tr* **3** catapultar.

cataract [ˈkætərækt] *n c* MED, GEOG catarata.

catarrh [kəˈtɑː] *n u* MED catarro.

catastrophe [kəˈtæstrəfɪ] *n c* catástrofe.

catch [kætʃ] (*pt* y *pp* **caught**) *tr* **1** agarrar (gen). **2** pillar (por sorpresa). **3** contraer (una enfermedad). **4** dar, atizar. **5** captar (una idea). • *intr* **6** encenderse (fuego). **7** engancharse (la ropa). • *n c* **8** agarrada (acción de agarrar); parada (del balón). **9** pesca. **10** MEC pasador. • *n sing* **11** (infml) trampa, truco; cambullón (Amér.). ◆ **to ~ on** (infml) hacerse popular; captar, pillar (una situación); **to ~ out** pillar desprevenido; **to ~ up (on/ with)** recuperar, ponerse al corriente; **to ~ up (with)** alcanzar, llegar al mismo nivel que.

catching [ˈkætʃɪŋ] *adj* contagioso.

catchphrase [ˈkætʃfreɪz] *n c* eslogan.

catchy [ˈkætʃɪ] *adj* pegadizo.

category [ˈkætəgərɪ y EE UU ˈkætəgɔːrɪ] (*pl* **catergories**) *n c* categoría.

cater [ˈkeɪtər] *intr* **to ~ to/for 1** intentar complacer a (necesidades, deseos). **to ~ for 2** proveer de comida y bebida a (bodas, fiestas).

caterer [ˈkeɪtərər] *n c* proveedor.

catering [ˈkeɪtərɪŋ] *n u* catering.

caterpillar [ˈkætəpɪlər] *n c* ZOOL oruga. ◆ **~ tracks** cadenas (de un tanque o tractor).

cathedral [kəˈθiːdrəl] *n c* catedral.

Catholic [ˈkæθəlɪk] *adj* & *n c* REL católico.

catsup [ˈkætsəp] *n u EE UU* catchup.

cattle [ˈkætl] *n pl* ganado.

catwalk [ˈkætwɔːk] *n c* pasarela.

caucus [ˈkɔːkəs] *n c* **1** POL consejo político. **2** *EE UU* POL comisión electoral.

caught [kɔːt] *pt* & *pp* → catch.

cauliflower [ˈkɒlɪflaʊər y EE UU ˈkɔːlɪflaʊər] *n c* & *u* BOT coliflor.

cause [kɔːz] *n c* **1** causa (gen). • **~ for/+ inf** *n u* **2** motivo de, razón de. • *tr* **3** causar, ocasionar.

causeway [ˈkɔːzweɪ] *n c* calzada.

caustic [ˈkɔːstɪk] *adj* cáustico. ◆ **~ soda** CHEM sosa cáustica.

caution [ˈkɔːʃn] *n u* **1** cautela, precaución. • *n c* **2** aviso, advertencia. **3** JUR amonestación. • *tr* **4** avisar, advertir (de un peligro). **5** JUR amonestar.

cautious [ˈkɔːʃəs] *adj* cuidadoso, cauteloso.

cavalier [ˌkævəˈlɪər] *adj* **1** arrogante, desdeñoso. • *n c* **2** (hum) galán.

cavalry [ˈkævlrɪ] *n sing* **the ~** MIL la caballería.

cave [keɪv] *n c* **1** cueva, caverna. • **to ~ in** *intr* **2** derrumbarse.

caveman [ˈkeɪvmən] (*pl* **cavemen**) *n c* hombre de las cavernas.

caviar or **caviare** [ˈkævɪɑːr] *n u* GAST caviar.

cavity [ˈkævɪtɪ] *n c* **1** cavidad. **2** MED caries.

cavort [kəˈvɔːt] *intr* hacer cabriolas.

cayman [ˈkeɪmən] *n c* ZOOL caimán.

CD [siːˈdiː] (*abbrev* **compact disc**) *n c* CD.

CD-ROM [siːˈdiːˈrɒm] (*abbrev* **compact disc read only**) *n c* CD-ROM.

cease [siːs] *tr* **1** (fml) cesar. • **to ~ (+ inf/ger)** *intr* **2** (fml) cesar (de).

cease-fire [ˌsiːsˈfaɪər] *n c* **1** MIL alto el fuego. **2** POL tregua.

ceaseless [ˈsiːslɪs] *adj* (fml) continuo, incesante.

cedar [ˈsiːdər] *n c* BOT cedro.

ceiling [ˈsiːlɪŋ] *n c* **1** techo (de una habitación). **2** tope (cuotas, cantidades).

celebrate [ˈselɪbreɪt] *tr* **1** celebrar. • *intr* **2** divertirse (enjoy oneself).

celebrated [ˈselɪbreɪtɪd] *adj* **~ (for)** famoso, célebre (por).

celebration [ˌselɪˈbreɪʃn] *n c* & *u* celebración.

celebrity [sɪˈlebrɪtɪ] *n c* & *u* celebridad.

celery [ˈselərɪ] *n u* BOT apio.

celibate [ˈselɪbɪt] *adj* & *n c* célibe.

cell [sel] *n c* **1** celda (monasterio o prisión). **2** celdilla (abejas). **3** BIOL célula.

cellar [ˈselər] *n c* **1** sótano. **2** bodega (para guardar vino).

cello [ˈtʃeləʊ] *n c* MUS violoncelo.

cellophane® [ˈseləfeɪn] *n u* celofán.

cellphone [ˈselfeʊn] *n c* teléfono celular.

cellulose [ˈseljʊləʊs] *n u* CHEM celulosa.

Celsius [ˈselsɪəs] *n u* centígrado.

Celt [kelt y EE UU selt] *n c* celta.

Celtic [ˈkeltɪk y EE UU ˈseltɪk] *adj* & *n c* celta.

cement [səˈment] *n u* **1** cemento. **2** pegamento. • *tr* **3** poner cemento en. **4** pegar, adherir. **5** (fig) fortalecer, cimentar (una amistad). ◆ **~ mixer** hormigonera.

cemetery [ˈsemɪtrɪ y EE UU ˈsemətərɪ] *n c* cementerio; panteón (Amér.).

C

Certainty / Certeza	
I'm sure he's not coming	Seguro que no viene
I'm sure that this is not the original	Estoy seguro de que ese no es el original
Without a doubt he's the best player	Sin duda alguna es el mejor jugador
There is no doubt that they are French	No hay ninguna duda de que son franceses
Of course I remember you!	¡Por supuesto que me acuerdo de usted!
The meeting will almost certainly be next Monday	La reunión se celebrará casi con toda seguridad el próximo lunes
It is clear that she doesn't like you	Es evidente que no le gustas
We are convinced that you've lost it	Estamos convencidos de que lo has perdido
It's quite true that he is a great cook	Es totalmente cierto que es un gran cocinero

censor ['sensər] *n c* **1** censor. • *tr* **2** censurar.

censure ['senʃər] *n u* **1** censura. • *tr* **2** censurar.

census ['sensəs] (*pl* **censuses**) *n c* censo.

cent [sent] *n c* centavo.

center ['sentər] *n c* → centre.

centigrade ['sentɪgreɪd] *n u* centígrado.

centilitre ['sentɪli:tər] (*EE UU* **centiliter**) *n c* centilitro.

centimetre ['sentɪmi:tər] (*EE UU* **centimeter**) *n c* centímetro.

centipede ['sentɪpi:d] *n c* ZOOL ciempiés.

central ['sentrəl] *adj* **1** central (gen). **2** céntrico (ciudad). **3** fundamental (aspecto, factor). ♦ **~ heating** calefacción central.

Central American ['sentrəelə,merɪkn] *adj* & *n c* centroamericano.

centre ['sentə] (*EE UU* **center**) *adj* **1** del centro, central. **2** POL centrista. • **~** *n c* **3** centro. • *tr* **4** centrar.

centre-forward [,sentə'fɔ:wəd] *n c* SP delantero centro.

centre-half [,sentə'hɑ:f] (*pl* **centre-halves**) *n c* SP defensa central.

century ['sentʃərɪ] (*pl* **centuries**) *n c* siglo.

ceramic [sɪ'ræmɪk] *adj* **1** de cerámica. • **ceramics** *n sing* **2** cerámica (arte). • **ceramics** *n pl* **3** objetos de cerámica.

cereal ['sɪərɪəl] *n c* & *u* AGR cereal.

cerebral ['serɪbrəl y EE UU sə'ri:brəl] *adj* cerebral. ♦ **~ palsy** MED parálisis cerebral.

ceremony ['serɪmənɪ y EE UU 'serɪməʊnɪ] *n c* ceremonia.

certain ['sɜ:tn] *adj* **1** seguro, cierto. **~ + inf/of 2** seguro de. **3** cierto, alguno: *certain people are interested in political upheaval = ciertas personas están interesadas en la inestabilidad política.* **a ~ + inf/of 4** un tal, una tal. • **~ of** *pron* **5** algunos de, determinados. ■ **for ~** con toda seguridad; **to make ~ (of)** asegurarse (de).

certainly ['sɜ:tnlɪ] *adv* desde luego, por supuesto. ■ **~ not** desde luego que no.

certainty ['sɜ:tntɪ] *n u* **1** certeza, seguridad. • *n c* **2** cosa cierta, cosa segura.

certificate [sə'tɪfɪkɪt] *n c* **1** certificado, partida (de nacimiento, defunción). **2** SCH diploma.

certify ['sɜ:tɪfaɪ] *tr* **1** certificar (oficialmente). **2** SCH conceder un título, diplomar.

cervix ['sɜ:vɪks, *pl* 'sɜ:vɪsi:z o 'sɜ:vɪksɪz] (*pl* **cervices** o **cervixes**) *n c* ANAT cuello del útero, cerviz.

Cesarian *n c* → Caesarean (section).

cesspit or **cesspool** ['sespɪt o 'sespu:l] *n c* pozo negro.

CFC [,si:əf'si:] (*abbrev* **chlorofluorocarbon**) *n c* CFC, clorofluorocarbono.

chafe [tʃeɪf] *tr* **1** irritar (la piel). **2** frotar.

chain [tʃeɪn] *n c* & *u* **1** cadena (gen). • *n c* **2** serie, cadena (de acontecimientos). **3** GEOG cordillera, cadena. • *tr* **4** encadenar. ♦ **~ reaction** reacción en cadena; **~ store** grandes almacenes.

chain-saw ['tʃeɪnsɔ:] *n c* MEC sierra de cinta.

chair [tʃeər] *n c* **1** silla; sillón. **2** SCH cátedra. • **the ~** *n sing* **3** el presidente, la presidencia (de una reunión).
chairlift [ˈtʃeəlɪft] *n c* telesilla.
chairman [ˈtʃeəmən] (*pl* **chairmen**) *n c* presidente.
chairperson [ˈtʃeəpɜːsn] *n c* presidente (sin distinción de sexo).
chalet [ˈʃæleɪ] *n c* **1** chalet. **2** cabaña.
chalk [tʃɔːk] *n u* **1** GEOL creta. • *n c & u* **2** tiza (para escribir).
chalkboard [ˈtʃɔːkbɔːd] *n c* → blackboard.
challenge [ˈtʃælɪndʒ] *n c* **1** reto, desafío. • **to ~ sb (+ inf)** *tr* **2** desafiar a alguien (a + inf). **3** poner en tela de juicio (ideas).
challenger [ˈtʃælɪndʒər] *n c* **1** contrincante. **2** SP, POL aspirante (al título).
challenging [ˈtʃælɪndʒɪŋ] *adj* **1** que supone un reto (trabajo, tarea). **2** desafiante (mirada, gesto).
chamber [ˈtʃeɪmbər] *n c* **1** cámara (gen). **2** recámara (de una pistola).
chambermaid [ˈtʃeɪmbəmeɪd] *n c* camarera (en un hotel).
chameleon [kəˈmiːlɪən] *n c* ZOOL camaleón.
chamomile *n u* → camomile.
champagne [ʃæmˈpeɪn] *n u* champán.
champion [ˈtʃæmpɪən] *n c* **1** campeón. **2** (fig) defensor. • *tr* **3** defender, apoyar.
championship [ˈtʃæmpɪənʃɪp] *n c* **1** SP campeonato. • *n u* **2** apoyo (a una causa).
chance [tʃɑːns y EE UU tʃæns] *n u* **1** suerte, fortuna; bolada (Amér., suerte). • *n c & u* **2** posibilidad. • **~ of/+ inf** *n c* **3** oportunidad de, ocasión de. **4** riesgo, peligro. • *tr* **5** arriesgarse a, correr el riesgo de. • *adj* **6** casual, fortuito. ■ **by any ~** (en interrogativas) por casualidad; **by ~** por pura casualidad; **to take a ~ on** arriesgarse con.
chancellor [ˈtʃɑːnsələr y EE UU ˈtʃænsələr] *n c* POL canciller. ◆ **Chancellor of the Exchequer** *GB* POL ministro de Economía y Hacienda.
chandelier [ˌʃændəˈlɪər] *n c* araña (lámpara).
change [tʃeɪndʒ] *n c & u* **1** cambio (gen). • *n u* **2** cambio, vuelta (dinero); suelto (monedas). • *tr* **3** cambiar. • **to ~ (into/out of)** *intr* **4** cambiarse (de ropa). ◆ **to ~ down** AUT reducir; **to ~ over** intercambiar; **to ~ over (from/to)** pasarse (de/a); **to ~ up** AUT cambiar de marcha. ■ **for a ~** para variar; **to get no ~ from/out of sb** (infml) no conseguir sacar nada de alguien.
changeable [ˈtʃeɪndʒəbl] *adj* variable, inestable.
changeover [ˈtʃeɪndʒəʊvər] *n c* **~ (to)** cambio (a).
changing room [ˈtʃeɪndʒɪŋruːm] *n c* vestuario.
channel [ˈtʃænl] (*GB, pt* y *pp* **channelled**, *ger* **channelling**, *EE UU, pt* y *pp* **channeled**, *ger* **channeling**) *tr* **1** canalizar. • *n c* **2** canal. ◆ **~ surfing** TV zapping, zapeo; **the (English) Channel** GEOG el Canal de la Mancha.
chant *n c* **1** soniquete (argumentos o quejas repetidas). **2** REL canto. • *tr & intr* **3** corear (un lema). **4** REL salmodiar.
chaos [ˈkeɪɒs] *n u* caos.
chaotic [keɪˈɒtɪk] *adj* caótico.
chap [tʃæp] *n c GB* (infml) tipo, tío, colega.
chapel [ˈtʃæpl] *n c* REL capilla.
chaperon or **chaperone** [ˈʃæpərəʊn] *n c* **1** carabina. • *tr* **2** ir de carabina con.
chaplain [ˈtʃæplɪn] *n c* REL capellán.
chapped [tʃæpt] *adj* agrietada.
chapter [ˈtʃæptər] *n c* capítulo.
char [tʃɑːr] (*pt* y *pp* **charred**, *ger* **charring**) *tr* **1** carbonizar. • *intr* **2** *GB* trabajar como mujer de la limpieza. • *n c* **3** *GB* mujer de la limpieza.
character [ˈkærəktər] *n c* **1** carácter (gen). **2** personaje (de novela, teatral). • *n u* **3** reputación, buen nombre (reputation).
characterise *tr* → characterize.
characteristic [ˌkærəktəˈrɪstɪk] *adj* **1** característico. • *n c* **2** característica.
characterize [ˈkærəktəraɪz] *tr* **1** caracterizar, ser típico de. **to ~ sth/sb (as) 2** describir (como) (algo o a alguien).
charade [ʃəˈrɑːd y EE UU ʃəˈreɪd] *n c* farsa (situación).
charcoal [ˈtʃɑːkəʊl] *n u* **1** carbón vegetal. **2** ARTS carboncillo.
charge [tʃɑːdʒ] *n c* **1** precio, costo. **2** carga (explosiva o eléctrica). **3** (fml) responsabilidad (de una tarea). **4** JUR acusación. **5** MIL carga. • *n u* **6** cargo (de responsabilidad). • *tr* **7** cargar (gen). **8** cobrar (dinero). **to ~ sb (with) 9** JUR acu-

sar a alguien de. **to ~ sb + inf 10** (fml) encargar. ● **to~ for** *intr* **11** cobrar por. **12** MIL cargar. ■ **free of ~** gratis; **in ~ of** encargado de; **to take ~** asumir el mando; **to take ~ of** hacerse cargo de.

charger ['tʃɑ:dʒər] *n c* ELEC cargador.

charisma [kæ'rɪzmə] *n u* carisma.

charitable ['tʃærətəbl] *adj* **1** caritativo (persona). **2** benéfico (organización).

charity ['tʃærɪtɪ] *n u* **1** caridad. ● *n c* **2** asociación benéfica.

charm [tʃɑ:m] *n c & u* **1** encanto, atracción (que ejerce algo o alguien). ● *n c* **2** amuleto (objeto). **3** palabra mágica, hechizo. ● *tr* **4** encantar.

charming ['tʃɑ:mɪŋ] *adj* encantador.

chart [tʃɑ:t] *n c* **1** gráfico. **2** carta (mapa). ● *tr* **3** hacer un mapa de. **4** recoger, reseñar (la evolución de algo). ♦ **the charts** la lista de éxitos.

charter ['tʃɑ:tər] *n c* **1** carta (de derechos, privilegios); estatuto (de una institución). ● *tr* **2** contratar, fletar (avión). ♦ **~ flight** AER vuelo chárter; **chartered accountant** *GB* contable colegiado.

chase [tʃeɪs] *n u* **1** persecución. ● *tr* **2** perseguir (gen). **to ~ sb + prep 3** expulsar, ahuyentar (a un ladrón). ♦ **to ~ up** *GB* (infml) buscar.

chasm ['kæzəm] *n c* abismo.

chassis ['ʃæsɪ, *pl* 'ʃæsɪz] (*pl* **chassis**) *n c* chasis.

chaste [tʃeɪst] *adj* casto.

chat [tʃæt] (*pt* y *pp* **chatted**, *ger* **chatting**) *intr* **to ~ (about/to/with) 1** charlar (con). ● *n c & u* **2** charla. **3** COMPUT chat. ♦ **~ show** TV programa de entrevistas; **to ~ up** *GB* (infml) ligar con.

chatter ['tʃætər] *n u* **1** cháchara. **2** chillido (de animales). **3** castañeteo (de los dientes). ● *intr* **4** parlotear. **5** chillar (pájaros y monos). **6** castañetear (los dientes).

chatterbox or **chatterer** ['tʃætəbɒks o 'tʃætərə] *n c* parlanchín.

chatty ['tʃætɪ] *adj* locuaz.

chauffeur ['ʃəʊfər y EE UU ʃəʊpfɜ:r] *n c* chofer.

chauvinist ['ʃəʊvɪnɪst] *n c* (pej) chauvinista.

cheap [tʃi:p] *adj* **1** barato (precio). **2** de baja calidad. **3** reducido (tarifa). **4** (pej) bajo, vulgar (comportamiento). ● *adv* **5** a precio asequible.

cheapen ['tʃi:pən] *tr* **1** abaratar. **2** (fig, pej) degradar, rebajar.

cheaply ['tʃi:plɪ] *adv* barato.

cheat [tʃi:t] *n c* **1** tramposo, timador (persona). **2** trampa, timo. ● *intr* **3** engañar (gen); hacer trampas (en juegos); copiar (en un examen). ● **to ~ sb of/out of** *tr* **4** estafar, timar.

check [tʃek] *n c* **1** inspección, verificación. **2** restricción. **3** *EE UU* cuenta, nota (del restaurante). **4** *EE UU* → cheque. ● *n u* **5** tela de cuadros. ● *adj* **6** a cuadros (tela). ● *tr* **7** comprobar (datos, situación). **8** verificar, revisar. **9** controlar; reprimir (sentimientos). ● **to ~ (on/for)** *intr* **10** verificar, comprobar (que todo está en orden). ♦ **to ~ in** registrar(se) (en un hotel); facturar (equipaje); **to ~ out** comprobar (la certeza de algo); marcharse (de un hotel); **to ~ up (on)** informarse (acerca de) (algo). ■ **in ~** jaque (ajedrez); **to keep/hold sth/sb in ~** mantener algo/a alguien a raya.

checkbook *n c* → chequebook.

checked [tʃekt] *adj* a cuadros, de cuadros.

checkered *adj* → chequered.

check-in ['tʃekɪn] *n c* **1** facturación. **2** mostrador de facturación (en un aeropuerto).

checking ['tʃekɪŋ] *n u* comprobación. ♦ **~ account** *EE UU* FIN cuenta corriente.

checkmate ['tʃekmeɪt] *n u* jaque mate (en ajedrez).

checkout ['tʃekaʊt] *n c* **1** salida, marcha (de un hotel). **2** caja (en un supermercado).

checkpoint ['tʃekpɔɪnt] *n c* control de pasaportes (en la frontera).

check-up ['tʃekʌp] *n c* MED chequeo.

cheek [tʃi:k] *n c* **1** ANAT mejilla, carrillo. **2** (infml) nalga. ● *n u* **3** cara (dura), descaro.

cheekbone ['tʃi:kbəʊn] *n c* ANAT pómulo.

cheeky ['tʃi:kɪ] *adj* caradura, descarado.

cheer [tʃɪər] *n c* **1** grito de ánimo, vítores. ● *tr & intr* **2** dar ánimos, alentar. ♦ **to ~ on** animar, vitorear; **to ~ up** animar(se). ■ **cheers** *GB* (infml) salud, a tu salud (brindando); gracias; adiós, hasta luego.

cheerful ['tʃɪəfl] *adj* alegre.

cheerio [ˌtʃɪərɪ'əʊ] *interj GB* (infml) adiós, hasta luego.

cheese [tʃi:z] *n c* & *u* queso.
cheeseboard ['tʃi:zbɔ:d] *n c* tabla de quesos.
cheeseburger ['tʃi:zbɜ:gər] *n c* GAST hamburguesa con queso.
cheesecake ['tʃi:zkeɪk] *n c* & *u* GAST tarta de queso.
cheetah ['tʃi:tə] *n c* ZOOL guepardo.
chef [ʃef] *n c* chef, jefe de cocina.
chemical ['kemɪkl] *adj* **1** químico. • *n c* **2** producto químico.
chemist ['kemɪst] *n c* **1** químico. **2** *GB* farmacéutico. ■ **~'s (shop)** *GB* farmacia.
chemistry ['kemɪstrɪ] *n u* química.
cheque [tʃek] (*EE UU* **check**) *n c* FIN cheque, talón.
chequebook ['tʃekbʊk] (*EE UU* **checkbook**) *n c* talonario; chequera (Amér.).
chequered ['tʃekəd] (*EE UU* **checkered**) *adj* **1** a cuadros (diseño). **2** accidentado, lleno de altibajos (vida, carrera).
cherish ['tʃerɪʃ] *tr* **1** querer, tener cariño a (algo o a alguien); apreciar (la libertad). **2** albergar, abrigar (esperanzas, ilusiones).
cherry ['tʃerɪ] *n c* **1** cereza (fruta). **2** cerezo (árbol).
chess [tʃes] *n u* ajedrez.
chessboard ['tʃesbɔ:d] *n c* tablero de ajedrez.
chessman ['tʃesmən] (*pl* **chessmen**) *n c* pieza (de ajedrez).
chest [tʃest] *n c* **1** ANAT pecho. **2** baúl, arcón. ◆ **~ of drawers** cómoda.
chestnut ['tʃesnʌt] *n c* **1** castaño (árbol). **2** castaña (fruto). • *adj* **3** castaño (color).
chew [tʃu:] *n c* **1** caramelo. • *tr* & *intr* **2** masticar, mascar (comida). • **to ~ on/over** *intr* **3** (infml) rumiar, pensar (una solución).
chewing-gum ['tʃu:ɪŋgʌm] *n u* chicle.
chic [ʃi:k] *adj* **1** chic. • *n u* **2** elegancia, estilo.
chicanery [ʃɪ'keɪnərɪ] *n c* & *u* (fml) argucia.
chick [tʃɪk] *n c* polluelo (animal).
chicken ['tʃɪkɪn] *n c* & *u* **1** gallina (animal); pollo (su carne). **2** (infml) miedica, gallina. • **to ~ out** *intr* **3** (infml) rajarse, echarse atrás.
chickenpox ['tʃɪkɪnpɒks] *n u* MED varicela.
chickpea ['tʃɪkpi:] *n c* garbanzo.
chicory ['tʃɪkərɪ] *n u* achicoria.
chief [tʃi:f] *adj* **1** principal, más importante. **2** superior, primero (en categoría). • *n c* **3** jefe.
chiefly ['tʃi:flɪ] *adv* principalmente, fundamentalmente.
chiffon ['ʃɪfɒn y EE UU ʃɪ'fɒn] *n u* gasa.
chilblain ['tʃɪlbleɪn] *n c* MED sabañón.
child [tʃaɪld] (*pl* **children**) *n c* **1** niño, niña. **2** hijo, hija.
childbirth ['tʃaɪldbɜ:θ] *n u* MED parto.
childhood ['tʃaɪldhʊd] *n c* & *u* infancia, niñez.
childish ['tʃaɪldɪʃ] *adj* **1** de niño. **2** (pej) pueril, infantil.
childlike ['tʃaɪldlaɪk] *adj* inocente, infantil.
childminder ['tʃaɪldmaɪndər] *n c* *GB* niñera.
children ['tʃɪldrən] *n pl* → child.
Chile ['tʃɪlɪ] *n sing* Chile.
Chilean ['tʃɪlɪən] *adj* & *n c* chileno.
chili *n c* & *u* → chilli.
chill [tʃɪl] *adj* **1** frío (tiempo). • *n c* **2** resfriado. **3** (fig) escalofrío (de horror). • *tr* **4** enfriar (alimento, entusiasmo). **5** (lit) horrorizar.
chilli ['tʃɪlɪ] (*EE UU* **chili**) *n c* & *u* BOT chile, guindilla.
chilling ['tʃɪlɪŋ] *adj* **1** gélido (tiempo). **2** (fig) horrible, escalofriante.
chilly ['tʃɪlɪ] *adj* frío.
chime [tʃaɪm] *n c* **1** campanada. • *intr* **2** repicar, tañer (campanas). • *tr* **3** dar (las horas).
chimney ['tʃɪmnɪ] *n c* chimenea.
chimpanzee [ˌtʃɪmpən'zi: y ˌtʃɪmpæn'zi:] *n c* ZOOL chimpancé.
chin [tʃɪn] *n c* barbilla.
china ['tʃaɪnə] *n u* **1** porcelana fina. • *adj* **2** de porcelana.
China ['tʃaɪnə] *n sing* China.
Chinese ['tʃaɪ'ni:z] *adj* & *n c* **1** chino. • *n u* **2** chino (idioma).
chink [tʃɪnk] *n c* **1** grieta (en un pared); resquicio (en una puerta). **2** tintineo (sonido). • *intr* **3** tintinear.
chip [tʃɪp] (*pt* y *pp* **chipped**, *ger* **chipping**) *tr* **1** astillar (madera); desconchar (pintura); desportillar (objeto). • *n c* **2** desconchón (en una pared); desportilladura (en un objeto); astilla (en madera). **3** ficha (ruleta). **4** *GB* GAST patata frita

(sartén). **5** *EE UU* GAST patata frita (en bolsa). **6** COMPUT chip. ◆ **to ~ in** (infml) contribuir (a los gastos); interrumpir (conversación).
chipboard [ˈtʃɪpbɔːd] *n u* aglomerado.
chiropodist [kɪˈrɒpədɪst] (*EE UU* **podiatrist**) *n c* podólogo.
chirp [tʃɜːp] *intr* piar (pájaros); hacer cri-cri (insectos).
chirpy [ˈtʃɜːpɪ] *adj GB* (infml) alegre.
chisel [ˈtʃɪzl] (*GB, pt* y *pp* **chiselled**, *ger* **chiselling**, *EE UU, pt* y *pp* **chiseled**, *ger* **chiseling**) *tr* **1** cincelar, tallar. ● *n c* **2** cincel.
chit [tʃɪt] *n c* nota de autorización.
chit-chat [ˈtʃɪttʃæt] *n u* (infml) charla.
chivalry [ˈʃɪvəlrɪ] *n u* **1** caballerosidad. **2** HIST caballería.
chives [tʃaɪvz] *n pl* cebollinos, cebolletas.
chlorine [ˈklɔːriːn] *n u* CHEM cloro.
choc-ice [ˈtʃɒkaɪs] *n c* GAST bombón helado.
chock [ˈtʃɒk] *n c* cuña, calzo.
chock-a-block [ˌtʃɒkəˈblɒk] *adj* ~ **(with)** abarrotado (de).
chock-full [tʃɒkˈfʊl] ~ **(of)** plagado (de).
chocolate [ˈtʃɒklɪt] *n u* **1** chocolate. ● *n c* **2** bombón. ● *adj* **3** color chocolate.
choice [tʃɔɪs] *n c* **1** elección (gen). **2** preferencia (persona o cosa elegida). ● *adj* **3** selecto.
choir [ˈkwaɪər] *n c* coro.
choke [tʃəʊk] *n c* **1** MEC estárter. ● *tr* **2** ahogar, asfixiar (persona); estrangular (con violencia). **3** taponar, atascar (tubería). ● *intr* **4** ahogarse (por falta de aire); atragantarse (al comer).
cholera [ˈkɒlərə] *n u* MED cólera.
choose [tʃuːz] (*pt* **chose**, *pp* **chosen**) *tr* & *intr* **1** escoger, elegir. ● **to ~ + inf** *intr* **2** decidir, preferir.
choosy [ˈtʃuːzɪ] *adj* (infml) quisquilloso.
chop [tʃɒp] (*pt* y *pp* **chopped**, *ger* **chopping**) *tr* & *intr* **1** cortar. ● *tr* **2** picar (en trozos). ● *n c* **3** tajo, corte; hachazo. **4** GAST chuleta. **5** SP golpe de karate. ■ **to ~ and change** (infml) cambiar constantemente de opinión.
chopper [ˈtʃɒpər] *n c* (infml) helicóptero.
choppy [ˈtʃɒpɪ] *adj* picado (mar).
chopstick [ˈtʃɒpstɪk] *n c* palillo (para comida china).
chord [kɔːd] *n c* MUS acorde.
chore [tʃɔː] *n c* tarea.
choreography [ˌkɒrɪˈɒgrəfɪ y EE UU ˌkɔːrɪˈɒgrəfɪ] *n u* coreografía.
chortle [ˈtʃɔːtl] *n c* risa satisfecha.
chorus [ˈkɔːrəs] *n c* **1** MUS coro (grupo, tipo de música). **2** estribillo.
chose [ˈtʃəʊz] *pt* → choose.
chosen [ˈtʃəʊzn] *pp* → choose.
Christ [kraɪst] *n sing* **1** Cristo. ● *interj* **2** (infml) Dios mío.
christen [ˈkrɪsn] *tr* bautizar.
christening [ˈkrɪsnɪŋ] *n c* bautizo.
Christian [ˈkrɪstʃən] *adj* & *n c* REL cristiano. ◆ ~ **name** nombre de pila.
Christianity [ˌkrɪstɪˈænɪtɪ] *n u* REL cristianismo.
Christmas [ˈkrɪsməs] *n c* & *u* Navidad. ◆ ~ **day** día de Navidad; ~ **eve** Nochebuena; ~ **pudding** pastel de Navidad; ~ **tree** árbol de Navidad.
chrome or **chromium** [krəʊm o ˈkrəʊmiəm] *n u* MIN cromo.
chronic [ˈkrɒnɪk] *adj* **1** crónico (enfermedad, problema). **2** empedernido (hábitos).
chronicle [ˈkrɒnɪkl] *n c* crónica, historia.
chronological [ˌkrɒnəˈlɒdʒɪkl] *adj* cronológico.
chrysanthemum [krɪˈsænθəməm] *n c* BOT crisantemo.
chubby [ˈtʃʌbɪ] *adj* regordete.
chuck [tʃʌk] *tr* **1** (infml) arrojar, tirar. **2** *GB* abandonar (un trabajo); dejar plantado (a alguien).
chuckle [ˈtʃʌkl] *intr* reírse entre dientes.
chug [tʃʌg] (*pt* y *pp* **chugged**, *ger* **chugging**) *intr* **1** traquetear (motor, vehículo). ● *n c* **2** ruido explosivo.
chum [tʃʌm] *n c* **1** (infml) amiguete. ● **to ~ up (with)** *intr* **2** hacerse amigo (de).
chunk [ˈtʃʌŋk] *n c* **1** trozo. ~ **(of)** **2** (infml) porción sustancial.
church [tʃɜːtʃ] *n c* iglesia. ◆ ~ **of England** Iglesia anglicana. ■ **to go to ~** ir a misa.
churchyard [ˈtʃɜːtʃjɑːd] *n c* cementerio de la iglesia.
churlish [ˈtʃɜːlɪʃ] *adj* maleducado.
churn [tʃɜːn] *n c* **1** mantequera. ● *tr* **2** batir (leche, nata). **3** agitar, remover (agua, barro). ◆ **to ~ out** (pej) hacer como churros.

chute [ʃu:t] *n c* **1** conducto (cerrado); rampa (para mercancías).
chutney [ˈtʃʌtnɪ] *n u salsa agridulce a base de frutas y especias.*
cider [ˈsaɪdər] *n u* sidra.
cigar [sɪˈgɑ:r] *n c* puro.
cigarette [ˌsɪgəˈret y EE UU ˈsɪgərət] *n c* cigarrillo. ♦ **~ paper** papel de fumar.
cinch [sɪntʃ] *n sing* **to be a ~** (infml) estar tirado.
cinder [ˈsɪndər] *n c* ceniza.
cine-camera [ˈsɪnɪkæmərə] *n c* cámara de cine.
cinema [ˈsɪnəmɑ: y ˈsɪnəmə] *n c* **1** cine (place). ● *n u* **2** cine (art).
cinnamon [ˈsɪnəmən] *n u* canela.
cipher [ˈsaɪfər] *n c* clave, código secreto.
circa [ˈsɜ:kə] *prep* (fml) hacia.
circle [ˈsɜ:kl] *n c* **1** círculo (gen). **2** corro (de personas). ● *tr & intr* **3** rodear. ● *tr* **4** hacer un círculo en. ♦ **the ~** entresuelo (en un cine); anfiteatro (en un teatro). ■ **to come full ~** acabar en el punto de partida; **to go round in circles** (infml) no avanzar nada.
circuit [ˈsɜ:kɪt] *n c* **1** circuito (gen). **2** vuelta (circuito de carreras).
circular [ˈsɜ:kjʊlər] *adj & n c* circular.
circulate [ˈsɜ:kjʊleɪt] *tr* **1** divulgar (noticias). ● *intr* **2** circular (sangre, aire). **3** divulgarse (noticias). **4** alternar (en fiestas).
circulation [ˌsɜ:kjʊˈleɪʃn] *n sing* **1** circulación (de aire, tráfico, sangre). ● *n c* **2** tirada (periódicos).
circumcision [ˌsɜ:kəmˈsɪʒn] *n c & u* circuncisión.
circumference [səˈkʌmfərəns] *n c* circunferencia.
circumstance [ˈsɜ:kəmstəns] *n c* (normalmente *pl*) circunstancia. ■ **in/under the circumstances** dadas las circunstancias; **under no circumstances** bajo ningún concepto.
circumvent [ˌsɜ:kəmˈvent] *tr* (fml) burlar, evitar (normas).
circus [ˈsɜ:kəs] *n c* **1** circo (espectáculo). **2** *GB* glorieta (en un jardín).
cistern [ˈsɪstən] *n c* cisterna; depósito de agua (en un tejado).
cite [saɪt] *tr* (fml) citar (una frase famosa).
citizen [ˈsɪtɪzn] *n c* ciudadano.
citizenship [ˈsɪtɪznʃɪp] *n u* nacionalidad, ciudadanía.
citrus [ˈsɪtrəs] *n c* BOT producto agrio. ♦ **~ fruit** cítrico.
city [ˈsɪtɪ] (*pl* **cities**) *n c* ciudad. ♦ **~ hall** ayuntamiento.
civic [ˈsɪvɪk] *adj* **1** municipal, local. **2** cívico (ciudadanos, ciudadanía).
civil [ˈsɪvl] *adj* **1** civil, público (gen). **2** educado. ♦ **~ defence** protección civil; **~ engineering** ingeniería civil; **~ law** derecho civil; **~ rights** derechos civiles; **~ servant** funcionario público; **Civil Service** administración pública.
civilian [sɪˈvɪlɪən] *n c* civil (no militar).
civilization or **civilisation** [ˌsɪvəlaɪˈzeɪʃn y EE UU ˌsɪvəlɪˈzeɪʃn] *n c & u* civilización.
claim [kleɪm] *n c* **1** afirmación. **~ for 2** exigencia de (derechos, dinero). **~ on/upon/to/of 3** derecho a (trono, propiedad). ● *tr* **4** asegurar (la certeza de algo). **5** reclamar (atención). **6** exigir (derechos, ayuda). **7** alegar (la inocencia de una persona). ● **to ~ for/on** *intr* **8** solicitar (prestación, derecho).
claimant [ˈkleɪmənt] *n c* **1** solicitante. **2** JUR demandante.
clam [klæm] *n c* ZOOL almeja.
clamber [ˈklæmbər] *intr* trepar.
clammy [ˈklæmɪ] *adj* pegajoso (por la humedad).
clamour [ˈklæmər] (*EE UU* **clamor**) *n u* **1** (fml) clamor (en protesta por algo). **~ (for) 2** exigencia a favor de (medida). ● *intr* **3** gritar. **to ~ for 4** clamar por (exigiendo).
clamp [klæmp] *n c* **1** MEC abrazadera, tornillo de ajuste. ● *tr* **2** sujetar fuertemente. ♦ **to ~ down (on)** intentar acabar (con).
clan [klæn] *n c* clan.
clandestine [klænˈdestɪn] *adj* (fml) clandestino.
clang [klæŋ] *n c* **1** ruido fuerte. ● *tr & intr* **2** *hacer un ruido fuerte y metálico.*
clap [klæp] (*pt* y *pp* **clapped**, *ger* **clapping**) *tr & intr* **1** aplaudir (dando palmas). ● *tr* **2** dar una palmada en (espalda, hombro). ● *n c* **3** aplauso. **4** palmada (espalda, hombro).
claret [ˈklærət] *n c & u* clarete (vino).
clarify [ˈklærɪfaɪ] *tr* (fml) aclarar.

clarinet [ˌklærəˈnet] *n c* MUS clarinete.
clarity [ˈklærɪtɪ] *n u* claridad.
clash [klæʃ] *n c* **1** estruendo. ~ **(between/with/of/over) 2** conflicto (de personalidades); choque (entre adversarios). **3** falta de armonía (colores, estilos). ~ **(between) 4** coincidencia (acontecimientos, fechas). • *intr* **5** chocar con estruendo. **to ~ (with) 6** chocar (con) (personas, opiniones). **to ~ (with) 7** desentonar (con) (ropa, colores). **to ~ (with) 8** coincidir (con) (acontecimientos). • *tr* **9** hacer sonar estruendosamente.
clasp [klɑːsp y EE UU klæsp] *n c* **1** broche, cierre. **2** apretón (de manos). • *tr* **3** agarrar, abrazar. **4** abrochar.
class [klɑːs y EE UU klæs] *n c & u* **1** clase. • *tr* **2** clasificar.
classic [ˈklæsɪk] *adj & n c* clásico.
classical [ˈklæsɪkl] *adj* clásico.
classified [ˈklæsɪfaɪd] *adj* **1** clasificado (gen). **2** confidencial (información, comentario). ♦ ~ **advertisements** anuncios por palabras.
classify [ˈklæsɪfaɪ] *tr* clasificar.
classmate [ˈklɑːsmeɪt y EE UU ˈklæsmeɪt] *n c* compañero de clase.
classroom [ˈklɑːsrʊm y EE UU ˈklæsrʊm] *n c* clase, aula.
classy [ˈklɑːsɪ y EE UU ˈklæsɪ] *adj* (infml) con clase.
clatter [ˈklætər] *n sing* **1** golpeteo. • *intr* **2** golpetear.
clause [klɔːz] *n c* **1** GRAM oración. **2** JUR cláusula.
claw [klɔː] *n c* **1** garra (de animal); uña (de gato); tenaza (de langosta, cangrejo). • *tr* **2** arañar. ♦ **to ~ at** echar zarpazos a.
clay [kleɪ] *n u* arcilla.
clean [kliːn] *adj* **1** limpio (gen). **2** en blanco (papel, ropa). **3** limpia, honesta (vida). **4** de formas elegantes. **5** en limpio (no en borrador). **6** radical (cambio). **7** grácil (movimiento). • **a ~** *n sing* **8** una buena limpieza. • *adv* **9** (infml) completamente. • *tr & intr* **10** limpiar. ♦ **to ~ out** dejar limpio (robo); vaciar (para limpiar); **to ~ up** limpiarse bien (uno mismo); dejar bien limpio (algo); forrarse (de dinero).
cleaner [ˈkliːnə] *n c* **1** empleado de la limpieza (persona). **2** quitamanchas (sustancia). ♦ **the ~('s)** la tintorería.
cleaning [ˈkliːnɪŋ] *n u* limpieza.
cleanse [klenz] *tr* **1** limpiar, desinfectar (herida). **to ~ sb/sth (from/of) 2** (fig, fml) limpiar (de) (espiritualmente).
cleanser [ˈklenzər] *n c & u* crema limpiadora.
clean-shaven [ˌkliːnˈʃeɪvn] *adj* bien afeitado.
clear [klɪər] *adj* **1** claro (gen). **2** transparente. **3** despejado (carretera, tiempo). **4** libre de culpa. **5** libre (de compromisos). • *adv* **6** con toda claridad. ~ **of 7** sin tocar. • *tr* **8** despejar, limpiar (la mesa). **9** desbloquear (carretera). **10** aprobar (proyecto). **11** salvar (un obstáculo). **12** despejar (cabeza). **13** sacar en limpio (dinero). **14** declarar inocente. **15** aceptar (cheque). • *intr* **16** aclarar (el tiempo). ♦ **to ~ off** *GB* (infml) irse a la porra; **to ~ out** vaciar, limpiar; marcharse (persona); **to ~ up** aclarar, solucionar (problema); dejar todo colocado (objetos); mejorar (salud, el tiempo).
clearance [ˈklɪərəns] *n c & u* **1** despeje (gen); derribo (de edificios); tala (de árboles). **2** espacio libre. • *n u* **3** permiso oficial. ♦ ~ **sale** liquidación de existencias.
clear-cut [ˌklɪəˈkʌt] *adj* obvio.
clearing [ˈklɪərɪŋ] *n c* claro (en un bosque).
clearway [ˈklɪəweɪ] *n c GB* autovía; autocarril (Amér.).
cleavage [ˈkliːvɪdʒ] *n c & u* escote.
cleaver [ˈkliːvər] *n c* cuchillo de carnicero.
clef [klef] *n c* MUS clave.
cleft [kleft] *n c* grieta.
clench [klentʃ] *tr* apretar.
clergy [ˈklɜːdʒɪ] *n pl* el clero.
clergyman [ˈklɜːdʒɪmən] (*pl* **clergymen**) *n c* clérigo.
clerical [ˈklerɪkl] *adj* **1** clerical. **2** de oficina.
clerk [klɑːk y EE UU klɜːrk] *n c* **1** oficinista. **2** *EE UU* dependiente (tienda); recepcionista (hotel).
clever [ˈklevər] *adj* listo; hábil (con las manos); ingenioso (de palabra y actos).
cliché [ˈkliːʃeɪ y EE UU kliːˈʃeɪ] *n c* (pej) cliché, tópico.
click [klɪk] *n c* **1** chasquido. • *intr* **2** hacer «clic» (sonido). **3** (infml) caer en la

cuenta. **4** (infml) caerse bien. • *tr* **5** chasquear (los dedos).
client [ˈklaɪənt] *n c* cliente.
cliff [klɪf] *n c* precipicio (de una montaña); acantilado (junto al mar).
climate [ˈklaɪmɪt] *n c* & *u* clima.
climax [ˈklaɪmæks] (*pl* **climaxes**) *n c* **1** culminación. • *n u* **2** orgasmo, clímax.
climb [klaɪm] *n c* **1** escalada, subida. • *tr* & *intr* **2** trepar, escalar. • *intr* **3** incrementarse (valor).
climb-down [ˈklaɪmdaʊn] *n c* cambio de opinión.
climber [ˈklaɪmər] *n c* escalador.
climbing [ˈklaɪmɪŋ] *n u* montañismo.
clinch [klɪntʃ] *tr* llegar a (acuerdos).
cling [klɪŋ] (*pt* y *pp* **clung**) *intr* **to ~ to** adherirse a; aferrarse a (tradición, poder).
clinic [ˈklɪnɪk] *n c* clínica.
clinical [ˈklɪnɪkl] *adj* **1** MED clínico. **2** (pej) aséptico (sin apasionamiento). ♦ **~ thermometer** termómetro clínico.
clink [klɪŋk] *intr* tintinear.
clip [klɪp] (*pt* y *pp* **clipped**, *ger* **clipping**) *tr* **1** recortar. **2** golpear (rozando). **3** picar (un billete). **4** sujetar con un clip. • *n c* **5** clip, sujetapapeles; horquilla (para el pelo). **6** recorte (gen). **7** golpe (rozando). **8** fragmento (de película).
clipboard [ˈklɪpbɔːd] *n c* tablilla de apoyo (para escribir).
clippers [ˈklɪpəz] *n pl* maquinilla para cortar el pelo; cortaúñas.
clipping [ˈklɪpɪŋ] *n c* **1** recorte (de periódico). **2** (normalmente *pl*) corte (de uñas, pelo).
cloak [kləʊk] *n c* **1** capa (de vestir). • *n sing* **2** (fig) manto (de nieve). **3** (fig) pretexto. • *tr* **4** cubrir, esconder.
cloakroom [ˈkləʊkrʊm] *n c* **1** guardarropa. **2** *GB* (euph) servicios.
clock [klɒk] *n c* **1** reloj (gen); cronómetro. **2** cuentakilómetros. • *tr* **3** cronometrar. ♦ **to ~ in/on** fichar a la entrada (en el trabajo); **to ~ off/out** fichar a la salida (del trabajo). ■ **against the ~** contra reloj; **around/round the ~** sin parar.
clockwise [ˈklɒkwaɪz] *adj* & *adv* en el sentido de las agujas del reloj.
clockwork [ˈklɒkwɜːk] *adj* **1** de cuerda.
clog [klɒg] (*pt* y *pp* **clogged**, *ger* **clogging**) *tr* **1** atascar, obstruir. • *n c* **2** (normalmente *pl*) zueco. ♦ **to ~ up (with)** atascar (con).
cloister [ˈklɔɪstər] *n c* ARCH claustro.
clone [kləʊn] *n c* **1** clon. • *tr* **2** clonar.
close [kləʊz] *tr* & *intr* **1** cerrar(se) (gen). **2** acabar(se), concluir(se) (reunión). • *tr* **3** liquidar, cerrar (cuenta bancaria). **4** acortar (distancias). ♦ **to ~ down** cerrar la emisión (TV); cerrar por completo (tienda); **to ~ in** acortarse (los días); **to ~ off** clausurar (un edificio); cerrar al tráfico (una carretera); **to ~ up** apretarse (dejando sitio); cerrar bien (la casa).
close [kləʊs] *adj* **1** íntimo (amigo); cercano (pariente); confidencial (consejero). **~ to 2** cerca de (posición); a punto de (ataque, acuerdo); cercano a (en ideas, sentimientos); unido a (personas). **3** cuidadoso, detenido (registro). **4** ajustado, reñido (resultado). **5** callado, reservado (persona). **6** apretado (espacio). **7** densa, cargada (atmósfera). • *adv* **8** cerca. • **the ~ (of)** *n sing* **9** (fml) la conclusión, el cierre. ♦ **~ season** veda (caza, pesca).
closed [kləʊzd] *adj* cerrado.
closedown [ˈkləʊzdaʊn] *n c* & *u* TV cierre de emisión.
close-knit [ˌkləʊsˈnɪt] *adj* muy unido (grupo de gente).
closely [ˈkləʊslɪ] *adv* **1** estrechamente (relación). **2** atentamente. **3** mucho (semejanza).
closet [ˈklɒzɪt] *adj* **1** secreto. • *n c* **2** *EE UU* armario; escaparate (Amér.). • *pron* **3** encerrarse, esconderse.
close-up [ˈkleʊsʌp] *n c* PHOT primer plano.
closure [ˈkləʊʒə] *n c* & *u* cierre.
clot [klɒt] (*pt* y *pp* **clotted**, *ger* **clotting**) *tr* & *intr* **1** coagular(se). • *n c* **2** coágulo (de sange). **3** *GB* (infml, hum) bobo. ♦ **clotted cream** *GB* nata espesa.
cloth [klɒθ y EE UU klɔːθ] (*pl* **cloths**) *n u* **1** tela (material). • *n c* **2** trapo, paño.
clothe [kləʊð] *tr* vestir.
clothes [kləʊdz] *n pl* ropa.
clothes-peg [ˈkləʊðzpeg y EE UU ˈkləʊðzpɪn] (*EE UU* **clothes-pin**) *n c* pinza (para tender ropa).
clothing [ˈkləʊðɪŋ] *n u* ropa.
cloud [klaʊd] *n c* & *u* **1** nube. • *tr* **2** nublar (la visión); empañar(se) (ventana,

situación); ofuscar (la mente). ♦ **to ~ over** nublarse (el cielo); ensombrecerse (la expresión de la cara).

cloudy [ˈklaʊdɪ] *adj* **1** nublado (cielo). **2** turbio (líquido). **3** confuso (ideas).

clove [kləʊv] *n c* **1** diente (de ajo). **2** BOT clavo.

clover [ˈkləʊvər] *n c* trébol.

clown [klaʊn] *n c* **1** payaso. • *intr* **2** hacer el payaso.

cloying [ˈklɔɪɪŋ] *adj* empalagoso.

club [klʌb] (*pt* y *pp* **clubbed**, *ger* **clubbing**) *tr* **1** golpear; atracar, fajar (Amér.). • *n c* **2** asociación, club. **3** bastón, garrote. • **clubs** *n pl* **4** tréboles. ♦ **(golf) ~** palo de golf; **to ~ together (for/to)** *GB* juntar dinero (para).

clubhouse [ˈklʌbhaʊs] *n c* sede del club.

cluck [klʌk] *intr* cloquear.

clue [kluː] *n c* **~ (to) 1** pista (de), indicio (de) (para solucionar algo). **2** definición (en los crucigramas). ■ **not to have a ~** no tener ni idea.

clued-up [ˈkluːdʌp] *adj* (infml) bien informado, al tanto.

clump [klʌmp] *n c* grupo (de árboles).

clumsy [ˈklʌmzɪ] *adj* **1** torpe (persona, movimiento). **2** chapucero (objeto).

clung [klʌŋ] *pt & pp* → cling.

cluster [ˈklʌstər] *n c* **1** grupo; racimo (de uvas). **2** COMPUT cluster. • *intr* **3** agruparse.

clutch [klʌtʃ] *n c* **1** apretón (por miedo o tensión). **2** MEC embrague. • *tr* **3** agarrar con fuerza. ♦ **to ~ at** agarrarse con fuerza a; echar mano de (excusas).

clutter [ˈklʌtər] *n u* **1** desorden; entrevereo (Amér.). • **to ~ sth (with)** *tr* **2** abarrotar.

coach [kəʊtʃ] (*pl* **coaches**) *n c* **1** *GB* autocar. **2** *GB* vagón (de tren). **3** carruaje. **4** profesor particular. **5** SP entrenador. • *tr* **6** entrenar. **7** dar clases particulares.

coal [kəʊl] *n u* carbón.

coalfield [ˈkəʊlfiːld] *n c* MIN yacimiento de carbón.

coalition [ˌkəʊəˈlɪʃn] *n c* coalición.

coarse [kɔːs] *adj* **1** áspero (al tacto). **2** vulgar (persona). **3** corriente (comida o bebida).

coast [kəʊst] *n c* **1** costa, litoral. • *intr* **2** ir en punto muerto (vehículo). **3** (fig, infml) hacer las cosas sin esfuerzo.

coastal [ˈkəʊstəl] *adj* costero.

coaster [ˈkəʊstər] *n c* posavasos.

coastguard [ˈkəʊstgɑːd] *n c* guardacostas.

coastline [ˈkəʊstlaɪn] *n c* litoral.

coat [kəʊt] *n c* **1** abrigo. **2** piel, pelaje (de animal). **3** capa (de pintura). • **to ~ sth (with)** *tr* **4** cubrir (de).

coat-hanger [ˈkəʊthæŋgər] *n c* percha.

coating [ˈkəʊtɪŋ] *n c* baño, capa fina.

coax [kəʊks] *tr* **to ~ sb into doing sth** convencer a alguien para que haga algo.

cob [kɒb] *n c* → corn.

cobble [ˈkɒbl] *n c* adoquín.

cobblestone [ˈkɒblstəʊn] *n c* adoquín.

cobweb [ˈkɒbweb] *n c & u* telaraña.

cocaine [kəˈkeɪn] *n u* cocaína.

cock [kɒk] *n c* **1** gallo. **2** pájaro macho. • *tr* **3** enderezar (una parte del cuerpo). **4** montar (un arma). ♦ **to ~ up** *GB* (infml) estropear, fastidiar.

cockerel [ˈkɒkrəl] *n c* gallo joven.

cockeyed [ˈkɒkaɪd] *adj* **1** bizco. **2** torcido. **3** demencial (plan).

cockle [ˈkɒkl] *n c* berberecho.

cockney [ˈkɒknɪ] *n c* **1** *persona nacida en el East End de Londres*. • *n u* **2** cockney (dialecto, acento).

cockpit [ˈkɒkpɪt] *n c* **1** cabina del piloto (de un avión). **2** asiento del conductor (de un coche de carreras).

cockroach [ˈkɒkrəʊtʃ] *n c* cucaracha.

cocktail [ˈkɒkteɪl] *n c* cóctel.

cock-up [ˈkɒkʌp] *n c GB* (infml) estropicio, follón.

cocoa [ˈkəʊkəʊ] *n c & u* cacao.

coconut [ˈkəʊkənʌt] *n c & u* coco. ♦ **~ palm** cocotero.

cocoon [kəˈkuːn] *n c* ZOOL capullo.

cod [kɒd] (*pl* **cod** o **cods**) *n c & u* bacalao.

code [kəʊd] *n c* **1** código (gen); prefijo (teléfono). • *tr* **2** codificar.

co-ed [ˌkəʊˈed] *adj* mixto (escuela).

co-education [ˌkəʊedʒʊˈkeɪʃn] *n u* educación mixta.

coefficient [ˌkəʊɪˈfɪʃnt] *n c* coeficiente.

coerce [kəʊˈɜːs] *tr* **to ~ sb (into)** (fml) coaccionar a alguien (para).

coffee [ˈkɒfɪ y EE UU ˈkɔːfɪ] *n c & u* **1** café (bebida, planta). • *adj* **2** color café. ♦ **~ bean** grano de café; **~ grinder** molinillo de café; **~ shop** *EE UU* cafetería.

coffee-bar [ˈkɒfɪbɑːr] *n c GB* cafetería.
coffee-break [ˈkɒfɪbreɪk] *n c pausa para tomar un café.*
coffee-mill [ˈkɒfɪmɪl] *n c* molinillo de café.
coffeepot [ˈkɒfɪpɒt] *n c* cafetera.
coffee-table [ˈkɒfɪteɪbl] *n c* mesita de café.
coffin [ˈkɒfɪn] *n c* ataúd.
cog [kɒg] *n c* diente (de una rueda).
cognac [ˈkɒnjæk] *n c & u* coñac.
coherent [ˌkəʊˈhɪərənt] *adj* **1** coherente (idea). **2** unido (grupo).
coil [kɔɪl] *n c* **1** rollo (de cuerda o cable). **2** rizo (del pelo). **3** espiral (de humo). **4** ELEC bobina. **5** MED DIU (dispositivo intrauterino). • *tr* **6** enroscar.
coin [kɔɪn] *n c* **1** moneda. • *tr* **2** acuñar.
coinage [ˈkɔɪnɪdʒ] *n u* moneda.
coincide [ˌkəʊɪnˈsaɪd] *intr* coincidir.
coincidence [kəʊˈɪnsɪdəns] *n c & u* coincidencia.
coke [kəʊk] *n u* **1** MIN cok, coque. **2** (infml) coca (droga). **3** (infml) (marca registrada) Coca-Cola (refresco).
cola [ˈkəʊlə] *n c* **1** BOT cola. • *n u* **2** cola (bebida).
colander [ˈkʌləndər] *n c* colador.
cold [kəʊld] *adj* **1** frío. • *n u* **2** frío (temperatura). • *n c* **3** MED resfriado. ■ **to catch ~** enfriarse; **to catch a ~** resfriarse.
cold-blooded [ˌkəʊldˈblʌdɪd] *adj* **1** ZOOL de sangre fría (reptiles). **2** (fig) cruel (persona).
colic [ˈkɒlɪk] *n u* MED cólico.
collaborate [kəˈlæbəreɪt] *intr* colaborar.
collaboration [kəˌlæbəˈreɪʃn] *n u* colaboración.
collapse [kəˈlæps] *n u* **1** derrumbamiento (edificio, puente, economía). **2** agotamiento (físico). **3** fracaso (de una institución). **4** MED colapso. • *intr* **5** derrumbarse (edificio, puente, economía). **6** MED sufrir un colapso.
collapsible [kəˈlæpsɪbl] *adj* plegable.
collar [ˈkɒlər] *n c* **1** cuello (de camisa o abrigo). **2** collar (de animal).
collarbone [ˈkɒləbəʊn] *n c* ANAT clavícula.
collate [kəˈleɪt] *tr* cotejar.
collateral [kɒˈlætərəl] *n u* colateral.
colleague [ˈkɒliːg] *n c* colega.
collect [kəˈlekt] *tr* **1** recoger (del suelo). **2** recaudar (dinero). **3** coleccionar (sellos). • *intr* **4** reunirse; acumularse (Amér., gente); acumularse (objetos, polvo). • *adj & adv* **5** *EE UU* a cobro revertido (llamadas telefónicas).
collection [kəˈlekʃn] *n c* **1** colección (sellos, monedas). **2** recogida (del correo). **3** colecta (de dinero); recaudación (de impuestos). **4** grupo (de gente); montón (de cosas).
collective [kəˈlektɪv] *adj* colectivo.
collector [kəˈlektər] *n c* **1** coleccionista (de sellos, monedas). **2** recaudador (de impuestos).
college [ˈkɒlɪdʒ] *n c* **1** instituto, escuela. **2** *GB* colegio universitario. **3** *EE UU* universidad. **4** colegio (de arquitectos).
collide [kəˈlaɪd] *intr* chocar.
collision [kəˈlɪʒn] *n c & u* choque, colisión (coches); enfrentamiento (personas).
colloquial [kəˈləʊkwɪəl] *adj* coloquial.
collude [kəˈluːd] *intr* **to ~ (with)** confabularse (con).
Colombia [kəˈlɒmbɪə] *n sing* Colombia.
Colombian [kəˈlɒmbɪən] *adj & n c* colombiano.
colon [ˈkəʊlən] *n c* **1** ANAT colon. **2** dos puntos (sign).
colonel [ˈkɜːnl] *n c* MIL coronel.
colonial [kəˈləʊnɪəl] *adj* colonial.
colony [ˈkɒlənɪ] (*pl* **colonies**) *n c* colonia.
color *n c & u* → colour.
colored *adj* → coloured.
colorful *adj* → colourful.
coloring *n u* → colouring.
colossal [kəˈlɒsl] *adj* colosal.
colour [ˈkʌlər] (*EE UU* **color**) *n c* **1** color (gen); tinte, colorante (para el pelo). • *n u* **2** color, colorido. • *adj* **3** en color. • *tr* **4** colorear, pintar; teñir (el pelo). • *intr* **5** enrojecer. ◆ **~ scheme** combinación de colores.
colour-bar [ˈkʌləbɑːr] *n sing* discriminación racial.
colour-blind [ˈkʌləblaɪnd] *adj* daltónico.
coloured [ˈkʌləd] (*EE UU* **colored**) *adj* **1** de color (no blanco). • *n c* **2** negro, de color (persona); mestizo (en Suráfrica).
colourful [ˈkʌləfl] (*EE UU* **colorful**) *adj* **1** lleno de color (gen). **2** excéntrico (personalidad).

colouring [ˈkʌlərɪŋ] (*EE UU* **coloring**) *n u* **1** colorido (de algo). **2** colorante (ropa, pelo). • *n sing* **3** color, coloración (de la piel, el pelo).
colt [kəʊlt] *n c* potro.
column [ˈkɒləm] *n c* columna.
columnist [ˈkɒləmnɪst] *n c* columnista.
coma [ˈkəʊmə] *n c* MED coma.
comb [kəʊm] *n c* **1** peine. • *tr* **2** peinar.
combat [ˈkɒmbæt] *n c & u* **1** combate. • *tr* **2** combatir.
combination [ˌkɒmbɪˈneɪʃn] *n c & u* combinación.
combine [ˈkɒmbaɪn] *n c* asociación. ◆ ~ **harvester** AGR cosechadora.
combine [kəmˈbaɪn] *tr* **1** combinar (gen); unir (dos empresas); reunir (cualidades). • *intr* **2** combinarse (sustancias); unirse (dos empresas).
come [kʌm] (*pt* **came**, *pp* **come**) *intr* **1** venir (gen). **2** llegar. **3** ir. **to ~ to 4** ocurrirse (idea, plan). **to ~ into 5** aparecer ante. ◆ **to ~ about** surgir (problema); **to ~ across** tropezarse con, encontrarse (algo o alguien); causar una cierta impresión; **to ~ apart** deshacerse; **to ~ back** volver, retornar; devolverse (Amér.); volver a; replicar; **to ~ by** conseguir; **to ~ down** bajar (gen); caer (lluvia); desplomarse (edificio); **to ~ forward** presentarse voluntario; **to ~ from** proceder de; **to ~ in** entrar; **to ~ in for** ser el blanco de, recibir (críticas, insultos); **to ~ into sth** heredar; **to ~ off** caerse de; quitarse (una mancha); desprenderse (físicamente); ocurrir; salir bien (una fiesta); **to ~ on** desarrollarse, progresar (trabajo, alumno); empezar (lluvia, enfermedad); **to ~ out** salir (gen), salir a la luz (un secreto); publicarse (un libro); quitarse (una mancha); declararse en huelga; **to ~ out for/against** declararse a favor/en contra de; **to ~ over** ocurrir; **to ~ round** recuperar el conocimiento; **to ~ through** pasar por, sufrir (una situación difícil); **to ~ to** volver en sí (tras un desmayo); **to ~ under** ser competencia de (legalmente); sufrir (insultos); **to ~ up** salir (el sol, la luna); mencionarse (en una conversación); surgir (problema); **to ~ up against** toparse con (un problema); **to ~ up with** sugerir, proponer (plan); aportar (dinero). ■ **come on** venga, vamos, ánimo.
comeback [ˈkʌmbæk] *n c* **1** reaparición (de actor, cantante). **2** (infml) respuesta, réplica (a una acusación). ■ **to make/stage a ~** volver al candelero, volver a luz pública (actor).
comedian [kəˈmiːdɪən] *n c* cómico, humorista.
comedown [ˈkʌmdaʊn] *n sing* (infml) revés.
comedy [ˈkɒmədɪ] *n c & u* comedia.
comet [ˈkɒmɪt] *n c* ASTR cometa.
come-uppance [kʌmˈʌpəns] *n sing* (infml) castigo merecido.
comfort [ˈkʌmfət] *n u* **1** comodidad, confort (físico). • *n c & u* **2** consuelo. • **comforts** *n pl* **3** comodidades. • *tr* **4** consolar.
comfortable [ˈkʌmftəbl y EE UU ˈkʌmfərtəbl] *adj* **1** cómodo (silla, zapatos). **2** holgado (nivel de vida).
comic [ˈkɒmɪk] *adj* **1** cómico, divertido. • *n c* **2** cómico, comediante (escritor, actor). **3** *GB* tebeo (para niños); cómic (para adultos).
comical [ˈkɒmɪkl] *adj* cómico.
coming [ˈkʌmɪŋ] *adj* **1** venidero, próximo. • *n c* **2** llegada. ■ **comings and goings** (infml) idas y venidas.
comma [ˈkɒmə] *n c* GRAM coma.
command [kəˈmɑːnd y EE UU kəˈmænd] *n c* **1** orden. **2** COMPUT comando. **3** MIL comando (de un ejército). • *n u* **4** control (de una materia). **5** MIL mando (autoridad). • *tr* **6** mandar, ordenar. **7** merecer. **8** disfrutar de (lugar).
commander [kəˈmɑːndər y EE UU kəˈmændər] *n c* MIL comandante.
commandment [kəˈmɑːndmənt y EE UU ˈmændmənt] *n c* REL mandamiento.
commando [kəˈmɑːndəʊ y EE UU kəˈmændəʊ] (*pl* **commandos** o **commandoes**) *n c* MIL comando.
commemorate [kəˈmeməreɪt] *tr* conmemorar.
commemoration [kəˌmeməˈreɪʃn] *n c & u* conmemoración.
commence [kəˈmens] *tr & intr* (fml) comenzar.
commend [kəˈmend] *tr* **1** alabar (esp. en público). **2** recomendar.
commensurate [kəˈmenʃərət] *adj* ~ **(with)** equivalente (a).

comment ['kɒment] *n c & u* **1** comentario. • *intr* **2** comentar. ▪ **no ~** sin comentarios.
commentary ['kɒməntrɪ y EE UU 'kɒmənterɪ] (*pl* **commentaries**) *n c* **1** reportaje (en TV, radio). **2** nota (en un libro).
commentator ['kɒmenteɪtər] *n c* comentarista.
commerce ['kɒmɜ:s] *n u* comercio.
commercial [kə'mɜ:ʃl] *adj* **1** comercial. • *n c* **2** anuncio (en TV, radio). ♦ **~ artist** publicista; **~ break** pausa para la publicidad.
commiseration [kəˌmɪzə'reɪʃn] *n u* (fml) compasión.
commission [kə'mɪʃn] *n c & u* **1** comisión (económica). • *n c* **2** encargo (de un trabajo). **3** comisión (de estudio, investigadora). • *n u* **4** (fml) ejecución (de un crimen). • *tr* **5** encargar (un trabajo). **6** MIL nombrar (cargos).
commissionaire [kəˌmɪʃə'neər] *n c* portero (de un hotel, cine).
commissioner [kə'mɪʃənər] *n c* jefe (de policía, departamento).
commit [kə'mɪt] (*pt* y *pp* **committed**, *ger* **committing**) *tr* **1** cometer (un crimen). **2** recluir (en un hospital). **3** dedicar (esfuerzos); empeñar (recursos). **to ~ (to) 4** comprometerse (a).
commitment [kə'mɪtmənt] *n c & u* compromiso.
committee [kə'mɪtɪ] *n c* comité.
commodity [kə'mɒdɪtɪ] (*pl* **commodities**) *n c* COM artículo.
common ['kɒmən] *adj* **1** común (gen). **2** (pej) ordinario, vulgar (persona). ♦ **Common Market** Mercado Común; **~ room** sala de reuniones; **~ sense** sentido común.
commonplace ['kɒmənpleɪs] *adj* **1** ordinario (por su frecuencia). • *n c* **2** lugar común (cliché).
commotion [kə'məʊʃn] *n u* tumulto.
communal ['kɒmjʊnl y kə'mju:nl] *adj* **1** común (no privado). **2** comunal (entre grupos diversos).
commune ['kɒmju:n] *n c* comuna.
commune [kə'mju:n] *intr* **to ~ with** comunicarse con (amigos, naturaleza).
communicate [kə'mju:nɪkeɪt] *tr* **1** comunicar (ideas, sentimientos). • **to ~ (with)** *intr* **2** comunicarse (con), relacionarse (con).
communication [kəˌmju:nɪ'keɪʃn] *n u* **1** comunicación. • **comunications** *n pl* **2** comunicaciones.
communion [kə'mju:nɪən] *n u* **1** REL comunión (sacramento). **2** REL comunidad (grupo religioso).
communiqué [kə'mju:nɪkeɪ y EE UU kəˌmju:nə'keɪ] *n c* comunicado.
communism ['kɒmjʊnɪzəm] *n u* comunismo.
communist ['kɒmjʊnɪst] *adj & n c* comunista.
community [kə'mju:nɪtɪ] (*pl* **communities**) *n c & u* comunidad. ♦ **~ charge** contribución urbana; **~ centre** centro social; **~ service** servicio a la comunidad.
commute [kə'mju:t] *intr* **1** *viajar a diario del trabajo a casa y viceversa.* • *tr* **2** conmutar (pena de muerte por prisión).
commuter [kə'mju:tər] *n c persona que tiene que viajar diariamente para ir al trabajo.*
compact [kəm'pækt] *adj* compacto (en un espacio pequeño); conciso (estilo). ♦ **~ disc** compacto, compact disc.
compact ['kɒmpækt] *n c* polvera.
companion [kəm'pænjən] *n c* compañero.
company ['kʌmpənɪ] (*pl* **companies**) *n c & u* compañía.
comparable ['kɒmpərəbl] *adj* comparable.
comparative [kəm'pærətɪv] *adj* **1** relativo (no absoluto). **2** comparativo (estudio). • *n c* **3** GRAM comparativo.
compare [kəm'peər] *tr* **1** comparar. • **~ with** *intr* **2** poder compararse con.
comparison [kəm'pærɪsn] *n c & u* comparación.
compartment [kəm'pɑ:tmənt] *n c* **1** compartimento (de un tren). **2** sección, división (de una caja, cajón).
compass ['kʌmpəs] *n c* brújula. ▪ **a pair of compasses** un compás.
compassion [kəm'pæʃn] *n u* compasión.
compassionate [kəm'pæʃənɪt] *adj* compasivo.
compatible [kəm'pætəbl] *adj* compatible.
compel [kəm'pel] (*pt* y *pp* **compelled**, *ger* **compelling**) *tr* obligar.

compelling [kəm'pelɪŋ] *adj* convincente (argumento).
compensate ['kɒmpenseɪt] *tr* & *intr* compensar.
compensation [ˌkɒmpen'seɪʃn] *n u* **1** indemnización (por daños). • *n c* & *u* **2** compensación (moral o de otro tipo).
compete [kəm'pi:t] *intr* competir.
competence ['kɒmpɪtəns] *n u* capacidad (de una persona para hacer algo).
competent ['kɒmpɪtənt] *adj* competente.
competition [ˌkɒmpə'tɪʃn] *n u* **1** competencia (entre rivales). • *n c* **2** SP competición.
competitive [kəm'petɪtɪv] *adj* competitivo.
competitor [kəm'petɪtər] *n c* **1** SP participante. **2** competidor (comercial).
compile [kəm'paɪl] *tr* **1** recopilar (información). **2** COMPUT compilar.
complacency or **complacence** [kəm'pleɪsnsɪ o kəm'pleɪsns] *n u* (pej) autosatisfacción.
complain [kəm'pleɪn] *intr* **to ~ (about/of)** quejarse (de).
complaint [kəm'pleɪnt] *n c* & *u* **1** queja. **2** JUR demanda.
complement ['kɒmplɪmənt] *n c* **1** complemento. • *tr* **2** complementar.
complementary [ˌkɒmplɪ'mentrɪ] *adj* complementario.
complete [kəm'pli:t] *adj* **1** completo; entero; acabado (un trabajo). • *tr* **2** completar, terminar (un trabajo). **3** rellenar (solicitud)
completely [kəm'pli:tlɪ] *adv* completamente.
completion [kəm'pli:ʃn] *n u* finalización.
complex ['kɒmpleks y EE UU kəm'pleks] *adj* & *n c* complejo.
complexion [kəm'plekʃn] *n c* **1** cutis. **2** (fig) aspecto (de un problema).
complexity [kəm'pleksɪtɪ] *n u* complejidad.
compliant [kəm'plaɪənt] *adj* (fml) obediente, sumiso.
complicate ['kɒmplɪkeɪt] *tr* complicar.
complication [ˌkɒmplɪ'keɪʃn] *n c* complicación.
compliment ['kɒmplɪmənt] *n c* **1** cumplido. • *tr* **2** felicitar, alabar.
complimentary [ˌkɒmplɪ'mentrɪ] *adj* **1** halagador (comentario, crítica). **2** *de regalo como propaganda* (libro, perfume).
comply [kəm'plaɪ] *intr* **to ~ with** obedecer, acatar.
component [kəm'pəʊnənt] *adj* & *n c* componente.
compose [kəm'pəʊz] *tr* **1** componer (música). **2** calmar (el ánimo).
composer [kəm'pəʊzər] *n c* MUS compositor.
composition [ˌkɒmpə'zɪʃn] *n u* composición.
compost ['kɒmpɒst] *n u* compost.
composure [kəm'pəʊʒər] *n u* (fml) serenidad.
compound ['kɒmpaʊnd] *adj* **1** compuesto. • *n c* **2** CHEM, GRAM compuesto.
comprehend [ˌkɒmprɪ'hend] *tr* & *intr* comprender.
comprehension [ˌkɒmprɪ'henʃn] *n u* comprensión.
comprehensive [ˌkɒmprɪ'hensɪv] *adj* amplio.
compress [kəm'pres] *n c* **1** MED compresa. • *tr* **2** compirmir.
comprise [kəm'praɪz] *tr* comprender, incluir (partes constituyentes de algo).
compromise ['kɒmprəmaɪz] *n c* & *u* **1** compromiso (verbal o escrito). • *intr* **2** llegar a un acuerdo (verbal o escrito). • *tr* **3** poner en duda (creencias).
compulsion [kəm'pʌlʃn] *n u* **1** obligación. • *n c* **2** deseo irreprimible.
compulsive [kəm'pʌlsɪv] *adj* compulsivo.
compulsory [kəm'pʌlsərɪ] *adj* obligatorio.
computer [kəm'pju:tər] *n c* ordenador; computadora (Amér.).
computer-assisted [kəm'pju:tərəˌsɪstəd] *adj* asistido por ordenador; asistido por computadora (Amér.).
computerize or **computerise** [kəm'pju:təraɪz] *tr* informatizar.
computing [kəm'pju:tɪŋ] *n u* informática; computación (Amér.).
comrade ['kɒmreɪd y EE UU 'kɒmræd] *n c* compañero.
con [kɒn] (*pt* y *pp* **conned**, *ger* **conning**) *tr* **1** (infml) engañar, estafar. • *n c* **2** (infml) timo, engaño. • **cons** *n pl* **3** → pro.

concave [ˈkɒŋkeɪv] *adj* cóncavo.
conceal [kənˈsiːl] *tr* ocultar (hechos); disimular (sentimientos).
concede [kənˈsiːd] *tr* **1** admitir (un error). **2** ceder (propiedades). **3** SP conceder (un gol).
conceit [kənˈsiːt] *n u* vanidad.
conceited [kənˈsiːtɪd] *adj* vanidoso; encolado (Amér.).
conceive [kənˈsiːv] *tr* **1** concebir (idea, hijo); creer. • *intr* **2** quedar embarazada. **to ~ of 3** imaginar.
concentrate [ˈkɒnsntreɪt] *n u* **1** concentrado (sustancia). • *tr* **2** concentrar (la atención). • *intr* **3** concentrarse (un grupo).
concentration [ˌkɒnsnˈtreɪʃn] *n c & u* concentración. ♦ **~ camp** campo de concentración.
concept [ˈkɒnsept] *n c* concepto.
conception [kənˈsepʃn] *n c & u* concepción.
concern [kənˈsɜːn] *n c & u* **1** preocupación (por algo o alguien). • *n c* **2** negocio (empresa). **3** asunto. • *tr* **4** concernir (un asunto a alguien). **5** preocupar (algo a alguien). **6** tratar sobre, versar (libro, película). • **to ~ about** *intr* **7** preocuparse por (una persona). ■ **as far as I am concerned** en lo que a mí respecta.
concerning [kənˈsɜːnɪŋ] *prep* concerniente a, en cuanto a.
concert [ˈkɒnsət] *n c* MUS concierto.
concerted [kənˈsɜːtɪd] *adj* concertado (plan).
concerto [kənˈtʃeətəʊ y kəntʃɜːtəʊ] (*pl* **concertos**) *n c* MUS concierto (pieza musical).
concession [kənˈseʃn] *n c & u* **1** concesión (gen). • *n c* **2** descuento (de tarifa).
conciliatory [kənˈsɪlɪətərɪ y EE UU kənˈsɪlɪətɔːrɪ] *adj* conciliatorio.
concise [kənˈsaɪs] *adj* conciso.
conclude [kənˈkluːd] *intr* **1** concluir (aplicando la lógica). • *tr & intr* **2** concluir (un discurso). • *tr* **3** firmar (un tratado).
conclusion [kənˈkluːʒn] *n c* **1** conclusión (opinión). **2** final.
conclusive [kənˈkluːsɪv] *adj* concluyente.
concoct [kənˈkɒkt] *tr* **1** elaborar (mezclando). **2** tramar, urdir (mentiras).
concoction [kənˈkɒkʃn] *n c & u* mezcla extraña.
concourse [ˈkɒŋkɔːs] *n c* ARCH vestíbulo.
concrete [ˈkɒŋkriːt] *adj* **1** concreto. • *n u* **2** hormigón; concreto (Amér.).
concur [kənˈkɜːr] (*pt* y *pp* **conccurred**, *ger* **concurring**) *intr* **1** (fml) estar de acuerdo. **2** (fml) concurrir (circunstancias, factores).
concussion [kənˈkʌʃn] *n u* MED conmoción cerebral.
condemn [kənˈdem] *tr* condenar.
condensation [ˌkɒndenˈseɪʃn] *n c & u* condensación.
condense [kənˈdens] *tr & intr* condensar(se).
condescending [ˌkɒndɪˈsendɪŋ] *adj* condescendiente.
condition [kənˈdɪʃn] *n c* **1** condición (requisito). **2** enfermedad. • *n u* **3** estado (de salud). • *tr* **4** condicionar (mediante coacción). **5** acondicionar (pelo).
conditional [kənˈdɪʃənl] *adj* **~ (on/upon) 1** condicionado a (otra circunstancia o factor). **2** GRAM condicional.
conditioner [kənˈdɪʃənər] *n c & u* acondicionador (de pelo).
condolence [kənˈdəʊləns] *n u* (normalmente *pl*) pésame, condolencia.
condom [ˈkɒndəm] *n c* condón.
condominium [ˌkɒndəˈmɪnɪəm] *n c* *EE UU* bloque de apartamentos.
condone [kənˈdəʊn] *tr* condonar.
conducive [kənˈdjuːsɪv y EE UU kənˈduːsɪv] *adj* **~ to** favorable a.
conduct [ˈkɒndʌkt] *n u* conducta (esp moral).
conduct [kənˈdʌkt] *tr* **1** guiar (a los visitantes); acompañar (a la puerta); dirigir (una actividad). **2** conducir (electricidad, gas). **3** MUS dirigir (orquesta). • *pron* **4** comportarse (esp. moral). ♦ **conducted tour** excursión con guía.
conductor [kənˈdʌktər] *n c* **1** MUS director (de orquesta). **2** *GB* cobrador (de autobús). **3** *EE UU* revisor (del tren).
conductress [kənˈdʌktrɪs] *n c* *GB* cobradora (autobús).
cone [kəʊn] *n c* **1** GEOM cono. **2** BOT piña. **3** cucurucho (helado).
confectioner [kənˈfekʃnər] *n c* confitero, pastelero.

confectionery [kən'fekʃənərɪ y EE UU kən'fekʃənerɪ] *n u* GAST dulces, repostería.
confer [kən'fɜ:r] (*pt* y *pp* **conferred**, *ger* **conferring**) *intr* **to ~ (with)** consultar (con).
conference ['kɒnfərəns] *n c* congreso, conferencia.
confess [kən'fes] *tr* **1** confesar (gen). • **to ~ to sth** *intr* **2** admitir (un delito). **3** REL confesarse.
confession [kən'feʃn] *n c & u* **1** confesión. • *n c* **2** (fml) declaración.
confetti [kən'fetɪ] *n u* (+ v. sing) confeti.
confide [kən'faɪd] in*tr* **to ~ in** confiar en.
confidence ['kɒnfɪdəns] *n u* **1** confianza (en algo o alguien). • *n c* **2** confidencia. ♦ **~ trick** (fml) timo.
confident ['kɒnfɪdənt] *adj* **1** seguro (de la certeza de algo). **2** seguro de sí mismo.
confidential [ˌkɒnfɪ'denʃl] *adj* **1** confidencial (documento). **2** de confianza (amigo, secretaria).
confine [kən'faɪn] *tr* **1** confinar (en una prisión, psiquiátrico). **to ~ to 2** limitar a, restringir a.
confinement [kən'faɪnmənt] *n u* **1** reclusión. • *n c & u* **2** parto.
confines ['kɒnfaɪnz] *n pl* (fml) confines.
confirm [kən'fɜ:m] *tr* **1** confirmar (gen). **2** ratificar (tratado, opinión).
confirmation [ˌkɒnfə'meɪʃn] *n c & u* confirmación.
confirmed [kən'fɜ:md] *adj* declarado (costumbre); empedernido.
confiscate ['kɒnfɪs'keɪt] *tr* confiscar.
conflict ['kɒnflɪkt] *n c & u* conflicto.
conflict [kən'flɪkt] *intr* **to ~ (with)** chocar (con), entrar en conflicto (con).
conflicting [kən'flɪktɪŋ] *adj* contrario (ideas, intereses).
conform [kən'fɔ:m] *intr* **to ~ to/with 1** obedecer, acatar (la ley). **to ~ to/with 2** ajustarse a (idea, opinión).
confound [kən'faʊnd] *tr* (fml) dejar perplejo.
confront [kən'frʌnt] *tr* **1** afrontar (problema, obligación). **2** enfrentarse (enemigo). **to ~ sb with 3** confrontar (otra persona).
confrontation [ˌkɒnfrʌn'teɪʃn] *n c & u* enfrentamiento.
confuse [kən'fju:z] *tr* **1** confundir (gen). **2** complicar (situación, problema).
confusing [kən'fju:zɪŋ] *adj* desconcertante.
confusion [kən'fju:ʒn] *n u* **1** confusión, desorden; entrevero (Amér., desorden). **2** malentendido. **3** desconcierto.
congeal [kən'dʒi:l] *intr* **1** congelarse. • *tr & intr* **2** cuajar(se), coagular(se) (un líquido).
congested [kən'dʒestɪd] *adj* congestionado.
congestion [kən'dʒestʃən] *n u* congestión.
conglomerate [kən'glɒmərət] *n c* conglomerado.
congratulate [kən'grætʃʊleɪt] *tr* **to ~ sb (on/for) 1** dar la enhorabuena a alguien (por). • **to ~ oneself (on/for)** *pron* **2** estar satisfecho (de) (un logro).
congratulation [kənˌgrætʃʊ'leɪʃn] *n u* felicitación. ■ **congratulations** felicidades.
congregate ['kɒŋgrɪgeɪt] *intr* congregarse.
congress ['kɒŋgres y EE UU 'kɑ:ngrəs] *n c & u* congreso.
congressman ['kɒŋgrəsmən] (*pl* **congressmen**) *n c EE UU* POL congresista.
conifer ['kɒnɪfər y 'kəʊnɪfə] *n c* BOT conífera.
conjunction [kən'dʒʌŋkʃn] *n c* conjunción. ■ **in ~ (with)** conjuntamente (con).
conjunctivitis [kɒŋˌdʒʌŋktɪ'vaɪtɪs] *n u* MED conjuntivitis.
conjure ['kʌndʒər] *tr* **1** (fml) hacer aparecer por arte de magia (con trucos). **to ~ (up) 2** invocar (espíritus). ♦ **to ~ up** evocar (una imagen, un recuerdo).
conjurer or **conjuror** ['kʌndʒərər] *n c* mago, prestidigitador.
conk [kɒŋk] *n c* **1** *GB* (infml) napia. • **to ~ out** *intr* **2** (infml) estropearse.
connect [kə'nekt] *tr* **1** conectar (gen). **to ~ sth (to) 2** unir algo (a) (join). **to ~ (to/with) 3** asociar (con), relacionar (con) (relate). • **to ~ (with)** *intr* **4** enlazar (train, bus).
connection or **connexion** [kə'nekʃn] *n c* **1** conexión (gen). **2** correspondencia, enlace (de tren, avión). **~ (with/to/between) 3** relación (con/entre) (algo o alguien).

connive [kə'naɪv] *intr* **to ~ at** consentir.
connoisseur [ˌkɒnə'sɜ:r] *n c* entendido.
conquer ['kɒŋkər] *tr & intr* **1** conquistar (gen). **2** vencer (obstáculos).
conqueror ['kɒŋkərər] *n c* conquistador.
conquest ['kɒŋkwest] *n c & u* conquista.
conscience ['kɒnʃəns] *n c* conciencia.
conscientious [ˌkɒnʃɪ'enʃəs] *adj* concienzudo.
conscious ['kɒnʃəs] *adj* **1** consciente (gen). **2** deliberado (con intención).
consciousness ['kɒnʃəsnɪs] *n u* **1** conciencia (de la realidad). **2** MED conocimiento. ■ **to lose ~** desmayarse; **to regain ~** volver en sí.
conscript ['kɒnscrɪpt] *n c* MIL recluta.
conscription [kən'skrɪpʃn] *n u* MIL reclutamiento.
consecutive [kən'sekjʊtɪv] *adj* consecutivo.
consensus [kən'sensəs] *n u* consenso.
consent [kən'sent] *n u* **1** permiso (de un superior, de los padres). **2** acuerdo. ● **to ~ to/+ inf** *intr* **3** consentir en.
consequence ['kɒnsɪkwəns y EE UU 'kɒnsɪkwens] *n c* consecuencia. ■ **in ~** por consiguiente.
conservation [ˌkɒnsə'veɪʃn] *n u* **1** conservación (animales, edificios). **2** ahorro (de energía).
conservative [kən'sɜ:vətɪv] *adj & n c* **1** POL conservador (gustos, costumbres). ● *adj* **2** prudente.
conservatory [kən'sɜ:vətrɪ y EE UU kən'sɜ:vətɔ:rɪ] *n c* **1** invernadero (para plantas). **2** MUS conservatorio.
conserve ['kɒnsɜ:v] *n u* GAST compota.
conserve [kən'sɜ:v] *tr* conservar.
consider [kən'sɪdər] *tr* **1** considerar (un asunto, problema). **2** reflexionar. **3** debatir (en una reunión). **4** examinar (física e intelectualmente). **to ~ + ger/noun 5** tener en cuenta (posibilidad). ● *pron* **6** considerarse (a uno mismo).
considerable [kən'sɪdərəbl] *adj* considerable.
considerate [kən'sɪdərɪt] *adj* considerado.
consideration [kənˌsɪdə'reɪʃn] *n u* consideración.
considering [kən'sɪdrɪŋ] *conj* teniendo en cuenta que.
consign [kən'saɪn] *tr* **to ~ sb/sth to 1** relegar alguien/algo a (un segundo plano). **2** enviar (mercancías).
consignment [kən'saɪnmənt] *n c* (fml) envío (de mercancías).
consist [kən'sɪst] *intr* **to ~ in 1** consistir en (para explicar la esencia de algo). **to ~ of 2** constar de (composición de algo).
consistency [kən'sɪstənsɪ] *n u* **1** consistencia (material). **2** coherencia (opiniones).
consistent [kən'sɪstənt] *adj* **1** constante (que no cambia). **~ (with) 2** consecuente (con) (explicación, comportamiento).
consolation [ˌkɒnsə'leɪʃn] *n c & u* consuelo.
console ['kɒnsəʊl] *n c* **1** COMPUT consola. **2** MEC panel de instrumentos.
console [kən'səʊl] *tr* consolar.
consonant ['kɒnsənənt] *n c* consonante.
conspicuous [kən'spɪkjʊəs] *adj* llamativo.
conspiracy [kən'spɪrəsɪ] *n c & u* conspiración.
conspire [kən'spaɪər] *intr* conspirar.
constable ['kʌnstəbl y EE UU 'kɒnstəbl] *n c* agente de policía.
constabulary [kən'stæbjʊlərɪ y EE UU kən'stæbjʊlerɪ] (*pl* **constabularies**) *n c* policía local.
constant ['kɒnstənt] *adj* constante.
constellation [ˌkɒnstə'leɪʃn] *n c* ASTR constelación.
consternation [ˌkɒnstə'neɪʃn] *n u* consternación.
constipated ['kɒnstɪpeɪtɪd] *adj* estreñido.
constipation [ˌkɒnstɪ'peɪʃn] *n u* MED estreñimiento.
constituency [kən'stɪtjʊənsɪ] (*pl* **constituencies**) *n c* POL distrito electoral.
constituent [kən'stɪtjʊənt] *adj* **1** constituyente. ● *n c* **2** POL votante. **3** componente (sustancia).
constitute ['kɒnstɪtju:t] *tr* constituir.
constitution [ˌkɒnstɪ'tju:ʃn y EE UU kɒnstɪ'tu:ʃn] *n c* constitución.
constraint [kən'streɪnt] *n u* **1** coacción. ● **~ (on/of)** *n c* **2** limitación (de) (libertad).
construct [kən'strʌkt] *tr* construir.
construction [kən'strʌkʃn] *n c & u* **1** construcción (gen). ● *n c* **2** creación (de cualquier cosa).

constructive [kən'strʌktɪv] *adj* constructivo.
consul ['kɒnsl] *n c* cónsul.
consulate ['kɒnsjʊlət y EE UU 'kɒnsələt] *n c* consulado.
consult [kən'sʌlt] *tr* consultar.
consultant [kən'sʌltənt] *n c* **1** MED especialista hospitalario. **2** COM consultor.
consultation [ˌkɒnsl'teɪʃn] *n c & u* consulta (consejo, reunión).
consume [kən'sju:m y EE UU kən'su:m] *tr* consumir.
consumer [kən'sju:mər y EE UU kən'su:mər] *n c* consumidor. ◆ **~ goods** bienes de consumo; **~ price index** índice de precios al consumo.
consummate [kən'sʌmət] *adj* (fml) consumado (artista).
consummate ['kɒnsəmeɪt] *tr* (fml) consumar (el matrimonio).
contact ['kɒntækt] *n c & u* **1** contacto (físico). ● *n u* **2** (fig) comunicación. ● *n c* **3** ELEC conexión. ◆ **~ lens** lentes de contacto.
contact [kən'tækt y 'kɒntækt] *tr* contactar con.
contagious [kən'teɪdʒəs] *adj* contagioso.
contain [kən'teɪn] *tr* **1** contener (volumen, cantidad). ● *pron* **2** contenerse (ira, risa).
container [kən'teɪnər] *n c* recipiente (gen); contenedor (para transporte).
contaminate [kən'tæmɪneɪt] *tr* contaminar.
contemplate ['kɒntempleɪt] *tr & intr* **1** pensar, reflexionar (sobre algo). **2** proyectar (plan). ● *tr* **3** contemplar (con la vista).
contemporary [kən'temprərɪ y EE UU kən'tempərerɪ] *adj & n c* contemporáneo.
contempt [kən'tempt] *n u* **~ (for) 1** desprecio (por) (algo o alguien). **2** JUR desacato.
contend [kən'tend] *tr* **1** (fml) sostener (idea, argumento). ● **to ~ with/against** *intr* **2** luchar (con/contra) (dificultad). **to ~ with 3** competir (con) (rival).
contender [kən'tendər] *n c* contendiente.
content ['kɒntent] *n c* **1** contenido. ● **contents** *n pl* **2** índice de materias.
content [kən'tent] *adj* **1** contento. ● *n u* **2** (lit) satisfacción. ● *tr* **3** satisfacer. ● **to ~ oneself with** *pron* **4** contentarse con.
contented [kən'tentɪd] *adj* contento, satisfecho.
contention [kən'tenʃn] *n c* **1** (fml) punto de vista. ● *n u* **2** disputa (con argumentos).
contest ['kɒntest] *n c* **1** certamen, concurso. **2** lucha, contienda (por el poder, la victoria).
contest [kən'test] *tr* **1** disputar (la victoria). **2** JUR impugnar.
contestant [kən'testənt] *n c* concursante, participante (en un concurso); candidato (elecciones).
context ['kɒntekst] *n c* contexto.
continent ['kɒntɪnənt] *n c* GEOG continente. ◆ **the Continent** *GB* Europa continental.
continental [ˌkɒntɪ'nentl] *adj* GEOG continental. ◆ **~ breakfast** *GB desayuno a base de café y bollos.*
contingency [kən'tɪndʒənsɪ] *n c* (fml) eventualidad.
continual [kən'tɪnjʊəl] *adj* continuo.
continuation [kənˌtɪnjʊ'eɪʃn] *n u* continuación (en el tiempo); prolongación (en el espacio).
continue [kən'tinju:] *intr* **to ~ + ger/inf 1** continuar (gen). **to ~ + prep 2** seguir (movimiento). ● *tr & intr* **3** durar (una situación). ■ **to be continued** continuará (película).
continuous [kən'tɪnjʊəs] *adj* continuo.
contort [kən'tɔ:t] *tr & intr* retorcer(se) (el cuerpo); demudar(se) (el rostro).
contour ['kɒntʊər] *n c* perfil, contorno (de algo). ◆ **~ line** GEOG curva de nivel; **~ map** GEOG mapa topográfico.
contraband ['kɒntrəbænd] *n u* **1** contrabando. ● *adj* **2** de contrabando.
contraception [ˌkɒntrə'sepʃn] *n u* MED anticoncepción.
contraceptive [ˌkɒntrə'septɪv] *adj & n c* MED anticonceptivo.
contract ['kɒntrækt] *n c* contrato.
contract [kən'trækt] *tr* **1** contraer (músculos, deudas, enfermedad). ● *intr* **2** contraerse (músculos). **3** debilitarse (la economía). **to ~ with/+ inf 4** (fml) contratar (verbalmente o por escrito). ◆ **to ~ out (of)** salirse de un plan; **to ~ out (to)** subcontratar (a).
contraction [kən'trækʃn] *n c* contracción.
contractor [kən'træktər] *n c* contratista.

contradict [ˌkɒntrəˈdɪkt] *tr & pron* contradecir(se).
contradiction [ˌkɒntrəˈdɪkʃn] *n c & u* contradicción.
contrary [ˈkɒntrərɪ y EE UU ˈkɒntrerɪ] *adj* opuesto, contrario. ■ **~ to** en contra de; **on the ~** al contrario.
contrary [kənˈtreərɪ] *adj* (pej) terco, díscolo.
contrast [ˈkɒntrɑːst y EE UU ˈkɒntræst] *n c & u* contraste. ■ **in ~ with/to** a diferencia de.
contrast [kənˈtrɑːst y EE UU kənˈtræst] *tr* **to ~ sb/sth (to/with) 1** contrastar (con). ● *intr* **2** estar en contraste.
contravene [ˌkɒntrəˈviːn] *tr* (fml) contravenir, infringir.
contribute [kənˈtrɪbjuːt] *tr & intr* **to ~ (to/towards) 1** contribuir (a) (gen). **to ~ to 2** escribir para, colaborar con (periódico, revista). ● **to ~ to** *intr* **3** influir en (que algo ocurra).
contribution [ˌkɒntrɪˈbjuːʃn] *n c* **1** contribución (monetaria). **2** colaboración (artículo periodístico).
contributor [kənˈtrɪbjuːtər] *n c* **1** contribuyente (de dinero). **2** colaborador (de periódico o revista).
contrive [kənˈtraɪv] *tr* **1** idear (con ingenio). **2** inventar (máquina, dispositivo). ● **to ~ + inf** *intr* **3** lograr hacer algo.
contrived [kənˈtraɪvd] *adj* (pej) artificioso.
control [kənˈtrəʊl] *n u* **1** control (gen); dominiol (sentimientos). **2** restricciones. ● *n c* **3** (normalmente *pl*) mando (de un vehículo). ● *tr* **4** controlar (gen); dominar (sentimientos, país). **5** verificar (mecanismo, resultados). ● *pron* **6** controlarse (sentimientos). ◆ **~ panel** tablero de instrumentos; **~ tower** AER torre de control. ■ **out of ~** fuera de control; **under ~** bajo control.
controller [kənˈtrəʊlər] *n c* **1 2** FIN interventor (de cuentas). **3** RAD, TV director.
controversial [ˌkɒntrəˈvɜːʃl] *adj* polémico.
controversy [ˈkɒntrəvɜːsɪ y kənˈtrɒvəsɪ] *n c & u* controversia.
convalescence [ˌkɒnvəˈlesns] *n u* convalecencia.
convene [kənˈviːn] *tr* **1** (fml) convocar (una reunión). ● *intr* **2** reunirse; acumularse (Amér.).
convenience [kənˈviːnɪəns] *n u* **1** conveniencia. ● *n c* **2** comodidad. ◆ **~ food** comida preparada (en lata o empaquetada).
convenient [kənˈviːnɪənt] *adj* **1** conveniente. **2** adecuado (posición). **~ for 3** bien situado para (por estar cerca).
convent [ˈkɒnvənt y EE UU ˈkɒnvent] *n c* REL convento.
convention [kənˈvenʃn] *n c & u* **1** costumbre. ● *n c* **2** congreso, convención (de profesionales). **3** POL convención (acuerdo internacional).
conventional [kənˈvenʃənl] *adj* convencional.
converge [kənˈvɜːdʒ] *intr* converger.
conversant [kənˈvɜːsnt] *adj* **~ with** (fml) familiarizado con.
conversation [ˌkɒnvəˈseɪʃn] *n c & u* conversación.
conversational [ˌkɒnvəˈseɪʃənl] *adj* **1** coloquial. **2** hablador.
converse [ˈkɒnvəɜs] *adj* **1** inverso, opuesto. ● **the ~ (of)** *n sing* **2** lo contrario (de).
converse [kənˈvɜːs] *intr* **to ~ (with)** conversar (con); platicar (con) (Amér.).
conversion [kənˈvɜːʃn y EE UU kənˈvɜːrʒn] *n c & u* conversión.
convert [ˈkɒnvɜːt] *n c* REL converso.
convert [kənˈvɜːt] *tr & intr* **1** convertir(se) (gen). ● *tr* **2** SP hacer una transformación (rugby).
convertible [kənˈvɜːtəbl] *adj* **1** adaptable. **2** FIN convertible (moneda). ● *adj & n c* **3** descapotable; convertible (Amér., auto).
convex [ˈkɒnveks] *adj* GEOM convexo.
convey [kənˈveɪ] *tr* **1** transmitir (significado). **2** (fml) transportar.
conveyor [kənˈveɪər] *n c* transportador. ◆ **~ belt** MEC cinta transportadora.
convict [ˈkɒnvɪkt] *n c* JUR convicto.
convict [kənˈvɪkt] *tr* **to ~ sb (of/for)** JUR declarar culpable a alguien de.
conviction [kənˈvɪkʃn] *n c & u* **1** convicción (creencia). **2** JUR condena.
convince [kənˈvɪns] *tr* convencer.
convincing [kənˈvɪnsɪŋ] *adj* convincente.
convoy [ˈkɒnvɔɪ] *n c* convoy.

convulse [kən'vʌls] *intr* (fml) tener convulsiones. ■ **to be convulsed with laughter** desternillarse de risa; **to be convulsed with pain** retorcerse de dolor.

convulsion [kən'vʌlʃn] *n c* convulsión.

coo [ku:] *tr & intr* arrullar (sonido palomas).

cook [kʊk] *n c* **1** cocinero. ● *tr & intr* **2** cocinar. ● *tr* **3** (infml) falsear (cuentas, cifras). ● *intr* **4** (infml) cocerse (trama, complot). ◆ **to ~ up** maquinar.

cookbook ['kʊkbʊk] *n c* recetario.

cooker ['kʊkər] *n c* cocina (electrodoméstico).

cookery ['kʊkərɪ] *n u* cocina (arte). ◆ **~ book** libro de cocina.

cookie ['kʊkɪ] *n c EE UU* galleta.

cooking ['kʊkɪŋ] *n u* **1** cocina (actividad). ● *adj* **2** de cocina (productos).

cool [ku:l] *adj* **1** fresco (temperatura). **2** sereno (de ánimo). **3** indiferente (actitud). ● *tr & intr* **4** enfriar(se) (gen). **5** moderar(se) (sentimientos). ◆ **~ box** nevera portátil; **to ~ down** enfriar(se) (algo); calmar(se); **to ~ off** enfriar(se); perder entusiasmo (por algo).

coop [ku:p] *n c* gallinero. ● **to ~ up** *tr* encerrar.

co-op ['kəʊɒp] *n c* (infml) cooperativa.

cooperate [kəʊ'ɒpəreɪt] *intr* cooperar.

cooperation [kəʊˌɒpə'reɪʃn] *n u* cooperación.

cooperative [kəʊ'ɒpərətɪv] *adj* **1** cooperativo (granja, empresa); conjunto (tentativa, empresa). **2** servicial (carácter). ● *n c* **3** COM cooperativa.

coordinate [kəʊ'ɔ:dɪnət] *n c* **1** MATH (normalmente *pl*) coordenada. ● **coordinates** *n pl* **2** conjunto (ropa).

coordinate [ˌkəʊ'ɔ:dɪneɪt] *tr* coordinar.

coordination [ˌkəʊ'ɔ:dɪneɪʃn] *n u* coordinación.

cop [kɒp] *n c* (infml) poli.

cope [kəʊp] *intr* **to ~ with** hacer frente a (un problema); poder con (trabajo).

copier ['kɒpɪər] *n c* fotocopiadora.

cop-out ['kɒpaʊt] *n c* (infml) escaqueo.

copper ['kɒpər] *n u* **1** CHEM cobre. ● *n c* **2** *GB* (infml) poli.

copse or **coppice** [kɒps o 'kɒpɪs] *n c* bosquecillo.

copy ['kɒpɪ] *n c* **1** copia (de un libro). **2** ejemplar (de revista o periódico). ● *tr* **3** copiar.

copyright ['kɒpɪraɪt] *n c & u* JUR derechos de autor.

coral ['kɒrəl y EE UU 'kɔ:rəl] *n u* **1** BIOL coral.

cord [kɔ:d] *n c & u* **1** cuerda, cordel. ● *n c* **2** ELEC cable. ● *adj* **3** de pana. ■ **a pair of cords** (infml) unos pantalones de pana.

cordiality [ˌkɔ:dɪ'ælɪtɪ y EE UU ˌkɔ:rdʒɪ'ælɪtɪ] *n u* cordialidad.

cordless ['kɔ:dləs] *adj* sin cables. ◆ **~ phone** teléfono inalámbrico.

cordon ['kɔ:dn] *n c* **1** cordón (policial). ● **to ~ off** *tr* **2** acordonar (una zona).

corduroy ['kɔ:dərɔɪ] *n u* pana.

core [kɔ:] *n c* **1** corazón (de la fruta). **2** núcleo (tierra, reactor). ● *n sing* **3** punto esencial (de un asunto). ● *tr* **4** quitar el corazón (de la fruta).

coriander [ˌkɒrɪ'ændər y EE UU ˌkɔ:rɪ'ændər] *n u* BOT cilantro.

cork [kɔ:k] *n c & u* corcho.

corkscrew ['kɔ:kskru:] *n c* sacacorchos.

corn [kɔ:n] *n u* **1** *GB* cereal (grano). **2** *EE UU* maíz. ● *n c* **3** callo (en el pie). ■ **~ on the cob** mazorca de maíz.

cornea ['kɔ:nɪə] *n c* ANAT córnea.

corned beef [ˌkɔ:nd 'bi:f] *n u carne de ternera en lata.*

corner ['kɔ:nər] *n c* **1** esquina, rincón. **2** recodo (carretera). **3** (fig) lugar apartado (campo). **4** SP córner, saque de esquina. ● *tr* **5** acorralar. **6** ECON monopolizar. ● *intr* **7** tomar las curvas (vehículo).

cornerstone ['kɔ:nəstəʊn] *n c* piedra angular.

cornet ['kɔ:nɪt] *n c* **1** MUS corneta. **2** *GB* cucurucho (helado).

cornflake ['kɔ:nfleɪk] *n c* (normalmente *pl*) copo de maíz.

cornflour ['kɔ:nflaʊər] (*EE UU* **cornstarch**) *n u GB* harina de maíz.

cornice ['kɔ:nɪs] *n c* ARCH cornisa.

cornstarch ['kɔ:nstɑ:tʃ] *n u* → cornflour.

corny ['kɔ:nɪ] *adj* **1** (infml, pej) muy visto (chiste). **2** sentimentaloide (música, drama).

coronary ['kɒrənrɪ y EE UU 'kɔ:rənerɪ] *adj* **1** MED coronario. ● *n c* **2** MED ataque al corazón.

coronation [ˌkɒrəˈneɪʃn y EE UU ˌkɔːrəˈneɪʃn] *n c* coronación.
coroner [ˈkɒrənər y EE UU ˈkɔːrənər] *n c* JUR juez de instrucción.
corporal [ˈkɔːpərəl] *adj* **1** corporal. • *n c* **2** MIL cabo. ♦ ~ **punishment** castigo físico.
corporate [ˈkɔːpərət] *adj* **1** colectivo (de un grupo). **2** COM empresarial (de una corporación).
corporation [ˌkɔːpəˈreɪʃn] *n c* **1** COM gran empresa. **2** POL ayuntamiento.
corps [kɔː, *pl* kɔːz] (*pl* **corps**) *n c* MIL cuerpo.
corpse [kɔːps] *n c* cadáver.
correct [kəˈrekt] *adj* **1** correcto (actuación); acertado (respuesta). **2** educado (comportamiento). **3** apropiado (conducta). • *tr* **4** corregir.
correction [kəˈrekʃn] *n c & u* corrección.
correlation [ˌkɒrəˈleɪʃn y EE UU ˌkɔːrəˈleɪʃn] *n u* correlación.
correspond [ˌkɒrɪˈspɒnd y EE UU ˌkɔːrɪˈspɒnd] *intr* **to ~ (to/with) 1** corresponder (con/a) (por equivalencia, coincidencia). **to ~ (with) 2** mantener correspondencia (con).
correspondence [ˌkɒrɪˈspɒndəns y EE UU ˌkɔːrɪˈspɒndəns] *n u* **1** correspondencia (cartas). • **~ (between/with)** *n c & u* **2** relación entre/con (similitud).
correspondent [ˌkɒrɪˈspɒndənt y EE UU ˌkɔːrɪˈspɒndənt] *n c* corresponsal.
corridor [ˈkɒrɪdɔːr y EE UU ˈkɔːrɪdɔːr] *n c* pasillo.
corroborate [kəˈrɒbəreɪt] *tr* confirmar.
corrode [kəˈrəʊd] *tr & intr* corroer(se).
corrosion [kəˈrəʊʒn] *n u* corrosión.
corrugated [ˈkɒrəgeɪtɪd] *adj* acanalado. ♦ ~ **iron** hierro corrugado.
corrupt [kəˈrʌpt] *adj* **1** corrupto (en cuestiones de dinero). **2** depravado. **3** COMPUT corrupto. • *tr & intr* **4** corromper(se) (dinero). **5** depravar(se) (moralmente). • *intr* **6** corromperse (materia).
corruption [kəˈrʌpʃn] *n u* **1** corrupción (poder, dinero). **2** depravación (moral). **3** BIOL putrefacción.
corset [ˈkɔːsɪt] *n c* corsé, faja.
cortege or **cortège** [kɔːˈteɪʒ] *n c* (+ v. sing/pl) cortejo.
cosh [kɒʃ] *n c* **1** *GB* cachiporra; macana (Amér.). • *tr* **2** *GB* pegar un cachiporrazo.
cosmetic [kɒzˈmetɪk] *n c* **1** (normalmente *pl*) cosmético. • *adj* **2** (fig) superficial (cambio, reforma).
cosmopolitan [ˌkɒzməˈpɒlɪtən] *adj & n c* cosmopolita.
cosmos [ˈkɒzmɒs] *n sing* **the ~** ASTR el cosmos.
cosset [ˈkɒsɪt] *tr* (pej) mimar.
cost [kɒst y EE UU kɔːst] (*pt* y *pp* **cost**) *tr* **1** costar. • *n c* **2** precio (gen). • *n sing* **3** coste (en vidas humanas). • **costs** *n pl* **4** gastos. **costs 5** JUR costas. ♦ ~ **accountant** ECON contable; ~ **of living** ECON coste de la vida.
co-star [ˈkəʊstɑː] *n c* **1** CIN coprotagonista. **to ~ (with) 2** CIN coprotagonizar (con).
Costa Rica [ˌkɒstəˈriːkə] *n sing* Costa Rica.
Costa Rican [ˌkɒstəˈriːkən] *adj & n c* costarricense, costarriqueño.
cost-effective [ˌkɒstɪˈfektɪv] *adj* FIN rentable.
costly [ˈkɒstlɪ y EE UU ˈkɔːstlɪ] *adj* costoso.
costume [ˈkɒstjuːm y EE UU ˈkɒstuːm] *n c* **1** traje. • *n u* **2** CIN, THEAT vestuario (película). ♦ ~ **jewellery** bisutería.
cosy [ˈkəʊzɪ] (*EE UU* **cozy**) *adj* **1** acogedor, agradable (cosa o persona). **2** íntimo (ambiente). • *n c* **3** protector del calor (de una tetera).
cot [kɒt] *n c* **1** *GB* cuna. **2** *EE UU* cama plegable.
cottage [ˈkɒtɪdʒ] *n c* casa de campo. ♦ ~ **cheese** GAST requesón; ~ **industry** industria artesanal; ~ **pie** *GB* GAST pastel de carne.
cotton [ˈkɒtn] *n u* **1** algodón (planta, material). **2** *GB* hilo de algodón. ♦ ~ **bud** *GB* bastoncillo de algodón; ~ **candy** *EE UU* algodón de azúcar; ~ **swab** *EE UU* bastoncillo de algodón.
cotton wool [ˌkɒtnˈwʊl] *n u* MED algodón hidrófilo.
couch [kaʊtʃ] *n c* **1** sofá, diván; camilla. • **to ~ sth (in)** *tr* **2** expresar algo (en).
couchette [kuːˈʃet] *n c GB* litera.
cough [kɒf y EE UU kɔːf] *n c* **1** tos. • *intr* **2** toser. ♦ ~ **mixture/syrup** jarabe para la tos.

could [kud, [kəd]] (*pt* of **can**) *modal* **1** → can. **2** se usa para expresar permiso o posibilidad: *could I open the window?* = *¿podría abrir la ventana?*

couldn't ['kudnt] *contr* (contr. de *could + not*) → can.

could've ['kudəv] *contr* (contr. de *could + have*) → can.

council ['kaunsl] *n c* **1** consejo (gen). **2** *GB* POL (with sing/pl v) consejo local (de una ciudad). **3** POL junta (organismo rector). ◆ ~ **estate** *viviendas de protección oficial*; ~ **house/flat** vivienda de protección oficia.

councillor ['kaunsələr] (*EE UU* **councilor**) *n c GB* POL concejal.

counsel ['kaunsl] *n u* **1** (fml) consejo. ● *n c* **2** JUR asesor legal.

counsellor ['kaunsələr] (*EE UU* **counselor**) *n c* consejero.

count [kaunt] *n c* **1** cálculo (numérico). **2** punto (aspecto). **3** conde. **4** JUR cargo (acusación). ● *tr & intr* **5** contar (números). ● *tr* **6** incluir. **7** calcular (el coste, el total). ● *intr* **8** tener importancia. **to~ as** **9** considerar como. **to ~ for 10** valer (para atribuir importancia). ◆ **to ~ against** ir en contra de; **to ~ in** contar con; **to ~ on/upon** confiar en.

countable ['kauntəbl] *adj* contable.

countdown ['kauntdaun] *n c* cuenta atrás.

counter ['kauntər] *n c* **1** mostrador (de tienda o banco). **2** ficha (juego de mesa). ● *tr* **3** contradecir (idea, argumento). **to ~ sth (by/with) 4** combatir, oponerse a (una política o similar).

counteract [ˌkauntə'rækt] *tr* contrarrestar.

counter-attack ['kauntərətæk] *n c* **1** contraataque. ● *tr & intr* **2** contraatacar.

counterclockwise [ˌkauntə'klɒkwaɪz] *adj & adv EE UU* en sentido contrario a las agujas del reloj.

counterfeit ['kauntəfɪt] *adj* **1** falsificado, falso. ● *n c* **2** falsificación. ● *tr* **3** falsificar.

counterfoil ['kauntəfɔɪl] *n c* resguardo.

countermand [ˌkauntə'mɑ:nd y EE UU ˌkauntə'mænd] *tr* revocar (una orden).

counterpart ['kauntəpɑ:t] *n c* homólogo.

counter-productive [kauntəprə'dʌktɪv] *adj* contraproducente.

countess ['kauntɪs] *n c* condesa (título nobiliario).

countless ['kauntlɪs] *adj* incontable.

country ['kʌntrɪ] *n c* **1** país, nación. ● **the ~** *n sing* **2** la nación (población). **the ~ 3** el campo (opuesto a la ciudad). ● *n u* **4** terreno (en buenas/malas condiciones). ● *adj* **5** rural, del campo. **6** MUS country.

countryman ['kʌntrɪmən] (*pl* **countrymen**) *n c* **1** compatriota. **2** campesino.

countryside ['kʌntrɪsaɪd] *n u* **1** campo. **2** paisaje.

county ['kauntɪ] *n c* **1** condado. ● *adj* **2** *GB* (infml) pijo, de clase alta.

coup [ku:] *n c* **1** POL golpe de Estado. **2** jugada maestra. ◆ ~ **d'état** POL golpe de Estado.

couple ['kʌpl] *n c* **1** (+ v. sing/pl) pareja (personas); par (de cosas). ● **to ~ sth to/together** *tr* **2** empalmar a, acoplar a (una cosa a otra). **to ~ sth with 3** unir con, asociar con (acción, idea). ■ **a ~ of** un par de; unos pocos (sin especificar número).

coupon ['ku:pɒn] *n c* cupón; boleto (de apuestas).

courage ['kʌrɪdʒ] *n u* coraje, valor.

courageous [kə'reɪdʒəs] *adj* valiente.

courgette [kɔ:'ʒet] *n c GB* BOT calabacín.

courier ['kurɪər] *n c* **1** mensajero. **2** guía (de turismo).

course [kɔ:s] *n c* **1** curso (gen). **2** rumbo, dirección (de un río). **3** plato (de comida). ~ **of 4** MED tratamiento de. **5** SP campo (de golf). **6** SP hipódromo. ● **the ~ of** *n sing* **7** el curso de (la historia). ■ **as a matter of ~** como algo muy normal; **in the ~ of** a lo largo de; **of ~** por supuesto, naturalmente; **of ~ not** claro que no.

court [kɔ:t] *n c* **1** patio. **2** JUR tribunal, juzgado. **3** corte (rey). **4** SP pista, cancha (tenis). ● *tr* **5** exponerse a (un desastre). ■ **to go to ~/to take sb to ~** JUR acudir a los tribunales/llevar a alguien ante los tribunales.

courteous ['kɜ:tɪəs] *adj* atento, cortés.

courtesy ['kɜ:təsɪ] *n u* cortesía. ■ **by ~ of** (fml) gracias a; con permiso de (autor).

courthouse ['kɔ:thaus] *n c EE UU* JUR palacio de justicia.

courtier ['kɔ:tɪər] *n c* HIST cortesano.

court-martial [ˌkɔːtˈmɑːʃl] (*pl* **court-martials** o **courts-martial**) *n c* MIL consejo de guerra.
courtroom [ˈkɔːtrʊm] *n c* JUR sala de tribunal.
courtyard [ˈkɔːtjɑːd] *n c* patio.
cousin [ˈkʌzn] *n c* primo.
cove [kəʊv] *n c* GEOG cala.
covenant [ˈkʌvənənt] *n c* JUR contrato, pacto.
cover [ˈkʌvər] *n c* **1** cubierta (gen). **2** tapa, tapadera (de un piano). **3** funda (para revestir algo). ● *n u* **4** refugio, escondite. ● **the covers** *n pl* **5** la ropa de sobrecama. ● *tr* **6** cubrir (gen). **7** debatir, hablar sobre (un tema). **8** abarcar (diversos aspectos de algo). **9** hacer frente (a los costes). **10** recorrer (una distancia). **to ~ sb (against) 11** cubrir, asegurar a alguien contra (un riesgo). ◆ **~ charge** precio del cubierto (restaurante); **to ~ up** tapar (con algo); encubrir (escándalo). ■ **to take ~** refugiarse, ponerse a cubierto; **under ~** a cubierto, bajo techo (cuando llueve); **under ~ of** al amparo de, al abrigo de.
coverage [ˈkʌvərɪdʒ] *n u* reportaje, cobertura.
covert [ˈkʌvət y EE UU ˈkəʊvɜːrt] *adj* (fml) secreto, furtivo.
cover-up [ˈkʌvərʌp] *n c* encubrimiento.
covet [ˈkʌvɪt] *tr* (fml) codiciar.
cow [kaʊ] *n c* **1** vaca (animal). **2** ZOOL hembra (de animales grandes). **3** (infml) bruja (harpía). ● *tr* **4** acobardar, amedrentar.
coward [ˈkaʊəd] *n c* (pej) cobarde.
cowardly [ˈkaʊədlɪ] *adj* (pej) cobarde.
cowboy [ˈkaʊbɔɪ] *n c* vaquero.
cox or **coxswain** [kɒks o ˈkɒksən] *n c* NAUT timonel.
coy [kɔɪ] *adj* **1** tímido. **2** evasivo (dando respuestas).
coyote [kɔɪˈəʊtɪ y EE UU ˈkaɪəʊt] *n c* ZOOL coyote.
cozy *adj* → cosy.
crab [kræb] *n c & u* cangrejo.
crack [kræk] *n c* **1** raja, grieta (en una pared). **2** chasquido, crujido (sonido). **3** (infml) chiste. **~ (at) 4** (infml) intento (de). ● *tr & intr* **5** agrietar(se) (material). **6** crujir (nudillos, rama). ● *tr* **7** romper (una nuez o huevo). **8** darse un golpe con (accidentalmente). **9** descifrar (código). **10** (infml) solucionar (problemas). ● *intr* **11** trastornarse (persona). ● *adj* **12** de primera, excelente. ◆ **to ~ down (on)** reprimir con fuerza; **to ~ up** desmoronarse, perder los nervios. ■ **to have a ~ at** (infml) probar, intentar.
cracker [ˈkrækər] *n c* **1** GAST galletita salada. **2** petardo. **3** *GB* (infml) maravilla, belleza (mujer). ● **crackers** *n pl* **4** *GB* (infml) chiflado.
crackle [ˈkrækl] *n c & u* **1** chisporroteo. ● *intr* **2** chisporrotear.
cradle [ˈkreɪdl] *n c* **1** cuna (para bebé).
craft [krɑːft y EE UU kræft] *n c* **1** trabajo manual (esp. artesano). **2** ocupación, trabajo. **3** nave, embarcación (barco, avión). ● *n u* **4** destreza manual.
craftsman [ˈkrɑːftsmən y EE UU ˈkræftsmən] (*pl* **craftsmen**) *n c* artesano.
craftsmanship [ˈkrɑːftsmənʃɪp y EE UU ˈkræftsmənʃɪp] *n u* **1** artesanía. **2** acabado (de un diseño).
craftsmen [ˈkrɑːftsmən y EE UU ˈkræftsmən] *n pl* → craftsman.
crafty [ˈkrɑːftɪ y EE UU kræftɪ] *adj* (pej) astuto.
crag [kræg] *n c* GEOG despeñadero.
cram [kræm] (*pt* y *pp* **crammed**, *ger* **cramming**) *tr* **1** llenar hasta arriba, atestar (un armario, un cajón). ● **to ~ (for)** *intr* **2** (infml) empollar (para).
cramp [kræmp] *n c & u* **1** calambre. ● *tr* **2** coartar, limitar (libertad).
crane [kreɪn] *n c* **1** ZOOL grulla. **2** MEC grúa. ● *tr & intr* **3** estirar(se) (cuello, cabeza).
crank [kræŋk] *n c* **1** (pej) maniático (persona). **2** MEC manivela.
crankshaft [ˈkræŋkʃɑːft] *n c* MEC cigüeñal.
crap [kræp] *n u* (vulg) mierda.
crash [kræʃ] *n c* **1** choque, colisión (accidente). **2** estrépito (ruido). **3** estruendo (de un trueno). **4** COM quiebra. ● *tr* **5** estrellar (un vehículo). **6** (infml) colarse en (una fiesta). ● **to ~ (into)** *intr* **7** estrellarse (contra), chocar (contra). **8** armar estruendo (volumen de la música). **to ~ to 9** caer con fuerza y estrépito. **10** COM hundirse (una empresa). **11** COMPUT colgarse. ◆ **~ course (in)** curso intensivo (en); **~ helmet** casco protector.

crash-landing [ˌkræʃˈlændɪŋ] *n c* AER aterrizaje de emergencia.
crass [kræs] *adj* **1** (fml, pej) craso (ignorancia, estupidez). **2** (fml, pej) estúpido, insensato (persona).
crate [kreɪt] *n c* **1** caja de madera, cajón de embalaje; caja (de botellas). • *tr* **2** embalar.
crater [ˈkreɪtər] *n c* GEOL cráter.
cravat [krəˈvæt] *n c* fular, pañuelo de cuello (para hombre).
crave [kreɪv] *tr & intr* **to ~ (for)** ansiar, anhelar.
crawl [krɔːl] *n sing* **a ~ 1** (fig) un paso de tortuga. **2** SP crol (estilo de natación). • *intr* **3** andar a gatas (un bebé). **4** arrastrarse (insecto, persona). **5** andar a paso de tortuga. **to ~ (to) 6** (pej, infml) hacer la pelota (a).
crayfish [ˈkrefɪʃ] *n c* ZOOL ástaco, cangrejo de río.
crayon [ˈkreɪən] *n c & u* lápiz de cera.
craze [kreɪz] *n c* furor, moda (pasajera).
crazy [ˈkreɪzɪ] *adj* **1** loco. **~ about 2** loco por (algo o alguien).
creak [kriːk] *n c* **1** chirrido. • *tr & intr* **2** rechinar, chirriar.
cream [kriːm] *n u* **1** nata, crema (de leche). **2** crema, loción (cutánea). **3** crema (color). • **the ~ (of)** *n sing* **4** (fig) la flor y nata (élite). • *adj* **5** de color crema. ♦ **~ cake** GAST pastel de nata, bollo con crema; **~ cheese** GAST queso blanco para untar; **~ cracker** GAST galleta salada.
creamy [ˈkriːmɪ] *adj* cremoso.
crease [kriːs] *n c* **1** raya (de pantalón). • **creases** *n pl* **2** arrugas (en la cara). • *tr & intr* **3** arrugar(se). • *intr* **4** fruncir (frente). **to ~ (up) 5** (infml) hacer reír.
create [kriːˈeɪt] *tr* crear.
creation [kriːˈeɪʃn] *n u* creación, producción.
creative [kriːˈeɪtɪv] *adj* creativo. ♦ **~ writing** redacciones.
creature [ˈkriːtʃər] *n c* criatura.
creche or **crèche** [kreɪʃ] *n c GB* jardín de infancia.
credence [ˈkriːdns] *n u* (fml) crédito, credibilidad.
credentials [krɪˈdenʃlz] *n pl* credenciales.
credibility [ˌkredəˈbɪlɪtɪ] *n u* credibilidad.
credit [ˈkredɪt] *n c & u* **1** crédito (gen). • **~ (for)** *n u* **2** fama (por) (un logro). **3** credibilidad (política). • *n c* **4** FIN saldo. • *tr* **5** creer, dar crédito a (lo que alguien dice). **to ~ sb with 6** atribuir: *these savages credit us with all sorts of powers = estos salvajes nos atribuyen el mérito de tener todo tipo de poderes.* **to ~ (to/with) 7** FIN abonar. ♦ **~ account** FIN cuenta de crédito; **~ card** FIN tarjeta de crédito; **~ note** FIN pagaré. ■ **a ~ to** un orgullo para; **in ~** FIN con superávit; **on ~** a crédito, a plazos; **to be credited with/to** atribuirsele (una acción); **to give sb ~ for** reconocer el mérito a alguien.
creditor [ˈkredɪtər] *n c* COM acreedor.
creed [kriːd] *n c* credo.
creek [kriːk] *n c* **1** *GB* cala, ensenada. **2** *EE UU* riachuelo.
creep [kriːp] (*pt* y *pp* **crept**) *intr* **1** deslizarse, arrastrarse (sigilosamente). **to ~ up 2** trepar (plantas). • *n c* **3** (infml) cobista, pelotillero.
creeper [ˈkriːpər] *n c* BOT planta trepadora.
creepy [ˈkriːpɪ] *adj* (infml) tétrico, horripilante.
creepy-crawly [ˌkriːpɪˈkrɔːlɪ] *n c* (infml) bicho, insecto.
cremate [krɪˈmeɪt] *tr* incinerar.
crematorium [ˌkreməˈtɔːrɪəm, *pl irreg* ˌkreməˈtɔːrɪə] (*pl* **crematoriums** o **crematoria**) *n c* (horno) crematorio.
crepe [kreɪp] *n u* **1** crespón (tejido). **2** crepé (en zapatos). **3** GAST crepe. ♦ **~ bandage** *GB* venda de gasa; **~ paper** papel seda.
crept [krept] *pt & pp* → creep.
crescent [ˈkresnt] *adj* **1** creciente (luna). • *n c* **2** *calle semicircular.*
cress [kres] *n u* BOT berro.
crest [krest] *n c* **1** cresta (pájaro, ola). **2** cima, cumbre (promontorio).
crestfallen [ˈkrestfɔːlən] *adj* abatido.
cretin [ˈkretɪn y EE UU ˈkriːtn] *n c* (vulg) cretino.
crevasse [krɪˈvæs] *n c* GEOL grieta.
crevice [ˈkrevɪs] *n c* grieta rocosa.
crew [kruː] *n c* **1** (+ v. sing/pl) tripulación (de barco, avión). **2** equipo técnico (de especialistas). **3** (pej) pandilla. ♦ **~ cut** corte de pelo a cepillo.
crib [krɪb] (*pt* y *pp* **cribbed**, *ger* **cribbing**) *tr & intr* **1** (pej) plagiar. • **~ (from)**

n c **2** plagio (de). **3** pesebre (Navidad). **4** *EE UU* cuna (de bebé).
crick [krɪk] *n c* **1** tortícolis. • *tr* **2** causar tortícolis.
cricket [ˈkrɪkɪt] *n u* **1** SP críquet. • *n c* **2** ZOOL grillo.
crime [kraɪm] *n c* & *u* crimen, delito.
criminal [ˈkrɪmɪnl] *adj* **1** criminal. • *n c* **2** criminal, delincuente.
crimson [ˈkrɪmzn] *adj* **1** carmesí (color). **2** rojo, enrojecido (de rabia o vergüenza). • *n u* **3** color carmesí.
cringe [krɪndʒ] *intr* **1** agacharse, recular (con miedo). **2** (fig) encogerse (por vergüenza).
crinkle [ˈkrɪŋkl] *tr* & *intr* arrugar(se) un poco.
cripple [ˈkrɪpl] *n c* **1** lisiado. • *tr* **2** lisiar, dejar inválido (persona). **3** (fml, lit) incapacitar, paralizar (organización, país).
crisis [ˈkraɪsɪs, *pl* ˈkraɪsiːz] (*pl* **crises**) *n c* & *u* crisis.
crisp [krɪsp] *adj* **1** crujiente (bacon); fresco (fruta). **2** sin arrugas (tejido). **3** firme, duro (nieve). **4** vigorizante (clima). **5** sucinto (discurso). **6** (pej) brusco, desconsiderado (persona). • *n c* **7** (normalmente *pl*) patata frita (de bolsa).
criss-cross [ˈkrɪskrɒs y EE UU ˈkrɪskrɔːs] *adj* **1** entrecruzado. • *tr* & *intr* **2** cruzar de un lado a otro.
criterion [kraɪˈtɪərɪən, *pl* kraɪˈtɪərɪə] (*pl* **criteria**) *n c* criterio.
critic [ˈkrɪtɪk] *n c* crítico.
critical [ˈkrɪtɪkl] *adj* **1** crítico (gen). **2** peligroso, muy grave (enfermedad). ■ **to be ~ (of)** criticar (a).
criticise *tr* → criticize.
criticism [ˈkrɪtɪsɪzəm] *n c* & *u* crítica.
criticize [ˈkrɪtɪsaɪz] *tr* criticar.
croak [krəʊk] *intr* **1** croar (rana); graznar (cuervo). **2** roncar (persona).
Croat [ˈkrəʊæt] *adj* & *n c* croata.
Croatia [krəʊˈeɪʃə] *n sing* Croacia.
Croatian [krəʊˈeɪʃn] *adj* & *n c* **1** → Croat. • *n u* **2** croata (idioma).
crochet [ˈkrəʊʃeɪ y EE UU krəʊˈʃeɪ] *n u* ganchillo.
croci [ˈkrəʊkaɪ] *n pl* → crocus.
crockery [ˈkrɒkərɪ] *n u* loza, vajilla.
crocodile [ˈkrɒkədaɪl] *n c* ZOOL cocodrilo.
crocus [ˈkrəʊkəs] (*pl* **crocuses** o **croci**) *n c* BOT azafrán.
croissant [ˈkrwʌsɑŋ y EE UU ˈkrʌsɑŋ] *n c* croissant, cruasán.
crony [ˈkrəʊnɪ] *n c* (infml, pej) amigote.
crook [krʊk] *n c* **1** (infml) maleante, ladrón. **2** báculo (de obispo); cayado (de pastor).
crooked [ˈkrʊkɪd] *adj* **1** sinuoso (camino); encorvado (espalda). **2** torcido (diente, corbata). **3** (infml) deshonesto, corrupto (persona); sucio (pacto).
crop [krɒp] (*pt* y *pp* **cropped**, *ger* **cropping**) *tr* **1** cortar al rape (pelo). **2** pacer (animales). • *n c* **3** AGR cosecha; cultivo (planta). **4** (fig) hornada (grupo de personas). **5** corte de pelo al rape. ◆ **to ~ up** (infml) surgir, aparecer (problema).
croquette [krəʊˈket] *n c* GAST croqueta.
cross [krɒs y EE UU krɔːs] *adj* **1** enfadado, enojado. • *n c* **2** cruz (gen). **3** cruce (de animales, plantas). **~ between 4** mezcla de. • *tr* & *intr* **5** cruzar (gen). **6** entrecruzar(se) (en un punto). • *intr* **7** hacer una travesía (en barca). • *pron* **8** REL santiguarse. ◆ **to ~ off/out** tachar. ■ **to get ~ with** enfadarse con.
crossbar [ˈkrɒsbɑːr y EE UU ˈkrɔːsbɑːr] *n c* **1** larguero (portería de fútbol). **2** barra (de bicicleta).
cross-country [ˌkrɒsˈkʌntrɪ y EE UU ˌkrɔːsˈkʌntrɪ] *adj* & *adv* a campo traviesa. ◆ **~ (race)** SP carrera de cross.
cross-examine [ˌkrɒsɪgˈzæmɪn y EE UU ˌkrɔːsɪgˈzæmɪn] *tr* interrogar.
cross-eyed [ˈkrɒsaɪd y EE UU ˈkrɔːsaɪd] *adj* bizco.
crossfire [ˈkrɒsfaɪər y EE UU ˈkrɔːsfaɪər] *n u* MIL fuego cruzado.
crossing [ˈkrɒsɪŋ y EE UU ˈkrɔːsɪŋ] *n c* **1** cruce (de carreteras); paso a nivel. **2** intersección (esp carretera con vía férrea). **3** MAR travesía.
cross-legged [ˌkrɒsˈlegd y EE UU ˌkrɔːsˈlegd] *adj* & *adv* con las piernas cruzadas.
cross-purposes [ˌkrɒsˈpɜːpəsɪz y EE UU ˌkrɔːsˈpɜːpəsɪz] *n pl* malentendido.
cross-reference [ˌkrɒsˈrefrəns y EE UU ˌkrɔːsˈrefrəns] *n c* remisión, referencia.

crossroads [ˈkrɒsrəʊdz y EE UU ˈkrɔːsrəʊdz] *n pl* cruce de carreteras.
cross-section [ˌkrɒsˈsekʃn y EE UU ˌkrɔːsˈsekʃn] *n c* **1** corte transversal (trazado con lápiz o similar). **~ of 2** muestra representativa de (encuesta).
crosswalk [ˈkrɒswɔːk y EE UU ˈkrɔːswɔːk] *n c EE UU* paso de peatones.
crossways [ˈkrɒsweɪz y EE UU ˈkrɔːsweɪz] *adv* → crosswise.
crosswind [ˈkrɒswɪnd y EE UU ˈkrɔːswɪnd] *n c* viento de costado.
crosswise [ˈkrɒswaɪz y EE UU ˈkrɔːswaɪz] *adv* en diagonal.
crossword (puzzle) [ˈkrɒswɜːdpʌzl y EE UU ˈkrɔːswɜːdpʌzl] *n c* crucigrama.
crotch [krɒtʃ] *n c* entrepierna.
crotchety [ˈkrɒtʃɪtɪ] *adj GB* (infml) refunfuñón.
crouch [kraʊtʃ] *n c* **1** posición de cuclillas. ● *intr* **2** acuclillarse; agazaparse (para esconderse).
crow [krəʊ] *n c* **1** ZOOL cuervo, grajo. ● *intr* **2** cantar (el gallo). **to ~ over/about 3** (infml, pej) darse pisto, vanagloriarse (persona). ◆ **~'s feet** patas de gallo.
crowbar [ˈkrəʊbɑː] *n c* palanca.
crowd [kraʊd] *n c* **1** multitud, muchedumbre; público (estadio de fútbol). **2** pandilla (de amigos). ● *tr* **3** abarrotar (una sala). **to ~ sth in/into 4** meter algo hasta arriba en (un cajón).
crowded [ˈkraʊdɪd] *adj* **~ (with)** abarrotado (de), atestado (de).
crown [kraʊn] *n c* **1** corona (gen). **2** cumbre (de colina). **3** ANAT coronilla. **4** MED corona, funda (de diente). ● *tr* **5** coronar.
crucial [ˈkruːʃl] *adj* crucial.
crucifix [ˈkruːsɪfɪks] *n c* crucifijo.
crucifixion [ˌkruːsɪˈfɪkʃn] *n c & u* crucifixión.
crude [kruːd] *adj* **1** crudo (aceite). **2** tosco, imperfecto (trazo). **3** grosero, basto (persona, comportamiento). ◆ **~ oil** petróleo, crudo.
cruel [ˈkrʊəl] *adj* **~ (to)** cruel (con).
cruelty [ˈkrʊəltɪ] *n u* crueldad.
cruet [ˈkruːɪt] *n c* vinagreras; alcuza (Amér.).
cruise [kruːz] *n c* **1** crucero (por el mar). ● *intr* **2** hacer un crucero (en un barco). **3** ir a velocidad constante (coche, avión).
crumb [krʌmb] *n c* **1** miga, migaja (de pan). **2** migaja, pizca (de información).
crumble [ˈkrʌmbl] *tr & intr* **1** desmenuzar(se), desmigajar(se) (pan). ● *intr* **2** desmoronarse (muro, organización). **3** (fig) derrumbarse, venirse abajo (esperanza, relación).
crumpet [ˈkrʌmpɪt] *n c GB* GAST *bollo tostado.*
crumple [ˈkrʌmpl] *tr & intr* **1** arrugar(se) (ropa); estrujar(se) (papel). ● *intr* **2** desplomarse (emocionalmente).
crunch [krʌntʃ] *n c* **1** crujido. ● *tr* **2** ronzar (con los dientes). **3** hacer crujir (nieve). ● *intr* **4** crujir.
crunchy [ˈkrʌntʃɪ] *adj* crujiente.
crusade [kruːˈseɪd] *n c* cruzada.
crush [krʌʃ] *n c* **1** gentío, muchedumbre. *tr* **2** aplastar (gen). **3** triturar (ajo, grano); picar (hielo); exprimir (uvas). **4** (fig) desolar, dejar destrozado. ● *tr & intr* **5** arrugar(se).
crust [krʌst] *n c & u* corteza (de pan, terrestre); costra (de empanada).
crutch [krʌtʃ] *n c* **1** muleta (para cojo). **2** (fig) sostén, soporte (persona). **3** → crotch.
crux [krʌks] *n sing* **the ~ of** el quid de.
cry [kraɪ] *n c* **1** grito, aullido (de animal). ● *n sing* **2** llanto. ● *intr* **3** llorar. **4** gritar. ◆ **to ~ down** (infml) desacreditar; **to ~ off** (infml) rajarse; **to ~ out** pegar un grito; **to ~ out for** exigir con fuerza.
crystal [ˈkrɪstl] *n u* cristal. ◆ **~ clear** cristalino (idea, argumento); claro como el agua (evidente).
crystalline [ˈkrɪstəlaɪn] *adj* cristalino.
cub [kʌb] *n c* **1** cachorro (de animal). **2** chicho explorador (boy scout).
Cuba [ˈkjuːbə] *n sing* Cuba.
Cuban [ˈkjuːbən] *adj & n c* cubano.
cubby-hole [ˈkʌbɪhəʊl] *n c* cuartito; armario.
cube [kjuːb] *n c* **1** cubo (objeto sólido). **2** terrón (de azúcar); cubito (de hielo). ● *tr* **3** MATH elevar al cubo.
cubic [ˈkjuːbɪk] *adj* GEOM, MATH cúbico.
cubism [ˈkjuːbɪzəm] *n u* ARTS cubismo.
cuckoo [ˈkʊkuː] *adj* **1** (infml) como una cabra. ● *n c* **2** ZOOL cuclillo, cucú. ● *n u* **3** cucú (sonido).

cucumber ['kju:kʌmbər] *n c* BOT pepino.
cuddle ['kʌdl] *n c* **1** abrazo. ● *tr* & *intr* **2** abrazar.
cuddly ['kʌdlɪ] *adj* blando, que da ganas de abrazarlo. ♦ **~ toy** muñeco de peluche.
cue [kju:] *n c* **1** señal, aviso (para hacer algo). **2** taco (de billar). **3** THEAT pie, entrada. ● *tr* **4** dar entrada (actor). ■ **on ~** en el preciso instante.
cuff [kʌf] *n c* **1** puño (de camisa). **2** *EE UU* vuelta, doblez (de los pantalones). **3** cachete. **4** (normalmente *pl*) esposa, grillete. ■ **off the ~** de improviso.
cufflink ['kʌflɪŋk] *n c* gemelo.
cuisine [kwɪ'zi:n] *n u* cocina.
cul-de-sac ['kʌldəsæk] *n c* callejón sin salida.
culinary ['kʌlɪnərɪ y EE UU 'kʌlɪnerɪ] *adj* culinario.
cull [kʌl] *tr* **1** eliminar (animales). **to ~ sth (from) 2** (fml) entresacar (información).
culminate ['kʌlmɪneɪt] *intr* **to ~ in** culminar en.
culmination [ˌkʌlmɪ'neɪʃn] *n sing* **the ~ of** la culminación de.
culottes [kju:'lɒts] *n pl* **(a pair of) ~** falda pantalón.
culpable ['kʌlpəbl] *adj* (fml) culpable.
culprit ['kʌlprɪt] *n c* culpable, reo.
cult [kʌlt] *n c* REL culto.
cultivate ['kʌltɪveɪt] *tr* **1** cultivar (gen). **2** (pej) hacer amistad con (por interés).
cultivated ['kʌltɪveɪtɪd] *adj* **1** cultivada, labrada (tierra). **2** refinado, educado (persona).
cultivation [ˌkʌltɪ'veɪʃn] *n u* cultivo.
cultural ['kʌltʃərəl] *adj* cultural.
culture ['kʌltʃər] *n c* & *u* **1** cultura. **2** BIOL cultivo.
cultured ['kʌltʃəd] *adj* culto.
cumbersome ['kʌmbəsəm] *adj* **1** abultado, voluminoso (paquete); aparatoso (máquina). **2** torpe (proceso).
cumin or **cummin** ['kʌmɪn] *n u* BOT comino.
cunning ['kʌnɪŋ] *adj* **1** (pej) astuto (persona). **2** ingenioso (dispositivo, idea). ● *n u* **3** (pej) astucia.
cup [kʌp] *n c* **1** taza (de café, té). **2** copa, trofeo (premio, galardón). ● *n u* **3** ponche (bebida). ■ **no to be sd's ~ of tea** no ser plato del gusto de alguien.
cupboard ['kʌbəd] *n c* armario, alacena; escaparate (Amér.).
cup-tie ['kʌptaɪ] *n c* SP partido de copa.
curator [kjʊə'reɪtər] *n c* conservador (de museo).
curb [kɜ:b] *n c* **~ (on) 1** freno (a), restricción (de) (emociones, gastos). **2** *EE UU* bordillo (de la acera). ● *tr* **3** contener, refrenar.
curd [kɜ:d] *n c* cuajada. ♦ **~ cheese** *GB* requesón.
curdle ['kɜ:dl] *tr* & *intr* cuajar(se). ■ **to ~ one's blood** helársele a uno la sangre.
cure [kjʊər] *n c* **~ (for) 1** MED cura (para). **~ (for) 2** (fig) remedio (para) (médico). ● *tr* **3** MED curar. **4** (fig) remediar (problema). **5** curar (vicio); curtir (cuero).
cure-all ['kjʊərɔ:l] *n c* panacea.
curfew ['kɜ:fju:] *n c* toque de queda.
curio [kjʊərɪəʊ] (*pl* **curios**) *n c* objeto curioso.
curiosity [ˌkjʊərɪ'ɒsətɪ] *n u* curiosidad.
curious ['kjʊərɪəs] *adj* curioso. ■ **to be ~ about** sentir curiosidad por.
curl *n c* **1** rizo (de pelo). **2** voluta (humo de tabaco). **3** mueca (con la cara). ● *tr* & *intr* **4** rizar(se) (el pelo). **5** enroscar(se) (posición corporal); abarquillarse, curvarse (papel). ♦ **to ~ up** acurrucarse (persona, animal); abarquillarse (papel).
curler ['kɜ:lər] *n c* rulo.
curly ['kɜ:lɪ] *adj* rizado (pelo).
currant ['kʌrənt] *n c* BOT pasa de Corinto.
currency ['kʌrənsɪ] *n c* & *u* **1** FIN moneda. ● *n u* **2** uso general, aceptación (idea). ■ **to gain ~** ganar aceptación (una idea).
current ['kʌrənt] *adj* **1** actual, en curso (año). **2** aceptado, de uso corriente (idea, término). ● *n c* **3** corriente (agua, aire, opinión). **4** ELEC corriente. ♦ **~ account** FIN cuenta corriente; **~ affairs** temas de actualidad.
currently ['kʌrəntlɪ] *adv* actualmente.
curriculum [kə'rɪkjʊləm, *pl irreg* kə'rɪkjʊlə] (*pl* **curriculums** o **curricula**) *n c* currículo, plan de estudios. ♦ **~ vitae** currículum vitae.
curry ['kʌrɪ] *n c* & *u* GAST curry.
curse [kɜ:s] *n c* **1** palabrota, taco. **2** maldición (de brujo). **3** azote (del paro). ● *tr* **4** maldecir. ● *intr* **5** (infml) soltar tacos.

cursive [ˈkɜːsɪv] *adj* cursiva.
cursor [ˈkɜːsər] *n c* COMPUT cursor.
curt [kɜːt] *adj* brusco, seco.
curtail [kɜːˈteɪl] *tr* acortar (visita); reducir (gastos); restringir (libertad).
curtain [ˈkɜːtn] *n c* **1** cortina (de tela). **2** telón (en el teatro).
curtsy or **curtsey** [ˈkɜːtsɪ] *n c* **1** reverencia (sólo mujeres). • **to ~ to** *intr* **2** hacer una reverencia (una mujer).
curve [kɜːv] *n c* **1** curva. • *intr* **2** torcer, hacer una curva (una carretera). **3** curvarse (superficie).
cushion [ˈkʊʃn] *n c* **1** cojín, almohadón (para sofá o cama). **2** parte blanda (de un objeto). **3** amortiguador, colchón (para proteger algo). • *tr* **4** amortiguar.
cushy [ˈkʊʃɪ] *adj* cómodo, fácil (trabajo). ◆ **a ~ number** (infml) un chollo.
custard [ˈkʌstəd] *intr* GAST natillas.
custodian [kʌˈstəʊdɪən] *n c* guarda, guardián.
custody [ˈkʌstədɪ] *n u* JUR custodia. ■ **to take sb into ~** detener a alguien.
custom [ˈkʌstəm] *n c* **1** costumbre (ancestral, local). • *n u* **2** clientela (de una tienda).
customary [ˈkʌstəmərɪ y EE UU ˈkʌstəmerɪ] *adj* acostumbrado.
customer [ˈkʌstəmər] *n c* **1** cliente (de una tienda, banco). **adj + ~ 2** (infml) tipo, sujeto (persona).
customize or **customise** [ˈkʌstəmaɪz] *tr* personalizar.
customs [ˈkʌstəmz] *n u* aduana. ◆ **~ duty** aranceles de aduana.
cut [kʌt] (*pt* y *pp* **cut**, *ger* **cutting**) *tr* & *intr* **1** cortar (gen); cortarse (un dedo). • *tr* **2** afectar: *my words cut him deeply* = *mis palabras le afectaron profundamente*. **3** reducir, recortar (gastos). **4** negar el saludo. **5** echar un diente (un bebé). **6** MUS grabar. • *n c* **7** corte (gen); corte, herida. **8** recorte, reducción (de impuestos, gastos). **9** tajada, trozo (carne). ◆ **to ~ across** atajar, cortar por; **to ~ back** podar; **to ~ back (on)** recortar gastos; **to ~ down** talar (un árbol); **to ~ down (on)** reducir (gastos); **to ~ in** interrumpir; **to ~ off** cortar (pelo); interrumpir (conversación, corriente eléctrica); **to ~ out** recortar (artículo de periódico); cortar (la ropa); calarse (el coche); dejar, abandonar (hábito); **to ~ through** atajar (camino); **to ~ up** cortar, desmenuzar (carne). ■ **to ~ a long story short** para ser breve.
cutback [ˈkʌtbæk] *n c* **~ (in)** reducción (de) (personal).
cute [kuːt] *adj* **1** mono, lindo (atractivo). **2** *EE UU* listo, agudo (de inteligencia).
cutlery [ˈkʌtlərɪ] *n u* cubertería.
cutlet [ˈkʌtlɪt] *n c* GAST chuleta.
cut-out [ˈkʌtaʊt] *n c* **1** recorte (de periódico o revista). **2** cortacircuitos (válvula).
cut-price [ˌkʌtˈpraɪs o EE UU ˌkʌtˈreɪt] (*EE UU* **cut-rate**) *adj EE UU* de oferta.
cut-throat [ˈkʌtθrəʊt] *adj* despiadado (competencia).
cutting [ˈkʌtɪŋ] *adj* **1** sarcástico, mordaz. • *n c* **2** recorte (de periódico o revista). **3** BOT esqueje (de planta).
cuttlefish [ˈkʌtlfɪʃ] (*pl* **cuttlefish** o **cuttlefishes**) *n c* ZOOL sepia, jibia.
CV [siːˈviː] (*abbrev* **curriculum vitae**) *n c* currículum vitae.
cyanide [ˈsaɪənaɪd] *n u* CHEM cianuro.
cybernaut [ˌsaɪbəˈnnɔːt] *n c* cibernauta.
cybernetics [ˌsaɪbəˈnetɪks] *n u* cibernética.
cyberspace [ˈsaɪbəspeɪs] *n u* ciberespacio.
cycle [ˈsaɪkl] *n c* **1** ciclo (de acontecimientos). **2** bicicleta. **3** *EE UU* motocicleta. • *intr* **4** ir en bicicleta. ◆ **~ path** carril-bici; **~ race** SP carrera ciclista.
cyclic or **cyclical** [ˈsaɪklɪk o ˈsaɪklɪkl] *adj* cíclico.
cycling [ˈsaɪklɪŋ] *n u* ciclismo.
cyclist [ˈsaɪklɪst] *n c* ciclista.
cylinder [ˈsɪlɪndər] *n c* **1** cilindro (gen). **2** bombona (de gas).
cynical [ˈsɪnɪkl] *adj* cínico.
cynicism [ˈsɪnɪsɪzəm] *n u* cinismo.
cypher *n c* → cipher.
cypress [ˈsaɪprəs] (*pl* **cypresses**) *n c* BOT ciprés.
Cypriot [ˈsɪprɪət] *adj* & *n c* chipriota.
Cyprus [ˈsaɪprəs] *n sing* Chipre.
cyst [sɪst] *n c* MED quiste.
cystitis [sɪˈstaɪtɪs] *n u* MED cistitis.
czar *n c* → tsar.
Czech [tʃek] *adj* & *n c* **1** checo. • *n u* **2** checo (idioma).
Czech Republic [tʃek rɪˈpʌblɪk] *n sing* **the ~** la República Checa.

Dd

d, D [diː] *n c* **1** d, D (letra). **2** SCH insuficiente, suspenso (nota académica). ● *n c* & *u* **3** MUS re.
'd *contr* → did, had, would.
dab [dæb] (*pt* y *pp* **dabbed**, *ger* **dabbing**) *tr* **to ~ (on) 1** aplicar con toques suaves (crema, pintura). ● **to ~ (at)** *intr* **2** dar toques ligeros. ● *n c* **3** toque ligero (para secarse las lágrimas); pizca (de sal). **4** ZOOL lenguado. ● **dabs** *n pl* **5** *GB* (infml) huellas (dactilares). ◆ **a ~ hand (at)** un manitas (en).
dad or **daddy** [dæd o ˈdædɪ] *n c* (infml) papá.
daffodil [ˈdæfədɪl] *n c* narciso.
daft [dɑːft y EE UU dæft] *adj* **1** *GB* (infml) estúpido. **~ (about) 2** *GB* (fig) chiflado (por).
dagger [ˈdægər] *n c* daga. ■ **at daggers drawn** en desacuerdo total.
dahlia [ˈdeɪlɪə y EE UU ˈdælɪə] *n c* BOT dalia.
daily [ˈdeɪlɪ] *adj* **1** diario: *twice daily* = *dos veces al día*. ● *adv* **2** diariamente. ● *n c* **3** periódico. **4** *GB* (infml) asistenta. ■ **on a ~ basis** cada día.
dainty [ˈdeɪntɪ] *adj* refinado.
dairy [ˈdeərɪ] *n c* **1** lechería (tienda). **2** vaquería (granja). ◆ **~ products** productos lácteos.
daisy [ˈdeɪzɪ] *n c* BOT margarita. ■ **to be pushing up daisies** (hum, infml) estar criando malvas.
dam [dæm] (*pt* y *pp* **dammed**, *ger* **damming**) *tr* **1** embalsar (agua). ● *n c* **2** presa. **3** pantano. **4** madre (de caballo).
damage [ˈdæmɪdʒ] *n u* **1** daño (físico); perjuicio. ● **damages** *n pl* **2** daños y perjuicios. ● *tr* **3** dañar. ■ **what's the ~?** (infml) ¿cuánto te debo?
damn [dæm] *adj* **1** (infml) maldito. ● *adv* **2** (infml) muy. ● *interj* **3** ¡maldita sea! ■ **not to give/care a ~** (infml) importar un bledo.
damned [dæmd] *adj* **1** (infml) maldito, condenado. ● *adv* **2** (infml) muy. ■ **I'll be ~/I'm ~** ¡mecachis!
damp [dæmp] *adj* **1** húmedo. ● *n u* **2** humedad. ● *tr* **3** humedecer. ◆ **to ~ down** moderar (violencia, temperamento); sofocar (fuego).
dance [dɑːns] *n c* & *u* **1** baile. ● *tr* & *intr* **2** bailar (gen). ● *tr* **3** (fig) brincar, saltar. ■ **to ~ attendance on** (infml) hacer la pelota a.
dancer [ˈdɑːnsər] *n c* bailarín.
dancing [ˈdɑːnsɪŋ] *n u* baile.
dandelion [ˈdændɪlaɪən] *n c* BOT diente de león.
dandruff [ˈdændrʌf] *n u* caspa.
Dane [deɪn] *n c* danés (persona).
danger [ˈdeɪndʒər] *n c* & *u* peligro. ◆ **~ signal** señal de peligro. ■ **on the ~ list** en peligro de muerte (un paciente); en vías de desaparición (especies, edificio); **out of ~** fuera de peligro.
dangerous [ˈdeɪndʒərəs] *adj* peligroso.
dangle [ˈdæŋgl] *tr* **1** colgar, suspender (balanceándose). ● *intr* **3** colgar, pender.
Danish [ˈdeɪnɪʃ] *adj* **1** danés. ● *n u* **2** danés (idioma). ◆ **~ pastry** *hojaldre relleno de manzana y almendras*.
dare [deər] *intr* **1** atreverse. ● *tr* **2** desafiar. ■ **don't you ~** no te atrevas; **how ~ you** cómo te atreves.
daring [ˈdeərɪŋ] *adj* **1** atrevido. ● *n u* **2** atrevimiento.
dark [dɑːk] *adj* **1** oscuro (por falta de luz). **2** sombrío, misterioso (lugar, período). **3** triste, sombrío (idea, pensamiento). **4** siniestro, malvado (persona). ● *n u* **5** oscuridad. ◆ **~ glasses** gafas de sol. ■ **before/after ~** antes/después del anochecer; **to be in the ~** no saber nada de.
darken [ˈdɑːkən] *tr* **1** oscurecer. ● *intr* **2** oscurecerse, ensombrecerse.
darkness [ˈdɑːknɪs] *n u* oscuridad.
darling [ˈdɑːlɪŋ] *adj* **1** querido. **2** encantador. ● *n c* **3** querido. **4** favorito (profesor). ◆ **a ~** un encanto.
darn [dɑːn] *n c* **1** zurcido. ● *tr* **2** zurcir. ● *adj* **3** *EE UU* (euph, infml) maldito.

dart [dɑːt] *n c* **1** dardo (misil). **2** sisa (en vestidos). **3** movimiento rápido (hacia adelante, atrás). • **darts** *n u* **4** dardos (juego). • *tr* **5** lanzar (una mirada). • *intr* **6** lanzarse, precipitarse.

dash [dæʃ] *n c* **1** pizca; mirria (Amér., de sal); chorrito, gotas (de líquido, color). **2** pincelada, toque (de pintura). **3** guion (signo de puntuación). **4** raya (código Morse). **5** sprint (carrera). • *tr* **6** destrozar (esperanzas). • *intr* **7** ir a toda velocidad (corriendo). ♦ **to ~ off** garrapatear (escribiendo); marcharse a toda velocidad.

dashboard [ˈdæʃbɔːd] *n c* AUT salpicadero.

data [ˈdeɪtə] *n pl* **1** datos. • *n u* **2** información.

data-bank [ˈdeɪtəbæŋk] *n c* COMPUT banco de datos.

database [ˈdeɪtəbeɪs] *n c* COMPUT base de datos.

data-processing [ˈdeɪtəprəʊsesɪŋ] *n u* COMPUT proceso de datos.

date [deɪt] *n c* **1** fecha. **2** cita (con persona de sexo opuesto). **3** dátil. **4** *EE UU* pareja (persona). • *tr* **5** poner la fecha (a un hallazgo). **6** datar (un edificio, manuscrito). **7** *EE UU* salir con (persona de sexo opuesto). • *intr* **8** pasarse de moda. ♦ **~ of birth** fecha de nacimiento, **to ~ back to** remontarse a (en el tiempo); **to ~ from** datar de. ■ **at a later ~** más adelante; **to ~** hasta la fecha.

dated [ˈdeɪtɪd] *adj* anticuado.

daub [dɔːb] *tr* pintarrajear, embadurnar.

daughter [dɔːtər] *n c* hija.

daughter-in-law [ˈdɔːtərɪnlɔː] *n c* nuera.

daunt [dɔːnt] *tr* atemorizar, intimidar; abatatar (Amér.).

dawn [dɔːn] *n c & u* **1** alba, amanecer. **2** (fig) principio. • *intr* **3** amanecer (salida del sol); nacer (era, período). ♦ **to ~ on/upon** darse cuenta. ■ **from ~ to dusk** de sol a sol.

day [deɪ] *n c* **1** día (período de 24 horas). **2** (fig) día, época (de algo concreto). ♦ **~ care-centre/nursery** guardería; **~ off** día libre; **~ of reckoning** día del juicio final; **~ return** *GB* billete de ida y vuelta para un mismo día; **~ school** escuela sin residencia. ■ **any ~ now** un día de estos; **~ and night/night and ~** día y noche; **~ in, ~ out** un día sí y otro también; **in this ~ and age** en estos tiempos; **to call it a ~** (infml) dejarlo por hoy; **to make one's ~** (infml) dar un alegrón a alguien; **to this ~** hasta el día de hoy.

daybreak [ˈdeɪbreɪk] *n u* amanecer.

daydream [ˈdeɪdriːm] *n c* **1** sueño, ilusión. • **to ~ (about/of)** *intr* **2** fantasear.

daylight [ˈdeɪlaɪt] *n u* luz del día. ♦ **~ robbery** (infml) atraco a mano armada (precio excesivo).

daytime [ˈdeɪtaɪm] *adj* **1** de día. • *n u* **2** día.

day-to-day [ˌdeɪtəˈdeɪ] *adj* cotidiano.

day-trip [ˈdeɪtrɪp] *n c* excursión.

daze [deɪz] *tr* (normalmente *pasiva*) aturdir. ■ **in a ~** aturdido.

dazzle [ˈdæzl] *n u* **1** brillo deslumbrante. **2** (fig) atractivo. • *tr* **3** deslumbrar.

dead [ded] *adj* **1** muerto. **2** insensible, entumecido (pierna, brazo). **3** (infml) agotado, muerto (de cansancio). **4** inactivo, muerto (lugar). **5** descargado (batería de coche); sin línea (teléfono). **6** apagado, opaco (color, sonido). **7** absoluto, completo (silencio). **~ (to) 8** indiferente (a), insensible (a). • *adv* **9** (infml) en punto: *dead on 12 o'clock = a las 12 en punto*. **10** (infml) muy: *dead lucky = muy afortunado*. ♦ **~ heat** SP empate muy ajustado; **the ~** los muertos. ■ **~ to the world** (infml) dormido; **I wouldn't be seen ~** (infml) jamás me dejaría ver (haciendo algo); **in the ~ of night** en plena noche; **in the ~ of winter** en lo más recio del invierno.

deaden [ˈdedn] *tr* amortiguar, aliviar.

dead end [ˈdedend] *n c* **1** callejón sin salida. • *adj* **2** sin salida, sin futuro.

deadline [ˈdedlaɪn] *n c* fecha límite.

deadlock [ˈdedlɒk] *n u* punto muerto.

deadly [ˈdedlɪ] *adj* **1** mortífero (arma, veneno). **2** devastador (comentario). **3** absoluto, completo (aburrimiento). • *adv* **4** (pej) horriblemente. ♦ **~ nightshade** BOT belladona.

deaf [def] *adj* **1** sordo. **~ (to) 2** sordo (a), insensible (a). ♦ **~ and dumb** sordomudo. ■ **to turn a ~ ear** hacer caso omiso.

deaf-mute [ˌdefˈmjuːt] *adj & n c* sordomudo.

deafness [ˈdefnɪs] *n u* sordera.

d

deal [di:l] (*pt* y *pp* **dealt**) *tr* **1** dar (cartas). • *intr* **2** traficar con droga. • *n c* **3** trato, transacción (comercial). **4** contrato, pacto. ♦ **to ~ in** comerciar en; **to ~ out** dar, repartir (cartas); dar, imponer (castigo); **to ~ with** encargarse de (situación); tratar de (libro, película); tener trato con (empresa, persona). ■ **a great/good ~** mucho(s).

dealer ['di:lər] *n c* **1** comerciante. **2** traficante (de drogas). **3** repartidor (de cartas).

dealt [delt] *pt* & *pp* → deal.

dean [di:n] *n c* **1** SCH decano (de universidad). **2** REL deán (eclesiástico).

dear [dɪər] *adj* **1** querido (expresión de afecto). **2** querido, estimado (cartas). **3** caro. **~ (to) 4** preciado (para). • *n c* **5** querido (dirigiéndose a alguien). **6** encanto (persona). ■ **(oh) ~ (me)!** ¡madre mía!; **to cost sb ~** costar caro a alguien.

death [deθ] *n c* & *u* **1** muerte. **2** (fig) fin. ♦ **~ certificate** partida de defunción; **~ penalty** pena de muerte; **~ row** *EE UU* corredor de la muerte; **~ sentence** sentencia a pena de muerte. ■ **at ~'s door** a las puertas de la muerte; **bored to ~** muerto de aburrimiento; **sick to ~** harto de algo; **to be put to ~** ser ejecutado; **to be the ~ of sb** matar a alguien a disgustos; **to catch one's ~ of cold** (infml) morirse de frío.

deathly ['deθlɪ] *adj* mortal (palidez); sepulcral (silencio).

debase [dɪ'beɪs] *tr* **1** degradar. • *pron* **2** degradarse, rebajarse.

debate [dɪ'beɪt] *n c* & *u* **1** debate. • *tr* & *intr* **2** debatir. ■ **in ~** en discusión; **open to ~** discutible.

debilitate [dɪ'bɪlɪteɪt] *tr* debilitar.

debit ['debɪt] *n c* **1** débito, cargo. • *tr* **2** cargar, adeudar (cuenta bancaria).

debris ['deɪbri:] *n u* escombros, restos.

debt [det] *n c* & *u* deuda; dita (Amér.). ♦ **~ collector** cobrador de morosos. ■ **to get into ~** endeudarse; **to be in ~ (to sb)** tener una deuda (con alguien); **to be out of ~** estar libre de deudas.

debtor ['detər] *n c* deudor.

debunk [di:'bʌŋk] *tr* echar por tierra (creencias); desprestigiar (persona, institución).

debut ['deɪbju:] *n c* debut.

decade ['dekeid] *n c* década.

decadence ['dekədəns] *n u* decadencia.

decaffeinated [di:'kæfɪneɪtɪd] *adj* descafeinado.

decapitate [dɪ'kæpɪteɪt] *tr* decapitar.

decathlon [dɪ'kæθlən] *n c* SP decatlón.

decay [dɪ'keɪ] *n u* **1** descomposición, putrefacción (cuerpo, planta). **2** corrupción, decadencia (social). **3** caries. • *intr* **4** pudrirse, descomponerse (cuerpo, planta). **5** corromperse (la sociedad). **6** picarse (diente, muela).

deceased [dɪ'si:sd] *adj* & *n c* (fml) difunto.

deceit [dɪ'si:t] *n u* engaño; chuchada (Amér.).

deceitful [dɪ'si:tfl] *adj* engañoso.

deceive [dɪ'si:v] *tr* **to ~ (into) 1** engañar (para), embaucar (para). • *pron* **2** engañarse.

December [dɪ'sembər] *n c* diciembre.

decency ['di:snsɪ] *n u* **1** decencia. • **decencies** *n pl* **2** (fml) buenos modales.

decent ['di:snt] *adj* **1** decente (gen). **~ of 2** (infml) amable por parte de: *that was decent of him = fue muy gentil de su parte.*

deception [dɪ'sepʃn] *n c* & *u* engaño; chuchada (Amér.).

deceptive [dɪ'septɪv] *adj* engañoso.

decide [dɪ'saɪd] *tr* **to ~ (+ inf) 1** decidir (hacer algo). **to ~ sb (+ inf) 2** persuadir a alguien (para que haga algo). **3** resolver (caso, asunto, polémica). • *intr* **4** decidirse. ♦ **to ~ on/upon** decidirse por.

decided [dɪ'saɪdɪd] *adj* **1** indudable (ventaja, mejoría). **2** claro, rotundo (idea, opinión).

decimal ['desɪml] *adj* & *n c* decimal.

decipher [dɪ'saɪfər] *tr* descifrar.

decision [dɪ'sɪʒn] *n c* **~ on/about 1** decisión (sobre). • *n u* **2** decisión, firmeza.

decisive [dɪ'saɪsɪv] *adj* **1** decisivo (hecho, fase). **2** decidido (persona).

deck [dek] *n c* **1** cubierta (de barco). **2** piso (de autobús, tranvía). **3** baraja (de cartas). **4** *EE UU* entarimado. • **to ~ out** *tr* **5** engalanar (algo); ataviar (a alguien).

deckchair ['dektʃeər] *n c* tumbona.

declaration [ˌdeklə'reɪʃn] *n c* declaración.

declare [dɪ'kleər] *tr* **1** declarar (en la aduana). • *pron* **2** declararse, pronunciarse. ♦ **to ~ against** oponerse a; **to ~ for** estar a favor de.

decline [dɪˈklaɪn] *n c & u* **1** disminución, declive (de poder, cantidad). • *intr* **2** declinar, disminuir (importancia, cantidad). • *tr* **3** (fml) declinar, no aceptar (invitación). ■ **in ~** en decadencia; **on the ~** en declive.

decode [diːˈkəud] *tr* descodificar.

decompose [ˌdiːkəmˈpəuz] *intr* descomponerse.

decor [ˈdeɪkɔːr] *n u* decoración (de una habitación); decorado (del teatro).

decorate [ˈdekəreɪt] *tr* **1** decorar (gen). **2** pintar (un comedor); empapelar (un comedor). **3** condecorar (a un militar).

decoration [ˌdekəˈreɪʃn] *n c & u* **1** decoración, adorno. • *n c* **2** MIL condecoración.

decorator [ˌdekəreɪtər] *n c* pintor (persona); empapelador (persona).

decoy [ˈdiːkɔɪ] *n c* **1** señuelo, reclamo. • *tr* **2** engañar.

decrease [dɪˈkriːs] *n c* **1** disminución. • *tr & intr* **2** disminuir.

decree [dɪˈkriː] *n c* **1** decreto. **2** sentencia. • *tr* **3** decretar.

decrepit [dɪˈkrepɪt] *adj* decrépito.

dedicate [ˈdedɪkeɪt] *tr* **1** dedicar (un libro); consagrar (monumento). • **to ~ oneself to** *pron* **2** dedicarse a.

dedicated [ˈdedɪkeɪtɪd] *adj* **1** entregado (a una actividad). **2** COMPUT *para uso exclusivo como.*

dedication [ˌdedɪˈkeɪʃn] *n u* **1** dedicación. • *n c* **2** dedicatoria (en un libro). **3** consagración (de una iglesia).

deduce [dɪˈdjuːs] *tr* deducir.

deduct [dɪˈdʌkt] *tr* restar.

deduction [dɪˈdʌkʃn] *n c* deducción.

deed [diːd] *n c* **1** obra (buena o mala). **2** hazaña, proeza.

deem [diːm] *tr* (fml) juzgar, considerar.

deep [diːp] *adj* **1** profundo (gen). **2** de profundidad: *the canal is 10 feet deep = el canal tiene 10 pies de profundidad.* **3** grave, serio (problema). **4** intenso (color). **5** profundo, grave (sonido). **6** profundo, insondable (persona). **7** hondo, profundo (suspiro, respiración). • *adv* **8** profundamente. **~ in/into 9** hasta arriba (de). ◆ **~ freeze** congelador. ■ **~ down** en lo más íntimo; **in ~ water** en líos; **~ in thought** ensimismado.

deepen [ˈdiːpən] *tr* **1** ahondar. **2** profundizar en (conocimientos). • *tr & intr* **3** poner(se) grave (voz). • *intr* **4** intensificarse (problema). **5** oscurecerse (luz, color).

deeply [diːplɪ] *adv* profundamente.

deer [dɪər] (*pl* **deer**) *n c* ciervo.

default [dɪˈfɔːlt] *n u* **1** incomparecencia (en un juicio); incumplimiento (de contrato). • **to ~ (in/on)** *intr* **2** no comparecer (en un juicio); incumplir (contrato).

defeat [dɪˈfiːt] *n c & u* **1** derrota. • *tr* **2** derrotar. **3** desesperar (a una persona). **4** frustrar (plan, meta).

defect [ˈdiːfekt] *n c* defecto.

defect [dɪˈfekt] *intr* **to ~ (from/to)** abandonar, desertar.

defection [dɪˈfekʃn] *n c & u* deserción.

defective [dɪˈfektɪv] *adj* defectuoso.

defence [dɪˈfens] (*EE UU* **defense**) *n c & u* **1** defensa (gen). • *n sing* **2** abogado defensor. • **defences** *n c* **3** MIL defensas.

defenceless [dɪˈfenslɪs] (*EE UU* **defenseless**) *adj* indefenso.

defend [dɪˈfend] *tr & pron* defender(se), proteger(se).

defendant [dɪˈfendənt] *n c* JUR acusado.

defender [dɪˈfendər] *n c* **1** defensor (gen). **2** SP defensa.

defensive [dɪˈfensɪv] *adj* defensivo. ■ **on the ~** a la defensiva.

defer [dɪˈfɜːr] (*pt* y *pp* **deferred**, *ger* **deferring**) *tr* **1** diferir, retrasar. • **to ~ to** *intr* **2** someterse a (la opinión o deseo de alguien).

deferred [dɪˈfɜːd] *adj* aplazado. ◆ **~ payment** pago a plazos.

defiance [dɪˈfaɪəns] *n u* provocación, desafío. ■ **in ~ of** como provocación ante.

defiant [dɪˈfaɪənt] *adj* desafiante.

deficiency [dɪˈfɪʃnsɪ] *n c & u* **~ (in) 1** deficiencia (de) (vitaminas). **2** imperfección.

deficient [dɪˈfɪʃnt] *adj* **~ (in) 1** deficiente (en) (vitaminas). **2** (fml) imperfecto (método).

defile [ˈdiːfaɪl] *n c* desfiladero.

define [dɪˈfaɪn] *tr* definir. ■ **to be defined** perfilarse.

definite [ˈdefɪnət] *adj* **1** definitivo. **2** preciso, claro (tarea).

definitely [ˈdefɪnətlɪ] *adv* **1** ciertamente (subrayando una afirmación). **2** por supuesto (en respuestas).

definition [ˌdefɪˈnɪʃn] *n c & u* definición. ■ **by ~** por definición.

definitive [dɪˈfɪnətɪv] *adj* definitivo.
deflate [dɪˈfleɪt] *tr* **1** desinflar (un globo). **2** rebajar, disminuir (la importancia de algo). **3** ECON enfriar. • *intr* **4** desinflarse (globo).
deflect [dɪˈflekt] *tr* **to ~ (from) 1** desviar (de). • *intr* **2** desviarse, apartarse.
deflection [dɪˈflekʃn] *n c & u* desvío.
deforestation [ˌdiːfɒrɪˈsteɪʃn] *tr* desforestación.
deform [dɪˈfɔːm] *tr* deformar.
deformed [dɪˈfɔːmd] *adj* deforme.
deformity [dɪˈfɔːmətɪ] *n c & u* deformidad.
defraud [dɪˈfrɔːd] *tr* **to ~ of** estafar, defraudar.
defrost [ˌdiːˈfrɒst] *tr & intr* descongelar(se).
deft [deft] *adj* hábil, diestro.
defy [dɪˈfaɪ] (*pt* y *pp* **defied**, *ger* **defying**) *tr* **1** desafiar, retar. **2** desobedecer (a la autoridad o la ley). **3** no admitir (descripción o análisis).
degenerate [dɪˈdʒenərət] *adj & n c* (pej) degenerado.
degenerate [dɪˈdʒenəreɪt] *intr* **to ~ (into/to)** degenerar (en).
degeneration [dɪˌdʒenəˈreɪʃn] *n u* degeneración.
degree [dɪˈgriː] *n c* **1** grado (gen). **2** SCH título, licenciatura. ■ **to a/some ~** hasta cierto punto; **by degrees** gradualmente.
dehydrated [ˌdiːhaɪˈdreɪtɪd] *adj* deshidratado.
dehydration [ˌdiːhaɪˈdreɪʃn] *n u* deshidratación.
deify [ˈdiːɪfaɪ] (*pt* y *pp* **deified**, *ger* **deifying**) *tr* (fml) deificar.
deity [ˈdiːɪtɪ] (*pl* **deities**) *n c* deidad.
dejected [dɪˈdʒektɪd] *adj* abatido, desanimado.
delay [dɪˈleɪ] *n c & u* **1** retraso (de tren). • *tr* **2** atrasar (gen). **to ~ + ger 3** retrasar, posponer (algo). • *intr* **4** atrasarse, retardarse (tren). ■ **delayed-action** de acción retardada; **without ~** sin dilación.
delectable [diˈlektəbl] *adj* **1** (fml) delicioso (comida). **2** (fig) atractivo (persona).
delegate [ˈdelɪgət] *n c* delegado.
delegate [ˈdelɪgeɪt] *tr* delegar.
delete [dɪˈliːt] *tr* borrar, suprimir.
deliberate [dɪˈlɪbərɪt] *adj* **1** deliberado. **2** pausado (movimiento).
deliberate [dɪˈlɪbəreɪt] *intr* (fml) deliberar.
delicacy [ˈdelɪkəsɪ] (*pl* **delicacies**) *n u* **1** delicadeza (gen). • *n c* **2** exquisitez, manjar (comida).
delicate [ˈdelɪkɪt] *adj* **1** delicado (gen). **2** sensible (instrumento, objeto). **3** suave (color, sabor).
delicatessen [ˌdelɪkəˈtesn] *n c* charcutería.
delicious [dɪˈlɪʃəs] *adj* **1** delicioso (comida, sabor). **2** (fig) agradable, placentero (persona, día).
delight [dɪˈlaɪt] *n c & u* **1** delicia, placer. • *tr* **2** complacer. • **to ~ in/at** *intr* **3** complacerse en. ■ **to be delighted** estar encantado; **to take (a) ~ (in)** deleitarse (en/con).
delighted [dɪˈlaɪtɪd] *adj* encantado.
delightful [dɪˈlaɪtfl] *adj* encantador.
delinquent [dɪˈlɪŋkwənt] *adj & n c* delincuente.
delirious [dɪˈlɪrɪəs] *adj* **1** delirante. **2** (fig) enfervorizado (multitud); jubiloso.
deliver [dɪˈlɪvər] *tr* **1** repartir, entregar (mercancías, cartas). **2** dar, pronunciar (discurso). **3** traer al mundo (un bebé). **4** (fml) entregar (algo). • *intr* **5** (infml) cumplir, ofrecer resultados. ■ **to ~ the goods** (infml) cumplir lo prometido.
delivery [dɪˈlɪvərɪ] (*pl* **deliveries**) *n c & u* **1** reparto, entrega (mercancías, cartas). **2** parto. • *n u* **3** forma, estilo (de expresión). ◆ **~ note** albarán de entrega; **~ truck** *EE UU* furgoneta de reparto; **~ van** *GB* furgoneta de reparto.
delta [ˈdeltə] *n c* delta.
delude [dɪˈluːd] *tr & pron* engañar(se).
deluge [ˈdeljuːdʒ] *n c* **1** diluvio. **a ~ of 2** (fig) un aluvión de (llamadas). • *tr* **3** inundar. ■ **to be deluged (with)** verse inundado (por/de).
delusion [dɪˈluːʒn] *n c & u* falsa ilusión. ◆ **delusions of grandeur** delirios de grandeza.
demagogy [ˈdeməgɒgɪ] *n u* demagogia.
demand [dɪˈmɑːnd] *n c* **1** exigencia, reclamación. • **~ (for)** *n u* **2** demanda (de) (mercancías, servicios). • *tr* **3** exigir, reclamar. **4** requerir. ■ **in (great) ~** (muy) solicitado.
demanding [dɪˈmɑːndɪŋ] *adj* **1** agotador (tarea). **2** exigente (persona).

demeaning [dɪ'miːnɪŋ] *adj* humillante.
demented [dɪ'mentɪd] *adj* demente, loco.
demilitarize or **demilitarise** [ˌdiː'mɪlɪtəraɪz] *tr* desmilitarizar.
democracy [dɪ'mɒkrəsɪ] (*pl* **democracies**) *n c & u* democracia.
democrat ['deməkræt] *n c* demócrata.
democratic [ˌdemə'krætɪk] *adj* democrático. ◆ **Democratic** *EE UU* demócrata.
demographic [ˌdemə'græfɪk] *adj* demográfico.
demography [dɪ'mɒgrəfɪ] *n u* demografía.
demolish [dɪ'mɒlɪʃ] *tr* **1** demoler, derribar (edificio). **2** (fig) destruir (ideas, creencias).
demolition [ˌdemə'lɪʃn] *n c & u* **1** demolición (de edificio). **2** (fig) refutación demoledora (de ideas, creencias).
demonstrate ['demənstreɪt] *tr* **1** demostrar (con pruebas). **2** hacer una demostración de (funcionamiento de algo). ● *intr* **3** manifestarse.
demonstration [ˌdemən'streɪʃn] *n c* **1** manifestación (política). ● *n c & u* **2** demostración (con pruebas).
demonstrator ['demənstreɪtər] *n c* **1** POL manifestante. **2** vendedor (demostrando el uso de algo).
demoralize or **demoralise** [dɪ'mɒrəlaɪz] *tr* desmoralizar.
demure [dɪ'mjʊər] *adj* recatado (esp mujeres y niños).
den [den] *n c* **1** madriguera, guarida (de animal). **2** (infml) cuarto de trabajo
denial [dɪ'naɪəl] *n c & u* **1** negativa. **2** denegación (de un derecho).
denigrate ['denɪgreɪt] *tr* denigrar.
denim ['denɪm] *n u* **1** tela vaquera. ● **denims** *n pl* **2** pantalones vaqueros.
Denmark ['denmɑːk] *n sing* Dinamarca.
denomination [dɪˌnɒmɪ'neɪʃn] *n c* REL confesión, religión.
denote [dɪ'nəʊt] *tr* denotar.
denounce [dɪ'naʊns] *tr* denunciar.
dense [dens] *adj* **1** denso, espeso (gen). **2** (infml) bobo.
density ['densətɪ] (*pl* **densities**) *n c* densidad.
dent [dent] *n c* **1** abolladura. ● *tr* **2** abollar (un vehículo).
dentist ['dentɪst] *n c* dentista. ◆ **the ~'s** la consulta del dentista.
dentures ['dentʃəs] *n pl* dentadura postiza.
deny [dɪ'naɪ] (*pt* y *pp* **denied**) *tr* **1** negar (haber hecho algo). **2** rechazar. **3** denegar (algo a alguien).
deodorant [diː'əʊdərənt] *n c* desodorante.
depart [dɪ'pɑːt] *intr* **1** (fml) irse; jalarse (Amér.). **to ~ from 2** apartarse de (tradición, hábito).
department [dɪ'pɑːtmənt] *n c* **1** sección, departamento (de universidad). **2** POL Ministerio. ◆ **~ store** grandes almacenes. ■ **to be one's ~** (infml) ser el tema de uno.
departure [dɪ'pɑːtʃər] *n c & u* **1** marcha, salida (hacia algún lugar). **~ (from) 2** desviación (de) (tradición, costumbre). ● *n c* **3** derrotero, rumbo (en la vida).
depend [dɪ'pend] *intr* **to ~ on 1** depender de (gen). **to ~ on/upon 2** confiar en (alguien). ■ **depending on** según; **it depends on** depende de.
dependable [dɪ'pendəbl] *adj* **1** fiable (coche, servicio). **2** de confianza (amigo).
dependence [dɪ'pendəns] (*EE UU* **depondance**) *n u* **~ (on/upon)** dependencia (de).
dependent [dɪ'pendənt] *adj* **~ on/upon 1** dependiente de. ● *n c* **2** → dependant.
depict [dɪ'pɪkt] *tr* **1** retratar, pintar (persona, situación). **2** describir.
deplorable [dɪ'plɔːrəbl] *adj* deplorable.
deplore [dɪ'plɔː] *tr* (fml) deplorar.
deploy [dɪ'plɔɪ] *tr* **1** MIL desplegar. **2** (fig) hacer uso de.
depose [dɪ'pəʊz] *tr* destituir.
deposit [dɪ'pɒzɪt] *n c* **1** depósito (banco). **2** depósito, paga y señal (para comprar algo). **3** fianza (para alquilar algo). **4** sedimento (de cualquier materia). **5** GEOL depósito, yacimiento. ● *tr* **6** depositar, ingresar (en un banco). **7** dejar en depósito (en un lugar seguro. ◆ **~ account** cuenta a plazo fijo.
depot ['depəʊ] *n c* **1** almacén. **2** cochera (para trenes, autobuses). **3** *EE UU* estación (de tren, autobús).
depress [dɪ'pres] *tr* **1** deprimir. **2** disminuir (precio, salario).

depressed [dɪ'prest] *adj* deprimido (persona); empobrecido (ciudad).
depressing [dɪ'presɪŋ] *adj* deprimente.
depression [ˌdɪ'preʃn] *n c & u* **1** depresión (enfermedad). ● *n c* **2** hundimiento, depresión (en una superficie). **3** depresión (económica).
depressive [dɪ'presɪv] *adj* **1** deprimente. ● *n c* **2** depresivo (persona).
deprive [dɪ'praɪv] *tr* privar.
depth [depθ] *n c & u* **1** profundidad. ● **depths** *n pl* **2** lo más remoto (en el campo); lo más íntimo (del interior de una persona). ◆ **~ charge** MIL carga de profundidad. ■ **in ~** en profundidad, con gran detalle; **in the depths of** en pleno…: *in the depths of despair = en plena desesperación.*
deputy ['depjʊtɪ] *n c* **1** suplente. **2** ayudante. **3** POL diputado.
derail [dɪ'reɪl] *tr* descarrilar.
deride [dɪ'raɪd] *tr* ridiculizar, mofarse de.
derision [dɪ'rɪʒn] *n u* escarnio, burla; pifia (Amér.).
derisory [dɪ'raɪsərɪ] *adj* **1** irrisorio, ridículo (presupuesto). **2** irónico (risa, persona).
derivative [dɪ'rɪvətɪv] *adj* **1** (pej) carente de originalidad (argumento). ● *n c* **2** derivado (palabras, productos).
derive [dɪ'raɪv] *intr* **to ~ from** derivarse de.
descend [dɪ'send] *intr* **1** descender, bajar. **to ~ from 2** descender de (familia). **to ~ on/upon 3** caer sobre (el enemigo); invadir (sentimiento). ● *tr* **4** bajar (algo).
descendant [dɪ'sendənt] *n c* descendiente.
descent [dɪ'sent] *n c* **1** descenso (avión, escalador). **2** pendiente. ● *n u* **3** ascendencia (de una familia).
describe [dɪ'skraɪb] *tr* describir.
description [dɪ'skrɪpʃn] *n c* **1** descripción. ● *n sing* **2** tipo, clase. ■ **beyond/past ~** indescriptible.
desert ['dezət] *n c* **1** desierto. ◆ **~ island** isla desierta.
desert [dɪ'zɜ:t] *tr* **1** abandonar (lugar, persona). ● *intr* **2** MIL desertar.
deserter [dɪ'zɜ:tər] *n c* MIL desertor.
desertion [dɪ'zɜ:ʃn] *n u* **1** deserción (de un partido); abandono (del hogar). **2** MIL deserción.
deserve [dɪ'zɜ:v] *tr* merecer.
deserving [dɪ'zɜ:vɪŋ] *adj* digno (persona); de mérito, meritorio (acción).
design [dɪ'zaɪn] *n c* **1** diseño (de coche, vestido); dibujo, patrón. ● *tr* **2** diseñar (casa, producto). ■ **to be designed for/to** estar destinado a.
designate ['dezɪgneɪt] *tr* designar (mediante símbolos); nombrar (a alguien).
designer [dɪ'zaɪnər] *n c* diseñador.
desirable [dɪ'zaɪərəbl] *adj* **1** deseable, conveniente. **2** atractivo (sexualmente).
desire [dɪ'zaɪər] *n c* **1** deseo. ● *tr* **2** desear. ■ **to leave much/a lot/ a great deal to be desired** dejar mucho que desear.
desk [desk] *n c* **1** mesa de trabajo (en oficina); pupitre (de estudiante); mostrador de información (hotel, aeropuerto). **2** *GB* caja (restaurante, tienda).
desktop ['desktɒp] *adj* de sobremesa (ordenador). ◆ **~ publishing** COMPUT autoedición.
despair [dɪ'speər] *n u* **1** desesperación. ● *intr* **2** desesperarse. ■ **in ~** desesperado.
desperate ['despərɪt] *adj* desesperado (persona, situación). ■ **to be ~ for/+ inf** necesitar urgentemente algo/hacer algo.
desperation [ˌdespə'reɪʃn] *n u* desesperación. ■ **in ~** con desesperación.
despicable [dɪ'spɪkəbl] *adj* despreciable.
despite [dɪ'spaɪt] *prep* a pesar de.
dessert [dɪ'zɜ:t] *n c & u* postre.
dessertspoon [dɪˌzɜ:t'spu:n] *n c* cuchara de postre.
destination [ˌdestɪ'neɪʃn] *n c* destino.
destiny ['destɪnɪ] (*pl* **destinies**) *n c & u* destino.
destitute ['destɪtju:t] *adj* (fml) desamparado, indigente.
destroy [dɪ'strɔɪ] *tr* destruir.
destruction [dɪ'strʌkʃn] *n u* destrucción.
detach [dɪ'tætʃ] *tr & pron* separar(se), apartar(se).
detached [dɪ'tætʃt] *adj* **1** unifamiliar (casa); separado, aislado (objeto). **2** imparcial (actitud); indiferente.
detail ['di:teɪl] *n c* **1** detalle (gen). **2** MIL destacamento. ● *tr* **3** detallar (hechos). **4** designar (para tareas). ■ **in ~** con todo detalle; **to go into ~/details** entrar en detalles.
detailed ['di:teɪld] *adj* detallado.

d

Desires / Deseos

Para expresar un deseo	
I would like to know the results	Me gustaría saber el resultado
I would like the house to have a better orientation	Me gustaría que la casa tuviera una orientación mejor
I would love to have green eyes	Me encantaría tener los ojos verdes
Hopefully, she will agree	Esperamos que esté de acuerdo
Para expresar el deseo de hacer una cosa	
I would like to see you on Saturday	Me gustaría verte el sábado
I would have liked to see the film	Me habría gustado ver la película
I want to go dancing	Quiero ir a bailar
We want you to be quiet	Queremos que te portes bien
I hope to arrive early	Espero llegar pronto
I wish to see the director	Desearía ver al director
I would love to stay	Me encantaría quedarme
I'm dying to go to New York	Me muero de ganas de ir a Nueva York
It's my dream to write a novel	Mi sueño es escribir una novela
Para expresar el deseo de no hacer una cosa	
I wouldn't have liked to be there	No me habría gustado estar allí
I don't want to be famous	No quiero ser famoso
We don't want you to go	No queremos que vayas
I would not wish to bother you	No quisiera molestarle

detain [dɪ'teɪn] *tr* **1** detener (a un ladrón). **2** retener (dando conversación).
detect [dɪ'tekt] *tr* detectar; identificar (enfermedad); percibir.
detective [dɪ'tektɪv] *n c* detective.
detention [dɪ'tenʃn] *n u* detención (de un ladrón).
detergent [dɪ'tɜːdʒənt] *n c & u* detergente.
deteriorate [dɪ'tɪərɪəreɪt] *intr* deteriorarse.
determination [dɪˌtɜːmɪ'neɪʃn] *n u* determinación.
determine [dɪ'tɜːmɪn] *tr* determinar.
determined [dɪ'tɜːmɪnd] *adj* decidido, resuelto.
determiner [dɪ'tɜːmɪnər] *n c* GRAM determinante.
deterrent [dɪ'terənt] *adj* **1** disuasorio. • *n c* **2** disuasión. **3** MIL arma disuasoria (gen nuclear).
detest [dɪ'test] *tr* detestar.
detonation [ˌdetə'neɪʃn] *n c & u* detonación.
detour ['diːtʊər] *n c* desvío.
detract [dɪ'trækt] *intr* **to ~ from** restar valor a.
detriment ['detrɪmənt] *n u* detrimento. ■ **to the ~ of sb/sth** en perjuicio de alguien/algo; **without ~ to** sin perjuicio para.
devaluation [ˌdiːvæljʊ'eɪʃn] *n c & u* ECON devaluación.
devastate ['devəsteɪt] *tr* devastar, arrasar.
devastated ['devəsteɪtɪd] *adj* desolado, destrozado.
devastating ['devəsteɪtɪŋ] *adj* **1** devastador (guerra, comentario). **2** (infml) brillante, arrollador (argumento).
develop [dɪ'veləp] *intr* **1** desarrollarse; progresar (país). • *tr* **2** desarrollar (negocio, capacidad, idea). **3** urbanizar (terreno). **4** contraer (enfermedad). **5** revelar (fotografía).
development [dɪ'veləpmənt] *n u* **1** desarrollo (de personas, países, ideas). • *n c & u* **2** urbanización. **3** PHOT revelado.
deviate ['diːvɪeɪt] *intr* **to ~ (from)** desviarse (de).
device [dɪ'vaɪs] *n c* **1** artefacto, dispositivo. **2** (fig) estratagema.
devil ['devl] *n c* dibalo, demonio.
devise [dɪ'vaɪz] *tr* idear, inventar (plan).

devoid [dɪˈvɔɪd] *adj* **~ of** desprovisto de.
devote [dɪˈvəʊt] *tr* **to ~ to** dedicar a.
devoted [dɪˈvəʊtɪd] *adj* **~ (to) 1** leal (a), fiel (a). **~ to 2** entregado (a), dedicado (a) (a una actividad o causa).
devotee [ˌdevəˈtiː] *n c* REL devoto.
devotion [dɪˈvəʊsn] *n u* **1** dedicación (gen). **2** REL devoción.
devour [dɪˈvaʊər] *tr* devorar.
devout [dɪˈvaʊt] *adj* devoto.
dew [duː] *n u* rocío.
dexterity [dekˈsterɪtɪ] *n u* destreza.
diabetic [ˌdaɪəˈbetɪk] *adj & n c* MED diabético.
diabolic [ˌdaɪəˈbɒlɪk] *adj* diabólico.
diabolical [ˌdaɪəˈbɒlɪkl] *adj* **1** diabólico (por su inteligencia). **2** *GB* (infml) espantoso (baja calidad).
diagnose [ˈdaɪəgnəʊz] *tr* diagnosticar.
diagnosis [ˌdaɪəgˈnəʊsɪs, *pl* ˌdaɪəgˈnəʊsiːz] (*pl* **diagnoses**) *n c & u* diagnóstico.
diagonal [daɪˈægənl] *adj & n c* diagonal.
dial [ˈdaɪəl] *n c* **1** esfera (de reloj); dial (de radio); disco, dial (de teléfono). ● *tr & intr* **2** marcar; discar (Amér., número). ◆ **~/dialling code** prefijo telefónico; **dialling tone** tono de marcar.
dialect [ˈdaɪəlekt] *n c* dialecto.
dialogue [ˈdaɪəlɒg y EE UU ˈdaɪəlɔːg] (*EE UU* **dialog**) *n c & u* diálogo.
diameter [daɪˈæmɪtər] *n c* diámetro.
diamond [ˈdaɪəmənd] *n c & u* **1** diamante. ● *n c* **2** GEOM rombo. ● **diamonds** *n pl* **3** diamantes (en una baraja).
diaper [ˈdaɪəpər] *n c EE UU* pañal.
diaphragm [ˈdaɪəfræm] *n c* diafragma.
diarrhoea [ˌdaɪəˈrɪə] (*EE UU* **diarrhea**) *n u* MED diarrea.
diary [ˈdaɪərɪ] *n c* diario (personal); agenda (de citas). ■ **to keep a ~** escribir un diario.
dice [daɪs] (*pl* **dice**) *n c* **1** dado. ● *n u* **2** dados (juego). ● *tr* **3** GAST cortar en cuadraditos. ■ **to ~ with death** jugar con la muerte.
dictate [dɪkˈteɪt] *n c* dictado (de la conciencia); orden.
dictate [dɪkˈteɪt y EE UU ˈdɪkteɪt] *tr* **1** dictar (un texto). **2** mandar.
dictation [dɪkˈteɪʃn] *n c & u* dictado (por escrito). ■ **to take ~** escribir al dictado.
dictator [dɪkˈteɪtər] *n c* dictador.
dictatorship [dɪkˈteɪtəʃip] *n c & u* dictadura.
dictionary [ˈdɪkʃənrɪ y EE UU ˈdɪkʃənerɪ] (*pl* **dictionaries**) *n c* diccionario.
did [dɪd] *pt* → do.
die [daɪ] (*ger* **dying**) *intr* **1** morir; sonar (Amér.). ● *tr* **2** morir de, sufrir: *he died a horrible death = sufrió una muerte horrible.* ◆ **to ~ away** desvanecerse (sonido, luz); **to ~ down** apagarse (fuego, sonido); amainar (viento); **to ~ out** desaparecer gradualmente, extinguirse. ■ **to be dying for** (infml) estar muriéndose de ganas por.
diehard [ˈdaɪhɑːd] *intr* intransigente.
diesel [ˈdiːzl] *n u* **1** gasoil. ● *n c* **2** coche diesel. ◆ **~ engine** motor diesel.
diet [ˈdaɪət] *n c* **1** dieta. **2** dieta, régimen (alimenticio). ■ **to be on a ~** estar a dieta/régimen
dietetics [ˌdaɪəˈtetɪks] *n u* dietética.
differ [ˈdɪfər] *intr* **1** diferir, ser diferente. **2** discrepar.
difference [ˈdɪfrəns] *n c & u* **1** diferencia (gen). ● *n c* **2** discrepancia. ■ **to make all the ~** significar mucho; **to make no ~/not to make any ~** no tener importancia.
different [ˈdɪfrənt] *adj* **~ (from/to)** diferente (de/a), distinto (de/a).
differentiate [ˌdɪfəˈrenʃɪeɪt] *tr* **1** diferenciar. ● **~ between** *intr* **2** distinguir entre.
difficult [ˈdɪfɪkəlt] *adj* **1** difícil (gen). **2** terco, obstinado (persona).
difficulty [ˈdɪfɪkəltɪ] (*pl* **difficulties**) *n c & u* dificultad. ■ **to have/find ~** tener dificultad; **to be in difficulties** estar en apuros.
diffuse [dɪˈfjuːz] *tr & intr* difundir(se), propagar(se) (light, information).
diffusion [dɪˈfjuːʒn] *n u* difusión, propagación.
dig [dɪg] (*pt* y *pp* **dug**, *ger* **digging**) *tr & intr* **1** cavar. ● *tr* **2** hincar (uñas). ● *n c* **3** indirecta. **4** excavación arqueológica. ◆ **to ~ in** *GB* (infml) comer, jamar; **to ~ out** sacar (con dificultad); descubrir (algo que estaba oculto); **to ~ up** desenterrar (objeto); sacar a la luz (hechos).
digest [daɪˈdʒest] *n c* **1** resumen. ● *tr* **2** digerir (comida). **3** (infml) asimilar (información).

digestion [dɪˈdʒestʃən] *n c & u* digestión.
digestive [dɪˈdʒestɪv] *adj* digestivo.
digit [ˈdɪdʒɪt] *n c* **1** dígito (numeral). **2** (fml) dedo.
digital [ˈdɪdʒɪtl] *adj* digital. ◆ **~ watch** reloj digital.
dignified [ˈdɪgnɪfaɪd] *adj* **1** serio, circunspecto (persona). **2** señorial (porte).
dignity [ˈdɪgnɪtɪ] *n u* dignidad.
dilapidated [dɪˈlæpɪdeɪtɪd] *adj* ruinoso (edificio).
dill [dɪl] *n u* BOT eneldo.
dilute [daɪˈljuːt] *tr* diluir.
dim [dɪm] *adj* **1** débil, tenue (luz); borroso (vista); vago, confuso (pensamiento); oscuro (habitación). **2** tonto; boludo (Amér., tonto). ● *tr & intr* **3** debilitar(se), atenuar(se) (luz). ● *intr* **4** desvanecerse (pensamientos, recuerdos).
dime [daɪm] *n c* moneda de 10 centavos (de dólar).
dimension [dɪˈmenʃn] *n c* **1** dimensión. ● **dimensions** *n pl* **2** dimensiones.
diminish [dɪˈmɪnɪʃ] *tr & intr* disminuir.
diminutive [dɪˈmɪnjʊtɪv] *adj & n c* diminutivo.
dimple [ˈdɪmpl] *n c* hoyuelo (en la cara).
din [dɪn] (*pt* y *pp* **dinned**) *n c* **1** estruendo, ruido. ● **to ~ sth into sb** *tr* **2** enseñar a base de repetir.
dine [daɪn] *intr* (fml) cenar.
dingy [ˈdɪŋdʒɪ] *adj* **1** sucio, deslucido. **2** oscuro, sombrío (edificio).
dining-car [ˈdaɪnɪŋkɑː] *n c* vagón restaurante.
dining-room [ˈdaɪnɪŋruːm] *n c* comedor.
dinner [ˈdɪnər] *n c & u* **1** comida principal (del día). ● *n c* **2** cena. **3** banquete, cena (de celebración social).
dinner-jacket [ˈdɪnədʒækɪt] *n c* esmoquin.
dinnertime [ˈdɪnətaɪm] *n u* hora de la cena; hora de la comida (a mediodía).
dinosaur [ˈdaɪnəsɔː] *n c* ZOOL dinosaurio.
dip [dɪp] (*pt* y *pp* **dipped**, *ger* **dipping**) *tr* **1** mojar (en un líquido). ● *intr* **2** bajar, descender (una carretera). ● *n c* **3** bajada, descenso (de un sendero, avión). **4** chapuzón (en el mar). ● **to ~ into** *intr* **5** meter en (manos, cuchara); hojear (un libro). ■ **to ~ into one's savings/purse/pocket** rascarse el bolsillo, gastar dinero.
diphthong [ˈdɪfθɒŋ] *n c* PHON diptongo.
diploma [dɪˈpləʊmə] *n c* diploma.
diplomacy [dɪˈpləʊməsɪ] *n u* diplomacia.
diplomat [ˈdɪpləmæt] *n c* diplomático.
diplomatic [ˌdɪpləˈmætɪk] *adj* diplomático. ◆ **~ bag** valija diplomática; **~ corps** cuerpo diplomático; **~ immunity** inmunidad diplomática.
direct [dɪˈrekt] *adj* **1** directo (gen); franco, sincero (persona); inequívoco, directo (pregunta). ● *adv* **2** directamente: *I'll go to London direct = iré a Londres directamente*. ● *tr* **3** dirigir (gen). **4** indicar (el camino). **5** (fml) mandar.
direction [dɪˈrekʃn] *n c* **1** dirección (gen). ● **directions** *n pl* **2** instrucciones. ■ **sense of ~** sentido de la orientación.
directly [dɪˈrektlɪ] *adv* **1** directamente, justo: *directly under = justo debajo*. **2** inmediatamente, en seguida.
director [dɪˈrektər] *n c* director. ◆ **managing ~** director general (empresa).
directory [dɪˈrektərɪ] *n c* **1** guía (de teléfonos); directorio (de empresa). **2** COMPUT directorio. ◆ **~ enquiries** *GB* servicio de información telefónica.
dirt [dɜːt] *n u* **1** suciedad (gen). **2** *EE UU* (infml) tierra (de suciedad).
dirty [ˈdɜːtɪ] *adj* **1** sucio (gen). **2** obsceno (lenguaje); pornográfico (fotos, películas); verde (chiste). ● *tr* **3** ensuciar. ◆ **~ word** palabrota; **~ old man** (infml) viejo verde.
disabled [dɪsˈeɪbəld] *adj* **1** minusválido, discapacitado (mental o físicamente). **2** COMPUT desactivado.
disadvantage [ˌdɪsədˈvɑːntɪdʒ] *n c* desventaja.
disagree [ˌdɪsəˈgriː] *intr* **to ~ (with/about/over) 1** estar en desacuerdo (con/sobre) (opiniones). **to ~ (with) 2** no casar (con) (cantidades, versiones).
disagreeable [ˌdɪsəˈgriːəbl] *adj* desagradable.
disagreement [ˌdɪsəˈgriːmənt] *n c & u* **1** desacuerdo (falta de acuerdo). **2** discordancia.
disappear [ˌdɪsəˈpɪər] *intr* desaparecer.
disappearance [ˌdɪsəˈpɪərəns] *n c & u* desaparición.

disappoint [ˌdɪsəˈpɔɪnt] *tr* decepcionar.
disappointing [ˌdɪsəˈpɔɪntɪŋ] *adj* decepcionante.
disappointment [ˌdɪsəˈpɔɪntmənt] *n c & u* desilusión, decepción.
disapprove [ˌdɪsəˈpruːv] *intr* desaprobar.
disarm [dɪsˈɑːm] *tr & intr* desarmar(se).
disarmament [dɪsˈɑːməmənt] *n u* desarme.
disaster [dɪˈzɑːstər] *n c* desastre, catástrofe. ♦ ~ **area** zona catastrófica.
disastrous [dɪˈzɑːstrəs] *adj* catastrófico, desatroso.
disbelief [ˌdɪsbɪˈliːf] *n u* incredulidad, escepticismo.
disc [dɪsk] (*EE UU* **disk**) *n c* disco. ♦ ~ **jockey** pinchadiscos, disc jockey.
discard [dɪˈskɑːd] *tr* **1** descartar (una posibilidad). **2** tirar (cosas viejas).
discern [dɪˈsɜːn] *tr* **1** (fml) discernir, darse cuenta de. **2** distinguir (con la vista).
discerning [dɪˈsɜːnɪŋ] *adj* entendido, exigente.
discharge [dɪsˈtʃɑːdʒ] *tr* **1** licenciar (del ejército); dar el alta (a un paciente); despedir (del trabajo). **2** saldar (deuda). **3** descargar (barco). **4** emitir (gases). • *n c & u* **5** alta médica (de paciente); puesta en libertad (de un preso); licenciamiento (de un soldado). **6** desempeño (del deber). **7** descarga (eléctrica).
disciple [dɪˈsaɪpl] *n c* discípulo.
discipline [ˈdɪsɪplɪn] *n c & u* **1** disciplina. • *n c* **2** disciplina (académica).
disclose [dɪsˈkləʊz] *tr* revelar (información).
disco [ˈdɪskəʊ] *n c* discoteca. ♦ ~ **music** música disco.
discomfort [dɪsˈkʌmfət] *n c & u* **1** malestar, molestia (física). • *n u* **2** inquietud.
disconnect [ˌdɪskəˈnekt] *tr* **1** separar (objetos). **2** desconectar (aparatos, gas, teléfono).
discontinue [ˌdɪskənˈtɪnjuː] *tr* suspender, interrumpir (proceso).
discord [ˈdɪskɔːd] *n u* discordia.
discotheque [ˈdɪskətek] *n c* → disco.
discount [ˈdɪskaʊnt] *n c* **1** descuento. • *tr* **2** descontar, rebajar; sobajar (Amér., precio). **3** descartar, desestimar (idea, teoría). ♦ ~ **store** tienda de saldos.
discourage [dɪˈskʌrɪdʒ] *tr* **1** desanimar. **2** disuadir.
discover [dɪsˈkʌvər] *tr* descubrir.
discovery [dɪsˈkʌvərɪ] (*pl* **discoveries**) *n c & u* descubrimiento.
discredit [dɪsˈkredɪt] *n u* **1** desprestigio. • *tr* **2** desacreditar, desprestigiar.
discreet [dɪˈskriːt] *adj* discreto (persona).
discretion [dɪˈskreʃn] *n u* discreción. ■ **at the ~ of** a juicio de.
discriminate [dɪˈskrɪmɪneɪt] *intr* **to ~ (between/among) 1** (fml) distinguir (entre) (cosas diferentes). **to ~ (against/in favour of) 2** discriminar (a favor de/en contra).
discrimination [dɪˌskrɪmɪˈneɪʃn] *n u* discriminación (sexual, racial).
discus [ˈdɪskəs] *n c* SP disco (objeto).
discuss [dɪˈskʌs] *tr* discutir, tratar (tema).
discussion [dɪˈskʌʃn] *n c & u* discusión.
disdain [dɪsˈdeɪn] *n u* **1** desprecio. • *tr* **2** despreciar.
disease [dɪˈziːz] *n c & u* enfermedad.

> ***Disease*** es una enfermedad concreta: *an infectious disease = una enfermedad infecciosa*; *Parkinson's disease = enfermedad de Parkinson*. ***Illness*** es el período que dura una enfermedad o la enfermedad como estado: *she's recovering from a long illness = se está recuperando de una larga enfermedad; mental illness = enfermedad mental.*

disembark [ˌdɪsɪmˈbɑːk] *intr & tr* (fml) desembarcar.
disenchanted [ˌdɪsɪnˈtʃɑːntɪd] *adj* desencantado.
disfigure [ˌdɪsˈfɪgər] *tr* desfigurar.
disgrace [dɪsˈgreɪs] *n u* **1** ignominia, vergüenza. • *n sing* **2** vergüenza, escándalo. • *tr* **3** deshonrar.
disgraceful [dɪsˈgreɪsfl] *adj* vergonzoso.
disguise [dɪsˈgaɪz] *n c* **1** disfraz. • *n u* **2** enmascaramiento. • *tr* **3** disfrazar (voz, aspecto); ocultar (sentimientos). • *pron* **4** disfrazarse.
disgust [dɪsˈgʌst] *n u* **1** repugnancia, asco. • *tr* **2** repugnar, dar asco.
disgusting [dɪsˈgʌstɪŋ] *adj* repugnante, asqueroso.

dish [dɪʃ] (*pl* **dishes**) *n c* **1** plato (gen). • *n sing* **2** *GB* (infml) tío bueno, tía buena. • *tr* **3** *GB* (infml) destrozar (esperanzas). ♦ **to ~ out** (infml) repartir (gen) servir (comida); infligir (castigo); repartir; **to ~ up** servir (comida). ■ **to wash the dishes** lavar los platos.
dishonest [dɪsˈɒnɪst] *adj* poco honrado (persona); fraudulento (método).
dishonourable [dɪsˈɒnərəbl] (*EE UU* **dishonorable**) *adj* deshonroso.
dishwasher [ˈdɪʃwɒʃər] *n c* lavaplatos.
disillusion [ˌdɪsɪˈlu:zn] *n u* **1** desilusión. • *tr* **2** desilusionar.
disinfect [ˌdɪsɪnˈfekt] *tr* desinfectar.
disinherit [ˌdɪsɪnˈherɪt] *tr* (fml) desheredar.
disintegrate [dɪsˈɪntɪgreɪt] *intr* desintegrarse.
disinterest [dɪsˈɪntrəst] *n u* desinterés.
disinterested [dɪsˈɪntrɪstɪd] *adj* desinteresado.
disjointed [dɪsˈdʒɔɪntɪd] *adj* inconexo, incoherente.
disk [dɪsk] *n c* **1** COMPUT disco, disquete. **2** → disc. ♦ **~ drive** unidad de disco.
diskette [dɪsˈket] *n c* COMPUT disquete.
dislike [dɪsˈlaɪk] *n u* **1** aversión, antipatía. • *tr* **2** tener aversión a. ■ **to take a ~ to** tomar aversión a.
dislocate [ˈdɪsləkeɪt] *tr* **1** MED dislocar (hombro). **2** trastornar (planes).
disloyal [dɪsˈlɔɪəl] *adv* desleal.
dismal [ˈdɪzməl] *adj* deprimente (triste); lúgubre (sombrío); horrible (feo).
dismantle [dɪsˈmæntl] *tr* desmontar, desarmar.
dismiss [dɪsˈmɪs] *tr* **1** despedir (a un trabajador); destituir (de un cargo público); licenciar (del ejército). **2** dar permiso para irse. **3** desechar (idea, sentimiento). ■ **~!** MIL ¡rompan filas!
dismissal [dɪsˈmɪsl] *n c & u* **1** despido (del trabajo). • *n u* **2** rechazo (de idea, plan).
dismount [ˌdɪsˈmaʊnt] *intr* apearse; desmontar (de un caballo).
disobedient [ˌdɪsəˈbi:dɪənt] *adj* desobediente.
disobey [ˌdɪsəˈbeɪ] *tr* desobedecer.
disorder [dɪsˈɔ:dəɪ] *n u* desorden; entrevero (Amér.). ♦ **mental ~** MED trastorno mental.
disordered [dɪsˈɔ:dəd] *adj* **1** desordenado (una habitación). **2** MED trastornado.
disorganization or **disorganisation** [dɪsˌɔ:gənaɪˈzeɪʃn y EE UU dɪsˌɔ:gənɪˈzeɪʃn] *n u* desorganización.
disorganized or **desorganised** [dɪsˈɔ:gənaɪzd] *adj* desorganizado.
disorientated [dɪsˈɔ:rɪənteɪtɪd] *adj* desorientado.
dispatch [dɪˈspætʃ] *n c* **1** crónica (periodística). **2** MIL despacho, parte. • *n sing* **3** (fml) envío (de tropas). • *tr* **4** enviar. **5** (euph) despachar (matar).
dispel [dɪˈspel] *tr* disipar (dudas).
dispense [dɪˈspens] *tr* (fml) repartir; despachar (medicinas).
disperse [dɪˈspɜ:s] *tr & intr* dispersar(se).
displace [dɪsˈpleɪs] *tr* **1** desplazar, desalojar (persona). **2** (fml) reemplazar.
display [dɪˈspleɪ] *n c* **1** escaparate (de tienda); exposición. **2** demostración (de sentimientos). **3** COMPUT pantalla. • *tr* **4** exhibir, exponer (objetos); lucir. ■ **on ~** expuesto.
displease [dɪsˈpli:z] *tr* disgustar, desagradar.
displeasure [dɪsˈpleʒər] *n u* enojo, disgusto.
disposable [dɪˈspəʊzəbl] *adj* **1** desechable (pañales). **2** disponible.
disposal [dɪˈspəʊzl] *n u* eliminación (de basura). ■ **at one's ~** a la disposición de uno.
dispose [dɪˈspəʊz] *tr* **1** disponer (objetos). **~ of 2** deshacerse de.
disposition [ˌdɪspəˈzɪʃn] *n u* **1** (fml) disposición, carácter; tendencia. • *n c* **2** disposición (de objetos).
disproportionate [ˌdɪsprəˈpɔ:ʃənɪt] *adj* (fml) desproporcionado.
dispute [dɪˈspju:t] *n c* **1** disputa; conflicto (laboral); debate. • *tr* **2** cuestionar (teorías). **3** disputarse, contender por (terreno).
disqualification [dɪsˌkwɒlɪfɪˈkeɪʃn] *n c & u* (fml) descalificación (de un contrincante); inhabilitación (para hacer algo).
disqualify [dɪsˈkwɒlɪfaɪ] *tr* descalificar (a un contrincante); inhabilitar (para hacer algo).
disregard [ˌdɪsrɪˈgɑ:d] *n u* **1** despreocupación. **2** violación (ley, normas). • *tr* **3** hacer caso omiso de.

disrepute [ˌdɪsrɪˈpjuːt] *n u* descrédito, desprestigio. ■ **in ~** desacreditado, desprestigiado.
disrupt [dɪsˈrʌpt] *tr* interrumpir (un acontecimiento); trastornar (proceso); trastocar (planes).
dissatisfaction [dɪˌsætɪsˈfækʃn] *n u* insatisfacción.
dissatisfied [dɪˈsætɪsfaɪd] *adj* insatisfecho.
dissect [dɪˈsekt] *tr* diseccionar.
disseminate [dɪˈsemɪneɪt] *tr* difundir (información, conocimientos).
dissent [dɪˈsent] *n c* **1** discrepancia. ● *intr* **2** discrepar, disentir.
dissipate [ˈdɪsɪpeɪt] *tr* **1** disipar. **2** (fml) malgastar (dinero, energía). ● *intr* **3** disiparse.
dissociate [dɪˈsəʊʃɪeɪt] *tr* **to ~ sb/sth (from) 1** disociar a alguien/algo (de). ● **to ~ (from)** *pron* **2** separarse (de).
dissolution [ˌdɪsəˈluːʃn] *n c & u* disolución.
dissolve [dɪˈzɒlv] *tr* **1** disolver (matrimonio). ● *intr* **2** disolverse (en líquido). **3** desvanecerse.
dissuade [dɪˈsweɪd] *tr* **to ~ sb (from)** disuadir a alguien (de).
distance [ˈdɪstəns] *n c & u* **1** distancia. ● *n u* **2** (fig) frialdad. ● *tr* **3** distanciar. ● **to ~ (from)** *pron* **4** distanciarse. ■ **from a ~** desde lejos; **in the ~** a lo lejos; **to keep one's ~** guardar las distancias.
distant [ˈdɪstənt] *adj* **1** alejado (lugar); remoto (tiempo). **2** distante (persona).
distended [dɪˈstendɪd] *adj* dilatado.
distil [dɪˈstɪl] (*EE UU* **distill**) *tr* **1** destilar (líquido). **to ~ sth (from) 2** (fig) extraer (de), entresacar (de) (ideas).
distillation [ˌdɪstɪˈleɪʃn] *n u* **1** destilación (líquido). **2** (fig) extracto, esencia.
distillery [dɪˈstɪlərɪ] (*pl* **distilleries**) *n c* destilería.
distinct [dɪˈstɪŋkt] *adj* **~ (from) 1** distinto (de). **2** nítido (a la vista o al pensamiento). ■ **as ~ from** a diferencia de.
distinction [dɪˈstɪŋkʃn] *n c* **1** distinción (entre varias cosas). **2** SCH mención de honor. ● *n u* **3** distinción, elegancia.
distinctive [dɪˈstɪŋktɪv] *adj* característico.
distinguish [dɪˈstɪŋgwɪʃ] *tr* **1** distinguir. **2** discernir (con la vista). ● *pron* **3** distinguirse.
distort [dɪˈstɔːt] *tr* **1** deformar (rostro); distorsionar (sonido). **2** tergiversar (hechos, realidad). ● *intr* **3** deformarse, distorsionarse.
distorted [dɪˈstɔːtɪd] *adj* deformado, distorsionado.
distortion [dɪˈstɔːʃn] *n c & u* deformación, tergiversación.
distract [dɪˈstrækt] *tr* distraer (la atención).
distraction [dɪˈstrækʃn] *n c & u* distracción.
distraught [dɪˈstrɔːt] *adj* perturbado.
distress [dɪˈstres] *n u* **1** angustia. **2** dolor. **3** apuro (financiero). **4** situación de emergencia. ● *tr* **5** angustiar. **6** apenar. ◆ **~ signal** señal de socorro.
distressing [dɪˈstresɪŋ] *adj* inquietante, angustioso.
distribute [dɪˈstrɪbjuːt] *tr* distribuir; colocar (furniture).
distribution [ˌdɪstrɪˈbjuːʃn] *n c & u* distribución. ◆ **~ channel** COM canal de distribución.
district [ˈdɪstrɪkt] *n c* **1** distrito (área administrativa). ● *n sing* **2** barrio (de ciudad). **3** comarca, región (de país). ◆ **~ attorney** *EE UU* JUR fiscal del distrito.
distrust [dɪsˈtrʌst] *n u* **1** desconfianza. ● *tr* **2** desconfiar de.
disturb [dɪˈstɜːb] *tr* **1** molestar; embromar, fregar (Amér., enturbiar la calma). **2** turbar, inquietar. **3** alterar, desordenar (objetos). ■ **to ~ the peace** JUR alterar el orden público.
disturbance [dɪˈstɜːbəns] *n u* **1** alteración (de planes, rutina). ● *n c* **2** conmoción, revuelo (social).
disturbing [dɪˈstɜːbɪŋ] *adj* inquietante, preocupante.
disuse [dɪsˈjuːs] *n u* desuso. ■ **to fall into ~** caer en desuso.
ditch [dɪtʃ] *n c* **1** zanja (cavidad). **2** cuneta (junto a la carretera). ● *tr* **3** (infml) romper con (novia, novia). **4** (infml) tirar (lo que ya no se necesita).
dive [daɪv] (*EE UU* **pt dove**) *intr* **to ~ (into) 1** zambullirse (en) (el agua); sumergirse (submarino). **2** bucear (bajo el agua). **3** lanzarse en picado (avión). **4** (fig) lanzarse, meterse (en cualquier dirección o lugar). ● **to ~ in/into** *tr* **5** (fig) meterse de lleno en (asunto o actividad).

• *n c* **6** zambullida (en el agua); inmersión (submarino). **7** picado (de avión). **8** salto (rápido, repentino). **9** (infml) tugurio (lugar). ■ **~ in!** (infml) ¡a comer!
diver ['daɪvər] *n c* **1** buzo (profesión). **2** SP saltador de trampolín.
diverge [daɪ'vɜːdʒ] *intr* **1** divergir (caminos). **2** discrepar. **to ~ from 3** desviarse de (carreteras).
diversion [daɪ'vɜːʃn] *n c* **1** distracción (por un ruido). **2** desvío (de tráfico, dinero). **3** desviación (de un objetivo).
diversity [daɪ'vɜːsətɪ] (*pl* **diversities**) *n c* & *u* **1** diversidad. • *n u* **2** divergencia.
divert [daɪ'vɜːt] *tr* **1** desviar. • *pron* **2** distraerse.
divide [dɪ'vaɪd] *tr* **1** dividir (en partes). **to ~ sth (among/between) 2** repartir (entre). **3** (fig) separar (personas). **to ~ sth (into/by) 4** MATH dividir (entre/por). • *intr* **5** dividirse (en partes). **6** (fig) separarse (personas). **to ~ into/by 7** MATH ser divisible entre/por. ♦ **to ~ up** fragmentar (en trozos); repartir (entre).
dividend ['dɪvɪdend] *n c* **1** FIN dividendo. **2** (fig) beneficio.
diving ['daɪvɪŋ] *n u* **1** submarinismo. **2** SP saltos de trampolín.
diving-board ['daɪvɪŋbɔːd] *n c* trampolín.
divinity [dɪ'vɪnɪtɪ] *n u* **1** divinidad (cualidad). • *n c* **2** deidad.
division [dɪ'vɪʒn] *n c* & *u* división. ♦ **~ sign** MATH signo de división. ■ **without ~** por unanimidad.
divorce [dɪ'vɔːs] *n c* & *u* **1** divorcio. • *tr* **2** divorciarse (de). **to ~ sth (from) 3** (fig) separar algo (de) (cosas estrechamente relacionadas).
divulge [daɪ'vʌldʒ] *tr* revelar.
DIY [ˌdiːaɪ'waɪ] (*abbrev* **do-it-yourself**) *n u* bricolaje. ♦ **a ~ kit** equipo de bricolaje.
dizzy ['dɪzɪ] (*pt* y *pp* **dizzied**, *ger* **dizziing**) *tr* **1** marear (a alguien). **2** aturdir (a alguien). • *adj* **3** mareado (por la bebida o el vértigo). **~ (with) 4** aturdido (por). **5** vertiginoso (altura, velocidad).
Djibouti [dʒɪ'buːtɪ] *n sing* Djibuti.
DNA [ˌdiːen'eɪ] (*abbrev* **deoxyribonucleic acid**) *n u* BIOL ADN.
do [duː] (*pt* **did**, *pp* **done**) *aux* **1** *es el auxiliar de la forma interrogativa: do they speak English? = ¿hablan inglés?* **2** *es el auxiliar de la negación: they don't like beer = no les gusta la cerveza.* **3** *se emplea para enfatizar: do come in = haz el favor de entrar.* **4** *se emplea como contestación o añadido escueto a una pregunta o comentario: did you go yesterday? = yes, I did.* • *tr* **5** hacer (gen). **6** estudiar (tema, asignatura). **7** causar: *to do harm = causar daño.* **8** dedicarse a: *¿a qué te dedicas?, ¿en qué trabajas? = what do you do?* **9** correr a (velocidad). **10** servir: *this will do me = esto me servirá.* **11** arreglar: *do this room = arregla esta habitación.* • *intr* **12** hacer (gen). **to ~ for 13** hacer bien, mejorar: *this shirt does a lot for you = esta camisa te sienta muy bien.* ♦ **to ~ away with** librarse de (algo no deseado); **to ~ for** (infml) destrozar; **to ~ in** (infml) matar; chingar (Amér.); **to ~ out of** privar de (engañando); **to ~ over** *EE UU* rehacer; **to ~ up** atar (cordón, cuerda, botón); arreglarse (esp. mujeres); renovar (edificio); **to ~ without** arreglárselas sin. ■ **dos and dont's** lo que se debe y no se debe hacer; **how ~ you ~?** (fml) encantado (de conocerle) (saludando).
docile ['dəʊsaɪl] *adj* dócil.
dock [dɒk] *n c* **1** muelle (de un puerto); dársena (para barcos). • *n sing* **2** banquillo (de los acusados). • **docks** *n pl* **3** puerto. • *tr* **4** atracar (un barco). **5** deducir (dinero del sueldo).
doctor ['dɒktər] *n c* **1** médico. **2** doctor (universidad). • *tr* **3** manipular. **4** tratar (a personas). **5** castrar (animal).
doctorate ['dɒktərɪt] *n c* SCH doctorado.
doctrine ['dɒktrɪn] *n c* & *u* doctrina.
document ['dɒkjʊmənt] *n c* **1** documento. • *tr* **2** documentar.
documentary [ˌdɒkjʊ'mentrɪ] *adj* & *n c* documental.
dodge [dɒdʒ] *intr* **1** echarse a un lado. **2** SP regatear. • *tr* **3** esquivar (un golpe). **4** (fig) eludir, evitar (responsabilidad, pregunta).
dodgy ['dɒdʒɪ] *adj* **1** (infml) tramposo (persona). **2** incierto.
doe [dəʊ] *n c* **1** ZOOL gama (hembra del gamo). **2** ZOOL coneja (hembra del conejo).
does [dʌz] *aux* (3ª persona del sing del presente) → do.
doesn't ['dʌzənt] *contr* (contr de *does* + *not*) → do.

d

dog [dɒg] *n c* **1** perro (animal). **2** (infml) canalla (persona). • *tr* **3** seguirle los pasos a. **4** acosar (problemas). ■ **a ~'s life** una vida de perros; **~ eats ~** competencia despiadada; **like cat and ~** como el perro y el gato; **to treat like a ~** tratar como a un perro.
dog-collar ['dɒgkɒlər] *n c* **1** collar de perro. **2** (infml) alzacuellos (de cura).
do-it-yourself [ˌduːɪtjɔː'self] *n u* → DIY.
dole [dəʊl] *n sing GB* paro. ■ **to be on the ~** estar en el paro.
doll [dɒl] *n c* **1** muñeca (juguete). **2** *EE UU* (infml) chavala.
dollar ['dɒlər] *n c* dólar.
dolly ['dɒlɪ] *n c* muñeca (juguete). ◆ **~ girl** *GB* (infml) muñeca (chica presumida).
dolphin ['dɒlfɪn] *n c* ZOOL delfín.
domain [dəʊ'meɪn] *n c* **1** área, campo (intelectual). **2** territorio, dominio (de persona o animal). **3** COMPUT dominio. ◆ **~ name** COMPUT nombre de dominio.
dome [dəʊm] *n c* ARCH cúpula, bóveda.
domed [dəʊmd] *adj* abovedado.
domestic [də'mestɪk] *adj* **1** doméstico (de una casa, animal). **2** casero (hogareño). **3** interno, nacional (de un país). • *n c* **4** criado. ◆ **~ help** servicio doméstico.
dominate ['dɒmɪneɪt] *tr* **1** dominar (país, situación). **2** tener dominio sobre (persona). • *intr* **3** (fig) dominar.
Dominica [ˌdɒmɪ'niːkə] *n sing* Dominica.
Dominican [də'mɪnɪkən] *adj* **1** REL • *adj & n c* **2** dominicano (nacionalida). ◆ **~ Republic** República Dominicana.
dominion [də'mɪnɪən] *n u* **~ (over) 1** control (de), soberanía (sobre). • *n c* **2** territorio, zona (que se controla).
domino ['dɒmɪnəʊ] (*pl* **dominoes**) *n c* **1** ficha de dominó. • **dominoes** *n u* **2** dominó (juego). ◆ **~ effect** efecto dominó.
donate [dəʊ'neɪt] *tr* donar.
donation [dəʊ'neɪʃn] *n u* donación.
done [dʌn] *pp* **1** → do. • *adj* **2** completado, hecho. ■ **~!** ¡trato hecho!; **to be ~ in** estar rendido; **to have ~ with** acabar con.
donkey ['dɒŋkɪ] *n c* burro, asno. ◆ **~ work** (infml) trabajo pesado.
donor ['dəʊnər] *n c* **1** donante (de sangre, órganos). **2** benefactor (con dinero).
don't [dəʊnt] *contr* (contr de *do + not*) → do.
doom [duːm] *n c* **1** fatalidad. • **to ~ sb (to)** *tr* **2** condenar a alguien (a).
door [dɔː] *n c* **1** puerta. **2** (fig) acceso. ■ **next ~** al lado; **to answer the ~** abrir la puerta; **to close the ~ on** cerrar la puerta a (posibilidad); **to open the ~ to** hacer posible. ◆ **to show sb the ~** echar a alguien fuera; botar a alguien (Amér.).
doorbell ['dɔːbel] *n c* timbre.
door-frame ['dɔːfreɪm] *n c* marco de la puerta.
door-handle ['dɔːhændl] *n c* picaporte.
door-knob ['dɔːnɒb] *n c* pomo, tirador.
doorman ['dɔːmən, pl 'dɔːmən] (*pl* **doormen**) *n c* portero.
doormat ['dɔːmæt] *n c* **1** felpudo. **2** (fig, infml) sufrido (persona).
doorstep ['dɔːstep] *n c* umbral.
doorway ['dɔːweɪ] *n c* entrada, portal.
dope [dəʊp] *n u* **1** (sl) chocolate (droga). • *n c* **2** (infml) bobo (persona). • *tr* **3** drogar, dopar.
dormitory ['dɔːmɪtrɪ] (*pl* **dormitories**) *n c* **1** dormitorio (residencia). **2** *EE UU* residencia estudiantil. ◆ **~ town/suburb** *GB* ciudad/barrio dormitorio.
dose [dəʊs] *n c* **1** dosis. • **to ~ (with)** *tr & pron* **2** administrar(se), medicar(se).
dot [dɒt] (*pt* y *pp* **dotted**, *ger* **dotting**) *tr* **1** motear, salpicar. • *n c* **2** punto. ■ **to ~ the i's and cross the t's** poner los puntos sobre las íes; **on the ~** en punto.
double ['dʌbl] *adj* **1** doble (gen). **2** duplicado. • *adv* **3** doble, el doble. • *n c* **4** doble (persona, actor). • **doubles** *n pl* **5** SP dobles (tenis). • *tr* **6** duplicar (cantidad). **7** doblar en dos. • *intr* **8** duplicarse. ◆ **~ agent** agente doble; **~ bass** MUS contrabajo; **~ bed** cama doble; **~ chin** papada; **~ cream** *GB* GAST nata espesa; **~ figures** dos dígitos; **~ room** habitación doble; **to ~ back** volver sobre sus pasos; **to ~ up** compartir coche/habitación; retorcerse de dolor/risa. ■ **at/on the ~** (infml) a paso ligero; **to see ~** ver doble.
double-check [ˌdʌbl'tʃek] *n c* **1** doble comprobación. • *tr & intr* **2** comprobar dos veces.
double-decker [ˌdʌbl'dekər] *n c* autobús de dos pisos.
double-park [ˌdʌbl'pɑːk] *tr & intr* aparcar en doble fila.
double-sided [ˌdʌbl'saɪdɪd] *adj* COMPUT de dos caras.
doubt [daʊt] *n c & u* **1** duda. • *tr* **2** dudar

Doubts / **Dudas**	
Para expresar incertidumbre sobre algo	
I don't know if it is possible	No sé si es posible
No one knows for certain whether he is coming or not	No se sabe con certeza si va a venir
I'm not sure she's telling the truth	No estoy seguro de que diga la verdad
I am not sure if this is the best computer	No estoy seguro de que ese sea el mejor ordenador
I can't say for sure what it is made of	No puedo decir con seguridad de qué está hecho
I doubt you'll be in time	Dudo que llegues a tiempo
I doubt if they are right	Dudo de que tengan razón
I have my doubts about this	Tengo mis dudas sobre ello
I wonder whether they are going	Me pregunto si irán
I am wondering if I should call them	No sé si debería llamarles

de (por no confiar). • *intr* **3** tener dudas (de que algo ocurra). ■ **beyond all ~** fuera de toda duda; **in ~** incierto; **no ~** sin duda; **no ~ about it** sin lugar a dudas; **there is no ~** no hay duda; **to cast ~ (on)** arrojar dudas (sobre); **to have no ~ (about/of)** no tener duda alguna (sobre); **without ~** sin duda.

doubtful [ˈdaʊtfl] *adj* **1** dudoso, incierto. **2** sospechoso (relato). **to be ~ about/of 3** tener dudas acerca de.

dough [dəʊ] *n u* **1** GAST masa (para cocer). **2** *EE UU* (infml) dinero, pasta.

doughnut [ˈdəʊnʌt] *n c* GAST rosquilla; donut.

dove [dʌv] *n c* paloma.

dove [dəʊv] *pt* → dive.

down [daʊn] *prep* **1** abajo, hacia abajo, debajo de: *they ran down the stairs = corrieron escaleras abajo.* **2** hacia abajo (dirección): *he was walking down the street = iba andando por la calle.* • *adv* **3** abajo, hacia abajo (dirección): *they all went down = todos fueron abajo.* **4** hacia el sur: *we'll travel down to Málaga = viajaremos a Málaga.* **5** abajo (cantidades, porcentajes): *exports are down 10% = las exportaciones han bajado un 10%.* **6** abajo, hacia abajo (situación): *in the fourth drawer down = en el cuarto cajón hacia abajo.* **7** (infml) hacia el sitio al que se va (destino): *I'm going down the factory = me voy a la fábrica.* • *adj* **8** (infml) deprimido. **9** puesto en papel. **10** COMPUT estropeado. • *n u* **11** plumón (para cama). **12** pelusilla (pelo). • *tr* **13** beberse de un trago. **14** MIL derribar (avión). ■ **~!** ¡al suelo! (a un perro); **up and ~** arriba y abajo repetidamente.

downcast [ˈdaʊnkɑːst] *adj* **1** abatido, deprimido. **2** cabizbajo (estado de ánimo).

downfall [ˈdaʊnfɔːl] *n u* caída.

downhill [ˌdaʊnˈhɪl] *adj* **1** cuesta abajo (movimiento). **2** (fig) fácil, factible (tarea). • *adv* **3** cuesta abajo. **4** (fig) en decadencia (salud, fortuna).

Downing Street [ˈdaʊnɪŋ] *n sing residencia del Primer Ministro británico.*

downstairs [ˌdaʊnˈsteəz] *adv* **1** hacia abajo, escaleras abajo. • *adj* **2** abajo, de abajo: *the man downstairs = el vecino de abajo.*

downstream [ˌdaʊnˈstriːm] *adv* río abajo, aguas abajo.

down-to-earth [ˈdaʊntəˈɜːθ] *adj* práctico, realista.

downtown [ˌdaʊnˈtaʊn] *adj & adv* del centro, al centro (de la ciudad).

downward [ˈdaʊnwəd] *adj* **1** hacia abajo (movimiento, dirección). **2** (fig) en declive (situación). • *adv* **3** *EE UU* → downwards.

downwards [ˈdaʊnwədz] *adv* hacia abajo. ■ **face ~** boca abajo.

dowry [ˈdaʊərɪ] *n c* dote (matrimonial).

doze [dəʊz] *n c* **1** cabezada. • *intr* **2** dormitar. ■ **to have a ~** echar una cabezada.

dozen [ˈdʌzn] *n c* docena.

draft [drɑːft] *n c* **1** bosquejo, borrador. **2** FIN letra de cambio. **3** *EE UU* SP selección. • *adj & n c* **4** *EE UU* → draught. • *n sing* **5** *EE UU* MIL reclutamiento. • *tr*

6 hacer un borrador de. • *n c* **7** *EE UU* SP seleccionar. • *tr* **8** MIL destacar.

draftsman [ˈdrɑːftsmən] *n c* → draughtsman.

drafty [ˈdrɑːftɪ] *adj* → draughty.

drag [dræg] (*pt* y *pp* **dragged**, *ger* **dragging**) *tr* **1** arrastrar (gen). **2** dragar (río, lago). **3** tirar con fuerza. • *intr* **4** ir arrastrando los pies (lentamente). **5** pasar lentamente (el tiempo). • *pron* **6** arrastrarse. • *n c* **7** (infml) calada (de cigarro). • *n u* **8** (sl) travestismo. • **~ (on)** *n sing* **9** (infml) traba (para) (hacer algo). **10** (infml) lata, rollo. ♦ **to ~ down** hundir (persona); deprimir; **to ~ into** involucrar en; embarrar en (Amér., persona); **to ~ on/along** transcurrir tediosamente (discurso); **to ~ out** prolongar innecesariamente (discusión); sonsacar (información); **to ~ up** sacar a relucir. ■ **in ~** travestido.

dragon [ˈdrægən] *n c* **1** dragón (animal mítico). **2** (infml) vieja bruja.

dragonfly [ˈdrægənflaɪ] *n c* ZOOL libélula.

drain [dreɪn] *n c* **1** desagüe (de agua); alcantarilla; sumidero. • *tr* **2** drenar (agua). **3** AGR desecar (tierra). **4** agotar (energía, fuerzas); consumir (energía, recursos). **5** escurrir (verduras). **6** apurar (bebida). • *intr* **7** drenarse (tierra). **8** vaciarse (un recipiente). **9** secarse (pantano). **10** escurrirse (platos). **11** desaparecer poco a poco (color, tensión). **12 to ~ away/out of** disiparse (sentimientos). ♦ **brain ~** fuga de cerebros. ■ **to be drained (of)** con las reservas agotadas (energía); **to go down the ~** echarse a perder.

drainage [ˈdreɪnɪdʒ] *n u* **1** alcantarillado. **2** drenaje (tierra).

draining-board [ˈdreɪnɪŋbɔːd] *n c* escurreplatos.

drama [ˈdrɑːmə] *n c* **1** drama. • *n u* **2** THEAT arte escénico.

dramatic [drəˈmætɪk] *adj* **1** THEAT dramático. **2** (fig) espectacular (huída, cambio).

dramatist [ˈdræmətɪst] *n c* dramaturgo.

dramatize [ˈdræmətaɪz] *tr* dramatizar (novel).

drank [dræŋk] *pt* → drink.

drastically [ˈdræstɪklɪ] *adv* drásticamente.

draught [drɑːft] (*EE UU* **draft**) *adj* **1** de barril (cerveza). **2** de tiro, de carga (animal). • *n c* **3** corriente de aire. **4** trago (de bebida). **5** *GB* ficha de damas (juego). • **draughts** *n pl* **6** *GB* damas (juego).

draughtboard [ˈdrɑːftbɔːd] *n c GB* tablero de damas.

draughtsman [ˈdrɑːftsmən] (*EE UU* **draftsman**, *pl* **draughtsmen**) *n c* delineante (profesión); dibujante.

draw [drɔː] (*pt* **drew**, *pp* **drawn**) *tr* **1** dibujar (gen); trazar (línea). **2** tirar de. **3** sacar (conclusión, pistola, dinero). **4** desenvainar (espada). **5** cobrar (salario). **6** hacer (comparaciones). **7** atraer (por su interés). **8** correr, descorrer (telón, cortinas). **9** FIN hacer efectivo (cheque). • *intr* **10** ganarse (una reacción). **to ~ away 11** (fml) alejarse (de algo o alguien). **to ~ (with/against) 12** SP empatar con. • *n c* **13** sorteo (lotería). **14** empate (partido). **15** (fig) atracción. ♦ **to ~ back** retirarse (de un acuerdo); **to ~ on** hacer uso de (experiencia, recursos); echar una calada (a un cigarro); **to ~ out** hacer hablar (persona); sonsacar (información); alargar (entrevista); **to ~ up** detenerse (vehículo); redactar (documento); **to ~ upon** usar. ■ **to ~ breath** respirar; **to ~ sb's attention to sth** atraer la atención de alguien sobre algo; **to ~ near/closer** acercarse.

drawback [ˈdrɔːbæk] *n c* inconveniente, desventaja.

drawbridge [ˈdrɔːbrɪdʒ] *n c* puente levadizo.

drawer [drɔːər] *n c* **1** cajón. **2** dibujante (persona). **3** FIN librador (de cheque).

drawing [ˈdrɔːɪŋ] *n c* **1** dibujo, esbozo. • *n u* **2** SCH dibujo (asignatura).

drawing-pin [ˈdrɔːɪŋpɪn] *n c GB* chincheta.

drawn [drɔːn] *pp* **1** → draw. • *adj* **2** corrido (cortinas). **3** contraído, tenso (rostro).

dread [dred] *n u* **1** temor, espanto. • *tr* **2** temer, tener miedo de.

dreadful [ˈdredfl] *adj* **1** fatal, horrible, malísimo (tiempo, tráfico). **2** terrible (dando énfasis).

dream [driːm] (*pt* y *pp* **dreamed** o **dreamt**) *intr* & *tr* **to ~ (of/about/that) 1** soñar (con/que). • *n c* **2** sueño (gen). **3** (fig) ilusión (depositada en algo); ambición. • *adj* **4** de ensueño, fabuloso. ♦ **to ~ up** idear, concebir (plan, idea). ■ **to ~ a ~** tener un sueño.

dreamt [dremt] *pt & pp* → dream.

dredge [dredʒ] *tr* dragar (río, lago). ♦ **to ~ up** desempolvar (recuerdos, conocimientos).

dregs [dregz] *n pl* **1** posos, sedimento. **2** (fig, infml) escoria.

drench [drentʃ] *tr* empapar.

dress [dres] *n c* **1** vestido (esp. de mujer). • *n u* **2** ropa. • *tr* **3** vestir. **4** aliñar (ensalada). **5** vendar (una herida). • *intr* **6** vestirse. ♦ **to ~ down** *GB* vestir informalmente; regañar; **to ~ up** disfrazarse (para una fiesta); vestirse de etiqueta.

dresser [ˈdresər] *n c* **1** *GB* aparador (para platos). **2** *EE UU* cómoda (con cajones).

dressing [ˈdresɪŋ] *n c* **1** venda (para herida). • *n u* **2** aliño (de ensalada).

dressing-gown [ˈdresɪŋgaʊn] *n c* bata, batín.

dressing-room [ˈdresɪŋruːm] *n c* camerino, vestidor.

dressing-table [ˈdresɪŋteɪbl] *n c* tocador.

dressmaker [ˈdresmeɪkər] *n c* modista.

dressmaking [ˈdresmeɪkɪŋ] *n u* corte y confección.

dressy [ˈdresɪ] *adj* **1** (infml) elegante (persona, ropa). **2** (infml) acicalado (persona).

drew [druː] *pt* → draw.

dribble [ˈdrɪbl] *n c* **1** gota (de líquido). • *n u* **2** babas (de bebés). • *intr* **3** gotear. **4** babear (bebés). • *tr* **5** SP driblar, regatear.

dried [draɪd] *adj* seco; en polvo (leche). ♦ **~ fruit** frutos secos.

drift [drɪft] *n u* **1** corriente (de agua). • **~ (of)** *n c* **2** flujo (de personas o animales). **3** amontonamiento (de nieve, arena). **4** nube (de polvo, arena). **5** significado. • *n sing* **6** tendencia (cambiante). • *intr* **7** MAR flotar a la deriva. **8** ir sin rumbo fijo (persona). **9** amontonarse (hojas, nieve). ♦ **to ~ about** deambular. ■ **to get the ~ of** comprender el significado de.

drill [drɪl] *n c* **1** taladro (herramienta); fresa (de dentista); perforadora (mina). **2** ejercicio de repetición (aprendiendo idiomas). **3** adiestramiento (contra incendios). • *n c & u* **4** MIL instrucción. • *tr* **5** taladrar. **to ~ (in)** **6** adiestrar. **7** MIL instruir. • **to ~ (into)** *intr* **8** hacer un agujero (en). **9** MIL hacer la instrucción. ■ **to ~ sth into sb** inculcar algo en alguien.

drink [drɪŋk] (*pt* **drank**, *pp* **drunk**) *tr & intr* **1** beber. • *n u* **2** bebida. • *n c* **3** trago (cantidad de líquido). **4** copa, trago (de alcohol). ♦ **to ~ in** absorber (información). ■ **to ~ like a fish** beber como un cosaco; **to ~ to** brindar por; **to ~ up** beberse todo de un trago, terminar la copa; **to have a ~** tomar un trago/una copa; **to take to ~** darse a la bebida.

drinkable [ˈdrɪŋkəbl] *adj* **1** potable (agua). **2** bueno, agradable (bebida).

drinker [ˈdrɪŋkər] *n c* bebedor.

drinking-water [ˈdrɪŋkɪŋwɔːtər] *n u* agua potable.

drip [drɪp] (*pt* y *pp* **dripped**, *ger* **dripping**) *intr* **1** gotear. **2** chorrear (sangre, sudor). • *tr* **3** hacer caer gota a gota. • *n c* **4** goteo. **5** (infml) soso (persona). **6** MED gota gota.

drive [draɪv] (*pt* **drove**, *pp* **driven**) *tr* **1** conducir; manejar (Amér., vehículo). **2** llevar (pasajeros). **3** accionar (máquina). **4** clavar. **5** soplar (viento). **6** hacer ir, forzar (en una dirección). **7** arrastrar (sentimiento, deseo). **8** SP golpear con fuerza (el balón). • *intr* **9** conducir. • *n c* **10** paseo en coche; viaje en coche. **11** *acceso particular a una propiedad privada*. **12** instinto. **13** COMPUT unidad de disco. **14** SP directo, drive (tenis); saque del tee (golf). • *n u* **15** ímpetu. • *n sing* **16** MEC tracción. ♦ **to ~ away** alejar(se); **to ~ off** repeler; **to ~ out** echar, expulsar; botar (Amér.). ■ **to be driving at** querer decir, insinuar; **to ~ sb crazy/mad** volver loco a alguien; **to ~ sb up the wall** (infml) enfurecer a alguien.

driven [ˈdrɪvn] *pp* → drive.

driver [ˈdraɪvər] *n c* **1** conductor (gen); piloto (de coche de carreras); maquinista (de tren). **2** COMPUT driver, controlador. **3** SP driver (palo de golf). ♦ **~'s license** *EE UU* permiso de conducir.

driveway [ˈdraɪvweɪ] *n c* camino de acceso.

driving [ˈdraɪvɪŋ] *adj* **1** violento (viento); torrencial (lluvia). • *n u* **2** conducción. ♦ **~ force** fuerza motriz; **~ mirror** retrovisor; **~ school** autoescuela.

driving-licence [ˈdraɪvɪŋlaɪsəns] *n c* *GB* permiso de conducir.

driving-test [ˈdraɪvɪŋtest] *n c* examen de conducir.

drizzle [ˈdrɪzl] *n u* **1** llovizna. • *intr* **2** lloviznar.
dromedary [ˈdrɒmədərɪ] *n c* ZOOL dromedario.
drone [ˈdrəʊn] *n sing* **1** zumbido (avión); tono monótono (al hablar). • *n c* **2** ZOOL zángano (insecto). • *intr* **3** zumbar (sonido). ♦ **to ~ on** dar la tabarra.
drool [druːl] *n u* **1** saliva. • *intr* **2** babear.
drooping [druːpɪŋ] *adj* inclinado, caído.
drop [drɒp] (*pt* y *pp* **dropped**, *ger* **dropping**) *tr* **1** dejar caer, tirar (un objeto). **2** reducir (precios). **3** bajar (voz). **4** dejar, abandonar (idea, tema, tarea); retirar (acusaciones); abandonar (persona, amante); excluir, no seleccionar (jugador). **5** lanzar, soltar (insinuación): *she's always dropping names = siempre se las está dando de conocer a gente importante*. **6** (infml) escribir, poner (carta, postal). **7** (infml) dejar: *drop me at the station = déjame en la estación*. • *intr* **8** caer, caerse: *he worked until he dropped = estuvo trabajando hasta no poder más*. **9** bajar, descender (precio, temperatura, voz); disminuir (asistencia, demanda); calmarse (viento). • *n c* **10** gota (de líquido). **11** pastilla (dulce). **12** caída, descenso (de calidad). • *n sing* **13** caída. **a ~ in 14** una caída de (precios); un descenso de (temperatura); una disminución en (demanda, ingresos). • **drops** *n pl* **15** MED gotas. ♦ **~ shot** SP dejada (tenis); **to ~ away** debilitarse, decaer; **to ~ back** quedarse atrás; **to ~ by** (infml) pasarse por (casa de alguien); **to ~ in** (infml) visitar inesperadamente; **to ~ off** quedarse dormido; disminuir; **to ~ out (of/from)** dejar de asistir (a) (escuela); retirarse (de) (competición). ■ **~ dead!** ¡vete a la porra!
dropout [ˈdrɒpaʊt] *n c* **1** (infml, pej) estudiante que abandona (estudios). **2** marginado (de la sociedad).
drought [draʊt] *n c* & *u* sequía.
drove [drəʊv] *pt* **1** → drive. • *n c* **2** manada, rebaño (de animales); multitud, muchedumbre. ■ **in droves** en tropel.
drown [draʊn] *intr* **1** ahogarse. • *tr* **2** ahogar (persona). **3** inundar, anegar (lugar). **4** empapar (con salsa una comida). ■ **to ~ one's sorrows** ahogar las penas (con alcohol).
drug [drʌg] (*pt* y *pp* **drugged**, *ger* **drugging**) *tr* **1** drogar. • *n c* **2** medicamento. **3** droga (sustancia ilegal). ♦ **~ abuse** consumo de drogas; **~ addict** drogadicto; **~ baron** gran narcotraficante; **~ dealer/pedlar/pusher** camello. ■ **to be on drugs/to take drugs** drogarse.
druggist [ˈdrʌgɪst] *n c EE UU* farmacéutico.
drugstore [ˈdrʌgstɔːr] *n c EE UU comercio en que se venden medicinas además de otros productos.*
drum [drʌm] (*pt* y *pp* **drummed**, *ger* **drumming**) *tr* **1** tamborilear (con los dedos). • *intr* **2** tocar el tambor. **3** (fig) golpear repetidamente (lluvia). • *n c* **4** MUS tambor. **5** bidón. **6** MEC cilindro, tambor. ♦ **to ~ into** inculcar; **to ~ out** expulsar, echar; botar (Amér., de un grupo); **to ~ up** reunir, organizar (clientes, apoyo).
drummer [ˈdrʌmər] *n c* tambor, percusionista (en orquesta); batería (de grupo pop).
drunk [drʌŋk] *pp* **1** → drink. • *adj* & *n c* **2** borracho; tiznado (Amér.). ■ **~ as a lord** borracho como una cuba.
drunkard [ˈdrʌŋkəd] *n c* (pej) borracho, bebedor.
drunken [ˈdrʌŋkən] *adj* borracho; tiznado (Amér., persona); de borracho (forma de andar, caminar, aletargamiento).
dry [draɪ] (*pt* y *pp* **dried**) *tr* **1** secar, secarse. • *intr* **2** secarse. • *adj* **3** seco (gen). **4** (infml) sediento. ♦ **~ dock** MAR dique seco; **~ goods** *EE UU* artículos de lencería/mercería; **~ ice** nieve carbónica; **~ land** tierra firme; **~ run** ensayo. ■ **as ~ as dust** un plomazo (aburrido); **~ up!** ¡cállate!
dry-cleaner [ˌdraɪˈkliːnər] *n c* **~'s** tintorería.
dryer [draɪər] *n c* secador (de pelo); secadora (de ropa).
dual [ˈdjuːəl] *adj* dual. ♦ **~ carriageway** *GB* autovía; autocarril (Amér.); **~ nationality** doble nacionalidad; **~ purpose** de doble uso.
dub [dʌb] (*pt* y *pp* **dubbed**, *ger* **dubbing**) *tr* **1** llamar, apodar. **2** CIN doblar (películas).
dubbed [dʌbd] *adj* **1** doblado (película). **2** apodado (persona).
dubious [ˈdjuːbɪəs] *adj* **1** dudoso, sospechoso (negocio, persona). **2** indeciso.

duchess [ˈdʌtʃɪs] *n c* duquesa.
duck [dʌk] *n c* **1** pato. ● *tr* **2** agachar, bajar. **3** esquivar, evitar (responsabilidad). **4** sumergir (esp. la cabeza). ● *intr* **5** agacharse (esquivando algo).
duckling [ˈdʌklɪŋ] *n c* patito.
duct [dʌkt] *n c* **1** tubería, conducto. **2** ANAT conducto.
dud [dʌd] *adj* **1** inútil, defectuoso. ● *n c* **2** cosa o persona inútil. ◆ **~ cheque** FIN cheque sin fondos.
dude [dju:d] *n c* *EE UU* (infml) fulano, tío.
due [dju:] *adj* **1** debido (appropiate). **2** esperado (expected): *the next issue is due out next week = la próxima edición saldrá la semana que viene, they're due back this afternoon = tendrían que volver esta tarde*. **3** pagadero (owed, owing). ● **dues** *n pl* **4** cuotas. ◆ **~ date** vencimiento. ■ **~ to** debido a; **in ~ course** a su debido tiempo; **with all ~ respect** sin ganas de ofender.
duel [ˈdju:əl] *n c* **1** duelo. ● *intr* **2** luchar en un duelo.
duet [dju:ˈet] *n c* MUS dúo.
dug [dʌg] *pt & pp* → dig.
duke [dju:k] *n c* duque.
dull [dʌl] *adj* **1** aburrido, tedioso (discurso). **2** lento, embotado (por la apatía). **3** apagado (color). **4** gris, nublado (tiempo). **5** sordo (dolor, sonido). **6** torpe, tardo. ● *tr* **7** embotar, entorpecer (los sentidos); aliviar (dolor). **8** oscurecer, empañar (algo que brilla).
dumb [dʌm] *adj* **1** mudo (carente de voz). **2** (infml) atontado, embobado. ◆ **~ show** espectáculo de mimo; **~ waiter** montaplatos.
dummy [ˈdʌmɪ] *adj* **1** falso, postizo. ● *n c* **2** maniquí (escaparates). **3** imitación. **4** *GB* chupete (para bebés). **5** (infml) imbécil; boludo (Amér., tonto).
dump [dʌmp] *n c* **1** basurero. **2** (infml) pocilga (lugar sucio). **3** COMPUT volcado. **4** MIL depósito. ● *tr* **5** (infml) tirar (gen). ◆ **~ truck** *EE UU* volquete.
dumper-truck [ˈdʌmpətrʌk] *n c* *GB* volquete.
dumping [ˈdʌmpɪŋ] *n u* **1** vertido (de desechos). **2** ECON dumping. ◆ **~ ground** basurero, vertedero.
dune [dju:n] *n c* duna.
dung [dʌŋ] *n u* excremento (de animal); estiércol.
dungeon [ˈdʌndʒən] *n c* mazmorra.
duo [ˈdju:əʊ] *n c* dúo.
duodenum [ˌdju:əˈdi:nəm] *n c* ANAT duodeno.
dupe [dju:p] *n c* **1** primo, inocentón. ● **to ~ sb (into sth/+ ger)** *tr* **2** embaucar a alguien (para algo/que haga algo).
duplex [ˈdju:pleks] *adj* **1** TECH dual, doble. ● *n c* **2** *EE UU* dúplex (apartamento). **3** *EE UU* casa adosada.
duplicate [ˈdju:plɪkət y EE UU ˈdu:pləkət] *adj & n c* duplicado. ■ **in ~** por duplicado.
duplicate [ˈdju:plɪkeɪt] *tr* **1** duplicar. **2** repetir.
during [ˈdjʊərɪŋ] *prep* durante.
dusk [dʌsk] *n sing* crepúsculo, anochecer.
dust [dʌst] *n u* **1** polvo. ● *tr* **2** quitar el polvo a. **3** espolvorear (esp. la cara). ● *intr* **4** quitar el polvo. ◆ **to ~ off** desempolvar. ■ **to allow the ~ to settle** (infml) dejar que se calmen los ánimos; **to bite the ~** (infml) estirar la pata.
dustbin [ˈdʌstbɪn] *n c* *GB* cubo de la basura.
dustcart [ˈdʌstkɑ:t] *n c* *GB* camión de la basura.
duster [ˈdʌstər] *n c* **1** bayeta, trapo (para el polvo). **2** *EE UU* guardapolvo.
dustman [ˈdʌstmən] (*pl* **dustmen**) *n c* *GB* basurero.
dusty [ˈdʌstɪ] *adj* **1** polvoriento. **2** gris, monótono (color). ■ **to get ~** llenarse de polvo.
Dutch [dʌtʃ] *adj* **1** holandés. ● *n u* **2** holandés (idioma). ◆ **~ cap** *GB* diafragma; **~ courage** (infml) valor infundido por el alcohol. ■ **to go ~** (infml) pagar cada uno lo suyo.
Dutchman [ˈdʌtʃmən] (*pl* **Dutchmen**) *n c* holandés.
Dutchwoman [ˈdʌtʃwʊmən] (*pl* **Dutchwomen**) *n c* holandesa.
duty [ˈdju:tɪ] *n u* **1** tarea, trabajo. ● *n c & u* **2** deber, obligación (legal, moral). **3** arancel, impuesto. ◆ **customs ~/duties** derechos de aduana. ■ **off ~** fuera de servicio; **on ~** de servicio.
duty-free [ˌdju:tɪˈfri:] *adj & adv* libre de impuestos.

d

duvet ['du:veɪ] *n c* edredón. ◆ ~ **cover** funda de edredón.
DVD ['di:vi:di:] (*abbrev* **digital video disc**) *n c* DVD.
dwarf [dwɔ:f, *pl irreg* dwɔ:vz] (*pl* **dwarfs** o **dwarves**) *adj* & *n c* **1** enano. ● *tr* **2** empequeñecer.
dwell [dwel] (*pt* y *pp* **dwelled** o **dwelt**) *intr* (fml) morar, habitar. ◆ **to ~ on/upon** darle vueltas a.
dwelling ['dwelɪŋ] *n c* (fml) morada.
dwelt [dwelt] *intr* → dwell.
dwindle ['dwɪndl] *intr* ir disminuyendo.
dye [daɪ] *n c* **1** tinte, colorante. ● *tr* **2** teñir.
dying [daɪŋ] *ger* **1** → die. ● *adj* **2** moribundo (animal, persona). **3** en las últimas, sin futuro (industria, tradición).
dyke [daɪk] *n c* **1** dique (para contener agua). **2** (vulg) lesbiana.
dynamic [daɪ'næmɪk] *adj* dinámico.
dynamite ['daɪnəmaɪt] *n u* **1** dinamita. ● *tr* **2** dinamitar.
dynamo ['daɪnəməʊ] *n c* **1** MEC dinamo. **2** (fig, infml) máquina: *that fellow is a dynamo = ese tío es una máquina.*
dynasty ['dɪnəstɪ] *n c* dinastía.
dyslexia [dɪs'leksɪə] *n u* MED dislexia.
dyslexic [dɪs'leksɪk] *adj* MED disléxico.

Ee

e, E [i:] *n c* **1** e, E (letra). **2** SCH suspenso (nota académica). ● *n c* & *u* **3** MUS mi (nota).
each [i:tʃ] *indef adj* **1** cada: *he wrote a sentence for each picture = escribió una frase para cada dibujo.* ● *indef pron* **2** cada uno: *we each had a surprise = cada uno de nosotros recibió una sorpresa.* ■ **~ and every** todos y cada uno; **~ one** cada uno; **~ other** uno al otro, mutuamente:, *they know each other = se conocen*; **one ~** uno cada uno.

> ***Each*** se traduce por **cada** o por **cada uno** cuando individualiza entre dos o más cosas o personas: *I gave them each a sweet = les di un caramelo a cada uno.* Cuando la intención es generalizar en referencia a tres o más cosas o personas (nunca dos), se usa ***every*** (**todo** o **todos**): *every actor was ready = todos los actores estaban preparados.* ***Every*** se traduce por **cada** cuando se refiere a intervalos de tiempo y con los términos ***almost***, ***practically***, ***nearly*** y ***without exception***: *the meeting takes place every month = la reunión tiene lugar cada mes*; *almost every day = casi cada día.*

eager ['i:gər] *adj* **~ (for/+ inf) 1** ansioso, impaciente (por/por hacer algo): *he was eager to help = estaba ansioso por ayudar.* **2** entusiasmado, excitado (ante la idea de hacer algo).
eagle ['i:gl] *n c* ZOOL águila. ◆ **~ eye** vista de lince; **golden ~** ZOOL águila real.
ear [ɪər] *n c* **1** ANAT oreja. **2** BOT espiga (de cereal). ● *n c* & *u* **3** (fig) atención, predisposición. ■ **out on one's ~** en la calle, despedido; **to be all ears** ser todo oídos; **to be up to one's ears (in)** estar hasta el cuello (de); **to have an ~ (for)** (fig) tener oído para (talento); **to keep/have one's ~ to the ground** estar al tanto de todo; **to play by ~** tocar de oído; **to turn a deaf ~** hacer oídos sordos.
earache ['ɪəreɪk] *n sing* dolor de oídos.
eardrum ['ɪədrʌm] *n c* ANAT tímpano.
earlier ['ɜ:lɪər] *comp* **1** → early. ● *adj* **2** anterior. ● *adv* **3** antes. ■ **~ on** antes.
earliest ['ɜ:lɪəst] *super* **1** → early. ● *adj* **2** primero. ■ **at the ~** como muy pronto.
early ['ɜ:lɪ] *adj* **1** temprano, prematuro. **2** a principios de (un período de tiempo). **3** temprano, tierno (edad). ● *adv* **4** temprano, pronto (antes de lo previsto). **5** con antelación, con adelanto (autobús, tren). ◆ **an ~ riser** madrugador, persona madrugadora; **~ retirement** jubilación anti-

cipada; **the ~ hours** la madrugada. ■ **~ on** temprano; **the ~ bird catches the worm** al que madruga, Dios le ayuda.
earn [ɜ:n] *tr* **1** ganar (dinero). **2** generar, devengar: *the money earns good interest = el dinero devenga un buen interés*. **3** (fig) merecer, granjearse (respeto). ■ **to ~ one's living** ganarse la vida.
earnest [ˈɜ:nɪst] *adj* serio, formal (persona); sincero (disculpa, deseo).
earnings [ˈɜ:nɪŋz] *n pl* ingresos.
earphone [ˈɪəfəʊn] *n pl* (normalmente *pl*) auricular.
earring [ˈɪərɪŋ] *n c* pendiente.
earshot [ˈɪəʃɒt] *n u* **within ~/out of ~** al alcance del oído/fuera del alcance del oído.
earth [ɜ:θ] *n sing* **the ~ 1** la tierra, la superficie terrestre. ● *n u* **2** tierra, suelo: *red earth is common here = la tierra rojiza es normal aquí*. ● *n c* **3** ELEC toma de tierra. ● *tr* **4** *GB* ELEC conectar a tierra. ◆ **~ tremor** temblor de tierra; **the Earth** la Tierra (planeta). ■ **how/what/where/why on ~?** ¿cómo/qué/dónde/por qué demonios?: *what on earth are you doing? = ¿qué demonios estás haciendo?*; **like nothing on ~** (infml) como nada en el mundo; **on ~** del mundo: *this is the best food on earth = esta es la mejor comida del mundo*; **to cost/pay the ~** *GB* costar/pagar un dineral; **to run to ~** encontrar (tras larga búsqueda).
earthenware [ˈɜ:θnweər] *adj* **1** de arcilla, de loza. ● *n u* **2** loza.
earthquake [ˈɜ:θkweɪk] *n c* terremoto; temblor (Amér.).
ease [i:z] *n u* **1** facilidad. **2** comodidad. ● *tr* **3** aliviar (dolor); atenuar (problemas, tensión); mejorar (situación). **4** colocar, poner (con cuidado). ● *intr* **5** calmarse (dolor); atenuarse (problema); amainar (lluvia); aflojarse, relajarse (tensión, presión). ◆ **to ~ off** calmarse (dolor); atenuarse (problema); amainar (lluvia); **to ~ up** tomarse las cosas con más calma. ■ **at ~/at one's ~** relajado, cómodo; **at ~/stand at ~** MIL ¡descanso!; **ill at ~** nervioso, incómodo; **to take one's ~** relajarse; **with ~** con facilidad, con soltura (aprobar un examen).
easel [ˈi:zl] *n c* atril, caballete.
easily [ˈi:zɪlɪ] *adv* **1** fácilmente (aprobar un examen). **2** sobradamente, con mucho. **3** probablemente, con toda probabilidad.
east [i:st] *n sing* **1** este (punto cardinal, región). ● *adj* **2** del este, oriental. ● *adv* **3** al este (posición); hacia el este (dirección).
Easter [ˈi:stər] *n u* Semana Santa, Pascua. ◆ **~ egg** huevo de Pascua; **~ Sunday** REL domingo de Resurrección.
eastern [ˈi:stən] *adj* del este, oriental. ◆ **the Eastern bloc** POL el bloque del Este.
easy [ˈi:zɪ] *adj* **1** fácil, sencillo (gen). **2** relajado (comportamiento). **3** cómodo, sin complicaciones (vida). **~ (on) 4** bueno para, agradable para: *this kind of music is easy on the ears = este tipo de música es agradable a los oídos*. ◆ **~-care** *GB* resistente (tejido); **~ chair** butacón. ■ **as ~ as pie** (infml) chupado, tirado; **not to be ~ about** no encontrarse a gusto con; **to go ~ on** (infml) no ser muy duro con (actitud); no pasarse con (los gastos, la bebida); **to take it/things ~** tomárselo con calma.
easygoing [ˌi:zɪˈgəʊɪŋ] *adj* acomodadizo (persona); relajado (actitud).
eat [i:t] (*pt* **ate**, *pp* **eaten**) *tr & intr* **1** comer. ● *tr* **2** (infml) carcomer, inquietar (por la preocupación): *what's eating you? = ¿qué te está carcomiendo?* ● **eats** *n pl* **3** (infml) comida. ◆ **to ~ away/into** corroer (ácidos); mermar (ahorros); **to ~ in** comer en casa; **to ~ out** comer fuera de casa; **to ~ up** comer todo, devorar; absorber (actividad). ■ **to ~ like a horse** (infml) comer muchísimo.
eaten [ˈi:tn] *pp* → eat.
eau-de-cologne [ˌəʊdəkəˈləʊn] *n u* (agua de) colonia.
eavesdrop [ˈi:vzdrɒp] (*pp* **eavesdropped**, *ger* **eavesdropping**) *intr* **to ~ (on)** escuchar a escondidas.
ebb [eb] *n sing* **(the) ~ 1** (el) reflujo. ● *intr* **2** bajar (la marea). **3** (lit, fig) decaer, menguar (fuerza). ◆ **~ tide** marea baja; **the ~ and flow of** (fig) los altibajos de; **to ~ away** decrecer, disminuir.
ebony [ˈebənɪ] *n c & u* **1** ébano (árbol, madera). ● *adj* **2** de ébano (mueble). **3** de color ébano.
EC [ˌi:ˈsi:] (*abbrev* **European Community**) *n sing* CE.

echo [ˈekəʊ] (*pl* **echoes**) *n c* **1** eco. • *tr* **2** hacerse eco de (opinión); repetir (palabras). • *intr* **3** resonar, estar lleno de ecos.

ecological [ˌiːkəˈlɒdʒɪkl] *adj* **1** ecológico (equilibrio, impacto). **2** POL verde, ecologista (grupo, persona).

ecologist [iːˈkɒlədʒɪst] *n c* **1** ecólogo (científico); ecologista (movimiento, grupo). **2** POL verde.

ecology [iːˈkɒlədʒɪ] *n u* ecología.

e-commerce [ˌiːˈkɒmɜːs] *n u* comercio electrónico.

economic [ˌiːkəˈnɒmɪk y ˌekəˈnɒmɪk] *adj* **1** económico (industria, finanzas). **2** rentable.

economical [ˌiːkəˈnɒmɪkl y ˌekəˈnɒmɪkl] *adj* **1** barato, económico. **2** eficiente, ajustado (uso del tiempo, energía).

economics [ˌiːkəˈnɒmɪks y ˌekəˈnɒmɪks] *n u* **1** economía (ciencia). • *n pl* **2** medidas económicas.

economise *intr* → economize.

economize [ɪˈkɒnəmaɪz] *intr* **to ~ (on)** economizar (en), ahorrar (en).

economy [ɪˈkɒnəmɪ] *n c* **1** economía (sistema económico). • *n c & u* **2** ahorro. ◆ **~ class** clase turista (en un avión).

ecstasy [ˈekstəsɪ] *n* **1** éxtasis (estado). **2** éxtasis (droga).

Ecuador [ˈekwədɔːr] *n sing* Ecuador.

Ecuadorian [ˌekwəˈdɔːrɪən] *adj & n c* ecuatoriano.

edge [edʒ] *n c* **1** borde (de espacio físico). **2** filo (de cuchillo); canto (de moneda). • *n sing* **3** (fig) aspereza, nota de enfado (en la voz). **an/the ~ (on/over)** **4** ventaja (sobre). • *tr* **5** bordear, ribetear. **6** mover poco a poco (un objeto). ■ **on ~** con los nervios de punta.

edible [ˈedɪbl] *adj* comestible.

edit [ˈedɪt] *tr* **1** editar (gen). **2** corregir (texto). **3** dirigir (revista, periódico). **4** CIN, RAD, TV montar. **5** COMPUT editar.

edition [ɪˈdɪʃn] *n c* edición.

editor [ˈedɪtər] *n c* **1** editor (de libros, periódicos, revistas). **2** redactor, jefe de sección (de un periódico). **3** CIN, RAD, TV jefe de montaje. **4** COMPUT editor de textos.

educate [ˈedjʊkeɪt] *tr* **1** educar (mente y personalidad). **2** informar.

education [ˌedjʊˈkeɪʃn] *n c & u* **1** educación (gen). • *n u* **2** enseñanza (gen).

educational [ˌedjʊˈkeɪʃənl] *adj* educativo.

EEC [ˌiːiːˈsiː] (*abbrev* **European Economic Community**) *n sing* CEE.

eel [iːl] *n c* ZOOL anguila.

eerie or **eery** [ˈɪərɪ] *adj* espeluznante.

efface [ɪˈfeɪs] *tr* borrar (error, recuerdos dolorosos).

effect [ɪˈfekt] *n c* **1** efecto. • *tr* **2** (fml) efectuar, llevar a cabo. ◆ **(personal) effects** (fml) efectos personales, pertenencias; **special effects** CIN efectos especiales. ■ **in ~** en efecto, efectivamente; **to put/bring/carry sth into ~** poner en marcha algo; **to take ~/come/go into ~** tener efecto, entrar en vigor; **to this/that ~** en este/ese sentido.

effective [ɪˈfektɪv] *adj* **1** eficaz: *an effective measure = una medida eficaz.* **2** efectivo (con potestad): *the effective boss = el jefe real.* **3** operativo (ley). ■ **to become ~** entrar en vigor.

effectiveness [ɪˈfektɪvnɪs] *n u* eficacia, logro.

effeminate [ɪˈfemɪnɪt] *adj* (pej) afeminado.

efficacy [ˈefɪkəsɪ] *n u* eficacia.

efficient [ɪˈfɪʃnt] *adj* eficiente; con buen rendimiento (máquina).

effort [ˈefət] *n c* **1** esfuerzo (gen). **2** (infml) tentativa (de hacer algo). ■ **to be worth the ~** merecer la pena; **to make an ~/no ~** esforzarse/no hacer ningún esfuerzo.

e. g. [ˌiːˈdʒiː] (*abbrev* **exempli gratia**) *adv* p. ej.

egg [eg] *n c* **1** huevo (gen). **2** BIOL óvulo. • **to ~ on** *tr* **3** incitar. ◆ **~ white** clara (de huevo); **~ yolk** yema (de huevo).

eggplant [ˈegplænt] (*GB* **aubergine**) *n c & u EE UU* berenjena.

eggshell [ˈegʃel] *n c & u* cáscara (de huevo).

ego [ˈegəʊ y EE UU ˈiːgəʊ] *n c* ego, amor propio.

egoism [ˈegəʊizəm y EE UU ˈiːgəʊizəm] *n u* egoísmo.

egoist [ˈegəʊɪst y EE UU ˈiːgəʊɪst] *n c* egoísta.

Egypt [ˈiːdʒɪpt] *n sing* Egipto.

Egyptian [ɪˈdʒɪpʃn] *adj & n c* egipcio.

eight [eɪt] *card* ocho.

eighteen [ˌeɪˈtiːn] *card* dieciocho.
eighteenth [ˌeɪˈtiːnθ] *ord* décimoctavo.
eighth [eɪtθ] *ord* octavo.
eightieth [ˈeɪtɪəθ] *ord* octogésimo.
eighty [ˈeɪtɪ] (*pl* **eighties**) *card* ochenta.
either [ˈaɪðər y EE UU ˈiːðər] *indef adj* **1** cualquiera (de los dos): *there are two cakes and you can eat either = hay dos pasteles y puedes comer cualquiera de los dos.* **2** cada: *you can park on either side of the street = se puede aparcar en los dos lados de la calle.* • **~ (of them)** *indef pron* **3** cualquiera (de los dos). **4** (con neg.) ninguno (de los dos). • *adv* **5** (con. neg.) tampoco: *"I don't like coffee", "I don't like coffee either" = «no me gusta el café», «a mí tampoco».* ■ **either... or...** o… o… (alternativas): *either you say something more intelligent or you shut up = o dices algo más inteligente o te callas;* **either... or...** (con neg.) ni… ni…: *I am not ready either for a job or for University = no estoy preparado ni para trabajar ni para la Universidad.*
eject [ɪˈdʒekt] *tr* **1** expeler, despedir (objeto). **2** expulsar (persona). **3** AER lanzar, eyectar (de un avión).
elaborate [ɪˈlæbərɪt] *adj* **1** complicado (ceremonia). **2** muy trabajado (obra de arte). **3** detallado, esmerado (explicación, plan).
elaborate [ɪˈlæbəreɪt] *intr* **to ~ on** ampliar, explicar con más detalle.
elastic [ɪˈlæstɪk] *adj* **1** elástico. **2** flexible (carácter). • *n u* **3** goma (para ropa). ♦ **~ band** goma elástica.
elbow [ˈelbəʊ] *n c* codo.
elder [ˈeldər] *comp* **1** → old. • *adj & n c* **2** mayor (hermano, hijo). • *n c* **3** BOT saúco.
elderly [ˈeldəlɪ] *adj* mayor, de avanzada edad. ♦ **the ~** los ancianos.
eldest [ˈeldɪst] *super* **1** → old. • *adj* **2** mayor. • **the ~** *n sing* **3** (infml) el hijo mayor.
elect [ɪˈlekt] *adj* **1** electo: *the president elect = el presidente electo.* • *tr* **2** elegir. • **to ~ + inf** *intr* **3** (fml) optar por.
election [ɪˈlekʃn] *n c & u* elección. ♦ **local elections** elecciones municipales.
electric [ɪˈlektrɪk] *adj* **1** eléctrico. **2** (fig) electrizante (situación). ♦ **~ blanket** manta eléctrica; **~ chair** silla eléctrica; **~ eye** PHOT célula fotoeléctrica; **~ shock** *GB* descarga eléctrica.
electrical [ɪˈlektrɪkl] *adj* eléctrico. ♦ **~ shock** *EE UU* descarga eléctrica.
electrician [ɪˌlekˈtrɪʃn] *n c* electricista.
electricity [ɪˌlekˈtrɪsɪtɪ] *n u* electricidad.
electrocute [ɪˈlektrəkjuːt] *tr & pron* electrocutar(se).
electrode [ɪˈlektrəʊd] *n c* electrodo.
electron [ɪˈlektrɒn] *n c* PHYS electrón. ♦ **~ microscope** microscopio electrónico.
electronic [ˌɪlekˈtrɒnɪk] *adj* electrónico. ♦ **~ commerce** COMPUT comercio electrónico; **~ mail** COMPUT correo electrónico.
electronics [ˌɪlekˈtrɒnɪks] *n u* electrónica.
elegant [ˈelɪgənt] *adj* elegante.
element [ˈelɪmənt] *n c* **1** elemento (gen). **2** ELEC resistencia (de hervidora eléctrica). • **(an) ~ of** *n sing* **3** partícula de, algo de. ■ **to be in one's ~** estar uno en su elemento.
elementary [ˌelɪˈmentrɪ] *adj* elemental, fundamental. ♦ **~ school** *EE UU* escuela primaria.
elephant [ˈelɪfənt] *n c* elefante.
elevate [ˈelɪveɪt] *tr* **to ~ sth/sb (to/into) 1** (fml) ascender algo/a alguien a (de categoría). **2** (fml, fig) ennoblecer, exaltar (moral o intelectualmente).
elevator [ˈelɪveɪtər] *n c* **1** *EE UU* ascensor (para personas); montacargas (para mercancías); elevador (Amér.). **2** silo (para el grano). **3** timón de profundidad (avión).
eleven [ɪˈlevn] *card* once.
eleventh [ɪˈlevnθ] *ord* undécimo.
elicit [ɪˈlɪsɪt] *tr* **to ~ sth (from) 1** provocar algo en (reacción, respuesta). **2** (fml) sonsacar (información).
eligible [ˈelɪdʒəbl] *adj* **~ (for/+ inf)** idóneo (para).
eliminate [ɪˈlɪmɪneɪt] *tr* eliminar.
elk [elk] (*pl* **elk** o **elks**) *n c* ZOOL alce.
elm [elm] *n c & u* BOT olmo.
elope [ɪˈləʊp] *intr* **to ~ with** fugarse con (el amante).
eloquent [ˈeləkwənt] *adj* elocuente.
El Salvador [elˈsælvədɔːr] *n sing* El Salvador.
else [els] *adv* **what/who/nothing/nobody/etc. ~** qué/quién/nada/nadie/etc. más: *what else do you want? = ¿qué más*

desea? ■ **how ~** de qué otro modo; **if nothing ~** por lo menos; **or ~** (o) si no: *stop drinking, or else I'll leave you = deja de beber, si no te dejaré*; **somewhere ~** en algún otro sitio.
elsewhere [ˌels'weər] *adv* en otro sitio.
elude [ɪ'lu:d] *tr* **1** eludir (algo o a alguien). **2** no entender: *the idea had always eluded him = nunca entendió esa idea*; no recordar: *his name eludes me = no consigo recordar su nombre.*
emaciated [ɪ'meɪʃɪeɪtɪd] *adj* demacrado.
e-mail ['i:meɪl] (*abbrev* **electronic mail**) *n u* **1** correo electrónico. • *n c* **2** mensaje electrónico, email. • *tr* **3** enviar un mensaje electrónico.
emanate ['emәneɪt] *intr* **to ~ from 1** (fml) emanar de. • *tr* **2** emanar (ideas, pensamientos).
emancipate [ɪ'mænsɪpeɪt] *tr* (fml) emancipar.
embankment [ɪm'bæŋkmәnt] *n c* dique (de un río); terraplén.
embargo [ɪm'bɑ:gәʊ] *n c & u* **~ (on) 1** embargo (de). • *tr* **2** embargar.
embark [ɪm'bɑ:k] *intr* embarcar. ♦ **to ~ on** embarcarse en, meterse en (proyecto o actividad).
embarrass [ɪm'bærәs] *tr* **1** avergonzar. **2** poner en apuros (situación incómoda). **3** turbar, desconcertar.
embarrassed [ɪm'bærәst] *adj* **1** avergonzado. **2** desconcertado (por un comentario).
embarrassing [ɪm'bærәsɪŋ] *adj* embarazoso.
embarrassment [ɪm'bærәsmәnt] *n u* **~ (at/of) 1** vergüenza (de). • *n c* **2** incomodidad, dificultad (económica). **3** estorbo (persona).
embassy ['embәsɪ] *n c* embajada.
embellish [ɪm'belɪʃ] *tr* **to ~ sth (with) 1** embellecer algo (con). **2** (fig) exagerar, adornar (una historia).
embittered [ɪm'bɪtәd] *adj* amargado.
embrace [ɪm'breɪs] *n c* **1** abrazo. • *tr & intr* **2** abrazar (gen). • *tr* **3** abarcar, incluir (ideas, propuestas).
embroider [ɪm'brɔɪdәr] *tr & intr* **1** bordar (con hilo y aguja). • **to ~ on** *tr* **2** (fig) embellecer, adornar (una historia).
embroidered [ɪm'brɔɪdәd] *adj* bordado (con hilo y aguja).
embroidery [ɪm'brɔɪdәrɪ] *n c & u* bordado (con hilo y aguja).
embryo ['embrɪәʊ] (*pl* **embryos**) *n c* **1** embrión (de un proyecto). • *adj* **2** embrionario.
emerald ['emәrәld] *adj & n c* esmeralda. ♦ **~ green** verde esmeralda.
emerge [ɪ'mɜ:dʒ] *intr* **to ~ (from/out of) 1** salir (de) (escondite). **2** surgir, aparecer (un problema). ■ **to ~ that** salir a la luz que.
emergency [ɪ'mɜ:dʒәnsɪ] *n c* **1** emergencia. • *adj* **2** de emergencia (gen); de urgencia (servicio); de reserva (suministro); extraordinario (reunión). ♦ **~ exit** salida de emergencia.
emery ['emәrɪ] ♦ **~ board** lima (de uñas).
emigrant ['emɪgrәnt] *n c* emigrante.
emigrate ['emɪgreɪt] *intr* emigrar.
emigration [ˌemɪ'greɪʃn] *n u* emigración.
émigré ['emɪgreɪ y EE UU ˌemɪ'greɪ] *n c* emigrado político.
eminent ['emɪnәnt] *adj* **1** eminente (en la profesión). **2** (fml) sobresaliente, notable (cualidades personales).
emission [ɪ'mɪʃn] *n c & u* (fml) emisión (de gas, líquido, luz).
emit [ɪ'mɪt] (*pt* y *pp* **emitted**, *ger* **emitting**) *tr* (fml) emitir (luz, sonido); despedir (olor, sonido); dar (un grito).
emotion [ɪ'mәʊsn] *n c & u* **1** emoción. **2** sentimiento.
emotional [ɪ'mәʊʃәnl] *adj* **1** emocional (problemas). **2** emotivo (acto). **3** impresionable, sensible (persona). ♦ **~ life** la vida afectiva.
empathize or **empathise** ['empәθaɪz] *intr* **to ~ (with)** hacerse cargo (de) (los sentimientos o reacciones de alguien).
emperor ['empәrәr] *n c* emperador.
emphasis ['emfәsɪs, *pl* 'emfәsi:z] (*pl* **emphases**) *n c & u* énfasis. ■ **to lay/place ~ (on)** poner énfasis (en).
emphasize or **emphasise** ['emfәsaɪz] *tr* enfatizar (sílaba, palabra); subrayar (un aspecto, idea).
emphatic [ɪm'fætɪk] *adj* **1** enfático (modo de hablar). **2** tajante, categórico (opinión, comentario).
empire ['empaɪәr] *n c* imperio.

E-mail / Correo electrónico

E-mail o ***email*** es la abreviatura de *electronic mail*. Se trata de un nombre incontable que significa tanto el sistema a través del cual se envía la información como la información misma.

I will send it by email	Te lo enviaré por correo electrónico
Have you received my email?	¿Has recibido mi mensaje (electrónico)?
I can't read your email	No puedo leer tu mensaje (electrónico)
Can you open your email?	¿Puedes abrir tu correo (electrónico)?
When I arrive at the hotel I will check my mail	Cuando llegue al hotel comprobaré mi correo (electrónico)
I have already answered your message	Ya he contestado tu mensaje (electrónico)

Vocabulario

at	arroba
attachment	añadido
dot	punto
email address	dirección de correo electrónico
password	contraseña
voicemail	correo de voz

employ [ɪm'plɔɪ] *tr* **1** emplear (dar trabajo). **2** (fml) emplear, utilizar (herramienta, tiempo).

employee [ˌemplɔɪ'iː] *n c* empleado.

employer [ɪm'plɔɪər] *n c* empresario.

employment [ɪm'plɔɪmənt] *n u* empleo. ◆ **~ agency** agencia de colocación; **~ office** oficina de empleo.

empress ['emprɪs] *n c* emperatriz.

empty ['emptɪ] *adj* **1** vacío (gen); desierto (town). **2** vano, inútil (words, threat, promises). ● *n c* **3** (infml) casco (bottle). ● *intr & tr* **4** vaciar(se). ◆ **to ~ into** desembocar en (river).

empty-handed [ˌemptɪ'hændɪd] *adj* con las manos vacías.

EMS [ˌiːem'es] (*abbrev* **European Monetary System**) *n sing* SME.

EMU [ˌiːem'juː] (*abbrev* **Economic and Monetary Union**) *n sing* UEM.

enable [ɪ'neɪbl] *tr* **1** permitir (que algo ocurra). **2** autorizar.

enamel [ɪ'næml] (*GB, pt* y *pp* **enamelled**, *ger* **enamelling**, *EE UU, pt* y *pp* **enameled**, *ger* **enameling**) *tr* **1** esmaltar. ● *n u* **2** esmalte.

enchanted [ɪn'tʃɑːntɪd] *adj* encantado.

enchanting [ɪn'tʃɑːntɪŋ] *adj* encantador.

encircle [ɪn'sɜːkl] *tr* rodear.

enclose [ɪn'kləʊz] *tr* **1** cercar, encerrar. **2** adjuntar (en un sobre).

enclosure [ɪn'kləʊʒər] *n c* **1** cercado, recinto (lugar). **2** anexo, documento adjunto (en una carta).

encore ['ɒŋkɔː] *n c* **1** bis. ● *interj* **2** ¡otra! (pidiendo un bis).

encounter [ɪn'kaʊntər] *n c* **1** encuentro. ● *tr* **2** encontrar (problema, dificultad). **3** (fml) encontrarse con (persona).

encourage [ɪn'kʌrɪdʒ] *tr* **1** animar (dando aliento). **2** fomentar (una actividad).

encouragement [ɪn'kʌrɪdʒmənt] *n u* estímulo; fomento (e una industria).

encyclopedia or **encyclopaedia** [ɪnˌsaɪklə'piːdɪə] *n c* enciclopedia.

encyclopedic or **encyclopaedic** [ɪnˌsaɪklə'piːdɪk] *adj* enciclopédico.

end [end] *n c & u* **1** fin, final (gen). ● *n c* **2** fin, objetivo (de una acción). **3** extremo, punta (de un objeto): *a cigarette end = una colilla*; lado (de la línea telefónica). ● *intr & tr* **4** acabar(se), terminar(se). ◆ **to ~ up** acabar, terminar; **to ~ up doing sth 5** terminar por hacer algo. ■ **an ~ in itself** un fin en sí mismo; **at an ~** finalizado; **at the ~ of the day** después de todo; **from beginning to ~** de principio a fin; **in the ~** al final; **no ~ of** (infml) un montón de; **on ~** de punta (pelo); continuamente; **to come to an ~** llegar a su fin, terminarse; **to ~ it all** (euph) suicidarse; **~ to ~** extremo con extremo; **to keep/hold one's ~ up** defenderse; **to put an ~ to** acabar con; **to make ends meet** llegar a final de mes.

endanger [ɪn'deɪndʒər] *tr* poner en peligro.

endangered [ɪnˈdeɪndʒəd] *adj* en peligro (de extinción).
endeavour [ɪnˈdevər] (*EE UU* **endeavor**) *n c* & *u* **1** (fml) empeño, esfuerzo. • *intr* **2** (fml) esforzarse por.
ending [ˈendɪŋ] *n sing* **1** final, finalización. • *n c* **2** extremo. **3** GRAM desinencia.
endless [ˈendlɪs] *adj* interminable.
endorse [ɪnˈdɔːs] *tr* **1** endosar (cheque). **2** apoyar (plan). **3** confirmar (documento). **4** *GB* señalar infracciones (de tráfico).
endorsement [ɪnˈdɔːsmənt] *n c* & *u* **1** apoyo (a un plan). **2** endoso (de un cheque).
endow [ɪnˈdaʊ] *tr* **1** donar. **to ~ sb with 2** dotar de (cualidades).
endurance [ɪnˈdjʊərəns] *n u* aguante, resistencia.
endure [ɪnˈdjʊər] *tr* **1** aguantar, resistir. • *intr* **2** perdurar.
enemy [ˈenɪmɪ] (*pl* **enemies**) *n c* enemigo.
energetic [ˌenəˈdʒetɪk] *adj* enérgico.
energy [ˈenədʒɪ] (*pl* **energies**) *n u* energía.
enforce [ɪnˈfɔːs] *tr* **1** imponer (una ley). **2** exigir, demandar (silencio, disciplina).
engage [ɪnˈgeɪdʒ] *tr* **1** (fml) contratar (persona). **2** (fml) captar (interés, atención). **3** AUT meter (la marcha de un coche). • **to ~ (with)** *intr* **4** encajar (en) (mecanismos). ▪ **to ~ sb in conversation** entablar una conversación con alguien.
engaged [ɪnˈgeɪdʒt] *adj* **~ (to) 1** prometido (con) (para casarse). **2** ocupado (persona, servicio). **3** comunicando (teléfono).
engagement [ɪnˈgeɪdʒmənt] *n c* **1** compromiso (matrimonial). **2** (fml) cita, compromiso. **3** (fml) acción militar, batalla. ♦ **~ ring** anillo de compromiso.
engine [ˈendʒɪn] *n c* **1** motor (gen). **2** locomotora (trenes).
engineer [ˌendʒɪˈnɪər] *n c* **1** ingeniero (gen). **2** *EE UU* maquinista (de tren). • *tr* **3** (infml) maquinar, tramar.
engineering [ˌendʒɪˈnɪərɪŋ] *n u* ingeniería.
English [ˈɪŋglɪʃ] *adj* & *n u* inglés. ♦ **~ breakfast** desayuno inglés; **the ~** los ingleses; **the ~ Channel** el Canal de la Mancha.
Englishman [ˈɪŋglɪʃmən] (*pl* **Englishmen**) *n c* inglés.
Englishwoman [ˈɪŋglɪʃwʊmən] (*pl* **Englishwomen**) *n c* inglesa.
engrave [ɪnˈgreɪv] *tr* grabar.
engraving [ɪnˈgreɪvɪŋ] *n c* **1** grabado (en lámina). • *n u* **2** grabación (como método o arte).
engrossed [ɪnˈgrəʊst] *adj* **~ (in)** absorto (en) (conversación).
enhance [ɪnˈhɑːns y EE UU ɪnˈhæns] *tr* realzar, mejorar.
enjoy [ɪnˈdʒɔɪ] *tr* **1** disfrutar de/con. • *pron* **2** divertirse.
enjoyable [ɪnˈdʒɔɪəbl] *adj* divertido.
enlarge [ɪnˈlɑːdʒ] *tr* **1** aumentar (tamaño). **2** PHOT ampliar (fotografía). • *intr* **3** aumentarse.
enlightened [ɪnˈlaɪtnd] *adj* culto, civilizado.
enlightenment [ɪnˈlaɪtnmənt] *n u* cultura, ilustración. ♦ **the Enlightenment** HIST la Ilustración.
enmity [ˈenmətɪ] (*pl* **enmities**) *n c* & *u* enemistad.
enormous [ɪˈnɔːməs] *adj* enorme.
enough [ɪˈnʌf] *adj* **1** bastante, suficiente. **noun + ~ 2** (fml) lo bastante: *he's man enough to fight you = él es lo bastante hombre para pelear contigo.* • *adv* **3** bastante, suficientemente. • *pron* **4** bastante, suficiente. ▪ **~ is ~** vale ya; **~ said** ya no hay que decir más; **that's ~** ya vale; **to have had ~ (of)** estar harto (de).
enquire *tr* & *intr* → inquire.
enquirer *n c* → inquirer.
enquiry *n c* → inquiry.
enraged [ɪnˈreɪdʒt] *adj* enfurecido.
enrol [ɪnˈrəʊl] (*EE UU* **enroll**, *pt* y *pp* **enrolled**, *ger* **enrolling**) *tr* & *intr* matricular(se), inscribir(se).
enrolment [ɪnˈrəʊlmənt] (*EE UU* **enrollment**) *n u* matrícula.
ensure [ɪnˈʃɔːr] *tr* asegurar, garantizar.
enter [ˈentər] *tr* **1** entrar en (gen). **2** presentarse a (competición). **3** registrar, apuntar (en un libro o diario). • *intr* **4** entrar en escena (en el teatro). ♦ **to ~ for** apuntar(se); **to ~ into** participar en (un acuerdo); afectar (decisión); **to ~ upon** embarcarse en.
enterprise [ˈentəpraɪz] *n c* **1** empresa (proyecto a largo plazo). • *n u* **2** iniciativa, resolución.

enterprising ['entəpraɪzɪŋ] *adj* emprendedor.

entertain [ˌentə'teɪn] *tr* **1** agasajar, invitar a casa (huéspedes). **2** divertir. **3** (fig) abrigar (idea, proyecto). **4** (fml) considerar, estudiar (una idea).

entertainer [ˌentə'teɪnər] *n c* artista, animador.

entertaining [ˌentə'teɪnɪŋ] *adj* entretenido.

entertainment [ˌentə'teɪnmənt] *n u* **1** diversión, entretenimiento. **2** espectáculo (cine, teatro).

enthral [ɪn'θrɔːl] (*EE UU* **enthrall**, *pt* y *pp* **enthralled**, *ger* **enthralling**) *tr* cautivar, hechizar.

enthusiasm [ɪn'θjuːzɪæzəm y EE UU ɪn'θuːzɪæzəm] *n u* ~ **(for)** entusiasmo (por).

enthusiast [ɪn'θjuːzɪæst y EE UU ɪn'θuːzɪæst] *n c* entusiasta.

enthusiastic [ɪnˌθjuːzɪ'æstɪk y EE UU ɪnˌθuːzɪ'æstɪk] *adj* entusiasta, entusiasmado.

entice [ɪn'taɪs] *tr* seducir, tentar.

entire [ɪn'taɪər] *adj* entero.

entirely [ɪn'taɪəlɪ] *adv* **1** enteramente (innecesario). **2** exclusivamente.

entitle [ɪn'taɪtl] *tr* **1** (normalmente *pasiva*) titular (un libro u obra). **2** habilitar, autorizar (a hacer algo).

entity ['entɪtɪ] (*pl* **entities**) *n c* & *u* (fml) entidad.

entrance ['entrəns] *n c* & *u* **1** entrada (gen). ● ~ **(to/into)** *n u* **2** admisión (a), ingreso (en) (un club, organización). ◆ ~ **fee** cuota de entrada. ■ **to gain ~ to** acceder a.

entrancing [ɪn'trɑːnsɪŋ] *adj* fascinante.

entrepreneur [ˌɒntrəprə'nɜːr] *n c* empresario.

entrust [ɪn'trʌst] *tr* **to ~ sb to/with** confiar, encomendar.

entry ['entrɪ] (*pl* **entries**) *n c* & *u* **1** entrada (gen). ● *n u* **2** admisión (derecho a entrar). ● *n c* **3** llegada (de alguien). **4** anotación (en un diario). **5** participante, participación (en un concurso). **6** COMPUT dato. ● *n sing* **7** lista de participantes (en un concurso); lista de miembros nuevos (de una institución). ◆ ~ **fee** cuota de ingreso, billete. ■ **no ~** prohibida la entrada.

envelop [ɪn'veləp] *tr* envolver, cubrir.

envelope ['envələʊp] *n c* sobre.

environment [ɪn'vaɪərənmənt] *n c* & *u* **1** ambiente, entorno (de alguien). ● **the ~** *n sing* **2** el medio ambiente.

environmental [ɪnˌvaɪərən'mentl] *adj* del medio ambiente, ecológico.

environmentalist [ɪnˌvaɪərən'mentəlɪst] *adj* & *n c* ecologista.

envisage [ɪn'vɪzɪdʒ y EE UU ɪnv'ɪʒən] (*EE UU* **envision**) *tr* prever.

envoy ['envɔɪ] *n c* **1** mensajero, enviado. **2** POL representante diplomático.

envy ['envɪ] (*pt* y *pp* **envied**) *tr* **1** envidiar. ● *n u* **2** envidia. ■ **to be the ~ of** ser la envidia de.

enzyme ['enzaɪm] *n c* BIOCHEM enzima.

epic ['epɪk] *adj* **1** épico. ● *n c* **2** LIT épica.

epidemic [ˌepɪ'demɪk] *n c* epidemia.

epilepsy ['epɪlepsɪ] *n u* MED epilepsia.

epileptic ['epɪ'leptɪk] *adj* & *n c* MED epiléptico.

episode ['epɪsəʊd] *n c* **1** episodio. **2** TV episodio, capítulo.

epitaph ['epɪtɑːf y EE UU 'epɪtæf] *n c* epitafio.

epoch ['iːpɒk] *n c* época, era. ■ **to mark an ~** marcar época.

equal ['iːkwəl] (*pt* y *pp* **equalled**, *ger* **equalling**) *tr* **1** igualar. ● *adj* **2** igual; lo mismo: *they are of equal size = tienen la misma altura, divide the cake into equal parts = parte la tarta en partes iguales.* ● *n c* **3** igual, par (persona). ■ **all other things being ~** si las circunstancias no cambian; **on ~ terms** en términos de igualdad; **to be ~ to** ser igual a; **to have no ~** no tener igual; **without ~** sin igual.

equality [iː'kwɒlɪtɪ] *n u* igualdad.

equate [ɪ'kweɪt] *tr* equiparar, comparar algo (con algo).

equation [ɪ'kweɪʒn] *n c* ecuación.

equator [ɪ'kweɪtər] *n sing* GEOG ecuador.

equilibrium [ˌiːkwɪ'lɪbrɪəm, *pl irreg* ˌiːkwɪ'lɪbrɪə] (*pl* **equilibriums** o **equilibria**) *n c* & *u* equilibrio.

equip [ɪ'kwɪp] (*pt* y *pp* **equipped**, *ger* **equipping**) *tr* **to ~ (with/for) 1** equipar (de), proveer (de) (munición). **to ~ (for) 2** preparar (para) (un trabajo, una materia).

equipment [ɪˈkwɪpmənt] *n u* equipo (requerido para la oficina).
equivalent [ɪˈkwɪvələnt] *adj & n c* equivalente. ■ **to be ~ to** equivaler a.
era [ˈɪərə] *n c* era, edad, época.
eradicator [ɪˈrædɪkeɪtər] *n c* quitamanchas.
erase [ɪˈreɪz y EE UU ɪˈreɪs] *tr* borrar.
eraser [ɪˈreɪzər y EE UU ɪˈreɪsər] *n c* **1** *EE UU* (infml) goma de borrar. **2** borrador (para pizarra).
erect [ɪˈrekt] *adj* **1** erecto. ● *tr* **2** erigir, levantar (tienda de campaña); construir (edificio). **3** MEC montar (una estructura).
erection [ɪˈrekʃn] *n u* **1** construcción (de un edificio). **2** MEC montaje. ● *n c & u* **3** MED erección.
erode [ɪˈrəʊd] *tr & intr* **1** GEOL erosionar(se) (roca). **2** desgastar(se) (metal).
erosion [ɪˈrəʊzn] *n u* **1** GEOL erosión (de una roca). **2** (fig) desgaste.
erotic [ɪˈrɒtɪk] *adj* erótico.
errand [ˈerənd] *tr* recado, encargo. ◆ **~ boy** recadero; **~ of mercy** tentativa de salvamento. ■ **to go/to run errands for** hacer recados para.
erratic [ɪˈrætɪk] *adj* **1** inconstante (movimiento, comportamiento). **2** desigual (resultados).
error [ˈerər] *n c & u* error. ■ **by/in ~** por error; **errors and omissions excepted** salvo error u omisión; **to see the ~ of one's ways** reconocer los propios errores.
erupt [ɪˈrʌpt] *intr* **1** GEOL entrar en erupción (volcán). **2** estallar (guerra, violencia). **3** MED tener una erupción.
eruption [ɪˈrʌpʃn] *n c & u* erupción (volcán, granos); estallido, brote (violencia, pasión).
escalate [ˈeskəleɪt] *tr & intr* intensificar(se), extender(se) (guerra, conflicto); subir, aumentar (precios); empeorar (situación).
escalator [ˈeskəleɪtər] *n c GB* escalera mecánica.
escapade [ˌeskəˈpeɪd] *n c* escapada, aventura.
escape [ɪˈskeɪp] *n c & u* **1** evasión, fuga (de alguien); fuga (de gases). ● *intr* **2** fugarse, huir (persona); escaparse, salirse (líquido, gases). ● *tr* **3** salvarse de, librarse de (algo peligroso). **4** evitar, eludir. ◆ **~ clause** JUR claúsula de excepción. ■ **to make good one's ~** escapar sin ser visto.
escort [ˈeskɔːt] *n c* **1** acompañante. **2** MAR, MIL escolta.
Eskimo [ˈeskɪməʊ] (*pl* **Eskimo** o **Eskimos**) *adj & n c* **1** esquimal. ● *n c* **2** esquimal (idioma).
esophagus *n c* → oesophagus.
especial [ˈspəʃl] *adj* especial.

> En estilo formal, se usa ***especial***, o ***especially***, para referirse a algo excepcional: *she took especial interest in me = se tomó un interés especial en mi*. ***Special***, o ***specially,*** indica que algo se realiza con un objetivo concreto: *they need a special pass = necesitan un pase especial*. Para hablar de algo inusual, extremo o importante se usa de forma indistinta ***especial(ly)*** o ***special(ly)***: *it was (e)specially hot yesterday = ayer fue un día especialmente caluroso*.

especially [ɪˈspəʃəlɪ] *adv* **1** especialmente, en particular. **2** sobre todo.
espionage [ˌespɪəˈnɑːʒ] *n u* espionaje.
espresso [eˈspresəʊ] (*pl* **espressos**) *n c & u* café exprés.
esquire [ɪˈskwaɪər] *n c GB* (fml) señor, don: *Charles Starmer Esq = Don Charles Starmer*.
essay [ˈeseɪ] (*pl* **essays**) *n c* **1** LIT ensayo. **2** redacción, composición (escolar).
essence [ˈesns] *n sing* esencia. ■ **in ~** esencialmente.
essential [ɪˈsenʃl] *adj* esencial; indispensable.
essentially [ɪˈsenʃəlɪ] *adv* esencialmente.
establish [ɪˈstæblɪʃ] *tr* **1** establecer (negocio, teoría); probar, demostrar (hechos). ● *pron* **2** establecerse (en una posición).
establishment [ɪˈstæblɪʃmənt] *n c & u* establecimiento. ◆ **the Establishment** la clase dirigente.
estate [ɪˈsteɪt] *n c* **1** finca, hacienda; estancia (Amér., hacienda). **2** herencia. **3** propiedades (tierras). ◆ **~ agency** agencia inmobiliaria.

esteem [ɪ'sti:m] *tr* (fml) estimar, respetar. ■ **to hold sb in ~** tener a alguien en estima.
esthetic *adj* → aesthetic.
estimate ['estɪmɪt] *n c* **1** cálculo, valoración (de una situación). **2** presupuesto. ● *tr* **3** calcular, valorar (una situación). **to ~ for 4** presupuestar. ■ **at a rough ~** haciendo un cálculo estimado.
Estonia [e'stəʊnjə] *n sing* Estonia.
Estonian [e'stəʊnjən] *adj & n c* **1** estonio. ● *n c & u* **2** estonio (idioma).
estrange [ɪ'streɪndʒ] *tr* **to ~ from** separarse de.
estrogen *n u* → oestrogen.
estuary ['estjʊərɪ] (*pl* **estuaries**) *n c* GEOG estuario, ría.
etching ['etʃɪŋ] *n c* **1** aguafuerte. ● *n u* **2** grabado al aguafuerte (act of).
eternal [ɪ'tɜ:nl] *adj* eterno.
eternity [i:'tɜ:nɪtɪ] *n u* eternidad.
ethical ['eθɪkl] *adj* ético.
ethics ['eθɪks] *n u* (con v. en sing/pl) ética.
Ethiopia [ˌi:θɪ'əʊpjə] *n sing* Etiopía.
ethnic ['eθnɪk] *adj* étnico.
etiquette ['etɪket] *n u* etiqueta, protocolo.
EU [ˌi:'ju:] (*abbrev* **European Union**) *n sing* UE.
eucalyptus [ˌju:kə'lɪptəs, *pl irreg* ˌju:kə'lɪptaɪ] (*pl* **eucalyptuses** o **eucalypti**) *n c & u* BOT eucalipto.
euphemism ['ju:fɪmɪzəm] *n c & u* eufemismo.
Euro ['jʊəreʊ] *n c* euro.
Eurocheque ['jʊərəʊ'tʃək] *n c* eurocheque.
Euro-MP ['jʊərəʊem'pi:] *n c* eurodiputado.
Europe ['jʊərəp] *n sing* Europa.
European [ˌjʊərə'pi:ən] *adj & n c* europeo.
evacuate [ɪ'vækjʊeɪt] *tr* evacuar.
evacuation [ɪˌvækjʊ'eɪʃn] *n c & u* evacuación.
evade [ɪ'veɪd] *tr* evadir, eludir.
evaluate [ɪ'væljʊeɪt] *tr* evaluar, calcular.
evaporate [ɪ'væpəreɪt] *intr & tr* evaporar(se).
evasion [ɪ'veɪʒn] *n c & u* evasión.
evasive [ɪ'veɪsɪv] *adj* evasivo.
eve [i:v] *n u* víspera, vigilia.
even ['i:vn] *adv* **1** incluso, hasta (gen): *even when I sleep = incluso cuando duermo*. **2** aún, todavía (antes de comparación): *she's even better at maths = aún es mejor en matemáticas*. ● *adj* **3** llano (sin desnivel); liso (superficie); uniforme, constante (temperatura); tranquilo (de carácter). ● **to ~ out** *tr & intr* **4** igualar(se), nivelar(se). ◆ **to ~ up** ajustar (cuentas). ■ **~ if/though** aunque, aun cuando; **~ so** aún así; **not ~** ni siquiera; **to break ~** cubrir gastos.
evening ['i:vnɪŋ] *n c & u* tarde (gen); atardecer; noche (antes de acostarse). ◆ **~ dress** traje de etiqueta/de noche. ■ **in the ~** por la tarde; **good ~** buenas tardes/noches.
event [ɪ'vent] *n c* **1** acontecimiento, suceso. **2** SP prueba (concurso). **1** espectáculo (teatral). ■ **at all events** a pesar de todo; **in any ~** en cualquier caso; **in the ~ of** en caso de; **in the ~** *GB* al final.
eventual [ɪ'ventʃʊəl] *adj* final.
eventually [ɪ'ventʃʊəlɪ] *adv* a la larga, finalmente.
ever ['evər] *adv* **1** alguna vez: *have you ever been to London? = ¿has estado alguna vez en Londres*. **2** nunca, jamás (en frases negativas): *I haven't ever been there = no he estado allí nunca, funnier than ever = más divertido que nunca*. ■ **~ since** desde entonces; **for ~** para siempre; **hardly/scarcely ever** casi nunca; **yours ~** tuyo siempre (en cartas).
every ['evrɪ] *indef adj* cada, todos: *every day = cada día, todos los días*. ■ **~ bit** todo, absolutamente todo; **~ now and then/again** de vez en cuando; **~ other day** cada dos días; **~ so often** alguna vez que otra.
everybody ['evrɪbɒdɪ] *indef pron* todos, todo el mundo. ■ **~ for himself** cada uno por su cuenta.
everyday ['evrɪdeɪ] *adj* ordinario, corriente (suceso); diario (cada día); rutinario (acto); vulgar.
everyone ['evrɪwʌn] *indef pron* → everybody.
everyplace ['evrɪpleɪs] *adv* → everywhere.
everything ['evrɪθɪŋ] *indef pron* (con v. en sing.) todo, todas las cosas: *everything is ready = todo está dispuesto*. ■ **and ~** (infml) etcétera.

everywhere [ˈevrɪweər] (*EE UU* **everyplace**) *adv* en todas partes, por todas partes.
evict [ɪˈvɪkt] *tr* desahuciar.
evidence [ˈevɪdəns] *n u* **1** evidencia (de la certeza de algo). • *n c* **2** JUR prueba; testimonio (en juicio). ■ **in ~** a la vista, manifiesto.
evident [ˈevɪdənt] *adj* evidente.
evidently [ˈevɪdəntlɪ] *adv* evidentemente.
evil [ˈi:vl] *adj* **1** malo, malvado (persona). **2** maligno, diabólico (acto). **3** (infml) horrible (olor, humor). • *n c & u* **4** mal; maldad.
evocative [ɪˈvɒkətɪv] *adj* evocador.
evoke [ɪˈvəʊk] *tr* evocar (recuerdos); provocar.
evolution [ˌi:vəˈlu:ʃn y EE UU ˌevəˈlu:ʃn] *n u* evolución.
evolve [ɪˈvɒlv] *tr & intr* evolucionar, desarrollar(se).
ewe [ju:] *n c* oveja (hembra adulta).
exact [ɪgˈzækt] *adj* exacto.
exacting [ɪgˈzæktɪŋ] *adj* riguroso, severo.
exactly [ɪgˈzæktlɪ] *adv* exactamente.
exaggerate [ɪgˈzædʒəreɪt] *tr & intr* exagerar.
exam [ɪgˈzæm] (*abbrev* **examination**) *n c* (infml) examen.
examination [ɪgˌzæmɪˈneɪʃn] *n c & u* **1** (fml) examen (académico, pericial). **2** investigación. **3** MED reconocimiento (médico). ■ **under ~** sujeto a investigación.
examine [ɪgˈzæmɪn] *tr* **1** examinar (gen); registrar (equipaje en aduanas); inspeccionar (libro de contabilidad); estudiar (un contrato). **2** MED examinar, reconocer. **3** JUR interrogar (a un testigo).
example [ɪgˈzɑ:mpl] *n c* ejemplo. ■ **for ~** por ejemplo; **to make an ~ of sb** dar un castigo ejemplar a alguien; **to set an ~** dar ejemplo.
exasperate [ɪgˈzæspəreɪt] *tr* (normalmente *pasiva*) exasperar.
exasperating [ɪgˈzæspəreɪtɪŋ] *adj* exasperante.
exasperation [ɪgˌzæspəˈreɪʃn] *n u* exasperación.
excavate [ˈekskəveɪt] *tr & intr* excavar.
exceed [ɪkˈsi:d] *tr* exceder (cantidad); sobrepasar (límites); abusar de (derechos).
excel [ɪkˈsel] (*pt* y *pp* **excelled**, *ger* **excelling**) *tr* (fml) sobresalir (en matemáticas). ■ **to ~ oneself** lucirse.
excellence [ˈeksələns] *n u* excelencia.
excellent [ˈeksələnt] *adj* excelente.
except [ɪkˈsept] *prep* excepto, salvo. ■ **~ for** aparte de, excepto.
exception [ɪkˈsepʃn] *n c & u* excepción. ■ **without ~** sin excepción.
exceptional [ɪkˈsepʃənl] *adj* excepcional.
excerpt [ˈekss3:pt] *n c* extracto.
excess [ɪkˈses] (*pl* **excesses**) *n c & u* **1** exceso. • *adj* **2** excesivo. ■ **in ~ of** superior a.
excessive [ɪkˈsesɪv] *adj* excesivo.
exchange [ɪksˈtʃeɪndʒ] *n c & u* **1** intercambio (de mercancías, ideas); canje (de prisioneros). **2** FIN cambio (de divisas). • *tr* **3** intercambiar. ♦ **~ rate** tipo de cambio. ■ **in ~ for** a cambio de.
excite [ɪkˈsaɪt] *tr* excitar (los ánimos); entusiasmar (con una idea); provocar (admiración, interés).
excited [ɪkˈsaɪtɪd] *adj* nervioso; ilusionado (por un acontecimiento); excitado (sexualmente). ■ **to get ~** emocionarse.
excitement [ɪkˈsaɪtmənt] *n u* excitación (por los nervios); emoción (por un acontecimiento).
exciting [ɪkˈsaɪtɪŋ] *adj* emocionante.
exclaim [ɪkˈskleɪm] *tr & intr* exclamar.
exclamation [ˌekskləˈmeɪʃn] *n c* exclamación.
exclude [ɪkˈsklu:d] *tr* **to exclude (from)** excluir (de).
excluding [ɪkˈsklu:dɪŋ] *prep* salvo, excepto. ■ **~ VAT** IVA no incluido.
exclusive [ɪkˈsklu:sɪv] *adj* **1** selecto (club); exclusivo (propiedad, uso); incompatible. • *n c* **2** exclusiva (noticia).
excursion [ɪkˈskɜ:ʃən y EE UU ɪkˈskɜ:ʒn] *n c* excursión.
excuse [ɪkˈskju:s] *n c* **1** disculpa; excusa, pretexto (por un error). • *tr* **2** perdonar, disculpar (un error); justificar; eximir (del trabajo). ■ **by way of ~/in ~** como excusa; **~ me** perdone, disculpe; **to**

make one's excuses presentar sus excusas.
execute ['eksɪkju:t] *tr* ejecutar, cumplir (orden, ley); ajusticiar (persona); interpretar (música).
execution [ˌeksɪ'kju:ʃn] *n c & u* realización, cumplimiento (de una orden, plan); ejecución (de un condenado); interpretación (musical).
executive [ɪg'zekjʊtɪv] *adj* **1** ejecutivo (poder); de ejecutivo (sillón, avión). • *n c* **2** ejecutivo, directivo (de una empresa).
exempt [ɪg'zempt] *adj* **1** exento. • **to ~ from** *tr* **2** eximir de.
exemption [ɪg'zempʃn] *n c & u* exención.
exercise ['eksəsaɪz] *n c & u* **1** ejercicio (escolar). • *intr* **2** hacer ejercicio físico. • *tr* **3** ejercitar (músculos). **4** sacar a pasear (al perro). **5** (fml) ejercer (derecho, autoridad). ◆ **~ bike** bicicleta estática; **~ book** cuaderno de ejercicios.
exert [ɪg'zɜ:t] *tr* **1** utilizar, ejercer (poder, autoridad). • *pron* **2** esforzarse.
exhaust [ɪg'zɔ:st] *n c* **1** tubo de escape. • *tr* **2** agotar (persona, animal, recursos); empobrecer (el suelo).
exhausting [ɪg'zɔ:stɪŋ] *adj* agotador.
exhaustive [ɪg'zɔ:stɪv] *adj* exhaustivo.
exhibit [ɪg'zɪbɪt] *n c* **1** objeto expuesto (en una exposición). **2** *EE UU* exposición. • *tr* **3** exponer (una obra de arte); manifestar (sentimientos). • *intr* **4** exponer (artista).
exhibition [ˌeksɪ'bɪʃn] *n c* exposición.
exile ['eksaɪl] *n u* **1** exilio. • *n c* **2** exiliado (persona). • *tr* **3** exiliar.
exist [ɪg'zɪst] *intr* existir.
existence [ɪg'zɪstəns] *n u* existencia.
existing [ɪg'zɪstɪŋ] *adj* existente, actual.
exit ['eksɪt] *n c* **1** salida. • *intr* **2** salir (de un lugar).
exotic [ɪg'zɒtɪk] *adj* exótico.
expand [ɪk'spænd] *tr* **1** ampliar, agrandar (forma); dilatar (volumen); ampliar (historia). • *intr* **2** expandirse, ampliarse (negocio); dilatarse (gas); aumentar (en cantidad).
expanse [ɪk'spæns] *n c* extensión (de tierra, agua).
expansion [ɪk'spænʃn] *n u* **1** ampliación (de un libro); expansión (de un negocio). **2** COMPUT ampliación. ◆ **~ card** COMPUT tarjeta de ampliación.
expect [ɪk'spekt] *tr* **1** esperar (gen). **2** suponer. **to ~ sb + inf 3** requerir (condición). ■ **to be expecting** estar embarazada; **only to be expected** bastante lógico.
expectant [ɪk'spektənt] *adj* expectante. ◆ **~ mother** futura madre.
expectation [ˌekspek'teɪʃn] *n c & u* (normalmente *pl*) expectativa. ■ **against/contrary to all expectations** contra todo pronóstico; **beyond expectations** mejor de lo que esperábamos.
expedition [ˌekspɪ'dɪʃn] *n c* expedición.
expel [ɪk'spel] *tr* expulsar.
expend [ɪk'spend] *tr* (fml) consumir (tiempo); derrochar, gastar (energía, dinero).
expenditure [ɪk'spendɪtʃər] *n c & u* gasto.
expense [ɪk'spens] *n c & u* **1** gasto. • **expenses** *n pl* **2** gastos.
expensive [ɪk'spensɪv] *adj* caro.
experience [ɪk'spɪərɪəns] *n c & u* **1** experiencia. • *tr* **2** experimentar; sufrir (un daño); afrontar (situación).
experienced [ɪk'spɪərɪənst] *adj* experimentado.
experiment [ɪk'sperɪmənt] *n c & u* **1** experimento. • *intr* **2** experimentar.
expert ['ekspɜ:t] *adj & n c* experto.
expertise [ˌekspɜ:'ti:z] *n u* pericia, habilidad.
expire [ɪk'spaɪər] *tr* expirar (pasaporte); vencer (plazo).
expiry [ɪk'spaɪərɪ] *n sing* vencimiento (de contrato); validez (tarjeta de crédito). ◆ **~ date** fecha de caducidad.
explain [ɪk'spleɪn] *tr* **1** explicar. • *pron* **2** explicarse, dar explicaciones. ◆ **to ~ away** disculpar (un error).
explanation [ˌeksplə'neɪʃn] *n c & u* explicación.
explicit [ɪk'splɪsɪt] *adj* explícito.
explode [ɪk'spləʊd] *intr* **1** estallar, explosionar (bomba). **2** (fig) estallar, explotar (persona, reunión). • *tr* **3** refutar, rebatir (teoría).
exploit ['eksplɔɪt] *n c* hazaña.

exploit [ɪk'splɔɪt] *tr* explotar (trabajador, idea).
exploitation [ˌeksplɔɪ'teɪʃn] *n u* explotación.
exploration [ˌeksplə'reɪʃn] *n c & u* exploración.
explore [ɪk'splɔː] *tr* **1** explorar (territorios); examinar (posibilidades). **2** MED examinar (parte del cuerpo).
explorer [ɪk'splɔːrər] *n c* explorador.
explosion [ɪk'spləʊzn] *n c* explosión (bomba); estallido (de furia).
explosive [ɪk'spləʊsɪv] *adj* explosivo.
export ['ekspɔːt] *n u* **1** exportación. • *n c* **2** producto para la exportación.
export [ɪk'spɔːt] *tr & intr* exportar.
exportation [ˌekspɔː'teɪʃn] *n u* **1** exportación. • *n c* **2** *EE UU* producto para la exportación.
expose [ɪk'spəʊz] *tr* **1** exponer (poniendo al descubierto). **2** desenmascarar (a alguien). **to ~ sb/sth to 3** exponer a (peligro, enfermedad).
exposed [ɪk'spəzd] *adj* expuesto, al descubierto. ■ **to be ~ to** estar expuesto a.
exposure [ɪk'spəʊʒər] *n c & u* **1** exposición (a la radiación, peligro, enfermedad). **2** revelación (de secretos). • *n c* **3** PHOT exposición (tiempo); fotografía.
express [ɪk'spres] *adj* **1** rápido; urgente. **2** expreso (deseo, orden). • *adv* **3** por correo urgente. • *n c* **4** expreso (tren, autobús). • *n u* **5** *GB* correo urgente. • *tr* **6** expresar (opinión); transmitir (con la mirada). **7** *GB* enviar por correo urgente. • **to ~ oneself** *pron* **8** expresarse.
expression [ɪk'spreʃn] *n c & u* expresión.
expressive [ɪk'spresɪv] *adj* expresivo.
expressly [ɪk'spreslɪ] *adv* expresamente.
expressway [ɪk'spresweɪ] *n c* → motorway.
extend [ɪk'stend] *intr* **1** extenderse (en el espacio); prolongarse (en el tiempo). • *tr* **2** extender (gen); ampliar (edificio); prolongar (reunión); prorrogar (plazo).
extension [ɪk'stenʃn] *n c & u* **1** extensión (gen); prolongación (de una carretera); prórroga (de contrato). • *n c* **2** ampliación (de una casa).
extensive [ɪk'stensɪv] *adj* extenso, amplio.
extensively [ɪk'stensɪvlɪ] *adv* extensamente, por todas partes.
extent [ɪk'stent] *n u* extensión (longitud, área); alcance (daños); límite. ■ **to a certain/some ~** hasta cierto punto; **to a large/great ~** en gran parte; **to the ~ of** hasta el punto de.
exterior [ek'stɪərɪər] *adj* **1** exterior, externo. • *n c* **2** exterior (superficie).
exterminate [ɪk'stɜːmɪneɪt] *tr* exterminar.
external [ek'stɜːnəl] *adj* **1** externo, exterior. • **externals** *n pl* **2** (fml) apariencias. ◆ **~ memory/storage** COMPUT memoria/almacenamiento externo.
extinct [ɪk'stɪŋkt] *adj* extinguido (raza); apagado (volcán).
extinguish [ɪk'stɪŋgwɪʃ] *tr* (fml) extinguir (llamas); apagar (luz).
extinguisher [ɪk'stɪŋgwɪʃər] *n c* extintor.
extort [ɪk'stɔːt] *tr* **1** obtener por la fuerza. **2** (fml) arrancar (promesa).
extortionate [ɪk'stɔːʃnət] *adj* exagerado, desorbitado (precio).
extra ['ekstrə] *adj* **1** extra, adicional; extra, de recambio (piezas). • *adv* **2** (antes de adj para formar otro adj) especialmente, en extremo: *extra kind = especialmente amable*; muy: *extra dry = muy seco*. • *n c* **3** extra, suplemento. **4** edición especial (periódico). **5** CIN extra.
extract ['ekstrækt] *n c* extracto.
extract [ɪk'strækt] *tr* **1** extraer (algo con esfuerzo); sacar (muela). **2** (fig) arrancar (confesión).
extraordinary [ɪk'strɔːdnrɪ y EE UU ɪk'strɔːrdnerɪ] *adj* extraordinario. ■ **~ meeting** junta extraordinaria.
extraterrestrial [ˌekstrətə'restrɪəl] *adj & n c* extraterreste.
extravagance [ɪk'strævəgəns] *n c & u* **1** derroche (de dinero). **2** extravagancia (comportamiento).
extravagant [ɪk'strævəgənt] *adj* **1** derrochador. **2** lujoso (regalo); exagerado, desorbitado (precio).
extreme [ɪk'striːm] *adj* **1** extremo (gen); drástico (persona). • *n c* **2** extremo (límite). ■ **in the ~** en grado sumo.

extremely [ɪk'striːmlɪ] *adv* extremadamente.
extremist [ɪk'striːmɪst] *adj* extremista.
extricate ['ekstrɪkeɪt] *tr* **to ~ from 1** liberar de (algo que aprisiona). • **to ~ oneself from** *pron* **2** librarse de (situación).
extrovert ['ekstrəvɜːt] *adj & n u* extrovertido.
exuberant [ɪg'zjuːbərənt y EE UU ɪg'zuːbərənt] *adj* eufórico (persona); exuberante (planta).
exultant [ɪg'zʌltənt] *adj* exultante.
eye [aɪ] *n c* **1** ojo (órgano); vista. • *tr* **2** mirar. ■ **to catch sb's eyes** captar la atención de alguien; **to give the ~/to make eyes at** (infml) lanzar miradas incitantes a, comerse con los ojos a; **to keep one's ~ on** echar una ojeada a, vigilar; **more than meets the ~** más complicado de lo que parece; **with an ~ to** con vistas a; **with half an ~** sin profundizar demasiado.
eyeball ['aɪbɔːl] *n c* ANAT globo ocular.
eyebrow ['aɪbraʊ] *n c* ceja.
eyelash ['aɪlæʃ] (*pl* **eyelashes**) *n c* pestaña.
eyelid ['aɪlɪd] *n c* párpado.
eyeshadow [æ'aɪˌʃædəʊ] *n c & u* sombra de ojos (maquillaje).
eyesight ['aɪsaɪt] *n u* vista.
eyesore ['aɪsɔː] *n c* engendro, monstruosidad.
eyewitness [ˌaɪ'wɪtnɪs] *n c* testigo ocular.

Ff

f, F [ef] *n c* **1** f, F (letra). • *n c & u* **2** MUS fa.
fable ['feɪbl] *n c* fábula.
fabric ['fæbrɪk] *n c & u* **1** tela, tejido. • *n sing* **2** (fig) estructura (de la sociedad, de un edificio).
fabricate ['fæbrɪkeɪt] *tr* falsificar (evidencias); inventar (una historia).
fabulous ['fæbjʊləs] *adj* fabuloso.
façade [fə'sɑːd] *n c* fachada.
face [feɪs] *n c* **1** cara (de una persona). **2** (fig) semblante (expresión del rostro). **3** esfera (de reloj). **4** parte delantera (de objeto). • *n sing* **5** aspecto (apariencia). • *tr* **6** mirar hacia (edificio, ventana). **7** enfrentarse a (persona, problema). ♦ **to ~ out** *GB* plantar cara a (un problema, una crisis). ■ **~ down** boca abajo; **~ up** boca arriba; **~ to ~ (with)** cara a cara (con) (una persona, un problema); **in the ~ of** a pesar de; **let's ~ it** admitámoslo; **to be faced (with)** tener que enfrentarse (a); **to have the ~** (infml) tener el atrevimiento de; **to lose ~** quedar mal; **to make/pull a ~** hacer una mueca (de disgusto, desafío); **to save ~** salvar las apariencias.
faceless ['feɪslɪs] *adj* (pej) anónimo.
facet ['fæsɪt] *n c* faceta.
facetious [fə'siːʃəs] *adj* guasón, chistoso.
facial ['feɪʃl] *adj* **1** facial. • *n c* **2** tratamiento facial.
facility [fə'sɪlitɪ] (*pl* **facilities**) *n c* **1** facilidad (habilidad, destreza). • **facilities** *n pl* **2** instalaciones.
fact [fækt] *n u* **1** realidad (verdad). • *n c* **2** hecho (suceso). ■ **for a ~** a ciencia cierta; **in ~/as a matter of ~** de hecho, en realidad; **that's a ~** (infml) así son las cosas.
factor ['fæktər] *n c* factor.
factory ['fæktərɪ] (*pl* **factories**) *n c* fábrica. ♦ **~ farm** AGR granja factoría; **~ price** precio de fábrica.
factual ['fæktʃʊəl] *adj* real, objetivo.
faculty ['fækltɪ] (*pl* **faculties**) *n c* **1** (normalmente *pl*) **2** facultad (universidad).
fad [fæd] *n c* última moda.
fade [feɪd] *tr & intr* **1** descolorar(se) (perder color). • *intr* **2** disminuir (luz, sonido). **3** decaer (interés, sentimiento). **4** marchitarse (flores). **5** desaparecer (sonrisa). ♦ **to ~ away** desvanecerse (desaparecer); morir lentamente (agonizar).
fag [fæg] *n c* **1** *GB* (infml) pitillo (cigarrillo). **2** *EE UU* (vulg) marica (homose-

xual). • *n sing* **3** (infml) faena pesada (trabajo).

fail [feɪl] *n c* **1** *GB* suspenso (en exámenes). • *intr* **2** fracasar (no tener éxito); suspender (examen); fallar (método). **3** averiarse (aparato). **4** quebrar (negocio). **5** acabarse (suministro de algo). • *tr* **6** suspender (examen). **7** desilusionar (persona). **8** abandonar (la fuerza). ■ **I ~ to see** no logro entender; **without~** sin falta.

failing [ˈfeɪlɪŋ] *adj* **1** • *n c* **2** defecto. ■ **~ that** si no es así.

failure [ˈfeɪlɪər] *n c & u* **1** fracaso (falta de éxito). **2** quiebra (de un negocio). **3** fallo (de mecanismo, ser vivo). **4** pérdida (de capacidad o habilidad).

faint [feɪnt] *adj* **1** tenue, leve (color, sonido); débil (sin fuerzas). **2** mareado (desfallecido). • *n c* **3** desmayo. • *intr* **4** desmayarse.

faintest [feɪntəst] *super* **1** → faint. • *adj* **2** (en frases negativas) mínimo, menor: *he hasn't got the faintest idea about it = no tiene la menor idea del asunto.*

fair [feər] *adj* **1** justo (exacto); imparcial (ecuánime, equitativo). **2** razonable (pensamiento, idea). **3** regular (aceptable): *her French is only fair = su francés sólo es regular.* **4** considerable (cantidad). **5** rubio (cabello); pálido (piel). **6** bueno (tiempo atmosférico); favorable (viento). • *n c* **7** feria (mercado, exposición). ♦ **~ copy** copia en limpio; **~ game** blanco de críticas (persona); **~ play** juego limpio. ■ **~ enough** de acuerdo; **to play ~** jugar limpio.

fairly [ˈfeəlɪ] *adv* **1** justamente (razonablemente). **2** bastante (moderadamente): *you speak French fairly well = hablas francés bastante bien.*

> Los adverbios ***fairly***, ***quite***, ***rather*** y ***pretty*** modifican la intensidad del adjetivo o del adverbio que acompañan. ***Fairly*** es el que tiene menos fuerza. Significa **bastante**, **hasta cierto punto** o **no muy** en función de la entonación. Se usa casi siempre con cualidades positivas: *the article is fairly interesting = el artículo es bastante interesante.*

fairy [ˈfeərɪ] *n c* hada. ♦ **~ lights** bombillas de colorines; **~ tale** cuento de hadas.

faith [feɪθ] *n u* fe. ■ **in bad/good ~** de mala/buena fe.

faithful [ˈfeɪθfl] *adj* **1** leal, fiel. **2** exacto (historia, dibujo). ♦ **the ~** los fieles (religión); los incondicionales (de una idea, un grupo).

faithfully [ˈfeɪθfəlɪ] *adv* **1** lealmente, fielmente. **2** con exactitud (copia).

fake [feɪk] *adj* **1** falso, falsificado. • *n c* **2** falsificación (objeto). **3** farsante (persona). • *tr* **4** falsificar (objetos). **5** (fig) fingir (un sentimiento).

falcon [ˈfɔːlkən] *n c* ZOOL halcón.

fall [fɔːl] (*pt* **fell**, *pp* **fallen**) *intr* **1** caer, caerse (gen). **2** disminuir (cantidad, sonido). **3** convertirse en (una persona): *he had fallen victim to despair = se había convertido en una víctima de la desesperación.* • *n c* **4** caída (gen). **5** *EE UU* otoño (estación del año). • *n sing* **6** pendiente; gradiente (Amér., inclinación, declive). • **falls** *n pl* **7** cataratas. ♦ **~guy** cabeza de turco; **to ~ about** (infml) desternillarse (de risa); **to ~ apart** romperse en pedazos (objeto, edificio); desintegrarse (organización); quedarse destrozado (mentalmente); **to ~ away** desprenderse (yeso, argamasa); disminuir (cantidad); descender (una carretera); **to ~ back** replegarse (en el ejército); echarse hacia atrás (por miedo, dolor); **to ~ behind** rezagarse (en los estudios); **to ~ down** desmoronarse (un edificio); fracasar (una teoría, idea); **to ~ for** prendarse de (enamorarse); ser embaucado por (truco, trampa); **to ~ in** desplomarse (tejado); formar (un ejército); **to ~ into** iniciar (discusión); dividirse en (piezas, grupos); **to ~ in with** estar de acuerdo con (una idea); **to ~ off** desprenderse (yeso, argamasa); disminuir (cifra, números); **to ~ on/upon** caer encima de (atacar); posarse en (la mirada); asaltar (dolor, ansiedad); **to ~ out** caerse (cabello, dientes); romper filas (ejército); pelearse (personas); caerse (de forma accidental); **to ~ over** tropezar con; **to ~ through** fracasar. ■ **to ~ asleep** quedarse dormido; **to ~ on one's feet** tener mucha suerte; **to ~ to bits/pieces** hacerse pedazos.

fallen [ˈfɔːlən] *pp* → fall.

false [fɔːls] *adj* **1** falso (incorrecto). **2** postizo (no real). ♦ **~ alarm** falsa alarma;

~ **bottom** doble fondo (en una maleta); ~ **move** movimiento en falso; ~ **teeth** dentadura postiza. ■ **to be ~ to** traicionar.
falsify [ˈfɔːlsɪfaɪ] (*pt* y *pp* **falsified**) *tr* falsificar (un documento).
falter [ˈfɔːltər] *intr* **1** vacilar (dudar). **2** tartamudear, balbucear (voz).
fame [feɪm] *n u* fama.
familiar [fəˈmɪlɪər] *adj* ~ **(to) 1** familiar (para) (muy conocido). ~ **(with) 2** familiarizado (con) (conocedor de). **3** (pej) *que se toma demasiadas confianzas* (demasiado familiar). ■ **to be on ~ terms (with)** tener confianza (con).
familiarise *tr* → familiarize.
familiarize [fəˈmɪlɪəraɪz] *tr* **to ~ sb with 1** familiarizar con. ● **to ~ oneself with** *pron* **2** familiarizarse con.
family [ˈfæmɪlɪ] (*pl* **families**) *n c* **1** (with sing/pl v) familia (gen). ● *n u* **2** linaje (antepasados). ● *adj* **3** familiar. ◆ ~ **name** apellido; ~ **tree** árbol genealógico.
famine [ˈfæmɪn] *n c* & *u* hambruna.
famous [ˈfeɪməs] *adj* famoso.
famously [ˈfeɪməslɪ] *adv* estupendamente. ■ **to get on ~** llevarse magníficamente bien.
fan [fæn] (*pt* y *pp* **fanned**, *ger* **fanning**) *tr* **1** dar aire (crear una corriente de aire); avivar (fuego, pasión). ● *pron* **2** abanicarse. ● *n c* **3** fan, admirador (seguidor); hincha (de un equipo). **4** abanico (objeto); ventilador (eléctrico).
fanatic or **fanatical** [fəˈnætɪk o fəˈnætɪkl] *adj* fanático.
fancy [ˈfænsɪ] (*pl* **fancies**) *adj* **1** (infml) selecto (por encima de la media). **2** (infml) excesivo (precio). ● *n u* **3** fantasía (imaginación). ● *n c* **4** (infml) capricho (deseo). ● **fancies** *n pl* **5** GAST pastelillos. ● *tr* **6** (infml) apetecer (querer, desear). **7** (infml) gustar (persona). **8** (fml) imaginar(se) (suponer): *I fancy that is the explanation = me imagino que ésa es la explicación.* ● *pron* **9** (infml, pej) ser engreído (envanecerse). **to ~ oneself as 10** (infml) dárselas de (creerse). ◆ ~ **dress** disfraz; ~ **dress ball** baile de disfraces. ■ **to take a ~ to** (infml) tomar cariño a (persona); aficionarse a (una cosa).
fantastic [fænˈtæstɪk] *adj* (infml) fantástico; macanudo (Amér., maravilloso).
fantasy [ˈfæntəsɪ] (*pl* **fantasies**) *n c* & *u* fantasía.
far [fɑːr] *adv* **1** lejos (gen). ~ **more 2** mucho más (enfático): *he's far more intelligent than you = es mucho más inteligente que tu.* ● *adj* **3** lejano (en la distancia). **4** POL extremo: *he belongs to the far left = pertenece a la extrema izquierda.* ■ **a bit ~/too ~** demasiado lejos; **as ~ as** hasta; **as/so ~ as sb/sth is concerned** por lo que respecta a alguien/algo; **as/so ~ as it goes** hasta cierto punto; **by ~/~ and away** con mucho; ~ **from it** en absoluto; ~ **gone** muy deteriorado; **how ~?** ¿a qué distancia? (espacio); hasta qué punto (grado); **so ~?** hasta este momento (tiempo); hasta cierto punto (espacio); **so ~ so good** hasta ahora bien; **to go as/so ~ as** llegar hasta el extremo de; **to go too ~** pasarse de la raya.
faraway [ˈfɑːəweɪ] *adj* **1** alejado (tierra). **2** (fig) abstraído (mirada).
fare [feər] *n c* **1** precio del billete (autobús, tren, avión); tarifa (en un taxi). **2** pasajero (en un taxi).
farewell [ˌfeəˈwel] *interj* **1** (fml) adiós. ● *n c* **2** despedida.
farm [fɑːm] *n c* **1** granja; hacienda (Amér.). ● *tr* & *intr* **2** cultivar (la tierra); criar (animales).
farmer [ˈfɑːmər] *n c* granjero, agricultor.
farmhouse [ˈfɑːmhaʊs] *n c* casa de labranza; hacienda (Amér.).
farming [ˈfɑːmɪŋ] *n u* **1** agricultura (actividad económica). **2** cultivo (de tierras); crianza (de animales).
farmyard [ˈfɑːmjɑːd] *n c* corral.
far-sighted [ˌfɑːˈsaɪtɪd] *adj* **1** previsor. **2** *EE UU* MED hipermétrope.
fart [fɑːt] *n c* **1** (vulg) pedo (ventosidad). **2** (vulg) gilipollas (persona). ● *intr* **3** (vulg) tirarse un pedo.
farther [ˈfɑːðər] *comp* → far.
farthest [ˈfɑːðɪst] *super* → far.
fascinate [ˈfæsɪneɪt] *tr* fascinar.
fascinating [ˈfæsɪneɪtɪŋ] *adj* fascinante.
fascism [ˈfæʃɪzəm] *n u* POL fascismo.
fascist [ˈfæʃɪst] *adj* & *n c* POL fascista.
fashion [ˈfæʃn] *n c* & *u* **1** moda (ropa, estilo). **2** tendencia. ● *n c* **3** manera (modo, forma). ● *tr* **4** moldear (dar forma); elaborar (hacer). ■ **after a ~** hasta cierto punto; **after the ~ of** a la manera de al-

guien; **in ~** de moda; **out of ~** pasado de moda; **to come into ~** ponerse de moda; **to go out of ~** pasar de moda; **to set the ~** dictar la moda.

fashionable ['fæʃnəbl] *adj* de moda.

fast [fɑ:st] *adj* **1** rápido (veloz). **2** (fig) vivo, ágil (persona). **3** adelantado (reloj). ● *adv* **4** rápidamente (velozmente). **5** firmemente (establemente). ● *n c* **6** REL ayuno. ● *intr* **7** REL ayunar. ◆ **~ lane** carril rápido (de una autopista). ■ **~ asleep** profundamente dormido; **how ~?** ¿a qué velocidad?; **not so ~** no tan rápido.

> ***Fast*** y ***quick*** significan **rápido**. ***Fast*** se utiliza para hablar de una persona o cosa que se mueve o hace algo a mucha velocidad: *a fast car = un coche rápido*. ***Quick*** se refiere a algo que se realiza en un breve espacio de tiempo: *he took a quick look = echó una mirada rápida.*

fasten ['fɑ:sn] *tr* **1** sujetar (atar); fijar. **2** abrochar (cinturón, abrigo). **3** (fig) clavar (diente, mirada). ● *intr* **4** abrocharse. ◆ **to ~ on to** aferrarse a; **to ~ up** abrocharse (abrigo).

fastener ['fɑ:snər] *n c* cierre (gen); broche (para prendas de vestir); cremallera (cierre).

fat [fæt] *adj* **1** gordo (persona, animal). **2** grueso (libro, paquete). **3** de abundancia (período). ● *n u* **4** grasa. **5** GAST manteca. ■ **a ~ lot of good/use** (infml) nada de nada; **~ chance** (infml) ni en sueños; **to get ~** engordar; **to get/grow ~ (on)** (fig) hacerse rico (con).

fatal ['feɪtl] *adj* **1** funesto (error, decisión). **2** mortal (letal, mortífero).

fatality [fə'tæləti] *n c* víctima mortal (por accidente).

fate [feɪt] *n u* **1** destino (hado). ● *n c* **2** final, suerte (sino).

fateful ['feɪtfl] *adj* fatídico.

father ['fɑ:ðər] *n c* **1** padre; tata (Amér.). ● *tr* **2** engendrar. ◆ **Father Christmas** Papá Noel. ■ **from ~ to son** de padres a hijos.

father-in-law ['fɑ:ðərɪnlɔ:] (*pl* **father-in-laws** o **fathers-in-law**) *n c* suegro.

fatigue [fə'ti:g] *n u* **1** fatiga. ● **fatigues** *n pl* **2** MIL traje de faena.

fatten ['fætn] *tr* engordar. ◆ **to ~ up** cebar.

fatty ['fætɪ] (*pl* **fatties**) *adj* **1** graso (alimento). **2** ANAT adiposo (tejido). ● *n c* **3** gordinflón.

fault [fɔ:lt] *n sing* **1** culpa (responsibilidad). ● *n c* **2** error (equivocación). **3** defecto (punto débil). **4** SP falta (en tenis). **5** GEOG falla. ● **to ~ sb/sth (on/with)** *tr* **6** hallar defectos en alguien/algo. ■ **to find ~ with** criticar.

faultless ['fɔ:ltlɪs] *adj* perfecto.

faulty [fɔ:ltɪ] *adj* defectuoso (máquina, sistema); imperfecto (razonamiento, argumento).

fauna ['fɔ:nə] *n c* ZOOL fauna.

favour ['feɪvər] (*EE UU* **favor**) *n c* **1** favor (gen). ● *n u* **2** favoritismo (preferencia injusta). ● *tr* **3** preferir (apoyar). **4** favorecer (ayudar, beneficiar). **5** tratar con favoritismo (privilegiar). ■ **in ~ (of)** a favor (de acuerdo con); **to be in ~/out of ~** ser/dejar de ser popular; **out of ~** en desgracia.

favourable ['feɪvərəbl] (*EE UU* **favorable**) *adj* favorable.

favourite ['feɪvərɪt] (*EE UU* **favorite**) *adj* **1** favorito. ● *n c* **2** favorito (persona).

fawn [fɔ:n] *adj* **1** pajizo, beige (color). ● *n c* **2** ZOOL cervato, cervatillo. ● **to ~ on sb** *intr* **3** adular a alguien.

fax [fæks] *n c* & *u* **1** fax. ● *tr* **2** mandar un fax; enviar por fax. ◆ **~ machine** fax.

FBI [ˌefbi:'aɪ] (*abbrev* **Federal Bureau of Investigation**) *n sing* FBI.

fear [fɪər] *n c* & *u* **1** temor, miedo. ● *tr* **2** temer. **to ~ (that) 3** temerse (que). ◆ **to ~ for** temer por. ■ **for ~ of** por miedo a; **no ~** *GB* (infml) de eso nada.

fearful ['fɪəfl] *adj* **1** asustado (temeroso). **2** espantoso (terrible).

fearless ['fɪəlɪs] *adj* intrépido, osado.

feast [fi:st] *n c* **1** festín, banquete. ● *intr* **2** darse un banquete. ◆ **~ day** REL festividad.

feat [fi:t] *n c* proeza, hazaña.

feather ['feðər] *n c* pluma.

feature ['fi:tʃər] *n c* **1** característica, peculiaridad (singularidad). **2** rasgo (del rostro). **3** RAD, TV programa especial. **4** reportaje especial (en periódico). ● **features** *n pl* **5** rasgos, facciones. ● *tr* **6** ofrecer (incluir). **7** destacar (distinguirse, despuntar). **8** CIN tener como protagonista.

February ['februərɪ] *n u* febrero.

fed [fed] *pt & pp* → feed.
federal [ˈfedərəl] *adj* POL federal.
federation [ˌfedəˈreɪʃn] *n c* federación.
fed up [ˌfedˈʌp] *adj* **~ (with/about)** (infml) harto (de).
fee [fiː] *n c* **1** honorarios (médico, abogado). **2** precio de matrícula (en una escuela). **3** cuota (en un club o asociación).
feeble [ˈfiːbl] *adj* **1** débil (sin fuerzas). **2** tenue (luz). **3** sin ganas (persona).
feed [fiːd] (*pt* y *pp* **fed**) *tr* **1** alimentar (gen). **2** amamantar (bebé). **3** cargar (mecanismo). **to ~ sth into 4** introducir algo en (insertar, meter). **5** COMPUT meter (información). • *intr* **6** comer. **to ~ (on/off) 7** alimentarse (de), nutrirse (de). • *n u* **8** pienso (alimento para animales). • *n c* **9** comida (de animal); toma (de bebé).
feedback [ˈfiːdbæk] *n u* **1** respuesta (reacción). **2** COMPUT, ELEC realimentación; feedback.
feeding-bottle [ˈfiːdɪŋbɒtl] *n c GB* biberón; mamadera (Amér.).
feel [fiːl] (*pt* y *pp* **felt**) *tr* **1** palpar, tocar (entrar en contacto). **2** sentir (emoción, experiencia). **3** notar (darse cuenta). **to ~ (that) 4** creer, pensar (que) (opinar). • **to ~ + adj** *intr* **5** tener (frío, hambre). **6** sentirse (bien, mal, enfermo). **7** parecer (dar la sensación). **to ~ (about) 8** opinar (de) (creer). • *n sing* **9** tacto (sensación). **10** ambiente (atmósfera). ◆ **to ~ for** buscar a tientas (objeto); sentir pena por (una persona); **to ~ up to** sentirse con ganas de; sentirse con fuerzas para. ■ **not to ~ oneself** no encontrarse bien; **to ~ like** tener ganas de; **to get the ~ of** acostumbrarse.
feeling [ˈfiːlɪŋ] *n c & u* **1** sentimiento (emoción). **2** opinión (parecer). • *n c* **3** sensación (físico). **4** impresión (idea). • **~ (for)** *n u* **5** simpatía (por/hacia) (afecto). • **feelings** *n pl* **6** sentimientos (emotion). ◆ **bad ~** hostilidad; **hard feelings** resentimiento. ■ **to have a ~ for (sth)** saber apreciar (algo).
feet [fiːt] *n pl* → foot.
fell [fel] *pt* **1** → fall. • *tr* **2** talar (un árbol).
fellow [ˈfeləʊ] *n c* **1** (infml) tipo, tío (hombre). **2** miembro (de una sociedad académica). • **fellows** *n pl* **3** compañeros. ◆ **~ citizen** conciudadano.
fellowship [ˈfeləʊʃɪp] *n u* **1** camaradería, compañerismo (amistad). **2** pertenencia (a algún tipo de asociación académica). • *n c* **3** sociedad, hermandad (grupo). **4** beca (ayuda económica).
felt [felt] *pt & pp* **1** → feel. • *n u* **2** fieltro.
female [ˈfiːmeɪl] *adj* **1** femenino. • *adj & n c* **2** hembra. • *n c* **3** mujer.
feminine [ˈfemɪnɪn] *adj* femenino.
feminism [ˈfemɪnɪzəm] *n u* POL feminismo.
feminist [ˈfemɪnɪst] *adj & n c* POL feminista.
fence [fens] *n c* **1** valla, cerca (límite). **2** (sl) perista (persona). **3** SP obstáculo. • *tr* **4** cercar, vallar. • *intr* **5** (fml) lanzar evasivas (en una conversación). **6** SP hacer esgrima. ■ **to sit on the ~** nadar entre dos aguas.
ferment [fəˈment] *intr & tr* fermentar.
fern [fɜːn] *n c* BOT helecho.
ferocious [fəˈrəʊʃəs] *adj* feroz, salvaje.
ferocity [fəˈrɒsɪtɪ] *n u* ferocidad.
ferry [ˈferɪ] (*pl* **ferries**) *n c* **1** ferry, transbordador (embarcación); barca (pequeña embarcación). • *tr* **2** (*pt* y *pp* **ferried**) transportar (por río, por un canal).
fertile [ˈfɜːtaɪl] *adj* fértil.
fertilisation *n u* → fertilization.
fertilise *tr* → fertilize.
fertility [fɜːˈtɪlɪtɪ] *n u* fertilidad.
fertilization [ˌfɜːtəlaɪˈzeɪʃn y EE UU ˌfɜːtələˈzeɪʃn] *n u* fertilización, fecundación.
fertilize [ˈfɜːtəlaɪz] *tr* **1** fecundar (huevo). **2** abonar (tierra).
fertilizer [ˈfɜːtəlaɪzər] *n c & u* fertilizante, abono.
fervent [ˈfɜːvənt] *adj* ferviente.
festival [ˈfestɪvl] *n c* **1** festival (acontecimiento, certamen). **2** día festivo.
festivity [feˈstɪvətɪ] *n u* **1** ambiente de fiesta, alegría. • **festivities** *n pl* **2** celebraciones.
fetch [fetʃ] *tr* **1** ir a buscar, traer (ir a por). **2** alcanzar un precio, venderse por. ◆ **to ~ up** (infml) aparecer inesperadamente.
fetching [ˈfetʃɪŋ] *adj* atractivo.
feud [fjuːd] *n c* **1** disputa duradera. • **to ~ (with)** *intr* **2** luchar sin tregua (con).
feudal [ˈfjuːdl] *adj* HIST feudal.

f

feudalism ['fju:dəlɪzəm] *n u* HIST feudalismo.
fever ['fi:vər] *n c & u* fiebre.
few [fju:] *adj* **1** pocos (contados, con sentido negativo): *few pianists can equal her = hay pocos pianistas que la igualen.* **a few 2** algunos, unos cuantos (en pequeño número). • *pron* **3** pocos: *many take the exam but few pass = muchos se examinan pero pocos aprueban.* ■ **as ~ as** tan sólo: *some of the groups have as few as seven students = algunos grupos tienen tan sólo siete alumnos*; **~ and far between** poquísimos, contadísimos.

> ***Few*** se traduce por **pocos** y tiene un sentido negativo: *I have few friends = tengo pocos amigos.* ***A few*** tiene un sentido más positivo y se traduce por **algunos** o **unos cuantos**: *I have a few friends = tengo unos cuantos amigos.*

fiancé [fɪ'ɒnseɪ] *n c* prometido.
fiancée [fɪ'ɒnseɪ] *n c* prometida.
fib [fɪb] (*pt* y *pp* **fibbed**, *ger* **fibbing**) *tr* **1** (infml) decir bolas. • *n c* **2** (infml) bola, trola.
fibre ['faɪbər] (*EE UU* **fiber**) *n c* fibra.
fibreglass ['faɪbəglɑ:s] (*EE UU* **fiberglass**) *n u* **1** fibra de vidrio. • *adj* **2** de fibra de vidrio.
fibrous ['faɪbrəs] *adj* fibroso.
fickle [fɪkl] *adj* **1** (pej) veleidoso, voluble (persona). **2** (fig) inestable, inconstante (tiempo atmosférico, viento).
fiction ['fɪkʃn] *n c* **1** ficción (invención). • *n u* **2** LIT narrativa.
fiddle ['fɪdl] *n c* **1** MUS (infml) violín. **2** *GB* (infml) timo, fraude (falsificación). • *tr* **3** *GB* (infml) amañar (libro de cuentas). • **to ~ with** *intr* **4** juguetear con (toquetear). ◆ **to ~ about/around** perder el tiempo.
fiddly ['fɪdlɪ] *adj GB* (infml) delicado (trabajo); intrincado (artilugio).
fidelity [fɪ'delitɪ] *n u* fidelidad.
field [fi:ld] *n c* **1** campo (gen). • *adj* **2** de campo, de prácticas: *a field trip = un viaje de prácticas.* • *tr* **3** SP sacar a jugar. ◆ **~ event** SP prueba atlética de salto/lanzamiento; **~ hockey** *EE UU* SP hockey sobre hierba; **~ of vision** campo visual; **~ sports** caza y pesca. ■ **to hold/lead the ~** estar/ir a la cabeza (en una carrera, especialidad).
fiend [fi:nd] *n c* **1** (lit) monstruo, desalmado (cruel, perverso). **2** fanático, entusiasta (admirador).
fierce [fɪəs] *adj* **1** fiero, feroz (agresivo). **2** inquebrantable, firme (leal). **3** intenso, fuerte (tiempo, temperatura).
fiery ['faɪərɪ] *adj* **1** ardiente (llameante). **2** endiablado (temperamental). **3** fogoso, apasionado (persona, discurso). **4** enrojecido, rojo. **5** muy picante (comida); muy fuerte (bebida alcohólica).
fifteen [ˌfɪf'ti:n] *card* quince.
fifteenth [ˌfɪf'ti:nθ] *ord* **1** decimoquinto. **the ~ 2** el quince (de mes).
fifth [fɪfθ] *ord* **1** quinto. **the ~ 2** el cinco (de mes).
fiftieth ['fɪftɪəθ] *ord* quincuagésimo.
fifty ['fɪftɪ] *card* cincuenta.
fifty-fifty [ˌfɪftɪ'fɪftɪ] *adv* a medias. ■ **to go ~** ir a medias.
fig [fɪg] *n c* higo. ◆ **~ tree** higuera.
fight [faɪt] (*pt* y *pp* **fought**) *tr* **1** luchar contra, combatir (físicamente): *we must fight disease = debemos luchar contra la enfermedad.* **2** reñir con, pelearse con (verbalmente). • **to ~ for/against** *intr* **3** luchar por/contra (combatir por): *fight for your rights = lucha por tus derechos.* • *n c* **4** lucha, batalla (pelea). • *n u* **5** combatividad (inclinación, ánimo de lucha). ◆ **to ~ back** defenderse, responder a un ataque; reprimir (sentimientos); **to ~ down** resistir, reprimir (sentimientos); **to ~ off** repeler, rechazar (ataques); mantener a raya (sentimientos). ■ **to ~ one's way** abrirse paso; **to ~ shy of** rehuir, esquivar de.
fighter ['faɪtər] *n c* luchador (gen); combatiente (en la guerra). ◆ **~ (plane)** MIL caza.
fighting ['faɪtɪŋ] *n u* **1** MIL combate. **2** pelea (riña). ◆ **~ fit** en plena forma.
figure ['fɪgər] *n c* **1** figura (gen). **2** cifra, número (signo numérico). • *tr* **3** *EE UU* (infml) figurarse, suponer (creer). • **to ~ in** *intr* **4** aparecer en, figurar en. ◆ **double figures** número de dos cifras; **a ~ of fun** el hazmerreír; **~ of speech** forma de hablar; **~ skating** SP patinaje artístico; **to ~ on** (infml) contar con: *I figure on getting*

the job very soon = cuento con conseguir el empleo muy pronto; **to ~ out** (infml) calcular (una cantidad); deducir (llegar a una conclusión).

file [faɪl] *n c* **1** archivador, carpeta (para todo tipo de documentos). **2** expediente, dossier (informe). **3** lima (herramienta). **4** fila, hilera (línea, columna). **5** COMPUT archivo, fichero. • *tr* **6** archivar, fichar (gen). **7** limar (pulir). • *intr* **8** ir en fila (marchar siguiendo una línea). **to ~ for 9** JUR presentar. ■ **(in) single ~** (en) fila india; **on ~/on the files** archivado, registrado.

fill [fɪl] *tr* **1** llenar (gen). **2** rellenar, tapar (hueco, agujero). **3** cumplir (requisitos, exigencias). **4** MED empastar (dientes). **5** *EE UU* preparar (bebidas). • **to ~ (with)** *intr* **6** llenarse (de). ♦ **to ~ in** rellenar (impresos); ocupar (tiempo libre); poner al corriente (explicar); **to ~ out** rellenar (impresos); engordar (aumentar peso); **to ~ up** llenar hasta arriba (ocupar todo el espacio); atiborrarse (de comida).

filled [fɪld] *adj* **1** lleno, completo (repleto). **~ (with) 2** embargado (de), lleno (de) (emociones).

fillet [ˈfɪlɪt] *n c & u* GAST filete; bife (Amér.). ♦ **~ steak** GAST filete (vaca).

filling [ˈfɪlɪŋ] *adj* **1** que llena mucho (hartar). • *n c* **2** MED empaste (dientes). **3** GAST relleno.

film [fɪlm] *n c* **1** película (gen). • *n u* **2** CIN cine (arte). • *tr & intr* **3** filmar, rodar. ♦ **~ star** estrella de cine; **~ studio** estudio cinematográfico.

filming [ˈfɪlmɪŋ] *n u* CIN rodaje (persona).

filter [ˈfɪltər] *adj* **1** con filtro (cigarrillo); de filtro (café). • *n c* **2** filtro. • *tr* **3** filtrar. • *intr* **4** filtrarse.

filth [fɪlθ] *n u* **1** suciedad, mugre (inmundicia). **2** (fig) obscenidad, procacidad.

filthy [ˈfɪlθɪ] *adj* **1** sucio, asqueroso (mugriento). **2** obsceno, grosero (asqueroso). **3** malísimo (tiempo atmosférico). ♦ **~ rich** (infml) forrado, riquísimo.

fin [fɪn] *n c* aleta (de pez).

final [ˈfaɪnl] *adj* **1** final (terminación). **2** último (postrero). **3** (fig) definitivo, irrevocable (palabras, decisión). • *n c* **4** SP final. • **finals** *n pl* **5** SCH exámenes finales. ♦ **~ call** último aviso (para embarque de pasajeros).

finalise *tr* → finalize.

finalist [ˈfaɪnəlɪst] *n c* finalista.

finalize [ˈfaɪnəlaɪz] *tr* ultimar.

finally [ˈfaɪnəlɪ] *adv* **1** por fin (al final). **2** por último (finalmente).

finance [ˈfaɪnæns] *n u* **1** financiación, fondos (dinero). **2** finanzas (actividad económica). • *tr* **3** financiar.

financial [faɪˈnænʃl] *adj* financiero. ♦ **~ year** ECON ejercicio económico.

find [faɪnd] (*pt* y *pp* **found**) *tr* **1** encontrar (gen). **2** JUR declarar (culpable o inocente). • *n c* **3** descubrimiento, hallazgo. ♦ **to ~ for** JUR fallar a favor de; **to ~ out** descubrir, averiguar (un hecho); descubrir, desenmascarar (persona). ■ **all found** todo incluido; **to ~ favour** tener buena acogida; **to ~ one's way** encontrar el camino (hacia un lugar); acabar en (tener como destino).

finding [ˈfaɪndɪŋ] *n c* descubrimiento, hallazgo.

fine [faɪn] *adj* **1** estupendo, magnífico; macanudo (Amér., excelente). **2** perfecto, muy bien (estado satisfactorio): *how are you? Fine, thanks = ¿qué tal? Muy bien.* **3** bueno (tiempo atmosférico). **4** fino (delgado, liso). **5** refinado, lindo (objeto). **6** sutil (distinción, detalle). • *adv* **7** muy bien. • *n c* **8** multa. • *tr* **9** multar. ♦ **~ art/ ~ arts** bellas artes; **the ~ print** la letra pequeña (en contratos); **to ~ down** perfeccionar. ■ **that's ~** vale, estupendo.

finger [ˈfɪŋgər] *n c* **1** dedo. • *tr* **2** tocar, palpar. **3** (infml) chivarse de, delatar (acusar). ■ **to get/pull one's ~ out** (infml) ponerse a trabajar.

fingernail [ˈfɪŋgəneɪl] *n c* uña (del dedo).

fingerprint [ˈfɪŋgəprɪnt] *n c* huella dactilar.

fingertip [ˈfɪŋgətɪp] *n c* yema (del dedo). ■ **to have sth at one's fingertips** tener algo al alcance de la mano; saber un tema al dedillo.

finish [ˈfɪnɪʃ] *n c* **1** final (fin). **2** SP llegada, meta (en una carrera). • *n c & u* **3** acabado (textura de la superficie). • *tr & intr* **4** acabar, terminar. ♦ **~ line** *EE UU* SP línea de meta; **to ~ with** terminar con; romper con (pareja); **to ~ up** acabar, terminar; **to ~ off** completar, rematar.

finished [ˈfɪnɪʃt] *adj* acabado.

finishing line [ˈfɪnɪʃɪŋlaɪn] *n c* SP línea de meta.

Finland [ˈfɪnlənd] *n sing* Finlandia.
Finn [fɪn] *n c* finlandés (persona).
Finnish [ˈfɪnɪʃ] *adj* **1** finlandés (cultura). • *n u* **2** finlandés (idioma).
fir [fɜːr] *n c* BOT abeto. ♦ ~ **tree** BOT abeto.
fire [ˈfaɪər] *n c & u* **1** fuego (gen). • *n u* **2** (fig) ardor, entusiasmo (fuerza). • *n c* **3** incendio (accidente). **4** *GB* estufa (eléctrica o de gas). • *intr* **5** MEC hacer contacto (el motor). • *tr & intr* **6** disparar; balacear (Amér., disparar, hacer fuego). • *tr* **7** despedir (echar). **8** (fig) entusiasmar, apasionar (enardecer). ♦ ~ **station** parque de bomberos; **to ~ away** comenzar a hacer preguntas; **to ~ off** disparar, lanzar. ■ **on ~** en llamas; **to catch ~** incendiarse; **to set ~ to/to set on~** prender fuego a.
fire-alarm [ˈfaɪərəlɑːm] *n c* alarma de incendios.
firearm [ˈfaɪərɑːm] *n c* arma de fuego.
fire-brigade [ˈfaɪəbrɪgeɪd] (*EE UU* **fire department**) *n sing GB* cuerpo de bomberos.
fire-engine [ˈfaɪərendʒɪn] *n c* coche de bomberos.
fire-escape [ˈfaɪərɪskeɪp] *n c* escalera de incendios.
fire-extinguisher [ˈfaɪərɪkstɪŋgwɪʃər] *n c* extintor.
fire-fighter [ˈfaɪəfaɪtər] *n c* bombero.
fireman [ˈfaɪəmən] (*pl* **firemen**) *n c* bombero.
fireplace [ˈfaɪəpleɪs] *n c* chimenea.
fireproof [ˈfaɪəpruːf] *adj* a prueba de fuego.
fire-raiser [ˈfaɪərˌreɪzər] *n c* pirómano.
firewood [ˈfaɪəwʊd] *n u* leña.
firework [ˈfaɪəwɜːk] *n c* **1** fuego de artificio. • **fireworks** *n pl* **2** fuegos artificiales. **3** (fig) pelea, follón.
firing [ˈfaɪərɪŋ] *n u* MIL disparos, tiroteo. ♦ ~ **pin** percutor; ~ **squad** pelotón de fusilamiento.
firm [fɜːm] *adj* **1** firme (gen). **2** fijo, estable (seguro). **3** cierto, seguro (evidencia, información, noticia). • *n c* **4** empresa, firma (compañía). • **to ~ up** *tr* **5** afianzar(se) (un acuerdo). ■ **to hold ~ to** ser fiel a; **to stand ~** mantenerse en sus trece.
first [fɜːst] *ord* **1** primero. • *adv* **2** primero, en primer lugar. • *n c* **3** primero (persona). **4** acontecimiento sin precedentes. ♦ **(a) ~ (in)** SCH (un) sobresaliente (en); ~ **aid** primeros auxilios; ~ **name** nombre de pila; ~ **night** estreno (de una película, obra de teatro). ■ **at ~** al principio, en un principio; ~ **off** en primer lugar; ~ **and foremost** ante todo; ~ **and last** desde todos los puntos de vista; **from the ~** desde el principio; **not to know the ~ thing about** no entender lo más mínimo de.
first-aider [fɜːstˈeɪdər] *n c* socorrista; salvavidas (Amér.).
first-aid kit [ˌfɜːstˈeɪdkɪt] *n c* botiquín de primeros auxilios.
first-class [ˌfɜːstˈklɑːs] *adj* de primera clase.
first-hand [ˌfɜːstˈhænd] *adj* de primera mano.
firstly [ˈfɜːstlɪ] *adv* en primer lugar.
first-rate [ˌfɜːstˈreɪt] *adj* de primera, de gran calidad.
fish [fɪʃ] (*pl* **fish** o **fishes**) *n c* **1** ZOOL pez. • *n u* **2** pescado (alimento). • *tr* **3** pescar en. • **to ~ (for sth)** *intr* **4** pescar (algo). **to ~ for 5** (infml) buscar (información, alabanzas). ♦ ~ **and chips** GAST *pescado rebozado con patatas fritas*; ~ **stick** *EE UU* GAST palito de pescado; **to ~ out** (infml) sacar, extraer (poner fuera). ■ **to drink like a ~** (infml) beber como un cosaco.
fishbowl [ˈfɪʃbəʊl] *n c* pecera.
fisherman [ˈfɪʃəmən] (*pl* **fishermen**) *n c* pescador.
fish-hook [ˈfɪʃˌhʊk] *n c* anzuelo.
fishing [ˈfɪʃɪŋ] *n u* pesca. ♦ ~ **boat** barco pesquero. ■ **to go ~** ir de pesca.
fishing-rod [ˈfɪʃɪŋrɒd] *n c* caña de pescar.
fishmonger [ˈfɪʃmʌŋgər] *n c GB* pescadero. ♦ **the fishmonger's** *GB* la pescadería.
fishnet [ˈfɪʃnet] *n u* red (de pesca).
fishy [ˈfɪʃɪ] *adj* **1** a pescado (olor, sabor). **2** (infml) sospechoso (dudoso). ■ **there's sth ~ here** (infml) aquí hay gato encerrado.
fist [fɪst] *n c* puño.
fistful [ˈfɪstfʊl] *n c* puñado.
fit [fɪt] (*pt* y *pp* **fitted**, *ger* **fitting**, *EE UU*, *pt* y *pp* **fit**, *ger* **fiting**) *tr* **1** sentar bien a, ir bien a (ser la talla o el estilo adecuados). **2** ajustar, colocar (poner). **3** encajar con, ajustarse a (acoplarse). **to ~ (to/with) 4** equipar (con) (suministrar). **5**

adecuarse a, corresponder a (acomodarse, ajustarse). • *intr* **6** estar bien de talla (ropa, calzado). **7** encajar (partes): *this piece fits in there = esta pieza encaja allí.* **8** caber, entrar (tener espacio suficiente). • *adj* **9** en forma (sano). ~ **for sth/+ inf** **10** apto (para) (adecuado, apropiado). ~ **+ inf** **11** (infml) como para, dispuesto a (preparado para). • *n c* **12** ataque (enfermedad). • *n sing* **13** talle (ropa, calzado): *it's a good/tight ~ = le va bien/justo.* ♦ **to ~ in (with)** adaptarse (a) (persona); encajar (con) (ser compatible). ■ **as ~ as a fiddle** (infml) en perfectas condiciones físicas; **in/by fits and starts** a trancas y barrancas; **to be in fits (of laughter)** morirse de risa; **to have a ~** (fig) sufrir un ataque (de cólera, emoción).

> **Fit** se usa para hablar de la talla de una prenda: *this skirt doesn't fit me = esta falda no es de mi talla.* ***Suit*** se refiere a una prenda o color que le va bien a alguien: *this tie suits you very well = esta corbata te queda muy bien.*

fitted [ˈfɪtɪd] *adj* ~ **(for/+ inf)** **1** adecuado, idóneo (para) (apto, capacitado). **2** hecho a medida (en confección). **3** empotrado (mueble). ♦ ~ **carpet** moqueta; ~ **kitchen** cocina de módulos; ~ **sheet** sábana bajera ajustable.
fitting [ˈfɪtɪŋ] *adj* **1** conveniente, apropiado. • *n c* **2** accesorio (parte). **3** prueba (de ropa). • **fittings** *n pl* **4** aparatos, instalaciones (calefacción, electrodomésticos).
five [faɪv] *card* cinco. • **~-star** de cinco estrellas (hotel).
fix [fɪks] *tr* **1** fijar (gen). **2** arreglar, reparar (un objeto). **3** (infml) preparar (comida, bebida). • *n c* **4** (infml) aprieto, dificultad. **5** (infml) dosis (de droga). • *n sing* **6** (infml) apaño (ardid). ♦ **to ~ on/upon** decidir, fijar (un asunto); **to ~ up** arreglar, acondicionar (lugar); organizar, preparar (viaje, salida); **to ~ sb up with** proveer a alguien de (proporcionar, dar).
fixed [fɪkst] *adj* fijo.
fixture [ˈfɪkstʃər] *n c* **1** accesorio fijo, instalación fija (mobiliario). **2** *GB* SP encuentro (acontecimiento deportivo).
fizz [fɪz] *intr* **1** burbujear. • *n u* **2** burbujeo.
fizzy [ˈfɪzɪ] *adj* gaseoso (bebida); con gas (agua); espumoso (vino).
fjord [fjɔːd] *n c* GEOG fiordo.
flab [flæb] *n u* (infml) grasa, michelines.
flabby [ˈflæbɪ] *adj* **1** fofo, flácido (gordo). **2** (fig) abúlico, soso (débil).
flag [flæg] (*pt* y *pp* **flagged**, *ger* **flagging**) *intr* **1** decaer, debilitarse (energía, ánimo). • *n c* & *u* **2** bandera (estandarte). • *n c* **3** losa, baldosa.
flair [fleər] **(a)** *n sing* ~ **for** **1** capacidad para, talento para (habilidad, destreza). • *n u* **2** estilo; originalidad (cualidad).
flake [fleɪk] (*ger* **flaking**) *n c* **1** copo (de cereal, de nieve); escama (de la piel); desconchón (de pintura, yeso). • *tr* **2** desmenuzar (alimento). • *intr* **3** desmenuzarse (alimento); descamarse (piel); desconcharse (pintura, yeso).
flak-jacket [ˈflækdʒækɪt] *n c* chaleco antibalas.
flamboyant [flæmˈbɔɪənt] *adj* **1** extravagante (persona, comportamiento). **2** vistoso, deslumbrante (color, diseño).
flame [fleɪm] *n c* & *u* **1** llama. • *intr* **2** llamear (echar llamas). **3** encenderse, sonrojarse (ruborizarse). ■ **in flames** en llamas; **to fan the flames/to add fuel to the flames** echar (más) leña al fuego; **to go up in flames** ser pasto de las llamas.
flameproof [ˈfleɪmpruːf] *adj* a prueba de incendios, ignífugo.
flamingo [fləˈmɪŋgəʊ] *n c* ZOOL flamenco.
flammable [ˈflæməbl] *adj* inflamable.
flan [flæn] *n c* GAST tarta (de fruta u otro relleno).
flank [flæŋk] *n c* **1** lado, flanco (cara). **2** costado, ijada (de animal). **3** MIL flanco. • *tr* **4** flanquear.
flannel [ˈflænl] *n u* **1** franela (tejido). **2** (infml) lisonja, coba. • *n c* **3** *GB* toallita (para el lavado personal).
flap [flæp] (*pp* **flapped**, *ger* **flapping**) *tr* **1** agitar (mover con fuerza); batir (alas). • *intr* **2** aletear (pájaro); ondear (bandera, falda). **3** agitarse (sentirse intranquilo). • *n c* **4** solapa (de libro, sobre); ala, hoja (de mesa). **5** AER alerón.
flare [fleər] (*ger* **flaring**) *intr* **to ~ (up)** **1** estallar, explotar (conflicto); avivarse

(fuego). • *n c* **2** bengala. • **flares** *n pl* **3** pantalones de campana.

flash [flæʃ] *n c* **1** destello (luz); relámpago (rayo). **2** instante (momento); ráfaga (de un estado de emoción). • *n c & u* **3** PHOT flash. • *adj* **4** (infml) chillón, llamativo. • *intr* **5** destellar (luz); relampaguear (rayo). **6** brillar (ojos). **to ~ (by/past/through) 7** pasar como un relámpago (muy rápidamente): *the car flashed past = el coche pasó como un relámpago*. **8** (infml) exhibirse (públicamente). • *tr* **9** hacer destellar (luces, una linterna). **10** lanzar (una mirada). **11** mostrar rápidamente (enseñar al instante). **12** transmitir (noticias). ◆ **to ~ back (to)** retrotraerse (a). ■ **a ~ in the pan** un hecho aislado (que no se repite); **in a ~** en un segundo, inmediatamente; **quick as a ~** como el rayo.

flashlight [ˈflæʃlaɪt] *n c* linterna eléctrica.

flashpoint [ˈflæʃpɔɪnt] *n c* lugar de peligro (sitio conflictivo); momento peligroso (en un conflicto).

flashy [ˈflæʃɪ] *adj* ostentoso, llamativo.

flask [flɑːsk] *n c* **1** (infml) termo (para té, café). **2** petaca (para licores).

flat [flæt] *adj* **1** llano (suelo, superficie); plano (pie, calzado). **2** desinflado (neumático). **3** rotundo, categórico (negativa, rechazo). **4** monótono (voz). **5** soso, aburrido (pesado). **6** flojo (negocios, actividad económica). **7** estándar, básico (precio, tarifa). **8** sin burbujas, sin gas (cerveza, limonada). **9** descargado (batería). • *adv* **10** tumbado, extendido (posición). • *n c* **11** piso (apartamento). **12** neumático pinchado (desinflado). **13** MUS bemol. **14** tierra llana (a nivel del suelo). • **flats** *n pl* **15** zapatos planos. ◆ **~ rate** tarifa única. ■ **and that's ~** y se acabó, y no hay más que hablar; **~ broke** (infml) sin un duro; **~ out** a toda velocidad; **in (two) seconds/minutes ~** en (dos) segundos/minutos justos; **to fall ~** caerse de bruces (persona); fallar, fracasar (plan).

flatmate [ˈflætmeɪt] *n c* compañero de piso.

flatten [ˈflætn] *tr* **1** aplanar (alisar, allanar). **2** derribar (edificio, árbol). **3** (fig) aplastar (derrotar). ◆ **to ~ out** allanar(se).

flatter [ˈflætər] *comp* **1** → flat. • *tr* **2** halagar, adular; lamber (Amér., adular, halagar). **3** favorecer (color, ropa). • *pron* **4** felicitarse, congratularse. ■ **to be flattered** sentirse halagado.

flatterer [ˈflætərər] *n c* adulador; lambeta (Amér.).

flattering [ˈflætərɪŋ] *adj* **1** halagador (comentario, observación). **2** favorecedor (ropa, fotografía).

flaunt [flɔːnt] *tr* ostentar.

flautist [ˈflɔːtɪst] (*EE UU* **flutist**) *n c* MUS flautista.

flavour [ˈfleɪvə] (*EE UU* **flavor**) *n c & u* **1** sabor, gusto. **2** (fig) sabor, toque (aire, ambiente). • **to ~ (with)** *tr* **3** condimentar (con).

flaw [flɔː] *n c* **~ (in)** desperfecto, tara; defecto (en el carácter).

flawed [flɔːd] *adj* defectuoso.

flawless [ˈflɔːlɪs] *adj* impecable.

flea [fliː] *n c* pulga. ◆ **~ market** rastro, mercadillo. ■ **to send sb away/off with a ~ in his/her ear** echar a uno con cajas destempladas.

fleck [flek] *n c* mota. ■ **to be flecked with** estar moteado de.

fled [fled] *pt & pp* → flee.

flee [fliː] (*pt* y *pp* **fled**) *tr* **1** (fml) huir de, escapar de. • *intr* **2** (fml) huir, escapar.

fleet [fliːt] *n c* flota.

Flemish [ˈflemɪʃ] *adj* **1** flamenco (de Flandes). • *n u* **2** flamenco (idioma).

flesh [fleʃ] *n u* **1** carne (del cuerpo de una persona o animal vivo). **2** (fig) cuerpo (especialmente desnudo). **3** pulpa (de frutas y vegetales tiernos). • **to ~ out** *tr* **4** desarrollar (plan, argumento). ◆ **~ wound** MED herida superficial. ■ **in the ~** en persona; **one's (own) ~ and blood** de la misma sangre que uno.

fleshy [ˈfleʃɪ] *adj* **1** corpulento (persona). **2** carnoso (de carne). **3** pulposo (frutas y vegetales tiernos).

flew [fluː] *pt* → fly.

flex [fleks] *n c & u* **1** ELEC cable, cordón. • *tr* **2** flexionar.

flexibility [ˌfleksɪˈbɪlɪtɪ] *n u* flexibilidad.

flexible [ˈfleksəbl] *adj* flexible.

flick [flɪk] *n c* **1** golpe, movimiento rápido y corto (de toalla, látigo). **2** capirotazo (con el dedo). • **the flicks** *n pl* **3** (infml) el cine. • *tr* **4** dar un capirotazo a (con el dedo). **5** dar un golpe seco con (una toalla, un látigo). **6** pulsar (interruptor). ◆ **to ~ off/on** apagar/encender (luces, televisión); **to ~ through** hojear rápidamente.

flicker [ˈflɪkər] *n c* **1** parpadeo. ● *intr* **2** parpadear (ojos); vacilar (llama). **3** (fig) vibrar brevemente (emoción). ◆ **a ~ of hope** un rayo de esperanza; **a ~ of interest** un atisbo de interés.

flier [ˈflaɪər] (*EE UU* **flyer**) *n c* **1** aviador (piloto). **2** *EE UU* folleto publicitario (hoja divulgativa).

flight [ˈflaɪt] *n c & u* **1** vuelo (gen). ● *n c* **2** bandada (de pájaros). **3** tramo (de escaleras). ● *n u* **4** huida, fuga (escapada). ◆ **~ attendant** auxiliar de vuelo.

flimsy [ˈflɪmzɪ] *adj* **1** frágil, endeble (débil). **2** fino, ligero (material, vestido). **3** flojo, pobre (difícil de creer, con poco fundamento): *a flimsy excuse = pobre excusa.*

fling [flɪŋ] (*pt* y *pp* **flung**) *tr* **1** arrojar, tirar (lanzar); botar (Amér., lanzar). **2** proferir, soltar (insultos, improperios). ● *pron* **3** arrojarse, lanzarse. ● *n c* **4** (infml) aventura amorosa (relación sentimental pasajera). ● *n sing* **5** (infml) cana al aire (irse de juerga). ◆ **to ~ out** (infml) tirar (cosas que no se quieren).

flint [flɪnt] *n c* piedra (de un encendedor).

flip [flɪp] (*pt* y *pp* **flipped**, *ger* **flipping**) *tr* **1** dar la vuelta a (girar). **2** tirar al aire (lanzar). **to ~ (on/off) 3** pulsar (interruptor). **to ~ (through) 4** pasar las hojas rápidamente, hojear. ● *intr* **5** (infml) ponerse hecho una furia. ● *adj* **6** frívolo. ● *n c* **7** toba. **8** salto mortal.

flippant [ˈflɪpənt] *adj* frívolo, ligero.

flipper [ˈflɪpər] *n c* aleta.

flirt [flɜːt] *n c* **1** coqueto. ● **to ~ (with)** *intr* **2** flirtear (con) (persona); contemplar (idea, plan).

flit [flɪt] (*pt* y *pp* **flitted**, *ger* **fitting**) *intr* **1** revolotear (pájaro).

float [fləʊt] *n c* **1** flotador (objeto que flota). **2** corcho (en una caña de pescar). **3** carroza (en un desfile). **4** cambio (dinero suelto). ● *intr* **5** flotar (gen). **6** ECON fluctuar. ● *tr* **7** poner a flote (un barco). **8** lanzar (proyecto, plan).

flock [flɒk] *n c* **1** rebaño (de ovejas); bandada (de pájaros). **2** (fig) multitud, gentío (de personas).

floe [fləʊ] *n c* témpano.

flog [flɒg] (*pt* y *pp* **flogged**, *ger* **flogging**) *tr* **1** azotar; afuetear (Amér., con látigo). **2** *GB* vender. ■ **to ~ a dead horse** (infml) perseguir lo imposible.

flood [flʌd] *n c & u* **1** inundación (de agua). **2** aluvión, riada (de cartas, personas). ● *tr* **3** inundar (gen). **4** abarrotar (un lugar). ● *intr* **5** desbordarse (río). **6** inundarse, anegarse (tierra, calle). ◆ **to ~ in** entrar a raudales (personas); llegar a montones (cosas).

floodlight [ˈflʌdlaɪt, *pt* y *pp irreg* ˈflʌdlɪt] (*pt* y *pp* **floodlighted** o **floodlit**) *tr* **1** iluminar con focos. ● *n c* **2** foco, reflector.

floor [flɔːr] *n c* **1** suelo (superficie). **2** piso, planta (de un edificio). **3** fondo (del mar, valle). **4** pista (de club, discoteca). ● *tr* **5** pavimentar (una superficie). **6** derribar (tumbar). **7** desconcertar, confundir (dejar sin capacidad de reacción). ◆ **~ cloth** bayeta; **~ lamp** *EE UU* lámpara de pie; **~ show** espectáculo de cabaret. ■ **to go through the ~** bajar al mínimo (precio); **to take the ~** tomar la palabra.

> En inglés británico, ***first floor*** se refiere al primer piso o primera planta de un edificio. La planta baja, en Gran Bretaña, es ***ground floor***. En inglés americano, ***first floor*** es la planta baja de un edificio. El primer piso se denomina ***second floor***.

flop [flɒp] (*pt* y *pp* **flopped**, *ger* **flopping**) *intr* **1** desplomarse (caer como un fardo). **2** fracasar (plan, obra teatral). ● *n c* **3** (infml) fracaso (fiasco).

floppy [ˈflɒpɪ] *adj* flexible, blando. ◆ **~ disk** COMPUT disquete.

flora [ˈflɔːrə, *pl irreg* ˈflɔːriː] (*pl* **floras** o **florae**) *n c & u* flora.

floral [ˈflɔːrəl] *adj* floral.

florist [ˈflɒrɪst] *n c* florista. ◆ **the ~'s** la floristería.

flounder [flaʊndər] *n c* **1** ZOOL platija. ● *intr* **2** caminar torpemente (andar a duras penas). **3** perder el hilo (al hablar).

flour [flaʊər] *n u* **1** harina. ● *tr* **2** enharinar.

flourish [flʌrɪʃ] *intr* florecer.

flow [fləʊ] *n c* **1** flujo (gen); corriente (de un río, mar, opinión). **2** fluidez (en el habla). **3** afluencia (de gente). ● *intr* **4** fluir

(la sangre, un río, ideas). **5** ondear (cabello, ropa). **6** subir (la marea). ◆ **~ chart** organigrama; **to ~ into** desembocar en; **to ~ together** confluir.
flower ['flaʊər] *n c* **1** flor. ● *intr* **2** florecer. ◆ **the ~ of** (lit) la flor y nata de.
flowerbed ['flaʊəbed] *n c* parterre.
flowering ['flaʊərɪŋ] *adj* **1** floreciente, en flor. ● *n c* **2** florecimiento.
flowerpot ['flaʊəpɒt] *n c* maceta.
flowery ['flaʊərɪ] *adj* **1** floreado, de flores (decoración). **2** con olor a flores (fragancia). **3** (fig) florido, recargado (barroco, retórico).
flown [fləʊn] *pp* → fly.
flu [flu:] *n u* gripe; gripa (Amér.).
fluctuate ['flʌktjʊeɪt] *intr* fluctuar.
fluency ['flu:ənsɪ] *n u* fluidez.
fluent ['flu:ənt] *adj* fluido, elocuente. ■ **to be ~ in/to speak ~** hablar bien, dominar (idioma): *he speaks fluent Spanish/he is fluent in Spanish = habla muy bien español.*
fluff [flʌf] *n u* **1** plumón. **2** *GB* pelusa (en tejidos). ● *tr* **3** (infml) hacer mal (tarea, acción). **4** THEAT decir mal (palabras, un texto teatral). ◆ **to ~ out/up** ahuecar (cabello, cojín); encrespar (plumas).
fluffy ['flʌfɪ] *adj* **1** cubierto de pelusa (jersey). **2** ahuecado (cabello). **3** de peluche (juguete).
fluid ['flu:ɪd] *adj* **1** fluido (gen). **2** (fml) variable (situación, acuerdo). ● *n c & u* **3** líquido, fluido.
fluke [flu:k] *n c* (infml) chiripa, suerte; bolada (Amér.). ■ **by a ~** por chiripa.
flung [flʌŋ] *pt & pp* → fling.
flurry ['flʌrɪ] *n c* **1** ráfaga (de nieve, viento). **2** agitación, conmoción (desasosiego). ● *tr* **3** (normalmente *pasiva*) aturdir, poner nervioso. ● *intr* **4** moverse a ráfagas.
flush [flʌʃ] *adj* **~ (with) 1** nivelado (con) (al ras, alineado). **2** (infml) forrado (rico). ● *n c* **3** rubor (sonrojo). **a ~ of 4** arrebato de (ira, emoción). **5** color (en naipes). ● *tr* **6** tirar de la cadena de (retrete). ● *intr* **7** ruborizarse (enrojecer). ◆ **hot ~** sofoco.
flute [flu:t] *n c* MUS flauta.
flutist ['flu:tɪst] *n c* → flautist.
flutter ['flʌtər] *n sing* **1** revoloteo, aleteo (de alas); pestañeo (de pestañas). **2** palpitación (de corazón). **3** (infml) arranque (de excitación). ● *tr* **4** agitar. ● *intr* **5** revolotear (pájaros). **6** palpitar (corazón). **7** ondear (bandera). ■ **to have a ~** *GB* apostar, jugar (en pequeñas cantidades).
fly [flaɪ] (*pt* **flew**, *pp* **flown**) *intr* **1** volar (gen). **2** ir en avión (viajar en este medio de transporte). **to ~ + adv/prep 3** salir despedido (moverse con fuerza). **to ~ from 4** huir de (escapar). ● *tr* **5** hacer volar (una cometa). **6** transportar en avión (pasajeros, suministros). ● *tr & intr* **7** pilotar (avión). **8** ondear (en el viento). ● *n c* **9** (*pl* **flies**) mosca (insecto). **10** bragueta (en pantalones). ◆ **to ~ away** irse volando; **to ~ in** traer en avión; llegar en avión (persona); aterrizar (avión); **to ~ out** llevarse en avión; irse en avión. ■ **a ~ in the ointment** una pequeña pega; **as the crow flies** en línea recta; **there are no flies on him/her** *GB* (infml) no hay quien le tome el pelo; **to drop like flies** caer como moscas; **to ~ a kite** (fig) sondear la opinión; **to ~ into a temper/rage** montar en cólera; **to ~ off the handle** (infml) ponerse hecho un basilisco; **to knock/send sth/sb flying** lanzar algo/a alguien por los aires.
flyer *n c* → flier.
flying ['flaɪɪŋ] *adj* **1** volador (capaz de volar). ● *n u* **2** el viajar en avión. ◆ **~ fish** pez volador; **~ saucer** platillo volante; **~ visit** visita relámpago. ■ **to get off to a ~ start** empezar con muy buen pie.
flyover ['flaɪˌəʊvər] *n c GB* paso elevado.
foam [fəʊm] *n u* **1** espuma (gen). ● *intr* **2** hacer espuma. **3** echar espumarajos (animal, persona). ◆ **~ rubber** goma espuma.
focus [fəʊkəs, *pl irreg* fəʊsaɪ] (*pl* **focuses** o **foci**) *n c & u* **1** foco (gen). **2** OPT distancia focal. ● **to ~ on** *tr* **3** centrar (atención); enfocar (lente). ■ **~ of attention** centro de atención; **in ~** PHOT enfocado; **out of ~** PHOT desenfocado.
foetal ['fi:tl] (*EE UU* **fetal**) *adj* MED fetal.
foetus ['fi:təs] (*EE UU* **fetus**) *n c* MED feto.
fog [fɔg] *n c & u* **1** niebla (bruma, neblina). **2** PHOT velado. **3** (fig) confusión; entrevero (Amér.). ● *tr* **4** PHOT velar. **5** aturdir, confundir (desorientar). ● *intr* **6** cubrirse de niebla. ◆ **to ~ up** empañar (cristal).

foggy ['fɒgi] *adj* **1** brumoso (con niebla). **2** confuso (plan, idea).
foil [fɔɪl] *n u* **1** papel aluminio, papel de plata (papel de estaño). • **~ to/for** *n c* **2** contraste con. **3** SP florete (en esgrima). • *tr* **4** frustrar (plan).
fold [fəʊld] *n c* **1** pliegue, doblez. **2** redil, aprisco (de animales). • *tr* **3** doblar (gen); plegar (silla, cama). • *intr* **4** plegarse. ♦ **to ~ up** fracasar (un negocio). ■ **to ~ one's arms** cruzar los brazos.
folder ['fəʊldər] *n c* carpeta.
folding ['fəʊldɪŋ] *adj* plegable (silla, cama); de tijera (escalera).
folk [fəʊk] *n sing* **1** (infml) gente (pequeña comunidad de personas). • **folks** *n pl* **2** (infml) parientes (familiares); chicos (amigos). • **~ (music)** *n u* **3** música tradicional. • *adj* **4** tradicional, popular. ♦ **~ dance** baile folclórico.
folklore ['fəʊklɔ:] *n u* folclore.
follow ['fɒləʊ] *tr & intr* **1** seguir (gen). **2** comprender (entender). • *tr* **3** seguir, atender (instrucciones, charla). **4** seguir, aceptar (consejo). • *intr* **5** tener lógica: *it follows that... = se deduce que...* ♦ **to ~ on/upon** ser el resultado de; **to ~ sth through/out** investigar algo a fondo; **to ~ sth up** perseguir algo con ahínco; examinar con más detalle; **to ~ sth up with** proseguir algo con. ■ **as follows** como sigue.
follower ['fɒləʊər] *n c* partidario, seguidor; hincha (de fútbol).
following ['fɒləʊɪŋ] *adj* **the ~ 1** el siguiente. • *n c* **2** (normalmente *sing*) seguidores, partidarios (discípulos); hinchada (de un equipo de fútbol). • *prep* **3** tras, después de.
follow-up [fɒləʊ'ʌp] *adj* **1** de seguimiento. • *n c* **2** continuación.
fond [fɒnd] *adj* **1** afectuoso (cariñoso). **2** feliz (recuerdos). ■ **to be ~ of** tener cariño a (animal, persona); ser aficionado a (actividad).
fondness ['fɒndnɪs] *n u* **~ (for) 1** cariño (a) (afecto). **~ for 2** afición a (interés por, inclinación).
food [fu:d] *n c & u* comida, alimento. ♦ **~ chain** cadena alimentaria; **~ poisoning** intoxicación alimenticia; **~ processor** robot de cocina.
foodstuffs ['fu:dstʌfs] *n pl* productos alimenticios, comestibles.
fool [fu:l] *adj* **1** *EE UU* estúpido (necio). • *n c* **2** tonto, idiota; boludo, cojudo (Amér., idiota). **~ for 3** loco por (persona, cosa). • *n c & u* **4** *GB* GAST compota con crema (postre). • *tr* **5** tomar el pelo a (jugar, juguetear); engañar (embaucar). ♦ **to ~ about/around** hacer el tonto (actuar con torpeza); perder el tiempo (malgastarlo); **to ~ around with** tontear con (personas casadas). ■ **any ~** cualquiera; **to act/to play the ~** hacer el tonto; **to be nobody's fool** no tener un pelo de tonto; **to make a ~ of sb/oneself** poner a alguien/ponerse en ridículo.
foolish ['fu:lɪʃ] *adj* estúpido, tonto.
foolproof ['fu:lpru:f] *adj* infalible.
foot [fʊt] (*pl* **feet**) *n c* **1** pie (de persona); pata (de animal). **2** pie, parte inferior (página, escaleras). **3** pie (medida de longitud igual a 30,48 cm). • **to ~ the bill** *tr* **4** pagar la cuenta. ♦ **~ brake** freno de pie. ■ **my ~!** (infml) ¡tonterías!; **not to put a ~ wrong** *GB* hacerlo perfecto, no cometer errores; **on ~** a pie; **to be on one's feet** estar de pie; **to get a ~ in the door** abrirse camino; **to get/rise to one's feet** levantarse; **to have a ~ in both camps** nadar entre dos aguas; **to have/keep both feet on the ground** ser realista; **to keep on one's feet** mantenerse en pie; **to put one's best ~ forward** esmerarse; **to put one's ~ down** (fig) no ceder.
football ['fʊtbɔ:l] *n u* **1** SP fútbol, balompié (juego). **2** *EE UU* SP fútbol americano. • *n c* **3** balón de fútbol (pelota). ♦ **~ pools** quinielas; **~ supporter** hincha.
footballer ['fʊtbɔ:lər] *n c* futbolista.
footbridge ['fʊtbrɪdʒ] *n c* paso elevado, pasarela (para peatones).
footloose ['fʊtlu:s] *adj* sin obligaciones
footmark ['fʊtmɑ:k] *n c* huella, pisada.
footmen ['fʊtmən] *n pl* → footman.
footnote ['fʊtnəʊt] *n c* nota a pie de página.
footpath ['fʊtpɑ:θ] *n c* sendero, camino.
footprint ['fʊtˌprɪnt] *n c* (normalmente *pl*) huella, pisada.
footstep ['fʊtstep] *n c* **1** pisada (sonido, huella). **2** paso (longitud). ■ **to follow in the footsteps of** seguir los pasos de.
footwear ['fʊtweər] *n u* calzado.
for [fɔ:r, [fər]] *prep* **1** para (indica destino, propósito, intención). **2** por, a causa

de (debido a). **3** para, con ocasión de (fecha especial). **4** para (momento o fecha concretos); durante (período de tiempo, espacio): *it will be ready for Monday = estará listo para el lunes, on holiday for 2 weeks = de vacaciones durante 2 semanas, we walked for miles = caminamos muchas millas.* **5** por, por lo que respecta a: *Spain is famous for its oranges = España es famosa por sus naranjas.* **6** para, con el fin de (con el objetivo de). **7** por (cantidad de dinero, precio): *for 8 dollars = por 8 dólares.* **8** por, como (igual que): *don't take me for an idiot = no me tomes por idiota.* **9** por, de (en representación): *an MP for Bristol = un diputado por Bristol.* **10** a favor de, de acuerdo con (en apoyo de). **~ sb/sth + inf 11** que: *it is necessary for him to come = es necesario que venga.* • *conj* **12** (fml) porque, ya que (puesto que). ■ **~ all** a pesar de (aunque); para (como muestra de indiferencia): *for all I care = para lo que me importa*; **~ a living** para ganarse la vida; **~ all I know** que yo sepa; **~ ever and a day** por siempre jamás; **~ good** para siempre; **~ one thing** en primer lugar; **to be all ~** estar totalmente a favor de.

> ***For*** y ***since*** pueden confundirse cuando se usan con el pretérito perfecto. ***For*** se emplea para referirse al tiempo que dura de una acción: *I have been working here for five years = he trabajado aquí durante cinco años.* ***Since*** se usa cuando se especifica el comienzo de la acción: *I have been working here since January = trabajo aquí desde enero.*

forbade [fəˈbæd] *pt* → forbid.

forbid [fəˈbɪd] (*pt* **forbade**, *pp* **forbidden**, *ger* **forbidding**) *tr* **1** prohibir (por ley). **2** (fml) impedir, obstruir (obstaculizar). ◆ **God/Heaven ~!** Dios no lo quiera.

forbidden [fəˈbɪdn] *pp* **1** → forbid. • *adj* **2** prohibido. ◆ **~ ground/territory** terreno prohibido.

force [fɔːs] *n u* **1** fuerza. • **the forces** *n pl* **2** el ejército, las fuerzas armadas. • *tr* **3** forzar a. ◆ **to ~ back** hacer retroceder (un ejército, una multitud); contener, reprimir (emoción, lágrimas); **to ~ down** tragar a la fuerza (alimento, bebida); obligar a aterrizar (avión); **to ~ sth from/out of sb** lograr algo de alguien por la fuerza; **to ~ sth on/upon sb** imponer algo a alguien. ■ **in/into ~** vigente; **to ~ an entry/one's way** entrar/abrirse paso por la fuerza; **to ~ sb's hand** obligar a alguien.

forcible [ˈfɔːsəbl] *adj* **1** forzoso, por la fuerza (a la fuerza, violentamente). **2** potente, vigoroso (argumento, tono de voz).

ford [fɔːd] *n c* **1** vado (de río). • *tr* **2** vadear.

forearm [ˈfɔːrɑːm] *n c* ANAT antebrazo.

forecast [ˈfɔːkɑːst y EE UU ˈfɔːkæst] (*pt* y *pp* **forecast** o **forecasted**) *tr* **1** predecir (vaticinar); pronosticar (tiempo atmosférico). • *n c* **2** pronóstico (del tiempo atmosférico); predicción, previsión.

forefinger [ˈfɔːfɪŋgər] *n c* dedo índice.

forego *tr* → forgo.

foregone [fɔːˈgɒn] *pt* **1** → forego. • *adj* **2** previo.

foreground [ˈfɔːgraʊnd] *n sing* primer plano.

forehand [ˈfɔːhænd] *n c* **1** SP drive, golpe directo. • *adj* & *adv* **2** SP directo, de drive.

forehead [ˈfɒrɪd y ˈfɒrhed] *n c* frente (parte del rostro).

foreign [ˈfɒrən] *adj* **1** extranjero (ciudadano, ciudad); exterior (política, comercio, asuntos). **2** extraño, ajeno. ◆ **~ currency** divisa; **~ exchange** divisas; **~ minister** POL ministro de asuntos exteriores.

foreigner [ˈfɒrənər] *n c* extranjero.

foremost [ˈfɔːməʊst] *adj* **1** más importante, principal (que más sobresale). **2** primero (delantero). • *adv* **3** en primer lugar.

forename [ˈfɔːneɪm] *n c* nombre de pila.

forerunner [ˈfɔːˌrʌnər] *n c* precursor.

foresee [fɔːˈsiː, *pt* fɔːˈsɔː] (*pt* **foresaw**, *pp* **foreseen**) *tr* predecir, prever.

foreseeable [fɔːˈsiːəbl] *adj* previsible. ■ **in the ~ future** en el futuro próximo.

foreseen [fɔːˈsiːn] *pp* → foresee.

foresight [ˈfɔːsaɪt] *n u* previsión.

forest [ˈfɒrɪst] *n c* & *u* bosque.

> ***Forest*** denota una gran zona verde o un gran bosque*: the tropical forest = la selva tropical; forest fire = incendio forestal.* ***Wood(s)*** se usa para una extensión de bosque más pequeña: *I lost it in the woods = lo perdí en el bosque.*

foretell [fɔːˈtel] (*pt* y *pp* **foretold**) *tr* predecir, presagiar.
forever [fəˈrevə(r)] *adv* **1** para siempre. **2** siempre.
foretold [fɔˈːtəuld] *pt* & *pp* → foretell.
foreword [ˈfɔːwɜːd] *n c* prefacio, prólogo.
forgave [fəˈgeɪv] *pt* → forgive.
forge [fɔːdʒ] *n c* **1** fragua, forja. • *tr* **2** fraguar, forjar (gen). **3** falsificar.
forgery [ˈfɔːdʒərɪ] *n c* & *u* falsificación.
forget [fəˈget] (*pt* **forgot**, *pp* **forgotten**, *ger* **forgetting**) *tr* **1** olvidar. **to ~ (that) 2** olvidarse de (que). • **to ~ (about sth)** *intr* **3** olvidarse (de algo). • *pron* **4** dejar llevarse por un impulso. ■ **~ it!** ¡déjalo!
forgetful [fəˈgetfʊl] *adj* olvidadizo.
forgive [fəˈgɪv, *pp* fəˈgɪvn] (*pt* **forgave**, *pp* **forgiven**, *ger* **forgiving**) *tr* **to ~ sb for sth/for + ger** perdonar a alguien (algo/por haber hecho algo).
forgiveness [fəˈgɪvnɪs] *n u* perdón.
forgiving [fəˈgɪvɪŋ] *adj* indulgente.
forgot [fəˈgɒt] *pt* → forget.
forgotten [fəˈgɒtn] *pp* → forget.
fork [fɔːk] *n c* **1** tenedor (cubierto). **2** horca (para jardinería, labores del campo). **3** bifurcación (de un río, una carretera). • **to ~ + adv/prep** *intr* **4** tomar una bifurcación (torcer). ◆ **to ~ out** (infml) soltar (dinero).
form [fɔːm] *n c* & *u* **1** forma (gen). • *n c* **2** impreso, formulario (documento). • *tr* **3** formar (gen); concebir (plan). **4** formarse (una idea). • *intr* **5** formarse. ■ **in any shape or ~** de ninguna clase; **in great ~** muy en forma; **off ~** en baja forma; **on ~** en forma; **true to ~** como de costumbre.
formal [ˈfɔːml] *adj* **1** formal (gen). **2** ceremonioso (comportamiento). **3** de etiqueta (ropa).
formalism [ˈfɔːməlɪzəm] *n u* formalismo.
formality [fɔːˈmælətɪ] (*pl* **formalities**) *n u* formalidad.
format [ˈfɔːmæt] *n c* **1** formato. • *tr* **2** COMPUT formatear.
formation [fɔːˈmeɪʃn] *n c* & *u* formación.
former [ˈfɔːmər] *adj* **1** anterior (en el tiempo); antiguo (presidente, campeón). • **the ~** *pron* **2** el primero.
formerly [ˈfɔːməlɪ] *adv* antes.
formidable [ˈfɔːmɪdəbl] *adj* **1** formidable (impresionante). **2** temible (adversario).
formula [ˈfɔːmjʊlə, *pl irreg* ˈfɔːmjʊliː] (*pl* **formulas** o **formulae**) *n c* **1** fórmula (gen). **2** *EE UU* leche maternizada (en polvo).
fort [fɔːt] *n c* fuerte, fortaleza.
forth [fɔːθ] *adv* (lit) adelante, hacia adelante.
forthcoming [ˌfɔːθˈkʌmɪŋ] *adj* **1** próximo, futuro (acontecimiento). **2** comunicativo, amigable (predispuesto). **3** (infml) disponible (utilizable).
forthright [ˌfɔːθraɪt] *adj* espontáneo, directo.
fortieth [ˈfɔːtɪəθ] *ord* cuadragésimo.
fortification [ˌfɔːtɪfɪˈkeɪʃn] *n c* & *u* (normalmente *pl*) fortificación.
fortify [ˈfɔːtɪfaɪ] (*pt* y *pp* **fortified**) *tr* **1** MIL fortificar (lugares). **2** fortalecer (salud, espíritu). **3** reafirmar, reforzar (opinión).
fortnight [ˈfɔːtnaɪt] *n c* quincena.
fortnightly [ˈfɔːtˌnaɪtlɪ] *adj* **1** quincenal. • *adv* **2** quincenalmente.
fortress [ˈfɔːtrɪs] (*pl* **fortresses**) *n c* fortaleza.
fortunate [ˈfɔːtʃnət] *adj* afortunado.
fortunately [ˈfɔːtʃnətlɪ] *adv* afortunadamente.
fortune [ˈfɔːtʃuːn] *n c* **1** fortuna (gen). **2** (normalmente *pl*) vicisitudes (avatares). ◆ **~ hunter** cazafortunas. ■ **to cost/be worth a ~** (fig) valer una fortuna; **to tell sb's ~** echar la buenaventura.
forty [ˈfɔːtɪ] *card* cuarenta.
forum [ˈfɔːrəm] (*pl* **forums** o **fora**) *n c* foro.
forward [ˈfɔːwəd] *adv* **1** adelante, hacia delante. • *adj* **2** delantero, frontal (situado delante). **3** hacia delante (movimiento). **4** adelantado (plan, proyecto, perso-

na). **5** impertinente, descarado (atrevido). • *n c* **6** SP delantero. • *tr* **7** reenviar (reexpedir). **8** (fml) enviar (expedir). **9** (fml) promover, activar (desarrollar, fomentar).
forwards ['fɔːwədz] *adv* → forward.
fossil ['fɒsl] *adj* & *n c* fósil. ◆ ~ **fuel** combustible fósil.
foster ['fɒstər] *tr* **1** acoger, criar (un niño). **2** fomentar, promover (negocios, relaciones). **3** (fig) alimentar (esperanzas). • *adj* **4** acogido, adoptivo. ◆ ~ **parents** familia de acogida.
fought [fɔːt] *pt* y *pp* → fight.
foul [faʊl] *adj* **1** repugnante (olor); sucio (agua, aire). **2** grosero, obsceno (lenguaje). **3** brutal, violento (persona). **4** desapacible (tiempo atmosférico). • ~ **against/on** *n c* **5** SP falta contra/sobre. • *tr* **6** SP hacer falta a. • *intr* **7** cometer falta contra/sobre. ◆ **to ~ up** desbaratar (plan).
found [faʊnd] *pt* & *pp* **1** → find. • *tr* **2** fundar (gen). **to ~ on/upon 3** (normalmente *pasado*) basar en (fundar en). **4** TECH fundir.
foundation [faʊn'deɪʃn] *n c* & *u* **1** fundación (acto, organización). • *n u* **2** fundamento, base (de una idea, opinión). • **foundations** *n pl* **3** ARCH cimientos. ◆ ~ **cream** base de maquillaje; ~ **stone** primera piedra. ■ **to lay the foundations** poner los cimientos.
founder ['faʊndər] *n c* **1** fundador. • *intr* **2** MAR (fml) hundirse. **3** (fig, fml) fracasar (plan).
fountain ['faʊntɪn] *n c* **1** fuente (estructura). **2** chorro (agua fluyendo). ◆ ~ **pen** pluma estilográfica.
four [fɔːr] *card* cuatro. ■ **on all fours** a cuatro patas.
fourteen [ˌfɔː'tiːn] *card* catorce.
fourteenth [ˌfɔː'tiːnθ] *ord* decimocuarto.
fourth [fɔːθ] *ord* cuarto.
fowl [faʊl] *n c* & *u* ave de corral.
fox [fɒks] (*pl* **foxes**) *n c* **1** ZOOL zorro. • *tr* **2** (infml) confundir. ◆ ~ **terrier** fox terrier (perro de compañía).
foxhunting ['fɒkshʌntɪŋ] *n u* caza del zorro.
foyer ['fɔɪeɪ] *n c* vestíbulo.
fraction ['frækʃn] *n c* fracción.
fracture ['fræktʃər] *n c* **1** fractura. • *tr* & *intr* **2** fracturar(se).
fragile ['frædʒaɪl] *adj* **1** frágil (gen). **2** delicado (salud).
fragility [frə'dʒɪlɪtɪ] *n u* fragilidad.
fragment ['frægmənt] *n c* **1** fragmento. • *tr* & *intr* **2** fragmentar(se).
fragrance ['freɪgrəns] *n c* fragancia.
fragrant ['freɪgrənt] *adj* fragante.
frail [freɪl] *adj* frágil.
frame [freɪm] *n c* **1** marco (gen). **2** estructura (de edificio, vehículo); cuadro (de bicicleta). **3** cuerpo, figura (persona). **4** CIN fotograma. • **frames** *n pl* **5** montura (gafas). • *tr* **6** enmarcar (encuadrar). **7** (fml) formular, redactar (plan, normas). **8** (infml) tender una trampa a (incriminar falsamente). ◆ ~ **of mind** estado de ánimo.
framework ['freɪmwɜːk] *n c* **1** TECH armazón, esqueleto. **2** (fig) estructura, sistema.
franc [fræŋk] *n c* franco (unidad monetaria).
France [frɑːns] *n sing* Francia.
Franciscan [fræn'sɪskən] *adj* & *n c* REL franciscano.
frank [fræŋk] *adj* **1** franco. • *tr* **2** franquear (correo).
frantic ['fræntɪk] *adj* frenético.
fraternal [frə'tɜːnl] *adj* fraternal, fraterno.
fraud [frɔːd] *n c* & *u* **1** fraude (crimen). • *n c* **2** farsante (persona).
fraudulent ['frɔːdjʊlənt] *adj* fraudulento.
fray [freɪ] *n c* **1** batalla, pelea. • *tr* **2** deshilachar (tejido). **3** irritar (persona). • *intr* **4** deshilacharse.
freak [friːk] *adj* **1** insólito (inusual). **2** inesperado (imprevisto). • *n c* **3** fenómeno, monstruo. **4** anormalidad, rareza (cosa extraña). **5** tipo extravagante (persona excéntrica). **6** *EE UU* (infml) entusiasta (seguidor): *jazz freak = fantático del jazz.*
freckle ['frekl] *n c* (normalmente *pl*) peca.
freckled ['frekld] *adj* pecoso.
free [friː] *adj* **1** libre (gen). **2** gratis (gratuito). **3** suelto (ropa, movimiento). ~ **of/from 4** exento de, libre de (sin). ~ **with 5** generoso (desprendido). • *adv* **6** gratis (gratuito). **7** sin control, suelto (libere). • *tr* **8** liberar (gen). **9** desenre-

dar, soltar (desatar). **10** eximir (de cargas, impuestos). ◆ ~ **enterprise** libre empresa; ~ **kick** SP golpe franco; ~ **market** libre mercado; ~ **trade** libre comercio; ~ **will** libre voluntad. ■ ~ **and easy** despreocupado; **to break** ~ soltarse.

freedom ['fri:dəm] *n c & u* libertad.

freelance ['fri:lɑ:ns] *adj* **1** autónomo. ● *adv* **2** como autónomo. ● *n c* **3** trabajador por cuenta propia, autónomo. ● *intr* **4** trabajar por cuenta propia.

freely ['fri:lɪ] *adv* **1** libremente (sin trabas, sin limitación). **2** francamente (abiertamente). **3** generosamente (en cantidad).

freestyle ['fri:staɪl] *adj & adv* **1** libre. ● *n u* **2** SP estilo libre.

freeware ['fri:weə] *n u* COMPUT software gratuito.

freeway ['fri:weɪ] *n c EE UU* autopista.

freeze [fri:z] (*pt* **froze**, *pp* **frozen**) *tr & intr* **1** congelar(se), helar(se) (gen). **2** (fig) paralizar(se) (pararse en seco). ● *n c* **3** helada. **4** congelación (precios, salarios). ◆ **to** ~ **over** congelarse (superficie). ■ **to** ~ **one's blood** helar a uno la sangre; **to** ~ **to death** morirse de frío.

freezer ['fri:zər] *n c* congelador.

freight [freɪt] *n u* transporte de mercancías; flete (cargamento).

French [frentʃ] *adj* **1** francés. ● *n u* **2** francés (idioma). ◆ ~ **bean** judía verde; ~ **bread** GAST pan de barra; ~ **dressing** GAST vinagreta; ~ **fries** *EE UU* GAST patatas fritas; ~ **loaf** GAST baguette; ~ **window** puerta-ventana de dos hojas.

Frenchman ['frentʃmən] (*pl* **Frenchmen**) *n c* francés.

Frenchwoman ['frentʃwumən] (*pl* **Frenchwomen**) *n c* francesa.

frenzied ['frenzɪd] *adj* frenético, desesperado.

frenzy ['frenzɪ] *n c & u* **1** (normalmente *sing*) frenesí. ● *tr* **2** enfurecer.

frequency ['fri:kwənsɪ] (*pl* **frequencies**) *n c & u* frecuencia.

frequent ['fri:kwənt] *adj* frecuente.

frequent [frɪ'kwent] *tr* frecuentar.

fresh [freʃ] *adj* **1** fresco (gen). **2** dulce (agua). **3** refrescante (que disminuye el calor). **4** nuevo, diferente: *a fresh sheet of paper = una hoja nueva de papel.* **5** saludable (aspecto). ~ **from 6** recién llegado de (procedente de). ~ **(with) 7** descarado (con) (impertinente). ● *adv* **8** recién (acabado de hacer o de suceder): *fresh-baked bread = pan reciente;.* ■ **as** ~ **as a daisy** tan fresco como una rosa.

freshen ['freʃn] *tr* **1** refrescar. ● *intr* **2** avivarse (viento). ◆ **to** ~ **up** asearse.

freshwater ['freʃˌwɔ:tər] *adj* de agua dulce.

fret [fret] (*pt* y *pp* **fretted**, *ger* **fretting**) *intr* **to** ~ **(about/over) 1** preocuparse. ● *n c* **2** irritación.

friar ['fraɪər] *n c* fraile; fray (antepuesto a nombres propios).

friction ['frɪkʃn] *n c & u* fricción.

Friday ['fraɪdɪ] *n c* viernes.

fridge [frɪdʒ] *n c GB* (infml) frigorífico.

fried [fraɪd] *pt & pp* **1** → fry. ● *adj* **2** frito.

friend [frend] *n c* **1** amigo (gen). **2** partidario (defensor). ◆ **a** ~ **in need** un verdadero amigo. ■ **to be close friends** ser amigos íntimos; **to keep close friends (with)** estar en buenas relaciones (con); **to make friends with** hacer amistad con.

friendly ['frendlɪ] *adj* **1** amable, simpático (persona). **2** acogedor, agradable (lugar). **3** amistoso, cordial (actitud, tono de voz). ◆ ~ **game** *GB* SP partido amistoso.

friendship ['frendʃɪp] *n c & u* amistad.

fright [fraɪt] *n u* **1** miedo (sentimiento). ● *n c* **2** susto (sobresalto). ■ **to get the** ~ **of one's life** llevarse un susto de muerte.

frighton ['fraɪtn] *tr* asustar. ◆ **to** ~ **away/off** ahuyentar; **to** ~ **into** forzar con amenazas a.

frightened ['fraɪtnd] *adj* asustado. ■ **to be** ~ **of/that** temer.

frightening ['fraɪtnɪŋ] *adj* aterrador.

frill [frɪl] *n c* volante, adorno.

fringe [frɪndʒ] *n c* **1** *GB* flequillo (cabello). **2** fleco, franja (de hilos). **3** margen, borde (límites). ● *tr* **4** bordear. **5** adornar con flecos. ◆ ~ **group** grupo marginal (político, teatral).

frisk [frɪsk] *n c* **1** cacheo, registro. ● *intr* **2** (infml) cachear, registrar.

frivolity [frɪ'vɒlɪtɪ] *n u* (pej) frivolidad.

frivolous ['frɪvələs] *adj* (pej) frívolo.

fro [frəʊ] *adv* **to and ~** de un lado a otro.
frock-coat [ˈfrɒkˈkəʊt] *n c* levita.
frog [frɒg] *n c* ZOOL rana. ◆ **frog' legs** ancas de rana.
from [frɒm, [frəm]] *prep* **1** de, desde (lugar, posición, origen, distancia). **2** de, desde, a partir de (tiempo, precio). **3** de, entre (para hacer una diferenciación): *to know right from wrong = distinguir entre el bien y el mal.* **4** de, a partir de (un agente, un instrumento): *we get butter from milk = obtenemos mantequilla de la leche.* **5** de, por, a causa de (como resultado de). **6** por, según (a juzgar por): *from what you say = según lo que dices.* ■ **~ now on** de ahora en adelante.
front [frʌnt] *adj* **1** primero, delantero: *the front page = la primera página.* ● *n c* **2** parte delantera (parte frontal); fachada (de un edificio). **3** frente (de batalla, línea de combate). **4** paseo marítimo. **5** apariencia (de una persona). ● *tr* **6** cubrir (fachada). **7** dirigir (estar al frente, liderar). ◆ **~ room** sala de estar; **~ wheel drive** tracción delantera; **to ~ onto** dar a, mirar a. ■ **at the ~ of** delante de; **in ~ of** delante de; **to be in ~** ir delante.
frontier [ˈfrʌnˌtɪər] *n c* **1** frontera. ● *adj* **2** limítrofe.
frost [frɒst] *n u* **1** escarcha (capa congelada). ● *n c & u* **2** helada (situación atmosférica). ● **to ~ over/up** *tr & intr* **3** helar(se), escarchar(se).
frosted [ˈfrɒstɪd] *adj* **1** empañado (cristal). **2** *EE UU* escarchado (cubierto por escarcha).
froth [frɒθ] *n u* **1** espuma. ● *intr* **2** producir espuma.
frothy [frɒθɪ] *adj* espumoso (líquido).
frown [fraʊn] *n c* **1** entrecejo. ● *intr* **2** fruncir el ceño. ■ **to ~ on/upon** desaprobar.
froze [frəʊz] *pt* → freeze.
frozen [ˈfrəʊzn] *pt* **1** → freeze. ● *adj* **2** helado (extremadamente frío); congelado (alimento, salario).
fruit [fruːt] (*pl* **fruit** o **fruits**) *n c & u* **1** fruta (alimento). ● *n c* **2** fruto (parte de una planta). ● **fruits** *n pl* **3** (fig) frutos, resultados. ◆ **~ salad** GAST macedonia; **~ salts** sales de fruta.
fruitful [ˈfruːtfʊl] *adj* fructífero.
fruition [fruːˈɪʃn] *n u* realización (de planes). ■ **to bring to ~** cumplir (llevar a cabo un plan, objetivo).
fruitless [ˈfruːtlɪs] *adj* infructuoso, inútil.
fruity [ˈfruːtɪ] *adj* afrutado.
frustrate [frʌˈstreɪt] *tr* frustrar.
frustrated [frʌˈstreɪtɪd] *adj* frustrado.
frustrating [frʌsˈtreɪtɪŋ] *adj* frustrante.
frustration [frʌˈstreɪʃn] *n c & u* frustración.
fry [fraɪ] (*pt* y *pp* **fried**) *tr & intr* freír(se).
frying pan [ˈfraɪɪŋˌpæn] *n c* sartén.
fuck [fʌk] *tr* **1** (vulg) follar, joder; coger (Amér.). ● *interj* **2** (vulg) joder.
fuddled [ˈfʌdl] *adj* **1** confuso (desconcertado). **2** achispado (alegre por la bebida).
fuel [fjʊəl] *n u* combustible (carbón, madera); carburante (para máquinas). ◆ **~ tank** depósito de combustible.
fugitive [ˈfjuːdʒətɪv] *n c* fugitivo (prófugo).
fulfil [fʊlˈfɪl] (*EE UU* **fulfill**, *pp* **fulfilled**, *ger* **fulfilling**) *tr* cumplir (promesa, acuerdo, deber); desempeñar (función); satisfacer (necesidad); hacer realidad (deseo).
full [fʊl] *adj* **1** lleno (gen). **2** completo, íntegro (repleto): *a full life = una vida plena.* **3** máximo, todo (al límite o grado superior): *at full speed = a toda velocidad.* **4** detallado (información). **5** holgado (ropa). ● *adv* **6** exactamente, directamente. ■ **at ~ length** en toda su extensión; **~ to the brim** lleno hasta el borde (recipiente); **in ~** completamente, íntegramente (reproducir, citar); **to be ~ of oneself** ser un engreído.
full-back [ˈfʊlbæk] *n c* SP defensa.
full-bodied [ˌfʊlˈbɒdɪd] *adj* con mucho cuerpo (vino).
full-length [ˌfʊlˈleŋθ] *adj* **1** de cuerpo entero (retrato); de extensión o duración normal (película, libro). ● *adv* **2** todo lo largo, en toda su extensión.
fullness [ˈfʊlnɪs] *n u* saciedad (sensación); redondez (de una parte del cuerpo); plenitud, amplitud (de sonido, sabor).
full-page [ˌfʊlˈpeɪdʒ] *adj* a toda plana (anuncio).
full stop [ˌfʊlˈstɒp] *n c* punto (al final de una frase).

full-time [ˌfʊlˈtaɪm] *adj & adv* **1** a tiempo completo (trabajo). • *n u* **2** SP final del tiempo reglamentario.
fully [ˈfʊlɪ] *adv* **1** completamente (totalmente). **2** (fml) por lo menos (al menos).
fume [fjuːm] *intr* **1** (infml, fig) echar humo (estar muy enfadado). • **fumes** *n pl* **2** humos, polución (gases).
fun [fʌn] *adj* **1** divertido (persona). • *n u* **2** diversión (regocijo). ■ **for ~** por diversión; **in ~/out of ~** de broma; **to have ~** pasarlo bien, divertirse; **to make ~ of /to poke ~ at** burlarse de, reírse de; **what ~!** ¡qué divertido!
function [ˈfʌŋkʃn] *n c* **1** función (objeto). • *n u* **2** funcionamiento (de una máquina). • *intr* **3** funcionar. ♦ **~ key** COMPUT tecla de función.
fund [fʌnd] *n c* **1** fondo (de dinero). • **funds** *n pl* **2** FIN capital, fondos (dinero disponible). • *tr* **3** financiar (invertir dinero en).
fundamental [ˌfʌndəˈmentl] *adj* **1** fundamental. • **fundamentals** *n pl* **2** principios básicos.
funding [ˈfʌndɪŋ] *n u* financiación.
fund-raising [ˈfʌndreɪzɪŋ] *n u* recaudación de fondos.
funeral [ˈfjuːnərəl] *n c* entierro (ceremonia). ♦ **~ home** *EE UU* funeraria; **~ parlour** *GB* funeraria; **~ service** misa de cuerpo presente.
funfair [ˈfʌnfeər] *n c GB* parque de atracciones.
fungi [ˈfʌŋgaɪ y ˈfʌŋdʒaɪ] *n pl* → fungus.
fungus [ˈfʌŋgəs] (*pl* **funguses** o **fungi**) *n c & u* BOT hongo.
funnel [ˈfʌnl] (*GB, pt* y *pp* **funnelled**, *ger* **funnelling**, *EE UU, pt* y *pp* **funneled**, *ger, pt* y *pp* **funneling**) *tr* **1** canalizar (encauzar). • *n c* **2** embudo. **3** MAR chimenea (de un barco).
funny [ˈfʌnɪ] *adj* **1** divertido (gracioso). **2** extraño (raro, peculiar). ♦ **~ bone** (infml) hueso de la risa.
fur [fɜːr] *n u* **1** piel (de animal). **2** MED sarro (en la lengua). • *n c* **3** piel (prenda de vestir). • *adj* **4** de piel (abrigo).
furious [ˈfjʊərɪəs] *adj* furioso.
furl [fɜːl] *tr* plegar (paraguas); recoger (velas).
furnace [ˈfɜːnɪs] *n c* horno.
furnish [ˈfɜːnɪʃ] *tr* **1** amueblar (casa, habitación). **to ~ (with) 2** (fml) suministrar (proporcionar): *they furnished us with an umbrella = nos proporcionaron un paragüas.*
furnishings [ˈfɜːnɪʃɪŋgz] *n pl* mobiliario (accesorios inclusive).
furniture [ˈfɜːnɪtʃər] *n u* mobiliario, muebles. ♦ **a piece of ~** un mueble.
furry [ˈfɜːrɪ] *adj* **1** peludo (animal). **2** lleno de sarro (lengua).
further [ˈfɜːðər] *comp* **1** → far. • *adv* **2** más (cantidad); más lejos, más allá (distancia). • *adj* **3** más, añadido (extra): *a further problem is drugs = un problema añadido son las drogas.* • *tr* **4** promover, fomentar (favorecer). ♦ **~ education** *GB* SCH *estudios superiores no universitarios.* ■ **~ back** anteriormente; **not to go any ~** no extenderse, no ir más allá: *this rebellion must not go any further = esta rebelión no se debe extender.*
furthermore [ˌfɜːðəˈmɔː] *adv* (fml) además.
furthest [ˈfɜːðɪst] *super* **1** → far. • *adj & adv* **2** más (máxima extensión, grado). • *adv* **3** más lejos (máxima distancia). • *adj* **4** más alejado (más distanciado).
furtive [ˈfɜːtɪv] *adj* furtivo.
fury [ˈfjʊərɪ] *n u* furia.
fuse [fjuːz] *n c* **1** ELEC fusible. **2** mecha (en explosivos). • *tr & intr* **3** fundir(se) (luces, metales, ideas). **4** fusionarse (compañías). ♦ **~ box** ELEC caja de fusibles.
fusion [ˈfjuːʒn] *n c* fusión.
fuss [fʌs] *n sing* **1** jaleo, follón (ruido). • *n c* **2** protesta (queja). • *intr* **3** angustiarse (inquietarse). ♦ **to ~ over** prestar excesiva atención a (consentir, mimar); **to make/kick up a ~** armar un escándalo.
fussy [ˈfʌsɪ] *adj* nervioso (manera, movimiento); quisquilloso (melindroso). ■ **I'm not ~** no me importa.
futile [ˈfjuːtaɪl] *adj* vano.
future [ˈfjuːtʃər] *n c & u* **1** futuro. • *adj* **2** futuro (porvenir). • **futures** *n pl* **3** FIN futuros. ♦ **~ (tense)** GRAM futuro. ■ **in ~** en lo sucesivo; **in the ~** en el futuro.
fuzz [fʌz] *n u* vello.
fuzzy [ˈfʌzɪ] *adj* **1** encrespado (cabello). **2** con vello (piernas). **3** borroso (fotografía). **4** (fig) confuso (pensamientos).

Gg

g, G [dʒiː] *n c* **1** g, G (letra). ● *n c & u* **2** MUS sol.
gabble [gæbl] *n u* **1** parloteo. ● *tr & intr* **2** (infml) balbucear.
gadfly [ˈgædflaɪ] (*pl* **gadflies**) *n c* ZOOL tábano.
gadget [ˈgædʒɪt] *n c* artilugio, aparato.
gaffe [gæf] *n c* metedura de pata.
gag [gæg] *n c* **1** chiste. **2** mordaza (en la boca). ● *tr* **3** amordazar (a un prisionero). ● *intr* **4** sentir náuseas.
gaga [ˈgɑːgɑː] *adj* (infml) chiflado, chalado.
gage *n c* → gauge.
gaily [ˈgeɪlɪ] *adv* alegremente.
gain [geɪn] *n u* **1** ganancia (de dinero). ● *n c* **2** mejora, avance. ● *tr* **3** ganar (peso, confianza). ● *intr* **4** adelantarse (el reloj). **to ~ (on/upon) 5** (fml) acercarse (a).
gait [geɪt] *n c* modo de andar (de una persona); paso, trote (del horse).
gala [ˈgɑːlə] *n c* gala, festival (público).
galaxy [ˈgæləksɪɪ] (*pl* **galaxies**) *n c* galaxia.
gale [geɪl] *n c* vendaval).
gallery [ˈgælərɪ] (*pl* **galleries**) *n c* **1** ARTS galería de arte; museo, pinacoteca. **2** gallinero; tribuna. **3** galería, túnel.
galley [ˈgælɪ] *n c* **1** MAR galera. **2** cocina (de barco, avión).
galling [ˈgɔːlɪŋ] *adj* irritante.
gallon [ˈgælən] *n c* galón.
gallop [ˈgæləp] *n c* **1** galope. ● *tr* **2** hacer galopar. ● *intr* **3** galopar.
gallows [ˈgæləʊz] (*pl* **gallows**) *n c* horca.
gallstone [ˈgɔːlstəʊn] *n c* MED cálculo biliar.
galore [gəˈlɔː] *adv* en abundancia.
galvanic [gælˈvænɪk] *adj* ELEC galvánico.
galvanize or **galvanise** [ˈgælvənaɪz] *tr* **1** TECH galvanizar. **to ~ into 2** provocar, incitar a.
gambit [ˈgæmbɪt] *n c* estratagema.
gamble [ˈgæmbl] *n c* **1** riesgo. ● *intr* **2** jugar, apostar. ● **to ~ (on)** *tr* **3** apostar (a).
gambler [ˈgæmblər] *n c* jugador.
gambling [ˈgæmblɪŋ] *n u* juego (por dinero).
game [geɪm] *n c* **1** juego (gen); deporte; partido (tenis); partida (cartas). ● *n u* **2** caza. ● *adj* **3** valeroso. **4** listo, preparado.
gamekeeper [ˈgeɪmˌkiːpər] *n c* guarda de coto de caza.
gammon [ˈgæmən] *n u GB* GAST jamón curado.
gamut [ˈgæmət] *n c* gama.
gang [gæŋ] *n c* **1** banda (de criminales); pandilla (de jóvenes); cuadrilla (de obreros). ● **to ~ up on/against** *intr* **2** (infml) conspirar contra.
gangrene [ˈgæŋgriːn] *n u* MED gangrena.
gangster [ˈgæŋstər] *n c* gánster.
gangway [ˈgæŋweɪ] *n c* **1** pasadizo; pasarela. **2** *GB* pasillo (cine, autobús).
gaol [dʒeɪl] (*EE UU* **jail**) *n c & u GB* cárcel.
gap [gæp] *n c* **1** hueco, abertura. **2** intervalo (de tiempo). **3** laguna; vacío. **4** diferencia.
gape [geɪp] *intr* mirar boquiabierto.
gaping [geɪpɪŋ] *adj* boquiabierto (persona); profundo (agujero).
garage [ˈgærɑːʒ, ˈgærɪdʒ y EE UU gəˈrɑːʒ] *n c* **1** garage; taller (de reparaciones). **2** gasolinera. **3** concesionario (de venta de automóviles).
garbage [ˈgɑːbɪdʒ] *n u* **1** *EE UU* basura. **2** *GB* (infml) tonterías. ◆ **~ can** *EE UU* cubo de la basura.
garbled [ˈgɑːbld] *tr* distorsionado.
garden [ˈgɑːdn] *n c* **1** jardín (con flores); huerto (con hortalizas). ◆ **~ centre** centro de jardinería.
gardener [ˈgɑːdnər] *n c* jardinero (de flores); hortelano (de hortalizas).
gardenia [gɑːˈdiːnjə] *n c* BOT gardenia.
gardening [ˈgɑːdnɪŋ] *n u* jardinería (con flores); horticultura (con hortalizas).
gargle [ˈgɑːgl] *intr* hacer gárgaras.
gargoyle [ˈgɑːgɔɪl] *n c* ARCH gárgola.
garish [ˈgeərɪʃ] *adj* chillón (color).
garland [ˈgɑːlənd] *n c & u* guirnalda.

garlic [ˈgɑːlɪk] *n u* ajo.
garment [ˈgɑːmənt] *n c* (fml) prenda de vestir.
garnish [ˈgɑːnɪʃ] *tr* aderezar (comida); adornar.
garrison [ˈgærɪsn] *n c* MIL guarnición.
garrulous [ˈgærələs] *adj* charlatán.
garter [ˈgɑːtər] *n c* liga. ◆ ~ **belt** liguero.
gas [gæs] (*pl* **gases** o **gasses**) *n c* & *u* **1** gas (gen). ● *n u* **2** *EE UU* (infml) gasolina; nafta (Amér.). **3** *EE UU* (infml) diversión. ● *tr* **4** asfixiar con gas. ◆ ~ **chamber** cámara de gas; ~ **cooker** cocina de gas; ~ **fire** estufa de gas; ~ **mask** máscara de gas; ~ **tank** *EE UU* depósito de gasolina; ~ **tap** llave del gas.
gash [gæʃ] (*pl* **gashes**) *n c* **1** brecha, corte profundo (wound). ● *tr* **2** hacer un corte profundo (wound).
gasket [ˈgæskɪt] *n c* MEC junta, arandela.
gasoline [ˈgæsəliːn] *n u* *EE UU* gasolina; nafta (Amér.).
gasp [gɑːsp] *n c* **1** jadeo. ● *intr* **2** quedarse sin aliento (de la sorpresa); jadear.
gastroenteritis [ˌgæstrəʊˌentəˈraɪtɪs] *n u* MED gastroenteritis.
gastronomy [gæˈstrɒnəmɪ] *n u* gastronomía.
gasworks [ˈgæswɜːks] (*pl* **gasworks**) *n c* fábrica de gas.
gate [geɪt] *n c* **1** puerta; verja. **2** barrera. **3** puerta de embarque. **4** *GB* SP taquilla.
gateau [ˈgætəʊ y EE UU gæˈtəʊ] (*pl* **gateaus** o **gateaux**) *n c* & *u* pastel.
gatecrash [ˈgeɪtkræʃ] *tr* (infml) colarse.
gateway [ˈgeɪtweɪ] *n c* puerta de acceso.
gather [ˈgæðər] *tr* **1** recoger (objetos); recolectar (frutos); reunir (información, dinero). **2** ganar (velocidad). **3** fruncir (cosiendo). ● *intr* **4** reunirse (la gente); acumularse (el polvo).
gathering [ˈgæðərɪŋ] *n c* reunión, asamblea.
gauche [gəʊʃ] *adj* torpe.
gaudy [ˈgɔːdɪ] *adj* (pej) chillón (color).
gauge [geɪdʒ] (*EE UU* **gage**) *n c* **1** medida; calibre. **2** indicador. **3** ancho de vía. ● *tr* **4** medir, calibrar. **5** juzgar.
gaunt [gɔːnt] *adj* flaco, delgaducho.
gauntlet [ˈgɔːntlɪt] *n c* **1** guantelete; guante. **2** (fig) reto. ■ **to take up the ~** (fig) aceptar el reto; **to throw down the ~** (fig) arrojar el guante.
gauze [gɔːz] *n u* **1** gasa. **2** *EE UU* venda.
gave [geɪiv] *pt* → give.
gawky [ˈgɔːkɪ] *adj* torpe.
gay [geɪ] *adj* & *n c* homosexual, gay.
gaze [geɪz] *n c* **1** mirada fija. ● **to ~ at** *intr* **2** mirar fijamente a.
gazelle [gəˈzel] (*pl* **gazelle** o **gazelles**) *n c* ZOOL gacela.
gazette [gəˈzet] *n c* **1** boletín (publicación oficial). **2** gaceta (periódico).
GDP [ˌdʒiːdiːˈpiː] (*abbrev* **gross domestic product**) *n c* PIB.
gear [gɪər] *n c* **1** marcha, velocidad (automóvil); cambio de piñón (bicicletas). **2** MEC engranaje. ● *n u* **3** equipo (de ropa). ● *tr* **4** meter una velocidad (automóviles). **to ~ to 5** adaptarse a (situación). ◆ ~ **lever** palanca de cambios; ~ **shift** *EE UU* palanca de cambios; **to ~ up** (infml) prepararse.
gearbox [ˈgɪəbɒks] *n c* AUT caja de cambios.
gearwheel [ˈgɪəwiːl] *n c* rueda dentada.
geese [giːs] *n pl* → goose.
gel [dʒel] (*EE UU* **gel**) *n c* & *u* **1** gel; gomina (para el pelo). ● *intr* **2** solidificarse; aglutinarse. **3** cuajar; tomar forma; verse con claridad.
gelatin or **gelatine** [dʒeləˈtɪn o dʒeləˈtiːn] *n u* gelatina.
gem [dʒem] *n c* **1** gema (piedra preciosa). **2** (fig) joya (persona, cosa).
Gemini [ˈdʒemɪnaɪ] *n sing* **1** ASTR Géminis. ● *n c* **2** Géminis, géminis (persona).
gender [ˈdʒendər] *n c* & *u* género.
gene [dʒiːn] *n c* gene, gen.
general [ˈdʒenrəl] *adj* **1** general. ● *n c* **2** MIL general. ◆ ~ **delivery** *EE UU* lista de correos. ■ **in ~** en general.
generally [ˈdʒenərəlɪ] *adv* generalmente, en general.
general-purpose [ˌdʒenərəlˈpɜːpəs] *adj* multiuso.
generate [ˈdʒenəreɪt] *tr* generar.
generation [ˌdʒenəˈreɪʃn] *n c* & *u* generación.
generator [ˈdʒenəreɪtər] *n c* ELEC generador.
generosity [ˌdʒenəˈrɒsɪtɪ] *n u* generosidad.
generous [ˌdʒenərəs] *adj* generoso.
genetic [dʒɪˈnetɪk] *adj* genético.
genetics [dʒɪˈnetɪks] *n u* genética.

g

genial [ˈdʒiːnjəl] *adj* cordial, amistoso.
genital [ˈdʒenɪtl] *adj* **1** genital. • **genitals** *n pl* **2** ANAT órganos genitales.
genius [ˈdʒiːnjəs] (*pl* **geniuses**) *n c & u* genio.
genome [ˈdzenəʊm] *n c* BIOL genoma.
genteel [dʒenˈtiːl] *adj* **1** remilgado (actitud). **2** AUT refinado (comportamiento).
gentle [ˈdʒentl] *adj* apacible, tranquilo; suave.
gentleman [ˈdʒentlmən] (*pl* **gentlemen**) *n c* señor; caballero.
gently [ˈdʒentlɪ] *adv* suavemente.
gentry [ˈdʒentrɪ] *n u* **the ~** la aristocracia.
genuine [ˈdʒenjʊin] *adj* **1** genuino, auténtico. **2** sincero (persona).
geography [dʒɪˈɒgrəfɪ] *n u* geografía.
geology [dʒɪˈɒlədʒɪ] *n u* geología.
geometric or **geometrical** [ˌdʒɪəˈmetrɪk o ˌdʒɪəˈmetrɪkl] *adj* geométrico.
geometry [dʒɪˈɒmətrɪ] *n u* geometría.
Georgia [ˈdʒɔːdʒjə] *n sing* Georgia.
geranium [dʒɪˈreɪnjəm] *n c* BOT geranio.
geriatric [ˌdʒerɪˈætrɪk] *adj* **1** geriátrico.
germ [dʒɜːm] *n c* germen.
German [ˈdʒɜːmən] *adj & n c* **1** alemán. • *n u* **2** alemán (lengua).
Germany [ˈdʒɜːmənɪ] *n sing* Alemania.
germinate [ˈdʒɜːmɪneɪt] *intr* germinar.
gerund [ˈdʒerənd] *n c* GRAM gerundio.
gesticulate [dʒeˈstɪkjʊleɪt] *intr* gesticular.
gesture [ˈdʒestʃər] *n c & u* **1** gesto (especialmente con las manos). • *n c* **2** muestra. • *intr* **3** gesticular. • *tr* **4** señalar con un gesto.
get [get] (*GB, pret* y *pp* **got**, *EE UU, pret* y *pp* **got** o **gotten**, *ger* **getting**) *tr* **1** conseguir (permiso, resultados). **2** recibir (regalo, carta). **3** ganar (dinero, premio). **4** comprar. **5** tomar (autobús, avión). **6** contraer (enfermedad). **7** tomar, agarrar. **8** traer. **9** (infml) oír bien; entender. **10** contactar con (por teléfono). **11** (infml) molestar; fregar (Amér.). **12** hacerse, adquirir. • **to ~ + adj/pp** *intr* **13** ponerse, volverse. **to ~ + inf 14** llegar a. **to ~ to/from 15** llegar a/de. ♦ **to ~ about/-around** salir mucho; divulgarse (noticias); **to ~ across** lograr comunicar (mensaje); hacerse entender; **to ~ along** arreglárselas; avanzar; **to ~ along with** llevarse bien con; **to ~ at** meterse con alguien; descubrir; alcanzar; **to ~ away** salir, marcharse; escaparse; romper; **to ~ back** volver; **to ~ back at sb** vengarse de alguien; **to ~ by** arreglárselas; eludir (la ley); **to ~ down** bajarse, agacharse; **to ~ down to** ponerse a; **to ~ in** llegar (en tre, en avión); entrar; ser elegido (partido político); **to ~ into** subir a (automóvil); enfadarse; **to ~ off** bajarse (del tren, autobús); quitar; quitarse (ropa); librarse de (castigo); irse, marcharse; **to ~ on** avanzar; subirse a, montarse en (tren, autobús); ponerse (prenda); **to ~ on with** llevarse bien con; **to ~ onto** ponerse en contacto (por teléfono); caer en la cuenta de; ocuparse de; **to ~ out** irse, salir; jalarse (Amér.); bajar(se) (de un vehículo); sacar; **to ~ out of** bajar de (un automóvil); escabullirse de; sacar de; **to ~ over** recuperarse de (enfermedad); **to ~ round** dar la vuelta; divulgar (rumores); evitar (la ley, una norma); engatusar; **to ~ through to** comunicar con (por teléfono); llegar hasta alguien, hacer entender; **to ~ together** reunirse; reunir (una asamblea); **to ~ up** levantarse; organizar; **to ~ up to** (infml) llegar a; hacer (do).

> La combinación ***get*** + *past participle* se suele traducir al español por un verbo pronominal: *to get married = casarse*; *to get drunk = emborracharse*. También se usa para cosas que suceden de forma inesperada: *I got invited to three weedings last month = me invitaron a tres bodas el mes pasado.*

getaway [ˈgetəweɪ] *n c* fuga.
get-together [ˈgettəˌgedər] *n c* reunión; fiesta.
geyser [ˈgaɪzər] *n c* **1** GEOL géiser. **2** *GB* calentador de agua.
ghastly [ˈgɑːstlɪ] *adj* **1** horrible, terrible. **2** pálido (de aspecto).
gherkin [ˈgɜːkɪn] *n c* pepinillo.
ghetto [ˈgetəʊ] *n c* gueto.
ghost [gəʊst] *n c* fantasma; espanto (Amér.).
ghostwrite [ˈgəʊstraɪt] *tr hacer de negro* (escribir un libro para otro).
ghostwriter [ˈgəʊstraɪtər] *n c* LIT negro.

giant ['dʒaɪən] *adj* **1** gigantesco. • *n c* **2** gigante.
gibberish ['dʒɪbərɪʃ] *n sing* galimatías.
gibe [dʒaɪb] *n c* **1** burla; farra (Amér.). • *tr* **2** burlarse de; gorjear de (Amér.). ♦ **to ~ about/at** mofarse de.
giblets ['dʒɪblɪts] *n pl* menudillos (de ave).
giddy ['gɪdɪ] *adj* mareado, aturdido.
gift [gɪft] *n c* **1** regalo, obsequio. **2** *GB* (infml) chollo. ♦ **the ~ of the gab** (infml) labia.
gifted [gɪftɪd] *adj* **1** talentoso. **2** superdotado (niños).
gig [gɪg] *n c* (fig) bolo, actuación (de jazz, folk).
gigabyte ['gɪgə] *n c* COMPUT gigabyte.
gigantic [dʒaɪ'gæntɪk] *adj* gigantesco.
giggle ['gɪgl] *n c* **1** risita nerviosa. **2** *GB* (infml) cachondeo. • *intr* **3** reírse tontamente.
gill [gɪl] *n c* (normalmente *pl*) branquea, agalla (de pez).
gilt [gɪlt] *adj & n u* dorado.
gimmick ['gɪmɪk] *adj* **1** engañoso. • *n c* **2** (infml, pej) truco.
gin [dʒɪn] *n c & u* ginebra. ♦ **~ and tonic** gin tonic.
ginger ['dʒɪndʒər] *n u* **1** rojizo. **2** GAST jengibre. • *tr* **3** (infml) animar. ♦ **~ ale** ginger-ale; **~ beer** cerveza de jengibre.
gipsy ['dʒɪpsɪ] (*pl* **gipsies**) *adj & n c* gitano.
giraffe [dʒɪ'rɑ:f] (*pl* **giraffe** o **giraffes**) *n c* jirafa.
girder ['gɗ:dər] *n c* ARCH viga maestra.
girdle ['gɗ:dl] *n c* corsé, faja.
girl [gɗ:l] *n c* **1** niña (niño). **2** chica, muchacha. **3** hija. **4** (infml) chica.
girlfriend ['gɗ:lˌfrend] *n c* **1** novia. **2** amiga.
giro ['dʒaɪrəʊ] *n c & u* COM giro bancario.
girth [gɗ:θ] *n c & u* **1** TECH circunferencia (medida). **2** cincha (caballo).
give [gɪv] (*pt* **gave**, *pp* **given**) *tr* **1** dar, entregar (gen). **2** contribuir con (dinero). **3** donar (órganos). **4** regalar. **5** ofrecer (ayuda). **6** servir (bebida). **7** hacer (un descuento). **8** administrar (medicinas). **9** celebrar (party). **10** conferir (autoridad, un derecho). **11** emitir (señal). **12** consagrar a (persona, cosa). **13** prestar (atención). • *intr* **14** rendirse a (presión, evidencia). • *n u* **15** elasticidad. ♦ **to ~ away** donar, regalar; divulgar (secreto); entregar (precios); **to ~ back (to)** devolver; regresar (Amér.); **to ~ in** rendirse; **to ~ sth in** entregar algo (examen, libro); **to ~ off** emitir (olor, calor); **to give on/onto** tener vistas a; **to ~ out** distribuir (libros, regalos); dejar de funcionar (máquina); producir (ruido); acabarse; publicar; **to ~ over to** dedicarse a; dejar algo en manos de; **to ~ sb up** (infml) terminar con, romper (novio, novia); **to ~ sth up** abandonar (hábito, esperanza); desistir, rendirse (estudios). ■ **~ or take** (siguiendo a una cantidad) más o menos: *it would take us 3 months, give or take a week = nos llevaría unos 3 meses, semana más, semana menos*
given ['gɪvn] *pt* **1** → give. • *adj* **2** dado, determinado. ■ **~ that** puesto (que); **to be ~ to** ser propenso a.
glacé [glæ'seɪ] *adj* GAST escarchado, confitado (fruta).
glacial ['gleɪsjəl] *adj* glacial.
glacier ['glæsjər] *n c* glaciar.
glad ['glæd] *adj* contento, alegre; feliz. ■ **to be ~** estar encantado; **to be ~ + inf** alergrarse de: *I am glad to see you = me alegro de verte.*
glamor *n u* → glamour.
glamorous ['glæmərəs] *adj* glamoroso, atractivo.
glamour ['glæmər] (*EE UU* **glamor**) *n u* glamour, encanto.
glance [glɑ:ns] *n c* **1** mirada, ojeada. • **to ~ + adv/prep** *intr* **2** lanzar una mirada. ■ **at a ~** de un vistazo; **at first ~** a primera vista.
gland [glænd] *n c* ANAT glándula.
glare [gleər] *n c* **1** mirada de odio. **2** resplandor. • **to ~ at** *intr* **3** mirar con furia a. **to ~ + adv/prep 4** deslumbrar.
glaring [gleərɪŋ] *adj* **1** deslumbrante (luz); chillón (color). **2** notorio, evidente.
glass [glɑ:s y EE UU glæs] (*pl* **glasses**) *n u* **1** cristal, vidrio (material). • *n c* **2** vaso, copa. **3** barómetro. • *adj* **4** de cristal, de vidrio. • **glasses** *n pl* **5** gafas.
glassware ['glɑ:sweər] *n u* cristalería.
glassy ['glɑ:sɪ] *adj* **1** cristalino (agua). **2** de cristal, de vidrio (objeto). **3** vidrioso (mirada).

g

glaze [gleɪz] *n c* **1** barniz (pintura); vidriado. ● *tr* **2** barnizar (pintura); vidriar. **3** GAST glasear. **4** acristalar (ventana, casa).

gleam [gli:m] *n c* **1** destello (de luz, emoción). **~ of 2** atisbo de (de interés, de esperanza). ● *tr* **3** destellar (luz). ● **to ~ + adv/prep** *intr* **4** atisbarse (interés, esperanza).

glib [glɪb] *adj* **1** (pej) locuaz (persona). **2** poco creíble (explicación).

glide [glaɪd] *n c* **1** deslizamiento. **2** planeo (pájaros, avión). ● **to ~ + adv/prep** *intr* **3** deslizarse (move). **4** AER planear (pájaro, avión).

glider [ˈglaɪdər] *n c* AER planeador.

gliding [ˈglaɪdɪŋ] *n u* SP vuelo sin motor.

glimmer [ˈglɪmər] *n c* **1** luz trémula. **2** atisbo. ● *intr* **3** brillar con luz tenue. **4** vislumbrarse (esperanza).

glimpse [glɪmps] *n c* **1** ojeada. ● *tr* **2** vislumbrar, entrever.

glint [glɪnt] *n c* **1** destello, fulgor. ● *intr* **2** destellar, brillar.

glisten [ˈglɪsn] *intr* resplandecer, relucir.

glitter [ˈglɪtər] *n u* **1** brillo, resplandor. ● *intr* **2** brillar, relucir.

global [ˈgləʊbl] *adj* **1** mundial. **2** global.

globalization or **globalisation** [ˈgləʊbəlaɪˈzeɪʃən y EE UU ˈgləʊbəlɪˈzeɪʃən] *n u* mundialización, globalización.

globe [gləʊb] *n c* **1** globo, esfera. **2** globo (terráqueo).

globe-trotter [ˈgləʊbtrɒtər] *n c* (infml) trotamundos.

globule [ˈglɒbju:l] *n sing* glóbulo.

gloom [glu:m] *n sing* **1** desesperanza, tristeza). **2** (lit) penumbra.

gloomy [ˈglu:mɪ] *adj* **1** oscuro, sombrío (lugar); cubierto (tiempo atmosférico). **2** triste, abatido (persona). **3** desesperado (situación).

glorious [ˈglɔ:rɪəs] *adj* **1** (fml) glorioso (victoria, muerte). **2** (fml) espléndido; macanudo (Amér.).

glory [ˈglɔ:rɪ] (*pt* y *pp* **gloried**) *n u* **1** gloria, fama. **2** esplendor.

gloss [glɒs] *n sing* **1** brillo, lustre. **2** glosa, acotación. ● *tr* **3** glosar, acotar. ◆ **~ paint** pintura esmalte; **to ~ over** encubrir, disimular.

glossary [ˈglɒsərɪ] (*pl* **glossaries**) *n c* glosario.

glossy [ˈglɒsɪ] *adj* lustroso, brillante; satinado (fotografía).

glove [glʌv] *n c* **1** guante. ● *tr* **2** poner guantes a. ◆ **~ compartment** guantera.

glow [gləʊ] *n c* **1** resplandor; incandescencia. **2** luminosidad, brillo (de color). **3** rubor. ● *intr* **4** estar incandescente; arder (un fuego); brillar. **to ~ (with) 5** rebosar (de) (orgullo, salud). **to ~ (with) 6** ruborizarse (por) (persona).

glucose [ˈglu:kəʊs] *n u* CHEM glucosa.

glue [glu:] *n u* **1** cola, pegamento. ● *tr* **2** encolar, pegar.

glum [glʌm] *adj* melancólico, abatido.

glut [glʌt] *n c* exceso, sobreabundancia.

glutton [ˈglʌtn] *n c* (pej) glotón, comilón. ◆ **~ for punishment** masoquista.

gnarled [nɑ:ld] *adj* **1** nudoso (piel, manos). **2** curtido (persona).

gnash [næʃ] *tr* hacer rechinar (dientes).

gnaw [nɔ:] *tr* roer. ◆ **to ~ at sb** corroer a alguien.

gnome [nəʊm] *n c* gnomo.

go [gəʊ] (*pt* **went**, *pp* **gone**) *intr* **1** ir (gen). **2** irse, marcharse; jalarse (Amér.). **3** viajar. **4** salir. **5** (infml) decir (historia, cuento). **6** desaparecer. **7** funcionar (un aparato). **8** ir a parar (gastos). **9** morirse. **10** pasar (tema, objeto). **11** ponerse (posición). **12** resultar: *all has gone as expected = todo a resultado como se esperaba*. **13** romperse (un aparato). **14** ser (be). **15** sonar (timbre, alarma). **to ~ + ger 16** ir a, ir de. **to ~ + adj 17** volverse. **to ~ + adj/adv 18** quedar: *he went free = quedó en libertad*; pasar: *she went unobserved = pasó desapercibida*. **to ~ + adv/prep 19** caber, entrar (en un espacio); desarrollarse (algo, bien o mal). ● *tr* **20** (infml) decir. **21** hacer (un ruido). ● *n c* **22** (infml) (*pl* **goes**) turno, vez (en los juegos). **23** (infml) intento. ● *n u* **24** (infml) energía. ● *interj* **25** (infml) ¡ya! (en una carrera). ◆ **to ~ about** empezar; realizar (afrontando algo); **to ~ after** ir detrás de; **to ~ against** ir en contra de (algo o alguien); chocar con (algo o alguien); **to ~ ahead** continuar; **to ~ along** proseguir; **to ~ along with** estar de acuerdo con; **to ~ around/round** propagarse (enfermedad); **to ~ at** (infml) abalanzarse sobre; **to ~ back** regresar, volver; devolverse (Amér.); **to ~ back on**

traicionar (una promesa); **to ~ before** comparecer ante (un tribunal); **to ~ by** pasar (tiempo, lugar); guiarse por (un antecedente); juzgar por; **to ~ down** bajar, descender (lugar, posición); disminuir (precio); hundirse (un barco); deshincharse (una rueda); ser aceptado (persona); **to ~ down with** (infml) contraer (enfermedad); **to ~ for** atacar; intentar con seguir (try); escoger (choose); sentirse atraído por; aplicarse a; **to ~ in** entrar; **to go in with** unirse a; **to ~ in for** participar en (competición); dedicarse a (afición, profesión); **to ~ into** meterse en (profesión); ahondar en (una materia); investigar; **to ~ off** explotar; sonar (alarma, timbre); dejar de funcionar (luz); estropearse (alimento); desaparecer; perder interés; **to ~ off with** (infml) largarse con; **to ~ on** suceder, ocurrir; continuar; avanzar (tiempo); criticar; hablar; **to ~ on with** ir tirando; **to ~ out** salir (a cenar, de fiesta); difundirse (noticias); apagarse (luz, sentimiento); pasar de moda; terminar; **to ~ out together/with** salir juntos con; **to ~ over** visitar (lugar); repasar (un asunto); repetir; **to ~ over to/from** cambiarse a/de; conectar con (televisión); **to ~ round** ser suficiente; extenderse (enfermedad, noticia); **to ~ through** experimentar (algo desagradable); acabar (dinero, provisiones); volver sobre algo (revisándolo una y otra vez); examinar con cuidado (un documento); **to ~ through with** cumplir (promesa); **to ~ under** hundirse (un barco); fracasar (un proyecto); **to ~ up** incrementarse (precio); levantarse (edificio); estallar (en llamas); destruirse; subir por; **to ~ with** ir bien con (combinar bien); **to ~ without** arreglárselas sin. ■ **to be going to do sth** ir a hacer algo (futuro); **to have a ~** intentarlo.

> ***Been*** y ***gone*** se usan como participio pasado de ***go*** pero con significados diferentes. ***Been*** se refiere a una persona que ha ido a un lugar y ha vuelto*: I have been to the city today = hoy he estado en la ciudad.* ***Gone*** se emplea cuando la persona no ha vuelto todavía*: she has gone to Los Angeles = se ha ido a Los Ángeles.*

goad [gəʊd] *n c* **1** aguijada. • **to ~ (in/into)** *tr* **2** provocar (para).

go-ahead [ˈgəʊəhed] *adj* **1** emprendedor. • *n sing* **2** permiso, aprobación.

goal [gəʊl] *n c* **1** SP portería. **2** SP gol. **3** objetivo. ◆ **~ kick** SP saque de puerta; **~ line** SP línea de meta; **~ scorer** SP goleador.

goalkeeper [ˈgəʊlkiːpər] *n c* SP portero; arquero (Amér.).

goalpost [ˈgəʊlˌpəʊst] *n c* SP poste.

goat [gəʊt] *n c* ZOOL cabra.

gob [gɒb] *n c* (vulg) bocaza, pico.

gobble [ˈgɒbl] *tr* & *intr* **to ~ (up) 1** engullir. **2 to ~ up** absorber (empresa). • *intr* **3** graznar (pavo).

go-between [ˈgəʊbɪˌtwiːn] *n c* mediador.

god [gɒd] *n c* dios. ■ **for God's sake!** ¡por el amor de Dios!; **thank God** gracias a Dios.

godchild [ˈgɒdtʃaɪld, *pl* ˈgɒdtʃɪldrən] (*pl* **godchildren**) *n c* ahijado.

goddaughter [ˈgɒdˌdɔːtər] *n c* ahijada.

goddess [ˈgɒdɪs] (*pl* **goddesses**) *n c* diosa.

godfather [ˈgɒdˌfɑːðər] *n c* padrino.

godforsaken [ˈgɒdfəˌseɪkən] *adj* (pej) desolado, dejado de la mano de Dios.

godmother [ˈgɒdˌmʌðər] *n c* madrina.

godsend [ˈgɒdsend] *n c* bendición.

godson [ˈgɒdsʌn] *n c* ahijado.

goes [gəʊz] *tr* & *intr* (3ª persona del sing del presente) → go.

goggles [ˈgɒglz] *n pl* gafas de bucear (para nadar); gafas de esquiar; gafas protectoras (para trabajar).

going [gəʊɪŋ] *ger* **1** → go. • *adj* **2** actual, existente (precio). • *n u* **3** partida (acción de partir, marchar). **4** ritmo (de un proceso). **5** condiciones (del firme).

gold [gəʊld] *n u* **1** oro (gen). **2** color dorado. • *adj* **3** de oro, dorado. ◆ **~ leaf** pan de oro; **~ (medal)** SP medalla de oro.

golden [ˈgəʊldən] *adj* **1** (lit) de oro. **2** dorado. **3** (fig) excelente (oportunidad).

goldfinch [ˈgəʊldfɪntʃ] *n c* ZOOL jilguero.

goldfish [ˈgəʊldfɪʃ] (*pl* **goldfish**) *n c* ZOOL pez de colores.

gold-plated [ˌgəʊldˈpleɪtɪd] *adj* chapado en oro.

goldsmith [ˈgəʊldsmɪθ] *n c* joyero, orfebre.

golf [gɒlf] *n u* SP golf. ♦ **~ club** palo de golf; club de golf (lugar, sociedad); **~ course** campo de golf; **~ links** campo de golf (en la costa).

golfer [ˈgɒlfər] *n c* SP jugador de golf.

gone [gɒn] *pp* **1** → go. ● *adj* **2** pasado, transcurrido (tiempo, edad): *those days are gone = esos tiempos ya pasaron.* ● *prep* **3** pasado (tiempo): *it's gone 8 o' clock = son las 8 pasadas.*

gong [gɒŋ] *n c* gong.

good [gʊd] *adj* **1** (comp *better*) (super *best*) bueno (gen). **2** amable. **a ~ + time/distance, etc. 3** por lo menos. ● *n u* **4** bien (gen). **5** beneficio, provecho; gabela (Amér.). **6** bondad. **the ~ 7** la buena gente, los justos. ● **goods** *n pl* **8** COM productos (a la venta); mercancías (transportadas). **goods 9** ECON bienes. ♦ **Good Friday** Viernes Santo; **as ~ as** casi, prácticamente; **be ~** ¡pórtate bien!; **for ~** para siempre; **for your own ~** por tu propio bien; **~ enough for** suficiente para; **~ for you!** ¡enhorabuena!; **in ~ time** pronto; **to be ~ enough to do sth** ser tan amable de hacer algo; **to be ~ to** ser amable con (animales, personas); **to be ~ with** saber manejárselas con; **to be no ~** ser inútil, no servir para nada; ser malo; **to be up to no ~** tramar algo malo; **to come to no ~** terminar mal; **to do sb a ~ turn** hacer un favor a alguien; **to do sb ~** hacer/sentar bien a alguien; **to feel ~** sentirse fenomenal; **to give as ~ as one gets** devolver todos los golpes; **to look ~** estar guapo; tener buena pinta (un asunto, situación); **to make ~** tener éxito, hacerse rico; **to make ~ sth** asumir (deuda, pérdida); enmendar, reparar algo; **what's the ~ of...?/what ~ is...?** ¿de/para qué sirve…?

goodbye [ˌgʊdˈbaɪ] *interj* adiós.

good-for-nothing [ˈgʊdfəˌnʌθɪŋ] *adj & n c* inútil.

good-humoured [ˌgʊdˈhjuːməd] (*EE UU* **good-humored**) *adj* afable.

good-looking [ˌgʊdˈlʊkɪŋ] *adj* guapo.

good-natured [ˌgʊdˈneɪtʃəd] *adj* de buen corazón, bondadoso (persona); dócil (animal).

goodness [ˈgʊdnɪs] *n u* **1** bondad, generosidad. ● *n sing* **2** lo nutritivo (alimentos). ■ **my ~/for ~ sake!** ¡por Dios!; **thank ~!** ¡gracias a Dios!

goodwill [ˌgʊdˈwɪl] *n u* **1** buena voluntad. **2** COM fondo de comercio.

goody [ˈgʊdɪ] *interj* **1** guay, chachi.

goose [guːs] (*pl* **geese**) *n c* ZOOL oca, ganso.

goosebumps [ˈguːsbʌmps] *n pl* → gooseflesh.

gooseberry [ˈgʊzbərɪ] (*pl* **gooseberries**) *n c* BOT grosella silvestre, uva espina.

gooseflesh [ˈguːsfleʃ] (*EE UU* **goosebumps**, *GB* **goosepimples**) *n u* carne de gallina (por el frío, el miedo).

goosepimples [ˈguːsˌpɪmplz] *n pl* → gooseflesh.

gore [gɔː] *n u* **1** (lit) sangre (derramada). ● *tr* **2** cornear, dar una cornada a.

gorge [gɔːdʒ] *n c* **1** GEOG desfiladero. ● *intr* **2** saciarse. ● **to ~ oneself on/with** *pron* **3** (pej) atiborrarse de.

gorgeous [ˈgɔːdʒəs] *adj* **1** espléndido, magnífico; macanudo (Amér.). **2** (infml) guapísimo, como un tren.

gorilla [gəˈrɪlə] *n c* ZOOL gorila.

gormless [ˈgɔːmlɪs] *adj GB* (infml) memo, lerdo.

gory [ˈgɔːrɪ] *adj* **1** (infml) sangriento (muerte, escena). **2** escabroso (detalles, película).

gosh [gɒʃ] *interj* (infml) ¡caramba!, ¡caray!

go-slow [ˌgəʊˈsləʊ] *n c GB* huelga de celo.

gospel [ˈgɒspl] *n u* **1** evangelio. **2** MUS gospel.

gossip [ˈgɒsɪp] *n u* **1** cotilleo, rumor. ● *n c* **2** cotilla (persona). ● *intr* **3** cotillear. ♦ **~ column** ecos de sociedad (en revistas, periódicos).

got [gɒt] *pt & pp* → get.

gotten [gɒtn] *pp* → get.

goulash [ˈguːlæʃ] *n c & u* GAST gulash.

gourmet [ˈgʊəmeɪ] *adj* **1** de gourmet. ● *n c* **2** gourmet.

gout [gaʊt] *n u* MED gota.

govern [ˈgʌvn] *tr & intr* **1** POL gobernar, dirigir. ● *tr* **2** controlar (leyes, precios).

government [ˈgʌvənmənt] *n c* gobierno.

governor [ˈgʌvənər] *n c* **1** POL gobernador. **2** alcaide (de una prisión); director (de banco, escuela).

gown [gaʊn] *n c* **1** vestido, traje de noche (de mujer). **2** toga (de juez, de profesor). **3** bata.
GP [ˈdʒiːˈpɪ] (*abbrev* **General Practitioner**) *n c* médico de cabecera.
grab [græb] (*pt* y *pp* **grabbed**, *ger* **grabbing**) *tr* **1** agarrar. **2** arrebatar. **3** (infml) tomar apresuradamente (comida). **4** no dejar escapar (oportunidad). **5** captar (atención). • **to ~ at** *intr* **6** echar mano a, tratar de agarrar. • *n c* **7** tirón.
grace [greɪs] *n u* **1** elegancia, gracia. **2** prórroga (tiempo añadido). **3** bendición de la mesa. **4** educación, tacto. • *tr* **5** adornar, embellecer. **to ~ with/by 6** (fml) honrar con.
graceful [ˈgreɪsfʊl] *adj* **1** garboso, elegante. **2** cortés, educado.
gracious [ˈgreɪʃəs] *adj* **1** cortés. **2** elegante. **3** placentero (estilo de vida).
grade [greɪd] *n c* **1** nivel, calidad (de un producto). **2** grado, categoría (profesional). **3** *EE UU* nota (académica). **4** *EE UU* curso (escolar). • *tr* **5** clasificar. **6** *EE UU* calificar, evaluar (un examen). ◆ **~ crossing** *EE UU* paso a nivel; **~ school** *EE UU* escuela primaria o elemental.
gradient [ˈgreɪdjənt] *n c* **1** pendiente. **2** tasa de crecimiento.
gradual [ˈgrædʒʊəl] *adj* gradual.
graduate [ˈgrædjʊeɪt] *n c* **1** licenciado, titulado (en la Universidad). **2** *EE UU* bachiller (en la escuela). • *intr* **3** licenciarse (en la Universidad). **4** *EE UU* obtener el título de bachiller (en la escuela).
graduation [ˌgrædjʊˈeɪʃn] *n u* graduación.
graffitti [grəˈfiːtɪ] *n pl* grafiti.
graft [grɑːft] *n c* **1** BOT, MED injerto. • *n u* **2** *GB* (infml) trabajo duro. **3** *EE UU* mangoneo (corrupción); soborno. **to ~ sth (onto sth) 4** injertar, implantar algo (en algo).
grain [greɪn] *n c* & *u* **1** grano (gen). • *n c* **2** pizca; mirria (Amér.). • *n u* **3** cereales. **4** veta (en una roca); fibra, hebra (en la carne, la madera).
gram [græm] (*GB* **gramme**) *n c* gramo.
grammar [ˈgræmər] *n c* & *u* gramática. ◆ **~ school** *GB instituto de enseñanza media.*
grammatical [grəˈmætɪkl] *adj* **1** gramatical. **2** correcto gramaticalmente.
gramme *n c* → gram.
grand [grænd] *adj* **1** impresionante, magnífico. **2** ilustre, distinguido (persona). **3** ambicioso (plan). **4** gran, principal (momento, actividad). ◆ **~ jury** *EE UU* JUR jurado de acusación; **~ piano** piano de cola; **~ prix** SP (*pl* **grands prix**) gran premio, grand prix (en carreras automovilísticas); **~ slam** SP gran slam (en tenis); gran chelem (en rugby); **~ total** cantidad total; importe total.
grandad [ˈgrændæd] *n c* (infml) abuelito.
grandchild [ˈgræntʃaɪld, *pl* ˈgræntʃɪldrən] (*pl* **grandchildren**) *n c* nieto, nieta.
granddad *n c* → grandad.
granddaughter [ˈgrænˌdɔːtə] *n c* nieta.
grandma [ˈgrænmɑː] *n c* (infml) abuelita.
grandmother [ˈgrænˌmʌðər] *n c* abuela.
grandpa [ˈgrænpɑː] *n c* (infml) abuelito.
grandparents [ˈgrænˌpeərənts] *n pl* abuelos.
grandson [ˈgrænsʌn] *n c* nieto.
grandstand [ˈgrændstænd] *n c* tribuna (en un estadio).
granite [ˈgrænɪt] *n u* granito.
granola [grəˈnəʊlə] *n u GB* muesli.
grant [grɑːnt] *n c* **1** subvención (suma de dinero); beca (para estudios). • *tr* **2** (fml) conceder, conferir (favor, privilegio). **3** aceptar, admitir (la verdad). **4** (lit) otorgar (favor). ■ **granted that** suponiendo que; **to take sb for granted** no apreciar a alguien en lo que vale; **to take sth for granted** dar por sentado algo.
grape [greɪp] *n c* uva.
grapefruit [ˈgreɪpfruːt] (*pl* **grapefruit** o **grapefruits**) *n c* & *u* BOT pomelo.
grapevine [ˈgreɪpvaɪn] *n c* **1** vid (planta). **2** parra.
graph [græf] *n c* gráfica. ◆ **~ paper** papel cuadriculado.
graphic [ˈgræfɪk] *adj* gráfico. ◆ **~ card** COMPUT tarjeta gráfica; **~ design** diseño gráfico.
graphite [ˈgræfaɪt] *n u* MIN grafito.
grasp [grɑːsp] *n sing* **1** agarre. **2** comprensión. • *tr* **3** agarrar, asir (con las manos). **4** aferrar. **5** comprender. **6** (fig) aprovechar (oportunidad). ■ **to have a good ~ of sth** dominar algo.

g

grass [grɑ:s y EE UU græs] *n u* **1** hierba (planta); pasto; césped. **2** (infml) marihuana (droga). ◆ **~ roots** bases; **~ snake** culebra. ■ **keep off the ~** prohibido pisar el césped.
grasshopper [ˈgrɑ:sˌhɒpər y EE UU ˈgræsˌhɒpər] *n c* ZOOL saltamontes.
grate [greɪt] *n c* **1** parrilla (para cocinar); rejilla. ● *tr* **2** rallar (queso). ● *intr* **3** chirriar. **4** (fig) irritar.
grateful [ˈgreɪtfʊl] *adj* agradecido (persona); de agradecimiento (sonrisa, palabras). ■ **to be ~ (to sb) for (sth)** agradecer (a alguien) por (algo).
grater [greɪtər] *n c* rallador.
gratify [ˈgrætɪfaɪ] (*pt* y *pp* **gratified**) *tr* **1** (fml) complacer. **2** satisfacer (deseo).
grating [ˈgreɪtɪŋ] *adj* **1** chirriante (ruido). ● *n c* **2** reja.
gratitude [ˈgrætɪtju:d] *n u* gratitud, agradecimiento.
gratuitous [grəˈtju:ɪtəs] *adj* (pej) gratuito, injustificado.
grave [greɪv] *adj* **1** (fml) grave (situación, noticias, enfermedad); importante (decisión). **2** solemne (ceremonia). ● *n c* **3** sepultura, tumba.
gravel [grævl] *n u* grava, gravilla.
gravestone [ˈgreɪvstəʊn] *n c* lápida sepulcral.
graveyard [ˈgreɪvjɑ:d] *n c* cementerio; panteón (Amér.). ◆ **~ shift** turno de noche.
gravity [ˈgrævətɪ] *n u* gravedad.
gravy [ˈgreɪvɪ] *n u* **1** GAST salsa, jugo de carne. **2** *EE UU* (sl) dinero fácil.
gray *adj* & *n c* → grey.
graze [greɪz] *n c* **1** rasguño. ● *tr* & *intr* **2** pacer, pastar. ● *tr* **3** apacentar. **4** raspar, rasguñar (la piel). **5** rozar (tocar ligeramente).
grease [gri:s] *n u* **1** grasa; aceite lubricante (para máquinas). ● *tr* **2** engrasar, lubricar (una máquina); untar con grasa.
greasy [ˈgri:sɪ] *adj* grasiento (gen); graso (cabello, alimento).
great [greɪt] *adj* **1** gran, grande (gen). **2** avanzado (edad). **3** importante. **4** (infml) espléndido, fantástico. **5** excelente. **~ at 6** experto en. ◆ **Great Britain** Gran Bretaña.
great-coat [ˈgreɪtkəʊt] *n c* gabán.
Greece [gri:s] *n sing* Grecia.
greed [gri:d] *n u* **1** (pej) avaricia, codicia; angurria (Amér.); ambición, avidez (de-poder). **2** gula, glotonería.
greedy [ˈgri:dɪ] **~ (for) 1** ávido (de) (dinero, poder). ● *adj* **2** (pej) voraz, glotón.
Greek [gri:k] *adj* & *n c* **1** griego. ● *n u* **2** griego (lengua).
green [gri:n] *adj* **1** verde (gen). **2** lívido. **3** (infml) novato. ● *n c* & *u* **4** verde (color). ● *n c* **5** césped. **6** SP campo de juego (de cricket); green (en golf). ● **greens** *n pl* **7** verduras. ◆ **~ bean** judía verde; **~ card** permiso de trabajo (EE UU); carta verde (GB, para automóviles); **~ salad** ensalada verde; **the Greens** POL los verdes.
greenery [ˈgri:nərɪ] *n u* vegetación.
greenfly [ˈgri:nflaɪ] (*pl* **greenfly**) *n c* pulgón.
greengrocer [ˈgri:nˌgrəʊsər] *n c* verdulero. ◆ **~'s (shop)** verdulería.
greenhouse [ˈgri:nhaʊs] *n c* invernadero. ◆ **~ effect** efecto invernadero.
greet [gri:t] *tr* **1** saludar, dar la bienvenida. **2** recibir.
greeting [gri:tɪŋ] *n c* **1** saludo. ● **greetings** *n pl* **2** saludos. ◆ **greetings card** tarjeta de felicitación. ■ **~ from...** recuerdos de...
grenade [grɪˈneɪd] *n c* MIL granada.
grew [gru:] *pt* → grow.
grey [greɪ] (*EE UU* **gray**) *adj* **1** gris (gen). **2** canoso (pelo). **3** pálido (cara).
grey-haired [ˌgreɪˈheəd] *adj* canoso.
greyhound [ˈgreɪhaʊnd] *n c* ZOOL galgo.
grid [grɪd] *n c* **1** rejilla. **2** reja; parrilla (para cocinar). **3** cuadrícula (de un mapa). **4** *GB* ELEC red. **5** SP parrilla de salida (en carreras automovilísticas).
griddle [ˈgrɪdl] *n c* plancha.
gridlock [ˈgrɪdlɒk] *n c EE UU* atasco.
grief [gri:f] *n u* **1** pena, pesar. **2** (infml) problemas. ■ **good ~!** ¡madre mía!; **to come to ~** (infml) fracasar, frustrarse; chingarse (Amér.); sufrir un percance (persona).
grievance [ˈgri:vns] *n c* & *u* **1** queja, protesta. **2** injusticia, agravio. **3** resentimiento. **4** dolor.
grieve [gri:v] *intr* **to ~ for/over** apenarse por, llorar por.
grill [grɪl] (*EE UU* **broil**) *n c* **1** parrilla (para asar). **2** asador (restaurante). **3** GAST parrillada (comida). ● *tr* **4** asar a la

Greetings and leave taking / Saludos y despedidas

Saludos	
Hello!/Hi!	¡Hola! /¡Buenas!
How are you?	¿Cómo estás?/¿Qué tal (estás)?
How are things?	¿Cómo va eso?/¿Qué te cuentas?
How's it going?	¿Qué hay?
How's everything	¿Cómo va todo?
How's life?	¿Qué es de tu vida?
Good morning/Morning	Buenos días
Good afternoon/Afternoon	Buenas tardes
Good evening/Evening	Buenas noches
Para responder a los saludos	
Very well, and you?	Muy bien, ¿y tú/usted?
Great	Estupendamente
Not so bad	No me va mal del todo
Could be worse	Voy/vamos tirando
So-so/Not so good	Regular
Can't complain	No me quejo
Despedidas	
Goodbye!	¡Adiós!
Good night!/Night!	¡Adiós, buenas noches!
Bye!/*Cheerio!/Cheers*	¡Adiós!/¡Hasta luego!
See you (around)	¡Hasta luego!/ ¡Nos vemos!/¡Hasta la vista!
See you later!	¡Hasta luego!
See you soon!	¡Hasta pronto!
See you tomorrow!	¡Hasta mañana!

parrilla comida). **5** (infml) interrogar, freír a preguntas (persona).

grille [grɪl] *n c* rejilla (de radiador); reja (en una puerta, ventana).

grim [grɪm] *adj* **1** sombrío (expresión). **2** deprimente, lúgubre (lugar). **3** horrible (hechos); desalentador (perspectivas). **4** implacable (determinación).

grimace [grɪˈmeɪs y EE UU ˈgrɪməs] *n c* **1** mueca. • *intr* **2** hacer muecas.

grime [graɪm] *n u* mugre, suciedad.

grin [grɪn] (*pt* y *pp* **grinned**, *ger* **grinning**) *tr* & *intr* **1** sonreír abiertamente. • *n c* **2** sonrisa abierta.

grind [graɪnd] (*pt* y *pp* **ground**) *tr* **1** moler. **2** hacer rechinar (dientes). **3** pulir (superficie); afilar (cuchillos). **to ~ sth into sth 4** aplastar algo contra algo. • *intr* **5** rechinar (hacer ruido). • *n sing* **6** trabajo pesado. • *n c* **7** *EE UU* (infml, pej) empollón (persona). ♦ **to ~ sb down** (fig) oprimir a alguien; **to ~ sth out** (pej) repetir algo hasta la saciedad.

grinder [ˈgraɪndər] *n c* molinillo.

grip [grɪp] (*pt* y *pp* **gripped**, *ger* **gripping**) *tr* **1** agarrar, asir (la mano, el brazo); empuñar (una espada). **2** (fig) atraer (persona). **3** afectar (enfermedad); embargar (sentimiento). • *n c* **4** apretón, asimiento. **5** control, poder. **6** capacidad (para realizar una tarea). **7** asa, agarradero; mango (de raqueta); empuñadura (de un arma). ■ **to come/get to grips with** llegar a entender (problema, situación); **to get/keep a ~ on oneself** controlarse.

gripe [graɪp] *n c* **1** queja, protesta. • **to ~ (at/about)** *intr* **2** quejarse (a/de).

grisly [ˈgrɪzlɪ] *adj* repugnante, espeluznante (macabro).

gristle [ˈgrɪsl] *n u* ternilla, cartílago.

grit [grɪt] (*pt* y *pp* **gritted**, *ger* **gritting**) *tr* **1** cubrir de gravilla (la carretera). • *n u* **2** gravilla, grava. **3** (infml) agallas, valor.

groan [grəʊn] *n c* **1** gemido, gimoteo. **2** gruñido. **3** crujido. • *intr* **4** gemir. **5** quejarse (de algo). **6** crujir (madera).

grocer [ˈgrəʊsər] *n c* tendero de ultramarinos. ♦ **grocer's (shop)** tienda de ultramarinos.

groceries [ˈgrəʊsərɪz] *n pl* comestibles, ultramarinos.

grocery [ˈgrəʊsərɪ] *n c* tienda de ultramarinos. ♦ **~ store** *EE UU* tienda de ultramarinos.

groggy [ˈgrɒgɪ] *adj* (infml) mareado.

groin [grɔɪŋ] *n c* ANAT ingle.

groom [gru:m] *n c* **1** mozo de cuadra (de caballos). **2** novio. ● *tr* **3** cepillar (caballos). **to ~ sb + inf/for sth 4** preparar a alguien para algo/hacer algo (train). ● *pron* **5** (fml) arreglarse, limpiarse.

groove [gru:v] *n c* **1** ranura (en superficie); surco (de un disco). **2** (fig) rutina, costumbre.

grope [grəʊp] *intr* **to ~ (for) 1** buscar a tientas. **2** (fig) buscar a ciegas. ● *tr* **3** (sl) meter mano a, toquetear. ■ **to ~ one's way** andar a tientas.

gross [grəʊs] *adj* **1** bruto (peso, tasa). **2** (fml) craso, intolerable (error). **3** vulgar, burdo (lenguaje, maneras). **4** muy gordo. ♦ **~ national product** producto nacional bruto.

grotto [grɒtəʊ] (*pl* **grottos** o **grottoes**) *n c* gruta, cueva.

ground [graʊnd] *pt* & *pp* **1** → grind. ● *n u* **2** suelo, tierra. **3** terreno. **4** área, campo (de una materia). ● *n c* **5** SP campo, terreno de juego. **6** *EE UU* ELEC tierra, toma de tierra. ● **grounds** *n pl* **7** tierras (propiedades). **8** jardines (alrededor de un edificio). **9** causa, motivo. **10** posos, sedimentos. ● *adj* **11** de tierra, terrestre. ● *tr* **12** *EE UU* ELEC conectar a tierra. ♦ **~ floor** planta baja. ■ **above/below ~** sobre/bajo tierra; **at ~ level** a nivel del suelo; **down to the ~** totalmente, completamente; **into the ~** en exceso, demasiado; **on grounds of/on the grounds of/that** por, a causa de. ● **to go to ~** esconderse, ocultarse.

grounding [ˈgraʊndɪŋ] *n sing* **a ~ (in sth)** fundamentos (de algo).

groundless [ˈgraʊndlɪs] *adj* sin fundamento, infundado.

group [gru:p] *n c* **1** grupo. ● *tr* **2** agrupar, reunir. ● **to ~ (together)** *intr* **3** agruparse, reunirse; acumularse (Amér.).

groupie [ˈgru:pɪ] *n c* fan.

grouse [graʊs] (*pl* **grouse** o **grouses**) *n c* **1** ZOOL urogallo. **2** (infml) queja, refunfuño. ● **to ~ (about)** *intr* **3** (infml) refunfuñar (de).

grow [grəʊ] (*pt* **grew**, *pp* **grown**) *intr* **1** crecer (gen). **2** madurar, desarrollarse (persona, planta, animal). **3** ponerse, volverse. **to ~ + inf 4** llegar a hacer (do). ● *tr* **5** cultivar (plantas). **6** dejarse crecer (barba, pelo). ♦ **to ~ apart** distanciarse; **to ~ away from** desligarse de, alejarse de (persona); **to ~ into** convertirse en, hacerse; crecer lo suficiente para poder llevar (ropa, zapatos); **to ~ on** (infml) gustar cada vez más; **to ~ out of** perder, abandonar (hábito); crecer demasiado para poder poner (ropa, zapatos); **to ~ up** hacerse adulto, madurar.

growl [graʊl] *n c* **1** gruñido (de perro, de persona); rugido (de león, de una máquina). ● *intr* **2** gruñir (perro, persona); rugir (león, máquina).

grown-up [ˈgrəʊnʌp] *adj* & *n c* adulto.

growth [grəʊθ] *n u* **1** crecimiento. ● *n c* **2** MED tumor.

grub [grʌb] *n c* **1** larva, gusano (insecto). **2** (sl) comida, manduca.

grubby [ˈgrʌbɪ] *adj* (infml) mugriento, roñoso.

grudge [grʌdʒ] *n c* **1** rencor, resentimiento. ● **to ~ + ger** *tr* **2** hacer algo a regañadientes. **to ~ sb sth 3** conceder algo a alguien a regañadientes.

grudgingly [ˈgrʌdʒɪŋlɪ] *adv* de mala gana, a regañadientes.

gruelling [grʊəlɪŋ] (*EE UU* **grueling**) *adj* agotador, extenuante.

gruesome [ˈgru:səm] *adj* horripilante.

gruff [grʌf] *adj* **1** ronco, áspero (voz). **2** brusco, rudo (comportamiento).

grumble [ˈgrʌmbl] *n c* **1** queja, protesta. ● *intr* **2** quejarse, refunfuñar.

grumpy [ˈgrʌmpɪ] *adj* (infml) gruñón, quejica.

grunt [grʌnt] *n c* **1** gruñido (de cerdo); refunfuño (persona). ● *intr* **2** gruñir (cerdo); refunfuñar (persona).

guarantee [ˌgærənˈti:] *n c* **1** garantía. **2** fianza. ● *tr* **3** garantizar.

guard [gɑ:d] *n c* **1** guardián, guarda (persona). **2** protector: *knee guards = rodilleras*. **3** SP defensa. ● *n u* **4** guardia, vigilancia. ● *tr* **5** proteger. **6** vigilar. ♦ ~

dog perro guardián; **to ~ against** protegerse de. ■ **off ~** desprevenido; **on ~** de guardia; **to be on ~/to stand ~** hacer guardia.

guarded ['gɑ:dɪd] *adj* cauteloso.

Guatemala [ˌgwætɪ'mɑ:lə] *n sing* Guatemala.

Guatemalan [ˌgwætɪ'mɑ:lən] *adj & n c* guatemalteco.

guerrilla or **guerilla** [gə'rɪlə] *n c* guerrillero. ♦ **~ warfare** guerra de guerrillas.

guess [ges] *n c* **1** conjetura, suposición. ● *intr & tr* **2** adivinar (respuesta, la verdad). **3** imaginar, suponer. ● **to ~ (that)** *tr* **4** *EE UU* (infml) creer (que), pensar (que). ■ **anybody's ~!** ¡quién sabe!; **~ what?** ¿sabes qué?

guesswork ['geswɜ:k] *n u* conjeturas.

guest [gest] *n c* **1** invitado, visita. **2** huésped, cliente (en el hotel). **3** TV artista invitado. **4** ZOOL parásito. ● **to ~ (on)** *intr* **5** TV aparecer como artista invitado (en). ♦ **~ house** pensión, casa de huéspedes; **~ room** cuarto de invitados.

guffaw [gʌ'fɔ:] *n c* **1** carcajada. ● *intr* **2** reírse a carcajadas.

guidance ['gaɪdns] *n u* **1** asesoramiento, orientación (profesional). **2** dirección (de un grupo).

guide [gaɪd] *n c* **1** guía. ● *tr* **2** guiar (gen). **3** indicar el camino. ♦ **~ dog** perro lazarillo (para ciegos).

guidebook ['gaɪdbʊk] *n c* guía de viaje.

guidelines ['gaɪdlaɪnz] *n pl* pautas.

guild [gɪld] *n c* asociación, sociedad.

guillotine ['gɪləˌti:n] *n c* guillotina.

guilt [gɪlt] *n u* **1** culpa. **2** JUR culpabilidad.

guilty [gɪltɪ] *adj* **1** culpable. **~ (about) 2** lleno de remordimientos (por). ■ **to find sb ~** JUR declarar culpable a alguien.

guinea-pig ['gɪnɪpɪg] *n c* ZOOL conejillo de Indias, cobaya.

guitar [gɪ'tɑ:r] *n c* MUS guitarra.

guitarist [gɪ'tɑ:rɪst] *n c* MUS guitarrista.

gulf [gʌlf] *n c* **1** GEOG golfo. **2** abismo, precipicio.

gull [gʌl] *n c* ZOOL gaviota.

gullet ['gʌlɪt] *n c* ANAT esófago.

gullible ['gʌləbl] *adj* ingenuo, cándido.

gully ['gʌlɪ] *n c* barranco, torrentera.

gulp ['gʌlp] *n c* **1** trago. ● **to ~ (down)** *tr* **2** tragarse (líquidos); engullir (alimentos). ● *intr* **3** tragar saliva.

gum [gʌm] *n u* **1** goma, caucho. **2** cola, pegamento. **3** chicle. ● *n c* **4** BOT gomero (árbol). **5** caramelo de goma. ● **gums** *n pl* **6** ANAT encías. ● *tr* **7** pegar, engomar. ● *intr* **8** pegarse, engomarse.

gumboil ['gʌmbɔɪl] *n c* MED flemón.

gumboots ['gʌmbu:ts] *n pl GB* botas de agua.

gun [gʌn] *n c* **1** pistola, revólver; escopeta, fúsil. **2** pistola (herramienta). **3** *EE UU* (infml) pistolero (persona). ♦ **to ~ sb down** (infml) abatir a tiros a alguien.

gunman ['gʌnmən] (*pl* **gunmen**) *n c* pistolero.

gunpowder ['gʌnˌpaʊdər] *n u* pólvora.

gunshot ['gʌnʃɒt] *n c* **1** disparo, tiro.

gunsmith ['gʌnsmɪθ] *n c* armero.

gurgle ['gɜ:gl] *n u* **1** gorjeo (de bebé). ● *n c* **2** gorgoteo (del agua). ● *intr* **3** gorjear (un bebé). **4** gorgotear (el agua).

gust [gʌst] *n c* **1** ráfaga, racha (de viento). **2** explosión, arrebato (de emoción). ● *intr* **3** soplar a ráfagas o racheado (viento).

gut [gʌt] (*pt* y *pp* **gutted**, *ger* **gutting**) *tr* **1** destripar (animales); limpiar (pescado). **2** destruir el interior de (edificio). ● *n c* **3** ANAT intestino. ● **guts** *n pl* **4** (infml) tripas (intestinos). **5** (infml) agallas, coraje. ● *adj* **6** visceral (emoción).

gutter ['gʌtər] *n c* **1** cuneta, zanja (junto a la carretera). **2** canalón (en un tejado).

guy [gaɪ] *n c* **1** (infml) tío, tipo. ● **guys** *n pl* **2** *EE UU* chicos (en un grupo). ♦ **~ (rope)** viento, cuerda (de una tienda de campaña).

guzzle ['gʌzl] *tr & intr* tragar(se), engullir(se) (bebida, comida).

gym [dʒɪm] *n c* **1** (infml) gimnasio. ● *n u* **2** gimnasia.

gymnasium [dʒɪm'neɪzjəm, *pl irreg* dʒɪm'neɪzjə] (*pl* **gymnasiums** o **gymnasia**) *n c* (fml) gimnasio.

gymnast ['dʒɪmnæst] *n c* SP gimnasta.

gymnastic [dʒɪm'næstɪk] *adj* **1** gimnástico. ● **gymnastics** *n pl* **2** gimnasia.

gynaecologist [ˌgaɪnɪ'kɒlədʒɪst] (*EE UU* **gynecologist**) *n c* ginecólogo.

gynaecology [ˌgaɪnɪ'kɒlədʒɪ] (*EE UU* **gynecology**) *n u* MED ginecología.

gyrate [dʒaɪ'reɪt] *intr* girar, rotar.

Hh

h, H [eɪtʃ] *n c* h, H (letra).
haberdashery [ˈhæbədæʃərɪ] (*pl* **haberdasheries**) *n c* mercería.
habit [ˈhæbɪt] *n c & u* **1** hábito, costumbre. • *n c* **2** adicción (a las drogas). **3** hábito (de monje). ■ **to make a ~ of sth/+ger** tener por costumbre algo/hacer algo.
habitat [ˈhæbɪtæt] *n c* hábitat.
habitual [həˈbɪtʃʊəl] *adj* **1** habitual. **2** empedernido (jugador, bebedor).
hack [hæk] *n c* **1** (pej) escritorzuelo; gacetillero. **2** *EE UU* (infml) taxi. • *tr* **3** cortar a grandes tajos. **to ~ (into) 4** COMPUT piratear. • *intr* **5** dar tajos/hachazos.
hacker [ˈhækər] *n c* COMPUT pirata informático.
hacking [ˈhækɪŋ] *n u* COMPUT piratería.
had [hæd, [həd]] *pt & pp* → have.
haddock [ˈhædək] (*pl* **haddock**) *n c & u* ZOOL abadejo.
hadn't [ˈhædnt] *contr* (contr de *had* + *not*) → have.
haemophilia [ˌhiːməˈfɪlɪə] (*EE UU* **hemophilia**) *n u* MED hemofilia.
haemorrhage [ˈhemərɪdʒ] (*EE UU* **hemorrhage**) *n c & u* hemorragia.
haemorrhoids [ˈhemərɔɪdz] (*EE UU* **hemorrhoids**) *n pl* MED hemorroides.
haggard [ˈhægəd] *adj* ojeroso.
haggle [ˈhægl] *intr* **to ~ (with sb about/over sth)** regatear (algo con alguien).
hah *interj* → ha.
hail [heɪl] *n u* **1** granizo. • *n c* **2** (fig) lluvia, torrente (de objetos o insultos). • *tr* **3** llamar. **4** llamar, parar. **5** aclamar. • *intr* **6** granizar.
hailstone [ˈheɪlstəʊn] *n c* piedra de granizo, granizo.
hair [heər] *n c & u* pelo, cabello (de la cabeza); vello (en el cuerpo). ◆ **~ gel** gomina.
hairbrush [ˈheəbrʌʃ] *n c* cepillo para el pelo.
haircut [ˈheəkʌt] *n c* corte de pelo.
hairdo [ˈheəduː] *n c* (infml) peinado.
hairdresser [ˈheədresər] *n c* peluquero. ◆ **the ~'s (salon)** peluquería.
hairdryer or **hairdrier** [ˈheədraɪər] *n c* secador de pelo.
hair-grip [ˈheəgrɪp] *n c GB* horquilla.
hairpin [ˈheəpɪn] *n c* horquilla.
hair-slide [ˈheəslaɪd] *n c GB* pasador.
hairspray [ˈheəspreɪ] *n c & u* laca.
hairstyle [ˈheəstaɪl] *n c* peinado.
hairy [ˈheərɪ] *adj* **1** peludo. **2** (infml) espantoso, espeluznante.
Haiti [ˈheɪtɪ y hɑːˈiːtɪ] *n sing* Haití.
hake [heɪk] (*pl* **hake**) *n c* ZOOL merluza.
half [hɑːf y EE UU hæf] (*pl* **halves**) *adj* **1** medio. • *n c* **2** medio, mitad (gen). **3** SP tiempo, parte, mitad (de un partido). **4** *GB* media pinta (de cerveza). • **~-(+ adj/adv)** *adv* **5** medio, a medio: *he's half-dead = está medio muerto, the fish is half-cooked = el pescado está a medio cocer*. ◆ **~ board** media pensión; **~ (an) hour** media hora. ■ **by ~** en un cincuenta por ciento; **~ past** y media; **in ~** por la mitad, en dos.
half-hearted [ˌhɑːfˈhɑːtɪd] *adj* indiferente, poco entusiasta.
half-hourly [ˌhɑːfˈaʊəlɪ] *adv* cada media hora.
half-mast [ˌhɑːfˈmɑːst] *n u* **at ~** a media asta (flag).
half-note [ˈhɑːfnəʊt] *n c EE UU* MUS blanca.
half-price [ˌhɑːfˈpraɪs] *adj & adv* a mitad de precio.
half-time [ˌhɑːfˈtaɪm] *n u* SP descanso.
halfway [ˌhɑːfˈweɪ] *adj* **1** intermedio. • *adv* **2** a mitad de camino (entre dos puntos). **3** en la mitad (de un período de tiempo). **4** (infml) mínimamente, aceptablemente.
half-yearly [ˌhɑːfˈjɪəlɪ] *adj* semestral.
hall [hɔːl] *n c* **1** vestíbulo, recibidor (de una casa). **2** sala (en un edificio público). ◆ **~ of fame** panteón de celebridades; **~ (of residence)** residencia universitaria.
hallo *interj* → hello.

Halloween or **Hallowe'en** [ˌhæləʊˈiːn] *n u víspera de Todos los Santos.*

> La fiesta de ***Halloween*** o ***Hallowe'en*** se celebra la noche del 31 de octubre, tanto en Gran Bretaña como en Estados Unidos. Es la noche de los fantasmas y las brujas. Los niños se disfrazan y van por las casas pidiendo dulces o dinero. Mucha gente vacía una calabaza, le da forma de cara y pone una vela dentro.

hallucinate [həˈluːsɪneɪt] *intr* alucinar.
hallway [ˈhɔːlweɪ] *n c* **1** entrada, vestíbulo. **2** *EE UU* pasillo.
halt [hɔːlt] *n c* **1** alto, parada (act). **2** *GB* apeadero (tren). ● *tr* & *intr* **3** parar(se), detener(se) (persona, vehículo). **4** finalizar(se), interrumpir(se) (actividad). ■ **to call a ~ (to)** poner fin a; **to come to a ~** pararse, detenerse.
halve [hɑːv y EE UU hæv] *tr* & *intr* **1** reducir(se) a la mitad. ● *tr* **2** partir en dos.
halves [hɑːvz y EE UU hævz] *n pl* → half.
ham [hæm] *n c* & *u* GAST jamón.
hamburger [ˈhæmbɝːgər] *n c* GAST hamburguesa.
hammer [ˈhæmər] *n c* **1** martillo (herramienta). **2** percutor, martillo (de una pistola). ● *n sing* **3** SP lanzamiento de martillo. ● *tr* **4** golpear con un martillo, martillar. **5** aporrear. **6** (infml) derrotar contundentemente. ◆ **to ~ away at sth** trabajar con ahínco en algo; machacar algo; **to ~ out** alcanzar con esfuerzo (acuerdo, solución).
hammock [ˈhæmək] *n c* hamaca.
hamper [ˈhæmpər] *n c* **1** cesta, canasta (de comida). **2** *EE UU* cesto de la ropa sucia. ● *tr* **3** obstaculizar, poner trabas a.
hamster [ˈhæmstər] *n c* ZOOL hámster.
hand [hænd] *n c* **1** mano (gen). **2** operario, peón (de una obra); tripulante (de un barco). **3** manilla (de reloj). ● *n sing* **4** intervención, influencia. ● *tr* **5** dar, pasar, acercar. ◆ **a free ~** carta blanca; **~ luggage** equipaje de mano; **to ~ down** pasar en herencia (a un heredero); transmitir (conocimiento), **to ~ in** entregar; **to ~ out** distribuir, repartir; dar (consejos); **to ~ over** entregar (dinero); ceder (poder, reseponsabilidad). ■ **at (close) ~** cerca, a mano; **at the hands of** a manos de; **by ~** a mano; **~ in ~** de la mano, tomándose de la mano; **off one's hands** fuera del control de uno; **on ~** a mano, disponible; **on one's hands** bajo el control de uno; **on the one ~** por una parte; **on the other ~** por otra parte; **out of ~** sin más, instantáneamente; descontrolado (conducta); **to got out of ~** desmadrarse, descontrolarse; **to give/lend sb a ~ (with sth)** ayudar a alguien (con algo); **to go ~ in ~ (with)** estar íntimamente relacionado (con); **to ~** disponible, a mano; **to keep one's ~ in** mantenerse al día, estar al tanto; **to take in ~** hacerse cargo; **to try one's ~ at** probar por primera vez.
handbag [ˈhændbæg] *n c* bolso (de señora).
handball [ˈhændbɔːl] *n u* SP balonmano.
handbook [ˈhændbʊk] *n c* manual.
handbrake [ˈhændbreɪk] *n c* AUT freno de mano.
handcuff [ˈhændkʌf] *n c* **1** (normalmente *pl*) esposa, manilla. ● *tr* **2** esposar.
handful [ˈhændfʊl] *n c* puñado.
handgun [ˈhændgʌn] *n c* pistola.
handicap [ˈhændɪkæp] (*pt* y *pp* **handicapped**, *ger* **handicapping**) *tr* **1** perjudicar. ● *n c* **2** MED minusvalía (física o mental). **3** impedimento, obstáculo. **4** SP hándicap (en golf, carreras de caballos).
handicapped [ˈhændɪkæpt] *adj* **1** MED minusválido. **2** SP con desventaja. ◆ **the ~** los minusválidos.
handicraft [ˈhændɪkrɑːft y EE UU ˈhæn dɪkræft] *n c* **1** (normalmente *pl*) artesanía. **2** objetos de artesanía.
handiwork [ˈhændɪwɝːk] *n u* obra, trabajo manual.
handkerchief [ˈhæŋkətʃiːf o ˈhæŋkətʃɪf, *pl irreg* ˈhæŋkətʃiːvz] (*pl* **handkerchiefs** o **handkerchieves**) *n c* pañuelo.
handle [ˈhændl] *n c* **1** mango (de herramienta); asa (de bolso, taza); pomo (de la puerta). ● *tr* **2** manejar un vehículo, una máquina). **3** (fig) controlar, manejar (un problema, una situación). **4** llevar, gestionar. **5** tratar (con la gente).
handlebar [ˈhændlbɑːr] *n c* (normalmente *pl*) manillar (de bicicleta).

h

handler [ˈhændlər] *n c* adiestrador (de perros).
handmade [ˌhændˈmeɪd] *adj* hecho a mano.
handout [ˈhændaʊt] *n c* **1** donativo. **2** folleto, impreso (con propaganda).
handrail [ˈhændreɪl] *n c* pasamano.
handset [ˈhændset] *n c* auricular (del teléfono).
handshake [ˈhændʃeɪk] *n c* apretón de manos.
handsome [ˈhænsəm] *adj* **1** guapo (hombre. **2** (lit) bella (mujer). **3** majo, elegante, bien puesto (lugar). **4** considerable, generoso (beneficios, premio).
handstand [ˈhændstænd] *n c* pino (posición o postura).
handwriting [ˈhændraɪtɪŋ] *n u* letra, caligrafía.
handy [ˈhændɪ] *adj* **1** útil, práctico. **2** (infml) mañoso, diestro. **3** (infml) a mano, cercano (a un lugar). ■ **to come in ~** venir bien, resultar ser útil.
handyman [ˈhændɪmæn] (*pl* **handymen**) *n c* persona mañosa, manitas.
hang [hæŋ] (*pt* y *pp* **hung**) *tr* & *intr* **1** colgar (gen). ● *tr* **2** ahorcar (ejecutar). ● **the ~** *n sing* **3** la caída (de la ropa o tejido). ◆ **to ~ about/around** (infml) no hacer nada, estar mano sobre mano; **to ~ back** titubear, vacilar; quedarse atrás (rezagado); **to ~ on** esperar; depender de; **to ~ onto** sujetar con fuerza (un objeto); quedarse con; **to ~ out** tender (la ropa lavada); pasar el rato; **to ~ over** (fig) cernerse sobre; **to ~ up** colgar. ■ **to ~ up** *on sb* colgar el teléfono a alguien.
hangar [ˈhæŋər] *n c* hangar.
hanger [ˈhæŋər] *n c* percha.
hang-glider [ˈhæŋglaɪdər] *n c* ala delta.
hang-gliding [ˈhæŋglaɪdɪŋ] *n u* SP ala delta.
hangover [ˈhæŋəʊvər] *n c* resaca.
hang-up [ˈhæŋʌp] *n c* (infml) inhibición, complejo.
hanker [ˈhæŋkər] *tr* **to ~ after/for** anhelar, desear vivamente.
hanky or **hankie** [ˈhæŋkɪ] *n c* (infml) pañuelo.
happen [ˈhæpən] *intr* **1** ocurrir, pasar (gen). **to ~ + inf 2** dar la casualidad de (que). ■ **as it happens/happened** por pura coincidencia, por casualidad.
happiness [ˈhæpɪnɪs] *n u* felicidad.
happy [ˈhæpɪ] *adj* **1** feliz, alegre (gen). **2** afortunado (coincidencia). ◆ **~ hour** *período de tiempo en que se sirven bebidas a precio reducido* (en el bar, hotel); **~ medium** término medio. ■ **~ birthday!** ¡feliz cumpleaños!
happy-go-lucky [ˌhæpɪgəʊˈlʌkɪ] *adj* despreocupado.
harass [ˈhærəs y EE UU həˈræs] *tr* acosar, hostigar.
harassment [ˈhærəsmənt y EE UU həˈræsmənt] *n u* acoso.
harbour [ˈhɑːbə] (*EE UU* **harbor**) *n c* **1** puerto. ● *tr* **2** proteger a, encubrir a (delincuente). **3** albergar, abrigar (emociones).
hard [hɑːd] *adj* **1** duro (gen). **2** difícil. **3** severo. **4** fuerte, violento (patada, empujón). **5** frío, duro (tiempo atmosférico). **6** concreto (pruebas, hechos). **~ on 7** injusto. ● *adv* **8** duramente; fuerte, fuertemente. **9** fijamente (mirar); atentamente (escuchar). **10** mucho. ◆ **~ cash** dinero contante y sonante; **~ copy** COMPUT copia impresa; **~ disk** COMPUT disco duro; **~ drink** bebida alcohólica; **~ drugs** drogas duras; **~ labour** trabajos forzados (como castigo); **~ shoulder** arcén (de autopista). ■ **~ and fast** estricto, fijo (regla); **~ up** (infml) sin un centavo; **to be ~ going** ser difícil de; **to be ~ put/pushed/pressed** estar en un aprieto; **to be ~ up for sth** andar escaso de algo; **to feel ~ done by** (infml) sentirse tratado injustamente; **to take sth ~** tomar algo muy mal.
hardback [ˈhɑːdbæk] *n c* libro de tapas duras. ■ **in ~** con tapa dura (libro).
hardboard [ˈhɑːdbɔːd] *n u* madera conglomerada.
hard-boiled [ˌhɑːdˈbɔɪld] *adj* **1** duro (huevo). **2** (fig) duro, insensible (carácter, opinión).
harden [ˈhɑːdn] *tr* & *intr* **1** endurecer(se), solidificar(se). **2** reforzar(se) (evidencia, opinión).
hard-headed [ˌhɑːdˈhedɪd] *adj* práctico, realista.
hard-hearted [ˌhɑːdˈhɑːtɪd] *adj* despiadado, cruel.
hard-line [ˌhɑːdˈlaɪn] *adj* intransigente, de línea dura.
hardly [ˈhɑːdlɪ] *adv* casi, apenas.

hardship [ˈhɑ:dʃɪp] *n c & u* apuro, privación (de medios económicos).
hardware [ˈhɑ:dweər] *n u* **1** artículos de ferretería (herramientas). **2** COMPUT hardware. ♦ **~ shop** ferretería.
hard-wearing [hɑ:dˈweərɪŋ] *adj* resistente, duradero.
hardy [hɑ:dɪ] *adj* **1** fuerte, robusto (persona, animal). **2** BOT resistente (planta).
hare [heə] *n c & u* ZOOL liebre.
hare-brained [ˈheəbreɪnd] *adj* desatinado, alocado (plan).
haricot (bean) [ˈhærɪkəʊ] *n c* BOT judía, alubia.
harm [hɑ:m] *n u* **1** daño, perjuicio. • *tr* **2** dañar, herir. ■ **no ~ done** (infml) no ha pasado nada; **out of ~ way** salvo, en lugar seguro; **to come to no ~** salir sano y salvo (persona); no dañarse (cosa); **there's no ~ in** no hay nada malo en.
harmful [ˈhɑ:mfʊl] *adj* dañino, nocivo.
harmless [ˈhɑ:mlɪs] *adj* (infml) inofensivo.
harmonica [hɑ:ˈmɒnɪkə] *n c* MUS armónica (instrumento).
harmony [ˈhɑ:mənɪ] *n u* armonía.
harness [ˈhɑ:nɪs] *n c & u* **1** arreos (para caballo). • *n c* **2** andadores (para niño). **3** correaje, correa de sujeción (montañismo, paracaidismo).
harp [hɑ:p] *n c* **1** MUS arpa. • **to ~ on (about sth)** *intr* **2** (infml) dar la matraca (con algo).
harpoon [hɑ:ˈpu:n] *n c* **1** arpón. • *tr* **2** arponear.
harpsichord [ˈhɑ:psɪkɔ:d] *n c* MUS clavicordio.
harrowing [ˈhærəʊɪŋ] *adj* horroroso.
harsh [hɑ:ʃ] *adj* **1** severo (persona, decisión, castigo). **2** duro (vida, condiciones, tiempo atmosférico). **3** áspero (sonido, sabor, textura). **4** chillón (color, luz).
harvest [ˈhɑ:vɪst] *n c & u* **1** cosecha; vendimia (uvas). • *tr* **2** cosechar.
has [hæz, [həz]] *tr* (3ª persona del sing del presente) → have.
has-been [ˈhæzbi:n] *n c* (infml, pej) vieja gloria.
hash [hæʃ] *n u* **1** GAST picadillo (de carne). **2** (infml) hachís, chocolate (droga). ■ **to make a ~ of** (infml) hacer un estropicio de.
hashish [ˈhæʃi:ʃ] *n u* hachís.
hasn't [ˈhæznt] *contr* (contr de *has + not*) → have.
hassle [ˈhæsl] *n c & u* **1** (infml) follón, rollo. • *tr* **2** dar la lata a.
haste [heɪst] *n u* prisa. ■ **in ~** con prisa.
hasten [ˈheɪsn] *tr* **1** acelerar, apresurar; festinar (Amér.). • **to ~ + inf** *intr* **2** apresurarse a (hacer algo).
hasty [ˈheɪstɪ] *adj* **1** apresurado (acción). **2** irreflexivo (persona, conducta).
hat [hæt] *n c* sombrero.
hatch [hætʃ] *n c* **1** escotilla (de barco o avión). **2** ventanilla (para servir comida). • *intr* **3** salir del cascarón. **4** romperse (huevo). • **to ~ (up)** *tr* **5** (fig) idear, tramar (un plan).
hatchback [ˈhætʃbæk] *n c* utilitario (automóvil).
hatchway [ˈhætʃweɪ] *n c* → hatch 1.
hate [heɪt] *n c & u* **1** odio. • **to ~ (+ ger)** *tr* **2** odiar (hacer algo). **to ~+ inf 3** sentir mucho hacer algo.
hateful [ˈheɪtfʊl] *adj* odioso.
hatred [ˈheɪtrɪd] *n u* **~ (for/of/towards)** odio (de).
haughty [ˈhɔ:tɪ] *adj* arrogante, altivo.
haul [hɔ:l] *n c* **1** captura (de peces). **2** botín (de un robo); alijo (de drogas). **3** trayecto. • *tr & intr* **4** arrastrar.
haulage [ˈhɔ:lɪdʒ] *n u* transporte.
haunt [hɔ:nt] *n c* **1** sitio favorito. • *tr* **2** aparecer en. **3** obsesionar, atormentar (idea, recuerdo). **4** perseguir (problemas).
have [hæv, həv] (*pt* y *pp* **had**, *ger* **having**) *aux* **1** (+ *pp* para formar tiempos perfectos) haber: *I have read his novel = he leído su novela.* • **to ~ (got) + inf** *modal* **2** tener que, verse obligado a. • **to ~ (got)** *tr* **3** tener (gen). **to ~ (got + adv/prep) 4** agarrar: *she'd got him by the collar = lo agarró del cuello.* **to ~ (got) 5** sufrir, tener (accidente, enfermedad). **6** recibir. **to ~ sb do sth 7** ordenar, mandar. **to ~ sth done 8** mandar que se haga algo: *I had the carpet cleaned = encargué que limpiaran la alfombra*; sufrir (experiencia desagradable): *he has had his car stolen = le han robado el coche.* **9** causar, producir (efecto, influencia). **10** (en frases negativas) permitir: *we can't have people arriving late all the time = no podemos permitir que la gente*

llegue tarde constantemente. **11** tomar (comida, bebida). **12** (infml) (normalmente *pasiva*) engañar: *he was had = le engañaron.* ◆ **to ~ on** (infml) llevar puesto (ropa); tener encendido (máquina); **to ~ sb on** (infml) burlarse de alguien; **to ~ sth out** sacarse algo (diente). ■ **to ~ had it** (infml) estar para el arrastre; **to ~ it in for** (infml) tenérsela jurada a; **to ~ it in oneself** (infml) tener (cualidades).

haven [ˈheɪvn] *n c* refugio.

haven't [ˈhævnt] *contr* (contr de *have + not*) → have.

havoc [ˈhævək] *n u* caos, estragos. ■ **to play ~ with** causar estragos en.

hawk [hɔ:k] *n c* halcón.

hawker [ˈhɔ:kər] *n c* vendedor ambulante.

hay [heɪ] *n u* heno.

hayfever [ˈheɪfi:vər] *n u* MED fiebre del heno.

hazard [ˈhæzəd] *n c* **1** riesgo, peligro. ● *tr* **2** arriesgar, aventurar (hipótesis, posibilidad). ◆ **~ (warning) lights** luces de emergencia.

hazardous [ˈhæzədəs] *adj* peligroso, arriesgado.

haze [heɪz] *n u* neblina.

hazel [ˈheɪzl] *n c & u* **1** BOT avellano. ● *adj* **2** avellanado (ojos).

hazelnut [ˈheɪzlnʌt] *n c* avellana.

he [hi:] *pron* él.

head [hed] *n c* **1** cabeza (parte del cuerpo). **2** cabeza, mente. **3** jefe; director (de u colegio). **4** cabezal (de lector, grabador de música, datos). ● *n sing* **5** cabecera (de objeto); parte superior (de una página); parte de delante (de una cola); nacimiento (de un río). **6** espuma (de cerveza). ● **heads** *n pl* **7** (infml) cara (de una moneda). ● *adj* **8** principal, central (oficina). ● *tr* **9** dirigir (organización); encabezar (lista); titular (texto). **10** SP cabecear (balón). ● *intr* **11** dirigirse (hacia). ◆ **~ office** oficina central; **to ~ for** dirigirse hacia; **to ~ off** ahuyentar, desviar (atención). ■ **a/per ~** por cabeza; **heads or rails** cara o cruz; **off the top of one's ~** a bote pronto; **on your own ~ be it** que sea bajo tu responsabilidad; **over sb's ~** sin consultar a alguien; **to keep one's ~** mantener la calma; **to lose one's ~** perder la calma.

headache [ˈhedeɪk] *n c* dolor de cabeza.

header [ˈhedər] *n c* **1** SP cabezazo. **2** COMPUT encabezamiento.

headfirst [ˌhedˈfɜ:st] *adv* de cabeza.

head-hunter [ˈhedhʌntər] *n c* cazatalentos.

heading [ˈhedɪŋ] *n c* encabezamiento.

headlamp [ˈhedlæmp] *n c* → headlight.

headland [ˈhedlənd] *n c* GEOG cabo, punta.

headlight [ˈhedlaɪt] *n c* faro, luz delantera (de un vehículo).

headline [ˈhedlaɪn] *n c* titular.

headlong [ˈhedlɒŋ] *adj & adv* **1** de cabeza (movimiento). ● *adv* **2** precipitadamente (sin pensar).

headmaster [hedˈmɑ:stər] *n c* director (de escuela).

headmistress [hedˈmɪstrɪs] *n c* directora (de escuela).

head-on [ˌhedˈɒn] *adj* frontal.

headphone [ˈhedfəʊn] *n c* (normalmente *pl*) auricular, casco.

headquarters [ˌhedˈkwɔ:təz] *n pl* **1** MIL cuartel general. **2** sede, (oficina) central.

headrest [ˈhedrest] *n c* reposacabezas.

headset [ˈhedset] *n c auriculares con micrófono incorporado.*

headstart [ˌhedˈstɑ:t] *n c* **~ (on /over)** ventaja (con respecto a).

headstrong [ˈhedstrɒŋ y EE UU ˈhedstrɔ:ŋ] *adj* obstinado, terco.

headwind [ˈhedwɪnd] *n c* viento contrario.

headword [ˈhedwɜ:d] *n c* lema, entrada.

heady [ˈhedɪ] *adj* **1** embriagador (perfume, atmósfera). **2** excitante (experiencia).

heal [hi:l] *tr & intr* **1** curar(se) (persona); cicatrizar (herida). ● *tr* **2** (fig) remediar (problemas).

healing [ˈhi:lɪŋ] *adj* **1** curativo. ● *n u* **2** curación.

health [helθ] *n u* **1** salud. **2** (fig) prosperidad. ◆ **~ care** atención sanitaria; **~ centre** *GB* centro de salud; **~ food** alimento natural; **~ service** servicio público de la sanidad. ■ **to be in good/poor ~** estar bien/mal de salud.

healthy [ˈhelθɪ] *adj* **1** sano, saludable (comida, actividad). **2** (fig) próspero. **3** natural, beneficioso (actitud). **4** sustancial (cantidad).

heap [hi:p] *n c* **1** montón, pila. ● **heaps** *n pl* **2** (infml) montones, mogollón. ● *tr* **3** amontonar, apilar (cosas). **to ~ sth on/upon 4** (fig) prodigar sobre (insultos); colmar de (elogios).

hear [hɪər, *pt* y *pp* hɑ́:d] (*pt* y *pp* **heard**) *tr* & *intr* **1** oír (gen). **2** escuchar, prestar atención a. ● *tr* **3** saber, estar enterado. ● **to ~ (about/of)** *intr* **4** recibir noticias (de). ◆ **to ~ from** tener noticias de; **to ~ sb out** escuchar a alguien hasta que acabe de hablar. ■ **I won't ~ of it!** ¡de eso ni hablar!

hearing [ˈhɪərɪŋ] *n u* **1** oído. ● *n c* **2** JUR vista. ◆ **~ aid** audífono.

hearsay [ˈhɪəseɪ] *n u* rumores, habladurías.

heart [hɑ:t] *n c & u* **1** corazón. ● *n c* **2** cogollo (de verduras). **3** (fig) centro, corazón. ● *n u* **4** coraje, valentía. ● **hearts** *n pl* **5** corazones (baraja). ◆ **a change of ~** cambio de opinión; **~ attack** MED ataque al corazón, infarto; **~ condition** MED enfermedad cardíaca; **~ failure** MED insuficiencia cardíaca. ■ **at ~** en el fondo; **by ~** de memoria; **to break sb's ~** romper/partir el corazón a alguien; **to lose ~** desanimarse; **(to make) one's ~ leap** (dar) un vuelco de corazón; **to take ~** animarse; **to take sth to ~** tomarse algo a pecho; **to win sb's ~** enamorar a alguien.

heartache [ˈhɑ:teɪk] *n c & u* pena, pesar.

heartbeat [ˈhɑ:tbi:t] *n c & u* latido del corazón.

heartbreak [ˈhɑ:tbreɪk] *n c & u* congoja.

heartbroken [ˈhɑɪtbrəʊkn] *adj* con el corazón destrozado.

heartburn [ˈhɑ:tbɑ́:n] *n u* MED acidez gástrica.

hearth [hɑ:θ] *n c* hogar.

heartless [ˈhɑ:tlɪs] *adj* cruel.

heart-warming [ˈhɑ:twɔ:mɪŋ] *adj* reconfortante, grato.

hearty [ˈhɑ:tɪ] *adj* **1** enérgico (persona). **2** franca (risa); vigoroso (movimiento). **3** copioso (comida); muy bueno (apetito). **4** profundo, verdadero (aversión).

heat [hi:t] *n u* **1** calor (gen); temperatura. **2** (fig) pasión (sentimiento). **3** (fig) tensión. **4** calefacción. ● *n c* **5** SP serie, eliminatoria. ● *tr* **6** calentar. ◆ **to ~ up** calentarse (temperatura); calentar (comida); ponerse mal (situación). ■ **in/on ~** en celo (animales); **in the ~ of the moment** en el calor del momento.

heater [ˈhi:tər] *n c* calentador.

heather [ˈheðər] *n u* BOT brezo.

heating [ˈhi:tɪŋ] *n u* calefacción.

heatstroke [ˈhi:tstrəʊk] *n u* insolación.

heatwave [ˈhi:tweɪv] *n c* ola de calor.

heave [hi:v] (*pt* y *pp* **heaved** o **hove**) *tr* **1** tirar de (pull); empujar. **2** tirar, arrojar; botar (Amér.). ● *intr* **3** tirar. **4** tener náuseas. ● *n c* **5** tirón, empujón.

heaven [hevn] *n u* cielo. ■ **good heavens!** ¡cielos!

heavenly [ˈhevnlɪ] *adj* **1** (infml) divino. **2** celestial.

heavily [ˈhevɪlɪ] *adv* **1** abundantemente (en intensidad, cantidad). **2** fornidamente (físico). **3** dificultosamente (respirar). **4** torpemente (moverse).

heavy [ˈhevɪ] *adj* **1** pesado. **2** abundante, considerable (lluvia, responsabilidad). **3** denso (tráfico). **4** fornido (persona). **5** torpe, lento (movimiento). **6** dificultoso (respiración, situación). **7** encapotado (cielo). **8** profundo (sueño). ◆ **a ~ drinker/smoker** un bebedor/fumador empedernido; **~ industry** industria pesada; **~ metal** MUS heavy.

heavy-duty [ˌhevɪˈdju:tɪ] *adj* resistente (material); para grandes cargas (maquinaria).

heavyweight [ˈhevɪweɪt] *n c* SP peso pesado.

Hebrew [ˈhi:bru:] *adj & n c* **1** hebreo (persona). ● *n u* **2** hebreo (lengua).

heckle [ˈhekl] *tr & intr* interrumpir con abucheos.

hectare [ˈhekteə] *n c* hectárea.

hectic [ˈhektɪk] *adj* agitado, frenético.

he'd [hi:d] *contr* **1** (contr de *he + had*) → have. **2** (contr de *he + would*) → would.

hedge [hedʒ] *n c* **1** seto. **~ against 2** protección contra. ● **to ~ (on)** *intr* **3** no comprometerse (respondiendo preguntas). ● *tr* **4** evadir, evitar (contestación).

hedgehog [ˈhedʒhɒg y EE UU ˈhedʒhɔ:g] *n c* erizo.

heel [hi:l] *n c* **1** talón (parte del pie). **2** tacón; taco (Amér.).

hefty [ˈheftɪ] *adj* **1** (infml) fuerte (persona, objeto). **2** sustancial.

height [haɪt] *n c & u* **1** altura (gen); altura, estatura (de persona). ● *n u* **2** (fig)

h

(normalmente *pl*) apogeo, cumbre. • *n c* **3** (normalmente *pl*) cumbre (lugar elevado).
heir [eər] *n c* heredero.
heiress ['eərɪs] *n c* heredera.
heist [haɪst] *n c EE UU* robo a mano armada.
held [held] *pt & pp* → hold.
helicopter ['helɪkɒptər] *n c* helicóptero.
heliport ['helɪpɔ:t] *n c* helipuerto.
helium ['hi:lɪəm] *n u* CHEM helio.
hell [hel] *n u* **1** infierno. • *interj* **2** mecachis. ■ **a/one ~ of a** (infml) de aúpa, de campeonato; **for the ~ of it** (infml) porque sí; **go to ~!** ¡vete al infierno!; **like/as ~** como un loco; **like ~!** (infml) ¡ni hablar! (mostrando desacuerdo); **to get the ~ out (of)** *EE UU* (infml) salir echando leches; **to give sb ~/to make sb's life ~** (infml) hacerle la vida imposible a alguien; **what the ~** (infml) y qué; **why/who/where the ~?** (infml) por qué/quién/dónde demonios.
he'll [hi:l] *contr* (contr de *he* + *will*) → will.
hellish ['helɪʃ] *adj* (infml) infernal, diabólico.
hello ['heləʊ] *interj* hola. ■ **hello?** ¿diga? (por teléfono).
helm [helm] *n c* timón.
helmet ['helmɪt] *n c* casco.
help [help] *n u* **1** ayuda. • **~!** *interj* **2** ¡socorro! • *tr* **3** ayudar (gen). • **to ~ sb/oneself (to)** *tr & pron* **4** servir(se) (comida, bebida). ♦ **to ~ out** echar una mano a. ■ **can't ~ + ger/can't ~ but + v** no poder evitar: *I could not help wondering/I could not help but wonder = no pude evitar hacerme preguntas.*
helper ['helpər] *n c* ayudante, colaborador.
helpful ['helpfl] *adj* **1** útil (consejo). **2** amable.
helping ['helpɪŋ] *n c* ración.
helpless ['helplɪs] *adj* desvalido, impotente.
hem [hem] (*pt* y *pp* **hemmed**, *ger* **hemming**) *tr & intr* **1** hacer el dobladillo en. • *n c* **2** dobladillo. ♦ **to ~ in** apretujar.
hemisphere ['hemɪsfɪər] *n c* hemisferio.
hemline ['hemlaɪn] *n c* dobladillo.
hemlock ['hemlɒk] *n c & u* cicuta.
hemophilia *n u* → haemophilia.
hemorrhage *n c & u* → haemorrhage.
hemorrhoids *n pl* → haemorrohoids.
hemp [hemp] *n u* BOT cáñamo.
hen [hen] *n c* gallina.
hence [hens] *adv* **1** (fml) así, por lo tanto. **2** (fml) a partir de ahora.
henceforth or **henceforward** [ˌhens'fɔ:θ o ˌhens'fɔ:wəd] *adv* (fml) de ahora en adelante.
hepatitis [ˌhepə'taɪtɪs] *n u* MED hepatitis.
her [hɜ:r, [hər]] *pron* **1** la (objeto directo): *I saw her yesterday = la vi ayer*; le (objeto indirecto): *give her the book = dale el libro*; ella (después de preposición, en comparaciones): *I swim better than her = nado mejor que ella.* • *poss adj* **2** su, sus (de ella): *her name is Sarah = se llama Sarah.*
herald ['herəld] *n c* **1** anuncio. • *tr* **2** anunciar.
herb [hɜ:b] *n c* hierba (aromática, medicinal).
herbivore ['hɜ:bɪvɔ:] *n c* herbívoro.
herbivorous [hɜ:'bɪvərəs] *adj* herbívoro.
herd [hɜ:d] *n c* **1** rebaño, manada (de animales). **2** (normalmente *pej*) multitud (de personas). • *tr* **3** agrupar, reunir (personas, animales).
herdsman ['hɜ:dzmən] (*pl* **herdsmen**) *n c* vaquero, pastor.
here [hɪər] *adv* aquí. ■ **~ and now** aquí y ahora; **~ and there** aquí y allá; **~ comes/~'s** aquí llega; **~ I am/we are, etc.** aquí estoy/estamos/etc; **~ it is** aquí está; **~'s to** a la salud de; **~ (you are)** toma, ten.
hereabouts or **hereabout** [ˌhɪərə'baʊts o ˌhɪərə'baʊt] *adv* por aquí.
hereafter [ˌhɪər'ɑ:ftər y EE UU ˌhɪər'æftər] *adv* **1** (fml) a partir de ahora. • *n sing* **2** futuro, otra vida.
hereby [ˌhɪə'baɪ] *adv* (fml) por esto, como resultado de esto.
hereditary [hɪ'redɪtrɪ y EE UU hɪ'redɪtərɪ] *adj* hereditario.
heretic ['herətɪk] *n c* hereje.
heritage ['herɪtɪdʒ] *n sing* herencia.
hermetic [hɜ:'metɪk] *adj* (fml) hermético.
hermit ['hɜ:mɪt] *n c* ermitaño.
hernia ['hɜ:nɪə] *n c & u* MED hernia.
hero ['hɪərəʊ] (*pl* **heroes**) *n c* héroe.
heroic [hɪ'rəʊɪk] *adj* heroico.
heroin ['herəʊɪn] *n u* heroína (droga).

heroine ['herəʊɪn] *n c* **1** heroína.
heron ['herən] *n c* ZOOL garza (real).
herpes ['hɜ:pi:z] *n u* MED herpes.
herring ['herɪŋ] (*pl* **herring** o **herrings**) *n c* arenque.
hers [hɜ:z] *poss pron* suyo, suya, suyos, suyas (de ella).
herself [hɜ:'self] *pron* **1** a ella misma, se (reflexivo): *she hurt herself = se lastimó.* **2** ella sola, ella misma (para dar énfasis): *she did it herself = lo hizo ella sola.*
he's [hi:z] *contr* **1** (contr de *he + is*) → be. **2** (contr de *he + has*) → have.
hesitant ['hezɪtənt] *adj* vacilante, indeciso.
hesitate ['hezɪteɪt] *intr* vacilar, dudar.
hesitation [ˌhezɪ'teɪʃn] *n c & u* vacilación.
heterosexual [ˌhetərə'sekʃʊəl] *adj & n c* heterosexual.
hexagon ['heksəgən y EE UU 'heksəgɒn] *n c* GEOM hexágono.
hey [heɪ] *interj* (infml) ¡eh!, ¡oye! ◆ ~ **presto** magia potagia.
hibernate ['haɪbəneɪt] *intr* hibernar.
hiccup or **hiccough** [hɪkʌp] *n c* **1** (normalmente *pl*) hipo. **2** (infml) fallo. ● *intr* **3** hipar, tener hipo. ■ **to have hiccups** tener hipo.
hide [haɪd, *pt* hɪd, *pp* 'hɪdn] (*pt* **hid**, *pp* **hidden**) *tr* **1** esconder, ocultar (gen). **2** disimular (sentimientos). ● *intr & pron* **3** esconderse, ocultarse. ● *n c* **4** escondrijo (lugar). **5** piel (de animal).
hide-and-seek [ˌhaɪdn'si:k] *n u* escondite (juego de niños).
hideaway ['haɪdəweɪ] *n c* escondrijo; lugar de retiro (en un lugar aislado).
hideous ['hɪdɪəs] *adj* espantoso, atroz.
hierarchy ['haɪərɑ:kɪ] *n c* (fml) jerarquía.
hieroglyph ['haɪərəglɪf] *n c* jeroglífico.
hi-fi ['haɪfaɪ] *adj* **1** de alta fidelidad. ● *n c & u* **2** aparato de alta fidelidad.
high [haɪ] *adj* **1** alto (gen); de altura. **2** elevado, grande (admiración); buena (opinión). **3** excelente (calidad). **4** fuerte, intenso (viento, color, aventura). **5** exuberante, alegre (de ánimo). **6** crecido (río). **7** pasado (comida). ~ **(on) 8** (infml) colocado (por las drogas). ● *adv* **9** alto. ● *n c* **10** punto álgido (cuantitativamente). **11** anticiclón (tiempo atmosférico). **12** (infml) sentimiento de euforia. ◆ ~ **chair** trona; ~ **heels** tacones altos; ~ **jump** SP salto de altura; ~ **point** momento crucial; ~ **resolution** alta resolución; ~ **school** *EE UU* escuela secundaria; ~ **season** temporada alta; ~ **street** calle mayor; ~ **tea** merienda; ~ **tide** marea alta; ~ **water** marea alta. ■ **it is ~ time (that)** ya es hora (de que).
high-class [ˌhaɪ'klɑ:s] *adj* de clase alta.
high-definition [ˌhaɪdefɪ'nɪʃn] *adj* de alta definición.
higher ['haɪər] *comp* **1** → high. ● *adj* **2** superior (examen, estudios, forma de vida). ◆ ~ **education** educación superior.
high-fidelity [ˌhaɪfɪ'delɪtɪ] *n u* alta fidelidad.
high-handed [ˌhaɪ'hændɪd] *adj* (pej) arbitrario, despótico.
highlight ['haɪlaɪt] *n c* **1** momento estelarl. ● **highlights** *n pl* **2** reflejos (en el pelo). ● *tr* **3** subrayar, destacar (poner énfasis). **4** resaltar (en un texto escrito).
highlighter ['haɪlaɪtər] *n c* marcador.
highly ['haɪlɪ] *adv* **1** altamente (situado, educado). **2** bien (hablar, pensar). **3** muy (para dar énfasis).
high-pitched [ˌhaɪ'pɪtʃt] *adj* chillona, aguda (voz).
high-powered [ˌhaɪ'paʊəd] *adj* **1** de gran potencia (maquinaria). **2** de nivel superior (actividad). **3** dinámico (persona).
high-rise ['haɪraɪz] *adj* de gran altura (edificio).
high-technology [ˌhaɪtək'nɒlədʒɪ] *n u* alta tecnología.
highway ['haɪweɪ] *n c EE UU* autopista. ◆ **Highway Code** *GB* Código de la Circulación.
hijack ['haɪdʒæk] *n c* **1** secuestro aéreo. ● *tr* **2** secuestrar (especialmente aviones).
hijacker ['haɪdʒækər] *n c* secuestrador aéreo.
hike [haɪk] *n c* **1** excursión a pie. **2** (infml) subida, incremento. ● *intr* **3** dar largos paseos.
hiker ['haɪkər] *n c* excursionista.
hilarious [hɪ'leərɪəs] *adj* divertidísimo.
hill [hɪl] *n c* colina.
hilt [hɪlt] *n c* empuñadura (de una espada, un cuchillo). ■ **(up) to the ~** (infml) incondicionalmente.

him [hɪm, [həm]] *pron* lo (objeto directo): *I saw him yesterday = lo vi ayer*; le (objeto indirecto): *give him the book = dale el libro*; él (después de preposición, en comparaciones): *I swim better than him = nado mejor que él.*
himself [hɪm'self] *pron* **1** a él mismo, se (reflexivo): *my son hurt himself = mi hijo se hizo daño.* **2** él mismo, él sin ayuda de nadie (para dar énfasis): *he did it himself = lo hizo él mismo.*
hind [haɪnd] (*pl* **hind** o **hinds**) *adj* **1** trasera (pata de animal). ● *n c* **2** cierva.
hinder ['hɪndər] *tr* dificultar, estorbar.
hindrance ['hɪndrəns] *n c & u* estorbo, dificultad.
hinge [hɪndʒ] *n c* **1** bisagra. ● **to ~ on/upon** *tr* **2** depender de.
hint [hɪnt] *n c* **1** alusión, indirecta (insinuación). **2** (normalmente *pl*) sugerencia, consejo (sobre algo concreto). **~ of 3** señal de. ● *tr* **4** dar a entender. **to ~ at 5** insinuar algo. ■ **to drop a ~** soltar una indirecta; **to take a ~** darse por aludido.
hip [hɪp] *n c* ANAT cadera.
hippie *n c* → hippy.
hippopotamus [ˌhɪpə'pɒtəməs, *pl irreg* ˌhɪpə'pɒtəmaɪ] (*pl* **hippopotamuses** o **hippopotami**) *n c* ZOOL hipopótamo.
hippy ['hɪpɪ] (*pl* **hippies**) *n c* hippy.
hire ['haɪər] *n u* **1** alquiler. ● *tr* **2** alquilar (automóvil). **3** contratar (persona). ♦ **to ~ out** alquilar. ■ **for ~** libre (taxi).
hire purchase [ˌhaɪə'pɜ:tʃəs] *n u* compra a plazos.
his [hɪz] *poss adj* **1** su (de él). ● *poss pron* **2** suyo, suya, suyos, suyas (de él).
hiss [hɪs] *n c* **1** siseo, silbido. ● *intr* **2** sisear, silbar. ● *tr & intr* **3** abuchear.
historic [hɪ'stɒrɪk y EE UU hɪ'stɔ:rɪk] *adj* histórico (acontecimiento).
historical [hɪ'stɒrɪkl y EE UU hɪ'stɔ:rɪkl] *adj* histórico (hechos pasados, personas).
history [hɪstrɪ] (*pl* **histories**) *n c & u* **1** historia. ● *n c* **2** historial (médico).
hit [hɪt] (*pt* y *pp* **hit**, *ger* **hitting**) *tr* **1** pegar, golpear; fajar (Amér.); chocar contra (un automóvil). **2** afectar (negativamente). **3** llegar a, alcanzar. **4** SP golpear (balón). ● *n c* **5** golpe. **6** éxito. ♦ **~ parade** lista de éxitos musicales.
hit-and-miss [ˌhɪtn'mɪs] *adj* al azar.
hitch [hɪtʃ] *n c* **1** dificultad, problema. ● *tr* **2** atar, enganchar. ● *intr & tr* **3** (infml) hacer autostop. ♦ **to ~ up** arremangarse (una prenda).
hitchhike ['hɪtʃhaɪk] *intr* hacer autostop.
hitchhiker ['hɪtʃhaɪkər] *n c* autostopista.
hit-or-miss [ˌhɪtɔ:'mɪs] *adj* → hit-and-miss.
HIV [ˌeɪtʃˌaɪ'vi:] (*abbrev* **human immunodeficiency virus**) *n c* VIH.
hoard [hɔ:d] *n c* **1** tesoro; acumulación. ● *tr* **2** acumular.
hoarding ['hɔ:dɪŋ] *n c* valla publicitaria.
hoarfrost ['hɔ:frɒst] *n u* escarcha.
hoarse [hɔ:s] *adj* ronco.
hoax [həʊks] (*pl* **hoaxes**) *n c* **1** engaño; chuchada (Amér.). ● *tr* **2** engañar.
hob [hɒb] *n c* quemador (de cocina).
hobble ['hɒbl] *intr* cojear.
hobby ['hɒbɪ] (*pl* **hobbies**) *n c* pasatiempo, hobby.
hockey ['hɒkɪ] *n u* SP hockey.
hoe [həʊ] *n c* azada, azadón.
hog [hɒg y EE UU hɔ:g] (*pt* y *pp* **hogged**, *ger* **hogging**) *tr* **1** acaparar; abarcar (Amér.). ● *n c* **2** ZOOL cerdo capado; chancho (Amér.). **3** (infml) cerdo (persona). ■ **to go the whole ~** (infml) liarse la manta a la cabeza.
hoist [hɔɪst] *n c* **1** grúa. ● *tr* **2** elevar, alzar (con las manos, una grúa); izar (bandera, vela).
hold [həʊld] (*pt* y *pp* **held**) *tr* **1** tener, sostener (en la mano); abrazar (con los brazos). **2** mantener, aguantar (posición). **3** aguantar, soportar (algo muy pesado). **4** tener capacidad para (una cantidad). **5** detener, retener (prisionero). **6** mantener, tener (opinión, creencia). **7** tener, ostentar (propiedad, título, récord). **8** celebrar (una reunión). **9** mantener (la tención, el interés de alguien). ● *intr* **10** durar, mantenerse (la suerte). **11** esperar (una llamada telefónica). ● *n u* **12** asimiento. ● *n c* **13** compartimento de carga, bodega (en un barco, un avión). ● **~ (on/over)** *n sing* **14** poder (sobre) (otras personas). ♦ **to ~ back** retener, retrasar; reprimir (lágrimas, risa); mantener bajo control (salarios, precios); **to ~ down** controlar, sujetar (a una persona en el suelo); controlar (precios); conservar (el trabajo); **to ~ in** reprimir, contener (emociones); **to ~**

on aguantar; esperar; **to ~ out** extender la mano; resistir, aguantar (una situación difícil); mantener (la esperanza); **to ~ over** retrasar, aplazar (asunto); **to ~ up** levantar (objeto); retrasar; atracar, asaltar.
holdall [ˈhəʊldɔːl] *n c* bolsa de viaje.
holder [ˈhəʊldər] *n c* **1** poseedor (persona que posee); titular (del pasaporte). **2** soporte (donde encaja otra cosa), boquilla (para cigarrillos).
holding [ˈhəʊldɪŋ] *n c* propiedad (de tierras); participación; colección (de cuadros). ◆ **~ company** FIN holding de empresas.
hold-up [ˈhəʊldʌp] *n c* **1** atasco (de tráfico). **2** retraso. **3** atraco (robo).
hole [həʊl] *n c* **1** agujero. **2** (fig) vacío, defecto (en una ley). **3** SP hoyo (en el golf). ● *tr* **4** hacer un agujero. ◆ **to ~ up** (infml) esconderse. ■ **in ~** lleno de agujeros; **to make a ~ in** reducir gravemente.
holiday [ˈhɒlədeɪ] *n c & u* **1** vacaciones (período de tiempo). ● *n c* **2** día de fiesta, festivo; feriado (Amér.). ● *tr* **3** ir/estar de vacaciones. ■ **on ~/on holidays** de vacaciones.

> En Gran Bretaña, ***(public) holiday*** o ***bank holiday*** es un día festivo. Para referirse a las vacaciones de trabajo o escolares, se emplea ***holiday(s)*** en Gran Bretaña y ***vacation*** en Estados Unidos. En inglés británico, ***vacation*** se usa para períodos de cierre de los tribunales, universidades, etc.

holiday-maker [ˈhɒlədeɪmeɪkər] *n c* turista.
Holland [ˈhɒlənd] *n sing* Holanda.
hollow [ˈhɒləʊ] *adj* **1** hueco. **2** hundido. **3** sordo (ruido). **4** falso. ● *n c* **5** hueco; hondonada (en el suelo). ● *tr* **6** hacer un hueco en (excavando). ◆ **to ~ out** hacer un agujero en (excavando); hundir (una superficie).
holly [ˈhɒlɪ] *n u* BOT acebo.
holocaust [ˈhɒləkɔːst] *n c & u* holocausto.
holy [ˈhəʊlɪ] *adj* REL santo, sagrado. ◆ **the Holy Ghost/Spirit** el Espíritu Santo.
homage [ˈhɒmɪdʒ] *n u* (fml) homenaje. ■ **to pay/do ~ to** rendir homenaje a.
home [həʊm] *adj* **1** natal (ciudad, país). **2** nacional (economía). **3** SP en casa, de casa (partido). ● *n c & u* **4** hogar, casa. **5** patria. ● *n c* **6** asilo. ◆ **~ computer** ordenador doméstico; **~ economics** economía doméstica; **~ ground** SP campo propio; **~ help** ayuda doméstica (empleada); **~ page** COMPUT página de inicio. ■ **at ~** en casa; **at ~ in** a gusto hablando de.
homeland [ˈhəʊmlænd] *n c* patria.
homeless [ˈhəʊmlɪs] *adj* sin hogar.
homely [ˈhəʊmlɪ] *adj* **1** sencillo (natural); hogareño, familiar (atmósfera). **2** *EE UU* (pej) feúcho (objeto).
home-made [ˌhəʊmˈmeɪd] *adj* casero.
homeopathy [ˌhəʊmɪˈɒpəθɪ] *n u* MED homeopatía.
homesick [ˈhəʊmsɪk] *adj* nostálgico.
homework [ˈhəʊmwɜːk] *n u* deberes.
homey [ˈhəʊmɪ] *adj EE UU* (infml) cómodo, como en casa.
homicide [ˈhɒmɪsaɪd] *n c & u* homicidio.
homoeopathy *n u* →homeopathy.
homogeneous [ˌhɒməˈdʒiːnɪəs] *adj* homogéneo.
homosexual [ˌhɒməˈsekʃʊəl] *adj & n c* homosexual.
Honduran [hɒnˈdjʊərən] *adj & n c* hondureño.
Honduras [hɒnˈdjʊərəs] *n sing* Honduras.
hone [həʊn] *tr* **1** afilar (especialmente piedras). **2** preparar (mente, cuerpo).
honest [ˈɒnɪst] *adj* **1** honrado (persona); franco, sincero (opinión). ● *adv* **2** (infml) de verdad, te lo juro. ■ **to be ~** para ser sincero.
honestly [ˈɒnɪstlɪ] *adv* de verdad, francamente.
honey [ˈhʌnɪ] *n u* **1** miel (de las abejas). ● *n c* **2** *EE UU* (infml) cariño, amor (entre parejas). ◆ **~ bee** ZOOL abeja obrera.
honeycomb [ˈhʌnɪkəʊm] *n c & u* panal.
honeymoon [ˈhʌnɪmuːn] *n c* luna de miel.
honeysuckle [ˈhʌnɪsʌkl] *n u* BOT madreselva.
honk [hɒŋk] *n c* **1** bocinazo. **2** graznido (de los gansos). ● *tr & intr* **3** tocar (la bocina). ● *intr* **4** graznar (los gansos).
honor *n u* → honour.
honorable *adj* → honourable.
honour [ˈɒnər] (*EE UU* **honor**) *n u* **1** honor (gen); honra. ● **honours** *n pl* **2** SCH

matrícula de honor (nota académica). • *tr* **3** respetar (acuerdo); honrar (mostrar respeto).

honourable [ˈɒnərəbl] (*EE UU* **honorable**) *adj* **1** digno, honroso (acción). **2** honorable.

hood [hʊd] *n c* **1** capucha (de una prenda de vestir). **2** *GB* capota (de automóvil). **3** *EE UU* capó (de automóvil).

hoodwink [ˈhʊdwɪŋk] *tr* burlar, engañar.

hooey [ˈhu:ɪ] *n u* (infml) bobadas.

hoof [hu:f] (*pl* **hoofs** o **hooves**) *n c* casco (del caballo).

hook [hʊk] *n c* **1** gancho (gen); anzuelo (para pescar). • *tr* **2** enganchar (un objeto). **3** pescar (marido, esposa). ◆ **~ and eye** corchete; **to ~ up** conectar.

hooked [hʊkt] *adj* **1** en forma de gancho. **~ on 2** (infml) loco por; enganchado a (las drogas).

hooligan [ˈhu:lɪgən] *n c* (pej) gamberro.

hoop [hu:p] *n c* aro.

hooray [hʊˈreɪ] *interj* hurra.

hoot [hu:t] *n c* **1** bocinazo; grito ululato (de un búho); carcajada. • *intr* & *tr* **2** tocar (la bocina). • *intr* **3** ulular (el búho).

hoover® [ˈhu:vər] *n c* **1** aspirador(a). • *tr* & *intr* **2** pasar el aspirador por.

hooves [hu:vz] *n pl* → hoof.

hop [hɒp] (*pt* y *pp* **hopped**, *ger* **hopping**) *intr* **1** saltar sobre un pie (persona); dar saltitos (pájaros). • *n c* **2** salto, brinco. **3** (infml) viaje corto.

hope [həʊp] *n c* & *u* **1** esperanza. • **to ~ (that/+ inf)** *tr* **2** esperar (que/+ inf). • **to ~ for** *intr* **3** esperar algo. ■ **I ~ so/not** espero que sí/no.

hopeful [ˈhəʊpfl] *adj* optimista (persona); esperanzador (noticia).

hopefully [ˈhəʊpfəlɪ] *adv* **1** lleno de esperanza. **2** con suerte.

hopeless [ˈhəʊplɪs] *adj* **1** desesperado, imposible (situación). **2** (infml) inútil (persona).

horde [hɔ:d] *n c* horda.

horizon [həˈraɪzn] *n c* horizonte.

horizontal [ˌhɒrɪˈzɒntl y EE UU ˌhɔ:rɪˈzɒntl] *adj* horizontal.

hormone [ˈhɔ:məʊn] *n c* hormona.

horn [hɔ:n] *n c* **1** cuerno, asta; cacho (Amér.). **2** bocina, claxon (de un vehículo).

horoscope [ˈhɒrəskəʊp y EE UU ˈhɔ:rəskəʊp] *n c* horóscopo.

horrible [ˈhɒrɪbl y EE UU ˈhɔ:rəbl] *adj* horrible.

horrific [hɒˈrɪfɪk] *adj* sobrecogedor, horroroso (accidente); de espanto, excesivo (precios); horripilante (película).

horrify [ˈhɒrɪfaɪ y EE UU ˈhɔ:rɪfaɪ] (*pt* y *pp* **horrified**, *ger* **horrifying**) *tr* horrorizar.

horror [ˈhɒrər y EE UU ˈhɔ:rər] *adj* **1** de miedo, de terror (película, historia). • *n u* **2** horror. • *n c* **3** (normalmente *pl*) experiencia horrorosa.

hors d'oeuvre [ˌɔ:ˈdɑ:vrə y EE UU ˌɔ:ˈdɑ:v] (*pl* **hors d'oeuvre** o **hors d'oeuvres**) *n c* GAST (normalmente *pl*) entremés.

horse [hɔ:s] *n c* **1** ZOOL caballo.

horseback [ˈhɔ:sbæk] *adj* & *adv* a caballo. ■ **on ~** a caballo.

horseman [ˈhɔ:smən] (*pl* **horsemen**) *n c* jinete.

horse racing [ˈhɔ:sreɪsɪŋ] *n u* SP carreras de caballos.

horseradish [ˈhɔ:srædɪʃ] *n u* BOT rábano picante.

horse riding [ˈhɔ:sraɪdɪŋ] *n u* montar a caballo.

horseshoe [ˈhɔ:sʃu:] *n c* herradura.

horse-trading [ˈhɔ:streɪdɪŋ] *n u EE UU* regateo, chalaneo.

horsewoman [ˈhɔ:swʊmən] (*pl* **horsewomen**) *n c* amazona.

horticulture [ˈhɔ:tɪkʌltʃər] *n u* horticultura.

hose [həʊz] *n c* manguera; manguito (para la conducción del gas).

hosiery [ˈhəʊzɪərɪ y EE UU ˈhəʊʒərɪ] *n u* (fml) ropa interior.

hospice [ˈhɒspɪs] *n c hospital de enfermos terminales.*

hospitable [hɒˈspɪtəbl y ˈhɒspɪtəbl] *adj* hospitalario.

hospital [ˈhɒspɪtl] *n c* hospital.

hospitality [ˌhɒspɪˈtælɪtɪ] *n u* hospitalidad.

host [həʊst] *n c* **1** anfitrión (persona, país). **2** presentador (de un programa). **3** COMPUT servidor. • n *sing* **~ of 4** multitud de, montón de. • *tr* **5** presentar (un programa). ◆ **the Host** REL la Hostia.

hostage [ˈhɒstɪdʒ] *n c* rehén.

hostel ['hɒstl] *n c* hostal; albergue (para jóvenes); residencia (de estudiantes).
hostess ['həʊstɪs] *n c* **1** anfitriona (persona). **2** presentadora (de un programa). **3** acompañante (en un club nocturno).
hostile ['hɒstaɪl y EE UU 'hɒstl] *adj* hostil.
hot [hɒt] *adj* **1** caliente (alimento, objeto); caluroso (clima). **2** picante (comida). **3** apasionado. ♦ **~ dog** GAST perrito caliente; **~ line** POL teléfono rojo; **~ potato** (infml) patata caliente (problema); **~ seat** primera fila; **~ spot** lugar de moda; punto caliente; **~ water bottle** bolsa de agua caliente. ■ **to be ~** tener calor (persona); hacer calor (clima).
hotel [həʊ'tel] *n c* hotel.
hotfoot ['hɒtfʊt] *adv* (infml) a toda velocidad.
hot-headed [ˌhɒt'hedɪd] *adj* (pej) impulsivo.
hothouse ['hɒthaʊs] *n c* **1** invernadero. **2** (fig) hervidero (de ideas, artistas).
hotplate ['hɒtpleɪt] *n c* hornillo.
hound [haʊnd] *n c* **1** perro de caza. ● *tr* **2** acosar (con insultos o críticas). ♦ **to ~ out** obligar a irse (a alguien).
hour [aʊər] *n c* **1** hora. ● **hours** *n pl* **2** horario (de trabajo); tiempo (en que algo tiene lugar). ■ **on the ~** en punto.
hourglass ['aʊəglɑːs] *n c* reloj de arena.
house [haʊs] *n c* **1** casa (gen). **2** empresa. **3** casa de comidas (restaurante). **4** club (deportivo). **5** sala (teatral, cinematográfica). ● *adj* **6** de la casa, casero (vino, comida). ♦ **~ arrest** arresto domiciliario; **~ of cards** castillo de naipes; **~ officer** *GB* médico residente; **the House of Commons** POL la Cámara de los Comunes (GB); **the House of Lords** POL la Cámara de los Lores (GB); **the House of Representatives** POL la Cámara de los Representantes (en EE UU); **the Houses of Parliament** el Parlamento (GB).
house [haʊz] *tr* albergar (personas, cosas); alojar.
housebreaker ['haʊsbreɪkər] *n c* ladrón de casas.
housecoat ['haʊskəʊt] *n c* bata (de ir por casa).
household ['haʊshəʊld] *adj* **1** familiar, conocido. ● *n c* **2** familia.
housekeeper ['haʊskiːpər] *n c* ama de llaves.
house-plant ['haʊsplænt] *n c* planta de interior.
house-warming ['haʊswɔːmɪŋ] *n c* fiesta de inauguración de una casa.
housewife ['haʊswaɪf] (*pl* **housewives**) *n c* ama de casa.
housework ['haʊswɜːk] *n u* tareas del hogar.
housing ['haʊzɪŋ] *n u* **1** vivienda. **2** alojamiento. ● *n c* **3** MEC caja (en una máquina). ♦ **~ estate** *EE UU* viviendas de protección oficial.
hove [həʊv] *pt & pp* → heave.
hovel ['hɒvl] *n c* casucha.
hover ['hɒvər y EE UU 'hʌvər] *intr* **1** permanecer quieto en el aire. **2** titubear, no decidirse (dudar).
hovercraft ['hɒvəkrɑːft] (*pl* **hovercraft**) *n c* aerodeslizador.
how [haʊ] *adv* **1** cómo: *how are you? = ¿cómo estás?* **~ + adj/adv 2** qué, cuánto, cuántos: *how old are you? = ¿cuántos años tienes?* **~ adj/adv 3** (en exclamaciones) qué: *how pretty she is! = ¡qué guapa es!* ■ **~ about?** ¿y...? (introduciendo un tema nuevo); ¿qué te parece si?; **~ do you do?** (fml) encantado, mucho gusto (presentación); **~ ever** (fml) cómo (para enfatizar); **~ do you mean?** ¿qué quieres decir?, ¿a qué te refieres?; **~ much + n u/~ many + n c** ¿cuánto?, ¿cuánta?/¿cuántos?, ¿cuántas?; **~ much?** ¿cuánto (dinero) cuesta/cuestan? (precio).
however [haʊ'evər] *adv* **1** sin embargo, no obstante. **2** del modo que, de la manera que. **~ + adj/adv 3** por muy/ mucho...que.
howl [haʊl] *n c* **1** aullido (de lobo o perro); alarido (de persona). ● *intr* **2** aullar (lobo o perro); dar un alarido (persona).
HQ [ˌeɪtʃ'kjuː] (*abbrev* **headquarters**) *n c* cuartel general.
hub [hʌb] *n c* **1** cubo (de una rueda). **~ of 2** centro de (actividad). **3** COMPUT hub.
huddle ['hʌdl] *n c* **1** grupo amontonado (de personas o cosas). ● *intr* **2** amontonarse (unos contra otros).
huff [hʌf] *intr* (infml) decir con mal humor. ■ **in a ~** con una rabieta.

h

hug [hʌg] (*pt* y *pp* **hugged**, *ger* **hugging**) *tr* & *intr* **1** abrazar. ● *tr* **2** agarrar con fuerza. ● *n c* **3** abrazo.
huge [hju:dʒ] *adj* enorme.
hulk [hʌlk] *n c* **1** MAR barco viejo. **2** mole (persona, edificio).
hull [hʌl] *n c* casco (de un barco).
hum [hʌm] (*pt* y *pp* **hummed**, *ger* **humming**) *intr* **1** zumbar (insecto). **2** canturrear. ● *tr* **3** canturrear, tararear (una canción). ● *n c* **4** zumbido (tráfico); ronroneo (de voces).
human ['hju:mən] *adj* **1** humano. ● *n c* **2** ser humano. ◆ **~ being** ser humano; **~ resource** recursos humanos; **~ rights** derechos humanos; **the ~ race** la raza humana.
humane [hju:'meɪn] *adj* humano, bondadoso.
humanitarian [hju:ˌmænɪ'teərɪən] *adj* humanitario.
humanity [hju:'mænɪtɪ] *n u* humanidad. ◆ **the humanities** SCH las humanidades (disciplina).
humble ['hʌmbl] *adj* **1** humilde (de categoría). ● *tr* & *pron* **2** humillar(se).
humbug ['hʌmbʌg] *n c* **1** *GB* caramelo de menta a rayas. **2** farsante. ● *n u* **3** farsa (ideas, palabras).
humdrum ['hʌmdrʌm] *adj* monótono.
humerus ['hju:mərəs, *pl irreg* 'hju:məraɪ] (*pl* **humeruses** o **humeri**) *n c* ANAT húmero.
humid ['hju:mɪd] *adj* húmedo.
humidity [hju:'mɪdɪtɪ] *n u* humedad.
humiliate [hju:'mɪlɪeɪt] *tr* humillar.
humiliation [hju:ˌmɪlɪ'eɪʃn] *n c* & *u* humillación.
humility [hju:'mɪlɪtɪ] *n u* humildad.
hummingbird ['hʌmɪŋbɜ:d] *n c* ZOOL colibrí.
humor *n u* → humour.
humorous ['hju:mərəs] *adj* gracioso, divertido.
humour ['hju:mər] (*EE UU* **humor**) *n u* **1** humor, sentido del humor (de persona). **2** humor (estado de ánimo). ● *tr* **3** complacer (a alguien fastidioso).
hump [hʌmp] *n c* **1** joroba (de persona); jiba (de un animal). **2** cerro, montículo. ● *tr* **3** arrastrar (un objeto pesado).
hunch [hʌntʃ] *n c* **1** corazonada. ● *tr* & *pron* **2** encoger(se) (los hombros, de frío).
hunchback ['hʌntʃbæk] *n c* (pej) jorobado (persona).
hundred ['hʌndrəd] *card* **1** cien, ciento. ● *n c* **2** centenar. ● **hundreds** *n pl* **3** cientos, montones.
hundredth ['hʌndrədθ] *ord* centésimo.
hung [hʌŋ] *pt* & *pp* → hang.
Hungarian [hʌŋ'geərɪən] *adj* & *n c* **1** húngaro. ● *n u* **2** húngaro (idioma).
Hungary ['hʌŋgərɪ] *n sing* Hungría.
hunger ['hʌŋgər] *n u* hambre. ◆ **~ strike** huelga de hambre.
hungry ['hʌŋgrɪ] *adj* hambriento. ■ **to be ~** tener hambre; **to go ~** pasar hambre.
hunk [hʌŋk] *n c* pedazo (de pan).
hunt [hʌnt] *n c* **1** caza (de animales). **2** búsqueda ansiosa de. ● *tr* & *intr* **3** cazar, ir de cacería. ● *tr* **4** perseguir (a un criminal). ● **to ~ for** *intr* **5** buscar ansiosamente. ◆ **to ~ down** dar caza a, perseguir.
hunter ['hʌntər] *n c* cazador; persona a la caza (de oportunidades).
hunting ['hʌntɪŋ] *n u* **1** caza (de animales, esp. del zorro). **2** (infml) búsqueda (de objetos, oportunidades).
hurdle ['hɜ:dl] *n c* **1** SP valla (en las carreras). **2** (fig) obstáculo (problema). ● **hurdles** *n pl* **3** SP carreras de vallas/obstáculos.
hurl [hɜ:l] *tr* **1** arrojar violentamente (algo). **2** (fig) lanzar, llenar de (críticas, insultos).
hurrah or **hurray** [hʊ'rɑ: o hʊ'reɪ] *interj* → hooray.
hurricane ['hʌrɪkən] *n c* huracán.
hurried ['hʌrɪd] *adj* apresurado (acción); superficial (lectura).
hurry ['hʌrɪ] (*pt* y *pp* **hurried**, *ger* **hurrying**) *intr* **1** darse prisa, apresurarse. **to ~ + inf** **2** darse prisa en (hacer algo). ● *tr* **3** apresurar, meter prisa (persona); hacer deprisa (trabajo). ● *n u* **4** prisa; apuro (Amér.). ◆ **to ~ on** darse prisa en; **to ~ off** irse corriendo; **to ~ up** darse mucha prisa; meter prisa (a alguien). ■ **in no ~/not in any ~** sin prisa alguna; **to be in a ~** tener prisa.
hurt [hɜ:t] (*pt* y *pp* **hurt**) *tr* **1** herir, hacer daño (física o moralmente); perjudicar (intereses económicos). ● *intr* **2** doler: *my back is hurting = me duele la espal-*

da. • *adj* **3** herido (físicamente); ofendido (por un comentario). • *n c* & *u* **4** herida (injuria, ofensa); daño moral.
hurtful [ˈhɑ́ːtfl] *adj* hiriente.
hurtle [ˈhɑ́ːtl] *intr* abalanzarse, arrojarse. ■ **to ~ past** pasar como un rayo.
husband [ˈhʌzbənd] *n c* marido.
hush [hʌʃ] *n u* **1** silencio.• **~!** **2** *interj* ¡silencio!
husk [hʌsk] *n c* BOT cáscara (de cereal).
husky [ˈhʌskɪ] (*pl* **huskies**) *adj* **1** ronca (voz). **2** fornido (esp. un hombre). • *n c* **3** perro esquimal.
hustle [ˈhʌsl] *n c* **1** bullicio. • *tr* **2** empujar con prisas (para abrise paso); apresurar.
hut [hʌt] *n c* **1** cabaña, choza (en poblados nativos). **2** barraca temporal (para obreros).
hutch [hʌtʃ] *n c* conejera (jaula).
hyacinth [ˈhaɪəsɪnθ] *n c* BOT jacinto.
hyaena *n c* → hyena.
hybrid [ˈhaɪbrɪd] *adj* & *n c* BIOL híbrido.
hydrant [ˈhaɪdrənt] *n c* boca de riego.
hydrate [ˈhaɪdreɪt] *tr* hidratar.
hydraulic [haɪˈdrɔːlɪk] *adj* hidraúlico.
hydrofoil [ˈhaɪdrəfɔɪl] *n c* MAR hidroala.
hydrogen [ˈhaɪdrədʒən] *n u* CHEM hidrógeno.
hyena [haɪˈiːnə] *n c* ZOOL hiena.
hygiene [ˈhaɪdʒiːn] *n u* higiene.
hygienic [haɪˈdʒiːnɪk] *adj* higiénico.
hymn [hɪm] *n c* himno.
hype [haɪp] *n u* (infml, pej) campaña publicitaria.
hyperactive [ˌhaɪpərˈæktɪv] *adj* hiperactivo.
hyperlink [ˌhaɪpəlɪnk] *n u* COMPUT hiperenlace.
hypermarket [ˈhaɪpəmɑːkɪt] *n c* híper, hipermercado.
hypertension [ˌhaɪpəˈtenʃn] *n u* MED hipertensión.
hypertext [ˌhaɪpətekst] *n u* COMPUT hipertexto.
hyphen [ˈhaɪfn] *n c* guion.
hypnosis [hɪpˈnəʊsɪs] *n u* hipnosis.
hypnotic [hɪpˈnɒtɪk] *adj* hipnótico.
hypochondriac [ˌhaɪpəˈkɒndrɪæk] *n c* MED hipocondríaco.
hypocrisy [hɪˈpɒkrəsɪ] (*pl* **hypocrisies**) *n c* & *u* hipocresia.
hypocrite [ˈhɪpəkrɪt] *n c* hipócrita (persona).
hypocritical [ˌhɪpəˈkrɪtɪkl] *adj* hipócrita.
hypothesis [haɪˈpɒθəsɪs] (*pl* **hypotheses**) *n c* & *u* hipótesis.
hypothetical [ˌhaɪpəˈθetɪkl] *adj* hipotético.
hysteria [hɪˈstɪərɪə] *n u* histeria.
hysterical [hɪˈsterɪkl] *adj* histérico.
hysterics [hɪˈsterɪks] *n pl* histerismo.

Ii

i, I [aɪ] *n c* i, I (letra).
I [aɪ] *pron* yo (sujeto).
ice [aɪs] *n u* **1** hielo. • *n sing* **2** *EE UU* pista de hielo. • *tr* **3** GAST glasear, escarchar (pasteles). ♦ **~ bucket** cubitera; **~ floe** masa de hielo flotante; **~ hockey** SP hockey sobre hielo; **~ lolly** *GB* polo; **~ rink** pista de patinaje sobre hielo; **~ skate** patín para hielo. ■ **to break the ~** (fig) romper el hielo.
iceberg [ˈaɪsbɜːg] *n c* iceberg.
ice-cold [ˌaɪsˈkəʊld] *adj* helado, gélido.
ice-cream [ˌaɪsˈkriːm] *n c & u* helado.
ice-cube [ˈaɪsˌkjuːb] *n c* cubito de hielo.
Iceland [ˈaɪslənd] *n sing* Islandia.
Icelander [ˈaɪsləndər] *n c* islandés.
Icelandic [aɪsˈlændɪk] *adj & n u* islandés.
ice-skate [ˈaɪsskeɪt] *tr* patinar sobre hielo.
ice-skating [ˈaɪsskeɪtɪŋ] *n u* SP patinaje sobre hielo.
icicle [ˈaɪsɪkl] *n c* carámbano.
icing [ˈaɪsɪŋ] *n u GB* GAST capa de azucar glasé. ♦ **~ sugar** azucar glasé.
icon [ˈaɪkɒn] *n c* icono.
icy [ˈaɪsɪ] *adj* **1** helado, glacial. **2** (fig) frío (mirada).
ID [ˌaɪˌdiː] (*abbrev* **identification**) *n c* identificación. ♦ **~ card** DNI, cédula de identidad (Amér.).
idea [aɪˈdɪə] *n c & u* **1** idea (gen). • *n sing* **2** impresión. ■ **to get the ~** comprender; **that's the ~!** ¡eso es!
ideal [aɪˈdɪəl] *adj & n c* **1** ideal. • **ideals** *n pl* **2** ideales.
idealise *tr & intr* → idealize.
idealism [aɪˈdɪəlɪzəm] *n u* idealismo.
idealist [aɪˈdɪəlɪst] *n c* idealista (persona).
idealize [aɪˈdɪəlaɪz] *tr* idealizar.
identical [aɪˈdentɪkl] *adj* **1** idéntico. **2** el mismo.
identifiable [aɪˈdentɪfaɪəbl] *adj* identificable.
identification [aɪˌdentɪfɪˈkeɪʃn] *n u* identificación. ♦ **~ parade** *GB* rueda de reconocimiento (en comisaría).
identify [aɪˈdentɪfaɪ] (*pt* y *pp* **identified**) *tr* **1** identificar, reconocer. **2** descubrir.
identikit [aɪˈdentɪkɪt] *n c* retrato robot.
identity [aɪˈdentɪtɪ] (*pl* **identities**) *n c & u* identidad. ♦ **~ card** carnet de identidad, cédula de identidad (Amér.).
ideology [ˌaɪdɪˈɒlədʒɪ] (*pl* **ideologies**) *n c & u* ideología.
idiom [ˈɪdɪəm] *n c* frase hecha.
idiosyncrasy [ˌɪdɪəˈsɪŋkrəsɪ] (*pl* **idiosyncrasies**) *n c* idiosincracia.
idiot [ˈɪdɪət] *n c* idiota; boludo (Amér.).
idle [ˈaɪdl] *adj* **1** inactivo (sin empleo); parado (máquina). **2** holgazán. **3** inútil (amenaza). **4** infundado (rumor). **5** mera (curiosidad). **6** ocioso. • *intr* **7** holgazanear, cauchear (Amér.). ♦ **to ~ away** desperdiciar (tiempo).
idler [ˈaɪdlər] *n c* holgazán, vago.
idol [ˈaɪdl] *n c* ídolo.
idyllic [ɪˈdɪlɪk y EE UU aɪˈdɪlɪk] *adj* idílico.
i. e. [ˌaɪˈiː] (*abbrev* **id est**) *phr* es decir, o sea.
if [ɪf] *conj* **1** si (condicional): *if she should come = suponiendo que ella viniera.* **2** si bien, aunque: *a nice party, if a little noisy = una fiesta agradable, si bien un poco ruidosa.* • *n c* **3** duda, hipótesis. ■ **even ~** incluso si; **~ anything** si acaso; **~ ever** si en algún momento; **~ not** si no, por no decir; **~ only** ¡ojalá!, si por lo menos; **~ you like** si quieres.

> En estilo formal y en la expresión ***If I were you…*** se usa ***were*** en lugar de ***was***: *I shouldn't worry if I were you = yo en tu lugar no me preocuparía.*

igloo [ˈigluː] *n c* iglú.
ignition [ɪgˈnɪʃn] *n u* ignición.
ignominious [ˌɪgnəˈmɪnɪəs] *adj* ignominioso.
ignorance [ˈɪgnərəns] *n u* ignorancia.

ignorant [ˈɪgnərənt] *adj* ignorante.
ignore [ɪgˈnɔː] *tr* ignorar.
ill [ɪl] *adj* **1** enfermo. **2** aciago, funesto (suerte). **3** penoso (resultado). **4** nocivo (efecto). • *adv* **5** cruelmente. **6** apenas, pobremente: *ill-researched = apenas investigado*. ◆ ~ **will** hostilidad, mala fe. ■ **for good or ~** para bien o para mal; **~ at ease** nervioso; **to be taken/fall ~** caer enfermo; **to make sb ~** poner a alguien de los nervios; **to speak ~ of** hablar mal de.
I'll [aɪl] *contr* **1** (contr de *I + will*) → will. **2** (contr de *I + shall*) → shall.
illegal [ɪˈliːgl] *adj* ilegal.
illegality [ˌɪliːˈgælətɪ] (*pl* **illegalities**) *n c & u* ilegalidad.
illegible [ɪˈledʒəbl] *adj* ilegible.
illegitimate [ˌɪlɪˈdʒɪtɪmət] *adj* ilegítimo.
ill-fated [ɪlˈfeɪtɪd] *adj* desafortunado, desgraciado.
ill-founded [ɪlˈfaʊndɪd] *adj* infundado, falso.
illicit [ɪˈlɪsɪt] *adj* ilícito.
illiterate [ɪˈlɪtərət] *adj & n c* **1** analfabeto. • *adj* **2** (infml) inculto.
illness [ˈɪlnɪs] (*pl* **illnesses**) *n c & u* enfermedad.
illogical [ɪˈlɒdʒɪkl] *adj* ilógico.
ill-treatment [ˌilˈtriːtmənt] *n c* malos tratos.
illuminate [ɪˈluːmɪneɪt] *tr* **1** iluminar. **2** clarificar, esclarecer (problema).
illuminated [ɪˈluːmɪneɪtɪd] *adj* iluminado.
illumination [ɪˌluːmɪˈneɪʃn] *n u* **1** iluminación. **2** *GB* (normalmente *pl*) decoración con luces de colores (Christmas).
illusion [ɪˈluːʒn] *n c & u* ilusión. ■ **to be under an ~** pensar equivocadamente.
illustrate [ˈiləstreɪt] *tr* ilustrar.
illustration [ˌɪləˈstreɪʃn] *n c* ilustración.
illustrious [ɪˈlʌstrɪəs] *adj* ilustre, distinguido.
I'm [aɪm] *contr* (contr de *I + am*) → be.
image [ˈɪmɪdʒ] *n c* imagen. ■ **to be the living/very ~ of** ser el vivo retrato de.
imaginary [ɪˈmædʒɪnərɪ] *adj* imaginario.
imagination [ɪˌmædʒɪˈneɪʃn] *n c & u* imaginación.
imaginative [ɪˈmædʒɪnətɪv] *adj* imaginativo.
imagine [ɪˈmædʒɪn] *tr* **1** imaginar (gen). **to ~ (that) 2** suponer (que). ■ **just ~ (it/that)** ¡imagínate! (sorpresa).
imbalance [ˌɪmˈbæləns] *n c & u* desigualdad, desequilibrio.
imbecile [ˈimbəsiːl] *n c* imbécil; boludo (Amér.).
imitate [ˈɪmɪteɪt] *tr* imitar.
imitation [ˌɪmɪˈteɪʃn] *n c & u* imitación.
immaculate [ɪˈmækjʊlət] *adj* **1** inmaculado. **2** perfecto, impecable.
immaterial [ˌɪməˈtɪərɪəl] *adj* irrelevante.
immature [ˌɪməˈtjʊər] *adj* inmaduro.
immeasurable [ɪˈmeʒərəbl] *adj* inconmensurable.
immediate [ɪˈmiːdɪət] *adj* **1** inmediato. **2** directo.
immediately [ɪˈmiːdɪətlɪ] *adv* **1** inmediatamente, enseguida. **2** directamente. • *conj* **3** *GB* tan pronto como.
immense [ɪˈmens] *adj* inmenso.
immerse [ɪˈmɑːs] *tr* sumergir. ■ **to be immersed in sth** estar inmerso en algo.
immersion [ɪˈmɑːʃn] *n u* inmersión.
immigrant [ˈɪmɪgrənt] *n c* inmigrante.
immigration [ˌɪmɪˈgreɪʃn] *n c & u* inmigración. ◆ ~ **control** control de inmigración.
imminent [ˈɪmɪnənt] *adj* inminente.
immobile [ɪˈməʊbaɪl y EE UU ɪˈməʊbəl] *adj* inmóvil.
immobilise *tr* → immobilize.
immobilize [ɪˈməʊbɪlaɪz] *tr* inmovilizar.
immoral [ɪˈmɒrəl] *adj* inmoral.
immortal [ɪˈmɔːtl] *adj* inmortal.
immortality [ˌɪmɔːˈtælɪtɪ] *n u* inmortalidad.
immovable [ɪˈmuːvəbl] *adj* **1** inamovible, inmóvil. **2** inmutable.
immune [ɪˈmjuːn] *adj* **1** inmune. **2** exento.
immunise *tr* → immunize.
immunity [ɪˈmjuːnətɪ] *n u* **1** inmunidad (gen). **2** exención.
immunize [ˈɪmjuːnaɪz] *tr* MED inmunizar.
imp [ɪmp] *n c* **1** LIT diablillo, duende. **2** travieso (niño).
impact [ˈɪmpækt] *n c* **1** impacto. • *tr* **2** tener repercusión en.
impaired [ɪmˈpeəd] *adj* deteriorado.
impart [ɪmˈpɑːt] *tr* **1** (fml) comunicar (sentimiento). **2** despedir (olor). **3** impartir, transmitir (conocimientos).

impartial [ɪm'pɑ:ʃl] *adj* imparcial.
impassable [ɪm'pɑ:səbl y EE UU ɪm'pæsəbl] *adj* intransitable (carretera).
impasse [æm'pɑ:s y EE UU 'ɪmpæs] *n sing* callejón sin salida.
impassioned [ɪm'pæʃnd] *adj* apasionado.
impassive [ɪm'pæsɪv] *adj* impasible.
impatience [ɪm'peɪʃns] *n u* impaciencia.
impatient [ɪm'peɪʃnt] *adj* impaciente.
impeachment [ɪm'pi:tʃmənt] *n u* **1** acusación (de alta traición). **2** *EE UU* JUR proceso de destitución (de un presidente).
impeccable [ɪm'pekəbl] *adj* impecable.
impede [ɪm'pi:d] *tr* (fml) entorpecer, dificultar.
impediment [ɪm'pedɪmənt] *n c* **1** impedimento. **2** defecto físico.
impel [ɪm'pel] *tr* **1** (fml) impeler (a hacer algo). **2** propulsar.
impending [ɪm'pendɪŋ] *adj* inminente.
impenetrable [ɪm'penɪtrəbl] *adj* impenetrable.
imperative [ɪm'perətɪv] *adj* & *n c* imperativo.
imperceptible [ˌɪmpə'septɪbl] *adj* imperceptible.
imperfect [ɪm'pɜ:fɪkt] *adj* & *n u* imperfecto.
imperial [ɪm'pɪərɪəl] *adj* imperial.
imperialism [ɪm'pɪərɪəlɪzəm] *n u* imperialismo.
impersonal [ɪm'pɜ:snl] *adj* impersonal.
impersonate [ɪm'pɜ:səneɪt] *tr* hacerse pasar por; imitar.
impertinent [ɪm'pɜ:tɪnənt] *adj* impertinente.
imperturbable [ˌɪmpə'tɜ:bəbl] *adj* imperturbable.
impetuous [ɪm'petjʊəs] *adj* impetuoso.
impetus ['ɪmpɪtəs] *n u* **1** ímpetu. **2** (fig) estímulo, impulso.
impious ['ɪmpɪəs] *adj* impío.
implacable [ɪm'plækəbl] *adj* implacable.
implant ['ɪmplɑ:nt] *n c* MED implante, injerto.
implausible [ɪm'plɔ:zəbl] *adj* improbable.
implement ['ɪmplɪmənt] *n c* **1** utensilio, herramienta. • *tr* **2** llevar a cabo.
implementation [ˌɪmplɪmen'teɪʃn] *n u* cumplimiento, aplicación.
implicate ['ɪmplɪkəɪt] *tr* implicar.
implication [ˌɪmplɪ'keɪʃn] *n c* & *u* **1** implicación (gen). **2** consecencia.
implicit [ɪm'plɪsɪt] (complete).
implore [ɪm'plɔ:] *tr* implorar.
imply [ɪm'plaɪ] (*pt* y *pp* **implied**) *tr* **1** insinuar, sugerir. **2** implicar.
import ['ɪmpɔ:t] *n u* **1** COM importación. **2** (fml) sentido (de una palabra o idea). **3** (fml) importancia. ♦ **~ duty** COM arancel; **~ licence** COM licencia de importación.
import [ɪm'pɔ:t] *tr* importar.
importance [ɪm'pɔ:tns] *n u* importancia.
important [ɪm'pɔ:tnt] *adj* importante.
importer [ɪm'pɔ:tər] *n c* COM importador.
impose [ɪm'pəʊz] *tr* & *pron* **1** imponer(se). • **to ~ upon** *intr* **2** abusar de.
imposing [ɪm'pəʊzɪŋ] *adj* imponente.
imposition [ˌɪmpə'zɪʃn] *n c* & *u* **1** imposición (de una ley, una norma). **2** abuso, molestia.
impossibility [ɪmˌpɒsə'bɪlɪtɪ] *n u* imposibilidad.
impossible [ɪm'pɒsəbl] *adj* **1** imposible (gen). **2** insufrible.
impostor [ɪm'pɒstər] (*EE UU* **imposter**) *n c* impostor.
impotence ['ɪmpətəns] *n u* impotencia.
impotent ['ɪmpətənt] *adj* impotente.
impoverish [ɪm'pɒvərɪʃ] *tr* **1** empobrecer (personas). **2** agotar (recursos).
impractical [ɪm'præktɪkəl] *adj* **1** poco práctico. **2** torpe (persona).
impregnable [ɪm'pregnəbl] *adj* **1** inexpugnable (lugar). **2** firme, sólido (creencia).
impregnate ['ɪmpregneɪt y EE UU ɪm'pregneɪt] *tr* **1** BOT fecundar. **2** impregnar.
impress [ɪm'pres] *tr* **1** impresionar (gen). **2** imprimir. **to ~ sth on/upon 3** inculcar (ideas).
impression [ɪm'preʃn] *n c* & *u* **1** impresión (gen). • *n c* **2** marca. **3** imitación, parodia (de una persona). • *n sing* **4** tirada (de una publicación). ■ **to be under the ~ (that)** tener la impresión de (que); **to make a good/bad ~** causar buena/mala impresión.

Impressionism [ɪm'preʃənɪzəm] *n u* ARTS impresionismo.
impressive [ɪm'presɪv] *adj* impresionante.
imprint [ɪm'prɪnt] *tr* **1** imprimir, marcar. **2** dejar huella en (el recuerdo).
imprison [ɪm'prɪzn] *tr* encarcelar.
imprisonment [ɪm'prɪznmənt] *n u* encarcelamiento.
improbable [ɪm'prɒbəbl] *adj* **1** improbable (suceso). **2** inverosímil (excusa, historia). **3** extraño.
improper [ɪm'prɒpər] *adj* **1** inadecuado (conducta); incorrecto (uso). **2** indecoroso (comportamiento).
impropriety [ˌɪmprə'praɪətɪ] *n u* **1** (fml) impropiedad (de lenguaje, comportamiento). • *n c & u* **2** indecencia.
improve [ɪm'pru:v] *tr & intr* mejorar(se). ■ **to ~ on/upon sth** mejorar algo.
improvement [ɪm'pru:vmənt] *n c & u* **~ (in/on) 1** mejora (en/con respecto a). **2** reforma (de un edificio).
improvise ['ɪmprəvaɪz] *tr & intr* improvisar.
improvised ['ɪmprəvaɪzd] *adj* improvisado.
impugn [ɪm'pju:n] *tr* (fml) impugnar.
impulse ['ɪmpʌls] *n c & u* impulso. ♦ **~ buying** compra compulsiva. ■ **on ~** sin reflexionar.
impulsive [ɪm'pʌlsɪv] *adj* impulsivo.
impunity [ɪm'pju:nɪtɪ] *n u* impunidad.
in [ɪn] *prep* **1** en (posición, lugar): *in a cage = en una jaula, in Barcelona = en Barcelona.* **2** de, con (vestido): *the woman in red = la mujer de rojo, she was still in her nightdress = todavía llevaba el camisón.* **3** a, con, en (indicando medios): *in ink = con tinta.* **4** con, en (indicando estado emocional): *looking at him in surprise = mirándolo con sorpresa.* **5** en, desde hace (período de tiempo): *she hasn't spoken to me in weeks = no me habla desde hace semanas*; en, dentro de (dentro de un período de tiempo): *they're leaving in five minutes = se marchan dentro de cinco minutos.* **6** de/por cada (proporciones): *one person in four = una de cada cuatro personas.* **7** en cuanto a: *equal in strength = igualado en cuanto a fuerza.* **superl + ~ 8** en, de: *the tallest building in the world = el edificio más alto del mundo.* **~ + pres p 9** al, cuando: *he made a mistake in replying to her letter = se equivocó al contestar a su carta.* • *adv* **10** dentro, adentro (posición). **11** hacia dentro (dirección). **12** en lo más alto. **13** recién llegado (barco, avión, tren): *is the Madrid train in yet? = ¿ya ha llegado el tren de Madrid?* • *adj* **14** (infml) de moda. • **in-** *pref* **15** in-, des- (indicando oposición): *inadvisible = desaconsejable.* ♦ **ins and outs** detalles, pormenores. ■ **~ so far as** en tanto en cuanto; **~ that** ya que, dado que; **to be ~ at** estar presente en (event); **to be ~ for sth** exponerse a algo: *he's in for a surprise = se va a llevar una sorpresa*; **to be/get ~ on** (infml) tomar parte en (participate in); **to be ~ with** (infml) gozar del favor de (un grupo de personas); **to go ~ for** dedicarse a (profesión); presentarse a (examen, competición).

> ***In*** e ***into*** se traducen por **en**. ***In*** se refiere a posiciones sin movimiento e ***into*** indica un movimiento que termina en un lugar concreto: *she sat down in my chair = se sentó en mi silla*; *he came into my room crying = entró llorando en mi habitación.* Sólo ***in*** puede usarse como adverbio: *come in! = entra!*

inability [ˌɪnə'bɪlɪtɪ] *n u* incapacidad.
inaccessible [ˌɪnæk'sesəbl] *adj* inaccesible.
inaccurate [ɪn'ækjʊrət] *adj* **1** inexacto. **2** incorrecto.
inactivity [ˌɪnæk'tɪvɪtɪ] *n u* inactividad.
inadequate [ɪn'ædɪkwɪt] *adj* **1** insuficiente. **2** incapaz, incompetente.
inadmissible [ˌɪnəd'mɪsəbl] *adj* inadmisible.
inadvertently [ˌɪnəd'vɜ:təntlɪ] *adv* involuntariamente.
inadvisable [ˌɪnəd'vaɪzəbl] *adj* desaconsejable.
inanimate [ɪn'ænɪmət] *adj* inanimado.
inapplicable [ɪn'æplɪkəbl y ˌɪnə'plɪkəbl] *adj* inaplicable.
inappropriate [ˌɪnə'prəʊprɪət] *adj* **1** inapropiado (ropa, equipamiento). **2** inoportuno (momento). **3** impropio (conducta).

inarticulate [ˌɪnɑːˈtɪkjʊlət] *adj* **1** sin facilidad de palabra (persona). **2** mal expresado/pronunciado (explicación, discurso).
inaudible [ɪnˈɔːdəbl] *adj* inaudible.
inaugural [ɪˈnɔːgjʊrəl] *adj* **1** inaugural. • *n c* **2** *EE UU* discurso inaugural. **3** inauguración.
inaugurate [ɪˈnɔːgjʊreɪt] *tr* **1** inaugurar (edificio, festival). **2** investir (presidente). **3** (fml) inaugurar, poner en marcha (una ley, un sistema).
inauguration [ɪˌnɔːgjʊˈreɪʃn] *n c & u* **1** inauguración (de un acto). **2** investidura (de un presidente).
inauspicious [ˌɪnɔːˈspɪʃəs] *adj* desfavorable.
inborn [ˌɪnˈbɔːn] *adj* innato.
inbuilt [ˌɪnˈbɪlt] *adj* **1** innato (de persona); inherente (en una cosa). **2** incorporado (dispositivo).
incapable [ɪnˈkeɪpəbl] *adj* **~ of sth/+ ger** incapaz de algo/hacer algo.
incarcerate [ɪnˈkɑːsəreɪt] *tr* (fml) encarcelar.
incarnation [ˌɪnkɑːˈneɪʃn] *n c* **1** personificación. **2** encarnación.
incendiary [ɪnˈsendjərɪ y EE UU ɪnˈsendɪerɪ] *adj* incendiario.
incense [ˈɪnsens] *n u* incienso.
incense [ɪnˈsens] *tr* enfurecer.
incentive [ɪnˈsentɪv] *n c* incentivo.
incessant [ɪnˈsesnt] *adj* incesante.
incest [ˈɪnsest] *n u* incesto.
incestuous [ɪnˈsestjʊəs] *adj* **1** incestuoso (relación sexual). **2** (pej) cerrado en sí mismo, muy íntimo (grupo de amigos); endogámico (atmósfera, círculo profesional).
inch [ɪntʃ] *n c* **1** pulgada (2,54 cm). **2** (fig) porción mínima. • **to ~ + adv/prep** *intr* **3** avanzar poco a poco. • **to ~ + adv/prep** *tr* **4** mover con dificultad. ■ **by inches** por los pelos; **~ by ~** palmo a palmo; **every ~** de arriba abajo.
incidence [ˈɪnsɪdəns] *n sing* incidencia, frecuencia; índice (de delitos, enfermedades).
incident [ˈɪnsɪdent] *n c* incidente.
incidental [ˌɪnsɪˈdentl] *adj* **1** casual, fortuito. **2** adicional. ◆ **~ music** música de fondo.
incidentally [ˌɪnsɪˈdentlɪ] *adv* **1** a propósito, por cierto. **2** incidentalmente.
incinerate [ɪnˈsɪnəreɪt] *tr* incinerar.
incipient [ɪnˈsɪpɪənt] *adj* (fml) incipiente.
incisive [ɪnˈsaɪsɪv] *adj* **1** incisivo, cortante. **2** agudo, mordaz (discurso, texto).
incite [ɪnˈsaɪt] *tr* incitar.
inclination [ˌɪnklɪˈneɪʃn] *n c & u* **1** (normalmente *pl*) afición, preferencia. **~ + inf 2** tendencia a hacer algo. • *n c* **3** inclinación, pendiente; gradiente (Amér.).
incline [ɪnˈklaɪn] *n c* **1** cuesta, pendiente; gradiente (Amér.). • *tr* **2** inclinar, ladear (la cabeza). • **to ~ to/towards** *intr* **3** tener tendencia a.
inclined [ɪnˈklaɪnd] *adj* **1** inclinado a, propenso a. **2** dispuesto. **3** atraído (por una persona, un tema). **4** en cuesta, en pendiente.
include [ɪnˈkluːd] *tr* incluir; adjuntar (en una carta).
included [ɪnˈkluːdɪd] *adj* incluido.
including [ɪnˈkluːdɪŋ] *prep* incluido, incluyendo.
inclusion [ɪnˈkluːʒn] *n c & u* inclusión.
inclusive [ɪnˈkluːsɪv] *adj* **1** inclusivo. **2** *GB* inclusive.
incoherent [ˌɪnkəʊˈhɪərənt] *adj* **1** incoherente (idea). **2** ininteligible (persona, discurso).
income [ˈɪŋkʌm] *n c* **1** ingresos (dinero). • *n c & u* **2** renta (por inversiones). ◆ **~ statement** FIN cuenta de resultados; **~ tax** ECON impuesto sobre la renta.
incoming [ˈɪnˌkʌmɪŋ] *adj* **1** entrante (gobierno). **2** que llega de fuera (correo, llamada telefónica); de llegada (vuelo). **3** ascendente (marea).
incomparable [ɪnˈkɒmpərəbl] *adj* incomparable.
incompatible [ˌɪnkəmˈpætəbl] *adj* incompatible.
incompetent [ɪnˈkɒmpɪtənt] *adj & n c* incompetente, inepto.
incomplete [ˌɪnkəmˈpliːt] *adj* incompleto.
incomprehensible [ɪnˌkɒmprɪˈhensəbl] *adj* incomprensible.
inconceivable [ˌɪnkənˈsiːvəbl] *adj* inconcebible.
inconclusive [ˌɪnkənˈkluːsɪv] *adj* **1** sin conclusión clara (reunión, resultado). **2** cuestionable (prueba).
incongruous [ɪnˈkɒŋgrʊəs] *adj* incongruente.

inconsiderate [ˌɪnkənˈsɪdərət] *adj* desconsiderado.
inconsistent [ˌɪnkənˈsɪstənt] *adj* **1** contradictorio (frase); inconsecuente (persona). **2** irregular, con altibajos (comportamiento, trabajo).
inconspicuous [ˌɪnkənˈspɪkjʊəs] *adj* discreto.
inconvenience [ˌɪnkənˈviːnjəns] *n c & u* **1** incomodidad, molestia. ● *n c* **2** inconveniente. ● *tr* **3** incomodar, molestar.
inconvenient [ˌɪnkənˈviːnjənt] *adj* incómodo (posición); inoportuno (momento); inapropiado.
incorporate [ɪnˈkɔːpəreɪt] *tr* **1** incorporar. **2** incluir. **3** agregar.
incorrect [ˌɪnkəˈrekt] *adj* **1** incorrecto. **2** inapropiado (comportamiento).
increase [ˈɪnkriːs] *n c* ~ **(in)** aumento (de). ■ **to be on the ~** ir en aumento.
increase [ɪnˈkriːs] *tr & intr* **1** aumentar(se) (gen). ● *intr* **2** subir (precios, salarios).
increasing [ɪnˈkriːsɪŋ] *adj* en aumento.
increasingly [ɪnˈkriːsɪŋlɪ] *adv* cada vez más.
incredible [ɪnˈkredəbl] *adj* increíble.
incredulous [ɪnˈkredjʊləs y EE UU ɪnˈkredʒələs] *adj* incrédulo.
increment [ˈɪnkrəmənt] *n c* incremento ◆ **unearned ~** plusvalía.
incriminate [ɪnˈkrɪmɪneɪt] *tr* **1** JUR incriminar. ● *pron* **2** incriminarse a uno mismo.
incriminating [ɪnˌkrɪmɪˈneɪʃn] *adj* JUR incriminatorio.
incubate [ˈɪnkjʊbeɪt] *tr & intr* incubar(se).
incurable [ɪnˈkjʊərəbl] *adj* **1** incurable. **2** (fig) incorregible (hábito).
indecent [ɪnˈdiːsnt] *adj* indecente. ◆ ~ **assault** JUR atentado contra el pudor; ~ **exposure** exhibicionismo.
indecisive [ˌɪndɪˈsaɪsɪv] *adj* **1** indeciso (persona). **2** no decisivo (resultado).
indeed [ɪnˈdiːd] *adv* **1** realmente: *I'm very sorry indeed = lo siento de veras.* **2** *se emplea para enfatizar una respuesta, un adjetivo, un adverbio...: thank you very much indeed = muchísimas gracias, do you agree? Yes indeed = ¿estás de acuerdo? Naturalmente, a very big elephant indeed = un elefante enorme.* **3** (fml) de hecho. **4** *indica incredulidad: I saw a ghost. Indeed? = vi un fantasma. ¿De verdad?*
indefensible [ˌɪndɪˈfensəbl] *adj* **1** insostenible (opinión, posición). **2** inexcusable (conducta).
indefinite [ɪnˈdefɪnət] *adj* **1** indefinido, indeterminado (cantidad, período de tiempo). **2** impreciso, vago (respuesta, opinión). ◆ ~ **article** GRAM artículo indefinido.
indefinitely [ɪnˈdefɪnətlɪ] *adv* **1** indefinidamente (por un período no determinado). **2** vagamente.
indelible [ɪnˈdeləbl] *adj* (fig) indeleble.
indemnify [ɪnˈdemnɪfaɪ] (*pt* y *pp* **indemnified**) *tr* indemnizar.
indented [ɪnˈdentɪd] *adj* **1** mellado, con muescas; recortado, accidentado (costa). **2** sangrado (texto).
independence [ˌɪndɪˈpendəns] *n u* independencia. ◆ **Independence Day** *EE UU día de la Independencia.*

> El **Día de la Independencia** ***(Independence Day)*** es la fiesta nacional más importante de Estados Unidos. Se celebra el 4 de julio y conmemora el aniversario de la Declaración de Independencia en 1776. Se celebran numerosos actos patrióticos al aire libre, con desfiles y fuegos artificiales.

independent [ˌɪndɪˈpendənt] *adj* independiente. ◆ ~ **school** *GB* colegio privado.
independently [ˌɪndɪˈpendəntlɪ] *adv* independientemente. ■ ~ **of** con independencia de, aparte de.
in-depth [ˈɪndepθ] *adj* a fondo.
indescribable [ˌɪndɪˈskraɪbəbl] *adj* indescriptible.
indestructible [ˌɪndɪˈstrʌktəbl] *adj* indestructible.
indeterminate [ˌɪndɪˈtɜːmɪnət] *adj* indeterminado, indefinido.
index [ˈɪndeks] (*pl* **indexes** o **indices**) *n c* **1** índice. ● *tr* **2** poner índice a (un libro). **3** catalogar. ◆ ~ **card** ficha; ~ **finger** dedo índice; **the cost of living ~** índice del coste de vida.
India [ˈɪndɪə] *n sing* India.

i

Indian [ˈɪndɪən] *adj* & *n c* **1** indio, hindú de la India). **(Red) ~ 2** indio, amerindio (de América). ♦ **~ ink** *EE UU* tinta china; **~ summer** veranillo de San Martín; **the ~ Ocean** el (océano) Índico.
indicate [ˈɪndɪkeɪt] *tr* indicar.
indication [ˌɪndɪˈkeɪʃn] *n c* & *u* **1** indicación (idea, sugerencia). **2** indicio, señal (de algo).
indicative [ɪnˈdɪkətɪv] *adj* **1** indicativo. ● *n sing* **2** GRAM modo indicativo.
indicator [ˈɪndɪkeɪtər] *n c* **1** indicador, señal (gen). **2** AUT intermitente.
indices [ˈɪndɪsiːz] *n pl* → index.
indictment [ɪnˈdaɪtmənt] *n c* & *u* **1** JUR acusación. **2** incriminación.
indifference [ɪnˈdɪfrəns] *n u* **~ (to/towards)** indiferencia (por/hacia).
indifferent [ɪnˈdɪfrənt] *adj* **~ (to) 1** indiferente (a). **2** mediocre (mediocre).
indigenous [ɪnˈdɪdʒɪnəs] *adj* indígena.
indigestion [ˌɪndɪˈdʒestʃən] *n u* indigestión.
indignant [ɪnˈdɪgnənt] *adj* **~ (at)** indignado (por).
indignation [ˌɪndɪgˈneɪʃn] *n u* indignación.
indigo [ˈɪndɪgəʊ] *adj* **1** añil. ● *n u* **2** color índigo.
indirect [ˌɪndɪˈrekt] *adj* indirecto. ♦ **~ costs** gastos indirectos; **~ object** GRAM objeto indirecto; **~ speech** GRAM estilo indirecto; **~ tax** impuesto indirecto.
indiscreet [ˌɪndɪˈskriːt] *adj* indiscreto.
indiscretion [ˌɪndɪˈskreʃn] *n c* & *u* indiscreción.
indiscriminate [ˌɪndɪˈskrɪmɪnət] *adj* indiscriminado.
indispensable [ˌɪndɪˈspensəbl] *adj* indispensable, imprescindible.
indisputable [ˌɪndɪˈspjuːtəbl] *adj* innegable, indiscutible.
indistinct [ˌɪndɪˈstɪŋkt] *adj* confuso (recuerdo); indistinto (palabras); borroso (imagen).
individual [ˌɪndɪˈvɪdʒʊəl] *adj* **1** individual (gen). **2** particular (clase). **3** personal, propio (estilo). ● *n c* **4** individuo. **5** (infml) tipo.
individualism [ˌɪndɪˈvɪdʒʊəlɪzəm] *n u* individualismo.
individualist [ˌɪndɪˈvɪdʒʊəlɪst] *n c* individualista.
indoctrination [ɪnˌdɒktrɪˈneɪʃn] *n u* adoctrinamiento.
indolent [ˈɪndələnt] *adj* (fml) indolente.
indomitable [ɪnˈdɒmɪtəbl] *adj* (fml) indómito.
Indonesia [ˌɪndəˈniːzjə] *n sing* Indonesia.
Indonesian [ˌɪndəˈniːzjən] *adj* & *n c* indonesio.
indoor [ˈɪndɔːr] *adj* **1** interior (instalaciones, mercado). **2** de interior (planta). **3** SP en pista cubierta. ● **indoors** *adv* **4** dentro; en casa. ♦ **~ swimming pool** piscina cubierta.
indoors [ˌɪnˈdɔːz] *adv* dentro; en casa.
induce [ɪnˈdjuːs] *tr* **1** inducir, provocar. **2** causar, producir (ira, sueño). **3** MED provocar.
induction [ɪnˈdʌkʃn] *n c* & *u* **1** nombramiento (de un cargo oficial). **2** admisión, iniciación (en una sociedad). **3** ELEC, PHYS inducción. ● *n u* **4** MED estimulación al parto. ♦ **~ course** cursillo de orientación laboral.
indulge [ɪnˈdʌldʒ] *tr* **1** mimar, consentir (a un niño). **2** satisfacer (una pasión, un capricho). ● **to ~ in** *intr* **3** darse el gusto de. ● *pron* **4** darse un gusto, permitirse un lujo.
indulgence [ɪnˈdʌldʒəns] *n u* **1** indulgencia. **2** desenfreno (comida, bebida). ● *n c* **3** capricho; gratificación.
indulgent [ɪnˈdʌldʒənt] *adj* indulgente.
industrial [ɪnˈdʌstrɪəl] *adj* industrial. ♦ **~ accident/injury** accidente laboral; **~ espionage** espionaje industrial; **~ estate** *GB* polígono industrial; **~ park** *EE UU* polígono industrial; **~ revolution** revolución industrial.
industrialise *tr* & *intr* → industrialize.
industrialist [ɪnˈdʌstrɪəlɪst] *n c* industrial (persona).
industrialize [ɪnˈdʌstrɪəlaɪz] *tr* & *intr* industrializar(se).
industrious [ɪnˈdʌstrɪəs] *adj* diligente, trabajador.
industry [ˈɪndəstrɪ] (*pl* **industries**) *n u* **1** industria (gen). ● *n c* **2** sector industrial.
inedible [ɪnˈedɪbl] *adj* incomestible, incomible.
ineffective [ˌɪnɪˈfektɪv] *adj* ineficaz.
inefficiency [ˌɪnɪˈfɪʃnsɪ] *n u* ineficacia.
inefficient [ˌɪnɪˈfɪʃnt] *adj* ineficaz, ineficiente.

inept [ɪ'nept] *adj* **1** inepto (persona). **2** estúpido.
inequality [ˌɪnɪ'kwɒlɪtɪ] (*pl* **inequalities**) *n c & u* desigualdad.
inert [ɪ'nɜːt] *adj* (fml) inerte.
inertia [ɪ'nɜːʃjə] *n u* inercia.
inescapable [ˌɪnɪ'skeɪpəbl] *adj* inevitable, ineludible.
inevitable [ɪn'evɪtəbl] *adj* **1** inevitable. ● **the ~** *n sing* **2** lo inevitable.
inexcusable [ˌɪnɪk'skjuːzəbl] *adj* inexcusable, imperdonable.
inexhaustible [ˌɪnɪg'zɔːstəbl] *adj* inagotable.
inexpensive [ˌɪnɪk'spensɪv] *adj* barato, económico.
inexperience [ˌɪnɪk'spɪərɪəns] *n u* inexperiencia.
inexperienced [ˌɪnɪk'spɪərɪənst] *adj* inexperto.
inexplicable [ˌɪnɪk'splɪkəbl] *adj* inexplicable.
inexpressive [ˌɪnɪk'spresɪv] *adj* inexpresivo (face, look).
infallibility [ɪnˌfælə'bɪlɪtɪ] *n u* infalibilidad.
infallible [ɪn'fæləbl] *adj* infalible.
infamous ['ɪnfəməs] *adj* infame.
infancy ['ɪnfənsɪ] *n c & u* **1** primera infancia. **2** (fig) comienzo, principio. ■ **to be in its ~** (fig) dar sus primeros pasos.
infant ['ɪnfənt] *n c* **1** (fml) bebé; niño pequeño. ● *adj* **2** infantil. **3** (fig) naciente, en sus comienzos: *an infant organization = una organización naciente*. ◆ **~ school** *GB* colegio preescolar.
infantile ['ɪnfəntaɪl] *adj* (pej) infantil.
infantry ['ɪnfəntrɪ] *n sing* MIL infantería.
infatuated [ɪn'fætjʊeɪtɪd] *adj* **~ with** (pej) encaprichado (con).
infatuation [ɪnˌfætjʊ'eɪʃn] *n c & u* encaprichamiento.
infect [ɪn'fekt] *tr* **1** MED infectar (una herida); contagiar (persona). **2** contaminar (aire, comida). **3** (fig) contagiar (felicidad).
infected [ɪn'fektɪd] *adj* MED infectado (herida); contagiado (paciente).
infection [ɪn'fekʃn] *n c & u* **1** MED infección. **2** MED contagio (por gérmenes).
infectious [ɪn'fekʃəs] *adj* MED contagioso.
infer [ɪn'fɜːr] (*pt* y *pp* **inferred**, *ger* **inferring**) *tr* **1** inferir, deducir. ● *intr* **2** insinuar, sugerir.
inference ['ɪnfərəns] *n c* conclusión. ■ **by ~** por deducción.
inferior [ɪn'fɪərɪər] *adj & n c* inferior.
inferiority [ɪnˌfɪərɪ'ɒrɪtɪ y EE UU ɪnˌfɪərɪ'ɔːrɪtɪ] *n u* inferioridad. ◆ **~ complex** complejo de inferioridad.
infertile [ɪn'fɜːtaɪl y EE UU ɪn'fɜːtl] *adj* **1** estéril (persona, animal). **2** infecundo, baldío (terreno).
infertility [ˌɪnfə'tɪlɪtɪ] *n u* **1** esterilidad (persona, animal). **2** infecundidad, aridez (de un terreno).
infest [ɪn'fest] *tr* (normalmente *pasiva*) infestar.
infestation [ˌɪnfe'steɪʃn] *n c & u* plaga.
infiltrate ['ɪnfɪltreɪt] *tr* **1** infiltrar. ● **to ~ into sth** *intr* **2** infiltrarse en algo.
infinite ['ɪnfɪnət] *adj* infinito.
infinitive [ɪn'fɪnətɪv] *n c* GRAM infinitivo.
infinity [ɪn'fɪnɪtɪ] *n c & u* **1** infinidad. ● *n sing* **2** MATH infinito.
infirm [ɪn'fɜːm] *adj* **1** débil, achacoso. ● **the ~** *n pl* **2** los débiles, los enfermos.
infirmary [ɪn'fɜːmərɪ] (*pl* **infirmaries**) *n c* **1** hospital. **2** enfermería.
infirmity [ɪn'fɜːmɪtɪ] (*pl* **infirmities**) *n c & u* **1** achaque, dolencia: *infirmities typical of old age = dolencias propias de la vejez*. **2** incapacidad (mental). **3** impedimento (físico).
inflamed [ɪn'fleɪmd] *adj* MED inflamado.
inflammable [ɪn'flæməbl] *adj* inflamable.
inflammation [ˌɪnflə'meɪʃn] *n c & u* MED inflamación.
inflate [ɪn'fleɪt] *tr* **1** hinchar, inflar. **2** exagerar. **3** ECON aumentar, inflar (precios). ● *intr* **4** inflarse (un globo). **5** aumentar (precios).
inflated [ɪn'fleɪtɪd] *adj* **1** exagerado, excesivo (precio); desorbitado, exagerado (idea, opinión). **2** hinchado, inflado (con aire).
inflation [ɪn'fleɪʃn] *n u* ECON inflación.
inflexible [ɪn'fleksəbl] *adj* **1** no flexible, rígido (material). **2** (fig) inflexible (persona, actitud).
inflict [ɪn'flɪkt] *tr* **to ~ sth (on/upon sb)** infligir algo (a alguien).
influence ['ɪnflʊəns] *n c & u* **1** influencia. ● *tr* **2** influir en. ■ **under the ~**

(infml) borracho, bebido; **to be under the ~ of** estar bajo la influencia de (persona, grupo); estar bajo los efectos de (alcohol, drogas).
influential [ˌɪnflʊ'enʃl] *adj* influyente.
influenza [ˌɪnflʊ'enzə] *n u* MED (fml) gripe, gripa (Amér.).
info ['ɪnfəʊ] *n u* (infml) → information.
inform [ɪn'fɔːm] *tr* informar. ■ **to ~ against/on sb** delatar/denunciar a alguien (a la policía).
informal [ɪn'fɔːml] *adj* **1** informal (ropa, actitud). **2** familiar (lenguaje).
informant [ɪn'fɔːmənt] *n c* **1** delator, confidente. **2** fuente de información.
information [ˌɪnfə'meɪʃn] *n u* información. ◆ **a piece of ~** un dato; **~ desk** (mostrador de) información; **~ superhighway** autopista de la información; **~ technology** informática.
informative [ɪn'fɔːmətɪv] *adj* informativo.
informer [ɪn'fɔːmər] *n c* delator, confidente.
infra-red [ˌɪnfrə'red] *adj* PHYS infrarrojo.
infrastructure ['ɪnfrəˌstrʌktʃər] *n c* infraestructura.
infrequent [ɪn'friːkwənt] *adj* (fml) infrecuente.
infringe [ɪn'frɪndʒ] (*ger* **infringeing**) *tr* **1** infringir, vulnerar (derechos, ley).
infuriate [ɪn'fjʊərɪeɪt] *tr* enfurecer.
infuriating [ɪn'fjʊərɪeɪtɪŋ] *adj* irritante, exasperante.
infusion [ɪn'fjuːʒn] *n c* **1** infusión, tisana (bebida). ● *n c & u* **2** infusión, inyección (de capital, de ideas).
ingenious [ɪn'dʒiːnjəs] *adj* ingenioso.
ingenuity [ˌɪndʒɪ'njuːətɪ y EE UU ˌɪndʒɪ'nuːətɪ] *n u* ingenio.
ingot ['ɪŋgət] *n c* lingote.
ingrained [ˌɪn'greɪnd] *adj* **1** incrustado. **2** (fig) arraigado, enraizado (ideas, costumbres).
ingredient [ɪn'griːdjənt] *n c* ingrediente.
inhabit [ɪn'hæbɪt] *tr* habitar.
inhabitant [ɪn'hæbɪtənt] *n c* habitante.
inhalation [ˌɪnhə'leɪʃn] *n c* inhalación.
inhale [ɪn'heɪl] *intr* **1** inspirar. ● *tr* **2** inhalar; tragarse el humo.
inherent [ɪn'hɪərənt] *adj* **~ (in)** inherente (a).
inherit [ɪn'herɪt] *tr & intr* heredar.
inheritance [ɪn'herɪtəns] *n c & u* herencia. ◆ **~ tax** impuesto de sucesiones.
inheritor [ɪn'herɪtər] *n c* heredero.
inhibit [ɪn'hɪbɪt] *tr* **1** inhibir, impedir. **2** frenar, moderar (el desarrollo de algo).
inhibition [ˌɪnhɪ'bɪʃn] *n c & u* inhibición.
inhospitable [ɪn'hɒspɪtəbl] *adj* **1** poco hospitalario (persona). **2** inhóspito (lugar).
inhuman [ɪn'hjuːmən] *adj* **1** inhumano (cruel). **2** monstruoso.
initial [ɪ'nɪʃl] *adj* **1** inicial. ● **initials** *n pl* **2** iniciales (de persona).
initialize or **initialise** [ɪ'nɪʃəlaɪz] *tr* COMPUT inicializar.
initiate [ɪ'nɪʃɪəɪt] *tr* **1** iniciar. **to ~ (sb into sth) 2** iniciar (a alguien en algo): *he was initiated into painting = se le inició en la pintura*; admitir como miembro. **3** JUR entablar (juicio).
initiation [ɪˌnɪʃɪ'eɪʃn] *n c & u* **1** iniciación: *his initiation into adulthood = su entrada en la edad adulta*. **2** inicio. **3** admisión (en un grupo).
initiative [ɪ'nɪʃɪətɪv] *n c & u* iniciativa. ■ **on one's own ~** por iniciativa propia; **to have/take the ~** llevar/tomar la iniciativa.
inject [ɪn'dʒekt] *tr* inyectar.
injection [ɪn'dʒekʃn] *n c & u* inyección.
injure ['ɪndʒər] *tr* **1** herir, lesionar. **2** (fig) herir, ofender (sentimientos); dañar (reputación); perjudicar. ● *pron* **3** lesionarse, hacerse daño.
injured ['ɪndʒəd] *adj* **1** herido (lesión física). **2** (fig) herido, ofendido (en lo sentimientos); dañado (reputación). ● **the ~** *n pl* **3** los heridos.
injury ['ɪndʒərɪ] (*pl* **injuries**) *n u* **1** daño. ● *n c* **2** lesión, herida. ◆ **~ time** SP tiempo de descuento. ■ **to do oneself an ~** hacerse daño.
injustice [ɪn'dʒʌstɪs] *n c & u* injusticia. ■ **to do sb an ~** juzgar injustamente a alguien.
ink [ɪnk] *n c & u* tinta.
inkling ['ɪŋklɪŋ] *n c* idea vaga, noción.
inkwell ['ɪŋkwel] *n c* tintero.
nland [ɪn'lænd] *adj* **1** interior, del interior: *an inland region = una región del interior* (no costera). ● *adv* **2** tierra adentro.
in-laws ['ɪnlɔːz] *n pl* familia política, parientes políticos.

inlet [ˈɪnlet] *n c* **1** GEOG brazo de mar, ría, cala. **2** MEC entrada, admisión.

inmate [ˈɪnmeɪt] *n c* **1** enfermo, paciente (psiquiátrico). **2** preso, recluso (de una prisión).

inn [ɪn] *n c* **1** posada, fonda (hotel). **2** taberna, mesón.

innate [ˌɪˈneɪt] *adj* innato.

inner [ˈɪnər] *adj* **1** interior. **2** íntimo, secreto (sentimientos); interno (dudas, significado).

innocence [ˈɪnəsəns] *n u* inocencia.

innocent [ˈɪnəsənt] *adj* & *n c* inocente.

innocuous [ɪˈnɒkjʊəs] *adj* inocuo, inofensivo.

innovate [ˈɪnəveɪt] *intr* innovar.

innovation [ˌɪnəˈveɪʃn] *n c* & *u* innovación.

innovative [ˈɪnəˌveɪtɪv] *adj* innovador. atrevido.

innuendo [ˌɪnjʊˈendəʊ] (*pl* **innuendos** o **innuendoes**) *n c* insinuación, indirecta.

innumerable [ɪˈnjuːmərəbl y EE UU ɪˈnuːmərəbl] *adj* innumerable.

inoculate [ɪˈnɒkjʊleɪt] *tr* **to ~ (with/against)** MED inocular, vacunar (con/contra).

inoculation [ɪˌnɒkjʊˈleɪʃn] *n u* MED inoculación, vacunación.

inorganic [ˌɪnɔːˈgænɪk] *adj* inorgánico.

in-patient [ˈɪnˌpeɪʃnt] *n c* paciente interno (en un hospital).

input [ˈɪnpʊt] (*pt* y *pp* **inputted** o **input**, *ger* **inputting**) *tr* **1** COMPUT introducir (datos). • *n c* & *u* **2** aportación (de recursos, de información). **3** COMPUT entrada (de datos). **4** ELEC entrada. **5** ECON inversión.

inquire [ɪnˈkwaɪər] *tr* informarse. ♦ **to ~ after** preguntar por; **to ~ into** investigar, indagar. ■ **"~ within"** «razón aquí».

inquirer [ɪnˈkwaɪərər] *n c* (fml) investigador.

inquiring [ɪnˈkwaɪərɪŋ] *adj* **1** inquisitivo, de curiosidad (mirada). **2** ávido de conocimiento, lleno de curiosidad (mente).

inquiry [ɪnˈkwaɪərɪ y EE UU ˈɪŋkwərɪ] (*pl* **inquiries**) *n c* **1** pregunta. **~ (into/-about) 2** indagación. **~ (into) 3** investigación *an official inquiry into the accident = una investigación oficial sobre el accidente*. • **inquiries** *n pl* **4** departamento de información. ■ **to hold an ~ (into)** emprender una investigación (sobre); **to make inquiries** recabar información.

inquisition [ˌɪnkwɪˈzɪʃn] *n c* (pej) interrogatorio. ♦ **the Inquisition** REL la Inquisición.

inquisitive [ɪnˈkwɪzətɪv] *adj* curioso.

insane [ɪnˈseɪn] *adj* **1** demente, loco. • **the ~** *n pl* **2** los enfermos mentales.

insanity [ɪnˈsænətɪ] *n u* locura.

insatiable [ɪnˈseɪʃjəbl] *adj* insaciable.

inscribe [ɪnˈskraɪb] *tr* **1** inscribir (en una superficie). **2** escribir como dedicatoria.

inscription [ɪnˈskrɪpʃn] *n c* **1** inscripción. **2** dedicatoria (por escrito).

inscrutable [ɪnˈskruːtəbl] *adj* inescrutable, impenetrable.

insect [ˈɪnsekt] *n c* ZOOL insecto. ♦ **~ bite** picadura de insecto; **~ repellent** loción antiinsectos.

insecticide [ɪnˈsektɪsaɪd] *n c* & *u* insecticida.

insecure [ˌɪnsɪˈkjʊər] *adj* **1** inseguro (persona). **2** poco seguro.

insecurity [ˌɪnsɪˈkjʊərɪtɪ] *n u* inseguridad.

insemination [ɪnˌsemɪˈneɪʃn] *n u* inseminación (1).

insensitive [ɪnˈsensətɪv] *adj* insensible.

insensitivity [ɪnˌsensəˈtɪvɪtɪ] *n u* insensibilidad.

inseparable [ɪnˈsepərəbl] *adj* inseparable.

insert [ˈɪnsɜːt] *n c* **1** inserción, añadido (gen). **2** encarte (en una revista). • *tr* **3** insertar (texto). **4** introducir, meter.

inshore [ˌɪnˈʃɔː] *adj* **1** costero. • *adv* **2** hacia la costa, hacia la orilla.

inside [ˌɪnˈsaɪd] *prep* **1** dentro de, en el interior de (gen). **2** (infml) en menos de, dentro de (tiempo): *inside an hour = en menos de una hora*. • *adv* **3** dentro (posición); hacia dentro (movimiento). **4** (fig) por dentro, interiormente (emociones). • *adj* **5** interior (gen). **6** central. **7** confidencial, secreto. • *n c* **8** (normalmente *sing*) interior. **the ~ 9** la parte interna: *the inside of the arm = la parte interna del brazo*. • **insides** *n pl* **10** (infml) entrañas, tripas. ♦ **~ information** información confidencial; **~ lane** carril de dentro (en autopista); **~ story** historia íntima. ■ **~ of** *EE UU* dentro de (lugar);

dentro de, en menos de (período de tiempo); ~ **out** al revés; **from the ~** desde dentro; **to be on the ~** tener un puesto de confianza; **to know sth/sb ~ out** (infml) conocer algo/a alguien a fondo; **to overtake on the ~** adelantar por dentro; **to turn sth ~ out** registrar de arriba abajo (edificio, habitación); dar la vuelta a (situación, prenda).

insider [ˌɪn'saɪdər] *n c* **1** persona de confianza, persona bien informada (en organización). **2** miembro, socio (de un grupo).

insight ['ɪnsaɪt] *n c & u* **1** intuición. **2** idea (idea).

insignificance [ˌɪnsɪg'nɪfɪkəns] *n u* insignificancia.

insignificant [ˌɪnsɪg'nɪfɪkənt] *adj* insignificante.

insincere [ˌɪnsɪn'sɪər] *adj* insincero, hipócrita.

insinuate [ɪn'sɪnjʊeɪt] *tr* insinuar. ◆ **to ~ oneself into** (infml) introducirse subrepticiamente en. ■ **to ~ sth into** colar algo de rondón en.

insinuation [ɪnˌsɪnjʊ'eɪʃn] *n c & u* (pej) insinuación.

insist [ɪn'sɪst] *tr* **to ~ that 1** insistir en que. • **to ~ (on/upon sth)** *intr* **2** exigir (algo) (demand). **to ~ (on + ger) 3** insistir (en hacer).

insistence [ɪn'sɪstəns] *n u* insistencia.

insistent [ɪn'sɪstənt] *adj* insistente.

insolence ['ɪnsələns] *n u* insolencia.

insolent ['ɪnsələnt] *adj* insolente.

insomnia [ɪn'sɒmnɪə] *n u* insomnio.

inspect [ɪn'spekt] *tr* **1** inspeccionar. **2** MED reconocer, examinar. **3** MIL pasar revista a.

inspection [ɪn'spekʃn] *n c & u* **1** inspección (gen). **2** MED reconocimiento. **3** MIL revista.

inspector [ɪn'spektər] *n c* **1** inspector (de escuela, de policía). **2** revisor (en el tren, el autobús).

inspiration [ˌɪnspə'reɪʃn] *n c & u* inspiración.

inspire [ɪn'spaɪər] *tr* **1** inspirar (idea, sentimiento). **2** animar (valor).

inspired [ɪn'spaɪəd] *adj* inspirado.

instability [ˌɪnstə'bɪlɪtɪ] *n u* inestabilidad.

install [ɪn'stɔ:l] (*EE UU* **instal**) *tr* instalar (gen).

installation [ˌɪnstə'leɪʃn] *n c & u* instalación.

instalment [ɪn'stɔ:lmənt] *n c* **1** COM plazo, mensualidad. **2** fascículo, entrega; capítulo. ■ **(to pay) in instalments** (pagar) a plazos.

instance ['ɪnstəns] *n c* **1** ejemplo, caso. **2** instancia, solicitud. ■ **for ~** por ejemplo.

instant ['instənt] *adj* **1** instantáneo: *instant coffee = café instantáneo.* • *n c* **2** instante.

instantaneous [ˌɪnstən'teɪnjəs] *adj* instantáneo.

instantly ['ɪnstəntlɪ] *adv* instantáneamente.

instead [ɪn'sted] *adv* en cambio. ◆ **~ of** en lugar de, en vez de.

instigate ['ɪnstɪgeɪt] *tr* iniciar, fomentar.

instigator ['ɪnstɪgeɪtər] *n c* instigador.

instil [ɪn'stɪl] (*EE UU* **instill**) *tr* **to ~ sth (in/into sb)** infundir algo (a alguien); inculcar algo (a alguien).

instinct ['ɪnstɪŋkt] *n c & u* instinto. ◆ **first ~** primer impulso.

instinctive [ɪn'stɪŋktɪv] *adj* instintivo.

institute ['ɪnstɪtju:t y EE UU 'ɪnstɪtu:t] *n c* **1** instituto. • *tr* **2** (fml) instituir (sistema). **3** organizar, planear (una acción).

institution [ˌɪnstɪ'tju:ʃn y EE UU ˌɪnstɪtu:ʃn] *n c* **1** institución. **2** asilo (para niños, ancianos); hospital psiquiátrico.

institutional [ˌɪnstɪ'tju:ʃənl] *adj* institucional (de una organización).

instruct [ɪn'strʌkt] *tr* **to ~ sb + inf 1** ordenar, mandar. **to ~ sb (in) 2** instruir (en), enseñar.

instruction [ɪn'strʌkʃn] *n c* **1** instrucción. • **instructions** *n pl* **2** instrucciones (de uso). ◆ **~ leaflet** folleto de instrucciones.

instructive [ɪn'strʌktɪv] *adj* instructivo.

instructor [ɪn'strʌktər] *n c* instructor (gen); monitor (de deporte).

instrument ['ɪnstrʊmənt] *n c* instrumento. ◆ **~ panel** panel/tablero de instrumentos, salpicadero (de un coche).

instrumental [ˌɪnstrʊ'mentl] *adj* **1** MUS instrumental. **2** (fml) significativo, de gran ayuda. • *n c* **3** MUS pieza instrumental.

insubordinate [ˌɪnsə'bɔ:dnət] *adj* insubordinado.

insufferable [ɪn'sʌfərəbl] *adj* insufrible.
insufficient [ˌɪnsə'fɪʃnt] *adj* insuficiente.
insular ['ɪnsjʊlər] *adj* **1** (pej) estrecho de miras (persona). **2** GEOG isleño, insular.
insulate ['ɪnsjʊleɪt y EE UU 'ɪnsəleɪt] *tr* aislar.
insulating ['ɪnsjʊleɪtɪŋ] *adj* aislante. ◆ **~ tape** cinta aislante.
insulation [ˌɪnsjʊ'leɪʃn y EE UU ˌɪnsə'leɪʃn] *n u* **1** PHYS aislamiento. **2** capa aislante, material aislante.
insulin ['ɪnsjʊlɪn y EE UU 'ɪnsəlɪn] *n u* BIOCHEM insulina.
insult ['ɪnsʌlt] *n c* insulto; ofensa. ■ **to add ~ to injury** (fig) echar leña al fuego.
insult [ɪn'sʌlt] *tr* insultar, ofender.
insulting [ɪn'sʌltɪŋ] *adj* insultante; ofensivo (conducta).
insurance [ɪn'ʃʊərəns] *n u* **1** seguro. **2** (fig) seguridad, protección. ◆ **~ broker** agente de seguros; **~ policy** póliza de seguro; **~ premium** prima (del seguro). ■ **to take out ~ (against)** asegurarse (contra) (incendios, robo).
insure [ɪn'ʃʊər] *tr* **1** asegurar. ● **to ~ against** *intr* **2** asegurarse contra.
insured [ɪn'ʃʊəd] *adj* **1** asegurado. ● **the ~** *n c* **2** el asegurado (persona).
insurer [ɪn'ʃʊərər] *n c* asegurador, compañía aseguradora.
intake ['ɪnteɪk] *n u* **1** consumo, ingestión (de comida o bebida). **2** admisión, entrada (de gente). **3** inspiración (de aire). ● *n c* **4** MEC, TECH entrada, toma.
integral ['ɪntɪgrəl] *adj* **1** íntegro. **2** intrínseco, esencial. **3** integrado. ● *adj & n c* **4** MATH integral.
integrate ['ɪntɪgreɪt] *tr & intr* integrar(se).
integrated ['ɪntɪgreɪtɪd] *adj* integrado. ◆ **~ circuit** ELECTR circuito integrado.
integration [ˌɪntɪ'greɪʃn] *n u* integración.
integrity [ɪn'tegrətɪ] *n u* integridad.
intellectual [ˌɪntə'lektjʊəl] *adj & n c* intelectual.
intelligence [ɪn'telɪdʒəns] *n u* **1** inteligencia. **2** información secreta. **3** servicio de espionaje. ◆ **~ quotient** coeficiente de inteligencia; **~ test** test de inteligencia.
intelligent [ɪn'telɪdʒənt] *adj* inteligente.
intend [ɪn'tend] *tr* **to ~ + inf/ger 1** pretender hacer algo, tener la intención de hacer algo. **2** planear (plan). **3** querer decir (mean): *what do you intend by that? = ¿qué quieres decir con eso?*
intense [ɪn'tens] *adj* intenso (gen); muy serio (persona).
intensification [ɪnˌtensɪfɪ'keɪʃn] *n u* intensificación.
intensify [ɪn'tensɪfaɪ] (*pt* y *pp* **intensified**) *tr & intr* intensificar(se).
intensity [ɪn'tensɪtɪ] *n u* intensidad.
intensive [ɪn'tensɪv] *adj* intensivo. ◆ **~ care unit** MED unidad de cuidados intensivos.
intent [ɪn'tent] *adj* **1** absorto, abstraído. **2** resuelto, empeñado (determinado). ● *n u* **3** (fml) intención (intención). **4** significado, sentido (de una acción). **5** JUR intencionalidad. ■ **to be ~ on/upon doing sth** (fml) tener el firme propósito de hacer algo; **to all intents and purposes** (fml) a todos los efectos.
intention [ɪn'tenʃn] *n c & u* intención.
intentional [ɪn'tenʃənl] *adj* intencionado, a propósito (deliberado).
intently [ɪn'tentlɪ] *adv* fijamente, atentamente.
interact [ˌɪntər'ækt] *intr* **to ~ (with) 1** relacionarse (con), comunicarse (con) (personas). **2** intercomunicarse (máquinas). **3** interaccionar.
interactive [ˌɪntər'æktɪv] *adj* interactivo.
intercede [ˌɪntə'siːd] *intr* **to ~ (with/for)** interceder, mediar (ante/en favor de).
intercept [ˌɪntə'sept] *tr* interceptar.
interchange [ˌɪntə'tʃeɪndʒ] *n c & u* **1** intercambio. ● *n c* **2** cruce, intersección (en una autopista). ● **to ~ (with)** *tr & intr* **3** intercambiar (con).
intercity [ˌɪntə'sɪtɪ] *adj GB* interurbano (train).
intercom ['ɪntəkɒm] (*abbrev* **intercommunication system**) *n c* interfono (en un edificio); portero automático (en los pisos).
interconnect [ˌɪntəkə'nekt] *tr* **1** interconectar. ● *intr* **2** intercomunicarse.
intercourse ['ɪntəkɔːs] *n u* **1** (fml) relación, comunicación. **(sexual) ~ 2** (fml) coito, relaciones sexuales.
interest ['ɪntrəst] *n c & u* **1** interés. ● **interests** *n pl* **2** intereses, conexiones (negocios, política). ● *tr* **3** interesar. ◆ **~ rate** FIN tipo de interés. ■ **in the interests**

of en interés de (beneficiando); en pro de; **to have sb's interests at heart** preocuparse por/pensar en el bienestar de alguien.

interested [ˈɪntrəstɪd] *adj* interesado. ■ **to be ~ in sth/doing sth** estar interesado en algo/hacer algo.

interesting [ˈɪntrəstɪŋ] *adj* interesante.

interface [ˈɪntəfeɪs] *n c* **1** COMPUT interfaz. • *tr & intr* **2** COMPUT interconectar(se).

interfere [ˌɪntəˈfɪər] *intr* **1** interferir (gen). **to ~ in 2** entrometerse en, inmiscuirse en; interrumpir, entrometerse en (conversación). ◆ **to ~ with sth** interferir en algo, obstaculizar algo; interrumpir algo.

interference [ˌɪntəˈfɪərəns] *n u* **1** interferencia, intromisión; interrupción, intervención (en una conversación). **2** interferencia (en radio, televisión).

interim [ˈɪntərɪm] *adj* **1** interino, provisional. • *n sing* **2** ínterin, intervalo. ■ **in the ~** entre tanto (de forma provisional).

interior [ɪnˈtɪərɪər] *adj & n c* interior. ◆ **~ decorator/designer** diseñador de interiores, interiorista.

interjection [ˌɪntəˈdʒekʃn] *n c & u* **1** (fml) interrupción, intervención (en una conversación). • *n c* **2** GRAM exclamación, interjección.

interlink [ˌɪntəˈlɪŋk] *tr* entrelazar, conectar.

interlude [ˈɪntəluːd] *n c* **1** intervalo (período de tiempo). **2** descanso, intermedio (en una película); entreacto (en una obra o concierto). **3** MUS interludio.

intermediate [ˌɪntəˈmiːdjət] *adj* **1** intermedio. • *intr* **2** mediar, hacer de intermediario.

intermission [ˌɪntəˈmɪʃn] *n c* descanso, intermedio (en una película); entreacto (en una obra o concierto).

intern [ˈɪntɜːn] *n c* **1** *EE UU* interno, médico residente (doctor). **2** *EE UU* profesor en prácticas.

intern [ɪnˈtɜːn] *tr* internar, recluir (en un campo de concentración).

internal [ɪnˈtɜːnl] *adj* **1** interno. **2** interior, nacional: *Minister of Internal Affairs = ministro del Interior*. ◆ **~ flight** vuelo nacional; **Internal Revenue** *EE UU* Hacienda.

internalize or **internalise** [ɪnˈtɜːnəlaɪz] *tr* interiorizar.

international [ˌɪntəˈnæʃənl] *adj* internacional.

internationally [ˌɪntəˈnæʃənəlɪ] *adv* internacionalmente.

Internet [ˈɪntənet] *n sing* **the ~** Internet.

internment [ɪnˈtɜːnmənt] *n u* internamiento, reclusión (wartime).

interpersonal [ˌɪntəˈpɜːsənəl] *adj* interpersonal.

interplay [ˈɪntəpleɪ] *n u* interacción.

interpolate [ɪnˈtɜːpəleɪt] *tr* **to ~ sth (into)** (fml) interpolar, intercalar algo (en).

interpose [ˌɪntəˈpəʊz] *tr* **1** interponer, intercalar. • *pron* **2** interponerse, ponerse en medio.

interpret [ɪnˈtɜːprɪt] *tr* **1** interpretar. • *intr* **2** hacer de intérprete.

interpretation [ɪnˌtɜːprɪˈteɪʃn] *n c & u* interpretación.

interpretative [ɪnˈtɜːprɪtətɪv] *adj* interpretativo.

interpreter [ɪnˈtɜːprɪtər] *n c* intérprete.

interpreting [nˈtɜːprɪtɪŋ] *n u* interpretación.

interpretive [ɪnˈtɜːprətɪv] *adj* → interpretative.

interracial [ˌɪntəˈreɪʃl] *adj* interracial.

interrelate [ˌɪntərɪˈleɪt] *tr* **1** interrelacionar. • **to ~ (with)** *intr* **2** interrelacionarse (con).

interrelationship [ˌɪntərɪˈleɪʃnʃɪp] *n c* interrelación.

interrogate [ɪnˈterəgeɪt] *tr* interrogar.

interrogation [ɪnˌterəˈgeɪʃn] *n c & u* **1** interrogatorio. **2** GRAM interrogación. ◆ **~ mark** *EE UU* signo de interrogación.

interrogative [ˌɪntəˈrɒgətɪv] *adj & n c* **1** GRAM interrogativo. • **the ~** *n sing* **2** GRAM la forma interrogativa.

interrupt [ˌɪntəˈrʌpt] *tr & intr* interrumpir.

interruption [ˌɪntəˈrʌpʃn] *n c & u* interrupción.

intersect [ˌɪntəˈsekt] *intr* **1** cruzarse. • *tr* **2** cruzar.

intersection [ˌɪntəˈsekʃn] *n c & u* intersección, cruce.

interstate [ˌɪntəˈsteɪt] *adj* **1** *EE UU* interestatal. • **~ (highway)** *n c* **2** carretera interestatal.

interstice [ɪnˈtɜːstɪs] *n c* (fml) intersticio.

intertwine [ˌɪntəˈtwaɪn] *tr & intr* entretejer(se), entrelazar(se).
interval [ˈintəvl] *n c* **1** intervalo. **2** *EE UU* descanso, intermedio (en una película); entreacto (en una obra o concierto). ■ **at intervals** a intervalos; a ratos; **at rare intervals** de tarde en tarde; **at weekly/yearly intervals** a intervalos de una semana/un año.
intervene [ˌɪntəˈvi:n] *intr* **to ~ (in) 1** intervenir (en). **2** sobrevenir, surgir: *but war intervened = pero sobrevino la guerra.* **3** transcurrir, mediar. **4** interponerse.
intervening [ˌɪntəˈvi:nɪŋ] *adj* transcurrido (tiempo); intermedio (espacio).
intervention [ˌɪntəˈvenʃn] *n c & u* intervención.
interview [ˈɪntəvju:] *n c* **1** entrevista. ● *tr* **2** entrevistar.
interviewee [ˌɪntəvjʊˈi:] *n c* entrevistado.
interviewer [ˈintəvju:ər] *n c* entrevistador.
interweave [ˌɪntəˈwi:v, *pt* ˌɪntəˈwəʊv, *pp* ˌɪntəˈwəʊvn] (*pt* **interwove**, *pp* **interwoven**, *ger* **interweaving**) *tr* **1** entretejer. **2** (fig) entrelazar.
intestinal [ɪnˈtestɪnl] *adj* ANAT intestinal.
intestine [ɪnˈtestɪn] *n c* **1** ANAT intestino. ● **intestines** *n pl* **2** tripa, intestinos. ◆ **large ~** ANAT intestino grueso; **small ~** ANAT intestino delgado.
intimacy [ˈɪntɪməsɪ] (*pl* **intimacies**) *n c & u* intimidad.
intimate [ˈɪntɪmət] *adj* **1** íntimo. **2** detallado, profundo. ● *n c* **3** (fml) amigo íntimo, allegado. ■ **to be ~ with sb** (euph) tener relaciones sexuales con alguien.
intimate [ˈɪntɪmeɪt] *tr* (fml) sugerir, insinuar.
intimately [ˈɪntɪmətlɪ] *adv* **1** íntimamente. **2** a fondo, profundamente.
intimation [ˌɪntɪˈmeɪʃn] *n c & u* **1** (fml) indicación, atisbo (sign). **2** insinuación, indirecta.
intimidate [ɪnˈtɪmɪdeɪt] *tr* intimidar, abatatar (Amér.).
intimidated [ɪnˈtɪmɪdeɪtɪd] *adj* intimidado.
intimidation [ɪnˌtɪmɪˈdeɪʃn] *n c & u* intimidación.
into [ˈɪntʊ, [ˈɪntə]] *prep* **1** en (posición): *to come into the kitchen = entrar en la cocina.* **2** a, en (referido al cambio): *to translate into English = traducir al inglés.* **3** hasta (tiempo): *the party continued into the next day = la fiesta se prolongó hasta el día siguiente.* **4** hacia (dirección): *to look into the sun = mirar hacia el sol.* **5** con (contrario): *he bumped into me = tropezó conmigo.* **6** en relación con, en torno a: *research into disease = investigación en torno a las enfermedades.* **7** MATH entre (división). ■ **to be ~ sth/doing sth** (infml) gustar algo/hacer algo.
intolerable [ɪnˈtɒlərəbl] *adj* intolerable.
intolerance [ɪnˈtɒlərəns] *n u* intolerancia.
intolerant [ɪnˈtɒlərənt] *adj* intolerante. ■ **to be ~ of** ser intolerante con.
intonation [ˌɪntəˈneɪʃn] *n c & u* PHON entonación.
intoxicated [ɪnˈtɒksɪkeɪtɪd] *adj* **1** (fml) intoxicado, envenenado (por drogas, veneno). **2** (fml, hum) ebrio, borracho; tiznado (Amér.). **~ (by/with) 3** (fig) embriagado (de) (felicidad).
intoxicating [ɪnˈtɒksɪkeɪtɪŋ] *adj* **1** intoxicante, venenoso (droga, gas). **2** embriagante (alcohol). **3** (fig) embriagador.
intoxication [ɪnˌtɒksɪˈkeɪʃn] *n c & u* **1** intoxicación. **2** (fig) embriaguez.
Intranet [ˈɪntrənet] *n c* intranet.
intransigent [ɪnˈtrænzɪdʒənt] *adj* intransigente.
intransitive [ɪnˈtrænsətɪv] *adj* GRAM intransitivo.
in-tray [ˈɪntreɪ] *n c* bandeja de entrada (para documentos sin tramitar).
intrepid [ɪnˈtrepɪd] *adj* (fml) intrépido.
intricate [ˈɪntrɪkət] *adj* intrincado, enrevesado.
intrigue [ˈɪntri:g y ɪnˈtri:g] *n u* intriga.
intrigue [ɪnˈtri:g] *tr* **1** intrigar. ● **to ~ (against sb)** *intr* **2** conspirar (contra alguien).
intriguing [ɪnˈtri:gɪŋ] *adj* intrigante.
intrinsic [ɪnˈtrɪnsɪk] *adj* intrínseco.
introduce [ˌɪntrəˈdju:s y EE UU ˌɪntrəˈdu:s] *tr* **1** presentar (a alguien, un programa de TV). **to ~ sth (to/into) 2** introducir algo (en). **to ~ sb to sth 3** iniciar a alguien en algo nuevo. **4** dar entrada a, preludiar. ● *pron* **5** presentarse.
introduction [ˌɪntrəˈdʌkʃn] *n c & u* **1** introducción (gen). ● *n c* **2** presentación. ● *n sing* **3** iniciación.

introductory [ˌɪntrəˈdʌktərɪ] *adj* introductorio.

intrude [ɪnˈtruːd] *intr* **to ~ (into/on/upon) 1** entrometerse (en). **2** molestar.

intruder [ɪnˈtruːdər] *n c* intruso.

intrusion [ɪnˈtruːʒn] *n c & u* **1** intrusión (en un lugar); intromisión (en los asuntos de otro). **2** interrupción (de una conversación). **3** JUR allanamiento.

intrusive [ɪnˈtruːsɪv] *adj* molesto; entrometido (persona).

intuition [ˌɪntjuːˈɪʃn] *n c & u* intuición.

intuitive [ɪnˈtjuːɪtɪv y EE UU ɪnˈtuːɪtɪv] *adj* intuitivo.

inundate [ˈɪnʌndeɪt] *tr* **1** (fml) inundar (de agua). **2** (fig) abrumar.

invade [ɪnˈveɪd] *tr* invadir.

invader [ɪnˈveɪdər] *n c* invasor.

invalid [ɪnˈvælɪd] *adj* **1** inválido, nulo (matrimonio, voto, billete). **2** falso, erróneo (conclusión); que no es válido (argumento).

invalid [ˈɪnvəlɪd] *n c* **1** inválido, minusválido. • **to ~ sb out (of)** *tr* **2** *GB* MIL (normalmente *pasiva*) licenciar por invalidez. ♦ **~ chair** silla de ruedas.

invalidate [ɪnˈvælɪdeɪt] *tr* JUR invalidar, anular (marriage, law).

invaluable [ɪnˈvæljʊəbl] *adj* inestimable, de gran valor.

invariable [ɪnˈveərɪəbl] *adj* invariable.

invasion [ɪnˈveɪʒn] *n c & u* invasión. ♦ **~ of privacy** intromisión en la vida privada.

invent [ɪnˈvent] *tr* inventar.

invention [ɪnˈvenʃən] *n c & u* **1** invención. • *n u* **2** inventiva, ingenio. • *n c* **3** invención, invento.

inventive [ɪnˈventɪv] *adj* inventivo (persona); ingenioso (solución).

inventor [ˈɪnvəntər] *n c* inventor.

inventory [ˈɪnvəntrɪ y EE UU ˈɪnvəntɔːrɪ] (*pl* **inventories**) *n c* **1** inventario (list). **2** *EE UU* existencias (de un producto). • *tr* **3** hacer inventario de.

inverse [ˌɪnˈvɜːs] *adj* **1** inverso (opuesto). **2** (fml) invertido, del revés.

invert [ɪnˈvɜːt] *tr* **1** (fml) invertir. **2** poner del revés; poner boca abajo.

invertebrate [ɪnˈvɜːtɪbrəɪt] *adj & n c* ZOOL invertebrado.

inverted [ɪnˈvɜːtɪd] *adj* invertido. ♦ **~ commas** *GB* comillas. ■ **in ~ commas** (fig) entre comillas.

invest [ɪnˈvest] *tr & intr* **to ~(in) 1** FIN invertir (en). • *tr* **2** (fig) invertir, dedicar (tiempo, energía). **to ~ sb with 3** (fml) investir a alguien con (honores).

investigate [ɪnˈvestɪgeɪt] *tr & intr* investigar.

investigation [ɪnˌvestɪˈgeɪʃn] *n c & u* **~ (into)** investigación (de).

investigator [ɪnˈvestɪgeɪtər] *n c* investigador.

investment [ɪnˈvestmənt] *n c & u* **~ (in) 1** FIN inversión (en). • *n c* **2** (fig) inversión, dedicación (de tiempo, energía).

investor [ɪnˈvestər] *n c* inversor.

invigorating [ɪnˈvɪgəreɪtɪŋ] *adj* revigorizante.

invincible [ɪnˈvɪnsəbl] *adj* **1** invencible; inexpugnable (lugar). **2** inamovible (actitud, creencia).

invisible [ɪnˈvɪzəbl] *adj* invisible. ♦ **~ assets** FIN activo inmaterial; **~ earnings** FIN ingresos no declarados; **~ ink** tinta simpática.

invitation [ˌɪnvɪˈteɪʃən] *n c* invitación. ■ **an (open) ~ to** (fig) un reclamo/una tentación a/para (robar).

invite [ˈɪnvaɪt] *n c* (infml) invitación.

invite [ɪnˈvaɪt] *tr* **1** invitar (gen). **2** provocar (problemas); propiciar (crítica). **3** (fml) pedir, solicitar (solicitudes).

inviting [ɪnˈvaɪtɪŋ] *adj* atractivo, tentador; apetitoso (comida).

invoice [ˈɪnvɔɪs] *n c* **1** factura; boleta (Amér.). • *tr* **2** pasar factura a, enviar factura a. **3** facturar.

involuntary [ɪnˈvɒləntərɪ] *adj* involuntario. ♦ **~ manslaughter** JUR homicidio involuntario.

involve [ɪnˈvɒlv] *tr* **to ~ sth/+ ger 1** implicar, conllevar algo/hacer algo: *the job involves travelling = el puesto conlleva viajar*. **2** afectar a. **3** incluir a. **to ~ sb (in) 4** involucrar a alguien (en); embarrar a alguien (en) (Amér.). • **to ~ oneself (in)** *pron* **5** meterse (en).

involved [ɪnˈvɒlvd] *adj* **1** complicado, enrevesado (argumento). **2** involucrado (en una situación). **3** liado, comprometido (sexualmente). **4** interesado (persona): *the parties involved = los interesados*.

inward [ˈɪnwəd] *adj* **1** interior, interno. **2** privado, íntimo. • *adv* **3** *EE UU* → inwards.

inwards [ˈɪnwədz] *adv* hacia dentro.
Iran [ɪˈrɑːn] *n sing* Irán.
Iranian [ɪˈreɪnjən] *adj & n c* **1** iraní. • *n u* **2** iraní (idioma).
Iraq [ɪˈrɑːk] *n sing* Irak, Iraq.
Iraqi [ɪˈrɑːkɪ] *adj & n c* **1** iraquí. • *n u* **2** iraquí (idioma).
Ireland [ˈaɪələnd] *n sing* Irlanda. ♦ **the Republic of ~** la República de Irlanda.
iris [ˈaɪərɪs] (*pl* **irises**) *n c* **1** ANAT iris. **2** BOT lirio.
Irish [ˈaɪərɪʃ] *adj* **1** irlandés. • *n u* **2** irlandés. • **the ~** *n pl* **3** los irlandeses. ♦ **~ coffee** café irlandés.
Irishman [ˈaɪərɪʃmən] (*pl* **Irishmen**) *n c* irlandés.
Irishwoman [ˈaɪərɪʃwumən] (*pl* **Irishwomen**) *n c* irlandesa.
iron [ˈaɪən] *n u* **1** hierro (metal). • *n c* **2** plancha (para ropa). **3** SP hierro (palo de golf). • *tr & intr* **4** planchar. ♦ **~ lung** pulmón de acero (artificial). ■ **to have many irons in the fire** (fig) tener muchos asuntos entre manos; **to ~ out** resolver (dificultad, problema).
ironic or **ironical** [aɪˈrɒnɪk o aɪˈrɒnɪkl] *adj* irónico.
ironing [ˈaɪənɪŋ] *n u* **1** planchado (actividad). **2** ropa planchada o para planchar.
ironmonger [ˈaɪənˌmʌŋgər] *n c GB* ferretero. ♦ **~'s (shop)** ferretería.
irony [ˈaɪərənɪ] *n u* ironía.
irradiate [ɪˈreɪdɪeɪt] *tr* irradiar.
irrational [ɪˈræʃənl] *adj* irracional.
irrationality [ɪˌræʃəˈnælɪtɪ] *n u* irracionalidad.
irreducible [ˌɪrɪˈdjuːsəbl] *adj* irreductible.
irregularity [ɪˌregjʊˈlærətɪ] (*pl* **irregularities**) *n c & u* irregularidad.
irrelevance or **irrelevancy** [ɪˈrelɪvəns o ɪˈrelɪvənsɪ] (*pl* **irrelevancies**) *n u* **1** irrelevancia. • *n c* **2** nimiedad, cosa sin importancia.
irrelevant [ɪˈrelɪvənt] *adj* irrelevante.
irremediable [ɪrɪˈmiːdjəbl] *adj* irremediable.
irreparable [ɪˈrepərəbl] *adj* irreparable (daño).
irreplaceable [ɪrɪˈpleɪsəbl] *adj* irreemplazable, insustituible.
irrepressible [ɪrɪˈpresəbl] *adj* **1** imparable (persona). **2** irreprimible (energía, entusiasmo).
irreproachable [ɪrɪˌprəutʃəbl] *adj* irreprochable.
irresistible [ɪrɪˈzɪstəbl] *adj* irresistible.
irresolute [ɪˈrezəluːt] *adj* (fml) indeciso, irresoluto.
irresponsibility [ˈɪrɪsˌpɒnsəˈbɪlɪtɪ] *n u* irresponsabilidad.
irresponsible [ɪrɪsˈpɒnsəbl] *adj* irresponsable.
irreverent [ɪˈrevərənt] *adj* **1** irreverente (en materia religiosa). **2** irrespetuoso.
irreversible [ɪrɪˈvɜːsəbl] *adj* **1** irreversible. **2** irrevocable (decisión).
irrigation [ɪrɪˈgeɪʃən] *n u* irrigación, riego.
irritant [ˈɪrɪtənt] *adj* **1** irritante. • *n c* **2** (fml) motivo de irritación. **3** (sustancia) irritante.
irritate [ˈɪrɪteɪt] *tr* irritar.
irritated [ˈɪrɪteɪtɪd] *adj* irritado.
irritating [ˈɪrɪteɪtɪŋ] *adj* irritante.
irritation [ɪrɪˈteɪʃən] *n u* **1** irritación. • *n c* **2** motivo de irritación.
is [ɪz] *aux* (3ª persona del sing del presente) → be.
Islamic [ɪzˈlæmɪk] *adj* islámico.
island [ˈaɪlənd] *n c* **1** GEOG isla. **2** isleta (en la calle, aeropuerto).
islander [ˈaɪləndər] *n c* isleño.
isn't [ˈɪznt] *contr* (contr de *is* + *not*) → be.
isolate [ˈaɪsəleɪt] *tr* aislar (gen); marginar (socialmente).
isolated [ˈaɪsəleɪtɪd] *adj* aislado.
isolation [aɪsəˈleɪʃən] *n u* **1** aislamiento (gen). **2** MED cuarentena. ■ **in ~** aisladamente; en soledad; en cuarentena.
Israel [ˈɪzreɪəl] *n sing* Israel.
Israeli [ɪzˈreɪlɪ] *adj & n c* israelí.
Israelite [ˈɪzrəlaɪt] *adj & n c* HIST israelita.
issue [ˈɪʃuː y ˈɪsjuː] *n c* **1** cuestión, tema (de importancia). **2** problema. **3** emisión (de billetes, sellos). **4** número, edición (revista, periódico). **5** reparto, distribución. • *n u* **6** publicación. • *tr* **7** promulgar (un decreto); hacer público (un anuncio, advertencia). **8** emitir, poner en circulación (sellos, dinero). **9** expedir (pasaporte, documento). **10** distribuir, repartir. **11** extender, librar (cheque). • **to ~ (from)** *intr* **12** (fig) surgir (de).
isthmus [ˈɪsməs] *n c* GEOG istmo.
it [ɪt] *pron* **1** él, ella (sujeto). **2** lo, la (objeto directo). **3** le (objeto indirecto). **4** él,

ella, ello (con prep): *to talk about it = hablar de él/ella/ello, he's good at it = se le da bien.* ■ **that's ~** eso es todo; eso es, así es; **to go ~ alone** montárselo por su cuenta; **to have had ~** no poder más (persona); estar para el arrastre (automóvil, máquina); estar para tirar (ropa); **to have ~ in for sb** tenerla tomada con alguien; **to have what ~ takes** tener las cualidades necesarias.
Italian [ɪ'tæljən] *adj & n c* **1** italiano. • *n u* **2** italiano.
italic [ɪ'tælɪk] *adj & n c* cursiva. ■ **in italics** en cursiva.
Italy ['ɪtəlɪ] *n sing* Italia.
itch [ɪtʃ] *n c* **1** picor, picazón. • *n sing* **2** (fig) deseo imperioso (de viajar). • *intr* **3** picar. ■ **to be itching to do sth** (fig) estar impaciente por hacer algo.
itchy ['ɪtʃɪ] *adj* **1** (infml) que pica. **2** (fig) ansioso, impaciente.
it'd ['ɪtəd] *contr* **1** (contr de *it + had*) → have. **2** (contr de *it + would*) → would.
item ['aɪtəm] *n c* **1** artículo, objeto (de una serie). **2** asunto, punto (en una lista). **3** reportaje, artículo (periódico). ◆ **news ~** noticia.
itinerant [aɪ'tɪnərənt] *adj* itinerante, ambulante.
itinerary [aɪ'tɪnərərɪ] (*pl* **itineraries**) *n c* ruta, itinerario.
it'll ['ɪtl] *contr* (contr de *it + will*) → will.
its [ɪts] *poss adj* su, sus (de cosa, animal, lugar, niño).
it's [ɪts] *contr* **1** (contr de *it + is*) → be. **2** (contr de *it + has*) → have.
itself [ɪt'self] *pron* **1** se (reflexivo): *it switches itself off = se apaga solo*; sí mismo (detrás de prep): *with itself = consigo mismo.* **2** (él) mismo, (ella) misma, en sí (uso enfático). **3** en persona: *she's politeness itself = es la educación en persona.* ■ **by ~** por sí solo (automáticamente); solo; **in ~** en sí.
I've [aɪv] *contr* (contr de *I + have*) → have.
ivory ['aɪvərɪ] *adj* **1** de marfil (objeto); de color marfil. • *n u* **2** marfil (sustancia).
ivy ['aɪvɪ] *n u* hiedra.

Jj

j, J [dʒeɪ] *n c* j, J (letra).
jab [dʒæb] (*pt* y *pp* **jabbed**, *ger* **jabbing**) *tr* **1** pinchar, clavar. • **to ~ at** *intr* **2** apuntar a (con el dedo, cuchillo). • *n c* **3** pinchazo, punzada. **4** golpecito brusco. **5** *GB* (infml) inyección. ◆ **to ~ at** dar golpecitos a: *jabbing at the keys = golpeando las teclas.*
jabber ['dʒæbər] *n c & u* **1** parloteo. • *n u* **2** galimatías.
jack [dʒæk] *n c* **1** MEC gato. **2** sota, jota (juego de cartas). **3** *EE UU* (sl) pasta (dinero). ◆ **~ plug** ELEC (enchufe de) clavija.
jackal ['dʒækɔːl y 'dʒækəl] *n c* ZOOL chacal.
jacket ['dʒækɪt] *n c* **1** chaqueta, americana; saco (Amér.). **2** forro, sobrecubierta (de libro). **3** *EE UU* funda, cubierta (de disco). • *tr* **4** envolver, enfundar. ◆ **~ potato** GAST patata asada con su piel.
jackpot ['dʒækpɒt] *n c* (premio) gordo; bote.
jade ['dʒeɪd] *n u* MIN jade.
jaded ['dʒeɪdɪd] *adj* cansado (worn out); harto (fed up).
jagged or **jaggy** ['dʒægɪd o 'dʒægɪ] *adj* dentado (cuchillo); accidentado (rocas, montañas).
jaguar ['dʒægjʊər] *n c* ZOOL jaguar.
jail [dʒeɪl] *n c & u* **1** cárcel. • *tr* **2** encarcelar.
jailer ['dʒeɪlər] *n c* carcelero.
jam [dʒæm] (*pt* y *pp* **jammed**, *ger* **jamming**) *tr* **1** apretar; meter a la fuerza. **2** abarrotar. **3** atascar (máquina). **4** (normalmente *pasiva*) bloquear (línea telefónica). **5** obstruir (tuberías). • **to ~ (up)** *intr* **6** atascarse (máquina). • *n c* **7** mermelada (comida). **8** embotellamiento, atasco (tráfico). **9** apuro, lío. ◆ **~ session** MUS se-

sión improvisada de jazz o rock. ■ **to be/get into a ~** estar/meterse en un lío; **to ~ on the brakes** AUT dar un frenazo.
Jamaica [dʒəˈmeɪkə] *n sing* Jamaica.
Jamaican [dʒəˈmeɪkən] *adj & n c* jamaicano.
jammed [dʒæmd] *adj* atascado, bloqueado.
jangle [ˈdʒæŋgl] *n u* **1** tintineo (de monedas, llaves). ● *tr* **2** hacer tintinear (llaves, monedas). ● *intr* **3** tintinear (monedas, llaves). ● *tr & intr* **4** crispar(se) (nervios).
January [ˈdʒænjʊərɪ y EE UU ˈdʒænjʊerɪ] *n c & u* enero.
Japan [dʒəˈpæn] *n sing* Japón.
Japanese [ˌdʒæpəˈniːz] *adj & n u* **1** japonés. ◆ **the ~** los japoneses.
jar [dʒɑːr] (*pt* y *pp* **jarred**, *ger* **jarring**) *intr* **1** irritar (persona); crispar (nervios). **to ~ (with) 2** chocar, discrepar (con). ● *tr* **3** sacudir, agitar; hacer vibrar. ● *n c* **4** tarro. **5** choque.
jargon [ˈdʒɑːgən] *n c & u* jerga.
jasmine [ˈdʒæsmɪn] *n c & u* BOT jazmín.
jaundice [ˈdʒɔːndɪs] *n u* MED ictericia.
javelin [ˈdʒævlɪn] *n c* SP jabalina.
jaw [dʒɔː] *n c* **1** ANAT mandíbula. ● **jaws** *n pl* **2** boca (persona); fauces (animal). ● *tr* **3** (infml) cotorrear.
jazz [dʒæz] *n u* **1** MUS jazz. **2** *EE UU* (infml) palique, bobadas; palabrería. ● **to ~ (about)** *intr* **3** (infml) andar por ahí holgazaneando. ◆ **~ band** banda de jazz; **~ singer** cantante de jazz; **to ~ up** alegrar, avivar (una reunión).
jazzy [dʒæzɪ] *adj* (infml) chillón, llamativo (color, vestido).
jealous [ˈdʒeləs] *adj* **1** envidioso (gen). **2** (pej) celoso.
jealousy [ˈdʒeləsɪ] *n c & u* **1** envidia. **2** celos.
jeans [dʒiːnz] *n pl* vaqueros, tejanos.
Jeep® [dʒiːp] *n c* jeep, todoterreno.
jeer [dʒɪər] *tr* **1** mofarse de; abuchear. ● **to ~ (at)** *intr* **2** mofarse (de). **to ~ (at sb) 3** mofarse (de alguien); abuchear (a alguien). ● **jeers** *n pl* **4** burla; farra (Amér.); abucheo.
jell *n c & u* **1** → gel. ● *intr* **2** → gel.
jelly [ˈdʒelɪ] (*pl* **jellies**) *n c & u* **1** gelatina (gen); jalea (postre). **2** *EE UU* mermelada.
jellyfish [ˈdʒelɪfɪʃ] (*pl* **jellyfish** o **jellyfishes**) *n c* medusa.
jeopardize [ˈdʒepədaɪz] (*GB* **jeopardise**) *tr* arriesgar, poner en peligro.
jeopardy [ˈdʒepədɪ] *n u* **in ~** en peligro.
jerk [dʒɜːk] *n c* **1** sacudida; tirón. **2** *EE UU* (sl) imbécil, gilipollas; boludo, cojudo (Amér.). *intr* **3** ir dando sacudidas (vehículo); moverse bruscamente (persona).
jester [ˈdʒestər] **(court)** *n c* ~ HIST bufón (medieval).
jet [dʒet] (*pt* y *pp* **jetted**, *ger* **jetting**) *intr* **to ~+ adv/prep 1** (infml) volar, viajar en reactor. ● *n u* **2** MIN azabache. ● *n c* **3** chorro. **4** reactor (avión). ◆ **~ engine** motor a reacción.
jet-lag [ˈdʒetlæg] *n u desarreglo psicofísico tras un vuelo largo en avión.*
jetty [ˈdʒetɪ] (*pl* **jetties**) *n c* embarcadero.
Jew [dʒuː] *n c* judío.
jewel [ˈdʒuːəl] *n c* **1** piedra preciosa. **2** (normalmente *pl*) joya. **3** (fig) joya, tesoro (persona).
jeweller [ˈdʒuːələr] (*EE UU* **jeweler**) *n c* joyero. ◆ **jeweller's (shop)** joyería.
jewellery [ˈdʒuːəlrɪ] (*EE UU* **jewelry**) *n u* joyas; joyería (negocio).
Jewish [ˈdʒuːɪʃ] *adj* judío.
jibe [dʒaɪb] *n c* **1** pulla, burla. ● **to ~ (at)** *tr & intr* **2** mofarse (de).
jigsaw [ˈdʒɪgsɔː] *n c* **1** sierra de vaivén. **~ (puzzle) 2** rompecabezas, puzzle.
jilt [dʒɪlt] *tr* (pej) dejar plantado, dar calabazas a (novio, novia).
jingle [ˈdʒɪŋgl] *n sing* **1** tintineo (sonido). **2** sintonía (de alerta). ● *tr* **3** hacer tintinear. ● *intr* **4** tintinear.
jinx [dʒɪŋks] *n c* **1** gafe, cenizo (persona). **2** mal de ojo (sobre alguien). ● *tr* **3** (infml) echar mal de ojo a. ■ **to put a ~ on** (infml) echar mal de ojo sobre.
jinxed [dʒɪŋkst] *adj* gafe, gafado.
job [dʒɒb] *n c* **1** trabajo, empleo. **2** encargo, tarea. **3** deber, cometido. **4** problema, trabajo. **5** (sl) robo. **6** COMPUT ejecución del conjunto de programas. ◆ **~ lot** saldo. ■ **jobs for the boys** (pej) enchufismo; **that's just the ~** *GB* (infml) eso me viene de perilla; **to be doing a good ~** estar haciendo un buen trabajo; **to do/make a bad ~** hacer un desastre.

jobless [dʒɒblɪs] *adj* desempleado. ♦ **the ~** los desempleados.
jockey [ˈdʒɒkɪ] *n c* jockey, jinete.
jog [dʒɒg] (*pt* y *pp* **jogged**, *ger* **jogging**) *tr* **1** empujar levemente; dar un ligero codazo. ● *intr* **2** hacer footing. ● *n sing* **3** empujoncito, codazo. ● *n c* **4** trote. ■ **to go for a ~** hacer footing; **to ~ sb's memory** refrescar a alguien la memoria.
jogger [dʒɒgər] *n c* persona que practica footing.
jogging [ˈdʒɒgɪŋ] *n u* footing.
join [dʒɔɪn] *n c* **1** juntura, unión. ● **to ~ (to/together/up)** *tr* **2** unir, juntar. **3** unirse a (un grupo). **4** reunirse con (otras personas). **5** participar en (debate). ● *tr & intr* **6** hacerse socio (de) (club); afiliarse (a) (partido político); alistarse (en) (un ejército). ● *intr* **7** confluir (ríos, caminos). **8** unirse, juntarse (fragmentos). ♦ **to ~ in** participar (en), tomar parte (en); **to ~ up** *GB* MIL alistarse. ■ **to ~ a line/queue** meterse en la cola; **to ~ forces (with)** unirse (con).
joiner [ˈdʒɔɪnər] *n c* carpintero.
joinery [ˈdʒɔɪnərɪ] *n u* carpintería.
joint [dʒɔɪnt] *adj* **1** compartido (propiedad, responsabilidad). **2** común, conjunto (esfuerzo). ● *n c* **3** juntura, unión, empalme (de un cable). **4** *GB* pieza de carne para asar. **5** (infml, pej) antro, garito. **6** (sl) porro (de marihuana). **7** ANAT articulación. **8** ARCH junta. ● *tr* **9** ensamblar, juntar. ♦ **~ owner** copropietario; **~ ownership** copropiedad; **~ venture** empresa en común.
jointed [ˈdʒɔɪntɪd] *adj* articulado.
joke [dʒəʊk] *n c* **1** chiste. **2** broma. ● *intr* **3** contar chistes. **4** bromear. ■ **can't take a ~** no saber aceptar una broma; **it's no ~** no es nada fácil; no tiene gracia; **joking apart/aside** bromas aparte; **to be a ~** (infml) ser una broma (situación); ser el hazmerreír (persona); **to go beyond a ~** pasarse de la raya; **to make a ~ of** reírse de, tomar a broma; **to play a ~ on sb** gastarle una broma a alguien; **you are/must be/have got to be joking** ¡no hablarás en serio!
joker [ˈdʒəʊkər] *n c* **1** chistoso, bromista (persona). **2** comodín (naipes).
jolly [ˈdʒɒlɪ] *adj* **1** alegre, animado (persona); divertido (rato). ● *adv* **2** *GB* (infml) muy. ● *n c* **3** *GB* (infml) fiesta, juerga. ■ **~ good!** ¡estupendo!, ¡genial!; ¡macanudo! (Amér.).
jolt [dʒəʊlt] *n c* **1** sacudida. ● *intr* **2** traquetear. ● *tr* **3** sacudir, zarandear. **4** (fig) sacudir, conmocionar.
Jordan [ˈdʒɔːdn] *n sing* Jordania.
Jordanian [dʒɔːˈdeɪnɪən] *adj & n c* jordano.
jostle [ˈdʒɒsl] *n c* **1** empujón. ● *tr & intr* **2** empujar, dar empellones. **3** pasar dando codazos.
jot [dʒɒt] (*pt* y *pp* **jotted**, *ger* **jotting**) *tr* **to ~ (down) 1** anotar, apuntar. ● *n c* **2** pizca, ápice; mirria (Amér.).
journal [ˈdʒɜːnl] *n c* **1** revista; publicación periódica; diario, periódico. **2** diario (personal. **3** registro (en un acta).
journalism [ˈdʒɜːnəlɪzəm] *n u* periodismo.
journalist [ˈdʒɜːnəlɪst] *n c* periodista.
journalistic [ˌdʒɜːnəˈlɪstɪk] *adj* periodístico.
journey [ˈdʒɜːnɪ] *n c* **1** viaje. ● **to ~ adv/prep** *intr* **2** viajar. ■ **to break one's ~** hacer escala.
joy [dʒɔɪ] *n u* **1** alegría. **2** *GB* (infml) éxito. ● *n c* **3** (fml) placer, deleite.
joyful [ˈdʒɔɪfʊl] *adj* (fml) alegre.
joystick [ˈdʒɔɪstɪk] *n c* **1** AER palanca de mando. **2** palanca, joystick (para computadores, videojuegos).
jubilant [ˈdʒuːbɪlənt] *adj* (fml) jubiloso.
judge [dʒʌdʒ] *n c* **1** juez. ● *tr* **2** juzgar (gen). **3** calcular (tiempo, distancia). ● **to ~ (by/from)** *intr* **4** juzgar (por). ■ **judging by/from** a juzgar por.
judgement or **judgment** [ˈdʒʌdʒmənt] *n u* **1** juicio (sensatez). ● *n c* **2** juicio, opinión. ● *n c & u* **3** JUR fallo, sentencia. ■ **against one's better ~** en contra de lo que dicta el juicio; **to pass ~ (on)** pronunciar sentencia (sobre); pronunciarse (sobre) (un asunto); **to reserve ~** reservarse la opinión.
judicious [dʒuːˈdɪʃəs] *adj* (fml) juicioso.
judo [ˈdʒuːdəʊ] *n u* SP judo.
jug [dʒʌg] *n c* jarra pequeña (para agua, vino).
juggle [ˈdʒʌgl] (*ger* **juggling**) *tr* **1** hacer malabarismo con. ● **to ~ with** *intr* **2** (fig) jugar con (posibilidades, teorías); manipular (hechos, cifras).

juggler ['dʒʌglər] *n c* **1** malabarista. **2** (fig) manipulador (que saca provecho).
juice [dʒu:s] *n c & u* **1** zumo (de frutas); jugo (de carne). • *n u* **2** (infml) gasolina; nafta (Amér.). • **juices** *n pl* **3** jugos (gástricos).
juicy ['dʒu:sɪ] *adj* jugoso.
July [dʒu:'laɪ] *n c & u* julio.
jumble ['dʒʌmbl] *n sing* **1** embrollo, lío. • *n u* **2** *GB* revoltijo. • **to ~ (up/together)** *tr* **3** (normalmente *pasiva*) desordenar, mezclar.

> El *jumble sale*, en Gran Bretaña, o *rummage sale*, en Estados Unidos, es un mercadillo que se organiza en una iglesia, colegio, etc. con fines benéficos. Se venden objetos de segunda mano y se colocan puestos de café o té.

jumbo ['dʒʌmbəʊ] *adj* **1** (infml) de tamaño gigante. • **~ (jet)** *n c* **2** (avión) jumbo.
jump [dʒʌmp] *n c* **1** salto (acción, movimiento). **2** valla, obstáculo (equitación). **~ (in)** **3** subida rápida (de precio, de nivel). • *tr & intr* **4** saltar (gen). • *intr* **5** sobresaltarse. **6** dispararse (level, price). • *tr* **7** (infml) fugarse de. **8** (infml) saltarse (cola, semáforo). **9** (infml) atacar por sorpresa. ♦ **~ seat** asiento plegable (en un avión); **to ~ at** no dejar escapar (una oportunidad); **to ~ on** (infml) poner verde. ■ **~ to it!** (infml) ¡date prisa!, ¡muévete!; **to ~ down sb's throat** (infml) estallar contra alguien; **to ~ start** arrancar empujando (un automóvil); **to ~ the gun** (infml) adelantarse a los acontecimientos; **to ~ to conclusions** sacar a la ligera conclusiones; **to ~ up and down** dar botes (de rabia, de alegría).
jumper ['dʒʌmpər] *n c* **1** saltador (gen). **2** *GB* jersey. **3** *EE UU* pichi (vestido). ♦ **~ cables** *EE UU* cables de empalme.
jumpy ['dʒʌmpɪ] *adj* nervioso, inquieto.
junction ['dʒʌŋkʃn] *n c* **1** unión, conexión (gen). **2** cruce (de carreteras); empalme (de vías férreas). **3** ELEC empalme.
June [dʒu:n] *n c & u* junio.
jungle ['dʒʌŋgl] *n c & u* jungla, selva.
junior ['dʒu:njər] *adj & n c* **1** júnior (gen). **2** subordinado, subalterno. **3** *EE UU* junior, juvenil (talla de ropa para adolescentes). • *n c* **4** *GB* alumno de primaria. **5** *EE UU alumno de penúltimo año* (en la escuela, universidad). • *n sing* **6** *EE UU* hijo (después del nombre): *James Benn, Jr = James Benn hijo.* ♦ **~ high (school)** *EE UU* instituto de bachillerato; **~ school** *GB* escuela primaria.
junk [dʒʌŋk] *n u* **1** (infml) trastos, chatarra. **2** bobadas, tonterías. **3** (sl) caballo, heroína. • *tr* **4** (infml) deshacerse de, tirar a la basura. ♦ **~ food** (infml) *comida basura*; **~ mail** (pej) correo publicitario.
juror ['dʒʊərər] *n c* jurado (persona).
jury ['dʒʊərɪ] (*pl* **juries**) *n c* (con v sing/pl) jurado. ♦ **~ box** tribuna del jurado.
just [dʒʌst] *adj* **1** (fml) justo (persona, decisión). **2** (fml) correcto, razonable (comportamiento); merecido, apropiado (recompensa). • **~ + pp** *adv* **3** acabar de (acción reciente): *he has just left = acaba de irse.* **4** exactamente, justo: *just what he wanted = exactemente lo que quería.* **5** ya, ahora mismo (now). **6** simplemente: *it was just a joke = no era más que una broma.* **7** sólo, solamente. **(only) ~ 8** apenas: *she only just arrived in time = llegó a tiempo por los pelos.* ■ **could/may/might ~** quizás: *she might just go = es posible que vaya*; **~ a minute/moment/second** ¡un momento!; **~ about** casi; **~ as/like/the same** lo mismo; **~ here/there** aquí/allí mismo; **~ now** hace un instante; ahora mismo; **~ so** *GB* (fml) perfecto; **~ then** en aquel preciso momento.
justice ['dʒʌstɪs] *n u* justicia. ■ **to bring sb to ~** llevar a alguien ante la justicia; **to do ~ to sth** estar a la altura de (un trabajo); hacer los honores a; **to do oneself ~** dar lo mejor de uno mismo.
justifiable ['dʒʌstɪfaɪəbl] *adj* justificable.
justified ['dʒʌstɪfaɪd] *adj* justificado.
justify ['dʒʌstɪfaɪ] (*pt* y *pp* **justified**) *tr* justificar.
jut [dʒʌt] (*pt* y *pp* **jutted**, *ger* **jutting**) *intr* **to ~ (out)** sobresalir, resaltar.
juvenile ['dʒu:vənaɪl] *adj* **1** infantil; inmaduro. **2** JUR juvenil, de menores. • *n c* **3** (fml) joven. **4** JUR menor (de edad).
juxtapose [,dʒʌkstə'pəʊz] *tr* (fml) yuxtaponer algo (a).

j

Kk

k, K [keɪ] *n c* **1** k, K (letra). ● *n sing* **2** (*abbrev* **thousand**) mil.
kaleidoscope [kəˈlaɪdəskəʊp] *n c* caleidoscopio.
kangaroo [ˌkæŋgəˈruː] *n c* ZOOL canguro.
karate [kəˈrɑːtɪ] *n u* kárate.
kb [keɪˈbiː] (*abbrev* **kilobyte**) *n c* COMPUT kb.
kebab [kəˈbæb] *n c* GAST pincho moruno.
keel [kiːl] *n c* **1** MAR quilla. ● **to ~ over** *intr* **2** zozobrar (barco); desplomarse (persona).
keen [kiːn] *adj* **1** entusiasta. **2** agudo (vista, oído). **3** reñido (competición). **4** profundo (deseo, interés). **5** intenso (emoción). **6** bueno (apetito). ■ **to be ~ on** interesarse mucho por, gustar (persona); ser aficionado a (actividad); **to be ~ to (+ inf)/on (+ ger)** ansiar/tener ganas de hacer algo.
keep [kiːp] (*pt* y *pp* **kept**) *tr* **1** guardar (objeto, promise). **2** cumplir (promesa). **3** quedarse con. **4** acudir a (una cita). **5** mantener (estado, situación, posición, lugar): *to keep sb awake = tener a alguien despierto*. **6** criar (animales). **7** mantener económicamente (familia). **8** tener (tienda, negocio). **9** escribir (un diario); tomar (notas); llevar por escrito (las cuentas). **10** poner aparte. **11** entretener, retrasar (a alguien). ● *intr* **12** mantenerse, permanecer. **13** seguir, continuar (actividad). **14** conservarse (alimentos). **15** *GB* estar, andar (de salud): *how are you keeping? = ¿qué tal estás?* ● *n c* **16** manutención, sustento. ◆ **to ~ at** trabajar sin descanso en, perseverar; **to ~ away from** mantenerse alejado de; **to ~ back** hacerse a un lado; ocultar (información); retener (dinero, salario); contener (emoción); **to ~ down** controlar, contener; mantenerse agachado; **to ~ in with** mantener buenas relaciones con; **to ~ off** no pisar (el césped); no aludir a (un asunto); **to ~ on (+ ger)** continuar (actividad); no dejar de (hacer algo); **to ~ on (about)** hablar continuamente (de); **to ~ on at sb** *GB* (infml) seguir dando la lata a alguien; **to ~ out** permanecer fuera; **to ~ out of** no entrar en; **to ~ to** observar (la ley); limitarse a (algo); guardar cama; **to ~ up** no rezagarse. ■ **to earn one's ~** ganarse el pan; **to ~ one's head** mantener la sangre fría; **to ~ quiet** callarse; **to ~ sb from doing sth** impedir a alguien hacer algo; **to ~ track of** no perder de vista; **to ~ up with the times** mantenerse al día; **to ~ well** estar bien de salud.
keeper [ˈkiːpər] *n c* guarda; cuidador (en un zoo); conservador (de un museo); archivero (en una biblioteca).
keeping [ˈkiːpɪŋ] *n u* **in ~/out of ~ (with)** en armonía/desacuerdo (con). ■ **in safe ~** en lugar seguro; **to be in ~ with** estar de acuerdo con; **to be in sb's ~** estar bajo la custodia de alguien.
kennel [ˈkenəl] *n c* **1** caseta del perro. ● **kennels** *n pl* **2** residencia canina.
Kenya [ˈkenjə y ˈkiːnjə] *n sing* Kenia.
Kenyan [ˈkenjən y ˈkiːnjən] *adj* & *n c* keniano.
kept [kept] *pt* & *pp* → keep.
kerb [kɜːb] *n c* bordillo.
ketchup [ˈketʃəp] **(tomato) ~** *n u* catchup, catsup.
kettle [ˈketl] *n c* tetera, hervidor.
key [kiː] *adj* **1** clave (persona, palabra). ● *n c* **2** llave (de una puerta). **3** tecla (de un piano, de una computadora). **4** clave (de un libro, mapa). **5** clave, solución (de un problema). **6** GEOG (normalmente *pl*) cayo, islote. **7** MUS tono (escala de notas). ● *tr* **8** MUS afinar (tono). ◆ **control/erase/function/return ~** COMPUT tecla de control/borrado/función/retorno; **to ~ in** COMPUT teclear. ■ **in ~** MUS afinado; **off ~** MUS desafinado; **to be (all) keyed up** tener los nervios de punta; **to press/strike a ~** COMPUT pulsar una tecla.
keyboard [ˈkiːbɔːd] *n c* **1** teclado. ● *tr* **2** teclear.

keyhole [ˈkiːhəʊl] *n c* ojo de la cerradura.
keypad [ˈkiːpæd] *n c* teclado (de teléfono, fax).
keyring [ˈkiːrɪŋ] *n c* llavero.
khaki [ˈkɑːkɪ] *adj & n u* caqui.
kick [kɪk] *n c* **1** patada (de una persona); coz (de animal). **2** (fig) reacción, emoción. **3** SP disparo. • *tr & intr* **4** dar patadas (a) (persona); dar coces (a) (animal). **5** SP chutar, disparar. • *intr* **6** (infml) dejar (hábito). ♦ **to ~ about** *GB* (infml) andar rondando por ahí; **to ~ around** (infml) considerar, discutir informalmente (sugerencia, idea); **to ~ in** romper de una patada (una puerta); **to ~ off** hacer el saque inicial (en fútbol); empezar (actividad, conversación); **to ~ sb out** echar a alguien. ■ **to get a ~ from/out of** encontrar placer en, disfrutar de; **to have a ~** (infml) estar muy fuerte (bebida alcohólica); **to ~ the bucket** (infml) estirar la pata (morir); **to ~ up a fuss** armar un lío.
kick-off [ˈkɪkɒf] *n c* SP saque de centro, saque inicial. ■ **for a ~** (fig) para empezar.
kid [kɪd] (*pt* y *pp* **kidded**, *ger* **kidding**) *tr* **1** (infml) tomar el pelo. • *pron* **2** hacerse ilusiones. • *n c* **3** (infml) niño, crío; chico, chaval. **4** cabrito (animal). • *adj* **5** (infml) menor (hermano o hermana): *his kid sister = su hermana pequeña.* ■ **I ~ you not** (infml) en serio; **no kidding!** (infml) ¡no me digas!; **to be kidding** (infml) estar de broma
kidnap [ˈkɪdnæp] *tr* secuestrar.
kidnapper [ˈkɪdnæpər] *n c* secuestrador.
kidnapping [ˈkɪdnæpɪŋ] *n c* secuestro.
kidney [ˈkɪdnɪ] *n c* ANAT riñón. ♦ **~ bean** judía pinta; **~ machine** MED riñón artificial.
kill [kɪl] *n c* **1** matanza (de animal). • *tr & intr* **2** matar. • *tr* **3** (fig) acabar con. **4** (fig) quitar (sabor). **5** (fig) parar (máquina); apagar (luz). ♦ **to ~ off** exterminar; poner fin a (stop). ■ **to be in at the ~** presenciar algo desagradable; **to ~ sb with kindness** tratar a alguien con cuidado exagerado; **to ~ time** matar el tiempo; **to ~ two birds with one stone** matar dos pájaros de un tiro.
killer [ˈkɪlər] *n c* asesino (persona).
kiln [kɪln] *n c* horno.
kilo [ˈkiːləʊ] (*abbrev* **kilogram**) *n c* kilo.
kilobyte [ˈkɪləbaɪt] *n c* COMPUT kilobyte.
kilogram [ˈkɪləgræm] *n c* kilogramo.
kilometre [ˈkɪləmiːtər] (*EE UU* **kilometer**) *n c* kilómetro.
kilowatt [ˈkɪləwɒt] *n c* kilovatio.
kilt [kɪlt] *n c* falda escocesa.
kind [kaɪnd] *adj* **~ (to) 1** amable (con). **2** bueno (acción); benigno (clima); elogioso, favorable (informe, palabras); cariñoso (tono de voz). • *n c* **3** clase, tipo. ■ **a ~ of** una especie de; **~ of** *EE UU* (infml) algo así como; **all kinds of** todo tipo de.
kindly [ˈkaɪndlɪ] *adv* amablemente. ■ **not to take ~ to sth** no aceptar algo de buen grado; **will/would you ~...?** (fml) ¿sería tan amable de...?
kindness [ˈkaɪndnɪs] *n u* **1** amabilidad, bondad. • *n c* **2** favor.
king [kɪŋ] *n c* rey. ■ **to live like a ~** vivir a cuerpo de rey.
kingdom [ˈkɪŋdəm] *n c* reino.
kingfisher [ˈkɪŋfɪʃər] *n c* ZOOL martín pescador.
king-size [ˈkɪŋsaɪz] *adj* de tamaño extra, gigante (gen); extra largo (cigarrillo).
kinship [ˈkɪnʃɪp] *n u* **1** parentesco. **2** (fig) afinidad.
kiosk [ˈkiːɒsk] *n c* **1** quiosco. **2** *GB* cabina de teléfono.
kipper [ˈkɪpər] *n c* arenque ahumado.
Kirghiz [ˈkɑːgɪz] *n sing* kirguizio.
Kirghizstan [ˈkɑːgɪztɑːn] *n sing* Kirguizistán.
Kiribati [kɪriˈbæti] *n sing* Kiribati.
kiss [kɪs] *n c* **1** beso. • *tr & intr* **2** besar(se). ♦ **~ curl** *GB* caracol (en el pelo); **~ of death** (fig) golpe de gracia; **~ of life** respiración boca a boca.
kit [kɪt] *n c* **1** utensilios, herramientas. **2** *GB* equipo (ropa). **3** modelo para montar, kit (muebles). • **to ~ sb out** *tr* **4** *GB* equipar a alguien.
kitchen [ˈkɪtʃɪn] *n c* cocina. ♦ **~ garden** huerto; **~ paper** papel de cocina; **~ sink** fregadero; **~ unit** módulo, armario de la cocina.
kitchenware [ˈkitʃɪnˌweər] *n c* batería de cocina.
kite [kaɪt] *n c* **1** cometa. **2** ZOOL milano real.
kitten [ˈkɪtn] *n c* gatito. ■ **to have kittens** *GB* tener los nervios de punta.
kitty [ˈkɪtɪ] (*pl* **kitties**) *n c* fondo común (para bebidas); bote (para apuestas).

K

kiwi ['ki:wɪ] *n c* ZOOL kiwi (ave). ◆ ~ **fruit** kiwi.
klaxon ['klæksən] *n c* claxon, bocina.
Kleenex® ['kli:neks] (*pl* **Kleenex**) *n c* kleenex.
kleptomania [ˌkleptə'meɪnɪə] *n u* cleptomanía.
kleptomaniac [ˌkleptə'meɪnɪæk] *n c* cleptómano.
knack [næk] *n sing* talento, maña. ■ **to get the ~ of doing sth** pillar el tranquillo a algo; **to have a/the ~ of doing sth** tener el don de hacer algo.
knacker ['nækər] *tr* (infml) dejar hecho polvo.
knackered ['nækəd] *adj* (infml) hecho polvo.
knead [ni:d] *tr* **1** amasar (masa de pan). **2** masajear (músculos).
knee [ni:] *n c* **1** ANAT rodilla. ● *tr* **2** dar un rodillazo a. ■ **on bended knees/on one's knees** de rodillas; **to bring sb to his knees** (fig) humillar a alguien; **to go down on one's knees to sb** implorar a alguien de rodillas.
kneecap ['ni:kæp] *n c* ANAT rótula.
kneel [ni:l] (*pt* y *pp* **knelt**) *intr* arrodillarse.
knelt [nelt] *pt & pp* → kneel.
knew [nju:] *pt* → know.
knickers ['nɪkəz] *n pl* **1** bragas. **2** *EE UU* → knickerbockers.
knick-knack ['nɪknæk] *n c* (normalmente *pl*) chuchería, baratija; tiliche (Amér.).
knife [naɪf] (*pl* **knives**) *n c* **1** cuchillo. **2** MEC cuchilla. ◆ ~ **and fork** cubierto (en la mesa); **pocket ~** navaja; **paper ~** abrecartas.
knife-edge ['naɪfedʒ] *n c* filo (de cuchillo). ■ **to be balanced on a ~** (fig) estar pendiente de un hilo.
knight [naɪt] *n c* **1** HIST caballero. **2** caballo (chess piece).
knightly ['naɪtlɪ] *adj* caballeroso.
knit [nɪt] (*pt* y *pp* **knit** o **knitted**, *ger* **knitting**) *tr* **1** tejer, tricotar. ● *intr* **2** hacer punto (con lana). **3** soldarse (huesos). ◆ **to ~ together** juntar, unir. ■ **closely/tightly ~** muy unido; **to ~ one's brow** fruncir el ceño.
knitted ['nɪtɪd] *adj* de punto.
knitting ['nɪtɪŋ] *n u* **1** labor de punto (actividad). **2** punto (al coser). ◆ ~ **machine** máquina de tricotar; ~ **needle** aguja de hacer punto.
knitwear ['nɪtweər] *n u* ropa de punto.
knives ['naɪvz] *n pl* → knife.
knob [nɒb] *n c* **1** bulto. **2** botón (de la radio, el televisor). **3** pomo (de puerta, cajón). **4** puño (de bastón).
knock [nɒk] *n c* **1** golpe. **2** llamada a la puerta (acción, sonido). **3** (infml) choque. **4** (fig) revés (de la fortuna). ● *tr* **5** golpear; chocar contra. **6** (infml) criticar, hablar mal de. ● *intr* **7** llamar a la puerta. **8** traquetear (una máquina). ◆ **to ~ back** (infml) beberse de un trago; **to ~ down** derribar (edificio); atropellar; destruir (argumento); desmoralizar (persona); rebajar (precio); **to ~ off** (infml) rebajar en; parar de currar; birlar, mangar; **to ~ out** dejar inconsciente; poner fuera de combate (boxeo); eliminar de una competición); **to ~ sb over** atropellar a alguien; hacer caer a alguien; **to ~ sth over** tirar/volcar algo; **to ~ together/up** (infml) construir de prisa; dejar embarazada. ■ **~ it off!** (infml) ¡basta!; **to be knocking on** (infml) ir para, rondar (age): *she is knocking on 40 = ella va para los cuarenta*; **to ~ a hole** abrir un agujero (en la pared); **to ~ about with sb** (infml) andar con alguien; **to ~ one's head** darse en la cabeza; **to ~ sb about/around** (infml) zurrar a alguien.
knock-on ['nɒkɒn] *adj* secundario. ◆ ~ **effect** *GB* reacción en cadena.
knockout ['nɒkaʊt] *n c* **1** SP K. O., fuera de combate (boxeo). **2** SP eliminatoria (competición). **3** (infml) maravilla (persona, cosa).
knock-up ['nɒkʌp] *n c* SP peloteo (en tenis, bádminton, squash).
knot [nɒt] (*pt* y *pp* **knotted**, *ger* **knotting**) *intr* **1** hacerse un nudo (en una cuerda). ● *tr* **2** anudar (corbata). ● *n c* **3** nudo (gen); lazo (de corbata, zapato). **4** corrillo (de gente). **5** MAR nudo (medida de velocidad). ■ **at a rate of knots** (fig) muy deprisa (moverse, viajar); **to tie/untie a ~** hacer/deshacer un nudo; **to get tied up in knots** (fig) hacerse un lío.
know [nəʊ] (*pt* **knew**, *pp* **known**) *tr* **1** saber (algo); conocer (persona, lugar); hablar (lengua). ● **to ~ of/about sth** *intr* **2** saber algo, estar enterado de algo. ■ **as**

far as I ~ que yo sepa; **as we ~ it** tal como se conoce; **to be in the ~** estar enterado; **I don't ~ about you** no sé tú…; **there is no knowing** no hay modo de saber; **to get to ~ (sb)** llegar a conocer (a alguien); **to let sb ~ (about sth)** avisar a alguien (de algo); **to ~ sb by sight** conocer a alguien de vista; **to ~ sth backwards** saberse algo al dedillo; **to ~ best** tener el máximo conocimiento; **you ~** ¿sabes?, ¿no?

knowing ['nəʊɪŋ] *adj* cómplice (mirada, sonrisa). ■ **worth ~** digno de saberse.

knowledge ['nɒlɪdʒ] *n u* conocimiento, conocimientos. ■ **it is common ~ that** todo el mundo sabe que; **(not) to my ~** (no) que yo sepa; **to have a thorough ~ of** conocer a fondo; **to the best of my ~** por lo que yo sé; **without my ~** sin saberlo yo.

knowledgeable ['nɒlɪdʒəbl] *adj* entendido, erudito.

known [nəʊn] *pp* **1** → know. ● *adj* **2** conocido (hecho); reconocido (experto). ■ **to become ~** llegar a saberse (una historia); llegar a ser conocido (persona); **to be well ~** ser bien conocido; **to let it be ~ (that)** anunciar (que); **to make sth ~ (to sb)** anunciar algo (a alguien).

knuckle ['nʌkl] *n c* **1** nudillo (de la mano). ● **to ~ down** *intr* **2** (infml) dedicarse, hacer con ahínco. ♦ **to ~ under** pasar por el aro. ■ **close to/near the ~** ofensivo (comentario).

Koran [kɒr'ɑ:n] *n sing* **the ~** REL el Corán.

Korea [kəri:ə] *n sing* Corea.

Korean [kə'ri:ən] *adj & n c* **1** coreano. ● *n u* **2** coreano (lengua).

krona ['krəʊnə, *pl* 'krəʊnɔ:r] (*pl* **kronor**) *n c* corona sueca e islandesa (moneda).

krone ['krəʊnə, *pl* 'krəʊnər] (*pl* **kroner**) *n c* corona danesa y noruega (moneda).

Kuwait [kʊ'weɪt] *n sing* Kuwait.

Kuwaiti [kʊ'weɪtɪ] *adj & n c* kuwaití.

Ll

l, L [el] *n c* l, L (letra).

lab [læb] (*abbrev* **laboratory**) *n c* (infml) laboratorio.

label ['leɪbl] *n c* **1** etiqueta (identificación). **2** sello discográfico. ● *tr* **3** etiquetar. **to ~ sth/sb (as) 4** calificar a alguien/algo (de).

labor *n c & u* → labour.

laboratory [lə'bɒrətərɪ] *n c* laboratorio.

laborious [lə'bɔ:rɪəs] *adj* laborioso.

labour ['leɪbər] (*EE UU* **labor**) *n u* **1** trabajo. **2** mano de obra (trabajadores). **3** parto. ● *n c* **4** (fig) esfuerzo. ● *intr* **5** trabajar. **to ~ (at/over sth) 6** esforzarse (en algo) (con empeño, afán). ● *tr* **7** insistir sobre (argumento, punto). ♦ **~ force** mano de obra (trabajadores); **~ market** mercado del trabajo; **labor union** *EE UU* sindicato (asociación de trabajadores). ■ **to be in ~** estar de parto.

labourer ['leɪbərər] (*EE UU* **laborer**) *n c* obrero.

labyrinth ['læbərɪnθ] *n c* laberinto.

lace [leɪs] *n c* **1** cordón (de zapato). ● *n u* **2** encaje (tejido). ● *tr* **3** atar (cordón del zapato).

lack [læk] *n c & u* **1** carencia, falta (de dinero, interés). ● *tr* **2** carecer de. ■ **for/through ~ of (sth)** debido a la falta de (algo) (entusiasmo).

lacklustre ['læklʌstər] (*EE UU* **lackluster**) *adj* deslucido (espectáculo); apagado (ojos).

laconic [lə'kɒnɪk] *adj* lacónico.

lacquer ['lækər] *n u* **1** laca. ● *tr* **2** lacar (madera, metal). **3** poner laca en (el pelo). **4** pintar (uñas).

lactose ['læktəʊs] *n u* lactosa.

lad [læd] *n c* (infml) muchacho.

ladder ['lædər] *n c* **1** escalera de mano. **2** escala (social, evolutiva). **3** *GB* carrera (en las medias).

laden ['leɪdn] *adj* **~ with** cargado de, repleto de.

ladies [ˈleɪdɪs] *n pl* → lady.
ladle [ˈleɪdl] *n c* cucharón.
lady [ˈleɪdɪ] (*pl* **ladies**) *n c* señora (mujer); dama (de alto status). ◆ **ladies' room/the ladies'** lavabo de señoras.
ladybird [ˈleɪdɪbɑ:d] *n c* ZOOL mariquita.
lady-killer [ˈleɪdɪkɪlər] *n c* donjuán.
lag [læg] (*pt* y *pp* **lagged**, *ger* **lagging**) *tr* **1** revestir (tuberías, techos). ● **to ~ (behind)** *intr* **2** quedarse atrás, rezagarse; andar a la zaga. ● *n c* **3** (infml) presidiario (convicto).
lager [ˈlɑ:gər] *n u* cerveza rubia.
lagoon [ləˈgu:n] *n c* albufera (de agua salada); laguna (de agua dulce).
laid [leɪd] *pt* & *pp* → lay.
laid-back [ˈleɪdbæk] *adj* relajado.
lain [leɪn] *pp* → lie.
lair [leər] *n c* guarida, madriguera.
lake [leɪk] *n c* lago.
lamb [læm] *n c* & *u* cordero.
lambswool [ˈlæmzwʊl] *adj* **1** de lana de cordero. ● *n u* **2** lana de cordero.
lame [leɪm] *adj* cojo (persona, animal); débil, pobre (argumento, excusa). ◆ **~ duck** inútil (persona); fracaso (negocios).
lament [ləˈment] *n c* **1** (fml) lamento. ● *tr* & *intr* **2** (fml) lamentar(se).
lamentable [ləˈmentəbl] *adj* (fml) lamentable.
laminate [ˈlæmɪneɪt] *tr* laminar.
lamp [læmp] *n c* lámpara.
lampoon [læmˈpu:n] *n c* **1** sátira. ● *tr* **2** satirizar.
lamp-post [ˈlæmppəust] *n c* farola.
lamprey [ˈlæmprɪ] *n c* ZOOL lamprea.
lampshade [ˈlæmpʃeɪd] *n c* pantalla (de lámpara).
lance [lɑ:ns] *n c* lanza (arma).
lancet [ˈlɑ:nsɪt] *n c* MED bisturí.
land [lænd] *n c* & *u* **1** tierra (gen). ● *n u* **2** tierras, finca (propiedad). ● *intr* **3** aterrizar (avión). **4** desembarcar (de un barco). **5** caer. ● *tr* **6** (infml) conseguir, pillar. ◆ **to ~ up (in)** (infml) acabar (en).
landing [ˈlændɪŋ] *n c* **1** rellano (de escalera. **2** aterrizaje (de avión); desembarco (de persona). ◆ **~ gear** tren de aterrizaje (de avión).
landing-strip [ˈlændɪŋstrɪp] *n c* pista de aterrizaje.
landlady [ˈlændˌleɪdɪ] (*pl* **landladies**) *n c* **1** dueña, casera (de un alojamiento de alquiler). **2** patrona (de un pub).
landlord [ˈlændlɔ:d] *n c* **1** dueño, casero (de un alojamiento de alquiler). **2** patrón (de un pub).
landowner [ˈlændˌəunər] *n c* terrateniente.
landscape [ˈlændskeɪp] *n c* paisaje.
landslide [ˈlændslaɪd] *n c* **1** desprendimiento de tierras. **2** POL victoria electoral abrumadora.
lane [leɪn] *n c* **1** camino (en un país). **2** callejón. **3** carril (de una carretera). **4** calle (en pistas de atletismo, piscinas). **5** ruta (aérea o marítima).
language [ˈlæŋgwɪdʒ] *n c* **1** lengua, idioma (sistema de comunicación). **2** lenguaje (forma de comunicación). **3** COMPUT código, lenguaje. ◆ **~ laboratory** laboratorio de idiomas.
languid [ˈlæŋgwɪd] *adj* (fml) lánguido.
languish [ˈlæŋgwɪʃ] *intr* **1** consumirse. **2** pudrirse (en la prisión).
lank [læŋk] *adj* lacio (pelo).
lanky [ˈlæŋkɪ] *adj* desgarbado.
lantern [ˈlæntən] *n c* farol, linterna.
lap [læp] (*pt* y *pp* **lapped**, *ger* **lapping**) *tr* **1** SP doblar (en una carrera). ● *intr* **2** bañar (agua, olas). ● *n c* **3** regazo (de persona). **4** etapa (de un viaje). **5** SP vuelta (de una carrera). ◆ **to ~ up** beber ávidamente; tragarse (cumplidos, halagos); asimilar con avidez (información).
lapel [ləˈpel] *n c* solapa.
lapse [læps] *n c* **1** lapsus (de la memoria). **2** lapso (de tiempo). **3** (fig) desliz (en el comportamiento). ● *intr* **4** pasar, transcurrir (tiempo). **5** caducar, expirar (prescribir). **6** desaparecer, extinguirse (tradición). ◆ **to ~ into** sumirse en (silencio).
laptop [ˌlæptɒp] *n c* ordenador portátil; computadora portátil (Amér.).
larceny [ˈlɑ:sənɪ] *n u* JUR hurto, robo.
lard [lɑ:d] *n u* manteca de cerdo.
larder [ˈlɑ:dər] *n c* despensa.
large [lɑ:dʒ] *adj* grande (talla); abundante (considerable); importante (problema, suma de dinero); numeroso (familia). ■ **at ~** en general (gen); suelto (animal, prófugo); **by and ~** en términos generales.

largely [ˈlɑːdʒlɪ] *adv* en gran parte; principalmente°.
lark [lɑːk] *n c* **1** ZOOL alondra. **2** (infml) broma (travesura). ■ **for a ~** (infml) para divertirse.
larynges [ləˈrɪndʒiːz] *n pl* → larynx.
laryngitis [ˌlærɪnˈdʒaɪtɪs] *n u* MED laringitis.
larynx [ˈlærɪŋks] (*pl* **larynxes** o **larynges**) *n c* ANAT laringe.
lasagne or **lasagna** [ləˈzænjə] *n u* GAST lasaña.
laser [ˈleɪzər] *n c* láser. ◆ **~ printer** COMPUT impresora láser.
laserdisc [ˈleɪzərdɪsk] *n c* disco láser.
lash [læʃ] *n c* **1** látigo, tralla. **2** latigazo; cuerazo (Amér.). **3** golpe (de viento, de mar). **4** pestaña (párpados). ● *tr* **5** azotar; afuetear (Amér.). **6** atar, amarrar. ● *intr* **7** chocar (viento, olas). ◆ **to ~ out** soltar un golpe, atacar (físicamente, verbalmente); derrochar el dinero.
lass [læs] *n c* (infml) chavala, chica.
lasso [læˈsuː] *n c* lazo (para atrapar ganado, caballos).
last [lɑːst] *adj* **1** último; pasado (semana, año). ● *adv* **2** por última vez; finalmente; el último, en último lugar. ● **the ~** *n sing* **3** el último (día del mes); la última vez. ● *intr* **4** durar (resistir); conservarse (alimentos). ◆ **~ call** última llamada (en el aeropuerto); **~ name** apellido; **~ rites** últimos sacramentos. ■ **at (long) ~** por fin; **~ but not least** por último y no menos importante; **~ but one** penúltimo; **to the ~** hasta el final.
last-ditch [ˈlɑːstˌdɪtʃ] *adj* desesperado.
lasting [ˈlɑːstɪŋ] *adj* duradero (efecto); profundo (impresión).
last-minute [ˈlɑːstˌmɪnɪt] *adj* de última hora.
latch [lætʃ] *n c* **1** pestillo. ● *tr* **2** cerrar con pestillo. ■ **off/on the ~** cerrado sin/con pestillo.
late [leɪt] *adj* **1** con retraso; tardío (más tarde de lo normal). **2** a fines de, al final de: *late morning = al final de la mañana.* **3** ex, antiguo: *the late Prime Minister = el ex primer ministro.* **4** difunto, fallecido: *her late husband = su difunto marido.* ● *adv* **5** tarde. **6** al final de, a finales de. ■ **as ~ as** todavía en.
lately [ˈleɪtlɪ] *adv* recientemente, últimamente.
latent [ˈleɪtənt] *adj* latente.
later [ˈleɪtər] *comp* **1** → late. ● *adj* **2** posterior (fecha, ediciónn). ● **~ (on)** *adv* **3** más tarde, después.
lateral [ˈlætərəl] *adj* lateral.
latest [ˈleɪtɪst] *super* **1** → late. ● *adj* **2** último, más reciente (llegada, moda). ■ **at the ~** como muy tarde, a más tardar.
lathe [leɪð] *n c* MEC torno.
lather [ˈlɑːðər] *n c* **1** espuma (de jabón). ● *n sing* **2** sudor (del caballo). ● *tr* **3** enjabonar (frotar con jabón). ● *intr* **4** hacer espuma.
Latin [ˈlætɪn] *adj* **1** latino (sangre, temperamento). **2** de latín (estudios). ● *n u* **3** latín (idioma).
Latin American [ˌlætɪnəˈmerɪkən] *adj & n c* latinoamericano.
latitude [ˈlætɪtjuːd] *n c* **1** GEOG latitud. ● *n u* **2** (fml) libertad.
latter [ˈlætər] ◆*adj* **1** posterior, más reciente. **2** segundo, último (de dos). ◆ **the ~** este, esta, estos (los últimos mencionados).
lattice [ˈlætɪs] *n c* celosía.
Latvia [ˈlætvɪə] *n sing* Letonia.
Latvian [ˈlætvɪən] *adj & n c* **1** letón. ● *n u* **2** letón (idioma).
laudable [ˈlɔːdəbl] *adj* loable.
laugh [lɑːf] *n c* **1** risa, carcajada. ● *intr* **2** reír. ◆ **to ~ at** reírse de (burlarse); **to ~ sth off** tomarse a risa (tomar a broma). ■ **a good ~** (infml) un cachondo (persona); **for a ~/for laughs** para hace reír, en broma; **to have a ~** reírse un rato (divertirse, hacer broma).
laughable [ˈlɑːfəbl] *adj* ridículo, risible.
laughing-stock [ˈlɑːfɪŋˌstɒk] *n sing* hazmerreír.
laughter [ˈlɑːftər] *n u* risa.
launch [lɔːntʃ] *n c* **1** lancha (embarcación). **2** botadura (de un barco). **3** lanzamiento (de un cohete, un nuevo producto); publicación (de u libro). ● *tr* **4** botar (barco). **5** lanzar (ataque, misil, un nuevo producto); publicar (un libro). **6** fundar (empresa); convocar (huelga).
launching-pad [ˈlɔːntʃɪŋˌpæd] *n c* plataforma de lanzamiento.
launder [ˈlɔːndər] *tr* **1** lavar y planchar. **2** (infml) blanquear (dinero).
launderette [ˌlɔːndəˈret] (*EE UU* **laundrette**) *n c* lavandería automática.

laundry ['lɔ:ndrɪ] (*pl* **laundries**) *n c* **1** lavandería. • *n u* **2** ropa sucia, colada; ropa limpia.
laurel ['lɒrəl] *n u* BOT laurel.
lava ['lɑ:və] *n u* lava.
lavatory ['lævətərɪ] (*pl* **lavatories**) *n c* servicio; sanitarios (Amér.). ♦ **~ paper** papel higiénico.
lavender ['lævəndər] *n u* **1** BOT espliego, lavanda. **2** azul lavanda (color).
lavish ['lævɪʃ] *adj* **1** generoso, abundante; ostentoso. **~ with 2** pródigo en (atenciones, alabanzas). • **to ~ sth on** *tr* **3** prodigar algo a (colmar); derrochar en (tiempo, dinero).
law [lɔ:] *n c* & *u* **1** ley (gen). • *n c* **2** norma, regla. • *n u* **3** derecho (estudios, profesión). • **the ~** *n sing* **4** (infml) la poli. ♦ **~ and order** orden público; **~ school** facultad de derecho. ■ **to break the ~** violar la ley.
law-court ['lɔ:ˌkɔ:t] *n c* juzgado, tribunal de justicia.
lawful ['lɔ:ful] *adj* lícito, legal.
lawn [lɔ:n] *n u* césped. ♦ **~ tennis** SP tenis sobre hierba.
lawnmower ['lɔ:nˌməʊər] *n c* cortacésped (machine).
lawsuit ['lɔ:su:t] *n c* JUR pleito, proceso judicial.
lawyer ['lɔ:jər] *n c* abogado.
laxative ['læksətɪv] *adj* & *n c* laxante.
lay [leɪ] (*pt* y *pp* **laid**) *pt* **1** → lie. • *tr* **2** poner, colocar (en un lugar). **3** hacer, preparar (planes). **4** tender, poner (cable, trampa). **5** formular (queja). **to ~ before 6** exponer, presentar (planes). **7** poner huevos (las aves). • *adj* **8** laico, seglar; profano, lego. ♦ **to ~ aside** dejar a un lado (apartar); guardar (almacenar); ahorrar (dinero); suspender (planes); **to ~ down** dejar, tirar (herramientas, armas); imponer, dictar (normas); poner (fundamentos); **to ~ in** almacenar; **to ~ into** (infml) arremeter contra (atacar); **to ~ off** despedir (trabajadores); dejar en paz (persona); dejar de; **to ~ on** proporcionar (comida); instalar (gas); imponer, depositar (responsabilidad); **to ~ out** extender; diseñar (plan, edificio); gastar, desembolsar (gastar dinero); **to ~ up** guardar cama, retener en cama (a una persona enferma).
layabout ['leɪəˌbaʊt] *n c* (infml) gandul.
lay-by ['leɪbaɪ] (*pl* **lay-bys**) *n c* *GB* área de descanso (en carretera).
layer ['leɪər] *n c* **1** capa (de material). **2** GEOL estrato.
layman ['leɪmən] (*pl* **laymen**) *n c* lego.
layout ['leɪaʊt] *n c* diseño; presentación (de texto).
laze [leɪz] *intr* **to ~ (about/around)** holgazanear; cauchear (Amér.).
lazy ['leɪzɪ] *adj* **1** perezoso, vago; flojo (Amér.). **2** dedicado a ocio: *a lazy afternoon = una tarde dedicada al ocio.*
lazybones ['leɪzɪˌbəʊnz] *n c* (infml) gandul, holgazán.
LCD [elsi:'di:] (*abbrev* **liquid crystal display**) *n c* pantalla de cristal líquido.
lead [li:d] (*pt* y *pp* **led**) *tr* **1** conducir, guiar (dirigir). **2** encabezar (capitanear); estar al frente de, dirigir (estar al cargo de). **3** llevar (vida). • *intr* **4** SP ir en cabeza (llevar la delantera). **to ~ to 5** conducir a (llevar a); resultar en, conducir a (acabar en). • *n c* **6** guía, dirección (control). **7** delantera (en una carrera, competición). **8** ventaja (distancia, tiempo por delante). **9** papel principal (en el teatro, una película). **10** correa (para perros). **11** pista (indicio). **12** ELEC cable (conductor). • *adj* **13** principal (actor, cantante); más destacado (titular, historia). ♦ **to ~ up to** llevar a, acabar en (resultar). ■ **to be in/to have the ~** ir en cabeza, llevar la delantera; **to take the ~** tomar la delantera (tomar la iniciativa).
lead [led] *n u* **1** plomo (metal). • *n c* **2** mina (de un lápiz).
leaded ['ledɪd] *adj* con plomo (gasolina).
leader ['li:dər] *n c* **1** líder (gen); guía (cabecilla). **2** *GB* editorial (en un periódico).
leadership ['li:dəʃip] *n u* **1** liderazgo (posición de líder). **the ~ 2** los líderes, los dirigentes (conjunto de jefes de una organización).
lead-free ['ledˌfri:] *adj* sin plomo (gasolina).
leading ['li:dɪŋ] *adj* principal. ♦ **~ article** *GB* editorial, artículo de fondo.
leaf [li:f] (*pl* **leaves**) *n c* **1** hoja (de árbol, de libro); lámina (de oro, de plata). • **to ~ through** *tr* **2** hojear (libro).
leafless ['li:flɪs] *adj* sin hojas.

leaflet [ˈli:flɪt] *n c* folleto (hoja publicitaria); octavilla (hoja de papel).
league [li:g] *n c* liga. ■ **in ~ with** estar confabulado con.
leak [li:k] *n c* **1** agujero, fisura (en un barco, cubo); gotera (en el tejado). **2** escape, fuga (de gas). **3** filtración (de información, de noticias). ● *tr* **4** filtrar (noticias). ● *intr* **5** salirse, escaparse (líquido, gas); tener goteras (tejado); tener un escape (cañerías); tener un agujero (zapato); hacer agua (un barco). ◆ **to ~ out** salirse, escaparse (líquido, gas); filtrarse (noticias).
leakage [ˈli:kɪdʒ] *n c & u* escape (de líquido, gas); filtración (de noticias).
lean [li:n] (*pt* y *pp* **leant** o **leaned**) *intr* **1** inclinarse (doblarse). **to ~ against/on 2** apoyarse en/contra (para algo). ● **to ~ sth against** *tr* **3** apoyar algo contra. ● *adj* **4** flaco (persona). **5** magro (de carne). **6** de escasez (invierno, año).
leaning [ˈli:nɪŋ] *adj* **1** inclinado. ● **~ towards** *n c* **2** inclinación hacia/por.
leant [lent] *pt & pp* → lean.
leap [li:p] (*pt* y *pp* **leaped** o **leapt**) *intr* **1** saltar (valla). **2** dispararse (precios). **3** (fig) apresurarse; apurar (Amér.). ● *n c* **4** salto. **5** incremento súbito. ◆ **~ year** año bisiesto.
leapfrog [ˈli:pfrɒg] *n u* **1** pídola. ● *tr* **2** saltar.
leapt [lept] *pt & pp* → leap.
learn [lɜ:n] (*pt* y *pp* **learned** o **learnt**) *tr* **1** aprender (gen). **2** llegar a saber algo (darse cuenta). **to ~ that 3** enterarse de que (oír). ● **to ~ of/about** *intr* **4** (fml) enterarse de (averiguar).
learned [ˈlɜ:nɪd] *adj* culto.
learner [ˈlɜ:nər] *n c* principiante (aprendiz); alumno (estudiante). ◆ **~ driver** conductor en prácticas.
learning [ˈlɜ:nɪŋ] *n u* saber, conocimientos.
learnt [lɜ:nt] *pt & pp* → learn.
lease [li:s] *n c* **1** COM, JUR arriendo (contratop). ● *tr* **2** arrendar (alquilar).
leaseholder [ˈli:shəʊldər] *n c* arrendatario.
leash [li:ʃ] *n c* correa (para perros).
least [li:st] *super* **1** → little. ● *adj* **2** menor, más pequeño (mínimo). ● *adv* **3** menos. ● **the ~** *pron* **4** lo menos. ■ **at ~** al menos, por lo menos; **~ of all** y menos todavía; **not ~** (fml) en especial; **to say the ~ (of it)** sin exageración alguna; **that is the ~ of it** eso es lo de menos.
leather [ˈleðər] *n u* piel, cuero.
leave [li:v] (*pt* y *pp* **left**, *ger* **leaving**) *tr* **1** dejar (gen). **2** salir de (partir). **3** abandonar (hogar, cónyuge). **4** dejar olvidado. ● *intr* **5** irse, marcharse (persona); salir (medio de transporte). ● *n c* **6** permiso. ◆ **to ~ behind** dejar atrás (un propósito); olvidar; **to ~ out** excluir, omitir (dejar fuera). ■ **~ it to me** yo me encargo; **to be left** quedar: *there is some food left = queda algo de comida.*
leaven [ˈlevn] *n u* levadura.
leaves [li:vz] *n pl* → leaf.
Lebanon [ˈlebənən] *n sing* Líbano.
lectern [ˈlektən] *n c* atril.
lecture [ˈlektʃər] *n c* **1** clase (en la universidad); conferencia (ante el público). **2** reprimenda, sermón (adevertencia). ● *intr* **3** dar una clase (en la universidad); dar una conferencia (disertar). ◆ **~ hall/theatre** aula (en la universidad); sala de conferencias (en un centro de donferencias).
lecturer [ˈlektʃərər] *n c* conferenciante; conferencista (Amér.); profesor universitario.
led [led] *pt & pp* → lead.
ledge [ledʒ] *n c* alféizar.
ledger [ˈledʒər] *n c* COM libro mayor.
leech [li:tʃ] *n c* sanguijuela.
leek [li:k] *n c* GAST puerro.
leer [lɪər] *n c* **1** (pej) mirada lasciva. ● **to ~ at** *intr* **2** mirar lascivamente a.
leeway [ˈli:weɪ] *n u* libertad de acción.
left [left] *pt & pp* **1** → leave. ● *adj* **2** izquierdo (cotrario a derecho). **3** POL de izquierdas. ● *adv* **4** hacia la izquierda: *to turn left = girar a la izquierda.* ◆ **the ~** la izquierda. ■ **on/to the ~** a la izquierda.
left-hand [ˈlefthænd] *adj* de la izquierda.
left-handed [ˌleftˈhændɪd] *adj* **1** zurdo. **2** (fig) irónico (comentario, proposición).
left-luggage office [ˌleftˈlʌgɪdʒˌɒfɪs] *n c GB* consigna de equipajes.
leftover [ˈleftəʊvər] *adj* **1** restante, sobrante (remanente). ● **leftovers** *n pl* **2** restos, sobras (de comida).
left-wing [leftˈwɪŋ] *adj* **1** POL de izquierdas. ● *n u* **2** POL izquierda. ● *n c & u* **3** SP extremo izquierda.

leg [leg] *n c* **1** pierna (de persona); pata (de animal, de mueble). **2** GAST pierna (de cordero, de cerdo); muslo (de pollo). **3** SP etapa (de una carrera); fase, manga (competición). ■ **to pull sb's ~** tomar el pelo a alguien.

legacy [ˈlegəsɪ] (*pl* **legacies**) *n c* (lit, fig) legado.

legal [ˈliːgl] *adj* legal; lícito (permitido por la ley).

legalize or **legalise**[ˈliːgəlaɪz] *tr* legalizar.

legend [ˈledʒənd] *n c* leyenda.

legendary [ˈledʒəndərɪ] *adj* legendario.

leggings [ˈlegɪŋz] *n pl* mallas.

legible [ˈledʒəbl] *adj* legible.

legislate [ˈledʒɪsleɪt] *intr* legislar.

legislation [ˌledʒɪsˈleɪʃn] *n u* legislación.

legislative [ˈledʒɪslətɪv] *adj* legislativo.

legitimate [lɪˈdʒɪtɪmɪt] *adj* **1** legítimo (conforme a derecho, hijo). **2** razonable, justificable (acción, excusa).

leg-room [ˈlegruːm] *n u* espacio para las piernas (en un automóvil, un avión).

leg-warmer [ˈlegˌwɔːmər] *n c* (normalmente *pl*) calientapiernas.

leisure [ˈleʒər] *n u* **~ (time)** ocio, tiempo libre. ◆ **~ centre** centro recreativo. ■ **at ~** con tranquilidad; **to do sth at one's ~** hacer algo cuando se tenga tiempo.

leisurely [ˈleʒəlɪ] *adj* lento (caminar).

lemon [ˈlemən] *n c* **1** limón (fruta, color). **2** *EE UU* (infml) fracaso, ruina (desastre). **3** *GB* (infml) bobo; cojudo (Amér.). ◆ **~ juice** zumo de limón; **~ squeezer** exprimelimones; **~ tea** té con limón.

lemonade [ˌleməˈneɪd] *n u* **1** limonada. **2** *GB* gaseosa.

lend [lend] (*pt* y *pp* **lent**) *tr* **1** dejar, prestar (ceder); conceder (crédito). **2** dar, añadir (calidad). ■ **to ~ itself to sth** prestarse a algo.

lender [ˈlendər] *n c* prestamista.

lending rate [ˈlendɪŋreɪt] *n c* tipo de interés.

length [leŋθ] *n u* **1** longitud (medida); duración (en el tiempo/espacio). ● *n c* **2** trozo (de cerda, de madera); largo (tejido). **3** SP largo (de una piscina). ■ **at ~** con detenimiento (discurso); finalmente.

lengthen [ˈleŋθən] *tr & intr* alargar(se), prolongar(se).

lenient [ˈliːnjənt] *adj* indulgente.

lens [lenz] *n c* **1** lente (en gafas, telescopio); objetivo (de una cámara). **2** ANAT cristalino.

lent [lent] *pt & pp* → lend.

Lent [lent] *n u* Cuaresma.

lentil [ˈlentl] *n c* lenteja.

Leo [ˈliːəu] *n sing* **1** ASTR Leo. ● *n c* **2** Leo, leo (persona).

leopard [ˈlepəd] *n c* ZOOL leopardo.

leotard [ˈliːətɑːd] *n c* leotardo.

leper [ˈlepər] *n c* MED leproso.

leprosy [ˈleprəsɪ] *n u* MED lepra.

lesbian [ˈlezbɪən] *n c* lesbiana.

lesion [ˈliːʒən] *n c* MED lesión.

less [les] *adj* **1** menos (cantidad). ● *adv* **2** menos. ● *prep* **3** menos (negativo). ■ **~ and ~** cada vez menos; **~ of it/that!** ¡ya está bien!; **no ~** nada menos; **no ~ than** por lo menos, como mínimo; nada menos que.

> ***Less*** es el comparativo de ***little*** y en general precede a términos incontables: *I spent less money than you = gasté menos dinero que tú.* ***Fewer*** es el comparativo de ***few*** y suele usarse antes de términos plurales: *there are fewer parks than there used to be = hay menos parques que antes.* En estilo informal se tiende a usar ***less*** en ambos casos.

lessen [ˈlesn] *tr & intr* reducir(se).

lesser [ˈlesər] *adj* menor, inferior.

lesson [ˈlesn] *n c* lección (gen); clase (sesión).

lest [lest] *conj* (fml) para que no, por miedo a que.

let [let] (*pt* y *pp* **let**, *ger* **letting**) *tr* **1** dejar, permitir (conceder). **2** *GB* alquilar (alojamiento); arrendar (tierras). ● *n c* **3** *GB* alquiler, arrendamiento (tierras, propiedades). **4** SP repetición de servicio (en tenis, bádminton). ◆ **to ~ by** dejar pasar (tolerar); **to ~ down** defraudar (decepcionar); desinflar (rueda); alargar (ropa); soltar (el pelo); **to ~ in** dejar entrar (admitir); dejar pasar (filtrar); **to ~ off** perdonar (dejar libre); permitir bajar de (vehículo); disparar (pistola, fuegos artificiales); hacer estallar (bomba); **to ~ on** contar, revelar (secreto); permitir subir a (vehícu-

Letter / Carta

Las cartas en inglés suele presentar la siguiente estructura formal.

Encabezamiento
– dirección del remitente, en la parte derecha, sin el nombre:
23 Caracas Avenue
08080 London

Fecha
– debajo del remitente
17/5/ 2000 (GB)
5/17/2000 (EE UU)

– dirección del destinatario, en la parte izquierda, con el nombre o cargo y dirección completa. El número de la calle siempre se escribe antes del nombre de esta.

Saludo

– carta formal:	*Dear Sir*	*Dear Mr Black*
	Madam	*Mrs Black*
	Sirs	*Ms Black*
	Sir or Madam	*Miss Black*
– carta informal	*Dear Jane*	
	My dear Jane	
	My dearest Jane	
	My darling Jane	

En inglés americano el tratamiento se escribe con un punto: *Mr., Mrs.*, etc.
En inglés británico, después del saludo, no se escribe nada. En inglés americano, si la carta es formal se ponen dos puntos y, si es informal, una coma: *Dear Jane,*

Texto
En estilo formal deben evitarse las contracciones como ***I'm, I'd, you're***, etc.

Despedida

– carta formal:	*Yours faithfully* (si el saludo es *Dear Sir*, etc.)	
	Yours sincerely (si el saludo es *Dear Mr. Black*, etc.)	
– carta informal:	*Love*	*All the best*
	Lots of love	*All my love*
	Best wishes	*With love from*
	Yours	

Firma
Debajo de la firma se escribe el nombre del remitente.

Abreviaturas más comunes en las direcciones

St.	*street*	calle
Rd.	*road*	carretera
Sq.	*square*	plaza
Ave.	*avenue*	avenida
Dr.	*drive*	callejón
Pl.	*place*	plaza
Gdns.	*gardens*	bulevar

Vocabulario

stamp	sello	*postcode*	código postal
envelope	sobre	*sender*	remitente
address	dirección	*addressee*	destinatario

l

lo); **to ~ out** dejar salir (liberar); soltar (emitir un sonido); alquilar (arrendar); ensanchar (vestido); **to ~ up** disminuir; moderar. ■ **for/to ~** se alquila; **~ alone** *adv* cuanto menos, ni mucho menos; **let's go** ¡vamos!; **let us/let's + inf** vamos a + inf (expresión de sugerencia): *let's give her another five minutes, should we? = vamos a darles cinco minutos más ¿eh?*

letdown [ˈletdaun] *n c* decepción.

lethal [ˈli:θl] *adj* letal.

lethargy [ˈleθədʒɪ] *n u* letargo.

let's [lets] *contr* (contr de *let + us*) → let.

letter [ˈletər] *n c* **1** letra (del alfabeto). **2** carta (comunicación por escrito).

letter-bomb [ˈletəˌbɒm] *n c* carta bomba.

letter-box [ˈletəˌbɒks] *n c GB* buzón.

lettuce [ˈletɪs] *n c & u* BOT lechuga.

let-up [ˈletʌp] *n c* pausa, interrupción.

leukaemia [lu:ˈki:mɪə] (*EE UU* **leukemia**) *n u* MED leucemia.

level [ˈlevl] (*GB, pret* y *pp* **levelled**, *ger* **levelling**, *EE UU, pret* y *pp* **leveled**, *ger* **leveling**) *tr* **1** nivelar, allanar (alisar); arrasar (demoler). **to ~ sth at 2** apuntar (con) algo a; dirigir algo a (acusación, crítica). ● *adj* **3** llano, plano (liso); nivelado (igualado); raso (cucharada); estable, uniforme. **4** igualado (igual en puntuación, velocidad). **5** fijo, penetrante (mirada); tranquilo, sin emoción (voz). ● *n c* **6** nivel (altura). ● *adv* **7** a nivel. ◆ **to ~ off/out** estabilizarse (precios, inflación); nivelarse, allanarse (ground); enderezarse (avión); **to ~ with sb** (infml) ser sincero con alguien.

level-crossing [ˌlevlˈkrɒsɪŋ] *n c GB* paso a nivel.

level-headed [ˌlevlˈhedɪd] *adj* sensato.

lever [ˈli:vər] *n c* **1** palanca. **2** (fig) resorte.

levy [ˈlevɪ] (*pl* **levies**) *n c* **~ (on) 1** recaudación, impuesto (sobre). ● *tr* **2** (*pt* y *pp* **levied**) recaudar (impuestos).

lewd [lu:d] *adj* lascivo (mirada, persona); verde (chiste).

lexical [ˈleksɪkl] *adj* léxico.

liability [ˌlaɪəˈbɪlɪtɪ] (*pl* **liabilities**) *n u* **~ (for) 1** responsabilidad (de/por). ● *n c* **2** deuda; dita (Amér.). **3** carga, inconveniente (problema). ● **liabilities** *n pl* **4** FIN deudas, pasivo.

liable [ˈlaɪəbl] *adj* **~ (to) 1** expuesto, propenso (a) (sujeto a). **~ + inf 2** probable (posible). ■ **to be liable (for sth)** JUR ser responsable (de algo).

liaise [lɪˈeɪz] *intr* **to ~ (with) 1** contactar (con). **to ~ (between) 2** servir de enlace (entre).

liaison [lɪˈeɪzən] *n u* **1** relación (conexión, contacto). ● *n c* **2** lío, relación amorosa (aventura sentimental).

liar [ˈlaɪər] *n c* mentiroso.

libellous [ˈlaɪbələs] (*EE UU* **libelous**) *adj* difamatorio.

liberal [ˈlɪbərəl] *adj* **1** liberal (tolerante); generoso. ● **Liberal** *adj & n c* **2** POL liberal. ◆ **~ arts** letras.

liberate [ˈlɪbəreɪt] *tr* liberar.

liberation [ˌlɪbəˈreɪʃn] *n u* liberación.

liberty [ˈlɪbətɪ] (*pl* **liberties**) *n c & u* libertad. ■ **at ~** libre, en libertad; **to be at ~ (to do sth)** ser libre (de hacer algo); estar autorizado (a hacer algo) (tener derecho a); **to take liberties (with sb)** tomarse libertades (con alguien); **to take the ~ (+ inf/of + ger)** tomarse la libertad (de hacer algo).

Libra [lai:brə] *n sing* **1** ASTR Libra. ● *n c* **2** Libra, libra (persona).

librarian [laɪˈbreərɪən] *n c* bibliotecario.

library [ˈlaɪbrərɪ] *n c* biblioteca.

libretto [lɪˈbretəʊ] *n c* MUS libreto.

Libya [ˈlɪbɪə] *n sing* Libia.

Libyan [ˈlɪbɪən] *adj & n c* libio.

lice [laɪs] *n pl* → louse.

licence [ˈlaɪsəns] (*EE UU* **license**) *n c* **1** licencia (gen); permiso, carnet (documento). ● *n u* **2** (pej) libertinaje. **3** COM patente. ● *tr* **4** *EE UU* → license.

> ***Licence*** es un documento oficial que permite hacer, poseer o usar algo*: a driving licence = un carnet de conducir*. ***Permit*** es un documento que establece un permiso para hacer algo durante un período concreto de tiempo*: a work permit = un permiso de trabajo*.

lick [lɪk] *n c* **1** lametón (acción de lamer). **2** (infml) mano (pequeña cantidad). ● *tr* **3** lamer; lambetear (Amér.). **4** (infml) dar una paliza a.

licorice [ˈlɪkərɪs] *n u* → liquorice.

lid [lɪd] *n c* **1** tapa (cubierta). **2** ANAT párpado.

lie [laɪ] (*pt* **lay**, *pp* **lain**, *ger* **lying**) *intr* **1** echarse, tumbarse (estar tendido). **2** yacer, reposar (estar acostado). **3** (fig) hallarse, residir. • *n c* **4** posición, situación. ♦ **to ~ around/about** holgazanear (persona); estar desordenado (objetos); **to ~ back** recostar(se); **to ~ down** echarse, acostarse; **to ~ in** *GB* levantarse tarde. ▪ **to be lying** estar tumbado; **to let it ~/to let things ~** dejar las cosas como están.

lie [laɪ] (*ger* **lying**) *intr* **1** mentir; guayabear (Amér.). • *n c* **2** mentira; guayaba (Amér.).

> ***To lie*** tiene dos significados en inglés: **estar echado** *(pt lay, pp lain, ger lying)* y **mentir** *(pt y pp lied, ger lying)*: *I was lying on the sofa = estaba echado en el sofá; she is lying to you = te está mintiendo.* ***To lay*** *(pt y pp laid, ger laying)* significa **poner** o **colocar** en una posición determinada: *to lay the table = poner la mesa.*

lie-down [ˈlaɪdaʊn] *n c GB* (infml) siesta.

lie-in [ˈlaɪɪn] *n c* **to have a ~** (infml) quedarse en la cama hasta tarde.

lieutenant [lefˈtenənt y EE UU luːˈtenənt] *n c* MIL teniente.

life [laɪf] (*pl* **lives**) *n c & u* vida. ♦ **~ expectancy** esperanza de vida; **~ (imprisonment/sentence)** cadena perpetua; **~ raft** balsa salvavidas. ▪ **for ~** de por vida; **to bring to ~** reanimar; **to come to ~** cobrar vida (una fiesta); reanimarse de pronto (persona); **to take one's own ~** suicidarse; **to take sb's ~** matar a alguien.

lifeboat [ˈlaɪfbəʊt] *n c* lancha de socorro; bote salvavidas.

lifebuoy [ˈlaɪfbɔɪ] *n c* flotador salvavidas.

lifeguard [ˈlaɪfgɑːd] *n c* socorrista; salvavidas.

life-insurance [ˈlaɪfɪnˌʃʊərəns] *n c & u* seguro de vida.

life jacket [ˈlaɪfdʒækɪt] *n c* chaleco salvavidas.

lifeless [ˈlaɪflɪs] *adj* sin vida.

lifelike [ˈlaɪflaɪk] *adj* realista, fiel.

lifelong [ˈlaɪflɒŋ] *adj* de toda la vida.

life-preserver [ˈlaɪfprɪzɜːvər] *n c EE UU* chaleco salvavidas.

life-saver [ˈlaɪfseɪvər] *n c* socorrista; salvavidas (Amér.).

life-size or **life-sized** [ˌlaɪfˈsaɪz o ˌlaɪfˈsaɪzd] *adj* de tamaño natural.

lifespan [ˈlaɪfspæn] *n c & u* vida.

lifestyle [ˈlaɪfstaɪl] *n c* estilo de vida.

lifetime [ˈlaɪftaɪm] *n c* vida (años de existencia).

lift [lɪft] *n c* **1** levantamiento. **2** *GB* ascensor, montacargas; elevador (Amér.). **3** (infml) subida (precios). • *tr* **4** levantar, elevar (alzar). **5** rescindir (hipoteca, ley, embargo). **6** (infml) copiar (plagiar). **7** (infml) mangar (robar). • *intr* **8** levantarse, alzarse (elevarse); despejarse, desaparecer (nubes, niebla). ♦ **to ~ down** bajar; **to ~ off** lanzarse (cohete); despegar (avión). ▪ **to give sb a ~** llevar a alguien en coche; animar a alguien.

lift-off [ˈlɪftɒf] *n c* lanzamiento (de un cohete); despegue (de un avión).

light [laɪt] (*pt* y *pp* **lit** o **lighted**) *tr* **1** encender (vela, cigarrillo). **2** iluminar. • *adj* **3** ligero. **4** suave, moderado (lluvia, viento); leve (castigo). **5** luminoso, lleno de luz (brillante). **6** alegre, despreocupado (corazón, humor, ánimo). **7** ágil, grácil (movimiento). **8** claro (de color pálido). • *n c & u* **9** luz (gen). • *n u* **10** claridad, luminosidad (brillo). • *n sing* **11** fuego (para cigarrillo, pipa). ♦ **~ ale** *GB* cerveza rubia suave; • **~ bulb** *n c* **12** bombilla, lámpara. **~ meter** PHOT fotómetro; **~ pen** lápiz óptico; **to ~ up** iluminar(se); ponerse a fumar. ▪ **in the ~ of** a la luz de (teniendo en cuenta); **in this ~** desde este punto de vista; **to bring sth to ~** sacar a relucir algo; **to come to ~** salir a la luz; **to set ~ to** prender fuego a.

lighten [ˈlaɪtn] *tr* **1** iluminar. **2** aclarar (color). **3** aligerar (agilizar). • *intr* **4** iluminarse, brillar (destellar). **5** aclararse (despejarse). **6** alegrarse.

lighter [ˈlaɪtər] *comp* **1** → light. • *n c* **2** encendedor, mechero. **3** MAR barcaza.

light-headed [ˌlaɪtˈhedɪd] *adj* aturdido, mareado.

light-hearted [ˌlaɪtˈhɑːtɪd] *adj* **1** alegre, optimista (feliz). **2** desenfadado (festivo).

lighthouse [ˈlaɪthaus] *n c* faro.

lighting [ˈlaɪtɪŋ] *n u* iluminación, alumbrado.

lightly [ˈlaɪtlɪ] *adv* **1** ligeramente, suavemente. **2** a la ligera (superficialmente).

lightning [ˈlaɪtnɪŋ] *n u* **1** rayo, relámpago. • *adj* **2** (fig) fugaz (rápido): *a lightning visit = una visita relámpago.*

lightweight [ˈlaɪtweɪt] *adj* **1** ligero. **2** (fig) de poco peso, de poca monta (intrascendente). • *n c* **3** SP peso ligero (en boxeo).

likable [ˈlaɪkəbl] *adj* → likeable.

like [laɪk] *prep* **1** como, igual que (de la misma manera que): *to fight like a man = luchar como un hombre.* **2** propio de (típico de): *it's not like her = no es propio de ella.* **3** como, por ejemplo (expresión que introduce o cita una aclaración o prueba). • *conj* **4** como, del mismo modo que: *do it like he does = hazlo como él lo hace.* • *adj* **5** parecido, semejante (similar). **6** igual, equivalente (análogo). • **likes** *n pl* **7** gustos, preferencias (intereses, aficiones). • *tr* **8** gustar (gen). **9** querer (desear). ■ **I don't feel ~ it** (infml) no me apetece; **~ this/that/so** así; **more ~** más bien (más cerca de); **not to ~** no estar dispuesto a; **nothing ~** nada como; **sth ~** algo así como; **sth ~ that** algo así, algo por el estilo; **to ~ better/best** preferir; **to look ~ sb** parecerse a alguien (asemejarse); **whether you ~ it or not** te guste o no te guste.

likeable [ˈlaɪkəbl] *adj* agradable, simpático.

likelihood [ˈlaɪklɪhʊd] *n u* probabilidad.

likely [ˈlaɪklɪ] *adj* **1** probable. **2** verosímil, realista. **3** *GB* indicado (adecuado).

liken [ˈlaɪkən] *tr* **to ~ sb/sth (to)** comparar alguien/algo (con).

likeness [ˈlaɪknɪs] *n c & u* parecido.

likewise [ˈlaɪkwaɪz] *adv* **1** de igual modo. **2** también, asimismo.

liking [ˈlaɪkɪŋ] *n c* afición, simpatía. ■ **for one's ~** para el gusto de uno; **to be to one's ~** ser del agrado de uno; **to have a ~ for sth** tener afición por algo; **to take a ~ to sb** tomar simpatía a alguien.

lilac [ˈlaɪlək] *n c* **1** BOT lila. • *adj* **2** lila (color).

lilo [ˈlaɪləʊ] *n c GB* (infml) colchoneta.

lily [ˈlɪlɪ] (*pl* **lilies**) *n c* BOT lirio. ♦ **~ of the valley** lirio de los valles.

limb [lɪm] *n c* **1** miembro, extremidad (del cuerpo). **2** (fig) rama (de árbol).

limber [ˈlɪmbər] *intr* **to ~ up** calentar, desentumecerse (entrenar, ejercitar los músculos).

lime [laɪm] *n c* **1** lima (fruit). **2** BOT limero, tilo (árbol). • **~ (juice)** *n u* **3** zumo de lima. **4** CHEM cal. • *tr* **5** encalar.

limelight [ˈlaɪmlaɪt] *n u* (fig) foco (de atención). ■ **in the ~** (fig) en el candelero.

limestone [ˈlaɪmstəʊn] *n u* GEOL piedra caliza.

limit [ˈlɪmɪt] *n c* **1** límite. • *n sing* **2** (infml) colmo (lo último). • *tr* **3** limitar. ■ **off limits** *EE UU* en zona prohibida; **within limits** dentro de los límites de lo razonable; hasta cierto punto.

limitation [ˌlɪmɪˈteɪʃn] *n c* limitación.

limited [ˈlɪmɪtɪd] *adj* limitado. ♦ **~ (liability) company** COM sociedad limitada.

limousine [ˈlɪməziːn] *n c* limusina.

limp [lɪmp] *adj* **1** flojo, flácido. • *n c* **2** cojera. • *intr* **3** cojear.

limpet [ˈlɪmpɪt] *n c* ZOOL lapa.

line [laɪn] *n c* **1** línea (gen). **2** fila (hilera); cola. **3** cuerda; cordel (de tender ropa); sedal, hilo (de pescar); hilo, cable. **4** límite, frontera (línea divisoria). **5** dirección, trayectoria (curso); camino (de acción). **6** trazo (en un dibujo, rostro). **7** arruga (de la piel). **8** vía férrea (del tren); línea, ruta (de autobús, de barco). **9** ELEC, TELECOM tendido, cable. **10** SP línea de meta. **11** TELECOM línea, comunicación (de teléfono). • *tr* **12** alinearse a lo largo de (formar filas a lo largo de). **to ~ (with)** **13** revestir, forrar (con). ♦ **to ~ up** alinear(se); organizar, montar (ordenar, adaptar). ■ **hold the ~!** ¡no cuelgue! (teléfono); **out of ~** fuera de lugar; **to be in ~ for** tener muchas posibilidades de conseguir (trabajo, promoción); **to be on/over the ~** SP estar en/fuera de juego (balón); llegar a/pasar la meta (en una carrera); **to draw the ~ (at)** fijar los límites; **to drop sb a ~** (infml) mandar cuatro letras a alguien (enviar una carta, una postal); **to lay it on the ~** hablar con franqueza; **to stand/wait in ~** hacer cola.

lined [laɪnd] *adj* **1** arrugado (cara). **2** pautado, reglado (papel). **3** forrado (ropa, cortina, cajón).

linen [ˈlɪnɪn] *n u* **1** lino (tejido). **2** ropa blanca (servilletas, manteles). • *adj* **3** de hilo (pañuelo, traje); de la ropa (armario).

liner [ˈlaɪnər] *n c* transatlántico.
linesman [ˈlaɪnzmən] (*pl* **linesmen**) *n c* SP juez de línea.
line-up [ˈlaɪnʌp] *n c* **1** *EE UU* cola (de gente). **2** rueda de identificación (que hacenlos testigos). **3** SP selección, alineación (de jugadores, contrincantes).
linger [ˈlɪŋgər] *intr* **to ~ on sth 1** entretenerse en (actividad); pensar demasiado en (sucesos pasados). **2** persistir, continuar (tradición, ideas). **3** prolongarse, durar (dolor, sentimiento).
lingerie [ˈlænʒərɪ] *n u* lencería.
linguist [ˈlɪŋgwɪst] *n c* lingüista.
linguistics [lɪŋˈgwɪstɪks] *n u* lingüística.
lining [ˈlaɪnɪŋ] *n c* forro, revestimiento.
link [lɪŋk] *n c* **1** eslabón (de una cadena). **2** conexión, enlace. • *tr* **3** unir, enlazar (gen); conectar (máquinas). **to ~ sb/sth (to/with) 4** asociar, relacionar a alguien/algo con (hechos, gente). ◆ **to ~ up** conectar, enlazar.
links [lɪŋks] *n c* SP campo de golf.
linoleum [lɪˈnəʊljəm] *n u* linóleo.
linseed [ˈlɪnsi:d] *n u* linaza. ◆ **~ oil** aceite de linaza.
lintel [ˈlɪntl] *n c* dintel.
lion [ˈlaɪən] *n c* ZOOL león.
lioness [ˈlaɪənɪs] *n c* ZOOL leona.
lip [lɪp] *n c* **1** labio (de la boca). **2** borde, reborde (de un vaso, una copa); pico (de jarra). • *n u* **3** impertinencia; chocantería (Amér.). ◆ **~ salve** *GB* vaselina, cacao.
lip-read [ˈlɪpri:d] *tr* & *intr* leer los labios.
lip-service [ˈlɪpsɜ:vɪs] *n u* (pej) palabras vanas.
lipstick [ˈlɪpstɪk] *n u* **1** carmín, pintura de labios. • *n c* **2** barra de labios (objeto).
liqueur [lɪˈkjʊər] *n u* licor dulce.
liquid [ˈlɪkwɪd] *adj* **1** líquido. • *n c* & *u* **2** líquido. ◆ **~ crystal display** pantalla de cristal líquido.
liquidation [ˌlɪkwɪˈdeɪʃn] *n c* liquidación.
liquidity [lɪˈkwɪdɪtɪ] *n u* ECON liquidez.
liquidizer [ˈlɪkwɪdaɪzər] *n c* licuadora.
liquor [ˈlɪkər] *n u* **1** *GB* bebida alcohólica. **2** *EE UU* licor fuerte (bebida espirituosa). ◆ **~ store** *EE UU* tienda de bebidas alcóholicas.
liquorice [ˈlɪkərɪs] (*EE UU* **licorice**) *n u* regaliz.
lisp [lɪsp] *n c* **1** ceceo. • *intr* **2** cecear.
list [lɪst] *n c* **1** lista. • *tr* **2** hacer una lista (por escrito). **3** enumerar (verbalmente).
listen [ˈlɪsn] *intr* **to ~ (to sth/sb) 1** escuchar (algo/a alguien) (prestar atención); hacer caso (de algo/a alguien) (tomar nota). **to ~ (for) 2** estar atento (a). ◆ **to ~ in (to)** RAD escuchar un programa/una emisora; **to ~ out (for)** (infml) estar al tanto (para oír algo).
listener [ˈlɪsnər] *n c* oyente; radioyente.
lit [lɪt] *pt* & *pp* → light.
litany [ˈlɪtənɪ] (*pl* **litanies**) *n c* letanía.
liter *n c* → litre.
literacy [ˈlɪtərəsɪ] *n u* capacidad de leer y escribir. ◆ **~ campaign** campaña de alfabetización.
literal [ˈlɪtərəl] *adj* literal.
literally [ˈlɪtərəlɪ] *adv* **1** literalmente. **2** (infml) verdaderamente.
literary [ˈlɪtərərɪ] *adj* **1** literario. **2** literato (persona).
literate [ˈlɪtərət] *adj* que sabe leer y escribir.
literature [ˈlɪtrətʃər y EE UU ˈlɪtrətʃʊər] *n u* **1** literatura (escritos literarios). **2** información, documentación (material impreso). **3** folletos, material escrito (propaganda).
lithe [laɪð] *adj* ágil.
Lithuania [ˌlɪθju:ˈeɪnjə] *n u* Lituania.
litigate [ˈlɪtɪgeɪt] *intr* JUR litigar.
litigation [ˌlɪtɪˈgeɪʃn] *n c* & *u* JUR litigio, pleito.
litre [ˈli:tər] (*EE UU* **liter**) *n c* litro.
litter [ˈlɪtər] *n u* **1** basura (desperdicios). • *n c* **2** camada (de animales recién nacidos).• *n sing* **3** desorden; entrevero (Amér.). • **to ~ sth (with)** *tr* **4** ensuciar algo (de). • *tr* & *intr* **5** esparcir(se), estar esparcido. ◆ **~ bin** *GB* papelera.
little [ˈlɪtl] *adj* **1** pequeño (de reducido tamaño). **2** corto (en el tiempo, en la distancia). **3** menor, más joven (de menor edad). **a ~ 4** un poco de (una pequeña cantidad de). **5** insuficiente. **6** intrascendente, insignificante. • *pron* **7** poco, no mucho: *they see very little of their children = ven muy poco a sus hijos.* **8** un poco, algo (pequeña cantidad): *give me a little more = déme un poco más.* **9** un rato: *he came back after a little = regresó un poco después.* • *adv* **10** poco: *the bo-*

l

ok is little known = el libro es poco conocido. ♦ ~ **finger** dedo meñique. ■ **a ~ bit** (infml) un poco; **~ by ~** poco a poco; **~ if any** muy poco; **~ or nothing** casi nada.

live [lɪv] *intr* **1** vivir (gen). **2** residir, vivir (en un lugar). ● *tr* **3** llevar (un tipo de vida). **4** vivir, revivir (experiencias, recuerdos). ♦ **to ~ down** lograr hacer olvidar (una acción pasada); **to ~ on** perdurar, permanecer (sentimiento, memoria); **to ~ up to** estar a la altura de (reputación, buen nombre); **to ~ with** vivir con (compartir alojamiento); aceptar, soportar (situación, problema).

live [laɪv] *adj* **1** vivo. **2** en directo (espectáculo, música). **3** (fig) candente, de interés (tema, debate). **4** encendido (fuego). **5** ELEC cargado.

livelihood [ˈlaɪvlɪhʊd] *n c* sustento.

lively [ˈlaɪvlɪ] *adj* **1** vivo, animado (persona, fiesta). **2** agudo, perspicaz (mente). **3** sorprendente (imaginación). **4** vivo, llamativo (color). **5** vigoroso (debate).

liven up [ˈlaɪvnʌp] *tr & intr* animar(se), alegrar(se).

liver [ˈlɪvər] *n c & u* hígado.

livery [ˈlɪvərɪ] (*pl* **liveries**) *n c & u* librea (de sirviente); uniforme (de empresa).

lives [laɪvz] *n pl* → life.

livestock [ˈlaɪvstɒk] *n u* ganado.

livid [ˈlɪvɪd] *adj* **1** amoratado (contusión). **2** (infml) furioso (fuera de sí, muy enfadado).

living [ˈlɪvɪŋ] *adj* **1** vivo. **2** contemporáneo (artista). **3** en uso, activo (idioma). ● *n c & u* **4** medio de vida: *he earns his living from writing = se gana la vida escribiendo.* **5** forma de vida (estilo de vida). ♦ **~ standards** nivel de vida; **~ wage** salario de subsistencia. ■ **to do sth for a ~** trabajar como.

living-room [ˈlɪvɪŋrʊm] *n c* cuarto de estar.

lizard [ˈlɪzəd] *n c* ZOOL lagarto, lagartija.

llama [ˈlɑːmə] (*pl* **llama** o **llamas**) *n c* ZOOL llama.

load [ləʊd] *n c* **1** peso; carga (cantidad transportada). **2** (fig) peso, responsabilidad. ● *tr* **3** cargar. ♦ **a ~ of (old) rubbish** (infml) una porquería; **to ~ sb down with** agobiar a alguien con (preocupaciones, problemas); cargar a alguien con (compras); **to ~ sth down with** cargar a algo de (un gran peso). ■ **a ~/loads of** (infml) gran cantidad de.

loaded [ˈləʊdɪd] *adj* **1** cargado (gen). **2** lleno. **3** con doble sentido (pregunta, declaración). **4** (infml) forrado (rico).

loading [ˈləʊdɪŋ] *n c & u* carga. ♦ **~ bay** zona de carga y descarga.

loaf [ləʊf] (*pl* **loaves**) *n c* barra de pan.

loafer [ˈləʊfər] *n c* **1** holgazán (persona). **2** *EE UU* (normalmente *pl*) mocasín (zapato).

loan [ləʊn] *n c* **1** préstamo. ● *tr* **2** *EE UU* prestar, dejar. ■ **on ~** prestado.

loath [ləʊθ] *adj* (fml) reacio.

loathe [ləʊð] *tr* odiar, detestar.

loathsome [ˈləʊdsəm] *adj* odioso (persona, conducta); repugnante (olor).

loaves [ləʊvz] *n pl* → loaf.

lob [lɒb] *n c* lob (en tenis).

lobby [ˈlɒbɪ] (*pl* **lobbies**) *n c* **1** vestíbulo (de hotel, teatro). **2** grupo de presión, lobby (capaz de influir en decisiones políticas). ● *tr & intr* **3** ejercer influencia o presión política.

lobe [ləʊb] *n c* ANAT lóbulo.

lobster [ˈlɒbstər] *n c & u* ZOOL langosta.

local [ˈləʊkl] *adj* **1** local. **2** MED local, localizado (dolor, infección). ● *n c* **3** (infml) lugareño (persona). **4** *GB* bar del barrio. ● **the locals** *n pl* **5** los lugareños (en un pueblo); la gente del barrio (en la ciudad); los clientes habituales (de un bar). ♦ **~ government** POL gobierno municipal.

locality [ləʊˈkælɪtɪ] (*pl* **localities**) *n c* localidad, vecindad.

locally [ˈləʊkəlɪ] *adv* **1** localmente, (en puntos aislados). **2** cerca, en la vecindad (próximo).

locate [ləʊˈkeɪt y EE UU ˈləukeɪt] *tr* **1** localizar, encontrar. **2** ubicar (situar). ● *intr* **3** *EE UU* establecerse (asentarse).

location [ləʊˈkeɪʃn] *n c & u* **1** (fml) lugar, posición. **2** localización (descubrimiento). **3** CIN exteriores.

loch [lɒk y lɒx] *n c scot* lago; ría, brazo de mar.

lock [lɒk] *n c* **1** cerradura; chapa (Amér.); candado (de bicicleta). **2** esclusa (de un canal). **3** mechón (de pelo). ● **locks** *n pl* **4** (lit) pelo, cabellos. ● *tr* **5** cerrar con llave; cerrar con candado. **6**

guardar bajo llave (custodiar, proteger). **7** bloquear (inmovilizar). **to be locked (in) 8** (fig) enzarzarse en (debate, discusión). • *intr* **9** bloquearse, atascarse (quedar inmovilizado). ♦ **to ~ in** encerrar (personas, animales); **to ~ out** dejar fuera (accidentalmente); impedir la entrada (adrede); **to ~ up** cerrar con llave (edificio); guardar bajo llave (objetos de valor); encerrar a alguien (en prisión); internar a alguien (en un asilo, una institución).

locker ['lɒkər] *n c* taquilla, armario (en la escuela, instalación deportiva).

locker-room ['lɒkərʊm] *n c* vestuario.

locksmith ['lɒksmɪθ] *n c* cerrajero, cerrajería.

locomotive ['ləʊkəˌməʊtɪv] *adj* **1** motriz, locomotor. • *n c* **2** *GB* locomotora (tren).

locum ['ləʊkəm] *n c GB* suplente, interino (doctor, cura).

locust ['ləʊkəst] *n c* ZOOL langosta (insecto).

lodge [lɒdʒ] *n c* **1** portería (de un vigilante, portero); casa del guarda (finca, hacienda). **2** cabaña, refugio (de cazadores, esquiadores). • *tr* **3** (fml) presentar (recurso, queja). **4** depositar (dinero). • *tr* & *intr* **5** (fml) alojar(se), hospedar(se). • *intr* **6** alojarse.

lodger ['lɒdʒər] *n c* huésped (inquilino).

lodging ['lɒdʒɪŋ] *n c* & *u* **1** alojamiento, pensión. • **lodgings** *n pl* **2** habitación amueblada alquilada.

loft [lɒft] *n c* **1** ático, desván (de una casa). **2** galería (de una iglesia). **3** pajar (para el heno).

lofty ['lɒftɪ] *adj* **1** noble, elevado (ideales, valores). **2** (pej) altanero, arrogante (persona). **3** (lit) alto, elevado.

log [lɒg] (*pt* y *pp* **logged**, *ger* **logging**) *tr* **1** escribir, anotar (récord). • *n c* **2** tronco, leño (de madera). **3** AER diario de vuelo. **4** MAR diario de a bordo. ♦ **to ~ in/on** COMPUT entrar (en el sistema).

logarithm ['lɒgərɪðəm] *n c* MATH logaritmo.

loggerheads ['lɒgəhedz] *n pl* **at ~ (with sb)** estar a matar (con alguien).

loggia ['ləʊdʒə] *n c* galería.

logic ['lɒdʒɪk] *n c* & *u* lógica.

logical ['lɒdʒɪkl] *adj* lógico.

logistic [ləʊ'dʒɪstɪk] *adj* logístico.

logistics [ləʊ'dʒɪstɪks] *n u* logística.

logo ['ləʊgəʊ] *n c* logo, logotipo.

loin [lɔɪn] *n c* & *u* lomo (de carne).

loiter ['lɔɪtər] *intr* **1** merodear (con malas intenciones); vagar (deambular). **2** rezagarse, entretenerse (distraerse).

loll [lɒl] *intr* **1** estar recostado (gandulear); repantigarse (arrellanarse). • *tr* & *intr* **2** caerse, colgar.

lollipop ['lɒlɪpɒp] *n c* **1** pirulí, piruleta. **2** *GB* polo (helado).

lolly ['lɒlɪ] (*pl* **lollies**) *n c GB* (infml) pirulí; polo (helado).

lone [ləʊn] *adj* solo, solitario.

loneliness ['ləʊnlɪnɪs] *n u* soledad.

lonely ['ləʊnlɪ] *adj* **1** solo (persona). **2** solitario, desértico (lugar).

lonesome ['ləʊnsəm] *adj* **1** *EE UU* (infml) solo (persona). **2** *EE UU* (infml) solitario (lugar).

long [lɒŋ y EE UU lɔːŋ] *adj* **1** largo (gen). **2** bueno, que llega muy lejos (memoria). • *adv* **3** mucho tiempo. **4** a lo largo de (duración): *all day long = a lo largo del día.* • **to ~ for sth** *tr* **5** estar deseoso de algo. **to ~ (+ inf) 6** desear ardientemente (hacer). ♦ **a ~ shot** una posibilidad remota; un intento desesperado; **~ jump** SP salto de longitud; **~ weekend** puente, fin de semana largo. ■ **as/so ~ as** siempre y cuando, mientras; **at the longest** a más tardar, como máximo; **for ~** mucho tiempo; **how ~?** ¿cuánto tiempo?; ¿qué distancia?; ¿cúanto mide?; **~ ago** hace mucho tiempo; **so ~!** (infml) ¡hasta luego!

long-distance [ˌlɒŋ'dɪstəns] *adj* **1** de largo recorrido (transporte); para distancias largas (camión, camionero). **2** SP de fondo (carrera, corredor). • *adv* **3** a larga distancia. ♦ **~ call** conferencia telefónica.

longhand ['lɒŋhænd] *n u* escritura a mano.

long-haul [ˌlɒŋ'hɔːl] *adj* de larga distancia (flight).

longing ['lɒŋɪŋ] *adj* **1** anhelante, ansioso. • *n c* & *u* **2** anhelo (deseo); añoranza (nostalgia).

longitude ['lɒndʒɪtjuːd] *n c* & *u* GEOG longitud.

long-life [ˌlɒŋ'laɪf] *adj* de larga duración.

long-playing [ˌlɒŋ'pleɪɪŋ] *adj* de larga duración. ♦ **~ record** álbum, elepé (LP).

l

long-range [ˌlɒŋˈreɪndʒ] *adj* **1** de largo alcance (misil). **2** a largo plazo (plan, predicción meteorológica).
long-sighted [ˌlɒŋˈsaɪtɪd] *adj* présbita.
long-term [ˌlɒŋˈtɜːm] *adj* a largo plazo.
longwave [ˈlɒŋweɪv] *n c & u* RAD onda larga.
long-winded [ˌlɒŋˈwɪndɪd] *adj* farragoso, prolijo.
loo [luː] *n c GB* (infml) váter, retrete.
look [lʊk] *n c* **1** mirada, ojeada (vistazo). **2** apariencia, aspecto (presencia). **3** estilo, moda. • **looks** *n pl* **4** aspecto (a0pariencia de una persona). • **to ~ (at)** *intr* **5** mirar. **6** observar, fijarse (prestar atención). **7** parecer. **to ~ like/as if 8** parecer que. **to ~ out on/onto/towards 9** mirar a, dar a (tener vistas a). ♦ **to ~ after** cuidar (vigilar); **to ~ at** considerar, juzgar; examinar, ver; **to ~ down on sb/sth** (infml) mirar con superioridad; **to ~ for** buscar; buscar, meterse en (problemas); **to ~ forward to** esperar con ansiedad, estar deseando: *I'm looking forward to seeing you again = estoy deseando volver a verte*; mantenerse a la espera (de una carta); **to ~ into** estudiar (posibilidades); investigar (crimen); **to ~ on** mirar, ser espectador (observar); considerar, tener por (valorar como); **to ~ out (for)** tener cuidado (de), estar atento (a); buscar; **to ~ to sb/sth (for)** depender de, recurrir a; pensar en (considerar); **to ~ up** buscar (en un libro); mejorar, recuperarse (una situación, negocios); visitar (persona); **to ~ up to sb** respetar, admirar a alguien. ■ **by the ~/looks of it** parece que; **~ here!** ¡mira! ¡oye!; **to have/to take a ~ (at)** echar un vistazo (a); **to have a ~ for sth/sb** buscar algo/a alguien; **to ~ like sb** parecerse a alguien (asemejarse).
lookout [ˈlʊkaut] *n c & u* **1** atalaya (lugar). **2** centinela, vigía (persona). **~ (for) 3** (infml) perspectiva, futuro. ■ **on the ~** alerta, en guardia.
loom [luːm] *n c* **1** telar. • **to ~ (up)** *intr* **2** surgir, aparecer amenazante. **3** (fig) cernerse (ser inminente).
loony [ˈluːnɪ] (*pl* **loonies**) *adj & n c* (infml) loco, lunático.
loop [luːp] *n c* **1** lazo. **2** esterilete (IUD). **3** COMPUT bucle. • **to ~ sth round sth** *tr* **4** pasar algo alrededor de algo. • *intr* **5** hacer un lazo.
loophole [ˈluːphəul] *n c* **1** escapatoria (vía de escape). **2** (fig) laguna (cláusula de evasión legal).
loose [luːs] *adj* **1** flojo, inseguro (no fijo). **2** suelto (pelo). **3** holgado, ancho (ropa). **4** no muy estrecha (asociación). **5** inexacto, impreciso (traducción). **6** descuidado, irresponsable (persona, comportamiento). **7** promiscuo, de moral relajado (desordenado). • *tr* **8** (lit) soltar, dejar suelto. • *adv* **9** holgado, holgadamente. ♦ **~ change** (dinero) suelto (monedas).
loosely [ˈluːslɪ] *adv* **1** holgadamente (sin sujección). **2** libremente; vagamente (de forma imprecisa).
loosen [ˈluːsn] *tr & intr* **1** aflojar(se). **2** soltar. ♦ **to ~ up** relajar(se) (persona); desentumecer(se) (músculos).
loot [luːt] *tr* saquear.
lop [lɒp] (*pt* y *pp* **lopped**, *ger* **lopping**) *tr* podar (árbol). ♦ **to ~ off** recortar.
lopsided [ˌlɒpˈsaɪdɪd] *adj* **1** ladeado. **2** (fig) desequilibrado (argumento).
lord [lɔːd] *n c* **1** HIST señor, amo. **2** lord (título nobiliario). ♦ **my Lord** su Ilustrísima (fórmula de tratamiento de los obispos); su Señoría (fórmula de tratamiento de los jueces); **our Lord** REL nuestro Señor; **the Lords** *GB* POL la Cámara de los Lores. ■ **the Lord's Prayer** REL el padrenuestro.
lore [lɔː] *n u* tradición.
lorry [ˈlɒrɪ y EE UU ˈlɔːrɪ] *n c GB* camión.
lose [luːz] (*pt* y *pp* **lost**, *ger* **losing**) *tr* **1** perder (gen). **2** atrasarse (reloj). **3** escapar de, eludir. • *intr* **4** SP perder (fracasar); salir derrotado (en competiciones, disputas). **5** perder tiempo, retrasarse (reloj).
loser [ˈluːzər] *n c* **1** perdedor. **2** (infml, pej) desgraciado. ■ **to be a good/bad ~** saber/no saber perder.
loss [lɒs y EE UU lɔːs] *n c & u* **1** pérdida (gen). **2** desventaja. ■ **at a ~** sin saber qué hacer o decir.
lost [lɒst y EE UU lɔːst] *pt & pp* **1** → lose. • *adj* **2** perdido. ♦ **~ property** objetos perdidos; **~ property office** *GB* oficina de objetos perdidos; **~- and found office** *EE UU* oficina de objetos perdidos. ■ **get ~!** (infml) ¡vete a la porra!

lot [lɒt] *n c* **a ~ (of) 1** gran cantidad (de), mucho (número elevado de). **2** tanda, lote (grupo, conjunto). **3** (infml) panda (banda, grupo de gente). **4** *EE UU* parking (para automóviles). **5** *EE UU* terreno. ● **the ~** *n sing* **6** todo, el conjunto, el total. ● **a ~** *adv* **7** (infml) mucho, bastante. ■ **lots (of)** (infml) mucho, muchos; **the whole ~** todo, todos; **to cast/draw lots** echar a suerte.

loth *adj* → loath.

lotion [ˈləʊsn] *n c & u* loción.

lottery [ˈlɒtərɪ] (*pl* **lotteries**) *n c & u* lotería.

lotto [ˈlɒtəʊ] *n u* loto (juego).

loud [laʊd] *adj* **1** fuerte, alto (ruido, sonido). **2** ruidoso, gritón (persona). **3** chillón, llamativo (color). ● *adv* **4** alto, fuerte.

loudhailer [ˌlaʊdˈheɪlər] *n c GB* megáfono.

loudly [ˈlaʊdlɪ] *adv* en voz alta.

loudspeaker [ˌlaʊdˈspiːkər] *n c* altavoz; altoparlante (Amér.).

lounge [laʊndʒ] (*ger* **loungeing**) *n c* **1** sala de espera (en el aeropuerto); salón (de un hotel). **2** *GB* salón, cuarto de estar (en casa). ◆ **~ bar** *GB* salón-bar.

lounger [ˈlaʊndʒər] *n c* tumbona.

louse [laʊs] (*pl* **lice**) *n c* **1** ZOOL piojo.

lousy [ˈlaʊzɪ] *adj* (infml) fatal, pésimo.

lout [laʊt] *n c* gamberro.

lovable [ˈlʌvəbl] *adj* adorable.

love [lʌv] *n u* **1** amor (gen). **2** pasión, inclinación (gran estima, interés). **~ (from) 3** besos, saludos (de) (al final de una carta). **4** (infml) encanto, cariño (en vocativos). **5** SP cero, nada (en tenis). ● *tr* **6** amar, querer. **7** gustar, encantar (sentir debilidad, tener una gran afición). ◆ **~ affair** aventura amorosa; ● **~ life** *n c* vida amorosa. ■ **to be in ~ (with)** estar enamorado (de); **to fall in ~ (with)** enamorarse (de); ecamotarse (de) (Amér.); **to make ~ (to/with sb)** hacer el amor (con alguien).

> Cuando se refiere a personas se usa ***love for sb***: *a grandmother's love for her grandchildren = el amor de una abuela por sus nietos*. Cuando se habla de cosas se usa ***love of sth***: *a great love of nature = un gran amor por la naturaleza.*

lovely [ˈlʌvlɪ] *adj* bello, precioso; encantador; agradable, estupendo.

lover [ˈlʌvər] *n c* amante.

loving [ˈlʌvɪŋ] *adj* cariñoso, afectuoso, amoroso.

low [ləʊ] *adj* **1** bajo (gen). **2** bajo, pequeño, reducido (cantidad). **~ (on) 3** escaso de (corto de). **4** negativo, desfavorable (opinión, impresión); poco (consideración, estima). **5** bajo, suave (sonido). **6** escotado (vestido, escote). **7** triste, deprimido (persona, ánimo). ● *adv* **8** bajo; en voz baja (habla). ◆ **~ gear** *EE UU* AUT primera (primera velocidad); **~ season** temporada baja; **~ tide** marea baja.

low-cut [ˈləʊkʌt] *adj* escotado (vestido, escote).

lower [ˈləʊər] *comp* **1** → low. ● *adj* **2** más bajo. **3** inferior. ● *tr* **4** bajar (reducir la altura de); arriar (bandera). **5** bajar, reducir (precio, cantidad).

lowly [ˈləʊlɪ] *adj* modesto, humilde.

low-lying [ˌləʊˈlaɪɪŋ] *adj* bajo.

low-paid [ˌləʊˈpeɪd] *adj* mal pagado.

low-tar [ˈləʊˌtɑː] *adj* bajo en alquitrán (cigarrillo).

loyal [ˈlɔɪəl] *adj* **~ (to)** leal, fiel (a).

loyalty [ˈlɔɪəltɪ] (*pl* **loyalties**) *n c & u* lealtad, fidelidad.

lozenge [ˈlɒzɪndʒ] *n c* **1** pastilla, gragea (tableta). **2** rombo (forma, figura).

LP [ˌelˈpiː] (*abbrev* **long-playing record**) *n c* elepé.

L-plate [ˈelpleɪt] *n c GB* AUT *L de prácticas* (signo de conductor novato).

LSD [ˌelesˈdiː] (*abbrev* **lysergic acid diethylamide**) *n u* LSD.

lubricant [ˈluːbrɪkənt] *n c & u* lubricante.

lubricate [ˈluːbrɪkeɪt] *tr* lubricar.

lucid [ˈluːsɪd] *adj* **1** claro (fácil). **2** lúcido (cabal, sano mentalmente).

luck [lʌk] *n u* **1** suerte; bolada (Amér.). ● **to ~ out** *intr* **2** *EE UU* (infml) ser afortunado, tener potra. ■ **any ~?** ¿hubo suerte?; **bad/hard ~!** ¡mala suerte!; **best of ~!/good ~!** ¡suerte!,¡buena suerte!; **to be in ~** estar de suerte; **worse ~** por desgracia (desafortunadamente).

lucky [ˈlʌkɪ] *adj* **1** afortunado (gen). **2** que trae suerte (número, amuleto). **3** por suerte, menos mal: *it's lucky I'm here =*

l

por suerte estoy aquí. ■ ~ **you! (him, etc.)** ¡qué suerte (tiene)!

lucrative [ˈluːkrətɪv] *adj* lucrativo.

ludicrous [ˈluːdɪkrəs] *adj* ridículo, absurdo.

ludo [ˈluːdəʊ] *n u GB* parchís.

lug [lʌg] (*pt* y *pp* **lugged**, *ger* **lugging**) *tr* **1** (infml) arrastrar. • *n c* **2** mango.

luggage [ˈlʌgɪdʒ] (*EE UU* **baggage**) *n u GB* equipaje, maletas. ♦ ~ **rack** baca, portaequipajes (de automóvil); redecilla (en un tren).

lukewarm [ˈluːkwɔːm] *adj* **1** tibio (templado). **2** (fig) poco entusiasta (indiferente).

lull [lʌl] *n c* ~ **(in) 1** pausa, respiro (en) (actividad); tregua (en) (lucha). • *tr* **2** calmar, sosegar. **to ~ sb (into sth) 3** dar falsa impresión (de algo) a alguien: *it lulled him into a false sense of security = le dio una falsa impresión de seguridad.*

lullaby [ˈlʌləbaɪ] *n c* nana, canción de cuna.

lumbago [lʌmˈbeɪgəʊ] *n u* lumbago.

lumber [ˈlʌmbər] *n u* **1** *EE UU* maderos. **2** *GB* trastos. • *intr* **3** moverse con dificultad). • **to ~ sb with sth** *tr* **4** cargar a alguien con algo (un trabajo desagradable).

lumberjack [ˈlʌmbədʒæk] *n c EE UU* leñador.

luminosity [ˌluːmɪˈnɒsɪtɪ] *n u* luminosidad.

luminous [ˈluːmɪnəs] *adj* luminoso.

lump [lʌmp] *n c* **1** trozo, pedazo (de sustancia sólida); terrón (de azúcar); grumo (en una salsa). **2** bulto, protuberancia (en el cuerpo). **3** (fig) nudo (en la garganta). • **to ~ (together)** *tr* **4** agrupar, amontonar. ♦ ~ **sum** cantidad global.

lumpy [ˈlʌmpɪ] *adj* lleno de bultos; grumoso.

lunar [ˈluːnər] *adj* (fml) lunar.

lunatic [ˈluːnətɪk] *adj* **1** (pej) descabellado (loco). • *n c* **2** (infml) lunático.

lunch [lʌntʃ] *n c* **1** almuerzo, comida. • *intr* **2** (fml) almorzar, comer.

luncheon [ˈlʌntʃən] *n c* (fml) almuerzo, banquete (celebración). ♦ ~ **meat** carne enlatada; ~ **voucher** *GB* ticket restaurant.

lunchtime [ˈlʌntʃtaɪm] *n c & u* hora del almuerzo.

lung [lʌŋ] *n c* ANAT pulmón.

lunge [lʌndʒ] (*ger* **lungeing**) *intr* **to ~ (at/towards) 1** abalanzarse sobre. • *n c* **2** arremetida. **3** SP directo (en boxeo, artes marciales).

lurch [lɜːtʃ] *n c* **1** bandazo (de un barco); tumbo (de una persona). • *intr* **2** dar bandazos (barco); tambalearse (persona). ■ **to leave sb in the ~** (infml) dejar a alguien en la estacada.

lure [ljʊər y lʊə] *n c* **1** cebo, señuelo (para atraer animales salvajes). **2** (fig) atractivo, fascinación. • *tr* **3** (pej) atraer, tentar (con promesas falsas).

lurid [ˈljuərɪd] *adj* **1** chillón, llamativo (brillante). **2** espeluznante, terrorífico (sobrecogedor.

lurk [lɜːk] *intr* **1** estar al acecho (persona). **2** estar latente (peligro, sospecha).

luscious [ˈlʌʃəs] *adj* **1** delicioso. **2** rico, sugerente (música, color). **3** (infml) voluptuoso, sensual (persona).

lush [lʌʃ] *adj* **1** exuberante (vegetación). **2** (infml) lujoso, de lujo (ambiente, atmósfera).

lust [lʌst] *n c & u* **1** lujuria (deseo sexual). **2** (fig) codicia (deseo intenso). • **to ~ (after/for)** *intr* **3** desear (sexualmente a alguien); codiciar (poder, éxito, dinero).

lusty [ˈlʌstɪ] *adj* vigoroso, fuerte.

lute [luːt] *n c* MUS laúd.

Luxembourg [ˈlʌksəmˌbɜːg] *n sing* Luxemburgo.

luxuriant [lʌgˈzjuərɪənt] *adj* exuberante.

luxurious [lʌgˈzjuərɪəs] *adj* lujoso.

luxury [ˈlʌkʃərɪ] (*pl* **luxuries**) *n c & u* **1** lujo. • *adj* **2** de lujo, lujoso.

LW [ˌelˈdʌbljuː] (*abbrev* **longwave**) *n c* → longwave.

lying [ˈlaɪɪŋ] *ger* **1** → lie. • *adj* **2** mentiroso. • *n u* **3** mentiras.

lymphatic [lɪmˈfætɪk] *adj* ANAT linfático.

lynch [lɪntʃ] *tr* linchar.

lynx [lɪŋks] (*pl* **lynx**) *n c* ZOOL lince.

lyre [ˈlaɪər] *n c* MUS lira.

lyric [ˈlɪrɪk] *adj* **1** lírico. • *n c* **2** poema lírico.

lyrical [ˈlɪrɪkl] *adj* **1** lírico (poético). **2** muy entusiasta.

lyrics [ˈlɪrɪks] *n pl* MUS letra (texto de una canción).

Mm

m, M [em] *n c* m, M (letra).
MA [em'eɪ] (*abbrev* **Master of Arts**) *n c* máster.
ma [mɑː] *n c* (infml) mamá, mami.
mac [mæk] *n c GB* (infml) impermeable.
macabre [mə'kɑːbrə] *adj* macabro.
macaroni [ˌmækə'rəʊnɪ] *n u* **1** macarrones. **~ cheese 2** GAST macarrones al gratén.
Macedonia [ˌmæsɪ'dəʊnɪə] *n sing* Macedonia.
Macedonian [ˌmæsɪ'dəʊnɪən] *adj & n c* macedonio.
macerate ['mæsəreɪt] *tr* (fml) macerar.
machine [mə'ʃiːn] *n c* **1** máquina (gen). **2** aparato, sistema (organización).
machine-gun [mə'ʃiːngʌn] (*pt* y *pp* **machine-gunned**, *ger* **machine-gunning**) *tr* **1** ametrallar. • *n c* **2** MIL ametralladora.
machinery [mə'ʃiːnərɪ] *n u* maquinaria.
machismo [mə'tʃɪzməʊ] *n u* (pej) machismo.
macho ['mætʃəʊ] (*pl* **machos**) *adj* (pej) machista, macho.
mackintosh ['mækɪntɒʃ] *n c GB* impermeable, gabardina.
mad [mæd] *adj* **1** loco (gen). **2** (fig) furioso (muy enfadado). **3** disparatado, descabellado (idea, proyecto). ♦ **~ cow disease** mal de las vacas locas. ■ **like ~** (infml) como loco; **to get ~ (with sb)** enfadarse (con alguien); **to go ~** volverse loco.
Madagascan [ˌmædə'gæskən] *adj & n c* malgache.
Madagascar [ˌmædə'gæskər] *n sing* Madagascar.
madam ['mædəm] *n sing* **1** señora (tratamiento respetuoso para una mujer). • *n c* **2** madam (dueña de un burdel). **3** *GB* (pej) mandona, consentida (niña).
maddening ['mædnɪŋ] *adj* exasperante.
made [meɪd] *pt & pp* → make. ■ **to be ~ for life/to have it ~** (infml) tener el éxito asegurado.
Madeira [mə'dɪərə] *n c & u* madeira (vino).
made-to-measure [ˌmeɪdtə'meʒər] *adj* hecho a medida.
made-up ['meɪdʌp] *adj* **1** maquillado (cara); pintado (ojos, labios). **2** falso, inventado (historia). **3** preparado, hecho (cama, paquete).
madhouse ['mædhaʊs] *n c* (infml, fig) casa de locos, manicomio.
madly ['mædlɪ] *adv* **1** enloquecidamente, como loco (alocadamente). **2** furiosamente (salvajemente). **3** (infml) muchísimo, enormemente. ■ **to be ~ in love (with sb)** estar locamente enamorado (de alguien).
madman ['mædmən] (*pl* **madmen**) *n c* loco.
madness ['mædnɪs] *n u* **1** locura (gen). **2** furia, rabia (cólera).
madwoman ['mædˌwʊmən] (*pl* **madwomen**) *n c* loca.
mag [mæg] (*abbrev* **magazine**) *n c* (infml) revista.
magazine [ˌmægə'ziːn y EE UU 'mægəziːn] *n c* **1** revista (publicación). **2** TV magazine (programa de noticias). **3** recámara (de un arma).
maggot ['mægət] *n c* larva, gusano.
magic ['mædʒɪk] *adj* **1** mágico (gen); de magia (truco, hechizo). **2** *GB* (infml) maravilloso, encantador. • *n u* **3** magia (gen). **4** juegos de magia (ilusionismo). ♦ **~ carpet** alfombra mágica; **~ realism** LIT realismo mágico; **~ wand** varita mágica. ■ **as if by ~** como por arte de magia.
magical ['mædʒɪkl] *adj* mágico.
magician [mə'dʒɪʃn] *n c* **1** ilusionista, prestidigitador. **2** mago (hechicero).
magistrate ['mædʒɪstreɪt] *n c* JUR magistrado.
magnanimous [mæg'nænɪməs] *adj* (fml) magnánimo.
magnet ['mægnɪt] *n c* imán.
magnetic [mæg'netɪk] *adj* **1** magnético. **2** atrayente, carismático (personalidad).

◆ ~ **disk** disco magnético; ~ **strip** banda magnética; ~ **tape** cinta magnetofónica.
magnetise *tr* → magnetize.
magnetism [ˈmægnɪtɪzəm] *n u* magnetismo.
magnetize [ˈmægnɪtaɪz] *tr* **1** magnetizar. **2** (fig) atraer, fascinar.
magnification [ˌmægnɪfɪˈkeɪʃn] *n u* **1** amplificación. ● *n c* **2** aumento.
magnificent [mægˈnɪfɪsnt] *adj* magnífico, maravilloso (idea, persona); grandioso, impresionante (edificio).
magnify [ˈmægnɪfaɪ] *tr* **1** OPT aumentar, ampliar. **2** (fig) magnificar, exagerar.
magnifying glass [ˈmægnɪfaɪɪŋglɑːs] *n c* OPT lente de aumento, lupa.
magnitude [ˈmægnɪtjuːd y EE UU ˈmægnɪtuːd] *n u* (fml) magnitud.
mahogany [məˈhɒgənɪ] *n u* **1** BOT caoba (madera). **2** color caoba (color).
maid [meɪd] *n c* criada (sirvienta); camarera (en un hotel). ■ ~ **of honor** *EE UU* dama de honor (en una boda).
maiden [ˈmeɪdn] *adj* **1** inaugural. ● *n c* **2** LIT doncella. ◆ ~ **name** nombre de soltera.
mail [meɪl] *n u* **1** *EE UU* correo (gen). **2** correspondencia (cartas). ● *tr* **3** *EE UU* mandar por correo (enviar); echar al buzón. ◆ ~ **order** pedido por correo. ■ **by** ~ por correo.
mailbox [ˈmeɪlbɒks] (*pl* **mailboxes**) *n c* *EE UU* buzón.
mailing [ˈmeɪlɪŋ] *n c* correo comercial. ◆ ~ **list** lista de direcciones.
mailman [ˈmeɪlmæn] (*pl* **mailmen**) *n c* *EE UU* cartero; correísta (Amér.).
maim [meɪm] *tr* mutilar.
main [meɪn] *adj* **1** principal, más importante. **2** ARCH maestra (viga). ● **the mains** *n pl* **3** cañerías principales; red de suministro (agua, gas, electricidad). ◆ ~ **road** carretera principal. ■ **in the** ~ en general.
mainframe [ˈmeɪnfreɪm] *n c* COMPUT superordenador.
mainland [ˈmeɪnlənd] *n sing* **the** ~ **1** el continente, el interior. ● *adj* **2** interior, continental.
mainly [ˈmeɪnlɪ] *adv* principalmente.
mainstream [ˈmeɪnstriːm] *n sing* **1** corriente principal, tendencia principal. ● *adj* **2** corriente, ordinario (convencional).
maintain [meɪnˈteɪn] *tr* **1** mantener (algo en buenas condiciones, un puesto de trabajo). **2** mantener, afirmar (sostener).
maintenance [ˈmeɪntənəns] *n u* **1** mantenimiento. **2** *GB* manutención (dinero).
maize [meɪz] (*EE UU* **corn**) *n u* BOT maíz.
majestic [məˈdʒestɪk] *adj* majestuoso.
majesty [ˈmædʒəstɪ] *n u* majestad. ◆ **Majesty** Majestad (título).
major [ˈmeɪdʒər] *adj* **1** principal. **2** serio. ● *n c* **3** MIL comandante, mayor. **4** *EE UU* especialidad, especialización (universitaria).
majority [məˈdʒɒrɪtɪ] *n sing* **1** mayoría. ● *n u* **2** MIL comandancia. ■ **in a/in the** ~ en la mayoría.
make [meɪk] (*pt* y *pp* **made**) *tr* **1** hacer (gen). **to** ~ **sb + adj 2** poner, volver: *it makes me crazy = me vuelve loco*. **to** ~ **sb + v 3** obligar a, inducir a: *you made me do it = me obligaste a hacerlo*. **to** ~ **sth + inf 4** representar, suponer: *the story is made to take place in India = se supone que la historia tiene lugar en la India*. **5** servir: *that will make a good table = eso servirá de mesa estupendamente*. **6** llegar a ser, convertirse en: *you'll make a fantastic clown = llegarás a ser un payaso fantástico*. **7** MAR avistar (tierra); llegar a puerto, arribar. ● *n c* **8** marca, modelo. ◆ **to** ~ **for sth** dirigirse a, encaminarse a; **to** ~ **into** convertir en; **to** ~ **off** marcharse deprisa, escapar de; **to** ~ **out** rellenar (un impreso, una solicitud); entender; distinguir; dar a entender; **to** ~ **out with** (infml) hacer el amor con; **to** ~ **sth over** transferir, ceder; **to** ~ **towards** (infml) ir hacia; **to** ~ **up** inventar, tramar (historia); maquillar(se) (cosmética); juntar, recopilar (reunir); reconciliarse, hacer las paces; **to** ~ **up for** compensar, subsanar; **to** ~ **up to** (pej) adular, halagar; lamber (Amér.). ■ **to** ~ **do (with)** (infml) conformarse con, arreglarse con; **to** ~ **it** triunfar; **to** ~ **like** (infml) hacer de, actuar de.
maker [ˈmeɪkər] *n c* productor.
makeshift [ˈmeɪkʃɪft] *adj* improvisado.
make-up [ˈmeɪkʌp] *n u* **1** maquillaje. **2** composición, estructura (de objeto). **3** modo de ser, temperamento (naturaleza).

making [ˈmeɪkɪŋ] *n u* fabricación, elaboración. ■ **in the ~** en vías de formación, en marcha, en potencia; **of one's own ~** de su incumbencia.
maladministration [ˌmælədˌmɪnɪˈstreɪʃn] *n u* (fml) administración fraudulenta.
Malawi [məˈlɑːwɪ] *n sing* Malawi.
Malawian [məˈlɑːwən] *adj & n c* malawita.
Malay [məˈleɪ y ˈmeɪleɪ] *adj & n c* **1** malayo. ● *n u* **2** malayo (idioma).
Malaysia [məˈleɪzɪə] *n sing* Malaysia.
Malaysian [məˈleɪzɪən] *adj & n c* malayo.
Maldivas [ˈmɔːldaɪvz] *n pl* Maldivas.
male [meɪl] *adj* **1** masculino, varón (persona, sexo); macho (animal). **2** masculino, viril. ● *n c* **3** varón. ◆ **~ chauvinist** (pej) machista.
malevolent [məˈlevələnt] *adj* (fml) malévolo.
malformation [ˌmælfɔːˈmeɪʃn] *n u* malformación.
malfunction [ˌmælˈfʌŋkʃn] *n c* **1** (fml) funcionamiento defectuoso. ● *intr* **2** funcionar mal.
Mali [ˈmɑːlɪ] *n sing* Malí.
malice [ˈmælɪs] *n u* malicia.
malicious [məˈlɪʃəs] *adj* malicioso.
malignant [məˈlɪgnənt] *adj* maligno.
mall [mɔːl y mæl] *n c EE UU* galerías comerciales.
mallet [ˈmælɪt] *n c* mazo, maza.
malnourished [ˌmælˈnʌrɪʃt] *adj* desnutrido.
malnutrition [ˌmælnjuːˈtrɪʃn y EE UU ˌmælnuːˈtrɪʃn] *n u* desnutrición.
malt [mɔːlt] *n u* malta.
Malta [ˈmɔːltə] *n sing* Malta.
Maltese [ˌmɔːlˈtiːz] *adj & n c* **1** maltés. ● *n u* **2** maltés (idioma).
maltreatment [mælˈtriːtmənt] *n u* maltrato.
mamma [məˈmɑː] *n c* (infml) mamá.
mammal [ˈmæml] *n c* ZOOL mamífero.
man [mæn] (*pl* **men**) *n c & u* **1** hombre. ● *n c* **2** pieza. ● *tr* **3** (*pt* y *pp* **manned**) (ger **manning**) tripular (barco). **4** manejar, estar a cargo de (maquinaria). ■ **to be ~ enough** ser muy hombre, ser muy valiente; **~ to ~** de hombre a hombre; **to a ~** sin excepción.
manage [ˈmænɪdʒ] *tr* **1** dirigir (empresa); admninistrar (propiedad). **2** controlar, manejar (herramienta, dispositivo). **3** conseguir, lograr (tiempo). ● *intr* **4** arreglárselas, apañarse, ir tirando.
manageable [ˈmænɪdʒəbl] *adj* **1** controlable. **2** manejable.
management [ˈmænɪdʒmənt] *n u* **1** gestión, administración. **2** dirección (gente).
manager [ˈmænɪdʒər] *n c* **1** gerente, director (de una empresa). **2** representante (de un artista). **3** SP entrenador, seleccionador.
manageress [ˌmænɪdʒəˈres] *n c* gerente, directora.
managerial [ˌmænəˈdʒɪərɪəl] *adj* administrativo, directivo.
managing director [ˈmænɪdʒɪŋˌdɪˈrektər] *n c* director gerente.
mandate [ˈmændeɪt] *n c* **1** mandato. ● *tr* **2** otorgar mandato sobre.
mandatory [ˈmændətərɪ] *adj* (fml) obligatorio.
mandolin [ˈmændəlɪn] *n c* MUS mandolina.
mane [meɪn] *n c* crin (de caballo); melena (de león, de persona).
maneuver *n c* **1** → manoeuvre. ● *tr* **2** → manoeuvre.
maneuverable *adj* → manoeuvrable.
mangle [ˈmæŋgl] *tr* destrozar.
manhandle [ˈmænˌhændl] *tr* **1** arrastrar; zarandear. **2** (infml) maltratar (tratar rudamente).
manhood [ˈmænhʊd] *n u* **1** edad adulta. **2** (fml) hombres. **3** (euph) virilidad, hombría.
manhunt [ˈmænhʌnt] *n c* persecución, búsqueda (de un hombre).
mania [ˈmeɪnɪə] *n c & u* PSYCOL manía.
maniac [ˈmeɪnɪæk] *n c* PSYCOL maníaco.
manicure [ˈmænɪˌkjʊər] *n c & u* **1** manicura. ● *tr* **2** hacer la manicura a.
manifest [ˈmænɪfest] *adj* **1** (fml) manifiesto. ● *tr* **2** manifestar.
manifestation [ˌmænɪfeˈsteɪʃn] *n c & u* manifestación.
manifesto [ˌmænɪˈfestəʊ] (*pl* **manifestos** o **manifestoes**) *n c* POL manifiesto.
manifold [ˈmænɪfəʊld] *adj* **1** (fml) múltiple, variado. ● *n c* **2** MEC colector de gases. **3** MATH variedad.

m

manipulate [mə'nɪpjʊleɪt] *tr* manipular.
manipulation [məˌnɪpjʊ'leɪʃn] *n c & u* **1** manipulación, manejo. **2** falseamiento, falsificación.
manipulative [mə'nɪpjʊlətɪv y EE UU mə'nɪpjʊleɪtɪv] *adj* manipulador.
mankind [mæn'kaɪnd] *n u* humanidad.
manly ['mænlɪ] *adj* masculino, viril.
man-made [ˌmæn'meɪd] *adj* **1** hecho por el hombre. **2** artificial, sintético.
manned ['mænd] *adj* tripulado.
mannequin ['mænɪkɪn] *n c* maniquí.
manner ['mænər] *n c* **1** (fml) manera, forma: *in the manner of = al estilo de*. **2** conducta, proceder (comportamiento). **3** tono (de voz). • **manners** *n pl* **4** modales.
mannered ['mænəd y 'mænərd] *adj* (fml) afectado, artificial.
mannerism ['mænərɪzəm] *n c* hábito, costumbre.
manoeuvrable [mə'nu:vrəbl] (*EE UU* **maneuverable**) *adj* manejable.
manoeuvre [mə'nu:vər] (*EE UU* **maneuver**) *n c* **1** maniobra. • *tr* **2** maniobrar, manejar.
manor ['mænər] *n c* finca. ◆ ~ **house** mansión.
manpower ['mænˌpaʊər] *n u* mano de obra.
mansion ['mænʃn] *n c* **1** mansión. **2** *GB* edificio: *Carlisle Mansions = edificio Carlisle*.
manslaughter ['mænˌslɔ:tər] *n u* JUR homicidio involuntario.
mantelpiece ['mæntlpi:s] *n c* repisa de la chimenea.
manual ['mænjʊəl] *adj & n c* manual.
manually ['mænjʊəlɪ] *adv* manualmente.
manufacture [ˌmænjʊ'fæktʃər] *n u* **1** manufactura, fabricación. • *n c* **2** producto manufacturado. • *tr* **3** manufacturar, fabricar. **4** (fig) inventar, urdir.
manufacturer [ˌmænjʊ'fæktʃərər] *n c* fabricante.
manufacturing [ˌmænjʊ'fæktʃərɪŋ] *n u* **1** manufactura, fabricación. • *adj* **2** manufacturero, industrial.
manure [mə'njʊər] *n u* **1** estiércol, abono (natural). • *tr* **2** abonar, estercolar.
manuscript ['mænjʊskrɪpt] *adj & n c* manuscrito.
many ['menɪ] *dem adj & pron* muchos. ■ **a good/great ~** muchísimos; **as ~ as** tantos como; **~ a** muchos, más de: *many a time I called him = lo telefoneé más de una vez*; **so ~** tantos. ◆ **the ~** la mayoría; **too ~** demasiados.

> En frases negativas e interrogativas se usa ***many*** cuando el sustantivo es contable: *I haven't seen many French films = no he visto muchas películas francesas*. Cuando el sustantivo es incontable, se emplea ***much***: *I don't have much food in the fridge = no tengo mucha comida en la nevera*. En frases afirmativas, se utiliza ***a lot (of)*** o ***lots (of)***, salvo después de *so*, *as*, *too* y *very*, en que se usan ***much*** o ***many***: *there aren't too many tourists = no hay muchos turistas*.

map [mæp] (*pt* y *pp* **mapped**, *ger* **mapping**) *tr* **1** dibujar un mapa de. • *n c* **2** mapa, plano. ◆ **to ~ out** (fig) delinear.
maple ['meɪpl] *n c* BOT arce. ◆ **~ syrup** BOT jarabe de arce.
marathon ['mærəˌθən y EE UU 'mærəˌθɒn] *n c* **1** maratón. • *adj* **2** maratoniano.
marble ['mɑ:bl] *n u* **1** mármol (piedra). • *n c* **2** canica, bola de cristal. • **marbles** *n pl* **3** canicas (juego).
marbled ['mɑ:bld] *adj* veteado, jaspeado.
march [mɑ:tʃ] (*pl* **marches**) *n c & u* **1** marcha (gen). • *n c* **2** manifestación (demostración). • *intr* **3** desfilar (soldados). **4** manifestarse (demostrar). • *tr* **5** recorrer andando.
March [mɑ:tʃ] *n c* marzo.
marcher ['mɑ:tʃər] *n c* manifestante.
marching ['mɑ:tʃɪŋ] *n u* **1** marcha. • *adj* **2** de marcha.
mare [meər] *n c* yegua; burra.
margarine [ˌmɑ:dʒə'ri:n, ˌmɑ:gə'ri:n y EE UU 'mɑ:rdʒərɪn] *n u* margarina.
margin ['mɑ:dʒɪn] *n c* margen.
marginal ['mɑ:dʒɪnl] *adj* **1** marginal. **2** al margen (nota, comentario). **3** poco fértil (tierra).
marijuana or **marihuana** [ˌmærɪ'jwɑ:nə] *n u* BOT marihuana.

marina [mə'ri:nə] *n c* puerto deportivo.
marinate ['mærıneıt] *tr* marinar, adobar.
marinated ['mærıneıtıd] *adj* marinado, en adobo.
marine [mə'ri:n] *adj* **1** marino, marítimo. ● *n c* **2** infante de marina.
marital ['mærıtl] *adj* marital, conyugal. ♦ **~ status** estado civil.
maritime ['mærıtaım] *adj* marítimo.
mark [mɑ:k] *n c* **1** marca (gen). **2** (fig) mancha. **3** señal, muestra (de educación, de fuerza). **4** *GB* nota (en un examen). **5** objetivo, meta (propósito). ● *tr* **6** marcar (gen). **7** caracterizar, distinguir. ● *tr & intr* **8** calificar, puntuar. ♦ **to ~ down** anotar, tomar nota; rebajar, reducir (precios); **to ~ off** cerrar, vallar; tachar, quitar (nombres o fechas de una lista); **to ~ out** trazar, delinear; distinguir, destacar (diferenciar); destinar a, escoger a (seleccionar); **to ~ up** elevar los precios. ■ **off the ~** incorrecto; **on the ~** totalmente correcto; **quick off the ~** (infml) muy inteligente; **to leave a ~** dejar huella; **to make a ~** tener éxito; **up to the ~** a la altura de las circunstancias.
marked [mɑ:kt] *adj* **1** marcado, significativo. **2** condenado, en peligro: *to be a marked man = correr serio peligro.* **3** marcado, señalado.
marker ['mɑ:kər] *n c* **1** rotulador. **2** marca, señal. **3** SP marcador.
market ['mɑ:kıt] *n c & u* **1** mercado. ● *tr* **2** comercializar. ● *intr* **3** *EE UU* comprar, hacer la compra. ♦ **~ economy** economía de mercado; **~ garden** huerta, huerto; **~ research** estudio de mercado; **~ share** cuota de mercado. ■ **to come onto the ~** salir al mercado; **on the ~** a la venta, en el mercado.
marketable ['mɑ:kıtəbl] *adj* vendible, comercializable.
marketing ['mɑ:kıtıŋ] *n u* marketing, mercadotecnia.
marketplace ['mɑ:kıtpleıs] *n c* mercado.
marking ['mɑ:kıŋ] *n c & u* **1** marca, mancha (en animales, plantas). **2** SP marcaje. ♦ **~ ink** corrección (de exámenes).
marmalade ['mɑ:məleıd] *n u mermelada de cítrico.*
marmoreal [mɑ:'mɔ:rıəl] *adj* (fml) marmóreo.
maroon [mə'ru:n] *tr* **1** (normalmente *pt*) abandonar a su suerte. **2** (fig) aislar, no prestar atención. ● *adj* **3** rojo oscuro.
marooned [mə'ru:nd] *adj* **1** abandonado. **2** aislado, apartado.
marquee [mɑ:'ki:] *n c* **1** dosel, entoldado. **2** *EE UU* toldo, marquesina.
marriage ['mærıdʒ] *n c & u* **1** (fml) boda (ceremonia). **2** matrimonio.
married ['mærıd] *adj* **1** casado. **2** matrimonial, conyugal (situación civil de casado). ■ **to be ~ to** estar casado con; **to get ~ to** casarse con.
marrow ['mærəʊ] *n u* **1** ANAT médula espinal. **2** (fig) meollo, esencia (núcleo). ● *n c* **3** calabacín muy grande. ■ **to the ~** (fig) hasta la médula.
marry ['mærı] (*pt* y *pp* **married**) *tr* **1** casar. **2** (fig) casar, juntar, unir. ● *intr* **3** casarse.
Mars [mɑ:z] *n sing* ASTR Marte.
marsh [mɑ:ʃ] (*pl* **marshes**) *n c & u* pantano, marisma. ♦ **~ gas** gas metano.
marshal ['mɑ:ʃl] *n c* **1** MIL mariscal. **2** *EE UU* JUR alguacil, oficial. **3** *EE UU* jefe de policía; jefe de bomberos. ● *tr* **4** ordenar, clasificar. **5** reunir, juntar (fuerzas militares).
Marshall Islands ['mɑ:ʃəl,aıləndz] *n sing* islas Marshall.
marshy ['mɑ:ʃı] *adj* pantanoso.
martial ['mɑ:ʃl] *adj* marcial, militar.
Martian ['mɑ:ʃıən] *adj & n c* marciano.
martyr ['mɑ:tər] *n c* **1** mártir. ● *tr* **2** (normalmente *pt*) martirizar.
martyrdom ['mɑ:tədəm] *n u* martirio.
marvel ['mɑ:vl] *n c* **1** maravilla. ● *tr & intr* **2** (fml) maravillarse.
marvellous ['mɑ:vələs] (*EE UU* **marvelous**) *adj* maravilloso, macanudo (Amér.).
Marxism ['mɑ:ksızəm] *n u* POL marxismo.
Marxist ['mɑ:ksıst] *adj & n c* marxista.
marzipan [,mɑ:zı'pæn] *n u* mazapán.
mascara [mæ'skɑ:rə y EE UU mæ'skærə] *n u* rímel.
mascot ['mæskət y 'mæskɑ:t] *n c* mascota.
masculine ['mæskjʊlın] *adj* masculino.
mash [mæʃ] *tr* **1** aplastar, hacer puré (estrujar). **2** majar, moler (machacar). ● *n u* **3** *GB* (infml) puré de patata. ● *n c & u* **4** mezcolanza, batiburrillo.

m

mashed [mæʃt] *adj* en puré, hecho puré. ◆ ~ **potatoes** puré de patatas.
mask [mɑːsk y EE UU mæsk] *n c* **1** máscara, careta (disfraz). **2** MED mascarilla. ● *tr* **3** enmascarar, encubrir. **4** (fig) ocultar, esconder. **5** PHOT velar.
masochist [ˈmæsəʊkɪst] *n c* masoquista.
mason [ˈmeɪsn] *n c* albañil, cantero. ◆ **Mason** masón.
masonic [məˈsɒnɪk] *adj* masónico.
masonry [ˈmeɪsnrɪ] *n u* albañilería.
masquerade [ˌmæskəˈreɪd] *n c* **1** mascarada, farsa. **2** baile de disfraces. ● **to ~ as** *intr* **3** hacerse pasar por.
mass [mæs] (*pl* **masses**) *adj* **1** masivo, en serie (producción). **2** colectivo. ● *n c* **3** masa. ● *n c & u* **4** REL misa. ● **masses** *n pl* **5** *GB* (infml, fig) montón: *we've got masses of time = tenemos un montón de o mogollón de tiempo*. **the masses 6** las masas. ● *intr* **7** concentrarse, juntarse en masa. ◆ **the ~ media** medios de comunicación.
massacre [ˈmæsəkər] *n c & u* **1** masacre. ● *tr* **2** masacrar.
massage [ˈmæsɑːʒ y EE UU məˈsɑːʒ] *n c & u* **1** masaje. ● *tr* **2** dar masaje a.
massive [ˈmæsɪv] *adj* **1** enorme. **2** a gran escala.
mass-produce [ˈmæsprəˌdjuːs] *tr* fabricar en serie.
mass-production [ˌmæsprəˈdʌkʃn] *n u* producción en serie.
mast [mɑːst y EE UU mæst] *n c* **1** MAR mástil. **2** TV antena.
master [ˈmɑːstər y EE UU ˈmæstər] *n c* **1** amo, dueño (de animales, esclavos). **2** doctorado, máster. **3** copia original (grabación). **4** MAR capitán, patrón. ● *adj* **5** experto. **6** principal, más importante. ● *tr* **7** conocer a fondo, dominar.
masterful [ˈmɑːstəfʊl y EE UU ˈmæstərfəl] *adj* **1** (lit) magistral, hábil. **2** autoritario, mandón.
masterly [ˈmɑːstəlɪ y EE UU ˈmæstəlɪ] *adj* magistral, brillante.
mastermind [ˈmɑːstəmaɪnd y EE UU ˈmæstərmaɪnd] *n c* **1** cerebro, organizador. ● *tr* **2** (infml) planificar inteligentemente.
masterpiece [ˈmɑːstəpiːs] *n c* obra maestra.
masterstroke [ˈmɑːstəstrəʊk] *n c* golpe maestro.
mastery [ˈmɑːstərɪ y EE UU ˈmæstərɪ] *n u* **1** dominio, autoridad. **2** competencia, maestría.
masturbate [ˈmæstəbeɪt] *tr & intr* masturbar(se).
masturbation [ˌmæstəˈbeɪʃn] *n u* masturbación.
mat [mæt] (*pt* y *pp* **matted**, *ger* **matting**) *tr* **1** alfombrar. **2** enmarcar, poner orla (foto). **3** enmarañar, enredar (complicar). ● *n c* **4** estera, esterilla. **5** salvamanteles. **6** posavasos. **7** SP colchoneta (de gimnasia). ● *adj* **8** mate, sin brillo.
match [mætʃ] (*pl* **matches**) *n c* **1** SP partido, encuentro. ~ **(for) 2** combinación, conjunto (ropa): *the shoes and bag are a nice match = los zapatos y el bolso combinan muy bien*. **3** matrimonio, pareja. **4** cerilla, fósforo. **5** MIL mecha. ● *tr & intr* **6** conjuntar, armonizar. ● *tr* **7** valer tanto como, ser tan bueno como. **8** casar, emparejar. **9** SP competir con. ■ **to be/make a good ~** hacer buena pareja.
matching [ˈmætʃɪŋ] *adj* a juego, conjuntado.
mate [meɪt] *n c* **1** (infml) compañero (de trabajo). **2** ZOOL macho, hembra (de animales). **3** esposo, cónyuge. **4** *GB* (infml) amigo, tío, colega. **5** ayudante, peón. ● *tr* **6** aparear, acoplar (animales). **7** casar, unir en matrimonio. ● *intr* **8** aparearse (animales).
material [məˈtɪərɪəl] *adj* **1** material. **2** sustancial, relevante. ● *n c & u* **3** tela, tejido. ● *n u* **4** material. ● **materials** *n pl* **5** instrumentos, útiles, herramientas.
materialise *intr* → materialize.
materialism [məˈtɪərɪəlɪzəm] *n u* materialismo.
materialist [məˈtɪərɪəlɪst] *n c* materialista.
materialize [məˈtɪərɪəlaɪz] *intr* materializarse.
maternal [məˈtɜːnl y məˈtɜːrnl] *adj* maternal, materno.
maternity [məˈtɜːnɪtɪ y məˈtɜːrnɪtɪ] *n u* (fml) maternidad. ◆ ~ **leave** baja por maternidad.
mathematical [ˌmæθəˈmætɪkl] *adj* matemático.

mathematician [ˌmæθəmə'tɪʃn] *n c* matemático.
mathematics [ˌmæθə'mætɪks] *n u* (fml) matemáticas.
maths [mæθs] *n u GB* (infml) matemáticas.
matinee or **matinée** ['mætɪneɪ] *n c* función de tarde (cine, teatro).
mating ['meɪtɪŋ] *n u* apareamiento (animales).
matrices ['meɪtrɪsiːz] *n pl* → matrix.
matrimonial [ˌmætrɪ'məʊnɪəl] *adj* (fml) matrimonial.
matrimony ['mætrɪmənɪ] *n u* (fml) matrimonio.
matron ['meɪtrən] *n c* **1** *GB* enfermera jefe. **2** *GB* supervisora, ama de llaves. ♦ **~ of honour** *EE UU* madrina de boda.
matt [mæt] (*EE UU* **matte**) *adj* mate, sin brillo.
matted ['mætɪd] *adj* enmarañado, enredado.
matter ['mætər] *n c* **1** tema, asunto, cuestión. **the ~ (with) 2** el problema (de) (problem): *what's the matter with Ken? = ¿qué le pasa a Ken?* ● *n u* **3** sustancia, materia. ● **matters** *n pl* **4** las cosas: *that simplifies matters = eso simplifica las cosas.* ● *intr* **5** importar, tener importancia. ♦ **a ~ of** una cuestión de. ■ **as a ~ of** debido a, a causa de; **as a ~ of course** automáticamente, porque sí; **as a ~ of fact** en realidad, de hecho; **for that ~** si vamos a eso; **it doesn't ~** no importa, da igual; **no ~ what** pase lo que pase; **what's the ~?** ¿qué pasa?, ¿qué hay?
matter-of-fact [ˌmætərəv'fækt] *adj* práctico, pragmático, realista.
mattress ['mætrɪs] (*pl* **mattresses**) *n c* colchón.
mature [mə'tjʊər] *adj* **1** maduro (gen). **2** curado (queso). **3** madurado, bien pensado (plan). ● *intr* **4** madurar.
maturity [mə'tjʊrɪtɪ] *n u* **1** madurez. **2** COM vencimiento.
maul [mɔːl] *n c* **1** *EE UU* mazo, maza, moleta. ● *tr* **2** herir, magullar. **3** manosear, sobar.
Mauritania [ˌmɒrɪ'teɪnɪə] *n sing* Mauritania.
Mauritanian [ˌmɒrɪ'teɪnɪən] *adj & n c* mauritano.
Mauritian [mə'rɪʃən] *adj* **1** Isla Mauricio.● *nc* **2** mauriciano.
Mauritius [mə'rɪʃəs] *n sing* Isla Mauricio.
mausoleum [ˌmɔːsə'lɪəm] *n c* mausoleo.
mauve [məʊv] *adj* **1** de color malva. ● *n u* **2** color malva.
maverick ['mævərɪk] *adj & n c* independiente, inconformista.
maxim ['mæksɪm] *n c* máxima.
maximise *tr* → maximize.
maximize ['mæksəmaɪz] *tr* maximizar.
maximum ['mæksɪməm] (*pl* **maximums** o **maxima**) *n c* **1** máximo. ● *adj* **2** máximo, mayor. ■ **to the ~** al máximo.
may [meɪ] (*pt* **might**) *modal* **1** poder: *he may come soon = puede que venga pronto.* **2** (fml) poder, tener permiso para: *may I ask you a question? = ¿puedo hacerte una pregunta?* **~ + subj 3** ¡ojalá!, ¡Dios quiera!: *may you live long! = ¡Dios quiera que viva usted muchos años!*
May [meɪ] *n c* mayo.
maybe ['meɪbiː] *adv* quizá, tal vez.
mayhem ['meɪhem] *n u* **1** pánico, confusión. **2** (fig) destrucción, daño.
mayonnaise [ˌmeɪə'neɪz y EE UU 'meɪəneɪz] *n u* GAST mayonesa.
mayor [meər y EE UU meɪər] *n c* alcalde.
mayoress [meə'rɪs y EE UU 'meɪərɪs] *n c* **1** alcaldesa. **2** *GB* mujer del alcalde.
may've [meɪəv] *contr* (contr de *may + have*) → may.
maze [meɪz] *n c* laberinto.
me [miː] *pron* me, a mí. ■ **it's ~** (infml) soy yo; **with ~** conmigo.
meadow ['medəʊ] *n c* prado, pradera.
meagre ['miːgər] (*EE UU* **meager**) *adj* **1** escaso, exiguo (limitado). **2** flaco, esmirriado.
meal [miːl] *n c* **1** comida. ● *n u* **2** harina. ■ **to make a ~ of sth** (infml, pej) dedicar más tiempo del necesario a algo.
mealtime ['miːltaɪm] *n c & u* hora de comer.
mean [miːn] (*pt* y *pp* **meant**) *tr* **1** significar, querer decir. **2** denotar, representar, simbolizar. **3** referirse a, ir dirigido a: *that means you too! = ¡eso también va por ti!* **to ~ + inf 4** pretender, tener intención de: *I don't mean to be rude = no*

quiero parecer maleducado. **5** ser muy importante, importar: *it means a lot to her = para ella significa mucho.* **6** ir dirigido a, ser para: *the film is not meant for children = no es una película para niños.* • *adj* **7** tacaño, ruin; amarrete (Amér.). **8** cruel, mezquino (detestable). • *n sing* **9** MATH media, promedio. • **means** *n pl* **10** medio, medios (método). ■ **by all means** naturalmente, claro que sí; **by means of** por medio de, mediante; **by no means** de ningún modo, en absoluto; **to ~ well** tener buenas intenciones.

meander [mɪˈændər] *intr* **1** serpentear. **2** vagar, andar sin rumbo fijo. **3** (fig) hablar vagamente. • *n c* **4** meandro. **5** camino tortuoso.

meaning [ˈmiːnɪŋ] *n c & u* **1** significado, sentido. **2** significado, importancia. **3** objetivo, propósito (intención). • *adj* **4** significativo, expresivo.

meaningful [ˈmiːnɪŋfəl] *adj* **1** significativo, con sentido. **2** profundo, importante (relación).

meaningless [ˈmiːnɪŋlɪs] *adj* **1** sin sentido. **2** sin valor, inútil.

meant [ment] *pt & pp* → mean.

meantime [ˌmiːnˈtaɪm] *n sing* **1** intervalo. • *adv* **2** entre tanto, mientras tanto. ■ **for the ~** por el momento; **in the ~** entretanto, mientras tanto.

meanwhile [ˌmiːnˈwaɪl] *adv* **1** entre tanto, mientras tanto. **2** por otra parte. ■ **in the ~** entretanto, mientras tanto.

measles [ˈmiːzlz] *n u* MED sarampión.

measurable [ˈmeʒərəbl] *adj* mensurable, que se puede medir.

measure [ˈmeʒər] *n c* **1** medida. **2** porción, cantidad. • *tr* **3** medir. **4** valorar, estimar (tasar). ◆ **to ~ against** medir con, comparar con; **to ~ up (to)** estar a la altura de. ■ **beyond ~** (lit) excesivo; **in some/large ~** (fml) hasta cierto punto/en buena medida.

measured [ˈmeʒəd] *adj* **1** mesurado (idioma). **2** calculado, preciso (tiempo, espacio).

measurement [ˈmeʒəmənt] *n u* **1** medida. • **measurements** *n pl* **2** medidas (de persona).

meat [miːt] *n u* **1** carne. **2** (fig) sustancia, meollo.

meatball [ˈmiːtbɔːl] *n c* GAST albóndiga.

meaty [ˈmiːtɪ] *adj* **1** rollizo, metido en carnes. **2** (infml, fig) sustancioso.

mechanic [mɪˈkænɪk] *n c* mecánico.

mechanical [mɪˈkænɪkl] *adj* mecánico.

mechanics [mɪˈkænɪks] *n u* PHYS mecánica. ◆ **the ~ of** el mecanismo de, el funcionamiento de.

mechanisation *n u* → mechanization.

mechanise *adj* → mechanize.

mechanism [ˈmekənɪzəm] *n c* mecanismo.

medal [ˈmedl] *n c* medalla.

medalist *n c* → medallist.

medallion [mɪˈdælɪən] *n c* medallón.

medallist [ˈmedlɪst] (*EE UU* **medalist**) *n c* medallista.

meddle [ˈmedl] *intr* **1** entrometerse, interferir. **to ~ with 2** estropear, manosear.

media [ˈmiːdɪə] *n sing* **1** (fml) medios de comunicación. • *n pl* **2** → medium.

mediaeval *adj* → medieval.

mediate [ˈmiːdɪəɪt] *intr* mediar.

mediation [ˌmiːdɪˈeɪʃn] *n u* mediación, arbitraje.

mediator [ˈmiːdɪeɪtər] *n c* mediador.

medic [ˈmedɪk] *n c* (infml) médico; estudiante de medicina.

medical [ˈmedɪkl] *adj* **1** médico. • *n c* **2** (infml) reconocimiento médico.

medication [ˌmedɪˈkeɪʃn] *n c & u* **1** *EE UU* medicamento, medicina. **2** tratamiento, medicación.

medicinal [meˈdɪsɪnl] *adj* medicinal.

medicine [ˈmedɪsɪn] *n c & u* **1** medicina, medicamento. **2** (fig) remedio, medicina. • *n u* **3** medicina.

medieval [ˌmedɪˈiːvl y EE UU ˌmiːdɪˈiːvl] *adj* medieval.

mediocre [ˌmiːdɪˈəʊkər] *adj* mediocre.

mediocrity [ˌmiːdɪˈɒkrɪtɪ] (*pl* **mediocrities**) *n c & u* mediocridad.

meditate [ˈmedɪteɪt] *intr* meditar.

meditation [ˌmedɪˈteɪʃn] *n u* meditación.

medium [ˈmiːdɪəm] *adj* **1** medio, intermedio. • *n c* **2** (*pl* **media**) medio (camino). **3** (*pl* **mediums**) médium.

medley [ˈmedlɪ] *n c* **1** mezcla, variedad. **2** MUS popurrí.

meek [miːk] *adj* **1** (lit) dulce, dócil, tímido. **2** sumiso, obediente (persona).

meet [miːt] (*pt* y *pp* **met**) *tr* **1** encontrarse con, reunirse con. **2** conocer: *I met* *him while I was at university = lo conocí cuando estudiaba en la universidad.* **3** ir a buscar a, ir a esperar a (aeropuerto). **to ~ (with) 4** recibir, responder, contestar: *the proposal was met with a refusal = la propuesta fue recibida con una negativa.* **5** satisfacer (necesidades). • *intr* **6** reunirse, congregarse; acumularse (Amér.). ◆ **to ~ up (with)** (infml) quedar citados.

meeting ['mi:tɪŋ] *n c* **1** mitin, asamblea (sesión). **2** reunión (entrevista). **3** SP encuentro, competición.

meeting-place ['mi:tɪŋpleɪs] *n c* punto de encuentro.

megaphone ['megəfəʊn] *n c* megáfono.

melancholic [ˌmelən'kɒlɪk] *adj* (fml) melancólico.

melancholy ['melənkəlɪ] *n u* **1** (fml) melancolía (tristeza). • *adj* **2** (fml) melancólico. **3** pensativo, meditabundo.

mélange [meɪ'lɑ:nʒ] *n sing* mezcla, mezcolanza.

melanin ['melənɪn] *n u* BIOL melanina.

mêlée ['meleɪ] *n c* **1** barullo, confusión. **2** refriega, pelea.

mellow ['meləʊ] *adj* **1** dulce (voz). **2** cálido, suave (color). **3** (infml) achispado, alegre. • *intr* **4** suavizarse, dulcificarse. **5** madurar. **6** achisparse, ponerse alegre (entonarse).

melodic [mɪ'lɒdɪk] *adj* MUS melódico, melodioso.

melodious [mɪ'ləʊdjəs] *adj* melodioso, armonioso.

melodrama ['meləʊˌdrɑ:mə] *n c & u* melodrama.

melodramatic [ˌmeləʊdrə'mætɪk] *adj* melodramático.

melody ['melədɪ] (*pl* **melodies**) *n c* melodía.

melon ['melən] *n c* BOT melón.

melt [melt] *tr & intr* **1** derretir(se), fundir(se). • *tr* **2** (fig) ablandar(se), enternecer(se) (aplacarse). • **to ~ (away)** *intr* **3** esfumarse, desvanecerse (dinero, confianza).

melting ['meltɪŋ] *n u* **1** disolución, derretimiento. • *adj* **2** agradable, suave, dulce (voz). ◆ **~ point** punto de fusión; **~ pot** crisol.

member ['membər] *n c* miembro (de un club, sociedad).

membership ['membəʃɪp] *n u* pertenencia, calidad de socio. ◆ **~ fee** cuota de socio (de un club).

membrane ['membreɪn] *n c & u* membrana.

memento [mɪ'mentəʊ] (*pl* **mementos** o **mementoes**) *n c* recuerdo, reliquia.

memo ['meməʊ] *n c* (infml) → memorandum.

memoir ['memwɑ:r] *n c* **1** (fml) memoria (monografía). • **memoirs** *n pl* **2** memorias.

memorable ['memərəbl] *adj* memorable.

memorandum [ˌmemə'rændəm, *pl irreg* ˌmemə'rændə] (*pl* **memorandums** o **memoranda**) *n c* (fml) memorándum.

memorial [mɪ'mɔ:rɪəl] *n c* **1** monumento conmemorativo. • *adj* **2** conmemorativo.

memorize or **memorise** ['meməraɪz] *tr* memorizar.

memory ['memərɪ] (*pl* **memories**) *n u* **1** memoria (facultad). • *n c* **2** recuerdo (evocación). ▪ **to commit sth to ~** memorizar algo, aprender algo de memoria; **from ~** de memoria; **in ~ of** en memoria de.

men [men] *n pl* → man.

menace ['menɪs] *n c & u* **1** amenaza. • *n c* **2** molestia, fastidio; grilla (Amér.).

menacing ['menɪsɪŋ] *adj* amenazador, amenazante.

menagerie [mɪ'nædʒərɪ] *n c* parque zoológico.

mend [mend] *n c* **1** remiendo, zurcido (cosido). **2** reparación, mejora. • *tr* **3** reparar, arreglar. **4** remendar, zurcir (repasar). • *intr* **5** (infml) recuperarse, reponerse (injury). ▪ **to be on the ~** estar recuperándose, estar reponiéndose (de una enfermedad); **to ~ one's ways** enmendarse, reformarse.

meningitis [ˌmenɪn'dʒaɪtɪs] *n u* meningitis.

menopause ['menəʊpɔ:z] *n u* menopausia.

menstruation [ˌmenstrʊ'eɪʃn] *n c & u* menstruación.

menswear ['menswеər] *n u* ropa de caballero.

mental ['mentl] *adj* **1** mental. **2** (sl) loco.

mentality [men'tælɪtɪ] (*pl* **mentalities**) *n c* mentalidad.

mention [ˈmenʃn] *n c* **1** mención. • *tr* **2** mencionar. ■ **don't ~ it** de nada, no hay de qué.
menu [ˈmenju:] *n c* menú, carta. ♦ **~ bar** COMPUT barra de menús.
meow *intr* → miaow.
mercantile [ˈmɜ:kəntaɪl y EE UU ˈmɜ:r-kənti:l] *adj* (fml) mercantil.
mercenary [ˈmɜ:sɪnərɪ] (*pl* **mercenaries**) *adj* **1** (pej) interesado. • *n c* **2** MIL mercenario.
merchandise [ˈmɜ:tʃəndaɪz] *n u* **1** mercancía. • *tr* **2** comercializar, vender.
merchant [ˈmɜ:tʃənt] *adj* **1** mercante (ship). • *n c* **2** comerciante, negociante.
merciful [ˈmɜ:sɪfʊl] *adj* misericordioso, compasivo.
merciless [ˈmɜ:sɪlɪs] *adj* despiadado.
mercury [ˈmɜ:kjʊrɪ] *n u* **1** CHEM mercurio. **2** *EE UU* termómetro. • **Mercury** *n sing* Mercurio (planeta).
mercy [ˈmɜ:sɪ] *n u* **1** misericordia, compasión. **2** (infml) suerte, bendición. ♦ **~ killing** eutanasia. ■ **at the ~ of** a merced de.
mere [mɪər] *adj* **1** mero, simple. **2** no más de, no más que: *a mere 2% = no más de un 2%, un 2% pelado.*
merge [mɜ:dʒ] *tr* **1** fundir, mezclar. **2** COM fusionar.
merger [ˈmɜ:dʒər] *n c* COM fusión.
meringue [məˈræŋ] *n c & u* merengue.
merit [ˈmerɪt] *n u* **1** mérito. • *tr* **2** (fml) merecer, ser digno de. • *intr* **3** hacer méritos.
mermaid [ˈmɜ:meɪd] *n c* sirena.
merry [ˈmerɪ] *adj* **1** alegre, feliz. **2** divertido, gracioso (simpático). ■ **to make ~** (infml, lit) divertirse, pasarlo bien; **Merry Christmas** Feliz Navidad.
merry-go-round [ˈmerɪgəʊˌraʊnd] *n c* carrusel, tiovivo.
mesh [meʃ] *n c & u* **1** malla, trama. **2** MEC engranaje. • *intr* **3** concordar, encajar. **4** enredarse, entretejerse.
mesmerize or **mesmerise** [ˈmezməraɪz] *tr* fascinar, hechizar.
mess [mes] *n u* **1** desorden. **2** (infml) confusión. • *n c & u* **3** basura, porquería. • **to ~ about/around** *tr* **4** (infml) perder el tiempo; liar, confundir. ♦ **to ~ up** (infml) desordenar, revolver; **to ~ with** mezclarse en, relacionarse con. ■ **in a ~** hecho un lío, revuelto, desordenado.
message [ˈmesɪdʒ] *n c* mensaje. ■ **to get the ~** entender, darse cuenta.
messenger [ˈmesɪndʒər] *n c* mensajero. ♦ **~ boy** chico de los recados.
messiah [mɪˈsaɪə] *n c* (fig) mesías. ♦ **the Messiah** REL el Mesías.
messy [ˈmesɪ] *adj* **1** desordenado, descuidado (lugar, persona). **2** mal hecho (dibujo, trabajo). **3** sucio. **4** confuso, poco claro (asunto).
met [met] *pt & pp* → meet.
metabolism [məˈtæbəlɪzəm] *n c & u* metabolismo.
metal [ˈmetl] *n c & u* **1** metal. **2** (fig) temple, brío. • *adj* **3** de metal, metálico.
metallic [mɪˈtælɪk] *adj* **1** metálico. **2** metalizado (color). **3** acre, amargo.
metamorphosis [ˌmetəˈmɔ:fəsɪs, *pl* ˌmetəˈmɔ:fəsi:z] (*pl* **metamorphoses**) *n c & u* metamorfosis.
metaphor [ˈmetəfər] *n c & u* LIT metáfora.
metaphorical [ˌmetəˈfɒrɪkl y EE UU ˌmetəˈfɔ:rɪkl] *adj* metafórico.
metaphysics [ˌmetəˈfɪzɪks] *n u* PHIL metafísica.
meteoric [ˌmi:tɪˈɒrɪk] *adj* meteórico.
meteorite [ˈmi:tjəraɪt] *n c* meteorito.
meter [ˈmi:tər] *n c* **1** contador (gas, electricidad). **2** *EE UU* metro (unidad de medida). • *tr* **3** medir.
method [ˈmeθəd] *n c & u* método.
methodical [mɪˈθɒdɪkl] *adj* metódico.
Methodist [ˈmeθədɪst] *n c* REL metodista.
methylated spirit [ˈmeθəleɪtɪdˈspɪrɪt] *n u* alcohol de quemar.
meticulous [mɪˈtɪkjʊləs] *adj* meticuloso.
metre [ˈmi:tər] (*EE UU* **meter**) *n c* metro.
metric [ˈmetrɪk] *adj* métrico.
metropolis [mɪˈtrɒpəlɪs] *n c* (fml) metrópolis.
metropolitan [ˌmetrəˈpɒlɪtən] *adj* metropolitano.
mew [mju:] *n c* **1** maullido. • **mews** *n pl* **2** callejón trasero. • *intr* **3** maullar.
Mexican [ˈmeksɪkən] *adj & n c* mexicano.
Mexico [ˈmeksɪkəʊ] *n sing* México.
mezzo-soprano [ˌmedzəʊsəˈprɑ:nəʊ] *n c & u* mezzosoprano.

miaow [mi:ˈaʊ] (*EE UU* **meow**) *n c* **1** maullido. • *intr* **2** maullar.
mice [maɪs] *n pl* → mouse.
mickey [ˈmɪkɪ] *loc. adv.* **to take the ~ out of sb** (infml) tomar el pelo a alguien.
micro [ˈmaɪkrəʊ] (*pl* **micros**) *n c* **1** COMPUT (infml) microordenador. • **micro-** *pref* **2** micro.
microbe [ˈmaɪkəʊb] *n c* microbio.
microchip [ˈmaɪkrəʊˌtʃɪp] *n c* COMPUT microchip.
microcosm [ˈmaɪkrəʊkɒzəm] *n c* microcosmos.
Micronesia [ˌmaɪkrəʊˈni:zɪə] *n sing* Micronesia.
micro-organism [ˌmaɪkrəʊˈɔ:gənɪzəm] *n c* BIOL microorganismo.
microphone [ˈmaɪkrəfəʊn] *n c* micrófono.
microprocessor [ˌmaɪkrəʊˈprəʊsesər] *n c* microprocesador.
microscopic [ˌmaɪkrəˈskɒpɪk] *adj* microscópico.
microwave [ˈmaɪkrəweɪv] *n c* **1** RAD microonda. **2** microondas (horno).
mid- [mɪd] *pref* **1** medio, en medio de, a mediados de. **2** pleno: *in mid-winter = en pleno invierno.*
midday [ˈmɪddeɪ] *n u* mediodía.
middle [ˈmɪdl] *adj* **1** medio, central. • *n c* **2** medio. **3** (infml) cintura, talle. • *tr* **4** SP centrar. ♦ **~ finger** dedo del corazón.
middle-age [ˌmɪdlˈeidʒ] *n u* mediana edad.
middle-aged [ˌmɪdlˈeɪdʒd] *adj* de mediana edad.
middle-class [ˌmɪdlˈklɑ:s] *adj* **1** de clase media. • *n c* **2** clase media.
middle-name [ˈmɪdlneɪm] *n c* segundo nombre.
middleman [ˈmɪdlmæn] (*pl* **middlemen**) *n c* COM intermediario.
midge [mɪdʒ] *n c* mosquito.
midget [ˈmɪdʒɪt] *adj* **1** en miniatura, diminuto. • *n c* **2** enano (persona). **3** miniatura.
midnight [ˈmɪdnaɪt] *n u* **1** medianoche. • *adj* **2** de medianoche.
midpoint [ˈmɪdpɔɪnt] *n c & u* punto medio.
midriff [ˈmɪdrɪf] *n c* ANAT diafragma.
midst [mɪdst] *pref* (fml) en medio de. ■ **in the ~ of** en pleno, en medio de.
midsummer [ˈmɪdˌsʌmər] *n u* pleno verano.
midway [ˌmɪdˈweɪ] *adv* **1** a medio camino. **2** hacia la mitad.
midweek [ˌmɪdˈwi:k] *adv* **1** a media semana, entre semana. • *adj* **2** de entre semana.
midwife [ˈmɪdwaɪf, *pl* ˈmɪdwaɪvz] (*pl* **midwives**) *n c* comadrona.
midwinter [ˌmɪdˈwɪntər] *n u* pleno invierno.
miffed [mɪft] *adj* **~ (at/by)** (infml) enfadado (por).
might [maɪt] *pt* **1** → may. • *modal* **2** poder (posibilidad): *I might see her again = quizá la vea otra vez.* **3** *GB* (fml) poder, tener permiso: *might I ask you a question? = ¿podría hacerte una pregunta?* **4** deber (sugerencia): *you might have helped her = deberías haberla ayudado.* • *n u* **5** (fml) poder, fuerza.
mightn't [ˈmaɪtnt] *contr* (contr de *might + not*) → might.
might've [ˈmaɪtəv] *contr* (contr de *might + have*) → might.
mighty [ˈmaɪtɪ] *adj* **1** (lit) poderoso, fuerte. **2** grandioso, inmenso. • *adv* **3** *EE UU* (infml) muy, extremadamente: *mighty difficult = extremadamente difícil.*
migraine [ˈmi:greɪn] *n u* MED migraña.
migrant [ˈmaɪgrənt] *n c* **1** emigrante (persona). **2** animal migratorio (animal).
migrate [maɪˈgreɪt] *intr* **1** emigrar. **2** ZOOL migrar.
migratory [ˈmaɪgrətəri] *adj* ZOOL migratorio.
mike [maɪk] *n c* (infml) micro, micrófono.
mild [maɪld] *adj* **1** agradable (carácter). **2** suave, templado (tiempo atmosférico). **3** suave, ligero (comida). **4** MED leve.
mildew [ˈmɪldju:] *n u* **1** moho. • *tr* **2** enmohecer.
mildly [ˈmaɪldlɪ] *adv* **1** suavemente, apaciblemente. **2** ligeramente. ■ **to put it ~** por decirlo de alguna manera.
mile [maɪl] *n c* **1** milla. • **miles** *n pl* **2** (infml) mucho, un montón: *the new hi-fi is miles better = el equipo nuevo es mucho mejor.*
mileage [ˈmaɪlɪdʒ] *n c* **1** *distancia recorrida en millas.* **2** gastos de desplazamiento.

milieu [ˈmi:ljɑ:] *n c* (fml) medio social, entorno.
militancy [ˈmɪlɪtənsi] *n u* militancia.
militant [ˈmɪlɪtənt] *n c* **1** militante. • *adj* **2** beligerante, combativo.
military [ˈmɪlɪtərɪ] *adj* militar.
militia [mɪˈlɪʃə] *n c & u* milicia.
milk [milk] *n u* **1** leche. • *tr* **2** ordeñar (vaca). **3** (fig) explotar, aprovecharse de (dinero). **4** (fig) presionar, sacar. • *intr* **5** dar leche.
milkman [ˈmɪlkmən] (*pl* **milkmen**) *n c* lechero.
milkshake [ˈmɪlkʃeɪk] *n c* batido.
milky [ˈmɪlkɪ] *adj* **1** pálido, lechoso. **2** con mucha leche: *milky coffee = café con mucha leche o largo de leche.*
mill [mɪl] *n c* **1** molino. **2** molinillo de cocina. • *tr* **3** moler.
millennium [mɪˈlenɪəm, *pl irreg* mɪˈlenɪə] (*pl* **millennium** o **millennia**) *n c* milenio.
millet [ˈmɪlɪt] *n u* BOT mijo.
million [ˈmɪljən] *card* millón.
millionaire [ˌmɪljəˈneər] *n c* millonario.
millionth [ˈmɪljənθ] *ord* millonésimo.
millstone [ˈmɪlstəʊn] *n c* **1** muela, rueda de molino. **2** (fig) lastre.
mime [maɪm] *n u* **1** mímica (art). **2** mimo (espectáculo). • *tr* **3** representar con mímica.
mimic [ˈmɪmɪk] (*pt* y *pp* **mimicked**, *ger* **mimicking**) *tr* **1** imitar. • *adj* **2** simulado, fingido. • *n c* **3** imitador.
mince [mɪns] *n u* **1** *GB* carne picada. • *tr* **2** hacer picadillo. ■ **not to ~ one's words** no andarse con rodeos, no tener pelos en la lengua.
mincemeat [ˈmɪnsmi:t] *n u masa o pasta a base de fruta y frutos secos triturados.*
mince-pie [ˌminsˈpaɪ] *n c pastel relleno de fruta y frutos secos.*
mincer [ˈmɪnsər] *n c* picadora.
mind [maɪnd] *n c & u* **1** mente (gen). **2** intención, voluntad. • *n c* **3** inteligencia. **4** opinión, juicio (parecer). **5** cerebro (persona). • *tr* **6** cuidar, atender (estar al cuidado de). **7** preocuparse por, considerar. **8** sentirse molesto por: *do you mind the music? = ¿te molesta la música?* **9** tener cuidado con: *mind the step = ten cuidado con el escalón.* ■ **don't ~ me** no os preocupéis por mí; **I don't ~** no me importa; **~ out!** *GB* ¡cuidado!; **never ~** no importa, no se preocupe; **out of one's ~** loco, fuera de sí; **to bear/keep in ~** tener presente, tener en cuenta a alguien; **to have a ~ to** estar pensando en, querer; **to have an open ~** ser abierto, tener una mentalidad abierta; **to have in ~** tener pensado, tener en mente: *what do you have in mind? = ¿qué tenías pensado?*; **to make up one's ~/to make one's ~ up** tomar una decisión, decidirse; **to my ~** en mi opinión; **to put one's ~ to** poner (uno) todo su empeño en; **to speak one's ~** hablar claro, decir lo que uno piensa.
-minded [ˈmaɪndɪd] **adj + ~** *adj* **1** de mentalidad: *open-minded = de mentalidad abierta.* **adv + ~ 2** interesado por: *technically minded = interesado por la técnica.* **noun + ~ 3** inclinado a, orientado hacia: *marriage-minded = inclinado al matrimonio.*
minder [ˈmaɪndər] *n c GB* (infml) guardaespaldas.
mindful [ˈmaɪndfʊl] *adj* **~ of** atento a; consciente de.
mindless [ˈmaɪndlɪs] *adj* (pej) aburrido, tedioso (trabajo); absurdo, sin sentido (violencia).
mine [maɪn] *poss pron* **1** mío: *that money is mine = ese dinero es mío, some friends of mine = unos amigos míos.* • *n c* **2** mina. • *tr* **3** MIN extraer (carbón). ◆ **~ detector** detector de minas.
minefield [ˈmaɪnfi:ld] *n c* campo de minas.
miner [ˈmaɪnər] *n c* minero.
mineral [ˈmɪnərəl] *adj* **1** mineral. • *n c & u* **2** mineral. ◆ **~ water** agua mineral.
mingle [ˈmɪŋgl] *tr* **to ~ sth with 1** mezclar algo con. • **to ~ together** *intr* **2** entremezclarse. **to ~ (with) 3** mezclarse (con) (integrar); alternar (con) (otra gente).
miniature [ˈmɪnətʃə y EE UU ˈmɪnɪətʃʊər] *adj* **1** en miniatura. • *n c* **2** miniatura. ■ **in ~** en miniatura.
minibus [ˈmɪnɪbʌs] *n c* microbús.
minicab [ˈmɪnɪkæb] *n c GB* teletaxi.
minima [ˈmɪnɪmə] *n pl* → minimum.
minimal [ˈmɪnɪml] *adj* mínimo.
minimize or **minimise** [ˈmɪnɪmaɪz] *tr* minimizar.

minimum ['mɪnɪməm] (*pl* **minimums** o **minima**) *adj* **1** mínimo. • *n c* **2** mínimo. ◆ **~ wage** salario mínimo. ■ **at the ~** como mínimo.

mining ['maɪnɪŋ] *n u* **1** minería. **2** MIL siembra de minas. ◆ **~ engineer** ingeniero de minas.

minister ['mɪnɪstər] *n c* **~ (for) 1** POL ministro (de). **2** REL pastor. • **to ~ to** *tr* **3** atender a, auxiliar a (personas necesitadas).

ministerial [ˌmɪnɪ'stɪərɪəl] *adj* **1** ministerial. **2** REL pastoral.

ministry ['mɪnɪstrɪ] (*pl* **ministries**) *n c* ministerio.

mink [mɪŋk] *n c & u* ZOOL visón. ◆ **~ coat** abrigo de visón.

minor ['maɪnər] *adj* **1** menor, sin importancia. • *n c* **2** JUR menor de edad.

minority [mɪ'nɒrətɪ y EE UU maɪ'nɔːrɪtɪ] (*pl* **minorities**) *adj* **1** minoritario. • *n c* **2** minoría. ◆ **~ government** gobierno minoritario. ■ **to be in a/the ~** estar en la minoría, ser minoría.

mint [mɪnt] *n u* **1** BOT menta, hierbabuena. • *n c* **2** pastilla de menta (caramelo). • *tr* **3** acuñar (moneda, medalla). ◆ **~ tea** té de menta. ■ **in ~ condition** en perfecto estado, como nuevo.

minus ['maɪnəs] (*pl* **minuses**) *prep* **1** MATH menos. **2** bajo cero (grados de temperatura): *it's minus 2 degrees = estamos a 2 grados bajo cero.* • *adj* **3** negativo (menor de cero). **4** SCH bajo (en un examen, evaluación): *a B minus = un notable bajo.* • *n c* **5** MATH signo menos. **6** (fig) desventaja, pega (problema).

minute ['mɪnɪt] *n c* **1** minuto. **2** (infml) momento, instante. • **minutes** *n pl* **3** acta (de una reunión). ■ **at any ~** en cualquier momento; **at the last ~** en el último momento; **(at) this ~** ahora mismo; **the ~ that** tan pronto como (en el momento que); **to take (the) minutes** levantar/tomar acta; **up to the ~** de última hora (noticias); el último (moda, tecnología); **wait/just a ~** espera un momento.

minute [maɪ'njuːt] *adj* **1** diminuto (minúsculo). **2** (fml) minucioso (meticuloso).

miracle ['mɪrəkl] *n c* **1** milagro. **2** (infml, fig) milagro, maravilla: *the miracles of modern science = las maravillas de la ciencia moderna.* ■ **to do/work miracles** (fig) hacer maravillas.

miraculous [mɪ'rækjʊləs] *adj* milagroso.

mirage ['mɪrɑːʒ y mə'rɑːʒ] *n c* espejismo.

mirror ['mɪrər] *n c* **1** espejo. • *tr* **2** reflejar.

mirth [mɜːθ] *n u* (lit) alegría (júbilo); hilaridad (carcajada).

misadventure [ˌmɪsəd'ventʃə] *n c & u* desventura, desgracia.

misanthropist [mɪ'sænθrəpɪst] *n c* (fml, pej) misántropo.

misapprehend ['mɪsˌæprɪ'hend] *tr* (fml) malentender.

misappropriate [ˌmɪsə'prəʊprɪeɪt] *tr* (fml) malversar (funds).

misappropriation ['mɪsəˌprəʊprɪ'eɪʃn] *n c & u* (fml) malversación (de fondos).

misbehave [ˌmɪsbɪ'heɪv] *intr* portarse mal.

misbehaviour [ˌmɪsbɪ'heɪvjər] (*EE UU* **misbehavior**) *n u* mala conducta, mal comportamiento.

miscalculate [ˌmɪs'kælkjʊleɪt] *tr & intr* calcular mal.

miscalculation ['mɪsˌkælkjʊ'leɪʃn] *n c* error de cálculo (error).

miscarriage [ˌmɪs'kærɪdʒ] *n c & u* aborto natural. ◆ **~ of justice** error judicial.

miscellaneous [ˌmɪsɪ'leɪnjəs] *adj* misceláneo, diverso.

miscellany [mɪ'selənɪ y EE UU 'mɪsəleɪnɪ] (*pl* **miscellanies** o **miscellania**) *n c* miscelánea.

mischief ['mɪstʃɪf] *n u* **1** travesuras, diabluras (mala conducta). **2** picardía (malicia). **3** (fml) mal, daño (perjuicio). ■ **to be up to ~** hacer travesuras; **to do sb/oneself ~** causar daño a alguien/a uno mismo.

mischievous ['mɪstʃɪvəs] *adj* **1** travieso (revoltoso). **2** picaresco (malicioso).

misconceived [ˌmɪskən'siːvt] *adj* mal concebido (idea, plan).

misconduct [ˌmɪs'kɒndʌkt] *n c & u* **1** (fml) mala conducta. **2** malversación (en negocios).

misdate [ˌmɪs'deɪt] *tr* poner la fecha errónea en.

misdemeanour [ˌmɪsdɪˈmiːnər] (*EE UU* **misdemeanor**) *n c* & *u* **1** JUR delito menor, infracción. **2** (fml) fechoría.
misdirect [ˌmɪsdɪˈrekt] *tr* **1** (lit) orientar mal (una persona, un misil). **2** (fig) aconsejar mal (orientar erróneamente).
miser [ˈmaɪzər] *n c* avaro.
miserable [ˈmɪzərəbl] *adj* **1** triste, infeliz (persona). **2** deprimente (lugar tiempo). **3** horrible (tiempo atmosférico). **4** lamentable (patético). **5** (pej) miserable, despreciable (vil). **6** mezquino, mísero.
misery [ˈmɪzərɪ] (*pl* **miseries**) *n c* & *u* **1** desdicha, tristeza (aflicción). • *n u* **2** miseria, pobreza (penuria). • *n c* **3** *GB* (infml) quejica. ■ **to make sb's life a ~** amargar la vida a alguien; **to put sb out of their ~** (infml, fig) satisfacer la curiosidad de alguien.
misfit [ˈmɪsfɪt] *n c* inadaptado.
misfortune [mɪsˈfɔːtʃən] *n u* **1** adversidad; mala suerte (infortunio). • *n c* **2** (fml) desventura, desgracia (revés, percance).
misgivings [mɪsˈgɪvɪŋz] *n pl* dudas, recelos.
misguided [ˌmɪsˈgaɪdɪd] *adj* descaminado (persona); equivocado (juicio, esfuerzos).
mishap [ˈmɪshæp] *n c* & *u* (fml) percance, contratiempo. ■ **without ~** sin problemas.
mishear [ˌmɪsˈhɪər, *pt* y *pp* ˌmɪsˈhɜːd] (*pt* y *pp* **misheard**) *tr* & *intr* oír mal.
misinformed [ˌmɪsɪnˈfɔːmd] *adj* mal informado.
misinterpret [ˌmɪsɪnˈtɜːprɪt] *tr* malinterpretar.
misinterpretation [ˈmɪsɪnˌtɜːprɪˈteɪʃn] *n u* mala interpretación.
misjudge [ˌmɪsˈdʒʌdʒ] *tr* juzgar mal (persona, situación); calcular mal (números, una reacción).
misjudgment or **misjudgement** [ˌmɪsˈdʒʌdʒmənt] *n c* & *u* **1** juicio erróneo (interpretación equivocada). **2** mal cálculo (error de cálculo).
mislay [ˌmɪsˈleɪ, *pt* y *pp* ˌmɪsˈleɪd] (*pt* y *pp* **mislaid**) *tr* extraviar; traspapelar (documentos, papeles).
mislead [ˌmɪsˈliːd] (*pt* y *pp* **misled**) *tr* engañar.
misleading [ˌmɪsˈliːdɪŋ] *adj* engañoso (información).
misled [ˌmɪsˈled] *pt* & *pp* → mislead.
mismanage [ˌmɪsˈmænɪdʒ] *tr* llevar mal (negocios, situación).
misogynist [mɪˈsɒdʒɪnɪst] *n c* misógino.
misplaced [ˌmɪsˈpleɪst] *adj* **1** inapropiado, mal encaminado (lealtad, juicio). **2** mal colocado, fuera de lugar (persona, objeto).
misprint [ˈmɪsprɪnt] *n c* errata, error de imprenta.
misprint [mɪsˈprɪnt] *tr* imprimar mal.
misread [ˌmɪsˈriːd, *pt* y *pp* ˌmɪsˈred] (*pt* y *pp* **misread**) *tr* **1** leer mal (un fragmento de un escrito). **2** juzgar mal (intenciones, situación).
misrepresent [ˈmɪsˌreprɪˈzent] *tr* distorsionar, tergiversar (words, facts); representar mal (persona).
miss [mɪs] *n c* **1** fallo (error); fracaso (frustración). • *tr* **2** fallar (un disparo); no dar a (la pelota); no dar en (el blanco). **3** perderse (película, programa de televisión); pasar por alto (error, nombre en una lista); no ver (una persona entre la multitud; pasarse (una calle, un giro). **4** no encontrar (persona). **5** faltar a, no asistir a (encuentro, cita). **6** perder, dejar pasar (oportunidad). **7** perder (el autobús, el tren, el avión). **8** escaparse de, evitar (un peligro): *he just missed being run over = no le atropellaron por muy poco*. **9** añorar, echar de menos/en falta (actuidad, persona). • *intr* **10** fallar. ◆ **Miss** señorita; *ganadora de un concurso de belleza*; **to ~ out** saltarse, pasar por alto (omitir, no incluir); **to ~ out (on sth)** perderse (algo), desaprovechar (algo) (desperdiciar). ■ **to give sth a ~** *GB* (infml) pasar de algo.
missile [ˈmɪsaɪl y EE UU ˈmɪsəl] *n c* **1** MIL misil. **2** (fml) proyectil. ◆ **~ launcher** lanzamisiles (arma).
missing [ˈmɪsɪŋ] *adj* perdido, extraviado; desaparecido (persona). ◆ **~ link** eslabón perdido; **~ person** desaparecido. ■ **~ in action** desaparecido en combate. • **to be ~** *adj* faltar, estar ausente.
mission [ˈmɪʃn] *n c* misión.
missionary [ˈmɪʃnərɪ y EE UU ˈmɪʃənerɪ] (*pl* **missionaries**) *n c* REL misionero.

misspelling [ˌmɪsˈspelɪŋ] *n c* falta de ortografía.
mist [mɪst] *n c & u* **1** neblina; bruma (en el mar). • **to ~ over/up** *intr* **2** empañarse (ventana, gafas); ponerse lacrimoso (ojos).
mistake [mɪˈsteɪk] (*pt* **mistook**, *pp* **mistaken**) *tr* **1** entender mal (malinterpretar). **to ~ sth/sb for 2** confundir algo/a alguien con. • *n c & u* **3** error. ■ **by ~** por error; **there's no mistaking** es inconfundible; **to make a ~** cometer un error, equivocarse.

> ***Mistake*** es, en general, el término más utilizado: *there must be some mistake = debe haber un error*; *the essay is full of mistakes = la redacción está llena de errores*. ***Error*** se emplea en estilo formal o en un contexto técnico: *a tactical error = un error táctico*.

mistaken [mɪˈsteɪkən] *pp* **1** → mistake. • *adj* **2** equivocado. **3** incorrecto, erróneo. ■ **to be ~ about sb/sth** estar equivocado respecto a alguien/algo.
mister [ˈmɪstər] *n c* señor. ◆ **Mister** señor (seguido del apellido).
mistletoe [ˈmɪsltəʊ] *n u* BOT muérdago.
mistook [mɪˈstʊk] *pt* → mistake.
mistreat [mɪsˈtriːt] *tr* maltratar.
mistreatment [ˌmɪsˈtriːtmənt] *n c & u* maltrato.
mistress [ˈmɪstrɪs] *n c* **1** dueña, ama (señoral). **2** amante (amante, querida). **3** *GB* SCH profesora (de secundaria); maestra (de primaria). ■ **to be one's own ~** ser totalmente independiente.
mistrust [ˌmɪsˈtrʌst] *n u* **1** desconfianza, recelo. • *tr* **2** desconfiar de.
misty [ˈmɪstɪ] *adj* neblinoso; brumoso (en el mar). ◆ **~ blue/grey** azul/gris pálido (color).
misunderstand [ˌmɪsʌndəˈstænd] (*pt* y *pp* **misunderstood**) *tr & intr* entender mal.
misunderstanding [ˌmɪsʌndəˈstændɪŋ] *n c & u* malentendido.
misunderstood [ˌmɪsʌndəˈstʊd] *pt & pp* → misunderstand.
misuse [ˌmɪsˈjuːs] *n c & u* uso indebido.
misuse [ˌmɪsˈjuːz] *tr* **1** malgastar (tiempo). **2** (fml) maltratar (persona); hacer uso indebido de (objeto).
mitigate [ˈmɪtɪgeɪt] *tr* (fml) mitigar, atenuar.
mix [mɪks] *n c & u* **1** mezcla, combinación. • *tr* **2** mezclar. **3** amasar. • *intr* **4** mezclarse. **5** ir bien juntos (actividades, colores). **to ~ with 6** alternar con (ser sociable). ◆ **to ~ in** mezclar (ingredientes); **to ~ up** confundir (desconcertar), mezclar, desordenar (revolver).
mixed [mɪkst] *adj* **1** surtido, variado (de varios tipos). **2** mixto (de diferentes sexos). ◆ **a ~ bag** (infml) un surtido; **~ doubles** SP partido de dobles mixtos (tenis); **~ marriage** *matrimonio entre hombre y mujer de distinta raza/religión*; **~ grill** parrillada mixta. ■ **~ ability** *GB* de varios niveles (clases); **to have ~ feelings (about sb/sth)** tener sentimientos encontrados (acerca de alguien/algo).
mixed-up [ˈmɪkstʌp] *adj* confuso (confused).
mixer [ˈmɪksər] *n c* **1** batidora (para alimentos). **2** hormigonera. ◆ **a good/bad ~** una persona muy/poco sociable; **~ tap** grifo monobloque.
mixture [ˈmɪkstʃər] *n c* mezcla.
mix-up [ˈmɪksʌp] *n c* lío, confusión.
moan [məʊn] *n c* **1** gemido, lamento (de dolor, tristeza). **2** (fig) bramido (del viento). **3** (infml, pej) queja (protesta). • *intr* **4** gemir, lamentarse. **5** bramar (viento). **6** (infml) protestar.
moat [məʊt] *n c* foso.
mob [mɒb] (*pt* y *pp* **mobbed**, *ger* **mobbing**) *tr* **1** asediar. • *n c* **2** (normalmente *pej*) gentío, turba (multitud). **3** gentuza. **4** (infml) pandilla (de amigos). ◆ **~ rule** ley de la calle, **the ~** la mafia.
mobile [ˈməʊbaɪl y EE UU ˈməʊbəl] *adj* **1** móvil (gen). **2** dispuesto a viajar (persona). • *n c* **3** móvil (decorativo). **4** (infml) móvil, teléfono móvil. ◆ **~ home** caravana; **~ library** biblioteca ambulante; **~ phone** teléfono móvil; **~ shop** tienda ambulante (camión); tienda que vende teléfonos móviles.
mobilise *tr* → mobilize.
mobilize [ˈməʊbɪlaɪz] *tr & intr* movilizar(se).
mobster [ˈmɒbstər] *n c* gángster, mafioso.

m

mock [mɒk] *adj* **1** fingido, simulado. • **~ (exam)** *adj* & *n c* **2** (infml) simulacro de examen (práctica). • **mocks** *n pl* **3** *GB* (infml) simulacro de exámenes (antes de los finales). • *tr* **4** mofarse de, burlarse de. **5** imitar, parodiar. • *intr* **6** mofarse, burlarse.
mockery [ˈmɒkərɪ] (*pl* **mockeries**) *n c* & *u* **1** burla, pifia (Amér.). **2** farsa. ■ **to make a ~ of sth/sb** poner en ridículo algo/a alguien.
mode [məʊd] *n c* **1** modo (gen). **2** moda (tendencia). ■ **all the ~** de última moda.
model [ˈmɒdl] (*GB, pret* y *pp* **modelled**, *ger* **modelling**, *EE UU, pret* y *pp* **modeled**, *ger* **modeling**) *tr* **1** modelar (dar forma). **2** lucir (ropa en un desfile de modas). • *intr* **3** trabajar como modelo. • *adj* **4** modelo (gen). **5** a escala, en miniatura (a tamaño reducido). • *n c* **6** modelo (gen). **7** maqueta (reproducción a escala). **8** patrón; ejemplo.
modelling [ˈmɒdlɪŋ] (*EE UU* **modeling**) *n u* **1** MATH, COMPUT modelización. **2** trabajo de modelo (actvidad); profesión de modelo (carrera).
moderate [ˈmɒdərət] *adj* **1** moderado. • *n c* **2** POL moderado.
moderate [ˈmɒdəreɪt] *tr* & *intr* moderar(se).
moderation [ˌmɒdəˈreɪʃn] *n u* moderación. ■ **in ~** con moderación.
moderator [ˈmɒdəreɪtər] *n c* moderador.
modern [ˈmɒdən] *adj* moderno. ♦ **~ languages** lenguas modernas.
modernise *tr* → modernize.
modernity [mɒˈdɑːnɪtɪ] *n u* modernidad.
modernize [ˈmɒdənaɪz] *tr* & *intr* modernizar(se).
modest [ˈmɒdɪst] *adj* **1** modesto. **2** limitado; módico (precio); ligero (mejora).
modesty [ˈmɒdɪstɪ] *n u* **1** modestia, humildad. **2** recato, pudor.
modify [ˈmɒdɪfaɪ] (*pt* y *pp* **modified**) *tr* modificar.
modulate [ˈmɒdjʊleɪt] *tr* & *intr* modular.
module [ˈmɒdjuːl] *n c* módulo.
mogul [ˈməʊgʌl] *n c* potentado.
Mohammedan [məʊˈhæmɪdən] *n c* mahometano.
moist [mɔɪst] *adj* húmedo.
moisten [ˈmɔɪsn] *tr* & *intr* humedecer(se).
moisture [ˈmɔɪstʃə] *n u* humedad.
moisturize or **moisturise** [ˈmɔɪstʃəraɪz] *tr* hidratar (la piel con crema).
moisturizer or **moisturiser** [ˈmɔɪstʃəraɪzər] *n c* crema hidratante.
molar [ˈməʊlər] *adj* **1** CHEM molar. **2** molar (dientes). • *n c* **3** molar, muela.
mold *n c* & *u* **1** → mould. • *tr* **2** → mould.
Moldavia [mɒlˈdeɪvɪə] *n sing* Moldavia.
molding *n c* & *u* → moulding.
moldy *adj* → mouldy.
mole [məʊl] *n c* **1** ZOOL topo. **2** (fig) topo (espía). **3** lunar (en la piel). **4** CHEM mol, molécula gramo (peso molecular).
molecular [məˈlekjʊlər] *adj* molecular.
molecule [ˈmɒlɪkjuːl] *n c* **1** molécula. **2** (fig) ápice, pizca; mirria (Amér.) (cantidad muy pequeña).
molest [məˈlest] *tr* **1** (pej) atacar. **2** (fml, euph) acosar sexualmente.
molester [məˈlestər] *n c persona que comete abusos sexuales.*
mollify [ˈmɒlɪfaɪ] (*pt* y *pp* **mollified**) *tr* apaciguar.
molt *tr* & *intr* → moult.
molten [ˈməʊltən] *adj* fundido, derretido.
mom [mɒm] (*GB* **mum**) *n c* (infml) mamá.
moment [ˈməʊmənt] *n c* momento. ♦ **~ of truth** momento de la verdad. ■ **at the last ~** en el último momento; **at the (present) ~/at this ~ in time** en este preciso momento; **for the ~** por ahora; **in a ~** enseguida. • **of ~** *n u* (fml) de importancia.
momentary [ˈməʊməntərɪ y EE UU ˈməʊmənterɪ] *adj* **1** momentáneo. **2** *EE UU* inmediato.
momentous [məʊˈmentəs y məˈmentəs] *adj* importante, crítico.
momma or **mommy** [ˈmɒmə o ˈmɒmɪ] *n c* → mom.
Monaco [ˈmɒnəkəʊ] *n sing* Mónaco.
monarch [ˈmɒnək] *n c* monarca.
monarchy [ˈmɒnəkɪ] (*pl* **monarchies**) *n c* & *u* monarquía.
monastery [ˈmɒnəstərɪ] (*pl* **monasteries**) *n c* monasterio.
monastic [məˈnæstɪk] *adj* monástico.
Monday [ˈmʌndɪ] *n c* lunes.
monetary [ˈmʌnɪtərɪ] *adj* monetario.
money [ˈmʌnɪ] *n u* **1** dinero. **2** riqueza, capital. ♦ **~ market** mercado monetario; **~ supply** masa monetaria. ■ **for my ~** en

mi opinión; **to be in the ~** nadar en la abundancia; **to get one's ~'s worth** comprar bien; **to have ~ to burn** (pej) tener dinero a espuertas; **to make ~** hacer dinero.

moneybox ['mʌnɪbɒks] (*pl* **moneyboxes**) *n c* hucha.

money-making ['mʌnɪmeɪkɪŋ] *adj* lucrativo.

Mongol ['mɒŋgəl] *adj* **1** → Mongolian. • *n c* **2** (pej) mongólico.

Mongolia [mɒŋ'gəʊljə] *n sing* Mongolia.

Mongolian [mɒŋ'gəʊljən] *adj & n c* mongol.

mongrel ['mʌŋgrəl] *n c* **1** perro sin pedigrí. **2** (fig, infml) híbrido.

monitor ['mɒnɪtər] *n c* **1** TV, COMPUT monitor. **2** RAD escucha. • *tr* **3** controlar, revisar (electrónicamente). **4** supervisar (un proceso). **5** RAD escuchar. **6** MED monitorizar.

monk [mʌŋk] *n c* monje.

monkey ['mʌŋkɪ] *n c* **1** mono. **2** (infml) diablillo (niño). ♦ **~ business** *GB* (infml) juego sucio.

monocle ['mɒnəkl] *n c* monóculo.

monogamous [mɒ'nɒgəməs] *adj* monógamo.

monogamy [mɒ'nɒgəmɪ] *n u* monogamia.

monologue ['mɒnəlɒg y EE UU 'mɒnəlɔ:g] (*EE UU* **monolog**) *n c & u* monólogo.

monopolize or **monopolise** [mə'nɒpəlaɪz] *tr* monopolizar.

monopoly [mə'nɒpəlɪ] (*pl* **monopolies**) *n c* monopolio.

monosyllable ['mɒnəsɪləbl] *n c* monosílabo.

monotheism ['mɒnəʊθi:ɪzəm] *n u* REL monoteísmo.

monotonous [mə'nɒtnəs] *adj* monótono.

monsoon [mɒn'su:n] *n c* monzón.

monster ['mɒnstər] *n c* **1** monstruo. • *adj* **2** gigantesco.

monstrosity [mɒn'strɒsɪtɪ] (*pl* **monstrosities**) *n c* (infml) monstruosidad.

monstrous ['mɒnstrəs] *adj* monstruoso.

month [mʌnθ] *n c* mes.

monthly ['mʌnθlɪ] (*pl* **monthlies**) *n c* **1** revista mensual. • *adj* **2** mensual. • *adv* **3** mensualmente.

monument ['mɒnjʊmənt] *n c* monumento.

monumental [ˌmɒnjʊ'mentl] *adj* monumental.

moo [mu:] *n c* **1** mugido. • *intr* **2** mugir.

mood [mu:d] *n c* **1** humor, estado de ánimo. **2** atmósfera. ■ **to be in a bad/good ~** estar de mal/buen humor; **to be in no ~ for** no tener ganas de; **to be in the ~ for** tener ganas de.

moody ['mu:dɪ] *adj* **1** *dado a cambios de humor*. **2** triste, melancólico.

moon [mu:n] *n sing* **1** luna. • **to ~ about/around** *intr* **2** soñar despierto. ♦ **to ~ over** (infml) fantasear. ■ **to be over the ~** (infml) estar loco de contento.

moonbeam ['mu:nbi:m] *n c* rayo de luna.

moonlight ['mu:nlaɪt] *n u* **1** luz de luna. • *intr* **2** pluriemplearse.

moonshine ['mu:nʃaɪn] *n u* **1** (infml) sinsentido. **2** luz de luna. **3** *EE UU* licor destilado ilegalmente.

moor [mʊər] *n c* **1** *GB* páramo. • *tr* **2** MAR amarrar. • *intr* **3** echar amarras. ♦ **the Moors** los moros.

mooring ['mʊərɪŋ] *n c* **1** MAR amarras. **2** amarradero.

Moorish ['mʊərɪʃ] *adj* ARCH, ARTS moro.

moorland ['mʊələnd] *n u GB* páramo.

mop [mɒp] *n c* **1** mopa, fregona. **2** (infml) greña (de pelo). • *tr* **3** fregar con fregona. **to ~ (with) 4** secar (con). ♦ **to ~ up** enjuagar, secar.

mope [məʊp] *intr* (pej) estar deprimido. ♦ **to ~ about/around** (pej) andar alicaído.

moped ['məʊpəd] *n c* ciclomotor.

moral ['mɒrəl y EE UU 'mɔ:rəl] *adj* **1** moral. • *n c* **2** moraleja. • **morals** *n pl* **3** moralidad, principios. ♦ **~ support** apoyo moral.

morale [mɒ'rɑ:l y EE UU mə'ræl] *n u* moral.

moralise *intr* → moralize.

moralist ['mɒrəlɪst y EE UU 'mɔ:rəlɪst] *n c* moralista.

morality [mə'rælɪtɪ] *n c & u* moralidad.

moralize ['mɒrəlaɪz y EE UU 'mɔ:rəlaɪz] *intr* **to ~ (about/on)** (pej) moralizar (sobre).

morbid ['mɔ:bɪd] *adj* **1** (pej) morboso. **2** MED mórbido.

more [mɔ:r] *adv* **1** más. • *pron* **2** más, otro: *one more biscuit?* = *¿otra galleta?*

■ **~ and ~** cada vez más; **~ or less** más o menos; **~ than** más que/de; **~... than** más... que: *more tall than short = más alto que bajo*; **no(t) ~ than** no más de; **not any ~/no ~** nunca más; **what is ~** y lo que es más.
moreover [mɔːˈrəʊvər] *adv* además.
morgue [mɔːg] *n c* **1** depósito de cadáveres. **2** archivo (de periódicos). **3** (pej, fig) cementerio; panteón (Amér.).
morning [ˈmɔːnɪŋ] *n c & u* **1** mañana. ● *adj* **2** matutino. ◆ **~ coat** chaqué; **~ dress** traje de chaqué; **~ sickness** náuseas del embarazo. ■ **good ~** buenos días; **in the ~** por la mañana.

> ***Morning***, ***afternoon*** e ***evening*** se usan con la preposición ***in*** + artículo para referirse a un momento determinado del día*: at nine o'clock in the morning = a las nueve de la mañana.* ***Night*** se usa con la preposición ***at*** sin artículo: *at ten at night = a las diez de la noche.* La preposición ***on*** se emplea para hablar de un punto en el calendario*: on the morning of the 11th of April = el once de abril por la mañana.*

Moroccan [məˈrɒkən] *adj & n c* marroquí.
Morocco [məˈrɒkəʊ] *n sing* Marruecos.
moron [ˈmɔːrɒn] *n c* **1** (pej, infml) imbécil, boludo (Amér.). **2** MED deficiente mental.
morose [məˈrəʊs] *adj* arisco, hosco.
morphine [ˈmɔːfiːn] *n u* morfina.
morsel [ˈmɔːsl] *n u* **1** porción. **2** (infml) bocado.
mortal [ˈmɔːtl] *adj & n c* **1** mortal. ● *n c* **2** (lit) mortal, ser humano.
mortality [mɔːˈtælɪtɪ] *n u* mortalidad.
mortar [ˈmɔːtər] *n c* **1** mortero. ● *n u* **2** argamasa, mortero (material de construcción). ● *n c* **3** MIL mortero.
mortgage [ˈmɔːgɪdʒ] *n c* **1** hipoteca. ● *tr* **2** hipotecar.
mortify [ˈmɔːtɪfaɪ] (*pt* y *pp* **mortified**) *tr* (normalmente *pasiva*) avergonzar.
mortifying [ˈmɔːtɪfaɪɪŋ] *adj* humillante.
mortuary [ˈmɔːtjʊərɪ] (*pl* **mortuaries**) *adj* **1** mortuorio. ● *n c* **2** depósito de cadáveres.
mosaic [məʊˈzeɪɪk] *n c & u* mosaico.
Moslem [ˈmɒzləm] *adj & n c* → Muslim.
mosque [mɒsk] *n c* mezquita.
mosquito [mɒˈskiːtəʊ] (*pl* **mosquitos** o **mosquitoes**) *n c* mosquito. ◆ **~ net** mosquitera.
moss [mɒs y EE UU mɔːs] *n u* musgo.
most [məʊst] *super* **1** → many. **2** → much. ● *adv* **3** más: *he spent most = él gastó más.* ● *pron* **4** casi todos, la mayoría. ● *adj* **5** más, mayor: *who has most money = ¿quién tiene más dinero?* ■ **at (the) ~** como máximo; **for the ~ part** en su mayor parte; **to make the ~ of** sacar el mayor partido de.
mostly [ˈməʊstlɪ] *adv* principalmente.
moth [mɒθ y EE UU mɔːθ] *n c* polilla.
moth-eaten [ˈmɒθˌiːtn] *adj* apolillado.
mother [ˈmʌðər] *n c* **1** madre. ● *adj* **2** materno. ● *tr* **3** mimar. ◆ **~ country** madre patria; **Mother Nature** madre naturaleza; **Mother's day** día de la madre; **~ ship** buque nodriza; **~ superior** madre superiora.
motherhood [ˈmʌðəhʊd] *n u* maternidad.
mother-in-law [ˈmʌðərɪnlɔː] (*pl* **mothers-in-law**) *n c* suegra.
motherly [ˈmʌðəlɪ] *adj* maternal.
mother-to-be [ˌmʌðətəˈbiː] (*pl* **mothers-to-be**) *n c* embarazada.
motif [məʊˈtiːf] *n c* ARTS, MUS motivo.
motion [ˈməʊsn] *n c & u* **1** movimiento. ● *n c* **2** moción propuesta. ● *intr* **3** hacer señas. ■ **in ~** en marcha; **to go through the motions** (infml) hacer algo por puro formulismo; **to set sth in ~** poner algo en marcha.
motionless [ˈməʊʃnlɪs] *adj* inmóvil.
motivate [ˈməʊtɪveɪt] *tr* **1** motivar. **2** ser el motivo de.
motivated [ˈməʊtɪveɪtɪd] *adj* motivado.
motive [ˈməʊtɪv] *n c* **1** motivo. ● *adj* **2** (fml) motriz, motor.
motley [ˈmɒtlɪ] *adj* **1** (pej) heterogéneo. **2** (lit) multicolor. ● *n sing* **3** (lit) traje de colores.
motor [ˈməʊtər] *n c* **1** motor. ● *adj* **2** a motor, de motor. **3** automovilístico.
motorbike [ˈməʊtəbaɪk] *n c* moto.
motorboat [ˈməʊtəbəʊt] *n c* lancha motora.
motorcar [ˈməʊtəkaːr] *n c GB* (fml) automóvil.

motorcycle [ˈməʊtəsaɪkl] *n c* motocicleta.
motoring [ˈməʊtərɪŋ] *adj* automovilístico.
motorised *adj* → motorized.
motorist [ˈməʊtərɪst] *n c* automovilista.
motorized [ˈməʊtəraɪzt] *adj* motorizado.
motorway [ˈməʊtəweɪ] (*EE UU* **expressway, freeway**) *n c* autopista.
motto [ˈmɒtəʊ] (*pl* **mottos** o **mottoes**) *n c* **1** lema. **2** máxima.
mould [məʊld] (*EE UU* **mold**) *n u* **1** moho. • *n c* **2** molde. • *tr* **3** moldear.
mouldy [ˈməʊldɪ] (*EE UU* **moldy**) *adj* **1** mohoso. **2** *GB* (sl) miserable.
mound [maʊnd] *n c* **1** montículo. **2** montón.
mount [maʊnt] *n c* **1** engaste (de una joya. **2** base, soporte. **3** montura. • *tr* **4** (fml) montar (caballo); subirse (en bicicleta). **5** subir (precio, deuda). **6** lanzar (ataque, campaña). **7** engastar (una joya); enmarcar (una pintura, una foto). • *intr* **8** montar (caballo, bicicleta). **9** subir (precio, deuda).
mountain [ˈmaʊntɪn] *n c* **1** montaña. **2** (fig, infml) (normalmente *pl*) montón, pila. **3** (infml) cúmulo, cantidad enorme. • *adj* **4** montañero. ♦ **~ bike** bicicleta de montaña; **~ range** cordillera
mountaineer [ˌmaʊntɪˈnɪər] *n c* **1** SP montañero, alpinista. • *intr* **2** escalar, hacer alpinismo.
mountaineering [ˌmaʊntɪˈnɪərɪŋ] *n u* SP montañismo, alpinismo.
mountainous [ˈmaʊntɪnəs] *adj* **1** montañoso. **2** enorme.
mourn [mɔːn] *tr* **1** lamentarse (por algo); llorar la muerte (de alguien). • *intr* **2** estar de luto. ♦ **to ~ for sb** llorar la muerte de alguien.
mourner [ˈmɔːnər] *n c* **1** doliente, plañidera. **2** quejica.
mourning [ˈmɔːnɪŋ] *n u* **1** duelo, luto. **2** lamento, gemido. ■ **in ~** de luto.
mouse [maʊs] (*pl* **mice**) *n c* **1** ratón; laucha (Amér.). **2** (infml) cobarde (especialmente una mujer). **3** COMPUT ratón. ♦ **~ mat** COMPUT alfombrilla.
moustache [məˈstɑːʃ y EE UU ˈmʌstæʃ] (*EE UU* **mustache**) *n c* bigote.
mouth [maʊθ] *n c* **1** boca. **2** boquilla (de instrumento); boca (de una botella, cueva); desembocadura (río). • *tr* **3** recitar silenciosamente. **4** proferir, mascullar. ♦ **~ organ** (infml) armónica. ■ **down in the ~** (infml) triste; **to make one's ~ water** hacérsele a uno la boca agua.
mouthful [ˈmaʊθfʊl] *n c* **1** bocado. **2** (infml, hum) trabalenguas. **3** *EE UU* (infml) gran verdad.
mouthpiece [ˈmaʊθpiːs] *n c* **1** boquilla (de instrumento musical, de pipa). **2** micrófono. **3** (normalmente *pej*) portavoz.
mouth-watering [ˈmaʊθˌwɔːtərɪŋ] *adj* apetitoso.
movable [ˈmuːvəbl] *adj* **1** móvil. **2** movible. • **movables** *n pl* **3** bienes muebles.
move [muːv] *n c* **1** movimiento (gen). **2** mudanza, traslado ((cambio) de casa, de trabajo). **3** jugada (en un juego). **4** paso, maniobra: *a bad move = un mal paso*. **5** avance, progreso. • *tr* **6** mover. **7** proponer. **to ~ (to) 8** (fml) conmover, emocionar (a): *to move sb to tears = hacer que uno llore*. • *intr* **9** moverse. **10** avanzar, progresar: *things seems to be moving = parece que las cosas marchan*. **11** mudarse, trasladarse (de casa). **to ~ + adv/prep 12** avanzar (una pieza en un juego). **to ~ (on) 13** tomar medidas, hacer gestiones. **to ~ among/in 14** frecuentar, alternar. ♦ **to ~ along** avanzar; **to ~ in** tomar posesión de, instalarse en; **to ~ off** irse; jalarse (Amér.); **to ~ on** cambiar de tema (en la conversación); avanzar (hacer progresos); trasladarse (a una nueva residencia, trabajo); echar de un lugar; pasar (el tiempo); **to ~ over** dejar sitio. ■ **on the ~** en movimiento; **to get a ~ on** darse prisa; **to get moving** ponerse en marcha.
moved [muːvd] *adj* emocionado, conmovido.
movement [ˈmuːvmənt] *n c & u* **1** movimiento. • *n c* **2** MEC mecanismo. • **movements** *n pl* **3** actividades, planes.
movie [ˈmuːvɪ] *n c EE UU* (infml) película. ♦ **the movies** el cine.
moving [ˈmuːvɪŋ] *adj* **1** (fig) conmovedor. **2** motor, motriz. ♦ **the ~ spirit/force** la inspiración.
mow [məʊ] (*pt* **mowed**, *pp* **mowed** o **mown**) *tr & intr* segar (césped). ♦ **to ~ down** abatir.
mower [ˈməʊər] *n c* segadora.

Mozambican [ˌməʊzəˈbiːkən] *adj & n c* mozambiqueño.
Mozambique [ˌməʊzəˈbɪk] *n sing* Mozambique.
MP [ˌemˈpiː] *n c* **1** (*abbrev* **Member of Parliament**) parlamentario. **2** (*abbrev* **Military Police**) policía militar.
mph [ˌempiːˈeɪtʃ] (*abbrev* **miles per hour**) *n c* millas por hora.
Mr [ˈmɪstər] (*abbrev* **Mister**) *n c* señor (se usa ante apellidos de hombres, puestos oficiales masculinos): *Mr President = Sr Presidente.*
Mrs [ˈmɪsɪz] (*abbrev* **Mistress**) *n c* señora (se usa ante apellidos de señoras casada): *Mrs Jones = Sra Jones.*
Ms [mɪz] *n c abreviatura ante el apellido de una mujer casada o soltera.*
much [mʌtʃ] *adj* **~ + noun 1** mucho. • *adv* **2** mucho. • *pron* **3** mucho. ■ **as ~ as one could do** todo lo que se pudo hacer; **how ~** cuánto; **I thought as ~** me lo suponía; **~ as** a pesar de que; **~ of a muchness** *GB* (infml) iguales en todos los sentidos; **nothing ~** no mucho más; **not ~ of a** no muy bueno; **not so ~... as** no tanto… como; **so ~ as** apenas; **so ~ for** se acabó; **so ~ the better** tanto mejor; **too ~** demasiado.
muck [mʌk] *n u* **1** (infml) suciedad (porquería). **2** barro (lodo). **3** estiércol (excremento, abono). • *tr* **4** (infml) estercolar. ♦ **to ~ about/around** *GB* (infml) hacer el tonto; **to ~ in** *GB* (infml) unir fuerzas; **to ~ out** limpiar; **to ~ up** *GB* (infml) manchar (ensuciar); fastidiar (un plan); hacer mal (un examen). ■ **to make a ~ of** *GB* (infml) estropear.
mucky [ˈmʌkɪ] *adj* **1** (infml) sucio, asqueroso. **2** *GB* horrible (tiempo atmosférico).
mucus [ˈmjuːkəs] *n u* mucosidad.
mud [mʌd] *n u* barro.
muddle [ˈmʌdl] *n c* **1** (normalmente *sing*) confusión, desorden; entrevero (Amér.). **2** dilema (perplejidad). • *tr* **3** confundir. **to ~ (up) 4** desordenar. ♦ **to ~ along** ir tirando; **to ~ through** arreglárselas.
muddled [ˈmʌdld] *adj* **1** desordenado. **2** confuso.
muffle [ˈmʌfl] *tr* **1** atenuar (sonido). • **to ~ (up)** *intr* **2** envolverse.
muffler [ˈmʌflər] *n c EE UU* MEC silenciador.
mug [mʌg] (*pt* y *pp* **mugged**, *ger* **mugging**) *tr* **1** asaltar, atracar. • *intr* **2** gesticular. • *n c* **3** taza alta. **4** (sl) boca. **5** *GB* (infml) bobo; cojudo (Amér.). ♦ **a ~'s game** un trabajo poco provechoso; **to ~ up** *GB* (infml) empollar (estudiar).
mugger [ˈmʌgər] *n c* atracador.
muggy [ˈmʌgɪ] *adj* (infml) bochornoso (tiempo atmosférico).
mulberry [ˈmʌlbərɪ y EE UU ˈmʌlberɪ] (*pl* **mulberries**) *n c* **1** morera (árbol). **2** mora (fruto).
mule [mjuːl] *n c* **1** mula. **2** máquina de hilar. **3** (normalmente *pl*) pantufla.
multi- [ˈmʌltɪ] *pref* multi.
multicoloured [ˌmʌltɪˈkʌləd] (*EE UU* **multicolored**) *adj* multicolor.
multilingual [ˌmʌltɪˈlɪŋgwəl] *adj* **1** multilingüe. **2** políglota.
multinational [ˌmʌltɪˈnæʃənəl] *adj & n c* multinacional.
multiple [ˈmʌltɪpl] *adj* **1** múltiple. • *n c* **2** MATH múltiplo. ♦ **~ sclerosis** MED esclerosis múltiple.
multiple-choice [ˈmʌltɪplˌtʃɔɪs] *adj* con varias posibilidades.
multiplication [ˌmʌltɪplɪˈkeɪʃn] *n u* multiplicación. ♦ **~ table** tabla de multiplicar.
multiply [ˈmʌltɪplaɪ] *tr & intr* multiplicar(se).
multipurpose [ˌmʌltɪˈpɜːpɪs] *adj* multiuso.
multiracial [ˌmʌltɪˈreɪʃl] *adj* multirracial.
multitude [ˈmʌltɪtjuːd y EE UU ˈmʌltɪtuːd] *n c* **~ + sing/pl v** multitud. ■ **to cover/hide a ~ of sins** ser una excusa útil.
mum [mʌm] (*EE UU* **mom**) *n c* **1** (infml) mamá. • *adj* **2** silencioso. ■ **to keep ~** (infml) guardar silencio.
mumble [ˈmʌmbl] *n c* **1** murmullo. • *tr & intr* **2** mascullar.
mummy [ˈmʌmɪ] (*pl* **mummies**) *n c* **1** momia. **2** (infml) (EE UU **mommy** o **momma**) mamá.
mumps [mʌmps] *n u* MED paperas.
mundane [ˌmʌnˈdeɪn] *adj* mundano.
municipal [mjuːˈnɪsɪpl] *adj* municipal.
munitions [mjuːˈnɪʃnz] *n pl* municiones.
mural [ˈmjʊərəl] *adj & n c* mural.
murder [ˈmɜːdər] *n c & u* **1** asesinato. • *n c* **2** (infml) horror. • *tr* **3** asesinar. **4** (infml) destrozar (una obra).

murderer [ˈmɜːdərər] *n c* asesino.
murderess [ˈmɜːdərɪs] *n c* asesina.
murky [ˈmɜːkɪ] *adj* **1** tenebroso. **2** turbio (agua, el pasado).
murmur [ˈmɜːmər] *n c* **1** murmullo (susurro). **2** queja (protesta). • *n c & u* **3** MED soplo cardiaco (del corazón). • *tr & intr* **4** murmurar. • *intr* **5** refunfuñar.
muscle [ˈmʌsl] *n c & u* **1** músculo. • *n u* **2** poder, influencia.
muscular [ˈmʌskjʊlər] *adj* **1** muscular. **2** musculoso.
muse [mjuːz] *n c* musa.
museum [mjuːˈzɪəm] *n c* museo. ◆ **~ piece** pieza de museo; antigualla.
mushroom [ˈmʌʃrʊm y ˈmʌʃruːm] *n c* **1** seta, champiñón. **2** hongo. • *intr* **3** multiplicarse, propagarse.
mushy [ˈmʌʃɪ] *adj* **1** blando, pastoso. **2** sensiblero.
music [ˈmjuːzɪk] *n u* música. ◆ **~ box** *EE UU* cajita de música. ■ **to face the ~** encarar la realidad.
musical [ˈmjuːzɪkl] *adj* **1** musical. **2** amante de la música. **3** con talento para la música. • *n c* **4** comedia musical.
musician [mjuːˈzɪʃn] *n c* músico.
musket [ˈmʌskɪt] *n c* mosquete.
mussel [ˈmʌsl] *n c* mejillón.
must [mʌst, [məst]] (*pt* **had to**) *modal* **1** deber, tener que (obligación). **2** deber de (posibilidad): *you must be thirsty after the walk = debes de tener sed después del paseo.* • *n sing* **3** (infml) deber, necesidad. **4** algo indispensable: *a microwave is a must today = un microondas es algo indispensable hoy día.* ■ **if I ~** si no tengo más remedio; **if you ~** si te empeñas; **if you ~ know** si quieres saber la verdad.

> ***Must*** es un verbo modal que precede a un infinitivo sin ***to***. En frases negativas e interrogativas se usa sin el auxiliar ***do***: *you mustn't worry about her = no debes preocuparte por ella.* ***Must*** sólo se emplea en presente, para otras formas se recurre a ***to have to***: *you'll have to stay = tendrás que quedarte.*

mustache [ˈmʌstæʃ] *n c* → moustache.
mustard [ˈmʌstəd] *n u* mostaza. ◆ **~ gas** gas mostaza.
muster [ˈmʌstər] *tr & intr* **1** (fml) agrupar(se). • *tr* **2** reunir (tropas, coraje). ◆ **to ~ up** reunir (coraje, fuerza).
musty [ˈmʌstɪ] *adj* mohoso (material); rancio (olor, sabor).
mutant [ˈmjuːtənt] *adj & n c* mutante.
mutate [mjuːˈteɪt] *intr* mutar(se).
mutation [mjuːˈteɪʃn] *n c & u* mutación.
mute [mjuːt] *adj* **1** mudo, silencioso. **2** PHON muda. • *n c* **3** mudo. • *tr* **4** atenuar, amortiguar.
muted [ˈmjuːtɪd] *adj* **1** amortiguado. **2** reprimido.
mutilate [ˈmjuːtɪleɪt] *tr* mutilar.
mutiny [ˈmjuːtɪnɪ] (*pt* y *pp* **mutinied**) *intr* **1** amotinarse. • *n c & u* **2** motín.
mutter [ˈmʌtər] *n c* **1** murmullo. **2** refunfuño. • *tr & intr* **3** murmurar. • *intr* **4** refunfuñar (rezongar).
mutton [ˈmʌtn] *n u* carne de cordero.
mutual [ˈmjuːtʃʊəl] *adj* **1** mutuo (sentimiento). **2** común (gusto, interés). ◆ **~ fund** fondo de inversión.
muzzle [ˈmʌzl] *n c* **1** hocico. **2** bozal. **3** boca (de una pistola). **4** mordaza. • *tr* **5** poner bozal a. **6** amordazar.
my [maɪ] *poss adj* **1** mi, mío. • *interj* **2** ¡caramba!
Myanmar [ˈmjænmɑːr] *n sing* Myanmar.
myopia [maɪˈəʊpjə] *n u* miopía.
myopic [maɪˈɒpɪk] *adj* miope.
myriad [ˈmɪrɪəd] *adj* **1** (lit) innumerable. • *n c* **2** miríada.
myself [maɪˈself] *pron* **1** me, mí: *I have bought myself a present = me he comprado un regalo.* **2** mí mismo, yo mismo (enfático). ■ **(all) by ~** (completamente) solo.
mysterious [mɪˈstɪərɪəs] *adj* misterioso. ■ **to be ~ about sth** andarse con mucho misterio acerca de algo.
mystery [ˈmɪstərɪ] (*pl* **mysteries**) *n c & u* **1** misterio. • *n c* **2** LIT novela negra.
mystic [ˈmɪstɪk] *adj & n c* místico.
mystify [ˈmɪstɪfaɪ] (*pt* y *pp* **mystified**) *tr* confundir, dejar perplejo.
myth [mɪθ] *n c & u* mito.
mythic or **mythical** [ˈmɪθɪk o ˈmɪθɪkl] *adj* mítico.
mythological [ˌmɪθəˈlɒdʒɪkl] *adj* mitológico.
mythologize [ˈmɪθələdʒaɪz] *tr* mitificar.
mythology [mɪˈθɒlədʒɪ] (*pl* **mythologies**) *n c & u* mitología.

Nn

n, N [en] *n c* n, N (letra).
nag [næg] (*pt* y *pp* **nagged**, *ger* **nagging**) *intr* **1** dar la lata. • *n c* **2** jamelgo.
nagging [ˈnægɪŋ] *adj* **1** gruñón (persona). **2** persistente (duda, temor).
nail [neɪl] *n c* **1** clavo. **2** uña. • **to ~ (up/down)** *tr* **3** clavar. **4** descubrir, destapar. ◆ **~ brush** cepillo de uñas; **~ file** lima de uñas; **~ polish** *EE UU* esmalte de uñas; **~ scissors** tijeras de uñas; **~ varnish** esmalte de uñas; **~ varnish remover** quitaesmaltes.
naive [naɪˈiːv] *adj* ingenuo.
naked [ˈneɪkɪd] *adj* **1** desnudo (cuerpo). **2** claro, patente (emociones). ◆ **the ~ truth** la pura verdad. ■ **to/with the ~ eye** a simple vista.
name [ˈneɪm] *n c* **1** nombre. • *tr* **2** nombrar, llamar. **to ~ sb after/for 3** poner a alguien el nombre de. ■ **by ~** de nombre; **by the ~ of** que responde al nombre de; **in ~ of** en apariencia; **in the ~ of** en nombre de. ◆ **to make a ~ for oneself** hacerse un nombre.

> ***First name,*** o ***Christian name*** si la persona está bautizada, se traduce por **nombre de pila**. En documentos oficiales se emplea ***forename***. ***Middle name***, cada días más en desuso, se refiere al segundo nombre. ***Family name***, ***last name*** y ***surname*** se traducen por **apellido**.

nameless [ˈneɪmlɪs] *adj* **1** anónimo. **2** inconfesable, indescriptible (sentimiento).
namely [ˈneɪmlɪ] *adv* a saber.
namesake [ˈneɪmseɪk] *n u* tocayo.
Namibia [nəˈmɪbɪə] *n sing* Namibia.
Namibian [nəˈmɪbɪən] *adj* & *n c* namibio.
nanny [ˈnænɪ] (*pl* **nannies**) *n c* niñera.
nap [næp] (*pt* y *pp* **napped**, *ger* **napping**) *intr* **1** echar una siesta. • *n c* **2** siesta.
nape [neɪp] *n u* nuca, cogote.
napkin [ˈnæpkɪn] *n c* servilleta. ◆ **~ ring** servilletero.
nappy [ˈnæpɪ] (*pl* **nappies**) *n c GB* pañal.
narcotic [nɑːˈkɒtɪk] *adj* & *n c* narcótico.
narrate [nəˈreɪt] *tr* narrar.
narration [nəˈreɪʃn] *n c* narración.
narrative [ˈnærətɪv] *adj* **1** narrativo. • *n c* **2** narración. • *n u* **3** LIT narrativa.
narrator [nəˈreɪtər] *n c* narrador.
narrow [ˈnærəʊ] *adj* **1** estrecho. **2** escaso, pequeño. **3** atento (examen). • *tr* & *intr* **4** estrechar(se). ◆ **a ~ squeak** una situación apurada. ■ **to ~ sth down** reducir.
narrow-minded [ˈnærəʊˈmaɪndɪd] *adj* estrecho de miras.
nasal [ˈneɪzəl] *adj* & *n c* nasal.
nasty [ˈnɑːstɪ] *adj* **1** desagradable (crimen, tiempo atmosférico, sensación); obsceno (palabra, broma). **2** peligroso (lugar); de mal aspecto.
nation [ˈneɪʃən] *n c* nación.
national [ˈnæʃənəl] *adj* nacional. ◆ **~ anthem** himno nacional; **~ insurance** *GB* seguridad social; **~ park** parque nacional; **~ service** servicio militar.
nationalise *tr* → nationalize.
nationalism [ˈnæʃənəlɪzəm] *n u* nacionalismo.
nationalist [ˈnæʃənəlɪst] *adj* & *n c* nacionalista.
nationality [ˌnæʃəˈnælɪtɪ] (*pl* **nationalities**) *n c* nacionalidad.
nationalize [ˈnæʃənəlaɪz] *tr* nacionalizar.
nationwide [ˌneɪʃənˈwaɪd] *adj* a escala nacional.
native [ˈneɪtɪv] *adj* **1** natal (país, ciudad); nativo (hablante); innata (cualidad); autóctono (planta, animal); materno (idioma). • *n c* **2** nativo. ■ **to go ~** adoptar las costumbres de un país extranjero.
natural [ˈnætʃərəl] *adj* **1** natural. • *n c* **2** genio. • *n u* **3** MUS nota natural. ◆ **~**

childbirth parto natural; ~ **gas** gas natural; ~ **history** historia natural; ~ **selection** selección natural.
naturalise *tr* & *intr* → naturalize.
naturalist ['nætʃrəlɪst] *n c* naturalista.
naturalize ['nætʃrəlaɪz] *tr* & *intr* naturalizar(se).
naturally ['nætʃrəlɪ] *adv* **1** naturalmente. **2** con naturalidad. **3** desde luego. ■ **to come ~ to sb** ser algo natural en alguien.
nature ['neɪtʃəɪ] *n u* naturaleza. ■ **by ~** por naturaleza; **in one's ~** propio de la forma de ser de alguien; **in the ~ of** algo así como.
naturism ['neɪtʃərɪzəm] *n u* naturismo; nudismo.
naughty ['nɔːtɪ] *adj* travieso.
nausea ['nɔːzɪə] *n u* náusea.
nauseous ['nɔːzɪəs] *adj* nauseabundo. ■ **to feel ~** tener náuseas.
nautical ['nɔːtɪkəl] *adj* náutico.
naval ['neɪvəl] *adj* naval.
nave [neɪv] *n c* ARCH nave.
navel ['neɪvəl] *n c* ombligo.
navigate ['nævɪgeɪt] *intr* **1** navegar (viaje). ● *tr* **2** pilotar, guiar (un avión, un barco, un automóvil).
navigation [ˌnævɪ'geɪʃən] *n u* navegación.
navigator ['nævɪgeɪtər] *n c* navegante.
navy ['neɪvɪ] (*pl* **navies**) *n c* armada. ◆ ~ **blue** azul marino.
Nazi ['nɑːtsɪ] *adj* & *n c* nazi.
Nazism ['nɑːtsɪzəm] *n u* nazismo.
near [nɪər] *adj* **1** cercano, próximo. ● *adv* **2** cerca. ● *prep* **3** cerca de, al borde de. ● *tr* & *intr* **4** acercar(se). ■ **a ~ thing** casi, por muy poco; **in the ~ future** en un futuro próximo; **nowhere/not anywhere ~** ni de lejos; **the nearest thing to** lo más parecido a; **to come/draw/pull ~** acercarse.
nearby [nɪə'baɪ] *adj* & *adv* cercano.
nearly ['nɪəlɪ] *adv* casi. ■ **not ~** ni con mucho.
neat [nɪːt] *adj* **1** claro. **2** limpio. **3** puro, sin mezcla.
neatness ['niːtnɪs] *n u* pulcritud; precisión.
necessitate [nɪ'sesɪteɪt] *tr* (fml) necesitar, exigir.
necessity [nɪ'sesɪtɪ] (*pl* **necessities**) *n u* **1** necesidad. ● *n c* **2** artículo de primera necesidad. ◆ **the necessities of life** las cosas básicas de la vida. ■ **of ~** por necesidad.
neck [nek] *n c* **1** cuello (de persona); cuello, pescuezo (de animal); escote (del vestido); cuello (de botella); mástil (de un instrumento musical). ● *intr* **2** (infml) besuquearse, acariciarse. ■ ~ **and ~** a la par; **to be up to one's ~** estar metido hasta el cuello; **to get it in the ~** recibir una reprimenda; **to risk one's ~** arriesgar el cuello; **to stick one's ~ out** exponerse a la crítica.
necklace ['neklɪs] *n c* collar (joya).
neckline ['neklaɪn] *n c* escote.
need [niːd] *n c* & *u* **1** necesidad (gen). ● *n u* **2** indigencia (falta de comida, dinero). ● *tr* **3** necesitar. ● *modal* **4** tener que: *he needs to study if he wants to pass = necesita estudiar si quiere aprobar*. **needn't 5** no ser necesario que: *he needn't stay if he doesn't want to = no hace falta que se quede si no quiere*. ■ **I ~ hardly say/~ I say** no hace falta que diga; **in ~ of** verdaderamente necesitado de; **(there is) no ~** no haber necesidad de; **to have no ~ of** no necesitar algo.
needle ['niːdl] *n c* **1** aguja. ● *tr* **2** pinchar, provocar.
needless ['niːdləs] *adj* innecesario. ■ ~ **to say** ni que decir tiene.
needlework ['niːdlwɜːk] *n u* costura (actividad).
needy ['niːdɪ] *adj* necesitado, indigente.
negative ['negətɪv] *adj* **1** negativo. ● *n c* **2** negativa. **3** PHOT negativo.
neglect [nɪ'glekt] *n u* **1** abandono, descuido (del trabajo, de la casa). **2** negligencia (en las obligaciones). ● *tr* **3** desatender, descuidar.
neglected [nɪ'glektɪd] *adj* abandonado, descuidado; escachalandrado (Amér.).
negligence ['neglɪdʒens] *n u* negligencia.
negligent ['neglɪdʒent] *adj* negligente.
negotiate [nɪ'gəʊʃɪeɪt] *tr* **1** negociar (acuerdo). **2** salvar (obstáculo).
negotiation [nɪˌgəʊʃɪ'eɪʃən] *n c* & *u* negociación.
neigh [neɪ] *n c* **1** relincho. ● *intr* **2** relinchar.
neighbour ['neɪbər] (*EE UU* **neighbor**) *n c* vecino.

neighbourhood ['neɪbəhʊd] (*EE UU* **neighborhood**) *n c* vecindario, barrio. ■ **in the ~** en las proximidades de; en torno a.
neighbouring ['neɪbərɪŋ] (*EE UU* **neighboring**) *adj* vecino.
neither ['naɪðər y EE UU 'ni:ðər] *pron* **1** ni el uno ni el otro: *neither of them knew = ninguno de los dos lo sabía.* ● **~... nor** *conj* **2** ni... ni: *neither my father nor my mother smokes = ni mi padre ni mi madre fuman.* ● *adj* **3** ningún, ninguna: *neither brother found a job = ningún hermano encontró un trabajo.* ■ **~ am I, is he, have I, has he, do I, does he** yo/él tampoco.

> Cuando ***neither*** es un adjetivo, se emplea con sustantivos contables en singular y en referencia a dos personas o cosas: *neither proposal is interesting = ninguna de las dos propuestas es interesante.* Se usa ***neither of*** delante de pronombre, artículo y adjetivo posesivo o demostrativo: *neither of them is single = ninguno de los dos es soltero.*

Neolithic [ˌnɪ:ə'lɪθɪk] *adj* HIST neolítico.
neologism [ni:'ɒlədʒɪzəm] *n c* neologismo.
neon ['ni:ɒn] *n u* neón.
Nepal [nɪ'pɔ:l] *n sing* Nepal.
Nepalese [ˌnepə'li:z] *adj & n c* nepalés.
nephew ['nefju:] *n c* sobrino.
Neptune ['neptju:n] *n sing* Neptuno.
nerd [nɜ:d] *n c* (infml) tontaina.
nerve [nɜ:v] *n c* **1** nervio. ● **nerves** *n pl* **2** nervios. ● *tr & intr* **3** armar(se) de valor. ◆ **~ centre** centro neurálgico; **~ gas** MIL gas paralizante. ■ **to be a bundle of nerves** ser un manojo de nervios; **to get on sb's nerves** crispar los nervios de alguien; **to have the ~ to** tener el valor de; **to lose one's nerves** perder el control.
nervous ['nɜ:vəs] *adj* **1** nervioso. **2** asustado, preocupado. ◆ **~ breakdown** crisis nerviosa; **~ system** sistema nervioso; **~ wreck** desquiciado.
nervousness ['nɜ:vəsnɪs] *n u* nerviosismo.
nest [nest] *n c* **1** nido (de pájaros, arañas); hormiguero (de hormigas); avispero (de avispas). ● *tr* **2** anidar.
nestle ['nesəl] *tr & intr* **1** acurrucarse (en la cama, en una silla). **2** yacer al abrigo de algo o alguien (bajo la protección de).
net [net] (*pt* y *pp* **netted**, *ger* **netting**) *tr* **1** capturar, atrapar. **2** cubrir con una red. ● *adj* **3** neto. ● *n u* **4** red. ◆ **the Net** COMPUT la red, internet. ■ **to cast one's ~ wider** ampliar el campo de acción.
Netherlands ['neðələndz] *n pl* Países Bajos.
netsurfer ['netsɜ:fə] *n c* internauta.
nett *adj* → net.
netting ['netɪŋ] *n u* malla, red.
nettle ['netl] *n c* ortiga.
network ['netwɜ:k] *n c* **1** red, sistema (gen). **2** COMPUT red. **3** TV, RAD cadena. ● *tr* **4** interconectar.
neuralgic [njʊə'rældʒɪk] *adj* MED neurálgico.
neurological [njʊə'rəlɒdʒɪkəl] *adj* MED neurológico.
neurotic [njʊə'rɒtɪk] *adj & n c* neurótico.
neuter ['nju:tər] *adj* **1** neutro. ● *tr* **2** castrar, capar.
neutral ['nju:trəl] *adj* **1** neutral (persona, país). **2** imparcial (opinión, actitud). **3** frío, sereno (sentimiento, voz). ● *n u* **4** MEC punto muerto.
neutralise *tr* → neutralize.
neutralize ['nju:trəlaɪz] *tr* neutralizar.
neutron ['nju:trɒn] *n c* PHYS neutrón. ◆ **~ bomb** bomba de neutrones.
never ['nevər] *adv* nunca, jamás. ■ **~ ever** nunca más; **well I ~** ¡nunca lo hubiera imaginado!; **will/would ~ do** no va a servir.
never-ending [ˌnevər'endɪŋ] *adj* interminable.
nevertheless [ˌnevəðə'les] *adv* sin embargo, no obstante.
new [nju: y EE UU nu:] *adj* **1** nuevo, reciente. **2** nuevo, fresco. **3** recién llegado. **4** novedoso, original. ◆ **~ moon** luna nueva; **New Testament** Nuevo Testamento; **~ wave** ARTS nueva ola; **New World** Nuevo Mundo; **New Year** Año Nuevo; **New Year's Day** día de Año Nuevo; **New Year's Eve** Nochevieja. ■ **as good as ~** como nuevo.
newborn ['nju:bɔ:n] *adj* recién nacido.
newcomer ['nju:kʌmər] *n c* recién llegado.
newly-weds ['nju:liweds] *n pl* recién casados.

news [nju:z y EE UU nu:z] *n u* noticias. ♦ **a piece of ~** una noticia; **~ agency** agencia de noticias; **~ conference** *EE UU* conferencia de prensa; **the ~** TV las noticias. ■ **no ~ is good ~** si no hay noticias es buena noticia; **that's ~ to me** eso es nuevo para mí; **to be ~** ser noticia.

newsagent [ˈnju:zˌeɪdʒent] (*EE UU* **newsdealer**) *n c* vendedor de periódicos. ♦ **newsagent's (shop)** quiosco de periódicos.

newscast [ˈnju:zkɑ:st] *n c EE UU* TV telediario.

newsdealer [ˈnju:zdi:lər] *n c* → newsagent.

newspaper [ˈnju:zˌpeɪpər] *n c* **1** periódico. ● *n u* **2** papel de periódico.

newsreel [ˈnju:zri:l] *n c & u* documental.

news-sheet [ˈnju:zʃi:t] *n c* hoja informativa.

news-stand [ˈnju:zstænd] *n c* quiosco de periódicos.

newsworthy [ˈnju:zwɜ:ðɪ] *adj* noticiable, de interés periodístico.

New Zealand [nju:ˈzi:lənd] *n sing* Nueva Zelanda.

New Zealander [nju:ˈzi:ləndər] *n c* neozelandés.

next [nekst] *adj* **1** próximo, siguiente: *next Friday = el viernes que viene*. ● *adv* **2** a continuación: *when I met her next = cuando me encontré con ella después*. ● *prep* **3** junto a, al lado de: *they live next to me = viven al lado*. ♦ **~ of kin** familiar más próximo. ■ **the day/week/month after ~** dentro de dos días/semanas/meses; **~ door** de al lado (vecinos).

nib [nɪb] *n c* plumilla.

nibble [ˈnɪbəl] *n c* **1** mordisco. ● **to ~ at** *tr & intr* **2** mordisquear (gen); mermar (dinero); picar (pez). ♦ **to ~ at** (fig) mostrar interés.

Nicaragua [ˌnɪkəˈrægjʊə] *n sing* Nicaragua.

Nicaraguan [ˌnɪkəˈrægjʊən] *adj & n c* nicaragüense.

nice [naɪs] *adj* **1** simpático, agradable (persona). **2** bueno (acto, acción). **3** fino, sutil (delicado). ♦ **~ manners** buenos modales. ■ **~ to meet you** encantado de conocerle; **to be ~ to sb** ser agradable con.

nice-looking [ˈnaɪslʊkɪŋ] *adj* atractivo.

niche [nɪtʃ] *n c* **1** nicho, hornacina (en un muro). **2** buena colocación (trabajo).

nick [nɪk] *n c* **1** muesca, marca. ● *n sing* **2** *GB* (sl) prisión. ● *tr & pron* **3** hacer(se) un corte. **4** (sl) robar; chingar (Amér.). **5** (sl) trincar (arrestar). **6** *EE UU* (sl) cobrar abusivamente (aprovecharse). ■ **in good/bad ~** en buenas/malas condiciones; **in the ~ of time** justo a tiempo.

nickel [ˈnɪkəl] *n u* CHEM níquel.

nick-nack *n c* → knick-knack.

nickname [ˈnickneɪm] *n c* apodo, mote.

nicotine [ˈnɪkəti:n] *n u* nicotina.

niece [ni:s] *n c* sobrina.

Niger [ˈnaɪdʒə] *n sing* Níger.

Nigeria [naɪˈdʒɪərɪə] *n sing* Nigeria.

Nigerian [naɪˈdʒɪərɪən] *adj & n c* nigeriano.

niggle [ˈnɪgəl] *tr & intr* **1** criticar, quejarse (protestar). **2** inquietar, molestar (incomodar).

night [naɪt] *n c & u* noche. ♦ **day and ~/~ and day** día y noche/noche y día; **~ owl** noctámbulo; **~ porter** portero de noche. ■ **at ~** por la noche; **good ~** buenas noches; **to have an early/a late ~** acostarse pronto/tarde; **to work nights** trabajar en el turno de noche.

nightclub [ˈnaɪtklʌb] *n c* cabaret.

nightdress [ˈnaɪtdres] (*pl* **nightdresses**) *n c* camisón.

nightfall [ˈnaɪtfɔ:l] *n u* anochecer.

nightgown [ˈnaɪtgaʊn] *n c* camisón.

nightie [ˈnaɪtɪ] *n c* (infml) camisón.

nightingale [ˈnaɪtɪŋgeɪl] *n c* ruiseñor.

nightlife [ˈnaɪtlaɪf] *n u* vida nocturna.

nightly [ˈnaɪtlɪ] *adj* **1** nocturno. ● *adv* **2** cada noche.

nightmare [ˈnaɪtmeər] *n c* pesadilla.

nightmarish [ˈnaɪtmeərɪʃ] *adj* de pesadilla.

night shift [ˈnaɪtʃɪft] *n c & u* turno de noche.

night-time [ˈnaɪttaɪm] *n u* noche.

nightwatchman [ˌnaɪtˈwɒtʃmən] (*pl* **nightwatchmen**) *n c* vigilante nocturno.

nil [nɪl] *n u* **1** nada, nulo. **2** *GB* SP a cero.

nimble [ˈnɪmʌl] *adj* **1** ágil (agile). **2** listo, vivo.

nine [naɪn] *card* nueve.

nineteen [ˌnaɪnˈti:n] *card* diecinueve. ■ **to talk ~ to the dozen** (infml) hablar por los codos.

n

nineteenth [ˌnaɪnˈtiːnθ] *ord* decimonoveno.
ninetieth [ˈnaɪntɪɪθ] *ord* nonagésimo.
ninety [ˈnaɪntɪ] *card* noventa.
ninth [naɪnθ] *ord* noveno.
nip [nɪp] (*pt* y *pp* **nipped**, *ger* **nipping**) *tr* **1** pellizcar (entre dos cosas o superficies). • **to ~ in/off/out/down/up** *intr* **2** darse prisa. • *n c* **3** pellizco, mordisco. **4** (infml) un trago, un sorbo (de bebida alcohólica).
nipple [ˈnɪpəl] *n c* **1** pezón (del pecho). **2** tetina (de biberón).
niter *n u* → nitre.
nitrate [ˈnaɪtreɪt] *n c* & *u* CHEM nitrato.
nitre [ˈnaɪtər] (*EE UU* **niter**) *n u* CHEM nitro.
nitrogen [ˈnaɪtrədʒən] *n u* nitrógeno.
nitwit [ˈnɪtwɪt] *n c* estúpido, tonto; boludo, cojudo (Amér.).
no [nəʊ] (*pl* **noes**) *adv* **1** no: *do you want it? no, I don't = ¿lo quieres? no.* • *adj* **2** no, ninguno (gen): *there's no wine left = no queda vino.* **3** en poco: *we'll be there in no time = estaremos allí en poco tiempo.* • *n c* **4** no (en una votación). ■ **not to take a ~ for an answer** no aceptar un no por respuesta.
nob [nɒb] *n c* (pej, hum) rico, pez gordo.
nobility [nəʊˈbɪlɪtɪ] *n u* nobleza. ◆ **the ~** la nobleza.
noble [ˈnəʊbl] *adj* & *n c* **1** noble (gen). • *adj* **2** bello, distinguido (agradable).
nobleman [ˈnəʊblmən] (*pl* **noblemen**) *n c* noble, aristócrata.
noblewoman [ˈnəʊblwumən] (*pl* **noblewomen**) *n c* dama noble, aristócrata.
nobody [ˈnəʊbədɪ] (*pl* **nobodies**) *indef pron* **1** nadie. • *n c* **2** don nadie.

> En inglés, no se puede usar dos negaciones en la misma frase. El término ***nobody*** es negativo y siempre debe ir acompañado de un verbo afirmativo: *nobody knows = nadie lo sabe.* Con verbos negativos, se emplea ***anybody***: *I couldn't phone anybody = no pude llamar a nadie.*

nocturnal [nɒkˈtɜːnl] *adj* nocturno.
nod [nɒd] (*pt* y *pp* **nodded**, *ger* **nodding**) *tr* & *intr* **1** asentir con la cabeza (en señal de acuerdo); saludar con la cabeza (como expresión de saludo). • *intr* **2** indicar con la cabeza (para señalar). • *n c* **3** saludo con la cabeza (como expresión de saludo); movimiento con la cabeza (para indicar, en señal de acuerdo). ◆ **to ~ off** echar una cabezada. ■ **on the ~** unánime y rápido (acuerdo).
noise [nɔɪz] *n c* & *u* **1** ruido. • *n u* **2** TECH interferencias. ◆ **~ pollution** contaminación acústica. ■ **to make a ~ about** hacer notar, quejarse (sobre); **to make noises** expresar sentimientos.
noiseless [ˈnɔɪzlɪs] *adj* silencioso.
noisy [ˈnɔɪzi] *adj* ruidoso.
nomad [ˈnəʊmæd] *n c* nómada.
no-man's land [ˈnəʊmænzlænd] *n u* tierra de nadie.
nominate [ˈnɒmɪneɪt] *tr* **1** proponer (dar un nombre para un puesto de trabajo). **2** nombrar (designar para un puesto de trabajo).
nomination [ˌnɒmɪˈneɪʃn] *n u* **1** propuesta (sugerencia para un puesto de trabajo). **2** nombramiento (designación para un puesto de trabajo).
nominative [ˈnɒmɪnətɪv] *adj* & *n c* GRAM nominativo.
nominee [ˌnɒmɪˈnɪː] *n c* candidato.
non-alcoholic [ˌnɒnˌælkəˈhɒlɪk] *adj* sin alcohol.
non-aligned [ˌnɒnəˈlaɪnd] *adj* no alineado (country).
nonchalant [ˈnɒnʃələnt] *adj* indiferente, frío.
non-combatant [ˌnɒnˈkɒmbətənt] *n c* no combatiente.
non-commissioned officer [ˌnɒnkəˈmɪʃəndˌɒfɪsər] *n c* suboficial.
non-committal [ˌnɒnkəˈmɪtl] *adj* evasivo, poco comprometido. ■ **to be ~** no definirse.
non-compliance [ˌnɒnkəmˈplaɪəns] *n u* incumplimiento.
non-conductor [ˌnɒnkənˈdʌktər] *n u* ELEC no conductor.
nonconformism [ˌnɒnkənˈfɔːmɪzəm] *n u* inconformismo.
nonconformist [ˌnɒnkənˈfɔːmɪst] *adj* & *n c* **1** inconformista. **2** REL protestante no anglicano.
non-contributory [ˌnɒnkənˈtrɪbjʊtəri] *adj* no contributivo (pensión, plan).

non-cooperation [ˌnɒnkəʊˌɒpəˈreɪʃn] *n u* no cooperación (política).
none [nʌn] *pron* **1** nada, ninguno (cosas): *there are none left = no queda ninguno.* **2** nadie, ninguno (personas): *none of them could help us = ninguno de ellos pudo ayudarnos.* • **~ the** *adv* **3** no, no más, en modo alguno: *they were none the better off after all = no habían mejorado en modo alguno.* **~ too 4** no muy: *it was none too easy = no fue muy fácil.* ■ **to be ~ other than** no ser ni más ni menos que; **to have ~ of** no aceptar.
nonetheless [ˌnʌnðəˈlɪs] *adv* sin embargo, no obstante.
non-existent [ˌnɒnɪgˈzɪstənt] *adj* inexistente.
non-fiction [ˌnɒnˈfɪkʃn] *n u* no ficción (ensayo, biografías).
non-flammable [ˌnɒnˈflæməbl] *adj* no inflamable.
non-human [ˌnɒnˈhjuːmən] *adj* inhumano.
non-intervention or **non-interference** [ˌnɒnɪntəˈvenʃn o ˌnɒnɪntəˈfɪərəns] *n u* no intervención.
non-iron [ˌnonˈaɪən] *adj que no necesita plancha* (ropa).
non-observance [ˌnɒnəbˈzɗːvəns] *n u* (fml) incumplimiento.
non-payment [ˌnɒnˈpeɪment] *n u* impago.
non-profit-making [nɒnˈprɒfɪtmeɪkɪŋ] *adj* **1** sin fines de lucro, benéfico (caritativo). **2** ruinoso (que no produce ganancias).
non-proliferation [ˌnɒnprəlɪfəˈreɪʃn] *n u* no proliferación (de armas nucleares).
non-resident [ˌnɒnˈrezɪdənt] *n c* **1** no residente (gen). **2** huésped de paso (hotel).
nonsense [ˈnɒnsns] *n u* disparate, tontería; macana, boludez (Amér.). ■ **to make (a) ~ of** estropear, echar a perder.
non-shrink [ˌnɒnˈʃrɪŋk] *adj* que no encoge (ropa).
non-smoker [ˌnɒnˈsməʊkər] *n c* no fumador.
non-stick [ˌnɒnˈstɪk] *adj* antiadherente (sartén).
non-stop [ˌnɒnˈstɒp] *adj* continuo, ininterrumpido.
noodles [ˈnuːdlz] *n pl* fideos, tallarines.
noon [nuːn] *n c* mediodía.
no one [ˈnəʊwʌn] *indef pron* → nobody.
noose [nuːs] *n c* **1** nudo corredizo (gen). **2** soga (para ahorcar a alguien).
no-place [ˈnəʊpleɪs] *adv* → nowhere.
nor [nɔːr] *adv* **1** ni: *I didn't go out yesterday. Nor did I = ayer no salí. Ni yo.* • **neither... ~...** *conj* **2** ni… ni: *neither too hot nor too cold = ni demasiado caliente ni demasiado frío.*
Nordic [ˈnɔːdɪk] *adj* nórdico.
norm [nɔːm] *n c* norma. ◆ **the ~** lo típico.
normal [ˈnɔːml] *adj* normal.
normalise *tr* → normalize.
normality [nɔːˈmælɪtɪ] *n u* normalidad.
normalize [ˈnɔːməlaɪz] *tr* normalizar.
normative [ˈnɔːmətɪv] *adj* normativo.
Norse [nɔːs] *adj & n u* escandinavo.
north [nɔːθ] *adj* **1** del norte. • *adv* **2** hacia/en el norte. • *n sing* **3** norte. ◆ **the North Pole** el Polo Norte.
northbound [ˌnɔːθˈbaund] *adj* en dirección norte.
north-east [ˌnɔːθˈiːst] *adj* **1** del nordeste. • *adv* **2** hacia/en el nordeste. • *n sing* **3** nordeste.
north-eastern [ˌnɔːθˈiːstən] *adj* en el nordeste, del nordeste.
northern [ˈnɔːðən] *adj* del norte. ◆ **~ lights** aurora boreal.
northerner [ˈnɔːðənər] *n c* habitante del norte.
northward [ˈnɔːθwəd] *adj* **1** hacia el norte. • *adv* **2** → northwards.
northwards [ˈnɔːθwədz] *adv* hacia el norte.
north-west [ˌnɔːθˈwest] *adj* **1** del noroeste. • *adv* **2** hacia/en el noroeste. • *n sing* **3** noroeste.
north-western [ˌnɔːθˈwestən] *adj* en el noroeste, del noroeste.
Norway [ˈnɔːweɪ] *n sing* Noruega.
Norwegian [nɔːˈwiːdʒən] *adj & n c* **1** noruego. • *n sing* **2** noruego (idioma).
nose [nəʊz] *n c* **1** nariz (de persona); hocico, morro, trompa (de animal). **2** morro, proa, parte delantera (de un barco, un automóvil, una pistola). • *n u* **3** olfato, intuición. ◆ **to ~ about** curiosear; **to ~ out** descubrir. ■ **to cut off one's ~ to spite one's face** causarse un daño al intentar perjudicar a otro; **to get up sb's ~**

n

sacar de quicio a alguien; **to have a ~ for** tener intuición para; **to keep one's ~ clean** mantenerse al margen; **to keep one's ~ out** no meter las narices en algo; **to look down one's ~** despreciar, tratar con desdén; **to poke/stick one's ~ into** meter las narices en; **to see no further than one's ~** no ver más allá de las narices; **to turn one's ~ up at** volverle la cara a alguien o a algo; **under sb's ~** en las narices de alguien.

nosey *adj* → nosy.

nostalgia [nɒˈstældʒə] *n u* nostalgia.

nostalgic [nɒˈstældʒik] *adj* nostálgico.

nostril [ˈnɒstrəl] *n c* ventana de la nariz.

nosy [ˈnəʊzɪ] *adj* fisgón, curioso.

not [nɒt] *adv* **1** no (gen): *he's not here = no está aquí, not everybody was there = no todos estaban allí.* **2** que no (con verbos como esperar, creer): *I hope not = espero que no.* **3** ni un, no más de (expresando distancia, tiempo, calidad): *not a penny = ni un penique.* **~ that 4** no es que: *not that I mind = no es que me importe.* **~ a 5** ni un: *not a minute = ni un minuto.* ■ **~ always** no siempre; **~ at all** en absoluto (no); de nada (respuesta de gracias); **~ even** ni siquiera; **~ only/just/simply... (but also)** no sólo... (sino también); **~ to say** por no decir.

> Se usa ***not*** para formar frases negativas con verbos modales y auxiliares. A menudo, y en inglés informal, se emplea la contracción ***-n't***: *I won't read it = no lo leeré.* En inglés formal o para dar énfasis, no se utiliza la contracción: *I will certainly not read it = te aseguro que no lo leeré.*

notable [ˈnəʊtəbl] *adj & n c* notable.

notary [ˈnəʊtərɪ] (*pl* **notaries**) *n c* notario.

notch [nɒtʃ] *n c* **1** muesca (corte). **2** puntos, diferencia (grados en una escala). ● *tr* **3** hacer una muesca en (cortar). **4** anotarse una victoria (ganar).

note [nəʊt] *n c* **1** nota (gen). **2** nota, anotación (en un escrito). **3** billete del banco (papel moneda). ● *tr* **4** notar (fijarse, reparar). **5** hacer notar, manifestar (citar). ◆ **to ~ down** anotar. ■ **of ~** importante; **to compare notes** intercambiar opiniones; **to take ~** tomar nota.

notebook [ˈnəʊtbʊk] *n c* **1** libreta. **2** COMPUT agenda electrónica.

notepad [ˈnəʊtpæd] *n c* bloc de notas.

notepaper [ˈnəʊtpeɪpər] *n u* papel de cartas.

noteworthy [ˈnəʊtwɜːðɪ] *adj* notable, significativo.

nothing [ˈnʌθɪŋ] *pron* **1** nada: *they were talking about nothing = hablaban de trivialidades, I see nothing that I like = no veo nada que me guste.* ● *adv* **2** en modo alguno, nada de eso: *"£ 300!" "No, nothing near!" = «¡300 libras!», «No, en modo alguno te acercas!».* ■ **for ~** innecesariamente; gratis (de balde, gratuito); **~ but** sólo, nada más que; **~ doing** (sl) no, en modo alguno; **~ if not** muy, extremadamente; **there's ~ for it** no quedar más remedio que; **there's ~ to it** es fácil.

notice [ˈnəʊtɪs] *n c* **1** aviso, notificación (comunicación impresa). **2** anuncio, nota (aviso). **3** reseña (en el periódico). ● *n u* **4** atención (interés). **5** despido, dimisión (expulsión). ● *tr* **6** notar, fijarse (poner atención). ■ **at short ~** inmediatamente; **to come to one's ~** darse cuenta; **to escape one's ~** no darse cuenta; **to take ~** prestar atención; **until further ~** hasta nuevo aviso.

noticeable [ˈnəʊtɪsəbl] *adj* notable, evidente.

noticeboard [ˈnəʊtɪsbɔːrd] (*EE UU* **bulletin board**) *n c* tablón de anuncios.

notify [ˈnəʊtɪfaɪ] (*pt* y *pp* **notified**) *tr* notificar.

notion [ˈnəʊsn] *n c* **1** noción. ● **notions** *n pl* **2** *EE UU* artículos de mercería.

notorious [nəʊˈtɔːrɪəs] *adj* (pej) de mala fama. ■ **to be ~ for** tener fama de.

notwithstanding [ˌnɒtwɪθˈstændɪŋ] *adv* **1** sin embargo, todavía. ● *prep* **2** (fml) a pesar de.

nougat [ˈnuːgɑː] *n u* turrón.

nought [nɔːt] *num GB* cero. ◆ **noughts and crosses** tres en raya.

noun [naʊn] *n c* GRAM nombre.

nourish [ˈnʌrɪʃ] *tr* alimentar.

nourishing [ˈnʌrɪʃɪŋ] *adj* nutritivo.

novel [ˈnɒvl] *adj* **1** nuevo, original. ● *n c* **2** novela.

novelist [ˈnɒvəlɪst] *n c* novelista.
novelty [ˈnɒvltɪ] (*pl* **novelties**) *n c & u* novedad.
November [nəʊˈvember] *n u* noviembre.
novice [ˈnɒvɪs] *n c* **1** novato, principiante. **2** REL novicio.
now [naʊ] *adv* **1** ahora (en este momento). **2** ahora bien (sin embargo). **3** bueno (enfático): *now, do you want to go for a walk or not? = bueno, ¿quieres ir a dar un paseo o no?* ● **~ (that)** *conj* **4** ahora (que). ■ **any day/moment/time ~** cualquier día/en cualquier momento; **by ~** ya; **(every) ~ and then** de vez en cuando; **for ~** por ahora; **~ and again** una y otra vez; de vez en cuando.
nowadays [ˈnaʊədeɪz] *adv* hoy en día.
nowhere [ˈnəʊweər] (*EE UU* **no-place**) *adv* **1** ningún sitio (gen). **2** a ningún sitio, a ninguna parte: *this will take you nowhere = esto no te llevará a ninguna parte.* ■ **from/out of ~** de ninguna parte; **~ near** en modo alguno, ni con mucho; **to get ~** fracasar, no tener éxito.
nozzle [ˈnɒzl] *n c* boquilla, inyector.
nuance [ˈnju:ɑ:ns] *n u* matiz.
nuclear [ˈnju:klɪər] *adj* PHYS nuclear. ◆ **~ power/energy** energía nuclear; **~ reactor** reactor nuclear.
nucleus [ˈnju:klɪəs, *pl* ˈnju:klɪaɪ] (*pl* **nuclei**) *n c* núcleo.
nude [nju:d] *adj & n c* desnudo. ■ **in the ~** al desnudo.
nudge [nʌdʒ] *tr* **1** tocar con el codo (para avisar). ● *intr* **2** abrirse camino (apartar). **3** convencer, impulsar (incitar).
nudism [ˈnju:dɪzəm] *n u* nudismo.
nudist [ˈnju:dɪst] *n c* nudista.
nuisance [ˈnjusns] *n c* **1** molestia, fastidio; grilla, gurrumina (Amér.). **2** (infml) pelma, pesado (persona). ■ **to make a ~ of oneself** resultar pesado.
null [nʌl] *adj* nulo. ■ **~ and void** nulo y sin efecto.
numb [nʌm] *adj* **1** aterido, entumecido (a causa del frío); paralizado (por el miedo). ● *tr* **2** adormecer, entumecer. **3** calmar (el dolor).
number [ˈnʌmbər] *n c* **1** número (gen). **2** grupo: *there were several Spaniards among our number = había varios españoles en nuestro grupo.* ● *intr* **3** numerar, contar (páginas). **4** sumar, ascender a (llegar a). ● **to ~ among** *tr* **5** incluir entre: *he's numbered among the best painters in the country = se encuentra entre los mejores pintores del país.* ◆ **~ plate** matrícula (de un automóvil). ■ **a ~ of** varios; **any ~ of** un montón de; **by ~** numerado, por números.
numberless [ˈnʌmbəlɪs] *adj* innumerable, sin número.
numerical [nju:ˈmerɪkl] *adj* numérico.
numerous [ˈnju:mərəs] *adj* numeroso.
numskull [ˈnʌmskʌl] *n c* imbécil.
nun [nʌn] *n c* monja.
nurse [nɜ:s] *n c* **1** enfermera. **2** niñera. ● *tr* **3** cuidar, atender (ocuparse de). **4** mantener, alimentar (sentimiento). ● *tr & intr* **5** amamantar (bebé).
nursemaid [ˈnɜ:smeɪd] *n c* niñera.
nursery [ˈnɜ:sərɪ] (*pl* **nurseries**) *n c* **1** guardería (centro). **2** cuarto de los niños (habitación de juegos). **3** invernadero, semillero (para plantas). ◆ **~ nurse** puericultora; **~ rhyme** canción infantil; **~ school** jardín de infancia.
nursing [ˈnɜ:sɪŋ] *n u* **1** profesión de enfermera (empleo). **2** asistencia, cuidado (atención). ◆ **~ home** hogar de ancianos; casa de maternidad privada.
nurture [ˈnɜ:tʃər] *n u* **1** educación (de niños); crianza (de plantas). ● *tr* **2** alimentar, nutrir (niños, plantas).
nut [nʌt] *n c* **1** BOT nuez. **2** MEC tuerca. **3** (infml) loco, lunático. **4** (infml) fanático (admirador, hincha). **5** (infml) coco, cabeza; güira (Amér.). ● **nuts** *n pl* **6** frutos secos.
nutcase [ˈnʌtkeɪs] *n c* (vulg) loco, majareta.
nutcracker [ˈnʌtˌkrækər] *n c* cascanueces, rompenueces (Amér.).
nutmeg [ˈnʌtmeg] *n c & u* nuez moscada.
nutrient [ˈnju:trient] *n c* nutriente.
nutrition [nju:ˈtrɪʃn] *n u* nutrición.
nutritional [nju:ˈtrɪʃənl] *adj* nutritivo.
nutritious [nju:ˈtrɪʃəs] *adj* nutritivo (alimento).
nutritive [ˈnju:trətɪv] *adj* → nutritional.
nutshell [ˈnʌtʃel] *n c* cáscara de nuez. ■ **in a ~** en pocas palabras, en resumen.
nylon [ˈnaɪlɒn] *n u* **1** nilón, nailon, nylon. ● *adj* **2** de nailon.
nymph [nɪmf] *n c* ninfa.

n

Oo

o, O [əʊ] *n c* **1** o, O (letra). • *card* **2** cero (en números de teléfono).
oak [əʊk] *n c* **1** BOT roble. • *adj* **2** de roble.
oar [ɔːr] *n c* **1** remo. • *intr* **2** remar.
oarsman [ˈɔːzmən] (*pl* **oarsmen**) *n c* remero.
oasis [əʊˈeɪsɪs, *pl* əʊˈeɪsiːz] (*pl* **oases**) *n c* oasis.
oath [əʊθ] *n c* juramento.
oats [əʊts] *n pl* avena.
obedience [əˈbiːdɪəns] *n u* obediencia.
obedient [əˈbiːdɪənt] *adj* obediente.
obese [əʊˈbiːs] *adj* (fml) obeso.
obey [əˈbeɪ] *tr* obedecer (una orden); acatar (reglamentos, instrucciones).
object [ˈɒbdʒɪkt] *n c* **1** objeto (cosa). **2** objetivo (propósito).
object [əbˈdʒekt] *tr* **1** objetar. **to ~ to 2** oponerse a (propuesta, proyecto).
objection [əbˈdʒekʃn] *n c* objeción.
objective [əbˈdʒektɪv] *adj* & *n c* objetivo.
obligation [ˌɒblɪˈgeɪʃn] *n c* & *u* obligación (deber); compromiso (promesa).
obligatory [əˈblɪgətərɪ] *adj* obligatorio.
oblige [əˈblaɪdʒ] *tr* **1** hacer un favor (ayudar). **to ~ sb to do sth 2** obligar (compeler).
oblique [əˈbliːk] *adj* **1** oblicuo. **2** (fig) indirecto (comentario); evasivo (persona).
obliterate [əˈblɪtəreɪt] *tr* arrasar.
oblivion [əˈblɪvɪən] *n u* **1** inconsciencia (pérdida de consciencia). **2** olvido.
oblong [ˈɒblɒŋ] *adj* **1** GEOM rectangular. • *n c* **2** GEOM rectángulo.
oboe [ˈəʊbəʊ] *n c* MUS oboe.
obscene [əbˈsiːn] *adj* obsceno.
obscure [əbˈskjʊər] *adj* **1** poco conocido (extraño). **2** oscuro (habitación). • *tr* **3** oscurecer (ensombrecer). **4** ocultar.
observant [əbˈzɜːvənt] *adj* observador.
observation [ˌɒbzəˈveɪʃn] *n c* & *u* observación.
observatory [əbˈzɜːvətərɪ y EE UU əbˈzɜːvətɔːrɪ] *n c* ASTR observatorio.
observe [əbˈzɜːv] *tr* observar.
observer [əbˈzɜːvər] *n c* observador.
obsess [əbˈses] *tr* obsesionar.
obsession [əbˈseʃn] *n u* obsesión.
obsessive [əbˈsesɪv] *adj* obsesivo.
obsolete [ˈɒbsəliːt] *adj* obsoleto.
obstacle [ˈɒbstkl] *n c* obstáculo. ♦ **~ race** carrera de obstáculos.
obstetritian [ˌəbsteˈtrɪʃn] *n c* MED tocólogo.
obstinate [ˈɒbstənət] *adj* obstinado.
obstruct [əbˈstrʌkt] *tr* **1** obstruir (bloquear). **2** obstaculizar (estorbar).
obstruction [əbˈstrʌkʃn] *n c* **1** obstrucción (bloqueo). **2** obstáculo (estorbo).
obtain [əbˈteɪn] *tr* obtener.
obvious [ˈɒbvɪəs] *adj* obvio.
obviously [ˈɒbvɪəslɪ] *adv* **1** obviamente. **2** claro, por supuesto (en respuestas).
occasion [əˈkeɪʒn] *n c* **1** ocasión. • *tr* **2** (fml) ocasionar, causar (producir). ■ **on/upon ~** de vez en cuando.
occasional [əˈkeɪʒənl] *adj* ocasional.
occupant [ˈɒkjʊpənt] *n c* ocupante (de un vehículo); inquilino (de una casa).
occupation [ˌɒkjʊˈpeɪʃn] *n c* & *u* **1** ocupación (gen). • *n c* **2** pasatiempo (entretenimiento).
occupational [ˌɒkjuːˈpeɪʃənl] *adj* profesional. ♦ **~ hazard(s)** gajes del oficio.
occupied [ˈɒkjʊpaɪd] *adj* ocupado.
occupier [ˈɒkjʊpaɪər] *n c* inquilino.
occupy [ˈɒkjʊpaɪ] (*pt* y *pp* **occupied**) *tr* **1** ocupar (gen). **2** habitar (una casa). **to ~ oneself in/with 3** dedicarse a hacer (como trabajo).
occur [əˈkɜːr] (*pt* y *pp* **occurred**, *ger* **occurring**) *intr* **1** ocurrir, suceder. **2** hallarse, encontrarse. **3** ocurrirse (idea, pensamiento): *it occurred to me that… = se me ocurrió que…*
ocean [ˈəʊsn] *n c* océano. ■ **oceans of** (infml) montones de.
Oceania [ˌəʊʃɪˈɑːnɪə] *n sing* Oceanía.
ochre [ˈəʊkər] (*EE UU* **ocher**) *adj* & *n u* ocre.

o'clock [ə'klɒk] *adv* en punto: *it is three o'clock = son las tres en punto.*
October [ɒk'təʊbər] *n u* octubre.
octopus ['ɒktəpəs] (*pl* **octopus** o **octopuses**) *n c* ZOOL pulpo.
odd [ɒd] *adj* **1** raro, extraño (insólito). **2** impar (número). **3** desparejado (un calcetín); suelto (monedas). **4** libre, de ocio (momentos). • *adv* **5** aproximadamente, y pico: *thirty odd years = treinta y tantos años.* • **odds** *n pl* **6** posibilidades. ◆ ~ **jobs** chapuzas, trabajillos; **odds and ends** (infml) cachivaches; chécheres (Amér.). ■ **against all the odds** contra todo pronóstico; **it makes no odds** (infml) da lo mismo; **to be at odds with** estar enemistado con.
oddity ['ɒdɪtɪ] (*pl* **oddities**) *n c* (normalmente *pl*) rareza (curiosidad); peculiaridad (de persona).
oddly ['ɒdlɪ] *adv* extrañamente. ■ ~ **enough** por extraño que parezca.
odor *n c* → odour.
odorless *adj* → odourless.
odour ['əʊdər] (*EE UU* **odor**) *n c* olor.
odourless ['əʊdəlɪs] (*EE UU* **odorless**) *adj* inodoro.
of [ɒv, [əv]] *prep* **1** de (gen): *a cup of tea = una taza de té.* **2** de, acerca de: *they talked of the economic situation = hablaron de la situación económica.* **3** de, que tiene: *a man of courage = un hombre de valor.* **4** *EE UU* menos (en expresiones de tiempo): *a quarter of five = las cinco menos cuarto.* **5** en: *doctor of medicine = doctor en medicina.* ■ ~ **course** por supuesto.
off [ɒf] *adv* **1** de distancia: *it is ten miles off = está a diez millas de distancia.* **2** de descuento: *twenty per cent off = veinte por ciento de descuento.* **3** fuera, lejos (en el exterior): *they are off in Washington = están fuera, en Washington.* • *adj* **4** quitado (fuera de donde estaba): *with his shoes off = sin zapatos.* **5** apagado (luz, aparatos eléctricos): *the lights are off = las luces están apagadas.* **6** cerrado (llave, grifo). **7** pasado, malo (alimento): *the milk is off = la leche está pasada/cortada*; malo: *an off year = un año malo.* **8** suspendido (cancelado). • *prep* **9** de: *to fall off a table = caerse de una mesa.* **10** fuera de, lejos de (dejado de): *keep off the grass = no pisar el césped.* • *adj* **11** libre: *I am off today = hoy es mi día libre.* ■ **to be** ~ irse (marcharse); **to feel** ~ sentirse indispuesto; ~ **and on** de vez en cuando; **they're** ~ SP acaban de tomar la salida.
off-duty [ˌɒf'dju:tɪ] *adj* libre (que no está de turno).
offence [ə'fens] (*EE UU* **offense**) *n c* **1** JUR delito (infracción). • *n c & u* **2** ofensa (agravio). ■ **no** ~ sin intención de ofender.
offend [ə'fend] *tr* **1** ofender (a una persona). • *intr* **2** delinquir (quebrantar la ley).
offender [ə'fendər] *n c* **1** (fml) delincuente (transgresor). **2** infractor (de una norma o ley).
offense *n c* → offence.
offensive [ə'fensɪv] *adj* **1** ofensivo (gen). **2** desagradable (olor). • *n c* **3** MIL ofensiva.
offer ['ɒfər] *tr* **1** ofrecer (brindar, dar); proponer (un proyecto). • *intr* **2** ofrecerse (voluntario). • *n c* **3** oferta. ■ **on** ~ en venta.
offering ['ɒfərɪŋ] *n c* oferta.
offhand [ˌɒf'hænd] *adj* **1** brusco (maleducado). • *adv* **2** de improviso.
office ['ɒfɪs] *n c* **1** oficina (gen). **2** despacho (oficina, habitación); bufete (de abogado, arquitecto). **3** departamento; ministerio (departamento gubernamental). **4** *EE UU* consulta. • *n u* **5** cargo (posición). ◆ ~ **hours** horas de oficina; ~ **supplies** material de oficina; ~ **worker** oficinista. ■ **in** ~ POL en el poder.
officer ['ɒfɪsər] *n c* **1** oficial (soldado). **2** funcionario; servidor público (Amér., del gobierno). **3** agente de policía.
official [ə'fɪʃl] *adj* **1** oficial. • *n c* **2** funcionario; servidor público (Amér.).
off-licence ['ɒfˌlaɪsns] *n c GB* tienda de bebidas alcohólicas.

En Gran Bretaña, una ***off-licence*** es una tienda especializada en la venta de bebidas alcohólicas. Esta venta está estrictamente regulada por lo que se necesita un permiso especial. También suelen vender bebidas sin alcohol, tabaco, chocolatinas, etc.

O

off-peak ['ɒfpi:k] *adj* fuera de las horas punta (servicios de autobuses); horas de menos consumo (de gas); de temporada baja (viajes).
off-putting [ˌɒf'pʊtɪŋ] *adj* desagradable.
offset ['ɒfset] (*pt* y *pp* **offset**, *ger* **offsetting**) *tr* compensar, contrarrestar.
offshore [ˌɒf'ʃɔ:] *adj* **1** costero (industria, isla, viento). **2** submarino (pozo, yacimiento). **3** de ultramar (empresa). • *adv* **4** mar adentro.
offside [ˌɒf'saɪd] *adj* SP fuera de juego.
offspring ['ɒfsprɪŋ] (*pl* **offspring** o **offsprings**) *n c* (fml, hum) prole, descendencia (hijos); crías (de animales).
often ['ɒfn] *adv* a menudo. ■ **as ~ as not** casi siempre.
oil [ɔɪl] *n u* **1** petróleo (hidrocarburo). **2** aceite (de oliva). • *n c* **3** ARTS óleo. • *tr* **4** engrasar (una máquina). ♦ **~ paint(s)** pintura al óleo; **~ slick** marea negra; **~ tanker** MAR (buque) petrolero; **~ well** pozo de petróleo.
oilfield ['ɔɪlfi:ld] *n c* yacimiento petrolífero.
oilrig or **oil rig** ['ɔɪlrɪg] *n c* plataforma de perforación.
oily ['ɔɪlɪ] *adj* aceitoso, grasiento.
okay or **OK** [ˌəʊ'keɪ] *adj* **1** bien (en perfecto estado): *are you okay? = ¿estás bien?* **2** (infml) bueno, correcto (adecuado). • *adv* **3** bien (de forma correcta): *he works okay when he wants = trabaja bien cuando quiere.* • *interj* **4** ¡bien!, ¡vale! • *tr* **5** aprobar, dar el visto bueno.
old [əʊld] *adj* **1** viejo. **2** antiguo (de una época pasada). ♦ **~ age** vejez; **the ~** los ancianos. ■ **any ~** (infml) cualquier: *any old thing = cualquier cosa*; **how ~ are you?** ¿cuántos años tienes?; **she's ten years ~** tiene diez años; **to be ~ enough** tener suficiente edad.
old-fashioned [ˌəʊld'fæʃnd] *adj* pasado de moda.
olive ['ɒlɪv] *n c* aceituna, oliva. ♦ **~ (tree)** olivo (árbol).
Olympic [ə'lɪmpɪk] *adj* SP olímpico. ♦ **the ~ Games/the Olympics** SP Olimpiadas, Juegos Olímpicos.
omelette ['ɒmlɪt] (*EE UU* **omelet**) *n c* tortilla.
omission [ə'mɪʃn] *n c* **1** descuido, olvido (error). • *n u* **2** omisión (exclusión).
omit [ə'mɪt] (*pt* y *pp* **omitted**, *ger* **omitting**) *tr* **1** omitir (no incluir). **2** olvidar (por error).
omnipotent [ɒm'nɪpətənt] *adj* (fml) omnipotente.
on [ɒn] *prep* **1** en (gen): *it's on the floor = está en el suelo.* **2** sobre, encima (situado sobre la superficie): *on the table = encima de la mesa.* **3** sobre, acerca de (que trata de): *a book on art = un libro sobre arte.* **4** a (tiempo, dirección, medio de transporte): *on foot = a pie*, *on time = a la hora, puntualmente.* **5** con (mediante): *it works on batteries = funciona con baterías.* **6** por (radio, televisión): *we heard it on the radio = lo oímos por la radio.* **7** en, por: *on the road = en la carretera*, *on the phone = por teléfono.* • *adv* **8** encima, puesto (colocado): *he had his hat on = tenía el sombrero puesto.* • *adj* **9** enchufado, conectado (interruptor, luz). **10** empezado (comenzado): *the show is on = ha comenzado el espectáculo.* **11** abierto (grifo). ■ **and so ~** y así sucesivamente; **~ and off** de vez en cuando; **~ and ~** continuamente.
once [wʌns] *adv* **1** una vez (en una ocasión): *once a year = una vez al año.* **2** en otro tiempo (en el pasado). • *conj* **3** una vez que, en cuanto: *once they finished the exam, they left = en cuanto terminaron el examen se fueron.* ■ **all at ~** de repente; **at ~** enseguida; **~ again/more** una vez más; **~ and for all** de una vez por todas, definitivamente; **~ in a while** de vez en cuando; **~ upon a time** érase una vez.
oncoming ['ɒnˌkʌmɪŋ] *adj* **1** que se aproxima. • *n u* **2** proximidad.
one [wʌn] *num* **1** un, uno. • *adj* **2** único (solo, exclusivo): *he was the one person who understood her = fue la única persona que la atendió.* **3** primero (el número uno de una serie): *chapter one = primer capítulo.* • *pron* **4** uno: *one of your friends = uno de tus amigos*; uno: *one can get lost here = uno se puede perder aquí*, *I don't want this jacket, but the red one = no quiero esta chaqueta, sino la roja.* • *n sing* **5** la una (hora): *it's one o'clock = es la una.* ■ **~ another** nos, se: *we looked at one another = nos miramos*, *they all kissed one another = se besaron unos a*

otros; ~ **and all** todo el mundo, todos; ~ **and only** (infml) único e inimitable; ~ **at a time** uno cada vez; ~ **by** ~ uno por uno.

> Cuando **one** precede a un sustantivo tiene una función numeral: *I just have one sister = sólo tengo una hermana.* Nunca se emplea como artículo indefinido y en su lugar se usa ***a*** o ***an***: *I have a sister = tengo una hermana.*

one-off [ˌwʌnˈɒf] *adj* **1** único (solo). ● *n c* **2** único ejemplar (publicación).
oneself [wʌnˈself] *pron* **1** uno mismo, sí mismo: *to speak to oneself = hablar consigo mismo.* **2** se: *to cut oneself = cortarse.* ■ **by** ~ por sí solo.

> En inglés informal, no se usan los pronombres ***one*** o ***oneself*** para referirse a la gente. En general, en su lugar se emplean ***you*** o ***yourself***: *you don't drink red wine with fish = no se bebe vino tinto con el pescado*; *you can paint it yourself = lo puede pintar uno mismo.*

one-way [ˌwʌnˈweɪ] *adj* de sentido único (calle); de ida, sencillo (un billete).
ongoing [ˈɒnˌgəʊɪŋ] *adj* continuo (en progreso).
onion [ˈʌnjən] *n c* & *u* cebolla.
on-line [ˈɒnlaɪn] *adj* en línea.
onlooker [ˈɒnˌlʊkər] *n c* espectador.
only [ˈəʊnlɪ] *adv* **1** sólo, solamente; nomás (Amér.). ● *adj* **2** único (solo, exclusivo). ● *conj* **3** pero, sólo que: *I wanted to go, only I couldn't = quería ir, pero no pude.* ■ ~ **if** sólo si: *I'll buy it only if you lend me the money = sólo lo compraré si me prestas dinero*; ~ **just** apenas.
onset [ˈɒnˌset] *n sing* principio, comienzo (de algo desagradable).
onslaught [ˈɒnˌslɔːt] *n c* **1** ataque violento. **2** (fig) crítica, ataque (reproche).
onto or **on to** [ˈɒntʊ] *prep* hacia (en dirección a); sobre (encima de).
onward [ˈɒnwəd] *adj* **1** que avanza hacia adelante. ● *adv* **2** → onwards.
onwards [ˈɒnwədz] *adv GB* hacia adelante (moverse).
ooze [uːz] *tr* & *intr* **1** rezumar, gotear. ● *tr* **2** (fig) rebosar. ● *n u* **3** fango, lodo.
opaque [əʊˈpeɪk] *adj* opaco.
open [ˈəʊpən] *adj* **1** abierto (gen). **2** descubierto (coche). **3** despejado (carretera, vista). ● *tr* **4** abrir (ventana). **5** inaugurar (tienda, exposición). **6** empezar, iniciar (conversación); emprender (negocio). ● *intr* **7** abrirse (puerta). **8** estrenarse (película). **9** empezar (historia). ◆ ~ **day** jornada de puertas abiertas; ~ **market** mercado libre; ~ **prison** prisión de régimen abierto; **to** ~ **out** extenderse (desplegar); ensancharse (expandirse); abrirse (flores); abrirse (persona); ~ **up** abrir (negocio, ruta); despejar (una carretera bloqueada); abrirse (persona).
open-air [ˌəʊpənˈeər] *adj* al aire libre.
opener [ˈəʊpənər] *n c* abridor.
opening [ˈəʊpnɪŋ] *n c* & *u* **1** abertura (gen). ● *n c* **2** comienzo (inicio). **3** inauguración (de una exposición). **4** oportunidad (ocasión). **5** puesto de trabajo vacante. ● *adj* **6** primero. ◆ ~ **hours** horario comercial; ~ **night** noche de estreno.
open-minded [ˌəʊpənˈmaɪndɪd] *adj* sin prejuicios, de amplias miras.
opera [ˈɒpərə] *n c* & *u* ópera. ◆ ~ **house** teatro de la ópera.
operate [ˈɒpəreɪt] *tr* **1** hacer funcionar (una máquina). **2** llevar a cabo, realizar (un plan). ● *intr* **3** funcionar, actuar. **4** producir efecto (una droga). **5** MED, MIL operar.
operating [ˈɒpəreɪtɪŋ] *adj* que opera. ◆ ~ **system** sistema operativo; ~ **room** *EE UU* MED quirófano; ~ **theatre** MED quirófano.
operation [ˌɒpəˈreɪʃn] *n c* **1** operación (gen). ● *n u* **2** funcionamiento (de una máquina). ■ **to come into** ~/**to put sth into** ~ poner en funcionamiento (una máquina); entrar en vigor (una ley).
operator [ˈɒpəreɪtər] *n c* **1** telefonista; operario. **2** *EE UU* operador (empresa).
opinion [əˈpɪnjən] *n c* & *u* opinión (creencia). ◆ ~ **poll** sondeo de opinión. ■ **in my** ~ en mi opinión.
opponent [əˈpəʊnənt] *n c* oponente (político); contrincante (competidor); contrario (que se opone a).
opportunity [ˌɒpəˈtjuːnɪtɪ] (*pl* **opportunities**) *n c* & *u* oportunidad, ocasión;

chance (Amér.). ■ **at every ~** siempre que sea posible; **to take the ~** aprovechar la ocasión.

oppose [ə'peʊz] *tr* **1** (fml) oponerse a (mostrarse contrario a). **to ~ sth to 2** oponer (comparar, contrastar).

opposed [ə'pəʊzd] *adj* contrario, opuesto (reacio). ■ **as ~ to** en contraste con, a diferencia de.

opposite ['ɒpəzɪt] *prep* **1** enfrente de, frente a: *my house is opposite the school = mi casa está enfrente del colegio.* ● *adv* **2** enfrente: *the school is opposite = el colegio está enfrente.* ● *adj* **3** opuesto: *the opposite effect = el efecto contrario.* ♦ **the ~** lo opuesto, lo contrario.

opposition [ˌɒpə'zɪʃn] *n u* oposición.

oppress [ə'pres] *tr* oprimir.

oppression [ə'preʃn] *n c & u* opresión.

oppressive [ə'presɪv] *adj* sofocante, bochornoso (tiempo); agobiante (situación); opresivo (una ley).

opt [ɒpt] *intr* optar. ♦ **to ~ out** optar por no hacer algo.

optical ['ɒptɪkl] *adj* óptico. ♦ **~ disc** disco óptico; **~ fibre** fibra óptica; **~ illusion** ilusión óptica.

optics ['ɒptɪks] *n u* óptica (ciencia).

optimism ['ɒptɪmɪzəm] *n u* optimismo.

optimist ['ɒptɪmɪst] *n c* optimista.

optimistic [ˌɒptɪ'mɪstɪk] *adj* optimista.

option ['ɒpʃn] *n c & u* **1** opción (posibilidad). ● *n c* **2** asignatura opcional (materia).

optional ['ɒpʃənl] *adj* discrecional.

or [ɔː] *conj* **1** o, u. **not...~ 2** ni: *she doesn't work or study = no trabaja ni estudia.* ■ **~ so** más o menos.

oral ['ɔːrəl] *adj* **1** oral. ● *n c* **2** examen oral.

orange ['ɒrɪndʒ] *n c* **1** naranja. ● *adj* **2** naranja (color). ♦ **~ squash/juice** zumo de naranja.

orbit ['ɔːbɪt] *n c* **1** órbita. ● *tr & intr* **2** girar alrededor de, girar (un círculo). ● *tr* **3** poner en órbita (un satélite). ■ **in/into ~** en órbita.

orchard ['ɔːtʃəd] *n c* AGR huerto (de árboles frutales).

orchestra ['ɔːkɪstrə] *n c* **1** MUS orquesta. **2** *EE UU* platea.

orchid ['ɔːkɪd] *n c* BOT orquídea.

ordeal [ɔː'diːl] *n c* experiencia muy dura.

order ['ɔːdər] *n c & u* **1** orden (gen). ● *n c* **2** COM pedido: *an order for books = un pedido de libros.* ● *tr* **3** ordenar (gen). **4** pedir (en un bar, restaurante): *he ordered a beer = pidió una cerveza.* **5** COM hacer un pedido (encargar). ♦ **~ form** COM orden de pedido. ■ **in ~** en regla, en orden (documentos); en buen estado (una máquina); **in ~ to/in ~ that** para/para que; **in/of/on the ~ of** del orden de, aproximadamente; **on ~** pedido, encargado; **out of ~** en desorden (desorganizado); estropeado (una máquina); fuera de lugar (comportamiento).

ordinary ['ɔːdnrɪ] *adj* **1** común, corriente (genérico). **2** (pej) mediocre, vulgar (ordinario). ■ **in the ~ way** en circunstancias normales; **out of the ~** fuera de lo común (extraordinario).

ore [ɔː] *n u* mineral: *iron ore = mineral de hierro.*

oregano [ˌɒriː'gɑːnəʊ] *n u* GAST orégano.

organ ['ɔːgən] *n c* órgano.

organic [ɔː'gænɪk] *adj* orgánico. ♦ **~ chemistry** química orgánica.

organisation *n c & u* → organization.

organise *tr & intr* → organize.

organism ['ɔːgənɪzəm] *n c* organismo.

organization [ˌɔːgənaɪ'zeɪʃn] *n c & u* organización. ♦ **~ chart** organigrama.

organize ['ɔːgənaɪz] *tr* **1** organizar (un plan). **2** ordenar, poner orden (arreglar). ● *intr* **3** organizarse.

orgy ['ɔːdʒɪ] (*pl* **orgies**) *n c* orgía.

orient ['ɔːrɪənt] *tr & pron* → orientate.

oriental [ˌɔːrɪ'entl] *adj & n u* oriental.

orientate ['ɔːrɪenteɪt] *tr* **1** orientar (dirigir). ● *pron* **2** orientarse; aclimatarse (adaptarse). ■ **to be orientated to/towards** (fig) inclinarse por (preferir).

orientation [ˌɔːrɪen'teɪʃn] *n c & u* orientación.

origin ['ɒrɪdʒɪn] *n c & u* origen.

original [ə'rɪdʒɪnl] *adj & n c* original.

originality [əˌrɪdʒə'nælɪtɪ] *n u* originalidad.

originate [ə'rɪdʒəneɪt] *tr & intr* originar(se).

ornament ['ɔːnəmənt] *n c* adorno.

ornamental [ˌɔːnə'mentl] *adj* ornamental.

orphan ['ɔːfn] *adj & n c* **1** huérfano. ● **to be orphaned** *tr* **2** quedar huérfano.

orphanage [ˈɔ:fənɪdʒ] *n c* orfanato.
orthodox [ˈɔ:θədɒks] *adj* ortodoxo. ◆ ~ **Church** REL iglesia ortodoxa.
oscillate [ˈɒsɪleɪt] *tr & intr* oscilar.
ostrich [ˈɒstrɪtʃ] (*pl* **ostriches**) *n c* ZOOL avestruz.
other [ˈʌðər] *adj* **1** otro: *do you know the other girl? = ¿conoces a la otra chica?* ● *pron* **2** otro: *this box and the other = esta caja y la otra.* ◆ **the others** los otros, los demás: *I don't care what the others think = no me importa lo que piensen los demás.* ■ **one after the ~** uno tras otro; **~ than** excepto: *there wasn't anyone there other than you = no había allí nadie excepto tú.*
otherwise [ˈʌðəwaɪz] *adv* **1** de otro modo. **2** por lo demás. ● *conj* **3** de lo contrario, si no. ● *adj* **4** otro (diferente). ◆ ~ **called** alias.
otter [ˈɒtər] *n c* ZOOL nutria.
ought [ɔ:t] *modal* ~ + **inf** deber, tener que: *I think you ought to sit down = creo que deberías sentarte, you ought to have done it = deberías haberlo hecho.*
oughtn't [ˈɔ:tnt] *contr GB* (infml) (contr de *ought + not*) → ought.
ounce [auns] *n c* onza.
our [ˈauər] *poss adj* nuestro(s), nuestra(s): *our parents = nuestros padres, our daughters = nuestras hijas.*
ours [ˈauəz] *poss pron* (el) nuestro, (los) nuestros, (la) nuestra, (las) nuestras: *this car is better than ours = este coche es mejor que el nuestro, this house is bigger than ours = esta casa es más grande que la nuestra.*
ourselves [ˌauəˈselvz] *pron* **1** nosotros mismos (enfático): *we ourselves will do it = nosotros mismos lo haremos.* **2** nos (reflexivo): *we won't hurt ourselves = no nos haremos daño.* **3** solos, sin ayuda (por nosostros mismos): *we want to do it ourselves = queremos hacerlo solos.*
out [aut] *adv* **1** fuera (gen): *he always eats out = siempre come fuera*; afuera (en el exterior): *she was out on the terrace = estaba afuera en la terraza.* **2** fuera (ausente): *Mrs Jones is out = la sra Jones está fuera.* **3** fuera, alejado (apartado): *keep him out = manténlo alejado.* **4** inconsciente: *I was out for five minutes = estuve inconsciente cinco minutos.* ● *adj* **5** en huelga. **6** equivocado (errado): *you were not out in your calculations = no te equivocabas en tus cálculos.* **7** abierto (una flor, una planta). **8** acabado (finalizado): *before the week is out = antes de que la semana se acabe.* ● ~ **of** *prep* **9** fuera de (en el exterior): *out of the building = fuera del edificio.* ~ **of 10** por (movido por): *I asked out of curiosity = pregunté por curiosidad.* ~ **of 11** de (material): *he made it out of wood = lo hizo de madera.* ~ **of 12** sin (carente de): *out of breath = sin aliento.* ~ **of 13** uno de (un grupo): *one out of ten children = uno de cada diez niños.*
outboard [ˈautbɔ:d] ◆ ~ **motor** motor fuera borda.
outbreak [ˈautbreɪk] *n c* comienzo; estallido (guerra, violencia); brote (epidemia); erupción (volcán).
outburst [ˈautbɜ:st] *n c* explosión (de un sentimiento); arrebato (de ira, cólera); ataque (de risa).
outcast [ˈautkɑ:st] *adj & n c* proscrito, paria.
outcome [ˈautkʌm] *n c* resultado, consecuencias.
outcry [ˈautkraɪ] (*pl* **outcries**) *n c* protesta pública.
outdated [ˈautˌdeɪtɪd] *adj* anticuado.
outdid [ˌautˈdɪd] *pt* → outdo.
outdo [ˌautˈdu:, *pp* ˌautˈdʌn] (*pt* **outdid**, *pp* **outdone**) *tr* superar.
outdoor [ˈautdɔ:r] *adj* **1** al aire libre; de exterior (planta). ● **outdoors** *adv* **2** al aire libre.
outer [ˈautər] *adj* exterior. ◆ ~ **space** ASTR espacio exterior.
outfit [ˈautfɪt] (*pt* y *pp* **outfitted**, *ger* **outfitting**) *tr* **1** equipar. ● *n c* **2** conjunto (ropa). **3** equipo, herramientas.
outgoing [ˌautˈgəuɪŋ] *adj* **1** cesante (en un gobierno). **2** extrovertido (carácter). **3** descendiente (marea). ● **outgoings** *n pl* **4** gastos.
outgrow [autˈgrəu, *pt* autˈgru:, *pp* autˈgrəun] (*pt* **outgrew**, *pp* **outgrown**) *tr* **1** crecer más que. **2** perder (costumbre).
outing [ˈautɪŋ] *n c* excursión, paseo.
outlandish [autˈlændɪʃ] *adj* estrafalario (traje); extraño (comportamiento).
outlaw [ˈautlɔ:] *n c* **1** proscrito. ● *tr* **2** declarar ilegal (prohibir); declarar fuera de la ley (a una persona).

outlet ['aʊtlet] *n c* **1** desagüe (cañería). **2** conducto (de gas, aire). **3** (fig) desahogo (de sentimientos). **4** COM salida (de un producto). **5** COM punto de venta (tienda).
outline ['aʊtlaɪn] *n c* **1** visión general (gen); esquema (proyecto); boceto (dibujo); silueta, perfil (contorno). • *tr* **2** esbozar (plan, proyecto). **3** perfilar (silueta).
outlive [ˌaʊt'lɪv] *tr* sobrevivir a.
outlook ['aʊtlʊk] *n c* **1** actitud (punto de vista). **2** vista (panorama). • *n sing* **3** expectativas, perspectivas (esperanzas). • *n c* **4** predicción (de tiempo).
outnumber [ˌaʊt'nʌmbər] *tr* exceder en número.
out-of-date [ˌaʊtəv'deɪt] *adj* pasado de moda (ropa); caducado (pasaporte); desfasado (diccionario).
out-of-doors [ˌaʊtəv'dɔːz] *adv* al aire libre.
outpouring ['aʊtˌpɔːrɪŋ] *n c* **1** flujo, chorro (de palabras, lágrimas). • **outpourings** *n pl* **2** desvaríos (disparates).
output ['aʊtpʊt] (*pt* y *pp* **output**, *ger* **outputting**) *tr* **1** imprimir. • *n u* **2** producción (de una fábrica, literaria). • *n c* & *u* **3** COMPUT salida de información.
outrage ['aʊtreɪdʒ] *n c* **1** ataque, atentado (agresión). • *n u* **2** indignación. • *tr* **3** escandalizar. **4** ofender (ultrajar). **5** ir en contra de (ley, moralidad).
outraged ['aʊtreɪdʒd] *adj* furioso, indignado.
outrageous [aʊt'reɪdʒəs] *adj* extravagante (ropa); escandaloso, inmoral (comportamiento); exorbitante (precios).
outran [ˌaʊt'ræn] *pt* → outrun.
outright ['aʊtraɪt] *adj* **1** claro, abierto (inequívoco); absoluto, total (compuesto). • *adv* **2** abiertamente, francamente (sin reserva); de una vez, al contado; completamente; en el acto (morir).
outrun [ˌaʊt'rʌn] (*pt* **outran**, *pp* **outrun**) *tr* correr más que, adelantar.
outset ['aʊtset] *n u* **at/from the ~** desde el principio.
outside [ˌaʊt'saɪd] *adj* **1** exterior: *outside room = habitación exterior*; externo: *outside help = ayuda externa*. • *adv* **2** fuera, afuera: *wait me outside = espérame fuera*; en la calle (al aire libre); más allá. • *n c* **3** parte exterior (de un edificio); apariencia (de una persona). ◆ **~ broadcast** TV emisión fuera del estudio. ■ **~-broadcast unit** unidad móvil; **at the ~** a lo sumo, como mucho.
outsider [ˌaʊt'saɪdər] *n c* extraño (persona de fuera); intruso.
outskirts ['aʊtskɜːts] *n pl* afueras, alrededores.
outspoken [ˌaʊt'spəʊkən] *adj* franco. ■ **to be ~** no tener pelos en la lengua.
outstanding [ˌaʊt'stændɪŋ] *adj* **1** excepcional, destacado. **2** sin cobrar (dinero, deudas). **3** pendiente (un trabajo).
outward ['aʊtwəd] *adj* **1** de ida (viaje). **2** externo (signos). • *adv* **3** *EE UU* → outwards.
outwards ['aʊtwədz] *adv* hacia fuera.
outweigh [ˌaʊt'weɪ] *tr* **1** pesar más que. **2** (fml) superar, sobrepasar.
ova ['əʊvə] *n pl* → ovum.
oval ['əʊvl] *adj* **1** oval, ovalado. • *n c* **2** óvalo.
ovary ['əʊvərɪ] (*pl* **ovaries**) *n c* ovario.
oven ['ʌvn] *n c* horno.
ovenproof ['ʌvnpruːf] *adj* resistente al horno, refractario.
over ['əʊvər] *prep* **1** sobre (apoyado encima de). **2** encima de (en lugar más alto que otro). **3** al otro lado de: *they live over the road = viven en frente*. **4** por encima de (cruzando la superficie de). **5** más de (en cantidad superior): *she's over eighteen = tiene más de dieciocho años*. **6** por, a causa de (debido a): *they fell out over a woman = se pelearon por una mujer*. **7** por (teléfono, radio). **8** durante (a lo largo de): *over the weekend = (en) el fin de semana*. • *adv* **9** encima, por encima (sobre). **10** otra vez (de nuevo): *count them over = cuéntalos otra vez*. **11** más (cantidad). • *adj* & *adv* **12** terminado (finalizado): *the game is over = el juego se ha terminado*. **13** de sobra (remanente): *there's not much food over = no queda mucha comida*. • **over-** *pref* **14** sobre-, super-. ■ **all ~** por todo; por todas partes (aquí y allá); terminado, acabado (finalizado); **(all) ~ again** otra vez desde el principio; **~ and ~ (again)** muchas veces, una y otra vez; **~ and above** además de; **~ and out** RAD ¡cambio y cierro!; **~ here/there** aquí/allí; **~ to** tocar a (el turno): *over to you, Peter = te toca a ti, Peter*; **to be left ~** quedar, sobrar; **twice/three times ~** dos/ tres veces seguidas.

overall ['əuvərɔ:l] *adj* **1** total (longitud); global, general (impresión). • *adv* **2** en conjunto, en general. • *n c* **3** guardapolvo (bata). **4** *EE UU* mono (de trabajo). • **overalls** *n pl* **5** mono; pantalones de peto (Amér., de trabajo). ◆ **~ majority** mayoría absoluta.

overanxious [əuvər'æŋkʃəs] *adj* demasiado preocupado.

overboard ['əuvəbɔ:d] *adv* por la borda. ■ **man ~!** MAR ¡hombre al agua!; **to fall ~** caer al agua; **to go ~** (infml) pasarse de la raya; **to go ~ about/for sb/sth** (infml) estar loco por alguien/algo.

overburden [ˌəuvə'bɜ:dn] *tr* sobrecargar.

overcame [ˌəuvə'keɪm] *pt* → overcome.

overcast ['əuvəkɑ:st] *adj* nublado, cubierto.

overcoat ['əuvəkəut] *n c* abrigo.

overcome [ˌəuvə'kʌm] (*pt* **overcame**, *pp* **overcome**, *ger* **overcoming**) *tr* superar (un problema); vencer (al enemigo); resistir (una tentación). ■ **to be ~ (by/with)** sentirse agobiado (por) (emoción); estar asfixiado (por) (humo).

overcrowded [ˌəuvə'kraudɪd] *adj* superpoblado (ciudad, país); atestado de gente; lleno, abarrotado.

overcrowding [ˌəuvə'kraudɪŋ] *n u* superpoblación; hacinamiento.

overdo [ˌəuvə'du:, *pt* ˌəuvə'dɪd] (*pt* **overdid**, *pp* **overdone**) *tr* **1** (pej) exagerar. **2** excederse en (propasarse). **3** hacer demasiado (alimento). ■ **to ~ it** pasarse.

overdone [ˌəuvə'dʌn] *pp* **1** → overdo. • *adj* **2** demasiado hecho (alimento).

overdose ['əuvədəus] *n c* **1** sobredosis. • **to ~ (on)** *intr* **2** tomar una sobredosis (de).

overdue [ˌəuvə'dju:] *adj* **1** atrasado, retrasado (tarde); vencido y sin pagar (una pago, una renta). **2** requerido, esperado (un cambio, una reforma).

overestimate [ˌəuvər'estɪmeɪt] *tr* sobrestimar.

overflow ['əuvəfləu] *n c* **1** cañería de desagüe (cañería). • *tr & intr* **2** rebosar (líquido); desbordarse (de) (río).

overhang ['əuvəhæŋ] (*pt* y *pp* **overhung**) *tr* **1** sobresalir por encima de. • *intr* **2** sobresalir. • *n c* **3** saliente (del tejado).

overhaul ['əuvəhɔ:l] *n c* **1** revisión (del coche, de una máquina); repaso general. • *tr* **2** revisar (máquina). **3** alcanzar (a una persona, un vehículo).

overhear [ˌəuvə'hɪər, *pt* y *pp* ˌəuvə'hɜ:d] (*pt* y *pp* **overheard**) *tr & intr* oír por casualidad.

overjoyed [ˌəuvə'dʒɔɪd] *adj* **~ (at)** encantado (con).

overland ['əuvəlænd] *adj* **1** terrestre (viaje, ruta). • *adv* **2** por tierra (viaje).

overlap ['əuvəlæp] (*pt* y *pp* **overlapped**, *ger* **overlapping**) *tr & intr* **1** superponerse (a) (cubrir una cosa a otra). **2** (fig) coincidir en parte (con) (ser similar a). • *n c & u* **3** coincidencia (similitud). **4** superposición (solapamiento).

overleaf [ˌəuvə'li:f] *adv* al dorso, en la otra página.

overload ['əuvələud] *n c* **1** sobrecarga. • *tr* **2** sobrecargar.

overlook [ˌəuvə'luk] *tr* **1** dar a (tener vistas sobre). **2** pasar por alto (ignorar). **3** hacer la vista gorda (perdonar).

overnight [ˌəuvə'naɪt] *adj* **1** de una noche (estancia, viaje). **2** súbito, de la noche a la mañana (inmediato). • *adv* **3** durante la noche. **4** de la noche a la mañana (repentinamente). ◆ **~ bag** bolso de viaje.

overpopulation ['əuvəˌpɒpju'leɪʃn] *n u* superpoblación.

overpower [ˌəuvə'pauər] *tr* **1** vencer, subyugar. **2** (fig) embargar (sentimientos); agobiar, sofocar (calor, olor).

overpowering [ˌəuvə'pauərɪŋ] *adj* irresistible; agobiante, sofocante (calor, mal olor); muy intenso (perfume).

overran [ˌəuvə'ræn] *pt* → overrun.

overrate [ˌəuvə'reɪt] (*ger* **overrating**) *tr* sobrevalorar.

override [ˌəuvə'raɪd, *pp* ˌəuvə'rɪdn] (*pt* **overrode**, *pp* **overridden**, *ger* **overriding**) *tr* **1** predominar sobre (ser más importante que). **2** hacer caso omiso de, desautorizar (una orden, una objeción).

overrode [ˌəuvə'rəud] *pt* → override.

overrule [ˌəuvə'ru:l] (*ger* **overruling**) *tr* **1** desautorizar (a una persona); rechazar (argumento, objeción); anular (una decisión). **2** JUR denegar (una queja, un requerimiento).

overrun [ˌəuvə'rʌn, ˌəuvə'ræn] (*pt* **overran**, *pp* **overrun**) *tr* **1** MIL arrasar (un

O

ejército, al enemigo); ocupar, invadir (un país). **to be ~ with 2** (fig) estar invadido de. **3** rebasar (un límite). • *intr* **4** excederse, rebasar el tiempo previsto.
oversaw [ˌəʊvəˈsɔː] *pt* → oversee.
overseas [ˌəʊvəˈsiːz] *adj* **1** exterior (comercio); al extranjero (ventas, ayuda); en el extranjero (filial de una empresa). **2** extranjero (del exterior). • *adv* **3** en ultramar; al extranjero (ir, viajar).
oversee [ˌəʊvəˈsiː, *pp* ˌəʊvəˈsiːn] (*pt* **oversaw**, *pp* **overseen**) *tr* **1** supervisar (un trabajo). **2** vigilar (a los trabajadores).
overshadow [ˌəʊvəˈʃædəʊ] *tr* **1** dominar, ensombrecer (estar en una posición más alta). **2** (fig) eclipsar. **3** (fig) ensombrecer (suceso, situación).
overshoot [ˌəʊvəˈʃuːt, *pt* y *pp* ˌəʊvəˈʃɒt] (*pt* y *pp* **overshot**) *tr* & *intr* pasarse (de) (ir más allá de).
oversight [ˈəʊvəsaɪt] *n c* & *u* descuido.
oversleep [ˌəʊvəˈsliːp, *pt* y *pp* ˌəʊvəˈslept] (*pt* y *pp* **overslept**) *intr* quedarse dormido.
overspend [ˌəʊvəˈspend, *pt* y *pp* ˌəʊvəˈspent] (*pt* y *pp* **overspent**) *intr* gastar demasiado.
overstate [ˌəʊvəˈsteɪt] *tr* exagerar.
overstep [ˌəʊvəˈstep] (*pt* y *pp* **overstepped**, *ger* **overstepping**) *tr* pasar de. ■ **to ~ the mark** pasarse de la raya.
overstrike [ˈəʊvəstraɪk, *pt* y *pp* ˈəʊvəstrʌk] (*pt* y *pp* **overstruck**) *tr* COMPUT sobreescribir.
overtake [ˌəʊvəˈteɪk, *pp* ˌəʊvəˈteɪkən] (*pt* **overtook**, *pp* **overtaken**, *ger* **overtaking**) *tr* & *intr* **1** AUT adelantar. • *tr* **2** (fig) apoderarse de, abrumar (emoción, miedo). **3** (fig) sorprender, pillar de improviso.
overtaking [ˌəʊvəˈteɪkɪŋ] *n u GB* adelantamiento.
overthrow [ˈəʊvəθrəʊ, *pt* ˈəʊvəθruː, *pp* ˈəʊvəθrəʊn] (*pt* **overthrew**, *pp* **overthrown**) *tr* **1** derrocar (a un líder); deponer (a un monarca). **2** (fig) echar abajo (una idea). • *n c* **3** derrocamiento.
overtime [ˈəʊvətaɪm] *n u* **1** horas extra. • *n c* **2** *EE UU* SP (tiempo de) descuento. ■ **to work ~** (infml) hacer horas extra.
overtook [ˌəʊvəˈtʊk] *pt* → overtake.
overview [ˈəʊvəvjuː] *n c* visión general.
overweight [ˈəʊvəweɪt] *adj* grueso, obeso (persona, animal); que pesa más de lo permitido (equipaje).
overwhelm [ˌəʊvəˈwelm] *tr* **1** abrumar; agobiar. **2** aplastar, arrollar.
overwhelming [ˌəʊvəˈwelmɪŋ] *adj* abrumador; irresistible (deseo); agobiante (trabajo); contundente, aplastante.
overwork [ˈəʊvəwɜːk] *n u* **1** exceso de trabajo. • *tr* **2** hacer trabajar demasiado (a una persona). **3** emplear demasiado (máquina). • *intr* **4** trabajar demasiado.
ovulation [ˌɒvjʊˈleɪʃn] *n u* ovulación.
ovum [ˈəʊvəm] (*pl* **ova**) *n c* óvulo.
owe [əʊ] *tr* **to ~ sth to sb/to ~ sb sth** deber algo a alguien. ■ **owing to** debido a, por causa de.
owl [aʊl] *n c* ZOOL búho.
own [əʊn] *adj* **my/your/his etc. ~ 1** propio (enfático): *with my own eyes = con mis propios ojos*; propio, característico (style); propio, natural: *his own hair = su pelo natural.* • **my/your/his etc. ~** *pron* **2** (el) mío/(el) tuyo/(el) suyo etc. • *tr* **3** poseer, tener. ◆ **~ brand** COM marca propia; **~ goal** SP gol en propia portería; **to ~ up (to sth)** confesar (algo). ■ **as if/like one owned the place** (infml) como Pedro por su casa; **for my ~** para mí solo; **of one's ~** suyo, de su propiedad; **on one's ~** solo.

> ***Own*** sólo puede usarse después de un posesivo: *she has her own car = tiene su propio coche*. También puede emplearse sin que le siga ningún sustantivo: *I don't need your diskettes, I've got my own = no necesito tus disquetes, tengo los míos.*

owner [ˈəʊnər] *n c* propietario, dueño.
ownership [ˈəʊnəʃip] *n u* propiedad.
ox [ɒks] (*pl* **oxen**) *n c* ZOOL buey.
oxen [ˈɒksən] *n pl* → ox.
oxygen [ˈɒksɪdʒən] *n u* oxígeno. ◆ **~ mask** máscara de oxígeno; **~ tent** cámara de oxígeno.
oxygenated [ˈɒksɪdʒəneɪtɪd] *adj* CHEM oxigenado. ◆ **~ water** agua oxigenada.
oyster [ˈɔɪstər] *n c* ostra.
ozone [ˈəʊzəʊn] *n u* ozono. ◆ **~-friendly** que no daña a la capa de ozono; **~ layer** capa de ozono.

Pp

p, P [piː] *n c* P, p (letra).
pace [peɪs] *n c* & *u* **1** paso, ritmo. • *n c* **2** andar, caminar. • *tr* **3** controlar el ritmo. • **to ~ (up and down)** *intr* **4** caminar de un lado a otro. ♦ **to ~ out** medir a pasos. ■ **to keep ~ (with)** mantenerse al corriente de; llevar el mismo paso que; **to put through one's paces** poner a uno a prueba; **to set the ~** marcar el ritmo.
pacemaker [ˈpeɪsˌmeɪkər] *n c* **1** MED marcapasos. **2** (*EE UU* **pacesetter**) liebreo (en una carrera).
pacific [pəˈsɪfɪk] *adj* (fml) pacífico. ♦ **the Pacific (Ocean)** el (océano) Pacífico.
pacifier [ˈpæsɪfaɪər] *n c EE UU* chupete (para niño).
pacifism [ˈpæsɪfɪzəm] *n u* pacifismo.
pacifist [ˈpæsɪfɪst] *adj* & *n c* pacifista.
pacify [ˈpæsɪfaɪ] (*pt* y *pp* **pacified**) *tr* **1** calmar, apaciguar. **2** pacificar.
pack [pæk] *n c* **1** caja, envase; paquete, cajetilla (de cigarrillos); baraja (de cartas). **2** fardo; mochila. **3** jauría; manada (de lobos); banda (de ladrones). • *tr* & *intr* **4** hacer las maletas; empacar (Amér). • *tr* **5** empaquetar; envasar. **6** abarrotar, llenar. **7** COMPUT comprimir. ♦ **~ animal** animal de carga; **to ~ in** *GB* (infml) dejar, parar; **to ~ off** (infml) mandar; **to ~ up** *GB* (infml) dejar, parar; estropearse.
package [ˈpækɪdʒ] *n c* **1** paquete (gen). • **to ~ (up)** *tr* **2** empaquetar, envasar. ♦ **~ deal** acuerdo global; **~ holiday** paquete turístico; **~ tour** viaje organizado.
packager [ˈpækɪdʒər] *n c* empaquetador (persona, máquina).
packed [pækt] *adj* **~ (with)** abarrotado (de), repleto (de).
packet [ˈpækɪt] (*EE UU* **pack**) *n c* **1** paquete (gen); paquete, cajetilla (de cigarrillos); bolsa (de caramelos). **2** *GB* (infml) (normalmente *sing*) dineral.
packing [ˈpækɪŋ] *n u* embalaje. ■ **to do the ~** hacer el equipaje.
pact [pækt] *n c* pacto.
pad [pæd] (*pt* y *pp* **padded**, *ger* **padding**) *tr* **to ~ (out) 1** acolchar. • *intr* **2** andar sin hacer ruido. • *n c* **3** almohadilla (gen). **4** bloc. **(launch/launching) ~ 5** plataforma de lanzamiento. ♦ **to ~ out** meter paja en (discurso, texto).
paddle [ˈpædl] (*ger* **paddling**) *tr* & *intr* **1** remar. • *intr* **2** chapotear. • *n c* **3** remo. **4** *EE UU* raqueta.
paddock [ˈpædək] *n c* potrero, corral.
paddy [ˈpædɪ] (*pl* **paddies**) *n c* **~ (field)** arrozal.
padlock [ˈpædlɒk] *n c* **1** candado. • *tr* **2** cerrar con candado.
paediatrician [ˌpiːdɪəˈtrɪʃn] (*EE UU* **pediatrician**) *n c* MED pediatra.
paediatrics [ˌpiːdɪˈætrɪks] (*EE UU* **pediatrics**) *n u* MED pediatría.
pagan [ˈpeɪgən] *adj* & *n c* pagano.
page [peɪdʒ] *n c* **1** página. **2** HIST paje, escudero.
pager [ˈpeɪdʒə] *n c* busca(personas).
paid [peɪd] *pt* y *pp* **1** → pay. • *adj* **2** pagado (vacaciones, permiso); remunerado (trabajo).
pain [peɪn] *n u* **1** sufrimiento (mental). • *n c* **2** dolor (físico). • **pains** *n pl* **3** esfuerzos. ■ **a ~ (in the neck)** (infml) pesado (persona); pesadez; **for one's pains** por el esfuerzo hecho; **on/under ~ of** (fml) bajo pena de; **to be at pains to do sth** afanarse por hacer algo; **to be in ~** tener dolor; **to take pains to do sth** esforzarse en hacer algo.
pained [peɪnd] *adj* **1** herido, ofendido. **2** de reproche.
painful [ˈpeɪnful] *adj* doloroso, dolorido; penoso, embarazoso (decisión); arduo, difícil (tarea).
painkiller [ˈpeɪnˌkɪlər] *n c* calmante.
painless [ˈpeɪnlɪs] *adj* **1** indoloro. **2** (infml) fácil, sin complicaciones.
painstaking [ˈpeɪnzˌteɪkɪŋ] *adj* esmerado, minucioso.
paint [peɪnt] *n c* & *u* **1** pintura. • *tr* & *intr* **2** pintar. ♦ **~ stripper** decapante.

paint-brush [ˈpeɪntbrʌʃ] *n c* brocha, pincel.
painter [ˈpeɪntər] *n c* pintor.
painting [ˈpeɪntɪŋ] *n u* **1** pintura (actividad). • *n c* **2** cuadro.
pair [peər] *n c* **1** par (zapatos). **2** pareja. • **to ~ (off)** *tr* & *intr* **3** emparejar(se) (personas); aparear(se) (animales). ♦ **a ~ of scissors** unas tijeras; **a ~ of trousers** unos pantalones. ■ **in pairs** por parejas.

> ***Pair*** se traduce por **par**: *I have two pairs of earrings = tengo dos pares de pendientes; a pair of boys = un par de muchachos*. Cuando se refiere a objetos que tienen dos partes iguales no se traduce: *a pair of jeans = unos vaqueros.*

pajamas *n pl* → pyjamas.
Pakistan [ˌpɑːkɪˈstɑːn] *n sing* Pakistán.
Pakistani [ˌpɑːkɪˈstɑːnɪ] *adj* & *n c* paquistaní.
pal [pæl] *n c* **1** (infml) colega. **2** tío (para dirigirse a alguien).
palace [ˈpælɪs] *n c* palacio.
palatable [ˈpælətəbl] *adj* **1** sabroso. **2** (fig) aceptable.
palate [ˈpælət] *n c* & *u* paladar.
palaver [pəˈlɑːvər y EE UU pəˈlævər] *n u* **1** (infml) palabrería. • *n c* & *u* **2** (infml) lío, follón.
pale [peɪl] *adj* **1** pálido (gen); tenue (luz). • *intr* **2** palidecer.
Palestine [ˈpæləstaɪn] *n sing* Palestina.
Palestinian [ˌpæləˈstɪnɪən] *adj* & *n c* palestino.
pall [pɔːl] *n sing* **1** nube, cortina (de humo); manto (de silencio). • *intr* **2** cansar, hacerse pesado.
pallet [ˈpælɪt] *n c* palet.
palm [pɑːm] *n c* **1** palma (de la mano). **~ (tree) 2** BOT palmera. ♦ **~ oil** aceite de palma. ■ **to ~ sb off with** despachar a alguien con; **to read sb's ~** leer la mano de alguien.
palmtop (computer) [ˈpɑːmtɒp] *n c* ordenador de bolsillo.
palpable [ˈpælpəbl] *adj* (fml) palpable.
paltry [ˈpɔːltrɪ] *adj* mísero.
pamper [ˈpæmpər] *tr* mimar.
pamphlet [ˈpæmflɪt] *n c* folleto (de publicidad, informático); panfleto.
pan [pæn] (*pt* y *pp* **panned**, *ger* **panning**) *intr* **1** cribar (minerals). **2** CIN tomar vistas panorámicas. • *n c* **3** cazuela, cacerola.
Panama [ˌpænəˈmɑː] *n sing* Panamá.
Panamanian [ˌpænəˈmeɪnjən] *adj* & *n c* panameño.
pancake [ˈpænkeɪk] *n c* tortita; panqueque (Amér.). ♦ **Pancake Day/Tuesday** *GB* Martes de Carnaval; **~ roll** GAST rollito de primavera.
pancreas [ˈpæŋkrɪəs] *n c* ANAT páncreas.
panda [ˈpændə] (*pl* **panda** o **pandas**) *n c* ZOOL panda.
pander [ˈpændər] *tr* **to ~ to** (pej) complacer a.
panel [ˈpænl] (*GB*, *pret* y *pp* **panelled**, *ger* **panelling**, *EE UU*, *pret* y *pp* **paneled**, *ger* **paneling**) *n c* **1** panel (gen). **2** TV equipo, grupo (de especialistas).
pang [pæŋ] *n c* punzada (de dolor, remordimientos).
panic [ˈpænɪk] (*pt* y *pp* **panicked**, *ger* **panicking**) *intr* **1** aterrorizarse. • *n c* & *u* **2** pánico. ■ **to be in a ~** *GB* (infml) ser presa del pánico; tener prisa.
panicky [ˈpænɪkɪ] *adj* aterrado (persona); aterrador (sensación).
pannier [ˈpænɪər] *n c* **1** alforja. **2** cesta.
panorama [ˌpænəˈrɑːmə] *n c* panorama.
pansy [ˈpænzɪ] (*pl* **pansies**) *n c* BOT pensamiento.
pant [pænt] *intr* jadear.
panther [ˈpænθər] *n c* ZOOL pantera.
pantomime [ˈpæntəmaɪm] *n c* **1** *GB representación musical navideña para niños*. **2** pantomima.
pantry [ˈpæntrɪ] (*pl* **pantries**) *n c* despensa.
pants [pænts] *n pl* **1** *GB* calzoncillos. **2** *EE UU* pantalones.
pantyhose [ˈpæntɪhəʊz] *n pl EE UU* medias, pantis.
papaya [pəˈpaɪə] (*EE UU* **pawpaw**) *n c* & *u* papaya (fruta).
paper [ˈpeɪpər] *n u* **1** papel (material). • *n c* **2** (infml) periódico. **3** (fml) examen; estudio, ensayo; ponencia. • **papers** *n pl* **4** papeles, documentos; documentación. • *tr* **5** empapelar (paredes). ♦ **a piece of ~** una hoja de papel; **~ clip** clip; **~ knife** abrecartas; **to ~ over** disimular, ocultar. ■ **on ~** por escrito; sobre el papel.

paperweight [ˈpeɪpəweɪt] *n c* pisapapeles.
paperwork [ˈpeɪpəwɑ:k] *n u* papeleo.
papier-mâché [ˌpæpɪeɪˈmæʃeɪ] *n u* cartón piedra.
paprika [ˈpæprɪkə] *n u* pimentón.
Papua New Guinea [ˈpæpjuəˌnju:ˈgɪnɪ] *n sing* Papúa Nueva Guinea.
par [pɑ:r] *n c* **1** SP par (en el golf). • *n sing* **2** FIN paridad. ■ **on a ~ with** al mismo nivel que.
parable [ˈpærəbl] *n c* parábola.
parabola [pəˈræbələ] *n c* GEOM parábola.
parabolic [ˌpærəˈbɒlɪk] *adj* parabólico. ♦ **~ aerial** TELECOM antena parabólica.
parachute [ˈpærəʃu:t] *n c* **1** paracaídas. • *tr & intr* **2** lanzar(se) en paracaídas.
parachutist [ˈpærəʃu:tɪst] *n c* paracaidista.
parade [pəˈreɪd] *n c* **1** desfile. **2** exhibición. **3** sucesión, secuencia. • *intr* **4** MIL desfilar. **5** (pej) exhibirse. • *tr* **6** pasear. **7** (fig) exhibir.
paradise [ˈpærədaɪs] *n u* (fig) paraíso.
paradox [ˈpærədɒks] *n c* paradoja.
paraffin [ˈpærəfɪn] (*GB* **kerosene**) *n u* parafina.
paragliding [ˈpærəˌglaɪdɪŋ] *n u* parapente.
paragon [ˈpærəgən y EE UU ˈpærəgɒn] *n c* dechado.
paragraph [ˈpærəgrɑ:f y EE UU ˈpærəgræf] *n c* párrafo; acápite (Amér.).
Paraguay [ˈpærəgwaɪ] *n sing* Paraguay.
Paraguayan [ˌpærəˈgwaɪən] *adj & n c* paraguayo.
parakeet [ˈpærəki:t] *n c* ZOOL periquito.
parallel [ˈpærəlel] *adj* **~ to/with 1** paralelo a; semejante a. • *n c* **2** paralelo. **3** GEOM (línea) paralela. ♦ **~ bars** SP paralelas (gimnasia).
paralyse [ˈpærəlaɪz] (*EE UU* **paralyze**) *tr* paralizar.
paralysis [pəˈrælɪsɪs] (*pl* **paralyses**) *n c & u* parálisis.
paralyze *tr* → paralyse.
parameter [pəˈræmɪtər] *n c* parámetro.
paramount [ˈpærəmaʊnt] *adj* primordial.
paranoid or **paranoiac** [ˈpærənɔɪd o ˌpærəˈnɔɪæk] *adj & n c* paranoico.
parapet [ˈpærəpɪt] *n c* parapeto.
paraplegic [ˌpærəˈpli:dʒɪk] *adj & n c* MED parapléjico.
parasite [ˈpærəsaɪt] *n c* parásito.
parasol [ˈpærəsɒl y EE UU ˈpærəsɔ:l] *n c* sombrilla.
paratrooper [ˈpærətru:pər] *n c* MIL paracaidista.
parcel [ˈpɑ:sl] *n c* **1** paquete; encomienda (Amér.). **2** parcela (de tierra). ♦ **to ~ out** parcelar, dividir; **to ~ up** envolver.
parched [ˈpɑ:tʃt] *adj* **1** abrasado, reseco (tierra), seco; quemado (piel). **2** (infml) sediento.
parchment [ˈpɑ:tʃmənt] *n c & u* pergamino.
pardon [ˈpɑ:dn] *n c & u* **1** perdón. • **to ~ sb (for sth)** *tr* **2** perdonar a alguien (por algo). ■ **I beg your ~/~ me** le ruego me disculpe, perdón; **(I beg your) ~?** ¿perdón?, ¿cómo (ha dicho)?
pare [peər] *tr* pelar (fruta); cortar. ♦ **to ~ down** recortar, cortar; recortar, reducir.
parent [ˈpeərənt] *n c* **1** padre; madre. • **parents** *n pl* **2** padres.
parental [pəˈrentl] *adj* paterno; materno; de los padres.
parenthesis [pəˈrenθɪsɪs, *pl* pəˈrenθɪsi:z] (*pl* **parentheses**) *n c* paréntesis.
parish [ˈpærɪʃ] *n c* REL parroquia.
parity [ˈpærɪtɪ] *n u* paridad.
park [pɑ:k] *n c* **1** parque. • *tr & intr* **2** aparcar; parquear (Amér.).
parking [ˈpɑ:kɪŋ] *n u* aparcamiento. ♦ **~ lot** *EE UU* aparcamiento (al aire libre); **~ meter** parquímetro; **~ ticket** multa por aparcamiento indebido. ■ **no ~** prohibido aparcar.
parliament [ˈpɑ:ləmənt] *n c* parlamento.
parliamentary [ˌpɑ:ləˈmentərɪ] *adj* parlamentario.
parlour [ˈpɑ:lər] (*EE UU* **parlor**) *n c* salón.
parochial [pəˈrəʊkɪəl] *adj* (pej) provinciano.
parody [ˈpærədɪ] (*pl* **parodies**) *n c & u* **1** parodia. • (*pt* y *pp* **parodied**) *tr* **2** parodiar.
parole [pəˈrəʊl] *n u* **1** (fml) palabra de honor. **2** JUR libertad condicional.
parquet [ˈpɑ:keɪ y EE UU pɑ:rˈkeɪ] *n u* parquet. ♦ **~ floor(ing)** parquet flotante.
parricide [ˈpærɪsaɪd] *n c & u* **1** parricidio. • *n c* **2** parricida.

p

parrot [ˈpærət] *n c* ZOOL loro, papagayo. ♦ **~ fashion** (pej) mecánicamente, como un loro.

parry [ˈpærɪ] *tr* **1** esquivar, parar; desviar. **2** (fig) eludir.

parsimonious [ˌpɑːsɪˈməʊnjəs] *adj* (fml, pej) tacaño.

parsimony [ˈpɑːsɪmənɪ] *n u* (fml, pej) tacañería.

parsley [ˈpɑːslɪ] *n u* perejil.

part [pɑːt] *n c* **1** parte (gen). **2** pieza. **3** THEAT papel. **4** *EE UU* raya (en el pelo). • **~ (in)** *n c* & *u* **5** parte, participación (en una acción). • *adv* **6** en parte. • *tr* **7** peinar con raya. • *intr* **8** separarse; despedirse. • *tr* & *intr* **9** abrir(se) (cortina, labios). ♦ **~ of speech** GRAM categoría gramatical; **to ~ with** desprenderse de; renunciar a. ■ **for/on my/your/his etc. ~** por mi/tu/su etc. parte; **for the most ~** en su mayor parte; **in ~** en parte; **on the ~ of** (fml) de parte de, por parte de; **~ and parcel of** parte integrante de; **to ~ company (with)** separarse (de); romper relaciones (con); **to take ~ (in)** tomar parte (en).

partial [ˈpɑːʃl] *adj* **1** parcial. **~ to 2** (infml) aficionado a, con predilección por.

participant [pɑːˈtɪsɪpənt] *adj* & *n c* participante.

participate [pɑːˈtɪsɪpeɪt] *intr* **to ~ (in)** participar (en).

participation [pɑːˌtɪsɪˈpeɪʃn] *n u* **~ (in)** participación (en).

participle [ˈpɑːtɪsɪpl] *n c* GRAM participio.

particle [ˈpɑːtɪkl] *n c* partícula.

particular [pəˈtɪkjʊlər] *adj* **1** particular. **2** especial. **~ (about/over) 3** exigente (con). • **particulars** *n pl* **4** datos (personales); detalles, pormenores. ■ **in ~** en particular, en especial.

particularity [pəˌtɪkjuˈlærətɪ] *n u* **1** particularidad. **2** minuciosidad.

parting [ˈpɑːtɪŋ] *n c* & *u* **1** división, separación. **2** despedida. • *n c* **3** *GB* raya (en el pelo). • *adj* **4** de despedida (palabras, beso).

partisan [ˌpɑːtɪˈzæn, ˈpɑːtɪzn y EE UU ˈpɑːrtəzn] *adj* **1** (pej) partidista. • *n c* **2** partisano.

partition [pɑːˈtɪʃn] *n c* **1** tabique; mampara. • *n u* **2** partición, división (de un país). • **to ~ (into)** *tr* **3** dividir (en). ♦ **to ~ off** separar con tabiques.

partner [ˈpɑːtnər] *n c* **1** pareja (gen). **2** socio (comercial). **3** cómplice. **4** *EE UU* (infml) colega (apelativo amistoso).

partnership [ˈpɑːtnəʃip] *n c* & *u* **1** asociación. • *n c* **2** sociedad (negocios).

partridge [ˈpɑːtrɪdʒ] (*pl* **partridge** o **partridges**) *n c* ZOOL perdiz.

part-time [ˈpɑːtˌtaɪm] *adj* & *adv* a tiempo parcial.

party [ˈpɑːtɪ] (*pl* **parties**) *n c* **1** fiesta. **2** grupo. **3** POL partido. • (*pt* y *pp* **partied**) *intr* **4** (infml) celebrar una fiesta; irse de juerga. ♦ **~ line** línea oficial de un partido político; línea telefónica compartida; **~ pooper** (infml) aguafiestas; **~ wall** pared medianera.

pass [pɑːs y EE UU pæs] *n c* **1** pase (documento, permiso). **2** aprobado (en un examen). **3** paso (vía entre montañas). **4** SP pase. • *tr* **5** pasar. **6** sobrepasar. • **to ~ (by)** *tr* & *intr* **7** pasar (por/delante/cerca (de)). **8** aprobar (examen, ley). **9** AUT adelantar. • *intr* **10** pasar (gen). ♦ **to ~ by** no hacer caso de; pasar desapercibido a; **to ~ on** continuar; transmitir (información, enfermedad); **to ~ out** desmayarse; **to ~ over** pasar por alto; **to ~ up** dejar pasar.

passable [ˈpɑːsəbl] *adj* **1** pasable. **2** transitable.

passage [ˈpæsɪdʒ] *n c* **1** paso. **2** pasillo. **3** pasaje. **4** callejón. **5** MED conducto, tubo. **6** pasaje. **7** travesía (viaje por mar). • **~ (of)** *n u* **8** (fml) transcurso; paso; tránsito.

passageway [ˈpæsɪdʒˌweɪ] *n c* **1** pasillo. **2** pasadizo. **3** callejón.

passbook [ˈpɑːsbʊk] *n c* libreta de banco.

passenger [ˈpæsɪndʒər] *n c* pasajero.

passer-by [ˌpɑːsəˈbaɪ] (*pl* **passers-by**) *n c* transeúnte.

passing [ˈpɑːsɪŋ y EE UU ˈpæsɪŋ] *adj* **1** de paso, que pasa (persona, vehículo); de pasada (comentario). **2** pasajero, fugaz (moda). • *n u* **3** paso (del tiempo).

passion [ˈpæʃn] *n c* & *u* pasión. ♦ **~ fruit** granadilla.

passionate [ˈpæʃənət] *adj* apasionado.

passive [ˈpæsɪv] *adj* **1** (pej) pasivo. • **~ (voice)** *n u* **2** GRAM (voz) pasiva. ♦ **~ re-**

sistance resistencia pasiva; ~ **smoker** fumador pasivo.

passport [ˈpɑːspɔːt y EE UU ˈpæspɔːt] *n c* pasaporte. ◆ ~ **control** control de pasaportes.

password [ˈpɑːswɗːd y EE UU ˈpæswɗːrd] *n c* contraseña.

past [pɑːst y EE UU pæst] *adj* **1** pasado (gen): *the past week = la semana pasada.* **2** anterior. **3** último (más reciente). **4** GRAM pasado, pretérito. ● *n c & u* **5** pasado. ● *adv* **6** por delante: *she walked past without looking at us = pasó por delante sin mirarnos.* **7** y, pasado la hora: *it's nearly quarter-past = son casi y cuarto.* ● *prep* **8** pasado, más allá de: *past the bank = más allá del banco.* **9** por delante de. **10** más de: *she's past 45 = tiene más de 45 años.* ◆ ~ **master** experto; ~ **participle** GRAM participio pasado; **the ~ (tense)** GRAM el pasado; **the ~ perfect (tense)** GRAM el pretérito pluscuamperfecto. ■ **to be ~ it** (infml) estar para el arrastre; no valer ya para esos trotes.

pasta [ˈpæstə y EE UU ˈpɑːstə] *n u* GAST pasta.

paste [peɪst] *n c & u* **1** pasta. **2** masa. **3** GAST paté; puré; pasta. **4** engrudo. ● *tr* **5** pegar (gen); engrudar.

pastel [ˈpæstel y EE UU pæˈstel] *adj* **1** pastel (color). ● *n c & u* **2** ARTS pastel (lápiz, dibujo). ● *n c* **3** pastel (color).

pastille [ˈpæstɪl] *n c* pastilla.

pastime [ˈpɑːstaɪm y EE UU ˈpæstaɪm] *n c* pasatiempo.

pastor [ˈpɑːstər y EE UU ˈpæstə] *n c* REL pastor protestante.

pastry [ˈpeɪstrɪ] (*pl* **pastries**) *n u* **1** pasta, masa. ● *n c* **2** pastel.

pasture [ˈpɑːstʃər y EE UU ˈpæstʃər] *n c & u* **1** pasto (para animales). **2** prado, dehesa. ● *tr* **3** apacentar.

pasty [ˈpæstɪ] (*pl* **pasties**) *n c GB* empanada.

pat [pæt] (*pt* y *pp* **patted**, *ger* **patting**) *tr* **1** dar una palmadita a (la espalda, la mano); acariciar (a un animal). ● *n c* **2** golpecito (gen); palmadita; caricia. ● *adj* **3** (pej) preparado (respuesta); inverosímil. ● *adv* **4** sin vacilación (actuar). ■ **off ~** de memoria.

patch [ˈpætʃ] *n c* **1** parche (de tela). **2** parcela (de terreno); área (ajardinada). ● *tr* **3** parchear. ◆ **to ~ together** formar a duras penas (un equipo); alcanzar a duras penas (un acuerdo, solución); **to ~ up** reparar (un objeto); atender a (un herido); resolver (diferencias); salvar (una relación).

patchwork [ˈpætʃwɗːk] *n c & u* **1** *labor hecha a base de retazos de distintas telas.* **2** (fig) mosaico (hotchpotch).

patchy [ˈpætʃɪ] *adj* **1** irregular (neblina, sol); desigual (color). **2** (pej) incompleto (conocimientos).

pâté [ˈpæteɪ y EE UU pɑːˈteɪ] *n c & u* paté.

patent [ˈpeɪtənt EE UU ˈpætnt, ˈpætənt] *adj* **1** patente (un hecho). **2** COM patentado. ● *n c* **3** COM patente. ● *tr* **4** patentar. ◆ ~ **leather** charol.

paternal [pəˈtɗːnl] *adj* paternal (sentimiento, amor); paterno (amor).

paternity [pəˈtɗːnɪtɪ] *n u* paternidad.

path [pɑːθ y EE UU pæθ] *n c* **1** camino. **2** (fig) trayectoria, rumbo (hacia el éxito). **3** curso (de los acontecimientos).

pathetic [pəˈθetɪk] *adj* patético.

pathological [ˌpæθəˈlɒdʒɪkl] *adj* MED patológico.

pathology [pəˈθɒlədʒɪ] *n u* MED patología.

pathway [ˈpɑːθweɪ] *n c* sendero, camino.

patience [ˈpeɪʃns] *n u* **1** paciencia. **2** solitario (juego de cartas).

patient [ˈpeɪʃnt] *adj & n c* paciente.

patio [ˈpætɪəʊ] (*pl* **patios**) *n c* patio.

patisserie [pəˈtiːsərɪ] *n c & u* pastelería.

patrimony [ˈpætrɪmənɪ y EE UU ˈpætrɪməʊnɪ] *n u* (fml) patrimonio.

patriot [ˈpætrɪət y EE UU ˈpeɪtrɪət] *n c* patriota.

patriotic [ˌpætrɪˈɒtɪk y EE UU ˌpeɪtrɪˈɒtɪk] *adj* patriótico.

patrol [pəˈtrəʊl] (*pt* y *pp* **patrolled**, *ger* **patrolling**) *tr & intr* **1** patrullar. ● *n c & u* **2** patrulla. ◆ ~ **car** coche patrulla; ~ **wagon** *EE UU* coche celular.

patron [ˈpeɪtrən] *n c* **1** benefactor (sin ánimo de lucro); patrocinador (de una organización). **2** (fml) cliente (de un establecimiento). **3** ARTS mecenas.

patronize or **patronise** [ˈpætrənaɪz y EE UU ˈpeɪtrənaɪz] *tr* **1** (pej) tratar condescendientemente a. **2** patrocinar (una actividad u organización). **3** (fml) frecuentar, ser cliente asiduo de (una tienda).

p

patronizing or **patronising** [ˈpætrənaɪzɪŋ] *adj* (pej) condescendiente.
patter [ˈpætər] *n u* **1** repiqueteo (de gotas de lluvia). **2** pasitos (de perro). • *intr* **3** repiquetear. **4** corretear (un perro).
pattern [ˈpætən] *n c* & *u* **1** diseño (gen). **2** dibujo (sobre tela). • *n c* **3** modelo (de honestidad). **4** diagrama, esquema. **5** patrón (de costura).
paunch [pɔːntʃ] *n c* panza.
pause [pɔːz] *n c* **1** pausa. • *intr* **2** hacer una pausa (en una actividad).
pavement [ˈpeɪvmənt] *n c* **1** *GB* acera. • *n c* & *u* **2** *EE UU* calzada. **3** pavimento.
pavilion [pəˈvɪlɪən] *n c* **1** pabellón (en fiestas y ferias). **2** *GB* SP vestuarios.
paving [ˈpeɪvɪŋ] *n u* pavimento. ♦ **~ stone** losa, baldosa.
paw [pɔː] *n c* **1** pata (de animal); garra (de león). • *tr* **2** dar zarpazos.
pawn [pɔːn] *n c* **1** peón (en ajedrez). **2** (fig) títere. • *tr* **3** empeñar.
pawnbroker [ˈpɔːnˌbrəʊkər] *n c* prestamista.
pay [peɪ] (*pt* y *pp* **paid**) *tr* **1** pagar (con dinero). **2** saldar, liquidar (deuda). **to ~ sth in/into 3** *GB* ingresar en (en una cuenta bancaria). • *tr* & *intr* **4** ser rentable (a). • **to ~ (for)** *intr* **5** pagar. • *n u* **6** sueldo, salario. ♦ **~ day** día de paga, día de cobro; **to ~ back** devolver (dinero); vengarse; **to ~ off** saldar (una deuda); despedir e indemnizar (a un trabajador); comprar, pagar (sobornando); salir bien (un plan, estrategia); **to ~ out** desembolsar; soltar (una cuerda); **to ~ up** cancelar una deuda. ■ **to ~ sb (not) to do sth** traer cuenta/más valer (no) hacer algo.
paycheque [ˈpeɪtʃek] (*EE UU* **paycheck**) *n c* sueldo.
payment [ˈpeɪmənt] *n c* pago.
pay-phone [ˈpeɪfəʊn] *n c* teléfono público.
payroll [ˈpeɪrəʊl] *n c* nómina.
payslip [ˈpeɪslɪp] *n c GB* hoja de paga.
PC [ˌpiːˈsiː] (*abbrev* **personal computer**) *n c* PC.
pea [piː] *n c* BOT guisante.
peace [piːs] *n u* **1** paz. **2** calma (interior). ■ **to hold/keep one's ~** (fml) guardar silencio; **to keep the ~** mantener el orden; **to make (one's) ~ with** hacer las paces con.
peaceable [ˈpiːsəbl] *adj* pacífico.
peaceful [ˈpiːsfʊl] *adj* **1** tranquilo (una calle, un lugar). **2** pacífico: *peaceful coexistence = coexistencia pacífica.*
peacetime [ˈpiːstaɪm] *n u* tiempos de paz.
peach [piːtʃ] *n c* melocotón; durazno (Amér., fruit).
peacock [ˈpiːkɒk] *n c* ZOOL pavo real.
peahen [ˈpiːhen] *n c* ZOOL pava real.
peak [piːk] *n c* **1** pico, cumbre (gen). **2** visera (de un gorro). • *adj* **3** óptimo (condición); alto (temporada). • *intr* **4** llegar al máximo. ♦ **~ hour** hora punta; **~ period/time** período de tarifa máxima (electricida, teléfono); horas punta; **~ rate** tarifa máxima.
peal [piːl] *n c* **1** tañido, repique (de campanas). • *intr* **2** repicar. ♦ **peals of laughter** carcajadas.
peanut [ˈpiːnʌt] *n c* cacahuete; maní (Amér.). ♦ **~ butter** manteca de cacahuete.
pear [peər] *n c* & *u* pera.
pearl [pɗːl] *n c* & *u* perla.
peasant [ˈpeznt] *n c* **1** campesino. **2** (infml, pej) paleto, palurdo.
peashooter [ˈpiːˌʃuːtər] *n c* cerbatana.
peat [piːt] *n u* turba.
pebble [ˈpebl] *n c* guijarro.
peck [pek] *n c* **1** picotazo. **2** besito. • *tr* & *intr* **3** picar, picotear. • **to ~ at** *intr* **4** picotear, comer sin muchas ganas.
peculiar [pɪˈkjuːljər] *adj* **1** extraño, raro (situación, forma de actuar). **2** (euph) extravagante. **3** (infml) raro, pachucho. **~ (to) 4** propio (de) (una persona, lugar).
peculiarity [pɪˌkjuːlɪˈærɪtɪ] (*pl* **peculiarities**) *n u* **1** rareza. • *n c* **2** peculiaridad (de una persona, lugar). **3** (euph) extravagancia.
pedagogy [ˈpedəgɒdʒɪ] *n u* (fml) pedagogía.
pedal [ˈpedl] (*GB*, *pret* y *pp* **pedalled**, *ger* **pedalling**, *EE UU*, *pret* y *pp* **pedaled**, *ger* **pedaling**) *tr* & *intr* **1** pedalear. • *n c* **2** pedal.
pedant [ˈpedənt] *n c* (pej) quisquilloso.
pedantic [pɪˈdæntɪk] *adj* (pej) quisquilloso.
peddle [ˈpedl] *tr* & *intr* **1** (pej) vender de puerta en puerta. • *tr* **2** difundir (rumores). **3** (sl) traficar con (drogas).
peddler [ˈpedlər] *n c* **1** → pedlar. **2** camello (vendedor de drogas).

pedestal [ˈpedɪstl] *n c* pedestal.
pedestrian [pɪˈdestrɪən] *n c* **1** peatón. • *adj* **2** (pej) ordinario (mediocre). ♦ **~ crossing** paso de peatones; **~ precinct** *GB* zona peatonal.
pediatrician *n c* → paediatrician.
pediatrics *n u* → paediatrics.
pedigree [ˈpedɪgri:] *adj* **1** con pedigrí. • *n c* **2** pedigrí.
pedlar [ˈpedlər] (*EE UU* **peddler**) *n c GB* vendedor ambulante.
pee [pi:] *n u* **1** (infml, vulg) pis, pipí. • *intr & pron* **2** mear(se). • *pron* **3** mearse.
peek [pi:k] *n c* **~ (at) 1** ojeada. • **to ~ (at)** *intr* **2** (infml) fisgar, mirar a hurtadillas.
peel [pi:l] *n u* **1** piel (gen); monda, mondadura (de una fruta); corteza (de limón). • *tr* **2** pelar, mondar (fruta). • *intr* **3** desconcharse (pared). **4** despegarse (papel de la pared). **5** pelarse (la nariz).
peelings [ˈpi:lɪŋz] *n u* peladuras (de patatas); mondaduras (de manzana).
peep [pi:p] *n c* **~ (at) 1** ojeada. **2** piada (de un pájaro). • **to ~ (at)** *intr* **3** fisgar. ■ **not a ~** ni pío.
peephole [ˈpi:phəʊl] *n c* mirilla.
peer [pɪər] *n c* **1** *GB* par, noble (título). **2** (fml) par, igual. • *intr* **3** mirar con ojos escrutadores.
peeve [pi:v] *tr* (infml) molestar, irritar.
peevish [ˈpi:vɪʃ] *adj* quejumbroso; malhumorado.
peg [peg] (*pt* y *pp* **pegged**, *ger* **pegging**) *tr* **1** fijar. • *n c* **2** gancho; percha. **3** *GB* pinza de ropa. **4** estaca (de la tienda de campaña). ♦ **~ leg** (infml) pata de palo ■ **to bring/take sb down a ~ or two** bajar los humos a alguien.
pejorative [pɪˈ:dʒɒrɪtɪv] *adj* (fml) peyorativo.
pelican [ˈpelɪkən] *n c* ZOOL pelícano. ♦ **~ crossing** *GB paso de peatones con semáforo activado por el peatón.*
pellet [ˈpelɪt] *n c* **1** bolita (de comida). **2** perdigón. ♦ **~ gun** pistola de aire comprimido.
pelt [pelt] *n c* **1** piel, pellejo (de animal). • **to ~ sb (with sth)** *tr* **2** arrojar algo a alguien (bolas de nieve). • **to ~ (down)** *intr* **3** llover a cántaros.
pelvis [ˈpelvɪs, *pl irreg* ˈpelvi:z] (*pl* **pelvises** o **pelves**) *n c* ANAT pelvis.
pen [pen] (*pt* y *pp* **penned**, *ger* **penning**) *tr* **1** (fml) escribir, redactar. **2** encerrar en redil (animales); confinar (personas). • *n c* **3** pluma; pluma fuente (Amér.). **4** bolígrafo; birome, lapicera (Amér.). **5** rotulador. **6** redil, corral. ■ **to put ~ to paper** (lit) ponerse a escribir.
penal [ˈpi:nl] *adj* penal. ♦ **~ code** JUR código penal.
penalize o **penalise** [ˈpi:nəlaɪz] *tr* **to ~ sb (for)** penalizar.
penalty [ˈpenltɪ] (*pl* **penalties**) *n c* **1** JUR pena; multa. **2** (fig) precio, desventaja (de la fama, del poder). **~ (kick) 3** SP penalti (en fútbol); golpe de castigo (rugby). ♦ **~ area/box** SP área de castigo.
penance [ˈpenəns] *n c & u* penitencia.
pence [pens] *n pl GB* peniques.
penchant [ˈpɑ:nʃɑ:n y EE UU ˈpentʃənt] *n sing* **~ (for)** (fml) afición (por/a).
pencil [ˈpensl] (*GB, pret* y *pp* **pencilled**, *ger* **pencilling**, *EE UU, pret* y *pp* **penciled**, *ger* **penciling**) *tr* **1** escribir/anotar a lápiz; dibujar a lápiz. • *n c* **2** lápiz, lapicero. ♦ **~ case** plumier, estuche; **~ sharpener** sacapuntas. ■ **in ~** a lápiz.
pendant [ˈpendənt] *n c* colgante.
pending [ˈpendɪŋ] *adj* **1** inminente (llegada). **2** (fml) pendiente: *a pending decision = una decisión pendiente.* • *prep* **3** (fml) a la espera de.
pendulum [ˈpendjʊləm] *n c* péndulo.
penetrate [ˈpenɪtreɪt] *tr* **1** penetrar (gen); atravesar (una barrera). **2** (fig) infiltrarse (en) (una organización). **3** (normalmente *pasiva*) afectar profundamente, hacer mella. • *intr* **4** penetrar en.
penfriend [ˈpenfrend] *n c GB* amigo por correspondencia.
penguin [ˈpeŋgwɪn] *n c* ZOOL pingüino.
penicillin [ˌpenɪˈsɪlɪn] *n u* MED penicilina.
peninsula [pɪˈnɪnsjʊlə] *n c* GEOG península.
penis [ˈpi:nɪs] *n c* ANAT pene.
penitentiary [ˌpenɪˈtenʃərɪ] (*pl* **penitentiaries**) *n c EE UU* penitenciaría.
penknife [ˈpennaɪf, *pl* ˈpennaɪvz] (*pl* **penknives**) *n c* navaja.
pen-name [ˈpenneɪm] *n c* seudónimo (de un escritor).
pennant [ˈpenənt] *n c* SP banderín.
pennies [ˈpenɪz] *n pl* → penny.

p

penniless [ˈpenɪlɪs] *adj* sin blanca.
penny [ˈpenɪ] (*pl* **pennies** o **pence**) *n c* **1** *GB* penique. **2** (fig) en oraciones negativas) céntimo, duro: *it's not worth a penny = no vale un duro.* ◆ **~ whistle** silbato, pito. ■ **to turn up like a bad ~** aparecer en el momento menos oportuno; **two/ten a ~** *GB* (infml) a porrillo, en cantidad.
penny-pinching [ˈpenɪˌpɪntʃɪŋ] *adj* **1** tacaño. ● *n u* **2** tacañería.
pension [ˈpenʃn] *n c* pensión. ◆ **~ fund** fondo de pensiones; **~ plan/scheme** plan de pensiones.
pensioner [ˈpenʃənər] *n c* **(old-age) ~** *GB* pensionista.
pensive [ˈpensɪv] *adj* pensativo.
pentagon [ˈpentəgən] *n c* GEOM pentágono.
Pentecost [ˈpentɪkɒst] *n u* Pentecostés.
penthouse [ˈpenthaʊs] *n c* ático de lujo.
pent-up [ˌpentˈʌp] *adj* reprimido.
penultimate [peˈnʌltɪmət] *adj* penúltimo.
people [ˈpiːpl] *n pl* **1** gente (gen); personas. **2** habitantes.
pep [pep] (*pt* y *pp* **pepped**, *ger* **pepping**) *tr* **to ~ up 1** animar. ● *n u* **2** (infml) energía, vitalidad. ◆ **~ pill** (infml) píldora estimulante; **~ talk** (infml) palabras de ánimo.
pepper [ˈpepər] *n u* **1** pimienta (condimento). ● *n c* **2** pimiento. ● *tr* **3** sazonar con pimienta.
per [pɗːr] *prep* por, a, cada (tasa, proporción): *50 miles per hour = 50 millas por hora.* ■ **~ capita** per cápita; **~ cent** por ciento.
perceive [pəˈsiːv] *tr* **1** (fml) percibir, percatarse. **2** comprender, apreciar (understand). **to ~ sth/sb as 3** ver algo/a alguien como (see, consider).
percentage [pəˈsentɪdʒ] *n c* porcentaje.
perceptible [pəˈseptəbl] *adj* perceptible.
perception [pəˈsepʃn] *n u* **1** (fml) percepción. **2** (fig) sagacidad, agudeza. ● *n c* **3** idea.
perch [pɗːtʃ] *n c* **1** percha, vara (para los pájaros). **2** (infml) posición elevada (desde donde se ve todo). **3** ZOOL (*pl* **perch**) perca (pez). ● **to ~ (on)** *intr* **4** posarse (en) (pájaro); sentarse (en) (persona). ● *tr* **5** colocar (objeto).
percolator [ˈpɗːkəleɪtər] *n c* cafetera con filtro.
percussion [pəˈkʌʃn] *adj* **1** MUS de percusión (instrumentos). ● *n u* **2** percusión.
perennial [pəˈrenɪəl] *adj* & *n c* perenne (plant).
perfect [ˈpɗːfɪkt] *adj* **1** perfecto (gen). **2** completo, redomado (absolute): *it makes perfect sense = es totalmente lógico.*
perfect [pəˈfekt] *tr* perfeccionar.
perfection [pəˈfekʃn] *n u* **1** perfección. **2** perfeccionamiento. ■ **to ~** a la perfección.
perfectionist [pəˈfekʃnɪst] *n c* perfeccionista.
perforate [ˈpɗːfəreɪt] *tr* perforar.
perforation [ˌpɗːfəˈreɪʃn] *n c* & *u* perforación.
perform [pəˈfɔːm] *tr* **1** llevar a cabo, realizar. **2** THEAT representar. **3** MUS interpretar. ● *intr* **4** actuar, tocar, cantar (en público). **5** MEC funcionar (máquina, automóvil). **6** trabajar (persona, equipo).
performance [pəˈfɔːməns] *n c* **1** interpretación, actuación (de actor, músico). **2** representación (de un espectáculo). **3** función, sesión (de teatro, de cine). **4** realización, ejecución (de una tarea, trabajo). **5** rendimiento (de una máquina).
performer [pəˈfɔːər] *n c* intérprete, artista.
perfume [ˈpɗːfjuːm y EE UU pərˈfjuːm] *n c* & *u* perfume.
perfume [pəˈfjuːm] *tr* perfumar.
perfunctory [pəˈfʌŋktərɪ] *adj* **1** superficial. **2** desganado.
perhaps [pəˈhæps y præps] *adv* quizá(s), tal vez.
peril [ˈperɪl] *n c* & *u* (fml, lit) peligro.
perimeter [pəˈrɪmɪtər] *n c* & *u* perímetro.
period [ˈpɪərɪəd] *n c* **1** período (gen). **2** HIST era, época. **3** SCH hora, clase. **4** *EE UU* punto (hablando de las horas).
periodic [ˌpɪərɪˈɒdɪk] *adj* periódico.
periodical [ˌpɪərɪˈɒdɪkl] *adj* **1** periódico (idea, asunto). ● *n c* **2** revista periódica.
peripheral [pəˈrɪfərəl] *adj* **1** menor, marginal (idea, asunto). **2** periférico (barrio). ● *n c* **3** COMPUT periférico.
periphery [pəˈrɪfərɪ] (*pl* **peripheries**) *n c* **1** (fml) periferia. ● *n u* **2** (fig) márgenes.

perish ['perɪʃ] *intr* **1** perecer. **2** estropearse, deteriorarse.
perishable ['perɪʃəbl] *adj* **1** perecedero (alimento). ● **perishables** *n pl* **2** productos perecederos.
perjury ['pɜ:dʒərɪ] *n c & u* JUR perjurio.
perk [pɜ:k] *n c* **1** (infml) extra, plus (de dinero). **2** ventaja, beneficio adicional (laborales, salariales). ● **to ~ up** *tr & intr* **3** (infml) animar(se).
perky ['pɜ:kɪ] *adj* (infml) animado, alegre.
perm [pɜ:m] *n c* **1** (infml) permanente (peinado). ● *tr* **2** (infml) hacer la permanente. ■ **to have/get one's hair permed** hacerse la permanente.
permanent ['pɜ:mənənt] *adj* **1** permanente. **2** fijo (trabajo, dirección). ● *n c* **3** *EE UU* permanente (peinado).
permission [pə'mɪʃn] *n u* permiso.
permissive [pə'mɪsɪv] *adj* (pej) permisivo (en materia de costumbres).
permit ['pɜ:mɪt] *n c* permiso.
permit [pə'mɪt] (*pt* y *pp* **permitted**, *ger* **permitting**) *tr* permitir.
pernicious [pə'nɪʃəs] *adj* (fml) pernicioso.
pernickety [pə'nɪkɪtɪ] (*EE UU* **persnickety**) *adj* (infml, pej) quisquilloso (con la limpieza).
perpendicular [ˌpɜ:pən'dɪkjʊlər] *adj & n c* perpendicular.
perpetrate ['pɜ:pɪtreɪt] *tr* (fml) perpetrar.
perpetual [pə'petʃʊəl] *adj* **1** (pej) perpetuo. **2** constante.
perpetuity [ˌpɜ:pɪ'tju:ətɪ y EE UU ˌpɜ:pɪ'tu:ətɪ] *n u* perpetuidad. ■ **in ~** a perpetuidad.
perplex [pə'pleks] *tr* (fml) dejar perplejo.
perplexed [pə'plekst] *adj* (fml) perplejo.
perplexity [pə'pleksətɪ] *n u* (fml) perplejidad.
persecute ['pɜ:sɪkju:t] *tr* perseguir.
persecution [ˌpɜ:sɪ'kju:ʃn] *n c & u* persecución.
perseverance [ˌpɜ:sɪ'vɪərəns] *n c* perseverancia.
persevere [ˌpɜ:sɪ'vɪər] *intr* **to ~ (at/in/with)** perseverar (en).
Persian ['pɜ:ʃən] *adj & n c* **1** persa. ● *n u* **2** persa (idioma). ◆ **~ cat** gato persa; **the Persian Gulf** el Golfo Pérsico.
persimmon [pɜ:'sɪmən] *n c* BOT caqui.
persist [pə'sɪst] *intr* persistir. ■ **to ~ in doing sth** empeñarse en hacer algo.
persistence [pə'sɪstəns] *n u* **1** persistencia. **2** perseverancia.
persistent [pə'sɪstənt] *adj* **1** (pej) persistente. **2** continuo.
persnickety [pə'snɪkɪtɪ] *adj EE UU* → pernickety.
person ['pɜ:sn] *n c* **1** (*pl* **people**) persona (gen). ● *n c & u* **2** GRAM (*pl* **persons** o **people**) persona. ■ **about one's ~** consigo, en su cuerpo; **in ~** en persona.
personable ['pɜ:snəbl] *adj* agradable.
personal ['pɜ:snl] *adj* **1** personal (gen). **2** ofensivo (comentario). ◆ **~ column** sección de anuncios personales; **~ computer** COMPUT ordenador personal; **~ organizer** agenda; **~ pronoun** GRAM pronombre personal; **~ stereo** walkman.
personality [ˌpɜ:sə'nælɪtɪ] (*pl* **personalities**) *n c & u* personalidad.
personify [pɜ:'sɒnɪfaɪ] *tr* personificar.
personnel [ˌpɜ:sə'nel] *n pl* personal (de una empresa). ◆ **~ department** departamento de personal (en una compañía).
perspective [pə'spektɪv] *n c & u* perspectiva.
perspicacious [ˌpɜ:spɪ'keɪʃəs] *adj* (fml) perspicaz.
perspiration [ˌpɜ:spə'reɪʃn] *n u* (fml) transpiración.
persuade [pə'sweɪd] *tr* persuadir, convencer.
persuasion [pə'sweɪʒn] *n u* **1** persuasión. ● *n c* **2** (fml) creencia.
persuasive [pə'sweɪsɪv] *adj* persuasivo.
pert [pɜ:t] *adj* **1** descarado (de una forma simpática); vivaracho. **2** gracioso, coquetón.
pertain [pə'teɪn] *intr* **to ~ (to)** (fml) pertenecer (a); corresponder (a); tener que ver (con). ■ **pertaining to** (fml) perteneciente a; relacionado con.
pertinent ['pɜ:tɪnənt] *adj* (fml) pertinente.
perturb [pə'tɜ:b] *tr* (fml) perturbar.
Peru [pə'ru:] *n sing* Perú.
peruse [pə'ru:z] *tr* (fml) leer cuidadosamente; leer por encima.
Peruvian [pə'ru:vjən] *adj & n c* peruano.
perverse [pə'vɜ:s] *adj* perverso.
perversion [pə'vɜ:ʃn y EE UU pə'vɜ:ʒn] *n c* **1** distorsión, tergiversación

(de la verdad, la justicia). **2** perversión (sexual).

pervert [ˈpɑ̃ːvɑ̃ːt] *n c* pervertido.

pervert [pəˈvɑ̃ːt] *tr* **1** corromper; pervertir (sexualmente). **2** distorsionar, falsear (la verdad); tergiversar (la acción de la justicia).

peseta [pəˈseɪtə] *n c* peseta.

peso [ˈpeɪsəʊ] *n c* peso.

pessimism [ˈpesɪmɪzəm] *n u* pesimismo.

pessimist [ˈpesɪmɪst] *n c* pesimista.

pessimistic [ˌpesɪˈmɪstɪk] *adj* pesimista.

pest [pest] *n c* **1** plaga (gen). **2** (infml) pillo; pesado (persona); lata (cosa).

pester [ˈpestər] *tr* dar la lata a.

pet [pet] (*pt* y *pp* **petted**, *ger* **petting**) *tr* **1** acariciar (persona, animal). • *adj* **2** preferido, favorito (tema). • *n c* **3** animal doméstico. **4** favorito (persona). ♦ **~ name** apelativo cariñoso.

petal [ˈpetl] *n c* BOT pétalo.

petard [peˈtɑːd] *n c* petardo.

petition [pɪˈtɪʃn] *n c* **1** petición. • *tr* **2** presentar una petición a.

petrified [ˈpetrɪfaɪd] *adj* petrificado.

petrol [ˈpetrəl] (*EE UU* **gasoline, gas**) *n u GB* gasolina; benzina, nafta (Amér.). ♦ **~ bomb** bomba de gasolina; **~ pump** *GB* surtidor de gasolina; bomba (Amér.); **~ station** gasolinera; **~ tank** depósito de gasolina.

petroleum [pɪˈtrəʊlɪəm] *n u* petróleo. ♦ **~ jelly** (*EE UU* **petrolatum**) vaselina.

petticoat [ˈpetɪkəʊt] *n c* enaguas; fustán (Amér.); combinación.

petty [ˈpetɪ] *adj* **1** insignificante (problema, preocupación). **2** (pej) mezquino. ♦ **~ cash** dinero para gastos menores.

petulant [ˈpetjʊlənt] *adj* cascarrabias.

petunia [pɪˈtjuːnɪə] *n c* BOT petunia.

pew [pjuː] *n c* banco (de una iglesia). ■ **take a ~** *GB* (infml) siéntate.

phantom [ˈfæntəm] *adj* **1** fantasmal, ilusorio. • *n c* **2** fantasma. **3** (fig) ilusión, quimera.

pharaoh [ˈfeərəʊ] *n c* faraón.

pharmaceutical [ˌfɑːməˈsjuːtɪkl] *adj* farmacéutico.

pharmacist [ˈfɑːməsɪst] *n c* farmacéutico; químico farmacéutico (Amér.).

pharmacy [ˈfɑːməsɪ] (*pl* **pharmacies**) *n c* & *u* (fml) farmacia.

phase [feɪz] *n c* **1** fase. • *tr* **2** organizar en fases. ■ **in ~** sincronizado; **out of ~** desincronizado.

pheasant [ˈfeznt] (*pl* **pheasant**) *n c* ZOOL faisán.

phenomena [fɪˈnɒmɪnə] *n pl* → phenomenon.

phenomenal [fɪˈnɒmɪnəl] *adj* fenomenal.

phenomenon [fɪˈnɒmɪnən] (*pl* **phenomena**) *n c* fenómeno.

phial [ˈfaɪəl] *n c* frasco pequeño.

philanthropist [fɪˈlænθrəpɪst] *n c* filántropo.

philanthropy [fɪˈlænθrəpɪ] *n u* filantropía.

philately [fɪˈlætəlɪ] *n u* filatelia.

Philippine [ˈfɪlɪpiːn] *adj* & *n c* filipino. ♦ **the ~ Islands** las Filipinas.

philology [fɪˈlɒlədʒɪ] *n u* filología.

philosopher [fɪˈlɒsəfər] *n c* filósofo.

philosophic or **philosophical** [ˌfɪləˈsɒfɪk o ˌfɪləˈsɒfɪkl] *adj* filosófico.

philosophy [fɪˈlɒsəfɪ] (*pl* **philosophies**) *n c* & *u* filosofía.

phlegmatic [flegˈmætɪk] *adj* (fml) flemático.

phobia [ˈfəʊbjə] *n c* fobia.

phone [fəʊn] (*abbrev* **telephone**) *n c* & *u* **1** teléfono. • **to ~ (up)** *tr* & *intr* **2** telefonear, llamar. ♦ **~ book/directory** guía telefónica; **~ box/booth** cabina telefónica; **~ call** llamada telefónica; **~ card** tarjeta telefónica; **~ line** línea telefónica; **to ~ in** llamar por teléfono (a la radio para dar una opinión). ■ **to be on the ~** estar al teléfono (hablando); tener teléfono (como abonado).

phonetics [fəˈnetɪks] *n u* fonética.

phoney [ˈfəʊnɪ] (*EE UU* **phony**) *adj* **1** (infml, pej) falso (dirección); fingido (comportamiento). • *n c* **2** (*pl* **phonies**) farsante (persona).

phosphorus [ˈfɒsfərəs] *n u* CHEM fósforo.

photo [ˈfəʊtəʊ] (*abbrev* **photograph**, *pl* **photos**) *n c* (infml) foto, fotografía. ■ **to take a ~ (of)** sacar una foto (de). ♦ **~ finish** SP foto finish.

photocopier [ˈfəʊtəʊˌkɒpɪər] *n c* fotocopiadora.

photocopy [ˈfəʊtəʊˌkɒpɪ] *n c* **1** fotocopia. • *tr* **2** fotocopiar.

photograph [ˈfəʊtəgrɑːf y EE UU ˈfəʊtəgræf] *n c* **1** fotografía. ● *tr* **2** fotografiar. ■ **to take a ~ (of)** sacar una foto (de).
photographer [fəˈtɒgrəfər] *n c* fotógrafo.
photography [fəˈtɒgrəfɪ] *n u* fotografía (actividad).
phrasal verb [ˌfreɪzlˈvɜːb] *n c* GRAM *verbo con preposición o adverbio.*
phrase [freɪz] *n c* **1** frase (gen). **2** expresión (popular). ● *tr* **3** formular, expresar (oralmente); redactar (por escrito).
physical [ˈfɪzɪkəl] *adj* **1** físico. ● **~ (examination)** *adj & n c* **2** examen médico. ◆ **~ education** educación física; **~ training** preparación física.
physician [fɪˈzɪʃn] *n c* (fml) médico.
physicist [ˈfɪzɪsɪst] *n c* físico.
physics [ˈfɪzɪks] *n u* física.
physiology [ˌfɪzɪˈɒlədʒɪ] *n u* fisiología.
physique [fɪˈziːk] *n c & u* físico.
pianist [ˈpɪənɪst] *n c* pianista.
piano [pjˈɑːnəʊ] *n c & u* MUS piano.
pick [pɪk] *n c* **1** pico (herramienta). ● *n u* **2** opción (entre varias cosas). ● *tr* **3** elegir, escoger (libro). **4** recoger (frutas, flores). **to ~ sth (from/off/out of) 5** quitar algo (de). **6** hurgarse (la nariz); mondarse (los dientes). **7** provocar (una pelea). ● *intr* **8** elegir. ◆ **to ~ at** comer sin ganas; picar, picotear (los pájaros); **to ~ on** meterse con (a alguien; **to ~ out** elegir, escoger (cuidadosamente); distinguir; identificar (a alguien entre muchos); **to ~ up** recoger (gen); captar (una emisora de radio); comprar; comprender, entender; continuar (una conversación); mejorar (la economía). ■ **to ~ and choose** (infml) andar escogiendo; **to take one's ~** escoger lo que uno quiera.
picket [ˈpɪkɪt] *n c* piquete.
pickle [ˈpɪkl] *n u* **1** *GB* encurtido. ● *tr* **2** encurtir. ■ **to be in/to get into a ~** (infml) estar/meterse en un lío.
pickpocket [ˈpɪkˌpɒkɪt] *n c* carterista; pericote (Amér.).
pick-up [ˈpɪkʌp] *n c* **1** brazo fonocaptor (de un tocadiscos). **~ (truck) 2** *camioneta*. **3** (infml) ligue, conquista.
picnic [ˈpɪknɪk] (*pt* y *pp* **picnicked**, *ger* **picnicking**) *intr* **1** ir de picnic. ● *n c* **2** picnic.
picture [ˈpɪktʃər] *n c* **1** dibujo; pintura, cuadro. **2** fotografía. **3** imagen (de televisión). **4** CIN película. ● *n c* **5** (fig) idea, imagen (mental). **6** situación. ● *tr* **7** imaginarse (una situación sorprendente). **8** (fig) describir, ilustrar (un libro). ◆ **~ window** ventanal; **to get the ~** (infml) entender la situación. ■ **to be the ~ of** la (viva) imagen de.
picture-book [ˈpɪktʃəbʊk] *n c* libro infantil ilustrado.
picturesque [ˌpɪktʃəˈresk] *adj* pintoresco.
pie [paɪ] *n c & u* **1** empanada, pastel (de carne). **2** *tarta*. ◆ **~ in the sky** (infml) castillos en el aire.
piece [piːs] *n c* **1** pieza (gen). **2** trozo, pedazo. **3** moneda. **4** artículo (de periódico). ◆ **~ of clothing** prenda de vestir; **~ of work** trabajo, tarea; **to ~ together** componer (piezas separadas); atar cabos. ■ **in one ~** intacto (cosa); sano y salvo (persona); **in pieces** en pedazos, destrozado; **~ by ~** trozo a trozo; **to come to pieces** deshacerse; **to go to pieces** (fig) desmoralizarse, venirse abajo; **to tear/pull sth to pieces** (infml, fig) poner algo por los suelos.
piecemeal [ˈpiːsmiːl] *adj* **1** gradual; a intervalos. ● *adv* **2** gradualmente, por etapas.
piecework [ˈpiːswɜːk] *n u* trabajo a destajo.
pier [pɪər] *n c* **1** paseo marítimo. **2** NAUT embarcadero, muelle.
pierce [pɪəs] *tr* **1** agujerear, perforar (bala, aguja). **2** (fig) penetrar, atravesar (luz, sonido).
piercing [ˈpɪəsɪŋ] *adj* **1** cortante (viento, sarcasmo). **2** estremecedor, desgarrador (grito). **3** penetrante (sonido, mirada).
piety [ˈpaɪətɪ] *n u* (fml) piedad.
pig [pɪg] (*EE UU* **hog**) *n c & u* **1** ZOOL cerdo; chancho (Amér.). ● *n c* **2** (infml, pej) glotón, comilón. **3** (fig, infml) cerdo, marrano (persona).
pigeon [ˈpɪdʒən] (*pl* **pigeon** o **pigeons**) *n c* ZOOL paloma.
pigeon-hole [ˈpɪdʒənhəʊl] *n c* **1** casilla, casillero (para papeles, cartas). ● *tr* **2** encasillar (a un actor, persona).
pigheaded [ˌpɪgˈhedɪd] *adj* (infml, pej) cabezota.

pigment [ˈpɪgmənt] *n c & u* pigmento.
pigpen [ˈpɪgpen] *n c EE UU* pocilga.
pigsty [ˈpɪgstaɪ] (*pl* **pigsties**) *n c* pocilga.
pigtail [ˈpɪgteɪl] *n c* trenza.
pilchard [ˈpɪltʃəd] *n c* sardina.
pile [paɪl] *n c* **1** (infml) montón. **2** pila (ordenada). **3** ARCH pilar, pilote. ● **to ~ (on/up)** *tr* **4** apilar, amontonar. ◆ **to ~ up** apilarse, amontonarse; acumularse (el trabajo, las deudad). ■ **at the top of the ~** de lo mejor; **to make a ~** (infml) hacer el agosto (hacer fortuna).
pile-up [ˈpaɪlʌp] *n c* choque en cadena.
pilfer [ˈpɪlfər] *tr & intr* sisar.
pilgrim [ˈpɪlgrɪm] *n c* peregrino.
pilgrimage [ˈpɪlgrɪmɪdʒ] *n c & u* peregrinaje, peregrinación.
pill [pɪl] *n c* MED píldora, pastilla. ◆ **the ~** la píldora (anticonceptiva).
pillage [ˈpɪlɪdʒ] *n u* **1** (fml) pillaje. ● *tr & intr* **2** saquear (una ciudad).
pillar [ˈpɪlər] *n c* pilar.
pillion [ˈpɪljən] *n c* asiento trasero (de una moto). ■ **to ride ~** ir de paquete (en el asiento trasero de una moto).
pillow [ˈpɪləʊ] *n c* **1** almohada (de la cama). **2** *EE UU* cojín (del sofá). ● *tr* **3** apoyar, recostar.
pillowcase or **pillowslip** [ˈpɪləʊkeɪs o ˈpɪləʊslɪp] *n c GB* funda de almohada.
pilot [ˈpaɪlət] *n c* **1** piloto (gen). **2** TV programa piloto. ● *adj* **3** experimental. ● *tr* **4** pilotar (gen). **5** (fig) conducir, guiar (persona); llevar a la práctica (proyecto, plan). ◆ **~ light** luz piloto.
pimento [pɪˈmentəʊ] (*pl* **pimiento** o **pimientos**) *n c* BOT pimiento morrón.
pimple [ˈpɪmpl] *n c* grano.
pin [pɪn] (*pt* y *pp* **pinned**, *ger* **pinning**) *tr* **1** fijar, clavar, prender. **to pin sb against/to 2** inmovilizar a alguien contra. **to pin sth on/upon sb 3** endosar algo a alguien. ● *n c* **4** alfiler (para coser); alfiler, pasador (de corbata); horquilla (del pelo). **5** *EE UU* broche; insignia, emblema. **6** TECH clavija. ◆ **pins and needles** hormigueo; **to ~ down** determinar, identificar (la causa de un problema); obligar a comprometerse. ■ **for two pins** (infml) por poco; **to ~ one's hopes on sb** poner las esperanzas en alguien.
pinafore [ˈpɪnəfɔːr] *n c* delantal. ◆ **~ dress** *GB* pichi.
pinball (machine) [ˈpɪnbɔːl] *n u* millón, flípper.
pincer [ˈpɪnsər] *n c* **1** ZOOL pinza (crustáceo). ● **pincers** *n pl* **2** tenazas.
pinch [pɪntʃ] *n c* **1** pellizco. **2** pizca (de sal). ● *tr* **3** pellizcar. **4** apretar (zapatos, cinturón). **5** *GB* (infml) mangar (un cigarro). ● *intr* **6** apretar. ■ **at/in a ~** si no hay más remedio.
pincushion [ˈpɪnˌkʊʃn] *n c* acerico.
pine [paɪn] *n c & u* **1** BOT pino. **~ cone 2** BOT piña. ● **to ~ for** *intr* **3** suspirar por.
pineapple [ˈpaɪnˌæpl] *n c & u* piña; ananás (Amér.).
ping [pɪŋ] *n c* **1** tilín, tintineo. ● *intr* **2** (infml) tintinear.
ping-pong [ˈpɪŋpɒŋ] *n u* ping-pong, tenis de mesa.
pink [pɪŋk] *adj & n c* **1** rosa. ● *n c* **2** BOT clavel.
pinpoint [ˈpɪnpɔɪnt] *adj* **1** preciso, exacto. ● *tr* **2** determinar, identificar (una causa). **3** localizar (la posición de algo).
pint [paɪnt] *n c* pinta. ■ **to go (out) for a ~** salir a tomar una caña.
pioneer [ˌpaɪəˈnɪər] *adj & n c* **1** pionero. ● *tr* **2** iniciar, promover. ● *tr & intr* **3** explorar, colonizar (una región).
pious [ˈpaɪəs] *adj* **1** piadoso. **2** (pej) mojigato.
pip [pɪp] (*pt* y *pp* **pipped**, *ger* **pipping**) *n c* **1** pepita (de una fruta). **2** RAD, TELECOM pitido, señal (al dar las horas).
pipe [paɪp] *n c* **1** tubería, cañería (del gas, del agua). **2** pipa (de fumar). **3** MUS flauta, flautín. **4** BIOL vaso, conducto. ● *tr* **5** canalizar por tubería; entubar. **6** decir con voz de pito; cantar con voz atiplada.
pipeline [ˈpaɪplaɪn] *n c* oleoducto; gasoducto; tuberías. ■ **in the ~** en trámite (una gestión).
piper [ˈpaɪpər] *n c* **1** MUS gaitero. **2** MUS flautista.
piquant [ˈpiːkənt] *adj* picante.
pique [piːk] *n u* resentimiento.
piracy [ˈpaɪərəsɪ] *n u* piratería.
piranha [pɪˈrɑːnjə] *n c* ZOOL piraña.
pirate [ˈpaɪərɪt] *n c* **1** pirata (gen). **2** edición pirata (copia ilegal). ● *tr* **3** piratear.
pirouette [ˌpɪrʊˈet] *n c* pirueta.
Pisces [ˈpɑɪsiːz] *n sing* **1** ASTR Piscis. ● *adj & n c* **2** piscis, Piscis (persona).

piss [pɪs] *n u* **1** (vulg) meada. • *intr & pron* **2** (vulg) mear(se). ♦ **to ~ about/around** (infml) hacer perder el tiempo; hacer el indio; **to ~ off** (infml) cabrear; irse a la mierda. ■ **~ off!** (vulg) ¡vete a la mierda!; **to take the ~ out of** *GB* (infml) cachondearse de.

pistachio (nut) [pɪˈstɑːʃɪəʊ y EE UU pɪˈstæʃɪəʊ] *n c* pistacho.

pistol [ˈpɪstl] *n c* pistola.

piston [ˈpɪstən] *n c* MEC pistón.

pit [pɪt] (*pt* y *pp* **pitted**, *ger* **pitting**) *tr* **1** agujerear. **2** deshuesar (una fruta). • *n c* **3** hoyo. **4** mina. **5** cantera. **6** picadura (sobre la piel); marca, señal (sobre vidrio o metal). **7** hueso (de una fruta). ♦ **~ stop** parada en boxes (en carreras automovilísticas). **the pits** *n pl* **8** el box (en carreras automovilísticas); lo peor de lo peor: *it's the pits = está fatal.* ■ **to be the pits** ser lo peor de lo peor.

pitch [pɪtʃ] *n c* **1** *GB* SP campo (de fútbol, rugby). **2** MUS tono. **3** SP lanzamiento (en béisbol, cricket); golpe (en golf). **4** puesto callejero (de venta). • *n u* **5** brea, pez. • *tr* **6** arrojar, lanzar. **7** montar (una tienda). **8** MUS ajustar, graduar (sonido). **9** dar un tono a (un discurso); poner un precio a. ♦ **to ~ in** ponerse manos a la obra.

pitched [pɪtʃt] *adj* inclinado. ♦ **~ battle** batalla campal; lucha encarnizada.

pitcher [ˈpɪtʃər] *n c* **1** *GB* cántaro. **2** *EE UU* jarra. **3** SP lanzador (en bésibol).

pitchfork [ˈpɪtʃfɔːk] *n c* horca.

piteous [ˈpɪtɪəs] *adj* (lit) lastimoso.

pitfall [ˈpɪtfɔːl] *n c* escollo, peligro.

pith [pɪθ] *n u* **1** BOT médula. **2** (fig) esencia, meollo. ♦ **~ helmet** salacot.

pithy [ˈpɪθɪ] *adj* directo y conciso (argumento, idea).

pitiful [ˈpɪtɪfʊl] *adj* **1** lastimoso (persona, aspecto). **2** (pej) lamentable (estado, excusa).

pitiless [ˈpɪtɪlɪs] *adj* **1** despiadado (persona, carácter). **2** (fig) terrible (tiempo).

pity [ˈpɪtɪ] (*pt* y *pp* **pitied**) *tr* **1** sentir lástima por. **2** apiadarse de. • *n u* **3** lástima, pena; compasión. **4** clemencia. ■ **to have/to take ~ on** compadecerse de; **what a ~!** ¡qué pena!

pivot [ˈpɪvət] *n c* **1** pivote. • **to ~ (on)** *intr* **2** girar sobre un eje. ♦ **to ~ on** (fig) depender de.

pixel [ˈpɪksəl] *n c* COMPUT, TV píxel.

pizza [ˈpiːtsə] *n c & u* GAST pizza.

placard [ˈplækɑːd] *n c* pancarta, cartel.

placate [pləˈkeɪt y EE UU ˈpleɪkeɪt] *tr* aplacar, calmar.

place [pleɪs] *n c* **1** lugar, sitio (gen). **2** (fig) espacio. **3** (infml) casa. **4** momento (apropiado para algo). **5** página (de un libro); parte, momento (de un discurso). **6** puesto (en un equipo); plaza (en la Universidad). **7** posición, rango; calificación (académica). **8** papel, función. **9** turno (en una cola). • *tr* **10** situar, colocar (gen). **11** asignar (responsabilidad). **12** poner (un anuncio). **13** reconocer, identificar. ♦ **~ mat** mantel individual; **~ setting** cubierto (en la mesa). ■ **all over the ~** por todas partes; **in a high ~/in high places** en un puesto de influencia; **in one's ~** en su lugar; **in/into ~** en el lugar adecuado; **in ~ of** en lugar de; **out of ~** fuera de su sitio (cosa); fuera de lugar; **to put into ~** poner en su sitio; establecer, poner en marcha; **to put sb in their ~** poner a alguien en su sitio; **to take one's ~** tomar asiento, sentarse; **to take ~** tener lugar; **to take the ~ of** sustituir a.

placement [ˈpleɪsmənt] *n c & u* colocación, emplazamiento.

placenta [pləˈsentə, *pl irreg* pləˈsentiː] (*pl* **placentas** o **placentae**) *n c* ANAT placenta.

placid [ˈplæsɪd] *adj* plácido.

plagiarise *tr & intr GB* → plagiarize.

plagiarism [ˈpleɪdʒjərɪzəm] *n u* plagio.

plagiarize [ˈpleɪdʒjəraɪz] (*GB* **plagiarise**) *tr & intr EE UU* plagiar.

plague [pleɪg] *n c* **1** plaga. • **the ~** *n sing* la peste (bubónica). • *tr* **2** infectar (enfermedad). **3** fastidiar.

plaice [pleɪs] (*pl* **plaice**) *n c & u* ZOOL platija, platuja.

plain [pleɪn] *adj* **1** sencillo, simple (gen). **2** simple, claro (lenguaje, hechos). **3** franco, honesto (actitud). **4** liso (papel, tela). **5** sin atractivo (persona). • *n c* **6** GEOG llanura. • *adv* **7** (infml) completamente. **8** claramente. ♦ **~ chocolate** chocolate sin leche; **~ flour** harina sin levadura. ■ **as ~ as day** tan claro como la luz del día.

plain-clothes [ˌpleɪnˈkləʊdz] *adj* (vestido) de paisano.

p

plaintiff [ˈpleɪntɪf] *n c* JUR demandante; querellante.
plait [plæt] (*EE UU* **braid**) *n c* **1** trenza. **2** *EE UU* plisado. • *tr* **3** trenzar. **4** *EE UU* plisar.
plan [plæn] (*pt* y *pp* **planned**, *ger* **planning**) *tr* **1** planear. **2** planificar (con antelación). **3** ARCH hacer un plano, diseñar. • *n c* **4** plan (gen). **5** plano (de una ciudad). ◆ **to ~ for** prever; **to ~ out** planificar al detalle.
plane [pleɪn] *adj* **1** plano, liso. • *n c* **2** AER avión. **3** cepillo (de carpintero). **4** (fig) nivel, plano (de desarrollo). • *tr* **5** cepillar (madera). • *intr* **6** AER planear. ◆ **~ tree** *n c* BOT plátano.
planet [ˈplænɪt] *n c* ASTR planeta.
planetarium [ˌplænɪˈteərɪəm, *pl irreg* ˌplænɪˈteərɪə] (*pl* **planetariums** o **planetaria**) *n c* planetario.
plank [plæŋk] *n c* **1** tablón, tabla (de madera). **2** POL *punto básico del programa de un partido.*
planning [ˈplænɪŋ] *n u* planificación. ◆ **~ permission** licencia de edificación.
plant [plɑːnt y EE UU plænt] *n c* **1** planta (gen). • *n u* **2** maquinaria. • *tr* **3** plantar (flores, hortalizas). **4** implantar (ideas). **to ~ (with) 5** sembrar (de) (jardín, campo). **6** establecer (colonia). ◆ **~ pot** tiesto, maceta; **to ~ out** transplantar.
plantation [plænˈteɪʃn y plɑːnˈteɪʃn] *n c* plantación.
plaque [plɑːk] *n c* placa.
plasma [ˈplæzmə] *n u* plasma.
plaster [ˈplɑːstər y EE UU ˈplæstər] *n u* **1** yeso (para paredes); escayola (para huesos rotos). • **(sticking) ~** *n c* & *u* **2** tirita; curita (Amér.). • *tr* **3** enyesar (pared). **4** cubrir totalmente. ◆ **~ cast** *vaciado en escayola* (modelo, estatua); escayola (para huesos rotos); **~ of Paris** escayola. ■ **in ~** enyesado, escayolado.
plastic [ˈplæstɪk] *adj* **1** plástico, de plástico. • *n u* **2** plástico. ◆ **~ explosive** explosivo plástico; **~ money** (infml) dinero de plástico; **~ surgeon** MED cirujano plástico; **~ surgery** MED cirugía plástica.
Plasticine® [ˈplæstɪsiːn] *n u GB* plastilina®.
plate [pleɪt] *n c* **1** plato (de comida). **2** placa (de metal). **3** lámina, ilustración (en un libro). **4** dentadura postiza. **5** *EE UU* matrícula (de un automóvil). • *tr* **6** chapar. **7** blindar. ■ **to have a lot on one's** (infml) tener mucho que hacer; tener muchos asuntos entre manos.
plateau [ˈplætəʊ y EE UU plæˈtəʊ] (*pl* **plateaus** o **plateaux**) *n c* **1** GEOG meseta, altiplano. **2** (fig) estabilización, situación estacionaria (inflación, precios).
platform [ˈplætfɔːm] *n c* **1** plataforma (gen). **2** estrado; tribuna. **3** andén (estación de tren). **4** POL programa electoral. ◆ **~ shoes** zapatos de plataforma; **~ ticket** *GB* billete de andén.
platinum [ˈplætɪnəm] *n u* CHEM platino. ◆ **~ bonde** rubia platino.
platitude [ˈplætɪtjuːd] *n c* (pej) tópico.
platonic [pləˈtɒnɪk] *adj* platónico.
platoon [pləˈtuːn] *n c* MIL (with sing/pl v) pelotón.
platter [ˈplætər] *n c* fuente; azafate (Amér.).
plausible [ˈplɔːzəbl] *adj* **1** (pej) plausible. **2** convincente (persona).
play [pleɪ] *n u* **1** juego (gen). • *n c* **2** obra de teatro. **3** turno, jugada (en ajedrez). • *tr* **4** jugar a (deporte, juego). **5** tocar (instrumento). **6** poner (un disco, un CD). **7** CIN, THEAT representar (un personaje). • *intr* **8** jugar. **9** actuar; fingirse. **10** MUS tocar (un músico); sonar (música). ◆ **~ dough** *EE UU* plastilina (Plasticine); **~ on words** juego de palabras; **to ~ about/around** divertirse; **to ~ about/around with** coquetear con (persona); juguetear con (objetos, ideas); **to ~ along (with)** seguir la corriente (a); **to ~ sb along** engañar con falsas promesas; **to ~ at** jugar a (ser algo); fingir; **to ~ back** volver a poner (un disco); **to ~ down** quitar importancia a; **to ~ off** jugar un partido de desempate; **to ~ sb/sth off against** enfrentar a alguien/algo contra; **to ~ on/upon** jugar con, aprovecharse de (sentimientos, ideas); **to ~ out** continuar hasta el final (una pelea, un juego); representar (un papel); **to ~ up** exagerar (una historia); dar guerra (persona, cosa); **to ~ up to** (pej) hacer la pelota a. ■ **in/out of ~** SP en/fuera de juego.
playback [ˈpleɪbæk] *n u* playback.
playboy [ˈpleɪbɔɪ] *n c* (pej) playboy; fifí (Amér.).

player [ˈpleɪər] *n c* **1** SP jugador. **2** MUS músico. **3** THEAT (fml) actor.
playful [ˈpleɪfʊl] *adj* **1** juguetón. **2** en broma.
playground [ˈpleɪgraʊnd] *n c* **1** patio de recreo (en una escuela); parque. **2** (fig) dominio, imperio.
playgroup [ˈpleɪgru:p] *n c & u GB* guardería.
playing [ˈpleɪɪŋ] *n u* MUS estilo de tocar. ♦ **~ card** naipe, carta; **~ field** campo de juego.
play-off [ˈpleɪɒf] *n c* SP partido de desempate (en una eliminatoria); play-off (series de partidos).
playpen [ˈpleɪpen] *n c* parque de niños.
playschool [ˈpleɪsku:l] *n c* jardín de infancia.
playtime [ˈpleɪtaɪm] *n u* hora del recreo.
playwright [ˈpleɪraɪt] *n c* dramaturgo.
plea [pli:] *n c* **~ (for) 1** (fml) súplica. **~ (of) 2** JUR alegato; apelación.
plead [pli:d] (*GB, pret* y *pp* **pleaded**, *EE UU, pret* y *pp* **pled**) *tr* **1** JUR defender (argumentos). **2** pretender (como excusa). • *intr* **3** JUR declarar. **to ~ (for) 4** pedir. **to ~ (with sb to do sth) 5** rogar (a alguien que haga algo).
pleasant [ˈpleznt] *adj* **1** agradable (paisaje, sorpresa). **2** simpático, amable (persona, expresión).
please [pli:z] *tr & intr* **1** agradar (gen). • *intr* **2** desear, apetecer. • *adv* **3** por favor (para pedir u ordenar algo). ■ **if you ~** (fml) si le parece; **~ yourself!** ¡como quieras!
pleased [pli:zd] *adj* **~ (about/with)** contento, satisfecho (por/con). ■ **~ to meet you!** (fml) ¡encantado de conocerle!, ¡mucho gusto!
pleasing [ˈpli:zɪŋ] *adj* **1** (fml) agradable. **2** satisfactorio (result).
pleasure [ˈpleʒər] *n c & u* placer. ♦ **~ boat** barco de recreo. ■ **at sb's ~** (fml) como a uno le plazca; **(it was) a ~/my ~** ha sido un placer/no hay de qué; **with ~** con mucho gusto.
pleat [pli:t] *n c* pliegue.
pled [pled] *pt & pp* → plead.
pledge [pledʒ] *n c* **1** promesa. **~ (of) 2** prenda, señal (de amor o amistad); fianza (prenda). • *tr* **3** prometer. **4** empeñar (un objeto). • **to ~ oneself to** *pron* **5** (fml) comprometerse a (hacer algo).
plentiful [ˈplentɪfʊl] *adj* abundante.
plenty [ˈplenɪtju:d] *adj* **1** mucho. • *n u* **2** abundancia. • **~ of** *pron* **3** bastante, de sobra: *plenty of reasons = muchas razones*. • *adv* **4** muy, muchísimo. ■ **in ~** en abundancia, bastante.
pliable [ˈplaɪəbl] *adj* **1** flexible. **2** (pej) influenciable.
pliers [ˈplaɪəz] *n pl* alicates.
plight [plaɪt] *n sing* situación grave; dilema.
plimsoll [ˈplɪmsəl] *n c GB* playera.
plonk [plɒŋk] *n c* **1** ruido seco. **2** *GB* (infml) vino peleón. **3** MUS rasgueo, punteo. • **to ~ down** *tr* **4** (infml) (*EE UU* **plunk**) dejar caer.
plot [plɒt] (*pt* y *pp* **plotted**, *ger* **plotting**) *intr* **1** tramar, conspirar. • *tr* **2** trazar (en un mapa). • *n c* **3** complot. **4** parcela, solar. **5** LIT argumento, trama (de una novela).
plotter [ˈplɒtər] *n c* **1** conspirador. **2** COMPUT plotter.
plough [plaʊ] (*EE UU* **plow**) *n c* **1** arado. • *tr* **2** arar. ♦ **the Plough** ASTR la Osa Mayor; **to ~ back (into)** reinvertir (beneficios); **to ~ into** invertir; chocar con (un automóvil); **to ~ on** continuar trabajosamente; **to ~ through** abrirse paso a la fuerza; terminar con dificultad (trabajo, lectura).
plow *n c* → plough.
ploy [plɔɪ] *n c* estratagema.
pluck [plʌk] *tr* **1** desplumar (a un pájaro). **2** sacar, rescatar (de una situación peligrosa). **to ~ (out/from) 3** depilar (cejas); arrancar. **4** MUS puntear (las cuerdas de un instrumento). ♦ **to ~ at** tirar de.
plug [plʌg] (*pt* y *pp* **plugged**, *ger* **plugging**) *tr* **to ~ (up) 1** tapar, taponar. • *n c* **2** tapón (de la bañera, la pica). **3** taco (de madera, plástico). **4** ELEC enchufe. **5** AUT bujía. ♦ **to ~ in(to)** ELEC enchufar, conectar; **to ~ in(to)** *EE UU* sintonizar con (gente, ideas). ■ **to pull the ~ on sth** (infml) abandonar, renunciar (proyecto).
plughole [ˈplʌghəʊl] *n c GB* desagüe (de baño). ■ **down the ~** (infml) al traste.
plum [plʌm] *n c* **1** BOT ciruela. • *adj* **2** (infml) de primera calidad. ♦ **~ job** chollo; pichincha (Amér.).
plumber [ˈplʌmər] *n c* fontanero.
plumbing [ˈplʌmɪŋ] *n u* **1** tuberías, cañerías (instalación). **2** fontanería (oficio).
plume [plu:m] *n c* **1** pluma (de ave). **2**

p

penacho (de adorno). ~ **of 3** nubecilla, voluta (de humo).

plummet [ˈplʌmɪt] *intr* caer a plomo.

plump [plʌmp] *adj* (euph) regordete, gordinflón.

plunder [ˈplʌndər] *n u* **1** botín. **2** saqueo. • *tr* & *intr* **3** saquear.

plunge [plʌndʒ] *n c* **1** zambullida. **2** caída en picado (de los precios). • **to ~ sth (into)** *tr* **3** sumergir algo (en) (la oscuridad, un líquido). • *intr* **4** zambullirse, hundirse (persona, animal); caer en picado (precios, un avión). **to ~ (into) 5** meterse de lleno (en) (una actividad); sumirse (en) (la desesperación).

plunger [ˈplʌndʒər] *n c* **1** desatascador (de tuberías). **2** MEC émbolo (pistón).

plural [ˈplʊərəl] *adj* & *n c* plural.

plus [plʌs] (*pl* **pluses** o **plusses**) *adj* **1** más de, por encima de: *a thousand dollars plus = mil dólares o más*. **2** extra. • *prep* **3** más: *3 plus 3 is 6 = 3 más 3 son seis*. • **~ (sign)** *n c* **4** MATH signo más. **5** (infml) ventaja. • *prep* **6** además de: *lessons plus accommodation = las clases además del alojamiento*. • *conj* **7** además. ♦ **~ fours** (pantalones) bombachos.

plush [plʌʃ] *adj* **1** (infml) lujoso. **2** de felpa. • *n u* **3** felpa.

Pluto [ˈplu:təʊ] *n sing* ASTR Plutón.

plutonium [plu:ˈtəʊnjəm] *n u* CHEM plutonio.

ply [plaɪ] (*pt* y *pp* **plied**) *tr* **1** manejar (máquina- herramienta). • *tr* & *intr* **2** volar, navegar. ♦ **to ~ sb with** atiborrar a alguien de (comida, bebida); acosar a alguien con (preguntas).

plywood [ˈplaɪwʊd] *n u* contrachapado; tríplex (Amér.).

p. m. or **pm** [ˌpi:ˈem] (*abbrev* **post meridiem**) *n sing* de la tarde: *at five p. m. = a las cinco de la tarde*.

pneumatic [nju:ˈmætɪk] *adj* **1** neumático (rueda). **2** de aire comprimido. ♦ **~ drill** martillo neumático.

pneumonia [nju:ˈməʊnɪə] *n u* MED neumonía, pulmonía.

poach [pəʊtʃ] *tr* **1** GAST escalfar (huevos); hervir (pescado). • *tr* & *intr* **2** cazar en vedado; pescar en vedado. • *tr* **3** (pej) plagiar (idea); tomar de otra empresa (trabajador).

poacher [ˈpəʊtʃər] *n c* cazador furtivo; pescador furtivo.

pocket [ˈpɒkɪt] *n c* **1** bolsillo (de la ropa). **2** compartimento, bolsa (en una maleta, un asiento). **3** bolsa (de aire). **4** foco (de resistencia). • *tr* **5** meter al bolsillo. **6** embolsarse, quedarse con (el cambio). • *adj* **7** de bolsillo. ♦ **~ knife** navaja; **~ money** dinero de bolsillo. ■ **in ~** *GB* con beneficios (negocios); **out of ~** *GB* con pérdidas (negocios); **to have sb in one's ~** tener a alguien metido en el bolsillo; **to line one's pockets (with)** forrarse (de) (deshonestamente); **to live in each other's pockets** (pej) ser uña y carne; **to pick sb's ~** vaciar a alguien los bolsillos.

pocketbook [ˈpɒkɪtbʊk] *n c* **1** libreta. **2** *EE UU* FIN recursos.

pockmark [ˈpɒkmɑ:k] *n c* marca de viruela.

pod [pɒd] *n c* **1** BOT vaina (de legumbres). **2** AER módulo espacial. **3** AER depósito de gasolina (de un avión).

podgy [ˈpɒdʒɪ] *adj* (pej) regordete.

podia [ˈpəʊdɪə] *n pl* → podium.

podiatrist [pəˈdaɪətrist] *n c EE UU* podólogo.

podium [ˈpəʊdɪəm] (*pl* **podiums** o **podia**) *n c* podio.

poem [ˈpəʊim] *n c* poema.

poet [ˈpəʊit] *n c* poeta.

poetic [pəʊˈetɪk] *adj* poético. ♦ **~ justice** justa retribución.

poetry [ˈpəʊɪtrɪ] *n u* poesía.

poignant [ˈpɔɪnjənt] *adj* **1** (fml) conmovedor (situación). **2** profundo, intenso (dolor, pena).

point [pɔɪnt] *n c* **1** punto (gen). **2** característica, cualidad. **3** punta (tip). **4** MATH coma: *nine point five = nueve coma cinco*. **5** *GB* ELEC toma. • *n sing* **6** momento, instante. **~ (in/of sth/doing sth) 7** sentido (de algo/de hacer algo). • **points** *n pl* **8** agujas (ferrocarril). • *tr* **9** apuntar (con el dedo, con una pistola). • *intr* **10** señalar con el dedo. **to ~ (to) 11** indicar, mirar hacia (dirección). ♦ **the ~** lo más importante, lo fundamental; **~ of reference** punto de referencia; **~ of sale** punto de venta; **~ of view** punto de vista; perspectiva (lugar); **to ~ out** señalar (persona, objeto); hacer notar (un error); **to ~**

to (fig) indicar (la necesidad, pertinencia de algo). ■ **at this ~ (in time)** en este momento; **on the ~ of sth/doing sth** a punto de (algo/hacer algo); **there's no point in it** no tiene sentido; **to be beside the ~** no venir al caso, ser irrelevante; **to come/to get to the ~** ir al grano; **to have its/one's points** tener algunas cualidades; **to make a ~** hacer una observación; **to make a ~ of doing sth** poner empeño en hacer algo; **to the ~** concreto, relevante; **up to a ~** hasta cierto punto; **what's the ~?** ¿para qué (sirve)?

point-blank [ˌpɔɪnt'blæŋk] *adj & adv* **1** a quemarropa, a bocajarro. ● *adj* **2** categórico (al afirmar algo).

pointed ['pɔɪntɪd] *adj* **1** en punta, puntiagudo (barba). **2** directo (argumento, idea). **3** mordaz, agudo (comentario).

pointer ['pɔɪntər] *n c* **1** aguja (de un instrumento). **2** puntero (de un mapa, pizarra). **3** consejo; pista (para entender algo). **4** ZOOL pointer (perro de muestra).

pointless ['pɔɪntlɪs] *adj* (pej) sin sentido.

poise [pɔɪz] *n u* **1** aplomo. **2** elegancia (en el porte). ● *tr* **3** colocar, llevar en equilibrio (balance). ● **to ~ oneself (to do sth)** *pron* **4** prepararse (para hacer algo) (get ready).

poison ['pɔɪzn] *n c & u* **1** veneno. ● *tr* **2** envenenar; contaminar.

poisoning ['pɔɪznɪŋ] *n u* envenenamiento (deliberado); intoxicación (accidental).

poisonous ['pɔɪznəs] *adj* **1** venenoso (serpiente, insecto); tóxico (gas, sustancia). **2** (fig) pernicioso, perjudicial (influencia, mente). **3** (pej) perverso, malintencionado (comentarios).

poke [pəʊk] *n c* **1** golpe; empujón. ● *tr* **2** dar golpecitos a (con el dedo); empujar (con un palo). ● *tr & intr* **3** clavar. **to ~ (out/round/through)** **4** (hacer) sobresalir (por), asomar(se) (por). ◆ **to ~ about/around** fisgonear.

poker ['pəʊkər] *n c* **1** atizador (para el fuego). ● *n u* **2** póquer (juego de cartas).

poky or **pokey** ['pəʊkɪ] *adj* **1** *GB* (infml, pej) pequeño, estrecho (habitación). **2** desaliñado (aspecto).

Poland ['pəʊlənd] *n sing* Polonia.

polar ['pəʊlər] *adj* polar. ◆ **~ bear** oso polar; **~ circle** círculo polar.

pole [pəʊl] *n c* **1** poste, palo (de teléfono). **2** NAUT mástil, palo. **3** SP pértiga. **4** GEOG, ELEC, PHYS polo. **5** (fig) extremo. ■ **~ position** SP pole (carreras). ◆ **~ star** ASTR estrella polar; **~ vault** SP salto con pértiga.

Pole [pəʊl] *n c* polaco.

polemic [pɒ'lemɪk] *n c & u* **1** (fml) polémica. ● **polemics** *n pl* **2** la polémica.

police [pə'li:s] *n pl* policía (institución); policías (personas). ◆ **~ car** coche patrulla; **~ force** cuerpo de policía; **~ officer** agente de la policía; **~ station** comisaría de policía.

policeman [pə'li:smən] (*pl* **policemen**) *n c* policía.

policewoman [pə'li:sˌwʊmən] (*pl* **policewomen**) *n c* mujer policía.

policy ['pɒləsɪ] (*pl* **policies**) *n c & u* **1** política (de personal, de precios). ● *n c* **2** póliza (documento).

polio or **poliomyelitis** ['pəʊlɪəʊ o ˌpəʊlɪəʊˌmaɪə'laɪtɪs] *n u* MED poliomielitis.

polish ['pɒlɪʃ] *n c & u* **1** betún (para zapatos); cera (para el suelo, muebles); esmalte (de uñas). **2** lustre, brillo. ● **to ~ (up)** *tr* **3** abrillantar, pulimentar. **to ~ (up)** **4** encerar (el suelo, los muebles); limpiar (zapatos); sacar brillo a (gafas, vajilla). **5** (fig) refinar, pulir (persona). ◆ **to ~ off** (infml) zamparse (comida); despachar (trabajo).

Polish ['pəʊlɪʃ] *adj & n u* polaco.

polished ['pɒlɪʃt] *adj* **1** impecable (actuación); esmerado (trabajo). **2** refinado, culto (persona, maneras).

polite [pə'laɪt] *adj* **1** educado. **2** de cortesía.

politic ['pɒlɪtɪk] *adj* (fml) prudente, sensato.

political [pə'lɪtɪkl] *adj* político. ◆ **~ asylum** asilo político; **~ party** partido político; **~ scientist** politólogo, experto en ciencias políticas.

politically [pə'lɪtɪkəlɪ] *adv* políticamente. ◆ **~ correct** políticamente correcto.

> Se dice que una persona es ***politically correct*** o ***PC*** cuando en sus actitudes o palabras no muestra desprecio hacia grupos minoritarios, como homosexuales, mujeres, minorías étnicas o disminuidos físicos y psíquicos.

politician [ˌpɒlɪˈtɪʃn] *n c* político.
politics [ˈpɒlɪtɪks] *n u* política.
poll [pəʊl] *n c* **1** votación. **(opinion) ~ 2** encuesta (electoral). • *tr* **3** conseguir (votos). **4** encuestar, sondear. ♦ **the polls** las elecciones.
pollen [ˈpɒlən] *n u* BOT polen.
polling [ˈpəʊlɪŋ] *n u* POL votación. ♦ **~ booth** cabina electoral; **~ day** *GB* día de elecciones; **~ station** colegio electoral.
pollution [pəˈluːʃn] *n u* contaminación.
polo [ˈpəʊləʊ] *n u* SP polo. ♦ **~ shirt** polo (prenda de vestir).
polo-necked or **polo-neck** [ˈpəʊləʊnekt o ˈpəʊləʊnek] *adj GB* de cuello alto.
polygamy [pəˈlɪgəmɪ] *n u* poligamia.
polygon [ˈpɒlɪgən y EE UU ˈpɒlɪgɒn] *n c* GEOM polígono.
polythene [ˈpɒlɪθiːn] *n u GB* polietileno. ♦ **~ bag** bolsa de plástico.
pomegranate [ˈpɒmɪˌgrænɪt] *n c* BOT granada.
pomp [pɒmp] *n u* pompa.
pom-pom [ˈpɒmpɒm] *n c* pompón.
pompous [ˈpɒmpəs] *adj* (pej) presumido, engreído (persona); pomposo (estilo, discurso); ostentoso (ceremonia, edificio).
pond [pɒnd] *n c* estanque.
ponder [ˈpɒndər] *tr* **1** considerar. • **to ~ (on/over sth)** *intr* **2** reflexionar (sobre).
ponderous [ˈpɒndərəs] *adj* **1** (fml) voluminoso. **2** lento y torpe (persona, acción). **3** aburrido, pesado (discurso).
pong [pɒŋ] *n c* **1** *GB* (infml, pej) peste, tufo. • *intr* **2** apestar (stink).
pontoon [pɒnˈtuːn] *n c* **1** MAR, MIL pontón (para sujetar un puente). • *n u* **2** *GB* veintiuna (juego de cartas).
pony [ˈpəʊnɪ] (*pl* **ponies**) *n c* poni.
ponytail [ˈpəʊnɪteɪl] *n c* cola de caballo (hpeinado).
poodle [ˈpuːdl] *n c* caniche.
pool [puːl] *n c* **1** charco (gen). **2** estanque. **(swimming) ~ 3** piscina. **4** billar americano. ♦ **the (football) pools** *GB* las quinielas.
poor [pɔːr y EE UU pʊər] *adj* **1** pobre (gen). **2** (fml) malo, deficiente (en calidad). **3** (fml) escaso, exiguo (salario). ♦ **~ loser** (pej) mal perdedor.
poorly [ˈpʊəlɪ] *adv* **1** mal (fabricado, realizado). **2** insuficientemente (retribuido). • *adj* **3** *GB* (infml) pachucho (de salud).
pop [pɒp] (*pt* y *pp* **popped**, *ger* **popping**) *tr* & *intr* **1** reventar (un globo). **2** saltar (un corcho). • **to ~ sth into** *tr* **3** (infml) meter algo en. • **to ~ (out/round) to** *intr* **4** ir un momento (a comprar algo). **to ~ (out) 5** (infml) salirse de las órbitas (los ojos). • *n c* **6** pequeña explosión (sonido). • *n u* **7** gaseosa. **~ (music) 8** MUS (música) pop. • *n sing* **9** *EE UU* (infml) papá. ♦ **~ art** arte pop; **to ~ on** (infml) ponerse con prisa (abrigo, zapatos); encender (la luz, el televisor).
popcorn [ˈpɒpkɔːn] *n u* palomitas de maíz.
pope [pəʊp] *n sing* REL papa.
poplar [ˈpɒplər] *n c* & *u* BOT chopo, álamo.
poppy [ˈpɒpɪ] (*pl* **poppies**) *n c* BOT amapola.
popular [ˈpɒpjʊlər] *adj* **1** popular (gen). **2** estimado, respetado (persona). **3** corriente, común (idea).
popularity [ˌpɒpjʊˈlærɪtɪ] *n u* popularidad.
popularize [ˈpɒpjʊləraɪz] *tr* **1** popularizar (hacer popular una canción, un libro). **2** vulgarizar.
population [ˌpɒpjʊˈleɪʃn] *n sing* población.
porcelain [ˈpɔːslɪn] *n u* porcelana.
porch [pɔːtʃ] *n c* porche (en la entrada de una casa).
porcupine [ˈpɔːkjʊpaɪn] *n c* ZOOL puerco espín.
pore [pɔːr] *n c* poro.
pork [pɔːk] *n u* carne de cerdo. ♦ **~ chop** chuleta de cerdo; **~ pie** *GB* empanada de carne de cerdo.
pornographic [ˌpɔːnəˈgræfɪk] *adj* pornográfico.
pornography [pɔːˈnɒgrəfɪ] *n u* pornografía.
porous [ˈpɔːrəs] *adj* poroso.
porridge [ˈpɒrɪdʒ] *n u* gachas de avena.
port [pɔːt] *n c* **1** puerto (gen). • *n c* & *u* **2** oporto (vino). • *n u* **3** NAUT babor. ♦ **~ of call** puerto de escala; escala (de un viaje).
portable [ˈpɔːtəbl] *adj* portátil (televisor, computadora). ♦ **~ software** COMPUT software compatible.
portent [ˈpɔːtent] *n c* (fml) presagio.

porter [ˈpɔːtər] *n c* **1** mozo de cuerda (en aeropuertos). **2** *GB* portero (de un bloque de pisos); conserje (en un hotel, una escuela). **3** *EE UU* camarero de coche cama (en el tren).

portfolio [ˌpɔːtˈfəʊlɪəʊ] *n c* **1** cartera (gen). **2** muestrario, carpeta (del trabajo de un artista).

porthole [ˈpɔːthəʊl] *n c* ojo de buey.

portion [ˈpɔʃn] *n c* ~ **(of) 1** parte, porción. **2** ración (de comida).

portrait [ˈpɔːtrɪt] *n c* retrato.

portray [pɔːˈtreɪ] *tr* **1** retratar (en un cuadro, dibujo). **2** representar (un papel en una película). **to ~ (as) 3** describir.

portrayal [pɔːˈtreɪəl] *n c & u* **1** actuación (en una película). **2** retrato (pintura, foto, descripción).

Portugal [ˈpɔːtʃʊgl] *n sing* Portugal.

Portuguese [ˌpɔːtʃʊˈgiːz] *adj & n c* portugués. • *nu* portugués (idioma).

pose [pəʊz] *n c* **1** pose. • *tr* **2** plantear (un problema, una cuestión). • *intr* **3** posar (para una foto). **4** (pej) hacerse el importante. **to ~ as 5** fingir ser.

posh [pɒʃ] *adj* **1** *GB* (infml) de lujo, elegante (hotel). **2** (pej) pijo. ■ **to talk ~** hablar con afectación.

position [pəˈzɪʃn] *n c* **1** posición (gen). **2** sitio, lugar. **3** (fml) empleo, puesto. **4** rango, categoría. **5** estado, situación. • *tr* **6** situar, colocar. • *pron* **7** (fml) colocarse. ■ **in/into ~** en su lugar; **out of ~** fuera de su sitio.

positive [ˈpɒzɪtɪv] *adj* **1** positivo (gen). **2** irrefutable; concluyente. **3** absoluto, auténtico (para dar énfasis). **~ (about/of). 4** seguro de, convencido de. • *n c* **5** PHOT positivo.

possess [pəˈzes] *tr* **1** (fml) poseer, tener. **2** adueñarse de. ■ **to be possessed of** (lit) estar en posesión de.

possession [pəˈzeʃn] *n u* **1** posesión. • **possessions** *n pl* **2** posesiones.

possessive [pəˈzesɪv] *adj* **1** (pej) posesivo; egoísta. • *adj & n c* **2** GRAM posesivo.

possibility [ˌpɒsəˈbɪlɪtɪ] (*pl* **possibilities**) *n c & u* posibilidad.

possible [ˈpɒsəbl] *adj* **1** posible (gen). **2** aceptable (excusa, solución). • *n c* **3** candidato, aspirante. ■ **as much as ~** todo lo posible; **as soon as ~** cuanto antes; **if (at all) ~** si es posible; **where/wherever/whenever ~** cuando sea posible.

possibly [ˈpɒsəblɪ] *adv* posiblemente, tal vez. ■ **all one ~ can** todo lo que pueda; **could you ~...?** ¿podría...? (pidiendo ayuda).

post [pəʊst] *n sing* **the ~ 1** correos (servicio); reparto. • *n c* **2** poste (de teléfono). **3** (fml) puesto, cargo (en una empresa). **4** SP portería (de fútbol); meta (carreras). • *pref* **5** pos-, post-. • **to ~ (off)** *tr* **6** enviar por correo. **7** pegar, poner (un cartel). ◆ **~ office** oficina de correos (edificio); **~ office box** apartado de correos; **the Post Office** Correos (organización). ■ **to keep sb posted** mantener a alguien al tanto; **to send sth by ~** enviar algo por correo.

postage [ˈpəʊstɪdʒ] *n u* franqueo. ◆ **~ stamp** (fml) sello de correos.

postal [ˈpəʊstəl] *adj* postal. ◆ **~ order** *GB* giro postal; **the Postal Service** *EE UU* Correos.

post-box [ˈpəʊstbɒks] (*EE UU* **mailbox**) *n c* buzón.

postcard [ˈpəʊstkɑːd] *n c* (tarjeta) postal.

postcode [ˈpəʊstkəʊd] (*EE UU* **zip code**) *n c* código postal.

poster [ˈpəʊstər] *n c* cartel, póster.

poste restante [ˌpəʊstˈrestɑːnt] (*EE UU* **general delivery**) *n u* lista de correos.

posterior [pɒˈstɪərɪər] *adj* **1** (fml) posterior. • *n c* **2** (hum) trasero.

posterity [pɒˈsterɪtɪ] *n u* posteridad.

posthumous [ˈpɒstjʊməs y EE UU ˈpɑːstʃəməs] *adj* póstumo.

postman [ˈpəʊstmən] (*pl* **postmen**) *n c* cartero.

postmark [ˈpəʊstmɑːk y EE UU ˈpəʊstmɑːrk] *n c* **1** matasellos. • *tr* **2** (normalmente *pasiva*) matasellar.

postmen [ˈpəʊstmən] *n pl* → postman.

post-mortem [ˌpəʊstˈmɔːtem] *n c* autopsia (autopsy).

postpone [ˌpəʊstˈpəʊn] *tr* posponer.

postscript [ˈpəʊstskrɪpt] *n c* **1** posdata. **2** (fig) nota final.

posture [ˈpɒstʃər] *n c & u* (lit, fig) postura.

post-war [ˌpəʊstˈwɔːr] *adj & adv* de la posguerra.

pot [pɒt] (*pt* y *pp* **potted**, *ger* **potting**) *tr* **1** plantar en un tiesto. **2** poner en con-

P

serva (alimento). • *n c* **3** olla (para cocinar). **4** tarro, pote; tiesto, maceta (para plantas); bote (de pintura); tetera (para te); cafetera. **5** banca (en juegos de cartas); bote. ♦ **~ plant** planta de interior. ■ **to have pots of money** (infml) estar forrado; **to take ~ luck** elegir a ojo; conformarse con lo que haya (para comer).

potassium [pə'tæsɪəm] *n u* CHEM potasio.

potato [pə'teɪtəʊ] (*pl* **potatoes**) *n c & u* patata. ♦ **~ crisps/chips** patatas fritas (de bolsa); **~ peeler** pelapatatas.

potent ['pəʊtənt] *adj* **1** (lit) potente. **2** efectivo, convincente (argumento).

potential [pə'tenʃl] *adj & n u* potencial.

pothole ['pɒthəʊl] *n c* bache.

potholing ['pɒthəʊlɪŋ] *n u* SP espeleología.

potion ['pəʊsn] *n c* (lit) poción, pócima.

potted ['pɒtɪd] *adj* **1** en conserva, de lata (carne, pescado). **2** en tiesto (planta). **3** *GB* condensado (versión, historia).

potter ['pɒtər] *n c* alfarero. ♦ **~'s wheel** torno de alfarero.

pottery ['pɒtərɪ] (*pl* **potteries**) *n u* alfarería, cerámica.

potty ['pɒtɪ] (*pl* **potties**) *adj* **1** *GB* (infml) • *n c* **2** orinal (para niño).

potty-trained ['pɒtɪtreɪnd] *adj GB* que ya no necesita pañales (niño).

pouch [paʊtʃ] *n c* **1** bolsillo de cordón (para dinero, joyas). **2** petaca (para tabaco). **3** valija (para documentos diplomáticos). **4** bolsa.

poultry ['pəʊltrɪ] *n pl* aves de corral.

pound [paʊnd] *n c* **1** libra (moneda, medida de peso). **2** depósito municipal (de automóviles); perrera municipal (para perros). • **to ~ (up)** *tr* **3** triturar. • **to ~ (at/on)** *intr* **4** aporrear, golpear. **5** palpitar (corazón, pulso). ♦ **the (sterling) ~/the ~ (sterling)** la libra (esterlina) (moneda británica).

pour [pɔːr] *tr* **1** verter. • *intr* **2** (infml) chorrear (líquido); salir a borbotones. **to ~ (down) 3** llover a cántaros. **to ~ (in/out) 4** entrar/salir en manada. ♦ **to ~ in** llegar a raudales; **to ~ out** vaciar; servir (bebida).

pout [paʊt] *n c* **1** pucheros (expresando enfado); morritos (con los labios). • *intr* **2** hacer pucheros (expresando enfado); hacer morritos (provocativamente).

poverty ['pɒvətɪ] *n u* pobreza. ♦ **~ line** umbral de pobreza.

powder ['paʊdər] *n c & u* **1** polvo. • *n u* **2** polvos (de maquillaje). **3** pólvora. • *tr* **4** empolvar. **5** pulverizar, triturar. ♦ **~ blue** azul pálido (color).

powdered ['paʊdəd] *adj* **1** en polvo. **2** lleno de polvo, empolvado.

power ['paʊər] *n u* **1** poder (sobre algo o alguien). **~ (of) 2** facultad, capacidad (para hacer algo). **3** fuerza, empuje. **4** ELEC electricidad, corriente. **5** potencia (comercial, política, militar). **6** potencia; energía (solar). **7** MATH potencia. • *n c & u* **8** poder, derecho (autoridad legal). • *adj* **9** eléctrico, mecánico: *a power saw = una sierra eléctrica.* • *tr* **10** impulsar, propulsar. ♦ **~ cut/failure** apagón, corte de luz; **~ line/cable** cable del tendido eléctrico; **~ plant/station** central eléctrica; **~ point** *GB* ELEC enchufe; **~ steering** dirección asistida. ■ **in ~** POL en el poder; **in sb's ~** bajo control de alguien; **not to be within one's powers (to do sth)** no estar dentro de las posibilidades de uno (hacer algo); **to come to/take ~** POL llegar al/hacerse con el poder; **to do sb a ~ of good** venir/sentar estupendamente a alguien; **to switch/turn the ~ on/off** dar/cortar la corriente.

powerboat ['paʊəbəʊt] *n c* lancha motora.

powerful ['paʊəfʊl] *adj* **1** poderoso (gen). **2** fuerte, robusto (físicamente). **3** fuerte, potente (voz, droga). **4** enérgico, contundente (argumento). **5** intenso (emoción, sentimiento); conmovedor (película, historia).

powerless ['paʊəlɪs] *adj* **1** impotente (ante una situación); incapaz (de hacer algo). **2** sin poder, sin autoridad.

pox [pɒks] *n sing* **1** MED (infml) sífilis. **2** MED viruela.

practicable ['præktɪkəbl] *adj* (fml) viable.

practical ['præktɪkl] *adj* **1** práctico (gen). **2** hábil, mañoso. • *n c* **3** (infml) examen práctico. ♦ **~ joke** broma pesada. ■ **for all ~ purposes** en realidad, de hecho.

practicality [ˌpræktɪ'kælɪtɪ] (*pl* **practicalities**) *n c & u* **1** viabilidad (de un plan o una idea). **2** sentido práctico (de la persona).

practically [ˈpræktɪklɪ] *adv* **1** de modo práctico (actuar). **2** prácticamente, casi.
practice [ˈpræktɪs] (*EE UU* **practise**) *n c & u* **1** práctica. **2** costumbre, hábito. **3** ejercicio (de una profesión). **4** SP entrenamiento. **5** MUS ensayo. • *n c* **6** consulta (del médico); bufete, despacho (de abogado). ■ **in ~** en la práctica; en forma, entrenado (fit); **out of ~** en baja forma; **to put sth into ~** llevar algo a la práctica.
practise [ˈpræktɪs] (*EE UU* **practice**) *tr & intr* **1** practicar. **2** SP entrenar(se). **3** MUS, THEAT ensayar. **to ~ (as) 4** ejercer (de) (gen).
practising [ˈpræktɪsɪŋ] (*EE UU* **practicing**) *adj* **1** en ejercicio, en activo (doctor, abogado). **2** REL practicante.
pragmatic [prægˈmætɪk] *adj* pragmático.
pragmatism [ˈprægmətɪzəm] *n u* pragmatismo.
prairie [ˈpreərɪ] *n c & u* pradera.
praise [preɪz] *n u* **1** alabanza, elogio. • *tr* **2** alabar, elogiar.
praiseworthy [ˈpreɪzˌwɜːðɪ] *adj* digno de alabanza.
pram [præm] (*EE UU* **baby carriage**) *n c* cochecito de niño.
prance [prɑːns y EE UU præns] *intr* **to ~ about/up and down** hacer cabriolas (caballo); dar saltos (persona).
prank [præŋk] *n c* travesura, diablura.
prawn [prɔːn] *n c* gamba. ♦ **~ cocktail** cóctel de gambas.
pray [preɪ] *intr* **1** rezar, orar. **2** rogar.
prayer [ˈpreɪər] *n c & u* **1** REL oración. • *n c* **2** (fig) ruego, súplica (para conseguir algo). ♦ **~ book** misal.
pre- [priː] *pref* pre-: *pre-cook = precocinar.*
preach [priːtʃ] *tr & intr* predicar, sermonear. ■ **to practise what one preaches** predicar con el ejemplo.
preacher [ˈpriːtʃər] *n c* predicador.
preamble [priːˈæmbl y ˈpriːæmbl] *n c & u* (fml) preámbulo.
precarious [prɪˈkeərɪəs] *adj* (fml) precario.
precaution [prɪˈkɔːʃn] *n c* precaución.
precede [ˌprɪˈsiːd] *tr* (fml) preceder.
precedent [ˈpresɪdənt] *n c & u* (fml) precedente. ■ **to set a ~** sentar precedente; **without ~** sin precedentes.
preceding [ˌprɪˈsiːdɪŋ] *adj* (fml) anterior.
precinct [ˈpriːsɪŋkt] *n c* **1** *GB* zona comercial peatonal. **2** *EE UU* distrito (electoral). • **precincts** *n pl* **3** recinto.
precious [ˈpreʃəs] *adj* **1** precioso (gen). **2** preciado, querido (objeto). **3** (pej) preciosista, amanerado (persona, estilo). ♦ **~ metal** metal precioso (oro); **~ stone** piedra preciosa. ■ **~ little** muy poco.
precipice [ˈpresɪpɪs] *n c* precipicio.
precipitate [prɪˈsɪpɪtɪt] *adj* **1** (fml) precipitado (acto). • *tr* **2** (fml) precipitar (a alguien). **3** provocar (pelea, escándalo).
precipitation [prɪˌsɪpɪˈteɪʃn] *n u* precipitación.
précis [ˈpreɪsiː y EE UU preɪˈsiː] (*pl* **précis**) *n c* **1** resumen. • *tr* **2** resumir.
precise [prɪˈsaɪs] *adj* **1** preciso (momento, detalle). **2** meticuloso, escrupuloso (persona). ■ **to be ~** para ser exacto.
precision [prɪˈsɪʒn] *n u* precisión.
preclude [prɪˈkluːd] *tr* **1** (fml) excluir, descartar (posibilidad). **2** (fml) impedir, evitar.
precocious [prɪˈkəʊʃəs] *adj* precoz.
precociousness or **precocity** [prɪˈkəʊʃəsnɪs o prɪˈkɒʃətɪ] *n u* precocidad.
preconceived [ˌpriːkənˈsiːvd] *adj* preconcebido.
pre-cooked [priːˈkʊkt] *adj* precocinado.
precursor [prɪˈkɜːsər] *n c* (fml) precursor.
predator [ˈpredətər] *n c* **1** ZOOL depredador. **2** (fig) aprovechado, buitre.
predecessor [ˈpriːdɪsesər] *n c* antecesor.
predestined [ˌpriːˈdestɪnd] *adj* predestinado.
predetermined [ˌpriːdɪˈtɜːmɪnd] *adj* predeterminado.
predicament [prɪˈdɪkəmənt] *n c* (fml) apuro, aprieto.
predicate [ˈpredɪkeɪt] *tr* **to ~ (on) 1** (fml) basar (en) (una idea, suposición). **2** (fml) predicar, proclamar.
predict [prɪˈdɪkt] *tr* predecir.
predictable [prɪˌdɪktəˈbl] *adj* **1** previsible (resultado). **2** (pej) falto de imaginación (persona); poco original (el final de un libro).
prediction [prɪˈdɪkʃn] *n c & u* predicción.

P

predilection [ˌpriːdɪˈlekʃn y EE UU ˌpredlˈekʃn] *n c* ~ **(for)** predilección (por).
predispose [ˌpriːdɪˈspəʊz] *tr* (fml) predisponer.
predisposed [ˌpriːdɪˈspəʊzd] *adj* predispuesto.
predisposition [ˌpriːˌdɪspəˈzɪʃn] *n c* ~ **(to/towards)** predisposición (hacia).
predominant [prɪˈdɒmɪnənt] *adj* (fml) predominante.
predominate [prɪˈdɒmɪneɪt] *intr* (fml) predominar.
pre-empt [priːˈempt] *tr* **1** frustrar, malograr (un plan). **2** adelantarse a (lo que alguien iba a decir).
pre-emptive [priːˈemptɪv] *adj* preventivo.
prefab [ˈpriːfæb] *n c GB* (infml) casa prefabricada.
preface [ˈprefɪs] *n c* **1** prólogo, prefacio. • *tr* **2** (fml) prologar. **3** preceder, anunciar.
prefect [ˈpriːfekt] *n c GB* prefecto.
prefer [prɪˈfɜːr] (*pt* y *pp* **preferred**, *ger* **preferring**) *tr* preferir. ■ **to ~ charges** JUR presentar cargos.
preferable [ˈprefərəbl] *adj* ~ **(to)** preferible (a).
preference [ˈprefərəns] *n c & u* preferencia. ◆ ~ **shares** FIN acciones preferentes.
preferential [ˌprefəˈrenʃl] *adj* preferencial, preferente.
preferment [ˌprɪˈfɜːmənt] *n u* ascenso, promoción.
prefix [ˈpriːfɪks] *n c* prefijo.
pregnancy [ˈpregnənsɪ] (*pl* **pregnancies**) *n c & u* embarazo. ◆ ~ **test** prueba del embarazo.
pregnant [ˈpregnənt] *adj* **1** embarazada. **2** (lit) significativo (pausa, silencio). ~ **(with) 3** cargado de (significado, sentimiento).
preheat [ˈpriːˈhiːt] *tr* precalentar.
prehistoric [ˌpriːhɪˈstɒrɪk] *adj* (lit, fig) prehistórico.
prehistory [priːˈhɪstərɪ] *n u* prehistoria.
prejudice [ˈpredʒʊdɪs] *n c & u* **1** prejuicio. • **to ~ sb (against/in favour of)** *tr* **2** predisponer a alguien (en contra/a favor de). **3** perjudicar.
prejudiced [ˈpredʒʊdɪst] *adj* (pej) con prejuicios, parcial. ■ **to be ~ in favour of/against** estar predispuesto en favor de/en contra de.
prejudicial [ˌpredʒʊˈdɪʃl] *adj* ~ **(to)** (fml) perjudicial (para).
preliminary [prɪˈlɪmɪnərɪ y EE UU prɪˈlɪmɪnerɪ] *adj* **1** preliminar. • **preliminaries** *n pl* **2** preliminares, preparativos.
prelude [ˈpreljuːd] *n c* preludio.
premarital [priːˈmærɪtl] *adj* prematrimonial.
premature [ˈprematjʊər y EE UU ˌpriːməˈtʊər] *adj* prematuro.
premeditated [priːˈmedɪteɪtɪd] *adj* premeditado.
premeditation [priːˌmedɪˈteɪʃn] *n u* premeditación.
premier [ˈpremɪər y EE UU ˌpriːmɪər] *adj* **1** principal, primordial. • *n c* **2** primer ministro. ◆ **Premier League** *GB* SP primera división (en fútbol).
premiere [ˈpremɪər y EE UU prɪˈmɪər] *n c* **1** estreno (de una película). • *tr* **2** estrenar.
premise [ˈpremɪs] *n c* **1** (fml) premisa. • **premises** *n pl* **2** establecimiento, local. ■ **on the ~** en el local.
premium [ˈpriːmɪəm] *n c* prima. ■ **at a ~** a más de su valor nominal (debido a la escasez); muy solicitado (producto); **to put/place a high ~ on** dar mucha importancia a.
premonition [ˌpriːməˈnɪʃn y ˌpreməˈnɪʃn] *n c* premonición.
premonitory [prɪˈmɒnɪtərɪ] *adj* premonitorio.
preoccupation [priːˌɒkjʊˈpeɪʃn] *n c & u* preocupación.
preoccupied [priːˈɒkjʊpaɪd] *adj* preocupado.
preoccupy [priːˈɒkjʊpaɪ] (*pt* y *pp* **preoccupied**) *tr* preocupar.
prepaid [priːˈpeɪd] *adj* pagado por adelantado; porte pagado.
preparation [ˌprepəˈreɪʃn] *n u* **1** preparación. • *n c* **2** CHEM preparado (con sustancias). • **preparations** *n pl* **3** preparativos. ■ **in ~ for** en preparación para.
preparatory [prɪˈpærətrɪ y EE UU prɪˈpærətɔːrɪ] *adj* preparatorio, preliminar. ◆ ~ **school** *escuela primaria privada* (GB, para niños de 7 a 12 años); *colegio privado que prepara a los alumnos para entrar en la universidad* (EE UU).

■ ~ **to (sth/doing sth)** antes de algo/hacer algo.
prepare [prɪˈpeər] *tr* **1** preparar. ● *tr & intr* **2** preparar(se).
prepared [prɪˈpeəd] *adj* preparado. ■ **to be ~ to do sth** estar dispuesto a hacer algo.
preponderance [prɪˈpɒndərəns] *n u* (fml) preponderancia.
preponderant [prɪˈpɒndərənt] *adj* (fml) preponderante.
preposition [ˌprepəˈzɪʃn] *n c* GRAM preposición.
preposterous [prɪˈpɒstərəs] *adj* (fml) absurdo, descabellado.
prep school [ˈprepskuːl] *n c & u* **1** *GB* (infml) *escuela primaria privada* (para niños de 7 a 12 años). **2** *EE UU* (infml) *colegio privado que prepara a los alumnos para entrar en la universidad.*
pre-recorded [ˌpriːrɪˈkɔːd] *adj* pregrabado.
prerogative [prɪˈrɒgətɪv] *n c* prerrogativa.
presage [ˈpresɪdʒ] *n c* **1** presagio. ● *tr* **2** (lit) presagiar.
pre-school [ˌpriːˈskuːl] *adj* preescolar.
prescribe [prɪˈskraɪb] *tr & intr* **1** (fml) prescribir, dictar (leyes). **2** MED recetar.
prescription [prɪˈskrɪpʃn] *n c* MED prescripción médica, receta. ■ **on ~** con receta médica.
presence [ˈprezns] *n u* presencia. ◆ **~ of mind** presencia de ánimo. ■ **in sb's ~/in the ~ of sb** en presencia de alguien; **to make one's ~ felt** hacerse valer.
present [ˈpreznt] *adj* **1** actual. **2** presente (en una reunión). ● **~ (tense)** *adj & n c* **3** GRAM (tiempo) presente. ● *n c* **4** regalo (obsequio). ◆ **~ participle** GRAM participio de presente; **~ perfect (tense)** GRAM (tiempo) pretérito perfecto; **the ~** el presente; **the ~ day** la actualidad, hoy en día. ■ **at ~/at the ~ time** en este momento; **for the ~** (fml) de momento, por ahora.
present [prɪˈzent] *tr* **1** presentar (gen). **to ~ sb with sth/to ~ sth to sb 2** representar algo para alguien (oportunidad, problema); entregar algo a alguien. ● *pron* **3** presentarse (en un lugar).
presentable [prɪˈzentəbl] *adj* presentable.
presentation [ˌprezənˈteɪʃn y EE UU ˌpriːzenˈteɪʃn] *n c & u* **1** presentación. **2** entrega (premio).
present-day [ˈpreznt͵deɪ] *adj* actual, de hoy en día.
presenter [prɪˈzentər] *n c GB* TV presentador.
presentiment [prɪˈzentɪmənt] *n c* (fml) presentimiento.
presently [ˈprezntlɪ] *adv* **1** pronto, en un momento. **2** *EE UU* actualmente, en este momento (now).
preservation [ˌprezəˈveɪʃn] *n u* preservación, conservación.
preservative [prɪˈzɜːvətɪv] *n c & u* conservante.
preserve [prɪˈzɜːv] *tr* **1** conservar, preservar. **2** poner en conserva (alimentos). **to ~ (from) 3** (hum) proteger (de), librar (de). ● *n c* **4** (fml) mermelada. **5** coto (de caza). ● *n sing* **6** (fml) propiedad exclusiva.
preset [ˌpriːˈset] (*pt* y *pp* **preset**, *ger* **presetting**) *tr* programar.
preside [prɪˈzaɪd] *intr* **to ~ (at/over)** (fml) presidir (algo).
presidency [ˈprezɪdənsɪ] (*pl* **presidencies**) *n c & u* presidencia.
president [ˈprezɪdənt] *n c* presidente.
presidential [ˌprezɪˈdenʃl] *adj* presidencial.
press [pres] *n c* **1** presión. **2** prensa (máquina). ● *n c & u* **3** imprenta. ● **to ~ sth (against)** *tr* **4** apretar algo (contra). **5** prensar. **6** planchar. **7** presionar (a alguien). ◆ **~ conference** rueda de prensa; **~ corps** *EE UU* la prensa; **~ cutting** recorte de prensa; **~ release** comunicado de prensa; **to ~** la prensa; **to ~ for** exigir, reclamar (reformas); **to ~ on/ahead/forward (with)** seguir adelante (con), proseguir (con). ■ **to get a good/bad ~** tener buena/mala prensa; **to give sth a ~** (infml) planchar algo (iron).
pressed [prest] *adj* en apuros, escaso (de).
pressing [ˈpresɪŋ] *adj* apremiante, urgente.
press-stud [ˈprestʌd] *n c* → popper.
press-up [ˈpresʌp] (*EE UU* **push-up**) *n c* flexión (arm exercise).
pressure [ˈpreʃər] *n u* **1** presión. ● *tr* **2** presionar (para que alguien haga algo). ◆

P

~ **group** POL grupo de presión. ■ **to be under ~** estar bajo presión; **to bring ~ to bear/to put ~ on sb** ejercer presión sobre alguien.
pressure-cooker [ˈpreʃəˌkʊkər] *n c* olla a presión.
prestige [preˈstiːʒ] *n u* **1** prestigio. ● *adj* **2** de prestigio.
prestigious [preˈstɪdʒəs] *adj* prestigioso.
presume [prɪˈzjuːm] *tr & intr* **1** presumir, suponer. ● *intr* **2** (fml) atreverse, tomarse la libertad. ◆ **to ~ on/upon** pasarse de la raya con.
presumption [prɪˈzʌmpʃn] *n c & u* **1** suposición; presunción (de inocencia). ● *n u* **2** (fml, pej) falta de respeto.
presumptuous [prɪˈzʌmptjʊəs] *adj* (pej) presuntuoso.
pretence [prɪˈtens] (*EE UU* **pretense**) *n c & u* fingimiento, simulación.
pretend [prɪˈtend] *tr & intr* **1** fingir, simular. ● *tr* **2** pretender. ● *adj* **3** (infml) imaginario (make-believe).
pretense *n c & u* → pretence.
pretension [prɪˈtenʃn] *n c* pretensión.
pretentious [prɪˈtenʃəs] *adj* pretencioso.
pretext [ˈpriːtekst] *n c* pretexto. ■ **on/under the ~ of/that** con el pretexto de/de que.
pretty [ˈprɪtɪ] *adj* **1** bonito. ● *adv* **2** (infml) bastante: *a pretty hot day = un día bastante caluroso*. ■ **~ much/nearly** (infml) bastante, más o menos; **~ well** casi.
prevail [prɪˈveɪl] *intr* **1** predominar (en cantidad sobre otras cosas). **to ~ (over) 2** (fml) prevalecer (sobre) (un rival). ◆ **to ~ on/upon** (fml) persuadir, convencer.
prevalent [ˈprevələnt] *adj* predominante.
prevent [prɪˈvent] *tr* **1** evitar (accidente, enfermedad). **2** impedir (que ocurra algo).
prevention [prɪˈvenʃn] *n u* prevención.
preventive [prɪˈventɪv] *adj* preventivo.
preview [ˈpriːvjuː] *n c* **1** preestreno (de una película). **2** avance, resumen (de un libro, película). ● *tr* **3** preestrenar (película).
previous [ˈpriːvɪəs] *adj* previo, anterior.
previously [ˈpriːvɪəslɪ] *adv* **1** anteriormente. **2** antes.
prey [preɪ] *n u* **1** presa. ● **to ~ (on)** *intr* **2** cazar para comer.
price [praɪs] *n c* **1** precio. ● *tr* **2** poner precio a. ◆ **~ list** tarifa de precios; **~ tag** etiqueta del precio. ■ **at a ~** a un alto precio; **at a ~ of** al precio de; **at any ~** (fig) cueste lo que cueste; *loc* **not at ~ price** por nada del mundo; **what ~...?** (fig) ¿de qué vale/sirve...?
priceless [ˈpraɪslɪs] *adj* que no tiene precio, inestimable.
pricey [ˈpraɪsɪ] *adj GB* (infml) caro.
prick [prɪk] *n c* **1** pinchazo, punzada. ● *tr* **2** pinchar (gen). ● *tr & intr* **3** picar. **4** (fig) remorder (la conciencia).
prickle [ˈprɪkl] *n c* **1** BOT espina, pincho (de una planta). **2** comezón, escozor (sensación). ● *tr & intr* **3** picar, escocer.
prickly [ˈprɪklɪ] *adj* **1** espinoso (zarza). **2** que causa picor. **3** (fig) enojadizo (carácter, persona). ◆ **~ pear** BOT higo chumbo; chumbera.
pride [praɪd] *n u* **1** orgullo. ● *n c* **2** manada (de leones). ● **to ~ oneself on sth** *pron* **3** enorgullecerse de algo. ◆ **one's ~ and joy** (fig) la niña de los ojos de uno (persona); el mayor tesoro de uno (posesión).
pried [praɪd] *pt & pp* → pry.
priest [priːst] *n c* sacerdote. ◆ **high ~** REL sumo sacerdote.

> Aunque el término ***priest*** se refiere a los sacerdotes católicos, ortodoxos y anglicanos, en general, sólo se usa para los sacerdotes católicos. Para hablar de un sacerdote o párroco anglicano se emplea ***vicar***. ***Minister*** se aplica a los pastores de las demás religiones protestantes.

priestess [ˈpriːstɪs] *n c* sacerdotisa.
priesthood [ˈpriːsthʊd] *n sing* **the ~** el sacerdocio (posición, cargo); el clero (en conjunto).
prig [prɪg] *n c* (pej) melindroso, mojigato.
prim [prɪm] *adj* (pej) remilgado.
primarily [ˈpraɪmərɪlɪ] *adv* (fml) principalmente.
primary [ˈpraɪmərɪ y EE UU ˈpraɪmerɪ] *adj* **1** primero, principal. **2** SCH primario.

3 primario, original. ◆ ~ **(election)** *EE UU* POL primaria; ~ **school** escuela primaria.

> En Estados Unidos, en las elecciones primarias ***(primaries)*** se eligen a los candidatos de los partidos demócrata ***(Democratic)*** y republicano ***(Republican)*** que se presentarán a las elecciones presidenciales. Comienzan en New Hampshire y se celebran en 35 estados durante los meses de febrero y junio.

primate [ˈpraɪmeɪt] *n c* **1** ZOOL primate. **2** REL primado.

prime [praɪm] *adj* **1** primero, principal. **2** excelente (cualidad). ● *tr* **3** imprimar (pared, objeto). **4** preparar (un informe). ◆ ~ **minister** POL primer ministro; ~ **mover** inspirador, instigador (persona); fuerza motriz (persona, cosa); ~ **number** MATH número primo; ~ **time** TV hora de mayor audiencia.

primer [ˈpraɪmər] *n c* & *u* **1** imprimación (para pintar). ● *n c* **2** cartilla (para enseñar a leer); manual.

primitive [ˈprɪmɪtɪv] *adj* **1** primitivo (hombre). **2** rudimentario.

primordial [praɪˈmɔːdɪəl] *adj* (fml) primordial.

primrose [ˈprɪmrəʊz] *n c* BOT prímula, primavera.

prince [prɪns] *n c* príncipe.

princess [prɪnˈses] *n c* princesa.

principal [ˈprɪnsəpl] *adj* **1** principal. ● *n c* **2** SCH director (de Universidad, de escuela). **3** THEAT protagonista. **4** MUS solista.

principle [ˈprɪnsəpl] *n c* & *u* principio. ■ **in** ~ en teoría, en principio; **on** ~ por principio.

print [prɪnt] *n u* **1** caracteres de imprenta. ● *n c* **2** huella (de una pisada). **3** PHOT copia, positivo. **4** ARTS grabado; reproducción. ● *tr* & *intr* **5** imprimir. **6** escribir con letra de imprenta. **7** editar, tirar (libro, periódico). ● *tr* **8** publicar. ◆ **to** ~ **out** COMPUT imprimir. ■ **in** ~ disponible; en letra impresa; **out of** ~ agotado (libro).

printed circuit [ˌprɪntɪdˈsɜːkɪt] *n c* circuito impreso.

printer [ˈprɪntər] *n c* **1** impresor (persona); imprenta. **2** COMPUT impresora.

printing [ˈprɪntɪŋ] *n u* **1** imprenta; impresión (acción de imprimir). ● *n c* **2** tirada (de un periódico).

printout [ˈprɪntaʊt] *n c* & *u* COMPUT salida de impresora.

prior [ˈpraɪər] *adj* **1** previo, anterior. **2** preferente, más importante. ● *n c* **3** REL prior. ■ ~ **to** *prep* (fml) antes de.

priority [praɪˈɒrɪtɪ] *adj* **1** prioritario. ● *n c* & *u* **2** prioridad. ■ **to have/take** ~ **(over)** tener prioridad (sobre).

prise [praɪz] (*EE UU* **prize**) *tr* **to** ~ **(open)** abrir por la fuerza. ◆ **to** ~ **out** sonsacar (información).

prism [ˈprɪzəm] *n c* GEOM, OPT prisma.

prison [ˈprɪzn] *n c* & *u* prisión, cárcel.

prisoner [ˈprɪzənər] *n c* **1** preso. **2** prisionero. ◆ ~ **of war** prisionero de guerra. ■ **to be taken** ~ ser hecho prisionero.

privacy [ˈprɪvəsɪ] *n u* intimidad.

private [ˈpraɪvɪt] *adj* **1** privado; personal particular (clase). **2** secreto (información). **3** apartado, retirado (lugar); reservado (persona). ● *n c* **4** MIL soldado raso. ◆ ~ **company/enterprise** empresa privada; ~ **detective/eye/investigator** detective privado; ~ **property** propiedad privada; **the** ~ **sector** ECON el sector privado.

privately [ˈpraɪvɪtlɪ] *adv* **1** en privado (reunión). **2** en la intimidad (hablar). **3** personalmente.

privation [praɪˈveɪʃn] *n c* & *u* (fml) privación.

privatization or **privatisation** [ˌpraɪvɪtaɪˈzeɪʃn] *n u* ECON privatización.

privilege [ˈprɪvɪlɪdʒ] *n c* & *u* privilegio.

privy [ˈprɪvɪ] *adj* **(to be)** ~ **to** (estar) informado de.

prize [praɪz] *n c* **1** premio. ● *adj* **2** perfecto, clásico (ejemplo). ● *tr* **3** apreciar, valorar. ◆ ~ **winner** premiado.

pro [prəʊ] (*pl* **pros**) *n c* (infml) profesional. ■ **the pros and cons (of sth)** los pros y los contras (de algo).

pro-am [ˌprəʊˈæm] *adj* **1** SP de profesionales y aficionados. ● *n c* **2** SP torneo de profesionales y aficionados.

probability [ˌprɒbəˈbɪlɪtɪ] (*pl* **probabilities**) *n c* & *u* probabilidad. ■ **in all** ~ muy probablemente.

probation [prə'beɪʃn y EE UU prəʊ'beɪʃn] *n u* **1** período de prueba. **2** JUR libertad provisional (de un preso). ◆ **~ officer** JUR agente de vigilancia (para algo o alguien). ■ **on ~** a prueba, en período de prueba; en libertad condicional.
probe [prəʊb] *n c* **~ (into) 1** investigación (sobre). **(space) ~ 2** sonda espacial. **3** MED sonda. ● *tr & intr* **4** sondar, explorar (con un instrumento o herramienta). **to ~ (into) 5** (fig) explorar, investigar.
problem ['prɒbləm] *n c* **1** problema. ● *adj* **2** problemático. ■ **no ~** (infml) por supuesto, desde luego.
procedure [prə'si:dʒər] *n c & u* procedimiento.
proceed [prə'si:d] *intr* **to ~ (to do sth) 1** proceder (a hacer algo) (do). **to ~ (with) 2** (fml) seguir adelante (con): *can we proceed with the plan? = ¿podemos seguir adelante con el plan?* **to ~ + adv/prep 3** (fml) avanzar: *we proceeded north = avanzamos hacia el norte.*
proceedings [prə'si:dɪŋz] *n pl* **1** acto (vandálico). **2** JUR acciones legales.
process ['prəʊses y EE UU 'prɒses] *n c* **1** proceso. ● *tr* **2** procesar (gen). **3** tramitar (solicitud, documento). ■ **in the ~** al mismo tiempo, mientras tanto.
processing ['prəʊsesɪŋ] *n u* **1** procesamiento (gen). **2** tramitación.
procession [prə'seʃn] *n c* **1** desfile, cabalgata. **2** REL procesión.
proclaim [prə'kleɪm] *tr* **1** (fml) proclamar. **2** JUR promulgar (ley).
procreation [ˌprəʊkrɪ'eɪʃn] *n u* (fml) procreación.
procure [prə'kjʊə] *tr* (fml) obtener.
prod [prɒd] (*pt* y *pp* **prodded**, *ger* **prodding**) *tr & intr* **to ~ (at) 1** dar golpecitos a. ● *tr* **2** (fig) dar un toque (apremiando). ● *n c* **3** golpecito, empujón (con un dedo); pincho, pinchazo (con un objeto punzante). **4** (fig) empujón, toque.
prodigal ['prɒdɪgl] *adj* pródigo.
prodigious [prə'dɪdʒəs] *adj* (lit) prodigioso.
prodigy ['prɒdɪdʒɪ] (*pl* **prodigies**) *n c* prodigio.
produce [prə'dju:s y EE UU prə'du:s] *tr* **1** producir (gen); fabricar (un producto). **2** sacar, mostrar: *he produced some sweets from his pocket = sacó unos caramelos del bolsillo.*
produce ['prɒdju:s y EE UU 'prɒdu:s] *n u* productos agrícolas.
producer [prə'dju:sər] *n c* productor.
product ['prɒdʌkt] *n c* producto.

> El término ***product*** se usa para productos que se fabrican y se venden en grandes cantidades: *car-cleaning products = productos para la limpieza del coche.* ***Produce*** se refiere a alimentos que se cultivan y se venden en grandes cantidades: *fresh produce = productos frescos.*

production [prə'dʌkʃn] *n u* producción. ◆ **~ line** cadena de producción.
productivity [ˌprɒdʌk'tɪvɪtɪ] *n u* productividad.
prof [prɒf] (*abbrev* **professor**) *n c* (infml) profe.
profane [prə'feɪn] *adj* **1** profano. **2** blasfemo, fuerte (lenguaje).
profession [prə'feʃn] *n c* profesión. ■ **by ~** de profesión.
professional [prə'feʃənl] *adj & n c* profesional.
professor [prə'fesər] *n c* **1** *GB* catedrático (de universidad). **2** *EE UU* profesor (de universidad o instituto).
proficiency [prə'fɪʃnsɪ] *n u* habilidad, pericia.
profile ['prəʊfaɪl] *n c* **1** perfil. ● *tr* **2** perfilar. ■ **in ~** de perfil; **to keep a low ~** mantenerse en segundo plano.
profit ['prɒfɪt] *n c & u* **1** beneficio (monetario o de otro tipo). ● *n u* **2** (fml) provecho. ● **to ~ (by/from)** *intr* **3** sacar provecho (de). ◆ **~ and loss account** COM cuenta de resultados; **~ margin** COM margen de beneficios.
profitable ['prɒfɪtəbl] *adj* rentable.
profit-making ['prɒfɪtˌmeɪkɪŋ] *n u* **1** obtención de beneficios. ● *adj* **2** con fines lucrativos (organización).
profound [prə'faʊnd] *adj* profundo.
profusion [prə'fju:ʒn] *n u* (fml) profusión.
progenitor [prəʊ'dʒenɪtər] *n c* **1** (fml) progenitor. **2** (fml) precursor (de un movimiento artístico).

progesterone [prəˈdʒestərəʊn] *n u* progesterona.
prognosis [prɒgˈnəʊsɪs, *pl* prɒgˈnəʊsiːz] (*pl* **prognoses**) *n c* MED (fml) pronóstico.
program [ˈprəʊgræm] (*GB, pret* y *pp* **programmed**, *ger* **programming**, *EE UU, pret* y *pp* **programed**, *ger* **programing**) *tr* & *intr* **1** COMPUT programar. • *n c* **2** COMPUT programa. **3** *EE UU* → programme.
programmable [ˈprəʊgræməbl] *adj* COMPUT programabler.
programme [ˈprəʊgræm] (*EE UU* **program**) *n c* **1** programa. • *tr* **2** programar.
programmer [ˈprəʊgræmər] (*EE UU* **programer**) *n c* COMPUT programador.
programming [ˈprəʊgræmɪŋ] (*EE UU* **programing**) *n u* programación. ◆ ~ **language** COMPUT lenguaje de programación.
progress [ˈprəʊgres y EE UU ˈprɒgres] *n u* progreso, avance. ■ **in** ~ en curso; **to make** ~ avanzar; hacer progresos, mejorar (económicamente, socialmente).
progress [prəˈgres] *intr* **1** progresar (gen); hacer progresos (en una actividad). **2** avanzar. ◆ **to** ~ **to** pasar a (otro tema, otra cosa).
progression [prəˈgreʃn] *n u* progresión.
progressive [prəˈgresɪv] *adj* **1** progresivo (movimiento). • *adj* & *n c* **2** progresista (en materia social).
prohibit [prəˈhɪbɪt y EE UU prəʊˈhɪbɪt] *tr* prohibir. ■ **(smoking, etc.) is prohibited** prohibido (fumar).
prohibition [ˌprəʊɪˈbɪʃn] *n c* & *u* prohibición.
project [ˈprɒdʒekt] *n c* **1** proyecto. **2** SCH trabajo.
project [prəˈdʒekt] *tr* **1** proyectar (gen). **2** (fml) lanzar, arrojar (misil). **3** COM calcular, estimar (costes, cifras de ventas).
projectile [prəʊˈdʒektaɪl y EE UU prəʊˈdʒektl] *n c* **1** (fml) proyectil. • *adj* **2** arrojadizo (arma); impulsor (fuerza).
projection [prəˈdʒekʃn] *n c* **1** proyección (gen). **2** saliente. ◆ ~ **room/booth** CIN cabina de proyecciones.
projector [prəˈdʒektər] *n c* proyector.
proletarian [ˌprəʊlɪˈteərɪən] *adj* & *n c* proletario.
proletariat [ˌprəʊlɪˈteərɪət] *n sing* **the** ~ el proletariado.
proliferate [prəˈlɪfəreɪt] *intr* proliferar.
proliferation [prəˌlɪfəˈreɪʃn] *n u* proliferación.
prolific [prəˈlɪfɪk] *adj* prolífico.
prologue [ˈprəʊlɒg y EE UU ˌprəʊlɔːg] (*EE UU* **prolog**) *n c* prólogo.
prolong [prəˈlɒŋ y EE UU prəˈlɔːŋ] *tr* prolongar.
prom [prɒm] *n c* **1** *GB* (infml) paseo marítimo. **2** *EE UU* baile de etiqueta (en colegios y universidades).
promenade [ˌprɒməˈnɑːd y EE UU ˌprɒməˈneɪd] *n c* **1** *EE UU* paseo (gen). **2** *GB* paseo marítimo. ◆ ~ **concert** → prom.
prominent [ˈprɒmɪnənt] *adj* prominente.
promiscuity [ˌprɒmɪˈskjuːɪtɪ] *n u* promiscuidad.
promiscuous [prəˈmɪskjʊəs] *adj* promiscuo.
promise [ˈprɒmɪs] *n c* **1** promesa. • *tr* & *intr* **2** prometer. ■ **to show** ~ prometer, ser prometedor (futbolista, escritor).
promising [ˈprɒmɪsɪŋ] *adj* prometedor.
promissory note [ˈprɒmɪsərɪ] *n c* pagaré.
promontory [ˈprɒməntrɪ y EE UU ˈprɒməntɔːrɪ] (*pl* **promontories**) *n c* promontorio.
promote [prəˈməʊt] *tr* **1** fomentar, promover (la paz); apoyar (una causa). **2** promocionar (producto, servicio). **3** ascender (persona).
promotion [prəˈməʊsn] *n c* & *u* promoción. ■ **to be given (a)** ~ conseguir un ascenso (en la empresa).
promotional [prəˈməʊʃənl] *adj* promocional.
prompt [prɒmpt] *adj* **1** rápido, inmediato. • *adv* **2** en punto. • *n c* **3** COMPUT mensaje. **4** THEAT apunte. • *tr* & *intr* **5** THEAT apuntar. • *tr* **6** impulsar.
prone [prəʊn] *adj* **1** (fml) boca abajo (tendido); postrado. ~ **to 2** propenso a (resfriados, infecciones).
prong [prɒŋ y EE UU prɔːŋ] *n c* púa, diente.
pronominal [prəʊˈnɒmɪnl] *adj* GRAM pronominal.
pronoun [ˈprəʊnaʊn] *n c* pronombre.
pronounce [prəˈnaʊns] *tr* **1** pronunciar. **2** declarar (oficialmente).

p

pronounced [prə'naunst] *adj* **1** pronunciado, marcado (acento). **2** tajante, decidido (opinión).
pronunciation [prə,nʌnsɪ'eɪʃn] *n c & u* pronunciación.
proof [pru:f] *n u* **1** prueba (evidence). **2** graduación (de alcohol). • **~ (against)** *adj* **3** a prueba de.
prop [prɒp] (*pt* y *pp* **propped**, *ger* **propping**) *tr* **1** apoyar. • *n c* **2** puntal, soporte. **3** (fig) sostén, apoyo. **4** AER (infml) hélice. • **props** *n pl* **5** THEAT accesorios de escena. ♦ **to ~ up** apuntalar (físicamente); sostener, apoyar (moralmente).
propaganda [,prɒpə'gændə] *n u* (pej) propaganda.
propagate ['prɒpəgeɪt] *tr & intr* propagar(se).
propane ['prəupeɪn] *n u* **~ (gas)** CHEM (gas) propano.
propel [prə'pel] (*pt* y *pp* **propelled**, *ger* **propelling**) *tr* propulsar.
propeller [prə'pelər] *n c* hélice.
proper ['prɒpər] *adj* **1** apropiado (comportamiento, lugar). **2** verdadero, auténtico. **~ to 3** (fml) propio de, perteneciente a. ♦ **~ noun** nombre propio.
properly ['prɒpəlɪ] *adv* **1** bien (hecho, realizado). **2** adecuadamente.
property ['prɒpətɪ] (*pl* **properties**) *n c & u* **1** propiedad (gen). • *n c* **2** finca, hacienda. **3** (fml) inmueble, casa. ♦ **~ developer** empresa constructora.
prophecy ['prɒfɪsɪ] (*pl* **prophecies**) *n c & u* profecía.
prophet ['prɒfɪt] *n c* profeta.
prophetess ['prɒfɪtɪs] *n c* profetisa.
prophylactic [,prɒfɪ'læktɪk] *adj & n c* MED (fml) profiláctico.
proportion [prə'pɔ:ʃn] *n c & u* proporción. ■ **in ~ (to)** en proporción (a); **out of (all) ~** (totalmente) desproporcionado.
proportional [prə'pɔ:ʃənl] *adj* **~ (to)** proporcional (a).
proportionate [prə'pɔ:ʃnət] *adj* proporcional.
proposal [prə'pəuzl] *n c & u* **1** propuesta. • *n c* **2** proposición (de matrimonio).
propose [prə'pəuz] *tr* **1** proponer (una idea, plan). **2** (fml) presentar (una idea, sugerencia). **3** tener intención de. • *tr & intr* **4** pedir la mano.
proposition [,prɒpə'zɪʃn] *n c* **1** proposición. **2** propuesta.
proprietor [prə'praɪətər] *n c* (fml) propietario.
propriety [prə'praɪətɪ] *n u* **1** moralidad. **2** modales. **3** conveniencia, adecuación.
propulsion [prə'pʌlʃn] *n u* propulsión.
prose [prəuz] *n u* LIT prosa.
prosecute ['prɒsɪkju:t] *tr & intr* JUR procesar.
prosecution [,prɒsɪ'kju:ʃn] *n c & u* JUR procesamiento.
prosecutor ['prɒsɪkju:tər] *n c* **1** JUR acusador, querellante. **2** JUR fiscal.
prospect ['prɒspekt] *n c & u* **1** perspectiva, expectativa (de futuro). **~ (of) 2** posibilidad (de). • *n c* **3** (fml) vista, panorama. • **prospects** *n pl* **4** perspectivas.
prospect [prə'spekt y EE UU 'prɒspekt] *intr & tr* realizar prospecciones.
prospective [prə'spektiv] *adj* **1** probable, posible (potencial). **2** inminente, esperado (futuro).
prospectus [prə'spektəs] *n c* prospecto.
prosper ['prɒspər] *intr* prosperar.
prosperity [prɒ'sperɪtɪ] *n u* prosperidad.
prostate (gland) ['prɒsteɪt] *n c* ANAT próstata.
prostitute ['prɒstɪtju:t y EE UU 'prɒstɪtu:t] *n c* **1** prostituta. • *tr* **2** prostituir.
prostitution [,prɒstɪ'tju:ʃn y EE UU ,prɒstɪ'tu:ʃn] *n u* prostitución.
protagonist [prəu'tægənɪst] *n c* protagonista.
protect [prə'tekt] *tr* proteger.
protection [prə'tekʃn] *n c & u* **1** protección. • *n u* **2** ECON proteccionismo.
protectionist [prə'tekʃənɪst] *n c* ECON proteccionista.
protective [prə'tektɪv] *adj* protector.
protector [prə'tektər] *n c* protector.
protein ['prəuti:n] *n c & u* BIOCHEM proteína.
protest ['prəutest] *n c & u* protesta. ■ **under ~** contra su voluntad.
protest [prə'test] *intr* **1** protestar, quejarse. • *tr* **2** declarar, asegurar (con firmeza). **3** *EE UU* manifestarse contra.
Protestant ['prɒtɪstənt] *adj & n c* REL protestante.
protester [prə'testər] *n c* manifestante.
protocol ['prəutəkɒl] *n c & u* protocolo.
prototype ['prəutəutaɪp] *n c* prototipo.

protuberance [prəˈtju:bərəns y EE UU prəʊˈtu:bərəns] *n c* protuberancia.
proud [praʊd] *adj* orgulloso. ■ **to do sb ~** tratar a alguien espléndidamente.
prove [pru:v] (*pp* **proved** o **proven**) *tr* **1** probar, demostrar. ● *intr* **2** resultar, venir a ser: *it proved easier than I thought = resultó más fácil de lo que pensaba.*
proven [ˈpru:vən] *pp* **1** → prove. ● *adj* **2** comprobado, verificado.
proverb [ˈprɒvɜ:b] *n c* proverbio.
proverbial [prəˈvɜ:bjəl] *adj* proverbial.
provide [prəˈvaɪd] *tr* **1** suministrar, proporcionar (cobijo). **to ~ that 2** (fml) disponer que, estipular que (una ley o acuerdo). ◆ **to ~ against** tomar precauciones contra; prohibir, impedir; **to ~ for** mantener, alimentar; prever, prepararse para; estipular, disponer (acuerdo).
provided [prəˈvaɪdɪd] *conj* **~ (that)** con tal que, siempre que: *come, provided (that) you get the money = ven, siempre y cuando consigas el dinero.*
providing [prəˈvaɪdɪŋ] *conj* → provided.
province [ˈprɒvɪns] *n c* **1** provincia (de un país). **2** rama, especialidad. **3** competencia, incumbencia (jurisdicción).
provincial [prəˈvɪnʃl] *adj* **1** provincial. ● *n c* **2** (pej) provinciano.
provision [prəˈvɪʒn] *n u* **1** provisión, abastecimiento. **2** previsión, prevención (contra incendios). ● *tr* **3** aprovisionar, abastecer. ■ **to make ~ for** proveerse de.
provocative [prəˈvɒkətɪv] *adj* **1** provocativo. **2** provocador, incitador.
provoke [prəˈvəʊk] *tr* provocar.
prow [praʊ] *n c* MAR proa.
prowl [praʊl] *tr & intr* **1** rondar (policía); cazar (animales). **2** merodear (por las calles). ■ **on the ~** al acecho.
prowler [ˈpraʊlər] *n c* merodeador.
proximity [prɒkˈsɪmɪtɪ] *n u* **~ (of/to)** (fml) proximidad.
proxy [ˈprɒksɪ] (*pl* **proxies**) *n u* **1** poder, procuración. ● *n c* **2** apoderado, representante. ■ **by ~** por poderes.
prude [pru:d] *n c* (pej) puritano.
prudence [ˈpru:dns] *n u* prudencia.
prudent [ˈpru:dnt] *adj* (fml) prudente.
prudish [ˈpru:dɪʃ] *adj* (pej) puritano.
prune [pru:n] *n c* **1** ciruela pasa. ● *tr* **2** podar.
pry [praɪ] (*pt* y *pp* **pried**) *intr* (pej) entrometerse, fisgonear.
PS [ˌpi:ˈes] (*abbrev* **postscript**) *n c* PD.
pseudonym [ˈsju:dənɪm y EE UU ˈsu:dənɪm] *n c* seudónimo.
psychedelic [ˌsaɪkɪˈdelɪk] *adj* psicodélico.
psychiatric [ˌsaɪkɪˈætrɪk] *adj* psiquiátrico.
psychiatrist [saɪˈkaɪətrɪst] *n c* psiquiatra.
psychiatry [saɪˈkaɪətrɪ] *n u* psiquiatría.
psychic [ˈsaɪkɪk] *adj* **1** adivino, con poderes psíquicos (persona). **2** psíquico (mental). ● *n c* **3** médium, vidente.
psycho [ˈsaɪkəʊ] *n c* (infml) psicópata.
psychoanalysis [ˌsaɪkəʊəˈnæləsɪs] *n u* psicoanálisis.
psychoanalyst [ˌsaɪkəʊˌænəˈlɪst] *n c* psicoanalista.
psychological [ˌsaɪkəˈlɒdʒɪkl] *adj* psicológico.
psychologist [saɪˈkɒlədʒɪst] *n c* psicólogo.
psychology [saɪˈkɒlədʒɪ] *n u* psicología.
psychopath [ˈsaɪkəʊpæθ] *n c* psicópata.
psychosis [saɪˈkəʊsɪs, *pl* saɪˈkəʊsi:z] (*pl* **psychoses**) *n c & u* psicosis.
psychotherapist [ˌsaɪkəʊˈθerəpɪst] *n c* psicoterapeuta.
psychotherapy [ˌsaɪkəʊˈθerəpɪ] *n u* MED psicoterapia.
pub [pʌb] *n c GB* bar, taberna. ◆ **to go on a ~ crawl** (infml) ir de bares.
puberty [ˈpju:bətɪ] *n u* pubertad.
public [ˈpʌblɪk] *adj* **1** público. ◆ **~ address system** sistema de megafonía; **~ nuisance** desorden público; molestia, estorbo. ■ **the ~** el público; **~** en público.
publican [ˈpʌblɪkən] *n c GB* dueño de un bar.
publication [ˌpʌblɪˈkeɪʃn] *n c & u* publicación.
publicity [pʌbˈlɪsɪtɪ] *n u* publicidad.
publish [ˈpʌblɪʃ] *tr & intr* publicar.
publisher [ˈpʌblɪʃər] *n c* editor.
publishing [ˈpʌblɪʃɪŋ] *n u* publicación. ◆ **~ house** editorial.
pudding [ˈpʊdɪŋ] *n c & u* **1** pudín, budín. **2** *GB* (infml) postre, dulces.
puddle [ˈpʌdl] *n c* charco.
puerile [ˈpjʊəraɪl] *adj* (fml) pueril.
Puerto Rico [ˌpwɜ:təʊˈri:kəʊ] *n sing* Puerto Rico.

p

puff [pʌf] *n c* **1** bocanada (de aire, humo). **2** calada (de cigarro). **3** pastelito de crema. • *n u* **4** aliento, respiración. • *intr* **5** resoplar. • *tr* & *intr* **6** dar caladas (a un cigarrillo). ♦ **~ pastry** hojaldre fino; **to ~ out** hinchar; **to ~ up** hinchar(se), inflamarse.
puffed [pʌft] *adj* **1** hinchado, inflamado. **~ (out) 2** sin resuello, sin aliento.
pull [pʊl] *n c* & *u* **1** tirón, estirón. **2** calada (de cigarrillo); trago (de bebida). • *n u* **3** (infml) atracción, atractivo (persona, lugar). **4** influencia, fuerza. • *tr* & *intr* **5** tirar de, arrastrar (gen). **6** virar, desviar (a la derecha o a la izquierda). • *tr* **7** apretar (el gatillo). **to ~ (out) 8** sacar, quitar. **9** correr (la cortina). **10** dislocar, forzar, causar un tirón (en un músculo). • *pron* **11** arrastrarse. ♦ **to ~ at** dar tirones a; **to ~ away (from)** alejarse, marchar; **to ~ down** derribar, demoler (edificio); debilitar (salud); **to ~ in** llegar a la estación (tren); parar junto a la acera, aparcar (vehículo); **to ~ off** parar, aparcar (vehículo); lograr, conseguir; **to ~ out** retirar(se), apartar(se) (go); extraer, sacar (diente); **to ~ over** aparcar; **to ~ through** recuperarse de, superar (enfermedad, dificultad); **to ~ together** trabajar en equipo; **to ~ oneself together** controlarse; **to ~ up** parar(se), detener(se); reprender, regañar.
pulley [ˈpʊlɪ] *n c* MEC polea.
Pullman [ˈpʊlmən] *n c* coche pullman, coche-cama.
pullover [ˈpʊləʊvər] *n c* jersey.
pulp [pʌlp] *adj* **1** (pej) sensacionalista, de mala calidad. • *n u* **2** BOT pulpa.
pulpit [ˈpʊlpɪt] *n c* púlpito.
pulsate [pʌlˈseɪt y EE UU ˈpʌlseɪt] *intr* palpitar, latir.
pulse [pʌls] *n c* **1** ANAT pulso. **2** ritmo (de pulsaciones). • **to ~ (through/with)** *intr* **3** latir, palpitar. ■ **to take sb's ~** tomar el pulso a alguien.
puma [ˈpju:mə] *n c* ZOOL puma.
pumice (stone) [ˈpʌmɪs] *n u* pómez, piedra pómez.
pummel [ˈpʌml] (*EE UU* **pommel**, *pt* y *pp* **pummelled**, *ger* **pummelling**) *tr* dar puñetazos a.
pump [pʌmp] *n c* **1** bomba. • **pumps** *n pl* **2** zapatillas de lona. • *tr* **3** bombear (gen). **4** (infml) sonsacar. • **to ~ (away)** *intr* **5** latir con fuerza. ♦ **to ~ out** (infml) producir en enormes cantidades.
pumpkin [ˈpʌmpkɪn] *n c* & *u* BOT calabaza.
pun [pʌn] (*pt* y *pp* **punned**, *ger* **punning**) *intr* **to ~ (on/upon) 1** hacer juegos de palabras. • *n c* **2** juego de palabras.
punch [pʌntʃ] (*pl* **punches**) *n c* **1** puñetazo. **2** punzón, taladro. • *n u* **3** energía, empuje. **4** ponche (bebida). • *tr* **5** dar puñetazos a (alguien). **6** perforar, taladrar; picar (billetes). **7** COMPUT pulsar. ♦ **to ~ in** *EE UU* fichar a la entrada (del trabajo); **to ~ out** *EE UU* fichar a la salida.
punchline [ˈpʌntʃlaɪn] *n c* final (de un chiste).
punch-up [ˈpʌntʃʌp] *n c GB* (infml) riña, pelea.
punctilious [pʌŋkˈtɪlɪəs] *adj* (fml) puntilloso.
punctual [ˈpʌŋktjʊəl] *adj* puntual.
punctuality [ˌpʌnktjʊˈælɪtɪ] *n u* puntualidad.
punctuate [ˈpʌŋktjʊeɪt] *tr* **1** GRAM puntuar. **2** interrumpir, cortar.
punctuation [ˌpʌŋktjʊˈeɪʃn] *n u* GRAM puntuación. ♦ **~ mark** signo de puntuación.
puncture [ˈpʌŋktʃər] *n c* **1** pinchazo. **2** MED punción. • *tr* & *intr* **3** pinchar.
pundit [ˈpʌndɪt] *n c* (hum) experto.
punish [ˈpʌnɪʃ] *tr* **to ~ (for)** castigar.
punishment [ˈpʌnɪʃmənt] *n c* & *u* castigo.
punk [pʌŋk] *n u* **1** punk (música). • *n c* **2** punki (persona). **3** *EE UU* gamberro.
punnet [ˈpʌnɪt] *n c GB* cesta, canasta.
punt [pʌnt] *n c* **1** batea. **2** SP puntapié. • *tr* & *intr* **3** llevar en batea. **4** SP dar un puntapié.
puny [ˈpju:nɪ] *adj* **1** (pej) débil, canijo (persona). **2** (pej) insignificante.
pup [pʌp] *n c* cría (de foca); cachorro (de perro).
pupa [ˈpju:pə, *pl irreg* ˈpju:pi:] (*pl* **pupas** o **pupae**) *n c* ZOOL crisálida.
pupil [ˈpju:pl] *n c* **1** alumno. **2** JUR pupilo. **3** ANAT pupila.
puppet [ˈpʌpɪt] *n c* títere, marioneta.
puppy [ˈpʌpɪ] (*pl* **puppies**) *n c* cachorro.
purchase [ˈpɜ:tʃəs] *n c* & *u* **1** (fml) compra. • *tr* **2** (fml) comprar. ♦ **~ price** *GB* precio de venta.

purchaser [ˈpɜ́:tʃəsər] *n c* (fml) comprador.
purchasing [ˈpɜ́:tʃəsɪŋ] *n u* compras. ◆ **~ power** poder adquisitivo.
pure [pjʊər] *adj* puro.
pure-bred [ˈpjʊəbred] *adj* de pura raza.
purée or **puree** [ˈpjʊəreɪ y EE UU pjʊˈreɪ] *n c & u* **1** puré. ● *tr* **2** hacer puré de.
purely [ˈpjʊəlɪ] *adv* puramente.
purge [pɜ́:dʒ] *n c* **1** purga. ● *tr* **2** purgar.
purify [ˈpjʊərɪfaɪ] (*pt* y *pp* **purified**) *tr* purificar.
puritan [ˈpjʊərɪtən] *adj* (pej) puritano.
purity [ˈpjʊərɪtɪ] *n u* pureza.
purl [pɜ́:l] *n u* **1** punto del revés. ● *tr & intr* **2** TECH tejer del revés.
purple [ˈpɜ́:pl] *adj & n u* purpúra, morado.
purport [ˈpɜ́:pət] *n u* **1** (fml) significado, sentido. ● *tr* **2** (fml) pretender.
purpose [ˈpɜ́:pəs] *n c* **1** propósito, intención. **2** uso, utilidad. ● *n u* **3** resolución. ■ **on ~** a propósito; **to no ~** en vano.
purr [pɜ́:r] *n sing* **1** ronroneo (de gato). **2** zumbido (de una máquina). ● *intr* **3** ronronear (un gato). **4** (fig) zumbar (una máquina). ● *tr & intr* **5** murmurar, susurrar (persona).
purse [pɜ́:s] *n c* **1** *GB* monedero, billetera. **2** *EE UU* bolso (de mano).
pursue [pəˈsju: y EE UU pəˈsu:] *tr* **1** perseguir (algo o a alguien). **2** proseguir, continuar (estudios, plan). **3** desempeñar, dedicarse a (profesión).
pursuit [pəˈsju:t y EE UU pəˈsu:t] *n u* **1** persecución. **2** (fig) búsqueda. ● *n c* **3** (fml) ocupación, actividad: *dedicated to literary pursuits = dedicado a actividades literarias.*
pus [pʌs] *n u* pus.
push [pʊʃ] (*pl* **pushes**) *n c* **1** empujón (gen). **2** ofensiva, acometida (de un ejército). **3** esfuerzo. ● *tr & intr* **4** empujar (gen). **5** pulsar, apretar (un botón). ● *tr* **6** (infml) promover, divulgar (ideas, productos). **to ~ (into) 7** forzar a, obligar a (force). **8** (infml) promover, divulgar (ideas, productos). **9** (sl) pasar (drogas). ● *intr* **10** MIL avanzar, atacar (ejército). ◆ **to ~ about/around** dar órdenes; **to ~ ahead/forward/on** continuar, avanzar; **to ~ aside** dejar de lado; **to ~ in** colarse; **to ~ off** (infml) largarse; **to ~ out** deshacerse de; **to ~ over** hacer caer; **to ~ through** abrirse paso a empujones. ■ **at a ~** *GB* (infml) si es necesario; **to get the ~** (infml) ser despedido; ser plantado (por alguien).
pushchair [ˈpʊʃtʃeər] (*EE UU* **stroller**) *n c* sillita de niño.
pushed [pʊʃt] *adj* **~ (for) 1** (infml) apurado, justo (de tiempo, de dinero). **2** ocupado, atareado (persona).
pusher [ˈpʊʃər] *n c* (sl) camello.
pushover [ˈpʊʃəʊvər] *n c* **1** (infml) chollo, ganga (objeto). **2** incauto (persona).
push-up [ˈpʊʃʌp] *n c EE UU* → press-up.
pushy [ˈpʊʃɪ] *adj* (pej) agresivo.
puss [pʊs] *n c* (infml) gato, gatito.
pussy [ˈpʊsɪ] (*pl* **pussies**) *n c GB* (infml) minino.
pustule [ˈpʌstju:l y EE UU ˈpʌstʃu:l] *n c* MED pústula.
put [pʊt] (*pt* y *pp* **put**, *ger* **putting**) *tr* **1** poner (gen); colocar (en un lugar o posición). **2** expresar, decir: *to put it simply = por decirlo de un modo más simple.* ◆ **to ~ about** divulgar, propagar (rumores); **to ~ across/over** lograr explicar (ideas, sentimientos); **to ~ aside** dejar a un lado (diferencias); ahorrar (dinero); **to ~ at** calcular; **to ~ away** guardar; encerrar (en la cárcel, manicomio); **to ~ back** aplazar; atrasar (el reloj); **to ~ down** sofocar (rebelión); anotar; dejar (en la superficie); sacrificar (un animal); **to ~ down as** calificar como; **to ~ forward** sugerir, proponer (plan, candidato); adelantar (reloj, acontecimiento); **to ~ in** interrumpir; votar a, elegir a; instalar; **to ~ off** aplazar (una reunión); desanimar, disuadir (persona); apartar, alejar (de algo o alguien); **to ~ on** ponerse (gafas, ropa); encender (luz, radio); engordar; aumentar (precios); apostar; **to ~ onto** (infml) poner al corriente; **to ~ out** apagar (fuego); disgustar, enfadar; publicar; dislocar (un hueso); echarse a la mar (un barco); **to ~ through** llevar a cabo; **to ~ to** proponer, sugerir; **to ~ together** componer, reunir; **to ~ up** construir, levantar, poner, fijar (en un lugar visible); alojar

p

(huéspedes); proponer (ideas); **to ~ up to** incitar, animar; **to ~ up with** (infml) soportar, aguantar.
putrefy [ˈpjuːtrɪfaɪ] (*pt* y *pp* **putrefied**) *tr* & *intr* (fml) pudrir(se).
putsch [pʊtʃ] *n c* golpe de estado.
puzzle [ˈpʌzl] *n c* **1** rompecabezas. **2** crucigrama. **3** enigma, misterio. • *tr* **4** confundir. ♦ **to ~ out** resolver, descifrar.
puzzled [ˈpʌzld] *adj* perplejo, confuso.
puzzling [ˈpʌzlɪŋ] *adj* desconcertante.
PVC [ˌpiːviːˈsiː] (*abbrev* **polyvinyl chloride**) *n u* PVC.
pyjamas [pəˈdʒɑːməz] (*EE UU* **pajamas**) *n pl* pijama.
pylon [ˈpaɪlən y EE UU ˈpaɪlɒn] *n c* ELEC poste, torre.
pyramid [ˈpɪrəmɪd] *n c* pirámide.
pyromaniac [ˌpaɪrəʊˈmeɪnɪæk] *n c* pirómano.
pyrotechnics [ˌpaɪrəʊˈteknɪks y ˌpaɪərəˈteknɪks] *n u* **1** pirotecnia. **2** espectáculo de fuegos artificiales. **3** (fig) elocuencia, retórica.
python [ˈpaɪθn y EE UU ˈpaɪθɒn] *n c* ZOOL serpiente pitón.

Qq

q, Q [kjuː] *n c* q, Q (letra).
Qatar [kæˈtɑːr] *n sing* Qatar.
quack [kwæk] *n c* **1** graznido (de pato). • *intr* **2** graznar.
quadrangle [ˈkwɒdræŋgl] *n c* **1** patio. **2** GEOM cuadrángulo.
quadrant [ˈkwɒdrənt] *n c* cuadrante.
quadruple [ˈkwɒdrʊpl y EE UU kwɒˈdruːpl] *adj* **1** cuádruple. • *n c* **2** cuádruplo. • *adj* **3** cuádruple. • *tr* & *intr* **4** cuadruplicar(se).
quagmire [ˈkwægmaɪə] *n c* cenegal.
quail [kweɪl] *n c* ZOOL codorniz.
quaint [kweɪnt] *adj* pintoresco.
quake [kweɪk] *n c* **1** (infml) terremoto. • *intr* **2** temblar, estremecerse.
qualification [ˌkwɒlɪfɪˈkeɪʃn] *n c* **1** cualificación (profesional). **2** título (diploma). **3** puntualización; reserva (ante una idea o plan).
qualified [ˈkwɒlɪfaɪd] *adj* **1** cualificado (profesionalmente). **2** con reservas (ante una ida o plan).
qualify [ˈkwɒlɪfaɪ] (*pt* y *pp* **qualified**) *intr* **1** sacar el título (de algo). **2** SP clasificarse. • *tr* & *intr* **3** capacitar(se) (para hacer algo). **4** matizar (un comentario).
quality [ˈkwɒlɪtɪ] (*pl* **qualities**) *n u* **1** calidad (gen). • *n c* **2** cualidad (personal). • *adj* **3** de calidad.
qualm [kwɑːm] *n c* reparo.
quandary [ˈkwɒndərɪ] (*pl* **quandaries**) *n c* dilema.
quantify [ˈkwɒntɪfaɪ] (*pt* y *pp* **quantified**) *tr* cuantificar.
quantity [ˈkwɒntɪtɪ] (*pl* **quantities**) *n c* & *u* cantidad. ♦ **~ surveyor** aparejador.
quarantine [ˈkwɒrəntiːn] *n sing* cuarentena.
quarrel [ˈkwɒrəl] (*GB, pret* y *pp* **quarrelled**, *ger* **quarrelling**, *EE UU, pret* y *pp* **quarreled**, *ger* **quarreling**) *intr* **1** reñir. **to ~ with 2** estar en desacuerdo (con un comentario o idea). • *n c* **3** riña.
quarrelsome [ˈkwɒrəlsəm] *adj* pendenciero.
quarry [ˈkwɒrɪ y EE UU ˈkwɔːrɪ] (*pl* **quarries**) *n c* **1** presa, caza (animal, persona). **2** cantera (lugar).
quart [kwɔːt] *n c* cuarto de galón.
quarter [ˈkwɔːtər] *n c* **1** cuarto (gen). **2** barrio. **3** grupo. ■ **at close quarters** de cerca; **~ past** y cuarto (horas); **~ to** menos cuarto (horas).
quarter-final [ˌkwɔːtəˈfaɪnl] *n c* **1** SP partido de cuartos de final. • **quarter-finals** *n pl* **2** SP cuartos de final.
quarterly [ˈkwɔːtəlɪ] (*pl* **quarterlies**) *adj* **1** trimestral. • *adv* **2** trimestralmente.
quartet [kwɔːˈtet] *n c* cuarteto.

quartz [kwɔ:ts] *n u* MIN cuarzo.
quash [kwɒʃ] *tr* **1** reprimir (sentimientos, insurrección). **2** JUR anular, invalidar (un juicio, decisión).
quaver [ˈkweɪvər] *n c* **1** *GB* MUS corchea. • *intr* **2** temblar.
quay [ki:] *n c* muelle.
queasy [ˈkwi:zɪ] *adj* **1** indispuesto (por molestia física). **2** preocupado.
queen [kwi:n] *n c* reina. ♦ ~ **mother** reina madre.
queer [kwɪər] *adj* **1** extraño, raro. **2** (sl) amariconado (homosexual). • *n c* **3** (sl) maricón.
quell [kwel] *tr* reprimir.
quench [kwentʃ] *tr* **1** calmar (sed). **2** sofocar (fuego). **3** reprimir (emociones).
querulous [ˈkwerʊləs] *adj* quejumbroso.
query [ˈkwɪərɪ] (*pl* **queries**) *n c* **1** pregunta, duda. • *tr* **2** (*pt* y *pp* **queried**) (*ger* **querying**) poner en duda, cuestionar.
quest [kwest] *n c* búsqueda.
question [ˈkwestʃən] *n c* **1** pregunta. **2** problema, cuestión. • *tr* **3** interrogar. ♦ ~ **mark** signo de interrogación. ■ **out of the ~** impensable.
questionable [ˈkwestʃənəbl] *adj* cuestionable.
questionnaire [ˌkwestʃəˈneər] *n c* cuestionario.
queue [kju:] *n c* **1** *GB* cola. • **to ~ (up)** *intr* **2** hacer cola.
quibble [ˈkwɪbl] *n c* **1** menudencia. • *intr* **2** hablar de detalles sin importancia.
quiche [ki:ʃ] *n c* GAST quiche.
quick [kwɪk] *adj* **1** rápido (gen). **2** inteligente. **3** fácilmente irritable. • *adv* **4** rápidamente.
quicken [ˈkwɪkən] *tr* & *intr* acelerar(se), apresurar(se).
quickly [ˈkwɪklɪ] *adv* rápidamente.
quicksand [ˈkwɪksænd] *n c* & *u* arena movediza.
quid [kwɪd] (*pl* **quid**) *n c GB* (infml) libra esterlina.
quiet [ˈkwaɪət] *adj* **1** silencioso; callado (persona). **2** tranquilo (lugar, vida). **3** discreto (comportamiento). • *n u* **4** tranquilidad. ■ **to do sth on the ~** hacer algo en secreto.
quieten [ˈkwaɪətn] *tr* & *intr* **to ~ (down)** calmar(se).
quietly [ˈkwaɪətlɪ] *adv* **1** silenciosamente. **2** tranquilamente. **3** discretamente (actuar).
quilt [kwɪlt] *n c* edredón.
quince [kwɪns] *n c* membrillo.
quinine [kwɪˈni:n] *n u* quinina.
quip [kwɪp] (*pt* y *pp* **quipped**, *ger* **quipping**) *intr* **1** hacer o decir una gracia. • *n c* **2** gracia, chiste.
quirk [kwɜ:k] *n c* rareza, manía.
quit [kwɪt] (*pt* y *pp* **quitted** o **quit**, *ger* **quitting**) *tr* & *intr* dejar, abandonar (hábito, lugar, trabajo).
quite [kwaɪt] *adv* **1** bastante. **2** completamente. **3** *GB* así es, de acuerdo (como respuesta). ■ **~ so** así es, de acuerdo.

> Cuando ***quite*** va seguido de un sustantivo, normalmente se coloca antes del artículo: *I had quite a birthday party = tuve una buena fiesta de cumpleaños*; *she made quite an effort = hizo un buen esfuerzo*.

quiver [ˈkwɪvər] *n c* **1** estremecimiento (de emoción). • *intr* **2** estremecerse.
quiz [kwɪz] (*pl* **quizzes**) *n c* **1** concurso de preguntas. **2** *EE UU* examen. **to ~ (about)** **3** (pt y pp *quizzed*) (ger *quizzing*) interrogar (sobre).
quizmaster [ˈkwɪzˌmɑ:stər] *n sing* presentador (de concursos).
quizzical [ˈkwɪzɪkl] *adj* burlón.
quota [ˈkwəʊtə] *n c* cuota.
quotation [kwəʊˈteɪʃn] *n c* **1** cita (de un autor, libro). **2** precio, presupuesto. ♦ ~ **marks** comillas.
quote [kwəʊt] *n c* **1** cita (de un autor, libro). **2** presupuesto. • **quotes** *n pl* **3** comillas. • *tr* & *intr* **4** citar (frases, a manera de ejemplo). **5** presupuestar.
quotient [ˈkwəʊʃnt] *n sing* cociente.

Rr

r, R [ɑːr] *n c* r, R (letra).
rabbi [ˈræbaɪ] *n c* REL rabino.
rabbit [ˈræbɪt] *n c & u* conejo.
rabble [ˈræbl] *n sing* chusma.
rabies [ˈreɪbiːz] *n u* MED rabia.
race [reɪs] *n c* **1** SP carrera (gen); regata (de barcos). • *n c & u* **2** raza (humans). • *tr* **3** competir en una carrera. **4** acelerar al máximo (máquina). **5** echar una carrera (contra alguien). • *intr* **6** correr. ◆ **~ meeting** concurso hípico.
racecourse [ˈreɪskɔːs] (*EE UU* **racetrack**) *n c GB* hipódromo.
racehorse [ˈreɪshɔːs] *n c* caballo de carreras.
racetrack [ˈreɪstræk] *n c* pista de carreras.
racial [ˈreɪʃl] *adj* racial.
racing [ˈreɪsɪŋ] *adj* **1** de carreras. • *n u* **2** carreras.
racism [ˈreɪsɪzəm] *n u* racismo.
racist [ˈreɪsɪst] *adj & n c* racista.
rack [ræk] *n c* percha (para la ropa); escurreplatos; portaequipajes; revistero.
racket [ˈrækɪt] *n sing* **1** jaleo, alboroto (en una fiesta, discusión). • *n c* **2** (infml) timo (estafa). **3** negocio sucio. **4** SP raqueta.
racquet *n sing* → racket.
racy [ˈreɪsɪ] *adj* **1** gracioso, saleroso (persona, comportamiento). **2** picante (chiste).
radar [ˈreɪdɑːr] *n u* radar.
radial [ˈreɪdjəl] *adj* radial. ◆ **~ tyre** neumático radial.
radiant [ˈreɪdɪənt] *adj* radiante.
radiate [ˈreɪdɪeɪt] *intr* **1** extenderse (desde un punto central). • *tr & intr* **2** irradiar.
radiation [ˌreɪdɪˈeɪʃn] *n c & u* radiación.
radiator [ˈreɪdɪeɪtər] *n c* radiador.
radical [ˈrædɪkl] *adj* radical.
radii [ˈreɪdɪaɪ] *n pl* → radius.
radio [ˈreɪdɪəʊ] *n c & u* **1** radio (aparato). • *tr & intr* **2** radiar. ■ **on the/by ~** por radio.
radioactive [ˌreɪdɪəʊˈæktɪv] *adj* radioactivo.
radioactivity [ˌreɪdɪəʊækˈtɪvɪtɪ] *n u* radioactividad.
radio-controlled [ˌreɪdɪəʊkənˈtrəʊld] *adj* teledirigido.
radiography [ˌreɪdɪˈɒgrəfɪ] *n u* MED radiografía.
radiologist [ˌreɪdɪˈɒlədʒɪst] *n c* MED radiólogo.
radiology [ˌreɪdɪˈɒlədʒɪ] *n u* MED radiología.
radiotherapy [ˌreɪdɪəʊˈθerəpɪ] *n u* MED radioterapia.
radish [ˈrædɪʃ] *n c* rábano.
radius [ˈreɪdɪəs] (*pl* **radiuses** o **radii**) *n c* radio.
raffle [ˈræfl] *n c* **1** rifa, sorteo. • *tr* **2** rifar, sortear.
raft [rɑːft] *n c* balsa. ◆ **a ~ of** *EE UU* (infml) un montón de.
rafter [ˈrɑːftər] *n c* ARCH viga.
rag [ræg] *n c & u* **1** trapo (para limpiar). **2** (normalmente *pl*) trapo, harapo. • *n c* **3** (infml) periodicucho. ◆ **~ doll** muñeca de trapo.
rage [reɪdʒ] *n c & u* **1** ira, rabia. • **~ (for)** *n sing* **2** (infml) manía, pasión (por). • *intr* **3** rabiar, encolerizarse. **4** seguir con gran violencia (pasión, catástrofe). ■ **to be in/to fly into a ~** ponerse hecho una furia.
ragged [ˈrægɪd] *adj* **1** andrajoso, harapiento (persona). **2** raído (abrigo). **3** imperfecto (trabajo, faena). **4** desigual, mellado (superficie, borde).
raglan [ˈræglən] *adj* raglán (manga).
raid [reɪd] *n c* **~ (on) 1** incursión (militar). **2** batida policial. **3** atraco (a un banco). • *tr* **4** asaltar (militar). **5** hacer una redada (policial). **6** atracar (un banco).
raider [ˈreɪdər] *n c* **1** invasor (ejército). **2** asaltante (en un atraco). **3** *agente de policía que hace una redada.*
rail [reɪl] *n c* **1** barra (bar). **2** barandilla (de una escalera). **3** carril (de una vía férrea). ■ **by ~** por ferrocarril.

railcard [ˈreɪlkɑːd] *n c GB tarjeta con la cual se obtienen descuentos en las tarifas ferroviarias.*
railing [ˈreɪlɪŋ] *n c* (normalmente *pl*) verja.
railway [ˈreɪlweɪ y EE UU ˈreɪlrəʊd] (*EE UU* **railroad**) *n c* **1** ferrocarril (medio de transporte). **2** vía férrea. ♦ ~ **crossing** paso a nivel; ~ **engine** locomotora; ~ **line** vía férrea; ~ **station** estación de ferrocarril; ~ **track** vía férrea.
railwayman [ˈreɪlweɪmən] (*pl* **railwaymen**) *n c GB* ferroviario.
rain [reɪn] *n u* **1** lluvia. • *impers* **2** llover (gen). • *intr* **3** caer (lluvia). • *tr* **4** colmar (de regalos, piropos). ♦ **to ~ down** (fig) llover. ■ **come ~ or shine** (infml) pase lo que pase.
rainbow [ˈreɪnbəʊ] *n c* arcoíris.
raincoat [ˈreɪnkəʊt] *n c* impermeable.
raindrop [ˈreɪndrɒp] *n c* gota de lluvia.
rainfall [ˈreɪnfɔːl] *n u* precipitación.
rainforest [ˈreɪnˌfɒrɪst] *n c* bosque tropical.
rainstorm [ˈreɪnstɔːm] *n c* chaparrón.
rainwater [ˈreɪnˌwɔːtər] *n u* agua de lluvia.
rainy [ˈreɪnɪ] *adj* lluvioso.
raise [reɪz] *tr* **1** levantar (gen). **2** aumentar (precios, salarios). **3** reunir (dinero, fondos); reclutar (un ejército). **4** educar (niños); criar (animales); cultivar (plantas). **5** plantear (tema, asunto). **6** causar (problemas). **7** traer (recuerdos). • *pron* **8** levantarse. • *n c* **9** *EE UU* aumento (de sueldo).
raisin [ˈreɪzn] *n c* pasa.
rake [reɪk] *n c* **1** rastrillo. • *tr* **2** rastrillar (un jardín, campo). **3** atizar (fire). **to ~ (about/around/through) 4** rebuscar (entre) (cajones).
rally [ˈrælɪ] (*pl* **rallies**) *n c* **1** POL mitin. **2** SP rally (de motos). **3** SP peloteo (en tenis, bádminton). • *tr & intr* **4** (*pt* y *pp* **rallied**) (*ger* **rallying**) reunir(se) (gen). • *tr* **5** recuperar (fuerzas). • *intr* **6** reponerse (de una enfermedad). ♦ **to ~ round** reunirse (para mostrar apoyo a alguien).
ram [ræm] (*pt* y *pp* **rammed**, *ger* **ramming**) *tr* **1** chocar fuertemente (un vehículo). **2** meter apretadamente (algo en un cajón, maleta). • *n c* **3** carnero.
RAM [ræm] (*abbrev* **Random Access Memory**) *n u* COMPUT RAM.
Ramadan [ˌræməˈdæn] *n sing* REL Ramadán.
ramble [ˈræmbl] *n c* **1** excursión, caminata. • *intr* **2** pasear (sin rumbo fijo). • *tr* **3** (fig) divagar (al escribir o conversar).
rambler [ˈræmblər] *n c* excursionista.
rambling [ˈræmblɪŋ] *adj* **1** (fig) inconexo, confuso (texto, discurso). **2** (fig) laberíntico (edificio, calle).
ramp [ræmp] *n c* **1** rampa. **2** desnivel (en una carretera).
rampant [ˈræmpənt] *adj* **1** incontrolado (crimen, enfermedades). **2** exuberante (planta).
rampart [ˈræmpɑːt] *n c* (normalmente *pl*) muralla.
ramshackle [ˈræmˌʃækl] *adj* ruinoso, destartalado.
ran [ræn] *pt* → run.
ranch [rɑːntʃ] *n c* rancho.
rancher [ˈrɑːntʃər] *n c* ranchero.
rancid [ˈrænsɪd] *adj* rancio.
rancor *n u* → rancour.
rancorous [ˈræŋkərəs] *adj* (fml) rencoroso.
rancour [ˈræŋkər] *n u* (fml) rencor.
random [ˈrændəm] *adj* hecho al azar, casual. ♦ ~ **access memory** COMPUT memoria de acceso aleatorio. ■ **at ~** al azar.
randy [ˈrændɪ] *adj* (sl) cachondo.
rang [ræŋ] *pt* → ring.
range [reɪndʒ] *n u* **1** alcance (gen). • *n c* **2** surtido, variedad (de cosas). **3** escala, gama (de precios, salario). **4** cadena, cordillera (montanosa). • *n sing* **5** autonomía (de un vehículo). • *tr* **6** poner en fila (personas, cosas). **7** (lit) recorrer (sin rumbo fijo). • *intr* **8** alcanzar (un arma). **9** abarcar (una investigación).
ranger [ˈreɪndʒər] *n c* **1** guardabosque. **2** *EE UU* miembro de la policía montada.
rank [ræŋk] *adj* **1** completo (dando énfasis). **2** (fml) acre (olor). **3** (fml) exuberante (planta). • *n c & u* **4** categoría, clase. **5** MIL rango. • *n c* **6** fila. • **ranks** *n pl* **7** filas (de un partido político). • *tr* **8** clasificar. • *intr* **9** figurar, encontrarse. ♦ ~ **and file** bases (de una empresa o partido).
ranking [ˈræŋkɪŋ] *adj* **1** *EE UU* de más categoría. • *n c* **2** clasificación.

rankle [ˈræŋkl] *intr* recordar con dolor, apenar.
ransack [ˈrænsæk] *tr* **1** registrar de arriba abajo. **2** desvalijar (una casa).
ransom [ˈrænsəm] *n c* **1** rescate. • *tr* **2** rescatar (previo pago). ■ **to hold sb to ~** pedir rescate por alguien.
rant [rænt] *intr* vociferar.
rap [ræp] (*pt* y *pp* **rapped**, *ger* **rapping**) *tr* & *intr* **1** golpear. • *intr* **2** *EE UU* (infml) charlar. • *n c* **3** golpe seco. • *n u* **4** MUS rap. ■ **to take the ~** (infml) pagar el pato.
rape [reɪp] *n c* & *u* **1** violación. • **~ (of)** *n c* **2** ECOL destrucción (de). • *n u* **3** BOT colza. • *tr* **4** violar.
rapid [ˈræpɪd] *adj* **1** rápido. • **rapids** *n pl* **2** rápidos (río).
rapidly [ˈræpɪdlɪ] *adv* rápidamente.
rapist [ˈreɪpɪst] *n c* violador.
rapport [ræˈpɔː] *n u* compenetración.
rapture [ˈræptʃər] *n u* (lit) éxtasis.
rapturous [ˈræptʃərəs] *adj* (lit) entusiasta.
rare [reər] *adj* **1** raro (ejemplar, especie). **2** extraordinario (por su calidad). **3** enrarecido (aire). **4** poco hecho (bistec).
rarely [ˈreəlɪ] *adv* raramente.
raring [ˈreərɪŋ] *adj* **to be ~ + inf** estar deseoso de.
rarity [ˈreərətɪ] (*pl* **rarities**) *n c* & *u* rareza.
rascal [ˈrɑːskəl] *n c* pillo.
rash [ræʃ] *adj* **1** precipitado. • *n c* **2** MED sarpullido.
rasher [ˈræʃər] *n c* loncha.
rasp [rɑːsp] *n sing* **1** chirrido. • *tr* **2** raspar. **3** pronunciar con voz áspera.
raspberry [ˈrɑːzbərɪ] (*pl* **raspberries**) *n c* **1** frambuesa (fruta). **2** (infml) pedorreta (con la boca para burlarse de alguien).
Rasta [ˈræstə] *adj* & *n c* (infml) rasta.
Rastafarian [ˌræstəˈfeərɪən] *adj* & *n c* rastafari.
rat [ræt] (*pt* y *pp* **ratted**, *ger* **ratting**) *intr* **to ~ (on) 1** (infml) romper (trato, promesa). • *n c* **2** rata (animal). **3** (fig, infml) canalla, miserable (persona). ♦ **~ race** (fig) competición.
rate [reɪt] *n c* **1** índice (para indicar cantidades). **2** tipo (de cambio). **3** velocidad (para indicación numérica). **4** precio. • **to ~ (as)** *tr* **5** (normalmente *pasiva*) considerar (como) (el mejor, el peor). **to ~ (at) 6** (normalmente *pasiva*) valorar (en), tasar (en). **7** merecer. ■ **at any ~** en todo caso (matizando); al menos; **at this ~** a este paso.
rather [ˈrɑːðər] *adv* **1** algo, ligeramente (mejor). **2** bastante. **3** por el contrario. ■ **~ than** antes que; **or ~** o más bien, mejor dicho (matizando).
ratify [ˈrætɪfaɪ] (*pt* y *pp* **ratified**) *tr* (fml) ratificar.
rating [ˈreɪtɪŋ] *n c* **1** categoría, clase. **2** *GB* MAR marinero. • *n u* **3** valoración, tasación (de un edificio). • **ratings** *n pl* **4** TV índice de audiencia.
ratio [ˈreɪʃɪəʊ] *n c* proporción, relación.
ration [ˈræʃn] *n c* **1** ración. • **rations** *n pl* **2** víveres. • *tr* **3** racionar (gen). **4** (fig) restringir (el consumo de algo).
rational [ˈræʃənl] *adj* **1** racional (ser). **2** sensato (persona, conducta).
rationale [ˌræʃəˈnɑːl] *n sing* (fml) fundamento.
rationalise *tr* & *intr* → rationalize.
rationality [ˌræʃəˈnælɪtɪ] *n u* racionalidad.
rationalize [ˈræʃnəlaɪz] *tr* **1** razonar (gen). **2** reconvertir (industria). • *tr* & *intr* **3** justificar (una acción, comportamiento).
rattle [ˈrætl] *n c* **1** ruido (gen); traqueteo (de una carroza). **2** sonajero (de niños). • *tr* & *intr* **3** golpear. • *tr* **4** desconcertar, turbar (el ánimo). • *intr* **5** sonar, hacer ruido. ♦ **to ~ off** decir de memoria.
rattlesnake or **ratller** [ˈrætlsneɪk o ˈrætlər] *n c* serpiente de cascabel.
raucous [ˈrɔːkəs] *adj* **1** ronco (sonido); estridente (risas). **2** áspero (voz).
ravage [ˈrævɪdʒ] *tr* **1** (normalmente *pasiva*) arrasar. • **ravages** *n pl* **2** estragos.
rave [reɪv] *adj* **1** (infml) elogiosa (crítica). • *n c* **2** *GB* (sl) fiesta muy animada. • **to ~ (against/about/at)** *intr* **3** (infml) despotricar (contra/ante). **to ~ (about) 4** hablar con entusiasmo (sobre) (una novela).
raven [ˈreɪvn] *adj* **1** negro azabache. • *n c* **2** cuervo.
ravenous [ˈrævənəs] *adj* **1** (infml) hambriento (persona, animal). **2** voraz (apetito).

ravine [rə'vi:n] *n c* barranco.
raving ['reɪvɪŋ] *adj* **1** (infml) chalado. • **ravings** *n pl* **2** desvaríos.
ravioli [ˌrævɪ'əʊlɪ] *n u* GAST raviolis.
ravish ['rævɪʃ] *tr* (lit) (normalmente *pasiva*) deleitar, fascinar.
raw [rɔ:] *adj* **1** crudo (alimento). **2** sin elaborar, en bruto (sustancia). **3** novato (persona). **4** en carne viva (piel). **5** crudo (clima). ♦ ~ **material** materia prima.
ray [reɪ] *n c* **1** rayo (de luz). **2** raya (de pez).
rayon ['reɪɒn] *n u* rayón.
raze [reɪz] *tr* arrasar.
razor ['reɪzər] *n c* **1** maquinilla de afeitar. **2** navaja de afeitar. **3** máquina de afeitar (eléctrica). ♦ ~ **blade** cuchilla.
re [ri:] *prep* (fml) ref. a, con respecto a (en cartas, documentos).
reach [ri:tʃ] *n u* **1** alcance. • *tr* **2** llegar a, alcanzar (gen). **3** alcanzar (estirando los brazos). **4** pasar, acercar (algo a alguien). **5** ponerse en contacto con (alguien). ■ **beyond one's ~** fuera del alcance de uno; **within one's ~** al alcance de uno.
react [rɪ'ækt] *intr* reaccionar.
reaction [rɪ'ækʃn] *n c & u* reacción.
reactionary [rɪ'ækʃnərɪ] (*pl* **reactionaries**) *adj & n c* POL reaccionario.
reactivate [rɪ'æktɪveɪt] *tr* reactivar.
reactive [rɪ'æktɪv] *adj* CHEM reactivo.
reactor [rɪ'æktər] *n c* reactor.
read [ri:d, *pt* y *pp* red] (*pt* y *pp* **read**) *tr & intr* **1** leer (gen). • *tr* **2** comprender, entender (un comentario). **3** interpretar (un comportamiento). **4** indicar, señalar (instrumento de medición). **5** *GB* estudiar (en la universidad). • *intr* **6** leerse (fácilmente, con dificultad). ♦ **to ~ out** leer en voz alta; **to ~ up (on)** documentarse (sobre). ■ **to be a good/excellent ~** ser una buena/excelente lectura; **to ~ between the lines** (fig) leer entre líneas.
readable ['ri:dəbl] *adj* **1** ameno (libro). **2** legible.
reader ['ri:dər] *n c* **1** lector (gen). **2** libro de texto.
readership ['ri:dəʃip] *n sing* lectores.
readily ['redɪlɪ] *adv* **1** de buena gana (hacer algo). **2** pronto. **3** fácilmente (comprender).
reading ['ri:dɪŋ] *n c & u* **1** lectura (gen). • *n c* **2** recital.
readjust [ˌri:ə'dʒʌst] *tr & intr* **to ~ (to) 1** readaptarse (a) (una forma de vida). • *tr* **2** reajustar.
readjustment [ˌrɪə'dʒʌstmənt] *n u* **1** readaptación (período). • *n c & u* **2** reajuste.
ready ['redɪ] *adj* **1** listo, preparado (para hacer algo). **2** dispuesto (a hacer algo). **3** rápido. **4** (en) efectivo (dinero). • *tr* **5** preparar.
ready-made [ˌredɪ'meɪd] *adj* **1** confeccionado (ropa). **2** precocinado (comida).
real [rɪəl] *adj* **1** real (gen). **2** auténtico (amigo, piel). • *adv* **3** *EE UU* (infml) muy. ♦ ~ **estate** bienes inmuebles. ■ **for ~** de verdad.
realign [ˌri:ə'laɪn] *tr* (fml) reorganizar, reestructurar.
realise *tr* → realize.
realism ['rɪəlɪzəm] *n u* realismo.
realistic [ˌrɪə'lɪstɪk] *adj* realista.
reality [rɪ'ælɪtɪ] (*pl* **realities**) *n c & u* realidad. ■ **in ~** en realidad.
realization [ˌrɪəlaɪ'zeɪʃn y EE UU ˌrɪəlɪ'zeɪʃn] *n sing* **1** comprensión (de un hecho). **2** realización (de un plan o ambición).
realize ['rɪəlaɪz] *tr* **1** darse cuenta, comprender. **2** (fml) realizar (un proyecto o ambición).
really ['rɪəlɪ] *adv* **1** en realidad. **2** de verdad. **3** (infml) realmente, muy.
realm [relm] *n c* reino.
real-time ['rɪəlˌtaɪm] *adj* COMPUT tiempo real.
realtor ['rɪəltɔ:r] *comp EE UU* agente inmobiliario.
reap [ri:p] *tr & intr* cosechar.
reappear [ˌri:ə'pɪər] *intr* reaparecer.
rear [rɪər] *adj* **1** trasero, de atrás. • **the ~ (of)** *n sing* **2** la parte trasera (de) (un coche). • *tr* **3** educar (niño); criar (animal); cultivar (plantas). ♦ ~ **view mirror** espejo retrovisor. ■ **to bring up the ~** cerrar la marcha.
rearguard ['rɪəgɑ:d] *n sing* retaguardia. ■ **to fight a ~ action** (fig) luchar a la desesperada.
rearm [ˌri:'ɑ:m] *tr & intr* rearmar(se).
rearmament [rɪ'ɑ:məmənt] *n u* rearme.
rearmost ['rɪəməʊst] *adj* último (en una cola).

rearrange [ˌriːəˈreɪndʒ] *tr* **1** ordenar de otro modo (habitación). **2** volver a concertar (fecha, reunión).
reason [ˈriːzn] *n c & u* **1** razón (gen). **2** porqué (justificación). • *intr* **3** razonar (un argumento o idea). **4** pensar, discurrir. **5** argumentar. ▪ **by ~ of** (fml) a causa de; **for some ~** por alguna razón; **to listen to ~** avenirse a razones; **to stand to ~** ser razonable.
reasonable [ˈriːznəbl] *adj* razonable.
reasonably [ˈriːznəblɪ] *adv* razonablemente.
reasoned [ˈriːznd] *adj* razonado.
reasoning [ˈriːznɪŋ] *n u* razonamiento.
reassemble [ˌriːəˈsembl] *tr & intr* **1** reagrupar(se). • *tr* **2** TECH volver a montar.
reassess [ˌriːəˈses] *tr* reconsiderar.
reassurance [ˌriːəˈʃʊərəns] *n u* **1** confianza. • *n c* **2** palabra reconfortante.
reassure [ˌriːəˈʃʊər] *tr* tranquilizar.
reassuring [ˌriːəˈʃʊərɪŋ] *adj* tranquilizador.
rebate [ˈriːbeɪt] *n c* FIN devolución, reembolso.
rebel [ˈrebl] *adj & n c* rebelde.
rebel [rɪˈbel] *intr* **to ~ (against)** rebelarse, sublevarse (contra).
rebellion [rɪˈbeljən] *n c & u* rebelión.
rebellious [rɪˈbeljəs] *adj* rebelde.
rebirth [ˌriːˈbɜːθ] *n u* **1** renacimiento (gen). **2** renovación (de una organización).
rebound [ˈriːbaʊnd] *n c* rebote. ▪ **on the ~** de rebote.
rebound [rɪˈbaʊnd] *intr* **1** rebotar (pelota). **to ~ (on/upon) 2** (fig) recaer (sobre) (decisión, acto).
rebuff [rɪˈbʌf] *n c* **1** desaire, negativa. • *tr* **2** despreciar, rechazar.
rebuild [ˌriːˈbɪld, *pt* y *pp* ˌriːˈbɪlt] (*pt* y *pp* **rebuilt**) *tr & intr* **1** reconstruir (gen). • *tr* **2** restablecer (negocio, confianza).
rebuke [rɪˈbjuːk] *n c & u* **1** reprimenda. • *tr* **2** reprender.
rebut [rɪˈbʌt] *tr* (fml) rebatir.
recalcitrant [rɪˈkælsɪtrənt] *adj* (fml) obstinado.
recall [rɪˈkɔːl] *n u* **1** memoria. • *n c* **2** aviso (para que alguien vuelva). • *tr* **3** recordar. **to ~ + sb + (from/to) 4** hacer volver a alguien (de/a). ▪ **to be beyond/past ~** ser irrevocable (una decisión).
recant [rɪˈkænt] *tr & intr* **1** retractarse de (gen). • *tr* **2** renunciar a (una creencia).
recap [riːˈkæp] (*pt* y *pp* **recapped**, *pl* **recapping**) *tr & intr* **1** resumir, recapitular. • *tr* **2** *EE UU* recauchutar (neumático). • *n c* **3** (infml) resumen, recapitulación.
recapitulate [ˌriːkəˈpɪtjʊleɪt] *tr & intr* recapitular.
recapitulation [ˈriːkəˌpɪtjʊˈleɪʃn] *n c & u* recapitulación.
recede [rɪˈsiːd] *intr* **to ~ (from) 1** alejarse (de), retroceder (de) (hasta desaparecer). **2** (fig) descender, bajar (precios, marea). **3** (fig) desvanecerse (recuerdo, sentimiento).
receding [rɪˈsiːdɪŋ] *adj* **1** que se aleja, que retrocede (de forma gradual). **2** que se desvanece (recuerdo, sentimiento).
receipt [rɪˈsiːt] *n c* **1** recibo (en el que consta el precio de algo). • **receipts** *n pl* **2** recaudación. ▪ **on ~ of** (fml) al recibir.
receive [rɪˈsiːv] *tr* **1** recibir (gen). **to ~ (into) 2** admitir (en) (en una asociación). • *intr* **3** SP restar. ▪ **to be at/on the receiving end** llevarse la peor parte (de).
received [rɪˈsiːvd] *adj* admitido por la mayoría. ♦ **~ pronunciation** *GB forma de pronunciación inglesa admitida como modelo académico.*

> Se llama ***Received Pronunciation*** o ***RP*** a un tipo de acento británico que no está asociado a ninguna región determinada. Lo usan las clases dirigentes, las personas educadas en colegios privados y los locutores de los informativos de la BBC. Este tipo de pronunciación se emplea como referente en la enseñanza del inglés como lengua extranjera.

receiver [rɪˈsiːvər] *n c* **1** auricular (de teléfono). **2** perista (de objetos robados).
recent [ˈriːsnt] *adj* reciente.
receptacle [rɪˈseptəkl] *n c* (fml) recipiente.
reception [rɪˈsepʃn] *n c & u* recepción. ♦ **~ room** recibidor, salón.
receptionist [rɪˈsepʃənɪst] *n c* recepcionista.
receptive [rɪˈseptɪv] *adj* **~ (to/of)** receptivo (a).

receptor [ˌrɪˈseptə] *n c* receptor.
recess [rɪˈses] (*pl* **recesses**) *n c & u* **1** período vacacional. **2** *EE UU* recreo (en la escuela). • *n c* **3** hueco, nicho (en un muro).
recession [rɪˈseʃn] *n c & u* ECON recesión.
recharge [ˌriːˈtʃɑːdʒ] *tr* recargar.
rechargeable [ˌriːˈtʃɑːdʒəbəl] *adj* recargable.
recidivist [rɪˈsɪdɪvɪst] *n c* JUR reincidente.
recipe [ˈresɪpɪ] *n c* receta.
recipient [rɪˈsɪpɪənt] *n c* (fml) receptor.
reciprocal [rɪˈsɪprəkl] *adj* recíproco.
reciprocity [ˌresɪˈprɒsɪtɪ] *n u* reciprocidad.
recital [rɪˈsaɪtl] *n c* recital.
recite [rɪˈsaɪt] *tr & intr* **1** recitar (texto). • *tr* **2** enumerar (enumerate).
reckless [ˈreklɪs] *adj* imprudente.
reckon [ˈrekən] *tr* **1** (infml) creer, pensar (que algo ocurrirá). **2** considerar (opinión). **3** calcular (costes). ♦ **to ~ in** incluir; **to ~ on/upon** contar con (algo o alguien); **to ~ with** tener en cuenta (una circunstancia); tratar con; **to ~ without** no tener en cuenta.
reckoning [ˈrekənɪŋ] *n c & u* cálculo. ■ **by my ~** según mis cálculos.
reclaim [rɪˈkleɪm] *tr* reclamar.
recline [rɪˈklaɪn] *tr & intr* reclinar(se).
recluse [rɪˈkluːs] *n c* solitario.
recognisable *adj* → recognizable.
recognise *tr* → recognize.
recognition [ˌrekəgˈnɪʃn] *n u* reconocimiento. ■ **in ~ of** en reconocimiento a.
recognizable [ˈrekəgnaɪzəbl] *adj* reconocible.
recognize [ˈrekəgnaɪz] *tr* reconocer.
recoil [ˈriːkɔl] *n u* retroceso (de arma).
recoil [rɪˈkɔɪl] *intr* **to ~ (at/from)** **1** retroceder (a/desde) (por temor). **to ~ (on/upon)** **2** repercutir negativamente (en).
recollect [ˌrekəˈlekt] *tr* (fml) recordar.
recollection [ˌrekəˈlekʃn] *n c* recuerdo.
recommend [ˌrekəˈmend] *tr* recomendar.
recommendation [ˌrekəmenˈdeɪʃn] *n c & u* recomendación.
recompense [ˈrekəmpens] *n c & u* **1** recompensa. • *tr* **2** recompensar.
reconcile [ˈrekənsaɪl] *tr* **to ~ (to/with)** conciliar (con) (cosas opuestas); reconciliar (con) (personas).
reconditioned [ˌriːkənˈdɪʃənd] *adj* revisado, puesto a punto.
reconnaissance [rɪˈkɒnɪsəns] *n u* reconocimiento.
reconnoitre [ˌrekəˈnɔɪtər] (*EE UU* **reconnoiter**) *tr* **1** MIL reconocer. • *intr* **2** hacer un reconocimiento.
reconsider [ˌriːkənˈsɪdər] *tr & intr* reconsiderar.
reconstruct [ˌriːkənˈstrʌkt] *tr* reconstruir.
reconstruction [ˌriːkənˈstrʌkʃn] *n u* reconstrucción.
record [ˈrekɔːd] *n c* **1** registro (de un documento o archivo). **2** acta (de una reunión). **3** antecedentes (personales); historial profesional; expediente académico. **4** SP récord. **5** MUS disco (de vinilo). ♦ **~ player** tocadiscos. ■ **for the ~** públicamente; **off the ~** (infml) confidencialmente; **on ~** jamás alcanzado (registro, hito); archivado; **to go/to be on ~** declarar públicamente; **to get/to put/to set the ~ straight** deshacer un malentendido.
record [rɪˈkɔːd] *tr* **1** anotar (por escrito). **2** grabar (sonido). **3** indicar, marcar (instrumento de medición).
recorded delivery [rɪˈkɔːdɪd dɪˈlɪvəri] *GB* por correo certificado.
recorder [rɪˈkɔːdər] *n c* magnetófono, grabadora.
recording [rɪˈkɔːdɪŋ] *n c & u* grabación.
recount [rɪˈkaʊnt] *tr* (fml) relatar.
re-count [ˈriːkaʊnt] *n c* recuento.
recoup [rɪˈkuːp] *tr* recuperar (dinero).
recourse [rɪˈkɔːs] *n u* recurso. ■ **to have ~ to** recurrir a.
recover [rɪˈkʌvər] *tr* **1** recuperar (dinero, tierras). • **to ~ (from)** *intr* **2** recuperarse (de) (salud, finanzas).
recovery [rɪˈkʌvərɪ] (*pl* **recoveries**) *n c & u* recuperación.
re-create [ˌriːkrɪˈeɪt] *tr* recrear.
recreation [ˌrekrɪˈeɪʃn] *n c & u* distracción, ocio.
recriminate [rɪˈkrɪmɪneɪt] *intr* recriminar.
recruit [rɪˈkruːt] *n c* **1** MIL recluta. **2** nuevo miembro (de una organización). • *tr & intr* **3** MIL reclutar. • *tr* **4** contratar (trabajadores).
recruitment [rɪˈkruːtmənt] *n u* **1** MIL reclutamiento. **2** contratación.

r

recta [ˈrektə] *n pl* → rectum.
rectangle [ˈrekˌtæŋgl] *n c* rectángulo.
rectangular [rekˈtæŋgjʊlər] *adj* rectangular.
rectify [ˈrektɪfaɪ] (*pt* y *pp* **rectified**) *tr* (fml) rectificar.
rectilinear [ˌrektɪˈlɪnɪər] *adj* rectilíneo.
rector [ˈrektər] *n c* **1** vicario (de la Iglesia). **2** *GB* rector (de la universidad).
rectum [ˈrektəm] (*pl* **rectums** o **recta**) *n c* ANAT recto.
recuperate [rɪˈku:pəreɪt] *tr* & *intr* recuperar(se).
recur [rɪˈkɜ:r] (*pt* y *pp* **recurred**, *ger* **recurring**) *intr* repetirse.
recurrent [rɪˈkʌrənt] *adj* recurrente.
recycle [ˌri:ˈsaɪkl] (*ger* **recycling**) *tr* reciclar.
recycling [ri:ˈsaɪklɪŋ] *n u* reciclaje.
red [red] *adj* **1** rojo (gen). **2** pelirrojo (pelo). • *n c* & *u* **3** rojo (color). ♦ ~ **alert** alerta roja; ~ **cell** glóbulo rojo; **Red Cross** Cruz Roja; ~ **light** semáforo en rojo; ~ **meat** carne roja; ~ **pepper** pimiento rojo; pimentón; ~ **tape** papeleo; ~ **wine** vino tinto. ■ **in the** ~ en números rojos; **to see** ~ enfurecerse.
redcurrant [ˈredˌkʌrənt] *n c* grosella roja (fruta); grosellero (árbol).
redden [ˈredn] *intr* **1** ponerse colorado (persona). • *tr* **2** teñir de rojo (una prenda).
redecorate [ˌri:ˈdekəreɪt] *tr* volver a pintar, empapelar.
redeem [rɪˈdi:m] *tr* **1** (fml) cumplir (promesa, obligación). **2** (fml) recuperar (honor, algo empeñado). **3** (fig, fml) salvar, rescatar (a un cautivo).
redeeming [rɪˈdi:mɪŋ] *adj* compensatorio.
redeploy [ˌri:dɪˈplɔɪ] *tr* redistribuir (trabajadores).
red-faced [ˌredˈfeɪst] *adj* colorado.
redhead [ˈredhed] *n c* pelirrojo.
red-hot [ˌredˈhɒt] *adj* **1** al rojo vivo (un metal). **2** (fig) apasionado (discurso, persona).
redid [ri:ˈdɪd] *pt* → redo.
redirect [ˌri:dɪˈrekt] *tr* reencauzar.
redistribution [ˈri:ˌdɪstrɪˈbju:ʃn] *n u* redistribución.
redo [ˌri:ˈdu:] (*pt* **redid**, *pp* **redone**) *tr* rehacer.
redolent [ˈredələnt] *adj* **1** (fig, lit) evocador. ~ **of 2** (lit) que huele a.
redone [rɪ:ˈdʌn] *pp* → redo.
redouble [ˌri:ˈdʌbl] *tr* redoblar.
redress [rɪˈdres] *n u* **1** desagravio, reparación (gen). **2** compensación (monetaria). • *tr* **3** reparar (un error).
redskin [ˈredskɪn] *n c* (pej) piel roja.
reduce [rɪˈdju:s] *tr* **1** reducir (gen). • *intr* **2** *EE UU* (infml) perder peso.
reduction [rɪˈdʌkʃn] *n u* **1** reducción (gen). • *n c* **2** rebaja, descuento.
redundancy [rɪˈdʌndənsɪ] (*pl* **redundancies**) *n c* **1** despido (laboral). • *n u* **2** desempleo. ♦ ~ **payment** indemnización por despido.
redundant [rɪˈdʌndənt] *adj* **1** superfluo (innecesario). **2** sin empleo.
reed [ri:d] *n c* & *u* **1** BOT carrizo. • *n c* **2** MUS lengüeta.
reef [ri:f] *n c* arrecife.
reek [ri:k] *n sing* **1** peste. • **to** ~ **(of/with)** *intr* **2** apestar (a).
reel [ri:l] *n c* **1** bobina (de hilo); rollo (de película); carrete (de caña de pescar). • *intr* **2** tambalearse (un borracho). **3** dar vueltas (la cabeza).
re-elect [ˌri:ɪˈlekt] *tr* reelegir.
re-election [ˌri:ɪˈlekʃn] *n u* reelección.
re-establish [ˌri:əˈstæblɪʃ] *tr* restablecer.
ref [ref] *n c* (infml) árbitro.
refectory [rɪˈfektərɪ] (*pl* **refectories**) *n c* refectorio.
refer [rɪˈfɜ:r] *intr* ~ **(to) 1** referirse (a). **2** consultar (una fuente). **3** aludir, mencionar. • *tr* **4** remitir, enviar (un asunto).
referee [ˌrefəˈri:] *n c* **1** SP árbitro. • *tr* & *intr* **2** arbitrar.
reference [ˈrefrəns] *n c* & *u* **1** referencia (gen). • *n u* **2** consulta (en un libro, biblioteca. • *n c* **3** remisión (en un libro). **4** referencias. ♦ ~ **book** libro de consulta. ■ **with** ~ **to** con referencia a.
referendum [ˌrefəˈrendəm, *pl irreg* ˌrefəˈrendə] (*pl* **referendums** o **referenda**) *n c* referéndum.
refill [ˈri:fɪl] *n c* recambio (de bolígrafo, pluma).
refill [ˌri:ˈfɪl] *tr* volver a llenar.
refine [rɪˈfaɪn] *tr* & *intr* refinar(se).
refinement [rɪˈfaɪnmənt] *n c* & *u* **1** modificación, alteración (para perfeccionar algo).• *n u* **2** refinamiento (en las formas).

refinery [rɪˈfaɪnərɪ] (*pl* **refineries**) *n c* refinería.
reflect [rɪˈflekt] *tr & intr* **1** reflejar(se) (luz, sonido). • **~ (on/upon)** *intr* **2** reflexionar (sobre) (una materia).
reflection [rɪˈflekʃn] *n c* **1** reflejo (de una imagen). • *n c & u* **2** reflexión (sobre una materia). • *n sing* **3** crítica, reproche.
reflector [rɪˈflektər] *n c* reflector.
reflex [ˈriːfleks] (*pl* **reflexes**) *n c* **1** reflejo. • **reflexes** *n pl* **2** reflejos. ♦ **~ camera** cámara réflex.
reflexive [rɪˈfleksɪv] *adj* GRAM reflexivo.
reforest [ˌriːˈfɒrɪst] *tr* reforestar.
reforestation [ˌriːfɒrɪˈsteɪʃn] *n u* reforestación.
reform [rɪˈfɔːm] *n c & u* **1** reforma. • *tr* **2** reformar.
reformer [rɪˈfɔːmər] *n c* reformador.
refraction [rɪˈfrækʃn] *n u* refracción.
refrain [rɪˈfreɪn] *n c* **1** estribillo. • **to ~ (from)** *intr* **2** abstenerse (de) (algo).
refresh [rɪˈfreʃ] *tr & pron* refrescar(se).
refreshing [rɪˈfreʃɪŋ] *adj* refrescante.
refreshment [rɪˈfreʃmənt] *n u* (normalmente *pl*) refrigerio.
refrigerate [rɪˈfrɪdʒəreɪt] *tr* refrigerar.
refrigeration [rɪˌfrɪdʒəˈreɪʃn] *n u* refrigeración.
refrigerator [rɪˈfrɪdʒəreɪtər] *n c* nevera.
refuel [ˌriːˈfjʊəl] *tr & intr* repostar.
refuge [ˈrefjuːdʒ] *n c & u* refugio. ■ **to take ~** refugiarse.
refugee [ˌrefjʊˈdʒiː] *n c* refugiado.
refund [ˈriːfʌnd] *n c* **1** reembolso. • *tr* **2** reembolsar.
refurbish [ˌriːˈfɜːbɪʃ] *tr* (fml) reformar (habitación, edificio).
refusal [rɪˈfjuːzl] *n u* **~ (to)** negativa (a).
refuse [rɪˈfjuːz] *intr* **~ + inf 1** negarse (a) (hacer algo). • *tr* **2** negar (un préstamo a alguien). **3** rechazar (una oferta).
refuse [ˈrefjuːs] *n u* desperdicios.
refute [rɪˈfjuːt] *tr* refutar.
regain [rɪˈgeɪn] *tr* **1** recuperar (la salud). **2** (fml) volver a (un lugar).
regal [ˈriːgl] *adj* regio.
regard [rɪˈgɑːd] *n u* **~ (for) 1** consideración, respeto (por). • **regards** *n pl* **2** (infml) recuerdos, saludos. • *tr* **3** considerar (gen). **4** (fml) referirse a, afectar a. ■ **as regards** en cuanto a; **in this/that ~** con respecto a esto/eso; **to hold sb/sth in high ~** tener algo/a alguien en gran estima; **with/in ~ to** por lo que se refiere a.
regarding [rɪˈgɑːdɪŋ] *prep* referente a.
regardless [rɪˈgɑːdlɪs] *adv* a pesar de todo. ■ **~ of** sin preocuparse de.
regatta [rɪˈgætə] *n c* SP regata.
regency [ˈriːdʒənsɪ] (*ger* **regencies**) *n c* regencia.
regenerate [rɪˈdʒenəreɪt] *tr* regenerar.
regeneration [rɪˌdʒenəˈreɪʃn] *n u* regeneración.
reggae [ˈregeɪ] *n u* MUS reggae.
regime [reɪˈʒiːm] *n c* POL, MED régimen.
regiment [ˈredʒɪmənt] *n c* **1** MIL regimiento. • *tr* **2** organizar, reglamentar.
region [ˈriːdʒən] *n c* región. ■ **in the ~ of** alrededor de.
regional [ˈriːdʒənl] *adj* regional.
register [ˈredʒɪstər] *n c* **1** registro (gen). **2** censo (electoral). • *tr & intr* **3** registrar(se) (gen). **4** inscribir(se), matricular(se) (en un centro). • *tr* **5** manifestar (una opinión). **6** matricular (un coche). **7** certificar (carta).
registered [ˈredʒɪstəd] *adj* **1** registrado (gen). **2** certificado (carta, paquete). **3** matriculado (persona, coche). ♦ **~ trademark** marca registrada.
registrar [ˌredʒɪˈstrɑːr] *n c* **1** registrador (funcionario encargado del registro). **2** médico especialista en prácticas (doctor).
registration [ˌredʒɪˈstreɪʃn] *n u* **1** registro (gen). **2** matriculación (de un coche). **3** matrícula, inscripción (en un colegio). **4** certificación (de una carta, paquete). ♦ **~ fee** derechos de matrícula (en un centro de enseñanza); **~ number** número de matrícula (de un coche).
registry [ˈredʒɪstrɪ] (*pl* **registries**) *n c* registro. ♦ **~ office** registro civil.
regressive [rɪˈgresɪv] *adj* (fml) regresivo.
regret [rɪˈgret] (*pt* y *pp* **regretted**, *ger* **regretting**) *tr* **1** arrepentirse de (algo). **to ~ (to) 2** lamentar, sentir (algo que se ha hecho o dicho). *n u* **3** pesar, pena (sorrow). **4** arrepentimiento. • **regrets** *n pl* **5** disculpas.
regrettable [rɪˈgretəbl] *adj* lamentable.
regroup [ˌriːˈgruːp] *tr & intr* reagrupar(se).
regular [ˈregjʊlər] *adj* **1** regular (gen). **2** normal, corriente (tamaño). **3** habitual (cliente). **4** fijo (salario, hábito). • *n c* **5** (infml) cliente habitual.

r

larise *tr* → regularize.
ılarity [ˌregjʊˈlærıtı] (*pl* **regulari-s**) *n c & u* regularidad.
ularize [ˈregjʊləraız] *tr* regularizar.
ulate [ˈregjʊleıt] *tr* regular.
gulation [ˌregjʊˈleıʃn] *n c* **1** reglamen-o, regla. • *n u* **2** regulación (control).
habilitation [ˈriːəˌbılıˈteıʃn] *n u* reha-bilitación.
ehearsal [rıˈhɑːsl] *n c & u* ensayo.
ehearse [rıˈhɑːs] *tr & intr* ensayar.
reign [reın] *n c* **1** reinado. • *intr* **2** reinar.
reimburse [ˌriːımˈbɑːs] *tr* **1** reembolsar (gastos). **to ~ (for) 2** indemnizar (por) (daños).
reimbursement [ˌriːımˈbɑːsmənt] *n u* **1** reembolso (de gastos). **2** indemnización.
rein [reın] *n c* **1** rienda (de caballo). • **reins** *n pl* **2** andadores (para niños); riendas (para animales). ■ **to give a free ~ to** (fig) dar rienda suelta a.
reincarnation [ˌriːınkɑːˈneıʃn] *n u* reencarnación.
reindeer [ˈreındıər] (*pl* **reindeer**) *n c* reno.
reinforce [ˌriːınˈfɔːs] *tr* **1** reforzar. **2** confirmar, ratificar (una idea).
reinforcement [ˌriːınˈfɔːsmənt] *n c & u* **1** refuerzo. • **reinforcements** *n pl* **2** MIL refuerzos.
reinstate [ˌriːınˈsteıt] *tr* readmitir (en un puesto).
reissue [ˌriːˈıʃuː] *n c* **1** reedición. • *tr* **2** reeditar.
reiterate [riːˈitəreıt] *tr* (fml) reiterar.
reject [ˈriːdʒekt] *n c* desecho.
reject [rıˈdʒekt] *tr* rechazar.
rejection [rıˈdʒekʃn] *n c & u* rechazo.
rejoice [rıˈdʒɔıs] *intr* (fml) regocijarse, alegrarse.
rejoin [ˌriːˈdʒɔın] *tr* **1** reunirse con (con alguien). **2** reincorporarse a (un grupo).
rejuvenate [rıˈdʒuːvəneıt] *tr & intr* (fml) rejuvenecer.
rekindle [ˌriːˈkındl] *tr* reavivar.
relapse [rıˈlæps] *n c* recaída.
relapse [rıˈlæps] *intr* **1** (fml) reincidir (como delincuente). **2** recaer (en un vicio, la salud).
relate [rıˈleıt] *tr* **1** relacionar. • **to ~ (to)** *intr* **2** referirse (a), relacionarse (con) (algo dicho o hecho anteriormente).
related [rıˈleıtıd] *adj* **~ (to) 1** emparentado (con). **2** vinculado, relacionado (con un tema, cuestión).
relating [rıˈleıtıŋ] *prep* **~ to** acerca de, en relación con.
relation [rıˈleıʃn] *n c* **1** relación (con otra cosa). **2** pariente (persona). • **relations** *n pl* **3** relaciones (entre personas). ■ **in/with ~ to** en relación con.
relationship [rıˈleıʃnʃıp] *n c* **1** relación. **2** parentesco.
relative [ˈrelətıv] *adj* **1** relativo. • *n c* **2** pariente. ■ **~ to** (fml) en relación con.
relativity [ˌreləˈtıvıtı] *n u* relatividad.
relax [rıˈlæks] *tr & intr* **1** relajar(se) (gen). **2** aflojar(se) (los músculos).
relaxation [ˌriːlækˈseıʃn] *n u* relajación.
relaxed [rıˈlækst] *adj* relajado.
relaxing [rıˈlæksıŋ] *adj* relajante.
relay [ˈriːleı riːleı] *n c* **1** SP carrera de relevos. **2** RAD, TV repetidor. ■ **in relays** por turnos.
relay [ˈriːleı y rıˈleı] *tr* **to ~ to 1** transmitir a (un mensaje). **2** RAD, TV retransmitir.
release [rıˈliːs] *n c & u* **1** liberación (de un prisionero, de un sentimiento). • *n c* **2** anuncio, comunicado (noticia). **3** novedad discográfica; estreno (de una película). **~ (from) 4** alivio (de) (dolor). • *n u* **5** desprendimiento, emisión (humo, gas, energía). • *tr* **6** poner en libertad (a una persona). **7** (fml) liberar, eximir (de una obligación). **8** sacar a la venta (un disco); estrenar (una película). **9** emitir (calor, energía). **10** divulgar (noticias). ■ **on (general) ~** en cartelera.
relegate [ˈrelıgeıt] *tr* **to ~ (to)** relegar (a). ■ **to be relegated** SP descender (de categoría).
relegation [ˌrelıˈgeıʃn] *n u* SP descenso.
relent [rıˈlent] *intr* (fml) ceder, ablandarse.
relevance [ˈreləvəns] *n u* **~ (to)** relevancia (para).
relevant [ˈreləvənt] *adj* **1** relevante (respuesta). **~ (to) 2** referente (a) (documentación). **3** adecuado (para un propósito).
reliable [rıˈlaıəbl] *adj* fiable.
reliant [rıˈlaıənt] *adj* dependiente. ■ **to be ~ (on)** depender (de).
relic [ˈrelık] *n c* reliquia.
relief [rıˈliːf] *n u* **1** alivio. **2** ayuda (social). • *n c* **3** relevo (persona). **4** relieve (arte).
relieve [rıˈliːv] *tr* **1** aliviar (un dolor). **to ~ (of) 2** librar (de) (obligación).

religion [rɪ'lɪdʒən] *n c & u* religión.
religious [rɪ'lɪdʒəs] *adj* religioso.
relinquish [rɪ'lɪŋkwɪʃ] *tr* **1** (fml) abandonar (esperanza, plan). **2** renunciar a (un derecho).
relish ['relɪʃ] *n u* **1** gusto, deleite. • *n c* **2** GAST condimento. • *tr* **3** disfrutar con, apreciar (la lectura).
reload [ˌri:'ləʊd] *tr* recargar.
relocate [ˌri:ləʊ'keɪt] *tr & intr* trasladar(se) a otro sitio.
reluctance [rɪ'lʌktəns] *n u* desgana.
reluctant [rɪ'lʌktənt] *adj* reticente.
rely [rɪ'laɪ] (*pt* y *pp* **relied**) *intr* **to ~ (on/upon)** confiar (en).
remain [rɪ'meɪn] *intr* **1** permanecer, quedar(se). **2** seguir, continuar (en una posición, estado). • **remains** *n pl* **3** restos.
remainder [rɪ'meɪndər] *n sing* **the ~** el resto.
remaining [rɪ'meɪnɪŋ] *adj* sobrante, restante.
remake ['ri:meɪk] *n c* nueva versión (de una película).
remark [rɪ'mɑ:k] *n c* **1** comentario. • *tr* **2** comentar. • **to ~ (on/upon)** *intr* **3** aludir (a) (algo o alguien).
remarkable [rɪ'mɑ:kəbl] *adj* extraordinario.
remarriage [ˌri:'mærɪdʒ] *n u* segundas nupcias.
remarry [ˌri:'mærɪ] (*pt* y *pp* **remarried**) *tr & intr* volver a casarse.
remedial [rɪ'mi:dɪəl] *adj* **1** de recuperación (clase). **2** correctivo (ejercicios).
remedy ['remədɪ] *n c* **~ (for) 1** (fml) remedio (para). • *tr* **2** remediar (un mal).
remember [rɪ'membər] *tr & intr* recordar, acordarse de.

> Se usa ***remember*** para referirse a algo o a alguien que se recuerda: *I don't remember the film = no me acuerdo de la película*. ***Remind*** se emplea cuando se desea que alguien recuerde a otra persona alguna cosa: *remind me to call them = recuérdame que les llame*

remembrance [rɪ'membrəns] *n c & u* (fml) recuerdo. ♦ **Remembrance Day/ Sunday** *GB día en que se recuerda a los caídos en las dos guerras mundiales.*
remind [rɪ'maɪnd] *tr* **1** recordar (algo o a alguien). **to ~ (of) 2** recordar a (por algún tipo de semejanza).
reminder [rɪ'maɪndər] *n c* **1** recordatorio (algo que se hace para recordar). **2** notificación, aviso.
reminiscence [ˌremɪ'nɪsns] *n c & u* **1** (fml) recuerdo. • **reminiscences** *n pl* **2** memorias; recuerdos.
reminiscent [ˌremɪ'nɪsnt] *adj* (fml) evocador.
remiss [rɪ'mɪs] *adj* (fml) descuidado, negligente.
remit [rɪ'mɪt] (*pt* y *pp* **remitted**, *ger* **remitting**) *tr* **1** (fml) remitir (dinero). **2** (fml) remitir, perdonar (deuda, castigo).
remittance [rɪ'mɪtəns] *n c* giro, envío (de dinero).
remnant ['remnənt] *n c* **1** resto (de comida). **2** retal (de una tela).
remorse [rɪ'mɔ:s] *n u* remordimiento.
remorseful [rɪ'mɔ:sfʊl] *adj* lleno de remordimiento.
remorseless [rɪ'mɔ:slɪs] *adj* **1** despiadado (cruel). **2** implacable.
remote [rɪ'məʊt] *adj* **1** remoto (lejano). **2** apartado (lugar). ♦ **~ control** mando a distancia.
remote-controlled [rɪˌməʊtkən'trəʊld] *adj* teledirigido.
remould ['ri:məʊld] *n c* neumático recauchutado.
removable [rɪ'mu:vəbl] *adj* separable.
removal [rɪ'mu:vl] *n u* **1** traslado (gen). **2** mudanza. **3** supresión. ♦ **~ van** camión de mudanzas.
remove [rɪ'mu:v] *tr* **1** retirar, llevarse (algo a algún sitio). **2** quitar(se) (el abrigo). **3** expulsar, destituir (a alguien de un sitio). **4** disipar (dudas, sospechas) **5** MED extirpar (tumor).
remuneration [rɪˌmju:nə'reɪʃn] *n c & u* (fml) remuneración.
renaissance [rə'neɪsəns] *n sing* renacimiento. ♦ **the Renaissance** ARTS, HIST el Renacimiento.
renal ['ri:nl] *adj* MED renal.
rename [ˌri:'neɪm] *tr* cambiar de nombre.
render ['rendər] *tr* **1** (fml) dejar, volver (inservible). **2** proporcionar (ayuda). **3** interpretar (canción, obra). **4** enlucir (un muro). **5** presentar (factura). **to ~ (into/from) 6** traducir (a/de).

rendezvous [ˈrɒndɪvuː] *n c* **1** (fml) cita (con persona del otro sexo). **2** lugar donde se tiene una cita.
renegade [ˈrenɪgeɪd] *adj* & *n c* renegado.
renew [rɪˈnjuː] *tr* **1** reemprender (acción, ataque). **2** reanudar (una relación). **3** renovar (un documento).
renewable [rɪˈnjuːəbl] *adj* renovable.
renewal [rɪˈnjuːəl] *n u* **1** reanudación (de relaciones). • *n c* & *u* **2** renovación (de un documento, contrato).
renounce [rɪˈnaʊns] *tr* (fml) renunciar a.
renovate [ˈrenəveɪt] *tr* renovar.
renovation [ˌrenəˈveɪʃn] *n c* & *u* renovación.
renown [rɪˈnaʊn] *n u* (fml) renombre.
renowned [rɪˈnaʊnd] *adj* ~ **(for)** (fml) famoso (por).
rent [rent] *n c* & *u* **1** alquiler. • *tr* & *intr* **2** alquilar(se). ♦ **to ~ out** alquilar.
rental [ˈrentl] *n c* alquiler.
renunciation [rɪˌnʌnsɪˈeɪʃn] *n u* (fml) renuncia.
reopen [ˌriːˈəʊpən] *tr* & *intr* **1** volver a abrir (gen). **2** volver a empezar (el curso escolar).
reopening [ˌriːˈəʊpənɪŋ] *n c* reapertura.
reorganize or **reorganise** [ˌriːˈɔːgənaɪz] *tr* & *intr* reorganizar(se).
repaid [riːˈpeɪd] *pt* & *pp* → repay.
repair [rɪˈpeər] *n c* & *u* **1** reparación. • *tr* **2** reparar (gen). **3** (fml) corregir (un error). ■ **beyond ~** irreparable; **in good/bad ~** en buen/mal estado.
repartee [ˌrepɑːˈtiː] *n u* sucesión de réplicas ingeniosas.
repatriate [riːˈpætrɪeɪt] *tr* repatriar.
repatriation [ˌriːpætrɪˈeɪʃn] *n u* repatriación.
repay [riːˈpeɪ] (*pt* y *pp* **repaid**) *tr* devolver (a).
repayment [riːˈpeɪmənt] *n c* **1** pago (de una deuda). • *n u* **2** reembolso.
repeal [rɪˈpiːl] *n u* **1** revocación (de una ley). • *tr* **2** revocar (una ley).
repeat [rɪˈpiːt] *n c* **1** repetición (gen). **2** reposición (de un programa de televisión). • *tr, intr* & *pron* **3** repetir(se) (gen). • *tr* **4** contar (algo confidencial).
repel [rɪˈpel] (*pt* y *pp* **repelled**, *ger* **repelling**) *tr* repeler.
repellent [rɪˈpelənt] *adj* repelente.
repent [rɪˈpent] *intr* **to ~ (of/for)** (fml) arrepentirse (de).
repentance [rɪˈpentəns] *n u* (fml) arrepentimiento.
repercussion [ˌriːpəˈkʌʃn] *n c* (normalmente *pl*) repercusión.
repertoire [ˈrepətwɑː] *n sing* repertorio.
repertory [ˈrepətərɪ] *n sing* repertorio.
repetition [ˌrepɪˈtɪʃn] *n c* & *u* repetición.
repetitious [ˌrepɪˈtɪʃəs] *adj* (fml) repetitivo.
repetitive [rɪˈpetɪtɪv] *adj* repetitivo.
replace [rɪˈpleɪs] *tr* **1** reemplazar (gen). **2** volver a colocar (un objeto en su sitio).
replacement [rɪˈpleɪsmənt] *n u* **1** sustitución (gen). • *n c* **2** sustituto (persona); repuesto (pieza).
replay [ˈriːpleɪ] *n c* **1** SP partido de desempate. **2** MUS repetición. • *tr* **3** volver a jugar (un partido). **4** volver a poner (una grabación).
replenish [rɪˈplenɪʃ] *tr* (fml) rellenar.
replica [ˈreplɪkə] *n c* réplica.
reply [rɪˈplaɪ] (*pt* y *pp* **replied**) *n c* **1** respuesta. • *intr* **2** responder. ■ **in ~ (to)** como respuesta (a).
report [rɪˈpɔːt] *n c* **1** informe (sobre una situación). **2** estallido (de un disparo). **3** *GB* boletín de notas (en la escuela). • *n c* & *u* **4** rumor. • *tr* **5** relatar, contar (un suceso). **to ~ (to) 6** denunciar (ante) (la policía); informar de (a) (inform). ♦ **to ~ back** comunicar (inform); presentarse de vuelta.
reporter [rɪˈpɔːtər] *n c* reportero.
repose [rɪˈpəʊz] *n u* **1** (fml) reposo (rest). • *intr* **2** (fml) reposar (tumbado).
reprehensible [ˌreprɪˈhensɪbl] *adj* (fml) reprensible.
represent [ˌreprɪˈzent] *tr* **1** representar (gen). **2** describir.
representation [ˌreprɪzenˈteɪʃn] *n c* & *u* representación.
representative [ˌreprɪˈzentətɪv] *adj* **1** representativo. • *n c* **2** representante.
repress [rɪˈpres] *tr* reprimir.
repression [rɪˈpreʃn] *n u* represión.
reprieve [rɪˈpriːv] *n c* **1** JUR indulto (de un condenado a muerte). • *tr* **2** indultar.
reprimand [ˈreprɪmɑːnd] *n c* & *u* **1** reprimenda. • *tr* **2** reprender.
reprint [ˌriːˈprɪnt] *tr* reimprimir.

Requests / Peticiones

Para pedir algo oralmente	
Can I borrow your pen?	¿Me dejas tu bolígrafo?
Can I ask you a favour?	¿Te puedo pedir un favor?
Please, can you open it for me?	Por favor, ¿me lo puedes abrir?
Could you put on the radio, please?	¿Podrías poner la radio, por favor?
If it isn't too much trouble, could you phone the travel agency?	Si no es demasiada molestia, ¿podrías llamar a la agencia de viajes?
Would you fetch me a piece of paper?	¿Me traes una hoja de papel?
Would you mind coming later?	¿Te importa venir más tarde?
Would you please pass on the message to Bill?	¿Puedes hacerme el favor de decírselo a Bill?
I'd would be grateful if you would call in five minutes	Le agradecería que llamase en cinco minutos
Please don't say anything to them	Te ruego que no les digas nada
Pass me the newspaper, will you?	Podrías darme el periódico, por favor
Para pedir algo por escrito	
We would be obliged if you could send us your catalogue	Le quedaríamos muy agradecidos si pudiera enviarnos su catálogo
We would like to ask you to visit our offices	Desearíamos pedirles que visitaran nuestras oficinas
We should be grateful if you would help us in the new project	Agradeceríamos su colaboración en el nuevo proyecto
We trust that you will send the order as soon as possible	Confiamos en que envíen el pedido lo antes posible

reprint [ˈriːprɪnt] *n c* reimpresión.
reprisal [rɪˈpraɪzl] *n u* represalia.
reproach [rɪˈprəʊtʃ] *n u* **1** reproche. • *tr & pron* **2** reprochar(se).
reproachful [rɪˈprəʊtʃfʊl] *adj* reprobador.
reproduce [ˌriːprəˈdjuːs] *tr & intr* **1** reproducir(se) (mediante sonido grabado). • *tr* **2** copiar.
reproduction [ˌriːprəˈdʌkʃn] *n c & u* reproducción.
reproductive [ˌriːprəˈdʌktɪv] *adj* BIOL reproductor.
reprography [rɪˈprɒgrəfɪː] *n u* reprografía.
reproof [rɪˈpruːf] *n c & u* reproche.
reprove [rɪˈprɒgrəfɪ] *tr* **to ~ (for)** (fml) reprender (por).
reptile [ˈreptaɪl] *n c* reptil.
republic [rɪˈpʌblɪk] *n c & u* república.
republican [rɪˈpʌblɪkən] *adj & n c* republicano.
repudiate [rɪˈpjuːdɪeɪt] *tr* **1** repudiar (persona). **2** negar (una acusación).
repulse [rɪˈpʌls] *tr* rechazar.
repulsion [rɪˈpʌlʃn] *n u* repulsión.
repulsive [rɪˈpʌlsɪv] *adj* repulsivo.
reputable [ˈrepjʊtəbl] *adj* de buena reputación.
reputation [ˌrepjʊˈteɪʃn] *n c & u* reputación.
repute [rɪˈpjuːt] *n u* (fml) reputación.
request [rɪˈkwest] *n c* **1** petición (gen). **2** solicitud (oficial). • *tr* **3** pedir (oficialmente). **4** (fml) solicitar (algo). ♦ **~ stop** parada discrecional (de un autobús). ■ **at sb's ~/at the ~ of sb** a petición de alguien; **on ~** por encargo.
require [rɪˈkwaɪər] *tr* (fml) requerir.
requirement [rɪˈkwaɪəmənt] *n c* requisito.
requisite [ˈrekwɪzɪt] *adj* **1** (fml) requerido. • *n c* **2** requisito.
requisition [ˌrekwɪˈzɪʃn] *n c* **1** MIL requisa. • *tr* **2** MIL requisar.
reran [ˈriːræn] *pt* → rerun.
re-route [ˌriːˈruːt] *tr* desviar (tráfico).
rerun [ˈriːrʌn] *n c* reposición (de una película u obra teatral).

r

rerun [ˌriːˈrʌn, *pt* ˌriːˈræn] (*pt* **reran**, *pp* **rerun**) *tr* reponer (una película, una obra teatral).
rescind [rɪˈsɪnd] *tr* **1** rescindir (contrato). **2** derogar (ley).
rescue [ˈreskjuː] *n u* **1** rescate. ● *tr* **2** rescatar.
rescuer [ˈreskjuər] *n c* rescatador.
research [rɪˈsɜːtʃ] *n u* **1** investigación. ● *tr* & *intr* **2** investigar.
researcher [rɪˈsɜːtʃər] *n c* investigador.
resell [ˌriːˈsel] (*pt* y *pp* **resold**) *tr* revender.
resemblance [rɪˈzembləns] *n sing* parecido. ■ **to bear a ~ to** tener parecido con.
resemble [rɪˈzembl] *tr* parecerse a.
resent [rɪˈzent] *tr* tomarse a mal.
resentful [rɪˈzentfʊl] *adj* resentido.
resentment [rɪˈzentmənt] *n c* & *u* resentimiento.
reservation [ˌrezəˈveɪʃn] *n c* reserva. ■ **with/without reservations** con/sin reservas.
reserve [rɪˈzɜːv] *n c* & *u* **1** reserva (forestal, de oro). ● *n c* **2** SP reserva, suplente. ● *tr* **3** reservar.
reserved [rɪˈzɜːvd] *adj* reservado.
reservist [rɪˈzɜːvɪst] *n c* MIL reservista.
reservoir [ˈrezəvwɑːr] *n c* embalse, pantano.
reset [ˌriːˈset] (*pt* y *pp* **reset**, *ger* **resetting**) *tr* **1** reajustar (máquina). **2** volver a encajar (un hueso). **3** recomponer (caracteres de imprenta). **4** volver a montar (un joya).
reside [rɪˈzaɪd] *intr* residir.
residence [ˈrezɪdəns] *n c* & *u* residencia. ■ **in ~** residente; **to take up ~** instalarse.
resident [ˈrezɪdənt] *adj* & *n c* residente.
residential [ˌrezɪˈdenʃl] *adj* **1** residencial (zona). **2** interno (trabajador).
residual [rɪˈzɪdjʊəl] *adj* (fml) residual.
residue [ˈrezɪdjuː] *n c* (fml) residuo.
resign [rɪˈzaɪn] *tr* & *intr* **1** dimitir de (un cargo). ● **to ~ oneself (to)** *pron* **2** resignarse (a) (una situación adversa).
resignation [ˌrezɪgˈneɪʃn] *n c* & *u* **1** dimisión (de un cargo). ● *n u* **2** resignación (ante la adversidad).
resigned [rɪˈzaɪnd] *adj* **~ (to)** resignado (a).
resilient [rɪˈzɪlɪənt] *adj* **1** elástico. **2** (fig) que se recobra fácilmente (de una desgracia, de una enfermedad).
resin [ˈrezɪn] *n u* resina.
resist [rɪˈzɪst] *tr* & *intr* **1** resistir(se). ● *tr* **2** oponerse a (cambios).
resistance [rɪˈzɪstəns] *n u* resistencia.
resistant [rɪˈzɪstənt] *adj* **~ (to)** contrario (a) (determinadas ideas); resistente (a) (las enfermedades).
resold [ˌriːˈsəʊld] *pt* & *pp* → resell.
resolute [ˈrezəluːt] *adj* (fml) resuelto, decidido (persona).
resolution [ˌrezəˈluːʃn] *n u* **1** resolución (gen). ● *n c* **2** propósito.
resolve [rɪˈzɒlv] *intr* (fml) resolver.
resort [rɪˈzɔːt] *n c* **1** lugar de vacaciones. **2** recurso (para solucionar algo). ● **to ~ (to)** *intr* **3** recurrir (a) (medidas drásticas). ■ **as a/in the last ~** como último recurso.
resound [rɪˈzaʊnd] *intr* resonar.
resource [rɪˈsɔːs] *n c* **1** recurso (de cualquier tipo). ● *n u* **2** inventiva, ingenio.
resourceful [rɪˈsɔːsfʊl] *adj* ingenioso.
respect [rɪˈspekt] *n u* **1** respeto. ● *tr* **2** respetar. ■ **in this ~** a este respecto; **with (all) due ~** con el debido respeto; **with ~ to/in ~ of** con respecto a.
respectable [rɪˈspektəbl] *adj* respetable.
respectful [rɪˈspektfʊl] *adj* respetuoso.
respective [rɪˈspektɪv] *adj* respectivo.
respectively [rɪˈspektɪvlɪ] *adv* respectivamente.
respite [ˈrespaɪt] *n u* **1** respiro (tras un esfuerzo). **2** aplazamiento (de una pena).
resplendent [rɪˈsplendənt] *adj* (lit) resplandeciente.
respond [rɪˈspɒnd] *intr* responder.
response [rɪˈspɒns] *n c* **1** (fml) respuesta. ● *n c* & *u* **2** reacción (favorable).
responsibility [rɪˌspɒnsəˈbɪlɪtɪ] (*pl* **responsibilities**) *n c* & *u* responsabilidad.
responsible [rɪˈspɒnsəbl] *adj* responsable.
responsive [rɪˈspɒnsɪv] *adj* **1** que responde (a una acción). **~ (to)** **2** sensible (a).
rest [rest] *n u* **1** descanso (tras un esfuerzo). **2** pausa. ● *n c* **3** apoyo (soporte). ● **the ~ (of)** *n sing* **4** el resto (de). ● *tr* & *intr* **5** apoyar(se) (en/contra algo). **6** descansar (relax). ● **to ~ (with)** *intr* **7** residir (en) (la responsabilidad). **to ~ (on/upon)** **8** basarse (en) (un argumento). ■ **for the**

~ por lo demás; **to come to ~** pararse (objeto).
restaurant [ˈrestərɒnt] *n c* restaurante.
restful [ˈrestfʊl] *adj* tranquilo.
rest-home [ˈresthəʊm] *n c* asilo (de ancianos).
restive [ˈrestɪv] *adj* intranquilo (persona).
restless [ˈrestlɪs] *adj* **1** inquieto (persona). **2** impaciente (público). **3** (fig) agitado (la noche, el mar).
restoration [ˌrestəˈreɪʃn] *n u* **1** restauración (gen). **2** recuperación (de algo perdido).
restore [rɪˈstɔː] *tr* **1** devolver (algo robado o perdido). **2** restaurar (un edificio). **3** restablecer (el orden).
restorer [rɪˈstɔːrər] *n c* restaurador.
restrain [rɪˈstreɪn] *tr* **1** contener (la ira). **2** reducir, moderar (el gasto). **to ~ from** **3** impedir.
restraint [rɪˈstreɪnt] *n c & u* **1** restricción. ● *n u* **2** moderación.
restrict [rɪˈstrɪkt] *tr* restringir.
restriction [rɪˈstrɪkʃn] *n c & u* restricción.
restrictive [rɪˈstrɪktɪv] *adj* restrictivo.
restroom [ˈrestruːm] *n c EE UU* servicios, aseos.
restructure [ˌriːˈstrʌktʃər] *tr* reestructurar.
result [rɪˈzʌlt] *n c* **1** resultado. ● **to ~ in** *intr* **2** causar. **to ~ in** **3** resultar (un fracaso, un éxito). **to ~ (from)** **4** ser consecuencia (de). ■ **as a ~** como resultado, como consecuencia.
resume [rɪˈzjuːm] *tr* **1** resumir. **2** volver a ocupar (asiento, plaza). ● *tr & intr* **3** reanudar(se) (una actividad).
résumé or **resumé** [ˈrezjuːmeɪ] *n c* **1** resumen. **2** *EE UU* currículum vitae.
resumption [rɪˈzʌmpʃn] *n u* reanudación.
resurgence [rɪˈsɜːdʒəns] *n u* (fml) resurgimiento.
resurrection [ˌrezəˈrekʃn] *n u* resurrección.
resuscitate [rɪˈsʌsɪteɪt] *tr & intr* MED reanimar.
retail [ˈriːteɪl] *n u* **1** venta al por menor (sale). ● *adj & adv* **2** al por menor (precios). ● *tr* **3** vender al por menor. ● **to ~ at** *intr* **4** venderse al por menor. ◆ **~ price index** *GB* ECON índice de precios al consumo.
retailer [ˈriːteɪlər] *n c* COM minorista.
retain [rɪˈteɪn] *tr* **1** conservar (recuerdos, amigos). **2** contratar (a un abogado).
retainer [rɪˈteɪnər] *n c* **1** anticipo (a un abogado). **2** sirviente.
retaliate [rɪˈtælɪeɪt] *intr* **to ~ (against/on/upon)** vengarse (de), tomar represalias (contra).
retaliation [rɪˌtælɪˈeɪʃn] *n u* venganza, represalia. ■ **in ~ for** en represalia por.
retarded [rɪˈtɑːdɪd] *adj* retrasado (persona).
retch [retʃ] *n c* **1** arcada, nausea. ● *intr* **2** tener arcadas.
retentive [rɪˈtentɪv] *adj* retentivo.
reticent [ˈretɪsənt] *adj* reticente.
retina [ˈretɪnə, *pl irreg* ˈretɪˌniː] (*pl* **retinas** o **retinae**) *n c* ANAT retina.
retinue [ˈretɪnjuː] *n c* séquito.
retire [rɪˈtaɪər] *n c* **1** MIL retirada. ● *intr* **2** (fml) retirarse (gen). **3** jubilarse (dejar de trabajar).
retired [rɪˈtaɪəd] *adj* **1** jubilado, retirado (persona). **2** solitario, retirado (lugar).
retirement [rɪˈtaɪəmənt] *n u* jubilación, retiro.
retort [rɪˈtɔːt] *n c* **1** réplica. ● *tr* **2** (lit) replicar.
retouch [ˌriːˈtʌtʃ] *tr* retocar.
retrace [rɪˈtreɪs] *tr* **to ~ one's steps/way** volver sobre sus pasos.
retract [rɪˈtrækt] *tr & intr* **1** (fml) retractarse (de) (de una declaración anterior). **2** retraer(se) (las garras). **3** replegar(se) (tren de aterrizaje).
retractile [rɪˈtræktaɪl] *adj* retráctil (garras).
retrain [ˌriːˈtreɪn] *tr* reciclar (trabajadores).
retraining [ˌriːˈtreɪnɪŋ] *n u* reciclaje (de trabajadores).
retread [ˈriːtred] *n c* neumático recauchutado.
retreat [rɪˈtriːt] *n c & u* **1** (fml) retiro (lugar); retiro (espiritual). ● *n c* **2** MIL retirada. ● *intr* **3** MIL batirse en retirada. **4** retirarse.
retribution [ˌretrɪˈbjuːʃn] *n u* REL castigo, pena.
retrieval [rɪˈtriːvl] *n u* recuperación.
retrieve [rɪˈtriːv] *tr* **1** (fml) recuperar (gen). **2** salvar (información). **3** reparar (error).

r

retriever [rɪˈtriːvər] *n c* perro cobrador.
retroactive [ˌretrəʊˈæktɪv] *adj* retroactivo.
retrograde [ˈretrəʊgreɪd] *adj* retrógrado.
retrospect [ˈretrəʊspekt] *n sing* **in ~** retrospectivamente.
retrospective [ˌretrəʊˈspektɪv] *adj* **1** retrospectivo. • *n c* **2** ARTS retrospectiva (exposición).
retrovirus [ˈretrəʊˌvaɪrəs] *n c* retrovirus.
return [rɪˈtɜːn] *n u* **1** vuelta, regreso (gen). **2** devolución (de bienes). • *n c & u* **3** ECON beneficio (financiero). • **returns** *n pl* **4** POL resultados (de unas elecciones). • *tr* **5** devolver (algo a alguien). **6** volver a colocar (un objeto). **7** corresponder a (un favor, amor). **8** JUR pronunciar (veredicto). **9** POL elegir (candidato). • *intr* **10** volver, regresar. **to ~ to 11** volver a, reanudar (tema, actividad). **12** MED reaparecer (dolor). ◆ **~ address** señas del remitente; **~ key** COMPUT tecla de retorno; **~ match** SP partido de vuelta; **~ ticket** billete de ida y vuelta. ■ **by ~/by mail ~/by ~ of post** a vuelta de correo; **in ~ (of)** a cambio (de).
reunion [ˌriːˈjuːnjən] *n c & u* reencuentro.
reunite [ˌriːjuːˈnaɪt] *tr* **1** reunir. • **to ~ with** *intr* **2** reunirse con.
reuse [ˌriːˈjuːs] *n u* reutilización.
reuse [ˌriːˈjuːz] *tr* reutilizar.
rev [rev] (*ger* **revved**, *pt* y *pp* **revving**) *tr & intr* **1** (infml) acelerar(se) (coche). • **revs** *n pl* **2** (infml) revoluciones (de una máquina). ◆ **to ~ up** acelerar(se) (coche).
revalue [ˌriːˈvæljuː] *tr* revalorizar.
revamp [ˌriːˈvæmp] *tr* **1** renovar (un gobierno). **2** (infml, fig) corregir (error).
revamping [ˌriːˈvæmpɪŋ] *n sing* (infml) renovación.
reveal [rɪˈviːl] *tr* revelar.
revealing [rɪˈviːlɪŋ] *adj* revelador.
reveille [rɪˈvælɪ] *n u* MIL toque de diana.
revel [ˈrevl] (*GB, pret* y *pp* **revelled**, *ger* **revelling**, *EE UU, pret* y *pp* **reveled**, *ger* **reveling**) *tr* estar de juerga. ■ **to ~ in** disfrutar con.
revenge [rɪˈvendʒ] *n u* **1** venganza. • *n sing* **2** revancha (deportiva). ■ **to take ~ on** vengarse de.
revenue [ˈrevənjuː] *n u* FIN renta, ingresos. ◆ **Revenue** Hacienda; **~ officer** agente de aduanas.
reverberate [rɪˈvɜːbəreɪt] *intr* (fml) retumbar, resonar.
reverberation [rɪˌvɜːbəˈreɪʃn] *n c & u* **1** eco. • *n c* **2** (fml) (normalmente *pl*) repercusión (de un suceso).
revere [rɪˈvɪər] *tr* (fml) reverenciar, venerar.
reverence [ˈrevərəns] *n u* reverencia.
reverend [ˈrevərənd] *n sing* REL reverendo.
reverential [ˌrevəˈrenʃl] *adj* (fml) reverencial.
reverie [ˈrevərɪ] *n c & u* (fml) ensueño, ensoñación.
reversal [rɪˈvɜːsl] *n c* **1** cambio radical (de una situación). **2** (fml) inversión (de orden).
reverse [rɪˈvɜːs] *adj* **1** inverso (orden). • *n sing* **2** reverso (de una moneda); dorso (de un escrito); revés (de la ropa). • *tr* **3** invertir (proceso); dar la vuelta (objeto). • *tr & intr* **4** dar marcha atrás (vehículo, decisión). ◆ **~ gear** marcha atrás; **~ charge call** *GB* llamada a cobro revertido; **reversing light** luz de marcha atrás; **the reverse** lo contrario.
reversible [rɪˈvɜːsəbl] *adj* reversible.
revert [rɪˈvɜːt] *intr* (fml) volver.
review [rɪˈvjuː] *n c* **1** crítica, reseña (de un libro). **2** revista. **3** análisis, examen (de la situación). • *tr* **4** hacer una crítica de (un libro, disco). **5** revisar. **6** repasar (la lección).
reviewer [rɪˈvjuːər] *n c* crítico (de arte, cine).
revile [rɪˈvaɪl] *tr* (fml) injuriar.
revise [rɪˈvaɪz] *tr* **1** revisar. **2** modificar, reconsiderar (actitud). **3** revisar, corregir (texto). • *tr & intr* **4** repasar (lección).
revision [rɪˈvɪʒn] *n c & u* **1** revisión (de un texto). • *n u* **2** repaso (de una lección).
revitalize or **revitalise** [ˌriːˈvaɪtəlaɪz] *tr* revivificar.
revival [rɪˈvaɪvl] *n c & u* **1** resurgimiento (de costumbres); despertar (de la fe); reanimación (de la economía). • *n c* **2** reposición, reestreno (de una película, de una obra teatral).
revive [rɪˈvaɪv] *tr* **1** reponer, reestrenar (una película, una obra teatral). • *tr & intr* **2** reactivar(se) (economía). **3** resucitar (recuerdos). **4** MED reanimar(se) (tras un desmayo).

revolt [rɪˈvəʊlt] *n c & u* **1** revuelta, rebelión. • *n u* **2** rebeldía. • *tr* **3** repugnar. **4** indignar, escandalizar. • **to ~ (against)** *intr* **5** rebelarse (contra).
revolting [rɪˈvəʊltɪŋ] *adj* repugnante.
revolution [ˌrevəˈluːʃn] *n c & u* revolución.
revolutionary [ˌrevəˈluːʃnərɪ] (*pl* **revolutionaries**) *adj & n c* revolucionario.
revolve [rɪˈvɒlv] *intr* **to ~ (around/-round)** girar (alrededor de).
revolver [rɪˈvɒlvər] *n c* revólver.
revolving [rɪˈvɒlvɪŋ] *adj* giratorio (silla, puerta).
revue [rɪˈvjuː] *n c* revista (espectáculo).
revulsion [rɪˈvʌʃn] *n u* **1** repulsa (por acto recriminatorio). **2** repugnancia, asco.
reward [rɪˈwɔːd] *n c & u* **1** recompensa. • *tr* **2** recompensar.
rewarding [rɪˈwɔːdɪŋ] *adj* que merece la pena (una película); gratificante (tarea); provechoso (estudio).
rewind [ˌriːˈwaɪnd] (*pt* y *pp* **rewound**) *tr* **1** rebobinar (una cinta). **2** dar cuerda a (a un reloj).
rewire [ˌriːˈwaɪər] *tr* ELEC cambiar la instalación eléctrica.
rewound [ˌriːˈwaʊnd] *pt & pp* → rewind.
rewrite [ˌriːˈraɪt, *pt* ˌriːˈrəʊt, *pp* ˌriːˈrɪtn] (*pt* **rewrote**, *pp* **rewritten**) *tr* reescribir.
rhapsody [ˈræpsədɪ] *n c* MUS rapsodia.
rheostat [ˈrɪəʊstæt] *n c* ELEC reostato.
rhetoric [ˈretərɪk] *n u* ARTS retórica.
rhetorical [rɪˈtɒrɪkl] *adj* (fig) retórico.
rheumatic [ruːˈmætɪk] *adj & n c* MED reumático. ♦ **~ fever** fiebre reumática.
rheumatism [ˈruːmətɪzəm] *n u* MED reumatismo, reúma.
rhino [ˈraɪnəʊ] *n c* ZOOL (infml) rinoceronte.
rhinoceros [raɪˈnɒsərəs] (*pl* **rhinoceroses**) *n c* ZOOL rinoceronte.
rhododendron [ˌrəʊdəˈdendrən] *n c* BOT rododendro.
rhombus [ˈrɒmbəs, *pl irreg* ˈrɒmbaɪ] (*pl* **rhombuses** o **rhombi**) *n c* GEOM rombo.
rhubarb [ˈruːbɑːb] *n u* BOT ruibarbo.
rhyme [raɪm] *n c & u* **1** LIT rima. • **to ~ (with)** *intr* **2** LIT rimar (con). ♦ **in ~** LIT en verso.
rhythm [ˈrɪðəm] *n c & u* ritmo.
rhythmic or **rhythmical** [ˈrɪðmɪk o ˈrɪðmɪkl] *adj* rítmico.
rib [rɪb] (*pt* y *pp* **ribbed**, *ger* **ribbing**) *tr* **1** (infml) tomar el pelo. • *n c* **2** ANAT costilla.
ribald [ˈrɪbəld] *adj* obsceno.
ribbed [rɪbd] *adj* acanalado.
ribbon [ˈrɪbən] *n c & u* cinta.
ribcage [ˈrɪbkeɪdʒ] *n c* ANAT caja torácica.
rice [raɪs] *n u* arroz. ♦ **~ field** arrozal; **~ pudding** GAST arroz con leche.
rich [rɪtʃ] *adj* rico (persona); fértil (suelo); vivo (color). ♦ **the ~** los ricos.
richness [ˈrɪtʃnɪs] *n u* **1** riqueza. **2** fertilidad (del suelo).
rickets [ˈrɪkɪts] *n u* MED raquitismo.
rickety [ˈrɪkətɪ] *adj* **1** desvencijado (un mueble, estructura). **2** cojo (una silla). **3** MED raquítico.
ricochet [ˈrɪkəʃeɪ] *n c* **1** rebote (bala, piedra). • *intr* **2** rebotar (piedra bala).
rid [rɪd] (*pt* y *pp* **rid**, *ger* **ridding**) *intr* **to ~ of** librar de. ■ **to get ~ of** librarse de, deshacerse de (algo o alguien).
ridden [ˈrɪdn] *pp* → ride.
riddle [ˈrɪdl] *n c* **1** adivinanza. **2** enigma (misterio).
riddled [ˈrɪdld] *adj* **~ with** acribillado a (balazos); plagado de (insectos).
ride [raɪd] (*pt* **rode**, *pp* **ridden**) *tr* **1** montar en (bicicleta, moto); montar a (caballo). • *intr* **2** montar (a caballo, en bicicleta). • *n c* **3** viaje; paseo, vuelta (a caballo, en coche). ♦ **to ~ up** subirse (la falda). ■ **to go for a ~** dar un paseo; **to take sb for a ~** (infml) engañar a alguien.
rider [ˈraɪdər] *n c* jinete; ciclista; motociclista.
ridge [rɪdʒ] *n c* loma, colina; caballete (de la nariz).
ridicule [ˈrɪdɪkjuːl] *n u* **1** ridículo. • *tr* **2** ridiculizar.
ridiculous [rɪˈdɪkjʊləs] *adj* ridículo.
riding [ˈraɪdɪŋ] *n u* SP equitación.
rife [raɪf] *adj* **1** (fml) corriente (cantidad). **~ with 2** plagado de.
riffraff or **riff-raff** [ˈrɪfræf] *n u* gentuza, chusma.
rifle [ˈraɪfl] *n c* **1** rifle. • *tr* **2** robar, saquear (una casa). ♦ **~ range** campo de tiro.
rifleman [ˈraɪflmən] (*pl* **riflemen**) *n c* MIL fusilero.

rift [rɪft] *n c* desacuerdo.

rig [rɪg] (*pt* y *pp* **rigged**, *ger* **rigging**) *tr* **1** amañar. • *n c* **2** TECH plataforma de perforación (en el mar).

rigging [ˈrɪgɪŋ] *n c* MAR aparejo.

right [raɪt] *adj* **1** correcto; adecuado (sitio). **2** justo, exacto: *the right time = la hora exacta.* **3** justo. **4** bien (moralmente). **5** verdadero (dando énfasis). **6** derecho (mano, pie). • *n c* **7** derecho (a reclamar algo). • *n u* **8** bien: *right and wrong = el bien y el mal.* • *n sing* **9** derecha (mano). • *adv* **10** bien, correctamente (actuar). **11** a la derecha: *turn right = gire a la derecha.* **12** justo, exactamente. **13** directamente. ◆ ~ **angle** GEOM ángulo recto. ■ **all ~!** ¡vale!, ¡de acuerdo!; **on the ~** a la derecha; **~ away** enseguida; **~ now** (infml) ahora mismo; **to be ~** tener razón; **to go right** salir bien (planes).

right-angled [ˈraɪtæŋgl] *adj* **1** GEOM rectangular (shape). **2** GEOM rectángulo (triángulo).

righteous [ˈraɪtʃəs] *adj* virtuoso, honrado (persona); justificado (sentimiento).

rightful [ˈraɪtfʊl] *adj* (fml) legítimo.

right-hand [ˈraɪthænd] *adj* a la derecha, derecho. ◆ ~ **drive** con volante a la derecha; ~ **man** (fig) brazo derecho.

right-handed [ˌraɪtˈhændɪd] *adj* diestro.

right-hander [ˌraɪtˈhændər] *n c* persona diestra.

right-wing [ˌraɪtˈwɪŋ] *adj* **1** POL de derechas (gobierno). • *n c* **2** derecha (de un partido político).

rigid [ˈrɪdʒɪd] *adj* rígido (gen); severo, inflexible (persona).

rigidity [rɪˈdʒɪdɪtɪ] *n u* **1** rigidez (de un objeto, material). **2** inflexibilidad (de una actitud).

rigmarole [ˈrɪgmərəʊl] *n c* (sl) galimatías (discurso); lío (procedimiento).

rigor *n u* → rigour.

rigorous [ˈrɪgərəs] *adj* riguroso.

rigour [ˈrɪgər] (*EE UU* **rigor**) *n u GB* (fml) severidad, rigor (del invierno).

rile [raɪl] *tr* (infml) sacar de quicio.

rim [rɪm] *n c* **1** borde (de un vaso). **2** llanta (de una rueda). **3** montura (de gafas).

rind [raɪnd] *n c* & *u* corteza.

ring [rɪŋ] (*pt* **rang**, *pp* **rung**) *tr* & *intr* **1** llamar por teléfono. **2** tocar (un timbre); repicar (campanas). • *intr* **3** sonar (teléfono). **4** zumbar (oídos). • *tr* **5** (pt y pp *ringed*) rodear (en círculo). • *n c* **6** llamada (telefónica). **7** timbrazo (de un timbre eléctrico). **8** anillo (del dedo). **9** corro (de personas). **10** argolla, aro (de metal). **11** banda (de delincuentes). **12** pista (del circo). **13** cuadrilátero (de boxeo). ◆ ~ **binder** carpeta de anillas; ~ **finger** (dedo) anular; **to ~ back** devolver la llamada telefónica; **to ~ off** colgar el teléfono; **to ~ up** (infml) llamar por teléfono. ■ **to give sb a ~** (infml) dar un telefonazo a alguien.

ringing [ˈrɪŋɪŋ] *n u* **1** tintineo (de una campanilla); toque de timbre (eléctrico); tañido (de campanas); zumbido (en los oídos). • *adj* **2** sonoro.

ringleader [ˈrɪŋˌliːdər] *n c* cabecilla (de una banda).

ringlet [ˈrɪŋlɪt] *n c* (normalmente *pl*) bucle, tirabuzón.

ring-road [ˈrɪŋrəʊd] *n c GB* carretera de circunvalación.

ringworm [ˈrɪŋwɜːm] *n u* MED tiña.

rink [rɪŋk] *n c* pista de patinaje.

rinse [rɪns] *n c* **1** aclarado (del pelo, de la ropa); enjuague (de la boca). • *tr* **2** aclarar (el pelo, la ropa); enjuagar (la boca).

riot [ˈraɪət] *n c* **1** motín, disturbio. • *intr* **2** amotinarse.

rioter [ˈraɪətər] *n c* amotinado.

riotous [ˈraɪətəs] *adj* alborotado (multitud); desenfrenado, disoluto (vida); bullicioso (fiesta).

rip [rɪp] (*pt* y *pp* **ripped**, *ger* **ripping**) *tr* **1** rasgar, romper (costuras). **2** arrancar (un cartel). • *n c* **3** rasgadura, desgarro (en la ropa). ◆ **to ~ off** (infml) timar; robar.

ripe [raɪp] *adj* maduro.

ripen [ˈraɪpən] *tr* & *intr* madurar.

rip-off [ˈrɪpɒf] *n c* (infml) timo, estafa.

ripple [ˈrɪpl] *n c* **1** ondulación (en el agua); rizo (en el pelo); pliegue (en una tela). • *n sing* **2** murmullo (de voces). • *tr* & *intr* **3** rizar(se) (pelo, tela).

rise [raɪz, *pp* rɪzn] (*pt* **rose**, *pp* **risen**) *intr* **1** subir, elevarse (gen). **2** subir, aumentar (precios). **3** salir (el sol, la luna). **4** ascender (de categoría). **5** nacer (un río). **6** crecer (aguas, un sentimiento). **7** subir (la marea). **8** (fml) levantarse (de la

cama). **9** MIL sublevarse. • *n c* **10** pendiente, cuesta. **11** subida, aumento (de precios, de temperatura). **12** *GB* aumento (de salario). ◆ **to ~ above** sobreponerse a (una dificultad); **to ~ up** crecer (sentimiento); sublevarse (un ejército). ■ **to give ~ to** dar origen a.
rising [ˈraɪzɪŋ] *adj* **1** creciente (precios). • *n u* **2** salida (del sol). • *n c* **3** MIL levantamiento.
risk [rɪsk] *n c & u* **1** riesgo, peligro. • *tr* **2** arriesgar, poner en peligro. ■ **at one's own ~** por su cuenta y riesgo; **to take a ~** arriesgarse; **to run the ~ of** correr el riesgo de.
risky [ˈrɪskɪ] *adj* arriesgado.
risqué [ˈriːskeɪ] *adj* escabroso, subido de tono (historia); verde (chiste).
rissole [ˈrɪsəʊl] *n c* GAST croqueta.
rite [raɪt] *n c* rito.
ritual [ˈrɪtʃʊəl] *adj* **1** ritual. • *n c & u* **2** ritual.
rival [ˈraɪvl] (*GB, pret* y *pp* **rivalled**, *ger* **rivalling**, *EE UU, pret* y *pp* **rivaled**, *ger* **rivaling**) *tr* **1** competir con. • *adj & n c* **2** rival.
rivalry [ˈraɪvlrɪ] *n c & u* rivalidad.
river [ˈrɪvər] *n c* río.
river-bank [ˈrɪvəbæŋk] *n c* orilla del río.
river-bed [ˈrɪvəbed] *n c* lecho del río.
riverside [ˈrɪvəsaɪd] *n sing* **1** ribera del río. • *adj* **2** ribereño.
rivet [ˈrɪvɪt] *n c* **1** TECH remache. • *tr* **2** TECH remachar.
roach [rəʊtʃ] *n c* ZOOL (infml) (*pl* **roach**) cucaracha.
road [rəʊd] *n c* **1** carretera, camino; calle (de una ciudad). • *adj* **2** de carretera (accidente). ◆ **~ safety** seguridad vial. ■ **on the ~** en la carretera; en circulación (vehículo); de gira (circo, cantante).
roadblock [ˈrəʊdblɒk] *n c* control de carretera.
roadhog [ˈrəʊdhɒg] *n c* (infml) loco del volante.
roadside [ˈrəʊdsaɪd] *n c* **1** borde del camino/carretera. • *adj* **2** de carretera (albergue).
roadway [ˈrəʊdweɪ] *n c* calzada.
roadworthy [ˈrəʊdˌwɜːðɪ] *adj* en buenas condiciones (vehículo).
roam [rəʊm] *tr & intr* vagar (por).
roar [rɔːr] *n c* **1** bramido, rugido (de animal). **2** estruendo (de un avión). • *intr* **3** bramar (el mar, el viento). **4** rugir, bramar (animal).
roaring [ˈrɔːrɪŋ] *adj* **1** ruidoso. **2** tempestuoso. **3** clamoroso (éxito).
roast [rəʊst] *adj* **1** asado (carne). • *n c & u* **2** asado (carne). • *tr & intr* **3** asar(se) (carne); tostar(se) (café). • *intr* **4** asarse, achicharrarse (por el calor).
roaster [ˈrəʊstər] *n c* tostador.
rob [rɒb] (*pt* y *pp* **robbed**, *ger* **robbing**) *tr* robar. ◆ **to ~ of** privar de.

> ***To rob*** se usa con complementos de persona o lugar y se refiere al robo de dinero u objetos personales: *I've been robbed = me han robado.* ***To steal*** se emplea cuando se menciona el objeto robado: *she stole a pair of sunglasses = robó unas gafas de sol.* ***To burgle*** se refiere a un robo en una casa o una tienda: *we were burgled last weekend = nos robaron (en casa) el fin de semana pasado.*

robber [ˈrɒbər] *n c* ladrón.
robbery [ˈrɒbərɪ] (*pl* **robberies**) *n c & u* robo.
robe [rəʊb] *n c* **1** bata. **2** toga (de juez).
robin [ˈrɒbɪn] *n c* ZOOL petirrojo.
robot [ˈrəʊbɒt] *n c* robot.
robotics [rəʊˈbɒtɪks] *n u* TECH robótica.
robust [rəʊˈbʌst] *adj* robusto (chico); duro (actividad); firme (declaración).
rock [rɒk] *n u* **1** roca (gen). • *n c* **2** peña. **3** (infml) diamante. • *tr & intr* **4** mecer(se) (un bebé). • *tr* **5** sacudir(se) (por un terremoto). ◆ **~ (and roll)** rock (and roll). ■ **on the rocks** con hielo (bebida); a punto de romperse (matrimonio); sin blanca, arruinado.
rock-bottom [ˌrɒkˈbɒtəm] *adj* por los suelos (precios).
rock-climber [ˌrɒˈklaɪmər] *n c* SP alpinista, escalador.
rocker [rɒkər] *n c* **1** mecedora. **2** MUS roquero.
rocket [ˈrɒkɪt] *n c* **1** cohete (vehículo espacial, fuego artificial). • *n sing* **2** rapapolvo, reprimenda. • *intr* **3** (infml) dispararse (precios, ventas). ◆ **~ launcher** lanzacohetes.

rocking-chair [ˈrɒkɪŋtʃeər] *n c* mecedora.
rocking-horse [ˈrɒkɪŋhɔːs] *n c* caballito balancín.
rock'n'roll [ˌrɒkənˈrəʊl] *n u* → rock and roll.
rocky [ˈrɒkɪ] *adj* **1** rocoso (gen). **2** inestable (gobierno).
rococo [rəʊˈkəʊkəʊ] *adj & n c* ARTS rococó.
rod [rɒd] *n c* **1** varilla; barra (bar). **2** caña de pescar.
rode [rəʊd] *pt* → ride.
rodent [ˈrəʊdənt] *n c* ZOOL roedor.
rodeo [rəʊˈdeɪəʊ] *n c* rodeo.
roe [rəʊ] *n u* ZOOL hueva (de pescado).
rogue [rəʊg] *adj* **1** solitario (animal). • *n c* **2** granuja (persona).
role [rəʊl] *n c* papel (gen). ◆ **~ play** juego de rol.
roll [rəʊl] *n c* **1** rollo (gen). **2** panecillo (de pan). **3** registro, lista (de nombres). **4** fajo (de billetes). • *tr* **5** hacer rodar (objeto redondo). **6** doblar (ropa). **7** liar (un cigarrillo). **8** enrollar (alfombra). **9** subirse, arremangarse (las mangas). • *intr* **10** rodar (un objeto redondo). **11** balancearse (un barco). ◆ **to ~ about/around** revolcarse (persona); **to ~ by** pasar (el tiempo); **to ~ down** desenrollar (una persiana); desdoblar (manga); **to ~ over** darse la vuelta; **to ~ up** enrollar(se) (alfombra); arremangarse (las mangas); acudir (mucha gente).
roll-call [ˈrəʊlkɔːl] *n c* **to take a ~** pasar lista.
roller [ˈrəʊlər] *n c* **1** rulo (para el pelo). **2** TECH rodillo. ◆ **~ coaster** montaña rusa; **~ skate** patín de ruedas.
roller-skate [ˈrəʊləskeɪt] *intr* patinar sobre ruedas.
rolling [ˈrəʊlɪŋ] *adj* **1** ondulado (surperficie). • *n u* **2** balanceo (de barco). ◆ **~ pin** rodillo de cocina; **~ stone** (fig) culo de mal asiento.
rolling-stock [ˈrəʊlɪŋstɒk] *n c* material rodante.
ROM [rɒm] (*abbrev* **read only memory**) *n u* COMPUT memoria ROM.
romance [rəʊˈmæns] *n c & u* **1** romance, idilio. • *n u* **2** lo romántico. • *n c* **3** novela de amor.
Romania [ruːˈmeɪnɪə] *n sing* Rumania.
Romanian [ruːˈmeɪnɪən] *adj & n c* **1** rumano. • *n u* **2** rumano (idioma).
romantic [rəʊˈmæntɪk] *adj & n c* romántico.
romanticism [rəʊˈmæntɪsɪzəm] *n u* romanticismo.
romp [rɒmp] *n sing* **1** jugueteo, diversión. • *intr* **2** juguetear, divertirse.
rompers [ˈrɒmpəz] *n pl* pelele (traje de bebé).
roof [ruːf] (*pl* **roofs**) *n c* **1** techo (gen); tejado (de una casa). • *tr* **2** techar. ■ **to be going through the ~** (infml) ponerse por las nubes (precios).
roofing [ˈruːfɪŋ] *n u* techumbre, techado.
roof-rack [ˈruːfræk] *n c* baca.
rooftop [ˈruːftɒp] *n c* tejado.
rook [ruk] *n c* **1** ZOOL grajo. **2** torre (de ajedrez).
rookie [ˈrʊkɪ] *n c* (infml) novato.
room [ruːm] *n c* **1** habitación (de una casa). **2** sala (de un colegio). **3** alojamiento. • *n u* **4** espacio. ◆ **~ service** servicio de habitaciones (de un hotel); **~ temperature** temperatura ambiente.
rooming house [ˈruːmɪŋˌhaʊs] *n c* *EE UU* casa de huéspedes.
roommate [ˈruːmmeɪt] *n c* compañero de habitación.
roomy [ˈruːmɪ] *adj* espacioso, amplio (lugar); holgado (ropa).
roost [ruːst] *n c* **1** percha (para pájaros). • *intr* **2** acurrucarse para dormir (pájaros). **3** (fig) pasar la noche (personas).
rooster [ˈruːstər] *n c EE UU* ZOOL gallo.
root [ruːt] *n c* **1** raíz (gen). • **roots** *n pl* **2** (fig) raíces, orígenes (de una persona). • *intr* **3** arraigar(se) (planta). ◆ **to ~ about/around** fisgonear; **to ~ for** *EE UU* animar, vitorear; **to ~ out** acabar con, arrancar de raíz (problema); sacar a la fuerza (corrupción, vicios); **to ~ up** arrancar de raíz (planta). ■ **to take ~** echar raíces.
rope [rəʊp] *n c & u* **1** cuerda. **2** MAR maroma. • **ropes** *n pl* **3** cuerdas (en el boxeo). • **to ~ to/together** *tr* **4** amarrar, atar con una cuerda (fasten). • **to ~ oneself together** *pron* **5** encordarse (los escaladores). ◆ **to ~ in** embaucar, persuadir.
rosary [ˈrəʊzərɪ] (*pl* **rosaries**) *n c* REL rosario.

rose [rəuz] *pt* **1** → rise. ● *n c* **2** rosa (flor). **3** rosal (planta). ● *adj* **4** color de rosa (color). ◆ ~ **garden** rosaleda; ~ **window** ARCH rosetón.
rosé [ˈrəuzeɪ] *n u* vino rosado.
rosebud [ˈrəuzbʌd] *n c* BOT capullo de rosa.
rosebush [ˈrəuzbuʃ] (*pl* **rosebushes**) *n c* BOT rosal.
rosemary [ˈrəuzmərɪ] *n u* BOT romero.
rosette [rəuˈzet] *n c* **1** escarapela (insignia). **2** rosetón (adorno).
roster [ˈrɒstər] *n c lista de turnos de los trabajadores.*
rostrum [ˈrɒstrəm, *pl irreg* ˈrɒstrə] (*pl* **rostrums** o **rostra**) *n c* tribuna (de un orador).
rosy [ˈrəuzɪ] *adj* **1** rosado, rosáceo (color). **2** (fig) prometedor (futuro).
rot [rɒt] (*pt* y *pp* **rotted**, *ger* **rotting**) *tr* & *intr* **1** pudrir(se) (fruto, madera). ● *n u* **2** podredumbre, putrefacción (de fruta). **3** (fig) decadencia.
rota [ˈrəutə] *n c GB lista de turnos de los trabajadores.*
rotary [ˈrəutərɪ] *adj* rotativo.
rotate [rəuˈteɪt] *tr* **1** hacer girar (ruedas). **2** alternar (en el trabajo). ● *intr* **3** girar (ruedas).
rotation [rəuˈteɪʃn] *n c* & *u* rotación (gen). ■ **in** ~ por turnos.
rote [rəut] *adj* maquinal. ■ **by** ~ de memoria, maquinalmente.
rotor [ˈrəutər] *n c* TECH rotor.
rotten [ˈrɒtn] *adj* **1** podrido (gen). **2** malo, pésimo (de calidad). **3** (infml) vil, despreciable (moralmente). **4** (infml) malo, pachucho (de salud).
rotunda [rəuˈtʌndə] *n c* rotonda.
rouge [ruːʒ] *n u* colorete.
rough [rʌf] *adj* **1** áspero (piel, superficie); basto (materia); desigual (terreno). **2** tosco, grosero (persona, modales). **3** aproximado (cálculo, descripción). **4** alborotado (tiempo, mar); fuerte, violento (viento, acción). **5** duro (situación). ■ **in** ~ en sucio; **to** ~ **it** pasar dificultades; **to sleep** ~ dormir al raso.
roughage [ˈrʌfɪdʒ] *n u* CHEM fibra (de los alimentos).
roughcast [ˈrʌfkɑːst] *n u* mezcla gruesa.
roughen [ˈrʌfən] *tr* & *intr* poner(se) áspero.
roughly [ˈrʌflɪ] *adv* **1** bruscamente. **2** aproximadamente. **3** toscamente.
roulette [ruːˈlet] *n u* ruleta (juego).
Roumanian *adj* & *n c* → Romanian.
round [raund] *adj* **1** redondo (gen). **2** rotundo (negativa). ● *n c* **3** círculo. **4** serie, sucesión. **5** visita (al médico). **6** ronda (de conversaciones, de bebidas). **7** asalto (en boxeo). **8** recorrido (de un cartero). ● *adv* **9** por todas partes. **10** durante: *all the year round = durante todo el año.* **11** en redondo. **12** a la vuelta de: *round the corner = a la vuelta de la esquina.* **13** sobre, a eso de: *they will arrive round three o'-clock = llegarán a eso de las tres.* **14** por todo: *we travelled round the world = viajamos por todo el mundo.* **15** aproximadamente (hora, distancia). ● *prep* **16** alrededor de: *she had a necklace round her neck = llevaba un collar alrededor del cuello.* ● *tr* **17** doblar (la esquina). ◆ ~ **number/figure** número redondo; ~ **trip** viaje de ida y vuelta; **to** ~ **on** (infml) atacar (volverse contra alguien); **to** ~ **sth off** (infml) terminar algo satisfactoriamente; **to** ~ **up** reunir (personas); acorralar (ganado); redondear (cifras).
roundabout [ˈraundəbaut] *adj* **1** indirecto, con rodeos. ● *n c* **2** glorieta, rotonda (de una carretera). **3** *GB* tiovivo.
rounders [ˈraundəz] *n u GB* SP *juego muy parecido al béisbol.*
round-shouldered [ˌraundˈʃəuldəd] *adj* encorvado.
round-table [raundˈteɪbəl] *n c* mesa redonda.
round-the-clock [ˈraundðəˈklɒk] *adj* las 24 horas, día y noche.
roundup [ˈraundʌp] *n c* **1** resumen (informativo). **2** rodeo (de ganado). **3** redada (de criminales).
rouse [rauz] *tr* & *intr* **1** (fml) despertar(se). ● *tr* **2** suscitar, despertar (pasiones). **to** ~ **to** **3** incitar a, animar a (a hacer algo).
rousing [ˈrauzɪŋ] *adj* conmovedor (escena); enardecido (discurso); caluroso (bienvenida).
rout [raut] *n c* & *u* **1** derrota aplastante. **2** MIL desbandada. ● *tr* **3** derrotar totalmente.
route [ruːt] *n c* **1** ruta. **2** recorrido (de autobús). **3** rumbo (de un barco). ◆ ~ **map** mapa de carreteras.

routine [ru:ˈti:n] *adj* **1** rutinario (procedimiento). • *n c & u* **2** rutina. • *n c* **3** número (de un humorista).
roving [ˈrəʊvɪŋ] *adj* errante.
row [rəʊ] *n c* **1** fila, hilera. • *intr* **2** remar.
row [raʊ] *n c* **1** (infml) bronca. **2** discusión. **3** (infml) escándalo, alboroto. ▪ **to have a ~** pelearse, reñir.
rowboat [ˈrəʊbəʊt] *n c EE UU* bote de remos.
rowdy [ˈraʊdɪ] *adj* ruidoso.
rower [ˈrəʊər] *n c* remero.
rowing [ˈrəʊɪŋ] *n u* SP remo.
rowing-boat [ˈrəʊiŋbəʊt] *n c GB* bote de remos.
royal [ˈrɔɪəl] *adj* **1** real. **2** (fig) espléndido, magnífico (recepción). ♦ **~ blue** azul oscuro; **~ eagle** ZOOL águila real; **~ family** familia real.
royalty [ˈrɔɪəltɪ] *n u* **1** realeza. • **royalties** *n pl* **2** derechos de autor.
rpm [ɑ:rpi:ˈem] (*abbrev* **revolutions per minute**) *n pl* revoluciones por minuto.
rub [rʌb] (*pt* y *pp* **rubbed**, *ger* **rubbing**) *tr* **1** frotar(se) (las manos). **2** sacar brillo. **3** limpiar frotando. • *n c* **4** restregón. **5** roce. ♦ **to ~ in** (infml) recordar; machacar, insistir (para aprender la lección); frotar (con un ungüento); **to ~ off** quitar algo frotando; **to ~ out** borrar(se).
rubber [ˈrʌbər] *n u* **1** goma, caucho (material). • *n c* **2** goma de borrar. **3** *EE UU* (infml) condón. • **rubbers** *n pl* **4** chanclas. • *adj* **5** de goma (suelas). ♦ **~ band** goma elástica; **~ ring** flotador.
rubber-stamp [ˌrʌbəˈstæmp] *n c* **1** tampón, sello. • *tr* **2** sellar (documento).
rubbish [ˈrʌbɪʃ] *n u* **1** basura. **2** (fig) porquería (calificando). **3** (infml) tonterías, sandeces.
rubble [ˈrʌbl] *n u* escombros.
rubella [rʊˈbelə] *n u* MED rubeola.
ruby [ˈru:bɪ] *n c* rubí.
ruck [rʌk] *n c* **1** SP pelotón (en una carrera). **2** SP melé espontánea (en rugby). **3** *GB* trifulca.
rucksack [ˈrʌksæk] *n c* mochila.
rudder [ˈrʌdər] *n c* timón.
ruddy [ˈrʌdɪ] *adj* rubicundo.
rude [ru:d] *adj* **1** maleducado (persona); grosero (chiste). **2** tosco, basto.
rudimentary [ˌru:dɪˈmentərɪ] *adj* **1** rudimentario. **2** elemental (conocimientos).
rudiments [ˈru:dɪments] *n pl* nociones elementales.
ruffian [ˈrʌfɪən] *n c* rufián.
ruffle [ˈrʌfl] *n c* **1** pliegue, volante. • *tr* **2** alborotar (el pelo). **3** pasar rápidamente (páginas). **4** fruncir. **5** perturbar, molestar.
rug [rʌg] *n c* **1** alfombra. **2** *GB* manta de viaje.
rugby [ˈrʌgbɪ] *n u* SP rugby.
rugged [ˈrʌgɪd] *adj* **1** (lit) accidentado, escabroso (paisaje); abrupto (una roca); áspero (superficie). **2** fuerte, recio (persona). **3** tosco, basto (modales).
rugger [ˈrʌgər] *n u* SP (infml) rugby.
ruin [ˈrʊɪn] *n u* **1** ruina. • **ruins** *n pl* **2** ruinas (de una ciudad). • *tr* **3** estropear, echar a perder. **4** destruir, asolar (un sitio). ▪ **in ruins** en ruinas.
ruinous [ˈrʊɪnəs] *adj* **1** ruinoso (gasto). **2** ruinoso, en ruinas (edificio).
rule [ru:l] *n c* **1** regla (gen). **2** reglamento. • *n u* **3** mando (ejercido por un gobierno). • *tr & intr* **4** gobernar (un país). • *tr* **5** dominar, controlar. **6** dirigir (una empresa). ♦ **the ~** lo normal: *sunny weather is the rule here = el tiempo soleado es lo normal aquí.* ▪ **as a general ~** por regla general.
ruled [ru:ld] *adj* rayado (papel).
ruler [ˈru:lər] *n c* **1** gobernante, dirigente (de un país). **2** regla (objeto).
ruling [ˈru:lɪŋ] *adj* **1** dirigente (clase). **2** gobernante (partido). **3** predominante (idea).
rum [rʌm] *n u* ron.
Rumania *n sing* → Romania.
Rumanian *adj & n c* → Romanian.
rumble [ˈrʌmbl] *n c* **1** rumor (de voces). **2** estruendo (de un trueno). • *tr* **3** sonar (estómago). **4** retumbar (eco, trueno).
ruminant [ˈru:mɪnənt] *adj & n c* rumiante.
rummage [ˈrʌmɪdʒ] *intr* rebuscar.
rumour [ˈru:mər] (*EE UU* **rumor**) *n c & u* rumor.
rump [rʌmp] *n c* **1** (hum) culo. **2** ZOOL grupa (de caballo); rabadilla (de pájaro).
rumpus [ˈrʌmpəs] *n c* **1** barullo, jaleo. **2** riña.
run [rʌn] (*pt* **ran**, *pp* **run**) *tr* **1** dirigir (una empresa). **2** manejar (máquina). **3** llenar (una bañera). **4** publicar (una revista). **5** COMPUT ejecutar (un programa). • *intr* **6**

correr (gen). **7** funcionar (una máquina, un coche). **8** ir a dar una vuelta (en coche). • *n c* **9** circular (en autobús, en tren). • *intr* **10** fluir (un río). **11** desteñirse (una tela, un color). **12** tratar. **13** transcurrir (vida). • *n c* **14** vuelta, paseo (en coche). **15** carrera. **16** carrera (en las medias). **17** recorrido, trayecto. **18** racha (de buena suerte). **19** serie (de cosas). ◆ **to ~ across** dar con, topar con (algo o alguien); **to ~ away** huir; **to ~ in** (infml) detener, arrestar; **to ~ into** tropezar con alguien; enfrentarse con (problemas); chocarse con; **to ~ out of** quedarse sin; agotarse (paciencia); caducar (documento, contrato); **to ~ over** atropellar (con un vehículo); derramarse (líquido); repasar; ensayar (un concierto); **to ~ through** extenderse (una noticia); estar presente (percibirse); repasar; ensayar (un obra de teatro); **to ~ up** acumular (deudas); **to ~ up against** enfrentarse con (problemas). ■ **to go on the ~** escaparse, fugarse; **in the long ~** a la larga, a largo plazo; **in the short ~** a corto plazo; **on the ~** en fuga, fugado.

runaway [ˈrʌnəweɪ] *adj & n c* **1** fugitivo (persona). • *adj* **2** sin frenos (vehículo).

run-down [ˈrʌnˈdaʊn] *adj* **1** (infml) agotado (persona). **2** ruinoso (edificio). **3** en decadencia (industria, empresa).

rundown [ˈrʌndaʊn] *n c* informe.

rung [rʌŋ] *pt* **1** → ring. • *n c* **2** escalón (de escalera de mano).

runner [ˈrʌnər] *n c* **1** SP corredor (en una carrera). **2** recadero. **3** patín (de trineo).

runner up [ˌrʌnəˈʌp] (*pl* **runners-up**) *n c* SP subcampeón.

running [ˈrʌnɪŋ] *adj* **1** consecutivo. **2** corriente (de agua). • *n u* **3** dirección (de una empresa). **4** SP carreras. **5** manejo (de una máquina). ◆ **~ commentary** comentario en directo (en televisión, en radio); **~ mate** *EE UU* POL candidato a la vicepresidencia. ■ **to be in the ~ (for)/to be out of the ~ (for)** tener/no tener posibilidades (de); **to make the ~** ir por delante, ir a la cabeza.

runny [ˈrʌnɪ] *adj* **1** demasiado aguado (comida). **2** que moquea (nariz). **3** lloroso (ojos).

run-of-the-mill [ˌrʌnəvðəˈmɪl] *adj* corriente y moliente.

runt [rʌnt] *n c* (infml) hombrecillo. ◆ **the ~** animal más pequeño de una camada.

run-up [ˈrʌnʌp] *n c* SP impulso, carrerilla. ◆ **the ~** período previo (a unas elecciones).

runway [ˈrʌnweɪ] *n c* pista de aterrizaje.

rupture [ˈrʌptʃər] *n c* **1** MED hernia. **2** (fig) ruptura.

rural [ˈrʊərəl] *adj* rural.

ruse [ru:z] *n c & u* (fml) estratagema, ardid.

rush [rʌʃ] *n sing* **1** prisa. **2** arranque (de una emoción). **3** ajetreo. **4** ímpetu. • *n c* **5** BOT junco. • *tr* **6** hacer deprisa. **7** apresurar (a alguien). **8** llevar rápidamente. • *intr* **9** darse prisa. **10** correr, precipitarse (hacia el éxito). ◆ **~ hour** hora punta. ■ **in a ~** deprisa, con prisas; **to be in a ~** tener prisa.

rusk [rʌsk] *n c* bizcocho tostado (para bebés).

rust [rʌst] *n u* **1** óxido. • *intr* **2** oxidarse.

rustic [ˈrʌstɪk] *adj* rústico.

rustle [ˈrʌsl] *n c & u* **1** susurro. • *tr & intr* **2** susurrar. **3** crujir (hojas, papel).

rusty [ˈrʌstɪ] *adj* oxidado.

rut [rʌt] *n c* **1** rodada. **2** (fig) rutina. • *n sing* **3** ZOOL celo (de animal macho).

ruthless [ˈru:θlɪs] *adj* despiadado, cruel.

rye [raɪ] *n u* BOT centeno. ◆ **~ bread** pan de centeno.

Ss

s, S [es] *n c* s, S (letra).
sabbatical [sə'bætɪkl] *adj & n c* sabático.
sabotage ['sæbətɑ:ʒ] *n u* **1** sabotaje. • *tr* **2** sabotear.
saccharin ['sækərɪn] *n u* sacarina.
sachet ['sæʃeɪ] *n c GB* sobrecito.
sack [sæk] *n c* **1** saco. • *tr* **2** *GB* (infml) despedir (de un trabajo). ■ **to get/be given the ~** *GB* (infml) ser despedido.
sacred ['seɪkrɪd] *adj* (lit, fig) sagrado.
sacrifice ['sækrɪfaɪs] *n c & u* **1** sacrificio. • *tr* **2** sacrificar.
sacrilege ['sækrɪlɪdʒ] *n u* sacrilegio.
sad [sæd] *adj* triste.
sadden ['sædn] *tr* entristecer.
saddle ['sædl] *n c* **1** silla (de montar); sillín (de bicicleta o moto). • *tr* **2** ensillar (un caballo). **to ~ sb with sth 3** cargar a alguien con algo (problema, responsabilidad). ◆ **to ~ up** ensillar (un caballo).
saddlebag ['sædlbæg] *n c* alforja.
sadism ['seɪdɪzəm] *n u* sadismo.
sadist ['seɪdɪst] *n c* sádico.
sadistic [sə'dɪstɪk] *adj* sádico.
sadness ['sædnɪs] *n u* tristeza.
safari [sə'fɑ:rɪ] *n c* safari. ◆ **~ park** reserva de animales.
safe [seɪf] *adj* **1** seguro (gen). **2** a salvo; ileso. ◆ **~ and sound** sano y salvo; **~ deposit (box)** caja de seguridad (de un banco). ■ **it's ~ to say that...** se puede afirmar con seguridad que…
safe-conduct [ˌseɪf'kɒndʌkt] *n u* salvoconducto.
safeguard ['seɪfgɑ:d] *n c* (normalmente *sing*) salvaguardia.
safekeeping [seɪf'ki:pɪŋ] *n u* protección.
safely ['seɪflɪ] *adv* **1** sin novedad (llegar). **2** sin peligro. **3** seguramente.
safety ['seɪftɪ] *n u* **1** seguridad (gen). • *adj* **2** de seguridad. ◆ **~ belt** cinturón de seguridad; **~ catch** seguro (de arma de fuego); **~ net** red (de seguridad); **~ pin** imperdible; seguro (Amér.); **~ valve** válvula de seguridad.
saffron ['sæfrən] *n u* azafrán (especia).
sag [sæg] (*pt* y *pp* **sagged**, *ger* **sagging**) *intr* combarse.
sage [seɪdʒ] *adj & n c* **1** (lit) sabio. • *n c & u* **2** BOT salvia (hierba).
Sagittarius [ˌsædʒə'teriɪəs] *n sing* **1** Sagitario. • *n c* **2** Sagitario, sagitario (persona).
said [sed] *pt & pp* → say.
sail [seɪl] *n c* **1** vela (de un barco). **2** aspa (de molino). • *tr* **3** gobernar (un barco, un avión). • *intr* **4** navegar (un barco). **5** (fig) volar (movimiento). ◆ **to ~ through sth** hacer algo sin ninguna dificultad. ■ **to set ~** MAR zarpar.
sailboat ['seɪlbəʊt] *n c* → sailing boat.
sailing ['seɪlɪŋ] *n u* **1** SP vela. • *n c* **2** MAR embarque, salida. ◆ **~ boat** (EE UU *sailboat*) barco de vela; **~ ship** velero.
sailor ['seɪlər] *n c* marinero, marino.
saint [seɪnt] *n c* santo.
saintly ['seɪntlɪ] *adj* santo, piadoso.
sake [seɪk] *n c* **for the ~ of/for sth's ~ 1** por, por motivo de (hacer algo). **for the ~ of/for sb's ~ 2** por, por el bien de (alguien o algo). ■ **for God's/goodness/heaven's ~!** ¡por el amor de Dios!; **for it's own ~** por, porque sí.
salad ['sæləd] *n c & u* ensalada. ◆ **~ bar/buffet** bufé de ensalada de autoservicio (en un restaurante); **~ bowl** ensaladera; **~ cream** *GB salsa parecida a la mahonesa*; **~ dressing** GAST aliño.
salamander ['sæləmændər] *n c* ZOOL salamandra.
salary ['sælərɪ] *n c & u* salario.
sale [seɪl] *n c* **1** venta (gen). **2** liquidación, saldo (de un producto). • **sales** *n pl* **3** COM ventas. ◆ **sales assistant** *GB* dependiente; **sales clerk** *EE UU* dependiente; **sales rep/representative** representante; **sales slip** *EE UU* recibo (de una factura); **the sales** las rebajas. ■ **for ~** se vende (en un letrero); **on ~** en venta (en una tienda); **(up) for ~** en venta (coche, empresa).

saleroom ['seɪlrʊm y EE UU 'seɪlzrʊm] (*EE UU* **salesroom**) *n c GB* sala de subastas.
salesgirl ['seɪlsgɑ:l] *n c* dependienta.
salesman ['seɪlsmən] (*pl* **salesmen**) *n c* vendedor (en una tienda); viajante.
salesperson ['seɪlspɑ:sn, *pl irreg* 'seɪlspi:pl] (*pl* **salespersons** o **salespeople**) *n c* vendedor (en una tienda); viajante.
saleswoman ['seɪlswʊmən] (*pl* **saleswomen**) *n c* dependienta; viajante.
salient ['seɪlɪənt] *adj* sobresaliente.
saliva [sə'laɪvə] *n u* saliva.
salmon ['sæmən] (*pl* **salmon**) *n c & u* salmón.
salon ['sælɒn y EE UU sə'lɒn] *n c* salón.
saloon [sə'lu:n] *n c* ~ **(car) 1** *GB* turismo. ~ **(bar) 2** *GB bar elegante* (en un hotel). **3** *EE UU* bar.
salt [sɔ:lt] *n u* **1** sal. • *tr* **2** salar. ◆ ~ **cellar** (fig) salero; ~ **shaker** *EE UU* salero; **to ~ away** (infml) atesorar (bienes).
salted ['sɔ:ltɪd] *adj* salado.
saltpetre [sɔ:lt'pi:tər] (*EE UU* **saltpeter**) *n u GB* salitre.
saltwater ['sɔ:ltwɔ:tər] *n u* agua salada, agua de mar.
salty ['sɔ:ltɪ] *adj* salado.
salutary ['sæljʊtrɪ] *adj* saludable.
salute [sə'lu:t] *n c* **1** saludo (con la mano). **2** MIL salva, saludo (para rendir tributo). • *tr & intr* **3** MIL saludar.
salvage ['sælvɪdʒ] *n u* **1** salvamento, rescate (de un buque). **2** objetos salvados. • **to ~ sth (from)** *tr* **3** (lit, fig) salvar algo (de).
salvation [sæl'veɪʃn] *n u* salvación. ◆ **the Salvation Army** el Ejército de Salvación.
same [seɪm] *adj* **1** mismo: *at the same time = al mismo tiempo*. • **the ~** *adv* **2** lo mismo. • **the ~ (as)** *pron* **3** el mismo, la misma, lo mismo, los mismos, las mismas (que). ■ **all the ~/just the ~** a pesar de todo, no obstante; **it's all the ~ to me** me da lo mismo, me da igual; **~ here** (infml) yo también; **the ~ to you** (infml) y tú igual.
sample ['sɑ:mpl y EE UU 'sæmpl] *n c* **1** muestra (gen). **2** muestreo. • *tr* **3** probar.
sanatorium [,sænə'tɔ:rɪəm, *pl irreg* ,sænə'tɔ:rɪə] (*pl* **sanatoriums** o **sanatoria**, *EE UU* **sanitarium**) *n c* sanatorio.
sanctimonious [,sæŋktɪ'məʊnɪəs] *adj* (pej) beato, santurrón.
sanction ['sæŋkʃn] *n c* **1** sanción (gen). • **sanctions** *n pl* **2** ECON sanciones. • *tr* **3** aprobar, autorizar (oficialmente).
sanctity ['sæŋktɪtɪ] *n u* REL santidad.
sanctuary ['sæŋktʃʊərɪ y EE UU 'sæŋktʃʊerɪ] (*pl* **sanctuaries**) *n c* **1** santuario (lugar). **2** reserva (de animales). • *n c & u* **3** refugio.
sand [sænd] *n u* arena. ◆ ~ **dune** duna.
sandal ['sændl] *n c* sandalia.
sandalwood ['sændlwʊd] *n u* sándalo.
sandbank ['sændbæŋk] *n c* banco de arena.
sandcastle ['sændkɑ:səl] *n c* castillo de arena.
sandpaper ['sændpeɪpər] *n u* papel de lija.
sandstone ['sændstəʊn] *n u* piedra arenisca.
sandstorm ['sændstɔ:m] *n c* tormenta de arena.
sandwich ['sænwɪdʒ y 'sænwɪtʃ] *n c* bocadillo (gen); sandwich.
sandy ['sændɪ] *adj* **1** arenoso. **2** rojizo (color del pelo).
sane [seɪn] *adj* **1** cuerdo. **2** sensato.
sanitarium [,sænə'teərɪəm] *n c* → sanatorium.
sanitary ['sænɪtrɪ y EE UU 'sænɪtərɪ] *adj* **1** sanitario (relativo a la salud). **2** higiénico. ◆ ~ **napkin** *EE UU* compresa; ~ **towel/pad** compresa.
sanitation [,sænɪ'teɪʃn] *n u* **1** higiene (en una casa). **2** sanidad pública (en una ciudad). ◆ ~ **worker** *EE UU* basurero.
sanity ['sænɪtɪ] *n u* **1** cordura. **2** sensatez.
sank [sæŋk] *pt* → sink.
San Marino [,sænmə'ri:nəʊ] *n sing* San Marino.
Santa Claus ['sæntəklɔ:z] *n sing* Papá Noel.
sap [sæp] (*pt* y *pp* **sapped**, *ger* **sapping**) *tr* **1** agotar, consumir (fuerza, confianza). • *n u* **2** BOT savia.
sarcasm ['sɑ:kæzəm] *n u* sarcasmo.
sarcastic [sɑ:'kæstɪk] *adj* sarcástico.
sarcophagus [sɑ:'kɒfəgəs, *pl irreg* sɑ:'kɒfəgaɪ] (*pl* **sarcophoguses** o **sarcophagi**) *n c* sarcófago.
sardine [sɑ:'di:n] *n c* sardina (pez).
sardonic [sɑ:'dɒnɪk] *adj* sardónico.

S

sash [sæʃ] *n c* faja, fajín.
sat [sæt] *pt & pp* → sit.
Satan ['seɪtn] *n sing* Satanás.
satellite ['sætəlaɪt] *n c* (lit, fig) satélite. ■ **by ~** vía satélite. ◆ **~ dish** (antena) parabólica; **~ TV** televisión por satélite.
satin ['sætɪn y EE UU 'sætn] *n u* satén, raso (tejido).
satire ['sætaɪər] *n u* sátira.
satisfaction [ˌsætɪs'fækʃn] *n u* satisfacción.
satisfactory [ˌsætɪs'fæktərɪ] *adj* satisfactorio.
satisfied ['sætɪsfaɪd] *adj* **~ (with) 1** satisfecho (con) (contento). **~ (that) 2** convencido (de que).
satisfy ['sætɪsfaɪ] (*pt* y *pp* **satisfied**) *tr* **1** satisfacer. **to ~ sb that 2** convencer a alguien (de) que.
saturate ['sætʃəreɪt] *tr* saturar.
saturation [ˌsætʃə'reɪʃn] *n u* saturación.
Saturday ['sætədɪ] *n c & u* sábado.
sauce [sɔːs] *n u* **1** GAST salsa. ● *n sing* **2** *GB* (infml) descaro, frescura. ◆ **~ boat** salsera.
saucepan ['sɔːspən y EE UU 'sɔːspæn] *n c* cazo (gen); cacerola (con dos asas).
saucer ['sɔːsər] *n c* platillo.
saucy ['sɔːsɪ] *adj* (infml) descarado.
Saudi ['saʊdɪ] *adj & n c* saudí, saudita.
Saudi Arabia [ˌsaʊdɪə'reɪbɪə] *n sing* Arabia Saudí.
Saudi Arabian [ˌsaʊdɪə'reɪbɪən] *adj & n c* saudí, saudita.
sauna ['sɔːnə] *n c* sauna.
saunter ['sɔːntər] *intr* pasear tranquilamente.
sausage ['sɒsɪdʒ y EE UU 'sɔːsɪdʒ] *n c & u* GAST salchicha. ◆ **~ roll** *GB* GAST *salchicha envuelta en hojaldre.*
sauté ['səʊteɪ y EE UU səʊ'teɪ] (*pt* y *pp* **sautéd** o **sautéed**) *tr* **1** GAST saltear. ● *adj* **2** salteado.
savage ['sævɪdʒ] *adj & n c* salvaje.
savannah or **savanna** [sə'vænə] *n c & u* GEOG sabana.
save [seɪv] *tr* **1** salvar (a alguien). **to ~ sb (from) doing sth 2** evitar a alguien hacer algo. **3** reservar (cosas). **4** COMPUT guardar. ● *tr & intr* **5** ahorrar (tiempo, dinero). ● *n c* **6** SP parada (de un portero de fútbol). ● **~(for)** *prep* **7** (fml) salvo, excepto. ◆ **to ~ up** ahorrar (dinero).
saver ['seɪvər] *n c* FIN ahorrador.
saving ['seɪvɪŋ] *n c* **1** ahorro (económico). ● **savings** *n pl* **2** ahorros. ◆ **savings account** *EE UU* cuenta de ahorros; **savings bank** caja de ahorros. ■ **savings and loan association** sociedad de préstamos inmobiliarios.
saviour ['seɪvjər] (*EE UU* **savior**) *n c* salvador.
savour ['seɪvər] (*EE UU* **savor**) *tr* (lit, fig) saborear.
savoury ['seɪvərɪ] (*EE UU* **savory**, *pl* **savo(u)ries**) *adj* **1** sabroso (alimento). **2** salado (alimento). ● **savouries** *n pl* **3** aperitivos salados.
saw [sɔː] (*pp* **sawed** o **sawn**) *pt* **1** → see. ● *tr & intr* **2** serrar. ● *n c* **3** sierra.
sawdust ['sɔːdʌst] *n u* serrín.
sawn [sɔːn] *pp* → saw.
sax [sæks] *n c* MUS (infml) saxo.
saxophone ['sæksəfəʊn] *n c* MUS saxofón.
saxophonist [sæk'sɒfənɪst] *n c* MUS saxofonista, saxofón (player).
say [seɪ] (*pt* y *pp* **said**) *tr* **1** decir (gen). **2** recitar (poema, oraciones). **3** marcar, indicar (reloj). ■ **it goes without saying** ni que decir tiene; **let's ~ (that)...** pongamos, supongamos que…; **shall we ~ Monday?** ¿quedamos, por ejemplo, el lunes?; **that is to ~** es decir; **to have a/some ~/no ~ in sth** tener/no tener voz y voto en algo; **to let sb have their ~** dejar a uno decir lo que piensa; **you don't ~!** ¡no me digas!

> ***Say*** se usa cuando se reproducen palabras textuales o se introduce una frase en estilo indirecto: *"It's raining", she said = —Está lloviendo—, dijo*; *she said that it was raining = dijo que estaba lloviendo.* ***Tell*** introduce una frase en estilo indirecto y va seguido de un sustantivo, un pronombre o un nombre propio: *she told me that it was raining = me dijo que estaba lloviendo.* También se emplea ***tell*** para dar órdenes: *I told them not to go = les dije que no fueran.*

saying ['seɪɪŋ] *n c* dicho.
scab [skæb] *n c* **1** postilla (de una herida). **2** (pej) esquirol (en una huelga).

scaffold [ˈskæfəʊld] *n c* **1** (normalmente *sing*) patíbulo (para ejecuciones). **2** ARCH andamio.

scaffolding [ˈskæfəldɪŋ] *n u* andamiaje.

scald [skɔːld] *tr* escaldar.

scale [ˈskeɪl] *n c* **1** escala (gen). **2** (normalmente *pl*) escama (de pez, de serpiente). **3** *EE UU* báscula (grande); balance (pequeño). • **scales** *n pl* **4** báscula (grande); balance (pequeño). • *tr* **5** escalar (montañas). **6** escamar (pez). ♦ **~ model** maqueta; **to ~ down** reducir.

scalp [skælp] *n c* **1** ANAT cuero cabelludo. • *tr* **2** cortar la cabellera.

scalpel [ˈskælpəl] *n c* bisturí.

scamper [ˈskæmpər] *intr* corretear.

scampi [ˈskæmpɪ] *n u GB* GAST gambas rebozadas.

scan [skæn] (*pt* y *pp* **scanned**, *ger* **scanning**) *tr* **1** examinar (detenidamente). **2** echar un vistazo a (algo escrito). **3** ELECTR, TV registrar. • *tr* & *intr* **4** COMPUT hacer un escáner (de). • *n c* **5** escáner.

scandal [ˈskændl] *n c* **1** escándalo (público). • *n u* **2** habladurías.

scandalize o **scandalise** [ˈskændəlaɪz] *tr* escandalizar.

scandalous [ˈskændələs] *adj* escandaloso.

Scandinavian [ˌskændɪˈneɪvɪən] *adj* & *n c* escandinavo.

scanner [ˈskænər] *n c* MED, COMPUT escáner.

scant [skænt] *adj* escaso.

scanty [ˈskæntɪ] *adj* escaso (recursos); insuficiente (comida); demasiado ligero.

scapegoat [ˈskeɪpgəʊt] *n c* chivo expiatorio.

scar [skɑːr] (*pt* y *pp* **scarred**, *ger* **scarring**) *tr* **1** dejar una cicatriz en. • *intr* **2** cicatrizar (una herida). • *n c* **3** cicatriz. **4** (fig) señal (en cosas).

scarce [skeəs] *adj* escaso.

scarcely [ˈskeəslɪ] *adv* apenas. ■ **~ anyone/anything/ever** casi nadie/nada/nunca.

scare [skeər] *n c* **1** susto; temor, alarma (por la inflación). • *tr* & *intr* **2** asustar(se). ♦ **to ~ away/off** ahuyentar.

scarecrow [ˈskeəkrəʊ] *n c* espantapájaros.

scared [skeəd] *adj* asustado.

scarf [skɑːf] (*pl* **scarfs** o **scarves**) *n c* bufanda (del cuello); pañuelo (para la cabeza).

scarlet [ˈskɑːlɪt] *adj* & *n c* escarlata (color). ♦ **~ fever** MED escarlatina.

scarves [skɑːvz] *n pl* → scarf.

scary [ˈskeərɪ] *adj* (infml) espantoso.

scathing [ˈskeɪðɪŋ] *adj* mordaz, caústico.

scatter [ˈskætər] *tr* & *intr* **1** esparcir(se), desparramar(se) (personas). **2** dispersar(se) (personas).

scatterbrained [ˈskætəbreɪnd] *adj* (infml) atolondrado.

scavenger [ˈskævɪndʒər] *n c* **1** carroñero. **2** *persona que rebusca en la basura.*

scene [siːn] *n c* **1** escena (gen). **2** perspectiva, paisaje. • *n c* & *u* **3** ambiente, panorama (para una película). ■ **to set the ~ (for)** crear el ambiente (para algo); describir la situación (a alguien).

scenery [ˈsiːnərɪ] *n u* **1** paisaje; vista. **2** THEAT decorado.

scenic [ˈsiːnɪk] *adj* pintoresco (paisaje); turístico (viaje). ♦ **~ route** ruta turística.

scent [sent] *n c* **1** fragancia, aroma (de flores, perfume). **2** rastro (de animal). **3** (fig) pista (para encontrar o descifrar algo). • *n u* **4** perfume.

scepter *n c* → sceptre.

sceptic [ˈskeptɪk] (*EE UU* **skeptic**) *n c* escéptico.

sceptical [ˈskeptɪkl] (*EE UU* **skeptical**) *adj* escéptico.

sceptre [ˈseptər] (*EE UU* **scepter**) *n c* cetro.

schedule [ˈʃedjuːl y EE UU ˈskedʒʊl] *n c* **1** programa, plan (de acción, de trabajo). **2** horario. **3** inventario, lista. • *tr* **4** fijar, planear. **5** catalogar. ♦ **scheduled flight** vuelo regular. ■ **(according) to ~** según lo previsto; **ahead of ~** con adelanto (estrenar, empezar); **behind ~** con retraso; **on ~** sin retraso.

schematic [skiːˈmætɪk] *adj* (fml) esquemático.

scheme [skiːm] *n c* **1** plan, proyecto (a gran escala). **2** (pej) estratagema. ♦ **the ~ of things** el orden de las cosas; la situación general.

scheming [ˈskiːmɪŋ] *adj* (pej) intrigante.

schism [ˈsɪzəm] *n c* & *u* (lit, fig) cisma.

schizophrenia [ˌskɪtsəʊˈfriːnɪə] *n u* PSYCOL esquizofrenia.

S

schizophrenic [ˌskɪtsəʊˈfrenɪk] *adj & n c* PSYCOL esquizofrénico.
scholar [ˈskɒlər] *n c* **1** erudito (en cualquier materia). **2** (arch) alumno.
scholarship [ˈskɒləʃip] *n c* **1** beca (de estudios). • *n u* **2** erudición.
school [sku:l] *n c & u* **1** escuela (gen). **2** facultad (universidad); escuela (de arte, de conducir). • *n c* **3** banco (de peces). • *n u* **4** *EE UU* (infml) universidad. ♦ **~ age** edad escolar; **~ of thought** corriente de opinión; **~ uniform** uniforme escolar. ■ **to be at ~/to go to ~** estar en el colegio/ir al colegio.
schoolbook [ˈsku:lbuk] *n c* libro de texto.
schoolboy [ˈsku:lbɔɪ] *n c* alumno.
schoolchild [ˈsku:ltʃaɪld, *pl* ˈsku:ltʃɪldrən] (*pl* **schoolchildren**) *n c* alumno.
schooldays [ˈsku:ldeɪz] *n pl* años de colegio.
schoolgirl [ˈsku:lgɜ:l] *n c* alumna.
schooling [ˈsku:lɪŋ] *n u* educación escolar.
school-leaver [ˈsku:lli:vər] *n c GB joven que ha finalizado la enseñanza obligatoria.*
schoolmaster [ˈsku:lmɑ:stər] *n c* maestro (en la escuela primaria); profesor (en la escuela sencundaria).
schoolmistress [ˈsku:lmɪstrɪs] *n c* maestra (en la escuela primaria); profesor (en la escuela secundaria).
schoolteacher [ˈsku:lti:tʃər] *n c* maestro (en el escuela primaria); profesor (en la escuela secundaria).
sciatica [saɪˈætɪkə] *n u* MED ciática.
science [ˈsaɪəns] *n u* ciencia (gen). ♦ **~ fiction** LIT ciencia ficción.
scientific [ˌsaɪənˈtɪfɪk] *adj* científico.
scientist [ˈsaɪəntɪst] *n c* científico.
sci-fi [ˈsaɪfaɪ] *n u* (infml) ciencia ficción.
scintillating [ˈsɪntɪleɪtɪŋ] *adj* brillante.
scissors [ˈsɪzəz] *n pl* tijeras. ♦ **a pair of ~** unas tijeras.
sclerosis [skləˈrəʊsɪs] *n u* **(multiple) ~** MED esclerosis (múltiple).
scoff [skɒf y EE UU skɔ:f] *intr* **to ~ (at sb/sth) 1** mofarse, burlarse (de alguien/algo). • *tr* **2** *GB* (infml) zamparse (comida).
scold [skəʊld] *tr & intr* regañar.
scone [skɒn y skəʊn] *n c* GAST *bollo tomado con mantequilla o nata y mermelada a la hora del té.*
scoop [sku:p] *n c* **1** exclusiva (periodística). **2** cucharón (para el grano); paleta (para harina); pinzas (para helados). • **to ~ (up)** *tr* **3** recoger (con las dos manos); recoger con cuchara, etc.
scooter [ˈsku:tər] *n c* **1** patinete (de niños). **(motor) ~ 2** escúter (motocicleta).
scope [skəʊp] *n u* **1** posibilidades (de mejora). **2** alcance (de una política).
scorch [skɔ:tʃ] *tr & intr* chamuscar(se) (ropa, pelo); quemar(se) (piel).
scorching [ˈskɔ:tʃɪŋ] *adj* **~ (hot)** (infml) abrasador, sofocante.
score [skɔ:] *n c* **1** puntuación (en un certamen); nota, calificación (en un examen). **2** SP (normalmente *sing*) tanteo (puntos, goles); resultado (de un partido). • *tr & intr* **3** obtener una puntuación (de) (en un concurso); obtener una nota (de) (en un examen). **4** SP marcar (un gol). • *tr* **5** obtener (victoria). ■ **on that ~** a ese respecto, por lo que se refiere a eso; **what's the ~?** ¿cómo van/vamos, etc? (en un partido, juego); ¿cuál es la situación?
scoreboard [ˈskɔ:bɔ:d] *n c* SP marcador.
scorer [ˈskɔ:rər] *n c* **1** SP goleador (en fútbol); marcador (en otros deportes). **2** SP tanteador (encargado del tablero del marcador).
scorn [skɔ:n] *n u* **1** desprecio. • *tr* **2** despreciar.
scornful [ˈskɔ:nfl] *adj* desdeñoso, despectivo.
Scorpio [ˈskɔ:pɪəʊ] *n sing* **1** ASTR Escorpio. • *n c* **2** Escorpión, escorpión (persona).
scorpion [ˈskɔ:pɪən] *n c* ZOOL escorpión.
Scot [skɒt] *n c* escocés.
scotch [skɒtʃ] *tr* **1** desechar (plan). **2** desmentir (rumor). ♦ **Scotch** whisky escocés; **Scotch tape**® *EE UU* cinta adhesiva, celo.
scot-free [ˌskɒtˈfri:] *adj* **to get away/off ~** (infml) salir impune.
Scotland [ˈskɒtlənd] *n sing* Escocia.
Scots [skɒts] *adj & n u* escocés (acento, dialecto).
Scotsman [ˈskɒtsmən] (*pl* **Scotmen**) *n c* escocés.

Scotswoman ['skɒtswʊmən] (*pl* **Scotwomen**) *n c* escocesa.
Scottish ['skɒtɪʃ] *adj* escocés.
scoundrel ['skaʊndrəl] *n c* canalla.
scour ['skaʊər] *tr* **1** restregar (limpiando). **2** rebuscar, batir.
scourer ['skaʊərər] *n c* estropajo.
scourge [skɜːdʒ] *n c* **1** castigador (persona); instrumento de castigo. • **~ (of)** *n sing* **2** (fig) azote (de) (guerra, enfermedad).
scout ['skaʊt] *n c* **1** MIL explorador. • *tr* & *intr* **2** MIL explorar, reconocer (el terreno). ◆ **Scout** explorador, boy scout; **to ~ around** (infml) explorar el terreno.
scowl [skaʊl] *n c* **1** ceño fruncido. • *intr* **2** fruncir el ceño.
scrabble ['skræbl] *intr* **1** escarbar. **2** palpar; hurgar (en los bolsillos).
scraggy ['skrægɪ] *adj* flacucho.
scram [skræm] (*pt* y *pp* **scrammed**, *ger* **scramming**) *intr* (infml) darse el bote.
scramble ['skræmbl] *n c* **1** pelea. • *intr* **2** trepar (a gran velocidad). ◆ **scrambled egg(s)** huevos revueltos.
scrap [skræp] (*pt* y *pp* **scrapped**, *ger* **scrapping**) *tr* **1** desechar, descartar (proyecto, plan). • *n c* **2** trozo, pedazo (de tela, de papel). **3** (infml) pelotera bronca (no violenta). • **~ (metal)** *n u* **4** chatarra (metal). • **scraps** *n pl* **5** sobras (de comida). ◆ **~ dealer/merchant** chatarrero.
scrapbook ['skræpbʊk] *n c* álbum de recortes.
scrape ['skreɪp] (*ger* **scraping**) *tr* **1** raspar (piel, superficie); rayar (una pared). **2** economizar. • *intr* **3** rechinar. • *tr* & *intr* **4** rozar(se). • *n c* **5** chirrido (de tiza en la pizarra). **6** lío, apuro. ◆ **to ~ through** aprobar por los pelos (un examen); **to ~ together/up** juntar a duras penas (dinero para hacer algo).
scratch [skrætʃ] *n c* **1** rasguño, arañazo. **2** raya, surco (en un objeto). • *tr* **3** arañar. **4** rayar. • *tr* & *intr* **5** rascar(se) (con la uña). ■ **from ~** desde cero.
scrawl [skrɔːl] *n c* **1** garabato. • *tr* & *intr* **2** garabatear.
scrawny ['skrɔːnɪ] *adj* (pej) escuchimizado.
scream [skriːm] *n c* **1** grito (de rabia, de miedo); chirrido (de los frenos). • *intr* **2** gritar (persona). **3** chirriar (frenos, máquina). ◆ **~ of laughter/hilarity** carcajadas.
scree [skriː] *n c* & *u* pedregal (en una ladera).
screech [skriːtʃ] *n c* **1** (normalmente *sing*) chillido (de persona); chirrido (de un lor, de un búho); chirrido (de neumáticos). • *tr* **2** chillar (persona, pájaro); chirriar (neumáticos, frenos).
screen [skriːn] *n c* **1** biombo. **2** tabique. **3** TV, CIN, COMPUT pantalla. • *tr* **4** (normalmente *pasiva*) exhibir, proyectar (en el cine); emitir (por televisión). **5** proteger (contra el sol, la lluvia). **6** tapar, ocultar. **7** investigar (preventivamente). **8** examinar (a un paciente). ◆ **~ print** serigrafía. **~ saver** COMPUT salvapantallas.
screening ['skriːnɪŋ] *n c* & *u* **1** proyección (de una película); emisión (de un programa de televisión). **2** investigación (por razones de seguridad).
screenplay ['skriːnpleɪ] *n c* CIN guión.
screenwriter ['skriːnraɪtər] *n c* CIN guionista.
screw [skruː] *n c* **1** MEC tornillo. • *tr* **2** atornillar. • *tr* & *intr* **3** enroscarse (con tapón de rosca). ◆ **to ~ up** arrugar (un trozo de papel); torcer, arrugar (el gesto); entornar (los ojos); fastidiar, jorobar.
screwdriver ['skruːdraɪvər] *n c* MEC destornillador.
scribble ['skrɪbl] *n c* & *u* **1** garabato. • *tr* & *intr* **2** garabatear.
script [skrɪpt] *n c* **1** guion (de una película). • *n u* **2** letra (de una persona).
scriptwriter ['skrɪptraɪtər] *n c* CIN, THEAT, TV guionista.
scroll [skrəʊl] *tr* & *intr* COMPUT desplazar. ◆ **~ bar** COMPUT barra de desplazamiento.
scrooge [skruːdʒ] *adj* tacaño.
scrounge ['skraʊndʒ] *tr* & *intr* (infml) gorronear.
scrounger ['skraʊndʒər] *n c* (infml, pej) gorrón.
scrub [skrʌb] (*pt* y *pp* **scrubbed**, *ger* **scrubbing**) *tr* & *intr* **1** restregar (el suelo). • *n sing* **2** restregón, fregado. • *n u* **3** BOT matorral.
scruff [skrʌf] *n c* **by the ~ of the/one's neck** (lit, fig) por el pescuezo.
scruffy ['skrʌfɪ] *adj* desaliñado, desaseado (persona, ropa).

S

scrum or **scrummage** [skrʌm o ˈskrʌmɪdʒ] *n c* SP melé (en rugby).
scruple [ˈskruːpl] *n c* escrúpulo.
scrutinize or **scrutinise** [ˈskruːtənaɪz] *tr* escudriñar.
scrutiny [ˈskruːtənɪ] *n u* escrutinio.
scuba [ˈskuːbə] *n c* equipo de buceo. ◆ **~ diver** submarinista.
scuff [skʌf] *tr* **1** andar arrastrando los pies. **2** desgastar (zapatos); rayar (suelo, muebles).
scuffle [ˈskʌfl] *n c* reyerta.
scullery [ˈskʌlərɪ] (*pl* **sculleries**) *n c* fregadero.
sculptor [ˈskʌlptər] *n c* escultor.
sculptress [ˈskʌlptrɪs] *n c* escultora.
sculpture [ˈskʌlptʃər] *n c* & *u* escultura.
scum [skʌm] (*pl* **scum**) *n c* & *u* espuma sucia.
scupper [ˈskʌpər] *tr* hundir.
scurrilous [ˈskʌrɪləs] *adj* **1** grosero, procaz (comentario). **2** (fml) difamatorio (rumor).
scurry [ˈskʌrɪ] *intr* **1** ir a toda prisa. **to ~ away/off 2** salir pitando.
scurvy [ˈskɗːvɪ] *n u* MED escorbuto.
scuttle [ˈskʌtl] *n c* **1** cubo (para carbón). **to ~ off/away 2** escabullirse.
scythe [saɪð] *n c* guadaña.
sea [siː] *adj* **1** marino, marítimo. ● *n c* **2** mar. ◆ **~ breeze** brisa marina; **~ horse** ZOOL caballito de mar; **~ lane** ruta marítima; **~ lion** ZOOL león marino; **~ mist** bruma; **~ salt** sal marina; **~ urchin** ZOOL erizo de mar. ■ **at ~** en el mar; **by ~** en barco (viajar); **by the ~** a orillas del mar, en la costa.
seabird [ˈsiːbɗːd] *n c* ave marina.
seaboard [ˈsiːbɔːd] *n c* litoral.
seafood [ˈsiːfuːd] *n u* pescado y mariscos.
seafront [ˈsiːfrʌnt] *n c* paseo marítimo.
seagoing [ˈsiːgəʊɪŋ] *adj* de alta mar (barco).
seagull [ˈsiːgʌl] *n c* ZOOL gaviota.
seal [siːl] *n c* **1** sello (en una carta, oficial). **2** precinto (en una botella). **3** ZOOL (*pl* **seal** o **seals**) foca. ● *tr* **4** sellar (paquete, sobre). **5** cerrar, tapar. ◆ **to ~ off** cerrar (en una salida); acordonar (una zona); aislar (un espacio).
seam [siːm] *n c* costura (de ropa); juntura (de metal).
seaman [ˈsiːmən] (*pl* **seamen**) *n c* marinero.
seamy [ˈsiːmɪ] *adj* sórdido.
seance or **séance** [ˈseɪɑːns] *n c* sesión de espiritismo.
seaplane [ˈsiːpleɪn] *n c* hidroavión.
seaport [ˈsiːpɔːt] *n c* puerto de mar.
search [sɗːtʃ] *n c* **1** búsqueda (gen). **2** registro (de un lugar); cacheo (de una persona). ● **to ~ (for)** *intr* **3** buscar. ● *tr* **4** buscar. **5** registrar (un lugar); cachear (persona). ◆ **~ engine** COMPUT buscador; **~ warrant** JUR orden de registro; **to ~ out** descubrir, encontrar.
searcher [ˈsɗːtʃər] *n c* buscador.
searching [ˈsɗːtʃɪŋ] *adj* interrogante; penetrante (mirada, pregunta).
seashell [ˈsiːʃel] *n c* concha marina.
seashore [ˈsiːʃɔː] *n c* costa, playa.
seasick [ˈsiːsɪk] *adj* mareado.
seaside [ˈsiːsaɪd] *adj* **1** costero. ● **the ~** *n sing* **2** la playa, la costa. ◆ **~ resort** estación veraniega (en la costa).
season [ˈsiːzn] *n c* **1** estación (del año). **2** época, período. ● *n sing* **3** temporada (de verano). ● *tr* **4** sazonar, condimentar (comida). **~ ticket 5** abono.
seasonal [ˈsiːzənl] *adj* **1** temporal (trabajo, trabajador). **2** estacional (cambio).
seasoned [ˈsiːznd] *adj* experimentado, veterano.
seasoning [ˈsiːzənɪŋ] *n c* & *u* GAST condimento.
seat [siːt] *n c* **1** asiento (gen). **2** POL escaño (en el parlamento). ● *tr* & *pron* **3** sentar(se). ● *tr* **4** tener cabida para (espectadores). ◆ **~ belt** cinturón de seguridad. ■ **have a ~!** (infml) ¡siéntate!; **to take a ~** (fml) tomar asiento.
seating [ˈsiːtɪŋ] *n u* **~ (capacity)** cabida (número de asientos).
seewall [ˌsiːˈwɔːl] *n c* dique.
seawater [ˈsiːˌwɔːtər] *n u* agua de mar.
seaweed [ˈsiːwiːd] *n c* & *u* BIOL alga marina.
seaworthy [ˈsiːwɗːθɪ] *adj* apto para navegar (boat).
secede [sɪˈsiːd] *intr* **to ~ (from)** separarse (de).
secession [sɪˈseʃn] *n c* & *u* secesión.
secluded [sɪˈkluːdɪd] *adj* apartado, aislado (un lugar).

seclusion [sɪ'klu:ʒn] *n u* aislamiento.
second ['sekənd] *n c* **1** segundo. **2** *GB* licenciatura con notable. • **seconds** *n pl* **3** artículos defectuosos (en una tienda); segunda porción (de comida). • *ord* **4** segundo (en orden); dos (en fechas). • *tr* **5** secundar (una moción, una suposición). ♦ **~ best** segundo mejor; **~ floor** segundo piso (GB); primer piso (EE UU); **~ hand** segundero (del reloj). ■ **on ~ thoughts** pensándolo bien; **~ only to** después de.
secondary ['sekəndrɪ y EE UU 'sekənderɪ] *adj* secundario. ♦ **~ education** enseñanza media; **~ school** escuela secundaria.
second-class [ˌsekənd'klɑ:s] *adj* **1** de segunda clase (billete, ciudadano). **2** de franqueo normal (carta). **3** *GB con nota global de notable* (en la universidad).
second-degree ['sekəndɪgrɪ] *adj* de segundo grado (quemadura).
second-hand [ˌsekənd'hænd] *adj & adv* **1** de segunda mano (artículo). • *adj* **2** de artículos de segunda mano (tienda).
second-rate [ˌsekənd'reɪt] *adj* de segunda categoría.
secrecy ['si:krəsɪ] *n u* secreto.
secret ['si:krɪt] *adj & n c* secreto. ■ **in ~** en secreto; **to keep a ~** guardar un secreto.
secretarial [ˌsekrə'teərɪəl] *adj* de secretariado (formación); de secretaria (personal).
secretary ['sekrətrɪ y EE UU 'sekrəterɪ] (*pl* **secretaries**) *n c* **1** secretario (gen). **2** POL ministro. ♦ **Secretary of State** ministro; ministro de Asuntos Exteriores (EE UU).
secretary-general [ˌsekrətrɪ'dʒenrəl] *n c* secretario general.
secretive ['si:krətɪv] *adj* reservado, callado (persona); secreto (organización).
sect [sekt] *n c* REL secta.
sectarian [sek'teərɪən] *adj* (fml) sectario.
section ['sekʃn] *n c* **1** sección (gen). • *tr* **2** seccionar.
sector ['sektər] *n c* sector.
secure [sɪ'kjʊər] *adj* **1** seguro. • *tr* **2** proteger (contra algo). **3** fijar (físicamente). **4** (fml) conseguir (un acuerdo, permiso).
security [sɪ'kjʊərətɪ] (*pl* **securities**) *n u* **1** seguridad (gen). • *n c & u* **2** garantía, fianza (para un préstamo). • **securities** *n pl* **3** FIN valores, títulos. ♦ **~ forces** fuerzas de seguridad; **~ guard** guarda de seguridad.
sedate [sɪ'deɪt] *adj* **1** sosegado. • *tr* **2** MED sedar.
sedative ['sedətɪv] *adj & n c* sedante.
sedentary ['sedntrɪ y EE UU 'sednterɪ] *adj* sedentario.
sediment ['sedɪmənt] *n c & u* sedimento.
seduce [sɪ'dju:s] *tr* seducir.
seduction [sɪ'dʌkʃn] *n c & u* seducción.
seductive [sɪ'dʌktɪv] *adj* seductor.
see [si:] (*pt* **saw**, *pp* **seen**) *intr & tr* **1** ver (gen). **2** entender; darse cuenta (de) (una situación). • *tr* **3** visitar. **4** acompañar (a casa, a la puerta). **to ~ (to it) that... 5** encargarse de que... (algo se haga). ♦ **to ~ about** pensarse si hacer; encargarse de; **to ~ off** despedir (en la estación, aeropuerto); ahuyentar; **to ~ to** ocuparse de. ■ **as I ~ it** tal y como yo lo veo; **I ~** ya veo, ya entiendo; **let me ~ /let's ~** vamos a ver, veamos; **~ below/over** véase más abajo/al dorso (en un libro); **~ you!/be seeing you!** (infml) ¡hasta la vista!; **~ you later/tomorrow, etc.** hasta luego/mañana, etc; **seeing as/that** dado que, como; **you ~...** mira, es que...; **you'll ~** ya lo verás, ya verás.
seed [si:d] *n c* **1** semilla (gen). **2** SP cabeza de serie (en tenis, golf). • *tr* **3** sembrar.
seedless ['si:dlɪs] *adj* sin pepitas.
seedy ['si:dɪ] *adj* **1** desaseado, desaliñado (persona). **2** sórdido (lugar).
seek [si:k] (*pt y pp* **sought**) *tr* **1** buscar (algo). **2** solicitar (permiso). **to ~ to do sth 3** (fml) procurar hacer algo. • **to ~ for** *intr* **4** buscar (consejo, ayuda). **to ~ for 5** solicitar (consejo, ayuda).
seem [si:m] *intr* **1** parecer. • **it seems (that)** *impers* **2** parece (que). ■ **I ~ to remember that...** creo recordar que...
seen [si:n] *pp* → see.
seethe [si:ð] (*ger* **seething**) *intr* rabiar (de ira).
see-through ['si:θru:] *adj* transparente.
segment ['segmənt] *n c* **1** segmento (de un todo). **2** gajo (de una fruta).

segregate [ˈsegrɪgeɪt] *tr* segregar.
seize [siːz] *tr* **1** agarrar (un objeto). **2** tomar (el poder); capturar (un territorio). **3** embargar (bienes); incautar (propiedades). **4** detener. **5** no dejar escapar (oportunidad). ◆ **to ~ on/upon** aprovechar al máximo, valerse de (una ventaja, oportunidad); **to ~ up** agarrotarse.
seizure [ˈsiːʒər] *n c & u* **1** MED ataque. **2** toma (del control, del poder); incautación (de drogas).
seldom [ˈseldəm] *adv* rara vez.
select [sɪˈlekt] *adj* **1** selecto. ● *tr* **2** seleccionar.
selection [sɪˈlekʃn] *n c & u* **1** selección. ● *n c* **2** COM surtido, gama (de productos).
selective [sɪˈlektɪv] *adj* selectivo.
selector [sɪˈlektər] *n c* SP seleccionador.
self [self] (*pl* **selves**) *n c* **1** uno mismo. ◆ **the ~** PSYCOL el yo. ● **self-** *pref* **2** auto, de uno mismo: *self-critical = autocrítico*.
self-adhesive [ˌselfədˈhiːsɪv] *adj* autoadhesivo.
self-assurance [ˌselfəˈʃɔːrəns y ˌselfəˈʃʊərəns] *n u* confianza en sí mismo.
self-catering [ˌselfˈkeɪtərɪŋ] *adj & n u GB sin pensión, pero donde uno puede preparar su propia comida* (accommodation, holiday).
self-centred [ˌselfˈsentəd] (*EE UU* **self-centered**) *adj* egocéntrico.
self-confident [ˌselfˈkɒnfɪdənt] *adj* seguro de sí mismo (persona); lleno de seguridad (actitud).
self-conscious [ˌselfˈkɒnʃəs] *adj* cohibido.
self-denial [ˌselfdɪˈnaɪəl] *n u* abnegación.
self-drive [ˌselfˈdraɪv] *adj GB* alquilado sin conductor (coche, camión).
self-educated [ˌselfˈedʒʊkeɪtɪd] *adj* autodidacta.
self-employed [ˌselfɪmˈplɔɪd] *adj* autónomo.
self-esteem [ˌselfɪˈstiːm] *n u* autoestima.
self-explanatory [ˌselfɪkˈsplænɪtrɪ] *adj* obvio.
self-government [ˌselfˈgʌvənmənt] *n u* autogobierno.
self-help [ˌselfˈhelp] *n u* autoayuda.
self-important [ˌselfɪmˈpɔːtənt] *adj* engreído.
self-indulgent [ˌselfɪnˈdʌldʒənt] *adj* (pej) *que se permite excesos*.
self-interest [ˌselfˈɪntrɪst] *n u* (pej) interés propio.
selfish [ˈselfɪʃ] *adj* egoísta.
selfless [ˈselflɪs] *adj* desinteresado.
self-made [ˌselfˈmeɪd] *adj* hecho a sí mismo.
self-opinionated [ˌselfəˈpɪnjəneɪtɪd] *adj* (pej) *que siempre tiene que expresar su opinión*.
self-pity [ˌselfˈpɪtɪ] *n u* (pej) lástima de uno mismo.
self-portrait [ˌselfˈpɔːtreɪt] *n c* ARTS autorretrato.
self-possessed [ˌselfpəˈzest] *adj* dueño de sí mismo.
self-raising flour [ˌselfreɪzɪŋˈflaʊər] (*EE UU* **self-rising flour**) *n u* harina con levadura.
self-reliant [ˌselfrɪˈlaɪənt] *adj* independiente.
self-respect [ˌselfrɪˈspekt] *n u* amor propio.
self-restrain [ˌselfrɪˈstreɪnt] *n u* dominio de sí mismo.
self-rising flour [ˌselfraɪsɪŋˈfləʊər] *n u* → self-raising flour.
self-rule [ˌselfˈruːl] *n u* autogobierno.
self-satisfied [ˌselfˈsætɪsfaɪd] *adj* satisfecho de sí mismo.
self-service [ˌselfˈsɜːvɪs] *n c* autoservicio.
self-starter [ˌselfˈstɑːtər] *n c* **1** motor de arranque. **2** *persona con iniciativa*.
self-taught [ˌselfˈtɔːt] *adj* autodidacta.
sell [sel] (*pt* y *pp* **sold**) *tr & intr* **1** vender (gen). ● *pron* **2** venderse. ◆ **to ~ off** liquidar (existencias); **to ~ out (of sth)** agotar las existencias (de algo) (una tienda); **to ~ up** venderlo todo. ■ **not to be sold on** (infml) no estar convencido de (idea); **to be sold out** estar agotado (billetes, entradas); quedar sin existencias.
sell-by-date [ˈselbaɪdeɪt] *n c* fecha de caducidad.
seller [ˈselər] *n c* vendedor.
selling [ˈselɪŋ] *n u* venta. ◆ **~ price** precio de venta.
Sellotape® [ˈseləʊteɪp] *n u GB* celo, cinta adhesiva.

sell-out ['selaut] *n c* éxito de taquilla.
selves [selvz] *n pl* → self.
semaphore ['seməfɔ:] *n u* semáforo.
semblance ['sembləns] *n sing* (fml) apariencia.
semester [sɪ'mestər] *n c EE UU* semestre.
semi ['semɪ] *n c* **1** *GB* (infml) casa adosada. • **semi-** *pref* **2** semi.
semicircle ['semɪsɜ:kl] *n c* semicírculo.
semicircular [ˌsemɪ'sɜ:kjʊlər] *adj* semicircular.
semicolon [ˌsemɪ'kəʊlən] *n c* punto y coma.
semi-detached [ˌsemɪdɪ'tætʃt] *adj* **1** ARCH adosado. • *n c* **2** *GB* (infml) casa adosada.
semifinal [ˌsemɪ'faɪnl] *n c* semifinal.
semifinalist [ˌsemɪ'faɪnəlɪst] *n c* semifinalista.
seminar ['semɪnɑ:r] *n c* seminario.
seminary ['semɪnərɪ y EE UU 'semɪnerɪ] *n c* REL seminario.
semi-skimmed [ˌemɪ'skɪmd] *adj* semidesnatado.
semolina [ˌsemə'li:nə] *n u* sémola.
senator ['senətər] *n c* POL senador.
send [send] (*pt* y *pp* **sent**) *tr* enviar, mandar (gen). ◆ **to ~ down** encarcelar; **to ~ for** hacer llamar a (persona); pedir, encargar (información, mercancías); **to ~ in** enviar por correo (solicitud); enviar (soldados, policía); **to ~ off** mandar por correo; expulsar (a un jugador); **to ~ up** (infml) parodiar; encarcelar (EE UU).
sender ['sendər] *n c* remitente.
send-off ['sendɒf] *n c* (infml) despedida.
Senegal [ˌsenɪ'gɔ:l] *n sing* (el) Senegal.
senile ['si:naɪl] *adj* senil.
senility [sɪ'nɪlɪtɪ] *n u* senilidad.
senior ['si:nɪər] *adj* **1** superior (gen). **2** SCH mayor (alumno); de los mayores (profesor). • *n c* **3** SP mayor, veterano. **4** SCH alumno mayor. ◆ **~ citizen** (euph) persona de la tercera edad; **~ high (school)** *EE UU* instituto de bachillerato (para alumnos de entre 16 y 18 años).
sensation [sen'seɪʃn] *n c & u* sensación.
sensational [sen'seɪʃənl] *adj* **1** sensacional. **2** (pej) sensacionalista.
sensationalist [sen'seɪʃənəlɪst] *adj & n c* (pej) sensacionalista.
sense [sens] *n c* **1** sentido (gen). • **(common) ~** *n u* **2** juicio, sentido común. **3** talento, aptitud (natural). • **~ of** *n sing* **4** sensación de (libertad, peligro); sentimiento de (culpa, remordimiento). • *tr* **5** sentir. ◆ **~ of humour** sentido de humor; **the (five) senses** los (cinco) sentidos (oído, gusto, tacto, vista y olfato). ■ **in a ~** hasta cierto punto; **to come to/be brought to one's senses** entrar en razón; **to make ~** tener sentido (acción, frase); hablar con sensatez (persona); parecer razonable (argumento, opinión); **to talk ~** hablar con sentido común.
senseless ['senslɪs] *adj* sin sentido.
sensibility [ˌsensə'bɪlɪtɪ] (*pl* **sensibilities**) *n c & u* sensibilidad.
sensible ['sensəbl] *adj* **1** sensato (persona, decisión). **2** práctico (ropa).
sensitive ['sensɪtɪv] *adj* **1** sensible (gen). **~ (to) 2** comprensivo (hacia) (con los problemas de los demás). **3** susceptible a (la crítica).
sensor ['sensər] *n c* sensor.
sensual ['senʃʊəl] *adj* sensual.
sensuous ['senʃʊəs] *adj* sensual.
sent [sent] *pt & pp* → send.
sentence ['sentəns] *n c* **1** GRAM frase, oración. • *n c & u* **2** JUR sentencia. • *tr* **3** JUR sentenciar, condenar.
sentiment ['sentɪmənt] *n u* **1** sentimiento. **2** (pej) sentimentalismo. • *n c* **3** opinión, sentir.
sentimental [ˌsentɪ'mentl] *adj* sentimental.
sentry ['sentrɪ] (*pl* **sentries**) *n c* MIL centinela.
separate ['seprət] *adj* **1** separado (apart). **2** distinto (different). • **separates** *n pl* **3** *GB* prendas sueltas en combinación.
separate ['sepəreɪt] *tr* **1** separar, dividir. **2** diferenciar. • *intr* **3** separarse. **to ~ (into) 4** dividirse (en).
separation [ˌsepə'reɪʃn] *n c & u* separación.
separatist ['sepərətɪst] *n c* POL separatista.
sepia ['si:pɪə] *adj & n u* sepia (color).
September [sep'tembər] *n u* septiembre.
septicaemia [ˌseptɪ'si:mɪə] (*EE UU* **septicemia**) *n u* MED septicemia.

S

sequel ['si:kwəl] *n c* **1** continuación (de una novela, película). **2** secuela (de).
sequence ['si:kwəns] *n c* secuencia.
sequin ['si:kwɪn] *n c* lentejuela.
sera ['sɪərə] *n pl* → serum.
serene [sɪ'ri:n] *adj* sereno.
sergeant ['sɑ:dʒənt] *n c* **1** MIL sargento. **2** subinspector de policía. ◆ ~ **mayor** MIL sargento mayor.
serial ['sɪərɪəl] *n c* TV serial. ◆ ~ **killer** asesino en serie.
series ['sɪəri:z] (*pl* **series**) *n c* serie (de radio, televisión).
serious ['sɪərɪəs] *adj* **1** serio (gen). **2** grave (accidente, enfermedad).
seriously ['sɪərɪəslɪ] *adv* **1** en serio (hablar). **2** gravemente (enfermo).
seriousness ['sɪərɪəsnɪs] *n u* **1** seriedad (de una persona, de carácter). **2** dificultad (de una situación). **3** gravedad (de una enfermedad).
sermon ['sɜ:mən] *n c* sermón.
serpent ['sɜ:pənt] *n c* (lit) serpiente.
serum ['sɪərəm] (*pl* **serums** o **sera**) *n c* & *u* suero.
servant ['sɜ:vənt] *n c* sirviente.
serve [sɜ:v] *tr* & *intr* **1** servir (gen). **2** SP servir, sacar (en tenis). ● *tr* **3** suministrar, abastecer (de alimentos). **4** cumplir (una condena). ● *n sing* **5** SP servicio, saque.
server ['sɜ:vər] *n c* **1** COMPUT servidor. **2** SP jugador con el servicio (en tenis).
service ['sɜ:vɪs] *n c* & *u* **1** servicio (gen). ● *n c* **2** revisión (de un vehículo). ● *n u* **3** servicio de mesa (en un restaurante). ● **services** *n pl* **4** aréa de servicios (en una autopista); servicios laborales. ● *adj* **5** de servicio. ● *tr* **6** revisar (un coche, una máquina). ◆ ~ **area** área de servicios (en una autopista); ~ **charge** recargo de servicio (en un restaurante); ~ **road** camino de acceso; ~ **station** estación de gasolina. ■ **at the ~ of** al servicio de; **at your ~** a su disposición; **in ~** en funcionamiento (máquina); **of ~** de utilidad; **out of ~** fuera de servicio.
serviceman ['sɜ:vɪsmən] (*pl* **servicemen**) *n c* militar.
serving ['sɜ:vɪŋ] *adj* **1** de servir (cuchara, plato). ● *n c* **2** ración (de comida).
sesame ['sesəmɪ] *n u* BOT sésamo.
session ['seʃn] *n c* **1** sesión. **2** *EE UU* SCH trimestre.
set [set] (*pt* y *pp* **set**, *ger* **setting**) *tr* **1** poner, colocar (gen). **2** montar (una joya). **3** causar, provocar (una situación). **4** asignar (tarea). **5** fijar (precio, objetivo). **6** poner en hora (un reloj); poner (alarma). **7** dar (ejemplo); sentar (precedente). ● *intr* **8** ponerse (el sol). **9** solidificarse, endurecerse (cemento, pegamento); cuajarse. ● *n c* **10** juego, colección (de libros, joyas); serie (de sellos). **11** MATH conjunto. **12** TV, RAD aparato. **13** decorado; plató (en el cine). **14** SP set. ● *adj* **15** fijo (gen). **16** obligatorio (programa, horario). ◆ ~ **menu** menú del día; ~ **phrase** frase hecha; **to ~ about** emprender (un trabajo); abordar (un problema); **to ~ aside** reservar; dejar de lado (diferencias); **to ~ down** poner por escrito; dejar (sobre una superficie); **to ~ in** comenzar (una enfermedad, el invierno); afianzarse (depresión); **to ~ off** ponerse en camino (en un viaje); hacer estallar (una bomba); hacer resaltar (una idea); provocar (reacción); **to ~ out** ponerse en camino (en un viaje); ordenar, arreglar (objetos); exponer (una sugerencia); **to ~ out to do sth** proponerse a hacer algo; **to ~ up** erigir, levantar (estructura); montar (una empresa); crear (comité); poner en marcha (maquinaria); organizar, convocar (una reunión); **to ~ up again** COMPUT reiniciar. ■ **on ~** CIN en el plató, en escena; **to be set (in)** estar situado en (edificio); estar ambientado en (película, novela).
setback ['setbæk] *n c* contratiempo.
settee [se'ti:] *n c* sofá.
setting ['setɪŋ] *n c* **1** escenario (obra teatral). **2** ajuste (maquinaria); posición.
settle ['setl] *tr* **1** resolver (una discusión). **2** (normalmente *pasiva*) quedar acordado (un asunto). **3** saldar (cuentas). **4** acomodar. **5** asentar (en un territorio). ● *intr* **6** relajarse. **7** establecerse (en una residencia). **8** posarse (pájaro, polvo, sedimento). ◆ **to ~ down** calmarse; asentarse (profesionalmente); sentar la cabeza; **to ~ down to** concentrarse en (una actividad); **to ~ for** conformarse con; **to ~ in** adaptarse (a un nuevo trabajo); instalarse (en una nueva casa); **to ~ on** decidirse por; **to ~ up (with sb)** pagar lo que se debe (a alguien).

settlement ['setlmənt] *n c* **1** asentamiento (de colonos). **2** acuerdo.
settler ['setlər] *n c* colono.
seven ['sevn] *card* siete.
seventeen [sevn'tiːn] *card* diecisiete.
seventeenth [sevn'tiːnθ] *ord* decimoséptimo.
seventh ['sevnθ] *ord* séptimo.
seventieth ['sevntɪɪθ] *ord* septuagésimo.
seventy ['sevntɪ] *card* setenta.
sever ['sevər] *tr* **1** (fml) cortar (ramas). **2** (fig) romper (relación, lazos).
several ['sevrəl] *adj* **1** varios, algunos. ● *indef pron* **2** varios, algunos.
severance ['sevərəns] *n u* ruptura (de relaciones). ◆ ~ **pay** (indemnización por) despido.
severe [sɪ'vɪər] *adj* **1** severo (gen). **2** grave (problema, enfermedad). **3** fuerte, agudo (dolor).
severity [sɪ'verɪtɪ] *n u* **1** severidad. **2** gravedad (enfermedad, problema).
sew [səʊ] (*pp* **sewed** o **sewn**) *tr & intr* coser. ◆ **to ~ up** coser (material); arreglar, amañar (asunto).
sewage ['suːɪdʒ] *n u* aguas residuales.
sewer ['suːə] *n c* cloaca, alcantarilla.
sewing ['səʊɪŋ] *n u* costura. ◆ ~ **machine** máquina de coser.
sewn [səʊn] *pp* → sew.
sex [seks] *n c & u* sexo. ◆ ~ **appeal** atractivo sexual, sex appeal; ~ **shop** sex shop; ~ **symbol/object** sex symbol/objeto sexual. ■ **to have sex (with)** tener relaciones sexuales (con).
sexism ['seksɪzəm] *n u* (pej) sexismo.
sexist ['seksɪst] *adj & n c* (pej) sexista.
sexual ['sekʃʊəl] *adj* sexual. ◆ ~ **harassment** acoso sexual; ~ **intercourse/relations** coito, relaciones sexuales.
sexuality [ˌsekʃʊ'ælɪtɪ] *n u* sexualidad.
sexy ['seksɪ] *adj* sexi.
Seychelles [ˌsænmə'riːnəʊ] *n pl* **the ~** las islas Seychelles.
shabby ['ʃæbɪ] *adj* **1** miserable (lugar, muebles). **2** andrajoso.
shack [ʃæk] *n c* chabola.
shackle ['ʃækl] *tr* **1** encadenar con grilletes (a un preso). ● **shackles** *n pl* **2** grilletes.
shade [ʃeɪd] *n u* **1** sombra. ● *n c* **2** pantalla (de una lámpara). **3** tono (de color); matiz (de una idea). ● **shades** *n pl* **4** (infml) gafas de sol. ● *tr* **5** dar sombra a. ■ **in the ~** a la sombra.
shadow ['ʃædəʊ] *n c* **1** sombra (gen). ● *n u* **2** oscuridad. ■ **to be a ~ of one's former self** ser uno la sombra de lo que era.
shadowy ['ʃædəʊɪ] *adj* **1** sombrío, oscuro (lugar). **2** vago, indefinido (figura, forma). **3** misterioso, oscuro.
shady ['ʃeɪdɪ] *adj* **1** sombreado (lugar). **2** que da sombra (árbol). **3** dudosa (actividad, persona).
shaft [ʃɑːft y EE UU ʃæft] *n c* ~ **(of) 1** rayo, haz (de) (luz). **2** MEC eje.
shaggy ['ʃægɪ] *adj* peludo.
shake [ʃeɪk, *pp* 'ʃeɪkən] (*pt* **shook**, *pp* **shaken**, *ger* **shaking**) *tr & intr* **1** agitar, sacudir (gen). ● *tr* **2** conmocionar (una noticia). **3** debilitar, hacer flaquear (fe, creencia). ● *intr* **4** temblar (mano, voz). ◆ **to ~ off** deshacerse de (un sentimiento); superar (un problema). ■ **to ~ hands (with sb)/to ~ sb's hand** dar la mano (a alguien)/darse la mano; **to ~ one's head** negar con la cabeza.
shaker ['ʃeɪkər] *n c* **1** coctelera (para bebidas). **2** cubilete (de dados). **3** salero.
shaky ['ʃeɪkɪ] *adj* **1** tembloroso. **2** incierto. **3** precario.
shall [ʃæl, [ʃəl]] *modal* **1** indica futuro con la 1ª primera persona del singular y del plural: *I shall go tomorrow – iré mañana.* **2** para preguntas y ofrecimientos con la 1ª primera persona del singular y del plural: *shall we go to the cinema? = ¿que tal si vamos al cine?* **3** indica voluntad o determinación con la 1ª primera persona del singular y del plural: *we shall talk next time! = ¡la próxima vez hablaremos!* **4** para órdenes o instrucciones con cualquier persona: *you shall behave according to the rules = tienes que comportarte siguiendo las reglas.*
shallow ['ʃæləʊ] *adj* **1** poco profundo (mar, estanque). **2** (pej) superficial, frívolo (persona, idea).
sham [ʃæm] (*pt* y *pp* **shammed**, *ger* **shamming**) *tr* **1** fingir, simular. ● *n c* **2** (pej) engaño; imitación.
shambles ['ʃæmblz] *n sing* (infml) follón, confusión (escena). ■ **in a ~** patas arriba (una habitación).
shame [ʃeɪm] *n u* **1** vergüenza. **2** deshonor. ● *n sing* **3** lástima, pena: *what a sha-*

me! = *¡qué pena!*; • *tr* **4** avergonzar. ■ **~ on you** debería darte vergüenza.
shamefaced [ʃeɪmˈfeɪst] *adj* avergonzado.
shameful [ˈʃeɪmfl] *adj* (pej) vergonzoso.
shameless [ˈʃeɪmlɪs] *adj* desvergonzado.
shampoo [ʃæmˈpu:] *n c & u* **1** champú (para el pelo). • *n c* **2** lavado (de pelo). • *tr* **3** lavar (el pelo).
shandy [ˈʃændɪ] (*pl* **shandies**) *n c & u* clara (cerveza con gaseosa).
shan't [ʃɑ:nt] *contr* (contr de *shall + not*) → shall.
shanty [ˈʃæntɪ] *n c* chabola; bohío (Amér.). ◆ **~ town** barrio de chabolas.
shape [ʃeɪp] *n c & u* **1** forma (gen). • *n c* **2** figura. • *n sing* **3** configuración. • *tr* **4** moldear, dar forma a (físicamente). **5** configurar, desarrollar (proyecto, plan). ◆ **to ~ up** (infml) concretarse (un plan). ■ **in good/bad ~** en buena/mala forma (persona); en buen/mal estado (objeto); **to take ~** tomar forma, definirse.
-shaped [ʃeɪpt] *suff* en forma de: *L-shaped room* = *habitación en forma de L.*
shapeless [ˈʃeɪplɪs] *adj* sin forma.
shapely [ˈʃeɪplɪ] *adj* bien formado.
shard [ʃɑ:d] *n c* (fml) esquirla.
share [ʃeər] *n sing* **1** porción, parte. • **shares** *n pl* **2** FIN acciones. • *tr & intr* **3** compartir (gen). • *tr* **4** repartir (tareas). ◆ **~ capital** FIN capital social; **to ~ out** repartir (a partes iguales).
shareholder [ˈseəhəʊldər] *n c* FIN accionista.
shareware [ˈseəweə] *n u* COMPUT software de libre distribución, shareware.
shark [ʃɑ:k] (*pl* **shark** o **sharks**) *n c* **1** ZOOL tiburón. **2** (fig, pej) estafador.
sharp [ʃɑ:p] *adj* **1** afilado (cuchillo). **2** puntiagudo (forma). **3** listo (persona); penetrante (vista); agudo (ingenio); rápido (reacciones). **4** definido, claro (objeto); nítido (foto); marcado (contraste). **5** repentino (suceso). **6** tajante, cortante (tono, palabras). **7** agudo (dolor); penetrante (frío). **8** seco (golpe). **9** ácido (sabor). **10** anguloso (rasgos). **11** MUS desafinado. • *adv* **12** en punto (hora). **13** abruptamente. • *n c* **14** MUS sostenido.
sharpen [ˈʃɑ:pən] *tr* **1** afilar; sacar punta a (un lápiz). • *tr & intr* **2** (fig) agudizar(se) (voz, ingenio).
sharpener [ˈʃɑ:pnər] *n c* sacapuntas (para lápices); afiladora (de cuchillos).
sharp-eyed [ʃɑ:pˈaɪd] *adj* perspicaz.
shat [ʃæt] *pt & pp* → shit.
shatter [ˈʃætər] *tr & intr* hacer(se) añicos (cristales, esperanzas). ■ **to be shattered (by)** quedar destrozado (por) (noticias); **to be shattered** *GB* (infml) estar agotado, estar hecho polvo.
shave [ʃeɪv] *n c* **1** afeitado. • *tr & intr* **2** afeitar(se). • *tr* **3** (fig) reducir, recortar (precios). ■ **to have a ~** afeitarse.
shaver [ˈʃeɪvər] *n c* máquinilla de afeitar (eléctrica).
shaving [ˈʃeɪvɪŋ] *adj* **1** de afeitar (crema, loción). • **shavings** *n pl* **2** virutas.
shawl [ʃɔ:l] *n c* chal.
she [ʃi:] *pron* **1** ella (como sujeto, persona del sexo femenio). • **she-** *pref* **2** hembra (animals): *a she-wolf* = *una loba.*
sheaf [ʃi:f] (*pl* **sheaves**) *n c* fajo.
shear [ʃɪər] (*pp* **sheared** o **shorn**) *tr* **1** esquilar (ovejas). • **(sheep) shears** *n pl* **2** tijeras para esquilar. **(garden) shears 3** tijeras de podar.
sheath [ʃi:θ] *n c* **1** funda, vaina (de diversos objetos). **2** *GB* preservativo.
sheaves [ʃi:vz] *n pl* → sheaf.
shed [ʃed] (*pt* y *pp* **shed**, *ger* **shedding**) *tr* **1** deshacerse de (ropa). **2** perder (accidentalmente). **3** despojarse de (ropa); mudar de piel (serpiente). **4** derramar (lágrimas, sangre). • *n c* **5** cobertizo.
she'd [ʃi:d] *contr* **1** (contr de *she + had*) → have. **2** (contr de *she + would*) → would.
sheen [ʃi:n] *n c* brillo, resplandor.
sheep [ʃi:p] (*pl* **sheep**) *n c* **1** oveja. **2** (fig) borrego, cordero (persona).
sheepdog [ˈʃi:pdɒg] *n c* perro pastor.
sheepish [ˈʃi:pɪʃ] *adj* avergonzado.
sheepskin [ˈʃi:pskɪn] *n c & u* piel de oveja. ◆ **~ jacket** zamarra.
sheer [ʃɪər] *adj* **1** puro (dando énfasis): *sheer madness* = *pura locura.* **2** diáfano (tela). **3** escarpado (terreno); vertical.
sheet [ʃi:t] *n c* **1** sábana (de cama). **2** hoja (de papel); panfleto (informativo). **3** lámina (de metal, de madera).
shelf [ʃelf] (*pl* **shelves**) *n c* estante.
shell [ʃel] *n c & u* **1** cáscara (de huevo, de nuez); concha (de caracol); caparazón (de tortuga). • *n c* **2** esqueleto (de un edificio); armazón (de un coche); casco (de

un barco). **3** MIL proyectil. • *tr* **4** MIL bombardear. ♦ ~ **suit** *GB* chandal de nailon (para hacer deporte).

she'll [ʃi:l] *contr* **1** (contr de *she* + *will*) → will. **2** (contr de *she* + *shall*) → shall.

shellfish [ˈʃelfɪʃ] (*pl* **shellfish**) *n c & u* mariscos.

shelter [ˈseltər] *n c* **1** refugio (edificio). • *n u* **2** (fig) asilo, protección. **3** (fig) techo (vivienda como necesidad básica). • *tr* **4** proteger. **5** dar asilo a. **to ~ from/in 6** resguardarse de/en, refugiarse de/en.

shelves [ˈselvz] *n pl* → shelf.

shepherd [ˈsepəd] *n c* pastor. ♦ ~ **'s pie** GAST *pastel de carne picada cubierta de puré de patatas.*

sheriff [ˈʃerɪf] *n c EE UU* sheriff.

sherry [ˈʃerɪ] (*pl* **sherries**) *n c & u* jerez (bebida).

she's [ʃi:z] *contr* **1** (contr de *she* + *is*) → be. **2** (contr de *she* + *has*) → have.

shield [ʃi:ld] *n c* **1** escudo. • **to ~ sb (from)** *tr* **2** proteger a alguien (de).

shift [ʃift] *n c* **1** cambio (gen). **2** turno (de trabajo). • *tr & intr* **3** mover(se), cambiar(se) de sitio. **4** (fig) cambiar(se) (idea, actitud). **5** *EE UU* AUT cambiar de marcha. ♦ ~ **key** COMPUT tecla de mayúsculas; ~ **stick/gear** ~ *EE UU* AUT cambio de marchas (de coches).

shifty [ˈʃɪftɪ] *adj* tramposo, turtivo (persona); sospechoso (comportamiento); evasivo (carácter, mirada).

shilling [ˈʃɪlɪŋ] *n c* chelín.

shilly-shally [ˈʃɪlɪʃælɪ] (*pt* y *pp* **shilly-shallied**) *intr* (infml) titubear, vacilar.

shimmer [ˈʃɪmər] *n sing* **1** luz trémula. • *intr* **2** rielar.

shine [ʃaɪn] (*pt* y *pp* **shone**) *n sing* **1** brillo. • *intr* **2** brillar (gen). **3** (fig) translucirse. • *tr* **4** dirigir, iluminar con (luz). **5** pulir, sacar brillo a.

shingle [ˈʃɪŋgl] *n u* **1** guijarros (en la playa, río). • **shingles** *n pl* **2** MED herpes.

shiny [ˈʃaɪnɪ] *adj* brillante.

ship [ʃip] (*pt* y *pp* **shipped**, *ger* **shipping**) *n c* **1** MAR barco, buque. • *tr* **2** enviar por barco. ■ **by ~** por transporte marítimo.

shipment [ˈʃɪpmənt] *n u* envío.

shipping [ˈʃɪpɪŋ] *n u* **1** transporte marítimo. **2** barcos, buques. ♦ ~ **company** compañía naviera.

shipwreck [ˈʃɪprek] *n c & u* **1** naufragio. • *n c* **2** MAR barco naufrágo.

shipyard [ˈʃɪpjɑ:d] *n c* astillero.

shirk [ʃɜ:k] *tr & intr* (pej) escaquearse de, eludir.

shirt [ʃɜ:t] *n c* camisa.

shirtsleeve [ˈʃɜ:tsli:v] *n c* manga de camisa. ■ **in (one's) shirtsleeves** en mangas de camisa.

shit [ʃit] (*pt* y *pp* **shitted** o **shat**, *ger* **shitting**) *intr & pron* **1** (vulg) cagar(se). • *n u* **2** mierda (gen). • *n sing* **4** cagada (acción). • *interj* **5** ¡mierda!

shiver [ˈʃɪvər] *n c* **1** escalofrío. • **to ~ (with)** *intr* **2** temblar (de).

shoal [ʃəul] *n c* banco (de peces).

shock [ʃɒk] *n u* **1** MED shock. • *n c* **2** conmoción, trastorno (mental). **3** (infml) susto; disgusto. **4** sacudida (eléctrica). • *tr* **5** conmover. • *tr & intr* **6** escandalizar (por una noticia). ♦ ~ **absorber** MEC amortiguador. ■ **to be suffering from ~** MED estar en un estado de trauma.

shocking [ˈʃɒkɪŋ] *adj* **1** escandaloso; espantoso (escena). **2** (infml) horrible, malísimo (noticia).

shod [ʃɒd] *pt & pp* **1** → shoe. • *adj* **2** (fml) calzado.

shoddy [ˈʃɒdɪ] *adj* **1** (pej) de mala calidad (productos); chapucero, burdo (trabajo). **2** (fig) vil, despreciable (acto, comportamiento, trato).

shoe [ʃu:] (*pt* y *pp* **shod**, *ger* **shoeing**) *tr* **1** herrar (horse). • *n c* **2** zapato. ♦ ~ **cleaner** betún líquido; ~ **polish** betún; ~ **repairer** zapatero remendón; ~ **shop** zapatería.

shoehorn [ˈʃu:hɔ:n] *n c* calzador.

shoelace [ˈʃu:leɪs] (*EE UU* **shoestring**) *n c GB* cordón de zapato.

shoemaker [ˈʃu:meɪkər] *n c* zapatero.

shoestring [ˈʃu:strɪŋ] *adj* ajustado (presupuesto). ■ **on a ~** (infml) con poquísimo dinero.

shone [ʃɒn y EE UU ʃəun] *pt & pp* → shine.

shoo [ʃu:] *tr* **to ~ (off/away) 1** ahuyentar, alejar (animales). • *interj* **2** ¡fuera de aquí!

shook [ʃuk] *pt* → shake.

shoot [ʃu:t] (*pt* y *pp* **shot**) *intr* **1** disparar (gen). **to ~ along 2** ir a gran velocidad. **3** SP chutar (en fútbol). • *tr & intr* **4** *GB*

S

cazar. **5** CIN rodar. • *tr* **6** disparar (gen); matar a tiros; herir a tiros. **7** (fig) echar. • *pron* **8** pegarse un tiro. • *n c* **9** BOT brote (bud). **10** *GB* cacería. ♦ **to ~ down** derribar (un avión); matar a tiros (persona); rechazar (idea, propuesta); **to ~ up** crecer muchísimo (niño, planta); dispararse (precios).

shooting ['ʃu:tɪŋ] *n c & u* **1** tiroteo; balacera (Amér.). • *n c* **2** asesinato a tiros (murder). • *n u* **3** *GB* cacería, caza. ♦ **~ star** ASTR estrella fugaz.

shop [ʃɒp] (*pt* y *pp* **shopped**, *ger* **shopping**) *intr* **1** hacer compras. • *n c* **2** tienda. **3** taller. ♦ **~ assistant** *GB* dependiente; **to ~ around** comparar precios.

shopkeeper ['ʃɒpki:pər] *n c* tendero, comerciante.

shopper ['ʃɒpər] *n c* comprador.

shopping ['ʃɒpɪŋ] *n u* compra (actividad); compras. ♦ **~ bag/trolley** cesta/carrito de la compra; **~ centre** *GB* centro comercial; **~ list** lista de la compra; **~ mall/plaza** *EE UU* → shopping centre. ■ **to go ~** ir de compras.

shore [ʃɔ:] *n c* orilla (de río, mar). ♦ **to ~ up** (lit, fig) reforzar. ■ **on ~** en tierra.

shorn [ʃɔ:n] *pp* **1** → shear. • *adj* **2** rapado (cabeza); cortado al cero (pelo); pelado (tierra).

short [ʃɔ:t] *adj* **1** corto (tiempo, pelo). **2** bajo (estatura). **3** brusco, seco (moviemiento). **~ (of) 4** falto (de), escaso (de) (dinero). • *n c* **5** *GB* copa de licor. **6** CIN cortometraje. **7** ELEC cortocircuito. • **shorts** *n pl* **8** pantalones cortos; calzoncillos (EE UU). ♦ **~ circuit** ELEC cortocircuito; **~ cut** atajo; **~ story** LIT cuento; **~ wave** RAD onda corta. ■ **for ~** para abreviar; **in ~** en pocas palabras, en resumen; **nothing ~ of** pura, auténtica (dando énfasis): *nothing short of madness = una pura locura*; **~ of** muy cerca de (de un lugar, una situación); dejando de lado, salvo; **to be ~ on sth** (infml) no andar sobrado de (inteligencia, ingenio); **to go ~ (of)** no tener lo suficiente (de); **to run ~ of sth** quedarse poco a poco sin algo; **to stop ~** parar en seco.

shortage ['ʃɔ:tɪdʒ] *n c* escasez.

shortbread or **shortcake** ['ʃɔ:tbred o 'ʃɔ:tkeɪk] *n u* GAST *torta hecha con harina, azúcar y mantequilla.*

short-change [ʃɔ:t'tʃeɪndʒ] *tr* **1** dar de menos en el cambio a. **2** (infml, fig) engañar.

short-circuit [ʃɔ:t'sɜ:kɪt] *tr & intr* tener un cortocircuito; causar un cortocircuito.

shortcoming ['ʃɔ:tkʌmɪŋ] *n c* (normalmente *pl*) defecto, fallo (de carácter).

shorten ['ʃɔ:tn] *tr & intr* acortar(se).

shortfall ['ʃɔ:tfɔ:l] *n c* **~ (in/of)** déficit (de).

shorthand ['ʃɔ:thænd] *n u* taquigrafía. ♦ **~ typist** *GB* taquimecanógrafo/a.

shortly ['ʃɔ:tlɪ] *adv* dentro de poco.

short-range [ʃɔ:t'reɪndʒ] *adj* de corto alcance (misil, radio); a corto plazo (pronóstico del tiempo).

short-sighted [ʃɔ:t'saɪtɪd] *adj* **1** miope. **2** (fig, pej) corto de miras.

short-tempered [ʃɔ:t'tempəd] *adj* de mal genio.

short-term [ʃɔ:t'tɜ:m] *adj* **1** de corto plazo. • *adv* **2** a corto plazo.

shot [ʃɒt] *pt & pp* **1** → shoot. • *n c* **2** tiro, disparo (de arma). **3** tirador (de pistola). **4** SP tiro a gol (en fútbol). **5** (infml) intento, prueba. **6** PHOT foto. **7** CIN toma, plano.

shotgun ['ʃɒtgʌn] *n c* escopeta.

shot-put ['ʃɒtput] *n sing* **the ~** SP lanzamiento de peso.

shot-putter ['ʃɒtputə] *n c* SP lanzador de peso.

should [ʃud] *modal* **1** deber, debería (indica cierta obligación o derecho moral): *he should have told me = debería habérmelo dicho.* **~ I/we...? 2** ¿podría...? (permiso): *should I open the window? = ¿abro la ventana?*; ¿debería...? (pidiendo consejos y sugerencias): *shouldn't we be leaving? = ¿no deberíamos irnos ya?* **3** yo que tú/él, etc. haría...: *I should try again if I were you = yo en tu lugar intentaría una vez más.* **~ like to 4** (fml) me/nos gustaría (expresando deseo): *we should like to express our thanks to... = nos gustaría dar las gracias a...* **5** debería, tendría que: *you should go if you can = deberías ir si puedes.* **~ you... 6** (fml) (con inversión) si por casualidad... (posibilidad remota): *should he call, tell him I've gone out = si llama, díle que he salido.* **7** (subjuntivo) que debería hacer..., que hiciera... (en frases con "that"): *he decided that you should do it = decidió que lo hicieras tú.* **8**

debería, tener que (indica probabilidad). ~ **have (done) 9** deber/tener que (indica suposición): *the plane should have landed by now = el vuelo debe haber llegado*; debería/tenía que (lamento, arrepentimiento): *she should have passed = tenía que haber aprobado.*

shoulder [ˈʃəʊldər] *n c* **1** hombro (parte del cuerpo, ropa). **2** GAST espaldilla, cuarto delantero (de cordero, etc.). **3** *EE UU* AUT arcén. ♦ ~ **bag** bolso de bandolera; ~ **blade** ANAT omóplato; ~ **pad** hombrera; ~ **strap** tirante (de vestido).

shoulder pad [ˈʃəʊldəpæd] *n c* hombrera.

shoulder strap [ˈʃəʊldəstræp] *n c* **1** correa (de un bolso). **2** tirante (de un vestido).

shouldn't [ˈʃʊdnt] *contr* (contr de *shoud + not*) → should.

should've [ˈʃʊdəv] *contr* (contr de *shoud + have*) → should.

shout [ʃaʊt] *n c* **1** grito. • *tr & intr* **2** gritar.

shove [ʃʌv] *n c* **1** empujón. • *tr & intr* **2** empujar. ■ **to give sth/sb a ~** dar a algo/a alguien un empujón.

shovel [ˈʃʌvl] (*GB, pret* y *pp* **shovelled**, *ger* **shovelling**, *EE UU, pret* y *pp* **shoveled**, *ger* **shoveling**) *tr* **1** cavar con un pala; remover a paletadas. • *n c* **2** pala; palana (Amér.).

show [ʃəʊ] (*pp* **shown**) *tr* **1** mostrar, enseñar (gen). **to ~ sb to 2** acompañar a alguien hasta (escoltándole). **3** comportarse con, mostrar (respeto). **4** demostrar (sentimientos). **5** exhibir (una característica). **6** COM indicar, arrojar (beneficios, pérdidas). • *tr & intr* **7** proyectar(se) (una película); emitir(se). • *intr* **8** mostrar, indicar. **9** verse (físicamente); descubrirse, destaparse (un asunto). **10** *EE UU* (infml) presentarse, llegar (una persona). • *pron* **11** mostrarse. • *n c & u* **12** ostentación, demostración (de riquezas). • *n c* **13** espectáculo (teatral); programa (de radio, televisión). **14** ARTS exhibición, exposición. **15** CIN, THEAT función. ♦ ~ **business** mundo del espectáculo; **to ~ off** lucir (con orgullo); presumir (de) (riqueza); **to ~ up** avergonzar, poner en evidencia; (hacer) resaltar; aparecer (en un lugar). ■ **for ~** para impresionar; **on ~** expuesto.

showbiz [ˈʃəʊbɪz] (*abbrev* **show business**) *n u* mundo del espectáculo.

showcase [ˈʃəʊkeɪs] *n c* **1** vitrina. **2** (fig) escaparate.

shower [ˈʃaʊər] *n c* **1** ducha (aparato, actividad). **2** chubasco, aguacero (de lluvia). • *intr* **3** ducharse. • **to ~ sb with sth** *tr* **4** colmar a alguien de algo (regalos, elogios); acribillar a alguien a algo (insultos, quejas). ♦ ~ **cap** gorro de baño. ■ **to take/have a ~** darse una ducha.

showing [ˈʃəʊɪŋ] *n c* proyección (de película); exposición (de obras de arte).

shown [ʃəʊn] *pp* → show.

show-off [ˈʃəʊɒf] *n c* (infml, pej) chulo, presumido.

showpiece [ˈʃəʊpiːs] *n c* ejemplo sobresaliente.

showroom [ˈʃəʊrʊm] *n c* sala de exposición.

shrank [ʃræŋk] *pt* → shrink.

shrapnel [ˈʃræpnəl] *n u* MIL metralla.

shred [ʃred] (*pt* y *pp* **shredded**, *ger* **shredding**) *tr* **1** desmenuzar. • *n c* **2** (normalmente *pl*) tira (de papel); jirón (de un material). **3** (fig) pizca (de algo).

shrew [ʃruː] *n c* ZOOL musaraña.

shrewd [ʃruːd] *adj* astuto, perspicaz.

shriek [ʃriːk] *n c* **1** grito. • *intr* **2** chillar.

shrill [ʃrɪl] *adj* estridente.

shrine [ʃraɪn] *n c* santuario.

shrink [ʃrɪŋk] (*pt* **shrank**, *pp* **shrunk**) *tr & intr* **1** encoger(se) (gen). • *intr* **2** (fig) disminuir.

shrinkage [ˈʃrɪŋkɪdʒ] *n u* **1** encogimiento (de ropa). **2** (fig) reducción.

shrivel [ˈʃrɪvl] (*GB, pret* y *pp* **shrivelled**, *ger* **shrivelling**, *EE UU, pret* y *pp* **shriveled**, *ger* **shriveling**) *tr & intr* **to ~ (up)** arrugar(se), resecar(se) (por el calor, por falta de humedad).

shroud [ʃraʊd] *n c* mortaja.

Shrove Tuesday [ʃrəʊvˈtjuːzdɪ] *n c* martes de carnaval.

shrub [ʃrʌb] *n c* BOT arbusto.

shrug [ʃrʌg] (*pt* y *pp* **shrugged**, *ger* **shrugging**) *tr & intr* encoger(se) de hombros. ♦ **to ~ off** quitar importancia a.

shrunk [ʃrʌŋk] *pp* → shrink.

shudder [ˈʃʌdər] *n c* **1** (normalmente *sing*) estremecimiento. • *intr* **2** temblar.

shuffle [ˈʃʌfl] *tr & intr* **1** barajar (cartas). • **to ~ (along)** *intr* **2** caminar arrastran-

S

do los pies. ■ **to give the cards a good ~** barajar bien las cartas.

shun [ʃʌn] (*pt* y *pp* **shunned**, *ger* **shunning**) *tr* esquivar (a), rehuir (a) (persona, publicidad).

shut [ʃʌt] (*pt* y *pp* **shut**, *ger* **shutting**) *tr* & *intr* **1** cerrar(se). ● *adj* **2** cerrado. ◆ **to ~ away** guardar bajo llave; **to ~ down** cerrar (una empresa); **to ~ out** dejar fuera a (una persona); no dejar que entre (luz, ruido); rechazar (sentimiento); **to ~ up** callarse; hacer callar. ■ **~ up!** (infml) ¡cállate!

shutdown [ˈʃʌtdaʊn] *n c* cierre (de una empresa, de una máquina).

shutter [ˈʃʌtər] *n c* **1** contraventana; persiana. **2** PHOT obturador.

shuttle [ˈʃʌtl] *n c* puente aéreo (aviones); servicio regular (autobuses, trenes).

shuttlecock [ˈʃʌtlkɒk] *n c* SP volante (en bádminton).

shy [ʃaɪ] (*pt* y *pp* **shied**) *adj* **1** tímido. **2** asustadizo (animal). ● *intr* **3** asustarse (caballo).

Siamese [ˌsaɪəˈmiːz] (*pl* **Siamese**) *adj* & *n c* **1** (arch) siamés, tailandés. ● **~ (cat)** *n c* **2** (gato) siamés. ◆ **~ twins** hermanos siameses.

sick [sɪk] *adj* **1** enfermo. **2** mareado, con náuseas (por una indisposición). **3** entristecido. **4** (fig) enfermo. **5** harto (de algo o de alguien). ◆ **~ bay** enfermería (en un barco o escuela); **~ leave** permiso por enfermedad. ■ **to be ~** estar enfermo; devolver, vomitar (GB); **to make sb ~** poner a alguien enfermo.

sicken [ˈsɪkən] *tr* (fig) poner enfermo; sacar de quicio.

sickening [ˈsɪkənɪŋ] *adj* **1** repugnante, asqueroso (experiencia). **2** (infml) exasperante, que pone furioso (actitud).

sickle [ˈsɪkl] *n c* hoz.

sickly [ˈsɪklɪ] *adj* **1** enfermizo (persona). **2** pálido (rostro). **3** nauseabundo (olor, sabor).

sickness [ˈsɪknɪs] *n c* & *u* **1** enfermedad. **2** *GB* mareo, náusea. ◆ **~ benefit** *GB* subsidio por enfermedad.

side [saɪd] *n c* **1** lado (gen). **2** costado (de una persona); ijada (de animal). **3** cara (de objeto). **4** borde (de un objeto). **5** punto de vista (en un debate). **6** carril (de carretera). **7** orilla (de lago, río). **8** ladera (de una colina). **9** equipo (deportivo). **10** aspecto. **11** parte, línea (familiar). ● *adj* **12** lateral. ◆ **~ dish/order** GAST acompañamiento, guarnición; **~ effect 13** efecto secundario. **~ plate** platillo (para el pan, la ensalada); **~ road** carretera secundaria; **~ street** callejuela. ■ **at/by one's ~** al lado de uno; **from ~ to ~** de un lado a otro; **on every ~/on all sides** por todos los lados; **on the other ~ (of)** al otro lado (de); **on the ~ of/on one's/sb's ~** a favor de, del lado de uno/alguien; **~ by ~** juntos, hombro con hombro; **to take sb's ~** ponerse del lado de (en una discusión); **to take sides** tomar partido.

sideboard [ˈsaɪdbɔːd] *n c* **1** aparador. ● **sideboards** *n pl* **2** *GB* patillas.

sideburns [ˈsaɪdbɜːnz] *n pl EE UU* patillas.

sidecar [ˈsaɪdkɑːr] *n c* sidecar.

sideline [ˈsaɪdlaɪn] *n c* **1** empleo suplementario; línea adicional (de productos). **2** SP (normalmente *pl*) línea de banda (fútbol); línea lateral (de una pista de tenis).

sidelong [ˈsaɪdlɒŋ] *adj* & *adv* **1** de soslayo (mirar). ● *adv* **2** de lado.

sidewalk [ˈsaɪdwɔːk] *n c EE UU* acera.

sideways [ˈsaɪdweɪz] *adj* & *adv* **1** hacia un lado, de lado. **2** de reojo (mirar).

siding [ˈsaɪdɪŋ] *n c* vía muerta.

siege [siːdʒ] *n c* & *u* **1** MIL sitio. **2** (fml, fig) cerco (de la policía).

sieve [sɪv] *n c* **1** tamiz, colador. ● *tr* **2** tamizar, cribar (harina); colar (caldo).

sift [sɪft] *tr* **1** tamizar (azúcar). ● *tr* & *intr* **2** (fig) examinar (papeles, documentos).

sigh [saɪ] *n c* **1** suspiro. ● *intr* **2** suspirar.

sight [saɪt] *n c* & *u* **1** vista (gen). ● *n u* **2** visión. ● *n c* **3** imagen. ● **a ~** *n sing* **4** (infml) cuadro (espectáculo); adefesio, pinta. **a ~ 5** (infml) mucho, muchísimo (peor, mejor). ● **sights** *n pl* **6** las cosas dignas de ver (museos, paisajes). ● *tr* **7** avistar (algo lejano). ■ **at first ~** a primera vista; **in/within ~** (lit, fig) a la vista; **on ~** sin más, sin esperar (disparar); **out of ~** fuera de la vista; **to catch ~ of** ver, vislumbrar; **to know sb by ~** conocer a alguien de vista.

sightseeing [ˈsaɪtsiːɪŋ] *intr visita a los lugares de interés*.

sightseer [ˈsaɪtsiːər] *n c* turista.

sign [saɪn] *n c* **1** signo (gen). **2** señal (para indicar algo). **3** letrero, cartel; señal (en la carretera). ● *tr & intr* **4** firmar. ◆ ~ **language** lenguaje por señas; **to ~ in** firmar en el registro (de un hotel); **to ~ off** finalizar (carta); **to ~ on (for)** alistarse; inscribirse, matricularse (en) (un curso); firmar el contrato (de) (trabajo); **to ~ up** firmar el contrato de (trabajo); inscribirse, matricularse (en un curso); alistar(se) (en el Ejército); contratar; fichar (un futbolista).

signal [ˈsɪgnəl] (*GB, pret* y *pp* **signalled**, *ger* **signalling**, *EE UU, pret* y *pp* **signaled**, *ger* **signaling**) *tr & intr* **1** hacer una señal (a), hacer señas (a). ● *tr* **2** (fig) señalar, indicar (cambio). ● *intr* **3** AUT señalizar (una carretera). ● *n c* **4** señal. **5** TV señal de emisión. ● *adj* **6** (fml) señalado (éxito); estrepitoso (fracaso). ◆ ~ **tower** *EE UU* puesto de mando (del tren).

signalman [ˈsɪgnəlmən] (*pl* **signalmen**) *n c* guardavía (de ferrocarril).

signature [ˈsɪgnətʃər] *n c & u* firma. ■ ~ **tune** MUS sintonía.

significance [sɪgˈnɪfɪkəns] *n sing* significado.

significant [sɪgˈnɪfɪkənt] *adj* **1** significante, trascendente (debate). **2** significativo.

signify [ˈsɪgnɪfaɪ] (*pt* y *pp* **signified**) *tr* **1** significar (algo). ● *intr* **2** (fml) importar.

signpost [ˈsaɪnpəʊst] *n c* **1** letrero indicador. **2** (fig) guía, señal.

silence [ˈsaɪləns] *n c & u* **1** silencio. ● *tr* **2** hacer callar (persona); silenciar.

silencer [ˈsaɪlənsər] *n c* silenciador.

silent [ˈsaɪlənt] *adj* **1** silencioso (gen). **2** callado (reservado). **3** CIN, PHON mudo. ■ **the ~ majority** POL la mayoría silenciosa. ◆ **the ~ movies** CIN la película muda.

silhouette [ˌsɪluːˈet] *n c* silueta.

silicon [ˈsɪlɪkən] *n u* CHEM silicio. ◆ ~ **chip** COMPUT chip de silicio.

silk [sɪlk] *n c* **1** seda. ● *adj* **2** de seda.

silkworm [ˈsɪlkwɜːm] *n c* gusano de seda.

sill [sɪl] *n c* alféizar.

silly [ˈsɪlɪ] *adj* tonto.

silo [ˈsaɪləʊ] (*pl* **silos**) *n c* silo.

silver [ˈsɪlvər] *n u* **1** plata (metal). **2** monedas de plata. ● *adj* **3** de plata. ◆ ~ **birch** BOT abedul; ~ **foil/paper** papel de plata; ~ **medal** medalla de plata; ~ **wedding** bodas de plata; **the ~ screen** (infml) el cine.

silver-plated [ˌsɪlvəˈpleɪtɪd] *adj* chapado en plata.

silverware [ˈsɪlvəweər] *n u* **1** vajilla de plata, platería; platería (Amér., platos). **2** *EE UU* cubertería de plata.

similar [ˈsɪmɪlər] *adj* similar, parecido.

similarly [ˈsɪmɪləlɪ] *adv* asimismo, del mismo modo; igualmente.

simper [ˈsɪmpər] *n c* **1** sonrisa tonta. ● *intr* **2** sonreír con cara de tonto.

simple [ˈsɪmpl̩] *adj* **1** sencillo (gen). **2** simple (de mente). **3** sencillo, mero (hecho); puro (verdad).

simplicity [sɪmˈplɪsɪtɪ] (*pl* **simplicities**) *n u* sencillez (gen).

simplify [ˈsɪmplɪfaɪ] (*pt* y *pp* **simplified**) *tr* simplificar.

simply [ˈsɪmplɪ] *adv* **1** sólo, simplemente (merely). **2** sencillamente.

simulate [ˈsɪmjʊleɪt] *tr* simular.

simultaneous [ˌsɪmlˈteɪnɪəs y EE UU ˌsaɪmlˈteɪnɪəs] *adj* simultáneo.

sin [sɪn] (*pt* y *pp* **sinned**, *ger* **sinning**) *intr* **1** pecar. ● *n c & u* **2** pecado. ◆ ~ **bin** SP (hum) banquillo para los expulsados.

since [sɪns] *adv* **1** desde entonces. ● *prep* **2** desde: *she's been here since 1990 = está aquí desde 1990.* ● **(ever) ~** *conj* **3** desde que: *they've been friends ever since they first met = son amigos desde que se conocen.* **4** ya que, como: *since you know the answer, tell me = como ya sabes la respuesta, dímelo.*

> ***Since*** se emplea cuando la acción dura hasta el momento presente: *I've been living here since 1980 = vivo aquí desde 1980.* Se usa ***from*** cuando la acción ya ha terminado o no ha empezado todavía: *they will be there from nine = estarán allí a partir de las nueve.*

sincere [sɪnˈsɪər] *adj* sincero.

sincerely [sɪnˈsɪəlɪ] *adv* sinceramente. ■ **Yours ~** atentamente (despedida en una carta formal).

sincerity [sɪnˈserɪtɪ] *n u* sinceridad.

sinew [ˈsɪnjuː] *n c* ANAT tendón.

sinful [ˈsɪnfl] *adj* pecador; pecaminoso, inmoral.

sing [sɪŋ] (*pt* **sang**, *pp* **sung**) *tr* & *intr* cantar.
singer [ˈsɪŋər] *n c* cantante.
singing [ˈsɪŋɪŋ] *n u* canto.
single [ˈsɪŋgl] *adj* **1** único. **2** soltero (no casado). **3** individual (cama, habitación). **4** *GB* de ida (billete). ● *n c* **5** MUS sencillo, single. ● **singles** *n pl* **6** SP partido individual (en tenis, golf). ◆ **~ bed/room** cama/habitación individual; **~ cream** *GB* GAST nata líquida; **~ parent** padre/madre soltero/a; **~ ticket** *GB* billete de ida; **the Single European Market** el Mercado Único Europeo. ■ **in ~ file** en fila india.
single-breasted [ˌsɪŋglˈbrestɪd] *adj* sin cruzar (chaqueta).
single-handed [ˌsɪŋglˈhændɪd] *adj* & *adv* sin ayuda.
singlet [ˈsɪŋglɪt] *n c GB* camiseta sin mangas.
singular [ˈsɪŋgjʊlər] *adj* & *n c* singular.
singularity [ˌsɪŋgjʊˈlærɪtɪ] (*pl* **singularities**) *n c* & *u* (fml) singularidad.
sinister [ˈsɪnɪstər] *adj* siniestro.
sink [sɪŋk] (*pt* **sank**, *pp* **sunk**) *intr* & *pron* **1** hundir(se) (gen). ● *intr* **2** descender (moneda, valores). **3** dejarse caer. **4** debilitarse (salud). ● *n c* **5** fregadero (de cocina); lavabo (cuarto de baño). ◆ **to ~ in** hacer mella, surtir efecto.
sinner [ˈsɪnər] *n c* pecador.
sinuous [ˈsɪnjʊəs] *adj* sinuoso.
sinus [ˈsaɪnəs] (*pl* **sinuses**) *n c* ANAT seno (nasal).
sip [sɪp] (*pt* y *pp* **sipped**, *ger* **sipping**) *tr* & *intr* **1** beber a sorbos. ● *n c* **2** sorbo.
siphon [ˈsaɪfn] *n c* sifón.
sir [sɜːr] *n c* **1** señor (para dirigirse respetuosamente). **2** Sir (título nobiliario).
siren [ˈsaɪərən] *n c* sirena.
sirloin [ˈsɜːlɔɪn] *n c* & *u* **~ (steak)** solomillo.
sister [ˈsɪstər] *n c* **1** hermana (gen). **2** MED enfermera jefe.
sister-in-law [ˈsɪstəɪnlɔː] (*pl* **sisters-in-law** o **sister-in-laws**) *n c* cuñada.
sit [sɪt] (*pt* y *pp* **sat**, *ger* **sitting**) *intr* **1** sentarse. **2** (fml) reunirse (en una sesión). **3** estar emplazado. **to ~ on 4** ser miembro de (un comité). ● *tr* **5** sentar a, hacer sentar a. **6** *GB* presentarse a (examen). ◆ **to ~ around/about** (infml) estar sentado sin hacer nada; **to ~ back** (infml) cruzarse de brazos; **to ~ down** sentar(se); **to ~ through** quedarse hasta el final; **to ~ up** incorporarse; quedarse levantado (sin irse a dormir).
sitcom [ˈsɪtkɒm] *n c* TV telecomedia.
site [saɪt] *n c* **1** sitio (gen). **2** solar, obra (en construcción); yacimiento (arqueológico). ● *tr* **3** situar.
sit-in [ˈsɪtɪn] *n c* sentada (en protesta).
sitting [ˈsɪtɪŋ] *n c* turno (de comida). ◆ **a ~ duck** (infml) un blanco fácil; **~ room** sala de estar.
situate [ˈsɪtjʊeɪt y ˈsɪtʃʊeɪt] *tr* (fml) situar.
situation [ˌsɪtʃʊˈeɪʃn] *n c* **1** situación (gen). **2** empleo. ◆ **~ comedy** telecomedia.
sit-up [ˈsɪtʌp] *n c* SP abdominal.
six [sɪks] (*pl* **sixes**) *card* seis.
sixteen [sɪkˈstiːn] *card* dieciséis.
sixteenth [sɪkˈstiːnθ] *ord* decimosexto.
sixth [sɪksθ] *ord* sexto. ◆ **~ sense** sexto sentido.
sixtieth [ˈsɪkstɪəθ] *ord* sexagésimo.
sixty [ˈsɪkstɪ] (*pl* **sixties**) *card* sesenta. ◆ **the sixties** los años sesenta.
sizable *adj* → sizeable.
size [saɪz] *n u* **1** tamaño, dimensiones (gen). ● *n c* **2** talla (de ropa); número (de zapatos). ● **to ~ up** *tr* **3** evaluar (objeto, situación); juzgar a simple vista (persona). ■ **to cut sb down to ~** bajarle los humos a alguien.
sizeable [ˈsaɪzəbl] *adj* considerable.
sizzle [ˈsɪzl] *intr* crepitar, chisporrotear.
skate [skeɪt] *n c* **1** patín. **2** ZOOL (*pl* **skate**) raya (pez). ● *intr* **3** patinar.
skateboard [ˈskeɪtbɔːd] *n c* monopatín.
skater [ˈskeɪtər] *n c* patinador.
skating [ˈskeɪtɪŋ] *n u* SP patinaje. ◆ **~ rink** pista de patinaje.
skeleton [ˈskelɪtn] *n c* esqueleto. ◆ **~ key** llave maestra; **~ staff** personal mínimo (durante una huelga).
skeptic *n c* → sceptic.
skeptical *adj* → sceptical.
sketch [sketʃ] *n c* **1** bosquejo, esbozo (de un dibujo). **2** sketch (pieza breve cómica). ● *tr* & *intr* **3** esbozar. ◆ **to ~ in** añadir detalles; **to ~ out** dar los grandes trazos de (plan).
sketchbook or **sketchpad** [ˈsketʃbʊk o ˈsketʃpæd] *n c* cuaderno de dibujo.

sketchy [ˈsketʃɪ] *adj* poco detallado, impreciso (descripción).
skewer [ˈskju:ər] *n c* brocheta.
ski [ski:] (*pt* y *pp* **skied**, *ger* **skiing**) *intr* **1** SP esquiar. • *n c* **2** esquí. • *adj* **3** de esquiar, de esquí. ♦ ~ **instructor** monitor de esquí; ~ **jump** SP salto de esquí (deporte); pista para saltos de esquí; ~ **lift** telesilla; ~ **pants** pantalones de esquí; ~ **pass** forfait; ~ **pole/stick** bastón para esquiar; ~ **resort** estación de esquí; ~ **slope(s)** pista de esquí. ■ **to go skiing** esquiar, ir a esquiar.
skid [skɪd] (*pt* y *pp* **skidded**, *ger* **skidding**) *intr* **1** derrapar, patinar. • *n c* **2** patinazo, derrape. ♦ ~ **row** *EE UU* (infml) barrio de mala muerte.
skier [ˈski:ər] *n c* esquiador.
skies [skaɪz] *n c* → sky.
skilful [ˈskɪlfl] (*EE UU* **skillful**) *adj* habilidoso, hábil.
skill [skɪl] *n u* **1** habilidad, destreza (profesional). • *n c* **2** técnica; arte manual.
skilled [skɪld] *adj* **1** habilidoso. **2** especializado (trabajo, trabajador).
skillful *adj* → skilful.
skim [skɪm] (*pt* y *pp* **skimmed**, *ger* **skimming**) *tr* **1** desnatar (leche); espumar (el caldo). **2** echar un vistazo. • **to ~ through** *intr* **3** hojear. ♦ **~/skimmed milk** leche desnatada.
skimp [skɪmp] *tr* **1** escatimar. • **to ~ on** *intr* **2** escatimar.
skimpy [ˈskɪmpɪ] *adj* **1** escaso, insuficiente. **2** corto y estrecho (ropa).
skin [skɪn] (*pt* y *pp* **skinned**, *ger* **skinning**) *tr* **1** despellejar. • *n c* & *u* **2** piel (gen). **3** nata (leche). ♦ ~ **graft** MED injerto de piel; ~ **tight** *adj* ceñido (vestido); **to jump/leap out of one's ~** *GB* llevarse un susto de muerte; **to save/protect one's own ~** salvar el pellejo.
skin-deep [ˌskɪnˈdi:p] *adj* superficial.
skinny [ˈskɪnɪ] *adj* (infml, pej) delgaducho.
skip [skɪp] (*pt* y *pp* **skipped**, *ger* **skipping**) *intr* **1** dar saltitos. **2** *GB* saltar a la comba. • *tr* & *intr* **3** (infml) saltarse (una reunión). • *n c* **4** brinco. **5** *GB* contenedor (de basura).
skipper [ˈskɪpər] *n c* MAR, SP (infml) capitán.
skipping rope [ˈskɪpɪŋrəʊp] *n c GB* cuerda de saltar, comba.
skirt [skɜ:t] *n c* **1** falda; pollera (Amér.). • *tr* **2** rodear, bordear (una zona).
skirting (board) [ˈskɜ:tɪŋ] *n c* & *u GB* zócalo.
skit [skɪt] *n c* parodia.
skittle [ˈskɪtl] *n c* **1** *GB* bolo. • **skittles** *n pl* **2** SP bolos.
skive [skaɪv] *intr* **to ~ (off)** *GB* (infml) escaquearse.
skulk [skʌlk] *intr* esconderse.
skull [skʌl] *n c* ANAT cráneo.
skunk [skʌŋk] *n c* ZOOL mofeta; zorrillo (Amér., animal).
sky [skaɪ] (*pl* **skies**) *n c* & *u* cielo.
skylight [ˈskaɪlaɪt] *n c* tragaluz.
skyline [ˈskaɪlaɪn] *n c* línea del horizonte.
skyscraper [ˈskaɪskreɪpər] *n c* rascacielos.
slab [slæb] *n c* losa (de piedra); bloque (de cemento); tableta (de chocolate).
slack [slæk] *adj* **1** flojo (cuerda, cable); holgado (ropa). **2** inactivo (negocio). **3** vago, perezoso (persona). **4** descuidado (en el trabajo).
slacken [ˈslækən] *tr* & *intr* **1** disminuir(se) (velocidad). • *tr* **2** aflojar(se) (fuerza).
slag [slæg] *n u* escoria.
slain [sleɪn] *pp* → slay.
slam [slæm] (*pt* y *pp* **slammed**, *ger* **slamming**) *tr* & *intr* **1** cerrar(se) de un golpe (puerta). • *tr* **2** (infml) vapulear, poner verde a (a alguien).
slander [ˈslɑ:ndər] *n c* **1** calumnia. • *tr* **2** calumniar.
slang [slæŋ] *n u* argot.
slant [slænt] *n c* **1** inclinación (de una pendiente). **2** (fig) enfoque (de un asunto). • *intr* **3** inclinar(se). • *tr* **4** (fig) dar un enfoque a (un asunto).
slanting [ˈslɑ:ntɪŋ] *adj* inclinado.
slap [slæp] (*pt* y *pp* **slapped**, *ger* **slapping**) *tr* **1** dar una palmada a (en la espalda de alguien); abofetear (en la cara). • *n c* **2** palmada (en la espalda); bofetada (en la cara). • *adv* **3** (infml) de narices. ■ **a ~ in the face** (fig) una bofetada; **a ~ on the back** (lit, fig) un espaldarazo.
slap-up [ˈslæpʌp] *adj* **a ~ lunch/dinner/meal** *GB* (infml) una comilona.
slash [slæʃ] *n c* **1** raja, tajo; cuchillada; latigazo. **2** barra oblicua. • *tr* **3** rajar, acuchillar; azotar. **4** rasgar (material);

S

cortar (muñecas). **5** (infml) recortar (texto, precios).

slat [slæt] *n c* tablilla (de madera); hoja (de metal, de vidrio).

slate [sleɪt] *n u* **1** pizarra. • *tr* **2** *GB* poner por los suelos (criticar).

slaughter [ˈslɔ:tər] *n u* **1** (lit, fig) matanza. • *tr* **2** matar en masa; masacrar.

slaughterhouse [ˈslɔ:təhaʊs] *n c* matadero.

slave [sleɪv] *n c* **1** esclavo. • **to ~ over sth** *intr* **2** trabajar como esclavo en algo.

slavery [ˈsleɪvrɪ] *n u* esclavitud.

slay [sleɪ] (*pt* **slew**, *pp* **slain**) *tr* (fml) matar, asesinar.

sleazy [ˈsli:zɪ] *adj* de mala muerte.

sledge [sledʒ, EE UU sled] (*EE UU* **sled**) *n c* trineo pequeño. ♦ **~ hammer** mazo, almádena (herramienta).

sleek [sli:k] *adj* **1** liso y brillante (pelo); lustroso (piel, abrigo). **2** en buen estado físico; de línea depurada.

sleep [sli:p] (*pt* y *pp* **slept**) *intr* **1** dormir. • *n u* **2** sueño. ♦ **to ~ in** dormir hasta tarde; **to ~ together** (euph) acostarse. ■ **to drop off to ~/go to ~** quedarse dormido; **to get to ~** conciliar el sueño.

sleeper [ˈsli:pər] *n c* **1** coche-cama (en un tren). **2** tren nocturno con literas. **3** traviesa de vía.

sleeping [ˈsli:pɪŋ] *adj* para dormir (píldoras). ♦ **~ bag** saco de dormir; **~ car** coche-cama.

sleepless [ˈsli:plɪs] *adj* **1** insomne, desvelado. **2** pasada en vela (noche).

sleepwalker [ˈsli:pwɔ:kər] *n c* sonámbulo.

sleepy [ˈsli:pɪ] *adj* **1** soñoliento (persona). **2** soporífero, poco animado.

sleeve [sli:v] *n c* **1** manga. **2** funda, cubierta (de un disco). **3** MEC manguito. ■ **to have sth up one's ~** guardar una carta en la manga.

slender [ˈslendər] *adj* **1** delgado; esbelto (figura). **2** escaso (esperanzas, recursos).

slept [slept] *pt* & *pp* → sleep.

slew [slu:] *pt* **1** → slay. • *tr* & *intr* **2** torcer(se).

slice [slaɪs] *n c* **1** rebanada (de pan); loncha (de queso); rodaja (de naranja, limón); raja (de melón); tajo, tajada (de carne); trozo, pedazo (de pastel). **2** parte (de un mercado, de la historia). • *tr* **3** cortar (gen); rebanar (pan). ♦ **sliced bread** pan de molde rebanado.

slick [slɪk] *adj* (pej) astuto (vendedor); zalamero (en la forma de hablar).

slide [slaɪd, *pt* y *pp* slɪd] (*pt* y *pp* **slid**) *tr* & *intr* **1** deslizar(se). **2** correr (una puerta corredera). • *intr* **3** resbalar. **4** caer gradualmente. • *n c* **5** descenso. **6** tobogán. **7** *GB* pasador (para el pelo). **8** PHOT diapositiva. ■ **to let things ~** dejar que las cosas empeoren.

sliding [ˈslaɪdɪŋ] *adj* deslizante. ♦ **~ door** puerta corredera.

slight [slaɪt] *adj* **1** de aspecto delicado. **2** leve, ligero. **3** superficial (herida). ■ **not in the slightest** (fml) en absoluto.

slightly [ˈslaɪtlɪ] *adv* ligeramente. ■ **~ built** pequeño, menudo.

slim [slɪm] (*pt* y *pp* **slimmed**, *ger* **slimming**) *intr* **1** intentar adelgazar, hacer régimen. • *adj* **2** delgado. **3** remoto (posibilidad).

slime [slaɪm] *n u* **1** cieno, lodo (en una charca). **2** baba (de caracol).

slimming [ˈslɪmɪŋ] *adj* **1** adelgazante (píldoras). • *n u* **2** adelgazamiento.

sling [slɪŋ] (*pt* y *pp* **slung**) *tr* **1** lanzar. **2** colgar. • *n c* **3** honda. **4** MED cabestrillo.

slip [slɪp] (*pt* y *pp* **slipped**, *ger* **slipping**) *intr* **1** resbalar(se). **2** escurrirse, deslizarse. • **to ~ into** *tr* **3** meter rápidamente en (en un cajón); deslizar en. • *n c* **4** descuido. **5** hoja, ficha (de papel). **6** enaguas. ♦ **~ road** *GB* AUT vía de acceso (a una autospista); vía de salida (de una autopista); **to ~ up** (fig) cometer un error. ■ **to give sb the ~** dar esquinazo a alguien.

slipper [ˈslɪpər] *n c* zapatilla.

slipshod [ˈslɪpʃɒd] *adj* descuidado.

slip-up [ˈslɪpʌp] *n c* (infml) pequeño fallo (error); descuido.

slipway [ˈslɪpweɪ] *n c* grada.

slit [slɪt] (*pt* y *pp* **slit**, *ger* **slitting**) *tr* **1** rajar, cortar. • *n c* **2** ranura, hendidura.

slither [ˈslɪðər] *intr* deslizarse.

sliver [ˈslɪvər] *n c* astilla (de madera); esquirla (de cristal).

slob [slɒb] *n c* guarro.

slog [slɒg] (*pt* y *pp* **slogged**, *ger* **slogging**) *intr* **1** afanarse (en el trabajo). **2** caminar penosamente. • *n c* **3** curro. **4** viaje pesado.

slogan [ˈsləʊgən] *n c* eslogan.
slop [slɒp] (*pt* y *pp* **slopped**, *ger* **slopping**) *tr* & *intr* derramar(se).
slope [sləʊp] *n c* **1** inclinación (gen). **2** cuesta, pendiente (hacia arriba. **3** ladera (de una montaña). • *intr* **4** inclinarse.
sloping [ˈsləʊpɪŋ] *adj* inclinado. ■ ~ **up/down** en pendiente/declive.
sloppy [ˈslɒpɪ] *adj* **1** desaliñado (vestido); dejado (persona); chapucero (trabajo); descuidado (discurso). **2** (infml) sensiblero (sentimental).
slot [slɒt] (*pt* y *pp* **slotted**, *ger* **slotting**) *tr* **to ~ (into) 1** introducir (en) (una ranura); hacer un hueco (en). • *n c* **2** ranura (slit). **3** muesca. ♦ ~ **machine** máquina automática (de refrescos, tabaco); máquina tragaperras (en los bares); ~ **meter** *GB contador de luz/teléfono que funciona con monedas.*
slouch [slaʊtʃ] *n sing* **1** encorvamiento de hombros. • *intr* **2** dejar caer los hombros.
Slovak [ˈsləʊvæk] *adj* & *n c* eslovaco.
Slovakia [sləʊˈvækɪə] *n c* Eslovaquia.
Slovakian [sləʊˈvækɪən] *adj* eslovaco.
Slovene [ˈsləʊviːn] *adj* & *n c* → Slovenian.
Slovenia [sləʊˈviːnɪə] *n sing* Eslovenia.
Slovenian [ˈsləʊviːnɪən] *adj* & *n c* esloveno.
slow [sləʊ] *adj* **1** lento (movimiento). **2** atrasado (reloj). **3** torpe (persona). • *adv* **4** lentamente. • *tr* **5** retardar. **6** reducir la velocidad de (una máquina). • *intr* **7** ir más despacio. ♦ **to ~ down/up** retrasar; reducir la velocidad de (un coche, máquina); ir más despacio; ~ **motion** cámara lenta.
slow-acting [sləʊˈæktɪŋ] *adj* de efectos retardados.
slowdown [ˈsləʊdaʊn] *n c EE UU* ralentización (de velocidad); reducción (de actividad).
slowly [ˈsləʊlɪ] *adv* despacio.
slow-motion [ˌsləʊˈməʊʃɪən] *adj* a cámara lenta.
sludge [slʌdʒ] *n u* **1** lodo (mud). **2** aguas residuales (sewage).
slug [slʌg] *n c* **1** ZOOL babosa. **2** (infml) lingotazo (de alcohol). ♦ ~ **sth back** beber algo de un trago.
sluggish [ˈslʌgɪʃ] *adj* lento; inactivo, perezoso (negocio).
slum [slʌm] *n c* **1** barrio bajo. **2** casucha, tugurio (edificio).
slumber [ˈslʌmbər] *n u* **1** (lit) sueño profundo. • *intr* **2** dormir.
slump [slʌmp] *n c* **1** crisis económica. • *intr* **2** hundirse, (precios, producción); sufrir un bajón (psicológico). **3** desplomarse (sobre una silla).
slung [slʌŋ] *pt* & *pp* → sling.
slur [slɜːr] (*pt* y *pp* **slurred**, *ger* **slurring**) *tr* & *intr* **1** mascullar. • *n c* **2** agravio, afrenta.
slush [ˈslʌʃ] *n u* nieve medio derretida. ♦ ~ **fund/money** *EE UU dinero usado para actividades corruptas.*
slut [slʌt] *n c* **1** (vulg) guarra, marrana (mujer). **2** (sl) ramera.
sly [slaɪ] *adj* **1** furtivo, sigiloso. **2** astuto, ladino. ■ **on the ~** a hurtadillas, sigilosamente (moverse).
smack [smæk] *n c* **1** manotazo. • *tr* **2** dar un manotazo. • *adv* **3** exactamente. ■ ~ **in the middle** justo en medio.
small [smɔːl] *adj* **1** pequeño (gen). **2** bajo. **3** insignificante. ♦ ~ **ads** anuncios por palabras; ~ **change** cambio, suelto. ■ ~ **talk** conversación trivial; **the ~ hours** primeras horas de la madrugada.

> ***Small*** es el opuesto de *big* o *large* y puede ser modificado por adverbios como *quite, fairly, rather*, etc.: *I have a quite small flat = tengo un piso bastante pequeño.* ***Little*** no suele ir acompañado de adverbios y se usa para dar un matiz afectuoso o peyorativo. A menudo precede a otros adjetivos como *pretty, lovely*, etc.: *what a lovely little garden! – ¡qué jardincito tan encantador!*

smallholder [ˈsmɔːlhəʊldər] *n c GB* minifundista.
smarmy [ˈsmɑːmɪ] *adj* (infml, pej) pelotillero, cobista.
smart [smɑːt] *adj* **1** elegante (vestido, estilo). **2** (infml) listo, inteligente. • *adj* & *adv* **3** rápido (paso, movimiento). • *intr* **4** escocer, picar (ojos). **5** (fig) estar resentido. ♦ ~ **card** tarjeta inteligente.
smash [smæʃ] *n c* **1** estruendo. **2** choque. **3** (infml) accidente (de coche, de

tren). **4** SP mate, smash (en tenis). • *tr* & *intr* **5** romper(se) (cristal, ventana). • **to ~ into/against** *intr* **6** estrellarse contra. • *tr* **7** golpear violentamente (a). **8** (fig) aplastar (oponente). ♦ **~ hit** gran éxito; **to ~ up** hacer pedazos (objeto, lugar); partir la cara a (persona).

smashing [ˈsmæʃɪŋ] *adj* (infml) estupendo.

smattering [ˈsmætərɪŋ] *n sing* nociones.

smear [smɪər] *n c* **1** mancha. **2** MED frotis. • *tr* **3** manchar. **to ~ (onto/with) 4** untar (con). ♦ **~ campaign** campaña difamatoria; **~ test** citología.

smell [smel] (*pt* y *pp* **smelled** o **smelt**) *tr* & *intr* **1** oler. • *n c* **2** olor. • *n u* **3** olfato (sentido del). ▪ **to ~ good/bad** oler bien/mal.

smelly [ˈsmelɪ] *adj* maloliente.

smelt [smelt] *pt* & *pp* **1** → smell. • *tr* **2** fundir (metal).

smile [smaɪl] *n c* **1** sonrisa. • *intr* **2** sonreír.

smirk [smɑːk] *n c* **1** sonrisa afectada. • *intr* **2** sonreír satisfecho de sí mismo.

smithy [ˈsmɪðɪ] (*pl* **smithies**) *n c* herrería.

smock [smɒk] *n c* guardapolvo, bata (del trabajador); bata (de cirujano, de apciente); blusón (de artista).

smog [smɒg] *n u* smog.

smoke [sməʊk] *n u* **1** humo. • *n c* **2** (infml) cigarrillo, pitillo. • *tr* & *intr* **3** fumar. • *tr* **4** ahumar (pescado, carne). ▪ **to have a ~** fumar un pitillo.

smoked [sməʊkt] *adj* ahumado.

smoker [ˈsməʊkər] *n c* fumador.

smokescreen [ˈsməʊkskriːn] *n c* (fig) cortina de humo.

smoking [ˈsməʊkɪŋ] *n u* (el hábito de) fumar. ♦ **~ compartment** compartimento de fumadores. ▪ **"no ~"** «prohibido fumar».

smoky [ˈsməʊkɪ] *adj* **1** humeante, que humea (chimenea). **2** lleno de humo (habitación).

smolder [ˈsməʊldər] *intr* → smoulder.

smooth [smuːð] *adj* **1** liso, llano (superficie). **2** sin grumos (mezcla). **3** terso, suave (piel); sin arrugas (frente). **4** suave, fluido (movimiento). **5** suave (voz). **6** tranquilo (viaje). **7** (pej) meloso, zalamero (persona). • *tr* **8** alisar, allanar. **9** (fig) refinar, suavizar (pulir). ▪ **to ~ over sth/~ things over** limar asperezas.

smoulder [ˈsməʊldər] (*EE UU* **smolder**) *intr* **1** arder sin llama. **to ~ with 2** (fig) arder de (cólera, envidia).

smudge [ˈsmʌdʒ] *n c* mancha; borrón (de tinta).

smug [smʌg] *adj* (pej) satisfecho de sí mismo (persona); lleno de suficiencia (sonrisa).

smuggle [ˈsmʌgl] *intr* **1** hacer contrabando. • *tr* **2** pasar de contrabando.

smuggler [ˈsmʌglər] *n c* contrabandista.

smutty [ˈsmʌtɪ] *adj* **1** tiznado, manchado. **2** (fig) obsceno.

snack [snæk] *n c* **1** tentempié, piscolabis. • *intr* **2** *EE UU* picar. ♦ **~ bar** cafetería, bar.

snag [snæg] (*pt* y *pp* **snagged**, *ger* **snagging**) *tr* & *intr* **to ~ (on) 1** engancharse. • *n c* **2** pega (plantear, poner).

snail [sneɪl] *n c* ZOOL caracol.

snake [sneɪk] *n c* **1** ZOOL serpiente (de gran tamaño); culebra. • *intr* **2** serpentear (una carretera, un río).

snap [snæp] (*pt* y *pp* **snapped**, *ger* **snapping**) *tr* **1** chasquear, castañear (los dedos). • **to ~ (off)** *tr* & *intr* **2** romper(se), partir(se) en dos. • *tr* **3** decir bruscamente. • *n c* **4** chasquido, castañeo (de dedos). **5** (infml) foto. • *adj* **6** repentino. ♦ **~ fastener** automático; **to ~ up** no dejar escapar (una oferta, ganga).

snappy [ˈsnæpɪ] *adj* **1** (infml) que viste a la última (dresser). **2** (infml) rápido (fast). ▪ **make it ~!** ¡rápido! ¡dáte prisa! (conminando).

snapshot [ˈsnæpʃɒt] *n c* (infml) foto.

snare [sneər] *n c* **1** (fig) trampa. • *tr* **2** cazar con trampa (animal). **3** (fig) hacer caer en la trampa.

snarl [snɑːl] *n c* **1** gruñido (de animal, persona). • **to ~ (at)** *intr* **2** gruñir (a).

snatch [snætʃ] *n c* **1** fragmento, trocito (de canción, de conversación). • **to ~ (up)** *tr* **2** agarrar, asir. **3** arrebatarle (algo a alguien).

sneak [sniːk] (*pt* **snuck**) *tr* **1** pasar a escondidas. • **to ~ in/out** *intr* **2** entrar/salir a escondidas. • *n c* **3** *GB* (infml) soplón, chivato.

sneakers [ˈniːkəz] *n pl* zapatos de lona.

sneaky [ˈsni:kɪ] *adj* (pej) solapado; furtivo, sigiloso.
sneer [snɪər] *n c* **1** mueca de burla y desprecio. ● *intr* **2** sonreír con desprecio.
sneeze [sni:z] *n c* **1** estornudo. ● *intr* **2** estornudar. ■ **it's not to be sneezed at** (infml, fig) no es de despreciar, no es moco de pavos (oferta, sugerencia).
snicker [ˈsnɪkər] *n c* **1** → snigger. ● *intr* **2** → snigger.
snide [snaɪd] *adj* sarcástico.
sniff [snɪf] *tr* **1** oler (persona); olfatear (perro). **2** esnifar (cocaína). ● *intr* **3** sorber por la nariz. ◆ **to ~ out** (fig) descubrir; olfatear, detectar (husmear).
snigger [ˈsnɪgər] (*EE UU* **snicker**) *n c* **1** risa disimulada. ● *intr* **2** reírse por lo bajo.
snip [snɪp] (*pt* y *pp* **snipped**, *ger* **snipping**) *tr* & *intr* **1** cortar con tijeras, dar un tijeretazo (a). ● *n c* **2** (infml) ganga.
sniper [ˈsnaɪpər] *n c* francotirador.
snippet [ˈsnaɪpɪt] *n c* retazo, fragmento.
snivel [ˈsnɪvl] (*GB, pret* y *pp* **snivelled**, *ger* **snivelling**, *EE UU, pret* y *pp* **sniveled**, *ger* **sniveling**) *intr* lloriquear.
snob [snɒb] *n c* esnob.
snobbish or **snobby** [ˈsnɒbɪʃ o ˈsnɒbɪ] *adj* esnob.
snooker [ˈsnu:kər] *n c* **1** snooker (modalidad de billar). ● **to be snookered** *tr* **2** *GB* (infml) estar en un aprieto.
snoop [snu:p] *intr* curiosear, fisgonear (pry).
snooty [ˈsnu:tɪ] *adj* (infml) engreído (stuck-up).
snooze [snu:z] *n c* **1** cabezada, siestecita (nap). ● *intr* **2** dormitar.
snore [snɔ:] *n c* **1** ronquido. ● *intr* **2** roncar.
snoring [ˈsnɔ:rɪŋ] *n u* ronquidos.
snorkel [ˈsnɔ:kl] *n c* tubo respiratorio.
snort [snɔ:t] *n c* **1** bufido (de caballo, de toro); resoplido (de persona). ● *intr* **2** bufar. **to ~ (with) 3** resoplar (de) (ira). ● *tr* **4** (infml) esnifar (cocaína).
snout [snaʊt] *n c* hocico, morro.
snow [snəʊ] *n u* **1** nieve. ● *intr* **2** nevar.
snowball [ˈsnəʊbɔ:l] *n c* bola de nieve.
snowboard [ˈsnəʊbɔ:d] *n c* SP snowboard.
snowfall [ˈsnəʊfɔ:l] *n c* **1** nevada. ● *n u* **2** *cantidad de nieve.*
snowflake [ˈsnəʊfleɪk] *n c* copo de nieve.
snowman [ˈsnəʊmæn] (*pl* **snowmen**) *n c* muñeco de nieve.
snowplough [ˈsnəʊplaʊ] (*EE UU* **snowplow**) *n c* quitanieves.
snowshoe [ˈsnəʊsu:] *n c* raqueta para la nieve.
snowstorm [ˈsnəʊstɔ:m] *n c* tormenta de nieve.
snub [snʌb] (*pt* y *pp* **snubbed**, *ger* **snubbing**) *tr* **1** desairar. ● *n c* **2** desaire.
snuck [snʌk] *pt* → sneak.
snuff [snʌf] *n u* rapé.
snug [snʌg] *adj* **1** cómodo y calentito; acogedor. **2** ceñido.
snuggle [ˈsnʌgl] *intr* **1** acomodarse. **to ~ down 2** acurrucarse (en el sofá, en la cama). **to ~ up (to sb) 3** arrimarse (a alguien) acurrucándose.
so [səʊ] *adv* **~ + adj/adv 1** tan: *don't be so silly! = ¡no seas (tan) bobo!* **~ + adj/adv (that) 2** tan... que: *he left so quickly (that) I didn't see him = se fue tan de prisa que no lo ví.* **not ~ + adj/adv as 3** no tan... como: *it's not so expensive as we thought = no es tan caro como pensamos.* **~ much/many (that) 4** tanto/tantos (que): *so much traffic, so many people = tanto tráfico, tanta gente.* **5** así, de esta forma: *why are you shouting so? = ¿por qué gritas así?* **~ + aux + subject 6** también (para expresar acuerdo): *she goes there often and so do I = ella va allí a menudo y yo también.* **7** así que, entonces: *so it wasn't him who phoned? = ¿así que no fue él quien telefoneó?* **8** tanto, mucho (dando énfasis): *I'm so glad to see you! = ¡me alegro muchísimo de verte!/¡cómo me alegro de verte!* **~ + subject + aux 9** sí que (es verdad), efectivamente (espresando agradecimiento): *"Didn't he come yesterday?" "So he did" = «¿no vino ayer?» «Efectivamente».* **~ much 10** tanto (cantidad incierta): *they pay so much a/per week = pagan tanto a la semana.* **or ~ 11** o así, más o menos (momento aproximado): *a year or so ago = hace un año o así*; aproximadamente, más o menos (cantidad, número aproximado). *a hundred pounds or so = unas cien libras.* ● *conj* **12** por (lo) tanto, así que: *she wanted to go, so we did = que-*

S

ría ir, así que fuimos. **13** con que, así que (introduciendo una frase): *so you've been here since then! = ¡con que has estado aquí desde entonces!* ■ **and ~ on/and ~ forth** etcétera, y cosas por el estilo; **I'm afraid ~** temo que sí; **not... ~ much as...** no tanto por… como…: *it's not the time it takes so much as the work = no es tanto por el tiempo que lleva, como por el trabajo*; **~ as (not) to** (fml) para (no); **~ long!** (infml) ¡hasta luego!; **~ (that)** para que (finalidad); de modo que; **~ (what)?** (infml) ¿y qué? ¿qué importa?

> ***So*** se emplea para evitar la repetición de información con verbos como ***hope***, ***guess***, ***be afraid***, ***think***, ***imagine***, etc: *"Is he coming to the party?" "I hope so" = —¿Va a venir a la fiesta? —Espero que sí*. Las frases negativas pueden construirse de dos formas: *I think not / I don't think so = creo que no.* Con excepción de ***to be afraid*** y ***hope*** que siempre van seguidos de ***not***.

soak [səʊk] *tr* **to ~ (in) 1** remojar (en). **2** calar, empapar. ● *intr* **3** estar en remojo. **to ~ into/though 4** calar. ◆ **to ~ up** absorber, empapar (líquido); consumir, gastar (energía).

sold-out [ˌsəʊld'aʊt] *adj* agotado (billetes).

so-and-so ['səʊənsəʊ] *n u* (infml) fulano de tal.

soap [səʊp] *n u* **1** jabón. ● *tr* **2** enjabonar. ◆ **~ bubble** pompa de jabón; **~ opera** TV culebrón, telenovela; **~ powder** detergente en polvo.

soapy ['səʊpɪ] *adj* **1** jabonoso (agua). **2** a jabón (un sabor); de jabón (textura).

soar [sɔː] *intr* **1** remontar el vuelo (pájaro). **2** (fig) subir vertiginosamente (temperatura, tono de voz). **3** dispararse (precios, salarios). **4** (lit) elevarse.

sob [sɒb] (*pt* y *pp* **sobbed**, *ger* **sobbing**) *intr* **1** sollozar. ● *n c* **2** sollozo.

sober ['səʊbər] *adj* sobrio (gen).

sobering ['səʊbərɪŋ] *adj* que invita a reflexionar (idea, pensamiento).

so-called [ˌsəʊpkɔːld] *adj* **1** (normalmente *pej*) supuesto (amigo); mal llamado. **2** así llamado.

soccer ['sɒkər] *n u* SP fútbol.

sociable ['səʊʃəbl] *adj* sociable.

social ['səʊsl] *adj* social. ◆ **~ climber** (pej) arribista; **~ club** local social (de una empresa); **~ event** acto social (en el trabajo); **~ life** vida social; **~ order** POL orden social; **~ outcast** marginado, paria; **~ science** ciencia(s) social(es); **~ security** *GB* seguridad social; **~ worker** asistente social.

socialise *intr* → socialize.

socialism ['səʊʃəlɪzəm] *n u* socialismo.

socialist ['səʊʃəlɪst] *adj* & *n c* socialista.

socialize ['səʊʃəlaɪz] *intr* **1** hacer vida social. **to ~ (with) 2** alternar (con) (otras personas).

society [sə'saɪətɪ] (*pl* **societies**) *n c* & *u* **1** sociedad. ● *n c* **2** sociedad, asociación, club (de diferentes actividades).

sociologist [ˌsəʊsɪ'ɒlədʒɪst] *n c* sociólogo.

sociology [ˌsəʊsɪ'ɒlədʒɪ] *n u* sociología.

sock [sɒk] *n c* calcetín.

socket ['sɒkɪt] *n c* **1** ELEC enchufe (hembra); portalámparas (para la bombilla). **2** ANAT cuenca, órbita (del ojo); fosa, cavidad (ósea); alveolo (dental).

soda ['səʊdə] *n c* & *u* **~ (water) 1** soda, sifón. **(cream) ~ 2** *EE UU* bebida gaseosa con helado. ◆ **~ syphon/siphon** sifón.

sodium ['səʊdɪəm] *n u* CHEM sodio.

sofa ['səʊfə] *n c* sofá. ◆ **~ bed** sofá cama.

soft [sɒft] *adj* **1** blando (material). **2** suave (piel, color, luz, sonido). **3** (infml) tonto, estúpido. ◆ **~ drink** refresco; **~ drugs** drogas blandas; **~ toy** muñeco de peluche.

softball ['sɒftbɔːl] *n u* **1** SP variedad de béisbol. ● *n c* **2** pelota blanda de béisbol.

soft-boiled ['sɒftbɔɪld] *adj* pasado por agua (egg).

soften ['sɒfn y EE UU 'sɔːfn] *tr* & *intr* **1** ablandar(se) (sustancia). **2** suavizar(se). ◆ **to ~ up** (infml) debilitar la resistencia.

softener ['sɒfnər] *n c* suavizante (para lavar la ropa).

soft-hearted [ˌsɒft'hɑːtɪd] *adj* de buen corazón.

software ['sɒftweər y EE UU 'sɑːftweər] *n u* COMPUT software. ◆ **~ package** paquete de software.

soil [sɔɪl] *n c* & *u* **1** tierra, suelo. ● *tr* **2** (fml) manchar, ensuciar.

solar ['səʊlər] *adj* solar.

solarium [səʊ'leərɪəm, *pl irreg* səʊ'leərɪə] (*pl* **solariums** o **solaria**) *n c* solario, solarium.
sold [səʊld] *pt & pp* → sell.
solder ['səʊldər y EE UU 'sɑ:ldər] *n u* **1** soldadura. • *tr* **2** soldar.
soldier ['səʊldʒər] *n c* soldado.
sole [səʊl] *adj* **1** solo, único (gen). **2** exclusivo (distribuidor). • *n c* **3** suela (de zapato). **4** ANAT planta (del pie). • *n c & u* **5** (*pl* **sole**) lenguado (pez).
solemn ['sɒləm] *adj* solemne.
solicit [sə'lɪsɪt] *tr* (fml) solicitar.
solicitor [sə'lɪsɪtər] *n c GB* JUR abogado (de asuntos legales y administrativos).
solid ['sɒlɪd] *adj* **1** sólido (gen). **2** macizo (metal, madera). **3** compacto, duro (mezcla, masa). **4** continuo, seguido (línea, pared). • *n c* **5** sólido, materia sólida. ♦ **~ fuel** combustible sólido.
solidarity [ˌsɒlɪ'dærɪtɪ] *n u* **~ (with)** solidaridad (con), adhesión (a).
solitaire [ˌsɒlɪ'teər y EE UU 'sɑ:lɪteər] *n c & u* solitario.
solitary ['sɒlɪtrɪ y EE UU 'sɑ:lɪterɪ] *adj* **1** solitario (gen). **2** (con negación) (ni un) solo.
solitude ['sɒlɪtju:d y EE UU 'sɑ:lɪtu:d] *n u* (fml) soledad.
solo ['səʊləʊ] (*pl* **solos**) *n c* **1** MUS solo. • *adj* **2** solo, sin compañía. • *adv* **3** a solas, solo.
soloist ['səʊləʊist] *n c* MUS solista.
soluble ['sɒljʊbl] *adj* soluble.
solution [sə'lu:ʃn] *n c* solución.
solve [sɒlv y EE UU sɔ:lv] *tr* resolver.
solvent ['sɒlvənt y EE UU 'sɔ:lvənt] *adj* **1** FIN solvente. • *adj & n c* **2** CHEM disolvente.
Somali [səʊ'mɑ:lɪ] *adj & n c* somalí.
Somalia [sə'mɑ:lɪə] *n sing* Somalia.
sombre ['sɒmbər] (*EE UU* **somber**) *adj* sombrío.
some [sʌm] *adj* **1** algo de, un poco de (cantidad indefinida); unos, algunos (número indefinido). **2** (en frases comparativas) algunos, ciertos: *some are better than others = algunos son mejores que otros*. **3** un, un tal, cierto (persona desconocida): *some lady phoned = llamó una señora*; un, algún (cosa desconocida): *there must be some mistake = debe haber algún error*. **4** mucho, bastante (tiempo): *they've been here for some time = hace bastante tiempo que están aquí*; unos cuantos, varios (varias semanas, años): *he died some years ago = murió hace unos cuantos años*. **5** (infml) vaya, menudo, todo un (expresando admiración): *that was some speech! = ¡fue todo un discurso!* **6** (infml, iron) vaya, menudo, valiente (expresando sarcasmo): *some friend he is! = ¡vaya amigo que tienes!* • *pron* **7** un poco, algo (cantidad indefinida): *I've already had some = ya he tomado*; algunos (número indefinido): *there are some left = quedan algunos*. **~ (of) 8** una parte (de); algunos (de) (proporción o cantidad indefinida). • *adv* **9** unos, más o menos (cantidad estimada): *there are some thousand people = hay unas mil personas*. **10** *EE UU* (infml) bastante: *I think of him some = pienso bastante en él.*

> ***Some*** y ***any*** se usan con sustantivos incontables o en plural. No pueden omitirse en inglés aunque a veces en español no tienen traducción. ***Some*** se emplea en frases afirmativas y ***any*** en las negativas e interrogativas: *there are some crisps in the larder = hay patatas fritas en la despensa*; *I don't want any sugar = no quiero azúcar*; *have you got any bread? = ¿tienes pan?*

somebody ['sʌmbədɪ] *indef pron* alguien. ■ **~ else** otro, otra persona.
someday or **some day** ['sʌmdeɪ] *adv* algún día.
somehow ['sʌmhaʊ] (*EE UU* **some way**) *adv* **1** de algún modo, de alguna manera. **2** por alguna razón.
someone ['sʌmwʌn] *indef pron* → somebody.
someplace ['sʌmpleɪs] *adv* → somewhere.
somersault ['sʌməsɔ:lt] *n c* **1** voltereta (en el suelo); salto mortal (en el aire); vuelta de campana (con el coche). • *intr* **2** dar una voltereta (en el suelo); dar un salto mortal (en el aire); dar una vuelta de campana (con el coche).
something ['sʌmθɪŋ] *pron* **1** algo. **~ of + sing noun 2** un poco: *it came as*

something of a surprise = nos pilló un poco por sorpresa. • *adv* **3** algo, un poco. **~ like 4** algo así como. ■ **or ~** (infml) o algo así; **to be really ~** (infml) ser demasiado, ser increíble.

sometime [ˈsʌmtaɪm] *adv* **1** en algún momento (sin especificar): *ring me sometime next week = llámame la semana que viene.* • *adj* **2** (fml) antiguo, ex: *the sometime headmaster of our school = el ex director de nuestra escuela.*

sometimes [ˈsʌmtaɪmz] *adv* a veces, de vez en cuando.

someway [ˈsʌmweɪ] *adv* → somehow.

somewhat [ˈsʌmwɒt y ˈsʌmhwɑːt] *adv* (fml) algo, un tanto.

somewhere [ˈsʌmweər y EE UU ˈsʌmhweər] (*EE UU* **someplace**) *adv* **1** en algún lugar, en alguna parte (con verbos de posición); a alguna parte (con verbos de movimiento). **2** aproximadamente, más o menos: *somewhere around 100 = alrededor de 100.*

son [sʌn] *n c* hijo.

sonar [ˈsəʊnɑːr] *n u* sonar.

song [sɒŋ] *n c* **1** canción. • *n c & u* **2** canto (de los pájaros).

sonic [ˈsɒnɪk] *adj* sónico.

son-in-law [ˈsʌnɪnlɔː] (*pl* **sons-in-law** o **son-in-laws**) *n c* yerno.

sonnet [ˈsɒnɪt] *n c* LIT soneto.

sonny [ˈsʌnɪ] *n c* (infml, fig) hijo, chico.

soon [suːn] *adv* pronto. ■ **as ~ as** tan pronto como, en cuanto: *as soon as I arrive I'll write = en cuanto llegue te escribo*; **as ~ as possible** cuanto antes (posible); **how ~?** ¿para cuándo?

sooner [ˈsuːnər] *adv* antes, más pronto. ■ **no ~... than...** apenas… cuando…: *no sooner had he finished, than he collapsed = apenas hubo terminado, cuando se derrumbó*; **no ~ said than done** dicho y hecho; **~ or later** tarde o temprano; **the ~ the better** cuanto antes mejor.

soot [sʊt] *n u* hollín.

soothe [suːð] *tr* **1** calmar (persona, ánimos). **2** aliviar (dolor).

sophisticated [səˈfɪstɪkeɪtɪd] *adj* sofisticado.

soporific [ˌsɒpəˈrɪfɪk] *adj* soporífico, soporífero.

soprano [səˈprɑːnəʊ y EE UU səˈpræːnəʊ] *n c* MUS soprano.

sorbet [ˈsɔːrbɪt y ˈsɔːbeɪ] (*EE UU* **sherbet**) *n c & u* sorbete.

sorcerer [ˈsɔːsərər] *n c* brujo, hechicero.

sorceress [ˈsɔːsəres] *n c* bruja, hechicera.

sordid [ˈsɔːdɪd] *adj* sórdido.

sore [sɔː] *adj* **1** dolorido. **2** (infml) serio, delicado (asunto). **3** *EE UU* disgustado. • *n c* **4** llaga, úlcera.

sorrow [ˈsɒrəʊ y EE UU ˈsɔːrəʊ] *n c & u* pena, aflicción.

sorry [ˈsɒrɪ y EE UU ˈsɔːrɪ] *adj* **to be ~ (about/for sth) 1** sentir/lamentar (algo). **to be ~ (for sth) 2** arrepentirse (de algo). **to be ~ that... 3** sentir que… (algo haya ocurrido). • **~?** *interj* **4** *GB* ¿perdón? ¿cómo dice? **5** quiero decir (para corregirse uno a sí mismo): *it's the last house on the right, sorry, the last but one = es la última casa a la derecha, digo, la penúltima.* ■ **I'm ~** lo siento; **to be/feel ~ for sb** sentir lástima por alguien.

sort [sɔːt] *n c* **1** tipo, clase (gen). **2** (infml) persona, tipo: *he's an honest sort = es una persona honrada.* • *tr* **3** clasificar, ordenar. ♦ **to ~ out** solucionar, resolver (problema); arreglar (habitación, casa); organizar (trabajo, horario). ■ **all sorts (of)** todo tipo (de); **~ of** (infml) más bien, algo; más o menos, así así: *have you finished yet? Sort of = ¿ya has terminado? Así así.*

sorting office [ˈsɔːtɪŋˌɒfɪs] *n c oficina de clasificación y distribución del correo.*

SOS [ˌesəʊˈes] (*abbrev* **save our souls**) *n sing* SOS.

so-so [ˈsəʊsəʊ] *adj & adv* (infml) así así.

soufflé [ˈsuːfleɪ y EE UU suːˈfleɪ] *n c & u* suflé, soufflé.

sought [sɔːt] *pt & pp* → seek.

soul [səʊl] *n c & u* **1** alma (gen). • **~ (music)** *n u* **2** MUS música soul. ♦ **~ mate** alma gemela. ■ **a good ~** buena persona; **poor soul!** ¡pobrecito!

soul-destroying [ˌsəʊldɪˈstrɔɪɪŋ] *adj* (pej) desmoralizador (tarea).

soulful [ˈsəʊlfʊl] *adj* lleno de sentimiento (ojos, expresión).

sound [saʊnd] *adj* **1** sólido (construcción, edificio). **2** sano (cuerpo, mente). **3** sensato (juicio). **4** seguro, fiable (carácter, inversión). • *n c & u* **5** sonido (gen). • *n sing* **6** impresión, implicación. • *n c*

7 ruido. ● *intr* **8** sonar (gen). **9** parecer. ◆ ~ **barrier** barrera del sonido; **to ~ out** indagar, averiguar; sondear. ■ **by the ~ of it** por lo que parece; **to be ~ asleep** estar profundamente dormido.

soundly ['saʊndlɪ] *adv* **1** totalmente, (castigar). **2** profundamente (dormir).

soundproof ['saʊndpruːf] *adj* insonorizado.

soundtrack ['saʊndtræk] *n c* banda sonora.

soup [suːp] *n c & u* **1** sopa; consomé, caldo. ● **to ~ up** *tr* **2** (infml) trucar (un automóvil). ◆ ~ **kitchen** comedor de beneficencia; ~ **spoon** cuchara sopera.

sour ['saʊər] *adj* **1** ácido (sabor, carácter); agrio (leche, fruta). **2** malhumorado, desagradable (persona). ● *tr & intr* **3** agriar(se). ◆ ~ **cream** GAST nata agria; ~ **grapes** celos, envidia. ■ **to go/turn ~** (fig) agriarse (relación); fracasar (planes).

source [sɔːs] *n c* **1** fuente (gen). **2** origen (de una infección). **3** nacimiento (de un río).

south [saʊθ] *n sing* **1** sur (dirección). ● *adj* **2** meridional, del sur. ● *adv* **3** en el sur (situación); hacia el sur (movimiento). ~ **(of)** **4** al sur (de). ◆ **South Africa** Sudáfrica; **South African** sudafricano; **South America** América del Sur; **South American** suramericano; **the South Pole** GEOG el polo Sur.

South Africa [ˌsaʊθ'æfrɪkə] *n sing* Sudáfrica.

South African [ˌsaʊθ'æfrɪkən] *adj & n c* sudafricano.

south-east [ˌsaʊθ'iːst] *n sing* **1** sudeste (dirección). ● *adj* **2** del sudeste, al sudeste. ● ~ **(of)** *adv* **3** hacia el sudeste (de).

southern ['sʌðən] *adj* del sur.

southward ['saʊθwəd] *adj* **1** hacia el sur, al sur. ● *adv* **2** → southwards.

southwards ['saʊθwədz] *adv* hacia el sur.

south-west [ˌsaʊθ'west] *n sing* **1** sudoeste, suroeste (dirección). ● *adj* **2** del sudoeste, del suroeste. ● ~ **(of)** *adv* **3** hacia el suroeste (de).

souvenir [ˌsuːvə'nɪər y EE UU 'suːvənɪər] *n c* recuerdo, souvenir.

sovereign ['sɒvrɪn] *adj & n c* soberano.

sow [səʊ] (*pp* **sowed** o **sown**) *tr & intr* sembrar.

sow [saʊ] *n c* ZOOL cerda.

soya ['sɔɪə] (*EE UU* **soy**) *n u* soja. ◆ ~ **bean** soja; ~ **sauce** GAST salsa de soja.

soybean [EE UU 'sɔɪbiːn] *n c EE UU* semilla de soja.

spa [spɑː] *n c* balneario.

space [speɪs] *n c & u* **1** espacio. ● **to ~ (out)** *tr* **2** espaciar, distanciar. ◆ ~ **age** era espacial; ~ **bar** barra espaciadora; ~ **probe** sonda espacial; ~ **shuttle** transbordador espacial. ■ **to make ~ for** hacer sitio para; **to stare into ~** tener la mirada perdida.

spacecraft ['speɪskrɑːft] (*pl* **spacecraft**) *n c* nave espacial.

spaceman ['speɪsmæn] (*pl* **spacemen**) *n c* astronauta.

spaceship ['speɪʃʃɪp] *n c* nave espacial.

spacesuit ['speɪssuːt] *n c* traje espacial.

spacewoman ['speɪswʊmən] (*pl* **spacewomen**) *n c* astronauta.

spacing ['speɪsɪŋ] *n u* espaciado.

spacious ['speɪʃəs] *adj* espacioso.

spade [speɪd] *n c* **1** pala (herramienta). **2** pica (juego de cartas). ● **spades** *n pl* **3** picas, palo de picas.

spaghetti [spə'getɪ] *n u* espaguetis.

Spain [speɪn] *n sing* España.

span [spæn] *pt* **1** → spin. ● *n c* **2** ojo (de un arco, de un puente). **3** envergadura (de las alas). **4** período (de tiempo).

spaniel ['spænjəl] *n c* ZOOL spaniel, perro de aguas.

Spanish ['spænɪʃ] *adj* **1** español. ● *n sing* **2** español, castellano (idioma). ◆ ~ **America** Hispanoamérica; ~ **American** hispanoamericano; hispano (EE UU).

spank [spæŋk] *n c* **1** azote, zurra. ● *tr* **2** dar una azotaina a, zurrar.

spanner ['spænər] (*EE UU* **wrench**) *n c* MEC llave inglesa.

spar [spɑːr] (*pt* y *pp* **sparred**, *ger* **sparring**) *intr* **1** entrenarse (en boxeo). ● *n c* **2** MAR palo, mástil.

spare [speər] *adj* **1** libre; de sobra (extra). **2** de repuesto, de recambio. **3** pobre, escaso. ● *n c* **4** (infml) rueda de recambio (neumático); pieza de recambio, repuesto. ● *tr* **5** conceder (tiempo); prestar, dejar (dinero). **6** no reparar en (gastos, esfuerzo, tiempo). **7** evitar, ahorrar. ◆ ~ **part** MEC pieza de recambio; ~ **room** habitación de invitados; ~ **time** tiempo libre; ~ **tyre** rueda de recambio; michelines (gordo).

spark [spɑ:k] *n c* **1** chispa. • *intr* **2** echar chispas, chispear. • **to ~ (off)** *tr* **3** desatar (una pelea). ♦ ~ **plug** *EE UU* MEC bujía.

sparking plug [ˈspɑ:kɪŋplʌg] (*EE UU* **spark plug**) *n c* MEC bujía.

sparkle [ˈspɑ:kl] *n c & u* **1** centelleo, destello (de una joya); brillo (en los ojos). • *n c* **2** (fig) esplendor, brillo. • *intr* **3** centellear (diamente, estrella); brillar (ojos, persona).

sparkling [ˈspɑ:klɪŋ] *adj* espumoso, gaseoso (bebida). ♦ ~ **water** agua mineral con gas; ~ **wine** vino espumoso.

sparse [spɑ:s] *adj* escaso.

spasm [ˈspæzəm] *n c & u* **1** MED espasmo. • *n c* **2** MED acceso (ataque).

spasmodic [spæzˈmɒdɪk] *adj* espasmódico.

spat [spæt] *pt & pp* → spit.

spate [speɪt] *n sing GB* serie, cadena.

spatter [ˈspætər] *intr & tr* salpicar.

spawn [spɔ:n] *n u* **1** ZOOL freza, huevas (de pescado, de rana). • *tr* **2** ZOOL frezar, desovar.

speak [spi:k] (*pt* **spoke**, *pp* **spoken**) *intr & pron* **1** hablar. • *tr* **2** decir. ♦ **to ~ for** hablar en nombre de; **to ~ out** hablar claro; **to ~ up** hablar más alto. ■ **nobody/ nothing to ~ of** nadie/nada especial; **not to ~ of** sin mencionar; **so to ~** por así decirlo; **to ~ highly/well of** hablar bien de; **to ~ ill of** hablar mal de.

> ***To speak*** se traduce por **hablar** y es el término más general: *do you speak English? = ¿hablas inglés?*; *can I speak to the manager? = ¿puedo hablar con el director?* ***To talk*** se refiere a una conversación entre dos o más personas o a hablar de un tema concreto: *they were talking about football = estaban hablando de fútbol*; *we talked all afternoon = estuvimos hablando toda la tarde.*

speaker [ˈspi:kər] *n c* **1** persona que habla (gen). **2** conferenciante (que da un discurso). **3** hablante (de un idioma). **4** RAD altavoz.

speaking [ˈspi:kɪŋ] *n sing* ~ **clock** *GB* información horaria telefónica. ■ **broadly/generally ~** desde una perspectiva general; ~ **of** hablando de.

spear [spɪər] *n c* **1** lanza (para cazar); arpón (para pescar). • *tr* **2** atravesar; pinchar (comida).

spearhead [ˈspɪəhed] *n sing* **1** (fig) punta de lanza. • *tr* **2** dirigir, encabezar (una campaña).

spec [spek] *n c & u GB* **on ~** (infml) para especular, sin garantías.

special [ˈspeʃl] *adj* **1** especial (gen). **2** principal, esencial. • *n c* **3** TV programa especial. **4** *EE UU* plato del día. ♦ ~ **delivery/post** correo urgente; ~ **effects** CIN efectos especiales; **today's ~** *GB* plato del día. ■ **on ~ (offer)** (infml) de oferta.

specialise *intr* → specialize.

specialist [ˈspeʃəlɪst] *n c* especialista.

speciality [ˌspeʃɪˈælɪtɪ] (*EE UU* **specialty**, *pl* **specialities**) *n c* especialidad.

specialize [ˈspeʃəlaɪz] *intr* **to ~ (in)** especializarse (en).

specially [ˈspeʃəlɪ] *adv* especialmente.

specialty [ˈspeʃltɪ] (*pl* **specialities**) *n c* → speciality.

species [ˈspi:ʃi:z] (*pl* **species**) *n c* BIOL especie.

specific [spɪˈsɪfɪk] *adj & n c* **1** específico. • **specifics** *n pl* **2** datos específicos.

specification [ˌspesɪfɪˈkeɪʃn] *n c & u* **1** especificación. • **specifications** *n pl* **2** descripción técnica, datos técnicos (de una máquina).

specify [ˈspesɪfaɪ] (*pt* y *pp* **specified**) *tr* especificar.

specimen [ˈspesɪmɪn] *n c* **1** espécimen (ejemplar). **2** muestra (para análisis). ♦ ~ **copy** ejemplar de muestra.

speck [spek] *n c* **1** mota, partícula (de polvo). **2** marca.

speckle [ˈspekl] *n c* mancha, mota.

spectacle [ˈspektəkl] *n c* **1** espectáculo. • **spectacles** *n pl* **2** *GB* (fml) gafas, lentes.

spectacular [spekˈtækjʊlər] *adj* **1** espectacular (éxito). • *n c* **2** espectáculo.

spectator [spekˈteɪtər y EE UU ˈspekteɪtər] *n c* espectador.

specter *n c* → spectre.

spectra [ˈspektrə] *n pl* → spectrum.

spectre [ˈspektər] (*EE UU* **specter**) *n c* (fig) fantasma.

spectrum [ˈspektrəm] (*pl* **spectrums** o **spectra**) *n c* **1** espectro. • *n sing* **2** (fig) gama.
speculate [ˈspekjʊleɪt] *intr* especular.
speech [spi:tʃ] *n u* **1** habla, palabra (gen): *the facility of speech = la facultad de hablar*. **2** manera de hablar. • *n c* **3** discurso. ♦ **~ therapist/therapy** MED logopeda/logopedia. ■ **to give/make/deliver a ~** pronunciar un discurso.
speechless [ˈspi:tʃlɪs] *adj* mudo, sin habla (de asombro).
speed [spi:d] *n c & u* **1** velocidad. • *n u* **2** rapidez (de desplazamiento). • *intr* **3** (*pt* y *pp* **sped**) moverse de prisa. **to be ~ 4** conducir muy deprisa; rebasar el límite de velocidad. ♦ **~ trap** control policial de velocidad; **to ~ up** (*pt* y *pp* **speeded**) acelerar(se); darse prisa; meter prisa a. ■ **at ~** a gran velocidad; **at full ~** a toda velocidad.
speedboat [ˈspi:dbəʊt] *n c* motora.
speeding [ˈspi:dɪŋ] *n u* exceso de velocidad.
speedometer [spi:ˈdɒmɪtər] *n c* velocímetro.
speedway [ˈspi:dweɪ] *n u* **~ (racing) 1** SP carreras de motos. • *n c* **2** pista de carreras. **3** *EE UU* autopista.
speedy [ˈspi:dɪ] *adj* rápido, veloz.
speleology [ˌspelɪˈɒlədʒɪ] *n u* espeleología.
spell [spel] (*pt* y *pp* **spelled** o **spelt**) *tr* **1** deletrear. **2** (infml, fig) querer decir (un concepto). • *n c* **3** período, temporada (de tiempo); racha (de frío). **4** encanto, hechizo; conjuro (palabras mágicas). ♦ **to ~ out** deletrear (en voz alta); decir por las claras (idea, información).
spellbound [ˈspelbaʊnd] *adj* hechizado.
spelling [ˈspelɪŋ] *n c* deletreo (de palabras); ortografía (escrita). ♦ **~ mistake** falta de ortografía.
spelt [spelt] *pt & pp* → spell.
spend [spend] (*pt* y *pp* **spent**) *tr & intr* **1** gastar (dinero). • *tr* **2** pasar, emplear (tiempo).
spending [ˈspendɪŋ] *n u* gasto, gastos (de dinero). ♦ **~ money** dinero para gastos personales; **~ power** ECON poder adquisitivo.
spendthrift [ˈspendθrɪft] *n c* (pej) despilfarrador.
spent [spent] *pt & pp* **1** → spend. • *adj* **2** gastado, usado (cartucho, cerillas). **3** agotado (paciencia).
sperm [spɜ:m] (*pl* **sperm** o **sperms**) *n c* **1** BIOL espermatozoide. • *n u* **2** esperma, semen. ♦ **~ whale** ZOOL cachalote.
spew [spju:] *intr* **1** rezumar (lava, agua). • *tr* **2** arrojar, escupir (lava).
sphere [sfɪər] *n c* **1** esfera. **2** círculo (de gente).
spice [spaɪs] *n c & u* **1** GAST especia. • *tr* **2** sazonar, condimentar. **3** (fig) dar sabor a (una historia).
spick-and-span [ˈspɪkənˈspæn] *adj* impecable, limpísimo.
spicy [ˈspaɪsɪ] *adj* picante.
spider [ˈspaɪdər] *n c* ZOOL araña. ♦ **~'s web** (EE UU **spider web**) telaraña.
spike [spaɪk] *n c* **1** punta (rematando una valla); clavo largo (en un muro). **2** clavo, tachuela (de una bota). **3** ZOOL pelo de punta.
spill [spɪl] (*pt* y *pp* **spilled** o **spilt**, *EE UU, pret* y *pp* **spilled**) *tr & intr* derramar(se) (líquido).
spilt [spɪlt] *pt & pp* → spill.
spin [spɪn] (*pt* **span** o **spun**, *pp* **spun**, *ger* **spinning**) *tr & intr* **1** girar, dar vueltas (a). **2** hilar (lana). **3** centrifugar (en la lavadora). • *n c* **4** vuelta (gen). ♦ **to ~ out** *GB* (pej) alargar, prolongar (historia); hacer durar, estirar (dinero). ■ **to go into a ~/~ out of control** entrar en barrena (avión).
spinach [ˈspɪnɪdʒ] *n u* espinacas.
spinal [ˈspaɪnl] *adj* ANAT espinal. ♦ **~ column** ANAT (fml) columna vertebral; **~ cord** ANAT médula espinal.
spin-dry [ˌspɪnˈdraɪ] *tr* centrifugar.
spin-dryer [ˌspɪnˈdraɪər] (*EE UU* **spin-drier**) *n c* centrifugadora.
spine [spaɪn] *n c* **1** ANAT espina dorsal. **2** lomo (de un libro). **3** BOT espina, pincho.
spinning [ˈspɪnɪŋ] *n u* hila, hilado. ♦ **~ top** peonza (child's toy); **~ wheel** rueca.
spin-off [ˈspɪnɒf] *n c & u* resultado indirecto (efecto secundario).
spinster [ˈspɪnstər] *n c* solterona.
spiral [ˈspaɪərəl] (*GB, pret* y *pp* **spiralled**, *ger* **spiralling**, *EE UU, pret* y *pp* **spiraled**, *ger* **spiraling**) *intr* **1** moverse en espiral. • *adj* **2** espiral, en espiral. • *n c* **3** espiral (curva). ♦ **~ staircase** escalera de caracol.

spire ['spaɪər] *n c* ARCH aguja, chapitel.
spirit ['spɪrɪt] *n c* & *u* **1** espíritu (gen). ● *n u* **2** energía, brío (física). ● **spirits** *n pl* **3** humor, estado de ánimo. **spirits 4** licores (ginebra, whisky). ◆ ~ **level** nivel de burbuja de aire. ■ **to be in high/low spirits** estar exultante/alicaído.
spiritual ['spɪrɪtjʊəl] *adj* espiritual.
spiritualism ['spɪrɪtjʊəlɪzəm] *n u* espiritismo.
spit [spɪt] (*pt* y *pp* **spat**, *EE UU, pret* y *pp* **spit**, *ger* **spitting**) *intr* **1** escupir. **2** lloviznar, chispear (llover ligeramente). **3** chisporrotear (hoguera). ● *n u* **4** saliva. ● *n c* **5** asador (para cocinar). ◆ **to ~ out** *tr* escupir. ■ **the spitting image of sb** la viva imagen de alguien.
spite [spaɪt] *n u* **1** rencor, despecho. ● *tr* **2** fastidiar, molestar. ■ **in ~ of** a pesar de, pese a.
spiteful ['spaɪtfʊl] *adj* **1** rencoroso (persona, conducta). **2** malintencionado (comentario).
spittle ['spɪtl] *n u* saliva.
splash [splæʃ] *n c* **1** chapoteo (sonido). **2** *GB* chorrito (de leche, limonada). **3** mancha, manchón (de pintura, color). ● *intr* **4** salpicar (agua, barro). **5** chapotear. ◆ **to ~ out (on)** (infml) derrochar (en).
splashdown ['splæʃdaʊn] *n c* & *u* AER amaraje, amerizaje (cápsula espacial).
spleen [spli:n] *n c* **1** ANAT bazo. ● *n u* **2** (lit) cólera, bilis.
splendid ['splendɪd] *adj* espléndido.
splendour ['splendər] (*EE UU* **splendor**) *n u* esplendor.
splint [splɪnt] *n c* MED tablilla.
splinter ['splɪntər] *n c* **1** astilla (de madera); esquirla (de cristal); fragmento (de metal). ● *intr* **2** astillarse (madera). ■ **to be splintered** estar astillado (madera); estar roto en esquirlas (cristal); estar fragmentado (metal). ◆ ~ **group** facción disidente.
split [splɪt] (*pt* y *pp* **split**, *ger* **splitting**) *tr* & *intr* **1** partir(se), romper(se) (algo en dos). **2** agrietar(se); rasgar(se) (rip). **3** dividir(se), repartir(se) (en grupos, facciones). ● *intr* **4** *EE UU* (infml) largarse). ● *n c* **5** rotura (gen); grieta (en la madera); raja (en cualquier material). **6** escisión (de un partido político); ruptura, separación (entre personas). **7** diferencia (entre) (opinión). ◆ ~ **personality** desdoblamiento de personalidad; ~ **second** fracción de segundo; **to ~ off** separar; escindirse, desprenderse (de un grupo); **to ~ up** separarse. ■ **to do the splits** abrirse de piernas (en gimnasia).
splutter ['splʌtər] *n c* **1** chisporroteo (de fuego, aceite). **2** balbuceo (de persona, de máquina). ● *intr* **3** chisporrotear (fuego). ● *tr* & *intr* **4** balbucear, farfullar.
spoil [spɔɪl] (*pt* y *pp* **spoiled** o **spoilt**) *tr* **1** estropear, echar a perder (alimentos). **2** dañar, perjudicar. **3** mimar (animal, niño). ● *pron* **4** permitirse un lujo. ● **spoils** *n pl* **5** (lit) botín (de guerra).
spoiled [spɔɪld] *adj* → spoilt.
spoiler ['spɔɪlə] *n c* deflector de aire.
spoilt [spɔɪlt] *pt* & *pp* **1** → spoil. ● *adj* **2** mimado, consentido (niño).
spoke [spəʊk] *pt* **1** → speak. ● *n c* **2** radio (de una rueda).
spoken ['spəʊkən] *pp* → speak.
spokesman ['spəʊksmən] (*pl* **spokesmen**) *n c* portavoz.
spokeswoman ['spəʊksˌwʊmən] (*pl* **spokeswomen**) *n c* portavoz.
sponge [spʌndʒ] (*ger* **GB spongeing, EE UU sponging**) *n c* & *u* **1** esponja. **2** *GB* bizcocho. ~ **bag 3** neceser. ◆ ~ **cake** bizcocho.
sponsor ['spɒnsər] *n c* **1** patrocinador (de un equipo deportivo). ● *tr* **2** patrocinar.
spontaneous [spɒn'teɪnɪəs] *adj* espontáneo.
spooky ['spu:kɪ] *adj* espeluznante.
spool [spu:l] *n c* **1** bobina (de papel, de hilo). **2** carrete (de película).
spoon [spu:n] *n c* **1** cuchara (cubierto, utensilio). **2** cucharada (cantidad). ● **to ~ into/onto** *tr* **3** poner una cucharada en.
spoon-feed ['spu:nfi:d, *pt* y *pp* 'spu:nfed] (*pt* y *pp* **spoon-fed**) *tr* **1** dar de comer con cuchara. **2** (fig, pej) dar masticado (información; poner las cosas demasiado fáciles.
spoonful ['spu:nfʊl] (*pl* **spoonful** o **spoonsfuls**) *n u* cucharada.
sporadic [spə'rædɪk] *adj* esporádico.
sport [spɔ:t] *n c* & *u* deporte. ◆ **sports car** coche deportivo; **sports facilities** instalaciones deportivas; **sports jacket** chaqueta de esport; ~ **pages/section** sección de deportes (en un periódico).

sporting [ˈspɔːtɪŋ] *adj* deportivo.
sportsman [ˈspɔːtsmən] (*pl* **sportsmen**) *n c* deportista.
sportsmanship [ˈspɔːtsmənʃɪp] *n u* deportividad.
sportsmen [ˈspɔːtsmən] *n pl* → sportsman.
sportswear [ˈspɔːtsweər] *n u* ropa deportiva.
sportswoman [ˈspɔːtsˌwʊmən] (*pl* **sportswomen**) *n c* deportista.
sporty [ˈspɔːtɪ] *adj* **1** *GB* (infml) aficionado al deporte. **2** (infml, pej) llamativo (ropa).
spot [spɒt] (*ger* **spotting**, *pt* y *pp* **spotted**) *tr* **1** ver, notar. • *n c* **2** mancha, mota; punto (dot). **3** lunar; grano (en la cara). **4** gota (de lluvia, de leche). **5** *GB* (infml) pizca, poquito (de comida, suerte). **6** lugar, sitio. ♦ **~ check** control aleatorio. ■ **to do sth on the ~** hacer algo en el acto.
spotless [ˈspɒtlɪs] *adj* inmaculado.
spotlight [ˈspɒtlaɪt] *n c* foco.
spot-on [ˈspɒtɒn] *adj GB* (infml) totalmente correcto, muy acertado.
spotted [ˈspɒtɪd] *adj* de lunares, a lunares.
spotty [ˈspɒtɪ] *adj* **1** *GB* (infml) lleno de granos (en la cara). **2** estampado, de lunares. **3** *EE UU* irregular, desigual.
spouse [spaʊz] *n c* (fml) esposo, cónyuge.
spout [spaʊt] *n c* **1** pico, pitorro. **2** surtidor, chorro. • *intr* **3** salir a borbotones.
sprain [spreɪn] *n c* **1** torcedura. • *tr* **2** MED torcerse.
sprawl [sprɔːl] *intr* **1** repantingarse. **2** desparramarse de forma irregular.
spray [spreɪ] *n c* **1** espray (gen); atomizador, pulverizador. **2** ramo, ramaje (de flores). • *n u* **3** rociada, aspersión (método). **4** espuma (del mar). • *tr* **5** rociar, atomizar. • *intr* **6** salir, esparcirse (líquido). ♦ **~ can** aerosol, atomizador.
spread [spred] (*pt* y *pp* **spread**) *tr* & *intr* **1** extender(se) (gen). • *tr* **2** untar (mantequilla, crema). **3** diseminar, propagar (alarma, enfermedad). • *n sing* **4** propagación (noticias, información, ideas). ♦ **to ~ out** separarse, esparcirse.
spread-eagled [ˌspredˈiːgld] *adj con los miembros extendidos.*
spreadsheet [ˈspredʃiːt] *n c* COMPUT hoja de cálculo.
sprightly [ˈspraɪtlɪ] *adj* animado.
spring [sprɪŋ] (*pt* **sprang** o **sprung**, *pp* **sprung**) *intr* **1** saltar. • *n c* & *u* **2** primavera. • *n c* **3** manantial, fuente (de agua). **4** resorte, muelle (de colchón). **5** salto. ♦ **to ~ up** surgir.
springboard [ˈsprɪŋbɔːd] *n c* trampolín.
spring-clean [ˈsprɪŋkliːn] *tr* **1** limpiar a fondo (casa). • *intr* **2** hacer limpieza general.
spring-cleaning [sprɪŋˈkliːnɪŋ] *n sing* limpieza general.
springtime [ˈsprɪŋtaɪm] *n u* primavera.
springy [ˈsprɪŋɪ] *adj* elástico.
sprinkle [ˈsprɪŋkl] *tr* rociar.
sprinkler [ˈsprɪŋklər] *n c* aspersor.
sprint [sprɪnt] *n sing* **1** esprint. • *intr* **2** esprintar.
sprinter [ˈsprɪntər] *n c* SP esprinter.
sprocket (wheel) [ˈsprɒkɪt y EE UU ˈsprɑːkɪt] *n c* rueda dentada, piñón.
sprout [spraʊt] *n c* **1** BOT brote, yema. **2** *GB* col de Bruselas. • *tr* **3** dejarse crecer (barba). **4** BOT echar, dar (hojas). • *intr* **5** surgir, aparecer. **6** brotar, germinar.
spruce [spruːs] *adj* **1** pulcro. • *n c* & *u* **2** BOT abeto, picea. • **to ~ up** *tr* **3** emperifollar.
spry [spraɪ] *adj* activo (persona de edad).
spud [spʌd] *n c* (infml) patata.
spur [spɜː] (*pt* y *pp* **spurred**, *ger* **spurring**) *tr* **1** espolear. • *n c* **2** espuela. **3** (fig) estímulo, incentivo.
spurious [ˈspjʊərɪəs] *adj* falso (argumento).
spurn [spɜːn] *tr* (fml) rechazar, despreciar.
spurt [spɜːt] *n c* **1** chorro (de agua); llamarada. **2** impulso, arrebato (de rabia). • *intr* **3** salir a borbotones. **4** acelerar.
spy [spaɪ] (*pt* y *pp* **spied**) *intr* **1** espiar. • *n c* **2** (*pl* **spies**) espía.
squabble [ˈskwɒbl] *n c* **1** discusión, pelea. • *intr* **2** discutir, pelearse.
squad [skwɒd] *n c* **1** brigada, equipo. **2** MIL pelotón, patrulla. ♦ **~ car** *EE UU* coche patrulla.
squadron [ˈskwɒdrən y EE UU skwɑːdrən] *n c* MIL escuadrón.
squalid [ˈskwɒlɪd] *adj* **1** sucio, mugriento (lugar). **2** sórdido (historia, negocio).

S

squall [skwɔːl] *n c* vendaval, temporal.
squander [ˈskwɒndər] *tr* malgastar, despilfarrar.
square [skweər] *adj & n c* **1** cuadrado (gen). ● *n c* **2** plaza (de una ciudad). **3** casilla, escaque (de un juego de mesa). ● *intr* **4** cuadrar, encajar. ◆ **~ bracket** corchete; **~ deal** trato justo; **~ root** raíz cuadrada; **to ~ up to** enfrentarse con determinación a; **to ~ up (with)** (infml) ajustar cuentas (con).
squash [skwɒʃ y EE UU skwɔːʃ] *n u* **1** SP squash. **2** *GB* refresco de naranja o limón. ● *n c & u* **3** *EE UU* calabaza. ● *tr* **4** aplastar.
squat [skwɒt] (*pt* y *pp* **squatted**, *ger* **squatting**) *intr* **1** agacharse. **2** *GB ocupar una vivienda sin pagar.* ● *adj* **3** achaparrado (persona). ● *n c* **4** *GB* propiedad ocupada ilegalmente.
squatter [ˈskwɒtər] *n c* (infml) okupa.
squawk [skwɔːk] *n c* **1** graznido, chillido. ● *intr* **2** graznar, chillar (pájaro).
squeak [skwiːk] *n c* **1** chirrido, crujido (de zapatos). ● *intr* **2** chirriar, crujir (puerta).
squeal [skwiːl] *n c* **1** chillido, alarido. ● *intr* **2** chillar, gritar (gen).
squeeze [skwiːz] *n c* **1** compresión (gen). **2** apretón (de manos). ● *tr* **3** apretar (gen). **4** exprimir (zumo). **5** hacer un hueco. ● **to ~ + adv/prep** *tr & intr* **6** meter(se) a la fuerza.
squid [skwɪd] *n c* ZOOL calamar.
squiggle [ˈskwɪgl] *n c* (infml) garabato.
squint [skwɪnt] *n c* **1** estrabismo. ● *intr* **2** mirar entrecerrando los ojos. **3** bizquear.
squire [ˈskwaɪər] *n c GB* (infml) señor, caballero.
squirm [skwɜːm] *intr* **1** retorcerse (de dolor). **2** (fig) avergonzarse.
squirrel [ˈskwɪrəl y EE UU ˈskwɜːrl] *n c* ZOOL ardilla.
squirt [skwɜːt] *n c* **1** chorro. ● *intr* **2** salir a presión.
Sri Lanka [ˌsriːˈlæŋkə] *n sing* Sri Lanka.
stab [stæb] (*pt* y *pp* **stabbed**, *ger* **stabbing**) *tr* **1** apuñalar. ● *n c* **2** puñalada, cuchillada (con un puñal). **3** (fig) punzada (de dolor).
stabilise *tr & intr* → stabilize.
stabiliser *n c* → stabilizer.
stability [stəˈbɪlɪtɪ] *n u* estabilidad.
stabilize [ˈsteɪbɪlaɪz] *tr & intr* estabilizar(se).
stable [ˈsteɪbl] *adj* **1** estable. ● *n c* **2** establo, cuadra.
stack [stæk] *n c* **1** montón, pila. ● **to ~** *tr & intr* **2** apilar(se), amontonar(se).
stadium [ˈsteɪdɪəm, *pl irreg* ˈsteɪdɪə] (*pl* **stadiums** o **stadia**) *n c* SP estadio.
staff [stɑːf y EE UU stæf] *n c* plantilla, personal.
stag [stæg] *n c* ZOOL ciervo, venado.
stage [steɪdʒ] *n c* **1** etapa (gen). **2** THEAT escenario. ● *tr* **3** poner en escena. **4** organizar, llevar a cabo. ■ **on ~ stage** en escena; **to set the ~ for** preparar el terreno, sentar las bases.
stagecoach [ˈsteɪdʒkəʊtʃ] (*pl* **stagecoaches**) *n c* diligencia.
stage-manage [ˌsteɪdʒˈmænɪdʒ] *tr* **1** (infml) tramar, urdir (en público). **2** dirigir (una obra de teatro).
stagestruck [ˈsteɪdʒstrʌk] *adj* amante del teatro.
stagger [ˈstægər] *intr* **1** tambalearse. ● *tr* **2** asombrar, dejar atónito.
stagnant [ˈstægnənt] *adj* estancado.
stagnate [stægˈneɪt y EE UU ˈstægneɪt] *intr* estancarse.
staid [steɪd] *adj* austero, sobrio (ropa); carca, conservador (carácter).
stain [steɪn] *n c* **1** mancha. ● *tr & intr* **2** manchar(se).
stained [steɪnd] *adj* **1** manchado. **2** teñido.
stainless steel [ˌsteɪnlɪsˈstːl] *adj* acero inoxidable.
stair [steər] *n c* **1** peldaño, escalón. ● **stairs** *n pl* **2** escaleras.
staircase or **stairway** [ˈsteəkeɪs o ˈsteəweɪ] *n c* escaleras.
stairwell [ˈsteəwel] *n c* hueco de la escalera.
stake [steɪk] *n c* **1** estaca (clavada en el suelo). **2** apuesta. **3** participación (en negocios). ● **to ~ (on)** *tr* **4** apostar, arriesgar (dinero). ■ **at ~** en juego.
stakeholder [ˈsteɪkhəʊldər] *n c* accionista.
stalactite [ˈstæləktaɪt y EE UU stəˈlæktaɪt] *n c* GEOL estalactita.
stalagmite [ˈstæləgmaɪt y EE UU stəˈlægmaɪt] *n c* estalagmita.
stale [steɪl] *adj* **1** rancio, pasado (comi-

da). **2** viciado (aire). **3** gastado, anticuado (chiste, noticia).

stalemate [ˈsteɪlmeɪt] *n c* & *u* **1** tablas (en el ajedrez). **2** punto muerto, estancamiento.

stalk [stɔːk] *n c* **1** BOT tallo (de una planta); peciolo, pedúnculo (de hoja, de fruto). • *tr* **2** acechar (a un animal).

stall [stɔːl] *n c* **1** *GB* puesto, parada (de mercadillo). **2** cuadra (para animales). • **(the) stalls** *n pl* **3** (la) platea, (el) patio de butacas. • *tr* & *intr* **4** calar(se) (una máquina).

stallion [ˈstælɪən] *n c* ZOOL semental.

stalwart [ˈstɔːlwət] *adj* (arch, fml) leal.

stamen [ˈsteɪmen] *n c* BOT estambre.

stamina [ˈstæmɪnə] *n u* resistencia, energía.

stammer [ˈstæmər] *n sing* **1** tartamudeo. • *tr* & *intr* **2** tartamudear.

stamp [stæmp] *n c* **1** sello (gen). • *tr* **2** sellar, poner un sello (carta, paquete). ♦ **to ~ out** erradicar.

stance [stæns] *n sing* postura.

stand [stænd] (*pt* y *pp* **stood**) *intr* **1** estar de pie. **2** ser válido, seguir en pie (una oferta). **to ~ + inf 3** tener posibilidades de: *if you pass, you stand to get the job = si apruebas, tienes posibilidades de conseguir el puesto*. • *tr* **4** soportar, aguantar: *I can't stand alcohol = no aguanto el alcohol*. **5** invitar a (bebida, comida). **6** colocar, poner: *we stood the ladder against the wall = colocamos la escalera contra la pared*. • *n c* **7** puesto, parada (mercado, feria); quiosco (de periódicos, bebidas). **8** pie, pedestral (para objetos). **9** postura (opinión). ♦ **to ~ by** estar al lado de (en la adversidad); estar atento a, estar alerta a; **to ~ down** dimitir; **to ~ for** representar; defender, luchar por (ideas); ser candidato en, presentarse a (elecciones); **to ~ in (for)** sustituir, reemplazar (a); **to ~ out** resaltar, destacarse; **to ~ up** levantarse, ponerse en pie; sostenerse, mantenerse; dar plantón, dejar plantado; **to ~ up for** dar la cara por, defender a; **to ~ up to** hacer frente a, enfrentarse a.

standard [ˈstændəd] *adj* **1** estándar, normal. • *n c* **2** criterio, norma. **3** nivel. ♦ **~ lamp** *GB* lámpara de pie. ■ **~ of living** nivel de vida.

standby [ˈstændbaɪ] *n c* recurso, reserva. ♦ **~ ticket** billete de lista de espera. ■ **to be on ~** estar listo, estar preparado.

stand-in [ˈstændɪn] *n c* **1** doble (actor). **2** sustituto, suplente.

standing [ˈstændɪŋ] *adj* **1** continuo, permanente. • *n u* **2** reputación. **3** duración, antigüedad. ■ **~ order** *GB* FIN domiciliación bancaria.

standpoint [ˈstændpɔɪnt] *n c* punto de vista.

standstill [ˈstændstɪl] *n sing* parada. ■ **to bring to a ~** parar, detener; **to come to a ~** pararse, detenerse.

stank [stæŋk] *pt* → stink.

staple [ˈsteɪpl] *adj* **1** principal (dieta). • *n c* **2** grapa (para papel). **3** producto de primera necesidad. • *tr* **4** grapar.

stapler [ˈsteɪplər] *n c* grapadora.

star [stɑːr] (*pt* y *pp* **starrred**, *ger* **starring**) *tr* **1** estar protagonizado (film). • **to ~ (in)** *intr* **2** protagonizar. • *n c* **3** estrella (gen). **4** asterisco. ♦ **~ sign** signo del Zodíaco.

starboard [ˈstɑːbɔːd] *adj* **1** MAR de estribor. **2** a estribor, de estribor.

starch [stɑːtʃ] *n c* & *u* almidón (para ropa); fécula (en alimento).

stardom [ˈstɑːdəm] *n u* estrellato.

stare [steər] *n c* **1** mirada fija. • **to ~** *intr* **2** mirar fijamente.

starfish [ˈstɑːfɪʃ] (*pl* **starfish**) *n c* ZOOL estrella de mar.

stark [stɑːk] *adj* **1** estricto, riguroso (una verdad). **2** desolado, yermo (lugar). ■ **~ naked** (infml) en cueros, completamente desnudo.

starry [ˈstɑːrɪ] *adj* **1** estrellado (cielo). **2** brillante, titilante.

start [stɑːt] *n c* **1** comienzo, principio (de cualquier cosa). **2** salida (en una carretera). **3** ventaja, delantera. • *tr* & *intr* **4** empezar, comenzar (gen). **to ~ (up) 5** fundar(se), montar (empresa). **6** arrancar, poner(se) en marcha (un motor). • *intr* **7** ponerse en camino. ♦ **to ~ off** ponerse en marcha; **to ~ on** emprender (tarea); **to ~ out** partir, salir (de viaje). ■ **for a ~** en primer lugar, para empezar.

starter [ˈstɑːtər] *n c* **1** SP participante. **2** MEC motor de arranque. **3** *GB* (infml) entrante, primer plato (de una comida).

startle [ˈstɑːtl] *tr* alarmar.

S

startling [ˈstɑ:tlɪŋ] *adj* chocante, llamativo.

starvation [stɑ:ˈveɪʃn] *n u* **1** inanición, hambre. **2** (fig) hambre, privación.

starve [stɑ:v] *tr* ~ **of 1** (fig) privar (de) (amor, noticias). • *intr* **2** pasar hambre.

state [steɪt] *n c* **1** estado (gen). • *tr* **2** declarar, manifestar. **3** establecer, fijar (fix). ♦ ~ **of mind** estado de ánimo.

stately [ˈsteɪtlɪ] *adj* imponente. ♦ ~ **home** *GB* mansión, casa solariega.

statement [ˈsteɪtmənt] *n c* **1** declaración. **2** FIN extracto bancario.

statesman [ˈsteɪtsmən] (*pl* **statesmen**) *n c* estadista.

static [ˈstætɪk] *adj* **1** estático. • *n u* **2** RAD interferencias.

station [ˈsteɪʃn] *n c* **1** estación (de autobús, de tren). **2** RAD emisora. • *tr* **3** MIL estacionar, apostar. ♦ ~ **house** *EE UU* comisaría de policía.

stationary [ˈsteɪʃənrɪ y EE UU ˈsteɪʃənerɪ] *adj* inmóvil.

stationer [ˈsteɪʃnər] *n c* **1** dueño de papelería. • **the ~'s (shop)** *n sing* **2** la papelería.

stationery [ˈsteɪʃənrɪ y EE UU ˈsteɪʃənerɪ] *n u* objetos de escritorio.

stationmaster [ˈsteɪʃnˌmɑ:stər] *n c* jefe de estación.

statistic [stəˈtɪstɪk] *n c* **1** estadística. • **statistics** *n pl* **2** MATH estadística.

statistical [stəˈtɪstɪkl] *adj* estadístico.

statue [ˈstætʃu:] *n c* estatua.

stature [ˈstætʃər] *n c* & *u* (fig) estatura, talla.

status [ˈsteɪtəs] *n c* & *u* **1** JUR estado, condición (legal, civil). • *n u* **2** estatus (social).

statute [ˈstætju:t] *n c* estatuto.

statutory [ˈstætjʊtərɪ y EE UU ˈstætʃʊtɔ:rɪ] *adj* estatutario.

staunch [stɔ:ntʃ] (*EE UU* **stanch**) *adj* **1** incondicional, fiel (partidario, seguidor). • *tr* **2** detener, contener (hemorragia).

stave [steɪv] *n c* MUS pentagrama.

stay [steɪ] *n sing* **1** estancia. • *intr* **2** quedar(se), seguir, estar (en un lugar). **3** alojarse (como huésped). ♦ **to ~ in** quedarse en casa (sin salir); **to ~ on** continuar, quedarse; **to ~ out** pasar la noche fuera de casa; permanecer en huelga; **to ~ up** permanecer despierto.

staying power [ˈsteɪɪŋˌpaʊər] *n u* aguante, resistencia.

steady [ˈstedɪ] *adj* **1** gradual (cambio). **2** firme. **3** constante (amistad). **4** sensato, prudente (persona). • *tr* & *intr* **5** tranquilizar(se), serenar(se). • *intr* **6** estabilizarse (los precios).

steak [steɪk] *n c* & *u* GAST filete.

steal [sti:l] (*pt* **stole**, *pp* **stolen**) *tr* & *intr* **1** robar. • *intr* **2** escabullirse.

stealthy [ˈstelθɪ] *adj* cauteloso, sigiloso.

steam [sti:m] *n u* **1** vapor; vaho (en el cristal). • *intr* **2** exhalar vapor (una máquina). • *tr* **3** cocer al vapor (alimentos). ♦ ~ **engine** maquina de vapor; **to ~ up** empañar(se) (cristal); ponerse furioso (persona). ■ **to let off ~** desahogarse; **to run out of ~** quedarse sin fuerzas.

steamer [ˈsti:mər] *n c* barco de vapor.

steamy [ˈsti:mɪ] *adj* **1** lleno de vapor. **2** picante (libro, película).

steel [sti:l] *n u* **1** acero. • *adj* **2** de acero, como el acero. • *pron* **3** armarse de valor. ♦ ~ **wool** estropajo metálico.

steelworks [ˈsti:lwɜ:ks] (*pl* **steelworks**) *n c* planta siderúrgica, fábrica de acero.

steep [sti:p] *adj* **1** escarpado (pendiente). **2** (infml) exagerado, excesivo (precio). **3** ambicioso, difícil (tarea). • *tr* & *intr* **4** poner en remojo (comida).

steeple [ˈsti:pl] *n c* torre, campanario.

steeplechase [ˈsti:pltʃeɪs] *n c* SP carrera de obstáculos.

steer [stɪər] *n c* **1** buey. • *tr* & *intr* **2** conducir(se) (vehículo, avión). • *tr* **3** (fig) encauzar, encaminar (persona).

steering [ˈstɪərɪŋ] *n u* MEC dirección (vehículo). ♦ ~ **wheel** volante.

stem [stem] (*pt* y *pp* **stemmed**, *ger* **stemming**) *tr* **1** (fml) contener. • *n c* **2** pie (de una copa). **3** BOT tallo. **4** PHILOL raíz. ♦ **to ~ from** proceder de.

stench [stentʃ] *n sing* (fml) hedor.

stencil [ˈstensl] (*GB*, *pret* y *pp* **stencilled**, *ger* **stencilling**, *EE UU*, *pret* y *pp* **stenciled**, *ger* **stenciling**) *tr* **1** estarcir; sacar un cliché de. • *n c* **2** plantilla.

stenographer [stəˈnɒgrəfər] *n c* *EE UU* taquígrafo.

stenography [stəˈnɒgrəfɪ] *n u* taquigrafía.

step [step] (*pt* y *pp* **stepped**, *ger* **stepping**) *intr* **1** dar un paso (caminando). •

n c **2** paso (gen). **3** peldaño, escalón (de una escalera). ◆ **to ~ aside/down** apartarse; **to ~ in** intervenir, tomar parte; **to ~ up** intensificar, aumentar. ■ **~ by ~** paso a paso.

stepbrother [ˈstepˌbrʌðər] *n c* hermanastro.

stepdaughter [ˈstepˌdɔːtər] *n c* hijastra.

stepfather [ˈstepˌfɑːðər] *n c* padrastro.

stepladder [ˈstepˌlædər] *n c* escalera de mano, escalera plegable.

stepmother [ˈstepˌmʌðər] *n c* madrastra.

steppe [step] *n c* GEOG estepa.

stepsister [ˈstepˌsɪstər] *n c* hermanastra.

stepson [ˈstepsʌn] *n c* hijastro.

stereo [ˈsterɪəʊ y EE UU ˈstɪərɪəʊ] *adj* **1** estereofónico. ● *n c* **2** equipo estereofónico.

stereotype [ˈstɪərɪətaɪp] *n c* **1** estereotipo. ● *tr* **2** estereotipar.

sterile [ˈsteraɪl] *adj* estéril.

sterilise *tr* → sterilize.

sterility [steˈrɪlɪtɪ] *intr* esterilidad.

sterilize [ˈsterəɪlaɪz] *tr* esterilizar.

sterling [ˈstɗːlɪŋ] *adj* **1** excelente. ● *n u* **2** libra esterlina.

stern [stɗːn] *adj* **1** duro. ● *n c* **2** MAR popa.

steroid [ˈstɪərɔɪd] *n c* CHEM esteroide.

stethoscope [ˈsteθəskəʊp] *n c* MED estetoscopio.

stew [stjuː y EE UU stuː] *n c & u* **1** estofado, guiso. ● *tr* **2** guisar, estofar.

steward [ˈstjuːəd y EE UU ˈstuːərd] *n c* **1** auxiliar de vuelo; camarero (en un barco de pasajeros). **2** organizador, director.

stewardess [ˌstjuːəˈdes y EE UU ˈstuːərdəs] (*pl* **stewardesses**) *n c* azafata.

stick [stɪk] (*pt* y *pp* **stuck**) *tr* **1** *GB* (sl) meter (clavando). **2** *GB* (sl) poner (de cualquier manera). **3** pegar, adherir (a una superficie). **4** *GB* (infml) soportar, aguantar (algo a alguien): *I can't stick him = no le puedo soportar*. ● *intr* **5** atascarse (una puerta). ● *n c* **6** palo (gen); bastón (para andar). ◆ **to ~ about/around** (infml) quedarse; **to ~ at** persistir en; **to ~ by** (infml) apoyar, defender; **to ~ out** sobresalir; ser evidente; **to ~ to** seguir fiel a, continuar con; **to ~ up** fijar, pegar; sobresalir hacia arriba; **to ~ with** estar al lado de.

sticker [ˈstɪkər] *n c* etiqueta, pegatina.

stickler [ˈstɪklər] *n c* maniático.

sticky [ˈstɪkɪ] *adj* **1** pegajoso (gen). **2** adhesivo (papel, etiqueta). **3** embarazoso (situación).

stiff [stɪf] *adj* **1** rígido, duro (músculo). **2** denso, espeso (sustancia). **3** (fig) estirado, frío (persona). **4** severo (carácter). **5** laborioso, arduo (actividad).

stiffen [ˈstɪfn] *tr & intr* **1** poner(se) rígido (material). **2** fortalecer(se), endurecer(se) (actitud, idea).

stifle [ˈstaɪfl] *tr & intr* **1** asfixiar(se), ahogar(se). ● *tr* **2** sofocar, reprimir (imaginación, grito).

stifling [ˈstaɪflɪŋ] *adj* asfixiante, sofocante.

stigma [ˈstɪgmə, *pl irreg* ˈstɪgmətə] (*pl* **stigmas** o **stigmata**) *n c* estigma.

stile [staɪl] *n c* peldaño (para evitar que pase el ganado).

stiletto [stɪˈletəʊ] (*pl* **stilettos** o **stilettoes**) ◆ **~ heel** tacón de aguja (de un zapato).

still [stɪl] *adj* **1** inmóvil, quieto (aire). **2** tranquilo. **3** sin gas (bebida). ● *adv* **4** aún, todavía. **5** con todo, aun así. **6** aún (dando énfasis). ● *n c* **7** foto fija. **8** alambique (para fabricar alcohol). ◆ **~ life** ARTS bodegón.

> ***Still*** se usa en frases afirmativas e interrogativas. Va siempre delante del verbo, salvo en el caso de los auxiliares o modales en que se sitúa detrás: *I still love him = todavía le quiero*; *are you still learning French? = ¿todavía estás estudiando francés*? En las frases negativas se usa para dar énfasis: *I still haven't told them = aún no se lo he dicho*. ***Yet*** se emplea en frases negativas y siempre se coloca al final de la frase: *She hasn't arrived yet = no ha llegado todavía.*

stillborn [ˈstɪlbɔːn y EE UU ˌstɪlˈbɔːn] *adj* **1** nacido muerto (niño). **2** (fig) fracasado (plan, idea).

stilt [stɪlt] *n c* **1** (normalmente *pl*) zanco (para persona). **2** pilar, pilote (de edificio).

stilted [ˈstɪltɪd] *adj* forzado.

S

stimulate [ˈstɪmjʊleɪt] *tr* (fml) estimular.

stimulating [ˈstɪmjʊleɪtɪŋ] *adj* estimulante.

stimulus [ˈstɪmjʊləs, *pl* ˈstɪmjʊlaɪ] (*pl* **stimuli**) *n c* & *u* estímulo.

sting [stɪŋ] (*pt* y *pp* **stung**) *tr* & *intr* **1** picar (insecto). **2** escocer (una herida). **3** (fig) herir. ● *n c* **4** aguijón (de insecto). **5** picadura (de insecto). **6** escozor (por una picadura, picadura).

stingy [ˈstɪndʒɪ] *adj* (infml) tacaño.

stink [stɪŋk] (*pt* **stank**, *pp* **stunk**) *intr* **1** apestar. **2** (infml, fig) ser un asco (un plan, una idea). ● *n c* **3** peste. ◆ **~ bomb** bomba fétida.

stinking [ˈstɪŋkɪŋ] *adj* apestoso (cosa, persona).

stint [stɪnt] *n c* **1** turno, período (de trabajo). ● *tr* & *intr* **2** (normalmente *negación*) escatimar.

stipulate [ˈstɪpjʊleɪt] *tr* (fml) estipular.

stir [stɜː] (*pt* y *pp* **stirred**, *ger* **stirring**) *tr* **1** remover (líquido, sustancia). ● *tr* & *intr* **2** despertar(se), levantar(se) (sentimiento, interés). ● *intr* **3** conmover. ● *n c* **4** movimiento, vuelta. **5** revuelo (público). ◆ **to ~ up** despertar, suscitar (interés).

stir-fry [ˈstɜːfraɪ] *tr* rehogar, sofreír.

stirrup [ˈstɪrəp] *n c* estribo.

stitch [stɪtʃ] (*pl* **stiches**) *n c* & *u* **1** punto (gen). ● *n c* **2** puntada (al coser). ● *n sing* **3** pinchazo (de dolor). ● *tr* & *intr* **4** coser.

stoat [stəʊt] *n c* ZOOL armiño.

stock [stɒk] *n c* **1** (normalmente *pl*) existencias (de) (productos). **2** surtido. ● *n u* **3** ganado. ● *n c* & *u* **4** capital. **5** caldo concentrado. ● **to ~ (with)** *tr* **6** abastecer (de) (una despensa). ◆ **~ cube** pastilla de caldo de carne; **~ exchange** bolsa de valores; **~ market** mercado de valores. ■ **in ~** en existencia; **out of ~** agotado.

stockbroker [ˈstɒkˌbrəʊkər] *n c* corredor de bolsa.

stockholder [ˈstɒkˌhəʊldər] *n c EE UU* accionista.

stocking [ˈstɒkɪŋ y EE UU ˈstɑːkɪŋ] *n c* media.

stockist [ˈstɒkɪst] *n c GB* COM representante.

stockpile [ˈstɒkpaɪl y EE UU ˈstɑːkpaɪl] *n c* **1** reserva, provisión. ● *tr* **2** almacenar.

stocktaking [ˈstɒkˌteɪkɪŋ] *n u* balance, inventario.

stocky [ˈstɒkɪ] *adj* robusto.

stodgy [ˈstɒdʒɪ] *adj* **1** indigesto (comida). **2** aburrido (libro).

stoic [ˈstəʊɪk] *adj* & *n c* estoico.

stoke [stəʊk] *tr* atizar, avivar (fuego).

stole [stəʊl] *pt* **1** → steal. ● *n c* **2** estola.

stolen [ˈstəʊlən] *pp* → steal.

stolid [ˈstɒlɪd] *adj* (normalmente *pej*) impasible.

stomach [ˈstʌmək] *n c* estómago (órgano); vientre.

stomach-ache [ˈstʌməkeɪk] *n c* dolor de estómago.

stone [stəʊn] *n c* & *u* **1** piedra. ● *n c* **2** hueso, pepita (de una fruta). **3** piedra preciosa. ● *tr* **4** apedrear.

stone-cold [ˌstəʊnˈkəʊld] *adj* completamente helado.

stoned [ˈstəʊnd] *adj* (infml) borracho; colocado (por drogas).

stony [ˈstəʊnɪ] *adj* **1** pedregoso (camino). **2** frío, glacial (mirada).

stood [stʊd] *pt* & *pp* → stand.

stool [stuːl] *n c* taburete.

stoop [stuːp] *n c* **1** encorvamiento (de la espalda). ● *intr* **2** inclinarse, agacharse (para recoger algo del suelo). **3** caminar encorvado.

stop [stɒp] (*pt* y *pp* **stopped**, *ger* **stopping**) *tr* & *intr* **1** parar(se) (gen). **2** finalizar, interrumpir. ● **to ~ (from)** *tr* **3** impedir (que alguien haga algo). ● *intr* **4** *GB* quedarse. ● *n c* **5** parada (gen). **6** apeadero (de tren). **7** GRAM punto. ◆ **~ press** noticias de última hora; **to ~ off** hacer una breve parada; **to ~ over** pernoctar. ■ **to put a ~ to** acabar con.

stopgap [ˈstɒpgæp] *n c* sustituto temporal.

stopover [ˈstɒpəʊvər] *n c* escala (durante un viaje).

stoppage [ˈstɒpɪdʒ] *n c* **1** paro, huelga ● *n c* & *u* **2** deducción, retención (de la paga).

stopper [ˈstɒpər] (*EE UU* **plug**) *n c* tapón.

stopwatch [ˈstɒpwɒtʃ] *n c* cronómetro.

storage [ˈstɔːrɪdʒ] *n u* almacenamiento (de productos).

store [stɔ:] *n c* **1** almacén (place for storing). **2** *EE UU* tienda. • **to ~ (up)** *tr* **3** almacenar (productos). **to ~ (away) 4** guardar (algo a buen recaudo). ■ **in ~** aguardando.
storehouse [ˈstɔ:haʊs] *n c* **1** almacén. **~ (of) 2** (fig) fuente inagotable (de) (persona).
storekeeper [ˈstɔ:ˌki:pər] *n c EE UU* tendero.
storeroom [ˈstɔ:rʊm] *n c* almacén.
storey [ˈstɔ:rɪ] (*EE UU* **story**, *pl* **storeys**) *n c* piso, planta.
stork [stɔ:k] *n c* cigüeña.
storm [stɔ:m] *n c* **1** tormenta. • *tr* **2** atacar (al asalto). • *intr* **3** enfurecerse. ◆ **~ cloud** nubarrón.
stormy [ˈstɔ:mɪ] *adj* **1** tormentoso (tiempo). **2** tempestuoso (relación).
story [ˈstɔ:rɪ] (*pl* **stories**) *n c* **1** historia (gen). **2** cuento. **3** (infml, euph) mentira. ■ **to cut a long ~ short** resumiendo.
storyboard [ˈstɔ:rɪbɔ:d] *n c* secuencia en viñetas.
storybook [ˈstɔ:rɪbʊk] *adj* de novela.
stout [staʊt] *adj* **1** (euph) corpulento (fat). **2** (lit) sólido (objeto). • *n u* **3** cerveza negra.
stove [stəʊv] *pt & pp* **1** → stave. • *n c* **2** cocina (electrodoméstico); estufa.
stow [stəʊ] *tr* guardar, almacenar. ◆ **to ~ away** viajar de polizón.
stowaway [ˈstəʊəweɪ] *n c* polizón.
straddle [ˈstrædl] *tr* **1** sentarse a horcajadas en (persona). **2** extenderse a un lado y otro de (un río, un muro).
straggle [ˈstrægl] *intr* rezagarse.
straight [streɪt] *adj* **1** recto (gen). **2** liso (pelo). **3** sencillo. **4** consecutivo (días). **5** solo (bebida). • *n sing* **6** línea recta. • **~ + adv/prep** *adv* **7** en línea recta; directamente (sin tomar atajos ni demorarse). **8** claramente. ■ **~ out** sin rodeos.
straightaway [ˈstreɪtəweɪ] *adv* ahora mismo.
straighten [ˈstreɪtn] *tr & intr* **1** enderezar(se) (hombros). • *tr* **2** alisar (pelo, ropa).
straightforward [ˌstreɪtˈfɔ:wəd] *adj* **1** honrado (persona). **2** simple.
strain [streɪn] *n c & u* **1** tensión (gen). **2** torcedura. • *tr* **3** torcerse (músculo). **4** colar. **5** forzar, cansar (la vista).
strained [ˈstreɪnd] *adj* **1** tenso. **2** forzado (risa, tono de voz). **3** cansado, agotado.
strainer [ˈstreɪnər] *n c* colador.
strait [streɪt] *adj & n c* estrecho. ■ **in dire/desperate straits** en apuros.
straitjacket [ˈstreɪtˌdʒækɪt] *n c* camisa de fuerza.
strand [strænd] *n c* **1** hebra (de hilo). **2** mechón (de pelo).
strange [streɪndʒ] *adj* extraño.
stranger [ˈstreɪndʒər] *n c* **1** extraño (persona). **2** forastero (en un lugar). ■ **to be no ~ to** conocer bien.
strangle [ˈstræŋgl] *tr* **1** estrangular. **2** (fig) ahogar, inhibir (progreso, desarrollo).
stranglehold [ˈstræŋglhəʊld] *n c* **1** llave estranguladora (en lucha). **2** (fig) control, dominio (de una empresa).
strap [stræp] (*pt* y *pp* **strapped**, *ger* **strapping**) *tr* **1** atar con correa. • *n c* **2** correa. **3** tirante (de un vestido).
strapping [ˈstræpɪŋ] *adj* (infml) corpulento.
strata [ˈstrɑ:tə] *n pl* → stratum.
strategic or **strategical** [strəˈti:dʒɪk o strəˈti:dʒɪkl] *adj* estratégico.
strategy [ˈstrætɪdʒɪ] (*pl* **strategies**) *n c & u* estrategia.
stratosphere [ˈstræteʊˌsfɪər] *n sing* estratosfera.
stratum [ˈstrɑ:təm] (*pl* **strata**) *n c* estrato.
straw [strɔ:] *n c & u* paja. ◆ **~ poll/vote** sondeo de opinión; **the last/final ~** el colmo. ■ **to clutch at straws** agarrarse a un clavo ardiendo.
strawberry [ˈstrɔ:bərɪ y EE UU ˈstrɔ:berɪ] (*pl* **strawberries**) *n c* fresa.
stray [streɪ] *adj* **1** perdido, errante (persona). **2** aislado (ocasión, momento). • *n c* **3** animal callejero. **4** niño abandonado. • *intr* **5** extraviarse.
streak [stri:k] *n c* **1** línea. **2** rayo (de luz). **3** racha (de suerte).
stream [stri:m] *n c* **1** arroyo, riachuelo. **2** corriente (movimiento). **3** riada (de gente, coches); torrente (de insultos). **4** *GB* nivel (en la escuela). • *intr* **5** brotar, fluir (agua); salir o entrar en tropel (gente).
streamer [ˈstri:mər] *n c* serpentina.
streamlined [ˈstri:mlaɪnd] *adj* aerodinámico.

S

street [stri:t] *n c* calle (de una ciudad).
streetcar ['stri:tkɑ:r] *n c EE UU* tranvía.
streetlamp or **streetlight** ['stri:tlæmp o 'stri:tlaɪt] *n c* farola.
streetwise ['stri:twaɪz] *adj* (infml) que domina la calle.
strength [streŋθ] *n c & u* **1** fuerza (física o mental). • *n u* **2** número, efectivos. **3** poder, influencia. ■ **at/up to full ~** a pleno rendimiento; **below/under ~** bajo mínimos; **in ~** en gran número.
strengthen ['streŋθən] *tr & intr* **1** reforzar(se), fortalecer(se) (confianza). **2** intensificar (determinación).
strenuous ['strenjʊəs] *adj* agotador.
stress [stres] (*pl* **stresses**) *n c & u* **1** estrés. **2** énfasis. **3** PHYS fuerza, presión. **4** PHON acento. • *tr* **5** subrayar, dar énfasis a. **6** PHON acentuar.
stretch [stretʃ] (*pl* **stretches**) *n c* **1** extensión (de una zona). **2** tramo (de un río). **3** intervalo (de tiempo). • *tr & intr* **4** ensanchar(se), dilatar(se). **to ~ (out) 5** extender(se), estirar(se) (por) (brazo). • *tr* **6** forzar, exagerar (la verdad, un hecho). ■ **at a ~** sin parar.
strew [stru:, *pp irreg* stru:n] (*pp* **strewed** o **strewn**) *tr* (lit) desparramar, esparcir.
stricken ['strɪkən] *adj* **1** (fml) acongojado, angustiado (por el temor). **2** herido, afectado (por una enfermedad).
strict [strɪkt] *adj* estricto.
stride [straɪd, *pp* strɪdn] *n c* zancada. ■ **to take sth in one's ~** tomarse algo bien.
strident ['straɪdnt] *adj* estridente.
strife [straɪf] *n u* desacuerdo.
strike [straɪk] (*pt* y *pp* **struck**) *tr* **1** (fml) golpear, pegar (gen). **2** atacar. **3** caer sobre (un rayo, luz). **4** provocar, causar (emoción). **5** alcanzar, conseguir (un acuerdo). **to ~ (as) 6** afectar, impresionar. • *intr* **7** ir a la huelga. **8** chocar. • *tr & intr* **9** dar la hora (un reloj). • *n c* **10** huelga. **11** ataque aéreo. **12** descubrimiento (de oro, petróleo). ♦ **to ~ out** tachar con una raya (un escrito); moverse resueltamente; independizarse (laboralmente); **to ~ up** comenzar, entablar (conversación, amistad); empezar a tocar (música).
striker ['straɪkər] *n c* **1** huelguista (persona). **2** delantero (en fútbol).
striking ['straɪkɪŋ] *adj* **1** sorprendente, increíble (efecto). **2** impresionante, llamativo (persona). ■ **within ~ distance** muy cercano (lugar).
string [strɪŋ] (*pt* y *pp* **strung**) *tr* **1** atar (con cuerda). • *adj* **2** de cuerda (material, instrumento). • *n c & u* **3** cuerda (gen). • *n c* **4** sarta (de mentiras); ristra (de ajos); procesión (de personas). **5** serie. • **strings** *n pl* **6** instrumentos de cuerda. ♦ **~ bean** judía; **to ~ up** colgar.
stringed instrument ['strɪŋgdɪnstrʊmənt] *n c* instrumento de cuerda.
stringent ['strɪndʒənt] *adj* riguroso.
strip [strɪp] (*pt* y *pp* **stripped**, *ger* **stripping**) *tr & intr* **1** desnudar(se). • *n c* **2** franja (de tierra). **3** tira (de material). ♦ **~ cartoon** *GB* tira cómica; **~ lightning** alumbrado de tubos fluorescentes.
stripe [straɪp] *n c* **1** raya (de color). **2** MIL galón.
striped [straɪpt] *adj* de rayas.
stripper ['strɪpər] *n c* **1** (infml) artista de estriptís. • *n u* **2** disolvente (para pintura).
striptease ['strɪpti:z] *n c & u* estriptís.
strive [straɪv] (*pt* **strove,** *pp* **striven**) *intr* **to ~ (after/against/for)** esforzarse, luchar.
striven [straɪvn] *pp* → strive.
strode [strəʊd] *pt* → stride.
stroke [strəʊk] *n c* **1** trazo, pincelada (con pincel). **2** golpe (en deportes); brazada (en natación); remada. **3** estilo (de natación). **4** campanada (de un reloj). **5** MED apoplejía. • *tr* **6** acariciar. ■ **not to do a ~ of work** no dar ni golpe.
stroll [strəʊl] *n c* **1** paseo. • *intr* **2** pasear.
stroller ['strəʊlər] *n c EE UU* cochecito de niño.
strong [strɒŋ] *adj* **1** fuerte (gen). **2** resistente (a condiciones adversas). **3** intenso (olor, sabor). **4** definitiva (posibilidad). ■ **still going ~** con buena salud.
stronghold ['strɒŋhəʊld] *n c* fortaleza.
strove [strəʊv] *pt* → strive.
struck [strʌk] *pt & pp* → strike.
structural ['strʌktʃərəl] *adj* estructural.
structure ['strʌktʃər] *n c & u* **1** estructura (organización). • *n c* **2** construcción (edificio). • *tr* **3** estructurar.
struggle ['strʌgl] *n c* **1** lucha. **2** esfuerzo. • *tr* **3** luchar. **4** esforzarse (por conseguir algo).

strum [strʌm] (*pt* y *pp* **strummed**, *ger* **strumming**) *tr* & *intr* MUS rasguear.
strung [strʌŋ] *pt* & *pp* → string.
strut [strʌt] (*pt* y *pp* **strutted**, *ger* **strutting**) *intr* **1** (pej) pavonearse, presumir. • *n c* **2** puntal, poste (soporte).
strychnine [ˈstrɪkniːn] *n u* CHEM estricnina.
stub [stʌb] *n c* trozo, resto; colilla (de cigarrillo); matriz (de un cheque). ♦ **to ~ out** apagar aplastando (cigarrillo).
stubble [ˈstʌbl] *n u* **1** rastrojo (en el campo). **2** barba de días.
stubborn [ˈstʌbən] *adj* **1** terco. **2** firme, persistente (mancha).
stucco [ˈstʌkəʊ] *n u* estuco.
stuck [stʌk] *pt* & *pp* **1** → stick. • *adj* **2** atascado. **~ (with) 3** (infml) atrapado (por) (algo no deseado).
stuck-up [ˌstʌkˈʌp] *adj* (infml, pej) engreído.
stud [stʌd] *n c* **1** taco (de zapatos); tachón (adorno metálico). **2** pendiente. **3** semental.
student [ˈstjuːdnt] *n c* **1** estudiante (gen). **2** estudioso (de una disciplina).
studio [ˈstjuːdɪəʊ] (*pl* **studios**) *n c* estudio (gen). ♦ **~ audience** audiencia invitada al estudio; **~ flat** (EE UU **studio apartment**) estudio (de una habitación).
studious [ˈstjuːdɪəs y EE UU ˈstuːdɪəs] *adj* estudioso.
study [ˈstʌdɪ] (*pt* y *pp* **studied**) *tr* & *intr* **1** estudiar (gen). • *tr* **2** analizar, examinar (un problema, asunto). • *n c* & *u* **3** (*pl* **studies**) estudio (gen). • *n c* **4** investigación.
stuff [stʌf] *n u* **1** (infml) cosa (gen). • *tr* **2** rellenar. **3** meter en desorden (cosas). • *tr* & *intr* **4** atiborrar(se) (de comida).
stuffed [stʌft] *adj* **1** GAST lleno. **2** disecado (animal). **3** GAST relleno.
stuffing [ˈstʌfɪŋ] *n u* relleno.
stuffy [ˈstʌfɪ] *adj* (pej) cargado, mal ventilado (lugar).
stumble [ˈstʌmbl] *intr* **1** tropezar (con algo). • *tr* **2** trabarse la lengua (al hablar).
stumbling block [ˈstʌmblɪŋblɒk] *n c* (fig) obstáculo, tropiezo.
stump [stʌmp] *n c* **1** tocón (de árbol). **2** muñón (de un miembro). **3** fragmento, pedazo. • **to ~ + adv/prep** *intr* **4** caminar pesadamente. • *tr* **5** (infml) (normalmente *pasiva*) confundir, aturdir.
stun [stʌn] (*pt* y *pp* **stunned**, *ger* **stunning**) *tr* aturdir.
stung [stʌŋ] *pt* & *pp* → sting.
stunk [stʌŋk] *pp* → stink.
stunning [ˈstʌnɪŋ] *adj* **1** espléndido (de aspecto). **2** sorprendente (noticia).
stunt [stʌnt] *n c* **1** CIN escena de peligro. **2** truco, treta (en publicidad). • *tr* **3** atrofiar. ♦ **~ man/woman** CIN especialista (en películas).
stunted [ˈstʌntɪd] *adj* raquítico.
stupefy [ˈstjuːpɪfaɪ y EE UU ˈstuːpɪfaɪ] (*pt* y *pp* **stupefied**) *tr* **1** (normalmente *pasiva*) dejar estupefacto (sorpresa). **2** atontar (dejar sin sentido).
stupendous [stjuːˈpendəs y EE UU stuːˈpendəs] *adj* estupendo.
stupid [ˈstjuːpɪd y EE UU ˈstuːpɪd] *adj* **1** estúpido. **2** (infml) molesto.
stupidity [stjuːˈpɪdɪtɪ y EE UU stuːˈpɪdɪtɪ] (*pl* **stupidities**) *n c* & *u* estupidez.
sturdy [ˈstɜːdɪ] *adj* robusto (persona); sólido (objeto).
sturgeon [ˈstɜːdʒən] (*pl* **sturgeon**) *n c* ZOOL esturión.
stutter [ˈstʌtər] *n c* **1** tartamudeo. • *tr* & *intr* **2** tartamudear.
sty [staɪ] (*pl* **sties**) *n c* **1** pocilga. **2** → stye.
stye [staɪ] *n c* MED orzuelo.
style [staɪl] *n c* & *u* **1** estilo (gen). • *tr* **2** diseñar (ropa de moda).
stylish [ˈstaɪlɪʃ] *adj* elegante.
stylist [ˈstaɪlɪst] *n c* peluquero.
stylus [ˈstaɪləs] (*pl* **styluses**) *n c* aguja (de tocadiscos).
suave [swɑːv] *adj* **1** educado. **2** amable.
sub [sʌb] *n c* **1** (infml) submarino. **2** (infml) subscripción (a un club). **3** SP (infml) suplente (en fútbol). • **sub-** *pref* **4** sub.
subconscious [ˌsʌbˈkɒnʃəs] ♦ **the ~** el subconsciente.
subcontract [ˌsʌbkɒnˈtrækt] *tr* subcontratar.
subculture [ˈsʌbkʌltʃər] *n c* subcultura.
subdivide [ˌsʌbdɪˈvaɪd] *tr* & *intr* subdividir(se).
subdue [səbˈdjuː y EE UU səbˈduː] *tr* **1** someter (una rebelión). **2** calmar, serenar (emociones). **3** atenuar, suavizar (voz, color).

subdued [səb'dju:d y EE UU səb'du:d] *adj* apagado.
subheading ['sʌbˌhedɪŋ] *n c* subtítulo.
subject ['sʌbdʒɪkt] *adj* ~ **to** **1** propenso a; sujeto a (cambios). • *n c* **2** sujeto (gen). **3** tema (de un libro, de conversación). **4** asignatura (en una escuela). **5** GRAM sujeto (gramática). **6** súbdito (de un país). ◆ ~ **matter** contenido, tema.
subject [səb'dʒekt] *tr* (lit) someter, dominar.
subjective [səb'dʒektɪv] *adj* (pej) subjetivo.
subjunctive [səb'dʒʌŋktɪv] *n sing* GRAM subjuntivo.
sublet [ˌsʌb'let] (*pt* y *pp* **sublet**, *ger* **subletting**) *tr* & *intr* subarrendar.
sublime [sə'blaɪm] *adj* sublime.
sub-machine gun [ˌsʌbmə'ʃi:ngʌn] *n c* metralleta.
submarine [ˌsʌbmə'ri:n y 'sʌbməri:n] *adj* & *n c* submarino.
submerge [səb'mɜ:dʒ] *tr* & *intr* **1** sumergir(se) (en el agua). • *tr* **2** (fig) estar inmerso en (una actividad).
submission [səb'mɪʃn] *n c* & *u* **1** sumisión (gen). **2** presentación (de un documento).
submissive [səb'mɪsɪv] *adj* sumiso.
submit [səb'mɪt] (*pt* y *pp* **submitted**, *ger* **submitting**) *tr* **1** someter. **2** rendirse (aceptando la derrota).
subnormal [ˌsʌb'nɔ:ml] *adj* (pej) subnormal.
subordinate [sə'bɔ:dnɪt y EE UU sə'bɔ:rdənɪt] *adj* & *n c* subordinado. ◆ ~ **clause** GRAM oración subordinada.
subordinate [sə'bɔ:dɪneɪt y sə'bɔ:rdɪneɪt] *tr* subordinar.
subpoena [səb'pi:nə y sə'pi:nə] *n c* **1** JUR citación. • *tr* **2** JUR citar.
subscribe [səb'skraɪb] *intr* **1** donar (dinero). **2** suscribirse (a una revista). ◆ **to** ~ **to** suscribir (un argumento, un punto de vista).
subscriber [səb'skraɪbər] *n c* **1** suscriptor (de una revista). **2** abonado, usuario (de un servicio).
subscription [səb'skrɪpʃn] *n c* suscripción.
subsequent ['sʌbsɪkwənt] *adj* subsiguiente.
subservient [səb'sɜ:vɪənt] *adj* **1** servil. **2** subordinado.
subside [səb'saɪd] *intr* **1** hundirse, bajar (edificio). **2** bajar, descender (nivel de agua). **3** amainar, calmarse (tormenta, protestas).
subsidence [səb'saɪdns y 'sʌbsɪdəns] *n c* & *u* hundimiento (de un edificio).
subsidiary [səb'sɪdɪərɪ] *adj* subsidiario (de otra cosa).
subsidize or **subsidise** ['sʌbsɪdaɪz] *tr* subvencionar.
subsidy ['sʌbsɪdɪ] *n c* & *u* subvención.
substance ['sʌbstəns] *n c* sustancia.
substantial [səb'stænʃl] *adj* sustancial.
substantiate [səb'stænʃɪeɪt] *tr* (fml) confirmar, verificar.
substitute ['sʌbstɪtju:t y EE UU 'sʌbstɪtu:t] *n c* **1** suplente, sustituto (gen). • *tr* & *intr* **2** sustituir.
substructure ['sʌbˌstrʌktʃər] *n c* subestructura.
subsystem ['sʌbsɪstəm] *n c* subsistema.
subtitle ['sʌbˌtaɪtl] *n c* subtítulo.
subtle ['sʌtl] *adj* **1** sutil (gen). **2** astuto (persona, plan).
subtract [səb'strækt] *tr* restar.
subtraction [ˌsəb'strækʃn] *n c* & *u* resta.
suburb ['sʌbɜ:b] *n c* barrio residencial. ◆ **the suburbs** las afueras (de una ciudad).
suburban [sə'bɜ:bən] *adj* **1** (pej) de barrio. **2** de cercanías (tren).
suburbia [sə'bɜ:bɪə] *n u* (normalmente *desp*) suburbios, afueras.
subversion [səb'vɜ:ʃn] *n u* subversión.
subversive [səb'vɜ:sɪv] *adj* & *n c* subversivo.
subway ['sʌbweɪ] *n c* **1** pasaje subterráneo (path). **2** *EE UU* metro.
succeed [sək'si:d] *intr* **1** triunfar, tener éxito. • *tr* **2** (fml) suceder a (un rey, un jefe).
succeeding [sək'si:dɪŋ] *adj* sucesivo, próximo.
success [sək'ses] (*pl* **successes**) *n c* & *u* éxito.
successful [sək'səsful] *adj* de éxito.
succession [sək'seʃn] *n u* sucesión.
successive [sək'sesɪv] *adj* sucesivo.
successor [sək'sesər] *n c* sucesor.
succinct [sək'sɪŋkt] *adj* sucinto.
succulent ['sʌkjʊlənt] *adj* suculento.

succumb [sə'kʌm] *intr* **to ~ (to)** (fml) sucumbir (ante).

such [sʌtʃ] *adj* **1** tal, semejante. **2** tal, tan (dando énfasis): *such a good person = tan buena persona.* • *pron* **3** (fml) tal (cosa), ese, eso, aquello: *such was his opinion = eso era lo que pensaba.* ■ **and ~** (infml) y cosas así; **~ and ~** tal o cual; **~ as** tales como; **~... that/as** tal... que: *in such a way that = de tal modo que.*

> ***Such*** se usa con adjetivos que acompañan a un sustantivo: *she is such a rich woman = es una mujer tan rica.* ***So*** se usa con adjetivos solos: *she is so rich = es tan rica.*

suck [sʌk] *tr & intr* **1** chupar (líquido). **2** (fig) absorber, atraer (una forma de vida).

sucker ['sʌkər] *n c* **1** ventosa (de animal, goma). **2** (infml) incauto, ingenuo (persona).

suction ['sʌkʃn] *n u* succión.

Sudan [su:'dæn] *n sing* Sudán.

Sudanese [ˌsu:də'ni:z] *adj & n c* sudanés.

sudden ['sʌdn] *adj* repentino, súbito. ■ **all of a ~** de repente.

suddenly ['sʌdnlɪ] *adv* de repente.

suds [sʌdz] *n pl* → soapsuds.

sue [sju:] *tr & intr* JUR demandar.

suede [sweɪd] *n u* ante, gamuza.

suet [sjʊɪt] *n u* sebo.

suffer ['sʌfər] *intr & tr* sufrir.

sufferer ['sʌfərər] *n c* enfermo, víctima.

suffering ['sʌfərɪŋ] *n u* sufrimiento, dolor.

suffice [sə'faɪs] *tr & intr* (fml) bastar, ser suficiente.

sufficient [sə'fɪʃnt] *adj* suficiente.

suffix ['sʌfɪks] *n c* GRAM sufijo.

suffocate ['sʌfəkeɪt] *tr & intr* sofocar(se), asfixiar(se).

suffrage ['sʌfrɪdʒ] *n u* sufragio.

sugar ['ʃʊgər] *n u* **1** azúcar. • *tr* **2** azucarar. ◆ **~ beet** remolacha azucarera; **~ cane** caña de azúcar; **~ lump** terrón de azúcar.

sugary ['ʃʊgərɪ] *adj* **1** azucarado. **2** (pej) dulzón, sensiblero (sentimental).

suggest [sə'dzest y EE UU səg'dʒest] *tr* **1** sugerir (una idea). **2** indicar, implicar (emociones).

> ***To suggest, to propose*** o ***to insist*** anteceden a un gerundio o a la construcción ***that... should***: *I suggested selling the car = sugerí la venta del coche; I suggested that we should sell the car = sugerí que vendiéramos el coche.* ***To suggest*** puede usarse con tiempos presentes y pasados: *she has suggested that we sell the car = ha sugerido que vendamos el coche.*

suggestion [sə'dʒestʃən y EE UU səg'dʒestʃən] *n c & u* sugerencia.

suggestive [sə'dʒestɪv y EE UU səg'dʒestɪv] *adj* sugerente.

suicide ['sʊɪsaɪd y 'su:ɪsaɪd] *n c & u* suicidio.

suit [su:t y sju:t] *n c* **1** traje (masculino); conjunto (femenino). **2** palo (de cartas). **3** JUR pleito. • *tr* **4** convenir, venir bien (planes). **5** favorecer, sentar bien (un traje). ■ **to follow ~** (fig) hacer lo mismo.

suitable ['su:təbl y 'sju:təbl] *adj* adecuado.

suitcase ['su:tkeɪs o 'sju:tkeɪs] *n c* maleta.

suite [swi:t] *n sing* suite, apartamento.

suited ['su:tɪd y 'sju:tɪd] *adj* adecuado.

sulfur *n c & u* → sulphur.

sulk [sʌlk] *intr* estar de mal humor (niño). ■ **to have the sulks** estar de mal humor.

sulky ['sʌlkɪ] *adj* malhumorado.

sullen ['sʌlən] *adj* malhumorado.

sulphur ['sʌlfər] (*EE UU* **sulfur**) *n u* azufre.

sultana [səl'tɑ:nə] *n c* uva pasa.

sultry ['sʌltrɪ] *adj* **1** bochornoso, sofocante (tiempo). **2** seductor (sensual).

sum [sʌm] (*pt* y *pp* **summed**, *ger* **summing**) *tr* **1** sumar. • *n c* **2** suma. ◆ **~ total** suma total; **to ~ up** resumir (una idea).

summarize or **summarise** ['sʌməraɪz] *tr & intr* resumir.

summary ['sʌmərɪ] (*pl* **summaries**) *adj* (fml) sumario.

S

summer ['sʌmər] *n c & u* **1** verano. ● *intr* **2** veranear.
summerhouse ['sʌməhaʊs] *n c* cenador.
summertime ['sʌmətaɪm] *n u* verano.
summit ['sʌmɪt] *n c* cumbre.
summon ['sʌmən] *tr* llamar, convocar (oficialmente a una reunión). ◆ **to ~ up** reunir (coraje).
summons ['sʌmənz] (*pl* **summonses**) *n c* JUR citación.
sump [sʌmp] *n c GB* cárter.
sumptuous ['sʌmptjʊəs] *adj* suntuoso.
sun [sʌn] (*pt* y *pp* **sunned**, *ger* **sunning**) *pron* **1** tomar el sol. ● *n sing* **2** sol. ◆ **~ lamp** lámpara de rayos ultravioleta.
sunbathe ['sʌnbeɪð] *intr* tomar el sol.
sunbeam ['sʌnbi:m] *n c* rayo de sol.
sunbed ['sʌnbed] *n c* cama de rayos ultravioleta.
sunburn ['sʌnbɑ́:n] *n u* quemadura de sol.
sundae ['sʌndeɪ] *n c* copa de helado.
Sunday ['sʌndɪ] *n c & u* domingo.
sundial ['sʌndaɪəl] *n c* reloj de sol.
sundown ['sʌndaʊn] *n u* → sunset.
sundry ['sʌndrɪ] *adj* (fml) varios, variados. ■ **all and ~** todos y cada uno.
sunflower ['sʌnˌflaʊər] *n c* girasol.
sung [sʌŋ] *pp* → sing.
sunglasses ['sʌnˌglɑ:sɪz y EE UU 'sʌnˌglæsɪz] *n pl* gafas de sol.
sunhat ['sʌnhæt] *n c* pamela.
sunk [sʌŋk] *pp* → sink.
sunlight ['sʌnlaɪt] *n u* luz solar.
sunny ['sʌnɪ] *adj* soleado (tiempo, día, habitación).
sunrise ['sʌnraɪz] *n c & u* alba.
sunroof ['sʌnru:f] *n c* techo corredizo (de un coche).
sunset ['sʌnset] *n u GB* puesta de sol.
sunshade ['sʌnʃeɪd] *n c* sombrilla, parasol.
sunshine ['sʌnʃaɪn] *n u* sol (rayos o calor).
sunstroke ['sʌnstrəʊk] *n u* insolación.
suntan ['sʌntæn] *n c* bronceado.
suntrap ['sʌntræp] *n c* solana.
super ['su:pər y 'sju:pər] *adj* **1** (infml) fantástico. ● **super-** *pref* **2** super, sobre.
superannuation [ˌsu:pərænjʊ'eɪʃn y ˌsju:pərænjʊ'eɪʃn] *n u* (fml) jubilación (paga).
superb [sju:'pɑ́:b y EE UU su:'pɑ́:rb] *adj* maravilloso.
supercilious [ˌsu:pə'sɪlɪəs y ˌsju:pə'sɪlɪəs] *adj* (fml, pej) arrogante.
superego [ˌsu:pər'i:gəʊ y ˌsu:pər'egəʊ] *n c* PSYCOL superego.
superficial [ˌsu:pə'fɪʃəl y ˌsju:pə'fɪʃəl] *adj* superficial.
superfluous [su:'pɑ́:flʊəs y sju:'pɑ́:flʊəs] *adj* superfluo, excesivo.
superhuman [ˌsu:pə'hju:mən y ˌsju:pə'hju:mən] *adj* sobrehumano.
superimpose [ˌsu:pərɪm'pəʊz y ˌsju:pərɪm'pəʊz] *tr* superponer.
superintendent [ˌsu:pərɪn'tendənt y ˌsju:pərɪn'tendənt] *n c* **1** encargado (de un establecimiento). **2** inspector (de policía).
superior [su:'pɪərɪər y sju:'pɪərɪər] *adj & n c* superior.
superiority [su:ˌpɪərɪ'ɒrɪtɪ y sju:ˌpɪərɪ'ɒrɪtɪ] *n u* superioridad.
superlative [su:'pɑ́:lətɪv y sju:'pɑ́:rlətɪv] *adj & n c* superlativo.
supernatural [ˌsu:pə'nætʃərəl y ˌsju:pə'nætʃərəl] *adj* sobrenatural.
superpower ['su:pəˌpaʊər y 'sju:pəˌpaʊər] *n c* superpotencia.
supersede [ˌsu:pə'si:d y ˌsju:pə'si:d] *tr* (normalmente *pasiva*) sustituir.
supersonic [ˌsu:pə'sɒnɪk y ˌsju:pə'sɒnɪk] *adj* supersónico.
superstar ['su:pəstɑ:r y 'sju:pəstɑ:r] *n c* super estrella.
superstition [ˌsu:pə'stɪʃən y ˌsju:pə'stɪʃən] *n c & u* superstición.
superstitious [ˌsu:pə'stɪʃəs y ˌsju:pə'stɪʃəs] *adj* supersticioso.
superstore ['su:pəstɔ: y 'sju:pəstɔ:] *n c* hipermercado.
superstructure ['su:pəˌstrʌktʃər y 'sju:pəˌstrʌktʃər] *n c* MAR superestructura.
supervise ['su:pəvaɪz y 'sju:pəvaɪz] *tr & intr* supervisar.
supper ['sʌpər] *n c & u* cena.
supple ['sʌpl] *adj* flexible.
supplement ['sʌplɪmənt] *n c* suplemento.
supplementary [ˌsʌplɪ'mentərɪ] *adj* suplementario. ◆ **~ benefit** *GB* subsidio social.
supplier [sə'plaɪər] *n c* proveedor.

Superlative / Superlativo

Adjetivos

– Los adjetivos de una sola sílaba forman el superlativo añadiendo ***-est*** al adjetivo:
Bring me the newest one Tráeme el más nuevo

– Los adjetivos de tres o más sílabas forman el superlativo colocando ***the most*** antes del adjetivo:
She is the most intelligent student Es la estudiante más inteligente

– Los adjetivos de dos sílabas siguen cualquiera de las dos reglas anteriores. Los acabados en ***-ful*** o ***-re*** suelen formar el superlativo con ***the most***:
I prefer the simplest design Prefiero el diseño más simple

– Los adjetivos acabados en ***-er***, ***-y*** o ***-ly*** forman el superlativo añadiendo ***-er*** o ***-est*** al adjetivo:
Which is the prettiest? ¿Cuál es el más bonito?

Irregular superlatives **/ Superlativos irregulares**

good	*the best*
bad	*the worst*
little	*the least*
many	*the most*
much	*the most*
far	*the furthest* (distancia y tiempo)
	the farthest (sólo distancia)
old	*the oldest* (personas y cosas)
	the eldest (sólo personas)

Adverbios

– Los adverbios de dos o más sílabas forman el superlativo añadiendo ***most*** antes del adverbio:
Which is most quickly? ¿Cuál es más rápido?

– Los adverbios de una sola sílaba y el adverbio ***early*** forman el superlativo añadiendo ***-er*** o ***-est***:
It's the warmest day Es el día más cálido

Irregular superlatives **/ Superlativos irregulares:**

well	*best*
badly	*worst*
little	*least*
much	*most*
far	*furthest* (distancia, tiempo y sentido abstracto)
	farthest (sólo distancia)

supply [sə'plaɪ] (*pt* y *pp* **supplied**) *tr* **1** suministrar. • *n c* **2** (normalmente *sing*) suministro (gen). • **supplies** *n pl* **3** provisiones (de existencias).

support [sə'pɔːt] *n u* **1** apoyo (emocional). • *n c* & *u* **2** soporte (objeto). • *tr* **3** apoyar (emocionalmente, económicamente). **4** sostener (peso).

supporter [sə'pɔːtər] *n c* **1** partidario (gen). **2** SP hincha, seguidor.

suppose [sə'pəʊz] *tr* & *intr* **1** suponer. • *conj* **2** y si: *suppose he doesn't arrive on time = y si no llega a tiempo.*

supposed [sə'pəʊzd] *adj* (pej) supuesto. ■ **to be ~ to** deber (como obligación): *you were supposed to arrive early = de-*

berías haber llegado temprano; tener fama de (be reputed as): *it's supposed to be a good novel = tiene fama de ser una buena novela.*

supposing [sə'pəʊzɪŋ] *conj* y si: *suppose he doesn't arrive on time = y si no llega a tiempo.*

supposition [ˌsʌpə'zɪʃn] *n c & u* suposición.

suppress [sə'pres] *tr* **1** reprimir (gen). **2** ocultar (información).

supremacy [sʊ'preməsɪ] *n u* supremacía.

supreme [suː'priːm y sjuː'priːm] *adj* supremo.

surcharge ['sɜːtʃɑːdʒ] *n c* recargo.

sure [ʃʊər] *adj* **1** seguro, cierto (gen). **2** seguro, inevitable. • *adv* **3** *EE UU* (infml) claro, seguro. ■ **be ~ to** no te olvides de; **for ~** (infml) seguro; **~ enough** naturalmente; **to be ~ of oneself** estar seguro de sí mismo; **to make ~** comprobar, asegurarse.

surely ['ʃʊəlɪ] *adv* sin duda.

surety ['ʃʊərətɪ] *n c & u* fianza (bail).

surf [sɜːf] *n u* **1** espuma (de las olas). • *intr* **2** SP hacer surf. • *tr* **3** COMPUT navegar (en Internet).

surface ['sɜːfɪs] *n c* **1** superficie. • *intr* **2** emerger.

surfboard ['sɜːfbɔːd] *n c* SP tabla de surf.

surfeit ['sɜːfɪt] *n sing* ~ **(of)** exceso (de).

surfing ['sɜːfɪŋ] *n u* surf.

surge [sɜːdʒ] *n sing* **1** avalancha, oleada (de gente); arrebato (de rabia, de felicidad). • *intr* **2** abalanzarse (en tropel). **to ~ (up) 3** surgir, brotar (una emoción).

surgeon ['sɜːdʒən] *n c* cirujano.

surgery ['sɜːdʒərɪ] (*pl* **surgeries**) *n c & u* **1** consultorio (lugar). • *n u* **2** cirugía (actividad). • *n c* **3** consulta (sesión).

surgical ['sɜːdʒɪkl] *adj* quirúrgico. ♦ **~ spirit** desinfectante quirúrgico.

Surinam [ˌsʊərɪ'næm] *n sing* Surinam.

surly ['sɜːlɪ] *adj* malhumorado.

surmount [sɜː'maʊnt] *tr* **1** (fml) superar, salvar (obstáculo). **2** ARCH (normalmente *pasiva*) coronar.

surname ['sɜːneɪm] *n c* apellido.

surpass [sə'pɑːs] *tr* (fml) sobrepasar.

surplus ['sɜːpləs] *adj & n c* excedente.

surprise [sə'praɪz] *n c & u* **1** sorpresa. • *tr* **2** sorprender.

surprised [sə'praɪzd] *adj* sorprendido.

surprising [sə'praɪzɪŋ] *adj* sorprendente.

surrender [sə'rendər] *n u* **1** rendición. • *tr & intr* **2** rendir(se), entregar(se). • *tr* **3** abandonar, renunciar a (un derecho).

surreptitious [ˌsʌrəp'tɪʃəs] *adj* subrepticio, secreto.

surrogate ['sʌrəgeɪt y EE UU 'sɜːrəgeɪt] *adj & n c* (fml) sustituto, suplente (persona, cosa). ♦ **~ mother** madre de alquiler.

surround [sə'raʊnd] *tr* rodear.

surrounding [sə'raʊndɪŋ] *adj* **1** circundante. • **surroundings** *n pl* **2** alrededores.

surveillance [sɜː'veɪləns] *n u* vigilancia.

survey ['sɜːveɪ] *n c* **1** encuesta (de opinión pública). **2** estudio, investigación. **3** peritación (de un edificio).

survey [sə'veɪ] *tr* **1** observar. **2** inspeccionar (un edificio). **3** medir (terreno, zona).

surveyor [sə'veɪər] *n c* perito (de propiedades); agrimensor (de tierra).

survival [sə'vaɪvl] *n u* supervivencia.

survive [sə'vaɪv] *tr & intr* sobrevivir. ♦ **to ~ on** vivir de.

survivor [sə'vaɪvər] *n c* superviviente.

susceptible [sə'septəbl] *adj* **1** influenciable (por la opinión de otros). **~ to 2** sensible (a).

suspect ['sʌspekt] *adj & n c* sospechoso.

suspect [sə'spekt] *tr* sospechar.

suspend [sə'spend] *tr* suspender.

suspender [sə'spendər] *n c* **1** *GB* liga. • **suspenders** *n pl* **2** *EE UU* tirantes. ♦ **~ belt** liguero.

suspense [sə'spens] *n u* suspense.

suspension [sə'spenʃn] *n u* **1** suspensión. **2** expulsión temporal (de un trabajo, de la escuela). ♦ **~ bridge** puente colgante.

suspicion [sə'spɪʃn] *n c & u* **1** sospecha (gen). • *n sing* **2** pizca (indicio de algo). ■ **under ~** bajo sospecha.

suspicious [sə'spɪʃəs] *adj* **1** sospechoso. **2** receloso.

sustain [sə'steɪn] *tr* **1** sostener (gen). **2** (fml) sufrir (daño, pérdida).

sustenance ['sʌstɪnəns] *n u* (fml) sustento.

swab [swɒb y EE UU swɑːb] *n c* algodón.
swagger [ˈswægər] *n sing* **1** pavoneo. ● *intr* **2** pavonearse.
swallow [ˈswɒləʊ] *n c* **1** trago, bocado. **2** ZOOL golondrina. ● *tr* & *intr* **3** tragar(se).
swam [ˈswæm] *pt* → swim.
swamp [swɒmp] *n c* & *u* **1** pantano, ciénaga. ● *tr* **2** inundar (de agua).
swan [swɒn] *n c* ZOOL cisne.
swap [swɒp] (*pt* y *pp* **swapped**, *ger* **swapping**) *tr* & *intr* **1** cambiar (de turno). **2** (infml) intercambiar. ● *n c* **3** (infml) cambio.
swarm [swɔːm] *n c* **1** enjambre (de abejas). **2** (normalmente *pl*) gentío, multitud.
swarthy [ˈswɔːðɪ] *adj* moreno.
swastika [ˈswɒstɪkə y EE UU ˈswɑːstɪkə] *n c* esvástica.
swat [swɒt y EE UU swɑːt] (*pt* y *pp* **swatted**, *ger* **swatting**) *tr* aplastar de un golpe (insecto).
sway [sweɪ] *tr* & *intr* **1** mecer(se), balancear(se). ● *tr* **2** influir, persuadir.
Swaziland [ˈsɒːzɪlænd] *n sing* Swazilandia.
swear [sweər] (*pt* **swore**, *pp* **sworn**) *intr* **1** decir tacos. ● *tr* **2** jurar, prometer. ◆ ~ **word** palabrota taco.
sweat [swet] *n u* **1** sudor. ● *n sing* **2** (infml) trabajo aburrido. ● *intr* **3** sudar. **4** (infml) estar nervioso.
sweater [ˈswetər] *n c* jersey, suéter.
sweatshirt [ˈswetʃɜːt] *n c* sudadera.
sweaty [ˈswetɪ] *adj* **1** sudoroso (gen). **2** sofocante (atmósfera, tiempo).
swede [swiːd] *n c* & *u* BOT nabo sueco.
Swede [swiːd] *n c* sueco.
Swedish [ˈswiːdɪʃ] *adj* & *n u* sueco (nacionalidad, idioma).
sweep [swiːp] (*pt* y *pp* **swept**) *tr* **1** barrer (gen). ● *intr* **2** precipitarse (hacia algún sitio). **3** extenderse (tierras). ● *n c* **4** barrido (gen). **5** redada (policial). ◆ **to** ~ **aside** dejar a un lado; **to** ~ **away** eliminar, borrar (privilegios, vestigios).
sweeper [ˈswiːpər] *n c* **1** barrendero. **2** *GB* SP líbero (en fútbol).
sweeping [ˈswiːpɪŋ] *adj* **1** extenso, amplio. **2** general (análisis).
sweet [swiːt] *adj* **1** dulce (gen). **2** melodiosa (música); suave (sonido); fresco, limpio (olor); encantador (persona). ● *n c* **3** *GB* caramelo; postre. ◆ ~ **corn** maíz tierno; ~ **potato** moniato; ~ **shop** confitería.
sweet-and-sour [ˌswiːtənˈsaʊər] *adj* agridulce.
sweeten [ˈswiːtn] *tr* & *intr* endulzar.
sweetener [ˈswiːtnər] *n u* edulcorante (sustancia).
sweetheart [ˈswiːthɑːt] *n c* cariño.
sweetness [ˈswiːtnɪs] *n u* **1** dulzura (gen). **2** fragancia. **3** suavidad (de sonido).
swell [swel] (*pp* **swelled** o **swollen**) *intr* **1** hincharse. ● *adj* **2** *EE UU* excelente.
swelling [ˈswelɪŋ] *n c* & *u* hinchazón.
sweltering [ˈsweltərɪŋ] *adj* caluroso.
swept [swept] *pt* & *pp* → sweep.
swerve [swɜːv] *intr* esquivar, desviarse bruscamente (un coche, un ciclista).
swift [swɪft] *adj* **1** (lit) rápido, veloz. **2** repentino (reacción). ● *n c* **3** ZOOL vencejo.
swig [swɪg] *n c* (infml) trago.
swill [swɪl] *n u* bazofia (que comen los cerdos).
swim [swɪm] (*pt* **swam**, *pp* **swum**, *ger* **swimming**) *intr* **1** nadar (gen). ● *n sing* **2** baño (en la playa, río).
swimmer [ˈswɪmər] *n c* nadador.
swimming [ˈswɪmɪŋ] *n u* natación. ◆ ~ **baths** *GB* piscina municipal; ~ **costume** bañador (femenino); ~ **pool** piscina; ~ **trunks** bañador (masculino).
swimsuit [ˈswɪmsuːt] *n c* bañador (femenino).
swindle [ˈswɪndl] *n c* **1** timo. ● *tr* **2** timar.
swine [swaɪn] (*pl* **swine** o **swines**) *n c* (sl, fig) cerdo (persona).
swing [swɪŋ] (*pt* y *pp* **swung**) *tr* & *intr* **1** balancear(se) (adelante y atrás); columpiar(se). **2** girar, virar. **3** dar(se) la vuelta. ● *n c* **4** columpio (en un parque). **5** giro. ● *n sing* **6** swing (música).
swingeing [ˈswɪndʒɪŋ] *adj* enorme, exorbitante.
swipe [swaɪp] *n c* **1** golpe (con la mano). ● *tr* & *intr* **2** golpear. ● *tr* **3** (infml) pasar por la máquina (una tarjeta de crédito). **4** (infml) birlar.
swirl [swɜːl] *n c* **1** vuelta, remolino (de polvo). ● *tr* & *intr* **2** arremolinar(se).

swish [swɪʃ] *n sing* **1** silbido, crujido. • *tr* & *intr* **2** silbar, crujir (como un látigo).
Swiss [swɪs] (*pl* **Swiss**) *adj* & *n c* suizo.
switch [swɪtʃ] *n c* **1** interruptor. **2** cambio (de plan). **3** aguja (de un ferrocarril). • *tr* & *intr* **4** cambiar (de idea). ♦ **to ~ off** apagar; **to ~ on** encender.
switchboard [ˈswɪtʃbɔːd] *n c* centralita telefónica.
Switzerland [ˈswɪtsələnd] *n sing* Suiza.
swivel [ˈswɪvl] (*GB, pret* y *pp* **swivelled**, *ger* **swivelling**, *EE UU, pret* y *pp* **swiveled**, *ger* **swiveling**) *tr* & *intr* girar.
swollen [ˈswəʊlən] *pp* **1** → swell. • *adj* **2** hinchado.
swoop [swuːp] *n c* **1** descenso (de un avión). **2** redada (policial). • *intr* **3** bajar en picado, lanzarse (sobre alguien). **4** (infml) arremeter, pillar (repentinamente).
swop [swɒp] *tr* & *intr* → swap.
sword [sɔːd] *n c* espada.
swordfish [ˈsɔːdfɪʃ] (*pl* **swordfish** o **swordfishes**) *n c* ZOOL pez espada.
swore [swɔː] *pt* → swear.
sworn [swɔːn] *pp* → swear.
swot [swɒt y EE UU swɑːt] (*pt* y *pp* **swotted**, *ger* **swotting**) *tr* **1** (infml, pej) empollar. • *n c* **2** (infml, pej) empollón.
swum [swʌm] *pp* → swim.
swung [swʌŋ] *pt* & *pp* → swing.
sycamore [ˈsɪkəmɔː] *n c* BOT sicomoro.
syllable [ˈsɪləbl] *n c* sílaba.
syllabus [ˈsɪləbəs] (*pl* **syllabuses**) *n c* programa de estudios.
symbol [ˈsɪmbl] *n c* símbolo.
symbolise *tr* → symbolize.
symbolize [ˈsɪmbəlaɪz] *tr* simbolizar.
symmetrical or **symmetric** [sɪˈmetrɪkl o sɪˈmetrɪk] *adj* simétrico.
symmetry [ˈsɪmɪtrɪ] *n u* simetría.
sympathetic [ˌsɪmpəˈθetɪk] *adj* **1** amable, compasivo. **2** agradable.
sympathize or **sympathise** [ˈsɪmpəθaɪz] *intr* **to ~ (with) 1** compadecerse (de). **2** simpatizar, identificarse (mostrar aprobación).
sympathizer [ˈsɪmpəθaɪzər] *n c* simpatizante.
sympathy [ˈsɪmpəθɪ] *n u* **1** lástima, compasión. **2** comprensión, simpatía. ▪ **in ~** en solidaridad.
symphonic [sɪmˈfɒnɪk] *adj* sinfónico.
symphony [ˈsɪmfənɪ] (*pl* **symphonies**) *n c* sinfonía. ♦ **~ orchestra** orquesta sinfónica.
symposium [sɪmˈpəʊzɪəm, *pl* sɪmˈpəʊzɪə] (*pl* **symposia**) *n c* simposio.
symptom [ˈsɪmptəm] *n c* síntoma.
synagogue [ˈsɪnəgɒg y EE UU ˈsɪnəgɑːg] *n c* sinagoga.
synchronise *tr* & *intr* → synchronize.
synchronization [ˌsɪŋkrənaɪˈzeɪʃn y EE UU ˌsɪŋkrənəˈzeɪʃn] *n u* sincronización.
synchronize [ˈsɪŋkrənaɪz] *tr* & *intr* (fml) sincronizar(se).
syndicate [ˈsɪndɪkɪt] *n c* sindicato.
syndrome [ˈsɪndrəʊm] *n c* síndrome.
synergy [ˈsɪnəðɪ] (*pl* **synergies**) *n c* sinergia.
synonym [ˈsɪnənɪm] *n c* sinónimo.
synonymous [sɪˈnɒnɪməs y EE UU sɪˈnɑːnɪməs] *adj* sinónimo.
synopsis [sɪˈnɒpsɪs y EE UU sɪˈnɑːpsɪs, *pl* sɪˈnɒpsiːz] (*pl* **synopses**) *n c* sinopsis.
syntax [ˈsɪntæks] *n u* GRAM sintaxis.
synthesis [ˈʃɪŋtəʃɪʃ, *pl* ˈʃɪŋtəʃiːz] (*pl* **syntheses**) *n c* & *u* síntesis.
synthesize or **synthesise** [ˈsɪnθəsaɪz] *tr* sintetizar.
synthesizer [ˈsɪnθɪsaɪzər] *n c* MUS sintetizador.
synthetic [sɪnˈθetɪk] *adj* sintético.
syphilis [ˈsɪfɪlɪs] *n u* MED sífilis.
syphon [ˈsaɪfn] *n c* → siphon.
Syria [ˈsɪrɪə] *n sing* Siria.
Syrian [ˈsɪrɪən] *adj* & *n c* sirio.
syringe [sɪˈrɪndʒ] *n c* jeringuilla.
syrup [ˈsɪrəp] *n u* almíbar.
system [ˈsɪstəm] *n c* & *u* **1** sistema (gen). • *n c* **2** ELEC instalación. ♦ **~ analyst** analista de sistemas.
systematic [ˌsɪstɪˈmætɪk] *adj* sistemático.

Tt

t, T [tiː] *n c* t, T (letra).
ta [tɑː] *interj GB* (infml) gracias.
tab [tæb] *n c* **1** etiqueta. **2** COMPUT tabulador. ◆ **~ key** COMPUT tecla de tabulación.
table [ˈteɪbl] *n c* **1** mesa. **2** gráfico, tabla (de datos). ● *tr* **3** proponer (un plan). **4** *EE UU* posponer. ◆ **~ wine** vino de mesa. ■ **to turn the tables on sb** invertir la situación.
tablecloth [ˈteɪblklɒθ] *n c* mantel.
tablespoon [ˈteɪblspuːn] *n c* **1** cuchara (cubierto). **2** cucharada (cantidad).
tablet [ˈtæblɪt] *n c* pastilla (de jabón).
table-tennis [ˈteɪblˌtenɪs] *n u* tenis de mesa.
tabloid [ˈtæblɔɪd] *n c* tabloide.
tacit [ˈtæsɪt] *adj* tácito.
tack [tæk] *n c* **1** tachuela, chincheta. **2** modo, método. ● *tr* & *intr* **3** tachonar.
tacky [ˈtækɪ] *adj EE UU* (infml) viejo, cutre, hortera.
tact [tækt] *n u* tacto.
tactful [ˈtæktfl] *adj* cuidadoso, prudente.
tactic [ˈtæktɪk] *n u* **1** táctica. ● **tactics** *n pl* **2** MIL táctica.
tactical [ˈtæktɪkl] *adj* táctico. ◆ **~ voting** voto táctico.
tactless [ˈtæktlɪs] *adj* falto de tacto.
tadpole [ˈtædpəʊl] *n c* renacuajo.
tadzhik [ˈtɑːdʒɪk] *adj* & *n c* tadjiko.
Tadzhikistan [tɑːˌdʒɪkɪˈstɑːn] *n sing* Tadjikistán.
tag [tæg] (*pt* y *pp* **tagged**, *ger* **tagging**) *tr* & *intr* **1** etiquetar. **2** tachar de (a una persona). ● *n c* **3** etiqueta. **4** cita, frase hecha. ◆ **to ~ along** seguir de cerca; **to ~ on** añadir.
tail [teɪl] *n c* **1** cola (gen). **2** estela, cola (de cometa, de avión); faldones. ● **tails** *n pl* **3** cruz (de una moneda). ● *tr* **4** seguir de cerca (a alguien).
tailback [ˈteɪlbæk] *n c* atasco de tráfico.
taillight [ˈteɪllaɪt] *n c* pilotos traseros (de un automóvil).
tailor-made [ˈteɪləmaɪd] *adj* hecho a medida.
tailpipe [ˈteɪlpaɪp] *n c* tubo de escape.
taint [teɪnt] *n sing* mancha.
Taiwan [ˌtaɪˈwɑːn] *n sing* Taiwan.
Taiwanese [ˌtaɪwəˈniːz] *adj* & *n c* taiwanés.
take [teɪk] (*pt* **took**, *pp* **taken**) *tr* **1** tomar, atrapar (gen). **2** acompañar, llevar (a alguien a alguna parte). **3** conquistar (una ciudad). **4** tomar, sacar (pastillas, drogas). **5** aceptar (una broma, una mala noticia). **6** soportar. **7** caber. **8** requerir (necesitar). **9** tomar (comida, bebida). **10** hacer (fotografía). **11** considerar. ● *tr* & *intr* **12** picar (pez). ● *n c* **13** toma (de una película). **14** parte, porción. ◆ **to ~ aback** sorprender mucho; **to ~ after** parecerse a; **to ~ apart** desmontar; **to ~ away** quitar (algo a alguien); restar; **to ~ back** devolver (un producto comprado); retirar (algo que se ha dicho); **to ~ down** bajar (de un lugar alto); desmontar (una estructura); anotar; **to ~ in** recibir (a alguien como huésped); engañar; entender; **to ~ off** despegar (un avión); quitarse (ropa); marcharse de pronto; **to ~ out** sacar (de un cajón); invitar a salir; **to ~ over** tomar el control de; **to ~ up** interesarse por; obtener un trabajo (aceptar una oferta); ocupar (espacio); continuar (una labor); requerir (esfuerzo).
takeaway [ˈteɪkˌəweɪ] *n c* **1** *GB* comida para llevar. **2** *establecimiento que vende comida para llevar.*
taken [ˈteɪkən] *pp* → take.
takeoff [ˈteɪkɒf] *n u* despegue.
takeover [ˈteɪkˌəʊvər] *n c* & *u* absorción, compra (de una empresa). ◆ **~ bid** OPA, oferta pública de adquisición.
takings [ˈteɪkɪŋz] *n pl* ingresos.
talcum powder or **talc** [ˈtælkəmˌpəʊdər o tælk] *n u* polvos de talco.
tale [teɪl] *n c* cuento.
talent [ˈtælənt] *n u* talento. ◆ **~ scout/-spotter** cazatalentos.
talented [ˈtæləntɪd] *adj* dotado, de talento.

talk [tɔ:k] *n u* **1** conversación. • *n c* **2** ponencia (en un congreso). • **talks** *n pl* **3** negociaciones. • *intr* **4** hablar (gen). **5** cotillear. ◆ **~ show** programa de entrevistas; **to ~ back** responder; **to ~ over** discutir, hablar de.
talkative [ˈtɔ:kətɪv] *adj* hablador.
talking-point [ˈtɔ:kɪŋpɔɪnt] *n c* tema de conversación.
tall [tɔ:l] *adj* alto. ◆ **~ story** una historia difícil de creer.
tallow [ˈtæləʊ] *n u* sebol.
tambourine [ˌtæmbəˈri:n] *n c* pandereta.
tamer [ˈteɪmər] *n c* domador.
tamper [ˈtæmpər] *tr* **1** interferir, entrometerse. **2** (fig) sobornar.
tampon [ˈtæmpən] *n c* tampón.
tan [tæn] *adj* **1** de color tostado. • *adj & n u* **2** bronceado. • *intr* **3** broncearse.
tandem [ˈtændəm] *n c* tándem.
tang [tæŋ] *n sing* **1** olor penetrante (del mar). • *n u* **2** sabor fuerte).
tangent [ˈtændʒənt] *n c* tangente.
tangerine [ˌtændʒeˈrɪ:n] *n c* mandarina.
tangible [ˈtændʒəbl] *adj* tangible.
tangle [ˈtæŋgl] *n c* **1** enredo. **2** caos.
tangled [ˈtæŋgld] *adj* **1** enredado. **2** liado, confuso.
tank [tæŋk] *n c* **1** depósito, cisterna. **2** MIL tanque.
tanker [ˈtæŋkər] *n c* avión o buque cisterna; camión cisterna.
tanner [ˈtænər] *n c* curtidor.
tantamount [ˈtæntəmaʊnt] *adj* equivalente.
tantrum [ˈtæntrəm] *n c* rabieta.
Tanzania [ˌtænzəˈnɪə] *n sing* Tanzania.
Tanzanian [ˌtænzəˈnɪən] *adj & n c* tanzano.
tap [tæp] (*pt* y *pp* **tapped**, *ger* **tapping**) *tr* **1** golpear repetidamente (con los dedos). **2** aprovechar (recursos). • *n c* **3** grifo. **4** golpecito (con los dedos).
tap-dancing [ˈtæpdɑ:nsɪŋ] *n u* claqué.
tape [teɪp] *n c* **1** cinta (gen). • *n u* **2** cinta adhesiva. • *tr* **3** grabar (una canción). **4** pegar (con pegamento). ◆ **~ deck** grabadora.
tape-measure [ˈteɪpˌmeʒər] *n c* cinta métrica.
taper [ˈteɪpər] *n c* **1** disminución. **2** vela. • *intr* **3** estrecharse, reducirse. ◆ **to ~ off** estrecharse.
tape-recorder [ˈteɪprɪˌkɔ:dər] *n c* grabadora.
tape-recording [ˈteɪprɪˌkɔ:dɪŋ] *n c* grabación.
tapioca [tæpɪˈəʊkə] *n u* tapioca.
tar [tɑ:r] (*pt* y *pp* **tarred**, *ger* **tarring**) *tr* **1** alquitranar. • *n u* **2** alquitrán.
tarantula [təˈræntjʊlə] *n c* ZOOL tarántula.
target [ˈtɑ:gɪt] *n c* **1** objetivo. **2** blanco (de quien dispara).
tariff [ˈtærɪf] *n c* tarifa.
tarmac or **tarmacadam** [ˈtɑ:mæk o ˌtɑ:məˈkædəm] *n u* **1** alquitrán. • *n c* **2** pista de aterrizaje.
tarnish [ˈtɑ:nɪʃ] *intr* empañar, manchar.
tarpaulin [tɑ:ˈpɔ:lɪn] *n c & u* lona alquitranada.
tarragon [ˈtærəgən] *n u* BOT estragón.
tart [tɑ:t] *adj* **1** ácido, agrio (comentario). **2** sarcástico, agresivo. • *n c & u* **3** tarta.
tartan [ˈtɑ:tən] *n c & u* tartán.
tartar [ˈtɑ:tər] *n u* sarro (en los dientes). ◆ **~ sauce** salsa tártara.
task [tɑ:sk] *n c* tarea, trabajo. ◆ **~ force** MIL fuerza de choque.
tassel [ˈtæsl] *n c* borla.
taste [teɪst] *n c & u* **1** gusto (sentido); sabor. • *n c* **2** conocimiento. • *tr* **3** probar (comida, bebida). **4** experimentar. • *intr* **5** saber a (comida, bebida).

> ***To taste*** se traduce también **por notar el sabor o gusto de algo**: *you can taste the pineapple in the cake = se nota el sabor a piña en el pastel.*

tasteful [ˈteɪstfʊl] *adj* de buen gusto.
tasteless [ˈteɪstlɪs] *adj* **1** sin sabor, insípido. **2** de mal gusto.
tatters [ˈtætəz] *n pl* andrajos.
tattoo [təˈtu:] *n c* **1** tatuaje (en la piel). **2** redoble (de tambor). **3** MIL desfile militar. • *tr* **4** tatuar (en la piel).
tatty [ˈtætɪ] *adj* raído, gastado.
taught [tɔ:t] *pt & pp* → teach.
taunt [tɔ:nt] *n c* **1** insulto, mofa. • *tr* **2** insultar, mofar.
Taurus [ˈtɑ:rəs] *n sing* **1** Tauro. • *adj & n c* **2** Tauro, tauro (persona).
tauten [ˈtɔ:tən] *tr & intr* tensar(se).
tavern [ˈtævən] *n c* taberna.

tawdry [ˈtɔːdrɪ] *adj* de oropel: *tawdry jewellery = bisutería.*

tax [tæks] (*pl* **taxes**) *n c* **1** impuesto. **2** carga, esfuerzo. • *tr* **3** (normalmente *pasiva*) gravar (con impuestos). **4** poner a prueba (fuerza, recursos). ♦ **~ evasion** evasión fiscal; **~ haven** paraíso fiscal; **~ rebate** devolución de impuestos; **~ relief** desgravación fiscal; **~ return** declaración de la renta; **~ year** año fiscal.

taxation [tækˈseɪʃn] *n u* impuestos.

tax-collector [ˈtækskəˌlektər] *n c* inspector de hacienda.

tax-deductible [ˈtæksdɪˌdʌktɪbl] *adj* desgravable.

tax-free [ˌtæksˈfriː] *adj* libre de impuestos.

taxi [ˈtæksɪ] *n c* taxi. ♦ **~ rank/stand** parada de taxis.

taxicab [ˈtæksɪkæb] *n c* taxi.

taxi-driver [ˈtæksɪˌdraɪvər] *n c* taxista.

taxing [ˈtæksɪŋ] *adj* difícil, que exige gran esfuerzo.

taxman [ˈtæksmən] (*pl* **taxmen**) *n c* → tax-collector.

taxpayer [ˈtæksˌpeɪər] *n c* contribuyente.

tea [tiː] *n u* **1** té. **2** merienda.

tea-bag [ˈtiːbæg] *n c* bolsa de té.

tea-break [ˈtiːbreɪk] *n c GB* descanso.

teacake [ˈtiːkeɪk] *n c* bollo, pastel.

teach [tiːtʃ] (*pt* y *pp* **taught**) *tr* & *intr* enseñar.

teacher [ˈtiːtʃər] *n c* profesor (escuela de enseñanza secundaria); maestro (escuela de enseñanza primaria).

teaching [ˈtiːtʃɪŋ] *n u* **1** enseñanza. • *adj* **2** pedagógico: *teaching aids = materiales pedagógicos.* ♦ **~ hospital** hospital universitario.

teacloth [ˈtiːklɒθ] *n c* paño de cocina.

teacup [ˈtiːkʌp] *n c* taza de té.

tea-leaf [ˈtiːliːf, *pl* ˈtiːliːvz] (*pl* **tea-leaves**) *n c* hoja de té.

team [tiːm] *n c* **1** equipo. • *adj* **2** de equipo, en equipo.

team-mate [ˈtiːmˌmeɪt] *n c* compañero de equipo.

teamster [ˈtiːmstər] *n c EE UU* camionero.

teamwork [ˈtiːmwɜːk] *n u* trabajo en equipo.

teapot [ˈtiːpɒt] *n c* tetera.

tear [teər] (*pt* **tore**, *pp* **torn**) *tr* **1** desgarrar, romper (tela, papel). • *n c* **2** desgarro, rotura. ♦ **to ~ apart** desmontar; **to ~ oneself away from sth** alejarse de algo; **to ~ up** romper en pedazos.

tear [tɪər] *n c* lágrima. ■ **to burst into tears** romper a llorar, deshacerse en lágrimas.

tearaway [ˈteərəweɪ] *n c GB* gamberro.

teardrop [ˈtɪədrɒp] *n c* lágrima.

tear-gas [ˈtɪəgæs] *n u* gas lacrimógeno.

tea-room [ˈtiːrʊm] *n c* salón de té.

tease [tiːz] *n c* **1** bromista (persona). **2** broma (chiste). • *intr* **3** burlarse de, mofarse de.

tea-service or **tea-set** [ˈtiːˌsɜːvɪs o ˈtiːˌset] *n c* servicio de té.

tea-shop [ˈtiːʃɒp] *n c GB* cafetería.

teasing [ˈtiːzɪŋ] *n u* **1** guasa, burlas. • *adj* **2** bromista, de guasa.

Teasmaid® [ˈtiːzmeɪd] *n c* tetera con temporizador.

teaspoon [ˈtiːspuːn] *n c* **1** cucharilla (cubierto). **2** cucharadita (cantidad).

tea-strainer [ˈtiːˌstreɪnər] *n c* colador de té.

teat [tiːt] *n c* **1** ANAT teta. **2** tetina (de biberón).

tea-towel [ˈtiːtaʊəl] *n c* paño de cocina.

technical [ˈteknɪkl] *adj* técnico.

technicality [ˌteknɪˈkælɪtɪ] (*pl* **technicalities**) *n c* **1** tecnicismo. • **technicalities** *n pl* **2** detalles técnicos.

technician [tekˈnɪʃn] *n c* técnico.

technique [tekˈniːk] *n c* & *u* técnica.

technocrat [ˈteknəʊkræt] *n c* tecnócrata.

technological [ˌteknəˈlɒdʒɪkl] *adj* tecnológico.

technology [tekˈnɒlədʒɪ] *n u* tecnología.

teddy or **teddy-bear** [ˈtedɪ o ˈtedɪbeər] *n c* osito de peluche.

tedious [ˈtiːdɪəs] *adj* tedioso.

tee [tiː] *n c* SP tee.

teem [tiːm] *intr* **to ~ with** pulular, hormiguear. ♦ **to ~ down** llover a cántaros.

teenage or **teenaged** [ˈtiːnˌeɪdʒ o ˈtiːnˌeɪdʒd] *adj* joven, juvenil.

teenager [ˈtiːnˌeɪdʒər] *n c* joven, adolescente.

tee-shirt [ˈtiːʃɜːt] *n c* → T-shirt.

teeter [ˈtiːtər] *intr* balancearse.

teeth [ti:θ] *n pl* → tooth.
teethe [ti:ð] *intr* echar los dientes.
teething [ˈti:ðɪŋ] ♦ ~ **ring** mordedor.
teetotal [ti:ˈtəʊtl y EE UU ˈti:təʊtl] *adj* abstemio.
teetotaller [ti:ˈtəʊtlər] (*EE UU* **teetotaler**) *n c* abstemio.
telecommunications [ˈtelɪkəˌmju:nɪˈkeɪʃnz] *n u* telecomunicaciones.
telegram [ˈtelɪgræm] *n c & u* telegrama.
telegraph [ˈtelɪgrɑ:f y EE UU ˈtelɪgræf] *n c & u* **1** telégrafo. ● *intr* **2** telegrafiar. ♦ ~ **pole** poste telegráfico; ~ **wire** hilo telegráfico.
telemarketing [ˌtelɪˈmɑ:kətɪŋ] *n u* telemarketing.
telepathic [ˌtelɪˈpæθɪk] *adj* telepático.
telephone [ˈtelɪfəʊn] *n c & u* **1** teléfono. ● *intr & tr* **2** llamar por teléfono. ♦ ~ **book/directory** guía de teléfonos; ~ **box** cabina telefónica; ~ **exchange** central telefónica; ~ **number** número de teléfono. ■ **to be on the** ~ estar al teléfono.
telephonist [tɪˈlefənɪst] *n c* telefonista.
telephoto lens [ˌtelɪˈfəʊtəʊˈlenz] *n c* teleobjetivo.
teleprinter [ˈtelɪˌprɪntər] *n c* teletipo.
telesales [ˈtelɪseɪls] *n pl* televentas.
telescope [ˈtelɪskəʊp] *n c* telescopio.
teletext [ˈtelɪtekst] *n u* teletexto.
telethon [ˈtelɪθɒn] *n c* telemaratón.
teletype [ˈtelɪtaɪp] *n c* teletipo.
televise [ˈtelɪvaɪz] *tr* televisar.
teleworker [ˈtelɪwɜ:kə] *n c* teletrabajador.
telex [ˈteleks] (*pl* **telexes**) *n c* **1** télex. ● *intr* **2** enviar por télex.
tell [tel] (*pt* y *pp* **told**) *tr* **1** decir (gen). **2** contar (chiste). **to ~ sth (from) 3** distinguir (de). ● *intr* **4** causar efecto, influir. ♦ **to ~ off** reñir; **to ~ on** chivarse. ■ **I ~ you/I can you ~** te lo aseguro; **you're telling me** ¡a mí me lo vas a decir!
teller [ˈtelər] *n c EE UU* cajero (en un banco).
telling [ˈtelɪŋ] *adj* **1** efectivo. **2** revelador.
telling-off [ˈtelɪŋɒf] *n c* reprimenda.
telltale [ˈtelteɪl] *adj* **1** indicador. ● *n c* **2** chivato (persona).
telly [ˈtelɪ] (*pl* **tellies**) *n c & u* (infml) tele.
temp [ˈtemp] *n c* **1** empleado eventual. ● *intr* **2** trabajar temporalmente.
temperament [ˈtempərəmənt] *n c & u* temperamento.
temperance [ˈtempərəns] *n u* moderación.
temperate [ˈtempərɪt] *adj* **1** templado (tiempo atmosférico). **2** moderado (comportamiento).
temperature [ˈtemprɪtʃər] *n u* temperatura. ■ **to run/have got a ~** tener fiebre.
tempestuous [temˈpestjʊəs] *adj* tempestuoso.
template [ˈtemplɪt] *n c* plantilla.
temple [ˈtempl] *n c* **1** templo (edificio). **2** ANAT sien.
temporary [ˈtempərərɪ] *adj* temporal.
tempt [tempt] *tr* tentar.
temptation [tempˈteɪʃn] *n c & u* tentación.
tempting [ˈtemptɪŋ] *adj* tentador.
ten [ten] *card* diez.
tenable [ˈtenəbl] *adj* **1** defendible (argumento). **2** disponible (puesto de trabajo).
tenacious [tɪˈneɪʃəs] *adj* tenaz.
tenancy [ˈtenənsɪ] *n u* alquiler (de un piso); arrendamiento (de tierras).
tenant [ˈtenənt] *adj* inquilino (de un piso); arrendatario (de tierras).
tend [tend] *tr* **1** atender (huéspedes, pacientes). ● *intr* **2** tender.
tendency [ˈtendənsɪ] (*pl* **tendencies**) *n c & u* tendencia.
tender [ˈtendər] *adj* **1** tierno (gen); dolorido (herida); delicado (comportamiento). ● *n c* **2** oferta. ● *tr* **3** ofrecer.
tenderize or **tenderise** [ˈtendəraɪz] *tr* ablandar (alimento).
tendon [ˈtendən] *n c & u* ANAT tendón.
tenement [ˈtenəmənt] *n c* bloque de viviendas.
tenet [ˈtenɪt] *n u* principio (de una teoría).
tennis [ˈtenɪs] *n u* SP tenis. ♦ ~ **ball** pelota de tenis; ~ **court** pista de tenis.
tenon [ˈtenən] *n c* TECH espiga, macho.
tenor [ˈtenər] *n c* MUS tenor.
tenpin [ˈtenpɪn] *n c* **1** bolo (objeto). ● **tenpins** *n pl* **2** bolos (juego). ♦ ~ **bowling** *GB* juego de bolos.
tense [tens] *adj* **1** tenso. ● *n c* **2** GRAM tiempo verbal. ● *tr* **3** tensar (músculos).
tension [ˈtenʃn] *n u* tensión.

tent [tent] *n c* tienda de campaña.
tentacle ['tentəkl] *n c* ZOOL tentáculo.
tentative ['tentətɪv] *adj* indeciso (persona); provisional.
tenth [tenθ] *ord* décimo.
tenuous ['tenjʊəs] *adj* tenue.
tenure ['tenjʊər] *n u* **1** tenencia (posesión). **2** *EE UU* cargo vitalicio (en la universidad).
tepid ['tepɪd] *adj* tibio.
term [tɜ:m] *n c* **1** término. • *adj* **2** período (de vigencia). • *n c* **3** trimestre (en la escuela). • **terms** *n pl* **4** condiciones (de un contrato). • *tr* **5** calificar de (a algo o a alguien). ■ **to be on good terms with sb** llevarse bien con alguien; **to come to terms with** aceptar; **in terms of** por lo que se refiere a; **in the long/short/medium ~** a corto/largo/medio plazo.
terminal ['tɜ:mɪnl] *adj & n c* terminal.
terminate ['tɜ:mɪneɪt] *tr* **1** (fml) interrumpir (embarazo). • *intr* **2** tener parada final (autobús).
termini ['tɜ:mɪni:] *n c* → terminus.
terminus ['tɜ:mɪnəs] (*pl* **terminuses** o **termini**) *n c* estación término.
termite ['tɜ:maɪt] *n c* ZOOL termita.
terrace ['terəs] *n c* **1** terraza (patio). **2** fila de casas adosadas. ♦ **the terraces** las gradas (de un estadio de fútbol).
terraced ['terəst] *adj* escalonado (jardín); adosado (casa).
terracotta [ˌterə'kɒtə] *n u* terracota (cerámica).
terrain [te'reɪn] *n u* terreno.
terrestrial [tə'restrɪəl] *adj* terrestre.
terrible ['terəbl] *adj* terrible, malísimo.
terrier ['terɪər] *n c* terrier (perro).
terrific [te'rɪfɪk] *adj* **1** (sl) estupendo, fabuloso; macanudo (Amér.). **2** (infml) enorme (muy grande).
terrified ['terɪfaɪd] *adj* aterrorizado.
terrify ['terɪfaɪ] (*pt* y *pp* **terrified**) *tr* aterrorizar.
territorial [ˌterɪ'tɔ:rɪəl] *adj* territorial. ♦ **~ waters** aguas jurisdiccionales.
territory ['terɪtərɪ] (*pl* **territories**) *n u* **1** territorio. **2** área, zona.
terror ['terər] *n c & u* terror.
terrorism ['terərɪzəm] *n u* terrorismo.
terrorist ['terərɪst] *n c* terrorista.
terry ['terɪ] *n u* felpa.
terse [tɜ:s] *adj* conciso (estilo); cortante, brusco (respuesta).
tertiary ['tɜ:ʃərɪ] *adj* **1** terciario. **2** superior (educación).
test [test] *n c* **1** prueba, test. **2** examen (en la escuela). • *tr* **3** probar (un automóvil nuevo). **4** examinar (a un estudiante).
testament ['testəment] *n c* **1** testimonio. **2** testamento.
testicle ['testɪkl] *n c* ANAT testículo.
testify ['testɪfaɪ] (*pt* y *pp* **testified**) *intr* prestar declaración.
testimonial [ˌtestɪ'məʊnɪəl] *n c* carta de recomendación.
testimony ['testɪmənɪ] (*pl* **testimonies**) *n c & u* **1** testimonio (en un juicio). • *n c* **2** prueba (proof).
testing ['testɪŋ] *adj* difícil, duro (situación, período).
test-tube ['testˌtju:b] *n c* probeta. ♦ **~ baby** niño probeta.
testy ['testɪ] *adj* irritable.
tetanus ['tetənəs] *n u* tétanos.
text [tekst] *n c* texto.
textbook ['tekstbʊk] *n c* libro de texto.
textile ['tekstaɪl] *adj* **1** textil. • *n c* **2** tejido, tela.
textual ['tekstjʊəl] *adj* textual.
texture ['tekstʃər] *n u* textura.
Thai [taɪ] *adj & n c* **1** tailandés. • *n u* **2** tailandés (idioma).
Thailand ['taɪlænd] *n sing* Thailandia.
than [ðæn] *conj* **1** que: *my brother is older than me = mi hermano es mayor que yo.* **2** de: *I waited for more than half an hour = esperé más de media hora.*

> A menudo, en inglés hablado, después de ***than*** se emplea el pronombre objeto en vez del pronombre sujeto: *she's shorter than me/(than I) = es más baja que yo.*

thank [θæŋk] *tr* **to ~ (for)** dar las gracias (por): *the blind man thanked me for seeing him across the street = el ciego me agradeció que le ayudase a cruzar la calle.* ■ **~ you/~ you very much** gracias/muchas gracias; **thanks/thanks a lot**

t

Thanks / Dar las gracias

Para dar las gracias oralmente	
Thank you	Gracias
Thanks to you	Gracias a ti
Thanks a lot!	¡Muchas gracias!
Thank you very much for your call	Muchas gracias por tu llamada
Thanks for the drink	Gracias por la copa
Thank you for lending me your car	Gracias por dejarme el coche
Many thanks for the flowers	Muchas gracias por las flores
Para dar las gracias por escrito formal	
Thank you very much indeed for your prompt reply	Les agradezco sinceramente su rápida respuesta
I would like to thank you for your sending	Quisiera agradecerles su envío
Please give my warmest thanks to your collaborators	Le ruego que transmita mi más sincero agradecimiento a sus colaboradores
Thank you for your kind invitation	Le agradecemos su amable invitación
Informal	
I am writing to you to thank you for all your help	Escribo para darte las gracias por tu ayuda
I am thankful for your hospitality	Te estoy muy agradecido por tu hospitalidad
Thank you both very much for your birthday present	Muchas gracias a los dos por vuestro regalo de cumpleaños
Thank you very much for your wedding gift	Muchísimas gracias por tu regalo de boda
Please thank your parents from me	Por favor, da las gracias a tus padres de mi parte

(infml) gracias/muchas gracias; **thanks to** gracias a.

> El ***Thanksgiving Day*** es un día de fiesta en Estados Unidos que se celebra el cuarto jueves de noviembre. Se recuerda a los primeros colonos que celebraron un acto de acción de gracias por el éxito de su primera cosecha en tierras americanas. La comida típica ***(Thanksgiving meal)*** consiste en pavo asado y pastel de calabaza.

thankful [ˈθæŋkfʊl] *adj* agradecido.

thankless [ˈθæŋklɪs] *adj* desagradecido.

thanksgiving [ˈθæŋksˌgɪvɪŋ] *n u* REL acción de gracias. ♦ **Thanksfiving Day** *EE UU* día de Acción de Gracias.

that [ðæt, ðət] (*pl* **those**) *dem adj* **1** ese, eso, esos (indica cercanía); aquel, aquello, aquellos (lejanía). ● *dem pron* **2** ese, eso, esos (indica cercanía); aquel, aquello, aquellos (lejanía). ● *rel pron* **3** que: *the house (that) I bought is bigger = la casa que compré es más grande.* ● *adv* **4** tan, tanto: *if he's that intelligent, why didn't he pass? = si es tan inteligente, ¿cómo no aprobó?* ● *conj* **5** que: *I said that it was good = dije que era bueno.* ■ **and all ~/and ~** y cosas por el estilo, y todo eso; **~ is it/that's it** exacto, eso es.

that's [ðæts] *contr* (contr de *that + is*) → be.

thaw [θɔː] *n c* **1** deshielo. ● *tr & intr* **2** fundir(se) (hielo); descongelar(se) (alimento).

the [ðiː, ðə] *art* **1** el, la, lo, los, las. **2** (en comparaciones) cuanto: *the more you eat the fatter you get = cuanto más comes más engordas.*

theatre [ˈθɪətər] (*EE UU* **theater**) *n c & u* teatro.

theatregoer [ˈθɪətəˌgəʊər] (*EE UU* **theatergoer**) *n c* aficionado al teatro.
theft [θeft] *n c & u* robo.
their [ðeər] *poss adj* su, sus.
theirs [ðeəz] *poss pron* (el) suyo, (la) suya; (los) suyos, (las) suyas: *it is theirs = es suyo (de ellos).* ■ **of ~** de ellos, suyo: *a friend of theirs = un amigo suyo.*
them [ðem, ðəm] *pron* **1** los, las, les. **2** (después de preposición o del verbo to be) ellos, ellas: *these must be them = esos deben ser ellos, I only saw one of them = sólo vi uno de ellos.*
thematic [θɪˈmætɪk] *adj* temático.
theme [θi:m] *n c* tema.
themselves [ðəmˈselvz] *pron* **1** se, a sí mismos, a sí mismas (complemento). **2** ellos mismos, ellas mismas (sujeto): *the Chinese themselves are the best example = los chinos, ellos son el mejor ejemplo.*
then [ðen] *adv* **1** entonces (referido al pasado). **2** después. **3** además. ● *adj* **4** entonces, de entonces: *the then president = el entonces presidente/el presidente de entonces.* ● *conj* **5** por lo tanto, así que.
theology [θɪˈɒlədʒɪ] *n u* teología.
theorem [ˈθɪərəm] *n c* teorema.
theoretical [θɪəˈretɪkl] *adj* teórico.
theory [ˈθɪərɪ] (*pl* **theories**) *n c* teoría. ■ **in ~** en teoría, teóricamente.
therapeutic [ˌθerəˈpju:tɪk] *adj* terapéutico.
therapist [ˈterəpɪst] *n c* terapeuta.
therapy [ˈterəpɪ] (*pl* **therapies**) *n c & u* terapia.
there [ðeər] *adv* **1** allí, allá, ahí. ● *interj* **2** ¡vaya!, ¡venga!, ¡vamos!: *there, there, take it easy = venga, venga, tranquilo.* ■ **~ and then** aquí y ahora, enseguida; **~ is/~ are** hay; **~ you are** toma, aquí tienes, ahí está.
thereabouts [ˌðeərəˈbaʊts] *adv* por ahí, por allí cerca.
thereafter [ˌðeərˈɑ:ftər] *adv* después, más tarde.
thereby [ˈðeəbaɪ] *adv* por eso, por esa razón.
therefore [ˈdeəfɔ:r] *adv* por tanto, por lo tanto.
thermal [ˈθɑ́:ml] *adj* termal.
thermometer [θəˈmɒmɪtər] *n c* termómetro.
Thermos® [ˈθɑ́:mɒs] *n c* termo.
thermostat [ˈθɑ́:məʊstæt] *n c* termostato.
thesaurus [θɪˈsɔ:rəs, *pl irreg* θɪˈsɔ:raɪ] (*pl* **thesauruses** o **thesauri**) *n c* diccionario ideológico.
these [ði:z] *n pl* → this.
thesis [ˈθɪ:sɪs, *pl* ˈθɪ:si:z] (*pl* **theses**) *n c* tesis.
they [ðeɪ] *pron* ellos, ellas.
they'd [ðeɪd] *contr* **1** (contr de *they + had*) → have. **2** (contr de *they + would*) → would.
they'll [ðeɪəl] *contr* **1** (contr de *they + shall*) → shall. **2** (contr de *they + will*) → will.
they're [ðeər] *contr* (contr de *they + are*) → be.
they've [ðeɪv] *contr* (contr de *they + have*) → have.
thick [θik] *adj* **1** grueso (muro). **2** de ancho, de grosor: *the wall is 30 cm thick = el muro tiene 30cm de ancho.* **3** espeso (líquido). **4** de abrigo (ropa). **5** torpe (de mente).
thicken [ˈθɪkən] *tr & intr* **1** espesar(se) (una salsa). ● *intr* **2** hacerse más denso (humo, niebla).
thickness [ˈθɪknɪs] (*pl* **thicknesses**) *n c & u* espesor, densidad.
thickset [ˌθɪkˈset] *adj* robusto (persona).
thick-skinned [ˌθɪkˈskɪnd] *adj* insensible.
thief [θi:f] (*pl* **thieves**) *n c* ladrón.

> ***Thief*** es un ladrón que roba cosas a personas normalmente sin violencia. ***Robber*** se refiere a alguien que roba bancos, tiendas, etc. mediante la violencia o con amenazas. ***Burglar*** se usa para los ladrones de casas o locales. ***Shoplifter*** se aplica a la persona que se lleva algo de una tienda sin pagar.

t

thieve [θi:v] *tr* robar.
thieves [θi:vz] *n pl* → thief.
thigh [θaɪ] *n c* ANAT muslo.
thimble [ˈθɪmbl] *n c* dedal.
thin [θin] (*pt* y *pp* **thinned**, *ger* **thinning**) *tr* **1** diluir (salsa). ● *intr* **2** adelgazar. ● *adj* **3** delgado (gen). **4** escaso (pelo, audiencia). **5** débil. **6** fino. **7** tenue (luz). **8** aguado (sustancia).

thing [θɪŋ] *n c* **1** cosa. • **things** *n pl* **2** cosas. ▪ **in all things** en todo momento; **the best ~ would be to...** lo mejor sería…; **the ~ is...** la cosa es.
think [θɪŋk] (*pt* y *pp* **thought**) *tr* **1** pensar, creer; imaginar. • *intr* **2** pensar (gen). ♦ **to ~ about** acordarse (de un nombre, de un dato); **to ~ out** elaborar (plan); encontrar (solución); **to ~ over** meditar, reflexionar sobre; **to ~ through** pensar hasta los últimos detalles; **to ~ up** inventar, tramar. ▪ **I ~ so/not** pienso que sí/no; **just ~** imagina, piensa en que; **to ~ aloud** pensar en voz alta; **to ~ well of sb** tener buen concepto de alguien.
thinker [ˈθɪŋkər] *n c* pensador.
think-tank [ˈθɪŋktæŋk] *n c* grupo de expertos.
third [θɜ́:d] *card* **1** tercero. • *n c* **2** tercio (fracción). **3** aprobado (año académico). ♦ **~ degree burn** quemadura de tercer grado; **~ party insurance** seguro a terceros; **the Third World** el Tercer Mundo.
third-class [ˌθɜ́:dˈklɑ:s] (*pl* **third-classes**) *n c* aprobado (año académico).
third-rate [θɜ́:dˈreɪt] *adj* de tercera, de baja calidad.
thirst [θɜ́:st] *n u* sed.
thirsty [ˈθɜ́:stɪ] *adj* sediento. ▪ **to be ~** tener sed.
thirteen [θɜ́:ˈtɪ:n] *card* trece.
thirteenth [θɜ́:ˈtɪ:nθ] *ord* decimotercero.
thirtieth [ˈθɜ́:tɪɪθ] *ord* trigésimo (gen); treinta (día).
thirty [ˈθɜ́:tɪ] *card* treinta.
this [ðis] (*pl* **these**) *dem adj* **1** este, esta, esto: *this woman is my friend = esta mujer es mi amiga.* • *dem pron* **2** este, esta, esto: *this is my friend = esta es mi amiga.* • *adv* **3** así de: *this far = así de lejos.* ▪ **~ and that** esto y lo otro; **~ is...** le presento a…
thistle [ˈθɪsl] *n c* BOT cardo.
thong [θɒŋ] *n c* correa.
thorax [ˈθɔ:ræks, *pl* ˈθɔ:rəsi:z] (*pl* **thoraxes** o **thoraces**) *n c* tórax.
thorn [θɔ:n] *n c* espina.
thorny [ˈθɔ:nɪ] *adj* espinoso.
thorough [ˈθʌrə] *adj* exhaustivo (estudio); meticuloso (persona); correcto, perfecto.
thoroughbred [ˈθʌrəbred] *adj & n c* pura sangre.
thoroughfare [ˈθʌrəfeər] *n c* calle principal.
those [ðəʊz] *n pl* → that.
though [ðəʊ] *conj* **1** aunque, a pesar de. • *adv* **2** a pesar de todo, sin embargo: *it's not so easy, though = no es tan fácil, sin embargo.*
thoughtful [ˈθɔ:tfʊl] *adj* **1** pensativo. **2** considerado, solícito.
thoughtless [ˈθɔ:tlɪs] *adj* desconsiderado.
thousand [ˈθaʊznd] *card* mil.
thousandth [ˈθaʊzntθ] *ord* milésimo.
thrash [θræʃ] *tr* dar una paliza a. ♦ **to ~ about** revolverse; **to ~ out** discutir a fondo.
thread [θred] *n u* **1** hilo (gen). • *n c* **2** rosca (de tuerca). • **threads** *n pl* **3** aspectos. • *tr* **4** enhebrar (aguja).
threadbare [ˈtredbeər] *adj* raído.
threat [θret] *n c* amenaza.
threaten [θretn] *intr & pron* amenazar.
threatening [ˈθretnɪŋ] *adj* amenazador, amenazante.
three [θri:] *card* tres.
three-dimensional [ˌθri:dɪˈmenʃənl] *adj* tridimensional.
three-legged race [ˌθri:ˈlegdˌreɪs] *n c & u* ponche.
three-point turn [ˈθri:pɔɪntˈtɜ́:n] *n c* AUT maniobra de la L.
three-quarters [θri:ˈkwɔ:təz] *adj* tres cuartos.
threesome [ˈθri:səm] *n c* grupo de tres.
three-wheeler [ˈθri:wi:lər] *n c* coche de tres ruedas.
thresh [θreʃ] *tr & intr* AGR trillar.
threshold [ˈθreʃhəʊld] *n c* umbral, umbrales.
threw [θru:] *pt* → throw.
thrift [θrɪft] *n u* economía.
thrifty [ˈθrɪftɪ] *adj* económico (objeto); ahorrativo (persona).
thrill [θrɪl] *n c* **1** emoción. • *tr* **2** emocionar.
thrilled [θrɪld] *adj* encantado.
thriller [ˈθrɪlər] *n c* novela/película de intriga y misterio.
thrilling [ˈθrɪlɪŋ] *adj* emocionante.
thrive [θraɪv, *pp irreg* θrɪvn] (*pt* **thrived** o **throve**, *pp* **thrived** o **thriven**) *intr* **1** crecer. **2** prosperar (económicamente).

throat [θrəʊt] *n c* ANAT, GEOG garganta. ■ **to have a sore ~** doler la garganta; **to stick in sb's ~** no poder soportar.
throaty [ˈθrəʊti:] *adj* ronco.
throb [θrɒb] (*pt* y *pp* **throbbed**, *ger* **throbbing**) *intr* **1** latir (corazón). ● *tr* **2** vibrar (máquina). ● *n c* **3** latido (del corazón). **4** vibración (de una máquina).
throes [θrəʊz] *n pl* agonía (antes de morir). ■ **to be in the ~ of** estar en pleno.
thrombosis [θrɒmˈbəʊsɪs, *pl* θrɒmˈbəʊsi:z] (*pl* **thromboses**) *n c & u* MED trombosis.
throne [θrəʊn] *n c* trono.
throng [θrɒŋ] *n c* **1** gentío. ● *intr* **2** acudir en masa.
throttle [ˈθrɒtl] *n c* **1** MEC acelerador. ● *tr* **2** estrangular.
through [θru:] *prep* **1** a través de, por (lugar): *to walk through the woods = dar un paseo por el bosque*. **2** a lo largo y ancho de, por todo. **3** *EE UU* hasta. **4** durante. **5** a causa de, gracias a. ● *adj* **6** directo: *a through train = un tren directo*. **7** acabado (trabajo). ● *adv* **8** de principio a fin. ■ **to be ~ with** haber terminado con; **~ and ~** completamente.
throughout [θru:ˈaʊt] *prep* **1** a lo largo de todo, por todo (lugar): *throughout the world = por todo el mundo*. ● *adv* **2** desde el principio hasta el fin: *the house was carpeted throughout = la casa estaba totalmente enmoquetada*.
throve [θrəʊv] *pt* → thrive.
throw [θrəʊ] (*pt* **threw**, *pp* **thrown**) *tr* **1** tirar (objeto). **2** lanzar (objeto). **3** tirar, derribar (a un jinete). ● *n c* **4** SP tiro, tirada. ◆ **to ~ away** tirar (una cosa); desperdiciar; **to ~ in** intercalar (comentario); añadir como regalo; **to ~ out** tirar; echar; botar (Amér.); **to ~ up** vomitar.
throwaway [ˈθrəʊəˌweɪ] *adj* de usar y tirar, desechable.
throwback [ˈθrəʊbæk] *n c* retroceso, salto atrás.
throw-in [ˈθrəʊin] *n c* SP saque de banda (en fútbol).
thrown [θrəʊn] *pp* → throw.
thru *prep & adv EE UU* (infml) → through.
thrush [θrʌʃ] *n c* ZOOL tordo.
thrust [θrʌst] *n c* **1** impulso, empujón. **2** estocada (espada); puñalada (con una daga); cuchillada. ● *n u* **3** propulsión (de un cohete). ● *tr* **4** empujar, impulsar. **5** clavar, hincar.
thud [θʌd] *n c* **1** golpe sordo. ● *tr* **2** caer con un ruido sordo.
thumb [θʌm] *n c* **1** dedo pulgar. ● *tr* **2** hacer auto-stop (hitch). ◆ **to ~ through** hojear (libro).
thumbs-down [ˈθʌmsdaʊn] *n u* desaprobación.
thumbs-up [ˈθʌmsʌp] *n u* aprobación.
thumbtack [ˈθʌmtæk] *n c EE UU* chincheta.
thump [θʌmp] *n c* **1** golpe (con el puño). **2** ruido sordo (noise). ● *tr* **3** dar una paliza (a alguien). ● *tr & intr* **4** golpear.
thunder [ˈθʌndər] *n u* **1** trueno. ● *intr* **2** tronar.
thunderbolt [ˈθʌndəbəult] *n c* rayo.
thunderclap [ˈθʌndəklæp] *n c* trueno.
thunderstorm [ˈθʌndəstɔ:m] *n c* tormenta.
thundery [ˈθʌndərɪ] *adj* tormentoso.
Thursday [ˈθɜ:zdɪ] *n c* jueves.
thus [ðʌs] *adv* **1** así, de esta manera. **2** por lo tanto.
thwart [θwɔ:t] *tr* frustrar.
thyme [taɪm] *n u* BOT tomillo.
thyroid [ˈθaɪrɔɪd] *n c* ANAT tiroides.
tic [tɪk] *n c* tic.
tick [tɪk] *n c* **1** marca. **2** tictac (de un reloj). **3** segundo, instante. ● *tr* **4** marcar, señalar. ● *intr* **5** hacer tictac (el reloj). ◆ **to ~ off** marcar; reñir.
ticket [ˈtɪkɪt] *n c* **1** entrada; boleto (Amér.). **2** billete (de autobús). **3** tíquet (en una tienda). **4** etiqueta (de productos). ◆ **~ collector** revisor; **~ holder** poseedor del billete o entrada; **~ office** taquilla; boletería (Amér.).
tickle [ˈtɪkl] *n sing* **1** cosquilleo. ● *tr* **2** hacer cosquillas a.
ticklish [ˈtɪklɪʃ] *adj* **1** que tiene cosquillas (persona). **2** irritable, picajoso. **3** (fig) delicado (problema).
tidal [ˈtaɪdl] *adj* de la marea. ◆ **~ wave** maremoto.
tidbit *n c* → titbit.
tiddly [ˈtɪdlɪ] *adj* **1** *GB* (infml) achispado (bebido). **2** diminuto (muy pequeño).
tide [taɪd] *n sing* **1** marea (del mar). **2** tendencia (en la moda). **3** oleada. ● **to ~ over** *tr* **4** sacar a alguien de un apuro.

tidy [ˈtaɪdɪ] (*pt* y *pp* **tidied**) *tr* **1** ordenar, poner en orden (una habitación). • *adj* **2** limpio. **3** ordenado (habitación, persona).
tie [taɪ] (*pt* y *pp* **tied**, *ger* **tying**) *tr* **1** atar. **2** atarse (los zapatos). • *intr* **3** SP empatar (partido). • *n c* **4** corbata. **5** atadura (con cuerda). **6** lazo, vínculo (entre personas, países). **7** SP empate. ◆ **to ~ down** estar sometido; **to ~ up** asegurar (atando); amarrar (un barco); resolver.
tie-break [ˈtaɪbreɪk] *n c* SP juego de desempate (en tenis).
tie-pin [ˈtaɪpɪn] *n c* alfiler de corbata.
tier [tɪər] *n c* fila, hilera.
tiff [tɪf] *n c* riña, pelea.
tiger [ˈtaɪgər] *n c* ZOOL tigre.
tight [taɪt] *adj* **1** ajustado (ropa, presupuesto); estrecho (zapato); prieto (nudo). **2** tirante (cuerda). **3** compacto (grupo). **4** cerrado. **5** escaso (dinero). • **tights** *n pl* **6** medias.
tighten [ˈtaɪtn] *tr* **1** apretar (tuerca). **2** asegurar. • *tr* & *intr* **3** tensar(se), estirar(se).
tight-fisted [ˈtaɪtfɪstɪd] *adj* (infml) tacaño.
tightrope [ˈtaɪtrəʊp] *n c* cuerda floja (en el circo).
tigress [ˈtaɪgrɪs] *n c* ZOOL tigresa.
tile [taɪl] *n c* **1** teja (en un tejado); baldosa (del suelo); azulejo (en la pared). • *tr* **2** tejar (un tejado); embaldosar (el suelo); alicatar (una pared).
till [tɪl] *prep* **1** hasta. • *conj* **2** hasta que. • *n c* **3** caja (registradora).
tiller [tɪlər] *n c* NAUT caña del timón.
tilt [tɪlt] *n c* **1** inclinación (de una mesa). • *tr* & *intr* **2** inclinar (un objeto).
timber [ˈtɪmbər] *n u* **1** madera de construcción. • *n c* **2** viga.
time [taɪm] *n u* **1** tiempo (gen). • *n c* **2** hora (en un reloj): *what time is it?/what's the time? = ¿qué hora es?* **3** momento: *it is time to go = es el momento de irse.* **4** período (histórico). **5** plazo. **6** vez: *how many times did you see her? = ¿cuántas veces la viste?* • **times** *n pl* **7** por (al multiplicar). • *tr* **8** cronometrar (carrera). **9** programar. ◆ **~ zone** huso horario. ■ **ahead of ~** antes de hora; **ahead of one's ~** adelantado a su tiempo; **all in good ~** todo a su debido tiempo; **all the ~** todo el tiempo; **at a ~** a la vez; **at all times** en todo momento; **at any ~** en cualquier momento; **at the same ~** al mismo tiempo; **for the ~ being** de momento, por ahora; **from ~ to ~** de vez en cuando; **no ~ to lose** no hay tiempo que perder; **on ~** a la hora; **~ after ~/~ and again** una y otra vez; **to take one's ~** tomárselo con calma.
time-bomb [ˈtaɪmbɒm] *n c* bomba de relojería.
time-consuming [ˈtaɪmkənˈsjuːmɪŋ] *adj* que requiere mucho tiempo.
time-lag [ˈtaɪmlæg] *n c* intervalo.
timeless [ˈtaɪmlɪs] *adj* eterno.
time-limit [ˈtaɪmlɪmɪt] *n c* fecha tope.
timely [ˈtaɪmlɪ] *adv* oportuno.
timer [ˈtaɪmər] *n c* temporizador.
time-share [ˈtaɪmʃeər] *n c* multipropiedad.
timetable [ˈtaɪmteɪbl] *n c* horario (de trenes, de escuela); programa (de actos).
timid [ˈtɪmɪd] *adj* tímido.
timing [ˈtaɪmɪŋ] *n u* **1** oportunidad (de una opinión). **2** SP cronometraje (de un partido).
timpani [ˈtɪmpənɪ] *n pl* MUS timbales.
tin [tɪn] (*pt* y *pp* **tinned**, *ger* **tinning**) *tr* **1** enlatar. • *n u* **2** estaño, hojalata (metal). • *n c* **3** lata. • *adj* **4** de estaño, de hojalata.
tinder [ˈtɪndər] *n u* yesca.
tinfoil [ˈtɪnfɔɪl] *n u* papel de aluminio.
tinge [ˈtɪndʒ] *n c* **1** matiz, tono (color). • **to ~ with** *tr* **2** teñir de (color).
tingle [ˈtɪngl] *n u* hormigueo, pinchazos.
tinker [ˈtɪŋkər] *n c* **1** calderero. **to ~ with** **2** jugar con, tocar.
tinkle [ˈtɪŋkl] *n c* **1** tintineo. • *intr* **2** tintinear.
tinned [tɪnd] *adj* enlatado (alimento).
tinny [ˈtɪnɪ] *adj* **1** de estaño, de hojalata. **2** metálico (sonido). **3** poco sólido (de poca calidad).
tin-opener [ˈtɪnˌəʊpənər] *n c* abrelatas.
tinpot [ˈtɪnpɒt] *adj* insignificante.
tint [tɪnt] *n c* **1** matiz (de color). **2** tinte (par el pelo). • *tr* **3** teñir (el pelo).
tiny [ˈtaɪnɪ] *adj* diminuto, minúsculo.
tip [tɪp] *n c* **1** punta, extremo (de la lengua). **2** consejo. **3** propina (en un bar). **4** vertedero (de basura). **5** pronóstico (sobre el vencedor de un partido). **6** boquilla (de un cigarrillo). • *tr* **7** inclinar. **8** tirar (basura). **9** pronosticar (quién gana-

rá). **10** dar propina a (un camarero). **11** vaciar, volcar. ◆ **to ~ off** advertir, prevenir; **to ~ over** volcar, vaciar.
tip-off [ˈtɪpɒf] *n c* soplo, advertencia.
tipped [tɪpt] *adj* con filtro (cigarrillo).
tipster [ˈtɪpstər] *n c* pronosticador.
tipsy [ˈtɪpsɪ] *adj* alegre, piripi.
tiptoe [ˈtɪptəʊ] *intr* andar de puntillas. ■ **on ~** de puntillas.
tire [ˈtaɪər] *tr & intr* **1** cansar(se). ● *n c* **2** → tyre.
tired [ˈtaɪəd] *adj* cansado.
tiredness [ˈtaɪədnɪs] *n u* cansancio.
tireless [ˈtaɪəlɪs] *adj* incansable.
tiresome [ˈtaɪəsəm] *adj* pesado (persona, trabajo).
tiring [ˈtaɪərɪŋ] *adj* cansado.
tissue [ˈtɪʃu:] *n c* pañuelo de papel. ◆ **~ paper** papel de seda.
titbit [ˈtɪtbɪt] *n c* **1** cotilleo. **2** manjar.
title [ˈtaɪtl] *n c* título (gen). ◆ **~ deed** título de propiedad; **~ page** portada; **~ part/role** papel estelar.
title-holder [ˈtaɪtlˌhəʊldər] *n c* campeón.
titter [ˈtɪtər] *intr* reírse con disimulo.
TNT [ˌti:enˈti:] (*abbrev* **trinitroluene**) *n u* T.N.T.
to [tu:] *prep* **1** a, hacia (dirección): *she goes to the cinema tonight = va al cine esta noche*. **2** contra: *cheek to cheek = con las mejillas juntas*. **3** menos (en expresiones de tiempo): *it's ten to eight = son las ocho menos diez*. **4** hasta, a (período): *from January to December = de enero a diciembre*. **5** a (objeto indirecto): *give it to me = dámelo*. **6** para, por, de: *it's to your advantage = es por tu bien, a letter to Peter = una carta para Peter*. **7** sin traducción: *"to be or not to be" = «ser o no ser»*. **8** sin traducción: *I don't want to = no quiero*. **9** para (en frases de intención): *I did it to see you = lo hice para verte*. ● *adv* **10** cerrar: *he pulled the door to = cerró la puerta*. ■ **~ and fro** de un lado a otro.

> La partícula ***to*** se usa sin el verbo para evitar la repetición de un infinitivo que ya se ha mencionado. En español no tiene traducción: *you don't have to clap if you don't want to = no tienes que aplaudir si no quieres.*

toad [təʊd] *n c* sapo.
toadstool [ˈtəʊdstu:l] *n c* BOT seta venenosa.
toast [təʊst] *n u* **1** tostada. ● *n c* **2** brindis. ● *tr & intr* **3** tostar(se) (pan). ● *tr* **4** brindar por.
toaster [ˈtəʊstər] *n c* tostadora.
toast-rack [ˈtəʊstræk] *n c* portatostadas.
tobacco [təˈbækəʊ] *n u* tabaco.
tobacconist [təˈbækənɪst] ◆ **tobacconist's (shop)** estanco; tabaquería (Amér).
toboggan [təˈbɒgən] *n c* tobogán.
today [təˈdeɪ] *n c* **1** hoy. ● *adv* **2** hoy. **3** hoy, hoy en día.
toddle [ˈtɒdl] *intr* dar los primeros pasos (niño).
toddler [ˈtɒdlər] *n c* niño que empieza a andar.
to-do [təˈdu:] *n sing* (infml) jaleo, follón.
toe [təʊ] *n c* **1** dedo (del pie). **2** punta (del zapato). ● **to ~ the line/the party line** *tr* **3** aceptar las normas.
toenail [ˈtəʊneɪl] *n c* uña del pie.
toffee [ˈtɒfɪ y EE UU ˈtɑ:fɪ] *n c & u* tofe.
toffee-apple [ˈtɒfɪˌæpl] *n c* manzana de caramelo.
together [təˈgəðər] *adv* **1** juntos. **2** a la vez, al mismo tiempo.
Togo [ˈtəʊgəʊ] *n sing* Togo.
Togolese [ˌtəʊgəˈli:z] *adj & n c* togolés.
toil [tɔɪl] *n u* **1** (lit) trabajo duro. ● *intr* **2** (lit) trabajar duro.
toilet [ˈtɔɪlɪt] *n c* **1** retrete, inodoro (objeto). **2** lavabo, servicios (habitación). ◆ **~ paper** papel higiénico; **~ soap** jabón de tocador; **~ water** agua de colonia.

> ***Toilet*** o ***loo*** se usan para referirse al aseo en una casa particular. En inglés americano, en este caso se emplean ***toilet*** o ***bathroom***. En lugares públicos, se habla de ***the toilets***, ***the Ladies*** o ***the Gents***, o de ***washroom*** o ***restroom*** en inglés americano.

toilet-bag [ˈtɔɪlɪtbæg] *n c* neceser.
toiletries [ˈtɔɪlɪtrɪz] *n u* artículos de tocador.
toilet-trained [ˈtɔɪlətreɪnd] *adj* → potty-trained.

t

token [ˈtəʊkən] *n c* **1** ficha. **2** vale (para cambiarlo por otra cosa).
told [təʊld] *pt & pp* → tell.
tolerable [ˈtɒlərəbl] *adj* tolerable.
tolerance [ˈtɒlərəns] *n u* tolerancia.
tolerant [ˈtɒlərənt] *adj* tolerante.
tolerate [ˈtɒləreɪt] *tr* tolerar.
toll [təʊl] *n c* **1** peaje (autopista). ● *n u* **2** número de bajas (en una guerra).
tomato [təˈmɑːtəʊ y EE UU təˈmeɪtəʊ] (*pl* **tomatoes**) *n c* tomate.
tomb [tuːm] *n c* tumba.
tombola [tɒmˈbəʊlə] *n c & u* tómbola.
tomboy [ˈtɒmbɔɪ] *n c* marimacho.
tomcat [ˈtɒmkæt] *n c* gato macho.
tomorrow [təˈmɒrəʊ] *n c* **1** mañana. ● *adv* **2** mañana.
ton [tʌn] *n c* tonelada. ■ **tons of** (infml) montones de.
tonal [ˈtəʊnl] *adj* tonal.
tone [təʊn] *n c* **1** tono. ● *tr* **2** tonificar (muscles).
tone-deaf [ˌtəʊnˈdef] *adj* que no tiene oído musical.
Tonga [ˈtɒŋgə] *n sing* Tonga.
tongs [tɒŋz] *n pl* pinzas.
tongue [tʌŋ] *n c* lengua. ■ **to hold/bite one's ~** callarse.
tongue-in-cheek [ˌtʌŋɪnˈtʃiːk] *adj* jocoso (comentario).
tongue-tied [ˈtʌŋtaɪd] *adj* que no se atreve a hablar.
tongue-twister [ˈtʌŋtwɪstər] *n c* trabalenguas.
tonic [ˈtɒnɪk] *n c* **1** tónico (gen). ● *n u* **2** tónica (bebida). ◆ **~ water** tónica.
tonight [təˈnaɪt] *n c* **1** esta noche. ● *adv* **2** esta noche.
tonnage [ˈtʌnɪdʒ] *n c & u* tonelaje.
tonne [tʌn] *n c* tonelada.
tonsil [ˈtɒnsl] *n c* ANAT amígdala.
tonsillitis [ˌtɒnsɪˈlaɪtɪs] *n u* MED amigdalitis.
too [tuː] *adv* **1** demasiado. **2** también. **3** muy. ◆ **~ much** demasiado; **~ many** demasiados.
took [tʊk] *pt* → take.
tool [tuːl] *n c* herramienta. ◆ **~ bar** COMPUT barra de herramientas.
tool-box [ˈtuːlbɒks] (*pl* **tool-boxes**) *n c* caja de herramientas.
tool-kit [ˈtuːlkɪt] *n c* juego de herramientas.
toot [tuːt] *n c* **1** bocinazo. ● *intr* **2** tocar la bocina.
tooth [tuːθ] (*pl* **teeth**) *n c* **1** diente (en la boca). **2** diente, púa (de sierra, de peine).
toothache [ˈtuːθeɪk] *n u* dolor de muelas.
toothbrush [ˈtuːθbrʌʃ] (*pl* **toothbrushes**) *n c* cepillo de dientes.
toothless [ˈtuːθlɪs] *adj* desdentado.
toothpaste [ˈtuːθpeɪst] *n u* pasta de dientes.
toothpick [ˈtuːθpɪk] *n c* palillo de dientes.
top [tɒp] (*pt* y *pp* **topped**, *ger* **topping**) *tr* **1** alcanzar la cima (de una montaña). **2** superar (un logro anterior). **3** tapar. ● *adj* **4** más alto; máximo; más importante (empresa). ● *n c* **5** parte de arriba. **6** tapa (de un recipiente); tapón (de una botella). **7** chaqueta (de pijama); blusa. **8** superficie (de la mesa). **9** peonza (juguete). **10** cumbre (de una montaña). ◆ **~ floor** último piso; **to ~ up** volver a llenar. ■ **from ~ to toe** de la cabeza a los pies; **on ~** encima; **on ~ of** además de; **over the ~** excesivo, exagerado.
topaz [ˈtəʊpæz] *n u* topacio.
topcoat [ˈtɒpkəʊt] *n c* abrigo.
top-hat [ˌtɒpˈhæt] *n c* sombrero de copa.
topic [ˈtɒpɪk] *n c* tema, asunto.
topical [ˈtɒpɪkl] *adj* de actualidad.
top-knot [ˈtɒpnɒt] *n c* moño.
topless [ˈtɒplɪs] *adj* topless.
top-level [ˈtɒplevl] *adj* del más alto nivel.
topmost [ˈtɒpməʊst] *adj* más alto.
top-notch [ˌtɒpˈnɒtʃ] *adj* de primera clase.
topped [tɒpt] *adj* coronado.
topping [ˈtɒpɪŋ] *n u GB* (infml) cobertura (de un pastel).
topple [ˈtɒpl] *tr* **1** derrocar (un gobierno). ● *tr & intr* **2** volcar(se), derribar(se). ● *intr* **3** derrumbarse (un edificio).
top-ranking [ˌtɒpˈræŋkɪŋ] *adj* de alto rango.
top-secret [ˌtɒpˈsiːkrɪt] *adj* alto secreto.
topsy-turvy [ˌtɒpsɪˈtɜːvɪ] *adj* (infml) patas arriba.
torch [tɔːtʃ] (*pl* **torches**) *n c* **1** antorcha. **2** linterna eléctrica.
tore [tɔːr] *pt* → tear.
torment [ˈtɔːment] *n c & u* **1** tormento. ● *tr* **2** atormentar, torturar.
torn [tɔːn] *pp* → tear.

tornado [tɔːˈneɪdəʊ] (*pl* **tornados** o **tornadoes**) *n c* tornado.
torpedo [tɔːˈpiːdəʊ] (*pl* **torpedoes**) *n c* **1** torpedo. ● *tr* **2** torpedear. ♦ ~ **boat** torpedero.
torrent [ˈtɒrənt] *n c* torrente.
torrential [təˈrenʃl] *adj* torrencial.
torrid [ˈtɒrɪd] *adj* **1** tórrido (calor). **2** apasionado (amor).
tortoise [ˈtɔːtəs] *n c* ZOOL tortuga.
tortoiseshell [ˈtɔːtəsʃel] *n c* concha.
tortuous [ˈtɔːtʃʊəs] *adj* tortuoso.
torture [ˈtɔːtʃər] *n c* **1** tortura. ● *tr* **2** torturar.
Tory [ˈtɔːrɪ] *n c miembro del partido conservador británico.*
toss [tɒs y EE UU tɔːs] *n c* **1** movimiento (de cabeza). ● *tr* **2** tirar (descuidadamente). **3** sacudir (la cabeza). ● *tr & intr* **4** dar vueltas (de lado a lado).
tot [tɒt] (*pt* y *pp* **totted**, *ger* **totting**) *n c* nene, crío (niño).
total [ˈtəʊtl] (*GB, pret* y *pp* **totalled**, *ger* **totalling**, *EE UU, pret* y *pp* **totaled**, *ger* **totaling**) *tr* **1** ascender a. ● *adj & n c* **2** total.
totalitarian [ˌtəʊtælɪˈteərɪən] *adj* totalitario.
totter [ˈtɒtər] *intr* tambalearse.
toucan [ˈtuːkən] *n c* ZOOL tucán.
touch [tʌtʃ] *n u* **1** tacto (sentido). ● *n c* **2** toque, roce (contacto). ● *tr & intr* **3** tocar(se) (con las manos). ● *tr* **4** afectar, conmover. ■ **to be in ~** estar en contacto; **to get in ~** ponerse en contacto; **to lose ~** perder el contacto.
touchdown [ˈtʌtʃdaʊn] *n c & u* **1** AER aterrizaje. ● *n c* **2** ensayo (en fútbol americano, en rugby).
touched [tʌtʃt] *adj* **1** emocionado (por un regalo). **2** (infml) tocado, chiflado (un poco loco).
touching [ˈtʌtʃɪŋ] *adj* conmovedor.
touchline [ˈtʌtʃlaɪn] *n c* SP línea de banda.
touchy [ˈtʌtʃɪ] *adj* **1** susceptible. **2** delicado (asunto, problema).
tough [ˈtʌf] *adj* **1** fuerte, resistente (persona, material). **2** duro (carne, vida). **3** violento (carácter); peligroso. **4** (infml) difícil (examen, decisión). ■ **~ luck!** ¡mala suerte!
toughen [ˈtʌfn] *tr & intr* endurecer(se).
toupee [ˈtuːpeɪ] *n c* tupé.
tour [tʊər] *n c* **1** viaje. **2** recorrido turístico. **3** visita (a un museo). **4** gira (de un grupo de pop, una compañía de teatro). ● *tr* **5** viajar por, recorrer (zona, país); visitar (museo). ● *intr* **6** hacer una gira (un grupo de pop, una compañía de teatro). ♦ **~ operator** operador turístico. ■ **to be on ~** estar de gira.
tourism [ˈtʊərɪzəm] *n u* turismo.
tourist [ˈtʊərɪst] *n c* turista (persona). ♦ **~ class** clase turista; **~ (information) office** oficina de turismo.
tournament [ˈtɔːnəmənt] *n c* torneo.
tourniquet [ˈtʊənɪkeɪ y EE UU ˈtɜːrnɪkət] *n c* MED torniquete.
tousle [ˈtaɪzl] *tr* despeinar.
tout [taʊt] *n c* **1** revendedor. ● *tr* **2** revender. ♦ **to ~ for** solicitar.
tow [təʊ] *tr* remolcar. ♦ **~ truck** *EE UU* (coche) grúa. ■ **in ~** (infml, fig) a remolque, a rastras; **in ~ with sb** acompañado de alguien; **on ~** *GB* a remolque (automóvil).
towards or **toward** [təˈwɔːdz o təˈwɔːd y EE UU tɔːrdz] *prep* **1** hacia (en dirección a). **2** con respecto a. **3** para. **4** hacia las, alrededor de (hora).
towel [ˈtaʊəl] *n c* toalla. ♦ **~ rail** toallero.
towelling [ˈtaʊəlɪŋ] (*EE UU* **toweling**) *n u* tejido de toalla.
tower [ˈtaʊər] *n c* **1** torre. ● **to ~ (above/over)** *intr* **2** elevarse (sobre/por encima de) (edificio, motaña). **to ~ over sb** **3** ser mucho más alto que alguien. ♦ **a ~ of strength** *GB* un firme pilar, una gran ayuda.
town [taʊn] *n c* ciudad (gen); pueblo (pequeño). ♦ **~ centre** el centro; **~ council** ayuntamiento; **~ hall** ayuntamiento (edificio); **~ planner/planning** urbanista/urbanismo. ■ **to go into ~** ir al centro; **to go out on the ~** irse de juerga; **to go to ~** (fig) tirar la casa por la ventana (por los gastos).
towpath [ˈtəʊpɑːθ] *n c* camino de sirga (alongside canal).
towrope [ˈtəʊrəʊp] *n u* cable de remolque.
toxic [ˈtɒksɪk] *adj* tóxico.
toxin [ˈtɒksɪn] *n c* toxina.
toy [tɔɪ] *n c* **1** juguete. ● **to ~ with** *tr* **2** jugar con, juguetear con (el pelo, senti-

mientos ajenos). **to ~ with 3** considerar (idea).
trace [treɪs] *n c* **1** rastro. **2** pizca (pequeña cantidad). ● *tr* **3** localizar. **4** describir, trazar (círculos). **5** calcar (un dibujo). ■ **without ~** sin dejar rastro.
tracing [ˈtreɪsɪŋ] *n c* calco. ◆ **~ paper** papel de calco.
track [træk] *n c* **1** sendero. **2** vía (de tren). **3** (normalmente *pl*) pista, rastro. **4** canción (en una cassette, CD). **5** SP, COMPUT pista. ● *tr* **6** rastrear, seguir la pista de (animal, persona). ◆ **to ~ down** localizar; **~ event** SP prueba de atletismo en pista; **~ record** historial; **~ shoes** zapatillas de atletismo. ■ **off the beaten ~** apartado, aislado; **to keep/lose ~ of** no perder/perder de vista a (persona); estar/no estar al tanto de (una situación); **to stop dead in one's tracks** pararse en seco.
tracksuit [ˈtræksuːt] *n c* chándal.
tract [trækt] *n c* **1** panfleto, folleto (político, religioso). **2** extensión (de tierra).
traction [ˈtrækʃn] *n u* MEC, MED tracción.
tractor [ˈtræktər] *n c* tractor.
trade [treɪd] *n u* **1** comercio. ● *n c* **2** oficio. ● *intr* **3** COM comerciar. **to ~ at/with 4** *EE UU* hacer las compras (en). ● *tr* **5** cambiar (productos, mercancías). ◆ **to ~ in** dar como entrada (a cuenta); **~ fair** feria de muestras; **~ union** sindicato; **~ unionism/unionist** sindicalismo/sindicalista; **~ wind** NAUT viento alisio. ■ **by ~** de oficio.
trade-in [ˈtreɪdɪn] *n c EE UU* intercambio, entrada a cuenta.
trademark [ˈtreɪdmɑːk] *n c* **1** COM marca comercial. **2** (fig) sello característico (vestimenta de una persona).
trade-name [ˈtreɪdneɪm] *n c* COM nombre comercial.
trader [ˈtreɪdər] *n c* comerciante.
tradesman [ˈtreɪdzmən] (*pl* **tradesmen**) *n c* comerciante; tendero.
tradition [trəˈdɪʃn] *n c* & *u* tradición.
traditional [trəˈdɪʃənl] *adj* tradicional.
traffic [ˈtræfɪk] (*pt* y *pp* **trafficked**, *ger* **trafficking**) *intr* **to ~ in 1** traficar con (drogas). ● *n u* **2** tráfico (vehículos). ◆ **~ circle** *EE UU* glorieta; **~ island** refugio, isleta; **~ jam** atasco, embotellamiento; **~ light/lights** semáforo; **~ offence** *GB* (EE UU **traffic violation**) infracción de tráfico; **~ warden** *GB* guardia de tráfico.
trafficker [ˈtræfɪkər] *n c* traficante.
tragedy [ˈtrædʒɪdɪ] (*pl* **tragedies**) *n c* & *u* tragedia.
tragic [ˈtrædʒɪk] *adj* trágico.
trail [treɪl] *n c* **1** sendero (montañoso); pista forestal. **2** rastro, pista (de algo o alguien perdido). ● *tr* & *intr* **3** arrastrar(se). ● *intr* **4** ir perdiendo (en una carrera). ◆ **to ~ away/off** desvanecerse (sonido); desaparecer (interest). ■ **to be on the ~ of sb/sth** seguir la pista de alguien/algo.
trailer [ˈtreɪlər] *n c* **1** remolque. **2** *EE UU* caravana (para vivir). **3** CIN avance, trailer (de una película).
train [treɪn] *n c* **1** tren. **2** cola (de un vestido). ● *tr* **3** enseñar; adiestrar (a un animal). **4** formar, preparar (para un trabajo). ● *tr* & *intr* **5** SP entrenar(se). ● *tr* **6** apuntar a (gun); enfocar a (con una cámara). ● *intr* **7** estudiar, prepararse (para un trabajo). ◆ **~ set** tren eléctrico de juguete; **~ station** *EE UU* estación de trenes.
trainee [treɪˈniː] *adj* **1** en período de prácticas. ● *n c* **2** aprendiz.
trainer [ˈtreɪnər] *n c* **1** SP entrenador. **2** amaestrador (de perros); domador (de un animal salvaje). ● **trainers** *n pl* **3** *GB* zapatillas de deporte.
training [ˈtreɪnɪŋ] *n u* **1** SP entrenamiento. **2** formación (para un trabajo). ◆ **~ college** *GB* centro de formación; escuela normal; **~ course** cursillo de formación profesional; **~ shoes** → trainers.
trait [treɪt] *n c* rasgo, característica.
traitor [ˈtreɪtər] *n c* traidor.
trajectory [trəˈdʒektərɪ] (*pl* **trajectories**) *n c* trayectoria.
tram or **tramcar** [træm o ˈtræmkɑːr] *n c GB* tranvía.
tramline [ˈtræmlaɪn] *n c* **1** *GB* vía del tranvía. ● **tramlines** *n pl* **2** SP líneas laterales (en tenis, bádminton).
tramp [træmp] *n c* vagabundo.
trampoline [ˈtræmpəliːn] *n c* SP cama elástica.
trance [trɑːns y EE UU træns] *n c* trance. ■ **to fall/go into a ~** entrar en trance.
tranquillizer or **tranquilliser** [ˈtræŋkwɪlaɪzər] *n c* MED tranquilizante.

transaction [træn'zækʃn] *n c* transacción.
transatlantic [,trænzət'læntɪk] *adj* tra(n)satlántico.
transcend [træn'send] *tr* (fml) trascender.
transcript ['trænskrɪpt] *n c* tra(n)scripción.
transept ['trænsept] *n c* ARCH crucero (de una iglesia).
transfer [træns'fɑ:r] (*pt* y *pp* **transferred**, *ger* **transferring**) *tr* **1** tra(n)sferir (dinero, propiedades, poder). • *tr* & *intr* **2** trasladar(se) (a otro trabajo). • *tr* **3** SP traspasar. • *intr* **4** SP fichar. • *n c* & *u* **5** tra(n)sferencia (de dinero, de control). • *n c* **6** traslado (de trabajo). **7** calcomanía (dibujo). **8** SP traspaso. ♦ ~ **fee** SP traspaso (dinero).
transfix [træns'fɪks] *tr* paralizar (immobilise).
transform [træns'fɔ:m] *tr* tra(n)sformar.
transformer [træns'fɔ:mər] *n c* ELEC tra(n)sformador.
transfusion [træns'fju:ʒn] *n c* MED tra(n)sfusión.
transient ['trænzɪənt] *adj* **1** (fml) transitorio. • *n c* **2** *EE UU* viajero de paso.
transistor [træn'zɪstər] *n c* ELEC transistor. ♦ ~ **radio** transistor.
transit ['trænzɪt] *n u* tránsito. ♦ ~ **hall/lounge** sala de tránsitos (en el aeropuerto). ■ **in** ~ de tránsito, de paso (viajeros, mercancías).
transition [træn'zɪʃn] *n c* & *u* transición.
transitive ['trænzɪtɪv] *adj* GRAM transitivo.
transitory ['trænzɪtrɪ] *adj* transitorio.
translate [trænz'leɪt] *tr* **1** traducir (idiomas). **to** ~ **into 2** convertir en (transformar).
translation [trænz'leɪʃn] *n c* & *u* traducción.
translator [trænz'leɪtər] *n c* traductor.
transmission [trænz'mɪʃn] *n c* & *u* tra(n)smisión.
transmit [trænz'mɪt] (*pt* y *pp* **transmitted**, *ger* **transmitting**) *tr* & *intr* tra(n)smitir.
transparency [træns'pærənsɪ] (*pl* **transparencies**) *n c* & *u* tra(n)sparencia.
transparent [træns'pærənt] *adj* **1** tra(n)sparente (material). **2** claro, patente (obvio).
transpire [træn'spaɪər] *intr* (infml) ocurrir, suceder (happen). ■ **it** ~ **that...** resulta que...
transplant ['trænsplɑ:nt] *n c* MED, AGR tra(n)splante.
transport ['trænspɔ:t] *n u* transporte. ♦ ~ **café** *GB restaurante de camioneros en carretera*.
transport [træn'spɔ:t] *tr* tra(n)sportar.
transportation [,trænspɔ:'teɪʃn] *n u* transporte.
trap [træp] (*pt* y *pp* **trapped**, *ger* **trapping**) *tr* **1** atrapar. **2** capturar con trampa (animales, pájaros). **3** engañar. • *n c* **4** trampa.
trapdoor ['træpdɔ:r] *n c* trampilla.
trapeze [trə'pi:z y EE UU træ'pi:z] *n c* trapecio.
trappings ['træpɪŋz] *n pl* **1** equipaje, pertrechos. **2** adornos.
trash [træʃ] *n u* **1** *EE UU* basura (gen). • *tr* **2** tirar a la basura.
trashcan ['træʃkæn] *n c EE UU* cubo de la basura.
traumatic [trɔ:'mætɪk] *adj* traumático.
travel ['trævl] (*GB*, *pret* y *pp* **travelled**, *ger* **travelling**, *EE UU*, *pret* y *pp* **traveled**, *ger* **traveling**) *intr* **1** viajar. • *tr* **2** recorrer (una distancia). • *n u* **3** viajes, viajar. ♦ ~ **agency/agent's** agencia de viajes; ~ **agent** agente de viajes; empleado de una agencia de viajes.
traveler *n c* → traveller.
traveller ['trævlər] (*EE UU* **traveler**) *n c* **1** viajero. **2** COM viajante. ♦ **~'s cheque** cheque de viaje.
travelling ['trævlɪŋ] (*EE UU* **traveling**) *adj* **1** ambulante (circo, espectáculo); itinerante (actor). **2** de viaje (reloj). ♦ ~ **expenses** gastos de viaje; ~ **salesman** viajante de comercio.
travel-sick ['trævlsɪk] *adj* mareado (estar).
trawler ['trɔ:lər] *n c* barco de arrastre, trainera.
tray [treɪ] *n c* bandeja.
treacherous ['tretʃərəs] *adj* **1** traidor, traicionero (persona); traicionero (acto). **2** peligroso.
treachery ['tretʃərɪ] *n u* traición.
treacle ['tri:kl] *n u* melaza.
tread [tred] (*pt* **trod**, *pp* **trodden**) *intr* **1** andar. **to** ~ **on/in sth 2** pisar algo. • *n c*

& *u* **3** banda (de un neumático, suela de zapato). • *n u* **4** pasos, pisadas (ruido).
treadle ['tredl] *n c* pedal (de una máquina).
treadmill ['tredmɪl] *n c* **1** rueda de molino. • *n sing* **2** (fig) rollo, monotonía.
treason ['tri:zn] *n u* traición.

> ***Treason*** se refiere a un acto de traición hacia el propio país. Se usa ***treachery*** para hablar de traición hacia una persona.

treasurer ['treʒərər] *n c* tesorero.
treat [tri:t] *n c* **1** invitación (a un café, a comer); regalo. • *tr* **2** tratar (gen). **to ~ sb (to sth) 3** invitar a alguien (a algo); regalar a alguien (algo). ▪ **it's my treat** invito yo (a beber, a comer); te lo compro yo (como regalo).
treatment ['tri:tmənt] *n u* **1** trato (preferencial, de favor). • *n c* & *u* **2** MED tratamiento.
treaty ['tri:tɪ] (*pl* **treaties**) *n c* tratado.
treble ['trebl] *adj* **1** triple (soprano). • *n c* **2** MUS tiple, soprano. • *tr* & *intr* **3** triplicar(se). ♦ **~ clef** MUS clave de sol.
tree [tri:] *n c* BOT, COMPUT árbol. ▪ **to be barking up the wrong ~** (infml) equivocarse de medio a medio.
tree-lined ['tri:laɪnd] *adj* flanqueado de árboles (avenida).
treetop ['tri:tɒp] *n c* copa de árbol.
tree-trunk ['tri:trʌŋk] *n c* tronco de árbol.
trek [trek] (*pt* y *pp* **trekked**, *ger* **trekking**) *n c* caminata, excursión; expedición (a un lugar remoto).
trellis ['trelɪs] *n c* enrejado, espaldera (para plantas).
tremble ['trembl] *tr* temblar, estremecerse.
tremendous [trɪ'mendəs] *adj* **1** tremendo. **2** (infml) estupendo (maravilloso).
tremor ['tremər] *n c* temblor (de tierra); estremecimiento (de la voz).
trench [trentʃ] *n c* **1** zanja, foso. **2** MIL trinchera.
trench-coat ['trentʃkəʊt] *n c* trinchera (vestimenta).
trend [trend] *n c* & *u* **1** tendencia (al alza). • *n c* **2** moda.
trendy ['trendɪ] *adj* **1** de moda (ropa); moderno (persona, ideas). • *n c* **2** (infml) (*pl* **trendies**) moderno (persona).
trespass ['trespəs] *intr* entrar ilegalmente. ▪ **"no trepassing"** «prohibido el paso».
trespasser ['trespəsər] *n c* JUR intruso. ▪ **"trespassers will be prosecuted"** «los intrusos serán sancionados por la ley».
trestle ['tresl] *n c* caballete, borriqueta. ♦ **~ table** mesa de caballetes.
trial ['traɪəl] *n c* & *u* **1** prueba, ensayo (gen). **2** JUR juicio, proceso. • **trials** *n pl* **3** SP pruebas. ▪ **to be on ~** estar de prueba (empleado, vehículo); ser procesado.
triangle ['traɪæŋgl] *n c* **1** GEOM, MUS triángulo. **2** *EE UU* escuadra, cartabón (para dibujo técnico).
triangular [traɪ'æŋgjʊlər] *adj* triangular.
triathlon [traɪ'æθlən] *n c* SP triatlón.
tribe [traɪb] *n c* tribu.
tribunal [traɪ'bju:nl] *n c* tribunal.
tributary ['trɪbjʊtrɪ] (*pl* **tributaries**) *n c* afluente.
tribute ['trɪbju:t] *n c* tributo (a una persona). ▪ **to pay ~ (to)** rendir homenaje (a).
trice [traɪs] *n c* **in a ~** en un dos por tres, en un santiamén.
triceps ['traɪseps] (*pl* **triceps** o **tricepses**) *n c* ANAT tríceps.
trick [trɪk] *n c* **1** truco; estafa, timo. **2** broma (chiste). **3** juego de manos (de un mago o ilusionista). • *tr* **4** engañar; timar, estafar. ♦ **~ question** pregunta capciosa. ▪ **that'll/should do the ~** eso solucionará el problema; **to play a ~ on sb** gastarle una broma a alguien.
trickery ['trɪkərɪ] *n u* engaño.
tricky ['trɪki] *adj* **1** difícil (pregunta); delicado (situación). **2** tramposo (persona).
tricycle ['traɪsɪkl] *n c* triciclo.
tried [traɪd] *pt* & *pp* **1** → try. • **~ and tested** *adj* **2** (EE UU **tried and true**) probado, infalible (fórmula, método).
trifle ['traɪfl] *n c* **1** nadería, tontería. • *n c* & *u* **2** *GB* GAST *postre de bizcocho en jerez con gelatina, fruta y nata.* • **a ~** *adv* **3** ligeramente, un poco.
trigger ['trɪgər] *n c* gatillo.
trill [trɪl] *n u* trino.
trim [trɪm] (*pt* y *pp* **trimmed**, *ger* **trimming**) *tr* **1** recortar (pelo, uñas); podar

(un seto). **2** adornar (vestimenta). • *adj* **3** arreglado (de aspecto). **4** esbelto. • *n c* **5** recorte (pelo, uñas); poda (de un seto).
trimmings ['trɪmɪŋz] *n pl* adornos. ■ **with all the ~** con guarnición (comida).
trinket ['trɪnkɪt] *n c* baratija.
Trinidad and Tobago ['trɪnɪdædəntə'beɪgəʊ] *n sing* Trinidad y Tobago.
trio ['tri:əʊ] (*pl* **trios**) *n c* trío.
trip [trɪp] (*pt* y *pp* **tripped**, *ger* **tripping**) *tr* **to ~ sb (up) 1** poner la zancadilla a alguien. • **to ~ (over sth)** *intr* **2** tropezar (con algo). • *n c* **3** viaje. ♦ **to ~ up** pillar en un error.
tripe [traɪp] *n u* **1** (infml) tonterías. **2** GAST callos.
triple ['trɪpl] *n c* **1** triple. • *tr* & *intr* **2** triplicar(se). ♦ **the ~ jump** el triple salto.
triplicate ['trɪplɪkət] **in ~** *adj* por triplicado.
tripod ['traɪpɒd] *n c* trípode.
tripper ['trɪpər] *n c GB* turista, excursionista.
trite [traɪt] *adj* (pej) trillado (frase).
triumph ['traɪʌmf] *n c* **1** triunfo. • *intr* **2** triunfar.
trivial ['trɪvɪəl] *adj* (pej) trivial (cuestión, conversación).
trod [trɒd] *pt* → tread.
trodden ['trɒdn] *pp* **1** → tread. • *adj* **2** pisoteado, hollado.
trolley ['trɒlɪ] (*pl* **trolleys**) *n c* **1** *GB* carrito (de la compra, de golf). **2** *EE UU* tranvía.
trombone [trɒm'bəʊn] *n c* MUS trombón.
troop [tru:p] *n c* **1** grupo, banda (de personas); manada (de animales); bandada (de pájaros). • **troops** *n pl* **2** MIL tropas (soldados). • *intr* **3** ir en grupo.
trooper ['tru:pər] *n c* **1** MIL soldado de caballería. **2** *EE UU* policía montado.
trophy ['trəʊfɪ] (*pl* **trophies**) *n c* SP trofeo.
tropic ['trɒpɪk] *n c* GEOG trópico. ♦ **the tropics** el trópico.
tropical ['trɒpɪkl] *adj* tropical.
trot [trɒt] (*pt* y *pp* **trotted**, *ger* **trotting**) *intr* **1** trotar (caballo). **2** andar de prisa (persona). • *n c* **3** trote (de caballo). **4** paso rápido (de persona). ■ **at a ~** al trote; **on the ~** (infml) seguidos: *for two weeks on the trot = dos semanas seguidas.*
trotter ['trɒtər] *n c* **1** trotón (caballo). **2** pie de cerdo.
trouble ['trʌbl] *n u* **1** problemas. **2** molestia (dificultad). **3** dolor (físico); enfermedad. **4** pega, inconveniente. • **troubles** *n pl* **5** preocupaciones; problemas. **6** POL conflicto (entre países, bandos). • *tr* **7** preocupar. **8** molestar. ■ **to be asking/looking for ~** estar buscándose problemas; estar buscando camorra; **to be in ~** estar en un apuro; tener problemas; **to get into ~** meterse en líos.
troublemaker ['trʌbl,meɪkər] *n c* camorrista; alborotador.
troubleshooter ['trʌbl,ʃu:tər] *n c* **1** *persona contratada para solucionar problemas* (en una empresa). **2** POL mediador. **3** *EE UU* MEC, TECH especialista en reparación.
troublesome ['trʌblsəm] *adj* preocupante; fastidioso, molesto.
trough [trɒf] *n c* abrevadero (de cerdos); comedero.
troupe [tru:p] *n c* compañía ambulante (teatro, circo).
trousers ['traʊzərs] *n pl* pantalón, pantalones.
trouser-suit ['traʊzəsu:t] *n c GB* traje pantalón.
trousseau ['tru:səʊ] (*pl* **trousseaus** o **trousseaux**) *n c* ajuar.
trout [traʊt] (*pl* **trout** o **trouts**) *n c* ZOOL trucha.
trowel ['traʊəl] *n c* **1** paleta, llana (para construcción). **2** desplantador (para jardinería).
truant ['tru:ənt] *n c* alumno que hace novillos. ■ **to play ~** hacer novillos.
truce [tru:s] *n c* tregua.
truck [trʌk] *n c* **1** *EE UU* camión. **2** *GB* vagón de mercancías. ♦ **~ driver** *EE UU* camionero; **~ stop** *EE UU* restaurante de carretera.
trucker ['trʌkər] *n c EE UU* camionero.
true [tru:] *adj* **1** verdadero (relato, amigo). **2** auténtico. **3** exacto. ■ **to come ~** hacerse realidad; **~ to** fiel a (una promesa).
truffle ['trʌfl] *n c* trufa.
truly ['tru:lɪ] *adv* verdaderamente. ■ **yours ~** sinceramente suyo.
trump [trʌmp] *n c* **1** triunfo (en las cartas). • *intr* **2** fallar. ♦ **~ card** (fig) baza (que le da ventaja a uno).

t

trumpet [ˈtrʌmpɪt] *n c* **1** MUS trompeta. • *intr* **2** barritar (elefante).
trumpeter [ˈtrʌmpɪtər] *n c* trompetista.
truncheon [ˈtrʌntʃən] *n c* porra (de policía).
trundle [ˈtrʌndl] *tr* **1** empujar. • *intr* **2** circular (persona); rodar (rueda).
trunk [trʌŋk] *n c* **1** tronco (de árbol, persona). **2** trompa (de elefante). **3** baúl. **4** *EE UU* maletero (de un automóvil). • **trunks** *n pl* **5** bañador (de hombre). ♦ **~ call** *GB* llamada interurbana; **~ road** *GB* carretera nacional.
truss [trʌs] *n c* MED braguero.
trust [trʌst] *n u* **1** confianza. • *tr* **2** confiar en, fiarse de. **3** (fml) esperar (hope). ■ **to place/put one's ~ in** confiar en; **to take sth on ~** creer algo a ojos cerrados.
trustee [trʌˈstiː] *n c* FIN, JUR fideicomisario.
trusting [ˈtrʌstɪŋ] *adj* confiado.
trustworthy [ˈtrʌstˌwɜːθɪ] *adj* digno de confianza (persona, fuente de información).
trusty [ˈtrʌstɪ] *adj* fiel, leal.
truth [truːθ] *n u* verdad. ■ **in (all) ~** verdaderamente, en verdad.
truthful [ˈtruːθfl] *adj* **1** sincero (persona). **2** verídico (relato).
try [traɪ] (*pt* y *pp* **tried**) *tr* & *intr* **1** intentar (gen). • *tr* **2** probar (una comida). **3** JUR procesar. • *n c* **4** (*pl* **tries**) intento. **5** SP ensayo (en rugby). ♦ **to ~ on** probarse (ropa); **to ~ out** probar (un automóvil); poner a prueba (experimento). ■ **to give sth a ~** probar algo.
trying [ˈtraɪɪŋ] *adj* **1** difícil (situación). **2** pesado (persona).
tsar [zɑːr] *n c* zar.
tsarina [zɑːˈriːnə] *n c* zarina.
T-shirt [ˈtiːʃɜːt] *n c* camiseta.
tub [tʌb] *n c* **1** tarrina (de margarina). **2** (infml) bañera.
tubby [ˈtʌbɪ] *adj* rechoncho.
tube [tjʊːb] *n c* **1** tubo (para transportar cosas). **2** ANAT conducto (duct); trompa (de Falopio). **3** (infml) tele. ♦ **the ~** *GB* el metro; **~ station** *GB* estación de metro.
tubeless [ˈtjʊːblɪs] *adj* sin cámara (neumático).
tuberculosis [tjʊːˌbɜːkjʊˈləʊsɪs] *n u* MED tuberculosis.
tubing [ˈtjuːbɪŋ] *n u* tubería, tubos.
tubular [ˈtjuːbjʊlər] *adj* tubular.
tuck [tʌk] *n c* **1** pliegue (al coser). • *tr* **2** meter cuidadosamente. ♦ **to ~ away** guardar, esconder (dinero, bienes); **to ~ in** remeter (ropa); comer con apetito; **to ~ in/up** arropar (niño).
tuck-shop [ˈtʌkʃɒp] *n c* tienda de chucherías.
Tuesday [ˈtjuːzdɪ] *n c* martes.
tuft [tʌft] *n c* mechón (de pelo); penacho (de plumas); mata, matojo (de hierba).
tug [tʌg] (*pt* y *pp* **tugged**, *ger* **tugging**) *tr* **1** tirar de. **2** MAR remolcar. • **to ~ (at)** *intr* **3** tirar (de). • *n c* **4** tirón, estirón. ♦ **~ boat** remolcador.
tug-of-war [ˌtʌgəvˈwɔːr] (*pl* **tugs-of-war**) *n c* juego de la cuerda (tira y afloja).
tuition [tjuːˈɪʃn] *n u* **1** enseñanza. **2** *EE UU* matrícula (universitaria).
tulip [ˈtjuːlɪp] *n c* BOT tulipán.
tulle [tjuːl] *n u* tul (tela).
tumble [ˈtʌmbl] *n c* **1** caída (especialmente tropezando). • *intr* **2** caerse dando volteretas (persona); caer a borbotones (río). **3** (fig) caer en picado (precios). **4** derrumbarse. **5** SP hacer acrobacia.
tumbledown [ˈtʌmbldaʊn] *adj* ruinoso, destartalado (edificio, area).
tumble-dryer or **tumble-drier** [ˈtʌmblˌdraɪər] *n c* secadora.
tumbler [ˈtʌmblər] *n c* vaso, tubo.
tumbler-dryer [ˈtʌmbləˌdraɪər] *n c* → tumble-dryer.
tummy [ˈtʌmɪ] (*pl* **tummies**) *n c* (infml) tripa, barriguita.
tumour [ˈtjuːmər] *n c* MED tumor.
tumultuous [tjuːˈmʌltʃʊəs] *adj* tumultuoso.
tuna [tjuːnə] (*pl* **tuna** o **tunas**) *n c* ZOOL atún.
tune [tjuːn] *n c* **1** MUS aire, melodía. • *tr* **2** MUS afinar. **3** MEC poner a punto. **4** RAD, TV sintonizar. ♦ **to ~ in (to sth)** RAD, TV sintonizar (algo); **to ~ up** MUS afinar los instrumentos. ■ **in/out of ~** afinado/desafinado; **to be in/out of ~ with sb** (fig) estar/no estar de acuerdo con alguien.
tuner [ˈtjuːnər] *n c* **1** RAD, TV sintonizador. **2** MUS afinador.
tunic [ˈtjuːnɪk] *n c* túnica.

tuning fork ['tju:nɪŋfɔ:k] *n c* diapasón.

Tunisia [tju:'nɪzɪə] *n sing* Tunicia.

Tunisian [tju:'nɪzɪən] *adj & n c* tunecino.

tunnel ['tʌnl] (*GB, pret* y *pp* **tunnelled**, *ger* **tunnelling**, *EE UU, pret* y *pp* **tunneled**, *ger* **tunneling**) *tr* **1** hacer un túnel. • *n c* **2** túnel.

turban ['tɜ́:bən] *n c* turbante.

turbid ['tɜ́:bɪd] *adj* turbio (líquido); denso, espeso (nubes, humo).

turbine ['tɜ́:baɪn] *n c* turbina.

turbojet ['tɜ́:bəʊdʒet] *n c* turborreactor.

turbot ['tɜ́:bət] (*pl* **turbot** o **turbots**) *n c* ZOOL rodaballo.

turbulence ['tɜ́:bjʊləns] *n u* turbulencia.

turbulent ['tɜ́:bjʊlənt] *adj* turbulento.

tureen [tə'ri:n] *n c* sopera.

turf [tɜ́:f] *n u* césped; turba, tepe (tierra). ◆ **~ accountant** *GB* corredor de apuestas hípicas; **to ~ out** *GB* (infml) dar la patada a, echar (persona); tirar a la basura.

Turk [tɜ́:k] *n c* turco (persona).

turkey ['tɜ́:kɪ] (*pl* **turkeys**) *n c* ZOOL, GAST pavo.

Turkey ['tɜ́:kɪ] *n sing* Turquía.

Turkish ['tɜ́:kɪʃ] *adj* **1** turco. • *n u* **2** turco (idioma).

turmoil ['tɜ́:mɔɪl] *n u* confusión, alboroto.

turn [tɜ́:n] *n c & u* **1** vuelta. **2** cambio (súbito); giro (en otra dirección). **3** curva (en una carretera). **4** turno, vez (en un juego). **5** número (de un espectáculo). **6** MED ataque. • *tr* **7** dar la vuelta a (página); girar (rueda). **8** doblar (la esquina). **9** dirigir, enfocar (luz, atención). **to ~ sth into 10** convertir algo en (transformar). **11** volverse, ponerse. • *intr* **12** dar vueltas. **13** darse la vuelta (persona); girar (un automóvil); torcer, hacer una curva (carretera, río). **14** cortarse (la leche); echarse a perder (comida). **to ~ into 15** convertirse en (otra cosa). ◆ **to ~ away** apartar la vista; no dejar entrar; **to ~ back** volver, volverse atrás; hacer volver; **to ~ down** rechazar (una solicitud, una oferta); bajar el volumen de (radio, televisión); **to ~ in** (infml) irse a la cama; **to ~ off** apagar (luz, aparato eléctrico); parar (máquina); cerrar (el grifo, el gas); desviarse de, salir de (carretera); **to ~ on** encender (la luz); abrir (el grifo, el gas); atacar; **to ~ out** producir (mercancías); resultar, salir (bien, mal); echar; vaciar; **to ~ over** dar la vuelta (a) (una página); darle vueltas a (algo en la cabeza); entregar; cambiar de cadena/emisora (en radio, televisión); **to ~ round/around** dar la vuelta a (gen); girar; volverse, darse la vuelta (persona); **to ~ up** llegar, presentarse (persona); aparecer (un objeto extraviado); subir (la radio, el volumen del televisor, la calefacción). ■ **in ~** uno tras otro, sucesivamente; **it's my/his ~** me toca a mí/le toca a él; **to do sb a good/bad ~** hacerle un favor/jugarle una mala pasada a alguien.

turning ['tɜ́:nɪŋ] (*EE UU* **turn-off**) *n c* bocacalle (road).

turning-point ['tɜ́:nɪŋpɔɪnt] *n c* momento crucial, punto decisivo.

turnip ['tɜ́:nɪp] *n c* BOT, GAST nabo.

turnout ['tɜ́:naʊt] *n u* **1** número de asistentes, público (de una ceremonia). • *n c & u* **2** atuendo (vestido).

turnover ['tɜ́:nəʊvər] *n c & u* **1** COM volumen de ventas, facturación. • *n u* **2** movimiento de personal.

turnpike ['tɜ́:npaɪk] *n c EE UU* autopista de peaje.

turnstile ['tɜ́:nstaɪl] *n c* torno, torniquete.

turn-up ['tɜ́:nʌp] *n c GB* vuelta (de los pantalones). ■ **a ~ for the books** (infml) algo inesperado, una auténtica sorpresa.

turpentine ['tɜ́:pəntaɪn] *n u* trementina.

turps [tɜ́:ps] (*abbrev* **turpentine**) *n u GB* (infml) trementina.

turquoise ['tɜ́:kwɔɪz] *adj & n u* **1** turquesa (color). • *n c & u* **2** GEOL turquesa (mineral).

turret ['tʌrɪt] *n c* **1** ARCH torreón (de un castillo). **2** MIL torreta (de un tanque).

turtle ['tɜ́:tl] (*pl* **turtle** o **turtles**) *n c* ZOOL tortuga marina.

turtledove ['tɜ́:tldʌv] *n c* ZOOL tórtola.

turtleneck ['tɜ́:tlnek] *n c* cuello vuelto/cisne (de un jersey).

tusk [tʌsk] *n c* colmillo.

tussle ['tʌsl] *n c* **1** pelea, riña. • **to ~ (over)** *intr* **2** pelearse (por).

tutor ['tju:tər] *n c* **1** profesor particular; profesor universitario (de un grupo pequeño). • *intr & tr* **2** dar clases particulares.

tutorial [tju:ˈtɔ:rɪəl] *n c* tutoría.
Tuvalu [ˌtu:vəˈlu:] *n sing* Tuvalu.
tuxedo [tʌkˈsi:dəʊ] (*pl* **tuxedos**) *n c* *EE UU* esmoquin.
TV [ˌti:ˈvi:] (*abbrev* **television**) *n c* & *u* tele, televisión. ■ **on ~** en la tele/televisión.
twang [twæŋ] *n u* **1** tañido (de guitarra); sonido vibrante (de cuerdas). **2** gangueo, timbre nasal (de la voz).
tweed [twi:d] *n u* tweed.
tweezers [ˈtwi:zəz] *n pl* pinzas de depilar.
twelfth [twelfθ] *ord* duodécimo, decimosegundo.
twelve [twelv] *card* doce.
twentieth [ˈtwentɪəθ] *ord* vigésimo.
twice [twaɪs] *adj* dos veces. ■ **~ as much/many** el doble, dos veces más
twiddle [ˈtwɪdl] *tr* **1** girar, dar vueltas a. • **to ~ with** *intr* **2** juguetear con (algo entre los dedos).
twig [twɪg] (*ger* **twigged**, *pt* y *pp* **twigging**) *intr* **1** (infml) caer en la cuenta. • *n c* **2** ramita.
twilight [ˈtwaɪlaɪt] *n c* crepúsculo.
twin [twɪn] *adj* & *n c* gemelo. ◆ **~ beds** camas gemelas; **~ engined** bimotor (lancha, avión); **~ room** habitación de dos camas.
twin-bedded [ˌtwɪnˈbedɪd] *adj* de dos camas (habitación de hotel).
twine [twaɪn] *n c* & *u* bramante (hilo de cáñamo).
twinge [twɪndʒ] *n u* punzada (de dolor); remordimiento (de conciencia).
twinkle [ˈtwɪŋkl] *n c* & *u* brillo.
twirl [twɜ:l] *tr* & *intr* **1** dar vueltas rápidas (a). • *intr* **2** hacer piruetas.
twist [twɪst] *n c* **1** giro (movimiento); espiral (forma). **2** curva, vuelta (en una carretera); meandro (en un río). **3** rollo (de cuerda). • *tr* **4** girar, dar vueltas a; girar, volver (la cabeza); enroscar (el pelo). **5** torcer (el cuerpo); retorcer (cuerda). **6** torcerse (el tobillo). **7** distorsionar, tergiversar (la verdad). • *intr* **8** torcerse (objeto); retorcerse (el cuerpo). **9** serpentear (carretera, río). ◆ **the ~** el twist (baile).
twit [twɪt] *n c* (infml) imbécil, tonto.
twitch [twɪtʃ] *n c* **1** tirón. **2** contorsión (del cuerpo). • *intr* **3** mover nerviosamente. **4** contorsionarse (el cuerpo); crisparse (los nervios).
two [tu:] *card* dos.
two-faced [ˌtu:ˈfeɪst] *adj* **1** de dos caras. **2** (fig, pej) falso, hipócrita.
twofold [ˈtu:fəʊld] *adj* **1** doble. • *adv* **2** dos veces.
two-piece [ˌtu:ˈpi:s] *adj* de dos piezas (traje).
two-ply [ˈtu:plaɪ] *adj* de dos capas.
two-seater [ˌtu:ˈsi:tər] *adj* biplaza.
twosome [ˈtu:səm] *n c* (infml) pareja.
two-tone [ˈtu:təʊnt] *adj* bicolor.
two-way [ˌtu:ˈweɪ] *adj* **1** de doble dirección (carretera, puente); en ambas direcciones (circulación). **2** mútuo (acuerdo).
tycoon [taɪˈku:n] *n c* magnate.
typecast [ˈtaɪpkɑ:st] (*pt* y *pp* **typecast**) *adj* **1** encasillado. • *tr* **2** encasillar.
typeface [ˈtaɪpfeɪs] *n c* & *u* tipo, letra.
typescript [ˈtaɪpskrɪpt] *n c* & *u* texto mecanografiado.
typeset [ˈtaɪpset] (*pt* y *pp* **typesetted**, *ger* **typesetting**) *tr* componer.
typewriter [ˈtaɪpˌraɪtər] *n c* máquina de escribir.
typhoid (fever) [ˈtaɪfɔɪd] *n u* MED fiebre tifoidea.
typhoon [taɪˈfu:n] *n c* tifón.
typical [ˈtɪpɪkl] *adj* típico.
typing [ˈtaɪpɪŋ] *n u* mecanografía.
typist [ˈtaɪpɪst] *n c* mecanógrafo.
typography [taɪˈpɒgrəfɪ] *n u* tipografía.
tyranny [ˈtɪrənɪ] *n c* & *u* tiranía.
tyrant [ˈtaɪərənt] *n c* tirano.
tyre [ˈtaɪər] (*EE UU* **tire**) *n c* neumático.
tzar *n c* → tsar.
tzarina *n c* → tsarina.

Uu

u, U [juː] *n c* **1** u, U (letra). • *adj & n c* **2** *GB* CIN (*abbrev* **universal**) para todos los públicos.
udder [ˈʌdər] *n c* ubre.
UFO [ˌjuːefˈəʊ] (*abbrev* **unidentified flying object**) *n c* OVNI.
Uganda [juːˈgændə] *n sing* Uganda.
Ugandan [juːˈgændən] *adj & n c* ugandés.
ugly [ˈʌglɪ] *adj* **1** feo (rostro). **2** desagradable (situación).
UHF [ˌjuːeɪtʃˈef] (*abbrev* **ultra high frequency**) *n u* UHF.
UHT [ˌjuːeɪtʃˈtiː] (*abbrev* **ultra heat treated**) *adj* UHT.
UK [ˌjuːˈkeɪ] (*abbrev* **United Kingdom**) *n sing* RU.
Ukraine [juːˈkreɪn] *n sing* Ucrania.
Ukrainian [juːˈkreɪnjən] *adj & n c* ucraniano.
ulcer [ˈʌlsər] *n c* MED úlcera.
ulterior [ʌlˈtɪərɪər] *adj* **1** oculto. **2** (fml) ulterior (en tiempo o espacio). ◆ **~ motive** motivo oculto.
ultimata [ˌʌltɪˈmeɪtə] *n pl* → ultimatum.
ultimate [ˈʌltɪmɪt] *adj* **1** último, final (de una serie). **2** fundamental. **3** (infml) máximo.
ultimatum [ˌʌltɪˈmeɪtəm] (*pl* **ultimatums** o **ultimata**) *n c* (fml) ultimátum.
ultrasound [ˈʌltrəˌsaʊnd] *n u* ultrasonido.
ultraviolet [ˌʌltrəˈvaɪəlɪt] *adj* ultravioleta.
umbilical [ʌmˈbɪlɪkl] *adj* umbilical. ◆ **~ cord** cordón umbilical.
umbrella [ʌmˈbrelə] *n c* paraguas (para la lluvia); sombrilla, parasol (para el sol).
umpire [ˈʌmpaɪər] *n c* SP árbitro.
umpteen [ˌʌmpˈtiːn] *adj* (infml) muchísimos, la tira de.
umpteenth [ˌʌmpˈtiːnθ] *adj* enésimo. ■ **for the ~ time** por enésima vez.
UN [ˌjuːˈen] (*abbrev* **United Nations**) *n sing* ONU.
unabated [ˌʌnəˈbeɪtɪd] *adj* incesante, sin disminución.
unable [ʌnˈeɪbl] *adj* incapaz.
unacceptable [ˌʌnəkˈseptəbl] *adj* inaceptable.
unaccompanied [ˌʌnəˈkʌmpənɪd] *adj* **1** sólo, sin compañía (persona); ad. **2** MUS sin acompañamiento.
unaccounted [ˌʌnəˈkaʊntɪd] *adj* extraviado, que falta.
unaccustomed [ˌʌnəˈkʌstəmd] *adj* (fml) poco común, insólito. ■ **to be ~ to sth/doing sth** no estar acostumbrado a algo/hacer algo.
unadulterated [ˌʌnəˈdʌltəreɪtɪd] *adj* **1** sin adulterar. **2** (infml, fig) completo, total (dando énfasis).
unanimity [ˌjuːnəˈnɪmɪtɪ] *n u* (fml) unanimidad.
unanimous [juːˈnænɪməs] *adj* unánime.
unanswered [ˌʌnˈɑːnsəd] *adj* sin respuesta (pregunta, carta).
unappealing [ˌʌnəˈpiːlɪŋ] *adj* poco atractivo.
unappetizing or **unappetising** [ˌʌnˈæpɪtaɪzɪŋ] *adj* poco apetitoso (comida); poco apetecible (oferta).
unapproachable [ˌʌnəˈprəʊtʃəbl] *adj* intratable (persona); inaccesible (lugar).
unarmed [ˌʌnˈɑːmd] *adj* desarmado (persona). ◆ **~ combat** combate sin armas, lucha a brazo partido.
unashamed [ˌʌnəˈʃeɪmd] *adj* descarado.
unassuming [ˌʌnəˈsjuːmɪŋ] *adj* sin pretensiones.
unattached [ˌʌnəˈtætʃt] *adj* libre, sin compromiso (persona); suelto, independiente (parte).
unattainable [ˌʌnəˈteɪnəbl] *adj* inalcanzable.
unattended [ˌʌnəˈtendɪd] *adj* desatendido.
unattractive [ˌʌnəˈtræktɪv] *adj* poco atractivo.

unauthorized or **unauthorised** [ˌʌn'ɔːθəraɪzd] *adj* no autorizado.

unavailable [ˌʌnə'veɪləbl] *adj* agotado (item); no disponible (persona).

unavoidable [ˌʌnə'vɔɪdəbl] *adj* inevitable, ineludible.

unaware [ˌʌnə'weər] *adj* **to be ~ (of)** no ser consciente (de).

unawares [ˌʌnə'weəz] *adv* inesperadamente. ■ **to catch/take sb ~** pillar a alguien desprevenido.

unbalanced [ˌʌn'bælənst] *adj* desequilibrado.

unbearable [ʌn'beərəbl] *adj* insoportable.

unbeatable [ˌʌn'biːtəbl] *adj* invencible (gen); inmejorable (precio).

unbelievable [ˌʌnbɪ'liːvəbl] *adj* increíble.

unbend [ʌn'bənd] (*pt* y *pp* **unbent**) *intr* **1** relajarse (comportamiento). • *tr & intr* **2** enderezar(se), poner(se) recto.

unbiased or **unbiassed** [ˌʌn'baɪəst] *adj* imparcial.

unblemished [ˌʌn'blemɪʃt] *adj* sin tacha, impecable (reputación).

unblock [ˌʌn'blɒk] *tr* desatascar, desbloquear.

unbolt [ˌʌ'boult] *tr* desatrancar, abrir el cerrojo de (una puerta).

unborn [ˌʌn'bɔːn] *adj* **1** nonato (niño). **2** (lit) futuro, venidero (generación).

unbreakable [ˌʌn'breɪkəbl] *adj* irrompible.

unbridled [ˌʌn'braɪdld] *adj* **1** sin brida (caballo). **2** (lit) desenfrenado, incontrolado (pasión, entusiasmo).

unbutton [ˌʌn'bʌtn] *tr* desabotonar, desabrochar.

uncalled-for [ˌʌn'kɔːldfɔː] *adj* **1** innecesario. **2** (pej) inmerecido, gratuito. **3** descortés, brusco.

uncanny [ʌn'kænɪ] *adj* extraño, misterioso.

unceasing [ʌn'siːsɪŋ] *adj* incesante.

unceremonious ['ʌnˌserɪ'məʊnɪəs] *adj* **1** brusco, seco (respuesta). **2** informal, sin ceremonia (recibimiento).

uncertain [ʌn'sɜːtn] *adj* **1** incierto (planes, futuro). **2** indeciso (persona).

unchain [ˌʌn'tʃeɪn] *tr* desencadenar.

unchanged [ˌʌn'tʃeɪndʒd] *adj* inalterado.

uncharitable [ˌʌn'tʃærɪtəbl] *adj* **1** mezquino, falto de caridad; poco amable. **2** severo.

uncharted [ˌʌn'tʃɑːtɪd] *adj* (lit) inexplorado, desconocido.

unchecked [ˌʌn'tʃekt] *adj* **1** desenfrenado (crecimiento). • *adv* **2** sin restricción, libremente (crecer).

uncivilized or **uncivilised** [ˌʌn'sɪvəlaɪzd] *adj* incivilizado (sociedad); inculto (persona).

unclassified [ˌʌn'klæsɪfaɪd] *adj* **1** sin clasificar (libros). **2** no confidencial (información, archivo).

uncle ['ʌŋkl] *n c* tío (pariente).

unclean [ˌʌn'kliːn] *adj* sucio, inmundo.

unclear [ˌʌn'klɪər] *adj* poco claro. ■ **to be ~ about sth** no tener claro algo.

unclothed [ˌʌn'kləʊdd] *adj* (fml) desnudo.

uncomfortable [ʌn'kʌmfətəbl] *adj* **1** incómodo (físicamente). **2** (fig) penoso, desagradable (hecho, situación).

uncommitted [ˌʌnkə'mɪtɪd] *adj* no comprometido.

uncommon [ʌn'kɒmən] *adj* poco común, inusual.

uncommunicative [ˌʌnkə'mjuːnɪkətɪv] *adj* poco comunicativo (persona).

uncomplicated [ˌʌn'kɒmplɪkeɪtɪd] *adj* sin complicaciones, sencillo.

uncomprehending [ʌnˌkɒmprɪ'hendɪŋ] *adj* desconcertado.

uncompromising [ʌn'kɒmprəmaɪzɪŋ] *adj* intransigente, inflexible.

unconcerned [ˌʌnkən'sɜːnd] *adj* indiferente, falto de interés; despreocupado.

unconditional [ˌʌnkən'dɪʃənl] *adj* incondicional.

unconnected [ˌʌnkə'nektɪd] *adj* inconexo.

unconscious [ʌn'kɒnʃəs] *adj* **1** inconsciente. **~ (of) 2** ignorante (de). ◆ **the ~** PSYCOL el inconsciente.

unconstitutional ['ʌnˌkɒnstɪ'tjuːʃənl] *adj* inconstitucional.

uncontested [ˌʌnkən'testɪd] *adj* sin oposición.

uncontrollable [ˌʌnkən'trəʊləbl] *adj* incontrolable.

uncontrolled [ˌʌnkən'trəʊld] *adj* incontrolado (animal, niño, vehículo); desenfrenado (emoción, impulso).

unconventional [ˌʌnkənˈvenʃənl] *adj* poco convencional.
unconvinced [ˌʌnkənˈvɪnst] *adj* poco convencido.
unconvincing [ˌʌnkənˈvɪnsɪŋ] *adj* poco convincente.
uncooperative [ˌʌnkəʊˈɒpərətɪv] *adj* poco cooperativo.
uncoordinated [ˌʌnkəʊˈɔːdɪneɪtɪd] *adj* descoordinado.
uncork [ˌʌnˈkɔːk] *tr* descorchar.
uncountable noun [ˌʌnˈkaʊntˌnaʊn] *n c* GRAM sustantivo incontable.
uncouth [ʌnˈkuːθ] *adj* grosero.
uncover [ʌnˈkʌvər] *tr* **1** descubrir (la verdad). **2** destapar (a una persona en la cama).
uncritical [ˌʌnˈkrɪtɪkl] *adj* (pej) acrítico, poco exigente.
uncultured [ˌʌnˈkʌltʃəd] *adj* (pej) inculto; adocenado (Amér.).
undecided [ˌʌndɪˈsaɪdɪd] *adj* **1** indeciso (persona). **2** sin solucionar, pendiente (asunto).
undeniable [ˌʌndɪˈnaɪəbl] *adj* innegable.
under [ˈʌndər] *prep* **1** debajo de: *under the cupboard = debajo del armario*; bajo (movimiento): *a walk under the trees = un paseo bajo los árboles*. **2** menos de, por debajo de (edad): *people under 26 = gente de menos de 26 años*; menos de, inferior a: *under 100 people = menos de 100 personas*. **3** bajo, por debajo de (jerarquía): *the workers under him = los trabajadores bajo su control*. **4** durante, en los tiempos de: *under the Republic = en los tiempos de la República*. **5** por, bajo, en (una clasificación): *check under "M" = comprueba en la «M»*. **6** conforme a, según: *under the contract = según el contrato*. **7** bajo, en proceso de: *under construction = en construcción*. • *adv* **8** debajo (posición). **9** menos: *if you are 18 or under = si tienes 18 años o menos*. • **~ + adj** *pref* **10** poco, sub-: *underdeveloped = poco desarrollado*. **~ + noun 11** bajo, sub-: *undercurrent = corriente submarina*; inferior, segundo (en categoría): *undercook = pinche de cocina*. ■ **to go ~** irse a pique (una empresa).
underachiever [ˌʌndrəˈtʃiːvər] *n c* alumno de bajo rendimiento escolar.
undercarriage [ˈʌndəˌkærɪdʒ] *n c* **1** AER tren de aterrizaje. **2** MEC chasis.
undercharge [ˌʌndəˈtʃɑːdʒ] *tr & intr* cobrar menos del precio estipulado (a).
underclothes [ˈʌndəkləʊdz] *n pl* ropa interior.
undercoat [ˈʌndəkəʊt] *n c & u* primera capa (de pintura).
undercover [ˈʌndəˌkʌvər] *adj* **1** secreto, clandestino (trabajo, métodos). • *adv* **2** de forma clandestina (pasar la frontera). ■ **to go ~** pasar a la clandestinidad.
undercurrent [ˈʌndəˌkʌrənt] *n c* **~ (of)** (fig) tendencia solapada, sentimiento oculto (de).
undercut [ˌʌndəˈkʌt] (*pt* y *pp* **undercut**, *ger* **undercutting**) *tr* vender más barato que (la competencia).
underdeveloped [ˌʌndədɪˈveləpt] *adj* subdesarrollo.
underdog [ˈʌndəˌdɒg] *n c* **1** desfavorecido (persona, país). **2** SP el que tiene las de perder.
underdone [ˌʌndəˈdʌn] *adj* poco hecho (alimento).
underemployment [ˌʌndərɪmˈplɔɪmənt] *n u* subempleo.
underestimate [ˌʌndərˈestɪmɪt] *tr* subestimar.
underexpose [ˌʌndərɪkˈspəʊz] *tr* PHOT subexponer.
underexposure [ˌʌndərɪkˈspəʊʒər] *n u* PHOT subexposición (fotografía).
underfoot [ˌʌndəˈfʊt] *adv* **1** debajo de los pies. **2** (fig) en medio.
undergo [ˌʌndəˈgəʊ, *pp* ˌʌndəˈgɒn] (*pt* **underwent**, *pp* **undergone**) *tr* **1** someterse a (operación, tratamiento). **2** experimentar, sufrir (cambio, dolor).
undergraduate [ˌʌndəˈgrædjʊɪt] *n c* **1** *estudiante universitario no licenciado*. • *adj* **2** de licenciatura (curso, estudios).
underground [ˈʌndəgraʊnd] *adj* **1** subterráneo. **2** (fig) clandestino (movimiento, grupo). **3** ARTS underground. • *n sing* **4** (*EE UU* **subway**) el metro. **5** POL resistencia, el movimiento clandestino.
underground [ˌʌndəˈgraʊnd] *adv* **1** bajo tierra. **2** (fig) clandestinamente.
undergrowth [ˈʌndəgrəʊð] *n u* maleza, broza.
underhand [ˌʌndəˈhænd] *adj* (pej) solapado, poco limpio (trato).

U

underline [ˈʌndəlaɪn] *tr* subrayar.
underlying [ˌʌndəˈlaɪɪŋ] *adj* subyacente.
undermanned [ˌʌndəˈmænd] *adj* infradotado de personal.
undermine [ˌʌndəˈmaɪn] *tr* minar, socavar.
underneath [ˌʌndəˈniːθ] *prep* **1** debajo de, bajo: *underneath the blanket = bajo la manta.* • *adv* **2** debajo: *she was wearing a jumper underneath = llevaba un jersey debajo.* **3** (fig) en el fondo, por dentro: *underneath, she's a good person = en el fondo es buena persona.* ♦ **the ~** la superficie inferior.
undernourished [ˌʌndəˈnʌrɪʃt] *adj* desnutrido.
underpaid [ˌʌndəˈpeɪd] *pt & pp* **1** → underpay. • *adj* **2** mal pagado.
underpants [ˈʌndəpænts] *n pl* calzoncillos.
underpass [ˈʌndəpɑːs y EE UU ˈʌndəpæs] *n c* paso subterráneo.
underpay [ˌʌndəˈpeɪ] (*pt* y *pp* **underpaid**) *tr* pagar mal.
underpin [ˌʌndəˈpɪn] (*pt* y *pp* **underpinned**, *ger* **underpinning**) *tr* **1** apuntalar (nuro, edificio). **2** (fig) apoyar, sostener (soportar).
underplay [ˌʌndəˈpleɪ] *tr* (fig) minimizar.
underprivileged [ˌʌndəˈprɪvɪlɪdʒd] *adj* necesitado, desamparado.
underrated [ˌʌndəˈreɪtɪd] *adj* infravalorado, subestimado.
under-secretary [ˌʌndəˈsekrətərɪ] (*pl* **under-secretaries**) *n c* POL subsecretario.
undershirt [ˈʌndəʃɜːt] *n c EE UU* camiseta.
undersigned [ˌʌndəˈsaɪnd] *n pl* **the ~** (fml) los abajo firmantes.
understand [ˌʌndəˈstænd] (*pt* y *pp* **understood**) *tr & intr* **1** comprender, entender (gen). • *tr* **2** entender de (una materia). **3** (fml) tener entendido (un hecho o información).
understandable [ˌʌndəˈstændəbl] *adj* **1** comprensible. **2** natural.
understanding [ˌʌndəˈstændɪŋ] *n u* **1** entendimiento, comprensión (gen). **2** conocimiento. **3** comprensión. • *n c* **4** (normalmente *sing*) acuerdo, arreglo. • *adj* **5** comprensivo (tolerante con las ideas o el comportamiento de otro).
understatement [ˌʌndəˈsteɪtmənt] *n c & u* **1** atenuación (de un problema). **2** exposición insuficiente (inadequate description). **3** sencillez, falta de adorno (simplicidad).
understudy [ˈʌndəˌstʌdɪ] (*pl* **understudies**) *n c* **1** suplente, sustituto. • *tr* **2** THEAT (pt y pp *understudied*) actuar como suplente de.
undertake [ˌʌndəˈteɪk, *pp* ˌʌndəˈteɪkən] (*pt* **undertook**, *pp* **undertaken**) *tr* **1** emprender (tarea); asumir (responsabilidad). **to ~ to do sth 2** comprometerse a hacer algo.
undertaker [ˈʌndəˌteɪkər] *n c* director de pompas fúnebres. ♦ **the ~'s** la (casa) funeraria.
undertaking [ˌʌndəˈteɪkɪŋ] *n c* **1** tarea, empresa (tarea). **2** (fml) promesa, compromiso (acuerdo). • *n u* **3** trabajo funerario.
undertone [ˈʌndətəʊn] *n c* **1** voz baja. **2** matiz (de) (color, sentimiento).
undertook [ʌndəˈtʊk] *pt* → undertake.
undertow [ˈʌndətəʊ] *n c & u* MAR resaca, corriente de fondo.
undervalue [ˌʌndəˈvæljuː] *tr* subestimar, menospreciar (importancia); infravalorar.
underwater [ˌʌndəˈwɔːtər] *adj* **1** subacuático, submarino. • *adv* **2** bajo el agua.
underwear [ˈʌndəweər] *n u* ropa interior.
underweight [ˌʌndəˈweɪt] *adj* por debajo del peso ideal.
underwent [ˌʌndəˈwent] *pt* → undergo.
underworld [ˈʌndəwɜːld] *n sing* **the ~** el hampa, los bajos fondos.
underwrite [ˈʌndəraɪt] (*pt* **underwrote**, *pp* **underwritten**) *tr* FIN garantizar; asegurar.
underwriter [ˈʌndəˌraɪtər] *n c* FIN asegurador, empresa aseguradora.
underwritten [ˌʌndəˈrɪtn] *pp* → underwrite.
underwrote [ˌʌndəˈrəʊt] *pt* → underwrite.
undeserved [ˌʌndɪˈzɜːvd] *adj* inmerecido.
undesirable [ˌʌndɪˈzaɪərəbl] *adj & n c* indeseable.
undeveloped [ˌʌndɪˈveləpt] *adj* **1** subdesarrollado (país). **2** inmaduro (persona).

undid [ˌʌnˈdɪd] *pt* → undo.
undies [ˈʌndɪz] *n pl* (infml, hum) prendas íntimas.
undiluted [ˌʌndaɪˈlju:tɪd] *adj* **1** puro (sentimiento). **2** sin diluir (líquido).
undisciplined [ʌnˈdɪsɪplɪnd] *adj* indisciplinado.
undisputed [ˌʌndɪˈspju:tɪd] *adj* indiscutible.
undo [ˌʌnˈdu:] (*pt* **undid**, *pp* **undone**) *tr* **1** desatar (un nudo); desabrochar (camisa). **2** abrir, desenvolver (paquete). **3** anular, invalidar.
undoing [ˌʌnˈdu:ɪŋ] *n u* **1** (fml) ruina, perdición. **2** anulación.
undone [ˌʌnˈdʌn] *pp* **1** → undo. • *adj* **2** desabrochado (abrigo); desatado (zapato); desabotonado (botón). **3** (fml) por hacer.
undoubted [ʌnˈdaʊtɪd] *adj* indudable, innegable.
undoubtedly [ʌnˈdaʊtɪdlɪ] *adv* indudablemente.
undress [ˌʌnˈdres] *tr* & *intr* **1** desvestir(se), desnudar(se). • *intr* **2** desvestirse, desnudarse.
undressed [ˌʌnˈdrest] *adj* desnudo, sin ropa. ■ **to get ~** desnudarse, desvestirse.
undrinkable [ˌʌnˈdrɪŋkəbl] *adj* **1** no potable (water). **2** (pej) imbebible.
undue [ˌʌnˈdju: y EE UU ˌʌnˈdu:] *adj* (fml) excesivo, desmedido.
undulate [ˈʌndjʊleɪt y EE UU ˈʌndʒʊleɪt] *intr* (fml) ondular.
unearth [ˌʌnˈɜ:θ] *tr* **1** desenterrar. **2** (fig) descubrir (reveal).
unearthly [ˌʌnˈɜ:θlɪ] *adj* **1** sobrenatural, misterioso (silencio). **2** (infml) estruendoso, horrible (ruido). **3** (infml) intempestivo (hora).
unease [ʌnˈi:z] *n u* (lit) ansiedad, inquietud.
uneasy [ʌnˈi:zɪ] *adj* **1** intranquilo, incómodo (persona, sentimiento). **2** inseguro, precario (situación).
uneatable [ˌʌnˈi:təbl] *adj* incomible.
uneconomic [ˈʌnˌi:kəˈnɒmɪk] *adj* **1** poco económico, costoso. **2** poco lucrativo (negocio).
uneducated [ˌʌnˈedjʊkeɪtɪd] *adj* inculto, ignorante.
unemotional [ˌʌnɪˈməʊʃənl] *adj* imparcial, objetivo (descripción, vista); frío, impasible (persona, tono).
unemployed [ˌʌnɪmˈplɔɪd] *adj* desempleado, parado.
unemployment [ˌʌnɪmˈplɔɪmənt] *n u* desempleo, paro. ◆ **~ benefit** (EE UU *unemployment compensation*) subsidio de desempleo.
unequal [ˌʌnˈi:kwəl] *adj* desigual.
unequalled [ˌʌnˈi:kwəld] (*EE UU* **unequaled**) *adj* inigualado, sin par.
unequivocal [ˌʌnɪˈkwɪvəkl] *adj* (fml) inequívoco.
unethical [ʌnˈeθɪkl] *adj* poco ético (immoral).
uneven [ˌʌnˈi:vn] *adj* **1** desigual (superficie, juego). **2** con altibajos (humor, negocio).
uneventful [ˌʌnɪˈventfʊl] *adj* tranquilo, sin novedad (sin incidencias).
unexpected [ˌʌnɪkˈspektɪd] *adj* **1** inesperado. **the ~** lo imprevisto.
unexplained [ˌʌnɪkˈspleɪnd] *adj* inexplicado.
unfailing [ʌnˈfeɪlɪŋ] *adj* **1** (fml) constante (buen humor). **2** inagotable. **3** seguro, infalible.
unfair [ˌʌnˈfeər] *adj* injusto. ◆ **~ dismissal** despido improcedente.
unfaithful [ˌʌnˈfeɪθfʊl] *adj* infiel.
unfamiliar [ˌʌnfəˈmɪljər] *adj* **1** poco familiar, desconocido. **~ (with) 2** (fml) desconocedor (de), poco familiarizado (con).
unfashionable [ˌʌnˈfæʃnəbl] *adj* **1** pasado de moda (ropa, escritor). **2** poco popular (carrera, zona).
unfasten [ˌʌnˈfɑ:sn] *tr* desabrochar (cinturón de seguridad); desatar, soltar (un nudo).
unfavourable [ˌʌnˈfeɪvərəbl] (*EE UU* **unfavorable**) *adj* desfavorable (a).
unfeeling [ʌnˈfi:lɪŋ] *adj* insensible.
unfinished [ˌʌnˈfɪnɪʃt] *adj* inacabado, sin terminar.
unfit [ˌʌnˈfɪt] *adj* **1** en baja forma (persona). **2** impropio, inadecuado. **~ for 3** no apto para. **~ to 4** incapaz de.
unflagging [ˌʌnˈflægɪŋ] *adj* infatigable (energía); incesante (esfuerzo).
unflattering [ˌʌnˈflætərɪŋ] *adj* poco favorecedor (comentario, peinado).
unfold [ʌnˈfəʊld] *tr* & *intr* **1** desdoblar(se), desplegar(se). **2** revelar(se) (plan, secreto). • *intr* **3** desarrollarse.

U

unforeseen [ˌʌnfɔːˈsiːn] *adj* imprevisto.
unforgettable [ˌʌnfəˈgetəbl] *adj* inolvidable.
unforgivable [ˌʌnfəˈgɪvəbl] *adj* imperdonable.
unformatted [ˌʌnˈfɔːmætɪd] *adj* COMPUT sin formatear.
unfortunate [ʌnˈfɔːtʃnɪt] *adj* & *n c* **1** desgraciado, desdichado. • *adj* **2** (euph) inoportuno (comentario); falto de tacto.
unfortunately [ʌnˈfɔːtʃnɪtlɪ] *adv* desafortunadamente, por desgracia.
unfounded [ˌʌnˈfaʊndɪd] *adj* infundado.
unfreeze [ˌʌnˈfriːz] (*pt* **unfroze**, *pp* **unfrozen**) *tr* & *intr* **1** descongelar(se) (defrost). • *tr* **2** FIN desbloquear (una cuenta); descongelar (salarios, precios).
unfriendly [ˌʌnˈfrendlɪ] *adj* poco amistoso (persona, bienvenida).
unfroze [ˌʌnˈfrəuz] *pt* → unfreeze.
unfrozen [ˌʌnˈfrəuz] *pp* → unfreeze.
unfurnished [ˌʌnˈfɜːnɪʃt] *adj* desamueblado.
ungainly [ʌnˈgeɪnlɪ] *adj* torpe, desgarbado (persona, caminar).
ungodly [ˌʌnˈgɒdlɪ] *adj* (infml) escandaloso (comportamiento); intempestivo (hora).
ungrateful [ʌnˈgreɪtfʊl] *adj* desagradecido, ingrato (persona).
unhappy [ʌnˈhæpɪ] *adj* **1** triste, infeliz (sad). **2** desdichado (miserable). ~ **(about/at/with) 3** intranquilo (por). **4** (fml) desafortunado.
unharmed [ˌʌnˈhɑːmd] *adj* ileso (persona); indemne, intacto (objeto).
unhelpful [ʌnˈhelpfʊl] *adj* **1** poco útil (consejo). **2** poco servicial (persona).
unhook [ˌʌnˈhʊk] *tr* **1** desenganchar, descolgar. **2** desabrochar (un vestido).
unhurt [ˌʌnˈhɜːt] *adj* ileso.
unhygienic [ˌʌnhaɪˈdʒiːnɪk] *adj* antihigiénico.
UNICEF [ˈjuːnɪsef] (*abbrev* **United Nations International Children's Emergency Fund**) *n sing* UNICEF.
unidentified [ˌʌnaɪˈdentɪfaɪd] *adj* no identificado. ♦ ~ **flying object** → UFO.
unification [ˌjuːnɪfɪˈkeɪʃn] *n u* unificación.
unify [ˈjuːnɪfaɪ] (*pt* y *pp* **unified**) *tr* unificar, unir.
unilateral [ˌjuːnɪˈlætərəl] *adj* unilateral.
unimaginable [ˌʌnɪˈmædʒɪnəbl] *adj* inimaginable.
unimaginative [ˌʌnɪˈmædʒɪnətɪv] *adj* poco imaginativo.
unimportant [ˌʌnɪmˈpɔːtənt] *adj* sin importancia.
unimpressed [ˌʌnɪmˈprest] *adj* poco impresionado.
uninhabited [ˌʌnɪnˈhæbɪtɪd] *adj* deshabitado, desierto.
uninjured [ʌnˈɪndʒed] *adj* ileso.
unintelligent [ˌʌnɪnˈtelɪdʒənt] *adj* poco inteligente.
unintelligible [ˌʌnɪnˈtelɪdʒəbl] *adj* ininteligible.
unintentional [ˌʌnɪnˈtenʃənl] *adj* sin intención.
uninterested [ˌʌnˈɪntrɪstɪd] *adj* **1** indiferente. ~ **(in) 2** no interesado (en).
uninterrupted [ˈʌnˌɪntəˈrʌptɪd] *adj* ininterrumpido.
union [ˈjuːnjən] *n c* & *u* **1** unión (gen). • *n c* **2** sindicato. • *adj* **3** sindical. ♦ **the Union Jack** la bandera del Reino Unido.
unique [juːˈniːk] *adj* **1** único. • ~ **to** *intr* **2** (fml) exclusivo de.
unisex [ˈjuːnɪseks] *adj* unisex, para ambos sexos.
unison [ˈjuːnɪzn] *n u* unísono. ■ **in ~** al unísono; de acuerdo.
unit [juːnɪt] *n c* **1** unidad (gen). **2** módulo, elemento (de un mueble). ♦ ~ **cost/price** COM costo/precio unitario; ~ **trust** FIN fondo de inversiones.
unite [juːˈnaɪt] *tr* & *intr* unir(se) (gen); unificar(se) (un país).
united [juːˈnaɪtɪd] *adj* unido. ♦ **the United Arab Emirates** los Emiratos Arabes Unidos; **the United Kingdom** el Reino Unido; **the United Nations** las Naciones Unidas; **the United States (of America)** los Estados Unidos (de América).
unity [ˈjuːnɪtɪ] *n c* & *u* **1** unidad. • *n u* **2** unión.
universal [ˌjuːnɪˈvɜːsl] *adj* universal (gen). ♦ ~ **coupling/joint** MEC empalme/junta universal.
universe [ˈjuːnɪvɜːs] *n sing* **the ~** el universo.
university [ˌjuːnɪˈvɜːsɪtɪ] (*pl* **universities**) *n c* & *u* **1** universidad. • *adj* **2** universitario (grado, estudiante).
unjust [ˌʌnˈdʒʌst] *adj* (pej) injusto.

unjustifiable [ʌn'dʒʌstɪfaɪəbl] *adj* injustificable.
unkempt [ˌʌn'kempt] *adj* sucio, desaseado (persona); desaliñado, desgreñado (pelo); descuidado (ropa).
unkind [ʌn'kaɪnd] *adj* poco amable, cruel.
unknown [ˌʌn'nəʊn] *adj & n c* desconocido. ♦ **the ~** lo misterioso, lo desconocido.
unleaded [ˌʌn'ledɪd] *adj* sin plomo.
unleash [ʌn'liːʃ] *tr* desatar, desencadenar.
unless [ən'les] *conj* a menos que, a no ser que: *don't do it unless you're told = no lo hagas a menos que te lo digan.*
unlicensed [ʌn'laɪsnst] *adj* sin permiso.
unlike [ˌʌn'laɪk] *prep* **1** diferente a, distinto a, no como: *her house is unlike yours = su casa no es como la tuya.* **2** a diferencia de: *unlike him, she didn't leave = a diferencia de él, ella no se fue.* **3** no característico de, impropio de: *it's unlike her to be late = no es normal que llegue tarde.* ● *adj* **4** (fml) diferente, distinto. ■ **not ~** parecido a.
unlikely [ʌn'laɪklɪ] *adj* **1** improbable (que ocurra algo). **2** inverosímil, poco creíble (historia).
unlimited [ʌn'lɪmɪtɪd] *adj* ilimitado (ambición); sin límites.
unlisted [ˌʌn'lɪstɪd] *adj* **1** no registrado, que no aparece en la guía (número de teléfono). **2** FIN no cotizable (acciones).
unload [ˌʌn'ləʊd] *tr & intr* descargar.
unlock [ˌʌn'lɒk] *tr* abrir con llave.
unluckily [ʌn'lʌkɪlɪ] *adv* desgraciadamente.
unlucky [ʌn'lʌkɪ] *adj* **1** desgraciado, desafortunado. **2** de la mala suerte (color, número).
unmanned [ˌʌn'mænd] *adj* AER no tripulado (avión).
unmarried [ˌʌn'mærɪd] *adj* soltero.
unmatched [ˌʌn'mætʃt] *adj* **1** desigual. **2** incomparable, sin par.
unmistakable or **unmistakeable** [ˌʌnmɪ'steɪkəbl] *adj* inconfundible.
unnatural [ʌn'nætʃrəl] *adj* **1** anormal (extraño, no normal). **2** afectado, forzado (estilo).
unnecessary [ʌn'nesɪsərɪ] *adj* innecesario.
unnerving [ˌʌn'nɜːvɪŋ] *adj* desconcertante.
unnoticed [ˌʌn'nəʊtɪst] *adj* inadvertido, desapercibido.
UNO ['juːnəʊ] (*abbrev* **United Nations Organization**) *n sing* ONU.
unobtainable [ˌʌnəb'teɪnəbl] *adj* inasequible.
unobtrusive [ˌʌnəb'truːsɪv] *adj* discreto (inconspicuous).
unoccupied [ˌʌn'ɒkjʊpaɪd] *adj* **1** libre, vacío (asiento, sitio). **2** despoblado (zona); deshabitado (edificio). **3** desocupado (persona).
unofficial [ˌʌnə'fɪʃl] *adj* **1** extraoficial, oficioso. **2** informal, privado.
unopened [ˌʌn'əʊpənd] *adj* sin abrir (carta).
unpack [ˌʌn'pæk] *tr* **1** desempaquetar, desembalar (caja); deshacer (maleta). **2** sacar (el contenido). ● *intr* **3** deshacer el equipaje.
unpalatable [ʌn'pælɪtəbl] *adj* **1** incomible (comida); imbebible (bebida). **2** (fig) inaceptable, desagradable (idea).
unparalleled [ʌn'pærəleld] *adj* incomparable.
unpleasant [ʌn'pleznt] *adj* **1** desagradable. **2** antipático (persona); mezquino (comentario).
unplug [ˌʌn'plʌg] (*pt* y *pp* **unplugged**, *ger* **unplugging**) *tr* desenchufar, desconectar.
unpolluted [ˌʌnpə'luːtɪd] *adj* no contaminado.
unpopular [ˌʌn'pɒpjʊlər] *adj* impopular.
unprecedented [ʌn'presɪdəntɪd] *adj* sin precedentes, inaudito.
unpredictable [ˌʌnprɪ'dɪktəbl] *adj* **1** imprevisible. **2** voluble (fickle).
unproductive [ˌʌnprə'dʌktɪv] *adj* improductivo.
unprofessional [ˌʌnprə'feʃənl] *adj* (pej) poco profesional.
unpronounceable [ˌʌnprə'naʊnsəbl] *adj* impronunciable.
unprotected [ˌʌnprə'tektɪd] *adj* desprotegido, sin protección.
unqualified [ˌʌn'kwɒlɪfaɪd] *adj* **1** sin título, no cualificado. **2** inepto. **3** incondicional, total (aprobación).
unravel [ʌn'rævl] (*GB, pret* y *pp* **unravelled**, *ger* **unravelling**, *EE UU, pret* y

pp **unraveled**, *ger* **unraveling**) *tr & intr* **1** deshilachar(se), deshilar(se) (hilos de un tejido). • *tr* **2** (fig) desentrañar (un isterio).

unreal [ˌʌnˈrɪəl] *adj* irreal (experiencia).

unrealistic [ˌʌnrɪəˈlɪstɪk] *adj* poco práctico (plan); poco realista (persona, oferta).

unreasonable [ʌnˈriːznəbl] *adj* **1** poco razonable (persona, comportamiento). **2** excesivo (demanda, gasto).

unrecognizable [ˌʌnˈrekəgnaɪzəbl] *adj* irreconocible.

unrecognized [ˌʌnˈrekəgnaɪzd] *adj* no reconocido (persona, trabajo); ignorado (hecho).

unrelated [ˌʌnrɪˈleɪtɪd] *adj* sin conexión, inconexo.

unreliable [ˌʌnrɪˈlaɪəbl] *adj* poco fiable.

unremitting [ˌʌnrɪˈmɪtɪŋ] *adj* (fml) continuo, constante.

unrepeatable [ˌʌnrɪˈpiːtəbl] *adj* irrepetible.

unrepresentative [ˌʌnreprɪˈzentətɪv] *adj* poco representativo.

unrequited [ˌʌnrɪˈkwaɪtɪd] *adj* (lit) no correspondido (love).

unresolved [ˌʌnrɪˈzɔlvd] *adj* (fml) no resuelto, pendiente.

unresponsive [ˌʌnrɪˈspɒnsɪv] *adj* (pej) insensible.

unrest [ˌʌnˈrest] *n u* **1** desasosiego, inquietud. **2** disturbios (en las calles).

unripe [ˌʌnˈraɪp] *adj* verde, sin madurar (fruta).

unrivalled [ʌnˈraɪvld] (*EE UU* **unrivaled**) *adj* sin par, incomparable.

unroll [ˌʌnˈrəʊl] *tr & intr* **1** desenrollar(se). **2** (fig) desplegar(se) (ante los ojos).

unruly [ʌnˈruːlɪ] *adj* **1** revoltoso, rebelde (persona, comportamiento). **2** rebelde (pelo).

unsafe [ˌʌnˈseɪf] *adj* **1** inseguro. **2** arriesgado, peligroso.

unsaid [ˌʌnˈsed] *adj* sin decir. ■ **to leave sth ~** dejar algo sin decir.

unsatisfactory [ˈʌnˌsætɪsˈfæktərɪ] *adj* insatisfactorio.

unsavoury [ˌʌnˈseɪvərɪ] (*EE UU* **unsavory**) *adj* desagradable.

unscathed [ˌʌnˈskeɪθd] *adj* ileso, sano y salvo.

unscrew [ˌʌnˈskruː] *tr* **1** desatornillar (con un destornillador). **2** abrir, desenroscar (tapa, tapón).

unscrupulous [ʌnˈskruːpjʊləs] *adj* (pej) sin escrúpulos, desaprensivo.

unseeded [ʌnˈsiːdɪd] *adj* SP que no es cabeza de serie.

unseemly [ʌnˈsiːmlɪ] *adj* indecente, indecoroso (behaviour).

unseen [ˌʌnˈsiːn] *adj* **1** oculto (enemigo). **2** inadvertido.

unselfish [ˌʌnˈselfɪʃ] *adj* desinteresado, altruista.

unsettle [ˌʌnˈsetl] *tr* **1** perturbar, inquietar (a alguien). **2** desordenar.

unsettled [ˌʌnˈsetld] *adj* **1** pendiente (debate, deuda). **2** incierto (plan). **3** inestable (situación, tiempo atmosférico). **4** inquieto, nervioso. **5** revuelto (estómago). **6** de altibajos, inconstante (vida).

unshakable or **unshakeable** [ʌnˈʃeɪkəbl] *adj* inquebrantable.

unshaven [ˌʌnˈʃeɪvn] *adj* sin afeitar.

unsociable [ʌnˈsəʊʃəbl] *adj* (pej) insociable.

unsocial [ʌnˈsəʊsl] *adj* → unsociable. ■ **to work ~ hours** trabajar a horas intempestivas.

unsolved [ˌʌnˈsɒlvd] *adj* no resuelto, sin resolver (misterio).

unsound [ˌʌnˈsaʊnd] *adj* **1** enfermizo (de cuerpo, mente). **2** poco sólido (estructura). **3** falso, erróneo (conclusión, pensamiento).

unspeakable [ʌnˈspiːkəbl] *adj* indecible, incalificable (sensación); espantoso, atroz (horrible).

unspoiled or **unspoilt** [ˌʌnˈspɔɪld o ˌʌnˈspɔɪlt] *adj* **1** sin estropear, natural (alimento, paisaje). **2** no mimado (niño).

unstable [ˌʌnˈsteɪbl] *adj* inestable.

unsteady [ʌnˈstedɪ] *adj* **1** inestable (gen). **2** tembloroso (mano, voz); vacilante, irregular (movimiento, pulso).

unstoppable [ˌʌnˈstɒpəbl] *adj* imparable, incontenible.

unstuck [ˌʌnˈstʌk] *adj* despegado. ■ **to come ~** (infml) despegarse (etiqueta, sello).

unsuccessful [ˌʌnsəkˈsesfʊl] *adj* sin éxito, fracasado (plan, persona, negocio); infructuoso (resultado).

unsuitable [ˌʌnˈsuːtəbl] *adj* inadecuado, inapropiado; impropio, poco apto.

unsure [ˌʌnˈʃʊəːr] *adj* **1** inseguro. ~ **(about/of) 2** poco seguro (de). ■ **to be ~ of oneself** sentirse inseguro.

unsuspecting [ˌʌnsəˈspektɪŋ] *adj* confiado, desprevenido.

unsweetened [ˌʌnˈswiːtnd] *adj* sin azúcar.

unsympathetic [ˈʌnˌsɪmpəˈθetɪk] *adj* **1** poco comprensivo (persona, actitud). ~ **to 2** indiferente a (los problemas de los demás).

untangle [ˌʌnˈtæŋgl] *tr* **1** desenredar, desenmarañar (nudo). **2** (fig) desentrañar (misterio).

untapped [ˌʌnˈtæpt] *adj* **1** sin explotar (recursos, mercado). **2** tapado, sin abrir (barril).

untenable [ˌʌnˈtenəbl] *adj* insostenible (posición).

unthinkable [ˌʌnˈθɪŋkəbl] *adj* impensable, inconcebible. ♦ **the ~** lo impensable.

untidy [ʌnˈtaɪdɪ] *adj* **1** desaseado, desaliñado (aspecto); descuidado (trabajo); chapucero (trabajo). **2** desordenado (habitación); desarreglado (persona, vida).

untie [ˌʌnˈtaɪ] (*ger* **untying**) *tr* desatar.

until [ənˈtɪl] *prep* **1** hasta (fecha): *we waited until 7.00 = esperamos hasta las siete*. ● *conj* **2** hasta que (el momento cuando): *wait until I arrive = espera hasta que yo llegue*.

> ***Until*** se traduce por **hasta** y se usa en inglés formal: *until next week = hasta la semana que viene*. ***Till*** se emplea en inglés más informal y no acostumbra a colocarse al comienzo de una frase: *I didn't go back till 4 = no regresé hasta las cuatro*.

untimely [ʌnˈtaɪmlɪ] *adj* **1** prematuro, repentino (salida, muerte). **2** inoportuno, intempestivo (llegada, comentario).

untold [ˌʌnˈtəʊld] *adj* **1** (lit) incalculable (riqueza); indecible (dolor). **2** no contado (secreto).

untoward [ˌʌntəˈwɔːd y EE UU ʌnˈtɔːd] *adj* **1** (fml) adverso, desfavorable (suceso). **2** revoltoso (persona). **3** impropio, fuera de lugar (conducta).

untrue [ˌʌnˈtruː] *adj* **1** falso. **2** desleal, infiel (esposo, amante).

untrustworthy [ˌʌnˈtrʌstˌwɜːθɪ] *adj* indigno de confianza (persona).

unused [ˌʌnˈjuːzd] *adj* **1** sin usar, a estrenar (nuevo). **2** no utilizado (máquina); no cultivado (terreno). **3** acumulado (permiso).

unused [ʌnˈjuːst] *adj* **to be ~ to sth/to doing sth** no estar acostumbrado a algo/a hacer algo.

unusual [ʌnˈjuːʒʊəl] *adj* raro, insólito.

unusually [ʌnˈjuːʒʊəlɪ] *adv* extraordinariamente; sorprendentemente.

unveil [ˌʌnˈveɪl] *tr* **1** descubrir (una placa, obra de arte). **2** (fig) desvelar, revelar (plan, secreto).

unwanted [ˌʌnˈwɒntɪd] *adj* no deseado (niño, embarazo); superfluo (bienes).

unwavering [ʌnˈweɪvərɪŋ] *adj* firme, inquebrantable (entusiasmo, apoyo); constante; fijo (mirada).

unwell [ˌʌnˈwel] *adj* malo, indispuesto. ■ **to be/feel ~** estar/sentirse mal.

unwieldy [ʌnˈwiːldɪ] *adj* **1** abultado, voluminoso (paquete). **2** difícil de manejar (herramienta). **3** (fig) desorganizado, poco eficiente (sistema).

unwilling [ˌʌnˈwɪlɪŋ] *adj* **1** reacio (a hacer algo). **to be ~ to do sth 2** estar poco dispuesto a hacer algo.

unwind [ˌʌnˈwaɪnd] (*pt* y *pp* **unwound**) *tr & intr* **1** desenrollar(se) (hilo, venda). ● *intr* **2** (infml, fig) relajarse (persona).

unwise [ˌʌnˈwaɪz] *adj* **1** insensato, imprudente (persona, comentario). **2** poco aconsejable (iniciativa).

unwitting [ʌnˈwɪtɪŋ] *adj* (fml) inconsciente (persona); involuntario, sin intención (acción).

unworkable [ˌʌnˈwɜːkəbl] *adj* impracticable (táctica).

unworthy [ʌnˈwɜːθɪ] *adj* **1** indigno, sin mérito. **2** (pej) vil, innoble. ■ **to be ~ of** no ser digno de.

unwound [ˌʌnˈwaʊnd] *pt & pp* → unwind.

unwrap [ˌʌnˈræp] (*pt* y *pp* **unwrapped**, *ger* **unwrapping**) *tr* desenvolver (un regalo); abrir (un paquete).

unwritten [ˌʌnˈrɪtn] *adj* no escrito. ♦ **~ law** JUR derecho consuetudinario; ley no escrita.

unzip [ʌnˈzɪp] (*pt* y *pp* **unzipped**, *ger* **unzipping**) *tr* abrir la cremallera de.

up [ʌp] *adv* **1** hacia arriba (posición): *he got up to the top = llegó hasta arriba del todo.* **2** arriba: *it's up in the attic = está arriba en la buhardilla.* **3** de/en pie: *can you stand up? = ¿puedes ponerte de pie?* **4** hacia el norte: *he's gone up to Scotland = ha ido a Escocia.* **5** hasta: *we walked up to the shop = fuimos andando hasta la tienda.* **6** adelante: *further up on the right = más adelante a la derecha.* **7** más alto, más fuerte: *can you turn it up? = ¿puedes subir el volumen?* **8** totalmente, todo: *eat it up! = ¡cómetelo todo!* • *prep* **9** subiendo: *she ran up the steps = subió la escalera corriendo.* **10** en lo alto de: *the cat's up the tree = el gato está en lo alto del árbol.* **11** al final de: *he works up the road from us = trabaja al final de nuestra calle.* **12** arriba, contra corriente (de un río): *up the Amazon = Amazonas arriba.* **~ to 13** (infml) hasta (indicando nivel): *his English isn't up to much = su inglés no es gran cosa.* **~ to/until 14** hasta (tiempo): *he'll be there up to/until lunchtime = estará hasta la hora de comer.* • *adj* **15** levantado (fuera de la cama): *he was up at the crack of dawn = se levantó a primera hora*; sin acostarse (sin ir a la cama): *they were up all night celebrating = estuvieron toda la noche celebrando.* **16** acabado (tiempo): *time's up! = ¡ya es la hora! ¡se acabó el tiempo!* **17** *GB* (infml) en casa de: *he's up at his sister's = está en casa de su hermana.* **18** (infml) malo, mal: *is something up? = ¿pasa algo? ¿algo va mal?* **19** COMPUT en marcha, funcionando. ■ **it's all ~ with** (infml) todo ha terminado entre; **it's not ~ to me** no depende de mí; **it's ~ to you** de ti depende; **not ~ to much** (infml) no gran cosa (nada especial); **on the ~ and ~** (infml) cada vez mejor, subiendo como la espuma; **to be ~ against it** vérselas y deseárselas; **to be ~ against sth/sb** tener que enfrentarse con algo/alguien; **to be ~ oneself** (infml, pej) ser engreído; **to be ~ to sb** depender de alguien el decidir (indicando responsabilidad); **to be ~ to sth** (infml) estar tramando algo; **to be ~ to sth/to doing sth** sentirse con fuerzas para algo/hacer algo; **to be well ~ on** estar bien informado sobre (una materia); estar ganando por mucho a, tener buena ventaja sobre (un competidor); **~ and down** para arriba y abajo (movimiento vertical); de arriba abajo (mirar); arriba y abajo de (una calle); **ups and downs** altibajos; **what's ~?** (infml) ¿que pasa?

up-and-coming [ˌʌpənˈkʌmɪŋ] *adj* prometedor (actor, atleta).

upbringing [ˈʌpˌbrɪŋɪŋ] *n u* educación, crianza.

update [ˌʌpˈdeɪt] *tr* actualizar; poner al día (persona).

update [ˈʌpdeɪt] *n c* actualización, versión actualizada.

upheaval [ʌpˈhiːvl] *n c & u* agitación, trastorno.

upheld [ʌpˈheld] *pt & pp* → uphold.

uphill [ˌʌpˈhɪl] *adj* **1** cuesta arriba. **2** (fig) arduo, difícil (laborioso). • *adv* **3** cuesta arriba.

uphold [ʌpˈhəʊld] (*pt* y *pp* **upheld**) *tr* (fml) mantener, sostener.

upholstery [ʌpˈhəʊlstərɪ] *n u* tapicería, tapizado.

upkeep [ˈʌpkiːp] *n u* mantenimiento (de un edificio).

upland [ˈʌplənd] *adj* **1** de la meseta, (Am) del altiplano. • *n c & u* **2** meseta, (Am) altiplano. ♦ **the uplands** las tierras altas.

uplifting [ʌpˈlɪftɪŋ] *adj* inspirador (discurso); alentador.

upmarket [ʌpˈmɑːkɪt] *adj* de gama alta (producto); de categoría, de alto standing (zona, hotel).

upon [əˈpɒn] *prep* **1** (fml) sobre, encima de: *winter is upon us = ya tenemos el invierno encima.* **2** al, cuando: *upon entering the building = al entrar en el edificio.*

upper [ˈʌpər] *adj* **1** superior. • *n c* **2** pala (del calzado). ♦ **the ~ class/crust** la clase alta; **~ case** caja alta, mayúscula (en imprenta); **the ~ hand** la delantera, la ventaja. ■ **~-class** de clase alta.

uppermost or **upmost** [ˈʌpəməʊst o ˈʌpməʊst] *adj* **1** más alto. **2** principal (sentimiento, característica).

upright [ˈʌpraɪt] *adj* **1** derecho (persona, silla); vertical (piano). **2** (fig) honrado, recto (persona). • *adv* **3** erguidamente. **4**

verticalmente. • *n c* **5** poste. ♦ ~ **piano** piano vertical.

uprising [ˈʌpˌraɪzɪŋ] *n c* levantamiento, rebelión.

uproar [ˈʌprɔːr] *n u* **1** alboroto, jaleo. **2** turbulencia, conflictos (sociales, políticos).

uproot [ʌpˈruːt] *tr* **1** BOT desarraigar (planta). **2** desplazar, mudar (persona). • *pron* **3** mudarse.

upset [ʌpˈset] (*pt* y *pp* **upset**, *ger* **upsetting**) *adj* **1** disgustado. • *tr* **2** disgustar. **3** volcar (un vaso). **4** estropear (un plan). ■ **to have an ~ stomach** sentirse mal del estómago.

upshot [ˈʌpʃɒt] *n sing* **the ~ (of)** el resultado final (de) (una situación.

upside-down [ˌʌpsaɪdˈdaʊn] *adj & adv* **1** al revés, patas arriba. • *adj* **2** (fig) desordenado, revuelto (habitación). ■ **to turn sth ~** revolver algo (un cajón).

upstairs [ˌʌpˈsteəz] *adj* **1** de arriba. • *adv* **2** arriba. • *n u* **3** el piso de arriba, la planta superior.

upstart [ˈʌpstɑːt] *adj & n c* (pej) arribista, advenedizo.

upsurge [ˈʌpsɜːdʒ] *n sing* (fml) subida vertiginosa.

uptake [ˈʌpteɪk] *n sing* entendimiento. ■ **to be quick on the ~** tomarlo al vuelo (una explicación); **to be slow on the ~** ser algo torpe (para aprender).

uptight [ˈʌptaɪt] *adj* **1** (infml) tenso, nervioso (persona). **2** enfadado, indignado.

up-to-date [ˌʌptəˈdeɪt] *adj* **1** moderno. **2** actual, muy al día (lo último). **3** muy al corriente (informado). ■ **to keep ~ with** mantenerse al día de.

upturn [ˈʌptɜːn] *n c* ~ **(in)** mejora (de) (suerte).

upward [ˈʌpwəd] *adj* **1** hacia arriba. • *adv* **2** → upwards.

upwards [ˈʌpwədz] (*EE UU* **upward**) *adv* **1** hacia arriba, para arriba. ~ **of 2** (infml) más de: *upwards of a thousand people = más de mil personas.*

uranium [jʊˈreɪnɪəm] *n u* CHEM uranio.

Uranus [ˈjʊərənəs] *n sing* Urano.

urban [ˈɜːbən] *adj* urbano, de ciudad.

urbane [ɜːˈbeɪn] *adj* educado, urbano (cortés).

urbanise *tr* → urbanize.

urchin [ˈɜːtʃɪn] *n c* (arch) pilluelo, golfillo.

urge [ɜːdʒ] (*ger* **urging**) *n c* **1** deseo, impulso. • **to ~ sb to do sth** *tr* **2** instar a alguien a hacer algo. **to ~ sb on 3** alentar a alguien.

urgency [ˈɜːdʒənsɪ] *n u* urgencia, premura.

urgent [ˈɜːdʒənt] *adj* urgente.

urgently [ˈɜːdʒəntlɪ] *adv* urgentemente.

urinal [jʊəˈraɪnl y ˈjʊərɪnl] *n c* **1** orinal (objeto). **2** urinario (lugar).

urinate [ˈjʊərɪneɪt] *intr* orinar.

urine [ˈjʊərɪn] *n u* orina.

urn [ɜːn] *n c* urna.

Uruguay [ˈjʊərəgwaɪ] *n sing* Uruguay.

Uruguayan [ˌjʊərəˈgwaɪən] *adj & n c* uruguayo.

us [ʌs, [əs]] *pron* **1** nos, a nosotros (objeto): *he told us to go = nos dijo que fuéramos.* **2** nosostros (en comparaciones): *he's older than us = es mayor que nosotros.* **3** *GB* (infml) me, a mí: *give us a kiss = dame un beso.* ■ **all of ~** todos nosotros; **none of ~** ninguno de nosotros; **one of/some of ~** uno/algunos de nosostros; **with/without ~** con/sin nosotros.

US [ˌjuːˈes] (*abbrev* **United States**) *n sing* EE UU.

USA [ˌjuːesˈeɪ] (*abbrev* **United States of America**) *n sing* EE UU.

usable [ˈjuːzəbl] *adj* utilizable.

usage [ˈjuːsɪdʒ y ˈjuːzɪdʒ] *n c & u* uso.

use [juːs] *n c & u* **1** uso. **2** costumbre. ■ **in ~** en funcionamiento (máquina); en uso (expresión); **it's no ~/there's no ~** no vale la pena; **of ~** útil (useful); **out of ~** no funciona; en desuso (expresión, técnica); **what is the ~ of/what ~ is there doing sth?** ¿de qué sirve hacer algo?

use [juːz] (*ger* **using**) *tr* **1** usar. **2** (pej) utilizar, aprovecharse de (una persona, una situación). • **used + inf** *modal* **3** acostumbrar, soler: *he used to drive to work = solía ir en coche a trabajar*; antes: *he used to be a heavy smoker = antes fumaba mucho.* ♦ **to ~ up** agotar, gastar.

used [juːst] *adj* habituado (acostumbrado). ■ **to be ~ to doing sth** estar acostumbrado a hacer algo; **to get ~ to sth/doing sth** acostumbrarse a algo/hacer algo.

U

> *Used to + inf* se emplea para describir hábitos o situaciones que sucedían en el pasado pero que ya no ocurren en el presente: *I used to play tennis = antes jugaba a tenis*; *did you use to live in New York? = ¿no vivías antes en Nueva York?; she didn't use to smoke = antes no fumaba.*

used [ju:zd] *adj* **1** usado (no nuevo). **2** de segunda mano
useful [ˈju:sful] *adj* **1** útil. **2** valioso.
useless [ˈju:slɪs] *adj* **1** inútil. **2** vano, ineficaz. **3** (infml) incompetente, inepto (persona).
user [ˈju:zər] *n c* usuario.
user-friendly [ˈju:zəˈfrendlɪ] *adj* de fácil manejo (máquina, sistema).
usher [ˈʌʃər] *n c* **1** acomodador (en el treatro). **2** ujier (en una boda).
usherette [ˌʌʃəˈret] *n c* acomodadora.
usual [ˈju:ʒʊəl] *adj* usual, habitual. ■ **as ~** como de costumbre, como siempre.
usually [ˈju:ʒʊəlɪ] *adv* por regla general, normalmente. ■ **more than ~** más que de costumbre.
usurp [ju:ˈzɗ:p] *tr* (fml) usurpar.
utensil [ju:ˈtensl] *n c* (fml) utensilio.
uterine [ˈju:tərаɪn] *adj* uterino, del útero.
uterus [ˈju:tərəs] (*pl* **uteruses** o **uteri**) *n c* ANAT útero.
utilise *tr* → utilize.
utility [ju:ˈtɪlɪtɪ] (*pl* **utilities**) *n c* & *u* **1** utilidad (gen). • *n c* **2** servicio público (gas, agua, electricidad). ◆ **~ room** *EE UU trascocina, lavandería.*
utilize [ˈju:tɪlaɪz] *tr* (fml) utilizar.
utmost [ˈʌtməʊst] *adj* (fml) supremo, máximo. ◆ **the ~** *n sing* lo máximo. ■ **to do one's ~** hacer lo imposible; **to the ~** a más no poder.
utter [ˈʌtər] *adj* **1** puro, absoluto (total). • *tr* **2** (fml) articular, pronunciar (palabra, frase); emitir (sonido, grito).
utterly [ˈʌtəlɪ] *adv* absolutamente, totalmente.
U-turn [ˈju:tɗ:n] *n c* giro de 180 grados.

Vv

v, V [vi:] *n c* v, V (letra).
vacancy [ˈveɪkənsɪ] (*pl* **vacancies**) *n c* **1** vacante (trabajo, puesto). **2** habitación libre (en el hotel, casa de huéspedes). ■ **"no vacancies"** completo (en carteles).
vacant [ˈveɪkənt] *adj* vacante (trabajo, puesto); libre (habitación, asiento, lavabo). ◆ **~ lot/plot** terreno disponible (para construcción).
vacate [vəˈkeɪt y EE UU ˈveɪkeɪt] (*ger* **vacating**) *tr* desalojar (edificio); desocupar (asiento).
vacation [vəˈkeɪʃn y EE UU veɪˈkeɪʃn] *n c* vacaciones.
vacationer [vəkeɪʃənərt] *n c EE UU* veraneante.
vaccinate [ˈvæksɪneɪt] *tr* vacunar.
vaccination [ˌvæksɪˈneɪʃn] *n c* & *u* vacunación.
vaccine [ˈvæksi:n y EE UU vaekˈsi:n] *n c* & *u* vacuna.
vacuum [ˈvækjʊəm] *n sing* **1** vacío. • *n c* **2** aspiradora (electrodoméstico). • *tr* & *intr* **3** pasar la aspiradora (por). ◆ **~ cleaner** aspiradora.
vacuum-packed [ˈvækjʊəmpækt] *adj* envasado al vacío.
vagina [vəˈdʒaɪnə] *n c* ANAT vagina.
vague [veɪg] *adj* **1** vago (impreciso). **2** poco claro (persona). **3** borroso (imagen, perfil). **4** ausente, distraído (mirada, gesto).
vain [veɪn] *adj* **1** vano (inútil). **2** (pej) vanidoso, engreído; entonado (Amér). ■ **in ~** en vano.
valentine [ˈvæləntaɪn] *n c* **~ card** tarjeta de San Valentín; **(St) Valentine's day** día de San Valentín, Día de los Enamorados.

valet [ˈvælɪt] *n c* ayuda de cámara. ♦ ~ **service** servicio de lavandería (para ropa); lavado y limpieza (de automóviles).
valiant [ˈvælɪənt] *adj* valiente, valeroso; agalludo (Amér.).
valid [ˈvælɪd] *adj* **1** válido (razón, argumento, excusa). **2** válido, valedero (documento, contrato, tíquet).
validate [ˈvælɪdeɪt] *tr* validar.
valley [ˈvælɪ] (*pl* **vallies**) *n c* valle.
valour [ˈvælər] (*EE UU* **valor**) *n u* (lit) valor.
valuable [ˈvæljuəbl] *adj* **1** valioso. ● **valuables** *n pl* **2** objetos de valor.
value [ˈvælju:] *n c* & *u* **1** valor. ● **values** *n pl* **2** valores, principios morales. ● *tr* **3** valorar. ♦ ~ **added tax** impuesto sobre el valor añadido. ■ **of** ~ de valor; **to be/give** ~ **for money** estar muy bien de precio.
valve [vælv] *n c* válvula.
van [væn] *n c* **1** furgoneta, camioneta. **2** *GB* furgón (de tren).
Vanuatu [ˈvænu:ˌætu:] *n sing* Vanuatu.
vandal [ˈvændl] *n c* vándalo.
vandalise *tr* → vandalize.
vandalize [ˈvændəlaɪz] *tr* destruir, destrozar.
vanguard [ˈvænga:d] *n sing* vanguardia.
vanilla [vəˈnɪlə] *n u* **1** vainilla. ● *adj* **2** de vainilla.
vanish [ˈvænɪʃ] *intr* desaparecer.
vanity [ˈvænɪtɪ] *n u* (pej) vanidad.
vantage [ˈva:ntɪdʒ] *n u* SP ventaja (en tenis). ♦ ~ **point** lugar estratégico, mirador; posición ventajosa.
vapour or **vapour** [ˈveɪpər] (*EE UU* **vapor**) *n u* **1** vapor. **2** PHYS estado gaseoso.
variable [ˈveərɪəbl] *adj* & *n c* variable.
variation [ˌveərɪˈeɪʃn] *n c* & *u* variación.
varicose [ˈværɪkəus] *adj* varicoso. ♦ ~ **veins** MED varices.
varied [ˈveərɪd] *pt* & *pp* **1** → vary. ● *adj* **2** variado.
variety [vəˈraɪətɪ] (*pl* **varieties**) *n c* & *u* **1** variedad (gen). ● *n u* **2** *GB* THEAT variedades, revista (espectáculo). ♦ ~ **show** *GB* THEAT espectáculo de variedades.
various [ˈveərɪəs] *adj* varios.
varnish [ˈva:nɪʃ] *n u* **1** barniz. **2** *GB* esmalte (para uñas). ● *tr* **3** barnizar (madera); pintar (uñas).
vary [ˈveərɪ] (*pt* y *pp* **varied**) *tr* & *intr* variar.
vascular [ˈvæskjulər] *adj* ANAT vascular.
vase [va:z y EE UU veɪs] *n c* florero.
Vaseline® [ˈvæsɪli:n] *n u* vaselina®.
vast [va:st] *adj* vasto, inmenso.
vat [væt] *n c* tina, cuba grande.
VAT [ˌvi:eɪˈti: y væt] (*abbrev* **value added tax**) *n u* IVA.
Vatican [ˈvætɪkən] *n sing* **the** ~ el Vaticano.
vault [vɔ:lt] *n c* **1** cámara acorazada (en un banco). **2** cripta (en una iglesia); panteón (en un cementerio). **3** bóveda (del techo). **4** salto. ● *tr* & *intr* **5** saltar.
VCR [ˌvi:si:ˈa:r] (*abbrev* **video cassette recorder**) *n c* aparato de vídeo.
VDU [ˌvi:di:ˈju:] (*abbrev* **visual display unit**) *n c* COMPUT monitor.
veal [vi:l] *n u* carne de ternera.
veer [vɪər] *intr* virar bruscamente.
veg [vedʒ] *n pl GB* (infml) verduras.
vegan [ˈvi:gən] *n c vegetariano que no come ni huevos ni lácteos.*
vegetable [ˈvedʒtəbl] *adj* **1** vegetal. ● *n c* **2** verdura. ♦ ~ **oil** aceite vegetal; ~ **plot/garden** huerto.
vegetarian [ˌvedʒɪˈteərɪən] *adj* & *n c* vegetariano.
vegetation [ˌvedʒɪˈteɪʃn] *n u* vegetación.
vehement [ˈvi:ɪmənt] *adj* vehemente (persona, negativa); violento (ataque)
vehicle [ˈvi:ɪkl] *n c* (fml) vehículo.
veil [veɪl] *n c* velo.
vein [veɪn] *n c* **1** ANAT, BIOL vena. **2** GEOL veta, filón (de mineral).
Velcro® [ˈvelkrəu] *n u* velcro®.
velocity [vɪˈlɒsɪtɪ] (*pl* **velocities**) *n c* & *u* velocidad.
velvet [ˈvelvɪt] *n u* terciopelo.
vending-machine [ˈvendɪŋ] *n c* máquina expendedora.
vendor [ˈvendər] *n c* vendedor.
venerable [ˈvenərəbl] *adj* venerable.
venereal [vəˈnɪərɪəl] *adj* venéreo. ♦ ~ **disease** enfermedad venérea.
venetian blind [veˌni:ʃnˈblaɪnd] *n c* persiana veneciana.
Venezuela [ˌvenɪzˈweɪlə] *n sing* Venezuela.
Venezuelan [ˌvenɪzˈweɪlən] *adj* & *n c* venezolano.
vengeance [ˈvendʒəns] *n u* venganza. ■ **with a** ~ (infml) con creces (con un esfuerzo extra).

venison [ˈvenɪzn] *n u* carne de venado.
venom [ˈvenəm] *n u* **1** veneno (de serpiente, escorpión). **2** (fig) malevolencia (malicia).
vent [vent] *n c* respiradero (para humo, gas); rejilla de ventilación (para aire). ■ **to give (full) ~ to sth** dar rienda suelta a algo (desahogarse).
ventilate [ˈventɪleɪt] *tr* ventilar.
ventilation [ˌventɪˈleɪʃn] *n u* ventilación.
ventilator [ˈventɪleɪtər] *n c* ventilador.
ventriloquist [venˈtrɪləkwɪst] *n c* ventrílocuo.
venture [ˈventʃər] *n c* **1** empresa (negocio); riesgo (amenaza). ● *tr & intr* **2** arriegarse (a) (una situación adversa). ● *tr* **3** (fig) aventurar (opinión, juicio).
venue [ˈvenjuː] *n c lugar en que se celebra algo* (local).
Venus [ˈviːnəs] *n sing* ASTR Venus.
veranda or **verandah** [vəˈrændə] *n c* veranda, terraza.
verb [vɜːb] *n c* GRAM verbo.
verbal [ˈvɜːbl] *adj* verbal.
verbose [vɜːˈbəʊs] *adj* (fml) locuaz (persona); prolijo (informe).
verdict [ˈvɜːdɪkt] *n c* **1** JUR veredicto, fallo. **2** (fig) juicio, opinión.
verge [vɜːdʒ] *n c* **1** borde, margen. ● **to ~ on/upon** *intr* **2** (fig) bordear, rozar (estar muy cerca).
verify [ˈverɪfaɪ] (*pt* y *pp* **verified**) *tr* verificar.
veritable [ˈverɪtəbl] *adj* (fml, hum) verdadero.
vermin [ˈvɜːmɪn] *n pl* bichos, alimañas.
vermouth [ˈvɜːməθ] *n u* vermut.
verruca [vəˈruːkə, *pl irreg* vəˈruːkiː] (*pl* **verrucas** o **verrucae**) *n c* verruga.
versatile [ˈvɜːsətaɪl] *adj* **1** versátil, polifacético (persona). **2** multiuso, polivalente (objeto, máquina).
verse [vɜːs] *n u* **1** versos, poesía. ● *n c* **2** línea, verso (de un poema, una canción).
versed [vɜːst] *adj* (fml) versado.
version [ˈvɜːʃn] *n c* versión.
versus [ˈvɜːsəs] *prep* SP, JUR contra.
vertebra [ˈvɜːtɪbrə, *pl* ˈvɜːtɪbriː] (*pl* **vertebrae**) *n c* ANAT vértebra.
vertical [ˈvɜːtɪkl] *adj* vertical.
vertigo [ˈvɜːtɪgəʊ] *n u* vértigo.
verve [vɜːv] *n u* brío, vigor.
vessel [ˈvesl] *n c* (fml) nave.
vest [vest] *n c* **1** *GB* camiseta (de tirantes). **2** *EE UU* chaleco.
vested [ˈvestɪd] *adj* (fml) concedido, encomendado (autoridad, derecho). ◆ **~ interest** intereses creados.
vestibule [ˈvestɪbjuːl] *n c* vestíbulo.
vestige [ˈvestɪdʒ] *n c* (fml) vestigio.
vestry [ˈvestrɪ] *n c* sacristía.
vet [vet] (*pt* y *pp* **vetted**, *ger* **vetting**) *tr* **1** someter a prueba. ● *n c* **2** *GB* (infml) veterinario. **3** *EE UU* (infml) excombatiente, veterano.
veteran [ˈvetərən] *adj & n c* veterano.
veterinarian [ˌvetərɪˈneərɪən] *n c EE UU* veterinario.
veterinary [ˈvetərɪnərɪ] *adj* veterinario. ◆ **~ science** veterinaria; **~ surgeon** (fml) veterinario.
veto [ˈviːtəʊ] (*pl* **vetoes**) *n c & u* **1** veto. ● (*pt* y *pp* **vetoed**, *ger* **vetoing**) *tr* **2** vetar.
vex [veks] *tr* (fml) molestar, irritar.
VHF [ˌviːeɪtʃˈef] (*abbrev* **very high frequency**) *n u* RAD VHF.
via [ˈvaɪə] *prep* **1** vía (atravesando). **2** a través de, por medio de (sistema de transporte). ■ **~ satellite** por satélite.
viable [ˈvaɪəbl] *adj* viable.
viaduct [ˈvaɪədʌkt] *n c* viaducto.
vibrate [vaɪˈbreɪt y EE UU ˈvaɪbreɪt] *intr* vibrar.
vibration [vaɪˈbreɪʃn] *n c & u* vibración.
vicar [ˈvɪkər] *n c* párroco (en la iglesia anglicana); vicario (en la iglesia católica romana).
vicarage [ˈvɪkərɪdʒ] *n c* vicaría.
vicarious [vɪˈkeərɪəs y EE UU vaɪˈkeərɪəs] *adj* indirecto.
vice [vaɪs] *n c & u* **1** vicio (immoralidad). ● *n c* **2** torno/tornillo de banco (herramienta). ● **vice-** *pref* **3** vice-: *vice-admiral = vicealmirante*. ◆ **~ squad** brigada antivicio. ■ **~ versa** viceversa, al revés.
vice-chancellor [ˌvaɪsˈtʃɑːnsələr] *n c* rector (de la universidad británica).
vice-president [ˌvaɪsˈprezɪdənt] *n c* vicepresidente.
vicinity [vɪˈsɪnɪtɪ] *n sing* vecindad, cercanía (zona local). ■ **in the ~ of** (fml) cerca de.
vicious [ˈvɪʃəs] *adj* **1** cruel, despiadado (ataque, comentario). **2** vicioso, depravado (vida, persona). **3** furioso, feroz

(animal, tiempo atmoférico). ◆ ~ **circle** círculo vicioso.
victim [ˈvɪktɪm] *n c* víctima.
victimize or **victimise** [ˈvɪktɪmaɪz] *tr* hacer víctima de, mortificar (tomarla con alguien); perseguir, castigar (acosar).
Victorian [vɪkˈtɔːrɪən] *adj & n c* victoriano.
victorious [vɪkˈtɔːrɪəs] *adj* victorioso.
victory [ˈvɪktərɪ] *n c & u* victoria.
videoconference [ˈvɪdɪəʊˌkɒnfərəns] *n c* videoconferencia.
videodisc [ˈvɪdɪəʊdɪsk] (*EE UU* **videodisk**) *n c* videodisco.
videotape [ˈvɪdɪəʊˌteɪp] *n c & u* cinta de vídeo.
Vietnam [ˌvjetˈnæm] *n sing* Vietnam.
Vietnamese [ˌvjetnəˈmiːz] *adj & n c* vietnamita.
view [vjuː] *n c & u* **1** vista (gen). ● *n c* **2** opinión, parecer. **3** actitud (postura). ● *tr* **4** (fml) ver, considerar. **5** (fml) observar (situación, estrellas). ■ **in my ~** en mi opinión; **in ~** a la vista (visible); en perspectiva (en proyecto); **in ~ of** a vista de, considerando que; **on ~** expuesto (a la vista); **to come into ~** aparecer, ponerse a la vista; **to take the ~ that** pensar que; **what is your view on...?** (fml) ¿cuál es su opinión sobre...?; **with a ~ to** (fml) con la intención de.
viewdata [ˈvjuːdeɪtə y ˈvjuːdætə] *n u* videotexto.
viewer [vjuːər] *n c* **1** televidente, espectador. **2** TECH, PHOT visionador (de diapositivas).
viewfinder [ˈvjuːˌfaɪndər] *n c* PHOT visor.
viewpoint [ˈvjuːpɔɪnt] *n c* **1** mirador (lugar). **2** (fig) punto de vista (opinión).
vigil [ˈvɪdʒɪl] *n c* vigilia.
vigilant [ˈvɪdʒɪlənt] *adj* (fml) vigilante, alerta.
vigorous [ˈvɪgərəs] *adj* vigoroso.
vile [vaɪl] *adj* vil (persona); asqueroso (olor, comida); terrible (humor, tiempo atmosférico).
villa [ˈvɪlə] *n c* villa.
village [ˈvɪlɪdʒ] *n c* pueblecito.
villager [ˈvɪlɪdʒər] *n c* aldeano.
villain [ˈvɪlən] *n c* **1** villano (malvado). **2** malo (en unn libro, una película). **3** (infml) canalla, criminal.
vindicate [ˈvɪndɪkeɪt] *tr* (fml) vindicar, justificar.
vindictive [vɪnˈdɪktɪv] *adj* vengativo, rencoroso.
vine [vaɪn] *n c* vid (cepa); parra (planta trepadora). ◆ ~ **leaf** hoja de parra.
vinegar [ˈvɪnɪgər] *n u* vinagre.
vineyard [ˈvɪnjəd] *n c* viña, viñedo.
vintage [ˈvɪntɪdʒ] *adj* **1** añejo, de crianza (vino). **2** (fig) de solera, clásico (película). ● *n c* **3** cosecha (de vino). ◆ ~ **wine** vino añejo, vino de crianza.
violate [ˈvaɪəleɪt] *tr* **1** violar, infringir (acuerdo, ley). **2** profanar (tumba).
violence [ˈvaɪələns] *n u* violencia.
violent [ˈvaɪələnt] *adj* **1** violento (gen). **2** intenso (emoción, dolor). **3** chillón (color). **4** tormentoso, borrascoso (tiempo).
violet [ˈvaɪəlɪt] *adj & n u* **1** violeta (color). ● *n c* **2** BOT violeta.
violin [ˌvaɪəˈlɪn] *n c* MUS violín.
violinist [ˌvaɪəˈlɪnɪst] *n c* violinista.
VIP [ˌviːaɪˈpiː] (*abbrev* **very important persona**) *n c* personaje importante.
viper [ˈvaɪpər] *n c* víbora.
viral [ˈvaɪərəl] *adj* MED vírico.
virgin [ˈvɜːdʒɪn] *adj & n c* virgen.
Virgo [ˈvɜːgəʊ] (*pl* **Virgos**) *n sing* **1** ASTR Virgo. ● *n c* **2** ASTR Virgo, virgo (persona).
virile [ˈvɪraɪl y EE UU ˈvɪrəl] *adj* viril.
virtual [ˈvɜːtʃʊəl] *adj* virtual. ◆ ~ **memory** COMPUT memoria virtual; ~ **reality** realidad virtual.
virtue [ˈvɜːtjuː y EE UU ˈvɜːtʃuː] *n c & u* **1** virtud (bondad, moralidad). ● *n c* **2** ventaja, tanto a favor (beneficio). ■ **by ~ of** (fml) en virtud de (debido a)
virtuous [ˈvɜːtʃʊəs] *adj* virtuoso.
virulent [ˈvɪrʊlənt] *adj* virulento.
virus [ˈvaɪərəs] *n c* MED, COMPUT virus.
visa [ˈviːzə] *n c* visado.
vis-à-vis [ˈviːzɑːviː] *prep* (fml) con relación a, respecto a/de (por lo que se refiere a); comparado con (si se contrasta con).
viscose [ˈvɪskəʊz] *n u* viscosa.
visibility [ˌvɪzɪˈbɪlɪtɪ] *n u* visibilidad.
visible [ˈvɪzəbl] *adj* visible.
visibly [ˈvɪzəblɪ] *adv* visiblemente.
vision [ˈvɪʒn] *n u* **1** vista (sentido). **2** (fig) visión (de futuro). **3** TV imagen. ● *n c* **4** visión (impresión, sueño, ilusión).
visit [ˈvɪzɪt] *n c* **1** visita. ● *tr* **2** visitar. ◆ **visiting card** *GB* tarjeta de visita; **visi-**

ting hours horas de visita (en el hospital, en la prisión). ■ **on a ~** de visita.
visitor [ˈvɪzɪtər] *n c* **1** visitante, turista; excursionista. **2** visita (a la casa de alguien, al hospital). ◆ **~'s book** libro de visitas; **~'s passport** *GB* pasaporte provisional.
visor [ˈvaɪzər] (*EE UU* **vizor**) *n c* visera.
vista [ˈvɪstə] *n c* **1** (lit) vista, panorama. **2** (fig) perspectiva.
visual [ˈvɪzjuəl] *adj* visual. ◆ **~ aid(s)** medios visuales; **~ display unit** COMPUT monitor.
visualize or **visualise** [ˈvɪzjʊəlaɪz] *tr* **1** visualizar (ver en mente). **2** prever (predecir, vaticinar).
vital [ˈvaɪtl] *adj* **1** vital (gen). **2** decisivo (momento). ◆ **~ statistics** (infml) medidas (de mujer).
vitality [vaɪˈtælɪtɪ] *n u* vitalidad.
vitamin [ˈvɪtəmɪn y EE UU ˈvaɪtəmɪn] *n c* vitamina.
vivacious [vɪˈveɪʃəs] *adj* lleno de vida.
vivid [ˈvɪvɪd] *adj* **1** vivo (color); intenso (luz, emoción). **2** vívido (imaginación, memoria); gráfico (descripción).
vixen [ˈvɪksn] *n c* ZOOL zorra.
V-neck [viːˈnek] *adj* **1** de cuello de pico. ● *n c* **2** jersey con cuello de pico (suéter).
vocabulary [vəʊˈkæbjʊlərɪ] (*pl* **vocabularies**) *n c* & *u* vocabulario.
vocal [ˈvəʊkl] *adj* **1** ANAT, MUS vocal. ● **vocals** *n pl* **2** MUS cantante (en un grupo). ◆ **~ cords/chords** ANAT cuerdas vocales. ■ **on vocals** cantando.
vocalist [ˈvəʊkəlɪst] *n c* cantante (de un grupo); vocalista (en una orquesta).
vocation [vəʊˈkeɪʃn] *n c* & *u* vocación.
vocational [vəʊˈkeɪʃənl] *adj* vocacional, profesional. ◆ **~ guidance** orientación profesional.
vociferous [vəʊˈsɪfərəs] *adj* vociferante.
vodka [ˈvɒdkə] *n c* & *u* vodka.
vogue [vəʊg] *n c* moda. ■ **in ~** en boga, de moda.
voice [vɔɪs] *n c* **1** voz. ● *tr* **2** expresar (emoción, opinión). ◆ **~ mail** correo de voz. ■ **at the top of one's ~** a voz en grito; **in a loud/low ~** en voz alta/baja; **to keep one's ~ down** hablar bajo, no levantar la voz.
voice-over [ˈvɔɪsəʊvər] *n c* CIN, RAD voz en off.
void [vɔɪd] *adj* **1** nulo, inválido (acuerdo, contrato). **2** vacío. **~ of 3** falto de (carente de). ● *n c* & *u* **4** vacío (espacio).
volatile [ˈvɒlətaɪl] *adj* **1** volátil (gen). **2** voluble, inconstante (persona).
vol-au-vent [ˈvɒləʊvɑːŋ] *n c* volován.
volcano [vɒlˈkeɪnəʊ] (*pl* **volcanos** o **volcanoes**) *n c* volcán.
volition [vəʊˈlɪʃn] *n u* (fml) voluntad, deseo. ■ **of one's own ~** por propia voluntad.
volley [ˈvɒlɪ] (*pl* **volleys**) *n c* **1** descarga, ráfaga (de pistola); lluvia (de piedras). **2** SP volea (en tenis). ● *tr* **3** SP volear, golpear de volea.
volleyball [ˈvɒlɪbɔːl] *n u* balonvolea, vóleibol.
volt [vəʊlt] *n c* voltio.
voltage [ˈvəʊltɪdʒ] *n c* & *u* voltaje.
voluble [ˈvɒljʊbl] *adj* (fml) locuaz (hablador); fluido (claro).
volume [ˈvɒljuːm y EE UU ˈvɑːljəm] *n c* & *u* volumen (gen).
voluntarily [ˈvɒləntərɪlɪ y EE UU ˌvɒlənˈterəlɪ] *adv* voluntariamente.
voluntary [ˈvɒləntərɪ] *adj* voluntario.
volunteer [ˌvɒlənˈtɪər] *n c* **1** voluntario (persona que colabora desinteresadamente). ● *tr* & *intr* **2** ofrecerse (a hacer algo). ● *intr* **3** MIL alistarse.
vomit [ˈvɒmɪt] *n u* **1** vómito. ● *tr* & *intr* **2** vomitar.
vote [vəʊt] *n c* **1** voto (gen). **2** votación (expresión de voluntad elección, resultado). ● *tr* & *intr* **3** votar.
voting [ˈvəʊtɪŋ] *n u* votación.
vouch [vaʊtʃ] *intr* **to ~ for sb/sth** responder por (persona); asegurar, responder de (carácter, autenticidad).
voucher [ˈvaʊtʃər] *n c* **1** *GB* vale, bono (cupón). **2** justificante (resguardo).
vow [vaʊ] *n c* **1** voto, promesa solemne. ● **vows** *n pl* **2** REL votos. ● *tr* **3** jurar.
vowel [vaʊəl] *n c* **1** vocal. ● *adj* **2** vocálico.
voyage [ˈvɔɪɪdʒ] *n c* viaje, travesía (por mar); viaje largo.
vs (*abbrev* **versus**) *prep* → versus.
vulgar [ˈvʌlgər] *adj* vulgar, de mal gusto (feo, cursi); ordinario, grosero (desvergonzado).
vulnerable [ˈvʌlnərəbl] *adj* **~ (to)** vulnerable (a).
vulture [ˈvʌltʃər] *n c* ZOOL buitre.

Ww

w, W ['dʌblju:] *n c* **1** w, W (letra). ● **W** *n u* **2** (*abbrev* **west**) O.
wad [wɒd] *n c* **1** taco (de papel); bola (de tabaco, algodón). **2** fajo (documentos).
waddle ['wɒdl] *intr* andar como pato.
wade [weɪd] *intr* **1** vadear. **2** cruzar (río, agua). ◆ **to ~ through** (fig) leer con dificultad (un texto complicado); hacer sin interés (un trabajo, planchar); **wading pool** *EE UU* piscina para niños.
wafer ['weɪfər] *n c* **1** barquillo (de helado). **2** REL hostia.
waffle ['wɒfl] *n c & u* **1** GAST gofre. **2** *GB* (infml) palabrería; paja (en un escrito). ● **to ~ (on)** *intr* **3** *GB* (infml) parlotear, enrollarse (en un discurso); meter mucha paja en un escrito).
waft [wɑ:ft y EE UU wæft] *intr* **to ~ (up/along)** flotar en el aire (humo, olor).
wag [wæg] (*pt* y *pp* **wagged**, *ger* **wagging**) *tr & intr* menear(se), agitar(se).
wage [weɪdʒ] *n c* **1** salario (gen); jornal (diario). ● **wages** *n pl* **2** salario. ◆ **~ earner** asalariado; **~ packet** sobre de pago; paga (retribución).
wager ['weɪdʒər] *n c* (fml) apuesta.
waggle ['wægl] *tr & intr* menear(se).
wagon or **waggon** ['wægən] *n c* **1** carro (tirado por caballo). **2** *GB* vagón (en un tren).
wail [weɪl] *n c* **1** gemido, lamento. ● *intr* **2** gemir, lamentarse.
waist [weɪst] *n c* cintura, talle.
waistcoat ['weɪstkəʊt] *n c GB* chaleco.
waistline ['weɪstlaɪn] *n c* **1** → waist. **2** (fig) línea.
wait [weɪt] *n c* **1** espera. ● *intr & pron* **2** esperar. ◆ **to ~ for** esperar; **to ~ on** *EE UU* servir comida a (una persona, una mesa); **to ~ up** quedarse levantado esperando. ■ **(just) you ~!** ¡me las pagarás!; **to ~ and see** esperar a ver lo que pasa; **~ a moment/minute/second!** ¡un momentito! ¡espera (un momento)!
waiter ['weɪtər] *n c* camarero; mesero (Amér.).
waiting ['weɪtɪŋ] *adj* de espera, a la espera. ◆ **~ list** lista de espera; **~ room** sala de espera.
waitress ['weɪtrɪs] *n c* camarera; mesera (Amér.).
waive [weɪv] *tr* JUR (fml) suspender, no aplicar (ley, regla, derecho).
wake ['weɪk] (*pt* **woke**, *pp* **woken**) *tr & intr* **to ~ (up) 1** despertar(se). ● *n c* **2** estela (de un barco).
waken ['weɪkən] *tr & intr* (fml) despertar.
Wales [weɪlz] *n sing* Gales.
walk [wɔ:k] *n c* **1** paseo (vuelta); caminata (excursión a pie). **2** paseo, alameda (avenida). ● *n sing* **3** andar, paso (manera de caminar). ● *intr* **4** andar, caminar (moverse a pie); pasear (por placer). ● *tr* **5** andar por (calles); recorrer a pie (distancia). **6** acompañar andando a (persona); pasear a (perro). ◆ **~ of life** (fig) profesión, esfera: *people from all walks of life = gente de toda condición*; **to ~ away from** alejarse de, dejar (persona, lugar); salir sano y salvo de (accidente); **to ~ into** entrar en (una habitación, un lugar); caer en (una trampa); chocar con (colisionar); tropezar con (encontrarse con); **to ~ out (of)** salirse, abandonar; **to ~ out on** dejar plantado a, abandonar a (persona). ■ **to go for/to have/to take a ~** dar un paseo.
walker ['wɔ:kər] *n c* paseante, caminante.
walkie-talkie [ˌwɔ:kɪ'tɔ:kɪ] (*pl* **walkie-talkies**) *n c* walkie-talkie.
walking ['wɔ:kɪŋ] *n u* andar, senderismo (por afición); marcha (deporte). ◆ **~ stick** bastón.
Walkman® ['wɔ:kmən] (*pl* **Walkmans**) *n c* walkman®.
walkout ['wɔ:kaʊt] *n c* **1** retirada (de una reunión, conferencia). **2** huelga.
walkover ['wɔ:kəʊvər] *n c* SP victoria arrolladora.
walkway ['wɔ:kweɪ] *n c* pasadizo (entre edificios); pasarela (elevada).

wall [wɔ:l] *n c* **1** pared (interior, anatomical); muro (exterior). **2** muralla (de una ciudad); tapia (de jardín).
wallet [ˈwɒlɪt] *n c* cartera, billetera.
wallflower [ˈwɔ:lˌflaʊər] *n c* BOT alhelí.
wallop [ˈwɒləp] *n c* **1** (infml) torta (de persona). • *tr* **2** (infml) pegar una torta a (persona); golpear fuerte (el balón).
wallow [ˈwɒləʊ] *intr* revolcarse.
wallpaper [ˈwɔ:lˌpeɪpər] *n u* **1** papel pintado. • *tr* **2** empapelar (pared).
wally [ˈwɒlɪ] (*pl* **wallies**) *n c GB* (infml) imbécil.
walnut [ˈwɔ:lnʌt] *n c* & *u* **1** nuez. **2** nogal (madera). ◆ ~ **tree** BOT nogal.
walrus [ˈwɔ:lrəs] (*pl* **walrus** o **walruses**) *n c* ZOOL morsa.
waltz [wɔ:ls y EE UU wɔ:lts] *n c* **1** vals. • *intr* **2** bailar el vals.
wan [wɒn] *adj* (lit) pálido (piel, cara); triste (expresión).
wand [wɒnd] *n c* **1** varita mágica. **2** COMPUT lector de código de barras.
wander [ˈwɒndər] *intr* **to ~ (about) 1** vagar, errar (persona, animal); serpentear (carretera, río). **2** (fig) perderse, divagar (mente).
wane [weɪn] *intr* **1** menguar (luna). **2** ir disminuyendo, decaer (entusiasmo, influencia). ■ **on the ~** en declive, en el ocaso (en retroceso); en cuarto menguante (luna).
wangle [ˈwæŋgl] *tr* (infml) conseguir (agenciarse).
want [wɒnt] *n c* & *u* **1** carencia, falta (ausencia). **2** carestía, estado de necesidad (pobreza). **3** (fml) necesidad. • *tr* **4** querer, desear (ansiar). **5** (infml) necesitar, requerir. **to ~ doing 6** (infml) hace falta hacer: *the car wants washing = hace falta lavar el coche*. ■ **for ~ of** a falta de; **to be wanted (by)** ser buscado (por) (las autoridades, la policía).
wanton [ˈwɒntən] *adj* injustificable, inexplicable.
war [wɔ:r] *n c* & *u* guerra.
ward [wɔ:d] *n c* **1** sala, sección, ala. **2** niño en custodia.
warden [ˈwɔ:dn] *n c* **1** guarda, guardián. **2** *EE UU* director (de prisión).
warder [ˈwɔ:dər] *n c GB* guardián, carcelero.
wardrobe [ˈwɔ:drəʊb] *n c* **1** armario, guardarropa (mueble). **2** guardarropía, ropa. **3** THEAT vestuario.
warehouse [ˈweəhaʊs] *n c* almacén, depósito.
wares [weəz] *n pl* (lit) baratijas, artículos de venta.
warfare [ˈwɔ:feər] *n u* guerra.
warhead [ˈwɔ:hed] *n c* MIL cabeza explosiva.
warlord [ˈwɔ:lɔ:d] *n c* señor de la guerra.
warm [wɔ:m] *adj* **1** templado, caliente (tibio). **2** de abrigo (ropa. **3** (fig) sentido, sincero (sentimientos). **4** (fig) cálido, de corazón (agradecimiento, aplauso). **5** (fig) alegre, sugestivo (color, sonido, voz). • *intr* **6** calentarse. ◆ **to ~ up** calentar, hacer entrar en calor; calentar, recalentar (comida); animar, motivar, dar vida (audiencia, clase). ■ **to ~ to/towards sb** caer bien a alguien; **to ~ to/towards sth** interesarse, entusiasmarse por algo.
warm-hearted [ˌwɔ:mˈhɑ:tɪd] *adj* afectivo, cariñoso.
warmly [ˈwɔ:mlɪ] *adv* cálidamente, con entusiasmo.
warmth [wɔ:mθ] *n u* **1** calor. **2** entusiasmo.
warm-up [ˈwɔ:mʌp] *n c* preparación, puesta a punto (previos a una competición deportiva).
warn [wɔ:n] *tr* & *intr* avisar, advertir, prevenir.
warning [ˈwɔ:nɪŋ] *n c* advertencia, aviso.
warp [wɔ:p] *intr* **1** alabearse, torcerse, combarse (madera). • *tr* **2** (fig) afectar, condicionar, influir. • *n sing* **3** urdimbre (tejido).
warrant [ˈwɒrənt y EE UU ˈwɔ:rənt] *n c* & *u* **1** JUR mandamiento, orden. • *tr* **2** (fml) justificar, autorizar. **3** (fml) garantizar.
warranty [ˈwɒrəntɪ y EE UU ˈwɔ:rəntɪ] *n c* COM garantía.
warren [ˈwɒrən y EE UU ˈwɔ:rən] *n c* madriguera, conejera.
warrior [ˈwɒrɪər y EE UU ˈwɔ:rɪər] *n c* (fml) guerrero, combatiente.
warship [ˈwɔ:ʃɪp] *n c* buque de guerra.
wart [wɔ:t] *n c* verruga.
wartime [ˈwɔ:taɪm] *n u* tiempo de guerra.
wary [ˈweərɪ] *adj* cauto, cauteloso.

was [wɒz] *pt* → be.
wash [wɒʃ y EE UU wɔːʃ] *n c* **1** lavado. **2** *EE UU* colada. ● *tr & intr* **3** lavar(se) (gen). **to ~ (against/over) 4** (lit) chapotear, romper, batir (agua). ◆ **to ~ away** arrasar, destruir (arrastrar); **to ~ off** limpiar, quitar, eliminar; **to ~ out** quitar manchas, limpiar; interrumpir, suspender; **to ~ up** fregar (los platos); lavarse (el cuerpo).
washable [ˈwɒʃəbl] *adj* lavable.
washbasin [ˈwɒʃˌbeɪsn y EE UU ˈwɒʃˌbəʊl] (*EE UU* **washbowl**) *n c* lavabo.
washcloth [ˈwɒʃklɒθ] *n c EE UU* manopla.
washer [ˈwɒʃər y EE UU ˈwɔːʃər] *n c* **1** TECH arandela, zapata. **2** (infml) lavadora.
washing [ˈwɒʃɪŋ y EE UU ˈwɔːʃɪŋ] *n c & u* **1** lavado (acto). **2** ropa, colada. ◆ **~ machine** lavadora; **~ powder** jabón, detergente.
washing-up [ˌwɒʃɪŋˈʌp] *n u GB* fregado: *who is doing the washing-up?* = *¿quién va a fregar los platos?*
washout [ˈwɒʃaʊt] *n c* (infml) fracaso, ruina.
washroom [ˈwɒʃrʊm] *n c EE UU* lavabo, servicio.
wasn't [ˈwɒznt] *pp* (contr de *was* + *not*) → be.
wasp [wɒsp] *n c* ZOOL avispa.
WASP or **Wasp** [wɒsp] (*abbrev* **White Anglo-Saxon Protestant**) *adj & n c EE UU* (pej) *(persona) de origen anglosajón, blanco, protestante y de clase social privilegiada.*
wastage [ˈweɪstɪdʒ] *n u* derroche, despilfarro.
waste [weɪst] *n u* **1** pérdida (de tiempo, de dinero). **2** residuos, desperdicios (industriales, radiactivos). ● *tr* **3** derrochar, malgastar (talento, esfuerzo, tiempo). **4** desperdiciar, dejar pasar (una oportunidad). ◆ **~ disposal** tratamiento de residuos; **~ paper** papeles, basura; **to ~ away** decaer, languidecer.
wastebasket [ˈweɪstbɑːskɪt] *n c EE UU* papelera.
wasteful [ˈweɪstfʊl] *adj* derrochador, despilfarrador.
watch [wɒtʃ] (*pl* **watches**) *n c* **1** reloj. **2** guardia, vigilancia. ● *tr & intr* **3** mirar, observar (contemplar). **4** ver (televisión). **5** vigilar, cuidar (guardar). ◆ **to ~ for** esperar, buscar; **to ~ out for** buscar; tener cuidado; **to ~ over** guardar, proteger. ■ **on the ~** en guardia; **~ out!** ¡cuidado!
watchdog [ˈwɒtʃdɒg] *n c* **1** perro guardián. **2** (fig) vigilante, inspector.
watchful [ˈwɒtʃfʊl] *adj* vigilante, observador.
watchmaker [ˈwɒtʃˌmeɪkər] *n c* relojero.
watchman [ˈwɒtʃmən] (*pl* **watchmen**) *n c* vigilante.
water [ˈwɔːtər] *n u* **1** agua. ● *tr* **2** regar (jardín, cultivos). **3** aguar, añadir agua (vino). ● *intr* **4** hacer llorar los ojos. **5** hacerse la boca agua. ◆ **~ bottle** cantimplora; **~ closet** (fml) lavabo, aseo; **~ lily** BOT nenúfar; **~ main** tubería principal; **~ polo** SP waterpolo.
watercolour [ˈwɔːtəˌkʌlər] (*EE UU* **watercolor**) *n c* acuarela.
watercress [ˈwɔːtəkres] *n u* BOT berro.
waterfall [ˈwɔːtəfɔːl] *n c* cascada, salto de agua.
watering can [ˈwɔːtərɪŋkæn] *n c* regadera.
waterline [ˈwɔːtəlaɪn] *n c* línea de flotación.
waterlogged [ˈwɔːtəlɒgd y EE UU ˈwɔːtəlɔːgd] *adj* empapado, inundado.
watermark [ˈwɔːtəmɑːk] *n c* **1** filigrana (en papel). **2** marca, señal del nivel del agua.
watermelon [ˈwɔːtəˌmelən] *n c & u* sandía.
waterproof [ˈwɔːtəpruːf] *adj & n c* **1** impermeable. ● *tr* **2** impermeabilizar.
water-resistant [ˈwɔːtərɪˌzɪstənt] *adj* resistente al agua.
water-ski [ˈwɔːtəskiː] (*pl* **water skis**) *n c* esquí acuático.
water-skiing [ˈwɔːtəˌskiːɪŋ] *intr* SP esquí acuático.
watertight [ˈwɔːtətaɪt] *adj* **1** hermético. **2** (fig) irrecusable, lógico.
waterway [ˈwɔːtəweɪ] *n c* vía fluvial.
waterworks [ˈwɔːtəwɜːks] *n pl* sistema de abastecimiento de agua.
watery [ˈwɔːtərɪ] *adj* **1** aguado, acuoso (bebida). **2** de color pálido.
watt [wɒt] *n c* vatio.
wave [weɪv] *n c* **1** ola. **2** ademán, movimiento (de mano). **3** oleada, corriente

(de actividad, sentimiento). **4** PHYS, RAD onda. • **to ~ (at)** *tr* & *intr* **5** saludar con la mano (para expresar saludoo despedida). **6** ondear (flag, arm).

wavelength [ˈweɪvleŋθ] *n c* PHYS, RAD longitud de onda.

waver [ˈweɪvər] *intr* **1** desfallecer, flaquear (debilitarse). **2** vacilar, dudar, oscilar. **3** debilitarse, parpadear (una luz).

wavy [ˈweɪvɪ] *adj* ondulado, ondulante.

wax [wæks] *n u* **1** cera, cerumen. • *tr* **2** encerar, dar cera. ■ **~(ed) paper** papel encerado.

waxwork [ˈwækswɑːk] *n c* **1** figura de cera. • **waxworks** *n pl* **2** museo de cera.

way [weɪ] *n c* **1** camino, ruta (a seguir). **2** dirección (destino). **3** manera, modo (método, estilo). **4** distancia (cerca, lejos). **5** aspecto, punto de vista (ángulo). **6** opinión, actitud. ♦ **~ of life** estilo de vida. ■ **by the ~** por cierto; **by ~ of** a modo de; **either ~** de una u otra forma, en cualquier caso; **in no ~/not in any ~** en absoluto; **to lose one's ~** perderse; **no ~** (infml) no, ni hablar; **one ~ or another/the other** de todas formas, en cualquier caso; **on the ~ (of)/along the ~ (of)** en el transcurso (de), durante el proceso (de); **that ~/this ~** así, de esa/esta manera; **the other ~ round** al revés; **to be on one's ~** estar de camino; **to be on the ~/on its ~** estar a punto de llegar; **to give ~** ceder el paso; rendirse.

waylay [weɪˈleɪ, *pt* y *pp* weɪˈleɪd] (*pt* y *pp* **waylaid**) *tr* salir al paso de, abordar (gente).

wayward [ˈweɪwəd] *adj* incorregible.

WC [ˌdʌbljuːˈsiː] (*abbrev* **water closet**) *n c* servicio, lavabo, aseo.

we [wiː] *pron* nosotros: *we study English = nosotros estudiamos inglés.*

weak [wiːk] *adj* **1** débil (gen). **2** frágil (que se rompe fácilmente). **3** flojo, deficiente (defectuoso). **4** tenue, mortecino (luz). **5** inconsistente, poco convincente (excusas, argumentos).

weaken [ˈwiːkən] *tr* & *intr* **1** debilitar(se). **2** ablandarse, ceder (a las presiones, súplicas).

weakling [ˈwiːklɪŋ] *n c* persona enfermiza.

weakness [ˈwiːknɪs] *n c* & *u* debilidad.

wealth [welθ] *n u* **1** riqueza (dinero, propiedad). • **a ~ of** *n sing* **2** (fml) abundancia de.

wealthy [ˈwelθɪ] *adj* rico.

wean [wiːn] *tr* destetar.

weapon [ˈwepən] *n c* arma.

weaponry [ˈwepənrɪ] *n u* armamento, armas.

wear [weər] (*pt* **wore**, *pp* **worn**) *tr* **1** llevar (puesto) (ropa). • *n u* **2** uso (ropa): *a suit for everyday wear = un traje para uso diario.* **3** desgaste, deterioro (a causa del uso). **4** ropa. ♦ **to ~ sth/sb down** reducir, debilitar (disminuir); **to ~ off** desaparecer; **to ~ sth/sb out** destrozar, dejar para el arrastre.

> ***Wear*** se usa para hablar de ropa y calzado, perfumes, gafas y maquillaje: *I used to wear glasses = antes llevaba gafas.* ***Carry*** se refiere a objetos que generalmente llevamos en las manos o en los brazos: *she carried the bags into the kitchen = llevó las bolsas a la cocina.*

weary [ˈwɪərɪ] *adj* **1** cansado, agotado. **2** aburrido, harto (molesto).

weasel [ˈwiːzl] *n c* ZOOL comadreja.

weather [ˈweðər] *n u* **1** tiempo: *what's the weather like? = ¿qué tiempo hace?* • *tr* **2** (fig) aguantar, hacer frente superar). ■ **under the ~** (infml) ligeramente indispuesto (sentirse mal); **~ forecast** pronóstico meteorológico.

weather-beaten [ˈweðəˌbiːtn] *adj* curtido por el tiempo (rostro).

weathercock [ˈweðəkɒk] *n c* veleta.

weatherman [ˈweðəmæn] (*pl* **weathermen**) *n c* hombre del tiempo.

weathervane [ˈweðəveɪn] *n c* veleta.

weave [wiːv] (*pt* **weaved** o **wove**, *pp* **woven**) *tr* **1** tejer (un tejido). **2** urdir, tramar (plan, complot). • *intr* **3** abrirse paso, avanzar. • *n c* **4** tejido.

weaver [ˈwiːvər] *n c* tejedor.

web [web] *n c* **1** telaraña. **2** (fig) red, entramado (sarta). ♦ **the Web** COMPUT la Web (World Wide Web); **Web page** COMPUT página Web; **Web site** COMPUT sitio (Web).

wed [wed] (*pt* y *pp* **wedded** o **wed**) *tr* & *intr* (lit) casarse.

we'd [wɪd] *contr* **1** (contr de *we + had*) → have. **2** (contr de *we + would*) → would.
wedding ['wedɪŋ] *n c* boda.
wedge [wedʒ] *n c* **1** cuña, calce. **2** porción, pedazo (de queso o pastel). • *tr* **3** acuñar, calzar.
Wednesday ['wenzdɪ] *n c & u* miércoles.
wee [wi:] *adj* **1** (infml) pequeño, diminuto (en Escocia). • *n u* **2** (infml) pipí. • *intr* **3** (infml) hacer pipí.
weed [wi:d] *n c* **1** mala hierba. **2** *GB* enclenque, pasmarote.
weedkiller ['wi:dˌkɪlər] *n c* herbicida.
weedy ['wi:dɪ] *adj* **1** cubierto de hierbas (suelo). **2** escuálido, enclenque (persona).
week [wi:k] *n c* semana.
weekday ['wi:kdeɪ] *n c* día laborable.
weekend [ˌwi:k'end y EE UU 'wi:kend] *n c* fin de semana.
weekly ['wi:klɪ] *adj* **1** semanal. • *adv* **2** semanalmente. • *n c* **3** semanario.
weep [wi:p] (*pt* y *pp* **wept**) *intr & pron* (lit) llorar.
weeping willow ['wi:pɪŋˌwɪləʊ] *n c* sauce llorón.
weigh [weɪ] *tr & intr* pesar. ◆ **to ~ out** pesar. ■ **to be weighed down** estar rendido o vencido.
weight [weɪt] *n c & u* **1** peso (gen). **2** pesa (pieza de peso). ■ **to lose ~** perder peso; **to pull one's ~** arrimar el hombro; **to put on/gain ~** engordar.
weighted ['weɪtɪd] *adj* **~ in favour of** inclinado, favorable.
weighting ['weɪtɪŋ] *n u GB* gratificación, plus.
weightlifter ['weɪtlɪftər] *n c* SP halterófilo, levantador de pesas.
weightlifting ['weɪtlɪftɪŋ] *n u* SP halterofilia.
weighty ['weɪtɪ] *adj* **1** pesado, gravoso. **2** (fml) serio, grave.
weir [wɪər] *n c* presa.
weird [wɪəd] *adj* extraño, raro.
welcome ['welkəm] *adj* **1** bienvenido. • *n c* **2** bienvenida. • *tr* **3** dar la bienvenida. **4** aceptar, admitir. • *interj* **5** ¡bienvenido!: *welcome back! = ¡bienvenido de vuelta!* ■ **you're ~** *EE UU* de nada, no hay de qué.
weld [weld] *n c* **1** soldadura. • *tr* **2** soldar.
welfare ['welfeər] *n u* **1** bienestar. **2** asistencia social, beneficencia pública. **3** *EE UU* seguridad social. ◆ **~ state** estado del bienestar.
well [wel] *adv* **1** bien. **~ + adj 2** ciertamente, absolutamente: *well aware of our limitations = absolutamente conscientes de nuestras limitaciones.* • *adj* **3** bien: *I'm well, thank you = estoy bien, gracias.* • *n c* **4** pozo: *well water = pozo de agua.* • *interj* **5** bueno: *well, you do surprise, me! = ¡vaya!, realmente me sorprendes, well, here we are at last! = ¡bueno!, por fin estamos aquí.* ◆ **to ~ over** rebasar. ■ **as ~** también, asimismo; **as ~ as** además de, tanto como, al igual que. **how ~** qué tal, cómo: *how well are they doing? = ¿qué tal les va?*; **to be ~ in (with)** (infml) llevarse muy bien, ser muy amigo; **~ enough** bastante, bastante bien: *I like it well enough = me gusta bastante.*
we'll [wi:l] *contr* **1** (contr de *we + shall*) → shall. **2** (contr de *we + will*) → will.
well-advised [ˌweləd'vaɪzd] *adj* sensato, prudente.
well-behaved [ˌwelbɪ'heɪvd] *adj* **1** formal, educado (persona). **2** manso, obediente (animal).
well-being [ˌwel'bi:ɪŋ] *n u* bienestar, prosperidad.
well-bred [ˌwel'bred] *adj* educado, cortés.
well-built [ˌwel'bɪlt] *adj* robusto, fornido.
well done [ˌwel'dʌn] *adj* bien hecho.
well-dressed [ˌwel'drest] *adj* bien vestido.
well-earned [ˌwel'ɜ:nd] *adj* merecido, bien ganado.
well-heeled [ˌwel'hi:ld] *adj* (infml) rico, acomodado.
wellington ['welɪŋtən] *n c* (normalmente *pl*) bota de goma.
well-kept [ˌwel'kept] *adj* bien cuidado, bien conservado.
well-known [ˌwel'nəʊn] *adj* muy conocido, famoso.
well-mannered [ˌwel'mænəd] *adj* educado, cortés.
well-meaning [ˌwel'mi:nɪŋ] *adj* bienintencionado, de buen corazón.

well-nigh ['welnaɪ] *adj* (fml) casi, prácticamente.
well-off [ˌwel'ɒf] *adj* **1** rico, acomodado. **2** bien surtido.
well-read [ˌwel'red] *adj* muy leído, culto.
well-rounded [ˌwel'raʊndɪd] *adj* **1** (euph) gordito, rellenito. **2** amplio, variado, completo.
well-timed [ˌwel'taɪmd] *adj* oportuno, a su debido tiempo.
well-to-do [ˌweltə'du:] *adj* rico, acomodado.
well-wisher ['welˌwɪʃər] *n c* persona amiga.
Welsh [welʃ] *adj* **1** galés. • *n u* **2** galés (idioma).
Welshman ['welʃmən] (*pl* **Welshmen**) *n c* galés.
Welshwoman ['welʃwumən] (*pl* **Welshwomen**) *n c* galesa.
welterweight ['weltəweɪt] *n c* SP (peso) wélter (en boxeo).
went [went] *pt* → go.
wept [wept] *pt* & *pp* → weep.
were [wɜ:r] *pt* → be.
we're [wɪə] *contr* (contr de *we* + *are*) → be.
weren't [wɜ:nt] *contr* (contr de *were* + *not*) → be.
west [west] *adj* **1** oeste, occidental. • *adv* **2** hacia el oeste, dirección oeste. • *n sing* **3** oeste, occidente.
westbound ['westbaʊnd] *adj* hacia el oeste, en dirección oeste.
western ['westən] *adj* **1** occidental, del oeste. • *n c* **2** CIN película del oeste.
westward ['westwəd] *adj* **1** oeste, hacia el oeste. • *adv* **2** → westwards.
westwards ['westwədz] *adv* hacia el oeste, rumbo oeste.
wet [wet] (*pt* y *pp* **wetted** o **wet**, *ger* **wetting**) *tr* **1** humedecer. • *adj* **2** húmedo (gen). **3** húmedo, lluvioso (tiempo atmosférico). **4** lloroso (ojos). **5** (infml) débil, flojo, apocado (persona).
wet-suit ['wetsu:t] *n c* traje de submarinista.
we've [wi:v] *contr* (contr de *we* + *have*) → have.
whack [wæk] *n c* **1** golpe. **~ (at) 2** tentativa, intentona. • *tr* **3** (infml) golpear, pegar.
whale [weɪl] *n c* ZOOL ballena.
wharf [wɔ:f, *pl irreg* wɔ:vz] (*pl* **warfs** o **wharves**) *n c* muelle, embarcadero.
what [wɒt] *indef adj* **1** cuanto, todo cuanto: *I've spent what money I had = he gastado cuanto dinero tenía.* • *pron interr* **2** qué, cuál: *what do you think? = ¿qué piensas?* • *rel pron* **3** lo que: *what you need is rest = lo que necesitas es descanso.* ■ **so ~?/~ of it?** (infml) ¿y qué?; **~ about/~ of...?** y qué hay de/qué pasa con...
whatever [wɒt'evər] *indef adj* **1** todo, cualquier: *he gave up whatever hopes he might have had = abandonó cualquier esperanza que pudiera tener.* **2** cualquiera, no importa cómo: *he's always there, whatever the weather = siempre está ahí haga el tiempo que haga.* • *indef pron* **3** todo lo que, cualquier cosa que: *I read whatever I could find = leí todo lo que pillé.* **4** lo que, en cualquier circunstancia: *I'll call you whatever happens = te llamaré pase lo que pase.* • *pron interr* **5** qué, cuál: *whatever is the matter? = pero ¿qué es lo que pasa?* • *adv* **6** absolutamente, en absoluto.
whatsoever [ˌwɒtsəʊ'evər] *adv* absolutamente, en absoluto.
wheat [wi:t] *n u* trigo.
wheedle ['wi:dl] *tr* **1** sonsacar. **to ~ (into) 2** engatusar, convencer.
wheel [wi:l] *n c* **1** rueda. **2** volante. • *tr* **3** rodar, empujar. • *intr* **4** girar, virar, volverse.
wheelbarrow ['wi:lˌbærəʊ] *n c* carretilla.
wheelchair [ˌwi:l'tʃeər] *n c* silla de ruedas.
wheeze [wi:z] *n c* **1** resuello, jadeo. • *intr* **2** respirar con dificultad, resollar.
whelk [welk] *n c* ZOOL buccino, caracol de mar.
whelp [welp] *n c* **1** cachorro. • *intr* **2** (fml) parir (en animales).
when [wen] *interr adv* **1** cuándo: *when did she come? = ¿cuándo ha llegado?* • *adv rel* **2** cuando, en que: *it is the day when nobody comes = es el día en que nadie viene.* • *conj* **3** cuando: *he left school when he was eleven = dejó el colegio cuando tenía once años.*
whenever [wen'evər] *conj* siempre que, cuando, cada vez que: *it leaks whenever it rains = se hacen goteras siempre que llueve.*

where [weər] *interr adv* **1** dónde. • *adv rel* **2** donde. • *conj* **3** donde: *put it where we can all see it = póngalo donde todos podamos verlo.*

whereabouts [ˈweərəbaʊts] *n c* **1** localización, paradero. • *interr adv* **2** dónde, por dónde.

whereas [weərˈæz] *conj* (fml) pero, por el contrario: *they want a flat, whereas we're looking for a house = ellos quieren un piso, nosotros, por el contrario, buscamos una casa.*

whereby [weəˈbaɪ] *adv rel* con el que, de acuerdo con el cual: *a plan whereby they might save money = un plan con el que ahorrarían dinero.*

whereupon [weərʌpˈɒn] *conj* (fml) después de lo cual.

wherever [weərˈevər] *interr adv* **1** dónde: *wherever have you been? = ¿dónde te has metido?* • *conj* **2** dondequiera que, no importa dónde.

wherewithal [ˈweəwɪðɔːl] *n sing* (infml) medios, recursos.

whet [wet] (*pt* y *pp* **whetted**, *ger* **whetting**) *tr* **1** estimular, despertar. **2** (fml) afilar (herramienta).

whether [ˈweðər] *conj* **1** si: *I'm not sure whether I like it or not = no estoy seguro de si me gusta o no.* **2** aunque: *we'll play on Saturday whether it rains or not = jugaremos el sábado tanto si llueve como si no.*

> **Whether** e **if** se usan en preguntas indirectas que ofrecen distintas opciones o tienen un sí o un no por respuesta: *I asked whether/if he was leaving = le pregunté si se iba.* Con el verbo *to discuss*, después de una preposición y antes de infinitivos sólo se puede emplear ***whether*** seguido de ***to***: *I don't know whether to give them the present or wait = no sé si darles el regalo o esperar.*

which [wɪtʃ] *interr adj* **1** qué, cuál: *which way is quicker, by bus or by train? = ¿cómo es más rápido, en autobús o en tren?* • *pron interr* **2** qué, cuál, quién: *which of the boys is tallest? = ¿cuál de los chicos es el más alto?* • *rel pron* **3** que, el cual, la cual: *the awful conditions which exist in some prisons = las malas condiciones que se dan en algunas cárceles.* **4** lo cual: *it takes me an hour, which is not bad = tardo una hora, lo cual no está nada mal.*

whichever [wɪtʃˈevər] *indef adj* **1** el que, la que: *take whichever seat you like = tome el asiento que quiera.* • *indef pron* **2** cualquiera que.

whiff [wɪf] *n c* **1** soplo, bocanada. **2** (fig) indicio, señal.

while [waɪl] *n sing* **1** rato, tiempo. • *conj* **2** mientras, cuando: *she arrived while we were out shopping = llegó mientras estábamos de compras.* **3** (fml) aunque, aun cuando: *while I admit that I did it, I don't agree it was on purpose = aunque admito que lo hice yo, no estoy conforme en que fuera aposta.* **4** mientras que: *some children were working, while others were playing = algunos niños trabajaban, pero otros jugaban.*

whilst [waɪlst] *conj* (fml) → while.

whim [wɪm] *n c & u* capricho, antojo.

whimsical [ˈwɪmzɪkl] *adj* caprichoso.

whine [waɪn] *n c* **1** gemido, lloriqueo. • *intr* **2** (pej) gimotear, lloriquear.

whinge [wɪndʒ] *intr* (infml) quejarse.

whip [wɪp] (*pt* y *pp* **whipped**, *ger* **whipping**) *tr* **1** azotar. **2** batir, derrotar (en competiciones deportivas). • *n c* **3** látigo. **4** *batido dulce de huevos y fruta.* ◆ **to ~ up** comunicar, despertar (sentimientos de entusiasmo, pasión, odio); levantar, producir (polvo, olas).

whipped cream [ˈwɪptkriːm] *n u* nata montada.

whip-round [ˈwɪpraʊnd] *n c GB* (infml) colecta.

whirl [wɜːl] *n c* **1** giro, vuelta. • *intr* **2** girar, dar vueltas. • **to ~ (away/off)** *tr* **3** llevar, arrancar. ■ **in a ~** confuso.

whirlpool [ˈwɜːlpuːl] *n c* remolino, torbellino.

whirlwind [ˈwɜːlwɪnd] *adj* **1** muy rápido, relámpago. • *n c* **2** torbellino.

whirr [wɜːr] *n c* **1** zumbido, aleteo (de máquinas, insectos, pájaros). • *intr* **2** zumbar, runrunear.

whisk [wɪsk] *n c* **1** batidor (de huevos). • *tr* **2** agitar, batir (huevos). ◆ **to ~ (away/off)** llevar, trasladar (retirar).

whisker [ˈwɪskər] *n c* **1** barba, bigote (de animales). • **whiskers** *n pl* **2** patillas.
whisky [ˈwɪskɪ] (*pl* **whiskies**, *EE UU* **whiskey**) *n c* & *u* whisky.
whisper [ˈwɪspər] *n c* **1** susurro. • *intr* **2** susurrar.
whistle [ˈwɪsl] *n c* **1** silbido (sonido). **2** pito, silbato (instrumento). • *tr* & *intr* **3** silbar (melodía, expresión de sorpresa). **4** pitar (como protesta).
whit [wɪt] *n sing* lo más mínimo, en absoluto: *the place hasn't changed a whit* = *el lugar no ha cambiado lo más mínimo*. ◆ **Whit Sunday** Pentecostés.
white [waɪt] *adj* **1** blanco (gen). **2** con leche (café, té). • *n c* & *u* **3** blanco (color, persona). **4** clara (de huevo). **5** blanco (del ojo). ◆ **the White House** la Casa Blanca; ~ **lie** mentira piadosa, mentirijilla; ~ **sauce** bechamel; ~ **wedding** boda por la iglesia.
white-collar [ˌwaɪtˈkɒlər] *adj* de oficina, de cuello blanco. ◆ ~ **worker** oficinista.
white-hot [ˌwaɪtˈhɒt] *adj* incandescente.
whiten [ˈwaɪtn] *tr* & *intr* blanquear.
whitewash [ˈwaɪtwɒʃ] *tr* encalar.
whiting [ˈwaɪtɪŋ] *n c* & *u* ZOOL pescadilla.
Whitsun [ˈwɪtsn] *n u* REL Pentecostés.
whittle [ˈwɪtl] *tr* modelar, rebajar (madera). ◆ **to ~ away** reducir, debilitar; **to ~ down** achicar, desgastar (con una navaja); acortar, reducir (gradualmente).
whizz or **whiz** [wɪz] (*pl* **whizzes**) *n c* ~ **(at)** (infml) diestro, especialista. • **to ~ past** *intr* (infml) pasar zumbando.
whizz-kid [ˈwɪzkɪd] *n c* (infml) joven de éxito, triunfador.
who [hu:] *pron interr* **1** quién. • *rel pron* **2** que, quien: *the people who live next door* = *las personas que viven al lado*.
whodunit or **whodunnit** [ˌhu:ˈdʌnɪt] *n c* (infml) historia policíaca.
whoever [hu:ˈevər] *indef pron* **1** quienquiera que, cualquiera que: *whoever says that is a liar* = *quienquiera que diga eso es un mentiroso*. **2** quién: *whoever heard of such a thing!* = *¡y quién ha oído tal cosa!*
whole [həʊl] *adj* **1** todo, entero: *he ate the whole cake* = *se comió toda la tarta*. • *adv* **2** enteramente, completamente. • *n c* **3** todo, conjunto: *the three parts make a whole* = *las tres partes hacen un todo*. ■ **as a ~** como un todo; en general; **on the ~** en general, en conjunto. ◆ ~ **note** MUS redonda.
wholefood [ˈhəʊlfu:d] *n c* & *u* alimentos integrales.
wholehearted [ˌhəʊlˈhɑ:tɪd] *adj* entusiasta, incondicional.
wholemeal [ˈhəʊlmi:l] *adj* integral.
wholesale [ˈhəʊlseɪl] *adj* & *adv* al por mayor.
wholesaler [ˈhəʊlˌseɪlər] *n c* mayorista.
wholesome [ˈhəʊlsəm] *adj* sano, saludable.
wholewheat [ˈhəʊlwi:t] *adj EE UU* integral.
who'll [hu:l] *contr* (contr de *who* + *will*) → will.
whom [hu:m] *pron interr* **1** (fml) a quién: *whom do you represent?* = *¿a quién representa usted?* **prep + ~** **2** quién: *to whom should I deliver the message?* = *¿a quién he de enviar el recado?* • *rel pron* **3** a quien, al cual: *the writer whom we admire so much* = *el escritor a quien tanto admiramos*.
whooping cough [ˈhu:pɪŋkɒf] *n u* MED tos ferina.
whopping [ˈwɒpɪŋ] *adj* (infml) enorme, descomunal.
whore [hɔ:r] *n c* (vulg) puta.
whose [hu:z] *pron interr* **1** de quién: *whose book is this?* = *¿de quién es este libro?* • *rel pron* **2** cuyo: *the people whose situation is desperate* = *la gente cuya situación es desesperada*.
why [waɪ] *adv* **1** por qué: *why were you late?* = *¿por qué llegaste tarde?* • *conj* **2** por qué: *tell me why you did it* = *dime por qué lo hiciste*. • *interj* **3** *EE UU* cómo, toma, si: *why, there were five of us!* = *¡si éramos cinco!*
wick [wɪk] *n c* mecha, pábilo (de una vela). ■ **to get on sb's ~** *GB* (sl) fastidiar continuamente a alguien.
wicked [ˈwɪkɪd] *adj* **1** malo, malvado (persona). **2** (infml) horrible, desagradable (situación).
wicker [ˈwɪkər] *adj* **1** de mimbre. • *n u* **2** mimbre.
wickerwork [ˈwɪkəwɜ:k] *n u* cestería, artesanía del mimbre.

wicket [ˈwɪkɪt] *n u* SP rastrillo.
wide [waɪd] *adj* **1** ancho (gen): *a plank five inches wide = una tabla de cinco pulgadas de ancho.* **2** amplio (experiencia, conocimiento). **3** completamente abierto (ojos). • *adv* **4** lejos, desviado (fuera del blanco).
wide-angle [ˌwaɪdˈæŋgl] *adj* de gran angular (lens).
wide-awake [ˌwaɪdəˈweɪk] *adj* despierto.
widen [ˈwaɪdn] *tr* ensanchar, ampliar.
wide-ranging [ˌwaɪdˈreɪndʒɪŋ] *adj* de amplio alcance.
widespread [ˈwaɪdspred] *adj* amplio, generalizado.
widow [ˈwɪdəʊ] *n c* viuda.
widowed [ˈwɪdəʊd] *adj* enviudado.
widower [ˈwɪdəʊər] *n c* viudo.
width [wɪdθ] *n u* anchura.
wield [wiːld] *tr* empuñar, blandir.
wife [waɪf] (*pl* **wives**) *n c* esposa, mujer.
wig [wɪg] *n c* peluca.
wiggle [ˈwɪgl] *n c* **1** meneo. • *tr* **2** mover, menear.
wild [waɪld] *adj* **1** salvaje (gen); silvestre (planta). **2** revuelto, bravo (mar). **3** fiero, feroz (mirada, apariencia). **4** frenético, loco (entusiasta). **5** (infml) furioso, fuera de sí (sentimientos, comportamiento). **6** (infml) estupendo, insuperable (fantástico). ▪ **in the ~** en su entorno natural.
wildcat [ˈwaɪldkæt] *n c* ZOOL gato montés.
wildebeest [ˈwaɪldbiːst] (*pl* **wildebeest** o **wildebeests**) *n c* ZOOL ñu.
wilderness [ˈwɪldənɪs] *n c* desierto, tierra salvaje.
wildlife [ˈwaɪldlaɪf] *n u* vida salvaje.
wilful [ˈwɪlfʊl] (*EE UU* **willful**) *adj* **1** intencionado, deliberado (acción). **2** testarudo, de ideas fijas (persona).
will [wɪl] *modal* **1** *es el auxiliar del futuro*: *it will be good for you = será bueno para ti.* **2** *se emplea para expresar la capacidad de hacer algo*: *the car won't go = el coche no va.* **3** *indica que una situación suele repetirse*: *don't worry, these things will happen = no te preocupes, suele suceder.* **4** se usa en preguntas sobre la intencionalidad del interlocutor: *will you do me a favour? = ¿me quiere hacer un favor?* • *n c & u* **5** voluntad (gen). **6** testamento, últimas voluntades. ▪ **at ~** libremente, como a uno le plazca.
willful [ˈwɪlfʊl] *adj EE UU* → wilful.
willing [ˈwɪlɪŋ] *adj* **1** dispuesto, resuelto (preparado). **2** voluntarioso, diligente (entusiasta).
willow [ˈwɪləʊ] *n c* BOT sauce.
will-power [ˈwɪlˌpaʊər] *n u* fuerza de voluntad.
willy-nilly [ˌwɪlɪˈnɪlɪ] *adv* a la fuerza.
wilt [wɪlt] *intr* **1** marchitarse, debilitarse (planta). **2** languidecer (perder el coraje, el ánimo).
wily [ˈwaɪlɪ] *adj* astuto, mañoso.
wimp [wɪmp] *n c* (infml) cagueta, gallina.
win [wɪn] (*pt* y *pp* **won**) *tr* **1** ganar. • *n c* **2** victoria, triunfo. ▪ **to ~ sth back** recuperar, volver a ganar algo (con esfuerzo).
wince [wɪns] *n c* **1** estremecimiento (de dolor). • **to ~ (at)** *intr* **2** estremecerse, quedarse pasmado (ante algo desagradable).
winch [wɪntʃ] (*pl* **winches**) *n c* cabrestante, torno.
wind [wɪnd] *n c & u* **1** viento (gen). **2** aliento, respiración (de persona). **3** (infml) gases, flatulencia. • *tr* **4** (normalmente *pasiva*) dejar sin respiración. ▪ **to get ~ of** (infml) llegar a enterarse de algo.
wind [waɪnd] (*pt* y *pp* **wound**) *intr* **1** serpentear (río). • *tr* **2** enrollar, envolver (liar, bobinar). **3** dar cuerda (reloj); girar (llave). • *n c* **4** giro, vuelta. ♦ **to ~ back** rebobinar (cintas); • **to ~ forward** *tr* avanzar; **to ~ up** terminar, concluir (actividad); acabar en (una situación o lugar); poner nervioso (inquietar); liquidar (una empresa, un negocio).
windfall [ˈwɪndfɔːl] *n c* lluvia de dinero, golpe de fortuna.
winding [ˈwaɪndɪŋ] *adj* **1** tortuoso, sinuoso. **2** de caracol.
windmill [ˈwɪnmɪl] *n c* molino de viento.
window [ˈwɪndəʊ] *n c* **1** ventana. **2** escaparate (de una tienda).
window-box [ˈwɪndəʊbɒks] (*pl* **window-boxes**) *n c* jardinera.
window-frame [ˈwɪndəʊˌfreɪm] *n c* marco de ventana.

window-pane [ˈwɪndəʊˌpeɪn] *n c* cristal, panel de cristal.
window-shop [ˈwɪndəʊˌʃɒp] (*pt* y *pp* **window-shopped**, *ger* **window-shopping**) *intr* mirar escaparates.
window-sill [ˈwɪndəʊˌsɪl] *n c* alféizar.
windpipe [ˈwɪndpaɪp] *n c* ANAT tráquea.
windscreen [ˈwɪndskri:n] *n c GB* parabrisas. ♦ **~ wiper** limpiaparabrisas.
windshield [ˈwɪndʃi:ld] *n c EE UU* parabrisas.
windsurfer [ˈwɪndˌsɜ:fər] *n c* windsurfista.
windsurfing [ˈwɪndˌsɜ:fɪŋ] *n u* SP windsurf.
windswept [ˈwɪndswept] *adj* **1** barrido por el viento. **2** desaseado (persona).
windy [ˈwɪndɪ] *adj* **1** ventoso. **2** que produce gases (en el estómago).
wine [waɪn] *n u* vino. ■ **to ~ and dine sb** *invitar o agasajar a alguien en un buen restaurante.*
wine-bar [ˈwaɪnbɑ:r] *n c GB* bar.
wine-glass [ˈwaɪnglɑ:s] (*pl* **wine-glasses**) *n c* copa de vino.
wing [wɪŋ] *n c* **1** ala (gen). **2** *GB* guardabarros (de un vehículo). ● **wings** *n pl* **3** bastidores (en el teatro).
winger [ˈwɪŋər] *n c* SP ala, alero, extremo.
wink [wɪŋk] *n c* **1** guiño. ● *intr* **2** guiñar, hacer guiños (ojo).
winkle [ˈwɪŋkl] *n c* ZOOL bígaro.
winner [ˈwɪnər] *n c* ganador.
winning [ˈwɪnɪŋ] *adj* **1** ganador, vencedor. **2** atractivo, decisivo, irresistible (acciones o cualidades de una persona). ● **winnings** *n pl* **3** ganancias (de competiciones o apuestas).
winter [ˈwɪntər] *n c* & *u* invierno.
wintertime [ˈwɪntətaɪm] *n u* invierno.
wintry [ˈwɪntrɪ] *adj* **1** invernal, frío. **2** frío, distante (expresión o conducta de una persona).
wipe [waɪp] *n c* **1** lavado, fregado. ● *tr* **2** limpiar, pasar un paño. **3** secar, enjugar (con un trapo, con la mano). ♦ **to ~ away/off** quitar, limpiar; **to ~ out** (infml) barrer, eliminar, destruir.
wiper [ˈwaɪpər] *n c* limpiaparabrisas.
wire [waɪər] *n c* & *u* **1** alambre (gen). **2** cable (de electricidad, de teléfono). **3** *EE UU* telegrama. ● *tr* **4** unir, atar (con cable). **5** *EE UU* enviar un telegrama.
wiring [ˈwaɪərɪŋ] *n u* cableado, instalación eléctrica.
wiry [ˈwaɪərɪ] *adj* **1** enjuto y fuerte (persona). **2** nervudo (brazo). **3** tieso, áspero (pelo).
wisdom [ˈwɪzdəm] *n u* **1** sabiduría. **2** sensatez, prudencia. ♦ **~ tooth** muela del juicio.
wise [waɪz] *adj* **1** sabio. **2** prudente (juicioso). ■ **to get ~ to** *EE UU* (infml) descubrir, averiguar algo secreto.
wisecrack [ˈwaɪzkræk] *n c* broma, chiste.
wish [wɪʃ] (*pl* **wishes**) *n c* **1** deseo. ● *tr* & *intr* **2** desear. ■ **best wishes** muchos recuerdos (en una carta).
wishful thinking [ˌwɪʃfʊlˈθɪŋkɪŋ] *n u* buenos deseos, ilusiones.
wishy-washy [ˈwɪʃɪˌwɒʃɪ] *adj* **1** ligero, aguado. **2** (infml) sin convicción, sin entusiasmo.
wisp [wɪsp] *n c* **1** brizna, matojo (de hierba). **2** (lit) rastro, pista (de algo que apenas se ve, se oye o se percibe).
wistful [ˈwɪstfʊl] *adj* triste, melancólico.
wit [wɪt] *n c* & *u* **1** ingenio. **2** persona ingeniosa.
witch [wɪtʃ] (*pl* **witches**) *n c* bruja.
with [wɪð y wɪθ] *prep* **1** con (gen). **2** de, a causa de (debido a): *he was turning blue with cold = se estaba volviendo morado del frío.* ■ **to be ~ it** (infml) estar espabilado; **to be ~ sb** (fml) seguir, entender una explicación; **to get ~ it** (infml) ponerse a la última.
withdraw [wɪðˈdrɔ:] (*pt* **withdrew**, *pp* **withdrawn**) *tr* **1** retirar, sacar (dinero del banco). **2** retirar (algo dicho previamente). ● *intr* **3** marcharse; retirarse (las tropas).
withdrawal [wɪðˈdrɔ:əl] *n c* & *u* **1** retirada (gen). **2** reintegro (banco). ♦ **~ symptoms** síndrome de abstinencia.
withdrawn [wɪðˈdrɔ:n] *pp* **1** → withdraw. ● *adj* **2** introvertido, reservado.
withdrew [wɪðˈdru:] *pt* → withdraw.
wither [ˈwɪðər] *intr* debilitarse, marchitarse.
withhold [wɪðˈhəʊld, *pt* y *pp* wɪðˈhəld] (*pt* y *pp* **withheld**) *tr* negar, denegar.
within [wɪˈθɪn] *prep* **1** dentro de (gen). **2** dentro de (distancia): *within ten miles around = dentro de diez millas a la re-*

donda, within sight = hasta donde alcanza la vista. • *adv* **3** dentro: *the noise came from within = el ruido venía de dentro.* **4** (lit) internamente: *he felt a sort of hatred within = sintió internamente una suerte de odio.*

without [wɪˈðaʊt] *prep* sin.

withstand [wɪðˈstænd, *pt* y *pp* wɪðˈstʊd] (*pt* y *pp* **withstood**) *tr* (fml) aguantar, resistir.

witness [ˈwɪtnɪs] (*pl* **witnesses**) *n c* **1** testigo. • *tr* **2** ser testigo, presenciar (un accidente, cambios). **3** (fml) considerar, tener en cuenta (como apoyo de una argumentación). ■ **to bear ~ to** dar testimonio.

witness-box or **witness-stand** [ˈwɪtnɪsbɒks o ˈwɪtnɪsstænd] (*pl* **witness-boxes**) *n c* tribuna de testigos.

witticism [ˈwɪtɪsɪzəm] *n c* (fml) agudeza, gracia, ocurrencia.

witty [ˈwɪtɪ] *adj* ingenioso, agudo.

wives [waɪvz] *n pl* → wife.

wizard [ˈwɪzəd] *n c* mago, genio.

wobble [ˈwɒbl] *intr* tambalear, bambolear.

woe [wəʊ] *n c & u* (fml, lit) pesar, aflicción.

wok [wɒk] *n c* sartén.

woke [wəʊk] *pt* → wake.

woken [wəʊkən] *pp* → wake.

wolf [wʊlf] (*pl* **wolves**) *n c* ZOOL lobo.

wolves [wʊlvz] *n pl* → wolf.

woman [ˈwʊmən] (*pl* **women**) *n c* mujer.

womb [wu:m] *n c* ANAT matriz, útero.

women [ˈwɪmɪn] *n pl* → woman.

won [wʌn] *pt & pp* → win.

wonder [ˈwʌndər] *n u* **1** extrañeza, sorpresa, admiración. • *n c* **2** maravilla. • *tr* **3** preguntarse: *I wondered where to go = me preguntaba adónde ir.* • *intr* **4** dudar, poner en duda: *do you mean it? I just wonder = pongo en duda que sea ésa tu intención.* ■ **no/little/small ~** no es de extrañar.

wonderful [ˈwʌndəfʊl] *adj* maravilloso.

won't [wəʊnt] *contr* (contr de *will + not*) → will.

woo [wu:] *tr* **1** atraer, ganarse (apoyo, votos, amistad). **2** (arch) pretender, cortejar.

wood [wʊd] *n u* **1** madera. • *n c* **2** bosque. **3** SP *madera* (en golf).

wooded [ˈwʊdɪd] *adj* arbolado, boscoso.

wooden [ˈwʊdn] *adj* **1** de madera. **2** (pej) inexpresivo.

woodland [ˈwʊdlənd] *n c & u* bosque, monte.

woodpecker [ˈwʊdˌpekər] *n c* ZOOL pájaro carpintero.

woodwind [ˈwʊdwɪnd] *n c* **1** MUS *instrumento musical de madera y viento* (instrumento). **2** MUS sección de madera y viento (en una orquesta).

woodwork [ˈwʊdwɜ:k] *n u GB* carpintería.

wool [wʊl] *n u* lana.

woollen [ˈwʊlən] (*EE UU* **woolen**) *adj* **1** de lana, de punto. • **woollens** *n pl* **2** ropa de lana, géneros de punto.

woolly [ˈwʊlɪ] (*EE UU* **wooly**) *adj* **1** de lana. **2** (pej) oscuro, confuso, vago (ideas, planes). • *n c* **3** (infml) prenda de lana, jersey.

word [wɜ:d] *n c* **1** palabra (gen). **2** orden. • *tr* **3** expresar con palabras, redactar (escribir). ■ **by/through ~ of mouth** de palabra; **in one's own words** en sus propias palabras; **in other words** con otras palabras; **~ for ~** palabra por palabra, literalmente.

wording [ˈwɜ:dɪŋ] *n u* redacción, estilo.

word-processing [ˈwɜ:dˌprəʊsesɪŋ] *n u* COMPUT procesamiento de texto.

word-processor [ˈwɜ:dˌprəʊsesər] *n c* COMPUT procesador de texto.

wore [wɔ:r] *pt* → wear.

work [wɜ:k] *n u* **1** trabajo (gen). • *n c & u* **2** obra (resultado del trabajo). • *intr* **3** trabajar (gen). **4** funcionar (maquinaria); funcionar, tener éxito (ideas, sistema, espectáculo). **5** hacer efecto, surtir efecto (una medicina). **6** operar, jugar (a favor, en contra). **7** moverse (cuerpo, parte del cuerpo). • *tr* **8** calcular (hacer el proceso matemático). ◆ **~ basket** costurero; **~ of art** obra de arte; **to ~ out** calcular (el total); resolver, descifrar (problemas); concebir, diseñar (planes); resultar (turn out). ■ **to be at ~** estar en el trabajo; intervenir, estar en juego; **to go/set/get to ~** ponerse manos a la obra.

workable [ˈwɜ:kəbl] *adj* práctico, factible.

W

workaholic [ˌwɗ:kəˈhɒlɪk] *n c* (infml) adicto al trabajo.
workday [ˈwɗ:kdeɪ] *n c* **1** *EE UU* jornada laboral. **2** *EE UU* día laborable.
worker [ˈwɗ:kər] *n c* trabajador.
workforce [ˈwɗ:kfɔ:s] *n c* mano de obra (de una empresa).
working [ˈwɗ:kɪŋ] *adj* **1** trabajador, laboral. • **workings** *n pl* **2** mecánica. ◆ **~ class** clase obrera; **~ group/~ party** comisión de investigación.
workman [ˈwɗ:kmən] (*pl* **workmen**) *n c* trabajador, obrero.
workmanship [ˈwɗ:kmənʃɪp] *n u* realización, acabado.
workmate [ˈwɗ:kmeɪt] *n c* (infml) compañero de trabajo.
workmen [ˈwɗ:kmən] *n pl* → workman.
workout [ˈwɗ:kaʊt] *n c* entrenamiento, ejercicio físico.
workshop [ˈwɗ:kʃɒp] *n c* taller.
workstation [ˈwɗ:kjsteɪʃən] *n c* COMPUT estación de trabajo.
worktop [ˈwɗ:ktɒp] *n c* encimera.
work-to-rule [ˌwɗ:ktəˈru:l] *n c* huelga de celo.
world [wɗ:ld] *n sing* **1** mundo. • *adj* **2** mundial. ■ **to come into the ~** (lit) venir al mundo.
world-class [ˌwɗ:ldˈklɑ:s] *adj* de primera clase.
world-famous [ˌwɗ:ldˈfeɪməs] *adj* mundialmente conocido.
worldwide [ˌwɗ:ldˈwaɪd] *adj* **1** mundial. • *adv* **2** en todo el mundo.
worm [wɗ:m] *n c* **1** gusano, lombriz. • *intr* **2** arrastrarse, deslizarse, trepar. ◆ **to ~ sth out (of sb)** sonsacar algo (a alguien).
worn [wɔ:n] *pp* **1** → wear. • *adj* **2** gastado (por la edad o el uso excesivo). **3** viejo, demacrado (persona).
worn-out [ˌwɔ:nˈaʊt] *adj* **1** gastado, estropeado (cosa). **2** muy cansado, exhausto (persona).
worried [ˈwʌrɪd] *adj* preocupado, inquieto.
worry [ˈwʌrɪ] (*pt* y *pp* **worried**) *tr* & *intr* **1** preocupar(se). • *n c* & *u* **2** preocupación.
worrying [ˈwʌrɪɪŋ] *adj* preocupante.
worse [wɗ:s] *adj* & *adv* peor. ■ **for the ~** a peor; **to get ~** empeorar.
worsen [ˈwɗ:sn] *tr* & *intr* empeorar.
worship [ˈwɗ:ʃɪp] (*pt* y *pp* **worshipped**, *ger* **worshipping**) *tr* **1** adorar. • *n u* **2** culto.
worst [wɗ:st] *adj* & *adv* peor. ■ **at ~/at the ~** en el peor de los casos; **if the ~ comes to the ~** si las cosas se ponen muy feas.
worth [wɗ:θ] *adj* **1** de un valor, valorado (tasado): *the red car is worth a lot more = el coche rojo vale mucho más*. **2** que merece, que vale (la pena, el esfuerzo): *the city is well worth a visit = la ciudad bien merece una visita*. • *n u* **3** (fml) valía, mérito (que se atribuye a personas o cosas). ■ **for what it's ~** por si sirve de algo; **to be ~ it** valer la pena.
worthless [ˈwɗ:θlɪs] *adj* carente de valor, despreciable.
worthwhile [ˈwɗ:θwaɪl] *adj* que vale la pena, valioso.
worthy [ˈwɗ:ðɪ] *adj* digno.
would [wʊd, [wəd]] *modal* **1** *en lugar de will en enunciados de estilo indirecto*: *he said he would come later = dijo que vendría más tarde*. **2** *en expresiones de condiciones improbables*: *I would be surprised if he came = me sorprendería que viniera*. **3** *en expresiones de actitud favorable/desfavorable*: *some would do more for a dog than for a fellow = algunos harían más por un perro que por el prójimo*. **4** *referido a una actitud contraria y continuada*: *she wouldn't go, though she was asked to = no se marchó, aunque se lo pidieron*. **5** *en ofertas corteses*: *would you like a drink? = ¿te apetece tomar algo?* **6** (infml) *para sugerir un consejo*: *I wouldn't take it, if I were you = yo en tu lugar o yo que tú no lo aceptaría*. **7** *para expresar acciones repetidas en el pasado*: *she would often go without a word = se iba muchas veces sin decir palabra*. **8** *referido a circunstancias que pudieran haberse dado*: *it would have been useless to complain = de nada hubiera servido quejarse*.
would-be [ˈwʊdbi:] *adj* futuro, en ciernes.
wouldn't [ˈwʊdnt] *contr* (contr de *would + not*) → would.
wound [waʊnd] *pt* & *pp* → wind.
wound [wu:nd] *n c* **1** herida. • *tr* **2** herir.

wove [wəʊv] *pt* → weave.
woven [ˈwəʊvən] *pp* → weave.
wrangle [ˈræŋgl] *n c* **1** riña, disputa. ● **to ~ (over)** *intr* **2** discutir, reñir (por).
wrap [ræp] (*pt* y *pp* **wrapped**, *ger* **wrapping**) *tr* **1** envolver. **to ~ (round) 2** enrollar, poner alrededor. ◆ **to ~ (oneself) up** abrigarse, arrebujarse (contra el frío).
wrapper [ˈræpər] *n c* envoltorio.
wrapping [ˈræpɪŋ] *n u* envoltorio. ◆ **~ paper** papel de envolver.
wrath [rɒθ] *n u* (fml) ira, cólera.
wreak [riːk] *tr* (lit) causar (desastres).
wreath [riːθ] *n c* corona de flores.
wreck [rek] *n c* **1** siniestro, accidente (de avión, de automóvil). **2** *vehículo afectado en un siniestro.* **3** naufragio, hundimiento (de un barco). ● *tr* **4** romper, destruir. **5** (normalmente *pasiva*) hundir, naufragar (barco).
wreckage [ˈrekɪdʒ] *n u* **1** restos (de un accidente aéreo o de tráfico). **2** restos, despojos (de planes o ideas fracasados).
wren [ren] *n c* ZOOL chochín, reyezuelo.
wrench [rentʃ] (*pl* **wrenches**) *n c* **1** *EE UU* MEC llave de tuercas. ● *tr* **2** soltar, liberar (mediante tirón o giro violento). **3** torcer, retorcer (brazo, pierna, articulación).
wrestle [ˈresl] *intr* luchar.
wrestler [ˈreslər] *n c* SP luchador.
wrestling [ˈreslɪŋ] *n u* SP lucha libre.
wretch [retʃ] (*pl* **wretches**) *n c* **1** desgraciado, malvado (canalla). **2** (lit) infeliz, pobre diablo (desgraciado).
wretched [ˈretʃɪd] *adj* **1** pobre, desgraciado (desdichado). **2** malo, enfermo (ill). **3** malo, infame, (cosas). **4** (infml) maldito, dichoso.
wriggle [ˈrɪgl] *tr* & *intr* **1** menear(se). ● *intr* **2** deslizarse, colarse.
wring [rɪŋ] (*pt* y *pp* **wrung**) *tr* **1** sacar, extraer (con esfuerzo). **2** escurrir (ropa mojada). ◆ **to ~ sth out** estrujar algo; **wringing wet** (infml) empapado.
wrinkle [ˈrɪŋkl] *n c* **1** arruga. ● *intr* & *tr* **2** arrugar(se).
wrist [rɪst] *n c* ANAT muñeca.
wristwatch [ˈrɪstwɒtʃ] (*pl* **wristwatches**) *n c* reloj de pulsera.
writ [rɪt] *n c* orden judicial.
write [raɪt] (*pt* **wrote**, *pp* **written**) *tr* & *intr* **1** escribir (gen). ● *tr* **2** hacer, extender (cheque, factura). ◆ **to ~ back** contestar. ■ **to ~ sth down** apuntar algo, tomar nota de algo; **to ~ sb/sth off** considerar a alguien/algo un fracaso; satisfacer, cancelar una deuda; **to ~ sth out** escribir (informe); extender (cheque).

> ***To write*** puede usarse con dos objetos: *she wrote me a letter from Japan = me escribió una carta desde Japón.* Cuando no hay objeto directo, se utiliza ***to write to***: *why you didn't write to me? = ¿por qué no me escribiste?* En inglés americano y en inglés coloquial, se suele prescindir del ***to***: *write me when you get to the hotel = escríbeme cuando llegues al hotel.*

write-off [ˈraɪtɒf] *n c GB* siniestro total.
writer [ˈraɪtər] *n c* escritor.
writhe [raɪð] *intr* retorcerse.
writing [ˈraɪtɪŋ] *n u* **1** escritura (gen). **2** letra (escritura a mano). ● **writings** *n pl* **3** obras (de un escritor). ■ **in ~** por escrito.
writing-desk [ˈraɪtɪŋˌdesk] *n c* escritorio.
writing-paper [ˈraɪtɪŋˌpeɪpər] *n u* papel de escribir.
written [ˈrɪtn] *pp* **1** → write. ● *adj* **2** escrito.
wrong [rɒŋ] *adj* **1** malo (gen). **2** equivocado, erróneo (incorrecto). **3** inaceptable. **4** inconveniente, inadecuado (desacertado): *they took her to the wrong school = la llevaron a un colegio inadecuado.* ● *adv* **5** mal. ● *n u* **6** mal, lo que está mal. ● *n c* **7** error, injusticia. ● *tr* **8** tratar injustamente. ■ **don't get me ~** no me malinterprete; **in the ~** culpable, responsable; **to be ~** estar equivocado; estar mal; **to go ~** equivocarse; salir mal; dejar de funcionar.
wrongful [ˈrɒŋfəl] *adj* ilegal, inmoral.
wrote [rəʊt] *pt* → write.
wrought-iron [ˌrɔːtˈaɪən] *n u* hierro forjado.
wrung [rʌŋ] *pt* & *pp* → wring.
wry [raɪ] *adj* **1** burlón, malicioso (apariencia, gesto). **2** irónico, retorcido (humor).
WWW [ˌdʌbljuːˌdʌbljuːˈˌdʌbljuː] (*abbrev* **World Wide Web**) *n sing* www.

Xx

x, X [eks] *n c* x, X (letra).
xenophobia [ˌzenəˈfəʊbɪə] *n u* xenofobia.
xenophobic [ˌzenəˈfəʊbɪk] *adj* xenófobo.
Xerox® [ˈzɪərɒks] *n c* **1** fotocopiadora (máquina); fotocopia (copia). • *tr* **2** fotocopiar.
Xmas [ˈkrɪsməs y ˈeksməs] *n c* (infml) → Christmas.
X-ray [ˈeksreɪ] *n c* **1** rayo X (radiación). **2** radiografía. **3** rayos (exploración radiológica por medio de rayos X). • *tr* **4** radiografiar, mirar por rayos X.
xylophone [ˈzaɪləfəʊn] *n c* MUS xilófono.

Yy

y, Y [waɪ] *n c* y, Y (letra).
yacht [jɒt] *n c* yate (para ocio); balandro (en carreras).
yachtsman [ˈjɒtsmən] (*pl* **yachtsmen**) *n c* balandrista.
yachtswoman [ˈjɒtswʊmən] (*pl* **yachtswomen**) *n c* balandrista.
yak [jæk] *n c* ZOOL yac.
yam [jæm] *n c* BOT boniato, batata.
Yankee [ˈjæŋkɪ] *n c* (infml, pej) yanqui.
yap [jæp] (*pt* y *pp* **yapped**, *ger* **yapping**) *intr* aullar (perro); parlotear (persona).
yard [jɑ:d] *n c* **1** yarda (unidad de medida). **2** patio (de un edificio, una casa, un local).
yardstick [ˈjɑ:dstɪk] *n c* criterio, norma.
yarn [jɑ:n] *n u* **1** hilo (de coser). • *n c* **2** (infml) cuento (de viajes, a veces exagerados o inventados). ■ **to spin sb a ~** (infml) venir a alguien con cuentos.
yawn [jɔ:n] *n c* **1** bostezo (de sueño). **2** (infml) aburrimiento (suceso, libro, película). • *intr* **3** bostezar. **4** estar abierto.
yeah [jeə] *adv* (infml) sí.
year [jɪər y jɜ:] *n c* **1** año (gen). **2** curso académico (en la escuela); ejercicio (en los negocios). • **years** *n pl* **3** años (mucho tiempo). ■ **all (the) ~ round** durante todo el año; **~ after ~** año tras año; **~ by ~** progresivamente; **~ in ~ out** un año sí y el otro también.
yearling [ˈjɪəlɪŋ] *n c* potro.
yearly [ˈjɪəlɪ] *adj* **1** anual. • *adv* **2** anualmente.
yearn [jɜ:n] *intr* **to ~ (for)** ansiar, suspirar (por).
yearning [ˈjɜ:nɪŋ] *n c* & *u* ansia, anhelo.
yeast [ji:st] *n u* levadura.
yell [jel] *n c* **1** grito, chillido. • **to ~ (at)** *intr* **2** gritar, chillar (a).
yellow [ˈjeləʊ] *adj* & *n u* **1** amarillo (color). • *adj* **2** (infml) cobarde (cortado). • *intr* **3** amarillear (volverse amarillo). ◆ **~ card** tarjeta amarilla (en fútbol); **~ fever** fiebre amarilla; **~ line(s)** línea(s) amarilla(s) (en la carretera, la calle); **Yellow Pages** páginas amarillas.
yelp [jelp] *intr* aullar (perro); gritar (persona).
Yemen [ˈjemən] *n sing* Yemen.
Yemeni [ˈjemənɪ] *adj* & *n c* yemenita.
yes [jes] (*pl* **yeses**) *adv* **1** sí. • *n c* **2** sí.
yesterday [ˈjestədaɪ y ˈjestədeɪ] *n c* **1** ayer. • *adv* **2** ayer. ◆ **the day before ~** anteayer.
yet [jet] *adv* **1** todavía, aún (en frases negativas): *he hasn't arrived yet = no ha llegado todavía.* • **2** ya (en preguntas):

have you had you breakfast yet? = *¿has desayunado ya?* • **3** *conj* sin embargo, no obstante. ■ **not ~** todavía no; **~ again** una vez más.

> Cuando ***yet*** se traduce por **ya**, se trata de frases interrogativas y va siempre al final de la frase. Muchas veces no se traduce: *have they finished yet?* = *¿han terminado (ya)?* ***Already*** se usa en frases afirmativas e interrogativas, y suele seguir al verbo auxiliar o modal o situarse delante de los demás verbos: *have you already had dinner?* = *¿has cenado ya?; I already knew it* = *ya lo sabía.*

yew [ju:] *n c* BOT tejo.
Yiddish ['jɪdɪʃ] *n u* yiddish.
yield [ji:ld] *n c* **1** fruto, producción (rendimiento). • *tr* **2** producir, proporcionar (frutos, ganancias, resultados); rendir, dejar (beneficios). • *intr* **3** ceder, venirse abajo (un estante). **4** *EE UU* dejar paso (tráfico). • *tr & intr* **5** (fml) entregar(se), rendir(se) (someterse).
yob or **yobbo** [jɒb o 'jɒbəʊ] *n c GB* (infml) gamberro.
yoga ['jəʊgə] *n u* yoga.
yoghurt or **yoghourt** ['jɒgət] *n u* yogur.
yogi ['jəʊgɪ] *n c* yogui.
yogurt *n u* → yoghurt.
yoke [jəʊk] *n c* yugo.
yolk [jəʊk] *n c & u* yema (de huevo).
Yorkshire pudding [ˌjɔ:kʃə'pʊdɪŋ] *n c & u* GAST pudin de Yorkshire.
you [ju:] *pron* **1** tú, vosotros, usted(es) (como sujeto): *you've come very early* = *has/habéis/ha(n) llegado muy pronto.* **2** te, os, usted(es) (como objeto): *he loves you* = *te/os/le(s) quiere.* **3** ti, vosotros, usted(es) (como objeto preposicional): *we do it for you* = *lo hacemos por ti/vosotros/usted(es).* **4** (infml) se, tú, uno (en usos impersonales): *its's hard but you get used to it* = *es duro pero uno se hace a ello.*
you'd [ju:d] *contr* **1** (contr de *you* + *had*) → have. **2** (contr de *you* + *would*) → would.
you'll [ju:l] *contr* (contr de *you* + *will*) → will.
young [jʌŋ] *adj* joven. ◆ **the ~** los jóvenes, la juventud (la gente de poca edad); crías (de animales).
youngster ['jʌŋstər] *n c* (infml) joven, jovencito.
your [jɔ:r, [jər]] *poss adj* **1** tu(s), vuestro(s), su(s): *this is your book* = *este es su/vuestro/su libro.* **2** de uno, tu(s) (en usos impersonales): *east is on your right* = *el este queda a tu derecha.*
you're [jʊər y jɔ:r] *contr* (contr de *you* + *are*) → be.
yours [jɔ:z y EE UU jɔ:rz] *poss pron* **1** tuyo(s), vuestro(s), suyo(s) (de su propiedad). • *poss adj* **2** (fml) le saluda afectamente (en cartas). **3** (infml) tuyo, un abrazo (en cartas).
yourself [jɔ:'self, [jər'self], *pl* jɔ:'selvz] (*pl* **yourselves**) *pron* **1** te, os, ti mismo(s), vosotro(s) mismo(s) (como objeto): *stop torturing yourself* = *deja de torturarte.* **2** tu solo, por ti mismo (por tus propios medios). ■ **by ~** solo.
youth [ju:θ] *n c & u* **1** juventud (gen). • *n c* **2** joven, adolescente (persona de poca edad). ◆ **~ club** club juvenil; **~ hostel** albergue de juventud.
youthful ['ju:θfʊl] *adj* joven, juvenil.
you've [ju:v] *contr* (contr de *you* + *have*) → have.
yowl [jaʊl] *n c & u* **1** aullido, alarido (de dolor, de animal). • *intr* **2** aullar, ulular.
yo-yo ['jəʊjəʊ] *n c* yo-yó.
Yugoslav [ˌju:gəʊ'slɑ:v] *adj & n c* yugoslavo.
Yugoslavia [ˌju:gəʊ'slɑ:vɪə] *n sing* Yugoslavia.
Yugoslavian [ˌju:gəʊ'slɑ:vɪən] *adj* yugoslavo.
yuppie or **yuppy** ['jʌpɪ] (*pl* **yuppies**) *n c* yuppy.

Zz

z, Z [zed y EE UU zi:] *n c* z, Z (letra).
zany ['zeɪnɪ] *adj* (infml) extraño, estrafalario.
zap [zæp] (*pt* y *pp* **zapped**, *ger* **zapping**) *tr* **1** (infml) liquidar, matar (asesinar). • *intr* **2** (infml) hacer zapping (con el mando a distancia). **to ~ (into/through) 3** ir pitando (rápidamente).
zeal [zi:l] *n u* celo, pasión.
zealous ['zeləs] *adj* apasionado, fanático.
zebra ['zi:brə] *n c* ZOOL cebra. ♦ **~ crossing** *GB* paso cebra.
zenith ['zenɪθ] *n sing* cenit.
zero ['zɪərəʊ] (*pl* **zeros** o **zeroes**) *num* **1** cero. • *adj* **2** *EE UU* (infml) cero, ningún. ■ **to ~ in on** centrar la atención en.
zest [zest] *n u* **1** piel, cáscara (de limón, naranja). **~ (for) 2** entusiasmo (por), ganas (de) (interés).
zigzag ['zɪgzæg] (*pt* y *pp* **zigzagged**, *ger* **zigzagging**) *intr* **1** zigzaguear. • *n c* **2** zigzag.
zinc [zɪŋk] *n u* CHEM cinc, zinc.
zip [zɪp] (*pt* y *pp* **zipped**, *ger* **zipping**) *tr* **1** cerrar la cremallera de. • *n c* **2** *GB* cremallera. ♦ **~ code** *EE UU* código postal; **~ fastener** *GB* cierre de cremallera; **to ~ up** subir la cremallera.
zipper ['zɪpər] *n c EE UU* cremallera.
zither ['zɪðər] *n c* MUS cítara.
zodiac ['zəʊdɪæk] *n sing* zodiaco.
zombie ['zɒmbɪ] *n c* zombi.
zone [zəʊn] *n c* **1** zona. • *tr* **2** dividir en zonas. **to ~ (as/for) 3** asignar, destinar (dedicar una zona a un cometido concreto).
zoo [zu:] *n c* zoo.
zoologist [zəʊ'ɒlədʒɪst] *n c* zoólogo.
zoology [zəʊ'ɒlədʒɪ] *n u* zoología.
zoom [zu:m] *intr* **1** ir zumbando (ir rápidamente). **2** (infml) dispararse (precios). ♦ **~ lens** PHOT zoom.
zucchini [zu:'ki:nɪ] (*pl* **zucchini**) *n c EE UU* calabacín.
Zulu ['zu:lu:] *adj* & *n c* zulú.

Español-Inglés

Aa

a, A *f a, A* (letra).

a *prep* **1** to (dirección, destino): *van a París = they're going to Paris*. **2** in, at, on (lugar, situación): *al principio = in the beginning, at first*. **3** at (hora): *a las tres = at three o'clock*. **4** to (intervalos): *de lunes a viernes = from Monday to Friday*. **5** at (precio). **6** by, in (modo de hacer algo): *a la fuerza = by force*. **7** a, per (frecuencia): *dos veces al día = twice a day*. **8** to (seguida de infinitivo): *se puso a correr = she started to run*. **9** on, upon (simultaneidad): *al despertarse = on waking*. **10** to (complemento indirecto): *me lo dieron a mí = they gave it to me*. **11** *not translated* (distancia): *está a 10 km de aquí = it's 10 km from here*. ■ **~ no ser por** were it not for; **~ que** I bet.

> Aunque la preposición **a** se traduce por ***to*** cuando indica movimiento o dirección, a menudo depende de cómo se entienda la dirección (dentro, encima de) y del verbo: *se cayó al agua = it fell into the water; se subieron a la bicicleta = they got onto the bicycle*.

ábaco *m* abacus.

abad *m* abbot.

abadejo *m* **1** ZOOL cod. **2** ZOOL kinglet.

abadesa *f* abbess.

abadía *f* abbey.

abajo *adv* **1** below (posición). **2** down, downwards (movimiento). **3** downstairs (en una casa). ■ **calle ~** down the street; **~ del todo** right (down) at the bottom; **aquí ~** down here; **desde ~** from below; **la parte de ~** the lower part.

abalanzarse *pron* **~ sobre** to rush at, to fly at.

abalear *tr Amér.* to shoot.

abalorio *m* bead (cuentecilla); beads (conjunto de cuentecillas).

abanderado, da *m* y *f* **1** MIL standard bearer. **2** (fig) champion.

abanderar *tr* to champion.

abandonado, da *adj* **1** abandoned (gen); derelict (casa). **2** neglected, scruffy (descuidado). **3** deserted (lugar).

abandonar *tr* **1** to abandon, to leave (persona, lugar). **2** to give up (actividad). **3** DEP to withdraw from, to retire from. • **~se** *pron* **4** to let oneself go, to stop looking after oneself (descuidarse).

abandono *m* **1** desertion (del hogar). **2** giving up (renuncia). **3** DEP withdrawal, retirement.

abanicarse *pron* to fan oneself.

abanico *m* **1** fan (instrumento). **2** range (de productos, posibilidades).

abarajar *tr Amér. Merid.* to catch in mid-air.

abaratar *tr* to reduce the price of.

abarca *f* sandal.

abarcar *tr* **1** to comprise, to include, to cover (incluir). **2** to be able to see (poder ver). **3** *Amér.* to monopolize (acaparar).

abarrotado, da *adj* packed.

abarrotar *tr* to pack, to fill.

abarrotes *m pl* **1** *Amér.* goods (artículos); groceries (comestibles). **2** *Amér.* grocer's (tienda).

abastecer *tr* to supply, to provide.

abastecimiento *m* supply, provision.

abasto *m* supply. ■ **no dar ~** not to be able to cope.

abatatar *tr Amér.* to daunt.

abatible *adj* folding; reclining (respaldo).

abatido, da *adj* downcast, dejected.

abatimiento *m* dejection.

abatir *tr* **1** to demolish (edificio); to knock down (persona). **2** to shoot (down) (avión).

abdicación *f* abdication.

abdicar *tr* e *intr* to abdicate (monarca).

abdomen *m* abdomen.

abdominal *adj* **1** abdominal. • **abdominales** *m pl* **2** sit-ups.

abecé *m* alphabet, ABC.

abecedario *m* **1** alphabet (serie de letras). **2** spelling book (libro).
abedul *m* birch.
abeja *f* bee. ◆ **~ obrera** worker (bee); **~ reina** queen (bee).
abejón *m* **1** drone (zángano). **2** bumble-bee (abejorro).
abejorro *m* bumble-bee.
aberración *f* aberration.
abertura *f* opening.
abeto *m* fir.
abicharse *pron Arg., Chile, Ur.* to get maggoty (fruta).
abierto, ta *pp* **1** → abrir. ● *adj* **2** open. ● *m* **3** DEP open.
abigarrado, da *adj* (fig) motley.
abismal *adj* abysmal.
abismar *tr* **1** to plunge. ● **~se** *pron* **2** to sink.
abismo *m* abyss.
abjurar *intr* **~ de** to abjure.
ablandar *tr* **1** to soften (poner blando). **2** to move (persona). ● **~se** *pron* **3** to get soft.
ablución *f* ablution.
abnegación *f* abnegation, self-denial.
abnegado, da *adj* unselfish.
abocado, da *adj* destined.
abocar *tr* **1** to pour (verter). ● *intr* **2** to end, to issue (desembocar).
abochornado, da *adj* embarrassed.
abochornar *tr* to make ashamed, to embarrass.
abofetear *tr* to slap.
abogacía *f* legal profession.
abogaderas *f pl Amér.* false arguments.
abogado, da *m* y *f* lawyer, solicitor. ◆ **~ defensor** defending counsel; **~ de oficio** duty solicitor.
abogar *intr* **1** DER to plead. **~ por 2** (fig) to plead for (alguien); to advocate (algo).
abolengo *m* ancestry.
abolición *f* abolition.
abolir *tr* to abolish.
abollado, da *adj* dented.
abollar *tr* **1** to dent. ● **~se** *pron* **2** to get dented.
abombado, da *adj* buckled.
abombar *tr* **1** to make convex. ● **~se** *pron* **2** *Amér.* to get tipsy (embriagarse).
abominable *adj* abominable.
abominar *tr* to abominate.
abonado, da *m* y *f* subscriber (de teléfono, revista); season ticket holder (teatro, fútbol).
abonar *tr* **1** to pay (pagar); to credit (en una cuenta). **2** AGR to put fertilizer on, to spread manure on. ● **~se** *pron* **3** to subscribe (revista); to buy a season ticket (teatro, fútbol).
abono *m* **1** subscription (revista); season ticket (teatro, fútbol). **2** COM payment (pago); credit (en una cuenta). **3** AGR fertilizer, manure.
abordaje *m* NÁUT boarding.
abordar *tr* **1** to tackle, to address (asunto). **2** to approach (persona). **3** NÁUT to board (atacar); to dock.
aborigen *adj/m* o *f* native (autóctono); aboriginal (de Australia).
aborrecer *tr* to abhor, to loathe.
aborricarse *pron Amér.* to become brutalised.
abortar *intr* **1** MED to have a miscarriage (espontáneamente); to have an abortion (voluntariamente). ● *tr* **2** to foil (frustar).
aborto *m* miscarriage; abortion.
abotonar *tr* to button up, to do up.
abrasador, ra *adj* burning, scorching.
abrasar *tr* **1** to burn (quemar). ● *intr* **2** to be burning (estar muy caliente). ● **~se** *pron* **3** to burn oneself (persona); to burn down (object).
abrasivo, va *adj* y *m* abrasive.
abrazadera *f* clasp.
abrazar *tr* **1** to embrace (ceñir). **2** to adopt, to embrace (doctrina). ● **~se** *pron* **3** to embrace each other.
abrazo *m* embrace, hug. ■ **un ~** love from (en las cartas).
abrecartas *m* letter opener.
abrelatas *m* tin opener (GB); can opener (EE UU).
abrevadero *m* water trough.
abrevar *tr* to water (dar de beber).
abreviar *tr* **1** to abbreviate (palabra). **2** to cut short (discurso). ● **~se** *pron* **3** *C. Rica, Nic.* to hurry up (darse prisa).
abreviatura *f* abbreviation.
abridor *m* opener.
abrigar *tr* **1** to wrap up (con ropa). **2** (fig) to entertain, to have (duda, esperanza). ● **~se** *pron* **3** to wrap up (con ropa).
abrigo *m* **1** coat, overcoat (prenda). **2** shelter (lugar).
abril *m* April.
abrillantador *m* polish.
abrillantar *tr* to polish.

abrir *tr, intr* y *pron* **1** to open (gen). • *tr* **2** to turn on (grifo); to switch on (luz). **3** to make (agujero). • **~se** *pron* **4** (fig) to open up (confiar). ■ **en un ~ y cerrar de ojos** in the twinkling of an eye.

abrochar *tr* y *pron* **1** to do up (botón); to button up (camisa); to fasten (cinturón). • *tr* **2** *Amér.* to collar, to grab (agarrar).

abrumar *tr* to overwhelm.

abrupto, ta *adj* **1** steep, sheer (acantilado); rugged (terreno). **2** abrupt (cambio, final). **3** abrupt (tono).

ABS (*siglas de* **antilock braking system**) *m* ABS.

absceso *m* MED abscess.

abscisa *f* MAT x coordinate, abscissa.

absentismo *m* absenteeism.

ábside *m* o *f* ARQ apse.

absolutismo *m* absolutism.

absoluto, ta *adj* absolute. ■ **en ~** not at all, by no means.

absolver *tr* DER to acquit.

absorbente *adj* **1** absorbent (sustancia). **2** absorbing (interesante).

absorber *tr* to absorb.

absorción *f* absorption.

absorto, ta *pp* **1** → absorber. • *adj* **2** absorbed.

abstemio, mia *adj* **1** tee-total, abstemious. • *m* y *f* **2** teetotaller.

abstención *f* abstention.

abstenerse *pron* ~ **(de)** to abstain (from).

abstinencia *f* **1** abstinence. **2** withdrawal (de drogas).

abstracción *f* abstraction.

abstracto, ta *adj* abstract.

abstraer *tr* **1** to abstract. • **~se (de)** *pron* **2** to detach oneself (from) (prescindir).

abstraído, da *adj* absorbed, lost in thought.

absurdo, da *adj* absurd.

abubilla *f* hoopoe.

abuchear *tr* to boo, to jeer.

abuela *f* grandmother. ■ **no tener ~** to be full of oneself.

abuelo *m* **1** grandfather. • **abuelos** *m pl* **2** grandparents.

abulia *f* lack of willpower, lethargy.

abúlico, ca *adj* weak-willed, lethargic.

abultar *intr* to be bulky.

abundancia *f* abundance, plenty.

abundante *adj* abundant, plentiful.

abundar *intr* **1** to be plentiful, to abound (haber gran cantidad). ~ **en 2** to share (opinión).

aburrido, da *adj* **ser ~ 1** to be boring (falto de interés). **estar ~ 2** to be bored (desganado); to be tired (harto).

aburrimiento *m* boredom.

aburrir *tr* **1** to bore. • **~se** *pron* **2** to be bored, to get bored.

abusar *intr* ~ **de 1** to take advantage of (aprovecharse). ~ **de 2** to overuse (tabaco, comida). ~ **de 3** to sexually abuse (sexualmente).

abusivo, va *adj* **1** appalling (trato). **2** exorbitant (precio).

abuso *m* **1** abuse (gen). **2** betrayal (de la amistad). ♦ ~ **de confianza** breach of trust.

abusón, na *m* y *f* **1** unfair person (injusto). **2** sponger (gorrón).

abyecto, ta *adj* wretched, abject.

acá *adv* here. ■ **de ~ para allá** back and forth.

acabado, da *adj* **1** finished (terminado). **2** worn out (cansado). • *m* **3** finish.

acabar *tr* y *pron* **1** to finish (terminar). • *intr* **2** to end, to finish (finalizar). ~ **con 3** to finish (comida); to put an end to (injusticia). ~ **con 4** to break (cosas); to kill (personas). ~ **de hacer algo 5** to have just done sth: *acabo de llegar = I've just arrived.* ~ **haciendo algo/~ por hacer algo 6** to end up doing sth: *acabaron comprándolo = they ended up buying it.* ■ **de nunca ~** never-ending; **¡se acabó!** well, that's that; **se acabó lo que se daba** (fam) that's it.

acabóse *m* last straw, end.

acacia *f* acacia.

academia *f* **1** academy (sociedad). **2** school (de enseñanza). ♦ ~ **de baile** dancing school; ~ **de música** conservatoire, music school.

académico, ca *adj* **1** academic. • *m* y *f* **2** academician, member.

acaecer *intr* to happen, to occur.

acallar *tr* to silence.

acalorado, da *adj* **1** hot (de calor). **2** (fig) heated, passionate (apasionado).

acalorar *tr* **1** to make hot (dar calor). **2** (fig) to excite, to arouse (enardecer). • **~se** *pron* **3** to get worked up (persona), to become heated (discusión).

acampar *intr* to camp.

acanalar *tr* **1** to groove. **2** ARQ to flute.
acantilado *m* cliff.
acaparar *tr* **1** to hoard (comida). **2** to monopolize, to corner (mercado).
acápite *m Amér.* paragraph.
acariciar *tr* **1** to caress (persona); to stroke (animal). **2** (fig) to cherish (idea).
ácaro *m* ZOOL mite.
acarrear *tr* **1** to carry, to transport (transportar). **2** (fig) to cause (conllevar).
acartonarse *pron* to start looking like cardboard.
acaso *n* **1** accident, chance (suceso casual). • *adv* **2** perhaps, maybe. ■ **por si ~** just in case.
acatar *tr* to obey, to observe.
acatarrarse *pron* to catch a cold.
acaudalado, da *adj* wealthy, rich.
acaudillar *tr* **1** to be in charge of, to head (mandar). **2** to lead (guiar).
acceder *intr* **1** to accede, to assent (consentir). **2** to gain access (entrar).
accesible *adj* **1** accessible (lugar). **2** approachable (persona).
accésit *m* consolation prize.
acceso *m* **1** access (entrada). **2** (fig) outburst, fit (de enfado). **3** MED attack, fit.
accesorio, ria *adj* **1** accessory. • **accesorios** *m pl* **2** AUT spare parts.
accidentado, da *adj* **1** rough(superficie); hilly (terreno). **2** injured (herido). **3** (fig) troubled (viaje). • *m* y *f* **4** victim.
accidental *adj* chance (fortuito).
accidentarse *pron* to have an accident.
accidente *m* **1** accident. **2** unevenness (del terreno). ■ **por ~** by accident.
acción *f* **1** action (gen). **2** act, deed (acto). **3** FIN share (GB); stock (EE UU). **4** *Chile, Perú* ticket (de una rifa).
accionar *tr* MEC to work, to actuate.
accionista *m* y *f* shareholder (GB); stockholder (EE UU).
acebo *m* holly tree (árbol).
acechar *tr* **1** to watch, to spy on (vigilar). **2** to stalk (presa).
acecho *m* **estar al ~** to lie in wait.
acéfalo, la *adj* headless.
aceite *m* oil. ♦ **~ de colza** rapeseed oil; **~ de girasol** sunflower oil. **~ de oliva** olive oil; **~ vegetal** vegetable oil.
aceitera *f* **1** oil bottle. • **aceiteras** *f pl* **2** cruet.
aceituna *f* olive. ♦ **~ rellena** stuffed olive.
aceleración *f* acceleration.
acelerador *m* AUT, FÍS accelerator.
acelerar *tr* y *pron* to accelerate, to speed up.
acelga *f* chard.
acento *m* accent. ♦ **~ ortográfico** (written) accent.
acentuación *f* accentuation.
acentuar *tr* **1** to put an accent on, to accent (al escribir); to stress (al hablar). **2** (fig) to emphasize, to accentuate (resaltar).
acepción *f* meaning, sense.
aceptable *adj* acceptable.
aceptación *f* **1** acceptance. **2** success (éxito).
aceptar *tr* to accept (gen).
acequia *f* irrigation channel.
acera *f* pavement (GB); sidewalk (EE UU). ■ **ser de la ~ de en frente/de la otra ~** (fam) to be one of them, to be queer.
acerca *adv* **~ de** about, concerning.
acercar *tr* **1** to bring near (poner cerca). • **~se** *pron* **2** to approach, to draw near.
acero *m* **1** steel (metal). **2** sword (arma). ♦ **~ inoxidable** stainless steel.
acertado, da *adj* **1** right, correct (respuesta). **2** accurate, well-aimed (tiro); well-thought-out (plan); fitting (comentario); clever (idea).
acertante *adj* **1** winning. • *m* y *f* **2** winner.
acertar *tr* **1** to guess (adivinar). **2** to get right (respuesta). **3** to hit (diana). • *intr* **4** to be right, to get it right. **~ a hacer algo 5** to manage to do sth (conseguir). **~ con algo 6** to hit on (elegir bien).
acertijo *m* riddle, puzzle.
acervo *m* heritage (cultural).
acetato *m* acetate.
acetilsalicílico *adj* acetylsalicylic.
acetona *f* acetone.
achacar *tr* to attribute, to blame.
achacoso, sa *adj* sickly.
achancharse *pron Perú* to get fat and lazy.
achaque *m* complaint, ailment.
achatar *tr* to squash, to flatten.
achicar *tr* NÁUT to bale out.
achicharrarser *pron* **1** to get burned (quemarse). **2** to roast (de calor).
achicoria *f* chicory.
achiquitar *tr* **1** *Amér.* to make smaller. • **~se** *pron* **2** *Amér.* to get smaller.
achispado, da *adj* tipsy.

acholado, da *adj Amér.* intimidated, frightened (acobardado).
achuchar *tr* **1** to hug (abrazar). **2** to push (empujar). **3** (fig) to press (atosigar).
achucharrar *tr Amér.* to squash, to flatten.
achuchón *m* **1** push (empujón). **2** (fam) big hug (abrazo). **3** (fam) indisposition (malestar).
achunchar *tr* **1** *Amér.* to intimidate. • **~se** *pron* **2** to get scared.
achura *f Arg., Ur.* offal.
acicalarse *pron* to dress up.
acicate *m* (fig) incentive, spur.
acidez *f* acidity.
ácido, da *adj* **1** QUÍM acid. • *m* **2** acid. ♦ **~ nítrico** nitric acid; **~ sulfúrico** sulphuric acid; **~ úrico** uric acid.
acierto *m* **1** correct answer (respuesta correcta); good shot (tiro); good choice (elección). **2** skill (habilidad).
aclamación *f* acclamation, acclaim.
aclamar *tr* to acclaim.
aclaración *f* clarification, explanation.
aclarar *tr* **1** to make lighter (color). **2** to thin (líquido). **3** to clarify, to explain (explicar). **4** to rinse (ropa). • **~se** *pron* **5** to understand (entender). **6** to explain (explicar). **7** to clear up (tiempo).
aclimatación *f* acclimatization.
aclimatar *tr* y *pron* to acclimatize.
acné *m* acne.
acobardarse *pron* to get frightened, to get scared.
acochambrar *tr Amér.* to make filthy.
acodarse *pron* to lean.
acogedor, ra *adj* cosy.
acoger *tr* **1** to receive (propuesta, noticia). **2** to take in (dar refugio). • **~se** *pron* **3** to invoke (derecho).
acogida *f* **1** welcome (de persona). **2** reception (de propuesta).
acogotar *tr* to dominate.
acojonar *tr* **1** (vulg) to scare (asustar). • **~se** *pron* **2** to be scared (asustarse).
acolchar *tr* to pad, to quilt.
acolchonar *tr Amér.* → acolchar.
acólito *m* acolyte.
acometer *tr* to undertake (emprender).
acometida *f* **1** attack (ataque). **2** mains connection (de luz, gas).
acomodador, ra *m* y *f* usher (hombre); usherette (mujer).
acomodarse *pron* to make oneself comfortable (instalarse).
acomodo *m Amér.* bribe.
acompañamiento *m* GAST, MÚS accompaniment.
acompañante *m* o *f* **1** companion. **2** MÚS accompanist.
acompañar *tr* **1** to accompany (ir con); to take (llevar): *acompañar a casa* ■ *to take home*. **2** to keep company (estar con). **3** MÚS to accompany.
acompasado, da *adj* calm, deliberate (movimiento).
acomplejar *tr* **1** to give a complex. • **~se** *pron* **2** to get a complex.
aconchar *tr Méx.* to tell off.
acondicionador *m* conditioner.
acondicionar *tr* **1** to prepare (preparar). **2** to fit out (equipar).
acongojar *tr* **1** to distress. • **~se** *pron* **2** to become distressed.
aconsejar *tr* to advise.
acontecer *intr* to happen, to occur.
acontecimiento *m* event.
acopio *m* gathering (acción de acopiar); storing (almacenamiento). ■ **hacer ~ de** to stock up with/on.
acoplamiento *m* **1** joining, coupling. **2** ELEC connection.
acoplar *tr* **1** to join, to couple (encajar). **2** ELEC to connect.
acorazado, da *adj* **1** armour-plated, armoured. • *m* **2** battleship.
acordar *tr* **1** to agree (decidir). **2** to resolve, to sort out (resolver). • **~se** *pron* **3** to remember.
acorde *adj* **~ con 1** in keeping with (en consonancia). • *m* **2** MÚS chord.
acordeón *m* accordion.
acordeonista *m* o *f* accordionist.
acordonar *tr* to cordon off.
acorralar *tr* (fig) to corner.
acortar *tr* to shorten.
acosar *tr* to pursue, to hound.
acoso *m* pursuit, hounding. ♦ **~ sexual** sexual harrassment.
acostar *tr* **1** to put to bed (meter en la cama). • **~se** *pron* **2** to go to bed (ir a la cama). **~se con 3** to sleep with (tener relaciones sexuales).
acostumbrar *tr* **~ a alguien a algo 1** to get sb used to sth. • **~ a hacer algo** *intr* **2** to be in the habit of doing sth. • **~se a**

algo *pron* **3** to get used to sth, to get accustomed to sth.
acotar *tr* to delimit, to define.
acotejar *tr Amér.* to arrange.
ácrata *adj/m* o *f* anarchist.
acre *m* acre (medida).
acrecentar *tr* y *pron* to increase.
acreditado, da *adj* **1** reputable (con buena reputación). **2** accredited (embajador).
acreditar *tr* **1** to certify (certificar). **2** to be a credit to (dar fama). **3** to accredit (embajador). • **~se** *pron* **4** to gain a reputation (lograr fama).
acreedor, ra *adj* **1** deserving, worthy (de mérito). • *adj/m* y *f* **2** COM creditor.
acribillar *tr* to riddle, to pepper.
acriollarse *pron Amér.* to adopt Latin American ways.
acrobacia *f* acrobatics.
acróbata *m* o *f* acrobat.
acrónimo *m* acronym.
acrópolis *f* acropolis.
acta *f* minutes, record. ◆ **~ notarial** affidavit. ■ **levantar ~** to take the minutes.
actinio *m* QUÍM actinium.
actitud *f* attitude.
activar *tr* to activate.
actividad *f* activity.
activo, va *adj* **1** active. • *m* **2** FIN assets. ■ **estar en ~** MIL to be on active service.
acto *m* **1** act, action (acción). **2** ceremony, function (ceremonia). **3** TEAT act. ■ **~ seguido** immediately after; **en el ~** on the spot.
actor *m* actor.
actriz *f* actress.
actuación *f* **1** performance (interpretación). **2** behaviour (conducta).
actual *adj* **1** current, present (de hoy). **2** modern (moda). **3** topical (tema).

> **Actual** se traduce generalmente por ***current***: *el paro es un problema actual = unemployment is a current problem.* El término inglés ***actual*** sirve para enfatizar que algo es real y no imaginario: *el número real de víctimas = the actual number of victims.*

actualidad *f* **1** present (tiempo presente). **2** current affairs (suceso); news (noticias). ■ **de ~** topical; **en la ~** nowadays, at the present time.
actualizar *tr* **1** to update (poner al día). **2** to modernize (industria).
actuar *intr* **1** to act. **2** DER to undertake proceedings.
acuarela *f* watercolour.
acuario *m* **1** aquarium. **2** ASTR Aquarius • *m* o *f* **3** Aquarius (persona).
acuartelamiento *m* MIL quartering.
acuático, ca *adj* aquatic.
acuchillar *tr* **1** to stab, to knife (apuñalar). **2** to plane (madera).
acuciante *adj* urgent.
acuciar *tr* to urge, to press.
acudir *intr* **1** to go (ir); to come (venir). **~ a 2** to go to, to turn to (recurrir).
acueducto *m* aqueduct.
acuerdo *m* **1** agreement (resolución). **2** *Arg.* cabinet meeting (consejo de ministros). ■ **¡de ~!** OK!, all right!; **de ~ con** in accordance with; **estar de ~** to agree; **llegar a un ~** to reach an agreement; **ponerse de ~** to come to an agreement.
acuífero *m* aquifer.
acumulación *f* accumulation.
acumular *tr* y *pron* to accumulate.
acunar *tr* to rock.
acuñar *tr* **1** to mint (moneda). **2** (fig) to coin (palabra).
acuoso, sa *adj* watery.
acupuntor, ra *m* y *f* acupuncturist.
acupuntura *f* acupuncture.
acurrucarse *pron* to huddle up.
acusación *f* **1** accusation. **2** DER prosecution.
acusado, da *adj* **1** marked, pronounced. • *m* y *f* **2** accused, defendant.
acusar *tr* **1** to accuse (imputar). **2** to blame (culpar). **3** to show (mostrar). **4** DER to charge.
acusativo *m* GRAM accusative.
acuse *m* **~ de recibo** acknowledgement of receipt.
acusete *m Amér.* → acusica.
acusica o **acusón, na** *m* o *f* sneak, snitch, tell-tale.
acústico, ca *adj* acoustic.
adaptación *f* adaptation.
adaptador *m* ELEC adapter.
adaptar *tr* **1** to adapt. • **~se** *pron* **2** to adapt, to adjust.
adecentar *tr* e *intr* to smarten up.

Acuerdo / *Agreement*

Acuerdo con lo que se dice	
Estoy de acuerdo contigo	*I agree with you*
Tienes toda la razón/Estoy totalmente de acuerdo contigo	*I couldn't agree with you more*
Estamos de acuerdo con lo que están diciendo	*We agree with what they are saying*
Acuerdo con una propuesta	
Me parece bien tu idea de volverlo a leer	*I do like your idea of re-reading it*
El proyecto tiene nuestra aprobación	*The project meets our approval*
Acuerdo con una petición	
Estaré encantado de ir contigo	*I should be delighted to come with you*
Los llamaremos con mucho gusto	*There is no problem about calling them*
Otras expresiones	
Es una idea estupenda	*It's a great idea*
¡Qué buena idea!	*What a good idea!*

adecuado, da *adj* appropriate, suitable.
adecuar *tr* to adapt, to make suitable.
adefesio *m* (fam) fright (persona fea); monstrosity, eyesore (cosa fea).
adelantado, da *adj* advanced. ■ **estar ~** to be fast (reloj); **por ~** in advance.
adelantamiento *m* overtaking (en coche).
adelantar *tr* **1** to move forward (mover hacia adelante). **2** to overtake (coche). **3** to get ahead with (trabajo). **4** to bring forward (en el tiempo). **5** to outdo (aventajar). **6** to put forward (reloj). **7** to pay in advance (dinero). • *intr* **8** to be fast (reloj). • **~se** *pron* **9** to be early (llegar temprano). **10** to gain (reloj).
adelante *adv* **1** forward (hacia adelante). **2** further (más allá). ■ **¡~!** come in! (pase); carry on! (siga); **de hoy en ~** from now on; **llevar ~** to carry out; **más ~** later; **salir ~** to get on.
adelanto *m* **1** advance, improvement (avance). **2** advance (dinero).
adelgazante *adj* slimming.
adelgazar *intr* y *pron* **1** to lose weight, to get slimmer. • *tr* **2** to lose (kilos).
ademán *m* **1** expression, look. **2** gesture (con las manos). **3** posture. • **ademanes** *m pl* **4** manners (modales).
además *adv* besides, moreover, in addition. ■ **~ de eso** on top of that (encima); besides that (aparte).
adentrarse *pron* **~ en 1** to go inside. **~ en 2** to go more deeply into (examinar).
adentro *adv* **1** inside. • **adentros** *m pl* **2** heart. ■ **mar ~** out to sea; **tierra ~** inland.
adepto, ta *m* y *f* follower, supporter.
aderezar *tr* to season (condimentar); to dress (ensalada).
aderezo *m* seasoning; dressing.
adeudar *tr* **1** to owe (deber). **2** FIN to charge, to debit.
adherencia *f* adherence.
adherente *adj* adhesive, sticky.
adherir *tr* **1** to stick (pegar). • **~se a** *pron* **2** to stick to, to adhere to (pegarse). **~se a 3** to join (afiliarse).
adhesión *f* adherence, membership.
adhesivo, va *adj* **1** sticky, adhesive. • *m* **2** adhesive.
adicción *f* addiction.
adición *f* addition.
adicto, ta *adj* **1** addicted. • *m* y *f* **2** addict.
adiestramiento *m* training.
adiestrar *tr* to train.
adinerado, da *adj* wealthy.
adiós *m* goodbye. ■ **decir ~** to say goodbye.
adiposo, sa *adj* fatty, adipose.
aditivo *m* additive.
adivinanza *f* riddle.
adivinar *tr* to guess.
adivino, na *m* y *f* fortune-teller.
adjetivo, va *adj* **1** adjectival. • *m* **2** adjective.

adjudicación *f* award, awarding.
adjudicar *tr* **1** to award, to adjudicate. • **~se** *pron* **2** to win (ganar).
adjuntar *tr* to enclose, to attach.
adjunto, ta *adj* **1** enclosed, attached. • *m* **2** assistant.
administración *f* **1** administration. **2** management (de empresa). **3** POL government, administration. ◆ **~ pública** public administration.
administrador, ra *m* y *f* **1** administrator. **2** manager (de empresa).
administrar *tr* **1** to administer (gestionar). **2** to administer (medicinas, sacramentos). **3** (fam) to give (dar). • **~se** *pron* **4** to manage one's own money.
administrativo, va *adj* **1** administrative. • *m* y *f* **2** office worker, clerk.
admiración *f* **1** admiration (acción de admirar). **2** exclamation mark (signo).
admirador, ra *m* y *f* admirer.
admirar *tr* to admire.
admisión *f* **1** admission (gen). **2** acceptance (aceptación). **3** MEC intake.
admitir *tr* **1** to admit, to accept (aceptar). **2** to permit (permitir).
ADN (*siglas de* **ácido desoxirribonucleico**) *m* DNA.
adobar *tr* to marinate (carne).
adocenarse *pron* (fam) to become one of the crowd.
adoctrinar *tr* to indoctrinate.
adolecer *intr* **~ de** to suffer from.
adolescencia *f* adolescence.
adolescente *adj/m* o *f* adolescent.
adonde *adv* where.
adónde *adv interr* where?
adondequiera *adv* wherever.
adopción *f* adoption.
adoptar *tr* to adopt.
adoptivo, va *adj* adopted, adoptive.
adoquín *m* paving stone.
adorable *adj* adorable.
adorar *tr* to adore.
adormecerse *pron* to get sleepy.
adormidera *f* BOT poppy.
adornar *tr* **1** to decorate, to adorn. **2** to embellish (historia).
adorno *m* decoration, adornment.
adosar *tr* to lean.
adquirir *tr* **1** to acquire, to obtain (obtener). **2** to purchase, to acquire (comprar).
adquisición *f* **1** acquisition. **2** purchase.
adrede *adv* on purpose, deliberately.
adrenalina *f* adrenalin.
adscribir *tr* **1** to assign, to attach (asignar). **2** to attribute (atribuir). • **~se** *pron* **3** to affiliate (a un partido).
aduana *f* customs.
aducir *tr* to adduce.
adueñarse *pron* **~ de 1** to take possession of (hacerse dueño). **~ de 2** (fig) to take hold of (dominar).
adulación *f* flattery, adulation.
adular *tr* to flatter, to adulate.
adulteración *f* adulteration.
adulterar *tr* to adulterate.
adulterio *m* adultery.
adúltero, ra *adj* **1** adulterous. • *m* y *f* **2** adulterer (hombre); adulteress (mujer).
adulto, ta *adj/m* y *f* adult.
adusto, ta *adj* **1** serious. **2** severe.
advenedizo, za *adj* **1** foreign (extranjero). • *adj/m* y *f* **2** parvenu (nuevo rico).
adverbio *m* GRAM adverb.
adversario, ria *m* y *f* adversary, opponent.
adversidad *f* adversity.
adverso, sa *adj* adverse, unfavourable (resultado, situación); bad (suerte).
advertencia *f* **1** warning (aviso). **2** piece of advice (consejo).
advertir *tr* **1** to warn (avisar). **2** to advise (aconsejar). **3** to notice (notar); to feel (sentir).
adyacente *adj* adjacent.
aéreo, a *adj* aerial (del aire); air (delante de sustantivo): *tráfico aéreo = air traffic.*
aeróbic o **aerobic** *m* aerobics.
aerodinámica *f* aerodynamics.
aeródromo *m* aerodrome, airfield.
aeroespacial *adj* aerospace.
aerolínea *f Amér.* airline.
aeromodelismo *m* model aeroplane making.
aeromozo, za *m* y *f Amér.* air steward (hombre); air stewardess (mujer).
aeronauta *m* o *f* aeronaut.
aeronáutico, ca *adj* aeronautical.
aeronave *f* airship.
aeroplano *m* aeroplane (GB); airplane (EE UU).
aeropuerto *m* airport.
aerosol *m* aerosol.
aerostático, ca *adj* aerostatic.
aerotrén *m* suspended railway.
afabilidad *f* affability, pleasantness.

afable *adj* affable, pleasant.
afán *m* **1** urge (anhelo). **2** desire (deseo).
afanar *tr* **1** (fam) to swipe, to nick (robar). • **~se por hacer algo** *pron* **2** to strive to do sth.
afear *tr* to censure.
afección *f* illness, disease.
afectación *f* affectation.
afectado, da *adj* **1** affected (con artificio). **2** upset (perturbado).
afectar *tr* **1** to affect (gen). **2** to affect deeply (afligir). **3** to feign (fingir).
afecto *m* affection (cariño).
afectuoso, sa *adj* affectionate.
afeitado *m* shave.
afeitar *tr* y *pron* to shave.
afeminado, da *adj* effeminate.
aferrar *tr* **1** to grasp, to seize (asir). • **~se a** *pron* **2** to cling to (asirse). **~se a 3** to stick to, to cling to (creencia, opinión).
afianzamiento *m* **1** strengthening (refuerzo). **2** consolidation (consolidación).
afianzar *tr* **1** to secure. • **~se** *pron* **2** to steady oneself (afirmarse). **~se en 3** to become entrenched in (una opinión).
afiche *m Amér.* poster.
afición *f* **1** fondness, liking (inclinación). **2** fans (conjunto de aficionados).
aficionado, da *adj* **1** fond, keen (amante). **2** amateur (no profesional). • *m* y *f* **3** fan (de cine, teatro, deportes); lover (amante). **4** amateur (no profesional).
aficionarse *pron* **~ a** to become keen on.
afiebrarse *pron Amér.* to become feverish.
afilado, da *adj* sharp (filo); pointed (puntiagudo).
afilalápices *m* pencil sharpener.
afilar *tr* to sharpen.
afiliado, da *adj* **~ a 1** affiliated to. • *m* y *f* **2** member, affiliate.
afiliarse *pron*, to affiliate to.
afín *adj* **1** adjacent (lindante). **2** related (relacionado).
afinar *tr* **1** to tune (instrumento musical). **2** to refine, to polish (perfeccionar).
afinidad *f* affinity.
afirmación *f* statement; assertion.
afirmar *tr* **1** to say, to affirm (asegurar). **2** to secure, to strengthen (dar firmeza).
afirmativo, va *adj* affirmative.
aflatarse *pron* **1** *Amér. Centr.* to be saddened (afligirse). **2** *Chile* to feel faint (sufrir un desmayo).
aflicción *f* sorrow, sadness.
afligir *tr* to afflict, to distress.
aflojar *tr* **1** to loosen (nudo). **2** (fam) to fork out (dinero).
aflorar *intr* **1** to come to the surface (emoción). **2** to emerge (agua).
afluencia *f* crowd.
afluente *m* tributary.
afluir *intr* to flock (gente).
afonía *f* loss of voice.
afónico, ca *adj* voiceless, hoarse.
aforismo *m* aphorism.
aforo *m* capacity (de un recinto).
afortunado, da *adj* **1** lucky (con buena suerte). **2** well-chosen (oportuno).
afrenta *f* affront.
África *f* Africa.
africano, na *adj/m* y *f* African.
afrodisiaco, ca o **afrodisíaco, ca** *adj* y *m* aphrodisiac.
afrontar *tr* to face.
afuera *adv* **1** outside (en el exterior). • *interj* **2** get out!, out! • **afueras** *f pl* **3** outskirts.
afuereño, ña *m* y *f Amér.* foreigner.
afuetear *tr Amér.* to whip.
agachar *tr* **1** to bend, to lower (inclinar); to bow (cabeza). **2** *Amér.* to fetch down (bajar). • **~se** *pron* **3** to bend down (inclinarse); to crouch down (ponerse en cuclillas). **4** *Amér.* to give in (ceder).
agalla *m* ZOOL gill (de pez). ■ **tener agallas** (fam) to have guts.
agalludo, da *adj* **1** *Amér.* daring (temerario). **2** *Amér. Centr., Ant.* ambitious.
agarradera *f* handle. ■ **tener agarraderas** (fig) to have influence.
agarradero *m* handle.
agarrar *tr* **1** to grab, to seize. • **~se** *pron* **2** to hold on.
agarrón *m* **1** pull, tug (acción). **2** *Amér.* (fam) row, set-to.
agarrotado, da *adj* stiff.
agasajar *tr* to lavish attention on (tratar bien).
agasajo *m* warm welcome.
ágata *f* agate.
agaucharse *pron Amér. Merid.* to start to behave like a gaucho.
agazaparse *pron* **1** to hide (esconderse). **2** to bend down (inclinarse).
agencia *f* agency. ◆ **~ de prensa** news agency; **~ de publicidad** advertising agency; **~ de viajes** travel agency.

agenciarse *pron* to get hold of.
agenda *f* **1** diary (de notas); address book (de teléfonos). **2** agenda (reunión). ♦ ~ **electrónica** personal organizer.
agente *m* o *f* agent. ♦ ~ **de cambio y bolsa** stockbroker; ~ **de policía** police officer; ~ **secreto** secret agent.
ágil *adj* agile.
agilidad *f* agility.
agilizar *tr* to speed up.
agitación *f* **1** bustle (en la calle). **2** agitation (intranquilidad). **3** roughness (del mar). **4** POL agitation.
agitador, ra *m* y *f* agitator (persona).
agitanado, da *adj* gypsy-like.
agitar *tr* **1** to shake (líquido); to stir (revolver). **2** to wave (bandera). **3** to agitate (inquietar). **4** POL to agitate. • **~se** *pron* **5** to get agitated (inquietarse).
aglomeración *f* **1** mass, agglomeration. **2** crowd (de gente). ♦ ~ **urbana** urban area.
aglomerarse *pron* to crowd together, to agglomerate.
aglutinar *tr* y *pron* to agglutinate.
agnóstico, ca *adj*/*m* y *f* agnostic.
agobiante *adj* oppressive.
agobiar *tr* **1** to exhaust (calor, trabajo). **2** to weigh down, to burden (carga). • **~se** *pron* **3** to worry too much (preocuparse).
agobio *m* load, burden.
agolparse *pron* to throng, to crowd.
agonía *f* **1** death throes (antes de morir). **2** agony (dolor).
agonizante *adj* dying.
agonizar *intr* to be dying.
agosto *m* August. ■ **hacer uno su ~** to make one's fortune.
agotado, da *adj* **1** exhausted (persona). **2** sold out (mercancía); out of print (libro).
agotador, ra *adj* exhausting.
agotamiento *m* exhaustion.
agotar *tr* **1** to exhaust (persona). **2** to use up, to exhaust (existencias). **3** to use up (plazo). • **~se** *pron* **4** to exhaust oneself (fatigarse). **5** to run out (existencias, paciencia); to be sold out (en una tienda).
agraciado, da *adj* **1** lucky (afortunado). **2** pretty (atractivo); graceful (elegante).
agraciar *tr* to award.
agradable *adj* pleasant, nice.
agradar *intr* to please.
agradecer *tr* **1** to thank (dar las gracias). **2** to be grateful for (sentir gratitud).
agradecido, da *adj* grateful.
agradecimiento *m* gratitude.
agrado *m* pleasure. ■ **ser del ~ de alguien** to be to sb's liking.
agrandar *tr* to enlarge, to make bigger.
agrario, ria *adj* agrarian, agricultural.
agravante *m* o *f* DER aggravating circumstance.
agravar *tr* **1** to aggravate, to make worse. • **~se** *pron* **2** to get worse.
agraviar *tr* to insult, to offend.
agravio *m* insult, offence.
agredir *tr* to assault, to attack.
agregado, da *m* y *f* **1** EDUC assistant (profesor). **2** POL attaché. **3** *Arg.*, *Ur.* farm labourer.
agregar *tr* to add.
agresión *f* act of aggression, attack.
agresividad *f* aggression.
agresivo, va *adj* aggressive.
agresor, ra *m* y *f* aggressor.
agreste *adj* **1** rural (campestre). **2** rugged (terreno).
agriar *tr* y *pron* to turn sour.
agrícola *adj* agricultural.
agricultor, ra *m* y *f* farmer.
agricultura *f* farming, agriculture.
agridulce *adj* bittersweet.
agrietar *tr* y *pron* to crack; to chap (piel).
agringarse *pron Amér.* (fam) to adopt gringo customs.
agrio, gria *adj* **1** sour, acid (de sabor). • **agrios** *m pl* **2** citrus fruits.
agroalimentario, ria *adj* food and agriculture.
agrónomo, ma *adj* **1** agricultural. • *m* y *f* **2** agronomist.
agropecuario, ria *adj* agricultural.
agrupación *f* **1** group (conjunto). **2** association (asociación).
agrupar *tr* **1** to group. • **~se** *pron* **2** to group together.
agua *f* **1** water. • **aguas** *f pl* **2** water (de piedra, tela). ♦ ~ **corriente** running water; ~ **de colonia** eau de cologne; ~ **de lluvia** rainwater; ~ **mineral** mineral water; ~ **natural** tapwater; ~ **nieve** sleet; ~ **oxigenada** hydrogen peroxide; ~ **potable** drinking water; **aguas residuales** sewage. ■ **aguas abajo** downstream; **aguas arriba** upstream; **estar con el ~ al cuello** to be up to one's neck in it; **hacer ~** to leak (barco); to be full of holes (ex-

plicación); **romper aguas** to break one's water bag (parturienta); **se me hace la boca ~** it makes my mouth water; **tan claro como el ~** as clear as crystal.
aguacate *m* **1** avocado (árbol). **2** avocado (pear) (fruto).
aguacero *m* heavy shower.
aguada *f* ART gouache.
aguado, da *adj* **1** watery, watered-down (con agua). **2** *Amér.* tasteless (insípido).
aguafiestas *m* o *f* spoilsport, killjoy.
aguafuerte *m* etching.
aguaitar *tr* **1** to wait for (aguardar). **2** *Amér.* to spy on (espiar).
aguamanil *m* washstand (palanganero).
aguanieve *f* sleet.
aguantar *tr* **1** to bear, to stand (soportar). **2** to hold (sujetar); to hold back (contener). • **~se** *pron* **3** to resign oneself (resignarse).
aguar *tr* to water down.
aguardar *tr* to wait for.
aguardiente *m* spirit, liquor.
aguarrás *m* turpentine.
agudeza *f* **1** sharpness, acuteness. **2** wit (ingenio); witticism (dicho ingenioso).
agudizar *tr* **1** to sharpen (hacer agudo). • **~se** *pron* **2** to intensify (intensificarse); to get worse (agravarse).
agudo, da *adj* **1** sharp (afilado). **2** witty (ingenioso). **3** acute, sharp (sentido, dolor). **4** high (sonido). **5** GRAM oxytone.
agüero *m* **1** omen (señal). **2** prediction. ■ **de buen/mal ~** good/ill omen.
aguijón *m* **1** sting (de insecto). **2** thorn (de planta). **3** (fig) spur (estímulo).
águila *f* **1** eagle. **2** (fig) crack (persona).
aguilucho *m* eaglet.
aguinaldo *m* Christmas box.
agüita *f Chile*, *Ecuad. infusion of medicinal herbs.*
aguja *f* **1** needle (de coser, de inyección); stylus, needle (de tocadiscos). **2** hand (de reloj, de brújula). **3** point (de ferrocarril). ■ **buscar una ~ en un pajar** to look for a needle in a haystack.
agujerear *tr* to make holes in.
agujero *m* hole. ◆ **~ negro** ASTR black hole.
agujeta *f* **1** *Ecuad.* needle. • **agujetas** *f pl* **2** stiffness.
aguzar *tr* to sharpen.
¡ah! *interj* ah!
ahí *adv* there. ■ **de ~** hence: *de ahí su silencio = hence her silence*; **por~** that way (en esa dirección): *ha pasado por ahí = he went that way*; around here (por alguna parte); **por ~, por ~** something like that (poco más o menos).
ahijado, da *m* y *f* godson (hombre); goddaughter (mujer).
¡ahijuna! *interj Amér.* (fam) wow!
ahínco *m* **1** effort (esfuerzo). **2** enthusiasm (entusiasmo).
ahíto, ta *adj* (form) full (de comida).
ahogado, da *adj* **1** drowned (en agua); suffocated (por falta de aire). • *m* y *f* **2** drowned person.
ahogar *tr* **1** to drown; to suffocate (por falta de aire). **2** to strangle (estrangular). • **~se** *pron* **3** to drown (en el agua); to suffocate (por falta de aire); to be stifled (de calor). **4** AUT to be flooded.
ahogo *m* tightness of the chest, breathlessness.
ahondar *intr* (fig) to go deeply, to probe.
ahora *adv* **1** now (en este momento). **2** in a moment (pronto): *ahora voy = I'm coming*. **3** a while ago (hace poco): *ahora me lo han dicho = the've just told me*. • *conj* **4** but, however (pero). ■ **~ bien** but (pero); on the other hand (por otra parte); **desde ~** from now on; **hasta ~** up till now, so far; **¡hasta ~!** see you!; **por ~** for the time being.
ahorcar *tr* **1** to hang. • **~se** *pron* **2** to hang oneself.
ahorita *adv Amér.* (fam) right now.
ahormar *tr* to break in (zapatos).
ahorrador, ra *adj* **1** thrifty. • *m* y *f* **2** thrifty person.
ahorrar *tr* to save.
ahorro *m* **1** saving. • **ahorros** *m pl* **2** savings.
ahuecar *tr* **1** to hollow out (poner hueco). • *intr* **2** (fam) to beat it (irse).
ahuevado, da *adj Amér.* (fam) chicken.
ahumado, da *adj* **1** smoked (carne, pescado). **2** tinted (cristal).
ahumar *tr* to smoke (carne, pescado).
ahuyentar *tr* to drive away, to scare off.
¡aijuna! *interj Arg.*, *Bol.*, *Ur.* → ¡ahijuna!
airbag *m* AUT airbag.
aire *m* **1** air (gen). **2** (fig) appearance, air (aspecto). **3** (fig) likeness (parecido). • **aires** *m pl* **4** airs (ínfulas). ◆ **~ acondi-**

cionado air conditioning. ■ **al ~ libre** in the open air; **cambiar de aires** to have a change of air; **dejar en el ~** to leave up in the air.
airear *tr* **1** to air; to air, to ventilate (habitación). **2** (fig) to air (asunto). ● **~se** *pron* **3** to get some fresh air.
aislamiento *m* **1** isolation. **2** TEC insulation.
aislar *tr* **1** to isolate. **2** ELEC to insulate. ● **~se** *pron* **3** to isolate oneself, to cut oneself off.
ajar *tr* **1** to age (envejecer). ● **~se** *pron* **2** to age, to get old.
ajedrez *m* chess.
ajeno, na *adj* **1** somebody else's (singular); other people's (plural): *una casa ajena = somebody else's house*, *asuntos ajenos = other people's affairs*. **2** alien, not in keeping (no conforme).
ajetreo *m* hustle and bustle.
ají *m Amér.* chilli.
ajiaceite *m sauce made from garlic and olive oil.*
ajo *m* garlic. ■ **estar en el ~** to be in the thick of it.
ajuar *m* trousseau.
ajustar *tr* **1** to fit (encajar). **2** to adjust (arreglar). **3** *Amér. Centr., Col.* to be (cumplir años). ● **~se** *pron* **4** to adapt (adaptarse). **5** to be in accordance with (norma, presupuesto).
ajuste *m* **1** adjustment (acción de ajustar). **2** agreement (acuerdo). ■ **~ de cuentas** (fig) settling of scores.
al *contr* **1** (*a* + *el*) → a. **2** (seguido de inf) on, when: *al entrar = on entering*.
ala *f* wing. ◆ **~ delta** DEP hang-glider. ■ **ahuecar el ~** (fam) to beat it; **cortar las alas a alguien** to clip sb's wings; **dar alas a alguien** to encourage sb.
alabanza *f* praise.
alabar *tr* to praise.
alabastro *m* alabaster.
alacena *f* built-in cupboard.
alacrán *m* scorpion.
alacranear *intr Arg., Par., Ur.* to spread vicious gossip.
alambique *m* still.
alambrada *f* wire fence.
alambre *m* wire. ■ **~ de espino** barbed wire.
alameda *f* boulevard, tree-lined avenue.
álamo *m* poplar.
alarde *m* show, display (ostentación).
alardear *intr* to show off.
alargado, da *adj* long and thin.
alargador *m* extension lead (cable).
alargar *tr* **1** to lengthen (dar más longitud); to stretch (estirar). **2** to prolong, to extend (estancia); to spin out (discurso).
alarido *m* howl, scream.
alarma *f* alarm. ◆ **falsa ~** false alarm. ■ **dar la ~** to raise the alarm.
alarmante *adj* alarming.
alarmar *tr* **1** to alarm. ● **~se** *pron* **2** to be alarmed.
alarmista *adj/m* o *f* alarmist.
alba *f* dawn, daybreak.
albacea *m* o *f* executor (hombre); executrix (mujer).
albahaca *f* basil.
albañil *m* bricklayer, mason.
albarán *m* delivery note.
albardear *tr Amér. Centr., Méx.* to bother.
albaricoque *m* apricot.
albaricoquero *m* apricot tree.
alberca *f Méx.* swimming pool (piscina).
albergar *tr* **1** to accommodate (persona). **2** (fig) to cherish (esperanza).
albergue *m* lodgings. ◆ **~ de juventud** youth hostel.
albino, na *adj/m* y *f* albino.
albóndiga *f* meatball.
albornoz *m* bathrobe.
alborotar *intr* **1** to be rowdy. ● *tr* **2** to disturb (perturbar). ● **~se** *pron* **3** to get rowdy (persona). **4** to get rough (mar).
alboroto *m* din, racket (ruido); disturbance (jaleo).
alborozar *tr* to fill with joy.
albufera *f* lagoon.
álbum *m* album.
alcachofa *f* **1** artichoke (planta). **2** showerhead (de una ducha).
alcaide *m* prison governor.
alcalde *m* mayor.
alcaldesa *f* mayoress.
alcaldía *f* **1** mayoralty (cargo). **2** mayor's office (lugar).
alcalino, na *adj* alkaline.
alcance *m* **1** reach (distancia). **2** range (de arma). **3** scope, extent (importancia). ■ **estar al ~** to be within reach; **estar fuera del ~** to be out of reach.
alcanfor *m* camphor.

alcantarilla *f* sewer, drain.
alcantarillado *m* sewers.
alcanzar *tr* **1** to catch up with (al que va delante). **2** to reach (una cosa alejada). **3** to pass, to hand (pasar). **4** to hit (bala). **5** (fig) to obtain (lograr). **~ a hacer algo 6** (fig) to be able to do sth (poder). • *intr* **7** to be enough (ser suficiente).
alcaparra *f* caper.
alcayata *f* hook.
alcázar *m* **1** fortress (fortaleza). **2** NÁUT quarter-deck.
alce *m* moose, elk.
alcoba *f* bedroom.
alcohol *m* alcohol.
alcohólico, ca *adj/m* y *f* alcoholic.
alcoholismo *m* alcoholism.
alcornoque *m* cork oak.
alcurnia *f* lineage, ancestry.
alcuza *f* **1** oil bottle (para aceite). **2** *Amér.* cruet (vinagreras).
aldea *f* hamlet, small village.
aldeano, na *m* y *f* villager.
aleación *f* alloy.
aleatorio, ria *adj* random (número); chance (suceso).
alebrestarse *pron Méx.* to get tipsy.
aleccionar *tr* to teach, to instruct.
alegar *tr* **1** to put forward (prueba). **2** to argue, to claim (aducir).
alegato *m* **1** DER plea. **2** *Amér.* argument (disputa).
alegrar *tr* **1** to cheer up, to make happy (causar alegría). **2** to liven up (avivar). • **~se** *pron* **3** to be glad, to be pleased (estar contento). **4** to get merry (achispar).
alegre *adj* **1** happy, cheerful (feliz). **2** lively, fun (divertido). **3** bright (colorido). **4** tipsy (achispado).
alegría *f* **1** happiness, joy (felicidad). **2** cheerfulness (buen humor).
alejar *tr* **1** to move away (colocar más lejos). **2** to keep away (mantener lejos). • **~se** *pron* **3** to go away (irse). **4** to move away (colocarse más lejos).
alelar *tr* to stun, to bewilder.
¡aleluya! *interj* Hallelujah!
alemán, na *adj/m* y *f* **1** German. • *m* **2** German (lengua).
Alemania *f* Germany.
alentar *tr* **1** to encourage (animar). • **~se** *pron* **2** *Amér.* to get better, to recover.
alergia *f* allergy.
alérgico, ca *adj* **~ (a)** allergic (to).
alero *m* **1** eaves (borde del tejado). **2** DEP winger, wing.
alerta *adj* **1** alert, watchful. • *adv* **2** alertly, watchfully. • *f* **3** alert. ■ **estar ~** to be on the alert.
alertar *tr* to alert.
aleta *f* fin (de pez); flipper (de foca, de buzo).
aletargarse *pron* to get drowsy; to feel drowsy.
aletear *intr* **1** to flap its wings (ave). **2** to move its fins (pez).
alevín *m* small fish, fry.
alevosía *f* premeditation.
alfabético, ca *adj* alphabetical.
alfabeto *m* alphabet.
alfalfa *f* BOT alfalfa, lucerne.
alfarero, ra *m* y *f* potter.
alféizar *m* ARQ sill, ledge.
alférez *m* o *f* MIL second lieutenant.
alfil *m* bishop (ajedrez).
alfiler *m* **1** pin (clavillo). **2** brooch, pin (joya). ■ **no cabe un ~** it's jam-packed.
alfiletero *m* pin case.
alfombra *f* carpet.
alfombrar *tr* to carpet.
alfombrilla *f* rug, mat.
alforja *f* (normalmente *pl*) saddlebag.
alga *f* BOT alga.
algarroba *f* carob, algarroba.
álgebra *f* MAT algebra.
álgido, da *adj* critical.
algo *pron indef* **1** something (afirmativo); anything (interrogativo y condicional). **~ de 2** some (cantidad indeterminada). • *adv* **3** rather, a bit (un poco): *es algo caro = it's rather expensive.* ■ **~ es ~** it's better than nothing; **por ~ será** there must be a reason.

Algo se traduce por ***something*** en frases afirmativas y en las interrogativas de las que se espera una respuesta afirmativa: *¿quieres algo para beber? = would you like something to drink?* En el resto de frases interrogativas y en las condicionales, **algo** se traduce por ***anything***: *si hay algo en la caja, dímelo = if there is anything in the box, just tell me.*

algodón *m* **1** cotton (planta y fibra). **2** swab (trozo de algodón). ◆ **~ hidrófilo** cotton wool (GB); absorbent coton (EE UU).
algoritmo *m* algorithm.
alguacil *m* bailiff.
alguien *pron indef* someone, somebody (afirmativo): *alguien viene = someone's coming*; anyone, anybody (interrogativo y condicional): *¿hay alguien? = is anyone there?* ■ **ser ~** to be someone.

> **Alguien** se traduce por ***somebody*** o ***someone*** en frases afirmativas: *alguien te está esperando = there's someone waiting for you*. En las interrogativas y condicionales, **alguien** se traduce por ***anybody*** o ***anyone***: *¿hay alguien en recepción? = is there anybody at reception?*

algún (*apócope de* **alguno**) *adj* (se emplea delante de sustantivos masculinos) → alguno, na.
alguno, na *adj* **1** some (afirmativo): *algunas tiendas estarán abiertas = some shops will be open*; any (interrogativo y condicional): *¿tienes alguna sugerencia = have you got any suggestion?* **2** a few (unos pocos). **3** (después de sustantivo) any (ninguno): *sin compromiso alguno = without any commitment*. ● *pron indef* **4** someone, somebody (persona, en frases afirmativas): *sé de alguno que protestará = I know someone who'll complain*; some people (plural, en frases afirmativas); anyone, anybody (en frases interrogativas y condicionales): *si alguno te pregunta = if anybody asks you*. **5** one (cosa): *¿hay alguno que te guste? = is there one you like?*; some (plural): *algunas de las fotos = some of the photos*. ■ **algún que otro** one or two, the odd.

> Se traduce por ***somewhere*** en las frases afirmativas: *lo leí en alguna parte = I read it somewhere*. En las interrogativas y condicionales se usa ***anywhere***: *¿hay un bolígrafo por alguna parte? = is there a pen anywhere?*

alhaja *f* **1** jewel (joya). **2** (fig) treasure (persona).
alharaca *f* (normalmente *pl*) fuss.
alhelí *m* BOT wallflower.
aliado, da *adj* **1** allied. ● *m* y *f* **2** ally.
alianza *f* **1** alliance (convenio). **2** engagement ring (anillo).
aliarse *pron* to form an alliance.
alias *m* alias.
alicaído, da *adj* sad, depressed.
alicates *m pl* pliers.
aliciente *m* incentive.
aliento *m* **1** breath. **2** encouragement (ánimo) ◆ **mal ~** bad breath. ■ **dar ~ a alguien** (fig) to encourage sb.
aligerar *tr* **1** to lighten (quitar peso). **2** to quicken (paso).
alijo *m* contraband. ◆ **~ de drogas** consignment of drugs.
alimaña *f* vermin, pest.
alimentación *f* **1** food (comida). **2** feeding (acción de alimentar). **3** MEC feed: *bomba de alimentación = feed pump*.
alimentar *tr* **1** to feed. ● **~se** *pron* **2** to feed (animales); to eat (personas).
alimenticio, cia *adj* **1** nourishing (que alimenta). **2** food: *valor alimenticio = food value*.
alimento *m* food.
alinderar *tr Amér.* to mark out, to delimit.
alineación *f* DEP line-up.
alineado, da *adj* aligned.
alinear *tr* **1** to align (poner en línea recta). **2** DEP to select. ● **~se** *pron* **3** MIL to fall in. **4** POL to align.
aliñar *tr* to dress; to season.
aliño *m* dressing (de ensalada); seasoning (de guiso).
alioli *m garlic and oil sauce*.
alisar *tr* to smooth.
alistarse *pron* **1** MIL to enlist, to join up. **2** *Amér.* to get ready (prepararse).
aliviar *tr* to alleviate, to relieve.
alivio *m* **1** relief (consuelo). **2** alleviation (de un dolor).
aljibe *m* tank, cistern.
allá *adv* over there, there. ◆ **el más ~** the beyond, the great beyond. ■ **~ él/ella** that's his/her problem; **más ~ de** beyond; **no muy ~** nothing special; **por ~** thereabouts.
allanamiento *m* DER submission. ◆ **~ de morada** DER breaking and entering.

allanar *tr* **1** to level, to flatten (poner llano). **2** (fig) to overcome (dificultades).
allegado, da *m* y *f* relative.
allí *adv* there, over there. ■ **por ~** that way.
alma *f* soul. ◆ **almas gemelas** soul mates. ■ **con toda el ~** with all one's heart; **entregar el ~** to pass away.
almacén *m* **1** warehouse (para mercancías). **2** *Arg., Ur.* grocery store (tienda). ● **grandes almacenes** department store.
almacenamiento *m* storage.
almacenar *tr* to store.
almanaque *m* almanac.
almeja *f* clam.
almena *f* battlements.
almendra *f* almond.
almendro *m* almond tree.
almíbar *m* syrup.
almibarado, da *adj* syrupy, sugary.
almidón *m* starch.
almidonar *tr* to starch.
almirante *m* o *f* admiral.
almohada *f* pillow. ■ **consultarlo con la ~** to sleep on it.
almohadilla *f* **1** small cushion (cojín). **2** pincushion (para alfileres); inkpad (para sellos).
almohadón *m* cushion.
almorrana *f* (normalmente *pl*) piles, haemorrhoids.
almorzar *intr* to have lunch (al mediodía); to have breakfast (por la mañana).
almuerzo *m* lunch (al mediodía); mid-morning snack (a media mañana); breakfast (desayuno).
alocado, da *adj* mad, crazy.
áloe o **aloe** *m* BOT aloe.
alojamiento *m* accommodation.
alojar *tr* **1** to put up, to lodge. ● **~se** *pron* **2** to stay, to put up.
alondra *f* lark.
alopecia *f* alopecia.
alpargata *f* espadrille.
alpinismo *m* climbing, mountaineering.
alpinista *m* o *f* climber, mountaineer.
alpino, na *adj* Alpine.
alpiste *m* birdseed.
alquilar *tr* **1** to let, to rent out (prestar a otro casa, televisión); to hire, to hire out (coche). **2** to rent (tomar prestado casa, televisión, etc); to hire (coche); to charter (autocar). ● **~se** *pron* **3** to be to let (GB); to be for rent (EE UU); to be for hire (coche). ■ **«se alquila»** "to let" (GB); "for rent" (EE UU).

> En inglés británico, ***to rent*** implica un período largo de tiempo y ***to hire*** un período corto: *ha alquilado un apartamento de una habitación – he has rented a one-roomed flat*; *alquilaron un coche para el fin de semana = they hired a car for the weekend*. ***To let sth (out)*** se emplea sólo para casas o habitaciones: *solía alquilar la habitación de arriba = I used to let the upstairs room*. En inglés americano, se usa ***to rent*** para todos los casos.

alquiler *m* **1** rent (precio de casa); rental (de televisión); hire charge (de coche). **2** renting (acción de alquilar casas, televisiones); hiring (coche).
alquitrán *m* tar.
alrededor *adv* **1** around, round (situación): *todo alrededor = all around*. **~ de 2** around, round (lugar): *alrededor de la ciudad = around the city*; about, around (cantidad): *alrededor de cien = about a hundred*. ● **alrededores** *m pl* **3** surrounding area, neighbourhood (de un lugar); outskirts (de una ciudad).
alta *f* **1** membership (de una asociación). **2** enrollment (ingreso). **3** registration (en la administración). **4** MED discharge (de un hospital). ◆ **~ médica** certificate of discharge. ■ **dar de ~** to discharge; **darse de ~** to join (asociación).
altanero, ra *adj* haughty, arrogant.
altar *m* altar.
altavoz *m* loudspeaker.
alteración *f* alteration.
alterar *tr* **1** to change, to alter. ● **~se** *pron* **2** to be upset, to be perturbed.
altercado *m* row, quarrel.
alternancia *f* alternation.
alternar *tr* e *intr* **1** to alternate (por turnos). ● *intr* **2** to mix, to socialize (relacionarse).
alternativa *f* alternative (opción). ■ **tomar la ~** TAUROM to become a professional bullfighter.
alterno, na *adj* **1** alternate. **2** ELEC alternating.

altibajos *m pl* ups and downs.
altillano *m Amér. Merid.* high plateau.
altillo *m* **1** mezzanine (entreplanta). **2** storage cupboard (armario). **3** *Arg., Ecuad.* attic (desván).
altímetro *m* altimeter.
altipampa *f Arg., Bol.* high plateau.
altiplanicie o **altiplano** *m* high plateau.
altitud *f* altitude, height.
altivo, va *adj* haughty, arrogant.
alto, ta *adj* **1** tall (persona, árbol); tall, high (edificio); high (montaña, muro). **2** high (número, precio, nivel). **3** upper (piso, clase). **4** loud (sonido). • *adv* **5** high up (lugar). **6** loudly, loud (hablar, cantar). • *m* **7** height (altura): *el armario mide 2 metros de alto = the wardrobe is 2 metres high.* **8** elevación (hill). **9** stop (parada). ◆ **los altos** *Amér.* upstairs (piso superior). ■ **desde lo ~** from the top; **pasar por ~** to ignore, to overlook; **por todo lo ~** in a grand way.

> ***Tall*** se refiere a la altura de personas, árboles, edificios u objetos altos y estrechos. ***High*** se refiere a montañas y, básicamente, a sustantivos abstractos: *una fiebre alta = a high fever; un precio muy alto = a very high price.*

altoparlante *m Amér.* loudspeaker.
altramuz *m* lupin.
altruismo *m* altruism.
altruista *adj* **1** altruistic. • *m* o *f* **2** altruist.
altura *f* **1** height, altitude (elevación). **2** height (dimensión). **3** summit (cumbre). ◆ **las alturas** Heaven. ■ **a estas alturas** at this stage; **estar a la ~ de algo** to be equal to sth.
alubia *f* bean.
alucinación *f* hallucination.
alucinante *adj* (fam) amazing.
alucinar *intr* (fam) to be amazed.
alud *m* avalanche.
aludir *intr* **~ a** to allude to.
alumbrado *m* lighting (conjunto de luces).
alumbrar *tr* **1** to give light (dar luz). **2** to give birth to (dar a luz).
aluminio *m* aluminium (GB); aluminum (EE UU).
alumnado *m* pupils (de escuela); students, student body (de universidad).
alumno, na *m* y *f* pupil (de escuela); student (de universidad).
alusión *f* allusion, reference.
aluvión *m* **1** flash flood (riada). **2** (fig) flood, deluge (de noticias).
alvéolo o **alveolo** *m* ANAT alveolus.
alza *f* rise, hike. ■ **en ~** rising.
alzado, da *adj* **1** fixed (precio). **2** *Amér.* insolent (insolente). • *m* **3** elevation.
alzamiento *m* revolt, uprising.
alzar *tr* **1** to lift, to raise (levantar). **2** to raise (voz). • **~se** *pron* **3** to rise (ponerse en pie). **4** to rise up (edificio). **5** to rise up, to revolt (sublevarse): *alzarse en armas = to rise.* **~se con 6** to win, to walk away with (premio, victoria).
ama *f* **1** owner (dueña). **2** housekeeper (criada). ◆ **~ de casa** housewife; **~ de gobierno/de llaves** housekeeper.
amabilidad *f* kindness.
amable *adj* kind.
amachinarse *pron Amér.* to live together.
amaestrar *tr* to train.
amago *m* **1** sign (señal); hint (esbozo). **2** DEP feint.
amainar *intr* to slacken, to drop.
amalgama *f* amalgam.
amamantar *tr* to suckle.
amanecer *m* dawn.
amanecer *impers* to get light (comenzar el día).
amanerado, da *adj* **1** affected, mannered (falto de naturalidad). **2** (fam) effeminate (afeminado).
amansar *tr* to tame (fiera, persona); to break (caballo).
amante *m* o *f* lover.
amañar *tr* (desp) to rig up, to fake (falsear). ■ **amañárselas** to manage.
amapola *f* poppy.
amar *tr* to love.
amarar *intr* to land (hidroavión); to splash down (cápsula espacial).
amargar *tr* **1** to make bittter (sabor). **2** to embitter (relación, persona). • **~se** *pron* **3** to become bitter (alimento, persona).
amargo, ga *adj* bitter.
amargura *f* **1** bitterness (amargor). **2** grief, distress (pena).
amarillo, lla *adj* **1** yellow. **2** sensationalist (prensa). • *m* **3** amarillo (color).
amarra *f* **1** MAR **2** martingale (correa de caballo). ■ **largar/soltar ~** to cast off.

amarrado, da *adj Amér.* mean (tacaño).
amarrar *tr* **1** to moor, to tie up (barco). **2** to fasten, to tie (sujetar).
amasar *tr* **1** to knead (masa del pan). **2** (fig) to amass (fortuna).
amasijo *m* **1** mixture (masa). **2** (fig) hotchpotch (mezcla desordenada).
amateur *adj/m* o *f* amateur.
amatista *f* amethyst.
amazona *f* horsewoman, rider (mujer que monta a caballo).
amazónico, ca *adj* Amazon, Amazonian.
ambages *m pl* **sin ~** straight out, without beating about the bush.
ámbar *m* amber.
ambición *f* ambition.
ambicionar *tr* to aspire to, to aim for.
ambicioso, sa *adj* **1** ambitious. • *m* y *f* **2** ambitious person.
ambidextro, tra *adj* ambidextrous.
ambientador *m* air freshener.
ambientar *tr* **1** to set (película, obra). **2** to give atmosphere to (crear ambiente). • **~se** *pron* **3** become acclimatized.
ambiente *adj* **1** ambient: *temperatura ambiente = room temperature*. • *m* **2** air, atmosphere (aire). **3** environment (entorno). **4** (fig) atmosphere (de bar, ciudad). **5** *Amér.* room (habitación).
ambigüedad *f* ambiguity.
ambiguo, gua *adj* ambiguous.
ámbito *m* **1** field, ambit (campo). **2** scope, ambit (alcance).
ambos, bas *adj pl* both, the two: *ambos trabajan = they both work.*
ambucia *f Chile* voracity, fierce hunger.
ambulancia *f* ambulance.
ambulante *adj* travelling (vendedor); strolling (actor).
ambulatorio *m* outpatient clinic.
amedrentar *tr* to intimidate, to browbeat.
amén *m* REL amen. ■ **~ de** in addition to.
amenaza *f* threat.
amenazar *tr* to threaten.
ameno, na *adj* entertaining.
América *f* America. ◆ **~ Central** Central America; **~ del Norte** North America; **~ del Sur** South America; **~ Latina** Latin America.
americana *f* jacket (prenda).
americanismo *m* Americanism.
americano, na *adj/m* y *f* American.
ameritar *tr Amér.* to deserve.
amerizar *intr* to land (hidroavión); to splash down (cápsula espacial).
ametralladora *f* machine gun.
ametrallar *tr* to machine-gun.
amianto *m* asbestos.
amigable *adj* friendly, amicable.
amígdala *f* ANAT tonsil.
amigo, ga *m* y *f* **1** friend (gen). **2** boyfriend (novio); girlfriend (novia); lover (amante). ■ **hacerse ~ de alguien** to make friends with sb; **hacerse amigos** to become friends.
amiguismo *m* cronyism.
amilanado, da *adj* frightened, scared.
amilanar *tr* **1** to unnerve, to intimidate. • **~se** *pron* **2** to be intimidated.
aminoácido *m* amino acid.
aminorar *tr* y *pron* to diminish.
amistad *f* **1** friendship. • **amistades** *f pl* **2** friends. ■ **trabar ~ con alguien** to make friends with sb.
amistoso, sa *adj* friendly.
amnesia *f* amnesia.
amnistía *f* amnesty.
amnistiar *tr* to amnesty.
amo *m* **1** master (de la casa, de criado, de perro). **2** owner (propietario).
amodorrado, da *adj* sleepy, drowsy.
amodorrarse *pron* to get sleepy.
amoldar *tr* y *pron* to adapt.
amonestación *f* **1** rebuke, reprimand (reprensión). **2** DEP warning (tarjeta).
amonestar *tr* **1** to rebuke, to reprimand (reprender). **2** DEP to warn (advertir).
amoniaco o **amoníaco** *m* ammonia.
amontonar *tr* **1** to pile (up) (poner en un montón). **2** to gather together, to collect (reunir). • **~se** *pron* **3** to pile up (objetos, trabajo). **4** to crowd (personas).
amor *m* **1** love. **2** my love (tratamiento). ◆ **~ propio** pride. ■ **hacer el ~** to make love; **por ~ al arte** for love, for free; **¡por el ~ de Dios!** for Heaven's sake!
amoral *adj* amoral.
amordazar *tr* **1** to gag (persona). **2** (fig) to muzzle, to silence.
amorfo, fa *adj* amorphous.
amortajar *tr* to shroud.
amortiguador *m* **1** shock-absorber (de coche). **2** buffer (de tren).
amortiguar *tr* **1** to muffle, to deaden (sonido). **2** to cushion (golpe).

amortización *f* FIN amortization, depreciation.
amortizar *tr* FIN to depreciate.
amostazarse *pron Amér.* to get embarrassed.
amotinado, da *adj* **1** rebellious (rebelde). **2** MAR, MIL mutinous. • *m* y *f* **3** MAR, MIL mutineer.
amotinarse *pron* to riot (sublevarse).
amparar *tr* **1** to protect (proteger). **2** to shelter (guarecer). • **~se en** *pron* **3** to seek the protection of (buscar protección); to seek the help of (buscar ayuda). **~se de 4** to shelter from (guarecerse).
amparo *m* **1** protection (protección). **2** shelter, refuge (refugio). ■ **al ~ de** under the protection of (ley); under cover of (oscuridad).
amperio *m* ELEC amp, ampere.
ampliación *f* **1** expansion (expansión). **2** amplification (amplificación). **3** FOT enlargement.
ampliar *tr* **1** to expand, to extend (hacer más grande). **2** to extend (plazo). **3** (fig) to amplify. **4** FOT to enlarge.
amplificación *f* **1** amplification. **2** *Amér.* FOT enlargement.
amplificador *m* amplifier.
amplificar *tr* **1** to amplify (sonido, señal). **2** *Amér.* FOT to enlarge.
amplio, plia *adj* **1** spacious (habitación); ample (espacio). **2** broad, wide (ancho, extenso). **3** loose (ropa).
amplitud *f* **1** spaciousness (de habitación). **2** size (de espacio, terreno). **3** (fig) extent (de conocimientos, daños).
ampolla *f* **1** blister (en la piel). **2** ampoule (para inyecciones). **3** flask (frasco).
amputar *tr* to amputate.
amuchar *tr Amér.* (fam) to increase.
amueblar *tr* to furnish.
amuleto *m* amulet, charm.
amurallar *tr* to wall.
amurriarse *pron Amér.* to get depressed.
anaconda *f* ZOOL anaconda.
anacoreta *m* o *f* anchorite, hermit.
anacrónico, ca *adj* anachronistic.
anacronismo *m* anachronism.
anagrama *m* anagram.
anal *adj* anal.
anales *m pl* annals.
analfabetismo *m* illiteracy.
analfabeto, ta *adj/m* y *f* illiterate.
analgésico, ca *adj* y *m* analgesic.
análisis *m* analysis. ♦ **~ de sangre** blood test.
analizar *tr* to analyse (GB), to analyze (EE UU).
analogía *f* analogy.
analógico, ca *adj* FÍS, INF analog, analogue.
análogo, ga *adj* analogous.
ananás *m* pineapple.
anaquel *m* shelf.
anarquía *f* anarchy.
anárquico, ca *adj* anarchic.
anarquismo *m* anarchism.
anatomía *f* anatomy.
anatómico, ca *adj* anatomic, anatomical.
anca *f* haunch (de caballo). ♦ **ancas de rana** frog's legs.
ancestral *adj* ancestral.
ancheta *f* **1** *Amér.* small business (negocio). **2** *Ecuad.*, *Perú* bargain (ganga).
anchi *m Arg.*, *Chile* roasted bran.
ancho, cha *adj* **1** wide, broad (gen). **2** loose-fitting (ropa); full (falda). • *m* **3** width, breadth. ■ **a lo ~ de** across; **estar a sus anchas** to be comfortable, to feel at ease; **quedarse tan ~** to act as if nothing had happened.

> ***Wide*** se usa para la distancia de un extremo a otro de algo: *viven en una calle muy ancha = they live in a very wide street*. ***Broad*** se usa para partes del cuerpo y, en estilo formal o literario, para calificar ríos, valles, etc.: *mi padre tiene la espalda ancha = my father has broad shoulders; un ancho y verde valle = a broad and green valley.*

anchoa *f* anchovy.
anchura *f* width, breadth (dimensión).
anciano, na *adj* **1** old, aged. • *m* y *f* **2** old man (hombre); old woman (mujer).
ancla *f* anchor (de barco). ■ **levar anclas** to weigh anchor.
anclar *tr* e *intr* to anchor.
ancón *m Méx.* corner.
andadas *f pl* adventures (aventuras). ■ **volver a las ~** to go back to one's old ways, to backslide.
andador *m* baby walker (para niño).

¡ándale! *interj Amér.* come on!
Andalucía *f* Andalusia.
andaluz, za *adj/m* y *f* Andalusian.
andamio *m* scaffold.
andar *intr* **1** to walk (caminar). **2** to work (funcionar). **3** to be (estar): *anda por ahí = she's somewhere around.* ■ **¡andando!** let's get on; **~ a caballo** *Amér.* to ride on horseback; **~ con cuidado** to be careful; **~ con rodeos** to beat about the bush; **~ de puntillas** to tiptoe, to walk on tiptoe; **~ mal de la cabeza** not to be right in the head; **~ tras algo** to be after sth; **todo se andará** all in good time.
andares *m pl* walk, gait.
andén *m* **1** platform (de estación). **2** *Col., Guat., Hond.* pavement (GB); sidewalk (EE UU, acera).
andinismo *m Amér. Merid.* mountaineering.
andino, na *adj* Andean, of the Andes.
Andorra *f* Andorra.
andorrano, na *adj/m* y *f* Andorran.
andrajo *m* rag, tatter.
andrajoso, sa *adj* ragged.
androide *m* android.
anécdota *f* anecdote.
anecdótico, ca *adj* anecdotic.
anegar *tr* **1** to flood. ● **~se** *pron* **2** to be flooded.
anejo, ja *adj* attached.
anemia *f* anaemia.
anémico, ca *adj* anaemic.
anémona o **anemona** *f* anemone.
anestesia *f* anaesthesia.
anestesiar *tr* to anaesthetize.
anexar *tr* to attach, to annex.
anexo, xa *adj* **1** attached, annexed (edificio). **2** attached (documento).
anfibio, bia *adj* **1** amphibious. ● *m* **2** amphibian.
anfiteatro *m* amphitheatre.
anfitrión, na *m* y *f* host (hombre); hostess (mujer).
ánfora *f* amphora.
ángel *m* angel. ◆ **~ de la guarda** guardian angel. ■ **tener ~** to be charming.
angelical o **angélico, ca** *adj* angelic, angelical.
angina *f* MED (normalmente *pl*) angina. ◆ **~ de pecho** MED angina pectoris.
anglicano, na *adj/m* y *f* Anglican.
anglicismo *m* Anglicism.
anglosajón, na *adj/m* y *f* Anglo-Saxon.
angosto, ta *adj* narrow.
anguila *f* eel.
angula *f* elver.
angular *adj* angular. ◆ **gran ~** FOT wide-angle lens.
ángulo *m* **1** angle (gen). **2** corner (rincón). ◆ **~ recto** GEOM right angle.
angurria *f Amér.* greed.
angustia *f* anguish, distress (pena); anxiety (ansiedad).
angustiado, da *adj* **1** anguished, (apenado). **2** worried (preocupado).
angustiar *tr* y *pron* to worry.
anhelante *adj* longing, yearning.
anhelar *tr* to long for, to yearn for.
anhelo *m* longing, yearning.
anhídrido *m* anhydride.
anidar *intr* **1** to nest (ave). **~ en 2** (fig) to fill (sentimientos).
anilla *f* **1** ring (anillo).
anillo *m* **1** ring. **2** ZOOL annulus (de gusano). ◆ **~ de boda** wedding ring; **~ de compromiso** engagement ring. ■ **sienta como ~ al dedo** it's just what the doctor ordered.
ánima *f* **1** soul (alma). **2** bore (de cañón).
animación *f* life (de persona); liveliness (de situación); bustle, activity (en la calle).
animado, da *adj* **1** cheerful, in good spirits (de buen ánimo). **2** lively (fiesta); busy, bustling (calle).
animador, ra *m* y *f* **1** entertainer (en una fiesta); cheerleader (en un acontecimiento deportivo). **2** CINE, INF animator.
animadversión *f* ill-will.
animal *adj* **1** animal. **2** (fam) rough, brutish (persona). ● *m* **3** animal. **4** (fam) brute (persona).
animalada *f* **1** gross language (palabras). **2** gross behaviour (acciones).
animar *tr* **1** to encourage (alentar). **2** to cheer up (alegrar). **3** to liven up (fiesta). ● **~se** *pron* **4** to cheer up (alegrarse). **5** to liven up, to get lively (fiesta). **~se a hacer algo 6** to decide to do sth. ■ **¡anímate!** cheer up! (para dar ánimos); make up you mind! (decídete).
ánimo *m* **1** courage (valor). **2** spirits (moral). **3** intention (intención): *con/sin ánimo de = with/without the intention of.* ◆ **estado de ~** state of mind. ■ **¡~!** cheer

up! (para alegrar); come on! (para alentar); **dar ánimos a** to cheer up; to encourage; **levantar el ~** to perk up; **tener ~ para** to be in the mood for.
animoso, sa *adj* **1** brave, daring (valiente). **2** determined (decidido).
aniñado, da *adj* childlike.
aniquilar *tr* to annihilate, to wipe out.
anís *m* **1** anise (planta). **2** aniseed (semilla). **3** anisette (licor).
anisete *m* anisette.
aniversario *m* anniversary.
ano *m* anus.
anoche *adv* last night, evening. ■ **antes de ~** the night before last.
anochecer *m* nightfall, dusk.
anochecer *impers* to get dark.
anodino, na *adj* anodyne.
anomalía *f* anomaly.
anómalo, la *adj* anomalous.
anonadar *tr* to stun.
anonimato *m* anonymity.
anónimo, ma *adj* **1** anonymous. ● *m* **2** anonymous letter (carta).
anorak *m* anorak.
anorexia *f* MED anorexia.
anormal *adj* **1** abnormal. ● *m* o *f* **2** (desp) idiot.
anotación *f* note (nota).
anotar *tr* **1** to note down, to make a note of (apuntar). **2** DEP to score.
anovulatorio, ria *adj* **1** anovulatory. ● *m* **2** anovulant.
anquilosar *tr* y *pron* **1** MED to ankylose. ● **~se** *pron* **2** (fig) to stagnate.
ansia *f* longing, thirst.
ansiar *tr* to long for, to thirst for.
ansiedad *f* anxiety, worry.
ansioso, sa *adj* **1** anxious, worried (preocupado). **2** eager, longing (deseoso).
anta *f* elk, moose.
antagónico, ca *adj* antagonistic.
antagonismo *m* antagonism.
antagonista *m* o *f* antagonist.
antaño *adv* long ago, in days gone by.
antártico, ca *adj* Antarctic. ◆ **el (océano) Antártico** the Antartic (Ocean).
ante *prep* **1** before, in the presence of (en presencia de). **2** in the face of, faced with (enfrentado a). ■ **~ todo** above all.
anteanoche *adv* the night before last.
anteayer *adv* the day before yesterday.
antebrazo *m* forearm.
antecámara *f* antechamber.
antecedente *m* **1** GRAM antecedent. ● **antecedentes** *m pl* **2** record, history (historial); background. ◆ **antecedentes penales** criminal record. ■ **poner en antecedentes** to put in the picture.
antecesor, ra *adj* **1** preceding, former. ● *m* y *f* **2** predecessor (en un cargo). **3** ancestor, forefather (antepasado).
antediluviano, na *adj* antediluvian.
antelación *f* precedence, priority (prioridad). ■ **con ~** in advance, beforehand.
antellevar *tr Méx.* to knock down.
antemano *loc adv* **de ~** beforehand.
antena *f* **1** RAD aerial, antenna. **2** ZOOL feeler, antenna. ◆ **~ parabólica** satellite dish; dish antenna (EE UU). ■ **en ~** RAD on the air.
anteojos *m pl Amér.* spectacles.
antepasado, da *m* y *f* ancestor, forefather.
antepenúltimo, ma *adj*/*m* y *f* last but two.
anteponer *tr* to prefer (preferir).
anteproyecto *m* preliminary plan (para una obra). ◆ **~ de ley** draft bill.
anterior *adj* **1** previous, former (previo). **2** front (delantero).
anterioridad *f* anteriority. ■ **con ~** previously, beforehand; **con ~ a** before.
antes *adv* **1** before, earlier (intervalo de tiempo): *dos días antes = two days before, two days earlier*. **2** first (primero): *si te vas, dímelo antes = if you go, tell me first*. **~ de (que)/que 3** before (con anterioridad): *antes del mediodía = before midday*. **4** before (antaño). **5** sooner, rather (preferencia): *no quiero que se encargue ella, antes lo hago yo = I don't want her to have to do it, I'd sooner do it myself*. ● *adj* **6** before (después de sust). ■ **mucho ~** a long time before that.
anti- *pref* anti-.
antiabortista *adj* anti-abortion.
antiadherente *adj* non-stick.
antiaéreo, a *adj* anti-aircraft.
antiarrugas *adj* anti-wrinkle.
antibalas *adj* bullet-proof.
antibiótico, ca *adj* y *m* antibiotic.
antibloqueo *adj* anti-block.
anticiclón *m* anticyclone, high.
anticipación *f* **con ~** in good time, early.
anticipar *tr* **1** to bring forward (fecha). **2** to foretell (pronosticar); to anticipate

(prever). **3** to pay in advance (dinero). • **~se** *pron* **4** to be early, to take place early (acontecimiento). **~se a 5** to be one step ahead of, to beat (a un rival).
anticipo *m* advance (dinero).
anticonceptivo, va *adj* y *m* contraceptive.
anticongelante *adj* y *m* antifreeze.
anticonstitucional *adj* unconstitutional.
anticuado, da *adj* antiquated, old-fashioned.
anticuario, ria *m* y *f* antique dealer.
anticuerpo *m* antibody.
antidisturbios *adj* **1** riot. • *m pl* **2** riot police, riot squad.
antidopaje *adj* doping, drugs.
antídoto *m* antidote.
antiestético, ca *adj* unsightly.
antifaz *m* mask.
antigubernamental *adj* anti-government.
antigüedad *f* **1** seniority, length of service (en un puesto). **2** antiquity (época, edad). **3** antique (objeto).
antiguo, gua *adj* **1** old (viejo). **2** ancient (monumento). **3** antique (mueble, joya). **4** old, former (anterior). **5** old-fashioned (anticuado). **6** long-serving (usado).
antihéroe *m* antihero.
antihigiénico, ca *adj* unhygienic.
antílope *m* antelope.
antimonio *m* antimony.
antinatural *adj* unnatural.
antiniebla *adj* fog: *faros antiniebla = fog lamps*.
antioxidante *adj* y *m* antioxidant.
antipatía *f* antipathy, dislike.
antipirético, ca *adj* y *m* antipyretic.
antípodas *f pl* antipodes.
antirrobo *adj* anti-theft.
antiséptico, ca *adj* y *m* antiseptic.
antisocial *adj* antisocial.
antiterrorista *adj* anti-terrorist.
antítesis *f* antithesis.
antivirus *adj* **1** antivirus. • *m* **2** INF antivirus software.
antojarse *pron* **~le a alguien algo/hacer algo 1** to fancy sth/doing sth (desear). **~le a alguien que 2** to have a feeling that, to suspect that (sospechar).
antojitos *m pl Méx.* snacks (tapas).
antojo *m* **1** whim, fancy (capricho). **2** craving. **3** birthmark (en la piel).
antología *f* anthology.
antónimo *m* GRAM antonym.
antonomasia *f* **por ~** par excellence.
antorcha *f* torch.
antracita *f* anthracite.
antro *m* (desp) dive (local).
antropófago, ga *adj* **1** man-eating, cannibalistic. • *m* y *f* **2** cannibal.
antropología *f* anthropology.
antropólogo, ga *m* y *f* anthropologist.
anual *adj* annual, yearly
anualidad *f* annuity, annual payment.
anuario *m* yearbook, annual.
anudar *tr* to knot, to tie (cuerda); to tie (corbata, cordones).
anulación *f* **1** cancellation (de evento, pedido). **2** annulment (de matrimonio). **3** discharge (de contrato).
anular *adj* **1** annular, ring-shaped. • *m* **2** ring finger (dedo).
anular *tr* **1** to cancel (evento, pedido). **2** to repeal (ley). **3** to annul (matrimonio). **4** to discharge (contrato). **5** DEP to disallow (tanto).
anunciante *m* o *f* advertiser.
anunciar *tr* **1** to announce (noticia). **2** to advertise (hacer publicidad).
anuncio *m* **1** announcement (de noticia). **2** advertisement, advert (publicidad).
anverso *m* obverse.
anzuelo *m* **1** hook (para pescar). **2** (fig) bait. ■ **echar el ~** (fig) to offer an enticement; **morder el ~** (fig) to take the bait.
añadido, da *adj* **1** added. • *m* **2** hairpiece (postizo).
añadidura *f* **por ~** in addition.
añadir *tr* to add.
añejo, ja *adj* **1** old (viejo). **2** mature (vino).
añicos *m pl* bits, pieces (trozos). ■ **hacer ~** to smash to pieces, to shatter (cristal).
año *m* year. ◆ **~ bisiesto** leap year; **~ luz** light year; **~ nuevo** New Year; **~ sabático** sabbatical year. ■ **entrado en años** elderly; **perder ~** (fam) to have to repeat a year (estudiante).
añoranza *f* longing, yearning, nostalgia.
añorar *tr* to miss (echar de menos); to be homesick for (tener morriña).
aorta *f* ANAT aorta.
apacible *adj* **1** mild, placid (carácter). **2** calm (tiempo, mar).
apaciguar *tr* to calm, to quieten (persona).
apadrinar *tr* **1** to be godfather to (niño). **2** to be best man to (novio). **3** to sponsor (patrocinar).

apagado, da *adj* **1** dull, lifeless (color, voz). **2** off (aparato); out (fuego, luz).
apagador *m Méx.* switch.
apagar *tr* **1** to put out (fuego, incendio). **2** to put out, to turn off (luz); to turn off, to switch off (aparato). **3** to quench (sed). • **~se** *pron* **4** to go out (fuego, luz). ■ **apaga y vámonos** (fam) there's nothing more to be said.
apagón *m* power cut.
apalabrar *tr* to arrange, to agree on.
apalancarse *pron* (fam) to settle.
apalastrarse *pron Amér. Centr., Col.* (fam) to flake out.
apalear *tr* to beat.
apamparse *pron Arg.* (fam) to go soft in the head.
apañar *tr* **1** *Amér.* to harbour (encubrir). • **~se** *pron* **2** to manage, to cope. ■ **apañárselas** to cope.
apaño *m* **1** menet (arreglo). **2** compromise solution (acuerdo).
aparador *m* **1** sideboard (mueble). **2** shop window (escaparate).
aparadorista *m* o *f Amér.* window dresser.
aparato *m* **1** device, machine (gen); appliance (electrodoméstico); set (TV, radio); phone (teléfono). **2** plane (avión). **3** pomp and ceremony (formalismo). **4** ANAT system. **5** MED brace (para dientes). **6** POL machine, apparatus. ♦ **~ de radio** radio; **~ de televisión** television, TV set. ■ **ponerse al ~** to come to the phone.
aparatoso, sa *adj* **1** spectacular (accidente). **2** ostentatious (ostentoso).
aparcacoches *m* o *f employee who parks guests' cars.*
aparcamiento *m* **1** parking (acción). **2** car park (GB); parking lot (EE UU, lugar). **3** parking place, parking space (plaza).
aparcar *tr* e *intr* **1** to park (vehículo). • *tr* **2** (fam) to shelve (aplazar).
aparear *tr* **1** to mate (animales). **2** to pair (up), to match (up) (cosas). • **~se** *pron* **3** to mate (animales).
aparecer *intr* **1** to appear (estar). **2** to show up, to turn up (presentarse). • **~se** *pron* **3** to appear.
aparecido, da *m* y *f* ghost.
aparejador, ra *m* y *f* clerk of the works.
aparejar *tr* **1** NÁUT to fit out, to rig. • **~se** *pron* **2** *Amér.* to mate (aparear).
aparejo *m* NÁUT rigging.
aparentar *tr* **1** to look, to seem to be (edad). • *intr* **2** to show off (presumir).
aparente *adj* **1** apparent. **2** good-looking (atractivo).
aparición *f* **1** appearance, apparition (acción). **2** apparition (fantasma).
apariencia *f* appearance, aspect. ■ **guardar las apariencias** to keep up appearances.
apartadero *m* siding (para trenes).
apartado, da *adj* **1** separated (separado). **2** isolated, remote (lugar). • *m* **3** paragraph, section (de texto). ♦ **~ de correos** P.O. box.
apartamento *m* apartment.
apartar *tr* **1** to put aside (dejar a un lado). **2** to move out of the way (obstáculo). **~ de 3** to move away from (alejar). • **~se** *pron* **4** to move out of the way (hacerse a un lado). **5** to move away (alejarse).
aparte *adj* **1** separate. • *adv* **2** aside, apart (en otro sitio): *poner aparte = to put aside*. **3** separately (por separado). • *m* **4** TEAT aside. ■ **~ de** apart from; **dejando ~** leaving aside; not to mention.
apasionado, da *adj* passionate.
apasionar *tr* **1** to fill with passion, to excite. • **~se** *pron* **2** to get excited.
apatía *f* apathy.
apático, ca *adj* apathetic.
apeadero *m* halt (de ferrocarril).
apearse *pron* to get out (de coche); to get off (autobús, tren); to get off, to dismount (caballo).
apechugar *intr* **~ con 1** to shoulder (trabajo, responsibilidad). **~ con 2** to put up with (consecuencias).
apedrear *tr* to throw stones at.
apego *m* affection. ■ **tener ~ a** to be fond of, to be attached to.
apelar *intr* DER to appeal.
apellidarse *pron* to be called.
apellido *m* surname.
apellinarse *pron Chile* to become dry and wrinkled.
apelmazado, da *adj* compressed.
apelotonarse *pron* to crowd together.
apenado, da *adj* **1** sad (triste). **2** *Amér.* ashamed (avergonzado).
apenar *tr* **1** to sadden (entristecer). **2** *Amér.* to shame (avergonzar). • **~se** *pron* **3** to be saddened (sentir tristeza). **4** *Amér.* to be ashamed (avergonzarse).

apenas *adv* **1** hardly (casi no): *apenas la conoce = he hardly knows her*. **2** only, barely (escasamente). **3** as soon as (en cuanto).

Apenas también se traduce por ***hardly ever*** en el sentido de «casi nunca»: *apenas nos escribimos = we hardly ever write to each other*.

apendejarse *pron* **1** *Amér. Centr.* to get scared (acobardarse). **2** *Col., Pan.* to get stupid (hacerse bobo).
apéndice *m* appendix.
apendicitis *f* MED appendicitis.
apensionarse *pron Amér. Merid., Méx.* to be saddened.
apercibir *tr* **1** to notice (ver). **2** to warn (advertir). • **~se** *pron* **3** to notice (notar).
aperitivo *m* aperitif; appetizer (comida).
apero *m* **1** (normalmente *pl*) tool; farming implements. **2** *Amér.* (normalmente *pl*) riding outfit (montura de caballería).
apertura *f* **1** opening (acción de abrir). **2** beginning (comienzo).
apestar *intr* to stink.
apetecer *intr* **~ algo/hacer algo** to fancy sth/doing sth, to feel like sth/doing sth.
apetecible *adj* tempting, attractive.
apetito *m* appetite.
apetitoso, sa *adj* appetizing (comida).
apiadarse *pron* **~ de** to take pity on.
ápice *m* **1** apex (punta). **2** tiny piece (parte pequeña). ■ **ni un ~** not the least bit.
apichonado, da *adj Chile* (fam) in love.
apicultura *f* beekeeping.
apilar *tr* to pile up, to heap up.
apilonar *tr Amér.* → apilar.
apiñado, da *adj* crammed, packed.
apiñar *tr* **1** to cram, to pack. • **~se** *pron* **2** to crowd together.
apio *m* celery.
apisonadora *f* steamroller.
aplacar *tr* to appease, to placate.
aplanadora *f Amér.* → apisonadora.
aplanar *tr* to smooth, to level.
aplastar *tr* **1** to squash, to crush (por el peso). **2** to crush (derrotar).
aplatanarse *pron* (fam) to be knocked out.
aplaudir *tr* e *intr* to applaud.
aplauso *m* applause. ■ **~ cerrado** enthusiastic applause.
aplazado, da *adj* **1** *Amér.* failed (examen). • *m* **2** *Amér.* fail.
aplazamiento *m* **1** postponement (de evento). **2** deferment (de pago). **3** adjournment (de sesión).
aplazar *tr* **1** to postpone (evento). **2** to defer (pago). **3** to adjourn (sesión).
aplicación *f* **1** application (gen). **2** *Amér.* application, request (petición).
aplicar *tr* **1** to apply. • **~se** *pron* **2** to work hard (trabajar). **3** to apply to (referirse).
aplique *m* wall lamp.
aplomo *m* composure, self-assurance.
apocado, da *adj* timid.
apocar *tr* **1** to intimidate (amilanar). • **~se** *pron* **2** to be intimidated (amilanarse).
apochongarse *pron Arg., Ur.* to be frightened, to be scared.
apócope *f* apocope.
apócrifo, fa *adj* apocryphal.
apodar *tr* to nickname.
apoderado, da *m* y *f* TAUROM agent, representative.
apoderarse *pron* **~ de** to seize, take possession of.
apodo *m* nickname.
apogeo *m* height, peak.
apolillarse *pron* to get moth-eaten.
apolítico, ca *adj* apolitical.
apología *f* apology.
apoltronarse *pron* **1** to take life easy (llevar una vida cómoda). **2** to lounge (ponerse cómodo).
apoplejía *f* MED apoplexy.
aporrear *tr* to beat on, to hammer on (puerta); to beat (persona).
aportación *f* contribution.
aportar *tr* to contribute, to bring.
aposentar *tr* y *pron* to lodge.
aposento *m* room.
aposición *f* GRAM apposition.
apósito *m* MED dressing.
aposta *adv* on purpose.
apostar *tr* **1** to bet (jugar). **2** to post, to station (emplazar). • **~se** *pron* **3** to take up position (colocarse).
apóstol *m* apostle.
apostólico, ca *adj* apostolic.
apóstrofe *m* RET apostrophe.
apóstrofo *m* GRAM apostrophe.
apoteosis *f* apotheosis.

apoyar *tr, intr* y *pron* **1** to lean, to rest (físicamente). • *tr* **2** to support, to back (propuesta, teoría, candidato). • **~se en** *pron* **3** (fig) to be based on (conclusión); to base one's arguments on (persona). **~se en 4** (fig) to rely on (fiarse).
apoyo *m* **1** support (físico). **2** support, backing (para propuesta, candidato).
apreciación *f* appreciation, appraisal.
apreciar *tr* **1** to appreciate (valorar positivamente). **2** to evaluate (evaluar). **3** to have a high opinion of (tener aprecio). **4** to note, to detect (percibir).
aprecio *m* esteem, regard.
apremiante *adj* urgent, pressing.
apremiar *tr* to hurry.
aprender *tr* to learn.
aprendiz, za *m* y *f* apprentice.
aprendizaje *m* learning.
aprensión *f* **1** apprehension, dread (temor). **2** squeamishness (escrúpulo).
aprensivo, va *adj* **1** apprehensive, nervous. **2** squeamish (escrupuloso).
apresar *tr* to capture, to seize.
aprestar *tr* **1** to size (tela). • **~se** *pron* **2** to get ready.
apresurado, da *adj* hasty, hurried.
apresurarse *pron* to hasten, to hurry.
apretado, da *adj* **1** cramped (con poco espacio). **2** tight (nudo). **3** closely contested (resultado). **4** busy (agenda).
apretar *tr* **1** to tighten (nudo, tornillo). **2** to press (botón). **3** to be tight (pantalón, zapato). **4** to put pressure on (presionar). • *intr* **5** to be oppressive (calor). • **~se** *pron* **6** to huddle together (agolparse).
apretón *m* **1** squeeze (físico). **2** cramp (dolor). ◆ **~ de manos** handshake.
apretujar *tr* **1** to squeeze, to press hard. • **~se** *pron* **2** to cram, to crowd (agolparse).
aprieto *m* jam, fix. ■ **estar en un ~** to be in a fix.
aprisa *adv* quickly.
aprisionar *tr* **1** to emprison, to put in prison (encarcelar). **2** to capture.
aprobación *f* approval.
aprobado *m* EDUC pass.
aprobar *tr* **1** to approve (dar por bueno). **2** to pass (examen).
apropiación *f* appropriation. ◆ **~ indebida** DER misappropriation.
apropiado, da *adj* appropriate, suitable.
apropiarse *pron* **~ de** to appropriate, to take.
aprovechado, da *adj* **1** well-used (tiempo); well-planed (espacio). **2** hard-working (estudiante). • *m* y *f* **3** (desp) opportunist.
aprovechamiento *m* exploitation, use.
aprovechar *tr* **1** to use, to find a use for (emplear útilmente); to take advantage of (beneficiarse de); to make the most of (disfrutar al máximo). • **~se de** *pron* **2** to take advantage of.
aprovisionamiento *m* supply.
aproximación *f* approach.
aproximarse *pron* to come closer.
aptitud *f* aptitude.
apto, ta *adj* **1** suitable, fit (cosa). **2** able, competent (persona).
apuesta *f* bet.
apuesto, ta *adj* handsome, dashing.
apunarse *pron Amér.* to get mountain sickness.
apuntador, ra *m* y *f* TEAT prompter.
apuntalar *tr* **1** to prop up (edificio, pared). **2** (fig) to back up (opinión).
apuntar *tr* **1** to point (con el dedo); to aim (con un arma). **2** to note down (escribir). **3** to suggest, to hint at (sugerir); to point out (indicar). • *intr* **4** to take aim, to aim (con un arma). **5** to break (día); to peep through (sol). • **~se** *pron* **6** to put oneself down (en una lista); to sign up, to enroll (inscribirse). **7** (fam) to join in, to go along: *él se apunta a todo = he's game for anything.*
apunte *m* **1** sketch (boceto). **2** COM entry. • **apuntes** *m pl* **3** EDUC notes.
apuñalar *tr* to stab, to knife.
apurado, da *adj* **1** hard put (en apuros). **2** difficult, awkward (situación). **3** embarrassed (avergonzado). **4** overwhelmed (agobiado). **5** in a hurry (apresurado). **~ de 6** short of (falto de).
apurar *tr* **1** to finish up, to empty. • **~se** *pron* **2** to worry (preocuparse). **3** *Amér.* to hurry (darse prisa).
apuro *m* difficulty, jam. ■ **estar en un ~** to be in a tight spot.
aquejar *tr* to ail, to afflict.
aquel, lla (*pl* **aquellos, llas**) *adj demos* **1** that (singular); those (plural): *aquel hombre = that man, aquellos chicos = those boys. pron demos* **2** that one (sin-

gular); those ones, those (plural): *este coche es bonito pero aquel me gusta más = this car is nice but I like that one better, estos zapatos me van bien, aquellos no = these shoes fit me well, those ones don't.*

aquello *pron demos* (neutro) that: *aquello que me contaste era verdad = all that you told me was true.*

aquí *adv* **1** here (lugar): *aquí está = here it is, aquí tienes = here you are.* **2** now (tiempo): *de aquí al miercoles = between now and Wednesday.* ■ **~ mismo** right here; **de ~ en adelante** from now on; **de ~ para allá** to and fro.

árabe *adj* **1** Arab, Arabian. ● *m* o *f* **2** Arab (persona). ● *m* **3** Arabic (lengua).

arácnido, da *adj* y *m* arachnid.

arado *m* plough (GB); plow (EE UU).

Aragón *m* Aragon.

aragonés, sa *adj/m* y *f* Aragonese.

arancel *m* customs tariff, duty.

arándano *m* bilberry, whortleberry.

arandela *f* MEC washer.

araña *f* spider.

arañar *tr* to scratch.

arañazo *m* scratch.

arar *tr* to plough (GB); to plow (EE UU).

araucano, na *adj/m* y *f* Araucanian.

arbitraje *m* **1** arbitration (en conflictos). **2** DEP refereeing, umpiring.

arbitrar *tr* **1** to arbitrate (juzgar). **2** to find (solución). ● *tr* e *intr* **3** DEP to referee, to umpire.

arbitrariedad *f* **1** arbitrariness (cualidad). **2** arbitrary act (acto).

arbitrario, ria *adj* arbitrary.

arbitrio *m* decision, discretion. ◆ **libre ~** free will.

árbitro *m* DEP referee (en fútbol); umpire (en tenis).

árbol *m* **1** BOT tree. **2** MEC shaft. ◆ **~ de transmisión** drive shaft; **~ genealógico** family tree.

arboleda *f* grove, wooded land.

arbusto *m* shrub, bush.

arca *f* **1** chest. ● **arcas** *f pl* **2** coffers (tesorería). ◆ **~ de Noé** Noah's Ark.

arcada *f* **1** retch, heave (antes de vomitar). **2** ARQ arcade.

arcaico, ca *adj* archaic.

arcaísmo *m* archaism.

arce *m* maple.

arcén *m* verge (de carretera); hard shoulder (de autopista).

archidiócesis *f* archdiocese.

archiduque *m* archduke.

archiduquesa *f* archduchess.

archipiélago *m* archipelago.

archivador *m* filing cabinet.

archivar *tr* **1** to file (papeles). **2** (fig) to shelve (asunto, proyecto).

archivo *m* **1** archive (lugar). **2** INF file. ● **archivos** *m pl* **3** archives (lugar); files (conjunto de documentos). ◆ **imagen de ~** library picture.

arcilla *f* clay.

arción *m Col., Méx.* pommel, saddlebow.

arco *m* **1** ARQ arch. **2** DEP, MIL, MÚS bow. **3** DEP goal (portería). **4** GEOM arc.

arcoíris *m* rainbow.

arder *intr* **1** to burn (quemarse). **~ con 2** (fig) to burn with (pasión).

ardid *m* (form) strategem, trick.

ardido, da *adj Amér.* angered (ofendido).

ardiente *adj* **1** burning (que quema). **2** (fig) ardent, burning (pasión).

ardilla *f* squirrel.

ardor *m* **1** (fig) eagerness (entusiasmo); ardour, passion (pasión). **2** MED burning sensation. ◆ **~ de estómago** heartburn.

arduo, dua *adj* arduous.

área *f* **1** area (gen). **2** are (medida). ◆ **~ (de castigo)** DEP (penalty) area; **~ de servicio** service area (en autopista).

arena *f* sand. ◆ **arenas movedizas** quicksand.

arenisca *f* sandstone.

arenoso, sa *adj* sandy.

arenque *m* herring.

arete *m* earring.

argamasa *f* mortar.

Argelia *f* Algeria.

argelino, na *adj/m* y *f* Algerian.

Argentina *f* Argentina.

argentino, na *adj/m* y *f* Argentinian.

argolla *f* **1** ring (aro). **2** *Amér. Merid.* wedding ring (alianza).

argot *m* slang, jargon.

argucia *f* sophistry.

argüir *intr* to argue.

argumentación *f* argumentation.

argumentar *tr* to argue, to reason.

argumento *m* **1** argument (razonamiento). **2** plot (de novela).

aria *f* MÚS aria.

aridez *f* aridity.
árido, da *adj* **1** arid, dry (terreno, tema). • **áridos** *m pl* **2** dry goods.
Aries *m* **1** ASTR Aries. • *m* o *f* **2** Aries.
ariete *m* **1** DEP centre forward (delantero centro). **2** MIL battering ram.
ario, ria *adj/m* y *f* Aryan.
arisco, ca *adj* unsociable, surly.
arista *f* edge.
aristocracia *f* aristocracy.
aristocrático, ca *adj* aristocratic.
aritmética *f* arithmetic.
arma *f* **1** arm, weapon (instrumento). **2** (fig) weapon (medio). **3** MIL arm (división). ♦ ~ **arrojadiza** projectile, missile; ~ **blanca** bladed weapon, sharp instrument; ~ **de doble filo** (fig) double-edge sword; ~ **de fuego** firearm. ■ **de armas tomar** not to be messed with.
armada *f* **1** navy (marina). **2** fleet (flota).
armadillo *m* ZOOL armadillo.
armado, da *adj* **1** armed (con armas). **2** reinforced (hormigón).
armador, ra *m* y *f* MAR shipowner.
armadura *f* **1** frame. **2** HIST armour.
armamentista *adj* arms: *carrera armamentista = arms race.*
armamento *m* weaponry, armaments.
armar *tr* **1** to arm (dar armas). **2** to assemble (montar). **3** (fig) to make, to cause (causar). • **~se** *pron* **4** to arm oneself (con armas). **5** to take place (ocurrir): *se armó un escándalo = there was a great fuss.* ■ **armarla** to make trouble; **~se de valor/paciencia** to summon up one's courage/patience.
armario *m* wardrobe (para ropa); cabinet (de baño); cupboard (GB, de ropa, de cocina); closet (EE UU, de ropa, de cocina).
armatoste *m* contraption.
armazón *m* frame, framework.
armería *f* MIL armoury.
armiño *m* ermine.
armisticio *m* armistice.
armonía *f* harmony.
armónica *f* MÚS harmonica.
armónico, ca *adj* y *m* harmonic.
armonioso, sa *adj* harmonious.
armonización *f* harmonization.
armonizar *tr* e *intr* to harmonize.
ARN (*siglas de* **ácido ribonucleico**) *m* BIOL RNA.
arnés *m* harness.
aro *m* **1** hoop, ring (objeto). **2** *Amér.* earring (pendiente). ■ **pasar por el** ~ to knuckle under, to toe the line (someterse).
aroma *m* scent, aroma; bouquet (vino).
aromático, ca *adj* aromatic.
aromatizar *tr* to perfume, to scent.
arpa *f* harp.
arpear *tr Arg.* (fam) to steal (robar).
arpillera *f* burlap, sackcloth.
arpón *m* harpoon.
arponear *tr* to harpoon.
arqueada *f* MÚS bow.
arquear *tr* **1** to arch, to curve. **2** to gauge (barco). • **~se** *pron* **3** to bend.
arqueo *m* COM cashing up.
arqueología *f* archaeology.
arqueológico, ca *adj* archaeological.
arqueólogo, ga *m* y *f* archaeologist.
arquero *m* **1** DEP, HIST archer. **2** *Amér.* goalkeeper (portero).
arquetipo *m* archetype.
arquitecto, ta *m* y *f* architect.
arquitectura *f* architecture.
arrabal *m* suburb (barrio de las afueras); slum (barrio bajo).
arraigado, da *adj* deep-rooted.
arraigar *intr* y *pron* **1** to take root (planta). • **~se** *pron* **2** to settle (persona); to become established (costumbre).
arraigo *m* rooting.
arramblar *intr* ~ **con** to make off with.
arrancar *tr* **1** to uproot, to pull out (planta). **2** to tear off (quitar); to tear out (hoja, pelo). **3** (fig) to extract (confesión, secreto). • *tr* e *intr* **4** to start (máquina).
arranchar *tr Amér. Merid.* to snatch away.
arranque *m* **1** start (de coche, máquina). **2** start, beginning (comienzo). **3** (fig) fit, outburst (arrebato). **4** AUT starting motor.
¡arrarray! *interj Ecuad.* ow!
arras *f pl coins given by bridegroom to bride as symbol of shared wealth.*
arrasar *tr* **1** to raze (destruir). • *intr* **2** to triumph (tener éxito).
arrastrar *tr* **1** to drag, to pull (físicamente). **2** (fig) to sway (convencer). • *intr* **3** to play a trump (en naipes). • **~se** *pron* **4** to crawl (por el suelo). **5** (fig) to grovel (humillarse).
arrastre *m* trawling (pesca). ■ **estar para el** ~ to be washed-up, to be done for.
¡arre! *interj* Gee up!
¡arrea! *interj* goodness me!

arreado, da *adj Amér.* weary.
arrear *tr* (fam) to give (bofetada).
arrebatar *tr* **1** to snatch away, to seize (quitar con fuerza). **2** to move, to stir (emocionar).
arrebato *m* **1** fit, outburst (arranque). **2** rage (ira); rapture (éxtasis).
arrechucho *m* (fam) mild illness.
arreciar *intr* to get worse, to intensify.
arrecife *m* reef. ◆ **~ coralino** coral reef.
arredrarse *pron* to be frightened.
arreglado, da *adj* **1** neat and tidy (ordenado). **2** done up, smartly turned out (acicalado). **3** reasonable (precio).
arreglar *tr* **1** to fix, to mend (reparar). **2** to tidy, to arrange (ordenar). **3** to get ready (preparar). **4** to resolve, to sort out (problema). **5** to arrange (organizar). **6** MÚS to arrange. ● **~se** *pron* **7** to get oneself ready (prepararse); to get dressed up (acicalarse). ■ **arreglárselas** to manage.
arreglo *m* **1** arrangement, agreement (acuerdo). **2** repair. **3** solution (solución). **4** MÚS arrangement. ■ **con ~ a** according to (circunstancias); in accordance with (norma); **no tener ~** to be beyond repair (aparato); to be hopeless (situación).
arrelingarse *pron Arg.* to make up one's mind (decidirse).
arrellanarse *pron* to sit back, to lounge.
arremangado, da *adj* turned up.
arremangarse *pron* to roll up one's sleeves.
arremansarse *pron Amér.* to stagnate.
arremeter *intr* **~ contra** to attack.
arremetida *f* attack.
arremolinarse *pron* to mill about.
arrendador, ra *m* y *f* **1** landlord/landlady (propietario). **2** tenant (inquilino).
arrendamiento o **arrendación** *m* **1** renting (de piso); leasing (de tierras). **2** rental, rent (precio). ◆ **~ financiero** leasing.
arrendar *tr* **1** to let, to lease (propietario). **2** to rent, to hire (usuario).
arrendatario, ria *m* y *f* tenant, lessee.
arreos *m pl* harness, trappings.
arrepentido, da *adj* **1** repentant, sorry. ● *m* y *f* **2** reformed terrorist.
arrepentimiento *m* repentance, regret.
arrepentirse *pron* **1** to repent (de los pecados). **~ de 2** to regret, to be sorry for (de acciones, palabras).
arrestado, da *adj* under arrest.
arrestar *tr* to arrest (detener).
arresto *m* **1** arrest (detención). ● **arrestos** *m pl* **2** daring (valentía). ◆ **~ domiciliario** house arrest.
arretranca *f Amér.* brake.
arriar *tr* to lower, to haul down (velas); to strike (bandera).
arriate *m* border, flower bed.
arriba *adv* **1** above (posición): *el piso de arriba está vacío = the flat above is empty*; upstairs (en edificio): *ven arriba para ayudarme = come upstairs to help me*. **2** up (dirección). **3** above (en un texto). ■ ¡~! up with!, long live! (para vitorear); get up! (a levantarse); cheer up! (ánimo); **¡~ las manos!** hands up!; **de ~ abajo** from top to bottom.
arribar *intr* to arrive, to land (barco).
arribeño, ña *m* y *f Amér.* highlander.
arribista *m* o *f* arriviste, social climber.
arriendo *m* rent, renting.
arriero *m* muleteer.
arriesgado, da *adj* **1** risky, dangerous (situación). **2** daring, bold (persona).
arriesgar *tr* **1** to risk. ● **~se** *pron* **2** to take the risk. **~se a hacer algo 3** to risk doing sth.
arrimado, da *m* y *f Amér.* scrounger.
arrimar *tr* **1** to pull up (acercar). ● **~se** *pron* **2** to come closer (acercarse).
arrinconar *tr* **1** to put away, to leave in a corner (apartar). **2** to corner (acorralar). **3** to abandon, to neglect (no hacer caso).
arrinquín *m Amér.* constant companion, shadow.
arriscar *tr Chile, Col., Méx.* to turn up.
arritmia *f* MED arrhythmia.
arroba *f* **1** arroba (unidad de peso). **2** INF at (en dirección electrónica).
arrodillarse *pron* to kneel.
arrogancia *f* arrogance.
arrogante *adj* arrogant.
arrogarse *pron* to arrogate, to claim for oneself.
arrojadizo, za *adj* → arma.
arrojar *tr* **1** to throw, to hurl (lanzar). **2** (fig) to produce, to yield (resultado). ● **~se** *pron* **3** to throw oneself.
arrojo *m* daring, fearlessness.
arrollado *m Chile* GAST rolled pork.
arrollador, ra *adj* overwhelming.

arrollar *tr* **1** to run over (atropellar). **2** to carry away (quitar de en medio).
arropar *tr* **1** to tuck in (en la cama). **2** (fig) to protect (proteger).
arroyo *m* stream, brook. ■ **sacar del ~** (fig) to drag from the gutter.
arroz *m* rice. ◆ **~ con leche** rice pudding.
arrozal *m* rice field, rice paddy.
arruga *f* **1** wrinkle, line (en piel). **2** crease (en papel, ropa).
arrugar *tr* **1** to wrinkle, to line (piel). **2** to crease, to crumple (papel, ropa). ● **~se** *pron* **3** to get wrinkled (piel). **4** to get creased (papel, ropa). **5** (fam) to get frightened (asustarse).
arruinado, da *adj* ruined.
arruinar *tr* **1** to ruin. ● **~se** *pron* **2** to be ruined, to go bankrupt.
arrullar *tr* **1** (fig) to lull to sleep (hacer dormir). **2** (fig) to speak lovingly to (amante).
arrullo *m* cooing.
arrumaco *m* (fam) caress, cuddle.
arsenal *m* **1** navy yard, shipyard (astillero). **2** arsenal (almacén de armas). **3** (fig) store (conjunto).
arsénico *m* QUÍM arsenic.
arte *m* o *f* **1** art. **2** skill (habilidad). ◆ **~ dramático** drama; **bellas artes** fine arts; **séptimo ~** cinema, film. ■ **por ~ de magia** by magic.
artefacto *m* device.
arteria *f* artery.
arterial *adj* arterial.
arteriosclerosis *f* MED arteriosclerosis.
artesanía *f* craftsmanship.
artesano, na *adj* **1** home-made, hand-made. ● *m* y *f* **2** craftsman (hombre); craftswoman (mujer); artisan.
artesón *m* ARQ coffer.
artesonado, da *m* coffering.
ártico, ca *adj* Arctic. ◆ **el (océano) Ártico** the Arctic (Ocean).
articulación *f* ANAT joint, articulation.
articulado, da *adj* **1** articulate (lenguaje). ● *m* **2** DER articles.
articular *tr* to enunciate, to articulate (palabras).
articulista *m* o *f* journalist, writer.
artículo *m* article. ◆ **~ de fe** article of faith; **~ definido/determinado** definite article; **~ de fondo** leader, editorial; **~ de primera necesidad** basic commodity; **~ indefinido/indeterminado** indefinite article.
artífice *m* o *f* maker.
artificial *adj* artificial.
artificiero, ra *m* y *f* bomb disposal expert (desactivador de explosivos).
artificio *m* (fig) artifice.
artificioso, sa *adj* cunning, crafty.
artillería *f* artillery.
artillero *m* gunner, artilleryman.
artilugio *m* contraption.
artimaña *f* trick, stratagem.
artista *m* o *f* **1** artist (pintor, escultor). **2** actor, actress (actor). **3** artiste, artist (de variedades).
artístico, ca *adj* artistic.
artritis *f* MED arthritis.
artrosis *f* MED arthrosis.
arveja *f* **1** BOT vetch. **2** *Arg., Chile* pea (guisante).
arzobispo *m* archbishop.
as *m* ace.
asa *f* handle.
asado *m* roast.
asador *m* carvery, grill (restaurante).
asalariado, da *m* y *f* wage earner.
asaltante *m* o *f* attacker, assailant.
asaltar *tr* **1** to attack, to assault (atacar). **2** to rob (banco). **3** (fig) to assail, to overtake (duda, temor).
asalto *m* **1** attack, assault (ataque). **2** robbery (robo). **3** DEP round (en boxeo); bout (en esgrima).
asamblea *f* assembly, meeting.
asar *tr* **1** to roast (al horno); to grill (a la parrilla). **2** (fig) to plague (acosar). ● **~se** *pron* **3** to be boiling hot, to be roasting.
ascendencia *f* **1** ancestry (linaje). **2** ascendancy (dominio).
ascender *intr* **1** to ascend, to rise (subir). **2** to amount to (cantidad). **3** (fig) to be promoted (en empleo).
ascendiente *m* **1** influence (influencia). ● *m* o *f* **2** ancestor (antepasado).
ascensión *f* ascension, rise.
ascenso *m* **1** ascent, rise (subida). **2** (fig) promotion (en empleo).
ascensor *m* lift (GB); elevator (EE UU).
ascensorista *m* o *f* lift operator (GB); elevator operator (EE UU).
asceta *m* o *f* ascetic.
asco *m* disgust (aversión). ■ **estar hecho un ~** to be filthy, to be a mess; **hacer as-**

cos to turn up one's nose; **ser un ~** to be useless (no valer nada).

ascua *f* ember. ■ **arrimar el ~ a su sardina** to look after number one; **estar en ascuas** to be on edge.

aseado, da *adj* clean, neat.

asearse *pron* to wash (limpiarse); to smarten oneself up (arreglarse).

asediar *tr* **1** MIL to besiege (ciudad). **2** (fig) to pester, to besiege (importunar).

asedio *m* MIL siege, blockade.

asegurado, da *adj* **1** insured. ● *m* y *f* **2** insured, policyholder.

asegurador, ra *adj* **1** insuring. ● *m* y *f* **2** insurer.

asegurar *tr* **1** to assure, to reassure (garantizar). **2** to insure (con póliza). ● **~se** *pron* **3** to make sure (cerciorarse). **4** to insure oneself (con póliza).

asemejarse *pron* to be similar.

asentado, da *adj* stable, established.

asentamiento *m* settlement (lugar).

asentar *tr* **1** to set up (empresa, campamento). **2** to establish, to lay down (bases, principio). ● **~se** *pron* **3** to settle (instalarse, sedimentarse).

asentimiento *m* consent, assent.

asentir *intr* to assent, to agree.

aseo *m* **1** cleaning (acción); cleanliness (cualidad). **2** bathroom, washroom (habitación). ● **aseos** *m pl* **3** toilet (GB); rest room (EE UU).

asepsia *f* MED asepsis.

aséptico, ca *adj* aseptic.

asequible *adj* **1** affordable (precio). **2** accessible (persona). **3** attainable (objetivo). **4** accessible (fácil de entender).

aserradero *m* sawmill.

aserrar *tr* to saw.

aserruchar *tr Amér.* → aserrar.

aserto *m* assertion.

asesinar *tr* to murder (matar); to assassinate (político, monarca).

asesinato *m* murder (gen); assassination (de político, monarca).

asesino, na *m* y *f* murderer (gen); assassin (de político, monarca).

asesor, ra *m* y *f* adviser, consultant.

asesorar *tr* **1** to advise. ● **~se** *pron* **2** to seek advice.

asesoría *f* consultancy.

asestar *tr* to deal, to deliver (golpe).

aseverar *tr* to assert, to declare.

asexual *adj* asexual.

asfaltado *m* **1** asphalting (acción). **2** asphalt (superficie).

asfaltar *tr* to asphalt, to tarmac.

asfalto *m* **1** asphalt (sustancia). **2** blacktop (carretera).

asfixia *f* asphyxia, suffocation.

asfixiar *tr* y *pron* **1** to asphixiate, to suffocate. ● *tr* **2** (fig) to suffocate, to overwhelm (agobiar).

así *adv* **1** like this, like that (de esta manera): *se hace así = you do it like this, es así de alto = he is that tall.* ● *conj* **2** therefore (por lo tanto). **3** so (consecuentemente). ■ **algo ~** something like that; **~, ~** so so; **~ como ~** any way, any which way; **~ que** when, as soon as (tan pronto como): *así que llegue, házmelo saber = let me know as soon as she arrives*; so (en consecuencia); **~ y todo** even so; **aún ~** even so.

Asia *f* Asia.

asiático, ca *adj* **1** Asian, Asiatic. ● *m* y *f* **2** Asian.

asidero *m* **1** handle (asa). **2** (fig) pretext (pretexto).

asiduidad *f* assiduity, frequency.

asiduo, dua *adj* assiduous, frequent.

asiento *m* **1** seat. **2** COM entry (apunte contable). ■ **tomar ~** to sit down.

asignación *f* **1** allocation (de recursos). **2** allowance (paga).

asignar *tr* to allocate, to assign.

asignatario, ria *m* y *f Amér.* legatee.

asignatura *f* subject. ◆ **~ pendiente** (fig) task still to be done.

asilado, da *m* y *f* **1** inmate (de institución). **2** refugee (refugiado).

asilar *tr* **1** to give shelter to (dar protección). **2** to give political asylum to (dar asilo político). ● **~se** *pron* **3** to take shelter (protegerse). **4** to seek political asylum (pedir asilo político).

asilo *m* home. ◆ **~ político** political asylum.

asimetría *f* asymmetry.

asimétrico, ca *adj* asymmetric.

asimilación *f* assimilation.

asimilar *tr* to assimilate.

asimismo *adv* also, as well.

asir *tr* to grasp, to seize (tomar).

asistencia *f* **1** attendance (a clase, espectáculo). **2** assistance (ayuda). **3** DEP

assist. ♦ ~ **médica** medical care; ~ **sanitaria** health care.
asistenta *f* home help, daily help.
asistente *m* o *f* **1** assistant (ayudante). **2** person present. ♦ ~ **social** social worker.
asistido, da *adj* **1** INF computer-aided, computer-assisted. **2** AUT power: *dirección asistida = power steering.*
asistir *tr* **1** to attend to (ayudar). **2** to accompany (acompañar). **3** to care for, to nurse (cuidar). • *intr* **4** to attend (estar presente).
asma *f* MED asthma.
asmático, ca *adj/m* y *f* asthmatic.
asna *f* she-ass, jenny.
asno *m* **1** ass, donkey (gen); jackass (macho). **2** (desp, fig) jackass, ass (persona).
asociación *f* association.
asociado, da *adj* **1** associated (relacionado). **2** associate (miembro). • *m* y *f* **3** member, associate (miembro). **4** partner, associate (socio).
asociar *tr* **1** to associate (relacionar). • **~se** *pron* **2** to form a partnership (socios); to join forces (empresas). **~se con** **3** to go into partnership with (socio).
asolar *tr* to ravage (destruir).
asoleado, da *adj Amér. Centr.* simple.
asomar *intr* **1** to show, to stick out (por una abertura); to begin to appear (aparecer). • *tr* **2** to stick out (cabeza). • **~se** *pron* **3** to lean out (por una ventana).
asombrar *tr* **1** to amaze, to astonish. • **~se** *pron* **2** to be amazed.
asombro *m* amazement, astonishment.
asombroso, sa *adj* amazing, astonishing.
asomo *m* trace, hint: *ni asomo de duda = not a trace of a doubt.* ■ **ni por ~** not at all, not by a long shot.
asorocharse *pron* **1** *Amér. Merid.* to get altitude sickness (padecer soroche). **2** *Amér. Merid.* to blush (ruborizarse).
aspa *f* **1** X-shaped cross (cruz). **2** sail (de molino); vane (de noria).
aspaviento *m* (normalmente *pl*) exaggerated gesture.
aspecto *m* **1** appearance, look (apariencia). **2** aspect (faceta).
aspereza *f* **1** roughness (de superficie). **2** sharpness, sourness (en el gusto). **3** harshness (en el trato). ■ **limar asperezas** to smoothe things over.
áspero, ra *adj* **1** rough (superficie). **2** sharp, sour (sabor). **3** harsh (trato, voz).
aspersión *f* sprinkling.
aspersor *m* sprinkler.
aspiración *f* **1** inhalation, breathing in (acción de aspirar). **2** aspiration, desire (anhelo).
aspirador *m* vacuum cleaner.
aspiradora *f* vacuum cleaner.
aspirante *m* o *f* candidate.
aspirar *tr* **1** to inhale, to breathe in (inspirar). • ~ **a** *intr* **2** to aspire to (pretender).
aspirina *f* aspirin.
asquear *tr* to sicken, to disgust.
asqueroso, sa *adj* **1** disgusting, revolting (que causa asco). **2** filthy (sucio).
asta *f* **1** horn (cuerno). **2** flagpole (de bandera). ■ **a media ~** at half mast.
astenia *f* MED asthenia.
asterisco *m* asterisk.
asteroide *m* asteroid.
astigmatismo *m* astigmatism.
astilla *f* splinter (de madera).
astillero *m* shipyard, dockyard.
astral *adj* astral.
astringente *adj* y *m* astringent.
astro *m* **1** ASTR heavenly body, star. **2** (fig) star, celebrity (persona).
astrología *f* astrology.
astrológico, ca *adj* astrological.
astrólogo, ga *m* y *f* astrologist.
astronauta *m* o *f* astronaut.
astronave *f* spaceship.
astronomía *f* astronomy.
astrónomo, ma *m* y *f* astronomer.
astucia *f* **1** astuteness (sagacidad). **2** ruse (treta). **3** (desp) cunning (maña).
asturiano, na *adj/m* y *f* Asturian.
Asturias *f* Asturias.
astuto, ta *adj* **1** astute, clever (listo). **2** (desp) cunning, sly, crafty (tramposo).
asueto *m* brief vacation.
asumir *tr* to assume, to take on.
asuntar *tr* **1** *Ant., Ur.* to deal with (atender). • *intr* **2** *Ur.* to ponder, to reflect (reflexionar).
asunto *m* **1** matter, topic (cuestión). **2** case, affair (caso). **3** affair (aventura amorosa).
asustadizo, za *adj* jitery, jumpy, easily startled.

asustar *tr* **1** to frighten, to scare. • **~se** *pron* **2** to be frightened, to be scared.

atacar *tr* **1** to attack (gen). **2** to criticize, to attack (verbalmente).

atado, da *adj* **1** tied (amarrado). • *m* **2** *Amér.* packet, pack (de cigarillos).

atadura *f* (fig) tie (obligación).

atajar *tr* **1** to stop, to put a stop to (poner fin). **2** to cut short (interrumpir). • *intr* **3** to take a short cut (tomar un atajo).

atajo *m* short cut.

atalaya *f* watch tower.

atañer *intr* to concern.

ataque *m* **1** attack (agresión, crítica, avance). **2** fit (acceso). **3** MED attack. ■ **¡al ~!** charge!

atar *tr* **1** to tie, to fasten (unir). **2** to tie up (sujetar). **3** (fig) to tie down (constreñir).

atardecer *m* dusk.

atardecer *intr* to get dark.

atareado, da *adj* busy.

atarearse *pron* to busy oneself.

atarragar *tr Amér.* to stuff.

atascar *tr* **1** to plug, to block. • **~se** *pron* **2** to get blocked, to get bunged up.

atasco *m* traffic jam.

ataúd *m* coffin.

ataviar *tr* y *pron* to dress up.

ateísmo *m* atheism

atemorizar *tr* to frighten.

atemperar *tr* **1** to temper, to moderate. • **~se** *pron* **2** to be moderate.

atenazar *tr* (fig) to grip, to torment.

atención *f* **1** attention. • **atenciones** *f pl* **2** attentions. ♦ **~ primaria** primary health care; **~ al cliente** customer service. ■ **¡~!** (your) attention please!; **en ~ a** bearing in mind, in view of; **llamar la ~** to attract attention; **prestar ~** to pay attention.

atender *tr* **1** to attend to (ocuparse de). **2** to take care of (cuidar a). **3** to heed (prestar atención). **4** to meet, to comply with (deseo). • **~ a** *intr* **5** to pay attention to. ■ **~ por** to answer to the name of.

ateneo *m* athenaeum.

atenerse *pron* **~ a** to abide by, to adhere to.

ateniense *adj/m* o *f* Athenian.

atentado *m* attack, outrage.

atentamente *adv* **1** attentively (escuchar, mirar). **2** Yours faithfully, Yours sincerely (en cartas).

atentar *intr* **~ contra 1** to be a crime against. • *tr* **2** *Chile* to feel (palpar). ■ **~ contra la vida de alguien** to make an attempt on sb's life.

atento, ta *adj* **1** attentive (que presta atención). **2** considerate (cortés).

atenuante *adj* **1** attenuating. • *m* o *f* **2** DER extenuating circumstance.

atenuar *tr* to attenuate (disminuir).

ateo, a *adj* **1** atheistic. • *m* y *f* **2** atheist.

aterciopelado, da *adj* velvety.

aterido, da *adj* frozen stiff.

aterrador, da *adj* terrifying.

aterrar *tr* to terrify.

aterrizaje *m* landing. ♦ **~ forzoso** forced landing.

aterrizar *intr* **1** to land, to touch down. **2** (fam, fig) to show up (llegar); to realise (darse cuenta).

aterrorizar *intr* to terrify.

atesorar *tr* (fig) to possess (virtudes).

atestado, da *adj* **~ de 1** crammed with, packed with. • *m* **2** DER report.

atestar *tr* to stuff (llenar).

atestiguar *tr* to witness, to testify.

atiborrar *tr* **1** to cram (llenar). • **~se** *pron* **2** (fam) to stuff oneself (atracarse).

ático *m* penthouse (apartamento); loft (desván).

atinar *tr* to hit upon.

atingencia *f Amér.* connection.

atípico, ca *adj* atypical.

atipujarse *pron Amér. Centr., Méx.* to stuff oneself.

atisbar *tr* to make out.

atisbo *m* inkling, hint.

¡atiza! *interj* gosh!, goodness!

atizar *tr* **1** to hit, to strike (golpear). • **~se** *pron* **2** (fam) to knock back (comida, bebida).

atlántico, ca *adj* Atlantic. ♦ **el (océano) Atlántico** the Atlantic (Ocean).

atlas *m* atlas.

atleta *m* o *f* athlete.

atlético, ca *adj* athletic.

atletismo *m* athletics.

atmósfera *f* atmosphere.

atmosférico, ca *adj* atmospheric.

atole *m Méx. drink made with cornflour.* ■ **a caldo y ~** *Méx.* on a diet.

atolladero *m* fix, jam (situación difícil).

atolón *m* atoll.

atolondrado, da *adj* impulsive.

atómico, ca *adj* atomic.
atomizador *m* atomizer, spray.
atomizar *tr* to atomize.
átomo *m* atom.
atónito, ta *adj* astonished, astounded.
átono, na *adj* GRAM atonal.
atontar *tr* to confuse, to bewilder.
atorar *tr* to obstruct, to clog.
atormentar *tr* **1** to torment (causar aflicción). **2** (fig) to pester, to bother (molestar). • **~se** *pron* **3** to torment oneself.
atornillador *m* screwdriver.
atornillar *tr* to screw down, to screw on.
atorozarse *pron Amér. Centr.* to choke.
atorrante *adj* **1** *Amér. Merid.* lazy. • *m* o *f* **2** *Amér. Merid.* (fam) bum.
atosigar *tr* to press, to rush.
atracadero *m* NÁUT pier, dock.
atracador, ra *m* y *f* robber (de banco); mugger (de persona).
atracar *tr* **1** to hold up, to rob (banco); to mug (persona). • *tr* e *intr* **2** to dock, to berth (barco). • **~se** *pron* **3** (fam) to stuff oneself (con comida).
atracción *f* attraction.
atraco *f* hold-up, robbery (de banco); mugging (de persona).
atracón *m* (fam) blow-out, gorge.
atractivo, va *adj* **1** attractive. • *m* **2** appeal, attractiveness.
atraer *tr* to attract, to draw.
atragantarse *pron* **1** to choke (al comer). **2** (fam, fig) to take a strong dislike to (tener dificultades): *se le han atragantado las mates = he's taken a strong dislike to maths.*
atrancar *tr* to bar, to bolt (puerta, ventana).
atrapar *tr* to catch, to trap.
atraque *m* MAR berth.
atrás *adv* **1** back, behind (en el espacio): *se quedaron atrás = they stayed behind.* **2** back, ago (en el tiempo): *tiempo atrás = some time ago.* • **¡~!** *interj* **3** get back.
atrasado, da *adj* **1** behind (en los estudios). **2** slow (reloj). **3** delayed (con retraso). **4** backward (intelectualmente, económicamente).
atrasar *tr* **1** to delay (retardar). **2** to put back (reloj). • *intr* **3** to be slow (reloj). • **~se** *pron* **4** to be delayed (ir con retraso).
atraso *m* **1** delay (espacio de tiempo). **2** bacwardness (de desarrollo). • **atrasos** *m pl* **3** arrears (en el pago).
atravesar *tr* **1** to pierce, to go through (cuerpo). **2** to cross (cruzar). • **~se** *pron* **3** to get in the way, to block one's way. **4** not to be able to stand (no soportar).
atreverse *pron* to dare.
atrevido, da *adj* **1** daring, bold (audaz). **2** cheeky, impudent (insolente).
atrezista *m* o *f* TEAT prop man.
atrezo *m* TEAT props, property.
atribución *f* responsability.
atribuir *tr* **1** to attribute. • **~se** *pron* **2** to claim for oneself.
atributo *m* attribute.
atril *m* music stand; lectern.
atrincar *tr* **1** *Amér.* to tie up (atar). **2** *Amér.* to squeeze (apretar).
atrincherarse *pron* to entrench oneself.
atrio *m* ARQ porch, entrance.
atrocidad *f* atrocity.
atrofia *f* MED atrophy.
atrofiar *tr* y *pron* to atrophy.
atronar *intr* to thunder.
atropellado, da *adj* hasty.
atropellar *tr* **1** to knock down, to run over (con vehículo). **2** to bully, to abuse (agraviar). • **~se** *pron* **3** to stumble over one's words (al hablar).
atropello *m* **1** running over (por un coche). **2** violation, abuse (abuso).
atroz *adj* atrocious, awful.
ATS (*siglas de* **ayudante técnico sanitario**) *m* o *f* nursing auxiliary.
atuendo *m* outfit.
atufado, da *adj Cuba, Guat., Méx.* proud, vain (vanidoso).
atufar *intr* to stink.
atún *m* tuna, tunny.
aturdido, da *adj* confused, bewildered.
aturdir *tr* to confuse, to bewilder.
atusar *tr* to slick down, to smoothe (pelo).
audacia *f* daring, boldness.
audaz *adj* daring, bold.
audición *f* **1** hearing (oído). **2** audition (prueba).
audiencia *f* **1** readership (de periódico); audience (de televisión). **2** DER high court (tribunal).
audífono *m* **1** hearing aid (para sordos). **2** *Amér.* earpiece (de teléfono).
audímetro *m* audiometer.
audiovisual *adj* audiovisual.
auditivo, va *adj* auditive.
auditor, ra *m* y *f* FIN auditor.

auditoría *f* FIN auditing.
auditorio *m* hall, auditorium.
auge *m* acme, culmination.
augurar *tr* to augur.
augurio *m* augury.
aula *f* **1** classroom. **2** lecture hall (en universidad). ◆ ~ **magna** great hall.
aullar *intr* to howl.
aullido *m* howl.
aumentar *tr* e *intr* **1** to increase (incrementar). • *tr* **2** to enlarge (foto). **3** to magnify (imagen).
aumento *m* **1** increase (incremento). **2** enlargement (de foto). **3** magnification (de imagen).
aun *adv* even, even though: *aun sabiendo el idioma lo pasarás mal = even though you speak the language you'll have a difficult time.*
aún *adv* **1** still (afirmativo e interrogativo): *aún está aquí = he's still here.* **2** yet (negativo): *aún no han llegado = they haven't arrived yet.*
aunar *tr* to join, to unite.
aunque *conj* although, though (a pesar de que): *aunque eres grande no sabes jugar bien = although you are big you can't play well*; even (enfático): *aunque llueva vendremos = we'll come even if it rains.*
aupar *tr* to lift, to help up.
áureo, a *adj* golden, gold.
aureola o **auréola** *f* aureole, halo.
aurícula *f* ANAT auricle.
auricular *m* **1** receiver (de teléfono). • **auriculares** *m pl* **2** headphones.
aurora *f* dawn.
auscultar *tr* MED to auscultate, to sound.
ausencia *f* absence.
ausentarse *pron* to absent oneself.
ausente *adj* **1** absent (no presente). **2** absent-minded (distraído).
austeridad *f* austerity.
austero, ra *adj* austere.
austral *adj* southern, austral.
Australia *f* Australia.
australiano, na *adj/m* y *f* Australian.
Austria *f* Austria.
austriaco, ca o **austríaco, ca** *adj/m* y *f* Austrian.
autárquico, ca *adj* autarchic.
auténtico, ca *adj* authentic, genuine.
autillo *m* tawny owl.
autismo *m* autism.
autista *adj* **1** autistic. • *m* o *f* **2** autistic person.
auto *m* **1** car (coche). **2** DER decree.
autoadhesivo, va *adj* self-adhesive.
autobiografía *f* autobiography.
autobiográfico, ca *adj* autobiographical.
autobombo *m* self-glorification.
autobús *m* bus.
autocar *m* coach.
autocarril *m Amér.* → autovía.
autocontrol *m* self-control.
autócrata *m* o *f* autocrat.
autocrítica *f* self-criticism.
autóctono, na *adj* native, indigenous.
autodefensa *f* self-defence.
autodestrucción *f* self-destruction.
autodidacto, ta *adj* **1** self-taught. • *m* y *f* **2** self-taught person, autodidact.
autoedición *f* INF desktop publishing.
autoescuela *f* driving school.
autoestop *m* hitch-hiking. ■ **hacer ~** to hitch.
autoestopista *m* o *f* hitch-hiker.
autogestión *f* self-management.
autogobierno *m* self-government.
autogol *m* own goal.
autografía *f* autography.
autógrafo, fa *adj* y *m* autograph.
autointoxicación *f* auto-intoxication.
autómata *m* automaton.
automático, ca *adj* automatic.
automatismo *m* automatism.
automatizar *tr* to automate.
automoción *f* car industry, automobile industry (sector).
automotor, ra *adj* self-propelled.
automotriz *adj* → automotor.
automóvil *m* car; automobile (EE UU).
automovilismo *m* motoring.
automovilista *m* o *f* driver, motorist.
automovilístico, ca *adj* automobile, automotive.
autonomía *f* **1** autonomy (autogobierno). **2** autonomous region (territorio). **3** range (de vehículo).
autonómico, ca *adj of or relating to Spain's autonomous regions.*
autonomista *adj in favour of regional autonomy.*
autónomo, ma *adj* **1** POL autonomous. **2** self-employed (trabajador). • *m* y *f* **3** self-employed person, freelance.

autopista *f* motorway (GB); freeway, expressway (EE UU).
autopsia *f* MED autopsy.
autor, ra *m* y *f* **1** author, writer (escritor). **2** perpetrator, person responsible (de crimen).
autoridad *f* authority.
autoritario, ria *adj* authoritarian.
autorización *f* authorization.
autorizado, da *adj* authorized, official.
autorizar *tr* **1** to authorize (dar facultad). **2** to permit (permitir).
autorretrato *m* self-portrait.
autoservicio *m* self-service.
autostop *m* → autoestop.
autostopista *m* o *f* → autoestopista.
autosuficiencia *f* self-sufficiency.
autosugestión *f* auto-suggestion.
autovía *f* dual carriageway (GB); divided highway (EE UU).
auxiliar *adj* **1** auxiliary. • *m* o *f* **2** assistant (ayudante). **3** assistant teacher (maestro). • *m* **4** GRAM auxiliary. ◆ ~ **administrativo** junior clerk; ~ **de vuelo** air steward (hombre); air stewardess (mujer); ~ **técnico sanitario** nursing auxiliary.
auxiliar *tr* to help.
auxilio *m* help, assistance. ◆ **primeros auxilios** first aid.
aval *m* endorsement, guarantee.
avalancha *f* avalanche.
avalar *tr* to endorse, to guarantee.
avance *m* **1** advance (movimiento, progreso). **2** advance (pago). **3** summary (de noticias); preview (de película).
avanzar *tr* e *intr* **1** to advance, to move forward (mover). • *tr* **2** to advance (dinero). **3** to reveal in advance (revelar). • *intr* **4** to make progress (progresar).
avaricia *f* avarice, greed.
avaricioso, sa *adj* **1** avaricious, miserly. • *m* y *f* **2** miser, greedy person.
avaro, ra *adj* **1** miserly, mean. • *m* y *f* **2** miser.
avasallar *tr* to overwhelm.
avatar *m* (normalmente *pl*) vagary (vicisitud).
ave *f* bird. ◆ ~ **de rapiña,** ~ **rapaz** bird of prey.
AVE (*siglas de* **Alta Velocidad Española**) *m high speed train.*
avecinarse *pron* to approach (tormenta, problemas).
avejentar *tr* y *pron* to age prematurely.
avellana *f* hazelnut.
avellanar *m* hazel wood.
avellano *m* hazel.
avemaría *f* Hail Mary.
avena *f* oats.
avenencia *f* agreement, compromise.
avenida *f* avenue.
avenirse *pron* **1** to get on well, to agree. **2** to agree (llegar a un acuerdo).
aventado, da *adj Col., Perú* daring.
aventajado, da *adj* outstanding (alumno).
aventar *tr Méx.* to throw (arrojar).
aventón *m Méx.* push, shove.
aventura *f* **1** adventure, venture (suceso). **2** affair (relación amorosa).
aventurado, da *adj* risky, venturesome.
aventurar *tr* **1** to hazard, to venture. • **~se** *pron* **2** to take a risk.
aventurero, ra *m* y *f* adventurer.
avergonzar *tr* **1** to make ashamed (hacer sentir remordimientos). • **~se** *pron* **2** to be ashamed, to feel ashamed.
avería *f* fault (gen); breakdown (de coche). ■ **de** ~ *Arg.* real bad.
averiarse *pron* to stop working (dejar de funcionar); to get damaged (sufrir daño); to break down (coche).
averiguar *tr* to ascertain, to find out.
averigüetas *m* o *f Col., Méx.* busybody.
aversión *f* aversion, dislike.
avestruz *m* ostrich.
avezado, da *adj* accustomed.
aviación *f* aviation.
aviador, ra *m* y *f* pilot, aviator.
aviar *tr* to prepare.
avícola *adj* poultry.
avicultor, ra *m* y *f* poultry farmer.
avicultura *f* poultry farming.
avidez *f* eagerness, avidity (ansia); greed (codicia).
ávido, da *adj* eager, avid (ansioso); greedy (codicioso).
avinagrado, da *adj* **1** vinegary, sour (de sabor). **2** (fig) crabby (persona).
avinagrar *tr* **1** to make sour (poner ácido). • **~se** *pron* **2** to turn sour (ponerse ácido). **3** (fig) to get crabby (persona).
avión *m* plane (gen); aeroplane (GB); airplane (EE UU).
avionero *m Amér.* airman.
avioneta *f* light aircraft, small plane.

avisado, da *adj* wise.
avisar *tr* **1** to tell, to inform (informar). **2** to call (llamar). **3** to warn (advertir).
aviso *m* **1** notice (información). **2** warning (advertencia). **3** *Amér.* advertisement (anuncio). ■ **sin previo ~** without notice.
avispa *f* wasp.
avispado, da *adj* (fam) sharp-witted, clever.
avispero *m* **1** wasp's nest. **2** mess (enredo).
avistar *tr* to sight, to make out.
avituallamiento *m* provisioning.
avituallar *tr* to provision.
avivar *tr* **1** to stoke (fuego). **2** to brighten (colores). **3** to arouse (pasión).
axial *adj* axial.
axila *f* armpit, underarm.
axioma *m* FIL, MAT axiom.
axiomático, ca *adj* axiomatic.
¡ay! *interj* ouch! (dolor); oh, dear! (pena).
aya *f* governess.
ayecahue *m Chile* lout.
ayer *adv* yesterday: *ayer por la noche = last night, ayer por la mañana/por la tarde = yesterday morning/afternoon.*
ayo *m* y *f* tutor.
ayuda *f* **1** help (gen). **2** POL aid.
ayudante *m* o *f* assistant, helper.
ayudar *tr* e *intr* to help.
ayunar *intr* to fast.
ayuno *m* fast. ■ **en ayunas** without having eaten.
ayuntamiento *m* town hall, city hall (edificio); town council, city council (corporación).
ayuyunes *m pl Chile* cuddling.
azabache *m* jet.
azada *f* hoe.
azadón *m* large hoe.
azafate *m* **1** *Col.* wooden washbowl (jofaina). **2** *Chile*, *Col.* tray (bandeja).
azafato, ta *m* y *f* **1** air stewardess, air hostess (de vuelo). **2** hostess (de congresos).
azafrán *m* BOT, GAST saffron.
azafranar *tr* to season with saffron.
azahar *m* orange blossom.
azalea *f* azalea.
azar *m* **1** chance (casualidad). **2** misfortune (desgracia). ◆ **juegos de ~** games of chance. ■ **al ~** at random.
azarearse *pron Chile*, *Perú* to get irritated, to get annoyed.
azaroso, sa *adj* risky, hazardous.
ázimo *adj* unleavened.
azogue *m* QUÍM mercury, quicksilver.
azolve *m Méx.* mud, sludge.
azonzarse *pron Méx.* to get confused, to become bewildered.
azor *m* goshawk.
azorar *tr* **1** to embarrass, to fluster. ● **~se** *pron* **2** to be embarrassed, to get flustered.
azotaina *f* (fam) spanking.
azotar *tr* **1** to flog, to whip (con látigo). **2** (fig) to batter (golpear).
azote *m* **1** lash (latigazo). **2** spanking (manotada). **3** (fig) scourge (persona).
azotea *f* flat roof.
azteca *adj/m* o *f* Aztec.
azua *f Amér.* corn liquor.
azúcar *m* o *f* sugar. ◆ **~ blanco** white sugar; **~ moreno** brown sugar.
azucarar *tr* **1** to sugar. **2** to coat with sugar (bañar).
azucarería *f Cuba*, *Méx.* sugar shop.
azucarero, ra *adj* **1** sugar. ● *m* y *f* **2** sugar bowl.
azucarillo *m* sugar lump.
azucena *f* BOT madonna lily.
azufre *m* QUÍM sulphur (GB); sulfur (EE UU).
azul *adj* y *m* blue. ◆ **~ celeste** sky blue; **~ marino** navy blue.
azulado, da *adj* blue, bluish.
azulejo, ja *adj* **1** *Amér.* → azulado,da. ● *m* **2** glazed tile.
azuzar *tr* **1** to set on (animal). **2** (fig) to incite (persona).

Bb

b, B *f* b, B (letra).
baba *f* **1** saliva (de adulto); dribble (de niño). **2** slime (de caracol). ■ **caérsele a uno la ~** (fam) to be besotted with sb; **tener mala ~** (fam) to have a nasty streak.
babear *intr* **1** to slobber (adulto); to dribble (niño). **2** (fam, fig) to drool.
babel *m* o *f* chaos. ◆ **Torre de Babel** Tower of Babel.
babero *m* bib.
Babia *f* **estar en ~** to daydream.
bable *m* Asturian dialect.
babor *m* MAR port. ■ **a ~** to port.
babosa *f* ZOOL slug.
baboso, sa *adj* **1** slobbering (adulto); dribbly (niño). **2** (fam, fig) sloppy (sensiblero). • *m* y *f* **3** *Amér.* dimwit (bobo).
babucha *f* slipper.
baca *f* roof rack.
bacalao *m* **1** ZOOL cod (GB); codfish (EE UU). **2** *a type of dance music with a repetitive beat.* ■ **cortar el ~** (fam) to be the boss.
bacanal *adj* **1** Bacchanalian. • *f* **2** orgy.
bache *m* **1** pothole (hoyo). **2** AER air pocket. **3** (fig) bad patch (mal momento).
bachichas *f pl Méx.* dregs.
bachiller, ra *m* y *f a person who has passed the school-leaving exam.*
bachillerato *m* school-leaving certificate.
bacilo *m* MED bacillus.
bacín *m* chamber-pot.
backup *f* INF backup.
bacón *m* bacon.
bacteria *f* BIOL germ, bacterium.
bactericida *adj* **1** germ-killing. • *m* **2** germicide.
báculo *m* **1** crosier (de obispo). **2** crook (de pastor).
badajo *m* clapper (de campana).
badana *f* sheepskin. ■ **zurrar la ~ a alguien** to tan sb's hide.
badén *m* pothole, hollow (bache).
bádminton *f* DEP badminton.
bafle *m* loudspeaker, speaker.
bagaje *m* **1** MIL equipment. **2** (fig) knowledge, experience.
bagatela *f* trinket.
bagual *adj* **1** *Amér.* wild, untamed (caballo). • *m* **2** *Amér.* wild horse.
baguette *f* GAST French stick, baguette.
¡bah! *interj* bah!
bahía *f* GEOG bay.
bailador, ra *m* y *f* dancer.
bailar *intr* y *tr* **1** to dance. **2** to spin (girar). ■ **que me quiten lo bailado** (fam) but at least I had a good time.
bailarín, na *m* y *f* dancer (gen); ballet dancer (hombre o mujer); ballerina (mujer).
baile *m* **1** dance (gen). **2** ball (festejo).
bailotear *intr* to dance around.
bailoteo *m* dancing around.
baja *f* **1** drop, fall (descenso). **2** sick leave (permiso); sick note (justificante). **3** MIL casualty (muerto). ■ **estar de ~** to be off sick.
bajada *f* **1** drop, fall (de precios). **2** descent (de una montaña). **3** slope (pendiente).
bajamar *f* low tide.
bajante *m* o *f* downpipe.
bajar *tr* **1** to lower (dejar más abajo). **2** to take down (objeto). **3** to turn down (radio). • *tr* e *intr* **4** to go down, to come down (escaleras). • *intr* y *pron* **5** to get out (coche); to get off (tren, avión, bus).
bajel *m* MAR ship.
bajera *f* bottom sheet.
bajero, ra *adj* lower.
bajeza *f* **1** despicable act (acción). **2** baseness (condición).
bajinis *loc adv* **por lo ~** (fam) to oneself (decir); secretly (hacer).
bajío *m* sandbank.
bajista *adj/m* o *f* **1** FIN bear. • *m* o *f* **2** bass player (músico).
bajo, ja *adj* **1** low (montaña). **2** short (persona). **3** soft, low (sonido, voz). • *m* **4** bass (cantante, instrumento). **5** hem

(dobladillo). • **bajos** *m pl* **6** ground floor. • *adv* **7** softly, quietly (hablar, cantar). • *prep* y *adv* **8** below.
bajón *m* **1** drop (precio). **2** relapse (salud).
bakalao *m* MÚS *a type of dance music with a repetitive beat.*
bala *f* **1** bullet (proyectil). **2** bale (fardo). ◆ **~ perdida** stray bullet (proyectil); oddball (persona). ■ **como una ~** like a shot.
balaca *f Amér.* boasting, bragging.
balacear *tr Amér.* to shoot.
balacera *f Amér.* shoot-out.
balada *f* MÚS ballad.
baladí *adj* trivial.
baladronada *f* boast.
balalaica *f* MÚS balalaika.
balance *m* COM balance.
balancear *tr, intr* y *pron* **1** to rock (mecer). **2** to swing (columpio).
balanceo *m* rocking, swinging.
balancín *m* **1** rocking chair (mecedora). **2** swing (columpio).
balandro *m* MAR yacht.
balanza *f* scales (instrumento). ◆ **~ de pagos** ECON balance of payments.
balar *intr* to bleat.
balaustrada *f* balustrade.
balaustre o **balaústre** *m* baluster.
balay *m Amér.* wicker basket.
balazo *m* bullet wound (herida); shot (disparo).
balbucear *tr* e *intr* to stammer, to stutter.
balbuceo *m* stammering, stuttering.
balbucir *intr* → balbucear.
balcánico, ca *adj* Balkan.
balcón *m* **1** balcony (gen). **2** railing (barandilla).
balda *f* shelf.
baldado, da *adj* shattered (cansado).
baldar *tr* to cripple, to disable.
balde *m* bucket. ■ **de ~** for nothing; **en ~** in vain; **estar de ~** to be in the way.
baldío, a *adj* **1** uncultivated (sin cultivar); barren (yermo). **2** vain (vano).
baldón *m* insult, affront.
baldosa *f* floor tile.
baldosín *m* small tile.
balear *adj* **1** Balearic. • *m* o *f* **2** Balearic islander. • *tr* **3** *Amér.* to shoot.
Balerares *f pl* **las (Islas) ~** the Balearic Islands.
baleo *m Amér.* shoot-out.
balido *m* baa, bleat.
balín *m* pellet.
balística *f* FÍS, MIL ballistics.
balístico, ca *adj* FÍS, MIL ballistic.
baliza *f* **1** MAR buoy. **2** AER beacon.
ballena *f* ZOOL whale.
ballenato *m* ZOOL whale calf.
ballenero, ra *adj* **1** whaling. • *m* **2** whaler (persona, barco).
ballesta *f* **1** HIST crossbow. **2** MEC spring.
ballet *m* ballet.
balneario *m* spa.
balompié *m* football.
balón *m* **1** ball (pelota). **2** bag (recipiente). ◆ **~ de oxígeno** (fig) shot in the arm.
baloncesto *m* DEP basketball.
balonmano *m* DEP handball.
balonvolea *m* DEP volleyball.
balsa *f* **1** raft (embarcación). **2** pool (charca). ■ **como una ~ de aceite** as calm as millpond (mar).
balsámico, ca *adj* balsamic.
bálsamo *m* **1** balsam, balm (resina, pomada). **2** (fig) comfort (consuelo).
balsero, ra *m* y *f* ferryman (hombre); ferrywoman (mujer).
báltico, ca *adj* Baltic.◆ **el (mar) Báltico** the Baltic (Sea).
baluarte *m* **1** MIL, ARQ bastion. **2** (fig) defence (GB); defense (EE UU).
baluma *f Amér.* → balumba.
balumba *f* **1** bulk (bulto). **2** pile (montón).
bamba *f* bamba (baile).
bambalina *f* TEAT fly. ■ **entre bambalinas** (fig) backstage.
bambita *f Guat.* bambita (moneda).
bambolear *intr* y *pron* to sway.
bamboleo *m* swaying.
bambú *m* BOT bamboo.
banal *adj* banal.
banalidad *f* banality.
banana *f Amér.* banana.
bananero, ra *adj* **1** banana. • *m* y *f* **2** *Col.* banana grower. • *m* **3** banana tree (árbol).
banano *m* **1** *Amér.* banana tree (árbol). **2** *Amér.* banana (fruta).
banca *f* **1** COM banking. **2** *Amér.* bench (asiento) ■ **hacer saltar la ~** to break the bank; **tener ~** *Arg.*, *Par.* to have influence.

bancal *m* AGR plot, patch.
bancario, ria *adj* banking, bank.
bancarrota *f* COM bankruptcy. ■ **estar en ~** to be bankrupt.
banco *m* **1** bench (asiento, tablero). **2** shoal (de peces). **3** FIN, MED bank. ♦ **~ de arena** sandbank; **~ de datos** data bank; **~ de pruebas** test bench; **~ de sangre** blood bank.
banda *f* **1** band (conjunto, cinta, de radio). **2** flock (de pájaros). **3** DEP touchline. ♦ **~ magnética** magnetic strip; **~ sonora** soundtrack. ■ **cerrarse en ~** to stand one's ground.
bandada *f* **1** flock (de pájaros). **2** shoal (de peces).
bandazo *m* lurch. ■ **dar bandazos** to lurch.
bandear *tr Amér.* to cross (río).
bandeja *f* tray. ■ **servir algo a alguien en ~ (de plata)** to hand sth to sb on a plate.
bandera *f* flag. ■ **arriar la ~** to lower the flag; **bajar la ~** to start the meter (taxi); **izar la ~** to raise the flag.
banderilla *f* **1** TAUROM banderilla. **2** GAST *pickled onion, gherkin, pepper, etc. on a cocktail stick.*
banderillero *m* TAUROM banderillero.
banderola *f* pennant (banderín).
bandido, da *m* y *f* bandit.
bando *m* **1** edict (mandato). **2** side (facción).
bandolera *f* bandolier. ■ **en ~** over one's shoulder.
bandolero, ra *m* y *f* bandit.
bandurria *f* MÚS *Spanish stringed instrument similar to a lute.*
banjo *m* MÚS banjo.
banquero, ra *m* y *f* banker.
banqueta *f* **1** bench (asiento). **2** *Guat., Méx.* pavement (acera, GB); sidewalk (EE UU).
banquete *m* banquet. ♦ **~ de boda** wedding breakfast.
banquillo *m* **1** DEP bench. **2** DER dock.
bañadera *f Amér.* → bañera.
bañador *m* swimming costume (de mujer); swimming trunks (de hombre).
bañar *tr* **1** to bathe (sol, luz). **2** to bath (lavar). **3** to coat (cubrir). • **~se** *pron* **4** to have a swim (en el mar); to have a bath (en la bañera).
bañera *f* bath, bathtub.
bañista *m* o *f* bather, swimmer.
baño *m* **1** bath (acción, bañera). **2** bathroom (aseo). **3** coat (de pintura). ♦ **~ de sangre** bloodbath; **~ María** bain-marie. ■ **dar un ~ a alguien** (fam, fig) to outshine sb.
baptisterio *m* font (pila).
baquelita *f* bakelite.
baqueta *f* **1** MÚS drumstick. **2** MIL ramrod.
baqueteado, da *adj* **1** mistreated (maltratado). **2** experienced (experimentado).
baquetear *tr* to hassle (molestar).
bar *m* bar.
barahúnda o **baraúnda** *f* din, racket.
baraja *f* pack of cards. ■ **jugar con dos barajas** (fig) to play dirty.
barajar *tr* **1** to shuffle (naipes). **2** to mix up (mezclar). **3** to consider (tener en cuenta). **4** *Amér. Merid.* to catch (agarrar). • **~se** *pron* **5** to be considered.
baranda *f* → barandilla.
barandilla *f* balustrade (de balcón); banister (de escalera).
baratija *f* trinket.
baratillo *m* **1** cheap goods (género). **2** discount store (tienda).
barato, ta *adj* **1** cheap. • *adv* **2** cheaply, cheap.
barba *f* **1** beard (pelo). **2** chin (mentón). ■ **~ cerrada** thick beard; **dejarse la ~** to grow a beard; **por ~** per head.
barbacoa *f* **1** barbecue (parrilla). **2** *Amér.* loft (desván).
barbaridad *f* **1** atrocity (atrocidad). **2** piece of nonsense (disparate). **3** (fam) loads (un montón).
barbarie *f* **1** savagery (crueldad). **2** ignorance (incultura).
bárbaro, ra *adj/m* y *f* **1** HIST Barbarian. • *adj* **2** barbaric (cruel). **3** uncouth (inculto). **4** (fam) fantastic. ■ **pasarlo ~** to have a whale of a time.
barbecho *m* fallow land (tierra sin cultivar). ■ **dejar en ~** to leave fallow.
barbería *f* barber's (shop).
barbero, ra *m* y *f* **1** barber. **2** *Méx.* creep (adulador).
barbilampiño *adj* beardless.
barbilla *f* chin.
barbitúrico *m* barbiturate.
barbo *m* ZOOL barbel.

Baraja / *Pack of cards*

La baraja de cartas que se usa en Gran Bretaña o Estados Unidos, y que se conoce como baraja francesa, consta de 52 cartas divididas en cuatro palos y nueve cartas numeradas del 2 al 10.

corazones	*hearts*
diamantes	*diamonds*
tréboles	*clubs*
picas	*spades*

Cada palo consta de:

as	*ace*
rey	*king*
reina	*queen*
jota	*jack*

Vocabulario

apostar	*to bet*
cortar	*to cut*
repartir	*to deal*
comodín	*joker*
pasar	*to pass*
barajar	*to shuffle*
plantarse	*to stick*
palo	*suit*
triunfo	*trumps*

barbotar *tr* e *intr* to mumble, to mutter.

barbudo, da *adj* bearded.

barca *f* small boat.

barcaza *f* barge.

barco *m* boat. ◆ **~ cisterna** tanker; **~ de vapor** steamer; **~ de vela** sailing ship.

barda *f Arg., Méx.* hedge (seto).

bardo *m* bard.

baremo *m* scale (tarifas).

bario *m* QUÍM barium.

barítono *adj* y *m* baritone.

barlovento *m* MAR windward.

barman *m* barman (GB); bartender (EE UU).

barniz *m* **1** varnish (para madera); glaze (para cerámica). **2** (fig) smattering (conocimiento).

barnizar *tr* to varnish (madera); to glaze (cerámica).

barométrico, ca *adj* barometric.

barómetro *m* barometer.

barón *m* baron.

baronesa *f* baroness.

barquero, ra *m* y *f* boatman (hombre); boatwoman (mujer).

barquilla *f* **1** mould (para pasteles). **2** basket (de globo).

barquillo *m* GAST wafer.

barra *f* **1** bar (gen). **2** loaf (de pan). **3** counter (de un bar). **4** MEC lever. ◆ **~ americana** hostess bar; **~ de labios** lipstick; **~ fija** DEP horizontal bar.

barrabasada *f* (fam) thoughtless action.

barraca *f* **1** shack (chabola). **2** booth (de feria).

barranco *m* **1** precipice (precipicio). **2** ravine, gorge (hendidura).

barraquismo *m* slums.

barrena *f* drill. ■ **entrar en ~** AER to go into a spin.

barrenar *tr* **1** to drill (perforar). **2** (fig) to spoil (desbaratar).

barrendero, ra *m* y *f* street sweeper.

barreno *m* large drill.

barreño *m* large bowl.

barrer *tr* **1** to sweep. **2** (fig) to clean out (no dejar nada). **3** (fig) to trash (vencer). ■ **~ hacia dentro** to look after number one.

barrera *f* **1** barrier. **2** (fig) obstacle. **3** DEP wall. ◆ **~ del sonido** sound barrier.

barriada *f* district, area.

barrica *f* barrel.

barricada *f* barricade.

barrido *m* sweep.

barriga *f* **1** ANAT stomach. **2** (fig) rounded part (de vasija).

barril *m* barrel.

barrio *m* district, neighbourhood. ◆ **barrios bajos** slums. ■ **irse al otro ~** to kick the bucket.

barriobajero, ra *adj* slummy, slum.

barrizal *m* bog.

barro *m* **1** mud (lodo). **2** clay (arcilla). **3** MED spot.

barroco, ca *adj* **1** ART baroque. **2** (fig) ornate. ● *m* **3** ART baroque.

barrote *m* thick bar.
barruntar *tr* to foresee.
barrunto *m* premonition.
bártulos *m pl* things (enseres). ■ **preparar los ~** to get ready, to pack one's things.
barullo *m* noise, racket.
basa *f* ARQ base.
basalto *m* GEOL basalt.
basar *tr* **1** to base. ● **~se en** *pron* **2** to be based on; to base oneself on.
basca *f* **1** MED nausea. **2** (argot) people (gente).
báscula *f* scales.
bascular *intr* to swing.
base *f* **1** base (gen). **2** (fig) basis (principio). ◆ **~ de datos** INF database; **~ de operaciones** MIL base camp; **~ imponible** ECON taxable income; **~ militar** military base.
básico, ca *adj* basic.
basílica *f* basilica.
basilisco *m* basilisk. ■ **estar hecho un ~** to be seething.
básquet *m Arg., Méx., Par.* DEP → baloncesto.
basquetbol *m Arg., Par.* DEP → baloncesto.
basta *f* tacking stitch.
bastante *adj* **1** enough, sufficient. **2** quite a lot of (abundante): *bastante gente = quite a lot of people.* ● *adv* **3** enough, sufficiently (sufiente): *con esto hay bastante = that's enought.* **4** quite, pretty (abundante): *bastante bien = quite well.*
bastar *intr* **1** to be enough: *¿basta con treinta euros? = will a thirty euros be enough?* ● **~se** *pron* **2** to be self-sufficient. ■ **¡basta ya!** that's enough!
bastardilla *adj* **1** italic. ● *f* **2** italic type.
bastardo, da *adj/m* y *f* bastard.
baste *m* tacking (hilván).
bastidor *m* **1** frame (armazón). **2** chassis (de coche). **3** stretcher (para lienzo). ● **bastidores** *m pl* **4** wings (teatro). ■ **entre bastidores** in private.
bastilla *f* hem.
bastión *m* bastion.
basto, ta *adj* **1** uncouth. ● *m* y *f* **2** uncouth person. ● **bastos** *m pl* **3** clubs (palo de la baraja).
bastón *m* walking stick (GB); cane (EE UU); ski stick (de esquiar).
bastoncillo *m* **1** ANAT retinal rod. **2** cotton bud (de algodón).
basura *f* rubbish (GB); garbage, trash (EE UU).
basurero, ra *m* y *f* **1** refuse collector (GB); garbage collector (EE UU, persona). ● *m* **2** rubbish dump (vertedero).
bata *f* housecoat (para estar en casa); dressing gown (albornoz); white coat (de médico).
batacazo *m* bump, thump.
batahola *f* din, racket.
batalla *f* battle. ◆ **~ campal** pitched battle. ■ **de ~** (fam) everyday; **perder la ~** to lose the battle.
batallar *intr* **1** to fight. **2** (fig) to argue.
batata *f* yam, sweet potato.
bate *m* DEP bat.
bateador, ra *m* y *f* DEP batter.
batel *m* small boat.
batería *f* **1** MIL, ELECTR battery. **2** MÚS drums. **3** TEAT footlights. ● *m* o *f* **4** MÚS drummer (persona). ◆ **~ de cocina** pots and pans. ■ **aparcar en ~** to park at an angle to the kerb.
batiburrillo o **batiborrillo** *m* hotchpotch.
batido, da *adj* **1** GAST whipped. ● *m* **2** beating (acción). **3** milk shake (bebida).
batidor *m* whisk (manual); mixer (eléctrico).
batidora *f* mixer, blender.
batiente *m* frame (de puerta). ■ **reír a mandíbula ~** to laugh one's head off.
batín *m* housecoat.
batir *tr* **1** to beat (gen); to whip (claras); to hammer (metales). **2** to flap (alas). ● *intr* **3** to beat down (sol, lluvia). ● **~se** *pron* **4** to figh (luchar). ■ **~ un record** to break a record.
batiscafo *m* bathyscaphe.
batista *f* batiste (tela).
batuta *f* MÚS baton. ■ **llevar la ~** (fig) to be the boss.
baúl *m* trunk, chest (arca).
bausán o **bausano, na** *m* y *f* **1** (fig) idiot (necio). **2** *Amér.* lazybones.
bautismal *adj* baptismal.
bautismo *m* baptism, christening.
bautizar *tr* **1** to baptise, to christen. **2** to water down (vino).
bautizo *m* **1** → bautismo. **2** christening party (fiesta).
bauxita *f* GEOL bauxite.
baya *f* berry.

bayeta *f* **1** baize (tela). **2** cloth (trapo).
bayoneta *f* bayonet.
baza *f* trick (cartas). ■ **meter ~** to butt in.
bazar *m* bazaar.
bazo *m* ANAT spleen.
bazofia *f* (fig) rubbish, trash (porquería).
beatificación *f* beatification.
beatificar *tr* to beatify.
beatífico, ca *adj* beatific.
beato, ta *adj* **1** over-pious (santurrón). **2** REL blessed. ● *m* y *f* **3** devout person (piadoso). **4** over-pious person (santurrón). **5** REL beatified person.
bebé *m* baby. ◆ **~ probeta** test-tube baby.
bebedor, ra *adj* **1** hard-drinking. ● *m* y *f* **2** drinker.
beber *tr* e *intr* **1** to drink. ● *tr* **2** (fig) to drink in, to absorb.
bebida *f* drink. ■ **darse a la ~** drink.
bebido, da *adj* merry, tipsy.
bebistrajo *m* (fam) unpleasant concoction (brebaje).
beca *f* grant (subvención).
becado, da *m* y *f* → becario.
becario, ria *m* y *f* grant holder.
becerro *m* yearling calf. ◆ **~ de oro** golden calf.
bechamel *f* → besamel.
bedel, la *m* y *f* porter.
beduino, na *adj/m* y *f* Bedouin.
befa *f* jibe, taunt.
beige *adj* y *m* beige.
béisbol *m* DEP baseball.
bejuco *m* BOT liana.
belén *m* **1** nativity scene. **2** (fig) bedlam.
beleño *m* BOT henbane.
belga *adj/m* o *f* Belgian.
Bélgica *f* Belgium.
belicista *adj* **1** warmongering. ● *m* o *f* **2** warmonger.
bélico, ca *adj* **1** warlike (acción). **2** war (material, cine).
belicoso, sa *adj* bellicose, aggressive.
beligerante *adj/m* o *f* belligerent.
bellaco, ca *adj* **1** mean (ruin). **2** cunning, sly (astuto). ● *m* y *f* **3** rogue.
belladona *f* BOT belladonna, deadly nightshade.
bellaquería *f* dirty trick.
belleza *f* beauty.
bello, lla *adj* beautiful, lovely.
bellota *f* BOT acorn.
bemol *adj* y *m* MÚS flat. ■ **tener bemoles** (fam) to be difficult (ser complicado); to have guts (tener valor).
benceno *m* QUÍM benzene.
bencina *f* benzine.
bendecir *tr* to bless.
bendición *f* blessing.
bendito, ta *adj* **1** REL saintly, holy. **2** happy (feliz). ● *m* y *f* **3** kind soul (buena persona); simple soul (ingenuo).
beneficencia *f* **1** welfare (social). **2** charity (obra).
beneficiar *tr* **1** to benefit. ● **~se (de)** *pron* **2** to benefit (from).
beneficio *m* **1** benefit (bien). **2** COM profit. ◆ **~ bruto/neto** COM gross/net profit. ■ **a ~ de** for the benefit of; **en ~ propio** to one's own advantage.
beneficioso, sa *adj* beneficial.
benéfico, ca *adj* charitable. ◆ **obra benéfica** charity.
beneplácito *m* approval, consent.
benevolencia *f* benevolence.
benévolo, la *adj* benevolent.
bengala *f* flare.
benignidad *f* **1** mildness (del clima). **2** MED benignancy (de un tumor).
benigno, na *adj* **1** kind, benign (persona). **2** mild (clima). **3** benign (tumor).
benjamín, na *m* y *f* youngest child.
benzol *m* QUÍM benzol.
beodo, da *adj/m* y *f* drunk.
berberecho *m* ZOOL cockle.
berbiquí *m* carpenter's brace.
bereber o **beréber** *adj/m* o *f* Berber.
berenjena *f* aubergine (GB); eggplant (EE UU).
berenjenal *m* aubergine field. ■ **meterse en un buen ~** to get into a mess.
bergamota *f* BOT bergamot.
bergante *m* rogue, scoundrel.
bergantín *m* MAR brig.
berilio *m* QUÍM beryllium.
berilo *m* GEOL beryl.
berlina *f* saloon car.
bermellón *adj* y *m* vermilion.
bermudas *m pl* Bermuda shorts.
berrear *intr* **1** to low, to bellow (animal). **2** to bawl (niño).
berrenchín *m* tantrum, rage (rabieta).
berrido *m* **1** bellowing (de animal). **2** bawling (de niño).

berrinche *m* (fam) tantrum, rage (rabieta).
berro *m* BOT cress.
berza *f* BOT cabbage.
berzotas *m* o *f* (fam) halfwit.
besamel o **besamela** *f* GAST bechamel (sauce).
besar *tr* **1** to kiss. • **~se** *pron* **2** to kiss each other.
beso *m* kiss. ■ **comerse a alguien a besos** to smother sb in kisses; **dar un ~ a alguien** to give sb a kiss, to kiss sb.
bestia *adj* **1** stupid (ignorante). **2** rude (grosero). • *m* o *f* **3** brute (bruto). **4** ignoramus (ignorante). • *f* **5** beast (animal). ♦ **mala ~** nasty piece of work.
bestial *adj* **1** beastly, bestial (brutal). **2** (fam) fantastic, terrific (extraordinario).
bestialidad *f* bestiality, beastliness.
best-séller *m* best seller.
besucón, na *adj* **1** fond of kissing. • *m* y *f* **2** *person who is fond of kissing.*
besugo *m* **1** ZOOL sea bream. **2** (fig, fam) idiot (persona).
besuquear *tr* **1** (fam) to smother with kisses. • **~se** *pron* **2** to smooch, to snog.
besuqueo *m* (fam) smooching.
betún *m* shoe polish.
bianual *adj* biannual.
biberón *m* feeding bottle.
Biblia *f* REL Bible.
bíblico, ca *adj* REL biblical.
bibliografía *f* bibliography.
bibliográfico, ca *adj* bibliographic.
biblioteca *f* **1** library (local, colección). **2** bookcase (mueble).
bibliotecario, ria *m* y *f* librarian.
bicarbonato *m* QUÍM bicarbonate.
bicentenario *m* bicentenary.
bíceps *m* ANAT biceps.
bicho *m* **1** small animal; bug (insecto). **2** (fam) odd character (persona). ♦ **~ raro** weirdo. **mal ~** nasty piece of work.
bici *f* bike.
bicicleta *f* bicycle.
biciclo *m* velocipede.
bicoca *f* bargain.
bicornio *m* two-cornered hat.
bidé *m* bidet.
bidón *f* drum.
biela *f* MEC connecting rod.
bien *adv* **1** well (gen): *lo hizo muy bien = she did it very well.* **2** properly (según es debido): *ciérralo bien = shut it properly.* **3** good (bueno): *este vino está muy bien = this wine's very good.* **4** all right (de acuerdo). • *m* **5** good. • **bienes** *m pl* **6** goods (propiedades). ♦ **bienes de consumo** consumer goods; **bienes gananciales** goods acquired during a marriage; **bienes inmuebles** real estate. ■ **el ~ y el mal** good and evil; **si ~** although; **tener a ~ hacer algo** to be good enough to do sth.

> Cuando se habla de salud, **bien** se traduce por el adjetivo ***well***: *hoy me encuentro muy bien = I feel very well today.* Para una cualidad o habilidad, se usa el adverbio ***well***: *hablo bien inglés = I speak English well.* ***Good*** se emplea con olores, aspectos, sabores, etc.: *¡qué bien sabe! = it tastes good!*

bienal *adj* y *f* biennial.
bienaventurado, da *adj* **1** fortunate, happy (feliz). **2** REL blessed.
bienaventuranza *f* **1** happiness (felicidad). **2** REL bliss.
bienestar *m* well-being, welfare. ♦ **estado de ~** welfare state.
bienhablado, da *adj* well-spoken.
bienhechor, ra *m* y *f* benefactor.
bienio *m* two-year period, biennium.
bienquerer *tr* to be fond of.
bienvenida *f* welcome. ■ **dar la ~ a alguien** to welcome sb.
bienvenido, da *adj* welcome.
bies *m* bias. ■ **al ~** on the bias.
bifásico, ca *adj* ELEC two-phase.
bifocal *adj* bifocal.
bifurcación *f* fork, junction.
bifurcarse *pron* to fork, to branch off.
bigamia *f* bigamy.
bígamo, ma *adj* **1** bigamous. • *m* y *f* **2** bigamist.
bigote *m* **1** (normalmente *pl*) moustache (de persona, GB); mustache (EE UU). **2** whiskers (de gato).
bigotudo, da *adj* with a big moustache.
bigudí *m* curler, roller.
bikini *m* → biquini.
bilateral *adj* bilateral.
biliar *adj* MED bile.

bilingüe *adj* bilingual.
bilioso, sa *adj* bilious.
bilis *f* bile. ■ **tragar ~** to put up with it.
billar *m* **1** billiards (juego). **2** billiard room (sala).
billete *m* **1** ticket (gen). **2** note (dinero, GB); bill (EE UU). ◆ **~ de ida y vuelta** return ticket (GB); round-trip ticket (EE UU).
billetera *f* wallet (GB); billfold (EE UU).
billetero *m* → billetera.
billón *m* billion, one million millions (GB); trillion (EE UU).

> Antiguamente, en Gran Bretaña ***a billion*** equivalía a un **billón** (un millón de millones), pero hoy en día equivale a **un millardo**, como en Estados Unidos. En inglés americano, un **billón** se traduce por ***a trillion***.

bimensual *adj* twice-monthly.
bimestre *adj* **1** two-monthly. • *m* **2** two-month period.
bimotor *adj* **1** AER twin-engined. • *m* **2** AER twin-engined plane.
binar *tr* AGR to plough a second time.
binario, ria *adj* binary.
bingo *m* **1** bingo (juego) **2** bingo hall (sala).
binóculo *m* binoculars.
binomio *m* MAT binomial.
biodegradable *adj* biodegradable.
biodiversidad *f* biodiversity.
biografía *f* biography.
biográfico, ca *adj* biographic, biographical.
biógrafo, fa *m* y *f* biographer.
biología *f* biology.
biológico, ca *adj* biological.
biológo, ga *m* y *f* biologist.
biombo *m* screen.
biopsia *f* biopsy.
bioquímica *f* biochemistry.
biosfera *f* biosphere.
bípedo, da *adj/m* y *f* biped.
biplano *m* biplane.
biquini *m* **1** bikini (prenda). **2** GAST toasted cheese and ham sandwich.
birlar *tr* (fam) to pinch, to nick (hurtar).
birlocha *f* kite.
birra *f* (coloq) beer.
birreta *f* biretta.
birrete *m* tasselled cap.
birria *f* **1** (fam) monstrosity (cosa fea). **2** rubbish (cosa de mala calidad).
bis *adj* **1** a (en direcciones): *vive en el 6 bis = he lives at 6a.* • *m* **2** MÚS encore.
bisabuelo, la *m* y *f* **1** great-grandfather (hombre); great-grandmother (mujer). • **bisabuelos** *m pl* **2** great-grandparents.
bisagra *f* hinge.
bisbisear *tr* (fam) to murmur.
bisección *f* GEOM bisection.
bisector, triz *adj* **1** GEOM bisecting. • *m* y *f* **2** GEOM bisector.
bisel *m* bevel.
bisemanal *adj* twice-weekly.
bisexual *adj/m* o *f* bisexual.
bismuto *m* QUÍM bismuth.
bisnieto, ta *m* y *f* **1** great-grandson (hombre); great-grand-daughter (mujer). • **bisnietos** *m pl* **2** great-grandchildren.
bisonte *m* ZOOL bison.
bisoñé *m* toupee.
bisoño, ña *adj* inexperienced.
bistec o **bisté** *m* GAST steak.
bisturí *m* MED scalpel.
bisutería *f* costume jewellery.
bit *m* INF bit.
bitácora *f* MAR binnacle.
bíter *m* bitters.
bivalvo, va *adj* y *m* BIOL bivalve.
bizantino, na *adj/m* y *f* **1** Byzantine. • *adj* **2** hair-splitting (discusión).
bizco, ca *adj* **1** cross-eyed. • *m* y *f* **2** cross-eyed person.
bizcocho *m* GAST sponge cake.
biznaga *f* BOT bishop's weed
biznieto, ta *m* y *f* → bisnieto, ta.
bizquear *intr* (fam) to squint.
blanco, ca *adj* y *m* **1** white (color). • *m* y *f* **2** white man (hombre); white woman (mujer). • *m* **3** target (objeto). **4** blank space (espacio). ■ **dar en el ~** to hit the mark; **quedarse en ~** to forget everything; **pasar la noche en ~** to have a sleepless night.
blancura *f* whiteness.
blandir *tr* to brandish.
blando, da *adj* **1** soft (gen). **2** mild (clima).
blandura *f* softness.
blanquear *tr* **1** to whiten (poner blanco). **2** (fig) to launder (dinero).

blanqueo *m* **1** whitening. **2** (fig) laundering (de dinero).
blasfemar *tr* **1** to blaspheme (contra Dios). **2** to curse, to swear (decir palabrotas).
blasfemia *f* **1** blasphemy (contra Dios). **2** (fig) curse (palabrota).
blasón *m* **1** coat of arms (escudo). **2** (fig) glory, fame.
blasonar *tr* **1** to emblazon (escudo). • *intr* **2** to boast (jactarse).
bledo *m* **no importarle a uno un ~** (fam) not to give a damn about sth.
blenorrea *f* MED blenorrhoea.
blindado, da *adj* **1** armour-plated (GB); armor-plated (EE UU, vehículo). **2** reinforced (puerta).
blindaje *m* armour-plating (GB); armor-plating (EE UU).
blindar *tr* **1** to armour-plate (GB); to armor-plate (EE UU, vehículo). **2** to reinforce (puerta).
blíster *m* blister pack.
blonda *f* GAST doily (para tartas).
bloque *m* **1** block (gen). **2** POL bloc.
bloquear *tr* **1** to block (gen). **2** FIN to freeze (cuenta). • **~se** *pron* **3** to have a mental block.
bloqueo *m* **1** blockage (gen). **2** MIL blockade. **3** FIN freezing (de cuenta).
blusa *f* blouse.
boa *f* ZOOL boa.
boato *m* ostentation.
bobada *f* silly thing. ■ **decir bobadas** to talk nonsense.
bobina *f* **1** reel (gen). **2** ELEC coil.
bobo, ba *adj* **1** silly, foolish. • *m* y *f* **2** fool, idiot.
boca *f* **1** ANAT mouth. **2** entrance (del metro). **3** mouth (de río). ◆ **~ a ~** kiss of life; **~ de incendios** fire hydrant; **~ de riego** hydrant. ■ **andar de ~ en ~** to be the talk of the town; **a pedir de ~** according to one's wishes; **~ abajo** face down; **~ arriba** face upwards; **de ~ en ~** by word of mouth; **hacer ~** to whet one's appetite; **hacérsele la ~ agua a alguien** to make sb's mouth water; **no abrir uno la ~** to keep silent; **no decir uno esta ~ es mía** not to say a word.
bocacalle *f* **1** entrance (embocadura). **2** side street (calle secundaria).
bocadillo *m* **1** GAST sandwich. **2** speech balloon (en un cómic).
bocado *m* **1** mouthful (de comida); bite (mordisco). **2** bit (freno).
bocamanga *f* cuff.
bocanada *f* mouthful (de líquido); puff (de humo).
bocazas *m* o *f* loudmouth.
bocel *m* ARQ torus.
boceto *m* **1** ART sketch. **2** outline (de un proyecto).
bochorno *m* **1** muggy weather, sultry weather (tiempo). **2** (fig) embarrassment (vergüenza).
bochornoso, sa *adj* **1** muggy, sultry (tiempo). **2** (fig) shameful (vergonzoso).
bocina *f* AUT, MÚS horn.
bocinazo *m* hoot, honk.
boda *f* wedding, marriage. ◆ **bodas de plata/de oro** silver/golden wedding.
bodega *f* **1** wine cellar (almacén). **2** wine shop (tienda). **3** hold (de buque, avión).
bodegón *m* **1** ART still life. **2** inn (taberna).
bodeguero, ra *m* y *f* winemaker (productor).
bodrio *m* rubbish, trash (cosa mal hecha).
bofetada *f* slap. ■ **dar una ~ a alguien** to slap sb in the face.
bofetón *m* whack.
boga *f* **estar en ~** to be in fashion.
bogada *f* stroke (de un remo).
bogar *tr* to row.
bogavante *m* ZOOL lobster.
bohemio, mia *adj/m* y *f* **1** Bohemian (de Bohemia). **2** bohemian (artista).
boicot *m* → boicoteo.
boicotear *tr* to boycott.
boicoteo *m* boycott.
boina *f* beret.
boj *m* **1** BOT box tree (arbusto). **2** boxwood (madera).
bol *m* bowl (cuenco).
bola *f* **1** ball (gen). **2** (fig, fam) lie, fib (embuste). ◆ **~ de cristal** crystal ball; **~ de nieve** snowball. ■ **en bolas** (fam) starkers; **no rascar ~** to be bone idle.
boleadoras *f pl* bolas.
bolera *f* bowling alley.
bolero *m* **1** MÚS bolero. **2** *Méx.* bootblack (limpiabotas).
boleta *f* **1** ticket (entrada). **2** *Amér.* ballot paper (papeleta).
boletín *m* bulletin. ◆ **~ informativo** news bulletin.

boleto *m* **1** ticket (de rifa); coupon (de quinielas). **2** *Amér.* ticket (entrada).
boliche *m* **1** jack (bola pequeña). **2** skittles (juego). **3** bowling alley (local).
bólido *m* AUT racing car. ■ **como un ~** like greased lightning.
bolígrafo *m* ball-point pen.
bolillo *m* bobbin.
Bolivia *f* Bolivia.
boliviano, na *adj/m* y *f* Bolivian.
bollería *f* **1** bakery (tienda). **2** cakes (productos).
bollo *m* **1** GAST bun, roll. **2** (fig) lump (chichón).
bolo *m* **1** skittle (para jugar). ● **bolos** *m pl* **2** skittles. ◆ **~ alimenticio** MED alimentary bolus. ■ **echar uno a rodar los bolos** to create a disturbance.
bolo, la *adj Guat., Hond., Méx.* drunk.
bolsa *f* **1** bag (gen). **2** purse (monedero). **3** pocket (de pobreza). **4** COM stock exchange. ◆ **~ de agua caliente** hot-water bottle; **~ de aire** air pocket; **~ de trabajo** employment exchange. ■ **jugar a la ~** to play the market.
bolsillo *m* **1** pocket (de una prenda). **2** purse (monedero). ■ **rascarse el ~** to dip into one's pocket.
bolso *m* bag (GB); purse (EE UU). ◆ **~ de mano** handbag.
boludo, da *adj* **1** *Amér.* (vulg) stupid, thick. ● *m* y *f* **2** *Amér.* (vulg) arsehole (GB); asshole (EE UU).
bomba *f* **1** MIL bomb. **2** TEC pump. **3** (fam, fig) bombshell (noticia). ◆ **~ atómica** atom bomb. ■ **pasarlo ~** to have a great time.
bombardear *tr* to bomb (desde el aire); to bombard (con artillería).
bombardeo *m* bombing.
bombardero *m* AER bomber (avión).
bombear *tr* **1** to pump (agua). **2** to lob (una pelota).
bombero, ra *m* y *f* firefighter (hombre y mujer); fireman (hombre). ◆ **cuerpo de bomberos** fire brigade.
bombilla *f* light bulb, bulb.
bombo, ba *m* **1** MÚS large drum (instrumento). **2** lottery drum (de sorteo). **3** (fig) flattery (halagos). **4** drum (de lavadora). ■ **darse ~** to blow one's own trumpet; **tener la cabeza como un ~** to have a splitting headache.
bombón *m* **1** chocolate (golosina). **2** (fam) beauty, cracker (chica).
bombona *f* gas bottle, cylinder (de gas).
bonachón, na *adj* **1** easy-going. ● *m* y *f* **2** easy-going person.
bonanza *f* **1** MAR fair weather. **2** COM bonanza, boom.
bondad *f* **1** goodness (calidad de bueno). **2** kindness (amabilidad). ■ **tener la ~ de + inf** to be kind enough + inf.
bondadoso, sa *adj* good, kind.
bonete *m* REL biretta.
boniato *m* sweet potato.
bonificación *f* **1** bonus (pago). **2** discount (descuento). **3** improvement (mejora).
bonito, ta *adj* **1** pretty, nice. ● *m* **2** ZOOL bonito.

> ***Nice*** se usa en general para referirse a lo bello o agradable de algo: *un cuadro bonito = a nice picture; fue bonito volverte a ver = it was nice to meet you again*. ***Pretty*** sólo se emplea para al aspecto físico y suele usarse con mujeres o niños, o para trasmitir una cierta idea de delicadeza o fragilidad: *una carita bonita = a pretty little face*.

bono *m* **1** voucher (vale). **2** FIN bond.
bonobús *m* multi-journey travelcard.
bonotrén *m* multi-journey railcard.
boquerón *m* GAST anchovy.
boquete *m* **1** narrow entrance (entrada). **2** breach (brecha).
boquiabierto, ta *adj* **1** open-mouthed. **2** (fig) amazed, agog.
boquilla *f* **1** MÚS mouthpiece. **2** cigarette holder (para cigarrillos). **3** filter tip (punta del cigarro). ■ **de ~** as a joke.
bórax *m* QUÍM borax.
borbollar o **borbollear** *intr* to bubble.
borbollón *m* → borbotón.
borbotar o **borbotear** *intr* to bubble.
borbotón *m* bubbling. ■ **a borbotones** in torrents.
borceguí *m* ankle boot.
borda *f* MAR gunwale. ■ **echar algo por la ~** to throw sth overboard.
bordado, da *adj* **1** embroidered. **2** (fig) perfect. ● *m* **3** embroidery, needlework.

bordar *tr* **1** to embroider. **2** (fig) to do excellently.
borde *m* **1** edge (gen). **2** rim, lip (de una taza). **3** side (de una carretera). • *m* o *f* **4** rude person (persona antipática). ■ **estar al ~ de** to be on the verge of.
bordear *tr* **1** to border on (lindar). **2** to skirt (seguir el borde). **3** (fig) to verge on (estar cerca).
bordillo *m* kerb.
bordo *m* MAR side, board. ■ **a ~** on board.
boreal *adj* northern. ◆ **aurora ~** aurora borealis.
bórico *adj* QUÍM boric.
borla *f* **1** tassel (adorno). **2** powder puff (de polvera).
borne *m* ELEC terminal.
boro *m* QUÍM boron.
borra *f* flock.
borrachera *f* drunkenness.
borracho, cha *adj/m* y *f* **1** drunk. • *m* **2** GAST tipsy-cake. ■ **~ como una cuba** as drunk as a lord.
borrador *m* **1** first draft (escrito). **2** board rubber (para pizarra). **3** *Amér.* rubber (goma).
borraja *f* BOT borage. ■ **quedar algo en agua de borrajas** to come to nothing.
borrar *tr* **1** to cross out (tachar). **2** to rub out (con borrador). **3** to wipe (cinta). **4** to clean (pizarra). **5** INF to erase, to delete. • **~se** *pron* **6** to disappear.
borrasca *f* storm (tormenta).
borrascoso, sa *adj* stormy.
borrego, ga *m* y *f* **1** lamb (cordero). **2** (fig) dope, fool (ignorante).
borrico, ca *m* y *f* ass (animal, persona).
borrón *m* **1** smudge, blot (de tinta). **2** (fig) blemish (imperfección). ■ **~ y cuenta nueva** let's start again.
borroso, sa *adj* blurred (foto, visión).
bosque *m* wood (pequeño); forest (grande).
bosquejar *tr* **1** ART to sketch. **2** to outline (proyecto).
bosquejo *m* **1** ART sketch. **2** outline (de un proyecto).
bostezar *intr* to yawn.
bostezo *m* yawn.
bota *f* **1** boot (calzado). **2** wineskin (para vino). ■ **ponerse las botas** to stuff oneself (atracarse).
botana *f Méx.* snack (aperitivo).
botánica *f* botany.
botánico, ca *adj* **1** botanic, botanical. • *m* y *f* **2** botanist.
botar *tr* **1** MAR to launch. **2** to sack, to fire (despedir). **3** DEP to take (sacar). • *tr* e *intr* **4** to bounce (pelota). • *intr* **5** to jump up and down (persona).
botarate *m* fool, dimwit.
bote *m* **1** bounce (de pelota); leap (de persona). **2** tin, can (lata). **3** jar (tarro). **4** box (para propinas). **5** MAR boat. ◆ **~ salvavidas** lifeboat. ■ **dar botes** to bounce (pelota); to jump up and down (persona); **estar de ~ en ~** to be packed out; **estar en el ~** to be in the bag; **pegar un ~** to jump; **tener a alguien en el ~** to have sb eating out of one's hand.
botella *f* **1** bottle. **2** *Ant., C. Rica, Pan.* sinecure.
botellero *m* bottle rack, wine rack.
botellín *m* small bottle.
botica *f* chemist's, pharmacy.
boticario, ria *m* y *f* chemist, pharmacist.
botijo *m* earthenware jug, pitcher.
botín *m* **1** booty (de guerra); spoils (de robo). **2** ankle boot (bota corta).
botiquín *m* first-aid kit.
botón *m* **1** button. **2** BOT bud. ◆ **~ de muestra** sample.
botonadura *f* buttons.
botones *m* bellboy.
boutique *f* boutique.
bóveda *f* ARQ vault. ◆ **~ celeste** ASTR vault of heaven; **~ craneal** ANAT cranial cavity.
bovino, na *adj* bovine.
boxeador, ra *m* y *f* DEP boxer.
boxear *tr* DEP to box.
boxeo *m* DEP boxing.
boya *f* **1** MAR buoy. **2** float (en pesca).
boyante *adj* buoyant.
bozal *m* muzzle.
bracear *intr* **1** to wave one's arms about (mover los brazos). **2** to swim (nadar).
bracero, ra *m* y *f* labourer (GB); laborer (EE UU).
bráctea *f* BOT bract.
braga *f* (normalmente *pl*) knickers (GB); panties (EE UU). ■ **pillar a alguien en bragas** (coloq) to catch sb on the hop.
braguero *m* MED truss.
bragueta *f* fly.
braille *adj* y *m* Braille.

bramar *intr* **1** to bellow (toro, ciervo); to trumpet (elefante). **2** to bellow (persona). **3** to roar (mar); to howl (viento).
bramido *m* **1** bellowing (de toro); trumpeting (de elefante). **2** roar (del mar); howling (del viento).
brandy *m* brandy.
branquia *f* ZOOL (normalmente *pl*) gill.
brasa *f* ember, hot coal. ■ **a la ~** GAST charcoal-grilled.
Brasil *m* Brazil.
brasileño, ña *adj/m* y *f* Brazilian.
bravata *f* **1** threat (amenaza). **2** boast (baladronada).
bravío, a *adj* **1** wild, fierce (salvaje). **2** coarse, rough (grosero).
bravo, va *adj* **1** brave (valiente). **2** fierce, wild (toro). **3** wild (mar). • **¡~!** *interj* **4** bravo!, well done!
braza *f* **1** fathom (medida). **2** DEP breaststroke.
brazada *f* **1** movement of the arms (movimiento). **2** stroke (natación).
brazalete *m* bracelet, bangle.
brazo *m* **1** arm (gen). **2** ANAT upper arm (parte superior). **3** branch (de un árbol, de un río). ♦ **~ de gitano** GAST Swiss roll; **~ de mar** inlet. ■ **con los brazos abiertos** with open arms; **con los brazos cruzados** with one's arms crossed; **no dar el ~ a torcer** to stand one's ground; **ser el ~ derecho de alguien** to be sb's right-hand man/woman.
brazuelo *m* shoulder.
brea *f* tar, pitch.
brebaje *m* concoction, brew.
breca *f* **1** ZOOL bleak (albur). **2** ZOOL pandora (pagel).
brecha *f* **1** opening, gap (abertura). **2** gash (herida). ■ **abrir ~** to break through; **estar en la ~** to be in the thick of it.
brécol *m* BOT broccoli.
brega *f* **1** struggle (lucha). **2** row (riña). ■ **andar a la ~** to be hard at work.
bregar *intr* **1** to struggle (luchar). **2** to slog away (trabajar).
breña *f* scrub, scrubland.
breva *f* BOT early fig. ■ **no caerá esa ~** chance would be a fine thing.
breve *adj* short, brief. ■ **en ~** shortly.
brevedad *f* brevity.
breviario *m* REL breviary.
brezal *m* moor, heath.
brezo *m* BOT heather.
bribón, na *m* y *f* rogue, rascal.
bricolaje *m* do-it-yourself, DIY.
brida *f* bridle.
bridge *m* bridge.
brigada *f* **1** MIL brigade (unidad) **2** squad (de trabajadores, de policías). *m* o *f* **3** MIL sergeant (suboficial).
brigadier *m* o *f* MIL brigadier.
brillante *adj* **1** bright (color, luz); shiny (superficie); sparkling (ojos). **2** brilliant (escritor, artista). • *m* **3** diamond.
brillantina *f* brilliantine.
brillar *intr* **1** to shine (luz, sol, superficie); to sparkle (ojos, joyas). **2** (fig) to stand out (destacar).
brillo *m* **1** brightness, brilliance (de luz, sol); shine (de superficie); sparkle (de los ojos, joyas). **2** (fig) splendour (lucimiento). ■ **sacar ~ a** to polish.
brincar *intr* to jump up and down.
brinco *m* jump, leap. ■ **en un ~** in no time at all.
brindar *intr* **1** to toast, to drink a toast. • *tr* **2** to offer, to present (ofrecer). • **~se** *pron* **3** to offer oneself.
brindis *m* toast.
brío *m* **1** brio, dash (espíritu). **2** energy, verve (energía).
brioso, sa *adj* **1** dashing (con espíritu). **2** energetic, full of verve (enérgico).
brisa *f* breeze.
británico, ca *adj* **1** British. • *m* y *f* **2** British person.
brizna *f* **1** strand (filamento). **2** blade (de hierba). **3** (fig) bit (un poco).
broca *f* MEC bit, drill bit.
brocado *m* brocade.
brocal *m* curb (de pozo); rim (de cerco).
brocha *f* paintbrush (de pintor); shaving brush (de afeitar). ■ **pintor de ~ gorda** painter and decorator.
broche *m* **1** brooch (joya). **2** fastener (cierre). **3** *Chile* staple (grapa). ■ **~ de oro** perfect ending.
broma *f* **1** joke (chiste). **2** prank, trick (travesura). ♦ **~ pesada/de mal gusto** practical joke. ■ **bromas aparte** seriously; **gastar una ~ a alguien** to play a trick on sb; **ni en ~** not on your life.
bromear *intr* to joke.

bromista *m* o *f* joker.
bromo *m* QUÍM bromine.
bromuro *m* QUÍM bromide.
bronca *f* **1** row (riña). **2** telling-off (reprensión). ■ **armar una ~** to kick up a fuss; **echar una ~ a alguien** to tell sb off.
bronce *m* bronze (metal, talla).
bronceado, da *adj* **1** suntanned, tanned (por el sol). **2** bronze (color del bronce). • *m* **3** suntan, tan.
bronceador *m* suntan lotion.
broncear *tr* **1** to tan (sol). **2** to bronze (metal). • **~se** *pron* **3** to get a tan.
bronquio *m* ANAT bronchus, bronchial tube.
bronquitis *f* MED bronchitis.
brotar *intr* **1** to sprout (planta, yema); to come out (flor). **2** to flow (agua). **3** (fig) to spring up (rebelión).
brote *m* **1** BOT bud, shoot. **2** (fig) outbreak (de violencia, enfermedad).
broza *f* **1** rubbish (desperdicio). **2** scrub (maleza). **3** (fig) waffle (en un discurso).
bruces *loc adv* **de ~** face down. ■ **caer de ~** to fall flat on one's face.
bruja *f* witch.
brujería *f* witchcraft.
brujo, ja *adj* **1** bewitching (cautivador). • *m* **2** wizard, sorcerer.
brújula *f* compass.
bruma *f* mist.
brumoso, sa *adj* misty.
bruno, na *adj* dark-brown.
bruñido, da *adj* **1** burnished, polished. • *m* **2** burnishing, polishing.
bruñir *tr* to burnish, to polish.
brusco, ca *adj* **1** brusque (carácter). **2** sudden (repentino).
brusquedad *f* **1** brusqueness (de carácter). **2** suddenness (de acción).
brutal *adj* **1** brutal, savage (cruel). **2** (fig, fam) enormous, huge (colosal).
brutalidad *f* **1** brutality (crueldad). **2** (fam, fig) huge amount (cantidad).
bruto, ta *adj* **1** stupid (ignorante); rough, coarse (rudo); rude (grosero). **2** brutal (cruel). **3** uncut (diamante); crude (petróleo). **4** gross (salario). • *m* y *f* **5** ignoramus (ignorante).
bucal *adj* oral, mouth.
bucear *intr* **1** to swim under water (nadar); to dive (sumergirse). **2** (fig) to explore, to delve into (investigar).
buceo *m* diving.
buche *m* **1** ZOOL craw, crop (de aves); maw (de otros animales). **2** (fam) stomach (estómago).
bucle *m* **1** curl, ringlet (en el pelo). **2** INF loop.
bucólico, ca *adj* bucolic, pastoral.
budín *m* GAST pudding.
budista *adj/m* o *f* Buddhist.
buen (*apócope de* **bueno**) *adj* → bueno.
buenaventura *f* fortune (adivinación). ■ **echar la ~ a alguien** to tell sb's fortune.
bueno, na *adj* **1** (ante un nombre masculino en sing *buen*) good (persona, cosa). **2** kind (amable). **3** healthy (sano). **4** good, nice (tiempo, comida). **5** good (competente). **6** right, suitable (indicado). • *m* y *f* **7** (fam) goody (en cuentos, películas). • ¡~! *interj* **8** well (sorpresa, escepticismo). **9** all right (de acuerdo). **10** right then (para introducir o reanudar un tema). ◆ **buenos días** good morning; **buenas tardes** good afternoon (temprano); good evening (más tarde); **buenas noches** good evening (all llegar); good night (al despedirse). ■ **de buenas a primeras** all of a sudden; **por las buenas** willingly.

> **Bueno** se traduce por ***good*** antes del nombre para indicar una cualidad o habilidad: *habla un inglés bueno = she speaks good English*. También se usa ***good*** en relación a una situación o idea que se considera correcta o agradable: *fue una buena idea comprarle un regalo = it was a good idea to buy her a present*.

buey *m* ZOOL ox.
bufa *f* joke.
búfalo *m* ZOOL buffalo.
bufanda *f* scarf.
bufar *intr* **1** to snort (toro); to spit (gato). **2** (fam) to snort (persona).
bufé o **bufet** *m* buffet.
bufete *m* **1** writing desk (escritorio). **2** DER lawyer's office (despacho); legal practice (negocio).
bufido *m* **1** snort (toro); hiss (gato). **2** (fig) snort.
bufo, fa *adj* comic, farcical.

bufón, na *adj* **1** comical, farcical. • *m* y *f* **2** buffoon.
bufonada *f* buffoonery, clowning.
buhardilla *f* attic.
búho *m* ZOOL owl.
buhonero *m* pedlar.
buitre *m* vulture (ave y persona).
bujía *f* AUT spark plug.
bula *f* REL papal bull.
bulbo *m* ANAT, BOT bulb.
bulevar *m* boulevard.
bulimia *f* MED bulimia.
bulla *f* **1** racket, din (ruido). **2** bustle (ajetreo). ■ **armar ~** to make a racket.
bullicio *m* **1** din, racket (ruido). **2** bustle, hustle and bustle (ajetreo).
bullicioso, sa *adj* **1** noisy, rowdy (ruidoso). **2** bustling (ajetreado).
bullir *intr* **1** to boil (hervir). **2** to swarm (insectos). **3** to bustle about (personas).
bulo *m* false rumour.
bulto *m* **1** bulk (volumen); shape, form (forma). **2** bulge (abultamiento). **3** bundle (fardo). ■ **a ~** roughly, broadly; **de ~** important; **escurrir el ~** to dodge sth.
buñuelo *m* GAST doughnut.
buque *m* boat, ship. ◆ **~ cisterna** tanker; **~ de guerra** warship; **~ insignia** flagship.
burbuja *f* bubble.
burbujear *intr* to bubble.
burdel *m* brothel.
burdeos *m* Bordeaux (vino).
burdo, da *adj* **1** rough (tosco). **2** clumsy (torpe).
burgués, sa *adj* **1** bourgeois, middle-class. • *m* y *f* **2** bourgeois, middle-class person.
burguesía *f* bourgeoisie, middle class.
buril *m* burin.
burla *f* **1** joke (broma). **2** taunt, jibe (insulto). **3** hoax (engaño).
burladero *m* TAUROM refuge.
burlador, ra *adj* mocking.
burlar *tr* **1** to fool, to deceive (engañar). **2** to evade, to dodge (esquivar). • **~se de algo/alguien** *pron* **3** to make fun of sth/sb.
burlesco, ca *adj* (fam) burlesque, comical.
burlete *m* draught excluder (GB); draft excluder (EE UU).
burlón, na *adj* **1** mocking, joking. • *m* y *f* **2** joker.
buró *m* bureau (escritorio).
burocracia *f* bureaucracy.
burócrata *m* o *f* bureaucrat.
burrada *f* **1** (fig) stupid thing (necedad). **2** (fig, fam) loads (gran cantidad).
burro, rra *m* y *f* **1** donkey. **2** (fam) idiot, ass. ■ **bajarse del ~** to climb down; **no ver tres en un ~** to be as blind as a bat.
busca *f* **1** hunt, search. • *m* **2** (fam) pager (buscapersonas). ■ **en ~ de** in search of.
buscador, ra *adj* **1** searching. • *m* y *f* **2** searcher. • *m* **3** INF search engine.
buscapleitos *m* o *f* troublemaker.
buscar *tr* **1** to look for, to search for (cosa, persona). **2** to seek (ayuda, consejo). **3** to look up (consultar). ■ **buscársela** (fam) to ask for it; **buscarse la vida** (fam) to look after oneself; **ir a ~** to go and get, to fetch.
buscavidas *m* o *f* go-getter.
buscón, na *m* y *f* petty thief (ladrón).
buscona *f* (fam) whore.
búsqueda *f* hunt, search.
busto *m* bust.
butaca *f* **1** armchair. **2** seat (plaza).
butanero, ra *m* y *f* butane delivery person.
butano *m* QUÍM butane.
butifarra *f* GAST Catalan sausage.
buzo *m* diver.
buzón *m* letter-box (GB); mailbox (EE UU). ◆ **~ electrónico** INF e-mail; **~ de voz** voice mailbox. ■ **echar una carta al ~** to post a letter.
buzonear *tr* to mailshoot.
byte *m* INF byte.

Cc

c, C *f* c, C (letra).
cabal *adj* **1** exact (peso, medida). **2** fine (honrado). **3** complete (completo). ■ **estar en sus cabales** to be in one's right mind.
cábala *f* **1** cabbala, cabala (doctrina). **2** supposition, guess (conjetura).
cabalgadura *f* mount.
cabalgar *tr* e *intr* to ride.
cabalgata *f* cavalcade, procession.
caballa *f* ZOOL mackerel.
caballar *adj* equine, horse.
caballería *f* **1** mount (cabalgadura). **2** MIL cavalry.
caballero *m* **1** HIST knight (hidalgo). **2** sir (término de cortesía). **3** gentleman. ◆ **ropa de ~** menswear.
caballerosidad *f* chivalry.
caballete *m* **1** easel (de pintor). **2** trestle (soporte). **3** bridge (de nariz).
caballito *m* **1** small horse (GB). ● **caballitos** *m pl* **2** merry-go-round (GB); carousel (EE UU). ◆ **~ del diablo** dragonfly; **~ de mar** seahorse.
caballo *m* **1** ZOOL horse. **2** knight (ajedrez). **3** queen (naipe). **4** junk, horse (heroína). ◆ **~ de batalla** main point; **~ de vapor** FÍS horsepower. ■ **a ~** on horseback; **a ~ entre** halfway between.
cabaña *f* **1** hut, shack (caseta). **2** livestock (ganado). **3** *Amér.* cattle-breeding ranch.
cabaré o **cabaret** *m* cabaret.
cabecear *intr* **1** to nod one's head (para expresar afirmación); to shake one's head (para expresar negación). **2** to nod off (dormirse). **3** NÁUT to pitch. ● *tr* **4** to head (fútbol).
cabecera *f* **1** top, head (parte principal). **2** headboard (de cama). **3** heading (de página); headline (de periódico).
cabecilla *m* o *f* ringleader.
cabellera *f* head of hair.
cabello *m* hair. ◆ **~ de ángel** GAST sweet pumpkin preserve.
cabelludo, da *adj* hairy, shaggy.
caber *intr* **~ (en) 1** to fit (in) (entrar). **~ (por) 2** to go (through), to fit (through) (pasar). **3** to hold (contener). **~ + inf 4** to be possible that (ser posible). ■ **dentro de lo que cabe** all things considered; **no cabe duda** there's no doubt; **no me cabe en la cabeza** I can't get my head round it.
cabestrillo *m* sling.
cabestro *m* bullock (buey).
cabeza *f* **1** head (gen). **2** administrative centre (población principal). ● *m* o *f* **3** head, leader (jefe). ◆ **~ de ajo** bulb of garlic; **~ de chorlito** (fam) birdbrain; **~ de familia** head of the family; **~ de lista** POL main candidate; **~ de puente** bridgehead; **~ de serie** DEP seed; **~ de turco** scapegoat; **~ nuclear** nuclear warhead; **~ rapada** skinhead. ■ **bajar la ~** to conform; **~ abajo** upside down; **~ arriba** the right way up; **calentarse la ~ por algo** to get worked up about sth; **de ~** headfirst (directamente); from memory (de memoria); **ir ~ abajo** to go downhill; **ir de ~** to be rushed off one's feet; **írsele a alguien la ~** to lose one's mind; **metérsele algo a alguien en la ~** to get sth into sb's head; **quitar de la ~** to dissuade; **romperse la ~** (fig) to rack one's brains; **sentar la ~** to come to one's senses; **subirse algo a la ~** to go to one's head; **traer a alguien de ~** to drive sb mad; **volver la ~** to look round.
cabezada *f* **1** butt (golpe dado); blow (golpe recibido). **2** nod (sueño).
cabezal *m* **1** bolster (almohada). **2** head (de magnetófono). **3**
cabezón, na *adj* **1** bigheaded (de cabeza grande). **2** stubborn (terco). ● *m* y *f* **3** stubborn person.
cabezota *adj* **1** stubborn. ● *m* y *f* **2** stubborn person.
cabezudo, da *adj/m* y *f* **1** → cabezón, na. ● *m* **2** *carnival figure with a huge head.*
cabida *f* space, room.
cabildo *m* **1** REL chapter. **2** POL town council.
cabina *f* **1** cabin (gen). **2** booth (de teléfono, electoral). **3** AER cockpit. ◆ **~ telefónica** telephone box/booth.

cabizbajo, ja *adj* downcast, crestfallen.
cable *m* cable. ◆ **televisión por ~** cable TV. ■ **echar un ~ a alguien** (fam) to lend sb a hand; **cruzársele los cables a alguien** (fam) to get muddled up.
cablegrafiar *tr* to cable.
cabo *m* **1** end (extremo). **2** piece, bit (parte pequeña). **3** thread, strand (cuerda). **4** GEOG cape. ● *m* o *f* **5** MIL corporal. ◆ **~ suelto** loose end. ■ **al ~** finally; **al ~ de** after; **atar cabos** to tie up the loose ends; **llevar a ~** to carry out.
cabotaje *m* NÁUT costal traffic.
cabra *f* goat. ■ **estar como una ~** (fam) to be nuts.
cabrear *tr* **1** (fam) to annoy. ● **~se** *pron* **2** (fam) to get angry.
cabreo *m* (fam) anger.
cabrero, ra *m* y *f* goatherd.
cabrío, a *adj* caprine, goatish. ◆ **macho ~** billy goat.
cabriola *f* skip, leap (salto); somersault (voltereta).
cabrito, ta *m* y *f* **1** ZOOL kid. **2** (coloq) bugger (mala persona).
cabrón, na *m* y *f* (vulg) bastard (hombre); cow (mujer).
caca *f* **1** (fam) pooh (heces). **2** (fig, fam) muck (suciedad). **3** (fig, fam) rubbish, crap (porquería). ■ **hacer ~** to do a pooh.
cacahual *m Méx.* cacao plantation.
cacahuete *m* peanut.
cacao *m* **1** BOT cacao, cocoa tree. **2** cocoa (bebida). **3** (fig, fam) mess (lío). ◆ **~ mental** (fig, fam) mental confussion.
cacarear *intr* **1** to crow (gallo); to cluck (gallina). ● *tr* **2** (fig) to boast about.
cacatúa *f* ZOOL cockatoo.
cacería *f* hunt.
cacerola *f* saucepan.
cacha *f* **1** handle (mango). **2** buttock (nalga). ■ **estar cachas** (fam) to be hunky.
cachalote *m* ZOOL sperm whale.
cacharrería *f* kitchenware shop.
cacharro *m* **1** pot (vasija). **2** (fam) old banger (coche). **3** (fam) piece of junk (cosa).
cachaza *f* calmness, slowness.
cachear *tr* to frisk.
cachemir *m* cashmere.
cacheo *m* frisking.
cachete *m* smack. ■ **dar un ~** to lend a hand.
cachicamo *m Amér.* ZOOL armadillo.
cachiporra *f* truncheon.
cachivache *m* (desp) piece of junk (trasto).
cacho *m* **1** bit (pedacito). **2** *Amér.* horn (cuerno).
cachondearse *pron* **~ (de)** to take the mickey (out of).
cachondeo *m* **1** (fam) joke (broma). **2** messing about (jaleo). ■ **estar de ~** to have sb on.
cachondo, da *adj* **1** (fam) randy (GB, excitado); horny (EE UU, excitado). **2** (fam) funny (divertido).
cachorro, rra *m* y *f* pup, puppy (de perro); cub (de otro animal).
cachupín, na *m* y *f Amér.* (desp) *Spaniard who settles in South America.*
cacique *m* **1** cacique, chief (de tribu). **2** POL political boss.
caciquismo *m* POL caciquism.
caco *m* (fam) thief.
cacto o **cactus** *m* BOT cactus.
cada *adj* **1** each (para referirse a una persona o cosa): *los miembros de cada equipo = the members of each team.* **2** every (para referirse a un conjunto de personas o cosas): *en cada esquina = on every corner.* **3** every (antes de número). ■ **~ dos por tres** always; **~ vez más** more and more; **~ vez menos** less and less; **~ vez mejor** better and better.
cadalso *m* scaffold.
cadáver *m* corpse. ■ **ingresar ~** to be dead on arrival.
caddie *m* o *f* → cadi.
cadena *f* **1** chain (gen). **2** series (de sucesos). **3** chain (de tiendas). **4** range (de montañas). **5** RAD, TV network. ■ **~ alimentaria** food chain; **~ de fabricación** production line; **~ de montaje** assembly line; **~ musical** music system; **~ perpetua** life imprisonment; **reacción en ~** chain reaction.
cadencia *f* cadence, rhythm.
cadera *f* ANAT hip.
cadete *m* MIL cadet.
cadi *m* o *f* DEP caddie.
cadmio *m* QUÍM cadmium.
caducar *intr* to expire (pasaporte); to be past its sell-by date (alimento).
caducidad *f* expiry (de ley, derecho). ◆ **fecha de ~** expiry date (de medicamento); sell-by date (de alimento).

C

caduco, ca *adj* **1** decrepit, senile (persona). **2** perishable (producto).
caer *intr* y *pron* **1** to fall (de una altura); to fall over (de posición vertical). • *intr* **2** to fall down (edificio). **3** to get (premio, condena). **4** to be (hallarse). **5** (fam) to get it (entender). ~ **en 6** to fall on (día, fecha). • **~se** *pron* **7** to fall off (botón, hoja). **8** to fall out (diente). ■ **al ~ la noche** at nightfall; **~ bien** to like (persona); to suit (prenda); **~ gordo** to dislike; **~ mal** to dislike (persona); not to suit (prenda); **~ muy bajo** to come down in the world; **dejar ~** to drop; **estar al ~** to be about to arrive.
café *m* **1** coffee (cafeto, bebida). **2** café (local). ◆ **~ americano** large black coffee; **~ con leche** white coffee (GB); regular coffee (EE UU); **~ descafeinado** decaffeinated coffee; **~ solo** black coffee; **~ soluble** instant coffee.

> En los ***cafés*** británicos se pueden tomar comidas ligeras o aperitivos, no sirven bebidas alcohólicas y abren sólo hasta media tarde. Las bebidas alcohólicas se consumen en los ***pubs***, donde también se puede almorzar o tomar una cena rápida.

cafeína *f* caffeine.
cafetal *m* coffee plantation.
cafetera *f* **1** coffeepot; coffee machine (para hacer café). **2** (fam) crock (cacharro).
cafetería *f* café, coffee bar (gen); buffet (en estación de trenes).
cafetero, ra *adj* **1** coffee. • *m* y *f* **2** coffee grower (agricultor).
cafre *adj* **1** cruel, savage. • *m* o *f* **2** brute.
cagada *f* **1** (vulg) shit (excremento). **2** (fig, vulg) balls-up (error).
cagar *tr* e *intr* **1** (vulg) to shit. • *tr* **2** (vulg) to spoil, to cock up (echar a perder). • **~se** *pron* **3** (vulg) to shit oneself. ■ **cagarse de miedo** (vulg) to be shit-scared; **cagarse en algo/alguien** (vulg) not to give a damn about sth/sb.
caída *f* **1** fall (de persona, objeto). **2** loss (del pelo). **3** drop, fall (de precios). ◆ **~ libre** free fall. ■ **a la ~ del sol** at sunset.
caído, da *adj* **1** fallen (tumbado). **2** downcast (alicaído). **3** sloping (hombros). ■ **~ del cielo** heaven-sent.
caimán *m* ZOOL cayman, alligator.
caja *f* **1** box (gen). **2** chest (arca). **3** COM cash desk, till; check-out (en supermercado). **4** MÚS case. ◆ **~ alta/baja** upper/lower case; **~ de ahorros** savings bank; **~ de cambios** AUT gearbox; **~ fuerte** safe; **~ negra** AER black box; **~ registradora** till. ■ **hacer ~** to cash up.
cajero, ra *m* y *f* cashier. ◆ **~ automático** cashpoint machine.
cajetilla *f* packet (GB); pack (EE UU).
cajón *m* **1** drawer (en un mueble). **2** case, crate (caja grande). **3** shelf space (en los estantes). ◆ **~ de sastre** hotch-potch. ■ **ser de ~** to go without saying.
cal *f* lime. ■ **cerrar a ~ y canto** to shut securely; **una de ~ y otra de arena** you've got to take the rough with the smooth.
cala *f* **1** cove (ensenada). **2** NÁUT hold (de un barco).
calabacín *m* **1** courgette (GB); zucchini (EE UU). **2** (fam, fig) blockhead.
calabaza *f* pumpkin (redonda); marrow (GB); squash (EE UU, alargada). ■ **dar calabazas** (fam) to fail (a un estudiante); to give the brush-off (a un pretendiente).
calabobos *m* (fam) drizzle.
calabozo *m* **1** jail (cárcel). **2** cell (celda).
calada *f* (fam) drag, puff (de cigarrillo).
caladero *m* fishing ground.
calado, da *adj* **1** soaked. • *m* **2** drawnwork (costura). **3** NÁUT draught (GB); draft (EE UU). ■ **estar ~ hasta los huesos** to be soaked to the skin.
calafate *m* shipwright.
calafatear *tr* NÁUT to caulk.
calamar *m* ZOOL squid.
calambre *m* **1** cramp (muscular). **2** shock (de electricidad).
calamidad *f* calamity.
calandria *f* ZOOL lark.
calaña *f* **1** sample (muestra). **2** (fig) nature.
calar *tr* **1** to soak into, to penetrate (materia). **2** (fam, fig) to size up (intenciones). • *tr* y *pron* **3** to pull right down (sombrero). • **~se** *pron* **4** to get soaked (empaparse). **5** AUT to stall (motor).
calavera *f* **1** ANAT skull. • *m* **2** (fam) madcap person.
calaverada *f* (fam) crazy act.
calcado, da *adj* **1** identical (idéntico). • *m* **2** tracing.

calcar *tr* **1** TEC to trace. **2** to copy, to imitate (copiar).
calcáreo, a *adj* calcareous.
calce *m* wedge (alza).
calceta *f* knitting (labor). ■ **hacer ~** to knit.
calcetín *m* sock.
calcificar *tr* y *pron* to calcify.
calcinación *f* calcination.
calcinar *tr* **1** QUÍM to calcine. **2** to burn (quemar).
calcio *m* QUÍM calcium.
calco *m* traced copy (copia). ♦ **~ lingüístico** calque, loan translation.
calcomanía *f* transfer (GB); decal (EE UU).
calculador, ra *adj* calculating.
calculadora *f* calculator.
calcular *tr* **1** MAT to calculate. **2** to suppose, to reckon (suponer).
cálculo *m* **1** calculation (cómputo). **2** MAT, MED calculus. ♦ **~ mental** mental arithmetic; **hoja de ~** INF spreadsheet.
caldear *tr* y *pron* to heat up.
caldera *f* **1** boiler (calentador). **2** cauldron (recipiente). **3** GEOL cráter.
caldereta *f* GAST fish stew (de pescado); lamb stew (de cordero).
calderilla *f* loose change, small change.
calderón *m* **1** large pot (recipiente). **2** MÚS pause.
caldo *m* **1** GAST stock (para cocinar). **2** GAST clear soup, consommé (plato). ♦ **~ de cultivo** BIOL culture medium; breeding ground (fig).
calé *m* gypsy.
calefacción *f* heating. ♦ **~ central** central heating.
calefactor *m* heater (aparato).
caleidoscopio *m* kaleidoscope.
calendario *m* calendar.
calentador *m* **1** heater. ● **calentadores** *m pl* **2** legwarmers.
calentamiento *m* **1** warming (aumento de temperatura). **2** DEP warm-up (ejercicio). ♦ **~ del planeta** global warming.
calentar *tr* y *pron* **1** to heat up, to warm up (comida, líquido); to heat (recipiente, habitación). ● *tr* **2** (fig, fam) to hit (pegar). **3** (vulg) to turn on (excitar sexualmente). ● *intr* **4** to be hot (sol, estufa). ● *tr, intr* y *pron* **5** DEP to warm up. ● **~se** *pron* **6** (vulg) to get turned on (excitarse sexualmente).
calentura *f* temperature (fiebre).
calenturiento, ta *adj* feverish.
calesa *f* calash.
caleta *f* **1** cove, inlet (ensenada). **2** *Amér.* coaster (barco).
calibrar *tr* to calibrate, to gauge.
calibre *m* **1** calibre (de arma); bore, gauge (de tubo). **2** (fig) importance.
calidad *f* **1** quality (gen). **2** position, status (condición). ♦ **~ de vida** quality of life. ■ **en ~ de** in the capacity of, as.
cálido, da *adj* hot.
caliente *adj* **1** hot, warm (gen). **2** heated (disputa). **3** (fam) hot, randy (excitado sexualmente). ■ **en ~** straightaway.

> ***Hot*** se refiere a algo que tiene una temperatura alta: *este té está demasiado caliente, no se puede beber = this tea is too hot to drink.* Se usa ***warm*** cuando algo tiene una temperatura agradable: *no hay forma de mantener la habitación caliente = there is no way of keeping the room warm.*

califa *m* HIST caliph.
calificación *f* **1** qualification. **2** description (descripción). **3** EDUC mark (nota).
calificador, ra *adj* qualifying.
calificar *tr* **1** to qualify. **2** EDUC to mark (examen).
calificativo, va *adj* qualifying.
caligrafía *f* calligraphy.
caligrafiar *tr* to write beautifully.
calima *f* haze.
cáliz *m* **1** REL chalice. **2** BOT calyx.
caliza *f* GEOL limestone.
callado, da *adj* silent, quiet (silencioso); reserved, quiet (reservado). ■ **tener algo ~** to keep sth quiet.
callar *pron* **1** to keep quiet (no hablar); to shut up (cesar de hablar). ● *tr* y *pron* **2** not to mention (no decir). ● **~se** *pron* **3** to keep quiet, to be quiet (no hablar); to stop talking (cesar de hablar). ■ **¡calla!** you don't say!, shut up!; **quien calla otorga** silence implies consent.
calle *f* **1** street (vía). **2** DEP lane. ■ **~ arriba/abajo** up/down the street; **dejar a alguien en la ~** to leave sb out on the street; **estar en la ~** to be homeless (sin vivienda); to be out of work (en el paro);

hacer la ~ (fam, fig) to be on the game; **llevar a alguien de ~** to bowl sb over; **llevar a alguien por la ~ de la amargura** to make sb's life a misery.

callejero, ra *adj* **1** street (músico, fiesta). **2** stray (perro). **3** fond of going out (persona). • *m* **4** street map.

callejón *m* alleyway. ♦ **~ sin salida** cul-de-sac; blind alley (fig).

callista *m* o *f* chiropodist (GB); podiatrist (EE UU).

callo *m* corn (en el pie); callus (en la mano). • **callos** *m pl* **2** GAST tripe. ■ **dar el ~** (fam) to slave away.

calma *f* **1** calm (tranquilidad). **2** calm weather (tiempo). **3** (fig, fam) slowness (lentitud). ■ **estar en ~** to be calm (mar); **mantener la ~** to keep calm.

calmante *m* MED sedative (para los nervios); painkiller (para dolores).

calmar *tr* **1** to calm. • **~se** *pron* **2** to become calm, to calm down.

caló *m* gypsy language.

calor *m* **1** heat, warmth. **2** (fig) fervour (ardor). **3** (fig) warmth (afecto). ■ **entrar en ~** to get warm; **tener ~** to be hot.

caloría *f* calorie.

calorímetro *m* FÍS calorimeter.

calumnia *f* **1** calumny. **2** DER slander.

calumniar *tr* **1** to calumny. **2** DER to slander.

caluroso, sa *adj* hot, warm.

calva *f* bald patch.

calvario *m* **1** REL Stations of the Cross (vía crucis). **2** (fig) ordeal (adversidad).

calvicie *f* baldness.

calvo, va *adj* **1** bald (persona). **2** barren, bare (terreno). • *m* y *f* **3** bald person.

calzada *f* road.

calzado, da *adj* **1** wearing shoes. • *m* **2** footwear.

calzador *m* shoehorn.

calzar *tr* **1** to put on shoes (poner calzado). **2** to wear (llevar calzado). **3** to take (tener de talla). **4** *Col., Ecuad.* to fill (diente). • **~se** *pron* **5** to put one's shoes on.

calzón *m* shorts.

calzonazos *m* (fam) wimp.

calzoncillos *m* underpants.

cama *f* bed. ♦ **~ de matrimonio** double bed; **~ individual** single bed; **~ redonda** group sex. ■ **guardar ~** to stay in bed; **hacer la ~** to make the bed; **hacer la ~ a alguien** (fig) to play a dirty trick on sb.

camada *f* **1** litter (de animales). **2** gang (pandilla).

camaleón *m* ZOOL chameleon.

cámara *f* **1** chamber (sala). **2** CINE, FOT camera. **3** AUT inner tube (de neumático). • *m* o *f* **4** CINE cameraman (hombre); camerawoman (mujer). ♦ **~ alta/baja** POL upper/lower house; **~ de aire** air chamber; **~ de gas** gas chamber; **Cámara de los Diputados** POL Chamber of Deputies; **~ frigorífica** cold store; **música de ~** chamber music. ■ **a ~ lenta** in slow motion; **chupar ~** (fam) to hog the camera.

camarada *m* o *f* comrade.

camaradería *f* comradeship, camaraderie.

camarera *f* waitress (de restaurante, bar); maid (de hotel).

camarero *m* y *f* waiter.

camarín *m* **1** TEAT dressing room. **2** REL side-chapel.

camarón *m* ZOOL shrimp, prawn.

camarote *m* NÁUT cabin.

cambiador, ra *adj* **1** changing, changeable. • *m* **2** *Chile, Méx.* pointsman (GB); switchman (EE UU).

cambiar *tr* e *intr* **1** to change (modificar, reemplazar). • *tr* **2** to exchange (intercambiar). **3** to change (moneda). • *intr* **4** to change (variar). **5** AUT to change gear. • **~se** *pron* **6** to change, to get changed (de ropa). **7** to move (de casa). ■ **~ de idea** to change one's mind.

cambio *m* **1** change (modificación). **2** exchange (intercambio). **3** change, loose change (dinero suelto). **4** switch (ferrocarril). **5** ECON quotation (de acciones). **6** ECON exchange rate (de divisas). ♦ **~ de marchas/velocidades** AUT gearbox (caja); gear change (acción); **letra de ~** COM bill of exchange. ■ **a ~ de** in exchange for; **a las primeras de ~** at the first opportunity; **en ~** on the other hand.

cambista *m* o *f* money-changer.

camelar *tr* to cajole (engatusar).

camelia *f* BOT camellia.

camellero *m* camel-driver.

camello *m* **1** ZOOL camel. **2** (fig, fam) drug pusher (pequeño traficante).

camelo *m* **1** (fam) con (timo). **2** (fam) lie (mentira).

camerino *m* TEAT dressing room.

camilla *f* **1** stretcher (para enfermos). **2** round table (mesa).

caminante *m* o *f* walker.
caminar *intr* **1** to walk. • *tr* **2** to cover (distancia). ■ **ir caminando** to walk, to go on foot.
caminata *f* hike.
camino *m* **1** road (carretera); path (sendero). **2** way (ruta). ◆ **~ de herradura** bridle path; **~ de Santiago** ASTR the Milky Way; **~ trillado** well-worn path. ■ **abrirse ~** to make one's way; **cruzarse el ~ de alguien** to get in sb's way; **de ~** on the way; **ir por buen ~** to be on the right track; **ir por mal ~** to be heading for trouble; **pillar de ~** to be on the way; **ponerse en ~** to set off.
camión *m* lorry (GB); truck (EE UU). ◆ **~ cisterna** tanker.
camionero, ra *m* y *f* lorry driver (GB); truck driver (EE UU).
camioneta *f* van.
camisa *f* **1** shirt (prenda). **2** skin (de fruto). **3** slough (de culebra). ◆ **~ de dormir** nightshirt; **~ de fuerza** straitjacket. ■ **cambiar de ~** (fig) to change sides; **meterse en ~ de once varas** to meddle in other people's business; **no llegarle a alguien la ~ al cuerpo** to be scared stiff.
camisería *f* shirtmaker's.
camiseta *f* vest (interior); T-shirt (exterior). ■ **sudar la ~** to sweat blood.
camisón *m* nightdress.
camorra *f* (fam) row. ■ **armar ~** to start a fight; **buscar ~** to be looking for trouble.
camorrista *adj* **1** quarrelsome. • *m* o *f* **2** troublemaker.
campamento *m* **1** camping (acción). **2** camp (lugar).
campana *f* **1** bell (gen). **2** extractor hood (de cocina). ■ **dar una vuelta de ~** to overturn; **echar las campanas al vuelo** to shout from the rooftops.
campanada *f* **1** peal. **2** (fig) sensation.
campanario *m* bell tower, belfry.
campanilla *f* **1** hand bell (campana). **2** BOT campanula, bellflower. ■ **de campanillas** (fam) grand, important.
campante *adj* **quedarse tan ~** (fam) not to bat an eyelid.
campaña *f* campaign. ◆ **~ electoral** election campaign; **~ publicitaria** advertising campaign; **tienda de ~** tent.
campar *intr* to stand out (sobresalir).
campear *intr* **1** to go to pasture (salir a pacer). **2** to stand out (sobresalir).
campechano, na *adj* **1** (fam) down-to-earth (sencillo). **2** (fam) good-natured (bondadoso).
campeón, na *m* y *f* champion.
campeonato *m* championship. ■ **de ~** great.
campesino, na *adj* **1** country, rural. • *m* y *f* **2** country person (persona del campo). **3** (desp) peasant.
campestre *adj* country, rural.
campin o **camping** *m* **1** campsite (lugar). **2** camping (actividad).
campiña *f* countryside.
campo *m* **1** country, countryside (campiña). **2** field (terreno). **3** (fig) field (ámbito). **4** DEP ground. ◆ **~ de batalla** battlefield; **~ de concentración** concentration camp; **~ de fútbol** DEP football pitch; **~ de golf** DEP golf course; **~ de refugiados** refugee camp; **~ visual** visual field. ■ **a ~ través** across country; **dejar el ~ abierto** to leave the way open.
campus *m* campus.
can *m* (lit) dog.
cana *f* grey hair, white hair. ■ **echar una ~ al aire** to let one's hair down; **peinar canas** to be getting on.
Canadá *m* Canada.
canadiense *adj/m* o *f* Canadian.
canal *m* **1** canal (cauce artificial); channel (cauce natural). **2** (fig) channel (medio). **3** ANAT canal. **4** RAD, TV channel. ◆ **~ de riego** irrigation channel; **Canal de la Mancha** English Channel. ■ **abrir en ~** to cut right down the middle.
canalizar *tr* to channel.
canalla *f* **1** (fam) riffraff (chusma). • *m* o *f* **2** good-for-nothing.
canallada *f* rotten trick.
canalón *m* gutter.
canapé *m* **1** sofa, couch (sofá). **2** GAST canapé.
Canarias *f pl* **las Islas ~** the Canary Islands.
canario, ria *adj/m* y *f* **1** Canarian (de las Canarias). • *m* **2** ZOOL canary (pájaro).
canasta *f* **1** wicker basket (cesto). **2** canasta (juego de naipes). **3** DEP basket (de baloncesto).
canastilla *f* **1** small basket (cestilla). **2** layette (de bebé).

canasto *m* **1** large basket. • **¡canastos!** *interj* **2** good heavens!
cancel *m* **1** storm door (contrapuerta). **2** *Amér.* partition (tabique).
cancela *f* lattice gate.
cancelación *f* cancellation.
cancelar *tr* to cancel.
cáncer *m* **1** MED cancer. **2** ASTR Cancer (signo del zodíaco). • *m o f* **3** Cancer
cancerígeno, na *adj* carcinogenic.
canceroso, sa *adj* cancerous.
cancha *f* **1** DEP ground; court (tenis, baloncesto). **2** *Amér. Merid.* widest part (río). • **¡~!** *interj* **3** *Arg., Chile, Par., Ur.* clear the way! ■ **dar ~ a alguien** *Amér.* to give sb an advantage.
canciller *m* o *f* chancellor.
cancillería *f* chancellery.
canción *f* song. ◆ **~ de cuna** lullaby.
cancionero *m* song-book.
candado *m* padlock.
candela *f* **1** candle (vela). **2** candlestick (candelero).
candelabro *m* candelabrum.
candelero *m* candlestick. ■ **en el ~** in a position of authority.
candente *adj* **1** incandescent (metal). **2** (fig) burning (asunto).
candidato, ta *m* y *f* candidate.
candidatura *f* **1** candidacy, candidature (para un cargo). **2** list of candidates (lista).
candidez *f* innocence.
cándido, da *adj* candid.
candil *m* oil lamp.
candilejas *f pl* footlights.
candor *m* innocence (inocencia).
canela *f* cinnamon. ◆ **~ en rama** stick cinnamon. ■ **ser ~ fina** to be exquisite.
canelón *m* **1** icicle (carámbano). **2** *Amér. Centr.* corkscrew curl. • **canelones** *m pl* **3** GAST cannelloni.
cangrejo *m* crab. ◆ **~ de mar** crab; **~ de río** crayfish.
canguro *m* **1** kangaroo (animal). **2** cagoule (impermeable). • *m* y *f* **3** babysitter (persona).
caníbal *adj* **1** cannibalistic. • *m* y *f* **2** cannibal.
canibalismo *m* cannibalism.
canica *f* **1** marble (bolita). • **canicas** *f pl* **2** marbles (juego).
caniche *m* poodle.
canijo, ja *adj* (fam) sickly.
canilla *f* **1** shinbone (espinilla). **2** bobbin (carrete). **3** *Arg.* tap (grifo).
canino, na *adj* **1** canine. • *m* **2** canine tooth.
canje *m* exchange.
canjear *tr* to exchange.
canoa *f* **1** canoe (embarcación). **2** *Amér.* channel (canal).
canon *m* **1** canon (regla). **2** levy (impuesto). **3** MÚS, REL canon.
canónico, ca *adj* canonical. ■ **derecho ~** canon law.
canónigo *m* REL canon (persona).
canonizar *tr* REL to canonize.
cansado, da *adj* **1** tired (persona). **2** tiring (trabajo). ■ **estar ~** to be tired; **ser ~** to be tiring.
cansancio *m* **1** tiredness (fatiga). **2** boredom (aburrimiento).
cansar *tr* **1** to tire, to make tired. • *intr* **2** to be tiring. • **~se** *pron* **3** to get tired (fatigarse). **4** to get bored (aburrirse).
Cantabria *f* Cantabria.
cántabro, bra *adj/m* y *f* Cantabrian.
cantamañanas *m* o *f* (fam) unreliable person.
cantante *m* o *f* singer.
cantar *m* song. ■ **eso es otro ~** that's another kettle of fish.
cantar *tr* **1** to sing (canción). **2** to call out (en sorteos). • *intr* **3** to sing (persona, pájaro); to crow (gallo). **4** (fam) to talk (confesar). **5** (fam) to stink (apestar).
cántaro *m* pitcher. ■ **a cántaros** in bucketfuls.
cantautor, ra *m* y *f* singer-songwriter.
cante *m* singing. ◆ **~ jondo/flamenco** flamenco singing. ■ **dar el ~** (fam) to make an exhibition of oneself.
cantera *f* **1** quarry (de piedra). **2** (fig) young players (de deportistas).
cantero *m* **1** stonemason (picapedrerero). **2** *Amér.* flowerbed (parterre).
cántico *m* MÚS canticle.
cantidad *f* **1** quantity (medida); amount (de personas, objetos). **2** sum, amount (de dinero). • *adv* **3** (fam) loads.
cantimplora *f* **1** water bottle (para agua). **2** *Col.* powder flask (para pólvora).
cantinela *f* chant. ■ **la misma ~** the same old story.
canto *m* **1** singing (acción); song (canción). **2** edge (extremo). **3** pebble (piedra).

◆ ~ **rodado** boulder (piedra grande); pebble (piedra pequeña). ■ **de ~** on its side.
cantón *m* **1** canton (división territorial). **2** corner (esquina). **3** *Méx.* cotton material.
cantor, ra *m* y *f* singer.
canuto *m* **1** small tube (tubo). **2** (fam) joint (porro). **3** *Amér.* pen barrel.
caña *f* **1** reed (junco); stem, stalk (tallo). **2** rod (de pescar). **3** leg (de bota). **4** small glass of beer (de cerveza). ◆ ~ **de azúcar** sugar cane.
cañada *f* **1** ravine (valle). **2** cattle track (camino).
cáñamo *m* **1** hemp (planta). **2** *Chile*, *C. Rica*, *Hond.* twine (cordel).
cañamón *m* hempseed.
cañaveral *m* reedbed (de juncos).
cañería *f* piping.
caño *m* **1** tube (tubo). **2** spout (de fuente).
cañón *m* **1** gun (arma); cannon (arma antigua). **2** barrel (de pistola, fusil). **3** quill (de pluma). **4** spotlight (foco). **5** GEOG canyon. ◆ ~ **antiaéreo** anti-aircraft gun. ■ **estar ~** (fam) to look terrific.
cañonazo *m* **1** cannon shot (disparo de cañón). **2** DEP strong shot (disparo potente).
caoba *f* mahogany.
caos *m* chaos.
caótico, ca *adj* chaotic.
capa *f* **1** cape (prenda). **2** layer, coat (recubrimiento). **3** GEOL stratum. ■ **de ~ caída** going through a bad patch; **defender a ~ y espada** to defend tooth and nail.
capacho *m* basket.
capacidad *f* capacity.
capacitado, da *adj* qualified.
capacitar *tr* to capacitate.
capar *tr* to castrate.
capataz, za *m* y *f* foreman (hombre); forewoman (mujer).
capaz *adj* capable: *ser capaz de algo = to be capable of sth.*
capazo *m* **1** large basket (cesto). **2** carrycot (de bebé).
capcioso, sa *adj* captious.
capea *f* TAUROM amateur bullfight.
capear *tr* **1** to dodge (eludir). **2** TAUROM to wave the cape at. ● *intr* **3** *Chile*, *Guat.* to play truant.
capellán *m* REL chaplain.
caperuza *f* hood.
capicúa *adj* **1** reversible (número); palindromic (palabra, frase). ● *m* **2** reversible number (número); palindrome (palabra).
capilar *adj* **1** hair (loción). **2** capillary (tubo). ● *m* **3** capillary.
capilla *f* **1** chapel (iglesia). **2** choir (coro). ◆ ~ **ardiente** funeral chapel. ■ **estar en ~** to be on death row.
capirotada *f* **1** *Amér. preparation of egg, garlic and herbs* (aderezo). **2** *Amér. dish of meat, toasted corn and cheese* (guiso).
capirote *m* hood.
capital *adj* **1** capital, cardinal. ● *m* **2** capital (dinero, bienes). ● *f* **3** capital (ciudad). ◆ ~ **circulante** working capital; ~ **fijo** fixed capital.
capitalismo *m* capitalism.
capitalista *adj/m* o *f* capitalist.
capitalizar *tr* FIN to capitalize.
capitán *m* **1** captain (del ejército, de barco, de un equipo). **2** *Cuba*, *Méx.* head waiter (en restaurante).
capitana *f* **1** captain (del ejército, de un equipo). **2** (fig) leader (de un grupo). **3** MIL flagship.
capitanía *f* captaincy. ◆ ~ **general** commander's jurisdiction.
capitel *m* ARQ capital.
capitolio *m* **1** capitol (edificio). **2** acropolis (acrópolis).
capitulación *f* **1** capitulation. ● **capitulaciones** *f pl* **2** marriage contract.
capitular *intr* to capitulate, to surrender.
capítulo *m* **1** chapter. **2** (fig) subject.
capo *m* **1** boss (jefe); capo (de la mafia). **2** *Arg.*, *Ur.* (fam) hotshot.
capó *m* bonnet (GB); hood (EE UU).
capón *m* **1** capon (pollo). **2** (fam) smack on the head (golpe).
capota *f* hood, folding roof (de automóvil).
capote *m* cloak (capa); cape (de militar, torero). ■ **echar un ~** to lend a hand.
capricho *m* whim, caprice.
caprichoso, sa *adj* whimsical, capricious.
Capricornio *m* **1** ASTR Capricorn (signo). ● *m* o *f* **2** Capricorn (persona).
cápsula *f* **1** capsule (gen). **2** cap (tapón). ◆ ~ **espacial** space capsule.
captar *tr* **1** to attract (clientes); to capture (interés). **2** to grasp (comprender). **3** to pick up, to receive (emisora, señal).
captor, ra *m* y *f* captor.

C

captura *f* capture.
capturar *tr* to capture.
capucha *f* hood.
capuchino *m* cappuccino (café).
capullo *m* **1** bud (de flor). **2** cocoon (de oruga). **3** (vulg) head (glande). **4** (vulg) dickhead (estúpido).
caqui *m* **1** persimmon (árbol). **2** khaki (color).
cara *f* **1** face (rostro). **2** side (lado); right side (de moneda). ◆ **~ de circunstancias** serious look. ■ **~ a** facing; **~ a ~** face to face; **¿~ o cruz?** heads or tails?; **dar la ~** to face the consequences of one's actions; **de ~** opposite; **echar en ~** to reproach; **hacer ~ a** to confront; **tener ~** to have a cheek.
carabela *f* NÁUT caravel.
carabina *f* **1** carbine (arma). **2** chaperone (persona).
carabinero *m* **1** carabineer (soldado). **2** *Amér.* policeman (policía).
caracol *m* **1** snail (molusco); snail shell (concha). **2** curl (rizo). **3** MED cochlea (rizo). ● **¡caracoles!** *interj* **4** good heavens! ◆ **~ de mar** winkle.
caracola *f* spiral shell.
carácter *m* **1** character (temperamento). **2** nature (índole). **3** typeface (letra). **4** BIOL characteristic. ■ **con ~ de** in the role of.
característica *f* characteristic.
característico, ca *adj* characteristic.
caracterizar *tr* **1** to characterize. ● **~se** *pron* **2** to dress up (un actor). **~se por 3** to to be characterized by (distinguirse).
caradura *adj* **1** (fam) cheeky. ● *m* o *f* **2** (fam) cheeky devil.
carajillo *m coffee with a dash of brandy or rum, etc.*
¡caramba! *interj* good grief!
carambola *f* **1** cannon (en billar). **2** (fam) chance (azar).
caramelo *m* **1** sweet (GB); candy (EE UU, golosina). **2** caramel (azúcar fundido).
carantoña *f* **1** ugly person (persona). ● **carantoñas** *f pl* **2** cajolery (halagos). ■ **hacer carantoñas a alguien** to butter sb up (adular).
carátula *f* **1** cover (de libro); sleeve (de disco); case (de vídeo). **2** title page (página). **3** *Méx.* face, dial (de reloj).
caravana *f* **1** caravan (grupo). **2** traffic jam (atasco). **3** caravan (vehículo). ● **caravanas** *f pl* **4** *Amér.* long earrings.
carbón *m* **1** MIN coal. **2** charcoal (para dibujar). ◆ **~ vegetal** charcoal.
carbonero *m* **1** coal merchant (vendedor). **2** ZOOL coal tit (ave).
carbónico, ca *adj* carbonic.
carbonizar *tr* y *pron* to carbonize.
carbono *m* QUÍM carbon.
carburador *m* AUT carburettor (GB); carburetor (EE UU).
carburante *m* fuel.
carburar *intr* **1** to carburet (mezclar gases). **2** (fam) to go smoothly (funcionar bien).
carca *adj* **1** (fam) old-fashioned. ● *m* o *f* **2** (fam) fuddy-duddy.
carcajada *f* guffaw.
carcasa *f* **1** incendiary bomb (bomba). **2** chassis (chasis).
cárcel *f* prison, jail.
carcoma *f* **1** woodworm (larva). **2** (fig) gnawing concern (preocupación).
carcomer *tr* **1** to gnaw away (carcoma). **2** (fig) to consume (envidia); to riddle (cáncer). ● **~se** *pron* **3** (fig) to be consumed (carcoma).
cardar *tr* to card (lana); to backcomb (pelo).
cardenal *m* **1** cardinal (prelado). **2** bruise (hematoma). **3** ZOOL cardinal bird (ave).
cardiaco, ca o **cardíaco, ca** *adj* cardiac.
cardinal *adj* cardinal.
cardiografía *f* MED cardiography.
cardiólogo, ga *m* y *f* MED cardiologist.
cardo *m* **1** BOT thistle. **2** (fam) ugly person (persona fea); harsh person (persona antipática). ◆ **~ borriquero** BOT cotton thistle.
carecer *intr* **~ de** to lack.
carenar *tr* **1** AUT to streamline. **2** NÁUT to careen.
carencia *f* **1** lack, shortage (escasez). **2** deficiency (deficiencia).
carente *adj* **~ de** lacking (in): *carente de interés = lacking interest.*
carestía *f* **1** scarcity (escasez). **2** high cost (coste elevado).
careta *f* mask.
carga *f* **1** load (cargamento). **2** weight (peso). **3** cargo (mercancía). **4** (fig) burden (responsabilidad). **5** MIL charge (ataque). **6** ELEC charge. ◆ **~ de profun-**

didad depth charge; **cargas familiares** family responsibilities.
cargado, da *adj* **1** loaded (barco, pistola). **2** close (tiempo, atmósfera). **3** strong (café). **4** (fig) burdened (de deudas, responsabilidades).
cargador, ra *m* y *f* **1** loader (de camión); docker (de barco). • *m* **2** magazine (de pistola), charger (de pila).
cargamento *m* cargo.
cargante *adj* (fam) boring.
cargar *tr* **1** to load (arma, vehículo); to fill (mechero, pluma). **2** to charge (cobrar). **3** (fig) to burden (de obligaciones). **4** (fam, fig) to annoy (molestar). **5** ELEC to charge. • **~ con** *intr* **6** to assume (responsabilidades). **~ contra 7** to attack (atacar). **~ sobre 8** to lean on (apoyar). • **~se** *pron* **9** to become overcast (cielo). **10** (fam) to do away with (matar). ■ **cargársela** (fam) to get into hot water.
cargo *m* **1** post (puesto). **2** duty (deber). **3** charge (responsabilidad). **4** DER, FIN charge. ◆ **alto ~** high ranking official; **~ de conciencia** weight of one's conscience. ■ **al ~ de algo** in charge of sth; **hacerse ~ de algo** to take charge of sth; to understand sth (comprender).
carguero *m* freighter.
cariar *tr* y *pron* to decay.
caribeño, ña *adj* **1** Caribbean. • *m* y *f* **2** native of the Caribbean Islands.
caricatura *f* caricature.
caricaturesco, ca *adj* caricatural.
caricia *f* caress.
caridad *f* charity. ■ **vivir de la ~** to live on charity.
caries *f* tooth decay, caries.
cariño *m* **1** affection, love (afecto). **2** love, honey (como apelativo). ■ **con ~** love (en cartas); **tener ~ a** to be fond of.
cariñoso, sa *adj* affectionate, loving.
carisma *m* charisma.
carismático, ca *adj* charismatic.
carmelita *adj/m* o *f* **1** REL Carmelite. • *adj* **2** *Chile, Cuba* light brown.
carmín *m* **1** carmine (color). **2** lipstick (para labios).
carnal *adj* **1** carnal (de la carne). **2** first (pariente).
carnaval *m* carnival.
carnaza *f* bait.
carne *f* **1** flesh (de persona). **2** GAST meat. ◆ **~ de cañón** cannon fodder; **~ de membrillo** quince jelly. ■ **en ~ viva** raw; **en ~ y hueso** in person.
carné *m* **1** card (documento). **2** notebook (cuaderno). ◆ **~ de conducir** driving licence; **~ de identidad** identity card.
carnero *m* ram.
carnet *m* → carné.
carnicería *f* **1** butcher's (shop) (tienda). **2** (fig) slaughter (masacre).
carnicero, ra *m* y *f* butcher.
carnívoro, ra *adj* **1** carnivorous. • *m* **2** carnivore.
caro, ra *adj* expensive, dear.
carpa *f* **1** big top (de circo). **2** ZOOL carp (pez). **3** *Amér.* tent.
carpeta *f* **1** folder (gen). **2** *Arg., Col., Ur.* table cover (tapete).
carpintería *f* **1** carpentry (oficio). **2** carpenter's (shop) (taller). • **~ metálica** *m* **3** metalwork.
carpintero, ra *m* y *f* carpenter.
carraspear *intr* to clear one's throat.
carraspeo *m* → carraspera.
carraspera *f* hoarseness.
carrera *f* **1** running (acción). **2** career (profesión). **3** degree course (en universidad). **4** ride (de taxi). **5** ladder (en media). **6** DEP race. ■ **hacer ~** to get on.
carrerilla *f* **de ~** parrot-fashion; **tomar ~** to take a run-up.
carreta *f* cart.
carrete *m* **1** reel, bobbin (de hilo). **2** roll of film (de fotos). **3** reel (para pescar). **4** ELEC coil.
carretera *f* road. ◆ **~ comarcal** B-road; **~ nacional** A-road. ■ **por ~** by road.
carretero, ra *m* y *f* carter, cart driver. ■ **fumar como un ~** to smoke like a chimney.
carretilla *f* **1** wheelbarrow (carro de mano). **2** *Amér.* jaw (quijada). ■ **de ~** by heart.
carretón *m* small cart.
carril *m* **1** lane (de carretera). **2** rail (vía). ◆ **~ bici** cycle lane; **~ bus** bus lane.
carrillo *m* cheek. ■ **comer a dos carrillos** to gobble up.
carro *m* **1** cart (vehículo). **2** carriage (en máquina de escribir). **3** *Amér.* car (automóvil). ◆ **~ de combate** MIL tank. ■ **¡para el ~!** (fam) hold your horses!
carrocería *f* AUT bodywork.

C

carromato *m* cart.
carroza *f* **1** carriage. • *m* o *f* **2** (fam) old fogey.
carruaje *m* carriage.
carrusel *m* merry-go-round, roundabout.
carta *f* **1** letter (escrito). **2** card (naipe). **3** map (mapa). **4** menu (menú). **5** charter (constitución). ♦ ~ **abierta** open letter; ~ **blanca** carte blanche; ~ **certificada** registered letter; ~ **de ajuste** TV test card. ■ **a ~ cabal** completely; **echar las cartas** to tell sb's fortune; **tomar cartas en un asunto** to intervene in an affair.
cartabón *m* set square, drawing triangle.
cartearse *pron* to write to one another.
cartel *m* poster, bill. ■ **tener ~** to be famous.
cartel o **cártel** *m* cartel.
cartelera *f* **1** hoarding (armazón). **2** listings (de espectáculos).
cárter *m* AUT housing.
cartera *f* **1** wallet (billetero). **2** briefcase (para documentos). **3** satchel (de colegial). **4** COM, FIN, POL portfolio. **5** *Amér. Merid.* handbag (bolso).
carterista *m* o *f* pickpocket.
cartero, ra *m* y *f* postman (hombre); postwoman (mujer).
cartílago *m* cartilage.
cartilla *f* **1** primer (de párvulo). **2** information book (manual). ♦ ~ **de ahorros** savings book; **leerle la ~ a alguien** to tell sb off.
cartografía *f* cartography, mapmaking.
cartógrafo, fa *m* y *f* cartographer, mapmaker.
cartón *m* **1** cardboard (material). **2** carton (envase). ♦ ~ **piedra** papier mâché.
cartoné *m* **en ~** hardback.
cartuchera *f* **1** cartridge belt. • **cartucheras** *f pl* **2** *fat thighs*.
cartucho *m* **1** cartridge (de pólvora). **2** roll (de monedas). **3** paper cone (de papel).
cartulina *f* card.
casa *f* **1** house (vivienda); home (hogar). **2** establishment (empresa). ♦ ~ **consistorial** town hall; ~ **de citas** brothell; ~ **de socorro** first-aid post. ■ **de andar por ~** run-of-the-mill; **echar la ~ por la ventana** to splash out.
casaca *f* smock, overall.
casadero, ra *adj* marriageable.
casamentero, ra *m* y *f* matchmaker.
casar *tr* **1** to marry (desposar). **2** to match up (hacer coincidir). • **~se** *pron* **3** to marry, to get married (contraer matrimonio). ■ **no ~se con nadie** to be one's own boss.
cascabel *m* tiny bell. ■ **ser un ~** to be happy-go-lucky.
cascada *f* waterfall.
cascanueces *m* nutcracker.
cascar *tr* **1** (fam) to crack open (romper). **2** to belt (pegar). • *intr* **3** (fam) to chat (charlar). ■ **cascarla** (fam) to kick the bucket (morir).
cáscara *f* **1** shell (de huevo, avellana); peel (de naranja, limón). • **¡cáscaras!** *interj* **2** good heavens!
cascarilla *f* cinchona bark.
cascarón *m* shell. ♦ ~ **de nuez** cockleshell.
cascarrabias *adj* **1** (fam) grumpy. • *m* o *f* **2** (fam) grousepot, grouch.
casco *m* **1** helmet (de soldado, obrero). **2** hull (de barco). **3** bottle (envase). **4** fragment (de vasija). **5** ZOOL hoof. • **cascos** *m pl* **6** headphones (auriculares). ♦ ~ **urbano** city centre; **cascos azules** blue berets. ■ **romperse los cascos** (fam) to rack one's brains.
cascote *m* piece of rubble.
casería *f* → caserío.
caserío *m* farmhouse.
casero, ra *adj* **1** domestic (trabajo). **2** home-loving (persona). **3** home-made (producto). • *m* y *f* **4** landlord/landlady (propietario). **5** *Amér.* customer (cliente).
caseta *f* **1** hut (de playa). **2** kennel (de perro). **3** stall (de feria).
casete *f* **1** cassette (cinta). • *m* **2** cassette player (aparato).
casi *adv* **1** almost, nearly. **2** hardly.
casilla *f* **1** pigeonhole (para cartas, documentos). **2** box (de formulario). **3** square (en ajedrez). ■ **sacar a uno de sus casillas** to get on one's nerves.
casillero *m* **1** filing cabinet. **2** DEP scoreboard (marcador).
casino *m* casino.
caso *m* case. ♦ ~ **perdido** hopeless case. ■ ~ **que/en ~ de que** in the event of; **dado el ~** this being so; **en todo ~** at all events; **hacer ~** to pay attention; **hacer ~ omiso** to ignore; **venir al ~ una cosa** to be appropiate.

caspa *f* dandruff.
¡cáspita! *interj* good heavens!
casquete *m* skullcap. ◆ **~ esférico** spherical segment; **~ polar** polar cap.
casquillo *m* **1** case (de bala). **2** lampholder (de lámpara).
casta *f* **1** lineage (linaje). **2** caste (grupo social).
castaña *f* **1** chestnut (fruto). **2** (fam) bump (golpe). ◆ **~ pilonga** dried chestnut. ■ **sacarle a alguien las castañas del fuego** to bail sb out.
castañetear *intr* **1** to chatter (dientes). **2** to crack (rodillas).
castañeteo *m* **1** chattering (de dientes). **2** sound of castanets (de castañuelas).
castaño, ña *adj* **1** chestnut-coloured. ● *m* **2** chestnut tree. ■ **pasar de ~ oscuro** to have gone too far.
castañuela *f* castanet. ■ **estar como unas castañuelas** to be as happy as a sandboy.
castellano, na *adj/m* y *f* **1** Castilian. ● *m* **2** Castilian (idioma).
castidad *f* chastitiy.
castigar *tr* to punish.
castigo *m* punishment. ◆ **máximo ~** DEP penalty.
Castilla-La Mancha *f* Castile and La Mancha.
Castilla-León *f* Castile and Leon.
castillo *m* castle.
castizo, za *adj* **1** traditional (costumbre). **2** pure (estilo).
casto, ta *adj* chaste.
castrar *tr* to castrate (toro, hombre); to neuter (gato); to geld (caballo).
casual *adj* unexpected.
casualidad *f* **1** chance (azar). **2** coincidence (coincidencia).
cata *f* **1** tasting (acción). **2** *Amér.* parrot (ave). **3** *Col., Méx.* MIN test bore.
cataclismo *m* cataclysm.
catacumbas *f pl* catacombs.
catador, ra *m* y *f* taster.
catalán, na *adj/m* y *f* **1** Catalan. ● *m* **2** Catalan (idioma).
catalejo *m* telescope.
catalizador *m* catalyst.
catalogar *tr* to catalogue.
catálogo *m* catalogue.
Cataluña *f* Catalonia.
catamarán *m* NÁUT catamaran.
catapulta *f* catapult.
catapultar *tr* to catapult.
catar *tr* to taste.
catarata *f* **1** waterfall (cascada). **2** MED cataract.
catarro *m* cold.
catastro *m* cadaster.
catástrofe *f* catastrophe.
catastrófico, ca *adj* catastrophic.
cate *m* **1** thump (golpe). **2** (fam) fail (suspenso).
catear *tr* (fam) to fail.
catecismo *m* REL catechism.
cátedra *f* EDUC professorship, chair. ■ **sentar ~** to hold forth.
catedral *f* cathedral. ■ **como una ~** huge.
catedrático, ca *m* y *f* EDUC professor (de universidad); head of department (de instituto).
categoría *f* category. ■ **de primera ~** first-class.
categórico, ca *adj* categorical.
catequesis *f* REL catechesis.
catéter *m* catheter.
cateto, ta *m* y *f* **1** (fam) yokel. ● *m* **2** GEOM cathetus.
catódico, ca *adj* cathodic.
catolicismo *m* REL catholicism.
católico, ca *adj/m* y *f* REL Catholic. ■ **no estar muy ~** (fam) to be under the weather.
catorce *adj* y *m* **1** fourteen. **2** fourteenth (para fechas y siglos).
catorceavo, va o **catorzavo, va** *adj* y *m* fourteenth.
cauce *m* **1** riverbed (de río). **2** (fig) channel (medio).
caucho *m* **1** rubber (sustancia). **2** *Amér.* tyre (GB); tire (EE UU, neumático). ◆ **~ sintético** synthetic rubber.
caudal *adj* **1** ZOOL caudal. ● *m* **2** flow (de agua). **3** fortune (fortuna). **4** property (bienes).
caudaloso, sa *adj* **1** big (río). **2** copious (abundante).
caudillaje *m* leadership.
caudillo *m* leader.
causa *f* **1** cause (gen). **2** DER case. ■ **a ~ de** because of; **hacer ~ común** to make common cause.
causal *adj* causal.
causar *tr* **1** to cause (gen). **2** to give (dar).

causear *intr Chile* to eat.
cáustico, ca *adj* caustic.
cautela *f* caution.
cauteloso, sa *adj* cautious.
cautivador, ra *adj* captivating.
cautivar *tr* to captivate (fascinar).
cautiverio *m* captivity.
cautivo, va *adj/m* y *f* captive.
cauto, ta *adj* cautious.
cava *f* **1** wine cellar (bodega). **2** digging (acción de cavar). • *m* **3** cava (champán).
cavar *tr* **1** to dig. • *intr* **2** (fig) to go deep (ahondar).
caverna *f* **1** cave (en la roca). **2** ANAT cavity.
cavernícola *adj* **1** cave-dwelling. • *m* o *f* **2** caveman.
cavernoso, sa *adj* **1** cavernous (de las cavernas). **2** deep (sonido).
caviar *m* caviar.
cavidad *f* cavity.
cavilar *intr* to ruminate (on).
cayado *m* **1** crook (de pastor). **2** crozier (de obispo).
caza *f* **1** hunting (actividad). **2** game (animales). • *m* **3** MIL fighter (avión). ◆ **~ de brujas** POL witch hunt; **~ mayor** big game; **~ menor** small game.
cazador, ra *m* y *f* hunter (que caza). ◆ **~ furtivo** poacher.
cazadora *f* jacket (prenda).
cazar *tr* **1** to hunt (perseguir). **2** to catch (atrapar). **3** to get, to understand (comprender).
cazo *m* **1** saucepan (cacerola). **2** ladle (cucharón).
cazoleta *f* **1** small saucepan (cacerola pequeña). **2** guard (de espada). **3** bowl (de pipa).
cazuela *f* **1** earthenware dish (vasija de barro). **2** GAST casserole (guiso).
cazurro, rra *adj* (fam) stupid.
CD (*siglas de* **compact disc**) *m* CD.
CDI (*siglas de* **compact disc interactive**) *m* CDI.
CD-Rom (*siglas de* **compact disc read-only memory**) *m* CD-Rom.
ce *f* c (nombre de la letra). ■ **~ por ~** meticulously.
cebada *f* BOT barley.
cebadal *m* barley field.
cebado *m* priming (de bomba).
cebar *tr* **1** to fatten (engordar). **2** to load (cargar). **3** to lure (atraer). **4** to prime (máquina). • **~se con alguien** *pron* **5** to take one's anger out on sb.
cebo *m* **1** bait (para pescar, cazar). **2** charge (de arma).
cebolla *f* onion.
cebra *f* ZOOL zebra.
cebú *m* ZOOL zebu.
cecear *intr* to lisp.
ceceo *m* lisp.
cecina *f* GAST cured meat.
ceder *tr* **1** to hand over, to make over (negocio). **2** to transfer, to assign (derecho, propiedad). **3** DEP to pass (la pelota). • *intr* **4** to give in (rendirse). **5** to give way (romperse).
cedro *m* BOT cedar.
cédula *f* certificate. ◆ **~ hipotecaria** mortgage bond; **~ de identidad** *Amér.* identity card.
cefalea *f* MED migraine.
cegar *tr* **1** to blind (quitar la vista). **2** to block up (obstruir). • **~se** *pron* **3** (fig) to be blinded (perder la vista).
cegato, ta *adj* **1** (fam) short-sighted. • *m* y *f* **2** (fam) short-sighted person.
ceguera *f* blindness.
ceja *f* **1** eyebrow (de la cara). **2** MÚS bridge. ■ **fruncir las cejas** to frown; **tener a alguien entre ~ y ~** to have it in for sb.
cejar *intr* **1** to go backwards (retroceder). **2** to give in (ceder).
cejijunto, ta *adj with eyebrows that almost meet in the middle.*
cejilla o **cejuela** *f* MÚS capo.
celada *f* ambush (emboscada).
celador, ra *m* y *f* guard (de edificio); porter (de colegio); attendant (de museo).
celar *tr* **1** to keep a close eye on (vigilar). **2** to hide (encubrir). • **~ por** *intr* **3** to watch over.
celda *f* cell. ◆ **~ de castigo** punishment cell.
celdilla *f* cell.
celebración *f* **1** celebration (fiesta). **2** holding (de acto, reunión).
celebrar *tr* **1** to celebrate (conmemorar, decir misa). **2** to hold (reunión, acto). **3** to praise (alabar). • **~se** *pron* **4** to be held, to take place (tener lugar).
célebre *adj* famous.
celebridad *f* celebrity.
celeste *adj* **1** celestial. **2** → azul.

celestial *adj* heavenly, celestial.
célibe *adj* unmarried, celibate.
celo *m* **1** zeal, keenness (esmero). **2** Sellotape. **3** ZOOL heat. • **celos** *m pl* **4** jealousy. ■ **en ~** ZOOL on/in heat.
celofán® *m* cellophane®.
celosía *f* jalousie.
celoso, sa *adj* **1** jealous (que padece celos). **2** zealous (cuidadoso).
celta *adj* **1** Celtic. • *m* o *f* **2** Celt.
célula *f* cell. ♦ **~ fotoeléctrica** photoelectric cell.
celular *adj* cellular.
celulitis *f* MED cellulitis.
celuloide *m* celluloid (sustancia). ♦ **el ~** the cinema.
celulosa *f* cellulose.
cementerio *m* **1** cemetery. **~ de coches** **2** scrapeyard.
cemento *m* cement. ■ **~ armado** reinforced cement.
cena *f* supper, dinner.
cenáculo *m* **1** cenacle (de la última cena). **2** (fig) literary circle.
cenagal *m* **1** bog (sitio lleno de cieno). **2** (fig) mess (lío).
cenar *intr* **1** to have supper, to have dinner. • *tr* **2** to have for supper, to have for dinner.
cencerro *m* cowbell. ■ **estar como un ~** (fam) to have bats in the belfry.
cenefa *f* border, frieze.
cenicero *m* ashtray.
cenit *m* zenith.
ceniza *f* ash.
cenizo, za *adj* **1** ash-coloured. • *m* **2** jinx (mala sombra).
censo *m* census. ♦ **~ electoral** electoral roll.
censor, ra *m* y *f* censor.
censura *f* **1** censorship (de libro, película). **2** criticism (reprobación).
censurar *tr* **1** to censor (libro, película). **2** to censure (reprobar).
centavo, va *num* **1** hundredth. • *m* **2** cent.
centella *f* flash (luz); spark (chispa). ■ **como una ~** as a flash.
centena *f* hundred.
centenar *m* hundred.
centenario, ria *adj* **1** centenarian. • *m* **2** centenary (fiesta). • *m* y *f* **3** centenarian (persona).
centeno *m* BOT rye.
centésimo, ma *adj* y *m* hundredth.
centímetro *m* centimetre. ♦ **~ cuadrado** square centimetre; **~ cúbico** cubic centimetre.
céntimo *m* cent.
centollo *m* ZOOL crab.
centrado, da *adj* **1** balanced, stable (persona). **2** centred (rueda). **~ en 3** based on (fundamentado).
central *adj* **1** central. • *f* **2** headquarters, head office (de organización). **3** plant (factoría). ♦ **~ eléctrica** power plant, power station; **~ hidroeléctrica** hydroelectric plant; **~ nuclear** nuclear power plant; **~ térmica** steam power plant.
centralita *f* TELECOM switchboard.
centralizar *tr* to centralize.
centrar *tr* **1** to centre. • *intr* **2** DEP to centre. • **~se** *pron* **3** to be focused on, to centre on.
céntrico, ca *adj* central.
centrifugadora *f* spin-dryer (para ropa); centrifuge (de laboratorio).
centrifugar *tr* **1** to centrifuge. **2** to spin-dry (ropa).
centrífugo, ga *adj* centrifugal.
centrista *adj* **1** POL centre. • *m* o *f* **2** POL centrist.
centro *m* **1** centre (GB); center (EE UU, gen). **2** *Amér.* waistcoat (chaleco). ♦ **~ comercial** shopping centre; **~ de atención** centre of attention; **~ de enseñanza/docente** school; **~ de gravedad** centre of gravity; **~ nervioso** ANAT nerve centre; **~ urbano** city.
centroamericano, na *adj/m* y *f* Central American.
centrocampista *m* o *f* DEP midfielder.
ceñir *tr* **1** to wrap around (rodear). • **~se a** *pron* **2** to confine oneself to, to limit oneself to.
ceño *m* frown (gesto).
cepa *f* stock. ■ **de pura ~** authentic.
cepillar *tr* **1** to brush (pelo). **2** to plane (madera). • **~se** *pron* **3** to brush (pelo). **4** (fam) to do in (matar). **5** (fam) to finish (acabar).
cepillo *m* **1** brush (para el cabello). **2** plane (de carpintero). **3** collection box (en la iglesia). ♦ **~ de dientes** toothbrush.
cepo *m* **1** lure (trampa). **2** stocks (para reo). **3** wheel clamp (para vehículos).

C

cera *f* wax. ◆ ~ **de los oídos** earwax.
cerámica *f* ceramics.
cerca *f* fence.
cerca *adv* **1** near, close (próximo). ~ **de 2** near (to), close to (lugar); nearly, almost (cantidad). ■ **de ~** close up; **por aquí ~** near here.
cercado *m* **1** enclosure (lugar). **2** *Amér.* district (división territorial).
cercanía *f* **1** nearness. ● **cercanías** *f pl* **2** outskirts (de ciudad).
cercano, na *adj* nearby.
cercar *tr* **1** to enclose (con vallado). **2** to besiege (poner sitio).
cerciorarse *pron* to make certain, to make sure.
cerco *m* **1** ring (gen). **2** siege (asedio). **3** *Amér.* fence (valla).
cerda *f* **1** sow (animal). **2** horsehair (pelo). **3** bristle (de cepillo).
cerdo, da *m* y *f* **1** pig (animal, persona). ● *m* **2** GAST pork.
cereal *m* cereal.
cerebelo *m* ANAT cerebellum.
cerebral *adj* cerebral.
cerebro *m* **1** ANAT brain. **2** brains (individuo).
ceremonia *f* ceremony.
ceremonial *adj* ceremonial.
ceremonioso, sa *adj* ceremonious.
cereza *f* cherry.
cerezo *m* BOT cherry tree.
cerilla *f* match.
cerillo *m Amér.* match (fósforo).
cernerse *pron* to threaten (amenazar).
cernirse *m* → cernerse.
cero *m* **1** zero (número). **2** nil (en fútbol); love (en tenis). ● *adj* **3** zero. ◆ ~ **absoluto** absolute zero; **crecimiento ~** zero growth. ■ **ser un ~ a la izquierda** to be a nobody.
cerquita *adv Méx.* near.
cerrado, da *adj* **1** closed (gen). **2** broad (acento). **3** thick (estúpido). **4** sharp (curva). **5** cloudy, overcast (cielo).
cerradura *f* lock.
cerrar *tr* **1** to close, to shut (puerta, cajón); to lock (con llave). **2** to shut (ojos, boca); to clench (puño). **3** to put the top on (botella); to put the lid on (olla). **4** to shut, to pull (cortinas); to pull down (persianas). **5** to turn off (grifo, agua, gas); to shut off (válvula). **6** to close, to shut down (tienda, negocio). **7** to do up (cremallera). ● *intr* y *pron* **8** to close, to shut. ● **~se** *pron* **9** to end, to conclude (terminar). **10** to shut oneself away (aislarse).
cerril *adj* **1** rough, hilly (terreno). **2** untamed (animal).
cerro *m* hill. ■ **irse por los cerros de Úbeda** to go off at a tangent.
cerrojo *m* bolt.
certamen *m* competition (concurso).
certero, ra *adj* **1** right (acertado). **2** accurate (tiro).
certeza *f* certainty.
certificado, da *adj* **1** certified (gen). **2** registered (carta, paquete). ● *m* **3** certificate. ◆ ~ **de defunción** death certificate; ~ **médico** medical certificate.
certificar *tr* to certify (gen); to register (carta, paquete).
cerumen *m* earwax.
cervatillo *m* fawn.
cervecería *f* **1** bar (bar). **2** brewery (fábrica).
cerveza *f* beer. ◆ ~ **de barril** draught beer; ~ **negra** stout; ~ **rubia** lager.
cerviz *f* nape. ■ **bajar la ~** to kowtow; **ser duro de ~** to be a rebel.
cesante *adj* laid off (empleado).
cesar *intr* **1** to cease (acabarse). **2** to leave (dejar empleo). ● *tr* **3** to dismiss (despedir).
cesárea *f* MED Caesarean (section).
cese *m* **1** cessation, halt (parada). **2** dismissal (despido).
cesio *m* QUÍM caesium (GB); cesium (EE UU).
cesión *f* transfer, assignment.
césped *m* **1** lawn, grass (de jardín). **2** DEP field, pitch.
cesta *f* **1** basket. **2** DEP pelota. ◆ ~ **de la compra** ECON cost of living.
cesto *m* large basket.
cetáceo, a *adj* y *m* cetacean.
cetrería *f* falconry.
cetro *m* sceptre (bastón de mando).
ch *f* ch (dígrafo).
chabacanería *f* **1** vulgar remark (comentario). **2** vulgarity, tackiness (mal gusto).
chabacano, na *adj* **1** common, tacky (persona). **2** coarse, tacky (aspecto). **3** rude, shoddy (acción).
chabola *f* shack.

chacal *m* ZOOL jackal.
chacha *f* (desp) maid (sirvienta).
chachachá *m* MÚS cha-cha-cha.
chachalaca *m* o *f Amér. Centr., Méx.* chatterbox.
cháchara *f* small talk, chit-chat. ■ **estar de ~** to have a yap.
chacolí *m dry white wine from the Basque Country.*
chacra *f Amér.* farm.
chafalote *adj Arg., Ur.* ordinary, vulgar.
chafar *tr* **1** to flatten, to crush (aplastar). **2** to crease, to crumple (ropa). **3** to mash (patata). **4** to crush, to cut short (persona). ● **~se** *pron* **5** to get crushed.
chaflán *m* bevelled edge, chamfer.
chagra *f Col.* farm.
chal *m* shawl.
chalado, da *adj* (fam) dotty, mad.
chalán, na *m* **1** *Amér.* horse dealer (vendedor de caballos). **2** horse breaker, broncobuster (domador de caballos).
chalé *m* **1** detached house (casa independiente). **2** bungalow (casa de una sola planta).
chaleco *m* waistcoat (GB); vest (EE UU).
chalet *m* → chalé.
chalupa *f* launch, boat.
chamaco, ca *m* y *f Méx.* boy, lad (chico); girl, lass (chica).
chamal *m Arg., Bol., Chile blanket worn by Araucanian men as trousers.*
chamarra *f* sheepskin jacket.
chamizo *m* **1** shack, slum, hovel (choza). **2** gambling den (tugurio).
champán o **champaña** *m* champagne.
champiñón *m* mushroom.
champú *m* shampoo.
chamuchina *f Amér.* rabble, riffraff (populacho).
chamuscar *tr* y *pron* to scorch, to singe.
chamusquina *f* quarrel (camorra) ■ **huele a ~** there's sth fishy going on.
chancho, cha *adj* **1** *Amér.* dirty (sucio). **2** *Amér.* crude (grosero). ● *m* y *f* **3** pig (cerdo).
chanchullo *m* (fam) fiddle, dodgy deal. ■ **andar en chanchullos** to be on the fiddle.
chancla *f* flip-flop (de playa); slipper (de casa).
chancleta *f* flip-flop (de playa); slipper (de casa).
chándal *m* tracksuit.
chanquete *m* whitebait.
chantaje *m* blackmail.
chantajear *tr* to blackmail.
chantajista *m* o *f* blackmailer.
chantillí o **chantilly** *m* GAST whipped cream (nata).
chapa *f* **1** sheet, plate (de metal); panel, veneer (de madera). **2** sheet metal (lámina de metal). **3** bodywork (carrocería). **4** bottle top (de botella).
chapado, da *adj* plated (con metal); veneered (con madera). ■ **~ a la antigua** old fashioned, of the old school.
chaparrón *m* downpour, cloudburst.
chapotear *intr* to splash around.
chapucería *f* botched job, shoddy piece of work.
chapucero, ra *adj* **1** careless, shoddy. ● *m* y *f* **2** bad workman, botcher.
chapurrear *tr* e *intr* to speak badly.
chapuza *f* **1** botched job, shoddy piece of work (trabajo mal hecho). **2** odd job (trabajo eventual). **3** patching up (apaño). **4** *Amér.* trick, swindle (engaño).
chapuzón *m* dip.
chaqueta *f* jacket. ■ **cambiar de ~** (fig) to change sides.
chaquetero, ra *m* y *f* turncoat.
chaquetón *m* long jacket.
charca *f* pond, pool.
charco *m* pool (más grande); puddle (más pequeño). ■ **cruzar el ~** (fig) to cross the pond.
charcutería *f* delicatessen.
charla *f* chat, talk.
charlar *intr* to chat.
charlatán, na *adj* **1** talkative (hablador). **2** gossipy (chismoso). ● *m* y *f* **3** chatterbox (hablador). **4** gossip (indiscreto). **5** trickster, swindler (embaucador). ● *m* **6** hawker (vendedor).
charlestón *m* MÚS charleston.
charnela *f* hinge.
charol *m* lacquer (barniz); patent leather (cuero).
charro, rra *adj* **1** vulgar, coarse (rudo). **2** gaudy, flashy (de mal gusto). ● *m* y *f* **3** Salamancan peasant (aldeano de Salamanca). ● *m* **4** Mexican horseman (jinete).
chárter *adj* charter.
chascar *intr* to click, to snap (dedos); to crack (látigo); to click (lengua).

chascarrillo *m* (fam) joke.
chasco *m* disappointment (decepción). ■ **llevarse un ~** to be disappointed (burla).
chasis *m* MEC chassis.
chasís *m Amér.* chasis.
chasquear *tr* **1** to play a trick on, to make a fool of (gastar una broma). **2** to crack (látigo); to snap (dedos); to click (lengua).
chasquido *m* click, snap (de dedos); crack (de látigo); click (de lengua); crack (de rama seca).
chatarra *f* **1** scrap iron, junk. **2** (desp, fam) junk (aparato). **3** (desp, fam) guady jewelery (joyas).
chatear *tr* to go for a few drinks.
chateo *m* pub crawl. ■ **ir de ~** to go for a few drinks.
chato, ta *adj* **1** snub, flat (nariz). **2** blunt, flattened (aplanado). • *m* **3** small broad-bottomed glass.
chauvinista *adj* **1** chauvinistic. • *m* y *f* **2** chauvinist.
chaval, la *m* y *f* lad, boy (chico); lass, girl (chica).
chaveta *f* cotter (clavija). ■ **estar mal de la ~** (fam) to have a screw loose; **perder la ~** (fam) to go off one's rocker.
¡che! *interj Arg., Bol., Ur.* hey!
Checa, República *f* Czech Republic.
checo, ca *adj/m* y *f* Czech.
chef *m* chef.
chelín *m* shilling.
chepa *f* (fam) hump.
cheque *m* cheque (GB); check (EE UU). ♦ **~ al portador** cheque payable to bearer; **~ barrado/cruzado** crossed cheque; **~ de viaje** traveller's cheque; **~ en blanco** blank cheque; **~ sin fondos** bad cheque.
chequear *tr* **1** to check (comprobar). **2** *Amér.* to check in (equipaje). • **~se** *pron* **3** to have a check-up (someterse a un chequeo).
chequeo *m* check (gen); check-up (médico).
chequera *f* chequebook; checkbook (EE UU).
chévere *adj Amér.* (fam) smashing, great.
chica *f* **1** girl (niña). **2** maid (criada).
chicano, na *adj/m* y *f* chicano.
chicha *f* **1** meat (carne). **2** maize liquor, corn liquor (bebida).
chícharo *m Amér.* pea (guisante).
chicharra *f* **1** cicada, harvest bug (insecto). **2** chatterbox (persona habladora).
chicharrón *m* **1** pork crackling (de cerdo). **2** (fam) sunburnt person (persona).
chichón *m* bump.
chicle o **chiclé** *m* **1** chewing gum (goma de mascar). **2** chicle (gomorresina).
chico, ca *adj* **1** small, little. • *m* y *f* **2** boy (varón); kid (en general).
chicotazo *m Amér.* lash.
chiflado, da *adj* **1** (fam) daft, crazy, potty. • *m* y *f* **2** (fam) crackpot, nut.
chifladura *f* craziness.
chiflar *tr* **1** (fam) to drive crazy (volver loco): *esa chica le chifla = he's crazy about that girl.* • *intr* **2** to hiss, to whistle (silbar). • **~se** *tr* **3** (fam) to go crazy.
chilaba *f* jellaba.
chile *m* GAST chili, chili pepper.
Chile *m* Chile.
chileno, na *adj/m* y *f* Chilean.
chillar *intr* **1** to shout, to yell (gritar). **2** to scream (de dolor); to shriek (de miedo). **3** to squeal (cerdo); to squeak (ratón).
chillido *m* **1** shout, yell (grito). **2** scream (de dolor); shriek (de miedo). **3** squeal (de cerdo); squeak (de ratón).
chillo *m Amér. Centr.* debt.
chillón, na *adj* **1** loud, shrill (persona). **2** strident (sonido). **3** loud, lurid (color).
chilpe *m* **1** *Ecuad.* strip of agave leaf. **2** *Ecuad.* dried maize leaf.
chimenea *f* **1** chimney (GB); smokestack (EE UU, gen). **2** hearth, fireplace (hogar). **3** funnel (de barco). **4** chimney (de montaña).
chimpancé *m* ZOOL chimpanzee.
China *f* China.
chinchar *tr* **1** (fam) to pester, to bug (molestar). • **~se** *pron* **2** (fam) to get irritated, to get cross (enfadarse).
chinche *f* **1** ZOOL bedbug. **2** pest (persona molesta).
chincheta *f* drawing pin (GB); thumbtack (EE UU).
chinchilla *f* ZOOL chinchilla.
chingar *tr* **1** (vulg) to screw (fastidiar). • *tr* e *intr* **2** (vulg) to fuck, to screw (acto sexual). • *intr* y *pron* **3** (fam) to get pissed (embriagarse). • **~se** *pron* **4** *Amér.* (fam) to fall through, to fail (fracasar).
chino, na *adj* **1** Chinese. • *m* y *f* **2** Chinese man (hombre); Chinese woman (mujer). **3** *Amér.* mestizo (mestizo). **4** *Amér.* servant (criado). ♦ **cuento ~** tall story.

chip *m* INF chip. ■ **cambiar el ~** (fam) to change one's attitude.
chiquear *tr* **1** *Amér. Centr.* to swing one's hips. **2** *Cuba, Méx.* to fawn on (lisonjear).
chiquero *m* TAUROM pen (para toros).
chiquillo, lla *m* y *f* kid.
chiquito, ta *adj* **1** small (pequeño). ● *m* y *f* **2** kid (niño). ● *m* **3** small glass of wine (vino).
chircal *m Col.* tile factory.
chiribita *f* **1** spark (chispa). ● **chiribitas** *f pl* **2** spots before the eyes.
chirigota *f* (fam) joke, mockery. ■ **estar de ~** to be in a joking mood; **tomar algo a ~** to take sth as a joke.
chirimbolo *m* (fam) thingamabob, doodad.
chirimoya *f* custard apple.
chiringuito *m* **1** refreshments stall (quiosco). **2** (fam) business (negocio).
chiripa *f* (fam) fluke, stroke of luck (casualidad). ■ **de ~** (fam) by a fluke.
chirla *m* ZOOL clam.
chirona *f* (argot) jail; nick (GB); pen (EE UU).
chirriar *intr* **1** to creak, to squeak (gozne, rueda); to screech (frenos). **2** to chirp (grillo); to screech, to squawk (pájaro).
chirrido *m* **1** creak, squeak (de gozne, rueda); screech (de frenos). **2** chirp (de grillo); screech, squawk (de pájaro).
chisme *m* **1** (fam) piece of gossip (chismorreo). **2** (fam) gadget, knick-knack (trasto).
chismorreo *m* (fam) gossip, tittle-tattle.
chismoso, sa *adj* **1** gossipy, gossiping. ● *m* y *f* **2** gossip-monger, gossip.
chispa *f* **1** spark (de fuego). **2** sparkle, gleam (reflejo). **3** drop (de lluvia). **4** wit, sparkle (ingenio). **5** drunkenness (borrachera). ■ **echar chispas** (fam) to be hopping mad, to spit fire; **tener ~** to be witty, to be a live wire.
chispeante *adj* sparkling.
chispear *intr* **1** to spark, to give off sparks (echar chispas). **2** to drizzle, to spot with rain (llover). **3** to sparkle (relucir).
chisporrotear *intr* to throw out sparks.
¡chist! *interj* sh!, ssh!
chistar *intr* to open one's mouth to speak, to say a word.
chiste *m* joke. ◆ **~ verde** dirty joke.
chistera *f* top hat (sombrero).
chistorra *f type of spiced suasage.*
chistoso, sa *adj* funny.
chita *f* **a la ~ callando** quietly, unobtrusively (sin llamar la atención); on the quiet, on the sly (a escondidas).
¡chitón! *interj* (fam) shh! (para imponer silencio).
chivarse *pron* **1** (fam) to squeal, to split (dar información). **2** *Amér.* to get annoyed (fastidiarse).
chivato, ta *m* y *f* (fam) informer, grass, squealer.
chivo, va *m* y *f* kid (cría de la cabra). ◆ **~ expiatorio** scapegoat.
chocante *adj* **1** startling (que causa extrañeza). **2** *Méx.* annoying (fastidioso).
chocantería *f Amér.* impertinence.
chocar *intr* **1** to collide, to run into one another (encontrarse violentamente). **~ contra 2** to collide with, to run into (colisionar). **3** to clash, to disagree (opiniones, interlocutores). **~ con 4** to clash with, not to fit with (no concordar). **5** to be surprising, to be out of place (causar extrañeza). ● *tr* **6** to surprise, to disconcert (extrañar). **7** to clink (vasos).
chochear *intr* to be senile (por la edad).
chocho, cha *adj* **1** doddery, senile (senil). **2** soft (lelo). ● *m* **3** (vulg) cunt, pussy (vulva).
chocolate *m* **1** GAST chocolate. **2** (argot) hash (hachís).
chocolatera *f* chocolate pot.
chocolatina *f* bar of chocolate.
chofer o **chófer** *m* o *f* driver (gen); chauffeur (de limusina).
chola *f* **1** (fam) conk, bean, nut (cabeza). **2** *Amér. Centr.* laziness (pereza).
chollo *m* (fam) bargain, giveaway, good deal (ganga); cushy job (trabajo fácil).
chopo *m* BOT black poplar.
choque *m* **1** crash, collision (de vehículos). **2** shock (golpe). **3** clash (conflicto). **4** impact (explosión). **5** MED shock.
chorizo, za *m* y *f* **1** (fam) thief (ladrón); crook (maleante). ● *m* **2** GAST *spiced pork sausage.*
chorlito *m* ZOOL plover. ■ **cabeza de ~** (fam) scatterbrain, dimwit.
choro *m Chile* mussel (mejillón).
chorrada *f* (fam) rubbish (tonterías). ■ **decir chorradas** (fam) to talk rubbish.
chorreado, da *adj Amér.* dirty, stained.

chorrear *intr* **1** to gush out (salir a chorros); to run, to drip (gotear). **2** to come in dribs and drabs (ir viniendo poco a poco). • *tr* **3** to drip with (sudor). **4** *Amér.* (fam) to tick off, to dress down (reprender).
chorro *m* **1** jet, spurt (de líquido); trickle, dribble (poca cantidad). **2** stream, flood (de luz, palabras). ♦ **~ de voz** powerful voice; **motor a ~** jet engine; **propulsión a ~** jet propulsion.
chotearse *pron* **~ de alguien** (fam) to make fun of sb, to take the piss out of sb.
chotis *m* MÚS shottische.
choza *f* hut, shack.
christmas *m* Christmas card.
chubasco *m* **1** downpour, squall (chaparrón). **2** setback (adversidad).
chubasquero *m* raincoat.
chuchería *f* **1** knick-knack, trinket (cosa de poca importancia). **2** sweet (golosina).
chucho *m* **1** (fam) mut, pooch (perro). **2** *Amér.* shiver (escalofrío).
chufla *f* (fam) joke.
chuflar *intr* **1** to whistle (silbar). • **~se de** *pron* **2** to make fun of.
chulear *tr* **1** (fam) to laugh at, to take the mickey out of (burlarse). **2** (fam) to pimp for (prostituta). • *intr* y *pron* **3** (fam) to brag, to talk big (presumir).
chuleta *f* **1** GAST chop (costilla). **2** (fam) slap (bofetada). **3** (fam) crib (de estudiante). • *m* **4** (fam) cocky lad.
chulo, la *adj* **1** cocky, brassy (insolente). **2** (fam) flashy (llamativo). **3** (fam) lovely, beautiful (bonito). • *m* **4** (fam) swaggerer, swank, braggart (persona descarada). **5** pimp (de prostitutas).
chumbera *f* ZOOL prickly pear.
chupa *f* ANAT jacket (chaqueta).
chupar *tr* **1** to suck (succionar). **2** to soak up, to absorb (absorber). **3** to sip (beber a sorbos). **4** (fam) to milk, to bleed (aprovecharse). • **~se** *pron* **5** to get thin, to waste away (irse enflaqueciendo). **6** (fam) to spend: *se chupó seis años de cárcel = he spent six years in jail.*
chupatintas *m* (desp) penpusher.
chupete *m* dummy, pacifier.
chupinazo *m* **1** loud bang (disparo). **2** DEP drive, powerful shot (en fútbol).
chupón, na *adj* **1** (fam) sucking (que chupa). **2** (fam) sponging (que saca dinero). • *m* **3** (fam) sponger, parasite (gorrón). **4** *Amér.* baby's bottle (biberón).
churrería *f shop or stall selling fritters, potato chips, etc.*
churro *m* **1** fritter (para comer); cruller (EE UU). **2** (fam) shoddy piece of work, mess (chapuza). **3** (fam) fluke (suerte).
chusco, ca *adj* **1** funny, amusing (gracioso). **2** *Perú* mongrel (perro). • *m* **3** crust (de pan).
chusma *f* rabble, riffraff.
chut *m* DEP shot.
chutar *intr* **1** DEP to kick, to shoot (balón). **2** (fam) to go well (máquina, asunto). • **~se** *pron* **3** (fam) to fix, to shoot up, to mainline (drogas).
chute *m* (argot) fix (de droga).
chuzo *m* **1** spiked stick (palo armado con pincho). **2** icicle (carámbano).
cianuro *m* QUÍM cyanide.
ciática *f* MED sciatica.
cibercultura *f* INF cyberculture.
ciberespacio *m* INF cyberspace.
cibernauta *m* o *f* INF cybernaut.
cibernética *f* cybernetics.
cicatero, ra *adj* mean.
cicatriz *f* scar.
cicatrizar *tr* **1** to heal. • *intr* y *pron* **2** to heal, to form a scar.
cicerone *m* guide.
cíclico, ca *adj* cyclical.
ciclismo *m* DEP cycling.
ciclista *adj* **1** cycle, cycling. • *m* o *f* **2** cyclist.
ciclo *m* **1** cycle. **2** series (de actos).
ciclocross *m* DEP cyclo-cross.
ciclomotor *m* moped.
ciclón *m* cyclone.
cicuta *f* BOT hemlock.
cidro *m* BOT citron (tree).
ciego, ga *adj* **1** blind (sin vista). **2** blocked (obstruido). **3** (coloq) pissed, legless (borracho). • *m* y *f* **4** blind person (persona). • *m* **5** (coloq) trip (por drogas); blind drunk (por alcohol). **6** ANAT caecum. ♦ **los ciegos** the blind. ■ **a ciegas** blindly.
cielo *m* **1** sky (firmamento). **2** my love (cariño). **3** REL heaven. • **¡cielos!** *interj* **4** good heavens! ■ **caído/llovido del ~**

heaven-sent; **remover ~ y tierra** to move heaven and earth.
ciempiés *m* ZOOL centipede.
cien *adj* y *m* a hundred, one hundred. ■ **ponerse a ~** (fam) to get furious (enfadarse); to get horny (excitarse sexualmente); **por ~** per cent.
ciénaga *f* marsh, swamp.
ciencia *f* **1** science (gen). **2** knowledge (saber). ● **ciencias** *f pl* **3** science: *una carrera de ciencias = a science degree.* ◆ **~ ficción** science fiction; **ciencias exactas** exact sciences; **ciencias naturales** natural science; **ciencias sociales** social sciences. ■ **a ~ cierta** for certain.
cieno *m* mud, silt.
científico, ca *adj* **1** scientific. ● *m* y *f* **2** scientist.
ciento *num* hundred. ■ **~ y la madre** (fam) a crowd; **por ~** per cent.
cierre *m* **1** closure (acción de cerrar). **2** fastener (de vestido); clasp (de collar). ◆ **~ centralizado** AUT central locking.
cierro *m Chile* fence (cerca).
cierto, ta *adj* certain. ■ **estar en lo ~** to be right; **por ~** by the way.
cierva *f* ZOOL hind.
ciervo *m* ZOOL deer (gen); stag (macho).
cifra *f* **1** figure (número). **2** cypher (clave). **3** abbreviation (abreviación).
cifrar *tr* **1** to write in code (codificar). **~ en 2** to place in (esperanza). ● **~se en** *pron* **3** to amount to (sumar).
cigala *f* crayfish.
cigarra *f* ZOOL cicada.
cigarrillo *m* cigarette.
cigarro *m* cigar (puro); cigarette (cigarrillo). ◆ **~ puro** cigar.
cigüeña *f* ZOOL stork.
cigüeñal *m* MEC crankshaft.
cilindrada *f* AUT cylinder capacity.
cilíndrico, ca *adj* cylindrical.
cilindro *m* cylinder.
cima *f* **1** summit (de montaña). **2** culmination (culminación). **3** BOT cyme.
cimarrón, na *adj* **1** *Amér.* wild. **2** *R. de la Plata* bitter (amargo).
cimentación *f* foundation (cimientos); laying of foundations (acción).
cimentar *tr* to lay the foundations of.
cimientos *m pl* **1** foundation (de edificio). **2** origin (principio, raíz). ■ **echar/poner los ~** to lay the foundations.
cinc *m* QUÍM zinc.
cincel *m* chisel.
cincelado *m* chiselling.
cincha *f* girth.
cinchar *tr* **1** to girth (caballo). ● *intr* **2** *Amér.* to work hard.
cinco *adj* y *m* five.
cincuenta *adj* y *m* fifty.
cincuentavo, va *adj* y *m* fiftieth.
cincuentena *f* group of fifty.
cincuentenario *m* fiftieth anniversary.
cincuentón, na *adj/m* y *f* (fam) fifty-year-old.
cine *m* cinema. ◆ **~ mudo/sonoro** (fam) silent/talking films. ■ **de ~** (fam) fantastic.
cineasta *m* o *f* film director (director); film producer (productor).
cinegética *f* hunting.
cinemascope *m* cinemascope.
cinemática *f* FÍS kinematics.
cinematografía *f* film-making, cinematography.
cinematografiar *tr* to film.
cinematográfico, ca *adj* cinematographic, film.
cinematógrafo *m* cinema (local).
cinerama *m* cinerama.
cinética *f* kinetics.
cinético, ca *adj* kinetic.
cínico, ca *adj* **1** cynical. ● *m* y *f* **2** cynic.
cinismo *m* cynicism.
cinta *f* **1** strip (de material). **2** ribbon, tape (de tela). **3** tape (magnética). **4** film (película). ◆ **~ adhesiva** sticky tape; **~ métrica** tape measure.
cinto *m* belt (cinturón).
cintura *f* **1** waist (parte del cuerpo). **2** waistband (parte del vestido). ■ **meter a uno en ~** to take sb in hand.
cinturón *m* **1** belt (cinto). **2** ring road (circunvalación). ◆ **~ de seguridad** safety belt. ■ **apretarse el ~** to tighten one's belt.
ciprés *m* BOT cypress.
circo *m* circus.
circuito *m* **1** circuit (gen). **2** DEP lap (en carrera).
circulación *f* **1** circulation (gen). **2** traffic (tráfico).
circular *adj* y *f* circular.
circular *intr* **1** to circulate (moverse). **2** to drive (conductor); to travel (vehículo); to run (transporte público).

circulatorio, ria *adj* circulatory.
círculo *m* circle. ◆ **~ polar** polar circle; **~ vicioso** vicious circle.
circuncidar *tr* to circumcise.
circuncisión *f* circumcision.
circundar *tr* to surround.
circunferencia *f* GEOM circumference.
circunflejo *adj* y *m* circumflex.
circunscribir *tr* **1** to circumscribe. ● **~se** *pron* **2** to limit oneself.
circunscrito, ta *adj* circumscribed.
circunspecto, ta *adj* circumspect.
circunstancia *f* circumstance. ◆ **circunstancias agravantes** DER aggravating circumstances; **circunstancias atenuantes** DER attentuating circumstances.
circunstancial *adj* circumstantial.
circunvalación *f* ring road.
circunvalar *tr* to go round.
cirio *m* **1** candle (vela). **2** (fam) row (jaleo). ◆ **~ pascual** Easter candle.
cirro *m* cirrus.
cirrosis *f* MED cirrhosis.
ciruela *f* plum. ◆ **~ claudia** greengage.
ciruelo *m* BOT plum tree.
cirugía *f* surgery. ◆ **~ estética** cosmetic surgery; **~ plástica** plastic surgery.
cirujano, na *m* y *f* surgeon.
cisco *m* (fam) commotion (bullicio). ■ **estar hecho ~** to be shattered.
cisma *m* schism.
cisne *m* swan.
cister o **císter** *m* Cistercian order.
cisterna *f* cistern, tank.
cita *f* **1** appointment (hora convenida). **2** date (amorosa). **3** quotation (en texto).

> **Cita** se traduce por ***appointment*** en un estilo más formal: *¿tiene usted una cita? = do you have an appointment?* Cuando se refiere a amistades, se traduce con diferentes expresiones: *acordamos una cita delante del bar = we arranged to meet in front of the bar; mis amigos faltaron a la cita = my friends didn't turn up*. Si se trata de una relación amorosa, se usa ***date***.

citación *f* DER summons.
citar *tr* **1** to cite (referirse); to quote (textualmente). **2** to give an appointment (dar hora). **3** DER to summon. ● **~se con alguien** *pron* **4** to arrange to meet sb.
cítrico, ca *adj* **1** citric. ● **cítricos** *m pl* **2** citrus fruits.
ciudad *f* town (núcleo urbano); city (más grande). ◆ **~ dormitorio** commuter town; **~ sanitaria** hospital complex; **~ universitaria** university campus.
ciudadanía *f* citizenship.
ciudadano, na *adj* **1** civic. ● *m* y *f* **2** citizen.
cívico, ca *adj* **1** civic (de la ciudad). **2** civil (educado).
civil *adj* **1** civil (gen). **2** civilian (no militar). ● *m* o *f* **3** civilian. ● *m* **4** civil guard.
civilización *f* civilization.
civilizado, da *adj* civilized.
civilizar *tr* **1** to civilize. ● **~se** *pron* **2** to become civilized.
civismo *m* public spirit.
cizalla *f* metal cutter (para metal); guillotine (para papel).
cizaña *f* BOT darnel. ■ **meter ~** to sow discord.
clamar *intr* to cry out.
clamor *m* **1** clamour (de voces). **2** tolling (de campana).
clan *m* clan.
clandestino, na *adj* **1** clandestine. **2** POL underground.
claque *m* TEAT claque.
clara *f* **1** white (de huevo). **2** bald patch (en la cabeza). **3** shandy (bebida).
claraboya *f* skylight.
clarear *tr* **1** to clarify. ● *intr* **2** to dawn (amenecer). **3** to clear (nubes). ● **~se** *pron* **4** to become clear (transparentarse).
claridad *f* **1** light (luz). **2** clarity (de ideas, agua, sonido).
clarificar *tr* **1** to clarify (explicar). **2** to light up (iluminar).
clarinete *m* MÚS clarinet.
clarividencia *f* **1** clear-sightedness (perspicacia). **2** clairvoyance (de vidente).
clarividente *adj* **1** clear-sighted (perspicaz). **2** clairvoyant (vidente).
claro, ra *adj* **1** clear (gen). **2** bright (cielo). **3** light, pale (color). **4** thin, watery (sopa). ● *adv* **5** frankly (hablar). ● *m* **6** bright spell, sunny interval (en el cielo). **7** clearing (en el bosque). ■ **dejar algo ~** to make sth clear; **quedar ~** to be clear; **tener algo ~** to be clear about sth.
claroscuro *m* ART chiaroscuro.

C

clase *f* **1** class (lección, asignatura, alumnos); classroom (habitación). **2** kind, sort (tipo). **3** class (social). ◆ **~ alta/media** upper/middle class; **~ obrera** working class; **clases pasivas** pensioners.
clásico, ca *adj* **1** classic, classical (gen); classical (referido al mundo antiguo). • *m* **2** classic.
clasificación *f* **1** classification. **2** DEP table.
clasificar *tr* **1** to classify. • **~se** *pron* **2** DEP to qualify (para un prueba); to come (llegar).
claudicar *intr* **1** to give in (ceder). **~ de** **2** to renounce (renunciar).
claustro *m* **1** cloister (galeria). **2** academic staff (de centro docente).
claustrofobia *f* claustrophobia.
cláusula *f* clause.
clausura *f* **1** closing ceremony (acto). **2** REL confinement (vida de monasterio); confined part (recinto interior).
clausurar *tr* **1** to close (local). **2** to close, to end (congreso).
clavar *tr* **1** to stick, to drive (cuchillo, palo). **2** to hammer (clavo); to nail (sujetar con clavos). • *tr* e *intr* **3** (fam) to pull a fast one on, to rip off (estafar).
clave *adj* **1** key. • *f* **2** key (solución, código). **3** ARQ keystone. **4** MÚS clef. • *m* **5** MÚS harpsichord. ◆ **en ~** in code.
clavel *m* BOT carnation.
clavicémbalo *m* MÚS harpsichord, clavicembalo.
clavicordio *m* MÚS clavichord.
clavícula *f* ANAT clavicle, collarbone.
clavija *f* **1** peg (para sujetar). **2** ELEC plug.
clavo *m* **1** nail (para sujetar). **2** clove (especia). **3** corn (callo). **4** pin (tornillo). ■ **agarrarse a un ~ ardiente** to clutch at straws; **como un ~** spot on; **dar en el ~** to hit the nail on the head.
claxon *m* horn, hooter.
clemencia *f* clemency.
clementina *f* clementine.
cleptómano, na *m* y *f* kleptomaniac.
clérigo *m* priest.
clero *m* clergy.
clicar *vi* COMPUT to click.
cliché *m* **1** FOT negative. **2** stencil (en imprenta). **3** cliché (lugar común).
cliente, ta *m* y *f* customer (gen); client (de abogado, consultor).
clientela *f* clientele.
clima *m* climate.
climatizado, da *adj* air-conditioned (local); heated (piscina).
climatizar *tr* to air-condition.
climatología *f* climatology.
clímax *m* climax.
clínica *f* clinic.
clínico, ca *adj* clinical.
clip *m* **1** paper clip (para sujetar). **2** clip (vídeo).
clisé *m* → cliché.
clítoris *m* clitoris.
cloaca *f* sewer.
clon *m* BIOL clone.
clonación *f* BIOL clonation.
clónico, ca *adj* BIOL, INF clonic.
clorhídrico, ca *adj* QUÍM hydrochloric.
cloro *m* QUÍM chlorine.
clorofila *f* BOT chlorophyll.
cloroformo *m* QUÍM chloroform.
cloruro *m* QUÍM chloride. ◆ **~ de sodio/~ sódico** QUÍM sodium chloride.
clown *m* clown.
club *m* club.
coacción *f* coercion.
coaccionar *tr* to coerce.
coagular *tr* y *pron* to coagulate (gen); to clot (sangre).
coalición *f* coalition.
coartada *f* alibi.
coautor, ra *m* y *f* co-author.
coaxial *adj* coaxial.
coba *f* adulation (halago). ■ **dar ~ a** to suck up to.
cobarde *adj* **1** cowardly. • *m* o *f* **2** coward.
cobardía *f* cowardice.
cobertizo *m* shed.
cobertura *f* **1** covering (cubierta). **2** coverage (extensión territorial). **3** RAD, TV coverage. **4** cover (de seguro).
cobijar *tr* **1** to shelter (dar refugio). **2** to cover (tapar).
cobijo *m* shelter.
cobra *f* ZOOL cobra.
cobrador, ra *m* y *f* debt collector (de empresa); conductor (de autobús).
cobrar *tr* **1** to charge (precio). **2** to earn (sueldo). **3** to collect (deuda). **4** to charge for (servicio). **5** (fig) to acquire (importancia). **6** to claim (víctimas).
cobre *m* **1** copper (metal). **2** MÚS brass section (de orquesta).

cobro *m* collection (de factura, salario); cashing (de cheque). ■ **llamar a ~ revertido** to reverse charges (GB); to call collect (EE UU).

coca *f* **1** BOT coca. **2** (fam) coke (cocaína).

cocaína *f* cocaine.

cóccix *m* ANAT coccyx.

cocer *tr* **1** to cook (cocinar); to bake (al horno). ● *intr* **2** to boil (hervir). **3** to ferment (fermentar). ● **~se** *pron* **4** (fig) to be afoot (tramarse).

coche *m* **1** car (automóvil). **2** car, carriage (de tren). **3** coach, bus (autocar). **4** buggy (de bebé). ♦ **~ bomba** car bomb; **~ cama** sleeping car; **~ de bomberos** fire engine; **~ de línea** long-distance bus; **~ fúnebre** hearse. ■ **en el ~ de San Fernando** on shanks's pony (GB); on shanks's mare (EE UU).

cochero *m* coachman.

cochino, na *adj* **1** dirty, filthy (sucio). **2** disgusting (asqueroso). ● *m* y *f* **3** pig.

cocido *m* stew (guiso).

cociente *m* MAT quotient. ♦ **~ intelectual** IQ.

cocina *f* **1** cuisine, cooking (arte de guisar). **2** kitchen (lugar). **3** cooker (aparato).

cocinar *tr* e *intr* to cook.

cocinería *f Chile, Perú* restaurant, eating house.

coco *m* **1** BOT coconut (fruto); coconut palm (árbol). **2** (fam) nut, noggin (cabeza). **3** (fam) bogeyman (para asustar a los niños). ■ **comer el ~ a alguien** (fam) to brainwash; **comerse el ~** (fam) to brood, to agonize.

cocodrilo *m* ZOOL crocodile.

cocotero *m* BOT coconut palm.

cóctel o **coctel** *m* **1** cocktail (bebida). **2** cocktail party (reunión). ♦ **~ molotov** Molotov cocktail.

codear *intr* **1** to elbow. **2** *Amér.* to cadge, to keep on asking. ● **~se** *pron* **3** to hobnob, to rub shoulders.

códice *m* codex.

codicia *f* greed.

codiciar *tr* to covet.

codicioso *adj* covetous.

codificar *tr* to codify.

código *m* **1** code (gen). **2** rules (normas). ♦ **~ civil** DER civil code; **~ de barras** bar code; **~ penal** DER penal code; **~ postal** postal code (GB); zip code (EE UU).

codo *m* **1** BOT elbow. **2** bend (de tubo). ■ **~ con ~** side by side; **empinar el ~** (fam) to bend the elbow; **hablar por los codos** to talk nineteen to the dozen; **hincar los codos** (fam) to swot.

codorniz *f* ZOOL quail.

coeficiente *m* coefficient.

coetáneo, a *adj/m* y *f* contemporary.

coexistir *intr* to coexist.

cofia *f* cap (de sirvienta); coif (de monja).

cofradía *f* brotherhood.

cofre *m* chest (grande); box (pequeño).

coger *tr* **1** to take, to take hold of (agarrar). **2** to catch (atrapar). **3** to get, to catch (resfriado). **4** to pick up (algo que se ha caído). **5** to pick (flor, fruta). **6** to catch out (por sorpresa). **7** to hold (capacidad). **8** to cover (extensión). **9** *Amér.* (vulg) to screw (tener relaciones sexuales). ● *intr* **10** to fit.

cogida *f* TAUROM goring.

cogollo *m* **1** shoot (brote). **2** heart (de lechuga). **3 4** *Amér.* sugar cane top.

cogorza *f* (fam) bender.

cogote *m* nape.

cohabitar *intr* to cohabit.

cohecho *m* DER bribery.

coherencia *f* coherence.

coherente *adj* coherent.

cohesión *f* cohesion.

cohete *m* rocket.

cohibir *tr* to inhibit.

coima *f Arg., Chile* bribe, backhander (dinero).

coincidencia *f* coincidence.

coincidir *intr* **1** to coincide (gen). **2** to agree (estar de acuerdo).

coito *m* coitus.

cojear *intr* **1** to limp (persona). **2** to wobble (mueble). **3** to fall down (plan, teoría).

cojín *m* cushion.

cojinete *m* MEC bearing.

cojo, ja *adj* **1** lame (persona). **2** wobbly (mueble). **3** flimsy (argumento). ● *m* y *f* **4** cripple.

cojón *m* (vulg) *ball.* ■ **tener cojones** (vulg) *to have guts.*

cojonudo, da *adj* (vulg) *fucking great.*

col *f* cabbage. ♦ **~ de Bruselas** Brussel sprout.

cola *f* **1** tail (de animal). **2** end (final). **3** queue (GB); line (EE UU, fila). **4** glue (pegamento). ♦ **~ blanca** PVA glue; ~

de pescado fish glue; **~ de caballo** ponytail; **hacer ~** to queue up.
colaboración *f* collaboration (gen); contribution (en prensa).
colaborador, ra *m* y *f* collaborator (gen); contributor (de periódico, revista).
colaborar *intr* to collaborate (gen); to contribute (en un periódico, revista).
colada *f* wash (acción); washing (ropa). ■ **hacer la ~** to do the washing (acción).
colador *m* colander (de verdura); strainer (para infusiones); sieve (de malla).
colar *tr* **1** to strain (líquido). **2** to bleach (ropa). **3** to slip (hacer pasar). ● *intr* **4** (fam) to be accepted, to be believed (ser creído). ● **~se** *pron* **5** to slip in (entrar sigilosamente). **6** to jump the queue, to push in (en una cola). **7** to slip past, to pass unobserved (pasar desapercibido). **8** to drop a brick (en una conversación).
colcha *f* bedspread.
colchón *m* mattress.
colear *intr* **1** to wags its tail (mover la cola). **2** (fig) to be still unfinished (asunto).
colección *f* collection.
coleccionable *adj* y *m* collectible.
colecta *f* collection.
colectividad *f* **1** group, collectivity (grupo). **2** community (pueblo).
colectivo, va *adj* **1** collective. ● *m* **2** group (grupo). **3** *Amér.* bus (autobús).
colector, ra *m* y *f* **1** collector (persona). ● *m* **2** sewer (sumidero).
colega *m* y *f* **1** colleague (compañero). **2** (fam) pal, mate (amigo).
colegiado, da *adj* **1** collegiate. ● *m* y *f* **2** *member of a professional college.* ● *m* **3** DEP referee.
colegial *adj* **1** school (escolar). ● *m* **2** schoolboy (alumno).
colegiala *f* schoolgirl.
colegiarse *pron to become a member of a professional association.*
colegio *m* **1** school (escuela). **2** professional association (de profesionales). ◆ **~ electoral** electoral college; **~ profesional** professional association; **~ mayor** hall of residence.
cólera *f* **1** anger (ira). **2** MED cholera.
colesterol *m* cholesterol.
coleta *f* **1** pigtail (trenza de pelo). **2** postscript (en una carta). ■ **cortarse la ~** (fig) to chuck it in, to call it a day (dejar).
colgado, da *adj* **1** hanging (suspendido). **2** (fam) spaced out (con droga). ■ **dejar a alguien ~** (fam) to leave sb hanging on.
colgar *tr* e *intr* **1** to hang (gen). **2** to hang up (teléfono). ● *tr* **3** to put, to lay (culpa). **4** to give up (abandonar). **5** to drape (adorno). ● **~se** *pron* **6** to hang oneself (ahorcarse). **7** INF to crash.
cólico *m* MED colic.
coliflor *f* cauliflower.
colilla *f* cigarette butt, fag end.
colina *f* hill.
colindante *adj* neighbouring, adjoining.
colisión *f* **1** collision (choque). **2** clash, confrontation (de ideas).
collage *m* ART collage.
collar *m* **1** necklace, chain (adorno). **2** collar (para animal). **3** MEC ring.
colmado, da *adj* **1** full. ● *m* **2** grocer's (shop).
colmar *tr* **1** to fill to the brim (llenar). **2** (fig) to fulfil (deseo). **~ a alguien de algo 3** (fig) to heap sth on sb (atenciones, regalos).
colmena *f* beehive.
colmillo *m* eye tooth, canine (de persona); fang (de perro); tusk (de elefante).
colmo *m* last drop. ■ **ser una cosa el ~** to be the last straw.
colocación *f* **1** positioning (acción); place (situación). **2** job (empleo). **3** FIN investment.
colocado, da *adj* **1** employed (con trabajo). **2** (coloq) high (por drogas); legless (por alcohol).
colocar *tr* **1** to place (gen). **2** to find a job for (dar trabajo a). **3** FIN to invest (gen). ● **~se** *pron* **4** to get a job (encontrar trabajo). **5** (coloq) to get high (con drogas); to get legless (con alcohol).
Colombia *f* Colombia.
colombiano, na *adj/m* y *f* Colombian.
colon *m* ANAT colon.
colonia *f* **1** colony (gen). **2** (normalmente *pl*) summer camp (para niños). **3** cologne (perfume).
colonialismo *m* colonialism.
colonización *f* colonization.
colonizar *tr* to colonize.
colono *m* **1** colonist (colonizador). **2** AGR tenant farmer.
coloquial *adj* colloquial (colonizador).
coloquio *m* discussion.

color *m* **1** colour (GB); color (EE UU). • **colores** *m pl* **2** DEP team. ■ **de ~** (euf) coulered; **de colores** multicoloured; **en ~** FOT in colour; **sacarle a alguien los colores** to make sb blush; **subírsele a uno los colores** to blush.
colorado, da *adj* **1** coloured (con color). **2** red (rojo). • *m* **3** red (color).
colorear *tr* **1** to colour (colorar). **2** (desp) to camouflage.
colorido *m* colour.
colosal *adj* **1** colossal. **2** (fig) excellent.
coloso *m* colossus.
columna *f* column. ♦ **~ vertebral** spinal column.
columnata *f* ARQ colonnade.
columnista *m* y *f* columnist.
columpiar *tr* **1** to push (en columpio). • **~se** *pron* **2** to swing.
columpio *m* **1** swing (individual). **2** seesaw (balancín).
coma *f* **1** comma (signo de puntuación). • *m* **2** MED coma.
comadreja *f* ZOOL weasel.
comadrona *f* midwife.
comandancia *f* **1** MIL commandership (cargo). **2** MIL command (área). **3** command headquarters (edificio).
comandante *m* o *f* MIL commander.
comando *m* **1** MIL commando (unidad de combate). **2** command (mando). **3** INF command.
comarca *f* region.
comarcal *adj* regional.
comba *f* **1** bulge (curvatura). **2** skipping (juego). **3** skipping rope (cuerda). **4** *Amér.* sledge-hammer (martillo).
combate *m* **1** MIL combat. **2** DEP fight (en boxeo).
combatiente *adj/m* o *f* combatant.
combatir *intr* **1** to fight. • *tr* **2** to combat, to fight.
combinación *f* **1** combination (gen). **2** slip (prenda). **3** QUÍM compound.
combinado *m* **1** cocktail (cóctel). **2** DEP combined team. **3** *Cuba* combine.
combinar *tr* **1** to combine (gen). **2** to match (colores).
combustible *adj* **1** combustible. • *m* **2** fuel.
combustión *f* combustion.
comedia *f* comedy. ♦ **~ de enredo** comedy of intrigue; **~ musical** musical. ■ **hacer ~** to pretend.
comediante, ta *m* y *f* **1** actor (actor); actress (actriz). • *m* o *f* **2** (fig) play-actor (farsante).
comedido, da *adj* **1** restrained, moderate (moderado). **2** *Amér.* obliging (servicial).
comedirse *pron* **1** to show moderation (moderarse). **2** *Amér.* to offer.
comedor, ra *adj* **1** greedy. • *m* **2** dining room (en casa); restaurant (en barco, tren); canteen (en fábrica).
comensal *m* o *f* fellow diner.
comentario *m* **1** comment. • **comentarios** *m pl* **2** rumours.
comentarista *m* o *f* commentator.
comenzar *intr* y *tr* to begin.
comer *intr* **1** to eat (ingerir alimentos). **2** to have lunch (almorzar). • *tr* **3** to eat (alimentos). **4** to take (en juegos). • **~se** *pron* **5** to eat up. **6** to swallow (palabra).
comercial *adj* **1** commercial. • *m* o *f* **2** salesperson.
comercializar *tr* to market.
comerciar *intr* to trade, to do business.
comercio *m* **1** trade, commerce (actividad). **2** shop (tienda). ♦ **~ exterior** foreign trade; **~ interior** domestic trade.
comestible *adj* **1** edible, eatable. • **comestibles** *m pl* **2** groceries.
cometa *m* **1** comet (astro). • *f* **2** kite (juguete).
cometer *tr* to commit (delito); to make (error).
cometido *m* task.
cómic *m* comic.
comicios *m pl* elections.
cómico, ca *adj* **1** comic, comedy (de la comedia). **2** funny, comic, comical (gracioso). • *m* y *f* **3** comedian.
comida *f* **1** food (alimentos). **2** meal (cada vez que se come). **3** lunch (almuerzo).
comienzo *m* beginning.
comillas *f pl* inverted commas. ■ **entre ~** in inverted commas.
comilón, na *adj* **1** (fam) greedy. • *m* y *f* **2** (fam) greedy person.
comino *m* BOT cumin. ■ **no valer un ~** (fam) to be useless.
comisaría *f* police station.
comisario, ria *m* y *f* **1** police superintendent (de policía). **2** commissioner (delegado).
comisión *f* **1** commitee (delegación). **2** COM commission.

Comparaciones / *Comparisons*

Comparación de cosas o personas

Su reloj es como el mío	*Her watch is like mine*
Mi hermano es como yo	*My brother looks just like me*
Sus pasatiempos son los mismos	*Their hobbies are the same*
Su peinado es como el tuyo	*Her hairstyle is the same as yours*
Es tan bonito como dicen	*It's as beautiful as they say*
Es tan listo como tú	*He's as clever as you*
La casa es pequeña en comparación con la tuya	*The house is small in comparison with yours*

Comparaciones negativas

No comí tantas galletas como ellos	*I didn't eat as many biscuits as they did*
No gana tan poco como yo	*He doesn't earn as little as I do*
No hay regalo que se pueda comparar a éste	*No present can compare to this one*
No se puede comparar tu equipo de música con el mío	*There is no comparison between your hi-fi and mine*

comisura *f* corner (de labios, párpados).

comité *m* committee.

comitiva *f* retinue.

como *adv* **1** as (gen): *como tú bien sabes = as you well know*. **2** like (parecido a): *un hombre como él = a man like him*. **3** about (aproximadamente): *vale como ochenta euros = it costs about eighty euros*. • *conj* **4** since (sentido causal). **5** if (sentido condicional). ■ **~ quiera** → comoquiera; **~ si** as if.

cómo *adv interr* **1** how? (de qué modo): *¿cómo estás? = how are you?*, *¿cómo te llamas? = what is your name?* **2** why? (¿por qué?): *¿cómo no te has marchado todavía? = why haven't you gone yet?* **3** how (exclamación): *¡cómo pasa el tiempo! = how time flies!*

cómoda *f* chest of drawers.

comodidad *f* **1** comfort (confort). **2** convenience (conveniencia). • **comodidades** *f pl* **3** comforts.

comodín *m* **1** joker (naipes). **2** MEC utility gadget.

cómodo, da *adj* **1** comfortable (confortable). **2** easy to use (práctico).

comoquiera *adv* however, in whatever way.

compacto, ta *adj* **1** dense, compact (material, masa). **2** dense, solid (multitud). • *m* **3** compact disc.

compadecer *tr* **1** to feel sorry for, to feel sympathy for. • **~se de** *pron* **2** to feel sorry for.

compadre *m* **1** godfather (padrino). **2** friend (amigo).

compaginar *tr* **1** to combine (conciliar). **2** to put in order (ordenar). **3** to make up (libro). • **~se** *pron* **4** to go together with.

compañerismo *m* comradeship.

compañero, ra *m* y *f* companion. ◆ **~ de clase** schoolmate; **~ de trabajo** workmate; **~ de viaje** travelling companion.

compañía *f* company.

comparación *f* comparison.

comparar *tr* to compare.

comparecencia *f* DER appearance.

comparecer *intr* **1** DER to appear. **2** to show up (asistir).

comparsa *m* o *f* **1** TEAT extra. • *f* **2** TEAT group of extras. **3** masquerade (en carnaval).

compartimento o **compartimiento** *m* compartment. ◆ **~ estanco** watertight compartment.

compartir *tr* to share.

compás *m* **1** pair of compasses (instrumento). **2** NÁUT compass. **3** MÚS beat. ◆ **~ de espera** (fig) lull, short pause. ■ **llevar el ~** to keep time.

compasión *f* compassion, pity. ■ **¡por ~!** for pity's sake!

compatibilidad *f* compatibility.
compatible *adj* compatible.
compatriota *m* o *f* compatriot.
compendiar *tr* to summarize, to make a summary of.
compendio *m* compendium.
compenetración *f* mutual understanding.
compenetrarse *pron* to understand each other very well, to be in tune with each other (identificarse).
compensación *f* **1** compensation (pago). **2** FIN clearing.
compensar *tr* **1** to compensate (persona). **2** to make amends for, to redeem (error). • *intr* **3** to be worthwhile (valer la pena).
competencia *f* **1** competition (rivalidad). **2** duty (responsabilidad). **3** competence (aptitud).
competente *adj* competent.
competición *f* competition.
competir *intr* **1** to compete (contender). **2** to rival (igualar).
compilador, ra *m* y *f* **1** compiler (persona). • *m* **2** INF compiler.
compilar *tr* to compile.
compinche *m* o *f* **1** accomplice (en un delito). **2** (fam) mate (camarada).
complacer *tr* **1** to please. • **~se** *pron* **2** to find pleasure in.
complejidad *f* complexity.
complejo, ja *adj* **1** complex. • *m* **2** complex. ◆ **~ de Edipo** Oedipus complex; **~ turístico** tourist resort.
complementario, ria *adj* complementary.
complemento *m* complement. ◆ **~ circunstancial** GRAM adverbial; **~ directo/indirecto** GRAM direct/indirect object.
completar *tr* to complete.
completo, ta *adj* **1** complete (entero). **2** full (lleno). **3** complete, total (total).
complicación *f* **1** complication (dificultad). **2** complexity (complejidad).
complicado, da *adj* **1** complete (entero). **2** complex (complejo). **3** involved (en un delito).
complicar *tr* **1** to complicate. • **~se** *pron* **2** to get complicated.
cómplice *m* o *f* accomplice.
complot o **compló** *m* conspiracy.
componedor, ra *m* y *f* **1** *Amér.* bonesetter (de huesos). • *m* **2** typesetter (regla).
componente *adj* **1** component, constituent. • *m* **2** member (de un grupo). **3** constituent (sustancia). **4** component (pieza).
componer *tr* **1** to make up (constituir). **2** to compose (poema, canción). **3** to repair (arreglar). **4** *Amér.* to set (huesos dislocados). • **~se** *pron* **5** to dress up. **~se de 6** to be made up of.
comportamiento *m* behaviour.
comportar *tr* **1** to involve, to entail. • **~se** *pron* **2** to behave.
composición *f* **1** make-up, composition (de comité, sustancia). **2** ART composition.
compositor, ra *m* y *f* MÚS composer.
compostura *f* composure.
compra *f* **1** buying, purchase (acción). **2** purchase (cosa comprada). ■ **hacer la ~** to do the shopping; **ir de compras** to go shopping.
comprador, ra *m* y *f* buyer.
comprar *tr* **1** to buy (adquirir). **2** to buy, to bribe (sobornar).
compraventa *f* buying and saling trading.
comprender *tr* **1** to understand (entender). **2** to include (incluir). • **~se** *pron* **3** to understand each other.
comprensión *f* **1** understanding, grasp (entendimiento). **2** understanding (actitud).
compresa *f* **1** compress (apósito). **2** sanitary towel (para el período).
compresión *f* compression.
compresor *m* compressor.
comprimido, da *adj* **1** compressed. • *m* **2** tablet (medicamento).
comprimir *tr* **1** to compress. • **~se** *pron* **2** to control oneself.
comprobación *f* checking.
comprobante *m* proof (documento); receipt (recibo).
comprobar *tr* **1** to check (verificar). **2** to prove (demostrar).
comprometer *tr* **1** to compromise (persona). **2** to endanger (exponer). **3** to embarras (poner en un aprieto). • **~se** *pron* **4** to involve oneself (ideológicamente). **5 ~se a** to undertake, to take it upon oneself (tarea).
comprometido, da *adj* **1** delicate (situación). **2** engaged (novios). **3** committed (ideológicamente). • **~se** *pron* **4** to undertake, to take it upon oneself (tarea).

compromiso *m* **1** commitment, obligation (obligación). **2** difficult situation (apuro). **3** agreement (acuerdo). **4** engagement (de matrimonio). ■ **sin ~** without obligation.
compuerta *f* **1** sluice gate (en canal). **2** hatch (en casa).
compuesto, ta *adj* **1** composed (gen). **2** compound (oración, interés). • *m* **3** compound.
computación *f* **1** calculation (cómputo). **2** *Amér.* INF computing.
computador *m Amér.* INF computer.
computadora *f Amér.* INF computer.
computar *tr* **1** to calculate, to compute (calcular). **2** to count (considerar).
cómputo *m* calculation.
comulgar *intr* **1** REL to receive communion. **~ con 2** (fig) to share (coincidir).
común *adj* **1** common (gen). **2** ordinary (corriente). ■ **~ y corriente** ordinary; **en ~** jointly; **por lo ~** generally.
comuna *f* **1** commune (para convivir). **2** *Amér.* municipality (municipio).
comunicación *f* **1** communication (gen). **2** contact (contacto). **3** telephone connection (por teléfono). • **comunicaciones** *f pl* **4** communications. ■ **medios de ~** mass media.
comunicado, da *adj* **1** connected. • *m* **2** communiqué. ◆ **~ de prensa** press release.
comunicar *tr* **1** to communicate (gen). **2** to inform (informar). **3** to connect (poner en contacto). • *intr* **4** to be connected (espacios). **5** to be engaged (teléfono). • **~se** *pron* **6** to communicate (gen). **7** to be connected (espacios).
comunidad *f* community. ◆ **~ autónoma** autonomous region; **~ de vecinos** neighbours' association. ■ **en ~** together.
comunión *f* communion.
comunismo *m* POL communism.
comunista *m* o *f* POL communist.
comunitario, ria *adj* **1** community (trabajo, centro); communal (jardín, bienes). **2** Community (de la UE).
con *prep* **1** with (gen): *codearse con los famosos = to rub shoulders with the famous.* **2** although (aunque): *con ser el último de la clase, sabe muchísimo = although he's the bottom of the class, he knows a great deal.* **~ que + subj 3** as long as (siempre y cuando): *con que esté aquí mañana, basta = as long as he's here tomorrow, I don't mind.* **~ + inf 4** by + ger (condicional).
cóncavo, va *adj* concave.
concebir *tr* e *intr* **1** to conceive (hijo). • *tr* **2** to imagine (idea).
conceder *tr* **1** to grant (dar); to award (premio). **2** to concede (admitir).
concejal, la *m* y *f* councillor.
concentración *f* **1** concentration (gen). **2** demonstration, rally (manifestación).
concentrado, da *adj* **1** concentrated. • *m* **2** concentrate.
concentrar *tr* **1** to concentrate. • **~se** *pron* **2** to assemble, to gather together (reunirse). **3** to concentrate (mentalmente).
concepción *f* conception.
concepto *m* **1** concept (idea). **2** opinion (opinión). **3** heading, item (de factura, cuenta). ■ **bajo ningún ~** under no circumstances;. **en ~ de** as…
conceptual *adj* conceptual.
conceptuar *tr* to consider.
concerniente *adj* concerning. ■ **en lo ~ a** with regard to, concerning.
concernir *intr* to concern.
concertar *tr* **1** to arrange (cita, boda). **2** to fix (precio).
concertista *m* o *f* MÚS soloist.
concesión *f* **1** concession. **2** awarding (de premio); granting (de préstamo).
concesionario, ria *m* y *f* COM concessionaire, authorized dealer.
concha *f* **1** shell (caparazón). **2** TEAT prompter's box. **3** *Amér.* (vulg) cunt.
conchabar *tr* **1** to join (juntar). **2** *Amér.* to employ (asalariar). • **~se** *pron* **3** to gang up.
conciencia *f* **1** conscience (moral). **2** awareness (conocimiento). **3** MED conciousness. ◆ **~ social** social conscience. ■ **a ~** scrupulously.
concienzudo, da *adj* **1** conscientious (persona). **2** thorough (trabajo, informe).
concierto *m* **1** concert (obra, espectáculo). **2** agreement (acuerdo). ◆ **~ económico** economic pact.
conciliación *f* conciliation.
conciliar *tr* to reconcile. ■ **~ el sueño** to get to sleep.
concilio *m* council. ◆ **~ ecuménico** ecumenical council.

concisión *f* succintness.
conciso, sa *adj* concise.
conciudadano, na *m* y *f* fellow citizen.
concluir *tr* **1** to finish, to conclude (acabar). **2** to conclude (deducir). • *intr* **3** to conclude.
conclusión *f* conclusion. ■ **en ~** finally.
concomerse *pron* **1** to be vexed (por enfado). **2** to mope (por tristeza).
concomitar *tr* to accompany.
concordancia *f* **1** concordance (correspondencia). **2** GRAM agreement.
concordia *f* concord, harmony.
concreción *f* **1** specific details (precisión). **2** MED stone.
concretar *tr* **1** to work out the details of, to make concrete (planes). **2** to specify (especificar). • **~se** *pron* **3** to take shape (materializarse). **~se a algo 4** to limit to sth (limitarse).
concreto, ta *adj* specific, concrete. ■ **en ~** to be precise.
concubina *f* concubine.
concurrencia *f* **1** audience (público). **2** concurrence (simultaneidad).
concurrente *adj* **1** concurrent. • *m* o *f* **2** person present.
concurrir *intr* **1** to come together (confluir). **2** to take part (participar).
concursante *m* o *f* **1** contestant (en un concurso). **2** candidate (opositor).
concursar *intr* **1** to compete (en concurso). **2** to be a candidate (hacer oposiciones).
concurso *m* **1** competition (competición); contest (de belleza); quiz (de televisión). **2** tender (licitación). **3** open examination (oposición). **4** cooperation (colaboración).
condado *m* county.
conde *m* count.
condecoración *f* **1** decoration, medal (insignia). **2** decoration (acto).
condena *f* **1** conviction (acción). **2** sentence (pena).
condenación *f* **1** condemnation (reprobación). **2** REL damnation.
condenado, da *adj* **1** condemned (gen). **2** convicted (reo). **~ a 3** (fig) doomed to (abocado). **4** (fam) damned, wretched (maldito). • *m* y *f* **6** convicted person.
condenar *tr* **1** to condemn (gen). **2** to convict (reo). **3** to wall off (puerta, ventana). **4** REL to damn. • **~se** *pron* **5** REL to be damned.
condensación *f* condensation.
condensador *m* condenser.
condensar *tr* y *pron* to condense.
condesa *f* countess.
condescender *intr* to condescend.
condescendiente *adj* **1** condescending (altivo). **2** obliging (complaciente).
condición *f* **1** condition (gen). **2** status (social). • **condiciones** *f pl* **3** conditions (circunstancias); aptitudes (talent). ■ **con la ~ de que** on condition that.
condicional *adj* conditional.
condicionante *m* o *f* contributing factor.
condicionar *tr* **1** to condition. **~ algo a algo 2** to make sth conditional on sth.
condimentar *tr* to season.
condimento *m* seasoning.
condominio *m* **1** joint ownership (copropiedad). **2** *Amér.* apartment building, condominium (GB); condominium (EE UU, edificio).
condón *m* condom.
condonación *f* **1** remission (de pena). **2** cancellation (de deuda).
condonar *tr* **1** to remit (pena). **2** to cancel (deuda).
cóndor *m* ZOOL condor.
conducción *f* **1** driving (de vehículo). **2** pipework (tuberías).
conducir *tr* **1** to lead (llevar). **2** to drive (vehículo). • *intr* **3** to drive. • **~se** *pron* **4** to behave (comportarse).
conducta *f* behaviour.
conducto *m* **1** conduit, pipe (para agua). **2** (fig) channel (medio). **3** ANAT duct. ■ **por ~ de** through, by means of.
conductor, ra *adj* **1** leading (que conduce). **2** FÍS conductive. • *m* y *f* **3** driver (de vehículo). **4** *Amér.* conductor (revisor).
conectar *tr* **1** to connect up (cable, máquina). **2** to connect (relacionar).
conejo, ja *m* y *f* rabbit.
conexión *f* **1** connection (gen). • **conexiones** *f pl* **2** contacts, connections (contactos, amistades).
confabulación *f* **1** plot (complot). **2** made-up story (cuento inventado).
confabularse *pron* to conspire, to plot.
confección *f* **1** preparation (preparación). **2** dressmaking (de prenda); making-up (de todo tipo de artículo).

confeccionar *tr* to make.
conferencia *f* **1** conference (reunión). **2** lecture (disertación). **3** TELECOM long-distance call. ◆ **~ de prensa** press conference; **~ episcopal** synod. ■ **poner una ~** to make a call.
conferenciante *m* o *f* lecturer.
confesar *tr* **1** to confess (crimen, secreto, pecado); to admit (error). ● **~se** *pron* **2** to make one's confession, to confess.
confesión *f* confession.
confesional *adj* confessional.
confesor *m* confessor.
confeti *m* confetti.
confiado, da *adj* confident trusting.
confianza *f* **1** trust, confidence (fe). **2** confidence (en sí mismo). **3** familiarity (en el trato). ● **confianzas** *f pl* **4** liberties (libertades). ■ **en ~** in confidence.
confiar *intr* **~ en algo/alguien 1** to trust sb/sth. ● *tr* **2** to confide (secreto). **3** to entrust (encargar).
confidencial *adj* confidential.
confidente, ta *m* y *f* **1** confidant/confidante (amigo). **2** informer (de la policía).
configuración *f* **1** shape, configuration (forma). **2** INF settings.
configurar *tr* **1** to shape, to give form to (dar forma a). **2** INF to set up.
confín *m* **1** boundary (límite). **2** horizon (horizonte).
confinar *tr* **1** to exile, to banish (desterrar). **2** to confine (encerrar). ● **~se** *pron* **3** to shut oneself away.
confirmar *tr* **1** to confirm. ● **~se** *pron* **2** to be confirmed.
confiscar *tr* to confiscate.
confite *m* sweet (GB); candy (EE UU).
confitura *f* jam.
conflagración *f* **1** conflagration (incendio). **2** war (guerra).
conflicto *m* conflict. ◆ **~ de intereses** conflict of interests; **~ generacional** generation gap.
confluencia *f* confluence.
confluir *intr* **1** to meet, to join (ríos). **2** to gather (personas).
conformar *tr* **1** to make up, to constitute (constituir). **2** to keep happy (contentar). **3** to authorize (cheque). ● **~se** *pron* **4** to be content with.
conforme *adj* **~ con 1** in agreement with (opiniones). **~ a 2** consistent with (de acuerdo con). **3** satisfied (satisfecho). ● *adv* **4** as (a medida que, como).
conformidad *f* **1** consent, approval (aprobación). **2** resignation (resignación). ■ **de ~ con** in accordance with.
confort *m* comfort.
confortar *tr* to comfort.
confraternizar *intr* to fraternize.
confrontación *f* **1** confrontation (enfrentamiento). **2** comparison (de textos).
confrontar *tr* **1** to confront (enfrentarse a). **2** to compare (textos). ● **~se** *pron* **3** to face.
confundir *tr* **1** to confuse (equivocar). **2** to mix up (mezclar). **3** to overwhelm (turbar). ● **~se** *pron* **4** to become indistinct (difuminarse). **5** to make a mistake (equivocarse).
confusión *f* **1** confusion (gen). **2** embarrassment (turbación).
confuso, sa *adj* **1** confused (gen). **2** hazy (imagen, idea). **3** embarrassed (turbado).
congelación *f* freezing.
congelador *m* freezer.
congelar *tr* **1** to freeze (alimentos, créditos, imágenes). ● **~se** *pron* **2** to freeze up.
congénere *m* o *f* kind: *tu y tus congéneres = you and your kind.*
congeniar *intr* to get on well.
congénito, ta *adj* congenital.
congestión *f* congestion.
congestionar *tr* **1** to congest. ● **~se** *pron* **2** to become congested.
conglomerar *tr* y *pron* to conglomerate.
congoja *f* grief.
congraciarse *pron* to ingratiate oneself.
congratular *tr* **1** to congratulate. ● **~se** *pron* **2** to congratulate oneself.
congregación *f* **1** assembly (junta). **2** REL congregation.
congregar *tr* **1** to bring together. ● **~se** *pron* **2** to come together.
congreso *m* congress, conference (conferencia). ◆ **Congreso de los Diputados** *lower house in Spanish Parliament.*
congruencia *f* **1** coherence (coherencia). **2** DER, MAT congruence.
congruente *adj* **1** coherent (coherente). **2** MAT congruent.
cónico, ca *adj* **1** conical (gen). **2** GEOM conic (sección).
conífera *f* BOT conifer.

conjetura *f* conjecture.
conjugación *f* conjugation.
conjugar *tr* **1** to coordinate, to combine harmoniously (coordinar). **2** GRAM to conjugate.
conjunción *f* **1** combination, conjunction (unión). **2** ASTR, GRAM conjunction.
conjuntar *tr* **1** to combine, to join (unir). **2** to coordinate (coordinar).
conjunto, ta *adj* **1** joint, united. • *m* **2** group (grupo). **3** set, outfit (prendas). **4** MAT set. ■ **en ~** on the whole.
conjurado, da *adj* **1** conspiring, plotting. • *m* y *f* **2** conspirator, plotter.
conjurar *intr* **1** to conspire, to plot (conspirar). • *tr* **2** to ward off (daño, peligro). **3** REL to exorcize.
conjuro *m* incantation, spell.
conllevar *tr* to involve, to entail.
conmemorar *tr* to commemorate.
conmemorativo, va *adj* commemorative.
conmigo *pron* with me.
conminar *tr* **1** to threaten (amenazar). **2** DER to order.
conmoción *f* **1** shock (perturbación). **2** GEOL shaking. ◆ **~ cerebral** concussion.
conmovedor, ra *adj* moving.
conmover *tr* **1** to move (enternecer). **2** to disturb (perturbar). • **~se** *pron* **3** to be moved, to be stirred.
conmutación *f* **1** exchange (trueque). **2** DER commutation.
conmutador *m* **1** ELEC switch. **2** *Amér.* TELECOM switchboard.
conmutar *tr* **1** to exchange (cambiar). **2** DER to commute.
connotación *f* connotation.
connotar *tr* to connote.
cono *m* cone. ◆ **Cono Sur** Southern Cone; **~ truncado** truncated cone; **~ volcánico** volcanic cone.
conocer *tr* **1** to know (gen). **2** to meet (encontrarse por primera vez); to recognize (reconocer). **3** to get to know (ciudad, país). • **~se** *pron* **4** to know oneself (a uno mismo). **5** to be acquainted, to know each other (dos personas); to meet (por primera vez). ■ **darse a ~** to make oneself known.
conocido, da *adj* **1** well-known. • *m* y *f* **2** acquaintance.
conocimiento *m* **1** knowledge (gen). **2** MED consciousness. • **conocimientos** *m pl* **3** knowledge. ■ **con ~ de causa** (form) with full knowledge of the facts; **perder el ~** to lose consciousness; **tener ~ de algo** (form) to know about sth.
conque *conj* so.
conquista *f* conquest.
conquistador, ra *adj* **1** conquering. • *m* y *f* **2** conqueror (de territorios). **3** ladykiller (de mujeres); man-eater (de hombres). • *m* **4** HIST conquistador.
conquistar *tr* **1** to conquer (por la fuerza). **2** (fig) to win (puesto, victoria, libertad); to win over (persona).
consagración *f* **1** recognition (reconocimiento). **2** REL consecration.
consagrado, da *adj* **1** established, recognized. **2** REL consecrated.
consagrar *tr* **1** to devote (dedicar). **2** REL to consecrate. • **~se** *pron* **3** to establish oneself (hacerse famoso). • **~se a 4** to devote oneself to.
consanguíneo, a *adj* **1** related by blood. • *m* y *f* **2** blood relation.
consciente *adj* conscious, aware.
consecuencia *f* consequence. ■ **de ~** important; **en ~** consequently; **por ~** consequently, as a result; **traer como ~** to result in.
consecuente *adj* consistent.
consecutivo, va *adj* consecutive.
conseguir *tr* **1** to get (obtener). **2** to achieve (meta).
consejero, ra *m* y *f* **1** adviser (asesor). **2** POL councillor. **3** COM director. ◆ **~ delegado** CEO, chief executive officer, managing director.
consejo *m* **1** piece of advice (recomendación). **2** council (grupo). ◆ **~ de guerra** court-martial; **~ de ministros** cabinet.
consenso *m* **1** approval (consentimiento). **2** POL consensus.
consentido, da *adj* **1** spoiled. • *m* y *f* **2** spoiled child.
consentimiento *m* consent.
consentir *tr* **1** to permit, to allow (permitir); to tolerate (tolerar). **2** to spoil (mimar). • **~ en** *intr* **3** (form) to agree to (acceder).
conserje *m* o *f* caretaker.
conserjería *f* **1** post of caretaker (oficio). **2** caretaker's office (habitación).
conserva *f* preserved food. ■ **en ~** tinned, canned.

conservación *f* **1** conservation (gen). **2** preservation (de alimentos).
conservador, ra *adj* **1** conservative. • *m* y *f* **2** POL conservative. **3** curator (de museo).
conservar *tr* **1** to conserve (recursos). **2** to preserve (comida). • **~se** *pron* **3** to keep (producto). **4** to keep well (persona).
conservatorio *m* conservatory.
consideración *f* **1** consideration (reflexión). **2** respect (deferencia). ■ **ser de ~** to be important; **tomar en ~** to take into consideration.
considerado, da *adj* **1** considered (estimado). **2** considerate (atento).
considerar *tr* **1** to consider (reflexionar). **2** to respect, to show consideration for (mostrar deferencia hacia). **3** to believe (estimar).
consigna *f* **1** order (a subordinado). **2** watchword (lema). **3** left-luggage office (en estación).
consignar *tr* **1** to consign (mercancía). **2** to write down (escribir). **3** FIN to assign.
consigo *pron* with him (con él); with her (con ella); with you (con usted); with them (con ellos, con ellas); with oneself (con uno mismo). ■ **~ mismo/misma** with himself/herself.
consiguiente *adj* consequent. ■ **por ~** as a result.
consistente *adj* **1** solid (material, objeto); thick (salsa). **2** sound (argumentación). **3** *Amér.* consistent (persona).
consistir *intr* **~ en 1** to consist of. **~ en 2** to be based on (deberse a).
consistorio *m* POL town council.
consola *f* **1** console table (mesa). **2** INF, MÚS console. ◆ **~ de videojuegos** video console.
consolación *f* consolation.
consolar *tr* **1** to console. • **~se** *pron* **2** to take comfort, to console oneself.
consolidar *tr* **1** to consolidate. • **~se** *pron* **2** to become consolidated.
consomé *m* GAST consommé.
consonancia *f* consonance, harmony. ■ **en ~ con** in keeping with, in accordance with.
consonante *f* consonant.
consorcio *m* consortium.
conspiración *f* conspiracy.
conspirar *intr* to conspire, to plot.
constancia *f* **1** perseverance, constancy (perseverancia). **2** proof (prueba). **3** *Amér.* written evidence (documento). ■ **dejar ~ de algo** *Amér.* to put sth on record (documento).
constante *adj* **1** constant (continuo). **2** persevering (perseverante). • *f* **3** FÍS, MAT constant. ◆ **constantes vitales** vital signs.
constar *intr* **~ de 1** to consist of, to be composed of (estar compuesto de). **2** to be recorded (en un catálogo). ■ **hacer ~** (form) to put down (por escrito); to say (oralmente).
constatar *tr* to confirm.
constelación *f* constellation.
consternación *f* consternation.
consternar *tr* **1** to dismay. • **~se** *pron* **2** to be dismayed.
constipado, da *adj* **estar ~ 1** to have a cold. • *m* **2** cold.
constiparse *pron* to catch a cold.
constitución *f* **1** composition (composición). **2** POL constitution.
constituir *tr* **1** to compose (componer). **2** to set up (negocio). **3** to constitute (representar).
constituyente *adj* constituent.
constreñir *tr* **1** to force (obligar). **2** MED to constrict.
constricción *f* constriction.
construcción *f* **1** construction (acción, arte); building (edificio). **2** GRAM construction.
constructivo, va *adj* constructive.
construir *tr* **1** to build, to construct (edificio, máquina, futuro). **2** to construct (frase, argumento).
consuegro, gra *m* y *f* father-in-law of one's son/daughter (hombre); mother-in-law of one's son/daughter (mujer).
consuelo *m* consolation.
cónsul *m* o *f* consul.
consulta *f* **1** consultation (pregunta). **2** MED consulting room (despacho); surgery (visita).
consultar *tr* to consult.
consultorio *m* consulting room. ◆ **~ sentimental** problem page.
consumación *f* **1** consummation (de matrimonio). **2** perpetration (de delito).
consumado, da *adj* consummate.

consumar *tr* **1** to consummate (matrimonio). **2** to carry out, to perpetrate (delito).
consumición *f* **1** consumption (consumo). **2** drink (bebida).
consumir *tr* e *intr* **1** to consume. • **~se** *pron* **2** to burn down (por el fuego). **3** to waste away (persona).
consumismo *m* consumerism.
consumo *m* consumption.
contabilidad *f* **1** book-keeping, accounting (actividad). **2** accounting department (departamento).
contabilizar *tr* **1** COM to register in the accounts. • **~se** *pron* **2** to be reported.
contable *adj* **1** countable. • *m* o *f* **2** COM accountant.
contactar *intr* **~ con alguien** to get in touch with sb.
contacto *m* **1** contact (gen). **2** MEC ignition. **3** *Amér.* switch (interruptor).
contado, da *adj* few (escaso). ■ **al ~** in cash.
contador, ra *m* y *f* **1** *Amér.* book-keeper, accountant. • *m* **2** meter (de agua, gas).
contagiar *tr* **1** to transmit. • **~se** *pron* **2** to be transmitted.
contagio *m* contagion.
contagioso, sa *adj* contagious.
container *m* container.
contaminación *f* pollution (del medio ambiente); contamination (de alimentos, por radioactividad).
contaminante *adj* polluting (del medio ambiente); contaminating (de alimentos, por radioactividad).
contaminar *tr* to pollute (medio ambiente); to contaminate (alimentos, por radioactividad).
contante *adj* cash. ■ **~ y sonante** cash down.
contar *tr* **1** to count (enumerar). **2** to tell (narrar). • *intr* **3** to count (importar). **~ con 4** to have (tener); to rely on (poder disponer de).
contemplación *f* **1** contemplation (observación). • **contemplaciones** *f pl* **2** ceremony, indulgence (miramientos).
contemplar *tr* to contemplate.
contemporáneo, a *adj* contemporary, contemporaneous.
contemporizar *intr* to compromise readily.
contención *f* containment.
contencioso, sa *adj* **1** contentious (persona). **2** DER litigious. • *m* **3** DER dispute, conflict. ♦ **~ administrativo** public administration litigation.
contender *intr* **1** to contend (competir). **2** MIL to fight.
contenedor *m* container, bin.
contener *tr* **1** to contain (encerrar). **2** to repress (reprimir). • **~se** *pron* **3** to control oneself (reprimirse).
contenido, da *adj* **1** restrained. • *m* **2** content.
contentar *tr* **1** to satisfy (satisfacer). **2** to make happy (alegrar). **3** *Amér.* to reconcile (reconciliar). • **~se con** *pron* **4** to make do with.
contento, ta *adj* **1** content (satisfecho). **2** happy (feliz). • *m* **3** happiness.
contertulio, lia *m* y *f participant in a social gathering*.
contestación *f* answer, reply (respuesta).
contestador *m* **~ automático** answering machine.
contestar *tr* **1** to answer, to reply (responder). **2** to answer back (replicar).
contexto *m* context.
contienda *f* **1** fight (pelea). **2** argument (disputa).
contigo *pron* with you.
contiguo, gua *adj* adjacent.
continencia *f* continence.
continental *adj* continental.
continente *m* **1** GEOG continent. **2** container (contenedor).
contingente *adj* **1** contingent. • *m* **2** contingency (contingencia). **3** COM quota. **4** MIL contingent.
continuación *f* continuation.
continuar *tr* **1** to continue. • *intr* **2** to continue, to go on. • **~se** *pron* **3** to extend.
continuidad *f* continuity.
continuo, nua *adj* **1** continuous, constant (ininterrumpido). **2** continual (frecuente).
contonearse *pron* to swing one's hips.
contoneo *m* swinging of the hips.
contorno *m* **1** perimeter (cerco). **2** GEOG contour.
contorsión *f* contortion.
contorsionarse *pron* to writhe about.
contra *prep* against.

contraatacar *pron* to counterattack.
contraataque *m* counter-attack.
contrabajo *m* **1** double bass (instrumento). **2** deep bass (cantante, voz). • *m* o *f* **3** double bass player (músico).
contrabandista *m* o *f* smuggler.
contrabando *m* **1** smuggling (actividad). **2** contraband, smuggled goods (mercancías). ♦ **~ de armas** gun-running. ■ **de ~** smuggled.
contracción *f* contraction.
contractura *f* MED spasm, contraction.
contradecir *tr* **1** to contradict. • **~se** *prnl* **2** to contradict oneself.
contradicción *f* contradiction.
contradictorio, ria *adj* contradictory.
contraer *tr* **1** to contract (músculo). **2** to catch, to contract (enfermedad). • **~se** *pron* **3** to contract. ■ **~ matrimonio** to get married.
contraindicación *f* MED contraindication.
contraindicar *tr* to contraindicate.
contralto *m* **1** MED counter tenor. • *f* **2** MED contralto.
contraluz *m* o *f* view facing the light. ■ **a ~** against the light.
contramaestre *m* **1** foreman (capataz). **2** MAR boatswain. **3** *Amér.* skilled worker.
contrapartida *f* **1** compensation (compensación). **2** COM correcting entry. ■ **como ~ de** as compensation for.
contrapelo *loc adv* **a ~** against the grain.
contrapesar *tr* **1** to counterbalance. **2** (fig) to offset.
contrapeso *m* **1** TEC counterweight. **2** (fig) compensation.
contraponer *tr* **1** to compare (cotejar). **2** to set against (oponer).
contraposición *f* **1** conflict (oposición). **2** contrast (diferencia).
contrapuntear *tr Amér.* to compete (competir).
contrapunto *m* MÚS counterpoint.
contrariar *tr* **1** to oppose (oponerse). **2** to upset (alterar).
contrariedad *f* **1** setback (contratiempo). **2** annoyance (disgusto).
contrario, ria *adj* **1** opposite. • *m* y *f* **2** opponent. ■ **de lo ~** otherwise; **al/por el ~** on the contrary; **llevar la contraria** to be contrary.
contrarreloj *adj* **1** time. • *f* **2** time trial.
contrarrestar *tr* **1** to counter (resistir). **2** to balance (compensar).
contrasentido *m* **1** contradiction (contradicción). **2** absurdity (disparate).
contraseña *f* password.
contrastar *tr* **1** to check (comprobar). • *intr* **2** to contrast.
contraste *m* contrast (oposición).
contratación *f* **1** hiring (de personal); contracting (de empresa). **2** BOLSA trading.
contratar *tr* **1** to contract (empresa); to hire (trabajador). **2** DEP to sign up.
contratiempo *m* reverse, setback.
contrato *m* contract.
contravenir *tr* (fig) to contravene.
contrayente *m* o *f contracting party* (en una boda).
contribución *f* **1** contribution (gen). **2** FIN tax. • **contribuciones** *f pl* **3** taxation. ♦ **~ directa** direct taxation; **~ municipal** rates.
contribuir *intr* **1** to contribute (gen). **2** FIN to pay taxes.
contribuyente *m* o *f* taxpayer.
contrincante *m* o *f* rival.
control *m* control. ♦ **~ de calidad** quality control; **~ de natalidad** birth control; **~ remoto** remote control.
controlador, ra *m* y *f* controller. ♦ **~ aéreo** AER air-traffic controller.
controlar *tr* **1** to control. • **~se** *pron* **2** to control oneself.
controversia *f* controversy.
contumacia *f* **1** stubbornness (obstinación). **2** DER contumacy.
contumaz *adj* **1** stubborn (obstinado). **2** DER contumacious.
contundente *adj* crushing (golpe), forceful (argumento).
conturbar *tr* **1** to trouble. • **~se** *pron* **2** to be troubled.
contusión *f* bruise, contusion.
contusionar *tr* to bruise.
convalecencia *f* convalescence.
convaleciente *adj* convalescent.
convalidación *f* **1** recognition (aceptación). **2** EDUC validation.
convalidar *tr* EDUC to validate.
convecino, na *adj* **1** neighbouring. • *m* y *f* **2** close neighbour.
convencer *tr* **1** to convince. • **~se** *pron* **2** to be persuaded.

convencimiento *m* **1** conviction (certeza). **2** persuasion, convincing (acción de convencer).
convención *f* convention.
convencional *adj* conventional.
conveniencia *f* **1** advisability (lo recomendable). **2** usefulness (utilidad). • **conveniencias** *f pl* **3** conventions. ■ **buscar su propia ~** to look after one's own interests.
conveniente *adj* **1** advisable (recomendable). **2** appropriate (apropiado).
convenio *m* agreement. ◆ **~ colectivo** collective agreement.
convenir *intr* **1** to agree (acordar). **2** to suit (ser útil). **3** to be advisable (ser aconsejable).
convento *m* **1** convent (de monjas); monastery (de monjes). **2** *Amér.* rectory (rectoría).
convergente *adj* convergent.
converger o **convergir** *intr* **1** to converge (juntarse). **2** to concur (concurrir).
conversación *f* conversation. ■ **entablar ~ con alguien** to start a conversation with sb.
conversador, ra *adj* **1** talkative. • *m* y *f* **2** conversationalist.
conversar *intr* to chat.
conversión *f* conversion.
converso, sa *adj* **1** converted. • *m* y *f* **2** convert.
convertible *adj* **1** convertible. • *m* **2** *Amér.* convertible.
convertir *tr* **1** to turn (transformar). **2** DEP to convert. **3** REL to convert. • **~se** *pron* **4** to turn (volverse).
convicción *f* conviction.
convicto, ta *adj* convicted.
convidado, da *adj* **1** invited. • *m* y *f* **2** guest.
convidar *tr* **1** to invite (invitar). **2** to be conducive to (incitar).
convite *m* **1** invitation (invitación). **2** banquet (banquete). **3** *Amér.* masquerade (mojiganga).
convivencia *f* living together.
convivir *intr* to live together.
convocar *tr* **1** to call (huelga, reunión). **2** to announce (concurso). **3** to convoke, to convene (personas, instituciones).
convocatoria *f* **1** summons (a asamblea). **2** holding (de exámenes).
convoy *m* **1** convoy (de buques, vehículos). **2** train (tren).
convoyar *tr* **1** *Amér.* COM to subsidize. • **~se** *pron* **2** *Amér.* to plot (confabularse).
convulsión *f* **1** tremor (terremoto). **2** MED convulsion. **3** POL disturbance.
conyugal *adj* marital, conjugal.
cónyuge *m* o *f* spouse.
coña *f* **1** (fam) joking (broma). **2** (fam) nuisance (molestia).
coñac *m* brandy.
coño *m* **1** (vulg) cunt, pussy. • **¡~!** *interj* **2** (vulg) for Christ's sake!
cooperación *f* cooperation.
cooperador, ra *adj* **1** cooperative. • *m* y *f* **2** cooperator.
cooperante *adj* **1** cooperative. • *m* o *f* **2** voluntary worker.
cooperar *tr* to cooperate.
cooperativa *f* cooperative.
coordenada *f* coordinate.
coordenado, da *adj* coordinate.
coordinación *f* coordination.
coordinador, ra *adj* **1** coordinating. • *m* y *f* **2** coordinator.
coordinar *tr* to coordinate.
copa *f* **1** wine-glass (para vino). **2** drink (bebida). **3** top (de árbol). **4** crown (de sombrero). **5** cup (trofeo). • **copas** *f pl* **6** hearts (en naipes).
copar *tr* **1** to corner (acaparar). **2** to win (en juegos). **3** MIL to cut off.
copear *intr* to booze (beber).
copetín *m Amér.* drink.
copia *f* copy. ◆ **~ certificada** certified copy; **~ de seguridad** INF backup.
copiar *tr* **1** to copy (gen); to take down (al dictado). • *intr* **2** to cheat, to copy (en examen).
copiloto *m* o *f* copilot.
copión, na *m* y *f* (fam) cheat (en un examen); copycat (imitador).
copla *f* **1** LIT verse. **2** MÚS popular song. **3** *Amér.* joint (tubería).
copo *m* **1** snowflake (de nieve). **2** ball (de algodón). **3** *Amér.* tuft of clouds (nubes).
coproducción *f* coproduction, joint production.
copropietario, ria *m* y *f* co-owner.
cópula *f* **1** joining (unión). **2** (form) copulation (sexual).
coquear *intr Bol., Perú* to chew coca leaves.

coquetear *intr* to flirt.
coqueto, ta *adj* **1** concerned with one's appearance (presumido). **2** flirtatious, coquettish (que flirtea). **3** (fam) attractive, bijou (piso, adorno).
coraje *m* **1** courage (valor). **2** anger (ira).
coral *adj* **1** choral. • *m* **2** ZOOL coral. • *f* **3** MÚS choir (coro). **4** ZOOL coral snake.
Corán *m* REL Koran.
coraza *f* **1** breastplate (armadura). **2** ZOOL shell. **3** MAR armour-plating.
corazón *m* **1** heart (gen). **2** core (de manzana); heart (de alcachofa). • **corazones** *m pl* **3** hearts (naipes). ■ **con el ~ en la mano** with one's hand on one's heart; **encogérsele a uno el ~** to feel one's heart shrink; **tener un ~ de oro** to have a heart of gold; **todo ~** all heart.
corazonada *f* hunch, feeling.
corbata *f* tie.
corbeta *f* NÁUT corvette.
corchete *m* **1** hook (de broche). **2** square bracket (signo gráfico).
corcho *m* cork.
corcova *f* **1** hump (joroba). **2** *Amér.* all night party.
cordel *m* cord. ■ **a ~** in a straight line.
cordero, ra *m* y *f* **1** lamb (animal). • *m* **2** lamb (carne); lambskin (piel). ♦ **~ lechal** suckling lamb.
cordial *adj* cordial, friendly.
cordillera *f* GEOG mountain range.
cordillerano, na *adj Amér.* Andean.
cordón *m* **1** string (cuerda pequeña). **2** *Amér.* kerb (acera). ♦ **~ de zapatos** shoelace; **~ policial** police cordon; **~ umbilical** umbilical cord.
cordura *f* **1** sensibleness (sensatez). **2** sanity (juicio). ■ **con ~** sensibly.
coreografía *f* choreography.
coreógrafo, fa *m* y *f* choreographer.
corista *f* chorus girl.
cornada *f* goring.
cornamenta *f* **1** horns (gen); antlers (de ciervo). **2** (coloq) cuckold's horns (de marido).
córnea *f* ANAT cornea.
cornear *tr* to gore.
corneja *f* ZOOL rook.
córner *m* DEP corner.
corneta *f* **1** MÚS cornet. **2** MIL bugle. • *m* o *f* **3** MÚS cornet player. **4** MIL bugler, bugle player.
cornetín *m* **1** tenor horn (instrumento). • *m* o *f* **2** tenor horn player (músico).
cornisa *f* ARQ cornice. ♦ **la ~ cantábrica** the Cantabrian coast.
cornudo, da *adj* **1** horned (animal). • *m* **2** (coloq) cuckold (marido).
coro *m* **1** choir (cantantes). **2** chorus (canción). **3** ARQ choir. **4** REL chant.
corona *f* **1** crown (de monarca). **2** garland (de flores). ♦ **~ de espinas** crown of thorns; **~ funeraria** wreath.
coronación *f* **1** coronation (de monarca). **2** (fig) culmination (fin).
coronar *tr* **1** to crown (rey). **2** to crown, to complete (culminar). **3** to queen (en ajedrez, damas). **4** ARQ to top.
coronel *m* o *f* MIL colonel.
coronilla *f* crown (de la cabeza). ■ **estar hasta la ~** (fam) to be cheesed off.
corotos *m pl Amér.* (fam) stuff, junk.
corpiño *m* **1** bodice (chaleco). **2** *Amér.* bra (sostén).
corporación *f* corporation.
corporal *adj* physical.
corporativo, va *adj* corporative.
corpulencia *f* corpulence.
corpulento, ta *adj* corpulent.
corpus *m* corpus. ♦ **Corpus Christi** REL Corpus Christi.
corpúsculo *m* corpuscle.
corral *m* **1** pen (de animales). **2** open-air theatre (teatro).
correa *f* **1** strap (tira); belt (cinturón). **2** leash, lead (de perro). **3** TEC belt. ♦ **~ del ventilador** AUT fan belt.
corrección *f* **1** correction (de errores). **2** correctness (cortesía). **3** punishment (reprensión). ♦ **~ de pruebas** proofreading.
correccional *adj* **1** corrective. • *m* **2** reformatory.
correctivo, va *adj* **1** corrective. • *m* **2** punishment.
correcto, ta *adj* **1** correct (sin errores). **2** well-mannered (cortés).
corrector, ra *m* y *f* proof-reader.
corredero, ra *adj* sliding (puerta, ventana).
corredizo, za *adj* **1** sliding (puerta). **2** slip (nudo).
corredor, ra *m* y *f* **1** DEP runner. **2** COM agent. • *m* **3** corridor. ♦ **~ de bolsa** stockbroker; **~ de seguros** insurance broker.

corregir *tr* **1** to correct (gen); to mark (examen). **2** to punish (reprender).
correlativo, va *adj* correlative.
correntón, na *adj* **1** roving. • *m* **2** *Col., P. Rico* strong current.
correo *m* **1** post (GB); mail (EE UU, servicio). **2** HIST courier (persona). • **correos** *m pl* **3** post office (oficina). ◆ **~ aéreo** airmail; **~ certificado** registered post; **~ electrónico** e-mail, electronic mail. ■ **echar al ~** to post.
correr *intr* **1** to run (caminar con rapidez). **2** to pass (tiempo). **~ con 3** to meet, to bear (gastos). **4** to blow (viento). • *tr* **5** to cover (recorrer). **6** to draw (cortinas). • **~se** *pron* **7** to move up (moverse). **8** (vulg) to come (tener un orgasmo). **9** *Amér.* to run away, to escape (escaparse). ■ **a todo ~** at full speed; **¡corre!** hurry up!
correría *f* **1** MIL raid. • **correrías** *f pl* **2** (fam) travels.
correspondencia *f* **1** correspondence (gen). **2** post (GB); mail (EE UU, cartas). **3** communication (en metro, tren).
corresponder *intr* **1** to correspond (gen). **2** to concern (incumbir). **3** to repay (favor). **4** to to reciprocate (afecto). • **~se** *pron* **5** to correspond.
correspondiente *adj* **1** corresponding (gen). **2** respective (respectivo). **3** appropriate (apropiado).
corresponsal *m* o *f* correspondent.
corretaje *m* FIN brokerage (de acciones); commission (comisión).
corretear *intr* **1** (fam) to run about. • *tr* **2** *Amér.* to chase (perseguir).
correveidile o **correvedile** *m* o *f* (fam) gossip (chismoso).
corrida *f* **1** run (carrera). **2** TAUROM bullfight. **3** *Amér.* (fam) rave-up.
corrido, da *adj* **1** extra, good (peso, medida). **2** ashamed (avergonzado). **3** experienced (experimentado). **4** ARQ adjoining. • *m* **5** Mexican ballad. ■ **de ~** without stopping.
corriente *adj* **1** usual (normal). **2** current (fecha, cuenta). **3** running (agua). • *f* **4** current. ◆ **~ alterna** ELEC alternating current; **~ continua** ELEC continuous current. ■ **al ~** up to date; **~ y moliente** run-of-the-mill; **estar al ~ de algo** to know about sth.
corrimiento *m* **1** GEOL slip. **2** *Amér.* MED rheumatism. ◆ **~ de tierras** landslide.
corro *m* ring, circle (de gente). ■ **hacer ~ aparte** (fig) to be on the other side.
corroer *tr* **1** to corrode (metal). **2** (fig) to eat up: *le corroe la envidia = he's eaten up by jealousy.* • **~se** *pron* **3** to corrode.
corromper *tr* **1** to rot (descomponer). **2** to corrupt (pervertir). • **~se** *pron* **3** to rot (descomponerse). **4** to become corrupted (pervertirse).
corronchoso, sa *adj Amér.* rough, coarse.
corrosión *f* **1** QUÍM corrosion. **2** GEOL erosion.
corrupción *f* **1** decay, rot (putrefacción). **2** corruption (depravación). ◆ **~ de menores** corruption of minors.
corruptela *f* corruption (corrupción); corrupt practice (abuso).
corrupto, ta *adj* corrupt (persona).
corsario *m* y *f* corsair, privateer.
corsé *m* corset. ◆ **~ ortopédico** orthopaedic corset.
corsetería *f* lingerie shop.
cortacésped *m* lawnmower.
cortacircuitos *m* ELEC circuit breaker.
cortada *f* **1** *Amér.* cut (herida). **2** *Arg.* dead-end street (calle sin salida).
cortado, da *adj* **1** (fam) embarrassed (avergonzado). • *m* **2** espresso coffee with a dash of milk.
cortafuego *m* firebreak.
cortapisa *f* restriction. ■ **sin cortapisas** with no limitations.
cortar *tr* **1** to cut (gen); to cut down (árbol). **2** to cut off (luz, gas). **3** to interrupt (interrumpir). **4** to block (impedir el paso). **5** (fam) to intimidate (intimidar). • *intr* **6** to cut (tener filo). **~ (con) 7** to split up (with) (una relación). • **~se** *pron* **8** to cut oneself (hacerse un corte). **9** to become chapped (agrietarse la piel). **10** to turn sour (leche). **11** (fam) to be lost for words (turbarse). ■ **~ el bacalao** to be the boss; **cortarse el pelo** to have one's hair cut.
cortaúñas *m* nail clippers.
corte *m* **1** cut (gen); cutting (acción). **2** edge (filo). **3** piece (de tela). **4** ARQ section. • *f* **5** court (residencia real). ◆ **~ de mangas** (vulg) V-sign; **las Cortes** POL Spanish parliament. ■ **dar un ~ a alguien** to cut sb dead.

cortejar *tr* (form) to court.
cortejo *m* retinue. ◆ **~ fúnebre** funeral cortège.
cortés *adj* polite.
cortesano, na *adj* courtly (de la corte).
cortesía *f* **1** courtesy (educación). **2** present (regalo).
corteza *f* bark (de árbol); peel (de fruta); rind (de queso); crust (de pan). ◆ **~ cerebral** ANAT cerebral cortex; **la ~ terrestre** the earth's crust.
cortijo *m* farmhouse (Andalucía).
cortina *f* **1** curtain. **2** (fig) screen. ◆ **~ de humo** (fig) smokescreen.
corto, ta *adj* **1** short (gen). **2** scant (escaso). **3** shy (tímido). **4** (fam) dim (torpe). ● *m* **5** CINE short film. ■ **~ de miras** narrow-minded; **~ de vista** short-sighted; **ni ~ ni perezoso** without hesitating; **quedarse ~** to underestimate (calcular mal); to hold back (no decir todo).
cortocircuito *m* ELEC short-circuit.
cortometraje *m* CINE short film.
corvo, va *adj* curved.
corzo, za *m* y *f* ZOOL roe buck (macho); roe deer (hembra).
cosa *f* **1** thing (gen). **2** affair (asunto). **3** fancy (idea). ■ **~ de** about; **como quien no quiere la ~** surreptitiously; **como si tal ~** just like that; **ser ~ de** to be a question of.
cosecha *f* **1** AGR harvest, crop. **2** vintage (añada de vino).
cosechar *tr* e *intr* **1** AGR to harvest. ● *tr* **2** (fig) to achieve (éxito); to win (premio, admiración).
cosechero, ra *m* y *f* harvester.
coseno *m* MAT cosine.
coser *tr* **1** to sew (gen). **2** to join (unir). **3** MED to stitch up (herida). ◆ **máquina de ~** sewing machine.
cosiaca *f Amér.* trifling thing.
cosmética *f* cosmetics.
cosmético, ca *adj* **1** cosmetic. ● *m* **2** cosmetic.
cósmico, ca *adj* cosmic. ◆ **rayos cósmicos** cosmic rays.
cosmonauta *m* o *f* cosmonaut.
cosmopolita *adj/m* o *f* cosmopolitan.
cosmos *m* cosmos.
coso *m* TAUROM bullring.
cosquillas *f pl* ticklishness. ■ **buscar a alguien las ~** (fig) to wind sb up; **hacer ~ a alguien** to tickle sb; **tener ~** to be ticklish.
cosquilloso, sa *adj* **1** ticklish. **2** (fig) touchy.
costa *f* **1** GEOG coast. **2** FIN cost. ● **costas** *f pl* **3** DER costs. ■ **a ~ de** at the expense of; **a toda ~** at all costs.
costado *m* **1** side (lado). **2** MIL flank. ■ **por los cuatro costados** through and through.
costal *m* sack. ■ **ser harina de otro ~** to be another kettle of fish.
costar *tr* e *intr* **1** to cost (tener un precio). **2** (fig) to be difficult (ser difícil). ■ **~ un ojo de la cara** (fam) to cost an arm and a leg; **costarle a alguien caro** (fig) to pay dearly for sth.
Costa Rica *f* Costa Rica.
costarricense o **costarriqueño, ña** *adj/m* y *f* Costa Rican.
coste *m* **1** cost (gasto). **2** price (precio). ◆ **~ de la vida** ECON cost of living.
costear *tr* **1** to pay for (pagar). **2** NÁUT to sail along the coast. ● **~se** *pron* **3** to pay one's way.
costero, ra *adj* **1** coastal. ● *m* y *f* **2** coastal inhabitant.
costilla *f* **1** ANAT rib. **2** GAST cutlet. **3** (fam, fig) better half (mujer). ● **costillas** *f pl* **4** ANAT back.
costillar o **costillaje** *m* ANAT ribcage.
costo *m* **1** cost (gasto). **2** price (precio). **3** (fam) dope (hachís).
costoso, sa *adj* costly.
costra *f* **1** crust (gen). **2** MED scab.
costumbre *f* **1** custom (tradición). **2** habit (hábito). ● **costumbres** *f pl* **3** way of life. ■ **como de ~** as usual.
costumbrismo *m* LIT portrayal of local customs.
costura *f* **1** sewing (acción). **2** seam (juntura). **3** dressmaking (arte). ◆ **alta ~** haute couture. ■ **meter a alguien en ~** to make sb see sense.
costurera *f* dressmaker.
cotarro *m* (fig, fam) rowdy gathering. ■ **dirigir el ~** to rule the roost.
cotejo *m* comparison.
cotidiano, na *adj* daily, everyday.
cotillear *intr* (fam) to gossip.
cotilleo *m* (fam) gossip.
cotización *f* BOLSA quotation, price (de acciones); value (de divisas).

cotizar *tr* **1** to pay (pagar). **2** (fig) to price (valorar). • *intr* **3** BOLSA to quote (acciones). **4** (fig) to pay a subscription (a un club, la seguridad social). • **~se** *pron* **5** BOLSA to be quoted at. **6** (fig) to be valued (valorarse).
coto *m* **1** reserve (terreno). **2** boundary (término). ♦ **~ de caza** game reserve. ■ **poner ~ a algo** to put a stop to sth.
cotorra *f* **1** ZOOL parrot. **2** (fig, fam) chatterbox (persona).
coxis *m* → cóccix.
coyote *m* **1** ZOOL coyote. **2** *Méx.* COM dealer.
coyuntura *f* situation, climate (económica, política).
coz *f* **1** kick (de animal). **2** (fig, fam) insult (injuria). ■ **dar coces** to kick.
crack o **crac** *m* **1** ECON crash. **2** DEP star, ace. **3** crack (droga).
cráneo *m* ANAT skull, cranium.
crápula *f* **1** drunkenness (embriaguez). **2** debauchery (libertinaje). • *m* o *f* **3** debauched person.
craso, sa *adj* **1** fat (gordo). **2** thick (espeso). **3** crass, stupid (error).
cráter *m* GEOL crater.
creación *f* creation.
creador, ra *adj* **1** creative. • *m* y *f* **2** creator. ♦ **el Creador** REL the Creator.
crear *tr* **1** to create (gen). **2** to set up, to found (fundar). **3** to invent (idear).
creativo, va *adj* **1** creative. • *m* y *f* **2** creative director.
crecer *intr* **1** to grow (gen). **2** to rise (río, marea). **3** to wax (luna). • **~se** *pron* **4** to become bolder.
creces *f pl* **con ~** more than expected.
crecida *f* rise (río); flood (inundación).
crecido, da *adj* **1** tall (persona); long (pelo); high (río). **2** (fig) conceited (engreído).
creciente *adj* **1** growing (gen). **2** waxing (luna).
crecimiento *m* **1** growth (físico). **2** increase (aumento).
credencial *adj* **1** certifying. • *f* **2** document. • **credenciales** *f pl* **3** credentials.
crédito *m* **1** credit (gen). **2** loan (préstamo). **3** reputation, standing (reputación). **4** CINE, EDUC, TV credit. ■ **a ~** on credit; **dar ~** to give credit; **no dar ~ a los ojos** not to believe one's eyes.
credo *m* REL, POL creed.
credulidad *f* credulity.
crédulo, la *adj* unsuspecting.
creencia *f* belief.
creer *tr* **1** to believe (tener por cierto). **2** to think (juzgar). • **~ en** *intr* **3** to believe in (tener fe, confianza). • **~se** *pron* **4** to believe; to think.
creíble *adj* credible, believable.
creído, da *adj* conceited (engreído).
crema *adj* **1** cream (color). • *f* **2** GAST cream (de la leche). **3** GAST custard (postre). **4** cream (cosmético). **5** polish (calzado). ♦ **~ de afeitar** shaving cream.
cremación *f* cremation.
cremallera *f* **1** zip (GB); zipper (EE UU). **2** MEC rack. **3** rack railway (tren).
cremería *f Arg.* dairy.
cremoso, sa *adj* creamy.
crepe *m* GAST crepe.
crepuscular *adj* twilight.
crepúsculo *m* twilight, dusk.
crescendo *m* MÚS crescendo.
crespo, pa *adj* **1** curly, frizzy (pelo). **2** angry (irritado).
crespón *m* **1** crepe (tela). **2** armband (señal de luto).
cresta *f* **1** crest (gen). **2** comb (de gallo).
cretino, na *adj* **1** cretinous. • *m* y *f* **2** cretin.
creyente *m* o *f* believer.
cría *f* **1** baby animal (cachorro). **2** breeding (reproducción).
criada *f* female servant, maid.
criadero *m* **1** nursery (para árboles). **2** breeding farm (para animales).
criado, da *adj* **1** brought-up. • *m* **2** servant. ♦ **bien/mal ~** well/badly brought-up.
crianza *f* **1** upbringing (educación). **2** nursing (bebé). **3** breeding (de animales); growing (de plantas); ageing (de vino).
criar *tr* **1** to bring up (niños). **2** to suckle (amamantar). **3** to breed (animales); to grow (cultivar); to age (vino). • **~se** *pron* **4** to grow (crecer). **5** to be brought up (educarse).
criatura *f* **1** child (niño). **2** (fig) creature.
cribar *tr* **1** AGR to sift. **2** TEC to screen.
crimen *m* crime (delito); murder (asesinato).
criminal *adj/m* o *f* criminal.
criminalista *adj* **1** DER criminal. • *m* o *f* **2** DER criminal lawyer.

crin *f* mane.
crío, a *m* y *f* child, kid.
criollo, lla *adj/m* y *f* **1** Creole. • *m* **2** Creole (idioma).
cripta *f* crypt.
criptografía *f* cryptography.
crisis *f* **1** crisis (gen). **2** shortage (escasez). **3** attack, fit (ataque). ♦ **~ económica** economic crisis; **~ nerviosa** nervous breakdown.
crisma *m* o *f* **1** REL chrism. • *f* **2** (fig, fam) nut (cabeza). ■ **romper la ~ a alguien** (fam) to smash sb's face in; **romperse la ~** (fam) to crack one's head open.
crispación *f* tension.
crispar *tr* y *pron* **1** to contract (músculos). • *tr* **2** (fig) to annoy (irritar). • **~se** *pron* **3** (fig) to get annoyed (irritarse). ■ **~ los nervios a alguien** to get on sb's nerves.
cristal *m* glass (vidrio); pane of glass (de ventana). ♦ **~ líquido** liquid crystal.
cristalera *f* **1** display cabinet (mueble). **2** shop window (escaparate). **3** glass door (puerta).
cristalería *f* **1** glassware (objetos). **2** glassworks (fábrica). **3** glassware shop (tienda).
cristalino, na *adj* **1** crystalline, transparent. • *m* **2** ANAT crystalline lens.
cristalizar *intr* y *pron* to crystallize.
cristiandad *f* Christendom.
cristianismo *m* REL Christianity.
cristiano, na *adj/m* y *f* REL Christian. ■ **hablar en ~** (fam) to speak intelligibly.
cristo *m* crucifix (crucifijo). ♦ **Cristo** Christ. ■ **armar un ~** (coloq) to kick up a fuss.
criterio *m* **1** criterion (regla). **2** judgement (juicio). **3** viewpoint (opinión). ■ **cambiar de ~** to change one's mind.
crítica *f* **1** criticism (gen). **2** review (reseña). **3** critics (críticos).
criticar *tr* to criticize.
crítico, ca *adj* **1** critical. • *m* y *f* **2** critic.
croar *intr* to croak.
croissant *m* GAST croissant.
croissantería *f* croissant shop.
crol *m* DEP crawl.
cromático, ca *adj* chromatic.
cromo *m* **1** QUÍM chrome. **2** picture card (estampa). ■ **estar hecho un ~** (fam) to look a picture.
cromosoma *m* BIOL chromosome.
cromosómico, ca *adj* BIOL chromosomal.
crónica *f* **1** article (de periódico). **2** RAD, TV report (reportaje). **3** HIST chronicle.
crónico, ca *adj* chronic.
crono *m* DEP time (tiempo cronometrado).
cronología *f* chronology.
cronometrar *tr* to time.
cronómetro *m* **1** chronometer. **2** DEP stopwatch.
croqueta *f* GAST croquette.
croquis *m* sketch.
cruce *m* **1** crossing (gen). **2** crossroads (de carreteras). **3** crossed line (de teléfono). **4** ZOOL cross.
crucero *m* **1** cruise (viaje). **2** cruiser (barco).
crucificar *tr* to crucify.
crucifijo *m* REL crucifix.
crucifixión *f* crucifixion.
crucigrama *m* crossword (puzzle).
crudeza *f* **1** rawness (de alimento). **2** harshness (clima). **3** coarseness (vulgaridad). **4** severity (rigor).
crudo, da *adj* **1** raw (alimento). **2** harsh (clima). **3** coarse (vulgar). **4** severe (riguroso). • *m* **5** crude (petróleo).
cruel *adj* cruel.
crujido *m* crunching (de pan tostado); creaking (de tabla, puerta); crackling (de leña que arde); rustling (de hojas secas, papel); grinding (de dientes).
crujiente *adj* crunchy (pan tostado, galleta).
crujir *intr* to crunch (pan tostado, galleta); to creak (tabla, puerta); to crackle (leña que arde); to rustle (hojas secas, papel); to grind (dientes).
crustáceo, a *adj* y *m* ZOOL crustacean.
cruz *f* **1** cross. **2** tails (de monedas). **3** (fig) burden (carga). ♦ **~ gamada** swastika; **Cruz Roja** Red Cross. ■ **~ y raya** (fam) never again; **en ~** outstretched (brazos).
cruza *f Amér.* cross (de animales).
cruzar *tr* **1** to cross (gen). **2** to exchange (mirada). • *intr* **3** to cross. • **~se** *pron* **4** to meet (encontrarse).
cu *f* q (nombre de la letra).
cuaderno *m* notebook; exercise book (escolar). ♦ **~ de bitácora** MAR logbook.
cuadra *f* **1** stable (caballeriza). **2** *Amér.* block (manzana de casas).

C

cuadrado, da *adj* **1** square. **2** (fam) stocky (persona). • *m* **3** square. ♦ **raíz cuadrada** MAT square root. ■ **al ~** MAT to square.
cuadrante *m* **1** GEOM, NÁUT quadrant. **2** sundial (solar). **3** face (reloj).
cuadrar *tr* **1** to square (coincidir). **2** COM to balance. • *intr* **3** COM to add up, to tally. **~ (con) 4** (fig) to fit in (with), to tally (with) (ajustarse). • **~se** *pron* **5** MIL to stand to attention. **6** (fig) to dig one's heels in (plantarse).
cuadratura *f* MAT quadrature.
cuadrícula *f* grid.
cuadrilátero *m* DEP ring.
cuadrilla *f* **1** gang (banda). **2** TAUROM team.
cuadro *m* **1** square (cuadrado). **2** check (diseño). **3** frame (marco). **4** chart (gráfico). **5** staff (personal). **6** ART painting (pintura). **7** TEAT scene. ♦ **~ clínico** MED clinical symptoms; **~ de mandos** dashboard (coche); instrument panel (avión).
cuadrúpedo *adj* y *m* quadruped.
cuadruplicar *tr* to quadruple.
cuajado, da *adj* **1** curdled (leche); set (huevo); clottedt (sangre). **~ de 2** filled with (lleno).
cuajar *intr* y *pron* **1** to curdle (leche); to set (huevo, yogur); to clot (sangre). • *intr* **2** to settle (nieve). **3** (fig) to come together (plan, proyecto).
cual el ~/ la ~/ los cuales/ las cuales *pron rel* **1** who, whom (para referirse a personas): *el hombre del cual hablábamos = the man we were talking about*; which (para referirse a cosas): *el asunto del cual tratamos ayer = the matter which we discussed yesterday*. • *adv* **2** like. ■ **cada ~** everyone, everybody; **por lo ~** and so; **sea ~ sea** whatever; **son tal para ~** they're just as bad as each other.
cuál *pron interr* which, which one: *¿cuál te gusta? = which one do you like*; what: *¿cuál es tu dirección? = what's your address?* ■ **a ~ más** equally, just as: *son a cuál más antipático = the're equally unpleasant*; **a ~ más, ~ menos** some more, some less.
cualesquiera *pron indef* → cualquiera.
cualidad *f* quality.
cualificado, da *adj* skilled.
cualificar *tr* to qualify.
cualquier *adj indef* → cualquiera.
cualquiera (*pl* **cualesquiera**) *adj indef* **1** (antes de sustantivo se reduce a cualquier) any: *en cualquier momento = at any time*. **2** ordinary (tras sustantivo): *no es un hombre cualquiera = he's not just an ordinary man*. • *pron indef* **3** anybody, anyone (personas): *cualquiera lo haría = anybody would do it*; any, any one (cosas): *compra cualquiera = buy any one*; either (para referirse a dos personas o cosas). • *m* **4** (fam, desp) nobody. • *f* **5** (fam, desp) tart (mujer). ■ **~ que sea** whoever he is (persona); whatever it is (cosa).
cuan *adv* (form) as.
cuán *adv* (form) how.
cuando *adv* **1** when: *cuando vivía en Londres = when I lived in London*. • *conj* **2** when, whenever (temporal): *ven cuando quieras = come whenever you like*. **3** if (condicional): *cuando lo dice ella = if she says so*. • *prep* **4** during: *cuando la guerra = during the war*. ■ **de vez en ~** from time to time; **~ quiera** whenever.
cuándo *adv interr* when: *¿cuándo volverás? = when will you come back?*, *no sé cuándo se fue = I don't know when she left*. ■ **desde ~** how long: *¿desde cuándo trabajas allí? = how long have you been working there?*
cuantía *f* **1** amount (cantidad). **2** DER value (valor).
cuantioso, sa *adj* **1** large (grande). **2** plentiful (abundante). **3** considerable (importante).
cuanto, ta *adj* **1** as much as (sing): *bebe cuanto vino quieras = drink as much wine as you like*; as many as (pl): *llévate cuantos videos quieras = take as many videos as you like*. • *pron rel* **2** everything (cosas): *le robaron cuanto tenía = they stole everything he had*; everybody, all (personas): *cuantos le conocen le aprecian = everybody who knows him is fond of him*; as much as (neutro): *beba cuanto quiera = drink as much as you want*. ■ **~ antes** as soon as possible; **en ~** as soon as; **en ~ a** as for; **~ más... más...** the more... the more: *cuanto más se lee, más se aprende = the more you read, the more you learn*; **~ menos... menos...** the less... the less.

cuánto, ta *adj interr* **1** how much (sing): *¿cuánta leche hay? = how much milk is there?*; how many (pl): *¿cuántos libros hay? = how many books are there?* • *adj* **2** what a lot of (exclamativo): *¡cuánto ruido! = what a lot of noise!* • *pron interr* **3** how much (sing): *¿cuánto cuesta? = how much does it cost?*; how many (pl): *¿cuántos vinieron? = ¿how many came?*; how much (neutro): *¿cuánto te explicó? = how much did he tell you?* • *pron* **4** how (exclamativo): *¡cuánto nos reímos! = how we laughed!*

cuarenta *adj* y *m* forty. ■ **cantar a alguien las ~** to give sb a piece of one's mind.

cuarentena *f* **1** forty (40 unidades). **2** MED quarantine. ■ **poner a alguien en ~** (fig, fam) to send sb to Coventry.

cuarentón, na *adj* **1** in one's forties, fortyish. • *m* y *f* **2** person of about forty.

cuartear *tr* **1** to join. **2** *Amér.* to lash (azotar). • **~se** *pron* **3** to crack.

cuartel *m* MIL barracks. ◆ **~ general** MIL headquarters.

cuarterón, na *m* panel (de puerta).

cuarteto *m* MÚS quartet.

cuarto, ta *adj* **1** fourth. • *m* **2** quarter (cuarta parte). **3** room (habitación). • **cuartos** *m pl* **4** money. ◆ **~ de baño** bathroom; **~ de estar** living room; **cuartos de final** DEP quarter finals. ■ **de tres al ~** (fam) third-rate.

cuarzo *m* GEOL quartz.

cuatí *m Arg., Col., R. de la Plata* ZOOL coati.

cuatrerear *tr Arg.* to steal.

cuatrero *m* rustler, horse thief.

cuatro *adj* **1** four. **2** a few (escasa cantidad): *eran cuatro gatos = there were only a few of them.* • *m* **3** four (número).

cuatrocientos, tas *adj* y *m* four hundred.

cuba *f* **1** barrel (tonel). **2** barrelful (contenido). ■ **estar como una ~** (fam) to be legless.

Cuba *f* Cuba.

cubalibre *m* rum and coke.

cubano, na *adj/m* y *f* Cuban.

cúbico, ca *adj* GEOM cubic. ◆ **raíz cúbica** MAT cubed root.

cubierta *f* **1** covering (gen). **2** jacket, cover (de libro). **3** tyre (neumático). **4** ARQ roof (techo). **5** NÁUT deck.

cubierto, ta *p irreg* **1** → cubrir. • *adj* **2** covered (gen). **3** overcast (cielo). • *m* **4** piece of cutlery (instrumento). **5** place setting (en la mesa); set menu (menú). • **cubiertos** *m pl* **6** cutlery (servicio de mesa). ■ **estar a ~** to be under cover.

cubismo *m* ART cubism.

cubito *m* **~ de hielo** ice cube.

cúbito *m* ANAT ulna.

cubo *m* **1** bucket (balde). **2** hub (de rueda). **3** MAT cube. ■ **al ~** MAT to cube.

cubrir *tr* **1** to cover (gen). **2** to hide (ocultar). **3** to fill (vacante). **4** to meet (demanda, deuda). **5** (fig) to shower (de alabanzas). **6** ARQ to put a roof on. **7** GAST to coat. • **~se** *pron* **8** to cover oneself (taparse). **9** to put one's hat on (ponerse el sombrero). **10** to cloud over (el cielo).

cucaracha *f* ZOOL cockroach.

cuchara *f* spoon. ■ **meter la ~** (fam) to stick one's oar in.

cucharada *f* spoonful.

cuchichear *intr* to whisper.

cuchicheo *m* whispering.

cuchilla *f* **1** cleaver (utensilio). **2** blade (hoja). **3** *Amér.* penknife (cortaplumas). ◆ **~ de afeitar** razor blade.

cuchillo *m* knife. ◆ **~ de caza/de monte** hunting knife; **~ de trinchar** carving knife. ■ **pasar a ~** to put to the sword.

cuchitril *m* hovel, dump.

cuchubal *m Amér.* conspiracy, plot.

cuclillas *f pl* **en ~** crouching.

cuco, ca *adj* **1** (fam) pretty, cute (bonito). **2** crafty (astuto). • *m* **3** ZOOL cuckoo.

cucurucho *m* cone (de papel); cone, cornet (de helado).

cuello *m* **1** ANAT neck. **2** neck (de botella). **3** collar (de camisa). ■ **estar metido hasta el ~** to be up to one's neck in it.

cuenca *f* **1** GEOG basin. **2** ANAT socket. ◆ **~ minera** coalfield.

cuenco *m* bowl.

cuenta *f* **1** counting, calculation (cálculo). **2** bill (GB); check (EE UU, en un restaurante). **3** COM account (de banco). **4** bead (abalorio). • **cuentas** *f pl* **5** COM accounts (contabilidad). ◆ **~ atrás** countdown; **~ corriente** COM current account; **~ de ahorro** COM savings account. ■ **a ~** on account; **a fin de cuentas** in the end; **ajustar cuentas** to settle scores; **caer en la ~** to realize; **dar ~ de algo** (fig, fam) to polish sth off; **darse ~ de algo** to realize; **la ~ de la vieja** (fam) counting on one's fingers; **pedir cuentas** to ask for an explanation; **perder la ~ de algo** to lose count of sth; **tener en ~** to bear in mind.

cuentakilómetros *m* mil(e)ometer.

cuentarrevoluciones *m* rev counter.

cuentista *m* o *f* **1** storyteller (narrador). **2** fibber (fantasioso). **3** gossip (chismoso).

cuento *m* **1** tale, story (relato). **2** LIT short story (narración corta). **3** lie (falsedad). ◆ **~ chino** tall story; **~ de hadas** fairy tale. ■ **no venir a ~** to be beside the point; **tener mucho ~** to make a fuss; **vivir del ~** to trade on one's reputation.

cuerda *f* **1** rope; string. **2** spring (de reloj). **3** MÚS string (de guitarra). ◆ **~ floja** tightrope; **cuerdas vocales** ANAT vocal chords. ■ **aflojar la ~** to ease off; **apretar la ~** to tighten up; **bailar en la ~ floja** to hang in the balance; **estar contra las cuerdas** to be on the ropes.

cuerdo, da *adj* **1** sane (persona). **2** prudent (acción).

cuerno *m* **1** ZOOL horn (de toro); antler (de ciervo). **2** MÚS horn. ◆ **~ de la abundancia** horn of plenty. ■ **agarrar el toro por los cuernos** to take the bull by the horns; **mandar al ~ a alguien** (fam) to tell sb to get lost; **poner los cuernos a alguien** (fam) to be unfaithful to sb; **romperse los cuernos** (fam) to slog away; **¡y un ~!** (fam) no way!

cuero *m* **1** leather (piel). **2** wineskin (odre). **3** DEP ball (balón). ◆ **~ cabelludo** scalp. ■ **en cueros** (fam) naked.

cuerpo *m* **1** body (gen). **2** corpse (cadáver). **3** thickness (grosor). **4** main body (parte principal). **5** MIL corps. **6** QUÍM substance. ◆ **~ de guardia** MIL sentries; **~ del delito** DER corpus delicti; **~ extraño** foreign body. ■ **a ~** without a coat on; **~ a ~** hand-to-hand; **en ~ y alma** heart and soul; **estar de ~ presente** to lie in state; **tomar ~** to take shape.

cuervo *m* ZOOL crow.

cuesta *f* slope. ■ **a cuestas** on one's shoulders; **~ arriba/abajo** uphill/downhill; **hacérsele a uno ~ arriba una cosa** to find sth an uphill struggle.

cuestión *f* **1** matter, question (asunto). **2** question (pregunta). ◆ **~ de confianza** POL vote of confidence. ■ **en ~ de** as regards (en lo referente a); in just a few (con una expresión de tiempo): *en cuestión de días = in just a few days.*

cuestionar *tr* to question, to challenge.

cuestionario *m* **1** questionnaire (encuesta). **2** EDUC examination paper.

cueva *f* cave.

cuidado *m* **1** care (gen). **2** worry, concern (preocupación). ● **¡~!** *interj* **3** be careful! ◆ **cuidados intensivos** MED intensive care. ■ **de ~** dangerous; **poner mucho ~** to take great care.

cuidar *tr* **1** to take care of, to look after. ● **~se** *pron* **2** to take care of oneself, to look after oneself (mirar por un mismo). **~se de algo 3** to worry about sth (preocuparse). **~se de hacer algo 4** to make sure to do sth (no omitir).

culata *f* **1** butt (fusil). **2** MEC cylinder head. **3** ZOOL hindquarters. ■ **salir el tiro por la ~** (fig) to backfire.

culebra *f* ZOOL snake. ◆ **~ de cascabel** ZOOL rattlesnake.

culebrón *m* TV (fam) soap opera.

culinario, ria *adj* culinary.

culminante *adj* **1** highest (cima). **2** culminant (momento).

culminar *intr* to culminate.

culo *m* **1** (fam) bum, bottom (de persona). **2** bottom (de recipiente). ■ **~ de mal asiento** (fam) fidget; **ir de ~** (fam) to be rushed off one's feet; **¡vete a tomar por el ~!** (vulg) up yours!

culpa *f* **1** fault (falta): *no fue culpa suya = it wasn't her fault.* **2** blame (culpabilidad). ■ **echarle la ~ a alguien** to blame sb.

culpable *adj* **1** guilty. ● *m* o *f* **2** culprit. ■ **ser el/la ~** to be to blame.

culpar *tr* **1** to blame. ● **~se** *pron* **2** to blame oneself.

cultivar *tr* **1** AGR to cultivate, to farm. **2** (fig) to develop (aptitud). **3** BIOL to culture. ● **~se** *pron* **4** (fig) to to learn (aprender).

cultivo *m* **1** AGR cultivation, farming; crop (cosecha). **2** (fig) development (desarrollo). **3** BIOL culture. ◆ **caldo de ~** BIOL culture medium; (fig) breeding ground.

culto, ta *adj* **1** cultured (erudito). ● *m* **2** REL worship. ■ **rendir ~ a** to worship.

cultura *f* culture.

cultural *adj* cultural.
cumbre *f* **1** summit, top (de montaña). **2** (fig) height (del éxito). **3** POL summit meeting.
cumpleaños *m* birthday.
cumplido *m* compliment.
cumplimentar *tr* **1** to congratulate (felicitar). **2** to carry out (ejecutar). **3** to fill in (rellenar).
cumplimiento *m* **1** fulfilment (de responsabilidad). **2** completion (acto).
cumplir *tr* **1** to carry out (orden); to do (deber). **2** to fulfil (deseo, promesa). **3** to turn (años). **4** to serve (condena). • *intr* **5** to do right, to comply (hacer lo que se debe). **6** to fall due (pago). • **~se** *pron* **7** to be fulfilled (realizarse). **8** to be up (plazo). ■ **por ~** as a formality.
cúmulo *m* cumulus (nube).
cuna *f* **1** cradle (cama). **2** place of birth (lugar de nacimiento).
cundir *intr* **1** to spread (extenderse). **2** to go a long way (dar de sí).
cuneta *f* **1** ditch (fosa). **2** gutter (desagüe).
cuña *f* **1** wedge (calce). **2** bedpan (orinal). **3** RAD, TV advertising slot (publicidad).
cuñado, da *m* y *f* brother-in-law (hombre); sister-in-law (mujer).
cuño *m* **1** die (troquel). **2** stamp (sello). ■ **de nuevo ~** (fig) newly-coined (sello).
cuota *f* **1** quota (parte). **2** membership fees (de un club).
cupido *m* (fig) matchmaker.
cupo *m* **1** quota. **2** MIL contingent.
cupón *m* **1** coupon (vale). **2** ticket (de lotería). **3** COM dividend.
cúpula *f* **1** ARQ dome. **2** (fig) leaders.
cura *m* **1** REL priest. • *f* **2** MED cure. **3** *Chile* drunkenness. ◆ **~ de reposo** rest cure; **~ párroco** REL parish priest. ■ **no tener ~** (fig, fam) to be incorrigible (persona); to be hopeless (situación).
curado, da *adj* **1** cured (carne, pescado); tanned (cuero). **2** *Amér.* (fam) smashed (borracho).
curandero, ra *m* y *f* **1** folk healer (medicina popular). **2** (desp) quack doctor (charlatán).
curar *tr* **1** to cure (enfermo); to treat (enfermedad); to dress (herida). **2** to cure (carne, pescado); to tan (cuero). • **~se** *pron* **3** to get better (de una enfermedad); to heal (herida).
curda *f* (fam) drunkenness. ■ **agarrar una ~** (fam) to get plastered.
curiosear *intr* **1** to pry (fisgar). **2** to browse (mirar).
curiosidad *f* curiosity.
curioso, sa *adj* **1** curious. **2** neat (aseado). **3** (desp) nosy (fisgón). • *m* y *f* **4** onlooker (espectador). **5** busybody (fisgón).
currar o **currelar** *intr* (coloq) to slave, to graft.
currículo o **currículum** *m* EDUC curriculum. ◆ **~ (vitae)** curriculum vitae, CV (GB); résumé (EE UU).
curro *m* (coloq) job.
cursar *tr* **1** to study (estudiar). **2** to deal with (solicitud).
cursi *adj* **1** twee (de mal gusto). **2** affected (amanerado). • *m* o *f* **3** affected person.
cursilería *f* **1** tweeness (mal gusto). **2** affectation (amaneramiento).
cursillo *m* EDUC short course.
curso *m* **1** course, direction (progreso). **2** course, flow (de río). **3** EDUC course (asignatura). **4** EDUC year (año académico). ◆ **año/mes en ~** current year/month; **moneda de ~ legal** legal tender. ■ **dar ~ a algo** to deal with sth (tramitar).
cursor *m* INF cursor.
curtido, da *adj* **1** tanned (cuero, piel). **2** (fig) hardened (persona). • *m* **3** tanning.
curtir *tr* **1** to tan (pieles). **2** (fig) to harden (endurecer). • **~se** *pron* **3** to become tanned (por el sol). **4** (fig) to become hardened (endurecerse).
curva *f* curve (gen); bend (de carretera).
curvar *tr* y *pron* to curve, to bend.
curvo, va *adj* curved.
cúspide *f* **1** summit, peak (de monte). **2** (fig) peak.
custodia *f* custody.
custodiar *tr* **1** to take care of, to look after (proteger). **2** to watch over.
cutis *m* skin, complexion.
cuyo, ya *adj* whose, of whom (personas): *el hombre cuya identidad no ha sido revelado = the man whose identity hasn't been revealed*; whose, of which (cosas).

Dd

d, D *f* d, D (letra).
daca *loc adv* **toma y ~** give-and-take.
dactilar *adj* finger. ◆ **huella ~** fingerprint.
dadivoso, sa *adj* generous.
dado *m* die, dice. ■ **jugar a los dados** to play dice.
dado, da *pp* **1** → dar. ● *adj* **2** given (concreto): *en un momento dado = at a given time*. ■ **~ que** given that, in view of the fact that.
daga *f* dagger.
daltónico, ca *adj* **1** colour-blind. ● *m* y *f* **2** colour-blind person.
daltonismo *m* MED colour-blindness.
dama *f* **1** lady (mujer). **2** queen (en ajedrez). **3** king (en las damas). ● **damas** *f pl* **4** draughts; checkers (EE UU).
damero *m* draughtboard (GB); checkerboard (EE UU).
damnificado, da *adj* **1** injured (persona). **2** damaged (objeto). **3** affected (zona siniestrada). ● *m* y *f* **4** victim.
damnificar *tr* **1** to injure, to harm (herir). **2** to damage (dañar). **3** to affect (zona siniestrada).
dandi o **dandy** *m* dandy.
dantesco, ca *adj* **1** Dantesque (de Dante). **2** horrific (terrible).
danza *f* **1** dance (arte, pieza). **2** rush (ajetreo). ■ **en ~** full of activity.
danzar *tr* e *intr* **1** to dance. ● *intr* **2** (fam, fig) to be on the go (ajetrearse).
dañar *tr* **1** to damage (cosa). **2** to harm, to hurt (persona). ● **~se** *pron* **3** to get damaged (cosa). **4** to hurt oneself (persona).
dañino, na *adj* **~ (para)** harmful (to), damaging (to).
daño *m* **1** damage (a una cosa). **2** harm, injury (a una persona). ■ **hacer ~** to hurt; **hacerse ~** to hurt oneself.
dar *tr* **1** to give (gen). **2** to hand over (entregar). **3** to hand, to pass (pasar). **4** COM to yield, to give (interés, beneficio). **5** to bear, to produce (fruto). **6** to give (conferencia). **7** to set (ejemplo). **8** to show, to screen (película); to perform, to put on (obra de teatro). **9** to throw, to give (fiesta). **10** to deal (cartas). **11** to apply (mano de pintura) **12** to deal, to strike (golpe). **13** to let out, to utter (grito). **14** to create, to give (impresión). **15** to turn on (gas, luz). **16** to strike (reloj). **17** to give (permiso). **18** to give off (olor, humo). **19** to hit (pegar). ● **~ a** *intr* **20** to overlook, to look on to (piso, ventana). **~ a 21** to turn on (interruptor); to press (botón). **~ en 22** to hit (blanco); to hit on (solución). ● **~se** *pron* **23** to happen, to take place (ocurrir). **~se a 24** to devote oneself to (dedicarse a); to take to (enviciarse en). **25** to crash into (golpearse). ■ **ahí me las den todas** that won't bother me; **¡dale!** go on! (continúa); come on! (venga); **dale que dale** without stopping; **~ a luz** to give birth; **~ con** to come across, to meet (persona); to fall, to hit (con una parte del cuerpo); **~ contra** to hit, to bump into; **~ de sí** to stretch (comida, ropa); **~ igual** to be all the same, not to matter; **~ la enhorabuena** to congratulate; **~ la mano a alguien** to shake hands with sb; **~ lo mismo** to be all the same, not to matter; **darse bien/mal a** to be good/bad at (asignatura); **dársela a alguien** to fool sb; **dárselas de** to pose as, to fancy oneself as; **darse por vencido** to give in; **darse prisa** to hurry; **tanto me da** I don't mind.
dardo *m* dart.
data *f* date.
datar *tr* e *intr* to date. ■ **~ de** to date back to, to date from.
dátil *m* date.
dato *m* **1** fact, datum, piece of information. ● *m pl* **2** facts, data, information. ◆ **base de datos** INF database; **datos personales** personal details.
de *prep* **1** (para indicar pertenencia, posesión) nombre singular + 's: *la casa de mi hermano = my brother's house*; nombre plural + ': *la casa de mis padres = my parents' house*; of (objeto, mueble): *las*

ventanas de la casa = the windows of the house.~ **él/~ ella/~ nosotros/~ ellos/~ ellas 2** his/hers/ours/theirs: *es de él = it's his*. **3** from (procedencia): *son de Londres = they're from London*. **4** of (materia): *está hecho de madera = it's made of wood*; muchas veces no se traduce: *un reloj de oro = a gold watch*. **5** of (contenido): *una caja de cerillas = a box of matches*. **6** from (distancia): *de Madrid a Valladolid hay 180 kilómetros = it's 180 kilometres from Madrid to Valladolid*. **7** with (descriptivo): *la chica del pelo rubio = the girl with the blond hair*. **8** of (edad): *una chica de dieciocho años = a girl of eighteen, an eighteen–year –old girl*. **9** in, of, out of (números): *uno de cada tres = one in every three*. **10** of (partitivo): *tres de ellos = three of them*. **11** about (tema): *hablaba de la guerra = he talked about the war*; muchas veces no se traduce: *una clase de inglés = an English class*. **12** as, when (en calidad de): *de pequeño... = when he was a child...* **13** in, with (estilo, manera): *vestido de seda = dressed in silk*. **14** in, of (superlativo): *el chico más alto de la clase = the tallest boy in the class*. **15** if (condicional): *de haberlo hecho = if I had done it*. **16** for (para indicar uso no se suele traducir): *una máquina de coser = a sewing machine*. **17** of, with, for (causa): *morir de hambre = to die of hunger*. **18** in (estado): *estar de moda = to be in fashion, estar de luto = to be in mourning*.

dé *tr* (1ª persona del presente de subj) → dar.

debajo *adv rel* underneath, below. ■ **~ de** underneath, under, below; **por ~ de** under, below.

debate *m* debate, discussion.

debatir *tr* **1** to debate, to discuss. ● **~se** *pron* **2** to struggle (combatir).

debe *m* debit side (contabilidad).

deber *m* **1** duty. ● **deberes** *m pl* **2** homework. ■ **hacer los deberes** to do one's homework.

deber *tr* **1** to owe (dinero). ● *intr* **2** must, to have to, to have got to (obligación presente y futuro): *debes estudiar = you must study*. **3** should, ought to (obligación moral): *no deberías haberlo hecho = you shouldn't have done it*. **4** must (deducción): *he debido perderlo = I must have lost it*. **~ de + inf 5** must (suposición): *deben de haber llegado = they must have arrived*; can't (suposición - negativa): *no deben de haber salido todavía = they can't have left yet*. ● **~se a** *pron* **6** to be due to, to be owing to.

debido, da *adj* due, correct, proper. ■ **~ a (que)** due to (the fact that); **como es ~** as is proper.

débil *adj* **1** weak, feeble (sin fuerzas). **2** poor (salud). **3** dim (luz). **4** faint (ruido).

debilidad *f* **1** weakness, feebleness (físico). **2** weakness (carácter).

debilitar *tr* **1** to weaken. ● **~se** *pron* **2** to grow weak, to weaken.

debut *m* debut.

debutante *m* o *f* **1** *actor making his/her first public appearance*. ● *f* **2** debutante (en sociedad).

debutar *intr* to make one's debut.

década *f* decade.

decadencia *f* decadence. ■ **caer en ~** to fall into decay.

decadente *adj* **1** decadent (civilización). **2** declining (salud).

decaer *intr* **1** to decay (civilización). **2** to deteriorate (salud). **3** to fall off, to decline (negocio, calidad). **4** to flag (ánimo, entusiasmo).

decaído, da *adj* **1** weak (débil). **2** dejected, low (abatido).

decano, na *m* y *f* dean (universidad).

decantar *intr* **1** to decant, to pour off (líquidos). ● **~se por** *pron* **2** to opt for, to choose.

decapitar *tr* to decapitate, to behead.

decatlón *m* DEP decathlon.

decena *f* **1** ten (número exacto). **2** about ten (aproximado). ■ **por decenas** in tens.

decencia *f* **1** decency (decoro). **2** honesty (honestidad).

decenio *m* decade.

decente *adj* **1** decent (decoroso). **2** honest, honourable (honesto). **3** clean, tidy (aseado).

decepcionar *tr* to disappoint.

dechado *m* **un ~ de virtudes** a paragon of virtue.

decibel o **decibelio** *m* FÍS decibel.

decidido, da *adj* determined, resolute.

decidir *tr* e *intr* **1** to decide (tomar una decisión). • *tr* **2** to decide (dar solución). • **~se** *pron* **3** to make up one's mind. ■ **~ hacer algo** to decide to do sth; **~ por alguien** to decide for sb.
decimal *adj* y *m* decimal.
décimo, ma *adj/m* y *f* **1** tenth. • *m* **2** tenth part (de una lotería). ■ **tener unas décimas** to have a slight temperature.
decimoctavo, va *adj* eighteenth.
decimocuarto, ta *adj* fourteenth.
decimonono, na *adj* nineteenth.
decimoquinto, ta *adj* fifteenth.
decimoséptimo, ma *adj* seventeenth.
decimosexto, ta *adj* sixteenth.
decimotercero, ra o **decimotercio, cia** *adj* thirteenth.
decir *m* saying.
decir *tr* **1** to say, to tell (gen). **2** to tell (revelar, contar). **3** to mean (sugerir): *¿le dice algo esta foto? = does this photo mean anything to you?* • **~se** *pron* **4** to say (denominar): *¿cómo se dice gato en francés? = how do you say cat in French?* ■ **a ~ verdad** to tell you the truth; **~ la verdad** to tell the truth; **~ una mentira** to tell a lie; **¡diga!** hello! (al teléfono); **es ~** that is, that's to say; **querer ~** to mean.

> **Decir** se traduce normalmente por ***to say***: *dijo que no le gustaba = she said that she didn't like it*. Se traduce por ***to tell*** cuando se especifica la persona con la que se habla: *me dijo que no vendría = she told me that she wouldn't come*. Sin embargo, existen varias expresiones que deben traducirse siempre por ***to tell***: *decir una mentira = to tell a lie*; *decir la verdad = to tell the truth*; *decir la hora = to tell the time*.

decisión *f* **1** decision (resolución). **2** determination (firmeza). ■ **tomar una ~** to make a decision.
decisivo, va *adj* decisive.
declamar *tr* e *intr* **1** to declaim. **2** to recite (poesía).
declaración *f* **1** declaration (de amor). **2** statement (a la prensa). **3** DER ◆ **~ de renta** income-tax return. ■ **hacer una ~** to make a statement.
declarante *m* o *f* DER deponent.
declarar *tr* e *intr* **1** to declare (gen). • *tr* **2** to state (a la prensa). **3** to declare (guerra). • *intr* **4** DER to testify, to give evidence. • **~se** *pron* **5** to break out (epidemia, incendio). **6** to declare one's love (manifestar amor). ■ **declararse inocente/culpable** DER to plead innocent/guilty.
declinar *tr* **1** to decline (oferta, invitación). • *intr* **2** to subside, to diminish (fiebre). **3** to decline, decay (decaer). **4** to draw to a close (el día).
declive *m* **1** slope (cuesta). **2** (fig) decline (decadencia). ■ **en ~** on a slope, sloping.
decomisar *tr* to confiscate, to seize.
decoración *f* decoration. ◆ **~ de interiores** interior decoration.
decorado *m* TEAT set, scenery.
decorar *tr* to decorate.
decoro *m* decorum, decency (decencia).
decrecer *intr* **1** to decrease, to diminish (gen). **2** to go down, to subside (aguas).
decreciente *adj* decreasing, diminishing.
decrépito, ta *adj* decrepit.
decretar *tr* to decree, to order.
decreto *m* **1** decree, order. **2** POL act. ◆ **~ ley** decree law.
dedicar *tr* **1** to dedicate (gen). **2** to devote, to give (tiempo, esfuerzos). • **~se a** *pron* **3** to devote oneself to, to dedicate oneself to (consagrarse). **4** to spend time on (a una actividad).
dedicatoria *f* dedication, inscription.
dedillo *m* **saberse algo al ~** to know sth by heart.
dedo *m* **1** finger (de la mano). **2** toe (del pie). ◆ **~ anular** ring finger. ■ **~ corazón** middle finger; **~ gordo** thumb (de la mano); big toe (del pie); **~ meñique** little finger; **hacer ~** (coloq) to hitchhike; **poner el ~ en la llaga** to touch a nerve; **señalar con el ~** to point.
deducción *f* deduction.
deducir *tr* **1** to deduce (inferir). **2** to deduct (restar).
defecar *tr* e *intr* to defecate.
defecto *m* **1** defect (físico). **2** fault (de una persona). ■ **en/por ~ de** for lack of.
defender *tr* **~ (de/contra) 1** to defend (against) (persona), to protect (against) (ataque, agresión). **2** to protect (proteger). **3** to stand up for (apoyar). • **~se**

Decimales, fracciones y porcentajes

Decimales

0,35	cero coma treinta y cinco	*0.35*	*(nought) point three five*
2,75	dos coma setenta y cinco	*2.75*	*two point seven five*
3,90	tres coma noventa	*30.9*	*thirty point nine*
50,44	cincuenta coma cuarenta y cuatro	*50.44*	*fifty point four four*

Los países de habla inglesa utilizan un punto (.) para marcar los decimales.
El resto de países utiliza una coma (,).

Fracciones

un medio	1/2	*a/one half*
un tercio	1/3	*a/one third*
un cuarto	1/4	*a quarter*
tres cuartos	3/4	*three quarters*
un doceavo	1/12	*a/one twelfth*
tres y dos quintos	3 2/5	*three and two fifths*

Ejemplos

Un tercio de la zona está ocupado	*One third of the zone is occupied*
Dos quintos de la población están a su favor	*Two fifths of the population are/is in their favour*
Las tres cuartas partes de los trabajadores están de vacaciones	*Three quarters of workers are on holidays*

Porcentajes

veinticinco por ciento	25 %	*twenty-five per cent*
cincuenta por ciento	50 %	*fifty per cent*
noventa y nueve por ciento	99 %	*ninety-nine per cent*

Ejemplos

El veinticinco por ciento del dinero es tuyo	*25 % of the money is yours*
El cincuenta por ciento de la población es budista	*50 % of the population are/ is Buddhist*
El noventa y nueve por ciento de los productos está vendido	*99 % of products are sold*

pron **4** to defend oneself against, to protect oneself against (protegerse).

defendido, da *m* y *f* DER defendant.

defensa *f* **1** defence (GB); defense (EE UU, gen). • *m* **2** DEP defender, full-back.

defensiva *f* defensive. ■ **estar a la ~** to be on the defensive.

defensor, ra *m* y *f* **1** defender. **2** DER counsel for the defence. **3** champion, upholder (de una causa). ◆ **~ del pueblo** ombudsman.

deficiencia *f* **1** deficiency, lack (falta). **2** defect, fault (defecto).

deficiente *adj* **1** deficient, lacking (insuficiente). **2** defective, faulty (defectuoso). **3** weak, poor (alumno).

déficit *m* **1** COM deficit (descubierto). **2** shortage (escasez).

deficitario, ria *adj* showing a deficit.

definición *f* definition.

definir *tr* **1** to define. • **~se** *pron* **2** to be defined.

definitivo, va *adj* definitive.

deflagración *f* deflagration.

deforestación *f* deforestation.

deforestar *tr* to deforest.

deformación *f* **1** deformation (de cuerpo, miembro). **2** distortion (de imagen). **3** MEC strain.

deformar *tr* **1** to deform (gen). **2** to distort (imagen). • **~se** *pron* **3** to become deformed (cuerpo, miembro). **4** to become distorted (imagen).

deforme *adj* **1** deformed (cuerpo, miembro). **2** misshapen (objeto).
defraudar *tr* **1** to defraud (estafar). **2** to disappoint (decepcionar).
degeneración *f* degeneration.
degenerado, da *adj/m* y *f* degenerate.
degenerar *intr* y *pron* to degenerate.
degollar *tr* **1** to slit the throat of (cortar la garganta). **2** to behead (decapitar).
degollina *f* (fam) massacre, slaughter.
degradación *f* **1** degradation, humiliation. **2** ART gradation.
degradar *tr* **1** to degrade, to humiliate. • **~se** *pron* **2** to degrade oneself, to humiliate oneself.
degustación *f* tasting, sampling.
degustar *tr* to taste, to sample.
dejadez *f* **1** slovenliness, neglet (desaliño). **2** negligence (negligencia).
dejado, da *adj* **1** slovenly (desaliñado). **2** negligent (negligente).
dejar *tr* **1** to leave (soltar). **2** to leave, to abandon (persona, familia). **3** to give up (hábito). **4** to leave (olvidar). **5** to let, to allow (permitir). **6** to lend (prestar). **7** to produce (olor, humo). **8** to leave out (omitir). **9** to leave alone (no tocar, no molestar). **10** to finish, to stop (terminar un trabajo). **~ + adj/pp/ger** **11** to leave + adj/pp/ger: *dejaron la puerta abierta = they left the door open*. • **~ de + inf** *intr* **12** to give up + ger, to stop + ger (cesar - hábito): *ha dejado de fumar = he's stopped smoking*. • **~se** *pron* **13** to let oneself go (descuidarse). **14** to leave, to forget (olvidar).
del *contr* (de + el) → de.
delantal *m* apron.
delante *adv* **1** in front, ahead. **2** opposite (en frente). • **~ de** *prep* **3** in front of. ■ **por ~** ahead, in front.
delantero, ra *adj* **1** front (parte). • *m* y *f* **2** DEP forward. • *f* **3** DEP forward line. ■ **tomar la delantera** to take the lead; **llevar la delantera** to be in the lead.
delatar *tr* **1** to denounce, to inform on. • **~se** *pron* **2** to give oneself away.
delegación *f* **1** delegation (acción y cargo). **2** local office (oficina).
delegado, da *m* y *f* **1** delegate. **2** COM agent, representative.
delegar *tr* to delegate.
deleitar *tr* **1** to delight. • **~se con/en** *pron* **2** to delight in, to take pleasure in.
deleite *m* delight.
delfín *m* **1** ZOOL dolphin. **2** HIST dauphin.
delgadez *f* **1** thinness (flacura). **2** slimness (esbeltez).
delgado, da *adj* **1** thin (gen). **2** slim (esbelto).

> **Delgado** se traduce generalmente por ***thin***: *es baja y delgada = she's short and thin*; *una nariz larga y delgada = a long and thin nose*. Cuando se habla de una persona **delgada** y con buena figura se usa ***slim*** o ***slender***: *tiene una bonita figura = she's got a slim figure*; *un chico alto y delgado = a tall, slender boy*.

deliberación *f* deliberation.
deliberado, da *adj* deliberate.
deliberar *intr* **~ (sobre)** to deliberate (on).
delicadeza *f* **1** delicacy (finura). **2** tactfulness (tacto). **3** sensitivity (sensibilidad). **4** politeness (cortesía).
delicado, da *adj* **1** delicate (fino, frágil). **2** frail, delicate (enfermizo). **3** sensitive (sensible). **4** polite (cortés).
delicia *f* delight. ■ **hacer las delicias de alguien** to delight sb.
delicioso, sa *adj* **1** delicious (sabroso). **2** delightful (encantador).
delimitar *tr* to delimit.
delincuencia *f* delinquency. ◆ **~ juvenil** juvenile delinquency.
delincuente *adj* delinquent, criminal.
delineante *m* o *f* draughtsman (hombre); draughtswoman (mujer).
delinear *tr* **1** to delineate (perfil). **2** to draw (plano).
delinquir *intr* to commit a crime, to break the law.
delirar *intr* **1** to be delirious. **2** (fig) to talk nonsense (decir disparates).
delirio *m* **1** delirium. **2** (fig) nonsense (disparate). ◆ **delirios de grandeza** delusions of grandeur.
delito *m* crime.
demacrarse *pron* to become emaciated, to waste away.
demagogia *f* demagogy.
demagogo, ga *m* y *f* demagogue.

demanda *f* **1** request (petición, solicitud). **2** DER lawsuit. **3** COM demand.
demandante *m* o *f* DER plaintiff.
demandar *tr* **1** to request. **2** DER to sue.
demarcar *tr* to demarcate.
demás *adj* **1** the rest, remaining, other: *los demás invitados = the other guests.* • **lo ~** *pron* **2** the rest, everything else. **los/las ~ 3** the rest, the others, everybody else. ■ **por lo ~** in all other respects; **...y demás** and so on.
demasiado, da *adj* **1** too much (sing): *demasiado dinero = too much money.* **2** too many (pl): *demasiadas plantas = too many plants.* • *adv* **3** too much: *trabajas demasiado = you work too much.* **~ + adj/adv 4** too: *es demasiado tarde = it's too late.*
demencia *f* insanity, madness.
demente *adj* insane, mad.
democracia *f* democracy.
demócrata *adj/m* o *f* democrat.
demografía *f* demography.
demoledor, ra *adj* **1** devastating (ataque). **2** forceful, powerful (argumento, carácter).
demoler *tr* **1** to demolish, to pull down. **2** (fig) to demolish, to take to pieces.
demonio *m* **1** devil (diablo). **2** demon (espíritu maligno). ■ **¡demonios!** (fam) damn it!; **¿qué/quién demonios...?** (fam) what/who the hell...?
demora *f* delay.
demorar *tr* **1** to delay (retardar). • **~se** *pron* **2** to take a long time (retrasarse).
demostración *f* **1** demonstration (de un producto). **2** show (de sentimientos, aptitudes). **3** MAT proof.
demostrar *tr* **1** to demonstrate (hacer una demostración). **2** to show (manifestar). **3** to prove (probar).
denegar *tr* **1** to deny (negar). **2** to reject (rechazar).
denguear *intr Amér.* to swing one's hips.
denigrar *tr* **1** to denigrate, to belittle (deslustrar). **2** to insult, to abuse (injuriar).
denominación *f* denomination, name. ◆ **~ de origen** appellation d'origine.
denominar *tr* **1** to name, to call. • **~se** *pron* **2** to be called.
denostar *tr* to insult, to abuse.
denotar *tr* to denote, to indicate.
densidad *f* **1** density. **2** thickness (espesor). ■ **~ de población** population density.
denso, sa *adj* **1** dense (compacto). **2** thick (espeso).
dentado, da *adj* **1** cogged, toothed (rueda). **2** serrated (cuchillo, sierra).
dentadura *f* ANAT teeth. ◆ **~ postiza** false teeth (pl); dentures (pl).
dental *adj* dental.
dentellada *f* **1** bite (mordisco). **2** tooth mark (señal).
dentera *f* **dar ~ a alguien** to set sb's teeth on edge (dar grima); to make sb jealous (dar envidia).
dentición *f* **1** teething (acción). **2** teeth (dientes).
dentífrico *m* toothpaste.
dentista *m* o *f* dentist.
dentro *adv* **1** inside. **2** indoors, inside (edificio). ■ **~ de** within, in (tiempo); inside (edificio).
denuesto *m* insult.
denuncia *f* **1** report, formal complaint (de un delito, una persona). **2** denouncement, condemnation (condena).
denunciante *m* o *f* person who reports a crime.
denunciar *tr* **1** to report (delito, persona). **2** to denounce, to condemn (condenar).
departamento *m* **1** department (de institución, compañía). **2** district (distrito). **3** compartment (de tren).
dependencia *f* **1** dependence (estado). **2** department (sección). • *f pl* **3** outbuildings (edificios anexos); rooms (salas).
depender *intr* **~ (de) 1** to depend (on). **~ de 2** to be dependent on (estar subordinado a). ■ **depende** it depends.
dependienta *f* shop assistant, salesgirl.
dependiente *adj* **1** dependent, reliant. • *m* o *f* **2** shop assistant (en una tienda).
depilación *f* depilation, hair removal.
depilar *tr* **1** to wax, to shave (piernas). **2** to pluck (cejas).
depilatorio, ria *adj* **1** hair-removing, depilatory. • *m* **2** hair-remover, depilatory.
deplorar *tr* to deplore.
deponer *tr* **1** to lay down, to abandon (dejar). **2** to remove from office (destituir). **3** to depose (derrocar). • *intr* **4** DER to testify. **5** *Amér. Centr., Méx.* to vomit (vomitar).
deportar *tr* to deport.
deporte *m* sport. ■ **hacer ~** to do sport.

deportista *adj* **1** sporty. • *m* o *f* **2** sportsman (hombre); sportswoman (mujer).
depositar *tr* **1** to deposit (en el banco). **2** to store (almacenar). **3** to place (poner).
depósito *m* **1** FIN deposit. **2** warehouse, store (almacén). **3** tank (recipiente). ♦ **~ bancario** FIN bank deposit; **~ de cadáveres** mortuary (GB); morgue (EE UU).
depravar *tr* **1** to deprave. • **~se** *pron* **2** to become depraved.
depredador, ra *adj* **1** predatory. • *m* **2** predator.
depresión *f* MED depression. ♦ **~ nerviosa** MED nervous breakdown.
deprimir *tr* **1** to depress. • **~se** *pron* **2** to get depressed.
deprisa *adv* quickly, fast.
depuesto, ta *pp* → deponer.
depurar *tr* **1** to purify. **2** to cleanse (sangre).
derecha *f* **1** right hand (mano). **2** right-hand side (lado). ♦ **la ~** POL the right. ■ **a la ~** on the right.
derecho, cha *adj* **1** right (mano). **2** right-hand, right (lado). **3** straight (recto). **4** upright (vertical). • *m* **5** right (privilegio). **6** DER law (disciplina). **7** right side (tela). • **derechos** *m pl* **8** taxes, duties (impuestos). • *adv* **9** straight (en línea recta). ♦ **~ civil** civil law; **~ de asilo** right of asylum; **derechos de autor** royalties; **derechos humanos** human rights; **~ penal** penal law. ■ **a mano derecha** on the right-hand side; **¡no hay ~!** it's not fair!
deriva *f* NÁUT drift. ■ **a la ~** adrift.
derivado, da *adj* **1** derivative. • *m* **2** GRAM derivative. **3** QUÍM by-product, derivative.
derivar *tr* **1** to divert, to direct (encaminar). • **~ de** *intr* **2** to stem from (originar). **~ de 3** GRAM to be derived from. • **~se de** *pron* **4** to stem from (originarse). **~se de 5** GRAM to be derived from.
dermatitis o **dermitis** *f* MED dermatitis.
derogar *tr* to abolish.
derramar *tr* y *pron* **1** to spill (líquido). **2** to shed (lágrimas, sangre).
derrame *m* **1** spilling (de líquido). **2** shedding (de sangre). **3** MED discharge.
derrapar *tr* to skid.
derretir *tr* y *pron* **1** to melt (hielo, mantequilla, metal). **2** to thaw (nieve). • **~se** *pron* **3** to burn with love (persona).
derribar *tr* **1** to demolish, to knock down (edificio). **2** to break down (puerta). **3** to knock down, to knock over (persona). **4** to shoot down (avión). **5** to overthrow (gobierno).
derribo *m* **1** demolition (de un edificio). **2** shooting down (de un avión). **3** overthrow (de un gobierno). **4** rubble (escombros).
derrocar *tr* **1** to demolish, to knock down (edificio). **2** to overthrow (gobierno).
derrochar *tr* to waste, to squander (dinero, bienes).
derroche *m* **1** waste, squandering (de dinero, de bienes). **2** (fig) abundance, profusion (abundancia).
derrota *f* MIL, DEP defeat.
derrotar *tr* **1** MIL to defeat. **2** DEP to beat.
derrotero *m* **1** NÁUT course (rumbo). **2** (fig) course, plan of action.
derruir *tr* to demolish, to knock down.
derrumbar *tr* **1** to demolish, to knock down (edificio). • **~se** *pron* **2** to fall down (edificio); to collapse (moralmente). **3** to cave in, to fall in (techo).
desaborido, da *adj* **1** boring. • *m* y *f* **2** bore.
desabotonar *tr* **1** to unbutton, to undo. • **~se** *pron* **2** to undo one's buttons (desabrocharse). **3** to come undone (sin querer).
desabrido, da *adj* **1** tasteless, insipid (comida). **2** gruff, surly (persona).
desabrigar *tr* **1** to take sb's coat off. **2** (fig) to leave without shelter. • **~se** *pron* **3** to take one's coat off.
desabrochar *tr* **1** to unfasten, to undo. • **~se** *pron* **2** to undo. **3** to come undone (sin querer).
desacato *m* **1** DER contempt. **2** disrespect.
desacierto *m* **1** mistake (error). **2** unfortunate remark (inconveniencia).
desaconsejado, da *adj* unwise, ill-advised.
desacordar *tr* **1** MÚS to put out of tune. • *intr* **2** MÚS to be out of tune. • **~se** *pron* **3** MÚS to go out of tune.
desacorde *adj* discordant.
desacreditar *tr* to discredit.
desactivar *tr* to deactivate.
desacuerdo *m* disagreement. ■ **estar en ~ con** to be in disagreement with.

Desacuerdo / *Disapproval*

Para expresar desacuerdo	
No estoy de acuerdo	*I disagree*
No estoy en absoluto de acuerdo con el proyecto	*I totally disagree with the project*
No van a apoyar tu propuesta	*They won't agree to your proposal*
No estoy de acuerdo contigo sobre este asunto	*I can't agree with you on this matter*
No estoy conforme con esa decisión	*I am not happy about this decision*
No estoy satisfecho con tu trabajo	*I am unhappy with your work*
Se equivocó al hablar con el jefe	*He was wrong to speak with the boss*
No es cierto que ésa sea la única solución	*It is not true to say that this is the only solution*
Creo que estás equivocado	*I am afraid you are wrong*
No me convence mucho esa sugerencia	*I don't think much of this suggestion*

desafiar *tr* **1** to challenge (retar, competir). **2** to defy (oponer). ■ **~ a alguien a hacer algo** to challenge sb to do sth.

desafinar *intr* **1** MÚS to be out of tune. **2** to play out of tune (tocar). **3** to sing out of tune (cantar). • **~se** *pron* **4** to go out of tune.

desafío *m* challenge.

desafortunado, da *adj* **1** unlucky (sin suerte). **2** unfortunate (desgraciado).

desagradable *adj* unpleasant, disagreeable.

desagradar *tr* to displease (disgustar).

desagradecido, da *adj* **1** ungrateful. • *m* y *f* **2** ungrateful person.

desagravio *m* redress, compensation.

desaguar *tr* **1** to drain. • **~ en** *intr* **2** to flow into (desembocar en).

desagüe *m* **1** draining, drainage (acción). **2** drain (desaguadero).

desahogar *tr* **1** to relieve, to ease (aliviar). • **~se** *pron* **2** to let off steam (desfogarse). **3** to pour one's heart out (confiar). **4** to get sth off one's chest (confesar).

desahogo *m* **1** relief (alivio). **2** relaxation (descanso). ■ **vivir con ~** to live comfortably.

desahuciar *tr* **1** to deprive of all hope. **2** DER to evict (inquilino).

desahucio *m* DER eviction.

desairar *tr* to snub.

desaire *m* snub. ■ **hacerle un ~ a alguien** to snub sb.

desajustar *tr* **1** to spoil, to upset (planes). **2** to put out of order (aparato, máquina). • **~se** *pron* **3** to go wrong, to break down (estropearse).

desajuste *m* **1** disorder (desorden). **2** breakdown (avería). ♦ **~ horario** jet lag.

desalentar *tr* **1** to discourage. • **~se** *pron* **2** to lose heart.

desaliento *m* discouragement.

desaliñado, da *adj* scruffy (aspecto); dishevelled (pelo).

desaliño *m* untidiness.

desalojar *tr* **1** to evict (inquilino). **2** to clear, to evacuate (edificio).

desalojo *m* **1** eviction (de un inquilino). **2** clearing, evacuation (de un edificio).

desamor *m* **1** indifference, coldness (indiferencia). **2** dislike, enmity (enemistad). **3** lack of love (falta de amor).

desamparado, da *adj* **1** unprotected, helpless (persona). **2** deserted, lonely (lugar).

desamparar *tr* to desert, to abandon.

desangelado, da *adj* cheerless, unwelcoming.

desangrar *tr* **1** to bleed. • **~se** *pron* **2** to lose blood.

desanimado, da *adj* downhearted, dejected.

desanimar *tr* **1** to dishearten, to discourage. • **~se** *pron* **2** to get discouraged, to lose heart.

desapacible *adj* **1** unpleasant, disagreeable. **2** unsettled (tiempo).

desaparecer *intr* **1** to disappear, to vanish. **2** to wear off, to go (dolor).

desaparecido, da *adj* **1** missing. • *m* y *f* **2** missing person.
desaparición *f* disappearance.
desapego *m* indifference.
desapercibido, da *adj* unnoticed, unseen (inadvertido). ■ **pasar ~** to go unnoticed.
desaprensivo, va *adj* unscrupulous.
desaprobar *tr* to disapprove of.
desaprovechado, da *adj* **1** unfulfilled (persona). **2** wasted (oportunidad).
desaprovechar *tr* **1** not to take advantage of (posibilidades). **2** to waste (oportunidad).
desarmar *tr* **1** MIL to disarm. **2** to dismantle (desunir). **3** (fig) to disarm.
desarme *m* MIL disarmament.
desarraigado, da *adj* **1** uprooted (planta, árbol). **2** (fig) rootless (persona).
desarraigo *m* **1** (fig) rootlessness (de una persona). **2** uprooting (de plantas, árboles).
desarrapado, da *adj* → desharrapado.
desarreglar *tr* **1** to make untidy (habitación). **2** to upset, to disrupt (planes, horario). • **~se** *pron* **3** to be disrupted (planes, horario).
desarreglo *m* mess, disorder.
desarrollar *tr* **1** to develop (proyecto, idea, cuerpo). **2** to explain (teoría). **3** to carry out (llevar a cabo). • **~se** *pron* **4** to develop (país, cuerpo). **5** to take place (tener lugar).
desarrollo *m* **1** development (de proyecto, idea, cuerpo). **2** explanation (de teoría). **3** unfolding, course (transcurso).
desaseo *m* **1** dirtiness (suciedad). **2** untidiness (desorden).
desasir *tr* **1** to release, to let go of. • **~se** *pron* **2** to get rid of (desprenderse).
desasosiego *m* unease, disquiet.
desastrado, da *adj* **1** scruffy, unkempt (desaliñado). • *m* y *f* **2** scruffy person; scruff (coloq).
desastre *m* disaster.
desatar *tr* **1** to untie, to undo (nudo, paquete). **2** to untie (persona); to let loose (animal). **3** (fig) to trigger, to spark (crisis, rebelión). **4** (fig) to unleash (pasiones). • **~se** *pron* **5** to come undone (nudo). **6** to untie oneself (persona); to get loose (animal). **7** (fig) to break out (crisis, rebelión).
desatascar *tr* to unblock, to clear (desobstruir).
desatender *tr* **1** to ignore, to pay no attention to (no prestar atención). **2** to neglect, to disregard (no hacer caso).
desatentar *tr* to bewilder, to confuse.
desatinado, da *adj* silly, foolish (tonto).
desatornillar *tr* to unscrew.
desautorizar *tr* **1** to take away sb's authority (quitar autoridad). **2** to deny (desmentir). **3** to discredit (desacreditar).
desavenencia *f* disagreement (discordia).
desavenir *tr* **1** to cause a disagreement. • **~se** *pron* **2** to fall out.
desayunar *tr* **1** to have … for breakfast. • *intr* y *pron* **2** to have breakfast.
desayuno *m* breakfast.
desazón *m* displeasure, annoyance (disgusto).
desbancar *tr* to remove, to oust (de un trabajo).
desbandada *f* scattering. ■ **a la ~** in all directions, pell-mell.
desbandarse *pron* to scatter, to disperse.
desbarajuste *m* chaos, disorder.
desbaratado, da *adj* **1** wild (desordenado). **2** dissolute, debauched (disoluto).
desbaratar *tr* to spoil, to ruin.
desbarrar *intr* **1** to talk nonsense (disparatar). **2** to do stupid things (hacer disparates).
desbaste *m* **1** rough-hewing (piedra). **2** planing (madera).
desbloquear *tr* **1** to clear (paso, carretera). **2** to free (dispositivo, mecanismo). **3** to unfreeze (cuenta bancaria).
desbocado, da *adj* runaway (caballo).
desbordar *tr* **1** to surpass, to exceed (previsiones, límites). • *intr* y *pron* **2** to flood, to burst its banks (río). **3** to overflow (líquido). • **~se** *pron* **4** to flare up, to boil over (sentimientos, pasiones).
desbrozar *tr* **1** to clear (terreno, camino). **2** (fig) to remove (obstáculo).
descabellado, da *adj* hare-brained, crazy.
descabezar *tr* **1** to behead (decapitar). **2** to cut the top off (árbol).
descalabrar *tr* **1** to hit on the head (herir en la cabeza). • **~se** *pron* **2** to hurt one's head.
descalcificar *tr* **1** to decalcify. • **~se** *pron* **2** to become decalcified.

descalificación *f* DEP disqualification.
descalificar *tr* **1** DEP to disqualify. **2** to discredit (desacreditar).
descalzar *tr* **1** to take off (zapatos). • **~se** *pron* **2** to take off one's shoes.
descalzo, za *adj* barefoot.
descambiar *tr* to change.
descamisado, da *adj* **1** shirtless (sin camisa). • *m* y *f* **2** (fig) poor person, wretch.
descampado *m* open ground.
descansar *intr* **1** to rest, to have a rest (reposar). **2** to sleep.
descanso *m* **1** rest (reposo). **2** break (pausa). **3** relief (alivio). **4** interval (en un espectáculo). **5** half-time (en un partido).
descapotable *adj* y *m* convertible.
descarado, da *adj* **1** cheeky, insolent (insolente). • *m* y *f* **2** cheeky person, insolent person.
descarga *f* **1** unloading (de mercancías). **2** MIL firing, discharge. **3** ELEC discharge. ◆ **~ eléctrica** electric shock.
descargar *tr* **1** to unload (mercancía). **2** to fire, to shoot (disparar arma). **3** to free, to release (de una obligación). • *tr* y *pron* **4** ELEC to discharge. • **~se** *pron* **5** to run down, to go flat (batería). **6** to unburden oneself (desahogarse).
descargo *m* **1** unloading. **2** COM credit. **3** release (de una obligación). **4** DER defence (GB); defense (EE UU).
descaro *m* cheek, nerve.
descarriar *tr* **1** to misdirect (descaminar). **2** (fig) to lead astray. • **~se** *pron* **3** to lose one's way (perderse). **4** (fig) to go off the straight and narrow.
descarrilamiento *m* derailment.
descarrilar *intr* to be derailed.
descartar *tr* **1** to rule out (posibilidad, plan). **2** to reject (propuesta).
descasar *tr* **1** to dissolve a marriage. **2** (fig) to separate (separar).
descastado, da *adj* **1** unfeeling, cold-hearted. • *m* y *f* **2** cold-hearted person.
descendencia *f* **1** descendants, offspring (hijos). **2** origin, descent (linaje).
descender *tr* e *intr* **1** to descend, to go down, (una montaña, cuesta, escaleras). • *intr* **2** to drop, to fall (fiebre, temperatura).
descendiente *m* o *f* descendant.
descenso *m* **1** descent (montaña, cuesta). **2** drop, fall (temperatura).
descentralizar *tr* to decentralize.
descentrar *tr* **1** to put off-centre. • **~se** *pron* **2** to go off-centre.
desceñir *tr* **1** to undo, to loosen. • **~se** *pron* **2** to come undone.
descifrar *tr* **1** to decipher (escritura, mensaje). **2** to work out, to figure out (problema). **3** to solve (misterio).
desclavar *tr* to remove the nails from.
descoco *m* cheek, nerve (descaro).
descodificar *tr* to decode.
descolar *tr Méx.* to despise (despreciar).
descolgar *tr* **1** to take down (un cuadro). **2** to pick up (teléfono). • **~se** *pron* **3** DEP to break away.
descolorido, da *adj* discoloured, faded.
descomedido, da *adj* **1** excessive, immoderate (excesivo). **2** rude, impolite (descortés). • *m* y *f* **3** rude person.
descompensar *tr* to unbalance, to put off-balance.
descomponer *tr* y *pron* **1** to rot, to decompose (cadáver, alimento). • *tr* **2** to spoil, to ruin (desbaratar). **3** to break (estropear). • **~se** *pron* **4** to break down (estropearse). **5** to feel ill (enfermarse).
descomposición *f* **1** rotting, decomposition (putrefacción). **2** MED diarrhoea (GB); diarrhea (EE UU).
descompostura *f* **1** *Méx.* breakdown (de un motor). **2** untidiness, slovenliness (desaliño).
descompuesto, ta *adj* **1** rotten, decomposed (podrido). **2** *Amér.* broken, (estropeado). **3** untidy, slovenly (desaliñado).
descomunal *adj* enormous, huge.
desconcentrar *tr* **1** to decentralize (organización, industria). • **~se** *pron* **2** to lose concentration.
desconcertado, da *adj* **1** disconcerted (perturbado). **2** confused (desorientado).
desconcertar *tr* **1** to disconcert (perturbar). **2** to confuse (desorientar). • **~se** *pron* **3** to be disconcerted (perturbarse). **4** to be confused (desorientarse).
desconcierto *m* **1** confusion (perplejidad). **2** disorder, chaos (desorden).
desconectar *tr* **1** ELEC to disconnect. **2** to switch off, to turn off (luz, radio, televisión). **3** to unplug (desenchufar). • **~se (de)** *pron* **4** (fig) to lose touch (with), to cut oneself off (from).
desconexión *f* disconnection.

desconfianza *f* mistrust, distrust.
desconfiar *intr* ~ **de 1** to mistrust, to distrust (no confiar). ~ **de 2** to doubt (no esperar).
descongelar *tr* **1** to defrost. **2** to thaw (alimento). **3** to unfreeze (salario).
descongestionar *tr* y *pron* to clear.
desconocer *tr* not to know, to be unaware of (ignorar).
desconocido, da *adj* **1** unknown (no conocido). **2** unrecognizable (irreconocible). • *m* y *f* **3** stranger.
desconsiderar *tr* to be inconsiderate towards.
desconsolar *tr* **1** to distress (afligir). • **~se** *pron* **2** to despair (desesperarse).
desconsuelo *m* sorrow, grief.
descontar *tr* to deduct, to discount.
descontento, ta *adj* **1** unhappy, dissatisfied (persona, población). • *m* y *f* **2** unhappy person, dissatisfied person. • *m* **3** dissatisfaction (sentimiento).
descontrol *m* chaos, disorder.
descontrolarse *pron* to get out of control.
descorazonar *tr* **1** to dishearten, to discourage. • **~se** *pron* **2** to get discouraged, to lose heart.
descorchar *tr* to uncork.
descorrer *tr* **1** to draw back, to open (cortinas). **2** to unbolt (cerrojo).
descortés *adj* rude, impolite.
descoser *tr* **1** to unstitch, to unpick. • **~se** *pron* **2** to come apart, to come unstitched.
descoyuntar *tr* **1** ANAT to dislocate, to put out of joint. • **~se** *pron* **2** ANAT to become dislocated.
descrédito *m* discredit, disrepute.
descremado, da *adj* skimmed.
describir *tr* to describe.
descripción *f* description.
descuadrar *intr* not to tally.
descuajaringar o **descuajeringar** *tr* **1** to take to pieces (descomponer). • **~se** *pron* **2** to fall to pieces (deshacerse).
descuartizar *tr* **1** to quarter. **2** to cut up, to carve up (despedazar algo).
descubierto, ta *pp* **1** → descubrir. • *adj* **2** bare (cuerpo). **3** open (terreno). **4** cloudless, clear (cielo). • *m* **5** COM overdraft (sobregiro). ■ **al** ~ in the open.
descubrimiento *m* discovery.
descubrir *tr* **1** to discover (país, producto, artista). **2** to reveal, to uncover (complot). **3** to find out, to discover (causa). **4** to give away (secreto). • **~se** *pron* **5** to take one's hat off (quitarse el sombrero).
descuento *m* discount. ■ **con** ~ at a discount; **hacer un** ~ to give a discount.
descuidar *tr* **1** to neglect (desatender). • **~se** *pron* **2** to neglect one's appearance. **3** to be careless (no tener cuidado).
descuido *m* **1** carelessness (falta de cuidado). **2** forgetfulness (olvido). **3** untidiness, slovenliness (desaliño).
desde *prep* **1** from (lugar): *sólo hay una milla de aquí al colegio = it's only a mile from here to the school.* **2** from, since (tiempo): *desde el año pasado = since last year*. ■ ~ **ahora** from now on; ~ **entonces** since then; ~ **hace** for: *llevo viviendo aquí desde hace 20 años = I've been living here for 20 years*; ~ **luego** of course; ~ **que** since: *te he querido desde que te vi por primera vez = I've loved you since the first time I saw you.*
desdecirse *pron* to go back on one's word.
desdén *m* disdain (menosprecio).
desdentado, da *adj* toothless (persona).
desdeñar *tr* to disdain, to scorn.
desdicha *f* misfortune, misery (desgracia).
desdichado, da *adj* **1** unfortunate, wretched. • *m* y *f* **2** wretch.
desdoblar *tr* **1** to unfold (mapa, papel). **2** to unwind (alambre, hilo). • **~se** *pron* **3** to split into two.
desear *tr* **1** to wish (suerte). **2** to want (querer). **3** to wish for (anhelar). **4** to desire (sexualmente).
desechable *adj* disposable.
desechar *tr* **1** to throw away (basura, residuos). **2** to get rid of (cosas inútiles). **3** to reject (idea, propuesta).
desecho *m* **1** waste (basura). **2** residue (resto). ■ **desechos radioactivos** radioactive waste.
desembalar *tr* to unpack.
desembarazar *tr* **1** to evacuate (edificio, lugar). • **~se de** *pron* **2** to get rid of.
desembarcadero *m* landing stage, pier.
desembarcar *tr, intr* y *pron* **1** to disembark, to put ashore (personas). • *tr* **2** to unload (mercancías).

desembocadura *f* **1** mouth (de un río). **2** end, opening (de una calle, carretera).
desembocar *intr* **~ en 1** to flow into (río). **~ en 2** to join, to meet (calle, carretera). **~ en 3** (fig) to end in, to lead.
desembolsar *tr* to pay out, to spend.
desembolso *m* outlay, expense.
desembuchar *tr* (fam) to let out, to reveal (decir). ■ **¡desembucha!** out with it!
desempañar *tr* to clean.
desemparejar *tr* to break up, to separate.
desempatar *tr* e *intr* to break the deadlock (en una competición, votación).
desempate *m* **1** tie-break, play-off (en una competición). **2** run-off (en una votación).
desempeñar *tr* **1** to get out of pawn, to redeem (recuperar la cosa empeñada). **2** to hold, to occupy (cargo). **3** to perform, to carry out (deber).
desempleado, da *adj* unemployed, out of work.
desempleo *m* unemployment.
desempolvar *tr* **1** to dust (quitar el polvo). **2** (fig) to dust off (volver a utilizar).
desencadenar *tr* **1** to unchain (soltar la cadena). **2** to unleash (perro). **3** (fig) to let loose, to unleash (pasiones). **4** (fig) to start, to spark off (conflicto, guerra). • **~se** *pron* **5** to break out (guerra, huelga).
desencajar *tr* **1** MEC to disconnect (desconectar). **2** MED to dislocate (hueso, mandíbula). • **~se** *pron* **3** to become distorted (cara).
desencaminar *tr* **1** (fig) to mislead, to lead astray. • **~se** *pron* **2** to go the wrong way. **3** (fig) to go astray.
desencantar *tr* to disillusion, to disenchant.
desencanto *m* disillusionment, disenchantment.
desenchufar *tr* to unplug.
desenfadado, da *adj* **1** free-and-easy, carefree (desenvuelto). **2** self-assured, self-confident (seguro de sí mismo).
desenfado *m* **1** free-and-easy manner, carefree manner (desenvoltura). **2** self-assurance, self-confidence.
desenfocado *adj* **1** FOT out of focus. **2** (fig) ill-defined (problema, asunto).
desenfocar *tr* **1** FOT to get out of focus. **2** (fig) to blur (problema, asunto). • **~se** *pron* **3** FOT to be out of focus.
desenfrenarse *pron* to let oneself go, to go wild.
desenfreno *m* lack of control.
desengañar *tr* **~ a alguien 1** to open sb's eyes, to make sb see the truth (hacer reconocer el engaño). **2** to disillusion, to disappoint (decepcionar). • **~se** *pron* **3** to have one's eyes opened (ver la verdad).
desengaño *m* disappointment, disillusionment (decepción).
desengrasar *tr* to remove the grease from.
desenlace *m* ending.
desenmascarar *tr* to unmask.
desenredar *tr* **1** to unravel, to disentangle (pelo, ovillo). **2** (fig) to clear up, to sort out (asunto).
desenrollar *tr* **1** to unroll (cartel, alfombra). **2** to unwind (hilo, cuerda).
desenroscar *tr* y *pron* to unscrew.
desentenderse *pron* **~ (de)** to pretend not to know (about), to feign ignorance (about) (fingir que no se entiende).
desenterrar *tr* **1** to disinter, to exhume (cadáver). **2** to dig up, to unearth (objeto).
desentonar *intr* **1** MÚS to be out of tune (instrumento). **2** to clash, not to match (ropa, colores).
desentrañar *tr* **1** (fig) to work out, to puzzle out (problema). **2** (fig) to get to the bottom of, to unravel (misterio).
desentumecer *tr* y *pron* to loosen up.
desenvainar *tr* to draw, to unsheathe.
desenvoltura *f* **1** grace, ease (garbo). **2** self-confidence (desenfado).
desenvolver *tr* **1** to unwrap (regalo, paquete). • **~se** *pron* **2** to develop (desarrollarse). **3** to manage (arreglárselas).
deseo *m* wish, desire.
desequilibrado, da *adj* **1** off-balance (mecanismo). **2** unbalanced (persona). • *m* y *f* **3** unbalanced person.
desequilibrar *tr* **1** to throw off balance (mecanismo). **2** to unbalance (persona).
deserción *f* desertion.
desertar *intr* MIL to desert.
desértico, ca *adj* desert.
desertización *f* desertification.
desesperación *f* **1** despair (desesperanza). **2** desperation (angustia).
desesperado, da *adj* desperate.
desesperanzar *tr* **1** to deprive of hope. • **~se** *pron* **2** to lose hope, to despair.

desesperar *tr* **1** to drive to despair (dejar sin esperanza). **2** (fam) to exasperate, to drive crazy (exasperar). • **~se** *pron* **3** to get exasperated (exasperarse).
desestimar *tr* **1** to reject (denegar). **2** to underestimate (menospreciar).
desfachatez *f* impudence, cheek.
desfalcar *tr* to embezzle.
desfallecer *intr* to faint.
desfase *m* gap (diferencia).
desfavorable *adj* unfavourable.
desfigurar *tr* **1** to disfigure (cara); to deform (cuerpo). **2** to deface (edificio). **3** to distort (verdad).
desfiladero *m* narrow pass, defile.
desfilar *intr* to file past, to march past.
desfogar *tr* **1** to vent. • **~se** *pron* **2** to vent one's feelings, to let off steam.
desgaire *m* affected carelessness, nonchalance.
desgajar *tr* **1** to tear off (desprender). **2** to tear up (despedazar). • **~se** *pron* **3** to come away (desprenderse).
desgana *f* **1** lack of appetite (inapetencia). **2** unwillingness (sin ganas).
desgañitarse *pron* (fam) to scream one's head off.
desgarbado, da *adj* gawky, ungainly.
desgarrado, da *adj* heart-rending.
desgarrar *tr* **1** to tear, to rip (romper). **2** (fig) to break (corazón).
desgarro *m* **1** tear, rip (rotura). **2** tear (de músculo).
desgastar *tr* **1** to wear out (consumir). **2** to wear (ropa). **3** to ruin, to spoil (estropear). • **~se** *pron* **4** to get worn away, to get worn down (gastarse). **5** to get worn (ropa). **6** to wear oneself out (agotarse).
desgaste *m* wear.
desgracia *f* **1** misfortune (mala suerte). **2** disaster (catástrofe). ■ **caer en ~** to fall into disgrace; **por ~** unfortunately.
desgraciado, da *adj* **1** unfortunate (desafortunado). **2** (desp) wretched (miserable). • *m* y *f* **3** (desp, fam) scumbag.
desgraciar *tr* **1** to ruin, to spoil (estropear). • **~se** *pron* **2** (fam) to do oneself a mischief (herirse).
desgranar *tr* to thresh (trigo).
desgravación *m* tax deduction.
desgravar *tr* FIN to deduct.
desguanzarse *pron Amér. Centr., Méx.* to tire oneself out.
desguazar *tr* to scrap (coche).
deshabitado, da *adj* uninhabited.
deshacer *tr* **1** to undo (gen). **2** to take to pieces, to take apart (desmontar). **3** to melt (derretir). **4** to dissolve (disolver). **5** to cancel (contrato). **6** to divide (dividir). **7** to thwart (intriga, plan). • **~se** *pron* **8** to come undone (nudo). **9** to fall to pieces, to come apart (objecto). **10** to melt (derretirse). **11** to dissolve (disolverse). **~se de 12** to get rid of (librarse). **~se por 13** to be crazy about. **~se por hacer algo 14** to do one's utmost to do sth, to try one's hardest to do sth. ■ **~se en cumplidos** to be full of praise.
desharrapado, da *adj* ragged, tattered.
deshecho, cha *adj* **1** worn out, tired out (cansado). **2** melted (derretido). **3** undone (nudo).
desheredar *tr* to disinherit.
deshidratación *f* dehydration.
deshidratar *tr* to dehydrate.
deshielo *m* thaw.
deshilvanar *tr* to untack.
deshojar *tr* **1** to strip the leaves off (hojas); to pull the petals off (pétalos). • **~se** *pron* **2** to lose its leaves (árbol); to lose its petals (pétalos).
deshollinador, ra *m* y *f* chimney sweep.
deshonesto, ta *adj* **1** dishonest (no honrado). **2** indecent (indecente).
deshonor *m* dishonour.
deshora *f* at an inconvenient time, at an awkward moment.
deshuesar *tr* **1** to bone (carne). **2** to stone, to pit (fruta).
desidia *f* **1** negligence (negligencia). **2** slovenliness (en el vestir).
desierto, ta *adj* **1** deserted (vacío). **2** empty, uninhabited (deshabitado). **3** GEOG desert (región). • *m* **4** desert.
designar *tr* **1** to appoint, to designate (nombrar). **2** to fix, to name (día, lugar, fecha).
designio *m* plan, intention.
desigual *adj* **1** unequal (no igual). **2** different (diferente). **3** uneven (terreno). **4** changeable (tiempo).
desigualdad *f* **1** inequality (gen). **2** difference (diferencia).
desilusión *f* disappointment (decepción); disillusionment (falta de ilusiones).

desinfectar *tr* to disinfect.
desinflar *tr* to deflate.
desintegración *f* disintegration.
desintegrar *tr* y *pron* **1** to disintegrate. **2** to split (átomo). **3** to break up (grupo).
desinterés *m* **1** lack of interest, disinterest (falta de interés). **2** generosity.
desinteresado, da *adj* **1** disinterested, impartial (imparcial). **2** generous.
desistir *intr* **~ de 1** to give up, to stop. **~ de 2** DER to waive (derecho).
desleal *adj* **1** disloyal (persona). **2** unfair (competencia).
desleír *pron* to dissolve, to blend.
desliar *tr* **1** to untie, to undo (desatar). • **~se** *pron* **2** to come undone.
desligar *tr* **1** to untie, to release (soltar ligaduras). **2** to separate, to detach (separar). • **~se** *pron* **3** to come undone (nudo). **~se de 4** to free oneself from, to escape from (obligación).
deslindar *tr* **1** to mark the boundaries of (lugar). **2** to define (definir).
desliz *m* slip, error. ■ **cometer un ~** to slip up, to make a mistake.
deslizar *tr* e *intr* **1** to slip, to slide. • **~se** *pron* **2** to slip by (tiempo). **~se en 3** to slip into (entrar). **~se por 4** to slide along (por el hielo); to glide through (por el agua).
deslucido, da *adj* **1** faded (sin brillo). **2** dull, lacklustre (sin gracia).
deslumbrar *tr* **1** to dazzle, to blind (cegar la vista). **2** to confuse, to bewilder (confundir). • **~se** *pron* **3** to be dazzled (quedarse impresionado).
desmadrarse *pron* to go crazy, to get out of control.
desmadre *m* chaos, uproar.
desmán *m* excess (exceso).
desmandarse *pron* to get out of control.
desmantelar *tr* **1** to dismantle (edificio). **2** to break up (grupo).
desmaquillador *m* make-up remover.
desmarcarse *pron* **1** DEP to shake off one's marker. **~ de 2** to distance oneself from (distanciarse).
desmayarse *pron* to faint (perder el conocimiento).
desmayo *m* fainting fit.
desmedirse *pron* to go over the top.
desmejorar *tr* **1** to spoil (estropear). • *intr* y *pron* **2** to get worse (perder salud).
desmelenar *tr* **1** to dishevel. • **~se** *pron* **2** to let one's hair down (desinhibirse).
desmembrar *tr* **1** to dismember. • *tr* y *pron* **2** to split up, to break up (organización).
desmemoriado, da *adj* forgetful.
desmentido *m* denial.
desmentir *tr* **1** to deny (negar). **2** to contradict (decir que miente).
desmenuzar *tr* **1** to chop up, to cut up (trocear). **2** to crumble (hacer migas). **3** to scrutinize (examinar).
desmerecer *intr* **1** to lose value (perder valor). **~ de 2** to lose in comparison with, to compare badly with (ser inferior).
desmesurado, da *adj* enormous.
desmirriado, da *adj* (fam) skinny.
desmontar *tr* **1** to take to pieces (máquina); to strip (motor). **2** to take off, to remove (quitar). • *intr* y *pron* **3** to dismount (de caballo, bicicleta). • **~se** *pron* **4** to come to pieces, to fall apart (desunirse).
desmoralizar *tr* **1** to demoralize. • **~se** *pron* **2** to become demoralized.
desmoronar *tr* **1** to cause to crumble (edificios, rocas). • **~se** *pron* **2** to crumble, to collapse (imperio).
desnatado, da *adj* skimmed.
desnaturalizar *tr* to adulterate (alterar).
desnivel *m* unevenness (de terreno).
desnucar *pron* to break one's neck.
desnudar *tr* y *pron* to undress.
desnudo, da *adj* **1** naked (cuerpo). **2** bare (árbol, paisaje).
desnutrición *f* malnutrition.
desobedecer *tr* to disobey.
desobediente *adj* disobedient.
desocupación *f* unemployment (desempleo).
desocupado, da *adj* **1** empty, vacant (lugar). **2** free, unoccupied (ocioso). **3** unemployed (sin empleo).
desocupar *tr* **1** to vacate (dejar libre). • **~se** *pron* **2** *Amér.* to give birth (dar a luz).
desodorante *adj* y *m* deodorant.
desoír *tr* to ignore, to disregard.
desolado, da *adj* desolate.
desolar *tr* **1** to devastate (destruir). • **~se** *pron* **2** to be desolated (afligirse).
desollar *tr* to skin.
desorbitado, da *adj* exorbitant (precio).

desorden *m* **1** disorder (gen). **2** untidiness, mess (de habitación). • **desórdenes** *m pl* **3** disturbances (alborotos).
desordenar *tr* **1** to untidy (habitación). **2** to get out of order (fichas).
desorganización *f* disorganization.
desorganizar *tr* to disorganize, to disrupt.
desorientar *tr* **1** to confuse (confundir). **2** to disorientate (hacer perder la orientación). • **~se** *pron* **3** to lose one's bearings (perderse); to get confused (confundirse).
despabilar *tr* **1** to snuff (vela). • *tr* y *pron* **2** → espabilar.
despachar *tr* **1** to sell (vender). **~ a alguien 2** to attend to, to serve (en una tienda). **3** to deal with (asunto). **4** to send, to dispatch (enviar). **5** to send packing (echar); to dismiss (despedir).
despacho *m* **1** office (oficina); study (en casa). **2** sale (venta).
despacio *adv* **1** slowly (lentamente). **2** *Amér.* softly, quietly (en voz baja).
despampanante *adj* stunning, gorgeous.
desparpajo *m* **1** self-confidence, poise (desenvoltura). **2** *Amér. Centr.* muddle (desorden).
desparramar *tr* y *pron* to scatter (esparcir); to spill (líquido).
despavorido, da *adj* terrified.
despecho *m* **1** spite (venganza). **2** *Amér.* weaning (destete).
despechugarse *pron* to bare one's chest.
despectivo, va *adj* **1** scornful (despreciativo). **2** GRAM pejorative.
despedazar *tr* **1** to tear to pieces. • **~se** *pron* **2** to shatter.
despedida *f* **1** goodbye, farewell. **2** send-off (en la estación, aeropuerto).
despedir *tr* **1** to say goodbye (decir adiós); to see off (acompañar). **2** to dismiss (empleado, visitante). **3** to give off (calor, olor). **4** to throw, to fling (arrojar). • **~se** *pron* **5** to say goodbye, to take one's leave. **~se de 6** (fam) to say goodbye to (renunciar a).
despegar *tr* **1** to unstick (desprender). • *intr* **2** to take off (avión). • **~se** *pron* **3** to come unstuck (desprenderse).
despegue *m* take-off.
despeinado, da *adj* untidy, ruffled.
despeinar *tr* to ruffle, to mess up.
despejado, da *adj* **1** clear (gen). **2** sharp, alert (mente, persona).
despejar *tr* **1** to clear (gen). **2** to clear up, to sort out (situación). • **~se** *pron* **3** to clear up, to brighten up (día); to clear (cielo). **4** to clear one's head (espabilarse).
despellejar *tr* to skin (quitar pellejo).
despensa *f* larder, pantry.
despeñadero *m* precipice, cliff.
despeñar *tr* **1** to throw off a cliff. • **~se** *pron* **2** to throw oneself off a cliff.
despercudir *tr Amér.* to wash (lavar).
desperdiciar *tr* to waste (malgastar).
desperdicio *m* **1** waste (acción). • **desperdicios** *m pl* **2** scraps (de comida); waste (basura).
desperdigar *tr* **1** to scatter (esparcir). • **~se** *pron* **2** to be scattered (esparcirse).
desperezarse *pron* to stretch.
desperfecto *m* **1** flaw, imperfection (defecto). **2** damage (daño).
despersonalizar *tr* to depersonalize.
despertador *m* alarm clock.
despertar *m* awakening.
despertar *tr* **1** to wake, to wake up (persona). **2** to arouse (apetito, esperanza, suspicacias); to bring back (recuerdos). • *intr* y *pron* **3** to wake up (persona).

> **Despertarse** se traduce por ***to wake*** o ***to wake up***: *se derpertó a las ocho = he wake up at eight o'clock*. Para aludir a sentimientos, pasiones, etc., se usa ***to arouse***: *aquella historia despertó mi interés = that story aroused my interst.*

despiadado, da *adj* heartless, cruel.
despido *m* dismissal.
despierto, ta *adj* **1** awake (que no duerme). **2** sharp, bright (espabilado).
despilfarrar *tr* to waste, to squander.
despistado, da *adj/m* y *f* absent-minded, scatterbrained.
despistar *tr* **1** to throw off the track. **2** to confuse (confundir). • **~se** *pron* **3** to lose one's way, to get lost (perderse). **4** to get confused (distraerse).
despiste *m* **1** slip, mistake (error). **2** confusion, mix-up (confusión).
desplante *m* **1** outspoken comment (dicho descarado). **2** insolent act (hecho descarado).

desplazar *tr* y *pron* **1** to move, to shift (mover). **2** to move away (quitar). • *tr* **3** to take the place of, to replace (desbancar). • **~se** *pron* **4** to travel.

desplegar *tr* **1** to unfold, to open out; to spread, to open (alas); to unfurl (velas, banderas). **2** to show (cualidad).

despliegue *m* **1** unfolding, opening (abertura). **2** show, display (ostentación).

desplomarse *pron* to collapse, to come crashing down.

desplome *m* **1** drop, fall (caída). **2** tilting (acción de inclinar).

desplumar *tr* **1** to pluck (ave). **2** (fam) to fleece (robar).

despoblación *f* depopulation.

despoblado *adj* deserted, uninhabited.

despoblar *tr* **1** to depopulate. **2** to devastate, to lay waste (devastar). **3** to clear (despojar). • **~se** *pron* **4** to become depopulated.

despojar *tr* **1** to strip, to divest (privar). • **~se de** *pron* **2** to take off (ropa). **~se de 3** to give up (bienes).

despojo *m* **1** depriving, stripping (acción de privar). • **despojos** *m pl* **2** offal (de animales). **3** waste (basura).

desposar *tr* **1** to marry (casar). • **~se** *pron* **2** to get married (casarse).

desposeer *tr* **~ de** to dispossess of

déspota *m* o *f* despot.

despotricar *intr* (fam) to rant.

despreciar *tr* **1** to scorn, to despise (desdeñar). **2** to reject (rechazar).

desprecio *m* scorn, contempt.

desprender *tr* **1** to loosen (soltar). **2** to unfasten (desatar). **3** to take off (quitar). **4** to separate. • **~se** *pron* **5** to come off, to become detached (soltarse). **~se de 6** to part with, to get rid of.

desprendido, da *adj* **1** generous, unselfish (generoso). **2** disinterested.

desprendimiento *m* detachment (separación). ◆ **~ de tierras** landslide.

despreocupación *f* **1** unconcern (falta de preocupación). **2** impartiality.

despreocupado, da *adj* **1** unconcerned (sin inquietud). **2** casual (en el vestir).

despreocuparse *pron* **~ de** to stop worrying about (no inquietarse).

desprestigiar *tr* **1** to discredit, to ruin the reputation of. • **~se** *pron* **2** to become discredited, to lose one's reputation.

desprevenido, da *adj* unprepared.

desproporcionado, da *adj* disproportionate.

despropósito *m* silly remark, irrelevant remark (comentario).

después *adv* **1** afterward(s), later (más tarde). **2** then, next (en una sucesión). **~ de 3** after (en el tiempo). **~ de que 4** after.

despuntar *tr* **1** to blunt (romper la punta). • *intr* **2** to sprout (planta); to bud (flor). **3** to break (alba). **4** to stand out, to excel (sobresalir).

desquiciar *tr* **1** to derange, to unhinge (persona). • **~se** *pron* **2** to lose one's mind, to become unhinged (persona).

destacado, da *adj* prominent (persona); outstanding (acto).

destacamento *m* detachment.

destacar *tr* **1** to highlight, to emphasize (poner de relieve). **2** MIL • *intr* y *pron* **3** to stand out (sobresalir).

destajo *m* **a ~** by the piece (por una cantidad determinada).

destapar *tr* **1** to uncover (quitar tapa); to take the lid off (olla, caja); to open (botella). **2** (fig) to uncover, to expose (asunto). • **~se** *pron* **3** to uncover oneself (quitar mantas).

destello *m* flash (luz repentina); sparkle (diamante); twinkling (de estrella).

destemplado, da *adj* **1** out of sorts. **2** inclement (tiempo atmosférico).

desteñir *tr* y *pron* **1** to fade, to bleach (descolorar). • *intr* y *pron* **2** to run.

desternillarse *pron* (fam) to split one's sides laughing, to laugh one's head off.

desterrar *tr* **1** to exile, to banish (expulsar de un país). **2** to ban (prohibir una cosa).

destiempo *m* **a ~** at the wrong moment.

destierro *m* exile. ■ **en el ~** in exile.

destilación *f* distillation.

destilar *tr* to distil.

destilería *f* distillery.

destinar *tr* **1** to eamark (objeto); to appoint (persona). **2** to post, to send (empleado, soldado). **3** to address (carta).

destino *m* **1** destiny, fate (hado). **2** destination (de viajero, carta, tren). **3** use (uso). **4** post, position (empleo). ■ **con ~ a** bound for, going to.

destitución *f* dismissal.

destituir *tr* to dismiss.
destornillador *m* screwdriver.
destornillar *tr* **1** to unscrew. • **~se** *pron* **2** → desternillarse.
destreza *f* **1** skill (habilidad). **2** dexterity (agilidad).
destripar *tr* to disembowel (animal, persona); to gut (pescado).
destrozar *tr* to smash (objeto); to tear to pieces (ropa); to ruin (plan, proyecto); to shatter (nervios); to break (corazón).
destrozo *m* destruction (gen).
destrucción *f* destruction.
destruir *tr* **1** to destroy (gen). **2** to ruin, to wreck (plan, proyecto). **3** to shatter, to dash (esperanzas).
desuso *m* disuse, obsolescence. ■ **caer en ~** to fall into disuse.
desvaído, da *adj* **1** pale, washed-out (color). **2** blurred, indistinct (imagen).
desvalido, da *adj* **1** abandoned, destitute (abandonado). • *m* y *f* **2** needy person.
desvalijar *tr* to rob (robar); to burgle (casa); to break into (coche).
desván *m* attic, loft.
desvanecer *tr* y *pron* **1** to disperse, to dissipate (color, humo). • **~se** *pron* **2** to faint (desmayarse). **3** to evaporate (evaporarse). **4** to disappear (desaparecer).
desvanecimiento *m* faint, dizzy spell.
desvariar *intr* to talk nonsense, to rave.
desvarío *m* **1** delirium (delirio). • **desvaríos** *m pl* **2** nonsense, ravings.
desvelar *tr* **1** to keep awake (no dejar dormir). **2** reveal (secreto). • **~se** *pron* **3** to stay awake too long (quedarse despierto).
desvelo *m* **1** insomnia, sleeplessness (insomnio). • **desvelos** *m pl* **2** anxiety, effort (preocupaciones).
desventaja *f* **1** disadvantage (perjuicio). **2** drawback (inconveniente).
desventura *f* bad luck, misfortune.
desvergonzado, da *adj* shameless.
desvergüenza *f* nerve, cheek (descaro); insolence (insolencia).
desviación *f* **1** deviation (gen). **2** diversion, detour (en carretera).
desviar *tr* **1** to divert (tráfico, avión, agua). **2** to deflect (balón); to parry (pregunta). **3** to avert (mirada, ojos). **4** to change (tema). **5** to dissuade (disuadir). • **~se** *pron* **6** to go off course (avión, barco). **~se de 7** to be swayed from.
desvío *m* diversion, detour.
desvirgar *tr* to deflower.
desvirtuar *tr* **1** to distort (tergiversar). **2** to detract from (quitar valor a). **3** to adulterate (adulterar). • *tr* y *pron* **4** to spoil (estropear).
desvivirse *pron* **~ por algo 1** to long for sth (desear); to be mad about sth (chiflarse). **~ por alguien 2** to be devoted to sb, to do one's utmost for sb.
detallar *tr* **1** to detail, to itemize (lista). **2** to tell in detail (contar en detalle).
detalle *m* **1** detail (pormenor). **2** kind gesture, nice thought (cosa amable): *¡qué detalle! = what a kind gesture!* ■ **al ~** COM retail; **tener el ~ de hacer algo** to be thoughtful enough to do sth.
detallista *adj* **1** considerate (que cuida los detalles). **2** meticulous (meticuloso). • *m* o *f* **3** COM retailer.
detectar *tr* to detect.
detective *m* o *f* detective.
detención *f* arrest, detention (arresto).
detener *tr* y *pron* **1** to stop (parar). • *tr* **2** to arrest, to detain (arrestar). **3** to hold up, to detain, to keep (retrasar). • **~se** *pron* **4** to linger, to hang about.
detenido, da *adj* **1** under arrest (arrestado). **2** detailed, minute (minucioso).
detenimiento *m* care, attention. ■ **con ~** thoroughly, meticulously.
detentar *tr* **1** to hold unlawfully (cargo). **2** to hold (récord).
detergente *m* detergent.
deteriorar *tr* **1** to damage, to impair (estropear). **2** to wear out (desgastar). • **~se** *pron* **3** to get damaged (dañarse). **4** to get worn, to suffer wear and tear (desgastarse). **5** to get worse (empeorarse).
deterioro *m* **1** damage (daño). **2** wear and tear (desgaste).
determinación *f* **1** decision, resolution (resolución). **2** determination (valor). ■ **tomar una ~** to take a decision.
determinado, da *adj* **1** certain (cierto); specific (concreto); set (fijado). **2** determined, resolute (valeroso).
determinar *tr* **1** to determine (averiguar). **2** to set, to determine (fijar). **3** to cause (causar). • **~se** *pron* **4** to decide, to make up one's mind.
detestable *adj* detestable, loathsome.
detestar *tr* to detest, to loathe.

detonación *f* detonation (acción); explosion (sonido).
detonante *m* explosive.
detonar *tr* to detonate.
detractor, ra *adj* **1** defamatory, disparaging. • *m* y *f* **2** detractor.
detrás *adv* **1** behind (gen). **2** on the back (reverso). **3** at the back (en auditorio, cola). ■ **~ do** behind; **por ~** behind; **por ~ de** behind.
detrimento *m* detriment (perjuicio). ■ **en ~ de** to the detriment of.
deuda *f* debt. ♦ **~ exterior** foreign debt; **~ pública** national debt (GB); public debt (EE UU).
deudor, ra *adj*/*m* y *f* debtor.
devaluación *f* devaluation.
devaluar *tr* to devalue.
devanar *tr* to wind.
devaneo *m* **1** idle pursuit (pasatiempo). • **devaneos** *m pl* **2** flirtation, affair (amoríos).
devastar *tr* to devastate, to lay waste to (territorio).
devengar *tr* to earn, to bear, to accrue.
devenir *m* **1** evolution, development (evolución). • **~ en** *intr* **2** to become (llegar a ser).
devoción *f* devotion.
devolución *f* **1** return (gen). **2** COM return (artículo); refund (importe).
devolver *tr* **1** to return, to give back (algo prestado). **2** to return (favor). • *tr* e *intr* **3** to vomit, to throw up.
devorar *tr* to devour.
devoto, ta *adj* **1** devout, pious (piadoso). **2** devoted (admirador).
día *m* **1** day (gen). **2** date (fecha). **3** daytime, day (en contraste con la noche). **4** weather (tiempo atmosférico). • **días** *m pl* **5** days (vida). ♦ **~ de diario** weekday; **~ de los enamorados** St. Valentine's Day; **~ de los Inocentes** April Fools' Day; **~ del Señor** Sunday (domingo); **~ de paga** pay day; **~ festivo** holiday; **~ hábil** working day; **~ laborable** working day; **~ lectivo** school day, teaching day; **~ libre** day off. ■ **al ~** up to date; **¡buenos días!** hello! (gen); good morning! (por la mañana); **dar los buenos días** to say good morning; **de ~** by day, during the day; **del ~** fresh (alimento); **en pleno ~** in broad daylight; **estar al ~** to be up to date (informado); to be with it (de moda); **hoy (en) ~** nowadays; **poner al ~** to bring up to date; **un ~ sí y otro no** every other day.
diabetes *f* diabetes.
diablo *m* devil. ■ **¡diablos!** hell!; **pobre ~** poor devil.
diablura *f* mischief, devilry.
diabólico, ca *adj* **1** diabolic (del diablo). **2** diabolical (muy malo).
diadema *f* **1** diadem (adorno). **2** crown (corona).
diáfano, na *adj* **1** diaphanous (transparente). **2** clear (claro).
diafragma *m* diaphragm.
diagnosticar *tr* to diagnose.
diagnóstico, ca *m* diagnosis.
diagonal *adj* y *f* diagonal. ■ **en ~** diagonally.
diagrama *m* diagram.
dialecto *m* dialect.
diálisis *f* dialysis.
dialogar *intr* **1** to converse, to talk to one another. **2** POL to hold talks with.
diálogo *m* **1** conversation (conversación). **2** POL dialogue. **3** LIT dialogue.
diamante *m* diamond.
diámetro *m* diameter.
diana *f* **1** bull's eye (blanco). **2** MIL reveille (toque de corneta).
¡diantre! *interj* blast!, dash it!
diapasón *m* tuning fork.
diapositiva *f* slide, transparency.
diario, ria *adj* **1** daily. **a ~ 2** every day. **de ~ 3** everyday: *ropa de diario = everyday clothes*. • *m* **4** newspaper, paper, daily (periódico).
diarrea *f* diarrhoea; diarrhea (EE UU).
diáspora *f* diaspora.
diatriba *f* diatribe, invective.
dibujante *m* o *f* **1** cartoonist (tiras cómicas). **2** draughtsman/draughtswoman (dibujos técnicos).
dibujar *tr* to draw.
dibujo *m* **1** drawing, picture (gen); design (diseño); cartoon (en periódico). **2** drawing (arte). **3** pattern, design (estampado). ♦ **dibujos animados** cartoons.
diccionario *m* dictionary.
dicha *f* **1** happiness, joy (felicidad). **2** good luck (buena suerte).
dicharachero, ra *adj* **1** witty, humorous. • *m* y *f* **2** witty person.

dicho, cha *pp* **1** → decir. • *m* **2** saying, proverb. ■ **~ y hecho** no sooner said than done; **lo ~** OK, well that's it.
dichoso, sa *adj* **1** happy (feliz). **2** lucky, fortunate (afortunado). **3** (fam) blessed, damned (maldito).
diciembre *m* December.
dictado *m* dictation (acción, texto).
dictador, ra *m* y *f* dictator.
dictadura *f* dictatorship.
dictamen *m* **1** opinion (opinión). **2** report (informe).
dictaminar *tr* **1** to consider, to regard (considerar). **2** DER to pass. • *intr* **3** to express an opinion (dar una opinión).
dictar *tr* **1** to dictate (carta). **2** DER to pass, to pronounce (sentencia); to issue, to proclaim (decreto); to enact (ley).
didáctico, ca *adj* didactic.
diecinueve *adj* y *m* **1** nineteen. **2** nineteenth (para la fecha, el siglo).
dieciocho *adj* y *m* **1** eighteen. **2** eighteenth (para la fecha, el siglo).
dieciséis *adj* y *m* **1** sixteen. **2** sixteenth (para la fecha, el siglo).
diecisiete *adj* y *m* **1** seventeen. **2** seventeenth (para la fecha, el siglo).
diente *m* ANAT tooth. ◆ **~ de ajo** clove of garlic; **~ de leche** milk tooth. ■ **hablar entre dientes** to mumble, to grumble.
diesel *adj* **1** diesel. • *m* **2** diesel (automóvil).
diestro, tra *adj* **1** right (derecho). **2** clever (hábil). • *m* **3** bullfighter, matador. ■ **a ~ y siniestro** left, right and centre.
dieta *f* **1** MED diet. • **dietas** *f pl* **2** COM expenses. ■ **estar/ponerse a ~** to be/go on a diet.
dietario *m* account book.
dietética *f* dietetics.
dietético, ca *adj* dietetic.
diez *adj* y *m* **1** ten. **2** tenth (décimo).
difamar *tr* **1** to libel, to defame (por escrito). **2** to slander, to defame (de palabra).
diferencia *f* difference. ■ **a ~ de** unlike, in contrast to.
diferencial *adj* **1** differential. • *f* **2** MAT differential. • *m* **3** AUT differential.
diferenciar *tr* **1** to differentiate (hacer distinción entre). • **~se** *pron* **2** to be different, to differ (ser diferente). **3** to distinguish oneself (distinguirse).
diferente *adj* **1** different (gen). **~ a/de 2** different from/to (GB); different than (EE UU). • several *adv* **3** differently.
diferido, da *adj* **en ~** RAD, TV recorded.
diferir *tr* **1** to postpone, to defer. • *intr* **2** to differ, to disagree.
difícil *adj* **1** difficult, hard (problema, situación). **2** unlikely (improbable).
dificultad *f* **1** difficulty (cualidad de difícil). **2** obstacle (obstáculo).
dificultar *tr* **1** to make difficult (hacer difícil). **2** to obstruct (obstruir); to hinder.
dificultoso, sa *adj* difficult, hard.
difteria *f* diphtheria.
difuminar *tr* y *pron* to fade away, to blur.
difundir *tr* **1** to spread (noticia, doctrina). **2** to diffuse (luz, calor). • **~se** *pron* **3** to spread (noticia, doctrina).
difunto, ta *adj* late, deceased.
difusión *f* **1** diffusion (de calor, luz, gas). **2** spreading, dissemination (de opiniones, noticias, ideas). **3** RAD transmission.
digerir *tr* **1** to digest (comida). **2** to digest, to absorb (lección, información).
digestión *f* digestion.
digestivo, va *adj* y *m* digestive.
digital *adj* **1** digital (reloj, ordenador). **2** finger (dactilar).
dígito *m* digit.
dignarse *pron* to deign, to condescend.
dignidad *f* **1** dignity (cualidad). **2** rank (rango); post, office (puesto).
dignificar *tr* y *pron* to dignify.
digno, na *adj* **1** worthy, deserving (merecedor). **2** honourable (honorable). **3** decent (decente). **4** dignified (de aspecto).
dilación *f* delay.
dilapidar *tr* to squander, to waste.
dilatar *tr* **1** to dilate (gen). **2** to prolong, to draw out (prolongar). **3** FÍS to expand. • **~se** *pron* **4** FÍS to expand.
dilema *m* dilemma.
diligencia *f* **1** diligence, care; speed, (prontitud). **2** business (trámite). ◆ **diligencias judiciales** judicial proceedings.
diligente *adj* diligent, conscientious.
diluir *tr* **1** to dilute. • **~se** *pron* **2** to dilute.
diluviar *intr* to pour with rain.
diluvio *m* flood.
dimensión *f* **1** standing, stature (importancia). • **dimensiones** *f pl* **2** size, dimensions (tamaño).
diminuto, ta *adj* minute, tiny.

dimisión *f* resignation.
dimitir *tr* e *intr* to resign.
Dinamarca *f* Denmark.
dinámica *f* dynamics.
dinámico, ca *adj* dynamic.
dinamismo *m* dynamism.
dinamita *f* dynamite.
dinamitar *tr* to dynamite.
dinamo o **dínamo** *m* dynamo.
dinastía *f* dynasty.
dineral *m* fortune, packet.
dinero *m* money. ◆ ~ **de bolsillo** pocket money; ~ **efectivo** cash; ~ **en metálico** cash; ~ **suelto** change.
dinosaurio *m* dinosaur.
dintel *m* **1** ARQ lintel. **2** *Amér.* threshold (umbral).
dioptría *f* dioptre.
dios *m* god (deidad). ■ **a la buena de Dios** any old way; **como Dios manda** properly, correctly; **¡~ me libre!** heaven forbid!; **¡~ mío!** good heavens!, my God!; **¡por ~!** for heaven's sake!
diosa *f* goddess.
diploma *m* diploma.
diplomacia *f* diplomacy.
diplomar *tr* **1** to grant a diploma to. ● **~se** *pron* **2** to graduate.
diplomático, ca *adj* **1** diplomatic (cuerpo, pasaporte). **2** diplomatic, tactful (hábil en el trato). ● *m* y *f* **3** diplomat.
diptongo *m* diphthong.
diputado, da *m* y *f* representative, delegate.
dique *m* dike. ◆ ~ **de contención** dam; ~ **seco** dry dock.
dirección *f* **1** direction (rumbo). **2** management (de empresa); leadership (de partido); headship. **3** address (domicilio). **4** steering (de vehículo).
direccional *adj* **1** directional. ● *f* **2** *Amér.* AUT indicator.
directiva *f* **1** board, board of directors (de empresa); executive committee, leadership (de partido). ● **directivas** *f pl* **2** guidelines (directrices).
directivo, va *adj* **1** managerial, executive. ● *m* y *f* **2** manager, executive.
directo, ta *adj* **1** direct (vuelo); through, non-stop (tren). **2** straight (línea). ● *m* **3** straight, straight punch. ■ **en** ~ live.
director, ra *m* y *f* **1** COM manager, director. **2** governor (de prisión). **3** editor (de periódico). **4** director (de cine, televisión). ◆ ~ **de orquesta** conductor.
directorio, ria *adj* **1** directive, directory (gen). ● *m* **2** directory (de normas, direcciones).
directriz *f* **1** MAT directrix. **2** guideline (norma).
dirigente *m* o *f* leader (de partido político); manager (de empresa).
dirigir *tr* **1** to direct (gen). **2** to drive, to steer (automóvil); to steer (barco). **3** to edit (periódico). **4** to manage, to run (empresa, tienda). **5** lead (partido, revuelta). **6** to address (carta). **7** to conduct (orquesta). **8** CINE, TEAT to direct. ● **~se a** *pron* **9** to head for, to make one's way to (ir). **~se a 10** to speak to (de palabra); to write to (por escrito).
discapacitado, da *adj* **1** disabled, handicapped. ● *m* y *f* **2** disabled person, handicapped person.
discernir *tr* to discern, to distinguish (distinguir).
disciplina *f* discipline.
disciplinado, da *adj* disciplined.
discípulo, la *m* y *f* **1** REL, FIL disciple. **2** student, pupil (alumno).
disco *m* **1** ANAT, ASTR, GEOM disc. **2** MÚS record, disc. **3** INF disk. **4** DEP discus. **5** traffic light (semáforo). **6** dial (de teléfono). ◆ ~ **compacto** compact disc, CD; ~ **duro** hard disk; ~ **flexible** floppy disk.
disconforme *adj* **1** in disagreement. **estar ~ con alguien 2** to disagree with sb, to be in disagreement with sb.
discordante *adj* discordant.
discordia *f* discord: *reina la discordia = discord reigns.*
discoteca *f* disco, discotheque.
discreción *f* discretion (prudencia). ■ **a ~** as much as one wants freely.
discrecional *adj* discretional, discretionary. ■ **servicio ~** special service.
discrepancia *f* **1** discrepancy (diferencia). **2** disagreement (desacuerdo).
discrepar *intr* **1** to disagree (estar en desacuerdo). **2** to differ (ser diferente).
discreto, ta *adj* **1** discreet, tactful (que tiene tacto). **2** sensible (al vestir).
discriminación *f* discrimination.
discriminar *tr* **1** to discriminate against (persona, colectivo). **2** to differentiate, to distinguish (diferenciar).

disculpa *f* **1** excuse (excusa). **2** apology (por una ofensa). ■ **pedir disculpas** to apologize, to offer an apology.
disculpar *tr* **1** to excuse. • **~se** *pron* **2** to apologize.
discurrir *intr* **1** to ponder, to reflect (reflexionar). **2** to run (río, sendero). **3** to pass (tiempo).
discurso *m* speech.
discusión *f* **1** discussion (debate). **2** argument (disputa).
discutir *tr* **1** to discuss, to debate (debatir). **2** to argue about (argumentar). • *intr* **3** to argue (reñir).
disecar *tr* to stuff (animal); to mount, to preserve (planta).
diseminar *tr* y *pron* to disseminate, to spread.
disentir *intr* to dissent: *disiento de tu opinión = I dissent from your opinion.*
diseñador, ra *m* y *f* designer.
diseñar *tr* **1** to design (crear). **2** ART to draw.
diseño *m* **1** design. **2** drawing, sketch (dibujo). ■ **de ~** designer (ropa, droga).
disertación *f* **1** dissertation (escrito). **2** lecture (conferencia).
disfraz *m* **1** fancy dress (para fiesta). **2** disguise (para engañar).
disfrazar *tr* **1** to disguise (persona). • **~se** *pron* **2** to dress up (para fiesta, para jugar).
disfrutar *tr* **1** to enjoy. • *intr* **2** to enjoy oneself. **~ con 3** to enjoy. **~ de 4** to enjoy: *disfrutan de la presencia de sus nietos = they enjoy having their grandchildren.*
disgregar *tr* y *pron* **1** to disintegrate, to break up (desintegrar). **2** to separate (separar).
disgustado, da *adj* upset.
disgustar *tr* **1** to upset. • **~se** *pron* **2** to get upset.
disgusto *m* annoyance, anger (enfado). ■ **llevarse un ~** to be upset; **tener un ~ con alquien** to have a quarrel with sb.
disidente *m* y *f* POL dissident.
disimular *tr* **1** to hide, to conceal (esconder). • *intr* **2** to dissemble, to pretend.
disimulo *m* hiding, concealment. ■ **con ~** cunningly.
disipar *tr* **1** to dispel, to remove (sospecha, duda, temor). **2** to waste, to squander (dinero, fortuna). **3** to shatter (ilusiones). • **~se** *pron* **4** to dissipate (nubes). **5** to be removed (sospecha, duda, temor). **6** to clear up (tormenta).
dislexia *f* dyslexia.
dislocar *tr* y *pron* to dislocate.
disminuido, da *adj* **1** handicapped. • *m* y *f* **2** handicapped person.
disminuir *tr* **1** to decrease, reduce (gen). **2** to lower (temperatura). **3** to cut down (gastos). • *intr* **4** to grow shorter (días). **5** to drop, to fall (temperatura, precios). **6** to decrease (población).
disolución *f* **1** dissolution (de parlamento, club, matrimonio). **2** QUÍM dissolution, solution. **3** COM liquidation.
disolvente *m* solvent, dissolvent.
disolver *tr* y *pron* to dissolve, to melt (sólidos).
disonante *adj* discordant, dissonant.
disonar *intr* to be out of tune.
disparar *tr* **1** to shoot, to fire (arma). • **~se** *pron* **2** to go off (arma). **3** to go over the top (actuar precipitadamente). **4** to shoot up (precio, temperatura).
disparatado, da *adj* ridiculous, absurd.
disparate *m* **1** silly comment, foolish remark (comentario tonto). **2** stupid thing (hecho absurdo).
disparo *m* shot.
dispensar *tr* **1** to forgive, to excuse (perdonar). **2** to grant, to give. **~ a alguien de algo 3** to exempt, to excuse (eximir).
dispensario *m* dispensary, clinic.
dispersar *tr* **1** to disperse, to scatter (esparcir). **2** to break up (manifestación). • **~se** *pron* **3** to scatter (multitud).
dispersión *f* dispersion, dispersal.
disponer *tr* **1** to arrange, to order (colocar). **2** to get ready, to prepare (preparar). **3** to order (mandar). • **~ de** *intr* **4** to have, to have available (tener disponible). **~ de 5** to have, to own (poseer). **~ de 6** to have the use of, to have at one's disposal (poder usar). • **~se a** *pron* **7** to get ready to, to prepare to (estar listo para).
disponibilidad *f* availability.
dispositivo *m* **1** mechanism (mecanismo). **2** device (aparato).
dispuesto, ta *pp* **1** → disponer. • *adj* **2** ready, prepared (preparado). ■ **estar ~ a hacer algo** to be willing to do sth.

disputa *f* dispute, argument (discusión).
disputar *tr* **1** DEP to play. • *intr* **2** to dispute, to quarrel (discutir). • **~se** *pron* **3** to contend for, to compete for.
disquete *m* diskette, floppy disk.
disquetera *f* disk drive.
distancia *f* **1** distance (en el espacio). **2** interval, gap. ■ **a ~** at a distance; **guardar las distancias** to keep one's distance.
distanciar *tr* **1** to separate (separar). **2** to place apart, to put apart (apartar). • **~se** *pron* **3** to become separated (separarse). **4** to leave behind (dejar atrás). **5** to lose contact (perder contacto).
distante *adj* **1** distant, far (lejano). **2** distant (persona).
distar *intr* **~ de** to be far from.
distensión *f* **1** easing (relajación). **2** pull, strain (de músculo).
distinción *f* **1** distinction (diferencia). **2** elegance, distinction (elegancia). **3** honour, distinction (honor).
distinguido, da *adj* **1** distinguished (gen). **2** refined (elegante).
distinguir *tr* **1** to distinguish (diferenciar). **2** to recognize, to tell (reconocer). **3** to make out, to discern (vislumbrar). • **~se** *pron* **4** to be distinguished, to differ (diferenciarse). **5** to stand out (sobresalir). **6** to be visible (vislumbrarse).
distintivo, va *adj* **1** characteristic, distinctive (característico). • *m* **2** insignia, emblem (insignia). **3** mark (marca).
distinto, ta *adj* **1** different (diferente). • **distintos** *pl* **2** several, various (varios).
distorsión *f* **1** distorsion (de imágenes, sonidos). **2** MED twisting, torsion.
distorsionar *tr* to distort.
distracción *f* **1** entertainment (entretenimiento). **2** absentmindedness.
distraer *tr* **1** to distract (despistar). **2** to entertain, to keep amused (entretener). • **~se** *pron* **3** to entertain oneself, to amuse oneself. **4** to get distracted, to let one's mind wander (despistarse).
distraído, da *adj* **1** absent-minded (despistado). **2** entertaining (entretenido).
distribución *f* **1** distribution (gen). **2** delivery (reparto). **3** ARQ layout, plan.
distribuidor, ra *m* y *f* distributor (gen); dealer (de coches).
distribuir *tr* **1** to distribute (repartir). **2** to deliver (cartas). **3** to allocate, to assign.
distrito *m* district. ♦ **~ postal** postal district.
disturbio *m* disturbance, riot.
disuadir *tr* to dissuade, to discourage.
diurno, na *adj* day, daytime.
diva *f* diva, prima donna.
divagar *intr* to wander, to digress.
diván *m* divan.
divergencia *f* **1** divergence (de líneas). **2** difference of opinion (de opinión).
divergente *adj* divergent, diverging.
divergir *intr* **1** to diverge (apartarse). **2** to differ, to diverge (opiniones, gustos).
diversidad *f* diversity, variety.
diversificar *tr* y *pron* to diversify.
diversión *f* **1** pastime, hobby (pasatiempo). **2** fun, entertainment.
divertido, da *adj* **1** entertaining (entretenido). **2** funny, amusing (cómico).
divertir *tr* **1** to entertain, to amuse. • **~se** *pron* **2** to have a good time. **3** to amuse/to enjoy oneself (distraerse).
dividendo *m* dividend.
dividir *tr* **1** to divide (gen); to share, to share out (repartir). **2** MAT to divide. **3** to separate, to divide (separar).
divinidad *f* **1** divinity. **2** deity (deidad). **3** beauty (preciosidad).
divino, na *adj* divine (lit, fig).
divisa *f* **1** emblem, badge (insignia). • **divisas** *f pl* **2** FIN foreign currency, foreign exchange.
divisar *tr* to make out, to discern.
división *f* **1** division (gen). **2** partition, splitting up (de país).
divorciado, da *adj* **1** divorced. • *m* y *f* **2** divorcé (hombre); divorcée (mujer).
divorciar *tr* **1** to divorce. • **~se** *pron* **2** to get divorced.
divorcio *m* divorce.
divulgación *f* **1** spreading (propagación). **2** disclosure (revelación).
divulgar *tr* **1** to publish (publicar). **2** to spread, to propagate (propagar). **3** to disclose, to divulge (revelar). • **~se** *pron* **4** to be revealed, to come out.
DNI (*siglas de* **documento nacional de identidad**) *m* identity card, ID.
doblado, da *adj* **1** folded, doubled over (plegado). **2** dubbed (película).
doblar *tr* **1** to double (duplicar). **2** to fold (papel, tela, periódico). **3** to bend (brazo, vara). **4** to go round, to turn (esquina). **5**

to dub (película). • *intr* **6** to turn (a la derecha, a la izquierda). **7** to toll (campanas). • **~se** *pron* **8** to double (duplicarse). **9** to fold, to fold up (plegarse). **10** to bend down, to bend over (cuerpo).

doble *adj* **1** double (sentido, puerta, whisky); dual (nacionalidad, control). • *m* **2** double (cantidad). • *m* o *f* **3** double, stand-in (de actor). • **dobles** *m pl* **4** doubles (en tenis). ■ **el ~** twice as much.

doblegar *tr* **1** to bend (curvar). **2** to beat, to defeat (vencer). • **~se** *pron* **3** to give in, to submit.

doce *adj* **1** twelve. **2** twelfth (para fechas y siglos). • *m* **3** twelve.

doceavo, va *adj* y *m* twelfth.

docena *f* docena. ■ **a/por docenas** by the dozen.

docente *adj* teaching.

dócil *adj* docile.

docto, ta *adj* erudite, learned.

doctor, ra *m* y *f* doctor.

doctorar *tr* **1** to confer a doctor's degree on. • **~se** *pron* **2** to obtain one's doctorate.

doctrina *f* **1** doctrine. **2** teaching.

documentación *f* **1** papers, documents (de persona): *la documentación, por favor = your papers, please*. **2** documentation (de vehículo); papers (de barco).

documental *adj* y *m* documentary.

documento *m* **1** document (escrito). **2** record (testimonio). ◆ **~ de identidad** identity card.

> Para las gestiones que exigen una identificación oficial (comprar una casa, abrir una cuenta bancaria, etc.) en Gran Bretaña y EE UU se usa como documento de identidad la tarjeta de la seguridad social, el pasaporte o el carné de conducir.

dogma *m* dogma.

dogo *m* y *f* bull mastiff.

dólar *m* dollar.

dolencia *f* ailment (achaque); ache, pain (dolor).

doler *intr* **1** to hurt: *no duele = it doesn't hurt*. • **~se de** *pron* **2** to complain about (quejarse): *se duelen del trato que reciben = they complain about the treatment they receive*. **~se de 3** to regret, to lament (arrepentirse): *se dolía de haberlo hecho = she regretted having done it*. ■ **me duele la cabeza** I've got a headache.

dolido, da *adj* hurt, upset: *estoy muy dolido por lo que me dijiste = I'm very hurt about what you said to me*.

doliente *adj* **1** painful, aching (que duele). **2** sick, ill (enfermo). **3** grieving (afligido). • *m* o *f* **4** mourner.

dolor *m* **1** pain (físico). **2** grief, sorrow (pena). ◆ **~ de cabeza** headache; **~ de estómago** stomachache; **~ de muelas** toothache.

dolorosa *f* (fam, hum) bill, damage: *¿nos trae la dolorosa? = what's the damage?*

doloroso, sa *adj* **1** MED painful. **2** (fig) painful, distressing.

domador, ra *m* y *f* **1** tamer (de fieras). **2** breaker (de caballos).

domar *tr* **1** to tame (fieras); to break in (caballos). **2** to control, to master (instintos, pasiones).

domesticar *tr* to tame, to domesticate.

doméstico, ca *adj* domestic.

domiciliar *tr* to pay by direct debit (recibo).

domicilio *m* **1** home; residence, domicile (form). **2** address (dirección).

dominante *adj* **1** dominant (equipo, tendencia). **2** domineering (persona, carácter).

dominar *tr* **1** to dominate (tener dominio). **2** to control (sujetar, contener). **3** to know well, to have a good command of (conocer a fondo). **4** to dominate, to tower over (sobresalir). • *intr* **5** to predominate (predominar). • **~se** *pron* **6** to control oneself.

domingo *m* Sunday. ◆ **~ de Ramos** Palm Sunday; **~ de Pascua/Resurrección** Easter Sunday.

dominical *adj* **1** Sunday. • *m* **2** Sunday supplement (revista).

Dominicana, República *f* Dominican Republic.

dominicano, na *adj/m* y *f* Dominican.

dominio *m* **1** dominion, power (poder). **2** control, authority (autoridad). **3** supremacy, dominance (supremacía). **4** command, good knowledge (conocimiento). **5** field, sphere (ámbito).

dominó *m* **1** domino (ficha). **2** dominoes (juego, pl).

don *m* **1** natural talent, gift (talento). **2** Mr (tratamiento de respeto): *Don Miguel García = Mr Miguel García.*
donante *m* o *f* donor.
donar *tr* to donate.
donativo *m* donation.
doncella *f* **1** HIST maiden (mujer joven). **2** HIST maid (criada).
donde *adv rel* **1** where: *fui donde me dijiste = I went where you told me.* • *prep* **2** where (over): *es allí donde el cine = it's where the cinema is.* ■ **de ~** from where, from which: *el país de donde vienen = the country which they come from*; **~ no** otherwise; **~ quieras** wherever you want; **~ sea** wherever; **en ~** where, in which: *la oficina en donde trabajo = the office where I work.*
dónde *adv interr* where: *¿dónde vives? = where do you live?, no sé dónde está = I don't know where he is.* ■ **¿en ~?** where?; **¿hasta ~?** how far?; **¿por ~?** where? (lugar): *¿por dónde viven? = where do they live?*; which way? (dirección): *¿por dónde vamos? = which way do we go?*
dondequiera *adv* anywhere (en cualquier lugar). ■ **~ que** wherever: *dondequiera que vayas = wherever you go.*
donjuán *m* Don Juan, womanizer.
donut *m* doughnut (GB); donut (EE UU).
doña *f* Mrs: *Doña María Chávez = Mrs María Chávez.*
dopar *tr* y *pron* to drug, to dope.
doping *m* doping, drug-taking.
dorado, da *adj* **1** golden (color, época). **2** TEC gilt (cubierto con oro).
dorar *tr* to gild.
dormilón, na *adj* **1** (fam) sleepy. • *m* y *f* **2** (fam) sleepyhead.
dormir *intr* **1** to sleep (gen). • **~ a alguien** *tr* **2** to put sb to sleep. • **~se** *pron* **3** to fall asleep, to go to sleep. **4** (fig) to go numb, to go to sleep (miembro).
dormitorio *m* **1** bedroom (casa). **2** bedroom suite (muebles).
dorsal *adj* **1** dorsal. • *m* **2** DEP number.
dorso *m* back. ■ **al ~/en el ~** on the back; **«véase al ~»** "see overleaf/please turn over".
dos *adj* **1** two (cardinal). **2** second (ordinal). • *m* **3** two (número). **4** second (en fechas): *el dos de junio = the second of June.* ■ **~ veces** twice.
doscientos, tas *adj* **1** two hundred (cardinal). **2** two hundredth (ordinal). • *m* **3** two hundred (número).
dosificar *tr* **1** to dose, to measure (medicamento). **2** to measure out (medir).
dosis *f* dose.
dossier *m* dossier.
dotación *f* **1** endowment, provision (de equipamientos, de fondos). **2** staff, personnel (plantilla). **3** NÁUT crew (tripulación).
dotar *tr* **1** to endow (fondos, bienes). **2** provide (proveer).
dote *m* o *f* **1** dowry (de mujer). • *f pl* **2** gift, talent.
dragón *m* dragon (animal mitológico).
dragonear *intr* **1** *Amér.* to boast, to brag (alardear). **2** *Amér.* to court (cortejar).
drama *m* drama.
dramatizar *tr* to dramatize.
dramaturgo, ga *m* y *f* playwright, dramatist.
dramón *m* melodrama.
drástico, ca *adj* drastic.
driblar *tr* e *intr* DEP to dribble.
droga *f* drug. ◆ **la ~** drugs.
drogadicto, ta *m* y *f* drug addict.
drogar *tr* **1** to drug. **2** DEP to dope. • **~se** *pron* **3** to take drugs.
droguería *f* household goods shop.
dromedario *m* ZOOL dromedary.
dual *adj* y *m* dual.
ducha *f* shower. ■ **darse/tomar una ~** to have a shower, to take a shower.
duchar *tr* **1** to give a shower, to shower. • **~se** *pron* **2** to (have/take) shower.
duda *f* doubt. ■ **poner algo en ~** to cast doubt on sth; **salir de dudas** to cast off one's doubts; **sin ~** no doubt, doubtless.
dudar *tr* **1** to doubt: *lo dudo = I doubt it.* • *intr* **2** to be in doubt, not to be sure. **~ de 3** to doubt, to question. **~ en 4** to hesitate to: *no dudes en contactarnos = don't hesitate to contact us.* **~ que 5** to doubt whether: *dudo que ganemos = I doubt whether we'll win.*
dudoso, sa *adj* **1** doubtful, unsure (incierto). **2** dubious, suspicious (sospechoso). **3** hesitant (vacilante).
duelo *m* **1** duel (combate). **2** grief, sorrow (dolor).
duende *m* goblin, imp (espíritu). ■ **tener ~** to have a certain magic.

dueño, ña *m* y *f* **1** owner (propietario). **2** landlord (casero); landlady (casera).
dulce *adj* **1** sweet (comida, vino). **2** fresh (agua). **3** sweet, gentle (persona, voz). • *m* **4** sweet (GB, caramelo, postre); candy (EE UU, caramelo). **5** cake (pastel). • *m pl* **6** sweet things (golosinas).
dulcificar *tr* **1** to sweeten (endulzar). **2** (fig) to soften, to make more gentle (suavizar). • **~se** *pron* **3** (fig) to soften, to mellow.
dulzura *f* **1** sweetness (de alimento). **2** (fig) sweetness, gentleness (de carácter, voz).
duna *f* dune.
dúo *m* MÚS duo, duet.
duodécimo, ma *adj*/*m* y *f* twelfth.
dúplex *adj* y *m* duplex.
duplicar *tr* **1** to duplicate, to copy (copiar). **2** to double (cantidad). • **~se** *pron* **3** to double.
duque *m* duke.
duquesa *f* duchess.
duración *f* duration, length.
duradero, ra *adj* **1** durable, hard-wearing (vestido, tela). **2** lasting, enduring (paz, efectos).
durante *prep* **1** during, in. **2** for (especificando la duración): *hemos vivido aquí durante 10 años = we've lived here for 10 years.*

> **Durante** se traduce por ***during*** cuando algo sucede de forma continuada o varias veces en un período de tiempo: *trabajé de fotógrafo durante el verano = I worked as a photographer during the summer*. También se emplea ***during*** para algo gradual o que ocurre en un momento concreto: *han caído las ventas durante los tres últimos meses = sales have fallen during the past three months.*

durar *intr* **1** to last (gen). **2** to wear well (ropa). **3** to remain, to stay (permanecer).
dureza *f* **1** hardness, toughness (de un trabajo, una prueba). **2** severity, harshness (de carácter, de clima).
duro, ra *adj* **1** hard, tough (trabajo, prueba, decisión). **2** tough (carne). **3** hard (verdura). **4** harsh, severe (clima, crítica, castigo). • *adv* **5** hard. • *m* **6** five-peseta coin (cinco pesetas).
DVD (*siglas de* **digital versatile disc**) *m* DVD.

Ee

e, E *f* e, E (letra).
¡ea! *interj* **1** come on! (para animar). **2** so there! (para enfatizar resolución).
ebanista *m* o *f* cabinetmaker.
ébano *m* ebony.
ebrio, bria *adj* **1** drunk, inebriated. • *m* y *f* **2** drunk, drunkard.
eccema *m* MED eczema.
echar *tr* **1** to throw (arrojar). **2** to put in (sal). **3** to pour (verter). **4** to add (añadir). **5** to post (carta). **6** to give off (olor). **7** to throw out (a alguien de un sitio). **8** to sack (de un trabajo). **9** to sprout (hojas, raíces). **10** to turn (llave). **11** (fam) to show (película, espectáculo). • **~se** *pron* **12** to throw oneself (arrojarse). **13** to lie down (tumbarse). **~se a + inf 14** to begin + inf, to begin + ger: *se echó a correr = he started running.* ■ **~ a perder** to spoil, to ruin; **~ abajo** to demolish; **~ de menos** to miss; **~se a perder** to go bad.
eclesiástico, ca *adj* **1** ecclesiastical. • *m* **2** clergyman, ecclesiastic (clérigo).
eclipse *m* eclipse.
eco *m* echo. ■ **hacerse ~ de algo** to echo sth; **tener ~** to have an impact.
ecografía *f* MED ultrasound scan.
ecología *f* ecology.
ecologista *adj* **1** ecology, environmental. • *m* o *f* **2** ecologist, environmentalist.
economato *m* company store.

Edad / *Age*

¿Cuántos años tienes?	*How old are you?*
Tengo treinta y dos años	*I'm thirty-two/I'm thirty-two years old*
¿Cuál es la edad de ella?	*What age is she?*
Tiene diez años	*She is ten years of age*
Tengo una hermana de quince años	*I have a fifteen-year-old sister*
La semana pasada cumplí cuarenta años	*I was forty last week*
Es su primer cumpleaños	*It's his first birthday*
El compositor murió a la edad de ochenta y siete años	*The composer died at the age of 87*
¿Cuándo es tu cumpleaños?	*When is your birthday?*
Mi cumpleaños es el 17 de mayo	*My birthday is on the seventieth of May*
El sábado es mi cumpleaños	*It's my birthday on Saturday*
¡Feliz cumpleaños!	*Happy Birthday!*
Te deseamos un feliz cumpleaños	*We wish you happy birthday*
Vocabulario	
lugar de nacimiento	*birthplace*
partida de nacimiento	*birth certificate*
mancha de nacimiento	*birthmark*
tarjeta de cumpleaños	*birthday card*
regalo de cumpleaños	*birthday present*
fiesta de cumpleaños	*birthday party*
pastel de cumpleaños	*birthday cake*

economía *f* **1** economy (de un país). **2** economics (ciencia). **3** economy, saving (ahorro).

económico, ca *adj* **1** economical, cheap (barato). **2** economical (que gasta poco). **3** COM economic, financial.

economista *m* o *f* economist.

economizar *tr* **1** to economize on, to save. • *intr* **2** to economize, to save.

ecuación *f* equation.

ecuador *m* equator.

Ecuador *m* Ecuador.

ecuánime *adj* **1** impartial, unbiased (imparcial). **2** even-tempered, placid (equilibrado).

ecuatoriano, na *adj/m* y *f* Ecuadorian.

eczema *m* MED eczema.

edad *f* **1** age. **2** age, period (época). ♦ **~ del pavo** awkward age; **Edad Media** Middle Ages. ■ **¿qué ~ tienes?** how old are you?

edema *m* MED oedema (GB); edema (EE UU).

edén *m* Eden, paradise. ♦ **el Edén** the Garden of Eden.

edición *f* **1** edition (ejemplar, tirada). **2** publication (de un libro).

edicto *m* edict, decree.

edificar *tr* to build.

edificio *m* building.

editar *tr* **1** to publish (libro, periódico). **2** to release (disco). **3** INF to edit.

editorial *f* publishing house, publisher.

edredón *m* eiderdown, duvet.

educación *f* **1** education (enseñanza). **2** (good) manners (modales).

educado, da *adj* polite, well-mannered. ♦ **mal ~** bad-mannered, rude.

educador, ra *adj* **1** educating. • *m* y *f* **2** educator, teacher.

educar *tr* **1** to educate (enseñar). **2** to bring up (criar). **3** to train, to educate (el oído, los sentidos).

edulcorante *adj* **1** sweetening. • *m* **2** sweetener.

EE UU (*siglas de* **Estados Unidos**) *m pl* EE UU.

efe *f* f (nombre de la letra).

efectivo, va *adj* **1** effective (eficaz). • *m* **2** cash (dinero). • *m pl* **3** MIL forces. ■ **hacer ~** to cash (un cheque); **pagar en ~** to pay cash, to pay in cash.

efecto *m* **1** effect, result (resultado). **2** impact, effect (impresión). **3** FIN draft, bill of exchange. ♦ ~ **invernadero** greenhouse effect; **efectos bancarios** bank bills; **efectos personales** personal belongings; **efectos secundarios** side effects. ■ **en ~** yes, quite, indeed; **tener ~** to take effect, to come into effect (entrar en vigor); to take place (celebrarse).

efectuar *tr* **1** to carry out (operación, plan). **2** to make (pago, visita, aterrizaje). • **~se** *pron* **3** to take place (celebrarse). **4** to be carried out (realizarse).

efemérides *f pl anniversaries of historic events.*

efervescencia *f* **1** effervescence. **2** (fig) excitement, agitation.

efervescente *adj* fizzy, bubbly (bebida).

eficacia *f* **1** effectiveness, efficacy. **2** efficiency (de persona).

eficaz *adj* **1** effective (tratamiento, medida). **2** efficient (sistema, persona).

eficiencia *f* efficiency.

eficiente *adj* efficient.

efímero, ra *adj* ephemeral.

efluvio *m* emanation.

efusión *f* **1** effusion (derramamiento). **2** (fig) effusiveness.

efusivo, va *adj* effusive.

egocéntrico, ca *adj* egocentric; self-centred (GB); self-centered (EE UU).

egoísmo *m* selfishness, egoism.

egoísta *adj* **1** selfish, egoistic. • *m* o *f* **2** selfish person, egoist.

egresar *intr Amér.* to graduate.

eje *m* **1** FÍS, MAT axis. **2** MEC, AUT axle. **3** (fig) core, crux (tema central).

ejecución *f* **1** execution, carrying out (de un proyecto). **2** execution (de un condenado). **3** MÚS performance, interpretation.

ejecutar *tr* **1** to execute, to carry out (proyecto). **2** to execute (condenado). **3** INF to run (programa). **4** MÚS to perform, to interpret.

ejecutivo, va *adj/m* y *f* executive.

ejemplar *adj* **1** exemplary. • *m* **2** copy (de un libro, una revista). **3** specimen, example (de un animal, una flor).

ejemplificar *tr* to exemplify, to illustrate.

ejemplo *m* example. ■ **dar ~** to set an example; **por ~** for example, for instance.

ejercer *tr* **1** to exert (influencia). **2** to exercise, to use (autoridad, poder). **3** to practise (GB); to practice (EE UU, profesión): *ejercer la medicina = to practise medicine.* • **~ de** *intr* **4** to work as; to practise as (GB); to practice as (EE UU, profesión).

ejercicio *m* **1** exercise (físico, práctico). **2** performance (de una función). **3** practice (de profesión). **4** carrying out (de cargo, funciones). **5** FIN financial year.

ejercitar *tr* **1** to practise (GB); to practice (EE UU, profesión). **2** to train (entrenar). • **~se** *pron* **3** to practise (GB); to practice (EE UU, entrenarse).

ejército *m* army.

el *art* **1** (se usa también ante nombres femeninos que empiezan por «*a*» tónica o «*ha*», como el agua, el hacha) the: *el libro = the book.* **2** on (días de la semana, fechas): *llegó el martes = she arrived on Tuesday, vuelven el día 15 = they get back on the 15th.* **3** my, your, his, her, its (indica posesión): *le duele el brazo = his arm hurts.* **4** not translated (sentido genérico): *no me gusta el vino = I don't like wine.* **5** not translated (con apellidos acompañados del título): *el señor Torrente no está = Mr Torrente isn't in.* **6** not translated (con algunos nombres geográficos): *el Japón = Japan, el Perú = Peru.* **~ de 7** the one who, the one that (persona, sujeto): *el que trabaja con mi padre = the one who works with my father*; the one whom, the one that (persona, complemento); the one which, the one that (animal o cosa, sujeto o complemento).

él *pron* he (sujeto - personas): *él está aquí = he's here*; him (complemento - personas): *cené con él = I had dinner with him*; it (sujeto o complemento - animales o cosas). ■ **de ~** his: *es de él = it's his*; **~ mismo** himself.

elaborar *tr* **1** to manufacture, to make (producto). **2** to work (metal, madera). **3** to draw up, to work out (plan, proyecto).

elasticidad *f* elasticity.

elástico, ca *adj* **1** elastic. • *m* **2** elastic.

ele *f* l (nombre de la letra).

elección *f* **1** choice (acción, opción). **2** election (de un presidente, candidato). • *f pl* **3** elections. ♦ **elecciones generales** general election.

electo, ta *adj* elect.

elector, ra *adj* **1** elective. • *m* y *f* **2** POL elector, voter.

electorado *m* electorate, voters.
electoral *adj* electoral.
electricidad *f* electricity.
electricista *adj* **1** electrical. • *m* o *f* **2** electrician.
eléctrico, ca *adj* electric, electrical.
electrizar *tr* to electrify.
electrocardiograma *m* electrocardiogram.
electrocutar *tr* **1** to electrocute. • **~se** *pron* **2** to be electrocuted.
electrodoméstico *m* household appliance.
electrónica *f* electronics.
electrónico, ca *adj* electronic.
elefante, ta *m* y *f* elephant.
elegancia *f* elegance, smartness.
elegante *adj* elegant, smart (persona, traje); dignified (comportamiento).
elegido, da *pp* **1** → elegir. • *adj* **2** chosen (elegido). **3** POL elected. • *m* y *f* **4** chosen one. **5** POL elected one.
elegir *tr* **1** to choose. **2** POL to elect.
elemental *adj* **1** elementary, obvious (evidente). **2** fundamental, basic (primordial).
elemento *m* **1** element, component (parte, pieza). **2** (fam, fig) individual, character (persona). **3** (fig) factor (factor).
elenco *m* **1** catalogue (GB); catalog (EE UU, catálogo). **2** CINE, TEAT cast (reparto).
elepé *m* LP.
elevación *m* elevation, rise (gen); rise (precios); lifting (de pesos, objetos).
elevado, da *adj* **1** high, tall (edificio). **2** high (precio). **3** large (cantidad).
elevador *m Amér.* lift (GB); elevator (EE UU, ascensor).
elevalunas *m* **~ eléctrico** electric window.
elevar *tr* **1** to raise, to lift (peso). **2** to raise, to put up (precios). **3** to promote (ascender).
eliminación *f* elimination.
eliminar *tr* **1** to eliminate, to remove (suprimir). **2** DEP to eliminate out.
eliminatorio, ria *adj* **1** qualifying (examen, competición). • *f* **2** DEP heat, qualifying round.
elipse *f* ellipse.
élite o **elite** *f* elite.
elixir *m* elixir. ◆ **~ bucal** mouthwash.
ella *pron* **1** she (sujeto - personas): *ella me miró = she looked at me.* **2** her (objeto - personas): *la miré a ella = I looked at her.* **3** it (sujeto o objeto - animales o cosas). ◆ **de ~** hers; **~ misma** herself.
ellas *pron* → ellos.
elle *f* ll (nombre del dígrafo).
ello *pron* it: *no tiene fuerzas para ello = he hasn't got the strength for it.* ■ **¡a por ~!** let's go for it!; **por ~** that's why.
ellos, ellas *pron* **1** they (sujeto): *ellos no lo hicieron = they didn't do it.* **2** them (objeto): *¡díselo a ellos! = tell them!* ◆ **de ellos/ellas** theirs.
elocuencia *f* eloquence.
elocuente *adj* eloquent.
elogiar *tr* to praise.
elogio *m* praise.
elote *m Amér.* corncob.
El Salvador *m* El Salvador.
elucidar *tr* to elucidate.
eludir *tr* **1** to avoid, to evade (pregunta, problema). **2** to avoid (persona).
e-mail *m* INF e-mail.
emanar *intr* **~ de 1** to emanate from (olor). **~ de 2** (fig) to arise from, to result from (problema, decisión).
emancipar *tr* **1** to emancipate, to free. • **~se** *pron* **2** to become emancipated.
embadurnar *tr* **1** to daub, to smear. • **~se de algo** *pron* **2** to get covered in sth.
embajada *f* embassy.
embajador, ra *m* y *f* ambassador.
embalaje *m* packing, packaging.
embalar *tr* **1** to package, to pack (mercancías). **2** to wrap up (regalo). • *intr* y *pron* **3** to speed up (adquirir velocidad).
embaldosar *tr* to tile.
embalsamar *tr* to embalm.
embalse *m* **1** dam (presa). **2** reservoir (lago artificial).
embarazada *adj* **1** pregnant. • *f* **2** pregnant woman.
embarazar *tr* **1** to make sb pregnant (dejar embarazada). **2** to hamper, to hinder (impedir).
embarazo *m* **1** obstacle (obstáculo). **2** embarrassment (timidez). **3** MED pregnancy.
embarcación *f* boat, craft.
embarcadero *m* quay, jetty.
embarcar *intr* y *pron* **1** to embark, to board (barco); to board (avión). • *tr* **2**

(fig) to involve (en un negocio, una empresa).
embargar *tr* **1** to overcome (emoción). **2** DER to seize, to impound.
embargo *m* **1** DER seizure, distraint. **2** COM embargo. ■ **sin ~** however, nevertheless.
embarque *m* **1** boarding (de pasajeros). **2** loading (de mercancías).
embarrancar *intr* y *pron* **1** to run aground. • **~se** *pron* **2** (fig) to get bogged down (atascarse).
embarullar *tr* **1** to mess up, to confuse (enredar). • **~se** *pron* **2** to get into a muddle.
embaucar *tr* to deceive, to cheat, to swindle.
embeber *tr* **1** to absorb, to soak up (absorber). • **~se (en)** *pron* **2** to become absorbed (in) (enfrascarse).
embelesado, da *adj* fascinated.
embellecer *tr* to embellish, to beautify.
embestida *f* **1** assault, attack. **2** charge (de un toro).
embestir *tr* **1** to assault, to attack. **2** to charge (toro).
emblema *m* **1** emblem (símbolo). **2** badge (insignia, chapa).
embobar *tr* **1** to amaze, to dumbfound (pasmar). • **~se** *pron* **2** to be amazed, to be dumbfounded.
embocadura *f* MÚS mouthpiece (boquilla).
embolia *f* MED embolism, clot.
embolsar *tr* y *pron* **1** to pocket (ganancias). **2** to collect (cobrar).
emborrachar *tr* **~ a alguien 1** to get sb drunk. • **~se** *pron* **2** to get drunk.
emboscada *f* ambush.
embotellado, da *adj* **1** bottled. • *m* **2** bottling.
embotellamiento *m* **1** bottling (envasado). **2** traffic jam (atasco).
embotellar *tr* to bottle.
embozo *m* **1** muffler. **2** turn over (de sábana).
embrague *m* clutch.
embriagar *tr* **~ a alguien 1** to make sb drunk, to intoxicate sb. **2** (fig) to enrapture, to intoxicate. • **~se** *pron* **3** to get drunk.
embriaguez *f* **1** drunkenness, intoxication (por alcohol). **2** (fig) rapture, intoxication (de los sentidos).
embrión *m* embryo.
embrollo *m* **1** muddle, mix-up (enredo). **2** lie (embuste).
embromar *tr* **1** *Amér.* to pester (molestar). **2** *Amér.* to harm (perjudicar).
embroncarse *pron Arg.* to get annoyed.
embrujar *tr* to cast a spell on, to bewitch (persona); to haunt (sitio).
embrujo *m* **1** spell (hechizo). **2** charm, magic (atractivo).
embrutecer *tr* **1** to stupefy, to numb. • **~se** *pron* **2** to become stupefied.
embuchar *tr* to stuff.
embudo *m* funnel.
embuste *m* **1** lie (mentira). **2** trick (engaño).
embustero, ra *adj* **1** lying (mentiroso). • *m* y *f* **2** liar (mentiroso).
embutido *m* GAST sausage, cold cut.
embutir *tr* **1** to stuff (gen). • **~se** *pron* **2** (fig) to stuff oneself (atiborrarse).
eme *f* m (nombre de la letra).
emergencia *f* **1** emergency (situación imprevista). **2** emergence (aparición). ♦ **salida de ~** emergency exit.
emerger *intr* **1** to emerge, to appear (brotar, aparecer). **2** to come to the surface (salir a la superficie).
emigración *f* **1** emigration (de personas). **2** migration (de un pueblo, de aves).
emigrado, da *m* y *f* **1** emigrant. **2** POL émigré.
emigrante *adj/m* o *f* emigrant.
emigrar *intr* **1** to emigrate (personas). **2** to migrate (pueblo, aves).
eminencia *f* authority, expert (persona). ♦ **Su Eminencia** Your Eminence (de Vd); His Eminence (de él).
eminente *adj* eminent, distinguished.
emir *m* emir.
emisión *f* **1** emission (de luz, de sonido). **2** RAD, TV transmission, broadcasting (transmisión). **3** RAD, TV broadcast (programa); programme (GB); program (EE UU, programa).
emitir *tr* **1** to emit (luz, sonido). **2** to express, to give (opinión). **3** RAD, TV to broadcast, to transmit.
emoción *f* **1** emotion (sentimiento). **2** excitement, thrill (excitación). ■ **¡qué ~!** ¡how exciting!
emocionante *adj* **1** moving, touching (conmovedor). **2** exciting, thrilling (apasionante).

emocionar *tr* **1** to move, to touch (conmover). **2** to excite, to thrill (entusiasmar). • **~se** *pron* **3** to be moved, to be touched (conmoverse). **4** to get excited (entusiasmarse).

emotivo, va *adj* **1** emotional (que se emociona). **2** emotive (que causa emoción). **3** moving, touching (conmovedor).

empacar *intr Amér.* to pack (hacer el equipaje).

empachar *tr* **1** to give indigestion (comida). **2** to stop up (atascar). • **~se** *pron* **3** to get indigestion (de comer).

empacho *m* indigestion.

empalagoso, sa *adj* **1** sickly (comida). **2** sickly sweet, cloying (persona).

empalizada *f* palisade.

empalmar *tr* **1** to connect, to join (juntar). • **~ (con)** *intr* **2** to connect (with) (tren, carretera).

empalme *m* **1** connection (conexión). **2** junction (de ferrocarril, carretera).

empanada *f* GAST pasty.

empanadilla *f* small pasty.

empanar *tr* to coat in breadcrumbs (rebozar).

empañar *tr* y *pron* **1** to steam up, to mist up (cristal, espejo). • *tr* **2** (fig) to tarnish (reputación)

empapar *tr* **1** to soak (remojar). **2** to soak up (absorber). • **~se** *pron* **3** to get soaked, to get drenched (mojarse).

empapelar *tr* to wallpaper, to paper (pared).

empaquetar *tr* to pack, to package.

emparedado *m* sandwich.

emparedar *tr* **1** to wall in (entre paredes). **2** to confine, to imprison.

emparejar *tr* **1** to match, to put into pairs (cosas). **2** to pair off (personas). • *pron* **3** to pair off (personas).

emparentar *intr* **~ con alguien** to become related to sb by marriage.

empastar *tr* **1** to fill, to put a filling in (diente). **2** to bind (encuadernar).

empaste *m* **1** filling (de un diente). **2** binding (de un libro).

empatar *intr* **1** to draw, to tie (en un partido, una votación): *empataron a tres = they drew three-all.* **2** DEP to equalize (igualar).

empate *m* draw, tie.

empecinado da *adj* stubborn, obstinate.

empedernido, da *adj* **1** hardened (bebedor, fumador). **2** compulsive (apostador).

empedrado *m* **1** cobbles (enguijarrado). **2** paving (adoquinado).

empeñado, da *adj* **1** determined (persona). **2** pawn (objeto). ■ **estar ~ en hacer algo** to be detemined to do sth.

empeñar *tr* **1** to pawn (joyas, bienes). **2** to give (palabra). • **~se** *pron* **3** to get into debt (endeudarse). **~se en + inf 4** to persist in + ger, to insist on + ger (obstinarse/insistir en).

empeño *m* **1** determination (resolución). **2** insistence (obstinación). **3** pawning (de un objeto, de valores). ■ **tener ~ en + inf** to be eager + inf.

empeorar *tr* **1** to make worse. • *intr* y *pron* **2** to get worse, to worsen, to deteriorate.

emperador *m* **1** emperor. **2** ZOOL swordfish.

emperatriz *f* empress.

empezar *tr* e *intr* **1** to begin, to start (actuación, programa, conferencia). • *tr* **2** to start (lata, botella, comida). • **~ a + inf** *intr* **3** to start/begin + ger, to start/begin + inf: *empezó a llover = it started raining/it started to rain.* **~ por + inf 4** to start/begin by + ger. ■ **para ~** to begin with.

empinado, da *adj* steep.

empinar *tr* **1** to raise, to lift (levantar). • **~se** *pron* **2** to stand on tiptoe (ponerse de puntillas).

empírico, ca *adj* **1** empirical. • *m* y *f* **2** empiricist.

emplazamiento *m* **1** location, site (de edificio). **2** MIL positioning.

emplazar *tr* **1** to locate, to site (edificio). **2** MIL to position. **3** DER to summons.

empleado, da *m* y *f* **1** employee (trabajador). **2** clerk, office worker (administrativo).

emplear *tr* **1** to use (herramienta, palabra, dinero). **2** to employ (persona). **3** to occupy, to spend (tiempo). • **~se** *pron* **4** to be used (usarse). **5** to be employed (persona).

empleo *m* **1** job (puesto). **2** employment (trabajo). **3** use (uso).

emplomar *tr* **1** to cover with lead (suelo, mueble). **2** to lead (vidrieras). **3** *Arg., Ur.* to fill (dientes).

e

empobrecer *tr* **1** to make poor, to impoverish. • *intr* y *pron* **2** to become poor, to become impoverished.
empollar *tr* **1** to sit on, to hatch (huevos). • *tr* e *intr* **2** to swot up, to mug up (estudiar).
empollón, na *m* y *f* swot (estudiante).
empolvarse *pron* to powder (cara).
empotrar *tr* **1** to build in, to fit (mueble). **2** to embed (incrustar).
empotrado, da *adj* built-in, fitted (mueble).
emprendedor, ra *adj* enterprising, go-ahead.
emprender *tr* **1** to undertake, to take on (trabajo, tarea). **2** to set out on, to embark on (viaje).
empresa *f* **1** company, firm (sociedad). **2** enterprise, undertaking, venture (iniciativa). ◆ **~ particular** private company; **~ pública** public company. ■ **pequeña y mediana ~** small and medium-sized business.
empresario, ria *m* y *f* **1** businessman (hombre); businesswoman (mujer). **2** employer (que emplea). **3** empresario (de ópera, teatro).
empujar *tr* **1** to push (puerta, persona, coche). **2** (fig) to urge, to spur on (incitar).
empuje *m* **1** push, shove (empujón). **2** (fig) energy, go, drive (energía).
empujón *m* push, shove (empellón). ■ **a empujones** roughly (bruscamente); in fits and starts (a trompicones).
empuñadura *f* **1** hilt (de espada). **2** handle (de bastón).
empuñar *tr* **1** to grasp, to clutch (asir). **2** *Chile* to clench (puño).
emulsión *f* emulsion.
en *prep* **1** in, at (lugar): *en Barcelona = in Barcelona, en el hotel = at the hotel.* **2** on (sobre): *en la mesa = on the table.* **3** in (GB); on (EE UU, calle): *en la calle Aribau = in Aribau Street.* **4** on (piso, planta). **5** in, inside (dentro): *está en el cajón = it's in the drawer.* **6** into, in (acción): *lo metió en el cajón = she put it into the drawer.* **7** in (tiempo): *en invierno/mayo/1999 = in winter/May/1999.* **8** by (transporte): *en avión/coche = by plane/car.* **9** at (período, momento): *en esa época = at that time.* **10** in (modo): *lo dijo en inglés = she said it in English.* **11** by (proporción): *en un 30 por cien = by 30 per cent.*

> **En** se traduce por ***at*** cuando se habla de un punto de referencia espacial: *nos encontraremos en el cruce = we will meet at the crossroads*; o cuando se trata del lugar de trabajo, un restaurante, etc.: *trabajo en Marks and Spencers = I work at Marks and Spencers.* **En** se traduce por ***on*** cuando se refiere a una posición en una línea o superficie: *está en el suelo = it's on the floor.* Equivale a ***in*** cuando indica una posición en un lugar que tiene tres dimensiones: *cenamos en la cocina = we had dinner in the kitchen.*

enagua *f* (se usa más en *pl*) petticoat, underskirt.
enajenación *f* **1** transfer, alienation (de bienes). **2** (fig) absent-mindedness (distracción). ◆ **~ mental** derangement, insanity.
enajenar *tr* **1** to transfer (bienes). **2** (fig) to drive mad (volver loco). • **~se** *pron* **3** (fig) to go mad (volverse loco).
enaltecer *tr* to praise, to exalt (alabar).
enamorado, da *adj* **1** in love. • *m* y *f* **2** lover. ■ **estar ~ de alguien** to be/to fall in love with sb.
enamorar *tr* **~ a alguien 1** to win sb's heart. • **~se** *pron* **2** to fall in love.
enano, na *adj/m* y *f* dwarf.
enardecer *tr* to fire, to arouse (pasión, disputa); to fill with enthusiasm (persona).
encabezamiento *m* heading (de carta); headline (periódico); foreword (preámbulo).
encabezar *tr* **1** to head, to lead (comité, movimiento). **2** to head, to be at the top of (lista, liga). **3** to head (escrito).
encabritarse *pron* **1** to rear up (caballo). **2** (fig) to get annoyed (enfadarse).
encadenar *tr* **1** to chain, to chain up (preso, animal). **2** (fig) to link, to connect (ideas, razonamientos). • **~se** *pron* **3** to happen one after the other (sucesos, hechos).
encajar *tr* **1** to fit, to insert (pieza). **2** to take (crítica). **3** to give, to deal (golpe). **4**

to get in, to put in (comentario). • ~ **(en)** *intr* **5** to fit (into) (meter ajustando). ~ **(con) 6** (fig) to fit in (with), to match (corresponder).

encaje *m* lace (tejido).

encalar *tr* to whitewash.

encallar *tr* NÁUT to run aground.

encamarse *pron* **1** to take to one's bed (guardar cama). **2** *Arg., Ur.* (fam) to go to bed with sb (acostarse con alguien).

encaminar *tr* **1** to show the way, to direct (persona, pasos); to aim (medidas, leyes). • **~se hacia** *pron* **2** to head for, to head towards (dirigirse). **~se hacia 3** (fig) to be aimed at, to be directed towards (tener como objetivo).

encamotarse *pron Amér.* (fam) to fall in love.

encandilar *tr* to dazzle.

encantado, da *adj* **1** delighted, pleased: *encantado de conocerle = pleased to meet you.* **2** haunted (casa). ■ ~ **de conocerle** pleased to meet you.

encantar *tr* **1** to love: *me encanta la música = I love music.* **2** to cast a spell on (hechizar). • **~se** *pron* **3** to be entranced (distraerse).

encanto *m* **1** charm (atractivo). **2** delight (cosa, persona). **3** spell (hechizo). **4** darling, love (expresión de cariño).

encapotado, da *adj* overcast (cielo).

encapotarse *pron* to cloud over, to become overcast (nublarse).

encapricharse *pron* ~ **con** to take a fancy to (encariñarse); to fall for, to become infatuated with (enamorarse).

encapuchado, da *adj* hooded.

encaramar *tr* **1** to raise, to lift up (levantar). • **~se** *pron* **2** to climb (subir).

encarar *tr* **1** to face up to, to confront (dificultad). • **~se** *pron* **2** to be faced with, to be confronted with (dificultad).

encarcelar *tr* to imprison, to jail.

encarecer *tr* **1** to put up the price of, to make more expensive. • **~se** *pron* **2** to go up in price, to get dearer.

encargado, da *adj* **1** in charge. • *m* y *f* **2** person in charge (de un proyecto, una tarea). **3** manager (de un negocio).

encargar *tr* **1** to put in charge, to entrust (encomendar). **2** to order (hacer un pedido). • **~se de** *pron* **3** to take charge of, to take care of.

encargo *m* **1** assignment, job (tarea). **2** order (pedido). **3** errand (recado).

encariñarse *pron* ~ **con** to become attached to, to grow fond of.

encarnado, da *adj* **1** red (color). **2** incarnate (personificado).

encarnar *tr* **1** to personify, to embody (personificar). **2** TEAT, CINE to play (representar un personaje).

encarnizado, da *adj* bloody, fierce (batalla).

encarrilar *tr* (fig) to put on the right track (persona).

encasillar *tr* **1** to classify, to categorize (clasificar). **2** to typecast (actor).

encauzar *tr* to channel (corriente, esfuerzos).

encefalograma *m* encephalogram.

encendedor *m* lighter.

encender *tr* **1** to light (fuego, cigarrillo, vela). **2** to strike, to light (cerilla). **3** to set fire to, to set on fire (prender fuego a). **4** to turn on, to switch on (luz, radio, televisión); to turn on (gas). • **~se** *pron* **5** to catch fire (incendiarse). **6** to come on (luz, gas). **7** (fig) to blush, to go red (ponerse colorado).

> **Encender** se traduce ***to light*** cuando se refiere a prender fuego a algo: *encender una cerilla = to light a match.* Se usa ***to switch on*** cuando se refiere a poner en marcha algo con un interruptor: *¿podrías encender la luz? = could you switch the light on?*

encendido, da *adj* **1** flushed, red (colorado). • *m* **2** AUT ignition.

encerado, da *adj* **1** waxed, polished (suelo, mueble). • *m* **2** blackboard (pizarra).

encerar *tr* to wax, to polish.

encerrar *tr* **1** to shut in, to shut up (gen). **2** to lock in, to lock up (con llave). **3** (fig) to include, to contain (incluir). • **~se** *pron* **4** to shut oneself in (en una habitación, casa).

encestar *tr* DEP to score, to score a basket (baloncesto).

encharcar *tr* **1** to flood, to waterlog (inundar). • **~se** *pron* **2** to become flooded, to become waterlogged (inundarse).

enchilar *tr* **1** *Amér. Centr.* to season with chilli (sazonar). **2** *Méx.* (fig) to annoy (irritar). • **~se** *pron* **3** *Méx.* (fig) to get annoyed (irritarse).
enchufar *tr* **1** to plug in (aparato). **2** (fam, fig) to pull strings for (ejercer influencia).
enchufe *m* **1** ELEC plug (macho). **2** ELEC socket (hembra). **3** (fam, fig) contacts (influencias).
encía *f* ANAT gum.
enciclopedia *f* encyclopedia, encyclopaedia.
encierro *m* **1** confinement, shutting away (de personas). **2** *driving of the bulls into the corral of the bullring* (de toros).
encima *adv* **1** above, over (en un lugar superior): *la habitación encima de ésta = the room above this one.* **2** on me/you/him/her… (sobre sí): *no lleva dinero encima = he hasn't got any money on him.* ▪ **de ~** on top: *la de encima = the one on top*; **~ de** on (sobre): *encima de la mesa = on the table*; on top of (objeto/sitio más alto): *encima de la nevera = on top of the fridge*; **estar por ~ de** to be above; **muy por ~** superficially, not in depth: *lo he leído pero muy por encima = I've read it but not in depth*; **por ~** overhead: *un avión pasó por encima = a plane passed overhead.*
encina *f* BOT holm oak, ilex.
encinal o **encinar** *m* grove of holm oaks.
encinta *adj* pregnant.
enclave *m* enclave.
enclenque *adj* **1** weak; weedy (fam, débil). **2** sickly (enfermizo).
encoger *tr, intr* y *pron* **1** to shrink (tela, ropa). • **~se** *pron* **2** (fig) to be intimidated (acobardarse). ▪ **~se de hombros** to shrug one's shoulders.
encolar *tr* to glue, to paste.
encolerizar *tr* **1** to infuriate, to anger. • **~se** *pron* **2** to get angry.
encomendar *tr* **1** to entrust (encargar). • **~se a** *pron* **2** to entrust oneself to, to commend oneself to (entregarse, confiarse).
encomienda *f* **1** assignment (encargo). **2** encomienda.
encontradizo, za *adj* **hacerse el ~** to pretend to have met sb by chance.
encontrar *tr* **1** to find (gen): *no encuentro mis llaves = I can't find my keys.* **2** to come across (una cosa por casualidad). **3** to come up against, to encounter (dificultades). • *tr* y *pron* **4** to meet, to bump into (una persona por casualidad). • **~se** *pron* **5** to be (hallarse): *se encuentra en las afueras = it's on the outskirts.* **6** to feel, to be (sentirse): *me encuentro mucho mejor = I'm feeling much better.* **7** to collide (chocarse).
encorvado, da *adj* **1** bent, curved (doblado). **2** stooped (por la edad).
encorvar *tr* y *pron* **1** to bend, to curve (inclinar). • **~se** *pron* **2** to develop a stoop (persona).
encrespar *tr* **1** to make curly (pelo). **2** to make choppy (mar). **3** (fig) to annoy, to irritate (irritar). • **~se** *pron* **4** to curl (rizarse el pelo). **5** to become choppy (mar). **6** (fig) to get annoyed (irritarse).
encrucijada *f* crossroads.
encuadernación *f* binding.
encuadernar *tr* to bind.
encuadrar *tr* **1** to frame (cuadro). **2** to fit, to insert (encajar).
encuadre *m* FOT framing, composition.
encubierto, ta *pp* → encubrir.
encubridor, ra *m* y *f* accessory (de un delito).
encubrir *tr* **1** to hide, to conceal (ocultar). **2** to cover up (un delito). **3** to cover up for (un delincuente).
encuentro *m* **1** meeting, encounter (acción). **2** meeting (reunión). **3** DEP game, match.
encuesta *f* **1** survey, opinion poll (sondeo). **2** enquiry (investigación).
endeble *adj* weak, feeble.
endémico, ca *adj* endemic.
endemoniado, da *adj* **1** possessed (poseído del demonio). **2** (fig) fiendish (perverso). **3** (fig) wretched (maldito).
enderezado, da *adj* appropriate, suitable (propicio).
enderezar *tr* **1** to straighten (poner derecho). **2** (fig) to put right (corregir). **3** (fig) to sort out (comportamiento). • **~se** *pron* **4** to straighten up, (persona); to straighten out (cosa).
endeudarse *pron* to get into debt.
endiablado, da *adj* **1** (fig) evil, wicked (perverso). **2** (fig) wretched, cursed (maldito). **3** (fig) diabolical, terrible (propio del diablo).

endibia o **endivia** *f* BOT chicory (GB); endive (EE UU).
endiñar *tr* (fam) to land (golpe); to fetch (tortazo). ■ **~ algo a alguien** (fam) to lumber sb with sth (trabajo, tarea).
endiosar *tr* **1** to deify. ● **~se** *pron* **2** (fig) to become conceited.
endocrino, na *adj* **1** endocrine. ● *m* y *f* **2** endocrinologist.
endosar *tr* **1** to endorse (cheque, documento). **2** (fam) to lumber with (trabajo, tarea).
endulzar *tr* **1** to sweeten. **2** (fig) to soften (suavizar).
endurecer *tr* **1** to harden, to make hard (gen). **2** (fig) to make tough (a una persona). ● **~se** *pron* **3** to harden, to go hard (cosa); to become hardened, to become tough (persona).
ene *adj* **1** nth (cantidad indeterminada). ● *f* **2** n (nombre de la letra).
enebro *m* BOT juniper bush.
eneldo *m* BOT dill.
enema *f* enema.
enemigo, ga *adj*/*m* y *f* enemy. ■ **ser ~ de algo** to be opposed to sth, to dislike sth.
enemistar *tr* **1** to make enemies of, to cause a rift between. ● **~se** *pron* **2** to become enemies.
energía *f* **1** energy, power (gen). **2** energy, strength (de una persona). ◆ **~ atómica** atomic power; **~ eléctrica** electric power; **~ eólica** wind power; **~ hidráulica** hydraulic power; **~ solar** solar power.
energúmeno, na *m* y *f* (fam, fig) madman/madwoman.
enero *m* January: *el dos de enero = the second of January/January the second (GB)/January second (EE UU).*
enervar *tr* to exasperate, to get on sb's nerves.
enésimo, ma *adj* (fig) umpteenth (fam): *por enésima vez = for the umpteenth time.*
enfadado, da *adj* angry, annoyed.
enfadar *tr* **1** to anger, to annoy. ● **~se (con)** *pron* **2** to get angry, to get annoyed.
enfado *m* anger, annoyance.
énfasis *m* emphasis, stress. ■ **poner ~ en,** to stress, to put emphasis on.
enfático, ca *adj* emphatic.
enfatizar *tr* to emphasize, to stress.
enfermar *intr* y *pron* to fall ill, to be taken ill.
enfermedad *f* MED illness, disease. ◆ **~ contagiosa** contagious disease.
enfermería *f* **1** infirmary, sickbay (sala). **2** nursing (profesión).
enfermizo, za *adj* sickly, poorly.
enfermo, ma *adj* **1** ill, sick. ● *m* y *f* **2** sick person. **3** patient (paciente).

> En inglés británico, ***sick*** se usa antes del nombre y para ausencias por enfermedad en la escuela o el trabajo: *cuido de mi padre enfermo = I look after my sick father*. En cambio, ***ill*** se usa después del sujeto y del verbo: *he estado enfermo = I have been ill*. En inglés americano, ***sick*** se refiere a tener mala salud: *el director está enfermo = the manager is sick.*

enfilar *tr* **1** to line up (poner en fila). **2** to take (calle). **3** to aim (dirigir). ● **~ hacia** *intr* **4** to make one's way towards, to head for.
enflaquecer *tr* **1** to make thin. ● *intr* y *pron* **2** to lose weight, to get thin.
enfocar *tr* **1** to focus (cámara). **2** to focus on (a una persona, un objetivo). **3** to shine on (luz). **4** (fig) to focus on, to look at (un tema, una cuestión).
enfoque *m* **1** focusing (acción); focus (efecto). **2** (fig) approach.
enfrascar *tr* **1** to bottle (introducir en botes). ● **~se en** *pron* **2** to become absorbed in, to immerse oneself in (lectura, conversación).
enfrentar *tr* **1** to confront, to face (hacer frente). **2** to bring face to face (poner frente a frente). ● **~se** *pron* **3** to clash (pelearse). **~se con 4** to face, to confront (persona, situación).
enfrente *adv* opposite (en el lado opuesto); across the road (al otro lado de la calle). ■ **de ~** opposite (al lado opuesto); in front (delante); **~ de** opposite (en el lado opuesto); in front of, facing (delante de).
enfriamiento *m* **1** cooling (acción). **2** MED chill.
enfriar *tr* y *pron* **1** to cool, to cool down (líquido, alimento, objeto); to chill (en la

nevera). • **~se** *pron* **2** to go cold (ponerse muy frío). **3** MED to catch a cold.

enfundar *tr* **1** to sheathe (espada). **2** to put into its holster (pistola).

enfurecer *tr* **1** to infuriate, to make angry. • **~se** *pron* **2** to get furious, to fly into a rage.

engalanar *tr* **1** to adorn, to deck out (sitio, cosa). • **~se** *pron* **2** to get dressed up (persona).

enganchar *tr* **1** to hook (con gancho). **2** to hitch, to hitch up (remolque); to harness (caballos). • **~se** *pron* **3** to get caught (prenderse). **~se a algo 4** (fam) to get hooked on (droga, alcohol).

enganche *m* **1** hooking (con un gancho). **2** hitching (remolque); harnessing (caballos). **3** *Méx.* deposit (depósito).

engañar *tr* **1** to deceive, to fool, to trick (embaucar). **2** to cheat, to swindle (timar). **3** to be unfaithful to (ser infiel a). • **~se** *pron* **4** to fool oneself, to delude oneself (mentirse).

engaño *m* **1** deceit (falsedad). **2** trick, swindle; (coloq) con (estafa).

engarzar *tr* **1** to set, to mount (joyas). **2** to thread, to string (cuentas).

engatusar *tr* (fam) to coax, to cajole, to sweet-talk: *la engatusó para que viniera = he sweet-talked her into coming.*

engendrar *tr* to engender.

engendro *m* **1** foetus (GB); fetus (EE UU). **2** deformed child (criatura informe). **3** monster, freak (monstruo).

englobar *tr* to bring together.

engordar *tr* **1** to fatten, to make fat (una persona); to fatten up (animal). • *intr* y *pron* **2** to get fatter, to put on weight (persona). • *intr* **3** to be fattening (alimento).

engorro *m* (fam) nuisance, bother (molestia).

engorroso, sa *adj* (fam) tiresome, bothersome (molesto).

engranaje *m* **1** gears (de una máquina). **2** cogs (ruedas dentadas). **3** (fig) mechanism.

engrandecer *tr* **1** to enlarge, to make bigger (aumentar). **2** (fig) to praise (alabar).

engrasar *tr* **1** MEC to grease, to lubricate (con grasa). **2** to get grease on (manchar con grasa).

engreído, da *adj* **1** conceited; stuck-up (coloq). • *m* y *f* **2** conceited person; stuck-up person (coloq).

engrosar *tr* **1** (fig) to swell (hinchar). **2** increase (aumentar).

engullir *tr* to gulp down.

enharinar *tr* to flour, to sprinkle with flour.

enhebrar *tr* **1** to thread (aguja). **2** to string, to thread (perlas).

enhorabuena *f* congratulations. ■ **¡~!** *interj* congratulations!; **dar a alguien la ~** to congratulate sb.

enigma *m* enigma, mystery.

enigmático, ca *adj* enigmatic, mysterious.

enjabonar *tr* **1** to soap (ropa). **2** (fam) to butter up, to soft-soap (adular).

enjambre *m* swarm (de abejas, de gente).

enjaular *tr* **1** to cage, to put in a cage. **2** (fig, fam) to put in prison.

enjoyar *tr* **1** to adorn with jewels. • **~se** *pron* **2** to adorn oneself with jewels.

enjuagar *tr* y *pron* **1** to rinse (ropa, plato). **2** to rinse out (boca, vaso).

enjuague *m* **1** rinsing (acción). **2** MED mouthwash (l).

enjuiciar *tr* **1** DER to indict (acusar). **2** DER to try (procesar).

enjuto, ta *adj* thin (delgado); skinny (flaco).

enlace *m* **1** link, connection (conexión). **2** connection (de tren). **3** marriage (casamiento).

enladrillar *tr* to pave with bricks.

enlatar *tr* to can, to tin.

enlazar *tr* **1** to link, to connect (ciudades, piezas). **2** to link, to connect (ideas, conceptos). **3** to tie together (cuerdas, cintas). • *intr* **4** to connect (tren, avión).

enloquecer *tr* to drive mad, to drive crazy.

enlosado *m* paving.

enlosar *tr* to pave.

enlucir *tr* **1** to plaster (enyesar). **2** to polish (sacar el brillo).

enmadrarse *pron* to become a mummy's boy.

enmarañar *tr* **1** to tangle up, to get tangled up (cuerda, pelo). **2** (fig) to confuse, to muddle up (asunto, situación). • **~se** *pron* **3** to get tangled, to get into a tangle (cuerda, pelo). **4** (fig) to get confused, to get muddled (asunto, situación).

enmascarar *tr* **1** to mask, to disguise (encubrir). • **~se** *pron* **2** to put on a mask (ponerse una máscara).
enmendar *tr* **1** to correct (texto). **2** to reform (una persona). **3** to repair (daños). • **~se** *pron* **4** to mend one's ways (reformarse).
enmienda *f* **1** correction (de texto). **2** repair, compensation (de daño). **3** DER amendment (a una ley).
enmohecerse *pron* **1** to go mouldy (GB); to go moldy (EE UU, alimento). **2** to get rusty (metal).
enmudecer *intr* to fall silent, to be struck dumb (callar).
ennegrecer *tr* **1** to blacken (gen); to darken (nubes). • **~se** *pron* **2** to become blackened (gen); to darken, to grow black (nubes).
ennoblecer *tr* **1** to ennoble (una persona). **2** to lend an air of distinction to (dar distinción).
enojado, da *adj* angry, cross (enfadado); annoyed (molesto).
enojar *tr* **1** to make angry, to make cross (enfadar); to annoy (molestar). • **~se (con)** *pron* **2** to get angry (with), to get cross (with) (enfadarse); to get annoyed (with) (molestarse).
enojo *m* anger, irritation (cólera); annoyance (fastidio).
enorgullecerse *pron* **~ (de)** to be proud (of).
enorme *adj* huge, enormous.
enormidad *f* enormity, hugeness (inmensidad).
enquistarse *pron* MED to encyst.
enramar *tr* **1** to cover with branches (cubrir con ramas). • *intr* **2** to grow branches (echar ramas).
enrarecer *tr* **1** to rarefy (aire). • **~se** *pron* **2** to become rarefied (aire). **3** to become scarce (escasear). **4** to become strained (relaciones, entendimiento).
enredadera *f* creeper, climbing plant (nombre genérico).
enredar *tr* **1** to tangle up, to get tangled up (cuerda, pelo). **2** (fig) to confuse, to complicate (embarullar un asunto, una situación). **3** (fig) to cause trouble (meter cizaña). • **~se** *pron* **4** to get tangled, to get into a tangle (cuerda, pelo). **5** (fig) to get confused (asunto, situación). **6** to get muddled up (persona). ■ **~ a alguien en algo** (fig) to mix sb up in sth.
enredo *m* **1** tangle (de hilos). **2** confusion, muddle (barullo). **3** love affair (aventura amorosa).
enrejado *m* **1** railings (pl, de una verja). **2** grating, grille (de una puerta, ventana). **3** trellis (para plantas).
enriquecer *tr* **1** to make rich (persona, país); to enrich (alimento, cultura). • **~se** *pron* **2** to get rich (persona, país).
enrojecer *tr* **1** to redden, to turn red (poner rojo). • **~se** *pron* **2** to redden, to turn red (ponerse rojo). **3** to blush (ruborizarse).
enrolar *tr* y *pron* **1** to enlist; to enrol, to sign up (en el ejército). • **~se** *pron* **2** to join (partido, organización).
enrollado, da *adj* **1** rolled up (papel, cable). **2** (fam) cool (persona). ■ **estar ~ con alguien** (fam) to be involved with sb, to be seeing sb (salir con alguien).
enrollar *tr* y *pron* **1** to roll up (papel). **2** to wind up (cuerda, cable). • **~se** *pron* **3** (fam) to waffle on, to witter on (hablar en exceso). ■ **~se con algo** (fam) to spend too long; **~se con alguien** (fam) to get involved with sb, to have an affair with sb (tener relaciones amorosas).
enroscar *tr* y *pron* **1** to coil, to wind (cable). • *tr* **2** to screw in (atornillar).
ensalada *f* GAST salad.
ensaladera *f* salad bowl.
ensaladilla *f* GAST Russian salad.
ensalzar *tr* to praise.
ensamblado *m* joint (empalme).
ensamblador *m* INF assembler.
ensamblaje *m* **1** assembly (acción). **2** joint (pieza).
ensamblar *tr* **1** to join (unir). **2** to assemble (montar).
ensanchar *tr* **1** to widen (carretera); to expand (ciudad). **2** to let out (vestido, pantalón). • **~se** *pron* **3** to expand (hacerse más extenso).
ensanche *m* **1** widening (de carretera); expansion (de una ciudad). **2** new suburb (suburbio).
ensangrentado, da *adj* blood-stained.
ensangrentar *tr* to stain with blood, to bloody.
ensañarse *pron* to treat mercilessly, to be cruel to.

ensartar *tr* **1** to string (perlas). **2** to thread (aguja). **3** to run through (atravesar).
ensayar *tr* **1** to try/to test (out) (probar). • *tr* e *intr* **2** TEAT to rehearse.
ensayista *m* o *f* essayist.
ensayo *m* **1** test, trial (prueba). **2** TEAT rehearsal. **3** LIT essay. **4** DEP try (en el rugby).
enseguida *adv* at once, immediately, straight away.
ensenada *f* inlet, creek (entrada del mar).
enseñanza *f* **1** education (educación). **2** teaching (actividad, profesión). **3** training (instrucción). **4** teaching (doctrina). ♦ **~ media** secondary education; **~ primaria** primary education.
enseñar *tr* **1** EDUC to teach (persona, materia). **2** to show (mostrar). **3** to point out (señalar).
enseres *m pl* **1** belongins (efectos personales). **2** equipment, tools (utensilios); furniture (muebles).
enseriarse *pron Amér.* to become serious.
ensimismarse *pron* **1** to become lost in thought (quedarse abstraído). **2** to become engrossed (en la lectura).
ensoberbecer *tr* **1** to make proud (causar orgullo). • **~se** *pron* **2** to become proud (persona).
ensombrecer *tr* **1** to cast a shadow over, to darken (cubrir de sombras). • **~se** *pron* **2** to darken (oscurecerse).
ensoñación *f* **1** *Amér.* fantasy (fantasía). **2** *Amér.* dream (sueño).
ensoñar *tr* e *intr* to dream.
ensordecer *tr* **1** to deafen (dejar sordo). • *intr* **2** to go deaf (quedarse sordo).
ensortijar *tr* y *pron* **1** to curl (pelo). • *tr* **2** to coil, to wind (hilo, cable).
ensuciar *tr* **1** to dirty, to make dirty (gen). **2** to tarnish (reputación). • **~se** *pron* **3** to get dirty (ponerse sucio).
ensueño *m* dream. ■ **de ~** dream: *un mundo de ensueño = a dream world.*
entablar *tr* **1** to begin (conversación, amistad). **2** to file, to bring (pleito).
entablillar *tr* MED to splint.
entallar *tr* **1** to sculpt, to sculpture (piedra); to carve (madera). **2** to cut, to tailor (traje). • *intr* **3** to fit (traje).
ente *m* **1** being, entity (ser). **2** body, organization (organización).
entendederas *f pl* **1** (fam) brains (inteligencia). **2** understanding (entendimiento). ■ **corto de ~** (fam) slow on the uptake.
entender *m* opinion. ■ **a mi ~** in my opinon, as I see it.
entender *tr* e *intr* **1** to understand (gen). • *tr* **2** to think, to believe (ser de la opinión). **3** to hear (oír). • **~ de** *intr* **4** to know about: *tú entiendes de coches = you know about cars.* • **~se** *pron* **5** to understand one another (comprenderse). **6** to get on (llevarse bien). **7** to come to an agreement (llegar a un acuerdo). **8** to communicate (comunicarse).
entendido, da *adj* **1** understood (comprendido). • *m* y *f* **2** expert (persona). ■ **¡~!** all right!, OK! (de acuerdo).
entendimiento *m* **1** understanding (gen). **2** mind (mente). **3** judgment (juicio).
enterado, da *adj* well informed, knowledgeable (conocedor). ■ **estar ~** (fam) to be in the know; **estar ~ de algo** to be aware of sth.
enterar *tr* **1** to inform (informar). • **~se** *pron* **2** to find out (descubrir). **~se de 3** to understand (entender).
entereza *f* **1** integrity (honestidad). **2** composure (serenidad). **3** firmness (firmeza).
enternecedor, ra *adj* touching, moving.
enternecer *tr* **1** to touch, to move (conmover). • **~se** *pron* **2** to be touched, to be moved (conmoverse).
entero, ra *adj* **1** whole, entire (gen). **2** firm, resolute (firme); composed (sereno). **3** upright, honest (honrado); fair (justo). ■ **por ~** wholly, fully.
enterrador, ra *m* y *f* gravedigger.
enterrar *tr* to bury.
entidad *f* body, institution (institución); firm, company (empresa).
entierro *m* burial (acción); funeral (ceremonia).
entonación *f* intonation.
entonar *tr* **1** to modulate (voz). • *tr* e *intr* **2** to sing (cantar); to sing in tune (afinar).
entonces *adv* then (gen).
entornar *tr* to leave ajar, to half close (puerta, ventana); to half close (ojos).

entorno *m* environment.
entorpecer *tr* **1** to make sluggish (poner torpe). **2** to obstruct, to hamper (dificultar).
entrada *f* **1** entrance, way in (lugar); doorway (puerta). **2** entry (acción de entrar). **3** ticket (billete). **4** receding hairline (en el pelo). **5** house, audience (conjunto de asistentes). **6** takings (dinero acumulado). **7** down payment, deposit (cuota inicial). **8** entry (en libro).
entrador, ra *adj Amér.* daring.
entrante *adj* **1** coming (mes, año); incoming (presidente, gobierno). • *m* **2** GAST starter (plato). • **entrantes** *m pl* **3** GAST hors d'oeuvres.
entraña *f* **1** entrails, insides (tripa). **2** core (lo esencial).
entrañable *adj* **1** close, intimate (íntimo). **2** dearly loved, beloved (querido).
entrañar *tr* to involve.
entrar *intr* **1** to go in (alejándose); to come in, to enter (acercándose). **2** to fit, to go in (caber, poder meterse); to fit (ajustarse): *el pantalón no le entra = the trousers don't fit him.* **3** to adopt, to take up (profesión). **4** to join (sociedad, juego, trabajo): *entrar a trabajar = to start work.* **5** to be included (en el precio): *entra en el precio = it's included in the price.* • *tr* **6** to bring in (traer hacia dentro, introducir).
entre *prep* between (entre dos); among (entre más de dos): *entre el sofá y la pared = between the sofa and the wall, entre pinos = among pine trees.* ■ **~ nosotros** between you and me, between ourselves (en confianza); **~ que** while, whilst; **~ sí** amongst themselves: *hablaban entre sí = they were talking amongst themselves.*
entreabrir *tr* **1** to half open. • **~se** *pron* **2** to be half open.
entreacto *m* interval.
entrecejo *m* space between the eyebrows.
entrecortar *tr* **1** to cut part of the way through (cortar). • **~se** *pron* **2** to falter (voz).
entrecot *m* entrecote.
entredicho *m* doubt. ■ **poner en ~** to call into question, to cast doubts on.
entrega *f* **1** delivery (de mercancías); payment (de dinero). **2** presentation (de premio). **3** instalment (de revista). **4** devotion, dedication (dedicación).
entregar *tr* **1** to deliver (mercancías). **2** to hand over (llaves, armas, rehén). **3** to present (premio). • **~se** *pron* **4** to surrender (rendirse). **5** to abandon oneself (a una pasión, un vicio).
entrelazar *tr* to entwine.
entremés *m* **1** side dish (plato ligero). • **entremeses** *m pl* **2** hors d'oeuvres.
entremeter *tr* **1** to put in, to insert (insertar). • **~se** *pron* **2** to interfere, to meddle.
entremetido, da *adj* **1** interfering, meddlesome. • *m* y *f* **2** busybody.
entremezclar *tr* to mix together.
entrenador, ra *m* y *f* trainer, coach.
entrenamiento *m* training session.
entrenar *tr* **1** to train, to coach. • *intr* y *pron* **2** to train.
entrepierna *f* **1** crotch, crutch (de cuerpo). • **entrepiernas** *f pl* **2** crotch (de pantalón).
entresacar *tr* to pick out, to select.
entresijos *m pl* ins and outs, secrets.
entresuelo *m* mezzanine, entresol.
entretanto *adv* meanwhile, in the meantime.
entretener *tr* **1** to entertain (recrear). **2** to distract, to keep occupied (ocupar). **3** to delay (retrasar). • **~se** *pron* **4** to pass the time, to keep oneself amused. **5** to waste one's time (perder el tiempo).
entretenido, da *adj* **1** entertaining (divertido). **2** busy, occupied (ocupado).
entretenimiento *m* entertainment.
entretiempo *m* **de ~** spring/autumn: *ropa de entretiempo = spring/autumn clothing.*
entrever *tr* **1** to glimpse (por un instante). **2** to foresee (ver venir).
entrevista *f* interview.
entrevistar *tr* **1** to interview. • **~se con** *pron* **2** to have a meeting with (reunirse).
entristecer *tr* **1** to make unhappy, to sadden (hacer sentirse triste). • **~se** *pron* **2** to become sad.
entrometer *tr* y *pron* → entremeter.
entuerto *m* wrong. ■ **deshacer entuertos** to right wrongs.
entumecer *tr* **1** to numb, to make numb. • **~se** *pron* **2** to go numb (por el frío).
entumecido, da *adj* numb.

enturbiar *tr* y *pron* **1** to cloud, to make cloudy (agua). • *tr* **2** to disturb (turbar).
entusiasmar *tr* **1** to excite, to fill with enthusiasm (infundir entusiasmo). • **~se** *pron* **2** to get excited (tener entusiasmo).
entusiasmo *m* enthusiasm.
entusiasta *adj* **1** enthusiastic. • *m* o *f* **2** enthusiast.
enumeración *f* enumeration.
enumerar *tr* to enumerate.
enunciar *tr* to state.
envalentonar *tr* **1** to embolden. • **~se** *pron* **2** to pluck up courage.
envanecer *tr* **1** to make conceited. • **~se** *pron* **2** to become conceited.
envanecido, da *adj* conceited.
envasado, da *adj* **1** packed (empaquetado); tinned, canned (enlatado); bottled (embotellado). • *m* **2** packing (en paquetes, cajas); tinning, canning (en latas); bottling (en botellas).
envasar *tr* to pack (en paquetes, cajas); to tin, to can (en latas); to bottle (en botellas).
envase *m* **1** → envasado. **2** container (gen); pack (paquete); tin, can (lata); bottle (botella); jar. ♦ **~ sin retorno** nonreturnable bottle.
envejecer *tr* **1** to age, to make look older (hacer parecer más viejo). • *intr* **2** to get/grow old, to age (hacerse viejo).
envenenamiento *m* poisoning.
envenenar *tr* to poison.
envergadura *f* importance, magnitude.
envés *m* **1** reverse, back (de página). **2** wrong side, back (de tela).
enviado, da *m* y *f* envoy (político); correspondent (de prensa).
enviar *tr* to send.
enviciar *tr* **1** to corrupt (corromper). • **~se** *pron* **2** to become addicted to, to get hooked on (aficionarse en demasía).
envidia *f* envy.
envidiar *tr* to envy.
envidioso, sa *adj* envious, jealous.
envilecer *tr* to degrade.
envío *m* **1** sending, dispatch (acción de enviar). **2** shipment (de mercancías). **3** consignment (remesa). **4** package, parcel (paquete).
enviudar *intr* to be made a widower (hombre); to be widowed, to be made a widow (mujer).
envoltorio *m* wrapping, wrapper (de paquete).
envolver *tr* **1** to wrap (up) (empaquetar, cubrir, abrigar). **2** to wind (hilo). **3** to involve, to implicate (involucrar). • **~se** *pron* **4** to wrap oneself up (abrigarse). **5** to get involved (involucrarse).
envuelto, ta *m Méx*. tortilla.
enyesar *tr* **1** to plaster (pared, techo). **2** MED to put in plaster.
enzarzar *tr* y *pron* to get caught up, to get involved (en asunto).
eñe *f* ñ (nombre de la letra).
¡epa! *interj* **1** *Hond., Méx., Venez*. hello! (para saludar). **2** *Chile* come on! (para animar).
épica *f* epic.
épico, ca *adj* epic.
epidemia *f* epidemic.
epidérmico, ca *adj* epidermic.
epidermis *f* epidermis.
epígrafe *m* epigraph.
epilepsia *f* epilepsy.
epílogo *m* **1** epilogue (conclusión). **2** summary (resumen).
episcopal *adj* episcopal.
episodio *m* episode.
epístola *f* epistle.
epitafio *m* epitaph.
epíteto *m* epithet.
época *f* **1** period, time (gen). **2** season (estación).
epopeya *f* epic.
equidad *f* equity.
equidistante *adj* equidistant.
equilibrar *tr* to balance.
equilibrio *m* balance, equilibrium. ■ **mantener el ~** to keep one's balance.
equilibrista *m* o *f* tightrope walker (funambulista); trapeze artist (trapecista).
equino, na *adj* y *m* (lit) equine.
equinoccio *m* equinox.
equipaje *m* luggage (GB); baggage (EE UU). ♦ **~ de mano** hand luggage.
equipar *tr* **1** to equip (gen). **2** to fit out (con ropa).
equiparar *tr* **1** to compare, to put on the same level. • **~se** *pron* **2** to be on a level with.
equipo *m* **1** equipment (gen). **2** team (grupo de personas). **3** instruments (instrumentos). **4** outfit (conjunto de ropa).
equis *f* x (nombre de la letra).

equitación *f* horse riding, riding.
equitativo, va *adj* equitable, fair.
equivalente *adj* y *m* equivalent.
equivaler *intr* **~ a 1** to be equivalent to, to be the equivalent of (ser igual). **~ a 2** to mean (causar).
equivocación *f* **1** mistake, error (error). **2** misunderstanding (malentendido).
equivocar *tr* **1** to mistake: *equivocar el camino = to take the wrong path.* • **~se** *pron* **2** to make a mistake (cometer un error); to be wrong, to be mistaken (tener la idea equivocada).
equívoco, ca *adj* **1** ambiguous (ambiguo). **2** misleading (engañoso). • *m* **3** ambiguity (ambigüedad). **4** misunderstanding (malentendido).
era *f* **1** era, age (época). **2** AGR threshing floor.
erección *f* erection.
erguir *tr* **1** to raise, to lift (levantar). • **~se** *pron* **2** to stand up straight, to straighten up (ponerse recto).
erigir *tr* to build, to erect (edificio); to erect (monumento).
erizado, da *adj* **1** prickly, spiny (planta, animal). **~ de 2** covered with (púas, espinas); bristling with (problemas).
erizarse *pron* **1** to stand on end (pelo). **2** to bristle (animal).
erizo *m* hedgehog. ◆ **~ de mar** sea urchin.
ermita *f* hermitage.
ermitaño, ña *m* y *f* **1** hermit. • *m* **2** ZOOL hermit crab.
erosión *f* GEOL erosion.
erosionar *tr* to erode.
erótico, ca *adj* erotic.
erotismo *m* eroticism.
erradicar *tr* to eradicate, to wipe out.
errado, da *adj* wrong, mistaken.
errante *adj* wandering, roving.
errar *tr* **1** to miss (en el tiro). **2** to make a mistake, to be mistaken (equivocarse).
errata *f* misprint, erratum.
erre *f* rr (nombre de la letra).
erróneo, a *adj* mistaken, erroneous.
error *m* mistake, error. ■ **estar en un ~** to be mistaken; **por ~** by mistake.
eructar *tr* to belch.
eructo *m* belch.
erudito, ta *adj* erudite, learned.
erupción *f* **1** eruption (volcánica). **2** MED rash (de la piel).
esbelto, ta *adj* slim, slender.
esbozar *tr* to sketch (dibujo); to outline (plan, proyecto).
esbozo *m* **1** sketch (boceto). **2** outline (plan, proyecto).
escabeche *m* pickling brine.
escabechina *f* massacre (masacre).
escabroso, sa *adj* **1** rough, rugged (terreno). **2** tough, tricky (problema). **3** indecent, risqué (libro, película).
escabullirse *pron* **~ (de) 1** to slip away (from) (escaparse de). **~ de 2** to get away from, to shirk (deber).
escacharrar *tr* **1** (fam) to break; to bust (romper). **2** (fam) to ruin (estropear). • **~se** *pron* **3** to break; to bust (romperse).
escala *f* **1** scale (proporción, magnitud). **2** stopover (de avión); port of call (de barco).
escalada *f* **1** climb, ascent (de una montaña). **2** (fig) escalation (de precios, de violencia).
escalador, ra *m* y *f* climber, mountaineer (alpinista).
escalafón *m* promotion list.
escaldar *tr* to scald (la piel); to blanch (verduras).
escalera *f* **1** stairs (gen); staircase (en una casa). **2** ladder (de mano). **3** run, sequence (en los naipes). ◆ **~ de caracol** spiral staircase; **~ de incendios** fire escape.
escalerilla *f* steps (de un avión); gangway (de un barco).
escalfar *tr* to poach.
escalinata *f* steps.
escalofriante *adj* chilling, hair-raising, blood-curdling.
escalofrío *m* shudder, shiver (de miedo); chill (de fiebre). ■ **tener escalofríos** to shiver.
escalón *m* **1** step (peldaño). **2** rung (travesaño).
escalope *m* GAST escalope.
escama *f* **1** scale (de un pez). **2** flake (de la piel).
escamar *tr* **1** (fig, fam) to make suspicious (hacer sospechar). • **~se** *pron* **2** to become suspicious (recelar).
escamotear *tr* **1** (fig, fam) to pinch, to nick (robar). **2** (fig, fam) to keep secret (ocultar).
escampar *intr* to stop raining, to clear up (cesar de llover).

escandalizar *tr* **1** to scandalize, to shock. • **~se** *pron* **2** to be scandalized, to be shocked.
escándalo *m* **1** scandal. **2** uproar, row (alboroto). ■ **armar un ~** to make a racket.
escandaloso, sa *adj* **1** scandalous, shocking. **2** rowdy, noisy (alborotador).
escanear *tr* to scan.
escáner *m* INF, MED scanner (aparato).
escaño *m* **1** bench (banco). **2** POL seat.
escapada *f* **1** escape. **2** short break (excursión). **3** DEP breakaway (en ciclismo).
escapar *intr* **1** to escape (huir, librarse). • **~se** *pron* **2** to escape (huir, librarse). **3** to leak (gas, agua).
escaparate *m* shop window, window (de una tienda).
escapatoria *f* way out (salida, solución).
escape *m* **1** escape (huida). **2** leak (de gas, de agua). **3** exhaust (tubo de escape).
escaquearse *pron* **1** (fam) to shirk (responsabilidad). **2** (fam) to skive off (de un lugar).
escarabajo *m* ZOOL beetle.
escarbar *tr* to scratch.
escarcha *f* frost.
escarlata *adj* y *f* scarlet.
escarlatina *f* MED scarlet fever.
escarmentar *tr* **1** to teach a lesson. • *intr* **2** to learn one's lesson.
escarmiento *m* lesson.
escarola *f* BOT curly endive (GB); escarole (EE UU).
escarpar *tr* to scarp.
escasear *intr* to become scarce, to run short.
escasez *f* scarcity, shortage, lack (de agua, recursos).
escaso, sa *adj* scant, limited (recursos); scarce (comida); little, slender (posibilidad); small (público); poor (visibilidad).
escatimar *tr* **1** to be stingy with, to skimp on (limitar). **2** to be sparing with (usar poco).
escayola *f* **1** plaster of Paris (yeso). **2** MED plaster cast, plaster.
escena *f* **1** scene (de una obra de teatro, película). **2** stage (escenario). ■ **poner en ~** to stage.
escenario *m* **1** TEAT stage. **2** (fig) scene, setting (de un suceso).
escenografía *f* **1** set design, scenography (arte). **2** scenery (decorados).
escepticismo *m* scepticism (GB); skepticism (EE UU).
escéptico, ca *adj* **1** sceptical (GB); skeptical (EE UU). • *m* y *f* **2** sceptic (GB); skeptic (EE UU).
escindir *tr* y *pron* to split, to divide up.
escisión *f* split, division.
esclarecer *tr* to clarify, to shed light on (asunto, hechos).
esclavitud *f* slavery.
esclavizar *tr* to enslave.
esclavo, va *m* y *f* slave.
esclerosis *f* MED sclerosis. ◆ **~ múltiple** multiple sclerosis.
esclusa *f* **1** lock (de un canal). **2** floodgate (de una presa).
escoba *f* **1** broom (para barrer). **2** broomstick (de las brujas).
escobilla *f* brush.
escocedura *f* MED irritation.
escocer *intr* to sting, to smart.
escoger *tr* **1** to choose, to select (entre varias cosas); to choose (entre dos cosas). **2** POL to elect (candidato).
escogido, da *pp* **1** → escoger. • *adj* **2** chosen, selected (objeto, persona). **3** select (selecto).
escolar *adj* **1** school. • *m* o *f* **2** schoolboy (niño); schoolgirl (niña); schoolchild (niño y niña). ◆ **edad ~** school age.
escollera *f* breakwater.
escollo *m* **1** reef (roca). **2** (fig) stumbling block (obstáculo).
escolta *f* escort.
escoltar *tr* to escort.
escombros *m pl* rubble.
esconder *tr* **1** to hide, to conceal. • **~se** *pron* **2** to hide.
escondite *m* hiding place. ■ **jugar al ~** to play hide-and-seek.
escondrijo *m* hiding place.
escopeta *f* shotgun. ◆ **~ de aire comprimido** airgun.
escorar *tr* **1** NÁUT to shore up (apuntalar). • *intr* **2** NÁUT to list, to heel (inclinarse).
escoria *f* (fig, fam) dregs (pl); scum (pl).
escorpión *m* **1** ZOOL scorpion. **2** ASTR Scorpio. • *m* o *f* **3** Scorpio (persona).
escotado, da *adj* **1** low-cut (blusa). • *m* **2** neck, neckline; low neck (más profundo).
escote *m* neck (de persona); low neck, neckline (de vestido). ■ **pagar algo a ~** to go Dutch.

escotilla *f* NÁUT hatchway.
escozor *m* stinging.
escribir *tr* e *intr* **1** to write. • *tr* y *pron* **2** to write to one another (mantener correspondencia). • **~se** *pron* **3** to spell, to be spelt (deletrear): *no sé cómo se escribe = I don't know how it's spelt.* ■ **~ a mano** to write by hand; **~ a máquina** to type.
escrito, ta *pp* **1** → escribir. • *adj* **2** written (prueba, examen). • *m* **3** document (documento). **4** text (texto). ■ **por escrito** in writing.
escritor, ra *m* y *f* writer.
escritorio *m* writing desk, bureau (mueble).
escritura *f* **1** writing (acción, arte). **2** DER deed (de una propiedad).
escrúpulo *m* scruple, qualm (duda). ■ **sin escrúpulos** unscrupulous.
escrupuloso, sa *adj* scrupulous.
escrutar *tr* **1** to scrutinize, to examine (con la mirada). **2** to count (votos).
escrutinio *m* **1** scrutiny (examen). **2** POL count, counting (recuento de los votos).
escuadra *f* **1** set square (de dibujante); square (de carpintero). **2** MIL squad. **3** MAR fleet (de barcos).
escuadrilla *f* **1** AER squadron. **2** MAR fleet.
escuadrón *m* MIL squadron.
escucha *f* monitoring (seguimiento). ◆ **~ telefónica** phone tap.
escuchar *tr* **1** to listen to (radio). **2** to heed (consejo). • *intr* **3** to listen.
escudería *f* DEP stable (de coches, pilotos).
escudo *m* **1** shield (arma, protección). **2** escudo (moneda de Portugal). ◆ **~ de armas** coat of arms.
escuela *f* **1** school (establecimiento). **2** training (formación). **3** school (de un movimiento artístico, una doctrina). ◆ **~ privada** private school; **~ pública** state school, public school; **~ universitaria** university school. ■ **ir a la ~** to go to school.
escueto, ta *adj* **1** concise (explicación). **2** plain (estilo).
esculpir *tr* to sculpt.
escultor, ra *m* y *f* sculptor.
escultura *f* sculpture.
escupir *intr* **1** to spit. • *tr* **2** to spit out.
escurreplatos *m* draining rack.
escurridizo, za *adj* slippery.
escurridor *m* colander (colador).
escurrir *tr* **1** to wring out (ropa). • *intr* y *pron* **2** to drain (platos). • *pron* **3** to slip, to slide (deslizarse).
escúter *m* scooter, motor scooter.
ese *f* s (nombre de la letra).
ese, sa (*pl* **esos, sas**) *adj demos* **1** that: *ese libro = that book.* • *pron demos* **2** that one (alejado en el espacio): *me gusta ese = I like that one.* **3** that (alejado en el tiempo): *that was the reason = esa fue la razón.*
esencia *f* essence.
esencial *adj* essential.
esfera *f* **1** face, dial (de reloj). **2** (fig) sphere, circle (ambiente).
esférico, ca *adj* **1** spherical. • *m* **2** ball (balón).
esfinge *f* sphynx.
esfínter *m* sphincter.
esforzar *tr* **1** to strain (voz, vista). • **~se** *pron* **2** to make an effort (esfuerzo físico). **3** to try hard (esfuerzo moral). ■ **esforzarse en/por + inf** to strive + inf, to try hard + inf.
esfuerzo *m* effort. ■ **sin ~** effortlessly.
esfumar ~se *pron* to fade away (esperanzas); to vanish (persona).
esgrima *f* fencing.
esgrimir *tr* **1** to wield (arma). **2** (fig) to use (argumento).
esguince *m* MED sprain.
eslabón *m* link.
eslalon *m* slálom.
eslogan *m* slogan.
eslora *f* NÁUT length: *tiene nueve metros de eslora = it's nine metres long.*
esmaltar *tr* to enamel.
esmalte *m* enamel. ◆ **~ de uñas** nail varnish.
esmerado, da *adj* **1** meticulous, painstaking (persona). **2** neat, well-presented (trabajo).
esmeralda *f* emerald.
esmerarse *pron* **~ en 1** to take great pains over sth.
esmero *m* care.
esmirriado, da *adj* puny.
esmoquin *m* dinner jacket (GB); tuxedo (EE UU).
esnob *adj* **1** snobbish. • *m* o *f* **2** snob.

eso *pron demos* (neutro) that: *eso es lo que nos comentó = that's what he told us.* ■ **a ~ de** at about: *a eso de las cinco = at about five o'clock*; **¡~ es!** that's right!; **por ~** that's why.
esófago *m* ANAT oesophagus (GB); esophagus (EE UU).
esos, sas *adj demos* **1** those: *esos libros = those books. pron demos.* **2** those ones (alejado en el espacio): *¡dame esas! = ¡gime me those ones!* **3** those (alejado en el tiempo). ■ **¡conque esas tenemos!** so that's the way it is!; **¡ni por esas!** no way!
espabilar *tr* **1** to wake up. ● **~se** *pron* **2** to wake up (despertar). **3** to hurry up (darse prisa).
espacial *adj* ASTR space.
espaciar *tr* to space out.
espaciador *m* space bar.
espacio *m* **1** space (gen). **2** room (capacidad, sitio): *¿hay suficiente espacio? = is there enough room?* **3** period, space (de tiempo). **4** TV programme (GB); program (EE UU, programa).
espacioso, sa *adj* spacious, roomy.
espada *f* **1** sword (arma). ● **espadas** *f pl* **2** spades (naipes). ■ **estar entre la ~ y la pared** to be between the devil and the deep blue sea.
espadachín *m* expert swordsman.
espagueti *m* spaghetti.
espalda *f* **1** ANAT back. **2** backstroke (natación). ■ **a espaldas de alguien** behind sb's back; **volver la ~ a alguien** to turn one's back on sb.
espantajo *m* **1** scarecrow (espantapájaros). **2** (fig) fright, sight (persona).
espantapájaros *m* scarecrow.
espantar *tr* **1** to scare, to frighten (dar miedo). **2** to scare away, to frighten off (ahuyentar). ● **~se** *pron* **3** to be scared, to be frightened.
espanto *m* fright, horror. ■ **¡qué ~!** how awful!
espantoso, sa *adj* **1** frightening, terrifying (terrorífico). **2** (fig) frightful (feísimo). **3** (fig) terrible (enorme).
España *f* Spain.
español, la *adj* **1** Spanish. ● *m* y *f* **2** Spaniard. ● *m* **3** Spanish (idioma).
esparadrapo *m* sticking plaster.
esparcir *tr* y *pron* **1** to spread, to scatter (semillas, objetos). **2** (fig) to spread (divulgar).
espárrago *m* asparagus.
esparto *m* BOT esparto grass.
espasmo *m* spasm.
espátula *f* **1** spatula. **2** ART palette knife.
especia *f* spice.
especial *adj* **1** special. **2** fussy (remilgado). ■ **en ~** especially.
especialidad *f* **1** speciality (GB); specialty (EE UU, gen). **2** specialist field (estudios, investigación).
especialista *adj/m* o *f* specialist, expert.
especializar *intr* y *pron* **~ (en)** to specialize (in).
especie *f* **1** species (de plantas, animales). **2** type, kind, sort (tipo).
especificar *tr* to specify.
específico, ca *adj* specific.
espécimen *m* specimen.
espectacular *adj* spectacular.
espectáculo *m* **1** spectacle, sight (escena, suceso). **2** show, performance (de teatro). **3** entertainment (diversión).
espectador, ra *m* y *f* MÚS, TEAT member of the audience; DEP spectator.
espectro *m* **1** spectre, ghost (fantasma). **2** FÍS, MED spectrum.
especulación *f* speculation.
especular *intr* **~ (sobre) 1** to speculate (about). **~ (en) 2** COM to speculate (on) (bolsa); to speculate (in).
espejismo *m* mirage.
espejo *m* mirror.
espeleología *f* potholing (GB); spelunking (EE UU).
espera *f* wait (período). ◆ **sala de ~** waiting room. ■ **en ~ de** waiting for.
esperanto *m* Esperanto.
esperanza *f* **1** hope (deseo). **2** expectation (expectativa). ◆ **~ de vida** life expectancy.
esperar *tr* **1** to wait for (aguardar): *esperar el autobús = to wait for the bus.* **2** to hope (desear): *espero que venga = I hope she comes.* **3** to expect (prever): *no esperaba eso = I wasn't expecting this.* **4** ● *intr* **5** to wait (aguardar): *esperaré hasta las diez = I'll wait until ten.* ● **~se** *pron* **6** to wait (aguardar). **7** to expect, to be expected (prever): *no se esperaba esta reacción = we didn't expect this reaction/this reaction wasn't expected.* ● **~ +**

inf *intr* **8** to hope + inf: *espera ganar* = *he hopes to win.*

Los verbos ***to wait***, ***to expect*** y ***to hope*** significan **esperar** pero tienen diferentes usos. ***To wait*** o ***to wait for*** indican retraso o paso del tiempo: *¡espera un momento!* = *wait a minute!*; *estoy esperando a mi hermano* = *I am waiting for my brother*. ***To expect*** sugiere que se sabe que algo va a suceder: *I am expecting a letter from the bank* = *estoy esperando una carta del banco*. ***To hope*** implica el deseo de que algo suceda o haya sucedido: *I hope he won't phone* = *espero que no llame*.

esperma *m* o *f* sperm.
espermatozoide *m* spermatozoid.
esperpento *m* **1** absurdity, nonsense (desatino). **2** (fam) sight, fright (persona).
espesar *tr* y *pron* to thicken.
espeso, sa *adj* **1** thick (gen). **2** dense (humo, bosque). **3** bushy, thick (barba).
espesor *m* thickness.
espesura *f* **1** thickness (grosor). **2** density (densidad). **3** thicket (vegetación).
espía *m* o *f* spy.
espiar *tr* to spy on.
espiga *f* ear (de trigo); spike (de una flor).
espigón *m* breakwater (rompeolas).
espina *f* **1** thorn, prickle (de una planta). **2** bone (del pescado). ♦ **~ dorsal** backbone, spine. ■ **me da mala ~** I don't like the look of this.
espinaca *f* spinach.
espinazo *m* ANAT spine, backbone.
espinilla *f* **1** ANAT shin. **2** MED blackhead.
espinoso, sa *adj* **1** prickly (cactus); thorny (rosal). **2** (fig) knotty, thorny (problem).
espionaje *m* espionage, spying.
espiral *adj* y *f* spiral.
espirar *intr* to breath out, to exhale.
espiritismo *m* spiritualism. ♦ **sesión de ~** seance.
espíritu *m* **1** spirit, soul (alma). **2** spirit, ghost (fantasma). ♦ **el Espíritu Santo** the Holy Spirit.
espiritual *adj* **1** spiritual. ● *m* **2** MÚS spiritual (canto).
espléndido, da *adj* **1** splendid, magnificent (magnífico). **2** lavish, generous (generoso).
esplendor *m* **1** splendour (GB); splendor (EE UU, magnificiencia). **2** greatness (apogeo).
espliego *m* BOT lavender.
espoleta *f* **1** fuse (mecha). **2** wishbone (de un ave).
espolvorear *tr* to dust, to sprinkle (esparcir).
esponja *f* sponge.
esponjoso, sa *adj* spongy.
espónsor *m* o *f* sponsor.
espontaneidad *f* spontaneity.
espontáneo, a *adj* **1** spontaneous. ● *m* **2** TAUROM *spectator who joins in the bullfight.*
esporádico, ca *adj* sporadic.
esposar *tr* to handcuff.
esposo, sa *m* y *f* **1** husband (hombre); wife (mujer). ● *f pl* **2** handcuffs.
espray *m* spray.
esprint *m* DEP sprint.
esprínter *m* DEP sprinter.
espuela *f* spur.
espuma *f* foam (en el mar); froth (en las bebidas); lather (de jabón); scum (impurezas); (styling) mouse (para pelo).
espumadera *f* skimmer.
esputo *m* sputum.
esqueje *m* cutting.
esquela *f* obituary.
esqueleto *m* **1** ANAT skeleton. **2** framework (de una estructura).
esquema *f* **1** diagram, sketch (bosquejo). **2** outline (de un proyecto).
esquí *m* **1** ski. **2** DEP skiing.
esquiador, ra *m* y *f* skier.
esquiar *intr* to ski.
esquilar *tr* to shear, to clip.
esquimal *adj*/*m* o *f* Eskimo.
esquina *f* corner. ■ **a la vuelta de la ~** just round the corner; **doblar la ~** to turn the corner.
esquinazo *m* (fam) corner. ■ **dar ~ a alguien** (fam) to give sb the slip.
esquirol *m* o *f* strikebreaker; (coloq, desp) scab.
esquivar *tr* **1** to avoid (persona). **2** to dodge, to avoid (pregunta, golpe).

esquivo, va *adj* unsociable, aloof (huraño).
esquizofrenia *f* schizophrenia.
esta *adj demos* → este, ta.
ésta *pron demos* → éste, ta.
estabilidad *f* stability.
estabilizar *tr* **1** to stabilize. • **~se** *pron* **2** to become stable.
estable *adj* stable.
establecer *tr* **1** to establish (contacto, relación, hecho). **2** to set up (residencia). **3** to establish, to set up (empresa, organización). **4** to establish, to lay down (criterio, principio). **5** to set (récord). **6** DER to state, to lay down (disponer). • **~se** *pron* **7** to settle (instalarse). **8** to set up in business.
establecimiento *m* **1** establishment, setting up (acción). **2** establishment (local).
establo *m* cowshed, byre.
estaca *f* **1** stake, post (poste). **2** club, stick (garrote).
estación *f* **1** station (de trenes, autobuses). **2** season (temporada). ♦ **~ de esquí** ski resort; **~ de servicio** service station.
estacionamiento *m* parking (de un coche).
estacionar *tr* y *pron* **1** to park (un coche). • **~se** *pron* **2** to remain stationary (estancarse).
estacionario, ria *adj* stationary.
estadio *m* **1** DEP stadium. **2** phase, stage (fase).
estadista *m* o *f* statesman (hombre); stateswoman (mujer).
estadística *f* **1** statistics (ciencia). **2** statistic (dato).
estado *m* **1** state (situación). **2** status (en la sociedad). **3** POL state. ♦ **el Estado** the State; **~ civil** marital status; **~ de ánimo** state of mind; **~ de excepción** state of emergency; **~ mayor** MIL staff. ■ **estar en buen/mal ~** to be in good/bad condition; **estar en ~** to be expecting.
Estados Unidos *m pl* **(los) ~** (the) United States.
estadounidense *adj/m* o *f* American.
estafa *f* **1** swindle; con (coloq, timo). **2** DER fraud.
estafador, ra *m* y *f* **1** swindler. **2** DER fraudster.
estafar *tr* **1** to swindle (gen). **2** (coloq) to con. **3** DER to defraud.
estafeta *f* sub-post office (GB); mail office (EE UU).
estalactita *f* stalactite.
estalagmita *f* stalagmite.
estallar *intr* **1** to explode (explotar). **2** to burst (reventar).
estallido *m* **1** explosion (bomba). **2** outbreak (de violencia).
estambre *m* **1** worsted (tela de lana). **2** BOT stamen.
estamento *m* body (organismo).
estampa *f* **1** picture (en un libro). **2** print (grabado). **3** appearance (aspecto).
estampado, da *adj* **1** printed. • *m* **2** print (tela).
estampar *tr* **1** to print (gen). **2** to stamp (metal). ■ **~ la firma** to sign one's name.
estampida *f* stampede.
estampido *m* bang.
estampilla *f* rubber stamp.
estancarse *pron* **1** to stagnate, to become stagnant (agua). **2** (fig) to come to a standstill (negociaciones).
estancia *f* **1** stay (permanencia). **2** room (habitación). **3** *Amér.* ranch (hacienda).
estanco *m* tobacconist's.
estándar *adj* y *m* standard.
estandarizar *tr* to standardize.
estandarte *m* banner, standard.
estanque *m* pond.
estanquero, ra *m* y *f* tobacconist.
estante *m* shelf.
estantería *f* shelves, set of shelves.
estaño *m* QUÍM tin.
estar *intr* **1** to be (posición, lugar): *la catedral está en la plaza = the cathedral is in the square, mi madre está en casa = my mother's at home.* **2** to stay, to be (permanecer): *estuvo tres días en Sevilla = she stayed in Seville for three days.* **3** to be (estado de salud): *¿cómo estás? = how are you?* **4** to be (sentar): *el traje te está grande = the suit is too big for you.* **5** to be (fecha, día): *¿a qué día estamos? = what day is it?* **6** to be, to cost (precio): *están a dos euros el kilo = they're two euros a kilo.* **~ + adj 7** to be + adj (estado temporal): *estoy cansado = I'm tired, estoy aburrido = I'm bored.* **~ + ger 8** to be + ger: *está trabajando = he's working.* **~ + pp 9** to be + pp: *el plato está roto = the plate is broken.* **~ de 10** to work as (trabajar): *está de camarero = he's*

working as a waiter. ~ **en 11** to be, to lie in (consistir, derivar de): *el problema está en su comportamiento = the problem is in his behaviour*. ~ **por + inf 12** to remain/to be + pp; to be all for + ger (estar a favor de). • **~se** *pron* **13** to stay, to remain (permanecer). ■ **está bien** it's alright; **¡estáte quieto!** keep still!; **estoy sin dormir desde ayer** I haven't slept since yesterday; **ya está** that's it.

estárter *m* AUT choke.

estatal *adj* state.

estático, ca *adj* **1** static. • *f* **2** static.

estatua *f* statue.

estatura *f* stature.

estatus *m* status.

estatuto *m* statute.

este *adj* **1** east, eastern (zona, región). **2** easterly (viento, dirección). • *m* **3** east (punto cardinal, zona, región). **el ~ 4** GEOG the East (oriente).

este, ta (*pl* **estos, tas**) *adj demos* **1** this: *este coche = this car*. **2** (después de sust suele tener sentido despectivo) this: *el tío este = this bloke*. *pron demos* **3** this one (cercano en el espacio): *esta es mía = this one's mine*. **4** this (cercano en el tiempo): *this has been the best day of my life = este ha sido el mejor día de mi vida*.

estela *f* **1** NÁUT wake. **2** AER trail.

estelar *adj* **1** ASTR stellar. **2** (fig) star.

estepa *f* steppe.

estera *f* mat.

estercolero *m* dunghill.

estéreo *adj* y *m* stereo.

estereofónico, ca *adj* stereophonic.

estereotipo *m* stereotype.

estéril *adj* **1** barren, infertile (terreno). **2** sterile, infertile (persona).

esterilizar *tr* to sterilize.

esterilla *f* mat. ◆ **~ de playa** beach mat.

esterlina *adj* sterling. ◆ **libra ~** pound sterling.

esternón *m* ANAT sternum, breastbone.

estertor *m* death rattle.

estética *f* aesthetics (GB); esthetics (EE UU).

estético, ca *adj* aesthetic (GB); esthetic (EE UU).

estheticienne *m* o *f* beautician.

estiércol *m* dung (excremento); manure (abono).

estigma *m* stigma.

estilarse *pron* **1** to be used (emplearse). **2** to be in fashion (estar de moda).

estilete *m* **1** stiletto (puñal). **2** stylus (punzón). **3** MED probe.

estilista *m* o *f* stylist.

estilizar *tr* **1** to stylize. **2** to make thinner (adelgazar).

estilo *m* **1** style (gen). **2** type, style (moda). **3** DEP stroke (natación). ◆ **~ de vida** lifestyle. ■ **algo por el ~** something like that.

estilográfica *f* fountain pen.

estima *f* esteem, respect.

estimación *f* **1** esteem, respect (aprecio). **2** estimate (cálculo). **3** valuation, estimation (valoración).

estimar *tr* **1** to hold in esteem, to respect (una persona). **2** to estimate (calcular). **3** to consider, to think (considerar).

estimulante *adj* **1** stimulating. • *m* **2** stimulant.

estimular *tr* **1** to stimulate. **2** to encourage (dar ánimos).

estímulo *m* **1** stimulus (gen). **2** encouragement (ánimo).

estipendio *m* salary, stipend.

estipulación *f* stipulation.

estipular *tr* to stipulate.

estirado, da *adj* (fig) stuck-up, snooty (engreído).

estiramiento *m* **1** stretching (de músculos). **2** face-lift (de la piel).

estirar *tr* **1** to stretch (elástico, tela). **2** to stretch out (brazo). **3** to make go further (dinero, recursos). • **~se** *pron* **4** to stretch (desperezarse).

estirpe *f* stock, lineage.

estival *adj* summer.

esto *pron demos* (neutro) this: *esto no va a ser fácil = this isn't going to be easy*. ■ **por ~** for this reason.

estoc *m* stock.

estocada *f* **1** thrust (golpe). **2** sword wound (herida).

estofa *f* (fig) type, sort.

estofado *m* stew.

estofar *tr* to stew.

estoicismo *m* stoicism.

estoico, ca *adj*/*m* y *f* stoic.

estomacal *adj* stomach.

estómago *m* stomach. ◆ **dolor de ~** stomachache.

estorbar *tr* **1** to hinder, to get in sb's way (impedir). **2** (fig) to bother (molestar). • *intr* **3** to be in the way.
estorbo *m* hindrance, obstacle (obstáculo); nuisance (persona).
estornudar *intr* to sneeze.
estornudo *m* sneeze.
estos, tas *adj demos* **1** these: *estas revistas = these magazines*. **2** (después de sustantivo suele tener un sentido despectivo) these: *los hombres estos = these men*.
éstos, tas *pron demos* **1** (el acento se puede omitir cuando no existe posibilidad de confusión con el adjetivo) these (ones) (cercano en el espacio): *éstas son mías = these are mine*. **2** these (cercano en el tiempo).
estrado *m* **1** platform, dais (tarima). • *m pl* **2** DER courtrooms.
estrafalario, ria *adj* (fam) weird, outlandish (extravagante).
estragos *m pl* destruction, ruin. ■ **causar ~ en** to wreak havoc among, to devastate.
estrambótico, ca *adj* bizarre, weird.
estrangular *tr* **1** to strangle. **2** MED to strangulate.
estraperlo *m* black market.
estratagema *f* stratagem.
estrategia *f* strategy.
estratégico, ca *adj* strategic.
estrato *m* **1** stratum, layer (capa). **2** stratus (nube).
estrechar *tr* **1** to make narrow (carretera, acceso). **2** to take in (prenda). **3** to squeeze (apretar). **4** to shake (la mano). **5** to strengthen (relación, amistad). • *tr* y *pron* **6** • **~se** *pron* **7** to narrow, to get narrower (carretera, acceso). **8** to grow stronger (relación, amistad).
estrechez *f* **1** narrowness (de un espacio). **2** tightness (de una prenda). **3** need, want (falta de dinero). **4** narrow-mindedness (de miras). ■ **pasar estrechezes** to be hard up.
estrecho, cha *adj* **1** narrow (carretera, acceso). **2** tight (prenda). **3** close (amistad, parentesco). • *m* **4** GEOG strait.
estrella *f* star. ♦ **~ de cine** film star; **~ de mar** starfish; **~ fugaz** shooting star.
estrellado, da *adj* **1** starry (cielo). **2** star-shaped (de forma de estrella).
estrellarse *pron* **1** to crash (chocar). **~se contra algo 2** to crash into sth (vehículo).
estremecer *tr* **1** to shake, to shock (conmover). • **~se (de)** *pron* **2** to shudder, to tremble (with) (de miedo, frío).
estremecimiento *m* shudder (de miedo); shiver (de frío); tremor (de tierra).
estrenar *tr* **1** to use for the first time (objeto); to wear for the first time (ropa). **2** to premiere (película); to perform for the first time (obra de teatro). • **~se** *pron* **3** to make one's debut (en una profesión).
estreno *m* premiere (película); first night, opening (obra de teatro).
estreñimiento *m* constipation.
estreñir *tr* to make constipated.
estrépito *m* noise, racket (ruido).
estrés *m* stress.
estresado, da *adj* under stress.
estresar *tr* to stress, to put under stress.
estría *f* **1** stretch mark (en la piel). **2** groove (surco).
estribación *f* GEOG spur.
estribar *intr* **~ en** to rest on, to lie in.
estribillo *m* **1** LIT refrain. **2** MÚS chorus.
estribo *m* stirrup (de jinete). ■ **perder los estribos** to fly off the handle.
estribor *m* NÁUT starboard.
estricto, ta *adj* strict.
estridente *adj* shrill, strident.
estrofa *f* verse, stanza.
estropajo *m* scouring pad.
estropear *tr* **1** to damage (aparato, mercancía). **2** to spoil, to ruin (planes, cosecha). • **~se** *pron* **3** to break down (aparato). **4** to get damaged (mercancías). **5** to go bad (alimentos).
estropicio *m* damage.
estructura *f* structure.
estructurar *tr* to structure, to organize.
estruendo *m* din, racket.
estrujar *tr* **1** to squeeze (exprimir). **2** to crush (a una persona). **3** to wring out (ropa mojada). **4** to crumple up (papel, tela).
estuario *m* estuary.
estuche *m* case.
estudiante *adj/m* o *f* student.
estudiar *tr* e *intr* to study. ■ **~ para algo** to study to be sth.
estudio *m* **1** study, survey (investigación). **2** studio (despacho). **3** studio flat (GB); studio apartment (EE UU). **4** CINE, TV stu-

dio. • **estudios** *m pl* **5** studies (educación). ♦ ~ **de mercado** market research.
estudioso, sa *adj* **1** studious. • *m* y *f* **2** scholar.
estufa *f* stove, heater (calentador); fire (de gas, eléctrica).
estupefaciente *m* narcotic, drug.
estupefacto, ta *adj* astonished.
estupendo, da *adj* marvellous, terrific.
estupidez *f* **1** stupidity (torpeza). **2** stupid thing (tontería).
estúpido, da *adj* **1** stupid. • *m* y *f* **2** idiot, fool.
estupor *m* **1** astonishment (asombro). **2** MED stupor.
etapa *f* stage.
etcétera *m* etcetera, and so on.
éter *m* ether.
etéreo, a *adj* ethereal.
eternidad *f* eternity.
eterno, na *adj* eternal, everlasting.
ética *f* ethics.
ético, ca *adj* ethical.
etílico, ca *adj* QUÍM ethylic. ♦ **intoxicación etílica** alcohol poisoning.
etimología *f* etymology.
etiqueta *f* **1** label (de un paquete, botella); tag (atada). **2** etiquette (ceremonial).
etiquetar *tr* to label.
étnico, ca *adj* ethnic.
EUA (*siglas de* **Estados Unidos de América**) *m pl* USA.
eucalipto *m* eucalyptus.
eucaristía *f* Eucharist.
eufemismo *m* euphemism.
euforia *f* euphoria.
eufórico, ca *adj* euphoric, elated.
eunuco *m* eunuch.
euro *m* euro.
Europa *f* Europe.
europeo, a *adj*/*m* y *f* European.
eutanasia *f* euthanasia.
evacuar *tr* **1** to evacuate. **2** DER to issue (dictamen). ■ ~ **el vientre** to have a bowel movement.
evadir *tr* **1** to avoid (gen). **2** to evade, to avoid (pregunta). • **~se** *pron* **3** to escape (fugarse).
evaluar *tr* **1** to evaluate (datos, información). **2** to assess (situación, alumno).
evangélico, ca *adj* evangelic, evangelical.
evangelio *m* **1** gospel (doctrina). **2** Gospel (capítulo).
evaporación *f* evaporation.
evaporar *tr* y *pron* to evaporate.
evasión *f* **1** escape. **2** (fig) amusement (entretenimiento). ♦ ~ **fiscal** tax evasion.
evasivo, va *adj* **1** evasive. • *f* **2** evasive answer.
evento *m* event.
eventual *adj* **1** possible (posible). **2** chance (fortuito). **3** casual, temporary (empleo, trabajador).
eventualidad *f* eventuality, possibility.
evidencia *f* **1** evidence, proof (pruebas). **2** obviousness (claridad). ■ **poner a alguien en ~** to show sb up; **poner algo en ~** to demonstrate sth.
evidenciar *tr* **1** to show, to make clear. • **~se** *pron* **2** to be seen, to be shown.
evidente *adj* evident, obvious.
evitar *tr* **1** to avoid (problema, persona). **2** to avoid, to prevent (enfrentamiento, tragedia).
evocar *tr* to evoke, to bring to mind.
evolución *f* **1** evolution, development (de ideas, de un país). **2** BIOL evolution.
evolucionar *intr* **1** to evolve, to develop (idea, país). **2** to progress (enfermo). **3** BIOL to evolve.
ex *prep* ex, former: *el ex presidente = the ex president, the former president.*
exabrupto *m* sharp comment.
exacerbar *tr* **1** to make worse, to exacerbate (agravar). **2** to exasperate, to irritate (irritar).
exactitud *f* exactness, precision (de una cantidad, medida); accuracy, precision (de un cálculo, informe). ■ **con ~** exactly.
exacto, ta *adj* exact, precise (cantidad, medida); accurate, precise (cálculo, informe).
exageración *f* exaggeration.
exagerado, da *adj* far-fetched (declaración, historia); exorbitant, excessive (precio); overly dramatic (persona).
exagerar *tr* e *intr* to exaggerate.
exaltación *f* exaltation.
exaltado, da *adj* **1** impassioned (debate, discurso). **2** overexcited, worked up (excitado).
exaltar *tr* **1** to elevate, to raise (realzar). **2** to excite (excitar). • **~se** *pron* **3** to get worked up.

examen *m* examination, exam. ◆ **~ de conducir** driving test. ■ **presentarse a un ~** to sit an exam, to take an exam.

> Nótese que ***exam*** es la forma abreviada de ***examination*** y se usa sobre todo en inglés hablado. Cuando se aprueba un examen se usa el verbo ***to pass*** y cuando se suspende el verbo ***to fail***: *he aprobado el examen de ingreso = I have passed the entrance exam; he suspendido las mates = I failed maths.*

examinar *tr* **1** to examine (alumno, candidato, paciente). ● **~se** *pron* **2** to sit an exam, to take an exam (presentarse a un examen).
exánime *adj* **1** lifeless (sin vida). **2** (fig) exhausted (agotado).
exasperar *tr* **1** to exasperate. ● **~se** *pron* **2** to be exasperated.
excavación *f* **1** excavation, digging (acción). **2** dig (arqueológica).
excavadora *f* digger.
excavar *tr* **1** to dig (túnel, zanja). **2** to excavate (yacimiento arqueológico).
excedencia *f* leave (permiso).
exceder *tr* **1** to exceed, to surpass (superar). ● **~se** *pron* **2** to go too far, to overdo it (propasarse).
excelencia *f* excellence. ■ **por ~** par excellence; **Su Excelencia** His Excellency (hombre); Her Excellency (mujer); Your Excellency (Vd.).
excelente *adj* excellent.
excentricidad *f* eccentricity.
excéntrico, ca *adj/m* y *f* eccentric.
excepción *f* exception. ■ **a ~ de** with the exception of; **de ~** exceptional.
excepcional *adj* exceptional.
excepto *prep* except (for), apart from.
exceptuar *tr* **1** to except, to exclude, to leave out. ● **~se** *pron* **2** to be excluded, to be left out.
excesivo, va *adj* excessive.
exceso *m* **1** excess (gen). ● **excesos** *m pl* **2** excesses (abusos). ■ **en ~** in excess.
excitado, da *adj* agitated (nervioso); aroused (por sexo, enfado).
excitante *adj* **1** exciting. ● *m* **2** stimulant (sustancia).
excitar *tr* **1** to excite (gen). **2** to agitate, to upset (inquietar). **3** to arouse (pasión, curiosidad). ● **~se** *pron* **4** to get excited, to get worked up.
exclamación *f* exclamation.
exclamar *tr* e *intr* to exclaim.
exclamativo, va *adj* exclamatory.
excluir *tr* **1** to exclude (persona). **2** to exclude, to rule out (posibilidad).
exclusiva *f* scoop, exclusive (noticia).
exclusivo, va *adj* exclusive.
excomulgar *tr* to excommunicate.
excomunión *f* excommunication.
excremento *m* excrement.
exculpar *tr* **1** to exonerate. **2** DER to acquit.
excursión *f* trip, excursion, outing.
excursionismo *m* hiking.
excursionista *m* o *f* tripper (en la ciudad); hiker (en la montaña).
excusa *f* **1** excuse (pretexto). **2** apology (disculpa). ■ **presentar sus excusas** to make one's apologies.
excusar *tr* **1** to excuse (disculpar). **2** to exempt (eximir). ● **~se** *pron* **3** to apologize (disculparse).
exequias *f pl* funeral rites.
exhaustivo, va *adj* exhaustive, comprehensive.
exhausto, ta *adj* exhausted.
exhibición *f* **1** display (demostración). **2** exhibition (muestra). **3** screening, showing (de una película).
exhibicionismo *m* exhibitionism.
exhibir *tr* **1** to exhibit, to show (obra de arte, colección). **2** to screen, to show (película).
exhortar *tr* to exhort.
exigencia *f* **1** demand (demanda). **2** requirement (requisito).
exigente *adj* demanding.
exigir *tr* **1** to demand (pago, respuesta). **2** to require, to call for (requerir).
exiliado, da *adj* **1** exiled. ● *m* y *f* **2** exile.
exiliar *tr* **1** to exile. ● **~se** *pron* **2** to go into exile.
exilio *m* exile.
eximir *tr* **~ (de) 1** to exempt (from), to free (from). ● **~se (de)** *pron* **2** to free oneself (from).
existencia *f* **1** existence. ● **existencias** *f pl* **2** COM stock, stocks.
existencial *adj* existential.

Explicaciones / *Explanations*

Para expresar las razones sobre algo

No voy porque no quiero	*I am not going because I don't want to*
Está aquí por ti	*She is here because of you*
Llegué tarde por el atasco	*I arrived late because of the jam*
Dado tu interés por el tema, podrías dar una charla	*Given your interest in the matter, you could give a lecture*
Dado que estás cansado, lo haré yo mismo	*Given that your are tired, I will do it myself*
Como no tenían dinero, no pudieron salir	*As they hadn't any money they couldn't go out*
Ya que estáis aquí, voy a explicar mis planes	*Since you are here, I will explaimis my plans*
Estaba lloviendo, así que tuvimos que comprar un paraguas	*It was raining, so we had to buy an umbrella*
Está reunido y por tanto no puede hablar con usted	*He is in a meeting and therefore to unable speak with you*
Debido a los fuertes vientos se canceló el vuelo	*The flight was cancelled due to strong winds*
La puerta estaba cerrada con llave por razones de seguridad	*The door was locked for security reasons*

existir *intr* to exist, to be.
éxito *m* success. ■ **con ~,** successfully; **tener ~,** to be successful.
éxodo *m* exodus.
exorbitante *adj* exorbitant.
exorcizar *tr* to exorcize.
exótico, ca *adj* exotic.
exotismo *m* exoticism.
expandir *tr* y *pron* **1** to expand (cuerpo, mercado). **2** to spread (noticia).
expansión *f* **1** expansion (mercado, sector). **2** spreading (de una noticia).
expansionarse *pron* **1** to expand. **2** to relax (relajarse).
expansivo, va *adj* **1** expansive (gen). **2** open, frank (persona).
expatriar *tr* **1** to exile, to banish. • **~se** *pron* **2** to leave one's country, to go into exile.
expectativa *f* **1** expectation (esperanza). • *f pl* **2** prospects (perspectivas).
expectorante *adj* y *m* expectorant.
expedición *f* expedition (viaje, marcha).
expediente *m* **1** file, dossier (dosier). **2** DER action, proceedings.
expedir *tr* **1** to issue (documento). **2** to dispatch, to send (mercancía). **3** to draw up (pasaporte).
expedito, ta *adj* expeditious.
expeler *tr* to expel, to eject.
expendeduría *f* tobacconist's (GB); cigar store (EE UU).
expensas *f pl* expenses. ■ **a ~ de** at the expense of.
experiencia *f* **1** experience (gen). **2** FÍS, QUÍM experiment.
experimentado, da *adj* experienced.
experimental *adj* experimental.
experimentar *tr* **1** to experience, to feel (sensación). **2** to experiment with, to test (probar). • **~ con algo** *intr* **3** to experiment with sth.
experto, ta *adj/m* y *f* expert.
expiar *tr* to expiate, to atone for.
expirar *intr* to expire.
explanada *f* esplanade.
explayar *tr* y *pron* **1** to spread, to extend. • **~se sobre** *pron* **2** to speak at length about (dilatarse). **~se con alguien 3** to open one's heart to sb (desahogarse).
explicación *f* explanation.
explicar *tr* **1** to explain (causa, motivo, teoría); to tell (propuesta, pensamiento, razón). **2** to teach (lección). • **~se** *pron* **3** to explain oneself, to make oneself understood. **4** to explain, to understand: *no me lo explico = I can't explain it.*
explícito, ta *adj* explicit.

exploración *f* **1** exploration. **2** MED exploration, examination.
explorador, ra *m* y *f* **1** explorer (gen). • *m* **2** boy scout. • *f* **3** girl guide.
explorar *tr* to explore.
explosión *f* **1** explosion (de una bomba). **2** (fig) outburst (de alegría, de ira).
explosivo, va *adj* y *m* explosive.
explotación *f* **1** exploitation (de una persona). **2** operation, running (de un negocio).
explotar *tr* **1** to exploit (persona, situación). **2** to run, to operate (negocio); to operate, to work (mina). • *intr* **3** to explode (bomba).
expoliar *tr* to plunder.
exponente *m* exponent.
exponer *tr* **1** to explain (gen). **2** to expose (al sol, al viento). • *tr* e *intr* **3** to exhibit (cuadros). • **~se a** *pron* **4** to expose oneself to (peligros, riesgos).
exportación *f* **1** exportation, export. • **exportaciones** *f pl* **2** exports (artículos).
exportar *tr* to export.
exposición *f* **1** exhibition (cuadros). **2** explanation (de tema, asunto). **3** show, fair (feria). **4** COM display (en el escaparate).
exprés *adj* **1** espresso (café). • *m* **2** *Amér.* express (tren).
expresar *tr* **1** to express (gen). • **~se** *pron* **2** to express oneself.
expresión *f* expression.
expresivo, va *adj* expressive.
expreso, sa *adj* **1** express, explicit (claro). **2** express (tren, correo). • *m* **3** express (tren).
exprimidor *m* squeezer.
exprimir *tr* to squeeze.
expuesto, ta *pp* **1** → exponer. • *adj* **2** risky, dangerous (peligroso). **3** exposed (al sol, viento).
expulsar *tr* **1** to expel; to eject, to throw out (de un local). **2** DEP to send off.
expulsión *f* **1** expulsion (de un colegio, de un partido). **2** ejection (de un local). **3** DEP sending-off.
exquisito, ta *adj* exquisite (obra de arte); delicious (comida); refined (gusto).
éxtasis *m* ecstasy.
extender *tr* **1** to open out, to spread out (desdoblar). **2** to draw up (documento); to make out (cheque). **3** to stretch out (brazo); to hold out (mano); to spread (alas). **4** to extend (ampliar); to prolong (prolongar). **5** to extend, to spread (conocimientos). • **~se** *pron* **6** to spread (incendio, costumbres). **7** to last (época, período).
extensión *f* **1** extension (acción). **2** expanse (de terreno). **3** size (tamaño).
extensivo, va *adj* extensive.
extenso, sa *adj* extensive, vast (territorio); full, extensive (informe, reportaje); wide (conocimientos).
extenuar *tr* to exhaust.
exterior *adj* **1** external, outward (aspecto). **2** outer (pared); outside (puerta, ventana). **3** foreign (comercio, política). • *m* **4** exterior, outside (parte exterior). ■ **en el ~** abroad (en el extranjero).
exteriorizar *tr* to express outwardly, to externalize.
exterminar *tr* to exterminate.
exterminio *m* extermination.
externo, na *adj* **1** outward, external (apariencia); external, outside (ayuda, influencia); outer, external (superficie). **2** day pupil (alumno).
extinción *f* **1** extinction (especie). **2** extinguishing (fuego).
extinguir *tr* **1** to extinguish, to put out (fuego). **2** to wipe out (especie). • **~se** *pron* **3** to go out (fuego). **4** to become extinct (especie). **5** to expire (plazo).
extinto, ta *adj* extinct.
extintor *m* fire extinguisher.
extirpar *tr* **1** to eradicate (mal). **2** MED to remove (tumor); to extract (muela).
extorsión *f* extortion.
extra *adj* **1** extra, additional (gasto). **2** top-quality (producto). • *m* **3** additional expense (gasto). • *m* o *f* **4** CINE extra. ♦ **paga ~** bonus.
extracción *f* extraction.
extracto *m* **1** extract (sustancia). **2** summary (resumen). **3** statement (cuenta bancaria).
estractor *m* extractor.
extraer *tr* to drill for (petróleo); to extract, to pull out (muela).
extraditar *tr* to extradite.
extranjero, ra *adj* **1** foreign. • *m* y *f* **2** foreigner. • *m* **3** abroad. ■ **en el ~** abroad.
extrañar *tr* **1** to surprise (sorprender). **2** *Amér.* to miss (añorar). • **~se de** *pron* **3** to be surprised at (sorprenderse de).
extraño, ña *adj* **1** strange, odd. • *m* y *f* **2** stranger.

extraordinario, ria *adj* **1** extraordinary (gen). **2** extra, additional (gasto). **3** extraordinary, special (reunión). **4** special (publicación). • **extraordinaria** *f* **5** extra month's salary (paga).
extraterrestre *adj* **1** extraterrestrial. • *m* o *f* **2** alien.
extravagancia *f* **1** outrageousness (en el comportamiento). **2** flamboyance (en el vestir).
extravagante *adj* **1** eccentric (gen). **2** outrageous (comportamiento, persona).
extraviado, da *adj* lost (perdido); stray (perro).
extraviar *tr* **1** to mislay, to lose (objeto). • **~se** *pron* **2** to get lost, to lose one's way (perder el camino). **3** to go missing, to get lost (documento).
extravío *m* loss, misplacement (pérdida).
extremado, da *adj* extreme.
extremar *tr* **1** to intensify (precauciones). **2** to go to extremes with (llegar a extremos con).
extremaunción *f* extreme unction.
extremidad *f* **1** end, tip (punta). • **extremidades** *f pl* **2** ANAT extremities.
extremista *m* o *f* extremist.
extremo, ma *adj* **1** extreme (exagerado). **2** utmost, extreme (cuidado, precaución). **3** furthest (último). • *m* **4** end (punta). **5** extreme (posición). **6** point (punto, materia). **7** DEP winger.
extrovertido, da *adj* extrovert.
exuberancia *f* **1** exuberance (de una persona). **2** lushness (de vegetación).
exuberante *adj* **1** exuberant (persona). **2** lush (vegetación).
exudar *tr* e *intr* to exude.
exultación *f* exultation.
eyacular *tr* to ejaculate.

Ff

f, F *f* f, F (letra).
fa *m* MÚS F (nota); fa (en solfeo).
fabada *f* GAST haricot bean stew.
fábrica *f* factory (industria). ◆ **~ de papel** paper mill.
fabricación *f* manufacture. ■ **de ~ casera** home-made. ◆ **~ en serie** mass production.
fabricante *m* o *f* manufacturer.
fabricar *tr* **1** to manufacture, to make (producir). **2** to build (construir). **3** (fig) to fabricate, to invent (inventar).
fábula *f* **1** LIT fable, tale. **2** (fig) invention (mentira).
fabuloso, sa *adj* **1** fabulous (estupendo). **2** LIT fabulous, mythical (personaje).
facción *f* **1** POL faction. • **facciones** *f pl* **2** features (rasgos).
facha *f* **1** (fam) look, appearance (aspecto). **2** mess, sight (desastre). ■ **estar hecho una ~** (fam) to look a mess.
fachada *f* façade, front.
facial *adj* facial.
fácil *adj* **1** easy (simple). **2** likely (probable).
facilidad *f* **1** ease (sencillez). **2** gift, facility (talento). ◆ **facilidades de pago** easy terms.
facilitar *tr* **1** to make easier; (form)to facilitate (hacer fácil). **2** to provide (proporcionar).
factible *adj* feasible.
factor *m* factor, element.
factoría *f* factory.
factura *f* bill (de luz, teléfono); invoice (para mercancías).

> La palabra ***bill*** se usa en inglés hablado para servicios o bienes adquiridos en una tienda, restaurante, etc.: *la factura del teléfono = the phone bill.* ***Invoice*** se emplea a nivel comercial y es el documento donde se detallan los productos adquiridos y el precio que hay que pagar.

facturación *f* **1** COM turnover (volumen de ventas). **2** check-in (de equipaje - aeropuerto); registration (estaciones).

facturar *tr* **1** COM to invoice (pasar facturas). **2** COM to have a turnover of (volumen de ventas). **3** to check in (equipaje - aeropuerto); to register (- estación de trenes, estación marítima).
facultad *f* **1** faculty (capacidad). **2** power, authority (poder). **3** EDUC faculty.
facultar *tr* to authorize, to empower.
facultativo, va *adj* **1** optional. **2** MED medical. • *m* y *f* **3** doctor (médico).
faena *f* **1** job, task (trabajo); chore (doméstica). **2** TAUROM series of passes with the cape.
faenar *intr* to fish (pescar).
fafarachero, ra *adj Amér.* boastful.
faisán *m* pheasant.
faja *f* **1** girdle, corset (prenda interior). **2** sash (fajín).
fajo *m* bundle (de papeles); wad (de billetes).
falaz *adj* deceitful, false (mentiroso).
falda *f* **1** skirt (prenda). **2** side, slope (de una montaña). • **faldas** *f pl* **3** (fam) women. ◆ ~ **escocesa** kilt.
faldeo *m Arg., Chile, Cuba* mountainside.
falencia *f Amér.* COM bankruptcy.
falla *f* **1** fault, defect (tara). **2** GEOL fault. ◆ **las fallas** *f pl* **3** *the festival of San José in Valencia.*
fallar *tr* **1** DER to pronounce judgement in. **2** to let down (defraudar). • *tr* e *intr* **3** to miss (errar - tiro). • *intr* **4** to fail (fracasar).
fallecer *intr* to die, to pass away.
fallecido, da *adj/m* y *f* deceased.
fallido, da *adj* failed, unsuccessful.
fallo *m* **1** mistake (error). **2** fault (defecto). **3** DER judgement, verdict.
falsear *tr* to falsify (información).
falsedad *f* **1** falseness (insinceridad). **2** lie (mentira).
falsificador, ra *m* y *f* forger, counterfeiter (de un billete); forger (de un cuadro, un documento).
falsificar *tr* to forge.
falso, sa *adj* **1** false, untrue (incierto). **2** false (insincero). **3** forged, counterfeit (billete); fake (cuadro, joya); forged (documento, firma). ◆ **falso** ~ DER perjury.
falta *f* **1** lack (carencia). **2** shortage (escasez). **3** need (necesidad). **4** defect, fault (defecto). **5** mistake (error). **6** absence (de asistencia, de puntualidad). **7** DEP foul (fútbol); fault (tenis). **8** DER misdemeanour (GB); misdemeanor (EE UU). ◆ ~ **de educación** bad manners. ■ **a** ~ **de** for lack of, for want of; **echar en** ~ to miss; **hacer** ~ to be necessary: *no hace falta = it's not necessary*; **sin** ~ without fail.
faltar *intr* **1** to be lacking (no haber): *le falta empuje = he lacks drive.* **2** to be missing (ausentarse): *faltan dos personas = two people are missing.* **3** to be needed (hacer falta): *nos falta gasolina = we need petrol.* **4** to miss, to skip: *faltar a clase = to miss class.* **5** not to go (no acudir): *faltó a la reunión = she didn't go to the meeting.* ■ **falta mucho para la cena** it's a long time till supper; **faltan tres pasajeros** there are three passengers left; **faltan diez minutos para las dos** it's ten to two; **faltan dos semanas para ir** there are two weeks to go; ~ **a la verdad** to lie; ~ **a una promesa** to break a promise; ~ **al respeto** to be disrespectful.
falto, ta *adj* lacking, wanting: *falto de escrúpulos = lacking in scruples.*
fama *f* **1** fame (celebridad): *tener mucha fama = to be very famous.* **2** reputation (reputación).
famélico, ca *adj* **1** starving, famished (hambriento). **2** very thin, skinny (muy delgado).
familia *f* family. ◆ ~ **numerosa** large family; ~ **política** in-laws. ■ **de buena** ~ from a good family; **en** ~ in private.
familiar *adj* **1** family (de la familia). **2** familiar (conocido). **3** natural, informal (trato, ambiente). **4** colloquial, familiar (lenguaje, expresión). • *m* o *f* **5** relation, relative (pariente).
familiaridad *f* familiarity.
familiarizarse *pron* to familiarize oneself.
famoso, sa *adj* **1** famous. • *m* y *f* **2** celebrity.
fan *m* o *f* fan, supporter.
fanático, ca *adj* **1** fanatical. • *m* y *f* **2** fanatic.
fanatismo *m* fanaticism.
fandango *m* **1** fandango (baile). **2** (fig) din, racket (alboroto).
fanfarrón, na *adj* **1** boastful. • *m* y *f* **2** boaster, show-off.

fanfarronear *intr* to boast, to show off.
fango *m* mud, mire.
fantasear *intr* to fantasize, to dream.
fantasía *f* **1** imagination (imaginación). **2** fantasy (producto de la imaginación). ◆ **joyas de ~** imitation jewellery.
fantasma *m* **1** ghost, phantom (aparición): *el fantasma de la ópera = the phantom of the opera.* ● *m* o *f* **2** phoney, show-off (fanfarrón).
fantástico, ca *adj* (fam) fantastic.
fantoche *m* **1** puppet, marionette (títere). **2** show-off, braggart (presumido).
fardo *m* bundle (lío); parcel (paquete).
farfulla *f* **1** gabbling (al hablar). **2** *Amér.* boasting (fanfarronería).
farmacéutico, ca *adj* **1** pharmaceutical. ● *m* y *f* **2** pharmacist; chemist (GB).
farmacia *f* **1** chemist's (GB); drugstore (EE UU, tienda); pharmacy (tienda). **2** pharmacy (ciencia).
fármaco *m* drug, medicine.
faro *m* **1** lighthouse (en las costas). **2** headlight, headlamp (de coche). **3** lantern, light (farol). ◆ **~ antiniebla** foglamp.
farol *m* **1** lantern, lamp (luz). **2** street lamp (en la calle).
farola *f* street lamp (GB); lamppost (EE UU).
farolazo *m Amér. Centr., Méx.* shot of spirits (trago de licor).
farrear *intr Amér. Merid.* to live it up, to go out on the town.
farsa *f* farce.
farsante *m* o *f* fraud, phoney.
fascículo *m* part (gen); instalment (GB); intallment (EE UU).
fascinación *f* fascination.
fascinar *tr* to fascinate.
fascista *adj/m* o *f* fascist.
fase *f* stage, phase.
fastidiar *tr* **1** to annoy (molestar). **2** to spoil, to ruin (fiesta, planes): *el tiempo nos ha fastidiado = the weather has spoiled our plans.* ● **~se** *pron* **3** to put up with it: *se tendrá que fastidiar = he'll have to put up with it.* **4** to be spoiled, to be ruined (fiesta, planes); to break down, to get damaged (un mecanismo). **5** to hurt: *se ha fastidiado la pierna = she's hurt her leg.* **6** to get annoyed (enfadarse).
fastidio *m* **1** bother, nuisance (molestia). **2** annoyance (disgusto, enfado).
fastidioso, sa *adj* tiresome, bothersome.
fastuoso, sa *adj* sumptuous.
fatal *adj* **1** fatal (mortal). **2** inevitable (inevitable). **3** (fam) terrible, awful (muy malo). ● *adv* **4** terribly, awfully. ■ **estar ~** to feel awful.
fatalidad *f* **1** fate, destiny (destino). **2** misfortune (mala suerte).
fatalismo *m* fatalism.
fatalista *adj* **1** fatalistic. ● *m* o *f* **2** fatalist.
fatiga *f* **1** fatigue, tiredness (cansancio). ● **fatigas** *f pl* **2** hardships (dificultades).
fatigarse *pron* to get tired, to wear oneself out.
fatuo, tua *adj* **1** fatuous (necio). **2** conceited (presuntuoso).
fauna *f* fauna, wildlife.
favela *f Amér.* shanty.
favor *m* favour: *hacerle un favor a alguien = to do sb a favour.* ■ **a ~ de** in favour of; **pedir un ~ a alguien** to ask sb a favour; **por ~** please.
favorable *adj* favourable.
favorecer *tr* **1** to favour (beneficiar). **2** to help (ayudar). **3** to suit, to flatter (vestido, peinado).
favorecido, da *adj* favoured: *poco favorecido = ill favoured.*
favoritismo *m* favouritism.
favorito, ta *adj/m* y *f* favourite.
fax *m* fax.
faz *f* (lit) face, countenance (rostro). ◆ **la ~ de la Tierra** the face of the earth.
fe *f* **1** REL faith (gen). **2** faith, trust (confianza). ◆ **~ de erratas** errata. ■ **actuar con buena/mala ~** to act in good/bad faith; **tener buena/mala ~** to be honest/dishonest.
fealdad *f* ugliness.
febrero *m* February.
febril *adj* feverish.
fecal *adj* faecal (GB); fecal (EE UU).
fecha *f* date. ◆ **~ de caducidad** sell-by date (para alimentos); expiry date (en documento, carnet). ■ **a partir de esta ~** from today, starting today; **con ~ del 20 de mayo** dated the 20th of May.
fechar *tr* to date.
fechoría *f* misdeed, offence.
fecundación *f* fertilization. ◆ **~ en vitro** in vitro fertilization.

fecundar *tr* to fertilize.
fecundo, da *adj* **1** fertile (mujer). **2** fertile, rich (tierra). **3** prolific (autor).
federación *f* federation.
federar *tr* y *pron* to federate.
fehaciente *adj* reliable.
felicidad *f* happiness (alegría). ■ **¡felicidades!** congratulations!
felicitación *f* **1** congratulations (de palabra). **2** greetings card (tarjeta).
felicitar *tr* **1** to congratulate: *felicitar a alguien por algo = to congratulate sb on sth.* • **~se** *pron* **2** to congratulate oneself.
feligrés, sa *m* y *f* parishioner.
felino, na *adj/m* y *f* feline.
feliz *adj* **1** happy (alegre). **2** fortunate (afortunado). ■ **¡~ Año Nuevo!** Happy New Year; **¡~ cumpleaños!** Happy Birthday!; **¡~ Navidad!** Merry Christmas!
felpear *tr Arg., Ur.* to tell off, to tear off a strip.
felpudo *m* doormat.
femenino, na *adj* **1** feminine (gen). **2** BIOL, BOT female. • *m* **3** GRAM feminine.
feminismo *m* feminism.
feminista *adj/m* o *f* feminist.
fenomenal *adj* **1** (fam) fantastic, great (muy bueno). **2** terrific, huge (muy grande).
fenómeno *adj* **1** *Amér.* fantastic, great. • *m* **2** phenomenon (hecho). **3** (fam) genius, whiz (persona sobresaliente). • *adv* **4** (fam) fantastically. ■ **pasarlo ~** to have a great time; **¡~!** great, terrific!
feo, a *adj* **1** ugly (sin belleza). **2** unpleasant, nasty (tiempo): *¡qué tiempo más feo! = what filthy weather!*
féretro *m* coffin.
feria *f* **1** fair, exhibition, show (exposición). **2** festival (fiesta popular). **3** day off (día de descanso). **4** *Amér.* change (dinero suelto). ◆ **~ de muestras** trade fair, exhibition.
fermentar *tr* e *intr* to ferment.
ferocidad *f* ferocity.
feroz *adj* **1** ferocious (animal). **2** fierce (intenso): *tenía un hambre feroz = he was starving.*
férreo, a *adj* **1** QUÍM iron, ferrous: *metal no férreo = non-ferrous metal.* **2** (fig) iron, hard (disciplina).
ferretería *f* **1** hardware store (tienda); ironmonger's (GB). **2** hardware (género); ironmongery (GB).
ferretero, ra *m* y *f* hardware dealer; ironmonger (GB).
ferrocarril *m* railway (gen); railroad (EE UU).
ferroviario, ria *adj* railway (gen); railroad (EE UU).
fértil *adj* fertile.
fertilidad *f* fertility.
fertilizante *adj* **1** fertilizing. • *m* **2** fertilizer.
fertilizar *tr* to fertilize.
ferviente *adj* fervent.
fervor *m* fervour.
fervoroso, sa *adj* fervent, fervid.
festejar *tr* to celebrate.
festejo *m* **1** celebration (celebración). • **festejos** *m pl* **2** festivities.
festín *m* feast, banquet.
festinar *tr Amér.* to rush (apresurar).
festival *m* festival. ◆ **~ de cine** film festival.
festividad *f* REL feast.
festivo, va *adj* festive. ◆ **día ~** public holiday (sin trabajar); feast day.
fétido, da *adj* stinking, rank.
feto *m* fetus, foetus.
fiable *adj* reliable.
fiado, da *adj* **al ~** COM on credit.
fiador, ra *m* y *f* DER guarantor.
fiambre *m* GAST cold meat, cooked meat (GB); cold cut (EE UU).
fiambrera *f* lunch box.
fianza *f* **1** DER bail: *bajo fianza = on bail.* **2** COM deposit.
fiar *tr* **1** to sell on credit (dar crédito). • *intr* **2** to trust (confiar). • **~se** *pron* **3** to trust, to believe. ■ **ser de ~** to be to be trusted, to be trustworthy: *no es de fiar = she's not to be trusted.*
fibra *f* fibre. ◆ **~ de carbono** carbon fibre; **~ de vidrio** fibreglass.
ficción *f* fiction.
ficha *f* **1** counter (en juegos); domino (en dominó); piece, man (en ajedrez). **2** chip (en casino). **3** COM token (para máquina). **4** index card, filing card (de fichero). **5** time card (en el trabajo).
fichaje *m* DEP signing.
fichar *tr* **1** to put on the files (policía). **2** DEP to sign up. • *intr* **3** to clock in (en fábrica, oficina). **~ por 4** DEP to sign up for, to sign for.
fichero *m* **1** card index (fichas). **2** INF file.

ficticio, cia *adj* **1** fictitious, invented (inventado). **2** false (falso).
fidedigno, na *adj* reliable.
fidelidad *f* **1** loyalty (lealtad). **2** accuracy, fidelity (exactitud). ◆ **alta ~** high fidelity, hi-fi.
fideo *m* **1** GAST (normalmente *pl*) noodle, vermicelli (pasta). **2** (fam) rake, skinny person (persona delgada).
fiebre *f* MED fever (enfermedad). ■ **tener ~** to have a temperature; to have a fever (EE UU).
fiel *adj* **1** faithful, loyal (leal). **2** accurate, faithful (exacto).
fieltro *m* felt.
fiera *f* wild animal, beast (animal).
fiero, ra *adj* wild (no domesticado).
fierro *m Amér.* iron (hierro).
fiesta *f* **1** party (celebración). **2** holiday (día festivo). **3** REL feast, feast day. ● **fiestas** *f pl* **4** holidays. ◆ **~ nacional** public holiday (día festivo); bullfighting (los toros). ■ **estar de ~** to be in a good mood (estar de buen humor); **hacer ~** to take a day off (no trabajar).
figura *f* **1** figure, shape (forma). **2** picture card (naipe).
figuración *f* **1** imagining (imaginación). **2** CINE, TEAT extras.
figurado, da *adj* **1** figurative (no literal). **2** MÚS figured.
figurar *tr* **1** to represent, to depict (representar). **2** to pretend, to feign (fingir). ● *intr* **3** to figure, to appear: *su nombre no figura en la lista = his name doesn't appear in the list.* ● **~se** *pron* **4** to imagine, to think (imaginar).
fijación *f* **1** fixing (acción de fijar). **2** PSIC fixation.
fijador, ra *adj* **1** fixative (gen). ● *m* **2** hairspray (laca para el cabello).
fijar *tr* **1** to fix (gen). **2** to nail (clavar). **3** to take up (domicilio). **4** to secure (asegurar). ● **~se** *pron* **5** to settle (establecerse). **6** to take notice, to pay attention (prestar atención). **~se en 7** to notice: *¿te has fijado en sus ojos? = have you noticed her eyes?*
fijo, ja *adj* **1** fixed (gen). **2** permanent, secure (empleo). **3** definite (fecha).
fila *f* **1** line (línea). **2** row (de asientos, en una tabla). ● **filas** *f pl* **3** MIL ranks. ■ **cerrar (las) filas** MIL to close ranks; **llamar a filas** MIL to call up, to draft; **ponerse en ~** to get into line.
filatelia *f* philately, stamp collecting.
filatélico, ca *adj* philatelic.
filete *m* fillet (de carne, de pescado); sirloin (solomillo).
filiación *f* **1** filiation (lazo de parentesco). **2** particulars, description (señas personales). **3** POL affiliation (dependencia).
filial *adj* **1** filial. **2** COM subsidiary. ● *f* **3** COM subsidiary; branch (sucursal).
filigrana *f* **1** filigree (obra). **2** delicate thing (cosa delicada).
film o **filme** *m* film; picture (EE UU).
filmar *tr* to film, to shoot.
filo *m* **1** edge (arista, borde); edge, blade (de cuchillo). **2** dividing line (línea divisoria). ◆ **de doble ~** double-edged. ■ **al ~ de** just before, at about (alrededor de): *al filo del mediodía = at about midday.*
filología *f* philology.
filón *m* **1** vein, seam (veta). **2** (fig) gold mine (negocio).
filosofía *f* philosophy.
filósofo, fa *m* y *f* philosopher.
filtración *f* **1** filtration (de un líquido). **2** (fig) leak (de noticias).
filtrar *tr, intr* y *pron* **1** to filter (gen). ● *tr* **2** to leak (noticia).
filtro *m* filter (gen).
filudo, da *adj Amér.* razor-sharp.
fin *m* **1** end (término). **2** end, purpose (finalidad); goal, aim (objetivo). ◆ **~ de semana** weekend. ■ **a ~ de** in order to, so as to; **al ~** at last; **al ~ y al cabo** when all is said and done; **en ~** well; anyway; **por ~** finally (en resumen); at last (expresando alivio); **sin ~** endless.
final *adj* **1** last, final (último). ● *m* **2** end (término). ● *f* **3** DEP final. ■ **al ~** at the end; **a finales de** at the end of.
finalidad *f* aim, purpose.
finalista *m* o *f* finalist.
finalizar *tr* **1** to finish. ● *intr* **2** to end.
financiación *f* financing.
financiar *tr* to finance.
financiero, ra *adj* **1** financial. ● *m* y *f* **2** financier.
financista *m* o *f Amér.* financier.
finanzas *f pl* finance.
finca *f* **1** building (inmueble). **2** country house (casa de campo); country estate (terreno en el campo). **3** farm (granja).

f

fingido, da *adj* feigned, false.
fingir *tr* **1** to feign (simular). • *intr* **2** to pretend (aparentar): *deja de fingir = stop pretending*.
finiquito *m* COM settlement.
finito, ta *adj* finite.
fino, na *adj* **1** fine, smooth (suave); thin, slender (delgado). **2** delicate (rasgos). **3** excellent, fine (de buena calidad). **4** refined (cortés). **5** sharp, keen (oído, olfato). • *m* **6** dry sherry, fino (vino de jerez).
finura *f* **1** fineness (calidad de fino). **2** delicacy (delicadeza, sutileza). **3** elegance (elegancia). **4** sharpness, keenness (de oído, olfato).
firma *f* **1** signature (autógrafo). **2** signing (acción de firmar). **3** firm, company (empresa).
firmamento *m* firmament.
firmar *tr* e *intr* to sign.
firme *adj* **1** firm (gen). **2** stable (edificio). **3 4** hard (duro). **5** firm, resolute (de carácter). • *m* **6** road surface (pavimento de carretera); roadbed (cimientos de carretera).
firmeza *f* **1** firmness (cualidad de firme). **2** strength, resolution (de creencias, conducta). **3** satability (de edificio).
fiscal *adj* **1** fiscal, tax (relativo al fisco). • *m* o *f* **2** public prosecutor.
fiscalía *f* **1** post of public prosecutor (cargo). **2** public prosecutor's office (despacho).
fisco *m* treasury, exchequer.
fisgar *tr* **1** to snoop on, to pry into. • *intr* **2** to snoop, to pry.
fisgón, na *adj* **1** nosey, snooping. • *m* y *f* **2** snooper, nosey-parker.
física *f* physics.
físico, ca *adj* **1** physical. • *m* **2** physique (complexión); looks, appearance (aspecto). • *m* y *f* **3** physicist.
fisiología *f* physiology.
fisonomía *f* **1** features, physiognomy (rostro). **2** appearance, aspect (aspecto).
fisonomista *m* o *f* physiognomist.
fistol *m Méx*. tiepin.
fisura *f* fissure.
flaccidez *f* flabbiness, flaccidity.
fláccido, da *adj* flabby, flaccid.
flacidez *f* → flaccidez.
flácido, do *adj* → fláccido.
flaco, ca *adj* thin, skinny.
flamante *adj* **1** brilliant, magnificent (resplandeciente). **2** new, brand-new (nuevo).
flamenco, ca *adj* **1** Flemish (de Flandes). **2** flamenco (cante, baile). • *m* y *f* **3** Fleming (de Flandes). • *m* **4** Flemish (idioma). **5** flamenco (cante, baile). **6** ZOOL flamingo.
flan *m* crème caramel. ■ **estar hecho un ~** to shake like a jelly.
flanquear *tr* MIL to outflank.
flaquear *intr* **1** to weaken, to lose strength (debilitarse). **2** to lose heart (desanimarse).
flaqueza *f* weakness.
flash-back *m* flashback.
flato *m* **tener ~** to have a stitch.
flauta *f* flute. ♦ **~ dulce** recorder; **~ travesera** flute, transverse flute.
flautista *m* o *f* flautist, flute player.
flecha *f* arrow.
flechazo *m* arrow shot (disparo); arrow wound (herida). ■ **fue un ~** (fam) it was love at first sight.
fleco *m* fringe.
flemón *m* gumboil.
flequillo *m* fringe (GB); bangs (EE UU).
fleta *f Chile, Cuba* thrashing.
fletar *tr* **1** to load (embarcar). **2** COM to charter (alquilar).
flexible *adj* flexible.
flexión *f* **1** flexion (acción de doblar). **2** press-up (en el suelo).
flexo *m* angle-poise lamp, adjustable table lamp.
flipar *intr* **1** to be stoned or high (con una droga). **2** (fam) to be amazed (sorprenderse). **3** (fam) to go crazy (disfrutar).
flojedad o **flojera** *f* weakness.
flojo, ja *adj* **1** loose, slack (cuerda, cable); loose (tuerca, tornillo); weak (vino, café); poor, weak (libro); light (viento). **2** COM slack (mercado).
flor *f* flower. ■ **a ~ de piel** skin-deep; **ir de ~ en ~** to go from one thing to another; **la ~ y nata** the cream: *la flor y nata de la sociedad = the cream of society*.
flora *f* flora.
florecer *intr* **1** to flower (planta). **2** (fig) to flower, to blossom, to thrive (prosperar).
floreciente *adj* **1** BOT flowering, blossoming. **2** (fig) blossoming, flourishing.
florero *m* vase, flower vase.
florete *m* foil.

florido, da *adj* **1** flowery (con flores). **2** florid, flowery (estilo).
florista *m* o *f* florist.
floristería *f* florist's (shop).
flota *f* fleet.
flotador *m* **1** float (gen). **2** rubber ring (para nadar).
flotar *intr* **1** to float (en líquido). • *tr* **2** to flutter (banderas). • *intr* **3** ECON to float.
flote *m* flotation. ■ **estar a ~** to be afloat; **salir a ~** to get back on one's feet.
fluctuar *intr* to fluctuate.
fluidez *f* **1** fluidity (de líquido, gas). **2** fluency (de palabra).
fluido, da *adj* **1** fluid (líquido, gas). **2** fluent (estilo, lenguaje). • *m* **3** fluid. ♦ **~ eléctrico** current, power.
fluir *intr* to flow, to run.
fluorescente *adj* fluorescent.
fluvial *adj* fluvial, river: *navegación fluvial = river navigation.*
FM (*abrev de* **frecuencia modulada**) *f* FM.
foca *f* seal.
foco *m* **1** MAT, MED, FÍS focus. **2** focal point, centre (centro). **3** source, seat (de incendio). **4** spotlight (reflector); floodlight (más potente). **5** *Amér.* light bulb (bombilla).
fofo, fa *adj* flabby.
fogaje *m* **1** *Amér.* stifling atmosphere (bochorno). **2** *Amér.* heat rash (erupción).
fogón *m* range, stove.
fogoso, sa *adj* ardent.
foja *f Amér.* sheet.
folclor o **folclore** *m* floklore.
folclórico, ca *adj* folk, popular.
folio *m* **1** sheet, folio (de papel). **2** folio (mitad de pliego).
folklor *m* → folclor.
folklórico, ca *adj* → folclórico.
follaje *m* BOT foliage.
folletín *m* popular novel (novela poco sofisticada); soap opera (telenovela); melodrama (obra teatral).
folleto *m* brochure, pamphlet.
follón *m* **1** rumpus, row (alboroto). **2** mess (desorden). ■ **armar un ~** to kick up a fuss.
fomentar *tr* to foment, to promote, to encourage (actividad, cualidad); to foment, to incite (rebelión, odio).
fonda *f* boarding house.
fondeado, da *adj Amér.* rich.
fondero, ra *m* y *f Amér.* innkeeper.
fondo *m* **1** bottom (parte más baja): *fondo falso = false bottom.* **2** end (de calle, pasillo); back (de habitación). **3** depth (profundidad). **4** background (de cuadro, fotografía, tela). **5** bottom, crux (lo esencial): *el fondo de la cuestión = the bottom of the matter.* **6** FIN fund. • **fondos** *m pl* **7** funds (dinero). ■ **al ~ de** at the bottom of; **en el ~** at heart, at bottom.
fonema *m* phoneme.
fonética *f* phonetics.
fónico, ca *adj* phonic.
fono *m Arg., Bol., Chile* receiver.
fonología *f* phonology.
fontanería *f* plumbing.
fontanero, ra *m* y *f* plumber.
forado, da *m Amér. Merid.* hole.
forajido, da *m* y *f* bandit, outlaw.
forastero, ra *m* y *f* stranger.
forcejear *intr* to struggle, to fight.
forense *m* o *f* pathologist.
forja *f* forge.
forjar *tr* **1** to forge (hierro). • *tr* y *pron* **2** to invent, to make up: *forjar una excusa = to make up an excuse.*
forma *f* **1** shape (figura): *de forma redonda = round-shaped.* **2** way, means (modo, manera): *la forma de llegar = the way to get there.* **3** form (de obra literaria). • **formas** *f pl* **4** figure (silueta). **5** social conventions (modales). ■ **de esta ~** in this way, thus; **de ~ que** so that; **de todas formas** anyway, in any case; **estar en ~** DEP to be in form; **ponerse en ~** to keep fit.
formación *f* **1** formation (acción, efecto de formar). **2** training, education (educación). **3** MIL formation.
formal *adj* **1** formal (gen). **2** dependable, reliable (de fiar). **3** serious (serio).
formalidad *f* **1** dependability, reliability (fiabilidad). **2** formality, seriousness (seriedad). **3** formality (requisito).
formalizar *tr* to formalize.
formar *tr* **1** to shape, to form (dar forma a). **2** to train, to educate (educar). **3** MIL to form up. • *intr* **4** MIL to fall in. • **~se** *pron* **5** to develop.
formativo, va *adj* formative.
formato *m* format.
formidable *adj* **1** fantastic, superb (fantástico). **2** enormous, formidable (muy grande).

fórmula *f* formula.
formular *tr* to formulate.
formulario *m* form.
fornicar *intr* to fornicate.
fornido, da *adj* well-built, strapping.
foro *m* **1** HIST, POL forum. **2** DER law court, court of justice. **3** TEAT back of the stage.
forrar *tr* **1** to line (ropa, cajón); to cover (libro); to upholster (asiento). • **~se** *pron* **2** (fam) to make a pile.
forro *m* lining (de ropa, cajón); cover (de libro, sofá); upholstery (de asiento).
fortalecer *tr* to strengthen.
fortaleza *f* **1** strength. **2** MIL fortress.
fortificar *tr* **1** MIL to fortify. **2** to strengthen (dar fuerza a).
fortuito, ta *adj* chance, fortuitous.
fortuna *f* **1** fortune, luck (suerte). **2** fortune (riqueza).
forzado, da *adj* forced.
forzar *tr* **1** to force (obligar). **2** to force (puerta, cerradura). **3** to strain (vista); to force (sonrisa). **4** to rape (violar).
forzoso, sa *adj* **1** inevitable. **2** compulsory (obligatorio). **3** necessary (necesario). **4** forced (forzado): *aterrizaje forzoso = forced landing.*
fosa *f* **1** grave (sepultura). **2** ANAT cavity, fossa. ♦ **~ común** common grave; **fosas nasales** nostrils.
fosforescente *adj* phosphorescent.
fósforo *m* match.
foso *m* **1** hole (hoyo). **2** TEAT pit. **3** MIL moat, fosse.
foto *f* photo, snap.
fotocomposición *f* filmsetting, photocomposition.
fotocopia *f* photocopy.
fotocopiadora *f* photocopier.
fotocopiar *tr* to photocopy.
fotografía *f* **1** photography (actividad). **2** photograph (imagen).
fotografiar *tr* to photograph.
fotográfico, ca *adj* photographic.
fotógrafo, fa *m* y *f* photographer.
fotomatón *m* photo booth.
fotosíntesis *f* photosynthesis.
frac o **fraque** *m* dress coat.
fracasado, da *adj* failed, unsuccessful.
fracasar *intr* to fail, to be unsuccessful.
fracaso *m* failure. ♦ **~ amoroso** disappointment in love. ■ **todo fue un ~** the whole thing was a disaster.
fracción *f* **1** fraction, part, fragment (parte). **2** MAT fraction. **3** POL faction, splinter group. ♦ **~ impropia** improper fraction; **~ inversa** inverse fraction; **~ propia** proper fraction.
fraccionar *tr* to divide, to break up (dividir).
fraccionario, ria *adj* fractional.
fractura *f* fracture.
fracturar *tr* y *pron* to break, to fracture.
fragancia *f* fragrance.
fragata *f* frigate.
frágil *adj* fragile, delicate.
fragilidad *f* **1** fragility (de objetos). **2** frailty, fragility (de salud).
fragmentar *tr* to fragment.
fragmento *m* **1** fragment, piece (trozo pequeño). **2** passage, excerpt (de libro).
fragua *f* forge.
fraguar *tr* **1** to forge (forjar). **2** to hatch, to think up (maquinar). • *intr* **3** to harden, to set.
fraile *m* friar, monk.
frambuesa *f* raspberry.
francés, sa *adj* **1** French. • *m* **2** Frenchman (hombre). **3** French (idioma). • *f* **4** Frenchwoman (mujer).
Francia *f* France.
franco, ca *adj* **1** frank (sincero). **2** free (exento): *puerto franco = free port.* • *m* **3** FIN franc.
francotirador, ra *m* y *f* sniper, sharpshooter.
franela *f* flannel.
franja *f* **1** band, strip (banda). **2** strip (de tierra).
franquear *tr* **1** to free, to open, to clear (puerta, entrada). **2** to pay postage on, to frank (carta). **3** to cross, to clear (río, paso fronterizo).
franqueo *m* **1** postage (cantidad a pagar). **2** stamping, franking (acción).
franqueza *f* frankness, sincerity.
franquicia *f* **1** franchise (concesión). **2** exemption (exención). ♦ **~ postal** exemption from postal charges.
frasco *m* flask, small bottle.
frase *f* sentence. ♦ **~ hecha** set phrase.
fraternal *adj* fraternal, brotherly.
fraternizar *intr* to fraternize.
fraude *m* fraud. ♦ **~ fiscal** tax evasion.
fraudulento, ta *adj* fraudulent.
fray (*apócope de* **fraile**) *m* brother, friar.

frecuencia *f* frequency (gen): *alta frecuencia = high frequency.*
frecuentar *tr* to frequent.
frecuente *adj* frequent.
free-lance *adj* freelance.
fregadero *m* (kitchen) sink.
fregado, da *adj* **1** *Amér.* annoying. **2** *Amér.* stupid, silly (majadero). **3** *Col.* stubborn, obstinate (terco).
fregar *tr* **1** to mop, to scrub (suelo); to wash (platos). **2** *Amér.* to annoy, to bother (molestar). • **~se** *pron* **3** *Amér.* to get annoyed.
fregona *f* **1** mop (para el suelo). **2** (desp) skivvy (sirvienta).
freidora *f* deep fat fryer, chip pan.
freír *tr* **1** to fry (con aceite). • **~se** *pron* **2** to fry.
fréjol *m* → frijol.
frenar *tr* **1** to brake (vehículo, máquina). **2** to check, to curb (contener). • *intr* **3** to brake, to put the brake on.
frenazo *m* sudden braking. ■ **dar un ~** to slam the brakes on.
frenesí *m* frenzy.
frenético, ca *adj* frenzied, frantic.
frenillo *m* **1** ANAT frenum, fraenum. **2** *Amér.* skill, ability (tino).
freno *m* **1** brake (de vehículo, máquina). **2** bit (de caballo). **3** curb, check (moderación). ◆ **~ de mano** handbrake.
frente *f* **1** forehead, brow. • *m* **2** front (parte anterior). ■ **al ~** in front (delante); forward (hacia adelante); **arrugar la ~** to frown; **en ~** opposite; **~ a ~** face to face, opposite.
fresa *f* BOT strawberry (fruto); strawberry plant (planta).
fresco, ca *adj* **1** fresh, cool (aire); cold (agua); cool, cold (bebida); wet (pintura). **2** cheeky, pert (descarado). • *m* y *f* **3** cheeky devil, cheeky person (persona). • *m* **4** fresh air (aire). **5** ART fresco. ■ **al ~** in the open air; **tomar el ~** to get some fresh air.
frescura *f* **1** freshness, coolness (de temperatura). **2** cheek, nerve (descaro).
fresno *m* ash, ash tree.
fresón *m* large strawberry.
fresquería *f Amér.* refreshment stall.
frialdad *f* **1** coldness, coolness (de temperatura). **2** coldness, indifference (indiferencia).
fricandó *m* fricassee.
fricción *f* **1** friction (rozamiento). **2** (fig) friction, trouble (desavenencia).
friccionar *tr* to rub.
friega *f* **1** rub (fricción). **2** *Chile* beating, thrashing (paliza). **3** *Col., C. Rica* nuisance, annoyance (molestia).
frígido, da *adj* frigid.
frigorífico, ca *m* refrigerator, fridge.
frijol o **fríjol** *m Amér.* bean.
frío, a *adj* **1** cold (de temperatura). **2** cold, indifferent (indiferente). • *m* **3** cold (temperatura). ■ **hace ~** it's cold; **coger ~** to catch cold; **dejar ~ a alguien** to leave sb cold; **¡qué ~!** isn't it cold!, how cold it is; **quedarse uno ~** to be left cold; **tener ~** to be cold.

> ***Cold*** indica una temperatura baja o más baja de lo normal: *la sopa estaba fría = the soup was cold.* ***Cool*** se refiere a una temperatura baja pero no en exceso: *guárdalo en un sitio fresco = keep it in a cool place.*

friolento, ta *adj Amér.* sensitive to the cold.
friolero, ra *adj* sensitive to the cold.
frito, ta *pp* **1** → freír. • *adj* **2** fried. • *m* **3** (normalmente *pl*) fried (comida). ■ **quedarse ~** (fam) to fall fast asleep.
frivolidad *f* frivolity.
frívolo, la *adj* frivolous.
frondoso, sa *adj* leafy.
frontera *f* **1** border, frontier. **2** bounds (límite).
fronterizo, za *adj* border, frontier.
frontón *m* DEP pelota (deporte); pelota court (cancha).
frotar *tr* y *pron* to rub. ■ **~se las manos** to rub one's hands.
fruncir *tr* **1** to knit: *fruncir el ceño = to frown.* **2** to gather (tela).
frustración *f* frustration.
frustrar *tr* **1** to frustrate, to thwart (hacer fracasar). • **~se** *pron* **2** to fail, to come to nothing (plan, proyecto). **3** to become frustrated (persona).
fruta *f* fruit. ◆ **~ del tiempo** fresh fruit, seasonal fruit.
frutal *adj* **1** fruit. • *m* **2** fruit tree.
frutería *f* fruit shop.
frutero, ra *m* y *f* **1** fruiterer, (vendedor). • *m* **2** fruit bowl (recipiente).

frutilla *f Amér. Merid.* strawberry.
fruto *m* **1** BOT fruit. **2** result (resultado). **3** benefit, profit (beneficio). ◆ **frutos secos** dried fruit. ■ **dar ~** to bear fruit, to yield results (ser provechoso).
fuego *m* **1** fire (gen). **2** heat, flame (para cocinar): *a fuego lento = on a low heat, in a slow oven*. **3** MIL fire: *¡fuego! = fire!* ◆ **fuegos artificiales** fireworks. ■ **¿tienes ~?** have you got a light?
fuelle *m* **1** bellows (para obtener corrientes de aire). **2** MÚS accordion pleat (de acordeón).
fuente *f* **1** spring (manantial de agua); fountain (construcción); drinking fountain (para beber). **2** dish (plato grande). **3** source (de un río). **4** (fig) source, origin (origen).
fuera *adv* **1** outside: *la parte de fuera = the outside*. **2** out: *tirar fuera = to throw out, comer fuera = to eat out*. **3** abroad (en el extranjero). • **~ de** *loc prep* **4** outside: *fuera de la ciudad = outside the city*. **~ de 5** out of (sin): *fuera de peligro = out of danger, fuera de alcance = out of reach*; except for, apart from (excepto). ■ **estar ~** to be away (de viaje); to be out (fuera de casa); to be out (en los deportes); ¡~! get out!; **~ de serie** outstanding, exceptional; «**~ de servicio**» "out of order"; **por ~** on the outside.
fuero *m* **1** power (poder): *fuero eclesiástico = ecclesiastical power*. **2** municipal charter (ley municipal).
fuerte *adj* **1** strong (gen). **2** loud (música, voz). **3** intense (dolor, frío). **4** heavy, big (comida). **5** heavy, hard (golpe, lluvia). **6** harsh (palabras); fierce (críticas). • *m* **7** fort, fortress (lugar fortificado). **8** strong point, forte (punto fuerte). • *adv* **9** loudly (alto): *hablar fuerte = to talk loudly*. ■ **hacerse ~** to get stronger; **estar ~ en inglés** to be good at English.
fuerza *f* **1** strength (resistencia, capacidad): *tiene mucha fuerza = he's very strong*. **2** force (poder físico, violencia). • **fuerzas** *f pl* **3** MIL forces. ◆ **fuerzas aéreas** air force; **fuerzas armadas** armed forces; **fuerzas de Orden Público** police (forces). ■ **a ~ de** by dint of: *a fuerza de mucho trabajo = by dint of hard work*; **a la ~** of necessity (por necesidad); against one's will, willy-nilly (en contra de la voluntad de uno); **por ~** of necessity, by force (por necesidad); against one's will, willy-nilly (en contra de la voluntad de uno); **tener fuerzas para** to have the strength to.
fuetazo *m Amér.* lash.
fuete *m Amér.* whip.
fuga *f* **1** flight, escape (huida). **2** leak, escape (de gas, líquido). **3** MÚS fugue.
fugarse *pron* **1** to escape, to flee (huir). **2** to run away (de casa).
fugaz *adj* fleeting, short-lived.
fugitivo, va *m* y *f* fugitive.
ful *m* full house (en el póquer).
fulana *f* (fam) prostitute.
fulano, na *m* y *f* what's-his/her-name, so-and-so.
fulgor *m* **1** brilliance. **2** flash (de disparo).
fullero, ra *m* y *f* cheat (tramposo); liar (mentiroso).
fulminante *adj* **1** (fig) lightning, immediate (éxito, despido). **2** fulminating (pólvora). **3** sudden (muerte). **4** MED fulminant.
fulminar *tr* to strike down (rayo). ■ **~ a alguien con la mirada** to look daggers at sb, to give sb a murderous look.
fumador, ra *m* y *f* smoker. ■ **no ~** non-smoker.
fumar *tr* e *intr* to smoke. ■ **~ en pipa** to smoke a pipe; **se prohíbe ~** no smoking.
fumigar *tr* to fumigate.
funche *m Amér. porridge made with maize flour*.
función *f* **1** function (papel, finalidad). **2** function, role (responsibilidades, tareas). **3** show, performance (espectáculo). ■ **presidente en funciones** acting president.
funcional *adj* functional.
funcionamiento *f* functioning, working.
funcionar *intr* to work, to function: *la radio no funciona = the radio doesn't work*. ■ «**no funciona**» "out of order".
funcionario, ria *m* y *f* civil servant, official (del estado).
funda *f* **1** cover (cubierta); pillowcase (funda de almohada). **2** case (de gafas, violín). ◆ **~ de pistola** holster.
fundación *f* foundation.
fundador, ra *m* y *f* founder.
fundamental *adj* fundamental, basic.
fundamentar *tr* **1** to found (establecer).

2 to lay the foundations for (sentar las bases). • **~se en** *pron* **3** to be founded on, to be based on.
fundamento *m* **1** foundation (de edificio). **2** motive, cause (motivo). **3** (fig) basis, foundation (base). • **fundamentos** *m pl* **4** fundamentals, basics.
fundar *tr* **1** to found (ciudad, empresa). **2** to build (edificar). ~ **en 3** to found on, to base on. • **~se en** *intr* **4** to be based on, to be founded on.
fundición *f* foundry (factoría).
fundir *tr* **1** to cast, to found (metal). • *tr* y *pron* **2** to melt (derretir). **3** to merge (unir). **4** fuse (bombilla).
fúnebre *adj* funeral.
funeral *m* funeral.
funeraria *f* undertaker's, funeral parlor.
funerario, ria *adj* funeral.
funesto, ta *adj* fatal, ill-fated (desgraciado).
funicular *adj* y *m* funicular.
furcia *f* (desp) tart, whore.
furgón *m* **1** goods van (GB); box car (EE UU, de tren). • *adj* **2** wagon, truck (vehículo largo).
furgoneta *f* van.
furia *f* fury, rage (enfado violento).
furioso, sa *adj* **1** furious (persona). **2** raging (vendaval, celos).
furor *m* fury, rage (cólera). ■ **hacer ~** (fig) to be all the rage.
furtivo, va *adj* furtive, sly.
fusible *m* fuse.
fusil *m* rifle.
fusilar *tr* to shoot, to execute.
fusión *f* **1** joining, uniting (unión); coming together. **2** merger (de empresas). **3** melting (derretimiento); fusion, melting (de metales). **4** FÍS fusion.
fusionar *tr* y *pron* **1** to merge (empresas). **2** to fuse (unir).
fustal o **fustán** *m Amér. Merid.* petticoat, slip.
fuste *m* ARQ shaft.
fustigar *tr* **1** to whip, to lash (azotar). **2** (fig) to censure, to lambast (censurar).
fútbol o **futbol** *m* soccer (gen); football (GB).
futbolista *m* o *f* soccer player (gen); footballer (GB).
futuro, ra *adj* y *m* **1** future. • *m* y *f* **2** (fam) fiancé (novio); fiancée (novia). • **futuros** *m pl* **3** FIN futures.

g

Gg

g, G *f* g, G (letra).
g *m* (*abrev* de **gramo**) g, gr.
gabacho, cha *adj* **1** (desp) French. • *m* y *f* **2** (desp) Frog.
gabán *m* overcoat.
gabardina *f* raincoat.
gabarra *f* barge.
gabela *f* **1** tax (impuesto). **2** *Amér.* profit (ventaja, provecho).
gabinete *m* **1** POL cabinet. **2** study (sala de estudio).
gacela *f* gazelle.
gaceta *f* gazette.
gacha *f* **1** pap, mush (masa blanda). • **gachas** *f pl* **2** porridge (comida).
gacho, cha *adj* **1** drooping, floppy (orejas, bigote). **2** bent, bowed (cabeza).
gafas *f pl* glasses. ◆ ~ **de sol** sunglasses, dark glasses.
gafe *adj* **1** jinxed. • *m* **2** jinx (que trae mala suerte).
gago, ga *m* y *f Amér.* stutterer (tartamudo).
gaita *f* bagpipes (instrumento).
gaitero, ra *m* y *f* MÚS bagpiper, bagpipes player.
gajo *m* segment.
gala *f* **1** gala (espectáculo). • **galas** *f pl* **2** best clothes (ropa). ■ **hacer ~ de** to pride oneself on (presumir de); to display (mostrar); **ir de ~** to be dressed up.
galán *m* **1** male lead, leading man (en una obra teatral). **2** clothes stand (mueble).
galante *adj* gallant.

galantear *tr* to court.
galantería *f* **1** gallantry (calidad de galante). **2** compliment (cumplido).
galápago *m* ZOOL turtle.
galardón *m* award.
galardonar *tr* to award a prize to.
galaxia *f* galaxy.
galeón *m* galleon.
galera *f* galley.
galería *f* **1** gallery (de pinturas). **2** gallery, enclosed balcony (en una casa). • **galerías** *f pl* **3** shopping arcade (tiendas). ♦ **~ de arte** art gallery.
galgo, ga *m* y *f* greyhound.
galguear *intr Amér.* to wander around looking for sth to eat.
Galicia *f* Galicia.
galimatías *m* gibberish, double Dutch, nonsense.
gallardía *f* **1** boldness, adventurousness (valor). **2** elegance (elegancia).
gallardo, da *adj* **1** adventurous, enterprising (valiente). **2** elegant, smart (elegante).
gallego, ga *adj/m* y *f* **1** Galician. • *m* **2** Galician (idioma).
galleta *f* GAST biscuit (GB); cookie (EE UU).
gallina *f* **1** chicken, hen (hembra del gallo). • *m* o *f* **2** (fam) coward, chicken (cobarde). ♦ **~ ciega** blindman's buff; **~ ponedora** laying hen.
gallinero, ra *m* **1** henhouse, coop (lugar). **2** (fam) gods (en el teatro).
gallo *m* **1** cock, cockerel (ave). **2** dory, John Dory (pez). **3** wrong note (nota desafinada). **4** braggart (bravucón).
galón *m* **1** gallon (medida). **2** braid (cinta). **3** MIL stripe.
galpón *m Amér. Merid.* shed.
galuchar *intr Amér.* to gallop.
gama *f* **1** range (conjunto). **2** MÚS scale.
gamba *f* ZOOL prawn.
gamberrada *f* act of hooliganism.
gamberro, rra *adj* **1** loutish, yobbish. • *m* y *f* **2** hooligan, lout.
gamma *f* gamma.
gamo *m* fallow deer.
gamonal *m Amér.* local boss.
gamuza *f* **1** duster, dustcloth (bayeta). **2** chamois leather (piel). **3** ZOOL chamois.
gana *f* **1** desire, wish (deseo). **2** appetite (apetito). ■ **de buena ~** willingly; **de mala ~** reluctantly **no me da la ~** I don't feel like it, I don't want to; **quedarse con las ganas** to have to do without.
ganadería *f* **1** cattle breeding (cría de ganado). **2** cattle, livestock (ganado).
ganadero, ra *adj* **1** cattle, livestock: *industria ganadera = livestock industry.* • *m* y *f* **2** cattle farmer (dueño).
ganado *m* cattle, livestock. ♦ **~ porcino** pigs; **~ vacuno** cattle.
ganador, ra *adj* **1** winning. • *m* y *f* **2** winner.
ganancia *f* profit (beneficio). ■ **ganancias y pérdidas** profit and loss.
ganancial *adj* profit. ♦ **bienes gananciales** DER acquest; *common property acquired during a marriage.*
ganar *tr* e *intr* **1** to win (en competición, apuesta, batalla). • *tr* **2** to earn (sueldo). **3** to gain (conseguir). **4** to beat (al contrincante). **5** to take, to capture (conquistar). **6** to outstrip (aventajar): *nos ganan en rapidez = they're faster than us.* • *intr* **7** to get better, to improve (mejorar). • **~se** *pron* **8** to deserve (merecer). ■ **~se la vida** to earn a living.
ganchillo *m* **1** crochet (labor). **2** crochet hook (aguja).
gancho *m* **1** hook (para colgar o agarrar). **2** hairpin (para el pelo). **3** charm, sex appeal (atractivo); hook (EE UU). **4** *Amér.* coat hanger (percha).
gandido, da *adj Amér.* greedy, gluttonous.
gandul, la *adj* **1** idle, lazy. • *m* y *f* **2** idler, lazy-bones.
gandulear *intr* to laze about, to lie around.
ganga *f* bargain.
ganglio *m* ganglion.
gangrena *f* gangrene.
gángster o **gánster** *m* o *f* gangster.
ganso, sa *m* y *f* **1** goose (gen); gander (macho); goose (hembra). • *adj* **2** clumsy (patoso).
garabatear *tr* e *intr* to scrawl, to scribble.
garabato *m* scrawl, scribble (trazo).
garaje *m* garage.
garandumba *f Amér.* flatboat.
garante *adj* **1** responsible. • *m* o *f* **2** guarantor.
garantía *f* **1** guarantee (seguridad). **2** guarantee, surety (fianza). ■ **bajo ~** under guarantee.

garantizar *tr* **1** to guarantee, to assure (asegurar). **2** COM to guarantee (un producto). • *f* **3** DER to vouch for (avalar).
garbanzo *m* chickpea.
garbeo *m* stroll. ■ **darse un ~** to go for a walk or stroll.
garbo *m* grace, elegance.
garboso, sa *adj* graceful, elegant.
gardenia *f* gardenia.
garete *m* **irse al ~** to go down the drain, to go up in smoke.
garfio *m* hook.
garganta *f* **1** throat (parte anterior del cuello). **2** narrow pass (desfiladero); gorge (estrechura de río).
gargantilla *f* choker, necklace.
gargantón *m Méx.* halter.
gárgara *f* gargle. ■ **¡vete a hacer gárgaras!** (fam) get lost!
gárgola *f* gargoyle.
garita *f* **1** sentry box (para centinela). **2** lodge (de portería).
garito *m* gambling den.
garosina *f Col.* greed, gluttony.
garoso, sa *adj Col., Venez.* starving, ravenous.
garra *f* **1** paw, claw (de animal); claw, talon (de águila). **2** (fig) bite, punch (fuerza). ■ **caer en las garras de alguien** to fall into sb's clutches; **tener ~** to have charisma.
garrafa *f* large glass bottle.
garrafal *adj* terrible, enormous: *error garrafal = blunder, howler.*
garrancha *f Col.* hook.
garrapata *f* tick.
garrotazo *m blow with a stick or club.*
garrote *m* **1** club, cudgel (palo). **2** garrotte (para estrangular).
garrotear *tr Amér.* to beat, to club.
garrotero, ra *adj Chile, Cuba* mean, stingy (tacaño).
garúa *f Amér.* drizzle.
garuar *intr Amér.* to drizzle.
garza *f* heron.
gas *m* **1** gas. • **gases** *m pl* **2** wind (del estómago). ◆ **cámara de ~** gas chamber; **~ butano** butane; **~ natural** natural gas. ■ **a todo ~** at full speed, flat out.
gasa *f* gauze.
gaseosa *f* lemonade.
gaseoso, sa *adj* fizzy.
gasoducto *m* gas pipeline.
gasoil o **oil** *m* diesel, diesel oil.
gasóleo *m* diesel, diesel oil.
gasolina *f* petrol (GB); gasoline, gas (EE UU).
gasolinera *f* filling station (gen); petrol station (GB); gas station (EE UU).
gastado, da *adj* **1** worn (ropa, neumáticos); dead, spent (pila). **2** corny (chiste). **3** tired, worn out (cansado).
gastar *tr* **1** to spend (dinero, tiempo); to use (agua, energía). **2** to use up (expender del todo). **3** to waste (malgastar). **4** (fam) to wear (gafas, barba); to have (coche). **5** to play (broma). • *intr* **6** to spend (money). • **~se** *pron* **7** to spend, to be spent (money): *se gastó 500 dólares en una noche = he spent 500 dollars in one nightt.* **8** to wear out (zapatos, ropa).
gasto *m* **1** expenditure, spending (acción de gastar); expense, expenditure (cantidad gastada). **2** use, consumption (consumo). • **gastos** *m pl* **3** COM expenses, costs. ◆ **gastos bancarios** bank charges; **~ público** public expenditure; **gastos generales** overhead, general expenses. ■ **cubrir gastos** to cover expenses.
gastritis *f* gastritis.
gastronomía *f* gastronomy.
gastrónomo, ma *m* y *f* gastronome, gourmet.
gato, ta *m* y *f* **1** ZOOL cat. **2** MEC jack. ■ **a gatas** on all fours; **buscarle tres pies al ~** (fam) to split hairs; **dar ~ por liebre** (fam) to swindle; **hay ~ encerrado** (fam) I smell a rat.
gavilán *m* ZOOL sparrowhawk.
gaviota *f* ZOOL gull.
gay *adj* **1** gay. • *m* y *f* **2** gay man (hombre); gay woman (mujer).
gazmoñería *f* **1** prudishness (pudibundez). **2** priggishness (santurronería).
gaznápiro, ra *adj* **1** (fam) silly; daft. • *m* y *f* **2** (fam) dimwit (coloq).
gaznatada *f Amér.* slap, smack (golpe).
gazpacho *m* GAST gazpacho.
ge *f* g (nombre de la letra).
géiser *m* geyser.
gel *m* gel.
gelatina *f* **1** gelatin, gelatine (sustancia). **2** jelly (de fiambre, de fruta).
gema *f* GEOL gem.

gemelo, la *adj/m* y *f* **1** twin. • *m pl* **2** cufflinks (de la camisa). **3** binoculars (prismáticos).
gemido *m* moan, groan (de personas); whimper, whine (de animales).
Géminis *m* **1** ASTR Gemini (zodíaco). • *m* o *f* **2** Gemini i (persona).
gemiquear *intr Chile* → gimotear.
gemir *intr* to moan, to groan (persona); to whimper, to whine (animal).
gen *m* BIOL gene.
genealogía *f* genealogy.
genealógico, ca *adj* genealogical. ◆ **árbol genealógico** family tree.
generación *f* generation.
generador *m* generator.
general *adj* **1** general. • *m* o *f* **2** MIL, REL general. ■ **en ~ o por lo ~** in general, on the whole, generally.
generalidad *f* **1** majority (mayoría). **2** generality (vaguedad).
generalizar *intr* **1** to generalize (abstraer). • *tr* **2** to spread (extender). • **~se** *pron* **3** to spread, to become widespread (extenderse).
generar *tr* to generate.
genérico, ca *adj* generic.
género *m* **1** type, kind (clase). **2** merchandise, goods (mercancía). **3** ART, LIT genre. **4** BIOL genus. **5** GRAM gender. ◆ **~ de punto** knitwear.
generosidad *f* generosity.
generoso, sa *adj* generous.
genética *f* genetics (ciencia).
genial *adj* **1** brilliant (inspirado). **2** funny, witty (gracioso). **3** (fam) great, fantastic (estupendo).
genialidad *f* **1** genius (condición). **2** brilliant idea (idea).
genio *m* **1** temper, disposition (carácter). **2** genie (ser fantástico). ■ **tener mal ~** to be bad-tempered.
genital *adj* **1** genital. • **genitales** *m pl* **2** genitals.
genocidio *m* genocide.
genoma *m* genome.
genotipo *m* genotype.
gente *f* **1** people (pl). **2** (fam) folks (familia). ◆ **~ bien** respectable people. ■ **ser buena ~** to be nice.
gentil *adj* kind.
gentileza *f* kindness. ■ **por ~ de** courtesy of.
gentío *m* crowd, throng.
gentuza *f* (fam, desp) riff-raff.
genuflexión *f* genuflection.
genuino, na *adj* genuine.
GEO (*abrev de* **Grupo Especial de Operaciones**) *m special operations corps of the Spanish police.*
geografía *f* geography.
geográfico, ca *adj* geographical, geographic.
geología *f* geology.
geológico, ca *adj* geological.
geólogo, ga *m* y *f* geologist.
geometría *f* geometry.
geométrico, ca *adj* geometric.
geopolítica *f* geopolitics.
geranio *m* geranium.
gerencia *f* management.
gerente *m* o *f* manager.
geriatra *m* o *f* geriatrician.
geriatría *f* geriatrics.
germánico, ca *adj* Germanic.
germen *m* BIOL germ.
germinar *intr* to germinate.
gerundio *m* GRAM gerund.
gesta *f* heroic feat, exploit (hazaña).
gestar *tr* **1** to gestate. • **~se** *pron* **2** (fig) to develop, to take shape (idea, proyecto).
gesticulación *f* gesticulation.
gesticular *intr* to gesticulate.
gestión *f* **1** measure, step (trámite). **2** management (de una empresa).
gestionar *tr* **1** to negotiate (negociar). **2** to take steps to get, to try to arrange (hacer diligencias).
gesto *m* **1** gesture (ademán). **2** grimace, face (mueca).
gestor, ra *adj* **1** managing. • *m* y *f* **2** *agent who performs legal formalities on his client's behalf.*
gestoría *f agency which performs legal formalities on its client's behalf.*
giba *f* hump.
gibar *tr* (fam, fig) to bother, to annoy.
gigante, ta *adj* **1** giant. • *m* o *f* **2** giant.
gigantesco, ca *adj* gigantic, giant.
gilipollas *adj* **1** (vulg) stupid. • *m* o *f* **2** (vulg) prat (GB); jerk (EE UU).
gimnasia *f* gymnastics.
gimnasio *m* gymnasium, gym.
gimnasta *m* o *f* gymnast.
gimotear *intr* to whimper, to whine (gen).
gin *f* → ginebra.

ginebra *f* gin.
ginecología *f* gynaecology (GB); gynecology (EE UU).
ginecológico, ca *adj* gynaecological (GB); gynecological (EE UU).
ginecólogo, ca *m* y *f* gynaecologist (GB); gynecologist (EE UU).
gingivitis *f* gingivitis.
gin-tonic o **gintonic** *m* gin and tonic.
gira *f* tour. ■ **estar de ~** to be on tour.
girar *intr* **1** to turn, to revolve (ruedas, planeta); to revolve, to go round (disco); to spin (bola, trompo); to rotate, to spin (sobre un eje). **2** to turn (darse la vuelta). **3** to turn (torcer): *gira a la izquierda = turn left*. • *tr* **4** COM to draw (cheque). ■ **~ en torno a algo** to centre on sth (conversación).
girasol *m* sunflower.
giratorio, ria *adj* revolving (puerta); swivel (silla).
giro *m* **1** turn. **2** turn of phrase (expresión). **3** COM draft (letra de cambio). ◆ **~ postal** money order.
gis *m Col.* chalk.
gitano, na *adj/m* y *f* gypsy.
glacial *adj* **1** glacial (zona). **2** icy (clima, temperatura).
glaciar *adj* **1** glacial. • *m* **2** glacier.
gladiador *m* gladiator.
glándula *f* gland.
glaucoma *m* glaucoma.
glicerina *f* glycerine (GB); glycerin (EE UU).
global *adj* global (visión); overall, total (precio).
globo *m* **1** globe, sphere (esfera). **2** globe (tierra). **3** balloon (juguete).
glóbulo *m* corpuscle (corpúsculo). ◆ **~ blanco** white corpuscle; **~ rojo** red corpuscle.
gloria *f* **1** glory (bienaventuranza). **2** glory, fame (fama). **3** delight (placer).
glorieta *f* **1** small square (plazoleta). **2** roundabout (GB); traffic circle (EE UU, rotonda).
glorificar *tr* to glorify.
glorioso, sa *adj* glorious.
glosa *f* gloss.
glosar *tr* to gloss.
glosario *m* glossary.
glotón, na *adj* **1** greedy, gluttonous. • *m* y *f* **2** glutton.
glucemia *f* glycaemia (GB); glycemia (EE UU).
glucosa *f* glucose.
glúteo *m* gluteus.
gobernador, ra *m* y *f* governor.
gobernante, ta *adj* **1** ruling, governing. • *m* y *f* **2** ruler, governor.
gobernar *tr* e *intr* **1** to govern, to rule (país). **2** to steer (barco). • *tr* **3** to direct, to run (empresa).
gobiernista *adj Amér.* → gubernamental.
gobierno *m* **1** government (de un país). **2** direction, running (de una empresa).
goce *m* pleasure.
gol *m* goal.
goleada *f* run of goals.
golear *tr* to thrash, to trounce.
golf *m* golf.
golfa *f* (fam) whore, slut.
golfear *tr* to loaf about.
golfería *f* **1** layabouts (personas). **2** loutish act (acción).
golfo *m* gulf.
golfo, fa *adj* **1** naughty (travieso). • *m* y *f* **2** rascal (travieso). • *m* **3** GEOG gulf.
golondrina *f* ZOOL swallow.
golosina *f* sweet (GB); candy (EE UU).
goloso, sa *adj* sweet-toothed.
golpe *m* **1** bump (choque); blow, knock, bang (en puerta): *me dio un golpe = he hit me*; punch (puñetazo); smack (bofetada). **2** witticism (ocurrencia). **3** (coloq) hold-up (atraco). **4** DEP stroke (golf); shot (tenis). ◆ **~ de estado** coup d' état, coup; **~ de vista** quick glance. ■ **a golpes** by force; **de ~** all of a sudden; **de un ~** in one go; **no dar ~** (fam) not to lift a finger.
golpear *tr* **1** to hit, to strike (a una persona); to thump, to punch (con el puño); to beat (aporrear). **2** to bang, to hammer (una puerta, mesa).
golpista *adj* **1** in favour of a coup d'état. • *m* o *f* **2** person in favour of a coup d'état.
golpiza *f Amér.* beating.
góndola *f* gondola.
gordinflón, na *adj* **1** (fam) chubby. • *m* y *f* **2** (fam) fatty, fatso.
gordo, da *adj* **1** fat (corpulento). **2** thick (grueso). **3** serious (grave). • *m* y *f* **4** fat man (hombre); fat woman (mujer). ◆ **el**

premio ~ the first prize (en lotería). ■ armarse la gorda (fam) to be hell to pay: *se va a armar la gorda = there'll be hell to pay.*

gordura *f* **1** fatness (exceso de peso). **2** fat (grasa).

gorila *m* **1** ZOOL gorilla. **2** bodyguard, bouncer (guardaespaldas).

gorjear *intr* to warble, to trill (pájaro); to gurgle (niño).

gorjeo *m* warbling, trilling (pájaro); gurgling (niño).

gorobeto, ta *adj Col.* bent, warped.

gorra *f* cap (sin visera); peaked cap (con visera). ■ **de ~** (fam) for free.

gorrear *tr* e *intr* → gorronear.

gorrino, na *m* y *f* pig.

gorrión *m* sparrow.

gorro *m* cap (gen); bonnet (de niño).

gorrón, na *adj* **1** scrounging, sponging. • *m* y *f* **2** scrounger, sponger.

gorronear *tr* e *intr* (fam) to scrounge.

gota *f* **1** drop (de líquido); bead (de sudor). **2** drop, spot (cantidad pequeña). • **gotas** *f pl* **3** drops (para ojos, nariz). ◆ **~ a ~** MED drip. ■ **ni ~** anything; **sudar la ~ gorda** (fam) to slog away.

gotario *m Chile* dropper.

gotear *intr* **1** to drip (grifo); to leak (cañería). • *impers* **2** to spit (lloviznar).

gotera *f* **1** leak (filtración). **2** damp patch (mancha).

gotero *m* MED drip.

gótico, ca *adj* **1** Gothic.

gozar *tr* **1** to enjoy (disfrutar). • *intr* **2** to enjoy oneself, to have a good time (divertirse). **~ de algo 3** to enjoy sth (disfrutar).

gozo *m* pleasure, joy.

grabación *f* recording.

grabado, da *adj* **1** engraved. • *m* **2** engraving.

grabador, ra *m* y *f* **1** engraver. • *f* **2** tape recorder.

grabar *tr* **1** to engrave (madera, metal). **2** to record (disco).

gracia *f* **1** grace, gracefulness (garbo, habilidad). **2** wit (gen); humour (GB); humor (EE UU, humor). **3** joke (chiste). • *f pl* **4** thank you, thanks. ■ **caer en ~** to be liked; **dar las gracias a alguien** to say thank you to sb, to thank sb; **gracias a** thanks to; **¡gracias a Dios!** thank God!; **muchas gracias** thank you very much; **no me hace ~** it's not funny (chiste); I am not too keen (plan); **tener ~** to be funny.

gracioso, sa *adj* **1** funny, amusing (persona, chiste). **2** attractive, charming (aspecto).

grada *f* **1** step (peldaño). **2** platform (tarima). **3** MAR slipway. • *f pl* **4** DEP grandstand, stands.

gradación *f* gradation.

graderío, a *m* y *f* DEP grandstand; stands.

grado *m* **1** degree (condición, cantidad). **2** stage (fase). **3** degree (de temperatura). **4** EDUC year, class (curso); grade (EE UU, curso); degree (en universidad). **5** FÍS, GRAM, MAT degree. ■ **de buen ~** willingly; **de mal ~** unwillingly.

graduado, da *adj* **1** graduated (instrumento). **2** prescription (gafas). • *m* y *f* **3** EDUC graduate.

gradual *adj* gradual.

graduar *tr* **1** to adjust, to regulate (ajustar). • **~se** *pron* **2** EDUC to graduate. **3** MIL to be commissioned.

grafía *f* **1** spelling (ortografía). **2** graphic symbol (signo).

gráfica *f* graph.

gráfico, ca *adj* **1** graphic. • *m* **2** chart. • *f* **3** graph. ◆ **artes gráficas** graphic arts.

grafismo *m* **1** graphics (pl, artes gráficas). **2** graphic symbol (grafía).

grafología *f* graphology.

gragea *f* pill, tablet.

grajo *m* ZOOL rook.

gramática *f* grammar.

gramo *m* gram (gen); gramme (GB).

gramófono *m* gramophone.

gramola *f* gramophone.

gran *adj* (*apócope de* **grande**) → grande.

granada *f* **1** BOT pomegranate. **2** MIL grenade. ◆ **~ de mano** hand grenade.

granado, da *adj* mature.

granar *intr* to seed.

granate *adj* y *m* **1** deep red (color). • *m* **2** garnet (piedra).

Gran Bretaña *f* Great Britain.

grande *adj* **1** (delante de sust sing *gran*) big, large (tamaño). **2** big, tall (altura). **3** large, great (cantidad). **4** great (fuerte, intenso). **5** (fig) great (excelente, notable). • *adj* y *m* **6** grown-up (adulto). • *m* **7**

grandee (noble). ■ **a lo ~** in a big way; **pasarlo en ~** (fam) to have a great time.

Grande se traduce por ***big*** en inglés coloquial y por ***large*** en estilo formal. Para acciones y acontecimientos se usan ***big*** o ***great*** (más formal): *un gran cambio = a big/great change*. ***Great*** es obligatorio con términos incontables o para personajes famosos: *una gran dificultad = a great difficulty. Gandhi fue un gran hombre = Gandhi was a great man.*

grandeza *f* **1** size (tamaño). **2** grandeur, magnificence (esplendor). **3** importance, greatness (importancia).
grandioso, sa *adj* magnificent, grand.
grandullón, na *adj* **1** (fam) big, tall. • *m* y *f* **2** (fam) big boy (muchacho); big girl (muchacha).
granel *loc adv* **a ~** in bulk (en gran cantidad); loose (sin envase).
granero *m* granary.
granito *m* granite.
granizada *f* hailstorm.
granizado *m* iced drink.
granizar *impers* to hail.
granizo *m* hail.
granja *f* farm.
granjear *tr* y *pron* to earn, to gain, to win.
granjero, ra *m* y *f* farmer.
grano *m* **1** grain (de cereal, de sal); bean (de café). **2** MED spot, pimple (barrillo). • *m pl* **3** grain (cereales). ■ **ir al ~** (fam) to get to the point.
granuja *m* o *f* rascal.
grapa *f* **1** staple (para papeles). **2** grappa (aguardiente).
grapadora *f* stapler.
grapar *tr* to staple.
grasa *f* **1** fat (sebo). **2** fat (de la carne); grease, oil (de alimentos fritos). **3** grease (suciedad). **4** grease (lubricante).
graso, sa *adj* **1** greasy (pelo). **2** fatty (carne).
gratificación *f* **1** bonus (remuneración extra). **2** reward (recompensa).
gratificar *tr* **1** to give a bonus to (remunerar). **2** to reward (recompensar).
gratinar *tr* to cook au gratin.
gratis *adv* free, gratis.
gratitud *f* gratitude.
grato, ta *adj* pleasant, pleasing. ■ **nos es ~ informarle...** we are pleased to inform you...
gratuito, ta *adj* **1** free (gratis). **2** unfounded (acusación).
grava *f* gravel.
gravamen *m* **1** duty, obligation (obligación). **2** COM tax, duty (impuesto).
gravar *tr* FIN to tax.
grave *adj* **1** serious, grave (situación, condición). **2** deep, low (voz). ■ **estar ~** to be seriously ill.
gravedad *f* **1** seriousness, gravity (de una situación, condición). **2** FÍS gravity.
gravitar *intr* FÍS to gravitate.
graznar *intr* to caw (cuervo); to honk (ganso); to quack (pato); squawk (persona).
graznido *m* caw (del cuervo); honk (del ganso); quack (del pato); squawking.
gregorito *m Amér.* joke.
gremio *m* guild, trade association.
greña *f* shock of hair.
gres *m* stoneware.
gresca *f* **1** row, racket (alboroto). **2** quarrel, row (riña).
griego, ga *adj/m* y *f* **1** Greek (persona). • *m* **2** Greek (idioma).
grieta *f* crack (en una pared); fissure, crevice (en una roca, montaña).
grifo *m* tap (GB); faucet (EE UU).
grilla *f Amér.* annoyance (contrariedad).
grillarse *pron* (fig, fam) to go crazy.
grillete *m* shackle.
grillo *m* cricket.
grima *f* **1** loathing (horro). **2** reluctance, displeasure (desagrado, dentera). **3** uneasiness (desazón). ■ **dar ~** to set one's teeth on edge, to make sb sick.
gringo, ga *adj* **1** (coloq) foreign; gringo. • *m* y *f* **2** (coloq) foreigner; gringo.
gripa *f Col., Ur.* → gripe.
gripe *f* flu, influenza.
gris *adj* y *m* grey (GB); gray (EE UU).
grisáceo, a *adj* greyish (GB); grayish (EE UU).
grisma *f Chile, Guat., Hond., Nic.* bit (pizca).
gritadera *f Amér.* racket, din.
gritar *tr* e *intr* to shout, to yell (dar un grito); to scream (chillar).

g

griterío *m* shouting.
grito *m* shout, yell; scream, cry (chillido). ■ **a ~ limpio/pelado** at the top of one's voice; **pedir algo a gritos** (fig) to be crying out for sth; **poner el ~ en el cielo** to kick up a fuss.
grosella *f* redcurrant.
grosería *f* **1** rudeness (descortesía). **2** coarseness, crudeness (vulgaridad).
grosero, ra *adj* **1** rude (descortés). **2** coarse, crude (basto).
grosor *m* thickness.
grotesco, ca *adj* **1** ridiculous, absurd (ridículo). **2** grotesque (horrible).
grúa *f* **1** crane (para cargas). **2** tow truck (para coches).
grueso, sa *adj* **1** thick (libro, tronco, tela); fat, stout (persona); stormy (mar). • *m* **2** thickness (grosor). **3** main part (parte principal).
grulla *f* ZOOL crane.
grumete *m* NÁUT cabin boy.
grumo *m* lump.
gruñido *m* grunt (del cerdo); growl (del perro); grunt (de persona).
gruñir *intr* to grunt (cerdo); to growl (perro); to grumble (persona).
gruñón, na *adj* **1** (fam) grumpy. • *m* y *f* **2** (fam) grump.
grupo *m* group (de gente, de países). ◆ **~ de riesgo** high risk group; **~ sanguíneo** blood group.
gruta *f* cave, cavern.
guacamote *m Méx.* cassava.
guacarnaco, ca *adj Amér.* rough, uncouth (rudo).
guachafita *f Amér.* disorder, mess (desorden).
guachapear *intr Chile* to steal, to run off with.
guachimán *m Amér.* watchman.
guacho, cha *adj* **1** *Amér.* orphaned (niño); abandoned (animal). • *m* y *f* **2** *Amér.* orphan (niño); abandoned animal (animal).
guadal *m Arg.* bog.
guadaña *f* scythe.
guagua *f* **1** *Amér.* bus (autobús). **2** *Amér.* baby (bebé).
guaguatear *tr Chile, Guat.* to breastfeed (amamantar).
guaico *m Amér.* hollow, dip (hondonada).
guajada *f Méx.* stupid thing.
guajiro, ra *m* y *f Cuba* Cuban agricultural worker (campesino).
guajolote *m Méx.* ZOOL turkey.
guama *f Amér.* lie (mentira).
guampa *f Amér. Merid.* horn (de animal).
guanaco, ca *m* y *f Amér.* bumpkin (rústico).
guanal *m Amér.* palm plantation.
guangocho, cha *adj Méx.* wide, baggy.
guano *m* **1** guano (excremento). **2** *Cuba* palm tree (palmera).
guante *m* glove. ■ **echarle el ~ a algo** to get hold of sth.
guantear *tr Amér.* to slap.
guantera *f* glove compartment.
guantón *m Amér.* slap.
guapango *m Méx.* Mexican folk dance.
guapo, pa *adj* **1** handsome, good-looking (hombre); pretty, good-looking (mujer). **2** (fam) nice (objetos, ropa).
guaraca *f Amér.* catapult (honda).
guarango, ga *adj Amér. Merid.* shabby.
guaraní *adj/m* o *f* **1** Guarani (persona). • *m* **2** Guarani (idioma).
guarapo *m drink made from fermented sugar-cane juice.*
guarda *m* o *f* **1** security guard (de un edificio); keeper (de parque, museo). • *f* **2** flyleaf (de un libro).
guardabarrera *m* o *f* level-crossing keeper; grade-crossing keeper (EE UU).
guardabarros *m* mudguard (GB); fender (EE UU).
guardabosque o **guardabosques** *m* o *f* forester.
guardacostas *m* o *f* **1** coastguard (persona). • *m* **2** coastguard vessel (buque).
guardaespaldas *m* o *f* bodyguard.
guardaganado *m Arg.* cattle grid.
guardameta *m* o *f* goalkeeper.
guardapolvo *m* overalls (mono); housecoat (de ama de casa).
guardar *tr* **1** to keep (conservar). **2** to put away (poner en su sitio). **3** to watch over (vigilar). **4** to guard, to protect (proteger). **5** to observe (la ley). • **~se** *pron* **6** to keep (quedarse con). **7** to put away (poner en su sitio). **~se de + inf 8** to avoid + ger, to be careful not + inf.
guardarropa *f* **1** wardrobe (armario). • *m* **2** cloakroom (en un teatro, una discoteca).
guardarropía *f* TEAT wardrobe.

guardería *f* (day) nursery (gen); crèche (en el lugar de trabajo).
guardia *f* **1** guard (vigilancia). **2** MIL guard (soldados). • *m* o *f* **3** policeman, police officer (hombre); policewoman, police officer (mujer). ♦ ~ **de tráfico** traffic policeman (hombre); traffic policewoman (mujer); ~ **jurado** security guard.
guardián, na *m* y *f* guardian, custodian.
guarecer *tr* **1** to take shelter, to protect. • **~se** *pron* **2** to take refuge.
guarida *f* lair, den (de animales); hideout (refugio).
guarnición *f* **1** MIL garrison. **2** GAST garnish.
guarrada o **guarrería** *f* **1** dirty mess, filthy mess (suciedad). **2** dirty trick (mala pasada). **3** dirty comment, filthy remark (obscenidad).
guarro, rra *adj* **1** dirty, filthy (sucio). • *m* y *f* **2** (coloq) filthy pig.
guasa *f* joke. ■ **estar de** ~ (coloq) to kid around.
guasada *f* *Arg*. crude remark.
guasanga *f* *Amér. Centr., Col., Cuba, Méx*. hullabaloo, uproar (bulla).
guasearse *pron* to joke, to tease.
guasería *f* *Arg., Chile* crude remark (grosería).
guasón, na *adj* **1** funny, comical. • *m* y *f* **2** joker.
guatearse *pron Chile* to get a pot belly.
Guatemala *f* Guatemala.
guatemalteco, ca *adj/m* y *f* Guatemalan.
guateque *m* party.
guatuso, sa *adj Amér.* blond (hombre); blonde (mujer).
guayaba *f* BOT guava.
gubernamental *adj* governmental.
guepardo *m* ZOOL cheetah.
guerra *f* **1** war (lucha armada). **2** warfare (sistema, estrategia). ♦ ~ **civil** civil war; ~ **mundial** world war. ■ **dar** ~ (fam) to cause trouble; **declarar la** ~ to declare war; **en** ~ at war.
guerrear *intr* to wage war.
guerrero, ra *adj* **1** warlike. • *m* y *f* **2** warrior.
guerrilla *f* guerrilla group.
guerrillero, ra *m* y *f* guerrilla.
gueto *m* ghetto.
guía *m* y *f* **1** guide (persona). • *f* **2** guidebook, guide (libro). **3** rail, guide (carril). ♦ ~ **telefónica** telephone directory; ~ **turística** tourist guide.
guiar *tr* **1** to guide. **2** to drive (coche); to pilot (avión); to steer (barco). • **~se** *pron* **3** to be guided.
guijarro *m* pebble; cobble (para pavimentar).
guillotina *f* guillotine.
guillotinar *tr* to guillotine.
güilón, na *adj Amér.* cowardly.
güinche *m Amér.* winch.
guinda *f* morello cherry.
guindilla *f* chilli pepper.
guindo *m* morello cherry tree.
guiñapo *m* **1** rag (andrajo). **2** wreck (persona).
guiñar *tr* to wink.
guiño *m* wink.
guiñol *m* puppet show.
guion *m* **1** outline (esquema). **2** CINE, TV script. **3** GRAM hyphen (en palabras compuestas); dash (al final de un renglón).
guionista *m* o *f* scriptwriter.
guirigay *m* hubbub, commotion (griterío).
guirlache *m* almond brittle.
guirnalda *f* garland.
guisa *f* way. ■ **de tal** ~ in such a way.
guisado *m* stew.
guisante *m* pea.
guisar *tr* to cook (cocinar); to stew (estofar). rcupine.
guiso *m* stew.
güisqui *m* whisky.
guitarra *f* guitar.
guitarrista *m* o *f* guitarist.
gula *f* gluttony, greed.
gurrupié *m Amér.* croupier.
gusano *m* worm.
gustar *intr* to like, to please (agradar): *nos gusta la música = we like music, les gustan los dulces = they like sweet things*. ■ **¿te gusta?** do you like it?
gusto *m* **1** taste; flavour (GB); flavor (EE UU, sabor). **2** pleasure (placer). ■ **con mucho** ~ with great pleasure; **estar a** ~ to feel at ease; **mucho** ~ pleased to meet you; **tener buen/mal** ~ to have good/bad taste.
gustoso, sa *adj* **1** tasty (sabroso). **2** pleasant (agradable). **3** willing (de buena gana). ■ **lo hizo** ~ he did it gladly.

g

Hh

h, H *f* h, H (letra).
¡ha! *interj* ha!
haba *f* BOT broad bean.
habanero, ra *adj* **1** from Havana. • *m* y *f* **2** person from Havana.
habano, na *adj* **1** from Havana. • *m* **2** Havana cigar (puro).
haber *m* COM assets (propiedades, bienes). ■ **tener en su ~** to have under one's belt.
haber *impers* **1** there + to be: *hay mucho ruido = there is a lot of noise, ¿hay café? = is there any coffee?, había tres personas = there were three people.* • **~ de + inf** *aux* **2** to have to + inf (obligación): *hemos de decírselo = we have to tell him.* **~ que + inf 3** to have to + inf (necesidad): *hay que estudiar más = you have to study more.* ■ **habérselas con alguien** (fam) to have it out with sb; **no hay de qué** don't mention it; **¿qué hay?** how are you doing?
habichuela *f* kidney bean.
hábil *adj* **1** skilful (GB); skillful (EE UU, diestro). **2** clever (astuto). ◆ **día ~** working day.
habilidad *f* **1** skill (aptitud). **2** cleverness (astucia).
habilidoso, sa *adj* **1** skilful (GB); skillful (EE UU, diestro). **2** clever (astuto).
habilitar *tr* **1** to authorize (autorizar). **2** to fit out, to equip (edificio, espacio).
habitación *f* **1** room (estancia). **2** bedroom (dormitorio). ◆ **~ doble** double room; **~ individual** single room.
habitáculo *m* **1** dwelling (vivienda). **2** interior (de un vehículo).
habitante *m* o *f* inhabitant.
habitar *tr* **1** to live in, to inhabit. • *intr* **2** to live.
hábitat *m* habitat.
hábito *m* habit. ■ **tener el ~ de hacer algo** to be in the habit of doing sth.
habitual *adj* habitual, usual (lugar, hora); regular (cliente).
habituar *tr* **~ (a) 1** to accustom (to). • **~se (a)** *pron* **2** to become accustomed to.
habla *f* **1** speech (facultad). **2** way of talking (forma de hablar). ■ **¡al ~!** speaking! (al teléfono); **de ~ inglesa/española** English-/Spanish-speaking; **estar al ~ con alguien** to be in touch with sb; **quedarse sin ~** to be lost for words.
habladero *m Chile* piece of gossip (habladuría).
hablado, da *adj* oral, spoken. ■ **bien ~** well-spoken; **mal ~** rude, coarse.
hablador, ra *adj* **1** talkative. • *m* y *f* **2** chatterbox.
habladuría *f* **1** piece of gossip. • **habladurías** *f pl* **2** gossip.
hablar *intr* **1** to speak, to talk (gen): *habla despacio = speak slowly.* **2** to speak (expresar). **~ con alguien 3** to speak to sb, to talk to sb: *no quiso hablar conmigo = she didn't want to talk to me.* • **~ de algo** *intr* **4** to talk about sth, to speak about sth: *habló de su infancia = he talked about his childhood* • *tr* **5** to speak (idioma): *habla portugués = he speaks Portuguese.* **6** to talk about, to discuss (consultar): *háblalo con el director = discuss it with the manager.* • **~se** *pron* **7** to talk to each other (dos personas). ■ **~ bajo/alto** to speak quietly/loudly; **~ claro** to speak plainly; **¡mira quién habla!** look who's talking!; **¡ni ~!** no way!; **no hay más que ~** there's nothing more to be said; **se habla inglés** English spoken.
hacendado, da *adj* **1** landowning. • *m* y *f* **2** landowner.
hacer *tr* **1** to make (producto). **2** to make (película). **3** to do (dibujo). **4** to do (deberes). **5** to make (cena, pastel). **6** to make (dinero, amigos). **7** to make (cama); to pack (maleta). **8** to make (comentario, declaración). **9** to perform, to put on (obra de teatro). **10** to do (ejercicio, deporte). **11** to do (profesión): *¿qué hace tu padre? = what does your father do?* **12** to make look (dar cierto aspec-

to): *ese peinado te hace más joven = that hairstyle makes you look younger.* **13** to do (actuar): *habría hecho lo mismo = I would have done the same, haz algo = do sth.* **~ + inf a alguien 14** to make sb + inf: *le hicieron esperar dos horas = they made him wait for two hours.* **~ que alguien + subj 15** to make sb + inf: *hizo que todos se callaran = he made everybody be quiet.* • **~ de** *intr* **16** to play (papel en obra de teatro). • *pron* **17** to become, to get (volverse): *se hizo millonario = he became a millionaire, se hizo tarde = it got late.* **18** to get used to, to get accustomed to (acostumbrarse): *se hizo a la idea = he got used to the idea.* **19** to pretend (fingir, disimular): *se hizo el desentendido = he pretended not to notice.* **20** to have made: *me hice un traje = I had a suit made.* ■ **hace calor** it's hot; **hace dos años** two years ago; **hace sol** it's sunny; **hace mucho que no le veo** I haven't seen him for a long time; **hace un mes que llegué** it's a month since I arrived; **no me hagas reír** don't make me laugh.

hacha *f* axe (GB); ax (EE UU).

hache *f* h (nombre de la letra).

hachís *m* hashish.

hacia *prep* **1** towards, to (dirección): *caminaba hacia la casa = he walked towards the house.* **2** at about, around (hora): *hacia las cinco = at about five o'clock*; towards (período). **3** towards (actitud). ■ **~ arriba** up, upwards; **~ abajo** down, downwards.

hacienda *f* **1** estate (finca). **2** property (bienes). ◆ **Hacienda** the Exchequer (GB); the Treasury (EE UU).

hacinar *tr* **1** to pile up, to stack. • **~se en** *pron* **2** to be crowded into, to be packed into.

hada *f* fairy.

hado *m* fate, destiny.

¡hala! *interj* **1** come on! (para animar). **2** get a move on! (para meter prisa).

halagar *tr* to flatter.

halago *m* flattery, praise.

halagüeño, ña *adj* flattering.

halar *tr Cuba, Nic., Pan., Par.* to pull on.

halcón *m* falcon, hawk.

¡hale! *interj* → ¡hala!

hall *m* hall.

hallar *tr* **1** to find, to come across (encontrar). **2** to discover (descubrir). • **~se (en)** *pron* **3** to be (in), to be located (in).

hallazgo *m* find, discovery.

halo *m* halo.

halógeno, na *adj* y *m* halogen.

halterofilia *f* weightlifting.

hamaca *f* **1** hammock (para colgar). **2** deckchair (asiento).

hambre *f* **1** hunger (sensación). **2** famine (hambruna). **3** (fig) hunger, longing (ansia). **4** starvation (inanición). ◆ **huelga de ~** hunger strike. ■ **matar el ~** (fam) to stave off hunger pangs; **tener ~/pasar ~** to be hungry.

> ***Hunger*** es el término general para **hambre**: *una huelga de hambre = a hunger strike.* ***Starvation*** es un **hambre** padecida durante un período de tiempo: *murieron de hambre = they died of starvation.* ***Famine*** denota una gran falta de alimentos en un país o para un gran número de personas: *a famine in Africa = el hambre en África.*

hambriento, ta *adj* hungry.

hamburguesa *f* hamburger.

hampa *f* underworld.

hámster *m* hamster.

hándicap *m* handicap.

hangar *m* hangar.

haragán, na *adj* **1** idle, lazy. • *m* y *f* **2** layabout.

haraganear *intr* to loaf about.

harapiento, ta *adj* ragged.

harapo *m* rag.

hardware *m* INF hardware.

harén o **harem** *m* harem.

harina *f* flour.

harinoso, sa *adj* floury.

harmonía *f* → armonía.

hartar *tr* **1** to stuff, to fill (atiborrar). **2** to annoy, to get on one's nerves (fastidiar). • **~se** *pron* **3** to stuff oneself, to gorge oneself (atiborrarse). **4** to get fed up (cansarse). **~se de + inf 5** to get fed up with + ger, to get tired of + ger. **~se de algo 6** to do sth non-stop (no parar).

harto, ta *adj* fed up, sick. ■ **estar ~ de algo/alguien** to be fed up with sth/sb, to be sick of sth/sb.

h

hartón, na *adj Amér. Centr., Méx., R. Dom.* greedy (glotón).
hasta *prep* **1** until (tiempo): *hasta la semana que viene = until next week.* **2** as far as, to (espacio): *hasta el semáforo = as far as the traffic lights.* **3** up to (cantidad). • *adv* **4** even (incluso). ■ **¡~ luego!** see you later!; **¡~ mañana!** see you tomorrow!; **¡~ nunca!** good riddance!; **¡~ pronto!** see you soon!; **~ que** until: *hasta que vuelva = until he gets back.*
hastiar *tr* **1** to bore, to tire. • **~ se** *pron* **2** to get tired of.
hastío *m* boredom.
haya *f* **1** beech, beech tree (árbol). **2** beech (madera).
haz *m* **1** bundle (de leña); sheaf (de mieses). **2** FÍS beam (de luz).
hazaña *f* deed, exploit.
hazmerreír *m* (fam) laughing stock.
hebilla *f* buckle.
hebra *f* thread, strand (de hilo).
hebreo, a *adj/m* y *f* **1** Hebrew. • *m* **2** Hebrew (idioma).
hecatombe *f* slaughter (matanza).
hechicero, ra *m* y *f* **1** sorcerer, wizard (brujo); sorceress, witch (bruja). **2** witch doctor (de tribú).
hechizar *tr* **1** to bewitch, to cast a spell on (embrujar). **2** to charm (cautivar).
hechizo *m* spell.
hecho, cha *pp* **1** → hacer. • *adj* **2** done (acabado). **3** mature (maduro). • *m* **4** deed, action (obra). **5** fact (realidad). **6** event (suceso). ■ **¡bien ~!** well done!; **bien/mal ~** well/badly made; **de ~** in fact; **~ a mano** handmade; **muy ~** well-done (carne); **poco ~** rare (carne); **un hombre ~ y derecho** a real man, every inch a man.
hechura *f* **1** cut (de una prenda). **2** form, shape (forma).
hectárea *f* hectare.
heder *intr* to stink, to reek.
hedor *m* stench, stink.
hegemonía *f* hegemony.
heladería *f* ice-cream parlour.
helado, da *adj* **1** frozen (persona, manos). **2** freezing (lugar, habitación). **3** (fig) stunned (atónito). • *m* **4** ice cream.
helar *tr, intr* y *pron* **1** to freeze. • *tr* **2** to chill, to ice (bebida).
helecho *m* fern.
helénico, ca *adj* Hellenic, Greek.
hélice *f* **1** propeller (de avión, barco). **2** GEOM helix.
helicóptero *m* helicopter.
helio *m* QUÍM helium.
hematoma *m* haematoma (GB); hematoma (EE UU).
hembra *f* **1** woman, female (mujer). **2** female (animal). **3** (fig) female (tornillo, enchufe).
hemeroteca *f* newspaper and periodicals library.
hemisferio *m* hemisphere.
hemofilia *f* haemophilia (GB); hemophilia (EE UU).
hemofílico, ca *adj* **1** haemophilic (GB); hemophilic (EE UU). • *m* y *f* **2** haemophiliac (GB); hemophiliac (EE UU).
hemoglobina *f* haemoglobin (GB); hemoglobin (EE UU).
hemorragia *f* haemorrhage (GB); hemorrhage (EE UU).
hemorroide *f* haemorrhoid (GB); hemorrhoid (EE UU).
henchir *tr* **1** to fill. • **~se de** *pron* **2** to stuff oneself with (atiborrarse).
hendedura *f* → hendidura.
hender *tr* **1** to split (madera). **2** to cut through (agua).
hendidura *f* crack.
hendir *tr* → hender.
heno *m* hay.
hepático, ca *adj* liver, hepatic.
hepatitis *f* hepatitis.
heptágono *m* heptagon.
heráldica *f* heraldry.
heráldico, ca *adj* heraldic.
herbario *m* herbarium.
herbicida *m* weedkiller, herbicide.
herbívoro, ra *adj* **1** herbivorous. • *m* y *f* **2** herbivore.
herbolario, ria *m* y *f* **1** herbalist (persona). • *m* **2** herbalists's shop (tienda).
heredar *tr* to inherit.
heredero, ra *m* y *f* heir (hombre); heiress (mujer).
hereje *m* o *f* heretic.
herejía *f* herecy.
herencia *f* inheritance.
herida *f* **1** wound (de arma blanca); injury (debido a un accidente, una agresión). **2** (fig) wound (pena).

herido, da *adj* **1** wounded (por una arma blanca); injured (en un accidente, debido a una agresión). **2** (fig) hurt, offended (dolido). • *m* y *f* **3** wounded person; injured person.

> ***Wound*** o ***to wound*** se emplean para un corte u orificio causados por una pistola, una navaja, etc.: *disparó e hirió al ladrón = he shot and wounded the thief.* Si la **herida** es resultado de un accidente o una lucha, se usa ***injury*** o ***to injury***: *no sufrió heridas graves = she escaped serious injury.*

herir *tr* **1** to wound (con una arma blanca); to injure (en un accidente). **2** (fig) to hurt, to wound (ofender).
hermanar *tr* to twin (ciudades).
hermanastro, tra *m* y *f* step-brother (hombre); step-sister (mujer).
hermandad *f* brotherhood, fraternity (de hombres); sisterhood (de mujeres).
hermano, na *m* y *f* brother (hombre); sister (mujer).

> Cuando **hermanos** se refiere a «hermanos y hermanas» se usa ***brothers and sisters***: *somos tres hermanos = I have three brothers and sisters.* En estilo formal puede usarse ***siblings***: *resultó que eran hermanos = it turned out they were siblings.*

hermético, ca *adj* **1** airtight, hermetic (contenedor, envase). **2** (fig) impenetrable (persona).
hermetismo *m* secretiveness.
hermoso, sa *adj* **1** beautiful, lovely (bello). **2** beautiful; handsome.
hermosura *f* **1** beauty, loveliness (cualidad). **2** beautiful woman, beauty (mujer).
hernia *f* hernia.
herniarse *pron* to rupture oneself.
héroe *m* hero.
heroico, ca *adj* heroic.
heroína *f* **1** heroine (mujer). **2** heroin (droga).
heroísmo *m* heroism.
herpes o **herpe** *m* o *f* herpes (en la cara); shingles (en el cuerpo).
herradura *f* horseshoe.
herramienta *f* tool.
herrar *tr* **1** to shoe (caballo). **2** to brand (ganado).
herrería *f* **1** blacksmith's, smithy (taller). **2** ironworks (fábrica).
hertz *m* hertz.
hervidero *m* **1** swarm, crowd (de gente). **2** hotbed (país, sitio).
hervido *m* boiling.
hervir *tr* e *intr* **1** to boil (líquido). • *intr* **2** to surge (mar). **3** (fig) to teem, to swarm (de gente); to seeth, to boil (de ira).
hervor *m* **1** boiling (líquido). **2** (fig) fervour (GB); fervor (EE UU, ardor).
heterodoxo, xa *adj* heterodox.
heterogéneo, a *adj* heterogeneous.
heterosexual *adj*/*m* y *f* heterosexual.
hexágono *m* hexagon.
hez *f* **1** sediment (poso). • **heces** *f pl* **2** dregs (gen); faeces (GB); feces (EE UU, excrementos).
hibernar *intr* to hibernate.
híbrido, da *adj*/*m* y *f* hybrid.
hidratante *adj* **1** moisturizing. • *f* **2** moisturizer.
hidratar *tr* **1** to moisturize (la piel). **2** QUÍM to hydrate.
hidrato *m* hydrate. ◆ **~ de carbono** carbohydrate.
hidráulico, ca *adj* hydraulic.
hidroavión *m* seaplane.
hidrógeno *m* hydrogen.
hidromasaje *m* hydromassage.
hidroterapia *f* hydrotherapy.
hiedra *f* ivy.
hiel *f* **1** bile. **2** (fig) bitterness (amargura).
hielo *m* ice. ■ **romper el ~** (fig, fam) to break the ice.
hiena *f* hyena.
hierba *f* **1** grass (césped). **2** herb (medicinal, para cocinar). **3** (argot) grass (marihuana). ◆ **mala ~** weed.
hierbabuena *f* mint.
hierro *m* iron. ◆ **~ forjado** wrought iron; **~ fundido** cast iron. ■ **de ~** iron.
hígado *m* liver.
higiene *f* hygiene.
higo *m* fig. ◆ **~ chumbo** prickly pear. ■ **de higos a brevas** once in a blue moon.
higuera *f* fig tree.
hijastro, tra *m* y *f* stepson (hombre); stepdaughter (mujer).

h

hijo, ja *m* y *f* **1** child; son (varón); daughter (hembra). • **hijos** *m pl* **2** children. ◆ ~ **de papá** rich kid; ~ **político / hija política** son-in-law / daughter-in-law; ~ **único / hija única** only child; ~ **mío / hija mía** my son / my daughter; my love (hombre y mujer).

> Para referirse a «hijos e hijas» se usa ***children***. Por lo tanto la pregunta: *¿cuantos hijos tienes?* debe traducirse por *how many children do you have?*

hilar *tr* to spin.
hilera *f* row, line (fila).
hilo *m* **1** thread (para coser). **2** linen (lino). **3** wire (alambre). **4** trickle (chorro). **5** (fig) thread (de una conversación). ◆ ~ **musical** piped music. ■ **perder el** ~ (fig) to lose the thread.
hilvanar *tr* **1** to baste, to tack (coser). **2** (fig) to put together (enlazar ideas).
himno *m* hymn. ◆ ~ **nacional** national anthem.
hincapié *m* **hacer ~ en algo** to place emphasis on sth, to stress sth.
hincar *tr* to drive, to thrust. ■ **hincarse de rodillas** to kneel down.
hincha *m* o *f* fan, supporter.
hinchado, da *pp* **1** → hinchar. • *adj* **2** inflated, blown up (inflado). **3** swollen (ojos, piernas); bloated (estómago). **4** (fig) vain, conceited (persona).
hinchar *tr* **1** to inflate, to blow up (globo). • **~se** *pron* **2** to swell up (piernas, pies). **~se de 3** (fig) to stuff oneself with (de comida). **~se a hacer algo 4** to so sth a lot (no parar de).
hindú *adj/m* y *f* Hindu.
hinduismo *m* Hinduism.
hinojo *m* fennel.
hiper *m* **1** → hipermercado. • *pref* **2** *hyper*.
hipérbola *f* hyperbola.
hipérbole *f* hyperbole.
hiperenlace *m* COMP hyperlink.
hipermercado *m* hypermarket.
hipertensión *f* high blood pressure.
hipertexto *m* COMP hypertext.
hípica *f* equestrian sports.
hípico, ca *adj* equestrian.
hipnosis *f* hypnosis.
hipnotizador, ra *adj* **1** hypnotic. • *m* y *f* **2** hypnotist.
hipnotizar *tr* to hypnotize.
hipo *m* hiccup, hiccough. ■ **quitar el** ~ (fig) to take one's breath away.
hipocondría *f* MED hypochondria.
hipocresía *f* hypocrisy.
hipócrita *adj* **1** hypocritical. • *m* o *f* **2** hypocrite.
hipodérmico, ca *adj* hypodermic.
hipódromo *m* racecourse (GB); racetrack (EE UU).
hipófisis *f* ANAT hypophysis.
hipotálamo *m* ANAT hypothalamus.
hipoteca *f* mortgage.
hipotecar *tr* to mortgage.
hipotenusa *f* hypotenuse.
hipótesis *f* hypothesis.
hispánico, ca *adj* Hispanic, Spanish.
hispanidad *f* Spanishness (cultura); Spanish or Hispanic World (pueblos).
hispano, na *adj* **1** Hispanic, Spanish (español). **2** Latin American (hispanoamericano). • *m* y *f* **3** Spaniard (español). **4** Latin American (hispanoamericano); Hispanic (EE UU).
hispanoamericano, na *adj* Latin American, Spanish American.
historia *f* **1** history (ciencia). **2** story (relato). ■ **dejarse de historias** (fam) to get to the point.
historiador, ra *m* y *f* historian.
historial *m* record. ◆ ~ **médico** medical record.
histórico, ca *adj* **1** historical (perteneciente a la historia). **2** historic (trascendente).
historieta *f* **1** short story (cuento). **2** comic strip (tira cómica).
hito *m* **1** milestone (mojón). **2** landmark, milestone (hecho clave).
hocico *m* **1** muzzle (de perro); snout (de cerdo). **2** (fam) snout (nariz).
hogar *m* **1** home (casa). **2** fireplace, hearth (chimenea).
hogareño, ña *adj* home-loving.
hoguera *f* bonfire.
hoja *f* leaf; sheet (de papel); blade (cuchilla); leaf (de una puerta). ◆ ~ **de afeitar** razor blade; ~ **de cálculo** spreadsheet.
hojalata *f* tin plate.
hojaldra *f* *Amér.* → hojaldre.
hojaldre *m* puff pastry, flaky pastry.

hojarasca *f* dead leaves, fallen leaves (hojas).
hojear *tr* to leaf through, to flick through.
¡hola! *interj* **1** hello! **2** (coloq) hi!
holgado, da *adj* **1** wide, baggy (ancho). **2** comfortable, well-off (acomodado).
holgar *intr* **1** to be idle (estar ocioso). **2** to be superfluous, to be unnecessary (sobrar). ■ **huelga decir que...** it goes without saying that...
holgazán, na *adj* **1** lazy, idle. ● *m* y *f* **2** idle, layabout.
holgazanear *intr* to idle, to loaf around.
holgura *f* **1** looseness, bagginess (de ropa). **2** comfort, ease (material, financiera). ■ **vivir con ~** to live comfortably.
hollar *tr* to tread.
hollín *m* soot.
holocausto *m* holocaust.
hombre *m* **1** man (individuo). **2** man, mankind (humanidad). ● *interj* **3** well!, hey! ◆ **~ de ciencia/letras** man of science/letters; **~ de confianza** right-hand man; **~ de negocios** businessman; **~ de pelo en pecho** real man; **~ orquesta** one-man band. ■ **de ~ a ~** man-to-man.
hombrera *f* **1** shoulder pad (en vestidos). **2** MIL epaulette (GB); epaulet (EE UU).
hombro *m* shoulder. ■ **a hombros** on one's shoulders; **arrimar el ~** to put one's shoulder to the wheel; **encogerse de hombros** to shrug one's shoulders.
homenaje *m* homage, tribute. ■ **rendir ~ a alguien** to pay tribute to sb, to pay homage to sb.
homenajear *tr* to pay tribute to, to pay homage to.
homeopatía *f* homoeopathy (GB); homeopathy (EE UU).
homicida *m* o *f* murderer.
homicidio *m* **1** murder. **2** (form) homicide.
homogeneizar *tr* to homogenize.
homogéneo, a *adj* homogeneous.
homologar *tr* **1** to authorize (autorizar). **2** to standardize (estandarizar).
homólogo, ga *adj* **1** equivalent, homologous. ● *m* y *f* **2** counterpart.
homosexual *adj/m* o *f* homosexual.
homosexualidad *f* homosexuality.
honda *f* sling.
hondo, da *adj* **1** deep (océano, pozo). **2** (fig) profound, deep (pensamiento, sentimiento). ● *m* **3** depths, bottom (fondo). ■ **calar ~ en** to strike a chord with.
hondonada *f* dip, hollow.
hondura *f* depth. ■ **meterse en honduras** to get into deep water.
Honduras *f* Honduras.
hondureño, ña *adj/m* y *f* Honduran.
honestidad *f* **1** honesty (honradez). **2** decency (decencia).
honesto, ta *adj* **1** honest (honrado). **2** decent (decente).
hongo *m* **1** fungus. **2** mushroom (comestible); toadstool (venenoso).
honor *m* **1** honour (GB); honor (EE UU, virtud). **2** good name, reputation. **3** honesty (honestidad). ● **honores** *m pl* **4** honours (GB); honors (EE UU, tributo). ■ **en ~ a la verdad** to be honest; **en ~ de** in honour of.
honorabilidad *f* honourableness (GB); honorableness (EE UU).
honorable *adj* honourable (GB); honorable (EE UU).
honorario, ria *adj* **1** honorary. ● **honorarios** *m pl* **2** fees.
honra *f* honour (GB); honor (EE UU, honor). ◆ **honras fúnebres** funeral rites. ■ **tener a mucha ~ + inf** to be proud to + inf.
honradez *f* honesty, integrity.
honrado, da *adj* honest.
honrar *tr* **1** to honour (GB); to honor (EE UU, respetar). ● **~se** *pron* **2** to be honoured (GB); to be honored (EE UU).
honroso, sa *adj* honourable (GB); honorable (EE UU).
hora *f* **1** hour (período): *un cuarto de hora = a quarter of an hour*. **2** time (tiempo). **ser ~ de + inf** **3** to be time to + inf: *es hora de salir = it's time to leave*. ◆ **~ de cenar** dinner time; **~ de comer** lunchtime; **horas de visita** visiting times; **horas extras** overtime. ■ **dar ~ a alguien** to give sb an appointment; **dar la ~** to strike the hour; **de última ~** last-minute; **¿qué ~ es?** what time is it?
horadar *tr* **1** to drill through (madera, metal). **2** to bore through (roca).
horario, ria *adj* **1** hourly. ● *m* **2** timetable (GB); schedule (EE UU, de tren, avión). **3** ◆ **~ comercial** business hours; **~ de visitas** visiting hours.
horca *f* **1** gallows (cadalso). **2** pitchfork (herramienta).

horchata *f* milky drink made from tiger nuts.
horizontal *adj* y *f* horizontal.
horizonte *m* horizon.
horma *f* mould, model, form (molde); last (de zapatos).
hormiga *f* ant.
hormigón *m* concrete. ♦ **~ armado** reinforced concrete.
hormigonera *f* cement mixer, concrete mixer.
hormiguero *m* anthill.
hormona *f* hormone.
hornada *f* batch.
hornear *tr* e *intr* to bake.
hornillo *m* portable stove (cocinilla).
horno *m* **1** oven (de cocina). **2** furnace (de fábrica). **3** kiln (para cerámica). ■ **al ~** roast (carne); baked (pescado).
horóscopo *m* **1** horoscope (predicción). **2** star sign (signo).
horquilla *f* hairpin, hair clip.
horrendo, da *adj* horrible, horrendous.
horrible *adj* horrible, dreadful.
horripilante *adj* terrifying, hair-raising.
horripilar *tr* **1** to horrify, to terrify. ● **~se** *pron* **2** to be horrified, to be terrified.
horror *m* horror, terror. ■ **¡qué ~!** how awful!, how terrible!
horrorizar *tr* **1** to horrify, to appal. ● **~se** *pron* **2** to be appalled.
horroroso, sa *adj* horrible, terrible.
hortaliza *f* vegetable.
hortelano, na *m* y *f* market gardener.
hortensia *f* hydrangea.
hortera *adj* (fam, desp) tacky, vulgar.
hospedar *tr* **1** to provide with accommodation. ● **~se** *pron* **2** to stay.
hospicio *m* **1** orphanage (orfelinato). **2** hospice (hospedería).
hospital *m* hospital.
hospitalario, ria *adj* hospitable, inviting.
hospitalidad *f* hospitality.
hospitalizar *tr* to hospitalize, to send to hospital.
hostal *m* hostel, small hotel.
hostelería *f* **1** hotel management (profesión). **2** hotel and catering studies.
hostia *f* **1** REL host, consecrated wafer. **2** belt, punch (golpe). ■ **¡~!** (vulg) Christ!
hostigar *tr* **1** to harass, to pester (acosar). **2** *Amér.* to cloy.
hostil *adj* hostile.
hostilidad *f* hostility.
hotel *m* hotel.
hotelero, ra *m* y *f* hotel manager, hotelier.
hoy *adv* **1** today (en este día). **2** at present, nowadays (en la actualidad). ■ **~ por ~** at the moment.
hoyo *m* small pit, hole.
hoyuelo *m* dimple.
hoz *f* sickle.
huacamole *m Méx.* guacamole.
hucha *f* money box, piggy bank.
hueco, ca *adj* **1** hollow (vacío): *suena a hueco = it sounds hollow.* **2** deep, resounding (voz). **3** vain, conceited (fatuo). ● *m* **4** space, hollow (espacio libre). **5** well (de escalera). **6** de ascensor (shaft). **7** gap (que deja alquien): *dejó un hueco difícil de llenar = he left a gap which is very difficult to fill.*
huelga *f* strike. ♦ **~ de celo** work-to-rule; **~ de hambre** hunger strike; **~ general** general strike. ■ **hacer ~** to go on strike.
huelguista *m* o *f* striker.
huella *f* **1** footprint (pisada). **2** trace, sign (señal). ♦ **~ dactilar** fingerprint. ■ **dejar ~** to leave one's mark; **sin dejar ~** without leaving a trace.
huérfano, na *adj* **1** orphaned. ● *m* y *f* **2** orphan.
huerta *f* market garden (huerto grande); orchard (de frutales).
huertero, ra *m* y *f Amér.* market gardener.
huerto *m* **1** orchard (de frutales). **2** vegetable garden (de verduras).
hueso *m* **1** bone (de esqueleto). **2** stone (de fruta). **3** *Méx.* (fam) contacts (enchufe). ■ **estar en los huesos** to be nothing but skin and bones; **ser un ~ duro de roer** to be a hard nut to crack.
huésped, da *m* y *f* guest.
huevada *f Chile, Perú* (fam) stupid remark.
huevo *m* **1** egg (de pájaro, reptil, insecto). **2** (vulg) ball (testículo). ♦ **~ de Pascua** Easter egg; **~ duro** hard-boiled egg; **~ pasado por agua** soft-boiled egg; **huevos estrellados** *Amér.* poached eggs; **huevos revueltos** scrambled eggs.
huevón, na *adj*/*m* y *f* **1** *Amér.* (fam) dim (bobalicón). **2** *Amér.* (fam) slow (lento).
huida *f* escape.
huidizo, za *adj* fugitive, elusive.
huipil *m Amér. Centr. type of woman's blouse.*

huir *intr* to escape (liberarse); to run away (marcharse).
hule *m* **1** oilcloth (tela). **2** India rubber (caucho).
humanidad *f* **1** humanity, mankind (género humano). **2** humanity, humaneness (bondad). • **humanidades** *f pl* **3** EDUC humanities.
humanitario, ria *adj* humanitarian.
humanizar *tr* **1** to humanize, to make more human. • **~se** *pron* **2** to become more human.
humano, na *adj* **1** human (cuerpo, raza, naturaleza). **2** humane (comprensivo). • *m* **3** human being, human.
humareda *f* cloud of smoke.
humeante *adj* **1** smoking (leña, carbón). **2** steaming hot (café, sopa).
humear *intr* **1** to smoke (echar humo). **2** to steam (comida, líquido).
humedad *f* **1** humidity (del aire). **2** damp (en pared, techo).
humedecer *tr* **1** to dampen, to moisten (mojar). • **~se** *pron* **2** to get damp, to get wet (mojarse); to fill with tears (ojos).
húmedo, da *adj* **1** damp (gen). **2** humid (clima).
húmero *m* ANAT humerus.
humidificador *m* humidifier.
humildad *f* humility.
humilde *adj* **1** humble, modest (modesto). **2** humble, lowly (pobre).
humillación *f* humiliation.
humillar *tr* **1** to humiliate, to humble. • **~se** *pron* **2** to humble oneself.
humo *m* **1** smoke (de fuego, pipa); vapour, steam (vapor). • **humos** *m pl* **2** aires (vanidad). ■ **bajarle a alguien los humos** to put sb in his place, to take sb down a peg.
humor *m* **1** mood, humour (disposición). **2** humour, wit (gracia). ■ **estar de buen ~/estar de mal ~** to be in a good mood/to be in a bad mood; **estar de un ~ de perros** to be in a filthy mood.
humorismo *m* **1** humour, wit (humor). **2** comedy (como profesión).
humorístico, ca *adj* funny, humorous.
humus *m* humus.
hundimiento *m* **1** sinking (de barco). **2** collapse (de edificio, negocio).
hundir *tr* **1** to sink (barco). **2** to ruin (planes, empresa). **3** to destroy (persona). • **~se** *pron* **4** to sink (barco). **5** to collapse, to fall down (edificio, puente); to collapse, to be devastated (persona); to go under (empresa).
húngaro, ra *adj/m* y *f* **1** Hungarian. • *m* **2** Hungarian (idioma).
Hungría *f* Hungary.
huracán *m* hurricane.
huracanado, da *adj* gale-force.
huraño, ña *adj* unsociable.
hurgar *intr* **~ en 1** to rummage around in: *no hurgues en mi cajón = don't rummage around in my drawer*. • **~se la nariz** *pron* **2** to pick one's nose.
hurguetear *tr* **1** *Arg., Chile* to rummage among, to finger (hurgar). **2** *Arg., Chile* to pry into (curiosear).
hurón *m* ferret.
¡hurra! *interj* hurrah!
hurtadillas *loc adv* **a ~** furtively, stealthily.
hurtar *tr* to steal, to pilfer.
hurto *m* theft, robbery.
husmear *tr* **1** to sniff out, to scent (olisquear). **2** to pry into (indagar).
huso *m* spindle.
¡huy! *interj* **1** ouch! (dolor). **2** well! (sorpresa). **3** phew! (alivio).

h

Ii

i, I *f* i, I (letra).
ibérico, ca *adj* Iberian.
iberoamericano, na *adj/m* y *f* Latin-American.
iceberg *m* iceberg.
icono o **ícono** *m* icon.
iconoclasta *adj* iconoclastic.
ictericia *f* jaundice, icterus.
ida *f* outward journey. ■ **billete de ~** single ticket (GB); one-way ticket (EE UU); **billete de ~ y vuelta** return ticket.
idea *f* **1** idea (gen). **2** idea, plan (intención). ■ **cambiar de ~** to change one's mind; **no tener ni remota ~** not to have the faintest idea.
ideal *adj* y *f* ideal.
idealista *adj* **1** idealistic. • *m* o *f* **2** idealist.
idealizar *tr* to idealize.
idear *tr* **1** to think up, to devise. **2** to invent (inventar).
ideario *m* ideology.
ídem *adv* ditto.
idéntico, ca *adj* identical.
identidad *f* identity (rasgos distintivos).
identificación *f* identification.
identificar *tr* **1** to identify (gen). • **~se** *pron* **2** to show one's identity (mediante pasaporte, carné).
ideología *f* ideology.
ideológico, ca *adj* ideological.
ideólogo, ga *m* y *f* ideologue.
idílico, ca *adj* idyllic.
idilio *m* idyll.
idioma *m* language.
idiosincrasia *f* idiosyncrasy.
idiota *adj* **1** idiotic, stupid. • *m* o *f* **2** idiot.
idiotez *f* idiocy. ■ **decir idioteces** to talk nonsense.
ido, ida *pp* **1** → ir. • *adj* **2** deranged, out of one's mind (loco).
idólatra *adj* **1** idolatrous. • *m* o *f* **2** idolater, idolizer.
ídolo *m* idol.
idóneo, a *adj* suitable.
iglesia *f* church.
iglú *m* igloo.
ignorancia *f* ignorance.
ignorar *tr* **1** not to know (desconocer). **2** to ignore (no hacer caso de).
igual *adj* **1** equal (idéntico). **2** similar, alike. **3** constant, uniform (cantidad, nivel). • *m* **4** MAT sign of equality, equal sign. • *adv* **5** the same (lo mismo): *yo pienso lo mismo = I think the same.* ■ **al ~ que** like, just like; **es ~** it doesn't matter (no importa); it's the same (idéntico); **me da ~** I don't care; **por ~** equally.
igualado, da *adj* level.
igualar *tr* **1** to equalize, to make iqual (hacer iguales). **2** to level, to smooth (terreno). • **~se** *pron* **3** to become equal. • *intr* **4** DEP to draw. • **~se** *pron* **5** to balance out (platos de la balanza). **~se a** o **con alguien 6** to treat sb as an equal.
igualdad *f* **1** equality (equidad). **2** uniformity, evenness (uniformidad). ♦ **~ de condiciones** on equal terms;**~ de oportunidades** equal oportunites.
igualitario, ria *adj* egalitarian.
iguana *f* iguana.
ilegal *adj* illegal, unlawful.
ilegalidad *f* illegality, unlawfulness.
ilegítimo, ma *adj* illegitimate.
ileso, sa *adj* unhurt.
ilimitado, da *adj* unlimited.
ilógico, ca *adj* illogical.
iluminación *f* **1** lighting, illumination (alumbrado). **2** REL illumination, enlightenment.
iluminar *tr* **1** to illuminate, to light (up) (alumbrar). • **~se** *pron* **2** to light up.
ilusión *f* **1** unfounded hope (esperanza sin fundamento). **2** illusion, delusion (falsa percepción). ■ **hacerse ilusiones** to build up one's hopes.
ilusionar *tr* **~ a alguien 1** to encourage sb's hopes, to build up sb's hopes. • **~se** *pron* **2** to get one's hopes up (forjarse ilusiones). **3** to be thrilled, to be excited (entusiasmarse).
iluso, sa *adj* **1** deluded, easily deceived. • *m* y *f* **2** dreamer.

ilustración *f* **1** illustration. **2** illustration, explanation (ejemplo). ◆ **la Ilustración** HIST the Enlightenment.
ilustrado, da *adj* **1** illustrated (texto). **2** learned, erudite (erudito).
ilustrar *tr* **1** to illustrate (texto). **2** to explain, to make clear (aclarar).
ilustre *adj* illustrious, distinguished.
imagen *f* image; picture (en televisor).
imaginación *f* imagination, fancy.
imaginar *tr* **1** to imagine. **2** to think up, to invent. ● **~se** *pron* **3** to imagine. ■ ¡imagínate! just imagine.
imaginario, ria *adj* imaginary.
imaginativo, va *adj* imaginative.
imán *m* FÍS magnet.
imbatible *adj* unbeatable, invincible.
imbécil *adj* **1** stupid. ● *m* o *f* **2** idiot.
imbecilidad *f* stupidity, idiocy.
imbuir *tr* to imbue.
imitación *f* imitation.
imitar *tr* **1** to copy, to imitate. **2** to simulate (parecerse a).
impaciencia *f* impatience.
impacientarse *pron* to grow impatient.
impaciente *adj* impatient, restless.
impactar *tr* **1** to make a deep impression on. ● **~ en** *intr* **2** to hit (chocar).
impacto *m* impact (choque); hit (de bala).
impago *adj* **1** *Chile, Ecuad., Perú* unpaid. ● *m* **2** non-payment.
impar *adj* **1** odd. ● *m* **2** odd number.
imparcial *adj* impartial, neutral.
impartir *tr* e *intr* to give, to impart.
impasible *adj* impassive, unmoved.
impávido, da *adj* **1** fearless, courageous (valiente). **2** impassible (impasible).
impecable *adj* impeccable, faultless.
impedido, da *adj* **1** crippled, disabled. ● *m* y *f* **2** crippled person, disabled person.
impedimento *m* impediment, obstacle.
impedir *tr* **1** to obstruct, to hinder (dificultar). **2** to prevent (imposibilitar).
impenetrable *adj* impenetrable.
impensable *adj* unthinkable.
imperar *intr* to prevail.
imperativo, va *adj* GRAM imperative.
imperceptible *adj* imperceptible.
imperdible *m* safety pin.
imperecedero, ra *adj* everlasting.
imperfección *f* imperfection, flaw.
imperfecto, ta *adj* **1** defective (con fallos). **2** incomplete, unfinished.
imperial *adj* imperial.
imperio *m* **1** empire (territorio, periodo de gobierno). **2** rule (autoridad).
imperioso, sa *adj* **1** imperious (autoritario). **2** imperative (urgente).
impermeable *adj* **1** waterproof, impermeable. ● *m* **2** raincoat; mac (GB).
impersonal *adj* impersonal.
impertinencia *f* impertinence, insolence.
impertinente *adj* impertinent.
imperturbable *adj* unperturbable.
ímpetu *m* **1** impetus, impulse (empuje). **2** energy (energía). **3** FÍS ímpetus.
impetuoso, sa *adj* russhing, violent (olas, viento); impetuous, (persona).
impío, a *adj* impious, irreligious.
implacable *adj* implacable, inexorable.
implantar *tr* **1** to introduce (establecer). **2** MED to implant.
implicancia *f Amér.* legal impediment.
implícito, ta *adj* implicit.
implorar *tr* to implore.
impoluto, ta *adj* unpolluted.
imponencia *f Chile, Col.* y *Ven.* grandeur.
imponente *adj* **1** imposing (impresionante). **2** sensational (magnífico).
imponer *tr* **1** to impose (castigo, impuesto, obligación). **2** to award (medalla); to give (nombre). ● *intr* **3** to inspire fear, to inspire dread. ● **~se** *pron* **4** to assert oneself, to assert one's authority. **5** to win, to prevail.
impopular *adj* unpopular.
importación *f* import, importation.
importador, ra *adj* **1** importing. ● *m* y *f* **2** importer.
importancia *f* importance. ■ **darse ~** to give oneself airs; **no dar ~ a** to consider unimportant.
importante *adj* important, considerable.
importar *intr* **1** to matter (ser importante). **2** to mind (molestar). ● *tr* **3** COM to import. ■ **no importa** it doesn't matter.
importe *m* value, cost.
importunar *tr* to inconvenience.
imposibilidad *f* impossibility.
imposibilitar *tr* to make impossible.
imposible *adj* impossible. ■ **pedir un ~** to ask the impossible.
imposición *f* **1** imposition, burden (obligación). **2** FIN deposit.
impostor, ra *m* y *f* impostor.

impotencia *f* powerlessness, impotence.
impotente *adj* **1** powerless, impotent (incapaz). **2** MED impotent.
impracticable *adj* **1** unfeasible (irrealizable). **2** impassable (intransitable).
imprecación *f* imprecation, curse.
imprecisión *f* lack of precision, vagueness.
impreciso, sa *adj* imprecise, inexact.
impregnar *tr* **1** to impregnate. • **~se** *pron* **2** to become impregnated.
imprenta *f* printing house.
imprescindible *adj* indispensable, essential.
impresentable *adj/m* o *f* unpresentable.
impresión *f* **1** impression (sensación). **2** print, printing (de texto); printout (INF). **3** shock (susto). ■ **cambiar impresiones** to exchange notes.
impresionable *adj* impressionable.
impresionante *adj* impressive.
impresionar *tr* **1** to impress, to affect (conmover). **2** FOT to expose. • **~se** *pron* **3** to be affected, to be moved.
impresionista *adj/m* o *f* ART Impressionist.
impreso, sa *pp* **1** → imprimir. • *adj* **2** printed. • *m* **3** form.
impresora *f* printer. ◆ **~ de chorro (de tinta)** ink-jet printer.
impresor, ra *m* y *f* printer.
imprevisible *adj* unpredictable (persona); unforeseeable (situación).
imprevisto, ta *adj* **1** unforeseen. • **imprevistos** *m pl* **2** COM incidentals.
imprimir *tr* **1** to print (gen); to stamp, to imprint (grabar). **2** to impart, to transmit.
improbable *adj* improbable, unlikely.
improcedente *adj* inappropriate, inapplicable.
improperio *m* insult, taunt.
impropio, pia *adj* **1** inappropriate (inadecuado). **2** incorrect (incorrecto).
improvisación *f* improvisation.
improvisar *tr* **1** to improvise. **2** MÚS to extemporize.
improviso *adj* **de ~** suddenly.
imprudencia *f* **1** imprudence (gen). **2** indiscretion (indiscreción).
imprudente *adj* imprudent, careless.
impúdico, ca *adj* immodest, shameless.
impuesto *m* tax. ◆ **~ sobre la renta** income tax.
impugnar *tr* to contest, to challenge.
impulsar *tr* **1** to push, to impel (empujar). **2** to drive (incitar). **3** to promote, to boost (promover).
impulsivo, va *adj* impulsive.
impulso *m* **1** momentum (fuerza). **2** impulse (motivación). **3** boost, stimulus (estímulo).
impune *adj* unpunished.
impureza *f* impurity.
impuro, ra *adj* impure.
imputar *tr* to impute, to attribute.
inaccesible *adj* inaccessible.
inaceptable *f* unacceptable.
inactividad *f* inactivity.
inadaptado, da *adj* **1** maladjusted. • *m* y *f* **2** misfit.
inadvertido, da *adj* **1** careless (descuidado). **2** unnoticed (sin ser visto).
inaguantable *adj* unbearable.
inalámbrico, ca *adj* cordless.
inalterable *adj* immutable, fixed.
inanimado, da *adj* inanimate.
inapetencia *f* lack of appetite.
inapreciable *adj* **1** invaluable (muy valeroso). **2** imperceptible (pequeñísimo).
inapropiado, da *adj* inappropriate.
inaudito, ta *adj* **1** unheard-of (extraordinario). **2** monstrous (monstruoso).
inauguración *f* inauguration, opening.
inaugurar *tr* to inaugurate, to open.
incandescente *adj* incandescent.
incansable *adj* tireless, unflagging.
incapacidad *f* **1** incompetence (ineptitud). **2** incapacity, inability (falta de capacidad). **3** disability (invalidez física).
incapacitado, da *adj* **1** unfit, unsuited (no adaptado). **2** *Amér.* disabled (físicamente).
incapacitar *tr* **1** to incapacitate, to render unfit (privar de capacidad). **2** to disable (físicamente).
incapaz *adj* unable, incapable (sin capacidad).
incautarse *pron* **~ de** DER to seize, to confiscate.
incauto, ta *adj* unwary.
incendiar *tr* **1** to set on fire. • **~se** *pron* **2** to catch fire.
incendiario, ria *adj* **1** incendiary. • *m* y *f* **2** fire raiser.
incendio *m* fire. ■ **contra incendios** firefighting (medidas, seguro).
incentivo *m* incentive.

incertidumbre *f* uncertainty.
incesto *m* incest.
incidencia *f* **1** impact, effect (influencia). **2** incident (suceso).
incidente *adj* **1** incident. • *m* **2** incident, occurrence.
incidir *intr* ~ **en** to affect, to influence.
incienso *m* incense.
incierto, ta *adj* **1** untrue (no verdadero). **2** uncertain, doubtful (no seguro).
incinerar *tr* to incinerate.
incisión *f* incision.
incisivo, va *adj* **1** cutting, sharp (instrumento). **2** keen (ironía, pensamiento).
inciso *m* interruption (interrupción); digression (digresión).
incitar *tr* to incite, to rouse.
inclinación *f* **1** bow (movimiento del cuerpo). **2** inclination, slant (ángulo). **3** slope (pendiente). **4** tendency (tendencia).
inclinar *tr* **1** to bow (cabeza). • *tr* y *pron* **2** to incline, to slant (en posición no vertical). • **~se** *pron* **3** to lean, to slope (en reverencia). **4** to be inclined, to tend (ser propenso).
incluir *tr* to include.
inclusive *adv* inclusive.
incluso, sa *adv* **1** even: *incluso él quedó sorprendido = even he was surprised.* • *adj* **2** included, enclosed.
incógnito, ta *adj* **1** unknown. • *f* **2** MAT unknown. • *m* **3** mystery (cosa que no se concoce). ■ **de ~** incognito.
incoherencia *f* **1** incoherence (falta de lógica). **2** inconsistency (falta de consecuencia).
incoherente *adj* **1** incoherent. **2** inconsistent.
incoloro, ra *adj* colourless.
incomodidad *f* discomfort.
incómodo, da *adj* **1** uncomfortable. **2** awkward, uncomfortable (violento).
incomparable *adj* incomparable.
incomparecencia *f* non-appearance.
incompatibilidad *f* incompatibility.
incompatible *adj* incompatible.
incompetente *adj/m* o *f* incompetent.
incomprendido, da *adj* **1** misunderstood. • *m* y *f* **2** misunderstood person.
incomprensible *adj* incomprehensible.
incomprensión *f* incomprehension.
incomunicación *f* lack of communication.
incomunicar *tr* **1** to isolate, to cut off (lugar). • **~se** *pron* **2** to isolate oneself (persona).
inconcebible *adj* inconceivable.
incondicional *adj* **1** unconditional. • *m* o *f* **2** stalwart, staunch supporter.
inconfundible *adj* unmistakable.
incongruente *adj* incongruous.
inconsciencia *f* **1** unconsciousness. **2** thoughtlessness (irresponsabilidad).
inconsciente *adj* **1** unconscious. **2** thoughtless (irresponsable, insensato).
inconsecuente *adj* inconsistent.
inconstancia *f* fickleness.
inconstitucional *adj* unconstitutional.
incontable *adj* innumerable, countless.
incontestable *adj* unquestionable.
incontinencia *f* incontinence.
inconveniencia *f* **1** inconvenience. **2** inappropriate remark (despropósito).
inconveniente *adj* **1** inappropriate. • *m* **2** difficulty, obstacle (impedimento). **3** drawback, disadvantage (desventaja).
incordiar *tr* to pester, to annoy.
incorporación *f* **1** inclusion (inclusión). **2** joining (de empleado, socio).
incorporar *tr* **1** to include (incluir). • **~se** *pron* **2** to sit up (levantarse). ■ **~se a filas** to join the army.
incorrección *f* **1** incorrectness (de respuesta). **2** impropriety (de comportamiento). **3** mistake (error gramatical).
incorrecto, ta *adj* **1** incorrect (respuesta). **2** discourteous (comportamiento).
incorregible *adj* incorrigible.
incorruptible *adj* incorruptible.
incredulidad *f* scepticism (dificultad en creer).
incrédulo, la *adj* sceptical (que no cree fácilmente).
increíble *adj* incredible, unbelievable.
incrementar *tr* y *pron* to increase.
incremento *m* increase, rise.
increpar *tr* **1** to rebuke (reprender). **2** to abuse, to insult (insultar).
incriminar *tr* to accuse.
incruento, ta *adj* bloodless.
incrustar *tr* **1** to inlay (adorno). • **~se** *pron* **2** to become incrusted, to become embedded (meterse dentro de algo).
incubadora *f* incubator.
incubar *tr* to incubate.
incuestionable *adj* unquestionable.

inculcar *tr* to instil.
inculpar *tr* to accuse of, to charge with.
inculto, ta *adj* **1** uncultured, uneducated (persona). • *m* y *f* **2** ignoramus.
incultura *f* lack of culture.
incumbencia *f* concern. ■ **no es de nuestra ~** it's not a matter for us, it is not our field.
incumbir *intr* to be of concern to.
incumplir *tr* **1** to fail to keep, to break (promesa). **2** to fail to comply with, to break (ley).
incurable *adj* incurable.
incurrir *intr* **~ en 1** to commit (error). **~ en 2** to incur (gasto).
incursión *f* raid, incursion.
indagar *tr* to investigate, to inquire into.
indebido, da *adj* wrongful.
indecencia *f* indecency.
indecente *adj* indecent.
indecisión *f* indecision.
indeciso, sa *adj* **1** undecided. **2** indecisive (que no duda).
indefenso, sa *adj* defenceless.
indefinido, da *adj* **1** undefined, vague (impreciso). **2** indefinite (que no tiene límite determinado).
indeleble *adj* indelible.
indemnización *f* indemnization.
indemnizar *tr* to indemnify, to compensate.
independencia *f* independence.
independiente *adj/m* o *f* independent.
independizar *tr* **1** to grant independence to. • **~se** *pron* **2** to become independent.
indeseable *adj/m* o *f* undesirable.
indestructible *adj* indestructible.
indeterminado, da *adj* **1** indeterminate (no determinado). **2** vague (impreciso).
indicación *f* **1** indication, sign (visible). **2** suggestion (sugerencia). **3** direction. • **indicaciones** *f pl* **4** instructions.
indicador *m* **1** indicator (gen). **2** TEC gauge, meter.
indicar *tr* **1** to indicate, to show (dar a entender). **2** to tell, to instruct (dar instrucciones). **3** to read (reloj, señal).
indicativo, va *adj m* GRAM indicative.
índice *m* **1** index (lista). **2** rate (coeficiente). • *adj* y *m* **3** index (dedo). ♦ **~ de natalidad** birth rate.
indicio *m* sign, indication.
indiferencia *f* indifference.
indiferente *adj* indifferent.
indígena *adj* **1** indigenous, native. • *m* o *f* **2** native, indigene.
indigente *adj/m* o *f* indigent.
indigestarse *pron* to give indigestion to.
indigestión *f* indigestion.
indigesto, ta *adj* hard to digest.
indignación *f* indignation.
indignar *tr* **1** to make angry, to infuriate. • **~se** *pron* **2** to get angry.
indigno, na *adj* **1** contemptible (despreciable). **~ de 2** unworthy of (no merecedor).
indio, dia *adj/m* y *f* Indian. ■ **hacer el ~** to play the fool.
indirecta *f* hint.
indirecto, ta *adj* indirect.
indisciplina *f* lack of discipline.
indiscreción *f* indiscretion.
indiscreto, ta *adj* indiscreet.
indiscutible *adj* indisputable, unquestionable.
indisoluble *adj* **1** insoluble (sustancia). **2** indissoluble (matrimonio).
indispensable *adj* indispensable.
indisponer *tr* **1** to make ill (causar malestar). **~ con 2** to set against (hacer enfadarse). • **~se** *pron* **3** to fall ill (caer enfermo).
indisposición *f* indisposition.
indispuesto, ta *adj* indisposed, unwell.
individual *adj* **1** individual. • *m* **2** DEP singles.
individualizar *tr* to individualize.
individuo, dua *adj* **1** individual. • *m* **2** individual.
indocumentado, da *adj* without indentification papers.
índole *f* **1** nature (carácter). **2** kind, type (tipo): *de toda índole = of all kinds.*
indomable *adj* **1** indomitable (espíritu). **2** untamable (animal).
inducir *tr* to incite, to persuade. ■ **~ a error** to mislead.
indudable *adj* undoubted.
indulgencia *f* indulgence.
indulgente *adj* lenient, indulgent.
indultar *tr* to pardon.
indulto *m* pardon.
indumentaria *f* dress, clothing.
industria *f* **1** industry (actividad, sector). **2** factory (fábrica).
industrial *adj* **1** industrial. • *m* o *f* **2** industrialist.

industrializar *tr* y *pron* to industrialize.
inédito, ta *adj* unpublished (obra, autor).
inefable *adj* ineffable.
ineficacia *f* ineffectiveness.
ineficaz *adj* **1** inefficient (inútil). **2** ineffective (improductivo).
ineludible *adj* inescapable, inevitable.
inepto, ta *adj* inept, incompetent.
inequívoco, ca *adj* unequivocal, unmistakable.
inercia *f* inertia.
inerte *adj* inert, lifeless.
inesperado, da *adj* unexpected.
inestable *adj* unstable (gen); unsettled (tiempo).
inestimable *adj* invaluable.
inevitable *adj* inevitable.
inexacto, ta *adj* inaccurate, inexact.
inexcusable *adj* inexcusable.
inexorable *adj* inexorable.
inexperiencia *f* inexperience.
inexperto, ta *adj* **1** inexpert (falta de habilidad). **2** inexperienced (falta de experiencia).
inexpresivo, va *adj* inexpressive.
infalible *adj* infallible.
infalsificable *adj* unfalsiable.
infame *adj* vile, despicable (persona, acción)
infamia *f* **1** disgrace (vileza). **2** dishonour (deshonra).
infancia *f* infancy, childhood.
infante, ta *m* y *f* prince; princess.
infantería *f* infantry.
infantil *adj* **1** children's (literatura, ropa); child (salud). **2** infantile, childish (persona).
infarto *m* heart attack. ◆ **~ de miocardio** heart attack.
infatigable *adj* untiring.
infección *f* infection.
infeccioso, sa *adj* infectious.
infectar *tr* **1** to infect. ● **~se** *pron* **2** to become infected.
infeliz *adj* **1** unhappy. ● *m* o *f* **2** wretch.
inferior *adj* **1** lower (jerarquía). **2** inferior (en calidad). ● *m* o *f* **3** subordinate.
inferioridad *f* inferiority.
inferir *tr* **1** to deduce, to infer (deducir). **2** to inflict (daño).
infernal *adj* infernal.
infestar *tr* to infest.
infidelidad *f* infidelity.
infiel *adj* **1** unfaithful. ● *m* o *f* **2** HIST infidel.
infierno *m* hell. ■ **mandar a alguien al ~** to tell sb to go to hell.
infiltración *f* infiltration.
infiltrar *tr* y *pron* **1** to infiltrate (líquido). ● **~se en** *pron* **2** to infiltrate (meterse a escondidas).
ínfimo, ma *adj* **1** lowest (más bajo); least (más pequeño). **2** worst (de peor calidad).
infinidad *f* **1** infinity. **2** huge number (gran número).
infinitesimal *adj* infinitesimal.
infinitivo *adj* y *m* GRAM infinitive.
infinito, ta *adj* **1** infinite. ● *m* **2** MAT infinity. ◆ **el ~** FIL the infinite.
inflación *f* inflation.
inflamable *adj* flammable, inflammable.
inflamación *f* MED inflammation.
inflamar *tr* **1** MED to inflame. ● **~se** *pron* **2** MED to become inflamed.
inflamatorio, ria *adj* MED inflammatory.
inflar *tr* **1** to inflate, to blow up (con aire). **2** (fig) to blow up (exagerar). ● **~se** *pron* **3** to inflate (de aire). **~se de 4** to stuff oneself with (comer beber).
inflexible *adj* inflexible.
inflexión *f* inflection. ◆ **punto de ~** turning point.
infligir *tr* to inflict.
influencia *f* influence.
influenciar *tr* to influence.
influir *intr* **~ en** to influence, to have an influence on.
influjo *m* influence.
influyente *adj* influential.
información *f* **1** information (gen). **2** news (noticias).
informador, ra *m* y *f* journalist, reporter.
informal *adj* **1** informal (gen). **2** informal, casual (ropa). **3** (desp) unreliable (que no cumple con los compromisos).
informalidad *f* **1** informality (gen). **2** (desp) casualness, unreliability.
informar *tr* e *intr* **1** to inform, to report. ● **~se** *pron* **2** to get information.
informática *f* computing, computer science.
informático, ca *adj* **1** computer. ● *m* y *f* **2** computer expert.
informativo, va *adj* **1** informative (explicativo). ● *m* **2** news.
informatizar *tr* to computerize.
informe *adj* **1** shapeless. ● *m* **2** report. ● **informes** *m pl* **3** information (gen); ref-

erences (para un empleo); report (sobre comportamiento).
infortunio *m* misfortune.
infracción *f* offence, infraction.
infraestructura *f* infrastructure.
infraganti *adv* red-handed, in the aet.
infranqueable *adj* insurmountable, insuperable.
infrarrojo, ja *adj* y *m* infrared.
infrecuente *adj* rare, infrequent.
infringir *tr* to infringe.
infundir *tr* to instil.
infusión *f* infusion (bebida).
ingeniar *tr* **1** to devise, to contrive (inventar). • **~se** *pron* **2** to find a way. ■ **ingeniárselas para hacer algo** to think how to do sth, to contrive to do sth.
ingeniería *f* engineering.
ingeniero, ra *m* y *f* engineer.
ingenio *m* **1** quick-wittedness (talento). **2** wit (humor). **3** invention (invento).
ingenioso, sa *adj* **1** clever, ingenious (hábil). **2** witty (perspicaz).
ingenuidad *f* ingenuousness.
ingenuo, nua *adj* ingenuous.
ingerir *tr* to ingest, to consume; to eat (comida); to drink (bebida).
Inglaterra *f* England.
ingle *f* groin.
inglés, sa *adj* **1** English. • *m* y *f* **2** Englishman (hombre); Englishwoman (mujer). • *m* **3** English (idioma).
ingratitud *f* ungratefulness, ingratitude.
ingrato, ta *adj* **1** ungrateful (persona). **2** thankless (tarea).
ingrávido, da *adj* weightless.
ingrediente *m* ingredient.
ingresar *tr* **1** to pay into, to deposit (dinero en una cuenta). • **~ en** *intr* **2** to join, to enter (organización). **~ en 3** to go into, to be admitted to (hospital).
ingreso *m* **1** entry (en una organización). **2** admission (en un hospital). **3** deposit (bancario). • **ingresos** *m pl* **4** income, revenue (dinero que se gana).
inhabilitar *tr* DER to disqualify.
inhalador *m* inhaler.
inhalar *tr* to inhale.
inherente *adj* **~ a** inherent in.
inhibición *f* **1** inhibition (de un impulso). **2** abstention (abstención).
inhibir *tr* **1** to inhibit. • **~se** *pron* **2** to abstain from intervening (abstenerse).
inhóspito, ta *adj* inhospitable.
inhumano, na *adj* inhuman, inhumane.
inhumar *tr* to bury, to inter.
iniciación *f* beginning, start.
inicial *adj* **1** initial. • *f* **2** initial.
iniciar *tr* **1** to begin, to start (gen). **~ en 2** to initiate in (técnica, secreto). • **~se en** *pron* **3** to teach oneself.
iniciativa *f* initiative.
inicio *m* beginning, start.
inigualable *adj* unsurpassable.
inimaginable *adj* unimaginable.
injerencia *f* interference.
injertar *tr* AGR, MED to graft.
injerto *m* AGR, MED graft.
injuria *f* **1** insult (insulto). **2** DER slander.
injuriar *tr* **1** to insult (insultar). **2** DER to slander.
injurioso, sa *adj* **1** insulting (insultante). **2** DER slanderous.
injusticia *f* injustice.
injustificado, da *adj* unjustified.
injusto, ta *adj* unfair, unjust.
inmadurez *f* immaturity.
inmediación *f* **1** immediacy. • **inmediaciones** *f pl* **2** environs, surroundings.
inmejorable *adj* excellent, unbeatable.
inmemorial *adj* immemorial.
inmensidad *f* immensity.
inmenso, sa *adj* immense.
inmersión *f* immersion.
inmerso, sa *adj* immersed.
inmigración *f* immigration.
inmigrante *adj/m* o *f* immigrant.
inmigrar *tr* to immigrate.
inminencia *f* imminence.
inminente *adj* imminent.
inmiscuir *tr* **1** to mix (mezclar). • **~se** *pron* **2** to meddle, to interfere.
inmobiliaria *f* **1** estate agent's (GB); real estate agency (EE UU, que vende). **2** developer (que construye).
inmoderado, da *adj* immoderate.
inmoral *adj* immoral.
inmoralidad *f* immorality.
inmortal *adj* immortal.
inmortalidad *f* immortality.
inmortalizar *tr* to immortalize.
inmóvil *adj* motionless (persona); stationary (coche, tren).
inmovilidad *f* immobility.
inmovilizar *tr* to immobilize, to paralyze.
inmueble *m* building.

inmundicia *f* **1** filth, dirt (suciedad). **2** obscenity, lewdness (impureza).
inmundo, da *adj* **1** filthy, dirty (sucio). **2** obscene, lewd (impuro).
inmune *adj* immune.
inmunidad *f* immunity.
inmunizar *tr* to immunize.
inmutable *adj* immutable, changeless.
inmutar *tr* **1** to change. • **~se** *pron* **2** to lose one's composure.
innato, ta *adj* innate.
innovación *f* innovation.
innovar *tr* to innovate.
innumerable *adj* countless.
inocencia *f* innocence.
inocuo, cua *adj* harmless, innocuos.
inocentada *f* April Fool's joke, practical joke.
inocente *adj* **1** innocent (libre de culpa). **2** naive, simple (ingenuo).
inodoro, ra *adj* **1** odourless. • *m* **2** toilet, lavatory.
inofensivo, va *adj* inoffensive, harmless.
inolvidable *adj* unforgettable.
inoperante *adj* ineffective, unproductive.
inopia *f* poverty, indigence. ■ **estar en la ~** (fam) to have no idea.
inoportuno, na *adj* ill-timed.
inorgánico, ca *adj* inorganic.
inoxidable *adj* rustproof (gen); stainless (acero).
input *m* ECON, INF input.
inquebrantable *adj* unshakeable, unswerving.
inquietante *adj* disturbing.
inquietar *tr* **1** to disturb, to worry. • **~se** *pron* **2** to get worried, to get upset.
inquieto, ta *adj* worried, anxious.
inquietud *f* restlessness, uneasiness.
inquilino, na *m* y *f* tenant.
inquirir *tr* to enquire, to investigate.
inquisidor, ra *adj* **1** inquiring, inquisitive. • *m* y *f* **2** inquirer. • *m* **3** HIST inquisitor.
insaciable *adj* insatiable.
insalubre *adj* unhealthy, insalubrious.
insatisfacción *f* dissatisfaction.
inscribir *tr* y *pron* **1** to enter (en concurso). **2** to join (en asociación).
inscripción *f* **1** inscription (caracteres grabados). **2** enrolment, registration.
insecticida *m* insecticide.
insecto *m* insect.
inseguridad *f* insecurity, lack of security.
inseguro, ra *adj* **1** insecure (falto de seguridad). **2** unsafe (peligroso).
insensatez *f* **1** stupidity, folly (necedad). **2** foolish remark (dicho insensato).
insensato, ta *adj* **1** senseless, stupid. • *m* y *f* **2** dolt, fool.
insensibilidad *f* **1** insensitivity (falta de sentimientos). **2** insensibility, numbness (entumecimiento).
insensible *adj* **1** insensitive, unfeeling (falto de sentimientos). **2** numb (entumecido). **3** imperceptible (aumento, bajada).
inseparable *adj* inseparable.
inserción *f* insertion.
insertar *tr* to insert.
inservible *adj* useless.
insigne *adj* notable, famous.
insignia *f* **1** badge, emblem (distintivo). **2** flag, banner (estandarte).
insignificante *adj* **1** insignificant. **2** trivial, petty (asunto).
insinuación *f* insinuation.
insinuar *tr* **1** to insinuate, to hint at. • **~se** *pron* **2** to ingratiate oneself.
insípido, da *adj* insipid, tasteless.
insistencia *f* insistence, persistence.
insistente *adj* insistent, persistent.
insistir *intr* **1** to insist. **~ en algo 2** to insist on sth.
insobornable *adj* incorruptible.
insociable *adj* unsociable.
insolación *f* MED sunstroke.
insolencia *f* insolence.
insolente *adj* **1** insolent, rude (desconsiderado). **2** haughty (orgulloso).
insólito, ta *adj* unusual, unwonted.
insoluble *adj* insomniac.
insomne *adj* insoluble.
insolvencia *f* insolvency, bankruptcy.
insolvente *adj* insolvent, bankrupt.
insomnio *m* insomnia, sleeplessness.
insondable *adj* unfathomable, inscrutable (misterio, pensamientos).
insonorizar *tr* to soundproof.
insonoro, ra *adj* soundless.
insoportable *adj* unbearable, intolerable.
insostenible *adj* **1** untenable (opinión, teoría). **2** unsustainable (situación).
inspección *f* inspection, examination.
inspeccionar *tr* to inspect.

inspector, ra *adj* **1** inspecting, examining. • *m* y *f* **2** inspector.
inspiración *f* **1** inspiration (de artista). **2** FISIOL breathing, inhalation.
inspirador, ra *adj* inspiring.
inspirar *tr* **1** FISIOL to inhale, to breathe in. **2** to inspire (infundir). • **~se en algo** *pron* **3** to get inspiration from sth.
instalación *f* **1** installation (acción). **2** equipment (equipo). • **instalaciones** *m pl* **3** facilities (deportivas).
instalar *tr* **1** to install (teléfono, electrodoméstico). **2** to set up (negocio). • **~se** *pron* **3** to settle, to install oneself (en una vivienda).
instancia *f* **1** form (impreso). **2** petition, entreaty (solicitud). ■ **a instancias de** at the request of, upon petition of; **en última ~** as a final resort, in the last analysis.
instantánea *f* FOT snapshot.
instantáneo, a *adj* instantaneous.
instante *m* instant, moment. ■ **a cada ~** all the time, every single moment; **al ~** immediately, at once.
instar *tr* to urge sb to do sth (urgir).
instaurar *tr* to establish, to set up.
instigar *tr* to instigate, to urge.
instintivo, va *adj* instinctive.
instinto *m* instinct. ■ **por ~** instinctively.
institución *f* **1** institution (organismo). **2** institution, setting up (acción de instituir). • **instituciones** *f pl* **3** POL state institutions.
instituir *tr* to establish, to found.
instituto *m* institute. ◆ **~ de Enseñanza Secundaria** state secondary school (GB); high school (EE UU).
institutriz *f* governess.
instrucción *f* **1** instruction, teaching (enseñanza). **2** DER proceedings. • **instrucciones** *f pl* **3** instructions (órdenes).
instructivo, va *adj* instructive.
instruir *tr* **1** to instruct. **2** to teach (educar, enseñar).
instrumental *adj* **1** MÚS, GRAM instrumental. • *m* **2** instruments (conjunto de instrumentos).
instrumento *m* **1** MÚS, DER instrument. **2** instrument, tool (utensilio).
insubordinado, da *adj* **1** insubordinate, unruly. • *m* y *f* **2** rebel.
insubordinar *tr* **1** to incite to rebellion. • **~se** *pron* **2** to rebel.
insuficiencia *f* **1** shortage, insufficiency (escasez). • **insuficiencias** *f pl* **2** inadequacies (fallos). ◆ **~ cardiaca/renal/hepática** heart/kidney/liver failure.
insuficiente *adj* **1** insufficient, inadequate. • *m* **2** fail, low mark.
insufrible *adj* insufferable, intolerable.
insular *adf* insulan.
insulina *f* insulin.
insulso, sa *adj* **1** tasteless, insipid (alimento). **2** dull, bland (carácter).
insultar *tr* to insult.
insulto *m* insult, offensive remark.
insumiso, sa *adj* **1** rebellious. • *m* y *f* **2** *person who refuses to do compulsory military service.*
insuperable *adj* **1** insurmountable (insalvable). **2** unsurpassable (inmejorable).
insurrección *f* insurrection, revolt.
intacto, ta *adj* **1** intact, untouched (no tocado). **2** whole (entero).
integración *m* integration.
integral *adj* **1** integral (esencial). **2** comprehensive (total). **3** wholemeal (pan, harina).
integrar *tr* **1** to make up, to compose (formar parte de). **2** MAT to integrate. • **~se** *pron* **3** to integrate, to adapt (adaptarse).
integridad *f* integrity.
integrismo *m* fundamentalism.
íntegro, gra *adj* **1** whole, complete (completo). **2** upright, honest (honrado).
intelectual *adj/m* o *f* intellectual.
inteligencia *f* **1** intelligence (facultad). **2** MIL intelligence (servicios secretos).
inteligente *adj* intelligent, clever.
inteligible *adj* intelligible.
intemperie *f* **a la ~** outdoors, exposed to wind and weather.
intempestivo, va *adj* inopportune, ill-timed.
intención *f* intention. ■ **con ~** deliberately; **tener ~ de hacer algo** to intend to do sth; **tener malas intenciones** to be up to no good.
intencionado, da *adj* deliberate. ◆ **bien ~** well-meaning; **mal ~** ill-intencioned.
intendente *m* o *f* quartermaster.
intensidad *f* intensity, strength (gen); heaviness (de lluvia); brightness (de luz, color); passion, strength (de amor).
intensificar *tr* y *pron* to intensify.

Internet / *Internet*

Está enganchado a internet	*He is hooked on the Internet*
Deberías probar un buscador más rápido	*You should try a faster browser*
El pirata informático robó los datos bancarios	*The hacker stole the bank details*
Se dedica al comercio electrónico	*She is in e-commerce*
Perdieron mucha información debido al virus	*They lost a lot of information because of the virus*
Ayer hice mi primera compra electrónica	*Yesterday I made my first electronic purchase*
¿Puedes escuchar tu correo de voz a través de internet?	*Can you listen to your voicemail over the Internet?*

intensivo, va *adj* intensive.
intenso, sa *adj* intense (gen); deep (color); vivid (recuerdo).
intentar *tr* to try, to attempt.
intento *m* attempt. ◆ **~ de asesinato/robo/violación** attempted murder/robbery/rape.
intercalar *tr* to intercalate, to insert.
intercambio *m* exchange, swap.
intercambiar *tr* to exchange, to swap.
interceder *intr* **~ (por alguien)** to intercede (on sb's behalf).
interceptar *tr* to block, to intercept.
intercity *m* intercity.
interés *m* **1** FIN interest (gen). ● **intereses** *m pl* **2** interests (conveniencia). ● *m* **3** self-interest (egoísmo). ◆ **intereses creados** vested interests. ■ **tener ~ en/por** to be interested in; **por ~** out of selfishness.
interesado, da *adj* **1** interested (que tiene interés). **2** selfish, self-seeking (egoísta). ● *m* y *f* **3** interested party.
interesante *adj* interesting.
interesar *intr* **1** to have an interest, to interest. ● *tr* **2** to interest, to appeal to: *no me interesan sus cuadros = his paintings don't interest me*. ● **~se** *pron* **3** to take an interest.
interferencia *f* interference.
interferir *intr* y *pron* **1** to interfere (interponer). ● *tr* e *intr* **2** RAD to interfere (fortuitamente); to jam (intencionadamente).
interfono *m* intercom, entryphone.
interino, na *adj* **1** temporary, provisional. ● *m* y *f* **2** temporary worker, stand-in.
interior *adj* **1** interior, inner (de dentro). **2** inside, interior (piso). **3** POL domestic. ● *m* **4** inside, interior (parte de dentro). **5** inner self, soul (alma, espíritu). **6** GEOG interior.
interiorizar *tr* to internalize.
interjección *f* interjection.
interlocutor, ra *m* y *f* speaker, interlocutor.
intermediario, ria *m* y *f* **1** go-between, intermediary (mediador). **2** COM middleman.
intermedio, dia *adj* **1** half-way, intermediate. ● *m* **2** interval, intermission.
interminable *adj* interminable, endless.
intermitente *adj* **1** intermittent. ● *m* **2** indicator.
internacional *adj* international.
internacionalizar *tr* to internationalize.
internado *m* boarding school.
internar *tr* **1** to hospitalize. ● **~se** *pron* **2** to advance, to penetrate (penetrar).
internauta *m* o *f* Internet user.
internet *m* Internet.
interno, na *adj* **1** internal (gen). **2** boarding (alumno). ● *m* y *f* **3** boarder (alumno). **4** MED intern.
interponer *tr* **1** to interpose, to place between (intercalar). **2** DER to lodge, to put in (recurso). ● **~se** *pron* **3** to intervene.
interpretación *f* **1** interpretation (de comentario, texto). **2** MÚS, TEAT performance.
interpretar *tr* **1** to translate, to interpret (traducir). **2** CINE, TEAT to perform.
intérprete *m* o *f* **1** interpreter (traductor). **2** MÚS performer; singer (cantante).
interrogación *f* **1** question (pregunta). **2** question mark (signo).
interrogante *adj* **1** interrogating, questioning. ● *m* **2** unanswered question.
interrogar *tr* **1** to question, to interrogate (detenido). **2** to examine (testigo).

interrogatorio *m* **1** interrogation (de detenido). **2** examination (de testigo).
interrumpir *tr* to interrupt (gen); to break off (discurso, trabajo).
interrupción *f* **1** interruption (al hablar). **2** stoppage, hold-up (bloqueo).
interruptor *m* switch.
intersección *f* GEOM intersection.
interurbano, na *adj* **1** long-distance (llamada, transporte). **2** intercity (tren).
intervalo *m* **1** interval (de tiempo). **2** gap (hueco). ■ **en el ~ de un mes** in the space of a month.
intervención *f* **1** intervention, participation (participación). **2** operation (operación quirúrgica). **3** auditing (de cuentas). **4** MIL intervention.
intervenir *intr* **1** to take part, to contribute (participar). **2** to intervene, to intercede (mediar, interceder). • *tr* **3** to tap (teléfono). **4** COM to audit. **5** MED to operate.
interventor, ra *m* y *f* COM auditor.
interviú *f* interview.
intestino *m* intestine.
intimar *intr* to become intimate, to become friendly.
intimidad *f* **1** close relationship, close friendship (amistad). **2** privacy, private life (vida privada). ■ **en la ~** in private.
intimidar *tr* **1** to intimidate. • **~se** *pron* **2** to be intimidated.
íntimo, ma *adj* **1** intimate, close (amigo, relación, trato). **2** innermost (pensamiento, sentimiento). **3** private (privado).
intolerable *adj* intolerable, unbearable.
intolerancia *f* intolerance.
intoxicación *f* intoxication, poisoning.
intoxicar *tr* **1** to poison. • **~se** *pron* **2** to get food poisoning.
intranet *f* intranet.
intranquilidad *f* worry, anxiety.
intranquilizar *tr* **1** to worry, to unsettle. • **~se** *pron* **2** to get worried, to get anxious.
intranquilo, la *adj* uneasy, worried.
intranscendente *adj* unimportant, insignificant.
intransferible *adj* non-transferable.
intransigencia *f* intransigence.
intransigente *adj* intransigent.
intransitivo, va *adj* intransitive.
intratable *adj* **1** unsociable (arisco). **2** impossible, difficult (difícil).
intrépido, da *adj* bold, intrepid.
intriga *f* intrigue.
intrigar *tr* to intrigue.
intríngulis *m* **1** (fam) snag, difficulty (dificultad). **2** puzzle, mystery (misterio).
intrínseco, ca *adj* intrinsic, inherent.
introducción *f* introduction.
introducir *tr* **1** to put in, to insert (meter). **2** to introduce (moda, tema). **~ a alguien en algo 3** to introduce sb to sth. • **~se** *pron* **4** to enter, to get into (meterse). **5** to interfere (entrometerse). ◆ **«~ monedas»** "insert coins".
intromisión *f* meddling, interference.
introvertido, da *adj* **1** introverted. • *m* y *f* **2** introvert.
intruso, sa *adj* **1** intrusive, meddlesome. • *m* y *f* **2** intruder.
intuición *f* intuition.
intuir *tr* to know by intuition, to sense.
intuitivo, va *adj* intuitive.
inundación *f* flooding, flood.
inundar *tr* **1** to flood. • **~se** *pron* **2** to be flooded.
inútil *adj* **1** useless. • *m* y *f* **2** good-for-nothing, waster.
inutilidad *f* uselessness.
inutilizar *tr* to make useless.
invadir *tr* **1** to invade (ejército). **2** to overcome (alegría, miedo).
invalidar *tr* to invalidate, to nullify.
inválido, da *adj* **1** disabled, invalid (persona). **2** invalid, null (contrato). • *m* y *f* **3** invalid, disabled person.
invariable *adj* invariable.
invasión *f* invasion.
invasor, ra *adj* **1** invading. • *m* y *f* **2** invader.
invención *f* invention.
inventar *tr* **1** to invent, to discover. • *tr* y *pron* **2** to imagine, to fabricate, to make up (imaginar).
inventario *m* inventory, stock.
inventiva *f* inventiveness.
invento *m* invention.
inventor, ra *m* y *f* inventor.
invernadero *m* greenhouse, hothouse.
invernal *adj* wintry, very cold.
invernar *intr* to winter, to overwinter.
inverosímil *adj* improbable, unlikely.
inversión *f* **1** inversion (acción de invertir). **2** FIN investment.
inverso, sa *adj* inverse, inverted. ■ **a la inversa** on the contrary.

inversor, ra *adj* **1** investment, investing. • *m* y *f* **2** investor.
invertir *tr* **1** to invest (dinero, esfuerzos). **2** to reverse (orden); to invert (objeto).
investidura *f* investiture.
investigación *f* **1** research (científica). **2** investigation, enquiry (policial, política).
investigar *tr* **1** to investigate (delito, accidente). **2** EDUC, MED to research.
investir *tr* **1** to appoint. **~ a alguien con algo 2** to confer sth on sb.
invidente *adj* **1** blind, sightless. • *m* o *f* **2** blind person.
invierno *m* winter.
invisible *adj* invisible.
invitación *f* invitation.
invitado, da *adj* **1** invited. • *m* y *f* **2** guest.
invitar *tr* to invite.
invocar *tr* to invoke, to call on.
involucrar *tr* **1** to involve. • **~se en** *pron* **2** to get involved in.
involuntario, ria *adj* involuntary, unintentional.
invulnerable *adj* invulnerable.
inyección *f* injection.
inyectable *adj* injectable.
inyectar *tr* **1** to inject. • **~se** *pron* **2** to inject oneself.
ión *m* ion.
ir *intr* **1** to go: *¿adónde va? = where's he going?* **2** to work (funcionar): *la radio no va = the radio doesn't work.* **3** to go (progresar): *¿cómo va el proyecto? = how's the project going?* **4** to suit (sentar bien): *el azul no me va = blue doesn't suit me.* **~ a 5** to lead to, to go to (conducir a): *esta carretera va al aeropuerto = this road goes to the airport.* **~ de 6** to be about (tratar): *¿de qué va el libro? = what's the book about?*; to go as (ir en calidad de): *fui de ayudante = I went as an assistant.* **~ por o con alguien 7** to go fo sb (referirse). • **~ a + inf** *aux* **8** to be going to + inf: *voy a verla = I'm going to see her.* • **~se** *pron* **9** to go, to leave: *el autocar se ha ido = the coach has left.* **10** to go (gastarse). ■ **¡allá va!** there it goes!; **~ de compras** to go shopping; **¿qué le vamos a hacer?** what else can I do about it?; **¡qué va!** no way!, not likely!; **¡vamos!** come on! (para animar); **¡vámonos!** let's go!; **¡vaya!** well!, what a surprise! (expresando sorpresa); oh no! (decepción); well (al resumir).
ira *f* anger, rage.
iracundo, da *adj* irate.
iris *m* iris.
Irlanda *f* Ireland.
irlandés, sa *adj* **1** Irish. • *m* y *f* **2** Irishman (hombre); Irishwoman (mujer). • *m* **3** Irish (idioma).
ironía *f* irony.
irónico, ca *adj* ironic.
ironizar *tr* to lampoon, to satirize.
irracional *adj* irrational.
irradiar *tr* to irradiate.
irreal *adj* unreal.
irreflexivo, va *adj* thoughtless.
irregular *adj* irregular.
irremediable *adj* **1** irremediable (daño). **2** irreplaceable (pérdida).
irresistible *adj* **1** irresistible (persona). **2** unbearable (sufrimiento).
irresponsable *adj* **1** irresponsible. • *m* y *f* **2** irresponsible person.
irreversible *adj* irreversible.
irrevocable *adj* irrevocable.
irrisorio, ria *adj* laughable, derisory.
irritable *adj* irritable.
irritación *f* irritation.
irritar *tr* **1** to irritate, to annoy. • **~se** *pron* **2** to get irritated, to get annoyed (persona). **3** to become irritated (piel, ojos).
irrumpir *intr* **~ en** to burst into, to rush into.
irrupción *f* inrush, irruption.
isla *f* GEOG island.
islam *m* Islam.
islamismo *m* Islamism.
istmo *m* isthmus.
Italia *f* Italy.
italiano, na *adj*/*m* y *f* **1** Italian. • *m* **2** Italian (idioma).
itinerante *adj* **1** itinerant, roving (persona). **2** travelling (GB); traveling (EE UU, exposición).
itinerario *m* itinerary, route.
IVA (*abrev de* **Impuesto sobre el Valor Añadido**) *m* VAT, value added tax.
izar *tr* to hoist.
izquierda *f* left (lado, dirección). ◆ **la ~** the left hand (mano); **la ~** POL the left, the Left. ■ **a la ~** on the left; **de izquierdas** left-wing.
izquierdo, da *adj* left.

i

Jj

j, J *f* j, J (letra).
jabalí *m* wild boar.
jabalina *f* DEP javelin.
jabón *m* soap. ◆ **~ de afeitar** shaving soap; **~ de tocador** toilet soap.
jabonar *tr* **1** to soap. ● **~se** *pron* **2** to soap oneself.
jabonera *f* soap dish.
jabonoso, sa *adj* soapy.
jaca *f* cob (caballo).
jacinto *m* BOT hyacinth.
jactarse *pron* to boast, to brag.
jacuzzi *m* jacuzzi.
jade *m* jade.
jaguar *m* ZOOL jaguar.
jaiba *f Amér.* ZOOL crab.
jalar *tr* (fam) to gulp down (engullir).
jalea *f* jelly. ◆ **~ real** royal jelly.
jaleo *m* **1** fuss, commotion (escándalo). **2** mess (desorden). ■ **armar un ~** to kick up a fuss.
jallo, lla *adj* **1** *Méx.* conceited (presumido). **2** *Méx.* touchy (quisquilloso).
jalona *f Amér. Centr.* flighty woman.
jalonar *tr* **1** to mark out (señalar). **2** (fig) to mark.
jamás *adv* never: *jamás volverá a pasar = it will never happen again.* ■ **la mejor película que he visto ~** the best film I've ever seen; **nunca ~** never again; **por siempre ~** for ever and ever.
jambar *tr Hond., Méx.* to eat.
jamón *m* ham. ◆ **~ de York** cooked ham. ◆ **~ en dulce** cooked ham; **~ serrano** cured ham.
Japón *m* Japan.
japonés, sa *adj/m* y *f* **1** Japanese. ● *m* **2** Japanese (idioma).
jaque *m* check. ◆ **~ mate** checkmate.
jaqueca *f* migraine.
jarabe *m* syrup.
jarana *f* (fam) spree, binge (juerga). ■ **salir de ~** (fam) to go out on the town.
jardín *m* garden. ◆ **~ botánico** botanical garden; **~ de infancia** nursery school, kindergarten.
jardinera *f* jardinière (con pedestal); window box (de balcón).
jardinería *f* gardening.
jardinero, ra *m* y *f* gardener.
jarearse *pron Méx.* to be dying of hunger (morirse de hambre).
jarra *f* **1** jug (GB); pitcher (EE UU, para servir). **2** tankard (para beber). ■ **en jarras** hands on hips.
jarro *m* jug.
jarrón *m* vase.
jauja *f* the promised land. ■ **¡esto es ~!** this is the life!
jaula *f* cage.
jauría *f* pack of hounds (de perros).
jazmín *m* jasmine.
jazz *m* jazz.
jefatura *f* **1** leadership (cargo). **2** headquarters (sede).
jefe, fa *m* y *f* **1** boss (de empresa, organización). **2** head (de departamento). **3** chief (de tribú). **4** leader (de partido). ◆ **~ de cocina** chef; **~ de estación** stationmaster; **~ de Estado** head of state; **~ de gobierno** prime minister.
jemiquear *intr Chile* → jeremiquear.
jeque *m* sheik.
jerarquía *f* hierarchy.
jeremiquear *intr Amér.* (coloq) to moan.
jerez *m* sherry.
jerga *f* jargon.
jeringa *f* syringe.
jeringar *tr Amér.* (fig, fam) to hassle, to pester (molestar).
jeringuilla *f* syringe.
jeroglífico*m* hieroglyphic.
jersey *m* sweater, jersey.
Jesucristo *m* Jesus Christ.
jesuita *adj/m* o *f* Jesuit.
Jesús *m* **1** Jesus. ● *interj* **2** bless you! (al estornudar); good heavens! (indicando sorpresa).
jet *m* **1** AER jet. ● *f* **2** jet set.
jeta *f* **1** (coloq) mug (cara). **2** (coloq) cheeky so-and-so (caradura). ■ **tener ~** (fam) to have a nerve.

jícara *f Amér.* cup.
jilguero *m* goldfinch.
jilote *m Amér.* green ear of corn.
jinete *m* o *f* horseman, rider (hombre); horsewoman, rider (mujer).
jinetear *tr* e *intr* to ride (montar).
jirafa *f* giraffe.
jockey *m* o *f* jockey.
jocoso, sa *adj* jocular, humorous.
joder *tr* e *intr* **1** (vulg) to fuck, to screw (copular). • *tr* **2** (vulg) to annoy. • *interj* **3** (vulg) bloody hell! (vulg). ■ **¡hay que joderse!** (vulg) can you believe it!; **¡no jodas!** bollocks!, pull the other one!
jogging *m* jogging.
jolgorio *m* fun, merrymaking.
jornada *f* **1** day. • *f pl* **2** conference (simposio). ◆ ~ **intensiva** short time; ~ **laboral** working day; **media** ~ part-time; ~ **completa** full-time; ~ **de viaje** day's journey.
jornal *m* day's wage.
jornalero, ra *m* y *f* day labourer (GB); day laborer (EE UU).
joroba *f* ANAT hump.
jorobado, da *adj* **1** hunchbacked. • *m* y *f* **2** hunchback.
jorongo *m Méx.* poncho.
jota *f* **1** j (nombre de la letra). **2** MÚS Aragonese folk dance. ■ **no saber ni ~ de algo** (fam) not to have a clue about sth.
joven *adj* **1** young. • *m* o *f* **2** young person (gen); young man (hombre); young woman (mujer). ◆ **los jóvenes** young people, the youth: *los jóvenes de hoy día – the youth of today.*
jovial *adj* cheerful, jovial.
joya *f* **1** piece of jewellery. **2** (fig) gem (persona, cosa). • *f pl* **3** jewels (gen); jewellery (GB); jewelry (EE UU).
joyería *f* **1** jeweller's shop. **2** jewellery trade (GB); jewelry trade (EE UU, comercio).
joyero, ra *m* y *f* **1** jeweller (GB); jeweler (EE UU, persona). • *m* **2** jewellery box (GB); jewelry box (EE UU, estuche).
jubilación *f* **1** retirement (retiro). **2** pension (pensión).
jubilado, da *adj* **1** retired. • *m* y *f* **2** pensioner, retired person.
jubilar *tr* **1** to retire, to pension off. • **~se** *pron* **2** to retire.
jubileo *m* jubilee.
júbilo *m* jubilation.
judía *f* BOT bean. ◆ ~ **blanca** haricot bean; ~ **verde** green bean, French bean; **judías pintadas** kidney beans.
judío, a *adj* **1** Jewish. • *m* y *f* **2** Jew.
judo *m* judo.
juego *m* **1** play (esparcimiento). **2** game (ejercicio, diversión). **3** gambling (de apostar). **4** set (conjunto de objetos). ◆ ~ **de azar** game of chance; ~ **de café** coffee set; ~ **de manos** conjuring trick; ~ **de niños** child's play; ~ **de palabras** play on words; **Juegos Olímpicos** Olympic Games. ■ **estar en ~** to be at stake; **fuera de ~** DEP offside; **hacer ~** to match.
juerga *f* (coloq) spree, rave-up. ■ **irse de ~** (coloq) to go out partying.
juerguista *m* o *f* (coloq) party animal.
jueves *m* Thursday.
juez *m* o *f* **1** DER judge. **2** DEP referee. ◆ ~ **de silla** umpire.
jueza *f* judge.
jugada *f* **1** move, play (en fútbol, tenis); move (en ajedrez). **2** dirty trick (mala pasada).
jugador, ra *m* y *f* **1** player (deportista). **2** gambler (que apuesta).
jugar *intr* **1** to play (entretenerse). **2** to gamble (apostar). ~ **a algo 3** to play sth (ajedrez, cartas). • *tr* e *intr* **4** DEP to play. • *tr* **5** to bet (apostar). ■ ~ **con alguien** to play with sb (no tomar en serio); **jugársela a alguien** to do the dirty on sb.
jugarreta *f* dirty trick.
juglar *m* minstrel.
jugo *m* **1** juice. **2** (fig) substance. ◆ ~ **de naranja** orange juice.
jugoso, sa *adj* juicy.
juguete *m* toy.
juguetear *intr* ~ **con** to play with.
juguetería *f* toyshop.
juicio *m* **1** judgement (entendimiento). **2** common sense, reason (sensatez). **3** DER trial. ◆ **el Juicio Final** the Final Judgement. ■ **a mi ~** in my opinion; **estar en su sano ~** to be in one's right mind; **perder el ~** to lose one's mind.
juicioso, sa *adj* wise, sensible.
julepear *tr Amér.* to frighten, to scare (asustar).
julio *m* July.
jumbo *m* jumbo jet.
junco *m* BOT reed.

jungla *f* jungle.
junio *m* June.
júnior *adj/m* o *f* junior.
junta *f* **1** meeting, assembly (reunión). **2** board (de una empresa); board, committee (comité). **3** MIL, POL junta. **4** MEC, TEC joint. ◆ **~ directiva** board of directors.
juntar *tr* **1** to join, to put together (manos, mesas); to assemble (piezas). **2** to collect (reunir). ● **~se** *pron* **3** to get together (reunirse). **4** to move closer together (acercarse). **5** to meet, to converge (carreteras). **6** to live together (como pareja).
junto, ta *adj* y *adv* together: *ponemos las mesas juntas = let's put the tables together, estudiábamos juntos = we studied together.* ■ **junto a** next to, by; **junto con** together with.
jurado, da *m* **1** jury (de tribunal, concurso). ● *m* o *f* **2** juror, member of the jury (en un tribunal); judge (en un concurso). ◆ **~ jurado** security guard.
juramento *m* oath. ■ **bajo ~** on oath; **prestar ~** to take an oath.
jurar *tr* **1** to swear (asegurar, prometer). ● *intr* **2** to swear, to curse (blasfemar).
jurel *m* horse mackerel.
jurídico, ca *adj* legal.
jurisdicción *f* jurisdiction.
jurista *m* o *f* jurist.
justicia *f* justice. ◆ **la ~** the law. ■ **hacer ~ a algo/alguien** to do justice to sth/sb; **tomarse la ~ por su mano** to take the law into one's own hands.
justificación *f* justification.
justificante *m* receipt. ◆ **~ de pago** proof of payment.
justificar *tr* **1** to justify. ● **~se** *pron* **2** to justify oneself, to make excuses for oneself.
justo, ta *adj* **1** fair, just (ecuánime). **2** right, exact (exacto). **3** tight (ajustado). ● *adv* **4** just (exactamente). ■ **~ a tiempo** just in time; **~ en medio** right in the middle.
juvenil *adj* young, youthful.
juventud *f* **1** youth (período). **2** young people, youth (jóvenes).
juzgado *m* court. ◆ **~ de guardia** police court.
juzgar *tr* **1** to consider, to judge (considerar). **2** to assess (evaluar). **3** DER to judge (caso).

Kk

k, K *f* **1** k, K (letra). ● *m* **2** (abrev de *kilobyte*) k.
ka *f* k (nombre de la letra).
kamikace *m* kamikaze.
kárate o **karate** *m* karate.
karateca *m* o *f* karateist.
kazako, ka *adj/m* y *f* **1** Kazakh. ● *m* **2** Kazakh (idioma).
keniano, na o **keniata** *adj/m* y *f* Kenyan.
kilo *m* kilo, kilogram.
kilobyte *m* INF kilobyte.
kilociclo *m* kilocycle.
kilogramo *m* kilogram.
kilometraje *m* mileage.
kilómetro *m* kilometre (GB); kilometer (EE UU).
kilovatio *m* kilowatt.
kimono *m* kimono.
kiosco *m* newsstand (de periódicos); refreshments stall (de refrescos).
kiwi *m* kiwi.
koala *m* ZOOL koala.
kleenex® *m* Kleenex®, tissue.
k.o. *m* DEP knock-out.
koala *m* ZOOL koala.

Ll

l, L *f* **1** l, L (letra). **2** *m* MÚS la, lah (en solfeo); A (nota).
la *art* **1** the: *la mesa = the table.* • *pron* **2** her (a ella); you (a Ud); it (cosa): *la vi en el cine = I saw her at the cinema.* ■ **~ de él** his; **~ de ella** hers; **~ de Ud/Uds** yours; **~ de ellos/ellas** theirs.

> El artículo **la** se traduce por el posesivo cuando se refiere a una parte del cuerpo, una prenda de ropa que llevamos puesta o algo que nos pertenece: *se me hace la boca agua = it makes my mouth water*. No se traduce cuando determina una cosa general, en expresiones de tiempo o con apellidos: *me encanta la seda = I love silk.*

laberinto *m* maze, labyrinth.
labia *f* (coloq) gift of the gab.
labio *m* lip.
labor *f* **1** work (trabajo). **2** needlework (bordado). ♦ **labores agrícolas** farm work; **~ de equipo** teamwork. ■ **sus labores** housewife (ocupación).
laboral *adj* labour (GB); labor (EE UU).
laboratorio *m* laboratory. ♦ **~ de idiomas** language laboratory.
laborioso, sa *adj* **1** industrious (trabajador). **2** laborious (trabajoso).
laborismo *m* Labour Movement.
labrador, ra *m* y *f* farmer.
labranza *f* **1** farming (cultivo). **2** farm (hacienda).
labrar *tr* **1** to work (metal); to cut, to carve (piedra); to carve (madera). **2** AGR to plough (GB); to plow (EE UU). ■ **labrarse un porvenir** to build a future for oneself.
laburo *m Amér.* (fam) work.
laca *f* **1** lacquer (barniz). **2** hairspray, hair lacquer (para el pelo).
lacayo *m* **1** footman (criado). **2** (fig) lackey, flunkey.
laceador *m Amér.* lassoer.
lacerar *tr* **1** to lacerate, to tear (herir). **2** (fig) to wound, to hurt (desgarrar).
lachear *tr Chile* to chat up.
lacio, cia *adj* lank, straight (pelo).
lacón *m* shoulder of pork.
lacónico, ca *adj* laconic.
lacra *f* **1** MED mark, scar. **2** (fig) blemish, blight (defecto).
lacrar *tr* to seal.
lacre *m* sealing wax.
lacrimógeno, na *adj* (coloq) tear-jerking (historia, película). ♦ **gas ~** tear gas.
lactancia *f* lactation.
lactante *adj* nursing, lactating.
lácteo, a *adj* milk, dairy. ♦ **productos lácteos** dairy products.
ladear *tr* **1** to tilt (inclinar). • **~se** *pron* **2** to lean (inclinarse). **3** to move to one side (apartarse).
ladera *f* hillside, mountainside.
ladilla *f* crab, crab louse.
ladino, na *adj* cunning, wily (astuto).
lado *m* side. ■ **al ~** near, nearby; **al ~ de** next to, beside; **al otro ~** on the other side; **a un ~ y a otro** on both sides; **dejar a alguien de ~** to leave sb out; **dejar algo a un ~** to leave sth aside; **hacerse a un ~** to stand aside; **la casa de al ~** next door; **por un ~... pero por otro ~** on the one hand... but on the other hand.
ladrar *intr* to bark.
ladrido *m* bark.
ladrillo *m* **1** brick. **2** (fig, fam) bore, pain (coloq, cosa pesada).
ladrón, na *m* y *f* **1** thief (de coches); robber (de bancos); burglar (de casas). • *m* **2** ELEC adaptor.
lagar *m* press.
lagartija *f* small lizard.
lagarto *m* **1** ZOOL lizard. **2** (fig, coloq) crafty devil.
lago *m* lake.
lágrima *f* tear. ■ **llorar a ~ viva** to sob one's heart out.
lagrimear *intr* **1** to weep, to cry (llorar). **2** to water (ojos).

laguna *f* **1** lake (agua dulce); lagoon (agua salada). **2** (fig) blank (fallo en la memoria). **3** (fig) gap (en los conocimientos).
laico, ca *adj* **1** lay, secular. • *m* y *f* **2** layperson.
lamber *tr Amér.* to crawl, to toady (adular).
lamentable *adj* pitiful, terrible (estado, aspecto); deplorable, lamentable (comportamiento).
lamentar *tr* **1** to regret, to be sorry about. • **~se** *pron* **2** to complain, to moan.
lamento *m* **1** lament (lamentación). **2** cry, moan (de dolor).
lamer *tr* **1** to lick (persona, animal). • **~se** *pron* **2** to lick oneself.
lámina *f* **1** sheet (de metal). **2** plate (plancha grabada, ilustración). **3** engraving (grabado).
lámpara *f* **1** ELEC lamp. **2** RAD valve. ◆ **~ de pie** standard lamp; **~ de techo** ceiling light.
lamparón *m* grease stain.
lampiño, ña *adj* beardless, smooth-faced (sin barba).
lamprea *f* lamprey.
lana *f* wool. ■ **de ~** woollen (GB); woolen (EE UU).
lanar *adj* **ganado ~** sheep.
lance *m* **1** throw (acción de lanzar). **2** incident (episodio). **3** event (suceso).
lancha *f* launch (embarcación); motor boat (de motor). ◆ **~ motora** motor boat, speedboat; **~ salvavidas** lifeboat.
landó *m* landau.
langosta *f* **1** lobster (crustáceo). **2** locust (insecto).
langostino *m* Dublin Bay prawn.
languidecer *intr* to languish.
lánguido, da *adj* languid, listless.
languso, sa *adj Méx.* crafty, cunning (astuto).
lanolina *f* lanolin.
lanudo, da *adj* woolly (GB); wooly (EE UU).
lanza *f* lance, spear.
lanzacohetes *m* rocket launcher.
lanzadera *f* shuttle. ◆ **~ espacial** space shuttle.
lanzamiento *m* **1** throwing (de una pelota); launch (de proyectil, satélite); dropping (de una bomba). **2** DEP throw (de disco, de jabalina); put (de peso). **3** launch, launching (de producto, de campaña). ◆ **~ de peso** shot put.
lanzar *tr* **1** to throw (pelota); to launch (proyectil, satélite); to drop (bomba). **2** DEP to throw (disco, jabalina); to put (peso). **3** to launch (producto, campaña). • **~se** *pron* **4** to throw oneself (arrojarse).
lapa *f* ZOOL limpet.
lapicera *f Amér.* pen (estilográfica).
lapicero *m* propelling pencil (GB); automatic pencil (EE UU, portaminas).
lápida *f* commemorative plaque (conmemorativa); tombstone (en una tumba).
lapidar *tr* to stone.
lápiz *m* pencil. ◆ **~ de color** crayon; **~ de labios** lipstick; **~ de ojos** eyeliner.
lapso *m* **1** space, period (intervalo). **2** slip (lapsus).
largar *tr* **1** to let go (soltar). **2** (fam) to give (bofetada). • **~se** *pron* **3** to leave; to clear off, to beat it (coloq).
largo, ga *adj* **1** long (gen). **2** (fam) tall (alto). **3** good (cantidad): *un rato largo = a good while*. • *m* **4** length (longitud). **5** length (GB); lap (EE UU, en natación). • *interj* **6** get out! ■ **a la larga** in the long run; **a lo ~ de** along (camino); throughout (película, novela); **dar largas a alguien** to put sb off; **pasar de ~** to pass by; **¡~ de aquí!** (coloq) clear off!
largometraje *m* feature film.
larguero, ra *m* **1** crossbeam (viga); jamb (puerta). **2** DEP crossbar (travesaño).
laringe *f* larynx.
laringitis *f* laryngitis.
larva *f* larva.
las *art* **1** the. • *pron* **2** them (a ellas). ■ **~ de él** his; **~ de ella** hers; **~ de Ud/Uds** yours; **~ de ellos/ellas** theirs; **~ que** the ones who.
lascivia *f* lasciviousness, lust.
lascivo, va *adj* lascivious, lustful.
láser *m* laser.
lástima *f* **1** compassion, sympathy (compasión). **2** pity, shame (pena). ■ **da ~ ver a la gente así** it's sad to see people in that state; **¡qué ~!** what a shame!, what a pity!
lastimar *tr* **1** to hurt, to injure (herir). • **~se** *pron* **2** to hurt oneself, to injure oneself.
lastre *m* **1** ballast (de barco, globo). **2** (fig) burden (estorbo).

lata *f* **1** tin, can (de alimento); can (de bebida). **2** tin (material). **3** (fig, fam) nuisance; pain, drag (coloq, fastidio). ■ **dar la ~** (fam) to be a pain; **¡qué ~!** (fam) what a drag! (coloq).
latear *tr Chile* to be a nuisance.
latente *adj* latent.
lateral *adj* **1** side (calle, puerta). ● *m* y *f* **2** DEP winger. ● *m* **3** outer lane (de carretera).
latero, ra *adj* **1** *Amér.* boring (pesado). ● *m* y *f* **2** *Amér.* tinsmith (hojalatero).
látex *m* latex.
latido *m* beat.
latifundio *m* large estate.
latigazo *m* **1** lash (golpe). **2** crack of the whip (chasquido).
látigo *m* whip.
latín *m* Latin. ■ **saber mucho ~** (fig, fam) to be nobody's fool.
latinismo *m* Latinism.
latino, na *adj/m* y *f* Latin.
Latinoamérica *f* Latin America.
latinoamericano, na *adj/m* y *f* Latin American.
latir *intr* to beat.
latitud *f* latitude.
latón *m* brass.
latoso, sa *adj* (fam) annoying.
laúd *m* lute.
laurel *m* laurel, bay. ◆ **hoja de ~** bay leaf. ■ **dormirse en los laureles** to rest on one's laurels.
lava *f* lava.
lavabo *m* **1** washbasin (GB); wash-hand basin (EE UU, recipiente). **2** bathroom (cuatro de baño). ● *m pl* **3** toilets (GB); restroom (EE UU, aseos).
lavadero *m* **1** utility room (habitación). **2** sink (fregadero).
lavado, da *m* wash. ◆ **~ a mano** handwashing; **~ automático** automatic wash; **~ de cerebro** brainwashing.
lavadora *f* washing machine.
lavanda *f* lavender.
lavandería *f* laundry.
lavaplatos *m* o *f* **1** dishwasher (persona). ● *m* **2** dishwasher (máquina).
lavar *tr* **1** to wash (coche, suelo); to wash up, to do the washing up (platos). ● **~se** *pron* **2** to have a wash, to wash oneself. **3** to wash (cara, manos).
lavativa *f* enema.
lavavajillas *m* **1** dishwasher (máquina). **2** washing-up liquid (detergente).
laxante *adj* y *m* laxative.
laxar *intr* to act as a laxative.
lazarillo *m* guide. ◆ **perro ~** guide dog.
lazo *m* **1** bow (nudo). **2** lasso (para animales). **3** (fig) link, bond (vínculo). **4** (fig) snare, trap (trampa).
le *pron* **1** (objeto directo) him (él): *le encontré en el bar = I met him in the bar*; you (Ud) **2** (objeto indirecto) (to) him (a él): *le compré un libro = I bought him a book*; (to) her (a ella): *le di el regalo = I gave her the present*; (to) you (a Ud): *le di el informe = I gave you the report.*

> El artículo **le** se traduce por el posesivo cuando se refiere a una parte del cuerpo, una prenda de ropa que alguien lleva puesta o una pertenencia: *le quité el abrigo = I took his coat.*

leal *adj* loyal, faithful.
lealtad *f* loyalty.
lección *f* lesson. ■ **dar una ~ a alguien** to teach sb a lesson.
lechal *m* suckling lamb (cordero).
leche *f* milk. ◆ **~ bronceadora** suntan lotion; **~ condensada** condensed milk; **~ desnatada** skimmed milk; **~ entera** full cream milk; **~ limpiadora** cleansing milk; **~ merengada** *drink made from egg whites, sugar and cinnamon.* ■ **ser la ~** (coloq) to be the pits; **¡la ~!** (coloq) good grief!; **pegarse una ~** (vulg, coloq) to come a cropper (coloq); **tener mala ~** (fam) to have a foul temper (tener mal carácter); to be a nasty piece of work (ser antipático).
lechería *f* dairy.
lechero, ra *adj* **1** milk, dairy. ● *m* y *f* **2** dairyman (hombre); dairymaid (mujer).
lecho *m* bed.
lechón *m* suckling pig.
lechuga *f* lettuce.
lechuza *f* owl.
lectivo, va *adj* school.
lector, ra *m* y *f* **1** reader. ● *m* o *f* **2** EDUC foreign-language assistant. ● *m* **3** INF scanner.
lectura *f* **1** reading (acción). **2** reading matter (texto, obra). **3** INF scanning.

leer *tr, intr* y *pron* **1** to read. • *tr* **2** INF to scan.
legado *m* **1** legacy, bequest (herencia). **2** legate (persona).
legal *adj* **1** legal, lawful. **2** (fam) honest; on the level (coloq, honesto).
legalidad *f* legality, lawfulness.
legalizar *tr* to legalize.
legaña *f* sleep.
legar *tr* to bequeath, to leave to.
legendario, ria *adj* legendary.
legión *f* legion.
legionario, ria *adj* **1** legionary. • *m* **2** legionnaire.
legislación *f* legislation.
legislatura *f* term of office.
legitimar *tr* to legitimize.
legítimo, ma *adj* **1** legitimate, rightful (gen). **2** real, genuine (auténtico).
llegua *f* league. ◆ **~ marina** marine league.
legumbre *m* pulse, pod vegetable.
leguminosa *f* leguminous plant.
lejanía *f* distance.
lejano, na *adj* distant, far-off (país, región); remote (pueblo).
lejía *f* bleach.
lejos *adv* far, far away (en el espacio); long ago (en el pasado). ■ **a lo ~** in the distance; **de ~** from a distance; **eso queda ya ~** that happened a long time ago.
lelo, la *adj* **1** (fam) stupid, simple.
lema *m* **1** motto (de emblema). **2** slogan (publicitario).
lencería *f* **1** lingerie (ropa interior). **2** draper's (tienda).
lengua *f* **1** ANAT tongue. **2** language (idioma). ◆ **~ materna** mother tongue; **malas lenguas** gossip. ■ **darle a la ~** (fam) to chat, to prattle; **morderse la ~** (fam) to hold one's tongue; **tener algo en la punta de la ~** (fam) to have sth on the tip of one's tongue.
lenguado *m* sole.
lenguaje *m* language. ◆ **~ de programación** INF programming language; **~ máquina** INF machine language.
lengüeta *f* **1** tongue (de zapato). **2** MÚS reed.
lente *m* o *f* **1** lens. • *m pl* **2** glasses, spectacles. ◆ **~ de contacto** contact lens.
lenteja *f* lentil.
lentejuela *f* sequin.
lentilla *f* contact lens.
lentitud *f* slowness. ■ **con ~** slowly.
lento, ta *adj* **1** slow (gen); slow-working (veneno); lingering. • *adv* **2** slowly.
leña *f* firewood. ■ **echar ~ al fuego** to add fuel to the fire.
leñador, ra *m* y *f* woodcutter, lumberjack.
leño *m* log. ■ **dormir como un ~** to sleep like a log.
leñoso, sa *adj* woody.
Leo *m* **1** ASTR Leo (signo). • *m* o *f* **2** Leo (persona).
león *m* ZOOL lion. ◆ **~ marino** sea lion.
leona *f* **1** ZOOL lioness. • *adj* **2** (fig) fierce woman (mujer).
leonera *f* (fam, fig) mess, pigsty (habitación).
leopardo *m* ZOOL leopard.
leotardos *m pl* thick tights.
lepra *f* leprosy.
leproso, sa *adj* **1** leprous. • *m* y *f* **2** leper.
lerdo, da *adj* **1** sluggish (lento). **2** clumsy (torpe). **3** (coloq) dim (tonto).
les *pron* **1** (objeto directo) them (ellos, ellas): *les vi en el cine = I saw them at the cinema*; you (Uds). **2** (objeto indirecto) (to) them (a ellos, a ellas): *les di el recado = I gave them the message*; (to) you (a Uds).
lesbiano, na *adj/m* y *f* lesbian.
lesión *f* **1** wound, lession. **2** DEP injury.
letal *adj* lethal, deadly.
letanía *f* litany.
letargo *m* lethargy.
letra *f* **1** letter (signo gráfico). **2** handwriting (caligrafía). **3** MÚS lyrics. • *f pl* **4** EDUC arts. ◆ **~ cursiva** italics; **~ de cambio** bill of exchange; **~ mayúscula/minúscula** capital/small letter; **~ negrita** bold type. ■ **escribir cuatro letras a alguien** to drop a line to sb; **leer la ~ pequeña** to read the small print.
letrado, da *adj* **1** learned. • *m* y *f* **2** lawyer.
letrero *m* sign, notice.
letrina *f* latrine.
leucocito *m* leucocyte.
leucoma *f* leucoma.
levadizo, za *adj* raisable. ◆ **puente ~** drawbridge.
levadura *f* yeast.
levantamiento *m* **1** lifting (de un objeto). **2** lifting, raising (de una sanción). **3** uprising (insurrección).

levantar *tr* **1** to lift, to raise (objeto). **2** to construct, to erect (edificio). **3** to lift (sanción). **4** to get up (poner de pie). • **~se** *pron* **5** to get up (de la cama, del suelo). **6** to stand up (ponerse de pie). **7** to rise up (sublevarse). **8** to be adjourned (sesión). **9** to lift (niebla); to raise (viento). ■ **~ el campamento** to strike camp; **~ la vista** to look up.
levante *m* **1** east (punto cardinal). **2** easterly wind (viento).
leve *adj* **1** light. **2** slight (mínimo). **3** trivial, unimportant (poco importante).
levedad *f* **1** lightness (ligereza). **2** slightness (de temblor). **3** (fig) levity (de ánimo). **4** mildness (de enfermedad).
levita *f* frock coat.
léxico, ca *adj* **1** lexical. • *m* **2** vocabulary.
lexicografía *f* lexicography.
ley *f* **1** law. **2** act (parlamentaria). • **leyes** *m pl* **3** law (derecho). ◆ **la ~** the law; **~ de la oferta y la demanda** law of suply and demand; **~ del embudo** unfair law. ■ **aprobar una ~** to pass a law; **conforme a la ~** in accordance with the law; **de ~** pure (oro); sterling (plata).
leyenda *f* legend.
liana *f* liana.
liar *tr* **1** to tie, to bind (atar). **2** to wrap up (envolver). **3** to roll (cigarrillo). **4** to involve (involucrar). **5** (fam) to complicate (complicar). **6** (fam) to confuse, to get in a muddle (confundir). • **~se** *pron* **7** to get complicated (complicarse). **8** to get muddled up (confundirse). **~se a 9** to start to (comenzar a).
libélula *f* dragonfly.
liberación *f* **1** freeing, release (de un rehén, preso). **2** liberation (de un país, pueblo).
liberal *adj/m* o *f* **1** liberal. **2** POL Liberal.
liberar *tr* **1** to free, to release. **2** to free, to exempt (de una responsabilidad). • **~se** *pron* **3** to free oneself, to liberate oneself.
libertad *f* **1** freedom, liberty. • *f pl* **2** liberties (derechos). ◆ **~ condicional** parole; **~ de expresión** freedom of speech; **~ de prensa** freedom of the press. ■ **dejar a alguien en ~** to set sb free; **tomarse libertades** to take liberties.
libertar *tr* to free, to liberate.
libertinaje *m* licentiousness.
libertino, na *adj/m* y *f* libertine.
libido *f* libido.
libra *f* pound (peso, moneda). ◆ **~ esterlina** pound sterling.
Libra *m* **1** Libra (signo). • *m* y *f* **2** Libra (persona).
librar *tr* **~ a alguien de algo 1** to save sb from sth. **2** to draw (cheque, letra). **3** to fight, to wage (batalla, combate). • *intr* **4** to have the day off (tener el día libre). • **~se de** *pron* **5** to escape; to get out of (responsabilidad).
libre *adj* free. ■ **al aire ~** open-air. ◆ **entrada ~** free admission; **~ de impuestos** tax-free; **ir por ~** (fam) to do one's own thing; **los 100 metros libres** the 100 metres freestyle (carrera).
librea *f* livery.
librería *f* **1** bookshop (GB); bookstore (EE UU, tienda). **2** bookcase (estantería).
librero, ra *m* y *f* bookseller.
libreta *f* notebook. ◆ **~ de ahorros** savings book, passbook.
libreto *m* libretto.
libro *m* **1** book. • *m pl* **2** books (contabilidad). ◆ **~ de bolsillo** paperback; **~ de caja** cash book; **~ de consulta** reference book; **~ de reclamaciones** complaints book; **~ de texto** text book.
licencia *f* **1** licence (GB); license (EE UU). **2** permission (permiso). **3** permit (documento). ◆ **~ de armas** gun licence (GB); gun permit (EE UU); **~ poética** poetic licence.
licenciado, da *m* y *f* EDUC graduate.
licenciar *tr* **1** MIL to discharge. **2** EDUC to award a degree to. • **~se** *pron* **3** EDUC to graduate.
licenciatura *f* degree.
licencioso, sa *adj* licentious.
liceo *m Amér.* secondary school (GB); high school (EE UU, colegio).
lícito, ta *adj* lawful, legal.
licor *m* liquor, spirits.
licuadora *f* liquidizer, blender.
licuar *tr* to liquidize (alimentos).
líder *m* o *f* leader.
liderato *m* leadership (en una carrera).
lidia *f* bullfighting.
lidiar *tr* **1** TAUROM to fight. • **~ con algo/alguien** *intr* **2** to fight against sth/sb.
liebre *f* hare.

lienzo *m* **1** canvas (tela). **2** painting (cuadro).
liga *f* **1** DEP league. **2** league, alliance (asociación). **3** garter (para media).
ligadura *f* MED, MÚS ligature.
ligamento *m* ANAT ligament.
ligar *tr* **1** to tie, to bind (atar). **2** to bind (salsa). • *intr* **3** (coloq) to score (conquistar). • **~se** *pron* **4** (coloq) to get off with (GB); to make out with (EE UU conquistar).
ligereza *f* **1** lightness (poco peso). **2** agility (agilidad). **3** swiftness (rapidez). **4** flippancy (frivolidad).
ligero, ra *adj* **1** light (que pesa poco). **2** agile (ágil). **3** swift (veloz). **4** flippant (frívolo). **5** minor (de poca importancia). **6** slight (dolor). **7** light (comida, vino). ■ **a la ligera** lightly.
ligón, na *m* y *f* (fam) womanizer (hombre); man-eater (mujer).
lija *f* sandpaper.
lila *f* **1** BOT lilac. • *m* **2** lilac (color).
lima *f* **1** BOT lime (fruto). **2** file (herramienta). ◆ **~ de uñas** nail file.
limadura *f* filing.
limar *tr* **1** to file, to file down (alisar). **2** to polish (pulir).
limbo *m* REL limbo. ■ **estar en el ~** to have one's head in the clouds.
limitar *tr* **1** to limit, to restrict. • **~ con** *intr* **2** to border on (lindar). • **~se** *pron* **3** to limit oneself.
límite *m* **1** limit (extremo). **2** boundary (frontera). ◆ **~ de velocidad** speed limit; **fecha ~** deadline, closing date.
limítrofe *adj* bordering; neighbouring (GB); neighboring (EE UU).
limo *m* mud.
limón *m* lemon (fruto).
limonada *f* lemonade.
limonero *m* BOT lemon tree.
limosna *f* alms, charity. ■ **pedir ~** to beg.
limpiabotas *m* bootblack.
limpiacristales *m* window-cleaning fluid (detergente).
limpiaparabrisas *m* windscreen wiper (GB); windshield wiper (EE UU).
limpiar *tr* e *intr* **1** to clean. • *tr* **2** to wipe (con un trapo). **3** to clear (dejar libre). ■ **~ la casa** to do the housework.
limpieza *f* **1** cleanliness (cualidad de limpio). **2** cleaning (acción de limpiar). **3** honesty (honradez). ◆ **~ en seco** dry-cleaning.
limpio, pia *adj* **1** clean. **2** tidy, neat (pulcro). **3** honest (honrado). **4** fair (jugada). • *adv* **5** fairly. ■ **en ~** net, clear; **pasar algo a ~** to make a fair copy of sth; **sacar en ~** to conclude.
linaje *m* descent, lineage.
lince *m* **1** ZOOL lynx. **2** (fig) sharp-eyed person.
linchar *tr* to lynch.
lindar *intr* **1** to adjoin (gen). **~ con** **2** to border on, (terrenos, conceptos).
linde *m* o *f* boundary.
lindo, da *adj* pretty, lovely. ■ **de lo ~** a lot, a great deal.
línea *f* **1** line (gen). **2** figure (silueta). ◆ **~ aérea** airline. ■ **~ continua** AUT solid white line; **~ de meta** finishing line (en carreras); goal line (fútbol); **~ de salida** starting line; **~ telefónica** telephone line; **cuidar la ~** to watch one's figure; **en ~/fuera de ~** INF on line/off line; **en líneas generales** broadly speaking.
lineal *adj* linear.
linfocito *m* lymphocyte.
lingote *m* ingot.
lingüista *m* o *f* linguist.
lingüística *f* linguistics.
lino *m* **1** flax (planta, fibra). **2** linen (tela).
linterna *f* **1** lantern, lamp (farol). **2** torch (GB); flashlight (EE UU, de pilas).
lío *m* **1** bundle (hato). **2** (fam) mess (embrollo). **3** (fam) fuss, racket (barullo). **4** (fam) affair (aventura). ■ **armar un ~** (fam) to kick up a fuss; **hacerse un ~** (fam) to get into a muddle; **meterse en un ~** (fam) to get into a jam.
liposucción *f* liposuction.
lipotimia *f* blackout.
liquen *m* lichen.
liquidación *f* **1** sale (venta). **2** liquidation (de un negocio).
liquidar *tr* **1** to sell off, to liquidate (existencias). **2** to wind up, to put into liquidation (negocio). **3** to settle (cuenta). **4** (fig, fam) to bump off (matar).
líquido, da *adj* **1** liquid. **2** FIN, COM net. • *m* **3** liquid.
lira *f* **1** MÚS lyre. **2** lira (moneda).
lírica *f* lyric poetry.
lírico, ca *adj* lyric, lyrical.
lirio *m* iris.

lirón *m* ZOOL dormouse. ■ **dormir como un ~** (fam) to sleep like a log (coloq).

lisiado, da *adj* **1** crippled. ● *m* y *f* **2** cripple.

liso, sa *adj* **1** smooth (superficie). **2** straight (pelo). **3** plain (color). ● *m* **4** *Amér.* rude person (grosero).

lisonja *f* flattery.

lisonjear *tr* to flatter.

lisonjero, ra *adj* **1** flattering.

lista *f* **1** list (relación). **2** stripe (raya). ♦ **~ de boda** wedding list; **~ de correos** poste restante (GB); general delivery (EE UU); **~ de espera** waiting list; **~ de precios** price list. ■ **pasar ~** to take the register.

listín *m* telephone directory.

listo, ta *adj* **1** clever (inteligente). **2** ready (preparado). **3** finished, ready (terminado). ● *m* y *f* **4** clever person. ■ **estar ~** to be ready; **pasarse de ~** (fam) to be too clever by half (coloq); **ser más ~ que el hambre** to be nobody's fool.

listón *m* **1** batten, (de madera). **2** DEP bar.

litera *f* **1** bunk bed (cama). **2** berth (en un barco); couchette (en un tren).

literal *adj* literal.

literario, ria *adj* literary.

literato, ta *m* y *f* writer.

literatura *f* literature.

litigar *intr* to litigate, to be in litigation.

litigio *m* **1** DER lawsuit, litigation. **2** dispute (disputa).

litografía *f* **1** lithography (sistema). **2** lithograph (grabado).

litoral *adj* **1** coastal. ● *m* **2** coast.

litosfera *f* lithosphere.

litro *m* litre (GB); liter (EE UU).

liturgia *f* liturgy.

liviano, na *adj* **1** light (carga). **2** thin (blusa). **3** fickle (inconstante).

lívido, da *adj* **1** pallid (pálido).

llaga *f* sore, ulcer.

llama *f* **1** flame. **2** ZOOL llama. ■ **en llamas** in flames, on fire.

llamada *f* **1** call (telefónica). **2** knock (en la puerta); ring (al timbre). ♦ **~ a cobro revertido** reverse-charge call; **~ internacional** international call; **~ interurbana** trunk call (GB); long-distance call (EE UU); **~ urbana** local call.

llamado, da *adj* **1** so-called (denominado). ● *m* **2** *Amér.* call (de teléfono).

llamar *tr* **1** to call, to phone, to ring up (por teléfono). **2** to summon (convocar). **3** to call, to name (poner de nombre). ● *intr* **4** to knock (a la puerta); to ring (al timbre). ● **~se** *pron* **5** to be called: *se llama Paco = he's called Paco, his name is Paco, ¿cómo te llamas? = what's your name?* ■ **~ a filas** to call up; **~ a la huelga** to call out on strike; **¿cómo te llamas?** what's your name?

llamarada *f* **1** sudden blaze, flare-up (de fuego). **2** outburst (de ira).

llamativo, va *adj* **1** striking, attractive (persona). **2** loud (color, prenda).

llaneza *f* straightforwardness, simplicity.

llano, na *adj* **1** flat, even (plano). **2** simple (sencillo). **3** frank (sincero). ● *m* **4** plain (llanura).

llanta *f* wheel rim.

llanto *m* crying, weeping.

llanura *f* **1** flatness, evenness (de superficie). **2** plain (terreno).

llave *f* **1** key (de puerta). **2** switch (interruptor). **3** DEP lock. ♦ **~ de contacto** ignition key; **~ de paso** stopcock **~ inglesa** adjustable spanner (GB); adjustable wrench (EE UU); **~ maestra** master key. ■ **bajo ~** under lock and key; **cerrar con ~** to lock.

llavero *m* keyring.

llegada *f* arrival.

llegar *intr* **1** to arrive (a un destino): *llegaron a las tres = they arrived at three o'clock.* **~ a 2** to arrive in, to get to (ciudad, país); to arrive at, to get to (aeropuerto, estación, edificio). **3** to reach (alcanzar). **~ a 4** to amount to, to come to (ascender a). **5** to be enough, to suffice (bastar). ■ **~ a hacer algo** to manage to do sth.

> Cuando **llegar** se refiere a alcanzar algo se traduce por ***to reach***: *¿llegas? = can you reach?* En sentido figurado, se usa ***to achieve***: *llegar a un objetivo = to achieve a goal.*

llenar *tr* **1** to fill (recipiente, espacio). **2** to occupy (tiempo). **3** to fulfil (GB); to fulfill (EE UU, satisfacer). ● **~se** *pron* **4** to fill up (estadio, recinto). **5** to get full (de comida). **~se de 6** to get covered with (cubrirse).

lleno, na *adj* **1** full (recipiente, recinto). **2** full, full up (atiborrado). **~ de 3** covered with (cubierto de). • *m* **4** TEAT full house, sell-out. ■ **acertó de ~** he was bang on target; **de ~** full on.

llevar *tr* **1** to take: *te llevo en coche = I'll take you in the car, I'll give you a lift.* **2** to carry (transportar). **3** to wear (llevar puesto). **4** to lead (vida). **5** to run, to manage (negocio). **6** to keep (libros, contabilidad). **7** to have (tener, contener): *esta blusa no lleva botones = this blouse doesn't have any buttons.* **8** to take (tardar): *me llevará dos horas = it will take me two hours.* **9** to be (tiempo): *llevo dos años aquí = I've been here for two years.* **10** to be older than: *me lleva diez años = he's ten years older than me.* • **~ a** *intr* **11** to lead to (conducir a). • **~se** *pron* **12** to take away, to carry away (objeto, persona). **13** to carry off (premio). **14** to be fashionable (estar de moda). **15** to get (susto, sorpresa). **16** to take, to steal (robar). **~se con 17** to get on with (avenirse). ■ **me llevo una** carry (the) one; **~ las de perder** (fam) to be likely to lose; **llevarse bien (con)** to get on well (with); **llevarse mal (con)** to get on badly (with).

llorar *tr* e *intr* **1** to cry, to weep. • *tr* **2** to mourn (lamentar).

llorera *f* blubbering, crying.

llorón, na *adj* **1** weeping. • *m* y *f* **2** crybaby. ◆ **sauce ~** weeping willow.

llover *impers* **1** to rain. • **~ sobre** *intr* **2** (fig) to rain down on (caer con abundancia). ■ **~ a cántaros** to pour down, to rain cats and dogs.

llovizna *f* drizzle.

lloviznar *impers* to drizzle.

lluvia *f* **1** rain (gen). **2** (fig) shower (de golpes, insultos); hail (de balas). ◆ **~ ácida** acid rain; **~ radioactiva** nuclear fallout. ■ **bajo la ~** in the rain.

lluvioso, sa *adj* rainy, wet.

lo *art* **1** the: *lo interesante = the interesting thing, lo peor = the worst thing.* **~ + adj 2** how: *¡lo fuertes que eran! = how strong they were!* • *pron* **3** him (él): *no lo conozco = I don't know him*; it (cosa). **4** (a veces no se traduce) it: *no lo creo = I don't believe it, no lo sé = I don't know.* ■ **~ de** the business with: *lo de su marido = the business with her husband*; **~ difícil es que...** the difficult thing about it is that...; **~ que** what: *no sé lo que quieres = I don't know what you want.*

> **Lo** no se traduce cuando se usa como complemento directo de los verbos «decir», «saber» y «ser»: *lo sé = I know*; *díselo = tell her.*

loar *tr* to praise.

loba *f* she-wolf.

lobo *m* wolf. ◆ **~ de mar** sea dog.

lóbulo *m* lobe.

local *adj* **1** local. • *m* **2** premises.

localidad *f* **1** town (municipio). **2** TEAT seat (plaza); ticket (entrada).

localizar *tr* **1** to find, to locate (persona, sitio). **2** to localize (epidemia). • **~se** *pron* **3** to become localized.

loción *f* lotion.

loco, ca *adj* **1** mad, crazy, insane. **2** amazing, incredible (asombroso). • *m* y *f* **3** madman (hombre); madwoman (mujer). ■ **a lo ~** hastily (sin pensar); **estar ~ por** to be crazy about, to be mad about.

locomotora *f* locomotive.

locuaz *adj* talkative, locuacious.

locución *f* phrase, expression.

locura *f* **1** madness, insanity. **2** folly (desatino). ■ **con ~** madly; **de ~** crazy.

locutor, ra *m* y *f* RAD, TV announcer (de la programación); commentator (de deportes); newsreader (de noticias).

locutorio *m* TELECOM telephone booth.

lodo *m* mud.

lógica *f* logic (ciencia).

logotipo *m* logotype, logo.

lograr *tr* **1** to achieve, to attain (objetivo). **2** to win (galardón). **3** to fulfil (GB); to fulfill (EE UU, sueño). ■ **~ hacer algo** to manage to do sth.

logrero, ra *m* y *f* **1** usurer (usurero). **2** *Amér.* sponger (oportunista).

logro *m* achievement.

loma *f* ridge, hillock.

lombriz *f* earthworm.

lomo *m* **1** back (parte del cuerpo). **2** loin (carne). **3** spine, back (de un libro). ◆ **~** *Amér.* **embuchado** *pork loin stuffed with seasoned mince*; **~ ibérico** *cold, cured pork sausage.*

lona *f* sailcloth, canvas.
loncha *f* slice.
longaniza *f type of cured pork sausage.*
longitud *f* **1** length (dimensión). **2** GEOG longitude. ♦ **~ de onda** wavelength.
lonja *f* **1** slice (loncha). **2** commodity exchange (mercado).
lora *f* **1** *Amér.* parrot (papagayo). **2** *Amér.* gossip (mujer charlatana).
loro *m* parrot.
los *art* **1** the: *los Brown = the Browns.* • *pron* **2** them: *los compró = he bought them.* ■ **~ que** those (which), the ones (which) (para cosas); those (who), the ones (who), the people who (para personas): *escoge los que quieras = take the ones (which) you want.*
losa *f* **1** stone slab; flagstone (para enlosar). **2** tombstone (de sepulcro).
loseta *f* floor tile.
lote *m* **1** batch, lot (de productos). **2** share, portion (parte).
lotería *f* lottery. ■ **tocarle a uno la ~** (fig) to strike it lucky, to strike gold (tener suerte).
lotero, ra *m* y *f* lottery ticket seller.
loza *f* **1** china (material). **2** crockery (vajilla).
lozanía *f* **1** vigour (de una persona). **2** luxuriance (de una planta).
lubina *f* bass.
lubricante *adj* y *m* lubricant.
lucero *m* ASTR bright star (lunar). ♦ **~ del alba/de la tarde** morning/evening star.
lucha *f* **1** fight (combate); struggle (combate arduo y continuo). **2** DEP wrestling. ♦ **~ de clases** class struggle.
luchar *tr* **1** to fight (pelear). **2** to struggle (esforzarse).
lucidez *f* lucidity, clarity.
lucido, da *adj* magnificent, brilliant.
luciérnaga *f* glowworm.
lucifer *m* Lucifer.
lucimiento *m* **1** brilliance (brillo). **2** success (éxito).
lucir *intr* **1** to shine (dar luz). **2** to do good (dar el resultado esperado). **3** to look good (destacar). • *tr* **4** to show off, to display (exhibir). **5** *Amér.* to look, to seem (parecer). • **~se** *pron* **6** to distinguish oneself (quedar bien).
lucro *m* gain, profit.
lucubrar *intr* to lucubrate.
lúdico, ca *adj* ludic, recreational.
ludopatía *f* compulsive gambling.
luego *adv* **1** then, afterwards (después); later (más tarde). **2** *Amér.* soon, quickly (prontamente). • *conj* **3** therefore. ■ **desde ~** of course, naturally; **¡hasta ~!** see you!, bye!; **~~** *Amér.* straight away.
lugar *m* **1** place (sitio, localidad, situación). **2** room (espacio libre). ♦ **~ común** commonplace. ■ **dar ~ a** to give rise to, to prompt; **en ~ de** instead of; **sin ~ a dudas** without any doubt; **tener ~** to take place; **yo en tu ~** if I were you.
lugareño, ña *m* y *f* villager.
lúgubre *adj* lugubrious.
lujo *m* **1** luxury (suntuosidad. **2** wealth, (abundancia). ■ **de ~** luxury, de luxe.
lujoso, sa *adj* luxurious.
lujuria *f* lust, lechery.
lumbago *m* lumbago.
lumbre *f* fire (fuego). ■ **¿tienes ~?** have you got a light?
lumbrera *f* **1** genius, luminary (persona). **2** skylight (ventana). **3** MEC vent, port.
luminoso, sa *adj* light, bright.
luna *f* **1** moon (astro). **2** mirror (espejo). **3** glass (cristal). **4** window (ventana). ♦ **~ de miel** honeymoon. ■ **estar en la ~** to be miles away; **vivir en la ~** to have one's head in the clouds.
lunar *adj* **1** lunar. • *m* **2** mole, beauty spot (en la piel). ■ **de lunares** spotted (tela).
lunes *m* Monday.
luneta *f* windscreen (GB); windshield (Amér., de coche).
lupa *f* magnifying glass.
lustrabotas *m Amér.* bootblack.
lustrar *tr* to polish, to shine.
lustre *m* shine, lustre.
lustro *m* period of five-years.
luto *m* mourning. ■ **llevar ~** to be in mourning.
luxación *f* dislocation, luxation.
luz *f* **1** light (gen). **2** electricity (corriente eléctrica). ♦ **~ artificial** artifical light; **~ solar** sunlight. ■ **a la ~ de** to switch the light off/on; **apagar/encender la ~** at first light, at daybreak; **dar a ~** to give birth; **darle ~ verde a algo** to give sth the go-ahead; **sacar a la ~** to bring out, to publish (publicar); **salir a la ~** to come out, to come to light (hacerse público); **tener pocas luces** to be dim, to be not very bright.
lycra® *f* Lycra®.

l

Mm

m, M *f* m, M (letra).
macabro, bra *adj* macabre.
macana *f Amér.* (fam) stupid thing, nonsense (disparate).
macanudo, da *adj Amér.* (fam) great, fantastic.
macarrones *m pl* macaroni.
macedonia *f* fruit salad.
macerar *tr* to macerate.
maceta *f* flowerpot (tiesto).
macetero *m* flowerpot stand.
machaca *m* o *f* dogsbody.
machacar *tr* **1** to crush (aplastar); to grind (moler). **2** (fam) to hammer away at (insistir sobre). • *intr* **3** (fam) to swot (estudiar mucho).
machaquear *tr Amér.* → machacar.
machar *tr* **1** → machacar. • **~se** *pron* **2** *Amér. Merid.* (fam) to get hammered (emborracharse).
machete *m* machete.
machismo *m* machism.
machista *adj/m* o *f* male chauvinist.
macho *adj* **1** male. **2** (fig) virile. **3** MEC male. • *m* **4** male (animal del sexo masculino). **5** mule (mula). **6** pin, peg (clavija). **7** plug (de un enchufe). **8** he-man, tough guy (hombre fuerte).
macizo, za *adj* **1** compact (compacto). • *m* **2** solid, mass (masa). **3** massif (de montañas). **4** bed (de plantas).
macramé *m* macramé.
macrobiótico, ca *adj* macrobiotic.
macuco, ca *adj* **1** *Chile* cunning, crafty.
mácula *f* stain.
macuto *m* rucksack, haversack.
madeja *f* hank.
madera *f* **1** wood (material); timber, lumber (para contruir). **2** piece of wood. ■ **de ~** wooden: *un suelo de madera = a wooden floor*; **tener ~ de** to have the makings of.
madrastra *f* stepmother.
madraza *f* indulgent mother.
madre *f* **1** mother (gen). **2** REL mother. ◆ **~ adoptiva** foster mother; **~ política** mother-in-law. ■ **¡~ mía!** my goodness!, heavens!
madrero, ra *m* y *f* mother's boy (chico); mother's girl (chica).
madreselva *f* honeysuckle.
madriguera *f* den; burrow.
madrileño, ña *adj* **1** of or from Madrid. • *m* y *f* **2** native of Madrid.
madrina *f* **1** godmother (de un niño). **2** bridesmaid (en una boda).
madroñal *m* grove of strawberry trees.
madroño *m* **1** strawberry tree (árbol). **2** *fruit of the strawberry tree* (fruto).
madrugada *f* early morning (noche); dawn (amanecer). ■ **de ~** very early in the morning.
madrugador, ra *m* y *f* early riser, early bird.
madrugar *intr* to get up early (levantarse temprano).
madrugón *adj* **pegarse un ~** (fam) to get up at the crack of dawn.
madurar *intr* y *pron* **1** to ripen (fruto). • *intr* **2** to mature (persona). • *tr* **3** to think over (una decisión).
madurez *f* **1** ripeness (de frutos). **2** maturity (sensatez). **3** adulthood (edad adulta).
maduro, ra *adj* **1** ripe (fruto); mature (vino). **2** mature (persona).
maestría *f* mastery, skill.
maestro, tra *adj* **1** master: *obra maestra = masterpiece*. • *m* y *f* **2** teacher (profesor). **3** master (de un arte, en un oficio). **4** MÚS maestro. ◆ **~ de ceremonias** master of ceremonies; **~ de cocina** chef.
mafia *f* mafia.
magancear *intr Chile, Col.* (fam) to loaf around.
magdalena *f* GAST fairy cake.
magia *f* magic.
mágico, ca *adj* magic.
magistrado, da *m* y *f* magistrate, judge.
magistral *adj* masterly, expert.
magistratura *f* **1** magistracy, judgeship (cargo). **2** magistracy, judges (magistrados).

magnánimo, ma *adj* magnanimous.
magnate *m* magnate.
magnesia *f* magnesia.
magnesio *m* magnesium.
magnético, ca *adj* magnetic.
magneto *f* magneto.
magnetofóno *m* tape recorder.
magnicidio *m* magnicide.
magnífico, ca *adj* magnificent.
magnitud *f* magnitude.
magnolia *f* magnolia.
mago, ga *m* y *f* magician, wizard. ◆ **los Reyes Magos** the Three Wise Men.
magrebí *adj/m* o *f* Maghrebi.
magro, gra *adj* **1** lean. ● *m* **2** lean pork.
maguey *m Amér.* BOT maguey.
magulladura *f* bruise (contusión).
magullar *tr* to bruise.
mahometano, na *adj/m* y *f* Mohammedan.
mahonesa *f* mayonnaise.
maicena *f* cornflour (GB); corn starch (EE UU).
maître *m* head waiter, maitre d'.
maíz *m* maize, corn.
maizal *m* maize field.
majaderear *intr Amér.* (fam) to be a pain, to make a nuisance of oneself.
majadero, ra *adj* **1** (fam) stupid, silly. ● *m* y *f* **2** (fam) idiot.
majestad *f* majesty.
majestuoso, sa *adj* majestic.
majo, ja *adj* nice (simpático).
mal *adj* **1** (delante de sust) → malo. **2** ill, sick (enfermo). ● *m* **3** evil, wrong (lo contrario al bien). **4** harm (daño). **5** illness, disease (enfermedad) ● *adv* **6** badly (de mala manera). **7** wrong, badly (incorrectamente). ◆ **~ de altura, ~ de montaña** mountain sickness; **~ de ojo** evil eye; **~ menor** lesser evil. ■ **hablar ~ de alguien** to speak ill of sb; **ir de ~ en peor** to go from bad to worse; **saber ~** to taste bad; **tomar algo a ~** to take sth badly (comida).
malabarismo *m* juggling.
malabarista *m* o *f* juggler.
malagradecido, da *adj Amér.* ungrateful.
malaria *f* malaria.
malcriado, da *adj* rude, bad-mannered.
malcriar *tr* to bring up badly, to spoil.
maldad *f* **1** badness, evil (cualidad). **2** evil deed (acción).
maldición *f* curse. ■ **¡~!** damn it!
maldito, ta *adj* (fam) damned, bloody.
maleable *adj* malleable.
malecón *m* **1** dike (dique). **2** breakwater (rompeolas).
maleducado, da *adj* **1** rude, bad mannered.
malentendido *m* misunderstanding.
malestar *m* **1** discomfort (indisposición física). **2** uneasiness, misgiving (inquietud). ■ **tengo un ~ en el estómago**
maleta *f* suitcase, case (para ropa). ■ **hacer la ~** to pack.
maletero *m* **1** AUT boot (GB); trunk (EE UU). **2** porter (mozo).
maletín *m* small case, bag (para ropa); briefcase (portafolios).
malévolo, la *adj* malevolent.
maleza *f* **1** undergrowth (espesura). **2** weeds (malas hierbas).
malformación *f* deformity, malformation.
malgastar *tr* to waste (dinero, tiempo); to ruin (salud).
malhablado, da *adj* **1** rude, coarse. ● *m* y *f* **2** rude person.
malhechor, ra *adj* **1** wicked. ● *m* y *f* **2** criminal, wrongdoer.
malherir *tr* to injure seriously.
malicia *f* **1** malice (intención malévola). **2** cunning, guile (astucia).
malicioso, sa *adj* malicious, spiteful (que tiene malicia).
maligno, na *adj* MED malignant.
malintencionado, da *adj* malicious, spiteful.
malla *f* **1** mesh (tejido). **2** HIST chain mail (armadura). ● **mallas** *f pl* **3** tights (de ballet); leotard (de gimnasia).
malo, la *adj* **1** bad (gen). **2** naughty, bad (travieso). **3** ill, sick (enfermo). **4** nasty, bad (olor, sabor). **5** poor, bad (calidad). ● *m* y *f* **6** villain, baddy (en una película). ■ **andar/estar a malas con alguien** to be on bad terms with sb; **estar de malas** to be in a bad mood; **por las malas** by force; **sentirse ~** to feel ill.
malograr *tr* **1** to waste (echar a perder). ● **~se** *pron* **2** to fail (fracasar). **3** to die before one's time (morir).
malparado, da *adj* damaged.
malpensado, da *adj* **1** malicious, nasty-minded. ● *m* y *f* **2** nasty-minded person.
malsano, na *adj* unhealthy.

malsonante *adj* rude, offensive.
malta *f* malt.
maltratar *tr* **1** to mistreat, to ill-treat (dar un mal trato). **2** to damage (dañar).
malva *f* **1** BOT mallow. • *adj* y *m* **2** mauve (color).
malvado, da *adj* **1** evil, wicked. • *m* y *f* **2** evil man/woman.
malvender *tr* to sell at a loss.
malversación *f* embezzlement, misappropriation.
malversar *tr* to embezzle, to misappropriate.
malvivir *intr* to live in poverty.
mama *super* mammary gland (glándula); breast (pecho).
mamá *f* (fam) mum, mummy (GB); mom, mommy (EE UU).
mamadera *f Amér.* bottle (biberón).
mamado, da *adj* (vulg) pissed, steaming (borracho).
mamar *intr* **1** to feed, to suckle (bebé). • *tr* **2** to absorb, to soak up (ideas, conocimientos).
mamarracho *m* **1** (fam) clown (ridículo). **2** (fam) idiot (despreciable).
mamífero, ra *adj* **1** mammalian. • *m* **2** mammal.
mamografía *f* **1** mammography (técnica). **2** test scan (resultado).
mamón, na *adj* **1** suckling, unweaned (que aún mama). • *m* y *f* **2** baby, unweaned baby (bebé que aún mama).
mampara *f* screen, partition.
manada *f* herd (gen); flock (de ovejas); pack (de lobos, perros).
mánager *m* manager.
manantial *m* **1** spring (fuente de agua). **2** (fig) source (origen).
manar *tr* **1** to flow with, to run with (líquido). • *intr* **2** to flow, to run.
manazas *m* o *f* clumsy person.
mancebo *m* **1** youth, young man (hombre joven). **2** clerk (empleado).
mancha *f* **1** stain, spot (de suciedad). **2** stain (deshonra). **3** smudge, blot (de tinta). **4** spot (dibujo en una tela).
manchar *tr* **1** to stain, to get dirty (ensuciar). • **~se** *pron* **2** to get dirty (ropa). **4** ~ to get (oneself) dirty (persona).
mancillar *tr* to sully, to tarnish.
manco, ca *adj* **1** one-armed (de un solo brazo); one-handed (de una sola mano). • *m* y *f* **2** one-armed person; one-handed person.
mancomunidad *f* association.
mandado *m* errand (recado).
mandamás *m* o *f* (fam) boss, chief.
mandamiento *m* **1** order, command (orden). **2** REL commandment. **3** DER writ, warrant (mandato). ◆ **~ judicial** warrant.
mandar *tr* **1** to order, to tell (ordenar). **2** to send (enviar). **3** to rule, to govern (gobernar). • *intr* **4** to be in charge (ser el jefe). ■ **~ hacer algo** to have sth done: *mandé arreglar el reloj = I had the watch repaired*; **¿mande?** pardon?, excuse me?
mandarín, na *adj* **1** Mandarin. • *m* **2** Mandarin (idioma). **3** mandarin (cargo).
mandarina *f* mandarin.
mandato *m* **1** order (orden). **2** mandate, term of office (tiempo en el poder). ◆ **~ judicial** DER writ, summons.
mandíbula *f* jaw.
mandil *m* apron (delantal).
mandioca *f* manioc, cassava.
mando *m* **1** command (poder de mandar). **2** ELEC, MEC control. **3** term of office (mandato). ◆ **~ a distancia** remote control. ■ **estar al ~** to be in command; **tener el ~** to have control, to be in control; **tomar el ~** to take the lead.
mandril *m* mandril (mono).
manecilla *f* hand (de reloj).
manejable *adj* handy, easy to use (fácil de usar).
manejar *tr* **1** to handle (con las manos). **2** to use (usar). **3** to operate (máquina). **4** to manage, to handle (persona). **5** to handle, to administer (dinero, asunto). **6** *Amér.* to drive (conducir).
manejo *m* **1** handling(gen). **2** running (de una casa). **3** running, administering (de un negocio). • **manejos** *m pl* **4** intrigue (intriga).
manera *f* **1** way, manner (modo). • **maneras** *f pl* **2** manners (modales). ■ **a mi ~** my way; **de esta ~** this way, like this; **de cualquier ~** any old how (sin cuidado); anyway, at any rate (de todos modos); **de otra ~** otherwise; **de ~ que** so that; **¡de ninguna ~!** no way!; **de todas maneras** anyway, at any rate; **en cierta ~** up to a point.
manga *f* **1** sleeve (del vestido). **2** hose (manguera). **3** DEP game (partido). ◆ ~

de agua waterspout; ~ **repostería** piping bag. ■ **en mangas de camisa** in shirt sleeves.

mango *m* **1** handle (de utensilio). **2** mango (árbol, fruta).

manguear *tr Arg., Chile* (fam) to lure.

manguera *f* hose (de riego). ◆ ~ **de incendios** fire hose.

maní *m Amér.* peanut.

manía *f* **1** obsession (obsesión). **2** craze, mania (afición exagerada). ■ **tener la ~ de hacer algo** to insist on doing sth; **tener manías** to be odd; **tener ~ a alguien** to have a thing about sb, to dislike sb.

maníaco, ca *adj* **1** maniacal. ● *m* y *f* **2** maniac.

maniatar *tr* ~ **a alguien** to tie sb's hands.

maniático, ca *adj* obsessive.

manicomio *m* mental hospital.

manicura *f* manicure.

manifestación *f* **1** show (exhibición). **2** demonstration (reunión masiva). **3** declaration, statement (declaración). **4** manifestation (signo, evidencia).

manifestante *m* o *f* demonstrator.

manifestar *tr* **1** to show (emoción). **2** to express (opinión). **3** to state, to declare (declarar). ● **~se** *pron* **4** to demonstrate, to hold a mass meeting (hacer una manifestación). **5** to show, to be apparent (quedar al descubierto).

manifiesto, ta *adj* **1** evident, manifest. ● *m* **2** manifesto (escrito). ■ **poner de ~** to make clear, to reveal.

manilla *f* **1** handle (mango). **2** hand (de un reloj).

manillar *m* handlebars.

maniobra *f* **1** manoeuvre (gen). **2** trick (astucia).

maniobrar *intr* to manoeuvre.

manipulación *f* manipulation.

manipulador, ra *adj* **1** manipulating. ● *m* y *f* **2** manipulator.

manipular *tr* **1** to handle (manejar objetos). **2** to manipulate, to operate (realizar operaciones). **3** to manipulate (controlar).

maniquí *m* **1** dummy, mannequin (de escaparate). ● *m* y *f* **2** model (persona).

manirroto, ta *adj* extravagant, lavish.

manisero, ra *m Amér.* peanut seller.

manita *f* little hand.

manitas *m* o *f* handyman (hombre); handywoman (mujer).

manivela *f* crank.

manjar *m* **1** food (comestible). **2** tasty dish (alimento exquisito).

mano *f* **1** hand (del brazo). **2** coat (de pintura). **3** hand (en las cartas). **4** game (partida). ◆ ~ **de obra** labour; ~ **derecha** right-hand man; ~ **dura,** ~ **fuerte** iron hand. ■ **a ~** by hand (no con una máquina) **pillar a alguien con las manos en la masa** to catch sb red-handed; **dar la ~ a alguien** to shake hands with sb; **de primera ~** brand-new; **de segunda ~** second-hand; **echar una ~ a alguien** to give sb a hand; **hecho a ~** handmade; **¡manos a la obra!** all hands on deck!; **¡manos arriba!** hands up!; **tener buena ~ para** to be good at.

manojo *m* bunch, handful.

manómetro *m* manometer.

manopla *f* mitten.

manosear *tr* to touch, to handle (gen); to fondle (acariciar).

mansalva *f* **a ~** in abundance.

mansarda *f Amér.* attic.

mansedumbre *f* **1** meekness (de persona). **2** tameness (de un animal).

mansión *f* mansion.

manso, sa *adj* **1** meek, mild (persona). **2** tame (animal).

manta *f* blanket (de la cama). ◆ ~ **de viaje** travelling rug. ■ **liarse la ~ a la cabeza** to take the plunge.

manteca *f* **1** fat, animal fat (grasa). **2** lard (de cerdo). **3** butter (de la leche).

mantecado *m* **1** roll, bun (bollo). **2** ice cream (helado).

mantecoso, sa *adj* **1** greasy, fatty (con mucha manteca). **2** buttery (de sabor a manteca).

mantel *m* tablecloth.

mantelería *f* table linen.

mantener *tr* **1** to maintain, to keep (conservar). **2** to hold (sujetar). **3** to support (sustentar). **4** to maintain, to hold (opinión, conversación). **5** to keep up, to preserve (costumbre, tradición). ● **~se** *pron* **6** to stay, to remain (proseguir en una actitud o postura). **7** to support oneself, to keep onself (económicamente).

mantenimiento *m* maintenance (gen); upkeep, maintenance (de una casa).

mantequera *f* **1** butter dish (recipiente). **2** churn (máquina).

m

mantequería *f* grocer's, grocery store.
mantequilla *f* butter.
mantilla *f* mantilla.
manto *m* cloak.
mantón *m* shawl.
manual *adj y m* manual.
manufacturar *tr* to manufacture.
manuscrito *m* manuscript.
manutención *f* maintenance.
manzana *f* **1** apple (fruto). **2** block (grupo de casas).
manzanilla *f* **1** camomile; camomile tea (infusión). **2** manzanilla (vino).
manzano *m* apple tree.
maña *f* **1** skill (destreza). **2** cunning (astucia).
mañana *f* **1** morning. • *m* **2** future (tiempo futuro). • *adv* **3** tomorrow. ■ **de ~/po la ~** in the morning; **hasta ~** see you tomorrow; **pasado ~** the day after tomorrow.
mañosear *intr Chile, Perú* to play up.
mapa *m* map. ◆ **~ de bits** INF bitmap.
mapache *m* racoon.
mapamundi *m* world map.
maqueta *f* **1** model. **2** layout, dummy (de una publicación).
maquillaje *m* **1** make-up (producto). **2** making up (acción).
maquillar *tr* **1** to make up. • **~se** *pron* **2** to put on make-up, to make up.
máquina *f* **1** machine (gen). **2** locomotive, engine (locomotora). **3** camera (cámara fotográfica). **4** *Amér.* (fam) car (coche). ◆ **~ de afeitar** razor (manual); shaver (eléctrica); **~ de coser** sewing machine; **~ de escribir** typewriter; **~ de tabaco** cigarette machine; **~ de vapor** steam engine; **~ expendedora de bebidas** drinks machine. ■ **a ~** by machine; **a toda ~** at full speed; **escribir a ~** to type; **escrito a ~** typewritten.
maquinación *f* machination.
maquinar *tr* to plot.
maquinaria *f* **1** machinery (máquinas). **2** mechanism, works (mecanismo).
maquinista *m* o *f* **1** machinist, machine minder (gen). **2** engine driver (GB); engineer (EE UU, de tren).
mar *m* o *f* **1** sea (masa de agua). **2** (fam) loads, stacks, lots (abundancia): *la mar de trabajo = stacks of work, la mar de bien = terrific, la mar de guapa = gorgeous.* ◆ **alta ~** high seas; **~ de fondo** swell; **~ del Norte** North Sea; **~ gruesa** rough sea, heavy sea; **~ Negro** Black Sea; **~ Rojo** Red Sea. ■ **llover a mares** to rain cats and dogs, to pour; **~ adentro** offshore.
maraca *adj* **1** *Amér.* awkward, clumsy (torpe). • *f* **2** MÚS maraca.
maracaná *m Arg.* parrot.
maraña *f* **1** thicket, undergrowth (espesura de arbustos). **2** mess, tangle (enredo).
maratón *m* o *f* marathon.
maravilla *f* **1** wonder. **2** astonishment, amazement (admiración). **3** BOT marigold. ■ **a las mil maravillas** wonderfully; **hacer maravillas** to do/work wonders; **¡qué ~!** wonderful!, fantastic!; **venir de ~** to be just the thing o ticket.
maravillar *tr* **1** to astonish, to amaze. • **~se** *pron* **2** to marvel, to wonder.
maravilloso, sa *adj* marvellous, wonderful.
marca *f* **1** mark (señal). **2** watermark (en el papel). **3** record (en el deporte). **4** brand (en ganado). **5** COM brand (de producto); make (de coche); trademark (nombre, símbolo). ◆ **~ registrada** registered trademark. ■ **de ~** branded, designer.
marcación *f Amér.* brand (hierro).
marcador, ra *adj* **1** marking. • *m* **2** DEP scoreboard.
marcaje *m* DEP marking.
marcapasos *m* pacemaker.
marcar *tr* **1** to mark (gen). **2** to indicate (indicar). **3** to mark out (distinguir, delimitar). **4** to show (termómetro). **5** to mark (poner nombre, precio). **6** DEP to mark (al jugador contrario). **7** to set (el pelo). • *tr* e *intr* **8** to dial (en un teléfono). **9** DEP to score (gol, tanto).
marcha *f* **1** departure (partida). **2** march (manifestación, caminata). **3** speed (velocidad). **4** AUT gear. **5** course, progress (de negociaciones, acontecimientos). **6** DEP walk. **7** MÚS march. ■ **dar ~ atrás** to reverse, to put into reverse; **¡en ~!** let's go!; **estar en ~** to be running, to be working (una máquina); to be under way (proceso); **poner en ~** to start up.
marchante, ta *m* y *f Amér.* customer, client.
marchar *intr* **1** to go, to travel (ir). **2** to work, to run, (funcionar). **3** to march (sol-

dados, manifestantes). • *tr* **4** DEP to walk. • **~se** *pron* **5** to leave, to go (partir).
marchitar *tr* y *pron* to wither, to shrivel.
marciano, na *adj/m* y *f* Martian.
marco *m* **1** mark (moneda). **2** frame (moldura). **3** framework (contexto). **4** DEP goal-posts.
marea *f* tide. ♦ **~ alta** high tide; **~ negra** oil slick.
marear *tr* **1** to make feel sick (olor); to make seasick (oleaje). **2** to make dizzy (aturdir). • *intr* **3** to annoy(molestar). • **~se** *pron* **4** to feel sick (por el olor); to get seasick (en barco); to get carsick (en coche). **5** to get tipsy (emborracharse).
marejada *f* **1** heavy swell, rough sea (en el mar). **2** (fig) groundswell of unrest
maremoto *m* **1** tidal wave (ola). **2** seaquake (seísmo).
marengo *adj* y *m* dark grey (color).
mareo *m* **1** sickness, nausea; seasickness (en barco); carsickness (en coche). **2** dizziness, giddiness (aturdimiento). **3** nuisance, annoyance (molestia).
marfil *m* ivory.
margarina *f* margarine.
margarita *f* **1** daisy (planta). **2** daisy wheel (de máquina de escribir).
margen *f* **1** side, bank (orilla). • *m* **2** border, edge (borde). **3** margin (de página). **4** margin (beneficio). ■ **dar ~ para** to give an opportunity for; **dejar algo al ~** to leave sth to one side; **mantenerse al ~** to keep out.
marginación *f* exclusion.
marginado, da *adj* **1** marginalized, alienated. • *m* y *f* **2** outcast, outsider.
marginar *tr* to marginalize, to exclude.
mariachi *m* mariachi player (músico).
marica *m* (fam, desp) queer, pansy.
Maricastaña *f* **en tiempos de ~** years and years ago, ages ago.
maricón *m* (vulg, desp) poof, queer.
mariconada *f* **1** (fam) dirty trick (mala pasada). **2** (fam) stupid thing.
marido *m* husband.
marihuana o **mariguana** *f* marijuana.
marina *f* **1** navy (conjunto de barcos). **2** seascape, seapiece (costa).
marinar *tr* GAST to marinate, to marinade.
marinero, ra *adj* **1** sea, marine (de la marina). • *m* **2** sailor, seaman.
marino, na *adj* **1** sea, marine. • *m* **2** sailor, seaman.
marioneta *f* **1** puppet, marionette.
mariposa *f* **1** ZOOL butterfly (insecto). **2** butterfly stroke (en natación).
mariquita *f* **1** ZOOL ladybird. • *m* **2** (fam, desp) poof, queer.
marisco *m* shellfish, seafood.
marisma *f* mud flats.
marisquería *f* seafood restaurant (restaurante), seafood shop (tienda).
marítimo, ma *adj* sea, maritime.
marketing *m* marketing.
mármol *m* marble.
maromear *intr* **1** *Amér.* to walk a tightrope. **2** *Amér.* to change sides (chaquetear).
marqués *m* marquis.
marquesa *f* marchioness.
marquesina *f* **1** canopy, marquee (de hotel, teatro, estación). **2** bus shelter (en parada de autobús).
marrano, na *adj* **1** filthy, dirty. • *m* y *f* **2** pig, hog (puerco). **3** (fam) pig (persona sucia); pig, swine (persona grosera).
marrón *adj* y *m* brown (color).
marroquí *adj/m* y *f* **1** Moroccan. • *m* **2** Morocco leather (cuero).
Marruecos *m* Morocco.
martes *m* Tuesday.
martillo *m* hammer.
martinete *m* **1** drop hammer (mazo). **2** MÚS hammer (del piano).
mártir *m* o *f* martyr.
martirio *m* martyrdom.
martirizar *tr* **1** to martyr (infligir martirio a). **2** to torment (atormentar).
marxismo *m* Marxism.
marxista *adj/m* y *f* Marxist.
marzo *m* March.
mas *conj* but.
más *adv* **1** more (comparativo): *el otro libro era más interesante = the other book was more interesting*. **2** most (superlativo): *el abrigo más caro de todos = the most expensive coat of all, el más conocido de los tres = the best known of the three.* **3** more (cantidad adicional): *no quiero más = I don't want any more, necesitan más tiempo = they need more time, un día más = one more day.* **~ de 4** more than, over (por encima de): *tiene más de 200 CDs = she's got more than 200 CDs.* **~ que 5** more

than (por encima de): *ella gana más que tú = she earns more than you.* **no ~ que** **6** only (tan sólo): *no hablamos más que cinco minutos = we only spoke for five minutes.* **7** past, after (tiempo): *son más de las tres = it's past three o'clock.* **8** MAT plus, and: *dos más dos = two plus two, two and two.* • *m* **9** MAT plus (signo). • *m pl* **10** good points (ventajas). ■ **~ bien** on the contrary (por el contrario); rather (bastante); **es ~** in fact; **~ o menos** more or less; **nada ~** nothing else; **por ~ que** however hard/much, no matter how hard; **¿qué ~?** what else?; what a lovely day!; **no ~** *Amér.* only just; **sin ~** without further ado; **sin ~ (ni ~)** for no reason.

Más se traduce por ***more*** o ***adj + -er*** cuando el superlativo se refiere a dos personas o cosas: *¿cuál es el libro más interesante (de los dos)? = which book is more interesting? ¿cuál es la casa más grande (de las dos)? = which house is bigger?* Cuando el superlativo se refiere a más de dos personas o cosas, se usa ***most*** o ***adj + -est***: *el coche más caro = the most expensive car; el estudiante más alto = the tallest student.*

masa *f* **1** mass, volume (volumen). **2** dough (de pan). **3** *Amér. Merid.* small cake (pastelillo).
masacre *f* massacre.
masaje *m* massage.
masajista *m* o *f* masseur; masseuse.
mascar *tr* to chew, to masticate.
máscara *f* mask. ♦ **~ antigás** gas mask.
mascarilla *f* **1** mask (máscara). **2** face mask (cosmética).
mascota *f* **1** mascot (talismán). **2** pet (animal doméstico).
masculino, na *adj* **1** male (condición). **2** masculine (actitud, aspecto). **3** GRAM masculine.
masía *f* farmhouse.
masilla *f* putty.
masivo, va *adj* massive.
masón, na *adj/m* y *f* mason, freemason.
masoquismo *m* masochism.
masoquista *adj* **1** masochistic. • *m* o *f* **2** masochist.
máster *m* master's (degree).
masticar *tr* to chew, to masticate.
mástil *m* **1** mast. **2** pole, post (palo).
mastín *m* ZOOL mastiff.
masturbación *f* masturbation.
masturbarse *pron* to masturbate.
mata *f* **1** bush, shrub (arbusto). • **matas** *f pl* **2** scrub, thicket (matorral).
matadero *m* slaughterhouse, abattoir.
matador, ra *adj* **1** killing (que mata). • *m* y *f* **2** matador, bullfighter.
matahambre *f Arg.* skirt (GB); flank steak (EE UU).
matamoscas *m* fly spray (vaporizador).
matanza *f* **1** slaughter, massacre (masacre). **2** pigkilling (de cerdo).
matar *tr* **1** to kill (gen). **2** to slaughter (animales). **3** to stave off, to stay (hambre). **4** to tone down (color). • **~se** *pron* **5** to kill oneself (quitarse la vida). **6** to be killed (en un accidente). **7** (fam, fig) to kill oneself (esforzarse).
matarratas *m* **1** rat poison (veneno). **2** (fam) hooch, rotgut (aguardiente).
matasanos *m* (fam, desp) quack.
matasellos *m* postmark.
matasuegras *m* party blower.
mate *adj* **1** matt, dull. • *m* **2** mate (en ajedrez). **3** maté (planta, infusión).
matear *intr Amér. Merid.* to drink maté.
matemáticas *f pl* mathematics.
matemático, ca *adj* **1** mathematical. • *m* y *f* **2** mathematician.
materia *f* **1** matter (sustancia). **2** material (material). **3** matter, subject (tema). ♦ **~ prima** raw material.
material *adj* **1** material (de la materia). **2** physical (físico). • *m* **3** material (materia). **4** equipment, materials (equipo).
materialismo *m* materialism.
maternal *adj* maternal.
maternidad *f* **1** maternity, motherhood. **2** maternity hospital.
materno, na *adj* **1** motherly, maternal (maternal). **2** mother (idioma).
matero, ra *adj Amér. Merid.* fond of drinking maté.
matinal *adj* (antes de sust) morning.
matiz *m* **1** shade, tint. • **matices** *f pl* **2** shade, nuance (de sentido, palabra).
matizar *tr* **1** to qualify (puntualizar). **2** to blend (colores).
matorral *m* thicket.

matrero, ra *adj Amér.* bandit, brigand.
matriarcal *adj* matriarchal.
matricida *adj* **1** matricidal. • *m* o *f* **2** matricide.
matricular *tr* y *pron* **1** to enrol, to register (en colegio). • *tr* **2** to register (coche, barco).
matrimonial *adj* marital, matrimonial: *vida matrimonial = married life.*
matrimonio *m* **1** marriage. **2** married couple (pareja).
matriz *f* **1** womb, uterus (útero). **2** die, mould (molde). **3** stub (de talonario). **4** MAT matrix. ◆ **casa ~** head office.
matrona *f* **1** midwife (comadrona). **2** matron (mujer madura).
matutino, na *adj* morning.
maullar *intr* to miaow.
maullido *m* miaow.
mausoleo *m* mausoleum.
maxilar *adj* **1** maxillary. • *m* **2** jawbone.
máxima *f* maxim.
máxime *adv* **1** above all (sobre todo). • *adj* **2** principally (principalmente).
máximo, ma *adj* **1** maximum, highest: *el punto máximo = the highest point.* • *m* **2** maximum. ■ **al ~** to the maximum; **como ~** at the latest (a más tardar); at the most (como mucho).
maya *adj* **1** Mayan. • *m* o *f* **2** Mayan, Maya.
mayo *m* May.
mayonesa *f* mayonnaise.
mayor *adj* **1** bigger, larger (comparativo de grande). **2** elder, older (comparativo de viejo): *mi hermana mayor = my elder sister.* **3** biggest, largest (superlativo de grande). **4** oldest, eldest (superlativo de viejo). **5** greatest (superior). **6** adult, grown-up (adulto). **7** main, high (calle); main (plaza). **8** main (mástil). **9** MÚS major. • *m* **10** adult, grown-up (adulto). **11** MIL major. ■ **al por ~** wholesale; **ser ~ de edad** to be of age.
mayoral *m* farm foreman (capataz).
mayordomo *m* butler.
mayoría *f* majority. ◆ **~ de edad** age of majority. ■ **la ~ de** most of; **en la ~ de los casos** in most cases.
mayorista *m* o *f* wholesaler.
mayúscula *f* capital (letter).
mayúsculo, la *adj* **1** capital (letra). **2** enormous, huge (muy grande).
maza *f* **1** mace. **2** pounder (para machacar). **3** MÚS drumstick.
mazacote *m* **1** concrete (hormigón). **2** (fam) eyesore (obra tosca). **3** (fam) stodgy food (comida espesa).
mazapán *m* marzipan.
mazazo *m* maze blow (golpe); blow (psicológico).
mazmorra *f* dungeon.
mazo *m* **1** mallet (martillo de madera). **2** bunch; deck (de naipes).
mazorca *f* corn cob.
me *pron* **1** me (acusativo): *¡bésame! = kiss me!* **2** me, to me (dativo): *me han escrito una carta = they've written a letter to me, dámelo = give it to me.* **3** myself (reflexivo): *me voy a matar = I'm going to kill myself.* **4** for me (para mí): *me lo compraron = they bought it for me.*
mear *intr* **1** (vulg) to piss. • **~se** *pron* **2** (vulg) to piss oneself.
mecachis *interj* (fam) darn it!, damn it!
mecánica *f* **1** mechanics (ciencia). **2** mechanism (mecanismo).
mecanicismo *m* mechanism.
mecánico, ca *adj* **1** mechanical (de la mecánica). • *m* y *f* **2** mechanic.
mecanismo *m* **1** mechanism, works (de artefacto). **2** (fig) mechanism (funcionamiento).
mecanizado, da *adj* **1** mechanized. • *m* **2** machining.
mecano® *m* Meccano®.
mecanografía *f* typing, typewriting.
mecedora *f* rocking chair.
mecenas *m* o *f* patron.
mecer *tr* **1** to rock (niño); to swing (en columpio). • **~se** *pron* **2** to rock back and forth (en mecedora); to swing (en columpio).
mecha *f* **1** wick (cuerda combustible). **2** fuse (de bomba). **3** lock, strand (de pelo). • **mechas** *f pl* **4** highlights (de peluquería).
mechero *m* lighter.
mechificar *intr Amér. Merid.* to mock.
mechón *m* **1** tuft, lock (de pelo). **2** bundle (de hilos).
medalla *f* DEP, MIL medal.
medallón *m* medallion.
media *f* **1** stocking (prenda). **2** average (promedio). **3** DEP half-back line. **4** MAT mean. • **medias** *f pl* **5** tights (pantis); stocking (hasta el muslo).

m

mediación *f* mediation.
mediagua *f Amér.* shack, hut.
mediana *f* AUT central reservation (GB); median strip, median (EE UU).
mediano, na *adj* **1** average (en calidad); medium-sized (en tamaño). **2** mediocre, below average (de poca calidad).
medianoche *f* midnight.
mediante *prep* by means of.
mediar *intr* **1** to mediate (interceder). **2** to pass, to go by (transcurrir). **3** to be halfway through (estar en la mitad).
mediatizar *tr* **1** to influence (influir). **2** POL to mediatize.
medicación *f* treatment, medication.
medicamento *m* medicine, drug.
medicar *tr* **1** to medicate. • **~se** *pron* **2** to self-medicate.
medicina *f* medicine (ciencia, medicamento).
medicinal *adj* medicinal.
médico, ca *adj* **1** medical. • *m* y *f* **2** doctor, physician, practitioner. ♦ **~ de cabecera** family doctor, general practitioner, GP; **~ de guardia** duty doctor.
medieval *adj* mediaeval, medieval.
medievo *m* Middle Ages.
medio, dia *adj* **1** half (mitad): *media hora = half an hour*. **2** middle (intermedio): *clase media = middle class*. **3** average, typical (típico): *el hombre medio = the average man*. **4** MAT mean, average. • *m* **5** middle, centre (centro). **6** means (método). **7** half (mitad). **8** environment (ambiente). **9** circle (círculo social). **10** DEP halfback. • **medios** *m pl* **11** means, resources (recursos). **12** media (de comunicación). • *adv* **13** (delante de sust) half: *medio borracho = half drunk*. ♦ **~ ambiente** environment; **media hora** half an hour; **medios de comunicación de masas** mass media; **medios de transporte** means of transport. ■ **a media luz** in the half-light; **a medias** half: *ir a medias = to go halves, hacer algo sólo a medias = to only half-finish doing sth*; **hacer algo a medias** to half-do sth; **pagar algo a medias** to go halves, to share the cost; **por ~ de** through, by means of.
medioambiental *adj* enviromental.
mediocre *adj* mediocre.
mediodía *m* midday (hora). ■ **a ~** at midday.
mediofondista *adj/m* o *f* middle-distance runner.
mediopensionista *m* o *f* day student.
medir *tr* **1** to measure (gen). **2** to judge, to gauge (calibrar): *medir la inteligencia de alguien = to judge sb's intelligence*; to weigh up (posibilidades). **3** to weigh (palabras).
meditar *tr* **1** to think over, to ponder. • *intr* **2** to meditate.
mediterráneo, a *adj* Mediterranean. ♦ **el (mar) Mediterráneo** the Mediterranean (Sea).
medra *f* **1** increase (aumento). **2** improvement (mejora).
medrar *intr* **1** to improve, to get better (mejorar). **2** to grow (crecer).
medula o **médula** *f* **1** marrow (de los huesos). **2** BOT pith.
medular *adj* medullar.
medusa *f* jellyfish.
megáfono *m* megaphone.
megalítico, ca *adj* megalithic.
mejicano, na *adj/m* y *f* Mexican.
mejilla *f* cheek.
mejillón *m* mussel.
mejor *adj* **1** better (comparativo): *tiene mejores notas que yo = she's got better marks than me*. **2** best (superlativo): *el mejor libro = the best book*. • *adv* **3** better (comparativo): *juega mejor tu hermano que tú = your brother plays better than you*. **4** best (superlativo): *el ensayo mejor escrito = the best written essay*. ■ **a lo ~** perhaps, maybe; **~ dicho** or rather; **es ~ que no vengas** it would be better if you didn't come.
mejora *f* improvement.
mejorar *tr* **1** to improve, to get better (hacer mejor). **2** to improve on, to better (récord, resultado). • *intr* y *pron* **3** to get better, to improve.
mejoría *f* improvement.
mejunje *m* brew, concoction.
melamina *f* melamine.
melancolía *f* melancholy.
melancólico, ca *adj* melancholic.
melena *f* **1** long hair (de persona). **2** mane (del león).
mellado, da *adj* **1** chipped (cerámica). **2** jagged (cuchillo). **3** gap-toothed (falto de un diente).
mellizo, za *adj/m* y *f* twin.

melocotón *m* **1** peach (fruto). **2** peach tree (árbol).
melocotonero *m* peach tree.
melodía *f* melody, tune.
melodrama *m* melodrama.
melodramático, ca *adj* melodramatic.
melómano, na *m* y *f* music lover.
melón *m* BOT melon.
meloso, sa *adj* **1** sweet, honey (dulce). **2** sickly (empalagoso). **3** smooth (zalamero).
membrana *f* membrane.
membrete *m* letterhead.
membrillo *m* **1** quince (fruto). **2** quince tree (árbol).
memez *f* (fam) stupid thing.
memorable *adj* memorable.
memorándum *m* **1** memorandum (comunicación). **2** notebook (cuaderno).
memoria *f* **1** memory (facultad, recuerdo). **2** report (informe). **3** INF memory. • **memorias** *f pl* **4** LIT memoirs. ♦ **~ RAM** RAM memory. ■ **de ~** by heart; **hacer ~** to try to remember; **traer a la ~** to bring to mind, to bring back.
memorial *m* memorial.
memorizar *tr* to memorize.
menaje *m* household goods.
mención *f* mention.
mencionar *tr* to mention.
mendicidad *f* begging.
mendigar *intr* **1** to beg. • *tr* **2** to beg for.
mendigo, ga *m* y *f* beggar.
mendrugo *m* crust (de pan).
menear *tr* **1** to wag (rabo). **2** to shake (cabeza). **3** to wiggle (caderas). • **~se** *pron* **4** to move (moverse). **5** to shake (agitarse).
menester *m* **1** necessity, need (necesidad). • **menesteres** *m pl* **2** occupation, job (trabajo).
menestra *f* vegetable stew.
mengano, na *m* y *f* what's-his-name (hombre); what's-her-name (mujer).
menguante *adj* **1** waning (luna). • *f* **2** ebb tide (marea).
menguar *tr* e *intr* **1** to diminish, to decrease (disminuir). • *intr* **2** to wane (la luna).
menopausia *f* menopause.
menor *adj* **1** smaller (más pequeño, comparativo); smallest (más pequeño, superlativo). **2** lesser (mínimo, comparativo): *es un peligro menor = it's a lesser danger*; least (mínimo, superlativo). **3** younger (en edad, comparativo); youngest (en edad, superlativo): *mi hermana menor = my youngest sister*. **4** MÚS minor. • *m* o *f* **5** minor (menor de edad). ■ **~ de edad** under age; **~ que** less than.
menos *adv* **1** less, fewer (comparativo de poco): *menos tiempo = less time, menos coches = fewer cars*. **2** least, fewest (superlativo de poco): *soy el menos puntual de todos = I'm the least punctual of all*. • *m* **3** MAT minus. • *prep* **4** except (salvo). • *conj* **5** unless (a menos que): *a menos que venga mañana = unless he comes tomorrow*. ■ **a ~ que** unless; **al ~** at least; **cada vez ~** less and less; **diez ~ cinco** ten minus five; **echar de ~** to miss; **la una ~ diez** it's ten to one; **~ mal** thank goodness; **ni mucho ~** far from it; **no es para ~** not without (good) reason; **por lo ~** at least; **venir a ~** to come down in the world.

> **Menos** se traduce por ***less*** cuando se refiere a dos personas o cosas: *¿cuál es el libro menos interesante (de los dos)? = which book is less interesting?* Cuando se habla de más de dos personas o cosas se emplea ***least***: *el coche menos caro = the least expensive car.*

menoscabar *tr* **1** to reduce, to diminish (disminuir). **2** to damage.
menospreciar *tr* **1** to despise, to scorn (despreciar). **2** to undervalue, to underestimate (subestimar).
menosprecio *m* contempt, scorn.
mensaje *m* message. ♦ **~ de error** INF error message.
mensajero, ra *m* y *f* **1** messenger (gen). **2** courier (profesional).
menso, sa *adj Col., Méx.* stupid.
menstruación *f* menstruation.
menstruar *intr* to menstruate.
mensual *adj* **1** monthly. **2** a month.
mensualidad *f* monthly salary (sueldo).
menta *f* mint.
mental *adj* mental.
mentalidad *f* mentality.
mentalizar *tr* **1** to make aware (concienciar). • **~se** *pron* **2** to prepare oneself, to get used to the idea (acostumbrarse a la idea).

mentar *tr* to mention.
mente *f* **1** mind (cerebro). **2** mind, intellect (inteligencia). ■ **venir a la ~** to cross one's mind.
mentecato, ta *adj* **1** stupid. • *m* y *f* **2** idiot, fool.
mentir *intr* to lie.
mentira *f* **1** lie. **2** lying (acto). ■ **de ~** fake, false (falso); **parece ~** it seems incredible.
mentirijillas o **mentirillas** *f pl* **de ~** in fun, for a joke (en broma).
mentiroso, sa *adj* **1** untruthful. • *m* y *f* **2** liar.
mentón *m* chin.
mentor *m* mentor.
menú *m* **1** menu (carta). **2** INF menu. ♦ **~ del día** set menu; **~ desplegable** INF pull-down menu.
menudencia *f* trifle (chuchería).
menudillos *m pl* giblets.
menudo, da *adj* **1** small, tiny (pequeño). **2** a fine, some, what a (para dar énfasis). ♦ **a ~** often. ■ **¡~ lío!** what a mess!
meñique *m* little finger.
meollo *m* **1** ANAT marrow (médula). **2** (fig) crux, core (lo más principal).
merca *f Amér.* shopping.
mercader, ra *m* y *f* merchant.
mercadería *f* merchandise.
mercadillo *m* (fam) flea market.
mercado *m* market.
mercancía *f* **1** article, commodity. • **mercancías** *f pl* **2** goods, merchandise. ♦ **tren de mercancías** goods train.
mercante *adj* **1** merchant. • *m* **2** NÁUT merchant ship.
mercantil *adj* mercantile, commercial.
merced *f* favour (GB); favor (EE UU). ■ **a ~ de** at the mercy of; **~ a** thanks to.
mercería *f* haberdashery (GB); notions store (EE UU).
mercromina® *f* Mercurochrome®.
mercurio *m* mercury (elemento).
merecer *tr* y *pron* to deserve. ■ **~ la pena** to be worth the trouble, it's worthwhile.
merendar *intr* **1** to have tea. • *tr* **2** to have for tea.
merendero *m* **1** open-air bar (establecimiento). **2** picnic site (en el campo).
merengue *m* **1** GAST meringue. **2** MÚS merengue (baile).
meridiano, na *adj* **1** meridian (del mediodía). • *m* **2** ASTR, MAT meridian.
meridional *adj* southern.
merienda *f* **1** afternoon snack (por la tarde). **2** picnic (en el campo).
mérito *m* merit, worth. ■ **de ~** worthy; **tiene mucho ~** it's no mean achievement.
merluza *f* hake.
mermar *intr* y *pron* to decrease, to decline (disminuir).
mermelada *f* **1** jam (de fresa, frambuesa). **2** marmalade (de cítricos).
mero *m* ZOOL grouper.
mero, ra *adj* mere.
merodear *intr* to prowl.
mes *m* **1** month. **2** monthy salary (salario mensual). ■ **el ~ pasado** last month; **el ~ que viene** next month; **en el ~ de** in the month of.
mesa *f* **1** table; desk (de despacho). **2** committee, board (comité). ♦ **~ de noche** bedside table; **~ pleglable** folding table; **~ redonda** round table. ■ **poner/quitar la ~** to set/to clear the table.
meseta *f* plateau.
mesón *m* **1** HIST inn, tavern. **2** restaurant.
mestizo, za *m* y *f* person of mixed race.
mesura *f* moderation.
meta *f* **1** goal, aim (objetivo). **2** DEP finishing line (en una carrera); goal (portería).
metáfora *f* metaphor.
metal *m* **1** metal. **2** MÚS brass.
metálico, ca *adj* metallic. ■ **en ~** in cash.
metamorfosis *f* metamorphosis.
meteórico, ca *adj* meteoric.
meteorito *m* meteorite.
meteorología *f* meteorology.
meter *tr* **1** to put, to place. **2** to get mixed up, to involve (involucrar): *no me metas en ese asunto = don't involve me in that business.* **3** (fam) to give (meter): *le metió una bofetada = he gave him a smack.* **4** to make, to cause (causar). **5** to take up (acortar una prenda). • **~se** *pron* **6** to get to, to go (ir): *no sé dónde se habrán metido = I don't know where they can have got to.* **7** (fam) to poke one's nose in (entrometerse). **~se a 8** to become (dedicarse a). **~se en 9** to get involved in, to get mixed up in. **~se con 10** to pick on (provocar). ■ **~ la pata** (fam) to put one's foot in it (coloq); **~ miedo a alguien/ ~ prisa a alguien** to rush sb/to scare sb (causar).

meticuloso, sa *adj* meticulous.
metido, da *adj* **1** *Amér.* (coloq) nosy. • *m* y *f* **2** *Amér.* (coloq) nosy parker.
metódico, ca *adj* methodical.
método *m* method.
metodología *f* methodology.
metralla *f* **1** shrapnel. **2** piece of shrapnel (fragmento).
metralleta *f* submachine gun.
métrico, ca *adj* metric.
metro *m* **1** metre (GB); meter (EE UU, medida). **2** tape-measure (cinta). **3** underground (GB); subway (EE UU).
metrópoli o **metrópolis** *f* **1** metropolis (ciudad). **2** mother country (nación).
metropolitano, na *adj* metropolitan.
mexicano, na *adj/m* y *f* Mexican.
México *m* Mexico.
mezcla *f* **1** mixing (acción). **2** mixture (resultado). **3** combination, mixture, blend (combinación). **4** MÚS mix.
mezclar *tr* **1** to mix (combinar). **2** to mix up (desordenar). **~ en 3** to involve in, to mix up in (implicar). • **~se** *pron* **4** to mix (juntarse). **~se en 5** to get mixed up in (implicarse). **~se con 6** to get mixed up with (meterse con).
mezquino, na *adj* mean.
mezquita *f* mosque.
mi *m* MÚS me (en solfeo); E (nota).
mi (*pl* **mis**) *adj poses* my: *mi casa = my house, mis discos = my records.*
mí *pron* me: *es para mí = it's for me.* ■ **por ~ mismo** by myself, on my own; **¡a ~ qué!** so what!
michelín *m* (fam) spare tyre (GB); spare tire (EE UU).
microbio *m* microbe.
microbús *m* minibus.
microcosmos *m* microcosm.
microfilm *m* microfilm.
micrófono *m* microphone.
microordeador *m* INF microcomputer.
microscopio *m* microscope.
miedo *m* fear. ■ **dar ~** to be frightening; **de ~** fantastic, great (estupendo); terrible, awful (terrible); **tener ~ de** to be afraid of.
miedoso, sa *adj* (fam) easily scared.
miel *f* honey. ♦ **luna de ~** honeymoon.
miembro *m* o *f* **1** member (de una sociedad). • *m* **2** ANAT limb (extremidad). ♦ **~ (viril)** penis.
mientras *conj* **1** while: *mientras yo estudio ella lee = while I study she reads.* **~ + subj 2** as long as + indicativo: *mientras viva = as long as I live.* • *adv* **3** meanwhile. ■ **~ que** whereas; **~ tanto** meanwhile, in the meantime.
miércoles *m* Wednesday.
mierda *f* **1** (vulg) shit, crap (excremento). • *interj* **2** (vulg) shit! ■ **mandar a alguien a la ~** (vulg) to tell sb to piss off.
miga *f* **1** crumb. • *m pl* **2** GAST fried breadcrumbs. ■ **hacer buenas/malas migas con alguien** to get on well/badly with sb.
migaja *f* **1** crumb. **2** breadcrumb (de pan).
migración *f* migration.
migraña *f* migraine.
migrar *intr* to migrate.
mijo *m* millet.
mil *adj* thousand.
milagro *m* miracle.
milagroso, sa *adj* miraculous.
milenario, ria *adj* **1** millennial, thousand-year-old. • *m* **2** millennium.
milenio *m* millennium.
milésimo, ma *adj/m* y *f* thousandth.
mili *f* (fam) military service.
milicia *f* **1** military (profesión). **2** militia (grupo armado).
miligramo *m* milligram.
mililitro *m* millilitre (GB); milliliter (EE UU).
milímetro *m* millimetre (GB); millimeter (EE UU).
militante *adj* militant.
militar *adj* **1** military. • *m* **2** soldier.
militar *intr* **1** MIL to serve. **~ en 2** POL to be an active member of.
milla *f* mile. ♦ **~ náutica** nautical mile.
millar *m* thousand.
millón *m* million.
millonario, ria *adj/m* y *f* millionaire.
milonga *f Arg.* MÚS folk song.
mimar *tr* to spoil, to pamper.
mimbre *m* **1** osier, willow (arbusto). **2** wicker (material). ■ **de ~** wickerwork.
mímica *f* mimicry.
mimo *m* **1** cuddle (caricia). • *m* o *f* **2** TEAT mime artist.
mimoso, sa *adj* affectionate.
mina *f* **1** MIN, MIL mine. **2** lead (de un lápiz). **3** (fig) gold mine. ■ **ser una ~** (fam) to be a gold mine (negocio).

mineral *adj* y *m* mineral.
minero, ra *adj* **1** mining. • *m* y *f* **2** miner (trabajador).
miniatura *f* miniature.
minicadena *f* mini hi-fi system.
minifalda *f* miniskirt.
mínima *f* minimum temperature.
mínimo, ma *adj* **1** minimum (esfuerzo, temperatura). **2** minute, very small (pequeño). • *m* **3** minimum: *un mínimo de diez horas = a minimum of ten hours*. ■ **como ~** at the very least.
ministerial *adj* ministerial.
ministerio *m* ministry (GB); department (EE UU). ◆ **Ministerio de Asuntos Exteriores** Ministry of Foreign Office (gen); Foreign Office (GB); State Department (EE UU); **Ministerio de Economía** Treasury (GB); Treasury Department (EE UU); **Ministerio de Hacienda** → Ministerio de Economía; **Ministerio del Interior** Home Office (GB); Department of the Interior (EE UU).
ministro, tra *m* y *f* **1** POL minister (GB); secretary (EE UU). **2** REL minister. ◆ **primer ministro** prime minister.
minorista *adj* **1** retail. • *m* o *f* **2** retailer.
minucioso, sa *adj* meticulous.
minúsculo, la *adj* **1** tiny, minute (pequeño). **2** small, lower case (letra).
minusválido, da *adj* **1** disabled, physically handicapped. • *m* y *f* **2** disabled person, physically handicapped person.
minuta *f* **1** bill (factura). **2** draft (borrador).
minutero *m* minute hand.
minuto *m* minute.
mío, a *pron* **1** mine: *el coche es mío = the car is mine*. • *adj* **2** of mine. ◆ **los míos** my family.
miope *adj* **1** short-sighted, myopic. • *m* o *f* **2** short-sighted person.
miopía *f* short-sightedness, myopia.
mira *f* (fig) aim, intention (intención). ■ **con miras a algo** with a view to sth.
mirada *f* look (gen); glance (vistazo); gaze (fija). ■ **apartar la ~** to look away; **echar una ~ a algo** to have a glance at sth; **fulminar con la ~ a alguien** to look daggers at sb; **levantar la ~** to look up.
mirador *m* viewing point.
miramiento *m* consideratenes. ■ **andarse con miramientos** to stand on ceremony; **sin miramientos** with a complete disregard, just like that.
mirar *tr* **1** to look at (observar, considerar). **2** to watch (observar con atención): *voy a mirar la tele = I'm going to watch TV*. **3** to look (buscar). **4** to check, to look through (examinar). • *tr* e *intr* **5** to mind, to be careful (tener cuidado). • *intr* **6** to look (fijarse, observar). • **~se** *pron* **7** to look at oneself (en el espejo). **8** to look at each other (uno a otro). ■ **¡mira!** look! (gen); well!, fancy! (con asombro); look here! (para avisar).
mirlo *m* blackbird.
mirón, na *m* y *f* **1** (coloq) nosy parker (curioso). **2** onlooker (espectador). **3** voyeur (voyeur).
mirra *f* myrrh.
mirto *m* myrtle.
misa *f* mass. ■ **ir a ~** to go to mass or church; **ir algo a ~** to be gospel.
misántropo, pa *m* y *f* misanthrope.
miscelánea *f* miscellany.
miserable *adj* **1** wretched (desdichado). **2** mean (mezquino). **3** nasty (perverso).
miseria *f* **1** misfortune (desgracia). **2** poverty (pobreza).
misericordia *f* mercy.
misericordioso, sa *adj* merciful.
misil *m* missile. ◆ **~ de crucero** cruise missile.
misión *f* mission.
misionero, ra *m* y *f* missionary.
mismo, ma *adj* **1** same: *el mismo día = the same day*. **2** very (enfático): *en ese mismo mes = that very month*. • *pron* **3** the same, the same one: *es el mismo que vimos la semana pasada = it's the same one we saw last week*. ◆ **él ~** himself; **ella misma** herself; **ellos mismos/ellas mismas** themselves. ■ **ahora ~** right now; **aquí ~** right here; **da lo ~** it doesn't matter; **del ~ modo** in the same way; **en su misma calle** right in the street where he lives; **hoy ~** today; **lo mismo que** just like, the same as; **¡tú ~!** it's up to you.
misógino, na *adj* **1** misogynistic. • *m* **2** misogynist.
misterio *m* mystery.
misterioso, sa *adj* mysterious.
místico, ca *adj* **1** mystical. • *m* y *f* **2** mystic.

mitad *f* **1** half (parte): *la mitad del pastel = half the cake.* **2** middle (centro). ■ **a ~ de** halfway along (camino); **a ~ de precio** half-price; **en ~ de** in the middle of; **en la ~ del tiempo** in half the time; **~ y ~** half and half; **partir algo por la ~** to cut sth in half.

> **Mitad** se traduce por ***half (+of)*** antes de un nombre: *se pasa la mitad del tiempo cocinando = she spends half (of) her time cooking.* Cuando se habla de medidas o cantidades, ***of*** no se utiliza: *la gasolinera está a media milla de aquí = the petrol station is half a mile from here.* ***Half of*** es obligatorio antes de un pronombre personal: *sólo tengo la mitad = I only have half of them.*

mitigar *tr* to mitigate.
mitin *m* meeting.
mito *m* myth.
mitología *f* mythology.
mixto, ta *adj* **1** mixed. **2** joint (comisión).
mobiliario *m* furniture.
mocasín *m* moccasin.
mochila *f* rucksack.
moción *f* motion.
moco *m* **1** mucus. **2** (coloq) snot. ■ **llorar a ~ tendido** (fam) to cry one's eyes out; **limpiarse los mocos** to wipe one's nose.
mocoso, sa *m* y *f* (fam) brat.
moda *f* fashion. ■ **de ~ o a la ~** in fashion; **estar de ~** to be in fashion; **fuera de ~** out of fashion; **pasado de ~** old-fashioned.
modales *m pl* **1** manners.
modalidad *f* **1** type, kind (clase, variedad). **2** DEP disciplina.
modelar *tr* to model.
modelo *adj* **1** model. ● *m* **2** model (estilo, diseño). ● *m* o *f* **3** model (persona).
modem *m* INF modem. ◆ **~ fax** fax modem.
moderación *f* moderation.
moderado, da *adj* moderate.
moderador, ra *m* y *f* moderator.
moderar *tr* **1** to reduce (velocidad), to curb, to cut down on (gastos). **2** to moderate, to chair (debate).
modernizar *tr* to modernize.
moderno, na *adj* modern.
modestia *f* modesty.
modesto, ta *adj* modest.
módico, ca *adj* modest, reasonable.
modificación *f* modification.
modificar *tr* **1** to modify. ● **~se** *pron* **2** to be modified.
modista *m* o *f* **1** designer (diseñador). ● *f* **2** dressmaker (confeccionista).
modo *m* **1** way, manner. **2** GRAM mood. ● **modos** *m pl* **3** manners (modales). ■ **de ~ que** in such a way that (de manera que); so (así que); **de ningún ~** no way; **de todos modos** anyway, in any case.
modorra *f* drowsiness.
modoso, sa *adj* well-mannered.
modular *adj* modular.
modular *tr* to modulate.
mofa *f* mockery.
mofarse *pron* **~ de algo/alguien** to make fun of sth/sb.
mofeta *f* ZOOL skunk.
moflete *m* (fam) chubby cheek.
mogollón *m* **1** (fam) fuss (lío). **2** (coloq) loads, tons (gran cantidad).
moho *m* **1** mould (GB); mold (EE UU, hongo). **2** rust (herrumbre).
mohoso, sa *adj* **1** mouldy (GB); moldy (EE UU, alimento). **2** rusty (oxidado).
mojado, da *adj* wet (húmedo); soaking wet, drenched (empapado).
mojar *tr* **1** to dampen (humedecer); to soak (empapar). ● **~se** *pron* **2** to get wet.
mojón *m* boundary marker (señal). ◆ **~ kilométrico** milestone.
molde *m* mould (GB); mold (EE UU)
moldeado *m* **1** moulding (GB); molding (EE UU). **2** soft perm (de pelo).
moldear *tr* **1** to mould (GB); to mold (EE UU, dar forma). **2** to give a soft perm to (cabello).
moldura *f* moulding (GB); molding (EE UU).
mole *f* mass, bulk (bulto).
molécula *f* molecule.
moler *tr* **1** to grind (grano). **2** (fig) to wear out (cansar).
molestar *tr* **1** to bother (incomodar). **2** to disturb (interrumpir). **3** to annoy, to irritate (irritar). **4** to offend (ofender). **5** to mind (importar). ● **~se** *pron* **6** to take offence (ofenderse). ■ **«no ~»** "do not disturb".

molestia *f* **1** trouble, bother (perturbación). **2** nuisance (fastidio). **3** discomfort (dolor). ■ **no es ~** it's no trouble.
molesto, ta *adj* **1** troublesome, annoying (fastidioso). **2** annoyed, irritated (enfadado). ■ **estar ~** to be upset.
molido, da *adj* **1** ground (triturado). **2** (fam) worn-out (cansado).
molino *m* mill (edificio, máquina). ◆ **~ de viento** windmill.
molla *f* lean part.
molleja *f* gizzard (de ave); seethbread (de res).
mollera *f* **1** (fam) head; loaf (cabeza). **2** (fam) intelligence; brains (inteligencia).
molusco *m* mollusc (GB); mollusk (EE UU).
momento *m* **1** moment (instante). **2** time (período, circunstancia). ■ **a cada ~** all the time; **al ~** at once, straightaway; **de un ~ a otro** at any moment; **hace un ~** a moment ago; **por el ~** for the moment, for the time being; **¡un ~!** just a moment.
momia *f* mummy.
mona *f* **1** ZOOL she-monkey. **2** GAST Easter cake (pastel).
monada *f* **1** cute thing, lovely thing (cosa bonita). **2** lovely person, delight (persona).
monaguillo *m* altar boy.
monarca *m* o *f* monarch.
monarquía *f* monarchy.
monárquico, ca *adj* **1** monarchic. ● *m* y *f* **2** monarchist.
monasterio *m* monastery.
monda *f* peel, skin (peladura). ■ **ser la ~** (fam) to be hilarious, to be a knockout (ser divertido); to be the limit (ser el colmo).
mondadientes *m* toothpick.
mondar *tr* to peel. ■ **mondarse de risa** (coloq) to be in stitches.
moneda *f* **1** coin (pieza). **2** currency (divisa). ■ **es ~ corriente** it's common knowledge.
monedero *m* purse (GB); change purse (EE UU).
monetario, ria *adj* monetary.
mongólico, ca *m* y *f* person affected by Down's syndrome.
monigote *m* **1** rag doll (muñeco). **2** cutout figure (de papel). **3** doodle (dibujo). **4** (fam) stooge (títere).
monitor, ra *m* y *f* **1** monitor (persona). ● *m* **2** monitor (aparato).
monja *f* nun.
monje *m* monk.
mono, na *adj* **1** pretty, lovely (guapo). ● *m* y *f* **2** ZOOL monkey. ● *m* **3** overalls (traje de faena). **4** (coloq) cold turkey (síndrome de abstinencia).
monóculo *m* monocle.
monocultivo *m* monoculture.
monogamia *f* monogamy.
monógamo, ma *adj* monogamous.
monografía *f* monograph.
monográfico, ca *adj* monographic.
monólogo *m* monologue.
monopatín *m* skateboard.
monopolio *m* monopoly.
monopolización *f* monopolization.
monopolizar *tr* to monopolize.
monosílabo, ba *adj* **1** monosyllabic. ● *m* **2** monosyllable.
monotonía *f* monotony.
monótono, na *adj* monotonous.
monstruo *m* **1** monster. ● *adj* **2** (fam) great, fantastic (tremendo).
monstruoso, sa *adj* monstrous.
monta *f* value (valor). ■ **de poca ~** (fam) third-rate.
montacargas *m* goods lift (GB); service elevator (EE UU).
montaje *m* **1** assembly (de máquina, mueble). **2** staging (de espectáculo, exposición). **3** editing (de película). **4** FOT montage.
montante *m* **1** total amount (importe). **2** fanlight (ventana); mullion (de puerta).
montaña *f* mountain. ◆ **~ rusa** roller coaster. ■ **hacer una ~ de un grano de arena** to make a mountain out of a molehill.
montañero, ra *m* y *f* mountaineer.
montañoso, sa *adj* mountainous.
montar *tr* **1** to assemble (máquina); to put up (tienda, estantería). **2** to set up (negocio). **3** to stage (espectáculo, exposición). **4** to edit (película). **5** to beat (nata). ● *tr* e *intr* **6** to ride (cabalgar, ir en bicicleta). ● **~ a** *intr* **7** to amount to (ascender a). ● *intr* y *pron* **8** to get on (subir a); to get in (en coche); to mount (en animal).
monte *m* **1** mountain (montaña). **2** woodland (bosque). ◆ **~ de piedad** pawnshop.
montepío *m* charitable fund.
montera *f* TAUROM bullfighter's hat.

montés, sa *adj* wild.
montículo *m* mound, hillock.
montón *m* **1** pile, heap (pila). **2** (coloq) loads, stacks (mucho). ■ **a montones** by the score, in great abundance.
montura *f* **1** mount (caballo). **2** saddle (silla). **3** frame (de gafas).
monumental *adj* **1** monumental. **2** huge, enormous (muy grande). ◆ **zona ~** ara of historical interest.
monumento *m* ARQ monument.
monzón *m* monsoon.
moño *m* bun (de pelo). ■ **estar hasta el ~ de** (fam) to be sick and tired of.
moquear *intr* to have runny nose.
moqueta *f* fitted carpet.
mora *f* BOT blackberry (de zarzamora); mulberry (del moral).
morada *f* dwelling, abode.
morado, da *adj* y *m* **1** purple (color). ● *m* **2** bruise (hematoma).
moral *adj* **1** moral. ● *f* **2** morals, morality (ética). **3** morale (ánimo).
moraleja *f* moral.
moralidad *f* morality.
moralizar *tr* e *intr* to moralize.
morar *intr* (lit) to dwell.
moratón *m* bruise.
mórbido, da *adj* **1** morbid (enfermizo). **2** soft (blando).
morbo *m* morbid attraction (atractivo).
morbosidad *f* morbidity.
morboso, sa *adj* morbid, unhealthy (interés).
morcilla *f* **1** GAST black pudding. **2** TEAT (fig) ad lib (texto inventado).
mordaz *adj* biting, mordant.
mordaza *f* gag.
mordedura *f* bite.
morder *tr, intr* y *pron* to bite. ■ **morderse la lengua** to hold one's tongue; **morderse las uñas** to bite one's nails; **está que muerde** he's hoping mad.
mordisco *m* bite.
morena *f* ZOOL moray eel.
moreno, na *adj* **1** dark-skinned, dark (de tez oscura). **2** dark-haired, dark (de pelo oscuro). **3** tanned (bronceado). ● *m* y *f* **4** dark-skinned person (persona). ● *m* **5** suntan (bronceado).
morera *f* BOT white mulberry.
morfina *f* morphine.
moribundo, da *adj* dying.
morir *intr* y *pron* **1** to die (gen); to go out (luz); to come to a close (día). **~ de 2** to die of (frío, infarto). ■ **~ de ganas de + inf** (fam) to be dying to + inf (coloq); **~ de hambre** to starve to death; to be starving (fig); **~ de pena** to die of a broken heart; **~ de risa** to laugh one's head off; **~se por algo** to die for sth; **~se por alguien** to be crazy about sb (por amor).
mormón, na *adj/m* y *f* Mormon.
moro, ra *adj* **1** HIST Moorish. ● *m* y *f* **2** HIST Moor.
moroso, sa *adj* **1** COM slow in paying. ● *m* y *f* **2** COM slow payer, defaulter.
morriña *f* (fig) homesickness.
morro *m* **1** snout (hocico). **2** (fam) mouth (boca); lips (labios). **3** (fam) nerve, (caradura). ■ **por el ~** without asking.
morsa *f* ZOOL walrus.
morse *adj* **1** Morse. ● *m* **2** Morse code.
mortadela *f* mortadella.
mortaja *f* shroud.
mortal *adj* **1** mortal (ser). **2** deadly, lethal (veneno); fatal (herida). ● *m* o *f* **3** mortal.
mortalidad *f* mortality.
mortero *m* mortar.
mortífero, ra *adj* fatal, lethal.
mortificar *tr* **1** to torment (atormentar). **2** to mortify (castigar).
mortuorio, ria *adj* mortuary.
mosaico *m* mosaic.
mosca *f* ZOOL fly. ◆ **~ muerta** (fam) hypocrite. ■ **por si las moscas** (fam) just in case; **¿qué ~ te ha picado?** (fam) what's up with you?
moscardón *m* ZOOL blowfly.
moscatel *adj* y *m* muscatel.
mosquear *pron* **~se** to get annoyed (enfadarse).
mosquetero *m* musketeer.
mosquetón *m* musketoon.
mosquitera *f* mosquito net.
mosquitero *m* → mosquitera.
mosquito *m* mosquito.
mostacho *m* (fam) moustache (GB); mustache (EE UU).
mostaza *f* mustard.
mosto *m* grape juice, must.
mostrador *m* counter (de tienda); bar (de un bar); ckeck-in desk desk (de facturación en aeropuerto).
mostrar *tr* to show.

mota *f* **1** speck (partícula). **2** dot (dibujo).
mote *m* nickname (apodo).
motín *m* **1** riot (en una cárcel, en la calle). **2** mutiny (de tropas).
motivación *f* motivation.
motivar *tr* **1** to motivate (incentivar). **2** to cause, to give rise to (causar).
motivo *m* **1** motive, cause, reason. **2** ART, MÚS motif. ■ **con ~ de** on the occasion of.
moto *f* motorcycle, motorbike (motocicleta); moped, scooter (escúter).
motocicleta *f* motorcycle, motorbike.
motociclismo *m* motorcycling.
motociclista *m* o *f* motorcyclist.
motocross *m* motocross.
motor, ra *adj* **1** motor. • *m* **2** engine, motor. **3** (fig) driving force (impulsor). ◆ **~ de arranque** starter motor.
motorista *m* o *f* motorcyclist.
motorizar *tr* to motorize.
motriz *adj* motor.
mover *tr, intr* y *pron* **1** to move (desplazar). • *tr* **2** to nod (la cabeza para asentir); to shake one's head (la cabeza para negar). **3** to drive, to power (accionar). **4** to drive, to move (motivar, incitar). • **~se** *pron* **5** to move (gen); to get a move on (darse prisa).
movida *f* move, scene (ambiente).
movido, da *adj* **1** blurred (fotografía). **2** busy, hectic (ajetreado).
móvil *adj* **1** mobile. • *m* **2** motive (razón). ◆ **teléfono ~** mobile phone.
movilidad *f* mobility.
movilizar *tr* y *pron* to mobilize.
movimiento *m* **1** movement (desplazamiento). **2** activity (ajetreo). **3** FÍS motion. **4** MÚS tempo (velocidad); movement (de una sinfonía). ◆ **~ de capital** cash flow.
moza *f* **1** girl (chica). **2** servant (criada).
mozo, za *adj* **1** young (joven). **2** single (soltero). • *m* **3** youth, lad (joven). **4** single man. **5** servant (criado); porter (en la estación). **6** *Amér.* waiter (camarero).
muchacho, cha *m* y *f* boy (chico); girl (chica).
muchedumbre *f* crowd.
mucho, cha *adj* **1** a lot of (singular - afirmativas): *tiene mucho trabajo = he's got a lot of work*; a lot of, much (- negativas e interrogativas): *no tiene mucho dinero = he doesn't have much money*. **2** a lot of, lots of (plural - afirmativas): *tiene muchos amigos = he's got a lot of friends*; a lot of, many (- negativas e interrogativas): *¿te han dado muchos regalos? = did they give you a lot of presents?* **3** very: *tengo mucha sed = I'm very thirsty*. • *pron* **4** a lot, much (singular); a lot, many (plural): *muchos se quedaron en casa = many stayed at home*. • *adv* **5** a lot, much: *le gusta mucho = he likes it a lot, no gana mucho = she doesn't earn much*. **6** very, really: *lo siento mucho = I'm very sorry, me alegro mucho = I'm really pleased*; very much (en respuestas): *¿te gustó la exposición? - sí, mucho = did you like the exhibition? - yes, very much*. ■ **como mucho** at the most; **con ~** by far; **¡con ~ gusto!** with pleasure; **¿dura ~ la obra?** is the play long?; **hace ~ que** it's a long time since: *hace mucho que no vamos al cine = it's a long time since we've been to the cinema*; **~ más** much more; **~ menos** much less; **ni mucho ~** far from it; **por ~ que** no matter how much: *por mucho que intentes convencerle, no irá = no matter how much you try to convince him, he won't go*.
mucosidad *f* mucus.
muda *f* change of clothes.
mudar *tr* **1** to change (cambiar). **2** to moult (plumas); to shed (piel). **3** to break (voz). • *tr* y *pron* **4** to move (trasladar). • **~se** *pron* **5** to change clothes (de ropa). **6** to move house (de casa).
mudéjar *adj/m* o *f* Mudejar.
mudo, da *adj* **1** dumb, mute (que no puede hablar). **2** silent (callado). **3** GRAM, CINE silent. • *m* y *f* **4** dumb person.
mueble *m* **1** piece of furniture. • **muebles** *m pl* **2** furniture.
mueca *f* face (gen); grimace (de dolor).
muela *f* tooth, molar.
muelle *m* **1** spring. **2** quay, wharf.
muermo *m* (fam) bore.
muerte *f* **1** death (gen). **2** murder (homicidio). ■ **de mala ~** (fam) godforsaken (pueblo); grotty, seedy (bar).
muerto, ta *pp* **1** → morir. • *adj* **2** dead (sin vida). • *m* y *f* **3** dead person; dead body (cadáver). ■ **estar ~ de hambre** to be starving; **estar ~ de miedo/frío** to be scared/freezing to death.

muesca *f* notch.
muestra *f* **1** sample. **2** sample (de sangre). **3** proof (prueba, señal). **4** show (manifestación). **5** exhibition, show (exposición).
muestrario *m* collection of samples.
muestreo *m* sampling.
mugido *m* moo; bellow (de toro).
mugir *intr* to moo (vaca); to bellow (toro).
mugre *f* filth, grime.
mugriento, ta *adj* filthy, grimy.
mujer *f* **1** woman. **2** wife (esposa). ♦ **~ de la limpieza** cleaning lady; **~ de negocios** businesswoman.
mujeriego, ga *adj* **1** fond of the ladies. ● *m* **2** womanizer.
mulato, ta *adj/m* y *f* mulatto.
muleta *f* **1** crutch. **2** TAUROM muleta.
muletilla *f* pet phrase (frase repetida).
mullido, da *adj* soft, springy.
mullir *tr* **1** to plump up (cojín, almohada). **2** to break up (tierra).
mulo, la *m* y *f* ZOOL mule.
multa *f* fine (sanción); parking ticket (por aparcar mal). ■ **poner una ~ a alguien** to give sb a fine, to fine sb.
multar *tr* to fine.
multicine *m* multiplex.
multicolor *adj* multicoloured (GB); multicolored (EE UU).
multicopista *f* duplicator
multimedia *adj* y *m* multimedia.
multimillonario, ria *m* y *f* multimillionaire.
multinacional *adj* y *f* multinational.
múltiple *adj* multiple.
multiplicación *f* multiplication.
multiplicar *tr, intr* y *pron* **1** to multiply (gen). ● **~se** *pron* **2** *to do a lot of things at the same time* (persona).
multiplicidad *f* multiplicity.
múltiplo, pla *m* multiple.
multitud *f* **1** crowd (de personas). **2** multitude (gran número).
multitudinario, ria *adj* multitudinous.
multiuso *adj* multipurpose.
mundano, na *adj* worldly, of the world.
mundial *adj* **1** world (guerra). **2** worldwide (fama). ● *m* **3** world championship.
mundo *m* world. ♦ **Tercer Mundo** Third World. ■ **todo el ~** everybody, everyone; **un hombre de ~** a man of the world; **venir al ~** to come into the world; **ver ~** to see the world.
munición *f* MIL ammunition, munitions (carga).
municipal *adj* **1** municipal. ● *m* o *f* **2** policeman; policewoman.
municipio *m* **1** municipality, town (término municipal). **2** town council (ayuntamiento).
muñeca *f* **1** ANAT wrist. **2** doll (juguete).
muñeco *m* **1** doll (juguete). **2** (fig) puppet (títere). ♦ **~ de nieve** snowman.
muñequera *f* wristband.
mural *adj* y *m* mural.
muralla *f* walls, city walls.
Murcia *f* Murcia.
murciano, na *adj/m* y *f* Murcian.
murciélago *m* bat.
murmullo *m* **1** murmur, murmuring (gen). **2** whispering (cuchicheo). **3** (fig) murmur (de agua). **4** rustle, rustling (de hojas, viento).**murmuración** *f* gossip.
murmurar *tr* e *intr* **1** to murmur (hablar en voz baja). ● *intr* **2** to mumble, to mutter (hablar entre dientes). **3** to gossip, to criticize. **4** (fig) to murmur (agua).
muro *m* wall.
musa *f* **1** Muse. **2** muse (inspiración).
musaraña *f* ZOOL shrew. ■ **mirar las musarañas** to have one's head in the clouds.
muscular *adj* muscular.
musculatura *f* musculature, muscles.
músculo *m* muscle.
museo *m* museum.
musgo *m* BOT moss.
música *f* music. ♦ **~ clásica** classical music; **~ de fondo** background music; **~ pop** pop music.
musical *adj* y *m* musical.
músico, ca *m* y *f* musician.
musitar *tr* e *intr* to mumble.
muslo *m* **1** thigh. **2** leg (de ave).
mustio, tia *adj* **1** withered (marchito). **2** sad, depressed (melancólico).
musulmán, na *adj/m* y *f* Muslim.
mutación *f* mutation.
mutilación *f* mutilation.
mutilar *tr* to mutilate.
mutismo *m* silence.
mutua *f* mutual benefit society.
mutuo, tua *adj* mutual, reciprocal.
muy *adv* **1** very, highly. **2** too (demasiado): *aún eres muy pequeño para eso = you're still too young for that.*

m

Nn

n, N *f* **1** letra. • **N** *adj* y *m* **2** (*abrev* de *norte*) N.
nabo *m* turnip.
nacer *intr* **1** to be born (persona, animal): *nació en Londres = he was born in London*; to hatch (ave); to sprout (hoja, flor). **2** to spring (manantial); to rise (río). **3** to grow (pelo); to grow, to develop (relación, amistad). ■ **~ para algo** to be born to be sth.
nacido, da *adj* born. ◆ **recién ~** newborn baby. ■ **bien ~** well-bred; **mal ~** ill-bred.
naciente *adj* **1** rising (sol). **2** budding (incipiente). • *m* **3** East.
nacimiento *m* **1** birth. **2** source (de un río). **3** (fig) origin, beginning. **4** REL nativity.
nación *f* nation. ◆ **Naciones Unidas** United Nations.
nacional *adj* **1** national (territorio, bandera, equipo). **2** domestic (vuelo, mercado, industria).
nacionalismo *m* nationalism.
nacionalista *adj/m* o *f* nationalist.
nacionalizar *tr* **1** to nationalize (industria). **2** to naturalize (persona). • **~se** *pron* **3** to become naturalized.
nada *pron* **1** nothing, not… anything: *no dijo nada = he said nothing; he didn't say anything*. • *adv* **2** (en frases negativas) at all (en absoluto): *no me gusta nada = I don't like her at all*. ■ **de ~** you're welcome, don't mention it, not at all; **~ más** that's all, nothing else (eso es todo); as soon as (tan pronto como): *nada más saber la noticia llamó a su mujer = as soon as he found out the news he phoned his wife*; **~ de ~** not a thing; **para ~** at all: *no me gusta para nada = I don't like it at all*. ◆ **por ~** for nothing.
nadador, ra *m* y *f* swimmer.
nadar *tr* e *intr* **1** to swim. • *intr* **2** to float (flotar).
nadie *pron* nobody, no one, not… anybody, not… anyone. ■ **no hay ~ aquí** there's nobody here, there isn't anybody here.
nado *m* **a ~** swimming.
nalga *f* buttock.
naranja *f* **1** BOT orange. • *adj* y *m* **2** orange (color). ◆ **media ~** (fam) better half; **zumo de ~** orange juice.
naranjo *m* orange tree.
narciso *m* BOT daffodil, narcissus.
narcótico, ca *adj* y *m* narcotic.
nariz *f* **1** ANAT nose. **2** sense of smell (olfato). **3** nostril (orificio). ◆ **~ aguileña** aquiline nose; **~ respingona** turned-up nose. ■ **estar hasta las narices de algo/alguien** (fam) to be fed up with sth/sb; **meter las narices en algo** to poke one's nose into sth; **sonarse la ~** to blow one's nose.
narración *f* **1** narration (acción). **2** story (relato).
narrar *tr* to tell, to narrate.
nasal *adj* y *f* nasal.
nata *f* **1** GAST cream. **2** skin (de leche hervida). ◆ **~ montada** whipped cream.
natación *f* swimming.
natal *adj* native (país, tierra); home (ciudad).
natalicio, cia *adj* y *m* (form) birthday.
natalidad *f* birth rate.
natillas *f pl* custard.
natividad *f* nativity. ◆ **la Natividad** the Nativity.
nativo, va *adj/m* y *f* native.
natural *adj* **1** natural (causa, fenómeno). **2** natural (producto, ingrediente). **3** fresh (fruta). **4** unchilled (agua, cerveza). **5** natural, unaffected (espontáneo). ■ **al ~** natural, in its own juice (conservas); **ser ~ de** to be from.
naturaleza *f* **1** nature. **2** constitution (complexión). ■ **por ~** by nature.
naturalidad *f* **1** spontaneity (espontaneidad). **2** naturalness (sencillez).
naturalista *adj* **1** naturalistic. • *m* o *f* **2** naturalist.
naturalizar *tr* **1** to naturalize. • **~se** *pron* **2** to become naturalized.
naturismo *m* naturism, nudism.

naturista *m* o *f* naturist, nudist.
naufragar *intr* to be wrecked (un barco); to be shipwrecked (una persona).
naufragio *m* shipwreck, wreck (de un barco).
náufrago, ga *adj* **1** shipwrecked. • *m* y *f* **2** shipwrecked person.
náusea *f* nausea, sickness. ■ **dar náuseas** to make sick, **tener náuseas** to feel sick, to feel nauseous.
nauseabundo, da *adj* nauseating.
náutica *f* navigation.
náutico, ca *adj* nautical.
navaja *f* **1** penknife. **2** ZOOL razor clam. ♦ **~ de afeitar** cut-throat razor (GB); straight razor (EE UU).
navajazo *m* knife wound.
naval *adj* naval.
Navarra *f* Navarre.
navarro, rra *adj/m* y *f* Navarrese.
nave *f* **1** NÁUT boat, vessel. **2** ARQ nave. ♦ **~ espacial** spaceship; **~ industrial** industrial warehouse. ■ **quemar las naves** to burn one's boats.
navegación *f* **1** navigation (acción). **2** shipping (tráfico). ♦ **~ aérea** aviation; **~ de altura** celestial navigation.
navegador *m* INF browser.
navegar *intr* **1** NÁUT to sail, to navigate. **~ por 2** INF to surf (Internet).
Navidad *f* Christmas (day). ♦ **árbol de ~** Christmas tree; **en ~** at Christmas. ■ **feliz ~** Merry Christmas.
naviera *f* shipping company.
naviero, ra *adj* **1** shipping. • *m* y *f* **2** shipowner.
navío *m* ship.
nazi *adj/m* o *f* Nazi.
nazismo *m* Nazism.
neblina *f* mist.
nebuloso, sa *adj* **1** misty (cielo). **2** (fig) vague, nebulous (idea).
necedad *f* **1** foolishness, stupidity (cualidad). **2** nonsense (dicho).
necesario, ria *adj* necessary. ■ **ser necesario + inf** to be necessary + inf, to have + inf: *no será necesario contarlos todos = it won't be necessary to count them all*; **si es ~** if necessary, if need be.
neceser *m* toilet bag.
necesidad *f* **1** necessity, need (falta). • **necesidades** *f pl* **2** needs, requirements (requerimientos). **necesidades 3** hardship (estrecheces). ♦ **artículo de primera ~** basic commodity. ■ **hacer sus necesidades** (fam) to relieve oneself; **por ~** out of necessity.
necesitado, da *adj* **1** in need, needy (pobre). **~ de 2** in need of. • *m* y *f* **3** needy person.
necesitar *tr* **1** to need, to require (requerir). **~ + inf 2** to need + inf, to have + inf (deber): *necesito descansar = I need to rest.* • **~ de** *intr* **3** to have need of (tener necesidad de). ■ **«se necesita asistenta»** "helper wanted".
necio, cia *adj* **1** foolish. • *m* y *f* **2** fool.
necrología *f* obituary (esquela).
necrópolis *f* necropolis.
néctar *m* nectar.
nectarina *f* nectarine.
nefasto, ta *adj* **1** harmful, disastrous (perjudicial). **2** awful, dreadful (pésimo). **3** unlucky, ill-fated (infortunado).
negación *f* **1** denial (de acusación). **2** refusal (rechazo). **3** negation (antítesis). **4** GRAM negative.
negado, da *adj* useless, hopeless.
negar *tr* **1** to deny (acusación, responsabilidad). **2** to refuse (rehusar). **3** to refuse, to deny (permiso). • **~se a** *pron* **4** to refuse to: *se negó a darme la mano = she refused to shake my hand*
negativa *f* **1** refusal (rechazo). **2** denial (de una acusación).
negativo, va *adj* **1** negative. • *m* **2** FOT negative.
negligente *adj* negligent.
negociable *adj* negotiable.
negociación *f* negotiation.
negociado *m* department (departamento).
negociante *m* o *f* COM trader, dealer.
negociar *tr* e *intr* **1** to negotiate (discutir, gestionar). • **~ en** *intr* **2** to deal in, to trade in.
negocio *m* **1** business (actividad, empresa). **2** transaction, deal (transacción). **3** affair (asunto). **4** shop (GB); store (EE UU, tienda). ♦ **hombre de negocios** businessman; **los negocios** business; **mujer de negocios** businesswoman. ■ **hacer un buen ~** to make a good deal; **poner un ~** to start up a business.
negrero, ra *m* y *f* slave trader.
negrilla *f* bold type, boldface (letra).

n

negrita *f* → negrilla.
negro, gra *adj* y *m* **1** black (color). • *m* **2** black tobacco (tabaco). • *m* y *f* **3** black man (hombre); black woman (mujer). ◆ **cerveza negra** brown ale. ■ **estar ~** (fam) to be angry (enfadado); **ponerse ~** (fam) to get angry (enfadarse).
nene, na *m* y *f* **1** little boy (niño); little girl (niña). **2** darling (expresión de cariño).
neologismo *m* neologism.
nervio *m* **1** ANAT nerve. **2** BOT vein. **3** sinew (de la carne). • **nervios** *m pl* **4** nerves (estado mental). ■ **estar mal de los nervios** to suffer with one's nerves.
nerviosismo *m* nervousness, restlessness.
nervioso, sa *adj* **1** nervous (sistema, tejido). **2** agitated, nervous (intranquilo). ■ **poner ~ a alguien** to get on sb's nerves; **ponerse ~** to get flustered, to get nervous (turbarse).
neto, ta *adj* **1** net (precio, sueldo). **2** clear, clean (definido).
neumático, ca *adj* **1** pneumatic. • *m* **2** tyre (GB); tire (EE UU). ◆ **~ de repuesto** spare tyre.
neumonía *f* pneumonia.
neura *f* (fam) depression.
neurología *f* neurology.
neurólogo, ga *m* y *f* neurologist.
neurona *f* neurone, neuron.
neurótico, ca *adj/m* y *f* neurotic.
neutral *adj* neutral.
neutralizar *tr* to neutralize.
neutro, tra *adj* **1** neutral. • *adj* y *m* **2** GRAM neuter.
nevada *f* snowfall.
nevado, da *adj* snow-covered (paisaje); snow-capped (montaña).
nevar *impers* to snow.
nevera *f* refrigerator (gen); fridge (GB); icebox (EE UU).
nexo *m* nexus, link.
ni *conj* **1** neither… nor: *no nos habló ella ni su marido = neither she nor her husband spoke to us*. **2** or: *sin padres ni amigos = without parents or friends*. **3** not one, not a single: *no quedó ni un pastel = there wasn't a single cake left*. ■ **~… ~…** neither… nor: *no está ni gorda ni delgada = she is neither fat nor thin*; either… or: *no quiero ni café ni té = I don't want either coffee or tea*; **~ que** not even if…: *ni que fueses el presidente = not even if you were president*; **~ hablar!** no way!; **~… tampoco** neither: *no lo conozco ni ella tampoco = I don't know him and neither does she*.
Nicaragua *f* Nicaragua.
nicaragüense *adj/m* y *f* Nicaraguan.
nicotina *f* nicotine.
nido *m* nest.
niebla *f* fog. ■ **hay ~** it's foggy; **un día de ~** a foggy day.
nieto, ta *m* y *f* grandson, grandchild (niño); granddaughter, grandchild (niña). ◆ **los nietos** the grandchildren.
nieve *f* snow.
nimiedad *f* triviality.
ninfómana *f* nymphomaniac.
ningún *adj* → ninguno, na.
ninguno, na *adj* **1** (ante sust masculino *ningún*) no, not any: *no había ningún taxi = there weren't any taxis, no había ninguna mujer = there were no women*. • *pron* **2** nobody, no one (personas): *ninguno lo sabe = nobody knows*. **3** not any, none (cosas): *le enseñé todos los modelos pero no le gustó ninguno = I showed her all the styles but she didn't like any of them*. **4** neither (refiriéndose a dos personas); none (refiriéndose a más de dos personas): *ninguno de ellos lo pudo hacer = none of them could do it*. ■ **de ninguna manera** no way; **en ninguna parte** nowhere; **no tengo ningún abrigo** I don't have a coat.

> **Ninguno** se traduce por ***neither*** cuando se refiere a dos personas o cosas y el verbo va en forma afirmativa: *ninguno de los dos tiene coche = neither of them has a car*. Se usa ***either*** cuando el verbo va en forma negativa: *no quiero ninguno de los dos = I don't want either(of them)*.

niñera *f* nanny.
niñero, ra *adj* fond of children.
niñez *f* childhood.
niño, ña *m* y *f* **1** boy, child (chico); girl, child (chica). **2** son, child (hijo); daughter, child (hija). **3** baby (bebé). • **niños** *m pl* **4** children. ◆ **~ bien** rich kid; **~ prodigio** child prodigy. ■ **la niña de mis/tus/sus…ojos** the apple of my/your/his… eye.

níquel *m* QUÍM nickel.
niqui *m* polo shirt.
níspero *m* medlar.
nitidez *f* **1** sharpness, clarity (de imagen, foto). **2** clarity (de una vista, de un día).
nítido, da *adj* **1** sharp, clear (imagen, foto). **2** clear (vista, día).
nitro *m* nitre (GB); niter (EE UU).
nitrógeno *m* QUÍM nitrogen.
nivel *m* **1** level (altura). **2** TEC level (instrumento). ◆ **~ de vida** standard of living; **~ del mar** sea level. ■ **a ~ europeo** at a European level; **al ~ de** level with.
nivelar *tr* **1** to level (terreno). **2** to balance (presupuesto).
no *adv* **1** no (negación): *¿te llamó? - no = did she call you? - no, no gracias = no thanks.* **2** not (modificador): *no vendrán = they will not come, no les gusta = they do not like it, ¿por qué no? = why not?* **3** se emplean los verbos auxiliares ingleses be, have, do, can, will, would, etc. para formar la coletilla interrogativa ¿no?: *vive aquí ¿no? = she lives here, doesn't she?, están casados ¿no? = they're married, aren't they?* ● *m* **4** no. ● *pref* **5** non-: *nongovernmental = no gubernamental.* ■ **¡a que no!** I bet you can't!; **¡cómo ~!** of course; **creo que ~** I don't think so; **~ obstante** nevertheless; **pues ~, eso sí que ~** certainly not.
nobiliario, ria *adj* nobiliary, noble. ◆ **título ~** title of nobility.
noble *adj* **1** noble (persona, acto). **2** fine (material). ● *m* o *f* **3** noble.
nobleza *f* nobility.
noche *f* night; evening (atardecer). ■ **ayer por la ~** yesterday night; **buenas noches** good evening (para saludar); good night (para despedir); **de la ~ a la mañana** overnight; **de ~, por la ~** at night; **esta ~** tonight; **hacer ~ en** to stay the night in, to spend the night in; **hacerse de ~** to get dark; **(en) toda la ~** all night.
nochebuena *f* Christmas Eve.
nochevieja *f* New Year's Eve.
noción *f* **1** notion, idea (concepto). ● **nociones** *f pl* **2** basic knowledge, smattering (rudimentos).
nocivo, va *adj* harmful (gen); noxious (gas).
noctámbulo, la *m* y *f* sleepwalker, night owl.
nocturno, na *adj* **1** nocturnal (animal). **2** night (vuelo, tren). **3** evening (de la tarde). ◆ **clase nocturna** evening class.

> ***Night*** e ***evening*** se usan siempre delante del sustantivo y se refieren a algo que sucede o se lleva puesto durante la noche: *un club nocturno = a nightclub; un vestido de noche = an evening dress.* ***Night*** también pueden referirse a personas: *un vigilante nocturno = a night-watchman.*

nogal *m* walnut.
nómada *adj* **1** nomadic. ● *m* o *f* **2** nomad.
nombramiento *m* appointment (para un cargo).
nombrar *tr* **1** to mention, to name (mencionar). **2** to appoint (para un cargo).
nombre *m* **1** name. **2** name, reputation (fama). **3** GRAM noun. **~ de pila** first name, christian name; **~ de soltera** maiden name; **~ propio** proper noun; **~ y apellidos** full name; **sin ~** nameless. ■ **a ~ de** made payable to (cheque); addressed to (paquete); **en ~ de** on behalf of.
nomenclatura *f* nomenclature.
nómina *f* **1** payroll (lista). **2** pay cheque (GB); pay check (EE UU, sueldo). **3** payslip (hoja).
nominación *f* nomination.
nominar *tr* to nominate.
nonagésimo, ma *adj/m* y *f* ninetieth.
nordeste *adj* y *m* → noreste.
nórdico, ca *adj* **1** Nordic, Northern European (del norte). ● *m* y *f* **2** Northern European (gen); Norseman (hombre); Norsewoman (mujer).
noreste *adj* **1** north-east, north-eastern (punto, región). **2** north-easterly (dirección, viento). ● *m* **3** north-east (punto cardinal).
noria *f* **1** waterwheel (para subir agua). **2** big wheel (GB); ferris wheel (EE UU, de parque de atracciones).
norma *f* rule, regulation, norm.
normal *adj* normal.
normalidad *f* normality.
normativa *f* set of rules, regulations.
normativo, va *adj* normative.
noroeste *adj* **1** north-west, north-western (punto, región). **2** north-westerly (di-

rección, viento). • *m* **3** north-west (punto cardinal).

norte *adj* **1** northern, north (punto, región). **2** northerly (dirección, viento). • *m* **3** north (punto cardinal).

Norteamérica *f* North America.

norteamericano, na *adj/m* y *f* North American.

nos *pron* **1** us (objeto directo): *dinos lo que viste = tell us what you saw*. **2** us, to us (objeto indirecto): *danos el libro = give us the book; give the book to us*. **3** ourselves (reflexivo): *podemos lavarnos = we can wash ourselves*. **4** each other, one another (recíproco): *no nos hablamos = we don't speak to each other*. ■ **~ vamos** we're going.

nosotros, tras *pron* **1** we (sujeto): *fuimos nosotros = we went*. **2** us (objeto): *ven con nosotros = come with us*.

nostalgia *f* **1** nostalgia (de una época). **2** homesickness (de hogar, país).

nostálgico, ca *adj* homesick.

nota *f* **1** note (apunte, anotación). **2** mark, grade (calificación). **3** bill (cuenta). **4** MÚS note. ♦ **~ de aviso** advice note; **~ dominante** prevailing note. ■ **dar la ~** to draw attention to oneself; **tomar ~ de algo** to note sth down (apuntar); to take note of sth (notar).

notable *adj* **1** noticeable, remarkable (apreciable). **2** outstanding (destacado). • *m* **3** merit (en un examen).

notar *tr* **1** to notice (percibir). • *tr* y *pron* **2** to feel (sentir). • **~se** *pron* **3** to show (percibirse).

notaría *f* notary's office.

notario, ria *m* y *f* notary (public), solicitor.

noticia *f* piece of news, news item. ♦ **las noticias** RAD, TV the news. ■ **tener noticias de alguien** to hear from sb.

noticiario *m* **1** RAD, TV news. **2** CINE newsreel.

notificación *f* notification.

notificar *tr* to notify.

novato, ta *adj* **1** inexperienced. • *m* y *f* **2** novice, beginner (principiante).

novedad *f* **1** newness (cualidad). **2** novelty (cosa nueva). • **novedades** *f pl* **3** new releases (libros, discos); latest fashion (ropa).

novela *f* novel.

novelista *m* o *f* novelist.

noveno, na *adj/m* y *f* ninth.

noventa *adj* y *m* ninety.

noviazgo *m* engagement.

noviembre *m* November.

novillada *f* TAUROM bullfight using young bulls.

novillo, lla *m* y *f* ZOOL young bull (macho); heifer (hembra). ■ **hacer novillos** to play truant.

novio, via *m* y *f* **1** boyfriend (hombre); girlfriend (mujer). **2** fiancé (prometido); fiancée (prometida). **3** bridegroom, groom (hombre - el día de la boda); bride (mujer - el día de la boda).

nubarrón *m* storm cloud.

nube *f* **1** cloud (gen). **2** swarm, cloud (de insectos); cloud (de humo). ■ **estar por las nubes** to be sky-high (precios); **poner por las nubes** to praise to the skies.

nublado, da *adj* cloudy, overcast (cielo).

nublar *tr* **1** to cloud. • **~se** *pron* **2** to cloud over.

nubosidad *f* cloudiness.

nuca *f* nape.

núcleo *m* **1** nucleus (gen). **2** core (de reactor).

nudillo *m* knuckle.

nudo *m* **1** knot (lazo). **2** link (vínculo). **3** junction (de carretera, de ferrocarril). **4** crux, core (de un problema). ■ **tener un ~ en la garganta** to have a lump in one's throat.

nuera *f* daughter-in-law.

nuestro, tra *adj poses* **1** our: *nuestro amigo = our friend*. • *pron poses* **2** ours: *este coche es nuestro = this car is ours*. ■ **un amigo ~** a friend of ours. ♦ **el ~/la nuestra** ours; **lo ~ es el cine** films is what we like to make; **los nuestros** our people, our family.

nueva *f* piece of news. ♦ **la buena ~** good news.

nueve *adj* **1** nine; ninth (en fechas). • *m* **2** nine (número).

nuevo, va *adj* **1** new (gen). **2** another (oportunidad, problema). • *m* y *f* **3** newcomer (recién llegado). ♦ **la buena nueva** good news. ■ **de ~** again.

nuez *f* **1** BOT walnut (fruto seco). **2** ANAT Adam's apple. ♦ **~ moscada** nutmeg.

nulidad *f* **1** incompetence, incapacity (ineptitud). **2** DER nullity. **3** (fam) nohoper, dead loss (persona).

nulo, la *adj* **1** DER null and void. **2** (fam) useless (persona).
numeración *f* **1** numbering (acción). **2** numerals, numbers (sistema).
numerar *tr* to number.
número *m* **1** number. **2** issue, number (de publicación). **3** size (de zapatos). **4** ticket (de lotería). **5** TEAT number, act. ◆ ~ **atrasado** back number; ~ **de teléfono** telephone number. ■ **en números redondos** in round figures; **en números rojos** in the red; **sin** ~ unnumbered.
numeroso, sa *adj* numerous, many. ◆ **familia numerosa** large family.
nunca *adv* **1** never (en frases afirmativas): *no vinieron nunca = they never came*. **2** ever (en frases afirmativas): *mejor que nunca = better than ever*. ■ **casi** ~ hardly ever; **más que** ~ more than ever; ~ **jamás** never again.
nupcias *f pl* wedding, nuptials.
nutrición *f* nutrition.
nutrido, da *adj* **1** large (abundante). **2** nourished (alimentado).
nutrir *tr* **1** to feed, to nourish (alimentar). • **~se** *pron* **2** to receive nourishment. **~se de algo 3** (fig) to draw on sth.
nutritivo, va *adj* nutritious.

Ññ

ñ, Ñ *f* ñ, Ñ (letra).
ñandú *m* rhea.
ñoñería *f* **1** spinelessness (apocamiento). **2** insipidness (sosería).
ñoñez *f* _ ñoñería.
ñoño, ña *adj* **1** spineless; drippy (coloq, apocado). **2** insipid (soso).
ñu *m* ZOOL gnu.

Oo

O

o, O *f* o, O (letra).
o *conj* or. ■ **~...** ~ either or; ~ **sea que** in other words.
oasis *m* oasis.
obcecar *tr* **1** to blind. • **~se** *pron* **2** to be stubborn.
obedecer *tr* e *intr* **1** to obey. • ~ **a** *intr* **2** to respond to (responder a).
obediencia *f* obedience.
obesidad *f* obesity.
obeso, sa *adj* obese.
obispo *m* bishop.
objeción *f* objection.
objetar *tr* e *intr* to object.
objetivo, va *adj* **1** objective. • *m* **2** objective, goal.
objeto *m* **1** object (cosa). **2** aim, purpose (finalidad). **objetos perdidos 3** lost property. ■ **sin** ~ to no purpose, pointlessly.
oblicuo, cua *adj* oblique.
obligación *f* **1** obligation, duty. **2** COM bond. ■ **por** ~ out of sense of duty.
obligar *tr* **1** to force, to oblige. • **~se** *pron* **2** to commit oneself. ■ ~ **a alguien a hacer algo** to force sb to do sth.
oboe *m* **1** oboe (instrumento). • *m* o *f* **2** oboist (músico).
obra *f* **1** work (trabajo, creación). **2** deed (acción). **3** TEAT play. **4** MÚS opus. • **obras** *f pl* **5** building work (construcción). **obras 6** LIT works. ◆ ~ **benéfica** charity; ~ **de arte** work of art; ~ **maestra** masterpiece; **obras públicas** public works.
obrar *tr* **1** to work (madera). • *intr* **2** to act, to behave (actuar).
obrero, ra *adj* **1** working-class. • *m* y *f* **2** worker. ◆ **la clase obrera** the working class; ~ **cualificado** skilled worker.
obscenidad *f* obscenity.

obsceno, na *adj* obscene.
obscuridad *f* → oscuridad.
obscuro, ra *adj* → oscuro, ra.
obsequiar *tr* to give, to present with.
obsequio *m* gift, present.
observación *f* **1** observation (gen). • *m* **2** note (nota). **3** obsevance (cumplimiento).
observador, ra *adj* **1** observant. • *m* y *f* **2** observer.
observar *tr* **1** to observe, to watch (mirar). **2** to notice (fijarse). **3** to observe, to obey (cumplir).
observatorio *m* observatory.
obsesión *f* obsession.
obsesivo, va *adj* obsessive.
obseso, sa *adj* **1** obsessed. • *m* y *f* **2** obsessive.
obstaculizar *tr* to obstruct, to hinder.
obstáculo *m* obstacle. ■ **poner obstáculos a algo/alguien** to hinder sth/sb.
obstante *adv* **no ~** nevertheless, however.
obstetricia *f* obstetrics.
obstinado, da *adj* stubborn, obstinate.
obstinarse *pron* **~ en** to insist on.
obstrucción *f* obstruction.
obstruir *tr* **1** to obstruct, to block (paso). **2** to hinder, to impede (progreso). • **~se** *pron* **3** to get blocked.
obtención *f* obtaining.
obtener *tr* **1** to obtain, to get (fondos, beca). **2** to achieve, to obtain (resultado). **3** to win (premio).
obturar *tr* to plug, to stop up.
obtuso, sa *adj* obtuse.
obús *m* shell.
obvio, via *adj* obvious.
oca *f* goose.
ocasión *f* **1** occasion (momento). **2** opportunity, chance (oportunidad). **3** bargain (ganga). ■ **con ~ de** on the occasion of; **de ~** secondhand.
ocasional *adj* **1** chance (fortuito). **2** temporary (empleo).
ocasionar *tr* to cause, to bring about.
ocaso *m* **1** sunset. **2** (fig) decline (declive).
occidental *adj* western.
occidente *m* west. ◆ **el Occidente** the West.
océano *m* ocean.
ochenta *adj* **1** eighty (cardinal). **2** eightieth (ordinal). • *m* **3** eighty (número).
ocho *adj* **1** eight (cardinal). **2** eighth (ordinal). • *m* **3** eight (número).
ochocientos, tas *adj* **1** eight hundred (cardinal). **2** eight hundredth (ordinal). • *m* **3** eight hundred (número).
ocio *m* **1** leisure time, free time (tiempo libre). **2** idleness (holgazanería).
ocioso, sa *adj* idle.
ocre *adj* y *m* ochre (GB); ocher (EE UU, color).
octavilla *f* flyer, pamphlet.
octavo, va *adj* y *m* eighth.
octubre *m* October.
ocular *adj* ocular, eye.
oculista *m* o *f* ophthalmologist.
ocultar *tr* **1** to hide, to conceal. • **~se** *pron* **2** to hide.
oculto, ta *adj* hidden, concealed.
ocupación *f* **1** occupation, job (empleo). **2** occupation (de un territorio).
ocupado, da *adj* **1** busy (persona). **2** engaged (lavabo). **3** taken (asiento, taxi). **4** in use (ascensor).
ocupante *m* **1** occupying. • *m* o *f* **2** occupant. ◆ **~ ilegal de viviendas** squatter.
ocupar *tr* **1** to occupy, to fill (tiempo). **2** to live in (habitar); to squat (habitar sin autorización). **3** to occupy, to hold (cargo). **4** to take, to occupy (asiento). • **~se de** *pron* **5** to deal with, to take care of.
ocurrencia *f* witty remark (agudeza).
ocurrir *intr* **1** to happen, to occur. • **~se** *pron* **2** to come to mind. ■ **ocurrírsele algo a alguien** to occur to sb, to cross sb's mind: *se me ocurrió que… = it occurred to me that… / it crossed my mind that.*
odiar *tr* to hate, to loathe.
odio *m* hate, hatred.
odioso, sa *adj* hateful.
odontólogo, ga *m* y *f* dental surgeon, odontologist.
oeste *adj* **1** western (punto, región). • *m* **2** west (punto cardinal). ■ **del ~** westerly (viento); western (gente).
ofender *tr* **1** to offend. • **~se** *pron* **2** to take offence (GB); to take offense (EE UU).
ofensa *f* insult.
ofensiva *f* offensive.
ofensivo, va *adj* offensive.
oferta *f* **1** offer. **2** bargain (de precio). **3** ECON supply. ◆ **la ~ y la demanda** supply and demand; **~ monetaria** money supply. ■ **estar de ~** to be on special offer.

oficial *adj* **1** official. • *m* o *f* **2** official, officer (de administración). **3** clerk (de oficina). **4** MIL officer.
oficina *f* office. ◆ **~ de correos** post office; **~ de objetos perdidos** lost-property office; **~ de turismo** tourist office.
oficinista *m* o *f* clerk, office worker.
oficio *m* **1** trade (profesión manual). **2** job (trabajo). **3** REL service. ■ **de ~** by trade; **tener mucho ~** to be very experienced.
oficioso, sa *adj* **1** unofficial (no oficial). **2** officious (importuno).
ofimática *f* office automation.
ofrecer *tr* **1** to offer (ayuda, dinero). **2** to give (premio, concierto). **3** to hold, to give (recepción). **4** to present (aspecto). • **~se** *pron* **5** to offer, to volunteer. **~se a + inf algo 6** to offer + inf sth, to volunteer + inf sth.
ofrenda *f* offering.
oftalmólogo, ga *m* y *f* ophthalmologist.
ofuscación *f* blinding dazzling.
ofuscar *tr* **1** to dazzle (deslumbrar). **2** (fig) to bewilder, to confuse (confundir). • **~se** *pron* **3** to be blinded.
ogro *m* ogre.
oída *f* hearing. ■ **de oídas** by hearsay.
oído *m* **1** hearing (sentido). **2** ANAT ear. ■ **hablar a alguien al ~** to have a word in sb's ear; **ser duro de ~** to be hard of hearing; **tener buen ~** to have a good ear.
oír *tr* e *intr* **1** to hear (percibir). • *tr* **2** to listen to (escuchar). ■ **¡oiga!** excuse me!; **¡oye!** hey!

> **Oír** se traduce por ***hear*** cuando se refiere a la percepción de un sonido: *oyó un ruido extraño = he heard a strange noise*. Se usa ***listen*** cuando se refiere a escuchar con atención: *¡oye!, ¿qué ruido es ése? = listen! What's that noise?* También se usa ***hear*** para conciertos, retransmisiones, charlas, etc.

ojal *m* buttonhole.
¡ojalá! *interj* **1** I hope so!, if only! **~ (que) + subj 2** I wish + indicativo, I hope + indicativo: *ojalá no hiciera tanto calor = I wish it wasn't so hot.*
ojear *tr* **1** to look at, to have a look at (mirar). **2** to beat (caza).
ojeras *f pl* bags under the eyes.
ojeriza *f* grudge. ■ **tener ~ a alguien** to have a grudge against sb.
ojo *m* **1** ANAT eye. **2** hole (agujero); eye (de aguja). • *interj* **3** be careful, watch out. ◆ **~ de buey** porthole; **~ de la cerradura** keyhole. ■ **a ~ de buen cubero** roughly; **echar un ~ a algo** to have a look at sth; **en un abrir y cerrar de ojos** in the twinkling of an eye; **mirar con buenos ojos** to look favourably upon; **no pegar ~** (fam) not to sleep a wink (coloq); **tener buen ~ para algo** to have a good eye for sth.
okupa *m* o *f* (fam) squatter.
ola *f* wave. ◆ **~ de calor** heatwave; **~ de frío** cold spell.
¡olé! *interj* hooray!, bravo!
oleada *f* **1** large wave (ola grande). **2** (fig) surge, wave (de gente).
oler *tr* e *intr* **1** to smell. • **~se** *pron* **2** to suspect, to sense. ■ **~ bien** to smell good; **~ mal** to smell bad, to stink.
olfatear *tr* **1** to sniff (oler). **2** (fig, fam) to sniff out, to pry into (indagar).
olfato *m* **1** sense of smell (sentido). **2** (fig, fam) nose, instinct (instinto). ■ **tener ~ para algo** to be a good judge of sth.
oligarquía *f* oligarchy.
olimpiada u **olimpíada** *f* **1** Olympiad. • **olimpiadas** *f pl* **2** Olympic Games.
olímpico, ca *adj* Olympic. ◆ **los Juegos Olímpicos** the Olympic Games.
oliva *f* olive.
olivo *m* olive tree.
olla *f* cooking pot. ◆ **~ a presión** pressure cooker; **~ podrida** meat and vegetable stew.
olor *m* smell. ■ **~ a** smell of; **tener buen/mal ~** to smell good/bad.
oloroso, sa *adj* fragrant.
olvidar *tr* e *intr* **1** to forget (gen). • *tr* **2** to leave (dejarse).
olvido *m* **1** obscurity, oblivion (desmemoria). **2** oversight (descuido). ■ **caer en el ~** to fall into oblivion.
ombligo *m* navel.
omisión *f* omission.
omitir *tr* to omit, to leave out.
ómnibus *m Amér.* bus.
omnívoro, ra *adj* **1** omnivorous. • *m* **2** omnivore.
once *adj* **1** eleven (cardinal). **2** eleventh (ordinal). • *m* **3** eleven (número).

Opinión / *Opinions*

Para expresar una opinión sobre algo	
En mi opinión, es una película muy mala	*In my opinion, it's very bad film*
A mi juicio, no debería haber llamado	*To my mind, he should not have phoned*
Yo considero que es demasiado joven	*It is my belief that she's too young*
Creo que te va a encantar este libro	*I think that you will love that book*
Me parece que le gustas	*I think that he likes you*
Me da que te está mintiendo	*I suspect that she's lying to you*
Tengo la impresión de que está triste	*I have the impression that he's sad*
Para pedir una opinión	
¿Qué te parece mi ordenador?	*What do you think of my computer?*
¿Qué opinas de él?	*What is your opinion of him?*
¿Crees que lo hará?	*Do you think that he will do it?*
¿Piensas que es demasiado tarde?	*Do you think that it's too late?*
¿Cuál es tu opinión sobre el tema?	*What are your views on the matter?*
En tu opinión, ¿cuál es mejor?	*In your opinion, which one is better?*
¿Qué opinión tienes de mis amigos?	*What is your opinion of my friends?*

onceavo, va *adj* y *m* eleventh.

onda *f* wave. ◆ **~ expansiva** shock wave; **~ sonora** sound wave. ■ **estar en la ~** (fam) to be trendy (coloq).

ondear *intr* to ripple.

ondulación *f* ripple.

ondular *tr* **1** to wave (pelo). ● *intr* **2** to ripple (agua). **3** to undulate (terreno).

ONG (*siglas de* **organización no gubernamental**) *f* NGO, non-governmental organization.

ONU (*siglas de* **Organización de las Naciones Unidas**) *f* UN.

onza *f* ounce.

OPA (*siglas de* **oferta pública de adquisición**) *f* takeover bid.

opaco, ca *adj* opaque.

opción *f* option, choice. ■ **dar ~ a** to give the right to; **no hay ~** there is no alternative; **tener ~ a** to be eligible for (cargo, empleo).

ópera *f* opera.

operación *f* **1** operation. **2** FIN transaction.

operador, ra *m* y *f* **1** TELECOM, TEC operator. **2** CINE, TV cameraman (hombre); camerawoman (mujer). **3** FIN trader.

operar *tr* **1** MED to operate on. **2** to bring about; realizar. ● *intr* **3** to operate (funcionar). **4** MED to operate. ● **~se** *pron* **5** to have an operation.

operario, ria *m* y *f* manual worker.

operativo, va *adj* operative. ◆ **sistema ~** INF operating system.

opinar *tr* **1** to think, to be of the opinion. ● *intr* **2** to express an opinion.

opinión *f* opinion, view. ◆ **la ~ pública** public opinion. ■ **cambiar de ~** to change one's mind.

opíparo, ra *adj* sumptious.

oponente *m* o *f* opponent.

oponer *tr* **1** to oppose. ● **~se a** *pron* **2** to be opposed to, to object to.

oportunidad *f* **1** opportunity, chance. ● **oportunidades** *f pl* **2** bargains.

oportuno, na *adj* **1** opportune, timely (a tiempo). **2** suitable (conveniente). ■ **en el momento ~** at the right moment.

oposición *f* **1** opposition (impedimento). **2** resistance (resistencia). ● **oposiciones** *f pl* **3** public competitive examination. ■ **hacer oposiciones a** to sit a competitive examination for; **preparar oposiciones para** to be studying for a public entrance examination.

opositar *intr* to take a public competitive examination.

opresión *f* **1** oppression. **2** MED tightness (del pecho).

opresor, ra *adj* **1** oppressive. ● *m* y *f* **2** oppressor.

oprimir *tr* **1** to oppress (someter). **2** to press (presionar). **3** to pinch (zapatos). **4** (fig) to burden (angustiar).

optar *intr* **~ por 1** to opt for, to choose. **~ a 2** to aspire to.

optativo, va *adj* optional.
óptico, ca *adj* **1** optical. • *m* y *f* **2** optician.
optimismo *m* optimism.
optimista *adj* **1** optimistic. • *m* o *f* **2** optimist.
óptimo, ma *adj* optimum, best.
opuesto, ta *pp* **1** → oponer. • *adj* **2** opposing, contrary (ideas, actitud). **3** opposite (de enfrente).
opulencia *f* opulence.
oración *f* **1** REL prayer. **2** GRAM clause, sentence. ◆ ~ **principal** main clause; ~ **subordinada** subordinate clause.
orador, ra *m* y *f* speaker, orator.
oral *adj* **1** oral. • *m* **2** oral (examen).
orar *intr* REL to pray.
órbita *f* **1** ASTR orbit. **2** ANAT eye-socket. **3** sphere (ámbito).
orden *m* **1** order (colocación, armonía). **2** ARQ, BIOL, ZOOL order. • *f* **3** order (mandato). **4** REL order. ◆ **la ~ del día** MIL the order of the day; **las fuerzas del ~** the security forces; ~ **público** law and order. ■ **de primer ~** first-rate; **por ~ alfabético** in alphabetical order.
ordenación *f* **1** order, arrangement (efecto). **2** REL ordination.
ordenado, da *adj* **1** tidy (pulcro). **2** organized (metódico).
ordenador *m* INF computer. ◆ ~ **de sobremesa** desktop computer; ~ **portátil** laptop computer.
ordenar *tr* **1** to put in order (archivos); to tidy up (habitación). **2** to order (mandar). • **~se** *pron* **3** REL to be ordained.
ordeñar *tr* to milk.
ordinal *adj* y *m* ordinal.
ordinario, ria *adj* **1** ordinary, common (corriente). **2** vulgar, coarse (vulgar). **3** daily (correo). ■ **de ~** usually.
orégano *m* oregano.
oreja *f* **1** ANAT ear. **2** wing (de un sillón).
orejudo, da *adj* big-eared.
orfanato *m* orphanage.
orfebrería *f* goldsmithing (de oro); silversmithing (de plata).
organismo *m* **1** BIOL organism. **2** COM, POL organization.
organista *m* o *f* organist.
organización *f* organization.
organizador, ra *adj* **1** organizing. • *m* y *f* **2** organizer.
organizar *tr* **1** to organize, to arrange. • **~se** *pron* **2** to organize oneself, to get organized.
órgano *m* organ.
orgasmo *m* orgasm.
orgía *f* orgy.
orgullo *m* pride.
orgulloso, sa *adj* proud.
orientación *f* **1** orientation (dirección). **2** leaning (tendencia). **3** guidance (consejo). ◆ ~ **profesional** careers advice.
oriental *adj* **1** eastern (punto cardinal). • *adj*/*m* y *f* **2** Oriental (del Lejano Oriente).
orientar *tr* **1** to direct (encaminar). **2** to guide, to advise (aconsejar). **3** to face (casa); to position (antena). • **~se** *pron* **4** to get one's bearings, to find one's way. **5** (fig) to be aiming at (encaminarse).
oriente *m* east. ◆ **el Oriente** the East; **Oriente Medio** Middle East; **Oriente Próximo** Near East.
orificio *m* orifice, hole.
origen *m* **1** origin (principio). **2** origin, cause (causa). **3** origin, extraction (ascendencia). ■ **dar ~ a** to give rise to.
original *adj* **1** original (diferente). **2** eccentric (extraño). • *m* **3** original (documento).
originar *tr* **1** to give rise to, to cause. • **~se** *pron* **2** to originate.
originario, ria *adj* original. ■ **ser ~ de** to come from (persona); to be native to (animal, planta).
orilla *f* bank (de río); shore (de mar).
orina *f* urine.
orinal *m* chamber pot (gen), potty (para niños).
orinar *intr* **1** to urinate. • **~se** *pron* **2** to wet oneself.
oriundo, da *adj*/*m* y *f* native.
ornamentar *tr* to decorate.
oro *m* **1** gold. • **oros** *m pl* **2** *suit of Spanish cards bearing gold coins.* ◆ ~ **negro** oil. ■ **de ~** gold, golden; **hacerse de ~** to make a fortune; **no es ~ todo lo que reluce** all that glitters is not gold.
orquesta *f* **1** MÚS orchestra. **2** TEAT orchestra pit.
orquídea *f* orchid.
ortografía *f* spelling.
ortopedia *f* orthopaedics (GB); orthopedics (EE UU).

O

oruga *f* caterpillar.
orujo *m* marc.
os *pron* **1** you (objeto directo): *¿puedo ayudaros? = can I help you?* **2** (to) you (objeto indirecto): *os envió dos cartas = he sent you two letters; he sent two letters to you.* **3** yourselves (reflexivo). **4** each other, one another (recíproco).
osa *f* bear. ◆ **Osa Mayor** ASTR Great Bear, Ursa Major; **Osa Menor** ASTR Little Bear, Ursa Minor.
osadía *f* **1** boldness, daring (atrevimiento). **2** nerve, audacity (descaro).
osado, da *adj* bold, daring.
osamenta *f* **1** skeleton (esqueleto). **2** bones (huesos).
osar *tr* e *intr* to dare.
osario *m* charnel house.
oscilación *f* **1** FÍS oscillation. **2** fluctuation (de precios, temperaturas).
oscilar *intr* **1** FÍS to oscillate. ● *tr* **2** to swing (moverse). ● *intr* **3** to fluctuate (precios, temperaturas).
oscurecer *tr* **1** to darken (privar de luz). **2** to cloud (ofuscar). ● *impers* **3** to get dark. ● **~se** *pron* **4** to get darker.
oscuridad *f* **1** darkness (falta de luz). **2** obscurity (anonimato).
oscuro, ra *adj* **1** dark; overcast (cielo). **2** (fig) obscure (significado, origen); uncertain (futuro). ■ **a oscuras** in the dark.
oso *m* bear. ◆ **~ blanco** polar bear; **~ pardo** brown bear.
ostentación *f* ostentation.
ostentar *tr* **1** to flaunt (hacer gala). **2** to hold (cargo).
ostentoso, sa *adj* ostentatious.
ostra *f* oyster. ■ **aburrirse como una ~** (fam) to be bored stiff (coloq); **¡ostras!** (coloq) wow!
otoñal *adj* autumnal (GB); fall (EE UU).
otoño *m* autumn (GB); fall (EE UU).
otorgar *tr* to award (premio, beca); to grant (privilegio, favor).
otro, tra *adj* **1** another (singular): *¿quieres otro vino? = do you want another wine?*; other (plural): *con otras personas = with other people.* **2** next, following (siguiente). ● **otros, tras** *adj pl* **3** another, more (seguido de numeral): *necesitamos otros cinco platos = we need another five plates; we need five more plates.* ● *pron* **4** another, another one: *dame otro = give me another; give me another one.* ◆ **el ~ día** the other day; **el ~ / la otra** the other, the other one; **los otros / las otras** the others, the other ones. ■ **¡~!** encore!
ovación *f* ovation.
óvalo *m* oval.
ovario *m* ovary.
oveja *f* sheep (gen); ewe (hembra). ◆ **~ negra** black sheep.
ovillo *m* ball. ■ **hacerse un ~** to curl up into a ball.
ovular *intr* to ovulate.
óvulo *m* ovule.
oxidar *tr* y *pron* **1** to rust. **2** QUÍM to oxidize.
óxido *m* **1** rust (herrumbre). **2** QUÍM oxide.
oxigenar *tr* **1** QUÍM to oxygenate. ● **~se** *pron* **2** (fig) to get some fresh air.
oxígeno *m* QUÍM oxygen.
oyente *m* o *f* **1** RAD listener. **2** EDUC unofficial student.
ozono *m* QUÍM ozone.

Pp

p, P *f* p, P (letra)
pabellón *m* **1** pavilion (de feria, palacio). **2** block, building (dependencia). **3** outer ear (de oreja). **4** flag (bandera).
pabilo o **pábilo** *m* wick.
pacer *tr* e *intr* to graze.
pachanguero, ra *adj Méx*. fond of partying.
paciencia *f* patience. ■ **perder la ~** to lose one's patience.
paciente *adj* **1** patient. ● *m* o *f* **2** patient.
pacificar *tr* **1** MIL to pacify, to restore peace. **2** to appease, to calm (calmar).
Pacífico *m* **el (océano) ~** the Pacific (Ocean).
pacífico, ca *adj* peaceable, pacific.
pacifista *adj/m* o *f* pacifist.
pacotilla *f* junk. ■ **de ~** cheap, shoddy (género).
pactar *tr* **1** to agree on. ● *intr* **2** to reach an agreement, to come to an agreement.
pacto *m* **1** pact (político, económico). **2** agreement (acuerdo).
padecer *tr* **1** to suffer, to endure (castigo, privaciones). ● **~ de** *intr* **2** to suffer from.
padrastro *m* **1** stepfather. **2** ANAT hangnail.
padre *m* **1** father. **2** REL father, priest. ● **padres** *m pl* **3** parents. ● *adj* **4** (fam) enormous, terrible (enorme). ◆ **el Padre** the Father.
padrenuestro *m Lord's Prayer*.
padrino *m* **1** godfather (de bautizo). **2** best man (de boda). **3** sponsor (que patrocina). ● **padrinos** *m pl* **4** godparents.
padrón *m* **1** census (municipal). **2** electoral roll (electoral).
paella *f* paella.
paga *f* **1** pay, wages (sueldo). **2** pocket money (de niños). ◆ **~ extra** bonus.
pagar *tr* **1** to pay (factura); to pay off, to repay (deuda, préstamo); to pay for (cena, entradas; delito). ● *intr* **2** to pay. ■ **¡me las pagarás!** I'll get you for this!
pagaré *m* COM IOU, promissory note. ◆ **~ del Tesoro** government bond.
página *f* page. ◆ **~ inicial** INF home page; **página web** COMP documento situado en una red informática, al que se accede mediante enlaces de hipertexto; **Páginas Amarillas** Yellow Pages.
pago *m* **1** payment (gen). **2** prize, reward (recompensa). ◆ **~ a cuenta** payment on account; **~ a plazos** payment by instalments; **~ inicial** down payment.
paila *f Amér*. large frying pan (sartén).
país *m* **1** GEOG country. **2** nation (población).
paisaje *m* **1** GEOG landscape, scenery. **2** ART landscape.
paisano, na *m* y *f* fellow countryman, compatriot (hombre); fellow countrywoman, compatriot (mujer). ■ **de ~** in plain clothes (policía); in civilian clothes (soldado).
paja *f* **1** straw (gen). **2** (fig, fam) waffle, padding (en un texto, un discurso). ■ **hacerse una ~** (vulg) to wank (GB); to jerk off (EE UU).
pajarita *f* bow tie (corbata).
pájaro *m* ZOOL bird. ◆ **~ bobo** penguin; **~ carpintero** woodpecker. ■ **matar dos pájaros de un tiro** to kill two birds with one stone.
paje *m* page.
pala *f* **1** shovel (para tierra, carbón); spade (para cavar). **2** bat (de ping-pong); racket (de pelota). **3** slice (de cocina). **4** blade (de remo).
palabra *f* **1** word (vocablo). **2** speech (facultad, don). ◆ **~ de honor** word of honour (GB); word of honor (EE UU); **palabras mayores** strong words. ■ **tomar la ~ a alguien** to take sb at his/her/their word; **dar su ~** to give one's word.
palabrota *f* swear word.
palacio *m* palace.
palada *f* **1** spadeful, shovelful (con la pala). **2** stroke (con el remo).
paladar *m* palate.
paladear *tr* to savour (GB); to savor (EE UU).

palanca *f* lever. ◆ ~ **de cambio** gear lever (GB); gearshift (EE UU); ~ **de mando** INF joystick.
palangana *f* washbasin (GB); washbowl (EE UU, jofaina).
palco *m* box.
palenque *m* **1** fence, palisade (valla). **2** *Arg., Bol., Ur.* tethering post (poste).
paleolítico, ca *adj* y *m* palaeolithic (GB); paleolithic (EE UU).
palestino, na *adj/m* y *f* Palestinian.
paleta *f* **1** palette (de pintor). **2** trowel (de albañil). **3** spatula (de cocina).
paletilla *f* shoulder blade.
paleto, ta *adj/m* y *f* (fam) hick (palurdo).
paliar *tr* to alleviate, to palliate.
palidez *f* paleness.
pálido, da *adj* pale.
palillo *m* **1** toothpick (mondadientes). **2** drumstick (de tambor). **3** chopstick (para comida oriental).
palique *m* (fam) chit-chat. ■ **estar de ~** (fam) to have a natter (coloq).
paliza *f* **1** beating, thrashing (zurra). **2** (fam) thrashing (derrota). **3** hard grind (esfuerzo).
palma *f* **1** ANAT palm. **2** BOT palm (planta); palm leaf (hoja). ● **palmas** *f pl* **3** clapping (aplausos). ■ **dar palmas** to clap.
palmada *f* **1** slap (bofetada). **2** pat (golpe). **3** clap (ruido). ● **palmadas** *f pl* **4** clapping, applauses (palmas).
palmar *m* palm grove.
palmera *f* palm tree.
palmo *m* **1** span (medida). **2** (fig) small amount. ■ **dejar a alguien con un ~ de narices** (fam) to let sb down.
palo *m* **1** stick (vara); post (de valla); pole (de telégrafos). **2** club (de golf). **3** mast (de barco). **4** blow (golpe, revés). **5** stroke (de una letra). **6** suit (de naipes). ■ **a ~ seco** on its own.
paloma *f* **1** pigeon; dove (blanca). **2** dove (símbolo de la paz). ◆ ~ **mensajera** carrier pigeon.
palomar *m* pigeon loft.
palomita *f* popcorn.
palpable *adj* palpable.
palpar *tr* **1** to touch, to feel (tocar). **2** MED to palpate. **3** (fig) to feel (percibir).
palpitación *f* palpitation.
palpitar *intr* to beat (corazón); to throb (vena).
palta *f Amér.* avocado pear.
palto *m Amér.* avocado tree.
paludismo *m* malaria.
palurdo, da *adj* **1** (desp) uncouth. ● *m* y *f* **2** (desp, coloq) bumpkin; hick.
pampa *f* pampas.
pamplina *f* **1** BOT chickweed. ● **pamplinas** *f pl* **2** (fam) nonsense (tonterías).
pan *m* bread; loaf (barra). ◆ **barra de ~** loaf of bread; ~ **de molde** sliced bread; ~ **integral** wholemeal bread; ~ **rallado** breadcrumbs. ■ **ganarse el ~** to earn a living; **llamar al ~ ~ y al vino vino** to call a spade a spade; **ser ~ comido** to be a piece of cake; **ser más bueno que el ~** to be kindness itself.
pana *f* corduroy.
panacea *f* panacea.
panadería *f* bakery, baker's.
panadero, ra *m* y *f* baker.
panal *m* honeycomb.
pancarta *f* placard, banner (cartel).
páncreas *m* pancreas.
pandero *m* tambourine.
pandilla *f* gang.
panegírico, ca *adj* **1** panegyrical. ● *m* **2** panegyric.
panera *f* **1** bread basket (para la mesa). **2** bread bin (GB); bread box (EE UU, para guardar el pan).
pánfilo, la *adj* slow-witted.
panfleto *m* pamphlet.
pánico *m* panic.
panorama *m* **1** panorama, view (vista). **2** scene, situation (situación). **3** outlook (perspectiva).
panqueque *m Amér.* crêpe, pancake.
pantalla *f* **1** CINE, TV screen. **2** INF monitor. **3** lampshade (de lámpara).
pantalón *m* (normalmente *pl*) trousers (GB); pants (EE UU). ◆ ~ **corto** shorts; ~ **vaquero** jeans.
pantano *m* **1** marsh, swamp (marisma). **2** reservoir (embalse).
pantanoso, sa *adj* **1** marshy, swampy (cenagoso). **2** (fig) difficult (problemático).
panteón *m* **1** pantheon. **2** *Amér.* cemetery.
pantera *f* ZOOL panther.
panti *m* tights (GB); panty hose (EE UU).
pantorrilla *f* calf.
panty *m* panti.
panza *f* belly.

pañal *m* nappy (GB); diaper (EE UU). ■ **estar en pañales** to be wet behind the ears.
paño *m* **1** cloth (trapo). **2** woollen cloth (GB); woolen cloth (EE UU, tela). **3** stretch (de pared). ◆ ~ **de cocina** dishcloth, tea towel; **paños menores** underwear.
pañuelo *m* hankerchief, hanky (para la nariz); headscarf, scarf (para la cabeza).
papa *f Amér.* potato. ◆ **el Papa** the Pope; **papas fritas** chips (GB); French fries (EE UU, de sartén); crisps (GB); chips (EE UU, de bolsa).
papá *m* **1** (fam) dad, daddy (gen); pop (EE UU). ● **papás** *m pl* **2** parents. ◆ **Papá Noel** Father Christmas.
papada *f* double chin (de persona); dewlap (de animal).
papagayo *m* ZOOL parrot.
papanatas *m* (fam) nit, wally.
papel *m* **1** paper (material); piece of paper (hoja). **2** CINE, TEAT role, part. ● **papeles** *f pl* **3** papers (documentación). ◆ ~ **de aluminio** tinfoil; ~ **de lija** sandpaper; ~ **de seda** tissue paper; ~ **higiénico** toilet paper; ~ **moneda** paper money; ~ **pintado** wallpaper. ■ **hacer buen/mal ~** to do well/badly; **perder los papeles** (fig) to lose control.
papelera *f* waste-paper basket (de oficina); litter bin (en la calle).
papelería *f* stationer's (shop).
papeleta *f* **1** ballot paper (de voto). **2** results slip (de examen). **3** (fam) tough problem (problema).
paperas *f pl* mumps.
papilla *f* baby food. ■ **hecho ~** shattered (cansado); smashed to bits (roto).
papiro *m* papyrus.
paquebote *m* packet-boat.
paquete *m* **1** package (grande); packet (pequeño); parcel (de correo). **2** set, raft (de medidas, programas). **3** INF package.
par *adj* **1** even (números). ● *m* **2** pair (pareja); couple (dos). **3** par (en golf). ■ **a la ~** FIN at par; **de ~ en ~** wide open; **sin ~** peerless, unique.
para *prep* **1** for (utilidad): *una pala para cavar = a spade for digging*. **2** for (finalidad): *estas flores son para tu madre = these flowers are for your mother*. **3** for, by (tiempo): *se lo tendremos preparado para mañana = we'll have it ready for you by tomorrow*. **4** for, to (destino): *salgo para Londres mañana = I leave for London tomorrow*. **5** for (adecuación): *pesa demasiado para mí = it's too heavy for me*. **6** considering (comparación): *está muy delgado para lo que come = he's very thin considering how much he eats*. ● *conj* **7** to, in order to: *tomó un taxi para llegar antes = he took a taxi to get there sooner*. ~ **quo + subj 8** so, so that: *te lo digo para que aprendas = I'm telling you so you'll learn*. ■ ~ **entonces** by then; ~ **siempre** forever; **¿~ qué?** what for?
parábola *f* **1** LIT parable. **2** GEOM parabola.
parabólica *f* satellite dish.
parabrisas *m* windscreen (GB); windshield (EE UU).
paracaídas *f* parachute.
paracaidista *m* o *f* **1** parachutist. **2** MIL paratrooper.
parachoques *m* bumper (GB); fender (EE UU).
parada *f* **1** stop. **2** DEP save. ◆ ~ **de autobús** bus stop; ~ **de taxis** taxi rank (GB); taxi stand (EE UU).
paradero *m* **1** whereabouts. **2** *Col.* bus stop.
paradisíaco, ca o **paradisiaco, ca** *adj* heavenly, blissful.
parado, da *adj* **1** standing still, motionless (persona); closed, at a standstill (fábrica); stopped (coche). **2** unemployed, out of work (desempleado). ● *m* y *f* **3** unemployed person. ◆ **los parados** the unemployed.
paradoja *f* paradox.
parador *m* ~ **(de turismo)** *high-class touring hotel sited in rural beauty spots and places of historical interest.*
paráfrasis *f* paraphrase.
paraguas *m* umbrella.
Paraguay *m* Paraguay.
paraíso *m* paradise. ◆ ~ **fiscal** tax haven; ~ **terrenal** Garden of Eden.
paralela *f* **1** GEOM parallel line. ● **paralelas** *f pl* **2** DEP parallel bars.
paralelo, la *adj* y *m* parallel.
parálisis *f* paralysis.
paralítico, ca *adj* **1** paralytic; paralysed (GB); paralyzed (EE UU). ● *m* y *f* **2** paralytic.
paralizar *tr* **1** MED to paralyse (GB); to paralyze (EE UU). **2** to stun (dejar atónito). **3** to bring to a standstill (detener).

páramo *m* moor.
paranoico, ca *adj/m* y *f* paranoid.
parapeto *m* parapet.
parar *tr* **1** to stop (gen); to parry (golpe). **2** DEP to save. **3** *Amér.* to raise (levantar). • *intr* **4** to stop, to halt (gen). ~ **de + inf** **5** to stop + ger: *no para de hablar = he doesn't stop talking*. **6** to stay (alojarse). • **~se** *pron* **6** to stop. **8** *Amér.* to stand up (ponerse de pie). ■ **ir a ~** to end up; **sin ~** non-stop.
pararrayos o **pararrayo** *m* lightning conductor.
parásito, ta *adj* **1** parasitic. • *m* **2** parasite.
parasol *m* parasol, sunshade.
parcela *f* plot of land.
parche *m* **1** patch. **2** botched job (pegote).
parchís *m* ludo.
parcial *adj* **1** partial. **2** biased (prejuzgado). • *m* **3** EDUC assessment examination.
parco, ca *adj* **1** sparing, frugal (moderado). **2** scant (escaso).
pardillo, lla *adj* **1** (fam) gullible. • *m* y *f* **2** naive person (ingenuo). • *m* **3** ZOOL linnet.
pardo, da *adj* dun.
parecer *m* **1** opinion. **2** looking, looks (aspecto). ■ **a mi ~** in my opinion; **cambiar de ~** to change one's mind.
parecer *intr* **1** to seem, to look, to appear: *pareces cansado hoy = you look tired today*. **2** to look like (tener el aspecto de): *vestido así pareces un turista = you look like a tourist dressed like that*. **3** to think, to believe (opinar): *me parece que ha llegado = I think he's arrived*. ~ **que** **4** to look as if, to look like (tener aspecto de): *parece que no llegarán a un acuerdo = it looks as if they won't reach an agreement*. • **~se** *pron* **5** to look alike. **~se a algo/alguien** **6** to look like sth/sb, to resemble sth/sb.
parecido, da *adj* **1** similar, alike. • *m* **2** similarity.
pared *f* **1** wall. **2** side (de montaña).
pareja *f* **1** pair (de objetos). **2** couple (en una relación). **3** partner (de baile). ■ **por parejas** in pairs.
parejo, ja *adj* similar, alike.
parentesco *m* relationship.
paréntesis *m* **1** parenthesis. **2** bracket (signo). ■ **entre ~** in brackets.
pariente, ta *m* y *f* relative.
parir *tr* **1** to give birth to, to have. • *intr* **2** to give birth.
parking *m* car park (GB); parking lot (EE UU).
parlamentar *intr* **1** to talk (charlar). **2** to negotiate, to parley (negociar).
parlamentario, ria *adj* **1** parliamentary. • *m* y *f* **2** member of parliament.
parlamento *m* **1** POL parliament. **2** speech (discurso).
parlotear *intr* (fam) to prattle on, to chatter.
paro *m* **1** unemployment (desempleo). **2** unemployment benefit (subsidio). **3** stoppage (interrupción). ♦ ~ **cardiaco** cardiac arrest.
parodia *f* parody.
parodiar *tr* to parody.
parpadear *intr* to blink (ojos); to flicker, to blink (luz).
párpado *m* eyelid.
parque *m* **1** park. **2** total number (de vehículos en un país); fleet (en una empresa). ♦ ~ **acuático** waterpark; ~ **de atracciones** amusement park, funfair; ~ **de bomberos** fire station; ~ **temático** theme park; ~ **zoológico** zoo.
parqué *m* parquet.
parquet *m* → parqué.
parquímetro *m* parking meter.
parra *f* grapevine.
párrafo *m* paragraph.
parranda *f* (fam) spree.
parricida *m* o *f* parricide.
parrilla *f* **1** GAST grill (GB); broiler (EE UU). **2** roof rack (gen); baca (Amér., de coche). ■ **a la ~** grilled.
párroco *m* parish priest.
parroquia *f* **1** parish church (iglesia). **2** congregation, parishioners (feligreses). **3** (fam) customers, clientele (clientela).
parroquiano, na *m* y *f* **1** parishioner. **2** (fam) regular customer (cliente).
parsimonia *f* **1** calm (flema). **2** thrift, parsimony (moderación).
parsimonioso, sa *adj* calm, unhurried (flemático).
parte *f* **1** part, portion (porción); share (de beneficios, de bienes). **2** part (zona, lugar). **3** COM party (en un negocio). **4** DER litigant. • *m* **5** report. ♦ ~ **médico** medical report; ~ **meteorológico** weath-

er report. ■ **dar ~ de** to report; **de ~ de** on behalf of; **en ~** partly; **estar de ~ de alguien** to be on sb's side; **la mayor ~ de** most of; **por otra ~** what is more, besides (además); **tomar ~ en** to take part in, to participate in.

parterre *m* flower bed.

partición *f* **1** sharing out (reparto). **2** partitioning (territorio). **3** POL partition.

participación *f* **1** participation (colaboración). **2** share of a lottey ticket (de lotería). **3** notice (comunicación).

participar *tr* **1** to announce, to inform (informar). ● **~ (en)** *intr* **2** to participate (in), to take part (in) (tomar parte).

partícipe *m* o *f* participant. ■ **ser ~ de algo** to share in sth; **hacer ~ a alguien de algo** to inform sb about sth.

partícula *f* particle.

particular *adj* **1** particular (específico). **2** private (privado). **3** individual, peculiar (singular). ● *m* **4** matter, subject (asunto). ● *m* o *f* **5** private individual (individuo). ◆ **clase ~** private class. ■ **en ~** in particular.

particularizar *tr* **1** to detail, to specify (especificar). **2** to distinguish (distinguir). ● **~se** *pron* **3** to stand out (distinguirse).

partida *f* **1** entry (contabilidad). **2** consignment, batch (envío). **3** game (juego). **4** party, group (grupo). **5** certificate (documento). ◆ **~ de defunción** death certificate; **~ de matrimonio** marriage certificate; **~ de nacimiento** birth certificate.

partidario, ria *adj* **1** supporting. ● *m* y *f* **2** supporter, follower.

partido, da *adj* **1** split, divided. ● *m* **2** POL party. **3** DEP game, match. ◆ **~ amistoso** DEP friendly match; **~ de ida** first leg; **~ de vuelta** second leg; **~ político** political party. ■ **sacar ~ de algo** to benefit from sth; **tomar ~** to take sides.

partir *tr* **1** to divide, to split (dividir). **2** to cut (cortar). **3** to share out (repartir). **4** to crack (nueces). ● *intr* **5** to leave, to depart (salir). ● **~se** *pron* **6** to split, to crack, to break. ■ **a ~ de ahora** from now on.

partitura *f* score.

parto *m* birth. ■ **estar de ~** to be in labour.

parturienta *f* woman in labour (GB); woman in labor (EE UU, que está de parto); woman who has just given birth (después del parto).

párvulo, la *m* y *f* infant.

pasa *f* raisin. ◆ **~ de Corinto** currant.

pasada *f* **1** wipe (con un trapo); quick iron (con una plancha). **2** lick (de pintura). **3** row (en labores de punto). ◆ **una mala ~** dirty trick. ■ **de ~** in passing.

pasado, da *adj* **1** past (tiempo, época); last (semana, mes, año). **2** off, bad (alimento). **3** after: *pasada la una = after one o' clock.* **4** GRAM past. ● *m* **5** past (tiempo). **6** GRAM past tense. ■ **~ mañana** the day after tomorrow.

pasador *m* **1** hair slide (de pelo); tie pin (de corbata). **2** bolt (pestillo).

pasaje *m* **1** fare (tarifa). **2** passengers (pasajeros). **3** crossing, passage (travesía). **4** passage (callejuela). **5** LIT passage.

pasajero, ra *adj* **1** passing. ● *m* y *f* **2** passenger.

pasamano o **pasamanos** *m* banister (de escalera); handrail (en un lugar público, pasillo).

pasaporte *m* passport.

pasar *tr* **1** to pass (dar, acercar). **2** to pass on (transferir). **3** to overtake (adelantar). **4** to spend (tiempo). **5** to pass (examen). **6** to show (película). **7** to strain (colar). **8** to pass (pasar, deslizar). ● *tr* e *intr* **9** to pass, to pass by (ir). ● *intr* **10** to pass, to go by (tiempo). **11** to go in, to come in (entrar). **12** to pass, to stop (parar). **13** to happen (suceder). **14** to be over (terminarse). **15** to move on to (cambiar de acción, tema). ● **~se** *pron* **16** to go too far, to overstep. **17** to forget, to slip one's mind (olvidarse). **18** to go off, to go bad (pudrirse). **~se por 19** to go by, to drop in at (hacer una visita). **20** to go over the top (propasarse). ■ **~ de** to exceed (límite); not to be interested in (ser indiferente); **pasarlo bien/mal** to have a good time/an awful time; **¿qué pasa?** how's it going? (saludo); what's going on? (¿qué sucede?); what's the matter? (¿hay problemas?).

pasarela *f* **1** footbridge (puente); gangway (de un barco). **2** catwalk (de modelos).

pasatiempo *m* pastime, hobby.

Pascua *f* **1** Easter (de la Resurrección); Passover (judía). **2** Christmas (Navidad).

■ **de Pascuas a Ramos** (fam) once in blue moon.
pase *m* **1** pass (permiso). **2** CINE screening. **3** DEP pass.
pasear *intr* **1** to go for a walk, to stroll. **2** to go for a ride (en bicicleta, en moto); to go for a drive (en coche). ● *tr* **3** to take for a walk. ● **~se** *pron* **4** to walk.
paseo *m* **1** walk, stroll (a pie); ride (en bicicleta, en moto, a caballo); drive (en coche). **2** thoroughfare, avenue (calle). ◆ **~ marítimo** promenade. ■ **dar un ~** to go for a walk (a pie); to go for a ride (en bicicleta, en moto); to go for a drive (en coche); **mandar a alguien a ~** (fam) to send sb packing; **¡vete a ~!** ¡get lost!
pasillo *m* corridor (de edificio); aisle (de avión).
pasión *f* passion.
pasional *adj* passionate.
pasivo, va *adj* **1** passive. ● *m* **2** FIN liabilities. ◆ **voz pasiva** passive voice.
pasmado, da *adj* **1** astonished, astounded (asombrado). **2** stunned (atontado).
pasmar *tr* **1** to astonish, to stun (asombrar). ● **~se** *pron* **2** to be astonished, to be stunned (asombrarse).
pasmo *m* astonishment, amazement.
paso *m* **1** step (movimiento); footstep (ruido). **2** pace (ritmo). **3** passage, way (camino). **4** pass (de montaña). **5** step, measure (gestión). **6** crossing (cruce). ◆ **~ a nivel** level crossing (GB); grade crossing (EE UU); **~ de peatones** pedestrian crossing (GB); crosswalk (EE UU); **~ de cebra** zebra crossing. ■ **abrirse ~** to make one's way through; **a cada ~** at every turn; **a dos pasos** close by; **«ceda el ~»** " give way"; **de ~** by the way (por cierto); passing through (por un sitio); **~ a ~** step by step.
pasodoble *m* paso doble.
pasta *f* **1** paste (masa). **2** pastry (de pastelería). **3** cake (pastelillo). **4** dough (de harina). **5** pasta (italiana). **6** (coloq) dough (coloq, dinero). **7** boards (encuadernación). ◆ **~ de dientes** toothpaste.
pastar *tr* e *intr* to pasture, to graze.
pastel *adj* **1** pastel (tono). ● *m* **2** GAST cake (bizcocho); pie (salado). **3** ART pastel. ◆ **~ de carne** meat pie.
pastelería *f* **1** cake shop (establecimiento). **2** cake making, baking (actividad).
pastelero, ra *adj* **1** baking. ● *m* y *f* **2** pastry-cook (fabricante); cake seller (vendedor).
pastilla *f* **1** tablet, pill (medicamento). **2** bar (de jabón, de chocolate).
pasto *m* pasture (sitio); grazing (acción).
pastor, ra *m* y *f* **1** AGR shepherd (hombre); shepherdess (mujer). ● *m* **2** REL pastor. ◆ **~ alemán** German shepherd, Alsatian.
pastoso, sa *adj* **1** doughy, pasty (sustancia). **2** mellow (voz). **3** furry (tongue).
pata *f* **1** leg (pierna). **2** paw (de gato, perro); foot (de ave). **3** leg (de un mueble). ● **patas** *f pl* **4** *Amér.* (fam) cheek (poca vergüenza). ◆ **patas de gallo** crow's feet. ■ **a la ~ coja** hopping; **estirar la ~** (coloq) to snuff it; **meter la ~** (fam) to put one's foot in it (coloq); **tener mala ~** (fam) to be unlucky.
patada *f* kick. ■ **dar una ~** to kick; **tratar a alguien a patadas** to treat sb like dirt.
patalear *intr* to kick (en el aire); to stamp (en el suelo).
pataleo *m* **1** kicking (en el aire); stamping (en el suelo). **2** complaint (queja).
patata *f* potato. ◆ **~ frita** chip (GB); French fry (EE UU, de sartén); crisp (GB); chip (EE UU, de bolsa).
paté *m* pâté.
patear *tr* **1** to kick (dar patadas). ● *intr* **2** to stamp (en el suelo).
patena *f* paten. ■ **limpio como una ~** as clean as a new pin.
patentado, da *adj* patent, patented.
patente *adj* **1** obvious, clear. ● *f* **2** patent.
paternal *adj* paternal.
paternidad *f* fatherhood, paternity (del padre); parenthood (de los padres).
paterno, na *adj* paternal, fatherly.
patético, ca *adj* pathetic.
patíbulo *m* scaffold (cadalso); gallows (horca).
patilla *f* sideburn (gen); sideboard (GB).
patín *m* **1** skate, roller-skate (de ruedas); ice skate (de hielo). **2** skateboard (tabla).
patinar *intr* **1** DEP to skate (sobre hielo); to roller-skate (sobre ruedas). **2** to skid (vehículo); to slip (persona). **3** (fig, fam) to slip up (equivocarse).
patinazo *m* **1** skid (de un vehículo). **2** (fig, coloq) slip-up (equivocación).
patinete *m* scooter.

patio *m* courtyard, patio (de una casa); playground (de una escuela). ◆ ~ **de butacas** stalls (GB); orchestra (EE UU); ~ **de luces** light-well.
patitieso, sa *adj* (fam) flabbergasted (patidifuso).
pato *m* duck (especie); drake (macho). ■ **pagar el** ~ (fam) to carry the can.
patología *f* pathology.
patológico, ca *adj* pathological.
patria *f* homelandnative country.
patriarca *m* patriarch.
patrimonio *m* **1** patrimony, heritage (bienes heredados); wealth (bienes propios). **2** (fig) exclusive birthrate (de una colectividad). ◆ ~ **económico** national wealth.
patriota *m* o *f* patriot.
patrocinar *tr* to sponsor.
patrón, na *m* y *f* **1** employer, boss (jefe). **2** landlord (hombre); landlady (mujer, de pensión). **3** NÁUT skipper. **4** REL patron saint. ● *m* **5** pattern (en costura).
patronato *m* **1** board (consejo). **2** trust (institución). **3** employers' association (patronal).
patrulla *f* patrol.
patrullar *tr* e *intr* to patrol.
paulatino, na *adj* slow, gradual.
pausa *f* **1** pause (interrupción). **2** break (descanso). **3** MÚS rest.
pausado, da *adj* slow, deliberate.
pauta *f* **1** guideline (norma). **2** model, example (modelo).
pava *f* **1** ZOOL turkey hen. **2** (fam) drip (sosa).
pavimentar *tr* to pave (enlosar); to surface (asfaltar).
pavimento *m* pavement (enlosado); road surface (asfaltado).
pavonear *intr* y *pron* to strut, to show off.
pavor *m* dread, horror.
payaso, sa *m* y *f* clown.
paz *f* peace. ■ **dejar en** ~ to leave alone; **hacer las paces** to make up.
pc *m* PC, personal computer.
pe *f* p (nombre de la letra). ■ **de** ~ **a pa** (fam) from A to Z.
peaje *m* **1** toll (dinero). **2** toll-booth (lugar).
peana *f* plinth, pedestal.
peatón, na *m* y *f* pedestrian.
peca *f* freckle.
pecado *m* sin.
pecador, ra *adj* **1** sinful. ● *m* y *f* **2** sinner.
pecar *intr* **1** to sin. ~ **de + adj 2** to be too: *peca de confiado = he's too trusting.*
pecera *f* goldfish bowl (redonda); fish tank (rectangular).
pechera *f* **1** shirt front (de camisa); front (de vestido). **2** (fam) bosom (pecho).
pecho *m* **1** chest (tórax). **2** breast (seno). ■ **a lo hecho,** ~ what's done is done; **dar el** ~ to breastfeed; **tomarse algo a** ~ to take sth to heart.
pechuga *f* **1** breast (de ave). **2** (fam) breast (de mujer).
pecoso, sa *adj* freckled.
peculiar *adj* peculiar, characteristic.
pedagogía *f* education, pedagogy.
pedal *m* pedal.
pedante *adj* **1** pedantic. ● *m* o *f* **2** pedant.
pedantería *f* pedantry.
pedazo *m* piece, bit. ■ **estar hecho pedazos** to be falling apart (objeto); to be shattered (persona).
pedestal *m* pedestal. ■ **poner a alguien en un** ~ to put sb on a pedestal.
pedestre *adj* pedestrian.
pediatra *m* o *f* paediatrician (GB); pediatrician (EE UU).
pediatría *f* paediatrics (GB); pediatrics (EE UU).
pedicura *f* pedicure.
pedicuro, ra *m* y *f* chiropodist.
pedido *m* order (de mercancías). ■ **hacer un** ~ to place an order.
pedir *tr* **1** to ask for (consejo, dinero). **2** to order (mercancías). **3** to request (solicitar). **4** to require, to call for (requerir). **5** to demand (exigir). ● *tr* e *intr* **6** to order (en un restaurante). ● *intr* **7** to beg (mendigar). ■ ~ **hora** to make an appointment.
pedo *m* (fam) fart (ventosidad).
pedrada *f* blow from a stone.
pedregal *m* rocky ground.
pedrería *f* precious stones.
pedrisco *m* hail.
pedrusco *m* (fam) lump of stone.
pega *f* **1** snag, problem (dificultad). **2** glue (pegamento). ■ **de** ~ false, fake; **poner pegas** to make difficulties.
pegadizo, za *adj* **1** catchy (música). **2** sticky (pegajoso).
pegajoso, sa *adj* **1** sticky (superficie, material). **2** (fig, fam) clinging (persona).

pegamento *m* glue.
pegar *tr* **1** to stick (adherir); to stick, to glue (con pegamento). **2** to sew on (coser). **3** (fam) to give, to pass on (contagiar). **4** to give, to deal (golpe). • **~ con** *intr* **5** to go with (combinar). **6** to hit (golpear); to beat (dar una paliza). **7** to beat down (sol). • **~se** *pron* **8** to stick (adherirse). **9** to hit each other (darse golpes). **~se a alguien 10** to latch on to sb (importunar).
peinado, da *m* hairstyle, hairdo.
peinar *tr* **1** to comb. • **~se** *pron* **2** to comb one's hair.
peine *m* comb.
peineta *f* ornamental comb.
peladilla *f* sugared almond.
pelado, da *adj* **1** bald (cabeza). **2** bare (monte, campo). **3** round (cifras). **4** (fam) broke (sin dinero).
pelaje *m* **1** coat, fur (de animal). **2** (fam) look, appearance (aspecto).
pelar *tr* **1** to peel (mondar). **2** to pluck (desplumar). **3** (fam) to cut hair (cortar el pelo). • **~se** *pron* **4** to peel (con el sol). **5** (fam) to have a haircut (cortarse el pelo).
peldaño *m* **1** step (escalón). **2** rung (travesaño).
pelea *f* fight. ■ **tener ganas de ~** to be looking for a fight.
pelear *intr* y *pron* **1** to fight (combatir). **2** to quarrel (discutir). • *intr* **3** to work hard, to struggle (esforzarse). • **~se** *pron* **4** to fight (a golpes); (a gritos) to have a row, to quarrel.
pelele *m* **1** rag doll (muñeco). **2** rompers (de bebé). **3** (fig) puppet (títere).
peletería *f* **1** furrier's (tienda). **2** fur trade (oficio).
peletero, ra *m* y *f* furrier.
peliagudo, da *adj* tricky, thorny (dificultoso).
pelícano *m* pelican.
película *f* **1** CINE film (GB); movie (EE UU). **2** FOT film. ♦ **~ de suspense** thriller; **~ de terror** horror film. ■ **de ~** (fam) fantastic.
peligrar *tr* to be in danger, to be at risk.
peligro *m* danger. ■ **correr el ~ de + inf** to be in danger of + ger, to run the risk of + ger; **estar en ~** to be in danger.
peligroso, sa *adj* dangerous.
pelirrojo, ja *adj* **1** red-haired, ginger-haired. • *m* y *f* **2** redhead.
pellejo *m* skin. ■ **arriesgar el ~** (fam) to risk one's neck.
pellizcar *tr* to pinch, to nip.
pellizco *m* **1** pinch, nip (en la piel). **2** pinch (cantidad).
pelo *m* **1** hair (de persona). **2** hair, fur (de animal). **3** pile, nap (de tela). ♦ **~ liso/rizado** straight/curled hair. ■ **caérsele el ~ a alguien** (fam) to be for the chop (coloq); **no tener pelos en la lengua** not to mince one's words; **por un ~** by seconds, just; **tomar el ~ a alguien** to pull sb's leg.
pelota *f* **1** ball (balón). • *m* o *f* **2** (fam) creep (adulador). ♦ **~ vasca** DEP pelota. ■ **jugar a la ~** to play ball; **hacerle la ~ a alguien** (fam) to suck up to sb (coloq).
pelotón *m* **1** MIL squad. **2** DEP pack. **3** bunch (grupo).
peluca *f* wig.
peluche *m* **1** plush (tejido). **2** cuddly toy (juguete).
peludo, da *adj* hairy (persona); furry (animal).
peluquería *f* **1** hairdresser's, hairdressing salon (establecimiento). **2** hairdressing (oficio).
peluquero, ra *m* y *f* hairdresser.
pelvis *f* pelvis.
pena *f* **1** sadness, sorrow (tristeza). **2** shame, pity (lástima). **3** DER sentence. **4** *Amér.* shame, embarrassment (vergüenza). • **penas** *f pl* **5** hardships, difficulties (problemas). ♦ **~ capital** death penalty. ■ **a duras penas** with great difficulty; **dar ~ a alguien** to make sb sad; **¡qué ~!** ¡what a pity!; **valer la ~** to be worth it.
penacho *m* **1** crest (de ave). **2** plume (adorno).
penal *adj* **1** penal. • *m* **2** prison.
penalidad *f* (normalmente *pl*) suffering, hardship (incomodidad).
penalizar *tr* to penalize.
penalti *m* penalty.
penar *tr* **1** to punish (castigar). • *intr* **2** to suffer (sufrir).
pender *intr* **1** to hang (colgar). **~ de 2** to hang from (colgar de). **~ de 3** to depend on (depender de).
pendiente *adj* **1** pending, unfinished (asunto); unresolved (problema); out-

standing (pago, factura); failed (asignatura). • *m* **2** earring (arete). • *f* **3** slope (cuesta). ■ **estar ~ de algo** to be waiting for sth (estar a la espera); to follow sth closely (estar atento).

pendón, na *m* o *f* **1** (desp) whore. • *m* **2** banner, standard (bandera). **3** (desp) whore (puta).

péndulo *m* pendulum.

pene *m* penis.

penetración *f* penetration.

penetrante *adj* penetrating (mirada); acute (dolor); piercing (voz, sonido); sharp, penetrating (humor).

penetrar *tr* **1** to penetrate (gen). **2** to pierce (perforar). • **~ en** *intr* **3** to enter (edificio, casa); to penetrate (territorio).

península *f* peninsula.

peninsular *adj* **1** GEOG peninsular. **2** from mainland Spain (de la península Ibérica).

penitencia *f* **1** REL penance (castigo). **2** penitence (remordimiento).

penitenciaría *f* penitentiary.

penitente *adj/m* y *f* penitent.

penoso, sa *adj* **1** arduous, laborious (trabajoso). **2** painful, sad (triste).

pensamiento *m* **1** thought (facultad). **2** thinking (ideas). **3** BOT pansy.

pensar *intr* **1** to think (razonar). **~ en 2** to think about. • *tr* **3** to think (creer). **4** to think about (opinar). **5** to think over (considerar). **6** to think up, to invent (imaginarse). **~ + inf 7** to intend to, to plan to (tener la intención). • **~se** *pron* **8** to think about.

pensativo, va *adj* thoughtful, pensive.

pensión *f* **1** FIN pensión. **2** guest house, boarding house (casa de huéspedes). ◆ **media ~** half board; **~ completa** full board.

pensionado, da *m* y *f* **1** → pensionista. • *m* **2** boarding school (internado).

pentágono, na *adj* **1** pentagonal. • *m* **2** pentagon. ◆ **el Pentágono** the Pentagon.

pentagrama *m* MÚS stave, staff.

penúltimo, ma *adj* penultimate.

penumbra *f* half-light, penumbra.

penuria *f* **1** hardship, penury (pobreza). **2** shortage (escasez).

peña *f* **1** crag (cerro). **2** rock (piedra). **3** group (de amigos). **4** *Amér.* folk club (folkclórica).

peñón *m* rock, crag.

peón *m* **1** unskilled labourer (GB); unskilled laborer (EE UU). **2** pawn (ajedrez).

peonza *f* spinning top.

peor *adj* **1** worse (comparativo): *la segunda película fue peor que la primera = the second film was worse than the first*. **2** worst (superlativo): *es la peor película que haya visto nunca = it's the worst film I've ever seen*. • *adv* **3** worse (comp): *lo hizo peor que yo = he did it worse than me*. **4** worst (superlativo). ◆ **el/la ~** the worst. ■ **cada vez ~** worse and worse; **tanto ~** so much the worse.

pepino *m* cucumber. ■ **me importa un ~** (fam) I couldn't care less (coloq).

pequeñez *f* **1** smallness (de tamaño). **2** triviality, trifle (nimiedad).

pequeño, ña *adj* **1** small, little (chico). **2** young, little (joven). **3** short (breve). **4** low, small (cantidad).

pera *f* pear. ■ **pedir peras al olmo** to ask for the moon; **ser la ~** (fam) to be the limit.

percal *m* percale.

percance *m* setback, mishap.

percatar *intr* y *pron* to realize, to notice.

percepción *f* **1** perception (de los sentidos). **2** recepit, collection (cobro).

percha *f* **1** (coat) hanger; coat rack (de pared). **2** coat stand (de abrigos). **3** perch (para aves).

perchero *m* coat stand (de pie); coat rack (de pared).

percibir *tr* **1** to perceive, to notice (notar). **2** to hear (por los oídos); to see (ver). **3** to receive (sueldo).

percusión *f* percussion.

percutor *m* hammer.

perder *tr* **1** to lose (gen). **2** to miss (tren, avión, película, oportunidad). **3** to waste (malgastar). • *intr* **4** to lose (ser derrotado). • **~se** *pron* **5** to get lost, to lose one's way (persona); to go missing (animal). **6** to disappear (desaparecer). **7** to be wasted (desperdiciarse); to be beyond salvation (por los vicios). ■ **echar a ~** to spoil; to go off (alimento).

perdición *f* undoing, ruin.

pérdida *f* **1** loss (gen). **2** waste (desperdicio). **3** leak (escape). **4** damage (daño). ◆ **pérdidas humanas** loss of life.

perdido, da *adj* **1** lost (extraviado). **2** wasted (desperdiciado). **3** isolated, remote (aislado). **4** complete, utter, total (redomado). ■ **estar ~** to be lost (extraviado); to be for it, to have had it (en un apuro).
perdigón *m* pellet.
perdiz *f* ZOOL partridge.
perdón *m* forgiveness. ■ **no tener ~** to be unforgivable; **pedir ~** to apologize, to say sorry; **¡~!** sorry! (para disculparse); excuse me! (para pedir algo, preguntar).

> **Perdón** se traduce por ***excuse me*** antes de decir algo que pueda molestar o cuando se quiere interrumpir o atraer la atención de alguien: *¿perdone, podría decirme cómo se va a Correos? = excuse me, could you tell me the way to the post office?* Se usa ***sorry***, o ***(I beg your) pardon*** en inglés formal, para disculparse: *perdona, ahora estoy ocupado = sorry, I'm busy now.*

perdonar *tr* to forgive. ■ **~ algo a alguien** to let sb off sth (castigo, deuda); **perdone/perdona** excuse me.
perdurar *intr* to last, to endure.
perecedero, ra *adj* perishable (producto); transitory (naturaleza).
peregrinación *f* pilgrimage.
peregrinar *intr* **1** to go on a pilgrimage. **2** (fig) to traipse about.
peregrino, na *adj* **1** migratory (ave). **2** outlandish (extraño). ● *m* y *f* **3** pilgrim.
perejil *m* parsley.
perenne *adj* perennial, everlasting.
pereza *f* laziness, idleness.
perezoso, sa *adj* lazy.
perfección *f* perfection.
perfeccionar *tr* **1** to perfect (hacer perfecto). **2** to improve (mejorar).
perfecto, ta *adj* perfect.
perfidia *f* perfidy, treachery.
perfil *m* **1** profile (de la cara). **2** outline, silhouette (silueta). **3** profile (características). **4** GEOM cross section. ■ **de ~** in profile.
perfilar *tr* **1** to outline (esbozar). **2** to shape (dar forma). ● **~se** *pron* **3** to shape up as, to start to look like (tomar forma).
perforación *f* **1** perforation (agujero). **2** drilling, boring (en una mina); drilling.
perforar *tr* **1** to perforate (agujerear). **2** to drill (madera); to punch (papeles).
perfumar *tr* **1** to perfume, to scent. ● **~se** *pron* **2** to put on perfume.
perfume *m* perfume, scent.
perfumería *f* perfumery.
pergamino *m* parchment.
pericia *f* expertise, skill.
periferia *f* outskirts.
perilla *f* goatee beard (barba). ■ **venir de ~** (fam) to come in handy.
perímetro *m* perimeter.
periódico, ca *adj* **1** periodic. ● *m* **2** newspaper, paper.
periodismo *m* journalism.
periodista *m* o *f* journalist.
periodo o **período** *m* period.
peripecia *f* incident.
periquete *m* **en un ~** (fam) in a jiffy.
periquito *m* budgerigar, budgie.
perito, ta *m* y *f* expert, specialist (experto); loss adjuster (en seguros). ◆ **~ industrial** engineer.
perjudicar *tr* to harm, to damage.
perjudicial *adj* harmful, damaging.
perjuicio *m* harm, damage (daño).
perjurar *intr* DER to commit perjury.
perla *f* pearl. ■ **venir de perlas** to suit down to the ground.
permanecer *intr* to remain, to stay.
permanencia *f* **1** continuance (constancia). **2** stay (estancia).
permanente *adj* **1** permanent. ● *f* **2** perm. ■ **hacerse la ~** to have a perm.
permeable *adj* permeable.
permiso *m* **1** permission (autorización). **2** permit (documento). **3** MIL leave. ◆ **~ de conducir** driving licence (GB); driver's license (EE UU). ■ **con ~** excuse me, if I may; **pedir ~** to ask permission.
permitir *tr* **1** to allow, to let. **~ a alguien hacer algo 2** to allow sb to do sth, to let sb to do sth: *no permitió que fuera = she didn't allow him to go.* ● **~se** *pron* **3** to afford, to allow oneself.
permuta *f* exchange.
permutar *tr* to exchange.
pernicioso, sa *adj* harmful, pernicious.
pernio *m* hinge.
pernoctar *intr* to spend the night.
pero *conj* **1** but. ● *m* **2** defect, fault (defecto). **3** objection (inconveniente) ■ **no hay ~ que valga** I don't want any excuses.

perpendicular *adj* y *f* perpendicular.
perpetrar *tr* to perpetrate, to commit.
perpetuar *tr* to perpetuate.
perpetuo, tua *adj* perpetual, permanent.
perplejo, ja *adj* perplexed, confused, puzzled.
perra *f* **1** ZOOL dog, bitch. **2** (fam) tantrum (rabieta).
perrera *f* **1** dog pound (sitio). **2** dog-catcher's van (vehículo).
perrito *m* ZOOL little dog. ◆ **~ caliente** hot dog.
perro, rra *adj* **1** (fam) lousy, rotten. ● *m* **2** ZOOL dog. ◆ **~ callejero** stray dog; **~ pastor** sheepdog. ■ **estar de un humor de perros** (fam) to be in a foul mood.
persecución *f* **1** pursuit, chase (tras alguien). **2** persecution (represión).
perseguir *tr* **1** to pursue, to chase (seguir). **2** to persecute (reprimir). **3** (fig) to dog (mala suerte, problema).
perseverar *intr* to persevere.
persiana *f* blind.
persistente *adj* persistent.
persistir *intr* to persist.
persona *f* person. ■ **en ~** in person; **ser buena ~** to be nice.
personaje *m* **1** character (de un libro, una película). **2** important figure (famoso).
personal *adj* **1** personal. **2** (antes de sust) home. ● *m* **3** personnel, staff (plantilla). **4** (fam) people (gente).
personalidad *f* **1** personality. **2** important person (persona importante).
personalizar *tr* to personalize.
personificar *tr* to personify, to embody.
perspectiva *f* **1** ART perspective. **2** point of view (punto de vista). ● **perspectivas** *f pl* **3** prospects. ■ **tener algo en ~** to have sth in prospect/ in view.
perspicacia *f* shrewdness, perspicacity.
perspicaz *adj* shrewd; perspicacious (form).
persuadir *tr* **1** to persuade. ● **~se** *pron* **2** to convince oneself.
persuasión *f* persuasion.
pertenecer *intr* **~ (a)** to belong to.
pertenencia *f* **1** membership (a una sociedad). **2** property (propiedad). ● **pertenencias** *f pl* **3** belongings (efectos).
pértiga *f* pole.
pertinaz *adj* **1** obstinate (terco). **2** persistent (persistente).
pertinente *adj* **1** pertinent, relevant (importante). **2** appropriate (conveniente).
pertrechos *m pl* **1** MIL military supplies, military equipment. **2** equipment, gear (equipo).
perturbación *f* **1** disturbance (disturbio). **2** disorder (psíquica).
perturbado, da *adj* **1** MED disturbed, unbalanced. **2** perturbed (desconcertado). ● *m* y *f* **3** MED disturbed person, unbalanced person.
perturbar *tr* **1** to disturb (orden). **2** MED to upset, to unsettle (trastornar). **3** to perturb (mentalmente).
Perú *m* Peru.
peruano, na *adj/m* y *f* Peruvian.
perversión *f* perversion, corruption.
perverso, sa *adj* perverse.
pervertido, da *adj* **1** perverted. ● *m* y *f* **2** pervert.
pervertir *tr* **1** to pervert, to corrupt. ● **~se** *pron* **2** to become perverted.
pesa *f* **1** weight. ● *f pl* **2** DEP weights, dumbbell.
pesadez *f* **1** heaviness (calidad de pesado). **2** bore, pain (molestia). **3** sluggishness (lentitud). **4** ponderousness (aburrimiento).
pesadilla *f* nightmare.
pesado, da *adj* **1** heavy (objeto). **2** boring (aburrido), tiresome (fastidioso). **3** sluggish, slow (lento). ● *m* y *f* **4** (coloq) pain in the neck.
pésame *m* condolences. ■ **dar el ~** to express one's condolences.
pesar *m* **1** sorrow, grief (tristeza). **2** regret (arrepentimiento). ■ **a ~ de** in spite of, despite; **a ~ mío** against my will.
pesar *tr* **1** to regret, to grieve (sentir). ● *tr* e *intr* **2** to weigh. ● *intr* **3** to be heavy (pesar mucho). **4** to play an important part (importar).
pesca *f* **1** fishing (acción). **2** catch (lo que se pesca). ◆ **~ de altura** deep-sea fishing; **~ de bajura** inshore fishing.
pescadería *f* fish shop, fishmonger's.
pescadero, ra *m* y *f* fishmonger.
pescado *m* fish. ◆ **~ azul** oily fish; **~ blanco** white fish.
pescar *intr* **1** to fish (ir a pescar). ● *tr* **2** to catch (pescado). **3** (fam) to understand (comprender). **4** (fam) to catch (sorprender). **5** (fam) to catch (resfriado).

p

pesebre *m* **1** manger (comedero). **2** crib (de Navidad).
peseta *f* peseta.
pesimismo *m* pessimism.
pesimista *adj* **1** pessimistic. • *m* o *f* **2** pessimist.
pésimo, ma *adj* dreadful, awful.
peso *m* **1** weight. **2** scales (balanza). **3** weight (influencia). **4** peso (moneda). **5** DEP shot (atletismo); weight (boxeo). ◆ **~ bruto** gross weight; **~ neto** net weight. ■ **de ~** important.
pespunte *m* backstitch.
pesquero, ra *adj* **1** fishing. • *m* **2** fishing boat.
pesquisa *f* inquiry.
pestaña *f* ANAT eyelash.
pestañear *intr* to blink. ■ **sin ~** (coloq) without batting an eyelid.
peste *f* **1** MED plague. **2** stench (hedor).
pestilencia *f* **1** stench (hedor). **2** pestilence (epidemia).
pestillo *m* **1** bolt (pasador). **2** latch, catch (de ventana). ■ **cerrar con ~** to bolt.
petaca *f* **1** hip flask (botella). **2** cigarette case (pitillera). **3** tobacco pouch.
pétalo *m* petal.
petardo *m* firecracker.
petate *m* kit bag.
petición *f* **1** request. **2** DER plea. ■ **a ~ de** at the request of.
peto *m* bib.
petrificar *tr* **1** to petrify. • **~se** *pron* **2** to become petrified.
petróleo *m* oil, petroleum.
petrolero, ra *adj* **1** oil, petroleum. • *m* **2** oil tanker.
petulancia *f* vanity.
pez *f* fish. **~ gordo** (fig, fam) big shot. ■ **estar como ~ en el agua** to be in one's element; **estar ~ en algo** (fam) to be no good at sth.
pezón *m* nipple.
pezuña *f* hoof.
pi *f* pi.
piadoso, sa *adj* **1** pious, devout (pío). **2** kind, compassionate (compasivo).
piano *m* piano.
piar *intr* to chirp, to twitter.
pibe, ba *m* y *f* *Arg.* (coloq) kid.
pica *f* **1** pike (lanza); TAUROM goad. • **picas** *f pl* **2** spade (naipes). ■ **poner una ~ en Flandes** to do the impossible.
picada *f* bite (de mosquito); sting (de abeja).
picadero *m* **1** riding school (escuela). **2** training ring (pista para adiestrar caballos).
picadillo *m* mince (carne); chopped vegetables (verduras).
picado, da *adj* **1** minced (carne); chopped (verduras). **2** pitted (madera, metal). **3** sour (vino). **4** bad, decayed (muela). **5** choppy (mar). **6** cut (tabaco). ■ **caer en picado** to nosedive; **estar ~** (fam) to be miffed (coloq).
picador *m* picador.
picadura *f* **1** bite (de mosquito); sting (de abeja). **2** hole (en una muela). **3** cut tobacco (tabaco).
picante *adj* **1** spicy, hot (comida). **2** spicy, racy (chiste).
picap *m* *Amér.* record player.
picaporte *m* **1** door handle (manivela). **2** door knocker (aldaba).
picar *tr* **1** to bite (mosquito); to sting (abeja). **2** to mince (carne); to chop (verduras); to crush (hielo). **3** to peck (ave). **4** to punch (billete). **5** to spur on (incitar). **6** to bite (pez). • *intr* **7** to bite (pez); (fig) to fall for it, to take the bait (dejarse engañar). **8** to nibble (comer). **9** to burn, to be scorching (sol). **10** to be hot (estar picante). **11** MED to itch. • **~se** *pron* **12** to decay (muela). **13** to become pitted (metal). **14** to turn sour (vino). **15** (fam) to take offence (ofenderse).
picardía *f* **1** naughtiness, mischief (travesura). **2** craftiness, slyness (astucia).
pícaro, ra *adj* **1** naughty, wicked (malo); mischievous (travieso). **2** crafty, sly (astuto).
pichi *m* pinafore dress (GB); jumper (EE UU).
pichicho *m* *Amér.* (fam) dog.
pichincha *f* *Amér.* bargain.
pichón *m* pigeon chick.
pichula *f* *Chile, Perú* (vulg) prick.
picnic *m* picnic.
pico *m* **1** beak (de ave). **2** (fam) gob, trap (boca). **3** pick (herramienta). **4** GEOG peak. ■ **y ~** just after (con la hora): *son las nueve y pico = it's just after nine*; odd (cantidad): *vinieron cincuenta y pico personas = fifty-odd people came*; **cerrar el ~** (fam) to keep one's mouth shut.

picor *m* **1** itch (en la piel). **2** burning sensation (de comida).
picotazo *m* **1** peck (de ave). **2** bite (de mosquito); sting (de abeja).
pie *m* **1** ANAT foot. **2** base, stand (peana). **3** bottom, foot (de página). ◆ **pies planos** flat feet. ■ **al ~ de la letra** to the letter; **a ~** on foot; **buscarle tres pies al gato** to quibble; **dar ~ a** to give cause for; **no tener ni pies ni cabeza** to be ridiculous, to be absurd; **pararle los pies a alguien** to rein sb in.
piedad *f* pity, mercy. ■ **tener ~ de** to take pity on.
piedra *f* **1** stone. **2** flint (de mechero). **3** hailstone (granizo). ◆ **~ pómez** pumice stone; **~ preciosa** precious stone.
piel *f* **1** skin (gen). **2** leather (curtida); fur (con pelo). **3** peel (de cítricos, manzana); skin (de melocotón, patata). ◆ **~ roja** redskin. ■ **dejarse la ~** (fam) to slog away.
pienso *m* fodder, feed.
pierna *f* leg. ■ **estirar las piernas** (fam) to stretch one's legs.
pieza *f* **1** piece (parte, trozo, objeto); part, component (de un aparato, una máquina). **2** room (habitación). ◆ **~ de recambio** spare part. ■ **quedarse de una ~** (fam) to be taken aback.
pifia *f* (fam) blunder, boob
pifiar *intr* (fam) to make a blunder. ■ **pifiarla** (fam) to boob, to blow it.
pigmento *m* pigment.
pigmeo, a *adj/m* y *f* pygmy.
pijama *m* pyjamas (GB); pajamas (EE UU)
pila *f* **1** ELEC, TEC battery. **2** sink (fregadero). **3** (fam) pile (montón).
pilar *m* pillar.
píldora *f* pill, tablet. ◆ **~ anticonceptiva** contraceptive pill.
pillar *tr* **1** (fam) to catch (atrapar). **2** (fam) to run over (atropellar). **3** (fam) to get, to grasp (comprender). ● **~se** *pron* **4** to trap, to catch (los dedos).
pillo, lla *adj* **1** naughty (travieso). **2** crafty, sly (taimado). ● *m* y *f* **3** scamp, little devil (niño); rogue, rascal (adulto).
piloto *adj* **1** pilot (de prueba). ● *m* **2** pilot (de avión, barco); driver (de coche); rider (de moto); navigator (de barco). **3** pilot light (de aparato); rear light (de coche). ◆ **~ automático** automatic pilot.
piltrafa *f* scrap.
pimentón *m* paprika.
pimienta *f* pepper.
pimiento *m* **1** pepper (vegetal). **2** pimiento, pepper plant (planta). ◆ **~ morrón** sweet red pepper; **~ rojo** red pepper; **~ verde** green pepper.
pimpollo *m* **1** sapling (árbol); shoot (tallo); bud (de flor). **2** (fam) looker, dish.
pincel *m* paintbrush.
pincelada *f* brushstroke.
pinchaco *m* *Arg*. tapir.
pinchar *tr* **1** to puncture (rueda). **2** (coloq) to give sb an injection (inyección). **3** to annoy, to wind up; to wind up (incordiar). **4** (fam) to bug (teléfono). **5** to play (disco). ● *intr* **6** to get a puncture (rueda). ● **~se** *pron* **7** to prick oneself (con una aguja). **8** (fam) to shoot up (de drogas).
pinchazo *m* **1** puncture (en una rueda). **2** prick (con una aguja). **3** injection, jag.
pinche *m* o *f* **1** kitchen assistant (de cocina); office junior (de un despacho). ● *m* **2** *Méx*. (fam) damned (maldito).
pincho *m* **1** thorn (de planta). **2** snack (aperitivo). ◆ **~ moruno** pork kebab.
ping-pong *m* ping-pong.
pingüino *m* penguin.
pino *m* pine, pine tree (árbol); pine, pinewood (madera).
pinta *f* **1** dot (lunar). **2** pint (medida). **3** (fam) look (aspecto). **4** *Méx*. grafitti (pintada). ● *m* o *f* **5** (fam) shady character. ■ **tener buena ~** (fam) to look delicious; **tener mala ~** to look awful.
pintalabios *m* lipstick.
pintar *tr* o *intr* **1** to paint (pintar); to draw (dibujar). ● *intr* **2** (fam) to count, to be important (tener importancia). ● **~se** *pron* **3** (fam) to put on one's make up (maquillarse).
pintor, ra *m* y *f* painter, artist (de cuadros); painter and decorator (de paredes, puertas).
pintoresco, ca *adj* picturesque.
pintura *f* **1** painting (arte de pintar). **2** painting, picture (cuadro). **3** paint (material). ◆ **~ al fresco** fresco; **~ al óleo** oil painting.
pinza *f* **1** claw, pincer (de crustáceo). **2** clothes peg (GB); clothes pin (EE UU, para la ropa). ● **pinzas** *f pl* **3** tweezers (para depilar).

piña *f* **1** pineapple (fruta). **2** pine cone (fruto del pino). **3** (fam) thump (bofetada). **4** group, clique (grupo).
piñón *m* **1** BOT pine nut, pine kernel. **2** MEC pinion.
piojo *m* louse.
piojoso, sa *adj* **1** louse-infested. **2** (fig, fam) filthy (sucio).
pionero, ra *adj* **1** pioneering. • *m* y *f* **2** pioneer.
pipa *f* **1** pipe (para fumar); seed (semilla). **2** sunflower seed (de girasol). ■ **pasarlo ~** to have a whale of a time.
pipí *m* (fam) pee, wee. ■ **hacer ~** (fam) to have a pee.
pipón, na *adj Amér.* (fam) full, stuffed.
pique *m* **1** pique, resentment (resentimiento). **2** rivalry (rivalidad). ■ **irse a ~** to sink (hundirse); to founder (fracasar).
piquete *m* **1** picket (de huelgistas). **2** MIL squad.
piragua *f* canoe.
pirámide *f* pyramid.
piraña *f* piranha.
pirata *adj/m* o *f* pirate.
piratear *intr* **1** to pirate (gen). • *tr* **2** INF to hack.
pirómano, na *m* y *f* pyromaniac.
piropo *m* flattering remark.
pirotecnia *f* fireworks, pyrotechnics.
pirrarse *pron* **~ por** (fam) to be crazy about.
pirueta *f* pirouette.
piruleta *f* lollipop.
pirulí *m* lollipop.
pis *m* (fam) → pipí.
pisada *f* **1** footstep (paso). **2** footprint (huella).
pisapapeles *m* paperweight.
pisar *tr* **1** to tread on, to step on. **2** (fig) to trample on, to walk all o ver (tratar mal). **3** (fig) to set foot in (llegar a). • *intr* **4** to tread, to walk.
piscina *f* swimming pool.
Piscis *m* **1** ASTR Pisces. • *m* o *f* **2** Pisces (persona).
piso *m* **1** flat (GB); apartment (EE UU, vivienda). **2** floor (gen); storey (GB); story (EE UU, planta de vivienda); deck (planta de autobús).
pisotear *tr* **1** to trample on (con el pie). **2** (fig) to scorn (humillar).
pisotón *m* stamp. ■ **darle un ~ a alguien** to step on sb's foot.
pispar o **pispiar** *tr Arg.* to keep watch.
pista *f* **1** trail, track (huella). **2** clue (indicio). **3** court (de tenis); course (GB); track (EE UU, de hipódromo). **4** track (de disco). ♦ **~ de aterrizaje** runway; **~ de baile** dance floor.
pistacho *m* pistachio.
pistola *f* **1** pistol (arma sin cilindro); gun (arma con cilindro). **2** TEC spray gun.
pistolero *m* gunman.
pistón *m* **1** piston (émbolo). **2** MÚS key (llave).
pitar *tr* **1** to referee (arbitrar). • *intr* **2** to blow a whistle (silbato); to blow the horn (claxon). **3** to boo (abuchear). • *tr* e *intr* **4** *Amér. Merid.* to smoke (fumar).
pitillera *f* cigarette case.
pitillo *m* cigarette.
pito *m* whistle (silbato); horn (claxon).
pitón *m* **1** ZOOL python. **2** horn (cuerno). **3** spout (de botijo).
pitorrearse *pron* (fam) to make fun of.
pivote *m* pivot.
piyama *f Amér.* → pijama.
pizarra *f* **1** GEOL slate. **2** blackboard (encerado).
pizarrón *m Amér.* → pizarra 2.
pizca *f* **1** pinch (cantidad pequeña). **2** (fig) bit, scrap (de sentido común, verdad,…). **3** *Amér.* harvest (cosecha).
pizza *f* GAST pizza.
placa *f* **1** sheet (de metal). **2** badge (insignia). **3** plaque (conmemorativa). **4** number plate (GB); license plate (EE UU, matrícula).
placenta *f* placenta.
placentero, ra *adj* pleasant, agreeable.
placer *m* pleasure.
plácido, da *adj* placid.
plafón *m* **1** soffit (en cornisa). **2** wall light (lámpara).
plaga *f* **1** MED plague. **2** AGR pest, blight. **3** (fig) scourge.
plagiar *tr* **1** to plagiarise (copiar). **2** *Amér.* to kidnap (secuestrar).
plan *m* **1** plan (proyecto). **2** (fam) date (ligue). ♦ **~ de estudios** syllabus.
plana *f* page. ♦ **~ mayor** staff. ■ **en primera ~** on the fron page.
plancha *f* **1** sheet, plate (lámina). **2** iron (para la ropa); ironing (acto). **3** grill (para cocinar). **4** plate (de imprenta). ■ **a la ~** grilled.

planchar *tr* **1** to iron. • *intr* **2** to iron, to do the ironing.
plancton *m* plankton.
planear *tr* **1** to plan (proyecto). • *intr* **2** to glide (avión).
planeta *m* planet.
planetario, ria *adj* **1** planetary. • *m* **2** planetarium.
planicie *f* plain.
planificación *f* planning. ◆ ~ **familiar** family planning.
planilla *f* **1** *Amér.* payroll (nómina). **2** *Amér.* application form (formulario).
plano, na *adj* **1** flat, level (llano); smooth (liso). • *m* **2** map (mapa). **3** GEOM plane. ■ **de** ~ outright: *lo rechacé de plano = I rejected it outright*; **en primer** ~ in the foreground.
planta *f* **1** BOT plant. **2** ARQ ground plan (plano); floor, storey (piso). ◆ ~ **baja** ground floor.
plantar *tr* **1** to plant (planta, tubérculo). **2** to put in (poste); to pitch (tienda). • **~se** *pron* **3** to get to (llegar a): *se plantó en Zamora en menos de dos horas = he got to Zamora in less than two hours*. **4** to plant oneself (quedarse): *se plantó delante de la puerta = he planted himself in front of the door*.
planteamiento *m* **1** outlining (de problema, asunto). **2** approach (enfoque).
plantear *tr* **1** to plan, to set out (planificar). **2** to pose, to raise (presentar): *esto plantea una serie de problemas = this raises a number of problems*. • **~se** *pron* **3** to consider (contemplar).
plantel *m* **1** nursery, seabed (criadero). **2** group, staff (de profesionales); squad (de deportistas).
plantilla *f* **1** insole (de zapato). **2** staff, personnel (empleados); squad, team (de deportistas). **3** pattern, template (patrón).
plaqueta *f* blood platelet.
plasma *m* plasma.
plasta *f* **1** lump, soft mass (masa). • *adj* **2** (fam) tiresome (pesado).
plástica *f* plastic art.
plástico, ca *adj* **1** plastic (gen). • *m* **2** plastic.
plastificar *tr* to laminate.
plastilina *f* plasticine.
plata *f* **1** silver (metal). **2** *Amér.* (fam) money (dinero). ◆ ~ **de ley** silverware.
plataforma *f* **1** platform, stage (tablero). **2** platform, standing room (de autobús). ◆ ~ **espacial** space station.
plátano *m* **1** banana (fruta); banana tree (árbol). **2** plane tree (árbol de sombra).
platea *f* stalls.
plateado, da *adj* **1** silvery (de color de plata). **2** silver-plated (bañado de plata).
platero, ra *m y f* **1** silversmith (orfebre).
plática *f* **1** chat, talk (conversación). **2** REL sermon.
platicar *intr Amér.* to talk, to chat.
platillo *m* **1** saucer (de taza). **2** MÚS (normalmente *pl*) cymbal. ◆ ~ **volante** flying saucer.
platina *f* **1** stage, slide (de microscopio). **2** deck (de tocadiscos).
platino *m* QUÍM platinum.
plato *m* **1** plate. **2** dish, course (comida). ◆ ~ **combinado** single-course meal; ~ **fuerte** main course (en comida); main topic (asunto importante).
plató *m* film set.
platónico, ca *adj* platonic.
platudo, da *adj Amér.* (fam) loaded, well-heeled.
playa *f* beach (orilla del mar); seaside, seaside resort (lugar de veraneo). ◆ ~ **de estacionamiento** *Arg., Par., Ur.* car park (GB); parking lot (EE UU).
playeras *f pl* beach shoes, canvas shoes.
plaza *f* **1** square, town square. **2** market place (mercado). **3** post, position (empleo). **4** space (espacio); seat (en vehículo). ◆ ~ **de aparcamiento** parking space; ~ **de toros** bullring. ■ **sacar** ~ to fill a post, to get a job.
plazo *m* **1** period (tiempo). **2** time limit, expiry date (vencimiento). **3** COM instalment. ■ **a corto** ~ short-term (adjetivo); in the short term (adverbio); **a largo** ~ long-term (adjetivo); in the long term (adverbio).
plebe *f* **la** ~ (desp) the plebs.
plebeyo, ya *adj* **1** HIST plebeian. **2** (desp) common. • *m* y *f* **3** plebeian.
plebiscito *m* plebiscite.
plegar *tr* **1** to fold (hacer pliegues en). **2** to bend (doblar). • **~se** *pron* **3** to bend (doblarse); to fold away (cama, mesa).
plegaria *f* prayer.
pleito *m* **1** DER lawsuit, action. **2** *Amér.* quarrel (discusión); brawl (pendencia).

p

plenitud *f* plenitude, fullness.
pleno, na *adj* **1** full, complete. • *m* **2** plenary meeting (junta). ■ **en ~ día** in broad daylight; **en plena forma** on top form.
pletórico, ca *adj* **1** plethoric, full of energy. **~ de 2** brimming with: *pletórico de energía = brimming with energy.*
pliego *m* **1** sheet (folio); signature (medida de papel). **2** sealed letter (carta sellada). ◆ **~ de condiciones** specifications.
pliegue *m* **1** fold (doblez). **2** pleat (plisado).
plisado, da *adj* pleated.
plomazo *m* **1** (fam) bore (pesado). **2** *Méx.* shot (tiro); shot wound (herida).
plomero *m Amér.* plumber.
plomo *m* **1** lead (metal). **2** plumb line (plomada). **3** fuse (fusible). • *m* o *f* **4** (fam) bore, drag (pesado).
pluma *f* **1** feather (de ave). **2** pen (estilográfica); quill (de ave).
plumero *m* **1** feather duster (para el polvo). **2** penholder (portaplumas).
plural *adj* y *m* plural.
pluralidad *f* plurality.
pluralizar *tr* to generalize (generalizar).
pluriempleo *m* having more than one job, moonlighting.
plus *m* bonus.
pluscuamperfecto *adj* y *m* pluperfect.
plusmarca *f* record.
plusvalía *f* **1** capital gain (aumento de valor). **2** surplus value (beneficio abusivo).
pluvial *adj* rain, pluvial.
población *f* **1** population (habitantes). **2** town (localidad).
poblado *m* settlement.
poblador, ra *m* y *f* settler.
poblano, na *adj* **1** *Amér.* village. • *m* y *f* **2** *Amér.* villager.
poblar *tr* **1** to populate, to inhabit (habitar). **2** to settle, to colonise (colonizar). • **~se** *pron* **3** to become populated. • **~se de algo** *tr* **4** to fill up with sth.
pobre *adj* **1** poor (necesitado, desdichado). • *m* o *f* **2** poor person, pauper (indigente). ■ **¡el ~!** poor thing!
pobreza *f* **1** poverty (necesidad). **2** lack, scarcity (escasez).
pocho, cha *adj* **1** under the weather (enfermo). **2** overripe, soft (fruta). **3** *Méx.* (fam) Mexican American (mexicano americanizado). **4** *Méx.* (fam) plump (rechoncho).
pocilga *f* pigsty.
pócima *f* **1** potion (poción). **2** concoction, brew (brebaje).
poción *f* potion.
poco, ca *adj* **1** not much, little (en singular): *hay poca diferencia = there's not much difference*; not many, few (en plural): *muy pocos restaurantes = very few restaurants.* • *adv* **2** not much, little (con verbo): *habla poco = she doesn't talk much, cuesta muy poco = it costs very little*; not very (con adjetivo): *fue poco convincente = it was not very convincing.* • *pron* **3** not much, little (en singular): *acábatelo, queda poco = finish it off, there's not much left*; not many, few (en plural): *hemos visto muchas casas pero pocas como ésta = we've seen a lot of houses but not many like this one.* **4** not many people (sólo plural): *pocos saben que… = not many people know that…* **5** a short time, not long (sólo singular): *duró muy poco = it lasted a very short time, hace poco = not long ago.* **un ~ 6** some, a little (cantidad): *¿quieres un poco? = would you like some?*; a while, a bit (tiempo): *espera un poco = wait a while*; a little, a bit (grado, intensidad): *se ha quemado un poco = it's got a bit burnt, estaba un poco decepcionado = he was a little disappointed.* **un ~ de 7** a little, a bit of, some (cantidad): *un poco de pan = some bread, a bit of bread, con un poco de buena voluntad = with a little good will.* ■ **al ~** shortly, shortly after; **~ a ~** little by little, gradually; **por ~** nearly, almost.
podar *tr* to prune.
poder *m* **1** power (dominio). **2** possession (posesión). **3** capacity (capacidad). **4** power, strength (fuerza). ◆ **~ ejecutivo** executive; **~ judicial** judiciary; **~ legislativo** legislature.
poder *aux* **1** can, to be able to (expresando capacidad, posibilidad): *no puede levantarse = he can't get up.* **2** can, may, to be allowed to (expresando permiso): *¿podemos ayudarle? = may we help you?, no pueden comer carne = they're not allowed to eat meat.* **3** could, can (en peticiones): *¿puedes ayudarme? = could you help me?, alcánzame ese diccionario, ¿puedes? = could you pass me*

that dictionary, please? • ~ **con** *intr* **4** to manage, to cope with: *¿puede con ese bolso? = can you manage that bag?*, *no puede con tanto trabajo = he can't cope with so much work.* • *impers* **5** may, might: *puede que no lleguen a tiempo = they may/might not arrive in time*, *puede ser = maybe*, *puede ser que no nos inviten = they might not invite us.* ■ **no ~ más** to be all in (agotado); to be at the end of one's tether (harto).

poderoso, sa *adj* powerful, mighty.

podio o **pódium** *m* podium.

podólogo, ga *m* y *f* chiropodist.

podrido, da *adj* rotten.

poema *m* poem.

poesía *f* **1** poetry (género). **2** poem (poema).

poeta *m* o *f* poet.

poetisa *f* poetess.

póker *m* → póquer.

polarizar *tr* **1** to polarize. • **~se** *pron* **2** to become polarized.

polar *adj* polar.

polea *f* pulley. ◆ **~ combinada** tackle; **~ móvil** block and tackle.

polémica *f* polemic, controversy.

polémico, ca *adj* polemical, controversial.

polen *m* pollen

poleo *m* pennyroyal.

policía *f* **1** police (cuerpo). • *m* o *f* **2** policeman (hombre); policewoman (mujer).

policíaco, ca o **policiaco, ca** *adj* **1** police (de la policía). **2** detective (novela).

polideportivo *m* sports centre.

poliéster *m* polyester.

polifacético, ca *adj* versatile, multifaceted.

poligamia *f* polygamy.

polígamo, ma *adj* **1** polygamous. • *m* y *f* **2** polygamist.

políglota *adj/m* o *f* polyglot.

polígono, na *adj* **1** polygonal. • *m* **2** polygon.

polilla *f* clothes moth.

polisemia *f* polysemy.

política *f* **1** politics (arte, actividad). **2** policy (programa).

político, ca *adj* **1** political. • *m* y *f* **2** politician. ■ **hermana política** sister-in-law; **hermano ~** brother-in-law; **padre ~** father-in-law.

póliza *f* **1** policy (de seguros). **2** fiscal stamp (sello).

polizón *m* stowaway.

polla *f* **1** young hen (gallina). **2** (vulg) prick (pene). **3** *Amér.* bet (apuesta).

pollera *f Amér.* skirt.

pollería *f* poultry shop.

pollo *m* **1** chick (cría de gallina); chick, young bird (cría de otras aves); chicken (adulto). **2** GAST chicken. ◆ **~ a l'ast** chicken roasted on a spit; **~ asado** roast chicken; **~ tomatero** spring chicken.

polo *m* **1** GEOG pole. **2** ELEC, FÍS pole. **3** polo shirt (jersey). **4** ice lolly (helado). **5** DEP polo. ◆ **Polo Norte** North Pole; **Polo Sur** South Pole.

polución *f* pollution.

polvareda *f* dust cloud, cloud of dust.

polvera *f* powder compact.

polvo *m* **1** dust (suciedad). **2** powder (material molido). • **polvos** *m pl* **3** face powder (maquillaje). ■ **estar hecho ~** (fam) to be shattered, to be knackered; **hacerle a uno ~** to crush sb.

pólvora *f* gunpowder.

polvorín *m* munitions dump (almacén); fine gunpowder (pólvora).

pomada *f* ointment, cream.

pomo *m* knob.

pompa *f* **1** pomp (fasto). **2** bubble (burbuja). ◆ **pompas fúnebres** funeral procession (ceremonia).

pompis *m* (fam, euf) bottom.

pomposo, sa *adj* **1** splendid (majestuoso). **2** pompous (lenguaje).

pómulo *m* cheekbone.

ponche *m* punch.

poncho *m* poncho.

ponderar *tr* **1** to weigh up, to ponder over (considerar). **2** to speak highly of, to praise warmly (elogiar).

ponencia *f* lecture, paper (conferencia).

poner *tr* **1** to put, to place (colocar). **2** to set (examen). **3** to set, to lay (mesa). **4** to turn on, to switch on (aparato, luz). **5** to suppose (suponer). **6** to expose (exponer). **7** to put up (dinero). **8** to put on, to show (película). **9** to fix (precio, medida). **10** to send (fax, telegrama). • *tr* e *intr* **11** to lay (gallina). • **~se** *pron* **12** to stand (situarse). **13** to put on (ropa, gafas). **14** to get to (llegar a). **15** to set (sol). **16** to get, to turn, to go (volverse): *se puso ro-*

p

jo = he went red. **~se a hacer algo 17** to start doing sth, to start to do sth: *se pusieron a correr = they started to run, they started running.* **~se de algo 18** to get covered in sth.

póney o **poni** *m* poni.

poniente *m* **1** West (occidente). **2** West wind (viento).

pontífice *m* pontiff.

pop *adj* **1** pop. • *m* **2** pop, pop music.

popa *f* stern.

popular *adj* **1** popular (muy conocido). **2** folk, popular (del pueblo).

popularidad *f* popularity.

popularizar *tr* **1** to make popular, to popularize. • **~se** *pron* **2** to become popular.

popurrí *m* potpourri, medley.

póquer *m* poker.

por *prep* **1** for, for the sake of (por el bien de): *murió por la patria = she died for her country.* **2** for (a cambio de): *le dimos 20.000 por el cuadro = we gave her 20,000 for the picture.* **3** for, because of (a causa de): *habrá más tráfico por ser fiesta = there'll be more traffic because of the holiday.* **4** as (como): *lo dejamos por imposible = we gave it up as impossible.* **5** in, around (tiempo): *ocurrió por mayo = it happened around May.* **6** through (a través de un lugar): *pasamos por Huelva = we went through Huelva.* **7** by (agente, medio): *una novela escrita por Galdós = a novel written by Galdós.* **8** MAT times (multiplicación): *3 por 7 son 21 = 3 times 7 is 21.* ■ **¿~ qué?** why?

porcelana *f* **1** china, porcelain (material). **2** china, chinaware (loza fina).

porcentaje *m* percentage.

porche *m* **1** porch (pórtico). **2** arcade (soportal).

porcino, na *adj* **1** porcine, pig. • *m* **2** porker, piglet.

porción *f* **1** portion, share (parte). **2** helping (ración).

porfía *f* **1** persistence (persistencia). **2** obstinacy, stubborness (testarudez).

porfiar *intr* **1** to argue stubbornly (disputar). **2** to persist (persistir).

pormenor *m* detail.

pornografía *f* pornography.

pornográfico, ca *adj* pornographic.

poro *m* pore.

poroso, sa *adj* porous.

poroto *m Amér. Merid.* bean.

porque *conj* **1** because (causa): *se enfadó con nosotros porque nos reíamos = he got annoyed with us because we were laughing.* **2** in order that (finalidad).

porqué *m* reason, cause.

porquería *f* **1** filth, dirt (suciedad). **2** obscenity (grosería). **3** rubbish (cosa de poco valor).

porra *f* club, cudgel (cachiporra); truncheon (de policía). ■ **mandar a la ~** (fam) to send packing, to kick out.

porrazo *m* **1** blow, thump (golpe). **2** knock, bump (caída).

porro *m* (fam) joint, spliff.

porrón *m glass drinking vessel with a spout.*

portaaviones *m* aircraft carrier.

portabebés *m* baby carrier.

portada *f* front page (de periódico); front cover (de revista); title page (de libro); sleeve (de disco).

portador, ra *m* y *f* **1** bearer (de carta, cheque). **2** MED carrier.

portaequipajes *m* AUT roof rack (gen); boot (GB); trunk (EE UU, baca).

portaesquís *m* ski rack.

portafolio o **portafolios** *m* **1** briefcase (cartera). **2** folder, file (carpeta).

portal *m* entrance, entrance hall (vestíbulo); doorway (entrada).

portalámpara o **portalámparas** *m* light socket, bulb holder.

portamonedas *m* purse.

portarse *pron* to behave. ■ **~ bien con alguien** to be good to sb; **~ mal** to misbehave, to behave badly.

portátil *adj* portable.

portavoz *m* o *f* **1** spokesman/spokeswoman. • *m* **2** mouthpiece (publicación).

portazo *m* bang, slam. ■ **dar un ~** to slam the door.

porte *m* **1** bearing (compostura). **2** COM carriage, transport (acción); carriage, charges (gastos). ◆ **~ debido/pagado** COM carriage due/paid.

portería *f* **1** porter's lodge, caretaker's office (conserjería). **2** DEP goal.

portero, ra *m* y *f* **1** hall porter (de hotel); caretaker (de vivienda); doorkeeper, doorman. **2** DEP goalkeeper. ◆ **~ automático** entry-phone.

pórtico *m* **1** portico, porch (entrada cubierta). **2** arcade (galería).
Portugal *m* Portugal.
portugués, sa *adj/m* y *f* **1** Portuguese. • *m* **2** Portuguese (idioma).
porvenir *m* future.
pos *adv* **en ~ de** after, in pursuit of.
posada *f* inn.
posar *intr* **1** to pose (para pintor). • **~se** *pron* **2** to alight, to settle (pájaro); to come down, to land (helicóptero). **3** to settle (poso).
posavasos *m* coaster, drink mat.
posdata *f* postscript.
pose *f* pose.
poseer *tr* **1** to possess, to own (propiedad). **2** to have (cualidades).
posesión *f* possession.
posesivo, va *adj* possessive.
posguerra *f* post-war period.
posibilidad *f* **1** possibility, chance. • **posibilidades** *f pl* **2** means (medios).
posición *f* **1** position (situación). **2** status (categoría).
positivo, va *adj* **1** positive. • *m* **2** GRAM, FOT positive, print.
poso *m* sediment (de vino); dregs (de café).
posponer *tr* to postpone, to put off (aplazar).
postal *adj* **1** postal. • *f* **2** postcard.
poste *m* post.
póster *m* poster.
postergar *tr* **1** to postpone, to put off (aplazar). **2** to pass over (empleado).
posteridad *f* posterity.
posterior *adj* **1** later, subsequent (en el tiempo). **2** back, rear (trasero).
postgrado *m* postgraduate course.
postigo *m* wicket-door.
postín *m* (fam) airs. ■ **darse ~** (fam) to show off; **de ~** (fam) smart, posh.
postizo, za *adj* **1** false. • *m* **2** hairpiece.
postor *m* o *f* bidder.
postre *m* dessert, sweet.
postular *tr* **1** to put forward; to postulate (teoría). **2** to propose (proponer).
póstumo, ma *adj* posthumous.
postura *f* **1** posture, position (del cuerpo). **2** attitude, stance (actitud).
postventa *adj* after-sales.
posventa *adj* → postventa.
potable *adj* **1** drinkable. **2** (fam) acceptable. ◆ **agua ~** drinking water.
potaje *m* broth (caldo); vegetable stew.
potencia *f* **1** power (capacidad). **2** power, strength (fuerza).
potencial *adj* **1** potential. **2** GRAM conditional. • *m* **3** potential (posibilidades). **4** GRAM conditional tense.
potenciar *tr* **1** to promote, to foster (promover). **2** to boost (reforzar).
potente *adj* powerful.
potito *m* jar of baby food.
potra *f* **1** ZOOL filly. **2** (fam) luck (suerte).
potro *m* **1** ZOOL colt. **2** vaulting horse (de gimnasia).
pozo *m* **1** well (de agua). **2** shaft (de una mina). ◆ **~ petrolífero** oil well.
práctica *f* **1** practice (de un deporte). • **prácticas** *f pl* **2** EDUC practical; practical training (en el ámbito laboral).
practicante *adj* **1** practising (GB); practicing (EE UU). • *m* o *f* **2** practitioner (de deporte); practising member of a Church.
practicar *tr* e *intr* **1** to practise (GB); to practice (EE UU, gen). • *tr* **2** to make, to carry out (realizar). **3** to play (deporte).
práctico, ca *adj* **1** practical, handy, useful (objeto). **2** skilled (diestro).
pradera *f* meadow, grassland.
prado *m* meadow, field.
pragmático, ca *adj* pragmatic.
pragmatismo *m* pragmatism.
preámbulo *m* introduction (de un libro); preamble (de un estatuto, una ley).
precario, ria *adj* precarious.
precaución *f* precaution. ■ **tomar precauciones** to take precautions.
precavido, da *adj* wary, guarded.
precedente *adj* **1** preceding, previous • *m* **2** precedent.
preceder *tr* to precede.
precepto *m* precept.
preciado, da *adj* precious, valued.
precintar *tr* to seal.
precinto *m* seal.
precio *m* **1** price. **2** (fig) value (valor).
precioso, sa *adj* **1** beautiful, lovely (hermoso). **2** precious, valuable (de valor).
precipicio *m* precipice.
precipitación *f* **1** haste (prisa). **2** precipitation, rainfall (lluvia).
precipitado, da *adj* hasty, rash.
precipitar *tr* **1** to push, to throw (arrojar). • **~se** *pron* **2** to rush, to be hasty (apresurarse). **3** to throw oneself (arrojarse).

p

precisar *tr* **1** to specify, to determine (especificar). **2** to need, to require (necesitar). **3** to specify exactly (aclarar).
precisión *f* precision, accuracy.
preciso, sa *adj* **1** exact, precise (cantidad, tiempo); accurate, precise (instrumento, instrucciones). **2** necessary (necesario). ■ **es ~ que venga** he must come; **ser ~ hacer algo** to be necessary to do sth.
precocinado, da *adj* pre-cooked.
precoz *adj* precocious (persona).
precursor, ra *adj* **1** precursory. ● *m* y *f* **2** precursor, forerunner.
predecesor, ra *m* y *f* predecessor.
predecir *tr* to predict, to forecast.
predestinar *tr* to predestine.
predeterminar *tr* to predetermine.
prédica *f* sermon.
predicado *m* predicate.
predicador, ra *m* y *f* preacher.
predicar *tr* e *intr* to preach.
predicción *f* prediction, forecast.
predilección *f* predilection.
predilecto, ta *adj* favourite (GB); favorite (EE UU).
predisponer *tr* to predispose.
predisposición *f* predisposition.
predispuesto, ta *adj* predisposed.
predominante *adj* predominant, prevailing.
predominar *intr* to predominate, to prevail.
predominio *m* predominance, prevalence.
preescolar *adj* pre-school.
prefabricado, da *adj* prefabricated.
prefabricar *tr* to prefabricate.
prefacio *m* preface.
preferencia *f* **1** preference (predilección). **2** priority (prioridad). ■ **tener ~** AUT to have right of way.
preferente *adj* preferential.
preferible *adj* preferable.
preferir *tr* **1** to prefer. **~ + inf 2** to prefer to + inf, would rather + inf: *prefiero quedarme = I prefer to stay; I would rather stay.*
prefijo *m* **1** GRAM prefix. **2** code (telefónico).
pregón *m* opening speech.
pregonar *tr* to proclaim, to announce.
pregunta *f* question. ■ **hacer una ~** to ask a question.
preguntar *tr* **1** to ask. ● **~se** *pron* **2** to wonder. ■ **~ por alguien** to ask about sb.
prehistoria *f* prehistory.
prehistórico, ca *adj* prehistoric.
prejuicio *m* prejudice.
prelado *m* prelate.
prelavado *m* pre-wash.
preliminar *adj* y *m* preliminary.
prematuro, ra *adj* premature.
premeditación *f* premeditation.
premiar *tr* **1** to give a prize to (galardonar). **2** to reward (recompensar).
premio *m* **1** prize, award (galardón); prize (de lotería). **2** reward (recompensa). ◆ **~ gordo** top prize.
premisa *f* premiss, premise.
premonición *f* premonition.
prenatal *adj* prenatal.
prenda *f* **1** garment, item of clothing (de vestir). **2** pledge, security (garantía). ■ **dejar algo en ~** to leave sth as a pledge; **no soltar ~** to give nothing away.
prendarse *pron* **~ de** to fall in love with.
prender *tr* **1** to grasp, to seize (agarrar); to arrest, to detain (detener). **2** to fasten (sujetar); to pin (con aguja). ● *intr* **3** to light, to take (fuego). ● **~se** *pron* **4** to catch fire.
prensa *f* **1** press, newspapers (periódicos). **2** press, printing press (imprenta). ◆ **~ del corazón** gossip magazines.
prensar *tr* to press.
preñado, da *adj* pregnant.
preñar *tr* to make pregnant.
preocupación *f* worry, concern.
preocupado, da *adj* worried, concerned.
preocupar *tr* **1** to worry, to concern. ● **~se** *pron* **2** to worry, to be concerned. **~se (por) 3** to worry (about), to be worried (about). **~se de 4** to take care of. ■ **no se preocupe** don't worry.
preparación *f* **1** preparation (gen). **2** training (deportiva, para trabajo). **3** knowledge (conocimientos).
preparado, da *adj* prepared, ready.
preparar *tr* **1** to prepare, to get ready. **2** to pack (maletas). **3** to prepare, to revise for (estudiar). **4** to set (trampa). ● **~se** *pron* **5** to get ready, to prepare oneself. **~se para 6** to get ready for.
preparativos *m pl* arrangements.
preponderancia *f* preponderance.
preposición *f* preposition.
prepucio *m* foreskin.

prerrogativa *f* prerogative.
presa *f* **1** prey (animal). **2** capture (captura). **3** dam (embalse). ■ **hacer ~ en** to seize; **~ de** seized with.
presagiar *tr* to forebode, to presage.
presagio *m* **1** omen, portent (señal). **2** premonition, foreboding (adivinación).
presbítero *m* presbyter.
prescindir *intr* **~ de** to do without (pasar de); to disregard (hacer caso omiso); to leave out (omitir).
prescribir *tr* e *intr* **1** to prescribe (ordenar, recetar). **2** DER to expire.
prescripción *f* prescription.
presencia *f* **1** presence (asistencia). **2** appearance (aspecto). ◆ **~ de ánimo** presence of mind. ■ **hacer acto de ~** to put in an appearance.
presencial *adj* **testigo ~** eyewitness.
presenciar *tr* to be present at (espectáculo, acontecimiento); to witness, to see (delito, accidente).
presentación *f* **1** introduction (de personas). **2** presentation (de un tema, premio, producto).
presentador, ra *m* y *f* presenter.
presentar *tr* **1** to introduce (persona, amigos). **2** to present (tema, producto). **3** to present, to introduce (programa). **4** to show (documentación). **5** to hand in (dimisión). **6** to offer, to feature (ventajas, prestaciones). ● **~se** *pron* **7** to introduce oneself (a otras personas). **8** to turn up (aparecer). **9** to put oneself forward (como candidato, voluntario). **10** to arise (oportunidad, problema). **~se a 11** to enter (concurso); to sit (examen).

> ***To present*** se emplea para un programa de televisión, unas pruebas en un tribunal, etc.: *El cantante presentó los premios = the Awards were presented by the singer*. ***To introduce*** se refiere a la presentación de personas: *te lo presentaré mañana = I will introduce him to you tomorrow*. ***To hand in*** se utiliza en relación a un escrito, una dimisión, etc.: *no quiere presentar la dimisión = she doesn't want to hand in her resignation.*

presente *adj* **1** present (gen). **2** current (mes). ● *m* **3** present (regalo). **4** present (tiempo). **5** GRAM present tense. ■ **tener algo ~** to bear sth in mind.
presentimiento *m* premonition.
presentir *tr* **~ que** to sense that, to have a feeling that.
preservar *tr* to preserve.
preservativo *m* condom.
presidencia *f* **1** POL presidency. **2** chairmanship (GB); presidency (EE UU, de una empresa, de un club). **3** POL president's office (despacho).
presidente, ta *m* y *f* **1** POL president. **2** chairman (GB, hombre); chairwoman (GB, mujer); president (EE UU, de una empresa, de un club).
presidiario, ria *m* y *f* convict.
presidio *m* prison (cárcel).
presidir *tr* **1** to be president of (gobierno). **2** to be chairman of (GB, hombre); to be chairwoman of (GB, mujer); to be president of (EE UU, empresa, club). **3** to chair (reunión). **4** to prevail (predominar).
presión *f* pressure. ◆ **~ arterial** blood pressure.
presionar *tr* **1** to press (botón, tecla). **2** to put pressure on, to pressurize (persona). ■ **~ para** to press for (exigir).
preso, sa *adj* **1** imprisoned. ● *m* y *f* **2** prisoner.
prestación *f* **1** provision (de un servicio). **2** benefit, allowance (social). ● **prestaciones** *f pl* **3** features (características de un producto).
prestamista *m* o *f* moneylender.
préstamo *m* **1** loan (crédito). **2** loaning (acción de prestar); borrowing (acción de tomar prestado).
prestar *tr* **1** to lend, to loan (objeto, dinero). **2** to give (ayuda). **3** to render (servicio). **4** to make (declaración). ● **~se a + inf** *pron* **5** to offer + inf (ofrecerse). **~se a 6** to be open to, to give rise to (ser motivo de).
presteza *f* promptness.
prestidigitador, ra *m* y *f* conjurer.
prestigio *m* prestige.
prestigioso, sa *adj* prestigious.
presto, ta *adj* **1** ready (preparado). **2** prompt (rápido).
presumido, da *adj* conceited, vain.
presumir *tr* **1** to presume, to assume (suponer). ● **~ (de)** *intr* **2** to show off (about), to boast (about) (vanagloriarse).

presunción *f* **1** vanity (vanidad). **2** assumption, supposition (suposición).
presunto, ta *adj* **1** supposed, presumed (causa, razón). **2** DER alleged (criminal).
presuntuoso, sa *adj* **1** conceited, presumptuous (engreído). **2** vain (vanidoso).
presuponer *tr* to presuppose.
presupuestar *tr* to budget for.
presupuesto *m* **1** FIN, POL budget. **2** estimate (de obras, servicios).
pretencioso, sa *adj* pretentious.
pretender *tr* **~ + inf 1** to try + inf, to seek + inf (intentar). **~ + inf 2** to want + inf, to aim + inf (aspirar a).
pretendiente *m* o *f* **1** applicant (a un puesto de trabajo). **2** pretender (al trono). • *m* **3** suitor (de una mujer).
pretensión *f* **1** aim, objective (intención). **2** hope, desire (deseo). **3** (normalmente *pl*) claim, demand (exigencia).
pretérito, ta *adj* **1** past. • *m* **2** GRAM preterite. ♦ **~ anterior** past anterior; **~ indefinido** simple past; **~ perfecto** present perfect.
prevalecer *intr* **~ (sobre)** to prevail (sobre).
prevaler *pron* **~ (sobre) 1** to prevail (over) (prevalecer). **~se de 2** totake advantage of, to avail oneself of.
prevención *f* **1** prevention (acción de impedir). **2** precaution.
prevenir *tr* **1** to prevent (impedir). **2** to warn (avisar). **3** to foresee (anticipar). • **~se contra algo** *pron* **4** to take precautions against.
preventivo, va *adj* preventive.
prever *tr* **1** to foresee (anticipar). **2** to forecast (pronosticar). **3** to plan (preparar).
previo, via *adj* **1** previous, prior (anterior). **2** preliminary (preliminar).
previsión *f* **1** foresight (de lo que va a ocurrir). **2** forecast (pronóstico).
previsor, ra *adj* far-sighted, prudent.
previsto, ta *pp* → prever.
prieto, ta *adj* firm.
prima *f* **1** bonus (bonificación). **2** premium (de seguro).
primacía *f* **1** supremacy (superioridad). **2** priority (prioridad). **3** REL primacy.
primar *intr* **~ (sobre)** to take priority (over) (prevalecer).
primario, ria *adj* **1** primary, fundamental (fundamental). **2** primitive (primitivo).
primavera *f* spring.
primer (*apócope de* **primero**) *adj* → primero, ra.
primera *f* **1** AUT first gear. **2** first class (en avión, tren). ■ **de ~** first-class.
primero, ra *adj* **1** (antes de nombre masculino singular «primer») first (en orden, espacio); first, front (fila, página); early (hablando de obras, literatura); former (anterior). **2** leading, top (en calidad, categoría). **3** basic, primary (fundamental). • *adv* **4** first. ♦ **el ~/la primera/los primeros** the first; **lo ~** the most important.
primicia *f* scoop.
primitivo, va *adj* **1** primitive (civilización). **2** original (original).
primo, ma *m* y *f* **1** cousin (pariente). • *m* **2** (fam) sucker (engañado).
primogénito, ta *adj* **1** first-born, eldest. • *m* y *f* **2** first-born child, eldest child.
primor *m* beauty, exquisiteness.
primordial *adj* fundamental, prime.
primoroso, sa *adj* **1** delicate (esmerado). **2** exquisite (hermoso).
princesa *f* princess.
principado *m* principality.
principal *adj* **1** principal (más importante). **2** INF foreground. **3** first (planta).
príncipe *m* prince.
principiante *m* o *f* beginner.
principio *m* **1** beginning, start (comienzo). **2** principle (concepto, norma). **3** origin, source. • **principios** *m pl* **4** principles (reglas de conducta). ■ **en ~** in principle; **en un ~** at first; **por ~** on principle.
pringar *tr* **1** (fam) to make greasy, to cover in grease (manchar). **2** (fam) to dip (mojar).
pringoso, sa *adj* (fam) greasy.
pringue *m* (fam) grease.
prioridad *f* **1** priority. **2** AUT right of way.
prisa *f* speed (rapidez); haste, rush (premura). ■ **darse ~** to hurry; **meterle ~ a alguien** to rush sb, to hurry sb up; **tener ~** to be in a hurry.
prisión *f* **1** prison (cárcel). **2** imprisonment (pena).
prisionero, ra *m* y *f* prisoner.
prisma *m* **1** GEOM prism. **2** (fig) point of view (perspectiva).
prismático, ca *adj* **1** prismatic. • **prismáticos** *m pl* **2** binoculars.

privación *f* **1** deprivation, loss (pérdida). **2** privation, lack (carencia).
privado, da *adj* private. ■ **en privado** in private.
privar *tr* ~ **de 1** to deprive of (desposeer). • **~se de** *pron* **2** to deprive oneself of, to do without.
privilegiado, da *adj* **1** privileged (persona, posición). **2** exceptional (vista, ubicación). • *m* y *f* **3** privileged person.
privilegio *m* privilege.
pro *prep* pro-, in favour of: *provida = pro-life*. ■ **en ~ de** for. ◆ **los pros y los contras** the pros and cons.
proa *f* prow, bow.
probabilidad *f* probability, chance.
probador *m* changing room, fitting-room.
probar *tr* **1** to prove, to demonstrate (demostrar). **2** to try, to taste (comida); to taste (vino). **3** to test (aparatos). • *tr* y *pron* **4** to try on (ropa). • *intr* **5** to try (intentar).
probeta *f* test-tube.
problema *m* problema.
problemático, ca *adj* problematic.
procedencia *f* origin (origen). ■ **con ~ de** (arriving) from.
proceder *m* behaviour (GB); behavior (EE UU).
proceder *intr* **1** to proceed, to act (actuar). **2** to proceed, to go ahead (seguir adelante). **~ a + inf 3** to proceed + inf (comenzar). **~ + inf 4** to be advisable + inf (ser apropiado). **~ de 5** to come from (tener como origen).
procedimiento *m* procedure.
procesado, da *m* y *f* DER accused, defendant.
procesador *m* processor. ◆ **~ de datos** data processor; **~ de textos** word processor.
procesamiento *m* **1** DER trial. **2** TEC, INF processing.
procesar *tr* DER to try, to prosecute.
procesión *f* procession.
proceso *m* **1** process, course (desarrollo). **2** DER trial. ◆ **~ de datos** data processing.
proclama *f* POL proclamation.
proclamación *f* proclamation.
proclamar *tr* **1** to proclaim (nombrar). **2** to declare (anunciar). • **~se** *pron* **3** to proclaim oneself.
procrear *intr* to procreate.
procurar *tr* **1** to obtain, to get (obtener). **~ + inf 2** to try + inf (intentar).
prodigar *tr* **1** to lavish with. • **~se en** *pron* **2** to lavish.
prodigio *m* prodigy, marvel.
pródigo, ga *adj* lavish.
producción *f* **1** production (proceso). **2** products (productos). **3** CINE, TEAT production.
producir *tr* **1** to produce (gen). **2** to yield, to produce (interés, fruto). **3** to cause, to bring about (ocasionar). • **~se** *pron* **4** to come about, to happen.
productividad *f* productivity.
productivo, va *adj* productive.
producto *m* **1** product (gen). **2** produce (de la tierra). **3** production (producción).
productor, ra *m* y *f* producer.
productora *f* CINE production company.
proeza *f* deed, exploit.
profanar *tr* to defile, to desecrate.
profano, na *adj* **1** secular, profane (seglar). **2** profane (impío). **3** lay (no experto). • *m* y *f* **4** layman, laywoman.
profecía *f* prophecy.
proferir *tr* to utter. ■ **~ insultos** to hurl insults; **~ un suspiro** to heave a sigh.
profesar *tr* **1** to profess, to declare (admiración). **2** to practise (GB); to practice (EE UU, una profesión). • *intr* **3** REL to take one's vows.
profesión *f* profession.
profesional *adj/m* o *f* professional.
profesor, ra *m* y *f* teacher (de instituto); lecturer (GB); professor (EE UU, de universidad).
profesorado *m* **1** teaching staff (GB); faculty (EE UU, profesores). **2** teaching profession (profesión).
profeta *m* prophet.
profetizar *tr* to prophesy.
profiláctico, ca *adj* **1** prophylactic. • *m* **2** condom.
prófugo, ga *adj/m* y *f* fugitive.
profundidad *f* depth. ■ **tiene cinco metros de ~** it's five metres deep.
profundizar *tr* **1** to deepen, to make deep (al excavar). **2** to broaden, to widen (en el estudio). • **~ en algo** *intr* **3** to look at in depth, to study in depth (examinar).
profundo, da *adj* **1** deep (gen). **2** deep, profound (pensamiento); thorough, in-depth (conocimiento). **3** deep (voz).

profusión *f* profusion, abundance.
profuso, sa *adj* profuse, lavish.
progenitor, ra *m* y *f* **1** ancestor (antepasado). • **progenitores** *m pl* **2** parents (padres).
programa *m* **1** programme (GB); program (EE UU, gen). **2** INF program. **3** schedule, programme (de actividades). **4** syllabus (de estudios).
programación *f* **1** TV programmes (GB); programs (EE UU). **2** INF programming.
programador, ra *m* y *f* **1** programmer (persona). • *m* **2** programmer (aparato).
programar *tr* **1** to plan, to schedule (actividades). **2** INF to program.
progre *adj/m* y *f* (fam) progressive.
progresar *intr* to make progress.
progresión *f* progression. ♦ **~ aritmética** arithmetic progression; **~ geométrica** geometric progression.
progresista *adj/m* o *f* progressive.
progresivo, va *adj* progressive.
progreso *m* progress. ■ **hacer progresos** to make progress.
prohibición *f* prohibition, ban.
prohibir *tr* to prohibit, to forbid. ■ **se prohibe...** is/are not allowed/prohibited/ forbidden.
prójimo *m* fellow man.
prole *f* (coloq) offspring.
proletariado *m* proletariat.
proletario, ria *adj/m* y *f* proletarian.
proliferar *intr* to proliferate.
prolífico, ca *adj* prolific.
prólogo *m* preface, foreword.
prolongación *f* extension.
prolongar *tr* **1** to extend (gen). **2** to extend, to prolong (contrato, plazo). **3** to lengthen (cuerda).
promedio *m* average.
promesa *f* promise.
prometer *tr* **1** to promise. • *intr* **2** to be promising, to show promise: *promete mucho = he shows a lot of promise*. • **~se** *pron* **3** to promise oneself (esperar obtener). **4** to get engaged (novios).
prometido, da *m* y *f* fiancé (novio); fiancée (novia).
prominente *adj* prominent.
promiscuo, cua *adj* promiscuous.
promoción *f* **1** promotion (ascenso). **2** promotion (de un producto). **3** EDUC year (GB); class (EE UU).
promocionar *tr* **1** to promote (producto). **2** to promote, to foster (fomentar).
promotora *f* property developer.
promover *tr* **1** to promote (ascender). **2** to promote, to foster (fomentar).
pronombre *m* pronoun.
pronosticar *tr* to predict, to forecast.
pronóstico *m* **1** prediction, forecast. **2** MED prognosis. ■ **de ~ grave** serious; **de ~ leve** minor.
pronto, ta *adj* **1** quick, prompt (rápido). • *adv* **2** soon (dentro de poco). **3** early (temprano). • *m* **4** impulse, urge (impulso). ■ **de ~** suddenly; **¡hasta ~!** see you soon!; **por de ~** for the time being (de momento); to start with (para empezar); **tan ~ como** as soon as.
pronunciación *f* pronunciation.
pronunciado, da *adj* pronounced (facciones); sharp (curva); steep (pendiente, cuesta); prominent (nariz).
pronunciamiento *m* **1** DER pronouncement. **2** uprising, rebellion (alzamiento).
pronunciar *tr* **1** to pronounce, to utter (palabras,sonidos). **2** to deliver, to give (discurso). **3** DER to pronounce (sentencia). • **~se** *pron* **4** to become more pronounced (acentuarse). **~se (sobre) 5** to declare oneself (on) (opinar).
propaganda *f* **1** POL propaganda. **2** advertising (publicidad).
propagandista *m* o *f* propagandist.
propagar *tr* y *pron* to propagate.
propasarse *pron* to go too far, to overstep the mark.
propensión *f* inclination, propensity.
propenso, sa *adj* inclined, prone. ■ **ser ~ a** to be inclined to.
propicio, cia *adj* **1** propitious, favourable (favorable). **2** suitable (adecuado).
propiedad *f* **1** ownership (derecho). **2** property (objeto, finca). **3** property (facultad). **4** correctness (corrección). ♦ **~ privada/pública** private/public property. ■ **usar una palabra con ~** to use a word properly.
propietario, ria *m* y *f* owner (de una casa); proprietor (de un establecimiento); landowner (de tierras).
propina *f* tip, gratuity.
propinar *tr* to give (paliza); to deal (golpe).
propio, pia *adj* **1** own (de su propiedad): *viven en su propia casa = they live in their*

own house. **2** characteristic, peculiar, typical (característico): *esos árboles son propios de la región = those trees are typical of the region*. **3** suitable, fitting (conveniente). **4** himself (él); herself (ella); itself (animal, cosa); themselves (plural): *fue el propio Rey = it was the King himself.*

proponer *tr* **1** to propose, to put forward (plan, solución). **2** to nominate, to propose (candidato, persona). • **~se + inf** *pron* **3** to intend + inf, to set out + inf (tener la intención).

proporción *f* **1** proportion. • **proporciones** *m pl* **2** size (tamaño).

proporcionado, da *adj* proportionate. ■ **bien ~** well-proportioned.

proporcional *adj* proportional.

proporcionar *tr* to provide, to supply.

proposición *f* **1** proposition, proposal (propuesta). **2** proposal (oferta).

propósito *m* **1** intention (intención). **2** aim, purpose (objetivo). ■ **a ~** by the way (por cierto); on purpose (adrede); **a ~ de** with regard to.

propuesta *f* **1** proposal (proposición). **2** offer (oferta).

propulsar *tr* **1** MEC, TEC to propel. **2** (fig) to boost, to stimulate (fomentar).

prórroga *f* **1** extension (de plazo). **2** DEP extra time (GB); overtime (EE UU). **3** postponement, deferral (aplazamiento).

prorrogar *tr* **1** to prolong, to extend (alargar). **2** to postpone, to defer (aplazar).

prorrumpir *intr* **~ en** to burst into.

prosa *f* prose.

prospección *f* **1** MIN prospecting. **2** survey (de mercado).

prospecto *m* **1** leaflet (folleto). **2** instructions leaflet (de medicamento).

prosperar *intr* **1** to prosper, to thrive (tener prosperidad). **2** to be successful.

prosperidad *f* prosperity.

próspero, ra *adj* prosperous.

próstata *f* prostate, prostate gland.

prostíbulo *m* brothel.

prostitución *f* prostitution.

prostituir *tr* **1** to prostitute. • **~se** *pron* **2** to prostitute oneself.

prostituta *f* prostitute.

protagonismo *m* leadership, prominence (liderazgo); leading role (papel).

protagonista *m* o *f* **1** CINE, TEAT leading player, star (actor); main character; protagonist (personaje). **2** leading figure (de un acontecimiento.

protagonizar *tr* **1** CINE, TEAT to play a leading role in. **2** to be involved in, to play an important role in.

protección *f* protection.

protector, ra *adj* **1** protective. • *m* y *f* **2** protector.

proteger *tr* **1** to protect. **~ algo/ a alguien de algo 2** to protect sth/sb from sth. • **~se** *pron* **3** to protect oneself.

protegido, da *pp* **1** → proteger. • *m* y *f* **2** protégé (hombre); protégée (mujer).

proteína *f* protein.

prótesis *f* prosthesis.

protesta *f* protest.

protestante *adj/m* o *f* Protestant.

protestar *tr* **1** to protest (expresar disconformidad). • *intr* **2** to grumble. **~ por 4** to complain about (quejarse de).

protocolo *m* protocol.

prototipo *m* prototype.

protuberancia *f* protuberance, bulge.

provecho *m* benefit. ■ **¡buen ~!** enjoy your meal!; **de ~** beneficial, profitable.

provechoso, sa *adj* beneficial.

proveedor, ra *m* y *f* **1** supplier (de mercancías, servicios). • *m* **2** INF service provider (de Internet).

proveer *tr* **1** to fill (cargo). **~ (de) 2** to provide (with), to supply (with). • **~se de** *pron* **3** to equip oneself with.

provenir *intr* **~ de** to come from.

provenzal *adj/m* oy *f* **1** Provençal. • *m* **2** Provençal (idioma).

proverbio *m* proverb.

providencia *f* **1** measure, step (medida). **2** REL providence. **3** DER ruling.

providencial *adj* providential.

provincia *f* province.

provisión *f* **1** provision, supply (suministro). • **provisiones** *f pl* **2** provisions (víveres).

provisional *adj* provisional, temporary.

provisto, ta *pp* → proveer.

provocación *f* provocation.

provocar *tr* **1** to provoke (incitar). **2** to cause, to bring about (causar). **3** to arouse (excitar sexualmente).

provocativo, va *adj* provocative.

proximidad *f* **1** closeness, proximity. • **proximidades** *f pl* **2** vicinity (alrededores).

p

próximo, ma *adj* **1** near, close (cercano). **2** next (siguiente).
proyección *f* **1** projection (de imagen, sonido...). **2** screening, projection (de película). **3** scope (alcance).
proyectar *tr* **1** to plan (planear). **2** to screen, to show, to project (película); to project, to show (diapositivas). **3** to cast (sombra, luz). **4** to throw, to hurl (arrojar). **5** ARQ to design.
proyectil *m* projectile, missile.
proyecto *m* **1** plan (propósito). **2** ARQ, TEC project, plan. ◆ **~ de ley** bill.
proyector *m* **1** CINE projector. **2** spotlight (foco).
prudencia *f* **1** prudence (sensatez). **2** caution, care (cautela). ■ **con ~** carefully.
prudente *adj* sensible, prudent.
prueba *f* **1** proof. **2** test, trial (ensayo). **3** test (examen). **4** MED test. **5** DEP event. **6** DER proof, evidence. **7** proof (de imprenta). ◆ **~ de acceso** entrance examination. ■ **poner a ~** to put to the test.
pseudónimo, ma *adj* y *m* → seudónimo.
psicoanálisis *m* psychoanalysis.
psicoanalizar *tr* to psychoanalyse (GB); to psychoanalyze (EE UU).
psicología *f* psychology.
psicológico, ca *adj* psychological.
psicólogo, ga *m* y *f* psychologist.
psicosis *f* psychosis.
psiquiatra *m* o *f* psychiatrist.
psiquiatría *f* psychiatry.
psiquiátrico, ca *adj* **1** psychiatric. ● *m* **2** psychiatric hospital.
psíquico, ca *adj* psychic.
púa *f* **1** barb (de alambre). **2** tooth (de peine). **3** MÚS plectrum.
pub *m* pub.
pubertad *f* puberty.
pubis *m* pubis.
publicación *f* publication.
publicar *tr* **1** to publish (editar). **2** to divulge, to make public (revelar).
publicidad *f* **1** advertising (en anuncios). **2** publicity (difusión). ■ **dar ~ a algo** to publicize sth.
publicitario, ria *adj* **1** advertising. ● *m* y *f* **2** advertising agent.
público, ca *adj* **1** public. ● *m* **2** TEAT, TV audience, public; DEP spectators. ■ **en ~** in public.
publirreportaje *m* advertorial.
puchero *m* **1** cooking pot (olla). **2** stew (guiso). ■ **hacer pucheros** (fam) to pout.
púdico, ca *adj* chaste, modest, demure.
pudiente *adj* wealthy, rich (rico).
pudor *m* **1** modesty, demureness (recato). **2** shyness, bashfulness (timidez).
pudrir *tr* y *pron* to rot.
pueblo *m* **1** people (nación, comunidad). **2** village (aldea); small town (municipio).
puente *m* **1** bridge (de río). **2** long weekend (fiesta). ◆ **~ aéreo** shuttle (servicio comercial). ■ **hacer ~** to take an extra day off between two public holidays.
puerco, ca *adj* **1** (fam) filthy (sucio). ● *m* y *f* **2** ZOOL pig (macho); sow (hembra).
puericultura *f* childcare.
pueril *adj* **1** childish, puerile (infantil). **2** trivial (trivial). **3** naive (ingenuo).
puerro *m* leek.
puerta *f* **1** door (de una casa, habitación); gate (de jardín, ciudad); doorway, entrance (portal). **2** (fig) gateway. **3** DEP goal. ◆ **~ de embarque** gate; **~ principal** front door (de casa); main door (de edificio público). ■ **a ~ cerrada** behind closed doors; **de ~ en ~** from door to door.
puerto *m* **1** NÁUT port; harbour (GB); harbor (EE UU). **2** GEOG pass. **3** INF port. ◆ **~ deportivo** marina; **~ pesquero** fishing port.
pues *conj* **1** well, well then (bueno): *¿no quieres venir con nosotros? pues no te quejes si te quedas solo = don't you want to come with us? well don't complain if you're left on your own.* **2** then, so (entonces): *¿no vienes conmigo, pues? = aren't you coming with me, then?* **3** well (vacilando): *pues... me parece que no = well... I don't think so.* **4** since, as (dado que): *que lo cuente él, pues lo ha visto = let him tell you about it since he saw it.*
puesta *f* **~ a punto** adjustment; **~ al día** updating; **~ de sol** sunset; **~ en escena** production; **~ en marcha** AUT starting up; implementation (de medidas, plan).
puesto, ta *pp* **1** → poner. ● *adj* **2** smart (elegante). **3** wearing, on (ropa): *con el abrigo puesto = wearing a coat; with his coat on.* ● *m* **4** place (sitio). **5** place, position (en clasificación). **6** market stall, stand (de mercado). **7** post (empleo). **8** MIL post. ◆ **~ de socorro** first-aid post. ■ **ir muy ~** to be dressed up; **~ que** since, as.

púgil *m* boxer.
pugna *f* **1** fight, struggle (lucha). **2** conflict (conflicto).
puja *f* **1** battle (lucha). **2** bid (en subasta).
pujante *adj* forceful, vigorous.
pujanza *f* strength; vigour (GB); vigor (EE UU).
pujar *intr* to bid.
pulcro, cra *adj* neat, tidy (aseado); immaculately turned out (elegante).
pulga *f* flea.
pulgada *f* inch.
pulgar *m* thumb.
pulimentar *tr* to polish.
pulir *tr* **1** to polish, to shine (sacar brillo). • **~se** *pron* **2** (coloq) to blow (gastarse).
pulmón *m* lung.
pulmonía *f* pneumonia.
pulpa *f* pulp, flesh (de fruta); pulp (de madera).
pulpería *f Amér.* general store.
pulpo *m* octopus.
pulque *m Méx.* pulque.
pulsación *f* **1** pulsation, beat (latido). **2** keystroke (en un teclado).
pulsar *tr* **1** to press, to push (botón). **2** to press, to strike (tecla). **3** MÚS to play (cuerdas).
pulsera *f* bracelet.
pulso *m* **1** MED pulse. **2** steady hand (firmeza en la mano). ■ **echar un ~** to arm-wrestle; **tomar el ~ a alguien** to take sb's pulse.
pulular *intr* to teem with, to swarm with.
pulverizador *m* spray (de perfume); spray-gun (de pintura).
pulverizar *tr* **1** to pulverize (reducir a polvo). **2** to spray (líquido). **3** to crush, to pulverize (destruir).
puma *m* ZOOL puma, cougar.
puna *f* **1** *Amér.* Andean plateau (tierra alta). **2** *Amér. Merid.* altitude sickness (soroche).
punchar *tr Amér.* to punch (punzar).
punk o **punki** *m* punk.
punta *f* **1** point (de aguja, lápiz); tip (de dedo, flecha); end (de cigarrillo, de nariz). **2** end (de ciudad, de país). **3** GEOG point. ◆ **la hora ~** the rush hour. ■ **a ~ pala** (fam) galore, by the dozen; **sacar ~** to sharpen (lápiz).
puntada *f* stitch (de costura).
puntal *m* **1** prop (madero). **2** (fig) support, mainstay (apoyo).
puntapié *m* kick.
puntera *f* toe.
puntería *f* **1** aim. **2** marksmanship (destreza). ■ **tener buena/mala ~** to be a good/bad shot.
puntero, ra *adj* **1** leading (país, industria). • *m* **2** pointer (vara). **3** pointer (leader).
puntiagudo, da *adj* pointed, sharp.
puntilloso, sa *adj* **1** touchy (susceptible). **2** punctilious (meticuloso).
punto *m* **1** point (gen). **2** dot (signo ortográfico). **3** spot, dot (marca). **4** spot, place (lugar). **5** moment, point (momento). **6** state, condition (estado). ◆ **dos puntos** colon; **~ débil/fuerte** weak/strong point; **~ y coma** semi-colon; **~ de cruz** cross-tich; **~ de encuentro** meeting point; **~ de partida** starting point; **~ de vista** point of view; **~ muerto** AUT neutral; deadlock (en un proceso); **~ y seguido** full-stop; **puntos suspensivos** suspension points. ■ **en ~** on the dot; **estar a ~** to be ready (preparado); **poner a ~** to fine-tune (gen); to tune (motor).
puntuación *f* **1** GRAM punctuation. **2** DEP score; EDUC mark (GB); grade (EE UU).
puntual *adj* **1** punctual. **2** detailet (detallado) **3** specific (circunstancia).
puntualidad *f* **1** punctuality (tiempo). **2** exactness (exactitud).
puntualizar *tr* **1** to state, to specify (precisar). **2** to point out (señalar)
puntuar *tr* **1** GRAM to punctuate. **2** EDUC to mark (GB); to grade (EE UU). • *intr* **3** DEP to score.
punzar *tr* **1** to prick (herir). **2** (fig) to hurt. **3** TEC to punch.
punzón *m* punch.
puñado *m* handful, fistful. ■ **a puñados** by the handful.
puñal *m* dagger.
puñalada *f* stab (acción); stab wound (herida).
puñeta *f* (fam) pain, drag (molestia). ■ **hacer la ~ a alguien** (fam) to make things difficult for sb.
puñetazo *m* punch.
puñetero, ra *adj* **1** (coloq) damn (maldito). • *m* y *f* **2** (fam) sod, swine (persona).
puño *m* **1** fist (mano). **2** cuff (camisa). **3** handle (herramienta); hilt (de espada).
pupa *f* **1** cold sore (en los labios). **2** pain (dolor).

pupilaje *m* **1** board (pensión). **2** pupillage (cualidad de pupilo). **3** garaging (de coche).
pupilo, la *m* y *f* pupil.
pupitre *m* desk.
purasangre *adj* y *m* thoroughbred.
puré *m* purée. ◆ **~ de patatas** mashed potatoes.
pureza *f* purity.
purga *f* MED purgative.
purgar *tr* to purge.
purgatorio *m* purgatory.
purificar *tr* to purify.
puritano, na *adj* **1** puritanical. ● *m* y *f* **2** puritan.
puro, ra *adj* **1** pure (sin mezcla). **2** pure, chaste (casto). **3** pure, mere (mero). **4** simple, plain (verdad). ● *m* **5** cigar.
púrpura *adj* y *m* purple (color).
purpurina *f* glitter.
pus *m* pus.
pusilánime *adj* faint-hearted, pusillanimous.
pústula *f* pustule.
puta *f* (vulg) whore.
putada *f* (vulg) dirty trick.
putear *intr* **1** (vulg) to go whoring (ir de putas). ● *tr* **2** (vulg) to do the dirty on, to fuck around (maltratar).
puticlub *m* (fam) hostess bar.
puto, ta *adj* **1** (vulg) bloody (vulg, maldito). ● *m* **2** (vulg) bastard (sinvergüenza). **3** (vulg) rent boy (prostituto).
putrefacción *f* putrefaction.
puzzle *m* puzzle, jigsaw puzzle.
PVP (*abrev de* **precio de venta al público**) *m* recommended retail price, RRP.
pyme (*acrónimo de* **Pequeña y Mediana Empresa**) *f* Small and Medium-size Enterprise, SME.

Qq

q, Q *f* q, Q (letra).
que *pron rel* **1** who, that (sujeto, personas): *el hombre que ganó el premio = the man who won the prize*; which, that (sujeto, cosas): *la casa que se quemó = the house which burned down*. **2** (cuando hace de complemento se puede omitir) who, whom, that (objeto, personas): *es la mujer que vi en la tele = it's the woman (that) I saw on TV*; which, that (objeto, cosas). **el ~, la ~** **3** the one who, the one that (persona); the one which, the one that (cosa). ● *conj* **4** that (en oraciones de sujeto): *es necesario que acabes tu trabajo hoy = it is necessary that you finish your work today*. **5** (se puede omitir) that (en oraciones de complemento directo): *les dije que no podía ir = I told them (that) I couldn't go*. **6** no se traduce (para desear algo): *¡que te lo pases bien! = have a good time!*; no se traduce (para mandar): *¡que te calles! = shut up!* **7** no se traduce (para dar permiso): *que venga si quiere = let him come if he wants*. **8** (a veces no se traduce) that (expresa consecuencia): *date prisa, que llegarás tarde = hurry up or you'll be late*. **9** than (expresa comparación): *su coche es más viejo que el mío = your car's older than mine*. **10** whether… or not (expresa disyunción): *que le guste o no me es indiferente = I don't care whether he likes it or not*. **11** because, as (expresa causa): *hemos de perdonarle, que hoy está muy disgustado = we have to forgive him, because he's very annoyed today*.
qué *pron interr* **1** what: *¿qué pasa? = what's the matter?* ● *adj interr* **2** what: *¿qué clase de libro quieres? = what kind of book do you want?* ● *adv* **3** what (exclamativo): *¡qué lío! = what a mess!* ■ **no hay de ~** don't mention it.
quebrado, da *adj* rough (terreno).
quebrantar *tr* to break.
quebranto *m* **1** exhaustion (falta de fuerza). **2** heavy loss (pérdida).
quebrar *tr* **1** to break (romper). ● *intr* **2** FIN to go bankrupt. ● **~se** *pron* **3** to break (romperse). **4** to break, to falter (la voz).

quechua *adj/m* o *f* **1** Quechua. • *m* **2** Quechua (idioma).

quedar *intr* **1** to be left (haber aún): *quedan dos manzanas = there are two apples left.* **2** to arrange to meet (cita): *he quedado con él a las tres = I've arranged to meet him at three o'clock.* **3** to be (estar ubicado): *¿por dónde queda la comisaría? = ¿where's the police station?* **4** to turn out (resultar, llegar a ser). • **~se** *pron* **5** to stay, to remain (permanecer en un lugar). **6** to take (comprar): *me quedo la falda = I take the skirt.* • **~ en + inf** *intr* **7** to agree + inf (acordar). **~ por + inf 8** to be + pp, to remain to be + pp (faltar): *queda mucho por hacer = there's a lot to be done.* ■ **~ bien/mal** to make a good/bad impression.

quehacer *m* task.

queja *f* **1** complaint (de descontento). **2** groan, moan (de dolor).

quejarse *pron* **~ (de) 1** to complain (about). **2** to groan, to moan (de dolor).

quejica *adj* (fam) grumpy, complaining.

quejido *m* moan, groan.

quemado, da *adj* **1** burnt (con quemaduras); sunburnt (por el sol). **2** (fam) burnt-out (agotado, caduca).

quemador *m* burner.

quemadura *f* burn (por fuego, ácido); sunburn (por el sol); scald (por agua hirviendo).

quemar *tr* **1** to burn (con fuego, el sol); to scald (con agua hirviendo). **2** (fam) to burn out (agotar). • *intr* **3** to be very hot (estar caliente plato, objeto); to be boiling hot (bebida, sopa). • **~se** *pron* **4** to burn oneself (con fuego); to get sunburnt (por el sol). **5** (fam) to burn oneself out (agotarse).

querella *f* **1** dispute (pendencia). **2** DER lawsuit.

querellarse *pron* to take legal action.

querer *m* love, affection.

querer *tr* **1** to love (amar). **2** to want (desear). **~ que algo/alguien + subj 3** to want sth/sb + inf (desear): *quiero que te vayas = I want you to go away.* **4** to need, to require (necesitar). • **~se** *pron* **5** to love one another. ■ **como quieras** as you wish; **~ decir** to mean; **~ es poder** where there's a will there's a way; **quieras que no** whether you like it or not; **sin ~** by mistake.

querido, da *adj* **1** dear, beloved; dear (en cartas). • *m* y *f* **2** lover.

queroseno *m* kerosene.

queso *m* cheese. ♦ **~ de bola** Edam; **~ en lonchas** cheese slices; **~ fresco** cottage cheese.

quicio *m* pivot hole. ■ **estar fuera de ~** (fam) to be out of control; **sacar de ~ a alguien** (fam) to drive sb up the wall.

quid *m* nub, crux.

quiebra *f* **1** crack, break (raja). **2** FIN bankruptcy.

quien *pron rel* **1** who (sujeto): *hablé con su mujer quien me dijo que estaba fuera = I spoke to his wife who told me he was away.* **2** (cuando hace de complemento se puede omitir) who, whom (objeto): *el chico con quien sale = the boy (who) she goes out with.* • *pron indef* **3** whoever: *quien sepa dónde se encuentra que nos llame = whoever knows where he is should phone us.*

quién *pron interr* **1** who (sujeto): *¿quién sabe la respuesta? = who knows the answer?, no sé quién es = I don't know who he is.* **2** who, whom (objeto): *¿con quién quieres ir? = who do you want to go with?* **de ~ 3** whose: *¿de quién es este boli? = whose is this pen?*

quienquiera *pron indef* whoever.

quieto, ta *adj* **1** still, motionless (inmóvil). **2** calm (tranquilo). ■ **¡estáte ~!** keep still!; **¡ ~ ahí!** don't move!

quietud *f* **1** stillness (inmovilidad). **2** calm (tranquilidad).

quijada *f* jawbone.

quilate *m* carat (GB); karat (EE UU).

quilla *f* keel.

quilo *m* chyle.

quimera *f* fantasy, pipe dream.

química *f* chemistry.

químico, ca *adj* **1** chemical. • *m* y *f* **2** chemist.

quincalla *f* ironmongery (GB); hardware (EE UU).

quince *card* **1** fifteen. • *ord* **2** fifteenth.

quincena *f* fortnight, two weeks.

quincenal *adj* fortnightly, two-weekly.

quiniela *f* pools coupon (boleto). ♦ **las quinielas** football pools.

quinielista *m* o *f* punter.

quinientos, tas *card* **1** five hundred. ● *ord* **2** five hundredth.
quinina *f* quinine.
quinquenio *m* five-year period.
quinta *f* **1** country house (casa de campo). **2** MIL draft, call-up (reclutamiento).
quinteto *m* quintet.
quinto, ta *adj/m* y *f* **1** fifth. ● *m* **2** MIL recruit.
quintuplicar *tr* y *pron* to quintuple.
quiosco *m* kiosk. ◆ **~ de periódicos** news-stand.
quirófano *m* operating theatre (GB); operating room (EE UU).
quiromancia o **quiromancía** *f* palmistry.
quiromasaje *m* chiropractic.
quirúrgico, ca *adj* surgical.
quisquilloso, sa *adj* **1** touchy (susceptible). **2** finicky (meticuloso).
quiste *m* cyst.
quitamanchas *m* stain remover.
quitanieves *m* snowplough (GB); snowplow (EE UU).
quitar *tr* **1** to remove (gen). **2** to take off (prendas, calzado, mantel); to take out (puntos). **3** to take away (apartar, arrebatar). **4** to take down (bajar, desmontar). **5** to stop, to prevent (impedir). **6** to relieve (dolor). **7** to take, to steal (robar). **8** to subtract (restar). ● **~se** *pron* **9** to get out of the way (apartarse). **10** to take off (ropa, maquillaje). ■ **quitarse de encima a alguien** to get rid of sb.
quite *m* parry (en esgrima). ■ **estar al ~** to be on hand to help.
quizá o **quizás** *adv* perhaps, maybe. ■ **~ sí/no** maybe/maybe not.

Rr

r, R *f* r, R (letra).
rabadilla *f* ANAT coccyx.
rábano *m* radish. ■ **importar un ~ algo a alguien** (fam) not to give a damn about sth (coloq).
rabia *f* **1** anger, rage (ira). **2** MED rabies. **¡qué ~!** how annoying!; **tenerle ~ a alguien** not to be able to stand sb.
rabiar *intr* **1** to be furious (estar enfadado). **~ de 2** to suffer (dolor). **~ por 3** to be dying for. ■ **a ~** an awful lot.
rabieta *f* (fam) tantrum.
rabino *m* rabbi.
rabioso, sa *adj* **1** furious. **2** MED rabid.
rabo *m* tail (cola). ■ **irse con el ~ entre las piernas** (fam) to go off with one's tail between one's legs.
racha *f* **1** period, spell (período). **2** gust (de viento). ■ **a rachas** in fits and starts; **tener una buena/mala ~** to have a run of good/bad luck.
racial *adj* racial, race.
racimo *m* bunch.
raciocinio *m* reasoning.
ración *f* portion, ration (parte); helping (de comida).
racional *adj* rational.
racionar *tr* to ration.
racismo *m* racism.
racista *adj/m* o *f* racist.
radar *m* radar.
radiación *f* radiation.
radiactivo, va *adj* radioactive.
radiador *m* radiator.
radiante *adj* radiant.
radiar *tr* **1** FÍS to radiate. **2** MED to treat with X-rays. **3** RAD, TV to broadcast.
radical *adj/m* y *f* radical.
radicar *intr* **~ en 1** to lie in (problema). ● **~se** *pron* **2** to settle down (establecerse).
radio *m* **1** ANAT, GEOM radius. **2** QUÍM radium. **3** spoke (de rueda de bicicleta). ● *f* **4** radio. ◆ **~ pirata** pirate radio station.
radioaficionado, da *m* y *f* radio ham.
radiocasete *m* radio cassette player.
radiodespertador *m* clock radio.
radiodifusión *f* broadcasting.
radiografía *f* **1** radiography (procedimiento). **2** X-ray (imagen).
radionovela *f* radio serial.
radioterapia *f* radiotherapy.
radioyente *m* o *f* listener.

radón *m* QUÍM radon.
raer *tr* to scrape.
ráfaga *f* **1** gust, squall (de viento). **2** burst (de disparos). **3** flash (de luz).
rafia *f* raffia.
raigambre *f* **1** BOT root-system. **2** (fig) roots, tradition (tradición).
raíl o **rail** *m* rail, track.
raíz *f* root. ◆ **~ cuadrada** square root. ■ **a ~ de** as a result of; **de ~** completely; **echar raíces** (fig) to settle down.
raja *f* **1** split (hendidura). **2** slit (corte). **3** slice, piece (tajada).
rajar *tr* y *pron* **1** to split, to crack (hender). ● *tr* **2** to slit (cortar). **3** to slice (dividir en rajas). **4** (coloq) to stab, to knife (apuñalar). ● **~se** *pron* **5** (fam) to back out (desdecirse). **6** (coloq) to turn chicken (acobardarse).
rajatabla *loc adv* **a ~** to the letter.
ralentí *m* CINE slow motion. ■ **al ~** AUT idling; ticking-over (GB).
ralentizar *tr* to slow down.
rallar *tr* GAST to grate.
rally *m* rally.
ralo, la *adj* thin, sparse (pelo, barba); sparse (bosque, vegetación).
rama *f* branch. ■ **andarse por las ramas** (fam) to beat about the bush; **en ~** raw.
ramal *m* branch (de autopista); branch line (de ferrocarril).
ramalazo *m* acute pain (de dolor); fit (de locura).
rambla *f* **1** avenue. **2** watercourse (cauce).
ramera *f* prostitute, whore.
ramificación *f* ramification.
ramificarse *pron* to branch out.
ramillete *m* posy (de flores).
ramo *m* **1** bouquet (de flores). **2** line of business, field (sector).
rampa *f* **1** ramp. **2** steep decline (cuesta). ◆ **~ de lanzamiento** launch pad.
rampante *adj* rampant.
ramplón, na *adj* uncouth, coarse.
rana *f* frog. ■ **salir ~** (fam) to turn out badly.
ranchera *f* **1** *Méx*. Mexican folk song. **2** AUT estate car.
rancho *m* **1** food (comida). **2** ranch (granja).
rancio, cia *adj* **1** rancid (alimento). **2** mellow (vino).
rango *m* **1** rank (grado). **2** *Chile* luxury, magnificence (rumbo).
ránking *m* ranking.
ranura *f* slot (abertura); groove (surco).
rapapolvo *m* (coloq) telling-off, dressing-down. ■ **echar un ~ a alguien** (fam) to give sb a telling-off.
rapar *tr* **1** to crop (pelo). **2** to shave (afeitar).
rapaz *adj* **1** predatory (ave). ● *m* **2** kid (muchacho). ● *f* **3** ZOOL bird of prey.
rape *m* monkfish.
rapidez *f* speed.
rápido, da *adj* **1** fast, quick. ● *adv* **2** fast, quickly. ● *m* **3** express (train) (tren). ● **rápidos** *m pl* **4** GEOG rapids. ■ **¡~!** (fam) make it snappy!
raptar *tr* to abduct, to kidnap.
rapto *m* abduction, kidnapping.
raqueta *f* **1** racquet (de tenis); bat (de ping pong). **2** snowshoe (para la nieve).
raquítico, ca *adj* **1** MED rachitic. **2** meagre (insuficiente).
rareza *f* **1** rareness (escasez). **2** rarity.
raro, ra *adj* **1** strange, odd, peculiar (extraño). **2** rare, scarce (poco común). ■ **¡qué ~!** how odd!, how strange!
ras *m* **a ~ de** level with. ■ **a ~ de tierra** low, close to the ground.
rasante *adj* **1** low. ● *f* **2** slope, incline, gradient.
rascacielos *m* skyscraper.
rascar *tr* **1** to scratch (la piel). **2** to scrape (superficie); to scrape off (pintura). **3** (fam) to scrape away at (tocar mal). ● **~se** *pron* **4** to scratch oneself.
rasero *m* measuring stick. ■ **medir por el mismo ~** to treat in exactly the same way.
rasgado, da *adj* **1** torn (roto). **2** almond-shaped (ojos).
rasgar *tr* y *pron* to tear, to rip. ■ **~se las vestiduras** to kick up a fuss.
rasgo *m* **1** feature, trait (característica). **2** stroke (trazo). ● **rasgos** *m pl* **3** features.
rasguño *m* scratch.
raso, sa *adj* **1** flat, smooth (terreno). **2** low (vuelo, disparo). **3** level (cucharada). **4** clear, cloudless (cielo). ● *m* **5** satin (satén). ■ **al ~** in the open air.
raspa *f* **1** backbone. **2** beard (de trigo). **3** *Amér*. reprimand.
raspadura *f* **1** scratch (rasguño). ● **raspaduras** *f pl* **2** shavings; filings.
raspar *tr* **1** to scrape (con rascador - superficie); to scrape off (papel pintado, pintura). **2** to graze, to scrape (rasguñar).

rasqueta *f* scraper.
rastrear *tr* **1** to trail, track (seguir). **2** to comb (una zona); to dredge, to drag (río).
rastrero, ra *adj* despicable, loathsome.
rastrillo *m* **1** rake (instrumento). **2** (fam) flea market (mercadillo).
rastro *m* **1** (fig) trail (huella); trace, sign (señal). **2** flea market (mercadillo).
rasurar *tr* **1** *Amér.* to shave. • **~se** *pron* **2** *Amér.* to have a shave.
rata *f* **1** ZOOL rat. • *m* o *f* **2** (fam) miser (tacaño).
ratificar *tr* **1** to ratify. • **~se** *pron* **2** to be ratified.
rato *m* while, short time. ◆ **ratos libres** free time. ■ **a ratos** from time to time; **al ~** shortly after, soon afterwards; **pasar el ~** to pass the time; **pasar un buen/mal ~** to have a good/bad time; **tener para ~** to have long way to go.
ratón *m* ZOOL mouse. ◆ **~ de biblioteca** (fig) bookworm.
ratonera *f* mousetrap (trampa); mousehole (agujero).
raudal *m* torrent (de agua); de lágrimas (flood); string (de desgracias). ■ **a raudales** in abundance, by the bucket.
raya *f* **1** line (sobre papel); stripe (en tela). **2** parting (GB); part (EE UU, del pelo). **3** dash (guión largo). **4** ZOOL skate. ■ **a/de rayas** stripy; **pasarse de la ~** to overstep the mark; **tener a alguien a ~** to keep sb at arm's length.
rayar *tr* **1** to line, to rule (papel). **2** to scratch (superficie). • **~ con** *intr* **3** to border on (lindar). **4** to break (alba, día).
rayo *m* **1** ray, beam (de luz). **2** flash of lightning (relámpago). ◆ **~ de sol** sunbeam; **~ láser** laser beam; **rayos ultravioleta** ultraviolet rays; **rayos X** X-rays.
rayón *m* rayon.
rayuela *f Amér.* hopscotch.
raza *f* **1** race. **2** breed, species (de animal). ■ **de ~** thoroughbred (caballo); pedigree (perro).
razón *f* **1** reason (facultad). **2** reason, cause (motivo, causa). ◆ **~ de Estado** reason of State; **~ de ser** raison d'être. ■ **a ~ de** at the rate of; **en ~ de** with regard to; **entrar en ~** to see reason; **perder la ~** to lose one's mind; **tener ~** to be right.
razonable *adj* reasonable.
razonado, da *adj* well thought out.
razonamiento *m* reasoning.
razonar *intr* **1** to reason. • *tr* **2** to think out.
re *m* D (nota); re (en solfeo).
reacción *f* reaction. ◆ **~ en cadena** chain reaction.
reaccionar *intr* to react.
reacio, cia *adj* reluctant.
reactivación *f* reactivation.
reactor *m* **1** FÍS reactor. **2** AER jet. ◆ **~ nuclear** nuclear reactor.
reagrupar *tr* y *pron* to regroup.
reajuste *m* readjustment.
real *adj* **1** real, genuine (auténtico). **2** royal (de la realeza).
realce *m* distinction. ■ **dar ~ a algo** to highlight sth.
realeza *f* royalty.
realidad *f* reality. ◆ **~ virtual** virtual reality. ■ **en ~** in fact, actually.
realismo *m* realism (de la realidad).
realista *adj* realistic (de la realidad); royalist (de la monarquía).
realización *f* **1** fulfilment (GB); fulfillment (EE UU, de un deseo, una ambición). **2** carrying out (de una tarea, un encargo). **3** CINE, TV production.
realizador, ra *m* y *f* producer.
realizar *tr* **1** to realize; to fulfil (GB); to fulfill (EE UU, deseo). **2** to carry out (tarea, encargo). **3** CINE, TV to produce. • **~se** *pron* **4** to be fulfilled (deseo); to come true (sueño). ■ **~se como persona** to fulfil one's aims in life.
realzar *tr* to enhance, to highlight.
reanimación *f* **1** recovery (de fuerzas). **2** revival (de enfermo).
reanimar *tr* **1** to revive (a una persona); to resuscitate. • **~se** *pron* **2** to come round (volver en sí).
reanudar *tr* to resume.
reaparecer *intr* to reappear.
rearme *m* rearmament.
reavivar *tr* **1** to revive. • **~se** *pron* **2** to be revived (sentimiento).
rebaja *f* **1** reduction. • **rebajas** *f pl* **2** sales. ■ **hacer una ~** to give a discount.
rebajar *tr* **1** to lower, to bring down (precios). **2** to lower (nivel de terreno). **3** to reduce, to thin, to dilute (pintura). • **~se** *pron* **4** to abase oneself, to humble oneself (humillarse). ■ **~se a hacer algo** to lower oneself to doing sth.

rebanada *f* slice.
rebañar *tr* (coloq) to polish off (comida).
rebaño *m* flock (de ovejas); herd (de ganado).
rebasar *tr* **1** to exceed, to go beyond (límite). **2** AUT to overtake (adelantar).
rebatir *tr* to refute.
rebeca *f* cardigan.
rebelarse *pron* ~ **(contra)** to rebel (against).
rebelde *adj* **1** rebellious (persona); rebel (ejército). **2** persistent (tos). • *m* o *f* **3** rebel.
rebeldía *f* **1** rebelliousness (cualidad). **2** rebellion (acción). ■ **en** ~ DER in default.
rebelión *f* rebellion, revolt.
rebenque *m Amér.* whip.
rebobinar *tr* to rewind.
reborde *m* **1** edging, border (de tela). **2** edge (de mesa).
rebosante *adj* ~ **de** overflowing with, brimming with.
rebosar *intr* **1** to overflow, to spill over (derramarse). ~ **de 2** to be brimming with (felicidad, salud).
rebotar *intr* **1** to bounce, to rebound. • **~se** *pron* **2** (fig, fam) to get annoyed (enojarse).
rebote *m* rebound (pelota). ■ **de** ~ (fig) on the rebound.
rebozar *tr* GAST to coat in batter (con huevo batido y harina); to coat in breadcrumbs (con pan rallado).
rebuscado, da *adj* **1** pretentious, affected (persona). **2** recherché (palabra).
rebuscar *tr* to search thoroughly for.
rebuznar *intr* to bray.
recabar *tr* **1** to manage to get, to obtain (conseguir). **2** to ask for (pedir). ■ ~ **fondos** to collect money.
recado *m* **1** message (mensaje). **2** errand (encargo).
recaer *intr* **1** to have a relapse (enfermo). **2** to backslide (en los vicios). ■ ~ **sobre alguien** to fall on sb (responsabilidad); ~ **en alguien** to go to sb (nombramiento).
recaída *f* relapse.
recalcar *tr* to emphasize, to stress.
recalentar *tr* **1** to reheat, to warm up (calentar); to overheat (calentar demasiado). • **~se** *pron* **2** to overheat.
recámara *f* **1** chamber (de arma). **2** *Amér.* bedroom (dormitorio).
recambio *m* spare, spare part (pieza de repuesto); refill (de bolígrafo).
recapacitar *intr* **1** to reconsider. • *tr* **2** to think over.
recapitulación *f* recapitulation.
recapitular *tr* to recap, to recapitulate.
recargable *adj* rechargeable (pila); refillable (mechero).
recargado, da *adj* **1** overelaborate (estilo). **2** overloaded (sobrecargado).
recargar *tr* **1** to reload (arma); to recharge (pila); to refill (mechero). **2** to overload (sobrecargar). **3** to charge extra (aplicar un gravamen).
recargo *m* surcharge, extra charge.
recatado, da *adj* modest.
recato *m* **1** modesty (pudor). **2** caution, wariness (cautela).
recaudación *f* collection (acción); takings (cantidad).
recaudador, ra *m* y *f* tax collector.
recaudar *tr* to collect (fondos); to levy (impuestos).
recaudo *m* **a buen** ~ in safe hands.
recelar *tr* y *pron* **1** to suspect. • ~ **de** *intr* y *pron* **2** to be suspicious of.
recelo *m* suspicion, wariness. ■ **con** ~ suspiciously, warily.
recepción *f* **1** reception (gen). **2** receipt (de mercancías).
recesión *f* recession.
receta *f* **1** GAST recipe. **2** MED prescription.
recetar *tr* to prescribe.
recetario *m* **1** GAST recipe book, cookery book. **2** MED prescription pad.
rechazar *tr* **1** to reject, to turn down (oferta, propuesta). **2** to repel (ataque).
rechazo *m* rejection.
rechinar *intr* to creak (puerta); to grind (dientes); to hum (motor).
rechistar *intr* to say a word. ■ **sin** ~ without saying a word.
rechoncho, cha *adj* (fam) short and fat, dumpy.
rechupete *loc adv* **de** ~ (fam) terrific, smashing.
recibidor *m* entrance hall.
recibimiento *m* reception, welcome.
recibir *tr* **1** to receive (regalo, propuesta). **2** to receive, to welcome (acoger).
recibo *m* **1** receipt (resguardo). ■ **acusar** ~ **de** to acknowledge receipt of; **no ser de** ~ to be unacceptable.

reciclaje *m* **1** recycling (de materiales). **2** retraining (profesional).
reciclar *tr* **1** to recycle (materiales). **2** to retrain (personas).
recién *adv* newly, only just; freshly (pan, pastel).
reciente *adj* recent.
recinto *m* **1** area (área). **2** enclosure (zona cercada). ◆ ~ **ferial** exhibition site.
recio, cia *adj* **1** strong; vigorous (fuerte). **2** hard (duro). **3** thick (grueso).
recipiente *m* container, receptacle.
recíproco, ca *adj* reciprocal.
recital *m* recital.
recitar *tr* to recite, to read aloud.
reclamación *f* **1** demand, claim (exigencia). **2** complaint, grievance (queja).
reclamar *tr* **1** to demand, to claim (exigir). • ~ **contra** *intr* **2** to complain about, to protest against (protestar contra).
reclamo *m* **1** lure (cebo). **2** advertisement (publicidad). **3** inducement (aliciente).
reclinar *intr* **1** to rest, to lean. • **~se** *pron* **2** to lean back, to recline.
recluir *tr* **1** to lock up, to put away. • **~se** *pron* **2** to shut oneself away.
reclusión *f* imprisonment, confinement (encarcelamiento).
recluso, sa *m* y *f* prisoner.
recluta *m* o *f* recruit (voluntario); conscript (alistado).
reclutar *tr* to recruit.
recobrar *tr* **1** to recover (posesión, dinero); to regain (fuerza, conocimiento); to get back (aliento). • **~se (de)** *pron* **2** to recover (from).
recochineo *m* (fam) monkeying around.
recodo *m* turn, bend.
recoger *tr* **1** to pick up (levantar). **2** to pick up (ir a buscar). **3** to harvest (cosecha); to pick (fruta). **4** to collect (dinero). **5** to bring together (personas). **6** to take in (dar asilo a). • **~se** *pron* **7** to go home (ir a casa). **8** to put up (cabello).
recogida *f* harvesting (cosecha).
recogido, da *adj* **1** sheltered, secluded (apartado). **2** tied back (cabello).
recolección *f* **1** harvest (cosecha). **2** collection (colecta).
recolectar *tr* **1** to gather together (recoger). **2** to harvest (cosechar).
recomendación *f* **1** recommendation. **2** reference (para un puesto de trabajo).
recomendar *tr* **1** to recommend (hablar en favor de). **2** to recommend, to suggest (aconsejar).
recompensa *f* reward.
recompensar *tr* to reward.
reconciliar *tr* **1** to reconcile. • **~se** *pron* **2** to become reconciled.
reconfortar *tr* **1** to comfort (confortar). **2** to cheer up (alegrar).
reconocer *tr* **1** to recognize (gen). **2** to admit, to confess (confesar). **3** MED to examine. • **~se** *pron* **4** to recognize each other. **5** to admit (confesarse).
reconocido, da *adj* **1** grateful (agradecido). **2** recognized (admitido).
reconocimiento *m* **1** recognition (de un hecho). **2** recognition (aprobación). **3** gratitude (agradecimiento). **4** MED examination. ■ **en ~ por** in recognition of.
reconstruir *tr* **1** to rebuild, to reconstruct (edificio). **2** to reconstruct (hechos).
reconversión *f* restructuring, rationalization.
reconvertir *tr* to restructure, to rationalize.
recopilación *f* compilation.
recopilar *tr* to compile.
récord *m* record.
recordar *tr* **1** to remember (acordarse). **2** to remind (hacer acordar).
recordatorio *m* **1** reminder (aviso). **2** card (de nacimiento, fallecimiento).
recorrer *tr* **1** to cross, to travel (territorio). **2** to travel, to cover (distancia). **3** to go through, to check (examinar).
recorrido *m* **1** journey (trayecto). **2** route (itinerario).
recortado, da *adj* uneaven, irregular (irregular).
recortar *tr* **1** to cut out (trozo de tela, periódico). **2** to cut (presupuesto). • **~se** *pron* **3** to stand out, to be outlined.
recorte *m* **1** newspaper cutting (de periódico). **2** cut, cutback (de presupuesto).
recostar *tr* **1** to lean. • **~se** *pron* **2** to lean back, to recline.
recoveco *m* **1** turn, twist (río, pasillo). • **recovecos** *m pl* **2** twists and turns (complejidades).
recrear *tr* **1** to recreate. • **~se** *pron* **2** to have a good time.
recreativo, va *adj* recreational.
recreo *m* **1** recreation, entertainment (ocio). **2** break, playtime (en la escuela).

recriminar *tr* to reproach, to recriminate.

recrudecerse *pron* to intensify, to worsen.

recta *f* straight line. ◆ **la ~ final** the home straight.

rectangular *adj* rectangular.

rectángulo *m* rectangle.

rectificar *tr* **1** to put right, to rectify (errores); to correct (datos, declaraciones).

rectilíneo, a *adj* rectilinear.

rectitud *f* **1** straightness (de una línea). **2** (fig) rectitude, honesty (honradez).

recto, ta *adj* **1** straight (línea). **2** (fig) upright, honest (honrado). **3** right (ángulo). ● *m* **4** rectum.

rector, ra *adj* **1** ruling, guiding (principio). ● *m* y *f* **2** EDUC vice-chancellor (GB); rector (EE UU). ● *m* **3** REL rector.

recuadro *m* box (en formulario); inset (en libro).

recuento *m* recount.

recuerdo *m* **1** memory (memoria). **2** souvenir (objeto). ● **recuerdos** *m pl* **3** best wishes, regards.

recular *intr* to go backwards, to move back (retroceder).

recuperación *f* **1** recovery, retrieval (de bienes, de información). **2** recovery, recuperation (de enfermedad).

recuperar *tr* **1** to recover, to get back (bienes, información). **2** to regain, to recover (salud). **3** to make up (clases). ● **~se** *pron* **4** to get better, to recover.

recurrir *intr* **~ a 1** to turn to (una persona); to resort to (una táctica). **2** DER to appeal.

recurso *m* **1** option, possibility (opción). ● **recursos** *m pl* **2** resources, means (medios). ● *m* **3** DER appeal. ◆ **recursos naturales** natural resources.

red *f* **1** net (de caza, de pesca). **2** network (sistema, infraestructura). **3** chain (de tiendas). **4** INF network. **5** ELEC mains. ◆ **la ~** the Net (internet).

redacción *f* **1** writing (acto de escribir). **2** EDUC composition. **3** editorial staff (periodistas); news desk (departamento).

redactar *tr* to write, to compose (texto); to draft, to draw up (acuerdo).

redactor, ra *m* y *f* editor. ◆ **~ jefe** editor-in chief.

redada *f* swoop, raid.

redil *m* fold, pen. ■ **volver al ~** to return to the fold.

redimir *tr* **1** to redeem. ● **~se** *pron* **2** to free oneself (librarse).

rédito *m* return, interest.

redoblar *tr* **1** to redouble (aumentar). ● *intr* **2** MÚS to play a drum roll.

redonda *f* **1** Roman type (letra). **2** MÚS semibreve. ■ **a la ~** for miles around.

redondear *tr* **1** to make round (poner redondo). **2** to round off (cifras, cantidad).

redondel *m* circle.

redondo, da *adj* **1** round (esférico). **2** successful, excellent (bien logrado). **3** round (número, cifra). ● *m* **4** round (de ternera). ■ **caer ~** (fam) to collapse.

reducción *f* reduction.

reducido, da *adj* reduced, small (cantidad); small (grupo); low (precio).

reducir *tr* **1** to reduce (tamaño, velocidad); to cut down on, to reduce (impuestos). **2** to suppress (someter). ● *intr* **3** AUT to change to a lower gear. **4** GAST to boil down, to reduce. ● **~se** *pron* **5** to be reduced. **~se a 6** to come down to.

reducto *m* redoubt.

redundante *adj* redundant.

reeditar *tr* to reprint, to reissue (libro); to rerelease (disco).

reembolsar *tr* to refund, to reimburse.

reembolso *m* refund, reimbursement. ■ **contra ~** cash on delivery, COD.

reemplazar *tr* **1** to replace (cosa). **2** to stand in for (persona).

reemplazo *m* **1** replacement (cosa). **2** substitute (persona). **3** MIL draft.

reencuentro *m* reunion.

reestreno *m* CINE rerun, rerelease; TEAT revival.

reestructurar *tr* to restructure.

referencia *f* **1** reference (alusión). ● **referencias** *f pl* **2** references (recomendación). ■ **con ~ a** with reference to; **hacer ~ a algo** to refer to sth.

referéndum *m* referendum.

referir *tr* **1** to tell, to relate (contar). **~ a 2** to refer to (remitir). ● **~se a** *pron* **3** to refer to.

refilón *adv* **de ~** obliquely, at a slant. ■ **mirar a alguien de ~** to look at sb out of the corner of one's eye.

refinamiento *m* refining (de petróleo); refinement (de modales).

refinar *tr* **1** to refine. ● **~se** *pron* **2** to become refined.

refinería *f* refinery.
reflector, ra *adj* **1** reflecting. • *m* **2** reflector (pantalla). **3** TEAT spotlight.
reflejar *tr* **1** to reflect (luz). **2** to show (sentimientos). • **~se** *pron* **3** to be reflected.
reflejo, ja *adj* **1** reflected (luz). **2** reflex (movimiento). • *m* **3** reflection (imagen). **4** gleam, glint (destello). • **reflejos** *m pl* **5** highlights (en el pelo).
reflexionar *intr* to reflect.
reflexivo, va *adj* **1** reflective (que obra con reflexión). **2** GRAM reflexive.
reflujo *m* ebb.
reforma *f* **1** reform (social, constitucional). **2** alteration (a una casa).
reformar *tr* **1** to reform (ley, constitución). **2** to change, to alter (modificar). **3** to do up (edificio). • **~se** *pron* **4** to mend one's ways, to reform.
reformatorio *m* reformatory.
reforzar *tr* to reinforce, to strengthen.
refractario, ria *adj* heat-resistant, ovenproof. ■ **~ a** averse to.
refrán *m* saying, proverb.
refranero *m* anthology of proverbs.
refregar *tr* **1** to scrub (frotar). **2** (fig, fam) to rub in, to keep on about (dar en cara).
refrenar *tr* to curb, to restrain.
refrendar *tr* **1** to endorse, to ratify (acuerdo, decisión). **2** to countersign (documento).
refrescante *adj* refreshing.
refrescar *tr* **1** to cool (bebida); to cool down (ambiente). • *intr* **2** to get cooler (ambiente). **3** to be refreshing. • **~se** *pron* **4** to get a breath of fresh air (tomar aire fresco). **5** to have a drink (beber).
refresco *m* soft drink (GB); soda (EE UU). ■ **de ~** fresh.
refriega *f* fight, brawl.
refrigeración *f* refrigeration (de productos, alimentos); air-conditioning (climatización); cooling (de un motor).
refrigerador, ra *adj* **1** refrigerating. • *m* **2** refrigerator (nevera).
refrigerar *tr* to refrigerate, to cool (enfriar); to air-condition (climatizar).
refrigerio *m* light snack.
refrito, ta *pp* **1** → refreír. • *adj* **2** GAST refried; overfried.
refuerzo *m* **1** reinforcement. • **refuerzos** *m pl* **2** MIL reinforcements.
refugiado, da *m* y *f* refugee.
refugiar *tr* **1** to give refuge to. • **~se** *pron* **2** to take refuge.
refugio *m* **1** shelter, refuge (asilo). **2** (fig) refuge, comfort. ◆ **~ antiaéreo** air-raid shelter; **~ antinuclear** fallout shelter.
refunfuñar *intr* (fam) to grumble, to grouch.
refutar *tr* to refute.
regadera *f* **1** watering can. **2** *Amér.* shower head. ■ **estar como una ~** (fam) to be nutty as a fruitcake (coloq).
regadío *m* irrigated land.
regalado, da *adj* **1** really cheap (baratísimo). **2** pleasant (placentero).
regalar *tr* **1** to give (dar como regalo). **2** to give, to give away (dar gratis).
regaliz *m* liquorice (GB); licorice (EE UU).
regalo *m* **1** present, gift (obsequio). **2** delight, pleasure (placer).
regañadientes *loc adv* **a ~** reluctantly, unwillingly.
regañar *tr* **1** to scold, to tell off (reñir). • *intr* **2** to quarrel, to fall out (pelear).
regañina *f* (fam) scolding, telling off.
regar *tr* to water (plantas, tierras); to hose down (calle).
regata *f* **1** NÁUT regatta. **2** AGR irrigation channel.
regate *m* **1** dodge. **2** DEP dribbling.
regatear *tr* **1** to haggle over, to bargain over (precio). **2** to be sparing with (esfuerzos). • *intr* **3** to haggle, to bargain (discutir precio). **4** DEP to dribble past.
regenerar *tr* **1** to regenerate. • **~se** *pron* **2** to be regenerated.
regentar *tr* to run.
regente *m* regent.
regidor, ra *m* y *f* POL councillor (GB); councilor (EE UU, concejal).
régimen *m* **1** POL regime. **2** diet (dieta). **3** regime, set of rules (reglamentos). ■ **estar a ~** to be on a diet.

> Cuando se refiere a un **régimen** de adelgazar se traduce por término ***diet***: *le pusieron a régimen = she was put on a diet.*

regimiento *m* **1** MIL regiment. **2** (fam) crowd (multitud).

regio, gia *adj* **1** royal. **2** (fig) splendid, magnificent.
región *f* GEOG region.
regional *adj* regional.
regir *tr* **1** to govern (gobernar). **2** to run, to be in charge of (establecimiento). • *intr* **3** to be in force (estar vigente). • **~se por** *pron* **4** to be governed by.
registrar *tr* **1** to register, to record (anotar). **2** to record (grabar). **3** to search (examinar). • **~se** *pron* **4** to take place (producirse). **5** to be recorded (observarse).
registro *m* **1** register (libro). **2** entry (anotación). **3** registry (oficina). **4** search (búsqueda). **5** MÚS range (de voz); register, stop (de órgano). **6** INF record. **7** LIT register. ♦ **~ civil** register of births, marriages and deaths; **~ de la propiedad** land registry.
regla *f* **1** rule, regulation (reglamento). **2** precept, guideline (pauta). **3** ruler (instrumento). **4** MED period. ♦ **~ de cálculo** slide rule. ■ **estar en ~** to be in order; **por ~ general** as a rule.
reglamentar *tr* to regulate.
reglamentario, ria *adj* **1** statutory, mandatory (establecido por ley). **2** regulation (arma). **3** set (horario).
reglamento *m* rules, regulations.
regocijo *m* joy, delight.
regresar *intr* **1** to return, to go back. • *tr* **2** *Amér.* to return, to give back (devolver).
regresión *f* **1** regression (retroceso). **2** decline (disminución).
reguero *m* steady flow, trickle (chorro).
regular *adj* **1** regular (gen). **2** average, (mediano). **3** so-so (de salud).
regular *tr* **1** to regulate (presión, temperatura). **2** to adjust (válvula, asiento). **3** to regulate, to govern (ley).
regularidad *f* regularity. ■ **con ~** frequently.
regularizar *tr* to regularize.
rehabilitar *tr* **1** to rehabilitate (persona). **2** to restore (edificio).
rehacer *tr* **1** to do again, to redo (repetir). **2** to rebuild (reconstruir). • **~se (de algo)** *pron* **3** to recover (from sth).
rehén *m* o *f* hostage.
rehogar *tr* to sauté.
rehuir *tr* to avoid, to shy away from.
rehusar *tr* to refuse.
reimpresión *f* reprinting (acción); reprint (obra).
reina *f* queen.
reinado *m* reign.
reinar *intr* to reign.
reincidente *m* o *f* repeat offender.
reincidir *intr* **~ en** to relapse into, to fall back into (error, falta); to repeat (delito).
reincorporarse *pron* to return (al trabajo).
reino *m* kingdom.
Reino Unido *m* United Kingdom.
reinserción *f* rehabilitation, reintegration. ♦ **~ social** social rehabilitation.
reinsertar *tr* **1** to rehabilitate. • **~se** *pron* **2** to reintegrate into society.
reintegrar *tr* **1** to reinstate (en un cargo); to reintegrate (en la sociedad). **2** to refund, to return (depósito); to reimburse (gastos). • **~se a** *pron* **3** to return to (trabajo); to reintegrate into (la sociedad).
reintegro *m* **1** refund (de depósito). **2** withdrawal (de cuenta bancaria). **3** return of one's stake (en lotería).
reír *intr* **1** to laugh. • *tr* **2** to laugh at. • **~se** *pron* **3** to laugh. ■ **echarse a ~** to burst out laughing.
reiterar *tr* to reiterate, to repeat.
reivindicación *f* claim, demand. ♦ **~ salarial** wage claim.
reivindicar *tr* **1** to claim. **2** to claim responsibility for (atentado).
reja *f* **1** grille, bars (ventana). **2** ploughshare (GB); plowshare (EE UU, del arado).
rejilla *f* **1** grille (de ventanilla, puerta). **2** grating (de desagüe).
rejón *m* lance.
rejonear *tr* to wound with a lance.
rejuvenecer *tr* **1** to rejuvenate. • **~se** *pron* **2** to be rejuvenated.
relación *f* **1** relation, connection (vínculo). **2** relationship (trato). **3** list (lista). **4** MAT ratio. • **relaciones** *f pl* **5** connections, contacts (contactos). ♦ **relaciones públicas** public relations. ■ **con/en ~ a** in relation to, regarding (en lo concerniente); compared with, relative to; **tener relaciones con** to go out with.
relacionar *tr* **1** to relate, to connect (poner en relación). **2** to list (enumerar). • **~se con** *pron* **3** to be related to, to be connected with (tener vínculos).
relajación *f* relaxation.

r

relajado, da *adj* **1** relaxed (sosegado). **2** dissolute, loose (inmoral).
relajar *tr* **1** to relax. • *intr* **2** to be relaxing. • **~se** *pron* **3** to relax.
relajo *m Amér.* (fam) pandemonium, bedlam (desorden).
relamer *tr* **1** to lick repeatedly. • **~se** *pron* **2** to lick one's lips.
relamido, da *adj* prim and proper (remilgado).
relámpago *m* flash of lightning.
relatar *tr* to tell, to relate.
relatividad *f* relativity.
relativo, va *adj* relative. ■ **~ a** relating to.
relato *m* **1** story, tale (narración). **2** account, story (descripción).
relax *m* relaxation.
relé *m* ELEC relay.
releer *tr* to reread.
relegar *tr* **~ a** to relegate to, to consign to.
relevante *adj* **1** outstanding (sobresaliente). **2** important, significant.
relevar *tr* **1** to relieve (de algún cargo). **~ de 2** to exempt from (eximir). **3** DEP to substitute.
relevo *m* **1** change, relief. • **relevos** *m pl* **2** DEP relay. ■ **tomar el ~ a alguien** to take over from sb.
relieve *m* **1** relief (gen). **2** prominence (renombre).
religioso, sa *adj* **1** religious. • *m* y *f* **2** monk (monje); nun (monja).
relinchar *intr* to whinny, to neigh.
reliquia *f* relic.
rellano *m* landing (de escalera).
rellenar *tr* **1** to refill (copa, recipiente). **2** to stuff (ave); to fill (pastel). **3** to fill in (formulario).
relleno, na *adj* **1** stuffed (ave); filled (pastel). • *m* **2** stuffing; filling.
reloj *m* clock (de pared); watch (de pulsera). ◆ **~ de arena** hourglass; **~ de sol** sundial; **~ despertador** alarm clock. ■ **contra ~** against the clock.
relojería *f* clockmaker's, watchmaker's (taller, tienda).
relojero, ra *m* y *f* clockmaker, watchmaker.
relucir *intr* to shine (brillar). ■ **sacar a ~** to bring up.
remachar *tr* **1** to rivet (roblón); to clinch (clavo). **2** to drive home (argumento).
remake *m* remake.
remanente *adj* **1** remaining. • *m* **2** remainder (residuo). **3** COM surplus.
remangarse *pron* to roll up one's sleeves.
remanso *m* **1** still pool (estanque). **2** peaceful spot (lugar tranquilo).
remar *intr* to row.
rematador, ra *m* y *f* DEP striker, goal scorer.
rematar *tr* **1** to finish off, to conclude (terminar). • *intr* **2** DEP to shoot.
remate *m* **1** finish, end (fin). **2** *Amér. Merid.* auction (subasta). **3** DEP shot. ■ **de ~** absolute, out-and-out.
remediar *tr* **1** to put right, to remedy (corregir). **2** to avoid, to prevent, to help (evitar).
remedio *m* **1** remedy, solution (solución). **2** MED cure, remedy. ■ **no queda más ~ que...** there's nothing for it but; **no tener más ~ que + inf** to have no alternative but + inf, to have no choice but + inf; **poner ~ a algo** to remedy sth, to do sth about sth; **sin ~** hopeless.
rememorar *tr* to remember, to recall.
remendar *tr* to mend, to repair (reparar); to darn (calcetines).
remero, ra *m* y *f* rower.
remesa *f* **1** remittance (de dinero). **2** consignment (de mercancías).
remezón *m Amér.* earth tremor (terremoto).
remiendo *m* patch; darn.
remilgado, da *adj* **1** fussy, finicky (maniático). **2** prim, priggish (mojigato).
remilgo *m* **1** fastidiousness, fussiness (manía). **2** primness, priggishness (mojigatería).
reminiscencia *f* reminiscence.
remisión *f* **1** LIT reference. **2** MED, DER, REL remission.
remiso, sa *adj* unwilling (reacio).
remitente *m* o *f* sender.
remitir *tr* **1** to send (enviar). **2** to postpone (aplazar). **3** to refer. **4** DER to remit. • *intr* **5** to subside, to abate (disminuir). • **~se a** *pron* **6** to refer to.
remo *m* **1** oar (pala). **2** DEP rowing.
remojar *tr* to soak (humedecer).
remojo *m* soaking. ■ **poner algo en ~** to put sth to soak.
remojón *m* **1** (fam) soaking; dip. ■ **darse un ~** (fam) to go for a dip.
remolacha *f* beetroot. ◆ **~ azucarera** sugar beet.

remolcador *m* **1** NÁUT tug. **2** AUT breakdown van (GB); tow truck (EE UU).
remolcar *tr* to tow.
remolino *m* **1** whirlpool (de río); whirlwind (de viento). **2** tuft, cow-lick (de pelo). **3** throng, swarm (de gente).
remolón, na *adj* (fam) lazy.
remolque *m* **1** towing (acción). **2** trailer (vehículo). ■ **hacer algo a ~** to do sth unwillingly; **llevar a ~** to tow.
remontar *tr* **1** to go up (subir). **2** to overcome, to beat (superar). ● **~se a** *pron* **3** to date back to (en el tiempo).
remonte *m* DEP ski lift.
remordimiento *m* remorse. ■ **tener remordimientos** to feel remorse.
remoto, ta *adj* remote.
remover *tr* **1** to stir (salsa, guiso); to toss (ensalada). **2** to turn over (terreno). **3** to disturb, to stir up (alterar).
remuneración *f* remuneration.
renacentista *adj* Renaissance.
renacer *intr* to be reborn.
renacimiento *m* rebirth. ◆ **el Renacimiento** ART, HIST the Renaissance.
renacuajo *m* ZOOL tadpole.
renal *adj* renal, kidney.
rencilla *f* quarrel.
rencor *m* resentment, bitterness. ■ **guardar ~** to bear a grudge.
rencoroso, sa *adj* resentful, bitter.
rendición *f* surrender.
rendido, da *adj* exhausted, worn out (agotado).
rendija *f* crack, cleft.
rendimiento *m* output (de fábrica); yield (de terreno); performance (de trabajador, máquina); return, yield (de inversión).
rendir *tr* **1** to produce, to yield (dar). **2** to tire out (agotar). ● *intr* **3** to give a good return, to be profitable (negocio, inversión). ● **~se** *pron* **4** MIL to surrender. **5** to give in (ceder). ■ **~ cuentas** to account for one's actions.
renegado, da *adj/m* y *f* renegade.
renegar ~ de *intr* **1** to renounce (fe, creencias); to disown (familia, hijo). **2** to swear (jurar, blasfemar). **3** to grumble (quejarse).
RENFE (*abrev de* **Red Nacional de los Ferrocarriles Españoles**) *f* Spanish state railway network.
renglón *m* line. ■ **a ~ seguido** immediately afterwards.
reno *m* reindeer.
renombre *m* renown, prestige.
renovación *f* **1** renewal (de contrato). **2** renovation, restoration (de edificio). **3** reorganization (de plantilla, equipo).
renovar *tr* **1** to renew (contrato). **2** to renovate (edificio). **3** to reorganize (equipo). ● **~se** *pron* **4** to be renewed.
renquera *f Amér* limp.
renta *f* **1** income (ingresos). **2** return (beneficio). **3** rent (alquiler). ◆ **~ fija** fixed-interest securities; **~ per cápita** per capita income.
rentable *adj* profitable, cost-effective.
rentar *tr* **1** to give a return of, to yield. **2** *Amér.* to rent (alquilar). ● *intr* **3** to give a return.
rentista *m* o *f* rentier.
renuncia *f* **1** resignation (dimisión). **2** renunciation (abandono).
renunciar *tr* **1** to resign (dimitir). **2** to renounce, to give up (abandonar).
reñido, da *adj* **1** at loggerheads (enemistado). **2** tough, hard-fought (lucha, partido). ■ **estar ~ con algo** to go against, to be at odds with (creencias); **estar ~ con alguien** to be on bad terms with sb.
reñir *intr* **1** to argue, to quarrel (disputar); to fight (pelear). ● *tr* **2** to tell off (reprender). ■ **~ con alguien** to fall out with sb.
reo, a *m* y *f* **1** defendant, accused (acusado). **2** convicted offender (condenado).
reojo *m* **de ~** out of the corner of one's eye.
reparación *f* **1** repair (aparato). **2** reparation (indemnización).
reparar *tr* **1** to repair, to mend (máquina, aparato). **2** to make amends for (ofensa). **3** to correct (error). **4** to restore (fuerzas). ● **~ en** *intr* **5** to notice (percibir); to think about, to worry about. ■ **no ~ en gastos** to spare no expense.
reparo *m* **1** objection (inconveniente). **2** reservation, misgiving, qualm (recelo, duda). ■ **no tener reparos en + inf** to have no qualms about + ger; **poner reparos a** to object to.
repartición *f* distribution, sharing out.
repartidor, ra *m* y *f* delivery man (hombre); delivery woman (mujer).
repartir *tr* **1** to share out, to distribute (distribuir); to divide up (partir). **2** to hand out,

to distribute (entregar). **3** to deliver (cartas, mercancías).

reparto *m* **1** distribution (distribución). **2** delivery (de cartas, mercancías). **3** TEAT cast.

repasador *m Amér.* tea towel (GB); dish towel (EE UU).

repasar *tr* **1** to revise (apuntes); to reread (texto). **2** to darn, to mend (zurcir). **3** (fam) to look over (a una persona).

repaso *m* revision (de apuntes); rereading (de texto).

repatriado, da *adj* **1** repatriated. • *m* y *f* **2** repatriate.

repecho *m* steep climb.

repeinar *tr* to comb very carefully.

repelente *adj* **1** repellent, repulsive (repulsivo). **2** cheeky (impertinente).

repeler *tr* **1** to resist, to repel (rechazar). • *intr* **2** to repel, to disgust (repugnar).

repente *m* **de ~** suddenly, all of a sudden.

repentino, na *adj* sudden.

repercusión *f* repercussion, impact.

repercutir *intr* **~ en** to have repercussions on, to have an impact on.

repertorio *m* **1** index (lista). **2** TEAT repertoire.

repesca *f* retake exam.

repetición *f* **1** repetition. **2** DEP action replay (de jugada).

repetidor, ra *m* y *f* **1** EDUC student who is repeating a year. • *m* **2** TEC relay station.

repetir *tr* **1** to repeat (gen). **2** to do again, to repeat (ejercicio, tarea); to repeat (año académico). • *intr* **3** to have a second helping (comida). • **~se** *pron* **4** to happen again (volver a suceder).

repipi *adj* (fam) affected, pseudo-refined (afectado).

repisa *f* shelf (anaquel).

replantear *tr* **1** to raise again (cuestión). **2** to reconsider (problema). • **~se** *pron* **3** to reconsider, to rethink (asunto, diseño).

replegar *tr* **1** to fold over (doblar). • **~se** *pron* **2** MIL to withdraw.

repleto, ta *adj* full, packed.

réplica *f* **1** reply, answer (respuesta). **2** replica (copia).

replicar *intr* **1** to reply, to answer back (contestar). **2** to argue (argüir).

repliegue *m* **1** fold, crease (pliegue). **2** MIL withdrawal.

repoblación *f* **1** repopulation (gente). **2** restocking (de ríos). ♦ **~ forestal** reforestation.

repoblar *tr* **1** to repopulate (con gente). **2** to restock (con peces). **3** to reforest (con árboles).

repollo *m* cabbage.

reponer *tr* **1** to replace, to put back (reemplazar). **2** to revive (obra de teatro); to rerelease (película). • **~se** *pron* **3** MED to get better, to recover.

reportaje *m* **1** article, feature, story (periódico, revista). **2** TV report, story.

reportar *tr* **1** to bring (beneficios, ventajas). **2** *Méx.* to report (informar). • **~se** *pron* **3** to restrain oneself (refrenarse).

reportero, ra *m* y *f* reporter.

reposacabezas *m* headrest.

reposado, da *adj* quiet, peaceful.

reposar *intr* **1** to rest (descansar). **2** to settle (líquido).

reposo *m* rest.

repostar *tr* **1** to stock up with (comida). **2** AUT to fill up with (gasolina). • *intr* **3** AUT to fill up. **4** AER to refuel.

repostería *f* **1** confectionery, baking (oficio). **2** pastries, cakes (pasteles); confectionery (caramelos, dulces).

reprender *tr* to reprimand (a adultos); to tell off (a niños).

represalia *f* reprisal. ■ **tomar represalias** to take reprisals.

representación *f* **1** representation. **2** TEAT performance. ■ **en ~ de** as a representative of.

representante *adj* **1** representative. • *m* o *f* **2** representative (vendedor). **3** agent (de artista).

representar *tr* **1** to represent (gen). **2** to perform (obra de teatro); to play (papel). **3** to seem (aparentar una edad).

represión *f* repression.

reprimenda *f* reprimand.

reprimido, da *adj* **1** repressed. • *m* y *f* **2** repressed person.

reprimir *tr* **1** to repress, to suppress (rebelión, población). **2** to repress (deseo, pasión). **3** to suppress, to stifle (risa, llanto). • **~se** *pron* **4** to control oneself.

reprise *f* acceleration.

reprobar *tr* to condemn (comportamiento, acción); to reprove, to reproach (persona).

reprochar *tr* **1** to reproach. • **~se** *pron* **2** to reproach oneself.
reproche *m* reproach.
reproducción *f* reproduction.
reproducir *tr* **1** to reproduce. • **~se** *pron* **2** BIOL to reproduce (personas); to breed, to reproduce (animales). **3** to happen again (volver a suceder).
reptar *intr* to crawl (lagarto, cocodrilo); to slither (serpiente).
reptil *m* reptile.
república *f* republic.
República Checa *f* Czech Republic.
republicano, na *adj/m* y *f* republican.
repudiar *tr* to repudiate.
repuesto, ta *adj* **1** recovered (bien de salud). • *m* **2** spare, spare part (pieza). ■ **de ~** spare.
repugnancia *f* repugnance, disgust.
repugnante *adj* repugnant, disgusting.
repugnar *intr* to disgust, to revolt.
repujar *tr* to work in repoussé, to emboss.
repulsa *f* condemnation.
repulsivo, va *adj* repulsive, disgusting.
reputación *f* reputation.
requerimiento *m* **1** request (petición). **2** requirement (requisito). **3** DER summons.
requerir *tr* **1** to require (necesitar). **2** to request (solicitar). **3** DER to summon. • **~se** *pron* **4** to be required, to be necessary (ser necesario).
requesón *m* **1** cottage cheese (queso blando). **2** curd (cuajada).
requisa *f* **1** inspection (inspección). **2** MIL requisition.
requisito *m* requisite, requirement.
res *f* animal, beast.
resabio *m* **1** aftertaste (sabor). **2** bad habit (mala costumbre).
resaca *f* **1** undertow (olas). **2** hangover (por beber).
resaltar *intr* to stand out (destacarse, sobresalir). ■ **hacer ~** to highlight.
resarcir *tr* **~ a alguien de algo 1** to compensate sb for sth. • **~se de algo** *pron* **2** to make up for sth.
resbaladizo, za *adj* slippery.
resbalar *intr* y *pron* **1** to slip (persona); to skid (vehículo). • *intr* **2** to slip up (equivocarse). • **~se** *pron* **3** to slip (over).
resbalón *m* **1** slip (acción); slip (indiscreción). **2** slide (deslizamiento). ■ **dar un ~** to slip (físicamente); to slip up (equivocarse).
rescatar *tr* **1** to rescue, to free (de cárcel); to rescue, to save (de peligro). **2** to recover, to get back (recuperar).
rescate *m* **1** rescue (acción). **2** ransom (dinero). **3** recovery (recuperación).
rescindir *tr* to rescind, to cancel.
resecar *tr* y *pron* to dry up.
reseco, ca *adj* **1** very dry (demasiado seco). **2** thin, skinny (flaco).
resentido, da *adj* **1** resentful. • *m* y *f* **2** resentful person, bitter. ■ **estar ~ con alguien** to be really upset with sb.
resentimiento *m* resentment.
resentirse *pron* **1** to weaken (flaquear). **~ de 2** to feel the effects of, to suffer from (sentir dolor).
reseña *f* **1** description, outline (resumen). **2** LIT review.
reserva *f* **1** reserve (gen). **2** booking, reservation (de hotel, asiento). • *m* **3** DEP reserve, substitute (jugador). • **reservas** *f pl* **4** reservations (salvedades). **5** resources (recursos). **6** energy reserves (energía acumulada).
reservado, da *adj* **1** reserved (circunspecto). **2** reserved (asiento). • *m* **3** private room (habitación privada).
reservar *tr* **1** to reserve (guardar). **2** to book (plaza). • **~se** *pron* **3** to save oneself for.
resfriado *m* cold.
resfriarse *pron* to catch a cold.
resfrío *m Amér.* cold.
resguardar *tr* **1** to defend, to protect. • **~se** *pron* **2** to protect oneself.
resguardo *m* **1** receipt (recibo); voucher (cupón); ticket (consigna). **2** defence, protection (protección).
residencia *f* **1** residence. **2** old people's home (para ancianos). **3** hall of residence (GB); dormitory (EE UU, para estudiantes). **4** right of residence (derecho).
residencial *adj* residential.
residente *adj/m* o *f* resident.
residir *intr* **~ en 1** to reside in, to live in (en una ciudad, un país). **~ en 2** (fig) to lie in (problema, diferencia).
residual *adj* residual.
residuo *m* **1** remainder (lo que queda). **2** waste (basura). **3** QUÍM residuum. ♦ **residuos nucleares** nuclear waste.

resignarse *pron* to resign oneself.
resina *f* resin.
resistencia *f* **1** resistance (oposición). **2** strength (de un material). **3** DEP stamina. **4** ELEC resistor (componente).
resistente *adj* **1** resistant, strong (material). **2** tough, strong (persona, planta).
resistir *tr* **1** to resist (oponerse). **2** to endure, to resist (tolerar). • *intr* y *pron* **3** to fight, to resist (luchar). • *intr* **4** to keep going, to last (seguir funcionando). • **~se** *pron* **5** to have difficulty.
resollar *intr* to breathe heavily, to puff.
resolución *f* **1** solution (de un problema). **2** resolution (decisión). **3** DER ruling, settlement.
resolver *tr* to solve, to resolve.
resonancia *f* **1** far-reaching effect, impact (consecuencia). **2** FÍS, MÚS resonance.
resonar *intr* to resound (sonido).
resoplar *intr* to puff and blow.
resorte *m* **1** spring (muelle). **2** means (medio). ■ **tocar todos los resortes** to pull out all the stops.
respaldar *tr* to support, to back.
respaldo *m* **1** back (de asiento). **2** support, backing (apoyo).
respectar *intr* to deal with, to respect. ■ **por lo que respecta a** as for.
respecto *m* respect. ■ **al ~** with regard to this matter; **con ~ a** with regard to, as for.
respetable *adj* respectable.
respetar *tr* to respect, to show respect for.
respeto *m* respect. ■ **faltar al ~ a alguien** to be disrespectful to sb; **por ~ a** out of consideration for.
respetuoso, sa *adj* respectful.
respingo *m* start, jump.
respiración *f* **1** breathing. **2** MED respiration. ◆ **~ artificial** artificial respiration.
respirar *tr* e *intr* **1** to breathe. • *intr* **2** to have a breather (descansar). ■ **sin ~** without a break (sin descanso); with great attention (atentamente).
respiratorio, ria *adj* respiratory.
respiro *m* (fig) breather (descanso); relief (alivio).
resplandecer *intr* **1** to shine, to glow (brillar). **2** to shine.
resplandeciente *adj* shining, glowing.
resplandor *m* **1** shine, glow (brillo). **2** (fig) brilliance, brightness (esplendor).
responder *tr* **1** to answer, to reply to (pregunta). • *intr* **2** to answer, to reply (contestar). **3** to respond (reaccionar). **4** to answer back (replicar). **5** to guarantee, to vouch for (responsabilizarse): *yo respondo por mi amiga = I can vouch for my friend.*
respondón, na *adj* (fam) cheeky, mouthy.
responsabilidad *f* responsibility. ◆ **~ civil** civil liability.
responsabilizar *tr* **1** to make responsible for, to put in charge of. • **~se** *pron* **2** to hold oneself responsible.
responsable *adj/m* o *f* **1** responsible (gen). • *m* o *f* **2** person in charge (encargado). ■ **hacerse ~ de algo** to take responsibility for sth.
respuesta *f* answer, reply.
resquebrajar *tr* y *pron* to break, to crack.
resquicio *m* **1** crack, chink (hendedura). **2** *Amér.* bit, scrap (pizca).
resta *f* MAT substraction.
restablecer *tr* **1** to re-establish. • **~se** *pron* **2** to get better.
restante *adj* remaining, left over. ◆ **lo ~** the remainder.
restar *tr* **1** MAT to substract, to take away. **2** DEP to return. • *intr* **3** to remain, to be left.
restauración *f* **1** restoration (gen). **2** catering (hostelería).
restaurante *m* restaurant.
restaurar *tr* to restore.
restitución *f* return, restitution.
restituir *tr* **1** to return, to give back (devolver). **2** to restore (restablecer).
resto *m* **1** rest, remainder (residuo). **2** DEP return (en el tenis). **3** MAT remainder. • **restos** *m pl* **4** leftovers (comida). ◆ **restos mortales** mortal remains.
restregar *tr* to scrub.
restricción *f* restriction, limitation. ■ **sin restricciones** liberally, freely.
restringir *tr* to restrict, to limit.
resucitar *tr* **1** to raise from the dead, to bring back to life (un muerto). **2** (fig) to revive (renovar).
resuello *m* breath (aliento).
resuelto, ta *pp* **1** → resolver. • *adj* **2** determined, resolute.
resultado *m* **1** result. • **resultados** *m pl* **2** INF output. ■ **dar resultados** to produce results.

resultante *adj* resulting.
resultar *intr* **1** to turn out, to prove (descubrirse); to be, to turn out to be (con un adjetivo): *el viaje resultó muy cansado = the journey was very tiring.* • **~ que** *impers* **2** to turn out: *resulta que me había equivocado = it turns out I was wrong.*
resumen *m* summary. ■ **en ~** to sum up.
resumir *tr* **1** to summarize (condensar); to sum up, to summarize (recapitular). • **~se** *pron* **2** to be summarized, to be summed up (reducirse).
resurgir *intr* to revive, to reappear.
resurrección *f* resurrection.
retablo *m* altar-piece.
retaguardia *f* rearguard.
retahíla *f* long line, string.
retal *m* remnant, left-over piece.
retar *tr* to challenge.
retardar *tr* to delay, to make late.
retención *f* **1** hold up (de tráfico). **2** FIN withholding, deduction.
retener *tr* **1** to keep back, to retain (conservar). **2** to retain (en la memoria). **3** to hold back (impulso, ira). **4** to detain (detener). **5** to deduct (deducir del sueldo). **6** FIN to withhold (intereses).
reticente *adj* reticent, reluctant.
retina *f* retina.
retirada *f* **1** MIL retreat. **2** withdrawal (del carné, competición).
retirado, da *adj* **1** far-off, distant (distante). **2** retired (jubilado).
retirar *tr* **1** to take away, to remove (apartar); to withdraw (carné, moneda). **2** to withdraw (tropas, embajadores). • **~se** *pron* **3** to retire, to go away (apartarse). **4** to retire (jubilarse).
retiro *m* **1** retirement. **2** REL retreat.
reto *m* challenge.
retobar *tr* **1** *Arg.* to line with leather. • *intr* **2** *Méx.* (fam) to answer back. • **~se** *pron* **3** *Arg.* (fam) to be rude.
retocar *tr* **1** to touch up (cuadro, foto). **2** to alter (prenda). • **~se** *pron* **3** to touch up.
retoño *m* **1** sprout, shoot (de planta). **2** (fam) stripling (niño).
retoque *m* touching up, finishing touch.
retorcer *tr* **1** to twist (cuerda, brazo). **2** to wring (ropa). • **~se** *pron* **3** to get twisted. ■ **~se de dolor** to writhe with pain.
retorcido, da *adj* **1** twisted, devious (persona). **2** convoluted (lenguaje).
retórica *f* LIT rhetoric.
retornar *tr* to return, to replace.
retorno *m* return.
retozar *intr* **1** to skip about, to leap about (brincar). **2** to romp about (amantes).
retractar *tr* **1** to take back. • **~se** *pron* **2** to take back what one has said.
retraer *tr* **1** to bring back. • **~se** *pron* **2** to withdraw, to retreat.
retraído, da *adj* retiring, withdrawn.
retransmisión *f* transmission, broadcast.
retransmitir *tr* to broadcast.
retrasar *tr* **1** to delay, to put off (retardar). **2** to put back (reloj). • *intr* **3** to be slow (reloj). • **~se** *pron* **4** to be late (llegar tarde). **6** to be postpone, to be put off (aplazarse).
retraso *m* **1** delay (por llegar tarde). **2** backwardness (subdesarrollo). **3** slowness (de reloj). **4** MED mental deficiency.
retratar *tr* **1** to portray (describir). **2** FOT to photograph.
retrato *m* **1** portrait (pintura). **2** description, portrayal.
retrete *m* lavatory, toilet.
retribución *f* **1** payment (pago). **2** FIN compensation, remuneration.
retribuir *tr* to pay (pagar); to reward (recompensar).
retro *adj* (fam) reactionary.
retroactivo, va *adj* retroactive.
retroceder *intr* **1** to move backwards, to go back (volver hacia atrás). **2** MIL to retreat.
retroceso *m* backward movement (movimiento); retreat (de ejército).
retrógrado, da *adj* retrograde.
retrospectivo, va *adj* retrospective.
retrovisor *m* rear-view mirror.
retumbar *intr* to resound, to echo.
reúma o **reuma** *m* rheumatism.
reumatismo *m* rheumatism.
reunión *f* **1** meeting, gathering (asamblea). **2** party (fiesta).
reunir *tr* **1** to bring together, to join (juntar). **2** to collect, to pool (recursos). **3** to save (ahorrar). • **~se** *pron* **4** to come together, to meet (juntarse).
revalidar *tr* to ratify, to confirm.
revalorizar *tr* to revalue, to reassess.
revancha *f* **1** revenge (desquite). **2** DEP return match.
revelación *f* revelation, discovery.

r

revelado *m* developing.
revelar *tr* **1** to reveal, to disclose (descubrir). **2** to develop (fotos). • **~se como** *pron* **3** to show oneself to be.
reventa *f* resale (gen); touting (de entradas).
reventar *intr* **1** to burst, to explode (estallar). **2** to be bursting (de impaciencia, indignación). • *tr* **3** to burst (globo, neumático). **4** to gall, to make mad (molestar). • **~se** *pron* **5** to burst (estallar). **6** to wear oneself out (fatigarse).
reventón *m* blow-out, puncture (GB); flat (EE UU, de neumático).
reverencia *f* **1** bow (inclinación); curtsy (de mujer). **2** reverence, veneration (veneración).
reverenciar *tr* to revere, to venerate.
reverendo, da *adj/m* y *f* reverend.
reversible *adj* reversible.
reverso *m* reverse, back (revés); reverse (de moneda).
revertir *intr* **1** to revert. **~ en 2** to result in.
revés *m* **1** back, reverse (reverso). **2** slap (golpe). **3** DEP backhand. **4** blow, setback (desgracia). ■ **al ~** inside-out (chaqueta); the other way round (en orden contrario); on the contrary (al contrario); **volver algo del ~** to turn sth round (gen); to turn sth inside-out (ropa).
revestimiento *m* **1** covering (de paredes, suelos). **2** layer, coating (capa).
revestir *tr* **1** to cover (cubrir); to coat (con metal, esmalte). **2** (form) to have, to possess (presentar).
revisación o **revisada** *f Amér.* → revisión.
revisar *tr* **1** to check, to inspect (inspeccionar). **2** to review, to reconsider (reexaminar). **3** MEC to service (coche).
revisión *f* **1** check, inspection (inspección). **2** MEC service, overhaul (de una máquina).
revisor, ra *m* y *f* conductor (de autobús); ticket collector (de tren).
revista *f* **1** magazine (publicación). **2** revue (teatral). ■ **pasar ~** to inspect, to review.
revistero *m* magazine rack.
revivir *intr* **1** to revive, to come back to life (volver a la vida). • *tr* **2** to revive memories of (recordar).
revocar *tr* **1** to cancel, to revoke. **2** to whitewash (encalar); to plaster (enlucir).
revolcar *tr* **1** to bring down (derribar). • **~se** *pron* **2** to roll about, to wallow.
revolcón *m* **1** (fam) tumble, fall. **2** (fam) roll in the hay (con amante).
revolotear *intr* to flutter.
revoltijo *m* **1** hotchpotch (mezcolanza). **2** mix-up, mess (confusión).
revoltoso, sa *adj* mischievous, naughty.
revolución *f* revolución.
revolucionar *tr* to revolutionize.
revolucionario, ria *adj/m* o *f* revolutionary.
revolver *tr* **1** to stir (líquido). **2** to mess up (desordenar). **3** to rummage through (registrar). **4** to mix (mezclar). • **~se** *pron* **5** to turn around (volver la cabeza).
revólver *m* revolver.
revuelo *m* stir (agitación). ■ **armar ~** to cause a rumpus.
revuelta *f* riot, uprising.
revuelto, ta *pp* **1** → revolver. • *adj* **2** upside down, in a mess (en desorden). **3** rough (mar). • *m* **4** GAST scrambled eggs.
revulsivo, va *adj* **1** revulsive (estimulante). • *m* **2** (fig) healthy change. • *adj* y *m* **3** revulsive (medicamento).
rey *m* **1** king. • **reyes** *m pl* **2** king and queen.
reyerta *f* argument, quarrel (riña).
rezagado, da *adj* straggle. ■ **ir ~** to lag behind.
rezagarse *pron* to fall behind.
rezar *intr* **1** to pray (orar).
rezumar *tr, intr* y *pron* to ooze, to seep.
ría *f* estuary.
riachuelo *m* stream, rivulet.
riada *f* flood.
ribera *f* **1** riverside, bank (de río); shore, coast (de mar). **2** AGR irrigated area.
ribete *m* trimming, border.
ribetear *tr* to trim, to border.
ricino *m* castor-oil plant.
rico, ca *adj* **1** rich (gen). **2** delicious, tasty (alimento, sabor). **3** (fam) lovely.
rictus *m* smirk (de ironía); sneer (de desprecio).
ricura *f* tastiness. ■ **¡qué ~!** (fam) how cute!
ridiculez *f* **1** folly, absurdity (tontería). **2** trifle, silly little thing (insignificancia).
ridiculizar *tr* to ridicule.
ridículo, la *adj* **1** ridiculous. • *m* **2** ridicule. ■ **hacer el ~** to make a fool of oneself; **poner a alguien en ~** to make a fool of sb; **quedar en ~** to look like a fool.

riego *m* irrigation (de campo); watering (de plantas). ◆ ~ **sanguíneo** blood flow.
riel *f* rod (barra).
rienda *f* rein. ■ **aflojar las riendas** to let up, to ease up; **a ~ suelta** with free rein; **dar ~ suelta** to give free rein to; **llevar las riendas** to be in charge.
riesgo *m* risk. ■ **a todo ~** comprehensive (seguro); **correr el ~** to run the risk.
rifa *f* raffle.
rifar *tr* to raffle.
rifle *m* rifle.
rigidez *f* **1** stiffness, rigidity (de material, miembro). **2** strictness (de persona).
rígido, da *adj* **1** rigid, stiff (cosa). **2** strict, stern (persona).
rigor *m* **1** severity (de un castigo). **2** strictness (de la disciplina). **3** harshness, rigour (del clima).
riguroso, sa *adj* **1** severe, harsh (castigo). **2** strict, rigorous (disciplina).
rima *f* rhyme. ◆ ~ **asonante** vowel rhyme; ~ **consonante** consonance.
rimar *intr* **1** to rhyme. ● *tr* **2** to make rhyme.
rimbombante *adj* pompous, showy.
rímel *m* mascara.
rincón *m* **1** corner. **2** cranny (escondrijo).
ring *m* ring.
rinoceronte *m* rhinoceros.
riña *f* **1** fight, set-to (pelea). **2** dispute, argument (discusión).
riñón *m* kidney. ■ **costar un ~** (fam) to cost a packet.
río *m* **1** river (corriente de agua). **2** (fig) river, flood (gran cantidad).
riqueza *f* **1** wealth, riches (abundancia de bienes). **2** richness (variedad).
risa *f* laugh (puntual): *reprimió una risa = he stifled a laugh*; laughter (prolongada): *su gesto provocó la risa del público = her expression drew laughter from the audience*. **morirse de ~** to laugh one's head off; **tomar a ~** to take as a joke.
risotada *f* guffaw, loud laugh.
ristra *f* string. ◆ ~ **de ajos** string of garlic.
risueño, a *adj* smiling.
rítmico, ca *adj* rhythmic, rhythmical.
ritmo *m* **1** rhythm (gen). **2** beat (cardíaco). **3** pace (al correr).
rito *m* **1** ritual (costumbre). **2** REL rite.
ritual *adj* y *m* ritual.
rival *adj/m* o *f* rival.
rivalizar *intr* ~ **con 1** to compete with. ~ **en 2** to rival in.
rizado, da *adj* **1** curly (pelo). **2** crinkled (tela). **3** choppy (mar).
rizar *tr* y *pron* **1** to curl (pelo). ● **~se** *pron* **2** to ripple (mar).
rizo *m* **1** curl (de pelo). **2** AER loop. ■ **rizar el ~** to split hairs (complicar).
robar *tr* e *intr* **1** to steal (gen); to burglar (casa). ● *tr* **2** to rob (banco). **3** to take (naipes).
roble *m* oak, oak tree (árbol). ■ **ser más fuerte que un ~** to be as strong as an ox.
robo *m* **1** theft (de dinero, cartera, joya); robbery (de banco, tienda); de vivienda (burglary). **2** rip-off (estafa). ◆ ~ **a mano armada** armed robbery.
robot *m* robot.
robótica *f* robotics.
robusto, ta *adj* robust.
roca *f* rock.
roce *m* **1** rubbing, rub (rozamiento). **2** close contact, regular dealings (trato). **3** friction, brush (enfado).
rociar *tr* to sprinkle (mojar); to spray (pulverizar).
rocío *m* **1** dew (de la mañana). **2** fine drizzle (llovizna).
rock *adj* **1** rock. ● *m* **2** rock, rock music.
rockero, ra *adj/m* y *f* → roquero.
rodaja *f* slice.
rodaje *m* **1** filming, shooting (de película). **2** running-in (de vehículo).
rodar *intr* **1** to roll (dar vueltas). **2** to tumble down (caer dando vueltas). **3** CINE to film. ● *tr* **4** to run in (coche). **5** to film (película).
rodear *tr* **1** to encircle (cercar). ● *intr* **2** to go round (andar alrededor). ● **~se de** *pron* **3** to surround oneself with.
rodeo *m* **1** long way round (camino más largo). **2** evasive words (evasiva). **3** rodeo (espectáculo). ■ **andarse con rodeos** to beat about the bush.
rodilla *f* knee. ■ **de rodillas** kneeling.
rodillazo *m* blow with the knee.
rodillera *f* knee patch (remiendo); knee pad (protección).
rodillo *m* **1** roller. **2** rolling pin (de cocina).
roedor, ra *adj* y *m* rodent.
roer *tr* **1** to gnaw, to gnaw at (gen); to pick (hueso). **2** (fig) to gnaw at, to nag (atormentar).

rogar *tr* to beg (implorar); to ask (pedir).
rojizo, za *adj* reddish.
rojo, ja *adj* **1** red (color, pelo). **2** POL red; Republican (durante la Guerra Civil española). • *m* **3** red (color). ▪ **al ~ vivo** red-hot; **ponerse ~** to blush, to go red.
rol *m* CINE, TEAT role (papel).
rollizo, za *adj* chubby, plump.
rollo *m* **1** roll (de papel, tela, película). **2** bore, drag (cosa pesada, persona pesada). **3** (argot) scene (ambiente): *no me va su rollo = I'm not into her scene.* **4** tall story (embuste). ▪ **¡qué ~!** what a drag!; **tener mucho ~** to witter on.
romance *m* **1** romance (relación amorosa). **2** Romance language (lengua).
románico, ca *adj* **1** ARQ, ART Romanesque. • *m* **2** Romanesque.
romano, na *adj/m* o *f* Roman.
romanticismo *m* **1** romanticismo. **2** LIT Romanticism.
romántico, ca *adj* romantic.
rombo *m* rhombus.
romería *f* **1** pilgrimage (peregrinación). **2** country feast (fiesta popular).
romo, ma *adj* **1** blunt (sin punta). **2** snub (nariz).
rompecabezas *m* puzzle.
rompehielos *m* ice-breaker.
rompenueces *m Amér.* nutcrackers.
rompeolas *m* breakwater.
romper *tr* **1** to break (hacer pedazos); to tear (papel, tela). **2** to wear out (gastar). **3** to break (silencio, tregua). • *intr* **4** to break (día). **5** to break (ola). **~ a 6** to start to: *romper a llorar = to burst into tears.* **~ con 7** to split up with (novio). • **~se** *pron* **8** to break (partirse); to tear (desgarrarse).
ron *m* rum.
roncar *intr* to snore.
roncha *f* **1** boil (bulto). **2** bruise (cardenal).
ronco, ca *adj* hoarse (persona); croaky, husky (voz). ▪ **quedarse ~** to go hoarse.
ronda *f* **1** night patrol (vigilancia); patrol (vigilantes). **2** round (de bebidas). **3** ring road (calle). **4** MÚS group of serenaders.
rondar *intr* **1** to go on night patrol (patrullar). **2** to wander (pasear). • *tr* **3** to patrol (patrullar). **4** to be in the region of (precio, cantidad); to be about (edad).
ronquera *f* hoarseness.
ronquido *m* snore, snoring.
roña *f* **1** grime. **2** rust (de metales). • *m* o *f* **3** (fam) mean person, skinflint.
roñica *m* o *f* (fam) miserly devil.
roñoso, sa *adj* **1** filthy, dirty (mugriento). • *adj* y *m* **2** (fam) stingy (tacaño).
ropa *f* clothes. ◆ **~ de cama** bed linen; **~ de deporte** sportswear; **~ interior** underwear; **~ de abrigo** warm clothes; **~ usada** secondhand clothes.
ropero *m* wardrobe.
roque *m* rook, castle (ajedrez). ▪ **estar ~** to be fast asleep.
roquero, ra *adj* **1** rock. • *m* y *f* **2** rocker.
rosa *adj* y *m* **1** pink (color). • *f* **2** rose. ◆ **~ de los vientos** wind rose. ▪ **estar como una ~** to be in the pink; **verlo todo de color de ~** to see everything through rose-coloured spectacles.
rosado, da *adj* **1** pink. • *m* **2** rosé (vino).
rosal *m* rosebush, rosetree.
rosario *m* **1** rosary (rezo). **2** string, series (retahíla). ▪ **acabar como el ~ de la aurora** (fam) to end badly.
rosbif *m* roast beef.
rosca *f* screw thread (de tornillo); screw base (de bombilla). ▪ **no comerse una ~** (fam) to get nowhere, to have no luck; **hacerle la ~ a alguien** (fam) to lick sb's boots; **pasarse de ~** to go over the top (persona).
rosco *m* **1** round loaf (pan). **2** (fam) nought (cero). ▪ **no comerse un ~** (fam) to get nowhere, to have no luck.
rosquilla *f* ring doughnut. ▪ **venderse como rosquillas** to sell like hot cakes.
rostro *m* face.
rotación *f* rotation.
rotar *intr* to rotate.
rotativa *f* rotary press.
rotativo, va *adj* **1** revolving. • *m* **2** newspaper.
rotisería *f Arg., Chile* delicatessen.
roto, ta *pp* **1** → romper. • *adj* **2** broken (plato, cristal). **3** torn (tela). **4** broken (persona, corazón). • *m* **5** torn bit (en ropa).
rotonda *f* AUT roundabout (GB); traffic circle (EE UU).
rotor *m* rotor.
rótula *f* ANAT kneecap.
rotulador *m* **1** felt-tip pen (para dibujar). **2** marked pen (para marcar).
rotular *tr* to label.

rótulo *m* **1** sign (letrero). **2** title, heading (título).
rotundo, da *adj* **1** decisive, categorical (terminante). **2** rotund, round (un no).
rotura *f* **1** break, breaking (acción, efecto). **2** rip, hole (en tela).
roulotte *f* caravan (GB); trailer (EE UU).
round *m* DEP round.
rozadura *f* scratch; graze (en la piel).
rozamiento *m* **1** rubbing (acción). **2** MEC friction.
rozar *tr* **1** to graze, to rub (tocar). • *intr* **2** to brush past (pasar cerca). • **~se** *pron* **3** to graze (herirse). **4** to be in close contact (relacionarse).
rúa *f* **1** street. **2** *Amér.* open poncho (vestido).
rubeola o **rubéola** *f* German measles.
rubí *m* ruby.
rubio, bia *adj* **1** blond, fair-haired (hombre); blonde, fair-haired (woman); blonde, fair (cabello). **2** Virginia (tabaco). **3** lager (cerveza). • *m* y *f* **4** blond (hombre); blonde (mujer).
rubor *m* blushing, blush.
ruborizarse *pron* to blush, to go red.
rúbrica *f* flourish (rasgo de la firma).
rubricar *tr* **1** to sign (firmar). **2** (fig) to testify to (dar testimonio a).
rudeza *f* roughness.
rudimentario, ria *adj* rudimentary.
rudimentos *m pl* basics.
rudo, da *adj* **1** coarse, rough (persona, trato). **2** rough (áspero).
rueda *f* **1** wheel (de vehículo, mecanismo). **2** slice (rodaja). **3** circle, ring (de personas). ♦ **~ de prensa** press conference; **~ de recambio** spare wheel. ■ **ir sobre ruedas** to go smoothly.
ruedo *m* **1** arena (tauromaquia). **2** hem (de vestido). **3** circumference (circunferencia).
ruego *m* plea, request.
rufián *m* scoundrel.
rugby *m* rugby.
rugir *intr* **1** to roar (león, persona). **2** to howl, to rage (tempestad).
rugoso, sa *adj* **1** bumpy, uneven (desigual). **2** rough (áspero).
ruibarbo *m* BOT rhubarb.
ruido *m* **1** noise (gen); sound (sonido). **2** fuss, row (alboroto). ■ **meter ~** to cause a rumpus; **mucho ~ y pocas nueces** much ado about nothing.
ruidoso, sa *adj* noisy.
ruin *adj* **1** nasty, vicious (malo). **2** mean, stingy (mezquino).
ruina *f* **1** ruin. **2** downfall (perdición). • **ruinas** *f pl* **3** ruins (edificio). ■ **estar en la ~** to be ruined.
ruinoso, sa *adj* **1** ruinous, dilapidated (edificio). **2** ruinous (negocio).
ruiseñor *m* nightingale.
rulero *m Arg., Ur.* curler.
ruleta *f* roulette.
ruletero, ra *m* y *f Amér.* taxi driver.
rulo *m* roller (para el cabello).
rumba *f* **1** MÚS rumba. **2** *Amér.* party (fiesta).
rumbear *intr* **1** to head (dirigirse). **2** *Cuba* to go out partying.
rumbo *m* **1** course, direction (de nave). **2** course (de acontecimientos, vida). ■ **perder el ~** to go off course (barco).
rumiante *adj* y *m* ruminant.
rumiar *tr* **1** to chew (masticar). **2** (fig) to ponder. • *intr* **3** to chew the cud (rumiante).
rumor *m* **1** rumour (chisme). **2** buzz (de voces).
ruptura *f* breaking-off (de relaciones); break-up (novios).
rural *adj* rural (del campo).
Rusia *f* Russia.
ruso, sa *adj/m* y *f* **1** Russian. • *m* **2** Russian (idioma).
rústico, ca *adj* **1** rural, country (del campo). **2** coarse (tosco).
rustir *tr* to roast.
ruta *f* **1** route (itinerario). **2** road, way (camino).
rutina *f* routine. ■ **por ~** as a matter of routine.

Ss

s, S *f* s, S (letra).
sábado *m* Saturday.
sabana *f* savannah, savanna.
sábana *f* sheet. ■ **pegársele a uno las sábanas** to oversleep.
sabandija *f* **1** bug (insecto). • *m* o *f* **2** (fam) louse, swine (persona).
sabañón *m* chilblain.
sabático, ca *adj* sabbatical.
sabelotodo *m* o *f* know-all, know-it-all.
saber *m* knowledge.
saber *tr* e *intr* **1** to know (conocer). • *tr* **2** to find out, to learn (enterarse): *cuando supo el resultado = when she heard the result.* **3** to know how to (tener habilidad): *¿sabes conducir? = do you know how to drive?, can you drive?* • **~ de** *intr* **4** to know of (conocer): *sé de un restaurante que te gustaría = I know of a restaurant you'd like*; to know about (tener conocimientos sobre): *sabe de ordenadores = he knows about computers*; to have heard from (tener noticias de): *¿sabes algo de tu madre? = have you heard from your mother?* **~ a 5** to taste of, to taste like (tener sabor a): *sabe a melocotón = it tastes of peach.* • **~se** *pron* **6** (fam) to know: *se lo sabe de memoria = she knows it off by heart.* **7** to be known (ser hecho conocido): *se sabe que estuvo en México = it is known that he was in Mexico*; to become known, to be discovered (salir a la luz): *se supo más tarde que había mentido = it was later discovered that he had lied.* ■ **a ~** namely (es decir); **¡de haberlo sabido!** if only I'd known!; **¡quién sabe!** who knows!
sabiduría *f* wisdom, knowledge. ◆ **~ popular** popular Knowledge, folklore.
sabiendas *loc adv* **a ~** knowingly, deliberately.
sabihondo, da *adj/m* y *f* know-all, know-it-all.
sabio, bia *adj* **1** wise (sensato). **2** learned (docto). • *m* y *f* **3** knowledgable person.
sablazo *m* **dar/pegar un ~ a alguien** to scrounge off sb, to hit on sb (sacar dinero).
sable *m* sabre (GB); saber (EE UU).
sablear *intr* (fam) to scrounge, to freeload.
sabor *m* **1** taste, flavour (gusto). **2** (fig) flavour (semejanza).
saborear *tr* to savour, to relish.
sabotaje *m* sabotage.
sabotear *tr* to sabotage.
sabroso, sa *adj* tasty.
sabueso *m* **1** bloodhound (perro). **2** sleuth (detective).
saca *f* sack (costal); mailbag (de correos).
sacacorchos *m* corkscrew.
sacapuntas *m* pencil sharpener.
sacar *tr* **1** to take out, to get out (extraer). **2** to bring out (disco, película, producto). **3** to stick out (lengua, cabeza). **4** to make (beneficio, dinero). **5** to make (copia, foto). **6** to bring up, to mention (tema). **7** to get (premio, nota). **8** to buy, to get (entradas). **9** to come to, to draw (conclusión). **10** to take (foto). **11** to produce (fabricar). **12** to show (exteriorizar). **~ a alguien de 13** to get sb out of (librar, salvar). **~ algo (de) 14** to remove sth (from) (quitar). • *tr* e *intr* **15** to let out (a falda, pantalón). • *intr* **16** DEP to serve (tenis); to kick off (fútbol, al comienzo del partido); to throw in (fútbol, en un saque de banda). ■ **me saca diez años** she's ten years older than me; **~ adelante** to carry on (negocio); to bring up (niño); **~ a alguien de sí** to drive sb mad.
sacarina *f* saccharin.
sacerdote *m* priest.
sacerdotisa *f* priestess.
saciar *tr* to satiate, to satisfy (apetito); to quench (thirst).
saciedad *f* satiation, satiety. ■ **repetir algo hasta la ~** to repeat sth over and over again.
saco *m* **1** sack, bag (bolso). **2** sack (ropa). **3** *Amér.* jacket (chaqueta). ◆ **~ de dormir**

sleeping bag. ■ **caer en ~ roto** to fall on deaf ears; **entrar a ~** (coloq) to plunder, to sack.
sacramento *m* sacrament.
sacrificar *tr* **1** to sacrifice (en un ritual). **2** to slaughter (res).
sacrificio *m* sacrifice.
sacrilegio *m* sacrilege.
sacrílego, ga *adj* sacrilegious.
sacristán *m* sacristan.
sacristía *f* sacristy, vestry.
sacudida *f* **1** shake, jolt (movimiento brusco). **2** shock, tremor (terremoto); blast.
sacudir *tr* **1** to shake (agitar). **2** to beat (alfombra). **3** to toss, to jerk (cabeza). **4** (fam) to beat up (dar una paliza).
sádico, ca *adj* **1** sadistic. • *m* y *f* **2** sadist.
sadomasoquista *adj* **1** sadomasochistic. • *m* o *f* **2** sadomasochist.
saeta *f* **1** arrow, dart (dardo). **2** hand (de un reloj); needle (de una brújula).
safari *m* safari.
saga *f* **1** saga (leyenda). **2** witch (bruja).
sagacidad *f* astuteness, shrewdness.
sagaz *adj* astute, shrewd.
Sagitario *m* **1** Saggitarius (zodíaco). • *m* y *f* **2** Sagittarian (persona).
sagrado, da *adj* **1** REL sacred, holy. **2** (fig) sacred (intocable).
sagrario *m* **1** shrine, sanctuary (parte interior del templo). **2** tabernacle.
sahariana *f* safari jacket.
sainete *m* TEAT one-act farce.
sal *f* **1** GAST, QUÍM salt. **2** flair, style (chispa). ◆ **~ común** common salt; **~ de fruta** fruit salts; **~ marina** sea salt.
sala *f* **1** living room, siting room, lounge (pieza principal de la casa). **2** room, hall (habitación grande). **3** court (tribunal). **4** ward (de un hospital). ◆ **~ de conferencias** conference hall (gen); lecture theatre (en una universidad); **~ de espera** waiting room; **~ de exposición** showroom; **~ de fiestas** dance hall, ballroom.
salado, da *adj* **1** salty, salted. **2** witty, amusing (gracioso).
salamandra *f* salamander.
salamanquesa *f* ZOOL lizard, gecko.
salame o **salami** *m* **1** *Amér.* salami (embutido). **2** *Arg.* idiot (tonto).
salar *tr* **1** to salt (echar sal). **2** to salt, to cure (curar, conservar).
salario *m* salary, wage(s). ◆ **~ base** basic wage; **~ mínimo** minimum wage.
salazón *f* salted meat (carne salada); salted fish (pescado salado).
salchicha *f* sausage.
saldar *tr* **1** to settle, to pay (cuenta). **2** to sell off (mercancías).
saldo *m* **1** balance (de cuenta). **2** payment, settlement (de deuda). **3** clearance sale (liquidación).
salero *m* **1** salt cellar (recipiente). **2** (fam) wit, charm (gracia).
salida *f* **1** departure, leaving (acción). **2** exit, way out (lugar). **3** way out, solution (de problema). **4** trip (viaje). **5** DEP start. **6** COM market (posibilidades); sale (venta). ◆ **~ de incendios** fire escape; **~ de emergencias** emergency exit.
salido, da *adj* **1** projecting, prominent (que sobresale). **2** on heat, horny.
saliente *adj* **1** projecting, bulging (que sobresale). **2** rising (sol). • *m* **3** projection.
salina *f* **1** salt mine (mina). • **salinas** *f pl* **2** salt works (junto al mar).
salir *intr* **1** to leave (partir). **2** to come out, to go out (pasar afuera). **3** to appear (aparecer): *la noticia salió en la prensa al día siguiente = the news appeared in the press the next day*. **4** to be published (periódico); to come out (libro, disco). **5** to rise, to come out (sol, luna, estrellas). **6** to turn out (resultar): *el examen me salió muy bien = my exam went very well*. **7** to go out with, to date (novio, amigo). **8** to lead to, to come out in (desembocar en). **9** to cost (costar). **~ a 10** to look like, to take after (parecerse): *este niño ha salido a su padre = this boy takes after his father*. **~ de 11** INF to come from (proceder). **~ de 12** INF to quit, to exit. • **~se** *pron* **13** to leave (irse): *se salió del club = he left the club*. **14** to overflow (rebosar); to boil over (al hervir). **15** to leak (líquido). **~se (de) 16** to come off (desviarse): *el coche se salió de la carretera = the car came off the road*. ■ **salga lo que salga** come what may; **~se con la suya** to have one's own way.
salitre *m* saltpetre, nitre.
saliva *f* saliva. ■ **tragar ~** (fig) to swallow hard, to hold one's peace.

S

salmo *m* psalm.
salmón *adj* y *m* **1** salmon (pink) (color). • *m* **2** salmon (pez).
salmorejo *m sauce made from oil, vinegar, water, salt and pepper.*
salobre *adj* brackish, salty, briny.
salón *m* **1** sitting room, lounge (en casa); hall (de edificio público). **2** show, exhibition (feria). ♦ **~ de baile** dance hall, ballroom; **~ de belleza** beauty parlour; **~ de peluquería** hairdressing salon.
salpicadera *f Amér.* mudguard.
salpicadero *m* dashboard.
salpicadura *f* **1** splashing, spattering (acción). **2** splash, spatter (mancha).
salpicar *tr* **1** to splash, to spatter (de agua, barro). • *intr* **2** to splash.
salpicón *m* **1** salmagundi (guiso). **2** *Ecuad. cold fruit-juice drink.*
salpimentar *tr* to season, to add salt and pepper to.
salsa *f* **1** GAST sauce (gen); gravy (de carne). **2** MÚS salsa. ♦ **~ besamel/bechamel** bechamel o white sauce; **~ mayonesa** mayonnaise. ■ **estar en su ~** to be in one's element.
saltador, ra *adj* **1** jumping. • *m* y *f* **2** jumper. • *m* **3** skipping rope.
saltamontes *m* grasshopper.
saltar *intr* **1** to jump, to leap (gen); to skip, to hop (con un pie). **2** to pop out (tapón); to come off (botón); to peel off (pintura). **3** to burst, to explode (estallar). **4** to break, to crack (romperse). **5** to jump, to skip (al hablar, escribir): *siempre salta de un tema a otro = he's always skipping from one subject to another.* **6** to blow up, to explode (enfadarse). **7** to dive (al agua). **~ sobre alguien 8** to set upon sb (abalanzarse). • *tr* **9** to jump over, to leap over (obstáculo): *saltó el charco = he jumped over the puddle*; to jump (distancia). • **~se** *pron* **10** to skip, to miss out (omitir). **11** to break (reglas). ■ **estar a la que salta** to be on the look out for an opportunity.
saltarín, na *adj* **1** restless. • *m* y *f* **2** dancer.
salteado, da *adj* sautéd.
saltear *tr* to sauté.
salto *m* **1** jump (gen); leap (más alto, más largo); dive (al agua). **2** gap (omisión). ♦ **~ de agua** waterfall; **~ de altura** high jump; **~ de cama** negligé; **~ de longitud** long jump; **~ de pértiga** pole vault. ■ **a saltos** in leaps and bounds; **a ~ de mata** headlong, haphazardly.
salubre *adj* healthy, salubrious.
salud *f* **1** MED health. **2** welfare, wellbeing (bienestar). • *interj* **¡~! 3** good health! cheers! (bebiendo). ■ **beber a la ~ de** to drink (to) the health of; **curarse en ~** to take precautions; **tener buena/mala ~** to be healthy/in poor health.
saludable *adj* **1** healthy (hábitos, clima). **2** salutary, beneficial (provechoso).
saludar *tr* **1** to greet, to say hello to (de palabra). **2** to wave at (con gestos). **3** MIL to salute. ■ **le saluda atentamente** yours faithfully.
saludo *m* **1** greeting (palabra); wave (gesto). • **saludos** *m pl* **2** regards.
salva *f* salute, salvo. ♦ **~ de aplausos** round of applause.
salvación *f* salvation.
salvado *m* bran.
salvadoreño, ña *adj/m* y *f* Salvadoran.
salvaguardar *tr* to safeguard.
salvaguardia *f* **1** safe-conduct (salvoconducto). **2** safeguard (defensa).
salvajada *f* atrocity, savage act.
salvaje *adj* **1** wild (planta, animal). • *adj/m* y *f* **2** savage (persona).
salvamento *m* **1** rescue (gen). **2** MAR salvage.
salvar *tr* **1** to save, to rescue (gen). **2** to get round, to negotiate (obstáculo); to overcome (dificultad). **3** to cover, to do (distancia). **4** to exclude (exceptuar). • **~se** *pron* **5** to save oneself, to escape (librarse). **6** REL to be saved.
salvaslip *m* panty liner.
salvavidas *adj* **1** life-saving. • *m* **2** life belt.
salvedad *f* exception.
salvia *f* sage.
salvo, va *adj* **1** safe. • *adj* **2** except (for), save. ■ **a ~** safe and sound, out of danger; **a ~ de** safe from; **poner a ~** to put in a safe place; **ponerse a ~** to reach safety; **~ que** unless.
salvoconducto *m* safe-conduct.
samba *f* samba.
sambenito *m* disgrace (descrédito). ■ **colgarle el ~ a alguien** (fam) to pin the blame on sb, to give sb a bad name.

san *m* Saint.
sanar *tr* **1** to cure, to heal. • *intr* **2** to recover, to get well (enfermo); to heal (herida).
sanatorio *m* sanatorium. ◆ **~ psiquiátrico** psychiatric clinic.
sanción *f* sanction.
sancionar *tr* to sanction.
sandalia *f* sandal.
sandez *f* **1** nonsense (palabra). **2** silly thing, stupid thing (acto).
sandía *f* watermelon.
sandunga *f* **1** (fam) charm, wit (gracia). **2** *Chile, Col., P. Rico* party, celebration (celebración).
sándwich *m* sandwich.
sandwichera *f* sandwich maker.
saneamiento *m* **1** drainage (de terreno). **2** cleaning up (de zona, barrio). **3** ECON stabilization. **4** DER compensation.
sanear *tr* **1** to drain (terreno). **2** to clean up (zona, barrio). **3** ECON to stabilize.
sangrar *tr* **1** to bleed (vena). **2** to indent (línea). • *intr* **3** to bleed.
sangre *f* blood (de vena, arteria). ◆ **~ azul** blue blood; **~ fría** coolness, sangfroid. ■ **a ~ fría** in cold blood.
sangría *f* **1** sangria (bebida). **2** bleeding, bloodletting (sangradura). **3** outflow, drain (gasto continuo).
sangriento, ta *adj* bloody.
sanguijuela *f* leech.
sanguinario, ria *adj* bloodthirsty.
sanguíneo, a *adj* blood.
sanidad *f* **1** health, healthiness (cualidad). **2** public health (salud pública).
sanitario, ria *adj* **1** sanitary, health. • *m y f* **2** health worker. • **sanitarios** *m pl* **3** bathroom fittings, bathroom fixtures.
sano, na *adj* **1** healthy (persona, clima, dieta). **2** wholesome (comida); unblemished (fruta). **3** whole, intact (entero). ■ **cortar por lo ~** to take drastic measures; **~ y salvo** safe and sound.
santería *f* **1** *Amér. shop selling religious objects* (tienda). **2** *Cuba* witchcraft (brujería).
santiamén *loc adv* **en un ~** (fam) in an instant, in no time.
santidad *f* holiness, sanctity (de lugar); saintliness (de persona).
santiguarse *pron* to cross oneself, to make the sign of the cross.
santo, ta *adj* **1** holy, consecrated (tierra, lugar). **2** saintly, holy (persona). • *m y f* **3** saint. • *m* **4** saint's day, name day. ◆ **~ patrón** patron saint; **~ y seña** password. ■ **¿a ~ de qué...?** why on earth?; **llegar y besar el ~** to be a piece of cake.
santoral *m* **1** calendar of saints' days (lista). **2** *hagiography* (libro).
santuario *m* sanctuary, shrine (templo).
saña *f* rage, fury (furor).
sapo *m* ZOOL toad.
saque *m* serve, service (en tenis); kick-off (en fútbol).
saquear *tr* **1** to sack, to plunder (ciudad); to loot (tienda). **2** to raid (despensa).
saqueo *m* **1** sacking, pillaging, plundering (de ciudad); looting (de tienda). **2** raiding (de despensa).
sarampión *m* measles.
sarao *m* soirée, evening party.
sarasa *m* (fam) fairy, queer.
sarcasmo *m* sarcasm.
sarcófago *m* sarcophagus.
sardina *f* sardine.
sargento *m o f* MIL sergeant. ◆ **~ mayor** sergeant major.
sarmiento *m* vine shoot.
sarna *f* **1** MED scabies. **2** ZOOL mange.
sarnoso, sa *adj* **1** MED scabious. **2** ZOOL mangy. **3** *Amér.* contemptible, despicable (despreciable).
sarpullido *m* rash, eruption.
sarro *m* tartar, plaque (en los dientes).
sarta *f* string: *una sarta de mentiras = a string of lies.*
sartén *f* frying pan. ■ **tener la ~ por el mango** (fig) to call the shots, to have the whip hand.
sastre *m* tailor.
sastrería *f* **1** tailoring, tailor's trade (oficio). **2** tailor's (shop) (tienda).
satánico, ca *adj* satanic.
satélite *adj* **1** satellite. • *m* **2** satellite. ◆ **~ artificial** artificial satellite.
satén *m* satin (de seda); sateen (de algodón).
satinar *tr* to gloss (tela, papel); to burnish (fotografía).
sátira *f* satire.
satírico, ca *adj* satirical.
satirizar *tr* to satirize.
sátiro *m* **1** lecher, sex maniac (hombre lascivo). **2** satyr (en mitología).

satisfacción *f* satisfaction.
satisfacer *tr* **1** to satisfy (gen). **2** to pay (deuda); to meet, to satisfy (demanda). **3** to answer (duda, pregunta).
satisfactorio, ria *adj* satisfactory.
satisfecho, cha *adj* satisfied, content. ■ **darse por ~ con algo** to be satisfied with sth; **~ de sí mismo** self-satisfied.
saturar *tr* **1** to saturate, to permeate. ● **~se (de)** *pron* **2** to become saturated (with).
sauce *m* willow. ◆ **~ llorón** weeping willow.
sauna *f* sauna.
savia *f* **1** sap (de plantas). **2** vitality, blood: *nueva savia = new blood.*
saxofono o **saxofón** *m* saxophone, sax.
sayo *m* smock, tunic.
sazón *f* **1** ripeness (de fruta). **2** seasoning (condimento). ■ **a la ~** then, at that time; **en ~** opportunely (oportunamente).
sazonar *tr* to season.
se *pron* **1** oneself, yourself, yourselves, himself, herself, itself, themselves (uso reflexivo): *se ha roto el brazo = she has broken her arm.* **2** each other, one another (uso recíproco): *se aman = they love each other.* **3** *used to form impersonal clauses* (uso impersonal): *se dice que... = it is said that..., esto no se dice = that's not the thing to say, nunca se sabe = you never know.* **4** *used to form the passive tense* (uso pasivo): *la casa se ha vendido = the house has been sold, ¿cómo se escribe? = how do you spell it?* **5** to/from + him, her, it, you, them (sustituto de «le» seguido de otro pronombre): *se lo daré = I'll give it to her, se lo prometo, señora = I promise you, madam.*
sebo *m* **1** fat, grease (grasa). **2** suet (para cocinar); tallow (para velas).
seboso, sa *adj* **1** greasy (grasiento). **2** filthy, grimy (mugriento).
secadero *m* drying floor, drying shed.
secador *m* drier, dryer. ◆ **~ de pelo** hairdrier, hairdryer.
secano *m* dry land, unirrigated land.
secar *tr* **1** to dry (gen); to wipe dry (con paño); to mop up (con fregona). **2** to wipe, to dry away (lágrimas). ● **~se** *pron* **3** to dry (gen). **4** to run dry.
sección *f* **1** section (corte). **2** section (parte); department. **3** GEOM section.
seccionar *tr* **1** to section, to divide into sections (dividir). **2** to cut off (cortar).
secesión *f* secession.
seco, ca *adj* **1** dry (gen). **2** dried up, withered (planta). **3** dried (flores, fruta). **4** dead (árbol, hojas). **5** dry, curt (carácter). ■ **dejar a alguien ~** to bump sb off (matar); **en ~** high and dry: *limpieza en seco = dry cleaning, frenar en seco = to brake sharply.*
secreción *f* secretion.
secretaría *f* **1** secretaryship (cargo). **2** secretary's office (oficina).
secretariado *m* **1** secretarial skills (estudios). **2** secretaryship (cargo).
secretario, ria *m* y *f* secretary.
secreto, ta *adj* **1** secret. ● *m* **2** secret (confidencia). **3** secrecy (sigilo). ◆ **~ a voces** open secret; **~ de confesión** confessional secret; **~ de estado** state secret. ■ **en ~** secretly, in secret.
secta *f* sect.
sectario, ria *adj* **1** sectarian. ● *m* y *f* **2** sectarian, member of a sect.
sector *m* **1** COM, MAT sector. **2** area, sector (zona). ◆ **~ privado** private sector; **~ público** public sector.
secuaz *m* o *f* follower, henchman.
secuela *f* consequence.
secuencia *f* sequence.
secuestrador, ra *m* y *f* kidnapper (de personas); hijacker (de aviones).
secuestrar *tr* to kidnap, to abduct (persona); to hijack (avión).
secuestro *m* kidnapping, abduction (de persona); hijacking (de avión).
secular *adj* secular, lay (seglar).
secundar *tr* to second, to support.
secundario, ria *adj* secondary.
sed *f* **1** thirst (de agua). **2** (fig) thirst, hunger (deseo): *tienen sed de venganza = they have a thirst for revenge.* ■ **dar ~** to make thirsty; **tener ~** to be thirsty.
seda *f* silk. ■ **como una ~** easily, smoothly; **de ~** silk.
sedal *m* fishing line.
sedante *adj* y *m* sedative.
sede *f* **1** seat (de gobierno). **2** headquarters, central office (de empresa). ◆ **~ social** head office, registered office.
sedentario, ria *adj* sedentary.
sedición *f* sedition.
sediento, ta *adj* **1** thirsty (que tiene sed). **2** thirsty, hungry (deseoso).
sedimentación *f* sedimentation.

sedimentar *tr* **1** to deposit. • **~se** *pron* **2** to settle.
sedimento *m* sediment.
sedoso, sa *adj* silky, silken.
seducción *f* **1** seduction (acto). **2** seductiveness, allure (cualidad).
seducir *tr* **1** to seduce (sexualmente). **2** to charm, to captivate (cautivar): *seduce a todos con su sonrisa = she charms everyone with her smile.*
segador, ra *m* y *f* harvester, reaper (persona).
segar *tr* **1** to reap, to cut (mies); to mow, to cut (hierba). **2** to cut off (objeto).
seglar *m* o *f* layman (hombre); laywoman (mujer).
segmento *m* MAT, ZOOL segmento.
segregación *f* **1** segregation (separación). **2** secretion (secreción). ◆ **~ racial** racial segregation.
segregar *tr* **1** to segregate (separar). **2** to secrete (secretar).
seguida *adj* **en ~** immediately, right away.
seguido, da *adj* **1** continuous (sin interrupción). **2** consecutive, successive (consecutivo): *ha llegado tarde cuatro días seguidos = he's been late four days running* • *adv* **3** straight on: *vaya todo seguido = go straight on, go straight ahead.* **4** straight after (inmediatamente después).
seguidor, ra *adj* **1** following. • *m* y *f* **2** follower (gen); supporter, fan (DEP).
seguimiento *m* **1** chase, pursuit (persecución). **2** monitoring (de proceso).
seguir *tr* **1** to follow (gen). **2** to chase (perseguir). **3** to continue (continuar). • **~ a algo** *intr* **4** to follow sth (suceder a): *a la tormenta siguió la lluvia = the storm was followed by rain.* **5** to carry on, to go on, to continue (continuar). • **~se** *pron* **6** to follow, to ensue (deducirse). ■ **como sigue** as follows.
según *prep* **1** depending on (dependiendo de): *según el trabajo que tenga = depending on how much work I have.* **2** according to (conforme a): *según los expertos = according to the experts.* • *adv* **3** as: *podemos hablar según seguimos andando = we can talk as we carry on walking.* **4** it depends: *lo compraré o no, según = I might buy it or I might not, it depends.* • *conj* **5** depending on: *según estén las cosas = depending on how things stand.*
segunda *f* **1** second (gear) (marcha). **2** second class (en tren, barco).
segundero *m* second hand.
segundo, da *adj* **1** second (posición). • *m* **2** second (tiempo). **3** second (ayudante). ◆ **el ~/la segunda** the second one. ■ **en un ~** in a flash.
seguridad *f* **1** safety, security (contra accidente). **2** security (contra ataque, robo). **3** certainty (certeza). **4** confidence (confianza en uno mismo). **5** sureness, firmness (firmeza). ◆ **~ en carretera** road safety; **~ en sí mismo** self-confidence; **~ social** social security. ■ **con ~** for certain; **tenga la ~ de que...** rest assured that...
seguro, ra *adj* **1** certain, sure (confiado): *estamos seguros que te gustará = we're sure you'll like it.* **2** certain (fuera de duda). **3** definite (fecha). **4** safe, secure (fuera de peligro). **5** stable, steady (estable). • *m* **6** insurance (contrato). **7** safety device (dispositivo); safety catch. • *adv* **8** for sure, for certain. ◆ **~ a todo riesgo/ a terceros** comprehensive/third party insurance; **~ de vida** life insurance; **~ del coche** car insurance. ■ **a buen ~** surely; **ir sobre ~** to play safe.
seis *card* **1** six. • *ord.* **2** sixth.
seiscientos, tas *card* six hundred.
seísmo *m* earthquake.
selección *f* **1** selection (gen). **2** DEP team (equipo). ◆ **~ natural** natural selection.
seleccionador, ra *m* y *f* DEP manager.
seleccionar *tr* to select, to pick.
selectividad *f* selectivity (calidad). ◆ **examen de ~** university entrance exam.
selectivo, va *adj* selective.
selecto, ta *adj* **1** selected. **2** select, choice (de calidad superior).
sellar *tr* **1** to seal (carta). **2** to stamp (poner sello oficial).
sello *m* **1** stamp. **2** rubber stamp (de goma). **3** seal (precinto). **4** (fig) hallmark, stamp (carácter distintivo). ◆ **~ de correos** postage stamp.
selva *f* jungle (tropical); forest (bosque). ◆ **~ amazónica** Amazon rainforest.
semáforo *m* AUT traffic lights.
semana *f* week. ◆ **~ inglesa** five-day week; **~ laboral** working week; **Semana**

Santa Holy Week. ■ **entre ~** during the week, mid-week.

> ***Easter*** es el término que se usa para referirse a las vacaciones de **Semana Santa**: *¿irás a Escocia por Semana Santa? = are you going to Scotland at Easter?* Se usa ***Holy Week*** para referirse a las festividades religiosas.

semanal *adj* weekly.
semanario *m* weekly.
semántica *f* semantics.
semblante *m* countenance, face.
semblantear *tr Amér.* to look straight in the face.
semblanza *f* biographical sketch.
sembrar *tr* **1** to sow (terreno, semillas). **2** (fig) to sow, to spread (cizaña); to spread (noticias).
semejante *adj* **1** similar (que se parece). **~ a 2** similar to, like. **3** such (enfático): *nunca he visto semejante chaos = I've never seen such a chaos.* • *m* **4** fellow man, fellow creature.
semejanza *f* similarity. ■ **a ~ de** like.
semejar *intr* **1** to resemble, to be like, to look like. • **~se** *pron* **2** to look alike, to resemble one another (recíproco).
semen *m* semen.
semental *m* stud horse, stallion (caballo); stud bull (toro).
semestre *m* period of six months; semester (EE UU).
semicírculo *m* semicircle.
semiconductor *m* semiconductor.
semidesnatado, da *adj* semi-skimmed.
semifinal *f* semifinal.
semifinalista *adj* **1** semifinal. • *m* o *f* **2** semifinalist.
semilla *f* seed.
seminario *m* **1** REL seminary. **2** EDUC seminar.
seminarista *m* seminarist.
sémola *f* semolina.
senado *m* senate.
senador, ra *m* y *f* senator.
sencillez *f* **1** simplicity. **2** unaffectedness (modestia). **3** naturalness (naturalidad).
sencillo, lla *adj* **1** simple, easy (fácil). **2** simple, plain (sin adorno). **3** modest, simple (modesto). **4** single (GB); one-way (EE UU, billete). • *m* **5** single (disco). **6** *Amér.* loose change (cambio).
senda *f* path, track.
senderismo *m* trekking.
sendero *m* path, track.
sendos, das *adj pl* each, respective.
senil *adj* senile.
sénior *adj* senior.
seno *m* **1** bosom, breast (pecho). **2** womb (matriz). **3** ANAT sinus.
sensación *f* **1** feeling, sensation (impresión). **2** sensation (impacto).
sensacional *adj* sensational.
sensacionalismo *m* sensationalism.
sensacionalista *adj* sensationalist.
sensatez *f* good sense.
sensato, ta *adj* sensible, wise.
sensibilidad *f* **1** sensitivity (emotividad). **2** feeling (en miembro, cara).
sensibilizar *tr* FOT to sensitize.
sensible *adj* **1** sensitive (que se impresiona con facilidad). **2** appreciable, noticeable (que se nota).
sensitivo, va *adj* **1** sense, sensory (órgano). **2** sentient (capaz de sentir).
sensorial *adj* sensorial.
sensual *adj* sensual, sensuous.
sensualidad *f* sensuality, sensuousness.
sentada *f* sit-in, sit-down strike. ■ **de una ~** in one go.
sentado, da *adj* **1** sitting, seated (postura). **2** sensible (juicioso). ■ **dar algo por ~** to take sth for granted.
sentar *tr* **1** to sit; to seat. **2** to establish (base). • **~ bien/mal** *intr* **3** to suit, to look good on (color, ropa): *ese pantalón le sienta bien = those trousers suit him, those trousers look good on him*; to agree/disagree with (comida): *me sienta mal el pepino = cucumber disagrees with me*; to please/displease, to go down well/badly with (gustar): *le sentó mal lo que le dije = she didn't like what I said.* • **~se** *pron* **4** to sit down, to sit.
sentencia *f* **1** DER sentence (pena). **2** maxim, saying (dicho). ■ **dictar ~** to pass sentence.
sentenciar *tr* to sentence.
sentido *m* **1** sense (facultad). **2** meaning, sense (significado). **3** consciousness (conciencia). **4** direction (dirección): *en sentido contrario = in the opposite di-*

rection. ◆ ~ **común** common sense; ~ **del humor** sense of humour. ■ **con los cinco sentidos** for all one is worth; **de** ~ **único** one-way (calle).
sentimental *adj* sentimental.
sentimiento *m* **1** feeling (emoción). **2** sorrow (aflicción). ◆ ~ **de culpa** guilty feeling. ■ **le acompaño en el** ~ my deepest sympathy; **herir los sentimientos de alguien** to hurt sb's feelings.
sentir *m* feeling (opinión): *el sentir popular = popular feeling.*
sentir *tr* **1** to feel (percibir). **2** to sense (intuir). **3** to hear (oír). **4** to be sorry, to regret: *lo siento = I'm sorry.* ● **~se** *pron* **5** to feel (gen). ■ **sin** ~ without noticing.
seña *f* **1** sign (gesto): *me hizo una seña para que me acercara = he signalled to me closer.* ● **señas** *f pl* **2** address (dirección). ◆ **señas de identidad** distinguishing traits. ■ **hablar por señas** to talk in sign language, to sign.
señal *f* **1** signal (gesto). **2** sign, indication (indicio). **3** mark (huella). **4** scar, mark (cicatriz). **5** COM deposit, down payment (anticipo). **6** TELECOM tone (por teléfono). ◆ ~ **de la cruz** REL sign of the cross: *hacer la señal de la cruz = to make the sign of the cross*; ~ **de llamada** TELECOM dialling tone; ~ **de ocupado** *Amér.* TELECOM engaged tone (GB); busy signal (EE UU); ~ **de salida** DEP starting signal; ~ **de tráfico** road sign, traffic sign. ■ **dar señales de** to show signs of; **en** ~ **de** as a token of; **sin dejar** ~ without a trace.
señalado, da *adj* **1** appointed (establecido). **2** famous (persona).
señalar *tr* **1** to mark (marcar). **2** to show (indicar); to point to, to point at (con el dedo). **3** to point out (traer la atención sobre). **4** to set, to fix (fijar).
señalización *f* signposting (acción); road signs (señales).
señalizar *tr* to signpost.
señor, ra *adj* **1** distinguished, noble (noble). **2** (fam) magnificent (grande). ● *m* **3** man, gentleman (hombre); woman, lady (mujer). **4** Mr., Mrs. (tratamiento, seguido del nombre): *el señor Sánchez = Mr. Sánchez, señora Consuelo, una carta para usted = Mrs. Reyes, there's a letter for you*; sir, madam (sin mencionar el nombre, singular): *su café, señora = your coffee, madam*; gentlemen, ladies (sin mencionar el nombre, plural). **5** master (dueño). ■ **muy señora mía** Dear Madam (en cartas); **muy** ~ **mío** Dear Sir (en cartas); **¡Señoras y Señores!** Ladies and Gentlemen!
señoría *f* rule, sway. ◆ **su Señoría** your/his lordship (hombre); your/her ladyship (mujer).
señorial *adj* stately, aristocratic.
señorita *f* **1** young lady (mujer soltera). **2** Miss (tratamiento). **3** teacher, Miss (maestra).

> **Señorita** se traduce por ***Miss*** para referirse a mujeres solteras. Nunca debe usarse con el nombre propio solo: *Miss Sarah Sparks o Miss Sparks.*

señorito *m* **1** master (amo). **2** (desp) rich young man, rich kid (niñato).
señuelo *m* **1** decoy. **2** bait.
separación *f* **1** separation (gen). **2** gap, space (hueco). ◆ ~ **de bienes** DER separation of estates.
separado, da *adj* **1** separated (cónyuge): *estoy separado de mi mujer = I'm separated from my wife.* **2** separate (apartado). ■ **por** ~ separately.
separar *tr* **1** to separate (aislar, apartar). **2** to move away (alejar). **3** to put aside, to keep (reservar). ● **~se** *pron* **4** to separate (matrimonio). **~se de 5** to come away from (despegarse, soltarse). **6** to separate, to part company (ir por caminos distintos).
separatismo *m* separatism, separatist tendency.
sepelio *m* burial.
sepia *adj* cuttlefish.
septentrional *adj* northern, north.
septiembre *m* September.
séptimo, ma *ord* seventh.
sepulcral *adj* **1** sepulchral, tomb (del sepulcro). **2** deathly (silencio).
sepulcro *m* tomb, sepulchre.
sepultar *tr* to bury, to entomb.
sepultura *f* grave (tumba). ■ **dar** ~ **a** to bury; **recibir** ~ to be buried.
sequedad *f* **1** dryness (falta de humedad). **2** abruptness, curtness (brusquedad).
sequía *f* drought, dry season.

séquito *m* entourage, retinue.
ser *m* being. ◆ ~ **humano** human being; ~ **vivo** living creature; **seres queridos** loved ones.
ser *intr* **1** to be (existir): *ser o no ser = to be or not to be.* **2** to be (copulativo): *somos estudiantes = we are students.* **3** to be, to make (en cálculos): *dos y dos son cuatro = two and two are four, two and two make four.* **4** to be, to cost (costar): *¿cuánto es? = ¿how much is it?* ● *impers* **5** to be (expresión de tiempo): *son las cuatro (de la tarde) = it's four o'clock (in the afternoon).* ● ~ **para** *intr* **6** to be for (servir, ser adecuado). ~ **de 7** to become of (suceder): *¿qué ha sido de él? = what has become of him?*; to be made of (estar hecho de); to be from (provenir de); to belong to (ser propiedad de); to be a member of (ser miembro de). ■ **a no ~ que** unless; **lo que sea** whatever (no importa): *me pondrá el sello o lo que sea = she'll stamp it for me, or whatever*; anything (todo lo necesario): *haría lo que sea para impedirlo = he would do anything to stop it*; **o sea** that is to say (es decir): *el día 23, o sea este viernes = on the 22nd, that is to say, this Friday*; I mean, you know what I mean: *no me dijeron nada, o sea, ni me enteré = nobody told me, I mean, I was completely in the dark*; **sea como sea** one way or another; **si yo fuera** if I were.
Serbia *f* Serbia.
serbio, bia *adj/m* y *f* Serbian.
serenar *tr* **1** to calm, to soothe. ● **~se** *pron* **2** to grow calm (el mar). **3** to calm down (calmarse).
serenata *f* serenade.
serenidad *f* calmness, serenity.
sereno, na *adj* **1** calm, serene (persona). **2** fine, settled (tiempo); clear (cielo).
serial *m* serial.
serie *f* series; chain (de hechos); set (de monedas); heat (en deportes).
seriedad *f* **1** seriousness (gen). **2** reliability, dependability.
serio, ria *adj* **1** serious (gen). **2** sober (sin adornos). **3** trustworthy (confiable). ■ **en ~** seriously **poco ~** untrustworthy, unreliable (no fiable).
sermón *m* sermon.
seropositivo, va *adj* seropositive (gen); HIV-positive (con VIH).
serpentear *intr* **1** to slither, to wriggle (reptil). **2** to twist and turn (camino).
serpiente *f* snake, serpent. ◆ ~ **de cascabel** rattlesnake.
serranía *f* mountains, mountainous country.
serrano, na *adj* mountain, highland: *jamón serrano = cured ham.*
serrar *tr* to saw.
serrín *m* sawdust.
servicial *adj* helpful, obliging.
servicio *m* **1** service (gen). **2** servants (sirvientes). **3** service, set (juego). **4** DEP service (en el tenis). **5** duty (turno). ● **servicios** *m pl* **6** toilet (GB); washroom (EE UU). ◆ ~ **a domicilio** home delivery service; ~ **de atención al cliente** customer service; ~ **de información** intelligence service; ~ **de urgencias** accident and emergency department (GB); emergency room (EE UU). ■ **estar de ~** to be on duty; **estar fuera de ~** to be off duty (policía); to be out of order (máquina); **prestar ~** to serve.
servidor, ra *m* y *f* **1** servant (criado). ● *m* **2** INF server. ■ **su seguro ~** yours faithfully (en carta).
servidumbre *f* **1** servitude (esclavitud). **2** servants, staff (criados).
servil *adj* servile.
servilleta *f* serviette, napkin.
servilletero *m* serviette ring.
servir *tr* **1** to serve (prestar servicio). **2** to be of service to, to help (ayudar): *¿en qué le puedo servir? = what can I do for you?* **3** to serve (out) (comida); to pour (out) (bebida). ● *intr* **4** to do one's military service (hacer el servicio militar). ~ **para 5** to be for (usarse): *¿para qué sirve esto? = what's this for?*; to be good at, to be cut out for (ser apto). ~ **de 6** to be of use (tener sentido): *no sirve de nada = it's no use*; to serve as (hacer las veces de). ● **~se** *pron* **7** to help oneself, to serve oneself (en la mesa): *sírvete arroz = help yourself to rice.* **~se de 8** to use, to take advantage of: *se sirvió de su cargo para enriquecerse = she used her position to acquire wealth.*
servofreno *m* servo brakes.
servomotor *m* servomotor.
sésamo *m* sesame.
sesenta *card* sixty.

sesgar *tr* **1** to cut on the bias (en costura). **2** to put askew (ladear).
sesgo *m* **1** bias (en costura). **2** slant, slope (inclinación). **3** turn, direction (dirección). **4** TEC bevel. ■ **al ~** on the bias.
sesión *f* **1** session, meeting (reunión). **2** performance, show (de teatro); showing (de cine). ♦ **~ continua** continuous showing; **~ de noche** evening showing; **~ de tarde** afternoon matinée. ■ **levantar la ~** to close/adjourn the session.
seso *m* **1** brain. ● **sesos** *m pl* **2** GAST brains. ■ **tenerle sorbido a alguien el ~** to have become an obsession for sb.
sestear *intr* to take a nap, to have a siesta.
sesudo, da *adj* **1** wise, sensible (sensato). **2** brainy (inteligente).
seta *f* mushroom. ♦ **~ venenosa** toadstool.

> ***Mushroom*** es un término genérico que incluye distintos tipos de **setas** y **champiñones**. Lo que se conoce en español por **champiñón** en inglés se traduce por ***cup mushroom***. Las **setas** de bosque se llaman en general ***wild mushrooms***.

setecientos, tas *card* seven hundred.
setenta *card* seventy.
setiembre *m* September.
seto *m* fence. ♦ **~ vivo** hedge.
seudo- *pref* pseudo.
seudónimo *m* pseudonym, pen name.
severidad *f* severity.
severo, ra *adj* severe, harsh (castigo); strict (padre, maestro).
sexagésimo, ma *adj/m* y *f* sixtieth.
sexi *adj* y *m* sexy.
sexismo *m* sexism.
sexista *adj/m* o *f* sexist.
sexo *m* sex. ♦ **el ~ débil** the weaker sex.
sexto, ta *ord* sixth.
sexual *adj* sexual, sex.
sexualidad *f* sexuality.
sexy *adj* y *m* sexi.
shock *m* → choc.
shorts *m pl* shorts.
show *m* show.
si *conj* **1** if: *si te vas, me moriré = if you go, I'll die*. **2** whether: *dime si me quieres o no = tell me whether you love me or not.*
sí *adv* **1** yes. **2** really, certainly (uso enfático): *sí que me gusta = I really like it.* ● *m* **3** consent (consentimiento). ● *pron* **4** himself (reflexivo, masculino); herself (reflexivo, femenino); itself (reflexivo, cosas, animales); themselves (reflexivo, plural); yourself (reflexivo, de usted); yourselves (reflexivo, de ustedes). ■ **dar el ~** to agree, to consent; **decir que ~** *adv* to say yes.

> En inglés debe evitarse responder solamente ***yes*** o ***no*** cuando alguien ofrece algo ya que no se considera educado. Es aconsejable contestar ***yes, please*** o ***no, thanks***: *¿quieres una galleta? Sí, gracias = Would you like a biscuit? Yes, please.*

siamés, sa *m* y *f* Siamese twin (gemelo).
sibarita *adj* sybaritic.
sicario *m* hired assassin.
sicoanálisis *m* → psicoanálisis.
sicoanalizar *tr* → psicoanalizar.
sicología *f* → psicología.
sicológico, ca *adj* → psicológico.
sicólogo, ga *m* y *f* → psicólogo.
sicosis *f* → psicosis.
sida *m* AIDS.
sidecar *m* sidecar.
siderurgia *f* iron and steel industry.
sidra *f* cider.
siega *f* **1** harvesting, reaping (acción). **2** harvest time (época).
siembra *f* **1** sowing (acción). **2** sowing time (época).
siempre *adv* **1** always. ● **~ que 2** every time, whenever (cada vez que); as long as (a condición de que). **~ y cuando 3** as long as. ■ **como ~** as usual; **desde ~** always; **para ~** forever.
sien *f* temple.
sierra *f* **1** saw (herramienta). **2** mountain range (cordillera).
siervo, va *m* y *f* slave (esclavo).
siesta *f* nap, afternoon nap.
siete *card* **1** seven. ● *ord* **2** seventh. ● *m* **3** tear (roto).
sietemesino, na *adj* **1** two months premature. ● *m* y *f* **2** premature baby.
sífilis *f* syphilis.
sifón *m* **1** siphon, syphon (botella). **2** soda water (agua).

S

sigilo *m* stealth: *con mucho sigilo = stealthily*.
sigiloso, sa *adj* stealthy.
sigla *f* acronym.
siglo *m* century (cien años). ■ **un ~** ages, a long time.
signatura *f* catalogue number.
significación *f* **1** meaning (significado). **2** significance (importancia).
significado, da *m* meaning (sentido).
significante *m* significant.
significar *tr* **1** to mean (querer decir). **2** to mean, to represent (representar).
signo *m* sign. ◆ **~ de admiración** exclamation mark; **~ de interrogación** question mark; **~ del zodíaco** star sign.
siguiente *adj* following, next. ◆ **el ~** the next one. ■ **¡el ~!** next, please!

> Cuando se refiere a un día, una semana o un año en el pasado, **siguiente** se traduce por ***following***: *fuimos a jugar a fútbol el sábado siguiente = we went to play football the following Saturday.*

sílaba *f* syllable.
silabear *intr* to separate each syllable when pronouncing a word.
silbar *intr* **1** to whistle. ● *intr* y *tr* **2** to hiss, to jeer.
silbato *m* whistle.
silbido *m* whistle (con los labios, con silbato); whizzing (de bala).
silenciador *m* silencer.
silenciar *tr* **1** to silence, to make silent (acallar). **2** to keep silent (no mencionar).
silencio *m* **1** silence (gen). **2** MÚS rest. ■ **guardar ~** to keep silent; **romper el ~** to break the silence.
silencioso, sa *adj* silent, quiet.
silicona *f* silicone.
silla *f* **1** chair, seat (asiento). **2** saddle (en equitación). ◆ **~ de ruedas** wheelchair; **~ de tijera** folding chair.
sillín *m* saddle.
sillón *m* armchair.
silo *m* silo.
silueta *f* **1** silhouette, outline (perfil). **2** figure (cuerpo).
silvestre *adj* wild.
simbiosis *f* symbiosis.
simbólico, ca *adj* symbolic.
simbolizar *tr* to symbolize, to represent.
símbolo *m* symbol.
simetría *f* symmetry.
simétrico, ca *adj* symmetrical.
simiente *f* seed.
símil *m* **1** comparison (comparación). **2** LIT simile.
similar *adj* similar, alike.
similitud *f* similarity.
simio, mia *m* y *f* ape, monkey.
simpatía *f* **1** friendliness, warmth (amabilidad). **~ (por) 2** liking (for), affection (for) (afecto). ■ **cogerle ~ a alguien** to take a liking to sb; **tener ~ a alguien** to be fond of sb.
simpático, ca *adj* **1** nice, likeable, pleasant (amable). **2** pleasant, congenial (agradable). **3** charming (encantador).

> Nótese que ***sympathetic*** no significa **simpático** sino **compasivo** o **comprensivo**: *fueron muy comprensivos conmigo = they were enormously sympathetic with me.*

simpatizante *adj* **1** supporting. ● *m* o *f* **2** supporter.
simpatizar *intr* **~ (con)** to get on (with) (llevarse bien); to sympathize (with), to be sympathetic (to) (causa, ideología).
simple *adj* **1** simple, easy (fácil). **2** single (único). **3** simple (mero). ● *m* o *f* **4** simpleton (persona).
simpleza *f* nonsense.
simplificar *tr* to simplify.
simposio *m* symposium.
simulacro *m* pretence, sham (ficción, imitación). ◆ **~ de incendio** fire drill.
simular *tr* **1** to simulate (reproducir). **2** to feign (fingir).
simultáneo, a *adj* simultaneous.
sin *prep* **1** without (carencia). **~ + inf 2** without + ger: *lo hizo sin consultarme = she did it without consulting me*. **~ que + subj 3** without + ger: *se fue sin que nos enterásemos = she left without us realising*. ■ **estar ~ algo** to be out of sth; **estar ~ + inf** not to have been + pp: *está sin reparar = it hasn't been repaired*; **~ embargo** however.
sinagoga *f* synagogue.
sincerarse *pron* to tell the truth, to be honest.

sinceridad *f* sincerity.
sincero, ra *adj* sincere, truthful.
síncope *m* MED, GRAM syncope.
sincronizar *tr* to synchronize.
sindicalista *adj* **1** trade union. • *m* o *f* **2** trade unionist.
sindicato *m* trade union.
síndrome *m* syndrome. ♦ **~ de Down** Down's syndrome; **~ de Inmunodeficiencia adquirida** acquired immune deficiency syndrome.
sinergia *f* synergy.
sinfín *m* **un ~ de** an endless number, a great many: *un sinfín de cartas = an endless number of letters.*
sinfonía *f* symphony.
sinfónico, ca *adj* symphonic.
single *m* MÚS single.
singular *adj* **1** singular, exceptional (extraordinario). **2** odd, peculiar (raro). **3** single, singular (solo). **4** GRAM singular.
singularidad *f* **1** singularity, uniqueness (exclusividad). **2** peculiarity (rareza).
singularizar *tr* **1** to make stand out (resaltar). • **~se** *pron* **2** to stand out, to distinguish oneself (destacarse).
siniestro, tra *adj* **1** sinister (malintencionado). **2** left (izquierdo). • *m* **3** accident (accidente); disaster (catástrofe).
sinnúmero *m* **un ~ de** a great many of, a contless number of.
sino *m* fate (destino).
sino *conj* **1** but: *no es español sino inglés = he's not Spanish but English.* **2** except, but (excepto). ■ **no sólo... ~...** not only... but...
sinónimo, ma *adj* **1** synonymous. • *m* **2** synonym.
sinopsis *f* synopsis.
sinsabor *m* trouble, worry.
sintaxis *f* syntax.
síntesis *f* synthesis.
sintetizador *m* MÚS synthesizer.
síntoma *m* symptom.
sintonía *f* **1** RAD tuning. **2** MÚS signature tune.
sintonizador *m* **1** tuner (aparato). **2** tuning knob (botón).
sintonizar *tr* **1** to tune in to (emisora de radio). • **~ (con)** *intr* **2** to tune in (to) (conectar). **~ en algo (con alguien) 3** to be on the same wavelength (as sb) about sth (compenetrarse).
sinuoso, sa *adj* winding (camino); sinuous (movimiento).
sinusitis *f* sinusitis.
sinvergüenza *adj* **1** shameless (canalla). **2** cheeky (pícaro). • *m* o *f* **3** shameless person; swine. **4** cheeky devil.
siquiatra *m* o *f* → psiquiatra.
siquiatría *f* → psiquiatría.
siquiátrico, ca *adj* y *m* → psiquiátrico, ca.
síquico, ca *adj* → psíquico, ca.
siquiera *conj* **1** even if, although (aunque). • *adv* **2** at least (por lo menos). ■ **ni ~** not even: *ni siquiera nos avisó = he didn't even let us know.*
sirena *f* **1** mermaid. **2** siren (alarma).
sirimiri *m* drizzle.
sirope *m Amér.* syrup.
sirviente, ta *m* y *f* servant.
sisa *f* **1** armhole (en costura). **2** (fam) petty theft (hurto).
sisar *tr* (fam) to pilfer; to nick (hurtar).
sisear *tr* e *intr* to hiss.
sísmico, ca *adj* seismic.
sistema *m* **1** system. **2** method (método). ♦ **~ métrico decimal** metric system; **~ nervioso** nervous system; **~ operativo** INF operating system; **~ solar** solar system. ■ **por ~** systematically.
sitiar *tr* to besiege.
sitio *m* **1** place (lugar). **2** room, space (espacio). **3** MIL siege. **4** *Amér.* rank (de taxis). ■ **cambiar algo de ~** to move sth; **en cualquier ~** anywhere; **en otro ~** somewhere else; **hacer ~** to make room.
sito, ta *adj* situated, located.
situación *f* **1** situation, circumstances. **2** location, site (ubicación).
situar *tr* **1** to place, to put (colocar). **2** to site, to locate (edificio). **3** to place, to rank (en clasificación). • **~se** *pron* **4** to be placed (en clasificación). **5** to do well for oneself (lograr una buena posición).
slip *m* **1** underpants (calzoncillos). **2** swimming trunks (bañador).
slogan *m* slogan.
snack-bar *m* snack bar.
snob *m* snob.
¡so! *interj* **1** damned!, great!: *¡so imbécil! = you great idiot!* **2** whoa! (para parar caballos).
sobaco *m* armpit.
sobar *tr* **1** to grope, to fondle (manosear); to finger (objeto). **2** to pester (molestar).

soberanía *f* sovereignty.
soberano, na *adj* **1** sovereign (territorio, pueblo); supreme, sovereign (poder, autoridad). **2** (fig) massive (grande). • *m* y *f* **3** sovereign (monarca).
soberbia *f* **1** haughtiness, arrogance (arrogancia). **2** pride (orgullo).
soberbio, bia *adj* **1** haughty, arrogant (arrogante). **2** proud (orgulloso).
soborno *m* bribe.
sobra *f* **1** excess, surplus (exceso). • **sobras** *f pl* **2** leftovers (de la comida). ■ **de ~** more than enough; **estar de ~** to be in the way.
sobrado, da *adj* **1** plenty of, more than enough: *tiene sobrada energía = he has more than enough energy.* **2** well off (de dinero). ■ **estar ~ de** to have plenty of.
sobrar *tr* **1** to be left over, to remain (quedar). **2** to be unnecessary (estar de más). • *intr* **3** to be more than enough (haber demasiado).
sobrasada *f* spicy Mallorcan sausage.
sobre *prep* **1** on (encima de). **2** over, above (por encima). **3** above (nivel, altura). **4** about (acerca de). **5** (at) about (alrededor de). **6** upon (acumulación). **7** upon (cerca de). ■ **~ todo** above all.
sobre *m* envelope (de correo).
sobrecarga *f* overload.
sobrecargo *m* o *f* **1** NÁUT purser. **2** AER senior flight attendand.
sobrecoger *tr* **1** to startle (sorprender). • **~se** *pron* **2** to be startled (sorprenderse).
sobredosis *f* overdose.
sobreentender *tr* **1** to deduce (deducir). • **~se** *pron* **2** to be inferred.
sobrellevar *tr* to put up with, to bear, to endure (aguantar).
sobremesa *f period of time sitting around the table after lunch.*
sobrenatural *adj* supernatural.
sobrenombre *m* nickname.
sobrepasar *tr* **1** to exceed, to go beyond (un límite). **2** to outstrip (aventajar).
sobrepeso *m* excess weight.
sobreponer *tr* **1** to place on top (poner algo encima); to superimpose (imágenes). • **~se a** *pron* **2** to overcome to (a una adversidad).
sobreproducción *f* overproduction.
sobrepuesto, ta *pp* → sobreponer.
sobresaliente *adj* **1** outstanding, extraordinary (excepcional). • *m* **2** EDUC highest mark, top grade.
sobresalir *intr* **1** to be outstanding, to excel (destacar). **2** to project, to overhang (de la superficie).
sobresaltar *tr* **1** to startle. • **~se** *pron* **2** to be startled.
sobresalto *m* start.
sobrescribir *tr* INF to overwrite.
sobrestimar *tr* to overestimate.
sobresueldo *m* extra pay.
sobretodo *m* overcoat.
sobrevenir *intr* to happen to, to befall.
sobrevivir *intr* to survive.
sobriedad *f* sobriety, moderation.
sobrino, na *m* y *f* nephew (hombre); niece (mujer).

> Cuando se dice **sobrinos** para referirse a sobrinos y sobrinas, debe usarse ***nephews and nieces***: *mis sobrinos llegan el domingo = my nephews and nieces are arriving on Sunday.*

sobrio, bria *adj* sober.
socarrón, na *adj* **1** ironic, sarcastic (sarcástico). **2** crafty, cunning (astuto).
socavar *tr* **1** to undermine (debilitar). **2** to excavate, to dig (excavar).
socavón *m* **1** excavation (cueva). **2** hollow (hoyo).
sociable *adj* sociable.
social *adj* social.
socialdemócrata *m* o *f* social democrat.
socialismo *m* socialism.
socialista *adj/m* o *f* socialist.
sociedad *f* **1** society. **2** COM firm, company. ◆ **alta ~** high society; **~ anónima** stock company; **~ de consumo** consumer society; **~ limitada** limited-liability company.
socio, cia *m* y *f* **1** member (de un club, una asociación). **2** COM partner, associate. ◆ **~ capitalista** sleeping partner.
sociología *f* sociology.
sociólogo, ga *m* y *f* sociologist.
socolar *tr Amér.* to clear.
socorrer *tr* to help, to assist.
socorrismo *m* life-saving.
socorrista *m* o *f* lifeguard.
socorro *m* **1** help, assistance. • *interj* **2** ¡~! help!

soda *f* soda water (bebida).
sodio *m* QUÍM sodium.
soez *adj* obscene, vulgar.
sofá *m* sofa.
sofisticado, da *adj* sophisticated.
soflama *f* flicker, glow (del fuego).
sofocante *adj* suffocating, stifling.
sofocar *tr* **1** to suffocate, to smother (ahogar). **2** to suppress, to put down (rebelión). • **~se** *pron* **3** to get angry, to get worked up (acalorarse de enfado).
sofoco *m* **1** suffocation, brethlessness (sensación de ahogo). **2** embarrassment (vergüenza).
sofreír *tr* to fry lightly.
sofrito, ta *pp* **1** → sofreír. • *m* **2** *lightly fried onion and tomato.*
software *m* INF software.
soga *f* rope (gen). ■ **estar con la ~ al cuello** to be in a tight spot.
soja *f* soya.
sojuzgar *f* to subdue, to subjugate.
sol *m* **1** sun (estrella). **2** sun, sunlight, sunshine (luz). **3** MÚS G (nota); sol (en solfeo). ■ **al ponerse el ~** at sunset; **al salir el ~** at sunrise; **bajo el ~** in the sun; **de ~ a ~** from sunrise to sunset; **no dejar a alguien ni a ~ ni a sombra** to pester sb continually; **ser un ~** to be a treasure; **tomar el ~** to sunbathe.
solapa *f* **1** lapel (de chaqueta). **2** flap (de sobre, libro).
solapar *tr* **1** to put lapels on (chaqueta). **2** to conceal (disimular).
solar *adj* **1** solar. • *m* **2** plot, site (terreno sin edificar).
solárium *m* solarium.
soldado *m* soldier. ♦ **~ raso** private.
soldador *m* **1** welder (persona). **2** soldering iron (instrumento).
soldadura *f* **1** soldering; welding. **2** solder.
soldar *tr* to solder (con estaño); to weld (sin estaño).
soledad *f* loneliness (sentimiento); solitude (estado).
solemne *adj* **1** solemn (formal, grave). **2** (fig, fam) downright (absoluto). **3** utter (grande).
solemnidad *f* **1** solemnity (suntuosidad). **2** ceremony (acto).
soler ~ + inf *intr* **1** to be in the habit of + ger, to + usually + inf (en el presente): *suelo levantarme temprano = I usually get up early.* **~ + inf 2** used to + inf (en el pasado): *solía visitarle más a menudo = he used to visit her more often.*

> Cuando se habla sobre hábitos en el pasado **soler** puede traducirse tanto ***used to*** como ***would***: *cuando éramos pequeños solíamos ir a la playa cada verano = when we were children we used to/would go to the beach every summer.*

solera *f* **1** tradition (tradición). **2** lees (del vino).
solfeo *m* music theory.
solicitante *m* o *f* petitioner, applicant.
solicitar *tr* **1** to request, to ask for (información, ayuda). **2** to apply for (empleo).
solícito, ta *adj* **1** diligent (diligente). **2** careful (cuidadoso).
solicitud *f* **1** application (de trabajo). **2** request (información). **3** application form (impreso). **4** diligence (diligencia).
solidaridad *f* solidarity.
solidarizarse *pron* **~ con** to show one's solidarity with, to support.
solidez *f* solidity (física).
solidificar *tr* y *pron* to solidify.
sólido, da *adj* y *m* solid.
solista *m* o *f* soloist.
solitario, ria *adj* **1** lonely (sin compañía); lone, solitary (retirado, apartado). • *m* y *f* **2** solitary person (en sociedad); recluse person (recluido). • *m* **3** patience (GB); solitaire (EE UU, juego de cartas). **4** solitaire (diamante).
sollozar *intr* to sob.
sollozo *m* sob.
solo, la *adj* **1** alone, on one's own (sin compañía). **2** lonely (solitario). **3** one, single, sole (único). • *m* **4** black coffee (café). **5** MÚS solo. • *adv* **6** only, just: *solo quería hablar con él = I only wanted to talk to him.* ■ **no ~ ... sino también...** not only... but also...; **tan ~** only, just; **tan ~ con + inf** just by + ger. ■ **a solas** by oneself, alone.
solomillo *m* sirloin.
soltar *tr* **1** to let go of, to release (de la mano). **2** to untie, to unfasten (desatar); to loosen (aflojar). **3** to let go, to free (presidiario); to let loose (animal). **4** to

S

blurt out, to let out (palabras). **5** to let out, to pay out (desenrollar cable). • **~se** *pron* **6** to come undone (desatarse). **7** to gain confidence, to lose one's timidity (perder la timidez).

soltero, ra *adj* **1** single. • *m* y *f* **2** bachelor, single man (hombre); single woman (mujer).

solterón, na *m* y *f* confirmed bachelor (hombre); spinster (mujer).

soltura *f* **1** confidence, assurance (en el trato). **2** fluency (en los idiomas).

soluble *adj* soluble.

solución *f* solution.

solucionar *tr* to solve (problema); to resolve (asunto).

solvencia *f* **1** solvency (económica). **2** reliability (fiabilidad).

solventar *tr* to settle (deudas); to solve (problema).

sombra *f* **1** shadow (perfil). **2** shade (lugar protegido del sol). **3** TAUROM seats in the shade. ◆ ~ **de ojos** eyeshadow. ■ **a la ~** in the shade; in jail, in the slammer (en la cárcel); **hacer ~** to cast a shadow; (fig) to overshadow.

sombrero *m* hat. ◆ ~ **cordobés** wide-brimmed hat; ~ **de copa** top hat; ~ **hongo** bowler hat. ■ **quitarse el ~** to raise one's hat.

sombrilla *f* parasol.

sombrío, a *adj* **1** dark (oscuro). **2** gloomy (gen); sombre (GB); somber (EE UU, tétrico).

somero, ra *adj* shallow, superficial.

someter *tr* **1** to subdue, to put down (dominar). **2** to put under the control of (subordinar). ~ **a alguien a algo 3** to subject sb to sth (interrogación, tortura). • **~se a** *pron* **4** to undergo (tratamiento, intervención). **~se a 5** to submit to, to give in to (ceder).

somier *m* sprung bed base.

somnífero, ra *m* sleeping pill.

son *m* sound. ■ **en ~ de** as, like: *en son de broma = as a joke, en son de paz = in peace.*

sonado, da *adj* **1** famous, well-known (famoso). **2** (fam) touched (loco).

sonajero *m* rattle.

sonámbulo, la *m* y *f* sleepwalker.

sonar *intr* **1** to sound (hacer ruido); to ring (timbre, teléfono); to strike (reloj); to go off (alarma). **2** to sound familiar (resultar familiar). **3** to be rumoured (rumorearse). • *tr* **4** to blow, to wipe (nariz). • **~se** *pron* **5** to blow one's nose.

sonar *m* sonar.

sonda *f* **1** MED catheter. **2** NÁUT sounding line. **3** drill (barreno). ◆ ~ **espacial** space probe.

sondear *tr* **1** to sound. **2** to sound out (opinión).

sondeo *m* **1** poll (estadístico). **2** NÁUT sounding. **3** test drilling (con barreno).

soneto *m* sonnet.

sonido *m* sound.

sonoro, ra *adj* **1** resonant, sonorous. **2** FON voiced (consonante).

sonreír *intr* y *pron* to smile.

sonriente *adj* smiling.

sonrojar *tr* **1** to make blush. • **~se** *pron* **2** to blush.

sonrosado, da *adj* pink.

sonsacar *tr* **1** to get out of, to worm out of (información). **2** to wheedle.

soñador, ra *adj* **1** dreamy. • *m* y *f* **2** dreamer.

soñar *tr* **1** to dream. • ~ **con** *intr* **2** to dream about; to dream about, to dream of (fantasear). ■ **¡ni soñarlo!** not on your life!; ~ **despierto** to daydream.

sopa *f* **1** soup. • **sopas** *f pl* **2** *pieces of bread soaked in soup.* ◆ ~ **de fideos** noodle soup; ~ **juliana** vegetable soup.

sopera *f* soup tureen.

sopero, ra *adj* **1** soup. • *f* **2** soup tureen.

sopesar *tr* to weigh up.

sopetón *m* slap. ■ **de ~** suddenly, unexpectedly.

soplamocos *m* (fam) slap.

soplar *intr* **1** to blow (viento). • *tr* **2** to blow out (vela); to blow up (globo); to blow away (polvo); to blow (vidrio). • *tr* e *intr* **3** (fam) to whisper (en examen).

soplete *m* blowtorch.

soplo *m* **1** puff (de aire). **2** MED heart murmur. **3** (fam) tip-off (chivatazo).

soplón, na *m* y *f* (fam) telltale (en la escuela); grass, informer (a la policía).

soponcio *m* (fam) faint, swoon.

sopor *m* sleepiness, drowsiness.

soportal *m* **1** porch. • **soportales** *m pl* **2** arcade.

soportar *tr* **1** to support, to hold up (sostener). **2** (fig) to bear (tolerar).

soporte *m* **1** support (columna, pilar); stand (base). **2** INF medium.
soprano *m* o *f* soprano.
sor *f* sister.
sorber *tr* **1** to sip (bebida); to slurk (haciendo ruido). **2** to absorb (absorber).
sorbete *m* sorbet (GB); sherbet (EE UU, helado).
sorbo *m* sip.
sordera *f* deafness.
sórdido, da *adj* **1** squalid, dirty (sucio). **2** mean, miserly (mezquino).
sordo, da *adj* **1** deaf (persona). **2** muffled, dull (ruido). • *m* y *f* **3** deaf person.
sordomudo, da *adj/m* y *f* deaf mute.
sorna *f* sarcasm.
sorprendente *adj* surprising.
sorprender *tr* **1** to surprise, to take by surprise (pillar desprevenido). • **~se** *pron* **2** to be surprised (asombrarse).
sorpresa *f* surprise.
sortear *tr* **1** to draw lots for (echar a suertes); to raffle (rifar). **2** to avoid, to dodge (obstáculo).
sorteo *m* draw (lotería); raffle (rifa).
sortija *f* ring.
sortilegio *m* spell, charm (embrujo).
sosegado, da *adj* calm, quiet.
sosegar *tr* **1** to calm. • **~se** *pron* **2** to calm down.
sosiego *m* calmness, peacefulness.
soslayar *tr* **1** to put sideways (poner de lado). **2** (fig) to dodge (problema).
soslayo *loc adv* **al/de ~** sideways. ■ **mirar de ~** to look out of the corner of one's eye.
soso, sa *adj* **1** tasteless, insipid (sin sal). **2** dull, uninteresting (persona).
sospecha *f* suspicion. ■ **despertar sospechas** to arouse suspicion.
sospechar *tr* **1** to suspect. • **~ (de)** *intr* **2** to suspect, to be suspicious about.
sospechoso, sa *adj* **1** suspicious. • *m* y *f* **2** suspect.
sostén *m* **1** support (físico). **2** means of support (financiero). **3** bra, brassiere (prenda de mujer).
sostener *tr* **1** to support, to hold up (sujetar). **2** to maintain, to uphold (opinión). **3** to sustain (dar sustento); to maintain (económicamente). **4** to hold, to have (conversación). • **~se** *pron* **5** to stand up (en pie).
sostenido, da *adj* y *m* MÚS sharp.
sota *f* jack (en cartas).
sotana *f* cassock.
soterrar *tr* to bury.
sport *adj* casual (ropa).
spot *m* advertisement, commercial; advert.
squash *m* squash.
stand *m* stand.
starter *m* choke.
status *m* status, standing.
stock *m* stock.
stop *m* stop.
su, sus *adj poses* his (de él); her (de ella); its (de un animal); your (de usted, de ustedes); their (de ellos/ellas): *es su coche = it's their car.*
suave *adj* **1** soft, smooth (al tacto). **2** gentle, mild (de carácter). **3** soft, gentle (grato a los sentidos).
suavidad *f* **1** softness (al tacto). **2** gentleness, mildness (de carácter). **3** gentleness (de una voz, música).
suavizante *m* (hair) conditioner (para el pelo); (fabric) softener (para la ropa).
suba *f Arg., Ur.* rise, increase.
subalterno, na *adj/m* y *f* subordinate.
subasta *f* auction.
subastar *tr* to auction.
subcampeón, na *m* y *f* runner-up.
subconsciente *adj* y *m* subconscious.
subcontratar *tr* to outsource.
subdesarrollado, da *adj* underdeveloped.
subdesarrollo *m* underdevelopment.
subdirector, ra *m* y *f* assistant manager; deputy director.
súbdito, ta *m* y *f* subject.
subestimar *tr* to underestimate.
subida *f* **1** rise, increase (de precios). **2** ascent, climb (de montaña).
subir *tr* **1** to roll up (persiana); to wind up (ventanilla). • *tr* y *pron* **2** to go up, to come up (escalera, ascensor); to climb (montaña, árbol); to carry up, to take up (trasladar arriba). **3** to get in (coche); to get on (autobús, barco, tren); to get on (bicicleta, caballo). • *tr* **4** to put up, to increase (precio, sueldo). **5** to turn up (el volumen); to raise (la voz). • *intr* **6** to go up, to come up (persona). **7** to rise, to go up (precios, sueldo, temperatura). • **~se** *pron* **8** to roll up (mangas); to pull up (pantalones); to do up (cremallera).

súbito, ta *adj* sudden (repentino).
subjetividad *f* subjectivity.
subjetivo, va *adj* subjective.
subjuntivo, va *adj* y *m* subjunctive.
sublevar *tr* **1** to incite to rebellion. • **~se** *pron* **2** to revolt, to rebel.
sublime *adj* sublime.
submarinismo *m* scuba-diving.
submarinista *m* o *f* scuba-diver.
submarino, na *adj* **1** underwater. • *m* **2** submarine.
subnormal *adj* **1** mentally handicapped; subnormal. • *m* o *f* **2** mentally handicapped person.
suboficial *m* non-commissioned officer.
subordinado, da *adj/m* y *f* subordinate.
subordinar *tr* to subordinate.
subrayado, da *adj* **1** underlined. • *m* **2** underlining.
subrayar *tr* to underline.
subsanar *tr* **1** to rectify, to correct (remediar). **2** to make up for (compensar).
subscribir *tr* → suscribir.
subsecretario, ria *m* y *f* under-secretary.
subsidiario, ria *adj* subsidiary.
subsidio *m* benefit, allowance (paga). ◆ **~ de desempleo** unemployment benefit (GB); unemployment compensation (EE UU); **~ de invalidez** disability allowance.
subsiguiente *adj* following.
subsistencia *f* subsistence.
subsistir *intr* to survive, to subsist.
subsuelo *m* subsoil.
subterráneo, a *adj* **1** underground. • *m* **2** *Arg.* underground (GB); subway (EE UU, metro).
subtítulo *m* subtitle.
suburbio *m* **1** suburb (extrarradio). **2** slum (barrio pobre).
subvención *f* subsidy.
subvencionar *tr* to subsidize.
subversión *f* subversion.
subversivo, va *adj* subversive.
subyugar *tr* **1** to subjugate (dominar). **2** (fig) to captivate (cautivar). **3** (fig)
succión *f* suction.
sucedáneo, a *adj* y *m* substitute.
suceder *intr* **1** to happen, to occur (ocurrir). **2** to succeed (en un cargo, heredar). • **~se** *pron* **3** to follow each another.
sucesión *f* **1** succession (en un cargo, herencia). **2** heirs (descendencia).
sucesivamente *adv* successively. ■ **y así ~** and so on and so forth.
sucesivo, va *adj* consecutive. ■ **en días sucesivos** over the next few days.
suceso *m* **1** event, happening (acontecimiento). **2** incident (hecho); crime (delito); accident (siniestro).
sucesor, ra *m* y *f* successor.
suciedad *f* **1** dirt (inmundicia). **2** dirtiness (cualidad).
sucinto, ta *adj* succinct, concise.
sucio, cia *adj* **1** dirty. **2** filthy (obsceno). • *adv* **3** dirty (jugar). ■ **en ~** in rough.
suculento, ta *adj* succulent.
sucumbir *intr* **1** to die, to perish (morir). **~ (a) 2** to succumb (to) (ceder).
sucursal *f* branch (de banco); office (de empresa).
sudadera *f* sweatshirt.
Sudamérica *f* South America.
sudamericano, na *adj/m* y *f* South American.
sudar *tr* e *intr* to sweat, to perspire.
sudeste *adj* **1** south-east, south-eastern (región). **2** south-easterly (dirección, viento). • *m* **3** south-east (punto cardinal).
sudoeste *adj* **1** south-west, south-western (región). **2** south-westerly (dirección, viento). • *m* **3** south-west (punto cardinal).
sudor *m* sweat.
sudoroso, sa *adj* sweaty.
Suecia *f* Sweden.
sueco, ca *adj* **1** Swedish. • *m* y *f* **2** Swede. • *m* **3** Swedish (idioma). ■ **hacerse el ~** (fam) to pretend not to hear.
suegro, gra *m* y *f* **1** father-in-law (hombre); mother-in-law (mujer). • **suegros** *m pl* **2** parents-in-law.
suela *f* sole.
sueldo *m* salary, wages, pay.
suelo *m* **1** floor (casa); ground (fuera de casa). **2** soil, land (territorio). **3** soil (tierra). ■ **estar por los suelos** to be down (persona); to be rock-bottom (precios).
suelto, ta *adj* **1** loose (aflojado, desprendido). **2** untied, undone (desatado). **3** loose (a granel). **4** easy, flowing (estilo). **5** loose, loose-fitting (ropa). **6** odd (calcetín, guante). **7** in change (dinero). • *m* **8** loose change (dinero).
sueño *m* **1** dream (de soñar). **2** sleep (de dormir). **3** dream, wish (deseo). ■ **quitar el ~** to keep awake.

suero *m* **1** MED serum. **2** whey (de la leche).
suerte *f* **1** luck (fortuna). **2** fate, lot (destino). **3** chance (azar). **4** kind, sort (tipo). ■ **¡buena ~!** good luck!; **echar a suertes** to draw lots; **estar de ~** to be in luck; **por ~** fortunately; **tener ~** to be lucky.
suéter *m* sweater.
suficiencia *f* **1** aptitude, ability (aptitud). **2** self-importance (engreimiento).
suficiente *adj* **1** sufficient, enough (bastante). **2** smug, pedantic (pedante). ● *m* **3** pass (nota).
sufijo *m* suffix.
sufragar *tr* **1** to pay (gastos). **2** to assist, to aid (ayudar).
sufragio *m* **1** suffrage (sistema). **2** vote (voto). ◆ **~ universal** universal suffrage.
sufrimiento *m* suffering.
sufrir *tr* e *intr* **1** to suffer (sentir dolor). ● *tr* **2** to have (accidente). **3** to stand, to bear (aguantar). **4** to undergo, to experience (experimentar).
sugerencia *f* suggestion.
sugerir *tr* to suggest.
sugestión *f* suggestion.
sugestionar *tr* **1** to influence. ● **~se** *pron* **2** to be easily influenced.
sugestivo, va *adj* appealing.
suicida *adj* **1** suicidal. ● *m* o *f* **2** suicide victim.
suicidarse *pron* to commit suicide.
suicidio *m* suicide.
suite *f* suite.
Suiza *f* Switzerland.
suizo, a *adj/m* y *f* **1** Swiss. ● *m* **2** sugared bun.
sujeción *f* **1** subjection (poder). **2** fixing (atado).
sujetador *m* bra, brassiere.
sujetar *tr* **1** to hold, to secure, to fix (fijar). **2** to hold down (a la fuerza). **3** to fasten, to tie (atar); to fasten (papeles). **4** to hold, to hold on to (agarrar). ● **~se** *pron* **5** to hold on (agarrarse).
sujeto, ta *adj* **1** fastened, secure (fijado). **~ a 2** subject to. ● *m* **3** GRAM subject. **4** (desp) individual (individuo).
sulfato *m* sulphate (GB); sulfate (EE UU).
sulfurar *tr* **1** to infuriate (encolerizar). ● **~se** *pron* **2** to get mad (encolerizarse).
sultán *m* sultan.
suma *f* **1** MAT addition. **2** sum, collection (de cosas).
sumar *tr* **1** MAT to add, to add up. **2** to total (ascender a). ● **~se a** *pron* **3** to join.
sumario, ria *adj* **1** DER summary. ● *m* **2** summary (resumen). **3** DER indictment.
sumergible *adj* y *m* submersible.
sumergir *tr* **1** to submerge, to immerse (meter debajo del agua). **2** (fig) to sink, to plunge (abismar). ● **~se** *pron* **3** to dive (en el agua).
sumidero *m* drain, sewer.
suministrar *tr* to supply, to provide.
suministro *m* **1** supply (gen). **2** supplying (acción).
sumir *tr* y *pron* **1** to sink (hundir). ● **~se en** *pron* **2** to immerse oneself, to become absorbed (enfrascarse). **~se en 3** to sink into (depresión, sueño).
sumisión *f* **1** submission (acción). **2** submissiveness (carácter).
sumo, ma *adj* **1** supreme, highest (supremo). **2** great (enorme). ■ **a lo ~** at most.
suntuoso, sa *adj* sumptuous.
supeditar *tr* **1** to subject, to subordinate. ● **~se a** *pron* **2** to accept, to abide by.
súper *m* **1** four-star petrol (GB); premium-grade gasoline (EE UU, supercarburante). **2** (fam) supermarket (supermercado).
superar *tr* **1** to exceed, to surpass (ser superior a). **2** to beat (marca, récord). **3** to pass (examen, prueba). **4** to overcome (problema, enfermedad, complejo). ● **~se** *pron* **5** to better oneself (mejorar). **6** to excel oneself (lucirse).
superávit *m* surplus.
superdotado, da *m* y *f* extremely gifted person.
superficial *adj* superficial.
superficie *f* **1** surface. **2** GEOM area.
superfluo, flua *adj* superfluous.
superíndice *m* superscript.
superior *adj* **1** top, upper (parte, piso, labio). **2** superior, excellent (calidad). **3** better, superior (mejor). **~ a 4** better than, superior to (mejor que); higher than (mayor). ● *m* **5** superior (jefe).
superioridad *f* superiority.
superlativo, va *adj* y *m* superlative.
supermercado *m* supermarket.
superpotencia *f* superpower.
supersónico, ca *adj* supersonic.
superstición *f* superstition.

S

supersticioso, sa *adj* superstitious.
supervisar *tr* to supervise.
supervisor, ra *m* y *f* supervisor.
supervivencia *f* survival.
superviviente *adj* **1** surviving. • *m* o *f* **2** survivor.
suplantar *tr* to take the place of, to supplant (sustituir).
suplementario, ria *adj* supplementary.
suplemento *m* supplement.
suplencia *f* substitution, replacement.
suplente *adj/m* y *f* **1** substitute. • *m* o *f* **2** supply teacher (GB); substitute teacher (EE UU). **3** reserve player (futbolista).
supletorio, ria *adj* **1** supplementary, additional. • *m* **2** extension.
súplica *f* **1** plea (ruego). **2** DER petition.
suplicar *tr* to plead, to implore, to beg.
suplicio *m* torture.
suplir *tr* **1** to make up for (compensar). **2** to substitute (reemplazar).
suponer *m* supposition.
suponer *tr* **1** to suppose, to assume (dar por sentado); to think (imaginar). **2** to involve (implicar). • **~se** *pron* **3** to suppose.
suposición *f* supposition, assumption.
supositorio *m* suppository.
supremacía *f* supremacy.
supremo, ma *adj* supreme.
supresión *f* **1** suppression (de libertad). **2** abolition (de una ley). **3** deletion (de una palabra).
suprimir *tr* **1** to suppress (libertad). **2** to abolish (ley). **3** to withdraw (servicio). **4** to delete (palabra).
supuesto, ta *pp* **1** → suponer. • *adj* **2** supposed, assumed (hipotético). • *m* **3** supposition. ■ **dar algo por ~** to take sth for granted; **en el ~ de que...** supposing that…; **por ~** of course.
supurar *intr* to suppurate.
sur *adj* **1** southern (punto, región). • *m* **2** south (punto cardinal). **3** South (parte del mundo, región de un país).
surcar *tr* **1** AGR to plough (GB); to plow (EE UU). **2** NÁUT to cut through, to ply.
surco *m* **1** furrow (en la tierra). **2** groove (en un disco, una superficie); rut (de rueda). **3** line (arruga).
surf *m* surfing.
surfista *adj/m* o *f* surfer.
surgir *intr* **1** to emerge, to appear (aparecer). • *tr* **2** to spring forth (planta).
surrealista *adj/m* o *f* surrealist.
surtido, da *adj* **1** assorted (variado). • *m* **2** assortment, range.
surtidor *m* **1** jet (de agua). **2** petrol pump (GB); gas pump (EE UU, de gasolina).
surtir *tr* **1** to supply (abastecer). • **~se de** *pron* **2** to stock up with (abastecerse de).
susceptible *adj* **1** susceptible (sensible). **2** touchy, oversensitive (quisquilloso).
suscitar *tr* to provoke (escándalo); to cause (problemas); to arouse (interés).
suscribir *tr* **1** to sign (carta, documento). **2** to endorse, to subscribe to (postura, opinión). • **~se** *pron* **3** to subscribe (a una revista).
suscripción *f* subscription.
suscriptor, ra *m* y *f* subscriber.
susodicho, cha *adj* aforesaid, aforementioned.
suspender *tr* **1** to hang, to suspend (colgar). **2** to postpone (aplazar). **3** to stop, to suspend (pagos). **4** to fail (examen).
suspense *m* suspense.
suspensión *f* **1** postponement, cancellation (aplazamiento). **2** stoppage, suspension (de pagos). **3** AUT suspension.
suspenso, sa *adj* **1** failed (alumno). • *m* **2** fail (en examen).
suspensores *m pl Amér.* → tirantes.
suspicacia *f* **1** suspicion (sospecha). **2** mistrust (recelo).
suspicaz *adj* suspicious.
suspirar *intr* **1** to sigh. **~ por algo 2** to long for sth.
suspiro *m* sigh.
sustancia *f* substance.
sustancioso, sa *adj* substantial.
sustantivo, va *adj* **1** substantive. • *m* **2** noun.
sustentar *tr* **1** to support, to maintain (familia, persona). **2** to maintain, to uphold (opinión).
sustento *m* **1** sustenance, food (alimento). **2** support (apoyo).
sustitución *f* substitution.
sustituir *tr* **~ (por)** to substitute (with), to replace (with).
sustituto, ta *m* y *f* substitute, replacement.
susto *m* scare, fright. ■ **dar un ~ a alguien** to give sb a fright.
sustracción *f* **1** theft (robo). **2** MAT subtraction.

sustraer *tr* **1** to steal. **2** MAT to subtract. ● **~se de o a** *pron* **3** to elude (evitar).
susurrar *tr* e *intr* to whisper (al oído).
susurro *m* **1** whisper (de voz). **2** (fig) murmur (de arroyo, del viento).
sutil *adj* subtle (gen); delicate, thin (velo, tejido); fine (línea).
sutileza *f* subtlety (gen); delicacy (de velo); fineness (de línea).
suyo, ya *adj poses* **1** his (de él): *no es culpa suya = it's not his fault*; her (de ella): *son amigos suyos = they're her friends*; yours (de usted, de ustedes); theirs (de ellos, de ellas). ● *pron poses* **2** his (de él); hers (de ella); yours (de usted, de ustedes); theirs (de ellos, de ellas). ◆ **lo ~** his, her… thing. ■ **hacer de las suyas** to be up to one's tricks.

Tt

t, T *f* t, T (letra).
tabacalero, ra *adj* **1** tobacco. ● *m* y *f* **2** tobacco grower (plantador).
tabaco *m* tobacco. ◆ **~ negro** black tobacco; **~ rubio** Virginia tobacco.
tábano *m* horsefly.
tabarra *f* **dar la ~** (fam) to be a nuisance; to be a pain in the neck (coloq).
tabasco *m* Tabasco sauce.
taberna *f* bar.
tabernero, ra *m* y *f* landlord (hombre); landlady (mujer).
tabique *m* **1** partition wall. **2** *Méx.* brick (ladrillo).
tabla *f* **1** plank, board (de madera). **2** tabla (lista, gráfico). **3** MAT tabla. **4** ART panel. ◆ **~ de multiplicar** multiplication table; **~ de planchar** ironing board; **~ de surf** surfboard. ■ **hacer tablas** DEP to draw.
tablado *m* **1** stage (de escenario). **2** platform (tarima).
tablero *m* **1** board, panel (madero). **2** noticeboard (GB); bulletin board (EE UU, de anuncios). **3** board (de juegos). ◆ **~ de ajedrez** chessboard.
tableta *f* **1** bar (de chocolate). **2** MED tablet.
tablón *m* plank (tabla). ◆ **~ de anuncios** noticeboard.
tabú *adj* y *m* taboo.
tabular *tr* to tabulate.
taburete *m* stool.
tacaño, ña *adj* mean, stingy.
tachadura *f* crossing out.
tachar *tr* to cross out.
tachón *m* crossing out (en un texto).
tachuela *f* tack.
tácito, ta *adj* tacit.
taciturno, na *adj* taciturn, silent (callado).
taco *m* **1** plug (de madera). **2** Rawlplug (para tornillo). **3** notepad (bloc de notas). **4** book (de billetes). **5** cue (de billar). **6** cube, piece (de jamón, queso). **7** swear word (palabrota).
tacón *m* heel.
táctica *f* tactics.
táctico, ca *adj* tactical.
táctil *adj* tactile.
tacto *m* **1** touch, feel (sentido). **2** tact (tino).
taekwondo *m* tae kwon do.
taimado, da *adj* sly, crafty, cunning.
tajada *f* slice. ■ **sacar ~** (fam) to get one's share.
tajante *adj* emphatic, categorical (concluyente).
tajar *tr* to cut, to slice.
tajo *m* **1** cut, incision (corte). **2** GEOG gorge.
tal *adj* **1** such, such a (igual): *tal cosa = such a thing*. **2** such, so great (tan grande): *su interés es tal = his interest is such*. **3** such and such (sin determinar): *tal día = such and such a day*; a certain, sb called (desconocido): *un tal sr. Pérez = sb called Mr Pérez*. ● *pron* **4** such a thing, sth: *no haré tal = I'll do no such thing*. ● *adv* **5** so, in such a way. ■ **con ~ de + inf** provided that + indicativo, as long as + indicativo; **¿qué ~?** how's things?; **¿qué ~ es?** what's it like?; **~**

Talla / *Size*

¿Qué talla usas?	*What size are you?*
¿Qué talla de camisa usa?	*What size shirt do you take?*
¿Qué número (de zapatos) calza?	*What size shoes do you take?*
Uso un seis de zapatos	*I take size six shoes*
No es de mi talla	*It's the wrong size for me*
¿Es de su talla?	*Is it the right size?*
Es dos tallas más grande	*It's two sizes too big*
No tienen la talla	*They haven't got the right size*
Tienen camisetas de todas las tallas	*They've got T-shirts in all sizes*
Me compré un vestido de la talla doce	*I bought a size twelve dress*
Se ha comprado un jersey de la talla mediana	*He's bought a medium-size(d) jumper*
Necesito una talla más pequeña	*I need a smaller size*
Quisiera probarme una talla más grande	*I would like to try a bigger size*
Pruébese ésta para ver si es la suya	*Try this one for size*
Mi hermana tiene más o menos mi talla	*My sister is about my size*
Vocabulario	
talla pequeña (P)	*small size (S)*
talla mediana (M)	*medium size (M)*
talla grande (G)	*large size (L)*
talla super grande (SG)	*extra-large size (XL)*

como just as: *está tal como me lo dijo = it's just as he told me*; ~ **para cual** two of a kind; ~ **vez** maybe, perhaps.

taladrar *tr* to drill, to bore holes in.

taladro *m* drill.

talante *m* **1** mood, temper (humor). **2** willingness (disposición).

talar *tr* to fell, to cut down.

talco *m* talc, talcum. ◆ **polvos de** ~ talcum powder.

talento *m* **1** talent, gift (aptitud). **2** intelligence, ability, talent (inteligencia).

talismán *m* talisman.

talla *f* **1** size (de ropa). **2** height, stature (altura). **3** woodcarving (de madera). ■ **dar la** ~ to be up to it.

tallar *tr* **1** to carve (madera); to sculpt (metal, piedra). **2** to cut (piedras preciosas).

tallarín *m* (normalmente *pl*) noodle.

talle *m* **1** waist (cintura). **2** figure (figura).

taller *m* **1** TEC workshop. **2** ART studio. **3** AUT garage.

tallo *m* stem, stalk.

talón *m* **1** heel (del pie, de un zapato). **2** cheque (GB); check (EE UU, cheque). ◆ ~ **de Aquiles** Achilles heel. ■ **pisar los talones a alguien** to be on sb's heels.

talonario *m* **1** chequebook (GB); checkbook (EE UU, de cheques). **2** receipt book (de recibos).

talvez *adv Amér.* maybe, perhaps.

tamaño, ña *adj* **1** such a, so great a. ● *m* **2** size.

tambalearse *pron* **1** to stagger, to totter (personas). **2** to wobble (muebles).

también *adv* **1** also, too, as well: *es médico también = he's also a doctor; he's a doctor too; he's a doctor as well.* **2** too, so: *yo también = me too; so am I; so do I, Pedro es médico y yo también = Pedro's a doctor and so am I.* **3** besides (además).

> ***Too*** suele usarse al final de la frase: *yo también vivo en Escocia = I live in Scotland too.* ***As well*** se usa del mismo modo y puede intercambiarse con ***too***. La forma menos coloquial de las tres es ***also***, que suele preceder al verbo principal o situarse después de un verbo auxiliar: *yo también he estado en la reunión = I've also been to the meeting.*

tambor *m* **1** drum (instrumento). **2** drummer (persona). **3** drum (de lavadora).
tamizar *tr* to sieve, to sift.
tampoco *adv* neither, not... either, nor: *él no juega y yo tampoco = he doesn't play and neither do I; he doesn't play and I don't either.*

> **Neither** y **nor** preceden a un verbo modal o auxiliar: *—No tengo su número de teléfono. — Yo tampoco. = "I haven't got her phone number." "Neither have I/Me neither/ Nor have I."* ***Either*** se usa con el verbo en negativo: *—No tengo su número de teléfono. — Yo tampoco. = "I haven't got her phone number." "I haven't either."*

tampón *m* **1** ink-pad. **2** MED tampon.
tan *adv* **1** so: *es tan bueno = he's so good.* **2** such a (singular): *es una persona tan simpática = he's such a nice person*; such (plural): *son personas tan simpáticas = they're such nice people.* ■ **¡qué... ~!** what a...!: *¡qué chica tan guapa! = what a pretty girl!*; **~... como** as... as: *es tan alto como su padre = he's as tall as his father*; **~ pronto como** as soon as; **~ siquiera** not even: *no tiene tan siquiera un vestido = she hasn't even got a dress*; **~ solo** only just.
tanda *f* **1** group (grupo). **2** turn (turno).
tándem *m* tandem (bicicleta).
tanga *f* G-string, tanga.
tangente *f* tangent.
tangible *adj* tangible.
tango *m* tango.
tanque *m* **1** tank (depósito). **2** MIL tank. **3** tanker (vehículo cisterna).
tantear *tr* **1** to size up, to gauge (medir). **2** to estimate (calcular). **3** to weigh up, to consider carefully (considerar). • *intr* **4** DEP to keep score. **5** to grope, to feel one's way (ir a tientas).
tanteo *m* **1** sizing up (medición). **2** estimate (cálculo). **3** weighing up (consideración). **4** DEP score.
tanto, ta *adj* **1** so much (singular): *tanta agua = so much water*; so many (plural): *tantas peras = so many pears.* **2** as much (singular): *tengo tanto dinero como tú = I've got as much money as you*; as many (plural). • *pron* **3** so much (singular); so many (plural). • *adv* **4** so much, so (cantidad): *me gusta tanto = I like it so much, me sorprendió tanto = I was so surprised.* **5** so often (frecuencia): *no te quejes tanto = don't complain so much.* **6** so long (tiempo): *tuve que esperar tanto = I had to wait so long.* • *m* **7** DEP point (punto); goal (en futbol). ■ **cuanto más... ~ más** the more... the more; **en ~/ entre ~ / mientras ~** in the meantime, meanwhile; **por lo ~** so, therefore; **~ como** as much as (incontable); **~ mejor** so much the better.
tapa *f* **1** lid (de caja, cacerola). **2** cover (de un libro). **3** heel-piece (de zapato). **4** appetizer, tapa (aperitivo).
tapadera *f* **1** lid, cover. **2** (fig) cover, front (persona que encubre).
tapar *tr* **1** to cover, to cover up (cubrir); to put the lid on (recipiente); to wrap up (abrigar). **2** to fill in, to stop up (agujero). **3** to conceal, to hide (ocultar). **4** to cover up (encubrir). • **~se** *pron* **5** to wrap up (abrigarse).
taparrabo o **taparrabos** *m* loincloth.
tapete *m* **1** table runner (paño). **2** *Méx.* rug (alfombra).
tapia *f* wall.
tapiar *tr* **1** to wall in (espacio). **2** to block up (agujero).
tapicería *f* **1** upholstery (de muebles). **2** upholsterer's (tienda).
tapiz *m* tapestry.
tapizar *tr* to upholster (muebles).
tapón *m* **1** stopper, top, cap (de botella); cork (de corcho). **2** plug (de lavabo). **3** earwax (cerumen). **4** DEP block.
taponar *tr* **1** to put the top on, to put the stopper in (botella). **2** to block (agujero).
tapujo *m* deceit, subterfuge (enredo). ■ **andarse con tapujos** to beat about the bush.
taquigrafía *f* shorthand.
taquilla *f* **1** box office, ticket office (de cine, teatro). **2** locker (armario). **3** takings (recaudación).
taquillero, ra *adj* **1** (fam) box-office: *el actor más taquillero = the biggest box-office draw.* • *m* y *f* **2** ticket clerk.
tara *f* **1** defect (defecto). **2** tare (peso).
tarántula *f* tarantula.
tararear *tr* e *intr* to hum.
tardanza *f* **1** delay. **2** slowness.

tardar *intr* **1** to take (tiempo): *tardó seis horas = he took six hours*; *se tarda más a pie = it takes longer on foot*. **2** to be late (retrasarse). **~ en + inf 3** to take a while + inf (llevar tiempo): *tardé en reconocerla = it took me a while to recognize her*. ■ **a más ~** at the latest; **no tardes** don't be long; **sin ~** without delay.

tarde *f* **1** afternoon (primeras horas); evening (anochecer). • *adv* **2** late. ♦ **buenas tardes** good afternoon (hasta las cinco); good evening (después de las cinco). ■ **de ~ en ~** from time to time; **~ o temprano** sooner or later.

tardío, a *adj* late, belated (decisión).

tarea *f* task, job.

tarifa *f* **1** tariff, rate (teléfono, luz); fare (transporte). **2** price list (lista de precios).

tarima *f* platform, dais.

tarjeta *f* card. ♦ **~ de crédito** credit card; **~ de embarque** boarding card; **~ de visita** visiting card (GB); calling card (EE UU); **~ postal** postcard.

tarrina *f* tub.

tarro *m* jar.

tarta *f* cake, tart. ♦ **~ de cumpleaños** birthday cake; **~ de manzana** apple tart.

tartamudear *intr* to stutter, to stammer.

tartamudo, da *adj* **1** stuttering, stammering. • *m* y *f* **2** stutterer, stammerer.

tartera *f* **1** baking dish (cazuela). **2** lunch box (fiambrera).

tarugo *m* **1** peg (taco de madera). **2** (fam) blockhead (idiota).

tarumba *adj* **volver ~ a alguien** to drive sb crazy.

tasa *f* **1** valuation, appraisal (valoración). **2** tax (impuesto). **3** rate (índice). ♦ **~ de mortalidad** mortality rate; **~ de natalidad** birth rate.

tasación *f* valuation, assessment.

tasar *tr* **1** to value, to assess (valorar). **2** to fix the price of (fijar el precio).

tasca *f* bar, tavern.

tata *f* **1** (fam) maid (criada). **2** nanny (niñera).

tatami *m* judo mat.

tatarabuelo, la *m* y *f* **1** great-great-grandfather (hombre); great-great-grandmother (mujer). • **tatarabuelos** *m pl* **2** great-great-grandparents.

tataranieto, ta *m* y *f* **1** great-great-grandson (hombre); great-great-granddaughter (mujer). • **tataranietos** *m pl* **2** great-great-grandchildren.

tatuaje *m* tattoo (dibujo); tattooing (acción).

tatuar *tr* to tattoo.

taurino, na *adj* bullfighting.

Tauro *m* **1** ASTR Taurus. • *m* o *f* **2** Taurean, Taurus (persona).

tauromaquia *f* the art of bullfighting.

taxativo, va *adj* specific, precise.

taxi *m* taxi, cab.

taxímetro *m* taximeter.

taxista *m* o *f* taxi driver, cab driver.

taza *f* **1** cup (recipiente); cupful (contenido). **2** bowl (de retrete).

tazón *f* bowl (cuenco); large cup (taza).

te *pron* **1** you, to you: *te llamaré = I'll call you, te lo mandé = I sent it to you*. **2** yourself (uso reflexivo): *¡diviértete! = enjoy yourself*.

té *m* tea.

tea *f* torch.

teatral *adj* **1** theatre (GB); theater (EE UU, compañía, producción). **2** theatrical (persona).

teatro *m* **1** theatre (GB); theater (EE UU, edificio). **2** acting (gen); theatre (GB); theater (EE UU, profesión). **3** (fig) playacting (fingimiento). ♦ **obra de ~** play.

tebeo *m* comic, comic book.

techo *m* roof (exterior); ceiling (interior). ♦ **los sin ~** the homeless.

techumbre *f* roof.

tecla *f* key.

teclado *m* keyboard.

teclear *intr* to type.

técnica *f* **1** technique (método). **2** technology (tecnología).

técnico, ca *adj* **1** technical. • *m* y *f* **2** technician (mecánico). **3** expert.

tecnócrata *m* o *f* technocrat.

tecnología *f* technology.

tecnológico, ca *adj* technological.

tedio *m* tedium, boredom.

teflón® *m* Teflon®.

teja *f* tile.

tejado *m* roof.

tejanos *m pl* jeans.

tejemaneje *m* (fam) scheming, machinations (manejos).

tejer *tr* e *intr* **1** to weave (con telar). **2** to knit (hacer punto). • *tr* **3** to spin (araña).

tejido, da *m* **1** fabric, material (tela). **2** weave (textura).
tejón *m* ZOOL badger.
tela *f* material, cloth (tejido). ◆ ~ **de araña** spider's web; ~ **metálica** wire mesh; ~ **vaquera** denim.
telar *m* **1** loom (máquina). ● **telares** *m pl* **2** textile mill (fábrica).
telaraña *f* spider's web.
tele *f* (fam) telly.
telecomunicación *f* telecommunication.
telediario *m* news, television news.
teledirigido, da *adj* remote-controlled.
teleférico *f* cable car.
telefilme *m* TV film; TV movie.
telefonear *tr* e *intr* to phone, to call.
telefonista *m* o *f* telephone operator, telephonist.
teléfono *m* telephone, phone. ◆ **número de** ~ telephone number; ~ **móvil** mobile phone. ■ **estar al** ~ to be on the phone.
telegrafiar *tr* to telegraph.
telégrafo *m* telegraph.
telegrama *m* telegram.
telele *m* (fam) fit.
telemando *m* remote control.
telemática *f* telematics.
telenovela *f* soap opera.
telepatía *f* telepathy.
telescopio *m* telescope.
telesilla *f* chair lift.
telespectador, ra *m* y *f* viewer.
telesquí *m* ski lift.
teletexto® *m* Teletext®.
teletipo *m* teleprinter (GB); teletypewriter (EE UU).
teletrabajo *m* telework.
televidente *m* o *f* → telespectador, ra.
televisar *tr* to televise.
televisión *f* **1** television, TV (transmisión). **2** television set (aparato). ◆ ~ **por cable** cable television; ~ **por satélite** satellite television.
televisor *m* television set, TV set.
telón *m* curtain. ◆ ~ **de acero** (fig) iron curtain; ~ **de fondo** backdrop.
tema *m* **1** topic, subject, theme (de discurso, debate); subject (de novela, de película). **2** ART, MÚS theme.
temario *m* **1** list of subjects (para un examen). **2** agenda (gen); programme (GB); program (EE UU, de reunión).
temática *f* theme, subject matter.
temático, ca *adj* thematic. ◆ **parque** ~ theme park.
temblar *intr* to tremble, to shake (de miedo, nervios); to shiver (de frío).
temblor *m* trembling, shaking (de miedo, de nervios); shivering (de frío). ◆ ~ **de tierra** earthquake.
tembloroso, sa *adj* **1** trembling, shaking (manos). **2** quivering (voz).
temer *tr* **1** to be afraid of, to fear. ● *tr* y *pron* **2** to fear, to suspect (sospechar). ~ **por 3** to be afraid for (sentir miedo por); to worry for (preocuparse por).
temerario, ria *adj* rash, reckless.
temeridad *f* recklessness, temerity (cualidad); folly, rash act (acto).
temeroso, sa *adj* fearful, frightened.
temible *adj* fearsome, frightful.
temor *m* fear.
temperamento *m* temperament.
temperatura *f* temperature.
tempestad *f* storm.
tempestuoso, sa *adj* stormy.
templado, da *adj* **1** warm, lukewarm (agua, comida). **2** mild, temperate (clima). **3** MÚS tuned, in tune.
templanza *f* **1** temperance, moderation (moderación). **2** mildness (clima).
templar *tr* **1** to warm up (calentar); to cool (dejar enfriar). **2** to restrain, to temper (moderar). **3** TEC to temper. **4** MÚS to tune. ● *intr* **5** to get warmer (clima). ● **~se** *pron* **6** to restrain oneself (contenerse).
temple *m* **1** temper (de vidrio, metal). **2** mood (carácter). **3** tempera (pintura).
templo *m* **1** temple (pagano). **2** church.
temporada *f* **1** season (época, ciclo). **2** while, time (período). ◆ ~ **alta** high season; ~ **baja** low season. ■ **en plena** ~ at the height of the season; **por temporadas** on and off.
temporal *adj* **1** temporary, provisional. ● *m* **2** storm.
temporero, ra *m* y *f* seasonal worker, temporary worker.
temprano, na *adj* y *adv* early.
tenaz *adj* **1** tenacious (persona). **2** persistent (dolor). **3** stubborn (mancha).
tenazas *f pl* **1** pliers (para sacar clavos). **2** tongs (para el fuego).
tendedero *m* **1** drying place (lugar). **2** clothes line (cuerda).

tendencia *f* **1** tendency, leaning (inclinación). **2** trend (moda). ■ **tener ~ a hacer algo** to tend to do sth.
tendencioso, sa *adj* tendentious.
tender *td* **1** to spread (mantel); to cast (red); to throw (cable). **2** to hang out (colada). **3** to lay (trampa). ● **~ a** *int* to lie down (tumbarse). **4** to tend. ● **~se** *pron* **5**.
tendero, ra *m* y *f* shopkeeper.
tendido *m* **1** laying (de cable bajo tierra); hanging (de cable suspendido). **2** TAUROM front rows.
tendón *m* tendon.
tenebroso, sa *adj* dark, gloomy.
tenedor *m* fork (utensilio).
tenencia *f* possession.
tener *tr* **1** to have, to have got: *tiene dolor de cabeza = he has a headache; he's got a headache, no tengo dinero = I haven't got any money.* **2** to have, to own, to possess (poseer): *tienen una casa en el campo = they have a house in the country.* **3** to have, to hold (sujetar): *lo tiene en la mano = he's holding it in his hand.* **4** to hold, to contain (contener). **5** to be (sed, frío): *tengo sed = I'm thirsty, tiene frío = he's cold.* **6** to be (edad): *tiene dos años = he's two years old.* **7** to be, to measure (medir). **8** to have, to hold (reunión). **9** to have (enfermedad). **10** to have (dar a luz). ● **~ que + inf** *aux* **11** to have to + inf, to have got to + inf, must + inf: *tengo que irme = I have to go.* ● **~se** *pron* **12** to stand up (sostenerse). ■ **no ~ nada que ver con** to have nothing to do with; **¿qué tienes?** what's the matter?; **~ cuidado** to be careful; **~ ganas de + inf** to want to + inf, to feel like + ger: *no tengo ganas de ir = I don't want to go*; **~ por** to consider; **~se por** to consider oneself, to think one is.

> **Tener** se traduce por el verbo ***to be*** con un adjetivo cuando **tener** significa «sentir»: *tengo frío = I'm cold; tengo hambre = I'm hungry; ¿tienes sed? = are you thirsty?*

tenia *f* tapeworm.
teniente *m* o *f* MIL lieutenant.
tenis *m* tennis. ◆ **~ de mesa** table tennis, ping-pong.
tenista *m* o *f* tennis player.
tenor *m* tenor. ■ **a ~ de** according to.
tensar *tr* **1** to tauten, to draw tight (cable). **2** to draw (arco).
tensión *f* **1** tautness, tension (de cable). **2** tension, tenseness (crispación). **3** stress, strain (estrés). **4** ELEC voltage. **5** MED blood pressure. ◆ **~ arterial** blood pressure; **~ nerviosa** nervous strain.
tenso, sa *adj* **1** taught, tight (cable). **2** tense, strained (crispado).
tensor, ra *adj* **1** tensile, tightening. ● *m* **2** ANAT tensor. **3** MEC turnbuckle.
tentación *f* temptation.
tentáculo *m* tentacle.
tentar *tr* **1** to tempt (atraer). **2** to feel, to touch (palpar).
tentativa *f* attempt, try.
tentempié *m* snack.
tenue *adj* **1** tenuous, insubstantial (vínculo). **2** faint, weak (luz); faint (sonido).
teñir *tr* **1** to dye (pelo, ropa). **2** to stain (manchar). ● **~se** *pron* **3** to dye one's hair (pelo).
teología *f* theology.
teorema *m* theorem.
teoría *f* theory. ■ **en ~** in theory.
teórico, ca *adj* theoretic, theoretical.
teorizar *intr* to theorize.
tequila *m* tequila.
terapeuta *m* o *f* therapist.
terapia *f* therapy.
tercer (*apócope de* **tercero**) *adj* → tercero, ra.
tercero, ra *adj* **1** (antes de sust. masc. sing. *tercer*) third. ● *m* **2** third party; third floor (piso); third year (curso). ◆ **la tercera edad** senior citizens; **una tercera parte** a third.
terciar *tr intr* **1** to arbitrate, to mediate (mediar). ● **~se** *pron* **2** to arise, to occur (presentarse).
tercio, cia *adj* y *m* third.
terciopelo *m* velvet.
terco, ca *adj* obstinate, stubborn.
tergal® *m* Tergal®.
tergiversar *tr* to distort, to twist.
termas *f pl* hot springs.
térmico, ca *adj* thermal, thermic.
terminación *f* GRAM ending.
terminal *adj* **1** terminal. ● *m* **2** ELEC, INF terminal. ● *f* **3** AER terminal; terminus (de autobuses).

terminante *adj* **1** definitive (resultados). **2** categorical, conclusive (respuesta).
terminar *tr* e *intr* **1** to finish, to end. • **~ de + inf** *intr* **2** to have just + pp: *termina de llegar = he's just arrived.* **~ por + inf** o **~ + ger 3** to end up + ger: *terminó por aceptar la propuesta = he ended up accepting the proposal.* • **~se** *pron* **4** to end, to finish (reunión). **5** to run out (existencias).
término *m* **1** end, finish, conclusion (final). **2** period, time (plazo). **3** GRAM, MAT term. • **términos** *m pl* **4** terms (condiciones). ◆ **~ medio** happy medium (compromiso). ■ **~ municipal** municipal area; **en primer ~** in the first place; **en último ~** lastly, in the final analysis.
terminología *f* terminology.
termo *m* **1** thermos flask (recipiente). **2** water heater (calentador).
termómetro *m* thermometer.
termostato *m* thermostat.
ternera *f* GAST veal, beef (carne).
ternero, ra *m* y *f* calf (animal).
ternilla *f* cartilage.
terno *m* **1** set of three (conjunto de tres). **2** *Ecuad., Perú* three-piece suit (traje).
ternura *f* tenderness.
terquedad *f* obstinacy, stubbornness.
terraplén *m* embankment.
terrario *m* terrarium.
terrateniente *m* o *f* landowner.
terraza *f* **1** terrace (de restaurante). **2** flat roof, roof (azotea). **3** balcony (balcón).
terremoto *m* earthquake.
terrenal *adj* earthly, worldly.
terreno, na *m* **1** piece of land (parcela). **2** land, ground (extensión). **3** GEOG terrain. **4** AGR land, soil. **5** DEP field, pitch. **6** (fig) field, sphere (campo, área).
terrestre *adj* **1** earthly, terrestrial (de la tierra). **2** land (transporte).
terrible *adj* terrible, awful, dreadful.
territorial *adj* territorial.
territorio *m* territory.
terrón *m* **1** clod. **2** lump (de azúcar).
terror *m* **1** terror. **2** CINE horror.
terrorífico, ca *adj* terrifying, frightening.
terrorismo *m* terrorism.
terrorista *adj/m* o *f* terrorist.
terso, sa *adj* smooth.
tertulia *f* social gathering; (coloq) get-together. ◆ **~ literaria** literary circle.
tesis *f* thesis.
tesitura *f* **1** mood, frame of mind. **2** MÚS tessitura.
tesón *m* firmness, determination.
tesorero, ra *m* y *f* treasurer.
tesoro *m* **1** treasure (objeto precioso). **2** treasury (hacienda pública). ◆ **Tesoro Público** the Treasury.
test *m* test.
testamento *m* will. ◆ **Antiguo/Nuevo Testamento** Old/New Testament. ■ **hacer ~** to make one's will.
testar *intr* to make a will.
testarudo, da *adj* stubborn, pigheaded.
testificación *f* testimony.
testificar *tr* to testify.
testigo *m* o *f* DER witness. ◆ **~ de cargo** witness for the prosecution; **~ de descargo** witness for the defence; **~ presencial** eyewitness.
testimoniar *intr* **1** to testify. • *tr* **2** (fig) to testify to.
testimonio *m* **1** testimony, evidence (declaración). **2** proof (prueba).
teta *f* **1** teat (de animal). **2** (fam) tit, boob (de mujer).
tetera *f* teapot.
tetina *f* teat.
tetrabrik® *m* Tetra Brik®, carton.
tétrico, ca *adj* gloomy, dismal.
textil *adj* y *m* textile.
texto *m* text. ◆ **libro de ~** textbook.
textual *adj* **1** textual. **2** (fig) exact, literal.
textura *f* texture.
tez *f* complexion.
tía *f* **1** aunt (pariente); Aunt (delante de nombre propio). **2** (fam) woman (mujer).
tibia *f* tibia, shinbone.
tibieza *f* tepidness.
tibio, bia *adj* **1** lukewarm, tepid. **2** (fig) lukewarm, unenthusiastic, cool.
tiburón *m* shark.
tic *m* tic, twitch.
ticket *m* → tique.
tictac *m* tick-tock, ticking.
tiempo *m* **1** time: *no tengo tiempo = I haven't got time.* **2** time, period (época). **3** age (edad). **4** weather (atmosférico): *¿qué tiempo hace? = what's the weather like?* **5** season, time (temporada). **6** DEP half (de partido); time (marca). **7** GRAM tense. **8** MÚS movement. ◆ **~ libre** free time. ■ **a ~** in time (no tarde); on

time (a la hora debida); **al mismo ~** at the same time; **antes de ~** too soon, early; **¿cuánto ~...?** how long...?: *¿cuánto tiempo llevas aquí en Barcelona? = how long have you lived in Barcelona?*; **¿cuánto ~ hace que...?** how long is it since...?: *¿cuánto tiempo hace que no vas a Inglaterra? = how long is it since you've been to England?*; **ganar ~** to save time; **perder el ~** to waste time.

tienda *f* **1** shop (GB); store (EE UU, comercio). **2** tent (de campaña). ◆ **~ de comestibles** grocer's; grocery store (EE UU); **~ de regalos** gift shop.

tienta *f* TAUROM test of bravery. ■ **andar/ir a tientas** to feel one's way.

tierno, na *adj* **1** tender, soft (blando). **2** fresh (pan). **3** affectionate (cariñoso).

tierra *f* **1** earth, world (planeta). **2** land (terreno). **3** ground (superficie). **4** country, land (país). ◆ **la Tierra** the Earth; **~ natal** homeland. ■ **echar por ~** (fig) to ruin, to destroy; **por ~** overland; **tomar ~** AER to land, to touch down.

tieso, sa *adj* **1** stiff, rigid (rígido). **2** erect, straight (erguido). **3** taut, tight (tenso). **4** (fig) stiff, starchy (estirado).

tiesto *m* **1** flowerpot. **2** *Chile* bowl, vessel (vasija).

tifón *m* typhoon.

tigre *m* **1** tiger. **2** *Amér.* jaguar.

tigresa *f* tigress.

tijera *f* (normalmente *pl*) scissors (gen); shears (para jardinería).

tila *f* lime blossom tea, linden blossom tea (infusión).

tilde *f* tilde, swung dash.

tilín *m* ting-a-ling. ■ **hacer ~** (fam) to fancy.

tilo *m* lime tree, linden tree.

timar *tr* to swindle, to cheat.

timbre *m* **1** bell (aparato). **2** stamp, seal (sello). **3** FIN fiscal stamp. **4** MÚS timbre. ■ **tocar el ~** to ring the bell.

timidez *f* shyness.

tímido, da *adj* shy, timid.

timo *m* swindle, con.

timón *m* **1** AER, NÁUT rudder. **2** (fig) helm (gobierno).

timonel *m* helmsman.

tímpano *m* ANAT eardrum.

tina *f* **1** vat, tub (cuba). **2** bathtub (bañera).

tinaja *f* large earthenware jar.

tinglado *m* **1** shed (cobertizo). **2** platform (tablado). **3** (fam) set-up, business (montaje).

tinieblas *f pl* darkness, shadows.

tino *m* **1** good aim (puntería). **2** good judgement, common sense (juicio).

tinta *f* ink. ◆ **medias tintas** half-measures. ■ **en su ~** cooked in its ink; **saber algo de buena ~** to have sth on good authority.

tinte *m* **1** dye (sustancia). **2** dry-cleaner's (tintorería). **3** (fig) shade, overtone (matiz).

tintero *m* ink pot (frasco).

tintinear *intr* to tinkle, to jingle.

tinto, ta *adj* **1** red (vino). ● *m* **2** red wine (vino).

tintorería *f* dry-cleaner's (tienda).

tiña *f* MED ringworm.

tío *m* **1** uncle (pariente); Uncle (delante de nombre propio). **2** (fam) bloke, chap (hombre). ● **tíos** *m pl* **3** uncles and aunts.

tiovivo *m* merry-go-round; carousel (EE UU).

típico, ca *adj* **1** typical (característico). **2** traditional (tradicional).

tipificar *tr* **1** to typify (ser característico de). **2** to standardize (homologar).

tipo *m* **1** type, kind, class (modelo). **2** build, physique (de hombre); figure (de mujer). **3** (fam) bloke, guy (individuo). **4** COM rate. ◆ **~ de interés** interest rate.

tipografía *f* typography.

tique o **tiquet** *m* **1** ticket (billete). **2** receipt (de compra).

tiquear *tr Amér.* to punch.

tiquismiquis *m* o *f* **1** (fam) fussing (reparos). **2** (fam) fusspot.

tira *f* strip. ◆ **~ cómica** comic strip. ■ **la ~ de** (coloq) loads of (gran cantidad).

tirabuzón *m* ringlet, curl.

tirada *f* **1** throw (acción). **2** edition (edición); print run (número de ejemplares). **3** distance, stretch (distancia). ■ **de una ~** in one go.

tirado, da *adj* **1** (coloq) dead easy, a cinch (fácil). **2** (coloq) dirt cheap (barato). ■ **estar ~** to be a cinch.

tirador *m* knob, handle (de puerta, cajón).

tiralíneas *m* drawing pen.

tiranía *f* tyranny.

tirano, na *m* y *f* tyrant.

tirante *adj* **1** tight, taught (tensado). **2** tense, strained (crispado). • *m* **3** strap (de vestido). • **tirantes** *m pl* **4** braces (GB); suspenders (EE UU).

tirar *tr* **1** to throw (lanzar). **2** to drop (dejar caer). **3** to throw away, to throw out (desechar). **4** to knock over (volcar). **5** to pull down, to knock down (derribar). **6** to spill (derramar). **7** to pull (estirar). **8** to print (imprimir). **9** to waste (desperdiciar). • *intr* **10** to fire, to shoot (disparar). **11** to pull, to tug (de una cuerda). **12** to draw, to attract (imán). **13** to draw (chimenea). **14** DEP to shoot. **15** to go, to be one's turn (jugar). • **~se** *pron* **16** to throw oneself (lanzarse); to jump (en paracaídas, al vacío). **17** to lie down (tumbarse). • **~ a** *intr* **18** to take after (parecerse). ■ **ir tirando** to get by, to cope.

tirita® *f* sticking plaster, band-aid.

tiritar *intr* to shiver, to tremble.

tiro *m* **1** throw (lanzamiento); shot (en fútbol). **2** shot (disparo). **3** team (caballerías). **4** flue (de chimenea). **5** DEP shooting. ♦ **~ al arco** archery; **~ al plato** clay-pigeon shooting. ■ **pegarse un ~** to shoot oneself.

tiroides *m* thyroid.

tirón *m* tug, jerk. ■ **de un ~** (fam) in one go, at a stretch.

tirotear *tr* to shoot at, to snipe.

tiroteo *m* shooting (tiros); exchange of shoots, shoot-out (intercambio de tiros).

tisana *f* infusion, tisane.

tisis *f* phthisis, pulmonary pneumonia.

títere *m* **1** puppet, marionette. • **títeres** *m pl* **2** puppet show.

titilar *intr* **1** to quiver (palpitar). **2** to flicker (luz); to twinkle (estrella).

titiritar *intr* to shiver, to tremble.

titiritero, ra *m* y *f* **1** puppeteer (de títeres). **2** acrobat (acróbata).

titubear *intr* **1** to stagger, to be unsteady (tambalearse). **2** to stammer (al hablar). **3** to hesitate (vacilar).

titulado, da *adj* **1** EDUC qualified, with a degree. • *m* y *f* **2** EDUC graduate.

titular *adj* **1** permanent (profesor). • *m* o *f* **2** holder (de cuenta, tarjeta). • *m* **3** headline (de periódico).

titularse *pron* **1** to be entitled, to be called. **2** EDUC to graduate.

título *m* **1** title (de obra). **2** EDUC degree (licenciatura); diploma, certificate (diploma). **3** headline (de periódico). ♦ **~ de propiedad** title deeds.

tiza *f* chalk.

tiznado, da *adj Amér. Centr., Arg.* drunk (borracho).

tiznar *tr, intr* y *pron* to blacken.

tizne *m* o *f* soot (hollín).

tizón *m* half-burnt stick (palo).

TNT (*siglas de* **trinitrotolueno**) *m* TNT.

toalla *f* towel.

tobillo *m* ankle.

tobogán *m* slide, chute (en el parque).

tocadiscos *m* record player.

tocado, da *adj* (fam) touched, crazy (loco).

tocador *m* **1** dressing table (mueble). **2** powder room (habitación).

tocante *adj* **en lo ~ a** concerning, with reference to.

tocar *tr* **1** to touch (persona, cosa); to feel (tantear). **2** to play (instrumento); to ring (timbre); to blow (bocina); to sound (diana). **3** (fig) to touch, to affect (afectar). **4** to touch on (tema, asunto). • *intr* **5** to be one's turn (en un juego). **6** to be up to, to fall to (corresponder). **7** to win (premio). • **~se** *pron* **8** to touch (oneself) (uso reflexivo); to touch each other (uso recíproco). **9** to be adjacent (colindar).

tocino *m* **1** bacon (carne). **2** pork fat (manteca). ♦ **~ ahumado** smoked bacon; **~ de cielo** *a type of sweet made with egg yolks and sugar*.

tocólogo, ga *m* y *f* obstetrician.

todavía *adv* **1** still (en frases afirmativas): *todavía estoy cansado – I'm still tired*; yet, still (en frases negativas): *no ha llegado todavía = he hasn't arrived yet; he still hasn't arrived*; still (en interrogativas afirmativas): *¿todavía estás en el aeropuerto? = are you still at the airport?*; yet (interrogativas negativas): *¿todavía no ha llegado? = hasn't he arrived yet?* **2** even, still (incluso). **3** even, still (con todo eso): *¡todavía se enfada porque se lo digo! = he even got angry because I told him!*

todo, da *adj* **1** all: *todos sus amigos le visitaron = all his friends visited him.* **2** the whole, the entire, all: *toda la mañana = the whole morning, pasó todo su vida en el exilio = he spent all his life in exile.* **3**

every, each (cada, cualquier). • *pron* **4** everybody, everyone, all: *todos vinieron = everybody came*. **5** everything: *aquí todo es muy bonito = everything is really nice here*. • *adv* **6** completely, all: *estaba todo quemado = it was all burnt*. • *m* **7** whole (totalidad). ▪ **ante ~** first of all; **a toda velocidad** at full speed; **con ~** however, still; **del ~** completely, absolutely; **sobre ~** above all; **~ el mundo** everybody.

todopoderoso, sa *adj* all-powerful. ♦ **el Todopoderoso** REL the Almighty.

todoterreno *m* AUT all-terrain vehicle, jeep.

toga *f* gown, toga.

toldo *m* awning.

tolerado, da *adj* CINE certified PG.

tolerancia *f* tolerance.

tolerar *tr* **1** to tolerate, to put up with (soportar). **2** to tolerate, to allow (permitir).

toma *f* **1 2** feed (de biberón). **3** MED dose. **4** ELEC socket. **5** CINE take. ♦ **~ de conciencia** awareness; **~ de tierra** ELEC earth.

tomado, da *adj Amér.* drunk (borracho).

tomadura *f* **~ de pelo** joke (broma); leg-pull (burla); rip-off (timo).

tomar *tr* y *pron* **1** to take (con la mano). **2** to have, to eat (comida, bebida). • *tr* **3** to take, to catch (bus, tren); to take (taxi). **4** to have, to take (baño, ducha). **5** to take (foto). **6** to make, to take (decisión). **7** to take (dirección). **8** to take, to adopt (medidas). **9** to take, to take down (notas, apuntes). ▪ **toma** here you are (aquí lo tienes); **~ el pelo a alguien** to pull sb's leg; **~ el sol** to sunbathe; **~ en serio** to take seriously; **~ el fresco** to get a breath of fresh air; **~ algo a mal** to take sth the wrong way; **tomarla con alguien** to have a grudge against sb.

tomate *m* BOT tomato.

tomatera *f* tomato plant.

tomavistas *m* film camera (GB); movie camera (EE UU).

tómbola *f* tombola.

tomillo *m* thyme.

tomo *m* volume.

ton *m* **sin ~ ni son** without rhyme or reason.

tonada *f* **1** tune (melodía). **2** song (canción).

tonal *adj* tonal.

tonalidad *f* MÚS, ART tonality.

tonel *m* barrel.

tonelada *f* ton.

tonelaje *m* tonnage.

tongo *f* DEP (fam) fix (trampa).

tónica *f* **1** trend, tendency (tendencia). **2** tonic water (refresco).

tónico, ca *adj* **1** MÚS tonic. **2** GRAM tonic, stressed. • *m* **3** skin tonic (en cosmética).

tonificar *tr* to invigorate, to tone up.

tonillo *m* **1** drone (tono monótono). **2** accent (deje).

tono *m* **1** tone (de voz). **2** shade (de color). **3** MÚS pitch, key. ♦ **salida de ~** impertinent remark. ▪ **bajar el ~** to speak more quietly; **de buen ~** elegant; **de mal ~** vulgar; **fuera de ~** inappropriate.

tontear *intr* to fool around.

tontería *f* **1 2** silly thing, stupid thing (hecho); silly remark, stupid remark (dicho). ▪ **decir tonterías** to talk nonsense; **hacer tonterías** to mess about; **¡tonterías!** nonsense!

tonto, ta *adj* **1** stupid, sillly. • *m* y *f* **2** fool, idiot. ▪ **hacer el ~** to fool around, to mess around.

toparse *pron* **~ con** to run into, to bump into.

tope *m* **1** limit (límite). **2** doorstop (de puerta). • *adj* **3** maximum (edad, precio). ▪ **a ~** (fam) flat out (de velocidad, intensidad).

tópico, ca *adj* **1** MED for external use. • *m* **2** cliché, commonplace (lugar común). **3** *Amér.* topic, subject (tema).

topo *m* mole.

topógrafo, fa *m* y *f* topographer.

toquetear *tr* to finger repeatedly, to fiddle with.

tórax *m* thorax.

torbellino *m* whirlwind.

torcedura *f* MED sprain.

torcer *tr* **1** to twist. • *intr* **2** to turn (girar). • **~se** *pron* **3** to bend (doblarse). **4** to fall through (fracasar). **5** MED to sprain (tobillo, muñeca).

torcido, da *adj* twisted (retorcido); crooked (ladeado); bent (doblado).

tordo, da *adj* **1** dapple-grey (caballo). • *m* **2** ZOOL thrush.

torear *tr* e *intr* **1** TAUROM to fight. **~ a alguien 2** to mess about sb (burlarse).

toreo *m* bullfighting.

torero, ra *m* y *f* bullfighter.

toril *m* bullpen.

tormenta *f* storm.

tormento *m* torment, torture (mental); torture (físico).
tornado *m* tornado.
torneado, da *adj* turned (cerámica).
torneo *m* tournament.
tornillo *m* screw, bolt. ■ **faltarle a alguien un ~** (fam) to have a screw loose (coloq).
torniquete *m* MED tourniquet.
torno *m* lathe. ◆ **~ de alfarero** potter's wheel. ■ **en ~ a** around, about.
toro *m* **1** ZOOL bull. ● **toros** *m pl* **2** TAUROM bullfighting.
torpe *adj* **1** clumsy, awkward (patoso). **2** dim, slow (de entendimiento).
torpedo *m* MIL torpedo.
torpeza *f* **1** clumsiness, awkwardness (manual). **2** stupidity (mental).
torrar *tr* to roast.
torre *f* **1** tower (gen). **2** belfry, bell tower (campanario). **3** rook, castle (en ajedrez). **4** high-rise building (de pisos). ◆ **~ de control** control tower.
torrente *m* torrent.
torreón *m* fortified tower.
tórrido, da *adj* torrid.
torso *m* torso.
torta *f* **1** GAST cake. **2** (fam) slap (bofetada). ■ **no ver ni ~** (coloq) to be as blind as a bat.
tortazo *m* (fam) slap.
tortícolis *m* crick in the neck, stiff neck.
tortilla *f* **1** omelette (GB); omelet (EE UU, de huevos). **2** *Amér.* tortilla (de maíz). ◆ **~ española/de patatas** Spanish omelette; **~ francesa** French omelette.
tórtola *f* turtledove.
tórtolo *m* **1** ZOOL male turtledove. ● **tórtolos** *m pl* **2** (fam) lovebirds (enamorados).
tortuga *f* tortoise (GB); turtle (EE UU, de tierra); turtle (de mar).
tortuoso, sa *adj* **1** tortuous (camino, carretera). **2** (fig) devious (carácter).
tortura *f* torture.
torturar *tr* to torture.
tos *f* cough. ◆ **~ ferina** whooping cough.
tosco, ca *adj* coarse, crude.
tostada *f* toast, slice of toast.
tostado, da *adj* **1** toasted (pan); roasted (café). **2** tanned (por el sol).
tostar *tr* **1** to toast (pan, frutos secos); to roast (café). **2** to tan (piel). ● **~se** *pron* **3** to tan, to get a tan (broncearse).
total *adj* y *m* **1** total. ● *m* **2** whole (totalidad). ● *adv* **3** so, in short: *total, nos fuimos al día siguiente = so, we left the following day.* ■ **en ~** in total, in all.
totalidad *f* whole. ■ **en su ~** as a whole.
totalitario, ria *adj/m* y *f* totalitarian.
tóxico, ca *adj* toxic.
toxicómano, na *m* y *f* drug addict.
toxina *f* toxin.
tozudo, da *adj* obstinate, stubborn.
traba *f* obstacle, hindrance (impedimento).
trabado, da *adj* **1** joined, linked (unido). **2** coherent (discurso, escrito).
trabajado, da *adj* elaborate, painstaking (esmerado).
trabajador, ra *adj* **1** hard-working. ● *m* y *f* **2** worker.
trabajar *intr* y *tr* **1** to work. ● **~ en** *intr* **2** CINE to act in (actuar). ● *tr* **3** to work (metal, madera). ■ **~ de** to be, to work as: *trabaja de fontanero = he's a plumber*; **~ en algo** to work on sth (proyecto, novela).
trabajo *m* **1** work (empleo, ocupación). **2** job (puesto, tarea). **3** effort (esfuerzo). **4** FÍS work. **5** EDUC paper, essay (escrito). ◆ **~ de equipo** teamwork; **trabajos manuales** handicrafts. ■ **estar sin ~** to be out of work; **ir al ~** to go to work.
trabalenguas *m* tongue twister.
trabar *tr* **1** to link, to join (unir). **2** to hinder (impedir). **3** to thicken (salsa). **4** to strike up (conversación, amistad). ● **~se** *pron* **5** to get jammed, to get stuck (mecanismo). ■ **trabársele la lengua a alguien** to get tongue-tied.
trabucar *tr* to mix up, to confuse.
trabuco *m* blunderbuss.
traca *f* string of firecrackers.
tracción *f* **1** MEC traction. **2** AUT drive. ◆ **~ delantera** front-wheel drive.
tractor *m* tractor.
tradición *f* tradition.
tradicional *adj* traditional.
traducción *f* translation.
traducir *tr* to translate.
traductor, ra *m* y *f* translator.
traer *tr* **1** to bring (gen): *trae los vasos de la cocina = bring the glasses from the kitchen.* **2** to carry (llevar consigo). **3** to wear (gafas, ropa). **4** to bring about, to cause (ocasionar). **5** to carry (artículo de

la prensa). • **~se** *pron* **6** to plan, to scheme (maquinar). ▪ **~se algo entre manos** to be up to sth.

traficante *m* o *f* dealer, trafficker.

traficar ~ en *intr* to deal in, to traffic in.

tráfico *m* **1** trading (comercio). **2** traffic (de vehículos). ♦ **~ aéreo** air traffic.

tragaluz *m* skylight.

tragaperras *f* (fam) slot machine.

tragar *tr, intr* y *pron* **1** to swallow (ingerir). • *tr* **2** to soak up, to absorb (absorber). **3** to guzzle, to eat up (gastar). **4** (fam) to stand, to bear (soportar).

tragedia *f* tragedy.

trágico, ca *adj* tragic.

tragicomedia *f* tragicomedy.

trago *m* **1** swig, drink, gulp. **2** (fam) drink (copa). **3** (fam) bad time, rough patch (adversidad).

tragón, na *adj* **1** (fam) greedy, gluttonous. • *m* y *f* **2** (fam) glutton, guzzler.

traición *f* **1** treason. **2** betrayal (hacia una persona). ▪ **a ~** treacherously.

traicionar *tr* **1** to betray. **2** (fig) to give away, to betray (delatar).

traicionero, ra *adj* treacherous.

traidor, ra *adj* **1** treacherous. • *m* y *f* **2** traitor.

tráiler *m* trailer.

traje *m* **1** suit (con chaqueta); dress (de una pieza). **2** costume, dress (regional). ♦ **~ de baño** swimming trunks (de hombre); swimming costume, swimsuit (de mujer); **~ de luces** bullfighter's costume; **~ de novia** wedding dress.

trajín *m* hustle and bustle.

trajinar *intr* (fam) to bustle about.

trama *f* **1** plot (de novela). **2** plot, intrigue (intriga). **3** woof (de tejidos).

tramar *tr* **1** to plot, to scheme (intrigar). **2** to weave (tejidos).

tramitar *tr* **1** to process, to deal with (solicitud). **2** to negociate (negociar).

trámite *m* **1** procedure (diligencia). **2** step (paso). • *m pl* **3** paperwork (burocracia); procedure (proceso).

tramo *m* **1** section, stretch (de carretera, terreno). **2** flight (de escalera).

tramoya *f* stage machinery.

trampa *f* **1** trap, snare. **2** (fig) trap (ardid). **3** trapdoor (escotilla). ▪ **hacer trampas** to cheat; **tender una ~** to lay a trap.

trampear *intr*

trampilla *f* trapdoor.

trampolín *m* **1** diving board, springboard (de piscina). **2** trampoline (en gimnasia).

tramposo, sa *adj* **1** cheating. • *m* y *f* **2** cheat.

tranca *f* **1** club, cudgel (palo). **2** bar (para puertas, ventanas). ▪ **a trancas y barrancas** with great difficulty.

trance *m* **1** crucial moment (momento crítico). **2** trance (estado hipnótico). ▪ **estar en ~** to be in a trance.

tranquilidad *f* **1** peacefulness, tranquillity (de lugar). **2** calm (de carácter). ▪ **con ~** calmly.

tranquilizante *adj* **1** calming, reassuring. • *m* **2** tranquillizer (fármaco).

tranquilizar *tr* **1** to calm down (calmar). **2** to reassure (dar confianza). • **~se** *pron* **3** to calm down (calmarse).

tranquillo *m* (fam) knack. ▪ **pillar el ~** (fam) to get the knack.

tranquilo, la *adj* **1** quiet (lugar); calm (mar). **2** calm, placid (persona). **3** calm (sin preocupaciones). ▪ **¡~!** don't worry.

transacción *f* COM transaction.

transatlántico, ca *adj* **1** transatlantic. • *m* **2** ocean liner.

transbordador *m* ferry.

transbordo *m* change (autobús, tren). ▪ **hacer ~** to change.

transcender *intr* **1** to emerge, to come to light (surgir). • *tr* **2** to go beyond, to transcend (ir más allá).

transcontinental *adj* transcontinental.

transcribir *tr* to transcribe.

transcurrir *intr* **1** to pass, to go by (tiempo). **2** to take place (acontecimiento, acción).

transcurso *m* **1** passing (paso del tiempo). **2** space, period (período). ▪ **en el ~ de** in the course of, during.

transeúnte *m* o *f* passer-by.

transexual *adj/m* o *f* transsexual.

transferencia *f* **1** transfer (del poder, cargo). **2** FIN transfer. ♦ **~ bancaria** bank transfer.

transferir *tr* to transfer.

transformador *m* transformer.

transformar *tr* **1** to transform (cambiar). **~ (en) 2** to convert (into) (convertir). • **~se** *pron* **3** to be transformed. **~se en algo 4** to be converted into (convertirse).

transfusión *f* transfusion.
transgredir *tr* to transgress, to break.
transición *f* transition.
transido, da *adj* racked (de dolor, pena).
transigente *adj* tolerant, accommodating.
transigir *intr* **1** to compromise (ceder). **2** to be tolerant (ser tolerante).
transistor *m* transistor.
transitar *intr* to walk, to pass.
transitivo, va *adj* transitive.
tránsito *m* traffic (tráfico). ■ **«cerrado al ~»** closed to traffic; **de mucho ~** busy.
transitorio, ria *adj* transitory, temporary (provisional).
translúcido, da *adj* translucent.
transmisión *f* **1** TV, RAD transmission (acción); broadcast (programa). **2** ELEC, AUT transmission. **3** MED transmission (de enfermedad).
transmisor, ra *adj* **1** transmitting. ● *m* **2** transmitter.
transmitir *tr* **1** TV, RAD to broadcast. **2** ELEC to transmit. **3** MED to transmit (enfermedad).
transparencia *f* transparency.
transparentarse *pron* to show through (vestidos); to be transparent (vidrio).
transparente *adj* **1** transparent. **2** see-through (vestido).
transpiración *f* **1** perspiration (del cuerpo). **2** transpiration (en plantas).
transpirar *intr* **1** to perspire, to sweat (el cuerpo). **2** to transpire (plantas).
transportador, ra *m* GEOM, MAT protractor.
transportar *tr* to transport (mercancías); to carry (pasajeros).
transporte *m* transport, transportation. ◆ **~ público** public transport.
transportista *m* carrier.
transvase *m* **1** diversion (de ríos). **2** decanting (de líquidos).
transversal *adj* **1** crosswise, transverse. **2** GEOM, MAT transversal.
tranvía *f* tram (GB); streetcar (EE UU).
trapecio *m* trapeze.
trapecista *m* o *f* trapeze artist.
trapero, ra *f* rag-and-bone man (hombre); rag-and-bone woman.
trapo *m* **1** cloth (para limpiar). **2** rag (tela desechada). ● **trapos** *m pl* **3** (fam) clothes. ■ **poner a alguien como un ~** (fam) to tear sb to bits.
tráquea *f* windpipe, trachea.
traquetear *tr* to clatter, to rattle (hacer ruido).
traqueteo *m* clattering, rattling (ruido).
tras *prep* **1** after (después). **2** behind (detrás de).
trasatlántico, ca *adj* y *m* → transatlántico.
trasbordo *m* → transbordo.
trascendencia *f* importance, significance (importancia).
trascendental *adj* important, momentous (importante).
trascender *intr* → transcender.
trascribir *tr* → transcribir.
trascurrir *intr* → transcurrir.
trascurso *m* → transcurso.
trasero, ra *adj* **1** back. ● *m* **2** bottom; backside (nalgas).
trasferencia *f* → transferencia.
trasferir *tr* → transferir.
trasfondo *m* background.
trasformador *m* → transformador.
trasformar *tr* y *pron* → transformar.
trasfusión *f* → transfusión.
trasgredir *tr* → transgredir.
trashumante *adj* migrating.
traslación *f* **1** ASTR movement, passage. **2** MAT translation.
trasladar *tr* y *pron* **1** to move, to shift (de un lado a otro). ● *tr* **2** to transfer (a un empleado). **3** to postpone (posponer). ● **~se** *pron* **4** to move (mudarse).
traslado *m* **1** move (cambio de sitio). **2** transfer (de un puesto de trabajo).
traslúcido, da *adj* → translúcido.
trasluz *m* reflected light. ■ **a ~** against the light.
trasmisión *f* → transmisión.
trasmitir *tr* → transmitir.
trasnochado, da *adj* **1** old, outdated (pasado de moda). **2** haggard (desmejorado).
trasnochar *intr* to stay up all night.
traspapelar *tr* **1** to misplace, to mislay. ● *pron* **2** to get misplaced, to get mislaid.
trasparencia *f* → transparencia.
trasparentarse *tr* y *pron* → transparentarse.
trasparente *adj* → transparente.
traspasar *tr* **1** to cross, to go through (pasar a otra parte). **2** to soak through (lí-

t

quido). **3** to transfer, to sell (negocio). **4** to pierce, to go through (perforar). **5** to go beyond (exceder).

traspaso *m* transfer, sale (de negocio).

traspié *m* **1** stumble (tropezón). **2** (fig, coloq) blunder, slip-up (error). ■ **dar un ~**; to make a blunder (equivocarse).

traspiración *f* → transpiración.

traspirar *intr* → transpirar.

trasplantar *tr* to transplant.

trasplante *m* transplant.

trasportar *tr* y *pron* → transportar.

trasporte *m* → transporte.

trasquilar *tr* to shear (ovejas).

trastada *f* **1** (fam) prank (travesura). **2** (fam) dirty trick (mala jugada).

traste *m* MÚS fret. ■ **dar al ~ con algo** to spoil sth, to ruin sth.

trastear *intr* to rummage around (revolver).

trastero *m* junk room (GB); lumber room (EE UU).

trastienda *f* stock room.

trasto *m* **1** old piece of furniture (mueble). **2** piece of junk (cachivache). **3** rascal, menace (niño travieso). ● **trastos** *m pl* **4** things, belongings (pertenencias). ■ **tirarse los trastos a la cabeza** (fam) to have a blazing row.

trastocar *tr* **1** to upset (algo en orden). ● **~se** *pron* **2** to go mad (enloquecerse).

trastornado, da *adj* disturbed.

trastornar *tr* **1** to go mad (persona); to disturb (mente). **2** to disrupt (planes); to disturb (orden, paz). ● **~se** *pron* **3** to go mad (enloquecerse).

trastrocar *tr* to change, to alter.

trasvase *m* → transvase.

trasversal *adj* → transversal.

tratado *m* **1** treaty (pacto). **2** treatise (escrito).

tratamiento *m* **1** MED treatment. **2** TEC, INF processing. **3** form of address (título). ◆ **~ de textos** word processing.

tratar *tr* **1** to handle, to treat (objeto); to treat (persona). **2** to address (dirigirse a alguien). **3** MED to treat, to take care of. **4** INF to process. ● **~ de** *intr* **5** to be about (versar). **~ de + inf 6** to try to + inf (intentar). **~ con 7** to deal with (tener tratos). ● **~se** *pron* **8** to talk to each other (relacionarse). ■ **se trata de + inf** it's a question of + ger, you have to + inf.

trato *m* **1** treatment. **2** relationship, dealings (relación). **3** deal (acuerdo). ■ **cerrar/hacer un ~** to do a deal, to strike an agreement.

trauma *m* trauma.

través *adv* **a ~ de** across, through (por dentro); across (de un punto a otro); through, by means of (mediante).

travesaño *m* **1** ARQ crossbeam. **2** DEP crossbar.

travesía *f* **1** crossing (viaje). **2** cross street (calle transversal).

travesti o **travestí** *m* transvestite.

travestido, da *adj* **1** transvestite. ● *m* **2** transvestite.

travesura *f* prank.

traviesa *f* sleeper (GB); tie (EE UU, de la vía del tren).

travieso, sa *adj* mischievous, naughty.

trayecto *m* **1** route (itinerario). **2** journey (recorrido).

trayectoria *f* **1** trajectory, path (de proyectil). **2** development (persona).

traza *f* appearance.

trazado, da *m* **1** route (de carretera). **2** layout (de una ciudad). **3** tracing, drawing (de una línea).

trazo *m* **1** line (de dibujo). **2** stroke (de una letra).

trébol *m* **1** BOT clover. **2** club (palo de la baraja).

trece *adj* **1** thirteen (cardinal). **2** thirteenth (ordinal). ● *m* **3** thirteen (número).

trecho *m* **1** distance, way (distancia). **2** stretch (de camino).

tregua *f* **1** MIL truce. **2** rest, respite (descanso).

treinta *adj* **1** thirty (cardinal). **2** thirtieth (ordinal). ● *m* **3** thirty (número).

treintavo, va *adj* thirtieth.

treintena *f* thirty.

tremendo, da *adj* **1** tremendous, huge (enorme). **2** terrible, horrible (que asusta).

trémulo, la *adj* **1** tremulous, quavering (voz). **2** flickering (luz).

tren *m* **1** train (ferrocarril). **2** (fig) rate, pace (ritmo). ◆ **~ de alta velocidad** high-speed train; **~ de aterrizaje** landing gear; **~ de lavado** car wash; **~ de vida** lifestyle, way of life. ■ **estar como un ~** (coloq) to be a bit of all right (coloq).

trenza *f* **1** plait (GB); braid (EE UU, del pelo). **2** plait (de fibras, hilos).

trenzado *m* **1** plaiting (GB); braiding (EE UU). **2** plaiting (de fibras, hilos).
trenzar *tr* **1** to plait (GB); to braid (EE UU, pelo). **2** to plait (fibras, hilos).
trepa *m* o *f* (fam) social climber (arribista).
trepador, ra *adj* **1** climbing (planta). • *m* **2** ZOOL treecreeper.
trepar *tr* e *intr* to climb.
trepidar *intr* **1** to shake, to vibrate (temblar). **2** *Amér.* to hesitate (vacilar).
tres *adj* **1** three (cardinal). **2** third (ordinal). • *m* **3** three (número). ◆ **~ en raya** noughts and crosses (GB); tick-tack-toe (EE UU). ■ **ni a la de ~** (fam) not by a long shot (coloq).
trescientos, tas *adj* **1** three hundred (cardinal). **2** three hundredth (ordinal). • *m* **3** three hundred (número).
tresillo *m* three-piece suite (mueble).
triangular *adj* triangular.
triángulo *m* triangle.
tribu *f* tribe.
tribuna *f* **1** rostrum, platform (tarima). **2** DEP grandstand.
tribunal *m* **1** DER court. **2** EDUC board of examiners. ◆ **Tribunal Supremo** High Court (GB); Supreme Court (EE UU).
tributar *tr* **1** to pay (impuestos). **2** (fig) to pay, to give (respeto, homenaje).
tributo *m* **1** tax (impuesto). **2** tribute (homenaje).
tríceps *m* triceps.
triciclo *m* tricicle.
trienio *m* triennium.
trifulca *f* (fam) rumpus (camorra).
trigésimo, ma *adj/m* y *f* thirtieth.
trigo *m* wheat. ■ **no ser ~ limpio** (fam) to be dishonest.
trigonometría *f* trigonometry.
trillado, da *adj* overused, hackneyed.
trillar *tr* to thresh.
trillizo, za *m* y *f* triplet.
trilogía *f* trilogy.
trimestral *adj* quarterly.
trimestre *m* **1** quarter, three-month period. **2** EDUC term.
trinar *intr* to trill (pájaro). ■ **estar que trina** (fam) to be fuming.
trincar *tr* **1** to hold down (sujetar). **2** (coloq) to pinch (robar).
trinchar *tr* to carve.
trinchera *f* trench.
trineo *m* **1** sleigh. **2** DEP sledge (GB); sled (EE UU).
trinidad *f* trinity. ◆ **La Trinidad** the Trinity.
trino *m* trill.
trío *m* trio.
tripa *f* **1** intestine, gut (intestino). **2** (fam) tummy (barriga). • **tripas** *f pl* **3** innards (vísceras).
triplicado *m* triplicate. ■ **por ~** in triplicate.
triplicar *tr* y *pron* to triplicate.
trípode *m* tripod.
tripulación *f* crew.
tripulante *m* o *f* crew member.
tripular *tr* to man.
tris *m* ■ **estar en un ~ de** to be close to, to be within an inch of.
triste *adj* **1** sad (gen). **2** pale (color, luz). **3** sad, sorrowful (expresión). **4** gloomy, dismal (tiempo, día). **5** miserable (insignificante).
tristeza *f* sadness, sorrow.
triturar *tr* **1** to crush, to grind (moler). **2** to chew (mascar).
triunfador, ra *adj* **1** victorious. • *m* y *f* **2** winner.
triunfal *adj* triumphal.
triunfar *intr* to triumph.
triunfo *m* **1** triumph (gen). **2** victory, win (en encuentro).
trivial *adj* trivial.
triza *f* ■ **hacer trizas** to tear to shreds, to pull to pieces (destruir).
trocar *tr* to exchange (permutar).
trocear *tr* to cut into pieces.
troceo *m* cutting.
trofeo *m* trophy.
troglodita *m* o *f* cave-dweller, troglodyte.
trola *f* (fam) lie (mentira).
trolebús *m* trolleybus.
trombón *m* trombone.
trompa *f* **1** trunk (de elefante). **2** ANAT tube. **3** MÚS horn. ■ **llevar una ~** (fam) to be plastered (estar borracho).
trompazo *m* bump, crash.
trompear *tr* **1** *Amér.* (fam) to punch. • **~se** *pron* **2** (fam) to have a fight.
trompeta *f* trumpet.
trompetilla *f* ear trumpet.
trompicón *m* stumble, trip.
trompo *m* spinning top (peonza).
tronar *impers* **1** to thunder (con truenos). • *intr* **2** *Méx.* to fail (examen). • **~se** *pron* **3** *Amér.* (fam) to shoot onself.

tronchante *adj* (fam) hilarious.
tronchar *tr* y *pron* to break off, to snap off (romper). ■ **~se de risa** (fam) to split one's sides.
troncho *m* stalk (tallo).
tronco *m* **1** trunk (de un árbol). **2** log (leño). **3** ANAT trunk. ■ **dormir como un ~** (fam) to sleep like a log (coloq); **estar como un ~** (fam) to be fast asleep.
tronera *f* **1** slit (ventana angosta). **2** pocket (en billar).
trono *m* throne.
tropa *f* MIL troops.
tropel *m* crowd, throng.
tropezar *intr* **1** to stumble, to trip. **~ con algo 2** to trip over sth. **~ con alguien 3** to bump into sb.
tropezón *m* **1** stumble, trip. **2** (fig) slip (error).
tropical *adj* tropical.
trópico *m* tropic.
tropiezo *f* **1** stumble, trip (tropezón). • *m* **2** (fig) slip, mistake (error).
troquel *m* die.
trotamundos *m* o *f* globe-trotter.
trotar *intr* to trot.
trote *m* **1** trot (de caballo). **2** difficult task (tarea ardua). ■ **al ~** at a trot.
troupe *f* troupe.
trovador *m* troubadour.
trozo *m* piece, bit.
trucar *tr* **1** to rig, to fix (resultado). **2** FOT to tamper with.
trucha *f* ZOOL trout.
truco *m* **1** trick (ardid). **2** knack (tranquillo).
truculento, ta *adj* horrific.
trueno *m* thunder.
trueque *m* exchange, swap.
trufa *f* truffle.
truhan *m* rogue, scoundrel.
truncar *tr* to cut short, to truncate.
tu *adj poses* your: *tu libro = your book.*
tú *pron* you. ■ **tratar a alguien de ~** to address sb as «tú», to be on first name terms with sb.
tubérculo *m* BOT tuber.
tuberculosis *f* tuberculosis.
tubería *f* plumbing, pipes.
tubo *m* tube. ♦ **~ de escape** exhaust pipe.
tubular *adj* tubular.
tucán *m* toucan.
tuerca *f* nut.
tuerto, ta *adj* **1** one-eyed. • *m* y *f* **2** one-eyed person.
tuétano *m* marrow.
tufo *m* (coloq) stink.
tugurio *m* **1** hovel (vivienda). **2** dive (bar).
tul *m* tulle.
tulipán *m* tulip.
tullido, da *adj* **1** crippled. • *m* y *f* **2** cripple.
tumbar *tr* **1** to knock over, to knock down (derribar). • **~se** *pron* **2** to lie down (echarse).
tumbo *m* bump, jolt (vaivén).
tumbona *f* deckchair (en la playa); sun longer (en el jardín).
tumor *m* tumour (GB); tumor (EE UU).
tumulto *m* **1** riot, tumult (alboroto). **2** uproar (confusión).
tuna *f* MÚS band of student musicians.
tunante *m* scoundrel, rogue (pícaro).
tunda *f* (fam) beating, thrashing.
túnel *m* tunnel.
tungsteno *m* tungsten.
túnica *f* **1** HIST tunic. **2** REL robe.
tuno, na *adj* **1** (coloq) rascally. • *m* y *f* **2** (coloq) rascal (pícaro). • *m* **3** MÚS student musician.
tupé *m* forelock, quiff.
tupido, da *adj* thick, dense.
turba *f* **1** peat (combustible). **2** crowd, mob (muchedumbre).
turbación *f* **1** disturbance (alteración). **2** embarrassment (azoramiento).
turbante *m* turban.
turbar *tr* **1** to upset, to disturb (alterar). **2** to bewilder, to confuse (dejar perplejo). • **~se** *pron* **3** to get upset (alterarse). **4** to be bewildered (estar perplejo).
turbina *f* turbine.
turbio, bia *adj* **1** muddy, cloudy. **2** shady, murky (sospechoso). **3** blurred (visión).
turbulencia *f* turbulence.
turbulento, ta *adj* turbulent.
turismo *m* **1** tourism (actividad). **2** AUT saloon car. ♦ **oficina de ~** tourist office.
turista *m* o *f* tourist.
turístico, ca *adj* tourist.
turmix® *f* blender®.
turnarse *pron* to take turns.
turno *m* **1** turn (tanda). **2** shift (en el trabajo). ♦ **el ~ de día** the day shift; **el ~ de noche** the night shift.
turquesa *adj* y *m* **1** turquoise (color). • *f* **2** turquoise (mineral).

Turquía *f* Turkey.
turrón *m* nougat.
¡tururú! *interj* you must be joking!
tute *m* card game (juego de naipes).
tutear *tr* **1** to address as «tú», to be on first name terms with. • **~se** *pron* **2** to address each other as «tú», to be on first name terms with each other.
tutela *f* **1** DER guardianship. **2** protection, guidance (amparo).
tutelar *adj* **1** DER tutelary. **2** protective (que ampara).
tutor, ra *m* y *f* **1** EDUC tutor (profesor). **2** DER guardian.
tutoría *f* **1** EDUC tutorship (cargo). **2** tutorial.
tuyo, ya *pron poses* **1** yours: *¿es tuyo este libro? = is this book yours?* • *adj poses* **2** of yours: *¿es amiga tuya? = is she a friend of yours?*

Uu

u, U *f* u, U (letra).
ubicar *tr* **1** to locate, to place. • **~se** *pron* **2** to be located, to be situated.
ubre *f* udder.
UCI (*siglas de* **unidad de cuidados intensivos**) *f* ICU.
Ud (*abrev de* **usted**) *pron* → usted.
Uds (*abrev de* **ustedes**) *pron* → ustedes.
UE (*siglas de* **Unión Europea**) *f* EU.
ufano, na *adj* **1** proud (orgulloso). **2** conceited, smug (engreído).
ujier *m* o *f* DER usher.
¡újule! *interj Méx.* wow!
úlcera *f* ulcer.
ultimar *tr* **1** to finish, to complete (acabar). **2** *Amér.* to kill (matar).
ultimátum *m* ultimatum.
último, ma *adj* **1** last: *la última vez = the last time*. **2** latest (más reciente): *las últimas noticias = the latest news*. **3** latter (de dos). **4** furthest (más lejano). **5** top (más alto). **6** back (más atrás). **7** lowest, bottom (más bajo). **8** final (definitivo). ♦ **el ~/la última** the last (one). ■ **por ~**, lastly, finally.
ultra *adj* **1** extreme right-wing. • *m* o *f* **2** right-wing extremist.
ultrajar *tr* to offend, to insult.
ultramar *m* **de/en ~** overseas.
ultramarino, na *adj* **1** overseas. • **ultramarinos** *m pl* **2** groceries (productos).
ultranza *adj* **a ~** out-and-out, extreme (incondicional). ■ **luchar a ~** to fight to the death.
ultravioleta *adj* ultraviolet.
ulular *intr* **1** to hoot (búho). **2** to howl (viento, animal).
umbral *m* **1** threshold. **2** (fig) bounds (límite).
umbrío, a *adj* shady.
un, una *art* **1** (antes de sust femenino que empiece por «a» o «ha» tónica *un*) a, an (antes de sonido vocálico) (singular): *un coche = a car, un huevo = an egg, una manzana = an apple*; some (plural): *unas manzanas = some apples* • *adj* **2** one: *sólo tiene un hijo = he's only got one child.*
unánime *adj* unanimous.
unanimidad *f* unanimity. ■ **por ~** unanimously.
undécimo, ma *adj/m* y *f* eleventh.
único, ca *adj* **1** only, sole. **2** unique (extraordinario). **3** single (función). ♦ **el ~/la única** the only one.
unidad *f* **1** unit (gen). **2** unity (unión, conformidad).
unido, da *adj* **1** joined (físicamente). **2** close (familia).
unifamiliar *adj* detached.
unificación *f* unification.
unificar *tr* **1** to join, to unite (unir). **2** to unify (países).
uniformar *tr* **1** to standardize (métodos). **2** to put into uniform (poner uniforme).
uniforme *adj* **1** uniform, regular (gen). **2** even (terreno). • *m* **3** uniform (de trabajo, militar).

unión *f* **1** union (gen). **2** MEC joint (junta). **3** closeness (cariño).
Unión Europea *f* European Union.
unir *tr* **1** to join, to put together (juntar). **2** to unite, to join (en matrimonio). **3** to merge, to bring together (intereses). **4** to mix (mezclar). **5** to link, to connect (vincular). • **~se** *pron* **6** to join together.
universal *adj* universal. ♦ **historia ~** world history.
universidad *f* university.
universitario, ria *adj* **1** university. • *m* y *f* **2** university student (estudiante); university graduate (graduado).
universo *m* ASTR universe.
uno, una *adj* **1** one: *una mesa = one table*. • *pron indef* **2** one: *uno de mis hijos = one of my children*. **3** one, you: *uno nunca sabe = one never knows; you never know*. **4** (fam) a man (hombre); a woman (mujer): *una que dice que te conoce = a woman who says she knows you*. • *m* **5** one (número). **6** first (día del mes). ♦ **la una** one o'clock. ■ **cada ~** each one, every one; **de ~ en ~** one by one; **más de ~** many people; **una de dos** it's either one thing or the other; **uno mismo** oneself; **unos/unas** some, a few (algunos): *hace unos meses = some months ago*; some, about (aproximadamente): *unas cinco horas = about five hours*; **unos cuantos** a few.
untar *tr* **1** to spread (mantequilla, mermelada). **2** to smear, to grease (con grasa). • **~se de** *pron* **3** to get covered in.
uña *f* **1** nail, fingernail (de la mano); nail, toenail (del pie). **2** claw (garra). ■ **ser ~ y carne** to be inseparable.
uralita *f* material obtained from a mixture of asbestas and cement.
uranio *m* uranium.
urbanidad *f* courtesy, politeness.
urbanismo *m* town planning, urbanism.
urbanización *f* **1** development, urbanization (de una ciudad). **2** housing development, housing estate (núcleo residencial).
urbanizar *tr* to develop, to urbanize.
urbano, na *adj* **1** urban, city. • *m* y *f* **2** policeman; policewoman.
urbe *f* large city, metropolis.
urdir *tr* **1** to warp (textil). **2** to hatch (complot).
urgencia *f* **1** urgency (estado, cualidad). **2** pressing need (necesidad concreta). **3** MED emergency. • **urgencias** *f pl* **4** accident and emergency (sección de un hospital).
urgente *adj* **1** urgent (apremiante). **2** express (carta).
urgir *intr* to be urgent (ser urgente).
urinario, ria *adj* **1** urinary. • *m* **2** urinal.
urna *f* **1** urn (vasija). **2** glass case (vitrina). **3** POL ballot box.
urraca *f* magpie.
Uruguay *m* Uruguay.
uruguayo, ya *adj/m* y *f* Uruguayan.
usado, da *adj* **1** worn, worn-out (gastado). **2** second-hand (de segunda mano).
usanza *f* usage. ■ **a la antigua ~** old-style.
usar *tr* **1** to use (utilizar). **2** to wear (llevar puesto). • *intr* **3** to be worn (estar de moda). • **~se** *pron* **4** to be used (emplearse). ■ **¿qué talla usa?** what size do you take?
uso *m* **1** use (empleo, manejo). **2** usage, custom (costumbre). **3** wear and tear (desgaste). **4** GRAM usage. ■ **en buen ~** in good condition.
usted *pron* **1** you. **ustedes 2** you. ■ **de ~/de ustedes** yours.
usual *adj* usual, common.
usuario, ria *m* y *f* user.
usufructo *m* usufruct.
usufructuario, ria *adj* usufructuary.
usura *f* usury.
usurero, ra *m* y *f* usurer.
usurpar *tr* **1** to usurp (poder, trono). **2** to seize (bienes).
utensilio *m* utensil (de cocina); tool, implement (herramienta).
útero *m* uterus, womb.
útil *adj* **1** useful, handy. • *m pl* **2** tools, set of tools (herramientas).
utilidad *f* **1** usefulness. **2** profit, benefit (beneficio).
utilitario, ria *adj* **1** utilitarian. • *m* **2** AUT utility car.
utilizar *tr* to use, to make use of.
utopía *f* utopia.
uva *f* grape. ♦ **~ pasa** raisin. ■ **estar de mala ~** (fam) to be in bad mood; **tener mala ~** (fam) to be a nasty piece of work.
UVI (*siglas de* **unidad de vigilancia intensiva**) *f* ICU.

Vv

v, V *f* v, V (letra).
vaca *f* cow (animal); beef (carne).
vacación *f* **1** vacation, holiday. • **vacaciones** *f pl* **2** holidays.
vacante *adj* **1** unfilled, vacant (puesto). • *f* **2** vacancy, vacant post (puesto de trabajo).
vaciar *tr* **1** to empty (out) (bolsillo, cajón). **2** to hollow (out) (hueco). **3** ART to cast, to mould (moldear).
vacilación *f* **1** hesitation (duda). **2** swaying (oscilación); flickering (de la luz).
vacilante *adj* **1** hesitant (gen). **2** flickering (luz); swaying, unsteady (paso).
vacilar *intr* **1** to hesitate, to vacillate (titubear). **2** to be unsteady, to wobble (tambalearse); to totter, to stumble (al caminar). **3** (fam) to take the mickey (bromear).
vacío, a *adj* **1** empty (gen). **2** shallow (persona); empty, meaningless (vida). • *m* **3** void, empty space (hueco). **4** FÍS vacuum. ■ **envasado al ~** vacuum-packed.
vacuna *f* vaccine.
vacunar *tr* MED to vaccinate.
vacuno, na *adj* bovine: *ganado vacuno = cattle.*
vado *m* **1** ford (de río). **2** garage entrance (en acera). ◆ **~ permanente** keep entrance clear, no parking.
vagabundear *intr* to wander, to roam
vagabundo, da *adj* **1** vagrant, vagabond (persona); stray (perro). • *m* y *f* **2** tramp (GB); bum (EE UU).
vagar *intr* to wander, to roam.
vagina *f* vagina.
vago, ga *adj* **1** vague (impreciso). **2** lazy (perezoso). • *m* y *f* **3** idler, slacker, good-for-nothing.
vagón *m* coach, carriage (de pasajeros); truck, wagon (de mercancías).
vaho *m* **1** breath (aliento). **2** vapour, steam (vapor). • **vahos** *m pl* **3** inhalation.
vaina *f* **1** sheath (funda); scabbard (de espada); case (de herramientas). **2** pod (de guisante, judía). **3** *Amér.* nuisance, troublesome thing (molestia).
vainilla *f* vanilla.
vaivén *m* **1** swaying (balanceo). **2** swinging (de péndulo, columpio). **3** rocking (de mecedora, tren).
vajilla *f* crockery, dishes. ■ **una ~** a dinner service.
vale *m* **1** voucher, receipt (recibo). **2** promisory note (pagaré). **3** *Amér.* (fam) mate (compañero). • *interj* **4** OK! (de acuerdo).
valentía *f* bravery, courage.
valer *tr* **1** to cost (costar); tener un valor de (to be worth): *esta casa vale un montón = this house is worth a packet.* **2** to help (ayudar): *no le valió que su padre fuera el jefe = the fact that his father was the boss didn't help him.* **3** to deserve (merecer): *esta noticia bien vale un brindis = this news certainly deserves a toast.* **4** to be worth, to count as (equivaler a): *las figuras valen diez puntos = the picture cards are worth ten points.* • *intr* **5** to be useful, to be of use (servir): *esto no me vale = this is no use to me.* • **~se de** *pron* **6** to use: *se valió de su placa de policía para entrar = she used her police badge to get in.* ■ **no ~ nada** to be worthless/useless; **¿vale?** okay?, all right?; **~se por sí mismo** to mange on one's own.
valeroso, sa *adj* brave, courageous.
valía *f* worth, value.
válido, da *adj* valid.
valiente *adj* brave, corageous.
valija *f* **1** mailbag (de Correos). **2** *Arg.*, *Ur.* suitcase (maleta). ◆ **~ diplomática** diplomatic bag.
valioso, sa *adj* valuable.
valla *f* **1** fence (cerca). **2** obstacle, hindrance (obstáculo). **3** DEP hurdle: *100 metros vallas = 100 metres hurdles.* ◆ **~ publicitaria** hoarding, billboard.
vallar *tr* to fence, to put a fence round.
valle *m* valley.

valor *m* **1** value, worth (gen). **2** importance (importancia). **3** courage (valentía). • **valores** *m pl* **4** FIN securities (títulos); bonds (obligaciones); stock (capital). ◆ **~ nominal** face value, par value. ■ **¡qué ~!** of all the cheek!; **por ~ de** to the value of.
valorar *tr* **1** to value (tasar). **2** to assess (considerar). **3** to value (apreciar).
vals *m* waltz.
válvula *f* ANAT, MEC valve. ◆ **~ de escape** exhaust valve (de máquina); safety valve, outlet (de persona).
vampiresa *f* vamp, femme fatal.
vampiro *m* **1** vampire (murciélago). **2** vampire (espectro).
vanagloriarse *pron* **1** to boast. **~ de algo 2** to boast about sth.
vandalismo *m* vandalism.
vanguardia *f* **1** MIL vanguard. **2** ART avant-garde.
vanidad *f* vanity, conceit.
vanidoso, sa *adj* vain, conceited.
vano, na *adj* vain, useless (esfuerzo, intento). ■ **en ~** in vain.
vapor *m* **1** steam (al hervir agua). **2** QUÍM vapour. **3** steamer, steamship (barco). ■ **al ~** steamed.
vapulear *tr* **1** to beat, to thrash (pegar). **2** to thrash (derrotar).
vaquero, ra *adj* **1** denim: *falda vaquera = denim skirt.* • *m* y *f* **2** cowboy; cowgirl. • **vaqueros** *m pl* **3** jeans.

> ***Jeans*** es una palabra plural. Cuando se refiere a unos pantalones **vaqueros** se usa ***some jeans*** o ***a pair of jeans****: I have some new jeans/a pair of new jeans = tengo unos vaqueros nuevos.*

vara *f* **1** stick (rama, palo). **2** rod (de metal). ◆ **~ de medir** yardstick.
varar *intr* to beach, dock.
variable *adj* variable, changeable.
variado, da *adj* varied (gen); assorted (galletas, bombones).
variante *adj* **1** variant (cambiante). • *f* **2** bypass, branch road (carretera).
variar *tr* **1** to change (cambiar). **2** to vary (dar variedad a): *variar el menú = to vary the menu.* • *intr* **3** to vary (cambiar): *sus respuestas varían = his answers vary.* **4** to differ (ser diferente). ■ **para ~** (irón) for a change.
variedad *f* **1** variety (diversidad). • **variedades** *f pl* **2** variety show.
varilla *f* rod (gen); spoke (de rueda); rib (de paraguas); stay (de corsé).
vario, ria *adj* **1** varied (diverso). • **varios, rias** *adj pl* **2** several, a number of: *varias personas = several people.*
varón *m* man, male (hombre); boy (niño).
vasco, ca *adj/m* y *f* **1** Basque. • *m* **2** Basque (lengua). ◆ **País Vasco** Basque Country.
vasija *f* vessel.
vaso *m* glass. ◆ **~ sanguíneo** blood vessel; **un ~ de vino** a glass of wine; **~ para vino** wineglass.
vástago *m* **1** shoot (árbol). **2** scion, offspring (descendiente). **3** MEC rod.
vasto, ta *adj* vast, huge.
váter *m* **1** toilet (inodoro). **2** toilet (GB, habitación); bathroom (EE UU).
vaticinar *tr* to prophesy, to predict.
vatio *m* watt.
¡vaya! *interj* → ir.
Vd (*abrev de* **usted**) *pron* → usted.
Vds (*abrev de* **ustedes**) *pron* → usted.
vecinal *adj* neighbouring.
vecindad *f* **1** neighbourhood (vecinos). **2** vicinity (inmediaciones).
vecindario *m* **1** neighbourhood (barrio). **2** residents (vecinos).
vecino, na *adj* **1** neighbouring (cercano): *en un pueblo vecino = in a neighbouring village.* • *m* y *f* **2** neighbour (de rellano, edificio): *los vecinos de al lado = the next-door neighbours.* **3** inhabitant (habitante); resident (de barrio): *un pueblo de 300 vecinos = a village of 300 inhabitants.*
veda *f* close season (GB); closed season (EE UU).
vedar *tr* to ban, to prohibit.
vega *f* fertile plain (tierra baja); water meadow (prado).
vegetación *f* BOT vegetation.
vegetal *adj* y *m* plant, vegetable.
vegetar *intr* to vegetate (persona).
vegetariano, na *adj/m* y *f* vegetarian.
vehemencia *f* vehemence.
vehemente *adj* vehement.
vehículo *m* **1** vehicle (medio de transporte). **2** carrier (de infección).

veinte *num* twenty
vejez *f* old age.
vela *f* **1** sail (de barco). **2** candle (cirio). **3** vigil (vigilia). ■ **izar velas** to set sails; **pasar la noche en ~** to have a sleepless night, not to get a wink of sleep all night.
velada *f* evening party. ◆ **~ musical** musical evening.
velar *tr* **1** to sit up with (enfermo); to keep vigil over (difunto). **2** to veil, to hide (disimular). **3** FOT to blur, to fog. ● **~ por** *intr* **4** to watch over, to look after (preocuparse por): *no hay quien vele por sus intereses = there's no one to watch over her interests.* **~se** *pron* **5** FOT to blur.
veleidad *f* **1** capriciousness, fickleness (inconstancia). **2** whim (capricho).
velero *m* sailing ship; sailing boat (bote).
veleta *f* weather vane, weather cock.
vello *m* down (pelusa); hair (pelo).
velo *m* veil.
velocidad *f* **1** speed, velocity (gen): *a gran velocidad = at high speed, de alta velocidad = high speed.* **2** gear (de vehículo). ◆ **~ limitada** speed limit; **~ punta** top speed, maximum speed.
velódromo *m* cycle track, velodrome.
veloz *adj* fast (tren, coche, corredor); quick (movimiento).
vena *f* **1** ANAT vein. **2** MIN seam, lode; grain (en piedra). ◆ **~ cava** vena cava.
venado *m* **1** deer (ciervo); stag (macho); doe (hembra). **2** GAST venison.
vencedor, ra *adj* **1** victorious (ejército, nación); winning (equipo, jugador). ● *m* y *f* **2** winner (en competición).
vencer *tr* **1** to defeat, to vanquish (enemigo); to beat, to defeat (competidor, rival). **2** to overcome (dificultades). ● *intr* **3** to win (ganar): *¡venceremos! = we shall win!, we shall overcome!* **4** to fall due (pago): *la factura vence mañana = the bill falls due tomorrow*; to expire (plazo).
vencido, da *adj* **1** defeated (ejército, nación); beaten (equipo). **2** falling due (deuda); expired (plazo). ■ **darse por ~** to admit defeat.
vencimiento *m* falling due (de deuda); expiration (de plazo).
venda *f* bandage.
vendaje *m* dressing, bandaging.
vendar *tr* to bandage, to dress.
vendaval *m* gale.
vendedor, ra *m* y *f* seller (gen); sales assistant, shop assistant (en tienda); salesman/saleswoman (de empresa).
vender *tr* **1** to sell (producto, casa). **2** to betray, to sell down the river (traicionar). ● **~se** *pron* **3** to be sold. ■ **«se vende»** "for sale": *«se vende piso» = "flat for sale".*
vendimia *f* grape harvest, wine harvest.
veneno *m* poison (químico, vegetal); venom (de serpiente).
venenoso, sa *adj* poisonous (planta); venomous, poisonous (serpiente, araña).
venerar *tr* to revere, to worship.
venezolano, na *adj/m* y *f* Venezuelan.
Venezuela *f* Venezuela.
venganza *f* revenge, vengeance.
vengar *tr* **1** to avenge. ● **~se de alguien** *pron* **2** to take revenge on sb.
venida *f* **1** arrival (llegada). **2** return (regreso).
venidero, ra *adj* future, coming.
venir *intr* **1** to come (a un lugar): *mi hermano va a venir = my brother is coming.* **2** to come back (volver): *ahora vengo = I'll be right back.* **3** to arrive (llegar): *viene mañana = she's arriving tomorrow.* ● **~se** *pron* **4** to come (llegar). **5** to come back (volver). ■ **¿a qué viene eso?** what's the point of that?; **¡venga!** come on!, come along!; **~ bien** to be convenient; **~ bien a alguien** to suit sb; **~se abajo** to fall down, to collapse.
venta *f* **1** COM sale. **2** country inn (posada). ◆ **~ a domicilio** door-to-door selling; **~ al contado** cash sale; **~ al por mayor** wholesale; **~ a plazos** hire purchase. ■ **estar en ~** to be for sale.
ventaja *f* **1** advantage (beneficio). **2** DEP advantage (en tenis); headstart (en carrera). ■ **llevar ~ a/sobre** to have the advantage over, to be ahead of.
ventajoso, sa *adj* advantageous, profitable.
ventana *f* window.
ventilación *f* ventilation.
ventilador *m* fan.
ventilar *tr* **1** to ventilate (habitación). **2** to air, to put out to air (ropa). **3** to air (hacer público). ● **~se** *pron* **4** to get some air.
ventisca *f* snowstorm, blizzard.
ventolera *f* gust of wind, blast.

ventosa *f* **1** suction pad (de goma). **2** ZOOL sucker.
ventosidad *f* wind, flatulence.
ventrículo *m* ventricle.
ventrílocuo, cua *m* y *f* ventriloquist.
ventura *f* fortune (suerte); chance (casualidad). ■ **a la ~** at random.
ver *tr* **1** to see (gen): *no la vi = I didn't see her*. **2** to look at (mirar); to watch (partido, televisión): *estoy viendo las fotos = I'm looking at the photos, está viendo la tele = he's watching telly*. **3** to see (visitar): *vendré a verte mañana = I'll come to see you tomorrow*. **4** to understand, to see (entender): *¿ves lo que te quiero decir? = do you see what I mean?* **5** to see (averiguar). • **~se** *pron* **6** to see oneself (percibirse). **7** to meet (encontrarse): *¿dónde nos vemos? = where shall we meet?* **8** to look (parecer): *se te ve bien = you look well*. ■ **dejarse ~** to show up, to show one's face; **eso está por ~** that remains to be seen; **no poder ~ a alguien** not to be able to bear the sight of sb: *no puedo verlo = I can't bear the sight of him*; **no tener nada que ~ con** to have nothing to do with; **por lo visto** apparently; **vamos a ~** we'll see; **~ para creer** seeing is believing.
veraneante *m* o *f* holidaymaker (GB); vacationer (EE UU).
veranear *intr* to spend the summer holidays (GB); to spend the summer vacation (EE UU).
veraniego, ga *adj* summer.
verano *m* summer.
veraz *adj* truthful.
verbal *adj* verbal.
verbena *f* open-air celebration.
verbo *m* verb.
verdad *f* truth. ◆ **verdades a medias** half truths. ■ **de ~** really; authentic (auténtico); **¿~?** isn't it?, doesn't he?, won't he?... (buscando confirmación).
verdadero, ra *adj* **1** true (cierto, real). **2** real (auténtico).
verde *adj* y *m* **1** green (color). **2** POL Green. • *adj* **3** unripe (fruta). **4** dirty, blue (chiste). ■ **poner ~ a alguien** (fam) to call sb all the names under the sun.
verdor *m* greenness.
verdugo *m* **1** executioner (funcionario de justicia). **2** balaclava (pasamontañas).
verdulería *f* greengrocer's (GB); fruit and vegetable store (EE UU).
verdulero, ra *m* y *f* greengrocer.
verdura *f* vegetables, greens.
vereda *f* **1** path, lane (camino). **2** *Amér. Merid.* pavement (GB); sidewalk (EE UU, acera).
veredicto *m* verdict.
vergonzoso, sa *adj* **1** bashful, shy (persona). **2** shameful (hecho, acción).
vergüenza *f* **1** shame. **2** embarrassment (bochorno). **3** bashfulness, shyness (timidez). **4** disgrace (escándalo). ■ **pasar ~** to be embarrassed; **¡qué ~!** it's a disgrace!
verídico, ca *adj* true, truthful.
verificar *tr* **1** to check, to verify (resultado, hecho). **2** to check, to test (máquina). **3** to confirm (confirmar). • **~se** *pron* **4** to come true (comprobarse).
verja *f* **1** iron gate (puerta). **2** railings (cerca). **3** grille (enrejado).
vermú o **vermut** *m* vermouth.
verosímil *adj* likely, probable.
verruga *f* MED wart.
versado, da *adj* **~ en** versed in.
versar *intr* **~ sobre** to be about, to deal with.
versátil *adj* **1** versatile (polifacético). **2** changeable, fickle (inconstante).
versión *f* version. ◆ **~ original** CINE original language version.
verso *m* **1** verse (género). **2** verse, line (estrofa). **3** poem (poema). ◆ **~ libre** free verse.
vértebra *f* vertebra.
vertebrado, da *adj* y *m* vertebrate.
vertedero *m* **1** dump (para residuos, basura). **2** drain (desagüe).
verter *tr* **1** to pour (voluntariamente). **2** to spill (involuntariamente). **3** to dump (residuos, basura).
vertical *adj* **1** vertical, upright. • *f* **2** vertical line, vertical.
vértice *m* MAT vertex.
vertido *m* **1** waste (residuo). **2** dumping (acción).
vertiente *f* **1** slope (declive). **2** (fig) aspect, side (aspecto).
vertiginoso, sa *adj* giddy, dizzy.
vértigo *m* vertigo.
vesícula *f* vesicle. ◆ **~ biliar** gall bladder.
vestíbulo *m* hall (de una casa); lobby (edificio público); foyer (cine, teatro).

vestido, da *adj* **1** dressed: *vestido de azul = dressed in blue.* • *m* **2** clothes (indumentaria). **3** dress (de mujer). **4** suit (traje).
vestidura *f* **1** clothing, apparel. • **vestiduras** *f pl* **2** REL vestment.
vestimenta *f* clothes.
vestir *tr* **1** to wear (llevar puesto). **2** to dress (poner la ropa). **3** to cover (cubrir). • *intr* **4** to dress, to wear: *viste de rojo = she dresses in red.* • **~se** *pron* **5** to get dressed, to put on one's clothes (ponerse la ropa). **en 6** to buy one's clothes in (comprarse la ropa).
vestuario *m* **1** wardrobe, clothes (ropa). **2** TEAT wardrobe, costumes (ropa). **3** TEAT dressing room (camerino). **4** DEP changing room (en gimnasio).
veta *f* grain (en madera); vein (en mármol).
veterano, na *adj/m* y *f* veteran.
veterinario, ria *m* y *f* vet; veterinary surgeon (GB); veterinarian (EE UU).
veto *m* veto.
vetusto, ta *adj* ancient.
vez *f* **1** time: *la primera vez que la vi = the first time I saw her.* **2** turn (turno). ■ **a veces, algunas veces** sometimes; **a la ~** all at once, at the same time; **alguna ~** sometimes; **cada ~ más + adj** more and more + adj, increasingly + adj; **cada ~ menos + adj** less and less + adj; **cada ~ menos + sustantivo** fewer and fewer + sustantivo; **de una sola ~** in one go; **de ~ en cuando** from time to time; **dos veces** twice; **en ~ de** instead of; **tal ~** perhaps, maybe; **una ~** once.
vía *f* **1** road, way (camino). **2** track (carril del tren); platform (andén). **3** lane (carril de autopistas). **4** ANAT tract, passage. ♦ **~ pública** public thoroughfare. ■ **dejar ~ libre a** to give the go ahead to; **en vías de** in the process of.
viable *adj* viable, feasible.
viaducto *m* viaduct.
viajante *m* o *f* travelling salesman (GB); traveling salesman (EE UU, hombre); travelling saleswoman (GB); traveling saleswoman (EE UU, mujer).
viajar *intr* to travel. ■ **~ en avión/barco/coche/tren** to travel by plane/boat/-car/train.
viaje *m* **1** journey, trip (gen). **2** NÁUT voyage. • **viajes** *m pl* **3** travels (singladuras). ♦ **~ de ida y vuelta** round trip. ■ **¡buen ~!** have a good trip!, bon voyage!; **estar de ~** to be away.

> **Viaje** se traduce por ***travel***, término incontable, para hablar de la actividad de viajar en general: *we arrived after 3 days of hard travel = llegamos después de tres días de duro viaje.* ***Journey*** y ***trip*** se refieren a un viaje concreto: *we had a nice trip to Europe = tuvimos un buen viaje a Europa.* ***Voyage*** se usa para viajes largos en barco o en una nave espacial.

viajero, ra *adj* **1** travelling (persona); migratory (ave). • *m* y *f* **2** traveller (GB); traveler (EE UU, gen). **3** passenger (en transporte público).
viandante *m* o *f* **1** pedestrian (peatón). **2** passer-by (transeúnte).
víbora *f* ZOOL viper.
vibración *f* vibration.
vibrar *tr* to vibrate.
vicepresidente, ta *m* y *f* **1** POL vice-president. **2** COM deputy chairman (GB, hombre); deputy chairwoman (GB, mujer); vice president (EE UU).
viceversa *adv* vice versa.
viciar *tr* **1** to corrupt (persona). **2** to pollute, to contaminate (atmósfera). • **~se** *pron* **3** to get into bad habits, to become corrupted.
vicio *m* **1** vice, corruption (corrupción). **2** bad habit (mal hábito). **3** fault, flaw (defecto).
vicioso, sa *adj* **1** depraved, corrupt (persona). • *m* y *f* **2** depraved person.
vicisitud *f* vicissitude. ■ **las vicisitudes de la vida** life's ups and downs.
víctima *f* victim.
victoria *f* victory, triumph. ■ **cantar ~** to proclaim a victory.
victorioso, sa *adj* victorious.
vid *f* vine.
vida *f* life (estado). ♦ **nivel de ~** standard of living; **~ privada** private life. ■ **de por ~** for life; **ganarse la ~** to earn one's living; **perder la ~** to die.
vidente *m* o *f* clairvoyant.

vídeo *m* video.
videocámara *f* camcorder, video camera.
videocaset *m* video cassette, videotape.
videoclip *m* pop video, video.
videoclub *m* videoclub.
videoconferencia *f* videoconference.
videojuego *m* video game.
vidriera *f* **1** glass door (puerta). **2** stained-glass window (de iglesia).
vidriero, ra *m* y *f* **1** glassworker (obrero). **2** glassmaker (fabricante). **3** glazier (que coloca cristales).
vidrio *m* glass.
viejo, ja *adj* **1** old. • *m* y *f* **2** old man (hombre); old woman (mujer). • *m* **3** *Amér.* (fam) mate, pal (amigo). ♦ **los viejos** the elderly, old people; **viejo verde** dirty old man.
viento *m* wind.
viernes *m* Friday. ♦ **Viernes Santo** Good Friday.
viga *f* beam, joist (de madera); girder, beam (de metal).
vigencia *f* validity (de ley); use (de costumbre).
vigente *adj* valid, in force (ley); in use (costumbre).
vigésimo, ma *adj/m* y *f* twentieth.
vigía *m* o *f* lookout.
vigilancia *f* **1** vigilance, watchfulness (atención). **2** surveillance (acción).
vigilante *adj* **1** vigilant, alert. • *m* **2** guard, watchman (hombre); guard (mujer). ♦ ~ **nocturno** night watchman.
vigilar *tr* **1** to look after (cuidar). **2** to guard (banco). **3** to keep an eye on (estar atento). • *intr* **4** to be vigilant.
vigor *m* vigour (GB); vigor (EE UU); energy. ■ **entrar en ~** to come into force.
vigorizar *tr* to invigorate.
vigoroso, sa *adj* vigorous, energetic.
VIH (*siglas de* **virus de inmunodeficiencia humana**) *m* HIV.
vil *adj* **1** low, despicable (persona). **2** vile, rotten (acto).
vileza *f* **1** vileness. **2** vile deed (acto).
villa *f* **1** villa (casa). **2** town (población).
villancico *m* Christmas carol.
villano, na *m* y *f* villain (persona ruin).
vilo *loc adv* **en ~ 1** suspended, in the air (en el aire). **en ~ 2** (fig) on tenterhooks (intranquilo). ■ **estar en ~** to be on tenterhooks.
vinagre *m* vinegar.
vinagrera *f* **1** vinegar bottle. • **vinagreras** *f pl* **2** cruet set.
vinculación *f* **1** linking (acción). **2** link, bond (lazos).
vincular *tr* **1** to link, to bind (unir). **2** to connect, to link (asociar, relacionar).
vínculo *m* link (entre países); bond, tie (familiar).
vinícola *adj* **1** wine-producing, wine-growing (región). **2** wine (industria).
vino *m* wine. ♦ ~ **blanco** white wine; ~ **de mesa** table wine; ~ **rosado** rosé wine; ~ **tinto** red wine.
viña *f* vineyard.
viñedo *m* vineyard.
violación *f* **1** rape (de persona). **2** violation, breaking (de acuerdo, ley).
violar *tr* **1** to violate (acuerdo, ley). **2** to rape (persona).
violencia *f* violence.
violentar *tr* **1** to force (forzar). **2** to break into (entrar). **3** to embarrass (incomodar). • **~se** *pron* **4** to get embarrassed.
violento, ta *adj* **1** violent (persona, pelea). **2** embarrassing (incómodo).
violeta *adj* y *m* **1** violet. • *f* **2** BOT violet.
violín *m* violin.
violinista *m* o *f* violinist.
viraje *m* **1** bend (curva). **2** NÁUT tack. **3** AUT turn.
virar *tr* e *intr* **1** NÁUT to tack. **2** AUT to turn round. • *intr* **3** to change direction (cambiar de dirección).
virgen *adj/m* o *f* **1** virgin (persona). • *adj* **2** virgin (puro, intacto). **3** blank (cinta).
virginidad *f* virginity.
Virgo *m* **1** ASTR Virgo. • *adj/m* o *f* **2** Virgo (persona).
viril *adj* virile, manly.
virilidad *f* virility.
virtual *adj* virtual.
virtud *f* **1** virtue (cualidad). **2** power, property (capacidad). ■ **en ~ de** by virtue of.
virtuoso, sa *adj* **1** virtuous. • *m* y *f* **2** virtuoso.
viruela *f* **1** smallpox (enfermedad). **2** pockmark (pústula).
virulencia *f* virulence.
virus *m* virus.
viruta *f* shaving.
visa *m* o *f* *Amér.* → visado.
visado *m* visa.

visar *tr* **1** to visa (pasaporte). **2** to endorse, to approve (documento, certificado).
víscera *f* **1** internal organ. • **vísceras** *f pl* **2** entrails.
visceral *adj* **1** ANAT visceral. **2** (fig) visceral (pasional). ♦ **una reacción ~** a gut reaction.
viscosa *f* viscose.
viscoso, sa *adj* viscous.
visera *f* **1** visor (de un casco). **2** peak (de una gorra). **3** AUT sun visor.
visibilidad *f* visibility.
visión *f* **1** sight, vision (vista). **2** view (punto de vista). **3** vision (aparición). ■ **ver visiones** to be seeing things.
visita *f* **1** visit (acción). **2** visitor (persona). ■ **hacer una ~ a alguien** to pay sb a visit.
visitante *adj* **1** visiting. • *m* o *f* **2** visitor.
visitar *tr* **1** to visit, to call on (a una persona). **2** to visit (lugar). **3** to see, to visit (médico).
vislumbrar *tr* **1** to glimpse, to make out (un objeto, una forma). **2** (fig) to see a slight possibility of (una solución). • **~se** *pron* **3** to be barely visible (entreverse). **4** to become a little a clearer (adivinarse).
viso *m* **1** underskirt (enagua). **2** shimmer, sheen (destellos). **3** aspect (aspecto).
visón *m* mink.
víspera *f* **1** day before, eve (día anterior). • **vísperas** *f pl* **2** REL vespers.
vista *f* **1** sight (sentido). **2** vision (capacidad). **3** view (perspectiva). **4** appearance, look. **5** vista (paisaje). **6** DER hearing, trial. ■ **a la ~** on sight; **a la ~ de todos** in full view of everybody; **a primera ~** at first sight; **hacer la ~ gorda** to turn a blind eye; **¡hasta la ~!** see you!
vistazo *m* look, glance. ■ **echar un ~ a algo** to have a look at sth.
visto, ta *pp* → ver. ■ **dar el ~ bueno a algo** to approve sth; **estar bien ~** to be well looked on; **estar mal ~** to be frowned on; **estar muy ~** to be old hat; **está por lo ~** apparently.
vistoso, sa *adj* **1** colourful (GB); colorful (EE UU). **2** eye-catching (llamativo).
vital *adj* **1** living (espacio). **2** vital (órgano). **3** vital, essential (fundamental).
vitalicio, cia *adj* life, for life.
vitamina *f* vitamin.
viticultura *f* vine-growing, viticulture.
vitorear *tr* to applaud, to cheer.
vitrina *f* showcase (en tienda); glass cabinet (en casa).
vituperar *tr* to condemn, to vituperate against.
viudo, da *adj* **1** widowed. • *m* y *f* **2** widower (hombre); widow (mujer).
vivaz *adj* **1** lively, vivacious (lleno de vida). **2** sharp, quick-witted (agudo).
víveres *m pl* provisions.
vivero *m* **1** nursery (para árboles, plantas). **2** hatchery (para peces); bed (para moluscos).
vivienda *f* **1** accommodation, housing. **2** dwelling (morada).
viviente *adj* living.
vivir *intr* **1** to live (gen). **2** to be alive (estar vivo). • *tr* **3** to live through, to experience (experimentar).
vivo, va *adj* **1** living: *seres vivos = living beings*. **2** alive: *está vivo = it's alive*. **3** vivid, graphic (descripción). **4** vivid, bright (color). **5** acute (dolor). **6** intense, strong (emoción). **7** sharp, clever (listo, astuto). **8** lively, vivacious (lleno de vida). ♦ **los vivos** the living. ■ **en ~** live.
vocablo *m* word.
vocabulario *m* vocabulary.
vocación *f* vocation.
vocacional *adj* vocational.
vocal *adj* **1** vocal. • *f* **2** GRAM vowel.
vocear *tr* e *intr* **1** to shout, to yell (dar voces). • *tr* **2** to shout (aclamar).
vociferar *tr* e *intr* to vociferate, to shout.
volante *adj* **1** flying. • *m* **2** AUT steering wheel. **3** frill (adorno).
volar *intr* **1** to fly (gen). **2** to blow away (papeles). **3** (fam) to disappear (desaparecer). • *tr* **4** to blow up (explotar).
volátil *adj* volatile.
volcán *m* volcano.
volcánico, ca *adj* volcanic.
volcar *tr* **1** to knock over (recipiente). **2** to empty out, to pour out (vaciar). • *intr* **3** to overturn (vehículo). **4** to capsize (barco). • **~se** *pron* **5** to get knocked over (recipiente).
volea *f* DEP volley.
volquete *m* dumper truck (GB); dump truck (EE UU).
voltaje *m* voltage.
voltear *tr* **1** to turn, to turn over (dar la vuelta). **2** to throw into the air (a una

persona). **3** *Arg.*, *Chile* to knock over (derribar). • **~se** *pron* **4** *Amér.* to turn round (darse la vuelta).
voltereta *f* somersault.
voltio *m* volt.
voluble *adj* fickle, changeable.
volumen *m* **1** volume (capacidad). **2** size (tamaño). **3** volume (libro). ■ **bajar/subir el ~** to turn down/to turn up the volume.
voluminoso, sa *adj* voluminous, bulky.
voluntad *f* **1** will (facultad). **2** wish, desire (deseo). **3** willpower (fuerza de voluntad). ◆ **buena ~** good will; **fuerza de ~** willpower.
voluntariado *m* MIL voluntary military service.
voluntario, ria *adj* **1** voluntary. • *m* y *f* **2** volunteer.
voluntarioso, sa *adj* keen, willing.
voluptuoso, sa *adj* voluptuous.
volver *tr* **1** to turn, to turn over (dar la vuelta); to turn upside down (boca abajo); to turn inside out (de dentro hacia fuera). **2** to turn, to make (convertir). • *intr* y *pron* **3** to go/come back, to return (regresar). • *intr* **4** to return, to revert (a un tema, un hábito). • **~se** *pron* **5** to turn round (darse la vuelta). **6** to become, to go (convertirse). ■ **~se contra alguien** to turn on sb; **~se loco** to go mad.
vomitar *tr* **1** to vomit, to bring up. • *intr* **2** to vomit.
vómito *m* vomit.
voraz *adj* voracious.
vos *pron Amér.* you.
vosotros, tras *pron* **1** you (sujeto y objeto). **2** yourselves (uso reflexivo).
votación *f* **1** voting (acto). • *m* **2** vote, ballot (voto).
votante *m* o *f* voter.
votar *tr* **1** to vote for. • *intr* **2** to vote.
voto *m* **1** vote. **2** REL vow. ◆ **~ por correo** postal vote.
voz *f* **1** voice (gen). **2** GRAM word (vocablo); voice (forma verbal). **3** MÚS voice (cantante); tone, sound (instrumento). **4** shout (grito). ■ **alzar la ~** to raise one's voice; **dar voces** to shout; **en ~ alta** aloud; **en ~ baja** in a low voice.
vuelco *m* overturning. ■ **dar un ~** to overturn (vehículo); to capsize (barco); to change, to alter (cambiar la situación); **me/le dio un ~ el corazón** my/his/her heart skipped a beat.
vuelo *m* **1** flight (acción, trayecto). **2** fullness (de vestido). ◆ **~ espacial** space flight; **~ nacional** domestic flight. ■ **al ~** in flight; **de alto ~** important, prestigious.
vuelta *f* **1** walk, stroll (paseo). **2** turn (giro). **3** return (regreso); return journey (viaje). **4** change (cambio). **5** turn-up (GB); cuff (EE UU, de un pantalón). **6** row (de puntos). **7** DEP lap (circuito). **8** DEP, POL round (de competición). ■ **a la ~** on the way back; **dar media ~** to turn round; **dar una ~** to go for a walk; **dar una ~ en coche** to go for a drive; **dar vueltas** to spin; **estar de ~** to be back.
vuelto *m Amér.* change (cambio).
vuestro, tra *adj* **1** your, yours: *vuestro coche = your car, un compañero vuestro = a colleague of yours.* • *pron* **2** yours: *éste es el vuestro = this is yours.*
vulgar *adj* **1** common, ordinary (corriente). **2** vulgar (grosero).
vulgaridad *f* vulgarity, coarseness.
vulnerable *adj* vulnerable.
vulnerar *tr* **1** to violate (ley, derechos). **2** to harm, to damage (perjudicar).
vulva *f* vulva.

Ww

w, W *f* **1** w, W (letra). • **w** *m* **2** (*abrev* de *watio*) w, watt.
walkie-talkie *m* walkie-talkie.
Walkman® *m* Walkman®, personal stereo.
wáter *m* lavatory, toilet.
waterpolo *m* waterpolo.
watio *m* → vatio.
whisky *m* whisky.
windsurf o **windsurfing** *m* windsurfing.

Xx

x, X *f* x, X (letra).
xenofobia *f* xenopobia.
xenófobo, ba *adj* xenophobic.
xilófono *m* xylophone.
xilografía *f* xylography.
xoconostle *f Méx*. prickly pear.

Yy

y, Y *f* y, Y (letra).
y *conj* **1** and. **2** past (con la hora): *las dos y cuarto = a quarter past two, las seis y media = half past six.* **3** sin traducción (con números): *treinta y cinco = thirty-five, dos y medio = two and a half.* **4** what about, and (en preguntas). ■ **¿~ qué?** so what?; **¿~ si...?** what if…?
ya *adv* **1** already: *ya lo acabaron = they've already finished it.* **2** now: *ya son las tres = it's three o'clock now.* **3** later (luego). **4** at once, straight away (enseguida): *tienes que hacerlo ya = you have to do it at once.* **5** finally (por fin). ~ • *interj* **6** yes! (expresa comprensión). **7** right! (expresa asentimiento). **8** (irón) sure!, yes, of course! (expresa incredulidad). ■ **~ entiendo** I see; **~ era hora** and about time too; **¡~ está!** that's it!, there we are!; **~ que** since, as; **¡~ voy!** I'm coming!
yac *m* ZOOL yak.
yacaré *m Amér. Merid.* alligator (caimán).
yacer *intr* to lie.
yacimiento *m* **1** GEOL bed, deposit. **2** site (arqueológico).
yanqui *adj/m* o *f* (fam) Yankee.
yate *m* yacht.
yegua *f* ZOOL mare.
yema *f* **1** yolk (de huevo). **2** bud, shoot (brote). **3** tip (del los dedos). **4** GAST *sweet made with egg yolk and sugar.*
yen *m* yen (moneda).
yermo, ma *adj* barren (estéril).
yerno *m* son-in-law.
yeso *m* **1** plaster (para paredes). **2** plaster cast (escultura). **3** GEOL gypsum.
yo *pron* **1** I (sujeto): *¿quién ha tomado las llaves? yo = who took my keys? - I did.* **2** me (predicado): *¿quién es? - soy yo = who is it? - it's me.*
yodo *m* iodine.
yoga *m* yoga.
yogur *m* yogurt, yoghurt.
yóquey o **yoqui** *m* jockey.
yudo *m* → judo.
yugo *m* yoke.
yunque *m* anvil.
yuxtaponer *tr* to juxtapose.
yuxtaposición *f* juxtaposition.

Zz

z, Z *f* z, Z (letra).
zafio, a *adj* coarse, rude, uncouth.
zafiro *m* sapphire.
zaga *f* rear. ■ **a la ~** at the rear.
zaguán *m* hall, hallway.
zalamería *f* flattery.
zamarra *f* sheepskin jacket.
zambo, ba *adj* knock-kneed.
zambomba *f type of drum.*
zambullida *f* **1** dive, plunge (salto). **2** dip (baño).
zambullir *tr* **1** to duck. ● **~se** *pron* **2** to dive (in), to plunge.
zamparse *pron* to gobble, to wolf down (comida).
zanahoria *f* carrot.
zancada *f* stride.
zancadilla *f* trip. ■ **ponerle la ~ a alguien** to trip sb up.
zanco *m* stilt.
zángano *m* **1** drone (abeja). **2** (fam) lazybones, idler, slacker (holgazán).
zanja *f* ditch (para desagüe); trench, pit (para cimientos).
zanjar *tr* to settle, to clear up (dificultades, conflictos).
zapallo *m* **1** *Amér. Merid.* pumpkin (calabaza). **2** *Arg., Chile* (fam) fluke (chiripa).
zapata *f* MEC shoe (de freno).
zapatazo *m* blow with a shoe.
zapatear *intr* to stamp one's feet, to tap one's feet (bailando).
zapatería *f* shoe shop (GB); shoe store (EE UU).
zapatero, ra *m* y *f* shomaker.
zapatilla *f* **1** slipper (para casa). **2** training shoe (de deporte). **3** washer (de grifo).
zapato *m* shoe. ◆ **~ de tacón** high-heeled shoe.
zapping *m* TV channel surfing.
zar *m* czar, tzar, tsar.
zarandear *tr* to knock about, to shake.
zarcillo *m* **1** earring (pendiente). **2** BOT runner, tendril.
zarpa *f* paw.
zarpar *intr* to set sail, to weigh anchor.
zarpazo *m* clawing.
zarza *f* bramble.
zarzal *f pl* bramble patch, brier patch.
zarzamora *f* blackberry.
zarzuela *f* **1** MÚS *traditional Spanish operetta.* **2** GAST seafood stew.
zenit *m* zenith.
zeta *f* z (nombre de la letra).
zigzag *m* zigzag.
zigzaguear *intr* to zigzag.
zinc *m* zinc.
zócalo *m* **1** plinth, base (pedestal). **2** skirting board (GB), baseboard (EE UU).
zodiaco o **zodíaco** *m* zodiac.
zona *f* zone, area. ◆ **~ azul** restricted parking zone; **~ verde** green belt.
zonzo, za *adj* **1** *Amér.* silly, stupid. ● *m* y *f* **2** *Amér.* idiot, dunce.
zoo *m* zoo.
zoología *f* zoology.
zoológico, ca *adj* **1** zoological. ● *m* **2** zoo.
zopenco, ca *adj* **1** (fam) dull, stupid. ● *m* y *f* **2** (fam) dunce, blockhead.
zoquete *adj* **1** (fam) thick, dim. ● *m* o *f* **2** (fam) dunce, blockhead.
zorra *f* **1** vixen (animal). **2** (desp) whore, tart (prostituta).
zorro *m* **1** fox (animal). **2** (fig) sly person, old fox (persona).
zozobra *f* worry, anxiety.
zozobrar *intr* **1** MAR to capsize, to overturn (volcar); to founder, to sink (hundirse). **2** to founder, to fail (plan, negocio).
zueco *m* clog.
zumbar *intr* **1** to buzz (insecto); to hum, to whirr (máquina, oídos). ● *tr* **2** (fam) to thump.
zumbido *m* **1** buzzing, droning (de insecto). **2** hum(ming) (de máquina).
zumo *m* juice.
zurcido *m* darning (acto); darn, patch.
zurcir *tr* to darn, to mend.
zurdo, da *adj* left-handed.
zurrar *tr* to beat, to thrash.
zutano, na *m* y *f* so-and-so, what's his (her) name.